Manual de

DIREITO ADMINISTRATIVO

MATHEUS CARVALHO

Manual de DIREITO ADMINISTRATIVO

CONFORME novo CPC

4ª edição | revista, atualizada e ampliada

2017

EDITORA *Jus*PODIVM

www.editorajuspodivm.com.br

EDITORA
*Jus*PODIVM
www.editorajuspodivm.com.br

Rua Mato Grosso, 175 – Pituba, CEP: 41830-151 – Salvador – Bahia
Tel: (71) 3363-8617 / Fax: (71) 3363-5050
• Contato: https://www.editorajuspodivm.com.br/sac

Diagramação: Linotec Fotocomposição e Fotolito Ltda. *(www.linotec.com.br)*

Capa *(Adaptação)*: Ana Caquetti

C331m Carvalho, Matheus.
Manual de direito administrativo / Matheus Carvalho – 4. ed. rev. ampl. e atual. – Salvador: JusPODIVM, 2017.
1.216 p.

Bibliografia.
ISBN 978-85-442-1014-7.

1. Direito administrativo. I. Título.

CDD 341.3

4ª ed., *1.ª tir.:* jan./2017; *2.ª tir.:* fev./2017; *3.ª tir.:* mar./2017; *4.ª tir.:* mai./2017.

Dedico este livro a meu pai que, de onde quer que esteja, me acompanha e me protege e também às cinco mulheres que iluminam minha vida: minha mãe, minha dinda, minha esposa e minhas filhas. Sem vocês nada seria como é.

AGRADECIMENTOS

É preciso saber reconhecer a contribuição das outras pessoas para a construção de nossas vidas. Com certeza, esta obra não estaria pronta sem a presença de algumas pessoas, que, de forma direta ou indireta, me ajudaram a executar este trabalho de que tanto me orgulho.

Primeiramente, quero dizer muito obrigado a Deus que está sempre comigo, em minha caminhada. Também gostaria de agradecer à minha mãe, a maior educadora que conheço, que foi a pessoa que me ensinou a nunca desistir de nada nesta vida, por mais difícil que fosse. Quero agradecer à minha esposa, Ticiana, com quem divido todas as minhas alegrias, angústias e tristezas e que me ajudou na revisão jurídica da obra. Não poderia deixar de agradecer a Cecília, minha filha linda, que me fazia escrever mais feliz, cada vez que entrava no quarto para me dar aquele sorriso largo que só ela tem. Ainda preciso me lembrar de minha nova bonequinha, Maria Luíza, alegre e linda como a mãe, mais uma felicidade em minha vida.

Quero também agradecer ao meu mentor e amigo Renato Saraiva, que me deu a oportunidade de chegar aonde cheguei e que me ajuda a deixar a teimosia de lado e fazer coisas que não acreditava que eu fosse capaz.

Ainda preciso dizer muito obrigado a Lara Abdala por ser uma pessoa fantástica que me auxiliou em todos os capítulos do livro e que sempre me atendeu com um sorriso, mesmo nos momentos em que eu a estressava. A meu irmão Otávio que sempre me disse que esse momento chegaria e aos meus afilhados, Gabriel, Ivan e Karol, somente porque os amo muito.

Por fim, queria agradecer à minha dinda, Dilza Atta, por ser minha segunda mãe e vó de minhas filhas, uma pessoa que contribui a cada dia para o meu caráter e meu sucesso. Sem ela eu não seria quem sou, com certeza. Além de tudo, neste livro, a contribuição dela foi dada pela correção ortográfica impecável, que ela me deu o prazer de executar.

Obrigado, então, a todos aqueles que estão no meu dia a dia, me ajudando a seguir em frente nesta atividade que tanto amo que é ensinar.

APRESENTAÇÃO

Primeiramente, gostaria de informar que este livro é mais do que um trabalho. É um sonho ao qual me apeguei até que se tornasse a realidade que se apresenta hoje.

O objetivo desta obra é oferecer uma preparação completa, didática e atualizada àquele que pretende conhecer o mundo do Direito Administrativo, com todas as suas peculiaridades, inclusive, apontando as diferentes correntes doutrinárias e jurisprudenciais acerca dos temas mais variados, com o intuito de permitir ao leitor a formação de sua própria opinião, em virtude da real compreensão dos institutos.

Para evitar qualquer falha de comunicação, o manual foi escrito de forma simples, elaborando, ao final de cada capítulo, um quadro sinóptico para revisão do tema analisado, assim como apresentando as súmulas do Supremo Tribunal Federal e do Superior Tribunal de Justiça mais relevantes sobre o tema e jurisprudência atualizada, para que o leitor possa identificar qual a opinião dos tribunais acerca das matérias ventiladas.

Da mesma forma, foram incluídas questões de concursos com gabaritos comentados ao final de cada capítulo, para que se entenda como que os temas são relevantes nas provas de concursos públicos e nas relações em sociedade e como que as bancas de concursos públicos se posicionam acerca de cada matéria discutida.

Ainda como diferencial, o *Manual de Direito Administrativo* possui tópicos de aprofundamentos ao final de alguns capítulos, como forma de permitir ao leitor mergulhar em temas polêmicos e pouco discutidos em manuais, para fins de provas subjetivas de concursos e, até mesmo, para auxiliar trabalhos de conclusão de cursos aos alunos de graduação.

Portanto, esta obra não foi preparada rapidamente e não foi executada de forma apressada, sendo fruto de experiência contínua em sala de aula, na qual eu aprendi a entender quais os aspectos das matérias que se tornam de compreensão mais difícil para os alunos e quais os temas que despertam maior interesse de todos. De fato, somente após completar oito anos de carreira na docência, após ter ensinado aos alunos de graduação, pós-graduação, cursos para concursos na área fiscal e na área jurídica, consegui me sentir preparado para apresentar ao leitor de forma completa, mas simples, todo o conteúdo deste ramo do direito que tanto me encanta.

Além de professor, atuei diretamente como Procurador do Estado em Goiás, em defesa do Estado e atuo, no momento, como Procurador da Fazenda Nacional, na elaboração de pareceres jurídicos, que me permitem vivenciar o dia a dia do Direito Administrativo e das relações firmadas pelo poder público.

A minha experiência prática somada aos anos de sala de aula foram fundamentais para a preparação desta obra, na forma como ela se apresenta: simples, no que tange à compreensão dos institutos e das controvérsias, e completa, abordando todos os temas teóricos e práticos que são de relevo para o conhecimento do Direito Administrativo.

Enfim, a minha intenção é transmitir a vocês um pouco deste encantamento que sempre tive pela matéria e permitir que vocês enxerguem o Direito Administrativo da forma como eu o vejo, uma matéria simples, baseada em premissas sólidas, relevante para a compreensão da sociedade e do seu funcionamento e, principalmente, para a limitação da atividade estatal, de forma a garantir que a atuação dos governantes se volte, realmente, para os interesses dos administrados.

Dessa forma, todos aqueles que pretendem conhecer um pouco mais acerca deste fascinante ramo do Direito estão convidados a abrir esta obra e iniciar sua leitura, seja aluno de graduação ou pós-graduação, sejam aqueles que buscam a preparação para concursos públicos, uma vez que o livro procura preparar o leitor para as provas objetivas e subjetivas de concursos, sejam os profissionais que lidam com o Direito Administrativo no dia a dia, como advogados, juízes, promotores, procuradores e defensores públicos, que poderão extrair todos os aspectos práticos trazidos pelo texto deste manual.

Nesta edição, foi feita a atualização do livro inclusive com base no texto do projeto de lei aprovado pelo Congresso Nacional em dezembro de 2014, quando do fechamento do livro. Sendo assim, qualquer alteração que ocorra no momento da sanção do projeto pela presidência da República será colocada no site da editora em sede de atualização

Logo, espero que gostem da leitura e, mais do que isso, espero que ao final dos estudos, tenham uma visão mais harmônica, completa e dinâmica do Direito Administrativo como ele realmente é.

O Autor

PREFÁCIO

Enorme é o meu prazer em prefaciar esta obra, do amigo, professor e procurador Matheus Carvalho. Meu entusiasmo se dá pelo fato de ter, ainda nos primeiros capítulos, me convencido da segurança doutrinária com que os temas abordados foram escritos. Asseguro que nas próximas páginas, você, leitor, encontrará o fruto de uma intensa pesquisa e verá o Direito Administrativo descrito em uma linguagem clara, ordenada e sustentada em profundas reflexões, com abordagem ampla.

Acredito que a consciência jurídica há de, cada vez mais, solidificar a compreensão de que o Estado e o cidadão, quando envolvidos em qualquer tipo de relação legal, devem atuar sujeitos aos postulados, princípios e regras adotados pelo nosso ordenamento jurídico, objetivando, de modo potencializado, a instituição de um Estado Democrático de Direito.

Assim, observando que o Direito Administrativo tem como objetivo primordial gerar confiabilidade e segurança nas relações entre o Estado e os por ele administrados, as mensagens doutrinárias do autor guardam absoluto respeito aos princípios da legalidade, da igualdade, da moralidade, da eficiência, da impessoalidade e da publicidade, bem como aos valores da cidadania.

Neste manual, tudo é tratado com extensão, tornando visível, no contexto de cada capítulo, a potencialidade da inteligência de quem dedicou todos os esforços para escrevê-lo. Os elementos de natureza política são apresentados ao lado dos seus efeitos jurídicos, e para propiciar um entendimento evolutivo da ciência jurídica aplicada ao Direito Administrativo, apresenta exemplos concretos e práticos, acompanhados da transcrição de textos legais, doutrinários e jurisprudenciais.

Após cada capítulo, o Manual traz ainda questões cobradas em concursos para o ingresso em carreiras jurídicas e voltadas ao Direito Administrativo, como forma de permitir a assimilação e a revisão rápida e concisa dos conteúdos abordados. As temáticas foram cuidadosamente selecionadas de provas para diversos órgãos públicos e aplicadas por bancas já consagradas, como o Cespe/UnB, Fundação Carlos Chagas (FCC), Vunesp e a Esaf.

Em razão da simplicidade da linguagem, a obra permite o rápido entendimento do Direito Administrativo, sua evolução, seus princípios e sua aplicação na Administração Pública. Dessa forma, volta-se tanto ao público acadêmico quanto àqueles que se preparam para enfrentar concursos públicos.

Deparamo-nos, portanto, sem qualquer dúvida, com uma obra que desempenha função de despertar curiosidade e satisfação para os estudiosos do Direito Administrativo, apresentando valiosa e original contribuição doutrinária. Ela revela caráter interdisciplinar, por apresentar reflexões de base jusfilosófica, assentadas em proposições trabalhadas com verdades rigorosamente apuradas. Além disso, desbrava um âmbito dogmático jurídico em que há envolvimento com postulados, princípios, regras, formulações e outros aspectos vinculados aos temas apreciados.

Ofereço aqui minha saudação ao autor e o parabenizo por seu esforço intelectual e busca constante pelo aprimoramento da obra durante seu processo de desenvolvimento, que, por vezes, pude acompanhar. Tenho a certeza de que, ao lado de tantas outras contribuições doutrinárias já existentes, os ensinamentos deste Manual podem ser utilizados, com absoluto êxito, para aumentar a capacidade cultural jurídica de estudantes, especialistas e operadores do Direito em geral.

O Direito Administrativo, quando apresentado em linguagem simples, correta, incisiva, compreensível e direta, tal qual exposto por Matheus Carvalho, torna-se ainda mais fascinante do que já o é.

Renato Saraiva
Procurador do Trabalho em exercício da PRT da 6ª Região,
professor do CERS (Complexo de Ensino Renato Saraiva) e Portal Exame de Ordem,
palestrante e autor de inúmeras obras de Direito do Trabalho e Processo do Trabalho.

SUMÁRIO

Capítulo 5

Capítulo 6

RESPONSABILIDADE CIVIL DO ESTADO

Capítulo 7

CONTROLE DA ADMINISTRAÇÃO

Capítulo 9

Capítulo 10

Capítulo 12

Capítulo 15

Capítulo 16

CAPÍTULO 1

INTRODUÇÃO AO DIREITO ADMINISTRATIVO

1. CONCEITO DE ESTADO

O Estado é uma instituição organizada política, social e juridicamente, dotada de personalidade jurídica própria de Direito Público, submetida às normas estipuladas pela lei máxima que, no Brasil, é a Constituição escrita e dirigida por um governo que possui soberania reconhecida tanto interna como externamente. Um Estado soberano possui, como regra geral, um governo que é o elemento condutor, um povo, que representa o componente humano e um território que é o espaço físico que ocupa. O Estado é responsável pela organização e pelo controle social, uma vez que detém o monopólio legítimo do uso da força.

Ressalte-se que o Estado pode atuar no direito público ou no direito privado; no entanto, sempre ostenta a qualidade de Pessoa Jurídica de Direito Público. Com efeito, a teoria da dupla personalidade do Estado encontra-se totalmente superada.

O surgimento e a evolução da noção do Estado fazem aparecer a figura do Estado de Direito, que representa a ideia de que a Administração Pública se submete ao direito posto, assim como os demais sujeitos de direitos da sociedade. Ou seja, o Estado de Direito é aquele que se submete ao direito que ele mesmo instituiu.

Com efeito, a noção de Estado de Direito surge com a doutrina alemã, no século XIX, baseado em três pilares, quais sejam, a tripartição de poderes, a universalidade da jurisdição (ensejando o controle absoluto de validade sobre todas as atividades do Estado) e a generalização do princípio da legalidade.

Pelos pilares citados, define-se que adequação dos atos administrativos com o ordenamento jurídico é o principal critério para sua legitimação do Estado de Direito. Sendo assim, como explicita Marçal Justen Filho[1], *"num Estado de Direito prevalecem as normas jurídicas abstratas e gerais, e não a vontade do governante"*.

1 JUSTEN FILHO, Marçal – Curso de Direito Administrativo. Belo Horizonte: Editora Forum, 7ª Ed., 2011.

1.1. Poderes do Estado

O Brasil adotou a clássica teoria de tripartição de funções do Estado, organizada por Montesquieu, sendo essas funções divididas entre poderes devidamente organizados. Nesse sentido, na Constituição Federal, em seu art. 2º, fica definido o funcionamento de três poderes: o **Legislativo**, o **Executivo** e o **Judiciário**, sendo que tais poderes são independentes e harmônicos entre si.

Trata-se de poderes estruturais e organizacionais do Estado que não se confundem com os poderes administrativos – que são instrumentos concedidos à Administração Pública para consecução dos seus interesses, dividindo-se em poder normativo, hierárquico, disciplinar e poder de polícia. Tais poderes instrumentais são prerrogativas concedidas ao Estado para persecução do interesse público e serão analisados em capítulo específico.

Cada um desses Poderes do Estado tem sua atividade principal e outras secundárias. Dessa forma, ao Legislativo cabe, precipuamente, a função de produzir leis. Ao Judiciário é atribuída a função de dizer o direito ao caso concreto, pacificando a sociedade, em face da resolução dos conflitos, com caráter de definitividade, sendo esse Poder, com exclusividade, responsável pela formação da coisa julgada. Ao Executivo cabe a atividade administrativa do Estado, a dizer, a implementação do que determina a lei para atender às necessidades da população, como infraestrutura, saúde, educação, cultura, abarcando a prestação de serviços públicos, a execução de obras e, até mesmo, a exploração de atividade econômica feita no interesse da coletividade.

Com efeito, a explicação feita aponta somente as **funções típicas** de cada um dos Poderes. Sendo assim, a função típica do Poder Legislativo é a criação da norma, inovação originária na ordem jurídica, configurando a lei a mais pura manifestação da vontade do povo, por meio de seus representantes. Por sua vez, a função típica do Poder Judiciário é solucionar definitivamente conflitos de interesses sempre mediante a provocação do interessado, haja vista o fato de que a função jurisdicional, no Brasil, tem a característica da inércia. Por fim, a função típica do Poder Executivo é a **função administrativa** e consiste na defesa concreta dos interesses públicos, sempre atuando dentro dos limites da lei.

Importa ressaltar que, diferentemente da função jurisdicional, no exercício da função administrativa, pode o Poder Executivo aplicar de ofício a lei, sem necessidade de provocação de qualquer interessado, sendo que, em determinadas situações, o ente público realizará juízo de conveniência e oportunidade para a defesa do interesse público, nos limites delineados pelo texto legal.

Ressalte-se que parte da doutrina ainda prevê a existência da **Função Política** ou **Função de Governo**, que, no entendimento de Celso Antônio Bandeira de Mello, abarca os atos jurídicos do Estado que não se encaixam nas funções anteriores. Pode-se citar como exemplo de atos decorrentes desta função a sanção e o veto de lei, a declaração de guerra, a decretação de estado de calamidade pública. Nesses casos, a atuação do Estado versa sobre gestão superior da vida estatal, tratando-se de decisão de natureza política. No exercício da função política, o controle exercido pelo Poder Judiciário fica restrito à ocorrência de danos individuais, não cabendo ao órgão controlador analisar a atuação, propriamente dita.

Além da função típica de cada Poder, cada um também exerce, em caráter excepcional, como forma de garantir a harmonia constitucional entre eles, as chamadas **funções atípicas**. Nesse sentido, o Poder Legislativo, ao realizar um procedimento licitatório para contratação de serviços de necessidade do órgão, estará exercendo atipicamente a função administrativa. Da mesma forma, o Poder Executivo pode editar Medidas Provisórias nos moldes permitidos pela Constituição Federal, nesses casos, atuando de forma atípica na função legislativa.

É importante ressaltar que as funções atípicas devem ser analisadas em caráter excepcional, pois decorrem do fato de que a tripartição de poderes não tem caráter absoluto.

Nesse sentido, a doutrina estabelece que essas funções atípicas devem estar previstas na CF. Se fossem instituídas mediante lei, isso seria inconstitucional; e alguns constitucionalistas chegam a estabelecer que é inconstitucional a ampliação desse rol de funções atípicas pelo Poder Constituinte derivado. Ou seja, a Emenda Constitucional que acrescente nova função atípica tende a abolir a separação dos poderes, violando cláusula pétrea.

Ademais, por se tratar de normas excepcionais, todos os dispositivos da Constituição Federal que são definidores de funções atípicas devem ser interpretados restritivamente.

2. GOVERNO X ESTADO

Não se confundem as definições de Estado e de Governo. Conforme já explicitado, o Estado é um povo situado em determinado território e sujeito a um governo. Nesse conceito, podem ser destacados três elementos: povo, território e governo.

Dessa forma, o governo é elemento formador do Estado, não se confundindo com ele. Pode-se dizer que o governo é a cúpula diretiva do Estado que se organiza sob uma ordem jurídica por ele posta, a qual consiste no complexo de regras de direito baseadas e fundadas na Constituição Federal.

Salienta-se que a expressão **governo** vem sofrendo alterações de conteúdo ao longo dos tempos. A concepção clássica dispunha que governo era sinônimo de Estado, somatória dos três poderes. Atualmente, porém, governo em – **sentido subjetivo** – é a cúpula diretiva do Estado responsável pela condução das atividades estatais, ou seja, o conjunto de poderes e órgãos constitucionais. Na acepção **objetiva ou material**, governo é a atividade diretiva do Estado, confundindo-se com o complexo de suas funções básicas.

3. ADMINISTRAÇÃO PÚBLICA

Por tudo o quanto foi exposto, não obstante a função administrativa seja típica do Poder Executivo, o conceito de Administração Pública com ele não coincide, haja vista a possibilidade de atuação administrativa pelos demais Poderes do Estado, ainda que atipicamente.

A expressão Administração Pública, em sentido formal, orgânico ou subjetivo, designa o conjunto de órgãos e agentes estatais no exercício da função administrativa, independentemente do poder a que pertençam – seja ao Executivo, Judiciário, Legislativo ou a qualquer outro organismo estatal. Nesse sentido, a expressão deve ser grafada com as primeiras letras maiúsculas.

Por sua vez, administração pública (em letra minúscula), embasada no **critério material ou objetivo**, se confunde com a função administrativa, devendo ser entendida como a atividade administrativa exercida pelo Estado, ou seja, a defesa concreta do interesse público. Nesse caso, não se confunde com a função política de Estado, haja vista o fato de que a administração tem competência executiva e poder de decisão somente na área de suas atribuições, sem a faculdade de fazer opções de natureza política.

Dessa forma, a doutrina moderna costuma apontar quatro tarefas precípuas da Administração Pública, quais sejam o exercício do poder de polícia, a prestação de serviços públicos, a regulação de atividades de interesse público e fomento de atividades privadas e o controle da atuação do Estado. Analisemos separadamente cada uma dessas atividades.

A função ordenadora da Administração Pública se manifesta pelo exercício do poder de polícia. Consiste na limitação e no condicionamento pelo Estado da liberdade e propriedade privadas em favor do interesse público, atualmente com definição no art. 78 do Código Tributário Nacional, por ensejar a possibilidade de cobrança de taxa pelo seu exercício.

A função prestacional se caracteriza pela prestação de serviços públicos. Desde a primeira metade do século XX, mais especificamente no pós 1ª guerra mundial, com o surgimento das chamadas constituições sociais (mexicana, de 1917, e alemã ou de Weimar, de 1919) passou-se a atribuir ao Estado funções positivas de prestação de serviços públicos, fornecimento de transporte coletivo, água e energia elétrica.

A função regulatória ou de fomento se manifesta pelo incentivo a setores sociais específicos em atividades exercidas por particulares, estimulando o desenvolvimento da ordem social e econômica e o consequente crescimento do país. Enseja poderes especiais para disciplinar condutas individuais e coletivas, principalmente em razão da recente tendência de transferir para o setor privado atividades anteriormente exercidas pelo Estado. Essa função está presente, inclusive, nas atividades exercidas pelas Agências Reguladoras.

A função de controle surge pelo poder-dever atribuído ao Estado de verificar a correção e legalidade da atuação exercida pelos seus próprios órgãos. É importante saber que essa função está espalhada em todas as funções de Estado, sendo dever do Poder Legislativo e do Judiciário a realização desse controle. Entretanto, não se pode excluir ou suprimir a função administrativa de controle, exercida dentro da estrutura de cada órgão, sempre exercida em respeito ao devido processo legal e com observância das garantias do contraditório e da ampla defesa para todos aqueles que possam ser atingidos pela atividade controladora.

Dessa forma, pode-se entender a atividade administrativa como a função voltada para o bem de toda a coletividade, desenvolvida pelo Estado com a intenção de privilegiar a coisa pública e as necessidades do corpo coletivo. Sendo assim, pode-se dizer que a função administrativa é um *múnus publico*, configurando uma obrigação ou dever para o administrador público – que não terá liberdade de atuação, sempre agindo em respeito ao direito posto, com a intenção de perseguir o interesse da coletividade.

4. DIREITO ADMINISTRATIVO

4.1. Conceito

Primeiramente, cumpre ressaltar que a necessidade do homem em travar relações foi o ponto de partida para o surgimento do direito. Ressalte-se que o ordenamento jurídico se manifesta por meio de normas de conduta impositivas, criadas por um Estado politicamente organizado, tendente a realizar a busca pela justiça e, principalmente, com a função de alcançar a paz social.

O direito é tradicionalmente dividido em dois grandes ramos, quais sejam, o Direito Público e o Direito Privado.

O **Direito Público** tem por objeto principal a regulação dos interesses da sociedade como um todo, compondo-se de normas que visam a disciplinar as relações jurídicas em que o Estado aparece como parte. Sendo assim, o objeto é a tutela do interesse público, só alcançando as condutas individuais de forma indireta ou reflexa, excepcionalmente.

Uma das características básicas desse ramo do direito é a desigualdade nas relações jurídicas por ele regidas, tendo em conta a prevalência do interesse público sobre os interesses privados. Com efeito, sempre que houver choque ou conflitos de interesses, os interesses da coletividade devem prevalecer sobre os interesses dos particulares individualmente considerados.

Por esse motivo, sempre que o Poder Público exerce atividades, na defesa do interesse público, dispõe de certas prerrogativas que o colocam em posição jurídica de superioridade perante o particular, desde que atuando sempre em conformidade com a lei e respeitadas as garantias individuais consagradas pela Constituição Federal.

Decorre dessa supremacia e nela tem fundamento, por exemplo, a desapropriação de um imóvel privado para a construção de uma estrada, na qual o direito constitucional de propriedade é suprimido, desde que mediante justa e prévia indenização, haja vista haver uma necessidade de utilizar esse bem na busca incessante pelo interesse da coletividade. Logo, tendo em vista o interesse público, se for necessária a construção de uma estrada em cujo trajeto esteja um imóvel particular, o estado promoverá a desapropriação – independentemente do interesse do proprietário, restringindo seus direitos à percepção de uma indenização justa, nos moldes da Constituição.

Em resumo, nas relações de direito público, o Estado encontra-se em posição de vantagem jurídica em relação ao particular, subordinando os interesses deste último aos interesses de toda a sociedade – ou seja, ao interesse público, representado pelo ente estatal na relação jurídica.

Integram o ramo do direito público o Direito Constitucional, o Direito Tributário, o Direito Penal, o Direito Processual Civil e o Direito Administrativo, entre outros. Nessa obra, nos cabe analisar a disciplina relacionada ao Direito Administrativo.

Por sua vez, o **Direito Privado** tem por escopo a regulação dos interesses dos particulares, tutelando as relações travadas entre as partes como forma de possibilitar o convívio das pessoas em sociedade e a harmoniosa fruição e utilização de seus bens.

Tem como característica básica as suas normas supletivas, que podem ser afastadas ou modificadas por acordo das partes interessadas. Ademais, o direito privado se baseia na igualdade jurídica entre as pessoas tratadas nas relações por ele regidas. Uma vez que os interesses tutelados são privados, não há fundamento para que se estabeleça, em princípio, qualquer relação de subordinação ou desigualdade entre as partes. São ramos do direito privado o Direito Comercial, o Direito do Consumidor, o Direito Civil.

Não se pode confundir o Direito Público, enquanto ramo do direito com as **normas de ordem pública,** presentes em todos os ramos jurídicos e que se configuram como normas imperativas e inafastáveis impostas pelo ordenamento jurídico. Isso porque não há situação em que o direito privado seja regente único de todas as relações jurídicas. Em determinadas relações, mesmo travadas exclusivamente entre particulares, as atividades podem ter repercussão nos interesses da coletividade como um todo. Nesses casos, é comum o ordenamento estabelecer normas de ordem pública, impositivas, derrogatórias do direito privado, excluindo a possibilidade de as partes livremente fazerem valer sua vontade, afastando a incidência da autonomia da vontade e liberdade negocial que regulamenta o direito privado.

Dessa forma, o Direito Administrativo é um dos ramos do Direito Público, uma vez que rege a organização e o exercício de atividades do Estado e se direciona na busca dos interesses da coletividade.

Marçal Justen Filho[2] estabelece que *"O Direito Administrativo é o conjunto das normas jurídicas de direito público que disciplinam as atividades administrativas necessárias à realização dos direitos fundamentais e a organização e o funcionamento das estruturas estatais e não estatais encarregadas de seu desempenho."*

Dessa forma, o Direito Administrativo se baseia em um conjunto harmônico de princípios e regras que disciplinam as atividades administrativas visando à satisfação dos interesses de toda a coletividade, mesmo que isso justifique a restrição de direitos individuais – ou seja, exclui a função jurisdicional e legislativa, respeita os direitos fundamentais dos cidadãos, postos na ordem jurídica, e disciplina o conjunto de órgãos públicos e entidades que compõem sua estrutura organizacional.

A Profa. Maria Sylvia Zanella Di Pietro[3], por sua vez, define o Direito Administrativo como *"o ramo do direito público que tem por objeto os órgãos, agentes e pessoas jurídicas administrativas que integram a administração pública, a atividade jurídica não contenciosa que exerce e os bens de que se utiliza para a consecução de seus fins de natureza pública"*.

Com efeito, a definição do que é o Direito Administrativo não é unânime na doutrina e enseja algumas divergências entre os estudiosos da matéria. Assim, é importante verificarmos os critérios adotados pela doutrina para delimitação do objeto e finalidades, bem como definição da área de atuação deste ramo do direito.

4.1.1 Critérios de definição do Direito Administrativo

Podem ser definidas seis correntes dedicadas a apresentar um critério unitário para conceituar o Direito Administrativo. E consequentemente a definição de seu objeto.

1) **Corrente legalista:** também chamada de escola exegética. Para essa escola, o Direito Administrativo se resume no conjunto da legislação administrativa existente no país. Essa escola se limitava a fazer uma compilação das leis existentes. É critério reducionista, pois desconsidera o papel fundamental da doutrina e da jurisprudência na identificação dos

2. JUSTEN FILHO, Marçal – Curso de Direito Administrativo. Belo Horizonte: Editora Forum, 7ª ed. 2011.
3. PIETRO,Maria Sylvia Zanella di – Direito Administrativo. São Paulo: Editora Atlas, 21ª ed. 2008.

princípios básicos informadores do direito e, dessa forma, a corrente não prosperou, haja vista o fato de que o direito não se limita à lei.

2) **Critério do Poder Executivo:** conforme esse critério, todo o Direito Administrativo estaria condensado na atuação desse Poder. O critério, portanto, identifica o Direito Administrativo como complexo de leis disciplinadoras da atuação do Poder Executivo. Mais uma vez, trata-se de corrente que não prosperou, uma vez que ignora que a função administrativa pode ser exercida fora do âmbito do Poder Executivo. Inclusive salienta-se a possibilidade de atividades de natureza administrativa serem atipicamente exercidas pelo Legislativo e Judiciário. Da mesma forma, a função administrativa pode ser exercida por particulares por delegação estatal, como é o exemplo das empresas concessionárias e permissionárias de serviços públicos. Por fim, deve-se ter em mente que o Poder Executivo também exerce outras funções atípicas que não a função administrativa e, por isso, seria equivocado associar absolutamente a atuação deste poder ao conceito e delimitação da matéria.

3) **Critério das relações jurídicas:** pretende-se definir o Direito Administrativo como a disciplina das relações jurídicas entre a administração pública e o particular. Com esse critério, a doutrina se esquece que alguns outros ramos do Direito Público possuem relações semelhantes, como é o caso do Direito Tributário e do Direito Penal. Ademais, muitas atuações administrativas não se enquadram no padrão convencional de um vínculo interpessoal, como a expedição de atos normativos para organizar a atuação de particulares e da gestão dos bens pertencentes ao Poder Público.

4) **Critério do serviço público:** surge na França com a criação da Escola do Serviço Público que seguia as orientações de Leon Duguit. Conforme esse critério, o Direito Administrativo tem por objeto a disciplina jurídica dos serviços públicos, ou seja, os serviços prestados pelo Estado a toda a coletividade, necessários à coexistência dos cidadãos. Hodiernamente, tal critério se mostra insuficiente, haja vista o fato de que a administração pública moderna desempenha muitas atividades que não podem ser consideradas prestação de serviço público, como é o caso do poder de polícia, a execução de obras públicas, a exploração de atividade econômica pelo Estado, bem como as atuações de fomento da atividade privada. Ademais, os serviços públicos são relevantes e fazem parte do objeto de outros ramos do direito, como é, por exemplo, o caso do Direito Tributário que se vale deste conceito para cobranças de taxas e outros tributos.

5) **Critério teleológico ou finalístico:** considera que o Direito Administrativo deve ser conceituado como sistema de princípios jurídicos que regula as atividades do Estado para cumprimento de seus fins. Essa concepção é correta, mas não consegue abranger integralmente o conceito da matéria e costuma-se dizer que se trata de definição incompleta. Foi defendida, no direito brasileiro, com algumas alterações, por Oswaldo Aranha Bandeira de Mello.

6) **Critério negativista:** este critério surge diante da dificuldade em identificar o objeto próprio do Direito Administrativo. Conforme essa corrente doutrinária, o Direito Administrativo deve ser conceituado por exclusão, isto é, seriam pertinentes a este ramo do direito todas as questões não pertencentes ao objeto de interesse de nenhum outro ramo jurídico. Sendo assim, seriam funções administrativas todas as funções do Estado que não fossem legislativas ou jurisdicionais. Mais uma vez, estamos diante de uma corrente insatisfatória,

uma vez que se utiliza um critério negativo para estabelecer a conceituação de uma atividade, bem como de um ramo do direito.

Modernamente, a doutrina majoritária tem apontado no sentido de se utilizar o **critério funcional**, como o mais eficiente na definição da matéria. Conforme esse critério, o Direito Administrativo é o ramo jurídico que estuda e analisa a disciplina normativa da função administrativa, esteja ela sendo exercida pelo Poder Executivo, Legislativo, Judiciário ou, até mesmo, por particulares mediante delegação estatal.

Assim, para o Prof. Hely Lopes Meirelles[4], o Direito Administrativo consiste no *"conjunto harmônico de princípios jurídicos que regem os órgãos, os agentes e as atividades públicas tendentes a realizar concreta, direta e imediatamente os fins desejados pelo Estado"*.

Analisemos o conceito, detalhadamente.

Em primeiro lugar, o autor define que o Direito Administrativo é um CONJUNTO HARMÔNICO DE PRINCÍPIOS. Todas as disciplinas autônomas dependem do embasamento principiológico para sua existência enquanto ciência. Esses princípios norteadores da matéria formam o que é designado pela doutrina como Regime Jurídico Administrativo, que será analisado de forma pormenorizada em capítulo específico desta obra.

Ademais, define ainda o critério que esses princípios são responsáveis por REGER OS ÓRGÃOS, OS AGENTES E AS ATIVIDADES PÚBLICAS. Nesse sentido o Direito Administrativo se preocupa em ordenar a atividade institucional de seus órgãos, regulamentando sua estrutura orgânica e de pessoal, ou seja, trata-se da função administrativa, ainda que ela seja exercida pelo Poder Legislativo ou pelo Poder Judiciário, de forma atípica.

Por fim, o conceito se encerra definindo que a função administrativa é TENDENTE A REALIZAR CONCRETA, DIRETA E IMEDIATAMENTE OS FINS DESEJADOS PELO ESTADO. Desse modo, não se pode confundir o Direito Administrativo com as demais funções estatais. Isso ocorre porque a função legislativa tem como característica típica ser geral e abstrata, inovando no ordenamento jurídico, não tendo, a princípio, aplicação concreta nas atividades individuais. Por sua vez, a função jurisdicional não é direta, haja vista depender de provocação para o seu exercício, diante da inércia do Poder Judiciário. Por fim, a definição de que a função administrativa é imediata tem a intenção de diferenciar da função social da Administração Pública, por ser função mediata do Poder Público. Ademais, o conceito estabelece que o Direito Administrativo deve buscar concretizar os fins desejados pelo Estado, sendo que compete ao Direito Constitucional definir quais são esses fins.

Outrossim, não se pode enxergar o Direito Administrativo como aquele que cria ou aglutina poderes ao Estado, pois trata-se, na verdade, de ramo jurídico que tem a função de limitar os poderes estatais, definindo os seus contornos – inclusive porque, conforme se demonstrará em tópico específico, os poderes da administração nada mais são do que poderes-deveres instrumentais, necessários à garantia do interesse público.

4. MEIRELES, Hely Lopes – Direito Administrativo Brasileiro. São Paulo: Malheiros, 29ª ed. 2003.

4.1.2. Direito Administrativo e Ciência da Administração

Por fim, é importante não confundir esses dois ramos do conhecimento. A Ciência da Administração é definida como o estudo de técnicas e estratégias para melhor planejar, executar e organizar a gestão governamental, definindo técnicas de gestão. Trata-se de ciência social que, inclusive, está subordinada aos princípios e regras definidas no Direito Administrativo.

Por sua vez, o Direito Administrativo é ramo jurídico e, como tal, se dedica aos estudos de regras e normas, sendo caracterizado como ciência normativa, impositiva que define os limites dentro dos quais a gestão pública – estudada pela ciência da administração – pode ser executada.

Nesse sentido, ressalte-se ainda ser o Direito Administrativo um ramo recente, uma vez que se desenvolveu a partir do século XIX, carecendo inclusive de codificação. Na França, assim como no Brasil, esse ramo não está unificado em código, mas disciplinado em leis esparsas.

5. CODIFICAÇÃO E FONTES DO DIREITO ADMINISTRATIVO

Observe-se, a princípio, que são consideradas fontes do direito aqueles comportamentos que ensejam a criação de uma norma imperativa. Conforme já explicitado anteriormente, o Direito Administrativo, no Brasil, não se encontra codificado, isto é, os textos administrativos não estão reunidos em um só corpo de leis, como ocorre com outros ramos como o Direito Processual, o Direito Penal e o Direito Civil.

As normas administrativas estão espelhadas, tanto no texto da Constituição Federal como em diversas leis ordinárias e complementares e em outros diplomas normativos como decretos-leis, medidas provisórias, regulamentos e decretos do Poder Executivo, circunstância que dificulta um conhecimento abrangente, bem como a formação de uma visão sistemática, orgânica desse ramo do Direito.

De fato, podem ser apresentada como argumento a favor da codificação a segurança jurídica e a maior transparência do processo decisório. Também se fala em garantir previsibilidade das decisões administrativas e estabilidade social. Por fim, a codificação viabiliza o acesso da população, facilitando o controle da atuação estatal. Por sua vez, alguns doutrinadores, apontam como argumentos contrários à codificação, a estagnação do Direito, desatualização constante, além da competência concorrente em determinados pontos da matéria e da diversidade de temas a serem codificados.

Frise-se que, em determinados ordenamentos jurídicos, há codificação nesse ramo do Direito, como em Portugal, por exemplo.

Dessa forma, a doutrina costuma apontar a existência de seis fontes principais deste ramo do Direito, quais sejam, a lei, a jurisprudência, a doutrina, os princípios gerais, os costumes e os tratados internacionais. Analisemos cada uma delas.

I – A lei é a fonte primordial do Direito Administrativo brasileiro, em razão da rigidez que o ordenamento jurídico no Brasil estabelece em relação ao princípio da legalidade nesse ramo jurídico. O vocábulo lei deve ser interpretado amplamente, abarcando todas as espécies normativas, incluindo, como fonte principal do Direito Administrativo, a Constituição Federal e todas as normas ali dispostas que tratem da matéria, sobretudo as regras e princípios administrativos nela estampados e os demais atos normativos primários (leis complementares, ordinárias, delegadas, decretos-lei e medidas provisórias).

É relevante salientar que o ordenamento jurídico brasileiro se desenvolve em estrutura hierarquizada, sendo que todas as normas infraconstitucionais encontram fundamento e validade no texto da Carta Magna e devem respeitar suas disposições.

Ademais, devem ser incluídos, como fontes secundárias, também os atos normativos infralegais, expedidos pela administração pública, nos termos e limites da lei, os quais são de observância obrigatória pela própria administração e configuram manifestação do Poder Normativo do Estado, abarcando a edição de regulamentos, instruções normativas, resoluções, entre outras espécies normativas.

Saliente-se que a lei é o único veículo habilitado para criar diretamente deveres e proibições, obrigações de fazer ou não fazer no Direito Administrativo, ensejando inovação no ordenamento jurídico, estando os demais atos normativos sujeitos a seus termos. Somente a lei, amplamente considerada, pode criar originariamente normas jurídicas, sendo por isso, para parte da doutrina, a única fonte direta do Direito Administrativo.

II – A **jurisprudência** se traduz na reiteração de julgados dos órgãos do judiciário, travando uma orientação acerca de determinada matéria. Trata-se de fonte secundária do Direito Administrativo, de grande influência na construção e na consolidação desse ramo do Direito, inclusive, diante da ausência de codificação legal.

É importante salientar que – não obstante as decisões judiciais (em regra) não terem aplicação geral e, porque somente impostas às partes do processo, também não gozarem de força vinculante – a Constituição Federal, após alteração pela Emenda Constitucional n. 45/04, passou a admitir a edição de súmulas vinculantes, expedidas pelo Supremo Tribunal Federal, com força para determinar a atuação da Administração Pública.

Com efeito, dispõe o art. 103-A da Carta Maior que a Corte Suprema pode – de ofício ou mediante provocação, por meio de decisão proferida por dois terços dos seus membros (ou seja, oito ministros), após reiteradas decisões sobre matéria constitucional – aprovar súmula (que, a partir de sua publicação na imprensa oficial, terá efeito vinculante em relação aos demais órgãos do Poder Judiciário e à administração pública direta e indireta, nas esferas federal, estadual e municipal), bem como proceder à sua revisão ou cancelamento, nos termos da lei. A matéria é controversa, uma vez que alguns doutrinadores entendem que esta regra viola o Estado Democrático de Direito, haja vista o tolhimento da independência dos juízes, além da alegação de que se configuraria afronta aos princípios do contraditório e da ampla defesa, bem como do princípio da inafastabilidade, todos eles estampados no texto constitucional.

Com efeito, não há qualquer declaração expressa de inconstitucionalidade e, portanto, a regra de edição de súmulas vinculantes se encontra vigente no Brasil. Conforme já explicitado, não serão vinculantes todas as súmulas expedidas pelo Supremo Tribunal Federal, mas tão somente aquelas que seguirem o trâmite de aprovação por dois terços dos ministros, nos moldes do art. 103-A da Constituição.

Dispõe ainda o texto constitucional que as súmulas vinculantes terão por objetivo a validade, a interpretação e a eficácia de normas determinadas acerca das quais haja controvérsia atual entre órgãos judiciários ou entre esses e a administração pública que acarrete grave insegurança jurídica e relevante multiplicação de processos sobre questão idêntica.

A constituição também esclarece que caberá reclamação ao Supremo Tribunal Federal a respeito do ato administrativo ou decisão judicial que contrariar a súmula aplicável ou que indevidamente aplicar (julgando procedente) a que anulará o ato administrativo ou cassará a decisão judicial reclamada e determinará que outra seja proferida com ou sem a aplicação da súmula, conforme o caso.

Em relação a essas súmulas, é indiscutível o fato de que as decisões judiciais com efeitos vinculantes não podem ser consideradas meras fontes secundárias de Direito Administrativo e sim fontes principais ou diretas, já que alteram o ordenamento jurídico positivo de forma imediata, impondo e definindo condutas de observância inafastável para todos os entes da Administração Pública.

Ademais, a Carta Magna estabelece que as decisões proferidas pelo Supremo Tribunal Federal, nas ações integrantes do controle concentrado de constitucionalidade, produzirão eficácia contra todos e efeito vinculante aos demais órgãos do Poder Judiciário e à administração pública direta e indireta nas esferas federal, municipal, estadual.

III – A **doutrina** constitui fonte secundária. Trata-se da lição dos mestres e estudiosos da matéria, ensejando a formação de arcabouço teórico a justificar as atuações da Administração Pública, influenciando não só a elaboração de novas regras a serem observadas como também o julgamento das lides de cunho administrativo.

IV – Os **costumes** sociais se apresentam como um conjunto de regras não escritas, que são, todavia, observadas de modo uniforme por determinada sociedade, que as considera obrigatórias. Ainda considera-se fonte relevante do Direito Administrativo, tendo em vista a deficiência legislativa na matéria. Ressalte-se que os costumes somente terão lugar, como fonte desse ramo do Direito, quando, de alguma forma, influenciam a produção legislativa ou a jurisprudência – ou seja, menos que uma fonte secundária são uma fonte indireta.

Por sua vez, o costume administrativo é caracterizado como prática reiteradamente observada pelos agentes administrativos diante de determinada situação concreta. A prática comum na Administração Pública é admitida em casos de lacuna normativa e funciona como fonte secundária de Direito Administrativo, podendo gerar direitos para os administrados, em razão dos princípios da lealdade, boa fé, moralidade administrativa, entre outros.

V – Os **princípios gerais do Direito** são normas não escritas que servem de base para ele, configurando-se vetores genéricos que informam o ordenamento do Estado, sem previsão legal expressa. São apontados, como exemplos, a máxima que define que ninguém deve ser punido sem ser ouvido previamente, a de que não se pode permitir que alguém se beneficie da sua própria torpeza, entre outros.

VI – Os **tratados internacionais** são fontes do direito administrativo pátrio, após a incorporação ao ordenamento jurídico, independentemente do rito de tramitação. De fato, os tratados internacionais que versem sobre direito administrativo não devem, necessariamente, passar pelo rito referente à incorporação dos tratados internacionais que versem exclusivamente sobre direitos humanos, visto que o rito desse último é especial para incorporação do tratado com status de Emenda Constitucional.

Neste sentido, a Constituição Federal de 1988, em seu art. 84, VIII, atribuiu a competência privativa do Presidente da República para a celebração dos tratados internacionais, sujeitando-os, posteriormente, ao Congresso Nacional, para aprová-los, conforme dicção do art. 49, I, também da Carta Magna. Vejamos:

> *"Art. 84. Compete privativamente ao Presidente da República:*
>
> *VIII – celebrar tratados, convenções e atos internacionais, sujeitos a referendo do Congresso Nacional".*
>
> *"Art. 49. É da competência exclusiva do Congresso Nacional:*
>
> *I - resolver definitivamente sobre tratados, acordos ou atos internacionais que acarretem encargos ou compromissos gravosos ao patrimônio nacional".*

Ocorre que, após a Emenda Constitucional nº 45/2004, os tratados internacionais que versem sobre direitos humanos passaram a ser submetidos a um rito diferente para inclusão no ordenamento jurídico pátrio daquele rito previsto no art. 84, VIII, combinado com o art. 49, da CF. *Litteris*:

> *"Art. 5º. Omissis.*
>
> *(...)*
>
> *§ 3º Os tratados e convenções internacionais sobre direitos humanos que forem aprovados, em cada Casa do Congresso Nacional, em dois turnos, por três quintos dos votos dos respectivos membros, serão equivalentes às emendas constitucionais".*

Essa regra não se aplica, portanto, aos tratados a respeito de matéria referente ao Direito Administrativo.

5.1. Competência para legislar

A princípio, como são diversos os temas ligados à matéria, não há definição única sobre todos eles acerca da competência para legislar. Nesse sentido, a competência para criar leis sobre Direito Administrativo, em princípio, é concorrente entre a União, estados e Distrito Federal. Os municípios, por seu turno, podem expedir leis acerca da matéria de Direito Administrativo desde que embasado na necessidade de atender ao interesse local.

Ocorre que determinadas matérias de Direito Administrativo são exceção à regra, como no caso de competência para legislar sobre desapropriação que é privativa da União. Nesse sentido, transcreveremos somente os incisos do artigo 22 da Constituição que sejam de relevância para a matéria. O dispositivo determina como competência privativa legislar sobre:

> I – Direito marítimo, aeronáutico, espacial e do trabalho;
>
> III – requisições civis e militares, em caso de iminente perigo e em tempo de guerra;
>
> IV – águas, energia, informática, telecomunicações e radiodifusão;
>
> V – serviço postal;
>
> IX – diretrizes da política nacional de transportes;
>
> X – regime dos portos, navegação lacustre, fluvial, marítima, aérea e aeroespacial;
>
> XI – trânsito e transporte;

XII – jazidas, minas, outros recursos minerais e metalurgia;

XXII – competência da polícia federal e das polícias rodoviária e ferroviária federais;

XXV – registros públicos;

XXVI – atividades nucleares de qualquer natureza;

XXVII – normas gerais de licitação e contratação, em todas as modalidades, para as administrações públicas diretas, autárquicas e fundacionais da União, Estados, Distrito Federal e Municípios, obedecido o disposto no art. 37, XXI, e para as empresas públicas e sociedades de economia mista, nos termos do art. 173, § 1º, III;

XXVIII – defesa territorial, defesa aeroespacial, defesa marítima, defesa civil e mobilização nacional.

6. INTERPRETAÇÃO DO DIREITO ADMINISTRATIVO

Interpretar é entender e atingir o sentido das normas; e entender os fins almejados pela legislação e a hermenêutica jurídica é ramo de atividade voltada a analisar as formas mais adequadas de interpretação em cada situação.

A interpretação das regras do Direito Administrativo está sujeita aos princípios hermenêuticos gerais estudados pela Filosofia do Direito e, de forma subsidiária, também se sujeita às regras interpretativas próprias do Direito Privado, embora não seja possível a aplicação dessas regras de forma absoluta em virtude da natureza específica de suas normas.

Nesse sentido, Hely Lopes Meirelles[5] costuma indicar três pressupostos que devem ser observados na interpretação de normas, atos e contratos de Direito Administrativo, especialmente quando usados princípios hermenêuticos privados para a compreensão de institutos administrativos. Vejamos quais são esses requisitos.

- **desigualdade jurídica entre a Administração e os administrados**, em virtude da supremacia do interesse público sobre o interesse privado, devendo sempre prevalecer o interesse da coletividade quando em conflito com os direitos individuais dos cidadãos;
- **a presunção de legitimidade dos atos da administração**, em virtude dos processos administrativos legais a que se submete a expedição dos atos administrativos;
- **necessidade de poderes discricionários para a Administração atender ao interesse público**, haja vista o fato de que o administrador público não atua como mero interpretador da lei, devendo, dentro dos limites impostos pelo ordenamento jurídico, definir a melhor atuação para alcançar o interesse da coletividade, em cada situação concreta vivenciada pela Administração Pública.

Conforme explicitado alhures, desde que sejam observados esses três pressupostos ora analisados, a interpretação das normas do Direito Administrativo é regida pelos princípios hermenêuticos da Filosofia do Direito e, subsidiariamente, do Direito Privado, sendo aplicáveis, com as devidas ressalvas, os métodos interpretativos positivados na Lei de Introdução às normas do Direito Brasileiro.

5. MEIRELES, Hely Lopes – Direito Administrativo Brasileiro. São Paulo: Malheiros, 29ª ed. 2003.

7. EVOLUÇÃO HISTÓRICA DO DIREITO ADMINISTRATIVO

Primeiramente, é importante ressaltar que a noção de estado de direito, já analisada nesta obra, bem como a concepção da tripartição de poderes, independentes e harmônicos entre si, são pressupostos de existência do Direito Administrativo.

De fato, a publicação da obra "Espírito das Leis", com a definição da teoria da tripartição dos poderes, desenvolvida por Charles de Montesquieu, em 1748, foi decisiva para nascimento da ideia desse ramo do Direito. O autor defende a necessidade da distribuição de poder estatal entre os órgãos distintos como uma forma de se evitar a concentração de poderes nas mãos de uma única figura, como ocorria com a figura dos monarcas, nos estados absolutistas. A obra ainda dispõe que aquele que possui o poder tem uma tendência de abusar e extrapolar seus limites, pondo em risco a liberdade do homem. Assim, torna-se necessária a criação de um sistema de controle do poder pelo poder.

Saliente-se que Montesquieu não foi o primeiro a idealizar a tripartição de poderes, sendo comum apontar "A Política" (século IV a.C.), de Aristóteles e o "Tratado sobre Governos Civis" (1689), do empirista John Locke, como as origens reais da famosa teoria. Ocorre que não se pode negar que a aceitação universal da tripartição dos poderes estatais entre órgãos distintos, teve apelo e aplicação com a obra de Montesquieu.

Durante muito tempo, vigeu no direito internacional a regra do Estado Absoluto e, nesse contexto, não havia sentido falar de Direito Administrativo. Nesse período não existiam regras jurídicas colocadas acima da vontade dos monarcas, haja vista o fato de que o rei se caracterizava como verdadeira encarnação da divindade.

Após a revolução francesa, ocorrida em 1789, com o fortalecimento dos Parlamentos, começaram a ser definidas regras limitadoras da atuação da Administração Pública, inclusive sedimentadas com a criação dos tribunais administrativos.

No Brasil, a cadeira de Direito Administrativo foi criada, por meio de Decreto n. 608/51 e a primeira obra doutrinária foi publicada em 1857, em Recife, intitulada "Elementos de Direito Administrativo Brasileiro", assinada por Vicente Pereira do Rego. Com o advento da República, o Direito Administrativo passou a evoluir com a publicação de várias obras tratando da disciplina.

8. SISTEMAS DE CONTROLE DA ATUAÇÃO ADMINISTRATIVA

Toda atividade do Estado deve ser controlada pela sociedade por meio de seus representantes – afinal, o administrador público não é titular do interesse coletivo e, por isso, não tem ampla liberdade de atuação. Dessa forma, surgiram, nos diversos ordenamentos jurídicos pelo mundo, alguns sistemas administrativos ou mecanismos de controle que retratam o regime adotado pelo Estado para o controle dos atos administrativos ilegais ou ilegítimos praticados pelo poder público, em todas as suas áreas de governo. Existem dois sistemas, quais sejam: o sistema inglês ou sistema de jurisdição única e o sistema francês ou sistema do contencioso administrativo.

O **sistema francês** ou **sistema do contencioso administrativo**, também chamado de sistema da dualidade de jurisdição, é aquele que proíbe o conhecimento, pelo Poder Judiciário, de atos ilícitos praticados pela Administração Pública, ficando esses atos sujeitos à chamada jurisdição especial do contencioso administrativo, formada por tribunais de natureza administrativa. Com efeito, a justiça comum não tem legitimidade para apreciação da atividade da Administração – com algumas ressalvas, como as questões que envolvam capacidade de pessoas, repressão penal e litígios que envolvam a propriedade privada, por exemplo. Nesse sistema, há, portanto, uma **dualidade de jurisdição**. Desse modo, pode-se dizer que estão presentes:

i. **A jurisdição administrativa** – formada pelos tribunais de natureza administrativa, com plena jurisdição em matéria administrativa, que, na França é representada pelo Conselho de Estado

ii. **A jurisdição comum** – formada pelos órgãos do Poder Judiciário, com competência para resolver os demais litígios que não envolvam atuação da Administração Pública.

Esse sistema, até os tempos atuais adotado na França, analisa a separação de poderes de forma absoluta, não admitindo o controle judicial dos atos da Administração Pública. Nesse país, o Conselho de Estado é o responsável por proferir as decisões acerca da atuação pública, com caráter de definitividade, ou seja, mediante a formação da chamada coisa julgada material. Impossível, portanto, a revisão pelo Poder Judiciário das decisões proferidas por este órgão.

Não obstante o respeito absoluto à separação de poderes, o sistema do contencioso administrativo sofre críticas no que tange à imparcialidade das decisões, uma vez que o órgão administrativo atua como julgador e como julgado no mesmo processo.

Por sua vez, o **sistema inglês** ou **sistema de jurisdição única**, também designado de sistema da unicidade de jurisdição, é aquele no qual todos os litígios, sejam eles administrativos ou privados, podem ser levados à justiça comum – ou seja, ao Poder Judiciário, único com competência para dizer o direito aplicável aos casos litigiosos, de forma definitiva, com força de coisa julgada material. Nesse sentido, pode-se estabelecer que somente ao Poder Judiciário é atribuída jurisdição, em sentido próprio.

É importante observar que a adoção do sistema de jurisdição única não implica a vedação à existência de solução de litígios na esfera administrativa. Ao contrário, a Administração Pública tem poder para efetivar a revisão acerca dos seus atos, independentemente de provocação de qualquer interessado. Ocorre que a decisão administrativa não impede que a matéria seja levada à apreciação do Poder Judiciário.

Logo, mesmo que uma questão entre um particular e a administração já tenha sido apreciada em um processo administrativo, em caráter definitivo, ou seja, mediante a formação da coisa julgada administrativa, o particular, se não satisfeito com a decisão prolatada nesse processo, poderá discutir a matéria perante o Poder Judiciário, que detém competência exclusiva para dizer o direito aplicável em cada situação com caráter de definitividade.

Dessa forma, a coisa julgada administrativa nada mais é senão a impossibilidade de discussão de determinada matéria no âmbito de processos administrativos.

Com efeito, o sistema de unicidade de jurisdição não obsta a realização do controle de legalidade dos atos administrativos pela própria Administração Pública. Em verdade, esse controle é garantia do cidadão e corresponde a um poder-dever do Poder Público, não se traduzindo em uma faculdade do administrador, mas em um verdadeiro dever da Administração Pública, o denominado princípio da autotutela.

8.1. Sistema administrativo brasileiro

O ordenamento jurídico brasileiro adotou, desde a instauração da República, o sistema inglês – também denominado de **sistema de jurisdição única** ou sistema de controle judicial – no qual todos os litígios podem ser resolvidos pelo judiciário, ao qual é atribuída a função de dizer, com formação de coisa julgada, o direito aplicável à espécie. O texto constitucional prevê, em seu art. 5º, XXXV, o princípio da inafastabilidade da jurisdição ou da unicidade de jurisdição como garantia fundamental, ostentando qualidade de cláusula pétrea constitucional ao dispor que "***a lei não excluirá da apreciação do Poder Judiciário lesão ou ameaça a direito***".

Conforme previamente salientado, definir que o controle da atividade administrativa é realizado pelo Poder Judiciário, em caráter definitivo, não significa retirar da administração pública o poder e dever de realizar o controle sobre seus próprios atos. Ocorre que, no sistema adotado no Brasil, as decisões dos órgãos administrativos não são dotadas da definitividade que caracteriza as decisões preferidas pelo Poder Judiciário. Nesse sentido, a formação de coisa julgada administrativa não impede ou obstaculiza a decisão judicial acerca da matéria, desde que seja provocado a atuar.

De fato, no Brasil, o Poder Judiciário é inerte e depende de provocação para que exerça sua jurisdição. No entanto, uma vez provocado, poderá atuar de forma independente da análise administrativa ainda que acerca do mesmo fato.

O controle judicial dos atos administrativos se baseia no fato de que o sistema brasileiro adota um sistema de freios e contrapesos entre os Poderes do Estado, uma vez que a própria Constituição Federal, em seu art. 2º, dispõe que "*São Poderes da União, independentes **e harmônicos entre si**, o Legislativo, o Executivo e o Judiciário*". A harmonia entre os Poderes justifica a possibilidade de controle exercido entre eles.

Importa salientar, portanto, que, no sistema nacional, o particular pode optar em resolver seus conflitos com a administração pública instaurando processos administrativos perante ela, ou poderá recorrer ao judiciário antes ou depois de esgotada a via administrativa. O judiciário poderá manter o entendimento proferido na decisão administrativa ou modificá-lo, mas após a decisão na esfera judicial, a questão estará definitivamente solucionada.

Ressalte-se ainda que a possibilidade de recorrer ao judiciário não depende do esgotamento das instâncias administrativas. Dessa forma, o particular pode propor ação judicial para solução dos seus conflitos, mesmo sem ter sido proferida uma decisão definitiva na esfera administrativa. Essa regra comporta uma única exceção constitucional que dispõe em seu art. 217, §1º que "*o Poder Judiciário só admitirá ações relativas à disciplina e às competições desportivas após esgotarem-se as instâncias da justiça desportiva, regulada em lei*".

9. RELAÇÃO COM OUTROS RAMOS DO DIREITO

A disciplina do Direito Administrativo encontra pontos de interseção com diversos outros ramos jurídicos.

- **Direito Constitucional**: assim como o Direito Administrativo, esse ramo atua diretamente na análise e estudo do Estado. Ocorre que, enquanto o Direito Administrativo se preocupa com a organização interna do Estado, bem como sua atuação nas relações jurídicas para satisfazer suas finalidades essenciais, o Direito Constitucional se dedica à analise das estruturas do Estado, estabelecendo os fins aos quais o ente público se dedica, bem como definindo as garantias dos particulares.
- **Direito Tributário**: esse ramo se preocupa com a aquisição de disponibilidade de receita pelo Poder Público, o que vai proporcionar toda a atuação administrativa na busca do interesse de toda a coletividade. O **Direito Financeiro**, assim como o tributário, se volta aos estudos da disponibilização orçamentária, instrumentalizando o Poder Público para a realização das despesas, atividade inerente ao Direito Administrativo.
- **Direito Processual**: o processo administrativo segue algumas normas e princípios presentes também no processo civil e no processo penal, como princípios para movimentação de processos e garantia de defesa aos interessados.
- **Direito do Trabalho**: em relação a essa disciplina, os pontos de interseção podem ser definidos na possibilidade de contratação de empregados regidos pela Consolidação das Leis trabalhistas, para prestação de serviços nos entes da Administração Indireta, mediante aprovação em concurso público. Nessas hipóteses, inclusive, as controvérsias decorrentes dessas relações serão julgadas pela justiça do trabalho. Modernamente, vem-se discutindo ainda a possibilidade de responsabilização subsidiária, na esfera trabalhista, quando o ente público contrata empresas privadas que não respeitam os direitos de seus trabalhadores. Trata-se de terceirizações em que o Estado atua como tomador do serviço.
- **Direito Penal**: os ilícitos penais praticados por agentes públicos e em face da própria Administração Pública encontram punição na esfera penal, sem prejuízo das sanções administrativas que sejam aplicadas a esses servidores pelo mesmo fato. Ademais, os crimes contra a Administração estão regulamentados pelo Código Penal, ainda que praticado por particulares, não servidores.
- **Direito Civil**: a teoria geral dos contratos e as regras referentes à função social da propriedade são preponderantes respectivamente na análise dos contratos administrativos e nas restrições impostas à propriedade privada.
- **Direito Empresarial**: esse direito estabelece algumas regras a serem aplicadas às empresas estatais, sejam elas empresas públicas ou sociedades de economia mista, como, por exemplo, a celebração de contratos e exploração de atividades econômicas.
- **Direito Eleitoral**: primeiramente, compete ao Direito Administrativo organizar a estrutura da justiça eleitoral, bem como definir as regras de votação e apuração dos pleitos e funcionamento dos partidos políticos.
- **Ciências Sociais**: A Sociologia, Economia, Ciência das Finanças atuam na busca do interesse coletivo, analisando as atividades entre o Estado e os particulares. Ocorre que

tais ciências não são deontológicas, ou seja, não impõem obrigações, por não possuírem a força coercitiva das ciências jurídicas.

10. REGIME JURÍDICO ADMINISTRATIVO

Uma vez definido o Direito Administrativo como *"conjunto harmônico de princípios jurídicos que regem os órgãos, os agentes e as atividades públicas tendentes a realizar concreta, direta e imediatamente os fins desejados pelo Estado"*, devem ser analisados esses princípios norteadores da matéria.

Para que o Direito Administrativo seja analisado como disciplina, os princípios a ele aplicados são analisados em um conjunto sistematizado designado regime jurídico-administrativo. Nesse sentido, trata-se de um conjunto de princípios, de direito público, aplicável aos órgãos e entidades que compõem a Administração Pública e à atuação dos agentes administrativos em geral. Baseia-se nos princípios da supremacia do interesse público e da indisponibilidade do interesse público que definem prerrogativas a serem estipuladas ao Estado e de limitações impostas ao ente estatal, sempre com a intenção de se perseguir e alcançar o interesse da coletividade.

Isso porque o Estado tem o dever de atingir certas finalidades indicadas pela lei e pela CF e, para alcançá-las, depende da existência de poderes não cogitados para os particulares em geral, não existentes no direito privado. Com efeito, todas as prerrogativas de direito público conferidas pelo ordenamento jurídico ao Estado justificam-se por serem necessárias para que ele atinja os fins impostos pelo ordenamento jurídico.

Por seu turno, da mesma forma que a Administração Pública goza de poderes especiais, exorbitantes ao direito comum, deve sofrer restrições em sua atuação que não existem para os particulares. Essas limitações se baseiam no fato de que a administração não é titular do patrimônio público e do interesse público, mas sim o povo.

Esse regime será analisado em todas as suas nuances no capítulo seguinte desta obra, que se propõe a analisar os princípios aplicáveis ao Direito Administrativo.

11. QUADRO SINÓPTICO

INTRODUÇÃO AO DIREITO ADMINISTRATIVO	
ESTADO	
Conceito	É uma instituição politicamente, socialmente e juridicamente organizada, dotada de personalidade jurídica própria de Direito Público que pode atuar tanto no direito público como no direito privado. Por possuir o monopólio legítimo do uso da força, é o responsável pela organização e pelo controle social.
Estado de Direito	O principal critério para legitimação do Estado de Direito é a adequação dos atos administrativos com o ordenamento jurídico. Este critério baseia-se em 3 pilares: • - Tripartição de Poderes; • - Generalização do Princípio da Legalidade; Universalidade da Jurisdição (Enseja o controle absoluto de validade sobre as atividades do Estado).

<table>
<tr><th colspan="4">INTRODUÇÃO AO DIREITO ADMINISTRATIVO</th></tr>
<tr><td rowspan="7">Poderes do estado</td><td colspan="3">A clássica teoria de tripartição de funções do Estado foi a adotada no Brasil.</td></tr>
<tr><td colspan="3">A Constituição Federal, em seu art. 2º, definiu o funcionamento de três poderes: o Legislativo, o Executivo e o Judiciário, que são poderes estruturais e organizacionais do Estado.</td></tr>
<tr><td colspan="3">Cada um desses Poderes do Estado tem sua atividade principal, chamada de função típica, e outras secundárias, que são as funções atípicas.</td></tr>
<tr><td colspan="3">ATENÇÃO! Diferem dos poderes administrativos, posto que os poderes administrativos são instrumentos concedidos à Administração Pública para consecução dos seus interesses públicos.</td></tr>
<tr><td colspan="3">Parte da doutrina ainda prevê a existência da Função Política ou Função de Governo, que, no entendimento de Celso Antônio Bandeira de Mello, abarca, por exemplo, a sanção e o veto de lei, a declaração de guerra, a decretação de estado de calamidade pública.</td></tr>
<tr><td colspan="3">No exercício da função política, o controle exercido pelo Poder Judiciário fica restrito à ocorrência de danos individuais, não cabendo ao órgão controlador analisar a atuação propriamente dita.</td></tr>
<tr><td colspan="3">As funções atípicas devem ser analisadas em caráter excepcional, pois decorrem do fato de que a tripartição de poderes não tem caráter absoluto.
Estão previstas na CF/88. Frise-se que não podem ser adicionadas novas funções atípicas pelo Poder Constituinte derivado, sob pena de ir contra a separação dos poderes, violando cláusula pétrea.</td></tr>
<tr><th colspan="4">GOVERNO X ESTADO</th></tr>
<tr><td>Estado</td><td colspan="3">Povo situado em determinado território e sujeito a um governo. Organiza-se sob uma ordem jurídica por ele posta.</td></tr>
<tr><td rowspan="3">Governo</td><td colspan="3">Elemento formador do Estado, não se confundindo com ele.</td></tr>
<tr><td>Sentido subjetivo</td><td colspan="2">Cúpula diretiva do Estado responsável pela condução de suas atividades, ou seja, o conjunto de poderes e órgãos constitucionais.</td></tr>
<tr><td>Objetiva ou material</td><td colspan="2">Atividade diretiva do Estado, se confunde com o complexo de funções básicas do Estado.</td></tr>
<tr><th colspan="4">ADMINISTRAÇÃO PÚBLICA</th></tr>
<tr><td>Sentido formal, orgânico ou subjetivo</td><td colspan="3">Conjunto de órgãos e agentes estatais no exercício da função administrativa, independentemente do poder a que pertençam ou qualquer outro organismo estatal.</td></tr>
<tr><td>Critério material ou objetivo</td><td colspan="3">Se confunde com a função administrativa. É entendida como a atividade administrativa exercida pelo Estado consistente na defesa concreta do interesse público.</td></tr>
<tr><td rowspan="5">Doutrina Moderna</td><td rowspan="4">São quatro as tarefas precípuas da Administração Pública</td><td>Prestação de serviços públicos:</td><td>É a manifestação da função prestacional, caracterizando-se pela prestação de serviços públicos.</td></tr>
<tr><td>Exercício do poder de polícia:</td><td>É a manifestação da função ordenadora, que consiste na limitação e no condicionamento da liberdade e propriedade privada em favor do interesse público (art. 78, do CTN).</td></tr>
<tr><td>Regulação de atividades de interesse público, com fomento de atividades privadas:</td><td>É a manifestação da função de regulação e fomento, caracterizando-se como incentivo a setores sociais específicos em atividades exercidas por particulares, estimulando o desenvolvimento da ordem social e econômica e o consequente crescimento do país (agências reguladoras).</td></tr>
<tr><td>Controle da atuação do Estado:</td><td>É a manifestação da função de controle que surge pelo poder-dever atribuído ao Estado de verificar a correção e legalidade da atuação exercida pelos seus próprios órgãos</td></tr>
<tr><td colspan="3">ATENÇÃO! A função administrativa configura um múnus publico, sendo considerada uma obrigação ou dever para o administrador público que não terá liberdade, sempre atuando em respeito ao direito posto, com a intenção de perseguir o interesse público.</td></tr>
</table>

<table>
<tr><th colspan="4">INTRODUÇÃO AO DIREITO ADMINISTRATIVO</th></tr>
<tr><th colspan="4">DIREITO ADMINISTRATIVO</th></tr>
<tr><td rowspan="8">Conceito</td><td colspan="3">Não há unanimidade na doutrina, o que faz com que seja importante verificarmos os critérios adotados pela doutrina para a delimitação do objeto e finalidades e a área de atuação do ramo em questão.</td></tr>
<tr><td rowspan="7">São seis as correntes</td><td>Corrente legalista:</td><td>Também chamada de escola exegética. Para essa escola, o Direito Administrativo se resume no conjunto da legislação administrativa existente no país.</td></tr>
<tr><td>Critério do Poder Executivo:</td><td>O critério, identifica o Direito Administrativo como complexo de leis disciplinadoras da atuação do Poder Executivo.</td></tr>
<tr><td>Critério das relações jurídicas:</td><td>Define o Direito Administrativo como a disciplina das relações jurídicas entre a administração pública e o particular.</td></tr>
<tr><td>Critério do serviço público:</td><td>Afirma que o Direito Administrativo tem por objeto a disciplina jurídica dos serviços públicos, ou seja, os serviços prestados pelo Estado a toda a coletividade, necessários à coexistência dos cidadãos</td></tr>
<tr><td>Critério teleológico ou finalístico:</td><td>Considera que o Direito Administrativo deve ser conceituado como sistema de princípios jurídicos que regula as atividades do Estado para cumprimento de seus fins.</td></tr>
<tr><td>Critério negativista:</td><td>Conceitua o Direito Administrativo por exclusão, isto é, são pertinentes a este ramo do direito, todas as questões não pertencentes ao objeto de interesse de nenhum outro ramo jurídico.</td></tr>
<tr><td>Critério funcional:</td><td>A Doutrina Majoritária defende este critério, cujo entendimento é que o Direito Administrativo é o ramo jurídico que estuda e analisa a disciplina normativa da função administrativa, seja ela exercida pelo Poder Executivo, Legislativo, Judiciário ou, até mesmo, por particulares mediante delegação estatal.
ATENÇÃO! Assim, Direito Administrativo é "conjunto harmônico de princípios jurídicos que regem os órgãos, os agentes e as atividades públicas tendentes a realizar concreta, direta e imediatamente os fins desejados pelo Estado" (MEIRELLES, Hely Lopes).</td></tr>
<tr><td rowspan="2">Direito Administrativo e Ciência da Administração</td><td colspan="3">A ciência da administração é definida como o estudo de técnicas e estratégias para melhor planejar, executar e organizar a gestão governamental.</td></tr>
<tr><td colspan="3">Direito Administrativo é ramo jurídico e, como tal, se dedica aos estudos de regras e normas, sendo caracterizado como ciência normativa, impositiva que define os limites dentro dos quais a gestão pública – estudada pela ciência da administração – pode ser executada.</td></tr>
<tr><th colspan="4">CODIFICAÇÃO E FONTES DO DIREITO ADMINISTRATIVO</th></tr>
<tr><td>No que tange ao Direito Administrativo, este não possui uma codificação específica.
A doutrina costuma apontar a existência de seis fontes principais deste ramo do direito, quais sejam:</td><td>Lei</td><td colspan="2">É a fonte primordial do Direito Administrativo brasileiro. O vocábulo lei deve ser interpretado amplamente, abarcando todas as espécies normativas, incluindo, como fonte principal do Direito Administrativo, a Constituição Federal e todas as normas ali dispostas que tratem da matéria.</td></tr>
</table>

<table>
<tr><th colspan="3">INTRODUÇÃO AO DIREITO ADMINISTRATIVO</th></tr>
<tr><td rowspan="6">No que tange ao Direito Administrativo, este não possui uma codificação específica.
A doutrina costuma apontar a existência de seis fontes principais deste ramo do direito, quais sejam:</td><td>Jurisprudência</td><td>Se traduz na reiteração de julgados dos órgãos do Judiciário, travando uma orientação acerca de determinada matéria. Trata-se de fonte secundária do Direito Administrativo, de grande influência na construção e na consolidação desse ramo do Direito, inclusive, diante da ausência de codificação legal.
ATENÇÃO! As súmulas vinculantes não podem ser consideradas meras fontes secundárias, mas sim fontes principais ou diretas.</td></tr>
<tr><td>Doutrina</td><td>Trata-se da lição dos mestres e estudiosos da matéria, ensejando a formação de arcabouço teórico a justificar as atuações da Administração Pública, influenciando não só a elaboração de novas regras a serem observadas como também o julgamento das lides de cunho administrativo. Constitui-se como fonte secundária.</td></tr>
<tr><td>Costumes Sociais</td><td>São um conjunto de regras não escritas. Somente terão lugar, como fonte de Direito Administrativo, quando de alguma forma influenciarem a produção legislativa ou a jurisprudência, ou seja, menos que uma fonte secundária, são uma fonte indireta.</td></tr>
<tr><td>Princípios Gerais do Direito</td><td>São normas não escritas que servem de base para o Direito, configurando-se como vetores genéricos que informam o ordenamento do Estado, sem previsão legal expressa.</td></tr>
<tr><td>Tratados Internacionais</td><td>São fontes do direito administrativo pátrio, após a incorporação ao ordenamento jurídico, independentemente do rito de tramitação.</td></tr>
<tr><td colspan="2"></td></tr>
<tr><td rowspan="3">Competência para legislar</td><td colspan="2">A competência para criar leis sobre Direito Administrativo, em princípio, é concorrente entre a União, estados e Distrito Federal. Os municípios, por seu turno, podem expedir leis acerca da matéria de Direito Administrativo desde que embasado na necessidade de atender ao interesse local.</td></tr>
<tr><td colspan="2">ATENÇÃO! Determinadas matérias de Direito Administrativo são exceção à regra, como no caso de competência para legislar sobre desapropriação, que é privativa da União.</td></tr>
<tr><td colspan="2">Além desse, compete privativamente à União legislar sobre os seguintes temas de Direito Administrativo contidos nos incisos do artigo 22 da Constituição: I – Direito marítimo, aeronáutico, espacial e do trabalho; III – requisições civis e militares, em caso de iminente perigo e em tempo de guerra; IV – águas, energia, informática, telecomunicações e radiodifusão; V – serviço postal; IX – diretrizes da política nacional de transportes; X – regime dos portos, navegação lacustre, fluvial, marítima, aérea e aeroespacial; XI – trânsito e transporte; XII – jazidas, minas, outros recursos minerais e metalurgia; XXII – competência da polícia federal e das polícias rodoviária e ferroviária federais; XXV – registros públicos; XXVI – atividades nucleares de qualquer natureza; XXVII – normas gerais de licitação e contratação, em todas as modalidades, para as administrações públicas diretas, autárquicas e fundacionais da União, Estados, Distrito Federal e Municípios, obedecido o disposto no art. 37, XXI, e para as empresas públicas e sociedades de economia mista, nos termos do art. 173, § 1º, III; XVIII – defesa territorial, defesa aeroespacial, defesa marítima, defesa civil e mobilização nacional.</td></tr>
<tr><th colspan="3">INTERPRETAÇÃO DO DIREITO ADMINISTRATIVO</th></tr>
<tr><td rowspan="3">Hely Lopes Meirelles costuma indicar três pressupostos que devem ser observados na interpretação de normas, atos e contratos de Direito Administrativo</td><td colspan="2">Desigualdade jurídica entre a Administração e os administrados, em virtude da supremacia do interesse público sobre o interesse privado, devendo sempre prevalecer o interesse da coletividade quando em conflito com os direitos individuais dos cidadãos;</td></tr>
<tr><td colspan="2">A presunção de legitimidade dos atos da administração, em virtude dos processos administrativos legais a que se submetem a expedição dos atos administrativos</td></tr>
<tr><td colspan="2">Necessidade de poderes discricionários para a Administração atender ao interesse público, haja vista o fato de que o administrador público não atua como mero intérprete da lei, devendo, dentro dos limites impostos pelo ordenamento jurídico, definir a melhor atuação para alcançar o interesse da coletividade, em cada situação concreta vivenciada pela Administração Pública.</td></tr>
</table>

<table>
<tr><th colspan="3">INTRODUÇÃO AO DIREITO ADMINISTRATIVO</th></tr>
<tr><th colspan="3">EVOLUÇÃO HISTÓRICA DO DIREITO ADMINISTRATIVO</th></tr>
<tr><td>A publicação da obra Espírito das Leis</td><td colspan="2">Com a definição da teoria da tripartição dos poderes, desenvolvida por Charles de Montesquieu, em 1748, foi decisiva para nascimento da ideia de Direito Administrativo.</td></tr>
<tr><td>A Revolução Francesa (1789)</td><td colspan="2">Com o fortalecimento dos Parlamentos, começaram a ser definidas regras limitadoras da atuação da Administração Pública, inclusive sedimentadas com a criação dos tribunais administrativos.</td></tr>
<tr><td rowspan="2">No Brasil</td><td>Decreto n. 608/51</td><td>Criou a cadeira de Direito Administrativo no Brasil.</td></tr>
<tr><td>"Elementos de Direito Administrativo brasileiro"</td><td>Primeira obra doutrinária, escrita por Vicente Pereira do Rego, que foi publicada em 1857.</td></tr>
<tr><th colspan="3">SISTEMAS DE CONTROLE DA ATUAÇÃO ADMINISTRATIVA</th></tr>
<tr><td>Sistema Francês ou Sistema do Contencioso Administrativo</td><td colspan="2">Também chamado de sistema da dualidade de jurisdição é aquele que proíbe o conhecimento, pelo Poder Judiciário, de atos ilícitos praticados pela Administração Pública, ficando estes atos sujeitos à chamada jurisdição especial do contencioso administrativo, formada por tribunais de natureza administrativa.</td></tr>
<tr><td rowspan="3">Sistema Inglês ou Sistema de Jurisdição Única</td><td colspan="2">Também designado de sistema da unicidade de jurisdição, é aquele no qual todos os litígios, sejam eles administrativos ou privados, podem ser levados à justiça comum, ou seja, ao Poder Judiciário, único com competência para dizer o direito aplicável aos casos litigiosos, de forma definitiva, com força de coisa julgada material. Nesse sentido, pode-se estabelecer que somente ao Poder Judiciário é atribuída jurisdição, em sentido próprio.</td></tr>
<tr><td colspan="2">ATENÇÃO! A adoção do sistema de jurisdição única não implica a vedação à existência de solução de litígios na esfera administrativa. Ao contrário, a Administração Pública tem poder para efetivar a revisão acerca dos seus atos, independentemente de provocação de qualquer interessado. Ocorre que a decisão administrativa não impede que a matéria seja levada à apreciação do Poder Judiciário.</td></tr>
<tr><td colspan="2">Dessa forma, a coisa julgada administrativa, nada mais é senão a impossibilidade de discussão de determinada matéria no âmbito de processos administrativos.</td></tr>
<tr><td rowspan="4">Sistema Administrativo Brasileiro</td><td colspan="2">O ordenamento jurídico brasileiro adotou, desde a instauração da República o sistema inglês, também denominado de sistema de jurisdição única ou sistema de controle judicial (art. 5º, XXXV, da Constituição Federal).</td></tr>
<tr><td colspan="2">O controle judicial dos atos administrativos se baseia no fato de que o ordenamento jurídico brasileiro adota um sistema de freios e contrapesos entre os Poderes do Estado, uma vez que a própria Constituição Federal, em seu art. 2º, dispõe que "São Poderes da União, independentes e harmônicos entre si, o Legislativo, o Executivo e o Judiciário". A harmonia entre os Poderes justifica a possibilidade de controle exercido entre eles.</td></tr>
<tr><td colspan="2">No sistema nacional, o particular pode optar em resolver seus conflitos com a administração pública instaurando processos administrativos perante ela ou poderá recorrer ao judiciário antes ou depois de esgotada a via administrativa.</td></tr>
<tr><td colspan="2">Ressalte-se ainda que a possibilidade de recorrer ao judiciário não depende do esgotamento das instâncias administrativas.</td></tr>
<tr><th colspan="3">REGIME JURÍDICO ADMINISTRATIVO</th></tr>
<tr><td colspan="3">Para que o Direito Administrativo seja analisado como disciplina, os princípios a ele aplicados são analisados em um conjunto sistematizado designado regime jurídico-administrativo. Nesse sentido, trata-se de um conjunto de princípios, de direito público, aplicável aos órgãos e entidades que compõem a Administração Pública e à atuação dos agentes administrativos em geral. Baseia-se nos princípios da supremacia do interesse público e da indisponibilidade do interesse público que definem prerrogativas a serem estipuladas ao Estado e de limitações impostas ao ente estatal, sempre com a intenção de se perseguir e alcançar o interesse da coletividade.</td></tr>
</table>

12. SÚMULAS

12.1. Súmulas do STF

- **Súmula n. 346:** A administração pública pode declarar a nulidade dos seus próprios atos.
- **Súmula n. 473:** A administração pode anular seus próprios atos, quando eivados de vícios que os tornam ilegais, porque deles não se originam direitos; ou revogá-los, por motivo de conveniência ou oportunidade, respeitados os direitos adquiridos, e ressalvada, em todos os casos, a apreciação judicial.
- **Súmula n. 645:** É competente o município para fixar o horário de funcionamento de estabelecimento comercial.
- **Súmula n. 419:** Os municípios têm competência para regular o horário do comércio local, desde que não infrinjam leis estaduais ou federais válidas.

13. JURISPRUDÊNCIAS 2015/2016

- **MEDIDA CAUTELAR NA AÇÃO DIRETA DE INCONSTITUCIONALIDADE. EMENDA CONSTITUCIONAL Nº 88/2015. CUMULAÇÃO DE AÇÕES EM PROCESSO OBJETIVO. POSSIBILIDADE. ART. 292 DO CÓDIGO DE PROCESSO CIVIL. APLICAÇÃO SUBSIDIÁRIA. MÉRITO. APOSENTADORIA COMPULSÓRIA AOS 75 ANOS DE IDADE DE MEMBROS DOS TRIBUNAIS SUPERIORES E DO TRIBUNAL DE CONTAS DA UNIÃO. NECESSIDADE DE NOVA SABATINA PERANTE O SENADO FEDERAL (CRFB, ART. 52). VIOLAÇÃO À SEPARAÇÃO DOS PODERES (CRFB, ART. 60, §4º, III). ULTRAJE À INDEPENDÊNCIA E À IMPARCIALIDADE DO PODER JUDICIÁRIO. INCONSTITUCIONALIDADE DA EXPRESSÃO "NAS CONDIÇÕES DO ART. 52 DA CONSTITUIÇÃO FEDERAL" DO ARTIGO 100 DO ADCT. SENTIDO DA EXPRESSÃO "LEI COMPLEMENTAR" NA NOVA REDAÇÃO DO ART. 40, §1º, II, CRFB. DISCUSSÃO RESTRITA AOS MEMBROS DO PODER JUDICIÁRIO. ART. 93, VI, DA CRFB. NECESSIDADE DE LEI COMPLEMENTAR NACIONAL DE INICIATIVA DO STF. INVALIDADE DE LEIS ESTADUAIS QUE DISPONHAM SOBRE APOSENTADORIA DE MAGISTRADOS. EXISTÊNCIA DE REGRA DE APOSENTADORIA ESPECÍFICA PARA MEMBROS DE TRIBUNAL SUPERIOR. PRINCÍPIOS DA ISONOMIA E DA UNIDADE DO PODER JUDICIÁRIO. ALEGADA VIOLAÇÃO. NÃO OCORRÊNCIA. PEDIDO CAUTELAR DEFERIDO.** 1. O princípio constitucional da separação dos Poderes (CRFB, art. 2º), cláusula pétrea inscrita no art. 60, § 4º, III, da Constituição República, revela-se incompatível com arranjos institucionais que comprometam a independência e a imparcialidade do Poder Judiciário, predicados necessários à garantia da justiça e do Estado de Democrático de Direito. 2. A expressão "nas condições do art. 52 da Constituição Federal" contida no art. 100 do ADCT, introduzido pela EC nº 88/2015, ao sujeitar à confiança política do Poder Legislativo a permanência no cargo de magistrados do Supremo Tribunal Federal, dos Tribunais Superiores e de membros do Tribunal de Contas da União, vulnera as condições materiais necessárias ao exercício imparcial e independente da função jurisdicional. 3. A aposentadoria compulsória de magistrados é tema reservado à lei complementar nacional, de iniciativa do Supremo Tribunal Federal, nos termos da regra expressa contida no artigo 93, VI, da Constituição da República, não havendo que se falar em interesse local, ou mesmo qualquer singularidade que justifique a atuação legiferante estadual em detrimento da uniformização. 4. A unidade do Poder Judiciário nacional e o princípio da isonomia são compatíveis com a existência de regra de aposentadoria específica para integrantes do Supremo Tribunal Federal e dos Tribunais Superiores, cujos cargos também apresentam peculiaridades para o seu provimento. 5. É inconstitucional todo pronunciamento judicial ou administrativo que afaste, amplie ou reduza a literalidade do comando previsto no art. 100 do ADCT e, com base em neste fundamento, assegure a qualquer agente público o exercício das funções relativas a cargo efetivo ou vitalício após ter completado setenta anos de idade. 6. A cumulação simples de pedidos típicos de ADI e de ADC é processualmente cabível em uma única demanda de controle concentrado de constitucionalidade, desde que satisfeitos os requisitos previstos na legislação processual civil (CPC, art. 292). 7. Pedido cautelar deferido. **(STF – ADI 5316/DF, Relator Min. Luiz Fux, data do julgamento: 21/05/2015, Tribunal Pleno, Processo eletrônico, DJe-154, DIVULG 05-08-2015 PUBLIC 06-08-2015).**
- EMENTA: Mandado de segurança. Conselho Nacional de Justiça (CNJ). *Órgão constitucionalmente posicionado* na estrutura institucional do Poder Judiciário (CF, art. 92, I-A). Outorga, ao CNJ, de poder de controle da atuação administrativa e financeira do Poder Judiciário e de fiscalização do cumprimento, pelos magistrados, de seus deveres funcionais. O dogma republicano da responsabilização dos agentes públicos em geral. A legitimidade da apuração da responsabilidade disciplinar de juízes como natural consectário do modelo republicano. Pretendida caracterização do CNJ como tribunal de exceção, por haver sido instituído "ex post facto" (EC no 45/2004). Não configuração. Precedentes. Inexistência, no caso, de qualquer juízo "ad hoc" ou "ad personam". Prática impessoal e independente, pelo CNJ, de sua atividade administrativo-disciplinar, exercida, na espécie, sem qualquer conotação de índole casuística. A questão da incidência do princípio da subsidiariedade como requisito legitimador do exercício, pelo CNJ, de sua competência em matéria disciplinar. Jurisprudência plenária do Supremo Tribunal Federal sobre o tema, reconhecendo ser originária, autônoma e concorrente a competência do CNJ em matéria disciplinar (MS 28.003/DF – MS 29.187- -AgR/DF, v.g.). Posição pessoal deste Relator, em sentido contrário, que admite a tese da subsidiariedade dessa competência discipli-

nar, ressalvada a ocorrência de situações anômalas (MS 28.784-MC/DF, Rel. Min. CELSO DE MELLO, v.g.). Alegação de ofensa ao postulado do "due process of law". Inocorrência. Observância, pelo CNJ, de todas as prerrogativas jurídicas que compõem a garantia constitucional do devido processo legal (RMS 28.517-AgR/DF, Rel. Min. CELSO DE MELLO, v.g.). Interrogatório realizado, no caso, sem a presença de Advogado. Impetrante que, não obstante assegurado o seu direito de fazer-se acompanhar por Advogado, dispensou-lhe, expressa e formalmente, a presença no curso do interrogatório a que foi submetido, assumindo, em razão de tal opção, todas as consequências dela decorrentes. Validade jurídica desse ato de inquirição do impetrante. Alegado cerceamento do direito de defesa que teria decorrido de suposta limitação ao número de testemunhas. Considerações em torno dessa questão. Iliquidez, no entanto, dos fatos subjacentes a tal objeção, pois o impetrante deixou de comprovar, documentalmente, neste "writ" mandamental, o seu pretendido rol ampliado de testemunhas, além de não haver indicado os eventos que por elas poderiam ser esclarecidos nem produzido cópia do teor da decisão que indeferiu, em sede administrativa, referida postulação. Ausência de comprovação, de outro lado, de qualquer prejuízo para o impetrante, que exerceu, plenamente, o direito à prova. Aproveitamento, pelo CNJ, dos elementos probatórios coligidos no âmbito de inspeção realizada pela Corregedoria Nacional de Justiça. Possibilidade. Doutrina. Precedentes. Direito de contestar e de criticar as provas produzidas, em caráter unilateral, na fase pré-processual, bem assim de a elas opor-se. Prerrogativa jurídica que foi efetivamente assegurada ao impetrante durante a instrução, sob o crivo do contraditório, do processo administrativo- -disciplinar. Sindicância instaurada perante o Tribunal de Justiça local. Desnecessidade, em tal caso, de prévia deliberação do órgão referido no art. 33, parágrafo único, da LOMAN, por tratar-se de procedimento revestido de caráter estritamente administrativo-disciplinar. Suposta transgressão ao postulado da motivação dos atos decisórios (CF, art. 93, IX). Inocorrência. Pretendida reavaliação dos elementos de prova que, ponderados pelo órgão competente, substanciam o juízo censório proferido pelo CNJ. Controvérsia que implica exame aprofundado de fatos e que demanda confronto analítico de matéria essencialmente probatória. Tema que refoge aos estreitos limites do "writ" mandamental, em cujo âmbito não se admite a instauração incidental de dilação probatória. A ação de mandado de segurança configura processo de caráter tipicamente documental. Doutrina. Precedentes. Pretendida análise da proporcionalidade e da razoabilidade da sanção constitucional imposta ao impetrante (CF, art. 93, VIII). Inviabilidade do reexame fundado em tais critérios. Precedentes específicos do STF. Penalidade legitimamente aplicada pelo Conselho Nacional de Justiça em consonância com a natureza grave da falta cometida, em harmonia com a regência normativa pertinente à matéria e com pleno apoio em conjunto probatório produzido sob o signo do contraditório no procedimento disciplinar. Mandado de segurança denegado. (STF – MS 28.891/DF – Ministro Relator Celso de Mello - Julgamento 04-10-2016.

14. QUESTÕES DE CONCURSOS

1. **(CESPE - 2014 - TJ-CE - Analista Judiciário - Área Administrativa)** Com relação ao conceito, ao objeto e às fontes do Direito Administrativo, assinale a opção correta.

a) Consoante o critério negativo, o Direito Administrativo compreende as atividades desenvolvidas para a consecução dos fins estatais, incluindo as atividades jurisdicionais, porém excluindo as atividades legislativas.

b) Pelo critério teleológico, o Direito Administrativo é o conjunto de princípios que regem a administração pública.

c) Para a escola exegética, o Direito Administrativo tinha por objeto a compilação das leis existentes e a sua interpretação com base principalmente na jurisprudência dos tribunais administrativos.

d) São considerados fontes primárias do Direito Administrativo os atos legislativos, os atos infralegais e os costumes.

e) De acordo com o critério do Poder Executivo, o Direito Administrativo é conceituado como o conjunto de normas que regem as relações entre a administração e os administrados.

2. **(VUNESP - 2014 - PC-SP - Delegado de Polícia)** O conceito de Direito Administrativo é peculiar e sintetiza-se no conjunto harmônico de princípios jurídicos que regem os órgãos, os agentes e as atividades públicas tendentes a realizar concreta, direta e imediatamente os fins desejados pelo Estado. A par disso, é fonte primária do Direito Administrativo

a) a jurisprudência.

b) os costumes.

c) os princípios gerais de direito.

d) a lei, em sentido amplo.

e) a doutrina.

3. **(FMP-RS – 2015 – TJ-MT – JUIZ)** Em face da formação histórica do Direito Administrativo e do modelo de Estado vigente, é correto afirmar que:

a) a noção de coisa julgada nas esferas administrativa e judicial tem a mesma dimensão e conteúdo.

b) as decisões proferidas por órgãos públicos de natureza superior não podem ser revistas pelo Poder Judiciário.

c) o processo administrativo somente pode ser instaurado mediante provocação do interessado, por representação escrita endereçada ao agente competente para a solução da controvérsia.

d) o regime jurídico juspublicista, no todo ou em parte, somente pode ser aplicado às pessoas jurídicas de direito público.

e) tem por objeto os órgãos, agentes e pessoas jurídicas administrativas que integram a Administração Pública, a atividade não contenciosa que exerce e os bens de que se utiliza para a consecução de seus fins, de natureza pública.

4. (FCC – 2016 – SEGEP-MA – Auditor Fiscal da Receita Estadual) São fontes do Direito Administrativo:

I. lei.

II. razoabilidade.

III. moralidade.

IV. jurisprudência.

V. proporcionalidade.

Está correto o que consta APENAS em

a) I e II.

b) II e IV.

c) I e IV.

d) III e V.

e) IV e V.

5. (CESPE – 2016 – PC-CE – Agente de Polícia) Considerando as fontes do direito administrativo como sendo aquelas regras ou aqueles comportamentos que provocam o surgimento de uma norma posta, assinale a opção correta.

a) A lei é uma fonte primária e deve ser considerada em seu sentido amplo para abranger inclusive os regulamentos administrativos.

b) O acordo é uma importante fonte do direito administrativo por ser forma de regulamentar a convivência mediante a harmonização de pensamentos.

c) Os costumes, pela falta de norma escrita, não podem ser considerados como fonte do direito administrativo.

d) A jurisprudência é compreendida como sendo aquela emanada por estudiosos ao publicarem suas pesquisas acerca de determinada questão jurídica.

e) Uma doutrina se consolida com reiteradas decisões judiciais sobre o mesmo tema.

6. (CESPE – 2016 – TRT da 8ª Região – Analista Judiciário) A respeito dos elementos do Estado, assinale a opção correta.

a) Povo, território e governo soberano são elementos indissociáveis do Estado.

b) O Estado é um ente despersonalizado.

c) São elementos do Estado o Poder Legislativo, o Poder Judiciário e o Poder Executivo.

d) Os elementos do Estado podem se dividir em presidencialista ou parlamentarista.

e) A União, o estado, os municípios e o Distrito Federal são elementos do Estado brasileiro.

7. (Planejar Consultoria – 2016 – Prefeitura de Lauro de Freitas – Procurador Municipal) Define-se Direito Administrativo, como:

GOMES, Fábio Bellote. Elementos de direito administrativo. Barueri, SP: Manole, 2006. p. 4.

a) conjunto harmônico de princípios jurídicos que regem os órgãos, os agentes e as atividades privadas tendentes a realizar concreta, direta e imediatamente os fins desejados pelo Estado.

b) conjunto de normas destinadas a regular o funcionamento da Administração Pública, tanto nas suas relações internas, direta ou indiretamente, como nas suas relações externas com os administrados, sempre que o interesse público terminar.

c) ramos do direito público que disciplina a função administrativa e os órgãos que a exercem.

d) conjunto harmônico de princípios jurídicos que regem os órgãos, os agentes e as atividades públicas tendentes a realizar concreta, direta e imediatamente os fins desejados pelo Estado.

e) conjunto de normas destinado a regular a atuação concreta do Estado, por meio da Administração pública.

GABARITO		COMENTÁRIO
1	C	A escola exegética, ou corrente legalista, entendia o Direito Administrativo como o conjunto da legislação administrativa de um país, correspondente ao direito positivo. Os doutrinadores limitavam-se a compilar as leis existentes e a interpretá-las baseados mormente na jurisprudência dos Tribunais Administrativos.
2	D	A lei é a fonte primordial do Direito Administrativo, entendida, em seu sentido amplo, como todas as espécies normativas, tendo como principal referência, no Brasil, a Constituição Federal e os demais atos normativos primários.

GABARITO		COMENTÁRIO
3	E	A alternativa correta é baseada nos conceitos estabelecidos pela doutrina brasileira. Assim, vale destacar o conceito de Hely Lopes Meireles sobre o Direito Administrativo: *"conjunto harmônico de princípios jurídicos que regem os órgãos, os agentes e as atividades públicas tendentes a realizar concreta, direta e imediatamente os fins desejados pelo Estado".*
4	C	A doutrina costuma apontar a existência de seis fontes principais deste ramo do Direito, quais sejam, a lei, a jurisprudência, a doutrina, os princípios gerais, os costumes e os tratados internacionais. A razoabilidade, moralidade e proporcionalidade são princípios da administração pública previstos tanto na Carta Magna e nas leis infraconstitucionais.
5	A	A lei é a fonte primordial e primária do Direito Administrativo brasileiro, em razão da rigidez que o ordenamento jurídico no Brasil estabelece em relação ao princípio da legalidade nesse ramo jurídico. O vocábulo lei, abarca, no seu sentido amplo, todas as espécies normativas, incluindo, Constituição Federal, leis complementares, ordinárias, delegadas, decretos-lei, medidas provisórias e atos normativos infralegais (dentre eles, o regulamento administrativo).
6	A	O Estado é um povo situado em determinado território e sujeito a um governo. Nesse conceito, verifica-se que os três elementos: povo, território e governo são elementos formadores e indissociáveis do Estado.
7	D	O Direito Administrativo se baseia em um conjunto harmônico de princípios e regras que disciplinam as atividades administrativas visando à satisfação dos interesses de toda a coletividade, mesmo que isso justifique a restrição de direitos individuais – ou seja, exclui a função jurisdicional e legislativa, respeita os direitos fundamentais dos cidadãos, postos na ordem jurídica, e disciplina o conjunto de órgãos públicos e entidades que compõem sua estrutura organizacional.

CAPÍTULO 2

REGIME JURÍDICO ADMINISTRATIVO

1. DEFINIÇÃO

No capítulo anterior, foram analisadas as noções introdutórias e conceituais de Direito Administrativo enquanto matéria jurídica autônoma. Esse ramo do direito público tem como objetivo atingir os fins desejados pelo Estado de forma direta, concreta e imediata, de forma que não se confunde a função administrativa com as demais funções do Estado, seja a função política, jurisdicional ou legislativa.

Assim como os demais ramos do Direito, essa matéria se conceitua como um conjunto harmônico de princípios que orienta toda a atuação administrativa, definindo as prerrogativas e restrições que são aplicadas ao Estado.

Com efeito, no Direito Administrativo é fundamental o estudo dos princípios, porque eles são postulados que inspiram o modo de agir de toda Administração Pública, trazendo dinamismo ao sistema. Eles representam a conduta do Estado no exercício de suas atividades essenciais. Assim como em todos os outros ramos do Direito, no Direito Administrativo a sua lógica é a espinha dorsal de todo esse sistema, e isso se expõe no estudo de seus princípios. Em suma, os princípios são a forma de raciocinar o Direito Administrativo e compreender toda sua lógica.

O Estudo destes princípios orientadores da atuação estatal é o que se denomina de REGIME JURÍDICO ADMINISTRATIVO.

→ **Regime jurídico administrativo**

Conjunto harmônico de princípios que definem a lógica da atuação do ente público, a qual se baseia na existência de limitações e prerrogativas em face do interesse público. Esses princípios devem resguardar essa lógica, havendo, entre eles, um ponto de coincidência.

Sendo assim, é possível estipular que a existência destes princípios é fundamental para a formação da matéria de Direito Administrativo como ramo autônomo do Direito, mesmo diante da inexistência de uma codificação específica.

A matéria não está totalmente regulamentada de forma expressa na legislação, o que enseja uma divergência acerca dos princípios a serem aplicados na atuação estatal. De qualquer forma, é cediço que todos os princípios que se aplicam ao Direito Administrativo decorrem do texto da Constituição Federal, podendo se definir a existência de princípios constitucionais implícitos e outros expressos nos dispositivos constitucionais.

Em outras palavras, pode-se estabelecer que a Carta Magna é a base para a definição de todos os princípios que orientam a atuação administrativa; no entanto, alguns deles não estão expressamente dispostos na Lei Maior, decorrendo, todavia, de sua interpretação pelos estudiosos da matéria.

1.1. Princípios e regras

Atualmente, a doutrina diferencia os princípios norteadores do Direito das regras que determinam condutas específicas de atuação nos casos concretos e individuais, não podendo ser analisados de forma uniforme estes dois conceitos.

Os **princípios** devem ser encarados como normas gerais coercitivas que orientam a atuação do indivíduo, definindo valores a serem observados nas condutas por ele praticadas. De fato, os princípios encerram ideias centrais de um sistema e dão sentido lógico e harmonioso às demais normas que regulamentam o Direito Administrativo, possibilitando sua melhor organização. Por seu turno, os princípios de Direito Administrativo definem a organização e a forma de atuar do ente estatal, estabelecendo o sentido geral de sua atuação.

As **regras**, de outra forma, se caracterizam por disposições que definem a atuação do indivíduo diante de determinada situação concreta. Desse modo, as regras aplicadas ao Direito Administrativo estabelecem a forma e o momento de atuação do ente público, em observância a um determinado acontecimento que precipita suas atividades. Nesse sentido, Marcelo Neves[1] dispõe que *"Pode-se, sim, afirmar que os princípios tendem a ser mais gerais e imprecisos do que as regras. (...) Mas cumpre insistir que esta característica não tem uma relação necessária, mas sim eventual (embora se possa falar em tendencial) com sua maior generalidade e imprecisão em relação às regras"*.

Em virtude desta distinção, estabelecida pela doutrina brasileira, em observância aos ensinamentos de Ronald Dworking[2] e Robert Alexy[3], pode-se estabelecer que os conflitos entre os princípios e entre as regras têm consequências diversas.

Com efeito, o conflito entre regras resulta em antinomia situação em que se torna necessária a retirada de uma das regras do ordenamento jurídico, haja vista a incompatibilidade entre ambas, desde que pertençam ao mesmo ordenamento e tenham o mesmo âmbito de validade. Dessa forma, é imperativa a eliminação de uma delas.

1. NEVES, Marcelo – Entre Hidra e Hércules – Princípios e Regras Constitucionais. São Paulo: WMF Martins Fontes, 2001.
2. DWORKING, Ronald. Levando os direitos a sério. Tradução de Nelson Boeira. São Paulo, Martins Fontes, 2002.
3. ALEXY, Robert. Teoria dos Direitos Fundamentais. Trad. Virgílio Afonso da Silva. São Paulo: Malheiros, 2008.

Pode-se estabelecer, portanto, que não se admite a coexistência de duas ou mais regras jurídicas que impõem dois ou mais juízos concretos de dever contraditórios e que sejam ao mesmo tempo válidas. Essa é a denominada **antinomia jurídica própria**. Se uma regra é válida, deve-se fazer o que ela exige, excluindo qualquer outra que disponha em contrário. Ressalte-se, ainda, que não se admite o conflito entre as regras e os princípios, uma vez que estes servem como orientação geral para a formação daquelas. Logo, se, por exemplo, uma regra define que a demissão do servidor somente será aplicável em virtude de ausência injustificada ao serviço público por mais de trinta dias consecutivos, não se admite outra regra que somente autorize a prática do ato punitivo diante da ausência por mais de sessenta dias. Nesse caso, uma das duas regras deve prevalecer sobre a outra, extirpando-a do ordenamento jurídico.

Já a opção do aplicador do direito ou do intérprete por um princípio em detrimento do que a ele se opõe, em determinado caso concreto, não implica em desobediência do outro. Esse tipo de conflito não resulta em antinomia, haja vista o caráter geral das normas principiológicas definirem um juízo de valor, muito mais do que uma imposição de conduta específica.

Nesse sentido, Dworkin[4] dispõe que: *"o aplicador adotando um dos princípios que afaste outro, não faz com que este seja eliminado do sistema, pois em outro caso, diante do mesmo princípio, este poderá vir a prevalecer"*.

Com efeito, por se tratarem de mandamentos gerais, que definem uma dimensão, os princípios não têm aplicação direta, mas são utilizados como forma de valorar a atuação estatal em determinadas situações específicas. Sendo assim, diante de uma aparente antinomia entre eles – o que também pode ser designado como **antinomia jurídica imprópria** – deverá ser realizada uma ponderação de interesses, de forma a definir qual a melhor solução a ser adotada em cada situação. Em tais casos, a escolha pela aplicação de um determinado princípio em detrimento de outro não retira a norma afastada do ordenamento jurídico.

Neste capítulo será relevante a definição dos princípios orientadores da atuação estatal. Mesmo porque, consoante Celso Antônio Bandeira de Mello[5], *"as regras, justamente por serem disposições expressas, encontram-se à imediata disposição do intérprete e, bem por isso, não apresentam qualquer dificuldade em ser localizadas. De extrema importância, isso sim, é desvendar os princípios acolhidos no sistema, isto é, os que se encontram vazados nas diversas normas administrativas, informando suas disposições, embora não se achem formal ou categoricamente expressos"*.

→ *Conteúdo do regime jurídico administrativo*

Primordialmente, salienta-se que a atuação administrativa deve se orientar pela busca do interesse público, razão pela qual, a doutrina diferencia este conceito em **interesse público primário** e **interesse público secundário**.

O interesse primário é composto pelas necessidades da sociedade, ou seja, dos cidadãos enquanto partícipes da coletividade, não se confundindo com a vontade da máquina estatal, a qual configura o interesse secundário. Isso decorre do fato de que, não obstante sempre atue visando satisfazer as necessidades da coletividade, o poder público tem personalidade

4. Op.cit.
5. MELLO,Celso Antonio Bandeira – Curso de Direito Administrativo, São Paulo: Malheiros 26ª ed. 2009.

jurídica própria e, por isso, tem os seus interesses individuais, como é o caso da instituição de tributos, com a intenção de arrecadar valores para a execução da atividade pública. E, a despeito de se verificar a vantagem ao poder público, individualmente considerado, isso será utilizado na busca pelo interesse de toda a sociedade.

Mesmo assim, é relevante entender que a busca indevida de interesses secundários abrindo mão do interesse primário enseja abuso de poder do Estado, como ocorre se o Estado decide, por exemplo, aumentar de forma abusiva a carga tributária à população, ou ainda, quando o ente estatal paga valores ínfimos pela desapropriação de bens imóveis privados.

Em síntese, pode-se estabelecer uma distinção entre interesse público primário e o interesse público secundário. O primeiro seria o equivalente ao interesse do indivíduo desta sociedade e, o segundo são os anseios, necessidades do Estado como sujeito de direito. Em havendo conflitos entre os referidos interesses prevalecerá o interesse público primário.

Feita a distinção, analisar-se-á o interesse público primário como norteador do regime jurídico administrativo, podendo-se estabelecer a presença de dois princípios basilares na definição deste conceito, quais sejam: **a supremacia do interesse público sobre o interesse privado** e a **indisponibilidade do interesse público pelos administradores do Estado.**

1.1.1. Princípio da Supremacia do Interesse Público sobre o privado

O interesse público é supremo sobre o interesse particular, e todas as condutas estatais têm como finalidade a satisfação das necessidades coletivas. Nesse sentido, os interesses da sociedade devem prevalecer diante das necessidades específicas dos indivíduos, havendo a sobreposição das garantias do corpo coletivo, quando em conflito com as necessidades de um cidadão isoladamente. Em razão desta busca pelo interesse público, a Administração se põe em situação privilegiada, quando se relaciona com os particulares.

Com efeito, a Administração goza de supremacia decorrente desse princípio, nas palavras de Marcos Bittencourt[6]: *"o princípio da supremacia de interesse público atribui um status especial ao Estado frente ao particular"* razão pela qual, inclusive, vige a presunção de legalidade dos atos praticados pelas entidades do Estado.

Ressalte-se ainda que, na teoria, a atuação do administrador não visa ao interesse do indivíduo, mas do grupo social em sua totalidade e, se assim não ocorrer, a conduta estatal sofrerá de Desvio de Finalidade, o que não está amparado pelo direito.

Considera-se a supremacia do interesse público uma pedra fundamental na noção de Estado organizado, sendo relevante para a formação de qualquer estrutura organizacional de poder público, como condição de convívio social no bojo da sociedade organizada. Não se trata de princípio expresso, ou seja, não está escrito no texto constitucional, embora existam inúmeras regras que impliquem em suas manifestações de forma concreta; para isso podemos nos referir a institutos correlatos dispostos na Constituição da República, como a possibilidade de desapropriação (5º, XXIV), a requisição administrativa (5º, XXV) entre outras prerrogativas que submetem os direitos do cidadão às restrições impostas pelo Estado.

6. BITTENCOURT, Marcos – manual de Direito Administrativo. São Paulo: Forum Editora, 4ª ed., 2011.

→ *Dentre estas outras prerrogativas, verificamos:*

- A Administração Pública pode revogar seus próprios atos, quando inoportunos ou inconvenientes – o que se denomina de autotutela –, se garantidos os direitos adquiridos, ensejando, todavia, a alteração de relações jurídicas já constituídas.
- A autoexecutoriedade e a coercibilidade, assim como a presunção de legitimidade dos atos administrativos.
- A possibilidade de alterar unilateralmente os Contratos Administrativos, assim como a garantia de rescisão unilateral por motivo de interesse público ou em virtude do inadimplemento do particular, como cláusulas exorbitantes expressas no art. 58 da lei 8.666/93.
- Disposições sobre proteção ao meio ambiente e relações de consumo, estabelecendo graus de desigualdade jurídica, como forma de proteção dos hipossuficientes.
- Definição de privilégios tributários para as pessoas jurídicas de Direito Público, nos termos da Constituição Federal.
- Prazos processuais diferenciados às pessoas jurídicas de direito público, qual seja, prazo em dobro para toda e qualquer manifestação da fazenda pública. Como privilégio processual, também se pode citar a remessa necessária em decisões proferidas contra entes públicos e a possibilidade de cobrança dos seus créditos por meio de execução fiscal.

Com o novo Código de Processo Civil, o reexame necessário (condição de eficácia da sentença) terá elevação substancial em relação ao valor-limite envolvendo as CONDENAÇÕES DOS ENTES PÚBLICOS.

Assim, somente se procederá à mencionada remessa quando a condenação ou o proveito econômico obtido na causa for de VALOR SUPERIOR a:

> *"I – MIL SALÁRIOS-MÍNIMOS para a União e as respectivas autarquias e fundações de direito público;*
>
> *II – QUINHENTOS SALÁRIOS-MÍNIMOS para os Estados, o Distrito Federal, as respectivas autarquias e fundações de direito público e os Municípios que constituam capitais dos Estados;*
>
> *III – CEM SALÁRIOS-MÍNIMOS para todos os demais municípios e respectivas autarquias e fundações de direito público".*

Da mesma forma, também não se aplica a remessa necessária quando a sentença estiver fundada em súmula do Supremo Tribunal Federal ou do Superior Tribunal de Justiça, acórdão proferido pelo Supremo Tribunal Federal ou pelo Superior Tribunal de Justiça em julgamento de casos repetitivos e entendimento firmado em incidente de resolução de demandas repetitivas ou de assunção de competência.

Por seu turno, o CPC define que A União, os Estados, o Distrito Federal, os Municípios e suas respectivas autarquias e fundações de direito público gozarão de prazo em dobro para todas as suas manifestações processuais a partir da sua vista dos autos.

Analise-se, portanto, o quadro comparativo:

QUADRO COMPARATIVO – PRERROGATIVAS DA FAZENDA PÚBLICA PRAZOS DILATADOS	
CPC DE 1973	**NOVO CPC**
Art. 188. Computar-se-á em quádruplo o prazo para contestar e em dobro para recorrer quando a parte for a Fazenda Pública ou o Ministério Público.	Art. 183. A União, os Estados, o Distrito Federal, os Municípios e suas respectivas autarquias e fundações de direito público gozarão de prazo em dobro para todas as suas manifestações processuais, cuja contagem terá início a partir da intimação pessoal.

QUADRO COMPARATIVO – PRERROGATIVAS DA FAZENDA PÚBLICA REMESSA NECESSÁRIA	
CPC DE 1973	**NOVO CPC**
Art. 475. Está sujeita ao duplo grau de jurisdição, não produzindo efeito senão depois de confirmada pelo tribunal, a sentença: I - proferida contra a União, o Estado, o Distrito Federal, o Município, e as respectivas autarquias e fundações de direito público; II - que julgar procedentes, no todo ou em parte, os embargos à execução de dívida ativa da Fazenda Pública (art. 585, VI). § 1° Nos casos previstos neste artigo, o juiz ordenará a remessa dos autos ao tribunal, haja ou não apelação; não o fazendo, deverá o presidente do tribunal avocá-los. § 2° Não se aplica o disposto neste artigo sempre que a condenação, ou o direito controvertido, for de valor certo não excedente a 60 (sessenta) salários mínimos, bem como no caso de procedência dos embargos do devedor na execução de dívida ativa do mesmo valor. § 3° Também não se aplica o disposto neste artigo quando a sentença estiver fundada em jurisprudência do plenário do Supremo Tribunal Federal ou em súmula deste Tribunal ou do tribunal superior competente.	Art. 496. Está sujeita ao duplo grau de jurisdição, não produzindo efeito senão depois de confirmada pelo tribunal, a sentença: I - proferida contra a União, os Estados, o Distrito Federal, os Municípios e suas respectivas autarquias e fundações de direito público; II - que julgar procedentes, no todo ou em parte, os embargos à execução fiscal. § 1º Nos casos previstos neste artigo, não interposta a apelação no prazo legal, o juiz ordenará a remessa dos autos ao tribunal, e, se não o fizer, o presidente do respectivo tribunal avocá-los-á. § 2º Em qualquer dos casos referidos no § 1º, o tribunal julgará a remessa necessária. § 3º Não se aplica o disposto neste artigo quando a condenação ou o proveito econômico obtido na causa for de valor certo e líquido inferior a: I - 1.000 (mil) salários-mínimos para a União e as respectivas autarquias e fundações de direito público; II - 500 (quinhentos) salários-mínimos para os Estados, o Distrito Federal, as respectivas autarquias e fundações de direito público e os Municípios que constituam capitais dos Estados; III - 100 (cem) salários-mínimos para todos os demais Municípios e respectivas autarquias e fundações de direito público. § 4º Também não se aplica o disposto neste artigo quando a sentença estiver fundada em: I - súmula de tribunal superior; II - acórdão proferido pelo Supremo Tribunal Federal ou pelo Superior Tribunal de Justiça em julgamento de recursos repetitivos; III - entendimento firmado em incidente de resolução de demandas repetitivas ou de assunção de competência; IV - entendimento coincidente com orientação vinculante firmada no âmbito administrativo do próprio ente público, consolidada em manifestação, parecer ou súmula administrativa.

- Definição de bens públicos com garantia de impenhorabilidade, criando um regime de pagamento de débitos judiciais mediante precatórios, além da imprescritibilidade e não onerabilidade.
- Poder de Polícia do Estado, que será abordado em tópico próprio, justificando a prerrogativa de limitar os direitos e garantias individuais na busca do interesse da coletividade.

As hipóteses acima mencionadas devem ser analisadas como exemplos de prerrogativas decorrentes da supremacia do interesse público. É oportuno mencionar, ainda, que essas prerrogativas do interesse público sobre o privado não são manipuladas ao bel prazer da Administração, pois, na verdade, esta não possui um Poder puro e simples, mas um Poder-dever para bem desempenhar sua função que é administrar de forma a satisfazer as necessidades da coletividade.

A título de exemplo, pode-se citar o contrato administrativo que, não obstante possua cláusulas exorbitantes (prerrogativas) que permitem a alteração unilateral de seus termos e a ocupação temporária de bens pelo ente estatal, deve ser celebrado mediante a realização de procedimento licitatório, além de se submeter ao prazo de duração determinado em lei, não podendo ser celebrado por prazo indeterminado (limitações).

É de suma importância esclarecer que, em qualquer caso, a incorreta utilização da prerrogativa da Administração Pública pode ser judicialmente corrigida por *habeas corpus* – no caso de ofensa à liberdade de ir e vir –, por meio de *habeas data* (quando se tratar da violação ao direito de informação) ou por Mandado de Segurança, em situações de violação a direito líquido e certo, além da possibilidade de aplicação dos demais remédios constitucionais. O primordial é lembrar que essa atuação deve estar sempre pautada nos limites da Lei.

1.1.2. Princípio da Indisponibilidade do Interesse Público

Este princípio define os limites da atuação administrativa e decorre do fato de que a impossibilidade de abrir mão do interesse público deve estabelecer ao administrador os seus critérios de conduta. De fato, o agente estatal não pode deixar de atuar, quando as necessidades da coletividade assim exigirem, uma vez que suas atividades são necessárias à satisfação dos interesses do povo. Neste sentido, Celso Antônio Bandeira de Mello[7], dispõe que *"é encarecer que na administração os bens e interesses não se acham entregues à livre disposição da vontade do administrador. Antes, para este, coloca-se a obrigação, o dever de curá-los nos termos da finalidade a que estão adstritos".*

Dessa forma, cumpre ressaltar que ao administrador não pertencem os bens da administração, ou seja, ele não o é titular do interesse público – portanto, não tem livre atuação, fazendo-o, em verdade, em nome de terceiros.

Assim, podemos dizer que a indisponibilidade do interesse público se configura como um contrapeso do princípio da supremacia estatal. Nas palavras de Fernanda Marinela[8], *"em nome da supremacia do interesse público, o Administrador pode muito, pode quase tudo, mas,* ***não*** *pode abrir mão do interesse público".*

7. MELLO, Celso Antonio Bandeira de – Curso de Direito Administrativo. São Paulo: Malheiros, 26ª ed. 2009.
8. MARINELA, Fernanda – Direito Administrativo. Niterói: Impetus Editora, 6ª ed. 2012.

Logo, o princípio da Indisponibilidade serve para limitar a atuação desses agentes públicos, evitando o exercício de atividades com a intenção de buscar vantagens individuais.

→ Por fim, pode-se definir que a **SUPREMACIA DO INTERESSE PÚBLICO SOBRE O INTERESSE PRIVADO** e a **INDISPONIBILIDADE DO INTERESSE PÚBLICO** embasam o sistema administrativo que se resume nas prerrogativas que o Estado goza para satisfazer as necessidades coletivas, assim como nas limitações a que o Estado se submete para evitar distorções de condutas. A administração só pode atuar dentro do limite do interesse público, não obstante goze de vantagens amparadas no próprio interesse coletivo.

Desses dois princípios acima referidos decorrem todos os demais. Outrossim, conforme já previamente explicitado, de acordo com a doutrina mais moderna, todos os princípios de Direito Administrativo são constitucionais, sendo alguns implícitos e outros explícitos, mas todos decorrentes da Constituição Federal.

2. PRINCÍPIOS DE DIREITO ADMINISTRATIVO

Conforme explicitado, os princípios serão relevantes para a definição da atuação estatal como normas orientadoras das condutas do agente público, de forma a buscar a satisfação dos interesses da coletividade. Além dos princípios da supremacia do interesse público sobre o interesse privado e da indisponibilidade do interesse público, já analisados como norteadores de todo o regime jurídico administrativo, passa-se à analise dos demais princípios que estabelecem as normas de conduta do Estado. Primordialmente, no artigo 37, *caput,* da Constituição Federal, estão expressos cinco princípios, quais sejam:

Legalidade

Impessoalidade

Moralidade

Publicidade

Eficiência

Além destes, alguns outros princípios decorrem expressamente da Carta Magna, como a isonomia, o contraditório e a ampla defesa. Na Constituição Federal, ainda se encontram princípios implícitos e expressos em disposições infraconstitucionais, como ocorre com a continuidade, a motivação e a autotutela etc. Cada um dos princípios será analisado separadamente.

2.1. Princípio da Legalidade

O princípio da legalidade decorre da existência do Estado de Direito como uma Pessoa Jurídica responsável por criar o direito, no entanto submissa ao ordenamento jurídico por ela mesmo criado e aplicável a todos os cidadãos.

Consoante entendimento apresentado por Celso Antônio Bandeira de Mello[9] *"o princípio da Legalidade é específico do Estado de Direito, é justamente aquele que o qualifica e que lhe dá identidade própria, por isso considerado é basilar para o Regime Jurídico-administrativo".*

9. MELLO, Celso Antonio Bandeira de – Curso de Direito Administrativo. São Paulo: Malheiros, 26ª ed. 2009.

Neste sentido, Flávia Bahia Martins[10] dispõe que *"O Estado democrático de Direito (art. 1º, caput) repousa sob o signo da legalidade, exposto no dispositivo sob comento em seu sentido material ou amplo. O princípio da legalidade, portanto, expressa a sujeição ou subordinação das pessoas, órgãos ou entidades às prescrições emanadas do legislativo, Executivo e Judiciário"*. Ainda na mesma linha, com a finalidade de diferenciar a aplicação deste princípio para os particulares e para o poder público, a autora estabelece que *"Para o particular, ninguém é obrigado a fazer ou deixar de fazer algo, senão em virtude de lei (aqui em sentido amplo ou material, referindo-se a qualquer espécie normativa), diante de sua autonomia da vontade. Já quanto ao administrador, deverá ser adotado o princípio da legalidade em sentido estrito, pois só é possível fazer o que a lei autoriza ou determina"*.

Com efeito, o administrador público somente pode atuar conforme **determina a lei**, amplamente considerada, abarcando todas as formas legislativas – desde o próprio texto constitucional até as leis ordinárias, complementares e delegadas. É a garantia de que todos os conflitos sejam solucionados pela lei, não podendo o agente estatal praticar condutas que considere devidas, sem que haja embasamento legal específico. Dessa forma, pode-se estabelecer que, no Direito Administrativo, se aplica o princípio da **Subordinação à lei**. Não havendo previsão legal, está proibida a atuação do ente público e qualquer conduta praticada ao alvedrio do texto legal será considerada ilegítima.

Ressalte-se que a atuação pode ser expressa ou implicitamente prevista em lei, diante da possibilidade de edição de atos administrativos discricionários nos quais o administrador poderá, mediante interpretação baseada no princípio da razoabilidade, definir a possibilidade de atuação, inferido de uma disposição normativa.

Ademais, pode-se entender que o princípio da legalidade é corolário da regra de indisponibilidade do interesse público. Afinal, a lógica é que o administrador não pode atuar de forma a dispor do interesse público e, portanto, sua atuação fica dependendo da autorização do titular do interesse público (que é o povo), responsável pela elaboração das leis, por meio de seus representantes legitimamente escolhidos. Sem embargo, a autorização legal configura a manifestação da vontade popular no sentido de que é possível ao administrador praticar uma determinada conduta, sem que isso configure disposição dos direitos da coletividade.

Logo, a atuação administrativa se limita à vontade legal = vontade do povo, manifestada por meio de seus representantes.

Neste mesmo sentido, pode-se analisar a doutrina de Marçal Justen Filho[11], quando estabelece que *"O princípio da legalidade está abrangido na concepção de democracia republicana. Significa a supremacia da lei (expressão que abrange a Constituição), de modo que a atividade administrativa encontra na lei seu fundamento e seu limite de validade"*.

Ressalte-se ainda que este princípio difere do principio da legalidade na esfera privada, na qual vige a autonomia privada, não sendo exigida a previsão legal como requisito para atuação dos cidadãos em geral. De fato, no que tange à atuação do direito privado, aos particulares, tudo que não está proibido está juridicamente permitido. É o chamado princípio da **não contradição à lei**.

10. MARTINS, Flávia Bahia – Direito Constitucional. Niterói: Impetus, 2ª ed. 2011.

11. JUSTEN FILHO, Marçal – Curso de Direito Administrativo. São Paulo: Forum, 4ª ed. 2009.

Neste diapasão, se faz necessário lembrar que a Legalidade não exclui a atuação discricionária do agente público, tendo essa que ser levada em consideração quando da análise, por esse gestor, da conveniência e da oportunidade em prol do interesse público. Como a Administração não pode prever todos os casos onde atuará, deverá valer-se da discricionariedade para atender a finalidade legal, devendo, todavia, a escolha se pautar em critérios que respeitem os princípios constitucionais como a proporcionalidade e razoabilidade de conduta, não se admitindo a interpretação de forma que o texto legal disponha um absurdo.

Com efeito, pode-se definir que há apenas uma ressalva a ser feita à discricionariedade do administrador, quanto à sua análise de conveniência e oportunidade, no que tange ao respeito dos princípios constitucionais aplicáveis à matéria. Isso porque a prática de atos discricionários é completamente o oposto de atos arbitrários, os quais representam um abuso, haja vista serem praticados fora dos limites da lei. Portanto, só é legítima a atividade do administrador se estiver condizente com o dispositivo legal.

Outrossim, não se confunde a legalidade com o princípio da **reserva legal**, que determina a aplicação de uma espécie normativa à atuação definida no texto constitucional. Dessa forma, algumas matérias devem ser tratadas por meio de lei complementar, por expressa dicção da Constituição da República que não exige somente o respeito à lei, mas também à espécie normativa definida em seus termos.

Do mesmo modo, a reserva de lei se manifesta impedindo a utilização de normas administrativas ou medidas provisórias para substituir a lei em determinadas situações. Ocorre, por exemplo, quando o texto constitucional veda a edição de medida provisória para tratar de matéria penal. Neste sentido, observe um trecho do julgamento da ADI 2.075, no qual o Supremo Tribunal Federal define que determinadas matérias não podem ser tratadas mediante ato do executivo:

> "(...) O tema concernente à disciplina jurídica da remuneração funcional submete-se ao postulado constitucional da reserva absoluta de lei, vedando-se, em conseqüência, a intervenção de outros atos estatais revestidos de menor positividade jurídica, emanados de fontes normativas que se revelem estranhas, quanto à sua origem institucional, ao âmbito de atuação do Poder Legislativo, notadamente quando se tratar de imposições restritivas ou de fixação de limitações quantitativas ao estipêndio devido aos agentes públicos em geral. – O princípio constitucional da reserva de lei formal traduz limitação ao exercício das atividades administrativas e jurisdicionais do Estado. A reserva de lei – analisada sob tal perspectiva – constitui postulado revestido de função excludente, de caráter negativo, pois veda, nas matérias a ela sujeitas, quaisquer intervenções normativas, a título primário, de órgãos estatais não-legislativos. Essa cláusula constitucional, por sua vez, projeta-se em uma dimensão positiva, eis que a sua incidência reforça o princípio, que, fundado na autoridade da Constituição, impõe, à administração e à jurisdição, a necessária submissão aos comandos estatais emanados, exclusivamente, do legislador. Não cabe, ao Poder Executivo, em tema regido pelo postulado da reserva de lei, atuar na anômala (e inconstitucional) condição de legislador, para, em assim agindo, proceder à imposição de seus próprios critérios, afastando, desse modo, os fatores que, no âmbito de nosso sistema constitucional, só podem ser legitimamente definidos pelo Parlamento. É que, se tal fosse possível, o Poder Executivo passaria a desempenhar atribuição que lhe é institucionalmente estranha (a de legislador), usurpando, desse modo, no contexto de um sistema de poderes essencialmente limitados, competência que não lhe pertence, com evidente transgressão ao princípio constitucional da separação de poderes.(...)."[12]

12. ADI 2075 MC / RJ – RIO DE JANEIRO. MEDIDA CAUTELAR NA AÇÃO DIRETA DE INCONSTITUCIONALIDADE. Relator(a): Min. CELSO DE MELLO. Julgamento: 07/02/2001 Órgão Julgador: Tribunal Pleno.

Não obstante a exigência de lei ser a regra para que se possa admitir uma atuação administrativa legítima, em determinadas situações, o texto constitucional excepcionaliza este princípio, admitindo atuação à margem das disposições legais, a saber, a edição de **medidas provisórias**, as situações de **estado de defesa** e de **estado de sítio.** Analisemos cada uma destas situações separadamente, para definirmos seus contornos.

→ *Medidas provisórias*

As medidas provisórias estão regulamentadas no art. 62 da Carta Magna e são expedidas com força de lei, em caso de relevância e urgência, pelo Presidente da República, devendo ser submetidas, de imediato, ao Congresso Nacional. Importa ressaltar que a MP não pode tratar de matéria referente à nacionalidade, cidadania, direitos políticos, partidos políticos, direito eleitoral, direito penal, processual penal e processual civil – entre outras vedações estampadas no próprio dispositivo mencionado.

Dessa forma, a Medida Provisória expedida pelo chefe do Poder Executivo tem força de lei, podendo ser analisada como **lei em sentido material**, haja vista seu poder coercitivo de inovação no ordenamento jurídico, não se tratando de lei em sentido formal, uma vez que não se submete ao processo legislativo constitucional. Outrossim, esses atos definem uma situação precária, em virtude da possibilidade de desfazimento pelo Congresso Nacional, dentro do prazo definido na Constituição Federal.

→ *Estado de Defesa*

Trata-se de instrumento de defesa do Estado, definido no art. 136 da carta Magna que estabelece a possibilidade de o Presidente da República, desde que ouvidos o Conselho da República e o Conselho de Defesa Nacional, decretar a medida com a intenção de preservar ou prontamente restabelecer, em locais restritos e determinados, a ordem pública ou a paz social ameaçadas por grave e iminente instabilidade institucional ou atingidas por calamidades de grandes proporções na natureza.

Na vigência do Estado de defesa, alguns direitos e garantias fundamentais ficam restringidos, como ocorre com o direito de reunião e o sigilo das correspondências e das comunicações telefônicas e telegráficas.

Ademais, a medida permite a ocupação e uso temporário de bens e serviços públicos na hipótese de calamidade pública, respondendo a União pelos danos e custos decorrentes, para que não haja enriquecimento sem causa do poder público.

A Constituição da República define ainda que, durante a medida, *"a prisão por crime contra o Estado, determinada pelo executor da medida, será por este comunicada imediatamente ao juiz competente, que a relaxará, se não for legal, facultado ao preso requerer exame de corpo de delito à autoridade policial"*.

Por fim, a Carta Magna dispõe que o tempo de duração da medida não poderá ser superior a trinta dias, podendo ser prorrogado uma vez, por igual período, desde que persistam as razões que justificaram a sua decretação.

Estado de Sítio

Trata-se de mais uma medida que visa à proteção do Estado e da ordem pública, desta vez com a imposição de restrições mais amplas e, devendo, portanto, ser utilizada em situações consideradas mais graves.

Assim, o Presidente da República pode, ouvidos o Conselho da República e o Conselho de Defesa Nacional, solicitar ao Congresso Nacional autorização para decretar o estado de sítio somente nos casos de comoção grave de repercussão nacional, ocorrência de fatos que comprovem a ineficácia de medida tomada durante o estado de defesa, declaração de estado de guerra ou resposta a agressão armada estrangeira.

Na vigência da medida decretada, se aplicam várias restrições às garantias e direitos fundamentais, tais como a possibilidade de impor às pessoas que permaneçam em localidade determinada, a detenção em edifício não destinado a acusados ou condenados por crimes comuns, a imposição de restrições relativas à inviolabilidade da correspondência, ao sigilo das comunicações, à prestação de informações e à liberdade de imprensa, radiodifusão e televisão, na forma da lei, além da suspensão da liberdade de reunião e a possibilidade de requisição de bens, entre outros.

Todas as restrições estão sujeitas ao controle exercido pelo Poder Judiciário, desde que provocado para o exercício da jurisdição.

Maria Sylvia Zanella Di Pietro trata os princípios da legalidade e supremacia do interesse público como decorrentes da denominada bipolaridade do direito administrativo.

Com efeito, a ilustre doutrinadora dispõe que a **bipolaridade do Direito Administrativo** se manifesta pela liberdade do indivíduo e pela autoridade da administração e determina que *"para assegurar-se a liberdade, sujeita-se a Administração Pública à observância da lei; é a aplicação ao direito público, do **princípio da legalidade**. Para assegurar a autoridade da Administração Pública, necessária a consecução de seus fins, são-lhe outorgados prerrogativas e privilégios que lhe permitem assegurar a **supremacia do interesse público sobre o particular**"* [13].

2.2. Princípio da Impessoalidade

Este princípio se traduz na ideia de que a atuação do agente público deve-se pautar pela busca dos interesses da coletividade, não visando a beneficiar ou prejudicar ninguém em especial – ou seja, a norma prega a não discriminação das condutas administrativas que não devem ter como mote a pessoa que será atingida pelo seu ato. Com efeito, o princípio da impessoalidade reflete a necessidade de uma atuação que não discrimina as pessoas, seja para benefício ou para prejuízo.

Dessa forma, é possível considerar que, ao Estado, é irrelevante conhecer quem será atingido pelo ato, pois sua atuação é impessoal. O agente fica proibido de priorizar qualquer inclinação ou interesse seu ou de outrem. Esse é um aspecto importante baseado no Princípio da isonomia. Para Celso Antônio Bandeira de Mello[14], a *"Administração deve tratar a todos sem favoritismos, nem perseguições, simpatias ou animosidades políticas ou ideológicas"*.

13. PIETRO, Maria Sylvia Zanella di – Direito Administrativo. São Paulo: Atlas, 21ª ed. 2008.
14. MELLO, Celso Antonio Bandeira – Curso de Direito Administrativo. São Paulo: 26ª ed. 2009.

Ou seja, não se pode interferir na atuação administrativa. Não haverá mudança de comportamento em razão da pessoa a ser beneficiada ou prejudicada pelo ato administrativo.

O art. 37, II, da Constituição Federal, faz referências a ações concretas desse princípio, ao prever que todos devem concorrer de forma igual para ingresso em concurso público, bem como no art. 37, XXI, que determina que todos os licitantes têm direito a concorrer de forma igualitária. Neste diapasão, o poder público não poderá nomear alguém para assunção de cargo público por qualquer outro motivo que não seja a aprovação em concurso público de provas ou de provas e títulos. Da mesma forma, não é possível a contratação de qualquer pessoa, mas tão somente do sujeito que se sagrou vencedor no procedimento licitatório.

Alguns doutrinadores ainda classificam o Princípio da Impessoalidade como sinônimo do Princípio da Finalidade ou Imparcialidade. Para esses, a Finalidade seria pública, o que impediria o administrador de buscar objetivos próprios ou de terceiros.

A doutrina moderna acrescenta ainda ao entendimento tradicional uma nova perspectiva do princípio da impessoalidade. Com efeito, a impessoalidade deve ser enxergada também sob a ótica do agente. Nesse sentido, quando o agente público atua, não é a pessoa do agente quem pratica o ato, mas o Estado – órgão que ele representa. Corresponde, portanto, à já conhecida teoria do órgão (ou teoria da imputação volitiva), utilizada pelo direito brasileiro. Assim sendo, a vontade do agente público se confunde com a da própria pessoa jurídica estatal, não se admitindo a responsabilização do administrador pelos danos causados a terceiros, ou mesmo seu reconhecimento pelos benefícios gerados à coletividade.

Como corolário deste princípio, o art. 37, §1º, da Constituição Federal, estabelece que *"A publicidade dos atos, programas, obras, serviços e campanhas dos órgãos públicos deverá ter caráter educativo, informativo ou de orientação social, dela não podendo constar nomes, símbolos ou imagens que caracterizem promoção pessoal de autoridades ou servidores públicos"*. De fato, caso se admitisse a realização de propaganda pessoal, estar-se-ia atribuindo a conduta estatal ao próprio agente público, o que não se pode admitir, uma vez que atuou investido de *munus* público para o exercício de atividade do Estado.

Com efeito, a utilização de símbolos ou imagens, ou até mesmo de nomes que liguem a conduta estatal à pessoa do agente público, desvirtua o exercício da função pública, tornando pública a conduta do administrador e não do ente estatal.

Na mesma esteira, o Supremo Tribunal Federal tem determinado que o dano causado por um agente público a terceiros enseja a possibilidade de se propor uma ação em face do Estado com a finalidade de ver o prejuízo reparado, não se admitindo a propositura da ação em face do agente público diretamente – haja vista não se admitir que a conduta seja imputada ao sujeito que praticou o ato em nome da Administração. Vejamos.

> Ementa: RECURSO EXTRAORDINÁRIO. ADMINISTRATIVO. RESPONSABILIDADE OBJETIVA DO ESTADO: § 6º DO ART. 37 DA MAGNA CARTA. ILEGITIMIDADE PASSIVA AD CAUSAM. AGENTE PÚBLICO (EX-PREFEITO). PRÁTICA DE ATO PRÓPRIO DA FUNÇÃO. DECRETO DE INTERVENÇÃO. O § 6º do artigo 37 da Magna Carta autoriza a proposição de que somente as pessoas jurídicas de direito público, ou as pessoas jurídicas de direito privado que prestem serviços públicos, é que poderão responder, objetivamente, pela reparação de danos a terceiros. Isto por ato ou omissão dos respectivos agentes, agindo estes na qualidade de agentes públicos, e não como pessoas comuns. **Esse mesmo dispositivo constitucional consagra, ainda, dupla garantia: uma,**

> **em favor do particular, possibilitando-lhe ação indenizatória contra a pessoa jurídica de direito público, ou de direito privado que preste serviço público, dado que bem maior, praticamente certa, a possibilidade de pagamento do dano objetivamente sofrido. Outra garantia, no entanto, em prol do servidor estatal, que somente responde administrativa e civilmente perante a pessoa jurídica a cujo quadro funcional se vincular.** Recurso extraordinário a que se nega provimento.
>
> (RE 327904 / SP – SÃO PAULO. Julgamento: 15/08/2006. Órgão Julgador: Primeira Turma)

Por fim, costuma-se apontar como violação ao princípio da impessoalidade a nomeação de parentes e cônjuge para assunção de cargos públicos com funções de direção, chefia ou assessoramento, por se tratar de ato praticado com a clara intenção de beneficiar um particular, sem preocupação real com o interesse público.

Acerca do tema, em 2008, o Supremo Tribunal Federal, com a intenção de solucionar a divergência, expediu a Súmula Vinculante n. 13, estabelecendo que "*A nomeação de cônjuge, companheiro ou parente em linha reta, colateral ou por afinidade, até o terceiro grau, inclusive, da autoridade nomeante ou de servidor da mesma pessoa jurídica, investido em cargo de direção, chefia ou assessoramento, para o exercício de cargo em comissão ou de confiança, ou, ainda, de função gratificada na Administração Pública direta e indireta, em qualquer dos Poderes da União, dos Estados, do Distrito Federal e dos municípios, compreendido o ajuste mediante designações recíprocas, viola a Constituição Federal*".

Perceba que a súmula veda a realização de designações recíprocas, ou seja, não se admite que, de forma indireta, se garanta a nomeação do parente do agente público, por meio de troca de favores ou favorecimentos pessoais para parentes de outros agentes.

Dessa forma, não se admite que o promotor "X" nomeie a esposa do juiz "Y" para exercer a função de assessoria em seu gabinete e, em troca, o juiz "Y" garanta a nomeação da esposa ou companheira do promotor "X" para exercer função gratificada em seu gabinete. Essa reciprocidade de nomeações, conhecida como "nepotismo cruzado" é vedada expressamente pelo texto da súmula, impedindo qualquer expediente que, ainda de forma indireta, atente contra a impessoalidade das nomeações. Lembre-se, também, que o texto da súmula abrange, ainda, a nomeação de companheiros ou companheiras, assim entendidos aqueles que possuam relação de união estável com a autoridade nomeante.

Ocorre que a jurisprudência da própria Corte Suprema já se manifestou no sentido da inaplicabilidade da vedação ao nepotismo quando se tratar de nomeação de agentes para o exercício de cargos políticos, como é o caso de secretário ou de ministro de estado, situação na qual a nomeação do parente não encontra óbice, desde que o sujeito tenha condições técnicas de exercer o *munus* público a ele transferido por meio da nomeação. Isso decorre do fato de que a nomeação para o exercício de função política se reveste da qualidade de ato político, gozando, portanto, de uma discricionariedade ampla e não se submetendo às disposições da súmula.

Como exemplo, transcreve-se o julgado que tratou de situação na qual o prefeito de determinado município nomeou seu irmão (parente de segundo grau civil na linha colateral) para o exercício do cargo de Secretário de Transporte. Vejamos:

> Ementa: AGRAVO REGIMENTAL EM MEDIDA CAUTELAR EM RECLAMAÇÃO. NOMEAÇÃO DE IRMÃO DE GOVERNADOR DE ESTADO. CARGO DE SECRETÁRIO DE ESTADO. NEPOTISMO. Súmula Vinculante n. 13. INAPLICABILIDADE AO CASO. CARGO DE NATUREZA POLÍTICA. AGENTE POLÍTICO. ENTENDIMENTO FIRMADO NO JULGAMENTO DO RECURSO EXTRAORDINÁRIO

579.951/RN. OCORRÊNCIA DA FUMAÇA DO BOM DIREITO. 1. **Impossibilidade de submissão do reclamante, Secretário Estadual de Transporte, agente político, às hipóteses expressamente elencadas na Súmula Vinculante n. 13, por se tratar de cargo de natureza política**. 2. Existência de precedente do Plenário do Tribunal: RE 579.951/RN, rel. Min. Ricardo Lewandowski, DJE 12.9.2008. 3. Ocorrência da fumaça do bom direito. 4. Ausência de sentido em relação às alegações externadas pelo agravante quanto à conduta do prolator da decisão ora agravada. 5. Existência de equívoco lamentável, ante a impossibilidade lógica de uma decisão devidamente assinada por Ministro desta Casa ter sido enviada, por fac-símile, ao advogado do reclamante, em data anterior à sua própria assinatura. 6. Agravo regimental improvido.

Rcl 6650 MC-AgR / PR – PARANÁ

AG.REG. NA MEDIDA CAUTELAR NA RECLAMAÇÃO

Relator(a): Min. ELLEN GRACIE

Julgamento: 16/10/2008 Órgão Julgador: Tribunal Pleno

Sendo assim, com a ressalva da nomeação de particular para assunção de cargos de natureza política, a nomeação de parentes para o exercício de função pública é considerada ofensa direta à impessoalidade da atuação estatal.

2.2.1. Princípio da intranscendência

Trata-se de princípio que excepcionaliza a ideia de impessoalidade. O princípio da intranscendência subjetiva das sanções, consagrado pelo STF, inibe a aplicação de severas sanções a entidades federativas por ato de gestão anterior à assunção dos deveres públicos.

Com efeito, deve-se evitar a aplicação de penalidades à Administração Pública que possam dificultar a governabilidade do novo gestor caso haja irregularidades decorrentes das gestões anteriores – desde que se demonstre que o novo administrador está tomando todas as providências necessárias a sanar os prejuízos.

A título de exemplo, com base nessa orientação, o Supremo Tribunal Federal negou o pedido da União de se determinar a suspensão da condição de inadimplente de Estado-Membro, bem como das limitações dela decorrentes, uma vez que as irregularidades praticadas pelo ente federado foram decorrentes de atuação da gestão anterior.

2.3. Princípio da Moralidade

Trata-se de princípio que exige a honestidade, lealdade, boa-fé de conduta no exercício da função administrativa – ou seja, a atuação não corrupta dos gestores públicos, ao tratar com a coisa de titularidade do Estado. Esta norma estabelece a obrigatoriedade de observância a padrões éticos de conduta, para que se assegure o exercício da função pública de forma a atender às necessidades coletivas.

É importante que, interpretando a Constituição Federal como uma norma posta integrante do ordenamento jurídico nacional, se admita que a atuação em desconformidade aos padrões de moralidade enseja uma violação ao princípio da legalidade, amplamente considerado, por abranger, inclusive, os princípios e regras constitucionais.

Sendo assim, por ser a moralidade um conceito jurídico indeterminado, normalmente a jurisprudência aplica a sua violação como vício de legalidade da atuação administrativa. No entanto, a moralidade deve ser analisada como princípio autônomo, sendo possível a retirada de um ato administrativo imoral, ainda que não haja direta violação ao princípio da legalidade.

Neste sentido, Maria Sylvia Zanella di Pietro[15] dispõe que *"embora não se identifique com a legalidade (porque a lei pode ser imoral e a moral pode ultrapassar o âmbito da lei), a imoralidade administrativa produz efeitos jurídicos, porque acarreta a invalidade do ato, que pode ser decretada pela própria Administração ou pelo Poder Judiciário. A apreciação judicial da imoralidade ficou consagrada pelo dispositivo concernente à ação popular".*

Ademais, a doutrina pátria costuma designar esta obrigatoriedade de atuação conforme padrões éticos de conduta como "Moralidade Jurídica". Daí se estabelecer que a moralidade no trato com a coisa pública que assegura a boa administração e sua disciplina interna não se confunde com a "moral social".

A "moralidade social" procura fazer uma diferenciação entre o bem e o mal, o certo e o errado no senso comum da sociedade; já a "moralidade jurídica" está ligada sempre ao conceito de bom administrador, de atuação que vise alcançar o bem estar de toda a coletividade e dos cidadãos aos quais a conduta se dirige.

Cita-se como exemplo a seguinte situação:

A aplicação da penalidade de demissão de um servidor público que é encontrado fazendo "sexo" na repartição pública, em virtude da chamada incontinência de conduta, não decorre do princípio da moralidade (no sentido de moralidade jurídica trazido pela norma), mas sim da moralidade pública (moral social). Por sua vez, visa à garantia da moralidade a aplicação de penalidades aos agentes que desviam verba do estado para contas pessoais.

Ressalte-se que a Constituição Federal de 1988 inovou ao incluir este princípio, no art. 37, pois, apesar de estar expresso, representa um conceito jurídico indeterminado. Este conceito foi também protegido no art. 5º, LXXIII, que prevê o cabimento da Ação Popular para anulação de "ato lesivo ao patrimônio público à moralidade administrativa." Essa inovação foi tão importante que deu ensejo ao surgimento da lei 8.429/92, que versa sobre Improbidade Administrativa e que tem base no art. 37, §4º, da Carta Magna.

2.4. Princípio da Publicidade

Trata-se de premissa que proíbe a edição de atos secretos pelo poder público, definindo a ideia de que a Administração deve atuar de forma plena e transparente. A administração não age em nome próprio e por isso nada mais justo que o maior interessado – o cidadão – tenha acesso ao que acontece com seus direitos.

Com efeito, pode-se estipular que a principal finalidade do princípio da publicidade é o conhecimento público acerca das atividades praticadas no exercício da função administrativa. Em um estado democrático de Direito, não se pode admitir que assuntos da Administração, que são do interesse de todos, sejam ocultados. A publicidade tem grande abrangência, não só pela divulgação oficial, mas também para conhecimento e fiscalização interna de seus agentes. Para assegurar tal prerrogativa, a Constituição da República, no seu art. 5º, XXXIII, garante o direito à informação, além do art. 5º, LXXII, que nos confere a garantia do *habeas data* como remédio para solucionar qualquer controvérsia violadora deste direito. Da mesma forma, o art. 5º, XXXIV, "b", confere o direito à obtenção de certidão em repartição pública.

15. PIETRO, Maria Sylvia Zanella di – Direito Administrativo. São Paulo: Atlas, 21ª ed. 2008.

Para regulamentar estes dispositivos, foi editada a lei de acesso às informações (lei 12.527/11) que define o dever de publicidade a todos os órgãos da Administração Direta, além das autarquias, fundações públicas, empresas públicas e sociedades de economia mistas, estendendo o dever de prestar informações, ainda, às entidades privadas sem fins lucrativos que recebam, para realização de ações de interesse público, recursos públicos diretamente do orçamento ou mediante subvenções sociais, contrato de gestão, termo de parceria, convênios, acordo, ajustes ou outros instrumentos congêneres. Ademais, no seu art. 5º, o diploma legal dispõe que *"É dever do Estado garantir o direito de acesso à informação, que será franqueada, mediante procedimentos objetivos e ágeis, de forma transparente, clara e em linguagem de fácil compreensão"*.

Com a intenção de evitar recusas infundadas ao direito de informação, a lei ainda estabelece que qualquer interessado poderá apresentar pedido de acesso a informações aos órgãos e entidades públicas, por qualquer meio legítimo, devendo o pedido conter a identificação do requerente e a especificação da informação requerida, devendo ser essa informação prestada imediatamente ou, caso não tenha como ser prestada de forma imediata, justificadamente, dentro do prazo máximo de 20 (vinte) dias.

Outrossim, define a lei, em seu art. 10, §3º que *"São vedadas quaisquer exigências relativas aos motivos determinantes da solicitação de informações de interesse público"*.

Resguardadas as exceções constitucionais e legais, que serão analisadas a seguir, a publicidade sempre foi vista como forma de **controle da Administração** pelos cidadãos. A sociedade só poderá controlar os atos administrativos se estes forem devidamente publicizados, sendo impossível efetivar essa garantia em relação a atos praticados de forma alheia ao conhecimento popular. Neste sentido, configura-se garantia do exercício da cidadania.

Atualmente, a doutrina também analisa a publicidade como **requisito de eficácia** dos atos administrativos, definindo que mesmo depois de expedidos regularmente, estes atos não produzem efeitos em relação à sociedade antes de garantida sua publicidade.

Portanto, no momento em que o gestor público assina determinado ato na repartição proibindo, por exemplo, que se estacione em determinada via, tal ato, quando de sua assinatura, é perfeito e válido, mas sua eficácia depende de sua publicação, para que se torne de conhecimento dos particulares sujeitos à referida norma. Sendo assim, enquanto não for colocada uma placa que sinalize a vedação do estacionamento, os cidadãos poderão estacionar livremente.

→ É importante não confundir Publicidade com Publicação – esta é somente uma das hipóteses de Publicidade, portanto não são sinônimos. A não observância deste princípio, ou seja, o dever de publicar pode caracterizar ato de Improbidade administrativa, nos moldes do art. 11, IV da lei 8.429/92.

ATENÇÃO: A eficácia dos atos depende da sua publicidade, mas não a sua validade: a publicidade é imprescindível diante da necessidade de a população ter conhecimento dos atos. Contudo, o ato administrativo editado conforme disposição de lei será válido, mesmo antes de seu conhecimento pela sociedade.

Por fim, o conhecimento do ato pela sociedade é imprescindível, na **contagem de prazos**, que só tem início a partir de sua publicização. Imagine-se que um determinado cidadão sofreu uma multa pelo fato de ter ultrapassado, de forma indevida, o sinal vermelho. Como qualquer ato restritivo, essa aplicação de penalidade depende de prévia apresentação de defesa. Enquanto não for notificado do auto de infração, o prazo para a defesa não se terá iniciado, haja vista não haver o sujeito tomado conhecimento da atuação estatal.

→ ***Exceções à publicidade***

Frise-se que o princípio não é absoluto, porquanto a própria CF ressalva que devem ser resguardadas a segurança nacional e o relevante interesse coletivo, o que poderá, de forma fundamentada, excepcionalizar o princípio da publicidade. Dessa forma, o art. 23 da lei 12.527/11 define que são consideradas imprescindíveis à segurança da sociedade ou do Estado e, portanto, passíveis de classificação as informações cuja divulgação ou acesso irrestrito possam:

A. pôr em risco a defesa do Estado e a soberania nacional ou a integridade do território nacional;
B. prejudicar ou pôr em risco a condução de negociações ou as relações internacionais do País, ou as que tenham sido fornecidas em caráter sigiloso por outros Estados e organismos internacionais;
C. pôr em risco a vida, a segurança ou a saúde da população;
D. oferecer elevado risco à estabilidade financeira, econômica ou monetária do País;
E. prejudicar ou causar risco a planos ou operações estratégicos das Forças Armadas;
F. prejudicar ou causar risco a projetos de pesquisa e desenvolvimento científico ou tecnológico, assim como a sistemas, bens, instalações ou áreas de interesse estratégico nacional;
G. pôr em risco a segurança de instituições ou de altas autoridades nacionais ou estrangeiras e seus familiares; ou
H. comprometer atividades de inteligência, bem como de investigação ou fiscalização em andamento, relacionadas com a prevenção ou repressão de infrações.

Ademais, o texto constitucional determina em seu art. 5º, X, que são invioláveis a vida provada, a imagem das pessoas, assim como a honra e intimidade. Nesses casos, a Administração deve manter sigilo de suas condutas sempre que a publicidade dos seus atos for de encontro a alguma destas garantias constitucionais. Trata-se de situações em que estão em conflito dois princípios, devendo haver uma ponderação de interesses no caso concreto, para que se determine a prevalência de um, em detrimento do outro.

Conforme exposto anteriormente, a Lei 12.527/11 foi publicada com a intenção de regular o Direito de Informação, protegido constitucionalmente e dispõe que o acesso à informação compreende, entre outros direitos, a obtenção de *"informação produzida ou custodiada por pessoa física ou entidade privada decorrente de qualquer vínculo com seus órgãos ou entidades, mesmo que esse vínculo já tenha cessado"* (art. 7º, III, da Lei 12.527/11).

Por sua vez, o art. 3º, da Lei 12.527/11, preconiza que os procedimentos por ela previstos destinam-se a assegurar o direito fundamental de acesso à informação e devem ser executados em conformidade com os princípios básicos da Administração Pública. Além disso, o estabelece as diretrizes a serem respeitadas durante os procedimentos, dentre elas, a observância da publicidade como preceito geral e do sigilo como exceção.

Nestes termos, se considera que o direito à informação abarca a garantia de obter:

- orientação sobre os procedimentos para a consecução de acesso, bem como sobre o local onde poderá ser encontrada ou obtida a informação almejada;
- informação contida em registros ou documentos, produzidos ou acumulados por seus órgãos ou entidades, recolhidos ou não a arquivos públicos;
- informação produzida ou custodiada por pessoa física ou entidade privada decorrente de qualquer vínculo com seus órgãos ou entidades, mesmo que esse vínculo já tenha cessado;
- informação primária, íntegra, autêntica e atualizada, não sendo suficiente o fornecimento dos dados, se não for garantida sua autenticidade;
- informação sobre atividades exercidas pelos órgãos e entidades, inclusive as relativas à sua política, organização e serviços;
- informação pertinente à administração do patrimônio público, utilização de recursos públicos, licitação, contratos administrativos; e
- informação relativa: a) à implementação, acompanhamento e resultados dos programas, projetos e ações dos órgãos e entidades públicas, bem como metas e indicadores propostos; b) ao resultado de inspeções, auditorias, prestações e tomadas de contas realizadas pelos órgãos de controle interno e externo, incluindo prestações de contas relativas a exercícios anteriores.

Todas as vezes que o particular quiser obter informações deve dirigir o pleito à autoridade competente, informando quais as informações que pretende obter.

No caso de indeferimento de acesso a informações ou às razões da negativa do acesso, poderá o interessado interpor recurso contra a decisão no prazo de 10 (dez) dias a contar da sua ciência. O recurso será dirigido à autoridade hierarquicamente superior à que exarou a decisão impugnada, que deverá se manifestar no prazo de 5 (cinco) dias.

Por derradeiro, a lei regulamenta, em seu art. 16, que, se for negado o acesso a informação pelos órgãos ou entidades do Poder Executivo Federal, "*o requerente poderá recorrer* à *Controladoria-Geral da União, que deliberará no prazo de 5 (cinco) dias se:*

> *I – o acesso à informação não classificada como sigilosa for negado;*
>
> *II – a decisão de negativa de acesso à informação total ou parcialmente classificada como sigilosa não indicar a autoridade classificadora ou a hierarquicamente superior a quem possa ser dirigido pedido de acesso ou desclassificação;*
>
> *III – os procedimentos de classificação de informação sigilosa estabelecidos nesta Lei não tiverem sido observados; e*
>
> *IV – estiverem sendo descumpridos prazos ou outros procedimentos previstos nesta Lei".*

Ressalte-se que, a informação em poder dos órgãos e entidades públicas, observado o seu teor e em razão de sua imprescindibilidade à segurança da sociedade ou do Estado, poderá ser classificada como ultrassecreta, secreta ou reservada.

Nestas hipóteses, os prazos máximos de restrição de acesso à informação, conforme a classificação, vigoram a partir da data de sua produção e são os seguintes:

I – ultrassecreta: 25 (vinte e cinco) anos;

II – secreta: 15 (quinze) anos;

III – reservada: 5 (cinco) anos.

2.5. Princípio da Eficiência

Este princípio se tornou expresso com o advento da EC 19/98. Eficiência é produzir bem, com qualidade e com menos gastos. Uma atuação eficiente da atividade administrativa é aquela realizada com presteza e, acima de tudo, um bom desempenho funcional. Buscam-se sempre melhores resultados práticos e menos desperdício, nas atividades estatais, uma vez que toda a coletividade se beneficia disso.

Mesmo antes da alteração imposta ao texto da Constituição Federal, o art. 6º, §1º, da lei 8.987/95, já definia que a eficiência era considerada princípio básico para que a prestação de serviços públicos fosse adequada. Dessa forma, a prestação dos serviços públicos, seja feita mediante execução direta do Estado ou por delegação a particulares, por contratos de concessão ou permissão de serviços, deve respeitar a busca pela eficiência, como forma de satisfazer as necessidades da sociedade que usufrui destas atividades.

Inicialmente, quando da alteração constitucional, a doutrina tratava desse princípio como sendo muito fluido, configurando um verdadeiro desabafo do constituinte derivado. Contudo, o entendimento mais moderno é o de que a própria CF concretiza este princípio, sendo ele uma norma de aplicabilidade imediata. Com efeito, toda a atuação estatal pauta-se na busca pela obtenção de resultados positivos. Neste sentido, Maria Sylvia Zanella de Pietro[16] define que *"O princípio da eficiência apresenta, na realidade, dois aspectos: pode ser considerado em relação ao modo de atuação do agente público, do qual se espera o melhor desempenho possível de suas atribuições, para lograr os melhores resultados; e em relação ao modo de organizar, estruturar, disciplinar a Administração Pública, também com o mesmo objetivo de alcançar os melhores resultados na prestação do serviço público"*.

Ademais, o próprio texto da Constituição Federal, alterado pela Emenda Constitucional 19/98, define algumas situações de aplicação deste princípio. Por exemplo, o art. 41 da Carta Magna foi alterado pela respectiva emenda, criando a avaliação periódica de desempenho dos seus servidores, mesmo depois da aquisição da estabilidade, como clara concretização do princípio da eficiência. Logo, para os servidores, a eficiência aparece como requisito essencial. O servidor hoje tem que, além de ser aprovado em todas as fases do concurso público, ser aprovado também em uma Avaliação Especial de Desempenho, isto para que os resultados de uma administração pública mais eficiente não sejam um distante desejo.

Pode-se ainda mencionar, como implantação do princípio da eficiência, as regras do art. 169 da CRFB, que define limites com gasto de pessoal e prevê inclusive corte nos gastos, em caso de serem transbordados os referidos limites.

16. PIETRO, Maria Sylvia Zanella di – Direito Administrativo. São Paulo: Atlas, 21ª ed. 2008.

Esse dispositivo dispõe que, caso o poder público extrapole os limites permitidos de gastos com pessoal, deverá tomar algumas medidas, a saber:

- redução em pelo menos vinte por cento das despesas com cargos em comissão e funções de confiança;
- a exoneração dos servidores não estáveis; e
- se as medidas adotadas com base no parágrafo anterior não forem suficientes para assegurar o cumprimento da determinação da lei complementar 101/00, a exoneração do servidor estável, desde que ato normativo motivado de cada um dos Poderes especifique a atividade funcional, o órgão ou unidade administrativa objeto da redução de pessoal.

Outrossim, o art. 37, §3º, da Carta Magna, estabelece que a legislação deverá disciplinar as formas de participação do usuário na administração pública direta e indireta, admitindo-se a apresentação de reclamações relativas à prestação dos serviços públicos em geral, asseguradas a manutenção de serviços de atendimento ao usuário e a avaliação periódica, externa e interna, da qualidade dos serviços. Esse dispositivo foi regulamentado pela lei 12.527/11, designada como lei de acesso às informações, já analisada no tópico anterior.

Por fim, uma prestação de serviços eficiente deve garantir uma célere solução de controvérsias, razão pela qual, a eficiência está diretamente ligada ao princípio da celeridade nos processos administrativos, inserido na Constituição da República, em seu art. 5º, LXXVIII que dispõe que *"a todos, no âmbito judicial e administrativo, são assegurados a razoável duração do processo e os meios que garantam a celeridade de sua tramitação"*.

Dessa forma, é possível considerar que a rápida solução das controvérsias enseja uma eficiência na execução das atividades estatais, contribuindo para a satisfação dos interesses da sociedade.

2.6. Princípios do Contraditório e da Ampla defesa

Trata-se de princípios expressos no texto constitucional de 1988, em seu artigo 5º, LV, como garantia fundamental do cidadão. Em síntese, é o direito conferido ao particular de saber o que acontece no processo administrativo ou judicial de seu interesse, bem como o direito de se manifestar na relação processual, requerendo a produção de provas e provocando sua tramitação, seja diante de um processo judicial ou de um processo administrativo. Cumpre transcrever o dispositivo constitucional.

> "LV – aos litigantes, em processo judicial ou administrativo, e aos acusados em geral são assegurados o contraditório e ampla defesa, com os meios e recursos a ela inerentes".

A garantia de conhecimento dos atos processuais e a manifestação do particular em sua defesa são decorrência lógica do princípio do devido processo legal, exposto no art. 5, LIV da Carta Magna. Importante ressaltar que o texto constitucional determina explicitamente a aplicação destes princípios em sede de processos administrativos, sendo que o desrespeito a essas garantias enseja a nulidade do processo e de todos os atos administrativos dele decorrentes.

Primordialmente, o contraditório é tema de suma importância na história processual, haja vista ser indiscutível a premissa de que ninguém pode ser processado e julgado sem ter amplo conhecimento dos fatos relatados nesse processo e dos motivos que deram ensejo a sua instauração. Neste sentido, Diogo de Figueiredo[17], em seu entendimento, estabelece que *"Esta nítida proscrição da inquisitoriedade pela Constituição devolve ao direito brasileiro a sua plena dimensão ética, no mesmo patamar dos ordenamentos mais avançados. Assim, o princípio do contraditório, que basicamente determina que se ouçam as partes envolvidas, é instrumento de garantia processual imprescindível, voltado à observância de uma extensa gama de liberdades fundamentais, sem a qual perderiam sua primeira linha de defesa e só poderiam ser invocados depois de, por tantas vezes, se apresentarem irremediavelmente violados"*.

Ademais, sendo o processo uma relação bilateral, o contraditório permite a participação do interessado na condução do feito, tendo o poder de influenciar na decisão a ser proferida, concedendo ao julgador a sua visão acerca do tema discutido.

Ressalte-se que, para que se garanta o exercício do contraditório de forma regular, é indispensável o respeito ao princípio da igualdade na relação processual. O particular interessado deve ter o mesmo poder de convencimento que qualquer outra pessoa na relação processual e, para tanto, terá direito a ser notificado dos atos a serem praticados, bem como de produzir provas e participar da produção de todas as provas produzidas nos autos.

Com efeito, não se considera suficiente dar ao cidadão o conhecimento do feito, mas sim, admitir a sua participação com a prática de atos de relevância no curso do procedimento. Portanto, é importante que o direito à produção de provas não seja meramente formal, sendo necessária a real avaliação da prova produzida pelo particular como instrumento a influenciar a decisão do julgador, vedadas provas ilícitas ou meramente procrastinatórias.

No que tange ao princípio da **ampla defesa**, a doutrina processual o define como indispensável para a concepção de democracia, abarcando o direito de ação e a tutela jurisdicional e administrativa para proteção de direitos dos particulares. Ao tratar do tema, costuma-se definir como inerente à ampla defesa o direito à defesa prévia, a garantia de defesa técnica e o direito ao duplo grau de julgamento.

Esses aspectos têm ampla aplicabilidade no Direito Administrativo, ou seja, em sede de processos administrativos, a ampla defesa abarca todos os aspectos acima elencados, com algumas ressalvas relevantes a serem analisadas pontualmente.

- **Defesa técnica**: A respeito dessa garantia, a súmula 343 do Superior Tribunal de Justiça define que é indispensável a presença de advogado em todas as fases do processo administrativo disciplinar, impondo uma interpretação garantista ao art. 156 da lei 8.112/90, o qual dispunha ser uma faculdade do acusado a representação por advogado. Essa súmula decorreu da evolução jurisprudencial acerca das garantias constitucionais e do reconhecimento da importância de defesa técnica como forma de evitar abusos por parte das autoridades públicas, diante da ausência de conhecimento específico pelo particular interessado no feito[18].

17. MOREIRA NETO, Diogo de Figueiredo – Curso de Direito Administrativo. Rio de Janeiro. Editora Forense, 2009.
18. Contudo, cabe ressaltar que, recentemente, o Superior Tribunal de Justiça vem dando amplitude à SV n. 5 em algumas decisões isoladas, retirando, totalmente do particular o direito à defesa técnica, conforme julgado abaixo transcrito:
*"**PAD. SERVIDOR PÚBLICO. SÚMULA VINCULANTE.** Trata-se de mandado de segurança no qual o impetrante objetiva desconstituir o ato administrativo que culminou em sua demissão do cargo de agente de serviços de engenharia do quadro de pessoal do Departamento Nacional de Produção Mineral (DNPM). Sustenta, em síntese,*

No entanto, essa orientação não prevaleceu diante da edição da Súmula Vinculante n. 5 do Supremo Tribunal Federal, em 07 de maio de 2008, que estabelece que *"A falta de defesa técnica por advogado no processo administrativo disciplinar não ofende a Constituição"*. Para alguns doutrinadores, a edição desta súmula representa uma retrocessão no direito brasileiro e tem caráter de decisão política. É inegável que, com a edição da súmula do STJ, todos aqueles servidores demitidos sem a presença de advogados previamente teriam o direito à anulação do ato praticado com o imediato retorno ao serviço público, em claro prejuízo à Administração Pública. O fato é que, em 2008, com a edição da súmula vinculante ora transcrita, afasta-se a aplicabilidade da súmula 343 do Superior Tribunal de Justiça, restando aos particulares acusados em processos administrativos disciplinares a faculdade de se fazerem representar por advogado.

- **Defesa prévia**: para o exercício pleno da garantia, é imprescindível que o particular possa se manifestar antes de ser proferida decisão administrativa acerca da matéria objeto do processo. Em decorrência dessa prerrogativa, todo o procedimento a ser seguido pela Administração Pública em um processo, bem como todas as penalidades que possam dele resultar, precisa ser de conhecimento prévio do particular interessado, para que seja possível a ele traçar planos e estratégias de defesa.

  Todavia, em situações emergenciais, nas quais o interesse público esteja em perigo, admite-se que a atuação administrativa anteceda a manifestação do particular. Imagine-se, por exemplo, que um prédio privado está em ruínas e prestes a desabar em frente a um mercado municipal, com o perigo de destruir toda a estrutura do mercado e causar a morte de centenas de pessoas. Nesse caso, é permitido ao poder público tomar as providências necessárias à demolição do prédio, sendo oportunizada, posteriormente, a defesa do proprietário. Da mesma forma, considere-se um carro estacionado no meio de uma avenida muito movimentada, ensejando a necessidade de reboque. Tais situações são denominadas de **contraditório diferido** e admitidas em decorrência da supremacia do interesse público sobre o privado.

- **Duplo grau de julgamento** ou **direito ao recurso administrativo**: Trata-se de prerrogativa que possibilita a reanálise dos atos praticados pela Administração, por provocação do particular, com a finalidade de evitar que se perpetuem injustiças ou decisões ilegais.

violação do princípio do contraditório e da ampla defesa no curso do processo administrativo disciplinar (PAD). Segundo alega, em face da ausência de defesa técnica, não pôde produzir provas que seriam imprescindíveis para a justa solução do caso, como a realização de perícia técnica destinada a comprovar que ele agiu induzido a erro, e não por má-fé, não lhe sendo possível, ainda, reinquirir testemunhas, pedir acareações etc. Afirma, enfim, que, por diversas vezes, requereu a nomeação de advogado, o que foi ignorado e, assim, vários atos foram praticados sem sua presença, de seu advogado nem mesmo de defensor dativo. A Seção, ao prosseguir o julgamento, por maioria, negou a segurança pelos fundamentos, entre outros, de que, com a edição da Súmula Vinculante n. 5-STF, não há falar em ofensa à CF/1988 em razão de não haver defesa técnica no PAD, desde que seja concedida a oportunidade de ser efetivado o contraditório e a ampla defesa, tal como ocorreu no caso. Consignou-se que o impetrante, além de ser devidamente interrogado no curso do PAD, foi notificado outras duas vezes para prestar novo depoimento, a fim de que pudesse prestar outros esclarecimentos que entendesse pertinentes, contudo não compareceu a tais designações. Assim, verifica-se que a comissão processante observou todos os ditames legais que norteiam o PAD, isto é, oportunizou ao impetrante, durante o curso do processo, o exercício de sua ampla defesa. Registrou-se, por fim, que não há qualquer óbice legal à tramitação do PAD em cidade diversa daquela em que o servidor encontra-se lotado, mormente porque os fatos devem mesmo ser apurados no local onde ocorreram as supostas irregularidades funcionais. Precedentes citados: MS 13.340-DF, DJe 4/6/2009; MS 13.266-DF, DJe 25/2/2010; MS 12.895-DF, DJe 18/12/2009; MS 13.763-DF, DJe 19/12/2008; MS 12.927-DF, DJ 12/2/2008; RMS 22.128-MT, DJ 10/9/2007, e MS 13.111-DF, DJe 30/4/2008. ***MS 12.457-DF, Rel. Min. Maria Thereza de Assis Moura, julgado em 24/11/2010".***

Como forma de se sedimentar esse direito, a lei exige a motivação dos atos decisórios em toda a sua amplitude, viabilizando apresentação de argumentos em sede recursal, independentemente da possibilidade de discutir posteriormente a mesma matéria por intermédio de provocação do Poder Judiciário.

Nesse sentido, reforça o conhecimento dessa garantia a edição da Súmula Vinculante n.21 pelo Supremo Tribunal Federal dispondo que: "*É inconstitucional a exigência de depósito ou arrolamento prévios de dinheiro ou bens para admissibilidade de recurso administrativo*". Analisando este dispositivo, interpreta-se que tal exigência seria inconstitucional por restringir o acesso ao duplo grau e, consequentemente, inviabilizar o exercício pleno da ampla defesa. Na mesma esteira, o Superior Tribunal de Justiça também editou a Súmula 373, definindo que "*É ilegítima a exigência de depósito prévio para admissibilidade de recurso administrativo*".

- **Direito à informação**: Configura-se corolário da garantia do contraditório o direito de todos os interessados de conhecer o conteúdo das decisões do processo, bem como de seus atos e das provas produzidas. Dessa forma, não pode ser negado ao particular interessado do feito o direito de ter vista dos autos e de tirar cópia (sob suas expensas) dos atos processuais considerados, por si, relevantes, quando não for possível a realização de carga dos autos para análise acurada do procedimento.

Por fim, acerca das garantias do contraditório e da ampla defesa, cabe mencionar a situação excepcional, definida na Súmula Vinculante n. 03, expedida pelo Supremo Tribunal Federal, abaixo transcrita.

> "Nos processos perante o Tribunal de Contas da União asseguram-se o contraditório e a ampla defesa quando da decisão puder resultar anulação ou revogação de ato administrativo que beneficie o interessado, excetuada a apreciação da legalidade do ato de concessão inicial de aposentadoria, reforma e pensão".

De fato, a súmula, primeiramente, estende os princípios de contraditório e ampla defesa às decisões proferidas pelo Tribunal de Contas, todas as vezes em que a atuação do órgão puder afetar os direitos do particular por meio da retirada de ato administrativo que lhe criou garantias. A súmula é relevante pelo fato de que a anulação do ato, a princípio, decorre de uma relação travada entre o administrador público e o Tribunal de Contas. Ocorre que, mesmo não sendo parte direta no processo que justificou e motivou a anulação do ato, o particular atingido por essa decisão deve ter o direito de se manifestar previamente, inclusive, com a produção de provas e todos os meios necessários a formar o convencimento do órgão julgador.

No que tange aos atos que negam a concessão inicial de aposentadoria, reforma e pensão, conforme já explicitado no capítulo referente aos atos administrativos, não se trata de anulação de atos ampliativos pelo Tribunal de Contas, mas sim da manifestação do órgão, impedindo que tais atos se aperfeiçoem.

Explica-se: o ato de aposentadoria de servidor público se configura como ato complexo, sendo necessária, para sua perfeição, a manifestação do órgão ao qual o servidor esteja vinculado, somado à aprovação pelo Tribunal de Contas. Sendo assim, no momento em que o Tribunal se manifesta contrário à aposentadoria pretendida pelo autor, ele não está desconstituindo garantia já consolidada em ato perfeito, mas evitando a perfeição do ato o que enseja a desnecessidade de garantia ao contraditório.

2.7. Princípio da Continuidade

Traduz-se na ideia de prestação ininterrupta da atividade administrativa. Trata-se, portanto, de exigência no sentido de que a atividade do Estado seja contínua, não podendo parar a prestação dos serviços, não comportando falhas ou interrupções já que muitas necessidades da sociedade são inadiáveis, como é o exemplo dos serviços de fornecimento de água e energia elétrica à população em geral. Tal princípio está expresso no art. 6º, § 1º, da Lei 8.987/95, como necessário para que o serviço público seja considerado adequado. Vale ressaltar que o princípio da Continuidade está intimamente ligado ao princípio da Eficiência, haja vista tratar-se de garantia de busca por resultados positivos.

Celso Antônio Bandeira de Mello[19] trata a norma como um subprincípio, decorrente do princípio da **obrigatoriedade do desempenho da atividade pública.** Com efeito, o autor, dispõe, acerca do tema, como se segue: *"Outrossim, em face do princípio da obrigatoriedade do desempenho da atividade pública, típico do regime administrativo, como vimos vendo, a Administração sujeita-se ao dever de continuidade no desempenho de sua ação. O princípio da continuidade do serviço público é um subprincípio, ou, se se quiser, princípio derivado, que decorre da obrigatoriedade de desempenho da atividade administrativa"*.

Da análise deste princípio, decorrem algumas consequências à execução das atividades estatais que ensejam alguns questionamentos, senão vejamos.

→ ***O servidor público tem direito de greve?***

A dúvida decorre do fato de que a greve do servidor poderia interromper ou tornar inviável a execução dos serviços públicos, haja vista a necessidade de ausência dos servidores para adesão ao movimento paredista, causando prejuízos à sociedade, mais especificamente aos particulares que dependem das atividades paralisadas.

Acerca do questionamento efetivado, inicialmente, cumpre ressaltar que os servidores militares não têm direito de greve nem de sindicalização, por expressa vedação constitucional, sejam eles das forças armadas ou policiais militares estaduais e integrantes do corpo de bombeiros militar dos estados. A norma está definida no art. 142, §3º, IV, da Carta Magna que dispõe que *"ao militar são proibidas a sindicalização e a greve"*.

Por seu turno, o servidor público, em sentido estrito, tem direito à greve e à sindicalização. Com efeito, ao tratar dos servidores públicos civis, em seu art. 37, VII, a Carta Magna definiu o direito de greve a estes agentes nos termos e condições estabelecidos em lei específica, garantindo ainda o direito à livre associação sindical, no art. 37, VI.

No que tange à garantia de se organizar em sindicatos, trata-se de norma de eficácia plena, não dependendo de qualquer regulamentação para que seja exercido o direito pelos servidores públicos. No entanto, em relação ao direito de greve, a matéria foi alvo de discussão doutrinária, haja vista o entendimento de alguns estudiosos de tratar-se de norma de eficácia contida, ou seja, regra que admite aplicação direta, embora possa ser posteriormente regulada por lei que conterá seus efeitos.

19. MELLO, Celso Antonio Bandeira de – Curso de Direito Administrativo. São Paulo: Malheiros, 26ª ed. 2009.

Ocorre que o Supremo Tribunal Federal já pacificou o entendimento de que o direito de greve é norma de eficácia limitada, ou seja, não obstante o servidor tenha a garantia definida na Constituição, o exercício do direito fica limitado à edição de lei específica que o regulamente e, enquanto não for editada a lei, o exercício da prerrogativa será impossível.

Dessa forma, diante da ausência de lei específica a tratar da matéria, o exercício do direito de greve do servidor fica prejudicado e os agentes estatais não podem realizar movimentos paredistas, a despeito da garantia constitucional.

Ocorre que, no que tange aos servidores civis, o Supremo Tribunal Federal determinou, ao julgar Mandado de Injunção referente à matéria que, enquanto não houver lei específica a regulamentar a greve dos servidores, será utilizada a lei geral de greve (Lei 7.783/89) para o exercício deste direito. Tal entendimento visa a garantir que a omissão legislativa não cause prejuízos a direito constitucional e vem sendo reiterado pela Suprema Corte[20].

O Superior Tribunal de Justiça decidiu que, se o servidor exercer o direito de greve de forma legal, embora não tenha direito à remuneração pelos dias parados, haja vista não tenha havido a prestação do serviço a ensejar o pagamento da contraprestação, não deve sofrer o corte da remuneração durante o exercício deste direito, desde que o movimento paredista tenha sido realizado licitamente.

Nesses casos, o servidor, ao terminar a greve, ficará sujeito à compensação pelos dias parados, sob pena de ressarcimento ao erário. Neste sentido, analisemos o julgado que trata acerca do tema, proferido pela corte.

Por seu turno, o Supremo Tribunal Federal, em 2016, na análise do Recurso Extraordinário nº 693.456, decidiu, apreciando o tema da repercussão geral, por unanimidade, por maioria, na parte conhecida, fixar tese nos seguintes termos: ***"A administração pública deve proceder ao desconto dos dias de paralisação decorrentes do exercício do direito de greve pelos servidores públicos, em virtude da suspensão do vínculo funcional que dela decorre, permitida a compensação em caso de acordo. O desconto será, contudo, incabível se ficar demonstrado que a greve foi provocada por conduta ilícita do Poder Público".***

Nota-se que, em comprovada a ilicitude do Poder Público como ensejadora do movimento paredista - como pode ocorrer, por exemplo, nas hipóteses em que o ente estatal descumpre acordos firmados com a categoria – o corte da remuneração não será admitido.

Sendo assim, pode-se considerar que o direito de greve do servidor configura uma exceção ao princípio da continuidade, a despeito de ser exercido, respeitando os limites definidos em lei, de forma a evitar-se a paralisação total da atividade pública.

→ ***É possível interromper a prestação de um serviço por inadimplemento do usuário?***

A Lei 8.987/95, em seu art. 6, §3º, estabelece expressamente que é possível a interrupção nos seguintes termos:

20. Neste sentido, já foram proferidos julgamentos similares em três Mandados de Injunção impetrados diretamente perante o Supremo Tribunal Federal, quais sejam, o MI n. 670, o MI n. 708 e o MI n. 712. Em todos os casos, foi determinado pela corte a aplicação da lei 7.783/89, como forma de suprir a omissão decorrente da ausência de lei específica a regulamentar o direito constitucional de greve dos servidores públicos.

§ 3º Não se caracteriza como descontinuidade do serviço a sua interrupção em **situação de emergência** ou após **prévio aviso**, quando:

I – motivada por **razões de ordem técnica** ou de **segurança das instalações**; e,

II – por **inadimplemento do usuário**, considerado o interesse da coletividade.

A respeito da interrupção por motivos de ordem técnica, não há discussão doutrinária acerca da sua regularidade, haja vista a impossibilidade fática de se manter a execução da atividade. Nesses casos, pode-se estabelecer que a queda de um poste de transmissão de energia ensejará a interrupção do serviço de energia elétrica em determinada área, até que seja reparado o dano decorrente do evento acidental.

No que tange à interrupção por inadimplemento do usuário (não obstante se trate de matéria divergente na doutrina nacional), a princípio a possibilidade de paralisação do serviço deve ser considerada constitucional, bastando que o usuário seja previamente avisado, nos moldes exigidos pela legislação. Com efeito, a maioria dos estudiosos entende que esta regra é garantidora do princípio da continuidade, uma vez que a manutenção de serviços públicos àqueles que estão inadimplentes pode ensejar a impossibilidade futura de que a atividade seja mantida a todos os que estão adimplentes com suas prestações, em virtude da inviabilidade econômica que será causada ao prestador.

Ademais, pode-se definir que haverá enriquecimento sem causa do particular que tiver garantida a manutenção da prestação do serviço público sem arcar com os custos dela decorrentes. Neste sentido, o Superior Tribunal de Justiça já proferiu decisões[21], conforme se verifica abaixo.

> AÇÃO CIVIL PÚBLICA. SERVIÇO PÚBLICO. FORNECIMENTO DE ÁGUA. INTERRUPÇÃO. ART. 6, § 3º, INCISO II, DA LEI N. 8.987/95. LEGALIDADE.
> 1. Nos termos da Lei n. 8.987/95, não se considera quebra na continuidade do serviço público a sua interrupção em situação emergencial ou após prévio aviso quando motivada pelo inadimplemento do usuário. Assim, inexiste qualquer ilegalidade ou afronta às disposições constantes do Código de Defesa do Consumidor no corte do fornecimento de água ao usuário inadimplente.
> 2. Recurso especial improvido. Processo REsp 596320/ PR ; RECURSO ESPECIAL 2003/0166715-8

21. Algumas decisões do STJ, inclusive apontam pela aplicação do CDC de forma relativa, consoante se analisa do julgado transcrito:
ADMINISTRATIVO. SUSPENSÃO DO FORNECIMENTO DE ÁGUA. USUÁRIO INADIMPLENTE. POSSIBILIDADE.
1. Nos termos do art. 22 da Lei 8.078/90 (Código de Defesa do Consumidor), "os órgãos públicos, por si ou suas empresas, concessionárias, permissionárias ou sob qualquer outra forma de empreendimento, são obrigados a fornecer serviços adequados, eficientes, seguros e, quanto aos essenciais, contínuos".
2. A Lei 8.987/95, por sua vez, ao dispor sobre o regime de concessão e permissão da prestação de serviços públicos previsto no art. 175 da Constituição Federal, em seu Capítulo II ("Do Serviço Adequado"), traz a definição, para esse especial objeto de relação de consumo, do que se considera "serviço adequado", prevendo, nos incisos I e II do 3º do art. 6º, duas hipóteses em que é legítima sua interrupção, em situação de emergência ou após prévio aviso: (a) por razões de ordem técnica ou de segurança das instalações; (b) por inadimplemento do usuário, considerado o interesse da coletividade.
3. Tem-se, assim, que a continuidade do serviço público assegurada pelo art. 22 do CDC não constitui princípio absoluto, mas garantia limitada pelas disposições da Lei 8.987/95, que, em nome justamente da preservação da continuidade e da qualidade da prestação dos serviços ao conjunto dos usuários, permite, em hipóteses entre as quais o inadimplemento, a suspensão no seu fornecimento. Precedentes da 1ª Turma : REsp 591.692/RJ , Rel. Min. Teori Albino Zavascki, DJ de 14.03.2005; REsp 691.516/RS, Rel. Min. Luiz Fux, 1ª Turma, DJ de 24.10.2005; REsp 337.965/MG, Rel.ª Min.ª Eliana Calmon, 2ª Turma, DJ de 20.10.2003.
4. Recurso especial a que se dá provimento.
RECURSO ESPECIAL N. 898.769 – RS (2006/0240399-0)

Relator(a) Ministro JOÃO OTÁVIO DE NORONHA (1123)

Órgão Julgador T2 - SEGUNDA TURMA

Data do Julgamento 12/12/2006

Em pensamento contrário, alguns doutrinadores se orientam no sentido da inconstitucionalidade do dispositivo legal que admite a interrupção do serviço por inadimplemento do usuário, haja vista a violação ao dever de continuidade, implícito na Constituição Federal, devendo o prestador, manter a execução da atividade, somente admitindo-se que faça paralelamente a cobrança judicial dos valores não pagos. Algumas decisões isoladas de tribunais vêm admitindo esse entendimento, considerando que o corte na prestação do serviço como forma de compelir o particular ao pagamento das suas tarifas extrapola os limites da lei. No entanto, conforme explicitado, essa posição é minoritária.

Mesmo para aqueles que admitem a interrupção dos serviços, que se apresenta como o entendimento majoritário, adotado pela doutrina e jurisprudência nacionais, não se discute que será ilegal a paralisação de determinado serviço público por inadimplemento do usuário, caso enseje a interrupção de um serviço essencial à coletividade – como ocorre, por exemplo, nos casos em que uma concessionária determina o corte no fornecimento de energia elétrica de um hospital em virtude do inadimplemento.

Nesses casos, a interrupção do serviço será prejudicial ao interesse da coletividade e não pode subsistir, em garantia ao princípio da supremacia do interesse público sobre o interesse privado, impedindo que se priorizem os direitos do prestador do serviço, em detrimento das necessidades coletivas.

No final do ano de 2009, o Superior Tribunal de Justiça, solucionando caso concreto, determinou que isso deve ser analisado sempre em cada situação. No caso em tela, uma concessionária de energia elétrica cortou o fornecimento para Município inadimplente quanto àqueles serviços que não entendia essencial: iluminação pública. Então o STJ decidiu que a iluminação publica é serviço essencial à segurança da coletividade, razão pela qual não pode ser interrompido, por motivo de inadimplemento[22].

Processo: EREsp 845982 / RJ: EMBARGOS DE DIVERGÊNCIA EM RECURSO ESPECIAL: 2006/0269086-7

Relator(a): Ministro LUIZ FUX (1122)

Órgão Julgador: S1 – PRIMEIRA SEÇÃO

Data do Julgamento: 24/06/2009

Data da Publicação/Fonte: DJe 03/08/2009

Ementa: PROCESSUAL CIVIL. ADMINISTRATIVO. EMBARGOS DE DIVERGÊNCIA EM RECURSO ESPECIAL. ENERGIA ELÉTRICA. UNIDADES PÚBLICAS ESSENCIAIS, COMO SOEM SER HOSPITAIS; PRONTO-SOCORROS; ESCOLAS; CRECHES; FONTES DE ABASTECIMENTO D'ÁGUA E ILUMINAÇÃO PÚBLICA; E SERVIÇOS DE SEGURANÇA PÚBLICA. INADIMPLÊNCIA. SUSPENSÃO DO FORNECIMENTO. SERVIÇO PÚBLICO ESSENCIAL.

1. A suspensão do serviço de energia elétrica, por empresa concessionária, em razão de inadimplemento de unidades públicas essenciais – hospitais; pronto-socorros; escolas; creches; fontes

22. A matéria vem sendo julgada neste sentido pela Corte de forma reiterada, inclusive tendo sido analisada novamente em 2012, no julgamento do AI 854430 AgR / RJ – RIO DE JANEIRO.

de abastecimento d'água e iluminação pública; e serviços de segurança pública –, como forma de compelir o usuário ao pagamento de tarifa ou multa, despreza o interesse da coletividade.

2. É que resta assente nesta Corte que: "O princípio da continuidade do serviço público assegurado pelo art. 22 do Código de Defesa do Consumidor deve ser obtemperado, ante a exegese do art. 6º, § 3º, II da Lei n. 8.987/95 que prevê a possibilidade de interrupção do fornecimento de energia elétrica quando, após aviso, permanecer inadimplente o usuário, considerado o interesse da coletividade. Precedentes de ambas as Turmas de Direito Público (...) " RESP 845.982/RJ.

3. Deveras, não se concebe a aplicação da legislação infraconstitucional, in casu, art. 6.º, § 3.º, II, da Lei 8.987/95, sem o crivo dos princípios constitucionais, dentre os quais sobressai o da dignidade da pessoa humana, que é um dos fundamentos da República como previsto na Constituição Federal.

4. In casu, o acórdão recorrido (RESP 845.982/RJ), de relatoria do Ministro Castro Meira, Segunda Turma, decidiu pela impossibilidade de interrupção no fornecimento de energia elétrica das unidades de ensino do Colégio Pedro II, autarquia federal que presta serviço educacional, situado na Cidade do Rio de Janeiro, consoante se infere do voto-condutor: "(...) Entretanto, in casu, a concessionária pretende interromper o fornecimento de energia elétrica das unidades de ensino do Colégio Pedro II, autarquia federal que presta serviço educacional a "aproximadamente quinze mil alunos". Ainda que a falta de pagamento por pelos entes públicos deva ser repudiada, neste caso, a Corte regional que, ao tempo em que proibiu o corte da energia, também determinou que a verba seja afetada para o pagamento do valor devido, se for o caso, pela requisição de complementação orçamentária. Nas hipóteses em que o consumidor seja pessoa jurídica de direito público, prevalece nesta Turma a tese de que o corte de energia é possível, desde que não aconteça de forma indiscriminada, preservando-se as unidades públicas essenciais (...) Ressalto que a interrupção de fornecimento de energia elétrica de ente público somente é considerada ilegítima quando atinge necessidades inadiáveis da comunidade, entendidas essas – por analogia à Lei de Greve – como "aquelas que, não atendidas, coloquem em perigo iminente a sobrevivência, a saúde ou a segurança da população" (art. 11, parágrafo único, da Lei n. 7.783/89), aí incluídos, hospitais, prontos-socorros, centros de saúde, escolas e creches (...)". O acórdão paradigma (RESP 619.610/RS), de relatoria do Ministro Francisco Falcão, Primeira Turma, examinando hipótese análoga, decidiu pela possibilidade de corte no fornecimento de energia elétrica, em razão de inadimplência, em se tratando de Estado-consumidor, mesmo no caso de prestação de serviços públicos essenciais, como a educação, verbis: "(...) Com efeito, ainda que se trate o consumidor de ente público, é cabível realizar-se o corte no fornecimento de energia elétrica, mesmo no caso de prestação de serviços públicos essenciais, como a educação, desde que antecedido de comunicação prévia por parte da empresa concessionária, a teor do art. 17 da Lei n. 9.427/96. Tal entendimento se justifica em atendimento aos interesses da coletividade, na medida em que outros usuários sofrerão os efeitos da inadimplência do Poder Público, podendo gerar uma mora continuada, assim como um mau funcionamento do sistema de fornecimento de energia (...)".

5. Embargos de Divergência rejeitados.

→ *A exceção de contrato não cumprido pode ser aplicada em contratos com a administração?*

Exceptio non adimpleti contractus é o direito de suspender a execução do contrato em face do inadimplemento da outra parte. A doutrina tradicional era assente no sentido de que, nos contratos administrativos, a aplicação desta teoria em benefício do particular contratado pelo Estado ensejaria afronta direta ao princípio da continuidade do serviço público. Sendo assim, os particulares deveriam manter a prestação determinada nos contratos celebrados com o poder público, mesmo diante do inadimplemento deste.

Ocorre que, consoante disposição do art. 78, XV, da Lei 8.666/93, o particular tem direito de invocar a exceção do contrato não cumprido, desde que a administração seja inadimplente por mais de 90 (noventa) dias em relação aos seus pagamentos. Com efeito, como garantia à continuidade, o particular contratado pelo ente estatal tem o dever de manter a prestação do serviço, mesmo diante do inadimplemento da Administração Pública, desde que esta ausência de pagamento não ultrapasse o prazo legalmente estabelecido.

Trata-se da aplicação da exceção de contrato não cumprido de forma diferida. Para tanto, não precisa de autorização judicial, somente se exigindo o provimento do Poder Judiciário para que se determine a rescisão do contrato. Essa é a corrente majoritária na doutrina e jurisprudência modernas.

→ *Ocupação temporária de bens e substituição*

Além de analisar todas as exceções ao princípio da continuidade, é relevante ressaltar que alguns dispositivos legais foram definidos como forma de garantia da não interrupção da atividade administrativa.

Neste sentido, o art. 58, V da lei 8.666/93, define que nos casos de serviços essenciais a Administração Pública poderá **ocupar provisoriamente** bens móveis, imóveis, pessoal e serviços vinculados ao objeto do contrato, na hipótese da necessidade de acautelar apuração administrativa de faltas contratuais pelo contratado, bem como na hipótese de rescisão do contrato administrativo. Trata-se de cláusula exorbitante dos contratos administrativos que visa a evitar uma indevida paralisação da atividade exercida pelo particular contratado pelo Estado.

Outrossim, ao final do contrato de concessão de serviços públicos admite-se a transferência de propriedade dos bens das concessionárias que estejam atrelados à prestação do serviço, instituto este conhecido como reversão de bens. Nestes termos, define a lei 8.987/95, ao tratar do tema, em seu art. 36, que *"A reversão no advento do termo contratual far-se-á com a indenização das parcelas dos investimentos vinculados a bens reversíveis, ainda não amortizados ou depreciados, que tenham sido realizados com o objetivo de garantir a continuidade e atualidade do serviço concedido"*.

Ademais, os estatutos dos servidores públicos preveem os institutos da **substituição** e **suplência** como forma de evitar que a ausência de um determinado agente enseje a não execução do serviço que lhe era atribuído. Dessa forma, os servidores investidos em cargo ou função de direção ou chefia e os ocupantes de cargo de Natureza Especial terão substitutos indicados no regimento interno ou, no caso de omissão, previamente designados pelo dirigente máximo do órgão ou entidade, sendo que será responsabilidade do substituto assumir, sem prejuízo do cargo que ocupa, o exercício do cargo ou função de direção ou chefia e os de Natureza Especial, nos afastamentos, impedimentos legais ou regulamentares do titular e na vacância do cargo.

2.8. Princípio da Autotutela

Trata-se do poder que a Administração Pública possui de ter o controle dos seus atos em suas mãos, podendo ela mesma revê-los para trazer regularidade às suas condutas. Nesses casos, o ente estatal tem a garantia de anular os atos praticados em suas atividades essenciais, quando ilegais, ou revogá-los, quando inoportunos ou inconvenientes, sem que seja necessária a interferência do Poder Judiciário.

Acerca do tema, a Súmula 473 do Supremo Tribunal Federal dispõe que *"A administração pode anular seus próprios atos, quando eivados de vícios que os tornam ilegais, porque deles não se originam direitos; ou revogá-los, por motivo de conveniência ou oportunidade, respeitados os direitos adquiridos, e ressalvada, em todos os casos, a apreciação judicial"*[23]. Da mesma forma, dispõe o art. 53 da lei 9.784/99 que *"A Administração deve anular seus próprios atos, quando eivados de vício de legalidade, e pode revogá-los por motivo de conveniência ou oportunidade, respeitados os direitos adquiridos"*.

Verifica-se, de uma análise do dispositivo transcrito, que não precisa a Administração ser provocada para rever seus próprios atos, podendo ser feito o controle de ofício; diferentemente do Poder Judiciário, que não pode atuar no exercício do controle das atividades estatais sem que haja provocação para tanto. Ademais, o exercício da autotutela não afasta a incidência da tutela jurisdicional. Com efeito, caso o particular se sinta prejudicado pelo ato, ainda que não obtenha êxito no requerimento administrativo de anulação da conduta, poderá recorrer ao judiciário para que seja novamente verificada a legalidade da atuação estatal impugnada. Nesse sentido, o ordenamento brasileiro adotou o princípio da inafastabilidade de jurisdição, estampado no art. 5º, XXXV da Constituição da República.

Saliente-se, ainda que o controle administrativo poderá ser feito em relação à legalidade dos atos praticados pela Administração, mas também em relação à oportunidade e conveniência de sua manutenção. Assim, caso o ato seja lícito, mas não haja interesse público nos efeitos que ele tende a produzir, será admitida a sua revogação.

Por fim, observe-se ainda que a anulação de atos ilegais pelo poder público não se configura como uma faculdade do administrador, mas sim um poder-dever, não sendo lícito que deixe de efetivar a retirada do ato em desconformidade com o ordenamento jurídico, ainda que não tenha sido provocado por nenhum interessado.

Ocorre que, com o intuito de evitar que a revisão de alguns atos possa ser mais nociva do que a sua permanência no ordenamento jurídico, alguns limites foram criados para a Autotutela no que tange à anulação de atos viciados, em observância ao Princípio da Segurança Jurídica. Nestes casos, é relevante analisar a boa-fé dos destinatários da conduta ilícita.

No âmbito da administração pública federal, a lei 9.784/99 prevê um prazo de cinco anos para rever os atos que sejam favoráveis a particulares, salvo má-fé do beneficiado. Se não o fizer, a situação jurídica anterior se torna legítima. Para a doutrina majoritária, trata-se de prazo decadencial imposto ao poder público. Sendo assim, o texto legal define que *"O direito da Administração de anular os atos administrativos de que decorram efeitos favoráveis para os destinatários decai em cinco anos, contados da data em que foram praticados, salvo comprovada má-fé"*.

23. No mesmo sentido, dispõe a Súmula 346 do próprio Supremo Tribunal Federal, definindo a possibilidade de anulação de atos administrativos, por decisão da própria Administração Pública. Analise-se o dispositivo sumulado: *"A administração pública pode declarar a nulidade dos seus próprios atos"*.

O poder de controle da atuação estatal é designado, por Diogo de Figueiredo Moreira Neto[24] como **princípio da sindicabilidade**. De fato, a amplitude do conceito abrange o controle efetivado pela própria Administração Pública e também o controle jurisdicional, exercido nos limites da Carta Magna. Neste sentido, dispõe o autor que *"A sindicabilidade é, portanto, a possibilidade jurídica de submeter-se efetivamente qualquer lesão a direito e, por extensão, as ameaças de lesão de direito a algum tipo de controle"*.

2.9. Princípio da Razoabilidade

Este princípio visa impedir uma atuação desarrazoada ou despropositada do Administrador, definindo que o agente não se pode valer de seu cargo ou função, com a falsa intenção de cumprir a lei, para agir de forma ilegal e arbitrária fora dos padrões éticos e adequados ao senso comum. Este princípio representa certo limite para discricionariedade do administrador, uma vez que, mesmo diante de situações em que a lei define mais de uma possibilidade de atuação, a interpretação do agente estatal deve-se pautar pelos padrões de escolha efetivados pelo homem médio da sociedade, sem o cometimento de excessos.

Para José dos Santos Carvalho Filho[25], *"razoabilidade é a qualidade do que é razoável, ou seja, aquilo que se situa dentro de limites aceitáveis, ainda que os juízos de valor que provocaram a conduta possam dispor-se de forma um pouco diversa."*

Quando uma determinada decisão administrativa for proferida de forma desarrazoada, sob alegação de análise de critérios de oportunidade e conveniência, esta conduta será ilegal e ilegítima, por ofender a lei em sua finalidade e poderá o Poder judiciário corrigir a violação, realizando o controle de legalidade da atuação viciada. Com efeito, não obstante não se admita que a correição judicial possa invadir o mérito administrativo, haja vista pertencer ao administrador valorar a melhor atuação em cada caso concreto, não se deve esquecer que a discricionariedade encontra respaldo na lei e nos princípios constitucionais.

Dessa forma, todas as vezes que o mérito administrativo extrapola os limites da lei, seja por atuação que afronta expresso dispositivo legal, seja pela violação ao princípio da razoabilidade, compete ao judiciário, desde que provocado, sanar o vício da conduta estatal, determinando a anulação do ato ilícito.

Nesse sentido, pode-se colacionar julgado do Superior Tribunal de Justiça acerca do tema, para que seja analisado.

> PROCESSUAL CIVIL E TRIBUTÁRIO. VIOLAÇÃO AO ART. 535 DO CPC. INOCORRÊNCIA. IPI. ALÍQUOTA ZERO. NECESSIDADE DE COMPROVAÇÃO DA COMPOSIÇÃO QUÍMICA DA MATÉRIA-PRIMA UTILIZADA NA INDUSTRIALIZAÇÃO DE PRODUTOS. REQUERIMENTO DE PROVA PERICIAL NO PROCESSO ADMINISTRATIVO FISCAL. DEFERIMENTO OU INDEFERIMENTO. PODER DISCRICIONÁRIO DA ADMINISTRAÇÃO PÚBLICA. ART. 18 DO DECRETO N. 70.235/72. POSSIBILIDADE DE CONTROLE PELO JUDICIÁRIO.
>
> 1. Os órgãos julgadores não estão obrigados a examinar todas as teses levantadas durante um processo judicial, bastando que as decisões proferidas estejam devida e coerentemente

24. MOREIRA NETO, Diogo de Figueiredo – Curso de Direito Administrativo. Rio de Janeiro: Forense, 15ª ed. 2009.
25. CARVALHO FILHO, José dos Santos – Manual de Direito Administrativo. Rio de Janeiro: Editora Lumen Juris, 23ª ed. 2012.

fundamentadas, em obediência ao que determina o art. 93, inc. IX, da Lei Maior. Isso não caracteriza ofensa aos arts.131, 458 e 535, inc. II, do CPC. Neste sentido, existem diversos precedentes desta Corte.

2. **Hoje em dia, parte da doutrina e da jurisprudência já admite que o Poder Judiciário possa controlar o mérito do ato administrativo (conveniência e oportunidade) sempre que, no uso da discricionariedade admitida legalmente, a Administração Pública agir contrariamente ao princípio da razoabilidade**. Lições doutrinárias.

3. **Isso se dá porque, ao extrapolar os limites da razoabilidade, a Administração acaba violando a própria legalidade, que, por sua vez, deve pautar a atuação do Poder Público, segundo ditames constitucionais** (notadamente do art. 37, caput).

4. Dessa forma, por mais que o art. 18 do Decreto n. 70.235/72 diga que, em processo administrativo fiscal, a autoridade competente pode indeferir os pedidos de perícia formulados pelo interessado sempre que considerá-los prescindíveis para o deslinde da questão, se o Judiciário, apreciando pretensão ventilada pelo contribuinte, observa que "[a] matéria objeto do auto de infração envolve conhecimentos técnicos específicos que implicam no necessário auxílio de produção de prova pericial, pois se discute a composição química da matéria-prima e dos produtos industrializados pela impetrante, para fins de comprovação de que estariam sujeito à alíquota zero" (fl. 214), então, por meio do controle de legalidade, o pedido de produção de prova deve ser deferido.

5. Note-se que a subsunção de determinado insumo ou matéria-prima ao regime de alíquota zero, isenção ou não-tributação não é uma questão de conveniência e oportunidade da Administração, vale dizer, se o produto está enquadrado na hipótese fática descrita na lei, então devem incidir as conseqüências nela previstas.

6. Se o único modo de se demonstrar o cumprimento do substrato fático da norma é através da realização de perícia (conforme conclusão da origem), fica fácil concluir que eventual oposição da Administração acaba violando o direito subjetivo constitucional do administrado-contribuinte ao devido processo legal (art. 5º, inc. LIV).

7. Na verdade, mais do que malferir o citado dispositivo constitucional, a Administração fere a própria regra vertida pelo art. 18 do Decreto n. 70.235/72 (que supostamente embasaria sua pretensão recursal), pois ficou constatado que não há caso de prescindibilidade da prova pericial – ao contrário, ela é decisiva. Como dito anteriormente, tem-se aqui clássica situação em que, a pretexto de um juízo de conveniência e oportunidade, o Poder Público acaba indo de encontro à legalidade.

8. Recurso especial não-provido

STJ – RECURSO ESPECIAL REsp 778648 PE 2005/0146395-7 (STJ)

Data de publicação: 01/12/2008

2.10. Princípio da Proporcionalidade

Espera-se sempre uma atuação proporcional do agente público, um equilíbrio entre os motivos que deram ensejo à prática do ato e a consequência jurídica da conduta. A grande finalidade deste preceito é evitar abusos na atuação de agentes públicos, ou seja, impedir que as condutas inadequadas desses agentes ultrapassem os limites no que tange à adequação, no desempenho de suas funções em relação aos fatos que ensejaram a conduta do Estado. Logo, buscar um equilíbrio entre o ato praticado e os fins a serem alcançados pela Administração Pública é a essencialidade desse princípio.

Alguns autores entendem que esse princípio está contido no da razoabilidade – o que não é uma total inverdade, pois ambos estabelecem uma necessidade de valoração de adequação da conduta do agente estatal – dentro dos parâmetros da sociedade. No âmbito federal, a

Lei 9.784/99 trata os dois princípios separadamente, em seu art. 2º, ao definir os princípios orientadores da atuação administrativa.

Enfim, a aplicação do princípio da proporcionalidade torna ilegal qualquer conduta do agente que seja mais intensa ou mais extensa do que o necessário para atingir o objetivo da norma que ensejou sua prática. Consoante Celso Antônio Bandeira de Mello[26], *"sobremodo quando a Administração restringe situação jurídica dos administrados além do que caberia, por imprimir às medidas tomadas uma intensidade ou extensão supérfluas, prescindendas, ressalta a ilegalidade de sua conduta. É que ninguém deve estar obrigado a suportar constrições em sua liberdade ou propriedade que não sejam indispensáveis à satisfação do interesse público"*.

Logo, decisões manifestamente inadequadas, que extrapolem os limites da legalidade por desrespeitarem o equilíbrio no exercício da discricionariedade, podem ser consequentemente anuladas pelo Judiciário. Aqui pode, inclusive, o administrador público ser responsabilizado por Abuso de Poder, nos termos da lei.

Suponha-se, por exemplo, que, diante de uma infração leve praticada por um agente público, seu chefe, exercendo uma margem de escolha em sua atuação, decidiu pela aplicação de uma penalidade muito grave. Nesses casos, compete ao Poder Judiciário, desde que provocado pelo interessado, anular o ato praticado, por violação à proporcionalidade. Ressalte-se que a decisão judicial não pode reaplicar a pena, pois isso configuraria invasão do mérito administrativo.

Por derradeiro, cumpre ressaltar que o Supremo Tribunal Federal subdivide o princípio da proporcionalidade em 3 subprincípios, a saber: **adequação, necessidade e proporcionalidade em sentido estrito**.

O subprincípio da **proporcionalidade *Strictu sensu*** consiste em uma ponderação entre a intensidade da restrição ao direito fundamental e a importância da realização do direito fundamental, apresentando-se como um verdadeiro equilíbrio de valores e bens.

Por seu turno, o subprincípio da **adequação** revela-se na utilização da medida adequada, idônea para atingir o fim pretendido, enquanto que o subprincípio da **necessidade** se reflete na avaliação de medida restritiva de direito, com vistas a definir se é realmente necessária para atingir o fim proposto ou se existe uma medida menos danosa que atende a esse fim.

2.11. Princípio da Motivação

É dever imposto ao ente estatal indicar os pressupostos de fato e de direito que determinaram a prática dos atos administrativos. Dessa forma, a validade da atuação administrativa depende da apresentação formal dos fundamentos fáticos e jurídicos justificadores da decisão adotada, assim como da correlação lógica entre esses motivos e a conduta deles decorrentes, demonstrando que a atividade estatal se direciona à busca do interesse da coletividade.

Assim como o princípio da publicidade, a motivação é indispensável ao controle dos atos administrativos, uma vez que demonstra à sociedade as razões pelas quais o poder público

26. MELLO, Celso Antônio Bandeira de – Curso de Direito Administrativo. São Paulo: Malheiros Editores, 26ª ed. 2009.

atuou de determinada forma, tornando possível a análise dos cidadãos acerca da legitimidade e adequação de seus motivos.

Tal princípio não é consenso doutrinário, haja vista o entendimento de parte da doutrina de que não se configura preceito constitucional implícito, mas tão somente exigência para determinadas condutas estatais[27].

Contudo, de acordo com a doutrina majoritária, a Constituição Federal reconhece a cidadania como fundamento da República e atribui ao povo a titularidade de todo o poder, no Estado Brasileiro, sendo, portanto, indispensável que o titular do interesse público tenha ampla ciência das razões que motivam e justificam a atuação da Administração Pública. Dessa forma, o dever de justificar a conduta estatal configura princípio implícito do ordenamento jurídico brasileiro.

Ademais, em termos de regulamentação infraconstitucional, o dever de motivar a atuação do Estado mais encontra fundamento, no âmbito federal, no art. 50 da lei 9.784/99 que estabelece que *"Art. 50. Os atos administrativos deverão ser motivados, com indicação dos fatos e dos fundamentos jurídicos..."*.

Ressalte-se ainda que não se confundem motivação e motivos dos atos administrativos, uma vez que estes são elementos formadores da atuação e que a motivação é somente a fundamentação deste ato, mas esse tema será tratado, de forma mais acurada, no capítulo atinente ao estudo dos atos administrativos.

Importante salientar ainda que, como forma de garantia de celeridade e economia processual, pode ser utilizado meio mecânico que reproduza os fundamentos das decisões para solucionar vários assuntos da mesma natureza – desde que não prejudique direito ou garantia dos interessados. Ou seja, a Administração Pública poder-se-ia valer da mesma fundamentação para justificar a prática de vários atos idênticos, desde que resguardado o direito do particular.

Outrossim, consoante estabelece o artigo 50, §1º da lei 9.784/99 *"A motivação deve ser explícita, clara e congruente, podendo consistir em declaração de concordância com fundamentos de anteriores pareceres, informações, decisões ou propostas, que, neste caso, serão parte integrante do ato."*

Tal situação configura o que a doutrina administrativa resolveu denominar **motivação *aliunde*** dos atos administrativos e ocorre todas as vezes que a motivação de um determinado ato remete à de ato anterior que embasa sua edição – ou seja, ao invés de o administrador público justificar apenas a razão do seu ato, ele o faz com base em motivos expostos em conduta previamente editada.

---

27. O Superior Tribunal de Justiça já se manifestou no sentido de que a motivação é princípio constitucional implícito. Vejamos o julgado acerca da matéria:
"AGRAVO REGIMENTAL. RECURSO ORDINÁRIO EM MANDADO DE SEGURANÇA. ADMINISTRATIVO. ATO ADMINISTRATIVO. MOTIVAÇÃO. AUSÊNCIA. 1. O motivo e requisito necessário a formação do ato administrativo e a motivação, alçada a categoria de principio, e obrigatória ao exame da legalidade, da finalidade e da moralidade administrativa. 2. Como ato diverso e autônomo que e, o ato administrativo que torna sem efeito ato anterior, requer fundamentação própria, não havendo falar em retificação, se o ato subseqüente não se limita a emendar eventual falha ou erro formal, importando na desconstituição integral do ato anterior. (...). 4. Agravo regimental improvido". (AgRg no RMS 15.350/DF, rel. Min. Hamilton Carvalhido, DJ 8.9.2003).

Por fim, no que tange à motivação das decisões administrativas proferidas por tribunais, o texto constitucional determina expressamente sua obrigatoriedade ao definir, em seu art. 93, X, que *"as decisões administrativas dos tribunais serão motivadas e em sessão pública, sendo as disciplinares tomadas pelo voto da maioria absoluta de seus membros"*.

2.12. Isonomia

A isonomia, analisada formalmente, veda tratamento diferenciado às pessoas por motivos de índole pessoal, de forma a garantir-se uma padronização de condutas do Estado em relação aos cidadãos. Por seu turno, em seu aspecto material, a isonomia justifica tratamento diferenciado como forma de igualar juridicamente aqueles que são desiguais faticamente. Nesse sentido, o preceito determina que a Administração Pública deve tratar igualmente os iguais e desigualmente os desiguais, na medida das suas desigualdades.

Sendo assim, todas as vezes que a norma estatal definir critérios de tratamento diferenciado entre os seus destinatários, torna-se relevante a análise da adequação entre essas regras e os motivos que ensejaram a referida discriminação.

A isonomia justifica, portanto, o estabelecimento de garantias a determinados grupos socialmente prejudicados como forma de diminuir as desigualdades em relação ao restante da coletividade, sendo base para a criação de ações afirmativas que visam a inclusão de pessoas menos favorecidas na sociedade. Por exemplo, a legislação cria a obrigatoriedade de se estabelecer um número de vagas em concursos públicos destinadas aos portadores de deficiência. Nesse sentido, o art. 5º, §2º, da lei 8.112/90, dispõe que *"Às pessoas portadoras de deficiência é assegurado o direito de se inscrever em concurso público para provimento de cargo cujas atribuições sejam compatíveis com a deficiência de que são portadoras; para tais pessoas serão reservadas até 20% (vinte por cento) das vagas oferecidas no concurso"*.

Ademais, não se pode exigir nenhum outro critério para admissão de pessoal no serviço público, sob pena de se violar a isonomia da competição. Dessa forma, a súmula 683 do Supremo Tribunal Federal define que qualquer outra restrição, como por exemplo, de idade, para ingresso em cargo público, somente se justifica se necessária ao exercício das funções do cargo a ser preenchido. O dispositivo sumulado define que *"O limite de idade para a inscrição em concurso público só se legitima em face do art. 7º, XXX, da Constituição Federal, quando possa ser justificado pela natureza das atribuições do cargo a ser preenchido"*.

Sendo assim, é possível definir restrições para ingresso no serviço público com base no limite de idade, desde que seja necessário para o bom exercício da atividade pública, não se admitindo a restrição de forma injustificada.

Ademais, a realização de procedimentos licitatórios para a celebração de contratos com o poder público tem como uma de suas finalidades garantir a isonomia nas contratações estatais, vedando-se qualquer critério que enseje uma quebra de igualdade entre os licitantes como forma de beneficiar um em detrimento dos demais. Nesse sentido, o Superior Tribunal de Justiça já se manifestou a definir que:

> Ementa: PROCESSUAL CIVIL. ADMINISTRATIVO. RECURSO ESPECIAL. MANDADO DE SEGURANÇA. DIREITO LÍQUIDO E CERTO (LEI 1.533 /51, ART. 1º). CERCEAMENTO DE DEFESA. NECESSÁRIO REEXAME DO CONTEXTO

> FÁTICO-PROBATÓRIO. IMPOSSIBILIDADE. SÚMULA 7/STJ. LICITAÇÃO. RESTRIÇÃO EDITALÍCIA RELATIVA À LOCALIZAÇÃO DE INSTALAÇÕES DOS LICITANTES. ILEGALIDADE (LEI 8.666 /93, ART. 30 , § 6º). PRINCÍPIOS DA ISONOMIA E IMPESSOALIDADE. DOUTRINA. PRECEDENTES. 1. O julgamento da alegada violação do art. 1º da Lei 1.533 /51 – para se verificar a existência ou não de direito líquido e certo amparado por ação mandamental –, bem como a análise da necessidade de perícia técnica e, consequentemente, da ocorrência de cerceamento de defesa, pressupõem, necessariamente, o reexame do contexto fático-probatório, atividade cognitiva vedada nesta instância especial (Súmula 7/STJ). 2. **No ordenamento jurídico em vigor, a contratação de obras, serviços, compras e alienações, no âmbito dos Poderes da União, dos Estados, do Distrito Federal, dos Municípios e entidades da administração pública indireta, está subordinada ao princípio constitucional da obrigatoriedade da licitação pública, no escopo de assegurar a igualdade de condições a todos os concorrentes e a seleção da proposta mais vantajosa** (CF/88 , art. 37 , XXI ; Lei 8.666 /93, arts. 1º , 2º e 3º). 3. A Lei 8.666 /93, na seção que trata da habilitação dos licitantes interessados, veda exigências relativas à propriedade e localização prévia de instalações, máquinas, equipamentos e pessoal técnico (art. 30, § 6º). O fundamento dessa vedação repousa nos princípios da isonomia e da impessoalidade. 4. A restrição editalícia (exigência de disponibilidade de usina de asfalto localizada no raio de até 80 km do centro geométrico da obra) é manifestamente ilegal porque frustra o caráter competitivo do certame, ou seja, restringe a disputa às empresas situadas nas mediações da obra. 5. Recurso especial parcialmente conhecido e, nessa parte, desprovido. STJ – RECURSO ESPECIAL REsp 622717 RJ 2004/0008148-1 (STJ). Data de publicação: 05/10/2006.

Modernamente, a isonomia se manifesta por meio de programas de governo que visam a inclusão de alunos afrodescendentes ou egressos de escolas públicas nas universidades públicas. A imposição de cotas sociais e raciais decorre de um estudo prévio que determinou não haver isonomia na prestação do serviço de educação pública, no que tange ao ensino superior, haja vista a execução atingir especificamente as camadas sociais mais favorecidas.

Por óbvio, a matéria ganha contornos políticos e enseja a necessidade de definir os critérios utilizados para estabelecer se a discriminação é, efetivamente, constitucional, ou se enseja uma nova violação ao princípio da igualdade. Trata-se de matéria atinente à discricionariedade pública, concedida ao administrador pela Carta Magna.

2.13. Finalidade

Trata-se de princípio que é alvo de divergência doutrinária relevante no que tange ao seu conceito e aplicação.

Com efeito, defendem alguns doutrinadores que se trata de manifestação de princípio da impessoalidade. Dessa forma, a impessoalidade impede a conduta estatal orientada no sentido de beneficiar determinada pessoa, devendo se ater, nas suas atuações, a alcançar a finalidade pública. Neste sentido, José dos Santos Carvalho Filho[28], ao tratar do princípio da impessoalidade, dispõe que *"reflete a aplicação do conhecido princípio da finalidade, sempre estampado na obra dos tratadistas da matéria, segundo o qual o alvo a ser alcançado pela Administração é somente o interesse público, e não se alcança o interesse público se for perseguido o interesse particular, porquanto haverá nesse caso sempre uma atuação discriminatória".*

28. CARVALHO FILHO, José dos Santos – Manual de Direito Administrativo. Rio de Janeiro: Editora Lumen Juris, 23ª ed. 2012.

Em sentido diametralmente oposto, Celso Antônio Bandeira de Mello[29] defende tratar-se de um princípio autônomo, que determina a atuação do agente público, sempre visando a finalidade pública previamente estipulada pela lei. Assim, a finalidade estaria intimamente ligada ao principio da legalidade, haja vista exigir que o poder público atue em respeito às disposições legais e visando alcançar os objetivos de interesse público que estão definidos na legislação. Parece-nos ser este o melhor entendimento acerca deste princípio, desatrelando seu conceito do dever de impessoalidade.

Com efeito, pode-se definir que, de acordo com o princípio da finalidade, a norma administrativa deve ser interpretada e aplicada pelo agente do Estado da forma que melhor garanta a realização do fim público a que se dirige. Deve-se ressaltar que o que explica, justifica e confere sentido a uma norma é precisamente a finalidade a que se destina.

Dessa forma, a lei 4.717/65, em seu art. 2º, parágrafo único, "e" dispõe que "*o desvio de finalidade se verifica quando o agente pratica o ato visando a fim diverso daquele previsto, explícita ou implicitamente, na regra de competência*".

Entenda-se que, mesmo que a conduta pareça estar permitida na legislação aplicável, ela será ilegítima se o administrador público estiver exercendo suas atividades visando a outro fim que não aquele que estava previsto no texto legal, sempre orientado na busca pelo interesse da coletividade.

Ressalte-se que o desvio de poder (ou desvio de finalidade na prática do ato administrativo) configura espécie do gênero abuso de poder e, portanto, qualquer conduta que seja orientada pela obtenção de resultados diversos daqueles definidos na lei pode ser considerada abusiva e, consequentemente, passível de anulação.

No mesmo sentido, o art. 2º, parágrafo único, XIII da lei 9.784/99, ao definir os critérios de atuação administrativa, determina que o agente público, no exercício de suas atividades, deve sempre realizar interpretação da norma administrativa da forma que melhor garanta o atendimento do fim público a que se dirige, vedada aplicação retroativa de nova interpretação.

2.14. Especialidade

A especialidade se baseia no princípio da indisponibilidade do interesse público e do dever de eficiência na execução da atividade administrativa, inerente aos órgãos estatais, o que justifica a necessidade de descentralização dos serviços do Estado e da desconcentração de atividades dentro da estrutura orgânica da Administração.

Com efeito, na incessante busca pela eficiência da atividade administrativa, em determinadas situações os entes estatais transferem a terceiros especializados a execução de alguns serviços públicos. Isso ocorre porque a especialização em determinada atividade acaba por ensejar uma maior eficiência, com a obtenção de resultados positivos, haja vista o fato de que essas entidades dedicam todos os seus esforços na execução de uma única função , não dividindo suas tarefas para execução de outros serviços. De fato, é cediço que uma entidade

29. MELLO, Celso Antônio Bandeira de. Curso de Direito Administrativo. São Paulo: Editora Malheiros. 26ª ed. 2009.

especializada na execução de uma determinada ação terá mais sucesso em sua execução em comparação a entidades que devem executar um rol extenso de atribuições.

A transferência dos serviços a pessoas jurídicas diversas recebe o nome de **descentralização**, haja vista o fato de que a prestação, até então centralizada, é entregue a outra entidade. Em tais casos, o ente público atribui a execução de serviços públicos a entidades criadas pelo próprio Estado, com finalidade de execução de atividades específicas. A especialização se manifesta por meio da criação de autarquias, fundações públicas, empresas públicas e sociedades de economia mista, consoante disposto no art. 37, XIX, da Carta Magna, exigindo, inclusive, a edição de lei específica para legitimar a instituição dessas entidades.

Nesse sentido, mediante disposição de lei específica se criam entidades com personalidade jurídica própria e capacidade de autoadministração para que executem algumas atividades de interesse da sociedade, cuja prestação tenha lhes sido transferida de forma especializada. Essas entidades têm finalidade especificada na própria Lei responsável pela sua criação, estando ela vinculada ao fim que a instituiu.

Quando a Lei específica cria determinado ente, estabelece a sua finalidade, sempre atrelada ao interesse público. Ou seja, o ente já é criado com sua finalidade especificada pela lei própria, não podendo exercer atribuições livremente.

Ademais, em virtude da execução de atividades estatais, essas entidades ficam sujeitas a controle exercido pelo ente da Administração Direta responsável pela sua criação, no exercício do que se denomina tutela administrativa.

2.15. Segurança jurídica

Trata-se de princípio geral do direito, base do Estado de Direito que garante aos cidadãos não serem surpreendidos por alterações repentinas na ordem jurídica posta. Configura corolário do direito como norma de pacificação social.

Assim sendo, as modificações supervenientes de normas jurídicas não devem retroagir para atingir situações pretéritas, sob pena de se tornar instável o sistema de regras imposto pelo Poder Público, causando transtorno social.

O preceito está incluído expressamente como princípio norteador da atividade administrativa, no *caput* do art. 2º, da lei 9.784/99. Ainda nesse sentido, o mesmo diploma legal define, em seu art. 2º, parágrafo único, XIII, que a mudança de interpretação em relação a dispositivos legais não pode atingir situações já consolidadas. De fato, dispõe o texto legislativo que será garantida, na atuação estatal, "*interpretação da norma administrativa da forma que melhor garanta o atendimento do fim público a que se dirige,* ***vedada aplicação retroativa de nova interpretação***".

Consoante a doutrina de Maria Sylvia Zanella de Pietro[30], "*o princípio se justifica pelo fato de ser comum, na esfera administrativa, haver mudança de interpretação de determinadas normas legais, com a consequente mudança de orientação, em caráter normativo, afetando situações já reconhecidas e consolidadas na vigência de orientação anterior*".

30. PIETRO, Maria Sylvia Zanella di – Direito Administrativo. São Paulo: Atlas. 21ª ed. 2008.

Ademais, é relevante ressaltar que a aplicação do princípio da segurança jurídica deve ter como base a boa fé daqueles que se valiam da situação anterior para seu benefício, não podendo configurar uma forma de beneficiar os particulares pela torpeza de suas condutas. Trata-se do princípio de **proteção à confiança**. Dessa forma, caso a Administração Pública pratique atos em benefício de determinados particulares não pode, posteriormente, sob a alegação de que imprimiu nova interpretação à norma legal, retirar o benefício anteriormente concedido.

Saliente-se que o princípio ora analisado não impede que o poder público realize novas interpretações em relação às normas jurídicas e às disposições legais atinentes a suas condutas. O que se proíbe é que esta nova interpretação retroaja, de forma a prejudicar situações previamente consolidadas no ordenamento jurídico[31].

Ainda em respeito à segurança jurídica, em determinadas situações, a retirada do ato com efeitos pretéritos enseja prejuízos aos cidadãos que, atuando de boa-fé, se valeram das disposições ali apresentadas – as quais gozavam, inclusive, de presunção de legitimidade. Assim, em algumas situações, devem ser mantidos todos os efeitos produzidos pelo ato, ainda que esse sofra de nulidade insanável. Em outros casos, o próprio ato deve ser mantido no ordenamento jurídico a despeito de sua ilegalidade, como forma de proteção ao cidadão e a outros princípios constitucionais aplicáveis ao caso.

Não importa analisar se a nulidade do ato é sanável ou insanável, conforme dispõe Celso Antônio Bandeira de Mello[32], ao definir que *"atos nulos e anuláveis sujeitam-se a regime igual quanto à persistência de efeitos em relação a terceiros de boa fé, bem como de efeitos patrimoniais pretéritos concernentes ao administrado que foi parte na relação jurídica, quando forem necessários para evitar enriquecimento sem causa da Administração e dano injusto ao administrado, se estava de boa fé e não concorreu para o vício do ato"*.

---

31. Neste sentido, já se manifestou o Superior Tribunal de Justiça:
PROCESSUAL CIVIL. SUSPENSÃO DO PROCESSO. AÇÃO CIVIL PÚBLICA PENDENTE. AÇÃO DE INDENIZAÇÃO CONEXA.
1. Ação de indenização motivada pela não concessão do habite-se gerando danos emergentes e lucros cessantes. Impossibilidade de comprovação dos danos de sede de recurso especial porquanto a cognição, sob esse ângulo, encontra-se interditada pela Súmula n. 07, do STJ.
2. Ação Civil Pública proposta pelo Ministério Público na qual obteve antecipação de tutela para obstar a concessão do habite-se e alvará de funcionamento.
3. Havendo conexão por prejudicialidade entre ações e não reunidos os processos, impõe-se a suspensão do feito cuja solução depende de premissa a ser decidida com força de coisa julgada noutro juízo. Suspensão prejudicial (art. 265, IV, a, do CPC).
4. Sob esse aspecto, merece enfatizar que a matéria encontra-se em fase de julgamento pelo Tribunal de Justiça do Distrito Federal e Territórios cujo desate é deveras influente posto que, legitimada ao ângulo político-administrativo a causa petendi da ação difusa, concluir-se-á que a aprovação da obra gerou expectativa indenizável em prol do particular. Isto porque, se é assente que a Administração pode cancelar os seus atos, também o é que por força do Princípio da Segurança Jurídica obedece os direitos adquiridos e reembolsa eventuais prejuízos pelos seus atos ilícitos, ou originariamente lícitos, como consectário do controle jurisdicional e da responsabilidade dos atos da Administração.
5. Desta sorte, julgado improcedente o pedido da ação civil pública, nenhuma indenização caberá ao recorrente, por isso que é lícita a pretensão suspensiva.
6. O Supremo Tribunal Federal assentou premissa calcada nas cláusulas pétreas constitucionais do contraditório e do devido processo legal, que a anulação dos atos administrativos cuja formalização haja repercutido no âmbito dos interesses individuais deve ser precedida de ampla defesa. (RE 158.543/RS, DJ 06.10.95.). Em consequência, não é absoluto o poder do administrador, conforme insinua a Súmula 473 do STF
7. Recurso especial provido para determinar a suspensão do processo.
RECURSO ESPECIAL N. 402.638 – DF (2002/0002731-6)
32. MELLO, Celso Antônio Bandeira de – Curso de Direito Administrativo. São Paulo: Malheiros, 26ª ed. 2009.

É o que a doutrina define como **estabilização de efeitos** dos atos administrativos e que será tratado de forma mais cuidadosa em capítulo específico.

2.16. Presunção de legitimidade e de veracidade das condutas estatais

Trata-se de princípio que define características aos atos administrativos, em decorrência da supremacia do interesse público sobre o interesse privado.

Desta feita, até que o particular atingido pela atuação estatal prove em contrário – uma vez que as presunções são relativas ou *juris tantum* –, o ato administrativo estampa uma situação de fato real, ou seja, o ato goza de fé pública e os fatos apresentados em sua prática presumem-se verdadeiros, em conformidade com os fatos efetivamente ocorridos.

Ressalte-se, assim, que a presunção de veracidade não é absoluta (ou *juris et jure)*, uma vez que a situação descrita pela conduta do poder público admite prova em contrário pelo particular interessado. Da mesma forma, existe uma presunção relativa de que as condutas administrativas foram praticadas em conformidade com a lei, sendo consideradas legítimas e aptas a produzir efeitos.

Nesse sentido, o Estado não tem o dever de provar todas as situações fáticas descritas no ato, devendo o particular lesado, em muitos casos, comprovar a falsidade das disposições. Com efeito, a presunção de veracidade diz respeito a fatos e causa a **inversão do ônus da prova** dos fatos alegados no ato administrativo.

No que tange à presunção de legitimidade, trata-se de presunção jurídica; portanto, até prova em contrário, o ato foi editado em conformidade com a lei e com o ordenamento jurídico configurando-se, mais uma vez, hipótese de presunção relativa, que pode ser elidida mediante comprovação do interessado.

Nesse caso, o atributo enseja prerrogativa aposta nos atos públicos de que produzirão efeitos regularmente desde a sua publicação, até que haja demonstração no sentido de que foram praticados em desconformidade com o ordenamento jurídico. Sendo assim, para torná-los ilegítimos, o particular tem a missão de provar não serem os atos administrativos praticados nos moldes definidos pela legislação aplicável. O ato pode ser questionado judicialmente, mas o ônus da prova é do particular que visa à sua impugnação.

A doutrina costuma justificar a presunção de legitimidade no fato de que todo ato administrativo é precedido de um processo regular em que serão respeitadas garantias como o contraditório e a ampla defesa, havendo uma tendência a ter sido obediente às disposições legais, além de ser este ato uma manifestação da soberania estatal, praticado pelo agente público, em representação à vontade de toda a coletividade[33].

---

33. A presunção de legitimidade se aplica, inclusive, no que tange à celebração de contratos pelo poder público. É o entendimento estampado na jurisprudência do Superior Tribunal de Justiça.
__Ementa:__ ADMINISTRATIVO. AÇÃO DE COBRANÇA. CONTRATOS. PRESTAÇÃO DE SERVIÇOS. PAGAMENTO. NÃO OCORRÊNCIA. ENRIQUECIMENTO ILÍCITO. PROTEÇÃO DA PROPRIEDADE PRIVADA. VEDAÇÃO DO CONFISCO. PROTEÇÃO DA CONFIANÇA DOS ADMINISTRADOS. __PRESUNÇÃO__ DA __LEGITIMIDADE__ DAS CONTRATAÇÕES ADMINISTRATIVAS. PRINCÍPIO DA MORALIDADE. 1. Conforme a moldura fática delineada pela corte de origem, não obstante a invalidade do contrato, a recorrida prestou integralmente os serviços contratados (pavimentação de vias e drenagem pluvial em ruas no exercício de 1999), mas o pagamento não foi efetuado nas épocas previstas nos contratos. 2. A ninguém

Outrossim, justificado no princípio constitucional da eficiência, pode-se estabelecer que o atributo de presunção de legitimidade dos atos confere maior celeridade à atuação administrativa, uma vez que, após a prática do ato, esse estará apto a produzir efeitos automaticamente, como se válido fosse, até que se declare sua ilegalidade por decisão administrativa ou judicial. Após a declaração de nulidade, esses efeitos serão aniquilados, haja vista a anulação produzir repercussão *ex tunc*, sendo garantida somente a manutenção de determinadas consequências, para se evitar que sejam desconstituídas relações que ensejaram direito adquirido.

Alguns doutrinadores consideram que há uma mitigação desse atributo disposta no art. 116, IV, da lei 8.112/90. Isso porque, a princípio, todas as ordens emanadas pelos agentes públicos devem ser cumpridas como se legítimas fossem, até que haja prova em contrário. No entanto, o dispositivo legal mencionado permite ao servidor deixar de cumprir uma determinada ordem de seu superior hierárquico se a considerar ilícita. Com efeito, dispõe o artigo que é dever do servidor, *"cumprir as ordens superiores, exceto quando manifestamente ilegais"*.

3. DEVER DE OBSERVÂNCIA DOS PRINCÍPIOS

Conforme previamente estipulado, esses princípios configuram um arcabouço jurídico que justifica e embasa toda a atuação estatal.

Não é suficiente, pois, que o ente público atue em conformidade com o disposto na lei, mas que pratique condutas de forma honesta, em respeito à moralidade, buscando a obtenção de resultados positivos, dando publicidade aos atos, por si praticados, além de se orientar por todos os outros princípios que norteiam suas condutas.

Sendo assim, a boa administração é aquela que interpreta o texto legal de forma a alcançar o interesse público, mas também respeitando os preceitos balizadores da atuação do Estado como forma de garantir o exercício da cidadania.

Não se pode esquecer de que o Estado manifesta vontade em nome do povo, devendo-se direcionar à satisfação dos anseios populares e que toda atuação da Administração Pública que se distancie de qualquer dos princípios analisados deve ser considerada ilícita, em sentido amplo, e extirpada do ordenamento jurídico.

é dado beneficiar-se da própria torpeza. O Direito não pode servir de proteção àquele que após empenhar uma despesa, e firmar o contrato de aquisição de serviço, e receber a devida e integral prestação deste, deixa de atestar a correta realização da despesa e proceder à liquidação para finalmente efetuar o pagamento, sobretudo diante da proteção da confiança dos administrados, da presunção da ***legitimidade*** *das contratações administrativas, do princípio da moralidade, do parágrafo único do artigo 59 da Lei n. 8.666 /1993 (segundo o qual a nulidade do contrato administrativo"não exonera a Administração do dever de indenizar o contratado pelo que este houver executado até a data em que ela for declarada e por outros prejuízos regularmente comprovados, contanto que não lhe seja imputável") e dos artigos 36 a 38 da Lei n. 4.320 /1964, que nunca instituíram o enriquecimento indevido. 3. Tal inadimplemento também fere o princípio da vedação do locupletamento ilícito, a proteção à propriedade privada e a vedação ao confisco, uma vez que a Administração, que teve um incremento patrimonial sem justa causa, deixará de pagar ao contratado pelos serviços regularmente prestados e pela mercadoria devidamente entregue. Precedentes. 4. A nulidade do contrato administrativo, quando sequer se pôs em questão a boa-fé do particular, pode até autorizar a responsabilidade por ato de improbidade administrativa, mas não permite deixar a descoberto o adimplente quanto às despesas realizadas, com o cancelamento da nota de empenho. 5. Recurso especial não provido.*

STJ – RECURSO ESPECIAL REsp 1366694 MG 2012/0273680-6 (STJ)

Data de publicação: 17/04/2013

Ademais, o art. 11 da lei 8.429/92, demonstrando a força coercitiva dos preceitos principiológicos que definem a atuação estatal considera ato de improbidade qualquer conduta do agente público que enseje violação aos princípios orientadores da atividade estatal, ainda que não haja enriquecimento ilícito ou prejuízo direto ao erário em decorrência desta conduta[34].

Por fim, além da função coercitiva, deve-se reconhecer a força orientadora dessas normas, que devem ser analisadas na confecção das regras aplicáveis à atuação do ente público, na execução da atividade administrativa.

4. QUADRO SINÓPTICO

<table>
<tr><th colspan="3">REGIME JURÍDICO ADMINISTRATIVO</th></tr>
<tr><th colspan="3">DEFINIÇÃO</th></tr>
<tr><td colspan="3">Conjunto harmônico de princípios que definem a lógica da atuação do ente público, a qual se baseia na existência de limitações e prerrogativas em face do interesse público. Esses princípios guardam entre si essa lógica, devendo haver, entre eles, um ponto de coincidência.</td></tr>
<tr><td rowspan="5">PRINCÍPIOS E REGRAS</td><td rowspan="2">Princípios</td><td>Normas gerais coercitivas que orientam a atuação do indivíduo, definindo valores a serem observados nas condutas por ele praticadas.</td></tr>
<tr><td>Por seu turno, os princípios de Direito Administrativo definem a organização e a forma de atuar do ente estatal, estabelecendo o sentido geral de sua atuação.</td></tr>
<tr><td rowspan="3">Regras</td><td>Disposições que definem a atuação do indivíduo diante de determinada situação concreta.</td></tr>
<tr><td>ATENÇÃO! O conflito entre as regras resulta em antinomia jurídica própria, situação em que se torna necessária a retirada de uma das regras do ordenamento jurídico, haja vista a incompatibilidade entre ambas, desde que ambas pertençam ao mesmo ordenamento e tenham o mesmo âmbito de validade. Dessa forma, é imperativa a eliminação de uma delas.</td></tr>
<tr><td>No conflito de princípios, deverá ser realizada uma ponderação de interesses, de forma a definir qual a melhor solução a ser adotada em cada situação. Há uma antinomia jurídica imprópria.</td></tr>
<tr><td rowspan="4">CONTEÚDO DO REGIME JURÍDICO ADMINISTRATIVO</td><td>Interesse público primário</td><td>Composto pelas necessidades da sociedade.</td></tr>
<tr><td>Interesse público secundário.</td><td>Vontade da máquina estatal, são os anseios e as necessidades do Estado como sujeito de direito.</td></tr>
<tr><td colspan="2">ATENÇÃO! é relevante entender que a busca indevida de interesses secundários, abrindo mão do interesse primário – ou seja, do interesse público propriamente dito – enseja abuso de poder do Estado.</td></tr>
<tr><td colspan="2">Pode-se estabelecer a presença de dois princípios basilares na definição deste conceito, quais sejam: a supremacia do interesse público sobre o interesse privado e a indisponibilidade do interesse público pelos administradores do Estado.</td></tr>
</table>

34. Neste sentido, dispõe o texto legal que *"Constitui ato de improbidade administrativa que atenta contra os princípios da administração pública qualquer ação ou omissão que viole os deveres de honestidade, imparcialidade, legalidade, e lealdade às instituições, e notadamente: I – praticar ato visando fim proibido em lei ou regulamento ou diverso daquele previsto, na regra de competência; II – retardar ou deixar de praticar, indevidamente, ato de ofício; III – revelar fato ou circunstância de que tem ciência em razão das atribuições e que deva permanecer em segredo; IV – negar publicidade aos atos oficiais; V – frustrar a licitude de concurso público; VI – deixar de prestar contas quando esteja obrigado a fazê-lo; VII – revelar ou permitir que chegue ao conhecimento de terceiro, antes da respectiva divulgação oficial, teor de medida política ou econômica capaz de afetar o preço de mercadoria, bem ou serviço.*

<table>
<tr><th colspan="3">REGIME JURÍDICO ADMINISTRATIVO</th></tr>
<tr><td rowspan="6">CONTEÚDO DO REGIME JURÍDICO ADMINISTRATIVO</td><td rowspan="4">PRINCÍPIO DA SUPREMACIA DO INTERESSE PÚBLICO SOBRE O PRIVADO</td><td>O interesse público é supremo sobre o interesse particular, e todas as condutas estatais têm como finalidade a satisfação das necessidades coletivas.</td></tr>
<tr><td>A Administração se põe em situação privilegiada, quando se relaciona com os particulares.</td></tr>
<tr><td>As prerrogativas da Administração Pública decorrentes da supremacia do interesse público compõem um Poder-dever para bem desempenhar sua função que é administrar de forma a satisfazer as necessidades da coletividade.</td></tr>
<tr><td>A incorreta utilização de uma prerrogativa de Administração Pública pode ser judicialmente corrigida por habeas corpus (no caso de ofensa à liberdade de ir e vir), por meio de habeas data (quando se tratar da violação ao direito de informação) ou, por Mandado de Segurança (em situações de violação a direito líquido e certo), além da possibilidade de aplicação dos demais remédios constitucionais.</td></tr>
<tr><td rowspan="2">PRINCÍPIO DA INDISPONIBILIDADE DO INTERESSE PÚBLICO</td><td>O agente estatal não pode deixar de atuar, quando as necessidades da coletividade assim exigirem, uma vez que suas atividades são necessárias à satisfação dos interesses do povo.</td></tr>
<tr><td>A SUPREMACIA DO INTERESSE PÚBLICO SOBRE O INTERESSE PRIVADO e a INDISPONIBILIDADE DO INTERESSE PÚBLICO embasam o sistema administrativo que se resume nas prerrogativas de que o Estado goza para satisfazer as necessidades coletivas, assim como nas limitações a que o Estado se submete para evitar distorções de condutas. A administração só pode atuar dentro do limite do interesse público, não obstante goze de vantagens amparadas no próprio interesse coletivo.</td></tr>
</table>

<table>
<tr><th colspan="2">PRINCÍPIOS DE DIREITO ADMINISTRATIVO</th></tr>
<tr><td colspan="2">Os princípios serão relevantes para a definição da atuação estatal, como normas orientadoras das condutas do agente público, de forma a buscar a satisfação dos interesses da coletividade.</td></tr>
<tr><td colspan="2">No artigo 37, caput, da Constituição Federal, estão expressos cinco princípios, quais sejam: Legalidade, Impessoalidade, Moralidade, Publicidade, Eficiência.</td></tr>
<tr><td colspan="2">Outros princípios decorrem expressamente da Carta Magna. Além disso, outros princípios se encontram implícitos nas normas constitucionais e expressos em disposições infraconstitucionais.</td></tr>
<tr><td rowspan="8">PRINCÍPIO DA LEGALIDADE</td><td>Decorre da existência do Estado de Direito, como uma Pessoa Jurídica responsável por criar o direito, no entanto, submissa ao ordenamento jurídico por ela mesmo criado e aplicável a todos os cidadãos.</td></tr>
<tr><td>Não havendo previsão legal, está proibida a atuação do ente público e qualquer conduta praticada ao alvedrio do texto legal será considerada ilegítima.</td></tr>
<tr><td>A atuação pode ser expressa ou implicitamente prevista em lei, diante da possibilidade de edição de atos administrativos discricionários.</td></tr>
<tr><td>É corolário da regra de indisponibilidade do interesse público.</td></tr>
<tr><td>A atuação administrativa se limita à vontade legal = vontade do povo, manifestada por meio de seus representantes.</td></tr>
<tr><td>Não se confunde a legalidade, com o princípio da reserva legal que determina a aplicação de determinada espécie normativa a uma atuação definida no texto constitucional.</td></tr>
<tr><td>EXCEÇÕES</td></tr>
<tr><td>As medidas provisórias estão regulamentadas no art. 62 da Carta Magna e são expedidas com força de lei, em caso de relevância e urgência, pelo Presidente da República, devendo ser submetidas, de imediato, ao Congresso Nacional. Importa ressaltar que a MP não pode tratar matéria referente à nacionalidade, cidadania, direitos políticos, partidos políticos, direito eleitoral, direito penal, processual penal e processual civil entre outras vedações estampadas no próprio dispositivo mencionado.</td></tr>
</table>

<table>
<tr><th colspan="2">REGIME JURÍDICO ADMINISTRATIVO</th></tr>
<tr><td rowspan="2">PRINCÍPIO DA LEGALIDADE</td><td>O Estado de Defesa: trata-se de instrumento de defesa do Estado, definido no art. 136 da carta Magna que estabelece a possibilidade de o Presidente da República, desde que ouvidos o Conselho da República e o Conselho de Defesa Nacional, decretar a medida com a intenção de preservar ou prontamente restabelecer, em locais restritos e determinados, a ordem pública ou a paz social ameaçadas por grave e iminente instabilidade institucional ou atingidas por calamidades de grandes proporções na natureza.</td></tr>
<tr><td>No Estado de Sítio, o Presidente da República pode, ouvidos o Conselho da República e o Conselho de Defesa Nacional, solicitar ao Congresso Nacional autorização para decretar o estado de sítio, somente nos casos de comoção grave de repercussão nacional, de ocorrência de fatos que comprovem a ineficácia de medida tomada durante o estado de defesa, de declaração de estado de guerra ou resposta a agressão armada estrangeira (restrições mais amplas que estão sujeitas ao controle judicial).</td></tr>
<tr><td rowspan="7">PRINCÍPIO DA IMPESSOALIDADE</td><td>Impessoalidade reflete a necessidade de uma atuação que não discrimina as pessoas, seja para benefício ou para prejuízo.</td></tr>
<tr><td>É irrelevante conhecer quem será atingido pelo ato, pois a atuação do Estado impessoal. O agente fica proibido de priorizar qualquer inclinação ou interesse seu, ou de outrem – esse é um aspecto importante baseado no Princípio da isonomia.</td></tr>
<tr><td>Alguns doutrinadores entendem ser sinônimo do Princípio da Finalidade ou Imparcialidade; para esses a Finalidade seria pública, o que impediria o administrador de buscar objetivos próprios ou de terceiros.</td></tr>
<tr><td>A impessoalidade deve ser enxergada também sob a ótica do agente, ou seja, quando o agente público atua, não é a pessoa do agente quem pratica o ato, mas do Estado – órgão que ele representa (teoria do órgão).</td></tr>
<tr><td>A utilização de símbolos ou imagens, ou até mesmo de nomes que liguem a conduta estatal à pessoa do agente público, desvirtua o exercício da função pública, tornando pública a conduta do administrador e não do ente estatal.</td></tr>
<tr><td>A Súmula Vinculante n. 13 veda a realização de designações recíprocas, ou seja, não se admite que de forma indireta, se garanta a nomeação do parente do agente público, por meio de troca de favores ou favorecimentos pessoais para parentes de outros agentes.</td></tr>
<tr><td>A jurisprudência da própria Corte Suprema já se manifestou no sentido da inaplicabilidade da vedação ao nepotismo quando se tratar de nomeação de agentes para o exercício de cargos políticos.</td></tr>
<tr><td>PRINCÍPIO DA INTRANSCENDÊNCIA</td><td>Trata-se de princípio que excepcionaliza a ideia de impessoalidade. O princípio da intranscendência subjetiva das sanções, consagrado pelo STF, inibe a aplicação de severas sanções a entidades federativas por ato de gestão anterior à assunção dos deveres públicos</td></tr>
<tr><td>PRINCÍPIO DA MORALIDADE</td><td>O princípio da Moralidade exige a honestidade, lealdade, boa-fé da conduta no exercício da função administrativa, ou seja, não corrupta dos gestores públicos, ao tratar com a coisa de titularidade do Estado.</td></tr>
<tr><td rowspan="4">PRINCÍPIO DA PUBLICIDADE</td><td>Proíbe a edição de atos secretos pelo poder público, definindo a ideia de que a Administração deve atuar de forma plena e transparente.</td></tr>
<tr><td>A principal finalidade do princípio da publicidade é o conhecimento público acerca das atividades praticadas no exercício da função administrativa. Em um estado democrático de Direito, não se pode admitir que assuntos da Administração, que são do interesse de todos, sejam ocultados.</td></tr>
<tr><td>A lei de acesso às informações (lei 12.527/11) define o dever de publicidade a todos os órgãos da Administração Direta, além das autarquias, fundações públicas, empresas públicas e sociedades de economia mistas, estendendo o dever de prestar informações, ainda, às entidades privadas sem fins lucrativos que recebam, para realização de ações de interesse público, recursos públicos diretamente do orçamento ou mediante subvenções sociais, contrato de gestão, termo de parceria, convênios, acordo, ajustes ou outros instrumentos congêneres.</td></tr>
<tr><td>Qualquer interessado poderá apresentar pedido de acesso a informações aos órgãos e entidades públicas, por qualquer meio legítimo, devendo o pedido conter a identificação do requerente e a especificação da informação requerida, devendo ser essa informação prestada imediatamente ou, caso não tenha como ser prestada de forma imediata, justificadamente, dentro do prazo máximo de 20 (vinte) dias.</td></tr>
</table>

REGIME JURÍDICO ADMINISTRATIVO	
PRINCÍPIO DA PUBLICIDADE	A publicidade sempre foi vista como uma forma de controle da administração.
	A doutrina também analisa a publicidade como requisito de eficácia dos atos administrativos e não de validade.
	É importante não confundir Publicidade com Publicação, esta é somente uma das hipóteses de Publicidade, portanto não são sinônimos. A não observância deste princípio, ou seja, do dever de dar publicidade ao ato, pode caracterizar ato de Improbidade administrativa, nos moldes do art. 11, IV da lei 8.429/92.
	EXCEÇÕES À PUBLICIDADE
	A própria CF ressalva que devem ser resguardadas a segurança nacional e o relevante interesse coletivo, o que poderá, de forma fundamentada, excepcionalizar o princípio da publicidade (art. 23, da lei 12.527/11)
	São invioláveis a vida privada, a imagem das pessoas, assim como a honra e intimidade. Sendo assim, a Administração deve manter sigilo de suas condutas sempre que a publicidade dos seus atos for de encontro a alguma garantia constitucional prevista no art. 5º, X.
PRINCÍPIO DA EFICIÊNCIA	Eficiência é produzir bem, com qualidade e com menos gastos. Uma atuação eficiente da atividade administrativa é aquela realizada com presteza e, acima de tudo, um bom desempenho funcional.
	A própria CF concretiza este princípio, sendo ele uma norma de aplicabilidade imediata.
	O próprio texto da Constituição Federal, alterado pela EC 19/98, define algumas situações de aplicação deste princípio. Por exemplo, o art. 41, da Carta Magna (avaliação periódica de desempenho).
	As regras do art. 169 da CRFB definem limites com gasto de pessoal.
	Uma prestação de serviços eficiente deve garantir uma célere solução de controvérsias, razão pela qual a eficiência está diretamente ligada ao princípio da celeridade nos processos administrativos.
PRINCÍPIOS DO CONTRADITÓRIO E DA AMPLA DEFESA	É o direito conferido ao particular de saber o que acontece no processo administrativo ou judicial de seu interesse, bem como o direito de se manifestar na relação processual, requerendo a produção de provas e provocando sua tramitação, seja diante de um processo judicial ou de um processo administrativo.
	Decorre do devido processo legal, exposto no art. 5º, LIV, da Carta Magna.
	Ninguém pode ser processado e julgado sem ter amplo conhecimento dos fatos relatados nesse processo e dos motivos que deram ensejo a sua instauração.
	É indispensável o respeito ao princípio da igualdade na relação processual.
	É importante que o direito à produção de provas não seja meramente formal, sendo necessária a real avaliação da prova produzida pelo particular como instrumento a influenciar a decisão do julgador, vedadas provas ilícitas ou meramente procrastinatórias.
	No que tange ao princípio da **ampla defesa**, a doutrina processual o define como indispensável para a concepção de democracia, abarcando o direito de ação, e para a tutela jurisdicional e administrativa para proteção de direitos dos particulares.
	EXCEÇÕES
	"A falta de defesa técnica por advogado no processo administrativo disciplinar não ofende a Constituição" (Súmula Vinculante n. 5 do Supremo Tribunal Federal).
	Para o exercício pleno da garantia, é imprescindível que o particular possa se manifestar antes de ser proferida decisão administrativa acerca da matéria objeto do processo, mas há situação em que o ocorre o contraditório diferido (interesse público em perigo).
	O duplo grau de julgamento ou direito ao recurso administrativo possibilita a reanálise dos atos praticados pela Administração, por provocação do particular, com a finalidade de evitar que se perpetuem injustiças ou decisões ilegais.
	O direito à informação é considerado corolário da garantia do contraditório, sendo que todos os interessados possuem o direito de conhecer o conteúdo das decisões do processo, bem como de seus atos e das provas produzidas.

<table>
<tr><th colspan="3">REGIME JURÍDICO ADMINISTRATIVO</th></tr>
<tr><td>PRINCÍPIOS DO CONTRADITÓRIO E DA AMPLA DEFESA</td><td colspan="2">"Nos processos perante o Tribunal de Contas da união asseguram-se o contraditório e a ampla defesa quando da decisão puder resultar anulação ou revogação de ato administrativo que beneficie o interessado, excetuada a apreciação da legalidade do ato de concessão inicial de aposentadoria, reforma e pensão" (Súmula Vinculante n. 03).</td></tr>
<tr><td rowspan="15">PRINCÍPIO DA CONTINUIDADE</td><td colspan="2">Exigência de que a atividade do Estado seja contínua, não podendo parar a prestação dos serviços, não comportando falhas ou interrupções, já que muitas necessidades da sociedade são inadiáveis, como é o exemplo dos serviços de fornecimento de água e energia elétrica à população em geral (art. 6º, §1º, da Lei 8987/95).</td></tr>
<tr><td colspan="2">Obrigatoriedade do desempenho da atividade pública.</td></tr>
<tr><td rowspan="6">Direito de greve</td><td>Os servidores militares não têm direito de greve nem de sindicalização, por expressa vedação constitucional, sejam eles das forças armadas ou policiais militares estaduais e integrantes do corpo de bombeiros militar dos estados.</td></tr>
<tr><td>Ao tratar dos servidores públicos civis, em seu art. 37, VII, a Carta Magna definiu o direito de greve a estes agentes nos termos e condições estabelecidos em lei específica, garantindo ainda o direito à livre associação sindical, no art. 37, VI.</td></tr>
<tr><td>O Supremo Tribunal Federal já pacificou o entendimento de que o direito de greve é norma de eficácia limitada.</td></tr>
<tr><td>No que tange aos servidores civis, o Supremo Tribunal Federal determinou, ao julgar Mandado de Injunção referente à matéria que, enquanto não houver lei específica a regulamentar a greve dos servidores, será utilizada a lei geral de greve (Lei 7.783/89) para o exercício deste direito.</td></tr>
<tr><td>Embora não tenha direito à remuneração pelos dias parados, não deve haver o corte da remuneração durante o exercício deste direito, desde que o movimento paredista tenha sido realizado licitamente. (STJ)</td></tr>
<tr><td>O STF, em 2016, decidiu que "a Administração Pública deve proceder ao desconto dos dias de paralisação decorrentes do exercício do direito de greve pelos servidores públicos, em virtude da suspensão do vínculo funcional que dela decorre, permitida a compensação em caso de acordo. O desconto será, contudo, incabível se ficar demonstrado que a greve foi provocada por conduta ilícita do Poder Público."</td></tr>
<tr><td rowspan="4">Interrupção da prestação de um serviço motivada por razões de ordem técnica ou inadimplemento do usuário</td><td>A Lei 8.987/95, em seu art. 6, §3º, estabelece expressamente não se caracteriza como descontinuidade do serviço a sua interrupção em situação de emergência ou após prévio aviso, quando motivada por razões de ordem técnica ou de segurança das instalações e por inadimplemento do usuário, considerado o interesse da coletividade.</td></tr>
<tr><td>A respeito da interrupção por motivos de ordem técnica, não há discussão doutrinaria acerca da sua regularidade.</td></tr>
<tr><td>No caso de inadimplemento do usuário, ele deve ser previamente avisado, nos moldes exigidos pela legislação.</td></tr>
<tr><td>É ilegal, caso enseje a interrupção de um serviço essencial à coletividade, pois será prejudicial ao seu interesse.</td></tr>
<tr><td rowspan="3">Exceção de contrato não cumprido</td><td>Direito de suspender a execução do contrato em face do inadimplemento da outra parte.</td></tr>
<tr><td>Consoante disposição do art. 78, XV, da Lei 8.666/93, o particular tem direito de invocar a exceção do contrato não cumprido, desde que a administração seja inadimplente por mais de 90 (noventa) dias em relação aos seus pagamentos.</td></tr>
<tr><td>É a exceção de contrato não cumprido de forma diferida. Para tanto, não precisa de autorização judicial, somente se exigindo o provimento do Poder Judiciário para que se determine a rescisão do contrato. Essa é a corrente majoritária na doutrina e jurisprudência modernas.</td></tr>
</table>

<table>
<tr><th colspan="3">REGIME JURÍDICO ADMINISTRATIVO</th></tr>
<tr><td rowspan="3">PRINCÍPIO DA CONTINUIDADE</td><td rowspan="3">Ocupação temporária de bens e substituição</td><td>O art. 58, V, da lei 8.666/93, define que a Administração Pública poderá ocupar provisoriamente bens para evitar a interrupção da atividade pública nos casos de serviços essenciais.</td></tr>
<tr><td>Nos contratos de concessão de serviços públicos, se admite a transferência de propriedade, ao final do contrato de concessão de serviços públicos, se admite a transferência de propriedade dos bens das concessionárias que estejam atrelados à prestação do serviço. Instituto conhecido como reversão de bens móveis, imóveis, pessoal e serviços vinculados ao objeto do contrato, ocorre na hipótese da necessidade de acautelar apuração administrativa de faltas contratuais pelo contratado, bem como na hipótese de rescisão do contrato administrativo.</td></tr>
<tr><td>Os estatutos dos servidores públicos preveem os institutos da substituição e suplência como forma de evitar que a ausência de um determinado agente enseje a não execução do serviço que lhe era atribuído.</td></tr>
<tr><td rowspan="4">PRINCÍPIO DA AUTOTUTELA</td><td colspan="2">O ente estatal tem a garantia de anular os atos praticados em suas atividades essenciais, quando ilegais, ou revogá-los, quando inoportunos ou inconvenientes, sem que seja necessária a interferência do Poder Judiciário (súmula 473 do STF).</td></tr>
<tr><td colspan="2">O exercício da autotutela não afasta a incidência da tutela jurisdicional. Com efeito, caso o particular se sinta prejudicado pelo ato, ainda que não obtenha êxito no requerimento administrativo de anulação da conduta, poderá recorrer ao judiciário, para que seja novamente verificada a legalidade da atuação estatal impugnada.</td></tr>
<tr><td colspan="2">A anulação de atos ilegais pelo poder público é um poder-dever</td></tr>
<tr><td colspan="2">A Administração Pública Federal, por meio da lei 9.784/99, prevê um prazo de cinco anos para rever os atos que sejam favoráveis a particulares, salvo má-fé do beneficiado.</td></tr>
<tr><td rowspan="3">PRINCÍPIO DA RAZOABILIDADE</td><td colspan="2">O Princípio da Razoabilidade visa impedir uma atuação desarrazoada ou despropositada do administrador, definindo que o agente não pode se valer de seu cargo ou função com a falsa intenção de cumprir a lei para agir de forma ilegal e arbitrária fora dos padrões éticos e adequados ao senso comum.</td></tr>
<tr><td colspan="2">Representa certo limite para discricionariedade do administrador.</td></tr>
<tr><td colspan="2">Todas as vezes que o mérito administrativo extrapola os limites da lei, seja por atuação que afronta expresso dispositivo legal, seja pela violação ao princípio da razoabilidade, compete ao judiciário, desde que provocado, sanar o vício da conduta estatal, determinando a anulação do ato ilícito.</td></tr>
<tr><td rowspan="2">PRINCÍPIO DA PROPORCIONALIDADE</td><td colspan="2">Busca um equilíbrio entre o ato praticado e os fins a serem alcançados pela Administração Pública é a essencialidade deste princípio.</td></tr>
<tr><td colspan="2">Decisões manifestamente inadequadas, que extrapolem os limites da legalidade por desrespeitarem o equilíbrio no exercício da discricionariedade, podem ser, consequentemente, anuladas pelo Judiciário. Nessa situação o administrador público pode, inclusive, ser responsabilizado por Abuso de Poder, nos termos da lei.</td></tr>
<tr><td rowspan="4">PRINCÍPIO DA MOTIVAÇÃO</td><td colspan="2">É o dever imposto ao ente estatal de indicar os pressupostos de fato e de direito que determinaram a prática dos atos administrativos.</td></tr>
<tr><td colspan="2">A motivação é indispensável ao controle dos atos administrativos, uma vez que demonstram à sociedade as razões pelas quais o poder público atuou de determinada forma, tornando possível a análise dos cidadãos acerca da legitimidade e adequação de seus motivos.</td></tr>
<tr><td colspan="2">A Constituição Federal reconhece a cidadania como fundamento da República e atribui ao povo a titularidade de todo o poder (no Estado brasileiro), sendo, portanto, indispensável que o titular do interesse público tenha ampla ciência das razões que motivam e justificam a atuação da Administração Pública. Dessa forma, o dever de justificar a conduta estatal configura princípio implícito do ordenamento jurídico brasileiro, pela doutrina majoritária.</td></tr>
<tr><td>Motivação aliunde</td><td>Consoante estabelece o artigo 50, §1º da lei 9.784/99 “A motivação deve ser explícita, clara e congruente, podendo consistir em declaração de concordância com fundamentos de anteriores pareceres, informações, decisões ou propostas, que, neste caso, serão parte integrante do ato.”</td></tr>
</table>

REGIME JURÍDICO ADMINISTRATIVO	
PRINCÍPIO DA MOTIVAÇÃO	*"As decisões administrativas dos tribunais serão motivadas e em sessão pública, sendo as disciplinares tomadas pelo voto da maioria absoluta de seus membros"* (art. 93, X, CF/88).
ISONOMIA	O aspecto material do Princípio da Isonomia determina que a Administração Pública deve tratar igualmente os iguais e desigualmente os desiguais, na medida das suas desigualdades.
	"O limite de idade para a inscrição em concurso público só se legitima em face do art. 7º, XXX, da Constituição Federal , quando possa ser justificado pela natureza das atribuições do cargo a ser preenchido" (Súmula n. 683 do STF).
	A isonomia vem se manifestando por meio de programas de governo que visam a inclusão, nas universidades públicas, de alunos afrodescendentes ou egressos de escolas públicas.
FINALIDADE	Pode-se definir que, de acordo com o princípio da finalidade, a norma administrativa deve ser interpretada e aplicada pelo agente do Estado da forma que melhor garanta a realização do fim público a que se dirige. Deve-se ressaltar que o que explica, justifica e confere sentido a uma norma é precisamente a finalidade a que se destina.
	Dessa forma, a lei 4.717/65, em seu art. 2º, parágrafo único, "e", dispõe que *"o desvio de finalidade se verifica quando o agente pratica o ato visando a fim diverso daquele previsto, explícita ou implicitamente, na regra de competência".*
ESPECIALIDADE	Baseia-se no princípio da indisponibilidade do interesse público e do dever de eficiência na execução da atividade administrativa, inerente aos órgãos estatais, o que justifica a necessidade de descentralização dos serviços do Estado e da desconcentração de atividades dentro da estrutura orgânica da Administração.
	Uma entidade especializada na execução de uma determinada atividade terá mais sucesso em sua execução em comparação a entidades que devem executar um rol extenso de atribuições.
SEGURANÇA JURÍDICA	A segurança jurídica é o princípio geral do Direito que garante aos cidadãos não serem surpreendidos por alterações repentinas na ordem jurídica posta.
PRESUNÇÃO DE LEGITIMIDADE E DE VERACIDADE DAS CONDUTAS ESTATAIS	Até que o particular atingido pela atuação estatal prove em contrário – uma vez que as presunções são relativas ou *juris tantum* – o ato administrativo estampa uma situação de fato real, ou seja, o ato goza de fé pública e os fatos apresentados em sua prática presumem-se verdadeiros, em conformidade com os fatos efetivamente ocorridos.
	A presunção de veracidade diz respeito a fatos e causa a **inversão do ônus da prova** dos fatos alegados no ato administrativo.
	No que tange à presunção de legitimidade, trata-se de presunção jurídica, portanto, até prova em contrário, o ato foi editado em conformidade com a lei e com o ordenamento jurídico, configurando-se, mais uma vez hipótese de presunção relativa, que pode ser elidida mediante comprovação do interessado.
	Alguns doutrinadores consideram que há uma mitigação deste atributo disposta no art. 116, IV da lei 8.112/90, que permite ao servidor deixar de cumprir uma determinada ordem de seu superior hierárquico, se a considerar ilícita. Com efeito, dispõe o artigo que é dever do servidor, *"cumprir as ordens superiores, exceto quando manifestamente ilegais".*
DEVER DE OBSERVÂNCIA DOS PRINCÍPIOS	Não é suficiente que o ente público atue em conformidade com o disposto na lei, mas que pratique condutas de forma honesta, em respeito à moralidade, buscando a obtenção de resultados positivos, dando publicidade aos atos por si praticados, além de se orientar por todos os outros princípios que norteiam suas condutas.
	A boa administração é aquela que interpreta o texto legal de forma a alcançar o interesse público, mas também respeitando os preceitos balizadores da atuação do Estado como forma de garantir o exercício da cidadania.
	O Estado manifesta vontade em nome do povo, devendo se direcionar à satisfação dos anseios populares – e toda atuação da Administração Pública que se distancie de qualquer dos princípios analisados deve ser considerada ilícita, em sentido amplo, e extirpada do ordenamento jurídico.

5. SÚMULAS

5.1. Súmulas do STF

- **Súmula Vinculante n. 03:** Nos processos perante o tribunal de contas da união asseguram-se o contraditório e a ampla defesa quando da decisão puder resultar anulação ou revogação de ato administrativo que beneficie o interessado, excetuada a apreciação da legalidade do ato de concessão inicial de aposentadoria, reforma e pensão.
- **Súmula Vinculante n. 05:** A falta de defesa técnica por advogado no processo administrativo disciplinar não ofende a constituição.
- **Súmula Vinculante n. 13:** A nomeação de cônjuge, companheiro ou parente em linha reta, colateral ou por afinidade, até o terceiro grau, inclusive, da autoridade nomeante ou de servidor da mesma pessoa jurídica, investido em cargo de direção, chefia ou assessoramento, para o exercício de cargo em comissão ou de confiança, ou, ainda, de função gratificada na Administração Pública direta e indireta, em qualquer dos Poderes da União, dos Estados, do Distrito Federal e dos municípios, compreendido o ajuste mediante designações recíprocas, viola a Constituição Federal.
- **Súmula Vinculante n. 21:** É inconstitucional a exigência de depósito ou arrolamento prévios de dinheiro ou bens para admissibilidade de recurso administrativo.
- **Súmula n. 346:** A administração pública pode declarar a nulidade de seus próprios atos.
- **Súmula n. 473:** A administração pode anular seus próprios atos, quando eivados de vícios que os tornam ilegais, porque deles não se originam direitos; ou revogá-los, por motivo de conveniência ou oportunidade, respeitados os direitos adquiridos, e ressalvada, em todos os casos, a apreciação judicial.
- **Súmula n. 683:** O limite de idade para a inscrição em concurso público só se legitima em face do art. 7º, XXX, da Constituição Federal, quando possa ser justificado pela natureza das atribuições do cargo a ser preenchido.

5.2. Súmulas do STJ

- **Súmula n. 373:** É ilegítima a exigência de depósito prévio para admissibilidade de recurso administrativo.

6. JURISPRUDÊNCIAS 2015/2016

- **HABEAS CORPUS. DENÚNCIA RECEBIDA NO TRIBUNAL DE JUSTIÇA DO CEARÁ. CRIMES, EM TESE, PRATICADOS POR AGENTES PÚBLICOS CONTRA A ADMINISTRAÇÃO (QUADRILHA, LICITAÇÕES, E DECRETO LEI N. 201/1967). ALEGAÇÃO DE ILICITUDE DA PROVA. QUEBRA DE SIGILO BANCÁRIO SEM AUTORIZAÇÃO JUDICIAL. ENTE PÚBLICO. DESNECESSIDADE. PROTEÇÃO À INTIMIDADE/PRIVACIDADE. INOCORRÊNCIA. PRINCÍPIOS DA PUBLICIDADE E DA MORALIDADE PÚBLICA. REQUISIÇÃO PELO MINISTÉRIO PÚBLICO DE MOVIMENTAÇÃO DA CONTA-CORRENTE DO MUNICÍPIO DE POTENGI/CE. POSSIBILIDADE.** 1. Encontra-se pacificada na doutrina pátria e na jurisprudência dos Tribunais Superiores que o sigilo bancário constitui espécie do direito à intimidade/privacidade, consagrado no art. 5º, X e XII, da Constituição Federal. 2. No entanto, as contas públicas, ante os princípios da publicidade e da moralidade (art. 37 da CF), não possuem, em regra, proteção do direito à intimidade/privacidade, e, em consequência, não são protegidas pelo sigilo bancário. Na verdade, a intimidade e a vida privada de que trata a Lei Maior referem-se à pessoa humana, aos indivíduos que compõem a sociedade, e às pessoas jurídicas de Direito privado, inaplicáveis tais conceitos aos entes públicos. 3. Assim, conta-corrente de titularidade de Prefeitura Municipal não goza de proteção à intimidade/privacidade, tampouco do sigilo bancário, garantia constitucional das pessoas naturais e aos entes particulares. 4. Nessa linha de raciocínio, lícita a requisição pelo Ministério Público de informações bancárias (emissão de cheques e movimentação financeira) de titularidade da Prefeitura Municipal de Potengi/CE, com o fim de proteger o patrimônio público, não se podendo falar em quebra ilegal de sigilo bancário. 5. "Operações financeiras que envolvam recursos públicos não estão abrangidas pelo sigilo bancário a que alude a Lei Complementar nº 105/2001, visto que as operações dessa espécie estão submetidas aos princípios da administração pública insculpidos no art. 37 da Constituição Federal" (MS-33.340/STF, Relator Ministro LUIZ FUX, 1ª Turma, DJe de 3/8/2015). 6. Habeas corpus denegado. HC 308493/CE. **HABEAS CORPUS 2014/0288406-3. Relator(a): Ministro REYNALDO SOARES DA FONSECA (1170). Órgão Julgador: T5 - QUINTA TURMA. Data do Julgamento: 20/10/2015. Data da Publicação/Fonte: DJe 26/10/2015.**

6.1. Informativos dos STJ

- **Informativo n. 579**

  DIREITO ADMINISTRATIVO. RESTITUIÇÃO À ADMINISTRAÇÃO PÚBLICA DE PROVENTOS DEPOSITADOS A SERVIDOR PÚBLICO FALECIDO. Os herdeiros devem restituir os proventos que, por erro operacional da Administração Pública,

continuaram sendo depositados em conta de servidor público após o seu falecimento. Dispõe o art. 884 do CC que "Aquele que, sem justa causa, se enriquecer a custa de outrem, será obrigado a restituir o indevidamente auferido, feita a atualização dos valores monetários", sob pena de enriquecimento ilícito. De mais a mais, em se tratando de verbas alimentares percebidas por servidores públicos, ou dependentes, o princípio da boa-fé objetiva sempre foi a pedra de toque na análise do tema pelo STJ, o qual, em seu viés cidadão, não se atém meramente ao plano normativo ao distribuir a Justiça. Diante disso, veja-se que as verbas alimentares percebidas por servidores de boa-fé não podem ser repetidas quando havidas por errônea interpretação de lei pela Administração Pública, em razão da falsa expectativa criada no servidor de que os valores recebidos são legais e definitivos (REsp 1.244.182-PB, Primeira Seção, DJe 19/10/2012, julgado no regime dos recursos repetitivos), o que decorre, em certo grau, pela presunção de validade e de legitimidade do ato administrativo que ordenou a despesa. No caso, de fato, a Administração Pública não deu a merecida atenção à informada morte do servidor (erro) e continuou efetuando depósitos de aposentadoria (verba alimentar) na conta que pertencia a ele, os quais foram levantados pelos herdeiros (de boa-fé) sub-rogados nos direitos do servidor. Assim, levando-se em consideração a realidade do direito sucessório e, em especial, o princípio da *saisine*, tem-se que, com a transferência imediata da titularidade da conta do falecido aos herdeiros, os valores nela depositados (por erro) não teriam mais qualquer destinação alimentar. Logo, por não se estar diante de verbas de natureza alimentar, é dispensada a análise da boa-fé dos herdeiros, o que afasta, por analogia, a aplicação do precedente anteriormente citado, que excepciona o dever de restituição dos valores indevidamente auferidos (art. 884 do CC**). AgRg no REsp 1.387.971-DF, Rel. Min. Mauro Campbell Marques, julgado em 15/3/2016, DJe 21/3/2016.**

6.2. Informativos dos STF

- **Informativo n. 776**

VERBA INDENIZATÓRIA E PUBLICIDADE - 3. Em conclusão de julgamento, o Plenário concedeu a ordem em mandado de segurança impetrado por veículo da imprensa contra ato do Senado Federal, que indeferira pedido de acesso aos comprovantes apresentados pelos senadores para recebimento de verba indenizatória, no período de setembro a dezembro de 2008 — v. Informativo 770. De início, reconheceu a legitimidade ativa da impetrante, por considerar haver direito líquido e certo à obtenção desses elementos, com base no princípio da publicidade (CF, art. 37, "caput") e em outras disposições constitucionais correlatas, notadamente a liberdade de informação jornalística (CF, art. 220, § 1º). Ressaltou que as referidas verbas destinar-se-iam a indenizar despesas direta e exclusivamente relacionadas ao exercício da função parlamentar. Sua natureza pública estaria presente tanto na fonte pagadora — o Senado Federal — quanto na finalidade, vinculada ao exercício da representação popular. Nesse contexto, a regra geral seria a publicidade e decorreria de um conjunto de normas constitucionais, como o direito de acesso à informação por parte dos órgãos públicos (CF, art. 5º, XXXIII) — especialmente no tocante à documentação governamental (CF, art. 216, § 2º) —, o princípio da publicidade (CF, art. 37, "caput" e § 3º, II) e o princípio republicano (CF, art. 1º), do qual se originariam os deveres de transparência e prestação de contas, bem como a possibilidade de responsabilização ampla por eventuais irregularidades. Recordou que o art. 1º, parágrafo único, da CF enuncia que "todo o poder emanado povo". Assim, os órgãos estatais teriam o dever de esclarecer ao seu mandante, titular do Poder político, como seriam usadas as verbas arrecadadas da sociedade para o exercício de suas atividades. A Constituição ressalvaria a regra da publicidade apenas em relação às informações cujo sigilo fosse imprescindível à segurança da sociedade e do Estado (CF, art. 5º, XXXIII, parte final) e às que fossem protegidas pela inviolabilidade conferida à intimidade, vida privada, honra e imagem das pessoas (CF, art. 5º, X, c/c art. 37, § 3º, II). Por se tratar de situações excepcionais, o ônus argumentativo de demonstrar a caracterização de uma dessas circunstâncias incumbiria a quem pretendesse afastar a regra geral da publicidade. **MS 28178/DF, rel. Min. Roberto Barroso, 4.3.2015. (MS-28178).**

VERBA INDENIZATÓRIA E PUBLICIDADE – 4. O Plenário consignou que a autoridade impetrada teria justificado sua recusa nas duas exceções acima citadas. Refutou a assertiva de que a concessão da ordem poderia gerar um perigoso precedente, uma vez que permitiria igualmente o acesso a informações sobre verbas indenizatórias pagas no âmbito de outros órgãos estratégicos, como a ABIN, o Centro de Inteligência do Exército e da Marinha, a Comissão Nacional de Energia Nuclear do Ministério da Ciência e da Tecnologia, a Presidência da República e mesmo os tribunais superiores. Sublinhou que o caráter estratégico das atividades desenvolvidas por determinado órgão não tornaria automaticamente secretas todas as informações a ele referentes. No caso do Senado Federal, as atividades ordinárias de seus membros estariam muito longe de exigir um caráter predominantemente sigiloso. Em se tratando de órgão de representação popular por excelência, presumir-se-ia justamente o contrário. Nesse domínio, eventual necessidade de sigilo não poderia ser invocada de forma genérica, devendo ser concretamente justificada. Quanto à segunda exceção que justificaria a restrição à publicidade — informações relacionadas à intimidade, vida privada, honra e imagem das pessoas —, não seria pertinente que se invocasse a intimidade, de forma genérica, para restringir a transparência acerca do emprego de verbas públicas exclusivamente relacionadas ao exercício da função parlamentar. A hipótese nada teria a ver com uma devassa genérica na vida privada dos agentes políticos. Não se cuidaria da divulgação, pelo Poder Público, da forma como os senadores gastariam o subsídio recebido a título de remuneração ou mesmo sobre o emprego de outras rendas privadas auferidas a título diverso. Além disso, anotou que o custo das cópias solicitadas seria arcado pela impetrante. **MS 28178/DF, rel. Min. Roberto Barroso, 4.3.2015. (MS-28178).**

7. QUESTÕES DE CONCURSOS

1. (FCC - 2014 - TRT - 1ª REGIÃO (RJ) - Analista Judiciário - Tecnologia da Informação) A Administração pública está sujeita a observância de normas e princípios, alguns expressos, outros implícitos. A instauração, instrução e decisão dos processos administrativos estão sujeitas à incidência de princípios, tendo a Lei nº 9784/99 elencado, de forma expressa, mais princípios do que a Constituição Federal, no que concerne à atividade administrativa. Sobre a aplicação dos princípios mencionados nesses Diplomas, tem-se que

a) o princípio da motivação não se aplica aos processos administrativos quando tratarem de atos de improbidade.
b) os princípios da razoabilidade e da proporcionalidade podem incidir no exercício, pela Administração pública, de competência discricionária.
c) os princípios do contraditório e da ampla defesa aplicam-se somente aos processos administrativos que tratem de apuração de infrações disciplinares, vez que punidas com sanções mais severas.
d) o princípio da segurança jurídica impede o exercício da competência discricionária pela Administração pública.
e) os princípios do interesse público e da eficiência admitem a derrogação de leis, quando houver meio jurídico mais ágil ao atendimento da finalidade pública.

2. (VUNESP - 2014 - DPE-MS - Defensor Público) A expressão regime jurídico-administrativo é utilizada para designar

a) os regimes de direito público e de direito privado a que pode submeter-se a Administração Pública.
b) o conjunto das prerrogativas e restrições a que está sujeita a Administração Pública e que não se encontram nas relações entre particulares.
c) as restrições a que está sujeita a Administração Pública, sob pena de nulidade do ato administrativo, excluindo-se de seu âmbito as prerrogativas da Administração.
d) as prerrogativas que colocam a Administração Pública em posição de supremacia perante o particular, excluindo-se de seu âmbito as restrições impostas à Administração.

3. (TRT 8R - 2014 - TRT - 8ª Região (PA e AP) - Juiz do Trabalho) Sobre os princípios que norteiam a atuação da Administração Pública é CORRETO afirmar:

I - Assim como o princípio da autonomia da vontade, aplicável nas relações entre os particulares, o princípio da legalidade impõe à Administração Pública, em toda a sua atividade, obediência aos mandamentos da lei. Como corolário disso, a atuação da Administração Pública está presa aos mandamentos da lei, deles não podendo se afastar, sob pena de invalidade do ato e responsabilidade de seu autor.

II - O princípio da impessoalidade destina-se a proteger simultaneamente o interesse público e os interesses privados, na medida em que traz a ideia de que a Administração tem que tratar a todos os administrados sem discriminações, benéficas ou nocivas, coibindo a interferência de simpatias ou animosidades pessoais, políticas ou ideológicas na atuação administrativa, impedindo que o ato administrativo tenha um beneficiário, ante a prevalência do interesse público.

III - A Constituição Federal, ao consagrar o princípio da moralidade administrativa como vetor da atuação da Administração Pública, igualmente consagrou a necessidade de proteção à moralidade e responsabilização do administrador público imoral. Desse modo, qualquer cidadão pode propor ação popular objetivando anular ato lesivo à moralidade administrativa.

IV - Em razão do princípio da moralidade, os atos de improbidade administrativa importarão a suspensão dos direitos políticos, a perda da função pública, a indisponibilidade dos bens e o ressarcimento ao erário, na forma e gradação previstas em lei, sem prejuízo da ação penal cabível.

V - Segundo o princípio da publicidade, a Administração Pública direta e indireta está compelida à divulgação de seus atos, conferindo transparência e visibilidade à atuação administrativa. Todavia, tal princípio não é irrestrito, porquanto também é dever do Estado controlar o acesso e a divulgação de informações sigilosas produzidas por seus órgãos e entidades, assegurando a sua proteção.

a) Estão corretas apenas as assertivas I, III e IV.
b) Estão corretas apenas as assertivas I e IV.
c) Estão corretas apenas as afirmativas II, III e V.
d) Estão corretas apenas as afirmativas III, IV e V.
e) Todas as afirmativas estão corretas.

4. (IESES – Cartório – TJ – PB/2014) Assinale a alternativa correta:

a) A chamada "teoria dos motivos determinantes" encontra-se em absoluto desuso no Direito

Administrativo brasileiro, por ferir os princípios da razoabilidade e da proporcionalidade estrita, pois determina a vinculação do Administrador Público aos motivos determinantes do edital.

b) A denominada "motivação aliunde", empregada em vários países que utilizam o sistema da *common law*, tem sua aplicação expressamente vedada pelo legislador brasileiro, por ferir princípios basilares do Direito Administrativo, especialmente os princípios da legalidade estrita e da impessoalidade, encartados na Constituição da República.

c) Do ato administrativo ou decisão judicial que contrariar a súmula aplicável ou que indevidamente a aplicar, caberá reclamação ao Supremo Tribunal Federal, que, julgando-a procedente, anulará o ato administrativo ou cassará a decisão judicial reclamada, e determinará que outra seja proferida com ou sem aplicação da súmula, conforme o caso.

d) Pelo princípio da "continuidade das atividades administrativas", expressamente previsto no artigo 37, da Constituição da República, mesmo que inadimplente o Estado com o pagamento devido, deve o prestador de serviço público concedido ou permitido continuar a prestá-lo pelo prazo de até 120 (cento e vinte) dias após a notificação do inadimplente, sob pena de rescisão motivada do contato com imposição das penalidades previstas na lei de licitações.

5. **(Cespe – Juiz de Direito – PB/2015)** No que se refere aos princípios informativos e aos poderes da administração pública, assinale a opção correta.

a) A administração pública deve dar publicidade aos atos administrativos individuais e gerais mediante publicação em diário oficial, sob pena de afronta ao princípio da publicidade.

b) Por força do princípio da motivação, que rege a atuação administrativa, a lei veda a prática de ato administrativo em que essa motivação não esteja mencionada no próprio ato e indicada em parecer.

c) Como a delegação de competência se assenta no poder hierárquico da administração pública, cujo pressuposto é a relação de subordinação entre órgãos e agentes públicos, é inadmissível a delegação de competência fora da linha vertical de subordinação e comando.

d) No exercício do poder disciplinar, a administração pública pode impor sanção administrativa a servidor, sendo vedado ao Poder Judiciário, segundo jurisprudência, perquirir a motivação nesse caso.

e) Normas jurídicas que garantam ao usuário do serviço público o poder de reclamar da deficiência na prestação do serviço expressam um dos princípios aplicáveis à administração pública, como forma de assegurar a participação do usuário na administração pública direta e indireta.

6. **(CEFET – Promotor de Justiça – BA/2015)** Com referência aos princípios administrativos, é CORRETO afirmar:

a) O princípio da proporcionalidade, expressamente previsto na Constituição Federal de 1988, significa que as competências administrativas só podem ser validamente exercidas na extensão e intensidade correspondentes ao que seja realmente demandado para o cumprimento da finalidade de interesse público a que estão atreladas.

b) Como decorrência do princípio da motivação, todos os atos administrativos devem ser escritos.

c) O princípio da reserva legal prescreve que a Administração Pública pode fazer tudo aquilo que não é legalmente proibido.

d) A publicidade dos atos da Administração Pública é excepcionada apenas pela necessidade de proteção da intimidade dos cidadãos.

e) A Emenda Constitucional nº 19/1998, conhecida por implementar a "Reforma Administrativa", acrescentou o princípio da eficiência ao texto constitucional.

7. **(FCC – Analista Judiciário – Área Judiciária - TRT 4/2015)** A atuação da Administração pública é informada por princípios, alguns inclusive com previsão constitucional expressa, que se alternam em graus de relevância de acordo com o caso concreto em análise. Do mesmo modo, a aplicação dos princípios na casuística pode se expressar de diversas formas e em variados momentos, ou seja, não há necessariamente idêntica manifestação da influência dos mesmos nas diferentes situações e atividades administrativas. Dessa forma,

a) à exceção do princípio da publicidade, que se expressa pela divulgação dos atos finais praticados, os demais princípios dependem de análise do caso concreto, para que se possa verificar se foram adequadamente observados.

b) o princípio da supremacia do interesse público pode ser considerado materialmente superior aos demais, pois para esses é parâmetro de aplicação, na medida em que a solução mais adequada é sempre aquela que o privilegia.

c) enquanto o princípio da eficiência se aplica no curso dos processos e atividades desenvolvidos pela Administração, os demais princípios destinam-se ao resultado e aos destinatários finais, não tendo aplicabilidade antes disso.

d) o princípio da publicidade não incide apenas para orientar a divulgação e a transparência dos atos finais, mas também permite aos administrados conhecer documentos e ter informações ao longo do processo de tomada de decisão.

e) o princípio da eficiência é aplicado em conjunto com o princípio da supremacia do interesse público, podendo excepcionar o princípio da indisponibilidade do interesse público sempre que represente solução mais benéfica para a gestão administrativa e o atingimento de resultados em favor dos administrados.

8. **(FCC – Técnico Judiciário – Área Administrativa - TRT 3/2015)** O Supremo Tribunal Federal, em importante julgamento, ocorrido no ano de 2001, entendeu não caber ao Banco "X" negar, ao Ministério Público, informações sobre nomes de beneficiários de empréstimos concedidos pela instituição, com recursos subsidiados pelo erário federal, sob invocação do sigilo bancário, em se tratando de requisição de informações e documentos para instruir procedimento administrativo instaurado em defesa do patrimônio público. Trata-se de observância ao princípio da

a) impessoalidade.
b) proporcionalidade.
c) publicidade.
d) motivação.
e) supremacia do interesse privado

9. **(FCC – Juiz de Direito – SC/2015)** Vigora no Brasil, disciplinando o direito constitucional de acesso à informação, a Lei no 12.527/11. É ideia ESTRANHA ao regime dessa lei a

a) criação, pelo acesso à informação classificada como sigilosa, da obrigação para aquele que a obteve de resguardar o sigilo.

b) possibilidade de que qualquer interessado possa apresentar pedido de acesso a informações aos órgãos e entidades competentes, devendo o pedido conter a identificação do requerente, a especificação da informação requerida e os motivos determinantes da solicitação de informações de interesse público.

c) inclusão, no sentido de acesso à informação, do direito de obter informação produzida ou custodiada por pessoa física ou entidade privada decorrente de qualquer vínculo com seus órgãos ou entidades, mesmo que esse vínculo já tenha cessado.

d) observância da publicidade como preceito geral e do sigilo como exceção.

e) classificação da informação sigilosa, em regra geral, segundo os seguintes critérios: ultrassecreta - 25 anos; secreta - 15 anos; e reservada - 5 anos.

10. **(Cespe – Analista de Controle – Área Jurídica – TCE – PR/2016)** Quando a União firma um convênio com um estado da Federação, a relação jurídica envolve a União e o ente federado e não a União e determinado governador ou outro agente. O governo se alterna periodicamente nos termos da soberania popular, mas o estado federado é permanente. A mudança de comando político não exonera o estado das obrigações assumidas. Nesse sentido, o Supremo Tribunal Federal (STF) tem entendido que a inscrição do nome de estado-membro em cadastro federal de inadimplentes devido a ações e(ou) omissões de gestões anteriores não configura ofensa ao princípio da administração pública denominado princípio do(a)

A) intranscendência.
B) contraditório e da ampla defesa.
C) continuidade do serviço público.
D) confiança legítima.
E) moralidade.

11. **(Cespe – Delegado de Polícia – PE/2016)** Tendo como referência a jurisprudência majoritária do STF acerca dos princípios expressos e implícitos da administração pública e do regime jurídico-administrativo, assinale a opção correta.

A) Se houver repasse de verbas federais a município, a aplicação desses recursos pelo governo municipal não será objeto de fiscalização do órgão controlador federal, dado o princípio da autonomia dos entes federados.

B) A alteração, por meio de portaria, das atribuições de cargo público não contraria direito líquido e certo do servidor público investido no cargo, diante da inexistência de direito adquirido a regime jurídico.

C) A administração pública não pode, mediante ato próprio, desconsiderar a personalidade jurídica de empresa fiscalizada por tribunal de contas; a esse caso não se aplica a doutrina dos poderes implícitos.

D) Segundo o STF, a vedação ao nepotismo decorre diretamente de princípios constitucionais explícitos, como os princípios da impessoalidade, da moralidade administrativa e da igualdade, não se exigindo a edição de lei formal para coibir a sua prática.

E) De acordo com o princípio da eficiência, a administração pode revogar seus próprios atos, quando eivados de vícios que os tornem ilegais, porque deles não se originam direitos.

12. (Cespe – Analista Judiciário – Área Administrativa – TRT 8/2016) A respeito dos princípios da administração pública, assinale a opção correta.

A) Decorre do princípio da hierarquia uma série de prerrogativas para a administração, aplicando-se esse princípio, inclusive, às funções legislativa e judicial.

B) Decorre do princípio da continuidade do serviço público a possibilidade de preencher, mediante institutos como a delegação e a substituição, as funções públicas temporariamente vagas.

C) O princípio do controle ou tutela autoriza a administração a realizar controle dos seus atos, podendo anular os ilegais e revogar os inconvenientes ou inoportunos, independentemente de decisão do Poder Judiciário.

D) Dado o princípio da autotutela, a administração exerce controle sobre pessoa jurídica por ela instituída, com o objetivo de garantir a observância de suas finalidades institucionais.

E) Em decorrência do princípio da publicidade, a administração pública deve indicar os fundamentos de fato e de direito de suas decisões.

13. (Cespe – Agente de Polícia – PC – PE/2016) O diretor-geral da polícia civil de determinado estado exarou um ato administrativo e, posteriormente, revogou-o, por entender ser inconveniente sua manutenção.

Nessa situação hipotética, o princípio em que se fundamentou o ato de revogação foi o princípio da

A) segurança jurídica.

B) especialidade.

C) autotutela.

D) supremacia do interesse público.

E) publicidade.

14. (Cespe – Escrivão de Polícia – PC – PE/2016) Assinale a opção correta acerca da administração pública.

A) O mandado de segurança não constitui meio adequado para o controle judicial de ato administrativo eivado de ilegalidade.

B) O ato complexo é o que resulta da vontade única de um órgão, mas depende da verificação por parte de outro para se tornar exequível.

C) A licença é exemplo de ato administrativo enunciativo.

D) A possibilidade que tem a administração pública de, nos termos da lei, constituir terceiros em obrigações mediante atos unilaterais constitui aplicação do princípio da supremacia do interesse público.

E) O poder discricionário é aquele que é concedido à administração, de modo explícito ou implícito, para a prática de atos administrativos com liberdade na escolha de sua conveniência, oportunidade, conteúdo, forma e finalidade.

15. (Cespe – Juiz de Direito Substituto – DF/2015) A administração pública não pode atuar com objetivo de prejudicar ou beneficiar pessoas determinadas, nem os seus atos devem ser imputados aos funcionários que os praticam, mas ao órgão da administração pública. A administração deve agir de modo célere, com o melhor desempenho possível de suas atribuições, visando obter os melhores resultados.

No direito administrativo, essas assertivas correspondem, respectivamente, aos princípios da

A) supremacia do interesse público sobre o individual e da proporcionalidade.

B) legalidade e da eficiência.

C) impessoalidade e da razoabilidade.

D) impessoalidade e da eficiência.

E) moralidade e da isonomia.

16. (FCC – Juiz de Direito – SC/2015) Vigora no Brasil, disciplinando o direito constitucional de acesso à informação, a Lei no 12.527/11. É ideia ESTRANHA ao regime dessa lei a

a) criação, pelo acesso à informação classificada como sigilosa, da obrigação para aquele que a obteve de resguardar o sigilo.

b) possibilidade de que qualquer interessado possa apresentar pedido de acesso a informações aos órgãos e entidades competentes, devendo o pedido conter a identificação do requerente, a especificação da informação requerida e os motivos determinantes da solicitação de informações de interesse público.

c) inclusão, no sentido de acesso à informação, do direito de obter informação produzida ou custodiada por pessoa física ou entidade privada decorrente de qualquer vínculo com seus órgãos ou entidades, mesmo que esse vínculo já tenha cessado.

d) observância da publicidade como preceito geral e do sigilo como exceção.

e) classificação da informação sigilosa, em regra geral, segundo os seguintes critérios: ultrassecreta – 25 anos; secreta – 15 anos; e reservada – 5 anos.

17. (Reis & Reis – PGM – Santana do Jacaré – Procurador/2015) É a possibilidade que tem a precisar recorrer previamente ao Poder Judiciário:

a) Discricionariedade.

b) Auto-executoriedade;

c) Coercibilidade;

d) Judicialização.

18. O Supremo Tribunal Federal, em importante julgamento, ocorrido no ano de 2001, entendeu não caber ao Banco "X" negar, ao Ministério Público, informações sobre nomes de beneficiários de empréstimos concedidos pela instituição, com recursos subsidiados pelo erário federal, sob invocação do sigilo bancário, em se tratando de requisição de informações e documentos para instruir procedimento administrativo instaurado em defesa do patrimônio público. Trata-se de observância ao princípio da

a) impessoalidade.

b) proporcionalidade.

c) publicidade.

d) motivação.

e) supremacia do interesse privado.

19. (FCC – Analista Judiciário – Área Judiciária – TRT 4/2015) A atuação da Administração Pública é informada por princípios, alguns inclusive com previsão constitucional expressa, que se alternam em graus de relevância de acordo com o caso concreto em análise. Do mesmo modo, a aplicação dos princípios na casuística pode se expressar de diversas formas e em variados momentos, ou seja, não há necessariamente idêntica manifestação da influência dos mesmos nas diferentes situações e atividades administrativas. Dessa forma,

a) à exceção do princípio da publicidade, que se expressa pela divulgação dos atos finais praticados, os demais princípios dependem de análise do caso concreto, para que se possa verificar se foram adequadamente observados.

b) o princípio da supremacia do interesse público pode ser considerado materialmente superior aos demais, pois para esses é parâmetro de aplicação, na medida em que a solução mais adequada é sempre aquela que o privilegia.

c) enquanto o princípio da eficiência se aplica no curso dos processos e atividades desenvolvidos pela Administração, os demais princípios destinam-se ao resultado e aos destinatários finais, não tendo aplicabilidade antes disso.

d) o princípio da publicidade não incide apenas para orientar a divulgação e a transparência dos atos finais, mas também permite aos administrados conhecer documentos e ter informações ao longo do processo de tomada de decisão.

e) o princípio da eficiência é aplicado em conjunto com o princípio da supremacia do interesse público, podendo excepcionar o princípio da indisponibilidade do interesse público sempre que represente solução mais benéfica para a gestão administrativa e o atingimento de resultados em favor dos administrados.

20. (CEFET – Promotor de Justiça – BA/2015) Com referência aos princípios administrativos, é CORRETO afirmar:

a) O princípio da proporcionalidade, expressamente previsto na Constituição Federal de 1988, significa que as competências administrativas só podem ser validamente exercidas na extensão e intensidade correspondentes ao que seja realmente demandado para o cumprimento da finalidade de interesse público a que estão atreladas.

b) Como decorrência do princípio da motivação, todos os atos administrativos devem ser escritos.

c) O princípio da reserva legal prescreve que a Administração Pública pode fazer tudo aquilo que não é legalmente proibido.

d) A publicidade dos atos da Administração Pública é excepcionada apenas pela necessidade de proteção da intimidade dos cidadãos.

e) A Emenda Constitucional nº 19/1998, conhecida por implementar a "Reforma Administrativa", acrescentou o princípio da eficiência ao texto constitucional.

21. (Cespe – Juiz de Direito – PB/2015) No que se refere aos princípios informativos e aos poderes da administração pública, assinale a opção correta.

a) A administração pública deve dar publicidade aos atos administrativos individuais e gerais mediante publicação em diário oficial, sob pena de afronta ao princípio da publicidade.

b) Por força do princípio da motivação, que rege a atuação administrativa, a lei veda a prática de ato administrativo em que essa motivação não esteja mencionada no próprio ato e indicada em parecer.

c) Como a delegação de competência se assenta no poder hierárquico da administração pública, cujo pressuposto é a relação de subordinação entre órgãos e agentes públicos, é inadmissível a delegação de competência fora da linha vertical de subordinação e comando.

d) No exercício do poder disciplinar, a administração pública pode impor sanção administrativa a servidor, sendo vedado ao Poder Judiciário, segundo jurisprudência, perquirir a motivação nesse caso.

e) Normas jurídicas que garantam ao usuário do serviço público o poder de reclamar da deficiência na prestação do serviço expressam um dos princípios aplicáveis à administração pública, como forma de assegurar a participação do usuário na administração pública direta e indireta.

GAB		COMENTÁRIO
1	B	Os princípios da razoabilidade e da proporcionalidade constituem certo limite à discricionariedade do administrador, visto que esta é fundamentada na lei e nos princípios constitucionais. Desse modo, a conduta desarrazoada ou desproporcional, sob alegação de análise dos critérios de oportunidade e conveniência, viola a própria legalidade, ensejando até a atuação do Poder Judiciário.
2	B	Regime jurídico administrativo é o conjunto de princípios e regras de direito público que definem a atuação dos entes estatais, com base em limitações e prerrogativas estabelecidas para a Administração, em prol do interesse público.
3	D	Item I: FALSO. De acordo com o princípio da legalidade, o administrador público só pode atuar segundo os ditames da lei, amplamente considerada, só podendo agir da forma que a lei expressa ou tacitamente determina. Diferentemente, o princípio da autonomia da vontade não exige previsão legal para a atuação dos cidadãos em geral, de modo que tudo o que não está proibido, é juridicamente permitido. Item II: FALSO. O princípio da impessoalidade estabelece que a conduta do agente público deve ser pautada na busca pelo interesse coletivo, e não interesses privados, não beneficiando ou prejudicando indivíduos ou grupos específicos. Item III: VERDADE. O princípio da moralidade determina a obrigatoriedade de observação a padrões éticos de condutas, garantindo o exercício da função pública de forma a satisfazer as necessidades da sociedade. O inciso LXXIII do art. 5º da Constituição prevê o cabimento da Ação Popular para anulação de ato lesivo à moralidade administrativa, a qual pode ser ajuizada por qualquer cidadão. Item IV: VERDADE. Segundo o §4º do art. 37 da Constituição "os atos de improbidade administrativa importarão a suspensão dos direitos políticos, a perda da função pública, a indisponibilidade dos bens e o ressarcimento ao erário, na forma e gradação previstas em lei, sem prejuízo da ação penal cabível". Item V: VERDADE. O princípio da publicidade preceitua que a Administração Pública deve atuar de forma plena e transparente, assegurando o conhecimento público acerca das atividades realizadas no exercício da função administrativa. Todavia, tal princípio não é absoluto, visto que a própria Constituição ressalva que devem ser preservados a segurança nacional e o relevante interesse coletivo.
4	C	A letra "C" expõe a literalidade do §3º, do art. 103, da Constituição Federal, ao estabelecer que "do ato administrativo ou decisão judicial que contrariar a súmula aplicável ou que indevidamente a aplicar, caberá reclamação ao Supremo Tribunal Federal que, julgando-a procedente, anulará o ato administrativo ou cassará a decisão judicial reclamada, e determinará que outra seja proferida com ou sem a aplicação da súmula, conforme o caso".
5	E	O art. 37, §3º, da Constituição Federal, define que a legislação deverá disciplinar as formas de participação do usuário na Administração Pública, direta e indireta, admitindo-se a apresentação de reclamações relativas à prestação dos serviços públicos em geral, asseguradas a manutenção de serviços de atendimento ao usuário e avaliação periódica, externa e interna, da qualidade dos serviços. Esse dispositivo foi regulamentado pela Lei 12.527/11, designada como lei de acesso às informações.
6	E	Com o advento da EC 19/98, o Princípio da Eficiência se tornou expresso na Carta Magna, não obstante o dever de atuação com o objetivo de obtenção de resultados positivos seja anterior à alteração promovida pela supracitada Emenda Constitucional.
7	D	A Lei 12.527/11, no seu art. 7º, §3º, estabelece que "o direito de acesso aos documentos ou às informações neles contidas utilizados como fundamento da tomada de decisão e do ato administrativo será assegurado com a edição do ato decisório respectivo".

GAB		COMENTÁRIO
8	**C**	O conteúdo do julgamento, do Supremo Tribunal Federal, segue a ideia do princípio da publicidade ao esclarecer a inadmissibilidade de ocultação dos assuntos relacionados à Administração Pública. Assim, dentro de um Estado Democrático de Direito, não se pode admitir que os assuntos relacionados à atuação administrativa, que são de interesse de todos, não sejam revelados quando necessário.
9	**B**	A Lei 12.527/11, no seu art. 10, §3º, define que "são vedadas quaisquer exigências relativas aos motivos determinantes da solicitação de informação de interesse público".
10	**A**	O princípio da intranscendência subjetiva das sanções, consagrado pelo STF, inibe a aplicação de severas sanções a entidades federativas por ato de gestão anterior à assunção dos deveres públicos. Contudo, o Supremo Tribunal Federal já definiu que a inscrição do nome de Estado-Membro em cadastro federal de inadimplentes em face de ações e/ou omissões de gestores anteriores não configura ofensa ao Princípio da Intranscendência. Ademais, a Suprema Corte estabeleceu a ideia de que, com base no Princípio da Impessoalidade, a relação jurídica envolve a União e o Ente Federativo, e não a União e certo Governador ou outro agente.
11	**D**	Segundo o entendimento do Supremo Tribunal Federal não se exige a edição de lei formal para coibir a prática de nepotismo, pois, como exemplo, as restrições constantes em ato normativo do CNJ são, no rigor dos termos, as mesmas restrições já impostas pela Constituição Federal (Princípios da Impessoalidade, da Moralidade Administrativa e da Igualdade).
12	**B**	Em decorrência do Princípio da Continuidade, os institutos da delegação, substituição e suplência buscam evitar que a ausência de um determinado agente enseje a não execução do serviço que lhe era atribuído. Dessa forma, por exemplo, os servidores investidos em cargo ou função de direção ou chefia e os ocupantes de cargo de Natureza Especial terão substitutos indicados no regimento interno ou, no caso de omissão, previamente designados pelo dirigente máximo do órgão ou entidade, sendo que será responsabilidade do substituto assumir, sem prejuízo do cargo que ocupa, o exercício do cargo ou função de direção ou chefia e os de Natureza Especial, nos afastamentos, impedimentos legais ou regulamentares do titular e na vacância do cargo.
13	**C**	O Princípio da Autotutela representa o poder que a Administração Pública possui de ter o controle dos seus atos em suas mãos, podendo ela mesma revê-los para trazer regularidade às suas condutas. Nesses casos, o ente estatal tem a garantia de anular os atos praticados em suas atividades essenciais, quando ilegais, ou revogá-los, quando inoportunos ou inconvenientes, sem que seja necessária a interferência do Poder Judiciário.
14	**D**	O interesse público é supremo sobre o interesse particular, e todas as condutas estatais têm como finalidade a satisfação das necessidades coletivas. Nesse sentido, os interesses da sociedade devem prevalecer diante das necessidades específicas dos indivíduos, havendo a sobreposição das garantias do corpo coletivo quando em conflito com as necessidades de um cidadão isoladamente. Em razão desta busca pelo interesse público, a Administração se põe em situação privilegiada, quando se relaciona com os particulares.
15	**D**	Inicialmente, a questão trata do Princípio da Impessoalidade, pois expõe o entendimento de que a Administração deve se pautar pela não discriminação das condutas que não devem ter como mote a pessoa que será atingida pelo seu ato. Ainda sobre este princípio, traz a ideia de que a impessoalidade deve ser enxergada também sob a ótica do agente. Nesse sentido, quando o agente público atua, não é a pessoa do agente quem pratica o ato, mas o Estado – órgão que ele representa. Por fim, a questão expõe a ideia do Princípio da Eficiência, na qual uma atuação eficiente da atividade administrativa é aquela realizada com presteza e, acima de tudo, um bom desempenho funcional. Buscam-se sempre melhores resultados práticos e menos desperdício nas atividades estatais, uma vez que toda a coletividade se beneficia disso.
16	**B**	Com a intenção de evitar recusas infundadas ao direito de informação, a lei estabelece que qualquer interessado poderá apresentar pedido de acesso a informações aos órgãos e entidades públicas, por qualquer meio legítimo, devendo o pedido conter a identificação do requerente e a especificação da informação requerida, devendo ser essa informação prestada imediatamente ou, caso não tenha como ser prestada de forma imediata, justificadamente, dentro do prazo máximo de 20 (vinte) dias. No entanto, ao contrário do que afirma a questão, a Lei 12.527/11, no seu art. 10, §3º, define que "são vedadas quaisquer exigências relativas aos motivos determinantes da solicitação de informação de interesse público".

GAB		COMENTÁRIO
17	B	A autoexecutoriedade está frequentemente presente nas medidas de polícia onde a Administração Pública pode executar suas próprias decisões sem interferência do Poder Judiciário. Tal atributo apenas existe quando há lei permitindo ou situações urgentes, a exemplo de apreensão de alimentos inviáveis ao consumo. Em tais situações emergenciais, a doutrina admite, inclusive, a figura do contraditório diferido. Explique-se. Diante de uma situação extraordinária, para garantia do interesse público, compete à Administração Pública a prática do ato de polícia, de forma a impedir o prejuízo à coletividade, conferindo o direito de defesa após a prática do ato. É o caso de um prédio que está prestes a ruir, configurando perigo à sociedade. O ente estatal pode determinar e executar a demolição do prédio, adiando o exercício do contraditório por parte do proprietário.
18	C	O julgamento do Supremo Tribunal Federal foi feito com base na interpretação sistematizada da Constituição Federal e de acordo com o princípio da publicidade (art. 37, da CF). O entendimento fixado foi no sentido de que o fornecimento das informações ao Ministério Público possuiu a finalidade de proteção do patrimônio público, não havendo sigilo protegido, tampouco quebra ilegal.
19	D	A publicidade tem grande abrangência não só pela divulgação oficial, mas também para conhecimento e fiscalização interna de seus agentes. Para assegurar tal prerrogativa, a Constituição da República, no seu art. 5º, XXXIII, garante o direito à informação, além do art. 5º, LXXII, que nos confere a garantia do *habeas data* como remédio para solucionar qualquer controvérsia violadora deste direito. Da mesma forma, o art. 5º, XXXIV, "b", confere o direito à certidão.
20	E	Com o advento da Emenda Constitucional nº 19/98, o Princípio da Eficiência se tornou expresso na Carta Magna, não obstante o dever de atuação com o objetivo de obtenção de resultados positivos seja anterior à alteração promovida pela Emenda Constitucional nº 19/98.
21	E	O art. 37, §3º, da Constituição Federal, estabelece que a legislação deverá disciplinar as formas de participação do usuário na Administração Pública Direta e Indireta, admitindo-se a apresentação de reclamações relativas à prestação dos serviços públicos em geral, asseguradas a manutenção de serviços de atendimento ao usuário e avaliação periódica, externa e interna, da qualidade dos serviços. Este dispositivo foi regulamentado pela Lei 12.527/11, designada como lei de acesso às informações.

CAPÍTULO 3

PODERES ADMINISTRATIVOS

1. INTRODUÇÃO

A função administrativa exige do Estado atuação, na busca do interesse coletivo, o que enseja a necessidade de algumas prerrogativas e poderes para instrumentalizar essa atuação. Ocorre que todo poder corresponde a um dever. Com efeito, a Administração não só pode como deve atuar em nome do interesse público e, todas as vezes que o interesse público exigir essa atuação, o Estado não pode se eximir de agir. Esse é o resumo do regime jurídico administrativo analisado no capítulo anterior que se caracteriza pelas **prerrogativas** concedidas ao Estado e pelas **limitações** a que o ente público se submete na busca do bem comum.

Com efeito, o Estado sempre deve estar a serviço da coletividade e age por meio de seus agentes, o elemento físico através do qual o Estado se movimenta para exercer suas funções. Para Celso Antônio Bandeira de Mello,[1] *"existe função quando alguém está investido no dever de satisfazer dadas finalidades no interesse de outrem, necessitando, para tanto, manejar os poderes requeridos para supri-las"* sob pena de omissão ilícita.

Ocorre que, para o exercício dessas funções, é indispensável que o ente público tenha facilidades no exercício de sua atividade. Sendo assim, os poderes administrativos são chamados de **Poderes-deveres** (ou deveres-poderes, no entender do autor supracitado) e estes poderes são **instrumentais**, ou seja, não são poderes em si mesmos, mas sim mecanismos ou instrumentos de trabalho por meio dos quais os órgãos e entidades administrativas executam suas tarefas e cumprem suas funções. Daí, a característica da instrumentalidade. De fato, esses poderes são indispensáveis à persecução do interesse coletivo e são mecanismos concedidos ao ente estatal para que ele consiga alcançar o fim público que almeja.

Esses poderes são irrenunciáveis, logo, o administrador não pode dispor deles livremente e somente existem e são legitimamente exercidos enquanto instrumentos necessários à busca do interesse público por parte do Estado.

1. BANDEIRA DE MELLO,Celso Antonio.Curso de Direito Administrativo,São Paulo, Editora Malheiros, 21ª Ed. 2009

É oportuno diferenciar Poderes da Administração de Poderes do Estado. Este último ficou conceituado por Montesquieu na conhecida tripartição de poderes, em que o Poder se divide em Executivo, Legislativo e Judiciário, distinto daqueles que são os instrumentos e mecanismos para satisfação do bem comum, como já mencionado. Os Poderes do Estado não são instrumentais, são poderes estruturais que realizam a atividade pública.

1.1. Uso e abuso de poder

Conforme explicitado alhures, os poderes administrativos nada mais são do que o instrumento concedido ao Estado e necessário à persecução do interesse coletivo. Sem esses poderes, o ente público teria dificuldade em alcançar seu escopo. O seu uso é uma prerrogativa conferida à Administração Pública e deve ser feito em conformidade com a lei e em busca do benefício da coletividade.

Destaque-se que, se o exercício desses Poderes ultrapassar o caráter da instrumentalidade, ou seja, caso sejam praticados além dos limites do estritamente necessário à busca do interesse público, ocorrerá abuso de poder. Nesse sentido, Fernanda Marinela[2] entende que *"É necessário grifar que o exercício dos poderes administrativos está condicionado aos limites legais, inclusive quanto às regras de competência, devendo o agente público ser responsabilizado pelos Abusos, sejam eles decorrentes de condutas comissivas ou omissivas."*

Dessa forma, a doutrina aponta como abuso de poder situações nas quais a autoridade pública pratica o ato extrapolando a competência legal ou visando uma finalidade diversa daquela estipulada pela legislação. Ainda é importante ressaltar que o abuso de poder pode decorrer de **condutas comissivas** – quando o ato administrativo é praticado fora dos limites legalmente postos – ou de **condutas omissivas** – situações nas quais o agente público deixa de exercer uma atividade imposta a ele por lei, ou seja, quando se omite no exercício de seus deveres. Em ambos os casos, o abuso de poder configura ilicitude que atinge o ato dele decorrente.

Assim, costuma-se diferenciar o abuso de poder em duas espécies, quais sejam o desvio de poder (ou desvio de finalidade) e o excesso de poder.

O **excesso de poder** ocorre em casos nos quais a autoridade pública atua fora dos limites de sua competência, ou seja, exorbita ou extrapola a competência que lhe foi atribuída, praticando atos que não estão previamente estipulados por lei. Trata-se, portanto, de vício de competência a tornar nulo o ato administrativo praticado.

Por sua vez, **o desvio de poder** estará presente sempre que o agente do Estado praticar o ato, até mesmo dentro dos limites da competência a ele conferida, mas visando a alcançar outra finalidade que não aquela prevista em lei. O art. 2º, parágrafo único, "e" da Lei n. 4717/65 denomina essa situação de **desvio de finalidade** e também enseja a nulidade do ato administrativo, em virtude de vício em um dos seus elementos, qual seja a finalidade. Trata-se de vício subjetivo do agente e sempre de difícil comprovação para o sujeito prejudicado pelo ato viciado, uma vez que o ato goza de aparente legalidade.

2. MARINELA, Fernanda. **Direito Administrativo,** Niterói, Editora Impetus,6ª ed.2012

O desvio de poder pode manifestar-se em duas situações diferentes, a saber.

- O agente público pratica um ato visando interesses individuais, de caráter pessoal, sem atentar para o interesse público. Isso pode ser feito em benefício próprio ou de um amigo ou até mesmo na intenção de causar transtornos a um desafeto seu ou de sua família. Nesse caso, há clara violação ao princípio da impessoalidade.
- A autoridade pública pratica o ato respeitando a busca pelo interesse público, mas não respeitando a finalidade especificada por lei para aquele determinado ato. Por exemplo, a exoneração é a perda do cargo de um servidor público sem finalidade punitiva, enquanto a demissão tem essa finalidade. Não é lícito ao administrador exonerar um servidor subordinado que cometeu infração, porque foi desrespeitada a finalidade legal para a prática do ato.

Enfim, seja em decorrência de excesso ou desvio de finalidade, o abuso de poder enseja a nulidade do ato administrativo a ser discutida na esfera administrativa, por meio de impugnação administrativa do ato ou mediante provocação do judiciário, em virtude do poder que lhe é conferido de controlar a legalidade da atuação administrativa.

ATENÇÃO:

Abuso de poder se divide em:

- **excesso de poder**: aparece toda vez que o administrador ultrapassa os limites de sua competência. É um vício que atinge a competência. O administrador público extrapola o limite da competência estabelecido na lei.
- **desvio de poder**: ocorre quando o agente atua nos limites da competência legalmente definida, mas visando uma finalidade diversa daquela que estava prevista inicialmente.

2. DISCRICIONARIEDADE E VINCULAÇÃO

Para traçar a missão da Administração Pública é indispensável definir os conceitos de Poder Discricionário e Poder Vinculado, a fim de entender os Poderes da Administração. Trata-se de classificação doutrinária que tem por base o grau de liberdade do agente público ao atuar. Salienta-se que a classificação não é unanimemente aceita pela doutrina pátria, haja vista o fato de que não existem atuações absolutamente discricionárias dentro da função administrativa e, pelo fato de que, cada um dos poderes da Administração Pública pode-se manifestar por atos vinculados ou discricionários, dependendo da previsão legislativa.

Antes de qualquer coisa, é importante ressaltar que toda atuação do ente estatal está vinculada à lei e somente desta pode emanar a conduta das autoridades públicas, ou seja, a submissão total à lei não está presente exclusivamente nos atos vinculados. É a lei que, ao definir a atuação do Poder Público, determina se a atuação administrativa será vinculada ou discricionária. Isso porque a lei pode estipular a atuação do agente de forma objetiva ou cedendo a este uma margem de escolha, dentro dos limites estipulados legalmente. Nesse sentido, nas situações em que a lei confere uma possibilidade de escolha ao agente, configura-se um ato discricionário; quando, por outro lado, a lei estipula todos os elementos do ato a ser praticado, sem conferir essa margem de escolha, está-se diante de uma atuação vinculada.

2.1. Poder Vinculado

Em determinadas situações, a lei cria um ato administrativo, estabelecendo todos os elementos do mesmo de forma objetiva, sem que a autoridade pública possa valorar acerca da conduta exigida legalmente. Com efeito, a lei já preestabelece a única conduta a ser tomada, a regra do Direito já define a atuação e o administrador está limitado a essas regras, porquanto a lei não dá margem de escolha em sua conduta. Para Hely Lopes Meirelles[3] *"o poder vinculado ou regrado é aquele que estabelece único comportamento possível a ser tomado pelo administrador diante de casos concretos, sem nenhuma liberdade para juízo de conveniência e oportunidade."* Logo, preenchidos os requisitos legais, o administrador é obrigado a praticar o ato previamente definido pelo diploma normativo que não somente prevê como determina a atuação do agente público sempre que a previsão legal se concretizar.

Dessa forma, se forem preenchidos os requisitos definidos em lei, o ato administrativo deve ser praticado, não havendo qualquer possibilidade e emissão de juízo de valor por parte da autoridade administrativa. Nesses casos, a ocorrência da previsão legal enseja, inclusive, direito adquirido a terceiros. Por exemplo, a legislação estabelece que, cumpridos determinados requisitos, deve ser concedida ao particular uma licença para construção, reforma ou ampliação de estabelecimento privado. Caso cumpra esses requisitos objetivamente estipulados por lei, o cidadão tem direito subjetivo à concessão da licença.

2.2. Poder Discricionário

No Poder Discricionário, o administrador também está subordinado à lei, porém, há situações nas quais o próprio texto legal confere margem de opção ao administrador e este tem o encargo de identificar, diante do caso concreto, a solução mais adequada. Nesses casos, o texto legal confere poder de escolha do agente para atuar com liberdade, exercendo o juízo de conveniência e oportunidade, dentro dos limites postos em lei, na busca pelo interesse público. Maria Sylvia Zanella di Pietro[4] define que *"a atuação é discricionária quando a Administração, diante do caso concreto, tem a possibilidade de apreciá-lo segundo critérios de oportunidade e conveniência e escolher uma dentre duas ou mais soluções, todas válidas para o direito".*

O que se denomina mérito administrativo, nada mais é do que o poder de escolha.*"O mérito do ato é esfera decisória privativa do administrador"* no dizer de Celso Antônio Bandeira de Melo. Dentro dos limites da lei, o administrador deve eleger entre algumas condutas a que melhor se adeque ao caso concreto. Desde que restrito aos limites estipulados legalmente, a atuação será lícita. Assim, o administrador deverá buscar a solução mais oportuna e conveniente ao interesse público. Segundo José dos Santos Carvalho Filho, *"Conveniência e oportunidade são elementos nucleares do poder discricionário".*

3. MEIRELES,Hely Lopes. Direito Administrativo Brasileiro. Editora Malheiros, São Paulo: 29ªed. 2003
4. PIETRO, Maria Sylvia Zanella di.Direito Administrativo,São Paulo,Editora Atlas, 21ªed.2008

Por exemplo, a lei 8666/93 prevê que a Administração Pública pode alienar bem imóvel que tenha sido adquirido pelo Estado por meio de decisão judicial ou dação em pagamento, através de licitação na modalidade concorrência ou leilão. Cabe ao administrador, no caso concreto, analisar e se valer do instrumento mais oportuno à alienação do bem, sendo que, desde que opte por uma das duas modalidades autorizadas legalmente, sua conduta será válida. Ocorre que, como toda conduta administrativa, a atuação discricionária encontra limites no próprio texto legal, sendo inválida, por exemplo, a alienação destes bens mediante licitação na modalidade tomada de preços. Com efeito, a lei estipula os limites do chamado mérito administrativo e o agente estatal tem um poder de escolha, somente, nos limites da lei. Daí, dizer-se que a discricionariedade não se confunde com a arbitrariedade e não confere ao agente público uma ilimitada margem de escolha em relação à atuação do Estado.

Com efeito, trata-se a discricionariedade, sem dúvida alguma, de significativo poder para a Administração, que não pode ser confundido, em absoluto, com arbitrariedade, pois esta é a atuação fora dos limites da lei. Em razão disso, a discricionariedade não é um poder absoluto e intocável, pois deve cumprir a finalidade de uma administração transparente e eficiente.

A discricionariedade tanto pode ser concretizada no momento em que o ato é praticado quanto no momento em que a administração decide revogá-lo, quando também o faça, embasado em critérios de conveniência e oportunidade justificados nos limites da legislação aplicável àquela conduta específica.

Saliente-se que, em determinadas situações, a escolha não é traçada expressamente pelo dispositivo legal, mas a lei, ao determinar a atuação do agente público, se vale de conceitos jurídicos vagos ou indeterminados, a fim de dar margem de escolha ao administrador. Nesses casos, a lei não é tão objetiva e o administrador deverá se valer de carga valorativa, na sua atuação.

A título de exemplo, determinada norma de polícia estabelece que a Administração tem a atribuição de dissolver passeata se houver tumulto. Diante do dispositivo legal, surge a dúvida: O que é tumulto? Nesses casos, por tratar-se de um conceito indeterminado, a compreensão deste termo é feita com base no juízo de conveniência e oportunidade do agente público que deve, em cada caso concreto, analisar a incidência ou não da normal legal.

Ressalte-se que, nessas situações, determinados doutrinadores defendem não haver discricionariedade administrativa, mas sim mera interpretação. Esse entendimento não encontra respaldo doutrinário relevante, para fins de provas de concursos, uma vez que a diferença básica entre interpretação e discricionariedade reside na opção legislativa. Na discricionariedade, primeiramente, o legislador atribui ao aplicador da lei o encargo de produzir a melhor atuação, valorando as circunstâncias fáticas. Sendo assim, compete ao agente fazer a escolha entre atuar ou não, bem como, em relação à forma de atuação. Quanto à interpretação, a lei já efetivou essa escolha, não cabendo ao agente público escolher a melhor atuação, mas tão somente interpretar a lei de forma a extrair qual foi a conduta determinada pelo diploma legal.

Nesse sentido, a doutrina majoritária aponta que a redação legal ultrapassada ou insatisfatória não enseja discricionariedade, mas mera interpretação. Dessa forma, se a lei traduz equívocos do legislador, o administrador deve-se valer da hermenêutica legal para sanar os erros e interpretar a vontade da lei, sem que, com isso, o agente público possa optar, no caso concreto, acerca da melhor atuação diante da situação apresentada.

Sendo assim, a discricionariedade não é um defeito da lei, mas tão somente a remissão para que a autoridade pública exerça uma margem de escolha, definindo a melhor atuação em cada caso, como forma de evitar o engessamento da atuação estatal.

3. CONTROLE JUDICIAL DA ATIVIDADE ADMINISTRATIVA DISCRICIONÁRIA

Conforme explicitado, ao administrador, como aplicador da lei, é conferido um poder de escolha. Dessa forma, a discricionariedade e o poder de analisar oportunidade e conveniência na atuação do ente estatal é poder administrativo e não jurisdicional. Nesse sentido, o Poder Judiciário não pode e não deve substituir a decisão do administrador, não pode fazer análise de interesse público, não pode, enfim, julgar o mérito de um ato administrativo discricionário. Isso porque, o mérito é a área que coincide com o campo opinativo do administrador público, extrapolando aquela de atuação do Poder Judiciário.

Importante ressaltar que o Poder Judiciário somente pode analisar os atos administrativos no que tange aos aspectos da legalidade. Com efeito, ao Poder Judiciário não pode ser subtraída qualquer lesão ou ameaça a direito (artigo 5, XXXV, CF/88) e, por isso, ainda que o ato administrativo seja discricionário, ele fica sujeito a controle jurisdicional no que diz respeito à sua adequação com a lei, nunca na análise meritória. Sempre que o Poder Judiciário atua no controle de legalidade do ato, não haverá invasão do mérito administrativo, desde que o conceito de mérito fique entendido e respeitado na decisão judicial.

Importante observar ainda que o juiz pode controlar os limites do mérito administrativo, uma vez que são impostos pela lei. Por exemplo, quando se trata de conceitos jurídicos vagos, há uma zona de incerteza na qual administrador decide dentro do interesse público, mas se o agente extrapola essa margem de escolha, está exacerbando o poder discricionário conferido pela lei, dando azo à anulação deste ato. Ressalte-se, ainda, que os princípios da razoabilidade e proporcionalidade surgem como instrumento de controle, evitando excesso de poder e condutas desarrazoadas pelo administrador. Logo, se, a pretexto de interpretar a lei, o agente pratica ato desproporcional, compete ao judiciário, se provocado, anular esta atuação.

O controle judicial da discricionariedade pública será devidamente aprofundado ainda nesse capítulo, em item específico de aprofundamento da matéria.

DISCRICIONARIEDADE	VINCULAÇÃO
Margem de escolha exercida dentro dos limites da lei, pelo agente público.	Atuação conforme a lei, na qual o texto legal não confere a possibilidade de escolher a melhor atuação, definindo a forma de ação do agente de forma objetiva.

4. PODERES ADMINISTRATIVOS

A doutrina moderna costuma apontar 4 (quatro) espécies de poderes a serem exercidos pela Administração Pública, quais sejam, o Poder Normativo (ou Regulamentar), o Poder Disciplinar, o Poder Hierárquico e o Poder de Polícia. Analisemos cada um desses poderes ou instrumentos separadamente.

4.1. Poder Normativo ou Poder Regulamentar

O Poder Normativo se traduz no poder conferido à Administração Pública de expedir normas gerais, ou seja, atos administrativos gerais e abstratos com efeitos *erga omnes*. Não se trata de poder para a edição de leis, mas apenas um mecanismo para a edição de normas complementares à lei. Trata-se de prerrogativa dada à Administração Pública de editar esses atos e permitir sua efetiva aplicação sempre limitada pela lei. Na observação de José dos Santos Carvalho Filho[5], *"ao poder regulamentar não cabe contrariar a lei (contra legem) sob pena de sofrer invalidação. Seu exercício somente pode dar-se secundum legem, ou seja, em conformidade com o conteúdo da lei e nos limites que esta impuser."*

O poder normativo facilita a compreensão do texto legal. Os seus atos são sempre inferiores à lei e visam regulamentar determinada situação de caráter geral e abstrato, pois facilitam a execução da lei, minudenciando seus termos.

Nesse sentido, somente a lei é capaz de inovar no ordenamento jurídico, criando ou extinguindo direitos e obrigações a todos os cidadãos. A lei é a fonte primária do Direito Administrativo e somente ela estabelece regras, em caráter inicial que obrigam toda a atuação do administrador público. É indiscutível, nesse ínterim, a supremacia da lei em face dos atos administrativos normativos que não podem alterá-la ou desrespeitar os seus termos. Sendo assim, o ato administrativo normativo é fonte primária e inferior. Tal situação tem base no texto constitucional, haja vista o fato de que a Constituição Federal estipula, em seu art. 5º, II que *"ninguém será obrigado a fazer ou deixar de fazer alguma coisa senão em virtude de lei"*. Também decorre do fato de que as leis emanam de um processo de elaboração complexo, definido no próprio texto constitucional que lhes garante maior confiabilidade, uma vez que expedidas pelos representantes diretos do povo, titular maior do interesse público.

No que tange aos atos administrativos que estipulam regras gerais e abstratas, dentro da estrutura organizacional do Estado, existe a possibilidade de expedição de diversos atos normativos, tais como as deliberações, instruções normativas, entre outros, que serão devidamente tratados no capítulo atinente aos atos administrativos.

Todavia, neste capítulo, trataremos especialmente do Regulamento, inclusive para explicar o motivo da adoção, nesta obra, da expressão Poder Normativo em detrimento da expressão *Poder Regulamentar*, que é adotada por tantos juristas.

4.1.1. Regulamentos

Primordialmente, saliente-se que Regulamento e Decreto são referências ao mesmo ato normativo. Isso porque o Regulamento é o ato normativo privativo do chefe do Poder Executivo e Decreto é a sua forma. Em outras palavras, pode-se dizer que o Regulamento é expedido por meio de um Decreto.

Os regulamentos são atos privativos do chefe do Poder Executivo conforme previsão do art.84, IV da CRFB. Em que pese este artigo da Constituição da República fazer alusão ao

5. CARVALHO FILHO,José dos Santos. Curso de Direito Administrativo,Rio de Janeiro, Editora Lumen Juris, 23ª ed., 2012

Presidente da República, pelo Princípio da Simetria, este poder é extensivo aos outros chefes do executivo (governador, prefeito, interventores). Daí a acepção dupla conferida à expressão "Poder Regulamentar". Explique-se.

A doutrina tradicional refere-se a Poder Regulamentar como sinônimo de Poder Normativo. Ocorre que, modernamente, por se tratar de conceituação restrita (uma vez que abarca a edição de regulamentos apenas, excluindo os outros atos normativos próprios da atuação do Estado), o Poder Regulamentar vem sendo tratado como espécie do Poder Normativo. Afinal, além da edição de regulamentos, o Poder Normativo abarca a edição de outros atos normativos, tais como deliberações, instruções, resoluções. Dessa forma, nessa obra o Poder Regulamentar será tratado como atribuição típica e exclusiva do chefe do Poder Executivo, enquanto o Poder Normativo é o poder geral conferido às autoridades públicas de editarem normas gerais e abstratas, nos limites da legislação pertinente.

No que tange aos Regulamentos ou Decretos Regulamentares, a doutrina comparada os divide em duas espécies, a saber.

4.1.2. Espécies de Regulamentos

a) **Regulamentos executivos**: são aqueles editados para a fiel execução da lei. Este regulamento não pode inovar o ordenamento jurídico, mas somente pode complementar a lei. Caso inove o ordenamento jurídico haverá violação ao Princípio da legalidade. Trata-se, portanto, de atos normativos que complementam os dispositivos legais, não trazendo inovação na ordem jurídica, com a criação de direitos e obrigações. A submissão à lei é inerente a esses atos, inclusive, em respeito ao disposto no art. 5º, II da Carta Magna que proíbe a qualquer ato normativo, que não a lei, a inovação jurídica com a criação e extinção de direitos.

b) **Regulamentos autônomos:** são Regulamentos que atuam substituindo a lei e têm o condão de inovar o ordenamento jurídico, determinando normas sobre matérias não disciplinadas em lei. São substitutos da lei e não facilitadores da lei, uma vez que são expedidos sem contemplar qualquer lei anterior.

Existe, no direito brasileiro, uma grande divergência acerca da possibilidade ou não de serem expedidos regulamentos autônomos, em virtude do princípio da legalidade, estampado como corolário do Sistema Constitucional Brasileiro.

Parte considerável da doutrina mantém o entendimento de que os decretos devem ser expedidos somente para fiel execução da lei. O art. 84, IV da CF dispõe que, ao Presidente da República compete, privativamente, a expedição de decretos e regulamentos para fiel execução da lei, deixando evidente o caráter executivo desses atos normativos. No mesmo sentido, o art. 25 do Ato das Disposições Constitucionais Transitórias – ADCT revogou, a partir de 180 dias da promulgação da Constituição Federal, todos os dispositivos legais que atribuam ou deleguem ao Poder Executivo, competência assinalada, pelo texto da Constituição, ao Congresso Nacional.

Ocorre que a Constituição Federal, em seu art. 84, inciso VI, estabelece a competência do Presidente da República para, por meio de Decretos, determinar a extinção de cargo público vago e tratar da organização administrativa, desde que não implique em aumento de despesas e não crie órgãos públicos. Vejamos o dispositivo mencionado.

> Art. 84. Compete privativamente ao Presidente da República:
>
> VI – dispor, mediante decreto, sobre: (Redação dada pela Emenda Constitucional n. 32, de 2001)
>
> a) organização e funcionamento da administração federal, **quando não implicar aumento de despesa nem criação ou extinção de órgãos públicos**;
>
> b) extinção de funções ou cargos públicos, quando vagos;

Este dispositivo somente foi capaz de aumentar a já existente divergência doutrinária sobre a possibilidade da edição de decretos e regulamentos autônomos. No entanto, a doutrina majoritária vem-se posicionando no sentido de que, com a inserção deste inciso, existem, no Brasil, duas únicas hipóteses de regulamentos autônomos constitucionalmente admitidos.

O Superior Tribunal de Justiça, ao analisar o REsp 584.798/PE – Primeira Turma, julgado em 04/11/2004 e publicado no DJ de 06/12/2004, estabeleceu que são *"os regulamentos autônomos vedados no ordenamento jurídico brasileiro, a não ser pela exceção do art. 84, VI da Constituição Federal"*.

Dessa forma, em consonância com o entendimento majoritário da doutrina e jurisprudência brasileiras, só são admissíveis duas espécies de Regulamentos Autônomos no ordenamento jurídico pátrio, quais sejam, as duas situações previstas no art. 84, VI da Carta Magna. São exceções à regra geral de que o chefe do Poder Executivo edita decretos para fiel execução da lei, sem o caráter de inovação da ordem jurídica.

Importa ressalvar posicionamento doutrinário contrário que, por sua vez, entende serem decretos executivos que regulamentam diretamente texto constitucional, não criando direito ou obrigação a terceiros, não inovando o ordenamento. Com efeito, as disposições do art. 84, VI admitem atuação no interior da estrutura administrativa, estabelecendo regras na intimidade destes órgãos, sem o condão de interferir na esfera individual dos particulares. Este entendimento não prevalece em provas de concursos públicos, mas sim o primeiro.

A matéria tem sido alvo das provas de concursos. A título de exemplo, a prova de Juiz de Direito do Estado do Amazonas questionou acerca da possibilidade de extinção de cargos públicos mediante decreto, em questão discursiva, conforme se verifica.

► COMO FOI COBRADO NA 2ª FASE DO CONCURSO

(FGV – Juiz de Direito - AM/2013)

A) Os cargos públicos podem ser extintos por ato do Chefe do Executivo, sem necessidade de lei?

B) Sendo possível, quais os requisitos para a extinção?

(As respostas devem ser objetivamente fundamentadas).

Por fim, cumpre salientar que a atuação normativa da Administração Pública se sujeita ao controle do próprio ente (em decorrência do princípio da autotutela) do Poder Judiciário e também do Poder legislativo.

De fato, o art. 49, V da Constituição Federal dispõe que compete ao Congresso Nacional sustar os atos administrativos normativos que extrapolem ou exorbitem o poder regulamentar, retirando-lhes sua eficácia, Ademais, o Poder Judiciário, desde que provocado, pode exercer o controle de legalidade de todos os atos administrativos, abrangendo os atos normativos. Por fim, em decorrência do princípio da autotutela, a própria Administração Pública pode controlar seus atos, mediante provocação ou *ex officio*.

4.2. Poder Hierárquico

A hierarquia é característica que integra a estrutura das pessoas jurídicas da Administração Pública, sejam os entes da Administração Direta ou da Administração Indireta. Trata-se de atribuição concedida ao administrador para organizar, distribuir e principalmente escalonar as funções de seus órgãos, sendo o Poder que a Administração tem de se estruturar internamente determinando uma relação de hierarquia e subordinação entre seus órgãos e agentes. Para José dos Santos Carvalho Filho[6] *"hierarquia é o escalonamento no plano vertical dos órgãos e agentes da Administração que tem como objetivo a organização da função administrativa."*

Saliente-se que o Poder Hierárquico configura um poder de estruturação INTERNA da atividade pública. Dessa forma, não existe manifestação de hierarquia EXTERNA, ou seja, entre pessoas jurídicas diferentes. A hierarquia só se manifesta dentro de uma mesma Pessoa Jurídica, definindo a competência entre os órgãos e agentes públicos integrantes dessa entidade. Sendo assim, o controle exercido entre pessoas jurídicas diferentes não decorrem do Poder Hierárquico nem retiram dele seu fundamento.

→ **ATENÇÃO:**

HIERARQUIA – controle interno entre órgãos e agentes de uma mesma pessoa jurídica.

Importante ressaltar, portanto, a ausência de hierarquia entre os diferentes entes federativos, quais sejam, a União, o Distrito Federal, os Estados e os Municípios, ou entre os entes da administração direta e os entes da administração indireta, pois, não obstante a existência de controle e fiscalização, não há relação de hierarquia ou de subordinação, haja vista se tratarem de pessoas jurídicas diferentes.

Conforme será analisado no capítulo atinente à organização administrativa, existe uma vinculação entre os entes da Administração Direta e Indireta que permite àquela controlar os atos desta. Tal liame recebe o nome de vinculação ou tutela administrativa e não se funda na hierarquia, mas sim na criação por meio de lei dos entes descentralizados do Poder Público.

Dentro de uma estrutura hierarquizada surgem atribuições (poderes-deveres), como o dever de fiscalizar, o dever de obediência às ordens dadas pelos superiores, o controle sobre

6. CARVALHO FILHO, José dos Santos –Manual de Direito Administrativo.Rio de Janeiro: Editora Lumen Juris,23ª Ed. 2012

a atividade dos órgãos inferiores para verificar a legalidade de seus atos, podendo anular os ilegais e, até mesmo, revogar os inoportunos ou inconvenientes, bem como as atribuições de delegar e avocar competência, nos moldes autorizados por lei.

Nesse sentido, ressalta-se que a avocação e delegação de competência têm regulamentação nos art. 11 e seguintes da lei 9784/99 que traz as seguintes definições.

- **Avocação**: desde que as atribuições não sejam da competência exclusiva do órgão subordinado, o chefe poderá chamar para si, de forma temporária, a competência que deveria inicialmente ser exercida pelo agente subalterno. Saliente-se, dessa forma, que a avocação é a tomada temporária de competência legalmente atribuída a um agente subordinado, por outro agente de hierarquia superior.
- **Delegação**: é a extensão de atribuições de um órgão a outro de mesma hierarquia ou de hierarquia inferior, desde que não sejam exclusivas. A delegação também é exercida de forma temporária. Nesse sentido, é importante salientar que a delegação não configura uma transferência, mas sim uma extensão ou ampliação de competência, ou seja, o agente delegante não perde a competência delegada. É designada **cláusula de reserva** essa regra de manutenção da competência pelo agente, mesmo após a delegação, e esta cláusula está implícita nos atos administrativos de delegação. Logo, se Maurício delega parte de sua competência, para a prática de um determinado ato administrativo, a Pablo, ambos se tornam competentes para a prática da conduta, enquanto durar a delegação.

Ademais, ressalte-se que a competência sempre será delegada de forma restritiva, ou seja, o ato de delegação deve ser expresso em relação à competência delegada e no que tange a indicação do agente que se tornará competente. Não se admite ato genérico de delegação.

Outrossim, discute-se acerca da responsabilidade pela prática do ato administrativo, realizado mediante delegação.

Nesse sentido, a Súmula n. 510 do Supremo Tribunal Federal, em consonância com o disposto no artigo 14, §3 da lei 9.784/99, estabelece que a autoridade coatora é o agente que praticou o ato, ainda que o tenha feito por delegação.

> **Súmula n. 510** – Praticado o ato por autoridade, no exercício de competência delegada, contra ela cabe o mandado de segurança ou a medida judicial.

Pelo exposto, a responsabilidade do ato é atribuída àquele que o praticou. Vejamos a seguinte situação. "A" delegou competência para um subordinado seu "B" que praticou um ato X prejudicial a "C", o qual impetrou Mandado de Segurança contra a autoridade coatora que, no caso, é o agente delegado. Portanto, deve ser frisado mais uma vez que quem pratica o ato é que é o responsável, ou seja, que responde.

Por fim, cumpre salientar que a lei expressamente proíbe a delegação de competência (e consequentemente a avocação) nas três situações a seguir descritas:

- **no caso de competência exclusiva, definida em lei;**
- **para decisão de recurso hierárquico;**
- **para edição de atos normativos.**

Pelo exposto, o poder hierárquico fundamenta a possibilidade de delegação e avocação de competências estampada no art. 12 da lei 9784/99. A análise acurada desses institutos será feita no capítulo atinente aos atos administrativos, mas vejamos, a seguir, a autorização legal para avocar e delegar competências.

> **Art. 12.** Um órgão administrativo e seu titular poderão, se não houver impedimento legal, delegar parte da sua competência a outros órgãos ou titulares, ainda que estes não lhe sejam hierarquicamente subordinados, quando for conveniente, em razão de circunstâncias de índole técnica, social, econômica, jurídica ou territorial.

Ressalte-se, ainda, que a hierarquia é característica atinente à função administrativa do Estado, seja ela exercida tipicamente pelo Poder Executivo, ou pelos outros poderes estatais, de forma atípica. Sendo assim, não se fundamenta na hierarquia o exercício das funções jurisdicionais ou legislativas de Estado.

Na função legislativa, a prática dos atos obedece a um sistema de competência que decorre de repartição constitucional, deixando claramente definidas as atribuições de cada um dos entes federativos. O desrespeito a essa norma de distribuição de competência legislativa enseja violação ao texto constitucional. Em relação ao Poder Judiciário, no exercício da função jurisdicional vigora a regra do livre convencimento motivado e da independência e imparcialidade do juízo, não ficando um magistrado sujeito às decisões emanadas pelas cortes superiores. Com a criação da Súmula Vinculante por meio de emenda à Constituição Federal, em 2004, há uma mitigação dessa regra de autonomia, contudo, a sujeição às decisões sumuladas não se confunde, em nenhum momento, com a hierarquia administrativa.

4.3. Poder Disciplinar

O Poder Disciplinar trata da atribuição pública de aplicação de sanções àqueles que estejam sujeitos à disciplina do ente estatal. Com efeito, é o poder de aplicar sanções e penalidades, apurando infrações dos servidores ou outros que são submetidos à disciplina da Administração, ou seja, a todos aqueles que tenham **vínculo de natureza especial** com o Estado, como é o exemplo daqueles particulares que celebraram contratos com o Poder Público. A função deste poder é sempre aprimorar a prestação do serviço público punindo a malversação do dinheiro público ou atuação em desconformidade com a lei.

Sendo assim, a doutrina costuma apontar que o Poder Disciplinar pode decorrer do Poder Hierárquico, haja vista tratar-se a hierarquia de uma espécie de vinculação especial, mas também pode decorrer dos contratos celebrados pela Administração Pública, sejam regidos pelo direito público ou pelo direito privado.

Explique-se, nesta esteira, que a sanção aplicada em razão do exercício deste Poder não é uma sanção comum porque, em verdade, estar-se-á diante do poder de aplicar uma sanção decorrente de um vínculo especial entre a administração pública e o indivíduo que está sendo penalizado. O Poder Disciplinar consiste em um sistema punitivo interno e por isso não se pode confundir com o sistema punitivo exercido pela justiça penal muito menos com o exercício do Poder de Polícia. As pessoas que são atingidas por esse Poder possuem uma sujeição especial, um vínculo com a Administração Pública.

Por exemplo, ao estacionar em local proibido, um particular pode sofrer a penalidade de multa. A multa aplicada, neste caso, é penalidade que não guarda relação com o poder disciplinar. Não há, afinal, qualquer vínculo especial entre a Administração e o particular infrator. Esta multa decorre do poder geral da Administração e encerra prerrogativa decorrente do exercício do Poder de Polícia Administrativa.

É oportuno ressaltar que essas sanções – decorrentes do Poder Disciplinar – não podem ser impostas aos particulares, já que estes não possuem o vínculo já mencionado e, portanto, não estão sujeitos à disciplina interna do Estado.

Para o entendimento majoritário da doutrina, os atos decorrentes do Poder Disciplinar são praticados, em regra, no exercício de competência **discricionária**. A discricionariedade, no entanto, não é ampla, no que tange à opção entre sancionar ou não o agente infrator.

Em verdade, a Administração Pública, uma vez tendo conhecimento de um fato, não tem escolha se vai punir ou não o agente infrator. Dessa forma, em se tratando de infração praticada por um servidor público, por exemplo, o ente público tem a obrigação de imediatamente instaurar o PAD (Processo Administrativo Disciplinar) para aplicação das sanções administrativas, sem prejuízo da verificação acerca da caracterização da conduta como ato de Improbidade Administrativa. Alguns autores afirmam que esse poder é também discricionário, contudo, essa posição tem que ser vista com cautela, já que a própria lei 8.112/90 determina que uma vez definida a infração praticada, a sanção correspondente é expressa em lei, não sendo, portanto, de livre escolha para o Administrador. A discricionariedade, nesses casos, fica limitada à extensão da sanção, como, por exemplo, por quanto tempo se estenderá uma penalidade de suspensão, haja vista a lei autorizar sua aplicação por até 90 dias, conferindo, margem de escolha restrita ao agente público. Nesse sentido, a autoridade administrativa competente, poderá, dentro dos limites legais, definir a intensidade da penalidade a ser aplicada de acordo com a gravidade da infração cometida, em observância estrita ao princípio da proporcionalidade.

Também se pode verificar a discricionariedade no exercício do Poder Disciplinar quando a lei se vale de conceitos jurídicos indeterminados para definir infrações administrativas, como, por exemplo, ocorre no art. 132, V que define como infração punível com demissão a conduta escandalosa ou incontinência pública na repartição, ou o inciso VI do mesmo artigo que prevê a insubordinação grave como conduta vedada ao agente. Nesses casos, à autoridade administrativa compete definir o que seria uma conduta escandalosa na repartição pública, traçando seus contornos, em cada caso concreto.

Sendo assim, não obstante o entendimento doutrinário tradicional, não se pode considerar que o Poder Disciplinar seja, em sua essência, discricionário, estando as sanções previamente estipuladas para cada infração prevista em lei, restando ao agente público, tão somente, uma certa margem de escolha no que tange à aplicação da pena[7].

---

7. Nesse sentido, pode-se verificar alguns julgados do STJ. Exemplo: RMS 20665 SC 2005/0153462-1 - RECURSO ORDINÁRIO EM MANDADO DE SEGURANÇA. ADMINISTRATIVO. SERVIDOR PÚBLICO CIVIL. PROCESSO DISCIPLINAR. PENA DE DEMISSÃO. ATO VINCULADO. APLICAÇÃO. ADVOCACIA E IMPROBIDADE ADMINISTRATIVA. NÃO CARACTERIZAÇÃO DAS CONDUTAS UTILIZADAS COMO FUNDAMENTO DO ATO DEMISSÓRIO. OFENSA AOS PRINCÍPIOS DA RAZOABILIDADE E PROPORCIONALIDADE. PENA ANULADA.
Também, julgados do STF. Exemplo: STF - RECURSO ORD. EM MANDADO DE SEGURANÇA RMS 32495 DF (STF)
Ementa: RECURSO ORDINÁRIO EM MANDADO DE SEGURANÇA. EX-AGENTE DE POLÍCIA FEDERAL. TRANSGRESSÕES **DISCIPLINARES**. PROCESSO ADMINISTRATIVO **DISCIPLINAR**. PENA DE DEMISSÃO. NOTA DE CULPA NOS REGISTROS FUNCIONAIS. ALEGADA VIOLAÇÃO AO DEVIDO PROCESSO LEGAL E SEUS COROLÁRIOS. MERA

Ressalte-se que, conforme já explicitado, a doutrina mais moderna vem incluindo também os contratos administrativos como hipóteses de vínculo especial ensejador de aplicação de sanções disciplinares. Assim, quando se aplica uma multa decorrente de um descumprimento contratual, está-se diante do Poder Disciplinar. Em questão de concurso elaborada pelo CESPE, foi perguntado aos candidatos se estaria configurado o Poder Disciplinar na hipótese em que a Diretora de uma escola pública aplica a penalidade de suspensão a dois alunos faltosos. Por óbvio, trata-se de evidente caso de sanção disciplinar, haja vista o fato de que esses alunos possuem uma vinculação especial com o município, por ostentarem a qualidade de alunos da entidade pública.

Logo, o poder disciplinar do Estado é o poder de aplicação de sanções por parte do Poder Público, sendo que essas sanções decorrem de vinculação especial entre o sancionado e o Estado, notadamente, a relação hierárquica e a relação contratual.

O poder disciplinar pode, ainda, incidir sobre servidor aposentado. Neste sentido, vale destacar a possibilidade da aplicação da sanção de cassação de aposentadoria e da cassação de disponibilidade. Esta sanção é aplicada aos servidores públicos que estejam aposentados ou em disponibilidade e que tenham cometido, na atividade, alguma das sanções previstas em lei, puníveis com demissão.

Ressalte-se, ainda, que a aplicação de qualquer uma das penalidades decorrentes desse poder deve ser precedida da realização de regular processo administrativo, em que sejam assegurados o contraditório e a ampla defesa ao agente sancionado, consoante os princípios do Devido Processo Legal, do Contraditório e da Ampla Defesa estampados no texto constitucional, em seus art. 5º, incisos LIV e LV.

Por fim, insta salientar que a punição administrativa pelo ilícito praticado pelo agente público não impede que haja responsabilização, pelo mesmo fato, na esfera penal e na esfera civil, caso a conduta do agente também se configure infração nessas duas instâncias. Nesses casos, a regra a ser observada é a incomunicabilidade das instâncias, uma vez que a decisão do processo administrativo não deverá influenciar o julgamento civil e criminal. Excepcionalmente, o ordenamento jurídico, seguido pela jurisprudência dos tribunais superiores, define que a absolvição criminal que decorra da inexistência do fato ou negativa de autoria, enseja absolvição na esfera administrativa automaticamente, configurando-se exceção à independência das instâncias. Essa é a leitura do artigo 126 da lei 8112/1990.

Ainda se faz necessária a afirmação de que o Poder Disciplinar também está sujeito ao controle feito pela própria administração pública e pelo Poder Judiciário, sempre que a conduta do Administrador fugir à legalidade ou aplicar sanções no exercício do Poder Discricionário com inobservância ao princípio da Proporcionalidade.

Nesse sentido, o Supremo Tribunal Federal aduz a impossibilidade de substituição do mérito administrativo pelo Poder Judiciário, estando o controle jurisdicional limitado à legalidade das sanções aplicadas.

REPETIÇÃO DOS ARGUMENTOS DESENVOLVIDOS NA IMPETRAÇÃO: NECESSIDADE DE IMPUGNAÇÃO DOS FUNDAMENTOS DO ACÓRDÃO RECORRIDO. PRECEDENTES. PROPORCIONALIDADE E RAZOABILIDADE DA PENA APLICADA: **ATOVINCULADO** DO ADMINISTRADOR. PRECEDENTES. COMPATIBILIDADE ENTRE A INDICIAÇÃO E O FUNDAMENTO DA PUNIÇÃO APLICADA. VALORAÇÃO DAS CIRCUNSTÂNCIAS PELA AUTORIDADE ADMINISTRATIVA: REEXAME VEDADO AO PODER JUDICIÁRIO. PRECEDENTES. ANÁLISE DE QUESTÃO NÃO APRECIADA NA INSTÂNCIA ORDINÁRIA: DESCABIMENTO. PRECEDENTES. RECURSO ORDINÁRIO EM MANDADO DE SEGURANÇA PARCIALMENTE CONHECIDO, E, NA PARTE CONHECIDA, JULGADO DESPROVIDO.

4.4. Poder de Polícia

É evidente que o Estado deve atuar à sombra do Princípio da Supremacia do Interesse Público e, na busca incessante pelo atendimento do interesse coletivo, pode estipular restrições e limitações ao exercício de liberdades individuais e, até mesmo, ao direito de propriedade do particular. Neste contexto, nasce o Poder de Polícia, decorrente da supremacia geral da Administração Pública, ou seja, aplicando-se a todos os particulares, sem a necessidade de demonstração de qualquer vínculo de natureza especial.

Isso porque, não obstante a Carta Magna e a legislação infraconstitucional definam direitos e garantias aos particulares, o exercício desses direitos deve ser feito em adequação ao interesse público. Dessa forma, na busca do bem estar da sociedade, o Estado pode definir os contornos do exercício do direito de propriedade e, até mesmo, de liberdades e garantias fundamentais, criando-lhes restrições e adequações.

A definição do Poder de Polícia tem base legal e doutrinária ricas. Para conceituar Poder de Polícia ficaremos com as palavras de Fernanda Marinela[8] *"uma atividade da Administração Pública que se expressa por meio de seus atos normativos ou concretos, com fundamento na supremacia geral e, na forma da lei, de condicionar a liberdade e a propriedade dos indivíduos mediante ações fiscalizadoras, preventivas e repressivas"*.

Ainda sobre o conceito do Instituto, não podemos deixar de mencionar o art.78 do CTN (Código Tributário Nacional) que define o Poder de Polícia como função da Administração Pública de limitar ou disciplinar direitos, regulando a prática de ato ou abstenção de fatos, em razão do interesse da coletividade, concernente à segurança, à higiene, à ordem, aos costumes, ao exercício de atividades econômicas que dependem de autorização e concessão, bem como aos direitos individuais e coletivos.

Ressalte-se que a conceituação do Poder de Polícia está situada nas disposições do Código Tributário Nacional, pelo fato de que o exercício deste poder, assim como a prestação de serviços públicos *uti singuli* podem ensejar a cobrança de taxa, que tem previsão no próprio texto da Constituição Federal, em seu art. 145, II.

Podemos fazer a distinção entre Poder de Polícia no sentido amplo e em sentido estrito. O primeiro corresponde a toda e qualquer atuação restritiva do Estado, abrangendo tanto os atos do Poder Executivo, como também do Legislativo onde se condiciona a liberdade e propriedade em prol dos cidadãos; e o segundo seria o que denominamos Polícia Administrativa. Em sentido estrito, somente se admite a atuação concreta da Administração Pública que condiciona direitos.

Para fins de provas de concursos públicos, o Poder de Polícia será analisado em seu conceito amplo, abarcando normas gerais e atos concretos, de natureza preventiva ou repressiva na limitação do exercício de direitos.

Conceito de Polícia Administrativa: Para Celso Antônio[9] é *"o poder expressável através da atividade de Polícia Administrativa é o que resulta de sua qualidade de executora das leis administrativas, é a contraface de seu dever de dar execução a estas leis"*. Portanto, é o poder que a Administração tem de restringir o exercício de liberdades individuais e de restringir o uso, gozo e disposição da propriedade privada, sempre na busca do interesse público.

8. MARINELA,Fernanda.Direito Administrativo,Niterói, Editora Impetus,6ª Ed. 2012.
9. BANDEIRA DE MELLO, Celso Antonio. Curso de Direito Administrativo. São Paulo: Editora Malheiros,26ª ed.2009

Tradicionalmente, tem sido exercida para impedir ações anti-sociais, pois se trata da aplicação ao caso concreto do Princípio da Supremacia do Interesse Público sobre o Privado.

Em suma, trata-se da restrição do exercício de garantias privadas em razão da busca do interesse coletivo. A Polícia Administrativa pode ser preventiva, repressiva e fiscalizadora. Vejamos:

a) Preventiva, quando trata de disposições genéricas e abstratas como, por exemplo, as portarias e regulamentos que se materializam nos atos que disciplinam horário para funcionamento de determinado estabelecimento, proíbem desmatar área de proteção ambiental, soltar balões, entre outros.

b) Repressiva, ao praticar atos específicos observando sempre a obediência à lei e aos regulamentos, como por exemplo, dissolver passeata tumultuosa, apreender revistas pornográficas, entre outros.

c) Fiscalizadora, quando previne eventuais lesões, como, por exemplo, vistoria de veículos, fiscalização de pesos e medidas entre outros.

4.4.1. Polícia administrativa X Polícia judiciária

Primeiramente, cumpre ressaltar que o Poder de Polícia, objeto de estudo do Direito Administrativo, não se confunde, em nenhum momento, com a polícia judiciária que visa a prevenção e a repressão à prática de ilícitos criminais e que tem seu estudo situado nas disciplinas de Direito Penal e Direito Processual Penal.

Com efeito, a polícia judiciária incide sobre pessoas, de forma ostensiva ou investigativa, evitando e punindo infrações às normas penais. Por sua vez, a polícia administrativa incide sobre bens (uso da propriedade) e direitos (exercício de liberdades), condicionando esses bens e direitos à busca pelo interesse da coletividade.

Nesse sentido, o poder de polícia administrativa se manifesta por meio de atos preventivos ou repressivos para alcançar o seu mister, qual seja, adequar os direitos dos particulares ao interesse geral.

Vejamos o quadro sinóptico para melhor distinção dos institutos.

→ POLÍCIA ADMINISTRATIVA X POLÍCIA JUDICIÁRIA

Poder de polícia administrativa tem por característica ser uma atividade tipicamente administrativa, de forma que já existe em lei quando o Administrador assim as impõe, relacionando-se diretamente com as Intervenções feitas pelo Poder Executivo, quer gerais ou abstratas, como os regulamentos, quer concretas ou específicas, como as licenças e autorizações e que têm por fim o interesse público, através de restrições ao exercício de liberdades individuais e o uso, gozo e disposição da propriedade privada. O Poder de Polícia Administrativa não se confunde com a polícia judiciária, pois esta tem por finalidade a repressão a ilícitos penais e é estudada pelo direito processual penal.

A polícia judiciária incide sobre pessoas e a polícia administrativa incide sobre bens e direitos.

4.4.2. Discricionariedade e vinculação dos atos de polícia

Conforme já analisado alhures, a discricionariedade se configura a margem de escolha concedida pela lei ao agente público, dando-lhe a possibilidade de analisar, em cada caso concreto, qual a atuação mais oportuna e conveniente ao corpo coletivo, desde que a decisão tenha base e fundamento no próprio texto legal. Nesse sentido, questiona-se.

→ ***O Poder de Polícia é Discricionário?***

Para a doutrina tradicional, encampada por Hely Lopes Meirelles[10], uma das características do poder de polícia é a discricionariedade. De fato, entende-se que a discricionariedade é a regra apresentada nos atos decorrentes do exercício do poder de polícia. Ou seja, a princípio, os atos de polícia são praticados pelo agente público, no exercício de competência discricionária, podendo definir a melhor atuação nos limites e contornos autorizados pela lei. Nesse sentido, a maioria das bancas de concurso adota a ideia da discricionariedade como **característica** do poder de polícia.

Para Celso Antônio[11], há atos em que a Administração Pública pode manifestar competência discricionária e atos a respeito dos quais a atuação da Administração é totalmente vinculada. Nesse sentido, inobstante a discricionariedade seja tratada como característica dos atos de polícia, não se faz possível estipular que o poder de polícia seja sempre discricionário, haja vista a possibilidade de previsão legal de atos vinculados decorrentes do exercício do poder de polícia.

Com efeito, **não** se pode dizer que o poder de polícia é **sempre discricionário**, porque ele também se pode manifestar por atos vinculados, como, por exemplo, as licenças para construção. Nesses casos, a lei estabelece requisitos objetivos para a concessão da licença e, uma vez cumpridos os requisitos legais, o particular terá direito subjetivo à concessão do alvará pleiteado, sem que o agente público tenha qualquer margem de escolha.

→ Portanto, importante ter em mente a leitura da assertiva, em provas objetivas de concursos. Caso estabeleça a discricionariedade como atributo ou característica do Poder de Polícia, pode ser considerada verdadeira, mas não será verdadeira se estabelecer que o poder de polícia é sempre discricionário.

4.4.3. Natureza dos atos de polícia

A doutrina tradicional costumava apontar o poder de polícia como um **poder negativo**, haja vista o fato de que os atos decorrentes dessa atividade encerram a exigência de abstenções a particulares. Com efeito, os atos de polícia, como regra, estabelecem obrigações de não fazer (se abster da prática de determinado ato violador do interesse público) ou tolerar (suportar a estipulação de limites ao exercício dos direitos individuais). Nesses casos, apesar da restrição imposta inicialmente, os atos visam a alcançar um bem maior como, por exemplo, uma limitação administrativa que impede a construção de edifícios acima de X andares, como forma de garantir a ventilação do restante da cidade.

10. MEIRELES, Hely Lopes – Direito Administrativo Brasileiro. São Paulo, Malheiros,2003
11. BANDEIRA DE MELLO, Celso Antonio – Curso de Direito Administrativo. São Paulo:Malheiros,26ª ed. 2009

Porém, modernamente, vêm-se admitindo atos positivos decorrentes do exercício do poder de polícia, ou seja, em determinadas situações, com previsão legal expressa, o Poder Público determina obrigações de fazer aos particulares em decorrência dos atos de polícia.

Nesse sentido, o Estatuto da Cidade (Lei10.257/2001), regulamentando o art. 184, §4º da Carta Magna estabelece, em seu art. 5º, que "*Lei municipal específica para área incluída no plano diretor poderá determinar o parcelamento, a edificação ou a utilização compulsórios do solo urbano não edificado, subutilizado ou não utilizado, devendo fixar as condições e os prazos para implementação da referida obrigação.*"

Pode-se notar que, nesse caso, o ente público notifica o proprietário exigindo dele uma atuação no sentido de conferir função social à sua propriedade urbana, não configurando hipótese de abstenção de fato.

4.4.4. Delegação dos atos de Polícia

É pacífico o entendimento da doutrina e jurisprudência que os atos que manifestem expressão do Poder Público, de autoridade pública, como a Polícia Administrativa, não podem ser delegados porque ofenderiam o equilíbrio entre os particulares em geral e colocariam em risco a ordem social. De fato, o Poder de Polícia é considerado atividade típica de Estado e, portanto, somente pode ser exercido pelas pessoas jurídicas de direitos público componentes da Administração Direta ou da Administração Indireta.

No que tange à possibilidade de delegação, o Supremo Tribunal Federal, ao julgar a Ação Direta de Inconstitucionalidade n. 1717, que analisava a constitucionalidade do art. 58 da lei 9649/98, declarou que os conselhos reguladores de profissão têm natureza jurídica de autarquia, uma vez que atuam no exercício do poder de polícia, ao estabelecer restrições ao exercício da liberdade profissional e que tal poder é indelegável a particulares. É fato que tais Conselhos de Profissão atuam no exercício do poder de polícia pelo fato de limitarem e definirem o contorno para o exercício das profissões e ofícios por eles regulados, exigindo licenças para o exercício da atividade e aplicando penalidades, pelo que, não podem ostentar a qualidade de particulares.

Ainda se mantêm, nesse sentido, as decisões mais recentes da Suprema Corte acerca da matéria. Vejamos.

> AGRAVO REGIMENTAL NO MANDADO DE SEGURANÇA. ADMINISTRATIVO. ACÓRDÃO DO TRIBUNAL DE CONTAS DA UNIÃO. CONSELHO DE FISCALIZAÇÃO PROFISSIONAL. NATUREZA JURÍDICA. AUTARQUIA FEDERAL. EXIGÊNCIA DE CONCURSO PÚBLICO. OBSERVÂNCIA DO ART. 37, II, DA CONSTITUIÇÃO FEDERAL. FISCALIZAÇÃO. ATIVIDADE TÍPICA DO ESTADO. PRINCÍPIO DA PROTEÇÃO DA CONFIANÇA LEGÍTIMA. ANÁLISE. AGRAVO REGIMENTAL PROVIDO PARA RESTAURAR O DEVIDO PROCESSAMENTO DO MANDADO DE SEGURANÇA E POSSIBILITAR UM MELHOR EXAME DA MATÉRIA. 1. Os conselhos de fiscalização profissional têm natureza jurídica de autarquias, consoante decidido no MS 22.643, ocasião na qual restou consignado que: (i) estas entidades são criadas por lei, tendo personalidade jurídica de direito público com autonomia administrativa e financeira; (ii) exercem a atividade de fiscalização de exercício profissional que, como decorre do disposto nos artigos 5º, XIII, 21, XXIV, é atividade tipicamente pública; (iii) têm o dever de prestar contas ao Tribunal de Contas da União (art. 71, II, CRFB/88).

2. Os conselhos de fiscalização profissional, posto autarquias criadas por lei e ostentando personalidade jurídica de direito público, exercendo atividade tipicamente pública, qual seja, a fiscalização do exercício profissional, submetem-se às regras encartadas no artigo 37, inciso II, da CRFB/88, quando da contratação de servidores. Precedente: RE 539.224, 1ª Turma Rel. Min. Luiz Fux, DJe.- 18/06/2012. 3. A fiscalização das profissões, por se tratar de uma atividade típica de Estado, que abrange o poder de polícia, de tributar e de punir, não pode ser delegada (ADI 1.717), excetuando-se a Ordem dos Advogados do Brasil (ADI 3.026). 4. In casu, está em discussão tese relacionada à contratação dos impetrantes, ocorrida há mais de 10 (dez) anos, e a alegação de desrespeito ao processo de seleção e às regras constitucionais aplicáveis (art. 37, II, CRFB/88), fatos que tornam imperativa a análise mais apurada do mandado de segurança, sobretudo em decorrência do princípio da proteção da confiança legítima. 5. Agravo regimental provido apenas para possibilitar um melhor exame do mandado de segurança e facultar às partes a oportunidade de sustentação oral. MS 28469 AgR-segundo / DF – DISTRITO FEDERAL / Julgamento: 19/02/2013

Contudo, parte da doutrina admite delegação em situações especiais, a exemplo dos poderes que são reconhecidos aos capitães de navio. Desta forma, certos atos materiais que precedem a atos jurídicos de polícia podem ser praticados por particulares, por delegação ou simples contrato de prestação de serviços. Nesses casos, não seriam delegados os atos de polícia em si, mas tão somente atividades materiais de execução, não se transferindo ao particular contratado qualquer prerrogativa para emissão de atos decisórios ou atos que gozem de fé pública, mas tão somente a execução material das ordens postas pela Administração do ato.

Nesse sentido, é oportuno mencionar a discussão sobre a possibilidade de contratação de uma empresa particular que colocaria para controle de trânsito, radares de velocidade e expediria as multas a serem aplicadas. A doutrina entende ser possível a delegação dessas atividades de mera execução do poder de polícia. São os chamados **aspectos materiais** do poder de polícia que podem ser delegados aos particulares. A colocação dos radares e encaminhamento das multas ao ente público não se configuram atos de polícia propriamente ditos. Nesse caso, a justificativa é de que a medida assegura igualdade de tratamento aos administrados, não provocando nenhum tipo de desequilíbrio. Em suma, delega-se apenas a execução, mas não o poder de polícia em si.

No mesmo sentido, os atos de execução sucessivos aos atos de polícia e que decorram de uma ordem emanada pelo Estado. Por exemplo, ao determinar a demolição de um logradouro privado, prestes a ruir, o ente público está atuando no exercício do poder de polícia. Depois de emanado o ato que determina a demolição, é possível a contratação de uma empresa que ficaria responsável pela execução.

A doutrina majoritária considera a impossibilidade da delegação do poder de polícia, propriamente dito, inclusive para as pessoas jurídicas de direito privado da administração indireta. Nesses casos, é possível transferir a esses entes somente o poder de fiscalizar e de emanar atos de consentimentos (como carteiras de habilitação), não podendo legislar acerca da matéria ou aplicar sanções a particulares.

4.4.4.1. Ciclos de Polícia e delegação

Dentro deste contexto, considerando que o poder de polícia é parcialmente delegável, alguns autores nacionais divide a atividade em quatro ciclos: 1°- ordem de policia, 2°- consentimento de polícia, 3°-fiscalização de polícia e 4°- sanção de polícia.

Desta forma, a ordem de polícia decorre do atributo da imperatividade, impondo restrições aos particulares, dentro dos limites da lei, independentemente de sua concordância, como ocorre, por exemplo, nos casos em que se veda a aquisição de armas de fogo, se proíbe o estacionamento de veículos em determinada avenida, entre outros.

O consentimento de polícia está presente nas hipóteses em que a lei autoriza o exercício de determinada atividade condicionada à aceitabilidade estatal. Pode se manifestar por meio de autorizações e licenças, *v.g.*

O terceiro ciclo decorre da possibilidade conferida ao ente estatal de controlar as atividades submetidas ao poder de polícia, com o intuito de verificar seu cumprimento, podendo, para tanto, se valer de inspeções, análise de documentos, entre outras formas.

Por fim, a atividade de polícia administrativa pode ensejar a aplicação de penalidades, notadamente, nas situações em que se verifica o descumprimento das normas impostas pelo poder público, justificando a culminação de sanções, como multas e embargos de obras, por exemplo.

Considerando a divisão da atividade de polícia administrativa em 4 momentos diversos, portanto, os 2° e 3° ciclos seriam delegáveis, pois estariam ligadas ao poder de gestão do Estado, enquanto que os 1° e 4° ciclos seriam indelegáveis por retratarem atividade de império, típicas das Pessoas Jurídicas de Direito Público.

Cite-se como exemplo, a multa de trânsito, que ficaria assim dividida:

1° ciclo - requisitos exigidos pelo CTB para a obtenção da carteira de habilitação

2° ciclo - emissão da carteira ou também pela emissão de certificado de vistoria pelo DETRAN

3° ciclo - efetiva fiscalização que os particulares sofrem pela guarda municipal, pelos radares eletrônicos, por exemplo.

4° ciclo - aplicação da multa ou reboque do carro.

A título de ilustração, cumpre informar que o STJ tem admitido que a vistoria de veículo automotor seja feita mesmo com multa pendente, sob o argumento de que constitui ilegalidade condicioná-la ao pagamento de multa de trânsito por ser medida indispensável para a segurança da coletividade. Com efeito, a multa tem caráter penalidade administrativa, podendo ser inscrita em dívida ativa e executada pela via do devido processo legal.

4.4.5. Atributos do Poder de Polícia

A matéria não se encontra pacificada na doutrina pátria. A divergência já começa na denominação, pois para Celso Antônio[12] o correto seria nominar-se de "características do Poder de Polícia" no lugar de "atributos" uma vez que atributos somente o são a discricionariedade

12. BANDEIRA DE MELLO. Celso Antonio – Curso de Direito Administrativo. São Paulo: Malheiros, 26ª Ed. 2009.

e a autoexecutoriedade. Já para Hely Lopes[13] e Maria Sylvia Di Pietro[14] são atributos a discricionariedade, a autoexecutoriedade e a coercibilidade, raciocínio que adotamos nesta obra.

DISCRICIONARIEDADE – A discricionariedade é compreendida como a liberdade estabelecida em lei ao administrador para decidir perante o caso concreto e só pode ser reconhecida como atributo do poder de polícia quando este for entendido em sentido amplo.

AUTOEXECUTORIEDADE – A autoexecutoriedade está frequentemente presente nas medidas de polícia onde a Administração pode executar suas próprias decisões sem interferência do Poder Judiciário. Tal atributo apenas existe quando há lei permitindo ou situações urgentes, a exemplo de apreensão de alimentos inviáveis ao consumo. Em tais situações emergenciais, a doutrina admite, inclusive, a figura do **contraditório diferido**. Explique-se. Diante de uma situação extraordinária, para garantia do interesse público, compete à administração a prática do ato de polícia, de forma a impedir o prejuízo à coletividade, conferindo o direito de defesa após a prática do ato. É o caso de um prédio que está prestes a ruir, configurando perigo à sociedade. O ente estatal pode determinar e executar a demolição do prédio, adiando o exercício do contraditório por parte do proprietário.

Cite-se, como exemplo, a ANATEL que, ao fiscalizar empresa que atua no serviço de radiodifusão sonora e, após verificar irregularidade em seu funcionamento, determinou sua interdição. O Superior Tribunal de Justiça entendeu que a referida Agência Reguladora agiu no pleno exercício do poder de polícia, não praticando nenhuma ilegalidade ou abuso de poder. Isso, porque, "*inexistindo a regular autorização do Poder Público para a exploração do serviço de radiodifusão, ressai perfeitamente legal, a despeito da abertura ou não de processo administrativo, a interrupção e lacre das transmissões*"[15].

Desta forma, as medidas de polícia praticada pela ANATEL foram consideradas de acordo com a estrita legalidade, com fundamento na supremacia estatal, condicionando de forma lícita a liberdade e a propriedade dos particulares (rádio comunitária).

COERCIBILIDADE – A Coercibilidade torna o ato obrigatório, devendo este ser obedecido independente da vontade do administrado, caso em que a Administração pode usar meios indiretos de coerção para cumprir a determinação. É o exemplo da aplicação de uma multa como forma de coagir o cidadão a não estacionar em determinada via pública. São inseparáveis a Autoexecutoriedade e a Coercibilidade.

4.4.6. Prescrição das sanções de polícia

Em observância ao princípio da segurança jurídica, não se admite que a aplicação de sanções e a prática de atos que restringem a esfera jurídica dos particulares seja realizada a qualquer tempo. Com efeito, a atuação administrativa, de cunho repressivo, em decorrência de atividades de polícia, deve ser praticadas dentro do prazo prescricional regulamentado em lei.

Neste sentido, a lei 9.873/99, em seu art. 1º, define que "*Prescreve em cinco anos a ação punitiva da Administração Pública Federal, direta e indireta, no exercício do poder de polícia,*

13. MEIRELES, Hely Lopes. Direito Administrativo Brasileiro. São Paulo: Malheiros, 29ª Ed, 2003.
14. PIETRO, Maria Sylvia Zanella di –Direito Administrativo. São Paulo: Atlas, 21ª ed. 2008.
15. (AgRg no REsp 1.074.432/MG , 1ª Turma, Rel. Min. Francisco Falcão, DJe de 17.11.2008).

objetivando apurar infração à legislação em vigor, contados da data da prática do ato ou, no caso de infração permanente ou continuada, do dia em que tiver cessado".

Verifica-se, portanto, que o ente estatal deve respeitar o prazo quinquenal de prescrição para aplicação de sanções de polícia, tendo início com a prática do ato lesivo pelo particular ou da cessação da conduta continuada que configure infração de caráter permanente, ressalvadas a situação de o fato objeto da ação punitiva da Administração também constituir crime, uma vez que, nestes casos, a prescrição reger-se-á pelo prazo previsto na lei penal.

Ademais, cumpre ressaltar que a legislação prevê a possibilidade de prescrição intercorrente, trienal, diante da inércia da Administração Pública no julgamento do processo administrativo. De fato, conforme art. 1º, §1º da referida lei 9.873/99, "*Incide a prescrição no procedimento administrativo paralisado por mais de três anos, pendente de julgamento ou despacho, cujos autos serão arquivados de ofício ou mediante requerimento da parte interessada, sem prejuízo da apuração da responsabilidade funcional decorrente da paralisação, se for o caso".*

Saliente-se, ainda, que a prescrição da ação punitiva será interrompida pela notificação ou citação do indiciado ou acusado, inclusive por meio de edital, por qualquer ato inequívoco, que importe apuração do fato, pela decisão condenatória recorrível ou por qualquer ato inequívoco que importe em manifestação expressa de tentativa de solução conciliatória no âmbito interno da administração pública federal.

Por seu turno, interrompe-se o prazo prescricional da ação executória pelo despacho do juiz que ordenar a citação em execução fiscal, pelo protesto judicial, por qualquer ato judicial que constitua em mora o devedor, por qualquer ato inequívoco, ainda que extrajudicial, que importe em reconhecimento do débito pelo devedor, assim como diante de qualquer ato inequívoco que importe em manifestação expressa de tentativa de solução conciliatória no âmbito interno da administração pública federal.

A lei 12.529/11, que trata do Sistema Brasileiro de Defesa da Concorrência, repete as disposições analisadas nos processos administrativos instaurados para aplicação de penalidades em razão de infrações praticadas à ordem econômica. Vejamos.

> 46. Prescrevem em 5 (cinco) anos as ações punitivas da administração pública federal, direta e indireta, objetivando apurar infrações da ordem econômica, contados da data da prática do ilícito ou, no caso de infração permanente ou continuada, do dia em que tiver cessada a prática do ilícito.
>
> § 1º Interrompe a prescrição qualquer ato administrativo ou judicial que tenha por objeto a apuração da infração contra a ordem econômica mencionada no caput deste artigo, bem como a notificação ou a intimação da investigada.
>
> § 2º Suspende-se a prescrição durante a vigência do compromisso de cessação ou do acordo em controle de concentrações.
>
> § 3º Incide a prescrição no procedimento administrativo paralisado por mais de 3 (três) anos, pendente de julgamento ou despacho, cujos autos serão arquivados de ofício ou mediante requerimento da parte interessada, sem prejuízo da apuração da responsabilidade funcional decorrente da paralisação, se for o caso.
>
> § 4º Quando o fato objeto da ação punitiva da administração também constituir crime, a prescrição reger-se-á pelo prazo previsto na lei penal.

4.5. Aprofundamento para provas subjetivas

No que tange ao controle dos atos administrativos discricionários, cumpre trazer algumas considerações relevantes para provas subjetivas.

O ato administrativo deve ser praticado respeitando a disciplina normativa pertinente e o direito. Caso contrário, terá desobedecido à legalidade ampla e, consequentemente, esse ato deverá ser invalidado, por não corresponder ao disposto no sistema normativo brasileiro, quer seja pela própria Administração Pública editora do ato, no uso da autotutela, quer seja mediante o controle jurisdicional.

O legislador, quando confere a competência discricionária, atribui à Administração a possibilidade de proceder, segundo um juízo subjetivo, acerca da melhor decisão a ser tomada, no caso concreto, para o atendimento dos fins legais. Entretanto, a liberdade posta possui limites devidamente dispostos no sistema positivo brasileiro, já que toda atividade administrativa está adstrita às prescrições jurisdicionais. Assim, o administrador está livre para agir diante de competências discricionárias, mas nos devidos parâmetros do direito, sem causar prejuízos nem desrespeitar direitos dos administrados.

A tendência doutrinária moderna é entender a discricionariedade administrativa de forma ampla, abarcando não apenas a ideia de mérito administrativo, mas também de conceitos indeterminados e, ainda, a sua compreensão a partir de princípios. Portanto, o próprio significado acerca do que vem a ser discricionariedade administrativa tem assumido um novo enfoque. É de suma importância, pois, esse conhecimento, para se fazer uma análise a respeito da possibilidade de controle jurisdicional do mérito dos atos administrativos discricionários.

Conforme os ensinamentos de Germana de Oliveira Moraes[16] (2004 p. 33 -34), a discricionariedade administrativa *"Nunca deixou (...) de ser vista, por alguns, tradicionalmente como a barreira para a sindicabilidade dos atos administrativos pelo Poder Judiciário, estigma que ainda acompanha inclusive em modernas compreensões teóricas da categoria. (...) Observa-se, não obstante, nos dias de hoje, a consagração doutrinária da admissibilidade de uma esfera de 'discricionariedade justiciável', graças ao reconhecimento dos princípios jurídicos como fonte normativa."*.

Tendo em vista a inteligência de que não cabe ao Judiciário uma apreciação profunda acerca dos atos administrativos discricionários, por não poder reapreciar o mérito administrativo, há o pensamento de que o administrador público pode fazer o que quiser e não será coibido. Cria-se uma sensação de poder incontrastável, o que viabiliza o cometimento de arbitrariedades, sob a máscara do exercício de um poder discricionário. Baseadas nesse argumento, decisões são tomadas com manifesto sentimento de favoritismo, de perseguição política, que não existiriam caso o controle dos atos administrativos fosse mais efetivo, conferindo uma maior credibilidade ao setor público.

Maria Sylvia Zanella Di Pietro[17] dispõe a respeito dessa situação e a transcrição de seu entendimento só vem contribuir para uma melhor apreensão do tema.

---

16. MORAES,Germana de Oliveira, Controle Jurisdicional da Administração Pública. São Paulo. Ed. Dialética. 2ª ed. 2004.
17. PIETRO, Maria Sylvia Zanella di. Direito Administrativo. São Paulo: Malheiros, 26ª ed.2009

"Essa tendência que se observa na doutrina, de ampliar o alcance da apreciação do Poder Judiciário, não implica invasão na discricionariedade administrativa; o que se procura é colocar essa discricionariedade em seus devidos limites, para distingui-la da interpretação (apreciação que leva a uma única solução, sem interferência da vontade do intérprete) e impedir as arbitrariedades que a Administração Pública pratica sob o pretexto de agir discricionariamente."

Do que foi visto, depreende-se que o Poder Judiciário, quando chamado a emitir o controle jurisdicional sobre atos administrativos, deve primeiramente apreciar cada um dos seus elementos. Por meio dessa técnica, consegue perceber, de início, o tipo de ato praticado (vinculado ou discricionário), o que possibilita uma compreensão exata a respeito do trabalho a ser desenvolvido.

Restando constatado estar-se diante de um ato administrativo vinculado, o magistrado irá efetivar o controle jurisdicional tendo por base a legalidade. Será apreciada a compatibilização da prática administrativa com o preceituado em lei a respeito dos elementos do ato administrativo, haverá um verdadeiro exame externo do ato, sem profundidade, já que o administrador, nesse caso, encontra-se totalmente adstrito à norma jurídica pertinente.

Outra será a postura a ser adotada quando o caso se referir aos atos administrativos discricionários, tendo em vista a liberdade conferida por lei às autoridades administrativas. Esses atos devem ser apreciados no que tange à sua correspondência com a norma jurídica e o mérito. A questão a se saber é se poderá o Judiciário apreciar o referido ato nesses dois aspectos indicados, já que, quanto à legalidade, não existem dúvidas de sua pertinência.

Primeiramente, devem-se registrar os ensinamentos doutrinários no que tange à impossibilidade de apreciação profunda dos atos administrativos expedidos no exercício de competência discricionária pelo Poder Judiciário, por se achar que estaria reapreciando o mérito administrativo. De acordo com esse entendimento, o Judiciário não pode analisar os atos administrativos discricionários de forma ampla, porque estes são expedidos segundo um juízo de conveniência e oportunidade do administrador e se refere ao mérito administrativo. Diante disso, há a inteligência de que não pode outro poder que não o próprio que expediu o ato apreciá-lo, em respeito ao princípio constitucional da separação dos poderes.

Nesse sentir, encontra-se entendimento esposado por Fernanda Marinela[18] que dispõe acerca da impossibilidade de reapreciação do mérito administrativo pelo Poder Judiciário, sob o argumento de que este deve ater-se ao exame da legalidade. Apresenta posição contrária à possibilidade de controle do mérito administrativo pelo magistrado. Vejamos. *"Quanto à possibilidade de controle do mérito dos atos administrativos pelo Judiciário, encontram-se inúmeras orientações doutrinárias e jurisprudenciais. Entretanto, segue-se, aqui, a orientação de que este controle não é possível. Na verdade, ao Poder Judiciário cabe o controle da legalidade, devendo esta ser compreendida, em seu sentido amplo, incluindo-se a análise de obediência à lei propriamente dita, como também à Constituição e todos os seus princípios. (...) Desta forma, o Poder Judiciário poderá, inclusive, analisar a conveniência e a oportunidade do ato administrativo discricionário, mas tão-somente quando esta for incompatível com o ordenamento vigente, portanto, quando for ilegal"*.

18. MARINELA, Fernanda. Direito Administrativo, Niterói, Editora Impetus, 6ª Ed. 2012.

Nessa mesma posição está Germana de Oliveira Moraes[19], ao definir que *"a discricionariedade contém um núcleo insindicável pelo Poder Judiciário – o mérito, reduto no qual a complementação do motor e do objeto do ato administrativo se opera mediante recurso a critérios não positivados."* Celso Antônio Bandeira de Mello[20] também se manifesta contrário à invasão do mérito: *"(...) é possível ao órgão controlador, em exame de legitimidade, portanto, sem invadir o mérito do ato, verificar se o plexo de circunstâncias fáticas afunilou ou não afunilou, e até que ponto afunilou o campo de liberdade administrativa."*.

No que tange ao entendimento jurisprudencial, cumpre observar que o Superior Tribunal de Justiça (STJ), já se manifestou sobre o assunto em comento, assumindo a postura referida. Como exemplo será citado trecho da ementa que segue:

> "Em relação ao controle jurisdicional do processo administrativo, a atuação do Poder Judiciário circunscreve-se ao campo da regularidade do procedimento, bem como à legalidade do ato demissionário, sendo-lhe defesa qualquer incursão no mérito administrativo, a fim de aferir o grau de conveniência e oportunidade. Precedentes. [...] (RMS 20481 / MT, Relator Ministro Gilson Dipp, julgamento no dia 17/08/2006, Órgão julgador a quinta turma – T5, publicado no Diário de Justiça do dia 11/09/2006, na página 316)."

O Supremo Tribunal Federal, sobre o assunto em exame, também já apresentou o seguinte entendimento, que será transcrito a partir da ementa de um de seus julgados.

> "Mandado de Segurança. Procedimento administrativo. Contraditório e ampla defesa. 1. O art. 5º, LV, da CF ampliou o direito de defesa dos litigantes, para assegurar, em processo judicial e administrativo, aos acusados em geral, o contraditório e a ampla defesa, com os meios e os recursos a ela inerentes. Precedentes. 2. Cumpre ao Poder Judiciário, sem que tenha de apreciar necessariamente o mérito administrativo e examinar fatos e provas, exercer o controle jurisdicional do cumprimento desses princípios. 3. Recurso provido (RMS 24823, DF, Relatora Ministra Ellen Gracie, julgamento dia 18/04/2006, Órgão julgador segunda turma, publicado no Diário de Justiça do dia 19/05/2006)."

É pacífico, pois, na doutrina e na jurisprudência, o entendimento de que não é devido ao Judiciário apreciar o mérito administrativo.

Entretanto, é de dizer-se que, ao mesmo tempo em que existe esse posicionamento doutrinário e jurisprudencial, cresce a inteligência de que é possível uma análise profunda pelo Poder Judiciário de atos expedidos no uso de competência discricionária, a partir dos princípios explícitos e implícitos do ordenamento jurídico, a fim de se evitar arbitrariedades, desde que o mérito administrativo não seja modificado. Nessa esteira, o entendimento de Juarez Freitas[21] define que *"Decerto, a vedada inquirição quanto à oportunidade e à conveniência não se confunde com o necessário exame da finalidade (invariavelmente vinculante), porém se avizinham a ponto de se dever afirmar, na busca de uma imprescindível delimitação técnica das fronteiras conceituais, que o controle haverá de ser o de 'administrador negativo', em analogia com o de 'legislador negativo', exercido no controle de constitucionalidade das leis e dos atos normativos. Porque, se é certo que o Judiciário não pode dizer substitutiva e positivamente, como o julgador deveria ter julgado ou positivamente agido, deve emitir juízo principiológico e finalístico de como*

19. MORAES, Germana de Oliveira, Controle Jurisdicional da Administração Pública. São Paulo. Ed. Dialética. 2ª Ed. 2004.
20. BANDEIRA DE MELLO, Celso Antonio. Curso de Direito Administrativo, São Paulo, Editora Malheiros, 21ª Ed. 2009
21. FREITAS, Juarez. O Controle dos Atos Administrativos. São Paulo. Ed. Malheiros. 1997.

não deveria ter julgado ou agido, ao emitir juízos guiados por aquela discrição sempre vinculada aos princípios superiores da Administração Pública.

Deve-se advertir, todavia, que a posição assumida por esta obra, inclusive para fins de concursos públicos, não é que se possa analisar o mérito administrativo do agente público, substituindo-o pelo do magistrado, mas de que há a possibilidade de o Judiciário verificar, à luz da legalidade e, portanto, das normas e dos princípios constitucionais inspiradores da função administrativa, a validade dos atos administrativos discricionários. Com isso, quer-se dizer que, diante da nova conjuntura do sistema positivo brasileiro, no qual os princípios passaram a assumir grande importância, o controle jurisdicional sobre os atos discricionários recebeu conotação ampla. Assim sendo, poderá o Judiciário apreciar de forma limitada o mérito administrativo, mas apenas no que se refere à sua adequação com o sistema normativo brasileiro, seus princípios informadores.

Diante do panorama jurídico atual, em que os princípios passaram a ter observância obrigatória, o Direito passa a ser entendido como o conjunto de regras e princípios, com base nos quais se devem dar as atividades administrativas. Na lição de Juarez Freitas[22], o sistema jurídico deve ser compreendido *"(...) como uma rede axiológica e hierarquizada de princípios gerais e tópicos, de normas e de valores jurídicos cuja função é a de, evitando ou superando antinomias, dar cumprimento aos princípios e objetivos fundamentais do Estado Democrático de Direito, assim como se encontram consubstanciados, expressa ou implicitamente, na Constituição"*.

Dessa forma, os atos discricionários executados por essas atividades passaram a dever obediência não apenas às regras jurídicas, mas também aos princípios (implícitos e explícitos) orientadores do sistema positivo. Nesses termos, permite-se uma maior apreciação dos elementos do ato discricionário, a partir de uma noção principiológica.

Portanto, a importância atual dos princípios para a ordem jurídica brasileira, as concepções trazidas a respeito da teoria dos motivos determinantes, do desvio de poder, bem como a utilização de palavras com conceitos indeterminados para designar atos administrativos, convergem para a necessidade de um maior controle por parte do Judiciário sobre os atos administrativos discricionários. Como consequência prática direta de uma maior apreciação desses atos pelo magistrado, se tem o exame do mérito administrativo, de forma limitada, embora a maioria da doutrina entenda de forma contrária.

É de se dizer, diante disso, que a análise do mérito administrativo pelo Judiciário deriva do fato de que, quando se examinam os aspectos acima indicados do ato, na prática, acaba se fazendo um exame dos critérios de conveniência e oportunidade utilizados pelo administrador. Entretanto, deve-se enfatizar que não é dado ao Judiciário modificá-los, mas poderá apreciar o mérito administrativo, com vistas a constatar a sua compatibilização com o direito e a finalidade própria do ato. Trata-se, em verdade, de um controle amplo de legalidade efetivado sobre o mérito administrativo e, para tanto, haverá a necessidade de sua apreciação à luz dos princípios e das normas jurídicas pertinentes. Conclui-se, pois, que a constatação explicitada pode ser extraída do exercício prático, no caso concreto, do controle jurisdicional.

22 FREITAS, Juarez. O Controle dos Atos Administrativos. São Paulo. Ed. Malheiros. 1997.

Em outras palavras, não se admite a invasão do mérito administrativo pelo Poder Judiciário, mas é indispensável a análise dos limites desta discricionariedade, uma vez que tais limites correspondem, não ao mérito, mas sim à legalidade (em sentido amplo).

5. QUADRO SINÓPTICO

<table>
<tr><th colspan="2">PODERES ADMINISTRATIVOS</th></tr>
<tr><th colspan="2">INTRODUÇÃO</th></tr>
<tr><td colspan="2">Estes poderes são instrumentais, ou seja, não são poderes em si mesmos, mas sim mecanismos ou instrumentos de trabalho por meio dos quais os órgãos e entidades administrativas executam suas tarefas e cumprem suas funções. De fato, esses poderes são indispensáveis à persecução do interesse coletivo e são mecanismos concedidos ao ente estatal para que ele consiga alcançar o fim público que almeja.</td></tr>
<tr><td colspan="2">ATENÇÃO! Poderes do Estado não se confundem com os Poderes da Administração, pois não são instrumentais, são poderes estruturais que realizam a atividade pública (Executivo, Legislativo e Judiciário).</td></tr>
<tr><th colspan="2">USO E ABUSO DE PODER.</th></tr>
<tr><td colspan="2">O abuso de poder pode decorrer de condutas comissivas – quando o ato administrativo é praticado fora dos limites legalmente postos – ou de condutas omissivas – situações nas quais o agente público deixa de exercer uma atividade imposta a ele por lei, ou seja, quando se omite no exercício de seus deveres. Em ambos os casos, o abuso de poder configura ilicitude que atinge o ato decorrente dele.</td></tr>
<tr><td>Excesso de poder</td><td>Aparece toda vez que o administrador ultrapassa os limites de sua competência. É um vício que atinge a competência. O administrador público extrapola o limite da competência estabelecido na lei.</td></tr>
<tr><td>Desvio de poder</td><td>Ocorre quando o agente atua nos limites da competência legalmente definida, mas visando uma finalidade diversa daquela que estava prevista inicialmente.</td></tr>
<tr><th colspan="2">DISCRICIONARIEDADE E VINCULAÇÃO</th></tr>
<tr><td rowspan="2">Poder Vinculado</td><td>A lei cria um ato administrativo estabelecendo todos os elementos desse de forma objetiva, sem que a autoridade pública possa valorar acerca da conduta exigida legalmente. Com efeito, a lei já preestabelece a única conduta a ser tomada.</td></tr>
<tr><td>ATENÇÃO! Preenchidos os requisitos definidos em lei, o ato administrativo deve ser praticado, não havendo qualquer possibilidade de emissão de juízo de valor por parte da autoridade administrativa.</td></tr>
<tr><td rowspan="2">Poder Discricionário</td><td>Aqui o administrador também está subordinado à lei, porém, o próprio texto legal confere margem de opção ao administrador, na sua atuação, e este tem o encargo de identificar, diante do caso concreto, a solução mais adequada.</td></tr>
<tr><td>ATENÇÃO! O administrador deve eleger entre algumas condutas a que melhor se adeque ao caso concreto, conforme a conveniência e oportunidade, elementos nucleares do poder discricionário e que compõem o mérito da atuação.</td></tr>
<tr><th colspan="2">CONTROLE JUDICIAL DA ATIVIDADE ADMINISTRATIVA DISCRICIONÁRIA</th></tr>
<tr><td colspan="2">A discricionariedade e o poder de analisar oportunidade e conveniência na atuação do ente estatal é poder administrativo e não jurisdicional. Nesse sentido, o Poder Judiciário não pode e não deve substituir a decisão do administrador.</td></tr>
<tr><td colspan="2">ATENÇÃO! Ainda que o ato administrativo seja discricionário, ele fica sujeito a controle jurisdicional no que diz respeito à sua adequação com a lei, nunca na análise meritória. Assim, o juiz pode controlar os limites do mérito administrativo, uma vez que são impostos pela lei, através dos princípios da razoabilidade e proporcionalidade, que surgem como instrumento de controle, evitando excesso de poder e condutas desarrazoadas pelo administrador.</td></tr>
</table>

PODERES ADMINISTRATIVOS
PRESCRIÇÃO DAS SANÇÕES DE POLÍCIA
A Lei 9.873/99 prevê o **prazo prescricional de 5 anos** para aplicação de sanções de polícia (art. 1º), bem como a possibilidade de prescrição intercorrente, **de 3 anos** (art. 1º, §1º), diante da inércia da Administração Pública no julgamento do processo administrativo.
Quando o fato objeto da ação punitiva da administração também constituir crime, **a prescrição reger-se-á pelo prazo previsto na lei penal.**
Lei 12.529/11, art. 46.

6. SÚMULAS

6.1. Súmulas do STF

- **SÚMULA N. 55:** Militar da reserva está sujeito a pena disciplinar.
- **SÚMULA N. 56:** Militar reformado não está sujeito a pena disciplinar.
- **SÚMULA N. 346:** A administração pública pode declarar a nulidade dos seus próprios atos.
- **SÚMULA N. 419:** Os municípios têm competência para regular o horário do comércio local, desde que não infrinjam leis estaduais ou federais válidas.
- **SÚMULA N. 473:** A administração pode anular seus próprios atos, quando eivados de vícios que os tornam ilegais, porque deles não se originam direitos; ou revogá-los, por motivo de conveniência ou oportunidade, respeitados os direitos adquiridos, e ressalvada, em todos os casos, a apreciação judicial.
- **SÚMULA N. 645:** É competente o município para fixar o horário de funcionamento de estabelecimento comercial.
- **SÚMULA N. 646:** Ofende o princípio da livre concorrência lei municipal que impede a instalação de estabelecimentos comerciais do mesmo ramo em determinada área.
- **SÚMULA N. 649:** É inconstitucional a criação, por constituição estadual, de órgão de controle administrativo do Poder Judiciário do qual participem representantes de outros poderes ou entidades.

6.2. Súmulas do STJ

- **SÚMULA N. 19:** A fixação do horário bancário, para atendimento ao público, é da competência da união.
- **SÚMULA N. 127:** É ilegal condicionar a renovação da licença de veiculo ao pagamento de multa, da qual o infrator não foi notificado.
- **SÚMULA N. 312:** No processo administrativo para imposição de multa de trânsito, são necessárias as notificações da autuação e da aplicação da pena decorrente da infração.
- **SÚMULA N. 396:** A Confederação Nacional da Agricultura tem legitimidade ativa para a cobrança da contribuição sindical rural.
- **SÚMULA N. 510:** A liberação de veículo retido apenas por transporte irregular de passageiros não está condicionada ao pagamento de multas e despesas.

7. JURISPRUDÊNCIAS 2015/2016

- **ADMINISTRATIVO. RECURSO EM MANDADO DE SEGURANÇA. SERVIDOR PÚBLICO. POLICIAL CIVIL. PROCESSO ADMINISTRATIVO DISCIPLINAR. DEMISSÃO. SANÇÕES DISCIPLINARES DA LEI ESTADUAL REGULADORA DA CARREIRA. APLICAÇÃO. INDEPENDÊNCIA EM RELAÇÃO ÀS PENALIDADES DA LEI DE IMPROBIDADE. TRÂNSITO EM JULGADO DA AÇÃO DE IMPROBIDADE. DESNECESSIDADE. SEPARAÇÃO DE PODERES. PODER DISCIPLINAR. INDEPENDÊNCIA ENTRE INSTÂNCIAS ADMINISTRATIVA E JUDICIAL. RECURSO DESPROVIDO.** 1. Os fundamentos apresentados pela parte recorrente, em verdade, resumem-se à questão dos limites do Poder Administrativo Disciplinar e à Separação dos Poderes. Sustenta o recorrente que a Administração Pública não poderia demiti-lo com base em ato que configure improbidade administrativa, seja por não ter competência para julgar fatos definidos como crime e atos de improbidade, simultaneamente, pois tal compete ao Poder Judiciário; seja porque a perda da função pública em matéria de improbidade só pode ocorrer com a existência de sentença judicial condenatória pela prática dos atos (Lei 8.429/92); seja porque o art. 220 do 3º grau, IV e do 4º grau, IV, da LCE n. 407/2010, no qual foi capitulado o recorrente, está eivado de inconstitucionalidade. 2. Como é cediço, "o poder disciplinar tem origem e razão de ser no interesse e na necessidade de aperfeiçoamento progressivo do serviço público, assegurando a ordem interna, a conduta de seus agentes e o regime hierárquico" (HEUSELER, Elbert da Cruz. (In)comunicabilidade da sentença penal no Processo Administrativo Disciplinar. Revista Brasileira de Direito Público - RBDP, Belo Horizonte, ano 5, n. 19, p. 129-145, out./dez. 2007). Verifica-se, pois, que se conferiu à Administração Pública a prerrogativa de avaliar a conduta dos seus agentes, com vistas ao atendimento do interesse público primário da boa prestação da atividade administrativa. 3. Uma das decorrências do princípio da separação de poderes (art. 2º, CF/88) é exatamente o estabelecimento do poder administrativo disciplinar e a fixação da independência entre as instâncias administrativa e judicial. A escolha das condutas que configuram infração administrativa e sua respectiva sanção disciplinar, por norma que disciplina determinada carreira, em princípio não configura inconstitucionalidade, ressalvados os casos de avaliação da desproporcionalidade entre conduta e sanção. 4. Não há impedimento, portanto, a que uma mesma conduta se caracterize como ilícito civil, penal e administrativo, com fixação da sanção conforme previsão legal de cada esfera. 5. Orienta-se esta Corte no sentido de que as sanções disciplinares previstas nas diversas leis reguladoras das carreiras públicas são independentes em relação às penalidades previstas na Lei de Improbidade Administrativa, não havendo necessidade de se aguardar o trânsito em julgado da ação de improbidade administrativa para aplicação das penas de demissão ou de cassação de aposentadoria. 6. Recurso ordinário a que se nega provimento. **Processo RMS 48361/MT. RECURSO ORDINÁRIO EM MANDADO DE SEGURANÇA 2015/0116192-9. Relator(a): Ministro OG FERNANDES (1139). Órgão Julgador: T2 - SEGUNDA TURMA. Data do Julgamento: 25/08/2015. Data da Publicação/Fonte: DJe 11/09/2015.**

- **ADMINISTRATIVO. PODER DE POLÍCIA. MANDADO DE SEGURANÇA. MULTA LAVRADA PELO PROCON. MANUTENÇÃO. AUSÊNCIA DE INDICAÇÃO DO PREÇO DOS PRODUTOS EXPOSTOS EM VITRINE. CONCLUSÃO DO TRIBUNAL DE ORIGEM. REVISÃO. SÚMULA 7/STJ.** 1. O Tribunal de origem entendeu pela validade do auto de infração lavrado pela recorrida, visto que a autuada não comprovou que os produtos expostos na vitrine seriam decorativos, sendo correta a conduta fiscalizatória, considerando a ausência de indicação do preço dos produtos expostos. Assim, para alterar tal conclusão, necessário o revolvimento de matéria fático-probatória, o que é vedado em recurso especial, ante o óbice da Súmula 7/STJ. 2. Agravo regimental não provido. **Processo** AgRg no AREsp 776554/SP. AGRAVO REGIMENTAL NO AGRAVO EM RECURSO ESPECIAL 2015/0220080-4. **Relator(a):** Ministro MAURO CAMPBELL MARQUES (1141). **Órgão Julgador:** T2 - SEGUNDA TURMA. **Data do Julgamento:** 27/10/2015. **Data da Publicação/Fonte,** DJe 06/11/2015.

7.1. Informativos do STJ

- **Informativo n. 581**

DIREITO ADMINISTRATIVO. PRAZO PARA O TCU EXIGIR COMPROVAÇÃO DE REGULAR APLICAÇÃO DE VERBAS FEDERAIS POR MEIO DE TOMADA DE CONTAS ESPECIAL. É de cinco anos o prazo para o TCU, por meio de tomada de contas especial (Lei n. 8.443/1992), exigir do ex-gestor público municipal a comprovação da regular aplicação de verbas federais repassadas ao respectivo Município. De fato, não se olvida que as "ações de ressarcimento" são imprescritíveis, conforme dispõe § 5º do art. 37 da CF, o que tem sido observado e reiterado nos julgamentos do STJ, seja em sede de ação de improbidade com pedido de ressarcimento, seja em ação com o fim exclusivo de ressarcir o erário. No entanto, a hipótese em análise não versa sobre o exercício do direito de ação, ou seja, de pedir ressarcimento perante o Poder Judiciário. Diversamente, trata da imputação de débito e aplicação de multa promovida pelo TCU, no exercício do seu poder/dever de velar pelas contas públicas, mediante atuação administrativa, oportunidade em que não há falar em exercício do direito de ação. Trata-se de procedimento de controle das finanças públicas, de grande valia, a fim de constituir crédito não tributário, no caso de contas julgadas irregulares, com reconhecido *status* de título executivo extrajudicial, nos termos dos arts. 19, *caput*, e 24 da Lei n. 8.443/1992. Sob esse prisma, o ônus da prova do adequado e regular emprego das verbas públicas é imputado, como não poderia ser diferente, ao responsável pela utilização dos valores repassados pela União. Assim, a não comprovação da adequada aplicação dos recursos públicos traduz, *apenas por presunção*, a ocorrência de prejuízo ao erário e, consequentemente, a imputação do débito e multa ao gestor falho ou faltoso. E nesse ponto reside o principal fundamento para entender que a atuação administrativa está sujeita a prazo para a constituição do crédito não tributário. Isso porque, enquanto que na tomada de contas especial o ônus da prova incumbe ao responsável pela aplicação dos recursos repassados, característica intrínseca do processo de prestação ou tomada de contas; na ação de ressarcimento, imprescritível, o ônus da prova do efetivo prejuízo ao erário incumbe a quem pleiteia o ressarcimento, perante o Poder Judiciário. Dessa forma, não é razoável cogitar, mediante singelo raciocínio lógico, que ex-gestor público permaneça *obrigado a provar* que aplicou adequadamente verbas públicas após 30, 40 ou 50 anos dos fatos a serem provados, em flagrante vulneração dos princípios da segurança jurídica e da ampla defesa, bases do ordenamento jurídico, afinal é notória a instabilidade jurídica e a dificuldade, ou mesmo impossibilidade, de produção de provas após o decurso de muito tempo. Lado outro, a imprescritibilidade das ações de ressarcimento visa, à evidência, o resguardo do patrimônio público a qualquer tempo. Nessa hipótese, conforme a dicção constitucional "ação de ressarcimento", o ônus da prova incumbe a quem alega a ocorrência do prejuízo ao erário e atribui responsabilidade ao seu causador, perante o Poder Judiciário. Assim, a exceção constitucional à regra da prescritibilidade pressupõe o exercício da jurisdição e a efetiva prova do prejuízo ao erário e da responsabilidade do seu causador, ônus de quem pleiteia. Caso contrário, admitir-se-ia Estado de Exceção, em que qualquer ex-gestor público demandado pelo TCU, em tomada de contas especial, estaria obrigado a provar, a qualquer tempo, mesmo que decorridas décadas, a adequada aplicação de verbas federais repassadas, independentemente da comprovação de efetivo prejuízo ao erário. Dessa forma, a atuação do TCU, mediante tomada de contas especial, atribuindo o ônus da prova a quem recebeu repasse de verbas públicas federais é legítimo e possível, nos termos da legislação, em especial a Lei n. 8.443/1992. Entretanto, a não sujeição dessa atuação a limite temporal conduziria a situações de profunda e grave perplexidade, contrárias ao Estado de Direito. Quanto ao prazo para a atuação do TCU, o art. 8º da Lei n. 8.443/1992, ao tratar do aspecto temporal na tomada de contas especial, apenas prevê que «a autoridade administrativa competente, sob pena de responsabilidade solidária, deverá imediatamente adotar providências com vistas à instauração da tomada de contas especial para apuração de fatos, identificação dos responsáveis e quantificação do dano» no caso de "não comprovação da aplicação dos recursos repassados pela União". Dessa forma, resulta imperativo o uso da analogia, como recurso de integração legislativa, conforme permissivo do art. 4º da LINDB, para o fim de aferir o prazo para o agir da Administração. Nesse passo, descarta-se, de pronto, a aplicação das regras gerais de prescrição previstas no Código Civil em virtude da especificidade do Direito Administrativo em face do Direito Privado. Isso posto, verifica-se que, no âmbito do Direito Administrativo, o Decreto n. 20.910/1932, estabeleceu, como regra geral, o prazo prescricional quinquenal, quando o sujeito passivo da relação jurídica for a Fazenda Pública (art. 1º). E, na hipótese inversa, ou seja, quando o sujeito ativo for a Administração, o ordenamento jurídico somente previu regras específicas para determinadas ações administrativas, que se assemelham ao direito não regulado em questão, como se extrai da análise dos arts. 173 e 174 do CTN, art. 142 da Lei n. 8.112/1990, art. 54 da Lei n. 9.784/1999, art. 23 da Lei n. 8.429/1992, art. 13, § 1º, da Lei n. 9.847/1999, art. 1º da Lei n. 6.838/1980, e, em especial, do art. 1º da Lei n. 9.873/1999. Percebe-se, da análise desses dispositivos, que o prazo máximo de cinco anos é uma constante para as hipóteses de decadência ou prescrição nas relações com o Poder Público, seja por meio de regra geral quando está no polo passivo da relação, seja por meio de inúmeras regras específicas quando está no polo ativo da relação jurídica. Dessa forma, não há motivo bastante para distinguir a hipótese dos autos ao das regras específicas similares, em que a Administração possui o prazo de 5 anos para apurar infrações, ou mesmo da regra geral que impõe o prazo de 5 anos para as ações dos administrados contra a Administração. Aliás, em hipótese similar à presente, porquanto ausente prazo decadencial específico no que concerne ao exercício do poder de polícia pela Administração, antes do advento da Lei n. 9.873/1999, a Primeira Seção do STJ, no julgamento do REsp 1.105.442-RJ (DJe 22/2/2011), sob o rito do art. 543-C do CPC/1973, assentou ser ele de 5 anos, valendo-se da aplicação analógica do art. 1º do Decreto n. 20.910/1932. Isso posto, a tomada de contas especial está sujeita ao prazo decadencial de 5 anos desde quando exigível, limite temporal para que irregularidade nas contas gere presunção de prejuízo ao erário e importe na imputação do débito e multa ao responsável. Expirado esse prazo, ressalva-se a via judicial para eventual ação de ressarcimento, esta imprescritível, oportunidade em que deverá ser provado o efetivo prejuízo ao erário e a responsabilidade do acionado. REsp 1.480.350-RS, Rel. Min. Benedito Gonçalves, julgado em 5/4/2016, DJe 12/4/2016.

7.2. Informativos dos STF

- Informativo n. 793

GUARDA MUNICIPAL E FISCALIZAÇÃO DE TRÂNSITO – 3. É constitucional a atribuição às guardas municipais do exercício de poder de polícia de trânsito, inclusive para imposição de sanções administrativas legalmente previstas. Com base nessa orientação, o Plenário, por maioria e em conclusão de julgamento, desproveu recurso extraordinário em que se discutia a possibilidade de lei local designar a guarda municipal para atuar na fiscalização, no controle e na orientação do trânsito e do tráfego, em face dos limites funcionais dispostos no art. 144, § 8º, da CF ("§ 8º - Os Municípios poderão constituir guardas municipais destinadas à proteção de seus bens, serviços e instalações, conforme dispuser a lei") — v. Informativo 785. A Corte destacou que o poder de polícia não se confundiria com a segurança pública. O exercício daquele não seria prerrogativa exclusiva das entidades policiais, a quem a Constituição outorgara, com exclusividade, no art. 144, apenas as funções de promoção da segurança pública. Ademais, a fiscalização do trânsito com aplicação das sanções administrativas legalmente previstas, embora pudesse se dar ostensivamente, constituiria mero exercício de poder de polícia. Não haveria, portanto, óbice ao seu exercício por entidades não policiais. O CTB, observando os parâmetros constitucionais, estabelecera a competência comum dos entes da Federação para o exercício da fiscalização de trânsito. Dentro de sua esfera de atuação, delimitada pelo CTB, os Municípios poderiam determinar que o poder de polícia que lhes compete fosse exercido pela guarda municipal. O art. 144, § 8º, da CF, não impediria que a guarda municipal exercesse funções adicionais à de proteção de bens, serviços e instalações do Município. Até mesmo instituições policiais poderiam cumular funções típicas de segurança pública com o exercício do poder de polícia. Vencidos os Ministros Marco Aurélio (relator), Teori Zavascki, Rosa Weber, Ricardo Lewandowski

(Presidente) e Cármen Lúcia, que davam parcial provimento ao recurso. Entendiam ser constitucional a lei local que conferisse à guarda municipal a atribuição de fiscalizar e controlar o trânsito, inclusive com a possibilidade de imposição de multas, porém, desde que observada a finalidade constitucional da instituição de proteger bens, serviços e equipamentos públicos (CF, art. 144, § 8º) e os limites da competência municipal em matéria de trânsito, estabelecidos pela legislação federal (CF, art. 22, XI). **RE 658570/MG, rel. orig. Min. Marco Aurélio, red. p/ o acórdão Min. Roberto Barroso, 6.8.2015. (RE - 658570). (Informativo 793, Plenário, Repercussão Geral).**

8. QUESTÕES DE CONCURSOS

1. (FCC - 2014 - TRT - 1ª REGIÃO - RJ - Analista Judiciário - Tecnologia da Informação) Quando se diz que as relações da Administração pública estão sujeitas à hierarquia, se quer dizer que é possível estabelecer alguma relação de coordenação e de subordinação entre os órgãos que compõem a Administração. Essa competência expressa-se quando a Administração

a) edita atos normativos de efeitos externos, obrigando seus subordinados e os particulares que com eles se relacionam.
b) edita atos normativos para organizar a atuação dos órgãos que integram sua estrutura.
c) instaura processos administrativos para apuração de irregularidades e aplicação de sanções disciplinares e contratuais.
d) celebra contratos com particulares para atendimento do interesse público.
e) fiscaliza a atuação dos subordinados e dos particulares, inclusive com a aplicação de penalidades.

2. (VUNESP - 2014 - DPE-MS - Defensor Público) Sobre os poderes inerentes à Administração Pública, é correto afirmar que

a) o poder normativo ou regulamentar atribuído à Administração Pública permite a edição de atos normativos originários, por competência própria, outorgada pela Constituição.
b) o exercício do poder disciplinar visa apurar infrações e aplicar penalidades aos servidores públicos, não sendo aplicado o contraditório e a ampla defesa no âmbito do processo administrativo.
c) a organização hierárquica é atribuição exclusiva do Poder Executivo, havendo, portanto, somente nesse âmbito, incidência do poder hierárquico.
d) o poder de polícia é a atividade do Estado consistente em limitar o exercício dos direitos individuais em benefício do interesse público.

3. Assinale a alternativa que discorre corretamente sobre poderes e deveres da Administração.

a) Embora a discricionariedade esteja presente na maior parte das medidas decorrentes do poder de polícia, nem sempre isso ocorre. Às vezes, a lei já estabelece que, diante de determinados requisitos, a Administração terá que adotar solução previamente estabelecida, sem qualquer possibilidade de opção. Nesse caso, o poder de polícia será vinculado.
b) O poder normativo ou regulamentar é exercido pelo Chefe do Executivo quando este emite decretos que não podem contrariar a lei, nem criar direitos, impor obrigações, proibições, ou penalidades que não estejam previstos em lei. O controle sobre os atos normativos do Poder Executivo é de legalidade, sendo sempre realizado no âmbito do Poder Judiciário.
c) O poder disciplinar é vinculado, assim a Administração não tem liberdade de escolha entre punir e não punir, pois, tendo conhecimento de falta praticada por servidor, tem necessariamente que instaurar o procedimento adequado para sua apuração e, se for o caso, aplicar a pena cabível. Não o fazendo, no entanto, não incide em crime de condescendência criminosa.
d) Decorre do poder disciplinar a prerrogativa de editar atos normativos (resoluções, portarias, instruções), com o objetivo de ordenar a atuação dos órgãos subordinados, sendo decorrente da relação hierárquica, tendo efeitos internos e externos à Administração Pública.

4. (CESPE - 2014 - TJ-CE - Técnico Judiciário - Área Judiciária) Considere que a prefeitura de determinado município tenha concedido licença para reforma de estabelecimento comercial. Nessa situação hipotética, assinale a opção em que se explicita o poder da administração correspondente ao ato administrativo praticado, além das classificações que podem caracterizá-lo.

a) poder de polícia, ato unilateral e vinculado
b) poder hierárquico, ato unilateral e vinculado
c) poder disciplinar, ato bilateral e discricionário
d) poder de polícia, ato bilateral e discricionário

e) poder disciplinar, ato unilateral e discricionário

5. **(CESPE - PGDF – PROCURADOR-GERAL DO DISTRITO FEDERAL – 2014)** Determinado ente federativo, no exercício de atividade fiscalizatória, tendo constatado a presença de construção irregular de imóvel em área pública a ele pertencente, emitiu notificação demolitória ao ocupante. O particular apresentou requerimento administrativo, com a finalidade de impedir a concretização da demolição, no qual, alegou que: (i) o ato seria nulo, ante a ausência da indispensável autorização judicial prévia; (ii) a ocupação seria de boa-fé, embora não houvesse título expresso e válido autorizando a ocupação do imóvel; (iii) como decorrência da boa-fé, teria posse do imóvel e o direito de retenção, de acordo com os institutos civilistas aplicáveis à matéria; e (iv) teria direito à indenização por benfeitorias úteis e necessárias, caso fosse implementada a medida. Para subsidiar a apresentação de resposta ao requerimento, foi solicitado parecer ao órgão jurídico competente a respeito das argumentações apresentadas pelo autor. Em face dessa situação hipotética, elabore, na condição de procurador responsável pela análise do tema, o parecer solicitado, com fundamento na legislação de regência e na jurisprudência do STJ. Ao elaborar seu texto, além de enfrentar todas as alegações do autor [valor: 28,00 pontos], aborde, necessariamente, os seguintes aspectos:

- conceito de poder de polícia; [valor: 5,00 pontos]
- atributos da discricionariedade, autoexecutoriedade e coercibilidade; [valor: 15,00 pontos]
- meios de atuação do poder de polícia em sentido amplo. [valor: 5,00 pontos]

6. **(Cespe – Defensor Público - DPU/ 2015)** Julgue os itens a seguir, que tratam da hierarquia e dos poderes da administração pública.

A multa, como sanção resultante do exercício do poder de polícia administrativa, não possui a característica da autoexecutoriedade. CERTO

A hierarquia é uma característica encontrada exclusivamente no exercício da função administrativa, que inexiste, portanto, nas funções legislativa e jurisdicional típicas. CERTO

7. **(FCC – Juiz de Direito – GO/2015)** O regime jurídico administrativo compreende um conjunto de prerrogativas e sujeições aplicáveis à Administração e expressa-se sob a forma de princípios informativos do Direito Público, bem como pelos poderes outorgados à Administração, entre os quais se insere o poder normativo, que

a) não se restringe ao poder regulamentar, abarcando também atos originários relativos à matéria de organização administrativa.
b) permite a edição de atos discricionários, com base em critérios de conveniência e oportunidade e afasta a vinculação a requisitos formais.
c) autoriza a Administração a impor limites às atividades privadas em prol do interesse público.
d) é o instrumento pelo qual a Administração disciplina a execução da lei, editando normas que podem inovar em relação ao texto legal para a criação de obrigações aos administrados.
e) compreende a aplicação de sanções àqueles ligados à Administração por vínculo funcional ou contratual.

8. **(FCC – Analista Judiciário – Oficial de Justiça Avaliador - TRT 4/2015)** As prerrogativas concedidas à Administração pública e as sujeições impostas aos administrados são objeto de constantes contraposições, servindo os princípios que norteiam a atuação do Poder Público também como limitadores e garantias aos direitos individuais dos administrados. O exercício do poder de polícia é exemplo dessa contraposição, havendo situações em que os limites das competências administrativas ficam mais evidentes do que em outros. Como adequada forma de interação do poder de polícia e dos direitos individuais é correto

a) afirmar que o exercício do poder de polícia administrativo é sempre repressivo, assemelhando-se à polícia judiciária nesse aspecto, sendo garantido ao administrado o exercício do contraditório e da ampla defesa, ainda que diferido em relação àquela atuação.
b) ressalvar o atributo da auto-executoriedade no exercício do poder de polícia em algumas situações que não se mostrem imprescindíveis para o atendimento do interesse público e impliquem infringir garantias constitucionais dos administrados, como a inviolabilidade de domicílio.
c) concluir que a auto-executoriedade é atributo inerente a toda a atuação de polícia da Administração pública, diferentemente da exigibilidade, prescindível muitas vezes, na medida em que aquela atuação ficaria esvaziada no caso de depender de interferência do Poder Judiciário.
d) permitir a superação de garantias e liberdades individuais sempre que a Administração pública entender que assim o interesse público restará

melhor atendido, diferindo-se a motivação e a observância do contraditório e da ampla defesa.

e) limitar a atuação da Administração pública pelos prejuízos financeiros causados aos administrados, de modo que a atuação coercitiva somente é permitida para fins preventivos e desde que não gere impacto patrimonial na esfera dos interessados, sob pena de ser obrigatória prévia instauração de processo administrativo.

9. **(TRF 1 - Juiz Federal Substituto 1ª região/2015)** Relativamente ao poder regulamentar, à regulação e ao poder de polícia administrativa, assinale a opção correta.

a) O regulamento autônomo diferencia-se do regulamento de execução porque, enquanto este é editado com fundamento na lei, aquele possui fundamento direto na Constituição, sendo possível, portanto, que inove na ordem jurídica.

b) Nem todos os atos de polícia são autoexecutórios, mas todos possuem o atributo da coercibilidade na medida em que impõem restrições ou condições que devem ser obrigatoriamente cumpridas pelos particulares.

c) No âmbito federal, adota-se o limite temporal de três anos para o exercício de ação punitiva pela administração pública no exercício do poder de polícia, objetivando apurar infração à legislação em vigor.

d) No exercício do poder regulamentar, compete ao presidente da República sancionar, promulgar e fazer publicar as leis e as propostas de emenda à Constituição, bem como expedir decretos e regulamentos que disciplinem sua execução.

e) O poder regulamentar exercido pelo chefe do Poder Executivo não se confunde com o poder regulatório atribuído a certas entidades administrativas. Ambos possuem, porém, conteúdo eminentemente técnico e englobam o exercício de atividades normativas, executivas e judicantes.

10. **(TRF 5 - Juiz Federal Substituto 5ª região/2015)** Assinale a opção correta com relação ao poder regulamentar e ao poder de polícia administrativa.

a) O poder de polícia administrativa tem como uma de suas características a autoexecutoriedade, entendida como sendo a prerrogativa de que dispõe a administração para praticar atos e colocá-los em imediata execução sem depender de autorização judicial.

b) O exercício do poder de polícia administrativa é sempre discricionário, caracterizando-se por conferir ao administrador liberdade para escolher o melhor momento de sua atuação ou a sanção mais adequada no caso concreto, por exemplo, quando houver previsão legal de duas ou mais sanções para determinada infração.

c) No exercício da atividade de polícia, a administração atua por meio de atos concretos e impositivos que geram deveres e obrigações aos indivíduos, não sendo possível considerar que a edição de atos normativos caracterize atuação de polícia administrativa.

d) O poder regulamentar é prerrogativa concedida textualmente pela CF ao chefe do Poder Executivo federal que não se estende aos governadores e aos prefeitos.

e) No exercício do poder regulamentar, o presidente da República pode dispor, mediante decreto, sobre a organização e o funcionamento da administração federal, quando tal ato administrativo não implicar aumento de despesa; sobre a criação e extinção de órgãos públicos; sobre a extinção de funções ou cargos públicos, quando estes estiverem vagos.

11. **(MPE-SP – Promotor de Justiça – SP/2015)** Assinale a alternativa correta sobre o poder de polícia:

a) Ele é passível de delegação a particulares.

b) Tem, como atributos exclusivos, a discricionariedade e a coercibilidade.

c) Inexiste vedação constitucional para que pessoas administrativas de direito privado possam exercê-lo na sua modalidade fiscalizatória.

d) Qualifica-se como atividade positiva da Administração.

e) Os atos a ele inerentes não se sujeitam ao princípio da anterioridade.

12. **(MPE-SP – Promotor de Justiça – SP/2015)** Entre as alternativas abaixo apresentadas, aponte aquela que não representa um vício de desvio de poder na atividade administrativa:

a) A exoneração, de ofício, de ocupante de cargo comissionado ao qual se atribui a prática de falta grave.

b) A remoção de servidor fundada em justificativa genérica e subjetiva da presença de interesse público.

c) A remoção desmotivada de servidor concursado, pelo administrador público.

d) A concessão de alvará à casa de prostituição para funcionamento como discoteca ou danceteria.

e) A concessão de uso especial para fins de moradia a possuidor que é proprietário de outro imóvel urbano ou rural.

13. **(Fundatec – Procurador do Estado – RS/2015)** Sobre o poder de polícia, assinale a alternativa correta.

a) O poder de polícia é um poder discricionário por natureza, destinado à defesa da segurança nacional.

b) A licença é um ato de consentimento administrativo plenamente vinculado por meio do qual se faculta ao particular o exercício de uma atividade.

c) O poder de polícia consiste na imposição de restrições, condicionamentos e conformações a direitos individuais, mas não a imposição de deveres aos particulares.

d) O exercício do poder de polícia configura fato gerador do tributo denominado contribuição social.

e) A delegação de atos de polícia administrativa a particulares é, em regra, admitida no Direito brasileiro.

14. **(Cespe – Delegado de Polícia – PE/2016)** Acerca dos poderes e deveres da administração pública, assinale a opção correta.

A) A autoexecutoriedade é considerada exemplo de abuso de poder: o agente público poderá impor medidas coativas a terceiros somente se autorizado pelo Poder Judiciário.

B) À administração pública cabe o poder disciplinar para apurar infrações e aplicar penalidades a pessoas sujeitas à disciplina administrativa, mesmo que não sejam servidores públicos.

C) Poder vinculado é a prerrogativa do poder público para escolher aspectos do ato administrativo com base em critérios de conveniência e oportunidade; não é um poder autônomo, devendo estar associado ao exercício de outro poder.

D) Faz parte do poder regulamentar estabelecer uma relação de coordenação e subordinação entre os vários órgãos, incluindo o poder de delegar e avocar atribuições.

E) O dever de prestar contas aos tribunais de contas é específico dos servidores públicos; não é aplicável a dirigente de entidade privada que receba recursos públicos por convênio.

15. **(Cespe – Juiz de Direito Substituto - AM/2016)** Os poderes administrativos são prerrogativas outorgadas aos agentes públicos para a consecução dos interesses da coletividade.

A respeito desses poderes, assinale a opção correta.

A) O pagamento de multa aplicada em decorrência do poder de polícia não pode configurar condição para que a administração pratique outro ato em favor do interessado.

B) O poder restritivo da administração, consubstanciado no poder de polícia, não se limita pelos direitos individuais.

C) O poder vinculado refere-se à faculdade de agir atribuída ao administrador.

D) Entre os poderes administrativos incluem-se o poder disciplinar, o poder regulamentar e o poder jurídico.

E) Poder regulamentar é a prerrogativa concedida à administração pública de editar atos gerais para complementar as leis e permitir a sua efetiva aplicação.

16. **(FCC – Procurador do Estado – MT/2016)** Sobre o exercício do poder de polícia, no âmbito dos Estados-membros, é correto afirmar:

(A) Viola a competência privativa da União lei estadual que impede a renovação da licença de trânsito em razão do inadimplemento do IPVA.

(B) É lícita a apreensão de mercadorias, quando o contribuinte não recolheu o tributo que deveria ter recolhido previamente à saída do estabelecimento.

(C) É competente a autoridade estadual para apreender e desemplacar veículos que são flagrados no exercício irregular de transporte coletivo intermunicipal.

(D) O Estado pode decretar administrativamente o perdimento de bens apreendidos em decorrência da prática de importação irregular.

(E) É ilícita a apreensão de mercadorias em razão da ausência de documentação fiscal, haja vista o princípio da presunção de boa-fé.

17. **(FCC – Analista Judiciário – Oficial de Justiça Avaliador - TRT 4/2015)** As prerrogativas concedidas à Administração pública e as sujeições impostas aos administrados são objeto de constantes contraposições, servindo os princípios que norteiam a atuação do Poder Público também como limitadores e garantias aos direitos individuais dos administrados. O exercício do poder de polícia é exemplo dessa contraposição, havendo situações em que os limites das competências administrativas ficam mais evidentes do que em outros. Como adequada forma de interação do poder de polícia e dos direitos individuais é correto

a) afirmar que o exercício do poder de polícia administrativo é sempre repressivo, assemelhando-se à polícia judiciária nesse aspecto, sendo garantido ao administrado o exercício do contraditório e da ampla defesa, ainda que diferido em relação àquela atuação.
b) ressalvar o atributo da auto-executoriedade no exercício do poder de polícia em algumas situações que não se mostrem imprescindíveis para o atendimento do interesse público e impliquem infringir garantias constitucionais dos administrados, como a inviolabilidade de domicílio.
c) concluir que a auto-executoriedade é atributo inerente a toda a atuação de polícia da Administração pública, diferentemente da exigibilidade, prescindível muitas vezes, na medida em que aquela atuação ficaria esvaziada no caso de depender de interferência do Poder Judiciário.
d) permitir a superação de garantias e liberdades individuais sempre que a Administração pública entender que assim o interesse público restará melhor atendido, diferindo-se a motivação e a observância do contraditório e da ampla defesa.
e) limitar a atuação da Administração pública pelos prejuízos financeiros causados aos administrados, de modo que a atuação coercitiva somente é permitida para fins preventivos e desde que não gere impacto patrimonial na esfera dos interessados, sob pena de ser obrigatória prévia instauração de processo administrativo.

18. (Cespe – Defensor Público - DPU/ 2015) A hierarquia é uma característica encontrada exclusivamente no exercício da função administrativa, que inexiste, portanto, nas funções legislativa e jurisdicional típicas.

19. (TRF 1 - Juiz Federal Substituto 1ª região/2015) Relativamente ao poder regulamentar, à regulação e ao poder de polícia administrativa, assinale a opção correta.
a) O regulamento autônomo diferencia-se do regulamento de execução porque, enquanto este é editado com fundamento na lei, aquele possui fundamento direto na Constituição, sendo possível, portanto, que inove na ordem jurídica.
b) Nem todos os atos de polícia são autoexecutórios, mas todos possuem o atributo da coercibilidade na medida em que impõem restrições ou condições que devem ser obrigatoriamente cumpridas pelos particulares.
c) No âmbito federal, adota-se o limite temporal de três anos para o exercício de ação punitiva pela administração pública no exercício do poder de polícia, objetivando apurar infração à legislação em vigor.
d) No exercício do poder regulamentar, compete ao presidente da República sancionar, promulgar e fazer publicar as leis e as propostas de emenda à Constituição, bem como expedir decretos e regulamentos que disciplinem sua execução.
e) O poder regulamentar exercido pelo chefe do Poder Executivo não se confunde com o poder regulatório atribuído a certas entidades administrativas. Ambos possuem, porém, conteúdo eminentemente técnico e englobam o exercício de atividades normativas, executivas e judicantes.

20. (Cespe – Defensor Público - DPU/ 2015) A multa, como sanção resultante do exercício do poder de polícia administrativa, não possui a característica da autoexecutoriedade.

21. (MPE-SP – Promotor de Justiça – SP/2015) Assinale a alternativa correta sobre o poder de polícia:
a) Ele é passível de delegação a particulares.
b) Tem, como atributos exclusivos, a discricionariedade e a coercibilidade.
c) Inexiste vedação constitucional para que pessoas administrativas de direito privado possam exercê-lo na sua modalidade fiscalizatória.
d) Qualifica-se como atividade positiva da Administração.
e) Os atos a ele inerentes não se sujeitam ao princípio da anterioridade.

GAB		COMENTÁRIO
1	B	A hierarquia é uma atribuição concedida ao administrador para organizar, distribuir e principalmente escalonar as funções de seus órgãos, consistindo no poder que a Administração possui de se estruturar internamente determinando uma relação de hierarquia e subordinação entre seus órgãos e agentes. Ressalta-se que a hierarquia configura um poder de estruturação interna da atividade pública, não existindo manifestação hierárquica entre pessoas jurídicas diferentes.
2	D	O poder de polícia decorre da supremacia geral da Administração Pública e, na busca pelo atendimento do interesse coletivo, pode estipular limitações e restrições ao exercício de liberdades individuais, inclusive o direito de propriedade.
3	A	A discricionariedade é a regra apresentada nos atos decorrentes do exercício do poder de polícia. Ou seja, a princípio, os atos de polícia são praticados pelo agente público, no exercício de competência discricionária, podendo definir a melhor atuação nos limites e contornos autorizados pela lei. Nesse sentido, a maioria das bancas de concurso adota a ideia da discricionariedade como **característica** do poder de polícia. Contudo, por haver atos em que a Administração Pública manifeste competência discricionária e atos a respeito dos quais a atuação da Administração é totalmente vinculada, **não** se pode dizer que o poder de polícia é **sempre discricionário**. Exemplo: as licenças para construção, que a lei estabelece requisitos objetivos para a sua concessão. Uma vez cumpridos os requisitos legais, o particular terá direito subjetivo à concessão do alvará pleiteado, sem que o agente público tenha qualquer margem de escolha.
4	A	Licença é ato administrativo unilateral, por consistir na declaração de uma parte, e vinculado. Apesar de a doutrina tradicional e a maioria das bancas de concursos considerarem a discricionariedade como característica do poder de polícia, eventualmente este pode se manifestar por atos vinculados, como é o caso da licença, para a qual a lei estabelece requisitos objetivos para a concessão e, uma vez preenchidos os requisitos legais, o particular terá direito subjetivo à concessão do alvará pleiteado, não podendo a Administração negar.
5	-	Poder de polícia, conforme o art. 78 do CTN, é a "atividade da administração pública que, limitando ou disciplinando direito, interesse ou liberdade, regula a prática de ato ou abstenção de fato, em razão de interesse público concernente à segurança, à higiene, à ordem, aos costumes, à disciplina da produção e do mercado, ao exercício de atividades econômicas dependentes de concessão ou autorização do Poder Público, à tranquilidade pública ou ao respeito à propriedade e aos direitos individuais ou coletivos", e possui como atributos a discricionariedade, a autoexecutoriedade e a coercibilidade, vistos no item 4.4.5 do capítulo 3. Ademais, o poder de polícia pode atuar de forma preventiva, repressiva ou fiscalizadora.
6	CERTO	O primeiro item apresentado pela questão é correto, pois o atributo da autoexecutoriedade apenas existe quando há lei permitindo ou situações urgentes, a exemplo de apreensão de alimentos inviáveis ao consumo. O segundo item apresentado pela questão também é correto, pois a hierarquia é característica atinente à função administrativa do Estado, seja ela exercida tipicamente pelo Poder Executivo, ou pelos outros Poderes Estatais, de forma atípica. Sendo assim, não se fundamenta na hierarquia o exercício das funções jurisdicionais ou legislativas do Estado.
7	A	A doutrina moderna trata o Poder Regulamentar como espécie do Poder Normativo, pois, além da edição dos regulamentos, o Poder Normativo abarca a edição de outros atos normativos, tais como as deliberações, instruções, resoluções.
8	B	É importante frisar que as prerrogativas da Administração Pública decorrentes do Princípio da Supremacia do Interesse Público sobre o Privado, não são manipuladas ao seu bel prazer, pois devem sempre ser utilizadas de forma a satisfazer as necessidades da coletividade, respeitando os princípios que norteiam a sua atuação.
9	A	Os regulamentos autônomos são aqueles que atuam substituindo a lei e têm o condão de inovar o ordenamento jurídico, determinando normas sobre matérias não disciplinadas em lei. São substitutos da lei e não seus facilitadores, uma vez que são expedidos sem contemplar qualquer lei anterior.

GAB		COMENTÁRIO
10	A	A autoexecutoriedade, um dos atributos inerentes ao Poder de Polícia, está frequentemente presente nas medidas de polícia, possibilitando à Administração Pública a execução de suas próprias decisões sem interferência do Poder Judiciário.
11	C	A doutrina majoritária considera a impossibilidade da delegação do Poder de Polícia, propriamente dito, inclusive para as pessoas jurídicas de direito privado da Administração Indireta. Nesses casos, é possível transferir a esses entes somente o poder de fiscalizar e de emanar atos de consentimentos (como carteiras de habilitação), não podendo legislar acerca da matéria ou aplicar sanções a particulares.
12	A	A exoneração, de ofício, de ocupante de cargo comissionado ao qual se atribui a prática de falta grave, não represente um vício de desvio de poder, pois, no caso de cargo comissionado, trata-se de relação de confiança entre agentes, sendo esta exoneração de livre iniciativa de sua chefia, sem a necessidade de qualquer motivação ou garantia de contraditório. A doutrina costuma designar como exoneração *ad nutum* a dispensa do servidor comissionado.
13	B	Preenchidos os requisitos definidos em lei, a licença deve ser conferida, não havendo qualquer possibilidade de emissão de juízo de valor por parte da autoridade administrativa. Assim, na hipótese do cumprimento dos requisitos objetivamente estipulados por lei, o cidadão tem direito subjetivo à concessão da licença.
14	B	O Poder Disciplinar trata da atribuição pública de aplicação de sanções àqueles que estejam sujeitos à disciplina do ente estatal. Com efeito, é o poder de aplicar sanções e penalidades, apurando infrações dos servidores ou outros que são submetidos à disciplina da Administração, ou seja, a todos aqueles que tenham vínculo de natureza especial com o Estado, como é o exemplo daqueles particulares que celebraram contratos com o Poder Público. A função deste poder é sempre aprimorar a prestação do serviço público punindo a malversação do dinheiro público ou atuação em desconformidade com a lei.
15	E	O Poder Normativo ou Regulamentar se traduz no poder conferido à Administração Pública de expedir normas gerais, ou seja, atos administrativos gerais e abstratos com efeitos *erga omnes*. Não se trata de poder para a edição de leis, mas apenas um mecanismo para a edição de normas complementares à lei. Trata-se de prerrogativa dada à Administração Pública de editar esses atos e permitir sua efetiva aplicação sempre limitada pela lei.
16	C	O Supremo Tribunal Federal estabeleceu o entendimento de que não há qualquer afronta ao art. 22, XI, da Constituição Federal, que prevê a competência exclusiva da União para legislar sobre o trânsito. A Suprema Corte define que é da competência estadual apreender e desemplacar veículos que são flagrados no exercício irregular de transporte coletivo intermunicipal, pois como os Estados possuem competência para emplacar, certamente possuem competência para desemplacar.
17	B	O atributo da autoexecutoriedade não está presente em todas as medidas de polícia. Tal atributo apenas existe quando há lei permitindo ou situações urgentes. Assim, na hipótese de violação de garantia constitucional dos administrados, como também, nos casos que não se mostrem imprescindíveis para o atendimento do interesse publico a autoexecutoriedade não deve ser aplicada.
18	CORRETO	A hierarquia é uma característica exclusiva da função administrativa, típica do Poder Executivo, NÃO sendo atribuída ao desempenho das funções TÍPICAS dos Poderes Legislativo e Judiciário, quais sejam: as funções legislativa e jurisdicional. Assim, apenas a função administrativa possui o atributo da hierarquia, o qual possibilita a organização, distribuição e escalonamento das funções e agentes.
19	A	Os regulamentos de execução são aqueles editados para a fiel execução da lei. Este regulamento não pode inovar o ordenamento jurídico, mas somente pode complementar a lei. Já os regulamentos autônomos atuam substituindo a lei e têm o condão de inovar o ordenamento jurídico, determinando normas sobre matérias não disciplinadas em lei. São substitutos da lei e não seus facilitadores, uma vez que são expedidos sem contemplar qualquer lei anterior (art. 84, VI, da Constituição Federal).

GAB		COMENTÁRIO
20	CORRETO	A autoexecutoriedade não é um atributo inerente a todos os atos de polícia. Embora a imposição da multa represente um ato imperativo, decorrente do poder de polícia, sua execução não pode ser feita por via administrativa, sob a alegação da aplicação do atributo da autoexecutoriedade. A execução da multa só pode ser realizada pela via judicial.
21	C	O exercício do poder de polícia na modalidade fiscalizatória é admitido pela doutrina. Assim, a doutrina majoritária considera a impossibilidade da delegação do poder de polícia, propriamente dito, inclusive para as pessoas jurídicas de direito privado da administração indireta. Contudo, em tais casos, é possível transferir a esses entes somente o poder de fiscalizar e de emanar atos de consentimentos (como carteiras de habilitação), não podendo legislar acerca da matéria ou aplicar sanções a particulares.

CAPÍTULO 4

ORGANIZAÇÃO ADMINISTRATIVA

1. INTRODUÇÃO

A Organização Administrativa é a estruturação do Estado. Seu estudo é o conhecimento acerca das pessoas, entidades e órgãos que irão desempenhar a função administrativa para formação do modelo do aparelho administrativo do Estado. Para José dos Santos Carvalho Filho[1] *"a função administrativa é dentre todas a mais ampla, uma vez que é através dela que o Estado cuida da gestão de todos os seus interesses e os da coletividade."*

Neste contexto, a expressão administração pública está sendo analisada em sentido material ou objetivo, ou seja, referindo-se à função de administrar exercida pelo ente público na busca do interesse da coletividade.

Entretanto, conforme já analisado nesta obra, a expressão Administração Pública pode ainda ser considerada em sentido subjetivo ou orgânico, quando então será utilizada para conceituar o conjunto estrutural de órgãos e entidades voltados à execução das atividades públicas. Nesse capítulo, será analisada, especificamente, essa organização estrutural do Estado, orientada na execução da atividade administrativa.

Com efeito, o estudo da organização administrativa corresponde à definição e conhecimento acerca das pessoas, entes e órgãos que compõem o aparelho administrativo do Estado, no desempenho da atividade administrativa. A organização é feita, primordialmente, mediante leis ou por meio de decretos e outros atos normativos.

Isso porque, para o melhor funcionamento estatal, alguns serviços são prestados diretamente pelos entes federativos, sem que seja transferida a execução a outrem, mas, em

1. CARVALHO FILHO, José dos Santos – Manual de Direito Administrativo. Rio de Janeiro: Lumen Juris, 23ª ed. 2012

determinadas situações, as pessoas políticas transferem a prestação dos serviços a outros entes. O decreto-lei n.200/67, bem como todas as alterações a ele impostas, são os responsáveis pela divisão da Administração Pública em direta e indireta. Ressalte-se que o diploma data de 1967 e, por isso, encontra inúmeros conceitos superados pela legislação posterior, sendo que, para a maior parte da doutrina, determinados pontos desse Decreto sequer foram recepcionados pela Constituição Federal de 1988, estando, portanto, superadas.

É importante frisar ainda que o Decreto lei 200/67 foi recepcionado pela Constituição Federal como lei ordinária, possuindo a mesma força normativa dessas leis e visa a esclarecer as normas aplicáveis à estruturação da Administração Pública. Tal diploma define as regras aplicáveis à União e estabelece normas gerais a serem respeitadas pelos outros entes federativos, podendo ser alterado mediante lei federal, mas não mediante lei estadual ou municipal, haja vista o fato de que, nas outras esferas de governo, o Decreto funciona somente como norma geral de observância obrigatória.

O decreto ainda define a possibilidade de prestação dos serviços diretamente pelos entes federativos, designada prestação direta ou prestação centralizada do serviço. Por sua vez, estas entidades políticas se denominam entes da **administração direta** ou entes da **administração centralizada**. E possuem capacidade política e administrativa.

Ademais, o texto do próprio decreto dispõe acerca da criação de pessoas especializadas e transferência a essas entidades da prestação dos serviços. Esta transferência na prestação do serviço a outras pessoas jurídicas denomina-se **descentralização**. Isso é feito porque a transferência a pessoa especializada na prestação de determinado serviço garante uma maior eficiência na prestação da atividade administrativa.

A descentralização pode ocorrer de duas formas:

a) para a própria administração (pessoas criadas para esse fim): entes da administração indireta ou descentralizada.

b) para particulares: mediante contratos administrativos de concessão e permissão ou, para determinados doutrinadores, até mesmo mediante ato de autorização de serviço público (que serão estudados em capítulo próprio).

São entes da administração indireta (ou administração descentralizada):

1. Autarquias, inclusive as associações públicas.
2. Fundações públicas
3. Empresas públicas
4. Sociedade de economia mista

Em tópico específico, serão analisadas as entidades que compõem a estrutura da Administração Indireta, isoladamente.

1.1. Princípios inerentes à organização administrativa

O Decreto lei 200/67, definiu, em seu art. 6º, alguns princípios fundamentais que deverão nortear a estrutura da organização administrativa, que devem ser observados na formação dos entes da Administração Pública de todas as esferas de governo e norteiam a separação das atividades públicas orientadas na busca do interesse da coletividade. Analisemos cada um desses princípios enumerados pelo diploma mencionado.

- **Princípio do planejamento**: Define que toda a atividade estatal obedecerá a planejamento que vise a promover o desenvolvimento econômico-social do País e a segurança nacional. Esse princípio compreende a elaboração e atualização de planos de governo, bem como a previsão de gastos em orçamento.
- **Princípio da coordenação:** a coordenação está diretamente vinculada à hierarquia, por meio da estruturação da atividade administrativa, evitando-se a ocorrência de divergências na atividade estatal e desperdício de recursos. Visa a garantir uma maior eficiência na execução das atividades públicas. O decreto dispõe que *"A coordenação será exercida em todos os níveis da administração, mediante a atuação das chefias individuais, a realização sistemática de reuniões com a participação das chefias subordinadas e a instituição e funcionamento de comissões de coordenação em cada nível administrativo"*.
- **Princípio da descentralização administrativa:** também se pauta na busca pela eficiência, por meio de especialização na execução das atividades do Estado. A descentralização consiste na transferência da prestação de serviços do ente federativo para outras pessoas jurídicas especializadas na execução destas atividades que atuarão mediante controle do Estado. Nesse sentido, o texto do decreto estabelece que, para melhor desincumbir-se das tarefas de planejamento, coordenação, supervisão e controle e, com o objetivo de impedir o crescimento desmesurado da máquina administrativa, a Administração procurará desobrigar-se da realização material de tarefas executivas, recorrendo, sempre que possível, à execução indireta, mediante contrato, desde que exista, na área, iniciativa privada suficientemente desenvolvida e capacitada a desempenhar os encargos de execução. Ou seja, a descentralização poderá ser feita para entes da própria Administração Pública ou para particulares capacitados.
- **Princípio da delegação de competência:** ocorre por meio da extensão de uma competência administrativa entre agentes públicos, dentro de uma mesma estrutura hierárquica de forma expressa e transitória. Nesses casos, a autoridade delegante permite que certa atividade que havia sido atribuída a si, por lei, seja exercida por outro agente.
- **Princípio do controle:** o controle das atividades da Administração Pública será exercido em todos os níveis e em todos os órgãos de governo, compreendendo, o controle, pela chefia competente, da execução dos programas e da observância das normas que governam a atividade específica do órgão controlado, o controle, pelos órgãos próprios de cada sistema, da observância das normas gerais que regulam o exercício das atividades auxiliares e também o controle da aplicação e utilização de dinheiro público e da guarda dos bens da União pelos órgãos próprios do sistema de contabilidade e auditoria.

2. PRESTAÇÃO DA ATIVIDADE PÚBLICA

Inicialmente, cumpre relembrar que a função administrativa abarca a prestação dos serviços públicos essenciais à vida em coletividade, bem como o controle das atividades privadas e a execução de obras públicas. A prestação de serviços públicos pode ser feita diretamente pelos entes federativos ou, em determinadas situações, podem ser transferidas a particulares ou entidades especializadas criadas no âmbito da própria Administração Pública, responsáveis pela execução destas atividades na busca do interesse público.

Nas situações em que as atividades são exercidas diretamente pelos entes políticos, a prestação não é transferida a nenhuma outra entidade. Nesse caso, a prestação é feita diretamente pelos entes federativos e se denomina essa execução de **prestação centralizada** do serviço. Assim, a União, Estados, Municípios e Distrito Federal executam as atividades diretamente, por meio de seus agentes e órgãos e, nesse sentido, essas entidades são chamadas pela doutrina de entes da **Administração Direta** ou entes da Administração Centralizada.

Ocorre que, na incessante busca pela eficiência da atividade administrativa, em determinadas situações, os entes estatais transferem a terceiros especializados a execução de alguns serviços públicos. Isso ocorre porque a especialização em determinada atividade acaba por ensejar uma maior eficiência na atividade com a obtenção de resultados positivos. Com efeito, é cediço que uma entidade especializada na execução de uma determinada atividade terá mais sucesso em sua execução em comparação a entidades que devem executar um rol extenso de atribuições. A transferência dos serviços a pessoas jurídicas diversas recebe o nome de **descentralização**, haja vista o fato de que a prestação, até então, centralizada é entregue a outra entidade.

A descentralização poderá ser feita mediante a transferência na prestação de serviços públicos a particulares, por meio de contratos de concessão ou permissão de serviços públicos, nos termos da legislação aplicável. No entanto, a descentralização pode ser executada com a transferência na prestação do serviço a pessoas jurídicas criadas pela própria Administração Pública, especializadas na execução daquela atividade. São os chamados entes da **Administração Indireta** ou entes da Administração Descentralizada, os quais se dividem em autarquias (incluindo as associações públicas), empresas públicas, fundações públicas e sociedades de economia mista, cada uma com suas características específicas a serem analisadas.

Ressalte-se, ainda, que, mesmo nas situações em que a prestação dos serviços é feita de forma centralizada, ou seja, nas hipóteses em que a Administração Direta executa as atividades diretamente, sem transferência a terceiros, a busca pela eficiência se mantém e, como forma de garantir uma maior especialização, mesmo no bojo de uma mesma pessoa jurídica, os entes públicos devem providenciar uma divisão interna de competências.

Sendo assim, quando a União se responsabiliza pela prestação, por exemplo, do serviço de saúde, o faz mediante a distribuição interna de competência entre órgãos responsáveis por essa atividade, como o Ministério da Saúde, o Sistema Único de Saúde, os Hospitais Públicos, entre outros. Essa distribuição interna de competências, entre órgãos e agentes de uma mesma pessoa jurídica é denominada de **desconcentração administrativa**. Sobre o tema, dispõe Celso Antônio Bandeira de Mello[2] que *"os Estados, assim como as outras pessoas de direito público que criem para auxiliá-lo, tem que repartir, no interior deles mesmos, os encargos de suas alçadas, para decidir os assuntos que lhes são afetos, dada a multiplicidade deles"*.

2. MELLO, Celso Antonio Bandeira de – Curso de Direito Administrativo. São Paulo: Malheiros,26ª ed. 2009

A desconcentração se pode dar em razão da matéria, quando, por exemplo, se criam ministérios executando, cada um deles, atividades diversas, em razão da hierarquia ou em razão da territorialidade.

2.1. Descentralização X Desconcentração

A primeira grande distinção entre os institutos foi explanada no tópico anterior, haja vista ser a descentralização realizada entre pessoas jurídicas diversas, enquanto a desconcentração se configura pela distribuição interna de competência no âmbito de uma mesma pessoa jurídica, mediante especialização interna.

Dessa forma, pode-se estabelecer que o instituto da desconcentração está fundado na hierarquia, uma vez que o poder hierárquico, conforme já analisado, é a possibilidade que a Administração Pública tem de distribuir e escalonar as competências, internamente, no bojo de uma mesma pessoa jurídica, sem sair de sua intimidade. Por sua vez, a descentralização se baseia em uma distribuição de competências entre entidades diferentes, não havendo, dessa forma, manifestação do poder hierárquico.

Não se pode deixar de frisar que, não obstante a ausência de hierarquia entre entidades diversas, os entes da Administração Indireta se sujeitam a controle finalístico a ser exercido pelas entidades da Administração Centralizada. Esse controle será analisado em tópico específico, todavia, de antemão, não se pode confundir com a hierarquia, a qual, somente se manifesta entre órgãos e agentes de uma mesma pessoa jurídica. Assim, o controle exercido entre os entes da Administração Direta e Indireta se limita à analise de cumprimento, por essas entidades, das finalidades definidas em sua lei específica.

2.2. Espécies de descentralização

Conforme explicitado, para uma maior eficiência e visando à especialização, o ente estatal descentraliza a prestação de serviços públicos para entes da administração indireta (autarquias, fundações públicas, empresas públicas e sociedades de economia mista) ou a particulares, mediante contratos administrativos.

A doutrina preconiza que a descentralização pode ser feita mediante **outorga** ou **delegação** de serviços. Na outorga, é transferida a titularidade e a execução do serviço público, a pessoa jurídica diversa do Estado, ao passo que, na delegação, apenas a execução é transferida, permanecendo com o Estado a titularidade do serviço.

Para a doutrina majoritária, a **outorga** é conferida, somente, para pessoas jurídicas de direito público, como as autarquias ou fundações públicas de direito público, as quais se tornam titulares do serviço a elas transferido, executando essas atividades por sua conta e risco, sem, contudo, excluir o controle dos entes federativos. A outorga, também denominada de **descentralização por serviço ou descentralização funcional**, é feita sempre mediante edição de lei específica que cria essas entidades e a elas transfere a atividade pública. Deve ser ressaltado, contudo, que mesmo quando o estado transfere a titularidade do serviço, ele se mantém responsável pelos danos decorrentes da atividade, de forma subsidiária.

Por sua vez, a **delegação** é feita para particulares, mediante a celebração de contratos ou aos entes da Administração Indireta regidos pelo direito privado, tais como as empresas públicas e as sociedades de economia mista, que se tornam executoras do serviço, mantendo-se a titularidade de tais atividades nas mãos do ente delegante.

A delegação, chamada de **descentralização por colaboração**, pode ser efetivada por meio da edição de lei - no caso de entes da Administração Indireta de direito privado - ou mediante contratos de concessão e permissão de serviços públicos, quando a delegação é realizada a particulares, previamente existentes.

Saliente-se que muitos doutrinadores defendem que a transferência para as entidades da Administração Indireta se daria por outorga ou descentralização por serviço, mesmo que estes entes ostentem personalidade de direito privado. Assim, as empresas públicas e sociedades de economia mista, por integrarem a estrutura da Administração Descentralizada seriam titulares dos serviços a elas transferidos.

Analisemos o quadro mnemônico, abaixo apresentado, para diferenciar outorga e delegação de serviços públicos.

OUTORGA	A) transferência da execução e da titularidade do serviço público a outra entidade. B) feita somente às pessoas jurídicas de direito público integrantes da Administração Indireta, especializadas na execução destas atividades. C) é realizada mediante lei específica que cria as entidades.
DELEGAÇÃO	A) transferência da execução dos serviços públicos, sendo a titularidade mantida sob a custódia do Estado. B) feita às entidades de direito privado da administração indireta ou a particulares. C) realizada mediante contrato, quando a transferência se dá a particulares e mediante lei, quando se dá aos entes da Administração Indireta de direito privado.

Por fim, a doutrina admite a chamada **descentralização territorial ou geográfica** que ocorre com entidade geograficamente delimitada, dotada de personalidade jurídica própria de direito público, com capacidade administrativa e possibilidade de execução das atividades estatais como um todo. Essa descentralização é típica dos estados unitários como a França e a Itália, **não sendo admitida no Brasil desde a proclamação da República**.

Essa descentralização não se confunde com a possibilidade de criação de territórios federais, haja vista o fato de que essas entidades gozam de competência legislativa, não obstante sejam pessoas jurídicas de direito público e possuam capacidade administrativa.

3. ADMINISTRAÇÃO DIRETA

A Administração direta é o conjunto de órgãos que integram a pessoa federativa com competência para determinado exercício, sendo constituída dos serviços que integram a estrutura da Presidência da República e seus ministérios e, pelo Princípio da Simetria, as esferas estaduais, municipais e distritais seguem a mesma estrutura. Por isso, a prestação direta é feita pelos próprios entes políticos da administração, sendo uma prestação designada centralizada do serviço. Surge, desta forma, a denominação **administração direta** ou **administração centralizada**.

Essas entidades possuem capacidade administrativa, política e legislativa e se configuram elementos formais necessários à constituição da federação. São, portanto, entidades da Administração Direta a União, os Estados, os Municípios e o Distrito Federal, cada uma delas com sua estrutura administrativa e orgânica.

Por ostentarem personalidade jurídica de direito público, essas entidades gozam de todas as prerrogativas inerentes à Administração e se submetem a todas as limitações estatais que decorrem da indisponibilidade do interesse público. Sendo assim, esses entes gozam de imunidade tributária recíproca, consoante art. 150, VI, "a" da Constituição Federal, submetem-se à regra do concurso público para nomeação de pessoal (art. 37, II da CF/88), devem realizar procedimentos licitatórios para suas contratações (art. 37, XXI da CF/88), seus atos são considerados atos administrativos propriamente ditos e, como tais, gozam de atributos como presunção de veracidade e imperatividade, seus contratos gozam de cláusulas exorbitantes. Além disso, os bens destas entidades são bens públicos, nos moldes do art. 98 do Código Civil e, dessa forma, não se sujeitam a penhora ou oneração. No mesmo sentido, seus débitos judiciais são pagos por meio de precatórios judiciais, conforme art. 100 da CF/88, entre outras normas aplicáveis a todos os entes de direito público, em decorrência do chamado Regime Jurídico Administrativo ao qual se submetem e já analisado em capítulo próprio.

Portanto, como vimos, a centralização é inerente à Administração Direta do Estado, onde este atua diretamente. Onde lemos Estado devemos ler União, Estados, o Distrito Federal e Municípios. As pessoas que aí exercem atividades internas e externas, valendo-se para isso de seus órgãos, que possuem competência própria e específica, são os Servidores Públicos.

Por sua vez, conforme já explicitado, quando o Estado, por si mesmo, centraliza as suas atividades, ocorre internamente uma repartição de competência entre seus órgãos, o que denominamos de **desconcentração administrativa**. Desconcentração administrativa, então, nada mais é do que a divisão de atribuições entre vários órgãos que pertencem a uma mesma pessoa jurídica, uma divisão interna das tarefas. Isso porque, mesmo quando o Estado não descentraliza a prestação do serviço (transferindo a sua execução a outras pessoas jurídicas especializadas), ele deve prestar este serviço de forma eficiente e, para tanto, se especializa internamente.

A desconcentração de serviços decorre do **poder hierárquico e não prejudica a unidade do Estado, já que todos os órgãos e agentes continuam ligados por um poderoso vínculo, à hierarquia**. Nesse sentido, é relevante, para o estudo dos entes da Administração Direta, conhecer os órgãos que compõem sua estrutura.

3.1. Órgãos públicos

Ressalte-se que o órgão público não tem personalidade jurídica, logo, não tem vontade própria. Todos eles são meros instrumentos de ação do Estado, não podendo ser sujeitos de direitos e obrigações. Pode-se dizer que são centros de competência especializada, dispostos, na intimidade de uma pessoa jurídica, com a intenção de garantir especialização nas atividades prestadas e, consequentemente, maior eficiência.

Nesse sentido, Maria Sylvia Zanella di Pietro[3] dispõe que *"o órgão não se confunde com a pessoa jurídica, embora seja uma de suas partes integrantes; a pessoa jurídica é o todo, enquanto os órgãos são parcelas integrantes do todo"*. Por sua vez, Celso Antônio Bandeira de Mello[4]

3. PIETRO, Maria Sylvia Zanella di – Direito Administrativo. São Paulo: Atlas Editora, 21ª ed.2008
4. MELLO,Celso Antônio Bandeira de – Curso de Direito Administrativo. São Paulo: Malheiros,26ª ed.2009

estabelece que *"os órgãos são unidades abstratas que sintetizam os vários círculos de atribuições do Estado (...) os órgãos não passam de simples partições internas da pessoa cuja intimidade estrutural integram, isto é, não têm personalidade jurídica"*.

Ainda na mesma esteira, o art. 1º, §2º, I da lei 9784/99 defende que o órgão público é somente uma unidade integrante de pessoa jurídica. Vejamos.

> § 2º Para os fins desta Lei, consideram-se:
>
> I - órgão - a unidade de atuação integrante da estrutura da Administração direta e da estrutura da Administração indireta;

Sendo assim, da leitura simples do texto legal, pode-se observar que a divisão em órgãos visa a garantir uma maior eficiência e especialização no exercício da atividade pública, sendo admitida a divisão em órgãos dos entes da Administração Direta e também dos entes da Administração Indireta, desde que sejam entidades de direito público, como é o caso das autarquias e fundações públicas de direito público.

A criação e extinção de órgãos públicos devem ser feitas por meio de lei, não se admitindo por meio de atos infralegais. Inclusive, o art. 84, VI da Constituição Federal, ao admitir excepcionalmente a expedição de decreto regulamentar para tratar da matéria de organização administrativa, ressalta que este decreto não pode ensejar a criação ou extinção de órgãos. Vejamos.

> Art. 84. Compete privativamente ao Presidente da República:
>
> (...)
>
> VI – dispor, mediante decreto, sobre: (Redação dada pela Emenda Constitucional n. 32, de 2001)
>
> a) organização e funcionamento da administração federal, quando **não implicar** aumento de despesa nem **criação ou extinção de órgãos públicos**;

Esses centros especializados de competência, designados órgãos públicos, são constituídos por pessoas físicas, as quais formam e exteriorizam a vontade da pessoa jurídica, de tal modo que os agentes, quando manifestam sua vontade, é como se assim fosse a vontade do Estado não sendo, portanto, vontades distintas. A partir desse entendimento surgiu a **Teoria do órgão (também designada teoria da imputação)** que explicita que toda atuação do agente público deve ser imputada ao órgão que ele representa e não à pessoa do agente.

Nesse sentido, não se admite, na prática, a figura do contrato de gestão, celebrado entre órgãos públicos, ou entre agentes públicos e seus órgãos, consoante disposto no art. 37, §8º da Constituição Federal que sofre severas críticas doutrinárias. Com efeito, o texto constitucional é infeliz e não tem possibilidade de execução prática, haja vista o entendimento de que os órgãos públicos não possuem personalidade jurídica e que a manifestação de vontade de seus dirigentes configura, na verdade, a manifestação de vontade do próprio órgão. Ademais, o dispositivo salienta que o contrato ensejaria um aumento na autonomia gerencial, orçamentária e financeira, sendo que as unidades orgânicas não possuem tal autonomia. Pior ainda a possibilidade, disposta na constituição, de contrato a ser firmado *"entre seus administradores e o poder público"*, uma vez que a conduta do administrador se confunde com a conduta do Poder Público, não sendo possível esse instituto, motivo pelo qual não tem aplicação prática.

Ressalte-se que a doutrina brasileira contempla a **teoria da institucionalização** que dispõe que, não obstante não tenham personalidade jurídica própria, determinados órgãos, em virtude de sua atuação, podem ganhar vida própria, por conta de sua história existencial. O exemplo clássico apontado pela doutrina é o exército brasileiro que exerce função estatal de defesa da soberania nacional e que reconhecidamente é titular de bens e pode atuar na vida jurídica mediante celebração de contratos e prática de atos administrativos. Essa posição doutrinária não depende de lei e se configura uma das manifestações de costume como fonte do Direito Administrativo.

Outrossim, não obstante não possuam, em nenhuma situação, personalidade jurídica própria, determinados órgãos públicos gozam de **capacidade processual ativa**, tais como os órgãos independentes e autônomos. Nesses casos, terão capacidade postulatória para agirem judicialmente, em nome próprio. Pode-se citar como exemplos a competência conferida ao Ministério Público e à Defensoria Pública para proporem ações civis públicas, nos moldes da lei 7.347/85. É que eles agem em defesa de prerrogativas institucionais e sua capacidade decorre sempre da legislação aplicável.

O mesmo se pode dizer em relação à Câmara Municipal, órgão público que possui capacidade processual. Inclusive, acerca disso, dispõe o STJ em entendimento sumulado que:

> **Súmula 525. STJ**. A Câmara de Vereadores não possui personalidade jurídica, somente podendo demandar em juízo para defender os seus direitos institucionais.

Nesse sentido, já se posicionou o Superior Tribunal de Justiça, conforme se depreende do julgado abaixo transcrito.

> AGRAVO REGIMENTAL NO RECURSO ESPECIAL. TRIBUNAIS DE JUSTIÇA. PERSONALIDADE JUDICIÁRIA. POSSIBILIDADE DE ESTAREM EM JUÍZO SOMENTE PARA A DEFESA DAS PRERROGATIVAS INSTITUCIONAIS, CONCERNENTES À SUA ORGANIZAÇÃO OU AO SEU FUNCIONAMENTO. PRECEDENTES. TESE DE VIOLAÇÃO DO ART. 21, CAPUT, DO CPC. MATÉRIA NÃO DEBATIDA NA INSTÂNCIA DE ORIGEM. IMPOSSIBILIDADE DE SE ANALISAR O TEMA PELA ESTREITA VIA DO RECURSO ESPECIAL.
>
> 1. **Este Superior Tribunal de Justiça firmou compreensão segundo a qual os Tribunais Federais, Estaduais ou de Contas, por integrarem a Administração Pública Direta e por não possuírem personalidade jurídica, mas, apenas, judiciária, somente poderão estar em Juízo, excepcionalmente, para a defesa das prerrogativas institucionais, concernentes à sua organização e ao seu funcionamento, circunstâncias que, ressalte-se, não se verificam nos vertentes autos, na medida em que a controvérsia em debate diz respeito com valores relativos ao pagamento dos servidores de Tribunal de Justiça.**
>
> 2. Nesse sentido: "Tratando-se de ação em que servidores públicos pleiteiam reajuste salarial, a legitimidade passiva é do respectivo ente a que pertence o Tribunal de Contas, uma vez que referido órgão só possui legitimidade jurídica nas demandas relativas à defesa de direitos institucionais, concernentes à sua organização e funcionamento." (AgRg no Ag 806.802/AP, Rel. Ministro ARNALDO ESTEVES LIMA, DJ 21/5/07).
>
> 3. Ao que se tem dos autos, é de se ver que, não obstante o recorrente ter se reportado ao assunto, em sua apelação, o Tribunal a quo, de fato, não deliberou sobre a aplicação do art. 21, caput, do CPC, sequer ao julgar os embargos de declaração opostos pelo Estado para essa finalidade, altura, aliás, em que negou, expressamente, a existência de omissão referente à matéria em análise.
>
> 4. No entanto, mesmo diante da omissão cometida pela Instância de origem, depreende-se da leitura das razões apresentadas com o apelo nobre que o ente público recorrente não vinculou a interposição do recurso especial à tese de violação do art. 535 do CPC, impedindo, com tal proceder, o trânsito do mencionado apelo, como reiteradamente tem decidido esta Corte Superior de Justiça. No caso, anote-se, seria necessário que se alegasse violação, também, do disposto no art. 535 do CPC, o que, entretanto, não ocorreu, no caso dos autos.

5. Agravo regimental a que se nega provimento.

AgRg no REsp 700136 / AP

AGRAVO REGIMENTAL NO RECURSO ESPECIAL

2004/0155898-9 / Julgamento 24/08/2010

Por fim, importa ressaltar que os órgãos públicos devem possuir CNPJ próprio, diretamente ligado ao CNPJ da pessoa jurídica que integra. A Instrução Normativa n. 1.183/2011 da Receita Federal do Brasil determina que estas unidades estão sujeitas à inscrição no Cadastro Nacional de Pessoa Jurídica, para fins de organização tributária, ou seja, a sua natureza de parte integrante de pessoa jurídica se mantém intacta.

3.1.1. Classificação de órgãos

Não há consenso doutrinário acerca da classificação de órgãos, inclusive, havendo enumeração divergente entre a maioria dos doutrinadores. Traremos, nesta obra, as classificações mais aceitas e cobradas em provas de concursos.

I. Quanto à hierarquia ou quanto à posição estatal

a) **independentes** - São órgãos que não estão hierarquicamente subordinados a nenhum outro, uma vez que se encontram no topo da hierarquia daquele Poder estatal, se sujeitando somente ao controle que é exercido entre os Poderes estruturais do Estado. Têm origem constitucional e representam cada um dos Poderes do Estado, Executivo, Legislativo e Judiciário. Suas atribuições são exercidas por agentes políticos.

   Ex.: Presidência da República (União), Governadoria (Estado).

b) **autônomos** - São órgãos imediatamente subordinados aos órgãos independentes e diretamente subordinados aos seus agentes. Gozam de ampla autonomia administrativa e financeira, são órgãos diretivos, com funções de coordenação e planejamento, tem orçamento próprio para gerir o exercício da sua atividade.

   Ex.: Ministério da Fazenda (União), Secretaria de Segurança Pública (Estado).

c) **superiores** - Estes possuem apenas poder de direção e controle sobre assuntos específicos da sua competência , não têm autonomia, não têm independência, dependem de controle de uma chefia mais alta, mas ainda conservam o poder de decisão, no que tange aos atos praticados no exercício de suas atividades.

   Ex.: Secretaria da Receita Federal do Brasil, Procuradorias Estaduais, Polícias.

d) **subalternos** - São órgãos com reduzido poder de decisão; constituindo-se, em verdade, em órgãos de mera execução de atividades administrativas. Com efeito, esses órgãos atuam diretamente no exercício da atividade estatal.

   Ex: seção de pessoal, zeladoria.

   OBS.: O Ministério Público, embora não seja um poder, para fins de organização hierárquica, é elevado ao status de Poder do Estado e, portanto, para determinados doutrinadores, caracterizam-se como órgãos independentes. Atualmente, a Lei 8.112/90, coloca o Ministério Público como poder separado e independente, quando, por exemplo, estabelece, em seu art. 141, I a competência para aplicação de penalidade de demissão.

II. Quanto à atuação funcional

a) **singular** _ É um órgão de único titular; aquele que atua pela manifestação de vontade de um único agente que é o seu chefe e representante. Nesses casos, a manifestação deste agente se confunde com a manifestação de vontade do órgão.

Ex.: Presidência da República

b) **colegiado** _ Estes órgãos atuam e decidem pela manifestação da vontade de seus membros, funcionando por um colegiado de agentes, em observância ao seu estatuto ou regimento interno.

Ex.: Assembleia Legislativa

III. Quanto à estrutura

a) **órgãos simples** - Estes são também chamados de órgãos unitários e possuem uma estrutura formada por única unidade orgânica, possuem um só centro de competência. Com efeito, não existem outros órgãos agregados a sua estrutura para garantir uma maior desconcentração das suas atividades. Importante ressaltar que não é relevante saber a quantidade de agentes públicos que integram seus quadros, mas sim a inexistência de outros órgãos compondo sua estrutura organizacional.

Ex.: Presidência da República, Assembleia Legislativa (Estado).

b) **órgãos compostos** - reúnem outros órgãos ligados a sua estrutura, ensejando uma desconcentração e divisão de atividades.

Ex.: Congresso Nacional – é formado pelo Senado Federal e pela Câmara dos Deputados.

IV. Quanto às funções:

a) **ativos** - São os órgãos que atuam diretamente no exercício da função administrativa, manifestando vontade e praticando atos essenciais ao cumprimento dos fins desta pessoa jurídica. Dessa forma, têm funções de prestação de serviços públicos, execução de obras ou exercício do poder de polícia estatal, seja por meio de direção de atividades, seja por meio da execução direta destas atividades.

Ex.: Polícia Rodoviária Federal, Secretaria de Saúde (Estado)

b) **consultivos** - São aqueles órgãos que atuam na emissão de pareceres jurídicos, assumindo a função de aconselhamento da atuação dos demais órgãos estatais. Praticam atos que dão suporte e auxílio técnico ou jurídico, por meio de atos opinativos, sejam de legalidade ou de mérito, não agindo diretamente na prática de atos de execução.

Ex.: Ministério Público

c) **de controle** - São órgãos que atuam na atividade de controle dos demais órgãos e agentes públicos, seja esse controle exercido internamente, no âmbito de um mesmo Poder do Estado ou externamente, quando se manifesta entre Poderes estatais diversos.

Ex. Tribunal de Contas da União, Controladoria Geral da União

V. Quanto ao âmbito de atuação:

a) **central** - São aqueles que possuem atribuição em todo território nacional, estadual, municipal. Enfim, têm competência em toda a área da pessoa jurídica que integram.
Ex.: Ministérios e Secretaria de Segurança Pública

b) **local** - Têm competência para atuação apenas em determinado ponto do território daquela pessoa jurídica que eles compõem.
Ex.: Delegacia do Bairro de Santo Antônio – competência na região daquele bairro.

3.1.2. Teorias da manifestação de vontade do órgão

É cediço que a manifestação de vontade dos entes da Administração Pública se dá por meio da atuação de seus órgãos que, por sua vez, apresentam suas vontades mediante atuação dos agentes que integram sua estrutura e estão a ele vinculados. Dessa forma, enquanto pessoas jurídicas, as entidades administrativas têm reconhecida personalidade e poder de atuação, com vontade própria, entretanto, faticamente, suas atividades são exercidas por meio de pessoas físicas que estão vinculadas a estes entes.

Como uma forma de tentar explicar esse liame que justifica a atuação da pessoa jurídica por meio de seus agentes, a doutrina, ao longo do tempo, tem criado diversas teorias. Com efeito, o tema sempre intrigou os estudiosos que sentem a necessidade de explicitar qual o vínculo que determina que os atos dos agentes públicos obriguem a pessoa estatal.

Inicialmente, a doutrina internacional reconhecia a **teoria do mandato** que dispunha acerca do vínculo dos agentes públicos com o ente da Administração, como um vínculo contratual. De fato, essa percepção estabelecia que o agente seria mandatário dos entes públicos e que todos os seus atos ensejariam a responsabilidade das entidades, em virtude da celebração prévia de contrato de mandato. Ocorre que esta teoria não prosperou, primeiramente, pelo fato de que a relação do agente com o Estado não se reveste de natureza contratual, mas sim legal e, também pela concepção de que o Estado não teria vontade própria para celebração de contrato de mandato com o agente para outorgar-lhe os poderes inerentes a este instrumento. Sendo assim, fica afastada a aplicação desta primeira teoria.

Em um segundo momento histórico, o direito comparado passou a admitir a **teoria da representação**, na qual o agente público, por força de lei, atuaria como representante do Poder Público, como os curadores ou tutores de incapazes. Novamente, a teoria peca por considerar a existência de duas vontades independentes, ou seja, a do Estado e a do agente público que teria a capacidade de representar a vontade estatal, em decorrência da representação. A verdade é que a vontade do agente se confunde com a vontade do ente estatal, não sendo possível vislumbrar dois interesses diversos. Além disso, não seria possível considerar a Administração Pública incapaz de exercer seus direitos e obrigações. Com efeito, no Estado de direito, o ente público tem plena capacidade jurídica, responsabilizando-se pelos atos por si praticados. Se assim não fosse, todas as vezes que o agente (representante) ultrapassasse os poderes da representação, o poder púbico não poderia ser responsabilizado perante terceiros, dada a sua incapacidade de atuar na vida pública sem o representante. O texto constitucional brasileiro prevê um Estado capaz e responsável por suas condutas e, por todos esses motivos apresentados, a teoria da representação não prosperou no direito brasileiro.

Por derradeiro, a doutrina alemã, encampada pelo jurista Otto Friedrich von Gierke, criou a **teoria do órgão** ou **teoria da imputação volitiva**, de ampla aceitação no direito brasileiro, pela doutrina nacional.

Conforme essa teoria, levando em consideração que as pessoas jurídicas se configuram uma ficção do direito e que, por isso, não têm existência fática, a sua manifestação de vontade somente pode ser concretizada pela intenção de pessoas físicas. Dessa forma, a manifestação de vontade da pessoa jurídica se dá por meio da atuação da pessoa física e essas vontades se confundem, ou seja, a vontade do Estado se exterioriza pela manifestação de seu agente.

Sendo assim, pode-se dizer que as pessoas físicas integram órgãos públicos e a manifestação de vontade destes órgãos apresenta a vontade da pessoa jurídica. Com efeito, a lei cria órgãos públicos, compostos por pessoas físicas que manifestam a vontade do Estado em sua atuação e, nestes casos, se torna indissociável a vontade do órgão e da pessoa jurídica que ele integra. Não se trata de uma manifestação de vontade representando a vontade estatal, mas sim a própria vontade estatal exteriorizada por aquele agente. Isso se dá pelo fato de que o órgão é parte do corpo desta entidade e, então, a manifestação de vontade da parte apresenta a conduta do todo.

Em resumo, desde que o agente seja legalmente investido nessa qualidade, em respeito aos ditames legais, a sua atuação se confunde com a atuação do Estado e será a ele imputada. Quando o agente público atua nessa qualidade, não se pode imputar essa atuação ao próprio agente, mas sim ao Estado que ele integra e apresenta. Nesse sentido, dispõe Maria Sylvia Zanella di Pietro[5], definindo que *"enquanto a teoria da representação considera a existência da pessoa jurídica e do representante como dois entes autônomos, a teoria do órgão funde os dois elementos, para concluir que o órgão é parte integrante do Estado"*.

4. ADMINISTRAÇÃO INDIRETA

Conforme já explicitado, a descentralização trata da repartição de competência entre pessoas físicas e jurídicas. Ocorre porque, tendo em vista a necessidade de especialização dos serviços, o Estado pode transferir a responsabilidade dos exercícios que lhes são pertinentes, criando pessoas jurídicas especializadas, autorizando que elas executem a prestação dos serviços. Isso é feito porque a transferência a pessoa especializada na prestação de determinado serviço garante uma maior eficiência no desempenho da atividade administrativa, sempre na busca do melhor ao interesse da coletividade.

Ainda podem ser divididas as espécies de descentralização da atividade estatal em:

- *descentralização política,* quando a pessoa descentralizada possui autonomia para execução de suas atividades, com possibilidade de elaboração das próprias leis; possuem uma legitimidade que decorre da própria constituição. É a descentralização feita pela Constituição Federal, ao dividir a competência entre os entes federativos.
- *descentralização administrativa*, quando o que existe é a criação de entes personalizados com poder de autoadministração e capacidade de gerir os próprios negócios, de acordo com as determinações legais expedidas pela entidade central. É feita aos entes da administração indireta ou aos particulares, conforme demonstrado anteriormente.

A descentralização política é matéria de estudo do Direito Constitucional, enquanto, analisaremos, nesta obra a descentralização administrativa feita aos entes da Administração Indireta.

5. PIETRO, Maria Sylvia Zanella di – Direito Administrativo. São Paulo: Atlas, 21ª ed.2008.

4.1. Entes da Administração Indireta

A Administração Pública Indireta decorre da descentralização de serviços (descentralização administrativa). Consiste na instituição, pelo Estado, por meio de lei, de uma pessoa jurídica de direito público ou privado à qual se atribui a titularidade e execução de determinado serviço público, consoante dispõe o art. 4º do Decreto-lei n. 200/67.

Os entes da Administração Indireta serão divididos, conforme a natureza jurídica disposta na legislação. Com efeito, no dizer de José dos Santos Carvalho Filho[6], *"não é o fim que se destina a entidade que a qualifica como participante da Administração Indireta,mas sim a natureza de que se reveste."*

São entes da Administração Indireta: 1. Autarquias, inclusive as associações públicas. 2. Fundações públicas. 3. Empresas públicas. 4. Sociedades de economia mista.

As associações públicas decorrem da edição da lei 11.107/05 que criaram os chamados **consórcios públicos.** A lei dispõe sobre normas gerais para a União, os Estados, o Distrito Federal e os Municípios contratarem consórcios públicos para a realização de objetivos de interesse comum e estabelece que a nova entidade criada, ou seja, o consórcio público constituirá associação pública ou pessoa jurídica de direito privado. É importante entender que a estrutura federativa do estado brasileiro não admitiria a criação de uma nova pessoa da Administração Indireta, diversa das entidades apontadas no art. 37, XIX da Constituição Federal e, por esse, motivo, a associação pública terá natureza jurídica de entidade autárquica.

Assim, quando o consórcio público for formalizado com personalidade jurídica de direito público, será parte integrante da administração indireta de cada um dos entes federativos consorciados e terá qualificação jurídica de autarquia. Nesse sentido, o art. 41 do Código Civil estabelece que:

> Art. 41. São pessoas jurídicas de direito público interno:
>
> (...)
>
> IV - as autarquias, inclusive as associações públicas

Desse modo, todas as regras aplicáveis às autarquias, que serão analisadas em tópico específico, se espelham para as associações públicas que, da mesma forma, gozam de privilégios processuais e tributários e se submetem a todas as restrições impostas à Administração, em virtude da indisponibilidade do interesse público.

Por sua vez, não obstante as críticas doutrinárias, os consórcios públicos podem ter personalidade jurídica de direito privado, quando então terão regime semelhante ao das entidades da administração indireta de direito privado, sem gozar das prerrogativas estatais, mas devendo suportar as restrições decorrentes dos princípios inerentes à atuação administrativa.

Cada uma das entidades da Administração Descentralizada tem características próprias e regime específico. No entanto, há regras importantes que valem para todos os entes da administração indireta, indistintamente, e serão estudadas antes de analisarmos cada uma destas entidades separadamente.

6. CARVALHO FILHO, José dos Santos – Manual de Direito Administrativo. Rio de Janeiro: Lumen Juris, 23ª 2012.

4.1.1. Características gerais

De fato, algumas características são comuns a todas as entidades criadas pela Administração Pública para prestação descentralizada dos serviços, sejam elas empresas públicas, sociedades de economia mista, fundações públicas ou autarquias. Passemos à análise destas regras comuns antes de adentrarmos na análise pormenorizada de cada uma destas entidades.

I - A primeira característica comum é a de que todas estas entidades devem gozar de **personalidade jurídica**: ou seja, não se confundem com os entes da administração direta que os criou. Cada um desses entes é uma pessoa jurídica titular de direitos e obrigações. Para viabilizar essa característica, os entes possuem **patrimônio próprio**, quando da sua criação, e a entidade responsável transfere parte de seu patrimônio que passa a pertencer ao novo ente independente e este novo ente terá liberdade para utilizá-lo. A receita destas entidades também é específica e pode decorrer de participação no orçamento dos entes da Administração Direta ou de suas próprias atividades que lhes geram renda.

Essas pessoas jurídicas também gozam de **capacidade de autoadministração**, pois terão autonomia técnica e administrativa, além de efetivarem a nomeação de seus agentes, em concurso específico, com plano de carreira e atribuições definidas, possuindo, portanto, seu próprio corpo de pessoal.

Assim, em caso, por exemplo, de eventual processo judicial, a ação deverá ser proposta contra a Pessoa Jurídica da Administração Indireta e não em face do ente federativo, haja vista o ente da administração indireta não se confundir com o ente político que o gerou. Isso não impede a responsabilização subsidiária do ente federativo criador da entidade descentralizada, em caso de danos causados a terceiros.

II – Além da personalidade jurídica, que é comum a todos os entes da Administração Indireta, a **criação** de qualquer uma destas entidades da administração descentralizada depende de **lei específica (lei ordinária)**.

Importante frisar que a lei específica **CRIA** as autarquias (basta a aprovação da lei para a pessoa jurídica passar a existir) e a lei específica **AUTORIZA A CRIAÇÃO** dos demais entes da administração indireta, quais sejam a fundação pública, a empresa pública e a sociedade de economia mista (nestes casos, a entidade somente passará a existir juridicamente com o registro de seus atos constitutivos no órgão competente), conforme expressamente disposto na Constituição Federal, *in verbis*:

> Art. 37: XIX - somente por lei específica poderá ser criada autarquia e autorizada a instituição de empresa pública, de sociedade de economia mista e de fundação, cabendo à lei complementar, neste último caso, definir as áreas de sua atuação; (Redação dada pela Emenda Constitucional n. 19, de 1998)

Com efeito, nas situações em que a lei específica cria a entidade, o registro dos atos constitutivos não se faz necessário à sua existência no mundo jurídico, sendo suficiente a publicação da lei para que esteja regularmente constituída. Em casos nos quais a lei somente autoriza a criação, é imprescindível o registro dos atos constitutivos no Cartório de Pessoas Jurídicas ou na Junta comercial, no caso das empresas estatais.

Em relação às fundações públicas, existe grande discussão doutrinária acerca da sua forma de criação. Isso porque, conforme será analisado, em tópico específico, as fundações públicas podem ser constituídas com personalidade jurídica de direito público ou com personalidade jurídica de direito privado.

Sendo a fundação constituída com personalidade de direito privado, não há divergência acerca da aplicação literal do dispositivo constitucional, o que enseja a edição de lei autorizadora da criação desta entidade. Dessa forma, a lei específica autoriza a criação das fundações públicas de direito privado – também denominadas fundações governamentais – e a criação se dá, efetivamente, com o registro dos seus atos constitutivos no cartório de pessoas jurídicas, haja vista não possuírem natureza comercial.

Todavia, quando as fundações públicas são criadas sob o regime de direito público, estas entidades têm natureza autárquica. De fato, a doutrina designa como autarquia fundacional esta entidade e, por esse motivo, a ela se aplicam todas as regras aplicáveis às autarquias, inclusive sua criação por meio de lei específica.

Por fim, é relevante ressaltar que, em virtude da simetria das formas, as entidades devem ser extintas mediante lei específica. Sendo assim, a lei específica extingue as autarquias (inclusive as autarquias fundacionais) e autoriza a extinção dos demais entes da Administração Descentralizada. Não se admite a extinção mediante a edição de meros atos administrativos, inferiores à lei.

III – Outra característica relevante e comum aos entes da Administração Indireta é a **finalidade** pública. Isso porque essas entidades têm finalidade especificada na própria lei responsável pela sua criação, estando ela vinculada ao fim que a instituiu. Quando a lei específica cria determinado ente, estabelece a sua finalidade. Ou seja, o ente já é criado com sua finalidade pela lei específica, não podendo exercer atribuições livremente.

Ressalta-se que a finalidade destas entidades estará diretamente vinculada ao interesse público, ou seja, somente é admitida a criação de entes personalizados com finalidade pública, não sendo possível a criação com finalidade lucrativa.

Existem algumas discussões quando se trata das empresas estatais criadas para exploração de atividades econômicas. Mesmo nestes casos, a possibilidade de auferição de lucro decorre da própria atividade como consequência natural, não se configurando finalidade intrínseca da entidade. Ou seja, a exploração de atividade econômica é feita no interesse da coletividade, sendo possível que o lucro decorra desta atividade.

Nesse sentido, a Constituição Federal, em seu artigo 173, somente admite a exploração de atividade econômica pela Administração Pública, quando for executada visando ao interesse da sociedade. Vejamos.

> "Art. 173. Ressalvados os casos previstos nesta Constituição, a exploração direta de atividade econômica pelo Estado só será permitida quando necessária aos imperativos da segurança nacional ou a relevante interesse coletivo, conforme definidos em lei".

Logo, ainda que o ente estatal tenha sido criado com a intenção de explorar atividade econômica, essa atividade deverá ser praticada, perseguindo o interesse público e jamais com a intenção de lucro, o que é comum aos particulares.

IV – Por fim, os entes da Administração Indireta se sujeitam a **Controle** pela Administração Direta da pessoa política à qual são vinculados. O que existe é um controle de legalidade. Isso porque o controle exercido feito por pessoas estranhas à estrutura do ente da Administração Indireta não é amplo.

Este controle pode ser denominado "controle finalístico" (porque não é ilimitado e diz respeito à finalidade da entidade). Também pode ser designado como vinculação ou tutela administrativa e, ainda, no âmbito federal, pode ser utilizado o designativo de supervisão ministerial, haja vista o fato de que essa tutela é exercida no âmbito dos ministérios responsáveis pelo serviço que é exercido pelo ente controlado.

Isso porque, conforme leciona José dos Santos Carvalho Filho[7], *"a forma pela qual os órgãos governamentais exercem o controle pode variar conforme a lei de organização administrativa federal, estadual, distrital ou municipal."*

A União adotou a sistemática da **supervisão ministerial**, de acordo com a qual, conforme dispõe o art. 19 do DL 200/67, *"todo e qualquer órgão da Administração Federal, direta ou indireta, está sujeito à supervisão do Ministro de Estado competente, excetuados unicamente os órgãos mencionados no art. 32, que estão submetidos à supervisão direta do Presidente da República"*.

A doutrina de Fernanda Marinela[8] costuma dizer que este controle tem como fins *"assegurar o cumprimento dos objetivos fixados em seus atos de criação; harmonizar sua atuação com a política e programação do Governo; zelar pela obtenção de eficiência administrativa; zelar pela autonomia administrativa, operacional e financeira"*.

→ **Pode-se dizer que o controle exercido entre os entes da Administração Direta e Indireta é hierárquico ou que há subordinação entre essas entidades?**

Não, não há hierarquia entre entidades com personalidades jurídicas diversas porque o poder hierárquico só se manifesta internamente, ou seja, entre órgãos e agentes de uma mesma pessoa jurídica. Sendo assim, pode-se estabelecer que esse controle exercido no âmbito dos Ministérios se configura somente uma supervisão ou tutela, não sendo decorrência de manifestação do Poder Hierárquico.

Pensemos em um exemplo elucidativo.

O INSS é uma autarquia federal sujeita ao controle exercido pelo Ministério correspondente.

Neste diapasão, um particular requer um benefício perante um agente do INSS. O pedido é negado. É interposto recurso para o dirigente do INSS. Da decisão deste dirigente, é possível a interposição de recurso, nos moldes da lei e esse recurso decorre da hierarquia existente entre os agentes desta pessoa jurídica. Sendo assim, pode-se falar que o recurso é efetivamente hierárquico e, portanto, designado pela doutrina como → **recurso hierárquico próprio**.

Se, nesta decisão, houver ilegalidade ou abuso de poder, será apresentado recurso para o Ministério Supervisor (administração direta), desde que haja previsão legal expressa → Apesar de não decorrer da hierarquia, a lei chama esta manifestação de recurso hierárquico. Por esta razão denomina-se **recurso hierárquico impróprio**. Aqui há controle restrito dentro do controle de finalidade, não havendo manifestação de hierarquia.

Ademais, assim como os entes da Administração Centralizada, os entes da Administração Indireta, por serem integrantes da estrutura do Estado e executarem atividades com verba

7. CARVALHO FILHO,José dos Santos –Manual de Direito Administrativo. Rio de Janeiro: Lumen Juris,23ª ed. 2012..
8. MARINELA, Fernanda – Direito Administrativo. Niterói: Impetus, 6ª ed.2012.

pública, se sujeitam ao controle do Tribunal de Contas, consoante a previsão constitucional, em seu art. 71, o qual terá competência e atribuição para julgamento de contas, aplicação de multas e outras sanções aos agentes faltosos, realização de auditorias e emissão de pareceres, entre outras atribuições expressas na Carta Magna.

Em resumo.

→ **Características comuns aos entes da Administração Indireta:**

a) Personalidade jurídica própria apartada dos entes federativos responsáveis pela sua criação.
b) Necessidade de lei específica para sua criação, seja a lei criadora da entidade ou autorizadora.
c) Finalidade específica de interesse público, definida na lei de criação
d) Controle exercido pelo ente da Administração Direta, no que tange ao cumprimento de suas finalidades essenciais.

Analisadas as características comuns, passemos à análise pormenorizada de cada um dos entes da Administração Indireta.

5. AUTARQUIAS

As autarquias serão criadas por lei. Elas são pessoas jurídicas de direito público que desenvolvem atividade típica de Estado, com liberdade para agirem nos limites administrativos da lei específica que as criou. Assim como os demais entes da Administração Indireta, não estão hierarquicamente subordinadas aos entes federativos, mas se sujeitam a controle finalístico exercido pelos entes da Administração Direta responsável pela sua criação.

Possuem patrimônio próprio, normalmente, transferido pelo ente da Administração Direta que a criou, ou mesmo, decorrente de suas atividades institucionais, haja vista a possibilidade de cobrarem taxas e demais tributos para exercício do poder de polícia ou prestação de serviços públicos inerentes às suas finalidades.

Isso significa que esses entes têm o mesmo regime aplicável à Fazenda Pública, portanto, o mesmo regime aplicável ao Estado. Não possuem subordinação a nenhum órgão do Estado, são apenas controladas e, apesar de terem personalidade jurídica própria e autonomia financeira são despidas de caráter econômico. Para Celso Antônio Bandeira de Mello[9] *"são pessoas jurídicas de direito público com capacidade exclusivamente administrativa."*

O decreto-lei 200/67 traz, em seu bojo, a definição das autarquias, em seu art. 5º, inciso I, o qual se transcreve abaixo.

> I - Autarquia - o serviço autônomo, criado por lei, com personalidade jurídica, patrimônio e receita próprios, para executar atividades típicas da Administração Pública, que requeiram, para seu melhor funcionamento, gestão administrativa e financeira descentralizada.

Enfim, as entidades autárquicas nada mais são do que entidades personalizadas, com regime de fazenda pública, orientadas na execução das atividades estatais de forma especializada e eficiente, decorrentes da descentralização administrativa, atuando sem nenhum interesse econômico ou comercial, mas tão somente na busca do interesse coletivo.

9. MELLO, Celso Antônio Bandeira de - Curso de Direito Administrativo. São Paulo:Malheiros,26ª ed.2009.

A título de exemplo, podem-se citar algumas autarquias no cenário da estrutura administrativa da União.

- O INSS (Instituto Nacional do Seguro Social) que tem a finalidade de gerir o regime geral de previdência social aplicado aos empregados em geral, regulado e controlado pelo Ministério correspondente.
- A Universidade Federal da Bahia, autarquia cultural, controlada pelo Ministério da Educação e Cultura, criada na prestação do serviço público de educação superior pela Administração.
- O IBAMA (Instituto Brasileiro do Meio Ambiente e dos Recursos Naturais Renováveis), controlada pelo Ministério do Meio Ambiente.
- O INCRA (Instituto da Colonização e Reforma Agrária), criado com a intenção de executar a melhor distribuição de terras no país.

Esses são somente exemplos de entidades autárquicas, criadas por lei específica, para execução de atividades de interesse público, próprias de Estado.

5.1. Regime jurídico aplicável às autarquias

Pode-se dizer que tudo aquilo que foi e ainda será estudado, nesta obra, quanto aos entes da Administração Direta se aplica às autarquias. Administrativamente, o regime jurídico é o mesmo aplicável aos entes políticos, não obstante, não tenha a entidade autárquica poderes de natureza política.

É importante ressaltar que não se trata de delegação de serviço como já dito anteriormente (outorga da titularidade de serviços públicos mediante lei) e, portanto, as autarquias são o próprio ente estatal exercendo atividade típica do Estado e, para tanto, precisam gozar de todas as prerrogativas públicas de que gozam os entes federativos, aplicando-se integralmente as regras atinentes ao Regime Jurídico Administrativo.

Vejamos alguns privilégios garantidos às Autarquias, bem como algumas restrições públicas a que elas se submetem:

a) Privilégios processuais:

A princípio, o processo judicial deve-se desenvolver em respeito ao princípio da igualdade entre as partes opostas, não sendo possível o privilégio de uma das partes em detrimento da outra. Em virtude do regime jurídico imposto à fazenda pública e também às autarquias, considerando as atividades desenvolvidas por essas pessoas jurídicas, são justificáveis condições especiais, no andamento do processo em que estas entidades atuem como parte.

Nesse sentido, o Código de Processo Civil dispõe que a fazenda pública goza de **prazos dilatados** para manifestação em juízo.

Cumpre relembrar que o Novo CPC define que A União, os Estados, o Distrito Federal, os Municípios e suas respectivas autarquias e fundações de direito público gozarão de prazo em dobro para todas as suas manifestações processuais, a partir da sua vista dos autos, não havendo mais disposições sobre prazos quadriplicados.

Ressalte-se não haver violação ao princípio da igualdade, por se tratar de condição especial decorrente da supremacia do interesse público sobre o privado. Dessa forma, posiciona-se a jurisprudência pátria e se transcreve, abaixo, julgado do TRF da 3ª região que é bastante elucidativo acerca da matéria.

> Ementa: PROCESSO CIVIL. PREVIDENCIÁRIO. REMESSA OFICIAL TIDA POR INTERPOSTA. PRAZO EM DOBRO PARA O RECURSO DA AUTARQUIA. SALÁRIO-BASE. CLASSES. INTERSTÍCIOS. OBSERVÂNCIA DA LEGISLAÇÃO. PERÍCIA INCORRETA. AÇÃO IMPROCEDENTE. 1. Considerando que não é possível se divisar de pronto se a condenação é inferior a 60 (sessenta) salários mínimos, o reexame necessário é de rigor, nos termos do artigo 475 , inciso I e § 2º, do Código de Processo Civil . Aplicação imediata do dispositivo de natureza processual. 2. Afasta-se a matéria preliminar de contra-razões. **Verifica-se que o prazo do recurso de apelação da autarquia, em dobro, nos termos do artigo 188 do CPC não fere o princípio da isonomia, porquanto se baseia na envergadura maior do interesse público em relação ao interesse particular.** 3. De primeiro momento não serve como justificativa que o autor recebe percentual menor ao devido em relação ao teto de contribuição. Veja-se que a renda mensal inicial é calculada em razão do salário-de-benefício, decorrente de média aritmética dos trinta e seis salários--de-contribuição (art. 29 da Lei 8.213 /91 em sua versão originária) e não sobre determinado percentual em razão do teto. 4. Da mesma forma, incorreta a conclusão do perito, tomando-se por base determinado número de salários-mínimos. Veja-se que o salário-mínimo não serve como referência ao cálculo do benefício, sob pena de afronta ao disposto no artigo 7º, IV, da CF . A vinculação de determinado benefício a número de salários-mínimos somente vigorou na hipótese do artigo 58 do ADCT, inaplicável a benefícios concedidos após a vigência da Constituição. 5. Veja-se que o perito, muito embora tenha considerado os valores da escala de salário-base conforme as suas respectiva vigências, ignorando, com razão, a equiparação em salários-mínimos prevista na CLPS/84, não observou atentamente a regra do artigo 137, § 2º, da CLPS/84 e 29, § 11, da Lei 8.212/91 que proíbe o segurado de "pular" de uma classe para outra. 6. Outro equívoco do trabalho pericial e que compromete a sua conclusão, é o fato de ter elaborado o laudo apenas com base nos salários-de-contribuição do período básico de cálculo (fl. 27), quando deveria levar em consideração as classes conforme a evolução realizada pelas contribuições do autor desde quando ingressou no sistema de salário-base. 7. Não havendo indicação de gratuidade, mas apenas pedido de isenção de custas, condeno a parte autora na verba honorária no importe de 10% (dez por cento) sobre o valor atualizado da causa. 8. Preliminar de contra-razões afastada. Apelação da autarquia e remessa oficial, tida por interposta, providas. Ação improcedente. TRF-3 - APELAÇÃO CÍVEL 246888 AC 30411 SP 95.03.030411-3 (TRF-3) Data de publicação: 26/09/2007

Saliente-se que as ações de rito especial, tais como o Mandado de Segurança, o *Habeas data*, entre outros, não seguem as regras de dilatação de prazo, mantendo-se o prazo simples para manifestação do Poder Público.

Além dos prazos dilatados para manifestação, a fazenda pública goza de garantia de **duplo grau de jurisdição obrigatório**, não produzindo efeitos, senão depois de analisadas pelo tribunal, as decisões contrárias à fazenda pública. Trata-se da chamada remessa necessária de decisões desfavoráveis ao Poder Público.

Essa regra também se estende às autarquias, consoante disposto no art. 496 do Código de Processo Civil. Vejamos.

> *Art. 496. Está sujeita ao duplo grau de jurisdição, não produzindo efeito senão depois de confirmada pelo tribunal, a sentença: I - proferida contra a União, os Estados, o Distrito Federal, os Municípios e suas respectivas autarquias e fundações de direito público; II - que julgar procedentes, no todo ou em parte, os embargos à execução fiscal.*
>
> *§ 1º Nos casos previstos neste artigo, não interposta a apelação no prazo legal, o juiz ordenará a remessa dos autos ao tribunal, e, se não o fizer, o presidente do respectivo tribunal avocá-los-á.*
>
> *§ 2º Em qualquer dos casos referidos no § 1º, o tribunal julgará a remessa necessária.*
>
> *§ 3º Não se aplica o disposto neste artigo quando a condenação ou o proveito econômico obtido na causa for de valor certo e líquido inferior a: I - 1.000 (mil) salários-mínimos para a União e as respectivas autarquias e fundações de direito público; II - 500 (quinhentos) salários-mínimos para os Estados, o Distrito Federal, as respectivas autarquias e fundações de direito público e os Municípios que constituam capitais dos Estados; III - 100 (cem) salários-mínimos para todos os demais Municípios e respectivas autarquias e fundações de direito público.*
>
> *§ 4º Também não se aplica o disposto neste artigo quando a sentença estiver fundada em:*
>
> *I - súmula de tribunal superior; II - acórdão proferido pelo Supremo Tribunal Federal ou pelo Superior Tribunal de Justiça em julgamento de recursos repetitivos; III - entendimento firmado em incidente de resolução de demandas repetitivas ou de assunção de competência; IV - entendimento coincidente com orientação vinculante firmada no âmbito administrativo do próprio ente público, consolidada em manifestação, parecer ou súmula administrativa. ".*

→ OBS.: A súmula 620 do STF estabelece que as entidades autárquicas não gozam do direito ao reexame necessário, mas o entendimento jurisprudencial mais moderno afasta a aplicação desta súmula, em virtude da redação do artigo 496 do CPC. Portanto, também gozam da garantia do duplo grau obrigatório de jurisdição.

Insta salientar que o duplo grau obrigatório se aplica somente quando a condenação ou o proveito econômico obtido na causa for de VALOR SUPERIOR a:

> "I – MIL SALÁRIOS-MÍNIMOS para a União e as respectivas autarquias e fundações de direito público; II – QUINHENTOS SALÁRIOS-MÍNIMOS para os Estados, o Distrito Federal, as respectivas autarquias e fundações de direito público e os Municípios que constituam capitais dos Estados; III – CEM SALÁRIOS-MÍNIMOS para todos os demais municípios e respectivas autarquias e fundações de direito público".

Da mesma forma, também não se aplica a remessa necessária quando a sentença estiver fundada em súmula do Supremo Tribunal Federal ou do Superior Tribunal de Justiça, acórdão proferido pelo Supremo Tribunal Federal ou pelo Superior Tribunal de Justiça em julgamento de casos repetitivos e entendimento firmado em incidente de resolução de demandas repetitivas ou de assunção de competência.

Analise-se, portanto, o quadro comparativo:

QUADRO COMPARATIVO – PRERROGATIVAS DA FAZENDA PÚBLICA PRAZOS DILATADOS	
CPC DE 1973	**NOVO CPC**
Art. 188. Computar-se-á em quádruplo o prazo para contestar e em dobro para recorrer quando a parte for a Fazenda Pública ou o Ministério Público.	Art. 183. A União, os Estados, o Distrito Federal, os Municípios e suas respectivas autarquias e fundações de direito público gozarão de prazo em dobro para todas as suas manifestações processuais, cuja contagem terá início a partir da intimação pessoal.

QUADRO COMPARATIVO – PRERROGATIVAS DA FAZENDA PÚBLICA REMESSA NECESSÁRIA	
CPC DE 1973	**NOVO CPC**
Art. 475. Está sujeita ao duplo grau de jurisdição, não produzindo efeito senão depois de confirmada pelo tribunal, a sentença: I - proferida contra a União, o Estado, o Distrito Federal, o Município, e as respectivas autarquias e fundações de direito público; II - que julgar procedentes, no todo ou em parte, os embargos à execução de dívida ativa da Fazenda Pública (art. 585, VI). § 1° Nos casos previstos neste artigo, o juiz ordenará a remessa dos autos ao tribunal, haja ou não apelação; não o fazendo, deverá o presidente do tribunal avocá-los. § 2° Não se aplica o disposto neste artigo sempre que a condenação, ou o direito controvertido, for de valor certo não excedente a 60 (sessenta) salários mínimos, bem como no caso de procedência dos embargos do devedor na execução de dívida ativa do mesmo valor. § 3° Também não se aplica o disposto neste artigo quando a sentença estiver fundada em jurisprudência do plenário do Supremo Tribunal Federal ou em súmula deste Tribunal ou do tribunal superior competente.	Art. 496. Está sujeita ao duplo grau de jurisdição, não produzindo efeito senão depois de confirmada pelo tribunal, a sentença: I - proferida contra a União, os Estados, o Distrito Federal, os Municípios e suas respectivas autarquias e fundações de direito público; II - que julgar procedentes, no todo ou em parte, os embargos à execução fiscal. § 1º Nos casos previstos neste artigo, não interposta a apelação no prazo legal, o juiz ordenará a remessa dos autos ao tribunal, e, se não o fizer, o presidente do respectivo tribunal avocá-los-á. § 2º Em qualquer dos casos referidos no § 1º, o tribunal julgará a remessa necessária. § 3º Não se aplica o disposto neste artigo quando a condenação ou o proveito econômico obtido na causa for de valor certo e líquido inferior a: I - 1.000 (mil) salários-mínimos para a União e as respectivas autarquias e fundações de direito público; II - 500 (quinhentos) salários-mínimos para os Estados, o Distrito Federal, as respectivas autarquias e fundações de direito público e os Municípios que constituam capitais dos Estados; III - 100 (cem) salários-mínimos para todos os demais Municípios e respectivas autarquias e fundações de direito público. § 4º Também não se aplica o disposto neste artigo quando a sentença estiver fundada em: I - súmula de tribunal superior; II - acórdão proferido pelo Supremo Tribunal Federal ou pelo Superior Tribunal de Justiça em julgamento de recursos repetitivos; III - entendimento firmado em incidente de resolução de demandas repetitivas ou de assunção de competência; IV - entendimento coincidente com orientação vinculante firmada no âmbito administrativo do próprio ente público, consolidada em manifestação, parecer ou súmula administrativa.

Outrossim, o Poder Público está dispensado de efetivar o depósito de 5% sobre o valor da causa para propositura de **ação rescisória**, caso a ação seja julgada improcedente, consoante art. 968, §1º do CPC. O entendimento mais moderno é de que esse benefício se estende às autarquias, conforme disposto no próprio dispositivo legal mencionado, abrangendo, ainda, as fundações públicas de direito público como beneficiária desta garantia, assim como a defensoria pública e os beneficiários da gratuidade de justiça.

Ademais, o art. 91 do Código de Processo Civil (Lei 13.105/15) define que as despesas dos atos processuais, efetuados a requerimento do Ministério Público, Defensoria Pública ou da Fazenda Pública, serão pagas a final pelo vencido, ou seja, não se exige adiantamento de **custas processuais** por parte do Estado. Isso não se aplica para honorários periciais, consoante disposto na Súmula 232 do Superior Tribunal de Justiça que estabelece que *"A Fazenda Pública, quando parte no processo, fica sujeita à exigência do depósito prévio dos honorários do perito"*. Ainda, no mesmo sentido, estipula a lei 9.494/97, em seu art. 1º-A que *"Estão dispensadas de depósito prévio, para interposição de recurso, as pessoas jurídicas de direito público federais, estaduais, distritais e municipais"*.

Ainda em relação aos privilégios processuais, os créditos das autarquias são cobrados por meio de **execução fiscal**, nos termos da Lei 6.830/80, com aplicação do Código de Processo Civil, somente de forma subsidiária. Assim, nos termos do diploma explicitado, os títulos executivos gozam de certeza e liquidez e serão cobrados com trâmites mais céleres, com a intenção de garantir uma maior facilidade no pagamento.

Por fim, os débitos judiciais das entidades autárquicas são pagos por meio da ordem cronológica dos precatórios, conforme estabelecido no art. 100 da CF. Ressalte-se que, por se tratar de ente da Administração Indireta, com personalidade jurídica própria, terá sua própria fila de precatórios, que não se confunde com a do ente federativo responsável por sua criação.

b) Privilégios fiscais:

As entidades autárquicas são beneficiadas pela imunidade tributária recíproca, de acordo com o §2º do art. 150 da Constituição Federal, conforme disposto a seguir:

> § 2º - A vedação do inciso VI, "a", é extensiva às autarquias e às fundações instituídas e mantidas pelo Poder Público, no que se refere ao patrimônio, à renda e aos serviços, vinculados a suas finalidades essenciais ou às delas decorrentes.

De fato, a Carta Magna estabelece ser vedado à União, aos Estados, ao Distrito Federal e aos Municípios instituir impostos sobre o patrimônio, renda ou serviços, uns dos outros, configurando o que a doutrina designa de imunidade recíproca. Em dispositivo seguinte, transcrito alhures, o texto constitucional dispõe que esse benefício abrange também as autarquias. Ressalte-se, ainda, que, não obstante seja denominada de imunidade tributária, essa garantia abrange somente os impostos, não se estendendo às demais espécies tributárias.

c) Responsabilidade Civil:

Submetem-se, via de regra, à responsabilidade civil objetiva, especialmente quando se tratar de atos comissivos e, para parte da doutrina, seguirá, excepcionalmente, a teoria subjetiva quando se tratar de atos omissivos. Portanto, para corrente majoritária, a responsabilidade civil das entidades autárquicas, pelos danos causados por seus agentes a terceiros, está estampada no artigo 37 §6º da Constituição Federal:

> § 6º - As pessoas jurídicas de direito público e as de direito privado prestadoras de serviços públicos responderão pelos danos que seus agentes, nessa qualidade, causarem a terceiros, assegurado o direito de regresso contra o responsável nos casos de dolo ou culpa.

Conforme será analisado em capítulo específico, a responsabilidade das pessoas jurídicas de direito público é objetiva pelos danos causados a terceiros, em decorrência da aplicação da teoria do risco administrativo, não dependendo, dessa forma, da demonstração de dolo ou culpa para que se configure o dever de indenizar da entidade estatal.

É importante ainda salientar que, em relação aos danos causados pelos agentes das autarquias, o ente da Administração Direta responsável pela sua criação será subsidiariamente responsável pelos danos causados por essa entidade. Assim, sempre que o dano for causado por agente da entidade autárquica, o ente responderá objetivamente e primariamente pelo dano, restando ao ente político a responsabilização objetiva, no entanto, subsidiária, pelo mesmo fato.

Ademais, uma vez responsabilizada pelos danos causados por seus agentes, a autarquia poderá propor ação de regresso em face do agente causador do dano, desde que ele tenha concorrido para o prejuízo causado de forma dolosa ou culposa. Com efeito, a responsabilidade objetiva da fazenda pública não se estende aos agentes, os quais têm responsabilidade subjetiva, perante o ente público, em ação de regresso.

d) Contratos:

Os contratos firmados pelas autarquias são administrativos, possuem as conhecidas cláusulas exorbitantes e garantem à administração prerrogativas que o contratado não possui, logo, dependem de prévia licitação, ressalvadas as hipóteses de dispensa ou inexigibilidade, e precisam respeitar as normas da lei 8666/93 e da lei 10.520/02 que instituiu a modalidade licitatória do pregão para os entes públicos.

Isso decorre do fato de que, por ostentarem qualidade de pessoas jurídicas de direito público, as entidades autárquicas se relacionam com particulares com grau de supremacia, gozando de todas as prerrogativas estatais.

Dessa forma, dispõe a lei 8.666/93, em seu artigo 58 que o regime jurídico dos contratos administrativos confere à Administração, em relação a eles, a prerrogativa de modificá-los, unilateralmente, no que tange ao projeto ou ao valor contratado, para melhor adequação às finalidades de interesse público, respeitados os direitos do contratado; rescindi-los, unilateralmente, por motivo de interesse público, ou por inadimplemento do particular contratado; fiscalizar-lhes a execução; aplicar sanções motivadas pela inexecução total ou parcial do ajuste, mediante processo administrativo em que se respeite o contraditório e a ampla defesa e, nos casos de serviços essenciais, ocupar provisoriamente bens móveis, imóveis, pessoal e serviços vinculados ao objeto do contrato, na hipótese da necessidade de acautelar apuração administrativa de faltas contratuais pelo contratado, bem como na hipótese de rescisão do contrato administrativo.

Por sua vez, por exigência expressa do art. 37, XXI da CF, esses contratos serão precedidos de licitação, salvo as hipóteses legais em que seja admitida a contratação direta, devidamente fundamentada.

e) Regime de pessoal:

Servidores estatutários e aprovados mediante concurso serão considerados agentes públicos, na categoria Servidores Públicos. No âmbito federal, estes agentes são regidos pela lei 8112/90, assim como os servidores da administração direta.

ATENÇÃO

O texto constitucional, originariamente, estabelecia a obrigatoriedade de obediência a regime jurídico único por todos os entes da Administração Direta, autárquica e fundacional. Neste diapasão, foi editada a lei 8.112/90, criando o regime estatutário no âmbito federal.

Com a introdução da Emenda Constitucional n. 19/98, a regra foi alterada e foi abolido o regime jurídico único, sendo admitido o ingresso de servidores celetistas (regidos pela consolidação das leis trabalhistas e sob regime de emprego) e estatutário nos quadros das entidades mencionadas. Sendo assim, o regime passou a ser misto.

Diante da concessão da medida cautelar proferida na ADI 2135, o STF, desde 2007, suspendeu a eficácia do art. 39, *caput*, da CF, com a redação dada pela EC 19/1998, o que rendeu ensejo ao retorno da redação anterior, na qual havia sido instituído o **regime jurídico único** para os servidores da administração direta, das autarquias e fundações públicas. No âmbito da União, o regime foi instituído pela lei 8112/90. Desse modo, não se admite mais o ingresso de servidores celetistas para prestação de serviços nos entes da administração direta, autárquica e fundacional.

Nesse sentido, vejamos a decisão da ADI comentada.

> MEDIDA CAUTELAR EM AÇÃO DIRETA DE INCONSTITUCIONALIDADE. PODER CONSTITUINTE REFORMADOR. PROCESSO LEGISLATIVO. EMENDA CONSTITUCIONAL 19, DE 04.06.1998. ART. 39, CAPUT, DA CONSTITUIÇÃO FEDERAL. SERVIDORES PÚBLICOS. REGIME JURÍDICO ÚNICO. PROPOSTA DE IMPLEMENTAÇÃO, DURANTE A ATIVIDADE CONSTITUINTE DERIVADA, DA FIGURA DO CONTRATO DE EMPREGO PÚBLICO. INOVAÇÃO QUE NÃO OBTEVE A APROVAÇÃO DA MAIORIA DE TRÊS QUINTOS DOS MEMBROS DA CÂMARA DOS DEPUTADOS QUANDO DA APRECIAÇÃO, EM PRIMEIRO TURNO, DO DESTAQUE PARA VOTAÇÃO EM SEPARADO (DVS) N. 9. SUBSTITUIÇÃO, NA ELABORAÇÃO DA PROPOSTA LEVADA A SEGUNDO TURNO, DA REDAÇÃO ORIGINAL DO CAPUT DO ART. 39 PELO TEXTO INICIALMENTE PREVISTO PARA O PARÁGRAFO 2º DO MESMO DISPOSITIVO, NOS TERMOS DO SUBSTITUTIVO APROVADO. SUPRESSÃO, DO TEXTO CONSTITUCIONAL, DA EXPRESSA MENÇÃO AO SISTEMA DE REGIME JURÍDICO ÚNICO DOS SERVIDORES DA ADMINISTRAÇÃO PÚBLICA. RECONHECIMENTO, PELA MAIORIA DO PLENÁRIO DO SUPREMO TRIBUNAL FEDERAL, DA PLAUSIBILIDADE DA ALEGAÇÃO DE VÍCIO FORMAL POR OFENSA AO ART. 60, § 2º, DA CONSTITUIÇÃO FEDERAL. RELEVÂNCIA JURÍDICA DAS DEMAIS ALEGAÇÕES DE INCONSTITUCIONALIDADE FORMAL E MATERIAL REJEITADA POR UNANIMIDADE. 1. A matéria votada em destaque na Câmara dos Deputados no DVS n. 9 não foi aprovada em primeiro turno, pois obteve apenas 298 votos e não os 308 necessários. Manteve-se, assim, o então vigente caput do art. 39, que tratava do regime jurídico único,

incompatível com a figura do emprego público. 2. O deslocamento do texto do § 2º do art. 39, nos termos do substitutivo aprovado, para o caput desse mesmo dispositivo representou, assim, uma tentativa de superar a não aprovação do DVS nº 9 e evitar a permanência do regime jurídico único previsto na redação original suprimida, circunstância que permitiu a implementação do contrato de emprego público ainda que à revelia da regra constitucional que exige o quorum de três quintos para aprovação de qualquer mudança constitucional. 3. Pedido de medida cautelar deferido, dessa forma, quanto ao caput do art. 39 da Constituição Federal, ressalvando-se, em decorrência dos efeitos ex nunc da decisão, a subsistência, até o julgamento definitivo da ação, da validade dos atos anteriormente praticados com base em legislações eventualmente editadas durante a vigência do dispositivo ora suspenso. 4. Ação direta julgada prejudicada quanto ao art. 26 da EC 19/98, pelo exaurimento do prazo estipulado para sua vigência. 5. Vícios formais e materiais dos demais dispositivos constitucionais impugnados, todos oriundos da EC 19/98, aparentemente inexistentes ante a constatação de que as mudanças de redação promovidas no curso do processo legislativo não alteraram substancialmente o sentido das proposições ao final aprovadas e de que não há direito adquirido à manutenção de regime jurídico anterior. 6. Pedido de medida cautelar parcialmente deferido.

ADI 2135 MC / DF - DISTRITO FEDERAL

MEDIDA CAUTELAR NA AÇÃO DIRETA DE INCONSTITUCIONALIDADE

Relator(a): Min. NÉRI DA SILVEIRA

Relator(a) p/ Acórdão: Min. ELLEN GRACIE (ART.38,IV,b, do RISTF)

Julgamento: 02/08/2007 Órgão Julgador: Tribunal Pleno

Assim, os agentes das autarquias são servidores estatutários que se submetem a todas as garantias constitucionais de estabilidade e regime de aposentadoria especial, mas que, da mesma forma, se submetem a todas as limitações constitucionais, como a exigência de concursos públicos, a impossibilidade de acumulação de cargos e a adequação de sua remuneração ao teto de pagamento, previsto na Constituição Federal.

No que tange à competência para analisar as controvérsias decorrentes desta relação de trabalho, o Supremo Tribunal Federal já se manifestou no sentido de que a justiça comum será responsável por essas ações. Com efeito, o art. 114, I da Constituição Federal não se aplica para as relações estatutárias entre a Administração Pública e seus servidores.

Nesse sentido, a ADI 3395, cuja ementa se transcreve abaixo:

Ementa: INCONSTITUCIONALIDADE. Ação direta. Competência. Justiça do Trabalho. Incompetência reconhecida. Causas entre o Poder Público e seus servidores estatutários. Ações que não se reputam oriundas de relação de trabalho. Conceito estrito desta relação. Feitos da competência da Justiça Comum. Interpretação do art. 114, inc. I, da CF, introduzido pela EC 45/2004. Precedentes. Liminar deferida para excluir outra interpretação. O disposto no art. 114, I, da Constituição da República, não abrange as causas instauradas entre o Poder Público e servidor que lhe seja vinculado por relação jurídico-estatutária.

ADI 3395 MC / DF - DISTRITO FEDERAL

MEDIDA CAUTELAR NA AÇÃO DIRETA DE INCONSTITUCIONALIDADE

Relator(a): Min. CEZAR PELUSO

Julgamento: 05/04/2006 Órgão Julgador: Tribunal Pleno

f) atos administrativos:

No que tange aos atos praticados pelas autarquias, eles ostentam a qualidade de atos administrativos e devem respeitar os requisitos definidos no art. 2º da lei 4717/65, quais sejam, o sujeito competente, a finalidade especificada em lei, a forma, o motivo e o objeto. Ademais, por serem atos praticados em respeito à supremacia do interesse público, esses atos gozam de todos os atributos inerentes a essa prerrogativa. Sendo assim, há uma presunção de veracidade dos fatos estipulados no ato, bem como a presunção de legitimidade dos mesmos. Ainda pode-se dizer que gozam do atributo da imperatividade, quando dispuserem acerca de obrigações e exigibilidade. Por fim, desde que mediante disposição legal, ou em virtude de urgência declarada, estes atos gozam do poder de autoexecutoriedade.

Outrossim, em decorrência do princípio da autotutela, as autarquias podem, independentemente de provocação, determinar a anulação de seus atos ilegais ou revogação, por motivo de interesse público devidamente justificado.

g) bens públicos:

O art. 98 do Código Civil dispõe que *"São públicos os bens do domínio nacional pertencentes às pessoas jurídicas de direito público interno; todos os outros são particulares, seja qual for a pessoa a que pertencerem"*. Dessa forma, por ostentarem a qualidade de pessoas jurídicas de direito público, todos os bens pertencentes às entidades autárquicas são bens públicos e, portanto, protegidos pelo regime próprio aplicável a esses bens.

Sendo assim, os bens das autarquias são impenhoráveis, não se admitindo penhora judicial para garantia do juízo em execuções contra a fazenda pública, não sendo possível ainda o arresto ou sequestro destes bens. Ademais, gozam da garantia de não onerabilidade, o que significa dizer que não se submetem a direitos reais de garantia. Nesse sentido, não é possível a incidência de penhor, hipoteca ou anticrese sobre bens públicos, como forma de garantia real dos débitos assumidos pela entidade estatal.

Ainda como garantia decorrente dos privilégios estatais, seus bens não se sujeitam a usucapião, gozando da prerrogativa de imprescritibilidade. Essa norma está estampada no art. 102 do Código Civil que estabelece genericamente que os bens públicos não se sujeitam à usucapião e também no art. 200, do Decreto lei 9.760/46, que trata da imprescritibilidade de bens imóveis. Ainda nesses termos, o art. 183, §3º e art. 191, parágrafo único da Constituição Federal define que *"Os imóveis públicos não serão adquiridos por usucapião"*.

Por fim, como os demais bens públicos, os bens das autarquias se sujeitam à regra de alienabilidade condicionada. Desse modo, os bens que estejam, de alguma forma, afetados ao interesse público são inalienáveis enquanto os bens desafetados podem ser alienados, desde que observadas as disposições do art. 17 da lei 8.666/93.

O dispositivo define que os bens imóveis públicos desafetados podem ser alienados desde que haja autorização legislativa, declaração de interesse público, avaliação prévia e licitação. Em relação aos bens móveis, dispensa-se a autorização legislativa específica.

h) controle:

Assim como os demais entes da Administração Indireta, as autarquias são controladas pelo ente da Administração Direta responsável pela sua criação. Conforme já explicitado, esse controle decorre do chamado poder de supervisão ou tutela administrativa, não se configurando manifestação do Poder hierárquico.

Ademais, as autarquias se sujeitam ao controle financeiro exercido pelo Tribunal de Contas, conforme disposto no art. 70 e seguintes da carta Magna. Nessa esteira, o art. 71, II define que os entes da Administração Indireta se sujeitam a este controle, dispondo que compete ao Tribunal de Contas da União *"julgar as contas dos administradores e demais responsáveis por dinheiros, bens e valores públicos da **administração direta e indireta**, incluídas as fundações e sociedades instituídas e mantidas pelo Poder Público federal, e as contas daqueles que derem causa a perda, extravio ou outra irregularidade de que resulte prejuízo ao erário público".*

i) prescrição:

Assim, como os entes da Administração Direta, as autarquias se submetem à prescrição quinquenal prevista no art. 1º do Decreto 20.910/32. Dispõe, assim, o dispositivo legal que *"as dívidas passivas da União, dos Estados e dos Municípios, bem assim todo e qualquer direito ou ação contra a Fazenda federal, estadual ou municipal, seja qual for a sua natureza, **prescrevem em cinco anos** contados da data do ato ou fato do qual se originarem".*

A aplicação deste dispositivo às autarquias decorre do fato de gozarem de privilégios de Fazenda Pública e está pacificado na doutrina e na jurisprudência.

Em relação ao prazo prescricional para ação de reparação civil, a prescrição ocorre em 5 anos, conforme o disposto no art. 1º do Decreto 20.910/32 e no art. 1º-C da Lei 9494/97. Estes diplomas criaram, quando de sua publicação, um benefício ao Estado extensível a suas autarquias, porquanto o Código Civil de 1916 estabelecia o prazo de 10 anos, para as reparações civis, em geral. Sendo assim, enquanto um particular ficava sujeito a uma ação contra si pelo prazo de 10 anos, a mesma ação em face do ente público deveria ser proposta em um prazo máximo de 5 anos.

Há uma controvérsia acerca da matéria, haja vista o fato de que, com o advento do Novo Código Civil, em 2002, no seu art. 206, §3º, V estabeleceu-se que a ação de reparação civil prescreve em 3 anos. Logo, com a nova regra, o Estado ficou prejudicado em face do particular e, automaticamente, alguns autores passaram a admitir o prazo de 3 anos para reparação do Estado, nos moldes do Código Civil, por ser norma mais benéfica. Nesse sentido, ensina José dos Santos Carvalho Filho[10] ao definir que *"a prescrição da citada pretensão de terceiros contra as pessoas públicas e as de direito privado prestadoras de serviços públicos passou de qüinqüenal para trienal"*

Todavia, outra parcela da doutrina tem se manifestado em contrário, defendendo a manutenção do prazo de 5 anos, uma vez que o Código Civil é lei geral e portanto não poderia alterar lei especial. Esse entendimento, inclusive, foi adotado pela jurisprudência da primeira seção do Superior Tribunal de Justiça e se fundamenta no fato de que, caso seja intenção do legislador alterar o prazo de prescrição das ações de reparação civil contra a fazenda pública, deve expor isso em legislação específica sobre o tema, revogando as disposições anteriores. Nesse sentido, inclusive aponta Marçal Justen Filho[11] que *"a consagração da prescrição trienal para as dívidas da Fazenda Pública acabaria gerando efeitos desastrosos, eis que idêntico prazo*

---

10. CARVALHO FILHO, José dos Santos –Manual de Direito Administrativo. Rio de Janeiro: Lumen Juris, 23ª ed. 2012
11. JUSTEN FILHO,Marçal –Curso de Direito Administrativo. São Paulo: Editora Forum,14ª ed.2009

teria de ser adotado para seus créditos. Seria um despropósito a existência de prazos distintos para as dívidas e para os créditos da fazenda em vista do princípio da equivalência dos prazos prescricionais favoráveis e desfavoráveis a ela".

Sendo assim, a reparação civil em face do Estado e das suas autarquias prescrevem em 5 anos, nos moldes da legislação específica.

5.2. Autarquias profissionais

A lei 9.649/98 estabelece, em seu art. 58, que os serviços de fiscalização de profissões regulamentadas serão exercidos em caráter privado, por delegação do poder público, mediante autorização legislativa. A organização, a estrutura e o funcionamento dos conselhos de fiscalização de profissões regulamentadas serão disciplinados mediante decisão do plenário do conselho federal da respectiva profissão, garantindo-se que na composição deste estejam representados todos seus conselhos regionais.

Por fim, a lei ainda dispõe que os conselhos de fiscalização de profissões regulamentadas, dotados de personalidade jurídica de direito privado, **não manterão com os órgãos da Administração Pública qualquer vínculo funcional ou hierárquico**.

A regra sofreu muitas críticas doutrinárias, uma vez que se trata de atividade de polícia, a qual não admite delegação a particulares, por ter natureza de atividade típica de Estado e a doutrina apontava a violação à liberdade profissional estampada no art. 5º, XIII da Carta Magna.

Dessa forma, a matéria foi objeto de análise pelo Supremo Tribunal Federal que, ao julgar a Ação Direta de Inconstitucionalidade n. 1717, que analisava a constitucionalidade do art. 58 da lei 9649/98, declarou que os conselhos reguladores de profissão têm natureza jurídica de autarquia, uma vez que atuam no exercício do poder de polícia, ao estabelecer restrições ao exercício da liberdade profissional e que tal poder é indelegável a particulares. É fato que tais Conselhos de Profissão atuam no exercício do poder de polícia pelo fato de limitarem e definirem o contorno para o exercício das profissões e ofícios por ele reguladas, exigindo licenças para o exercício regular da atividade e aplicando penalidades, pelo que não podem ostentar a qualidade de particulares. Vejamos a ementa do julgado.

> Ementa: DIREITO CONSTITUCIONAL E ADMINISTRATIVO. AÇÃO DIRETA DE INCONSTITUCIONALIDADE DO ART. 58 E SEUS PARÁGRAFOS DA LEI FEDERAL N. 9.649, DE 27.05.1998, QUE TRATAM DOS SERVIÇOS DE FISCALIZAÇÃO DE PROFISSÕES REGULAMENTADAS. 1. Está prejudicada a Ação, no ponto em que impugna o parágrafo 3º do art. 58 da Lei n. 9.649, de 27.05.1988, em face do texto originário do art. 39 da C.F. de 1988. É que esse texto originário foi inteiramente modificado pelo novo art. 39 da Constituição, com a redação que lhe foi dada pela E.C. n. 19, de 04.06.1988. E, segundo a jurisprudência da Corte, o controle concentrado de constitucionalidade, mediante a Ação Direta, é feito em face do texto constitucional em vigor e não do que vigorava anteriormente. 2. Quanto ao restante alegado na inicial, nos aditamentos e nas informações, a Ação não está prejudicada e por isso o requerimento de medida cautelar é examinado. 3. No que concerne à alegada falta dos requisitos da relevância e da urgência da Medida Provisória (que deu origem à Lei em questão), exigidos no art. 62 da Constituição, o Supremo Tribunal Federal somente a tem por caracterizada quando neste objetivamente evidenciada. E não quando dependa de uma avaliação subjetiva, estritamente política, mediante critérios de oportunidade

e conveniência, esta confiada aos Poderes Executivo e Legislativo, que têm melhores condições que o Judiciário para uma conclusão a respeito. 4. Quanto ao mais, porém, as considerações da inicial e do aditamento de fls. 123/125 levam ao reconhecimento da plausibilidade jurídica da Ação, satisfeito, assim, o primeiro requisito para a concessão da medida cautelar ("fumus boni iuris"). Com efeito, **não parece possível,** a um primeiro exame, em face do ordenamento constitucional, mediante a interpretação conjugada dos artigos 5º, XIII, 22, XVI, 21, XXIV, 70, parágrafo único, 149 e 175 da C.F., **a delegação, a uma entidade privada, de atividade típica de Estado, que abrange até poder de polícia, de tributar e de punir, no que tange ao exercício de atividades profissionais**. 5. Precedente: M.S. n. 22.643. 6. Também está presente o requisito do "periculum in mora", pois a ruptura do sistema atual e a implantação do novo, trazido pela Lei impugnada, pode acarretar graves transtornos à Administração Pública e ao próprio exercício das profissões regulamentadas, em face do ordenamento constitucional em vigor. 7. Ação prejudicada, quanto ao parágrafo 3º do art. 58 da Lei n. 9.649, de 27.05.1998. 8. Medida Cautelar deferida, por maioria de votos, para suspensão da eficácia do "caput" e demais parágrafos do mesmo artigo, até o julgamento final da Ação.

ADI 1717 MC / DF - DISTRITO FEDERAL

MEDIDA CAUTELAR NA AÇÃO DIRETA DE INCONSTITUCIONALIDADE

Relator(a): Min. SYDNEY SANCHES

Julgamento: 22/09/1999 Órgão Julgador: Tribunal Pleno

Ressalte-se que ainda se mantém nesse sentido as decisões mais recentes da Suprema Corte acerca da matéria.

Sendo assim, os Conselhos profissionais passam a ostentar natureza jurídica de entidades autárquicas, gozando de todos os privilégios e se submetendo a todas as restrições impostas a estas entidades, tendo, inclusive o poder de deslocar a competência das ações em que seja parte para a justiça federal, nos moldes do art. 109, I da CF, consoante dispõe a súmula 66 do Superior Tribunal de Justiça a qual dispõe que *"Compete à Justiça Federal processar e julgar execução fiscal promovida por Conselho de fiscalização profissional"*.

No que diz respeito às anuidades cobradas pelas entidades, a doutrina e jurisprudência já pacificaram o entendimento de que ostentam a qualidade de tributos federais, sendo, portanto, obediente ao princípio da legalidade, não se admitindo a criação sem previsão de lei. Com efeito, trata-se de exação de natureza tributária, com lançamento de ofício e, como tal, obedece à reserva legal. Dessa forma, os Conselhos de Profissão gozam de parafiscalidade, ou seja, a eles é transferida a capacidade tributária.

Em relação ao regime de pessoal, por se tratarem de entidades autárquicas, é indiscutível que os seus servidores devem seguir o Regime Jurídico único, previsto na lei 8.112/90 para todos os servidores da União, incluindo as suas autarquias. Com efeito, o art. 58, §3º da lei 9649/98 dispunha que *"Os empregados dos conselhos de fiscalização de profissões regulamentadas são regidos pela legislação trabalhista, sendo vedada qualquer forma de transposição, transferência ou deslocamento para o quadro da Administração Pública direta ou indireta"*. Ocorre que, com a decisão em sede de ADI declarando a inconstitucionalidade do *caput* do art. 58, todos os demais parágrafos se encontram inconstitucionais. É o que a doutrina constitucionalista designa inconstitucionalidade por arrastamento ou por reverberação legal.

Sendo assim, em virtude da sua natureza autárquica, seu pessoal deve seguir o regime estatutário, aplicado às demais autarquias. Vejamos o entendimento do Superior Tribunal de Justiça acerca da matéria.

AGRAVO REGIMENTAL EM RECURSO ESPECIAL. ADMINISTRATIVO. SERVIDOR PÚBLICO. VIOLAÇÃO DO ART. 535 DO CPC. NÃO OCORRÊNCIA. PRETENSÃO DE PREQUESTIONAMENTO DE DISPOSITIVOS CONSTITUCIONAIS. INADMISSIBILIDADE. CONSELHOS DE FISCALIZAÇÃO PROFISSIONAL. NATUREZA JURÍDICA. AUTARQUIAS CORPORATIVAS. REGIME JURÍDICO DE CONTRATAÇÃO DE FUNCIONÁRIOS. CONVERSÃO DO REGIME CELETISTA PARA O ESTATUTÁRIO. INCIDÊNCIA DA LEI Nº 8.112/90. DEMISSÃO IRREGULAR. NECESSIDADE DE PRÉVIO PROCESSO ADMINISTRATIVO. INAPLICABILIDADE DA LEI N. 9.649/98.

1. Não há vício consistente em omissão, contradição ou obscuridade quando o Tribunal de origem decide, fundamentadamente, todas as questões postas ao seu crivo. O mero inconformismo da parte com o julgamento contrário à sua pretensão não caracteriza falta de prestação jurisdicional.

2. Não cabe a esta Corte Superior, na via especial, a análise de violação a dispositivos constitucionais, ainda que com o objetivo de prequestionamento visando à interposição do apelo extraordinário, sob pena de haver a usurpação de competência do Supremo Tribunal Federal.

3. Este Tribunal Superior consagrou o entendimento de que, por força no disposto no Decreto-Lei n. 968/69, o regime dos funcionários dos Conselhos de Fiscalização de Profissões era o celetista. Após a Constituição Federal de 1988 e com o advento da Lei n. 8.112/90, foi instituído o regime jurídico único, sendo os funcionários dessas autarquias alçados à condição de estatutários, situação que perdurou até a Emenda Constitucional n. 19/98 e a entrada em vigor da Lei n. 9.649/98, a qual instituiu novamente o regime celetista.

4. No julgamento da ADI n. 1.717/DF, o Supremo Tribunal Federal declarou a inconstitucionalidade do art. 58 e seus §§ 1º, 2º, 4º, 5º, 6º, 7º e 8º, da Lei n. 9.649/98, afirmando que os conselhos de fiscalização profissional possuem natureza de autarquia de regime especial, permanecendo incólume o art. 58, § 3º, que submetia os empregados desses conselhos à legislação trabalhista.

5. Posteriormente, no julgamento da ADI n. 2.135 MC/DF, foi suspensa a vigência do caput do art. 39 da Constituição Federal, com a redação dada pela EC n. 19/98. **Dessa forma, subsiste, atualmente, para a Administração Pública direta, autárquica e fundacional, a obrigatoriedade de adoção do regime jurídico único, ressalvadas as situações consolidadas na vigência da legislação editada nos termos da aludida emenda declarada suspensa.**

6. No caso dos autos, a autora foi admitida pelo Conselho Regional de Engenharia, Arquitetura e Agronomia do Estado do Rio de Janeiro por concurso público em 1º/3/1965, pelo regime da Consolidação das Leis do Trabalho (CLT), e, com o advento da Lei n. 8.112/1990, passou à condição de servidora pública federal estatutária, de modo que não poderia ter sido demitida em 6/3/1997 sem a observância das regras estatutárias então vigentes.

7. Agravo regimental a que se nega provimento.

AgRg no REsp 1164129 / RJ

AGRAVO REGIMENTAL NO RECURSO ESPECIAL

2009/0214127-4 / DJe 15/02/2013

É importante, porém, frisar que essas regras não se aplicam à Ordem dos Advogados do Brasil. Em relação a esta entidade, o Supremo Tribunal Federal já se manifestou no sentido de que não ostenta a qualidade de autarquia e, portanto, não se submetem à exigência de concurso público para nomeação de seus empregados. Com efeito, conforme entendimento da corte, a OAB é serviço público independente, não sendo integrante da Administração Indireta, o que, inclusive, afasta a incidência do controle orçamentário, financeiro, operacional e patrimonial exercido pelo Tribunal de Contas da União.

Passemos à transcrição da ementa do julgado do STF.

> Ementa: AÇÃO DIRETA DE INCONSTITUCIONALIDADE. § 1º DO ARTIGO 79 DA LEI N. 8.906, 2ª PARTE. "SERVIDORES" DA ORDEM DOS ADVOGADOS DO BRASIL. PRECEITO QUE POSSIBILITA A OPÇÃO PELO REGIME CELESTISTA. COMPENSAÇÃO PELA ESCOLHA DO REGIME JURÍDICO NO MOMENTO DA APOSENTADORIA. INDENIZAÇÃO. IMPOSIÇÃO DOS DITAMES INERENTES À ADMINISTRAÇÃO PÚBLICA DIRETA E INDIRETA. CONCURSO PÚBLICO (ART. 37, II DA CONSTITUIÇÃO DO BRASIL). INEXIGÊNCIA DE CONCURSO PÚBLICO PARA A ADMISSÃO DOS CONTRATADOS PELA OAB. AUTARQUIAS ESPECIAIS E AGÊNCIAS. CARÁTER JURÍDICO DA OAB. ENTIDADE PRESTADORA DE SERVIÇO PÚBLICO INDEPENDENTE. CATEGORIA ÍMPAR NO ELENCO DAS PERSONALIDADES JURÍDICAS EXISTENTES NO DIREITO BRASILEIRO. AUTONOMIA E INDEPENDÊNCIA DA ENTIDADE. PRINCÍPIO DA MORALIDADE. VIOLAÇÃO DO ARTIGO 37, CAPUT, DA CONSTITUIÇÃO DO BRASIL. NÃO OCORRÊNCIA.
>
> 1. A Lei n. 8.906, artigo 79, § 1º, possibilitou aos "servidores" da OAB, cujo regime outrora era estatutário, a opção pelo regime celetista. Compensação pela escolha: indenização a ser paga à época da aposentadoria. 2. **Não procede a alegação de que a OAB sujeita-se aos ditames impostos à Administração Pública Direta e Indireta.** 3. **A OAB não é uma entidade da Administração Indireta da União. A Ordem é um serviço público independente, categoria ímpar no elenco das personalidades jurídicas existentes no direito brasileiro.** 4. **A OAB não está incluída na categoria na qual se inserem essas que se tem referido como "autarquias especiais" para pretender-se afirmar equivocada independência das hoje chamadas "agências".** 5. **Por não consubstanciar uma entidade da Administração Indireta, a OAB não está sujeita a controle da Administração, nem a qualquer das suas partes está vinculada.** Essa não-vinculação é formal e materialmente necessária. 6. A OAB ocupa-se de atividades atinentes aos advogados, que exercem função constitucionalmente privilegiada, na medida em que são indispensáveis à administração da Justiça [artigo 133 da CB/88]. É entidade cuja finalidade é afeita a atribuições, interesses e seleção de advogados. Não há ordem de relação ou dependência entre a OAB e qualquer órgão público. 7. A Ordem dos Advogados do Brasil, cujas características são autonomia e independência, não pode ser tida como congênere dos demais órgãos de fiscalização profissional. A OAB não está voltada exclusivamente a finalidades corporativas. Possui finalidade institucional. 8. Embora decorra de determinação legal, o regime estatutário imposto aos empregados da OAB não é compatível com a entidade, que é autônoma e independente. 9. Improcede o pedido do requerente no sentido de que se dê interpretação conforme o artigo 37, inciso II, da Constituição do Brasil ao caput do artigo 79 da Lei n. 8.906, que determina a aplicação do regime trabalhista aos servidores da OAB. 10. Incabível a exigência de concurso público para admissão dos contratados sob o regime trabalhista pela OAB. 11. Princípio da moralidade. Ética da legalidade e moralidade. Confinamento do princípio da moralidade ao âmbito da ética da legalidade, que não pode ser ultrapassada, sob pena de dissolução do próprio sistema. Desvio de poder ou de finalidade. 12. Julgo improcedente o pedido.
>
> ADI 3026 / DF - DISTRITO FEDERAL
>
> AÇÃO DIRETA DE INCONSTITUCIONALIDADE
>
> Relator(a): Min. EROS GRAU
>
> Julgamento: 08/06/2006 Órgão Julgador: Tribunal Pleno

Sendo assim, de uma análise do julgado acima transcrito, pode-se verificar que a Ordem dos Advogados do Brasil não ostenta a qualidade de autarquia, destacando-se dos demais conselhos de profissão, sendo um serviço público independente, nas próprias palavras do Supremo Tribunal Federal, uma "***categoria ímpar no elenco das personalidades jurídicas existentes no direito brasileiro***".

Insta salientar que a matéria é controversa e enseja discussões doutrinárias, sendo a decisão analisada divergente do que vinham decidindo os tribunais superiores acerca da matéria. Inclusive, é pacífico o entendimento de que as ações propostas em face da Ordem dos Advogados do Brasil devem ser propostas na Justiça Federal, consoante disposição do art. 109, I, não obstante não se tenha definido a natureza jurídica desta entidade.

5.3. Autarquias territoriais

O art. 33 da Constituição Federal de 1988 define que *"A lei disporá sobre a organização administrativa e judiciária dos Territórios"*, definindo ainda que *"Os Territórios poderão ser divididos em Municípios, aos quais se aplicará, no que couber, o disposto no Capítulo IV deste Título"*.

A criação de territórios pelo ente estatal é manifestação da descentralização política e não administrativa, pelo que as chamadas autarquias territoriais, pela doutrina brasileira, não ostentam qualidade de entes da Administração Indireta.

A criação de autarquias territoriais, como descentralização administrativa ocorre somente em países unitários que realizam descentralização administrativa territorial, com a outorga a essas entidades de algumas prerrogativas de ordem pública. No Brasil, os territórios são desmembramento político e não integram a Administração Descentralizada.

5.4. Autarquias em regime especial

Algumas autarquias, por terem regime legal diferenciado, gozam de mais liberdade em face dos entes da administração direta do que as demais autarquias, as comuns. São as chamadas autarquias em regime especial. Vejamos.

5.4.1. Autarquias Culturais - Universidades públicas:

As universidades públicas têm como característica uma forma peculiar de escolha do seu dirigente máximo (o reitor). Isso porque este reitor é sempre indicado pelos próprios membros da entidade (corpo docente e discente).

Ademais, não é permitida a sua exoneração *ad nutum*, por serem escolhidos para cumprirem mandato certo, cujo prazo é definido na própria lei de criação da entidade. Essa é uma garantia de uma maior independência frente à Administração direta, haja vista a maior liberdade de atuação destes agentes em relação aos órgãos responsáveis pelo controle finalístico.

Portanto, no caso das universidades públicas, a escolha do dirigente é feita por indicação de seus próprios membros, com a garantia de mandato certo, por isso essa maior autonomia em relação aos entes da Administração Direta.

Ressalte-se que esta autarquia, não só escolhe seus dirigentes, como também tem poder de escolha quanto à pedagogia a ser adotada no exercício da atividade educacional, ou seja, desde que atinja a finalidade determinada por lei, a metodologia utilizada não está sujeita a controle ministerial. É a chamada liberdade de atuação e **autonomia pedagógica** prevista no art. 207 da Constituição Federal, que dispõe que *"As universidades gozam de autonomia didático-científica, administrativa e de gestão financeira e patrimonial, e obedecerão ao princípio de indissociabilidade entre ensino, pesquisa e extensão"*.

Analisando este dispositivo, dispõe Marçal Justen Filho[12] que *"A natureza autárquica de uma Universidade não autoriza interferência sobre, por exemplo, teorias ou concepções científicas veiculadas pela instituição"*.

→ Universidades públicas

- Indicação de dirigentes pelos membros da entidade
- Mandato certo dos dirigentes
- Autonomia pedagógica

5.4.2. Agências reguladoras:

A criação das Agências Reguladoras se deu com o Programa Nacional de Desestatização. Com o objetivo de reduzir o déficit público, passou-se à iniciativa privada atividades que eram dispendiosas para o Estado, transferindo a prestação de serviços a entidades privadas, com a intenção de reduzir gastos e buscar uma maior eficiência na execução destas atividades. Ocorre que esse afastamento do Estado passou a demandar a existência de órgãos reguladores, nascendo, assim, a necessidade da criação desta espécie de autarquia. Ela é criada em regime especial para fiscalizar, regular, normatizar a prestação de serviços públicos por particulares, evitando a busca desenfreada pelo lucro dentro do serviço público.

Nesse sentido, o art. 21, XI da Carta Magna estabelece que compete à União *"explorar, diretamente ou mediante autorização, concessão ou permissão, os serviços de telecomunicações, nos termos da lei, que disporá sobre a organização dos serviços, a criação de um órgão regulador e outros aspectos institucionais"*. Sendo assim, o próprio texto constitucional passou a expressar a necessidade de regulação das atividades públicas.

Com efeito, as agências vêm cumprindo papel fundamental na garantia dos interesses da coletividade, controlando e fiscalizando as atividades de interesse da sociedade executada por particulares ou até mesmo por entidades privadas da Administração Indireta. Em algumas situações, desde que com previsão expressa na lei de criação, as agência reguladoras têm assumido o papel de poder concedente em contratos de concessão de serviços públicos, como ocorre, por exemplo, com a ANEEL (Agência Nacional de Energia Elétrica).

Ressalte-se que o poder normativo concedido a estas entidades para execução de sua função de controle e regulação não poderá extrapolar os limites da lei, substituindo-se ao texto legal, devendo ater-se a orientações de natureza técnica e providências inferiores e obedientes à lei, por meio de resoluções.

A lei 9986/00 estabelece as normas gerais aplicáveis às Agências Reguladoras no âmbito federal, no entanto, admite-se a criação destas entidades pelos demais entes da Federação. Sendo assim, é possível, mediante lei específica, a criação de agências reguladoras estaduais e municipais, para regulação dos serviços de interesse destes entes.

12. JUSTEN FILHO,Marçal – Curso de Direito Administrativo. São Paulo: Editora Forum, 14ª ed. 2009

5.4.2.1. Regime especial

Inicialmente, a doutrina aponta que o regime diferenciado das agências reguladoras decorre da maior independência e autonomia que esta entidade goza em relação aos entes da Administração Direta, executando suas atividades com maior liberdade de atuação, embora ainda sujeita à supervisão ministerial.

Ademais as Agências Reguladoras possuem autonomia financeira, consoante entendimento de Marçal Justen Filho[13] que dispõe que *"o modelo de agências reguladoras comporta a atribuição de autonomia financeira, por meio de garantia de receitas vinculadas. Isso significaria a possibilidade de manutenção de sua estrutura e de seu funcionamento sem dependência de disputas políticas sobre a distribuição de verbas orçamentárias"*.

Essa maior liberdade decorre de alguns preceitos legais, definidos na lei 9986/00, como a **nomeação diferenciada dos dirigentes**. Com efeito, os dirigentes das agências reguladoras possuem uma investidura especial. São nomeados pelo Presidente da República, após aprovação prévia pelo Senado Federal (art. 52, III, "f", CRFB), para cumprir um mandato certo, ao contrário das demais autarquias em que os dirigentes são comissionados e, portanto, exoneráveis *ad nutum*. Com efeito, esses dirigentes têm mandato de prazo certo, têm prazo fixo, que variará de acordo com a lei de cada agência reguladora e, em caso de vacância, no curso do mandato, este será completado por sucessor investido nos mesmos moldes da escolha do dirigente.

Nesse sentido, a lei 9986/00 dispõe que *"As Agências serão dirigidas em regime de colegiado, por um Conselho Diretor ou Diretoria composta por Conselheiros ou Diretores, sendo um deles o seu Presidente ou o Diretor-Geral ou o Diretor-Presidente"*.

A lei ainda estipula que o Presidente ou o Diretor-Geral ou o Diretor-Presidente (CD I) e os demais membros do Conselho Diretor ou da Diretoria (CD II) serão brasileiros, de reputação ilibada, formação universitária e elevado conceito no campo de especialidade dos cargos para os quais serão nomeados, devendo ser escolhidos pelo Presidente da República e por ele nomeados, após aprovação pelo Senado Federal. Ademais, o Presidente ou o Diretor-Geral ou o Diretor-Presidente será nomeado pelo Presidente da República dentre os integrantes do Conselho Diretor ou da Diretoria, respectivamente, e investido na função pelo prazo fixado no ato de nomeação.

A garantia de cumprimento de **mandato certo** significa que o dirigente não será exonerado livremente, por vontade do órgão de controle. Isso faz com que a agência tenha mais liberdade de atuação e esteja menos dependente dos entes da Administração Direta. O prazo de mandato é sempre definido pela lei específica de criação da entidade e o regulamento de cada Agência disciplinará a substituição dos Conselheiros e Diretores em seus impedimentos ou afastamentos regulamentares ou ainda no período de vacância que anteceder a nomeação de novo Conselheiro ou Diretor.

De acordo com a Lei 9.986/00 – Norma Geral das Agências Reguladoras – os dirigentes somente perderão seus cargos mediante:

13. JUSTEN FILHO, Marçal – Curso de Direito Administrativo. São Paulo: Editora Forum, 14ª ed.2009

- Renúncia;
- Processo Administrativo Disciplinar;
- Condenação Criminal.

OBS.: Admite-se que a norma criadora de cada agência estabeleça outras condições.

Ademais, o dirigente, ao deixar a agência reguladora, deve cumprir um período de **quarentena.** Durante este período precisa respeitar a proibição de exercer atividade na iniciativa privada dentro do setor ao qual estava vinculado. Essa previsão encontra-se no art.8º da lei supramencionada que estipula que "*O ex-dirigente fica impedido para o exercício de atividades ou de prestar qualquer serviço no setor regulado pela respectiva agência, por um período de quatro meses, contados da exoneração ou do término do seu mandato*".

Verifique-se que a lei 9.986/00 define um período de quatro meses a ser respeitado pelo ex-dirigente sem que ele possa exercer atividades em empresas reguladas pela agência que dirigia anteriormente, contudo, a lei específica da agência poderá estabelecer prazo diferenciado, como ocorre, por exemplo, em relação à ANEEL, ANS e ANP, cujas leis de criação estipulam prazo de doze meses de quarentena.

Essa norma tem a intenção de evitar que esse ex-dirigente seja contratado por uma empresa privada e ingresse em seus quadros funcionais com informações privilegiadas, causando transtornos e prejuízos à fiscalização.

A lei estabelece que, durante o período de quarentena, o ex-dirigente ficará vinculado à agência, fazendo jus a remuneração compensatória equivalente à do cargo de direção que exerceu e aos benefícios a ele inerentes. Outrossim, incorre na prática de crime de advocacia administrativa, sujeitando-se às penas da lei, o sujeito que violar o impedimento previsto neste artigo, sem prejuízo das demais sanções cabíveis, administrativas e civis.

Ainda como garantia inerente ao seu regime especial, as Agências Reguladoras gozam de **poder normativo**, ou seja, podem regulamentar e normatizar diversas atividades de interesse social, criando normas que obrigam os prestadores de serviços, a fim de adequar a prestação do serviço ao interesse público.

Deve-se atentar para o alcance do poder normativo. Consoante disposto, não se configura poder legislativo, devendo ater-se a aspectos técnicos, subalternos à lei. Aliás, conforme já explicitado nesta obra, poder normativo nada mais é senão o poder concedido à administração pública de criar direitos e obrigações, dentro dos limites da lei.

Quanto à amplitude, importa saber quem se submete à força normativa das agências reguladoras. O poder normativo destas entidades só obriga o prestador do serviço. Agências reguladoras não podem editar atos que obriguem particulares que não têm relação com a prestação do serviço, só a lei pode obrigar a atuação do particular usuário do serviço. Por exemplo, é possível uma Resolução da ANATEL estipular que prestadores de serviços de energia elétrica estão proibidos de cobrar assinatura fixa dos usuários do serviço, mas não é possível um ato normativo da ANAC obrigar o particular a preencher o verso de seu cartão de embarque (porque esta regra exorbita o poder normativo, atingindo pessoa diversa do prestador do serviço de aviação civil, regulamentado pela entidade).

5.4.2.2. Espécies de Agências reguladoras

As agências reguladoras são criadas para regulação de normatização de atividades de interesse público. Isso abrange o controle de prestação de serviços públicos, bem como a exploração de atividades econômicas de interesse coletivo. Também é possível a criação de agências para controlar atividades de fomento que, por serem direcionadas à coletividade, devem sofrer fiscalização do ente estatal.

Nesse sentido, vamos dividir em quatro grupos as Agências Reguladoras.

a) *Agências que regulam a prestação de serviços públicos*: atuam na fiscalização de serviços públicos propriamente ditos, prestados mediante delegação contratual ou, em algumas situações, prestados diretamente pelo ente estatal como, por exemplo, a **ANEEL** – Agência Nacional de Energia Elétrica, criada a gerida pela lei 9.427/96, a **ANTT** - Agência Nacional de Transporte Terrestre e **ANTAQ** – Agência Nacional de Transportes Aquaviárias, reguladas pela lei 10.233/01, **ANATEL** – Agência Nacional de Telecomunicações, disciplinada pela lei 9.472/97, **ANA** – Agência Nacional de Águas, criada e regulamentada pela lei 9984/00, bem como a **ANAC** – Agência Nacional de Aviação Civil, instituída pela lei 11.182/05.

b) *Agências que fiscalizam atividades de fomento*: executam suas atividades na regulação de atividades eminentemente privadas que dependem de fiscalização estatal, por serem de interesse da coletividade, como é o caso da difusão de cultura e de manifestações artísticas. Pode-se citar como exemplo destas entidades a **ANCINE** – Agência Nacional de Cinema, criada pela MP 2.228/01 que dispõe acerca das políticas relativas à atividade cinematográfica no país.

c) *Agências que controlam a exploração de atividades econômicas*: são autarquias especiais que atuam na normatização da exploração de atividades econômicas de interesse da coletividade. Nesse sentido, tem-se a **ANP** – Agência Nacional do Petróleo, instituída pela lei 9.478/97.

d) *Agências que regulamentam serviços de utilidade pública:* essas Agências controlam serviços públicos não exclusivos de Estado, também denominados serviços de utilidade pública. Pode-se enumerar a **ANS** – Agência Nacional de Saúde Suplementar, criada pela lei 9.961/00 e também a **ANVISA** – Agência Nacional de Vigilância Sanitária, regulamentada pela lei 9.782/99, que tem a intenção de garantir a proteção à saúde de todos os membros da sociedade.

5.4.2.3. Regime de pessoal

A lei 9986/00 estabelece em seu art. 1º que "*As Agências Reguladoras terão suas relações de trabalho regidas pela Consolidação das Leis do Trabalho, aprovada pelo Decreto-Lei n. 5.452, de 1º de maio de 1943, e legislação trabalhista correlata, em regime de emprego público*". Dessa forma, por expressa dicção legal, foi estabelecido o regime de emprego para os servidores contratados por essas entidades, mediante concurso público, não sendo aplicável o regime de cargos públicos efetivos.

Tal situação decorria do fato de que, à época, vigia a EC n. 19/98, a qual teria extinguido o Regime Jurídico Único, admitindo a nomeação de servidores estatutários juntamente com a contratação de empregados, regidos pela CLT, para execução de atividades nos entes da Administração Direta, autárquica e fundacional.

Ocorre que, por decisão cautelar na ADI 2.310, foi afastada a incidência desta norma, sendo restaurado o regime jurídico único. Com isso, no âmbito das autarquias federais, se torna obrigatória a aplicação da lei 8.112/90, a qual define que as nomeações de servidores devem seguir a regra do concurso público e o regime aplicável é o estatutário. Em relação às Agências, a necessidade de adoção de cargos estatutários se dá, principalmente, por se tratar de uma entidade com personalidade jurídica de direito público e pelo fato de sua atuação no exercício do poder de polícia e regulação da atividade privada.

Posteriormente, a situação foi resolvida legalmente pela edição da Medida Provisória n. 155/03, convertida, posteriormente, na lei 10.871/04 que dispõe sobre a criação de carreiras e organização de cargos efetivos das autarquias especiais denominadas Agências Reguladoras, e dá outras providências. A referida lei define a nomeação de servidores estatutários para prestação de serviços nas agências reguladoras e cria um plano de cargos e carreira a ser observado nas diversas atividades de regulação, com atribuições, entre outras, de fiscalização do cumprimento das regras pelos agentes do mercado regulado; orientação aos agentes do mercado regulado e ao público em geral e execução de outras atividades finalísticas inerentes ao exercício da competência das autarquias especiais denominadas Agências Reguladoras.

Ademais, no exercício das atribuições de natureza fiscal ou decorrentes do poder de polícia, são asseguradas aos ocupantes dos cargos referidos na Lei as prerrogativas de promover a interdição de estabelecimentos, instalações ou equipamentos, assim como a apreensão de bens ou produtos, e de requisitar, quando necessário, o auxílio de força policial federal ou estadual, em caso de desacato ou embaraço ao exercício de suas funções.

A lei ainda reafirma a exigência de concurso público para o provimento dos cargos ali estipulados, dispondo que o concurso público observará o disposto em edital de cada entidade, devendo ser constituído de prova escrita e podendo, ainda, incluir provas orais e avaliação de títulos. Determina, também, o respeito à jornada semanal de quarenta horas.

A lei ainda dispõe acerca das formas de provimento derivado na carreira, definindo regras de promoção e remoção de servidores, bem como instituindo gratificações pelo exercício de determinadas atividades.

Ademais, a lei estabelece que as Agências Reguladoras, a partir da publicação da Lei, poderão efetuar, nos termos do art. 37, IX, da Constituição, e observado o disposto na Lei n. 8.745/93, contratação por tempo determinado, pelo prazo de 12 (doze) meses, do pessoal técnico imprescindível ao exercício de suas competências institucionais, sendo admitida uma prorrogação, desde que sua duração total não ultrapasse o prazo de 24 (vinte e quatro) meses, ficando limitada sua vigência, em qualquer caso, a 31 de dezembro de 2005. Essa norma vem sendo alterada por meio de Medidas Provisórias editadas com a intenção de ampliar esse limite temporal para contratação temporária.

Ressalte-se, ainda que a contratação de pessoal para prestação de serviços temporários deve ser realizada mediante processo seletivo simplificado, compreendendo, obrigatoriamente, prova escrita e, facultativamente, análise de *curriculum vitae,* sem prejuízo de outras modalidades que, a critério da entidade contratante, venham a ser exigidas.

É relevante ressaltar que a contratação de servidores temporários tem caráter excepcional, não podendo ser utilizada como regra para substituição de servidores efetivos, sob pena de se tornar inconstitucional. Com efeito, a contratação de temporários para exercício de atividades permanentes configura burla ao texto da Constituição, uma vez que garante o ingresso, sem a necessidade de concurso público de agentes para execução de atividade pública recorrente do órgão ou entidade pública.

Infelizmente, em muitas situações, o administrador público vislumbra uma forma de violar a garantia do concurso público e a prerrogativa da estabilidade por meio destas contratações de natureza especial.

5.4.2.4. Licitação

As leis 9.472/97 e 9.478/97, criadoras da ANATEL e ANP, respectivamente, estabeleciam que essas autarquias em regime especial realizariam procedimento licitatório nas modalidades pregão e consulta, não se submetendo às regras estipuladas pela lei 8.666/93, uma vez que definiriam seus procedimentos de licitação.

A lei 9.472/97 foi objeto de controle de constitucionalidade, por meio da ADI n. 1.668, quando, então, o Supremo Tribunal Federal declarou, em sede de controle concentrado, inconstitucionais todos os dispositivos que conferiam à Agência competência autônoma para disciplinar o procedimento licitatório destas entidades, haja vista a disposição do art. 22, XXVII da Carta Magna de que compete à União legislar acerca de normas gerais de licitações e contratos.

Ocorre que, o art. 54, parágrafo único, 55, 56, 57 e 58, da referida lei, que criam e regulamentam as modalidades licitatórias da consulta e do pregão não foram declarados inconstitucionais pela decisão do STF, mantendo-se, desta forma, plenamente viável a realização destas novas espécies de licitação pública.

Posteriormente, em 2000 foi editada a Medida Provisória 2026/2000 que estendeu a aplicação do pregão aos órgãos e entidades da União Federal, não sendo, ainda, possível a utilização de pregão para as licitações em âmbito estadual, distrital e municipal.

Após várias reedições, chegou-se, na atual Lei 10.520/02, onde o Pregão teve sua atuação estendida para todos os entes da Administração Pública em todas as esferas de poder, deixando, portanto, de ser modalidade específica das agências reguladoras. Com efeito, a possível irregularidade na criação da modalidade do pregão foi sanada pelo fato de que, atualmente, se encontra regulamentado por lei geral de licitação.

→ Por sua vez, a Consulta continua a ser regulamentada pelas leis das agências reguladoras, porém é pouco utilizada pelo fato de não estar regulamentada na lei geral de licitações e porque não tem o seu procedimento estabelecido (a lei somente estipula que caberá a consulta nas hipóteses em que não for cabível o pregão). Ou seja, atualmente, a única modalidade licitatória exclusiva das agências reguladoras é a Consulta, uma vez que o pregão foi estendido a todos os entes da administração pública, com a edição da Lei 10520/02.

5.4.2.5. Teoria da captura

Atualmente, uma questão grave que costuma ser suscitada em relação às agências reguladoras consiste na concretização da hipótese de a agência reguladora passar a servir de instrumento para proteção e benefício de interesses setoriais aos quais regulação na verdade se destina. A doutrina designa tais condutas com a expressão "captura", indicando a hipótese em que a agência se transforma em via de proteção e benefício para os setores empresariais regulados.

De acordo com a referida teoria da captura, a ilegalidade se configura quando a agência perde sua condição de autoridade comprometida com a realização do interesse coletivo e passa a reproduzir atos destinados a legitimar a consecução de interesses privados dos segmentos regulados.

Com efeito, o fenômeno da captura ocorre quando há distorção do interesse público em favor do interesse privado, o que normalmente decorre de pressão do poder econômico das empresas reguladas e de grupos de interesses. Indiscutivelmente, trata-se de irregularidade na atividade regulatória, uma vez que afeta a imparcialidade das agências reguladoras.

Portanto, quando algumas agências reguladoras se afastam dos preceitos constitucionais de proteção à sociedade, para atender interesses de agentes e grupos econômicos em detrimento dos cidadãos que utilizam ou necessitam dos serviços públicos configura-se o fenômeno da captura.

Imagine-se que, a título de exemplo hipotético, a ANAC (Agência Nacional de Aviação Civil) editasse norma permitindo a diminuição do espaço entre as cadeiras de aeronaves, em virtude de pressão realizada pelas empresas de Companhia Aérea que estão sofrendo perdas patrimoniais e diminuição do lucro em razão de crise no setor.

Tais atividades são passíveis de controle administrativo e judicial, dada a sua antijuridicidade.

5.5. Agências Executivas

Agências Executivas são autarquias ou fundações públicas que, por iniciativa da Administração Direta, recebem status de agência, e, por estarem sempre ineficientes, celebram contrato de gestão com o Ministério supervisor. Ao celebrar o contrato de gestão, a autarquia comum ganha status de agência executiva, adquirindo vantagens especiais (concessão de mais independência e mais orçamento), mas, em troca, se compromete a cumprir um plano de reestruturação definido no próprio contrato de gestão para se tornar, mais eficiente, o que envolve reduzir custos e aperfeiçoar seus serviços.

Extinto o contrato de gestão, volta a ser autarquia comum, o que denota o fato de que a qualificação de agência executiva é temporária, durando somente o prazo de duração do contrato celebrado com o ministério supervisor.

A lei 9649/98 estabelece a possibilidade de criação das Agências Executivas ao definir que, para isso, devem estar presentes dois requisitos, quais sejam, a autarquia ou fundação pública ter um plano estratégico de reestruturação e de desenvolvimento institucional em andamento e ter celebrado Contrato de Gestão com o respectivo Ministério supervisor. Tais contratos devem ser celebrados com periodicidade mínima de um ano e estabelecerão os objetivos, metas e respectivos indicadores de desempenho da entidade, bem como os recursos necessários e os critérios e instrumentos para a avaliação do seu cumprimento.

Dessa forma, cumpridos os requisitos legais, a qualificação como Agência Executiva será feita em ato do Presidente da República e o Poder Executivo editará medidas de organização administrativa específicas, visando assegurar a sua autonomia de gestão, bem como a disponibilidade de recursos orçamentários e financeiros para o cumprimento dos objetivos e metas definidos nos Contratos de Gestão; também definirá os critérios e procedimentos para a elaboração e o acompanhamento desses Contratos de Gestão e dos programas estratégicos de reestruturação e de desenvolvimento institucional daquelas Agências Executivas.

Ademais, dispõe, ainda o art. 52 da lei que "*Os planos estratégicos de reestruturação e de desenvolvimento institucional definirão diretrizes, políticas e medidas voltadas para a racionalização de estruturas e do quadro de servidores, a revisão dos processos de trabalho, o desenvolvimento dos recursos humanos e o fortalecimento da identidade institucional da Agência Executiva*".

As Agências Executivas não se confundem com as Agências Reguladoras, pois não são criadas para regulação de quaisquer atividades nem gozam de regime legal especial de nomeação de dirigentes e autonomia financeira. Também não possuem poder de edição de normas gerais de fiscalização de atividades.

De fato, a qualificação visa somente a garantir que esta entidade consiga alcançar uma maior eficiência na operacionalização de suas atividades, não havendo qualquer alteração em relação aos seus fins.

A previsão para celebração de contrato de gestão entre entidades públicas é constitucional. Com efeito, o art. 37, §8º da Carta Magna dispõe que:

> § 8º A autonomia gerencial, orçamentária e financeira dos órgãos e entidades da administração direta e indireta poderá ser ampliada mediante contrato, a ser firmado entre seus administradores e o poder público, que tenha por objeto a fixação de metas de desempenho para o órgão ou entidade, cabendo à lei dispor sobre: (Incluído pela Emenda Constitucional n. 19, de 1998)
>
> I - o prazo de duração do contrato;
>
> II - os controles e critérios de avaliação de desempenho, direitos, obrigações e responsabilidade dos dirigentes;
>
> III - a remuneração do pessoal."

Ressalte-se que esse contrato de gestão é duramente criticado por grande parte da doutrina brasileira "*tratando-se de um arremedo de contrato, sem qualquer valor jurídico*" nas palavras de Celso Antônio Bandeira de Mello[14].

As críticas decorrem do fato de que a celebração deste contrato configura, em verdade, uma premiação àquelas entidades autárquicas ineficientes, por meio da concessão de benefícios para que atinjam sua finalidade originária. Ademais, a definição de competências e autonomia das entidades da Administração Indireta decorre de lei, não podendo ser ampliada mediante acordo ou qualquer ato infralegal.

Por fim, a lei 8.666/93 amplia os limites de dispensa de licitação para os contratos firmados por essas entidades, com efeito, o art. 24, §1º que dispõe que "*Os percentuais referidos nos*

14. MELLO,Celso Antonio Bandeira de – Curso de Direito Administrativo. São Paulo:Malheiros,26ª ed. 2009

incisos I e II do caput deste artigo serão 20% (vinte por cento) para compras, obras e serviços contratados por consórcios públicos, sociedade de economia mista, empresa pública e por autarquia ou fundação qualificadas, na forma da lei, como Agências Executivas".

Assim, as agências executivas gozam de dispensa de licitação para celebração de contratos que tenham como objeto a aquisição de bens e serviços até o limite de R$ 16.000,00 (dezesseis mil reais), o que corresponde a 20% do valor máximo da licitação na modalidade convite para essas contratações. No que tange aos contratos de obras e serviços de engenharia, estas entidades não precisam realizar procedimento licitatório para todas as contratações de valores não superiores a R$ 30.000,00 (trinta mil reais).

6. FUNDAÇÕES PÚBLICAS

Inicialmente iremos conceituar a Pessoa Jurídica designada como "fundação" que, para o Direito Civil, trata-se de *"um patrimônio destacado por um fundador para uma finalidade específica"*. Para uma conceituação mais abrangente, usaremos as palavras de Fernanda Marinela[15] *"uma pessoa jurídica composta por um patrimônio personalizado, que presta atividade não lucrativa e atípicas de poder público, mas de interesse coletivo, como educação, cultura, pesquisa e outros, sempre merecedoras de amparo Estatal"*.

Trata-se, portanto, de personificação de um patrimônio, com determinada finalidade de cunho não econômico. Nesse sentido, inclusive, dispõe o art. 62, parágrafo único do Código Civil Brasileiro, definindo que poderá ser constituída para fins de assistência social, educação, saúde, segurança alimentar e nutricional, cultura, defesa e conservação do patrimônio histórico e artístico, atividades religiosas, promoção da ética, cidadania e direitos humanos e também para pesquisa científica. O texto da lei ainda estabelece que, para a criação regular de uma fundação, o seu instituidor fará, por escritura pública ou testamento, dotação especial de bens livres, especificando a finalidade a que se destina, e declarando, se entender pertinente, a maneira como ela deve ser administrada.

Dessa forma, as fundações, no ordenamento jurídico se dividem em fundações privadas – que são aquelas formadas pela destinação de um patrimônio privado para a criação de uma pessoas jurídica, nos moldes definidos pelo Código Civil – e fundações públicas, que serão o objeto do estudo nessa obra.

Com efeito, se o instituidor da fundação for um particular, o qual realiza destaque de seu patrimônio para criação da entidade, essa fundação será privada e, nesse caso, submete-se às normas de direito civil, integralmente, não fazendo parte da estrutura da Administração Pública Indireta e, não sendo alvo de estudo do Direito Administrativo. Essas fundações privadas, por executarem atividades de interesse da coletividade, serão fiscalizadas pelo Ministério Público do Estado em que estejam localizadas e, se estenderem a atividade por mais de um Estado, caberá o encargo, em cada um deles, ao respectivo Ministério Público.

Por sua vez, quando a Fundação é formada pela destinação de um patrimônio público à criação de uma nova pessoa jurídica, então, se está diante de uma fundação pública, que

15. MARINELA,Fernanda – Direito Administrativo.Niterói:Editora Impetus,6ª ed. 2012

depende de lei específica para sua criação, tem finalidade pública e integra a Administração Indireta do ente instituidor.

Várias são as situações nas quais o Poder Público destina parcela de seu patrimônio à criação de uma pessoa jurídica. Exemplos são o destacamento de patrimônio para defesa do índio (FUNAI), para proteção à saúde (FUNASA), para pesquisas científicas na área de saúde (FIOCRUZ), entre diversas outras. Nesses casos, a entidade criada se sujeita ao controle exercido pela Administração Direta, decorrente da tutela administrativa e terá finalidade pública definida na lei específica responsável pela sua criação.

O Decreto lei 200/67, alterado pela Lei n. 7.596/87, conceitua, em seu art. 5º, IV, fundação pública como a "*entidade dotada de personalidade jurídica de direito privado, sem fins lucrativos, criada em virtude de autorização legislativa, para o desenvolvimento de atividades que não exijam execução por órgãos ou entidades de direito público, com autonomia administrativa, patrimônio próprio gerido pelos respectivos órgãos de direção, e funcionamento custeado por recursos da União e de outras fontes*".

6.1. Natureza jurídica

Quanto ao seu regime jurídico, há divergência na doutrina, haja vista parcela dos estudiosos considerá-la uma entidade pública com personalidade jurídica de direito público, gozando, desta forma, de todas as restrições e prerrogativas da fazenda pública e outros doutrinadores defenderem a personalidade privada de tais entidades.

Tratando acerca da matéria, Celso Antônio Bandeira de Melo[16] entende que as fundações públicas só podem ser instituídas como pessoas jurídicas de direito público como assegura a CRFB de 1988, pois, para este autor, foram criadas inúmeras pessoas como fundações apenas para fugirem dos controles rigorosos do regime público garantindo assim alguns privilégios. Dessa forma, analisemos as palavras do próprio autor que estabelece que "*foram criadas inúmeras pessoas designadas como fundações, com atribuições nitidamente públicas, e que, sob esse aspecto, em nada se distinguiam das autarquias.*

Para embasar seu entendimento, o doutrinador se vale da análise de alguns dispositivos legais e constitucionais que demonstram que o ordenamento jurídico brasileiro confere tratamento de direito público a essas entidades. Sendo assim, a lei 8112/90 determina a aplicação do regime jurídico único aos entes da Administração Direta, autárquica e fundacional. Da mesma forma, o art. 22, XXVII da Carta Magna, ao dispor acerca da competência legislativa para as normas gerais de licitações e contratos, enquadra as fundações juntamente com os demais entes de direito público da Administração. Ainda se pode verificar essa isonomia de tratamento, no art. 169, §3º, II da Constituição Federal, entre outros dispositivos e diplomas legais trazidos à baila, para demonstrar a natureza jurídica da entidade.

Com toda essa fundamentação teórica, Celso Antônio conclui, então, que as fundações públicas são entidades autárquicas que gozam de todos os privilégios decorrentes da supremacia do interesse público e se submetem a todas as restrições impostas ao Estado. Seriam,

16. MELLO, Celso Antônio Bandeira de – Curso de Direito Administrativo. São Paulo: Malheiros, 26ª ed. 2009

assim, verdadeiras autarquias fundacionais, ou seja, autarquias formadas pela destinação de um patrimônio público a um fim específico.

Por outro lado, o Decreto Lei 200/67 dispõe que as fundações são pessoas jurídicas de direito privado, criadas por meio de autorização legal, consoante disposição do art. 5º, IV, transcrito alhures. Esse entendimento é seguido por Helly Lopes Meirelles[17].

Nesse mesmo sentido, argumenta José dos Santos Carvalho Filho[18] que *"é indiscutível que as entidades introduzidas na administração indireta se caracterizam como fundações públicas com personalidade jurídica de direito privado e com sua configuração estrutural básica regulada pelo Código Civil"*.

Finalmente, adotando o entendimento majoritário, Maria Sylvia Zanella di Pietro[19] leciona que podem ser criadas fundações públicas com personalidade jurídica de direito público ou de direito privado. Em qualquer dos casos, a natureza jurídica da entidade deverá ser extraída da lei específica instituidora. Nas palavras da jurista:

> "Quando o Estado institui pessoa jurídica sob a forma de fundação, ele pode atribuir a ela regime jurídico administrativo, com todas as prerrogativas e sujeições que lhe são próprias, ou subordiná-la ao Código Civil, neste último caso, com derrogações de normas de direito público. Em um e outro caso se enquadram na noção categorial do instituto da fundação, como patrimônio personalizado para a consecução de fins que ultrapassam o âmbito da própria entidade".

Se for criada sob o regime de direito público, terá natureza jurídica de autarquia e recebe o nome de **autarquia fundacional**. Portanto, tudo que foi estudado em relação às autarquias, no tópico anterior, se aplica às fundações públicas de direito público. Com todas as prerrogativas e sujeições que lhes são próprias ao seu regime, podem celebrar contrato de gestão e se tornarem agência executiva, gozam de imunidade tributária, celebram contratos administrativos mediante licitação e assim por diante.

Se, por outro turno, forem criadas com personalidade jurídica de direito privado, se submeterão a um regime misto, no qual, as regras de direito civil são derrogadas por restrições impostas pelo direito público.

Essa posição doutrinária de que as fundações podem ser instituídas sob regime de direito público ou privado, conforme seja definido em sua lei especifica, é o entendimento majoritário que será, inclusive, adotado nesta obra. Sendo assim, é a entidade pública instituidora que definirá, mediante lei, a natureza jurídica aplicada à entidade.

6.1.1. Fundação Pública de Direito Privado

Conforme definido no Decreto Lei 200/67, as fundações públicas poderão ser instituídas com personalidade jurídica de direito privado, para execução de atividades de interesse social.

17. MEIRELES, Helly Lopes. Direito Administrativo Brasileiro. São Paulo: Malheiros. 29ª ed. 2003.
18. CARVALHO FILHO,José dos Santos de – Manual de Direito Administrativo. Rio de Janeiro:Editora Lumen Juris,23ª. 2012
19. DI PIETRO,Maria Sylvia Zanella – Direito administrativo.São Paulo, Ed. Atlas,21ª ed.2008

Ressalte-se que não se confundem com as fundações privadas, haja vista serem formadas pela destinação de patrimônio público, indicados para sua formação. Com efeito, por serem criadas mediante a destinação de patrimônio estatal, essas entidades são designadas como **fundações governamentais** de direito privado.

Sendo assim, por serem constituídas sob o regime de direito privado, essas entidades não usufruem dos benefícios concedidos à fazenda pública no que tange às regras processuais diferenciadas, regime de contratos administrativos, atos administrativos com atributos legais ou regime estatutário de servidores. De fato, as fundações governamentais estão submetidas ao direito civil e, dessa forma, seus empregados são regidos pela Consolidação das Leis do Trabalho, seus contratos são civis, sem a existência de cláusulas exorbitantes e todo o regramento de suas relações é definido no direito privado.

Entretanto, não obstante não gozem das prerrogativas estatais, essas entidades integram a Administração Pública Indireta e, em decorrência desse fato, devem-se submeter às restrições decorrentes dos princípios de direito público. Sendo assim, as fundações estarão sujeitas ao controle e fiscalização realizados pelos entes da Administração Direta e também ao controle financeiro e orçamentário realizado pelo Tribunal de Contas. Da mesma forma, seus empregados devem ser aprovados mediante concurso público (art. 37, II da CF), os seus contratos dependem de licitação (art. 37, XXI da CF), nos moldes definidos pela lei 8.666/93 e 10.520/02, salvo as hipóteses de dispensa e inexigibilidade, aos seus empregados é vedada a acumulação de cargos e empregos públicos e os mesmos são considerados agentes públicos para fins penais e para aplicação de sanções de improbidade administrativa, entre outras restrições.

Neste contexto, costuma-se especificar que o direito privado – que é da natureza destas entidades – será derrogado por normas imperativas de direito público, ensejando a submissão destes entes a um **regime híbrido** ou misto.

Ademais, o art. 37, XIX estabelece que a criação destas entidades se dá por meio de autorização legal específica, ficando as suas áreas de atuação dependendo da edição de lei complementar que disporá acerca da matéria.

A fiscalização do Ministério Público Estadual, prevista no art. 66 do Código Civil, é afastada, uma vez que estas entidades se sujeitam à fiscalização decorrente da supervisão ministerial, ou tutela administrativa.

Essas entidades são criadas por meio de destaque orçamentário e sua receita corrente pode decorrer de dotação orçamentária definida pelo ente instituidor e os bens destinados à prestação dos serviços públicos gozarão das prerrogativas inerentes aos bens públicos de impenhorabilidade, não onerabilidade e imprescritibilidade. Ademais, se atuarem na prestação de serviços públicos, se aplica o disposto no art. 37, §6º da Constituição Federal que dispõe acerca da responsabilidade civil objetiva por danos que seus agentes causarem a terceiros, consoante aplicação da teoria do risco administrativo.

Costuma-se, então, estabelecer que o regime destas entidades é similar ao regime das empresas estatais, o que será analisado em tópico seguinte.

6.1.2. Fundação Pública de Direito Público

As fundações públicas regidas pelo direito público são entidades autárquicas que se submetem a regime integralmente público, se valendo de todas as prerrogativas estatais e, consequentemente, se submetendo a todas as restrições decorrentes da indisponibilidade do interesse público. A doutrina denomina estas entidades de autarquias fundacionais, haja vista possuírem o mesmo regime aplicável a essas pessoas jurídicas.

Em relação a esse regime podem ser relembrados alguns pontos relevantes, inclusive já analisados, quando do estudo das autarquias.

a) Privilégios processuais

Assim, como as autarquias, as Fundações Públicas de Direito Público gozam de **prazos dilatados** para manifestação em juízo, qual seja, prazo em dobro para quaisquer de suas manifestações, que inclusive se aplicam às contrarrazões recursais apresentadas por essas entidades (art. 183. CPC).

Esses privilégios não apresentam qualquer afronta ao princípio da igualdade, por se tratar de condição especial decorrente da supremacia do interesse público sobre o privado.

Além dos prazos dilatados para manifestação, a fazenda pública e as fundações instituídas sob o regime de direito público gozam de garantia de **duplo grau de jurisdição obrigatório**, não produzindo efeitos, senão depois de analisadas pelo tribunal, as decisões contrárias à fazenda pública. Trata-se da chamada remessa necessária de decisões desfavoráveis ao Poder Público, consoante art. 496 e seguintes do CPC.

Ainda em relação aos privilégios processuais, os créditos das Fundações Públicas instituídas sob o regime de direito público são cobrados por meio de **execução fiscal**, nos termos da Lei 6.830/80, gozando da presunção legal de certeza e liquidez.

Por fim, os débitos judiciais das autarquias fundacionais são pagos por meio da ordem cronológica dos precatórios, conforme estabelecido no art. 100 da CF.

b) Privilégios fiscais

As autarquias fundacionais são beneficiadas pela imunidade tributária recíproca, de acordo com o §2° do art. 150 da Constituição Federal, conforme disposto a seguir:

> § 2º - A vedação do inciso VI, "a", é extensiva às autarquias e às fundações instituídas e mantidas pelo Poder Público, no que se refere ao patrimônio, à renda e aos serviços, vinculados a suas finalidades essenciais ou às delas decorrentes.

c) Responsabilidade Civil

Submetem-se à responsabilidade civil objetiva, disposta no texto constitucional, especialmente quando se tratar de atos comissivos e, para parte da doutrina, seguirá, excepcionalmente, a teoria subjetiva, decorrente da culpa do serviço, quando se tratar de atos omissivos. Portanto, para corrente majoritária, a responsabilidade civil das fundações públicas instituídas pelo Poder Público, pelos danos causados por seus agentes a terceiros, está estampada no artigo 37 §6º da Constituição Federal:

> § 6º - As pessoas jurídicas de direito público e as de direito privado prestadoras de serviços públicos responderão pelos danos que seus agentes, nessa qualidade, causarem a terceiros, assegurado o direito de regresso contra o responsável nos casos de dolo ou culpa.

d) Contratos e atos

Os contratos celebrados pelas fundações públicas de direito público ostentam a qualidade de contratos administrativos possuindo, implicitamente, as conhecidas cláusulas exorbitantes, as quais ensejam prerrogativas que não são estendidas às pessoas jurídicas de direito privado. Esses contratos devem ser precedidos de prévia licitação, ressalvadas as hipóteses de dispensa ou inexigibilidade, e se sujeitam às normas da lei 8666/93 e da lei 10.520/02 que instituiu a modalidade licitatória do pregão para os entes públicos.

Da mesma forma, seus atos gozam de atributos inerentes aos atos administrativos e devem ser praticados em observância aos limites legais, atendendo aos requisitos de competência, finalidade pública, forma, motivo e objeto. Estes atos dependem de prévia disposição legal para que sejam expedidos regularmente.

e) Regime de pessoal

Assim, como aos entes da Administração Direta, às fundações públicas se aplica o regime jurídico único para nomeação de servidores, mediante aprovação regular em concurso público, salvo as contratações temporárias realizadas nos moldes do art. 37, IX da Carta Magna e a nomeação de servidores para exercerem cargos em comissão de livre nomeação e exoneração para exercício de atividades de direção, chefia e assessoramento. No âmbito federal, estes agentes são regidos pela lei 8112/90, assim como os servidores da administração direta. Consoante já explicitado, o Supremo Tribunal Federal, por meio da ADI 2135, já analisada, em tópico anterior, declarou inconstitucional a regra inserida pela EC 19/98 que abolia o regime único de servidores para a Administração Pública Direta, autárquica e fundacional.

f) bens fundacionais

Por gozarem de personalidade jurídica de direito público, estão abarcadas pelo art. 98 do Código Civil que dispõe que são públicos os bens do domínio nacional pertencentes às pessoas jurídicas de direito público, não sendo estendida essa qualidade aos bens das pessoas de direito privado.

Em decorrência dessa norma, os bens das autarquias fundacionais são impenhoráveis, não sendo admitido, ainda, o arresto ou sequestro destes bens. Gozam, também, da garantia de não onerabilidade e imprescritibilidade, sendo vedada a aquisição por meio de usucapião nos moldes da legislação civil.

Outrossim, os bens das fundações instituídas pelo poder público se sujeitam à regra de alienabilidade condicionada. Assim, os bens que estejam, de algum modo, afetados ao interesse público são inalienáveis enquanto os bens desafetados podem ser alienados, desde que observadas as disposições do art. 17 da lei 8.666/93.

g) controle

Por tratar-se de regra aplicável a todos os entes descentralizados, as fundações são controladas pelo ente da Administração Direta responsável pela sua criação, em decorrência da tutela administrativa que enseja vinculação a estes entes.

Também estão submetidas à fiscalização contábil, financeira e orçamentária exercida pelo Tribunal de Contas.

h) prescrição

Assim, como os entes da Administração Direta, as autarquias fundacionais se submetem à prescrição quinquenal prevista no art. 1º do Decreto 20.910/32. Dessa forma, dispõe o dispositivo legal que "*as dívidas passivas da União, dos Estados e dos Municípios, bem assim todo e qualquer direito ou ação contra a Fazenda federal, estadual ou municipal, seja qual for a sua natureza,* ***prescrevem em cinco anos*** *contados da data do ato ou fato do qual se originarem*".

A aplicação deste dispositivo às fundações públicas de direito público decorre do fato de gozarem de privilégios de Fazenda Pública e está pacificado na doutrina e na jurisprudência.

→ ATENÇÃO:

O texto constitucional diz que a criação das fundações públicas é autorizada por lei específica. No entanto, a doutrina amplamente majoritária, assim como as provas de concurso consideram que fundações públicas instituídas sob o regime de direito público são criadas por lei, pois são verdadeiras autarquias e gozam do regime autárquico, inclusive no que tange à sua forma de criação.

Sendo assim, o art. 37, XIX é interpretado de forma a definir que as fundações públicas de direito privado têm sua criação autorizada por lei específica enquanto as fundações públicas de direito público são criadas pela lei específica, não dependendo de registro para que seja instituída.

7. EMPRESAS ESTATAIS

A expressão engloba as empresas públicas e as sociedades de economia mista, ambas sociedades, civis ou comerciais, que possuem o Estado como controlador acionário, criadas por meio de autorização de lei específica. A Empresa Estatal é uma pessoa jurídica criada por força de autorização legal para ser instrumento de ação pelo Estado. A sua personalidade é de direito privado, todavia, submete-se, em diversas situações, a regras e princípios de direito público, derrogadores deste regime privado.

Não obstante as duas empresas do Estado se submetam a regime similar, cada uma delas possui peculiaridades que a distingue da outra.

Nesse sentido, o Decreto Lei 200/67 define que a empresa pública é "*a entidade dotada de personalidade jurídica de direito privado, com patrimônio próprio e capital exclusivo da União, criado por lei para a exploração de atividade econômica que o Governo seja levado a exercer por força de contingência ou de conveniência administrativa podendo revestir-se de qualquer das formas admitidas em direito*". Por óbvio, o texto do decreto trata de capital da União, contudo, é possível a criação de empresas públicas no âmbito estadual e municipal, sendo que nesse caso, o capital será formado por patrimônio dessas entidades.

Por sua vez, a Sociedade de Economia Mista é pessoa jurídica cuja criação é autorizada por lei, constituída sob forma de sociedade anônima, cujas ações em sua maioria pertencem ao ente político ou entidade da Administração Indireta. Assim, como ocorre com as empresas públicas, em sua finalidade, podem, além de prestar serviços públicos, explorar atividades econômicas de interesse da Administração Pública.

Quanto à titularidade do serviço, seja ela Empresa Pública ou Sociedade de Economia Mista, para a maioria dos doutrinadores e estudiosos da matéria, concessionárias ou não, ela nunca será titular do serviço, recebendo apenas sua descentralização para execução, que foi designado como delegação em tópico oportuno desta obra. O Ente político, portanto, conserva a sua titularidade, não havendo outorga do serviço.

Dessa forma, entendidos os conceitos básicos acerca das empresas estatais, importante definir as diferenças primordiais entre as empresas públicas e sociedades de economia mista, com a intenção de distingui-las. Vejamos.

→ Algumas diferenças entre as Empresas Públicas e as Sociedades de Economia Mista:

CAPITAL	
Empresa pública	capital 100% público, ou seja, capital integralmente público, sem a participação de particulares. Ressalte-se que podem participar do capital de uma empresa pública os entes da administração indireta, ainda que possuam personalidade de direito privado, como, por exemplo, outras empresas estatais ou, até mesmo, sociedades de economia mista. Ainda assim, seu capital será integralmente público, somente não se admitindo o investimento de particulares na formação do capital. Em todos os casos, a maioria das ações devem pertencer a um ente da Administração Direta.
Sociedade de Economia Mista	capital misto, parte público e parte privado, devendo a maioria do capital votante estar nas mãos do poder público. Sendo assim, nestas entidades, o Poder Público deve possuir maioria das ações com direito a voto, sendo quem terá poder para definir as atuações da entidade.

Celso Antônio Bandeira de Mello dispõe, nesse sentido que *"enquanto o capital das empresas públicas é constituído por recursos exclusivamente provenientes de pessoas de Direito Público ou de entidades de suas administrações indiretas, nas sociedades de economia mista, há conjugação de recursos particulares com recursos provenientes de pessoas de direito público ou de entidades de suas administrações indiretas, com prevalência acionária votante da esfera governamental".* MELLO, Celso Antônio Bandeira de; Curso de Direito Administrativo. Ed. Malheiros, 23 ed.

FORMA SOCIETÁRIA	
Empresa pública	pode ter qualquer forma societária admitida em direito, sendo possível a criação destas entidades, inclusive, na forma de sociedade unipessoal.
Sociedade de Economia Mista	tem forma definida em lei: sociedade anônima. As Sociedades de Economia Mista, necessariamente, deverão ser constituídas pela forma de S/A, ou seja de Companhia, conforme art. 5º, do Decreto Lei 200/67.

DESLOCAMENTO DE COMPETÊNCIA Essa última diferença somente será aplicável às empresas estatais da União.	
Empresa pública Federal	competência da justiça federal. O art. 109, I, da Constituição Federal determina que, na competência da Justiça Federal, estejam incluídas as ações em face de todos os entes da administração indireta, exceto as Sociedade de Economia Mista. Sendo assim, ações propostas em face de empresas públicas federais devem tramitar na justiça federal.
Sociedade de Economia Mista Federal	competência da justiça estadual, mesmo nas ações em que a SEM federal participe como autora ou ré, salvo se a União Federal estiver no feito atuando como assistente ou opoente ou ainda se a matéria deslocar a competência nos moldes dos outros incisos do art. 109 da carta Magna.

A título de exemplo, são Empresas Públicas o BNDES, a Radiobrás, a Caixa Econômica Federal, a Casa da Moeda entre outras.

Por seu turno, se caracterizam como Sociedades de Economia Mista o Banco do Brasil, o BNB, a Petrobrás.

Apontadas as diferenças acerca das empresas públicas e sociedades de economia mista, todo o regime jurídico definido em lei se aplica a ambas as entidades de forma indistinta.

7.1. Finalidades das empresas estatais

As empresas estatais podem ser criadas com a finalidade de **prestar serviços públicos** mediante delegação do ente estatal, ou para **exploração de determinadas atividades econômicas** de interesse da sociedade.

É importante salientar que, ainda que sejam criadas para fins de exploração de atividades econômicas, a finalidade destas empresas estatais deve ser o interesse público, não sendo possível a criação de entidade com a finalidade de obtenção de lucro. Com efeito, é possível que o lucro seja consequência de uma determinada atividade, como ocorre em casos de exploração e venda de derivados do petróleo, ou na atividade financeira, mas não pode ser o mote de criação da entidade nem pode condicionar seus atos.

Nesse sentido, dispõe o art. 173 da Constituição Federal que, *"ressalvados os casos previstos nesta Constituição, a exploração direta de atividade econômica pelo Estado só será permitida quando necessária aos imperativos da segurança nacional ou a relevante interesse coletivo, conforme definidos em lei"*. De fato, mesmo naquelas hipóteses em que as empresas do estado executam atividades de cunho econômico, o fazem na busca do interesse da coletividade, ou visando à segurança nacional. No mesmo sentido, o art. 2º, §1º da lei 13.303/16,

No que tange à prestação de serviços públicos, a doutrina é divergente. Consoante entendimento de Maria Sylvia Zanella di Pietro[20], as empresas estatais seriam, em todos os casos, concessionárias de serviços públicos, e executando atividade de prestação de serviços em razão da relação contratual com o Estado.

Esse entendimento não é acompanhado pela maioria da doutrina que dispõe que, nos casos da empresa estatal ser criada com recursos integralmente de um único ente estatal, a delegação de serviços seria feita por lei, sem a necessidade de celebração de contrato de concessão ou permissão de serviço público. Sendo assim, a própria lei específica responsável pela criação da entidade transfere a ela a execução do serviço. Celso Antônio Bandeira de Mello[21] dispõe que *"considerar tais situações como configuradoras de uma concessão de serviço público não faz sentido algum e só propicia confusões"*.

Sendo assim, o entendimento majoritário, adotado inclusive nesta obra, é o de que as empresas estatais criadas por uma entidade pública, com recursos exclusivamente dela decorrentes poderá atuar na prestação de serviços públicos, mediante delegação legal, ou seja, a lei específica de criação destas entidades transfere a elas o poder de executar a atividade pública que configura sua finalidade essencial.

Em outras situações, caso a entidade seja criada com capital de mais de um ente federativo, qualquer um deles pode transferir a execução dos serviços públicos mediante a celebração de contratos de concessão ou permissão, nos moldes definidos no art. 175 da Constituição Federal e regulado pela legislação pertinente.

Em ambos os casos, a empresa estatal não é titular do serviço público que presta, sendo a descentralização, nestes casos, uma forma de transferir a execução da atividade a estes entes e não a sua titularidade.

7.2. Regime Jurídico das empresas estatais

São pessoas de direito privado da administração pública, o que, neste aspecto, as torna diferentes das Autarquias, mas seguem regime misto, haja vista não poderem gozar de prerrogativas inerentes ao Estado, submetendo-se, entretanto, às limitações do Estado que decorrem dos princípios administrativos.

Com efeito, quando o Estado cria empresas estatais, não lhes pode conceder benefícios fiscais ou vantagens processuais além daqueles igualmente concedidos aos particulares. Portanto, por serem de direito privado, não gozam das vantagens que o Estado possui em decorrência da supremacia do interesse público.

Nesse sentido, costuma-se estabelecer que o regime jurídico aplicado a estas entidades é um regime híbrido, ou misto, no qual, não estão presentes as prerrogativas estatais, no entanto, há a exigência de respeito aos princípios da Administração Pública.

20. Op.cit.

21. MELLO, Celso Antônio Bandeira de – Curso de Direito Administrativo. São Paulo: Malheiros, 26ª ed.2009

Relembre-se, ainda, que essas entidades podem ser criadas, mediante autorização legal, para a prestação de serviços públicos ou para a exploração de atividades econômicas de interesse do Estado. Para as entidades prestadoras de serviços públicos, o regime híbrido se aproxima do direito público, porque se aplicam a essas entidades todas as normas e princípios aplicáveis à prestação destes serviços. Sendo assim, não havendo disposição em contrário, serão aplicadas as normas atinentes à prestação de serviços regulada pela lei 8.987/1995 e demais diplomas legislativos que regem a matéria.

Por outro lado, se forem exploradoras de atividades econômicas, essas empresas terão seu regime mais aproximado do direito privado, sendo aplicado o direito público somente em caráter excepcional, definindo obrigações a serem seguidas pelas entidades, com a intenção de resguardar o interesse público.

A título de exemplo, se forem exploradoras de atividade econômica, aplica-se o art. 150, §3º da CR/88, que não admite privilégios tributários a essas entidades. Vejamos.

> § 3º - As vedações do inciso VI, "a", e do parágrafo anterior não se aplicam ao patrimônio, à renda e aos serviços, relacionados com exploração de atividades econômicas regidas pelas normas aplicáveis a empreendimentos privados, ou em que haja contraprestação ou pagamento de preços ou tarifas pelo usuário, nem exonera o promitente comprador da obrigação de pagar imposto relativamente ao bem imóvel.

Enfim, mesmo quando atuam na exploração de atividades econômicas se submetem às restrições de direito público. Por exemplo, ainda que explorem atividade econômica, na celebração de seus contratos, se submetem às licitações públicas, assim como devem realizar concurso para contratação de pessoal, entre outros aspectos que serão analisados separadamente. Todavia, quando se tratar de atuação, em atividade econômica, predominarão as normas de direito privado como assegura o art. 173,1º da Constituição Federal ao definir que *"A lei estabelecerá o estatuto jurídico da empresa pública, da sociedade de economia mista e de suas subsidiárias que explorem atividade econômica de produção ou comercialização de bens ou de prestação de serviços"*.

A Carta Magna ainda dispõe que esse estatuto jurídico a ser criado para as empresas estatais exploradoras de atividade econômica, definirá as regras acerca de:

a) sua função social e formas de fiscalização pelo Estado e pela sociedade;

b) a sujeição ao regime jurídico próprio das empresas privadas, inclusive quanto aos direitos e obrigações civis, comerciais, trabalhistas e tributários;

c) licitação e contratação de obras, serviços, compras e alienações, observados os princípios da administração pública;

d) a constituição e o funcionamento dos conselhos de administração e fiscal, com a participação de acionistas minoritários;

e) os mandatos, a avaliação de desempenho e a responsabilidade dos administradores.

O Estado-Empresário se sujeita ao regime próprio das empresas privadas. Em outras palavras, não podem gozar privilégios públicos que o beneficiem, no entanto, se sujeitarão às restrições comuns aos entes públicos.

→ *Criação e extinção*

Conforme disposição expressa do art. 37, XIX da Constituição Federal, as empresas públicas e sociedades de economia mista são criadas por meio de **lei específica autorizadora**. Dessa forma, a lei específica somente autoriza a criação destas entidades, definindo, inclusive, a finalidade para a qual a empresa está sendo criada. De fato, não pode haver autorização legislativa genérica, mas sim, lei específica responsável pela autorização.

Pelo princípio da simetria das formas, sendo as empresas estatais criadas por meio de lei autorizadora, dependem de lei específica que autorize a sua extinção, não sendo admitido o seu desfazimento por meio de ato administrativo.

Por fim, ressalte-se que, diferentemente do que ocorre com as entidades autárquicas, a edição da lei não cria a entidade, devendo haver o registro dos atos constitutivos no Cartório de Pessoa Jurídicas – em se tratando de sociedade não comercial – ou na Junta Comercial, quando tiver natureza empresarial.

Relembre-se, ainda, que a criação e extinção das empresas subsidiárias às empresas estatais também depende de lei específica que as autorize. Dessa forma, as empresas estatais não podem criar subsidiárias sem permissão legal expressa.

Nesses casos, todavia, a doutrina vem se posicionando no sentido de que a lei responsável pela criação da empresa estatal pode, previamente, autorizar a criação de suas subsidiárias, não sendo necessária a edição de uma lei específica para cada subsidiária a ser criada. Com efeito, **uma vez editada a lei autorizativa específica para criação da entidade, se nela já houver a permissão para o estabelecimento de subsidiárias, o requisito de autorização legislativa acha-se cumprido, não sendo necessária a edição de lei específica.**

→ *Controle*

Assim como ocorre como todos os entes da Administração Indireta, as empresas estatais são controladas pelo ente da Administração Direta responsável pela sua instituição, em decorrência da tutela administrativa que enseja vinculação a estes entes. Trata-se de **controle finalístico**, limitado à analise acerca do cumprimento dos fins definidos na lei de criação da empresa e não configura manifestação de hierarquia.

Também, por integrarem a Administração Pública e exercerem atividade com dinheiro público, estão submetidas à fiscalização contábil, financeira e orçamentária exercida pelo Tribunal de Contas, nos moldes do art. 71 e seguintes da Carta Magna. Esse entendimento encontrava resistência na doutrina, uma vez que se argumentava que os bens destas entidades não ostentavam a qualidade de bens públicos e o mesmo poderia ser definido em relação aos valores percebidos na execução de suas atividades. No entanto, o Supremo Tribunal Federal já firmou entendimento de que há controle do Tribunal de Contas em relação a estas empresas. Vejamos.

> "Ementa: MANDADO DE SEGURANÇA. CONSTITUCIONAL. COMPETÊNCIA. TRIBUNAL DE CONTAS DA UNIÃO. ART. 71, III, DA CONSTITUIÇÃO DO BRASIL. FISCALIZAÇÃO DE EMPRESAS PÚBLICAS E SOCIEDADES DE ECONOMIA MISTA. POSSIBILIDADE. IRRELEVÂNCIA DO FATO DE TEREM OU NÃO SIDO CRIADAS POR LEI. ART. 37, XIX, DA CONSTITUIÇÃO DO

BRASIL. ASCENSÃO FUNCIONAL ANULADA PELO TCU APÓS DEZ ANOS. ATO COMPLEXO. INEXISTÊNCIA. DECADÊNCIA ADMINISTRATIVA. ART. 54 DA LEI N. 9.784/99. OFENSA AO PRINCÍPIO DA SEGURANÇA JURÍDICA E DA BOA-FÉ. SEGURANÇA CONCEDIDA.

1. **As empresas públicas e as sociedades de economia mista, entidades integrantes da administração indireta, estão sujeitas à fiscalização do Tribunal de Contas, não obstante a aplicação do regime jurídico celetista aos seus funcionários.** Precedente [MS n. 25.092, Relator o Ministro CARLOS VELLOSO, DJ de 17.3.06]. 2. A circunstância de a sociedade de economia mista não ter sido criada por lei não afasta a competência do Tribunal de Contas. São sociedades de economia mista, inclusive para os efeitos do art. 37, XIX, da CB/88, aquelas – anônimas ou não – sob o controle da União, dos Estados-membros, do Distrito Federal ou dos Municípios, independentemente da circunstância de terem sido criadas por lei. Precedente [MS n. 24.249, de que fui Relator, DJ de 3.6.05]. 3. Não consubstancia ato administrativo complexo a anulação, pelo TCU, de atos relativos à administração de pessoal após dez anos da aprovação das contas da sociedade de economia mista pela mesma Corte de Contas. 4. A Administração decai do direito de anular atos administrativos de que decorram efeitos favoráveis aos destinatários após cinco anos, contados da data em que foram praticados [art. 54 da Lei n. 9.784/99]. Precedente [MS n. 26.353, Relator o Ministro MARCO AURÉLIO, DJ de 6.3.08] 5. A anulação tardia de ato administrativo, após a consolidação de situação de fato e de direito, ofende o princípio da segurança jurídica. Precedentes [RE n. 85.179, Relator o Ministro BILAC PINTO, RTJ 83/921 (1978) e MS n. 22.357, Relator o Ministro GILMAR MENDES, DJ 5.11.04]. Ordem concedida".

MS 26117 / DF - DISTRITO FEDERAL

MANDADO DE SEGURANÇA

Relator(a): Min. EROS GRAU

Julgamento: 20/05/2009 Órgão Julgador: Tribunal Pleno

Pelo exposto, nota-se que a jurisprudência se firmou no sentido de possibilidade de controle destas entidades pelo Tribunal de Contas, não obstante sejam pessoas de direito privado, haja vista serem integrantes da Administração Indireta.

→ *Responsabilidade civil*

Para definição acerca das normas aplicáveis à responsabilidade civil destas entidades, é relevante analisar a atividade que executam, isto é, deve-se considerar se atuam na prestação de serviços públicos ou na exploração de atividade econômica.

Isso porque, caso sejam prestadoras de serviços públicos, há a aplicação direta do art. 37, §6º da Constituição Federal, com a regulamentação de **responsabilidade objetiva**, com base na teoria do risco administrativo. Com efeito, o dispositivo determina a responsabilidade objetiva aplicável a todas as entidades privadas que atuem na prestação de serviços públicos.

Ressalte-se, ainda, que, para a doutrina majoritária, em casos de danos decorrentes de omissão dos agentes públicos, a responsabilidade civil será subjetiva, em decorrência da aplicação da teoria da culpa do serviço, somente se configurando a responsabilidade civil se for demonstrado que o prejuízo decorreu diretamente da má prestação do serviço no caso concreto.

O Supremo Tribunal Federal, inclusive, já pacificou o entendimento de que a responsabilidade objetiva decorrente de danos causados pelas condutas de seus agentes será aplicável em casos de vítimas usuárias e também no caso de não ser a vítima usuária do serviço prestado. Tal interpretação ampliativa decorre do fato de que o intérprete da Carta Magna, no entendimento do STF, não deve restringir garantias particulares, onde não houve restrição expressa. Contudo, é relevante, para responsabilização destas pessoas de direito privado, que o prejuízo tenha sido causado na prestação do serviço.

Nesses casos, a responsabilidade da empresa estatal é objetiva e primária e o ente federativo, instituidor da empresa, responde subsidiariamente pelo dano causado. Com efeito, não sendo possível exigir a reparação civil da empresa pública ou sociedade de economia mista prestadora do serviço, é possível se exigir o pagamento da indenização do ente estatal, objetivamente.

Por sua vez, caso a empresa estatal seja exploradora de atividade econômica, a regra estampada no art. 37, §6º da Constituição Federal não lhe será aplicável, uma vez que atua na atividade privada e segue o regime jurídico idêntico àquele aplicado para as empresas privadas. Sendo assim, as exploradoras de atividade econômica, não obstante sejam integrantes da Administração Indireta, serão responsabilizadas nos moldes definidos pelo direito privado.

→ *Bens das empresas estatais*

A matéria de definição acerca dos bens públicos é divergente, haja vista o fato de que parte da doutrina entende que são bens públicos todos os bens das pessoas jurídicas de direito público e também os bens das pessoas jurídicas de direito privado que atuem na prestação de serviços públicos, desde que os bens estejam atrelados à execução destas atividades públicas.

Ocorre que, com a intenção de pacificar a controvérsia, o Código Civil, em seu art. 98 define que somente serão considerados bens públicos aqueles pertencentes às pessoas jurídicas de direito público. Nesse sentido, inclusive, José dos Santos Carvalho Filho[22] dispõe que são bens públicos aqueles *"de qualquer natureza e a qualquer título, pertençam às pessoas jurídicas de direito público, sejam elas federativas, como a União, os estados, o Distrito Federal e os municípios, sejam da Administração descentralizada, com as autarquias, nestas incluindo-se as fundações de direito público e as associações públicas"*.

Com efeito, esse entendimento é o adotado nesta obra de que os bens das empresas estatais não ostentam a qualidade de bens públicos, no entanto, em relação aos bens que estejam atrelados à prestação de serviços públicos, se aplicam algumas prerrogativas inerentes aos bens públicos, como a imprescritibilidade e impenhorabilidade.

No que tange às empresas estatais que atuam na exploração de atividades econômicas, não se pode entender da mesma forma, ou seja, seus bens não gozam de quaisquer garantias públicas e são bens privados para todos os efeitos, sendo, inclusive, possível a penhora e a oneração destes bens com direitos reais de garantia. Nesse sentido, o art. 173, §1º, da Constituição Federal dispõe acerca da *"sujeição ao regime jurídico próprio das empresas privadas, inclusive quanto aos direitos e obrigações civis"*.

Em qualquer uma das hipóteses, isto é, sejam estas empresas prestadoras de serviços públicos ou exploradoras de atividades econômicas, não se admite a aplicação do regime de precatórios estampado no art. 100 da Constituição Federal para pagamento de seus débitos judiciais. Com efeito, o Supremo Tribunal Federal se manifestou acerca do tema, por meio do Recurso Extraordinário n. 599.628, com publicação de julgamento no DJe de 17/10/2011, definindo que a Eletronorte – sociedade de economia mista que atua na prestação de serviços

22. CARVALHO FILHO, José dos Santos – Manual de Direito Administrativo. Rio de Janeiro:Lumen Juris, 23ª ed. 2012

públicos – não pode se submeter à regra de precatórios, haja vista se tratar de uma empresa que distribui lucro entre seus acionistas, não ostentando qualidade de fazenda pública.

Insta salientar que a matéria é controversa, haja vista o entendimento da corte q de que em se tratando de empresa estatal que atue exclusivamente na prestação de serviços públicos, deve ser aplicado o regime de precatório (Vide RE-852302).[23]

Situação diversa se aplica à **Empresa Brasileira de Correios e Telégrafos**, haja vista esta entidade gozar de benefícios aplicáveis à fazenda pública. Com efeito, a ECT atua na prestação de serviços públicos exclusivos de Estado, quais sejam o serviço postal e o correio aéreo nacional e, por isso, goza de **regime de Fazenda Pública**, com todas as prerrogativas e limitações aplicáveis às entidades públicas.

Com efeito, o art. 12 do Decreto-lei 509/69 dispõe que *"A ECT gozará de isenção de direitos de importação de materiais e equipamentos destinados aos seus serviços, dos privilégios concedidos à Fazenda Pública, quer em relação a imunidade tributária, direta ou indireta, impenhorabilidade de seus bens, rendas e serviços, quer no concernente a foro, prazos e custas processuais"*. Nesse mesmo sentido, o Supremo Tribunal Federal já pacificou o entendimento de que a ECT goza de regime similar ao aplicado à fazenda pública, gozando de impenhorabilidade de bens, bem como a incidência de prerrogativas processuais e imunidade tributária.

Esse entendimento se baseia no fato de que o art. 21, X da Constituição Federal define o serviço postal e o correio aéreo nacional como exclusivo de Estado, devendo ser prestado pela União sem a possibilidade de delegação a pessoas de direito privado. A lei 6538/78 define, da mesma forma, que devem ser exploradas pela União, em regime de monopólio, as atividades postais de recebimento, transporte e entrega, no território nacional, e a expedição, para o exterior, de carta e cartão-postal, assim como a atividade de recebimento, transporte e entrega, no território nacional, e a expedição, para o exterior, de correspondência agrupada e a fabricação, emissão de selos e de outras fórmulas de franqueamento postal. A expressão monopólio não é empregada corretamente pela lei, haja vista o fato de que esta expressão é utilizada para exploração de atividades econômicas. Com efeito, o serviço postal é serviço no qual a fazenda pública goza de exclusividade.

Ressalte-se, ainda que, não obstante a indelegabilidade do serviço postal, não configura irregularidade a transferência de atividades auxiliares a esse serviço, como a produção ou preparação de objetos de correspondência. O que não pode ser delegada é a atividade de recebimento, expedição, transporte e entrega de cartas.

Por fim, importa ressaltar que a entrega de encomendas e impressos não são consideradas serviço postal propriamente dito e, desta forma, podem ser praticados por particulares mediante delegação de atividade. Esse entendimento, inclusive, já foi reiterado pelo Supremo Tribunal Federal, conforme julgado a seguir.

23. Sociedade de economia mista e regime de precatório As sociedades de economia mista prestadoras de serviço público de atuação própria do Estado e de natureza não concorrencial submetem-se ao regime de precatório. Com base nessa orientação, a Segunda Turma negou provimento a agravo regimental em que se pleiteava a aplicação do regime jurídico de 107 execução das empresas privadas às sociedade de economia mista. A Turma afirmou que sociedade de economia mista prestadora de serviços de abastecimento de água e saneamento que prestasse serviço público primário e em regime de exclusividade - o qual corresponderia à própria atuação do Estado, sem obtenção de lucro e de capital social majoritariamente estatal - teria direito ao processamento da execução por meio de precatório. RE 852302 AgR/AL, rel. Min. Dias Toffoli, 15.12.2015. (RE-852302)

Ementa: AGRAVO REGIMENTAL NO AGRAVO DE INSTRUMENTO. CONSTITUCIONAL. SERVIÇO POSTAL. MONOPÓLIO DA UNIÃO. EMPRESA BRASILEIRA DE CORREIOS E TELÉGRAFOS – ECT. ARGUIÇÃO DE DESCUMPRIMENTO DE PRECEITO FUNDAMENTAL N. 46. CONTROVÉRSIA SOBRE A NATUREZA DA ATIVIDADE EXERCIDA PELA RECORRENTE. REEXAME DO CONTEXTO FÁTICO-PROBATÓRIO. INCIDÊNCIA DA SÚMULA 279 DESTA CORTE. ALEGAÇÃO DE OFENSA AO ARTIGO 93, IX, DA CONSTITUIÇÃO FEDERAL. INOCORRÊNCIA. 1. A **Empresa Brasileira de Correios e Telégrafos ECT possui exclusividade para a prestação do serviço postal (inclusive para a distribuição de boletos), porquanto seja serviço público, prestado em regime de monopólio**. Ademais, o artigo 47 da Lei 6.538/78 foi recepcionado pela Constituição Federal de 1988, **excepcionando-se do conceito de serviço postal tão somente as encomendas e impressos**. (ADPF 46). 2. Na hipótese dos autos, os documentos acostados não se enquadram na exceção prevista no artigo 9º, § 2º, da Lei 6.538/78, devendo, portanto, se submeter ao monopólio estatal. 3. A Súmula 279 do STF dispõe: "Para simples reexame de prova não cabe recurso extraordinário". 4. É que o recurso extraordinário não se presta ao exame de questões que demandam o revolvimento do contexto fático-probatório dos autos, adstringindo-se à análise da violação direta da ordem constitucional. 5. O artigo 93, IX, da Constituição Federal não resta violado nas hipóteses em que a decisão, mercê de fundamentada, não se calca na tese do recorrente. 6. Agravo regimental não provido.

AI 850632 AgR / RS - RIO GRANDE DO SUL

AG.REG. NO AGRAVO DE INSTRUMENTO

Relator(a): Min. LUIZ FUX

Julgamento: 18/12/2012 Órgão Julgador: Primeira Turma

Dessa forma, a Empresa de Correios executa atividade típica de estado e, portanto, goza de regime de fazenda pública.

→ *Privilégios processuais*

As empresas públicas e sociedades de economia mista, por ostentarem a qualidade de pessoas jurídicas de direito privado, não gozam das prerrogativas processuais aplicadas ao Estado. Sendo assim, não possuem qualquer prerrogativa de prazo, devendo suas manifestações, sejam elas contestação ou recurso, serem feitas dentro do prazo geral oferecidos aos particulares, não possuindo a garantia de prazo em dobro para manifestação.

Ademais, não há a incidência da garantia do direito ao duplo grau de jurisdição obrigatório para as decisões proferidas contra a fazenda pública; e seus créditos não serão executados consoante o disposto na lei de execução fiscal, uma vez que não se configura dívida ativa do ente federativo.

→ *Regime de Pessoal*

Os agentes que atuam na prestação de serviços na estrutura das empresas estatais são agentes públicos, classificados como empregados, regidos pela Consolidação das Leis do Trabalho, prestando serviço mediante a celebração de contrato de emprego, não sendo possível a regulação da atividade por meio de regime estatutário de servidores.

Situação diversa ocorre em relação aos seus dirigentes, uma vez que estes são servidores detentores de cargo em comissão, nomeados livremente pelo ente da Administração Direta responsável pela instituição da empresa. Para esses agentes, pode-se aplicar uma dupla vinculação jurídica, pois se vinculam à empresa estatal e também ao ente da Administração Direta que executa o controle ministerial. Sendo assim, não possuem vínculo de emprego.

Os demais agentes destas entidades são empregados, contratados pelo regime da CLT, com vínculo empregatício, por meio de relação contratual de emprego, não obstante se submetam a algumas restrições aplicáveis aos servidores públicos em geral.

Para que sejam admitidos na relação de emprego, esses empregados devem ter sido previamente aprovados em concurso público de provas ou de provas e títulos, consoante disposto no art. 37, II da Constituição Federal, salvo as hipóteses de contratação excepcional para prestação de serviços temporários, nos moldes definidos pelo art, 37, IX da Carta Magna, quando, então, a contratação pode ser feita mediante procedimento seletivo simplificado. A doutrina ainda admite a contratação direta, sem a necessidade de concurso, em situações excepcionais, para situações de contratação de profissionais qualificados, em determinados ramos de atividade de interesse da entidade, que não estariam dispostos a se submeterem a concurso.

Esses servidores se submetem ao teto de remuneração definido no art. 37, XI da Constituição Federal, não sendo possível suas remunerações ultrapassarem o valor pago a título de subsídios aos ministros do Supremo Tribunal Federal. No entanto, o art. 37, §9º, da Constituição Federal dispõe que a regra de submissão ao teto somente se aplica "*às empresas públicas e às sociedades de economia mista, e suas subsidiárias, que receberem recursos da União, dos Estados, do Distrito Federal ou dos Municípios para pagamento de despesas de pessoal ou de custeio em geral*". Sendo assim, não recebendo recursos dos entes federativos para custeio ou manutenção de pessoal, a empresa pode efetivar pagamento de remuneração acima do teto remuneratório do serviço público aos seus empregados.

Os agentes das empresas estatais também estão subordinados à regra constitucional que veda a acumulação de cargos e empregos públicos de quaisquer entes da Administração Direta ou Indireta, com as ressalvas definidas no próprio texto constitucional de dois cargos de professor, dois cargos de profissionais de saúde com profissão regulamentada e um cargo técnico ou científico mais um cargo de professor, quando, então, a acumulação será admitida, desde que haja compatibilidade de horários.

Ademais, esses agentes são considerados agentes públicos para fins penais, consoante art. 327 do Código Penal, e também para fins de responsabilização por atos de improbidade administrativa, nos moldes estabelecidos pela lei n. 8.429/92, em seu art. 2º. Seus atos se submetem aos remédios constitucionais, tais como o *habeas data*, a ação popular, o mandado de segurança, consoante entendimento da jurisprudência e doutrina. Com efeito, a orientação jurisprudencial mais moderna caminha no sentido de conferir-se uma interpretação ampliativa ao conceito de autoridade coatora previsto na lei.

No que tange à garantia da estabilidade, prevista no art. 41 da Constituição Federal, esta não é estendida aos empregados das empresas estatais, haja vista não serem detentores de cargos públicos, mas sim, contratados em regime de emprego. Nesse sentido, o Tribunal Superior do Trabalho dispõe, em sua súmula 390 que "*Ao empregado de empresa pública ou de sociedade de economia mista, ainda que admitido mediante aprovação em concurso público, não é garantida a estabilidade prevista no art. 41 da CF/1988".*

Embora não gozem de estabilidade, nos termos da Constituição Federal, existe divergência doutrinária e jurisprudencial acerca da possibilidade de dispensa imotivada destes agentes, haja vista terem sido contratados mediante concurso público.

Nesse sentido, Celso Antônio Bandeira de Mello[24], acertadamente aduz que *"assim como não é livre a admissão de pessoal, também não se pode admitir que os dirigentes da pessoa tenham o poder de desligar seus empregados com a mesma liberdade com que o faria o dirigente de uma empresa particular".*

De fato, a dispensa de um empregado de entidade da Administração Pública configura ato administrativo e, como tal, depende de motivação para ser praticado. Ademais, pelo fato de estabelecer restrições a um terceiro, esse ato deve ser precedido de devido processo legal em que garantam o contraditório e a ampla defesa. O Supremo Tribunal Federal já se manifestou acerca da dispensa de empregado da Empresa de Correios e Telégrafos e deixou claro esse entendimento na Corte. Vejamos trecho relevante do julgado.

> "No regime político que essa forma de Estado consubstanciaria, impenderia demonstrar não apenas que a Administração, ao agir, visara ao interesse público, mas também que agira legal e imparcialmente. Mencionou, no ponto, o disposto no art. 50 da Lei 9.784/99, a reger o processo administrativo no âmbito da Administração Pública Federal ("Art. 50. Os atos administrativos deverão ser motivados, com indicação dos fatos e dos fundamentos jurídicos, quando: I - neguem, limitem ou afetem direitos ou interesses; ... § 1º A motivação deve ser explícita, clara e congruente, podendo consistir em declaração de concordância com fundamentos de anteriores pareceres, informações, decisões ou propostas, que, neste caso, serão parte integrante do ato"). Salientou que, na hipótese de motivação dos atos demissórios das estatais, não se estaria a falar de uma justificativa qualquer, simplesmente pro forma, mas de uma que deixasse clara tanto sua legalidade extrínseca quanto sua validade material intrínseca, sempre à luz do ordenamento legal em vigor. **Destarte, sublinhou não se haver de confundir a garantia da estabilidade com o dever de motivar os atos de dispensa,** nem de imaginar que, com isso, os empregados teriam "dupla garantia" contra a dispensa imotivada, visto que, concretizada a demissão, eles teriam direito, apenas, às verbas rescisórias previstas na legislação trabalhista. Ao frisar a equiparação da demissão a ato administrativo, repeliu a alegação de que a dispensa praticada pela ECT prescindiria de motivação, por configurar ato inteiramente discricionário e não vinculado, e que a empresa teria plena liberdade de escolha no que se refere ao seu conteúdo, destinatário, modo de realização e, ainda, à sua conveniência e oportunidade. **Justificou que a natureza vinculada ou discricionária do ato administrativo seria irrelevante para a obrigatoriedade da motivação da decisão. Além disso, o que configuraria a exigibilidade da motivação no caso concreto não seria a discussão sobre o espaço para o emprego de juízo de oportunidade pela Administração, mas o conteúdo da decisão e os valores que ela envolveria. Por fim, reiterou que o entendimento ora exposto decorreria da aplicação, à espécie, dos princípios inscritos no art. 37 da CF, notadamente os relativos à impessoalidade e isonomia, cujo escopo seria o de evitar o favorecimento e a perseguição de empregados públicos, seja em sua contratação, seja em seu desligamento".**
>
> RE 589998/PI, rel. Min. Ricardo Lewandowski, 20.3.2013. (RE-589998)

24. MELLO, Celso Antônio Bandeira de - Curso de Direito Administrativo. São Paulo: Malheiros, 26ª ed. 2009

A matéria ainda não se encontra pacificada nem mesmo na Suprema Corte, sendo possível extraírem-se decisões em sentido contrário, dispondo que os empregados de empresas estatais não gozam do privilégio da estabilidade e que, portanto, não depende de motivação o ato de dispensa dos mesmos. Todavia, a orientação dominante segue o entendimento de que a motivação é indispensável por se tratar de ato administrativo que restringe direitos.

→ *Regime tributário*

Em se tratando de empresas públicas ou sociedades de economia mista que atuem na exploração de atividade econômica, o regime tributário aplicado é o mesmo definido para as empresas privadas, submetendo-se a todos os impostos e demais tributos aplicáveis às empresas privadas que executam atividades no mesmo ramo.

Inclusive, seguindo esse entendimento, o art. 173, §2º, da Constituição Federal dispõe que *"As empresas públicas e as sociedades de economia mista não poderão gozar de privilégios fiscais não extensivos às do setor privado"*.

Sendo assim, se o ramo de atividade econômica que é objeto de exploração da empresa estatal gozar de isenção legal de tributo, esta isenção será estendida a esta entidade, todavia, não pode gozar de qualquer privilégio fiscal diferenciado, pelo fato de ser uma empresa estatal.

Ainda que a empresa estatal atue na prestação de serviços públicos, por se submeter a regime jurídico próprio das empresas privadas, não é possível a concessão de imunidade tributária.

O mesmo não se aplica para a Empresa Brasileira de Correios e Telégrafos que, conforme já explicitado, segue o regime aplicável à fazenda pública e, dessa forma, goza dos privilégios fiscais do regime público. Nesse sentido, já se posicionou, em diversas oportunidades, a jurisprudência do Supremo Tribunal Federal. Vejamos o julgado a seguir.

> EMENTA: Embargos de declaração em agravo regimental na ação cível originária. Imunidade recíproca. IPVA. Empresa Brasileira de Correios e Telégrafos (ECT). Contradição. Reconhecimento. Ausência de vista dos autos. Não ocorrência de preclusão processual quanto à arguição de nulidade. Julgamento antecipado da lide. Falta de intimação das partes da decisão que dispensou a produção de provas. Ausência de prejuízo. Questão exclusivamente de direito. Prova irrelevante para o deslinde da questão. Embargos parcialmente acolhidos. 1. Reconhecimento da contradição apontada, diante da constatação de ausência de vista dos autos pelo representante do Estado de Sergipe e, em consequência, da ausência de preclusão na arguição de nulidade - alegada tempestividade no recurso de agravo. 2. Ainda assim, não há razão para que seja anulada a decisão de procedência da ação. A falta de intimação do despacho saneador que dispensou a dilação probatória não contamina a validade do processo, uma vez que não houve qualquer prejuízo (pas de nullité sans grief), já que o objetivo do Estado era a produção de prova irrelevante para o deslinde da questão. **A jurisprudência desta Corte converge no sentido da pretensão formulada pela ECT, reconhecendo-lhe amplamente o direito de imunidade tributária quanto à cobrança de IPVA incidente sobre os veículos de sua propriedade, independentemente de produção probatória para efeitos de distinção entre os veículos utilizados ou não nas atividades sob o regime de monopólio.** Precedentes: ACO n. 789/PI e ACO n. 765/RJ. 3. Embargos parcialmente acolhidos, sem alteração do dispositivo do acórdão embargado.
>
> ACO 819 AgR-ED / SE - SERGIPE

EMB.DECL. NO AG.REG. NA AÇÃO CÍVEL ORIGINÁRIA

Relator(a): Min. DIAS TOFFOLI

Julgamento: 23/05/2013 Órgão Julgador: Tribunal Pleno

Ocorre que, com base em alguns argumentos constitucionais, a doutrina e jurisprudência têm admitido a extensão da imunidade recíproca para empresas estatais prestadoras de serviços públicos, além da ECT, em relação aos bens e serviços ligados à execução da atividade pública. Tal situação decorre do fato de que o art. 173 da Carta Magna somente se dirige a empresas estatais que exploram atividade econômica.

No mesmo sentido, o art. 150, §3º da CF não admite a aplicação da imunidade tributária recíproca ás pessoas que exploram atividade econômica. Tal norma, interpretada a *contrario sensu*, admitiria a extensão desta imunidade para as empresas estatais que atuem na prestação de serviço públicos exclusivos.

Sendo assim, as empresas públicas e sociedades de economia mista que prestam determinados serviços públicos gozam de imunidade tributária, em situações específicas, desde que isso não viole a livre concorrência com empresas privadas. O Supremo Tribunal Federal, inclusive já definiu esse entendimento. Vejamos.

Recurso extraordinário com repercussão geral. 2. Imunidade recíproca. Empresa Brasileira de Correios e Telégrafos. 3. Distinção, para fins de tratamento normativo, entre empresas públicas prestadoras de serviço público e empresas públicas exploradoras de atividade. Precedentes. 4. Exercício simultâneo de atividades em regime de exclusividade e em concorrência com a iniciativa privada. Irrelevância. Existência de peculiaridades no serviço postal. Incidência da imunidade prevista no art. 150, VI, "a", da Constituição Federal. 5. Recurso extraordinário conhecido e provido.

RE 601392 / PR - PARANÁ

RECURSO EXTRAORDINÁRIO

Relator(a): Min. JOAQUIM BARBOSA

Relator(a) p/ Acórdão: Min. GILMAR MENDES

Julgamento: 28/02/2013 Órgão Julgador: Tribunal Pleno

Vejamos ainda o julgado a seguir, do próprio Supremo Tribunal Federal acerca do mesmo tema em análise.

EMENTA: CONSTITUCIONAL. TRIBUTÁRIO. RECURSO EXTRAORDINÁRIO. REPERCUSSÃO GERAL. IMUNIDADE TRIBUTÁRIA RECÍPROCA. SOCIEDADE DE ECONOMIA MISTA. SERVIÇOS DE SAÚDE. 1. A saúde é direito fundamental de todos e dever do Estado (arts. 6º e 196 da Constituição Federal). Dever que é cumprido por meio de ações e serviços que, em face de sua prestação pelo Estado mesmo, se definem como de natureza pública (art. 197 da Lei das leis). 2 . A prestação de ações e serviços de saúde por sociedades de economia mista corresponde à própria atuação do Estado, desde que a empresa estatal não tenha por finalidade a obtenção de lucro. 3. **As sociedades de economia mista prestadoras de ações e serviços de saúde, cujo capital social seja majoritariamente estatal, gozam da imunidade tributária prevista na alínea "a" do inciso VI do art. 150 da Constituição Federal**. 3. Recurso extraordinário a que se dá provimento, com repercussão geral.

RE 580264 / RS - RIO GRANDE DO SUL

RECURSO EXTRAORDINÁRIO

Relator(a): Min. JOAQUIM BARBOSA

Relator(a) p/ Acórdão: Min. AYRES BRITTO

Julgamento: 16/12/2010 Órgão Julgador: Tribunal Pleno

→ *Licitações e contratos*

O art. 1º, parágrafo único da Lei 8.666/93 define que "*Subordinam-se ao regime desta Lei, além dos órgãos da administração direta, os fundos especiais, as autarquias, as fundações públicas, as empresas públicas, as sociedades de economia mista e demais entidades controladas direta ou indiretamente pela União, Estados, Distrito Federal e Municípios*".

Com efeito, por expressa dicção legal, às empresas estatais serão aplicadas as normas gerais referentes a licitações e contratos, definidas na lei federal, n. 8.666/93 e na lei 10.520/02 que regulamenta a modalidade licitatória do pregão.

Quando estas entidades atuam na prestação de serviços públicos, a submissão ao sistema da lei 8.666/93 e da lei 10.520/02 é absoluta, não havendo derrogação do sistema, nem a possibilidade de contratação sem a realização do certame.

Quanto às Empresas Públicas e Sociedades de Economia Mista exploradoras de atividade econômica, o art. 173, §1º, inciso III, da CF dispõe ser possível legislação específica para reger a licitação dessas empresas. De fato, o referido dispositivo define que essas entidades podem submeter-se a um regime próprio de licitação, com regras simplificadas e com uma dinâmica compatível com a atividade que exercem no mercado econômico. Entretanto, essa regulamentação deve ser realizada por meio de lei específica.

O regime específico foi criado com a edição da Lei 13.303/16, que trata do Estatuto das empresas estatais, que será analisado em tópico posterior deste mesmo capítulo. Importa saber que o texto constitucional e a lei mencionada não distingue as empresas estatais em razão de suas finalidades, ou seja, se são prestadoras de serviço público ou exploradoras de atividade econômica, sendo-lhes obrigatória a realização de procedimento licitatório para a celebração de seus contratos.

Por óbvio, em determinadas situações, não há obrigatoriedade de realização do procedimento licitatório, em virtude da ocorrência de hipóteses de dispensa e inexigibilidade de licitação. A inexigibilidade ocorre sempre que for inviável a competição, nos moldes definidos pelo art. 25 da lei 8.666/93, art. 30 da lei 13.303/16 e a ausência de interesse público configura inviabilidade de competição.

Nesse sentido, o Tribunal de Contas da União firmou entendimento de que, quando a empresa estatal exploradora de atividade econômica licita para contratações referentes à sua **atividade fim**, está sendo impedida de concorrer com igualdade no mercado. Isso porque a rapidez do mercado não se coaduna com a burocracia da licitação e a realização de procedimento licitatório, nestes casos, iria de encontro ao interesse público. O TCU entende que não precisam realizar procedimento licitatório, em virtude da ocorrência de inexigibilidade.

A matéria será analisada com mais cautela, nesta obra, no capítulo específico para estudo das licitações públicas.

7.3. Empresas subsidiárias das empresas estatais e empresas controladas

As empresas controladas são entidades societárias autônomas, constituídas com a finalidade de apoiar e executar atividades de interesse e suporte da empresa estatal, auxiliando no exercício de suas atividades. Na definição de Marçal Justen Filho[25], *"a empresa estatal controlada é uma pessoa jurídica de direito privado, constituída sob a forma societária, que se encontra sob controle de uma outra empresa estatal em virtude de autorização legislativa"*.

Dessa forma, resta claro que a empresa controlada ou subsidiária tem **personalidade jurídica própria**, não se confundindo com a empresa estatal controladora e é criada sob o regime de direito privado, **não integrando a Administração Indireta**. No entanto, sua criação depende de autorização por lei específica.

Nesse sentido, o art. 37, XX da carta Magna dispõe que "*depende de autorização legislativa, em cada caso, a criação de subsidiárias das entidades mencionadas no inciso anterior, assim como a participação de qualquer delas em empresa privada*".

E assim como a lei não cria diretamente as empresas estatais, não o faz em relação às suas subsidiárias, sendo indispensável, contudo, a autorização de lei para que sua criação seja realizada. Ressalte-se, todavia, que a criação destas entidades pode ser feita por meio de autorização realizada pela própria lei que autorizou a criação da empresa pública.

Vejamos o entendimento do Supremo Tribunal Federal acerca da matéria:

> EMENTA: AÇÃO DIRETA DE INCONSTITUCIONALIDADE. LEI 9478/97. AUTORIZAÇÃO À PETROBRÁS PARA CONSTITUIR SUBSIDIÁRIAS. OFENSA AOS ARTIGOS 2º E 37, XIX E XX, DA CONSTITUIÇÃO FEDERAL. INEXISTÊNCIA. ALEGAÇÃO IMPROCEDENTE. 1. A Lei 9478/97 não autorizou a instituição de empresa de economia mista, mas sim a criação de subsidiárias distintas da sociedade-matriz, em consonância com o inciso XX, e não com o XIX do artigo 37 da Constituição Federal. 2. **É dispensável a autorização legislativa para a criação de empresas subsidiárias, desde que haja previsão para esse fim na própria lei que instituiu a empresa de economia mista matriz, tendo em vista que a lei criadora é a própria medida autorizadora**. Ação direta de inconstitucionalidade julgada improcedente.
>
> ADI 1649 / DF - DISTRITO FEDERAL
>
> AÇÃO DIRETA DE INCONSTITUCIONALIDADE
>
> Relator(a): Min. MAURÍCIO CORRÊA
>
> Julgamento: 24/03/2004 Órgão Julgador: Tribunal Pleno

Sendo assim, caso a lei que autoriza a criação da empresa estatal tenha previsão para criação da subsidiária, estará suprida a necessidade legislativa para criação desta entidade.

Outrossim, é importante ressaltar que, não obstante não seja entidade integrante da Administração Indireta, a doutrina entende que as empresas subsidiárias ou controladas

25. JUSTEN FILHO, Marçal – Curso de Direito Administrativo. São Paulo: Editora Forum, 14ª ed.2009

seguem regime similar àquele aplicado para as empresas estatais, haja vista se submeterem a controle do ente público e a determinadas restrições, em decorrência da indisponibilidade do interesse público. Logo, seguem o regime híbrido aplicável às empresas públicas e sociedades de economia mista, após sua criação.

Por fim, para contratações com as empresas estatais que a instituíram, essas empresas gozam de dispensa de licitação, podendo celebrar contratação direta, consoante dispõe o art. 24, XXIII da lei 8.666/93 ao definir que é dispensável a licitação "*na contratação realizada por empresa pública ou sociedade de economia mista com suas subsidiárias e controladas, para a aquisição ou alienação de bens, prestação ou obtenção de serviços, desde que o preço contratado seja compatível com o praticado no mercado*".

7.4. Estrutura das Empresas Estatais

Em 30 de junho de 2016, foi publicada a lei 13.303/16 que dispõe sobre o estatuto das empresas públicas e sociedades de economia mista e suas subsidiárias, mantendo as regras anteriormente aplicáveis a essas entidades, no que tange à formação societária, organização do capital e finalidades precípuas e criando novas disposições detalhadas.

Com efeito, as empresas públicas, conforme art. 3º, são criadas com capital 100% do Estado, admitindo-se a participação societária de qualquer entidade da Administração Pública Direta ou Indireta, mas vedando a participação de particulares e, por seu turno, as sociedades de economia mista, previstas no art. 4º da referida lei, devem ser criadas também sob o regime de direito privado, permitindo-se a participação societárias de particulares desde que o controle acionário se mantenha nas mãos das entidades integrantes do Estado.

Seguindo o art. 173 da Constituição Federal, o art. 2º, §1º determina que a lei que autorizar a criação da empresa estatal deverá indicar, de forma, clara, a existência de relevante interesse coletivo ou o imperativo da segurança nacional.

Todavia, a lei minudencia a forma de estruturação destas entidades, assim como as regras de licitações e contratos a elas aplicadas, a saber.

1.1. Requisitos de transparência

Consoante disposição legal, as empresas públicas e as sociedades de economia mista deverão observar, no mínimo, os seguintes requisitos de transparência:

a) elaboração de carta anual, subscrita pelos membros do Conselho de Administração, com a explicitação dos compromissos de consecução de objetivos de políticas públicas pela empresa pública, pela sociedade de economia mista e por suas subsidiárias, em atendimento ao interesse coletivo ou ao imperativo de segurança nacional que justificou a autorização para suas respectivas criações, com definição clara dos recursos a serem empregados para esse fim, bem como dos impactos econômico-financeiros da consecução desses objetivos, mensuráveis por meio de indicadores objetivos e sua ampla divulgação anual;

b) adequação de seu estatuto social à autorização legislativa de sua criação;

c) divulgação tempestiva e atualizada de informações relevantes, em especial as relativas a atividades desenvolvidas, estrutura de controle, fatores de risco, dados econômico-financeiros, comentários dos administradores sobre o desempenho, políticas e práticas de governança corporativa e descrição da composição e da remuneração da administração, assim como a divulgação de política de divulgação de informações, em conformidade com a legislação em vigor e com as melhores práticas;

d) elaboração de política de distribuição de dividendos, à luz do interesse público que justificou a criação da empresa pública ou da sociedade de economia mista;

e) divulgação, em nota explicativa às demonstrações financeiras, dos dados operacionais e financeiros das atividades relacionadas à consecução dos fins de interesse coletivo ou de segurança nacional;

f) elaboração e divulgação da política de transações com partes relacionadas, em conformidade com os requisitos de competitividade, conformidade, transparência, equidade e comutatividade, que deverá ser revista, no mínimo, anualmente e aprovada pelo Conselho de Administração;

g) divulgação anual de relatório integrado ou de sustentabilidade.

Ademais, a lei exige a criação de estrutura de viabilize o **controle interno** da entidade, inclusive com auditoria interna realizada pelo **Comitê de Auditoria Estatutário**, que será formado por, no mínimo 3 e, no máximo, 5 membros, em sua maioria independentes, sendo que, ao menos um desses membros deve ter experiência em assuntos de contabilidade societária.

Esse Comitê ficará responsável por opinar sobre a contratação e destituição de auditor independente, supervisionar as atividades dos auditores independentes e as atividades desenvolvidas nas áreas de controle interno, de auditoria interna e de elaboração das demonstrações financeiras da empresa pública ou da sociedade de economia mista, além de monitorar a qualidade e a integridade dos mecanismos de controle interno, entre outras atividades.

Ressalte-se, ainda, que o art. 12 da lei permite que as **controvérsias entre os acionistas poderão ser solucionadas por meio de arbitragem**, desde que haja previsão no estatuto social.

1.2. Conselho de Administração e Conselho Fiscal

A empresa estatal deverá organizar seu Conselho de Administração que ficará responsável pela gestão da entidade e que deverá ser composto por, no mínimo, 7 e, no máximo, 11 membros.

Por seu turno, a diretoria deve ser composta por, ao menos, 3 membros.

Os membros do Conselho de Administração deverão demonstrar **Experiência profissional, formação acadêmica compatível** e **não se enquadrar nas hipóteses de inelegibilidade**. Além disso, o diploma legal dispõe ser vedada a indicação para o referido Conselho ou Diretoria:

I - de representante do órgão regulador ao qual a empresa pública ou a sociedade de economia mista está sujeita, de Ministro de Estado, de Secretário de Estado, de Secretário Municipal, de titular de cargo, sem vínculo permanente com o serviço público, de natureza especial ou de direção e assessoramento superior na administração pública, de dirigente estatutário de partido político e de titular de mandato no Poder Legislativo de qualquer ente da federação, ainda que licenciados do cargo;

II - de pessoa que atuou, nos últimos 36 (trinta e seis) meses, como participante de estrutura decisória de partido político ou em trabalho vinculado a organização, estruturação e realização de campanha eleitoral;

III - de pessoa que exerça cargo em organização sindical;

IV - de pessoa que tenha firmado contrato ou parceria, como fornecedor ou comprador, demandante ou ofertante, de bens ou serviços de qualquer natureza, com a pessoa político-administrativa controladora da empresa pública ou da sociedade de economia mista ou com a própria empresa ou sociedade em período inferior a 3 (três) anos antes da data de nomeação;

V - de pessoa que tenha ou possa ter qualquer forma de conflito de interesse com a pessoa político-administrativa controladora da empresa pública ou da sociedade de economia mista ou com a própria empresa ou sociedade.

O Conselho de Administração ficará responsável pela gestão da empresa, devendo discutir, aprovar e monitorar decisões envolvendo práticas de governança corporativa, relacionamento com partes interessadas, política de gestão de pessoas e código de conduta dos agentes, assim como implementar e supervisionar os sistemas de gestão de riscos e de controle interno estabelecidos para a prevenção e mitigação dos principais riscos a que está exposta a empresa pública ou a sociedade de economia mista, inclusive os riscos relacionados à integridade das informações contábeis e financeiras e os relacionados à ocorrência de corrupção e fraude.

Da mesma forma, deverá estabelecer política de porta-vozes visando a eliminar risco de contradição entre informações de diversas áreas e as dos executivos da empresa pública ou da sociedade de economia mista e avaliar os diretores da empresa pública ou da sociedade de economia mista, nos termos do controle interno, podendo contar com apoio metodológico e procedimental do comitê estatutário.

Ressalte-se, ainda que o **Conselho deve ser composto, no mínimo, por 25% de membros independentes**, garantindo-se o mínimo de 1 membro nessa condição.

Esse **conselheiro independente** não terá qualquer vínculo com a empresa estatal, ressalvada a participação societária e não poderá exercer função de direção nas entidades da Administração Direta, sendo, ainda, vedada a atuação dele como fornecedor ou comprador de bens e serviços da empresa.

O **Conselho Fiscal**, por sua vez, será composto por pessoas naturais, residentes no País, com formação acadêmica compatível com o exercício da função e que tenham exercido, por prazo mínimo de 3 (três) anos, cargo de direção ou assessoramento na administração pública ou cargo de conselheiro fiscal ou administrador em empresa.

7.5. Licitações e contratos firmados pelas empresas estatais

A lei 13.303/16 também estabelece regras específicas no que tange *às* licitações realizadas no *âmbito* das empresas públicas e sociedades de economia mista e também em relação aos contratos firmados por essas entidades com terceiros.

Esse tema, por motivos pedagógicos, será tratado no capítulo 9, desta obra, após a análise acurada das regras gerais aplicáveis às licitações e contratos da Administração Pública em geral, mais especificamente no item 20.

8. APROFUNDAMENTO PARA PROVAS SUBJETIVAS

Inicialmente, as Empresas Públicas e Sociedades de Economia Mista não estão sujeitas à falência, conforme determina a Lei 11.101/05, art. 2º:

> Art. 2º Esta Lei não se aplica a:
>
> I – empresa pública e sociedade de economia mista;

Com efeito, a lei de falências e recuperação judicial, expressamente, afasta a sua incidência quando se tratar de empresas públicas ou sociedades de economia mista, não fazendo qualquer distinção em relação à natureza das atividades prestadas.

Concordando com o entendimento estampado na lei, Marçal Justen Filho[26] ensina que *"a falência é uma causa de dissolução da empresa derivada da insolvência, visando à liquidação de seu patrimônio, ao pagamento de seus credores em situação de igualdade e à posterior extinção. Não pode haver falência de empresa estatal, porque somente a lei pode determinar sua criação, dissolução ou extinção"*.

Defende ainda o autor que é incompatível com as empresas estatais a realização da falência pelo fato de que, nesses casos, o controle da empresa deverá ser transferido para um particular designado como administrador judicial para dirigir os atos finais da entidade. Sendo assim, suspende-se o controle dos sócios da falida, entregando a condução de suas atividades a um particular.

Por fim, o autor explicita que, em relação às empresas estatais, o Estado tem responsabilidade subsidiária, o que torna impossível a realização do procedimento da falência nos moldes definidos na lei de gestão do instituto.

Ocorre que o art. 173, §1º, II, da Constituição Federal define que as empresas estatais que atuam na exploração de atividades econômicas se sujeitam ao mesmo regime aplicável às empresas privadas, no que tange às obrigações civis e comerciais. Desse modo, estaríamos diante de uma aparente incompatibilidade da lei com o texto constitucional, haja vista o regime falimentar das empresas particulares se configurar regramento comercial, devendo, portanto, ser estendido a estas entidades da Administração Pública.

Ressalte-se que, em relação a este tema, tem sido formada uma doutrina administrativa que entende pela aplicação da lei de falências quando estas entidades forem exploradoras de atividade econômica. Isso porque o texto constitucional determina que elas, necessariamente, seguirão o mesmo regime aplicável às empresas privadas.

Sendo assim, o entendimento mais razoável seria o de que o art. 2º, I da lei 11.101/05 deve sofrer interpretação conforme a Constituição Federal. Nesse sentido, passa-se a entender que a legislação, ao afastar a incidência do regime falimentar para as empresas estatais, quis definir somente que tal regime não se aplica às empresas estatais que atuem na prestação de serviços públicos.

Ainda se relembre, como forma de rebater o entendimento doutrinário contrário, que a responsabilidade subsidiária do estado por danos causados pelos agentes das empresas estatais

26. JUSTEN FILHO, Marçal – Curso de Direito Administrativo. São Paulo: Forum, 14ª ed. 2009

somente se configura em casos de entidades que atuam na prestação de serviços públicos. Em casos de exploração de atividade econômica, não há que se falar em responsabilização subsidiária do ente estatal.

Logo, conforme esse entendimento, a legislação de falências não se pode aplicar às empresas públicas e sociedades de economia mista que prestam serviços públicos, inclusive porque há impenhorabilidade dos bens atrelados à prestação do serviço, sendo impossível a concorrência de credores. No entanto, no que tange ás empresas estatais que exploram atividades econômicas, será plenamente aplicável o regime de falências e recuperações, em observância ao disposto na Carta Magna.

Nesse sentido, Celso Antônio Bandeira de Mello[27] dispõe que:

> *"quando se tratar de exploradoras de atividade econômica, a falência terá curso absolutamente normal, como se de outra entidade mercantil qualquer se tratara. É que, como dito, a Constituição, no art. 173, §1º, II, atribuiu-lhes sujeição ao 'regime jurídico próprio das empresas privadas inclusive quanto aos direitos e obrigações civis, comerciais (...)'. Disto se deduz, também, que o Estado não poderia responder subsidiariamente pelos créditos de terceiros que ficassem descobertos, pois, se o fizesse, estaria oferecendo-lhes um respaldo que não desfrutam as demais empresas privadas".*

Dessa forma, não obstante a divergência acerca da matéria, o entendimento que respeita as disposições constitucionais e é adotado nesta obra, é o de que a aplicação da lei de falências às empresas estatais que exploram atividade econômica se impõe.

9. QUADRO SINÓPTICO

<table>
<tr><th colspan="4">ORGANIZAÇÃO ADMINISTRATIVA</th></tr>
<tr><th colspan="4">INTRODUÇÃO</th></tr>
<tr><td colspan="4">O estudo da organização administrativa corresponde à definição e conhecimento acerca das pessoas, entes e órgãos que compõem o aparelho administrativo do Estado, no desempenho da atividade administrativa.</td></tr>
<tr><td colspan="4">A organização é feita, primordialmente, mediante leis ou por meio de decretos e outros atos normativos.</td></tr>
<tr><td rowspan="5">Decreto-lei n. 200/67</td><td colspan="3">Define as regras aplicáveis à União e estabelece normas gerais a serem respeitadas pelos outros entes federativos, podendo ser alterado mediante lei federal.</td></tr>
<tr><td colspan="3">Define a possibilidade de prestação dos serviços diretamente pelos entes federativos, designada prestação direta ou prestação centralizada do serviço.</td></tr>
<tr><td colspan="3">Dispõe acerca da criação de pessoas especializadas e transferência a essas entidades da prestação dos serviços (descentralização).</td></tr>
<tr><td rowspan="2">Descentralização</td><td>Para a própria administração (pessoas criadas para esse fim)</td><td>Entes da administração indireta ou descentralizada.</td></tr>
<tr><td>Para particulares</td><td>Mediante contratos administrativos de concessão e permissão ou até mesmo mediante ato de autorização de serviço público (para determinados doutrinadores).</td></tr>
</table>

27. MELLO, Celso Antônio Bandeira de – Curso de Direito Administrativo. São Paulo: Malheiros, 26ª ed. 2009.

<table>
<tr><th colspan="3">ORGANIZAÇÃO ADMINISTRATIVA</th></tr>
<tr><td rowspan="8">PRINCÍPIOS INERENTES À ORGANIZAÇÃO ADMINISTRATIVA</td><td>Princípio do planejamento</td><td>Toda a atividade estatal obedecerá a planejamento que vise a promover o desenvolvimento econômico-social do País e a segurança nacional.</td></tr>
<tr><td rowspan="2">Princípio da coordenação</td><td>Está diretamente vinculado à hierarquia.</td></tr>
<tr><td>Evita a ocorrência de divergências na atividade estatal e desperdício de recursos. Visa a garantir uma maior eficiência na execução das atividades públicas.</td></tr>
<tr><td rowspan="2">Princípio da descentralização administrativa</td><td>Busca a eficiência, por meio de especialização na execução das atividades do Estado.</td></tr>
<tr><td>Transferência da prestação de serviços do ente federativo para outras pessoas jurídicas especializadas na execução destas atividades que atuarão mediante controle do Estado.</td></tr>
<tr><td>Princípio da delegação de competência</td><td>A autoridade delegante permite que certa atividade que havia sido atribuída a si, por lei, seja exercida por outro agente.</td></tr>
<tr><td>Princípio do controle</td><td>O controle das atividades da Administração Pública será exercido em todos os níveis e em todos os órgãos de governo.</td></tr>
<tr><td colspan="2"></td></tr>
<tr><th colspan="3">PRESTAÇÃO DA ATIVIDADE PÚBLICA</th></tr>
<tr><td colspan="3">É feita diretamente pelos entes federativos (Administração Direta) e se denomina essa execução de prestação centralizada do serviço.</td></tr>
<tr><td colspan="3">A execução de alguns serviços é transferida a terceiros, particulares ou entes da Administração Indireta, ocorrendo a descentralização.</td></tr>
<tr><td colspan="3">Há uma busca pela eficiência, garantindo uma maior especialização.</td></tr>
<tr><th colspan="3">DESCENTRALIZAÇÃO X DESCONCENTRAÇÃO</th></tr>
<tr><td colspan="3">Descentralização é realizada entre pessoas jurídicas diversas, enquanto a desconcentração se configura pela distribuição interna de competência no âmbito de uma mesma pessoa jurídica, mediante especialização interna.</td></tr>
<tr><td colspan="3">A desconcentração é fundada na manifestação do Poder Hierárquico e não prejudica a unidade do Estado já que todos os órgãos e agentes continuam ligados por um poderoso vínculo, a hierarquia.</td></tr>
<tr><td rowspan="10">ESPÉCIES DE DESCENTRALIZAÇÃO</td><td rowspan="5">Outorga</td><td>É transferida a titularidade e a execução do serviço público a outra entidade.</td></tr>
<tr><td>Para a doutrina majoritária, a outorga é conferida, somente, para pessoas jurídicas de direito público integrantes da Administração Indireta, especificadas na execução destas atividades.</td></tr>
<tr><td>A Outorga também é denominada de descentralização por serviço ou descentralização funcional.</td></tr>
<tr><td>Lei específica cria essas entidades e a elas transfere a atividade pública.</td></tr>
<tr><td>ATENÇÃO! O Estado é responsável subsidiariamente pelos danos decorrentes da atividades.</td></tr>
<tr><td rowspan="4">Delegação</td><td>Apenas a execução é transferida.</td></tr>
<tr><td>Feita para particulares ou aos entes da Administração Indireta regidos pelo direito privado.</td></tr>
<tr><td>A delegação também é denominada de descentralização por colaboração.</td></tr>
<tr><td>Dá-se por meio de edição de lei ou mediante contratos de concessão e permissão de serviço público.</td></tr>
<tr><td colspan="2">ATENÇÃO! A descentralização territorial ou geográfica não é admitida no Brasil.</td></tr>
</table>

<table>
<tr><th colspan="5">ORGANIZAÇÃO ADMINISTRATIVA</th></tr>
<tr><th colspan="5">ADMINISTRAÇÃO DIRETA</th></tr>
<tr><td colspan="5">Conjunto de órgãos que integram a pessoa federativa com competência para determinado exercício. Por isso, a prestação direta é feita pelos próprios entes políticos da administração.</td></tr>
<tr><td colspan="5">A União, os Estados, os Municípios e o Distrito Federal possuem capacidade administrativa, política e legislativa e se configuram elementos formais necessários à constituição da federação.</td></tr>
<tr><td colspan="5">Gozam de todas as prerrogativas inerentes à Administração e se submetem a todas as limitações estatais que decorrem da indisponibilidade do interesse público.</td></tr>
<tr><td rowspan="13">ÓRGÃOS PÚBLICOS</td><td colspan="4">Não têm personalidade jurídica, logo, não têm vontade própria, não podendo ser sujeitos de direitos e obrigações.</td></tr>
<tr><td colspan="4">São centros de competência especializada, o que visa garantir uma maior eficiência.</td></tr>
<tr><td colspan="4">O órgão é a unidade de atuação integrante da estrutura da Administração direta e da estrutura da Administração indireta (I, §2°, art. 1°, da Lei n. 9.784/99).</td></tr>
<tr><td colspan="4">ATENÇÃO! A criação e extinção destes devem ser feitas por meio de lei (o VI, art. 84, da Constituição Federal).</td></tr>
<tr><td colspan="4">A Teoria do órgão (também designada teoria da imputação) explicita que toda atuação do agente público deve ser imputada ao órgão que ele representa e não à pessoa do agente.</td></tr>
<tr><td colspan="4">A manifestação de vontade de seus dirigentes configura, na verdade, a manifestação de vontade do próprio órgão.</td></tr>
<tr><td colspan="4">A teoria da institucionalização dispõe que, não obstante não tenham personalidade jurídica própria, determinados órgãos, em virtude de sua atuação, podem ganhar vida própria, em virtude de sua história existencial. Ex: Exército Brasileiro.</td></tr>
<tr><td colspan="4">Determinados órgãos públicos gozam de capacidade processual ativa, tais como os órgãos independentes e autônomos (Defensoria Pública e Ministério Público).</td></tr>
<tr><td colspan="4">Devem possuir CNPJ próprio (IN n. 1.183/2011, da Receita Federal do Brasil).</td></tr>
<tr><td rowspan="4">CLASSIFICAÇÃO DE ÓRGÃOS</td><td rowspan="4">Quanto à hierarquia ou quanto à posição estatal</td><td>Independentes</td><td>Não estão hierarquicamente subordinados a nenhum outro, uma vez que se encontram no topo da hierarquia daquele Poder estatal. Ex.: Presidência da República (União), Governadoria (Estado).</td></tr>
<tr><td rowspan="2">Autônomos</td><td>São imediatamente subordinados aos órgãos independentes.</td></tr>
<tr><td>Gozam de ampla autonomia administrativa e financeira, são órgãos diretivos, com funções de coordenação e planejamento. Ex.: Ministério da Fazenda (União), Secretaria de Segurança Pública (Estado).</td></tr>
<tr><td>Superiores</td><td>Não têm autonomia, não têm independência, dependem de controle de uma chefia mais alta, mas ainda conservam o poder de decisão, no que tange aos atos praticados no exercício de suas atividades. Ex.: Secretaria da Receita Federal do Brasil, Procuradorias Estaduais, Polícias.</td></tr>
</table>

ORGANIZAÇÃO ADMINISTRATIVA				
			Subalternos	Com reduzido poder de decisão; constituindo-se, em verdade, em órgãos de mera execução de atividades administrativas. Ex: seção de pessoal, zeladoria.
			ATENÇÃO! O Ministério Público, embora não seja um poder, para fins de organização hierárquica, é elevado ao status de Poder do Estado e, portanto, para determinados doutrinadores, se caracteriza como órgão independente. Atualmente, a Lei 8.112/90, coloca o Ministério Público como poder separado e independente,quando, por exemplo, estabelece, em seu art. 141, I a competência para aplicação de penalidade de demissão.	
		Quanto à Atuação Funcional	**Singular**	Aquele que atua pela manifestação de vontade de um único agente que é o seu chefe e representante. Ex. Presidência da República.
			Colegiado	Atuam e decidem pela manifestação da vontade de seus membros. Ex. Assembleia Legislativa.
		Quanto à estrutura	**Órgãos simples**	Também chamados de órgãos unitários, não existem outros órgãos agregados a sua estrutura. Ex. Presidência da República, Assembleia Legislativa (Estado).
			Órgãos compostos	Reúnem outros órgãos ligados a sua estrutura. Ex. Congresso Nacional – que é formado pelo Senado Federal e pela Câmara dos Deputados.
		Quanto às funções	**Ativos**	Têm funções de prestação de serviços públicos, execução de obras ou exercício do poder de polícia estatal. Ex. Polícia Rodoviária Federal, Secretaria de Saúde (Estado)
			Consultivos	Atuam na emissão de pareceres jurídicos, assumindo a função de aconselhamento da atuação dos demais órgãos estatais. Ex. Ministério Público.
			De controle	Atuam na atividade de controle dos demais órgãos e agentes públicos. Ex. Tribunal de Contas da União, Controladoria Geral da União.
		Quanto ao âmbito de atuação	**Central**	Possuem atribuição em todo território nacional,estadual,municipal. Ex.: Ministérios e Secretaria de Segurança Pública.
			Local	Têm competência para atuação apenas em determinado ponto do território daquela pessoa jurídica que eles compõem. Ex.: Delegacia do Bairro Santo Antônio – competência na região daquele bairro.

<table>
<tr><th colspan="4">ORGANIZAÇÃO ADMINISTRATIVA</th></tr>
<tr><td rowspan="6"></td><td rowspan="6">TEORIAS DA MANIFESTAÇÃO DE VONTADE DO ÓRGÃO</td><td rowspan="2">Teoria do mandato</td><td>Dispunha acerca do vínculo dos agentes públicos com o ente da Administração, como um vínculo contratual.</td></tr>
<tr><td>ATENÇÃO! Não prosperou, pois a relação do agente com o Estado não se reveste de natureza contratual, mas sim legal.</td></tr>
<tr><td rowspan="2">Teoria da representação</td><td>O agente público, por força de lei, atuaria como representante do Poder Público, tal qual os curadores ou tutores de incapazes.</td></tr>
<tr><td>ATENÇÃO! Também não cabe, pois não há duas vontades independentes.</td></tr>
<tr><td rowspan="2">Teoria do órgão ou teoria da imputação volitiva.</td><td>A manifestação de vontade da pessoa jurídica se dá por meio da atuação da pessoa física. Assim, quando o agente público atua nessa qualidade, não se pode imputar essa atuação ao próprio agente, mas sim ao Estado que ele integra e apresenta.</td></tr>
<tr><td>ATENÇÃO! Foi criada pela doutrina alemã e adotada pela doutrina brasileira.</td></tr>
</table>

<table>
<tr><th colspan="3">ADMINISTRAÇÃO INDIRETA</th></tr>
<tr><td colspan="3">Conforme já explicitado, a descentralização trata da repartição de competência entre pessoas físicas e jurídicas.</td></tr>
<tr><td rowspan="2">descentralização política</td><td colspan="2">A pessoa descentralizada possui autonomia onde executa competência própria, e com possibilidade de elaboração das próprias leis. Possui uma legitimidade que decorre da própria constituição. É a descentralização feita pela Constituição Federal ao dividir a competência entre os entes federativos.</td></tr>
<tr><td colspan="2">ATENÇÃO! Matéria de estudo do Direito Constitucional.</td></tr>
<tr><td>descentralização administrativa</td><td colspan="2">A criação de entes personalizados com poder de autoadministração, de acordo com as determinações legais expedidas pela entidade central. É feita aos entes da administração indireta ou aos particulares, conforme demonstrado anteriormente.</td></tr>
<tr><td rowspan="7">ENTES DA ADMINISTRAÇÃO INDIRETA</td><td colspan="2">Consiste na instituição, pelo Estado, por meio de lei, de uma pessoa jurídica de direito público ou privado à qual se atribui a titularidade e execução de determinado serviço público (art. 4º do Decreto-lei n. 200/67).</td></tr>
<tr><td colspan="2">Autarquias, inclusive as associações públicas; Fundações públicas; Empresas públicas; Sociedades de economia mista.</td></tr>
<tr><td colspan="2">ATENÇÃO! a estrutura federativa do estado brasileiro não admitiria a criação de uma nova pessoa da Administração Indireta, diversa das entidades apontadas no art. 37, XIX da Constituição Federal e, por esse, motivo, a associação pública terá natureza jurídica de entidade autárquica (art. 41, do CC/02).</td></tr>
<tr><td colspan="2">As associações públicas gozam de privilégios processuais e tributários e se submetem a todas as restrições impostas à Administração.</td></tr>
<tr><td colspan="2">Os consórcios públicos podem ter personalidade jurídica de direito privado, semelhante ao das entidades da administração indireta de direito privado, sem gozar das prerrogativas estatais , mas devendo suportar as restrições decorrentes dos princípios inerentes à atuação administrativa..</td></tr>
<tr><td rowspan="2">CARACTERÍSTICAS GERAIS</td><td>Personalidade jurídica própria apartada dos entes federativos responsáveis pela sua criação.</td></tr>
<tr><td>Necessidade de lei específica para sua criação, seja a lei criadora da entidade ou autorizadora.</td></tr>
</table>

<table>
<tr><th colspan="3">ORGANIZAÇÃO ADMINISTRATIVA</th></tr>
<tr><td rowspan="2"></td><td rowspan="2"></td><td>Finalidade específica de interesse público, definida na lei de criação</td></tr>
<tr><td>Controle exercido pelo ente da Administração Direta, no que tange ao cumprimento de suas finalidades essenciais, mas não há subordinação hierárquica.</td></tr>
<tr><th colspan="3">AUTARQUIAS</th></tr>
<tr><td colspan="3">Elas são pessoas jurídicas de direito público que desenvolvem atividade típica de Estado, com liberdade para agirem nos limites administrativos da lei específica que as criou.</td></tr>
<tr><td colspan="3">As autarquias não estão hierarquicamente subordinadas aos entes federativos, mas se sujeitam ao controle finalístico exercido pelos entes da Administração Direta responsável pela sua criação.</td></tr>
<tr><td colspan="3">Podem cobrar taxas e demais tributos para exercício do poder de polícia ou prestação de serviços públicos inerentes às suas finalidades.</td></tr>
<tr><td colspan="3">Apesar de terem personalidade jurídica própria e autonomia financeira, são despidas de caráter econômico.</td></tr>
<tr><td colspan="3">Definição de Autarquia: Serviço autônomo, criado por lei, com personalidade jurídica, patrimônio e receita próprios, para executar atividades típicas da Administração Pública, que requeiram, para seu melhor funcionamento, gestão administrativa e financeira descentralizada (I, art. 5°, do Decreto-lei 200/67).</td></tr>
<tr><td rowspan="12">REGIME JURÍDICO APLICÁVEL ÀS AUTARQUIAS</td><td colspan="2">Administrativamente, o regime jurídico é o mesmo aplicável aos entes políticos, não obstante, não tenha a entidade autárquica poderes de natureza política.</td></tr>
<tr><td rowspan="11">Privilégios processuais</td><td>Goza de prazos dilatados para manifestação em juízo, qual seja, prazo em dobro para todas as manifestações processuais, a partir da sua vista aos autos, não havendo mais disposições sobre prazos quadriplicados.</td></tr>
<tr><td>ATENÇÃO! O prazo para reconvir ou alegar exceção também é em dobro, assim como para qualquer outra manifestação da Fazenda Pública, como contra razões recursais.</td></tr>
<tr><td>O prazo para recorrer não se aplica às contrarrazões, mas aplica-se ao agravo regimental (súmula 116, do STJ).</td></tr>
<tr><td>Nas ações de rito especial, o prazo é simples para manifestação do Poder Público.</td></tr>
<tr><td>Goza de garantia de duplo grau de jurisdição obrigatório (art. 496, do CPC, afastou a súmula 620 do STF).</td></tr>
<tr><td>O duplo grau obrigatório não se aplica sempre que a condenação, ou o direito controvertido, for de valor certo não excedente a 60 (sessenta) salários mínimos, bem como no caso de procedência dos embargos do devedor na execução de dívida ativa do mesmo valor e também não se aplica quando a sentença estiver fundada em jurisprudência do plenário do Supremo Tribunal Federal ou em súmula deste Tribunal ou do tribunal superior competente.</td></tr>
<tr><td>O benefício do parágrafo único, do art. 488, do CPC, só é estendido ao INSS, em razão da súmula 175 do STJ.</td></tr>
<tr><td>Não se exige adiantamento de custas processuais por parte do Estado, mas há exigência em relação aos honorários periciais (súmula 232 do STJ).</td></tr>
<tr><td>Os créditos das autarquias são cobrados por meio de execução fiscal (Lei 6.830/80).</td></tr>
<tr><td>Aplica-se o art. 100, da CF, mas terá sua própria fila de precatórios.</td></tr>
<tr><td>"É cabível ação monitória contra a Fazenda Pública" (súmula 339 do STJ).</td></tr>
</table>

ORGANIZAÇÃO ADMINISTRATIVA		
AUTARQUIAS PROFISSIONAIS	**Privilégios fiscais**	São beneficiadas pela imunidade tributária recíproca, que abrange somente os impostos (§2º do art. 150 da CF/88)
	Responsabilidade Civil	Para corrente majoritária, a responsabilidade civil das entidades autárquicas, pelos danos causados por seus agentes a terceiros, está estampada no artigo 37, §6º, da CF/88.
		Sempre que o dano for causado por agente da entidade autárquica, o ente responderá objetivamente e primariamente pelo dano, restando ao ente político a responsabilização objetiva, no entanto, subsidiária, pelo mesmo fato.
	Contratos	Os contratos firmados pelas autarquias são administrativos, possuem as conhecidas cláusulas exorbitantes e garantem à administração prerrogativas que o contratado não possui.
	Regime de pessoal	Servidores estatutários e aprovados mediante concurso, eles serão considerados agentes públicos, na categoria Servidores Públicos.
		A justiça comum será responsável para analisar as controvérsias decorrentes da relação de trabalho.
	Atos administrativos	Atos praticados pelas autarquias ostentam a qualidade de atos administrativos.
	Bens públicos	Por ostentarem a qualidade de pessoas jurídicas de direito público, todos os bens pertencentes às entidades autárquicas são bens públicos e, portanto, protegidos pelo regime próprio aplicável a esses bens.
	Controle	São controladas pelo ente da Administração Direta responsável pela sua criação. Esse controle decorre do chamado poder de supervisão ou tutela administrativa, não se configurando manifestação do Poder hierárquico.
	Prescrição	Submetem-se à prescrição quinquenal prevista no art. 1º do Decreto 20.910/32.
		Na ação de reparação civil, a prescrição ocorre em 5 anos, conforme o disposto no art. 1º do Decreto 20.910/32 e no art. 1º-C da Lei 9494/97.
	São aquelas que exercem o serviço de fiscalização de profissões regulamentadas, por delegação do poder público, mediante autorização legislativa.	
	Estas não possuem com os órgãos da Administração Pública qualquer vínculo funcional ou hierárquico.	
	Na ADI n. 1717 foi declarado que os conselhos reguladores de profissão têm natureza jurídica de autarquia, uma vez que atuam no exercício do poder de polícia, ao estabelecer restrições ao exercício da liberdade profissional e que tal poder é indelegável a particulares.	
	"Compete à Justiça Federal processar e julgar execução fiscal promovida por Conselho de fiscalização profissional" (súmula 66, do STJ).	
	Os Conselhos de Profissão gozam de parafiscalidade, ou seja, a eles é transferida a capacidade tributária.	
	Os seus servidores devem seguir o Regime Jurídico Único.	
	ATENÇÃO! O Supremo Tribunal Federal já se manifestou no sentido de que a OAB não ostenta a qualidade de autarquias e, portanto, não se submete à exigência de concurso público para nomeação de seus empregados. A OAB é serviço público independente, não sendo integrante da Administração Indireta, o que, inclusive, afasta a incidência do controle orçamentário, financeiro, operacional e patrimonial exercido pelo Tribunal de Contas da União.	
	As ações propostas em face da Ordem dos Advogados do Brasil devem ser propostas na Justiça Federal, consoante disposição do art. 109, I, não obstante não se tenha definido a natureza jurídica desta entidade.	

<table>
<tr><th colspan="5">ORGANIZAÇÃO ADMINISTRATIVA</th></tr>
<tr><td rowspan="3">AUTARQUIAS TERRITORIAIS</td><td colspan="4">A criação de territórios pelo ente estatal é manifestação da descentralização política e não administrativa, pelo que as chamadas autarquias territoriais, pela doutrina brasileira, não ostentam qualidade de entes da Administração Indireta.</td></tr>
<tr><td colspan="4">Descentralização administrativa ocorre somente em países unitários, o que não é o caso do Brasil.</td></tr>
<tr><td colspan="4">Com regime legal diferenciado, gozam de mais liberdade em face dos entes da administração direta do que as demais autarquias, as comuns.</td></tr>
<tr><td rowspan="16">AUTARQUIAS EM REGIME ESPECIAL</td><td rowspan="3">Autarquias Culturais - Universidades públicas</td><td colspan="3">Reitor é sempre indicado pelos próprios membros da entidade (corpo docente e discente).</td></tr>
<tr><td colspan="3">Não é permitida a sua exoneração ad nutum (garantia de mandato certo).</td></tr>
<tr><td colspan="3">Autonomia pedagógica, desde que atinja a finalidade determinada por lei (art. 207, da CF/88).</td></tr>
<tr><td rowspan="13">Agências reguladoras</td><td colspan="3">A sua criação se deu com o Programa Nacional de Desestatização.</td></tr>
<tr><td colspan="3">Busca fiscalizar, regular, normatizar a prestação de serviços públicos por particulares, evitando, assim, a busca desenfreada pelo lucro dentro do serviço público.</td></tr>
<tr><td colspan="3">Desde que a lei de criação preveja, as agência reguladoras têm assumido o papel de poder concedente em contratos de concessão de serviços públicos, como ocorre, por exemplo, com a ANEEL (Agência Nacional de Energia Elétrica).</td></tr>
<tr><td colspan="3">O poder normativo aqui se restringe a orientações de natureza técnica e providências inferiores e obedientes à lei (resoluções).</td></tr>
<tr><td colspan="3">A Lei 9.886/00 estabelece as normas gerais aplicáveis às Agências Reguladoras no âmbito federal, no entanto, admite-se a criação destas entidades pelos demais entes da federação (lei específica).</td></tr>
<tr><td colspan="3">Executam suas atividades com maior liberdade de atuação, embora ainda sujeitas à supervisão ministerial.</td></tr>
<tr><td colspan="3">Possuem autonomia financeira.</td></tr>
<tr><td colspan="3">Os dirigentes são nomeados pelo Presidente da República, após aprovação prévia pelo Senado Federal (art. 52, III, “f”, CRFB), para cumprir um mandato certo (definido na lei de criação).</td></tr>
<tr><td colspan="3">A norma criadora de cada agência pode estabelecer mais condições para a perda do cargo pelo dirigente, do que as previstas na Lei 9.986/00.</td></tr>
<tr><td colspan="3">“O ex-dirigente fica impedido para o exercício de atividades ou de prestar qualquer serviço no setor regulado pela respectiva agência, por um período de quatro meses, contados da exoneração ou do término do seu mandato” (a lei específica da agência poderá estabelecer prazo diferenciado).</td></tr>
<tr><td colspan="3">Durante o período de quarentena, o ex-dirigente ficará vinculado à agência, fazendo jus a remuneração compensatória equivalente à do cargo de direção que exercer e aos seus benefícios.</td></tr>
<tr><td rowspan="2">Espécies de Agências reguladoras</td><td>Regulam a prestação de serviços públicos</td><td>ANEEL; ANTAQ; ANATEL; ANA; ANAC.</td></tr>
<tr><td>Fiscalizam atividades de fomento</td><td>ANCINE</td></tr>
</table>

<table>
<tr><th colspan="5">ORGANIZAÇÃO ADMINISTRATIVA</th></tr>
<tr><td rowspan="7"></td><td rowspan="7"></td><td rowspan="2"></td><td>Controlam a exploração de atividades econômicas</td><td>ANP</td></tr>
<tr><td>Regulamentam serviços de utilidade pública</td><td>ANS; ANVISA</td></tr>
<tr><td rowspan="2">Regime de pessoal</td><td colspan="2">Há nomeação de servidores estatutários para prestação de serviços nas agências reguladoras (lei 10.871/04).</td></tr>
<tr><td colspan="2">A contratação de pessoal para prestação de serviços temporários é permitida, desde que por processo seletivo simplificado, excepcionalmente (IX, do art. 37, da CF/88 c/c Lei nº 8.745/93).</td></tr>
<tr><td rowspan="2">Licitação</td><td colspan="2">Estas devem realizar procedimento licitatório para contratações nas modalidades pregão e consulta.</td></tr>
<tr><td colspan="2">ATENÇÃO! A consulta é modalidade licitatória exclusiva das agências reguladoras.</td></tr>
<tr><td>Teoria da Captura</td><td colspan="2">Atualmente, uma questão grave que costuma ser suscitada em relação às agências reguladoras consiste na concretização da hipótese de a agência reguladora passar a servir de instrumento para proteção e benefício de interesses setoriais aos quais regulação na verdade se destina. A doutrina designa tais condutas com a expressão "captura", indicando a hipótese em que a agência se transforma em via de proteção e benefício para os setores empresariais regulados.
Tais atividades são passíveis de controle administrativo e judicial, dada a sua antijuridicidade.</td></tr>
<tr><td rowspan="9">AGÊNCIAS EXECUTIVAS</td><td colspan="4">São autarquias ou fundações públicas que por iniciativa da Administração Direta recebem status de agência, e, por estar sempre ineficientes, celebram contrato de gestão com o Ministério supervisor (§8°, art. 37, da CF/88).</td></tr>
<tr><td colspan="4">Contam com mais independência e mais orçamento</td></tr>
<tr><td colspan="4">Comprometem-se a cumprir um plano de reestruturação e desenvolvimento institucional em andamento e ter celebrado Contrato de Gestão com o respectivo Ministério supervisor.</td></tr>
<tr><td colspan="4">O contrato tem periodicidade mínima de um ano.</td></tr>
<tr><td colspan="4">Não gozam de regime legal especial de nomeação de dirigentes e autonomia financeira.</td></tr>
<tr><td colspan="4">Não possuem poder de edição de normas gerais de fiscalização de atividades.</td></tr>
<tr><td colspan="4">Não é qualquer atividade que é objeto do contrato de gestão.</td></tr>
<tr><td colspan="4">Não há alteração nos seus fins.</td></tr>
<tr><td colspan="4">No §1°, do art. 24, a lei 8.666/93 amplia os limites de dispensa de licitação para os contratos firmados por essas entidades.</td></tr>
<tr><th colspan="5">FUNDAÇÕES PÚBLICAS</th></tr>
<tr><td colspan="5">São formadas pela destinação de um patrimônio público à criação de uma nova pessoa jurídica, então, se está diante de fundações que dependem de lei específica para sua criação, têm finalidade pública e integram a Administração Indireta do ente instituidor (IV, do art. 5°, do Decreto lei 200/67).</td></tr>
</table>

<table>
<tr><th colspan="3">ORGANIZAÇÃO ADMINISTRATIVA</th></tr>
<tr><td rowspan="12">NATUREZA JURÍDICA</td><td colspan="2">Sob o regime de direito público, terá natureza jurídica de autarquia e recebe o nome de autarquia fundacional.</td></tr>
<tr><td colspan="2">Caso sejam criadas com personalidade jurídica de direito privado, no qual, as regras de direito civil são derrogadas por restrições impostas pelo direito público.</td></tr>
<tr><td colspan="2">ATENÇÃO! A entidade pública instituidora que definirá, mediante lei, a natureza jurídica aplicada à entidade.</td></tr>
<tr><td rowspan="7">FUNDAÇÃO PÚBLICA DE DIREITO PRIVADO</td><td>São fundações governamentais, que não se confundem com as fundações privadas, haja vista serem formadas pela destinação de patrimônio público, indicados para sua formação.</td></tr>
<tr><td>Não usufruem dos benefícios concedidos à fazenda pública no que tange às regras processuais diferenciadas, regime de contratos administrativos, atos administrativos com atributos legais ou regime estatutário de servidores.</td></tr>
<tr><td>Submetem-se às restrições decorrentes dos princípios de direito público, já que integram a Administração Pública Indireta.</td></tr>
<tr><td>Criação por autorização legal específica.</td></tr>
<tr><td>Lei complementar disporá sobre sua área de atuação.</td></tr>
<tr><td>Sujeita-se à fiscalização decorrente da supervisão ministerial, ou tutela administrativa.</td></tr>
<tr><td>Regime similar ao das empresas estatais.</td></tr>
<tr><td rowspan="2">FUNDAÇÃO PÚBLICA DE DIREITO PÚBLICO</td><td>É entidade autárquica que se submetem a regime integralmente público, valendo-se de todas as prerrogativas estatais e, consequentemente, se submetendo a todas as restrições decorrentes da indisponibilidade do interesse público.</td></tr>
<tr><td>ATENÇÃO! Denominada de autarquia fundacional.</td></tr>
<tr><th colspan="3">EMPRESAS ESTATAIS</th></tr>
<tr><td colspan="3">Engloba as empresas públicas e as sociedades de economia mista, ambas sociedades, civis ou comerciais, que possuem o Estado como controlador acionário, criadas por meio de autorização de lei específica.</td></tr>
<tr><td colspan="3">Criada por força de autorização legal.</td></tr>
<tr><td colspan="3">Personalidade é de direito privado, todavia, submete-se, em diversas situações, a regras e princípios de direito público, derrogadores deste regime privado.</td></tr>
<tr><td rowspan="2">Capital</td><td>Empresa pública</td><td>Capital integralmente público.</td></tr>
<tr><td>Sociedade de Economia Mista</td><td>Capital misto, mas a maioria do capital votante é do poder público</td></tr>
<tr><td rowspan="2">Forma societária</td><td>Empresa pública</td><td>Qualquer forma societária admitida em direito.</td></tr>
<tr><td>Sociedade de Economia Mista</td><td>Necessariamente, deverão ser constituídas pela forma de S/A (art. 5°, do Decreto Lei 200/67).</td></tr>
<tr><td rowspan="3">Deslocamento de competência</td><td>Empresa pública</td><td>Competência da justiça federal (art. 109, I, da CF/88).</td></tr>
<tr><td rowspan="2">Sociedade de Economia Mista</td><td>Competência da justiça estadual.</td></tr>
<tr><td>ATENÇÃO! Salvo se a União Federal estiver no feito atuando como assistente ou opoente ou ainda se a matéria deslocar a competência nos moldes dos outros incisos do art. 109 da carta Magna.</td></tr>
</table>

<table>
<tr><th colspan="3">ORGANIZAÇÃO ADMINISTRATIVA</th></tr>
<tr><td rowspan="3">FINALIDADES DAS EMPRESAS ESTATAIS</td><td colspan="2">De prestar serviços públicos mediante delegação do ente estatal, ou para exploração de determinadas atividades econômicas de interesse da sociedade.</td></tr>
<tr><td colspan="2">A finalidade destas empresas estatais deve ser o interesse público (art. 173, da CF/88).</td></tr>
<tr><td colspan="2">É possível que o lucro seja consequência de uma determinada atividade.</td></tr>
<tr><td rowspan="14">REGIME JURÍDICO DAS EMPRESAS ESTATAIS</td><td colspan="2">Não poderem gozar de prerrogativas inerentes ao Estado, se submetendo, entretanto, às limitações do Estado que decorrem dos princípios administrativos.</td></tr>
<tr><td colspan="2">Para as entidades prestadoras de serviços públicos, o regime híbrido se aproxima do direito público, porque se aplicam a essas entidades todas as normas e princípios aplicáveis à prestação destes serviços.</td></tr>
<tr><td colspan="2">Se forem exploradoras de atividades econômicas, essas empresas terão seu regime mais aproximado do direito privado, sendo aplicado o direito público somente em caráter excepcional (§3°, do art. 150, da CF/88).</td></tr>
<tr><td>Exploradoras de atividade econômica</td><td>A lei estabelecerá o estatuto jurídico que definirá sua função social e formas de fiscalização pelo Estado e pela sociedade; a sujeição ao regime jurídico próprio das empresas privadas, inclusive quanto aos direitos e obrigações civis, comerciais, trabalhistas e tributários; licitação e contratação de obras, serviços, compras e alienações, observados os princípios da administração pública; a constituição e o funcionamento dos conselhos de administração e fiscal, com a participação de acionistas minoritários; os mandatos, a avaliação de desempenho e a responsabilidade dos administradores.</td></tr>
<tr><td rowspan="4">Criação e extinção</td><td>A lei específica somente autoriza a criação destas entidades, definindo, inclusive, a finalidade para a qual a empresa está sendo criada (XIX, do art. 37, da CF/88)</td></tr>
<tr><td>Pelo princípio da simetria das formas, a extinção depende de lei específica que autorize.</td></tr>
<tr><td>A edição da lei não cria a entidade, devendo haver o registro dos atos constitutivos no Cartório de Pessoa Jurídicas – em se tratando de sociedade não comercial – ou na Junta Comercial, quando tiver natureza empresarial.</td></tr>
<tr><td>As empresas estatais não podem criar subsidiárias sem permissão legal expressa.</td></tr>
<tr><td rowspan="2">Controle</td><td>Controle finalístico, limitado à analise acerca do cumprimento dos fins definidos na lei de criação da empresa e não configura manifestação de hierarquia.</td></tr>
<tr><td>Submetidas à fiscalização contábil, financeira e orçamentária exercida pelo Tribunal de Contas.</td></tr>
<tr><td rowspan="2">Responsabilidade civil</td><td>Caso sejam prestadoras de serviços públicos, a responsabilidade é objetiva (§6°, do art. 37, da CF/88).</td></tr>
<tr><td>No caso das empresas estatais exploradoras de atividade econômica, não obstante sejam integrantes da Administração Indireta, serão responsabilizadas nos moldes definidos pelo direito privado.</td></tr>
<tr><td rowspan="2">Bens das empresas estatais</td><td>Os bens das empresas estatais não ostentam a qualidade de bens públicos, no entanto, em relação aos bens que estejam atrelados à prestação de serviços públicos, se aplicam algumas prerrogativas inerentes aos bens públicos, como a imprescritibilidade e impenhorabilidade.</td></tr>
<tr><td>Na exploradora de atividades econômicas, os bens são privados para todos os efeitos, sendo, inclusive, possível a penhora e a oneração destes bens com direitos reais de garantia.</td></tr>
</table>

ORGANIZAÇÃO ADMINISTRATIVA		
		Não se admite a aplicação do regime de precatórios.
		ATENÇÃO! ECT atua na prestação de serviços públicos exclusivos de estado e, por isso, goza de **regime de Fazenda Pública** (art. 12 do Decreto-lei 509/69).
		É indelegável o serviço postal. A entrega de encomendas e impressos não é considerada serviço postal propriamente dito.
	Privilégios processuais	Por ostentarem a qualidade de pessoas jurídicas de direito privado, não gozam das prerrogativas processuais aplicadas ao Estado.
	Regime de Pessoal	São agentes públicos, classificados como empregados, regidos pela Consolidação das Leis do Trabalho
		Aprovados em concurso público de provas ou de provas e títulos.
		Não recebendo recursos dos entes federativos para custeio ou manutenção de pessoal, a empresa pode efetivar pagamento de remuneração acima do teto remuneratório do serviço público aos seus empregados (§9, do at. 37, da CF/88).
		Como não são detentores de cargos públicos, não há garantia da estabilidade, prevista no art. 41 da Constituição Federal.
	Regime tributário	Ainda que a empresa estatal atue na prestação de serviços públicos, por se submeterem a regime jurídico próprio das empresas privadas, não é possível pensar-se na concessão de imunidade tributária. Mas, excepcionalmente, A doutrina e jurisprudência têm admitido a extensão da imunidade recíproca para empresas estatais prestadoras de atividade econômica, além da ECT, em relação aos bens e serviços ligados à execução da atividade pública.
		ATENÇÃO! Empresa Brasileira de Correios e Telégrafos goza dos privilégios fiscais do regime público.
		A doutrina e jurisprudência têm admitido a extensão da imunidade recíproca para empresas estatais prestadoras de atividade econômica, além da ECT, em relação aos bens e serviços ligados à execução da atividade pública.
		Aquelas que prestam determinados serviços públicos gozam de imunidade tributária, em situações específicas, desde que isso não viole a livre concorrência com empresas privadas (STF).
	Licitações e contratos	Às empresas estatais serão aplicadas as normas gerais referentes a licitações e contratos, definidas na lei federal, n. 8.666/93 e na lei 10.520/02 que regulamenta a modalidade licitatória do pregão (parágrafo único, art. 1°, Lei n. 8.666/93), até que esteja vigente o estatuto das estatais.
		Editada a Lei 13.303/16 que trata do estatuto das empresas estatais, ele será aplicado nas licitações destas entidades, no entanto, elas terão 24 meses para a implantação deste novo procedimento.
		A Lei 8666/93, em disposição expressa no art. 119, admite a possibilidade da edição de regulamento para facilitar e tornar mais simples o procedimento licitatório dessas empresas.
		O Tribunal de Contas da União firmou entendimento de que, quando a empresa estatal exploradora de atividade econômica visa contratações referentes à sua **atividade fim**, não precisa realizar procedimento licitatório, em virtude da ocorrência de inexigibilidade.

<table>
<tr><th colspan="3">ORGANIZAÇÃO ADMINISTRATIVA</th></tr>
<tr><td rowspan="7">EMPRESAS SUBSIDIÁRIAS OU CONTROLADAS DAS EMPRESAS ESTATAIS</td><td colspan="2">São entidades societárias autônomas, constituídas com a finalidade de apoiar e executar atividades de interesse e suporte da empresa estatal, auxiliando no exercício de suas atividades.</td></tr>
<tr><td colspan="2">Têm personalidade jurídica própria.</td></tr>
<tr><td colspan="2">É criada sob regime de direito privado, não integrando a Administração Indireta.</td></tr>
<tr><td colspan="2">Sua criação depende de autorização por lei específica (XX, do art. 37, CF/88).</td></tr>
<tr><td colspan="2">ATENÇÃO! Caso a lei que autoriza a criação da empresa estatal tenha previsão para criação da subsidiária, estará suprida a necessidade legislativa para criação desta entidade.</td></tr>
<tr><td colspan="2">Seguem regime similar àquele aplicado para as empresas estatais.</td></tr>
<tr><td colspan="2">Para contratações com as empresas estatais que a instituíram, essas empresas gozam de dispensa de licitação, podendo celebrar contratação direta (art. 24, XXIII da lei 8.666/93).</td></tr>
<tr><td rowspan="8">ESTATUTOS DAS EMPRESAS ESTATAIS</td><td colspan="2">Dispõe sobre o estatuto das empresas públicas e sociedades de economia mista e suas subsidiárias, mantendo as regras anteriormente aplicáveis a essas entidades, no que tange à formação societária, organização do capital e finalidades precípuas e criando novas disposições detalhadas.</td></tr>
<tr><td colspan="2">A lei minudencia a forma de estruturação destas entidades, assim como as regras de licitações e contratos a elas aplicadas</td></tr>
<tr><td rowspan="3">Requisitos de transparência</td><td>As empresas públicas e as sociedades de economia mista deverão observar, no mínimo, alguns requisitos de transparência.</td></tr>
<tr><td>Ademais, a lei exige a criação de estrutura de viabilize o controle interno da entidade, inclusive com auditoria interna realizada pelo Comitê de Auditoria Estatutário, que será formado por, no mínimo 3 e, no máximo, 5 membros, em sua maioria independentes, sendo que, ao menos um desses membros deve ter experiência em assuntos de contabilidade societária.</td></tr>
<tr><td>Ressalte-se, ainda, que o art. 12 da lei permite que as controvérsias entre os acionistas poderão ser solucionadas por meio de arbitragem, desde que haja previsão no estatuto social.</td></tr>
<tr><td rowspan="3">Conselho de Administração e Conselho Fiscal</td><td>A empresa estatal deverá organizar seu Conselho de Administração que ficará responsável pela gestão da entidade e que deverá ser composto por, no mínimo, 7 e, no máximo, 11 membros, sendo que, ao menos 3 serão designados como Diretores da estatal.</td></tr>
<tr><td>Ressalte-se, ainda que o Conselho deve ser composto, no mínimo, por 25% de membros independentes, garantindo-se o mínimo de 1 membro nessa condição.</td></tr>
<tr><td>O Conselho Fiscal, por sua vez, será composto por pessoas naturais, residentes no País, com formação acadêmica compatível com o exercício da função e que tenham exercido, por prazo mínimo de 3 (três) anos, cargo de direção ou assessoramento na administração pública ou cargo de conselheiro fiscal ou administrador em empresa.</td></tr>
<tr><td>Licitações e contratos firmados pelas empresas estatais</td><td></td><td>O lei 13.303/16 também estabelece regras específicas no que tange às licitações realizadas no âmbito das empresas públicas e sociedades de economia mista e também em relação aos contratos firmados por essas entidades com terceiros.</td></tr>
<tr><th colspan="3">APROFUNDAMENTO PARA PROVAS SUBJETIVAS</th></tr>
<tr><td colspan="3">Conforme entendimento mais razoável, a legislação de falências não pode se aplicar às empresas públicas e sociedades de economia mista que prestam serviços públicos, inclusive porque há impenhorabilidade dos bens atrelados à prestação do serviço, sendo impossível a concorrência de credores. No entanto, no que tange ás empresas estatais que exploram atividades econômicas, será plenamente aplicável o regime de falências e recuperações, em observância ao disposto na Carta Magna (art. 173, §1°, II)</td></tr>
</table>

10. SÚMULAS

10.1. Súmulas do STF

- **Súmula n. 517:** As sociedades de economia mista só tem foro na justiça federal, quando a união intervém como assistente ou opoente.
- **Súmula n. 556:** É competente a justiça comum para julgar as causas em que é parte sociedade de economia mista.
- **Súmula n. 620:** A sentença proferida contra autarquias não está sujeita a reexame necessário, salvo quando sucumbente em execução de dívida ativa.

10.2. Súmulas do STJ

- **Súmula n. 39:** Prescreve em vinte anos a ação para haver indenização, por Responsabilidade civil, de sociedade de economia mista.
- **Súmula n. 42:** Compete à Justiça Comum Estadual processar e julgar as causas cíveis em que é parte sociedade de economia mista e os crimes praticados em seu detrimento.
- **Súmula n. 66:** Compete à Justiça Federal processar e julgar execução fiscal promovida por Conselho de fiscalização profissional.
- **Súmula n. 116:** A Fazenda Pública e o Ministério Público têm prazo em dobro para interpor agravo regimental no Superior Tribunal de Justiça.
- **Súmula n. 175:** Descabe o depósito prévio nas ações rescisórias propostas pelo INSS.
- **Súmula n. 232:** A Fazenda Pública, quando parte no processo, fica sujeita à exigência do depósito prévio dos honorários do perito.
- **Súmula n. 324:** Compete à Justiça Federal processar e julgar ações de que participa a Fundação Habitacional do Exército, equiparada à entidade autárquica federal, supervisionada pelo Ministério do Exército.
- **Súmula n. 333:** Cabe mandado de segurança contra ato praticado em licitação promovida por sociedade de economia mista ou empresa pública.
- **Súmula n. 497:** Os créditos das autarquias federais preferem aos créditos da Fazenda estadual desde que coexistam penhoras sobre o mesmo bem.
- **Súmula n. 514:** A CEF é responsável pelo fornecimento dos extratos das contas individualizadas vinculadas ao FGTS dos Trabalhadores participantes do Fundo de Garantia do Tempo de Serviço, inclusive para fins de exibição em juízo, independentemente do período em discussão.

10.3 Súmulas do TST

- **Súmula n. 390**

  I - O servidor público celetista da administração direta, autárquica ou fundacional é beneficiário da estabilidade prevista no art. 41 da CF/1988.

  II - Ao empregado de empresa pública ou de sociedade de economia mista, ainda que admitido mediante aprovação em concurso público, não é garantida a estabilidade prevista no art. 41 da CF/1988.

11. JURISPRUDÊNCIAS 2015/2016

- **EMENTA Agravo regimental em arguição de descumprimento de preceito fundamental. Conselho Federal de Corretores de Imóveis - COFECI. Entidade que não se enquadra ao conceito de entidade de classe. Ilegitimidade ativa. Agravo a que se nega provimento. 1. A jurisprudência do Supremo Tribunal Federal fixou-se no sentido de que os Conselhos de Fiscalização Profissional não detêm legitimidade ativa para as ações de controle concentrado de constitucionalidade, por não se enquadrarem no conceito de entidade de classe de âmbito nacional (art. 103, inc. IX, da Constituição Federal). Precedentes: ADC 34, Relator o Ministro Luiz Fux, Dje 12/8/14; ADI 3993, Relatora a Ministra Ellen Gracie, julgada em 23/05/08, Dje de 29/05/08; ADI 1997, Relator o Ministro Marco Aurélio, 8/6/99; ADI 1928, Relator o Ministro Sydney Sanches, DJ de 19/2/99; ADI 641-MC/DF Relator o Ministro Néri da Silveira, Relator p/ acórdão o Ministro Marco Aurélio, Tribunal Pleno, DJ de 12/3/93. 2. Não há razão para se revisar a jurisprudência sedimentada da Corte. Os conselhos de fiscalização profissional têm como função precípua o controle**

e a fiscalização do exercício das profissões regulamentadas, exercendo, portanto, poder de polícia, atividade típica de Estado, razão pela qual detêm personalidade jurídica de direito público, na forma de autarquias. Sendo assim, tais conselhos não se ajustam à noção de entidade de classe, expressão que designa tão somente aquelas entidades vocacionadas à defesa dos interesses dos membros da respectiva categoria ou classe de profissionais. 3. Agravo regimental a que se nega provimento. (STF - ADPF 264 AgR/DF - DISTRITO FEDERAL. AG.REG. NA ARGÜIÇÃO DE DESCUMPRIMENTO DE PRECEITO FUNDAMENTAL. Relator(a): Min. DIAS TOFFOLI. Julgamento: 18/12/2014. Órgão Julgador: Tribunal Pleno. Publicação. PROCESSO ELETRÔNICO. DJe-036 DIVULG, 24-02-2015 PUBLIC 25-02-2015).

- **Ementa: AGRAVO REGIMENTAL NA AÇÃO CÍVEL ORIGINÁRIA. CONSTITUCIONAL. ADMINISTRATIVO. FINANCEIRO. INSCRIÇÃO DE ENTE FEDERATIVO NO CADASTRO ÚNICO DE CONVÊNIO (CAUC). OFENSA AO PRINCÍPIO DA INTRANSCENDÊNCIA DAS MEDIDAS RESTRITIVAS DE DIREITOS. OCORRÊNCIA. PENDÊNCIA ORIUNDA DO PODER LEGISLATIVO ESTATAL. JURISPRUDÊNCIA. PRECEDENTES. ACO 1.612-AGR, REL. MIN. CELSO DE MELLO, PLENO, DJE DE 13/2/2015. AGRAVO REGIMENTAL A QUE SE NEGA PROVIMENTO. 1. O Plenário do Supremo Tribunal Federal uniformizou o entendimento no sentido de que o Estado só pode sofrer restrições nos cadastros de devedores da União por atos praticados pelo Executivo. Em consequência, atos do Legislativo, Judiciário, Ministério Público, Tribunal de Contas e dos entes da Administração Pública indireta (como as autarquias e as empresas públicas) não podem gerar sanções da União contra o Estado, diante da ausência de ingerência direta do Executivo sobre eles. (ACO 1.612-AgR, Rel. Min. Celso de Mello, Pleno, DJe 13/2/2015). 2. Agravo regimental a que se nega provimento. (STF - ACO 2066 AgR/RR – RORAIMA. AG.REG. NA AÇÃO CÍVEL ORIGINÁRIA. Relator(a): Min. TEORI ZAVASCKI. Julgamento: 18/08/2015. Órgão Julgador: Segunda Turma. Publicação.** PROCESSO ELETRÔNICO. DJe-170 DIVULG 28-08-2015 PUBLIC 31-08-2015).
- **E M E N T A: CADIN/CAUC/SIAFI – AMEAÇA DE INCLUSÃO, EM CADASTRO FEDERAL DE INADIMPLENTES, DO ESTADO DO ACRE – IMINÊNCIA DE IMPOSIÇÃO, AO ESTADO-MEMBRO, DE LIMITAÇÕES DE ORDEM JURÍDICA EM VIRTUDE DE SUPOSTO DÉBITO REFERENTE À CONTRIBUIÇÃO PREVIDENCIÁRIA (ART. 22, IV, DA LEI Nº 8.212/91) – CONTRATO DE PRESTAÇÃO DE SERVIÇO CELEBRADO COM COOPERATIVAS DE TRABALHO – EXISTÊNCIA DE PLAUSIBILIDADE JURÍDICA – OCORRÊNCIA, NA ESPÉCIE, DE SITUAÇÃO CONFIGURADORA DE "PERICULUM IN MORA" – RISCO À NORMAL EXECUÇÃO, NO PLANO LOCAL, DE SERVIÇOS PÚBLICOS ESSENCIAIS À COLETIVIDADE – LITÍGIO QUE SE SUBMETE À ESFERA DE COMPETÊNCIA ORIGINÁRIA DO SUPREMO TRIBUNAL FEDERAL – HARMONIA E EQUILÍBRIO NAS RELAÇÕES INSTITUCIONAIS ENTRE OS ESTADOS-MEMBROS E A UNIÃO FEDERAL – O PAPEL DO SUPREMO TRIBUNAL FEDERAL COMO TRIBUNAL DA FEDERAÇÃO – POSSIBILIDADE, NA ESPÉCIE, DE CONFLITO FEDERATIVO – PRETENSÃO CAUTELAR FUNDADA NA ALEGAÇÃO DE INCONSTITUCIONALIDADE DO REFERIDO TRIBUTO PELO PLENÁRIO DO SUPREMO TRIBUNAL FEDERAL (RE 595.838/SP, Rel. Min. DIAS TOFFOLI) – MEDIDA CAUTELAR DEFERIDA – RECURSO DE AGRAVO IMPROVIDO. CONFLITOS FEDERATIVOS E O PAPEL DO SUPREMO TRIBUNAL FEDERAL COMO TRIBUNAL DA FEDERAÇÃO. – A Constituição da República confere ao Supremo Tribunal Federal a posição eminente de Tribunal da Federação (CF, art. 102, I, "f"), atribuindo a esta Corte, em tal condição institucional, o poder de dirimir controvérsias que, ao irromperem no seio do Estado Federal, culminam, perigosamente, por antagonizar as unidades que compõem a Federação. Essa magna função jurídico-institucional da Suprema Corte impõe-lhe o gravíssimo dever de velar pela intangibilidade do vínculo federativo e de zelar pelo equilíbrio harmonioso das relações políticas entre as pessoas estatais que integram a Federação brasileira. A aplicabilidade da norma inscrita no art. 102, I, "f", da Constituição estende-se aos litígios cuja potencialidade ofensiva revela-se apta a vulnerar os valores que informam o princípio fundamental que rege, em nosso ordenamento jurídico, o pacto da Federação. Doutrina. Precedentes. BLOQUEIO DE RECURSOS FEDERAIS CUJA EFETIVAÇÃO PODE COMPROMETER A EXECUÇÃO, NO ÂMBITO LOCAL, DE PROGRAMA ESTRUTURADO PARA VIABILIZAR A IMPLEMENTAÇÃO DE POLÍTICAS PÚBLICAS. – O Supremo Tribunal Federal, nos casos de inscrição de entidades estatais, de pessoas administrativas ou de empresas governamentais em cadastros de inadimplentes organizados e mantidos pela União, tem ordenado a liberação e o repasse de verbas federais (ou, então, determinado o afastamento de restrições impostas à celebração de operações de crédito em geral ou à obtenção de garantias), sempre com o propósito de neutralizar a ocorrência de risco que possa comprometer, de modo grave e/ou irreversível, a continuidade da execução de políticas públicas ou a prestação de serviços essenciais à coletividade. Precedentes. (STF – ACO 2455. MC-AgR/AC – ACRE. AG.REG. NA MEDIDA CAUTELAR NA AÇÃO CÍVEL ORIGINÁRIA. Relator(a): Min. CELSO DE MELLO. Julgamento: 19/08/2015. Órgão Julgador: Tribunal Pleno. Publicação.** PROCESSO ELETRÔNICO. DJe-219 DIVULG 03-11-2015 PUBLIC 04-11-2015).

11.1 Informativos dos STJ

- **Informativo n. 554**

  DIREITO ADMINISTRATIVO. COMPETÊNCIA PARA FISCALIZAR PRESENÇA DE FARMACÊUTICO EM DROGARIAS E FARMÁCIAS. RECURSO REPETITIVO (ART. 543 - C DO CPC E RES. 8/2008 - STJ). Os Conselhos Regionais de Farmácia possuem competência para fiscalização e autuação das farmácias e drogarias, quanto ao cumprimento da exigência de manterem profissional legalmente habilitado (farmacêutico) durante todo o período de funcionamento dos respectivos estabelecimentos, sob pena de esses incorrerem em infração passível de multa, nos termos do art. 24 da Lei 3.820/1960, c/c o art. 15 da Lei 5.991/1973. A interpretação dos dispositivos legais atinentes à matéria em apreço (arts.

10, "c", e 24 da Lei 3.820/1960 e art. 15 da Lei 5.991/1973) conduz ao entendimento de que os Conselhos Regionais de Farmácia são competentes para promover a fiscalização das farmácias e drogarias em relação à permanência de profissionais legalmente habilitados durante o período integral de funcionamento das empresas farmacêuticas. Já a atuação da Vigilância Sanitária está circunscrita ao licenciamento do estabelecimento e à sua fiscalização no que tange ao cumprimento de padrões sanitários relativos ao comércio exercido, convivendo, portanto, com as atribuições a cargo dos Conselhos. É o que se depreende, claramente, do disposto no art. 21 da Lei 5.991/1973. **Precedentes citados: EREsp 380.254 - PR, Primeira Seção, DJ 8/8/2005; REsp 1.085.436 - SP, Segunda Turma, DJe 3/2/2011; AgRg no REsp 975.172 - SP, Primeira Turma, DJe 17/12/2008. REsp 1.382.751 - MG, Rel. Min. Og Fernandes, Primeira Seção, julgado em 12/11/2014, DJe 2/2/2015.**

- **Informativo n. 570**

DIREITO ADMINISTRATIVO. REVALIDAÇÃO NO BRASIL DE DIPLOMAS DE UNIVERSIDADES DA AMÉRICA LATINA E CARIBE. RECURSO REPETITIVO (ART. 543-C DO CPC E RES. 8/2008-STJ). TEMA 615. O Decreto n. 80.419/77 – que incorporou a Convenção Regional sobre o Reconhecimento de Estudos, Títulos e Diplomas de Ensino Superior na América Latina e no Caribe – não foi revogado pelo Decreto n. 3.007/99 nem traz norma específica que vede os procedimentos de revalidação dos diplomas que têm respaldo nos artigos 48 e 53, V, da Lei de Diretrizes e Bases da Educação Brasileira. Assim, as universidades públicas brasileiras não estão obrigadas a reconhecer automaticamente os diplomas de ensino superior expedidos por universidades da América Latina e do Caribe. Saliente-se que "a Convenção Regional sobre o Reconhecimento de Estudos, Títulos e Diplomas de Ensino Superior na América Latina e no Caribe, incorporada ao ordenamento jurídico nacional por meio do Decreto n. 80.419/77, não foi, de forma alguma, revogada pelo Decreto n. 3.007, de 30 de março de 1999. Isso porque o aludido ato internacional foi recepcionado pelo Brasil com status de lei ordinária, sendo válido mencionar, acerca desse particular, a sua ratificação pelo Decreto Legislativo n. 66/77 e a sua promulgação através do Decreto n. 80.419/77. Dessa forma, não há se falar na revogação do Decreto que promulgou a Convenção da América Latina e do Caribe em foco, pois o Decreto n. 3.007/99, exarado pelo Sr. Presidente da República, não tem essa propriedade". (REsp 1.126.189-PE, Primeira Turma, DJe 13/5/2010). Pela leitura do art. 5º do Decreto 80.419/1977 – segundo o qual os Estados Contratantes se comprometem a adotar as medidas necessárias para tornar efetivo, o quanto antes possível, para efeito de exercício de profissão, o reconhecimento dos diplomas, títulos os graus de educação superior emitidos pelas autoridades competentes de outro dos Estados Contratantes –, vê-se o nítido caráter programático da referida norma. Inexiste, portanto, determinação específica de reconhecimento automático dos diplomas. Além disso, o STJ, quando apreciou a questão da revalidação de diplomas sob o enfoque da Lei 9.394/1996 (Lei de Diretrizes e Bases da Educação Brasileira), pelo rito do art. 543-C do CPC, concluiu que "o art. 53, inciso V, da Lei 9.394/96 permite à universidade fixar normas específicas a fim de disciplinar o referido processo de revalidação de diplomas de graduação expedidos por estabelecimentos estrangeiros de ensino superior, não havendo qualquer ilegalidade na determinação do processo seletivo para a revalidação do diploma, porquanto decorre da necessidade de adequação dos procedimentos da instituição de ensino para o cumprimento da norma, uma vez que de outro modo não teria a universidade condições para verificar a capacidade técnica do profissional e sua formação, sem prejuízo da responsabilidade social que envolve o ato". **(REsp 1.349.445-SP, Primeira Seção, DJe 14/5/2013). Precedentes citados: REsp 1.315.454-PE, Primeira Turma, DJe 24/2/2014; AgRg no AgRg nos EDcl no REsp 1.165.265-SC, Segunda Turma, DJe 19/12/2011; EDcl nos EDcl no REsp 1.055.035-RS, Segunda Turma, DJe 24/9/2009;e REsp 939.880-RS, Segunda Turma, DJe 29/10/2008. REsp 1.215.550-PE, Rel. Min. Og Fernandes, Primeira Seção, julgado em 23/9/2015, DJe 5/10/2015.**

- **Informativo n. 588**

DIREITO ADMINISTRATIVO. INSCRIÇÃO NA OAB DE GRADUADO EM CURSO DE DIREITO NÃO RECONHECIDO PELO MEC. A inscrição como advogado, nos quadros da OAB, de quem apresente diploma ou certidão de graduação em direito "obtido em instituição de ensino oficialmente autorizada e credenciada" (art. 8º, II, do Estatuto da Advocacia) não pode ser impedida pelo fato de o curso de Direito não ter sido reconhecido pelo MEC. Conforme decidiu a Primeira Seção do STJ, credenciamento, autorização e reconhecimento do curso são etapas distintas no funcionamento de instituição privada de ensino superior (MS 10.745-DF, DJ 15/5/2006). Nesse contexto, dispõe o art. 8º, II, da Lei n. 8.906/1994 (Estatuto da Advocacia) que, para a inscrição nos quadros da OAB, é necessária a apresentação de "diploma ou certidão de graduação em direito, obtido em instituição de ensino oficialmente autorizada e credenciada". Nota-se que o dispositivo do Estatuto da OAB é claro ao exigir, quanto ao diploma ou à certidão de graduação em Direito, somente que estes sejam obtidos em instituição de ensino oficialmente autorizada ou credenciada, razão pela qual não há como impor a exigência do reconhecimento da instituição de ensino a quem pretenda a inscrição nos quadros da OAB. Além do mais, o art. 48, caput, da Lei n. 9.394/1996 determina que "Os diplomas de cursos superiores reconhecidos, quando registrados, terão validade nacional como prova da formação recebida por seu titular", de modo que, para um diploma de graduação em curso superior ter validade no território nacional é necessário que o curso seja reconhecido pelo MEC, não sendo suficiente, para tanto, que a instituição seja apenas autorizada ou credenciada. Observa-se, assim, que nenhum dos dispositivos acima impõem o reconhecimento do curso pelo MEC como requisito para inscrição nos quadros da OAB. Assim sendo, não há como tornar obrigatória essa exigência, sobretudo porque o propósito da restrição objetivada é norma garantidora de direito fundamental, qual seja, o livre exercício profissional. Precedente citado: REsp 1.277.643-PR, Segunda Turma, DJe 27/2/2012. REsp 1.288.991-PR, Rel. Min. Napoleão Nunes Maia Filho, julgado em 14/6/2016, DJe 1/7/2016.

11.2. Informativos dos STF

- Informativo n. 814

O Plenário iniciou julgamento de recurso extraordinário em que se discute a constitucionalidade — frente ao parâmetro do sigilo bancário — do acesso aos dados bancários por parte de autoridades e agentes fiscais tributários da União, dos Estados, do Distrito Federal e dos Municípios, sem autorização judicial, nos termos dispostos pela LC 105/2001 ("Art. 6º. As autoridades e os agentes fiscais tributários da União, dos Estados, do Distrito Federal e dos Municípios somente poderão examinar documentos, livros e registros de instituições financeiras, inclusive os referentes a contas de depósitos e aplicações financeiras, quando houver processo administrativo instaurado ou procedimento fiscal em curso e tais exames sejam considerados indispensáveis pela autoridade administrativa competente. Parágrafo único. O resultado dos exames, as informações e os documentos a que se refere este artigo serão conservados em sigilo, observada a legislação tributária"). Debate-se, ainda, se estaria coerente com a outorga constitucional, a Lei 10.174/2001 que, ao trazer nova redação do art. 11 da Lei 9.311/1996 (que instituiu a CPFM) permitiu que a Secretaria da Receita Federal, de posse das informações sobre a movimentação financeira de titulares de contas bancárias as utilizasse para a averiguação de divergências e, em face delas, instaurasse procedimento administrativo tendente à verificação da existência de crédito tributário relativo a impostos e contribuições, e o lançamento de crédito porventura existente. Pretende-se, assim, analisar se haveria afronta ao princípio da irretroatividade das leis, quando esses mecanismos são empregados para a apuração de créditos relativos a tributos distintos da CPMF, cujos fatos geradores tenham ocorrido em período anterior à vigência deste diploma legislativo. Na espécie, Tribunal Regional Federal (recorrido) julgara legítima a ação administrativa, ausente o direito líquido e certo do contribuinte de ser dispensado, por ordem judicial, de exibir os documentos necessários para apurar créditos tributários. **RE 601314/SP, rel. Min. Edson Fachin, 17 e 18.2.2016. (RE-601314)**

- Informativo n. 838

Com base no princípio da segurança jurídica, a Primeira Turma, em conclusão de julgamento e por maioria, denegou mandado de segurança impetrado contra ato do Conselho Nacional de Justiça (CNJ) que invalidara critério estabelecido por comissão de concurso para aferir pontos de títulos de especialização em certame voltado à outorga de delegações de notas e registros. Diversos candidatos teriam apresentado diplomas de pós-graduação, na modalidade especialização, que teriam sido inicialmente admitidos pela comissão do concurso. Diante da existência de suspeitas quanto à regularidade de muitas das titulações, a comissão interpretou o edital e a Resolução 81/2009/CNJ de modo a impedir que títulos inidôneos servissem à classificação, sem que antes fossem submetidos a avaliação da validade. Esse fato levou vários candidatos beneficiados pela contabilização de títulos a ingressarem com procedimentos de controle administrativo no CNJ para que fosse declarada a nulidade do ato da comissão, com a consequente divulgação do resultado definitivo do certame. Com o acolhimento parcial dos pedidos formulados, o CNJ afastou a orientação da comissão (v. Informativos 808 e 813). A Turma afirmou que o edital de concurso público — enquanto estatuto de regência do certame — constituiria a lei interna dele. Os destinatários, portanto, estariam estritamente vinculados às suas cláusulas, desde que mantida a relação de harmonia, no plano hierárquico-normativo, com o texto da Constituição e com as leis da República. Além disso, nenhum ato de comissão de concurso poderia introduzir, no âmbito das relações de direito administrativo entre o Poder Público e os candidatos inscritos no certame, um fator de instabilidade e de incerteza, apto a frustrar, de maneira indevida, legítimas aspirações dos referidos candidatos. Assim, não seria possível a aplicação retroativa de regra de limitação de títulos de pós-graduação, sob pena de afronta à segurança jurídica. A criação de critério "ad hoc" de contagem de títulos de pós-graduação, depois da abertura da fase de títulos, implicaria violação ao referido postulado normativo. As regras dispostas previamente no edital estariam de acordo com a Resolução 81/2009/CNJ, e não previam qualquer limitação para a contagem de títulos de especialização. Tampouco dispunham sobre formas de evitar a sobreposição e acumulação de certificados. Segundo consignado, esse novo critério também ofenderia o princípio da impessoalidade, pois permitiria o favorecimento de alguns candidatos em detrimento de outros. Além disso, a solução de aferir cada um dos títulos apresentados, para evitar abusos, teria como consequência a perpetuidade do processo seletivo. Por sua vez, aplicar a Resolução 187/2014/CNJ ao certame, com o fim de criar um limite para a contagem de títulos de pós-graduação, encontraria dois óbices: a) o CNJ determinara, com fundamento na segurança jurídica, que as modificações efetuadas por esse ato normativo não deveriam ser aplicadas aos processos seletivos em andamento; b) a jurisprudência do STF tem validado as decisões do CNJ que impedem a aplicação retroativa dos critérios dessa Resolução aos concursos de serventias extrajudiciais ainda não concluídos. Vencidos os ministros Marco Aurélio (relator) e Edson Fachin, que concediam a ordem em parte. Permitiam, no âmbito do controle de legalidade, ante as condições específicas dos candidatos e das instituições de ensino, a desconsideração de certificados emitidos em contrariedade ao disposto na legislação educacional ou em situações de superposições e acúmulos desarrazoados, fraudulentos ou abusivos. **MS 33.406/DF, rel. orig. min. Marco Aurélio, rel. p/ o acórdão min. Roberto Barroso, julgamento em 6-9-2016.**

12. QUESTÕES DE CONCURSOS

1. (CESPE - 2014 - TJ-SE - Titular de Serviços de Notas e de Registros – Provimento) Com relação à descentralização e à administração indireta, assinale a opção correta.

a) A descentralização por colaboração ocorre quando se transfere a execução de um serviço público a pessoa jurídica de direito privado já existente, conservando o poder público a titularidade desse serviço.

b) Os consórcios públicos são considerados entidades da administração indireta, dotados de personalidade jurídica de direito público, integrantes de todos os entes da Federação consorciados.

c) As empresas públicas exploradoras de atividade econômica sujeitam-se ao regime jurídico próprio das empresas privadas, com exceção do que for concernente às obrigações comerciais.

d) As autarquias são entidades integrantes da administração indireta não sujeitas à tutela, tendo em vista a sua capacidade de autoadministração.

e) A descentralização pressupõe a existência de, pelo menos, dois órgãos ou pessoas jurídicas entre os quais se repartem as competências.

2. (CESPE - 2014 - TJ-SE - Técnico Judiciário - Área Judiciária) Com relação à organização administrativa e à administração direta e indireta, julgue os seguintes itens.

Pode ser qualificada como agência executiva a autarquia que tenha plano estratégico de reestruturação e de desenvolvimento institucional em andamento e que celebre contrato de gestão com órgão do governo federal.

3. (FCC - 2014 - TCE-RS - Auditor Público Externo - Engenharia Civil - Conhecimentos Básicos) A Administração indireta pode ser estruturada por meio da

a) instituição de pessoas jurídicas de diversas naturezas, que não guardam vínculo hierárquico com a Administração direta.

b) instituição de pessoas jurídicas com personalidade jurídica própria, vinculadas hierarquicamente à Administração centralizada.

c) instituição de pessoas jurídicas com personalidade jurídica própria, todas criadas por meio de lei.

d) criação de órgãos integrantes de sua estrutura, vinculadas hierarquicamente à Administração centralizada.

e) criação de órgãos distintos da Administração direta, vinculados hierarquicamente à Administração central.

4. (TRT 23R MT - 2014 - TRT - 23ª REGIÃO MT - Juiz Substituto) Sobre as empresas públicas e sociedades de economia mista, assinale a alternativa INCORRETA:

a) Empresa pública é pessoa jurídica criada por autorização legal como instrumento de ação do Estado, detendo personalidade jurídica de Direito Privado, cujo capital é formado exclusivamente por recursos de pessoas de Direito Público interno ou de pessoas de suas Administrações indiretas, com predominância acionária na Administração direta;

b) Sociedade de economia mista é pessoa jurídica criada por autorização legal, com personalidade de Direito Privado, cujas ações com direito a voto pertencem em sua maioria à administração direta ou indireta, com remanescente acionário de propriedade particular;

c) As Sociedades de economia mista podem adotar qualquer forma societária admitida em Direito ao passo que as empresas públicas terão obrigatoriamente a forma de sociedade anônima;

d) Há dois tipos fundamentais de empresas públicas e sociedades de economia mista: as exploradoras de atividade econômica e aquelas prestadoras de serviços públicos ou coordenadoras de obras públicas;

e) Quanto ao regime jurídico das empresas estatais (empresas públicas e sociedades de economia mista), o controle sobre elas é feito pelo Ministro a cuja Pasta estejam vinculadas, cabendo a ele, diretamente ou por meio de órgãos superiores do Ministério, orientá-las, coordená-las e controlá-las.

5. (VUNESP - 2014 - DESENVOLVESP – Advogado) As agências reguladoras têm natureza jurídica de

a) empresa pública com estruturação orgânica e funcional em nível constitucional.

b) modelo descentralizado, regulatório, vinculado a uma empresa pública especialmente criada para esse fim.

c) órgão federal, integradas por entidades dotadas de características não uniformes, variáveis dentro de determinados limites.

d) órgão integrante de administração direta, configurando-se em regime de autonomia econômico-financeira, por meio de receitas próprias.

e) pessoas jurídicas de direito público, classificadas como autarquias especiais, condição essencial para que desempenhem efetivamente seu papel.

6. **(FCC - 2014 - MPE-PA - Promotor de Justiça)** A doutrina e a jurisprudência nacional reconhecem a existência de dois tipos de fundação governamental: as de direito público e as de direito privado. NÃO faz parte dos traços comuns dessas duas espécies

a) a inexigibilidade de inscrição de seus atos constitutivos no Registro Civil das Pessoas Jurídicas.
b) a imunidade tributária no que se refere ao patrimônio, à renda e aos serviços, vinculados a suas finalidades essenciais ou às delas decorrentes.
c) a vedação de acumulação de cargos e empregos públicos.
d) a submissão às normas gerais de licitação estabelecidas por lei federal.
e) o controle pelos Tribunais de Contas.

7. **(Vunesp - PGM – São Paulo - SP/2015)** A respeito das autarquias especiais, assinale a alternativa correta.

a) Suas decisões não são passíveis de apreciação por outros órgãos ou entidades da Administração Pública.
b) As autarquias especiais corporativas, como os conselhos de fiscalização profissional, não necessitam contratar mediante concurso público.
c) Integram a Administração indireta e se submetem a um regime jurídico único e uniforme.
d) São classificadas de acordo com a natureza de suas competências, podendo desempenhar atribuições além das conferidas por lei.
e) As universidades públicas devem prestar contas à Administração Pública à qual está vinculada sobre o destino de seus recursos orçamentários.

8. **(FCC – Juiz de Direito – PE/2015)** A empresa Eletropubli S/A é uma sociedade de economia mista controlada pelo Estado X, criada no ano de 2000, com a finalidade de atuar na área de geração de energia hidrelétrica. Baseado nessas informações, é correto afirmar que se trata de

a) órgão estatal, que atua por meio de desconcentração, não havendo delegação no caso em tela.
b) pessoa jurídica de direito público, havendo no caso descentralização por delegação da União, titular do serviço em questão.
c) pessoa jurídica de direito privado, havendo no caso descentralização por meio de delegação da União, titular do serviço em questão.
d) pessoa jurídica de direito público, havendo no caso descentralização por outorga legal dada pelo Estado- membro, titular do serviço em questão.
e) pessoa jurídica de direito privado, havendo no caso descentralização por outorga legal dada pelo Estado- membro, titular do serviço em questão.

9. **(FCC – Analista Judiciário – Oficial de Justiça Avaliador - TRT 4/2015)** A organização administrativa pode ser implementada por meio de descentralização e desconcentração. Nos dizeres de Maria Sylvia Zanella di Pietro, quando o Poder Público (União, Estados ou Municípios) cria uma pessoa jurídica de direito público ou privado e a ela atribui a titularidade e a execução de determinado serviço público, significa que adotou a forma de:

a) descentralização administrativa política, na medida em que outro ente público passa a exercer as atribuições constitucionalmente atreladas a um ente federado, abrangendo competências legislativas, o que é comumente implementado pela criação de autarquias.
b) descentralização administrativa territorial, na medida em que a pessoa jurídica criada exerce suas competências em determinado perímetro geográfico, com ampla autonomia e capacidade legislativa, sendo prescindível a análise material das atividades para fins de identificação na estrutura de organização administrativa.
c) desconcentração administrativa, pois permite desatrelar do poder central determinadas competências e transferi-las a outras pessoas jurídicas com personalidade jurídica própria e autonomia gerencial, com finalidade de execução dos serviços públicos cuja titularidade e/ou execução lhe foram transferidas por lei.
d) desconcentração funcional, cujo critério de identificação e repartição é a natureza dos serviços transferidos a pessoa jurídica criada para essa finalidade, que pode ser tanto uma autarquia, quanto uma empresa estatal.
e) descentralização administrativa funcional, uma vez que a pessoa jurídica é criada para a finalidade correspondente à execução de determinada atividade material, sendo que no caso das autarquias, também pode abranger a transferência da titularidade de serviço público.

10. **(FCC – Analista Judiciário – Área Judiciária - TRT 4/2015)** A propósito dos entes que integram a Administração Indireta, considere as afirmativas abaixo.

I. As autarquias são dotadas de personalidade jurídica de direito público, possuem capacidade de autoadministração e se distinguem das pessoas políticas no que concerne à competência legislativa, pois não a detêm, o que não impede, todavia, que lhes seja transferida a titularidade e a execução de serviços públicos.

II. As empresas estatais podem, na forma que seus Estatutos Sociais determinarem, exercer atividade econômica de natureza privada ou prestar serviço público, o que, contudo, não impacta sua natureza jurídica de direito privado e, assim, permite a contratação de obras e aquisições sem se submeter ao regime de licitações.

III. Tanto as autarquias, quanto as empresas públicas são pessoas jurídicas de direito público criadas por lei, permitido às segundas um certo grau de flexibilização no regime jurídico a que estão submetidas, com derrogação por normas de direito privado, tais como possibilidade de contratação de servidores público sem submissão a concurso público.

Está correto o que se afirma APENAS em

a) I e II.
b) I.
c) II.
d) II e III.
e) III.

11. **(FCC – Analista Judiciário – Área Administrativa - TRT 4/2015)** Considere que uma sociedade de economia mista controlada pela União, que atua na área de processamento de dados, pretenda oferecer seus serviços ao mercado privado, com vistas a ampliar suas receitas para além dos recursos obtidos com a prestação dos serviços à Administração pública. Referida entidade

a) dado o regime de direito público a que se submete, está imune à tributação sobre a prestação dos serviços aos privados.
b) sujeita-se ao regime jurídico próprio das empresas privadas inclusive no que diz respeito às obrigações tributárias.
c) passará a caracterizar-se como uma empresa com fins lucrativos, perdendo a imunidade tributária.
d) perde a prerrogativa de ser contratada pela Administração com dispensa de licitação, caso a atuação caracterize regime de competição no mercado.
e) passará do regime de direito público ao de direito privado, mantida, contudo, a obrigatoriedade de observância dos princípios aplicáveis à Administração pública.

12. **(FCC – Técnico Judiciário – Área Administrativa - TRT 3/2015)** O Estado de Minas Gerais, assim como os demais Estados-Membros e também os Municípios, detêm competência legislativa própria que não decorre da União Federal, nem a ela se subordina, mas encontra seu fundamento na própria Constituição Federal. Trata-se da denominada

a) descentralização funcional.
b) descentralização administrativa.
c) desconcentração.
d) descentralização política.
e) descentralização por colaboração.

13. **(PUC – Procurador do Estado – PR/2015)** A propósito dos órgãos e entidades da Administração Pública brasileira, assinale a alternativa CORRETA.

a) As agências reguladoras são as autarquias federais autorizadas por lei e instituídas pelo Poder Executivo, com o escopo de disciplinar setores estratégicos da economia nacional que detêm independência administrativa e patrimônio próprio
b) As agências executivas são autarquias ou fundações assim qualificadas por ato do Presidente da República, desde que possuam um plano estratégico de reestruturação e desenvolvimento institucional em desenvolvimento e tenham celebrado contrato de gestão com o respectivo Ministério supervisor
c) As fundações públicas são entidades dotadas de personalidade jurídica de direito privado, criadas por lei e instituídas pelo Poder Executivo, que manejam prerrogativas de direito público com independência administrativa e patrimônio próprio.
d) Os consórcios públicos são pessoas jurídicas de direito privado, autorizadas por lei federal e instituídas pelo Poder Executivo, formadas a partir da conjugação de duas ou mais pessoas políticas para a gestão associada de atividades estatais.
e) As agências reguladoras podem figurar como Poder Concedente em contratos de concessão de serviço público e de parceria público-privada, nos termos do respectivo plano estratégico e contrato de gestão firmado com o Ministério supervisor.

14. (Fundatec – Procurador do Estado – RS/2015) Assinale a alternativa INCORRETA.

a) As empresas públicas e sociedades de economia mista são criadas pelo registro de seus atos constitutivos na Junta Comercial, desde que haja autorização dada em lei específica.

b) A criação de subsidiárias de empresas estatais depende de autorização legislativa específica, a cada nova pessoa jurídica a ser criada.

c) As empresas públicas podem ser sociedades unipessoais, pertencendo seu capital social a uma única pessoa jurídica de direito público.

d) As sociedades de economia mista são sempre sociedades anônimas, sujeitas a normas legais especiais.

e) As empresas públicas e as sociedades de economia mista não estão sujeitas à lei de falências e recuperação judicial.

15. (CEFET – Promotor de Justiça – BA/2015) Leia atentamente as assertivas abaixo sobre as agências reguladoras e executivas, e assinale apenas a alternativa CORRETA:

a) Os dirigentes das agências reguladoras são demissíveis ad nutum pela autoridade máxima do ente da Administração Pública Direta que as instituiu.

b) As agências reguladoras têm personalidade jurídica própria em decorrência do fenômeno da "desconcentração" dos órgãos da estrutura da União, dos Estados, do Distrito Federal e dos Municípios.

c) No Brasil, as agências reguladoras surgiram no contexto do Plano Nacional de Desestatização.

d) Podem ser qualificadas como agências executivas as associações civis que celebrem contrato de gestão com o Ministério supervisor.

e) No exercício da atividade regulatória, todas as agências reguladoras limitam-se a exigir dos agentes econômicos a estrita observância das leis aprovadas pelo Poder Legislativo.

16. (Cespe – Delegado de Polícia – PE/2016) Considerando os princípios e fundamentos teóricos do direito administrativo, assinale a opção correta.

A) As empresas públicas e as sociedades de economia mista, se constituídas como pessoa jurídica de direito privado, não integram a administração indireta.

B) Desconcentração é a distribuição de competências de uma pessoa física ou jurídica para outra, ao passo que descentralização é a distribuição de competências dentro de uma mesma pessoa jurídica, em razão da sua organização hierárquica.

C) Em decorrência do princípio da legalidade, é lícito que o poder público faça tudo o que não estiver expressamente proibido pela lei.

D) A administração pública, em sentido estrito e subjetivo, compreende as pessoas jurídicas, os órgãos e os agentes públicos que exerçam função administrativa.

E) No Brasil, por não existir o modelo da dualidade de jurisdição do sistema francês, o ingresso de ação judicial no Poder Judiciário para questionar ato do poder público é condicionado ao prévio exaurimento da instância administrativa.

17. (Cespe – Juiz de Direito Substituto - AM/2016) No que se refere às sociedades de economia mista e às empresas públicas, assinale a opção correta.

A) A pessoa federativa a que estejam vinculadas as sociedades de economia mista possui responsabilidade solidária quanto aos atos ilícitos praticados por agentes dessas sociedades.

B) A composição do capital das sociedades de economia mista é o resultado da conjugação de recursos públicos e privados, sendo os recursos privados inadmitidos na composição do capital das empresas públicas.

C) As empresas públicas assumem obrigatoriamente a forma de sociedades anônimas, enquanto as sociedades de economia mista podem-se revestir de qualquer das formas admitidas em direito.

D) O protesto apresentado por empresa pública federal em execução que tramite na justiça estadual desloca a competência para a justiça federal.

E) A legislação relativa ao regime falimentar não se aplica às empresas públicas e às sociedades de economia mista, assim como os regimes de execução e penhora.

18. (Funcab – Escrivão de Polícia – PC – PA/2016) "Por mais impopular que seja uma decisão, embasada por estudo técnico dos seus servidores, os dirigentes não poderão ser exonerados à vontade do chefe do executivo (PINHEIRO MADEIRA, José Maria. Administração Pública, Freitas Bastos, 12ª Ed., 2014, p. 929).

Em relação às entidades que integram a Administração Pública Indireta, nessa citação acima, é correto afirmar que há referência à (ao):

A) órgão autônomo.

B) empresa pública.

C) sociedade de economia mista.
D) fundação.
E) agência reguladora.

19. (Cespe – Escrivão de Polícia – PC – PE/2016) Com referência à administração pública direta e indireta, assinale a opção correta.

A) Os serviços sociais autônomos, por possuírem personalidade jurídica de direito público, são mantidos por dotações orçamentárias ou por contribuições parafiscais.
B) A fundação pública não tem capacidade de autoadministração.
C) Como pessoa jurídica de direito público, a autarquia realiza atividades típicas da administração pública.
D) A sociedade de economia mista tem personalidade jurídica de direito público e destina-se à exploração de atividade econômica.
E) A empresa pública tem personalidade jurídica de direito privado e controle acionário majoritário da União ou outra entidade da administração indireta.

GABARITO		COMENTÁRIO
1	A	A alternativa está correta visto que na descentralização por colaboração, ou delegação, a execução do serviço público é transferida a particulares ou entes da Administração Indireta regidos pelo direito privado, permanecendo com o Estado a titularidade do serviço.
2	CERTO	São consideradas agências executivas as autarquias ou fundações públicas que, por iniciativa da Administração Direta, recebam o *status* de agência e, devido ao seu estado de ineficiência, celebram contratos de gestão com o Ministério supervisor, adquirindo vantagens especiais com o comprometimento a um plano de reestruturação definido no próprio contrato de gestão para se tornarem mais eficientes.
3	A	A Administração Pública Indireta decorre da descentralização dos serviços públicos e consiste na instituição, pelo Estado, mediante lei, de uma pessoa jurídica de direito publico ou privado, à qual será atribuída a titularidade e execução de serviços, conforme a natureza jurídica disposta na legislação. A descentralização se baseia em uma distribuição de competências entre entidades diferentes, não havendo, assim, manifestação do poder hierárquico, o qual só se evidencia entre órgãos e agentes de uma mesma pessoa jurídica.
4	C	A assertiva está incorreta tendo em vista que são as sociedades de economia mista que deverão obrigatoriamente ser constituídas pela forma de sociedade anônima, enquanto que as empresas públicas podem ter qualquer forma societária admitida em direito, inclusive a forma de sociedade unipessoal.
5	E	As agências reguladoras são uma espécie de autarquia e, portanto, pessoas jurídicas de direito público, regidas por uma regime especial decorrente da maior independência e autonomia que essas entidades gozam em relação aos entes da Administração Direta, executando suas atividades com maior liberdade de atuação. Exercem a função de controlar e fiscalizar as atividades de interesse coletivo realizadas por particulares ou entes da Administração Pública Indireta.
6	A	De acordo com o inciso XIX do art. 37 da Constituição, a criação das fundações públicas de direito privado ocorre através de autorização legal específica, e o art. 5°, § 3º, do Decreto-Lei 200/67, determina que a personalidade dessas fundações é adquirida com a inscrição da escritura pública de sua constituição no Registro Civil de Pessoas Jurídicas. Já as fundações públicas de direito público, assim como as autarquias, são criadas por lei específica, não dependendo de registro para que sejam instituídas.
7	A	As autarquias especiais possuem regime legal diferenciado e gozam de mais liberdade em face dos entes da Administração Direta, por isso, suas decisões não são passíveis de apreciação por outros órgãos ou entidades da Administração Pública.
8	C	Esta questão apresenta uma pessoa jurídica de direito privado, sendo a descentralização realizada mediante delegação, pois, no caso apresentado, não houve a transferência da titularidade do serviço, mas apenas a sua execução, permanecendo a União como titular do serviço em questão.
9	E	A assertiva correta estabelece a descentralização administrativa funcional, por serviço ou por outorga. Neste tipo de descentralização verifica-se a transferência da titularidade do serviço, além da execução das atividades por conta e risco da entidade criada, sem, contudo, excluir o controle dos entes federados.

GABARITO		COMENTÁRIO
10	B	Item I – CORRETO. As autarquias são pessoas jurídicas de direito público, possuem liberdade para agirem nos limites administrativos da lei específica que as criou, contudo, sem competência legislativa. Item II – ERRADO. As empresas estatais possuem personalidade de direito privado, todavia, submetem-se, em diversas situações, às regras e aos princípios de direito público, derrogadores deste regime privado. Assim, por expressa previsão legislativa, às empresas estatais serão aplicadas as normas gerais referentes a licitações e contratos (art. 1º, da Lei 8.666/93). Item III – ERRADO. Na verdade, a empresa estatal é uma pessoa jurídica com personalidade de direito privado, criada por força de autorização legal. Além disso, os agentes que atuam na prestação de serviços, na estrutura das empresas estatais, devem ter sido previamente aprovados em concurso público de provas ou de provas e títulos, consoante disposto no art. 37, II, da Constituição Federal.
11	B	No que tange as empresas públicas e sociedades de economia mista, que atuem na exploração de atividade econômica, o regime tributário é o mesmo definido para as empresas privadas, submetendo-se a todos os impostos e demais tributos aplicáveis às empresas privadas que executam atividades no mesmo ramo (art. 173,§2º, da Constituição Federal).
12	D	Neste caso, a questão se refere à descentralização política, a qual se caracteriza pelo fato da pessoa descentralizada possuir autonomia para execução de suas atividades, com a possibilidade de elaboração das próprias leis. Além disso, possuem uma legitimidade que decorre da própria Constituição Federal. É a descentralização feita pela Constituição, ao definir a competência entre os entes federados.
13	B	As agências executivas são autarquias ou fundações públicas que, por iniciativa da Administração Direta, recebem *status* de agência, por estarem sempre ineficientes. Ademais, cumpridos os requisitos legais, a qualificação como agências executivas será feita em ato do Presidente da República. A Lei 9.649/98 prevê dois requisitos para a devida criação das agências reguladoras, quais sejam: a existência de um plano estratégico de reestruturação e de desenvolvimento institucional em andamento e ter celebrado o contrato de gestão com o respectivo Ministério supervisor.
14	B	A criação e extinção das empresas subsidiárias às empresas estatais depende de lei específica que as autorize. Desta forma, as empresas estatais não podem criar subsidiárias sem permissão legal expressa.
15	C	A criação das agências reguladoras se deu com o Programa Nacional de Desestatização. Nesta ocasião, com o objetivo de reduzir o déficit público, passou-se à iniciativa privada atividades que eram dispendiosas para o Estado, transferindo a prestação de serviços a entidades privadas, com a intenção de reduzir gastos e buscar uma maior eficiência na execução destas atividades.
16	D	A expressão Administração Pública pode ser considerada em sentido subjetivo ou orgânico, quando então será utilizada para conceituar o conjunto estrutural de órgãos e entidades voltados à execução das atividades públicas. Por outro lado, a Administração Pública é analisada em sentido material ou objetivo quando se refere à função de administrar exercida pelo ente público na busca do interesse da coletividade.
17	B	Celso Antônio Bandeira de Mello dispõe, nesse sentido que *"enquanto o capital das empresas públicas é constituído por recursos exclusivamente provenientes de pessoas de Direito Público ou de entidades de suas administrações indiretas, nas sociedades de economia mista, há conjugação de recursos particulares com recursos provenientes de pessoas de direito público ou de entidades de suas administrações indiretas, com prevalência acionária votante da esfera governamental"*. MELLO, Celso Antônio Bandeira de; Curso de Direito Administrativo. Ed. Malheiros, 23 ed.
18	E	Os dirigentes das agências reguladoras possuem uma investidura especial. São nomeados pelo Presidente da República, após aprovação prévia pelo Senado Federal (art. 52, III, "f", CRFB), para cumprir um mandato certo, ao contrário das demais autarquias em que os dirigentes são comissionados e, portanto, exoneráveis *ad nutum*. A garantia de cumprimento de mandato certo significa que o dirigente não será exonerado livremente, por vontade do órgão de controle. Isso faz com que a agência tenha mais liberdade de atuação e esteja menos dependente dos entes da Administração Direta.
19	C	As autarquias serão criadas por lei. Elas são pessoas jurídicas de direito público que desenvolvem atividade típica de Estado, com liberdade para agirem nos limites administrativos da lei específica que as criou. Assim como os demais entes da Administração Indireta, não estão hierarquicamente subordinadas aos entes federativos, mas se sujeitam a controle finalístico exercido pelos entes da Administração Direta responsável pela sua criação.

CAPÍTULO 5

ATOS ADMINISTRATIVOS

1. ATOS JURÍDICOS

Inicialmente, é importante salientar que todo e qualquer acontecimento, seja ele decorrente de condutas humanas ou uma simples sucessão de eventos alheios à atuação de pessoas, é conceituado como fato.

Em determinadas situações, estes fatos interferem nas relações travadas entre pessoas e, por isso, precisam de regulamentação por meio de normas jurídicas, passando, dessa forma, a serem conceituados como fatos jurídicos.

Nesse sentido, estabelece Luiz Guilherme Loureiro[1], ao tratar da matéria, que:

> "Fatos jurídicos são os acontecimentos em virtude dos quais as relações de direito nascem e se extinguem. Todos os acontecimentos suscetíveis de produção, aquisição, alienação, modificação ou extinção de direitos são caracterizados como fatos jurídicos. Segundo a doutrina tradicional, tais acontecimentos tanto podem ser provenientes da atividade humana como podem decorrer da natureza".

Os fatos jurídicos, por sua vez, podem ser divididos em "fatos da natureza" que são os chamados fatos jurídicos *strictu sensu* e "fatos de pessoas", também designados como atos

1. LOUREIRO,Luís Guilherme –Curso Completo de Direito Civil. São Paulo: Editora Método, 2ª ed., 2008

jurídicos, podendo ser conceituado este último como o ato humano que manifesta vontade, de forma a interferir no direito.

O nascimento e a morte são exemplos de fatos do mundo que, se atingirem a esfera jurídica, serão chamados de fatos jurídicos, em sentido restrito, já que não decorrem da manifestação de vontade do agente. Igualmente, na hipótese de um professor ministrar uma aula, por ser mero comportamento, sem manifestação de vontade, ou seja, ato de mera execução de atividade.

Em sucinta síntese, os fatos jurídicos, em sentido restrito, são fatos da natureza que ensejam consequências nas relações travadas entre pessoas, enquanto os atos jurídicos se configuram manifestação de vontade humana com a aptidão para produzir efeitos na ordem jurídica, dependendo, portanto, de regulamentação por normas de conduta.

No dizer de Marçal Justen Filho[2]:

> "Fato jurídico em sentido restrito é o evento apto a produzir efeitos jurídicos cuja concretização independe da vontade de um sujeito determinado. Por exemplo, um terremoto, uma greve, um evento praticado por animal. (...). Ato jurídico é o evento apto a produzir efeitos jurídicos que decorre da vontade, tal como, por exemplo, o casamento e o contrato"

Por seu turno, os atos jurídicos – decorrentes da vontade humana para a produção de efeitos – podem ser lícitos, se praticados em conformidade com os padrões legais estipulados, ou ilícitos, caso tenham sido conduzido fora dos limites da lei.

Portanto, esquematizando para melhor compreensão do tema:

- **FATO** – ACONTECIMENTO
- **ATO** – MANIFESTAÇÃO DE VONTADE.

Caso a atuação humana, voltada para a produção de efeitos jurídicos, interfira na estrutura do Direito Administrativo, então, está-se diante de um ato administrativo, regulamentado por normas de Direito Público.

Sendo assim, pode-se verificar que o ato administrativo, a ser analisado ao longo deste capítulo, se configura um ato jurídico, regulamentado por disposições do direito publicístico, dadas as peculiaridades que lhes são impostas pela supremacia do interesse público, conjugada com a indisponibilidade destes interesses.

Nesse sentido, de antemão, é importante salientar que não se pode conceituar o ato administrativo como toda e qualquer atuação da Administração Pública, ainda que orientada na busca do interesse coletivo, sendo necessária a diferenciação entre os atos praticados pelo ente estatal e os atos administrativos.

2. ATOS ADMINISTRATIVOS X ATOS DA ADMINISTRAÇÃO

Aferida a acepção de ato administrativo, faz-se necessário diferenciá-lo dos demais atos da Administração.

2. JUSTEN FILHO, Marçal – Curso de Direito Administrativo.São Paulo, Editora Forum,7ª ed.2009

Isso porque, nem todo ato praticado pela Administração Pública é ato administrativo. Algumas vezes ela atua na esfera privada ou praticando atos, no exercício da função política, ou ainda, exercendo atividades meramente materiais, que não traduzem manifestação de vontade. Todo ato administrativo tem que manifestar vontade. Os atos da Administração Pública são vários e dentre eles está o ato administrativo. Ela pratica atos regidos pelo direito público e pelo direito privado, sem se valer de prerrogativas estatais.

Dessa forma, pode-se dizer que a expressão ato da Administração é mais amplo do que a noção de ato administrativo, uma vez que este é espécie daquele. Nesse sentido, podem ser divididos os atos emanados da atuação estatal em quatro espécies, a saber:

- **Os atos políticos ou de governo** – quando há o exercício da função política e podem exercê-la os membros do Legislativo, do Judiciário, do Executivo. Na prática, não podem, sequer, ser considerados atos da Administração, porque são exercidos pelo Estado no exercício da função política.

No entender de José dos Santos Carvalho Filho[3], *"Esses atos não são propriamente administrativos, mas atos de governo. Seu fundamento se encontra na Constituição, e por tal motivo não têm parâmetros prévios de controle. Por outro lado, são esses os atos que permitem a condução das políticas, das diretrizes e das estratégias do Governo. Ausentes quaisquer standards predeterminados para limitá-los, os atos políticos comportam maior discricionariedade para os governantes, facultando-lhes a todo o tempo um leque aberto de possibilidades de ação, sendo todas legítimas. Como exemplo desses atos, temos o ato de indulto, da competência do Presidente da República (art. 84, XII, CF); o ato de permissão da mesma autoridade, para que forças estrangeiras transitem pelo território nacional (art. 84, XXII, CF). Em relação ao Congresso Nacional, exemplificamos com o ato pelo qual é concedida autorização ao Presidente da República para se ausentar do país (art. 49, III, CF). Todos esses são considerados atos políticos, porque seus motivos residem na esfera exclusiva da autoridade competente para praticá-los".*

São, assim, atos praticados no exercício da função política, nos quais o poder público goza de uma margem ampla de discricionariedade, sendo admitido o controle jurisdicional somente quando houver prejuízo específico à esfera individual de particulares. Podem ser citados como exemplos de atos políticos, a anistia presidencial, o veto de lei ou a declaração de guerra.

- Os **atos privados** – são os atos da Administração Pública regidos pelo direito privado, ou seja, atos nos quais a administração pública atua sem prerrogativas, em igualdade de condições com o particular. Podem ser postos, a título de exemplo, a exploração de atividade econômica por empresas públicas e sociedades de economia mista, os atos de doação sem encargos legais, entre outros.

- Os **atos materiais** – também chamados de fatos administrativos, já que não manifestam a vontade do Estado. São atos de mera execução de atividade. Por exemplo, o ato que determina a demolição de um prédio é ato administrativo, mas a demolição em si é mero ato material, fato administrativo, podendo, inclusive, ser executado por qualquer particular contratado pelo poder público.

3. CARVALHO FILHO, José dos Santos – Manual de Direito Administrativo.Rio de Janeiro, Editora Lumen Juris, 23ª ed,2012

No entendimento de Maria Sylvia Zanella di Pietro[4] *"os atos materiais da Administração, que não contêm manifestação de vontade, mas que envolvem apenas execução, como a demolição de uma casa, apreensão de mercadoria, a realização de um serviço."*

- Os **atos administrativos** – serão tratados especificamente a seguir. São atos por meio dos quais a Administração Pública atua, no exercício da função administrativa, sob o regime de direito público e ensejando manifestação de vontade do Estado ou de quem lhe faça as vezes.

Ressalte-se que os atos administrativos podem ser praticados ou não pela Administração Pública, haja vista que se admite a prática destes atos por concessionárias de serviços públicos, na execução de suas atividades delegadas.

Dessa forma, pode-se verificar que nem todos os atos administrativos se configuram atos da Administração Pública, em virtude da possibilidade de prática destes atos, com todas as prerrogativas de direito público, por meio de entidades privadas, que não integram a estrutura estatal, nem como entes da Administração Indireta.

Alguns doutrinadores alegam que os atos praticados pelo Poder Legislativo e Judiciário, no exercício da função administrativa, que exercem atipicamente, seria exemplo de ato administrativo, sem que se configurasse ato da Administração, por não estar sendo praticado pelo Poder Executivo.

Esse entendimento não pode prosperar, uma vez que, consoante analisado no Capítulo 1 desta obra, ao definir o objeto de estudo deste trabalho, o conceito de Administração Pública não abarca somente o Poder Executivo, mas abrange, ainda, os demais Poderes Estatais, quando atuam no exercício da função administrativa de forma atípica.

Enfim, é possível a prática de atos administrativos pelos entes da Administração Pública ou por entidades privadas que atuam por delegação do Estado.

3. ATO ADMINISTRATIVO

3.1. Conceito

Inicialmente, cumpre relembrar que os atos administrativos são atos jurídicos, antes de tudo, ou seja, são decorrência da manifestação de vontade humana, que repercute na esfera jurídica dos cidadãos, não se podendo confundir com fatos da natureza ou demais acontecimentos alheios à atuação de pessoas. A qualificação como ato administrativo decorre do fato de que sua repercussão jurídica produz efeitos a uma determinada sociedade, exigindo, dessa forma, a regulação pelo direito público.

Deve-se, ainda, salientar que, para sua caracterização, o ato administrativo deve ser emanado por um agente público[5], ou seja, por alguém que esteja investido de *munus* público, podendo atuar em nome da Administração.

4. DI PIETRO,Maria Sylvia Zanella – Direito Administrativo.São Paulo,Editora Atlas,21ª ed. 2008
5. Neste contexto, agente público deve ser considerado de forma ampla, não se confundindo com a expressão servidor público. O art. 2º, da lei 8.429/92, que estabelece a conceituação de agente público para fins de improbidade

Ademais este particular deve estar praticando um ato que manifesta a vontade estatal diante de determinada situação, não sendo somente a execução de ordens ou atuação material. Por fim, o ato deve ser praticado com a finalidade de atingir uma finalidade pública e sob um regime público em que se definem prerrogativas, inerentes à supremacia do interesse público sobre o interesse privado e limitações, em decorrência da indisponibilidade do interesse público.

É aquele ato editado no exercício da função administrativa, sob o regime de Direito Público e traduzindo uma manifestação de vontade do Estado. É regido pelo Direito Público e difere dos demais atos da Administração Pública, embora seja um deles.

Consoante explicitado alhures, a doutrina mais moderna entende que os atos administrativos podem ser delegados. Nesse caso, particulares recebem a delegação pelo Poder Público para praticar os referidos atos e, portanto, nem todo ato administrativo configuraria ato da administração, propriamente dito.

Em virtude da incidência do regime público na prática de atos administrativos, a Administração Pública atua com as garantias decorrentes do princípio da supremacia do interesse público sobre o privado, gozando de determinadas prerrogativas.

Maria Sylvia Zanella di Pietro[6] costuma estabelecer que, para um determinado ato estatal qualificar-se como ato administrativo, devem ser analisados dois critérios, quais sejam o critério subjetivo ou orgânico e o critério objetivo ou funcional.

O critério subjetivo é afastado pela doutrina mais moderna, haja vista estabelecer que os atos administrativos devem ser emanados do Poder Executivo, não sendo qualificado como tal o ato expedido pelos demais Poderes do Estado, ainda que o façam no exercício da função administrativa, atipicamente. Além de excluir do conceito de atos administrativos aqueles praticados por órgãos estatais que estão exercendo a função de administrar, esse conceito não diferencia os atos administrativos dos outros atos praticados pela Administração Pública, como é o caso do ato privado e dos atos materiais.

Pelo critério objetivo, o ato administrativo seria aquele praticado no exercício concreto da função administrativa que, não obstante traga uma premissa correta, se configura conceito incompleto que pode ensejar algumas incongruências ou dúvidas a serem analisadas no caso concreto.

Por sua vez, Celso Antônio Bandeira de Mello[7], para definição dos atos administrativos, estabelece que estes podem ser analisados em sentido restrito ou em sentido amplo.

Em sentido restrito, o ato administrativo seria toda declaração unilateral de vontade do poder público, no exercício das atividades administrativas, gozando de todas as prerrogativas

administrativa, pode ser usado como critério para definição deste conceito. Neste sentido, o texto legal dispõe que *"Reputa-se agente público, para os efeitos desta lei, todo aquele que exerce, ainda que transitoriamente ou sem remuneração, por eleição, nomeação, designação, contratação ou qualquer outra forma de investidura ou vínculo, mandato, cargo, emprego ou função nas entidades mencionadas no artigo anterior".*

6. DI PIETRO, Maria Sylvia Zanella, Direito Administrativo, São Paulo. Atlas, 21ª ed.

7. MELLO, Celso Antônio Bandeira de, Curso de Direito Administrativo. São Paulo, Malheiros. 26ª ed.2009

do regime de direito público, para fiel execução do disposto na lei, sujeito a controle jurisdicional, excluindo-se do conceito de atos administrativos, os atos gerais e abstratos e os acordos firmados pela Administração Pública, por não serem unilaterais.

Ao definir ato administrativo em sentido amplo, o autor admite a inclusão dos atos bilaterais, decorrentes de acordos celebrados pelo poder público, bem como os atos gerais e abstratos praticados em conformidade com a lei.

A matéria ainda é controversa, no entanto, algumas regras podem ser definidas e, assim, pode-se chegar a um conceito básico de que:

→ Ato administrativo é todo ato praticado pela Administração Pública ou por quem lhe faça as vezes, no exercício da função administrativa (estando excluídos deste conceito os atos políticos), sob o regime de Direito Público, ou seja, gozando o ato de todas as prerrogativas estatais, diferente do que ocorre com os atos privados da Administração e, por fim, manifestando vontade do poder público em casos concretos ou de forma geral, não se confundindo com meros atos de execução de atividade.

Este conceito exclui da definição de atos administrativo os contratos e convênios firmados pelo poder público, em razão de sua bilateralidade.

3.2. Atos vinculados e Atos discricionários

Inicialmente, cumpre salientar que não existem, na esfera do Direito Administrativo, atuações totalmente discricionárias, haja vista a definição legal, com critérios objetivos de determinados elementos dos atos administrativos, mesmo nos atos considerados discricionários. Ademais, toda atuação do ente estatal está vinculada à lei e somente desta pode emanar a conduta das autoridades públicas, ou seja, a submissão total à lei não está presente exclusivamente nos atos vinculados. É a lei que, ao definir a atuação do Poder Público, determina se a atuação administrativa será vinculada ou discricionária. Isso porque, consoante o princípio da legalidade aplicado ao Direito Administrativo, a lei pode estipular a atuação do agente de forma objetiva ou cedendo a este uma margem de escolha, dentro dos limites estipulados legalmente.

Nesse sentido, nas hipóteses em que o comando normativo confere uma possibilidade de escolha ao administrador público, pode-se falar no exercício de atos discricionários, sendo o ato vinculado aquele praticado no exercício do poder vinculado, em que a atuação administrativa está adstrita aos ditames previstos na legislação, de forma objetiva. Neste caso, a norma legal estabelece todos os elementos do ato administrativo, sem deixar qualquer margem de opção acerca da melhor atuação para o agente do Estado.

Até mesmo os elementos do ato administrativo que podem ter feição discricionária (como é caso do motivo e do objeto), quando devidamente regulamentados ou discriminados pela lei, passam a ser vinculados, devendo ser obedecido ao que foi regulamentado na norma, perdendo o caráter discricionário. Nesse caso, o agente público estará vinculado ao que a lei determina e não apenas ao limite imposto.

Dessa forma, se forem preenchidos os requisitos objetivamente definidos no texto legal, o ato administrativo deve ser praticado pelo poder público, não havendo qualquer possibilidade e emissão de juízo de valor por parte da autoridade estatal. Em tais casos, a simples ocorrência da previsão legal enseja, inclusive, direito adquirido a particulares, no que tange à emissão do ato que lhe traga benefícios.

Nesse sentido, Celso Antônio Bandeira de Mello[8] dispõe que *"Atos vinculados seriam aqueles em que, por existir prévia e objetiva tipificação legal do único possível comportamento da Administração em face de situação igualmente prevista em termos de objetividade absoluta, a Administração, ao expedi-los, não interfere com apreciação subjetiva alguma"*.

O ato discricionário, por sua vez, é aquele ato determinado em lei, no qual o dispositivo legal confere margem de escolha ao administrador público mediante análise de mérito (razões de oportunidade e conveniência).

Nestes casos, o texto legal confere poder de escolha do agente para atuar com liberdade exercendo o juízo de conveniência e oportunidade, dentro dos limites postos em lei, na busca pelo interesse público. Maria Sylvia Zanella di Pietro[9] define, ao tratar do tema, que *"a atuação é discricionária quando a Administração, diante do caso concreto, tem a possibilidade de apreciá-lo segundo critérios de oportunidade e conveniência e escolher uma dentre duas ou mais soluções, todas válidas para o direito"*

Dentro dos limites da lei, o administrador deve eleger entre algumas condutas a que melhor se adéque ao caso concreto. Desde que restrito aos limites estipulados legalmente, a atuação será lícita. Desse modo, o administrador deverá buscar a solução mais oportuna e conveniente ao interesse público. Resta claro, portanto, que a discricionariedade não se confunde com arbitrariedade, somente sendo exercida dentro dos limites definidos pela legislação aplicável.

Sendo assim, por exemplo, ao dispor o texto da lei 8.666/93 que, para alienação de bens imóveis que foram adquiridos pelo poder público mediante decisão judicial ou dação em pagamento, a Administração poderá se valer de procedimento licitatório na modalidade concorrência ou leilão, está conferindo ao ente estatal a possibilidade optar entre duas modalidades de licitação, sendo ilícita a utilização de uma terceira, como, por exemplo, o convite ou a tomada de preços. É, por isso, que se pode dizer que a discricionariedade repousa na lei.

Saliente-se que, em determinadas situações, a escolha não é traçada expressamente pelo dispositivo legal, mas a lei, ao determinar a atuação do agente público, se vale de conceitos jurídicos vagos ou indeterminados a fim de dar margem de escolha ao administrador. Nestes casos, a lei não é tão objetiva e o administrador deverá se valer de carga valorativa, na sua atuação.

A título de exemplo, determinada norma de polícia estabelece que a Administração tem a atribuição de fechar espetáculos pornográficos, em defesa da moralidade pública. Diante do dispositivo legal, surge a dúvida de qual o alcance da expressão pornografia na norma geral. Nesses casos, por se tratar de um conceito indeterminado, a conceituação deste termo é feita com base no juízo de conveniência e oportunidade do agente público que deve, em cada caso concreto, analisar a incidência ou não da normal legal.

8. MELLO, Celso Antonio Bandeira de – Curso de Direito Administrativo. São Paulo: Malheiros, 26ª ed. 2009
9. DI PIETRO, Maria Sylvia Zanella – Direito Administrativo. São Paulo: Editora Atlas, 21 ed. 2008

Ressalte-se que, não obstante alguns doutrinadores defendam que não se trata de discricionariedade, mas tão somente de interpretação da norma administrativa, esse entendimento não encontra respaldo doutrinário relevante, uma vez que a diferença básica entre interpretação e discricionariedade reside na opção legislativa. Na discricionariedade, o legislador atribui ao aplicador da lei o encargo de produzir a melhor atuação valorando as circunstâncias fáticas. Sendo assim, compete ao agente fazer a escolha entre atuar ou não, bem como, em relação à forma de atuação. Na interpretação, a lei já efetivou essa escolha, não cabendo ao agente público escolher a melhor atuação, mas tão somente interpretar a lei de forma a extrair qual foi a conduta determinada pelo diploma legal.

Por fim, cumpre observar que o controle exercido pelo Poder Judiciário sobre atos administrativos se limita à análise de legalidade, ou seja, no exercício da função jurisdicional, o órgão controlador deve somente verificar se o ato respectivo foi praticado em conformidade com a lei.

Com efeito, dispõe o art. 5º, XXXV, da Carta Magna, ao tratar do princípio da inafastabilidade de jurisdição, que, ao Poder Judiciário, não pode ser subtraída a análise de qualquer lesão ou ameaça de lesão a direito e, por isso, ainda que o ato administrativo seja discricionário, ele fica sujeito a controle jurisdicional no que diz respeito à sua adequação com a lei, nunca na análise meritória. Sempre que o Poder Judiciário atua no controle de legalidade do ato, não haverá invasão do mérito administrativo, desde que o conceito de mérito fique entendido e respeitado na decisão judicial.

Importante observar, ainda, que o juiz pode controlar os limites do mérito administrativo, uma vez que são impostos pela lei. Por exemplo, quando se trata de conceitos jurídicos vagos, há uma zona de incerteza na qual administrador decide dentro do interesse público, mas se o agente extrapola esta margem de escolha, está exacerbando o poder discricionário conferido pela lei, dando azo à anulação deste ato.

Ressalte-se, também, que os princípios da razoabilidade e proporcionalidade surgem como instrumento de controle, evitando excesso de poder e condutas desarrazoadas pelo administrador. Logo, se, a pretexto de interpretar a lei, o agente pratica ato desproporcional, compete ao judiciário, se provocado, anular esta atuação, haja vista o entendimento de que a norma desproporcional é ilegal e, portanto, sujeita a controle.

A matéria foi analisada com mais profundidade no capítulo referente aos poderes administrativos, ao qual se remete o leitor.

4. ELEMENTOS OU REQUISITOS DO ATO ADMINISTRATIVO

Não há unanimidade na doutrina a respeito do assunto. Alguns autores denominam de elementos e outros de requisitos, havendo ainda autores que diferenciam os conceitos. Nessa obra serão tratados como sinônimos, haja vista o fato de que a discussão não enseja qualquer consequência prática e por este ser o entendimento majoritário na doutrina.

Ademais, existem vários elementos do ato administrativo, enunciados de forma distinta pelos autores que tratam do assunto. Diante disso, novamente, em atenção ao entendimento mais aceito pelos estudiosos, adotaremos a posição de que todo ato administrativo possui cinco elementos, elencados no art. 2º, da Lei 4.717/65 (Lei de ação popular).

Desta forma, tomando como referência a lei de ação popular, são 5 (cinco) os elementos do ato administrativo: competência, finalidade, forma, motivo, e objeto. Será examinado cada um deles separadamente a seguir.

Ressalte-se, ainda, que Celso Antônio Bandeira de Mello[10] não concorda com este entendimento, por entender que a expressão elemento é utilizada para definir o componente de um todo, o que não se compatibiliza com alguns dos requisitos legais, assim considerados, como é o caso do motivo e da finalidade que são aspectos exteriores ao ato e não integrantes da conduta. Sendo assim, alguns destes elementos são tratados pelo autor como pressupostos que podem ser de existência ou de validade do ato administrativo.

Assim, o autor diferencia elementos – componentes do ato - e pressupostos - que são necessários à validade do ato ou, até mesmo, à sua existência.

Nestes termos, para o citado autor, a exteriorização da vontade, correspondente à forma e o conteúdo do ato administrativo, enquanto decisão proferida pelo agente estatal seriam os únicos elementos do ato. Por seu turno o objeto propriamente dito, qual seja, o tema disposto pelo administrador, se configuraria pressuposto de existência, devendo o sujeito, o motivo e a finalidade serem enxergados como pressupostos de validade do ato administrativo, necessários para que a conduta não seja considerada ilegal, à luz do ordenamento jurídico vigente.

Por se tratar de doutrinador de relevo entre os estudiosos da matéria, essa forma de divisão dos pressupostos de validade e de existência, somados aos elementos do ato, será analisada em um tópico específico, apontadas as diferenças e comparando com o entendimento majoritário que será adotado nesta obra.

Portanto, com a ressalva efetivada alhures, deve-se analisar o ato administrativo sob o prisma dos cinco elementos que o compõem e justificam sua existência e validade, analisando o papel de cada um deles na formação do ato.

4.1. Competência

O elemento em exame, a competência, é definido em lei ou atos administrativos gerais, bem como, em algumas situações, decorre de previsão na Constituição Federal e não pode ser alterado por vontade das partes ou do administrador público.

Inicialmente o ato deve ser praticado por um agente público, amplamente considerado. Isso significa que não se restringe aos servidores públicos a atuação em nome do Estado, mas a todo e qualquer agente, conceituados como toda e qualquer pessoa que atue em nome do Estado, a qualquer título e, ainda que sem remuneração, por prazo determinado ou com vínculo de natureza permanente.

Nesse sentido, são considerados agentes, para fins de edição de atos administrativos, os agentes políticos, quais sejam os detentores de mandatos eletivos, os secretários e ministros de Estado, além dos membros da magistratura e do Ministério Público. Também os atos podem ser praticados por particulares em colaboração com o poder público, assim considerados os

10. MELLO, Celso Antônio Bandeira de, Curso de Direito Administrativo. Ed. Malheiros. 26ª ed.2009

que exercem função estatal, sem vínculo previamente definido, como ocorre com jurados e mesários, por exemplo. Por fim, os servidores estatais atuam no exercício da função administrativa e podem praticar tais atos, abrangendo neste conceito os agentes estatutários, os regidos pela Consolidação das Leis do Trabalho e, ainda, os servidores temporários, contratados, nos moldes do art. 37, IX da Constituição da República.

Ocorre que, para praticar o ato administrativo, não basta ostentar a qualidade de agente público, devendo ter capacidade para tanto, analisando-se, ainda, a existência, inclusive, de algum óbice legal à atuação deste agente, como afastamento ou impedimento e suspeição para o exercício da atividade.

Por fim, deve-se verificar se este agente possui competência para a prática do ato administrativo especificado. Pode-se definir tal competência como conjunto de atividades inerentes ao ente estatal, distribuídas entre seus órgãos e agentes públicos, mediante a edição de lei, legitimando o agente para a prática de determinadas condutas. Nesse sentido, Marçal Justen Filho[11], ao tratar da matéria, define que *"competência administrativa é a atribuição normativa da legitimação para a prática de um ato administrativo"*.

É relevante entender que toda competência é limitada, não sendo possível a existência de agente público titular de competência ilimitada, haja vista o dever de observância da lei para definição dos critérios de legitimação para a prática de atos. Dessa forma, o plexo de competências será distribuído entre os órgãos e agentes de uma determinada pessoa jurídica estatal. Pode-se analisar, ainda, ser possível a atribuição da mesma competência para mais de um agente, não sendo admitido, todavia, um número ilimitado de agentes públicos com legitimidade para o exercício de determinada atividade.

Por fim, ressalte-se que, não obstante a regra defina que a competência resulta diretamente da lei, ou do próprio texto constitucional (decorrente da Carta Magna de forma direta) – quando se tratar de agentes de hierarquia elevada, em determinadas atribuições, (quando, então, será denominada de competência primária), em alguns casos admite-se a fixação de competências por meio de ato administrativo geral.

Com efeito, para órgãos de menor hierarquia, é possível que a competência esteja disciplinada nos atos administrativos gerais e abstratos, com função de organização da estrutura interna do Estado, sendo que esta disposição tem base originária na lei. Então, pode-se falar em competência administrativa secundária.

Em ambas as hipóteses, a competência é elemento do ato administrativo sempre vinculado, mesmo diante de atos em que haja discricionariedade explicitada em lei. Dessa forma, não há margem de escolha ao agente público no que tange à legitimidade para a prática da conduta, sempre devendo estar definida em lei com critérios objetivos de análise.

4.1.1. Características da competência administrativa

Em decorrência do princípio da indisponibilidade do interesse público, a competência para praticar uma determinada atividade não configura uma faculdade do servidor estatal, mas

11. JUSTEN FILHO,Marçal. Curso de Direito Administrativo. São Paulo:Forum,14ª ed, 2009

sim uma imposição de atuação. Com efeito, não se admite que, diante de situação prevista em lei ensejadora de conduta da Administração, a autoridade do Estado se mantenha inerte, exercendo a opção de não atuar, sem qualquer justificativa. Neste sentido, a doutrina costuma definir a atuação administrativa, como um poder-dever (ou dever-poder) conferido ao poder público e distribuído entre seus agentes e órgãos internos.

É imprescritível a competência, ou seja, não se extingue com a inércia do agente. Dessa forma, ainda que o agente se exima de praticar as condutas a ele atribuídas, seja por não ocorrência dos pressupostos legais, seja por simples inércia e descumprimento do dever de atuar, não será sancionado com a perda de sua legitimidade.

Da mesma forma, como meio de evitar o descumprimento das normas postas, ensejando prejuízos ao interesse da coletividade, a competência é improrrogável, não podendo ser atribuída ao agente público pelo fato de ter praticado o ato para o qual não tinha atribuição, sem que houvesse objeção por parte de terceiros.

A matéria é tratada de forma diferente quando se trata de competência jurisdicional. De fato, o art. 65 do Código de processo Civil, ao tratar da incompetência relativa do juízo, define que *"Prorrogar-se-á a competência relativa se o réu não alegar a incompetência em preliminar de contestação"*. Nestes casos, a não oposição da incompetência por qualquer interessado ou pelo próprio agente, sanado estará o vício apresentado, tornando-se o juiz competente para a execução das atividades para as quais não tinha atribuição originária.

Em termos de competência administrativa, não há a possibilidade de prorrogação, devendo o agente público manter sua incompetência originária, ainda que pratique o ato sem oposição de algum interessado.

Também, é de exercício obrigatório para os órgãos e agentes públicos, não podendo ser modificada, dilatada ou restringida pela vontade do agente, sendo, da mesma forma, vedada a transação ou acordo entre agentes.

Ademais, a competência administrativa é irrenunciável, em razão do princípio da indisponibilidade do interesse público. Nesse sentido, a lei 9.784/99 define, em seu art. 2º, II, que a atuação administrativa deve ser praticada na busca do interesse geral, *"vedada a renúncia total ou parcial de poderes ou competências, salvo autorização em lei"*.

Ainda em relação à impossibilidade de renúncia da competência conferida aos administradores públicos, o art. 11 da lei 9.784/99, estabelece que *"A competência é irrenunciável e se exerce pelos órgãos administrativos a que foi atribuída como própria, salvo os casos de delegação e avocação legalmente admitidos"*.

Com efeito, da leitura do texto legal, pode-se verificar que, não obstante a competência seja elemento do ato, irrenunciável pela autoridade competente, é possível a sua delegação e avocação, nos moldes definidos em lei, casos em que o agente público que não possuía competência originária, nos moldes da lei, passa a ter legitimidade para o exercício de determinadas atividades, temporariamente, em virtude desta atribuição.

Nesses termos, não se deve confundir renúncia com delegação e avocação de competência, permitidas por lei, desde que de **forma temporária e excepcional,** devendo ser justificadas de acordo com as disposições contidas na Lei 9784/99.

Ressalte-se, ainda que o art. 12, do Decreto-lei 200/67 já previa a possibilidade de delegação de competência, sem que isso fosse considerado renúncia de poderes intransferíveis. Analisemos o texto do diploma.

> "Art. 12. É facultado ao Presidente da República, aos Ministros de Estado e, em geral, às autoridades da Administração Federal delegar competência para a prática de atos administrativos, conforme se dispuser em regulamento. (Regulamento)
>
> Parágrafo único. O ato de delegação indicará com precisão a autoridade delegante, a autoridade delegada e as atribuições objeto de delegação".

Da mesma forma, os artigos 11 e seguintes da lei 9.784/99 regulamentam a matéria, permitindo a delegação e a avocação de competência em situações excepcionais. Analisemos cada um dos institutos separadamente.

→ *Delegação de competência*

É a extensão de competência, de forma temporária, para um outro agente de mesma hierarquia ou de nível hierárquico inferior, para o exercício de determinados atos especificados no instrumento de delegação. Enfim, ocorre quando um servidor público legalmente competente estende ou amplia sua competência, fazendo com que ela se aplique a outro agente.

Em um ato de delegação, deve-se definir o tempo e a matéria a ser delegada de forma específica, estabelecendo os limites de atuação do agente delegado. Isso porque os atos de delegação genérica são considerados nulos. Por fim, o ato de delegação deve ser publicado, para que seja conhecido por todos.

Em resumo, delegar competência é estender temporariamente a outro agente público subordinado ou de mesma hierarquia a competência, consoante expressamente definido na lei 9784/99, a seguir transcrita, *in litteris:*

> Art. 11. A competência é irrenunciável e se exerce pelos órgãos administrativos a que foi atribuída como própria, salvo os casos de delegação e avocação legalmente admitidos.
>
> Art. 12. Um órgão administrativo e seu titular poderão, se não houver impedimento legal, delegar parte da sua competência a outros órgãos ou titulares, ainda que estes não lhe sejam hierarquicamente subordinados, quando for conveniente, em razão de circunstâncias de índole técnica, social, econômica, jurídica ou territorial.
>
> (...)
>
> Art. 14. O ato de delegação e sua revogação deverão ser publicados no meio oficial.
>
> § 1º O ato de delegação especificará as matérias e poderes transferidos, os limites da atuação do delegado, a duração e os objetivos da delegação e o recurso cabível, podendo conter ressalva de exercício da atribuição delegada.
>
> § 2º O ato de delegação é revogável a qualquer tempo pela autoridade delegante.

Note que a delegação é ato temporário, pode ser revogada a qualquer tempo e não implica renúncia de competência. Salvo disposição em contrário, como regra geral, presume-se a **cláusula de reserva**, ou seja, o agente delegante não transfere a competência, mas apenas a amplia, mantendo-se competente após a delegação juntamente com o agente delegado, ou seja, o agente delegante se reserva na competência delegada.

A Súmula n. 510 do Supremo Tribunal Federal, estabelece que a autoridade coatora é o agente que praticou o ato, ainda que o tenha feito por delegação.

> **Súmula n. 510** – PRATICADO O ATO POR AUTORIDADE, NO EXERCÍCIO DE COMPETÊNCIA DELEGADA, CONTRA ELA CABE O MANDADO DE SEGURANÇA OU A MEDIDA JUDICIAL.

Este entendimento encontra respaldo legal, no art. 14, §3º, da lei 9.784/99 que estipula que o ato praticado por delegação deve ser considerado como praticado pelo agente delegado. Afinal, a delegação não impõe a atuação do agente, mas lhe transfere atribuição para a prática do ato específico, desde que haja a ocorrência das regras legais para o exercício da atividade atribuída ao ente estatal.

Pelo exposto, a responsabilidade do ato é atribuída àquele que o praticou. Vejamos a seguinte situação. "A" delegou competência para um subordinado seu "B" que praticou um ato X prejudicial a "C" o qual impetrou Mandado de Segurança contra a autoridade coatora que, no caso, é o agente delegado, ou seja, "B". Portanto, deve ser frisado, mais uma vez que, quem pratica o ato é o responsável por essa conduta, ou seja, ele responde pelo exercício da atividade a ele atribuída, ainda que decorrente de delegação regular.

Por fim, cumpre salientar que a lei expressamente proíbe a delegação de competência (e consequentemente a avocação) nas três situações a seguir descritas:

- **no caso de competência exclusiva, definida em lei;**
- **para decisão de recurso hierárquico;**
- **para edição de atos normativos**.

Ressalte-se que a legislação proíbe a delegação de competências definidas como exclusivas, sendo admitida a delegação para a prática de atos decorrentes de competências privativas de determinado agente público.

→ ATENÇÃO!

Não obstante a vedação legal para delegação de competência, em casos de edição de atos normativos, há uma exceção definida no texto constitucional. Com efeito, o art. 84, parágrafo único, da Carta Magna, permite a delegação de algumas atribuições do Presidente da República para os Ministros de Estado, assim como para o Advogado Geral da União e para o Procurador Geral da República.

Entre essas competências, que podem ser delegadas, está a possibilidade de se estender a competência para expedição dos decretos regulamentares estampados no inciso VI do mesmo dispositivo, que define ser possível se dispor, mediante regulamento, acerca da organização e funcionamento da administração federal, quando não implicar aumento de despesa nem criação ou extinção de órgãos públicos e da extinção de funções ou cargos públicos, quando vagos.

→ *Avocação de competência*

Ocorre quando o agente público chama para si competência de outro agente. Na avocação, deve haver subordinação, ou seja, só se pode avocar de agente de hierarquia inferior. Assim como a delegação é ato de alteração de competência de caráter temporário e restrito, não se admite a avocação genérica de competências. A avocação tem como principal objetivo evitar decisões contraditórias dentro da atuação administrativa.

O instituto da avocação tem previsão legal, no artigo 15 da lei 9.784/99, abaixo transcrito, senão vejamos.

> Art. 15. Será permitida, em caráter excepcional e por motivos relevantes devidamente justificados, a avocação temporária de competência atribuída a órgão hierarquicamente inferior.

Conforme explicitado, não é possível a avocação de competências nas hipóteses em que a legislação proíbe a delegação, quais sejam, para a expedição de atos normativos, a decisão de recursos hierárquicos e a competência definida como exclusiva por disposição de lei.

4.2. Finalidade

A finalidade é o escopo do ato. É tudo aquilo que se busca proteger com a prática do ato administrativo. Por exemplo, na aplicação da penalidade de demissão a um determinado servidor, a finalidade é punir o agente pelo cometimento de determinada infração administrativa, contrária ao interesse público, ou também a desapropriação de um terreno, cuja finalidade é construir uma estrada para ligação de dois municípios vizinhos.

Para a doutrina, todo ato administrativo tem duas finalidades.

- ***Finalidade Genérica***: presente em todos os atos administrativos. A finalidade genérica é o atendimento ao interesse público. Caso o ato seja praticado com a intenção de satisfazer interesses individuais ou egoísticos de algum particular, estará eivado de vício insanável, haja vista o fato de que toda a atuação do ente estatal deve ser orientada para resguardar os interesses da sociedade em geral.

Dessa forma, a busca pelo interesse público orienta, inclusive, a edição da lei que regulamenta a prática destes atos, ou seja, a legislação, ao regulamentar a prática de determinada conduta administrativa, o faz com a intenção de satisfazer os interesses da coletividade.

- ***Finalidade Específica***: é definida em lei e estabelece qual a finalidade de cada ato especificamente.

Por exemplo, diferentemente do que ocorre com a demissão de um servidor, a remoção deste para prestação de serviços em localidade diversa de sua lotação originária não pode ser feita com a intenção de punir determinado servidor faltoso. Isso porque o ato de remoção está regulamentado em lei como ato de deslocamento do agente, com a intenção de reorganizar e redistribuir a prestação do serviço público, não podendo ser praticado com o interesse de aplicação de penalidade a este servidor[12].

12 Neste sentido, já se manifestou o Superior Tribunal de Justiça:
RECURSO ORDINÁRIO EM MANDADO DE SEGURANÇA. SERVIDOR PÚBLICO. REMOÇÃO EX OFFICIO. PRETENSÃO DE RETORNO. ALEGAÇÃO DE DESVIO DE FINALIDADE. PRINCÍPIO DA LEGALIDADE. RECURSO PROVIDO. 1. O Regime Jurídico dos Servidores Públicos previu três situações que permitem o deslocamento do servidor: (a) no interesse da

Dessa forma, para cada finalidade que deve ser alcançada na atuação administrativa, há a previsão legal para a prática de um determinado ato, sendo que a finalidade específica deve ser definida por meio de lei, de forma a respeitar o interesse público como escopo maior de toda e qualquer atuação estatal.

Em resumo, a finalidade genérica do ato é o interesse público. No entanto, não basta atender à finalidade genérica, uma vez que cada ato administrativo tem uma finalidade específica para alcançar esse interesse.

A atuação estatal desvirtuando a finalidade definida em lei para a prática de determinado ato configura abuso de poder, da espécie desvio de poder (ou desvio de finalidade) e enseja a nulidade da conduta praticada. Isso porque o administrador não se pode se valer da previsão legal para praticar um determinado ato, visando uma finalidade diversa daquela imposta pelo texto normativo que embasou sua conduta.

Ressalte-se que, em determinadas situações, o ato é praticado no interesse público, mas com desvio da finalidade específica, como ocorre, por exemplo, quando se exonera um servidor público com a intenção de puni-lo. Neste caso, mesmo que o servidor tenha cometido a infração administrativa grave e que a punição seja devida, o ato foi praticado de forma viciada, uma vez que a exoneração é forma de perda do cargo sem caráter punitivo, diferentemente da demissão. Sendo assim, **na hipótese de ser violada a finalidade específica, mesmo que o agente esteja buscando o interesse público, há o desvio de finalidade**.

Com a intenção de exemplificar esta situação, Maria Sylvia Zanella di Pietro[13] dispõe que *"Tanto ocorre vício quando a Administração remove o funcionário a título de punição, como no caso em que ela desapropria um imóvel para perseguir o seu proprietário, inimigo político. No primeiro caso, o ato foi praticado com finalidade diversa da prevista em lei; no segundo, fugiu ao interesse público e foi praticado para atender ao fim de interesse particular da autoridade"*.

Enfim, ainda que o administrador público não atue com a intenção de satisfazer interesses pessoais, a prática do ato, com a intenção de alcançar uma finalidade diversa daquela expressamente imposta na regra que o definiu, configura vício, por desvio de poder.

Administração Pública; (b) após manifestação de vontade do Servidor, a critério do Poder Público; e (c) independentemente do interesse da Administração em hipóteses taxativamente previstas. Na remoção ex officio, é o próprio interesse público que exige a movimentação do Servidor, dentro do mesmo quadro a que pertence, para outra localidade ou não. 2. O fato de a legislação regente não impor expressamente os motivos propiciatórios ou exigidos para a prática de um ato administrativo, conferindo-lhe, assim, o caráter de discricionário, não tem o condão de conferir à Administração liberdade para expedi-lo sem qualquer razão ou em face de motivo escuso ou impertinente, sob pena de se estar reconhecendo a existência de um poder absoluto, incompatível com o Estado Constitucional. 3. Nos atos discricionários, a vontade do agente administrativo deve se submeter à forma como a lei regulou a matéria, de sorte que, se as razões que levaram o agente à prática do ato, forem viciadas de favoritismos e perseguições, o ato há de ser tido como nulo, em face de sua contradição com a mens legis. 4. A relotação, em sentido oposto aos interesses da Servidora (que possui família no local de lotação originária), com base apenas em seu alegado desempenho insatisfatório, sem qualquer relação com a necessidade de serviço, não se coaduna com a excepcionalidade da medida extrema, e vai de encontro, ainda, ao princípio da unidade familiar. 5. ***O instituto de remoção dos Servidores por exclusivo interesse da Administração não pode, em hipótese alguma, ser utilizado como sanção disciplinar, inclusive por não estar capitulado como penalidade no art. 127 da Lei 8.112/90 e significar arbítrio inaceitável.*** *6. Recurso provido para determinar o retorno da recorrente à Promotoria de Justiça de Bagé/RS, onde estava originalmente lotada, em consonância com o parecer ministerial.*

RMS 26965 / RS
RECURSO ORDINÁRIO EM MANDADO DE SEGURANÇA
2008/0114951-2. Julgamento em 16/10/2008.

13. DI PIETRO,Maria Sylvia Zanella.Direito Administrativo –São Paulo, Atlas,21ª ed.2008

Todavia, existe uma exceção. No ato de desapropriação, se houver o desvio da finalidade específica, mantendo-se a finalidade genérica do ato, qual seja a busca pelo interesse público, não haverá ilegalidade. Por exemplo, após a efetivação da desapropriação de um terreno privado, ao invés de construir uma escola, conforme determinava expressamente o ato, o agente público decide pela construção de um hospital. Nestes casos, desde que a alteração do fim originário do ato tenha se dado para satisfação do interesse público, não há vício no ato de desapropriação.

Ocorre, na situação, o fenômeno da **tredestinação lícita**, possível, nos atos administrativos de desapropriação, e que estará presente sempre que a finalidade específica do ato é alterada, garantida a manutenção da busca pelo interesse público. Nesse sentido, inclusive, já julgou o Superior Tribunal de Justiça. Vejamos.

> EMBARGOS DE DECLARAÇÃO RECEBIDOS COMO AGRAVO REGIMENTAL EM RECURSO ESPECIAL. PRINCÍPIO DA FUNGIBILIDADE RECURSAL. DIREITO ADMINISTRATIVO. RETROCESSÃO. DESVIO DE FINALIDADE PÚBLICA DE BEM DESAPROPRIADO. DECRETO EXPROPRIATÓRIO. CRIAÇÃO DE PARQUE ECOLÓGICO. NÃO EFETIVAÇÃO. BENS DESTINADOS AO ATENDIMENTO DE FINALIDADE PÚBLICA DIVERSA. TREDESTINAÇÃO LÍCITA. INEXISTÊNCIA DE DIREITO À RETROCESSÃO OU A PERDAS E DANOS. 1. A retrocessão é o instituto por meio do qual ao expropriado é lícito pleitear as conseqüências pelo fato de o imóvel não ter sido utilizado para os fins declarados no decreto expropriatório. Nessas hipóteses, a lei permite que a parte que foi despojada do seu direito de propriedade possa reivindicá-lo e, diante da impossibilidade de fazê-lo (ad impossibilia nemo tenetur), venha postular em juízo a reparação pelas perdas e danos sofridos. 2. In casu, o Tribunal a quo com ampla cognição de matéria fático-probatória, cujo reexame é vedado ao E. STJ, a teor do disposto na Súmula n. 07/STJ, assentou que, muito embora não cumprida a destinação prevista no decreto expropriatório – criação de Parque Ecológico –, não houve desvio de finalidade haja vista que o interesse público permaneceu resguardado com cessão da área expropriada para fins de criação de um centro de pesquisas ambientais, um pólo industrial metal, mecânico e um terminal intermodal de cargas rodoviário. 3. Assim, em não tendo havido o desvio de finalidade, uma vez que, muito embora não efetivada a criação de Parque Ecológico, conforme constante do decreto expropriatório, a área desapropriada foi utilizada para o atingimento de outra finalidade pública, não há vício algum que enseje ao particular ação de retrocessão ou, sequer, o direito a perdas e danos. Precedentes. 4. Inexistente o direito à retrocessão, uma vez que inocorreu desvio de finalidade do ato, os expropriados não fazem jus à percepção de indenização por perdas e danos. 5. Embargos de declaração recebidos como agravo regimental para negar provimento ao agravo regimental.
>
> Processo: EDcl nos EDcl no REsp 841399 SP 2006/0076228-5
>
> Julgamento: 14/09/2010

Por fim, ressalte-se que a finalidade é sempre elemento vinculado do ato no que tange à finalidade específica, para a doutrina moderna, podendo ser discricionário se analisarmos a finalidade genérica que é o interesse público (conceito jurídico indeterminado). Com efeito, quando se trata da finalidade genérica que se configura pela satisfação do interesse da sociedade, pode-se dizer que a definição se baseia em um conceito jurídico indeterminado, dependendo de valoração do agente estatal, em cada caso concreto, ensejando uma liberdade de escolha, dentro dos limites da lei, para a definição da atuação mais oportuna e conveniente.

Por sua vez, quando se fala em finalidade específica do ato administrativo, não há margem de escolha, sendo, como regra, sempre um elemento vinculado, mesmo quando se trate de atos discricionários.

4.3. Forma

A forma é a exteriorização do ato, determinada por lei. Sem forma não pode haver ato. Logo, a ausência de forma importa a inexistência do ato administrativo, isso porque a forma é instrumento de projeção do ato, fazendo parte do seu próprio ciclo de existência, sendo elemento constitutivo da atuação.

Sendo assim, para que o ato seja praticado regularmente, deve-se apresentar de alguma forma para os interessados. Ocorre que não basta essa manifestação de vontade. É necessário que a formalização do ato respeite os critérios previamente definidos em lei, sob pena de irregularidade da conduta. Portanto, o desrespeito a estas formalidades específicas definidas em lei não geram a inexistência do ato, mas sim a sua ilegalidade, devendo ser anulado por desatendidas as regras que compõem sua apresentação.

A exigência de uma forma específica resulta do fato de que os atos administrativos são decorrentes de um processo administrativo prévio que, por sua vez, é caracterizado por uma serie de atos, concatenada com um propósito específico. Com efeito, o processo administrativo é instrumento indispensável para a atuação do Estado, no exercício da função administrativa, sendo que, caso o resultado destes eventos possa repercutir na esfera individual de particulares, deve ser orientado de forma a garantir a estes interessados o exercício do contraditório e da ampla defesa.

Pode-se definir, então, que a simples concessão de uma licença para construir, por exemplo, deve ser precedida de uma série de atos administrativos, delimitados no âmbito de um procedimento, no qual serão anexados documentos como forma de demonstração e justificação da conduta da autoridade estatal.

A exigência de forma para a prática dos atos da Administração Pública decorre do **princípio da solenidade**, inerente à atuação estatal, como garantia dos cidadãos que serão atingidos por esta conduta. Explique-se.

Nas condutas dos particulares, regidas pelo direito privado, vige o princípio da liberdade das formas, decorrentes da autonomia da vontade, justificada pelo fato de que estas atividades não decorrem de prerrogativas específicas e são praticadas com a finalidade de satisfazer as necessidades do sujeito que pratica o ato.

Por seu turno, as condutas estatais são regidas pelo direito público, mediante prerrogativas inseridas como forma de garantia dos interesses da coletividade, sendo os atos praticados com a intenção de satisfazer os interesses de toda a sociedade, vigendo, por esses motivos, o princípio da solenidade das formas.

Desse modo, os atos administrativos devem ser praticados por escrito, ainda que não haja determinação legal neste sentido, e, em vernáculo, ou seja, em língua portuguesa. É cediço que esta regra geral admite exceções estabelecidas por leis específicas que podem estipular outras formas de práticas das condutas estatais, como é o caso de um semáforo que se manifesta por meio de sinais, sendo amplamente divulgado que o acendimento da luz vermelha significa uma imposição de parar aos condutores de veículos.

Do mesmo jeito que se exige a formalização para a regular prática dos atos administrativos, deve-se ter em mente que a forma não configura a essência do ato, ou seja, a finalidade estatal, mas tão somente o instrumento necessário para que a conduta administrativa alcance os seus objetivos. Nesse sentido, a doutrina costuma apontar o princípio da **instrumentalidade das formas**, dispondo que a forma não é essencial à prática do ato, mas tão somente o meio, definido em lei, pelo qual o poder público conseguirá alcançar seus objetivos.

Analisaremos, em tópico posterior que Celso Antônio Bandeira de Mello[14], ao tratar deste pressuposto, divide a forma, como elemento do ato, necessário à sua exteriorização e manifestação da vontade pública e as formalidades específicas, como pressuposto de validade do ato, sendo indispensável para a adequação deste ao ordenamento jurídico, sempre que definidas em lei para a execução de determinada atividade.

4.3.1. Silêncio Administrativo

Inicialmente, por todos os motivos expostos no tópico anterior, não se pode dar o mesmo tratamento ao silêncio administrativo que é dado ao silêncio no direito privado, diante da ausência de manifestação de vontade pelos particulares, em conduta que manifesta seus interesses egoísticos, em relações individuais.

Sendo assim, embora se trate de matéria divergente na doutrina, majoritariamente, pode-se definir que o silêncio da Administração Pública, diante de determinada situação, não produz qualquer efeito, ressalvadas as hipóteses em que o próprio texto legal determinar o dever de agir do poder público, definindo que a ausência de conduta ensejará a aceitação tácita de determinado fato ou até mesmo a negativa pelo decurso do tempo. Nestes casos, pode-se entender que o efeito decorre da disposição legal que atribui à não atuação determinadas consequências específicas e não do silêncio, propriamente considerado.

De fato, conforme analisado, um dos pressupostos básicos para a existência de um determinado ato administrativo é a exteriorização da vontade em uma forma especificada na legislação atinente à matéria, razão pela qual, pode-se considerar que a ausência de conduta não configura ato administrativo, mas tão somente fato da administração, apto a produzir efeitos, em determinadas situações, mediante previsão de lei.

Pode-se citar como exemplo o direito de preempção definido no art. 25 do Estatuto da Cidade (lei 10.257/01). O texto legal estabelece que, por meio de lei, o município poderá definir algumas áreas como de interesse público, criando uma obrigação específica ao particular de oferecer o bem ao ente municipal, em preferência, caso resolva alienar sua propriedade. Isso posto, se, no prazo de trinta dias, contados da oferta feita pelo particular, o poder público não se manifestar interessado no bem, ocorre a recusa tácita, presumindo-se que o município não pretende adquirir a propriedade, libertando o particular para executar esta alienação com outras pessoas, desde que pela mesma oferta feita ao Município.

Não havendo previsão legal acerca da matéria, não somente se determina que não haverá produção de efeitos pelo silêncio, como é possível se definir que esse configura ilegalidade cometida pelo ente estatal. Com efeito, os cidadãos têm direito de peticionar aos órgãos públicos e de obterem resposta ás suas solicitações, consoante disposição do art. 5º, XXXIV da Constituição da República que estipula uma garantia fundamental.

14. MELLO, Celso Antônio Bandeira de. Curso de Direito Administrativo.São Paulo: Malheiros. 26ª ed.2009

Sendo assim, diante de provocação feita pelo particular, a inércia administrativa se apresenta como ilicitude sanável por meio de provocação ao Poder Judiciário. Nesses casos, podem ser vislumbradas duas situações distintas.

I – A própria lei define o prazo para a atuação do agente, sendo que a ausência de manifestação de vontade, dentro do prazo estipulado legalmente, enseja a possibilidade de se provocar o Poder Judiciário para determinar a prática do ato. Por exemplo, a lei 8.112/90 dispõe que a autoridade pública deve proferir decisão, em sede de processo administrativo disciplinar, no prazo máximo de 20 (vinte) dias, contados da conclusão do procedimento, após a apresentação do relatório pela comissão processante.

Nesta situação, após o transcurso do prazo de lei, a omissão administrativa é abusiva e passível de controle, inclusive mediante a impetração de Mandado de Segurança determinando a prática do ato administrativo.

II – Não há definição legal de prazo para a manifestação de vontade do poder público, sendo a legislação silente acerca da matéria. Da mesma forma, a demora na atuação estatal configura irregularidade, sendo que, nesses casos, compete ao administrador público e ao Poder Judiciário, embasado no princípio da razoabilidade, estabelecer que pode ser considerado um prazo justo para a atuação estatal e, a partir de quando, pode-se considerar a demora como ilicitude.

Ressalte-se, neste sentido, que o art. 5º, LXXVIII da Carta Magna estabelece que será assegurada a razoável duração de processos, tanto aos litigantes em processos judiciais, como àqueles que atuam requerendo seus direitos na esfera administrativa.

No âmbito de processos administrativos federais, não havendo disposição expressa por lei específica (como ocorre, por exemplo, no caso de processos administrativos disciplinares, regulados pela lei 8.112/90), a lei 9.784/99 define que a Administração Pública tem o dever de proferir decisão nos processos a ela submetidos, conferindo prazo de trinta dias para o cumprimento deste dever, sendo admitida a prorrogação por igual período. Vejamos.

> Art. 48. A Administração tem o dever de explicitamente emitir decisão nos processos administrativos e sobre solicitações ou reclamações, em matéria de sua competência.
>
> Art. 49. Concluída a instrução de processo administrativo, a Administração tem o prazo de até trinta dias para decidir, salvo prorrogação por igual período expressamente motivada.

Em relação à possibilidade de controle judicial da omissão estatal, não obstante a existência de vozes em contrário, por se tratar de omissão ilícita, o controle judicial poderá ser efetivado, desde que mediante provocação de qualquer interessado. Dessa forma, cumpre salientar que o órgão julgador não poderá substituir o agente público na prática do ato administrativo, sob pena de configurar-se invasão do mérito conferido ao administrador público, em ofensa direta ao princípio da tripartição de poderes.

No entanto, é possível ao judiciário determinar que o agente público pratique o ato, cessando a ilegalidade que decorria da omissão estatal. Nesse sentido, a jurisprudência dos tribunais se manifesta dispondo que não se configura invasão do mérito do administrador público, a determinação de prática do ato determinado por lei, desde que o Poder Judiciário não interfira no conteúdo da conduta a ser praticada.

É importante conhecer Recurso Especial analisado pelo Superior Tribunal de Justiça.

> EMENTA: ADMINISTRATIVO. RÁDIO COMUNITÁRIA. PROCESSO ADMINISTRATIVO. PEDIDO DE AUTORIZAÇÃO. MORA DA ADMINISTRAÇÃO. ESPERA DE CINCO ANOS DA RÁDIO REQUERENTE. VIOLAÇÃO AOS PRINCÍPIOS DA EFICIÊNCIA E DA RAZOABILIDADE. INEXISTÊNCIA. VULNERAÇÃO AO ARTIGO 535, II DO CÓDIGO DE PROCESSO CIVIL. AUSÊNCIA DE INGERÊNCIA DO PODER JUDICIÁRIO NA SEARA DO PODER EXECUTIVO. RECURSO ESPECIAL CONHECIDO PELA ALEGATIVA DE VIOLAÇÃO AOS ARTIGOS 6º DA LEI 9612/98 E 9º, INCISO II, DO DECRETO 2615/98 EM FACE DA AUSÊNCIA DEPREQUESTIONAMENTO DOS DEMAIS ARTIGOS ELENCADOS PELA RECORRENTE. DESPROVIMENTO.
>
> 1. Não existe afronta ao artigo 535, II do Código de Processo Civil quando o decisório combatido resolve a lide enfrentando as questões relevantes ao deslinde da controvérsia. O fato de não emitir pronunciamento acerca de todos os dispositivos legais suscitados pelas partes não é motivo para decretar nula a decisão.
>
> 2. Merece confirmação o acórdão que julga procedente pedido para que a União se abstenha de impedir o funcionamento provisório dos serviços de radiodifusão, até que seja decidido o pleito administrativo da recorrida que, tendo cumprido as formalidades legais exigidas, espera já há cinco anos, sem que tenha obtido uma simples resposta da Administração.
>
> 3. A Lei 9.784/99 foi promulgada justamente para introduzir no nosso ordenamento jurídico o instituto da Mora Administrativa como forma de reprimir o arbítrio administrativo, pois não obstante a discricionariedade que reveste o ato da autorização, não se pode conceber que o cidadão fique sujeito à uma espera abusiva que não deve ser tolerada e que está sujeita, sim, ao controle do Judiciário a quem incumbe a preservação dos direitos, posto que visa a efetiva observância da lei em cada caso concreto.
>
> 4. "O Poder Concedente deve observar prazos razoáveis para instrução e conclusão dos processos de outorga de autorização para funcionamento, não podendo estes prolongar-se por tempo indeterminado" , sob pena de violação aos princípios da eficiência e da razoabilidade.
>
> 5. Recurso especial parcialmente conhecido e desprovido.
>
> RECURSO ESPECIAL N. 531.349 – RS (2003/0045859-1)

4.3.2. Vício no elemento forma

A princípio, deve-se deixar claro que, por ser a forma do ato administrativo definida mediante disposição legal, o desrespeito às formalidades estipuladas configura ilegalidade passível de anulação da conduta. A declaração da ilegalidade poderá ser feita pela própria Administração Pública, no exercício da autotutela estatal, na qual atua, inclusive, sem que haja provocação de qualquer interessado, ou mediante decisão judicial devidamente fundamentada.

Ocorre que o vício de forma é sanável quando não gerar prejuízo ao interesse público nem a terceiros e desde que mantido o interesse público, face à aplicação do princípio da instrumentalidade das formas. Enfim, consoante já previamente explicitado, a forma é somente o instrumento para se alcançar o objetivo final do ato que é a satisfação dos interesses da coletividade, definidos na lei que previu a prática da conduta estatal.

Assim, quando a ausência de formalidades legais não ensejar prejuízos aos interesses que devem ser alcançados, na prática do ato, não obstante seja possível a responsabilização dos agentes públicos que desrespeitaram as formalidades legais, deve-se manter o ato viciado, com a intenção de que sejam perpetuados os efeitos benéficos decorrentes da sua execução.

Saliente-se, ainda que, em algumas situações, o vício de forma é insanável por atingir diretamente o próprio conteúdo do ato, como ocorre, por exemplo, nas situações em que seja expedida uma Instrução Normativa por uma determinada Secretaria, declarando a utilidade pública de um bem imóvel para fins de desapropriação. Nestes casos, a legislação exige a prática de um decreto, expedido pelo Presidente da República e o desrespeito à forma atinge diretamente os direitos e garantias do particular atacado pelo ato.

Por fim, ressalte-se que, de modo geral, a forma é elemento sempre vinculado, mesmo nos atos administrativos discricionários, salvo se a lei estabelecer mais de uma forma possível para o ato ou for silente quanto à forma a ser obedecida para a prática de determinado ato administrativo, quando a forma será discricionária.

Pode-se citar como exemplo o art. 62, da lei 8.666/93 que define mais de uma forma possível para instrumentalização de contratos administrativos de valores baixos. Com efeito, dispõe o texto legal que "*O instrumento de contrato é obrigatório nos casos de concorrência e de tomada de preços, bem como nas dispensas e inexigibilidades cujos preços estejam compreendidos nos limites destas duas modalidades de licitação, e facultativo nos demais em que a Administração puder substituí-lo por outros instrumentos hábeis, tais como carta-contrato, nota de empenho de despesa, autorização de compra ou ordem de execução de serviço*". Verifica-se que compete ao agente público, dentro das hipóteses previstas em lei, escolher a forma de documentação do contrato celebrado, sem que haja violação ao princípio da legalidade.

4.4. Motivo

Os motivos são as razões de fato e de direito que dão ensejo à prática do ato, ou seja, a situação fática que precipita a edição do ato administrativo. Deve-se analisar o motivo sob duas óticas, quais sejam, o pressuposto jurídico que se configura pela norma do ordenamento jurídico que prevê um determinado fato que precipitará a prática do ato administrativo; e o pressuposto de fato, que se trata das circunstâncias ocorridas no plano fático, justificando a conduta estatal.

Sendo assim, a lei 8.112/90, por exemplo, define que a demissão decorrerá da ausência intencional do agente ao serviço público por mais de 30 (trinta) dias consecutivos, apresentando o pressuposto de direito.

No momento em que determinado servidor público, em observância à regra estipulada em lei, deixa de comparecer ao seu local de trabalho, de forma intencional, pelo prazo definido na legislação, estará completando o pressuposto fático e dando ensejo à prática do ato administrativo de demissão, com a finalidade de puni-lo pela infração de abandono de cargo. O mesmo ocorre quando a lei prevê um ato concessivo, como uma licença para construir. Neste caso, se o particular se adequar às disposições previstas na norma jurídica que trata da matéria, terá direito à concessão da licença, mediante a edição de ato regular.

Para que o motivo do ato seja válido e, consequentemente, não haja irregularidades na prática do ato administrativo, exige-se, primordialmente que o fato narrado no ato praticado seja real e efetivamente tenha ocorrido da forma como descrita na conduta estatal.

Ademais, a situação fática perpetrada pelo particular deve corresponder exatamente à situação disposta em lei como ensejadora e justificadora do ato administrativo, ou seja, deve haver efetiva subsunção da norma à situação de fato. Em outras palavras, há uma coincidência entre a situação prevista em lei como necessária à precipitação da conduta estatal e a circunstância fática.

É importante destacar que, em determinadas situações, a lei não esgota, de forma clara e objetiva, todas as situações que ensejariam a prática do ato administrativo, dando ao agente público uma margem de escolha em sua atuação. Muitas vezes, essa margem decorre de opções expressas em lei; em outros casos, por sua vez, o texto legal se vale de conceitos jurídicos indeterminados, concedendo ao agente público o poder-dever de, com base em seus critérios de valoração, analisar a melhor forma e momento de atuação. Isso porque, o motivo é elemento do ato administrativo que poderá ser discricionário, nos termos da lei.

A titulo de exemplo, pode-se citar, mais uma vez, a lei 8.112/90, que, em seu art. 132, V, define que será punível com demissão, os atos de incontinência pública e de conduta escandalosa, praticados na repartição. Trata-se de norma que visa garantir a moralidade administrativa e que deve ser analisada pelo administrador público em cada caso concreto, de forma que a mesma situação poderá ser considerada, por uma determinada autoridade, como punível com demissão e não ensejadora do ato, na visão de um outro agente estatal. Nestas situações, os parâmetros de atuação devem ser analisados, pelo agente público competente, em respeito aos critérios de oportunidade e conveniência, sempre com observância das normas legais e dos princípios constitucionais da razoabilidade e proporcionalidade.

Por fim, para que não haja irregularidade no ato administrativo, em razão de vício no elemento motivo, deve haver adequação entre o motivo que deu ensejo à prática do ato e o resultado a ser obtido pela atuação estatal, propriamente dita. Neste sentido, dispõe o art. 2º, parágrafo único, "d", da lei 4.717/65 que *"a inexistência dos motivos se verifica quando a matéria de fato ou de direito, em que se fundamenta o ato, é materialmente inexistente ou juridicamente inadequada ao resultado obtido".*

Para alguns doutrinadores, a congruência entre os motivos que deram ensejo à prática do ato e seu resultado recebe o nome de **causa** do ato administrativo, configurando-se pressuposto de validade da conduta. Desse modo, se a Administração expede três atos de licença para construção e exploração de atividade hoteleira para três diferentes particulares construírem seus hotéis e atenderem seus hóspedes e, considerando-se que apenas um destes sujeitos resolve transformar o seu hotel em um bordel, o poder público não pode cassar as três licenças concedidas, haja vista somente um dos proprietários ter dado causa à situação ensejadora da cassação.

Por fim, é importante não se confundir **motivo e móvel** para a prática do ato administrativo. O motivo é aquela situação prevista em lei que ocorre, de fato, justificando a prática do ato administrativo. O móvel, por sua vez é a real intenção do agente público quando pratica a conduta estatal.

Dessa forma, é possível que, diante de vários terrenos privados onde possa ser construída uma escola pública, o ente estatal declara a utilidade pública de um específico terreno, sob a alegação de se tratar de local ideal para a execução da obra, quando, em verdade, a escolha daquele imóvel se deu por razões de perseguição política, em virtude de inimizades do administrador público. Neste caso, embora o motivo não seja viciado, a atuação do agente é ilícita porque movida por interesses particulares.

Ressalte-se que a definição do móvel que precipitou a prática do ato administrativo somente será relevante diante de atos administrativos discricionários. Com efeito, na análise de mérito, se a vontade real do agente não for a perseguição do interesse da coletividade, o ato praticado deverá ser anulado.

Por outro lado, caso se trate de conduta vinculada, não há possibilidade de escolha pelo administrador, haja vista o fato de que o texto legal previu um único comportamento possível, não havendo margem de subjetivismo que comporte a busca por interesses individuais.

4.4.1. Motivo e motivação

Não se deve confundir motivo, enquanto elemento formativo dos atos administrativos, com a motivação. Esta é somente a exposição dos motivos do ato, ou seja, a fundamentação do ato administrativo, estabelecendo a correlação lógica entre a situação descrita em lei e os fatos efetivamente ocorridos. Representa uma justificativa à sociedade, estabelecendo a razão de prática daquela conduta.

A explicitação dos motivos integra a "formalização do ato" e é feita pela autoridade administrativa, competente para sua prática. Sendo assim, pode-se estabelecer que o ato praticado sem a motivação devida contém um vício no elemento forma. Com efeito, devem ser analisadas duas hipóteses diversas, a saber:

- O ato administrativo foi praticado com a devida motivação, no entanto, os motivos apresentados são falsos ou não encontram correspondência com a justificativa legal para a prática da conduta. Nestes casos, pode-se definir que o ato é viciado, por ilegalidade no elemento motivo.
- O ato é praticado em decorrência de situação fática verdadeira e revista em lei como ensejadora da conduta estatal, todavia, o administrador público não realizou a motivação do ato, apresentado as razões que justificaram sua edição. Trata-se de ato com vício no elemento forma.

Pela lei 9.784/99, conforme disposto em seu art. 50, a motivação é obrigatória para todos os atos administrativos que neguem, limitem ou afetem direitos ou interesses, imponham ou agravem deveres, encargos ou sanções, decidam processos administrativos de concurso ou seleção pública, dispensem ou declarem a inexigibilidade de processo licitatório, decidam recursos administrativos, decorram de reexame de ofício, deixem de aplicar jurisprudência firmada sobre a questão ou discrepem de pareceres, laudos, propostas e relatórios oficiais e para os atos que importem anulação, revogação, suspensão ou convalidação de ato administrativo.

Neste sentido, a doutrina diverge acerca da obrigatoriedade de motivação estar presente em todos os atos administrativos, configurando-se um princípio inerente à atuação estatal. José dos Santos Carvalho Filho[15], em entendimento minoritário entre os estudiosos da matéria

15. CARVALHO FILHO,José dos Santos –Manual de Direito Administrativo.Rio de Janeiro: Editora Lumen Juris,23ª ed.2012

dispõe que a motivação não é obrigatória em todos os casos, não obstante seja aconselhável ao administrador público fundamentar as razões que embasaram seus atos.

Como argumento de sua posição, o autor estabelece que o texto constitucional não inseriu a motivação como princípio inerente à atuação administrativa e, nas hipóteses em que a motivação é indispensável, a Carta Magna se manifesta neste sentido. Sendo assim, o art. 93, X, da Constituição da República exige a motivação para as decisões administrativas proferidas pelos tribunais, não estendendo esta norma às demais condutas da Administração, aplicando-se, apenas, àquelas decisões proferidas no âmbito do Poder Judiciário, quando do exercício da função administrativa, de forma atípica.

A doutrina majoritária, por sua vez, embasada no art. 50 da lei 9.784/99, se posiciona no sentido de que a motivação é obrigatória a todos os atos administrativos, configurando um princípio implícito na Constituição Federal.

Vê-se assim que o dever de fundamentar a prática dos atos administrativos tem base na cidadania, e no fato de que, nos moldes do art. 1º, parágrafo único, da Carta da República, todo o poder emana do povo e o administrador, enquanto guardião da coisa pública deve demonstrar a razão pela qual atuou de determinada forma. Do mesmo modo, o texto constitucional garante o direito à informação de todos os cidadãos como garantia fundamental, estampada em seu art. 5º, XXXIII, o que justifica a necessidade de se dar publicidade às razões que deram ensejo à prática das condutas adotadas pelo ente estatal.

Com efeito, a motivação é um princípio explícito na Lei 9.784/99 e, para a maioria da doutrina, está implícito na Constituição Federal. Portanto, os atos administrativos devem ser motivados, sendo uma regra expor as razões de fato e de direito que deram motivo ao ato. A doutrina majoritária justifica o dever de motivar no art. 2º, VII do diploma legal mencionado e, no art. 50 do mesmo texto normativo.

Saliente-se que, não obstante haja uma numeração de atos que dependem de motivação, apresentados nos incisos, do art. 50, na lei 9.784/99, o entendimento que se impõe é no sentido de que o dispositivo institui o dever geral de motivar e estabelece uma numeração muito ampla de atos administrativos, de forma a abarcar todas as situações possíveis no ordenamento jurídico. Esta é a posição apresentada, ainda, pela jurisprudência do Superior Tribunal de Justiça, consoante ementa a seguir transcrita. Vejamos.

> AGRAVO REGIMENTAL. RECURSO ORDINÁRIO EM MANDADO DE SEGURANÇA. ADMINISTRATIVO. ATO ADMINISTRATIVO. MOTIVAÇÃO. AUSÊNCIA.
>
> 1. O motivo é requisito necessário à formação do ato administrativo e a motivação, alçada à categoria de princípio, é obrigatória ao exame da legalidade, da finalidade e da moralidade administrativa.
>
> 2. Como ato diverso e autônomo que é, o ato administrativo que torna sem efeito ato anterior, requer fundamentação própria, não havendo falar em retificação, se o ato subseqüente não se limita a emendar eventual falha ou erro formal, importando na desconstituição integral do ato anterior.
>
> 3. O ato administrativo, como de resto todo ato jurídico, tem na sua publicação o início de sua existência no mundo jurídico, irradiando, a partir de então, seus legais efeitos, produzindo, assim, direitos e deveres.
>
> 4. Agravo regimental improvido.
>
> AgRg no RMS 15350 / DF
>
> AGRAVO REGIMENTAL NO RECURSO EM MANDADO DE SEGURANÇA 2002/0121434-8. Julgamento em 12/08/2003.

Ainda em relação ao dever de motivação dos atos administrativos, alguns doutrinadores defendem a obrigatoriedade de motivação somente para os atos administrativos vinculados, haja vista a necessidade de demonstrar que o agente estatal observou os parâmetros previamente definidos em lei, que condicionam a regularidade da conduta praticada. Por sua vez, os atos discricionários não teriam esta necessidade de motivação em decorrência da liberdade conferida ao administrador público de definir a atuação.

Este entendimento não deve prosperar, sendo a motivação obrigatória em ambas as situações. É certo que a motivação no ato vinculado se resume à apresentação do dispositivo legal que determinava a atuação do Estado, enquanto nos atos discricionários, há uma necessidade de se detalhar as razões que justificaram a conduta pública.

Sendo assim, Maria Sylvia Zanella di Pietro[16] estabelece que *"entendemos que a motivação é, em regra, necessária, seja para os atos vinculados, seja para os atos discricionários, pois constitui garantia de legalidade, que tanto diz respeito ao interessado como à própria Administração Pública; a motivação é que permite a verificação, a qualquer momento, da legalidade do ato, até mesmo pelos demais Poderes do Estado"*.

Ainda cumpre ressaltar que a atuação estatal, que possa ensejar prejuízos aos particulares e à lisura dos procedimentos administrativos, não pode ser expedida sem a devida justificativa. Em relação a concursos públicos, a súmula 684 do Supremo Tribunal Federal dispõe que *"É inconstitucional o veto não motivado à participação de candidato a concurso público"*.

Em algumas situações, a motivação do ato não precisa estar expressa em sua redação, se admitindo, no ordenamento jurídico brasileiro, o que se convencionou denominar *motivação aliunde*, presente sempre que, ao invés de expor os motivos que deram ensejo à prática do ato, o administrador público remete sua motivação aos fundamentos apresentados por um ato administrativo anterior que o justificou. Neste sentido, dispõe o art. 50, §1º, da lei 9.784/99, que *"A motivação deve ser explícita, clara e congruente, podendo consistir em declaração de concordância com fundamentos de anteriores pareceres, informações, decisões ou propostas, que, neste caso, serão parte integrante do ato"*.

Ademais, quando se tratar da solução de vários assuntos da mesma natureza, pode ser utilizado meio mecânico que reproduza os fundamentos das decisões, desde que não prejudique direito ou garantia dos interessados. Trata-se de forma de garantir uma maior eficiência e rapidez na solução das controvérsias.

Por fim, ressalta-se que, em determinados casos, todavia, pode ser dispensada a motivação pela lei ou por disposição da própria Constituição Federal, como ocorre na hipótese de exoneração de servidor público comissionado, designada como exoneração *ad nutum*. Neste caso, o texto constitucional dispõe ser livre a prática do ato administrativo, não dependendo de fundamentação pelo agente público que o pratica. Isso decorre do fato de que a relação do servidor comissionado é baseada na confiança pessoal entre autoridades públicas e a perda deste requisito não depende de justificativa, ensejando uma exceção ao dever de motivar as condutas estatais.

16. DI PIETRO, Maria Sylvia Zanella – Direito Administrativo. São Paulo: Atlas, 21ª ed.2008

Ocorre que, mesmo nas situações em que a motivação não se faz necessária, por expressa dispensa legal, se o ato for motivado e o motivo apresentado não for verdadeiro ou for viciado, o ato será inválido, haja vista o fato de que o administrador está vinculado aos motivos postos como fundamento para a prática do ato administrativo, configurando vício de legalidade a falta de coerência entre as razões expostas no ato e o resultado nele contido.

Enfim, a motivação, que é a exteriorização dos motivos e, uma vez realizada, passa a fazer parte do ato administrativo, vinculando, portanto, a validade do ato. Assim, mesmo sendo a motivação (explicitação dos motivos do ato) dispensável, uma vez expostos os motivos que conduziram à prática do ato, estes passam a vincular o administrador público.

Diante disso, os motivos expostos devem corresponder à realidade, sob pena de nulidade do ato. A **Teoria dos Motivos Determinantes**, apontada pela doutrina brasileira, define que os motivos apresentados como justificadores da prática do ato administrativo vinculam este ato e, caso os motivos apresentados sejam viciados, o ato será ilegal.

O motivo deve ser verdadeiro e compatível com a lei que, em regra, estabelece os seus limites. Neste sentido, o Superior Tribunal de Justiça já se manifestou estabelecendo que:

> ADMINISTRATIVO. EXONERAÇÃO POR PRÁTICA DE NEPOTISMO. INEXISTÊNCIA. MOTIVAÇÃO. TEORIA DOS MOTIVOS DETERMINANTES.
>
> 1. **A Administração, ao justificar o ato administrativo, fica vinculada às razões ali expostas, para todos os efeitos jurídicos, de acordo com o preceituado na teoria dos motivos determinantes.** A motivação é que legitima e confere validade ao ato administrativo discricionário. Enunciadas pelo agente as causas em que se pautou, mesmo que a lei não haja imposto tal dever, o ato só será legítimo se elas realmente tiverem ocorrido.
>
> 2. Constatada a inexistência da razão ensejadora da demissão do agravado pela Administração (prática de nepotismo) e considerando a vinculação aos motivos que determinaram o ato impugnado, este deve ser anulado, com a consequente reintegração do impetrante. Precedentes do STJ.
>
> 3. Agravo Regimental não provido.
>
> AgRg no RMS 32437 / MG
>
> AGRAVO REGIMENTAL NO RECURSO EM MANDADO DE SEGURANÇA 2010/0118191-3. Julgamento em 22/02/2011.

Sendo assim, ainda que a lei não estabeleça o dever de motivar o ato administrativo, uma vez apresentados os motivos, eles passam a integrar a conduta praticada e, caso estes motivos expostos não correspondam à realidade, o ato será viciado.

Por fim, é importante frisar que o motivo é elemento do ato administrativo que geralmente possui feição discricionária, ensejando uma margem de escolha ao agente público, desde que observados, apenas, os limites impostos pela norma, ressalvados os atos vinculados, nos quais todos os elementos estão postos na lei de forma objetiva.

4.5. Objeto

O objeto é aquilo que o ato dispõe, é o efeito causado pelo ato administrativo no mundo jurídico, em virtude de sua prática. Nesse sentido, pode-se definir o objeto como a disposição da conduta estatal, ou seja, aquilo que fica decidido pela prática do ato. Por exemplo, pode-se definir que, na desapropriação, o objeto é a perda do bem a ser utilizado para fins de utilidade pública, assim como no ato administrativo de aplicação da penalidade de multa, o objeto é a efetiva punição imposta ao particular.

Sendo assim, uma vez que todo ato administrativo é praticado com a intenção de produzir efeitos, seja em relação a pessoas vinculadas ao ente estatal, seja em relação a particulares, estes efeitos a serem produzidos configuram o objeto desta conduta, ensejando a criação de direitos ou obrigações dentro dos limites da lei.

Para a doutrina majoritária, **objeto e conteúdo** são expressões sinônimas, ambas representando a disposição do ato administrativo. Todavia, alguns doutrinadores diferenciam estes dois conceitos dispondo que o conteúdo seria a disposição do ato enquanto que o objeto seria o bem ou relação jurídica sobre a qual o ato administrativo incide. Por exemplo, em um ato de demissão de um agente público, a perda do cargo seria o conteúdo, enquanto o objeto seria a relação funcional entre o poder público e o servidor. Da mesma forma, no ato de licença para reforma de um imóvel, o objeto seria o próprio imóvel, enquanto que o conteúdo seria o consentimento estatal para que o particular execute sua obra.

Quanto a isso, Celso Antônio Bandeira de Mello[17] estabelece: *"preferimos a expressão conteúdo à expressão objeto, acolhendo o ensinamento de Zanobini, segundo quem o conteúdo dispõe sobre alguma coisa que é, esta sim, o objeto do ato. Com efeito, quem decide, decide alguma coisa a respeito de outra coisa. O conteúdo e o objeto seriam duas realidades perfeitamente distintas".*

Por se tratar de ato jurídico, para que o ato administrativo seja válido, o objeto deve ser lícito, ou seja, expedido em conformidade com a lei; possível, definindo uma situação viável faticamente e determinado ou determinável. Ademais, assim como o motivo, o objeto pode possuir feição discricionária nos atos administrativos discricionários.

4.6. Elementos discricionários e vinculados

A respeito dos elementos dos atos administrativos é de suma importância tratá-los de acordo com o seu caráter vinculado ou não. Nesta esteira, pode-se estabelecer que a competência, finalidade e forma são sempre elementos vinculados, ou seja, a lei os disciplina de forma objetiva, especificando seus requisitos, sem conceder ao agente público margem de escolha em sua atuação. Sendo assim, ainda que a lei defina uma margem de escolha ao agente público na prática do ato, esse mérito não estará definido em nenhum destes três elementos.

Nos tópicos específicos, já foi explicitado que o elemento finalidade será discricionário sempre que for analisada em seu aspecto genérico, que corresponde à busca pelo interesse público. Por sua vez, a forma também admitirá uma margem de escolha conferida ao administrador, sempre que não houver forma definida em lei para a prática de determinado ato, ou quando o texto legal estipular mais de uma forma possível.

Já o motivo e o objeto, em regra, são elementos discricionários do ato administrativo, sob os quais o administrador público pode atuar de acordo com um juízo de oportunidade e conveniência. No entanto, esses dois elementos, quando forem regulamentados de forma objetiva pela lei, sem deixar margem de escolha ao administrador, serão vinculados e o ato

17. MELLO, Celso Antonio Bandeira de – Curso de Direito Administrativo. São Paulo: 26ªed.2009

emanado terá natureza de vinculado. De fato, o ato vinculado é aquele que tem todos os elementos estampados em lei de forma vinculada, sem que o agente público possa analisar a melhor atuação.

Instam observar, ainda, que todos os elementos do ato administrativo estão adstritos aos limites impostos pela lei, mesmo os que são considerados discricionários. Afinal, lembre-se de que a Administração Pública está adstrita ao princípio da legalidade, não configurando a discricionariedade o direito de atuar à margem do texto legal.

Por fim, registre-se que os elementos motivo e objeto do ato administrativo discricionário compõem o seu mérito, sob o que não pode haver controle por parte do Poder Judiciário de acordo com a maioria da doutrina e jurisprudência pátria, já que se refere à conveniência e oportunidade do administrador público. Neste sentido, o Poder Judiciário pode controlar a legalidade, mas não o mérito dos atos administrativos discricionários, sob pena de haver violação à separação de poderes determinada pela Carta Magna.

Dessa forma, admite-se o controle judicial incidente, inclusive, sobre o objeto e o motivo do ato administrativo, desde que a análise do Poder Judiciário se limite às regras legais impostas ao agente, como parâmetros a serem observados em relação a estes elementos.

5. ELEMENTOS E PRESSUPOSTOS DO ATO ADMINISTRATIVO NO ENTENDIMENTO DE CELSO ANTÔNIO BANDEIRA DE MELLO

Consoante previamente explicitado, este doutrinador criou uma formulação diferenciada para fins de definição dos elementos do ato, de forma mais detalhada do que aquela trazida pelo texto legal e analisada previamente.

Neste sentido, o autor defende que os elementos são intrínsecos ao ato administrativo, ou seja, partes componentes da conduta, não se confundindo com os pressupostos que são extrínsecos ao ato, ainda que necessários à sua edição de forma regular. Estes pressupostos podem ainda ser necessários à existência do ato ou à sua validade.

Assim, são **elementos** do ato administrativo:

a) O **conteúdo**, que corresponde à disposição do ato. De fato, este elemento se configura a consequência imediata da prática do ato administrativo no mundo jurídico. Sendo assim, trata-se do assunto exposto no ato e, por exemplo, o conteúdo da demissão de um servidor é a perda do cargo público

b) A **forma** do ato, que se traduz na exteriorização da vontade do ato administrativo praticado, ou seja, no meio pelo qual o ato administrativo se apresenta aos administrados e aos demais agentes estatais.

Estes elementos são intrínsecos ao ato administrativo, compondo sua estrutura. A ausência de algum deles implica a ausência do próprio ato.

Por sua vez, os pressupostos se dividem em pressupostos de existência do ato, sem os quais, a conduta não se efetivará; e pressupostos de validade, que define a adequação ou não deste ato com o ordenamento jurídico.

Neste sentido, são **pressupostos de existência** dos atos administrativos:

a) O **objeto**, definido, nesta formulação como a coisa ou relação jurídica sobre a qual o ato incidirá. Desse modo, o ato que declara a utilidade pública para fins de desapropriação de um determinado imóvel tem como objeto o próprio imóvel, não se confundindo com o conteúdo do ato que é a vontade manifestada de desapropriar o referido bem. Quando se fala na exoneração de um agente público, o objeto do ato é a relação jurídica funcional que será atingida com a prática do ato, ensejando sua extinção.

A ausência do objeto impede a existência do ato administrativo, por impossibilidade fática no que tange à sua produção de efeitos.

b) **Pertinência da função administrativa**, ou seja, para que a conduta do estado exista, enquanto ato administrativo, deve ser praticada no exercício da função administrativa e não na execução das demais atividades de Estado. Os atos praticados no exercício da função política, por exemplo, são atos da Administração, mas não se configuram atos administrativos, propriamente ditos.

Por seu turno, podem ser elencados como **pressupostos de validade** dos atos administrativos, sendo necessários à regular edição dos mesmos:

a) **Sujeito competente**, também chamado de pressuposto subjetivo. Trata-se de elemento já previamente analisado por meio do qual se determina que o ato administrativo seja praticado, não somente por um agente público, mas sim por alguém que tenha legitimação legal para o exercício daquela determinada atividade. As atribuições são divididas entre órgãos e agentes como forma de garantir uma maior eficiência e especialização para a execução das funções estatais.

b) O **motivo**, enquanto pressuposto objetivo, definido como a situação de fato e de direito que ensejou a prática do ato administrativo. Com efeito, o motivo é a situação prevista em lei que, quando ocorre de fato, justifica a atuação do agente público, definindo os contornos de sua conduta.

c) A **causa**, definida como a correlação lógica entre o motivo e o conteúdo do ato administrativo, no exercício da finalidade pública.

d) A **finalidade**, ou pressuposto teleológico do ato administrativo. Conforme já analisado, não é suficiente que o ato seja praticado com finalidade pública, mas também se exige o respeito ao escopo específico definido para a conduta estatal.

e) A **formalização**, ou pressuposto formalístico que não se confunde com a forma. Enquanto esta é o meio pelo qual o agente deve exteriorizar sua vontade, elemento intrínseco ao ato, aquela se configura pressuposto de validade definida como a condição formal para a expedição do ato. Isso porque alguns atos dependem de formalidade específica, sendo este formalismo necessário à regularidade do ato.

f) **Requisitos procedimentais**. Está presente em alguns atos que, para que sejam regularmente expedidos, devem respeitar a existência de procedimentos anteriores, como é o caso do concurso público que atua como pressuposto necessário à validade da nomeação de um servidor efetivo.

6. ATRIBUTOS DO ATO ADMINISTRATIVO

Os atributos, conferidos por lei, são as prerrogativas de poder público presentes no ato administrativo, em decorrência do princípio da supremacia do interesse público sobre o interesse privado.

Ressalte-se que o princípio da Supremacia do Interesse Público sobre o Privado é basilar do regime jurídico administrativo. Em razão dele, o ato administrativo goza de prerrogativas designadas pela doutrina de atributos, os quais serão estudados.

Essas regras diferenciam os atos administrativos dos demais atos praticados pelo poder público e das atividades de particulares regulamentadas pelo direito privado, sendo também designados como "características dos atos", por parte da doutrina.

Não obstante a inexistência de uma definição uniforme acerca destas características, a doutrina majoritária costuma apontar a presunção de legitimidade e de veracidade dos atos, a imperatividade, coercibilidade e autoexecutoriedade como atributos dos atos administrativos, assim como a tipicidade, também definida por alguns estudiosos da matéria. Analisemos cada um desses aspectos separadamente.

6.1. Presunção de veracidade

Trata-se de prerrogativa presente em todos os atos administrativos. Até prova em contrário – uma vez que a presunção é relativa ou *juris tantum* – o ato administrativo estampa uma situação de fato real, ou seja, o ato goza de fé pública e os fatos apresentados em sua prática presumem-se verdadeiros, em conformidade com os fatos efetivamente ocorridos. Ressalte-se, desta forma, que a presunção de veracidade não é absoluta (ou *juris et jure)*, uma vez que a situação descrita pela conduta do poder público admite prova em contrário pelo particular interessado.

Neste sentido, o Estado não tem o dever de provar todas as situações fáticas descritas no ato, devendo o particular lesado, em muitos casos, comprovar a falsidade das disposições. Com efeito, a presunção de veracidade diz respeito a fatos e causa a **inversão do ônus da prova** dos fatos alegados no ato administrativo.

Diante desta prerrogativa estatal, em alguns casos, podem ser vislumbradas situações em que o particular terá que fazer prova negativa de situações de fato, a fim de afastar a referida presunção. Pode-se citar como exemplo o caso de multa de trânsito, no qual quem foi multado deve comprovar que não cometeu a infração.

6.2. Presunção de legitimidade

No que tange à presunção de legitimidade, trata-se de presunção jurídica, portanto, até prova em contrário, o ato foi editado em conformidade com a lei e com o ordenamento jurídico, configurando-se, mais uma vez hipótese de presunção relativa, que pode ser elidida mediante comprovação do interessado.

Neste caso, o atributo não diz respeito a fatos, mas sim à adequação da conduta com a norma jurídica posta, não havendo qualquer espécie de inversão do ônus probatório, ensejando, no entanto, uma prerrogativa aposta nos atos públicos de que produzirão efeitos regularmente desde a sua publicação, até que haja demonstração de que se configura ato ilícito. Sendo assim, para torná-lo ilegítimo tem o particular a missão de provar não ser o ato administrativo praticado nos moldes definidos pela legislação aplicável. O ato pode ser questionado judicialmente, mas o ônus da prova é do particular que visa à impugnação do ato administrativo.

A doutrina costuma justificar a presunção de legitimidade no fato de que todo ato administrativo é precedido de um processo regular em que serão respeitadas garantias como o contraditório e a ampla defesa, havendo uma tendência a ter sido obediente às disposições legais, além de ser este ato uma manifestação da soberania estatal, praticado pelo agente público, em representação à vontade de toda a coletividade.

Outrossim, o atributo de presunção de legitimidade confere maior celeridade à atuação administrativa, uma vez que, após a prática do ato, esse estará apto a produzir efeitos automaticamente, como se válido fosse, até que se declare sua ilegalidade por decisão administrativa ou judicial.

Alguns doutrinadores consideram que há uma mitigação deste atributo disposta no art. 116, IV da lei 8.112/90. Isso porque, a princípio, todas as ordens emanadas pelos agentes públicos devem ser cumpridas como se legítimas fossem, até que haja prova em contrário. Contudo, o dispositivo legal mencionado permite ao servidor deixar de cumprir uma determinada ordem de seu superior hierárquico, se a considerar ilícita. Com efeito, dispõe o artigo que é dever do servidor, *"cumprir as ordens superiores, exceto quando manifestamente ilegais"*.

6.3. Imperatividade

Todo ato administrativo que cria obrigação ao particular (os chamados atos restritivos), encerra um poder dado à administração pública de, unilateralmente, estabelecer uma obrigação aos particulares – desde que, obviamente, dentro dos limites da lei. Essa imposição de obrigações, independente da vontade do particular, configura o atributo da imperatividade.

Conforme explicitado alhures, trata-se de característica presente somente nos atos administrativos que dispõem acerca de obrigações e deveres aos particulares, ao passo que os atos que definem direitos e vantagens não são imperativos. Dessa forma, a concessão de uma licença para construir em determinado terreno ou a autorização para porte de armas não gozam deste atributo, haja vista configurarem um benefício concedido pelo ente estatal diante de requerimento formulado pelo interessado. O mesmo ocorre em relação aos atos enunciativos. São aqueles por meio dos quais o ente público emite uma opinião acerca de uma determinada situação jurídica ou certifica uma situação de fato, como é o caso do atestado ou da certidão. Tais condutas não determinam qualquer atuação do particular, não gozando do atributo em apreço.

Ressalte-se, ainda, que o atributo da imperatividade estará presente mesmo diante de atos administrativos reputados como inválidos pelo particular, em decorrência da presunção de legitimidade da qual essa atuação se reveste. Sendo assim, enquanto não declarada a ilegalidade do ato praticado, o particular deve cumprir as regras nele expostas.

Logo, nos atos administrativos restritivos, as determinações impostas pelo poder público têm de ser cumpridas, sendo este atributo da imperatividade designado como **poder extroverso** por alguns doutrinadores da matéria. Pode-se citar como exemplo o ato imperativo, impondo obrigação de não fazer, como a proibição de estacionar em determinada via pública, exposto por meio de uma sinalização de trânsito, ou uma obrigação de fazer como uma notificação expedida, nos moldes da lei, para que o particular dê função social à sua propriedade, por meio de parcelamento do terreno ou edificação.

6.4. Exigibilidade

Não sendo cumprida a obrigação imposta pelo ato administrativo, o poder público terá que, valendo-se de meios indiretos de coação, executar indiretamente o ato desrespeitado. Ressalte-se que, nestas situações, diante do descumprimento, o ente estatal se valerá de meios coercitivos, não executando diretamente a norma imposta pelo ato.

A título de exemplo, relembre-se que o ato que veda o estacionamento em determinada via pública é imperativo e, portanto, deve ser cumprido pelo particular independentemente de sua concordância. Neste sentido, caso o particular não respeite a exigência imposta pelo ato, ficará sujeito à aplicação de penalidade de multa. O Estado aplica, então, a penalidade coercitiva, sem necessidade de provimento jurisdicional.

É importante salientar que o exercício deste atributo não dispensa o respeito ao devido processo legal, em que sejam verificados o contraditório e a ampla defesa. Inclusive, tratando do tema, a súmula 312 do Superior Tribunal de Justiça, estabelece que, "*No processo administrativo para imposição de multa de trânsito, são necessárias as notificações da autuação e da aplicação da pena decorrente da infração*".

Sendo assim, mediante processo administrativo regular, o ente estatal poderá estabelecer sanções e medidas coercitivas como forma de exigir do particular o cumprimento das regras impostas por ato anterior.

6.5. Executoriedade ou autoexecutoriedade

Em situações pontuais, a aplicação de meios indiretos de coerção não atende ao interesse público, tornando necessária a aplicação de meios **diretos** de execução dos atos administrativos. Em tais situações, o Estado executa o ato administrativo diretamente, frente ao descumprimento pelo particular. Novamente, salta aos olhos a desnecessidade de recurso ao Judiciário para a prática do ato, podendo ser executado imediatamente. Cite-se o exemplo de um carro que é guinchado por estar estacionado em uma calçada dificultando a circulação dos pedestres, ou impedindo a passagem de uma ambulância.

A grande diferença em relação ao atributo anterior é que, em razão desta característica, o ente público pratica o ato que seria de obrigação do particular, sem a necessidade de participação deste e sem que haja auxílio do Poder Judiciário. Pode-se, inclusive, definir que a executoriedade afasta o controle jurisdicional prévio dos atos administrativos, restando indiscutível a possibilidade de provimento posterior, mediante a propositura de ação pelo particular que se sentiu prejudicado com a determinação do Estado.

Esse atributo não está presente em todos os atos administrativos, dependendo sempre da previsão de lei ou de uma situação de urgência, na qual a prática do ato se imponha para garantia do interesse público.

Ressalte-se, ainda, que, em situações emergenciais, desde que o interesse público justifique a necessidade de uma atuação urgente, sob pena de serem causados prejuízos ao interesse da coletividade, o poder público poderá executar o ato administrativo, sem que tenha havido processo anterior. Nesses casos, após a prática do ato e evitado o dano ao interesse público, será admitido o exercício do contraditório pelo interessado. Trata-se de situação de **contraditório diferido** ou postergado.

Por fim, importa frisar que alguns doutrinadores definem que a autoexecutoriedade é gênero do qual decorrem duas espécies, a saber, a coercibilidade e a executoriedade. Sendo assim, para quem defende este entendimento, a autoexecutoriedade é o poder que a Administração Pública dispõe para fazer cumprir suas determinações de forma direta ou indireta. Trata-se de discussão meramente conceitual, porque as consequências são as mesmas já analisadas.

6.6. Tipicidade

Atributo criado pela doutrina de Maria Sylvia Zanella de Pietro. Nada mais é senão a exigência de que todo ato administrativo esteja previsto em lei, ou seja, corresponda a um tipo legal previamente definido.

Nesse sentido, interessante transcrever o entendimento da autora[18],definindo que *"Tipicidade é o atributo pelo qual o ato administrativo deve corresponder a figuras definidas previamente pela lei como aptas a produzir determinados resultados. Para cada finalidade que a Administração pretende alcançar, existe um ato definido em lei"*.

Em verdade, não se configura prerrogativa concedida ao ente estatal, mas sim limitação para a prática de atos não previamente estipulados por lei. Neste diapasão, pode-se definir como característica decorrente do princípio da legalidade, já analisado nesta obra e que não se confunde com a legalidade imprimida aos particulares, haja vista, no direito público, se aplicar o princípio da subordinação ao texto legal, de todas as atividades praticadas pelo administrador público.

7. FASES DE CONSTITUIÇÃO DO ATO ADMINISTRATIVO

Para que, regularmente, produza efeitos, no mundo jurídico, o ato administrativo, assim como ocorre com aos demais atos jurídicos, deve ultrapassar algumas fases indispensáveis à sua formação e atuação no caso concreto, quais sejam,

a) Perfeição, dependendo o ato, para sua regular constituição do cumprimento de determinadas etapas de formação;

b) Validade, sendo indispensável a prévia determinação disposta em lei para que se admita a conduta dos agentes estatais;

c) Eficácia, ou aptidão para produzir efeitos no mundo jurídico.

18. DI PIETRO,Maria Sylvia Zanella – Direito Administrativo.São Paulo,Atlas,21ª ed.2008

Para uma melhor compreensão da formação do ato, deve ser analisada cada uma destas fases de forma isolada.

7.1. A perfeição

A perfeição ou existência do ato administrativo decorre do cumprimento das etapas necessárias à formação do ato. O ato administrativo é perfeito quando cumpre todos os trâmites previstos em lei para a constituição. Completou o ciclo de formação, tendo sido esgotadas as etapas do seu processo constitutivo.

Isso ocorre porque, consoante já analisado, todo ato administrativo é formalizado por meio de processo administrativo prévio. A formação deste ato depende da prática de todas as fases do processo que a precedem. O ato perfeito não é retratável, mas pode ser revisado e até anulado em face do princípio administrativo da autotutela, estampado nas súmulas 346 e 473 do Supremo Tribunal Federal.

Por sua vez, o ato imperfeito é aquele que ainda está em formação, sem que tenham sido concluídas as etapas definidas em lei para que exista no mundo jurídico.

7.2. A validade

A validade ou regularidade do ato é aferida quando todas as etapas realizadas estiverem de acordo com a lei. Logo, ato válido é aquele que foi criado de acordo com as regras previamente estabelecidas na legislação pertinente. Pode-se dizer, neste ínterim, que a validade é a compatibilidade entre o ato jurídico (*in casu*, ato administrativo) e o disposto na norma legal.

Nesse sentido, relembre-se que, no silêncio da lei, não pode haver atuação administrativa, haja vista a aplicação da estrita legalidade em matéria de Direito Administrativo, não sendo permitido ao agente público atuar sempre que não haja vedação por lei.

No entanto, somente pode ser avaliada a validade de um ato, se ele for ao menos existente (perfeito), tratando-se de segundo plano de análise dos atos administrativos.

7.3. A eficácia

Trata-se da aptidão para produção de efeitos concedida ao ato administrativo. Alguns têm eficácia imediata, logo após a publicação, mas outros podem ter sido editados com previsão de termos iniciais ou condições suspensivas, sendo atos ineficazes, portanto, enquanto a situação de pendência não for resolvida. Por exemplo, a autorização de uso de bem público para realização de uma cerimônia de casamento, na praia, no sábado à noite, só produz efeitos nesta data, ainda que esteja perfeito e válido dias antes.

José dos Santos Carvalho Filho[19], discordando deste entendimento, dispõe que *"se o ato completou seu ciclo de formação, podemos considerá-lo eficaz, e isso ainda que dependa de termo*

19. CARVALHO FILHO, José dos Santos –Manual de Direito Administrativo.Rio de Janeiro, Editora Lúmen Juris, 23ª ed.,2012

ou condição futuros para ser executado. O termo e a condição, como veremos adiante, podem constituir óbices à operatividade do ato, mas nem por isso descaracterizam sua eficácia".

Esse entendimento decorre do fato de que o autor diferencia eficácia de exequibilidade, considerando que esta pode ser obstada por previsão no próprio ato. Com a devida *vênia* ao entendimento do abalizado doutrinador, não nos filiamos a esse posicionamento nesta obra e, por isso, conforme já explicitado, a eficácia se configura a aptidão para produzir efeitos e não estará presente em atos que dependam de eventos futuros para que repercutam no mundo jurídico.

Assim, pode-se definir a condição como evento futuro e incerto e o termo como evento futuro e certo que suspendem a eficácia do ato administrativo, ainda que seja válido. Estes atos perfeitos e válidos que, ainda, não estão aptos a produzir efeitos são designados como **atos administrativos pendentes**.

Os atos administrativos produzem efeitos próprios e impróprios.

Os **efeitos próprios** são os efeitos típicos do ato, configurando o objeto ou conteúdo da conduta estatal. Sendo assim, o efeito principal ou próprio de um ato de desapropriação é a perda do bem público pelo particular.

Por seu turno, os **efeitos impróprios** ou atípicos são aqueles que decorrem, de forma indireta, da prática do ato administrativo, não obstante não esteja estipulado em sua redação e não seja sua intenção inicial. Os efeitos impróprios se dividem em duas espécies, a saber:

a) **Efeito reflexo**: são aqueles efeitos que atingem uma relação jurídica estranha àquela tratada no bojo da conduta estatal, gerando consequências em relação a terceiros não previstos diretamente no ato praticado, como ocorre com o locatário de um imóvel desapropriado que se configura um terceiro, não previsto na relação jurídica instituída entre o poder público e o proprietário desapropriado. Sendo assim, o ato de desapropriação atinge, de forma reflexa, outras pessoas além do titular da propriedade. Outro exemplo pode ser dado em relação à reintegração de servidor público. Se o servidor público A for reintegrado ao cargo de origem, em virtude da anulação do ato de demissão, seja por decisão administrativa ou judicial, terá como efeito reflexo, a recondução do servidor B que se encontra investido naquele cargo.

b) **Efeito prodrômico:** também chamado pela doutrina de efeito preliminar que é o efeito por meio do qual se impõe uma nova atuação administrativa diante do início do ato praticado. Explique-se.

Alguns atos administrativos somente estarão perfeitos após a manifestação de vontade de mais de uma autoridade pública, como é o caso dos atos administrativos compostos e complexos. Dessa forma, quando o primeiro órgão manifesta sua vontade, dando início à formação do ato administrativo, esta conduta tem como efeito impróprio obrigar a manifestação de vontade do segundo órgão. Por exemplo, a aposentadoria de um servidor público depende do ato praticado pelo órgão ao qual o agente se encontra vinculado, somado à aprovação pelo respectivo Tribunal de Contas. No momento em que o órgão pratica o ato que dá início à formação da aposentadoria, surge o poder-dever de manifestação do Tribunal que pode, inclusive, discordar do ato anterior, mas não se deve manter inerte.

O efeito prodrômico determina a quebra da inércia administrativa, quando, estando o ato em formação, a vontade que dá início à sua perfeição é manifestada.

Verifica-se, portanto, que tanto o ato jurídico válido, quanto o inválido podem ou não produzir efeitos automaticamente. Um ato jurídico inexistente, como no caso de um ato putativo, produz efeitos no mundo jurídico, embora o faça de forma limitada. Esse é o entendimento defendido por Marçal Justen Filho[20] ao dizer que:

> "...até mesmo um ato jurídico inexistente [...[pode produzir efeitos jurídicos, tal como se passa no caso do chamado casamento putativo. [...[Essa representação não significa que todos os atos são igualmente eficazes. Não indica que os atos jurídicos inexistentes produzem efeitos jurídicos idênticos aos decorrentes de atos jurídicos validos. O que se afirma que os atos jurídicos inexistentes e os jurídicos inválidos podem ser dotados de alguma eficácia. Portanto, a existência e a validade não são requisitos para alguma eficácia".

A eficácia de um ato administrativo está adstrita, portanto, ao quanto determinado pelo ordenamento jurídico ou pelo próprio ato, que, certas vezes, subordina sua operacionalidade ao acontecimento de certos eventos. No plano da eficácia, o ato administrativo será eficaz se não estiver sujeito à condição, termo ou publicação.

Saliente-se ainda que um ato administrativo perfeito pode ser eficaz, ainda que inválido, em face da presunção de legitimidade conferidas a ele, a qual estipula que, enquanto não provada sua ilegalidade, produzirá efeitos regularmente.

7.4. Atos após a formação

Analisadas as regras anteriores, é possível que o ato administrativo seja:

a) **Perfeito, válido e eficaz**: sempre que, após o cumprimento das etapas de sua formação, já estiver apto a produzir efeitos, sendo que a conduta foi praticada dentro dos limites definidos pela lei.

b) **Perfeito, válido e ineficaz**: ocorre em situações nas quais o ato cumpriu todas as etapas de formação e foi expedido em conformidade com a lei, mas não está apto a produzir efeitos por depender de termo ou condição, ou, ainda, por falta de publicidade devida e necessária à sua eficácia. A doutrina costuma designá-los como atos administrativos pendentes, consoante já explicitado. É o exemplo de permissão de uso de bem público para realização de uma feira de artesanato, concedida em dezembro para acontecimento da feira em fevereiro do ano seguinte.

c) **Perfeito, inválido e eficaz**: trata-se de situação peculiar em que o ato administrativo não corresponde às normas legais definidas para sua prática, todavia produzirá efeitos até que seja declarada sua irregularidade. A hipótese anômala decorre da existência do atributo de presunção de legitimidade, decorrente da supremacia do interesse público e que determina que a conduta estatal produza efeitos regularmente até que sua nulidade seja reconhecida pela Administração Pública.

20. JUSTEN FILHO,Marçal – Curso de Direito Administrativo.São Paulo:Forum, 14ª ed.2009

d) **Perfeito, inválido e ineficaz**: sempre que a ilegalidade do ato for demonstrada, quando então não poderá produzir efeitos contrários àqueles definidos na legislação que trata de sua edição.

Por fim, importa ressaltar que, após a produção de todos os efeitos que estavam definidos em seu bojo, costuma-se definir o ato estatal como **ato administrativo consumado**. Neste caso, não somente o ato é perfeito, válido e eficaz, como não tem mais efeitos a serem produzidos, haja vista já terem sido exauridos pelo agente.

8. CLASSIFICAÇÃO DOS ATOS ADMINISTRATIVOS

A classificação dos atos administrativos é feita como forma de agrupar algumas espécies de atos com características similares, de forma a facilitar sua análise e estudo, além de definir regras específicas aplicadas para cada um destes grupos e não estendida aos demais.

A doutrina pátria estabelece várias formas de classificação para as condutas emanadas do Estado, sendo necessário tratar daquelas consideradas mais relevantes.

8.1. Quanto ao grau de liberdade, os atos se dividem em vinculados e discricionários

Esta classificação já foi analisada em tópico específico, no qual se definiu, em apertada síntese, que os **atos vinculados** são aqueles definidos em lei que não confere ao agente público qualquer margem de escolha. De fato, nestes casos, a lei que regulamenta a edição do ato, dispõe acerca de todos os seus elementos, com critérios objetivos, impedindo o administrador de se manifestar de forma diversa, com a intenção de perseguir o interesse público. Se forem preenchidos os requisitos definidos na norma aplicável, o agente público tem o dever de praticar o ato, não podendo se eximir de sua responsabilidade.

Por sua vez, os atos discricionários, não obstante estejam regulamentados por lei, admitem uma análise de pressupostos subjetivos pelo agente estatal. Com efeito, nestes casos, a lei confere ao administrador público uma margem de escolha em relação à forma ou momento de atuação, dentro dos limites estipulados pela legislação. A discricionariedade também se funda na lei, de forma que não configura liberdade total ao servidor público para a prática da conduta que entenda mais conveniente.

8.2. Quanto à formação, os atos administrativos podem ser divididos em simples, complexos ou compostos

Aqui, trata-se de uma classificação que encontra algumas divergências doutrinárias, em virtude do caráter eminentemente teórico da matéria. Dessa forma, deve-se buscar resumir o entendimento apresentado pela maioria dos estudiosos.

O ato **simples** é aquele que, para sua formação, depende de única manifestação de vontade. Logo, a manifestação de vontade de um único órgão, ainda que se trate de órgão colegiado, torna o ato perfeito. Assim, a vontade para formação do ato deve ser unitária, sendo ela obtida por meio de uma votação em órgão colegiado, ou manifestação de um agente, em órgãos singulares.

O ato **composto**, para sua perfeição, depende de mais de uma manifestação de vontade. Neste caso, os atos são compostos por uma vontade principal (ato principal) e a vontade que ratifica esta (ato acessório). Composto de dois atos, geralmente decorrentes do mesmo órgão público, em patamar de desigualdade, devendo o segundo ato seguir a sorte do primeiro.

Podem ser citados como exemplos, os atos administrativos que dependem, para sua regular formação, de visto ou homologação de outras autoridades, que deverão verificar se a primeira vontade foi emitida de forma válida. Saliente-se que, para o ato administrativo se qualificar como composto, a segunda vontade manifestada deve ser acessória – dependente – da primeira vontade.

Os atos compostos não se confundem com o processo administrativo, uma vez que neste se concatenam vários atos para um provimento final, decorrente de uma única manifestação de vontade, enquanto que aquele se configura pela soma de duas manifestações de vontades diversas, ensejando a perfeição de um ato.

O ato complexo, por sua vez, é formado pela soma de vontades de órgãos públicos independentes, em mesmo nível hierárquico, de forma que tenham a mesma força, não se podendo imaginar a dependência de uma em relação à outra. Neste caso, os atos que formarão o ato complexo serão expedidos por órgãos públicos diferentes, não havendo subordinação entre eles.

Pode-se citar como exemplo a nomeação de Procurador da Fazenda Nacional, na qual o Advogado Geral da União e o Ministro da Fazenda manifestam vontades, por meio da edição de uma Portaria conjunta. É que as vontades manifestadas, que são absolutamente independentes, unem-se para a formação de um único ato.

Sendo assim, a diferença entre os atos complexos e compostos decorre do fato de que, a despeito de serem atos que dependem de mais de uma vontade para sua formação, no ato complexo, estas vontades são expedidas por órgãos independentes, para a formação de um ato, enquanto que no ato composto, haverá a manifestação de autoridades diversas, dentro de uma mesma estrutura orgânica, sendo que uma das condutas é meramente ratificadora e acessória em relação à outra.

→ ATENÇÃO

Atualmente, é majoritário, na doutrina e na jurisprudência, o entendimento de que a aposentadoria de servidor público se configura como ato complexo, haja vista depender da atuação do órgão a que o agente é subordinado e da aprovação do Tribunal de Contas (que é uma vontade independente da primeira, por se tratar de órgãos diversos, sem subordinação ou hierarquia).

Inclusive, em virtude deste entendimento, a não aprovação pelo Tribunal de Contas do ato de aposentadoria não é considerado novo ato, mas sim impedimento da perfeição do ato de aposentadoria, não dependendo sequer de garantia de contraditório. Neste sentido, a Súmula Vinculante n. 3, abaixo transcrita:

Súmula Vinculante n. 3: *Nos processos perante o Tribunal de Contas da União asseguram-se o contraditório e a ampla defesa quando da decisão puder resultar anulação ou revogação de ato administrativo que beneficie o interessado, excetuada a apreciação da legalidade do ato de concessão inicial de aposentadoria, reforma e pensão.*

Salienta-se, no entanto, que o entendimento jurisprudencial e doutrinário é firme no sentido de que a inércia do Tribunal de Contas por mais de 5 (cinco) anos enseja a aprovação tácita da aposentadoria, razão pela qual, a anulação deste ato posterior depende de processo com prévio contraditório.

O tema tem sido alvo das provas de concurso, inclusive, conforme pode se verificar:

▶ **COMO FOI COBRADO NA 2ª FASE DO CONCURSO**

(TJ-GO – Juiz de Direito - GO/2012) A aposentadoria do servidor público, por ser ato administrativo complexo, somente se aperfeiçoa com a sua confirmação pelo respectivo Tribunal de Contas, a respeito dos pressupostos do ato administrativo. Assim, o processo administrativo de registro de aposentadoria e pensões está jungido ao prazo decadencial prescrito pela Lei n. 9.784/99? Incidem as garantias de ampla defesa e do contraditório?

8.3. Quanto aos destinatários, os atos podem ser gerais ou individuais

Os **atos gerais** são aqueles que se referem a uma quantidade indeterminada de pessoas, com caráter abstrato e impessoal. Com efeito, o ato geral não se destina a pessoas específicas, mas descreve uma situação de fato, tornando todos aqueles que se enquadram nesta situação obedientes aos termos expostos no ato. Por exemplo, a Administração estabelece uma norma interna determinando que todos os servidores lotados em determinado órgão devem utilizar fardamento. Verifique que o ato não individualiza os sujeitos que ele pretende atingir e, por isso, terá aplicação ampla a todos que se enquadrarem na descrição apresentada.

Os atos gerais dependem de publicação para que estejam aptos a produzir efeitos e prevalecem sobre as condutas individuais, definindo padrões de comportamentos a serem observados pelos administradores públicos.

Os **atos individuais** se referem a determinados indivíduos, especificados no próprio ato. Nesses casos, não há uma descrição geral de atividade ou situação, mas sim a discriminação específica de quais agentes ou particulares se submetem às disposições da conduta.

Ressalte-se que o ato individual pode-se referir a vários indivíduos, mas eles estarão todos explicitados no ato administrativo. Por exemplo, a nomeação de candidatos (ainda que sejam muitos os candidatos) para assunção de determinado cargo público não são normas gerais, uma vez que previamente estipulam os indivíduos a serem atingidos pela atuação estatal.

Em tal caso, costuma-se dividir os atos individuais em **atos múltiplos** (que se referem a mais de um destinatário que ficarão sujeitos ás disposições do ato) e **atos singulares** (que se destinam a um único sujeito definido na conduta).

8.4. Quanto ao objeto, os atos administrativos podem ser atos de império, de expediente ou atos de gestão

Os **atos de império** são aqueles nos quais a Administração atua com prerrogativa de Poder Público, valendo-se da supremacia do interesse público sobre o interesse privado. Na execução destas atividades, o poder público impõe obrigações, aplica penalidades, sem a necessidade de determinação judicial, em virtude da aplicação das regras que exorbitam o direito privado, sempre na busca do interesse da coletividade. Por óbvio, caso tenham sido praticados em desrespeito às normas vigentes, poderão ser anulados pela própria Administração Pública ou pelo Poder Judiciário, sendo ainda possível a sua revogação por razões de interesse público, desde que devidamente justificadas. Podem ser citados como exemplos, os autos de infração decorrentes de descumprimento das regras de trânsito ou a interdição de um restaurante que não obedeceu às normas de vigilância sanitária exigidas para aquela atividade.

Por seu turno, os **atos de gestão** são executados pelo poder público sem as prerrogativas de Estado, atuando a Administração em situação de igualdade com o particular. Em tais casos, a atividade é regida pelo direito privado, não se valendo o ente estatal das prerrogativas inerentes à supremacia do interesse público. São condutas que não impõem restrições e não admitem que o Estado se valha de meios coercitivos para sua execução. Podem ser dados como exemplos, a alienação de um imóvel público inservível, ou a doação sem encargo de determinado bem não destinado às finalidades do órgão.

Os **atos de expediente** são aqueles praticados como forma de dar andamento à atividade administrativa, sem configurar uma manifestação de vontade do Estado, mas sim a execução de condutas previamente definidas. Exemplificando, é ato de expediente o despacho que encaminha um processo administrativo para julgamento.

8.5. Quanto à estrutura, os atos podem ser concretos ou abstratos

Os **atos concretos** são praticados com a finalidade de resolver uma situação específica, exaurindo seus efeitos em uma única aplicação, não perdurando após a prática e execução da conduta, como ocorre com a aplicação de uma multa de trânsito ou na aplicação de uma penalidade de demissão a um servidor público faltoso.

Os **atos abstratos** são aqueles que definem uma regra genérica que deverá ser aplicada sempre que a situação descrita no ato ocorrer de fato. Nesses casos, a conduta estatal tem efeitos permanentes, aplicando-se, todas as vezes em que seja reproduzida a hipótese fática nela prevista, ensejando efeitos de caráter genérico a um número indeterminado de destinatários. Pode-se citar como exemplo a expedição de uma circular que define o horário de funcionamento de uma repartição pública, ou o decreto que proíbe o estacionamento em determinada via pública.

8.6. Quanto aos efeitos, os atos se dividem em constitutivos e declaratórios

Os **atos constitutivos** são aqueles que criam uma situação jurídica nova, previamente inexistente, mediante a criação de novos direitos ou a extinção de prerrogativas anteriormente estabelecidas, como é o caso da exoneração de um servidor público e da autorização para uso de bem público a um particular que pretende montar um circo na cidade.

Por sua vez, os **atos declaratórios** afirmam um direito preexistente, mediante o reconhecimento de situação jurídica previamente constituída. Neste sentido, os atos declaratórios têm efeitos retroativos, haja vista o fato de que não constituem situações, mas tão somente as apresentam, como ocorre com o ato de aposentadoria compulsória de um servidor público federal. Com efeito, esta situação está definida no momento em que o agente completou 75 (setenta e cinco) anos de idade, sendo o ato posterior, mera declaração da situação preexistente.

8.7. Quanto aos resultados na esfera jurídica os atos podem ser ampliativos ou restritivos

Os **atos ampliativos** são aqueles que atribuem direitos e vantagens aos seus destinatários, normalmente, concedendo vantagens previamente requeridas pelo interessado, como é o caso de um ato de permissão de uso de bem público ou uma licença para reforma de um determinado imóvel privado.

Já os **atos restritivos** são atos que impõem obrigações ou aplicam penalidades aos destinatários, sempre, dentro dos limites da lei, como é o caso de uma multa de trânsito aplicada ao sujeito que ultrapassou o limite de velocidade permitido em uma determinada via pública, ou a norma geral que impede que se fume em ambientes fechados.

8.8. Quanto ao seu alcance, os atos administrativos podem ser internos ou externos

Os **atos internos** produzem efeitos dentro da estrutura da Administração Pública responsável por sua edição, estabelecendo normas que obrigam os agentes públicos e órgãos de determinado ente estatal, não atingindo pessoas estranhas à organização administrativa interna.

Como regra, não dependem de publicação oficial, haja vista sua destinação interna àqueles que estão vinculados à estrutura orgânica da entidade. Podem ser citados, a título de exemplo, a circular que exige que os servidores de um órgão utilizem fardas, ou a ordem de serviço que divide a atividade interna de um órgão.

Os **atos externos** produzem efeitos em relação aos administrados, estranhos à estrutura da Administração Pública, dependendo, por este motivo, de publicação em órgão oficial para conhecimento de toda a sociedade que será atingida pelas regras definidas, como é o caso do decreto que define o limite máximo de velocidade para se transitar em uma avenida.

Alguns doutrinadores ainda tratam de atos administrativos divididos com base na manifestação de vontade, em **bilaterais e unilaterais**. Ocorre que adotamos o entendimento de que os atos bilaterais, sejam eles contratos, convênios ou consórcios, não ostentam a qualidade de ato administrativo, propriamente considerado.

9. ESPÉCIES DE ATOS ADMINISTRATIVOS

As várias espécies de atos administrativos não estão definidas em lei com critérios objetivos, o que enseja algumas divergências doutrinárias. Todavia, para facilitar o estudo e compreensão de cada uma destas espécies, analisaremos os atos dentro de uma classificação que toma por base os efeitos deste ato no mundo jurídico.

9.1. Atos normativos

São atos gerais e abstratos que geram obrigações a uma quantidade indeterminada de pessoas, dentro dos limites da lei. O ato normativo enseja a produção de normas gerais, sempre inferiores aos comandos legais, não podendo inovar no ordenamento jurídico. Tais atos são decorrência do poder normativo de estado, editados para fiel execução das leis, consoante já estudado nesta obra, admitindo-se a presença de algumas espécies.

I – Regulamento: trata-se de ato normativo privativo do chefe do Poder Executivo, apresentado por meio da expedição de um Decreto. Em outras palavras, pode-se dizer que o Decreto é a forma do regulamento.

Os regulamentos são atos privativos do chefe do Poder Executivo conforme previsão do art. 84, IV da Constituição Federal. Em que pese este artigo da Constituição da República fazer alusão ao Presidente da República, pelo Princípio da Simetria, este poder é extensivo aos outros chefes do executivo (governador, prefeito, interventores). No que tange aos Regulamentos ou Decretos Regulamentares, a doutrina comparada os divide em duas espécies, a saber.

a) **Regulamentos executivos**: são aqueles editados para a fiel execução da lei. Trata-se de ato administrativo que não tem a intenção de inovar o ordenamento jurídico, sendo praticado unicamente para complementação do texto legal. Caso inove o ordenamento jurídico haverá violação ao Princípio da legalidade. Tratam-se, portanto, de atos normativos que complementam os dispositivos legais, não trazendo inovação na ordem jurídica, com a criação de direitos e obrigações. A submissão à lei é inerente a esses atos, inclusive, em respeito ao disposto no art. 5º, II da Carta Magna que proíbe a qualquer ato normativo que não a lei a inovação jurídica com a criação e extinção de direitos.

b) **Regulamentos autônomos:** atuam substituindo a lei e tem o condão de inovar o ordenamento jurídico, determinando normas sobre matérias não disciplinadas em mediante previsão legislativa. Dessa forma, podem ser considerados atos expedidos como substitutos da lei e não facilitadores de sua aplicação, uma vez que são editados sem contemplar qualquer previsão legal anterior.

O ordenamento jurídico brasileiro assiste a uma grande divergência acerca da possibilidade ou não de serem expedidos regulamentos autônomos, em virtude do princípio da legalidade, estampado como corolário do Sistema Constitucional.

Alguns estudiosos da matéria, seguindo um entendimento mais tradicional, dispõem que os decretos devem ser expedidos somente para fiel execução da lei. O art. 84, IV da CF dispõe que ao Presidente da República compete, privativamente, a expedição de decretos e regulamentos para fiel execução da lei, deixando evidente o caráter executivo destes atos normativos. Da mesma forma, o art. 25 do Ato das Disposições Constitucionais Transitórias – ADCT, revogou, a partir de 180 dias da promulgação da Carta Magna, os dispositivos legais que atribuam ou deleguem ao Poder Executivo, competência assinalada, pelo texto da Constituição, ao Congresso Nacional.

Ao obstante este entendimento, a Constituição Federal foi alterada em 2001, por meio da edição da Emenda Constitucional n. 32, passando a estabelecer, em seu art. 84, inciso VI, a competência do Presidente da República para, por meio de Decretos, determinar a extinção de cargo público vago e tratar da organização administrativa, desde que não implique em aumento de despesas e não crie órgãos públicos.

Neste sentido, a doutrina majoritária vem se posicionando no sentido de que, com a inserção deste inciso, existem, no Brasil, duas únicas hipóteses de regulamentos autônomos constitucionalmente admitidos.

O Superior Tribunal de Justiça adota o mesmo entendimento, já apresentado, ao analisar o REsp 584.798/PE – Primeira Turma, julgado em 04/11/2004 e publicado no DJ de 06/12/2004, quando estabeleceu que são *"os regulamentos autônomos vedados no ordenamento jurídico brasileiro, a não ser pela exceção do art. 84, VI da Constituição Federal"*.

Dessa forma, em consonância com o entendimento majoritário da doutrina e jurisprudência brasileiras, só são admissíveis duas espécies de Regulamentos Autônomos no ordenamento jurídico pátrio, quais sejam, as duas situações previstas no art. 84, VI da Carta Magna. São exceções à regra geral de que o chefe do Poder Executivo edita decretos para fiel execução da lei, sem o caráter de inovação da ordem jurídica.

A matéria já foi objeto de análise mais aprofundada no capítulo referente aos poderes administrativos, ao qual se remete o leitor.

II – Aviso: é ato normativo expedido pelos órgãos auxiliares diretos do Poder Executivo, sejam os Ministérios ou Secretarias estaduais e municipais. Normalmente é ato utilizado para dar conhecimento à sociedade de determinados assuntos ligados à atividade fim daquele órgão. Alguns doutrinadores o consideram espécie de ato ordinatório.

III – Instrução normativa: trata-se de atos expedidos por quaisquer autoridades públicas ou órgãos públicos que tenham atribuição legal para a execução de decretos e regulamentos; São muito comuns, por exemplo, as instruções normativas expedidas pela Secretaria da Receita Federal do Brasil para estabelecer normas referentes às suas atividades.

IV – Regimento: configura-se ato normativo para definição de normas internas, estabelecendo as regras a serem obedecidas para o regular funcionamento de órgãos colegiados, não estendendo seus efeitos aos particulares não vinculados à estrutura organizacional da entidade responsável por sua edição.

V – Deliberações: trata-se de ato normativo expedido pelos órgãos colegiados, como representação de vontade da maioria dos agentes que o representam.

VI – Resolução: ato normativo dos órgãos colegiados, usados pelos Poderes Legislativo e Judiciário, e pelas Agências Reguladoras, para disciplinar matéria de sua competência específica.

As agências reguladoras, conforme explicitado, possuem poder normativo que se restringe ao âmbito técnico da prestação do serviço e expedem os atos por meio de manifestação do seu Conselho Diretivo.

9.2. Atos ordinatórios

São atos de ordenação e organização interna que decorrem do poder hierárquico. Organizam a prestação do serviço, por meio de normas que se aplicam internamente aos órgãos pertencentes à estrutura administrativa, ensejando a manifestação do Poder Hierárquico da Administração, não atingindo terceiros, alheios à estrutura do Estado.

Logo, serão sempre destinados a produzir efeitos, somente no âmbito da Administração Pública. Os atos internos NÃO geram direitos adquiridos a seus destinatários. Podem ser revogados a qualquer tempo por quem os expediu. Analisemos cada uma das espécies de atos ordinatórios e suas principais características.

I – Portaria: trata-se de ato administrativo individual que estipula ordens e determinações internas e estabelece normas que geram direitos ou obrigações internas a indivíduos específicos. Não pode ser confundida com as circulares e instruções pelo fato de que é direcionada a indivíduos especificados no próprio ato administrativo, não tendo aplicação geral e abstrata por meio da definição de situação fática.

Podem ser citadas, como exemplos, a portaria de remoção de servidores ou portaria de vacância, ou ainda a portaria que nomeia um servidor público para o exercício de uma determinada função de confiança.

II – Circular: é ato expedido para a edição de normas uniformes a todos os servidores, subordinados a um determinado órgão. Não define atividade individual, mas sim regras gerais, dentro da estrutura administrativa, como, por exemplo, o horário de funcionamento da repartição pública assim como a utilização de farda pelos servidores lotados em determinados órgãos.

III – Ordem de Serviço: configura conduta estatal com a finalidade de distribuir e ordenar o serviço interno do órgão, escalonando entre os setores e servidores vinculados àquela determinada entidade, como o ato que determina que o setor X, composto pelos servidores Y e Z, ficará responsável pela execução da atividade W.

IV – Despacho: trata-se de ato administrativo por meio do qual as autoridades públicas proferem decisões acerca de determinadas situações específicas, de sua responsabilidade funcional, sejam elas decisões finais ou interlocutórias, prolatadas no bojo de processos administrativos que visem à solução de regras individuais ou normas gerais.

V – Memorando: configura-se ato de comunicação interna, ou seja, entre agentes de um mesmo órgão público, para fins de melhor executar a atividade pública, com a troca de informações e documentos relevantes e realização de solicitações, desde que feito entre setores de uma mesma estrutura orgânica.

VI – Ofício: é ato emanado para garantir a comunicação entre autoridades públicas ou entre estas e particulares, destinados à comunicação externa, também podendo ser utilizado com a intenção de encaminhar informações ou efetivar solicitações. É possível, por exemplo, que seja emitido um ofício a um banco, requerendo informações acerca de determinada conta.

9.3. Atos negociais

São aqueles atos por meio dos quais a administração concede direitos pleiteados por particulares. Trata-se de direito outorgado pelo Estado, em virtude de requerimento do cidadão regularmente formulado. A doutrina costuma dizer que, nos atos negociais, a manifestação de vontade do Estado coincide com o interesse do particular, sendo que, na verdade, a manifestação de vontade do ente estatal decorre de requerimento do sujeito beneficiado.

Não se trata de contrato administrativo, haja vista emanar de vontade unilateral do poder público, mesmo que diante de uma situação de interesse do destinatário; e não goza de imperatividade ou coercibilidade porque não estabelece obrigações ou aplica penalidades, mas sim garante a concessão de um benefício, dentro dos limites da lei. Trata-se de ato administrativo ampliativo, acrescentando na esfera jurídica do sujeito.

Devem ser analisadas algumas espécies destes atos, iniciando-se pela diferenciação entre licença, autorização e permissão. De antemão, cumpre ressaltar que estas três espécies de atos negociais são formalizadas por meio de **alvará**. De fato, o alvará é a forma do ato de consentimento, variando de acordo com o seu conteúdo, podendo ser considerado um alvará de licença ou um alvará de autorização, ou ainda, de permissão.

I – Autorização: É ato discricionário e precário por meio de que a Administração Pública autoriza o uso de bem público por um particular de forma anormal ou privativa, no interesse eminentemente do beneficiário e também é ato discricionário e precário através do qual o Poder Público concede ao particular o exercício de determinadas atividades materiais que dependem de fiscalização (exercício do poder de polícia), como por exemplo, a autorização de porte de arma ou para funcionamento de uma escola privada.

Portanto, existem duas espécies de autorização: a autorização de uso de bem público e a autorização de polícia, sendo que, em ambos os casos, a natureza precária se sobressai, ou seja, o ato pode ser desfeito sem qualquer direito à indenização ao particular beneficiado.Vejamos.

- **Autorização de uso de bem público** – para uso de forma anormal e privativa de determinado bem público, por um particular, quando o Estado vai analisar se esta utilização não viola o interesse coletivo de utilização normal deste bem. No caso de utilização normal de bem público (de acordo com sua funcionalidade) pelo particular não é preciso autorização, como ocorre em casos nos quais o particular pretende passear na rua ou na praça. Dessa forma, é livre o uso normal ou natural. **Mas o emprego anormal ou privado do bem público como, por exemplo, colocar mesa no passeio público ou realizar uma festa de casamento na praia, restringindo, dessa forma, o bem do uso normal pelos outros requer a manifestação do Poder Público, para que consinta tal restrição.** A isso se denomina uso especial de bem público.
- **Autorização de Polícia.** A autorização de polícia é o ato necessário para que o particular possa exercer atividades fiscalizadas pelo Estado, dada a sua relevância social ou o perigo que pode ensejar à coletividade. Por exemplo, depende de autorização pública a concessão do porte de arma, assim como a abertura de escola privada, dentre outros.

Ressalte-se que, em ambas as situações descritas, a autorização é ato discricionário e precário. Logo, **pode, a qualquer tempo, ser desfeito sem direito à indenização, não gerando direito adquirido** aos beneficiários[21].

II – Permissão: Também ostenta a qualidade de ato discricionário e precário e é veiculada para conceder ao particular o uso de determinado bem público, de forma anormal ou privativa.

---

21. Nesse sentido, o Superior Tribunal de Justiça já decidiu. Vejamos:
PROCESSUAL CIVIL. RECURSO ORDINÁRIO EM MANDADO DE SEGURANÇA. ATO ADMINISTRATIVO. PERMISSÃO DE USO DE IMÓVEL MUNICIPAL POR PARTICULAR. NATUREZA PRECÁRIA E DISCRICIONÁRIA. POSSIBILIDADE DE CANCELAMENTO. PREVISÃO CONTRATUAL. AUSÊNCIA DE DIREITO LÍQUIDO E CERTO.
1. A autorização de uso de imóvel municipal por particular é ato unilateral da Administração Pública, de natureza discricionária, precária, através do qual esta consente na prática de determinada atividade individual incidente sobre um bem público. Trata-se, portanto, de ato revogável, sumariamente, a qualquer tempo, e sem ônus para o Poder Público.
2. Como a Administração Pública Municipal não mais consente a permanência da impetrante no local, a autorização perdeu sua eficácia. Logo, não há direito líquido e certo a ser tutelado na hipótese dos autos.
3. Comprovação nos autos da existência de previsão contratual no tocante ao cancelamento da permissão debatida.
4. Recurso não provido.
RMS 16280 / RJ RECURSO ORDINARIO EM MANDADO DE SEGURANÇA 2003/0060932-1. DJ 19.04.2004 p. 154

Isso porque a permissão de serviço público, que será estudada, em momento oportuno, tem natureza de contrato administrativo, nos termos estabelecidos no art. 40 da Lei 8.987/95. Neste sentido, José dos santos Carvalho Filho[22] esclarece que "*a nova postura legal, portanto, descartou a permissão de serviços públicos como ato administrativo, da forma clássica como era considerada*".

Sendo assim, dada a natureza contratual da permissão de serviço público, resta ao estudo dos atos administrativos, a análise acerca da permissão de uso de bem público. A princípio, pela simples leitura do conceito atribuído aos atos denominados de permissão e autorização de uso de bem público, poder-se-ia chegar a uma conclusão equivocada de que possuem identidade.

Para dirimir as dúvidas porventura existentes, serão apresentadas a seguir as diferenças entre elas. Vejamos.

- A autorização, para a doutrina mais tradicional, é ato adequado para uso de bem público em situações mais transitórias, como no caso de uma festa ocasional que requer o fechamento da rua ou até mesmo um luau que será realizado em uma praia, ao passo em que a permissão tem um caráter mais permanente ou duradouro que a espécie anteriormente referida, podendo ser citada como exemplo a situação de uma banca de revistas a ser colocada em uma determinada calçada, ou uma feira de artesanato a ser realizada em praça pública.
- Para a doutrina mais moderna, a autorização de uso é concedida, no interesse do particular, enquanto a permissão é sempre concedida no interesse público. Saliente-se ainda que a permissão de uso, não obstante tenha natureza de ato discricionário, deve ser precedida de licitação.

Por fim, importa salientar que, em determinadas situações, a permissão de uso é concedida por prazo determinado, situação na qual estará mitigada a precariedade, sendo impedido o poder público de revogar este ato sem que seja devida indenização ao particular beneficiado. Com efeito, a definição de prazo vincula a Administração que não pode contrariar seus próprios atos, ou seja, se veda o *venire contra factum proprium*.

Por fim, embora se trate de ato discricionário e unilateral, sempre que houver mais de um interessado em usufruir do benefício, como forma de se garantir a impessoalidade da conduta estatal, deve ser realizado o prévio procedimento licitatório. Não obstante se trate de matéria controversa, este é o entendimento estampado na jurisprudência dos tribunais superiores, conforme se depreende do julgado abaixo transcrito.

> Ementa: PROCESSUAL CIVIL. AUSÊNCIA DE PREQUESTIONAMENTO. SÚMULAS N.282 E 356 DO STF. PERMISSÃO DE USO. PRECARIEDADE. REVOGAÇÃO. INEXISTÊNCIA DE DIREITO INDENIZATÓRIO. 1. O requisito do prequestionamento é indispensável, por isso que veda-se a apreciação, em sede de Recurso Especial, de matéria sobre a qual não se pronunciou o tribunal de origem. 2. É que o artigo 159 do CCB não foi prequestionado, e na forma da Súmula 356/STJ "o ponto omisso da decisão, sobre o qual não foram opostos embargos declaratórios, não pode ser objeto de recurso extraordinário, por faltar o requisito do prequestionamento" (Súmula n. 356/STJ). 3. A título de argumento obiter

22. CARVALHO FILHO,José dos Santos – Manual de Direito Administrativo. Rio de Janeiro:Lumen Juris,23ª ed,2012

dictum, a revogação do direito de ocupação de imóvel público, quando legítima, de regra, não dá margem a indenização. Com efeito, quando existe o poder de revogar perante a ordem normativa, sua efetivação normalmente não lesa direito algum de terceiro (Curso de Direito Administrativo, Editora Malheiros, 18ª Edição, página 424). 4. In casu, consoante assentado no acórdão objurgado o recorrido só poderia outorgar o uso de área de suas dependências mediante o devido título jurídico, a saber, autorização, permissão ou concessão, título este que a autora não comprovou possuir. 5. **A Permissão de uso de bem público é ato unilateral, precário e discricionário quanto à decisão de outorga, pelo qual se faculta a alguém o uso de um bem público. Sempre que possível, será outorgada mediante licitação ou, no mínimo, com obediência a procedimento em que se assegure tratamento isonômico aos administrados** (como, por exemplo, outorga na conformidade de ordem de inscrição) (Curso de Direito Administrativo, Editora Malheiros, 18ª Edição, páginas 853/854). 6. O art. 71 do Decreto-lei 9.760 /46, prevê que "o ocupante de imóvel da União sem assentimento desta, poderá ser sumariamente despejado e perderá, sem direito a qualquer indenização, tudo quanto haja incorporado ao solo, ficando ainda sujeito ao disposto nos arts. 513, 515 e 517 do Código Civil". 7. A falta da comprovação da outorga do instrumento jurídico adequado para justificar o uso privativo de área de bem de uso especial da Administração, a demonstrar a regularidade da ocupação do local em que a recorrente montou o seu salão de beleza, restou assentada na Corte de origem, situação fática insindicável nesta seara processual ante o óbice da Súmula 7/STJ. 8. Recurso Especial não conhecido.

STJ – RECURSO ESPECIAL REsp 904676 DF 2006/0258994-4 (STJ)

Data de publicação: 15/12/2008

A doutrina majoritária também se posiciona no sentido de que a licitação deve ser realizada para os atos de permissão de uso de bem público.

III – Licença: é ato de polícia; aquele por meio de que o Poder Público permite a realização de determinada atividade sujeita à fiscalização do Estado. Trata-se de ato vinculado e é concedida desde que cumpridos os requisitos objetivamente definidos em lei. Com efeito, por se tratar de ato vinculado, caso o particular preencha os requisitos legais, adquire o direito subjetivo à concessão da licença. Podem ser citados como exemplos a licença para construir e reformar e a licença para o exercício de atividade profissional.

Em relação à licença para construção, existe uma discussão acerca da possibilidade de revogação da prerrogativa. Isso ocorre porque, a princípio, a doutrina se posiciona no sentido de que não é possível a revogação de atos vinculados, haja vista o fato de que a revogação decorre de análise de pressupostos de conveniência e oportunidade, o que não se admite para atos previstos em lei sem margem de escolha.

Ocorre que, no que tange ao ato de licença para construções e reformas, a doutrina e a jurisprudência se firmaram no sentido de que é possível a sua revogação desde que justificada por razões e interesse público superveniente, sendo que, nesses casos, o ente estatal deverá indenizar o particular pelos prejuízos comprovados. Neste sentido, já se posicionou o Superior Tribunal de Justiça, conforme se depreende do julgado a seguir:

ADMINISTRATIVO. AÇÃO POPULAR. APROVAÇÃO E LICENCIAMENTO DE EDIFICAÇÃO DE NOVE ANDARES NA ORLA MARÍTIMA EM CONFORMIDADE COM A LEGISLAÇÃO LOCAL E NORMAS DA ABNT. LAUDO PERICIAL CONCLUSIVO PELA INEXISTÊNCIA DE DANO AMBIENTAL. INEXISTÊNCIA DE ÓBICE À CONCLUSÃO DA OBRA. VIOLAÇÃO AO ART. 1.299 DO CÓDIGO CIVIL CONFIGURADA.

> 1. Aprovado e licenciado o projeto para construção de edifício pelo Poder Público Municipal, em obediência à legislação correspondente e às normas técnicas aplicáveis, a licença então concedida trará a presunção de legitimidade e definitividade, e somente poderá ser (a) cassada, quando comprovado que o projeto está em desacordo com os limites e termos do sistema jurídico em que aprovado; (b) **revogada, quando sobrevier interesse público relevante, hipótese na qual ficará o Município obrigado a indenizar os prejuízos gerados pela paralisação e demolição da obra**; ou (c) anulada, na hipótese de se apurar que o projeto foi aprovado em desacordo com as normas edilícias vigentes. 2. No caso, a licença para construir foi concedida em conformidade com o Código de Obras do Município de Osório (Lei n. 1.645, de 27 de novembro de 1978) e Código de Posturas do Município de Osório (Lei n. 3.147, de 17 de dezembro de 1999), além das normas da ABNT pertinentes, e não há nos autos qualquer informação de que a construção encontra-se em desconformidade com o projeto apresentado quando do licenciamento ou de qualquer outra irregularidade que obstaria o seguimento da obra. Tampouco se indica com precisão em que consiste os danos paisagísticos e ambientais que a construção do edifício irá ocasionar ao meio ambiente e aos munícipes . O que se tem é a suposição de que a construção de edifício de nove pavimentos poderá gerar prejuízos ao interesse público, pois prejudicaria o potencial turístico do Município, além de causar transtornos aos seus munícipes, o que foi devidamente refutado pela prova pericial realizada. Sendo assim, não cabe ao Judiciário determinar a paralisação e demolição da obra anulando, desta forma,aquele ato administrativo, porque importaria violação ao direito de construir delineado no art. 1.299 do Código Civil. 3. Recurso especial a que se dá provimento.
>
> REsp 1011581 / RS RECURSO ESPECIAL 2007/0284721-0. DJe 20.08.2008

Portanto, a despeito de se tratar de ato vinculado, a licença para construir, excepcionalmente, admite revogação por razão de interesse público devidamente justificada.

IV – Admissão: ato unilateral e vinculado pelo qual o Poder Público permite que o particular usufrua determinado serviço público prestado pelo Estado, mediante a inclusão em um estabelecimento público. Caso o particular cumpra os requisitos objetivamente definidos em lei,fará jus ao ato. Podem ser citados como exemplos os atos de admissão em escola pública municipal ou em hospitais públicos.

V – Aprovação: trata-se de ato administrativo discricionário para controle da atividade administrativa, com base na legalidade de ato anterior, além dos critérios de oportunidade e conveniência utilizados pelo agente que executou a conduta controlada. Enfim, por meio da aprovação, o poder público faz o controle de legalidade e de mérito de conduta anterior expedida pelo órgão estatal.

O ato administrativo que dependa de aprovação não será eficaz enquanto ela não for expedida, sendo que este ato controlador pode ser prévio ou posterior ao ato controlado.

VI – Homologação: configura-se ato vinculado de controle de legalidade de ato anteriormente expedido pela própria Administração Pública. Diferentemente do que ocorre com a aprovação, não há controle de mérito da atuação estatal, embasada em critérios de oportunidade e conveniência e a homologação sempre será editada posteriormente ao ato controlado.

9.4. Atos enunciativos

Tradicionalmente, são os atos administrativos que estabelecem opiniões e conclusões do ente estatal como, por exemplo, os pareceres, sendo, também, considerados enunciativos aqueles que verificam e atestam situação de fato ocorrida que afeta a atuação estatal.

Para alguns doutrinadores, por não manifestar vontade do ente público, não se trata efetivamente de ato administrativo, mas tão somente ato praticado pela Administração na execução de atividade estatal. Pode-se estabelecer que se trata de fatos administrativos que não estão sujeitos à analise de mérito ou legalidade, não produzindo efeitos imediatos.

I – Atestado: quando o Poder Público tem de comprovar, mediante verificação de determinada situação de fato, para, então, proferir um ato que ateste aquela ocorrência fática. Com efeito, trata-se de ato que comprova a existência de uma situação analisada pelo Estado por meio de seus órgãos competentes, não sendo hipótese previamente documentada dentro da repartição. Por exemplo, a perícia médica é indispensável para se averiguar a situação de doença de um servidor e expedir um atestado por junta médica.

II – Certidão: trata-se de ato, por meio do qual, a Administração Pública certifica um determinado fato que já se encontra previamente registrado no órgão, ou seja, "atesta" fato previamente escrito em documento público.

O Poder Público analisa situação que está registrada e exterioriza, torna público. Costuma-se dizer que a certidão é o "espelho de um registro público". Quando, por exemplo, o servidor requer uma certidão de tempo de contribuição no órgão, ou um particular pleiteia uma certidão de antecedentes criminais. Em ambos os casos, o Estado vai verificar a situação em seus registros públicos e expedir o ato administrativo, não precisando efetivar uma análise dos fatos fora da repartição.

III – Apostila ou averbação: configura ato administrativo pelo qual o ente estatal acrescenta informações constantes em um registro público. Com efeito, apostilar é acrescentar algo ao registro, incluir informações que faltavam e deixava incompleto o registro ou alterá-lo, se houver descrição que não corresponda à realidade. Quando o particular tem a necessidade de que conste alguma informação relevante, no registro público, pede a averbação. Pode-se citar como exemplo a averbação de tempo de serviço, para fins de aposentadoria, na esfera privada, junto ao órgão público com a posse em cargo público.

IV – Parecer: ato administrativo por meio do qual se emite opinião de órgão consultivo do Poder Público, sobre assunto de sua competência, sejam assuntos técnicos ou de natureza jurídica, concluindo pela atuação de determinada forma pelo órgão consulente.

O parecer poderá ser facultativo, nas situações em que não obrigatoriedade de sua emissão para a prática regular do ato administrativo, sendo obrigatório em hipóteses nas quais a apresentação do ato opinativo é indispensável à regularidade do ato, situações em que a ausência do parecer enseja a nulidade do ato por vício de forma.

Mesmo quando é obrigatório, salvo disposição legal expressa, o parecer não tem natureza vinculante, sendo somente ato que manifesta opinião técnica sobre determinado assunto de interesse da Administração Pública. Em outras palavras, a conclusão do parecer não obriga a autoridade à qual ele se dirige.

Neste sentido, a doutrina discute acerca da responsabilidade do parecerista quando, seguindo orientação do ato opinativo, a Administração Pública pratica conduta que enseja danos a terceiros. A matéria é divergente na doutrina, havendo entendimento no sentido de que o agente que emitiu o parecer se torna responsável solidário do agente que praticou o ato posterior em observância às suas conclusões. Ocorre que o ato praticado posteriormente não se confunde com o parecer e não decorre obrigatoriamente dele, haja vista o caráter não vinculante do ato opinativo.

Sendo assim, a doutrina majoritária aponta no sentido de que somente haverá responsabilidade do emissor do parecer se ele tiver atuado de forma dolosa, ou com erro grosseiro ao emanar o ato de opinião. José dos Santos Carvalho Filho[23] externa este entendimento, dispondo que *"a responsabilidade do parecerista pelo fato de ter sugerido mal somente lhe pode ser atribuída se houver comprovação indiscutível de que agiu dolosamente, vale dizer, com o intuito predeterminado de cometer improbidade administrativa"*.

Este entendimento se baseia no fato de que a opinião do agente se exterioriza a partir da emissão do respectivo parecer jurídico, do qual, em regra, não vincula o administrador, possuindo este a discricionariedade de seguir a opinião disposta ou não. Portanto, o parecer configura uma opinião pessoal do emitente, ou seja, reflete apenas um juízo de valor, não vinculando o administrador, que tem a competência decisória, para praticar o ato administrativo de acordo ou não com o sugerido pelo consultor jurídico, respondendo, assim, por seus atos.

Ademais, é possível a edição de **pareceres normativos**. Com efeito, o parecer jurídico nasce de uma necessidade do administrador que, na maioria das vezes, o apresenta para uma determinada situação individual. Contudo, há ocasiões, em que este mesmo parecer pode tornar-se geral, e ser obrigatória a sua aplicação para todos os casos idênticos que passarem a existir. Ele é então denominado de parecer normativo. Nesses casos, o parecer terá caráter geral e abstrato se aplicando a todos os casos similares àquele que deu origem a sua edição.

Por fim, ainda se vislumbra a possibilidade de emissão de **pareceres técnicos** os quais podem ser conceituados como o pronunciamento opinativo de órgão ou agente, sobre determinada situação relacionada à sua área técnica de atuação. Por se tratar de situação que exige conhecimento específico, estes atos não se subordinam ao escalonamento hierárquico da Administração Pública, admitindo-se, somente, que seu mérito seja discutido por agentes especializados na mesma área técnica.

9.5. Atos punitivos

São os atos por meio dos quais o Poder Público determina a aplicação de sanções, em face do cometimento de infrações administrativas pelos servidores públicos ou por particulares. Podem decorrer do Poder Disciplinar, para aquelas sanções aplicadas às pessoas sujeitas à

23. CARVALHO FILHO,José dos Santos –Manual de Direito Administrativo.Rio de Janeiro:Lúmen Juris,23ª ed.2012

disciplina da Administração Pública e também pode ser manifestação do Poder de Polícia repressivo, quando decorrente da Supremacia Geral.

Os atos punitivos, por atuarem de forma a restringir a esfera jurídica dos particulares, devem ser antecedidos de processo administrativo regular, em que sejam observadas as garantias de contraditório e de ampla defesa.

O estudo dos atos punitivos e suas espécies é feito quando da análise das condutas permitidas aos agentes públicos e aos particulares, podendo ser citados como exemplos de sanções, a Demissão ou Suspensão, aplicadas aos agentes públicos por descumprimento de seus deveres funcionais, ou, ainda, a multa aplicada a um particular, alheio à estrutura administrativa, pelo desrespeito às regras gerais de trânsito.

10. EXTINÇÃO DOS ATOS ADMINISTRATIVOS

Os casos de extinção configuram-se situações nas quais o ato emanado pelo poder público deixa de produzir efeitos regularmente, sendo retirado do mundo jurídico. Alguns doutrinadores tratam daquelas que designam como hipóteses de desfazimento do ato.

A extinção do ato pode ocorrer por diversas formas. Vejamos.

10.1. Extinção natural

A extinção natural ocorre quando o ato já cumpriu todos os efeitos nele dispostos ou pelo advento do termo final ou prazo, nos atos sujeitos a termo, ou, ainda, mediante o esgotamento do conteúdo jurídico desta conduta.

O **cumprimento dos efeitos** decorre da execução material da situação apresentada no ato administrativo, como ocorre, por exemplo, em relação a uma licença para construir em determinado terreno que se extingue ao fim da construção ou nos casos de ser determinada a demolição de um prédio, sendo que, após a execução da ordem, o ato estará extinto.

O **advento do termo final ou da condição resolutiva** extingue os atos sujeitos a prazo determinado ou que dependam da ocorrência de um evento futuro e incerto para que deixe de produzir efeitos. É o exemplo de autorização para porte de arma concedida por um ano, que se extingue após o decurso do lapso temporal estabelecido no próprio ato.

Por fim, a extinção natural pode se dar pelo **esgotamento do conteúdo jurídico**, como, por exemplo, as férias do servidor público que estará extinta após exauridos os seus efeitos, com o transcurso do prazo de trinta dias.

10.2. Renúncia

A renúncia do beneficiário é forma de extinção que se aplica somente para atos ampliativos, que geram direitos a particulares, haja vista não ser possível renunciar a obrigações. Nestes casos, o particular ao qual o ato se destina abre mão do benefício concedido por meio da edição do ato administrativo. A título de exemplo, o servidor público pode renunciar à nomeação para assunção de uma função de chefia em um determinado órgão.

10.3. Desaparecimento da pessoa ou coisa sobre a qual o ato recai

Trata-se de situação na qual o desfazimento do ato decorre do desaparecimento de seu objeto, ou do sujeito ao qual ele se destina. Com efeito, a conduta estatal se extingue, ao se esvair o objeto ou pessoa atingida por ele.

Logo, o tombamento de um determinado casarão colonial que remonta a uma época histórica relevante, por exemplo, é extinto, com a demolição da casa e a nomeação de um servidor público, para assunção de cargo efetivo, mediante aprovação em concurso público, não persiste após o seu falecimento.

10.4. Retirada

A retirada é a extinção de uma determinada conduta estatal, mediante a edição de ato concreto que a desfaça. É forma de extinção precoce do ato administrativo. As hipóteses de retirada merecem cuidado especial do leitor, por serem muito discutidas na doutrina e jurisprudência. Alguns estudiosos designam os estudos da retirada dos atos administrativos como estudo da TEORIA DAS NULIDADES.

Sendo assim, analisaremos separadamente cada uma das situações de retirada dos atos administrativos, dadas as suas peculiaridades.

10.4.1. Anulação

Para a doutrina majoritária a invalidação ou anulação do ato administrativo decorre da dissonância desta conduta em relação às normas postas no ordenamento jurídico, ensejando a possibilidade de retirada destes atos.

Antes de verificar-se a anulação, propriamente dita, deve-se ter em mente que os atos expedidos em desconformidade com a lei podem ser divididos em quatro espécies, a saber: atos inexistentes, nulos, anuláveis e irregulares

- **Atos inexistentes** são aqueles que estão fora do ordenamento jurídico, em virtude da violação de princípios básicos que norteiam a atuação das pessoas dentro de determinada sociedade. Desta forma, é inexistente a ordem da autoridade pública para que seja torturado um preso, em busca de confissão, assim como não pode ser considerado existente o ato de autorização para exploração de trabalho escravo. Estes atos não podem, em nenhuma hipótese, ser convalidados e não serão ressalvados nenhum de seus efeitos já produzidos, ainda em relação a destinatários de boa fé, porque isso atentaria contra os dogmas do direito pátrio.

- **Atos nulos** são aqueles declarados em lei como tais. Com efeito, a nulidade decorre do desrespeito à lei em algum de seus requisitos, ensejando a impossibilidade de convalidação, por não admitirem conserto.

Nestes casos, diferente do que ocorre com os atos inexistentes, não obstante a anulação do ato praticado, poderão ser garantidos alguns efeitos pretéritos produzidos em relação a terceiros de boa fé, para se evitar a ocorrência de prejuízos injustos ou enriquecimento ilícito ao poder público. A retirada produz efeitos *ex tunc*, ou seja, retroativos, ensejando a retirada do ato desde a sua origem, a despeito das garantias dos beneficiados pela conduta estatal viciada.

- **Atos anuláveis** são aqueles que possuem vícios que admitem conserto, não obstante tenham sido praticados em desacordo com a legislação aplicável. Em tais casos, por se tratar a ilegalidade presente no ato de vício sanável, ele pode ser convalidado, passando a produzir efeitos regularmente.
- **Atos irregulares** sofrem vício material irrelevante, mediante o desrespeito de normas internas de padronização, não ensejando a nulidade do ato, mas tão somente a responsabilização do agente público que o praticou. Este vício não atinge a esfera jurídica dos destinatários do ato.

Verificados os aspectos básicos referentes à análise dos vícios presentes em atos públicos, analisemos a anulação enquanto retirada da conduta administrativa.

Nesse sentido, a anulação é retirada do ato administrativo por motivo de ilegalidade, ou seja, o ato é extinto por conter vício, em virtude de sua expedição em desconformidade com o ordenamento jurídico.

A anulação opera efeitos *ex tunc* (retroage à data de origem do ato, aniquilando todos os efeitos produzidos, ressalvados os direitos adquiridos de terceiros de boa fé). Sendo assim, como forma de garantia do princípio da segurança jurídica e, com o intuito de evitar enriquecimento ilícito por parte da Administração Pública em detrimento de particulares que estejam de boa fé, alguns efeitos do ato nulo serão mantidos, mesmo depois de declarada a sua nulidade.

Ressalte-se que não existe direito adquirido à manutenção de um ato nulo no ordenamento jurídico, mas tão somente a manutenção de determinados efeitos deste ato, como ocorre, por exemplo, com uma Certidão Negativa de Débitos expedida por um agente público cujo ato de nomeação é posteriormente anulado. Não obstante a anulação retroaja à data do ato e o sujeito perca a qualidade de agente desde a sua origem, o ato emanado produzirá efeitos, em virtude da aparência de legalidade que possuía. Pode-se exemplificar esta situação de manutenção dos efeitos garantidores de direitos adquiridos da seguinte forma. Consoante a **Teoria da Aparência, a nomeação de servidor sem concurso público é nula, mas os atos praticados são válidos, em atenção ao princípio da segurança jurídica.** Ademais, não há devolução dos salários, sob pena de enriquecimento da Administração Pública já que os serviços foram prestados. E não se faz possível retornar ao *status quo ante.*

Com efeito, a despeito de o ato administrativo não produzir efeitos, os direitos adquiridos por terceiros de boa fé, por sua vez, são resguardados, não podendo ser atingidos pela anulação do ato que ensejava benefícios aos seus destinatários.

Outrossim, por se tratar de análise acerca da conformidade do ato com a lei, a anulação poderá ser feita pela própria Administração Pública ou pelo Poder Judiciário, desde que provocado por particular interessado.

A Administração Pública pode anular seus atos de ofício ou mediante provocação, em virtude do princípio da autotutela. A Súmula n. 473 do STF trata do assunto e, inclusive, **ressalva direitos dos terceiros de boa fé** conforme já explicitado. Vejamos:

> **Súmula n. 473**
>
> A ADMINISTRAÇÃO PODE ANULAR SEUS PRÓPRIOS ATOS, QUANDO EIVADOS DE VÍCIOS QUE OS TORNAM ILEGAIS, PORQUE DELES NÃO SE ORIGINAM DIREITOS; OU REVOGÁ-LOS, POR MOTIVO DE CONVENIÊNCIA OU OPORTUNIDADE, RESPEITADOS OS DIREITOS ADQUIRIDOS, E RESSALVADA, EM TODOS OS CASOS, A APRECIAÇÃO JUDICIAL.

No mesmo sentido, o art. 53, da lei 9.784/99 define o poder de autotutela conferido à própria Administração para determinar a nulidade de seus atos viciados. Ocorre que a anulação configura ato administrativo constitutivo, com o poder de aniquilar os efeitos de ato anterior, em virtude dos vícios de ilegalidade apontados e, em razão desta natureza, a nulidade da conduta deve ser feita mediante a realização de processo administrativo prévio, em que se respeite o contraditório e ampla defesa, sempre que puder interferir na esfera individual de particulares. Neste sentido, já se posicionou o Supremo Tribunal Federal em alguns julgados. Vejamos.

> ADMINISTRATIVO. AGRAVO REGIMENTAL EM AGRAVO DE INSTRUMENTO. SÚMULA 473 DO STF. NECESSIDADE DE PROCESSO ADMINISTRATIVO. ALEGADA VIOLAÇÃO AO ART. 5º, LIV E LV DO STF. OFENSA REFLEXA. AGRAVO IMPROVIDO. I – O entendimento da Corte é no sentido de que, **embora a Administração esteja autorizada a anular seus próprios atos quando eivados de vícios que os tornem ilegais (Súmula 473 do STF), não prescinde do processo administrativo, com obediência aos princípios constitucionais da ampla defesa e do contraditório**. Precedentes. II – Como tem consignado o Tribunal, por meio de remansosa jurisprudência, a alegada violação ao art. 5º, LIV e LV, da Constituição, pode configurar, em regra, situação de ofensa reflexa ao texto constitucional, por demandar a análise de legislação processual ordinária, o que inviabiliza o conhecimento do recurso extraordinário. III – Agravo regimental improvido. Processo: AI 710085 SP Relator(a): Min. RICARDO LEWANDOWSKI Julgamento: 03/02/2009

O mesmo não ocorre quando o Poder Judiciário, em julgamento realizado após processo judicial regularmente instruído, decide pela anulação de um determinado ato; a Administração Pública, no cumprimento da ordem jurisdicional apresentada, pode agir sem a necessidade de respeito a qualquer outro processo administrativo.

Além do poder conferido à própria administração, consoante explicitado, o Poder Judiciário também pode anular os atos administrativos com vícios de ilegalidade, desde que o faça mediante provocação, uma vez que o ordenamento jurídico brasileiro adotou o sistema de jurisdição única, estampado no art. 5º, XXXV da Constituição Federal, que dispõe acerca do princípio da inafastabilidade de jurisdição.

Anote-se, ainda que, no âmbito federal, a lei 9.784/99 estabelece que a Administração Pública tem o prazo decadencial de 5 (cinco) anos para anular atos administrativos ampliativos, salvo no caso de má-fé do beneficiário. Vejamos:

> Art. 54. O direito da Administração de anular os atos administrativos de que decorram efeitos favoráveis para os destinatários decai em cinco anos, contados da data em que foram praticados, salvo comprovada má-fé.

Em relação aos atos praticados anteriormente à edição desta lei, discute-se acerca da aplicabilidade do prazo decadencial. Isso ocorre porque a legislação anterior permitia que a anulação fosse feita a qualquer tempo, sem qualquer definição de prazo. Nestes casos, a jurisprudência e a doutrina já pacificaram o entendimento de que, se o ato viciado tiver sido praticado antes da promulgação da lei 9.784/99, a Administração terá o prazo de cinco anos a contar da vigência do diploma legal para determinar a retirada do ato.

Insta frisar, ainda, que, na anulação, não há o efeito repristinatório, ou seja, a declaração de nulidade do ato X que havia anulado o ato Y, não gera o retorno do ato Y ao ordenamento jurídico, salvo disposição expressa no ato de anulação do ato X .

→ *Convalidação*

Em determinadas situações, é possível a correção do vício de ato administrativo. Nestas situações, diz-se ser caso de nulidade relativa, pois o vício é sanável. Por sua vez, o ato é tido por anulável e não nulo, consoante previamente analisado. A correção do vício e consequente manutenção do ato deve sempre atender ao interesse público e, caso isso se configure, será possível a convalidação do ato viciado.

Com efeito, **se o interesse público exigir e for sanável o vício, o ato administrativo pode ser convalidado, em razão da oportunidade e conveniência, desde que a convalidação não cause prejuízos a terceiros**. Dessa forma, para que se admita a convalidação de um ato administrativo, devem-se fazer presentes os dois requisitos, a saber, o vício do ato se tratar de vício sanável e a convalidação não causar prejuízos a terceiros interessados no processo nem à própria Administração Pública.

Pode ser citada, a título de exemplo, a nomeação feita por autoridade incompetente. Neste caso, há vício no elemento competência do ato administrativo, no entanto, pode ser convalidado pela autoridade competente, por meio de ratificação do ato viciado. Nestes casos, o conserto decorre dos princípios da eficiência e economicidade, já que é mais útil para a Administração Pública convalidar do que anular, além de se garantir uma preservação da ordem jurídica, garantindo-se a segurança de relações previamente constituídas.

Neste sentido, o art. 55, da lei 9.784/99 dispõe que "*Em decisão na qual se evidencie não acarretarem lesão ao interesse público nem prejuízo a terceiros, os atos que apresentarem defeitos sanáveis poderão ser convalidados pela própria Administração*".

Assim, a doutrina passou a entender que, quando é o caso de nulidade sanável, ou seja, vícios de forma e de competência, devem ser corrigidos **se for mais interessante ao interesse público e causar menos prejuízo do que a sua anulação**. Nestes casos, consertado o vício, o ato produz efeitos licitamente, desde a sua origem, podendo-se definir, portanto, que a convalidação opera efeitos *ex tunc,* retroagindo à data de edição do ato para que sejam resguardados os efeitos pretéritos desta conduta.

A doutrina costuma definir que a convalidação feita pela mesma autoridade que havia praticado o ato originariamente deve ser designada como **confirmação**, como ocorre se o agente público, verificando um vício na formalização do ato, determina o seu conserto. Por sua vez, a convalidação efetivada por ato de outra autoridade recebe o nome de **ratificação**.

No mesmo sentido, a doutrina entende, majoritariamente, que a convalidação deve ser praticada pela Administração Pública sempre que possível, não se configurando uma faculdade do Estado, mas sim um dever de sanar o vício que macula sua conduta. Ocorre que esta situação não se aplica nos casos de atos discricionários que sofram de vício de incompetência, haja vista, nestes casos, a autoridade deva exercer uma margem de escolha acerca da manutenção ou não do ato. Com relação a isso, Fernanda Marinela[24] dispõe que *"sempre que a Administração estiver diante de um ato suscetível de convalidação, deve convalidá-lo, ressalvando-se a hipótese de vício de competência em ato de conteúdo discricionário, em que a autoridade competente é que deve realizar o juízo de valor".*

Ademais, costuma-se considerar que são passíveis de convalidação os atos que possuam, como regra, vícios de competência ou forma, haja vista o fato de que os vícios nestes elementos são sanáveis, seja pela instrumentalidade das formas, como princípio aplicável à atuação do Estado, seja em decorrência da possibilidade de se ratificar o ato pela autoridade competente.

Por fim, não se deve confundir convalidação com a **conversão** de atos administrativos. Nestes casos, o ato administrativo que sofre de um vício de forma pode ser convertido em outro mais simples, praticado para a produção dos mesmos efeitos jurídicos.Desse modo, o ato ilegal seria convertido em outro ato para cuja edição ele cumpria os requisitos definidos em lei.

10.4.2. Revogação

É a extinção do ato administrativo válido por motivo de oportunidade e conveniência, ou seja, por razões de mérito. A Administração Pública não tem mais interesse na manutenção do ato, apesar de não haver vício que o macule. A revogação é ato **discricionário e refere-se ao mérito administrativo**. Como o ato é legal e todos os efeitos já produzidos o foram licitamente, a revogação não retroage, impedindo somente a produção de efeitos futuros do ato (*ex nunc*), sendo mantidos os efeitos já produzidos.

O ato é válido e será revogado, a partir de então, por não existir mais interesse na sua continuidade. Consoante já exaustivamente discutido, o Judiciário não tem competência para examinar o mérito do ato administrativo, sendo possível a realização da revogação, portanto, somente por ato da Administração Pública que pode atuar de ofício ou mediante provocação. Logo, a revogação do ato administrativo produz efeitos *ex nunc*, e somente a Administração Pública pode revogar os atos por ela praticados, no exercício da autotutela.

Dessa forma, a revogação poderá ser efetivada pela própria autoridade que praticou o ato ou por qualquer outra autoridade pública que tenha competência para analisar este ato em sede de recurso. O art. 64, da lei 9.784/99 define que *"O órgão competente para decidir o recurso poderá confirmar, modificar, anular ou revogar, total ou parcialmente, a decisão recorrida, se a matéria for de sua competência".*

Diferentemente do que ocorre com a anulação de atos administrativos, não há previsão de limite temporal para a revogação de atos administrativos, não se configurando a decadência, no prazo quinquenal, haja vista o entendimento de que o interesse público pode ser modificado a qualquer tempo.

Assim, como ocorre nos casos de anulação, na revogação de atos, não há o efeito **repristinatório**, ou seja, a retirada, por razões de conveniência e oportunidade, do ato X que havia

24. MARINELA, Fernanda -Direito Administrativo.Niterói:Impetus,6ª ed.,2012

revogado o ato Y, não gera o retorno do ato Y ao ordenamento jurídico, salvo disposição expressa no ato que determinou a revogação do ato X.

Além disso, a doutrina estabelece a impossibilidade de revogação de determinadas espécies de atos administrativos, embora não haja um consenso absoluto entre os estudiosos. Neste sentido, **não se admite a revogação** de:

a) **Atos consumados**, uma vez que estes atos já produziram todos os efeitos, não havendo efeitos futuros a serem impedidos. Neste diapasão, não é possível revogar o ato de concessão de férias de um servidor, após o gozo do respectivo período.

b) **Atos irrevogáveis**, assim declarados por meio da lei específica que regulamenta e prevê sua edição.

c) **Atos que geram direitos adquiridos,** em decorrência da irretroatividade do ato administrativo revogador.

d) **Atos vinculados,** haja vista estes atos não admitirem análise de oportunidade e conveniência. A ressalva fica feita em relação aos atos de licença para construir que, no entendimento da doutrina majoritária e da jurisprudência, admite revogação em razão de interesse público superveniente, devidamente justificado, desde que indenizado o particular prejudicado pelo ato de revogação.

e) **Atos enunciativos**, uma vez que atestam situações de fato ou emitem mera opinião da Administração Pública, não ensejando a produção direta de efeitos a particulares.

f) **Atos de controle**, haja vista não serem atos praticados no exercício da função administrativa propriamente dita, não se configurando atos constitutivos de direitos ou obrigações, somente incidindo na vigência dos outros atos.

g) **Os atos complexos**, uma vez que, para sua edição dependem da soma de mais de uma vontade administrativa. Neste sentido, não é possível que a vontade de um único agente retire este ato do mundo jurídico.

10.4.3. Cassação

Ocorre a cassação nas hipóteses em que o ato administrativo é extinto por ilegalidade superveniente em face do descumprimento dos requisitos impostos para a sua expedição pelo beneficiário. **Ocorre, portanto, quando o beneficiado do ato deixa de cumprir os requisitos de quando teve o ato deferido**. Trata-se de hipótese de ilegalidade superveniente por culpa do beneficiário.

Pode-se citar como exemplo a hipótese de uma determinada pessoa que obteve uma licença para o funcionamento de um hotel e, tempos mais tarde, modifica a finalidade do empreendimento que passa a ser um motel, sem a comunicação ou ciência do Poder Público. Na situação descrita, o beneficiário descumpriu os requisitos do ato de concessão da licença. Enfim, se inicialmente o ato cumpria os requisitos, deixando de cumpri-los, por culpa do beneficiário, há a cassação, retirando-se o ato do mundo jurídico.

10.4.4. Caducidade

Trata-se de extinção do ato administrativo por lei superveniente que impede a manutenção do ato inicialmente válido. Novamente, estamos diante de uma situação de ilegalidade superveniente, entretanto, nestes casos, não por culpa do particular beneficiário do ato, mas sim por alteração legislativa.

Com efeito, lei posterior torna inconveniente a manutenção do ato. A título de exemplo, suponha que determinado sujeito usufrui de uma autorização de uso de bem público que permite que ele monte e se apresente em um circo alocado em uma determinada praça pública. Ocorre que, mediante a edição de uma nova lei, altera-se o plano diretor da cidade, tornando a área residencial, não sendo possível a manutenção do ato de autorização, inicialmente lícito. Nestes casos, não obstante inexista responsabilização do destinatário do ato, não é possível a manutenção desse diante da nova realidade jurídica.

10.4.5. Contraposição (derrubada)

Ocorre nas situações em que um ato administrativo novo se contrapõe a um ato anterior extinguindo seus efeitos. *In casu*, não se fala em ilegalidade originária ou superveniente da atuação originária, mas tão somente na impossibilidade de manutenção do ato, por colidir com ato novo que trata da matéria.

Cite-se como exemplo a nomeação e a exoneração de um determinado servidor público. O ato de exoneração, seja de ofício ou a pedido do agente, tem como efeito principal extinguir os efeitos da nomeação.

→ ATENÇÃO

NÃO CONFUNDIR – caducidade do ato administrativo é diferente de caducidade nos contratos administrativos de concessão de serviços públicos, regulamentados pela lei 8.987/95. A caducidade do contrato de concessão é a rescisão unilateral da avença por motivo de inadimplemento da empresa concessionária. A matéria será tratada no capítulo específico acerca dos serviços públicos.

11. APROFUNDAMENTO PARA PROVAS SUBJETIVAS DE CONCURSOS – ESTABILIZAÇÃO DOS EFEITOS DOS ATOS ADMINISTRATIVOS

A estabilização dos efeitos de determinados atos administrativo é instituto criado pela doutrina pátria, acompanhado pela jurisprudência moderna, com a intenção de garantir, como forma de garantia aos princípios da proteção à boa fé e segurança jurídica, necessários à formação e desenvolvimento da noção de Estado de Direito. Nesse sentido, nenhum dos princípios inerentes à atuação administrativa deve ser considerado de forma absoluta, inclusive o princípio da legalidade, que deve admitir ponderação para garantia dos demais princípios e da busca pelo interesse da sociedade, amplamente considerada e dos cidadãos, analisados individualmente.

Sendo assim, primordialmente, ficou definido que toda atuação estatal que não corresponda a um tipo legal previamente definido é ilícita e, como tal, deve ser extirpada do ordenamento jurídico, pelo instituto da anulação.

Ocorre que, em determinadas situações, a retirada do ato, com efeitos retroativos, enseja prejuízos aos cidadãos que, atuando de boa fé, se valeram das disposições ali apresentadas, as quais gozavam, inclusive, de presunção de legitimidade. Dessa forma, em algumas situações, devem ser mantidos todos os efeitos produzidos pelo ato, ainda que seja ato que sofra de nulidade insanável, sendo que, em outros casos, o próprio ato deve ser mantido no ordenamento jurídico a despeito de sua ilegalidade, como forma de proteção ao cidadão e a outros princípios constitucionais aplicáveis ao caso.

Observe-se que não importa analisar se a nulidade do ato é sanável ou insanável, conforme dispõe Celso Antônio Bandeira de Mello[25], ao definir que *"atos nulos e anuláveis sujeitam-se a regime igual quanto à persistência de efeitos em relação a terceiros de boa fé, bem como de efeitos patrimoniais pretéritos concernentes ao administrado que foi parte na relação jurídica, quando forem necessários para evitar enriquecimento sem causa da Administração e dano injusto ao administrado, se estava de boa fé e não concorreu para o vício do ato"*.

No mesmo sentido, Weida Zancaner[26] define que *"Com efeito, atos inválidos geram conseqüências jurídicas, pois se não gerassem não haveria qualquer razão para nos preocuparmos com eles. Com base em tais atos certas situações teriam sido instauradas e na dinâmica da realidade podem converter-se em situações merecedoras de proteção, seja porque encontrarão em seu apoio alguma regra específica, seja porque estarão abrigadas por algum princípio de direito. Estes fatos posteriores à constituição da relação inválida, aliada ao tempo, podem transformar o contexto em que esta se originou, de modo a que fique vedado à Administração Pública o exercício do dever de invalidar, pois fazê-lo causaria maiores agravos ao Direito, por afrontar à segurança jurídica e à boa-fé."*

Assim, no instituto da estabilização dos efeitos, não há convalidação do ato administrativo, ou seja a conduta do poder público não passa a ser válida, não havendo conserto dos seus vícios. Ao contrário, ele continua com os vícios que levariam à sua invalidação, mas, por outras questões, tais como o Princípio da Segurança Jurídica e da proteção à boa fé, ele permanece aplicável no ordenamento jurídico e seus efeitos estabilizam-se.

Importa destacar aqui que o ato, mesmo que viciado, já estava a produzir seus efeitos naturalmente, em decorrência do atributo de presunção de legitimidade que está presente na atuação estatal. O que ocorre com a estabilização é que tais efeitos passam a ser vistos como se decorrentes de ato legal fossem, isto é, não mais há espaço para questionamentos de até quando seriam eficazes e se uma possível invalidação os retiraria com eficácia retroativa ou não do mundo jurídico.

No mesmo sentido, o Supremo Tribunal Federal assim aduziu, quando do julgamento do Mandado de Segurança n. 22.357/DF:

> EMENTA: Mandado de Segurança. 2. Acórdão do Tribunal de Contas da União. Prestação de Contas da **Empresa** Brasileira de Infra-estrutura Aeroportuária – INFRAERO. Emprego Público. Regularização de admissões. 3. Contratações realizadas em conformidade com a legislação vigente à época. Admissões realizadas por **processo seletivo** sem concurso público, validadas por decisão administrativa e acórdão anterior do TCU. 4. Transcurso de mais de dez anos desde a concessão da liminar no mandado de segurança. 5**. Obrigatoriedade da observância do princípio da segurança jurídica enquanto subprincípio do Estado de Direito. Necessidade de estabilidade das situações criadas administrativamente. 6. Princípio da confiança como elemento do princípio da segurança jurídica. Presença de um componente de ética jurídica e sua aplicação nas relações jurídicas de direito**

25. MELLO,Celso Antonio Bandeira de – Curso de Direito Administrativo.São Paulo:Malheiros,26ª ed.2009
26. ZANCANER,Weida – Da convalidação e da Invalidação dos atos administrativos.São Paulo:Malheiros, 2ª ed. 1993

> **público.** 7. Concurso de circunstâncias específicas e excepcionais que revelam: a boa fé dos impetrantes; a realização de **processo seletivo** rigoroso; a observância do regulamento da Infraero, vigente à época da realização do processo seletivo; a existência de controvérsia, à época das contratações, quanto à exigência, nos termos do art. 37 da Constituição, de concurso público no âmbito das empresas públicas e sociedades de economia mista. 8. Circunstâncias que, aliadas ao longo período de tempo transcorrido, afastam a alegada nulidade das contratações dos impetrantes. 9. Mandado de Segurança deferido.
>
> MS 22357 DF / Relator GILMAR MENDES. Julgamento em 26/05/2004.

Neste diapasão, a jurisprudência da Suprem Corte já admitia a teoria do funcionário de fato, considerando válidos os efeitos de atos administrativo praticados por agentes público irregularmente investidos, pelo fato de se revestirem de aparência de legalidade, o que enseja legítima expectativa aos particulares beneficiados por tais condutas. Nestes casos, não obstante a declaração de nulidade do ato de nomeação, o servidor não precisará devolver os valores percebidos pela prestação dos serviços e todos os seus atos direcionados à execução de suas atividades devem ter seus efeitos garantidos.

Da mesma forma, dispõe a lei 9.868/99, em seu art. 27, que "*Ao declarar a inconstitucionalidade de lei ou ato normativo, e tendo em vista razões de segurança jurídica ou de excepcional interesse social, poderá o Supremo Tribunal Federal, por maioria de dois terços de seus membros, restringir os efeitos daquela declaração ou decidir que ela só tenha eficácia a partir de seu trânsito em julgado ou de outro momento que venha a ser fixado*". Trata-se do instituto da **modulação dos efeitos** no que tange à retirada deste ato, podendo, em determinadas situações, garantir-se a manutenção das regras impostas pelo ato nulo, enquanto não havia sido declarada a sua ilegalidade. Nesses casos, apesar dos vícios inerentes ao ato administrativo, em observância aos princípios da segurança e da proteção à confiança dos cidadãos, a nulidade deve produzir efeitos, somente *ex nunc*, não impedindo os efeitos já produzidos previamente.

É cediço que, em determinadas situações, a estabilização dos efeitos decorre do decurso de tempo, consolidando uma expectativa legítima aos destinatários do ato. Neste sentido, a aplicação das regras de decadência, estampados no art. 54 da lei 9.784/99 é uma forma de estabilização de efeitos de ato nulo e não de convalidação. O Superior Tribunal de Justiça já se manifestou acerca do tema, dispondo que:

> RECURSO ORDINÁRIO EM MANDADO DE SEGURANÇA. ISONOMIA SALARIAL CONCEDIDA PELO PODER PÚBLICO COM BASE EM PARECER DA PROCURADORIA-GERAL DO ESTADO DO ACRE. VERBA DE REPRESENTAÇÃO CONFERIDA AOS PERITOS CRIMINAIS DESDE 1993. SUPRESSÃO POR AUSÊNCIA DE PREVISÃO LEGAL. PREPONDERÂNCIA DO PRINCÍPIO DA SEGURANÇA JURÍDICA E DA RAZOABILIDADE. CONVALIDAÇÃO DOS EFEITOS JURÍDICOS. INTERREGNO DE MAIS DE DEZ ANOS. REDUTIBILIDADE SIGNIFICATIVA DOS PROVENTOS. RECURSO ORDINÁRIO PROVIDO.
>
> 1. O poder-dever da Administração de invalidar seus próprios atos encontra limite temporal no princípio da segurança jurídica, pela evidente razão de que os administrados não podem ficar indefinidamente sujeitos à instabilidade originada do poder de autotutela do Estado, e na convalidação dos efeitos produzidos, quando, em razão de suas conseqüências jurídicas, a manutenção do ato atenderá mais ao interesse público do que sua invalidação.
>
> **2. A infringência à legalidade por um ato administrativo, sob o ponto de vista abstrato, sempre será prejudicial ao interesse público; por outro lado, quando analisada em face**

das circunstâncias do caso concreto, nem sempre a sua anulação será a melhor solução. Em face da dinâmica das relações jurídicas sociais, haverá casos em que o próprio interesse da coletividade será melhor atendido com a subsistência do ato nascido de forma irregular.

3. O poder da Administração, destarte, não é absoluto, na seara da invalidação de seus atos, de forma que a recomposição da ordem jurídica violada está condicionada primordialmente ao interesse público. O decurso do tempo ou a convalidação dos efeitos jurídicos, em certos casos, é capaz de tornar a anulação de um ato ilegal claramente prejudicial ao interesse público, finalidade precípua da atividade exercida pela Administração.

4. O art. 54 da Lei 9.784/99, aplicável analogicamente ao presente caso, funda-se na importância da segurança jurídica no domínio do Direito Público, estipulando o prazo decadencial de 5 anos para a revisão dos atos administrativos viciosos (sejam eles nulos ou anuláveis) e permitindo, a contrario sensu, a manutenção da eficácia dos mesmos, após o transcurso do interregno mínimo quinquenal, mediante a convalidação ex ope temporis, que tem aplicação excepcional a situações típicas e extremas, assim consideradas aquelas em que avulta grave lesão a direito subjetivo, sendo o seu titular isento de responsabilidade pelo ato eivado de vício.

5. A efetivação do ato que reconheceu a isonomia salarial entre as carreiras de Perito Legal e Delegado de Polícia do Estado do Acre, com base apenas em parecer da Procuradoria-Geral do Estado, e o transcurso de mais de 5 anos, por inusitado que se mostre, consolidou uma situação fática para a qual não se pode fechar os olhos, vez que produziu conseqüências jurídicas inarredáveis.

Precedente do Pretório Excelso.

6. Recurso Ordinário provido, para cassar o ato que suprimiu a verba de representação percebida pelos recorrentes.

RMS 24430 / AC

RECURSO ORDINÁRIO EM MANDADO DE SEGURANÇA

2007/0142581-3. Julgamento em 03/03/2009

Por fim, é importante que se entenda que a figura da **Estabilização dos efeitos dos Atos Administrativos não se confunde com a Teoria do fato Consumado**, que garante de forma automática a manutenção do ato pelo simples fato de a situação concreta já se ter realizado, não sendo possível o retorno ao *status quo ante*. Na estabilização, é preciso que a retirada do ato comprometa outros princípios da ordem jurídica, causando prejuízos sérios que justifiquem a manutenção da situação.

A jurisprudência dos tribunais superiores assim como a doutrina majoritária não admitem a aplicação, como regra, da teoria do fato consumado, para manter atos administrativos viciados, sob pena de violação do princípio da legalidade, salvo diante de situações que justifiquem a manutenção do ato para proteção da segurança jurídica. Nesses casos, não se trata de manutenção em virtude da consumação da situação fática, mas sim em razão da estabilização dos efeitos do ato.

Vejamos como o Superior Tribunal de Justiça já se manifestou acerca do tema, negando a aplicação do fato consumado mesmo diante de situações já consolidadas em virtude de decisão liminar anterior que justificou a situação.

Ementa: AGRAVO REGIMENTAL NO RECURSO ESPECIAL. ADMINISTRATIVO. CONCURSO PÚBLICO. **TEORIA** DO **FATO CONSUMADO. INAPLICABILIDADE.** ART. 535 DO CPC . OMISSÃO CONFIGURADA. 1. **A jurisprudência do Superior Tribunal de Justiça é firme no sentido de não aplicar a chamada teoria do fato consumado às hipóteses de participação em concurso público por força de**

> **liminar.** Precedentes. 2. Ocorre ofensa ao art. 535 do CPC se o Tribunal de origem não suprir a omissão sobre temas relevantes levantados nos embargos declaratórios. 3. Agravo regimental a que se dá provimento para, provendo o recurso especial, determinar o retorno dos autos à origem, para novo julgamento dos embargos de declaração.
>
> STJ – AGRAVO REGIMENTAL NO RECURSO ESPECIAL AgRg no REsp 734638 RJ 2005/0036007-6 (STJ)

No mesmo sentido, o Supremo Tribunal Federal definiu que:

> Ementa: AGRAVO REGIMENTAL NO RECURSO EXTRAORDINÁRIO. DIREITO AMBIENTAL. MANDADO DE SEGURANÇA. AUSÊNCIA DE LICENÇA AMBIENTAL. MATÉRIA INFRACONSTITUCIONAL. REEXAME DE FATOS E PROVAS. INAPLICABILIDADE DA TEORIA DO FATO CONSUMADO. 1. A competência do IBAMA para fiscalizar eventuais infrações ambientais está disciplinada em lei infraconstitucional (Lei 9.605 /98), eventual violação à Constituição é indireta, o que não desafia o apelo extremo. Precedentes : AI 662.168 , Rel. Min. Joaquim Barbosa, DJe de 23/11/2010, e o RE 567.681 – AgR, Rel. Min. Cármen Lúcia, 1ª Turma, DJe de 08/05/2009. 2. In casu, o Tribunal de origem asseverou não ter a recorrente trazido prova pré-constituída da desnecessidade de licenciamento ambiental; para dissentir-se desse entendimento seria necessário o reexame fatos e provas, providência vedada nesta instância mercê o óbice da Súmula n. 279 do Supremo Tribunal Federal, verbis: "Para simples reexame de prova não cabe recurso extraordinário." 3. A teoria do fato consumado não pode ser invocada para conceder direito inexistente sob a alegação de consolidação da situação fática pelo decurso do tempo. Esse é o entendimento consolidado por ambas as turmas desta Suprema Corte. Precedentes : RE 275.159 , Rel. Min. Ellen Gracie, Segunda Turma, DJ 11.10.2001; RMS 23.593-DF, Rel. Min. MOREIRA ALVES, Primeira Turma, DJ de 02/02/01; e RMS 23.544- AgR, Rel. Min. Celso de Mello, Segunda Turma, DJ 21.6.2002. 4 . Agravo regimental a que se nega provimento.
>
> STF – AG.REG. NO RECURSO EXTRAORDINÁRIO RE 609748 RJ (STF)

Por todo o exposto, o instituto da estabilização dos efeitos visa a garantir a manutenção de efeitos de atos viciados, ainda que tenham sido de vício insanável, como forma de garantia dos princípios da segurança jurídica e da boa fé dos particulares beneficiados pelo ato. A estabilização pode se dar pelo decurso de tempo ou mediante a ocorrência de benefícios que ensejam legítima expectativa do particular que não deve ser frustrada pela aplicação fria do princípio da legalidade.

Nestes casos, a legalidade é mitigada, para que se faça a ponderação com outros princípios inerentes à formação do Estado de Direito e da cidadania.

12. QUADRO SINÓPTICO

ATOS ADMINISTRATIVOS	
ATOS JURÍDICOS	
Se configuram manifestação de vontade humana com a aptidão para produzir efeitos na ordem jurídica, dependendo, portanto, de regulamentação por normas de conduta.	
ATOS ADMINISTRATIVOS X ATOS DA ADMINISTRAÇÃO	
Atos da Administração	O conceito é mais amplo do que a noção de ato administrativo, uma vez que este é espécie daquele.

<table>
<tr><th colspan="3">ATOS ADMINISTRATIVOS</th></tr>
<tr><td rowspan="8">Atos da Administração</td><td rowspan="2">Atos políticos ou de governo</td><td>Na prática, não podem ser considerados atos da Administração.</td></tr>
<tr><td>Quando há o exercício da função política e podem exercê-la os membros do Legislativo, do Judiciário, do Executivo.</td></tr>
<tr><td>Atos privados</td><td>São os atos da Administração Pública regidos pelo direito privado.</td></tr>
<tr><td rowspan="2">Atos materiais</td><td>Atos de mera execução de atividade.</td></tr>
<tr><td>também chamados de fatos administrativos, já que não manifestam a vontade do Estado.</td></tr>
<tr><td rowspan="2">Atos administrativos</td><td>Atos por meio dos quais a Administração Pública atua, no exercício da função administrativa, sob o regime de direito público e ensejando manifestação de vontade do Estado ou de quem lhe faça as vezes.</td></tr>
<tr><td>ATENÇÃO! nem todos os atos administrativos se configuram atos da Administração Pública, em virtude da possibilidade de prática destes atos, com todas as prerrogativas de direito público, por meio de entidades privadas, que não integram a estrutura estatal, nem como entes da Administração Indireta.</td></tr>
<tr><th colspan="3">ATO ADMINISTRATIVO</th></tr>
<tr><td rowspan="2">CONCEITO</td><td colspan="2">É todo ato praticado pela Administração Pública ou por quem lhe faça as vezes, no exercício da função administrativa (estando excluídos deste conceito os atos políticos), sob o regime de direito público, ou seja, gozando o ato de todas as prerrogativas estatais, diferente do que ocorre com os atos privados da Administração e, por fim, manifestando vontade do poder público em casos concretos ou de forma geral, não se confundindo com meros atos de execução de atividade.</td></tr>
<tr><td colspan="2">ATENÇÃO! São excluídos aqui os contratos e convênios firmados pelo poder público, em razão de sua bilateralidade.</td></tr>
<tr><td rowspan="6">Atos vinculados e Atos discricionários</td><td>Ato vinculado</td><td>Aquele praticado no exercício do poder vinculado, em que a atuação administrativa está adstrita aos ditames previstos na legislação, de forma objetiva. Neste caso, a norma legal estabelece todos os elementos do ato administrativo, sem deixar qualquer margem de opção acerca da melhor atuação para o agente do Estado.</td></tr>
<tr><td rowspan="5">Ato discricionário</td><td>É aquele ato determinado em lei, no qual o dispositivo legal confere margem de escolha ao administrador público mediante análise de mérito (razões de oportunidade e conveniência).</td></tr>
<tr><td>ATENÇÃO! a discricionariedade não se confunde com arbitrariedade, somente sendo exercida dentro dos limites definidos pela legislação aplicável.</td></tr>
<tr><td>A discricionariedade não se confunde com a interpretação. Na discricionariedade, o legislador atribui ao aplicador da lei o encargo de produzir a melhor atuação valorando as circunstâncias fáticas. Já na interpretação, a lei já efetivou essa escolha, cabendo ao agente público somente interpretá-la de forma a extrair qual foi a conduta determinada pelo diploma legal.</td></tr>
<tr><td>O controle exercido pelo Poder Judiciário sobre atos administrativos se limita à análise de legalidade (art. 5º, XXXV, da CF/88).</td></tr>
<tr><td>Os Princípios da Razoabilidade e Proporcionalidade são instrumentos de controle. Assim em razão destes princípios, caso o agente pratique ato desproporcional, compete ao judiciário, se provocado, anular esta atuação, haja vista o entendimento de que a norma desproporcional é ilegal e, portanto, sujeita a controle.</td></tr>
</table>

<table>
<tr><th colspan="3">ATOS ADMINISTRATIVOS</th></tr>
<tr><th colspan="3">ELEMENTOS OU REQUISITOS DO ATO ADMINISTRATIVO</th></tr>
<tr><td colspan="3">Todo ato administrativo possui cinco elementos, elencados no art. 2º, da Lei 4.717/65 (Lei de ação popular): competência, finalidade, forma, motivo, e objeto.</td></tr>
<tr><td rowspan="17">COMPETÊNCIA</td><td colspan="2">É definida em lei ou atos administrativo gerais, bem como, em algumas situações decorrem de previsão na Constituição Federal e não pode ser alterado por vontade das partes ou do administrador público.</td></tr>
<tr><td colspan="2">Marçal Justen Filho, ao tratar da matéria, define que "competência administrativa é a atribuição normativa da legitimação para a prática de um ato administrativo".</td></tr>
<tr><td rowspan="3">Agentes</td><td>São considerados agentes, para fins de edição de atos administrativos, os agentes políticos, quais sejam os detentores de mandatos eletivos, os secretários e ministros de Estado, além dos membros da magistratura e do Ministério Público.</td></tr>
<tr><td>Os atos também podem ser praticados por particulares em colaboração com o poder público, assim considerados os que exercem função estatal, sem vínculo previamente definido, como ocorre com jurados e mesários, por exemplo.</td></tr>
<tr><td>Os servidores estatais também podem praticar atos administrativos.</td></tr>
<tr><td colspan="2">ATENÇÃO! não basta ostentar a qualidade de agente público, devendo ter capacidade para tanto, devendo ser analisada, ainda, a existência, inclusive, de algum óbice legal à atuação deste agente.</td></tr>
<tr><td colspan="2">Agente deve possuir competência para a prática do ato administrativo especificado.</td></tr>
<tr><td colspan="2">Toda competência é limitada.</td></tr>
<tr><td colspan="2">É possível a atribuição da mesma competência para mais de um agente, não sendo admitida, no entanto, um número ilimitado de agentes públicos com legitimidade para o exercício de determinada atividade.</td></tr>
<tr><td>Primária</td><td>A competência decorra diretamente da lei, ou do próprio texto constitucional (decorrente da Carta Magna de forma direta) – quando se tratar de agentes de hierarquia elevada, em determinadas atribuições.</td></tr>
<tr><td rowspan="2">Secundária</td><td>Para órgãos de menor hierarquia, é possível que a competência esteja disciplinada em atos administrativos gerais e abstratos, com função de organização da estrutura interna do Estado, sendo que esta disposição tem base originária na lei.</td></tr>
<tr><td>ATENÇÃO! É sempre elemento vinculado.</td></tr>
<tr><td rowspan="5">CARACTERÍSTICAS DA COMPETÊNCIA ADMINISTRATIVA</td><td>A doutrina costuma definir a atuação administrativa, como um poder-dever (ou dever-poder) conferido ao poder público e distribuído entre seus agentes e órgãos internos.</td></tr>
<tr><td>É imprescritível, não se extinguindo com a inércia do agente.</td></tr>
<tr><td>É improrrogável, não podendo ser atribuída ao agente público pelo fato de ter praticado o ato para o qual não tinha atribuição, sem que houvesse objeção por parte de terceiros.</td></tr>
<tr><td>É irrenunciável, em razão do princípio da indisponibilidade do interesse público (art. 11, da lei 9.784/99).</td></tr>
<tr><td>ATENÇÃO! não se deve confundir renúncia com delegação e avocação de competência, permitidas por lei, desde que de forma temporária e excepcional, devendo ser justificadas de acordo com as disposições contidas na Lei 9784/99.</td></tr>
</table>

<table>
<tr><th colspan="4">ATOS ADMINISTRATIVOS</th></tr>
<tr><td rowspan="11"></td><td rowspan="11"></td><td rowspan="5">**Delegação**</td><td>É a extensão de competência, de forma temporária, para um outro agente de mesma hierarquia ou de nível hierárquico inferior, para o exercício de determinados atos especificados no instrumento de delegação.</td></tr>
<tr><td>Deve-se definir o tempo e a matéria a ser delegada de forma específica.</td></tr>
<tr><td>O ato de delegação deve ser publicado (art. 12 e 14, da lei 9784/99).</td></tr>
<tr><td>Salvo disposição em contrário, como regra geral, presume-se a **cláusula de reserva**, ou seja, o agente delegante não transfere a competência, mas apenas a amplia.</td></tr>
<tr><td>O ato praticado por delegação deve ser considerado como praticado pelo agente delegado (art. 14, §3°, da Lei n. 9.784/99 c/c Súmula n. 510, do STF).</td></tr>
<tr><td rowspan="4">**Avocação**</td><td>Quando o agente público chama para si competência de outro agente (artigo 15 da lei 9.784/99).</td></tr>
<tr><td>Deve haver subordinação.</td></tr>
<tr><td>De caráter temporário e restrito.</td></tr>
<tr><td>Visa evitar decisões contraditórias dentro da atuação administrativa.</td></tr>
<tr><td colspan="2">ATENÇÃO! a lei expressamente proíbe a delegação de competência e consequentemente a avocação: no caso de competência exclusiva, definida em lei; para decisão de recurso hierárquico; para edição de atos normativos.</td></tr>
<tr><td colspan="2">É permitida a delegação de algumas atribuições do Presidente da República para os Ministros de Estado, assim como para o Advogado Geral da União e para o Procurador Geral da República (art. 84, parágrafo único, da CF/88).</td></tr>
<tr><td rowspan="7">**FINALIDADE**</td><td colspan="3">É tudo aquilo que se busca proteger com a prática do ato administrativo.</td></tr>
<tr><td>**Genérica**</td><td colspan="2">É o atendimento ao interesse público.</td></tr>
<tr><td>**Específica**</td><td colspan="2">É definida em lei e estabelece qual a finalidade de cada ato especificamente.</td></tr>
<tr><td colspan="3">**ATENÇÃO!** A atuação estatal desvirtuando a finalidade definida em lei para a prática de determinado ato configura abuso de poder, da espécie desvio de poder (ou desvio de finalidade) e enseja a nulidade da conduta praticada.</td></tr>
<tr><td colspan="3">**Na hipótese de ser violada a finalidade específica, mesmo que o agente esteja buscando o interesse público, há o desvio de finalidade.**</td></tr>
<tr><td colspan="3">No ato de desapropriação, se houver o desvio da finalidade específica, mantendo-se a finalidade genérica do ato, qual seja a busca pelo interesse público, não haverá ilegalidade (tredestinação).</td></tr>
<tr><td colspan="3">A finalidade é sempre elemento vinculado do ato no que tange à finalidade específica, para a doutrina moderna, podendo ser discricionário se analisarmos a finalidade genérica que é o interesse público (conceito jurídico indeterminado).</td></tr>
</table>

<table>
<tr><th colspan="4">ATOS ADMINISTRATIVOS</th></tr>
<tr><td rowspan="4">FORMA</td><td colspan="3">A forma é a exteriorização do ato, determinada por lei</td></tr>
<tr><td>Inexistência do ato administrativo</td><td colspan="2">Ausência de forma.</td></tr>
<tr><td>Ilegalidade do ato</td><td colspan="2">O desrespeito aos critérios definidos em lei para a formalização do ato.</td></tr>
<tr><td colspan="3">Os atos administrativos, de regra, devem ser praticados por escrito, ainda que não haja determinação legal neste sentido, e, em vernáculo, ou seja, em língua portuguesa.</td></tr>
<tr><td rowspan="18"></td><td colspan="3">ATENÇÃO! A sua exigência decorre do princípio da solenidade, inerente à atuação estatal, como garantia dos cidadãos que serão atingidos por esta conduta.</td></tr>
<tr><td colspan="3">Não se configura a finalidade estatal.</td></tr>
<tr><td>Princípio da instrumentalidade das formas</td><td colspan="2">Forma não é essencial à prática do ato, mas tão somente o meio, definido em lei, por meio do qual o poder público conseguirá alcançar seus objetivos.</td></tr>
<tr><td rowspan="9">SILÊNCIO ADMINISTRATIVO</td><td>Doutrina majoritária</td><td>Não produz qualquer efeito.</td></tr>
<tr><td colspan="2">O silêncio aqui se apresenta como ilicitude sanável por meio de provocação ao Poder Judiciário (art. 5º, XXXIV, da CF/88).</td></tr>
<tr><td colspan="2">ATENÇÃO! ressalvadas as hipóteses em que o próprio texto legal definir que a ausência de conduta ensejará a aceitação tácita de determinado fato ou até mesmo a negativa pelo decurso do tempo (art. 25, da lei nº 10.257/01).</td></tr>
<tr><td rowspan="2">Se a lei define o prazo para a atuação do agente</td><td>A ausência de manifestação, dentro do prazo, enseja a possibilidade de provocar-se o Poder Judiciário.</td></tr>
<tr><td>Cabe a impetração de Mandado de Segurança</td></tr>
<tr><td rowspan="2">Sem definição legal de prazo para a manifestação</td><td>O administrador público e o Poder Judiciário, embasados no princípio da razoabilidade, estabelecem um prazo justo (art. 5º, LXXVIII, da CF/88).</td></tr>
<tr><td>O órgão julgador não poderá substituir o agente público na prática do ato administrativo, devendo determinar que o agente público pratique o ato.</td></tr>
<tr><td colspan="2">No âmbito de processos administrativos federais, não havendo disposição expressa por lei específica, prazo para proferir decisão é de trinta dias (art. 49, da Lei n. 9.784/99).</td></tr>
<tr><td colspan="2"></td></tr>
<tr><td rowspan="6">VÍCIO NO ELEMENTO FORMA</td><td colspan="2">Configura ilegalidade passível de anulação da conduta.</td></tr>
<tr><td colspan="2">Poderá ser feita pela própria Administração Pública, no exercício da autotutela estatal.</td></tr>
<tr><td colspan="2">Não gerando prejuízo ao interesse público nem a terceiros e desde que mantido o interesse público, o vício de forma é sanável.</td></tr>
<tr><td colspan="2">Não obstante seja possível a responsabilização dos agentes públicos causador do vício.</td></tr>
<tr><td colspan="2">ATENÇÃO! em algumas situações, o vício de forma é insanável por atingir diretamente o próprio conteúdo do ato, como ocorre por exemplo nas situações em que seja expedida uma Instrução Normativa por uma determinada Secretaria, declarando a utilidade pública de um bem imóvel para fins de desapropriação. Nestes casos, a legislação exige a prática de um decreto, expedido pelo Presidente da República e o desrespeito à forma atinge diretamente os direitos e garantias do particular atacado pelo ato.</td></tr>
<tr><td colspan="2">A forma só não será elemento vinculado, se a lei estabelecer mais de uma possível ou for silente (ex: art. 62, da Lei n. 8.666/93).</td></tr>
</table>

<table>
<tr><th colspan="5">ATOS ADMINISTRATIVOS</th></tr>
<tr><td rowspan="16">MOTIVO</td><td colspan="4">As razões de fato e de direito que dão ensejo à prática do ato, ou seja, a situação fática que precipita a edição do ato administrativo.</td></tr>
<tr><td colspan="4">Há uma coincidência entre a situação prevista em lei como necessária à precipitação da conduta estatal e a circunstância fática.</td></tr>
<tr><td colspan="4">ATENÇÃO! "a inexistência dos motivos se verifica quando a matéria de fato ou de direito, em que se fundamenta o ato, é materialmente inexistente ou juridicamente inadequada ao resultado obtido"(art. 2º, parágrafo único, "d", da lei 4.717/65)</td></tr>
<tr><td>Causa do ato administrativo</td><td colspan="3">A congruência entre os motivos que deram ensejo à prática do ato e o seu resultado.</td></tr>
<tr><td colspan="4">Móvel não se confunde com motivo, por ser a real intenção do agente público quando pratica a conduta estatal.</td></tr>
<tr><td colspan="4">a definição do móvel que precipitou a prática do ato administrativo somente será relevante diante de atos administrativos discricionários.</td></tr>
<tr><td rowspan="10">MOTIVO E MOTIVAÇÃO</td><td colspan="3">Motivação é somente a exposição dos motivos do ato.</td></tr>
<tr><td colspan="3">Motivação integra a "formalização do ato", é feita pela autoridade administrativa competente para a sua prática.</td></tr>
<tr><td colspan="2">Se houver motivação, mas os motivos forem falsos ou não corresponderem com a lei.</td><td>O ato é viciado, por ilegalidade no elemento motivo.</td></tr>
<tr><td colspan="2">Se a situação fática for verdadeira e tiver correspondência legal, mas a motivação não foi realizada.</td><td>Trata-se de ato com vício no elemento forma.</td></tr>
<tr><td colspan="3">Para a doutrina majoritária, com base no art. 50 da lei 9.784/99, a motivação é obrigatória a todos os atos administrativos (vinculados e discricionários), configurando um princípio implícito na Constituição Federal.</td></tr>
<tr><td colspan="3">A súmula 684 do STF dispõe que "É inconstitucional o veto não motivado à participação de candidato a concurso público".</td></tr>
<tr><td>motivação aliunde</td><td colspan="2">O administrador público remete sua motivação aos fundamentos apresentados por um ato administrativo anterior que o justificou (art. 50, §1º, da lei 9.784/99).</td></tr>
<tr><td>solução de vários assuntos da mesma natureza</td><td colspan="2">Se não prejudicar direito ou garantia dos interessados, pode ser utilizado meio mecânico que reproduza os fundamentos das decisões.</td></tr>
<tr><td colspan="3">Nas situações em que a motivação não se faz necessária, por expressa dispensa legal, se o ato for motivado e o motivo apresentado não for verdadeiro ou for viciado, o ato será inválido.</td></tr>
<tr><td>Teoria dos Motivos Determinantes</td><td colspan="2">Os motivos apresentados como justificadores da prática do ato administrativo vinculam este ato e, caso os motivos apresentados sejam viciados, o ato será ilegal.</td></tr>
<tr><td rowspan="5">OBJETO</td><td colspan="4">É aquilo que o ato dispõe, é o efeito causado pelo ato administrativo no mundo jurídico, em virtude de sua prática.</td></tr>
<tr><td>Doutrina Majoritária</td><td colspan="3">Objeto e conteúdo são expressões sinônimas.</td></tr>
<tr><td rowspan="2">Doutrina Minoritária</td><td>Conteúdo</td><td colspan="2">Seria a disposição do ato</td></tr>
<tr><td>Objeto</td><td colspan="2">Seria o bem ou relação jurídica sobre a qual o ato administrativo incide.</td></tr>
<tr><td colspan="4">ATENÇÃO! o objeto deve ser lícito, possível, definindo uma situação viável faticamente e determinado ou determinável.</td></tr>
</table>

<table>
<tr><th colspan="3">ATOS ADMINISTRATIVOS</th></tr>
<tr><td rowspan="6">ELEMENTOS DISCRICIONÁRIOS E VINCULADOS</td><td colspan="2">Competência, finalidade e forma são sempre elementos vinculados, ou seja, a lei os disciplina de forma objetiva</td></tr>
<tr><td colspan="2">Motivo e o objeto, em regra, são elementos discricionários.</td></tr>
<tr><td colspan="2">ATENÇÃO! finalidade será discricionária sempre que for analisada em seu aspecto genérico.</td></tr>
<tr><td colspan="2">Forma também admitirá uma margem de escolha conferida ao administrador, sempre que não houver forma definida em lei ou quando o texto legal estipular mais de uma forma possível.</td></tr>
<tr><td colspan="2">Todos os elementos do ato administrativo estão adstritos aos limites impostos pela lei, mesmo os que são considerados discricionários.</td></tr>
<tr><td colspan="2">Os elementos motivo e objeto do ato administrativo discricionário compõem o seu mérito, sob o que não pode haver controle por parte do Poder Judiciário.</td></tr>
<tr><th colspan="3">Elementos e pressupostos do ato administrativo
no entendimento de Celso Antônio Bandeira de Mello</th></tr>
<tr><td colspan="3">Defende que os elementos são intrínsecos ao ato administrativo, não se confundindo com os pressupostos que são extrínsecos ao ato.</td></tr>
<tr><td rowspan="3">Elementos</td><td>Conteúdo</td><td>Corresponde à disposição do ato.</td></tr>
<tr><td>Forma</td><td>Se traduz na exteriorização da vontade do ato administrativo praticado.</td></tr>
<tr><td colspan="2">ATENÇÃO! A ausência de algum destes elementos implica a ausência do próprio ato.</td></tr>
<tr><td rowspan="3">Pressupostos de existência</td><td colspan="2">Sem os quais, a conduta não se efetivará.</td></tr>
<tr><td>Objeto</td><td>A coisa ou relação jurídica sobre a qual o ato incidirá.</td></tr>
<tr><td>Pertinência da função administrativa</td><td>Para que a conduta do estado exista, enquanto ato administrativo, deve ser praticada no exercício da função administrativa</td></tr>
<tr><td rowspan="7">Pressupostos de validade</td><td colspan="2">Define a adequação ou não deste ato com o ordenamento jurídico.</td></tr>
<tr><td>Sujeito competente</td><td>O ato administrativo deve ser praticado, não somente por um agente público, mas sim por alguém que tenha legitimação legal para o exercício daquela determinada atividade.</td></tr>
<tr><td>Motivo</td><td>Definido como a situação de fato e de direito que ensejou a prática do ato administrativo.</td></tr>
<tr><td>Causa</td><td>A correlação lógica entre o motivo e o conteúdo do ato administrativo, no exercício da finalidade pública.</td></tr>
<tr><td>Finalidade</td><td>Finalidade pública mais o respeito ao escopo específico definido para a conduta estatal.</td></tr>
<tr><td>Formalização</td><td>Alguns atos dependem de formalidade específica, sendo este formalismo necessário à regularidade do ato.</td></tr>
<tr><td>Requisitos procedimentais</td><td>Devem respeitar a existência de procedimentos anteriores.</td></tr>
<tr><th colspan="3">ATRIBUTOS DO ATO ADMINISTRATIVO</th></tr>
<tr><td colspan="3">São as prerrogativas de poder público presentes no ato administrativo.</td></tr>
<tr><td rowspan="2">Presunção de veracidade</td><td colspan="2">O ato goza de fé pública e os fatos apresentados em sua prática presumem-se verdadeiros, em conformidade com os fatos efetivamente ocorridos (presunção é relativa ou juris tantum).</td></tr>
<tr><td colspan="2">A presunção de veracidade diz respeito a fatos e causa a inversão do ônus da prova dos fatos alegados no ato administrativo.</td></tr>
</table>

<table>
<tr><th colspan="4">ATOS ADMINISTRATIVOS</th></tr>
<tr><td rowspan="4">Presunção de legitimidade</td><td colspan="3">Até prova em contrário, o ato foi editado em conformidade com a lei e com o ordenamento jurídico (presunção relativa).</td></tr>
<tr><td colspan="3">Não há qualquer espécie de inversão do ônus probatório</td></tr>
<tr><td colspan="3">O ato pode ser questionado judicialmente, mas o ônus da prova é do particular que visa à impugnação do ato administrativo.</td></tr>
<tr><td colspan="3">Confere maior celeridade à atuação administrativa, uma vez que, após a prática do ato, esse estará apto a produzir efeitos automaticamente, como se válido fosse, até que se declare sua ilegalidade por decisão administrativa ou judicial.</td></tr>
<tr><td rowspan="4">Imperatividade</td><td colspan="3">Imposição de obrigações, pela Administração Pública, independente da vontade do particular</td></tr>
<tr><td colspan="3">ATENÇÃO! atos que definem direitos e vantagens não são imperativos.</td></tr>
<tr><td colspan="3">Enquanto não declarada a ilegalidade do ato praticado, o particular deve cumprir as regras nele expostas.</td></tr>
<tr><td colspan="3">Este atributo da imperatividade designado como poder extroverso.</td></tr>
<tr><td rowspan="3">Exigibilidade</td><td colspan="3">Não sendo cumprida a obrigação imposta pelo ato administrativo, o poder público terá que, valendo-se de meios indiretos de coação, executar indiretamente o ato desrespeitado.</td></tr>
<tr><td colspan="3">ATENÇÃO! não dispensa o respeito ao devido processo legal.</td></tr>
<tr><td colspan="3">"No processo administrativo para imposição de multa de trânsito, são necessárias as notificações da autuação e da aplicação da pena decorrente da infração" (Súmula 312 do STJ).</td></tr>
<tr><td rowspan="5">Executoriedade ou autoexecutoriedade</td><td colspan="3">O ente público pratica o ato que seria de obrigação do particular, sem a necessidade de participação deste e sem que haja auxílio do Poder Judiciário.</td></tr>
<tr><td colspan="3">ATENÇÃO! Esse atributo não está presente em todos os atos administrativos, dependendo sempre da previsão de lei ou de uma situação de urgência, na qual a prática do ato se imponha para garantia do interesse público.</td></tr>
<tr><td>Contraditório diferido</td><td colspan="2">Nos casos de urgência , após a prática do ato e evitado o dano ao interesse público, será admitido o exercício do contraditório pelo interessado.</td></tr>
<tr><td rowspan="2">Alguns doutrinadores</td><td rowspan="2">A autoexecutoriedade é gênero</td><td>Coercibilidade</td></tr>
<tr><td>Executoriedade</td></tr>
<tr><td rowspan="2">TIPICIDADE</td><td colspan="3">A exigência de que todo ato administrativo esteja previsto em lei, ou seja, corresponda a um tipo legal previamente definido.</td></tr>
<tr><td colspan="3">Não se configura prerrogativa concedida ao ente estatal, mas sim limitação para a prática de atos não previamente estipulados por lei.</td></tr>
<tr><th colspan="4">FASES DE CONSTITUIÇÃO DO ATO ADMINISTRATIVO</th></tr>
<tr><td colspan="4">Há fases indispensáveis à formação do ato e sua atuação no caso concreto.</td></tr>
<tr><td rowspan="2">PERFEIÇÃO</td><td colspan="3">A existência do ato administrativo decorre do cumprimento das etapas necessárias à formação do ato.</td></tr>
<tr><td colspan="3">Ato perfeito não é retratável, mas pode ser revisado e até anulado em face do princípio administrativo da autotutela (súmula 346 e 473 do STF)</td></tr>
<tr><td rowspan="3">Validade</td><td colspan="3">A regularidade do ato é aferida quando todas as etapas realizadas estiverem de acordo com a lei.</td></tr>
<tr><td colspan="3">ATENÇÃO! no silêncio da lei, não pode haver atuação administrativa, haja vista a aplicação da estrita legalidade em matéria de Direito Administrativo.</td></tr>
<tr><td colspan="3">A validade de um ato só é avaliada se ele for ao menos existente (perfeito),</td></tr>
</table>

<table>
<tr><th colspan="4">ATOS ADMINISTRATIVOS</th></tr>
<tr><td rowspan="10">EFICÁCIA</td><td colspan="3">Aptidão para produção de efeitos concedida ao ato administrativo.</td></tr>
<tr><td>Eficácia imediata</td><td colspan="2">Logo após a publicação.</td></tr>
<tr><td>Com previsão de termos iniciais ou condições suspensivas</td><td colspan="2">Ato é ineficaz enquanto a situação de pendência não for resolvida.</td></tr>
<tr><td colspan="3">ATENÇÃO! Os atos perfeitos e válidos que, ainda, não estão aptos a produzir efeitos são designados como atos administrativos pendentes.</td></tr>
<tr><td>Efeitos próprios</td><td colspan="2">Efeitos típicos do ato.</td></tr>
<tr><td rowspan="4">Efeitos impróprios</td><td colspan="2">São aqueles que decorrem, de forma indireta, da prática do ato administrativo.</td></tr>
<tr><td>Efeito reflexo</td><td>São aqueles efeitos que atingem uma relação jurídica estranha àquela tratada no bojo da conduta estatal, gerando consequências em relação a terceiros não previstos diretamente no ato praticado.</td></tr>
<tr><td rowspan="2">Efeito prodrômico</td><td>Efeito por meio do qual se impõe uma nova atuação administrativa diante do início do ato praticado.</td></tr>
<tr><td>ATENÇÃO! determina a quebra da inércia administrativa.</td></tr>
<tr><td colspan="3">ATENÇÃO! a existência e a validade não são requisitos para alguma eficácia.</td></tr>
<tr><td rowspan="5">ATOS APÓS A FORMAÇÃO</td><td>Perfeito, válido e eficaz</td><td colspan="2">O ato estará apto a produzir efeitos, sendo que a conduta foi praticada dentro dos limites definidos pela lei.</td></tr>
<tr><td>Perfeito, válido e ineficaz</td><td colspan="2">O ato cumpriu todas as etapas de formação e foi expedido em conformidade com a lei, mas não está apto a produzir efeitos por depender de termo ou condição, ou, ainda, por falta de publicidade devida e necessária à sua eficácia.</td></tr>
<tr><td>Perfeito, inválido e eficaz</td><td colspan="2">O ato administrativo não corresponde às normas legais definidas para sua prática, todavia produzirá efeitos até que seja declarada sua irregularidade.</td></tr>
<tr><td>Perfeito, inválido e ineficaz</td><td colspan="2">Sempre que a ilegalidade do ato for demonstrada.</td></tr>
<tr><td colspan="3">ATENÇÃO! ato administrativo consumado é aquele que já produziu todos os efeitos que estavam definidos em seu bojo.</td></tr>
<tr><th colspan="4">CLASSIFICAÇÃO DOS ATOS ADMINISTRATIVOS</th></tr>
<tr><td rowspan="3">QUANTO AO GRAU DE LIBERDADE, OS ATOS SE DIVIDEM EM VINCULADOS E DISCRICIONÁRIOS</td><td rowspan="2">Atos vinculados</td><td colspan="2">São aqueles definidos em lei que não confere ao agente público qualquer margem de escolha.</td></tr>
<tr><td colspan="2">Preenchidos os requisitos definidos na norma aplicável, o agente público tem o dever de praticar o ato, não podendo se eximir de sua responsabilidade.</td></tr>
<tr><td>Atos discricionários</td><td colspan="2">Mesmo regulamentados por lei, admitem uma análise de pressupostos subjetivos pelo agente estatal.</td></tr>
<tr><td rowspan="2">QUANTO À FORMAÇÃO OS ATOS ADMINISTRATIVOS PODEM SER DIVIDIDOS EM SIMPLES, COMPLEXOS OU COMPOSTOS.</td><td rowspan="2">Ato simples</td><td colspan="2">Para sua formação, depende de única manifestação de vontade.</td></tr>
<tr><td colspan="2">Resultante de uma votação em órgão Colegiado, ou manifestação de um Agente, em órgãos singulares.</td></tr>
</table>

<table>
<tr><th colspan="4">ATOS ADMINISTRATIVOS</th></tr>
<tr><td rowspan="6"></td><td rowspan="3">Ato composto</td><td colspan="2">Uma vontade principal (ato principal) e a vontade que ratifica esta (ato acessório).</td></tr>
<tr><td colspan="2">Dos atos, geralmente decorrentes do mesmo órgão público, em patamar de desigualdade, devendo o segundo seguir a sorte do primeiro.</td></tr>
<tr><td colspan="2">ATENÇÃO! não se confundem com o processo administrativo, que são vários atos, que se concatenam para um provimento final, decorrentes de uma única manifestação de vontade.</td></tr>
<tr><td rowspan="3">Ato complexo</td><td colspan="2">Soma de vontades de órgãos públicos independentes, de mesma hierarquia.</td></tr>
<tr><td colspan="2">ATENÇÃO! a aposentadoria de servidor público se configura como ato complexo, haja vista depender da atuação do órgão a que o agente é subordinado e da aprovação do Tribunal de Contas.</td></tr>
<tr><td colspan="2">A não aprovação pelo Tribunal de Contas do ato de aposentadoria, não é considerado novo ato, mas sim impedimento de perfeição do ato, não dependendo de contraditório.</td></tr>
<tr><td rowspan="6">QUANTO AOS DESTINATÁRIOS, OS ATOS PODEM SER GERAIS OU INDIVIDUAIS</td><td rowspan="2">Atos gerais</td><td colspan="2">Referem-se a uma quantidade indeterminada de pessoas, com caráter abstrato e impessoal.</td></tr>
<tr><td colspan="2">Dependem de publicação para que estejam aptos a produzir efeito e prevalecem sobre as condutas individuais.</td></tr>
<tr><td rowspan="4">Atos individuais</td><td colspan="2">Há discriminação específica de quais agentes ou particulares se submetem às disposições da conduta.</td></tr>
<tr><td colspan="2">ATENÇÃO! Pode-se referir a vários indivíduos, mas eles estarão todos explicitados no ato administrativo.</td></tr>
<tr><td>Atos múltiplos</td><td>Referem-se a mais de um destinatário.</td></tr>
<tr><td>Atos singulares</td><td>Destinam-se a um único sujeito.</td></tr>
<tr><td rowspan="4">QUANTO AO OBJETO, OS ATOS ADMINISTRATIVOS PODEM SER ATOS DE IMPÉRIO, DE EXPEDIENTE OU ATOS DE GESTÃO</td><td>Atos de império</td><td colspan="2">Nos quais a Administração atua com prerrogativa de Poder Público.</td></tr>
<tr><td>Atos de gestão</td><td colspan="2">A Administração atua em situação de igualdade com o particular.</td></tr>
<tr><td>Atos de expediente</td><td colspan="2">Praticados como forma de dar andamento à atividade administrativa, não configuram manifestação de vontade do Estado, mas sim, a execução de condutas previamente definidas.</td></tr>
<tr><td colspan="3">ATENÇÃO! o ato de gestão seria um ato de direito privado – ato privado praticado pela Administração Pública e os atos de expediente seriam meros fatos administrativos.</td></tr>
<tr><td rowspan="2">QUANTO À ESTRUTURA, OS ATOS PODEM SER CONCRETOS OU ABSTRATOS</td><td>Atos concretos</td><td colspan="2">Finalidade de resolver uma situação específica, exaurindo seus efeitos em uma única aplicação.</td></tr>
<tr><td>Atos abstratos</td><td colspan="2">Definem uma regra genérica que deverá ser aplicada sempre que a situação descrita no ato ocorrer de fato.</td></tr>
<tr><td rowspan="3">QUANTO AOS EFEITOS, OS ATOS SE DIVIDEM EM CONSTITUTIVOS E DECLARATÓRIOS</td><td>Atos constitutivos</td><td colspan="2">Criam uma situação jurídica nova, previamente inexistente.</td></tr>
<tr><td rowspan="2">Atos declaratórios</td><td colspan="2">Afirmam um direito preexistente, mediante o reconhecimento de situação jurídica previamente constituída.</td></tr>
<tr><td colspan="2">ATENÇÃO! possuem efeitos retroativos.</td></tr>
</table>

ATOS ADMINISTRATIVOS		
QUANTO AOS RESULTADOS NA ESFERA JURÍDICA OS ATOS PODEM SER AMPLIATIVOS OU RESTRITIVOS	**Atos ampliativos**	Atribuem direitos e vantagens aos seus destinatários.
	Atos restritivos	Impõem obrigações ou aplicam penalidades aos destinatários, sempre, dentro dos limites da lei.
QUANTO AO SEU ALCANCE, OS ATOS ADMINISTRATIVOS PODEM SER INTERNOS OU EXTERNOS	**Atos internos**	Produzem efeitos dentro da estrutura da Administração Pública responsável por sua edição.
		ATENÇÃO! Como regra, não dependem de publicação oficial.
	Atos externos	Produzem efeitos em relação aos administrados, estranhos à estrutura da Administração Pública.
		ATENÇÃO! Depende de publicação em órgão oficial

ESPÉCIES DE ATOS ADMINISTRATIVOS			
Atos normativos	São atos gerais e abstratos que geram obrigações a uma quantidade indeterminada de pessoas, dentro dos limites da lei.		
	Regulamento	Trata-se de ato normativo privativo do chefe do Poder Executivo, apresentado por meio da expedição de um Decreto.	
		Ato privativo do chefe do Poder Executivo, não só Presidente (art. 84, IV, da CF/88 e o princípio da simetria).	
		Regulamentos executivos	Não tem a intenção de inovar o ordenamento jurídico, sendo praticado unicamente para complementação do texto legal.
		Regulamentos autônomos	Substitutos da lei e não facilitadores de sua aplicação, uma vez que são editados sem contemplar qualquer previsão legal anterior.
		ATENÇÃO! a doutrina majoritária vem-se posicionando no sentido de que, com a inserção do inciso VI ao art. 84, da CF/88, existem, no Brasil, duas únicas hipóteses de regulamentos autônomos constitucionalmente admitidos.	
	Aviso	Ato utilizado para dar conhecimento à sociedade de determinados assuntos ligados à atividade fim do órgão.	
		Expedido pelos órgãos auxiliares diretos do Poder Executivo.	
	Instrução normativa	Expedida por quaisquer autoridades públicas ou órgãos públicos que tenham atribuição legal para a execução de decretos e regulamentos.	
	Regimento	Para definição de normas internas, com o intuito de regular o funcionamento de órgãos colegiados.	
	Deliberações	Expedidas pelos órgãos colegiados, como representação de vontade da maioria dos agentes que o representam.	
	Resolução	Ato normativo dos órgãos colegiados, usados pelos Poderes Legislativo e Judiciário, e pelas Agências Reguladoras, para disciplinar matéria de sua competência específica.	
	ATENÇÃO! As agências reguladoras possuem poder normativo que se restringe ao âmbito técnico da prestação do serviço e expedem os atos por meio de manifestação do seu Conselho Diretivo.		
Atos ordinatórios	Organizam a prestação do serviço, por meio de normas que se aplicam internamente aos órgãos pertencentes à estrutura administrativa, ensejando a manifestação do Poder Hierárquico da Administração.		
	NÃO geram direitos adquiridos a seus destinatários.		

<table>
<tr><th colspan="4">ATOS ADMINISTRATIVOS</th></tr>
<tr><td rowspan="6">Atos ordinatórios</td><td>Portaria</td><td colspan="2">Ato administrativo individual que estipula ordens e determinações internas e estabelece normas que geram direitos ou obrigações internas a indivíduos específicos.</td></tr>
<tr><td>Circular</td><td colspan="2">Para a edição de normas uniformes a todos os servidores, subordinados a um determinado órgão.</td></tr>
<tr><td>Ordem de Serviço</td><td colspan="2">Finalidade de distribuir e ordenar o serviço interno do órgão, escalonando entre os setores e servidores.</td></tr>
<tr><td>Despacho</td><td colspan="2">Por ele as autoridades públicas proferem decisões (finais ou interlocutórias no processo administrativo) acerca de determinadas situações específicas, de sua responsabilidade funcional.</td></tr>
<tr><td>Memorando</td><td colspan="2">Ato de comunicação interna, entre agentes de um mesmo órgão público, para fins de melhor executar a atividade pública (entre setores de uma mesma estrutura orgânica).</td></tr>
<tr><td>Ofício</td><td colspan="2">Ato emanado para garantir a comunicação entre autoridades públicas ou entre estas e particulares, destinados à comunicação externa, também podendo ser utilizado com a intenção de encaminhar informações ou efetivar solicitações.</td></tr>
<tr><td rowspan="15">ATOS NEGOCIAIS</td><td colspan="3">Por ele a administração concede direitos pleiteados por particulares.</td></tr>
<tr><td colspan="3">A manifestação de vontade do Estado coincide com o interesse do particular.</td></tr>
<tr><td colspan="3">Vontade unilateral do poder público, que não goza de imperatividade.</td></tr>
<tr><td colspan="3">Ato administrativo ampliativo.</td></tr>
<tr><td colspan="3">ATENÇÃO! licença, autorização e permissão são formalizadas por meio de alvará.</td></tr>
<tr><td rowspan="4">Autorização</td><td>Autorização de uso de bem público</td><td>ato discricionário e precário por meio de que a Administração Pública autoriza o uso de bem público por um particular de forma anormal ou privativa, no interesse eminentemente do beneficiário.</td></tr>
<tr><td>Autorização de Polícia</td><td>ato discricionário e precário através do qual o Poder Público concede ao particular o exercício de determinadas atividades materiais que dependem de fiscalização.</td></tr>
<tr><td colspan="2">ATENÇÃO! pode, a qualquer tempo, ser desfeito sem direito à indenização, não gerando direito adquirido.</td></tr>
<tr><td colspan="2">Situações mais transitórias.</td></tr>
<tr><td rowspan="6">Permissão</td><td colspan="2">Ato discricionário e precário e é veiculada para conceder ao particular o uso de determinado bem público, de forma anormal ou privativa.</td></tr>
<tr><td colspan="2">ATENÇÃO! permissão de serviço público tem natureza de contrato administrativo (art. 40, da Lei 8.987/950).</td></tr>
<tr><td colspan="2">Resta ao estudo dos atos administrativos, a análise acerca da permissão de uso de bem público.</td></tr>
<tr><td colspan="2">Caráter mais permanente ou duradouro.</td></tr>
<tr><td colspan="2">É sempre concedida no interesse público.</td></tr>
<tr><td colspan="2">Tem natureza de ato discricionário e deve ser precedida de licitação.</td></tr>
</table>

<table>
<tr><th colspan="3">ATOS ADMINISTRATIVOS</th></tr>
<tr><td rowspan="10">ATOS NEGOCIAIS</td><td></td><td>Em determinadas situações, a permissão de uso é concedida por prazo determinado, mitigando-se a precariedade, sendo impedido o poder público de revogar este ato sem que seja devida indenização ao particular beneficiado (vedada veda o venire contra factum proprium).</td></tr>
<tr><td rowspan="3">Licença</td><td>É ato de polícia, por meio de que o Poder Público permite a realização de determinada atividade sujeita à fiscalização do Estado.</td></tr>
<tr><td>Ato vinculado.</td></tr>
<tr><td>ATENÇÃO! O ato de licença para construções e reformas pode ser revogado, desde que por razões e interesse público superveniente, cabendo ao ente estatal indenizar o particular pelos prejuízos comprovados.</td></tr>
<tr><td>Admissão</td><td>Ato unilateral e vinculado pelo qual o Poder Público permite que o particular usufrua determinado serviço público prestado pelo Estado, mediante a inclusão em um estabelecimento público.</td></tr>
<tr><td rowspan="3">Aprovação</td><td>Ato administrativo discricionário, por meio do qual o Poder Público faz o controle de legalidade e de mérito da conduta anterior expedida pelo órgão estatal.</td></tr>
<tr><td>Pode ser prévio ou posterior ao ato controlado.</td></tr>
<tr><td>O ato que dependa de aprovação não será eficaz enquanto ela não for expedida</td></tr>
<tr><td rowspan="2">Homologação</td><td>Ato vinculado de controle de legalidade de ato anteriormente expedido pela própria Administração Pública.</td></tr>
<tr><td>Sempre posterior ao ato controlado.</td></tr>
<tr><td rowspan="11">ATOS ENUNCIATIVOS</td><td colspan="2">São os atos administrativos que estabelecem opiniões e conclusões do ente estatal.</td></tr>
<tr><td colspan="2">Para alguns doutrinadores, são fatos administrativos, por não se tratar efetivamente de ato administrativo.</td></tr>
<tr><td colspan="2">Não estão sujeitos à analise de mérito ou legalidade, não produzindo efeitos imediatos.</td></tr>
<tr><td>Atestado</td><td>Trata-se de ato que comprova a existência de uma situação analisada pelo Estado por meio de seus órgãos competentes, não sendo hipótese previamente documentada dentro da repartição.</td></tr>
<tr><td rowspan="2">Certidão</td><td>É certificar um determinado fato que já se encontra previamente registrado no órgão.</td></tr>
<tr><td>É o “espelho de um registro público”.</td></tr>
<tr><td rowspan="2">Apostila ou averbação</td><td>O ente estatal acrescenta informações constantes em um registro público ou o altera, se houver descrição que não corresponda à realidade.</td></tr>
<tr><td>O particular para isto pede a averbação.</td></tr>
<tr><td rowspan="3">Parecer</td><td>Emite-se opinião de órgão consultivo do Poder Público, sobre assunto de sua competência.</td></tr>
<tr><td>ATENÇÃO! Pode ser facultativo ou obrigatório (é indispensável à regularidade do ato).</td></tr>
<tr><td>O parecer não tem natureza vinculante.</td></tr>
</table>

<table>
<tr><th colspan="4">ATOS ADMINISTRATIVOS</th></tr>
<tr><td rowspan="6">ATOS ENUNCIATIVOS</td><td rowspan="6">Parecer</td><td>Doutrina majoritária</td><td>Somente haverá responsabilidade do emissor do parecer se ele tiver atuado de forma dolosa, ou com erro grosseiro ao emanar o ato de opinião.</td></tr>
<tr><td>Pareceres normativos</td><td>Geral e abstrato, de aplicação obrigatória a todos os casos idênticos que passarem a existir.</td></tr>
<tr><td rowspan="3">Pareceres técnicos</td><td>Pronunciamento opinativo de órgão ou agente, sobre determinada situação relacionada à sua área técnica de atuação.</td></tr>
<tr><td>Não se subordinam ao escalonamento hierárquico da Administração Pública.</td></tr>
<tr><td>Aqui o mérito só é discutido por agentes especializados na mesma área técnica.</td></tr>
<tr></tr>
<tr><td>ATOS PUNITIVOS</td><td colspan="3">Por meio dos quais o Poder Público determina a aplicação de sanções, em face do cometimento de infrações administrativas pelos servidores públicos ou por particulares.</td></tr>
<tr><th colspan="4">EXTINÇÃO DOS ATOS ADMINISTRATIVOS</th></tr>
<tr><td colspan="4">Situações nas quais o ato emanado pelo poder público deixa de produzir efeitos regularmente, sendo retirado do mundo jurídico.</td></tr>
<tr><td rowspan="4">EXTINÇÃO NATURAL</td><td colspan="3">Ocorre quando o ato já cumpriu todos os efeitos nele dispostos.</td></tr>
<tr><td colspan="3">ATENÇÃO! cumprimento dos efeitos decorre da execução material da situação apresentada no ato administrativo.</td></tr>
<tr><td colspan="3">Com o advento do termo final ou da condição resolutiva
Extinção dos atos sujeitos a prazo determinado ou que dependam da ocorrência de um evento futuro e incerto</td></tr>
<tr><td colspan="3">Pelo esgotamento do conteúdo jurídico</td></tr>
<tr><td rowspan="2">RENÚNCIA</td><td colspan="3">O particular abre mão do benefício concedido.</td></tr>
<tr><td colspan="3">Se aplica somente para atos ampliativos.</td></tr>
<tr><td>DESAPARECIMENTO DA PESSOA OU COISA SOBRE A QUAL O ATO RECAI</td><td colspan="3">O desfazimento do ato decorre do desaparecimento de seu objeto, ou do sujeito ao qual ele se destina.</td></tr>
<tr><td rowspan="7">RETIRADA</td><td colspan="3">A extinção de uma determinada conduta estatal, mediante a edição de ato concreto que a desfaça.</td></tr>
<tr><td rowspan="6">ANULAÇÃO</td><td colspan="2">Para a doutrina majoritária, esta decorre da dissonância do ato em relação às normas postas no ordenamento jurídico.</td></tr>
<tr><td rowspan="3">Atos inexistentes</td><td>Estão fora do ordenamento jurídico, em virtude da violação de princípios básicos que norteiam a atuação das pessoas dentro de determinada sociedade.</td></tr>
<tr><td>ATENÇÃO! Não podem ser convalidados.</td></tr>
<tr><td>Não podem ser garantidos efeitos pretéritos produzidos, mesmo em relação a terceiros de boa fé.</td></tr>
<tr><td rowspan="2">Atos nulos</td><td>São aqueles declarados em lei como tais.</td></tr>
<tr><td>A retirada produz efeitos ex tunc.</td></tr>
</table>

<table>
<tr><th colspan="5">ATOS ADMINISTRATIVOS</th></tr>
<tr><td rowspan="21">RETIRADA</td><td rowspan="21">ANULAÇÃO</td><td rowspan="2">Atos nulos</td><td colspan="2">ATENÇÃO! Não podem ser convalidados.</td></tr>
<tr><td colspan="2">Podem ser garantidos alguns efeitos pretéritos produzidos em relação a terceiros de boa fé.</td></tr>
<tr><td>Atos anuláveis</td><td colspan="2">Possuem vícios que admitem conserto, podendo ser assim convalidado.</td></tr>
<tr><td>Atos irregulares</td><td colspan="2">Sofrem vício material irrelevante, mediante o desrespeito de normas internas de padronização, não ensejando a nulidade do ato, mas tão somente a responsabilização do agente público que o praticou.</td></tr>
<tr><td colspan="3">ATENÇÃO! opera efeitos ex tunc (ressalvados os terceiros de boa fé).</td></tr>
<tr><td colspan="3">Não existe direito adquirido à manutenção de um ato nulo, mas apenas a manutenção de determinados efeitos deste ato.</td></tr>
<tr><td rowspan="2">Teoria da Aparência</td><td colspan="2">A nomeação de servidor sem concurso público é nula, mas os atos praticados são válidos, em atenção ao princípio da segurança jurídica.</td></tr>
<tr><td colspan="2">Não há devolução dos salários, já que os serviços foram prestados.</td></tr>
<tr><td colspan="3">Feita pela própria Administração ou pelo Judiciário, após provocação do particular (súmula nº 473 do STF c/c o art. 53, da lei 9.784/99 e o art. 5°, XXXV, da CF/88).</td></tr>
<tr><td colspan="3">Realizada mediante a realização de processo administrativo prévio.</td></tr>
<tr><td colspan="3">A Administração Pública tem o prazo decadencial de 5 (cinco) anos para anular atos administrativos ampliativos, salvo no caso de má-fé do beneficiário (art. 54, da Lei nº 9.784/99).</td></tr>
<tr><td colspan="3">Se o ato viciado foi praticado anteriormente a lei 9.784/99, o prazo de será contado da vigência do diploma legal, para determinar a retirada do ato.</td></tr>
<tr><td colspan="3">Não há o efeito repristinatório.</td></tr>
<tr><td rowspan="8">Convalidação</td><td colspan="2">Correção do vício de ato administrativo (vícios de forma e de competência)</td></tr>
<tr><td colspan="2">Caso de nulidade relativa.</td></tr>
<tr><td colspan="2">Se o interesse público exigir e for sanável o vício.</td></tr>
<tr><td colspan="2">Desde que não cause prejuízos a terceiros (art. 55, da lei 9.784/99).</td></tr>
<tr><td colspan="2">Opera efeitos ex tunc.</td></tr>
<tr><td>Confirmação</td><td>Feita pela mesma autoridade que havia praticado o ato.</td></tr>
<tr><td>Ratificação</td><td>Efetivada por ato de outra autoridade.</td></tr>
<tr><td colspan="2">ATENÇÃO! É dever do Estado sanar o vício, menos nos casos de atos discricionários que sofram de vício de incompetência.</td></tr>
</table>

<table>
<tr><th colspan="5">ATOS ADMINISTRATIVOS</th></tr>
<tr><td rowspan="22">RETIRADA</td><td></td><td></td><td colspan="2">Conversão é diferente, pois o ato viciado é convertido em outro mais simples, que produz o mesmo efeito.</td></tr>
<tr><td rowspan="16">REVOGAÇÃO</td><td colspan="3">Extinção do ato administrativo válido por motivo de oportunidade e conveniência.</td></tr>
<tr><td colspan="3">É ato discricionário e refere-se ao mérito administrativo.</td></tr>
<tr><td colspan="3">Efeito ex nunc.</td></tr>
<tr><td colspan="3">Só realizada pela Administração Pública, de ofício ou por provocação.</td></tr>
<tr><td colspan="3">ATENÇÃO! É efetivada pela própria autoridade que praticou o ato ou pela autoridade pública que tenha competência para analisar este ato em sede de recurso (art. 64, da lei 9.784/99).</td></tr>
<tr><td colspan="3">Não há prazo para a sua pratica.</td></tr>
<tr><td colspan="3">Não há o efeito repristinatório.</td></tr>
<tr><td rowspan="8">Não se admite a revogação</td><td>Atos consumados</td><td>Já produziram todos os efeitos.</td></tr>
<tr><td>Atos irrevogáveis</td><td>Declarados por meio da lei específica.</td></tr>
<tr><td>Atos que geram direitos adquiridos</td><td>Em decorrência da irretroatividade do ato administrativo revogador.</td></tr>
<tr><td rowspan="2">Atos vinculados</td><td>Não admitirem análise de oportunidade e conveniência.</td></tr>
<tr><td>ATENÇÃO! Ressalvados os atos de licença para construir.</td></tr>
<tr><td>Atos enunciativos</td><td>Não ensejando a produção direta de efeitos a particulares.</td></tr>
<tr><td>Atos de controle</td><td>Não se configurando atos constitutivos de direitos ou obrigações.</td></tr>
<tr><td>Os atos complexos</td><td>A vontade de um único agente não retira este ato do mundo jurídico.</td></tr>
<tr><td>Cassação</td><td colspan="3">Quando o beneficiado do ato deixa de cumprir os requisitos de quando teve o ato deferido.</td></tr>
<tr><td rowspan="2">Caducidade</td><td colspan="3">Extinção do ato administrativo por lei superveniente que impede a manutenção do ato inicialmente válido.</td></tr>
<tr><td colspan="3">ATENÇÃO! diferente da caducidade nos contratos de concessão de serviços públicos (lei n. 8.987/95), que é rescisão unilateral da avença por motivo de inadimplemento da empresa concessionária.</td></tr>
<tr><td rowspan="2">Contraposição (derrubada)</td><td colspan="3">Impossibilidade de manutenção do ato, por colidir com ato novo que trata da matéria.</td></tr>
<tr><td colspan="3">ATENÇÃO! Não se trata de ilegalidade.</td></tr>
</table>

<table>
<tr><th colspan="2">ATOS ADMINISTRATIVOS</th></tr>
<tr><th colspan="2">APROFUNDAMENTO PARA PROVAS SUBJETIVAS DE CONCURSOS – ESTABILIZAÇÃO DOS EFEITOS DOS ATOS ADMINISTRATIVOS</th></tr>
<tr><td colspan="2">É instituto criado pela doutrina pátria, acompanhado pela jurisprudência moderna.</td></tr>
<tr><td colspan="2">Em algumas situações, devem ser mantidos todos os efeitos produzidos pelo ato, ainda que seja ato que sofra de nulidade insanável, sendo que, em outros casos, o próprio ato deve ser mantido no ordenamento jurídico a despeito de sua ilegalidade, como forma de proteção ao cidadão e a outros princípios constitucionais aplicáveis ao caso.</td></tr>
<tr><td colspan="2">Não há aqui a convalidação do ato administrativo, pois ele continua com os vícios que levariam à sua invalidação, mas, por outras questões, tais como o Princípio da Segurança Jurídica e da proteção à boa fé, ele permanece aplicável no ordenamento jurídico e seus efeitos estabilizam-se.</td></tr>
<tr><td>Teoria do funcionário de fato</td><td>Considera válidos os efeitos de atos administrativo praticados por agentes públicos irregularmente investidos, pelo fato de se revestirem de aparência de legalidade, o que enseja legítima expectativa aos particulares beneficiados por tais condutas.</td></tr>
<tr><td>Modulação dos efeitos</td><td>"Ao declarar a inconstitucionalidade de lei ou ato normativo, e tendo em vista razões de segurança jurídica ou de excepcional interesse social, poderá o Supremo Tribunal Federal, por maioria de dois terços de seus membros, restringir os efeitos daquela declaração ou decidir que ela só tenha eficácia a partir de seu trânsito em julgado ou de outro momento que venha a ser fixado" (art. 27, da lei n. 9.868/99).</td></tr>
<tr><td colspan="2">A aplicação das regras de decadência, estampados no art. 54 da lei 9.784/99 é uma forma de estabilização de efeitos de ato nulo e não de convalidação.</td></tr>
<tr><td colspan="2">ATENÇÃO! não se confunde com a Teoria do fato Consumado, pois na estabilização é preciso que a retirada do ato comprometa outros princípios da ordem jurídica, causando prejuízos sérios.</td></tr>
<tr><td colspan="2">Teoria do fato consumado não pode ser usada para manter atos administrativos viciados, conforme a jurisprudência, por causa do princípio da legalidade.</td></tr>
</table>

13. SÚMULAS

13.1. Súmulas do STF

- **Súmula Vinculante n. 3:** Nos processos perante o Tribunal de Contas da União asseguram-se o contraditório e a ampla defesa quando da decisão puder resultar anulação ou revogação de ato administrativo que beneficie o interessado, excetuada a apreciação da legalidade do ato de concessão inicial de aposentadoria, reforma e pensão.
- **Súmula n. 6:** A revogação ou anulação, pelo Poder Executivo, de aposentadoria, ou qualquer outro ato aprovado pelo Tribunal de Contas, não produz efeitos antes de aprovada por aquele tribunal, ressalvada a competência revisora do judiciário.
- **Súmula n. 148:** É legítimo o aumento de tarifas portuárias por ato do Ministro da Viação e Obras Públicas.
- **Súmula n. 248:** É competente, originariamente, o Supremo Tribunal Federal, para mandado de segurança contra ato do Tribunal de Contas da União.
- **Súmula n. 330:** O Supremo Tribunal Federal não é competente para conhecer de mandado de segurança contra atos dos tribunais de justiça dos estados.
- **Súmula n. 346:** A administração pública pode declarar a nulidade dos seus próprios atos.
- **Súmula n. 347:** O Tribunal de Contas, no exercício de suas atribuições, pode apreciar a constitucionalidade das leis e dos atos do poder público.
- **Súmula n..473:** A administração pode anular seus próprios atos, quando eivados de vícios que os tornam ilegais, porque deles não se originam direitos; ou revogá-los, por motivo de conveniência ou oportunidade, respeitados os direitos adquiridos, e ressalvada, em todos os casos, a apreciação judicial.
- **Súmula n. 510:** Praticado o ato por autoridade, no exercício de competência delegada, contra ela cabe o mandado de segurança ou a medida judicial.
- **Súmula n. 684:** É inconstitucional o veto não motivado à participação de candidato a concurso público.

13.2. Súmulas do STJ

- **Súmula n. 127:** É ilegal condicionar a renovação da licença de veículo ao pagamento de multa, da qual o infrator não foi notificado.
- **Súmula n. 311:** Os atos do presidente do tribunal que disponham sobre processamento e pagamento de precatório não têm caráter jurisdicional.
- **Súmula n. 312:** No processo administrativo para imposição de multa de trânsito, são necessárias as notificações da autuação e da aplicação da pena decorrente da infração.
- **Súmula n. 333:** Cabe mandado de segurança contra ato praticado em licitação promovida por sociedade de economia mista ou empresa pública.

14. JURISPRUDÊNCIAS 2015/2016

- **MANDADO DE SEGURANÇA. ADMINISTRATIVO. ANISTIA POLÍTICA. ATO DO MINISTRO DE ESTADO DA JUSTIÇA. ANULAÇÃO DA PORTARIA CONCESSIVA DA ANISTIA POLÍTICA. CADUCIDADE DO DIREITO POTESTATIVO DE REVISÃO DO ATO CONCESSIVO DA ANISTIA. ART. 54 DA LEI N. 9.784/1999. DIREITO LÍQUIDO E CERTO. PRECEDENTES. SEGURANÇA CONCEDIDA.** 1. Impetração que tem por objeto a Portaria n. 1.510/2013, do Ministro de Estado da Justiça, que anulou o ato concessivo da anistia política do impetrante (Portaria n. 1.719/2002), ato que, pelos precedentes da Seção, expressa a terceira fase do exame das anistias políticas concedidas aos militares afastados por motivos políticos. 2. A tese básica da impetração é a de que, na data da Portaria de anulação (05/04/2013), já estava caduco o direito potestativo de revisão do ato concessivo da anistia, nos termos do art. 54 da Lei n. 9.784/1999 ("O direito da administração de anular os atos administrativos de que decorram efeitos favoráveis para os destinatários decai em cinco anos, contados da data em que foram praticados, salvo comprovada má-fé."). 3. Da data da Portaria n. 1.719, de 03/12/2002, concessiva da anistia, com efeitos econômicos, até 05/04/2013 (data do ato de anulação da anistia), transcorreu prazo superior a cinco (5) anos, nos termos do § 1º do artigo 54 da Lei n. 9.784/1999 ("No caso de efeitos patrimoniais contínuos, o prazo de decadência contar-se-á da percepção do primeiro pagamento.") 4. Não se cogita - não há referência a essa circunstância nos autos - de eventual má-fé do impetrante, menos ainda comprovada, a afastar a incidência do prazo de decadência, nos termos da previsão legal. 5. Hipótese induvidosa de direito líquido e certo à anulação da Portaria n. 1.510, publicada em 08/04/2013, do Ministro de Estado da Justiça, que anulou o ato concessivo de anistia política que fora concedida ao impetrante (Portaria n. 1.719/2002). 6. Concessão da segurança. Confirmação da liminar. **STJ. MS 20163/DF. MANDADO DE SEGURANÇA: 2013/0142436-8. Relator(a): Ministro OLINDO MENEZES (DESEMBARGADOR CONVOCADO DO TRF 1ª REGIÃO) (1180). Órgão Julgador: S1 - PRIMEIRA SEÇÃO. Data do Julgamento: 28/10/2015. Data da Publicação/Fonte: DJe 05/11/2015.**
- **AÇÃO RESCISÓRIA. ADMINISTRATIVO E PROCESSUAL CIVIL. ART. 485, INCISO V, DO CPC. ADMINISTRATIVO. FILHA SOLTEIRA DE EX-SERVIDOR DO IPERGS. PENSÃO POR MORTE. CANCELAMENTO. DECADÊNCIA AFASTADA. BENEFÍCIO PREVIDENCIÁRIO CONCEDIDO EM DATA ANTERIOR À VIGÊNCIA DA LEI 9.784/99. PRAZO DECADENCIAL DE 5 ANOS, A CONTAR DA DATA DA VIGÊNCIA DA LEI 9.784/99. MATÉRIA DECIDIDA EM RECURSO REPETITIVO (RESP Nº 1.114.938/AL).** 1. A Terceira Seção desta Corte Superior de Justiça, no julgamento do Recurso Especial Repetitivo n.º 1.114.938/AL, Rel. Ministro NAPOLEÃO NUNES MAIA FILHO, TERCEIRA SEÇÃO, julgado em 14/04/2010, DJe 02/08/2010, processado nos moldes do art. 543-C do CPC, firmou entendimento no sentido de que "os atos administrativos praticados antes da Lei 9.784/99 podem ser revistos pela Administração a qualquer tempo, por inexistir norma legal expressa prevendo prazo para tal iniciativa. Somente após a Lei 9.784/99 incide o prazo decadencial de 5 anos nela previsto, tendo como termo inicial a data de sua vigência (01.02.99)". 2. No presente caso, o benefício previdenciário foi concedido à ora autora em 1976 e cancelado em 2002. Sendo o termo inicial da decadência para a revisão do benefício previdenciário a data de 1º/02/1999, vale dizer, a partir da edição da Lei n. 9.784/1999, imperioso reconhecer que a revisão promovida pela Autarquia Previdenciária em 2002 ocorreu antes do vencimento do prazo decadencial. 3. Ação rescisória improcedente. **Acórdão** Vistos, relatados e discutidos os autos em que são partes as acima indicadas, acordam os Ministros da Terceira Seção do Superior Tribunal de Justiça, por unanimidade, julgar improcedente a ação rescisória, nos termos do voto do Sr. Ministro Relator. Os Srs. Ministros Ribeiro Dantas (Revisor), Ericson Maranho (Desembargador convocado do TJ/SP), Felix Fischer, Maria Thereza de Assis Moura, Jorge Mussi, Nefi Cordeiro e Gurgel de Faria votaram com o Sr. Ministro Relator. Ausente, justificadamente, o Sr. Ministro Rogerio Schietti Cruz. Presidiu o julgamento o Sr. Ministro Sebastião Reis Júnior. Consigna-se a presença da Dra. Lívia Depra Carmargo Sulzbach, pela parte ré. **STJ. AR 3896/RS. AÇÃO RESCISÓRIA 2007/0301409-0. Relator(a): Ministro REYNALDO SOARES DA FONSECA (1170). Revisor(a): Ministro RIBEIRO DANTAS (1181). Órgão Julgador: S3 - TERCEIRA SEÇÃO. Data do Julgamento: 28/10/2015. Data da Publicação/Fonte: DJe 06/11/2015.**

- **CONSTITUCIONAL E ADMINISTRATIVO. CNJ. COMPETÊNCIA AUTÔNOMA. REGULARIDADE NA DESIGNAÇÃO DE MAGISTRADO AUXILIAR PARA INSTRUÇÃO DE SINDICÂNCIA. ORDEM DENEGADA. 1. O Conselho Nacional de Justiça tem competência constitucional autônoma, e não subsidiária da competência dos demais tribunais. 2. É regular a designação de juiz auxiliar, seja ele originário do Judiciário estadual ou federal, para a condução de sindicância, por delegação do Corregedor-Nacional de Justiça, ainda que o investigado seja magistrado federal. 3. Segurança denegada. (STF** - MS 28513 / DF - DISTRITO FEDERAL MANDADO DE SEGURANÇA. Relator(a): Min. TEORI ZAVASCKI. Julgamento: 15/09/2015. Órgão Julgador: Segunda Turma. Publicação. ACÓRDÃO ELETRÔNICO. DJe-193 DIVULG 25-09-2015 PUBLIC 28-09-2015).

- **Agravo regimental no recurso extraordinário com agravo. Direito constitucional e administrativo. Artigo 30, inciso X, da Lei Orgânica do Ministério Público do Estado de Mato Grosso do Sul (LC nº 72/94). Competência privativa do Procurador-Geral de Justiça para ajuizamento de ação civil pública contra prefeito municipal. ADI nº 1.916/MS. Competência para propositura de ação civil pública. Delegação. Possibilidade. 1. O Supremo Tribunal Federal ao examinar o mérito da ADI nº 1.916/MS julgou improcedente a ação que objetivava a declaração de inconstitucionalidade do art. 30, inciso X, da Lei Orgânica do Ministério Público do Estado de Mato Grosso do Sul (LC nº 72/94), que prevê a competência privativa do procurador-geral de justiça para a propositura de ação civil pública contra as autoridades elencadas no mencionado dispositivo, dentre as quais os prefeitos municipais, restando cassada a liminar anteriormente concedida, que havia suspendido a eficácia do dispositivo. 2. No referido julgamento não restou proibida a delegação de tal atribuição a outros membros do Ministério Público, até porque se destacou que "a legitimação para propositura da ação civil pública - nos termos do artigo 129, inciso III, da Constituição do Brasil - é do Ministério Público, instituição una e indivisível". 3. Existente nos autos a portaria de delegação, não há falar que o ora agravante, prefeito municipal à época da propositura da ação civil pública intentada enquanto vigia a medida cautelar na referida ADI, tenha sido processado por autoridade incompetente, no caso, promotor de justiça. 4. Nego provimento ao agravo regimental. (STF** - ARE 706288 AgR / MS - MATO GROSSO DO SUL. AG.REG. NO RECURSO EXTRAORDINÁRIO COM AGRAVO Relator(a): Min. DIAS TOFFOLI. Julgamento: 02/06/2015. Órgão Julgador: Segunda Turma. Publicação. PROCESSO ELETRÔNICO. DJe-128 DIVULG 30-06-2015 PUBLIC 01-07-2015).

- Ementa: Recurso Ordinário Em Mandado De Segurança. Regência: CPC/1973. Servidor Do Departamento De Polícia Rodoviária Federal. Transgressões Disciplinares. Processo Administrativo Disciplinar. Pena De Demissão. Alegada Contrariedade Ao Devido Processo Legal E Seus Corolários. Proporcionalidade E Razoabilidade Da Pena Aplicada: Ato Vinculado Do Administrador. Precedentes. Valoração Das Circunstâncias Pela Autoridade Administrativa: Reexame Vedado Ao Poder Judiciário. Precedentes. Recurso Ordinário Em Mandado De Segurança Julgado Improcedente. (RMS 33911, Relator(a): Min. CÁRMEN LÚCIA, Segunda Turma, julgado em 07/06/2016, PROCESSO ELETRÔNICO DJe-126 DIVULG 17-06-2016 PUBLIC 20-06-2016)

- EMENTA Recurso ordinário em habeas corpus. Penal e Processual Penal. Tribunal do júri. Recusa peremptória de jurado (art. 468, CPP). Exercício de poder discricionário, incontrastável judicialmente. Estratégia inerente à dinâmica do Júri. Direcionamento das escolhas visando a que jurados do sexo feminino integrassem o conselho de sentença. Admissibilidade. Inexistência de comportamento discriminatório. Constituição do Conselho de Sentença. Afirmação, pelo promotor de justiça, de que "Deus é bom". Nulidade. Descabimento. Comentário de ordem pessoal, que não traduziu indevida permeação de interesses confessionais na condução das atividades laicas do Parquet. Liberdade de expressão assegurada às partes. Inocuidade da expressão para interferir no ânimo dos jurados como argumento de autoridade. Homicídio qualificado (art. 121, § 2º, III, CP). Pena. Dosimetria. Bis in idem e valoração negativa de circunstâncias ínsitas ao próprio tipo penal. Não ocorrência. Culpabilidade, consequências do crime e conduta social. Valoração com base em elementos fáticos concretos. Homicídio praticado contra vítima menor de 14 (catorze) anos. Causa de aumento de pena (art. 121, § 4º, CP). Quesito. Obrigatoriedade. Inteligência do art. 483, § 3º, do Código de Processo Penal. Ausência de sua submissão ao conselho de sentença. Reconhecimento pelo Tribunal de Justiça ao prover recurso do Ministério Público. Inadmissibilidade. Ofensa aos princípios da legalidade e da soberania dos vereditos do júri (art. 5º, II e XXXVIII, "c", CF). Caráter objetivo da causa de aumento de pena. Irrelevância. Quesitação imperiosa. Nulidade não suscitada no recurso da acusação. Invalidação do julgamento do júri. Descabimento. Inteligência da Súmula nº 160 do Supremo Tribunal Federal. Decotamento da causa de aumento de pena indevidamente reconhecida. Recurso ordinário em habeas corpus parcialmente provido. Ordem concedida para o fim de se decotar a causa de aumento de pena do art. 121, § 4º, do Código Penal e de se fixar a pena do recorrente em 15 (quinze) anos de reclusão. 1. A recusa peremptória de jurado (art. 468, CPP), em que as partes não precisam esclarecer os motivos dessa recusa, constitui típico exercício de poder discricionário, que prescinde da necessária justificação lógico-racional, razão por que é incontrastável judicialmente. 2. O legislador cometeu à defesa e ao Ministério Público o poder de declinar imotivadamente de um jurado, no pressuposto de que a escolha do juiz leigo que melhor se enquadre nas expectativas de êxito da parte constitui estratégia inerente à dinâmica do Tribunal do Júri. 3. Nesse contexto, é irrelevante que o Ministério Público tenha direcionado suas escolhas a que jurados do sexo feminino integrassem o conselho de sentença, razão por que não há falar-se em comportamento discriminatório de sua parte. 4. O fato de o Promotor de Justiça, finda a escolha do Conselho de Sentença, ter afirmado que "Deus é bom" não conduz à nulidade do julgamento pelo Tribunal do Júri. 5. Não se vislumbra nessa frase nenhuma vulneração ao fato de ser vedado aos agentes estatais pautarem suas atividades por motivações de ordem confessional. 6. Trata-se de um simples comentário de ordem pessoal, enquadrável na liberdade de expressão assegurada às partes, que não repercutiu de nenhum modo na legalidade da condução dos trabalhos do Júri, tanto mais que a acusação não foi sustentada com base na convicção religiosa do Promotor de Justiça. 7. Como esse comentário não traduziu indevida permeação de interesses confessionais na condução das atividades laicas do Parquet, é insuscetível de glosa ou censura. 8. Diversamente do que sustenta o recorrente, não se verifica bis in idem na dosimetria da pena nem valoração negativa de circunstâncias ínsitas ao próprio tipo penal. 9. As instâncias ordinárias valoraram negativamente a culpabilidade, as consequências do crime e a conduta social do recorrente com base em elementos fáticos concretos, razão por que a pena-base não comporta reparo. 10. No tocante ao quantum de pena atribuído a cada um dos vetores negativos reconhecidos, a jurisprudência do Supremo Tribunal Federal não admite manejo do habeas corpus para o revolvimento do conjunto fático-probatório, com o objetivo de se redimensionar a pena imposta. Precedentes. 11. Nos termos do art. 483, § 3º, II, do Código de Processo Penal, decidindo os jurados pela condenação, deverão ser formulados quesitos "sobre circunstância qualificadora ou causa de aumento de pena, reconhecidas na pronúncia ou em decisões posteriores que julgaram admissível a acusação". 12. Logo, por expressa e claríssima determinação legal, deverá ser formulado quesito sobre quaisquer causas de aumento de pena, desde que reconhecidas na pronúncia ou em decisões posteriores que julgaram admissível a acusação 13. Na espécie, não foi submetido ao Conselho de Sentença o quesito sobre a causa de aumento de pena do art. 121, § 4º, do Código Penal, segundo o qual, "sendo doloso o homicídio, a pena é aumentada de 1/3 (um terço) se o crime é praticado contra pessoa menor de 14 (quatorze) ou maior de 60 (sessenta) anos". 14. Logo, não poderia o Tribunal de Justiça, ao prover recurso do Ministério Público, majorar a pena do recorrente com base em causa de aumento não reconhecida pelo Conselho de Sentença, sob pena de manifesta ofensa aos princípios da legalidade e da soberania dos vereditos do Júri (art. 5º, II e XXXVIII, "c", CF). 15. Outrossim, não cabe argumentar que se trata de causa de aumento de pena de caráter nitidamente objetivo para se subtrair sua apreciação ao seu juiz natural, o tribunal do júri. 16. Em verdade, pouco importa se a causa de aumento de pena tem caráter objetivo ou subjetivo: é obrigatória, por determinação legal, sua quesitação. 17. Entendimento em sentido diverso conduziria à teratológica conclusão de que eventuais qualificadoras de natureza objetiva, previstas no art. 121, § 2º, III (homicídio cometido com emprego de veneno, fogo, explosivo, asfixia, tortura ou outro meio insidioso ou cruel, ou de que possa resultar perigo comum) e IV (à traição, de emboscada, ou mediante dissimulação ou outro recurso que dificulte ou torne impossível a defesa do ofendido) do Código Penal poderiam ser reconhecidas pelo juiz-presidente ou, em sede de apelação, pelo tribunal de justiça, sem sua submissão, pela via do quesito, ao tribunal do júri. 18. Nem se argumente que, diante dessa ilegalidade, seria o caso de se determinar a anulação do julgamento pelo Tribunal do Júri. 19. Nos termos do art. 484 do Código de Processo Penal "(...) o presidente lerá os quesitos e indagará das partes se têm requerimento ou reclamação a fazer, devendo qualquer deles, bem como a decisão, constar da ata". 20. Na espécie, além de não ter se insurgido, opportuno tempore, contra a ausência de quesitação da causa de aumento de pena, o Ministério Público, ao apelar da sentença condenatória, não arguiu a nulidade do julgamento por aquela razão, limitando-se a postular tão somente sua aplicação diretamente pelo Tribunal de Justiça. 21. Nesse contexto, não se poderia agora, a pretexto de se corrigir a ilegalidade havida, determinar-se a submissão do recorrente a novo júri, uma vez que é vedado o reconhecimento, contra o réu, de nulidade não arguida no recurso da acusação (Súmula 160 do Supremo Tribunal Federal). 22. Cumpre tão somente decotar-se a causa de aumento de pena indevidamente reconhecida. 23. Recurso ordinário em habeas corpus parcialmente provido. Ordem concedida para se decotar a causa de aumento de pena do art. 121, § 4º, do Código Penal, fixando-se a pena do recorrente em 15 (quinze) anos de reclusão. (RHC 126884, Relator(a): Min. DIAS TOFFOLI, Segunda Turma, julgado em 27/09/2016, PROCESSO ELETRÔNICO DJe-217 DIVULG 10-10-2016 PUBLIC 11-10-2016)

14.1. Informativos dos STJ

- **Informativo n. 559**

Não há ilegalidade na imediata execução de penalidade administrativa imposta em PAD a servidor público, ainda que a decisão não tenha transitado em julgado administrativamente. Primeiro, porque os atos administrativos gozam de auto-executoriedade, possibilitando que a Administração Pública realize, através de meios próprios, a execução dos seus efeitos materiais, independentemente de autorização judicial ou do trânsito em julgado da decisão administrativa. Segundo, pois os efeitos materiais de penalidade imposta ao servidor público independem do julgamento de recurso interposto na esfera administrativa, que, em regra, não possui efeito suspensivo (art. 109 da Lei 8.112/1990). Precedentes citados: MS 14.450-DF, Terceira Seção, DJe 19/12/2014; MS 14.425-DF, Terceira Seção, DJe 1/10/2014; e MS 10.759-DF, Terceira Seção, DJ 22/5/2006. **MS 19.488-DF, Rel. Min. Mauro Campbell Marques, julgado em 25/3/2015, DJe 31/3/2015.**

15. QUESTÕES DE CONCURSOS

1. **(FCC - 2014 - TRF - 4ª REGIÃO - Analista Judiciário – Informática)** Quando a Administração pública edita um ato que veicula ao particular que preencheu os requisitos legais a possibilidade de exercer ou realizar uma determinada atividade ou conduta, está-se diante da espécie de ato administrativo conhecida como

a) autorização, ato vinculado e bilateral, cuja emissão se consubstancia em direito subjetivo do particular.
b) licença, ato discricionário e bilateral, cuja emissão se consubstancia em direito subjetivo do particular.
c) homologação, ato unilateral e discricionário, cuja emissão deve se dar previamente a outro ato jurídico.
d) licença, ato unilateral, emitida previamente à atividade ou conduta que pretende o particular praticar.
e) homologação, ato vinculado, cuja emissão, presentes os requisitos legais, se dá previamente ao ato jurídico ao qual se refere.

2. **(TRF - 2ª Região - 2014 - TRF - 2ª REGIÃO - Juiz Federal)** Leia as assertivas abaixo e, ao final, assinale a opção correta.

I - com fundamento na autoexecutoriedade, a Administração Pública, nas hipóteses expressamente autorizadas pelo legislador a agir independentemente de ordem judicial, não tem a faculdade de acionar o Poder Judiciário para executar a sua decisão;

II - a indisponibilidade do interesse público impede que se adote a arbitragem para a solução de conflitos envolvendo sociedades de economia mista e empresas públicas.

III - a presunção de veracidade e legitimidade é instrumento necessário à satisfação das atividades administrativas, e admite prova em sentido contrário, cabendo ao administrado o ônus de provar que se trata de ato ilegítimo.

IV - o princípio da continuidade das atividades administrativas alcança apenas os serviços públicos essenciais, que não podem ser interrompidos por causar danos ao interesse público primário, não se estendendo às demais funções administrativas.

Em relação às quatro assertivas acima, estão corretas:

a) Apenas I e II.
b) Apenas III e IV.
c) Apenas a IV.
d) Apenas a III.
e) Apenas a II.

3. **(CESPE - 2014 - TJ-SE - Titular de Serviços de Notas e de Registros – Remoção)** No que se refere aos atos administrativos, assinale a opção correta.

a) A admissão é o ato administrativo unilateral e discricionário por meio do qual a administração reconhece ao particular o direito à prestação de determinado serviço público.
b) A convalidação é o ato administrativo, praticado tanto pela administração como pelo administrado, por meio do qual é suprido o vício existente em um ato ilegal; os efeitos da convalidação são ex nunc.
c) Considera-se ato administrativo apenas o ato que produza efeitos jurídicos, sejam eles mediatos ou imediatos.
d) A imperatividade é atributo do ato administrativo decorrente do poder extroverso da administração pública: dado esse poder, os atos administrativos se impõem a terceiros, ainda que não haja concordância desses.
e) Não se admite no ordenamento jurídico brasileiro que o silêncio se configure forma de ato administrativo.

4. **(Cespe – Defensor Público - DPU/ 2015)** Com relação às espécies de atos administrativos, julgue o item abaixo.

Os atos administrativos negociais são também considerados atos de consentimento, uma vez que são editados a pedido do particular como forma de viabilizar o exercício de determinada atividade ou a utilização de bens públicos.

5. **(Cespe – Juiz de Direito – PB/2015)** A respeito de atos administrativos e institutos correlatos, assinale a opção correta à luz da legislação e da jurisprudência dos tribunais superiores.

a) Situação hipotética: Durante a fase de avaliação psicológica de um concurso público, determinado candidato foi considerado inapto sem que lhe fosse apresentada uma justificativa e, sentindo-se injustiçado, ele ajuizou ação contra a decisão que o reprovou. Assertiva: Nessa situação, o magistrado deverá reconhecer a legitimidade do ato da administração pública porque, segundo a jurisprudência do STF, a avaliação psicológica pode estar pautada em critérios subjetivos que não precisam constar de laudo motivado.

b) Em uma ação judicial, caso considere legítimo ato da administração pública que tenha anulado a revogação de outro ato administrativo, o juiz deverá reconhecer que a anulação do ato administrativo de revogação produz efeitos ex tunc.

c) Embora o ato administrativo complexo dependa, para a sua formação, da conjugação de vontades de mais de um órgão da administração pública, sua revogação ocorre mediante a vontade de apenas um dos órgãos envolvidos.

d) Situação hipotética: A administração pública promoveu, em ato próprio, servidor público estadual na carreira. Após um ano, a própria administração reviu a decisão, reconhecendo a ilegalidade do ato e determinando a restituição dos valores indevidamente recebidos. O servidor, por sua vez, ajuizou ação para evitar a devolução das quantias recebidas, de boa-fé, por ele. Assertiva: Nessa situação, o juiz deverá reconhecer a legitimidade do ato praticado pela administração pública, que pode rever seus atos quando eivados de ilegalidade e tem o direito de reaver os valores pagos ao servidor em decorrência da promoção.

e) Situação hipotética: Em um estado da Federação, alguns indivíduos, sem vínculo com a administração pública, foram nomeados pelo governador para o exercício de funções de confiança. O MP estadual ajuizou ACP requerendo a anulação das nomeações sob o fundamento de que apenas servidores de carreira poderiam ser nomeados. Assertiva: Nessa situação, o juiz deverá reconhecer a regularidade da atuação da administração pública, já que as funções de confiança não são exercidas exclusivamente por servidores ocupantes de cargos efetivos.

6. **(TRF 1 - Juiz Federal Substituto 1ª região/2015)** A lei federal X, dotada de vigência e eficácia, estabeleceu normas regulatórias que condicionaram e limitaram o exercício de atividades típicas para determinado setor econômico. Posteriormente, promulgou-se a lei federal Y, a qual revogou expressamente a lei federal X. Por meio da nova lei, determinada autarquia federal em regime especial foi criada com a função de estabelecer padrões para o exercício do setor econômico em questão. Assim, a nova autarquia assumiu as competências para regular esse setor de forma ampla, como a edição de normas, o exercício do poder de polícia e a aplicação de penalidades, as quais eram anteriormente exercidas diretamente pela União.

Em face dessa situação hipotética e das discussões doutrinárias e jurisprudenciais a respeito da regulação e das agências reguladoras, assinale a opção correta.

a) Os atos normativos expedidos pelos entes reguladores têm natureza de atos administrativos, não podendo modificar, suspender, suprimir ou revogar disposição legal, nem tampouco inovar na ordem jurídica. O poder normativo dos entes reguladores está limitado à complementação e à suplementação normativa da lei.

b) A lei federal Y, que promoveu a delegação legislativa, deve ser declarada inconstitucional, pois é inadmissível, no sistema jurídico vigente, o esvaziamento das competências exclusivas do Poder Legislativo por meio de sua transferência ao Poder Executivo.

c) A transferência, ao ente administrativo, da competência para dispor sobre matéria anteriormente disciplinada por lei em sentido estrito, fundamentada no rebaixamento da valoração objetiva das atividades reguladas, é um fenômeno conhecido como degradação hierárquica.

d) A transferência da competência normativa da União para uma autarquia federal ofendeu os princípios da tipicidade, da preeminência de lei, da legalidade e da separação dos poderes.

e) A transferência das competências tipicamente legislativas para o novo ente administrativo, que passou a exercer a atividade regulatória, é um fenômeno conhecido como deslegalização ou como congelamento do grau hierárquico.

7. **(TRF 1 - Juiz Federal Substituto 1ª região/2015)** Com relação ao ato administrativo, assinale a opção correta.

a) Os vícios sanáveis do ato administrativo, que admitem convalidação, são aqueles relacionados à forma, à finalidade e ao motivo.

b) A avocação da competência, embora ocorra em caráter excepcional, dispensa motivação e a existência de uma relação hierárquica.

c) Consideram-se atos administrativos enunciativos aqueles que são editados no exercício do poder hierárquico com o objetivo de disciplinar as relações internas da administração pública, dos quais são exemplos as circulares, as instruções e os avisos.

d) O decreto, como espécie de ato administrativo, confunde-se com o regulamento, de maneira que não pode haver decreto sem regulamento, nem regulamento sem o decreto respectivo.

e) Há formalidades que são essenciais ao ato administrativo; assim, a ausência de ampla defesa e contraditório acarreta a invalidade da imposição de sanções administrativas, do mesmo modo que a ausência de motivação causa a nulidade da demissão de servidor público.

8. **(TRF 5 - Juiz Federal Substituto 5ª região/2015)** Assinale a opção correta com relação aos atos administrativos.

a) Tanto os atos administrativos constitutivos quanto os negociais e os enunciativos dispõem do atributo da imperatividade.
b) A permissão de uso de bem público, tradicionalmente considerada ato administrativo precário, possui atualmente natureza jurídica de contrato administrativo bilateral resultante de atividade vinculada do administrador.
c) A competência, como elemento do ato administrativo, pode ser delegada a outros órgãos ou agentes, se não houver impedimento legal, mesmo que estes não sejam hierarquicamente subordinados aos que possuam a competência originária.
d) São classificados como compostos os atos administrativos elaborados pela manifestação autônoma de agentes ou órgãos diversos que concorrem para a formação de um único ato.
e) A homologação é ato administrativo que envolve apenas competências discricionárias relacionadas à conveniência de ato anteriormente praticado.

9. **(CEFET – Promotor de Justiça – BA/2015)** No que se refere aos atos e poderes administrativos, é INCORRETO afirmar:

a) Os atos vinculados não são passíveis de revogação.
b) A cassação do ato administrativo pressupõe a prévia declaração da sua nulidade pela Administração Pública.
c) Os atos administrativos ilegais dos quais decorram efeitos favoráveis ao administrado deverão ser invalidados no prazo de 5 (cinco) anos, contados da data em que forem praticados, salvo comprovada má-fé.
d) Denomina-se "extroverso" o poder que tem o Estado de constituir, unilateralmente, obrigações para os administrados.
e) Na discricionariedade técnica, a Administração Pública tem o poder de fixar juízos de ordem técnica, mediante o emprego de noções e métodos específicos das diversas ciências ou artes.

10. **(PUC – Procurador do Estado – PR/2015)** O STJ proferiu decisão com o seguinte teor: "(...) o administrador vincula-se aos motivos elencados para a prática do ato administrativo. Nesse contexto, há vício de legalidade não apenas quando inexistentes ou inverídicos os motivos suscitados pela administração, mas também quando verificada a falta de congruência entre as razões explicitadas no ato e o resultado nele contido.". (MS 15.290/DF - Rel. Min. Castro Meira. DJe 14.11.2011).

É CORRETO afirmar que o acórdão tem como fundamento e é consoante à:

a) Teoria do controle negativo da discricionariedade dos atos administrativos.
b) Teoria da convalidação e confirmação dos atos administrativos.
c) Teoria dos motivos determinantes.
d) Teoria da publicidade dos atos administrativos.
e) Teoria do controle dos pressupostos de existência dos atos administrativos.

11. **(FCC – Analista Judiciário – Área Judiciária - TRT 3/2015)** Dentre os requisitos de validade do ato administrativo, alguns são de cunho geral, facilmente identificáveis em todos os atos, outros nem tanto. A identificação de vícios nos elementos do ato administrativo pode ensejar diferentes consequências, pois há ilegalidades insuperáveis. A motivação do ato administrativo, por sua vez,

a) constitui indispensável elemento do ato administrativo, pois se consubstancia nos fatos que ensejaram a prática do ato, representando verdadeira expressão dos princípios do contraditório e da ampla defesa, sendo obrigatória em todos os atos administrativos, em maior ou menor extensão.
b) distingue-se do motivo, embora com ele esteja relacionada, pois consiste na explicitação do motivo - pressuposto fático - e dos fundamentos da prática do ato, mas não constitui elemento do ato administrativo.
c) é exigível somente quando houver disposição expressa de lei, interferência direta na esfera de direitos dos administrados e quando se tratar da edição de atos administrativos decorrentes do poder normativo e regulamentar da Administração.
d) prepondera sobre o vício quanto ao motivo, tanto de inexistência, quanto de inadequação, sempre que a finalidade do ato, de interesse público, for atingida, independentemente de não ser o resultado pretendido com aquele ato.
e) tanto quanto a finalidade, enquadram-se como elementos discricionários do ato administrativo, porque cabe ao administrador atender gene-

ricamente a finalidade de interesse público e explicitar as razões que o levaram a tal, ainda que não seja exatamente o caminho e o resultado previstos na lei.

12. **(FCC – Técnico Judiciário – Área Administrativa - TRT 3/2015)** José, servidor público federal e chefe de determinado setor, emitiu ofício aos seus subordinados, em caráter oficial, contendo matéria administrativa pertinente à organização dos trabalhos. O ato administrativo em questão classifica-se como

a) ordinatório.
b) enunciativo
c) normativo.
d) negocial.
e) punitivo.

13. (Cespe – Analista de Controle – Área Jurídica – TCE – PR/2016) A revogação do ato administrativo é a supressão de um ato legítimo e eficaz, seja por oportunidade, seja por conveniência, seja por interesse público; entretanto, o poder de revogar da administração pública não é absoluto, pois há situações insuscetíveis de modificação por parte da administração.

Tendo as considerações apresentadas como referência inicial, assinale a opção que apresenta ato suscetível de revogação.

A) parecer emitido por órgão público consultivo
B) ato de concessão de licença para exercer determinada profissão, segundo requisitos exigidos na lei
C) ato de posse de candidato nomeado após aprovação em concurso público
D) ato administrativo praticado pelo Poder Judiciário
E) ato de concessão de licença funcional já gozada pelo servidor

14. (Cespe – Juiz de Direito Substituto - AM/2016) Conforme a Lei n.° 9.784 /1999, que trata dos atos administrativos, são indelegáveis

A) a edição de atos normativos e as matérias de competência exclusiva do órgão.
B) a elaboração de ofícios e a avaliação de recursos administrativos.
C) a decisão de recursos administrativos e as matérias de competência privativa de autoridade.
D) a revisão de atos administrativos e a edição de atos normativos.
E) as matérias de competência exclusiva e a publicação de edital.

15. (Funcab – Escrivão de Polícia – PC – PA/2016) Considere o texto constitucional: art. 66, § 1º - Se o Presidente da República considerar o projeto, no todo ou em parte, inconstitucional ou contrário ao interesse público, vetá-lo-á total ou parcialmente, no prazo de quinze dias úteis, contados da data do recebimento, e comunicará, dentro de quarenta e oito horas, ao Presidente do Senado Federal os motivos do veto. Continua o texto constitucional:

§ 3o Decorrido o prazo de quinze dias, o silêncio do Presidente da República importará sanção.

Diante do silêncio da Administração Pública, assinale

A) Uma vez chamada a se manifestar sobre determinado assunto relacionado à administração da coisa pública, o silêncio estatal pode configurar uma lesão ou ameaça de lesão ao direito do administrado. Dessa forma, o poder judiciário não poderá ser manifestado para sanar tal ato, em virtude da separação dos poderes, nem poderá determinar que o agente competente o pratique.
B) O silêncio da administração nunca significará manifestação de vontade.
C) Somente o texto constitucional poderá determinar o silêncio da Administração Pública como manifestação de vontade, sendo vedado ao legislador infraconstitucional prever efeitos ao silêncio estatal.
D) Quando a Administração Pública e chamada a se manifestar sobre determinado assunto, todavia se mantém silente, em regra, esta inércia significa manifestação de vontade, no sentido de aceitação, em respeito ao princípio da razoável duração do processo, inciso LXXVIII, do artigo 5° da Constituição Federal.
E) Em regra o silêncio da Administração Pública não significa manifestação de vontade, todavia, em respeito ao princípio da legalidade, artigo 37, "caput", da Constituição Federal, pode o texto legal prever efeitos ao silêncio da Administração Pública, sendo este qualificado pelo decurso de prazo determinado em lei.

16. (Funcab – Escrivão de Polícia – PC – PA/2016) Considere a situação em que a Administração Pública municipal edite um ato administrativo de permissão para que o administrado em certo local explore um parque de diversões. Posteriormente, surge a nova lei de zoneamento que se mostra incompatível com a permissão anteriormente concedida. Assinale a opção correta, no tocante à forma de extinção do ato administrativo.

A) Cassação
B) Caducidade
C) Anulação
D) Extinção Natural do ato
E) Extinção Subjetiva

17. (Cespe – Agente de Polícia – PC – PE/2016) O ato administrativo é uma espécie de ato jurídico de direito público, ou seja, suas características distinguem-no do ato jurídico de direito privado. Os atributos do ato administrativo — ato jurídico de direito público — incluem a

A) legalidade, a publicidade e a imperatividade.
B) presunção de legitimidade, a imperatividade e a autoexecutoriedade.
C) imperatividade, o motivo, a finalidade e a autoexecutoriedade.
D) eficiência, a presunção de legitimidade e a continuidade.
E) proporcionalidade, a motivação e a moralidade.

18. (Cespe – Escrivão de Polícia – PC – PE/2016) Assinale a opção correta a respeito dos atos administrativos.

A) A competência administrativa pode ser transferida e prorrogada pela vontade dos interessados.
B) A alteração da finalidade expressa na norma legal ou implícita no ordenamento da administração caracteriza desvio de poder que dá causa à invalidação do ato.
C) O princípio da presunção de legitimidade do ato administrativo impede que haja a transferência do ônus da prova de sua invalidade para quem a invoca.
D) O ato administrativo típico é uma manifestação volitiva do administrado frente ao poder público.
E) O motivo constitui requisito dispensável na formação do ato administrativo.

19. (Cespe – Escrivão de Polícia – PC – PE/2016) Ainda a respeito dos atos administrativos, assinale a opção correta.

A) A convalidação é o suprimento da invalidade de um ato com efeitos retroativos.
B) O controle judicial dos atos administrativos é de legalidade e mérito.
C) A revogação pressupõe um ato administrativo ilegal ou imperfeito.
D) Os atos administrativos normativos são leis em sentido formal.
E) O ato anulável e o ato nulo produzem efeitos, independentemente do trânsito em julgado de sentença constitutiva negativa.

20. (Faurgs – Juiz de Direito Substituto - RS/2016) No que se refere aos atos administrativos, assinale a alternativa correta.

A) Em face de sua competência para apreciar a legalidade de quaisquer atos administrativos para fins de registro, a declaração de invalidade ou anulação por vícios legais desses atos é exclusiva do Poder Legislativo respectivo.
B) O direito da Administração de anular seus próprios atos de que decorram efeitos favoráveis aos destinatários prescreve em 3 (três) anos, contados da data em que foram praticados, salvo comprovada má-fé.
C) A Administração deve anular seus próprios atos, quando eivados de vício de legalidade, e pode revogá-los por motivos de conveniência ou oportunidade, respeitados os direitos adquiridos.
D) Têm natureza política e são excluídos de apreciação pelo Poder Judiciário os atos administrativos dotados de vinculação resultantes do exercício do poder de polícia administrativa que limitam ou disciplinam direito, interesse ou liberdade dos administrados.
E) Os atos administrativos eivados de vício que os tornem ilegais somente podem ser declarados inválidos ou revogados pelo Poder Judiciário.

21. (FCC – Técnico Judiciário – Área Administrativa - TRT 3/2015) Marlon, chefe de determinada repartição pública, ao aplicar penalidade ao servidor Milton, equivocou-se, e aplicou pena de advertência, ao invés da pena de suspensão. No caso narrado, há

a) mera irregularidade, inexistindo qualquer vício no ato administrativo.
b) vício relativo ao objeto do ato administrativo.
c) vício de finalidade do ato administrativo.
d) vício de motivo do ato administrativo.
e) vício relativo à forma do ato administrativo.

22. No que se refere aos atos e poderes administrativos, é INCORRETO afirmar:

a) Os atos vinculados não são passíveis de revogação.
b) A cassação do ato administrativo pressupõe a prévia declaração da sua nulidade pela Administração Pública.

c) Os atos administrativos ilegais dos quais decorram efeitos favoráveis ao administrado deverão ser invalidados no prazo de 5 (cinco) anos, contados da data em que forem praticados, salvo comprovada má-fé.

d) Denomina-se "extroverso" o poder que tem o Estado de constituir, unilateralmente, obrigações para os administrados.

e) Na discricionariedade técnica, a Administração Pública tem o poder de fixar juízos de ordem técnica, mediante o emprego de noções e métodos específicos das diversas ciências ou artes.

23. (FCC – Técnico Judiciário – Área Administrativa - TRT 3/2015) José, servidor público federal e chefe de determinado setor, emitiu ofício aos seus subordinados, em caráter oficial, contendo matéria administrativa pertinente à organização dos trabalhos. O ato administrativo em questão classifica-se como

a) ordinatório.

b) enunciativo

c) normativo.

d) negocial.

e) punitivo.

24. (TRF 5 - Juiz Federal Substituto 5ª região/2015) Assinale a opção correta com relação aos atos administrativos.

a) Tanto os atos administrativos constitutivos quanto os negociais e os enunciativos dispõem do atributo da imperatividade.

b) A permissão de uso de bem público, tradicionalmente considerada ato administrativo precário, possui atualmente natureza jurídica de contrato administrativo bilateral resultante de atividade vinculada do administrador.

c) A competência, como elemento do ato administrativo, pode ser delegada a outros órgãos ou agentes, se não houver impedimento legal, mesmo que estes não sejam hierarquicamente subordinados aos que possuam a competência originária.

d) São classificados como compostos os atos administrativos elaborados pela manifestação autônoma de agentes ou órgãos diversos que concorrem para a formação de um único ato.

e) A homologação é ato administrativo que envolve apenas competências discricionárias relacionadas à conveniência de ato anteriormente praticado.

GABARITO		COMENTÁRIO
1	D	A licença consiste em um ato unilateral e vinculado através do qual o Poder Público permite ao particular realizar determinada atividade sujeita à fiscalização do Estado, e é concedida desde que cumpridos os requisitos objetivamente definidos em lei.
2	D	Item I: FALSO. Em razão da autoexecutoriedade de determinados atos administrativos, o ente público pratica o ato que seria de obrigação do particular, sem a necessidade de participação deste e sem auxílio do Poder Judiciário. Todavia, trata-se de uma prerrogativa da Administração e não uma obrigação, sendo certo que, caso deseje, poderá acionar o Judiciário para a execução do ato, visto que não causará prejuízo aos administrados. Item II: FALSO. Conforme o entendimento da doutrina do STF e do STJ, não existe qualquer razão que inviabilize o uso dos tribunais arbitrais por agentes do Estado. Não só o uso da arbitragem não é defeso aos agentes da administração, como, antes é recomendável, posto que privilegia o interesse público. Item III: VERDADE. A presunção de veracidade e legitimidade do ato administrativo é relativa – júris tantum – admitindo, assim, prova em sentido contrário pelo particular interessado, com a inversão do ônus da prova dos fatos alegados no ato administrativo. Item IV: FALSO. Segundo o princípio da continuidade, a atividade do Estado em geral, e não só os serviços públicos essenciais, devem ser contínuos, não podendo parar a prestação dos serviços para que não haja falhas, já que muitas necessidades da sociedade são inadiáveis.
3	D	Com a imperatividade de determinados atos administrativos, a Administração Pública, estabelece unilateralmente uma obrigação aos particulares, independentemente da vontade desses. Esse atributo só está presente nos atos que dispõem acerca de obrigações e deveres dos administrados, denominados de atos restritivos.
4	CERTO	Os atos negociais são aqueles que servem como meios para que a Administração Pública conceda determinados direitos pleiteados por particulares. Por esta razão, também são considerados atos de consentimento.

GABARITO		COMENTÁRIO
5	B	A anulação opera efeitos *ex tunc* (retroage à data de origem do ato, aniquilando todos os efeitos produzidos, ressalvados os direitos adquiridos de terceiros de boa-fé). A anulação pode ser feita pela própria Administração Pública ou pelo Poder Judiciário, desde que provocado por particular interessado.
6	A	O ato normativo é considerado ato geral e abstrato que gera obrigações a uma quantidade indeterminada de pessoas, dentro dos limites da lei. O ato normativo enseja a produção de normas gerais, sempre inferiores aos comandos legais, não podendo inovar no ordenamento jurídico. Tais atos são decorrência do Poder Normativo do Estado, editados para a fiel execução das leis.
7	E	O desrespeito às formalidades estipuladas pela legislação configura ilegalidade passível de anulação da conduta. Nestes casos, estaremos diante de um vício no elemento forma. A declaração da ilegalidade poderá ser feita pela própria Administração Pública, no exercício da autotutela estatal, na qual atua, inclusive, sem que haja provocação de qualquer interessado, ou mediante decisão judicial devidamente fundamentada.
8	C	De acordo com o art. 12, da Lei 9.784/99, "um órgão administrativo e seu titular poderão, se não houver impedimento legal, delegar parte da sua competência a outros órgãos ou titulares, ainda que estes não lhe sejam hierarquicamente subordinados, quando for conveniente, em razão de circunstâncias de índole técnica, social, econômica, jurídica ou territorial".
9	B	Na verdade, a cassação ocorre na hipótese em que o ato administrativo é extinto por ilegalidade superveniente em face do descumprimento dos requisitos impostos para a sua expedição pelo beneficiário. Ocorre, portanto, quando o beneficiário do ato deixa de cumprir os requisitos de quando teve o ato deferido. Trata-se de hipótese de ilegalidade superveniente por culpa do beneficiário.
10	C	Conforme a Teoria dos Motivos Determinantes, mesmo sendo a motivação (explicitação dos motivos do ato) dispensável, uma vez expostos os motivos que conduziram à prática do ato, estes passam a vincular o administrador público. Assim, caso estes motivos expostos não correspondam à realidade, o ato será viciado.
11	B	Não se deve confundir motivo, enquanto elemento formativo dos atos administrativos, com a motivação. Esta é somente a exposição dos motivos do ato, ou seja, a fundamentação do ato administrativo, estabelecendo a correlação lógica entre a situação descrita em lei e os fatos efetivamente ocorridos. Representa uma justificativa à sociedade, estabelecendo a razão da prática daquela conduta.
12	A	O ato praticado pelo servidor é classificado como ordinatório, pois refere à ordenação e organização interna, decorrente do Poder Hierárquico. Estes atos organizam a prestação do serviço por meio de normas que se aplicam internamente aos órgãos pertencentes à estrutura administrativa, ensejando a manifestação do Poder Hierárquico da Administração, não atingindo terceiros, alheios à estrutura do Estado.
13	D	O gabarito da questão foi formado com base na ideia de que o conceito de Administração Pública não abarca somente o Poder Executivo, mas abrange, ainda, o Poder Judiciário e o Legislativo, quando atuam no exercício da função administrativa de forma atípica. Sendo assim, o Poder Judiciário, no exercício da função administrativa, de forma atípica, pode extinguir determinado ato administrativo válido por motivo de oportunidade e conveniência, ou seja, por razões de mérito.
14	A	A lei expressamente proíbe a delegação de competência (e consequentemente a avocação) nas três situações, quais sejam: no caso de competência exclusiva, definida em lei; para decisão de recurso hierárquico e para edição de atos normativos.
15	E	De acordo com a doutrina majoritária, pode-se definir que o silêncio da Administração Pública, diante de determinada situação, não produz qualquer efeito, ressalvadas as hipóteses em que o próprio texto legal determinar o dever de agir do poder público, definindo que a ausência de conduta ensejará a aceitação tácita de determinado fato ou até mesmo a negativa pelo decurso do tempo. Nestes casos, pode-se entender que o efeito decorre da disposição legal que atribui à não atuação determinadas consequências específicas e não do silêncio, propriamente considerado.

GABARITO		COMENTÁRIO
16	B	A caducidade representa a extinção do ato administrativo por lei superveniente que impede a manutenção do ato inicialmente válido. Ocorre numa situação de ilegalidade superveniente, entretanto, não por culpa do particular beneficiário do ato, mas sim por alteração legislativa. Assim, a caducidade é aplicada nos casos em que lei posterior torna inconveniente a manutenção do ato.
17	B	Não obstante a inexistência de uma definição uniforme acerca destas características, a doutrina majoritária costuma apontar a presunção de legitimidade e de veracidade dos atos, a imperatividade, coercibilidade e autoexecutoriedade como atributos dos atos administrativos, assim como a tipicidade, também definida por alguns estudiosos da matéria.
18	B	O desvio de poder estará presente sempre que o agente do Estado praticar o ato, até mesmo dentro dos limites da competência a ele conferida, mas visando a alcançar outra finalidade que não aquela prevista em lei. O art. 2º, parágrafo único, "e" da Lei n. 4717/65 denomina essa situação de desvio de finalidade e também enseja a nulidade do ato administrativo, em virtude de vício em um dos seus elementos, qual seja a finalidade. Trata-se de vício subjetivo do agente e sempre de difícil comprovação para o sujeito prejudicado pelo ato viciado, uma vez que o ato goza de aparente legalidade.
19	A	A convalidação é verificada nos casos de nulidade sanável, ou seja, nas hipóteses vícios de forma e de competência, os quais devem ser corrigidos se for mais interessante ao interesse público e causar menos prejuízo do que a sua anulação. Nestes casos, consertado o vício, o ato produz efeitos licitamente, desde a sua origem, podendo-se definir, portanto, que a convalidação opera efeitos *ex tunc*, retroagindo à data de edição do ato para que sejam resguardados os efeitos pretéritos desta conduta.
20	C	O exercício da autotutela pela Administração Pública está previsto tanto no art. 53, da Lei n. 9.784/99, assim como na Súmula n. 473, do STF, que esclarece que: "a administração pode anular seus próprios atos, quando eivados de vícios que os tornam ilegais, porque deles não se originam direitos; ou revogá-los, por motivo de conveniência ou oportunidade, respeitados os direitos adquiridos, e ressalvada, em todos os casos, a apreciação judicial".
21	B	Em face da situação narrada, constata-se a existência de vício relativo ao objeto do ato administrativo. O elemento objeto é aquilo que o ato dispõe, é o efeito causado pelo ato administrativo no mundo jurídico, em virtude de sua prática. Nesse sentido, pode-se definir o objeto como a disposição da conduta estatal, ou seja, aquilo que fica decidido pela prática do ato.
22	E	O ato discricionário é aquele ato determinado em lei, no qual o dispositivo legal confere margem de escolha ao administrador público mediante análise de mérito (razões de oportunidade e conveniência). A discricionariedade técnica, por sua vez, verifica-se quando a análise do mérito envolve questões de ordem técnica, mediante o emprego de noções e métodos específicos das diversas ciências ou artes.
23	A	O ato praticado pelo servidor é classificado como ordinatório, pois refere à ordenação e organização interna, decorrente do Poder Hierárquico. Estes atos organizam a prestação do serviço por meio de normas que se aplicam internamente aos órgãos pertencentes à estrutura administrativa, ensejando a manifestação do Poder Hierárquico da Administração, não atingindo terceiros, alheios à estrutura do Estado.
24	C	De acordo com o art. 12, da Lei 9.784/99, "um órgão administrativo e seu titular poderão, se não houver impedimento legal, delegar parte da sua competência a outros órgãos ou titulares, ainda que estes não lhe sejam hierarquicamente subordinados, quando for conveniente, em razão de circunstâncias de índole técnica, social, econômica, jurídica ou territorial".

CAPÍTULO 6

RESPONSABILIDADE CIVIL DO ESTADO

1. FUNDAMENTO DA RESPONSABILIDADE

Atualmente, é pacífico, no ordenamento jurídico brasileiro e na doutrina comparada e jurisprudência, a responsabilização do ente público pelos danos que seus agentes causam a particulares, nessa qualidade. O surgimento e a evolução do Estado de Direito faz nascer a ideia de que a Administração Pública se submete ao direito posto, assim como os demais sujeitos de direitos da sociedade.

Esse dever de ressarcir particulares por danos causados é manifestação da **responsabilidade extracontratual**, haja vista o fato de que não decorre de qualquer contrato ou vínculo anterior com o sujeito indenizado. Nesse sentido leciona Edmir Netto de Araújo[1] que *"o Estado também, em suas relações com a comunidade que o institui, executa serviços e atividades por meio de agentes e por meio de órgãos públicos. Esses agentes, geralmente servidores públicos, são pessoas humanas que, como representantes do Estado, desenvolverão intensa atividade com esse objetivo. A ação ou omissão humanas, contrariamente aos assim chamados 'fatos do mundo', estarão sujeitas a regimes de responsabilidade, caso venham a ser causadoras de prejuízos ou lesões a pessoas, bens ou direitos, na forma disciplinada pela coletividade, através das normas legais editadas por seus representantes"*.

Com efeito, é importante lembrar que o Estado goza de prerrogativas na sua atuação, em virtude da supremacia do interesse público em face dos interesses privados. No entanto, a imposição da atuação imperativa do ente público perante o cidadão também enseja uma série de limitações na atividade administrativa e um maior rigor no que tange ao tratamento dos danos causados pelo Estado, em suas atividades.

1. ARAÚJO,Edmir Netto de.Curso de Direito Administrativo. Cidade:. Saraiva,5ª Ed. ano

Essa responsabilização decorre, ainda, da aplicação do princípio da isonomia, inerente ao ordenamento jurídico constitucional pátrio, uma vez que quando, em benefício de toda a sociedade, o Estado causa um dano específico a alguém ou a pequeno grupo de pessoas, nada mais justo que os sujeitos prejudicados sejam indenizados, como forma de reparar a desigualdade causada pela atuação estatal. Por isso, inclusive, analisaremos, em momento oportuno, que a responsabilização do Estado abrange condutas lícitas praticadas por seus agentes e ensejadoras de danos específicos a particulares.

Sendo assim, o ente público deve reparar os danos causados em sua atuação, independentemente de vínculo ou relação anterior com o sujeito prejudicado, nos moldes estipulados pela Constituição Federal.

Ressalte-se, por fim, que a responsabilização do Estado perante a vítima não exclui, quando, ao contrário, enseja a responsabilização posterior do agente público, desde que tenha concorrido de forma dolosa ou culposa para o dano causado.

2. HISTÓRICO: EVOLUÇÃO DA RESPONSABILIDADE CIVIL DO ESTADO

Primeiramente, antes de adentrarmos a análise da responsabilidade civil do Estado no ordenamento jurídico brasileiro atual, é relevante fazer breves considerações acerca das etapas de evolução da matéria, ao longo da história, no mundo.

Teoria da Irresponsabilidade do Estado – Em um primeiro momento, o dirigente público era quem determinava o que era certo ou errado. A premissa de que "o rei nunca errava" (*the king can do not wrong*) embasa a primeira fase da responsabilidade civil que é justamente a fase da irresponsabilidade. As monarquias absolutistas se fundavam numa ideia de soberania, enquanto autoridade, sem abrir possibilidade ao súdito de contestação. O Estado não respondia por seus atos, era sujeito irresponsável. Já que o monarca ditava as leis, o Estado não admitia falhas. Era o que se costumava chamar de personificação divina do chefe de Estado. No Brasil, não tivemos fase da irresponsabilidade. Ainda nessa fase, alguns países já admitiam a responsabilização do Estado se alguma lei específica a definisse.

Responsabilidade com previsão legal- O primeiro caso de responsabilidade do Estado (*leading case*) se deu na França e ficou conhecido como caso "Blanco". Ocorreu que uma garota foi atropelada por um vagão de ferroviária e, comovendo a sociedade francesa, embasou a responsabilização do ente público pelo dano causado. O Estado, que, até então, agia irresponsavelmente, passou a ser responsável, em **casos pontuais,** sempre que houvesse previsão legal específica para responsabilidade. Eram situações muito restritas. No Brasil, surgiu com a criação do Tribunal Conflitos, em 1873.

Teoria da Responsabilidade Subjetiva (teoria civilista) – O fundamento aqui é a intenção do agente público. A Teoria da responsabilidade do Estado evoluiu e se começou a admitir a sua responsabilidade sem a necessidade de expressa dicção legal.

Para que se possa admitir a incidência desta teoria, necessita-se da comprovação de alguns elementos: a conduta do Estado; o dano; o nexo de causalidade e o elemento subjetivo, qual seja, a culpa ou o dolo do agente. Esses elementos são indispensáveis para a caracterização da responsabilidade, pois, quando não observados, podem gerar a exclusão desta responsabilidade. Assim, foi o surgimento da responsabilidade subjetiva. A fase é chamada de fase civilista, porque a responsabilização do ente público ocorre nos moldes do direito civil. No Direito Brasileiro, a responsabilidade subjetiva (teoria civilista) tinha embasamento no Código Civil de 1916, ora revogado.

Conforme entendimento da doutrina cível, a culpa decorre da demonstração de conduta praticada com imprudência, imperícia ou negligência pelo agente, mesmo porque qualquer atuação fora dos limites da lei já se configura negligente. Por sua vez, a demonstração do dolo depende da intencionalidade do agente em causar o dano ou, pelo menos, da assunção do risco conhecido pelo agente ao atuar.

Como, muitas vezes, era quase impossível para a vítima provar a culpa do agente e, para uma maior proteção dos administrados, houve uma evolução doutrinária para a Teoria da Culpa do Serviço.

Teoria da Culpa do Serviço ou *faute du service* – Para maior proteção à vítima, chegou-se à responsabilidade subjetiva baseada na culpa do serviço. Neste caso, a vítima apenas deve comprovar que o serviço foi mal prestado ou prestado de forma ineficiente ou ainda com atraso, sem necessariamente apontar o agente causador. Não se baseia na culpa do agente, mas do serviço como um todo e, por isso, denominamos **Culpa Anônima**.

Não obstante se facilite o conteúdo probatório para a vítima, continuava difícil a tarefa de provar que o serviço não era bem prestado pelo Estado que, com o passar do tempo, incisivamente aumentou sua atuação e os administrados, por sua vez, passaram a necessitar de maior proteção. Assim evoluímos para a Responsabilidade Objetiva.

Teoria da Responsabilidade Objetiva – Enfim, evoluiu-se até a Responsabilidade Objetiva do Estado, muito bem definida por Celso Antônio Bandeira de Melo[2]. O ilustre Mestre assim conceitua: *"a responsabilidade objetiva é a obrigação de indenizar que incumbe a alguém em razão de um procedimento lícito ou ilícito que produziu uma lesão na esfera juridicamente protegida de outrem"*. Portanto, para comprová-la basta a mera relação causal entre o comportamento de um agente público e o dano. Um dos fundamentos desta responsabilização repousa no princípio da Legalidade.

A responsabilidade extracontratual do Estado corresponde à obrigação de o poder público recompor prejuízos causados a particulares, em dinheiro, em decorrência de ações ou omissões, comportamentos materiais ou jurídicos, quando imputados aos agentes públicos, no exercício de suas funções.

Os elementos que caracterizam essa teoria da responsabilidade objetiva são:

- Conduta (lícita ou ilícita) – praticada por um agente público, atuando nessa qualidade;
- Dano – causado a um bem protegido pelo ordenamento jurídico, ainda que exclusivamente moral;
- Nexo de causalidade, ou a demonstração de que a conduta do agente foi preponderante e determinante para a ocorrência do evento danoso ensejador da responsabilidade.

---

2 BANDEIRA DE MELLO,Celso Antonio.Curso de Direito Administrativo. São Paulo:Malheiros,26ª ed. 2009

Com efeito, para que haja responsabilidade objetiva, nos moldes do texto constitucional, basta que se comprovem três elementos, quais sejam: a **conduta** de um agente público, o **dano** causado a terceiro (usuário ou não do serviço) e o **nexo de causalidade** entre o fato lesivo e o dano. Nota-se que não há necessidade de comprovação do requisito subjetivo, ou seja, o dolo ou a culpa do agente público causador do dano ou até mesmo a culpa do serviço, pela demonstração de serviço mal prestado como ensejador do dano. Se o agente público comprovar que agiu com diligência, prudência e perícia e que não teve a intenção de causar qualquer espécie de dano, ele estará isento de responsabilização pessoal perante o Estado, mas não influencia na responsabilidade do ente público.

Ressalte-se que, em casos de condutas lícitas, o princípio da isonomia é um dos principais fundamentos da responsabilidade objetiva do Estado. Algumas atuações estatais podem beneficiar a coletividade e, ao mesmo tempo, prejudicar determinado indivíduo, como por exemplo, a construção de um presídio. Com esta construção, toda sociedade será beneficiada, porém, os administrados que possuírem imóveis, naquela área, terão seus bens desvalorizados e um acréscimo de temor pela segurança do local. Por isso, nada mais correto do que garantir a indenização àquele que foi prejudicado, restabelecendo-se assim o equilíbrio da situação.

A razão ensejadora da responsabilidade do Estado, em casos de condutas lícitas, tem que ser diferenciada, sendo que a conduta deve causar um dano anormal e específico. Isso porque não se pode admitir que o ônus do benefício a toda a coletividade recaia sobre uma pessoa ou pequeno grupo.

Diógenes Gasparini[3], também analisando a responsabilidade do ente estatal por atos lícitos, exemplifica, citando a situação de construção de um calçadão que interessa à coletividade que impede a utilização de um prédio construído e normalmente usado como garagem. São exemplos de situações em que o Estado prejudica um particular, visando a garantir o bem estar da sociedade em geral.

Por fim, cumpre ressaltar que a responsabilidade do Estado, no Brasil, configura-se objetiva, desde a Constituição de 1946, sendo que a Carta Magna de 1988 não inovou o ordenamento jurídico, já que, a partir de 1946, em todas as constituições seguintes, o texto somente era aperfeiçoado para chegar ao texto hoje expresso.

3. RESPONSABILIDADE CIVIL DO ESTADO NA CFRB/88

A Constituição Federal regulamenta a responsabilidade civil, em seu art. 37, §6º, que determina, *in litteris.*

> § 6º – As pessoas jurídicas de direito público e as de direito privado prestadoras de serviços públicos responderão pelos danos que seus agentes, nessa qualidade, causarem a terceiros, assegurado o direito de regresso contra o responsável nos casos de dolo ou culpa.

No mesmo sentido estabelece o art. 43 do Código Civil que a responsabilidade do ente público se configura objetiva. Vejamos.

3. GASPARINI,Diógenes – Direito Administrativo. São Paulo: Ed. Saraiva. 1995.

Art. 43. As pessoas jurídicas de direito público interno são civilmente responsáveis por atos dos seus agentes que nessa qualidade causem danos a terceiros, ressalvado direito regressivo contra os causadores do dano, se houver, por parte destes, culpa ou dolo.

Ressalte-se que a responsabilidade do Estado, estampada no texto constitucional, é objetiva, mas a responsabilização do agente, perante o Estado, é subjetiva, decorrendo de comprovação de dolo ou de culpa. Nesse diapasão, se faz necessária a análise dos elementos caracterizadores da responsabilização pública.

3.1. Agentes da responsabilidade civil:

Não é apenas o Estado que responde, com base no disposto na CRFB, uma vez que o texto constitucional abarca todos aqueles que atuam na prestação de serviços públicos.

Incluem-se, nesta teoria, as pessoas jurídicas de Direito Público da Administração Direta (os entes políticos), além de autarquias e fundações públicas de Direito Público que serão responsabilizadas objetivamente. Faz-se uma ressalva às pessoas da administração indireta, pois, nem todas podem ser incluídas neste conceito. As Empresas Públicas e Sociedades de Economia Mista somente se incluem neste dispositivo, quando criadas para a prestação de serviços públicos. Dessa forma, insta salientar que a responsabilidade civil do Estado não abarca as empresas estatais que exploram atividade econômica. A responsabilidade, neste caso, será regulamentada pelo direito privado, variando de acordo com a natureza da atividade econômica explorada pela entidade. É possível, por exemplo, que um determinado banco público tenha responsabilização objetiva pelos atos de agentes que causarem danos aos clientes da empresa, haja vista a configuração de relação de consumo. Nesse caso, o Código de Defesa do Consumidor embasará a responsabilização objetiva da entidade, não se aplicando as normas de Direito Administrativo.

Ocorre que, além dos entes da administração direta e indireta, também se submetem a esse regime os particulares prestadores de serviço público por delegação, como é o caso das concessionárias e permissionárias de serviços.

Nesses casos, em que o particular prestador do serviço ou entidade da administração indireta causa o dano, por conduta de seus agentes, a responsabilidade da concessionária (ou entidade da administração indireta) é objetiva e o Estado tem responsabilidade subsidiária – e objetiva – por esta atuação.

Ex.: ônibus – transporte público: passageiro sofre acidente dentro do ônibus e morre. A responsabilidade será objetiva da empresa prestadora de serviço público, bem como do ente estatal. Nesses casos, a responsabilidade do Estado é objetiva, porém subsidiária à da empresa prestadora do serviço.

Em outras palavras, sendo o dano causado por uma entidade prestadora de serviços públicos, somente é possível a responsabilização do Estado após o esgotamento das tentativas de pagamento por parte da empresa pelos prejuízos causados.

Em suma, a responsabilidade subsidiária se dá quando o Estado responde pelos danos causados por outra pessoa jurídica. Nesse caso, a obrigação de reparar o dano é da pessoa jurídica prestadora do serviço e, caso seja inviável esse pagamento, o Estado é chamado à responsabilidade. É oportuno mencionar que a **responsabilidade subsidiária** não pode ser confundida com a **responsabilidade solidária**. Nesta, ambos responderiam, ao mesmo tempo, solidariamente, enquanto na subsidiária o Estado só é chamado se o prestador de serviços não tiver condições financeiras.

Em nome do Princípio da Isonomia, o Supremo Tribunal Federal, por decisão do plenário, no RExt n. 591874/2009, já decidiu que, ainda que o dano seja causado a terceiro, não usuário do serviço público, a responsabilidade também será objetiva, pois, se a própria constituição não diferencia, não cabe ao intérprete diferenciar os danos causados a terceiros, em virtude de serem ou não usuários do serviço. Vejamos.

> "EMENTA: CONSTITUCIONAL. RESPONSABILIDADE DO ESTADO. ART. 37, § 6º, DA CONSTITUIÇÃO. PESSOAS JURÍDICAS DE DIREITO PRIVADO PRESTADORAS DE SERVIÇO PÚBLICO. CONCESSIONÁRIO OU PERMISSIONÁRIO DO SERVIÇO DE TRANSPORTE COLETIVO. RESPONSABILIDADE OBJETIVA EM RELAÇÃO A TERCEIROS NÃO-USUÁRIOS DO SERVIÇO. RECURSO DESPROVIDO. **I – A responsabilidade civil das pessoas jurídicas de direito privado prestadoras de serviço público é objetiva relativamente a terceiros usuários e não-usuários do serviço, segundo decorre do art. 37, § 6º, da Constituição Federal. II – A inequívoca presença do nexo de causalidade entre o ato administrativo e o dano causado ao terceiro não-usuário do serviço público, é condição suficiente para estabelecer a responsabilidade objetiva da pessoa jurídica de direito privado. III – Recurso extraordinário desprovido.**"
> RE 591874 / MS – MATO GROSSO DO SUL – Julgamento: 26/08/2009

Ademais, em razão do Princípio da Impessoalidade, a responsabilidade é atribuída à pessoa jurídica já que o ato praticado pelo agente não é dele e sim da pessoa que ele representa. Inicialmente vale ressaltar que a Constituição de 1988 inovou quando usou o termo Agente para significar todo aquele que exerce função pública, seja de forma temporária ou permanente. É, portanto, a expressão mais ampla usada no Direito Administrativo. Ante isto, todos estão sujeitos aos princípios mais rigorosos da Responsabilidade Civil do Estado.

Com efeito, a definição de agente público abarca todos aqueles que atuam em nome do Estado, ainda que temporariamente e sem remuneração, seja a qualquer título, com cargo, emprego, mandato ou função. Esse conceito abarca os agentes políticos, os servidores estatais (sejam eles temporários, celetistas ou estatutários) e também os particulares em colaboração com o poder público.

Nesse sentido, o Superior Tribunal de Justiça pacificou o entendimento de que o Estado responde inclusive por atos de terceirizados, contratados por interposta pessoa para prestar serviços nos órgãos públicos (REsp 904127/2008).

No que tange às serventias extrajudiciais, a responsabilidade dos notários será subjetiva, muito embora se qualifiquem como delegatários de serviços[4]. De fato, as atividades notariais e de registro são regulamentados pela Lei 8.935/94, que no seu art. 22, define que *"Os notários e oficiais de registro são civilmente responsáveis por todos os prejuízos que causarem a terceiros,*

4. A Constituição Federal, no seu art. 236, define que os serviços notariais e de registro são exercidos em caráter privado, por delegação do Poder Público.

por culpa ou dolo, pessoalmente, pelos substitutos que designarem ou escreventes que autorizarem, assegurado o direito de regresso".

Por sua vez, a responsabilização desse agente perante o estado ocorre desde que comprovado o elemento subjetivo de dolo ou de culpa, conforme texto constitucional. Esse tema será alvo de análise em tópico específico.

3.2. Responsabilidade Objetiva

Consoante explicitado, a responsabilidade civil das pessoas jurídicas de direito público e das prestadoras de serviços públicos não depende da comprovação de elementos subjetivos ou ilicitude, baseando-se, somente em três elementos, quais sejam conduta de agente público, dano e nexo de causalidade.

- **Conduta:** A conduta deve ser de determinado agente público que atue nesta qualidade ou, ao menos, se aproveitando da qualidade de agente para causar o dano. Nesse sentido, Maria Sylvia Zanella di Pietro[5] define *"que o ato lesivo seja praticado por agente de pessoa jurídica de direito público (que são as mencionadas no art. 41 do Código Civil) ou pessoa jurídica de direito privado prestadora de serviços públicos"* e , ainda, *"que as entidades de direito privado prestem serviço público, o que exclui as entidades da administração indireta que executem atividade econômica de natureza privada."*

Dessa forma, ainda que o agente público não esteja em seu horário de trabalho, caso ele se aproveite da qualidade de agente para ensejar o dano, estará configurada hipótese de responsabilização do ente público. A situação é corolário da teoria da imputação (ou teoria do órgão) que define que a conduta do agente público deve ser imputada ao ente estatal que ele representa. Exemplo clássico da situação exposta ocorre quando um determinado policial militar que, mesmo estando fora do horário de serviço e sem farda, atira em alguém com a arma da corporação, com a intenção de separar uma briga de rua, gerando sua conduta responsabilização do ente estatal.

Ressalte-se, ainda, que o entendimento majoritário da doutrina é que a conduta que enseja a responsabilidade objetiva do ente público é a **conduta comissiva**. Em casos de omissão dos agentes, a responsabilidade se configura subjetiva, conforme se analisará posteriormente, em item específico.

- **Dano:** Com efeito, para que se reconheça o dever de indenizar, é imprescindível que haja dano. Os danos que geram responsabilidade do estado são os danos jurídicos, ou seja, o dano a um bem tutelado pelo direito, ainda que exclusivamente moral. O dano moral significa prejuízos experimentados na esfera íntima do indivíduo, atacando diretamente sua honra e sua reputação perante o corpo social e trata-se de inovação trazida pela CRFB/88. Ressalte-se que a doutrina é pacífica no sentido de que o mero desconforto causado a um particular não configura dano moral sujeito à indenização. O dano moral pode se caracterizar pela dor da perda de um familiar ou por agressões verbais vexatórias, por exemplo. A indenização pelo dano moral visa a garantir uma diminuição na dor e sofrimento causado ao cidadão lesado.

5. PIETRO,Maria Sylvia Zanella di – Direito Administrativo – São Paulo: EditoraAtlas,21ª ed. 2008.

Ademais, para que haja a responsabilização do ente público, não basta provar a existência de prejuízos, uma vez que é indispensável que se trate de **dano jurídico**, como já mencionado. Imagine que uma escola pública localizada em determinada rua gera renda aos moradores daquela localidade que levam lanches, balas e refrigerantes para serem vendidos na frente da escola e, com isso, obterem uma renda familiar. Por motivo de interesse público, o estado decide mudar o endereço da escola para uma via mais afastada. Tal situação enseja prejuízos àqueles moradores, mas não se trata de dano jurídico, ou seja, não se configura dano indenizável. Imagine ainda que após a compra de um terreno à beira mar, um cidadão é surpreendido por nova regra posta no plano diretor da cidade que proíbe construções acima de 4 andares nos prédios ali localizados. Não obstante a ocorrência de dano pela desvalorização do imóvel recém adquirido, não se pode cogitar de responsabilização do ente público.

Ressalta-se também que o dano pode ser causado a terceiro que ostente ou não a qualidade de usuário do serviço, conforme já explicitado alhures.

Ademais, nos casos de danos decorrentes de **atos lícitos**, a responsabilização do ente estatal depende da comprovação de que estes **danos** são **anormais e específicos**. Isso porque o dano deve ser certo, valorado economicamente e de possível demonstração. Nos atos ilícitos não ocorre esse aditivo porque a conduta por si só já gera o dever de indenizar, haja vista a violação direta ao princípio da legalidade.

Isso porque a responsabilização do Estado por condutas lícitas praticadas por seus agentes se lastreia no princípio da isonomia, tomando por base o fato de que, em uma atuação que visa ao benefício de toda a coletividade, o ente público causa um prejuízo diferenciado a uma pessoa ou pequeno grupo. Para evitar que essa pessoa (ou grupo) suporte sozinha o ônus do benefício coletivo, surge o dever de indenizar do Estado.

Sendo assim, os danos normais, genéricos, que decorram de condutas lícitas do ente público resultam do chamado **risco social**, ao qual todos os cidadãos se submetem para viver em sociedade. As restrições normais, decorrentes de atuação lícita, não ensejam responsabilidade civil do Estado. Se o dano é genérico, todo mundo tem que suportar. Podemos apontar como exemplo dessas situações a poluição das grandes cidades, os congestionamentos no trânsito que não geram para o Estado o dever de indenizar, a não ser que haja algum abuso nessa conduta a ser justificável a responsabilização do Estado.

É oportuno ressaltar que o mesmo ato pode ensejar um dano anormal a alguns administrados e não a outros. Como o exemplo da ferrovia desativada que causou um dano anormal a uma fábrica a qual deverá ter um gasto muito maior para escoar sua produção na via rodoviária. Esse dano foge da normalidade, uma vez que se apresenta um prejuízo que supera problemas comuns. O fato de esta fábrica ter direito à indenização não implica que um morador da região possa ser indenizado, porque simpatizava com a ferrovia e não gosta de andar de ônibus, porque tem que acordar mais cedo para chegar ao trabalho. Nesse segundo caso, o dano estaria abarcado pelo risco social, não havendo direito ao pagamento de qualquer espécie de indenização.

Tal situação em que o mesmo ato gera o dever de indenizar determinadas pessoas, mas não enseja a reparação em relação a outras é o que a doutrina denominou **Teoria do Duplo Efeito dos atos administrativos**: o mesmo ato administrativo pode vir a causar um dano específico/

anormal para determinada pessoa e para outra não causar dano passível de indenização. Ou seja, é o mesmo ato causando efeitos diversos em pessoas diversas e não se pode embasar um pedido de indenização no fato de outrem ter sido indenizado, ainda que pelo mesmo ato.

– **Nexo de causalidade:** Como regra, o Brasil adotou a teoria da causalidade adequada, por meio da qual o Estado responde, desde que sua conduta tenha sido determinante para o dano causado ao agente. Assim, se condutas posteriores, alheias à vontade do Estado, causam o dano a um terceiro, ocorre o que se denomina, na doutrina, de **teoria da interrupção do nexo causal** a excluir a responsabilidade estatal.

Com efeito, interrompe-se o nexo de causalidade e, consequentemente, se exclui a responsabilidade do Estado todas as vezes em que a atuação do agente público não for suficiente, por si só, a ensejar o dano ora reivindicado. Dessa forma, se, por exemplo, um preso foge de um determinado presídio, encontra velhos amigos e monta uma quadrilha, meses depois, planeja um assalto a banco, ainda suborna o segurança do banco e, no assalto, assassina friamente um bancário, seria possível requerer indenização do ente público, em decorrência da fuga ocorrida meses atrás? Nesses casos, a doutrina e jurisprudência explicam que a fuga não foi suficiente a ensejar o dano à vítima, tendo concorrido para tanto outras situações que interrompem (ou excluem) a responsabilização do Estado.

Essas situações, nas quais ocorre a interrupção do nexo de causalidade, são apontadas, pela doutrina, como hipóteses excludentes de responsabilidade do Estado e, em provas objetivas, é comum a menção a três dessas situações, quais sejam, **Caso Fortuito, Força Maior e Culpa Exclusiva da Vítima** – que são, repita-se, nada mais do que hipóteses de exclusão do nexo de causalidade.

3.2.1. Teorias da responsabilidade civil do Estado

A responsabilidade civil objetiva do Estado, apontada pelo texto constitucional, em seu art. 37, §6º e trabalhada nessa obra se baseia, conforme entendimento da doutrina majoritária, na teoria do risco administrativo. Ocorre que tal teoria se contrapõe à teoria do risco integral, apontada por alguns doutrinadores como justificadora da responsabilização estatal.

É de suma importância diferenciar cada uma dessas teorias.

Teoria do Risco Administrativo – O Estado é realmente um sujeito político, jurídico e economicamente mais poderoso que o administrado, gozando de determinadas prerrogativas não estendidas aos demais sujeitos de direito. Em razão disso, passou-se a considerar que, por ser mais poderoso, o Estado teria que arcar com um **risco maior**, decorrente de suas inúmeras atividades e, ter que responder por esse **risco,** lhe traria uma consequência. Surgiu, assim, a teoria do **Risco Administrativo**. Esta teoria responsabiliza o ente público, objetivamente, pelos danos que seus agentes causarem a terceiros, contudo, admite a exclusão da responsabilidade em determinadas situações em que haja a exclusão de algum dos elementos desta responsabilidade. O Brasil adota esta teoria.

Com efeito, a atividade administrativa tem como finalidade alcançar o bem comum e se trata de uma atividade potencialmente danosa. Por isso, surge a obrigação econômica de reparação de dano pelo Estado pelo simples fato de assumir o risco de exercer tal atividade, independentemente da má prestação do serviço ou da culpa do agente público faltoso.

Para excluir-se a responsabilidade objetiva, deverá estar ausente pelo menos um dos seus elementos, quais sejam conduta, dano e nexo de causalidade. Culpa exclusiva da vítima, caso fortuito e força maior são exemplos de excludentes de responsabilidade, por se tratarem de hipóteses de interrupção do nexo de causalidade. Por esse motivo, a responsabilidade civil decorrente do risco administrativo encontra limites no entendimento da doutrina de Diógenes Gasparini.[6]

Teoria do Risco integral: A teoria do risco integral parte da premissa de que o ente público é garantidor universal e, sendo assim, conforme esta teoria, a simples existência do dano e do nexo causal é suficiente para que surja a obrigação de indenizar para a Administração, pois não admite nenhuma das excludentes de responsabilidade. Nesses casos, não se adota a causalidade adequada e, desta forma, não se admite a exclusão do nexo causal, sendo o ente público responsável ainda que sua conduta, remotamente, concorra para a prática do dano.

Sendo assim, estaríamos diante da responsabilização absoluta do Estado por danos ocorridos em seu território, sob a sua égide.

No direito brasileiro, segundo Hely Lopes Meireles[7] e José dos Santos Carvalho Filho[8], a teoria do risco integral jamais foi adotada no nosso ordenamento jurídico, chegando este último autor a dizer que esta teoria é *"absurda, injusta e inadmissível no Direito moderno."* Maria Sylvia Zanella di Pietro[9], por sua vez, entende que não há distinção entra as teorias e que risco integral e risco administrativo seriam expressões sinônimas.

Ocorre que, para outra parte da doutrina, essa teoria é utilizada em situações excepcionais, já que não há consenso doutrinário sobre sua real aplicação em todas as hipóteses. A princípio, essa doutrina – que é majoritária, no Brasil – firmou o entendimento de que a teoria do risco integral é utilizada em três situações, a saber.

→ **RISCO INTEGRAL:**

- Dano decorrente de **atividade nuclear** exercida pelo Estado ou autorizada pelo mesmo. Ou seja, a responsabilidade é objetiva e o risco integral abarca os danos comissivos e omissivos, neste caso.
- **Dano ao meio ambiente**, quanto aos atos comissivos do agente público. Em relação a atos omissivos, o Superior Tribunal de Justiça vem se posicionando a favor de que a teoria do risco integral ainda se aplica. No entanto, a responsabilidade objetiva do Estado será de execução subsidiária, sendo necessário o prévio esgotamento das tentativas de cobrança de indenização do poluidor direto.
- Acidente de trânsito. Decorre do seguro obrigatório: **DPVAT**. Ressalte-se que, nesses casos, o Estado não figura no pólo passivo da ação judicial. A ação é proposta em face de alguma seguradora que arcará com os prejuízos, utilizando os valores do seguro obrigatório.
- **Crimes ocorridos a bordo de aeronaves** que estejam sobrevoando o espaço aéreo brasileiro e danos decorrentes de **ataques terroristas.**

6. Op.cit.
7. MEIRELES, Helly Lopes, Direito Administrativo Brasileiro, São Paulo: Malheiros, 2003
8. CARVALHO FILHO, José dos Santos. Manual de Direito Administrativo. Rio de Janeiro, Editora Lumen Juris, 23ª Ed. 2012
9. Op.cit.

Sendo assim, pode-se concluir que o ordenamento jurídico constitucional brasileiro adota a teoria do risco administrativo como justificadora da responsabilização objetiva do Estado pelos danos que seus agentes causarem, nessa qualidade, a terceiros, com algumas ressalvas de aplicação da teoria do risco integral.

3.3. Responsabilidade por omissão do Estado

Existem situações fáticas em que o dano é causado a um particular em virtude de uma não atuação do agente público. Nesses casos, analisamos o regramento aplicado à responsabilização do Estado decorrente da omissão dos seus agentes, ou seja, da ausência de conduta do agente, em situações nas quais teria o dever de atuar previsto em lei. A maioria da doutrina entende que a conduta omissiva não está abarcada pelo art. 37, §6º da CRFB. O não fazer do Estado, a falta de atuação do Estado não geraria responsabilidade objetiva nos moldes do texto constitucional, que traz implícita, em seus termos, a existência de uma conduta como elemento da responsabilidade pública. A doutrina e jurisprudência dominantes reconhecem que, em casos de omissão, aplica-se a **Teoria da responsabilidade subjetiva**, onde o elemento subjetivo está condicionando o dever de indenizar. Há divergência doutrinária a respeito, contudo, nesta obra, é o entendimento que prevalece, por assim o ser em provas objetivas de concursos. Então, nas omissões a regra é a aplicação da Teoria Subjetiva.

Vale salientar que José dos Santos Carvalho Filho[10] defende, em sua obra, Manual de Direito Administrativo, a responsabilização objetiva do Estado, mesmo quando decorrente de simples omissão de seus agentes. Esse entendimento é minoritário na doutrina pátria e não é o entendimento adotado nesta obra.

Ressalte-se que a Responsabilidade Subjetiva aplicável, neste caso, não é aquela apresentada ou defendida pela da teoria civilista, ou seja, não depende da demonstração de dolo ou culpa do agente público, mas sim da responsabilização decorrente da **Culpa Anônima**. Relembre-se que tal teoria entende que a má prestação do serviço ou a prestação ineficiente geraria a responsabilidade subjetiva do estado. Nesse caso, para fins de responsabilização do ente público, não se precisa comprovar a culpa do agente, bastando a comprovação da má prestação de serviço ou da prestação ineficiente do serviço ou, ainda, da prestação atrasada do serviço como ensejadora do dano. O Superior Tribunal de Justiça também se posiciona nesse sentido, como se pode analisar do Resp 1069996/RS-2009. O fato é que o Estado não pode ser um garantidor universal, não podendo ser responsável por todas as faltas ocorridas em seu território.

Sendo assim, são elementos definidores da responsabilidade do Estado em casos de omissão de seus agentes: o comportamento omissivo do Estado, o dano, o nexo de causalidade e a culpa do serviço público. Com efeito, a responsabilização, neste contexto, depende da ocorrência de **ato omissivo ilícito**, ou seja, a omissão do agente deve configurar a ausência de cumprimento de seus deveres legalmente estabelecidos.

Neste diapasão, o Estado não responde por **fatos da natureza** como enchentes, raios, entre outros e também não responde por **atos de terceiros ou atos de multidões**, como passeatas

10. CARVALHO FILHO, José dos Santos. Manual de Direito Administrativo. Rio de Janeiro: Editora Lumen Juris,23ª Ed.2012

e tumultos organizados, desde que, por óbvio, tenha tomado as medidas possíveis a impedir o dano causado. Afinal, se o ente público tiver a possibilidade de evitar o dano e não o faz, está-se diante do descumprimento de dever legal. Nesse mesmo sentido, a doutrinadora e professora Fernanda Marinela[11] dispõe que *"apresenta-se mais uma exigência da responsabilidade por omissão a questão do* ***dano evitável****, quando era possível para o ente público impedir o prejuízo, mas ele não o fez. Aqui também cabe a discussão sobre assaltos em vias públicas, nos quais normalmente não há o dever de indenizar, por ser ato de terceiro, mas, se os guardas assistiam à ação do bandido e tinham como impedi-lo, mas não o fizeram, há descumprimento do dever legal e, por ser um dano evitável, reconhece-se a responsabilidade."*

Vejamos alguns exemplos elucidativos.

→ **Ex.1**: Segurança Pública. Situação de uma pessoa que é assaltada em razão de um arrastão. A regra geral é a de que não há o dever de indenizar pelo Estado por ser considerado **ato de terceiro** e ausentes os requisitos da responsabilidade civil. Todavia, se porventura em uma rua, os assaltos se tornam frequentes e o Estado, ciente deste fato, se omite, há descumprimento do dever legal e por ser um dano evitável. Isso ensejará a responsabilidade, porque presentes seus elementos definidores.

→ **Ex.2**: Em virtude de chuvas frequentes, determinada vizinhança se encontra totalmente alagada e, neste contexto, uma criança sai para brincar, na rua, e morre com leptospirose. Para que haja responsabilização do Estado, nesse caso, a família da vítima terá que demonstrar que o alagamento decorreu da má prestação do serviço de esgoto e escoamento de águas, em virtude, por exemplo, do entupimento dos bueiros.

É cediço que, atualmente, a prestação do serviço público tem um padrão considerado normal, baseado no **Princípio da Reserva do Possível,** ou seja, tem que haver compatibilidade com o orçamento público e sua estruturação na prestação dos serviços. Se este está sendo realizado dentro do **padrão normal** esperado, não há que se falar em responsabilizar o Estado. Este, por sua vez não pode eximir-se de suas obrigações em oferecer o mínimo existencial de sobrevivência para os administrados, utilizando-se do princípio da reserva do possível. Neste contexto, para que haja responsabilização do Estado, deve-se analisar se seria possível ao ente estatal impedir a ocorrência do dano, dentro de suas possibilidades orçamentárias.

Portanto, se o serviço foi prestado de forma devida, a atuação pública atendeu aos padrões normais e ainda assim ocorreu dano a um particular por situação alheia à conduta do Estado, considerando-se a impossibilidade para o ente estatal de evitar o fato danoso, não há que se cogitar em responsabilização desse.

3.3.1. A Responsabilidade por Omissão e Teoria do Risco Criado (Risco Suscitado)

Por vezes, em algumas circunstâncias, o Estado cria situações de risco que levam à ocorrência do dano. Por meio de um comportamento positivo, o Estado assume grande risco de gerar o dano a particulares. Assim, nesses casos, o Estado responde objetivamente por ele, ainda que não se demonstre conduta direta de um agente público. As situações mais corriqueiras decorrem da guarda de pessoas ou de coisas, como é o caso dos detentos de um presídio, de crianças dentro de uma escola pública, de carros apreendidos no pátio do Departamento de Trânsito, de armazenamento de armas.

11. MARINELA, Fernanda. Direito Administrativo. Niterói: Editora Impetus,6ª Ed. 2012.

Pode-se citar como exemplo, a seguinte situação. Um detento foge e assalta, na fuga, a casa ao lado do presídio, gerando grandes prejuízos a uma família que ali reside. O Estado deve ser responsabilizado objetivamente em razão do risco causado à vizinhança, quando assumiu construir o presídio naquela região residencial e não cuidou da segurança necessária. Por sua vez, se a fuga do detento ocorre e o delito cometido por ele se dá bem distante do presídio ou muito tempo após a fuga, não há nexo causal com a situação de risco, logo, não há motivo para se mencionar responsabilidade objetiva.

O mesmo ocorre em situações de presos que fogem com frequência do presídio, quando nenhuma providência é adotada pelo Estado. Vejamos o seguinte julgado do Supremo Tribunal Federal sobre o tema.

> Ementa: AGRAVO REGIMENTAL NO RECURSO EXTRAORDINÁRIO. RESPONSABILIDADE CIVIL DO ESTADO. ARTIGO 37, § 6º, DA CONSTITUIÇÃO DO BRASIL. LATROCÍNIO COMETIDO POR FORAGIDO. NEXO DE CAUSALIDADE CONFIGURADO. PRECEDENTE. 1. A negligência estatal na vigilância do criminoso, a inércia das autoridades policiais diante da terceira fuga e o curto espaço de tempo que se seguiu antes do crime são suficientes para caracterizar o nexo de causalidade. 2. Ato omissivo do Estado que enseja a responsabilidade objetiva nos termos do disposto no artigo 37, § 6º, da Constituição do Brasil. Agravo regimental a que se nega provimento. RE 573595 AgR / RS – RIO GRANDE DO SUL Julgamento: 24/06/2008

> A doutrina mais moderna diz que, todas as vezes que o Estado detém alguém ou alguma coisa sob sua custódia, está-se diante de uma situação de **risco diferenciado** quanto à pessoa. Isso inclui detentos que fogem e causam danos logo após a fuga, porque, neste caso, há a **extensão da custódia**. O risco criado, que também denominamos **Risco Suscitado,** gera responsabilidade objetiva do estado, pelos danos causados ao custodiado e pelo custodiado.

Em tais situações, a doutrina especializada entende que o Estado responderá, ainda que haja uma situação de caso fortuito, bastando a comprovação de que este fortuito só foi possível em virtude da custódia do ente estatal. Tal situação é o que a doutrina designa **fortuito interno (ou caso fortuito)**. Logo, se, por exemplo, uma rebelião de presos causa a morte de um refém, o estado é responsável, não podendo alegar que se trata de caso fortuito. Em sentido contrário, se um preso é atingido por um raio dentro do presídio, a princípio, não haveria responsabilização do Estado, haja vista o dano decorrer de um **fortuito externo (ou força maior)**, ou seja, totalmente alheio e independente da situação de custódia.

Assim, a responsabilização, nestes casos, dependerá somente da comprovação de que **a custódia é uma condição sem a qual o dano não teria ocorrido**, mesmo que situações supervenientes tenham contribuído para o dano. Trata-se da chamada teoria da *conditio sine qua non*, a responsabilizar o Estado em casos de custódia.

O tema tem sido recorrente nas provas de concursos públicos, inclusive em provas subjetivas. A título de exemplo, analise-se como isso foi questionado na Prova de Procurador do Estado da Paraíba, elaborada pelo CESPE.

▶ COMO FOI COBRADO NA 2ª FASE DO CONCURSO

(CESPE – Procurador do Estado - PB/2008) Em um presídio estadual, um detento assassinou um colega de carceragem. No processo administrativo instaurado para se apurarem as causas do homicídio bem como eventual culpa dos agentes penitenciários pelo ato criminoso, verificou-se que o homicídio ocorrera em razão de desavença de ordem pessoal entre colegas de carceragem e que não houve culpa dos agentes penitenciários na morte do detento.

Nessa situação, existe responsabilidade civil do Estado pela morte do detento? Justifique a sua resposta.

Em sentido contrário, a prova de Procurador do Estado de Santa Catarina trouxe situação concreta na qual havia a interrupção do nexo de causalidade em razão do tempo de fuga, questionando acerca das teorias do nexo causal adotadas no Brasil. Vejamos.

► COMO FOI COBRADO NA 2ª FASE DO CONCURSO

(PGE-SC – Procurador do Estado - SC/2011) Considere a seguinte hipótese: Houve um assalto numa loja em Florianópolis. O crime causou expressivos prejuízos econômicos ao proprietário do estabelecimento. Descobre-se que 3 (três) dos 9 (nove) integrantes da quadrilha eram foragidos do presídio de Florianópolis há cerca de 1 (um) ano e 6 (seis) meses. Pergunta-se: pode o proprietário exigir ressarcimento do Estado pelos danos decorrentes assalto? Fundamente sua resposta considerando: (i) as teorias de responsabilidade civil do Estado; (ii) as teorias do nexo causal adotadas em nosso país e (iii) o entendimento do Supremo Tribunal Federal sobre esta matéria.

3.4. Indenização

No que tange à indenização paga pelo Estado a particulares, se faz necessária a diferenciação acerca das hipóteses que podem ensejá-la, para que não se imagine que todo pagamento de indenização pela fazenda pública configure-se hipótese de responsabilidade civil do Estado. Com efeito, não se pode confundir o art. 37, §6º, que regulamenta a responsabilidade extracontratual do ente público com outras situações passíveis de indenização previstas na Constituição Federal ou em leis infraconstitucionais.

Com efeito, a lei 8666/93 regulamenta a indenização do Estado, decorrente de descumprimento de contratos administrativos, ou ainda que situações de teoria da imprevisão que ensejam desequilíbrio contratual. Nesses casos, é inaplicável a teoria do risco administrativo para embasar tais indenizações que têm origem contratual e decorrem da garantia do equilíbrio econômico financeiro, comum às avenças que têm o poder público como parte contratante. Trata-se, então, de **responsabilidade contratual**.

A jurisprudência do Supremo Tribunal Federal afirma essa distinção quando, por exemplo, prevê a responsabilidade do Estado em virtude de furto de carro privado em estacionamento público. Quando o ente público oferece estacionamento fechado, com grades e segurança, assume contratualmente o dever específico de zelar pelos bens ali estacionados. Dessa forma, a responsabilidade do Estado estaria configurada sim, no entanto, baseada na lei 8666/93 que regulamenta a responsabilidade contratual. Nesse sentido, o RE n. 255.731 julgado em 26/11/1999.

Ademais, também configuram hipótese de indenização, regulamentada no ordenamento jurídico, os danos decorrentes do chamado **sacrifício de direito**, como ocorre com as intervenções do Estado na propriedade privada. Nesses casos, a atuação administrativa é direcionada a retirar ou restringir o direito do particular, com a finalidade de alcançar o interesse coletivo. A restrição ao direito é a finalidade primária da atuação administrativa.

Sendo assim, quando, por exemplo, um município desapropria um bem privado para fins de utilidade pública, a indenização paga ao expropriado tem base no art. 5º, XXIV da CF/88 e não no art. 37, §6º.

Diferentemente do sacrifício de direito, a responsabilidade civil do Estado decorre de atuação que, só indiretamente, causa um dano a particular. A conduta do agente não é direcionada a restringir o direito, mas sim a atuar em prol da coletividade. O prejuízo é consequência indireta desta atividade.

Portanto, vejamos.

	Responsabilidade Contratual	Responsabilidade Civil (Extracontratual) do Estado	Sacrifício de direito
Base legal	Lei 8666/93.	Art. 37, §6º da CF	Art. 5º, XXIV e XXV da CF. DL 3365/41, entre outros.
Danos	Danos ocorridos no bojo de contratos administrativos que ensejaram um desequilíbrio contratual.	Dano indireto causado a terceiros (sem vínculo direto e contratual com o poder público) por atuação do Estado na busca do interesse coletivo, seja a execução de obras públicas ou prestação de serviços públicos.	Dano direito causado por atuação administrativa direcionada a restringir ou retirar o direito do particular.
Finalidade da reparação	Manutenção do equilíbrio econômico-financeiro do contrato.	Garantia da isonomia e reparação de danos causados indiretamente.	Ressarcimento pela retirada ou extinção do direito.

3.5. Excludentes de responsabilidade do Estado

Conforme explicitado no tópico 3.2.1, o Direito Brasileiro adotou, para o entendimento majoritário da doutrina a **teoria do risco administrativo,** a fim de justificar a responsabilidade civil objetiva do Estado. Dessa forma, afastada, nas situações ordinárias, a aplicação da teoria do risco integral, são admitidas situações que ensejam a exclusão da responsabilidade estatal.

A princípio, três são os elementos definidores da responsabilidade civil pública, quais sejam: conduta do agente público, atuando nessa qualidade, dano causado a um particular e nexo de causalidade entre a conduta e o dano.

Sendo assim, se, para a configuração da responsabilidade estatal, devem concorrer os três elementos, a ausência de qualquer um destes exclui o dever de indenizar do ente público. Dessa forma, a doutrina que aponta **caso fortuito, força maior e culpa exclusiva da vítima,** como únicas hipóteses de excludentes de responsabilidade, está totalmente equivocada, já que essas hipóteses são apenas exemplos dessas situações.

Com efeito, se não houver dano jurídico (ainda que exclusivamente moral) estará afastada a responsabilidade do Estado, assim como se exclui a responsabilização pública se não houver conduta de agente público, ou se ele não estiver atuando na qualidade de agente quando praticou a conduta. Por fim, a exclusão do nexo causal também retira o dever de indenizar do Estado. É nessa terceira hipótese que se encaixam as hipóteses de excludentes supramencionadas.

Por fim, cumpre ressaltar que, em determinadas situações, não se pode atribuir exclusivamente à vítima o dano causado, porém, verifica-se sua participação no evento danoso. Trata-se de situação de **culpa concorrente** entre a vítima e o ente público. Nesses casos, não obstante não seja possível a exclusão da responsabilidade, haverá redução do valor indenizatório a ser pago pelo Estado.

3.6. Responsabilidade do Agente Público

Vejamos como se configura a responsabilização do agente público pelos danos causados, por seus atos, a terceiros.

Vítima cobra do Estado	→	Estado cobra do agente
Resp. objetiva		*Resp. subjetiva*

Com efeito, de uma leitura do art. 37, §6º da Constituição Federal, pode-se concluir que a responsabilização do ente público se configura objetiva, mas que seus agentes respondem somente de forma subjetiva – ou seja, após a análise de dolo ou culpa desse – perante o Estado em ação de regresso. Sendo assim, inobstante a responsabilidade seja atribuída à Pessoa Jurídica, o agente que ensejou o dano não se exime de ressarcir os prejuízos causados ao ente público.

Questiona-se: a vítima pode deixar de cobrar do Estado e cobrar diretamente do agente?

Celso Antônio Bandeira de Mello[12], sobre o tema, estabelece que *"a norma visa a proteger o administrado, oferecendo-lhe um patrimônio solvente e a possibilidade de responsabilidade objetiva em muitos casos. Daí não se segue que haja restringido sua possibilidade de proceder contra quem lhe causou o dano"* e conclui que *"A circunstância de haver acautelado os interesses do lesado e dos condenados a indenizar não autoriza concluir que acobertou o agente público, limitando sua responsabilização ao caso de ação regressiva movida pelo Poder Público judicialmente condenado"*

Com efeito, percebe-se que o festejado autor admite a propositura de ação pela vítima diretamente em face do agente público desde que abra mão da garantia de responsabilidade objetiva e proponha a ação indenizatória, embasado nas alegações de dolo ou de culpa desse agente.

Entretanto, conforme entendimento pacificado no Supremo Tribunal Federal, não é possível a propositura de ação, diretamente, em face do agente público causador do dano. Isso porque, no momento em que o texto constitucional, em seu art. 37, §6º, estabeleceu a responsabilidade estatal, garantiu um direito ao particular lesado de ser indenizado pelos prejuízos que sofreu, mas também concedeu ao agente a garantia de só ser cobrado pelo Estado. É o que se convencionou chamar de **teoria da dupla garantia** – garantia à vítima e também ao agente:

> Art. 37. § 6º – As pessoas jurídicas de direito público e as de direito privado prestadoras de serviços públicos responderão pelos danos que seus agentes, nessa qualidade, causarem a terceiros, **assegurado o direito de regresso contra o responsável nos casos de dolo ou culpa.**

Vejamos o julgado da Suprema Corte acerca do tema.

> Ementa: RECURSO EXTRAORDINÁRIO. ADMINISTRATIVO. RESPONSABILIDADE OBJETIVA DO ESTADO: § 6º DO ART. 37 DA MAGNA CARTA. ILEGITIMIDADE PASSIVA AD CAUSAM. AGENTE PÚBLICO (EX-PREFEITO). PRÁTICA DE ATO PRÓPRIO DA FUNÇÃO. DECRETO DE INTERVENÇÃO. O § 6º do artigo

12. BANDEIRA DE MELLO, Celso Antonio. Curso de Direito Administrativo. São Paulo: Editora Malheiros, 26ª Ed.2009

37 da Magna Carta autoriza a proposição de que somente as pessoas jurídicas de direito público, ou as pessoas jurídicas de direito privado que prestem serviços públicos, é que poderão responder, objetivamente, pela reparação de danos a terceiros. Isto por ato ou omissão dos respectivos agentes, agindo estes na qualidade de agentes públicos, e não como pessoas comuns. **Esse mesmo dispositivo constitucional consagra, ainda, dupla garantia: uma, em favor do particular, possibilitando-lhe ação indenizatória contra a pessoa jurídica de direito público, ou de direito privado que preste serviço público, dado que bem maior, praticamente certa, a possibilidade de pagamento do dano objetivamente sofrido. Outra garantia, no entanto, em prol do servidor estatal, que somente responde administrativa e civilmente perante a pessoa jurídica a cujo quadro funcional se vincular.** Recurso extraordinário a que se nega provimento. (RE 327904 / SP – SÃO PAULO. Julgamento: 15/08/2006. Órgão Julgador: Primeira Turma)

Esse entendimento também não admite a propositura de ação *per saltum* da pessoa natural do agente. Ademais, esse posicionamento jurisprudencial e doutrinário tem fulcro no **princípio da impessoalidade**, analisado no capítulo 2 desta obra.

Isso porque um dos enfoques deste princípio define que não há qualquer relação entre o agente público e o particular prejudicado, haja vista o fato de que quando o agente causou o prejuízo, não o fez na condição de particular, o fez em nome do Estado. Em outras palavras, a conduta do agente público não deve ser imputada à pessoa do agente, mas sim ao Estado que está atuando por meio dele. Essa faceta do princípio da impessoalidade nada mais é do que a aplicação da **teoria do órgão**, ou teoria da imputação volitiva.

Insta salientar, todavia, que o Superior Tribunal de Justiça se manifestou em, sentido diverso, no ano de 2014, admitindo a propositura da ação de reparação civil pela vítima, diretamente, em face do agente público, em razão da busca por economicidade e eficiência processual.

Nestes casos em que a vítima opta por colocar o servidor estatal no pólo passivo da demanda, necessariamente, terá que comprovar o dolo ou a culpa do sujeito como forma de sair vencedor na lide.

De fato, não se pode admitir a responsabilização objetiva do agente público, ainda que se trate de ação proposta diretamente em face dele.

Por fim, a matéria, atualmente, é controversa, devendo o candidato atentar para a forma como a banca se porta diante do questionamento feito. Analisemos o julgado do STJ.

RESPONSABILIDADE CIVIL. SENTENÇA PUBLICADA ERRONEAMENTE. CONDENAÇÃO DO ESTADO A MULTA POR LITIGÂNCIA DE MÁ-FÉ. INFORMAÇÃO EQUIVOCADA. AÇÃO INDENIZATÓRIA AJUIZADA EM FACE DA SERVENTUÁRIA. LEGITIMIDADE PASSIVA. DANO MORAL. PROCURADOR DO ESTADO. INEXISTÊNCIA. MERO DISSABOR. APLICAÇÃO, ADEMAIS, DO PRINCÍPIO DO DUTY TO MITIGATE THE LOSS. BOA-FÉ OBJETIVA. DEVER DE MITIGAR O PRÓPRIO DANO.

1. O art. 37, § 6º, da CF/1988 prevê uma garantia para o administrado de buscar a recomposição dos danos sofridos diretamente da pessoa jurídica que, em princípio, é mais solvente que o servidor, independentemente de demonstração de culpa do agente público. Vale dizer, a Constituição, nesse particular, simplesmente impõe ônus maior ao Estado decorrente do risco administrativo; não prevê, porém, uma demanda de curso forçado em face da Administração Pública quando o particular livremente dispõe do bônus contraposto.

Tampouco confere ao agente público imunidade de não ser demandado diretamente por seus atos, o qual, aliás, se ficar comprovado dolo ou culpa, responderá de outra forma, em regresso, perante a Administração.

2. ***Assim, há de se franquear ao particular a possibilidade de ajuizar a ação diretamente contra o servidor, suposto causador do dano, contra o Estado ou contra ambos, se assim desejar. A avaliação quanto ao ajuizamento da ação contra o servidor público ou contra o Estado deve ser decisão do suposto lesado. Se, por um lado, o particular abre mão do sistema de responsabilidade objetiva do Estado, por outro também não se sujeita ao regime de precatórios.*** *Doutrina e precedentes do STF e do STJ.*

3. A publicação de certidão equivocada de ter sido o Estado condenado a multa por litigância de má-fé gera, quando muito, mero aborrecimento ao Procurador que atuou no feito, mesmo porque é situação absolutamente corriqueira no âmbito forense incorreções na comunicação de atos processuais, notadamente em razão do volume de processos que tramitam no Judiciário. Ademais, não é exatamente um fato excepcional que, verdadeiramente, o Estado tem sido amiúde condenado por demandas temerárias ou por recalcitrância injustificada, circunstância que, na consciência coletiva dos partícipes do cenário forense, torna desconexa a causa de aplicação da multa a uma concreta conduta maliciosa do Procurador.

4. Não fosse por isso, é incontroverso nos autos que o recorrente, depois da publicação equivocada, manejou embargos contra a sentença sem nada mencionar quanto ao erro, não fez também nenhuma menção na apelação que se seguiu e não requereu administrativamente a correção da publicação. Assim, aplica-se magistério de doutrina de vanguarda e a jurisprudência que têm reconhecido como decorrência da boa- fé objetiva o princípio do Duty to mitigate the loss, um dever de mitigar o próprio dano, segundo o qual a parte que invoca violações a um dever legal ou contratual deve proceder a medidas possíveis e razoáveis para limitar seu prejuízo. É consectário direto dos deveres conexos à boa-fé o encargo de que a parte a quem a perda aproveita não se mantenha inerte diante da possibilidade de agravamento desnecessário do próprio dano, na esperança de se ressarcir posteriormente com uma ação indenizatória, comportamento esse que afronta, a toda evidência, os deveres de cooperação e de eticidade.

5. Recurso especial não provido.

REsp 1325862 / PR
RECURSO ESPECIAL
2011/0252719-0 / DJe 10/12/2013

3.6.1. Denunciação à lide do Agente Público

Discute-se a possibilidade de denunciação à lide ao agente público em situações nas quais haja a propositura de ação de reparação em face do estado em virtude da conduta praticada por esse agente. Isso porque o artigo 125 do Código de Processo Civil estabelece a possibilidade da adoção desta intervenção de terceiro, como forma de economia processual, sempre que for cabível a propositura de ação de regresso.

Com efeito, a denunciação à lide consiste em uma forma de intervenção de terceiro, prevista no Direito Processual Civil, *"quando o autor ou réu de uma ação judicial, nesse caso a de indenização, chame um terceiro, denominado denunciado, para o processo"*, como conceituou Fernanda Marinela[13]. É cediço que nas relações civis, a denunciação à lide enseja uma maior eficiência e economia processual, haja vista o fato de que se faz desnecessária a propositura de nova ação para cobrar do terceiro, que, *in casu*, seria denunciado a participar do processo originário.

13. MARINELA, Fernanda. Direito Administrativo. Niterói, Editora Impetus, 6ª Ed. 2012.

Dispõe o mencionado art. 125 do Código de Processo Civil:

> Art. 125. É admissível a denunciação da lide, promovida por qualquer das partes:
>
> I – ao alienante imediato, no processo relativo à coisa cujo domínio foi transferido ao denunciante, a fim de que possa exercer os direitos que da evicção lhe resultam;
>
> II – àquele que estiver obrigado, por lei ou pelo contrato, a indenizar, em ação regressiva, o prejuízo de quem for vencido no processo.

O Estado deve, com base neste artigo, denunciar da lide o agente? O entendimento majoritário, apontado pela doutrina, é de que não é possível essa intervenção. Isso porque a denunciação à lide geraria uma ampliação subjetiva do mérito da ação, acarretando ao autor-vítima manifesto prejuízo à celeridade na prestação jurisdicional.

De fato, no mérito da ação de reparação civil em face do Estado, a princípio, discutir-se-ão apenas os elementos conduta do agente, dano causado a um particular e nexo causal (responsabilidade objetiva). Sendo assim, nesta ação, não se discutirão elementos subjetivos (dolo e culpa), os quais são irrelevantes e desnecessários ao eventual ressarcimento do particular. Se assim o fosse, acrescentar esses elementos no mérito da ação ensejaria uma ampliação do conjunto probatório, retardando o feito e prejudicando a vítima, além de se discutir a culpa como um fato novo, vedado em caso de denunciação à lide.

Ademais, a doutrina também aponta que as alegações de defesa do ente público serão incompatíveis com os aspectos apresentados para justificar a denunciação à lide do agente. Por exemplo, podemos supor uma situação em que o Estado utiliza o argumento de que não houve conduta do agente, ou que essa não foi preponderante a ensejar o dano. Nesse caso, ele agiria de forma contraditória quando justificasse a denunciação à lide, no fato de o agente ter agido e ensejado o dano à vítima, ora autora. De fato, a denunciação à lide terá como argumentação a culpa ou o dolo do agente. Essa alegação enseja, por si só, um reconhecimento de responsabilização estatal pelos prejuízos causados.

No entanto, o Superior Tribunal de Justiça vem admitindo a denunciação à lide do agente público, deixando claro somente que, nesses casos, o estado não está obrigado a fazê-lo, sendo mantido o direito de regresso autônomo caso o ente público opte por não se valer da intervenção de terceiro, para cobrar de seu agente. Com efeito, o entendimento do STJ se baseia na garantia de economia processual, eficiência e celeridade.

Vejamos o julgado do STJ acerca do tema.

> PROCESSUAL CIVIL. AGRAVO REGIMENTAL. INDENIZAÇÃO. RESPONSABILIDADE CIVIL. DENUNCIAÇÃO À LIDE DE SERVIDOR DO RECORRENTE. DESNECESSIDADE, EM FACE DOS PRINCÍPIOS DA ECONOMIA E CELERIDADE PROCESSUAIS. AÇÃO REGRESSIVA GARANTIDA. PRECEDENTES.
>
> 1. Agravo regimental contra decisão que negou seguimento ao Especial do agravante.
>
> 2. O acórdão a quo indeferiu a denunciação da lide em ação de indenização por danos morais e materiais em virtude de morte por atropelamento da filha da recorrida.
>
> 3. A responsabilidade pelos atos dos servidores públicos quando em serviço ativo é imputada ao Poder Público do qual são agentes, dado o princípio da despersonalização dos atos administrativos. Tem-se, pois, por incabível a denunciação à lide, uma vez que, sendo a responsabilidade do recorrente objetiva, independe da aferição de existência de culpa ou não, por parte de seus agentes.

4. A jurisprudência do Superior Tribunal de Justiça envereda no sentido de que, "embora cabível e até mesmo recomendável a denunciação à lide de servidor público causador de dano decorrente de acidente de veículo, uma vez indeferido tal pedido, injustificável se torna, em sede de recurso especial, a anulação do processo para conversão do rito sumário em ordinário e admissão da denunciação, em atenção aos princípios da economia e celeridade processuais" (REsp n. 197374/MG, Rel. Min. Garcia Vieira), além de que, "em nome da celeridade e da economia processual, admite-se e se recomenda que o servidor público, causador do acidente, integre, desde logo, a relação processual. Entretanto, o indeferimento da denunciação da lide não justifica a anulação do processo" (REsp n. 165411/ES, Rel. Min. Garcia Vieira) e, por fim, que "os princípios da economia e da celeridade podem justificar a não anulação parcial do processo onde indevidamente não se admitiu denunciação da lide (CPC, art. 70, III), ressalvado ao denunciante postular seus eventuais interesses na via autônoma." (REsp n. 11599/RJ, Rel. Min. Sálvio de Figueiredo Teixeira).

5. Precedentes das 1ª, 2ª, 3ª e 4ª Turmas desta Corte Superior.

6. Agravo regimental não provido.

AgRg no REsp 631723 / CE

AGRAVO REGIMENTAL NO RECURSO ESPECIAL

2004/0021185-1/ DJ 13/09/2004 p. 184

Ressalte-se, ainda, que não foram proferidas decisões recentes acerca do tema e que a doutrina mantém o posicionamento de que a denunciação à lide não é admitida, o que dificulta o candidato que está respondendo a provas objetivas de concursos. Nesse caso, orienta-se ao aluno que leia atentamente a questão que, normalmente, requer a resposta com base no entendimento doutrinário ou jurisprudencial.

→ ATENÇÃO!

Questão de prova discursiva acerca da denunciação: em algumas situações, para responsabilizar o Estado, a vítima necessariamente precisará comprovar o dolo ou culpa do agente? **Há situações em que a responsabilidade objetiva não é faticamente possível.** Dessa forma, comprovado o dolo do agente pelo particular, restará configurada a responsabilidade do Estado. Nesses casos, a doutrina costuma dizer que a demonstração de dolo ou culpa do agente público é inerente à responsabilização do Estado. Assim, como, para fins de responsabilização estatal, deverá ser analisada a conduta subjetiva do agente, não havendo qualquer vedação à denunciação à lide.

Ex.: Ambulância que ultrapassou o sinal vermelho com giroflex ligado e colidiu com o carro. Negada indenização na via administrativa, o particular ajuizou ação comprovando que não havia urgência que justificasse o avanço do sinal, já que não havia vítima a ser socorrida. Restou comprovado o dolo do agente e o Estado respondeu pelo seu ato. Nessa situação especificada, não há vedação, até mesmo pelo entendimento doutrinário, à denunciação à lide do agente público, haja vista o fato de que a intervenção de terceiros não ensejará ampliação subjetiva do mérito da ação principal.

3.7. Prazo prescricional

Há muita divergência doutrinária e jurisprudencial em relação ao prazo prescricional para propositura de Ação indenizatória em face do Estado. Isso ocorre porque, com a edição do Código Civil de 2002, alguns doutrinadores passaram a entender cabível a aplicação desse diploma em detrimento da legislação anterior.

Tradicionalmente, a prescrição para as ações de reparação civil contra o Estado ocorre em 5 anos, conforme o disposto no art. 1º do Decreto 20.910/32 e art. 1º-C da Lei 9494/97. Esses diplomas criaram, quando de sua publicação, um benefício ao Estado, porquanto o Código Civil de 1916 estabelecia o prazo de 10 anos, para as reparações civis, em geral. Sendo assim, enquanto um particular ficava sujeito a uma ação contra si pelo prazo de 10 anos, a mesma ação em face do ente público deveria ser proposta em um prazo máximo de 5 anos.

Ocorre que, com o advento do Novo Código Civil, em 2002, no seu art. 206, §3º,V estabeleceu-se que a ação de reparação civil prescreve em 3 anos. Logo, com a nova regra, o Estado ficou prejudicado em face do particular e, automaticamente, alguns autores passaram a admitir o prazo de 3 anos para reparação do Estado, nos moldes do Código Civil, por ser norma mais benéfica. Nesse sentido, ensina José dos Santos Carvalho Filho[14] ao definir que *"a prescrição da citada pretensão de terceiros contra as pessoas públicas e as de direito privado prestadoras de serviços públicos passou de qüinqüenal para trienal"*

Logo, com base no Código Civil e confirmado por parte da jurisprudência, o prazo de reparação civil contra o Estado seria de 3 anos, haja vista ser mais benéfico para Fazenda Pública e ser o que melhor se compatibiliza com o ordenamento jurídico atual. Todavia, não é o posicionamento que adotamos nesta obra.

Outra parte da doutrina, bem como as provas objetivas de concurso, vem-se orientando em sentido contrário, defendendo a manutenção do prazo de 5 anos, uma vez que o Código Civil é lei geral e portanto não poderia alterar lei especial. Esse entendimento, inclusive, foi adotado pela jurisprudência da primeira seção do Superior Tribunal de Justiça e se fundamenta no fato de que, caso seja intenção do legislador alterar o prazo de prescrição das ações de reparação civil contra a fazenda pública, deve expor isso em legislação específica sobre o tema, revogando as disposições anteriores. Nesse sentido, inclusive aponta Marçal Justen Filho[15] que *"a consagração da prescrição trienal para as dívidas da Fazenda Pública acabaria gerando efeitos desastrosos, eis que idêntico prazo teria de ser adotado para seus créditos. Seria um despropósito a existência de prazos distintos para as dívidas e para os créditos da fazenda em vista do princípio da equivalência dos prazos prescricionais favoráveis e desfavoráveis a ela"*.

14. CARVALHO Filho, José dos Santos. Manual de Direito Administrativo. Rio de Janeiro: Editora Lumen Juris,22ª Ed.2009
15. JUSTEN FILHO,Marçal. Curso de Direito Administrativo. Belo Horizonte:Editora Forum,7ª ed.2011

Portanto, a questão ainda não se encontra pacificada na doutrina, no entanto, **para fins de provas de concursos, melhor seguir o entendimento de que o prazo prescricional** é **de 5 anos**, com base em lei específica, por ser o entendimento jurisprudencial mais aceito. Esse, inclusive, é o posicionamento adotado nesta obra.

Por seu turno, no que tange ao prazo prescricional para a propositura da ação de regresso em face do agente público, este será de 3 anos, consoante art. 206, §3º, V do Código civil.

Saliente-se que, para a doutrina majoritária, conforme dicção do artigo 37, § 5º, da Constituição Federal, a ação de ressarcimento ao erário é imprescritível. Insta ressaltar que somente é imprescritível a ação de ressarcimento ao erário por danos causados por agentes ao patrimônio público. **Caso o dano tenha sido causado por um particular, a ação de ressarcimento em face desse sujeito prescreve em conformidade com a legislação civil, ou seja, 3 anos, nos moldes do Código Civil ora vigente.**

Com efeito, esse, inclusive é o entendimento consolidado pela jurisprudência do Supremo Tribunal Federal, conforme se depreende do julgamento do RE 669069/MG, em 03/02/2016.

Por derradeiro, cumpre ressaltar o entendimento adotado pelo Superior Tribunal de Justiça, segundo o qual é **imprescritível** a pretensão de recebimento de indenização por **danos morais decorrente da violação aos direitos humanos durante o regime militar de exceção**. Vejamos um julgado que expõe este posicionamento do STJ (RE 816. 209 – RJ):

> ***"PROCESSUAL CIVIL. ADMINISTRATIVO. INDENIZAÇAO. REPARAÇAO DE DANOS MATERIAIS E MORAIS. REGIME MILITAR. PERSEGUIÇAO, PRISÃO E TORTURA POR MOTIVOS POLÍTICOS. IMPRESCRITIBILIDADE. DIGNIDADE DA PESSOA HUMANA. INAPLICABILIDADE DO ART. 1º DO DECRETO Nº 20.910/32.***

3.8. Responsabilidade por obra pública

A responsabilidade decorrente de obras públicas deve ser analisada diante de enfoques diferentes. Isso porque existem situações em que os danos decorrem da má execução da obra pública e, em outros casos, o dano decorre da existência da obra em si e não de sua execução indevida. Analisemos as hipóteses.

a) **Responsabilidade decorrente da *má execução da obra*:** nesses casos, para fins de definir a responsabilização, é indispensável perquirir quem estava executando a obra.

Justifica-se: há hipóteses nas quais a obra é executada pelo próprio Estado e, nestes casos, a responsabilidade objetiva é indiscutível, uma vez que a conduta do agente público está ensejando um dano ao particular, em perfeita subsunção do dispositivo constitucional. Nas palavras de José dos Santos Carvalho Filho[16] *"se por alguma razão natural ou imprevisível, e sem culpa de alguém a obra pública causa dano ao particular dar-se-á a responsabilidade objetiva do Estado"*

16. CARVALHO FILHO, José dos Santos.Op.cit.

Porém, se a obra mal executada foi realizada por um empreiteiro, através de contrato administrativo, e que o dano foi provocado por culpa exclusiva do executor, de acordo com a corrente majoritária lhe será atribuída responsabilidade subjetiva (importante saber que não se trata de prestação de serviço público pelo empreiteiro).

Conforme leciona José dos Santos Carvalho Filho, a ação deve ser movida somente contra o empreiteiro, sem participação do Estado no processo, sendo que a responsabilização do empreiteiro dar-se-á nos moldes previstos na legislação civil. Por sua vez, a responsabilidade do ente público é subjetiva, desde que se comprove a não fiscalização do contrato por parte do ente público contratante. Sendo assim, a responsabilização do Estado decorre do fato de que foi omisso no dever de fiscalização do contrato celebrado.

Noutro sentido, Diogo de Figueiredo Moreira Neto[17] entende que as responsabilidades do Estado e do empreiteiro são objetivas e solidárias, tornando o Estado garantidor das obras por ele contratadas. Esta posição, com o respeito devido a quem defende, está em desacordo com a Constituição Federal, uma vez que a doutrina não pode criar hipótese de responsabilidade objetiva não prevista na Carta Maior.

b) **Responsabilidade pelo simples *fato da obra*:** Neste caso, a obra causa o dano sem que tenha havido culpa de alguém, ou seja, o dano não decorre de sua má execução, mas sim da existência da obra. Com efeito, o simples fato de a obra existir poderá vir a causar um dano ao particular.

Assim, é irrelevante saber quem está executando a obra. Ocorrendo o prejuízo, ter-se-á a responsabilidade objetiva do Estado. É o caso da construção de um viaduto que deixou determinada casa abaixo do nível da rua ou de um cemitério em frente a um hotel de luxo que ensejou o fechamento do estabelecimento pela ausência de hóspedes. O dano decorre da obra em si e não de sua má execução. A obra beneficiará toda coletividade, mas apenas um administrado não pode ficar prejudicado sem ser indenizado.

Desse modo, pelo exposto, a afirmativa de que a responsabilidade por obra é objetiva está correta, com base nessa "responsabilidade pelo simples fato da obra".

4. RESPONSABILIDADE POR ATOS LEGISLATIVOS

A responsabilização do estado por danos decorrentes da edição de leis merece uma análise detalhada.

Inicialmente, salienta-se que o Direito Administrativo atual considera agente público todo aquele que atua em nome do Estado, ainda que o faça temporariamente ou sem remuneração, a qualquer título. Sendo assim, o legislador, seja ele Vereador, Deputado ou Senador da República, se enquadra dentro do conceito de agente estatal.

Contudo, para definição acerca da responsabilização ou não do ente estatal por atos legislativos, se faz necessária a diferenciação entre **leis de efeitos concretos** e **leis em sentido formal e material (leis gerais e abstratas)**.

17. MOREIRA NETO, Diogo de Figueiredo, Curso de Direito Administrativo. Rio de Janeiro. Ed. Forense. 15ª ed. 2009.

4.1. Leis de efeitos concretos

Algumas leis ostentam a qualidade de lei em sentido formal, porém não o são em sentido material, configurando, em verdade, verdadeiros atos administrativos. São as chamadas **leis de efeitos concretos**. De tais leis decorre a responsabilidade civil do ente que a emanou, assegurado ao lesado o direito à reparação do dano, nos mesmos moldes da responsabilidade civil do Estado por atos administrativos, com base da teoria do risco administrativo.

Pode ser citada como exemplo a lei de efeitos concretos que determina um terreno privado como área de utilidade pública para fins de desapropriação. Trata-se de lei, formalmente analisada, mas não guarda a conotação material de lei, ou seja, não estabelece normas gerais e abstratas.

Nesses casos, por se tratar de verdadeiros atos administrativos, eles ensejam responsabilidade objetiva do Estado nos moldes estipulados pelo art. 37§6º da Carta Magna.

4.2. Leis em sentido formal e material

São os atos legislativos típicos. São emanados pelo legislativo, com sanção do executivo (em obediência ao processo legislativo constitucional) e estipulam normas gerais e abstratas.

Como regra geral, em se tratando de atos legislativos típicos (sentidos material e formal), inexiste responsabilidade civil do Estado por sua edição. Isso decorre do fato de que, sendo a lei veículo de regras gerais, normalmente, não causará dano específico a ninguém e o prejuízo eventualmente causado será geral à coletividade e não a determinado sujeito. Para José dos Santos Carvalho Filho[18] *"a edição de leis, por si só, não tem normalmente o condão de acarretar danos indenizáveis aos membros da coletividade"*.

Ademais, a função legislativa e seus atos configuram parcela de soberania do Estado com o poder de alterar e criar situações fáticas e jurídicas, com limite exclusivamente no ordenamento constitucional.

Parte da doutrina entende que excepcionalmente é possível a responsabilidade por atos legislativos desde que presentes dois requisitos. Nesses casos, a responsabilização estatal estaria configurada; se, cumulativamente, diretamente da lei, decorrer dano especifico a alguém e o ato normativo for declarado inconstitucional. Exige-se o dano específico porque, do contrário, qualquer lei inconstitucional geraria a responsabilidade do Estado. Pode-se citar como exemplo uma determinada lei que aplicou uma redução remuneratória aos servidores de uma carreira. A lei, por si só, enseja o dano aos servidores referidos e viola o texto constitucional por atingir a garantia da irredutibilidade de vencimentos no serviço público.

Nesses casos, a doutrina é majoritária no sentido de que a inconstitucionalidade da lei deve ser declarada por meio de ação direta, em controle concentrado exercido pelo Supremo Tribunal Federal. Somente assim, declarada inconstitucional, com efeito *erga omnes* seria possível a responsabilização estatal decorrente dela. Esse entendimento decorre do fato de que, caso a lei seja incidentalmente afastada por uma decisão de juiz monocrático ou outro

18. CARVALHO FILHO,José dos Santos. Op.cit.

tribunal em decisão de casos concretos, o preceito legal se mantém incólume ao resto da sociedade, não sendo possível a reparação civil, em virtude de seus preceitos.

Sendo assim, pode-se dizer que

Responsabilidade por atos legislativos	=	**Lei inconstitucional** (controle concentrado de constitucionalidade)	+	**Dano direto causado a particular**

5. RESPONSABILIDADE POR ATOS JURISDICIONAIS

O Poder Judiciário produz inúmeros atos administrativos além dos correspondentes à sua função típica. E, nesses casos, ou seja, quando exerce função administrativa atipicamente, sua responsabilização por essa atuação é objetiva e se fundamenta na teoria do risco administrativo e art. 37, §6º, da CF. Isso porque, ainda que exercida pelos magistrados ou servidores do judiciário, tais condutas se configuram atos administrativos.

Outra situação ocorre quando o Poder Judiciário atua no exercício de sua função típica, qual seja a função jurisdicional. Nesses casos, a doutrina não é pacificada acerca do tema.

Primeiramente, cumpre ressaltar mais uma vez que, conforme o conceito moderno do Direito Administrativo, considera-se agente público todo aquele que atua em nome do Estado, ainda que o faça temporariamente ou sem remuneração, a qualquer título, seja de cargo, emprego, mandato, função, entre outros. Nesse sentido, assim como explicitado para o legislador, o **magistrado é agente público** e, consequentemente, sua conduta será imputada ao ente de direito público que ele representa.

No entanto, não obstante vozes dissonantes de respeito na doutrina pátria, o entendimento majoritário, atualmente, se funda na irresponsabilidade do ente público por atos jurisdicionais típicos.

Às partes, no processo, é assegurado o direito de recorrer contra decisões que julguem contrárias ao Direito; além do direito de ação. Pelo Princípio da recorribilidade dos atos jurisdicionais, se um ato de um magistrado prejudica a parte no processo, ela possui mecanismos recursais e até outras ações para eventuais revisões do ato. É a garantia do duplo grau de jurisdição. Ademais, o exercício da função jurisdicional também retrata uma parcela da soberania do Estado, não sujeita a responsabilização geral.

Essa regra pode ser aplicada, quando se trata dos atos jurisdicionais no bojo de ações cíveis, em que não há risco à liberdade dos indivíduos envolvidos no processo, por determinação do Estado. Quando se está diante de ato jurisdicional criminal, o ente público assume o risco de privar a liberdade dos indivíduos como forma de punição e, portanto, deve-se responsabilizar pelos prejuízos indevidos que decorram desse risco.

Sendo assim, apesar do entendimento adotado de que o Estado não é responsável por decisões judiciais, há uma exceção expressa no texto constitucional. Com efeito, o art. 5º, LXXV da CF define que:

> Art. 5º. LXXV – o Estado indenizará o condenado por **erro judiciário**, assim como o que ficar preso além do tempo fixado na sentença;

OBS.: A prisão além do tempo da sentença não é ato jurisdicional, é ato administrativo exercido posteriormente à decisão judicial, em sede de cumprimento e execução da pena. Logo, a hipótese expressa na constituição de responsabilidade do Estado por erro jurisdicional ocorreria nos casos de prisão por erro judiciário.

Conforme explicitado, portanto, o Estado assume o risco de aplicar a pena privativa de liberdade e, por isso, se torna objetivamente responsável pelos danos que dele decorram. Enfim, a responsabilidade do ente estatal por atos jurisdicionais, na hipótese prevista na Constituição Federal, é **objetiva**.

Ocorre que, consoante disposto no texto constitucional, após a responsabilização do ente público, seria possível, ou melhor, seria impositiva ao Estado a propositura de ação de regresso, em face do agente que tenha atuado de forma dolosa ou culposa, ensejando o dano.

Na situação apresentada, a ação regressiva deve ser proposta em face do magistrado. Ocorre que, em garantia ao princípio do livre convencimento motivado, bem como da garantia de independência do juiz, ao proferir decisões no exercício de sua função típica, a propositura da ação de regresso fica dependente da demonstração de **dolo** ou **erro grosseiro** do magistrado ao prolatar a decisão que causou danos.

→ Ação de regresso em face do agente público juiz depende da demonstração de **dolo ou erro grosseiro.**

6. RESPONSABILIDADE DAS PESSOAS JURÍDICAS POR ATOS PRATICADOS CONTRA O PODER PÚBLICO (LEI ANTICORRUPÇÃO)

Em 01 de agosto de 2013, foi sancionada a lei 12.846/13, chamada pela mídia de lei "anti-corrupção", que trata acerca da responsabilização objetiva administrativa e civil de pessoas jurídicas pela prática de atos contra a administração pública, seja ela entidade nacional ou estrangeira, bem como as organizações públicas internacionais que são, neste caso, equiparadas às entidades estrangeiras.

A lei se aplica às sociedades empresárias e às sociedades simples, personificadas ou não, independentemente da forma de organização ou modelo societário adotado, bem como a quaisquer fundações, associações de entidades ou pessoas, ou sociedades estrangeiras, que tenham sede, filial ou representação no território brasileiro, constituídas de fato ou de direito, ainda que temporariamente, definindo suas responsabilizações, objetivamente, nos âmbitos administrativo e civil, pelos atos lesivos que estão enumerados na própria lei, sejam esses atos praticados em seu interesse ou benefício, exclusivo ou não.

Conforme disposto na lei, a pessoa jurídica será responsabilizada, independentemente da responsabilização individual das pessoas naturais que as represente. Todavia, é importante ressaltar que a lei se dispõe a tratar apenas da responsabilização das Pessoas Jurídicas, não excluindo a responsabilidade individual de seus dirigentes ou administradores ou de qualquer pessoa natural, autora, coautora ou partícipe do ato ilícito, que terão suas responsabilidades apuradas na esfera cível ou criminal. Por óbvio, não se pode falar em responsabilidade objetiva de pessoas físicas e, desta forma, os dirigentes ou administradores somente serão responsabilizados por atos ilícitos, na medida da sua culpabilidade.

No que tange às pessoas jurídicas, sua responsabilidade por atos praticados em face do ente público subsistirá, mesmo na hipótese de alteração contratual, transformação, incorporação, fusão ou cisão societária, situações nas quais, a responsabilidade da sucessora será restrita à obrigação de pagamento de multa e reparação integral do dano causado, até o limite do patrimônio transferido, não lhe sendo aplicáveis as demais sanções previstas na legislação decorrentes de atos e fatos ocorridos antes da data da fusão ou incorporação, salvo se comprovada a simulação ou evidente intuito de fraude.

Por fim, a lei ainda estipula que, em casos de consórcios de empresas, haverá responsabilidade solidária entre as sociedades controladoras, controladas, coligadas ou, no âmbito do respectivo contrato, as consorciadas.

De forma não exaustiva, a lei 12.846/13 define quais serão os atos lesivos à Administração Pública que estão sujeitos às responsabilidades definidas no diploma. Nesse sentido, estará sujeita às sanções culminadas pela lei a pessoa jurídica que:

I. der, direta ou indiretamente, vantagem indevida a agente público, ou a terceira pessoa a ele relacionada, ou, simplesmente, prometer tal vantagem;

II. financiar, custear, patrocinar ou de qualquer modo subvencionar a prática dos atos ilícitos previstos na própria lei 12846/13;

III. ocultar ou dissimular seus reais interesses ou a identidade dos beneficiários dos atos praticados, ainda que se valendo de interposta pessoa;

IV. dificultar atividade de investigação ou fiscalização de órgãos, entidades ou agentes públicos, ou intervir em sua atuação, inclusive no âmbito das agências reguladoras e dos órgãos de fiscalização do sistema financeiro nacional.

Ademais, em relação aos atos praticados no bojo das licitações públicas ou durante a relação contratual, com o poder público, a lei estipula que será sancionado qualquer ato que vise a:

a) fraudar licitação pública ou contrato dela decorrente, de qualquer forma;

b) impedir, perturbar ou fraudar a realização de qualquer ato de procedimento licitatório público;

c) afastar ou tentar afastar participantes do certame, por meio de qualquer espécie de fraude ou oferecimento de vantagem;

d) frustrar ou fraudar, por meio de qualquer espécie de acordo, o caráter competitivo de procedimento licitatório público;

e) fraudar a garantia do equilíbrio econômico-financeiro dos contratos celebrados com a administração pública;

f) obter, mediante fraude, vantagem ou benefício indevido, de aditivos contratuais em avenças com a administração pública, sem autorização legal, no edital da licitação pública ou nos respectivos instrumentos contratuais;

g) criar, irregularmente, pessoa jurídica para participar de licitação pública ou celebrar contrato administrativo.

Conforme explicitado, o rol da lei é meramente **exemplificativo** e pode ser ampliado, haja vista que o próprio texto legal define, genericamente, que constitui ato passível de responsabilização, todos aqueles praticados pelas pessoas jurídicas que atentem contra o patrimônio público nacional ou estrangeiro, contra princípios da administração pública ou contra os compromissos internacionais assumidos pelo Brasil.

6.1. Responsabilidade administrativa

Inicialmente, o texto legal prevê somente duas sanções a serem aplicadas administrativamente às pessoas jurídicas, mediante processo administrativo específico, em que se garante o contraditório e a ampla defesa.

Com efeito, é possível a aplicação administrativa de multa, que pode variar de 0,1% a 20% do faturamento bruto do último exercício anterior ao da instauração do processo administrativo, excluídos os tributos, a qual nunca será inferior à vantagem auferida, quando for possível sua estimação, bem como, poderá ser feita a publicação extraordinária da decisão condenatória, sendo que, nesse caso, a publicação tem caráter sancionatório e não informativo. A publicação ocorrerá na forma de extrato de sentença, à custa da pessoa jurídica sancionada, em meios de comunicação de grande circulação na área da prática da infração e de atuação da entidade. Não sendo possível, a publicação será veiculada em jornal de circulação nacional, bem como por meio de afixação de edital, pelo prazo mínimo de 30 (trinta) dias, no próprio estabelecimento ou no local de exercício da atividade, de modo visível ao público, e no *site* eletrônico do órgão na *internet*.

Para que sejam aplicadas as sanções, se faz necessária a prévia manifestação jurídica elaborada pela Advocacia Pública ou pelo órgão de assistência jurídica do ente público. Ademais, a aplicação das sanções previstas na lei não exclui, em qualquer hipótese, a obrigação da reparação integral do dano causado ao erário público.

6.2. Processo administrativo

A aplicação de quaisquer sanções administrativas deve respeitar o devido processo legal, bem como as garantias do contraditório e da ampla defesa, consoante art, 5º, LIV e LV da Constituição Federal Dessa forma, a lei 12.846/13 define um procedimento a ser seguido pela Administração Pública para aplicação das penalidades previstas nesta lei às pessoas jurídicas que praticam atos lesivos à Administração Pública.

Primeiramente, dispõe a lei que a instauração e o julgamento de processo administrativo para apuração da responsabilidade cabem à autoridade máxima de cada órgão ou entidade dos Poderes Executivo, Legislativo e Judiciário, ou outra autoridade que atue por delegação destas, sendo possível que essas autoridades atuem de ofício ou mediante provocação, sempre em observância ao contraditório e a ampla defesa. Ocorre que, para os processos, no âmbito do Poder Executivo Federal, a Controladoria-Geral da União terá competência concorrente para instaurar esses processos ou para avocar os processos instaurados, para exame de sua regularidade ou para corrigir-lhes o andamento, sendo que esse órgão também será competente para processos que visem apurar atos praticados contra Administração Pública estrangeira.

A autoridade instauradora deverá designar comissão que ficará responsável por praticar todos os atos de andamento deste processo. A comissão deve ser composta por, no mínimo, 2 (dois) servidores estáveis e deve concluir o processo no prazo de 180 (cento e oitenta) dias, prorrogáveis por motivo de interesse público devidamente justificado, contados da data da publicação do ato que a instituir e, ao final, apresentar relatório conclusivo sobre os fatos apurados, sugerindo de forma motivada qual deve ser a decisão no processo. A comissão poderá, cautelarmente, propor à autoridade instauradora que suspenda os efeitos do ato ou processo objeto da investigação.

Uma vez instaurado o processo, será feita a instrução probatória e notificada a pessoa jurídica para que apresente defesa, no prazo de 30 (trinta) dias.

Conforme já previsto na legislação civil, existe a possibilidade de desconsideração da personalidade jurídica sempre que esta for utilizada com abuso do direito para facilitar, encobrir ou dissimular a prática dos atos ilícitos previstos nesta Lei ou para provocar confusão patrimonial, sendo estendidos todos os efeitos das sanções aplicadas à pessoa jurídica aos seus administradores e sócios com poderes de administração, observados o contraditório e a ampla defesa.

Após a instauração do procedimento administrativo, a comissão processante deverá dar conhecimento dos fatos ao Ministério Público, para apuração de eventuais delitos de sua competência.

A lei prevê a possibilidade de celebração de **acordo de leniência**, firmado pela autoridade máxima do órgão público, com as pessoas jurídicas que colaborem efetivamente com as investigações e o processo administrativo, desde que dessa colaboração resulte a identificação dos demais envolvidos na infração, quando couber, e a obtenção célere de informações e documentos que comprovem o ilícito sob apuração. Ademais, o acordo deve contar com a cooperação da pessoa jurídica com as investigações, em face de sua responsabilidade objetiva; e o seu comprometimento na implementação ou na melhoria de mecanismos internos de integridade.

Para que seja admitido esse acordo, a pessoa jurídica deve aceitar cooperar plena e permanentemente com as investigações e o processo administrativo, comparecendo, sob suas expensas, sempre que solicitada, a todos os atos processuais, até seu encerramento. Também é indispensável que a pessoa jurídica, que pretende celebrar o acordo, cesse completamente seu envolvimento na infração investigada a partir da data de propositura do acordo e se comprometa a implementar ou a melhorar os mecanismos internos de integridade, auditoria, incentivo às denúncias de irregularidades e à aplicação efetiva de código de ética e de conduta.

O **acordo de leniência poderá ser celebrado somente com a primeira empresa que se manifestar nesse sentido**.

Uma vez celebrado o acordo de leniência, a pessoa jurídica beneficiada fica isenta de sanção de publicação extraordinária da decisão condenatória e das sanções restritivas ao direito de licitar e contratar previstas na Lei nº 8.666/93. Ademais, o acordo reduz, em até 2/3 (dois terços), o valor da multa aplicável. Por óbvio, o acordo firmado não exime a pessoa jurídica da obrigação de reparar integralmente o dano causado à Administração Pública.

Ressalte-se que a lei dispõe que, no caso de a pessoa jurídica ser a primeira a firmar o acordo de leniência sobre os atos e fatos investigados, a redução da multa poderá chegar até a sua completa remissão, não sendo aplicável à pessoa jurídica qualquer outra sanção de natureza pecuniária decorrente das infrações especificadas no acordo.

Em caso de descumprimento do acordo de leniência, a pessoa jurídica ficará impedida de celebrar novo acordo pelo prazo de 3 (três) anos contados do conhecimento pela administração pública do referido descumprimento .

Por derradeiro, salienta-se que a simples formalização da proposta de acordo de leniência suspende o prazo prescricional para aplicação das sanções regulamentadas na lei e a sua celebração o interrompe.

6.3. Responsabilidade judicial

Em obediência à regra da independência das instâncias, a responsabilidade da pessoa jurídica, na esfera administrativa, não afasta a possibilidade de sua responsabilização civil, na esfera judicial, salvo se a isenção de sanção judicial estiver expressamente consignado no acordo de leniência firmado.

Com efeito, é possível que os termos do acordo de leniência prevejam, inclusive, a impossibilidade de responsabilização civil da Pessoa Jurídica que está colaborando nas investigações. Cumpre salientar que essa norma foi inserida pela MP 703/2015, punlicada em dezembro de 2015 e de constitucionalidade duvidosa, visando a garantir maiores benefícios à entidade que comete ato ilícito contra a Administração Pública, mas decide auxiliar na instrução processual.

Dessa forma, a lei prevê a possibilidade de propositura de ação judicial, para aplicação das seguintes sanções de natureza civil, que podem ser aplicadas isoladas ou cumulativamente:

- perdimento dos bens, direitos ou valores que representem vantagem ou proveito direta ou indiretamente obtidos da infração, ressalvado o direito do lesado ou de terceiro de boa-fé;
- suspensão ou interdição parcial de suas atividades;
- dissolução compulsória da pessoa jurídica;
- proibição de receber incentivos, subsídios, subvenções, doações ou empréstimos de órgãos ou entidades públicas e de instituições financeiras públicas ou controladas pelo poder público, pelo prazo mínimo de 1 (um) e máximo de 5 (cinco) anos.

A aplicação das penalidades deve respeitar o princípio da proporcionalidade e, por isso, a penalidade de dissolução compulsória, considerada a mais grave, somente será aplicada quando comprovado que a personalidade jurídica foi utilizada de forma habitual para facilitar ou promover a prática de atos ilícitos ou se for demonstrado que a pessoa jurídica foi constituída para ocultar ou dissimular interesses ilícitos ou a identidade dos beneficiários dos atos praticados.

A ação proposta para aplicação destas penalidades tem natureza jurídica de Ação Civil Pública e a lei 12.846/13 determina que seja utilizado, para fins de responsabilização civil, o rito definido na lei 7.347/85.

Por fim, dispõe a lei 12.846/13 que:

> "Prescrevem em 5 (cinco) anos as infrações previstas nesta Lei, contados da data da ciência da infração ou, no caso de infração permanente ou continuada, do dia em que tiver cessado.
>
> Parágrafo único. Na esfera administrativa ou judicial, a prescrição será interrompida com a instauração de processo que tenha por objeto a apuração da infração".

7. APROFUNDAMENTO PARA PROVAS DISCURSIVAS

No que tange à responsabilidade por omissão do ente público, não obstante a doutrina tradicional preveja uma responsabilização subjetiva com base na teoria da culpa do serviço, é cediço que tal teoria não reflete o entendimento clássico de responsabilização subjetiva. Isso porque, a expressão subjetiva, em seu sentido originário, diz respeito à análise volitiva do sujeito (agente público), tornando indispensável, para fins de responsabilização da Pessoa Jurídica, a intenção ou o descaso da pessoa natural que atua em nome daquela.

Nas hipóteses de responsabilidade "subjetiva" por omissão, a responsabilização não se funda em uma análise do sujeito propriamente dito, mas sim em um elemento não subjetivo, qual seja a prestação não eficiente do serviço público.

Sendo assim, o Supremo Tribunal Federal vem reanalisando as hipóteses de omissão e passou a estipular que a responsabilidade do Estado por omissão é objetiva. Na prática, esse novo entendimento não muda o que a doutrina anteriormente dizia. Isso porque a responsabilidade seria objetiva, mas se faz necessária a comprovação da **omissão específica**. Então, o que a doutrina tradicional designava **culpa do serviço é substituída pela ideia de omissão específica**, sem, contudo, alterar a aplicação prática da responsabilização.

Dessa forma, conforme explicitado anteriormente, o Estado não se responsabiliza por um assalto ocorrido na rua por tratar-se de **omissão genérica;** por sua vez, se responsabiliza se esse assalto ocorre em frente a uma delegacia, tratando-se, nesse último caso, de **omissão específica.**

A alteração é somente teórica, no entanto, uma vez retirada a expressão "culpa" da análise da responsabilidade por omissão, passa-se a dizer que essa responsabilidade é também objetiva. Vejamos decisão da Suprema Corte nesse sentido.

> Ementa: RECURSO EXTRAORDINÁRIO – EMBARGOS DE DECLARAÇÃO RECEBIDOS COMO RECURSOS DE AGRAVO – CUMULATIVA INTERPOSIÇÃO DE DOIS (2) RECURSOS CONTRA A MESMA DECISÃO, FORA DAS HIPÓTESES LEGAIS – INADMISSIBILIDADE – OFENSA AO POSTULADO DA SINGULARIDADE DOS RECURSOS – NÃO CONHECIMENTO DO SEGUNDO RECURSO – EXAME DO PRIMEIRO RECURSO – RESPONSABILIDADE CIVIL OBJETIVA DO PODER PÚBLICO – ELEMENTOS ESTRUTURAIS – PRESSUPOSTOS LEGITIMADORES DA INCIDÊNCIA DO ART. 37, § 6º, DA CONSTITUIÇÃO DA REPÚBLICA – TEORIA DO RISCO ADMINISTRATIVO – DANOS MORAIS E ESTÉTICOS – RESSARCIBILIDADE – DOUTRINA – JURISPRUDÊNCIA – RECURSO DE AGRAVO IMPROVIDO. – O princípio da unirrecorribilidade, ressalvadas as hipóteses legais, impede a cumulativa interposição, contra o mesmo ato decisório, de mais de um recurso. O desrespeito ao postulado da singularidade dos recursos torna insuscetível de conhecimento o segundo recurso, quando interposto contra a mesma decisão. Doutrina. Precedentes. – Os elementos que compõem a estrutura e delineiam o perfil da responsabilidade civil objetiva do Poder Público compreendem (a) a alteridade do dano, (b) a causalidade material entre o "eventus damni" e o comportamento positivo (ação) ou negativo (omissão) do agente público, (c) a oficialidade da atividade causal e lesiva imputável a agente do Poder Público que tenha, nessa específica condição, incidido em conduta comissiva ou omissiva, independentemente da licitude, ou não, do comportamento funcional e (d) a ausência de causa excludente da responsabilidade estatal. Precedentes. A omissão do Poder Público, quando lesiva aos direitos de qualquer pessoa, induz à responsabilidade civil objetiva do Estado, desde que presentes os pressupostos primários que lhe determinam a obrigação

> de indenizar os prejuízos que os seus agentes, nessa condição, hajam causado a terceiros. Doutrina. Precedentes. – Configuração de todos os pressupostos primários determinadores do reconhecimento da responsabilidade civil objetiva do Poder Público, o que faz emergir o dever de indenização pelo dano pessoal e/ou patrimonial sofrido. ARE 655277 ED / MG – MINAS GERAIS / Julgamento: 24/04/2012

Nesse mesmo sentido, o STF estabeleceu que a omissão genérica não é passível de indenização, conforme julgado a seguir.

> Ementa: Agravo regimental. – Sendo certo que não se pode admitir responsabilidade objetiva genérica do Estado, por omissão, quanto a todos os crimes ocorridos na sociedade, no caso, para se chegar a conclusão contrária à que chegou o acórdão recorrido, seria mister reexaminar os fatos da causa para se verificar se existiu, ou não, na hipótese sob julgamento, o nexo de causalidade negado pelo acórdão recorrido, por não ter havido falha específica da Administração, mas, sim, dolo de terceiros, não sendo cabível para isso o recurso extraordinário. Agravo a que se nega provimento. AI 350074 AgR / SP – SÃO PAULO. Julgamento: 09/04/2002

Dessa forma, pode-se chegar à conclusão abaixo formulada.

→ **Responsabilidade por omissão do Estado:** a responsabilidade do Estado, em se tratando de conduta omissiva, dependerá dos elementos caracterizadores da culpa.

Responsabilidade objetiva por culpa do serviço – o STF vem encampando a ideia de que a responsabilidade do Estado por omissão é objetiva. Na prática essa doutrina não muda o que a doutrina anterior dizia. Isso porque a responsabilidade seria objetiva, mas é necessário comprovar a **omissão específica**. Essa omissão específica é o que se chamava de "**culpa do serviço**". Como não se fala em culpa, falando apenas em omissão específica, diz-se que a responsabilidade é objetiva.

8. QUADRO SINÓPTICO

<table>
<tr><th colspan="3">RESPONSABILIDADE CIVIL DO ESTADO</th></tr>
<tr><th colspan="3">FUNDAMENTO DA RESPONSABILIDADE</th></tr>
<tr><td colspan="3">O surgimento e a evolução do Estado de Direito faz nascer a ideia de que a Administração Pública se submete ao direito posto, assim como os demais sujeitos de direitos da sociedade.
Esse dever de ressarcir particulares por danos causados é manifestação da responsabilidade extracontratual, haja vista o fato de que não decorre de qualquer contrato ou vínculo anterior com o sujeito indenizado.
Essa responsabilização decorre, ainda, da aplicação do princípio da isonomia, inerente ao ordenamento jurídico constitucional pátrio, uma vez que quando, em benefício de toda a sociedade, o Estado causa um dano específico a alguém ou a pequeno grupo de pessoas, nada mais justo que os sujeitos prejudicados sejam indenizados, como forma de reparar a desigualdade causada pela atuação estatal.</td></tr>
<tr><th colspan="3">HISTÓRICO/EVOLUÇÃO</th></tr>
<tr><td rowspan="2">Teoria da Irresponsabilidade do Estado</td><td>The king can do not wrong</td><td>As monarquias absolutistas se fundavam numa ideia de soberania, enquanto autoridade, sem abrir possibilidade ao súdito de contestação, o Estado não respondia por seus atos, era sujeito irresponsável.</td></tr>
<tr><td colspan="2">ATENÇÃO! No Brasil, não tivemos fase da irresponsabilidade.</td></tr>
<tr><td rowspan="2">Responsabilidade com previsão legal</td><td colspan="2">O Estado, que, até então, agia irresponsavelmente, passa a ser responsável, em casos pontuais, sempre que houvesse previsão legal específica para responsabilidade. Eram situações muito restritas.</td></tr>
<tr><td colspan="2">ATENÇÃO! No Brasil, surgiu com a criação do Tribunal de Conflitos, em 1873.</td></tr>
</table>

<table>
<tr><th colspan="4">RESPONSABILIDADE CIVIL DO ESTADO</th></tr>
<tr><td rowspan="2">Teoria da Responsabilidade Subjetiva (teoria civilista)</td><td colspan="3">Para que se possa admitir a incidência desta teoria, necessita-se da comprovação de alguns elementos: a conduta do Estado; o dano; o nexo de causalidade e o elemento subjetivo, qual seja, a culpa ou o dolo do agente.</td></tr>
<tr><td colspan="3">ATENÇÃO! No Direito Brasileiro, a responsabilidade subjetiva (teoria civilista) tinha embasamento no Código Civil de 1916, ora revogado.</td></tr>
<tr><td>Teoria da Culpa do Serviço ou faute du service</td><td colspan="3">Neste caso, a vítima apenas deve comprovar que o serviço foi mal prestado ou prestado de forma ineficiente ou ainda com atraso, sem necessariamente apontar o agente causador. Não se baseia na culpa do agente, mas do serviço como um todo e, por isso, denominamos Culpa Anônima.</td></tr>
<tr><td rowspan="2">Teoria da Responsabilidade Objetiva</td><td colspan="3">Para que haja responsabilidade objetiva, nos moldes do texto constitucional, basta que se comprovem três elementos, quais sejam: a conduta de um agente público, o dano causado a terceiro (usuário ou não do serviço) e o nexo de causalidade entre o fato lesivo e o dano.</td></tr>
<tr><td colspan="3">ATENÇÃO! Não há necessidade de comprovação do requisito subjetivo.</td></tr>
<tr><th colspan="4">RESPONSABILIDADE CIVIL DO ESTADO NA CFRB/88.</th></tr>
<tr><td>Art. 37, §6°, da CFRB/88 c/c art. 43, do CC/02.</td><td colspan="3">A responsabilidade do Estado, estampada no texto constitucional, é objetiva, mas a responsabilização do agente, perante o Estado, é subjetiva, decorrendo de comprovação de dolo ou de culpa.</td></tr>
<tr><td rowspan="6">Agentes da responsabilidade civil</td><td rowspan="3">Pessoas Jurídicas de Direito Público</td><td>Administração direta</td><td>Entes Políticos (União, Estado, Município e Distrito Federal).</td></tr>
<tr><td colspan="2">Autarquias</td></tr>
<tr><td colspan="2">Fundações Públicas de Direito Público</td></tr>
<tr><td rowspan="2">Particulares prestadores de serviço público por delegação.</td><td colspan="2">Concessionárias</td></tr>
<tr><td colspan="2">Permissionárias de serviços</td></tr>
<tr><td colspan="3">ATENÇÃO! As Empresas Públicas e Sociedades de Economia Mista somente se incluem neste dispositivo, quando criadas para a prestação de serviços públicos.
Quando o particular prestador do serviço ou entidade da administração indireta causa o dano, por conduta de seus agentes, a responsabilidade da concessionária (ou entidade da administração indireta) é objetiva e o Estado tem responsabilidade subsidiária – e objetiva – por esta atuação.
A responsabilidade subsidiária se dá quando o Estado responde pelos danos causados por outra pessoa jurídica. Neste caso, a obrigação de reparar o dano é da pessoa jurídica prestadora do serviço e, caso seja inviável esse pagamento, o Estado é chamado à responsabilidade.
Supremo Tribunal Federal – RExt n. 591874/2009 – dano causado a terceiro, não usuário do serviço público, também enseja responsabilidade objetiva, pois, a própria constituição não diferencia em usuário ou não usuários do serviço.</td></tr>
<tr><td rowspan="3">Responsabilidade Objetiva</td><td rowspan="3">Conduta</td><td colspan="2">A conduta deve ser de determinado agente público que atue nesta qualidade ou, ao menos, se aproveitando da qualidade de agente para causar o dano.</td></tr>
<tr><td colspan="2">ATENÇÃO! Entendimento majoritário da doutrina é que a conduta que enseja a responsabilidade objetiva do ente público é a conduta comissiva.</td></tr>
<tr><td colspan="2">Agente público abarca todos aqueles que atuam em nome do Estado, ainda que temporariamente e sem remuneração, seja a qualquer título, com cargo, emprego, mandato ou função.</td></tr>
</table>

<table>
<tr><th colspan="4">RESPONSABILIDADE CIVIL DO ESTADO</th></tr>
<tr><td rowspan="10">Responsabilidade Objetiva</td><td></td><td>Agente público</td><td>O conceito de agente público abarca os agentes políticos, os servidores estatais e também os particulares em colaboração com o poder público.</td></tr>
<tr><td rowspan="4">Dano</td><td>Jurídico</td><td>O dano a um bem tutelado pelo direito, ainda que exclusivamente moral (inovação da CFRB/88).</td></tr>
<tr><td>Anormal</td><td rowspan="2">Quando o dano decorre de um ato ilícito a responsabilização do ente estatal depende da comprovação de que estes danos são anormais e específicos. Isso porque o dano deve ser certo, valorado economicamente e de possível demonstração.</td></tr>
<tr><td>Específico</td></tr>
<tr><td colspan="2">ATENÇÃO! Teoria do Duplo Efeito dos atos administrativos: o mesmo ato administrativo pode vir a causar um dano específico/anormal para determinada pessoa e para outra não causar dano passível de indenização. Aqui não se pode embasar um pedido de indenização no fato de outrem ter sido indenizado, ainda que pelo mesmo ato.</td></tr>
<tr><td rowspan="5">Nexo de causalidade</td><td colspan="2">Como regra, o Brasil adotou a teoria da causalidade adequada, por meio da qual o Estado responde desde que sua conduta tenha sido determinante para o dano causado ao agente.</td></tr>
<tr><td colspan="2">ATENÇÃO! As condutas posteriores que causem danos a um terceiro, alheias à vontade do Estado, excluem a responsabilidade do Poder Político (teoria da interrupção do nexo causal).</td></tr>
<tr><td rowspan="3">Excludentes</td><td>Caso Fortuito</td></tr>
<tr><td>Força Maior</td></tr>
<tr><td>Culpa Exclusiva da Vítima</td></tr>
<tr><td rowspan="6">Teorias da responsabilidade civil do Estado</td><td rowspan="2">Teoria do Risco Administrativo</td><td colspan="2">A atividade administrativa tem como finalidade alcançar o bem comum e se trata de uma atividade potencialmente danosa. Por isso, surge a obrigação econômica de reparação de dano pelo Estado pelo simples fato de assumir o risco de exercer tal atividade, independentemente da má prestação do serviço ou da culpa do agente público faltoso.</td></tr>
<tr><td colspan="2">ATENÇÃO! Admite as causas de excludentes de responsabilidade.</td></tr>
<tr><td rowspan="4">Teoria do Risco integral</td><td colspan="2">O ente público é garantidor universal e, sendo assim, a simples existência do dano e do nexo causal é suficiente para que surja a obrigação de indenizar para a Administração, pois não se admite aqui nenhuma das excludentes de responsabilidade.</td></tr>
<tr><td rowspan="3">Aplicação pela doutrina majoritária</td><td>Dano decorrente de atividade nuclear exercida pelo estado ou autorizada pelo mesmo.</td></tr>
<tr><td>Dano ao meio ambiente, quanto aos atos comissivos do agente público. Em relação a atos omissivos, o Superior Tribunal de Justiça vem-se posicionando que a teoria do risco integral ainda se aplica, no entanto, a responsabilidade objetiva do Estado será de execução subsidiária, sendo necessário o prévio esgotamento das tentativas de cobrança de indenização do poluidor direto.</td></tr>
<tr><td>Acidente de trânsito. Decorre do seguro obrigatório: DPVAT. Ressalte-se que, nesses casos, o Estado não figura no polo passivo da ação judicial. A ação é proposta em face de alguma seguradora que arcará com os prejuízos, utilizando os valores do seguro obrigatório.</td></tr>
</table>

<table>
<tr><th colspan="4">RESPONSABILIDADE CIVIL DO ESTADO</th></tr>
<tr><td rowspan="6">Teorias da responsabilidade civil do Estado</td><td rowspan="3">Responsabilidade por omissão do Estado</td><td></td><td>Crimes ocorridos a bordo de aeronaves que estejam sobrevoando o espaço aéreo brasileiro e danos decorrentes de ataques terroristas.</td></tr>
<tr><td colspan="2">Basta a comprovação da má prestação de serviço ou da prestação ineficiente do serviço ou, ainda, da prestação atrasada do serviço como ensejadora do dano (Culpa anônima).</td></tr>
<tr><td colspan="2">ATENÇÃO! A responsabilização, neste contexto, depende da ocorrência de ato omissivo ilícito, ou seja, a omissão do agente deve configurar a ausência de cumprimento de seus deveres legalmente estabelecidos.</td></tr>
<tr><td rowspan="3">Teoria do Risco Criado (Risco Suscitado).</td><td colspan="2">Dependerá somente da comprovação de que a custódia é uma condição sem a qual o dano não teria ocorrido, mesmo que situações supervenientes tenham contribuído para o dano. Trata-se da chamada teoria da conditio sine qua non.</td></tr>
<tr><td colspan="2">ATENÇÃO! O Estado responderá ainda que haja uma situação de caso fortuito, bastando a comprovação de que este fortuito só foi possível em virtude da custódia do ente estatal. Tal situação é o que a doutrina designa fortuito interno (ou caso fortuito).</td></tr>
<tr><td colspan="2">Não há responsabilização do Estado se o dano decorrer de um fortuito externo (ou força maior), ou seja, totalmente alheio e independente da situação de custódia.</td></tr>
<tr><td rowspan="4">Indenização</td><td colspan="3">A responsabilidade civil do Estado decorre de atuação que, somente indiretamente, causa um dano a particular.</td></tr>
<tr><td>Responsabilidade Contratual</td><td>Base legal – lei 8666/93.
Danos ocorridos no bojo de contratos administrativos que ensejaram um desequilíbrio contratual</td><td>Finalidade da reparação: manutenção do equilíbrio econômico-financeiro do contrato.</td></tr>
<tr><td>Responsabilidade Civil (Extracontratual) do Estado</td><td>Base legal – art. 37§6º da CF
Dano indireto causado a terceiros (sem vínculo direto e contratual com o poder público) por atuação do Estado na busca do interesse coletivo, seja a execução de obras públicas ou prestação de serviços públicos.</td><td>Finalidade da reparação: garantir a isonomia e reparar danos causados indiretamente.</td></tr>
<tr><td>Sacrifício de direito</td><td>Base legal – art. 5º, XXIV e XXV da CF. DL 3365/41, entre outros.
Dano direito causado por atuação administrativa direcionada a restringir ou retirar o direito do particular.</td><td>Finalidade da reparação: ressarcir pela retirada ou extinção do direito.</td></tr>
<tr><td rowspan="2">Excludentes de responsabilidade do Estado</td><td colspan="3">A ausência de qualquer dos elementos da responsabilidade (conduta, dano e nexo) exclui o dever de indenizar do ente público. Desta forma, a doutrina que aponta caso fortuito, força maior e culpa exclusiva da vítima, como únicas hipóteses de excludentes de responsabilidade, está totalmente equivocada.</td></tr>
<tr><td colspan="3">ATENÇÃO! Nas situações em que não se pode atribuir exclusivamente à vítima o dano causado, verificando-se a culpa concorrente entre a vítima e o ente público, haverá redução do valor indenizatório a ser pago pelo Estado.</td></tr>
</table>

<table>
<tr><th colspan="4">RESPONSABILIDADE CIVIL DO ESTADO</th></tr>
<tr><td rowspan="3">Responsabilidade do Agente Público</td><td colspan="3">Agentes respondem somente de forma subjetiva – ou seja, após a análise de dolo ou culpa desse – perante o Estado em ação de regresso.</td></tr>
<tr><td colspan="3">ATENÇÃO! Teoria da dupla garantia é, de acordo com o STF, o direito do particular lesado de ser indenizado pelos prejuízos que sofreu e a garantia ao agente de só ser cobrado pelo Estado.</td></tr>
<tr><td colspan="3">ATENÇÃO! Em 2014, o STJ admitiu a propositura da ação de reparação civil pela vítima, diretamente, em face do agente público, devido à busca por economicidade e eficiência processual, devendo comprovar o dolo ou a culpa do sujeito.</td></tr>
<tr><td rowspan="2">Denunciação à lide do Agente Público.</td><td colspan="3">Alguns julgados antigos do STJ entendem ser possível a aplicação deste instituto no Direito Público (aqui não é obrigatória, mas uma possibilidade). Já doutrina majoritária defende a vedação da denunciação à lide, pois, ao colocar o agente no processo, ocorrerá uma ampliação do mérito, discutindo-se o dolo e culpa, quebrando a garantia da vítima.</td></tr>
<tr><td colspan="3">ATENÇÃO! Em determinadas situações a discussão de dolo e culpa é inerente à responsabilização do Estado, não havendo qualquer vedação à denunciação à lide. Ex: Ambulância que ultrapassou o sinal vermelho com giroflex ligado e colidiu com o carro. Negada indenização na via administrativa, o particular ajuizou ação comprovando que não havia urgência que justificasse o avanço do sinal – não havia vítima a ser socorrida.</td></tr>
<tr><td rowspan="4"></td><td colspan="3">PRAZO PRESCRICIONAL PARA PROPOSITURA DE AÇÃO INDENIZATÓRIA EM FACE DO ESTADO</td></tr>
<tr><td>Art. 1º do Decreto 20.910/32 e art. 1º-C da Lei 9494/97</td><td>5 anos</td><td>Jurisprudência e doutrina que defendem essa posição explicam que, o CC/02 é lei geral e lei geral não revoga lei especial.</td></tr>
<tr><td>Art. 206, §3º, V, do CC/02</td><td>3 anos</td><td>Jurisprudência e doutrina que o defendem explanam que, o CC/02 é norma posterior e mais benéfica ao ente público.</td></tr>
<tr><td colspan="3">ATENÇÃO! Para as provas de concursos, melhor seguir o entendimento de que o prazo prescricional é de 5 anos, com base em lei específica, por ser o entendimento jurisprudencial mais aceito.</td></tr>
<tr><td rowspan="3">Responsabilidade por obra pública:</td><td rowspan="2">Má execução da obra</td><td colspan="2">Executada pelo próprio Estado, a responsabilidade é objetiva, uma vez que a conduta do agente público está ensejando um dano ao particular.</td></tr>
<tr><td colspan="2">Executada por um empreiteiro através de contrato administrativo. Se o dano foi provocado por culpa exclusiva do executor, lhe será atribuída responsabilidade subjetiva (corrente majoritária). Já o Estado responde subjetivamente, se foi omisso no dever de fiscalização do contrato celebrado.</td></tr>
<tr><td>Pelo simples fato da obra</td><td colspan="2">O simples fato de a obra existir poderá vir a causar um dano ao particular. Nestes casos é irrelevante saber quem está executando a obra. Ocorrendo o prejuízo, ter-se-á a responsabilidade objetiva do Estado.</td></tr>
<tr><th colspan="4">RESPONSABILIDADE POR ATOS LEGISLATIVOS</th></tr>
<tr><td>Leis de efeitos concretos</td><td colspan="3">Algumas leis ostentam a qualidade de lei em sentido formal, porém não o são em sentido material, configurando, de fato, verdadeiros atos administrativos. Tais atos legislativos ensejam responsabilidade objetiva do Estado, nos moldes estipulados pelo art. 37, §6º da Carta Magna.</td></tr>
<tr><td>Leis em sentido formal e material</td><td colspan="3">São os atos legislativos típicos, ou seja, emanados pelo legislativo, com sanção do executivo (em obediência ao processo legislativo constitucional) e por estipularem normas gerais e abstratas, a regra é que não podem ensejar responsabilidade estatal.</td></tr>
</table>

<table>
<tr><th colspan="2">RESPONSABILIDADE CIVIL DO ESTADO</th></tr>
<tr><td></td><td>ATENÇÃO! Excepcionalmente, é possível a responsabilidade por atos legislativos, desde que presentes dois requisitos: decorrer dano especifico a alguém e o ato normativo for declarado inconstitucional, por meio de ação direta, em controle concentrado exercido pelo Supremo Tribunal Federal.</td></tr>
<tr><th colspan="2">RESPONSABILIDADE POR ATOS JURISDICIONAIS</th></tr>
<tr><td colspan="2">O entendimento majoritário, atualmente, se funda na irresponsabilidade do ente público por atos jurisdicionais típicos. Afinal, pelo princípio da recorribilidade dos atos jurisdicionais, se um ato de um magistrado prejudica a parte no processo ela possui mecanismos recursais e até outras ações para eventuais revisões do ato. Ademais, o exercício da função jurisdicional também retrata uma parcela da soberania do Estado, não sujeita a responsabilização geral.</td></tr>
<tr><td rowspan="2">ATENÇÃO!
Art. 5º. LXXV, CFRB/88</td><td>O Estado assume o risco de aplicar a pena privativa de liberdade e, por isso, se torna objetivamente responsável pelos danos que dele decorram. Enfim, a responsabilidade do ente estatal por atos jurisdicional, na hipótese prevista na Constituição Federal é objetiva.</td></tr>
<tr><td>A prisão além do tempo da sentença não é ato jurisdicional, é ato administrativo exercido posteriormente à decisão judicial, em sede de cumprimento e execução da pena. Logo, a hipótese expressa na constituição de responsabilidade do Estado por erro jurisdicional ocorreria nos casos de prisão por erro judiciário.</td></tr>
<tr><td colspan="2">Ação de regresso em face do agente público juiz depende da demonstração de dolo ou erro grosseiro, em garantia ao princípio do livre convencimento motivado.</td></tr>
<tr><th colspan="2">APROFUNDAMENTO PARA PROVAS DISCURSIVAS.</th></tr>
<tr><td colspan="2">Responsabilidade por omissão do Estado: a responsabilidade do Estado, em se tratando de conduta omissiva, dependerá dos elementos caracterizadores da culpa.
Responsabilidade objetiva por culpa do serviço – o STF vem encampando a ideia de que a responsabilidade do Estado por omissão é objetiva. Na prática essa doutrina não muda o que a doutrina anterior dizia. Isso porque a responsabilidade seria objetiva, mas é necessário comprovar a omissão específica.
Essa omissão específica é o que se chamava de "culpa do serviço". Como não se fala em culpa, falando apenas em omissão específica, diz-se que a responsabilidade é objetiva.</td></tr>
</table>

9. SÚMULAS

9.1. Súmulas do STF

- **Súmula Vinculante n. 11:** Só é lícito o uso de algemas em casos de resistência e de fundado receio de fuga ou de perigo à integridade física própria ou alheia, por parte do preso ou de terceiros, justificada a excepcionalidade por escrito, sob pena de responsabilidade disciplinar, civil e penal do agente ou da autoridade e de nulidade da prisão ou do ato processual a que se refere, sem prejuízo da responsabilidade civil do Estado.
- **Súmula Vinculante n. 17:** Durante o período previsto no parágrafo 1º do artigo 100 da Constituição, não incidem juros de mora sobre os precatórios que nele sejam pagos.
- **Súmula n. 562:** na indenização de danos materiais decorrentes de ato ilícito cabe a atualização de seu valor, utilizando-se, para esse fim, dentre outros critérios, dos índices de correção monetária.

9.2. Súmulas do STJ

- **Súmula n. 37:** São cumuláveis as indenizações por dano material e dano moral oriundos do mesmo fato.
- **Súmula n. 39:** Prescreve em vinte anos a ação para haver indenização, por Responsabilidade civil, de sociedade de economia mista.[19]

19. Esta Súmula conforme o posicionamento adotado nesta obra e o das provas de concurso deve ser aplicada e interpretada da seguinte forma: a sociedade de economia mista responderá civilmente conforme o regime jurídico de

- **Súmula n. 54:** Os juros moratórios fluem a partir do evento danoso, em caso de responsabilidade extracontratual.
- **Súmula n. 130:** A empresa responde, perante o cliente, pela reparação de dano ou furto de veículo ocorridos em seu estacionamento.
- **Súmula n. 186:** Nas indenizações por ato ilícito, os juros compostos somente são devidos por aquele que praticou o crime.
- **Súmula n. 326:** Na ação de indenização por dano moral, a condenação em montante inferior ao postulado na inicial não implica sucumbência recíproca.
- **Súmula n. 362:** A correção monetária do valor da indenização do dano moral incide desde a data do arbitramento.
- **Súmula n. 387:** É lícita a cumulação das indenizações de dano estético e dano moral.
- **Súmula n. 406:** A Fazenda Pública pode recusar a substituição do bem penhorado por precatório.

10. JURISPRUDÊNCIAS 2015/2016

- **PROCESSUAL CIVIL. AGRAVO REGIMENTAL NO RECURSO ESPECIAL. RESPONSABILIDADE CIVIL DO ESTADO. DANOS MATERIAIS E MORAIS. DISPARO ACIDENTAL DE ARMA DE FOGO MANEJADA POR AUTORIDADE POLICIAL. REDUÇÃO DO QUANTUM INDENIZATÓRIO. REEXAME DO CONJUNTO FÁTICO E PROBATÓRIO. IMPOSSIBILIDADE. SÚMULA 7/STJ.** 1. A revisão do valor arbitrado a título de reparação por danos morais exige, em regra, o reexame do conjunto fático-probatório dos autos, o que não é possível em sede de recurso especial, em face do óbice da Súmula 7/STJ. Tal situação, no entanto, pode ser excepcionada quando o referido valor se mostrar exorbitante ou irrisório, situação não verificada no caso dos autos. 2. Agravo regimental não provido. AgRg no REsp 1512371/DF. AGRAVO REGIMENTAL NO RECURSO ESPECIAL: 2014/0274839-9. Relator(a): Ministro MAURO CAMPBELL MARQUES (1141). Órgão Julgador: T2 - SEGUNDA TURMA. Data do Julgamento: 15/10/2015. Data da Publicação/Fonte: DJe 22/10/2015.
- **PROCESSUAL CIVIL E ADMINISTRATIVO. AGRAVO REGIMENTAL NO AGRAVO EM RECURSO ESPECIAL. RESPONSABILIDADE CIVIL DO ESTADO. ROMPIMENTO DA BARRAGEM DE CAMARÁ. INUNDAÇÃO E ALAGAMENTO DE RESIDÊNCIA. INDENIZAÇÃO POR DANOS MORAIS E MATERIAIS. ALEGADA AUSÊNCIA DO DEVER DE INDENIZAR, EM RAZÃO DE ACORDO EXTRAJUDICIAL, FIRMADO ENTRE AS PARTES, ANTES DO AJUIZAMENTO DA AÇÃO. MATÉRIA FÁTICA. SÚMULA 7/STJ. AGRAVO REGIMENTAL IMPROVIDO.** I. Na hipótese dos autos, a parte ora agravada propôs ação de reparação por danos morais e materiais, objetivando a condenação do Estado da Paraíba em ressarcir os prejuízos por ela suportados, em decorrência do rompimento da Barragem de Camará, com inundação e alagamento da sua residência. O Estado recorrente aduz que, antes do ajuizamento da ação, firmou acordo com o agravado, o que impediria a propositura de ação judicial, nos termos do art. 840 do Código Civil. II. Ao apreciar o Apelo, o Tribunal de origem expressamente consignou que "não consta nos autos, qualquer termo de quitação, nem tampouco, renúncia ao direito de indenização da vítima, não tendo o Estado se desincumbido de seu mister consistente na comprovação documental de tal renúncia ou quitação plena do dano experimentado pela vítima". Afastar o entendimento da Corte de origem demandaria o revolvimento da matéria fático-probatória dos autos, o que é vedado, pela Súmula 7 desta Corte. Nesse sentido: STJ, AgRg no AgRg no AREsp 505.725/PB, Rel. Ministro BENEDITO GONÇALVES, PRIMEIRA TURMA, DJe de 04/11/2014; STJ, AgRg no AREsp 348.230/PB, Rel. Ministro BENEDITO GONÇALVES, PRIMEIRA TURMA, DJe de 25/10/2013; STJ, AgRg no REsp 1346226/PB, Rel. Ministro CASTRO MEIRA, SEGUNDA TURMA, DJe de 28/06/2013. III. Agravo Regimental improvido. AgRg no AREsp 703500/PB. AGRAVO REGIMENTAL NO AGRAVO EM RECURSO ESPECIAL 2015/0101130-7. Relator(a): Ministra ASSUSETE MAGALHÃES (1151). Órgão Julgador: T2 - SEGUNDA TURMA. Data do Julgamento: 13/10/2015. Data da Publicação/Fonte: DJe 23/10/2015.
- **ADMINISTRATIVO E PROCESSUAL CIVIL. AGRAVO REGIMENTAL NO AGRAVO EM RECURSO ESPECIAL. RESPONSABILIDADE CIVIL DO ESTADO. ERRO MÉDICO NO PARTO. LESÃO PERMANENTE NA CRIANÇA. ESTADO VEGETATIVO. DANOS MORAIS E MATERIAIS. ACÓRDÃO RECORRIDO QUE, À LUZ DAS PROVAS DOS AUTOS, CONCLUIU PELO DEVER DE INDENIZAR, EM RAZÃO DE NEGLIGÊNCIA E IMPERÍCIA MÉDICA. REDUÇÃO DO QUANTUM INDENIZATÓRIO. REEXAME DE PROVAS. SÚMULA 7/STJ. AGRAVO REGIMENTAL IMPROVIDO.** I. Na hipótese dos autos, a parte autora ajuizou ação de indenização por danos morais e materiais, com a finalidade de obter reparação, em face dos danos decorrentes de grave lesão cerebral, ocasionada por negligência e imperícia médica, por ocasião do parto. II. A jurisprudência do Superior Tribunal de Justiça consolidou o entendimento no sentido de que o valor arbitrado, a título de danos morais, somente pode ser revisto excepcionalmente, quando irrisório ou exorbitante, sob pena de ofensa ao

---

direito público, quando estiver prestando serviço público, aplicando-se aqui o prazo prescricional de cinco anos; já ao desempenhar atividade econômica a sua responsabilidade será regida pelo direito privado, ou seja, pelo atual código civil, que estabelece o prazo prescricional de três anos.

disposto na Súmula 7 desta Corte. III. O Tribunal a quo, à luz das provas dos autos, majorou a pensão mensal, para manter o tratamento da autora, de 4 para 5 salários-mínimos, e majorou, também, o quantum indenizatório, a título de danos morais, de R$ 100.000,00 (cem mil reais) para R$ 180.000,00 (cento e oitenta mil reais), valor que, segundo o acórdão recorrido, "se afigura mais coerente para fins reparatórios, para proporcionar uma compensação justa às partes lesadas, bem como servir como caráter pedagógico válido, no sentido de coibir condutas semelhantes por parte da prestadora de serviços". Conclusão em contrário encontra óbice na Súmula 7/STJ. IV. Agravo Regimental improvido. STF. AgRg no AREsp 746902 / SC. AGRAVO REGIMENTAL NO AGRAVO EM RECURSO ESPECIAL 2015/0173020-7. Relator(a): Ministra ASSUSETE MAGALHÃES (1151). Órgão Julgador: T2 - SEGUNDA TURMA. Data do Julgamento: 13/10/2015. Data da Publicação/Fonte: DJe 23/10/2015.

- **PROCESSUAL CIVIL E ADMINISTRATIVO. AGRAVO REGIMENTAL NO RECURSO ESPECIAL. RESPONSABILIDADE CIVIL DO ESTADO. DANOS DECORRENTES DE PERSEGUIÇÃO POLÍTICA NA ÉPOCA DO REGIME MILITAR. IMPRESCRITIBILIDADE. PRECEDENTES DO STJ.** 1. Esta Corte Superior consolidou entendimento no sentido de que a pretensão indenizatória por danos sofridos durante o Regime Militar é imprescritível, sendo, portanto, inaplicável o art. 1º do Decreto 20.910/1932. 2. Nesse sentido: AgRg no AREsp 478.312/RS, 2ª Turma, Rel. Ministro Humberto Martins, DJe 02/05/2014; AgRg no REsp 1301122/RJ, 1ª Turma, Rel. Ministro Ari Pargendler, DJe 25/09/2013; MS 15.416/DF, 1ª Seção, Rel. Ministro Benedito Gonçalves, DJe 11/05/2011. 3. Agravo regimental não provido. STJ. AgRg no REsp 1273181/GO. AGRAVO REGIMENTAL NO RECURSO ESPECIAL 2011/0200095-7. Relator(a): Ministro MAURO CAMPBELL MARQUES (1141). Órgão Julgador: T2 - SEGUNDA TURMA. Data do Julgamento: 05/02/2015. Data da Publicação/Fonte: DJe 12/02/2015.
- **Ementa: CONSTITUCIONAL. ECONÔMICO. INTERVENÇÃO ESTATAL NA ECONOMIA. NORMAS DE INTERVENÇÃO. LIBERDADE DE INICIATIVA. RESPONSABILIDADE OBJETIVA. SETOR SUCROALCOOLEIRO. QUALIFICAÇÃO JURÍDICA DO DANO. REPERCUSSÃO GERAL RECONHECIDA. Tem repercussão geral a questão relativa à responsabilidade objetiva da União e à qualificação jurídica do dano causado ao setor sucroalcooleiro, em virtude da fixação dos preços dos produtos do setor em valores inferiores ao levantamento de custos realizados pela Fundação Getúlio Vargas, levando-se em conta o valor constitucional da livre iniciativa e a intervenção do Estado no domínio econômico. (STF -** ARE 884325 RG / DF - DISTRITO FEDERAL. REPERCUSSÃO GERAL NO RECURSO EXTRAORDINÁRIO COM AGRAVO. Relator(a): Min. TEORI ZAVASCKI. Relator(a) p/ Acórdão: Min. EDSON FACHIN Julgamento: 26/06/2015. Publicação. PROCESSO ELETRÔNICO. DJe-172 DIVULG 01-09-2015 PUBLIC 02-09-2015).
- **RECURSO EXTRAORDINÁRIO. CONSTITUCIONAL E ADMINISTRATIVO. DIREITO À SAÚDE. TRATAMENTO MÉDICO. RESPONSABILIDADE SOLIDÁRIA DOS ENTES FEDERADOS. REPERCUSSÃO GERAL RECONHECIDA. REAFIRMAÇÃO DE JURISPRUDÊNCIA. O tratamento médico adequado aos necessitados se insere no rol dos deveres do Estado, porquanto responsabilidade solidária dos entes federados. O polo passivo pode ser composto por qualquer um deles, isoladamente, ou conjuntamente. (STF -** RE 855178 RG / PE – PERNAMBUCO. REPERCUSSÃO GERAL NO RECURSO EXTRAORDINÁRIO. Relator(a): Min. LUIZ FUX. Julgamento: 05/03/2015. Publicação. PROCESSO ELETRÔNICO. REPERCUSSÃO GERAL – MÉRITO. DJe-050 DIVULG 13-03-2015 PUBLIC 16-03-2015).
- EMENTA: Responsabilidade Civil Objetiva Do Estado (Cf, Art. 37, § 6º) – Configuração – Teoria Do Risco Administrativo – Morte Causada Por Disparo Efetuado Com Arma De Fogo Particular Manejada Por Policial Militar Do Estado De Pernambuco Em Período De Folga – Reconhecimento, Pelo Tribunal De Justiça Local, De Que Se Acham Presentes Todos Os Elementos Identificadores Do Dever Estatal De Reparar O Dano – Caráter Soberano Da Decisão Local, Que, Proferida Em Sede Recursal Ordinária, Reconheceu, Com Apoio No Exame Dos Fatos E Provas, A Inexistência De Causa Excludente Da Responsabilidade Civil Do Poder Público – Inadmissibilidade De Reexame De Provas E Fatos Em Sede Recursal Extraordinária (Súmula 279/Stf) – Doutrina E Precedentes Em Tema De Responsabilidade Civil Objetiva Do Estado – Acórdão Recorrido Que Se Ajusta À Jurisprudência Do Supremo Tribunal Federal – Sucumbência Recursal (Cpc/15, Art. 85, § 11) – Não Decretação, No Caso, Ante A Ausência De "Trabalho Adicional" Por Parte Do Vencedor Da Demanda (Não Apresentação De Contrarrazões Recursais) – Agravo Interno Improvido. **(ARE 919386 AgR, Relator(a): Min. CELSO DE MELLO, Segunda Turma, julgado em 28/10/2016, PROCESSO ELETRÔNICO DJe-246 DIVULG 18-11-2016 PUBLIC 21-11-2016)**
- **EMENTA AGRAVO REGIMENTAL EM RECLAMAÇÃO. RESPONSABILIDADE SUBSIDIÁRIA DO ENTE PÚBLICO. DEVERES DE FISCALIZAÇÃO DO CUMPRIMENTO DAS OBRIGAÇÕES TRABALHISTAS. DISTRIBUIÇÃO DO ÔNUS DA PROVA. AUSÊNCIA DE AFRONTA À DECISÃO PROFERIDA NA ADC 16. PRECEDENTES.** 1. O registro da omissão da Administração Pública quanto ao poder-dever de fiscalizar o adimplemento, pela contratada, das obrigações legais que lhe incumbiam - a caracterizar a culpa in vigilando-, ou da falta de prova acerca do cumprimento dos deveres de fiscalização - de observância obrigatória-, não caracteriza afronta à ADC 16. 2. Impossibilidade do pedido de sobrestamento do feito até o julgamento do RE 760.931-RG (tema 246). 3. Inviável o uso da reclamação para reexame de conjunto probatório. Precedentes. Agravo regimental conhecido e não provido. **(Rcl 14386 AgR, Relator(a): Min. ROSA WEBER, Primeira Turma, julgado em 21/10/2016, PROCESSO ELETRÔNICO DJe-238 DIVULG 08-11-2016 PUBLIC 09-11-2016)**

10.1. Informativos do STJ

- **Informativo n. 563**

DIREITO PROCESSUAL CIVIL. HIPÓTESE DE ILEGITIMIDADE PASSIVA DA UNIÃO EM DEMANDA QUE ENVOLVE O SUS. A União não tem legitimidade passiva em ação de indenização por danos decorrentes de erro médico ocorrido em hospital da rede privada durante atendimento custeado pelo Sistema Único de Saúde (SUS). Isso porque, de acordo com o art. 18, X, da Lei 8.080/1990, compete ao município celebrar contratos e convênios com entidades prestadoras de serviços privados de saúde, bem como controlar e avaliar a respectiva execução. Nesse contexto, não se deve confundir a obrigação solidária dos entes federativos em assegurar o direito à saúde e garantir o acesso universal e igualitário às ações e serviços para sua promoção, proteção e recuperação, com a responsabilidade civil do Estado pelos danos causados a terceiros. Nesta, o interessado busca uma reparação econômica pelos prejuízos sofridos, de modo que a obrigação de indenizar se sujeita à comprovação da conduta, do dano e do respectivo nexo de causalidade. Dessa forma, não há qualquer elemento que autorize a responsabilização da União, seja porque a conduta não foi por ela praticada, seja em razão da impossibilidade de aferir-se a existência de culpa *in eligendo* ou culpa *in vigilando*. **Precedentes citados: AgRg no CC 109.549-MT, Primeira Seção, DJe 30/6/2010; e REsp 992.265-RS, Primeira Turma, DJe 5/8/2009. EREsp 1.388.822-RN, Rel. Min. Og Fernandes, julgado em 13/5/2015, DJe 3/6/2015.**

10.2. Informativos do STF

- **Informativo N. 819**

Em caso de inobservância do seu dever específico de proteção previsto no art. 5º, XLIX, da CF, o Estado é responsável pela morte de detento. Essa a conclusão do Plenário, que desproveu recurso extraordinário em que discutida a responsabilidade civil objetiva do Estado por morte de preso em estabelecimento penitenciário. No caso, o falecimento ocorrera por asfixia mecânica, e o Estado-Membro alegava que, havendo indícios de suicídio, não seria possível impor-lhe o dever absoluto de guarda da integridade física de pessoa sob sua custódia. O Colegiado asseverou que a responsabilidade civil estatal, segundo a CF/1988, em seu art. 37, § 6º, subsume-se à teoria do risco administrativo, tanto para as condutas estatais comissivas quanto paras as omissivas, uma vez rejeitada a teoria do risco integral. Assim, a omissão do Estado reclama nexo de causalidade em relação ao dano sofrido pela vítima nas hipóteses em que o Poder Público ostenta o dever legal e a efetiva possibilidade de agir para impedir o resultado danoso. Além disso, é dever do Estado e direito subjetivo do preso a execução da pena de forma humanizada, garantindo-se-lhe os direitos fundamentais, e o de ter preservada a sua incolumidade física e moral. Esse dever constitucional de proteção ao detento somente se considera violado quando possível a atuação estatal no sentido de garantir os seus direitos fundamentais, pressuposto inafastável para a configuração da responsabilidade civil objetiva estatal. Por essa razão, nas situações em que não seja possível ao Estado agir para evitar a morte do detento (que ocorreria mesmo que o preso estivesse em liberdade), rompe-se o nexo de causalidade. Afasta-se, assim, a responsabilidade do Poder Público, sob pena de adotar-se a teoria do risco integral, ao arrepio do texto constitucional. A morte do detento pode ocorrer por várias causas, como homicídio, suicídio, acidente ou morte natural, não sendo sempre possível ao Estado evitá-la, por mais que adote as precauções exigíveis. Portanto, a responsabilidade civil estatal fica excluída nas hipóteses em que o Poder Público comprova causa impeditiva da sua atuação protetiva do detento, rompendo o nexo de causalidade da sua omissão com o resultado danoso. Na espécie, entretanto, o tribunal "a quo" não assentara haver causa capaz de romper o nexo de causalidade da omissão do Estado-Membro com o óbito. Correta, portanto, a decisão impositiva de responsabilidade civil estatal. **RE 841526/RS, rel. Min. Luiz Fux, 30.3.2016. (RE-841526)**

11. QUESTÕES DE CONCURSOS

1. **(VUNESP - 2014 - TJ-SP – Juiz)** Com respeito ao tema da responsabilidade civil do Estado, o particular que, de algum modo, sentir-se prejudicado por ato de servidor da Administração Pública, para buscar o ressarcimento do dano sofrido, deverá

a) ajuizar ação de indenização apenas contra o servidor público que lhe causou o indigitado dano, podendo este, se o entender cabível, denunciar a Fazenda Pública à lide, para fazer valer o seu direito de regresso.

b) efetuar pedido administrativo nesse sentido, junto ao órgão competente da Administração Pública, pois apenas com a peremptória negativa desta é que se verificará a existência do interesse de agir.

c) ajuizar ação de indenização contra a Fazenda Pública e contra o servidor público que causou-lhe diretamente o dano, em litisconsórcio passivo necessário.

d) ajuizar ação de indenização apenas contra a Fazenda Pública, podendo esta, se o entender cabível, denunciar o servidor à lide, para fazer valer o seu direito de regresso.

2. (TRT 8R - 2014 - TRT - 8ª Região PA e AP - Juiz do Trabalho) Sobre a responsabilidade extracontratual do Estado, assinale a única alternativa INCORRETA:

a) A responsabilidade patrimonial pode decorrer de atos jurídicos, atos ilícitos, de comportamentos materiais ou de omissão do Poder Público, mas está sempre condicionada à existência de um dano causado a terceiro por comportamento omissivo ou comissivo do agente público.

b) Na esfera constitucional, o dever de indenizar o dano causado pelo Estado está condicionado à configuração dos seguintes elementos: que o agente causador seja pessoa jurídica de direito público ou de direito privado prestadora de serviços públicos; que exista o nexo de causalidade entre o dano causado a terceiros e o ato ilícito derivado de dolo ou culpa do agente público.

c) Diferentemente do que ocorre no âmbito do direito privado, no qual a responsabilidade civil está estreitamente vinculada à existência de ato ilícito, no direito administrativo a responsabilidade pode se originar de atos ou comportamentos que, não obstante lícitos, causem danos a terceiros.

d) É correto afirmar que a Constituição Federal de 1988 acolheu a responsabilidade objetiva do Estado, ou seja, desnecessário aferir a existência de dolo ou culpa do agente, o mau funcionamento ou a falha da Administração, bastando a existência da relação de causa e efeito entre a ação ou omissão administrativa e o dano sofrido pela vítima.

e) A Constituição vigente assegura à Administração Pública o direito de regresso contra o agente responsável pelo ato ou omissão administrativa que causa dano a terceiro. Todavia, condicionou esse direito de regresso à prova de dolo ou culpa do agente, o que confere a essa relação o caráter subjetivo, diverso daquele que caracteriza a relação entre a Administração Pública e a vítima.

3. (FUNCAB - 2014 - PRF - Agente Administrativo – 02) A Responsabilidade Civil Objetiva do Estado tem como fundamento:

a) a teoria da causalidade, nos casos em que houver relação de causa e efeito entre a atuação do agente público e o dano.

b) a teoria do risco integral, decorrente do papel de garantidor exercido pela administração pública,

c) a teoria do risco administrativo, relacionada com os riscos inerentes à própria atividade da administração pública.

d) a macroestrutura da administração pública, que impede o administrado de encontrar o verdadeiro causador do dano e, mesmo que pudesse, estaria em situação de hipossuficiência em relação ao ente público.

e) a teoria do órgão, que Informa que o agente público não tem personalidade jurídica para responder pelos prejuízos que causar ao administrado, devendo este propor ação em face do ente e não do agente que compõe o órgão.

4. (CESPE - 2014 - TJ-CE - Técnico Judiciário - Área Judiciária) Acerca da responsabilidade civil do Estado, assinale a opção correta.

a) A responsabilidade do agente público, causador do dano a particular, é subjetiva, devendo o Estado, ao ingressar com ação regressiva, comprovar a culpa do agente

b) O Estado é civilmente responsável pelos danos que seus agentes, nessa qualidade, venham a causar a terceiros, excetuados os casos dos agentes sem vínculo típico de trabalho e dos agentes colaboradores sem remuneração.

c) Entidade integrante da administração indireta, dotada de personalidade jurídica de direito privado e exploradora de atividade econômica, responderá objetivamente pela reparação de danos a terceiros, com fundamento na teoria do risco administrativo.

d) A demonstração da ocorrência do fato administrativo e do dano causado é suficiente para gerar ao Estado a obrigação de indenizar.

e) Os casos de ilícito omissivo impróprio são equiparáveis aos atos comissivos para efeito de responsabilidade civil do Estado.

5. (CESPE - 2014 - TJ-CE - Analista Judiciário - Área Administrativa) Acerca da responsabilidade civil do Estado, assinale a opção correta.

a) As autarquias respondem pelos danos que seus agentes, nessa qualidade, causarem a terceiros, devendo, para tanto, estar caracterizado o dolo ou a culpa na hipótese da prática de atos comissivos.

b) A culpa concorrente da vítima, a força maior e a culpa de terceiros são consideradas causas excludentes da responsabilidade objetiva do Estado.

c) A reparação de danos causados pelo Estado a terceiros pode ser feita tanto no âmbito administrativo, quanto na esfera judicial. Caso a administração não reconheça desde logo a sua responsabilidade e não haja entendimento entre as partes quanto ao valor da indenização, o prejudicado poderá propor ação de indenização contra a pessoa jurídica causadora do dano.

d) De acordo com a teoria da culpa do serviço público, não há o dever do ente público de indenizar os terceiros pelos danos causados pela omissão do Estado.

e) No que tange à evolução da temática relacionada à responsabilidade civil do Estado, a regra adotada inicialmente foi a da responsabilidade subjetiva, caminhando-se, posteriormente, para a teoria da irresponsabilidade.

6. (CESPE - 2014 - TC-DF - Analista de Administração Pública – Arquivologia) Julgue o item a seguir, relativo à responsabilidade civil do Estado, aos serviços públicos e às organizações da sociedade civil de interesse público.

Tanto o dano moral quanto o dano material são passíveis de gerar a responsabilidade civil do Estado.

7. (FCC - 2014 - TRT - 16ª REGIÃO MA - Técnico Judiciário – Administrativa) Francisco é servidor de sociedade de economia mista, prestadora de serviço público. Em determinada data, Francisco, no exercício de sua função, intencionalmente, causou danos a particulares. Nesse caso, a responsabilidade da sociedade de economia mista pelos danos ocasionados é

a) objetiva.
b) subjetiva.
c) subsidiária.
d) inexistente.
e) disjuntiva.

8. (FGV - 2014 - DPE-DF - Analista - Assistência Judiciária) João conduzia seu veículo por via pública e parou no sinal vermelho. Enquanto aguardava, parado, o sinal de trânsito mudar para a cor verde, de repente, João escutou um barulho e percebeu que um ônibus, que realizava transporte público coletivo intramunicipal de passageiros, colidiu com a traseira de seu carro. A empresa de ônibus, concessionária do serviço público municipal, recusou-se a realizar qualquer pagamento a título de indenização, alegando que não restou comprovada a culpa do motorista e que João não era usuário do serviço público. Ao buscar assistência jurídica na Defensoria Pública, João foi informado de que, adotando a tese mais benéfica em sua defesa, atualmente predominante na jurisprudência, seria cabível o ajuizamento de ação indenizatória, com base na responsabilidade civil:

a) objetiva do Estado, que se aplica ao caso por se tratar de concessionário de serviço público, independentemente de João não ser usuário do serviço no momento do acidente, não havendo que se perquirir acerca do elemento subjetivo do motorista do ônibus.

b) objetiva do Estado, que se aplica ao caso por se tratar de concessionário de serviço público e, pelo fato de João não ser usuário do serviço no momento do acidente, é preciso a análise do elemento subjetivo do motorista do ônibus.

c) subjetiva, independentemente de João ser ou não usuário do serviço, pois a responsabilidade objetiva não inclui o concessionário de serviço, pessoa jurídica de direito privado que apenas presta serviço público após vencer licitação, tendo suas relações jurídicas regradas pela lei e pelo contrato.

d) subjetiva do Estado, sendo imprescindível que se comprove a culpa ou dolo do motorista (no caso em tela, está presente a culpa por imperícia, porque o motorista profissional do coletivo abalroou a traseira de um veículo parado no sinal), já que João não era usuário do serviço público.

e) subjetiva, pois é imprescindível que se comprove a culpa ou dolo do motorista (no caso em tela, está presente a culpa por imperícia, porque o motorista profissional do coletivo abalroou a traseira de um veículo parado no sinal), sendo a ação ajuizada em face do motorista, da empresa e do Município.

9. (FCC - 2014 - TRT - 18ª Região GO - Juiz do Trabalho) Com relação à responsabilidade civil na atuação estatal, considere as seguintes afirmações:

I. Em ação de responsabilidade por dano causado a particular, o ente público réu pode buscar a responsabilização do agente público autor do dano, por meio da nomeação à autoria.

II. O regime de responsabilidade objetiva da pessoa jurídica prestadora de serviços públicos pelos danos que causar em razão de sua atividade se aplica tanto em favor de usuários do serviço prestado quanto em favor de terceiros não-usuários.

III. A absolvição do agente público causador de dano a particular, na esfera penal, nem sempre impede sua responsabilização perante a Administração, em ação regressiva.

Está correto o que se afirma APENAS em

a) I.
b) II.
c) III.

d) I e II.
e) II e III.

10. (FCC - 2014 - TCE-PI - Assessor Jurídico) A responsabilidade civil do Estado e dos agentes públicos é estudada no Brasil há tempos, encontrando fundamento inclusive na Constituição de 1824. A propósito da evolução doutrinária acerca da responsabilidade dos entes públicos, bem como o que consta da Constituição Federal, é correto afirmar:

a) o histórico da responsabilidade civil do Estado trilhou caminho desde a irresponsabilidade total, antes do Estado de Direito, sofrendo paulatino abrandamento verificado com a adoção das teorias civilistas, até se alcançar as teorias que consolidaram a responsabilidade objetiva do Estado.
b) a responsabilidade civil do Estado iniciou-se à semelhança do direito civil, baseada na culpa do agente público, afastando-se do regime comum com o passar do tempo, em face da identificação da necessidade de estabelecimento de regras próprias, consolidando-se a responsabilidade subjetiva que vige até os tempos atuais.
c) a responsabilidade civil do Estado foi cunhada com base no direito comum, razão pela qual continua a depender, essencialmente, da existência da culpa do agente público.
d) o histórico da responsabilidade civil do Estado no ordenamento brasileiro demonstra que a responsabilidade objetiva já se encontrava presente desde a primeira constituição, ainda que não se falasse em teoria do risco.
e) o histórico da responsabilidade civil do Estado indica que o ordenamento jurídico brasileiro sempre a consagrou, em variados graus e medidas, prevalecendo atualmente a modalidade de responsabilidade subjetiva para atos comissivos e a de responsabilidade objetiva para atos omissivos.

11. (MP DFT DISCURSIVA – 27ª CONCURSO/2015) A teoria da interrupção do nexo causal tem aplicação em tema de responsabilidade civil do Estado? Justifique a resposta.

12. **(FCC – Juiz de Direito – SC/2015)** Na hipótese de danos causados a terceiros, em decorrência de atentado terrorista que venha a ser praticado contra aeronaves de matrícula brasileira operadas por empresas brasileiras de transporte aéreo público,

a) a União possui apenas responsabilidade civil subsidiária, se comprovada falta do serviço, acionável pelos terceiros no caso de insolvência da companhia aérea.
b) não há consequência patrimonial para a União.
c) a União é legalmente autorizada a assumir as consequentes despesas de responsabilidade civil que a empresa aérea teria em relação aos terceiros.
d) a União possui apenas responsabilidade civil subsidiária, de natureza subjetiva, acionável pelos terceiros no caso de insolvência da companhia aérea.
e) a União possui apenas responsabilidade civil subsidiária, de natureza objetiva, acionável pelos terceiros no caso de insolvência da companhia aérea.

13. **(TRF 1 - Juiz Federal Substituto 1ª região/2015)** Determinado motorista de uma empresa de transporte coletivo de pessoas causou, sem dolo ou culpa, um acidente de trânsito, o qual provocou danos materiais aos passageiros e a pessoas que transitavam na rua. O serviço de transporte coletivo tinha como fundamento um contrato de concessão da empresa de transporte com a administração pública, de modo que os passageiros eram usuários do serviço prestado pela empresa e as pessoas que transitavam na rua não tinham qualquer relação contratual decorrente do serviço prestado pela empresa.

Com referência a essa situação hipotética, assinale a opção correta de acordo com a jurisprudência do STF acerca da responsabilidade civil do Estado.

a) A responsabilidade civil da empresa é objetiva, visto que decorre da aplicação da teoria do risco integral. Desse modo, é suficiente para sua configuração a demonstração da conduta, do resultado e do nexo causal.
b) A empresa será responsabilizada de forma objetiva tanto no que tange aos usuários quanto aos não usuários do serviço, uma vez que, embora não seja pessoa jurídica de direito público, ela atua por delegação do Estado na prestação de serviço público.
c) Será incabível indenização para os passageiros e os transeuntes, uma vez que o motorista agiu sem dolo ou culpa e, portanto, não cometeu ato ilícito.
d) A responsabilidade civil da empresa é objetiva para os danos provocados aos usuários do serviço público; contudo, em relação aos transeuntes, a responsabilidade civil da empresa é subjetiva, aplicando-se as regras das relações jurídicas extracontratuais.

e) A responsabilidade civil da empresa é subjetiva, o que requer a existência de dolo ou culpa do motorista para o surgimento do direito à reparação dos danos.

14. **(TRF 1 - Juiz Federal Substituto 1ª região/2015)** Um servidor público, fiscal de determinada agência reguladora federal, promoveu a interdição cautelar de um estabelecimento comercial por violação de normas regulatórias. Após dois meses, a agência reguladora constatou que a interdição ocorreu por erro do fiscal, e autorizou a desinterdição do estabelecimento. Posteriormente, a empresa prejudicada ajuizou ação contra o servidor responsável pela interdição, por meio da qual pediu indenização sob a alegação de que ele foi responsável pelo prejuízo.

Com relação a essa situação hipotética, assinale a opção correta à luz da jurisprudência predominante no STF e STJ relativamente à matéria.

a) O processo deve ser extinto sem resolução do mérito por ilegitimidade passiva, pois, conforme a CF, não se admite a responsabilidade civil per saltum da pessoa física do agente.
b) A reparação do dano sofrido pela empresa não é de responsabilidade do Estado, pois o ato administrativo de interdição teve caráter cautelar, não punitivo.
c) O servidor poderá promover a denunciação da lide ao ente público em decorrência da aplicação da teoria da responsabilidade objetiva do Estado.
d) É facultado à empresa ajuizar a ação contra o Estado ou contra o servidor responsável pelo dano.
e) O pedido deverá ser julgado procedente se a empresa comprovar o prejuízo sofrido, a conduta culposa ou dolosa do servidor e o nexo de causalidade entre a conduta e o dano.

15. **(Fundatec – Procurador do Estado – RS/2015)** De acordo com a Lei n° 12.846/13, que dispõe sobre a responsabilização administrativa e civil de pessoas jurídicas pela prática de atos contra a administração pública, é correto afirmar que:

a) A responsabilidade administrativa e civil das pessoas jurídicas por atos lesivos à Administração Pública é sempre subjetiva.
b) Os dirigentes ou administradores só serão responsabilizados na medida da sua culpabilidade.
c) A existência de mecanismos e procedimentos internos de integridade, auditoria e incentivo à denúncia de irregularidades, e a aplicação efetiva de códigos de ética e de conduta no âmbito da pessoa jurídica, excluem a sua responsabilidade nos âmbitos civil e administrativo.
d) Dentre as sanções aplicáveis pela Administração Pública às pessoas jurídicas estão a suspensão ou interdição parcial de suas atividades, e a sua dissolução compulsória.
e) As infrações nela previstas são imprescritíveis.

16. **(IDECAN – PGM – Ubatuba – Procurador/2015)** "Considere que determinado cidadão tenha dado entrada em hospital público municipal com sintomas de dengue e que, em face da ausência de equipamentos adequados ao diagnóstico e inexperiência da equipe de plantão, tenha sido medicado com substância anticoagulante, vindo a falecer em função de hemorragia generalizada." Diante da hipótese apontada, em face da teoria da "Responsabilidade Civil do Estado", é correto afirmar que

a) o Município responde objetivamente pelo dano, independentemente de comprovação de dolo ou culpa da equipe médica.
b) o Sistema Único de Saúde deve ser responsabilizado pelo dano, em face da ausência de equipamentos adequados ao diagnóstico.
c) não cabe responsabilização na esfera municipal, posto que a responsabilidade é objetiva do Estado em face dos danos causados a terceiro.
d) caberá responsabilização do Município, se provado pela família da vítima que os equipamentos médicos eram inadequados e que a equipe plantonista foi negligente.

17. Cespe – Analista de Controle – Área **Jurídica – TCE – PR/2016)** Em determinado município da Federação, uma empresa pública municipal refinadora de petróleo, durante o desenvolvimento de sua atividade, deixou vazar milhões de litros de óleo cru, material que alcançou importantes mananciais aquíferos e espalhou-se por várias cidades do respectivo estado-membro, tendo deixado inúmeras famílias ribeirinhas desprovidas de suas atividades laborais e do seu sustento.

Nessa situação, segundo entendimento do STJ,

A) houve responsabilidade subjetiva do Estado, instruída pela teoria do risco integral.
B) não houve responsabilidade do Estado, porquanto a culpa foi da empresa refinadora.
C) houve responsabilidade objetiva do Estado, instruída pela teoria do risco administrativo.
D) houve responsabilidade objetiva do Estado, instruída pela teoria do risco integral.
E) houve responsabilidade subjetiva do Estado, instruída pela teoria do risco administrativo.

18. (Funcab – Escrivão de Polícia – PC – PA/2016) Com relação à responsabilidade civil do Estado e abuso do poder, bem como ao enriquecimento ilícito, julgue os itens a seguir, marcando apenas a opção correta

A) A teoria do risco administrativo responsabiliza o ente público de forma objetiva pelos danos causados por seus agentes a terceiros de forma comissiva. Esta teoria admite causas de exclusão da responsabilidade, entre elas a culpa exclusiva da vítima.

B) A teoria do risco integral foi adotada pela Constituição Federal de 1988, porém em casos específicos, como os danos decorrentes de atividade nuclear ou danos ao meio ambiente. Tal posição é pacífica na doutrina, havendo causas de exclusão da responsabilidade estatal, como o caso fortuito e a força maior.

C) A teoria adotada na Constituição Federal Brasileira, notadamente no artigo 37, §6°, é a teoria do risco suscitado ou risco criado, em que o Estado por seus atos comissivos cria o risco de dano com suas atividades, não admitindo causa de exclusão desta responsabilidade.

D) A responsabilidade civil do Estado será subjetiva em casos de omissão, adotando o ordenamento jurídico, nestes casos, a teoria civilista, restando necessário a comprovação de dolo ou culpa do servidor que se omitiu no caso específico.

E) A responsabilidade civil do Estado é sempre de natureza contratual, uma vez que há entre o Estado e o cidadão um verdadeiro contrato social, pacto este implícito que deve ser cumprido por ambas as partes.

19. (Cespe – Juiz de Direito Substituto - DF/2016) Acerca da responsabilidade do Estado na doutrina pátria e na jurisprudência do STF, assinale a opção correta.

A) A responsabilidade civil do Estado por atos legislativos incide nos mesmos termos da responsabilidade da administração pública, bastando que o ato legislativo produza danos ao lesado para que surja o dever de indenizar.

B) O servidor público responderá por atos dolosos e culposos que causem danos ao administrado, e essa responsabilidade será apurada regressivamente em litígio que envolva o servidor e o ente público ao qual está vinculado, em caso de obrigação do Estado de ressarcir o dano causado ao lesado.

C) O Estado responde, pelos atos jurisdicionais, nos casos de condenação errônea do jurisdicionado em processo criminal, prisão por prazo superior ao previsto no título condenatório, prisão preventiva seguida de posterior absolvição em processo criminal e dolo do magistrado na prática de ato jurisdicional danoso à parte.

D) A responsabilidade objetiva do Estado, pela teoria do risco administrativo, indica ser suficiente a concorrência da conduta do agente público, do dano ao terceiro e do nexo de causalidade, não havendo causas excludentes da responsabilidade estatal.

E) A responsabilidade do Estado pelos danos decorrentes de atos de seus agentes independente de culpa, exceto nos casos de culpa dativa do preposto do ente público.

20. (Cespe – Juiz de Direito Substituto - DF/2016) Uma pessoa absolutamente incapaz foi internada em hospital psiquiátrico integrante da administração pública estadual, para tratamento de grave doença psiquiátrica. Um mês depois da internação, durante o período noturno, foi constatado que essa pessoa faleceu, após cometer suicídio nas dependências do hospital.

Com base nessa situação hipotética e nos elementos da responsabilidade civil por danos a terceiros, assinale a opção correta.

A) Caso os servidores do hospital estivessem em greve, sendo mantido o percentual necessário para a continuidade do serviço público, e o servidor responsável pela fiscalização do quarto do paciente tivesse aderido ao movimento paredista, este agente público responderá pelo dano causado aos familiares do interno.

B) O estado poderá ser acionado e condenado a ressarcir os danos morais causados aos genitores do interno, já que tinha o dever de garantir a vida e a saúde do paciente, respondendo objetivamente pelas circunstâncias do óbito.

C) O estado não tem obrigação de indenizar danos causados a terceiros, diante da inexistência de risco da atividade exercida e de nexo de causalidade entre a conduta omissiva estatal e o dano sofrido pelos familiares do interno.

D) Os pais do interno, para ingressar com demanda indenizatória em desfavor do estado, devem provar o dano moral sofrido, demonstrando a existência de sofrimento em decorrência do falecimento do filho.

E) A obrigação do estado de indenizar é afastada se invocada a reserva do possível, caso fique demonstrado que a verba disponível em orçamento somente permitia a manutenção de um terço dos servidores necessários ao funcionamento do hospital.

21. (TRF 5 - Juiz Federal Substituto 5ª região/2015) Acerca da responsabilidade civil do Estado e da responsabilidade administrativa, civil e penal do servidor, assinale a opção correta.

a) Se um servidor público federal que responda a processo por crime de corrupção passiva for absolvido por insuficiência de provas quanto à autoria desse crime, ele não poderá ser processado e punido por esse crime na esfera administrativa.

b) A administração pública não pode aplicar ao servidor a pena de demissão em processo disciplinar se ainda estiver em curso a ação penal a que ele responda pelo mesmo fato.

c) Como regra, as pessoas jurídicas de direito privado que desenvolvam atividades econômicas não se submetem à responsabilidade civil objetiva, exceção feita apenas às empresas públicas, sejam elas prestadoras de serviços ou promotoras de atividades econômicas.

d) A responsabilidade das concessionárias e permissionárias de serviços públicos será objetiva, independentemente de a vítima ser usuário ou terceiro.

e) A ação de ressarcimento proposta pelo Estado contra o agente que, agindo com culpa ou dolo, for responsável por dano causado a terceiro prescreve em três anos, conforme dispõe o Código Civil para toda e qualquer pretensão de reparação civil.

22. (PUC – Procurador do Estado – PR/2015) De acordo com a Lei 12.846/2013 (Lei Anticorrupção), que dispõe sobre a responsabilização administrativa e civil de pessoas jurídicas, é CORRETO afirmar que:

a) A sanção por multa não poderá exceder o valor total do serviço contratado ou previsto no contrato celebrado com a Administração Pública.

b) A aplicação da sanção oriunda dos atos lesivos à Administração Pública depende da prova da culpa ou dolo da pessoa jurídica envolvida e/ou de seus diretores e/ou gestores.

c) A Lei Anticorrupção se aplica a atos lesivos à Administração Pública brasileira, desde que atentem contra o patrimônio público federal, estadual, distrital e/ou municipal (Administração direta e indireta).

d) A Lei Anticorrupção aplica-se a sociedades não personificadas, independentemente de sua forma de organização ou do respectivo modelo societário.

e) O acordo de leniência pode ser feito com todos os que manifestem o seu interesse em cooperar na apuração do ato ilícito, além de poder isentar as respectivas pessoas jurídicas das sanções jurídicas previstas na Lei Anticorrupção.

GAB		COMENTÁRIO
1	D	Embora a doutrina majoritária entenda não ser cabível a denunciação à lide do agente público, o STJ, com base nos princípios da economia processual, eficiência e celeridade, vem admitindo essa modalidade de intervenção de terceiro, esclarecendo que, nesses casos, o Estado não está obrigado a fazer a denunciação, ficando garantido o direito de regresso autônomo caso o ente público entenda ser a melhor forma para cobrar seu agente.
2	B	A assertiva está incorreta tendo em vista que o conduta do agente público que poderá ensejar a responsabilidade civil do Estado pode-se configurar tanto pela prática de atos ilícitos quanto pelos atos lícitos, sendo exigido somente que o agente esteja no exercício da função pública ou se aproveitando da qualidade de agente para causar o dano.
3	C	Conforme entendimento da doutrina majoritária, a responsabilidade civil objetiva do Estado está fundamentada na teoria do risco administrativo, segunda a qual a atividade administrativa visa o bem comum e se trata de uma atividade potencialmente danosa. Assim, surge a obrigação econômica de reparação do dano pela Estado pelo simples fato de assumir o risco de exercer tal atividade, independentemente da má prestação do serviço ou da culpa do agente público, admitindo-se, porém, causas excludentes de responsabilidade.
4	A	A responsabilidade do Estado, positivada na Constituição Federal, é objetiva, mas a responsabilização do agente, perante o Estado é subjetiva, dependendo de comprovação de dolo ou de culpa, conforme o §6º do art. 37 da CF/88.
5	C	A reparação de danos causados pelo Estado a terceiros pode ser feita tanto no âmbito administrativo, caso a administração reconheça desde logo a sua responsabilidade e haja entendimento entre as partes quanto ao valor da indenização. Caso isso não ocorra na esfera administrativa, o prejudicado poderá acionar o Judiciário e propor ação de indenização contra a pessoa jurídica causadora do dano.

GAB		COMENTÁRIO
6	CERTO	Para que se reconheça o dever de indenizar, é imprescindível que haja o dano jurídico, isto é, o dano a um bem tutelado pelo direito, ainda que exclusivamente moral.
7	A	As empresas públicas e sociedades de economia mista só se sujeitam a responsabilidade objetiva do §6º do art. 37 da Constituição quando prestadoras de serviço público, como é a hipótese em questão.
8	A	Quando o particular prestador de serviço público ou entidade da administração indireta causa o dano a outrem, por conduta de seus agentes, a responsabilidade da concessionária é objetiva e o Estado possui responsabilidade subsidiária – e objetiva – por esta atuação, não havendo, assim, exame do elemento subjetivo do motorista nesse caso. O STF entendeu, em sede de Recurso Extraordinário nº 262651/SP, que o dano causado a terceiro, ainda que não usuário do serviço público, enseja a responsabilidade objetiva da concessionária, desde que o dano tenha sido causado durante a prestação do serviço público.
9	E	Item I: FALSO. Segundo o entendimento do STJ, com base nos princípios da economia processual, eficiência e celeridade, o ente público réu tem a faculdade de buscar a responsabilização do agente público através da denunciação à lide, ficando garantido o direito de regresso autônomo caso o ente entenda ser a melhor forma para cobrar seu agente. Item II: VERDADE. De acordo com o atual entendimento do STF, os concessionários de serviço público respondem primária e objetivamente pelos danos causados a particulares, tanto aos usuários do serviço, quanto aos terceiros não usuários, com base na aplicação da teoria objetiva. Item III: VERDADE. A absolvição penal do agente público apenas interfere nas esferas civil e administrativa quando por negativa de autoria ou inexistência do fato. A absolvição penal por insuficiência de provas ou por ausência de culpabilidade, por exemplo, não impede a responsabilização nas demais esferas, conforme a Súmula nº 18 do STF.
10	A	A teoria da irresponsabilidade do Estado, presente nas monarquias absolutistas, se baseava na ideia de soberania e pregava que o Estado não respondia por seus atos. Com a teoria da responsabilidade subjetiva, ou teoria civilista, positivada no Código Civil de 1916 do Brasil, o Estado poderia ser responsabilizado desde que comprovados a sua conduta, o dano, o nexo de causalidade e a culpa ou dolo do agente. Por fim, consolidou-se a teoria da responsabilidade objetiva no Código Civil de 2002, na qual não há necessidade de comprovação do elemento subjetivo.
11	------	Como regra, o Brasil adotou a teoria da causalidade adequada, analisada no tópico 3.2, através da qual o Estado responde, desde que sua conduta tenha sido determinante para o dano causado ao agente. Assim, se condutas posteriores, alheias à vontade do Estado, causam o dano a um terceiro, ocorre o que se denomina, na doutrina, de teoria da interrupção do nexo causal, excluindo a responsabilidade estatal todas as vezes em que a atuação do agente público não for suficiente, por si só, a ensejar o dano ora reivindicado.
12	C	Neste caso, a União deve ser responsabilizada, pois a doutrina majoritária entende que aplica-se a Teoria do Risco Integral nas hipóteses de crimes ocorridos a bordo de aeronaves que estejam sobrevoando o espaço aéreo brasileiro, além de danos decorrentes de ataques terroristas.
13	B	A empresa de transporte deve ser responsabilizada de forma objetiva, pois em nome do Princípio da Isonomia, o STF, por decisão do plenário, no RExt n. 591874/2009, já decidiu que, ainda que o dano seja causado a terceiro, não usuário do serviço público, a responsabilidade também será objetiva, pois, se a própria Constituição Federal não diferencia, não cabe ao intérprete diferenciar os danos causados a terceiros.
14	A	Conforme entendimento pacificado no Supremo Tribunal Federal, não é possível a propositura de ação diretamente em face do agente público causador do dano. Isso porque, no momento em que o texto constitucional, em seu art. 37, §6º, estabeleceu a responsabilidade estatal, garantiu um direito ao particular lesado de ser indenizado pelos prejuízos que sofreu, mas também concedeu ao agente a garantia de apenas ser cobrado pelo Estado. É o que se convencionou chamar de **teoria da dupla garantia** – garantia à vítima e também ao agente. Esse entendimento também não admite a propositura de ação *per saltum* da pessoa natural do agente. Ademais, esse posicionamento jurisprudencial e doutrinário tem fulcro no **princípio da impessoalidade**.

GAB		COMENTÁRIO
15	B	Por óbvio, não se pode falar em responsabilidade objetiva de pessoas físicas e, desta forma, os dirigentes ou administradores somente serão responsabilizados por atos ilícitos, na medida da sua culpabilidade. Assim, nestes casos, o processo deve ser extinto sem resolução do mérito em razão da ilegitimidade passiva do agente público.
16	A	A responsabilidade civil das pessoas jurídicas de direito público e das prestadoras de serviços públicos não depende da comprovação de elementos subjetivos ou ilicitude, baseando-se, somente em três elementos, quais sejam conduta de agente público, dano e nexo de causalidade. Desta forma, no caso apresentado pela questão, verifica-se a existência destes três elementos, o que enseja a responsabilidade estatal na modalidade objetiva.
17	D	Conforme a doutrina majoritária aplica-se a Teoria do Risco Integral na hipótese de Dano ao meio ambiente, quanto aos atos comissivos do agente público. Em relação a atos omissivos, o Superior Tribunal de Justiça vem se posicionando a favor de que a teoria do risco integral ainda se aplica. No entanto, a responsabilidade objetiva do Estado será de execução subsidiária, sendo necessário o prévio esgotamento das tentativas de cobrança de indenização do poluidor direto. De acordo com a Teoria do Risco Integral o ente público é garantidor universal e, sendo assim, a simples existência do dano e do nexo causal é suficiente para que surja a obrigação de indenizar para a Administração, de forma objetiva, pois não admite nenhuma das excludentes de responsabilidade.
18	A	A Teoria do Risco Administrativo é fundamentada na ideia de que por ser mais poderoso, o Estado tem que arcar com um risco maior, decorrente de suas inúmeras atividades e, com isso, deve ser responsabilizado pelos danos decorrentes da sua atuação. Com base nesta Teoria, para a configuração da responsabilidade estatal, devem concorrer os três elementos (conduta, da no e nexo de causalidade), a ausência de qualquer um destes exclui o dever de indenizar do ente público. A culpa exclusiva da vítima é uma hipótese de excludente de responsabilidade.
19	B	Com efeito, de uma leitura do art. 37, §6º da Constituição Federal, pode-se concluir que a responsabilização do ente público se configura objetiva, mas que seus agentes respondem somente de forma subjetiva – ou seja, após a análise de dolo ou culpa desse – perante o Estado em ação de regresso. Sendo assim, inobstante a responsabilidade seja atribuída à Pessoa Jurídica, o agente que ensejou o dano não se exime de ressarcir os prejuízos causados ao ente público.
20	B	Com base na Teoria do Risco Criado, por vezes, em algumas circunstâncias, o Estado cria situações de risco que levam à ocorrência do dano. Por meio de um comportamento positivo, o Estado assume grande risco de gerar o dano a particulares. Assim, nesses casos, o Estado responde objetivamente por ele, ainda que não se demonstre conduta direta de um agente público. As situações mais corriqueiras decorrem da guarda de pessoas ou de coisas, como no caso apresentado pela questão que envolve um interno de um Hospital Psiquiátrico Estadual.
21	D	As concessionárias e permissionárias de serviços públicos devem ser responsabilizadas de forma objetiva, pois em nome do Princípio da Isonomia, o STF, por decisão do plenário, no RExt n. 591874/2009, já decidiu que, ainda que o dano seja causado a terceiro, não usuário do serviço público, a responsabilidade também será objetiva, pois, se a própria Constituição Federal não diferencia, não cabe ao intérprete diferenciar os danos causados a terceiros, em virtude de serem ou não usuários do serviço.
22	D	Com base no art. 1º, parágrafo único, da Lei 12.846/13, a sua regulamentação se aplica às sociedades empresárias e às sociedades simples, personificadas ou não, independentemente da forma de organização ou modelo societário adotado, bem como a quaisquer fundações, associações de entidades ou pessoas, ou sociedades estrangeiras, que tenham sede, filial ou representação no território brasileiro, constituídas de fato ou de direito, ainda que temporariamente, definindo suas responsabilizações, objetivamente, nos âmbitos administrativo e civil, pelos atos lesivos que estão enumerados na própria lei, sejam esses atos praticados em seu interesse ou benefício, exclusivo ou não.

CAPÍTULO 7

CONTROLE DA ADMINISTRAÇÃO

1. INTRODUÇÃO

Inicialmente, cumpre ressaltar que não existe um diploma legal específico que discipline o controle da atuação administrativa. A matéria tem origem na Constituição da República e é regulamentada por diversas leis infraconstitucionais que visam a garantir que o Estado não atuará livremente, diante do ordenamento jurídico posto.

Com efeito, a sujeição da atividade administrativa do Poder Público ao amplo controle decorre da formação do Estado democrático de Direito, no qual todas as pessoas da sociedade, incluindo o próprio Poder Público, se submetem às normas estipuladas mediante lei. Neste sentido, somente a lei deve pautar a atividade do ente estatal, atividade cujo fim imediato deve ser sempre a satisfação das necessidades públicas.

Não se pode esquecer que a noção de República, no latim *res publica*, transmite a ideia de que o titular do patrimônio público é o povo e não a Administração Pública, sendo submissa, esta entidade, ao princípio da indisponibilidade do interesse público.

De fato, uma vez que o Estado atua enquanto gestor de coisa alheia, sem dela poder dispor, deve pautar sua conduta pela transparência, a fim de que o efetivo titular do interesse público possa analisar se o exercício das atividades estatais supre as necessidades da coletividade.

Dessa forma, o decreto lei n. 200/1967, em seu art. 6º, V, dispõe que as atividades da Administração Federal obedecerão como princípio fundamental ao controle exercido pelos cidadãos e pelos próprios órgãos internos desta entidade, abrangendo, inclusive, aqueles que integram a estrutura dos Poderes Legislativo e Judiciário.

Inclusive, neste ínterim, a Constituição Federal, mediante alteração sofrida pela Emenda Constitucional n. 45/2004, definiu a criação de dois órgãos com a atribuição de controle da atuação do Estado, quais sejam, o Conselho Nacional de Justiça e o Conselho Nacional do Ministério Público, em seus artigos 103-B e 130-A, respectivamente.

Sendo assim, a tônica do Direito Administrativo moderno é a atuação direcionada para a satisfação das necessidades coletivas executadas mediante controle do cidadão e da própria Administração Pública.

2. CONCEITO

Pode-se conceituar controle administrativo como o conjunto de instrumentos definidos pelo ordenamento jurídico a fim de permitir a fiscalização da atuação estatal por órgãos e entidades da própria Administração Pública, dos Poderes Legislativo e Judiciário, assim como pelo povo diretamente, compreendendo ainda a possibilidade de orientação e revisão da atuação administrativa de todas as entidades e agentes públicos, em todas as esferas de poder.

A fiscalização é feita mediante a avaliação realizada em relação à atuação administrativa, com o intuito de garantir uma eficiente prestação dos serviços e as condutas orientadas para a busca do interesse público. Normalmente, a fiscalização se manifesta por meio da coleta de dados para análise, com posterior decisão acerca da regularidade da atuação estatal, como ocorre, por exemplo, no julgamento das contas dos administradores públicos, efetivado por meio de Tribunal de Contas, que possui amplo poder investigatório.

No que tange à revisão das condutas administrativas, esta se configura manifestação do poder de autotutela, conferindo ao próprio agente público que praticou o ato, ou a qualquer outro agente que poderia dele conhecer, mediante recurso, a possibilidade de analisar novamente a situação que deu ensejo a uma determinada conduta do Estado, a fim de verificar se a decisão tomada foi a mais correta ou se ela deve ser modificada, no todo ou em parte. Nestes casos, o controle é feito posteriormente à prática do ato administrativo.

É importante ressaltar que, em decorrência da garantia do duplo grau de julgamento, inerente ao conceito de ampla defesa, existe sempre a possibilidade de revisão dos atos administrativos praticados dentro da estrutura administrativa, mediante provocação do particular atingido pelo ato ou, até mesmo, de ofício, por iniciativa do órgão controlador.

Definindo o conceito de controle administrativo, José dos Santos Carvalho Filho[1] dispõe que *"podemos denominar de controle da Administração Pública o conjunto de mecanismos jurídicos e administrativos por meio dos quais se exerce o poder de fiscalização e de revisão da atividade administrativa em qualquer das esferas de Poder"*.

O controle é fundamental para dar legitimidade à atuação do poder público, garantindo a adequação das condutas dos agentes públicos às necessidades da sociedade, de forma a permitir uma maior eficiência na execução das atividades públicas. Neste sentido, Maria Sylvia Zanella di Pietro[2] estabelece que *"A finalidade do controle é de assegurar que a Administração atue em consonância com os princípios que lhe são impostos pelo ordenamento jurídico, como os da legalidade, moralidade, finalidade pública, publicidade, motivação, impessoalidade; em determinadas circunstâncias, abrange também o controle chamado de mérito e que diz respeito aos aspectos discricionários da atuação administrativa"*.

1. CARVALHO FILHO, José dos Santos – Manual de Direito Administrativo. Rio de Janeiro: Lumen Juris,23 ed.2012.
2. PIETRO,Maria Sylvia Zanello di – Direito Administrativo. São Paulo:Atlas,21ª ed. 2008

Com efeito, pode-se verificar que o controle da atuação estatal deve-se dividir em dois aspectos distintos.

Primeiramente, deve-se controlar a atuação estatal em relação à sua adequação com o ordenamento jurídico. Nestes casos, trata-se de **controle de legalidade** dos atos, que decorre do fato de que toda atuação administrativa deve estar previamente estipulada em lei. Não se pode esquecer ser ilícita qualquer conduta praticada, ainda que para satisfação do interesse público, se não estiver previamente delineada por normas jurídicas anteriores. Amplamente considerada, a legalidade abarca as normas infraconstitucionais e os princípios e regras definidos na Constituição da República, ensejando a nulidade dos atos que desrespeitem seus termos.

Por sua vez, também se verifica a possibilidade de controle do mérito da atuação estatal, situações em que não se discute a legalidade da conduta – que será lícita – mas sim a oportunidade e conveniência de sua manutenção, diante de situações supervenientes que alterem o cenário no qual se deu o exercício da atividade. Neste sentido, cumpre relembrar que, no exercício da competência discricionária, compete ao agente analisar a conduta que melhor atende o interesse da coletividade, dentro da margem de escolha conferida pela lei.

Ademais, este controle, consoante explicitado, poderá ser efetivado pelos cidadãos, mediante provocação dos órgãos administrativos e jurisdicionais, não somente visando seus interesses individuais, mas também para evitar prejuízos aos interesses da coletividade, sendo o controle popular a maior manifestação da democracia.

É importante não confundir o controle da Administração Pública, objeto de análise neste capítulo, com o **controle da atividade política de Estado**. O controle político se efetiva somente nas hipóteses previstas expressamente na Constituição Federal e visa adequar as políticas estatais à legislação aplicável. Neste sentido, podem ser considerados atos políticos passíveis de controle a declaração de guerra, a concessão de anistia, a declaração de estado de defesa ou estado de sítio, entre outros.
O controle político, segundo entendimento de José dos Santos Carvalho Filho[3], é *"aquele que tem por base a necessidade de equilíbrio entre os Poderes estruturais da República"*.

3. CLASSIFICAÇÃO

A) Quanto à natureza do órgão controlador, *classifica-se o controle em legislativo, administrativo ou judicial.*

O **controle legislativo** é aquele executado pelo Poder Legislativo diretamente – o chamado controle parlamentar direto - ou mediante auxílio do Tribunal de Contas. Não se pode esquecer que este poder manifesta a vontade popular e, como tal, não poderia deixar de fiscalizar e orientar a atuação do administrador público.

O **controle judicial** é realizado pelo Poder Judiciário, mediante provocação de qualquer interessado que esteja sofrendo lesão ou ameaça de lesão em virtude de conduta ou omissão

3. CARVALHO FILHO, José dos Santos –Manual de Direito Administrativo .Rio de Janeiro:Ed.Lumen Juris,23ª ed.2012

administrativa que o atinja direta ou indiretamente. Nestes casos, o controle será exercido somente no que tange aos aspectos de legalidade dos atos administrativos, ainda que se trate de ato praticado no exercício da competência discricionária, haja vista a impossibilidade de substituição do mérito administrativo pela opção do julgador.

Por fim, o **controle administrativo** decorre do poder de autotutela conferido à Administração Pública que deve efetivar a fiscalização e revisão dos seus atos, mediante provocação ou de ofício, com a finalidade de verificar os aspectos de ilegalidade que maculem o ato controlado, situações que ensejam a anulação do ato - e também ausência de interesse público na manutenção da conduta no ordenamento jurídico, podendo justificar sua revogação.

B) Quanto à* extensão do controle, *pode-se fazer a classificação em controle interno e externo da atividade administrativa

O controle interno é aquele exercido dentro de um mesmo Poder, seja o exercido por meio de órgãos especializados, até entre órgãos de uma mesma entidade, quando se manifesta relação de hierarquia, seja entre entidades diferentes, como ocorre com o controle que a administração direta exerce sobre a administração indireta de um mesmo poder.

Assim, pode-se entender que o controle exercido pelo Ministério sobre os atos praticados pelo Instituto Nacional do Seguro Social - INSS é modalidade de controle interno. Da mesma forma, é considerado controle interno a fiscalização efetivada pela Secretaria de Saúde sobre os postos de saúde localizados no estado. O mesmo raciocínio vale para os demais poderes, sempre que um agente ou órgão do Poder Legislativo fiscalizar determinado ato administrativo praticado por este mesmo Poder Legislativo: este é um caso de controle interno.

O art. 74 da Constituição Federal, ao tratar do controle interno, estabelece que "*Os Poderes Legislativo, Executivo e Judiciário manterão, de forma integrada, sistema de controle interno com a finalidade de: I - avaliar o cumprimento das metas previstas no plano plurianual, a execução dos programas de governo e dos orçamentos da União; II - comprovar a legalidade e avaliar os resultados, quanto à eficácia e eficiência, da gestão orçamentária, financeira e patrimonial nos órgãos e entidades da administração federal, bem como da aplicação de recursos públicos por entidades de direito privado; III - exercer o controle das operações de crédito, avais e garantias, bem como dos direitos e haveres da União; IV - apoiar o controle externo no exercício de sua missão institucional*".

Por seu turno, o controle externo é exercido por um poder em relação aos atos administrativos praticados por outro poder do estado. Citem-se como exemplos a possibilidade de o Congresso Nacional sustar os atos normativos do Poder Executivo que extrapolam o poder regulamentar ou o poder que o judiciário tem de determinar a nulidade de um ato administrativo, analisando ação proposta por particular.

Ademais, considera-se controle externo aquele exercido diretamente pelos cidadãos, o chamado, **controle popular**. Em tais casos, os administrados podem, diretamente ou por meio de órgãos específicos, verificar a regularidade de atuação da administração pública e impedir a prática de atos ilegítimos, em face do princípio da indisponibilidade do interesse público. A título de exemplo, o art. 31, §3º da carta Magna, determina que as contas dos Municípios ficarão, durante sessenta dias, anualmente, à disposição de qualquer contribuinte, para exame e apreciação, o qual poderá questionar-lhes a legitimidade, nos termos da lei. A possibilidade de propositura da ação popular por qualquer cidadão para anulação de atos lesivos ao interesse público é outro exemplo deste controle.

Por tratar-se o controle externo de mitigação ao princípio da tripartição de poderes, somente pode ser exercido se tiver base constitucional. Com efeito, a Carta Magna define que os Poderes do Estado são independentes e harmônicos entre si, embasando-se nesta harmonia a possibilidade de ser exercido o controle de um poder sobre os demais. Qualquer invasão das atribuições de uma função estatal por outro poder, configura burla ao princípio constitucional da separação de poderes, somente se admitindo o controle consoante posto nos dispositivos da Constituição Federal.

C) Quanto ao **âmbito de atuação,** *o controle pode ser por subordinação ou por vinculação*

O controle **por subordinação** é aquele realizado por autoridade hierarquicamente superior a quem praticou o ato, ou seja, entre órgãos e agentes de uma mesma pessoa jurídica da Administração Pública. Configura-se manifestação do poder hierárquico e, uma vez que as entidades descentralizadas não se submetem à hierarquia em relação ao poder central, não se admite controle por subordinação da administração direta sobre a indireta.

Com efeito, a subordinação decorre do escalonamento vertical de órgãos da administração direta ou do escalonamento vertical de órgãos integrantes de cada entidade da administração indireta. É um controle interno sempre e decorre da hierarquia existente entre os órgãos integrantes da entidade pública. É tipicamente exercido no âmbito do Poder Executivo, mas nada impede que seja exercido nos demais poderes, resultando nas relações entre superior e subordinado.

O controle **por vinculação** decorre do poder exercido pela administração direta sobre as entidades descentralizadas, não se caracterizando como subordinação hierárquica, mas tão somente como uma espécie de supervisão. Parte da doutrina trata da matéria sob o rótulo de controle finalístico. Nestes casos, o ente da Administração Centralizada poderá verificar se a entidade da Administração Indireta cumpre os requisitos para o qual ela foi criada, mediante lei.

Mesmo se tratando de controle efetivado entre entidades diversas, por estarem no âmbito da Administração Pública, constitui-se controle interno da atividade, uma vez que não é exercido entre os Poderes do Estado.

Em resumo, o controle finalístico, uma vez que fundamentado em uma relação de vinculação entre pessoas, é um controle limitado e teleológico, restringindo-se à verificação do enquadramento do ente descentralizado às disposições definidas na lei específica responsável pela sua criação, de forma a analisar se o ente cumpre suas finalidades estatutárias.

O controle finalístico é tratado pelo Decreto lei 200/1967 com o designativo de supervisão ministerial. O art. 19 do diploma define que "*Todo e qualquer órgão da Administração Federal, direta ou indireta, está sujeito à supervisão do Ministro de Estado competente, excetuados unicamente os órgãos mencionados no art. 32, que estão submetidos à supervisão direta do Presidente da República*".

D) Quanto* à natureza*, o controle pode ser de legalidade ou de mérito.

O **controle de legalidade** tem o intuito de analisar se o ato administrativo foi praticado em conformidade com o ordenamento jurídico. Desse modo, o controlador deverá confrontar a conduta administrativa com a norma jurídica, amplamente considerada, abarcando a lei ou outro ato normativo primário, inclusive as disposições constitucionais. Trata-se de manifestação direta do princípio da legalidade. Neste sentido, o controle de legalidade não verifica somente a adequação entre o ato e a literalidade da norma legal, mas também a observância do ordenamento jurídico amplamente considerado, abarcando os princípios administrativos, como o da moralidade, da finalidade e da impessoalidade.

Pode ser exercido pela própria Administração Pública, de ofício ou mediante provocação, no exercício do poder de autotutela, assim como pelo Poder Judiciário no exercício da função jurisdicional, desde que provocado para tanto, ou mesmo pelo Poder Legislativo, nos casos previstos na Carta Magna.

Verificada a regularidade do ato, ele se manterá produzindo efeitos no mundo jurídico, caso contrário, deve ser declarada sua nulidade. Nestes termos, se impõe a anulação de um ato sempre que for verificado vício de ilegalidade, sendo que a retirada da conduta opera efeitos retroativos, à origem dos atos, resguardados os direitos adquiridos de terceiros de boa fé.

Excepcionalmente, o ato viciado poderá manter-se no ordenamento jurídico, sempre que os defeitos observados forem sanáveis e desde que a sua convalidação não acarrete lesão ao interesse público nem prejuízo a terceiros. A decisão de convalidar deve ser feita pela própria Administração Pública, observado o interesse da sociedade. Nesse sentido, o art. 55 da lei 9.784/99 define que *"Em decisão na qual se evidencie não acarretarem lesão ao interesse público nem prejuízo a terceiros, os atos que apresentarem defeitos sanáveis poderão ser convalidados pela própria Administração".*

Por sua vez, o **controle de mérito** deve ser exercido com a intenção de verificar a oportunidade e conveniência administrativas do ato controlado. Neste sentido, trata-se de controle administrativo que, de regra, compete exclusivamente ao próprio Poder o qual, atuando na função de Administração Pública, praticou a conduta. Excepcionalmente, nos casos previstos na Constituição Federal, o Poder Legislativo tem competência para exercer o controle de mérito sobre atos praticados pela Administração, como ocorre, por exemplo, em casos que exigem a aprovação do Senado Federal para a nomeação de um Ministro do Supremo Tribunal Federal. Não obstante tenha natureza de controle político, não serão analisados somente aspectos de legalidade, mas sim de oportunidade e conveniência.

Ademais, é pacífico o entendimento de que não cabe ao Judiciário, no exercício da função jurisdicional, o controle de mérito sobre os atos praticados no exercício de função administrativa. O controle exercido pelo Judiciário é sempre vinculado à legalidade da conduta estatal. Nestes casos, vislumbrando a ilegalidade do ato controlado, deve proceder à sua anulação, sendo vedada a revogação judicial.

Não obstante não possa efetivar a substituição do mérito de um ato administrativo, o Poder Judiciário tem o poder de analisar se a conduta foi praticada dentro dos limites da discricionariedade, o que é feito com base na análise de princípios como razoabilidade e proporcionalidade. Trata-se, aqui, de análise de legalidade e não de mérito. De fato, o Judiciário pode decidir que a atuação discricionária da administração foi na verdade fora da esfera legal de discricionariedade, foi uma atuação ilegítima, haja vista sua desproporcionalidade.

Outrossim, importa ressaltar que o resultado do controle de mérito é a revogação pela administração de atos discricionários por ela editados. Sendo assim, é indispensável que o ato seja plenamente válido, sendo retirado do mundo jurídico em decorrência de sua inconveniência.

Por fim, relembre-se que o Poder Judiciário, no exercício da função administrativa, atipicamente, poderá determinar a revogação dos seus próprios atos.

E) Quanto* ao momento de exercício*, o controle administrativo pode ser prévio, concomitante ou posterior.

O **controle prévio** é aquele realizado antes da formação do ato controlado. Dessa forma, o controle pode ser feito quando o ato administrativo está na iminência de ser praticado ou quando ainda se encontra em formação. É possível, por exemplo, a impetração de Mandado de Segurança Preventivo para impedir a prática de um ato ilegal.

O **controle concomitante** é exercido durante a execução da atividade controlada, como ocorre, por exemplo, na fiscalização exercida durante execução de uma obra pública

Por fim, o **controle posterior** é aquele que verifica a regularidade e conveniência diante de atos administrativos já praticados em sua inteireza. Trata-se de forma de retirada de atos administrativos perfeitos, ou seja, que já cumpriram todas as etapas necessárias à sua formação.

F) Quanto* à iniciativa*, o controle pode ser de ofício ou provocado.

O **controle de ofício** é aquele realizado sem a provocação da parte interessada como ocorre, por exemplo, na instauração, efetivada por portaria da administração, de um processo disciplinar para apuração de falta grave cometida por um servidor público.

Por sua vez, o **controle provocado** é aquele que depende da iniciativa da parte interessada para que seja exercido.

Nesse sentido, cumpre ressaltar que o controle exercido pela própria Administração Pública e pelo Poder Legislativo podem ser praticados mediante provocação ou por iniciativa do órgão controlador, enquanto que o controle jurisdicional depende de provocação do particular interessado, em razão da inércia da jurisdição.

4. CONTROLE ADMINISTRATIVO

Trata-se de controle exercido pela própria Administração Pública em relação a suas condutas, em decorrência do poder da autotutela, princípio inerente à atuação administrativa. Visa a confirmação, correção ou alteração de comportamentos administrativos.

O controle administrativo pode ser realizado de forma prévia, concomitante ou posterior ao ato controlado e deve pautar-se na análise de legalidade dos atos controlados, assim como nos aspectos de oportunidade e conveniência destas condutas. Ademais, trata-se de controle que pode ser exercido mediante provocação, ou de ofício por iniciativa do órgão controlador, uma vez que essa prerrogativa configura poder-dever atribuído à Administração Pública, não lhe sendo permitido fugir da sua obrigação de analisar os atos por ela executados no exercício da suas funções.

Não se pode esquecer de que a Administração Pública deve ser analisada enquanto órgão e entidade que atua no exercício da função administrativa, o que determina a possibilidade de manifestação deste controle nos outros poderes do Estado que não o Poder Executivo. Com efeito, o Poder Legislativo e o Poder Judiciário, quando atuam, atipicamente, no exercício da função administrativa, deverão exercer o controle dos seus atos, sendo este considerado um controle administrativo. Imagine-se, a título de exemplo, que um determinado tribunal, em virtude de análise de mérito, determinou a revogação de edital de licitação publicado para aquisição de bens e serviços necessários ao regular funcionamento do órgão.

O texto da Carta Magna define que o controle administrativo deve ser exercido, visando algumas finalidades específicas, quais sejam:

a) avaliar o cumprimento das metas e projeções definidas na lei do plano plurianual, assim como a execução dos programas definidos pelo governo e dos orçamentos da União Federal;

b) comprovar a legalidade e avaliar os resultados, quanto à eficácia e eficiência, da gestão orçamentária, financeira e patrimonial nos órgãos públicos e nas entidades da administração pública federal, bem como da aplicação de recursos públicos por entidades de direito privado;

c) exercer o controle das operações de crédito, avais e garantias, bem como dos direitos e haveres da União;

d) apoiar o controle externo no exercício de sua missão institucional.[4]

Ademais, o texto constitucional define ser função dos agentes responsáveis pelo controle interno auxiliar o exercício do controle externo. Com efeito, estes agentes, ao tomarem conhecimento de qualquer irregularidade ou ilegalidade, dela darão ciência ao Tribunal de Contas da União, sob pena de responsabilidade solidária.

Vale ainda frisar que a Lei Complementar 101/00, Lei de Responsabilidade Fiscal, instrumento de controle da administração pública. Esta legislação foi criada com o intuito de promover a transparência nas esferas políticas, estabelecendo normas de finanças públicas voltadas para a responsabilidade na gestão fiscal.

Por seu turno, *Accountability* representa o dever que todo agente público possui de expor detalhadamente o resultado de suas ações no âmbito da função ou cargo público. Pode-se afirmar, portanto, que a Lei de Responsabilidade Fiscal é considerada **instrumento de *accountability***, em razão da imposição de uma gestão fiscal planejada e transparente, por parte do agente público.

4. Uma das finalidades do controle interno, aqui entendido como os Poderes Legislativo, Executivo e Judiciário, é apoiar o controle externo em sua missão institucional. Nesse sentido, o art. 74, IV, da Constituição Federal de 1988, assim dispõe:

Art. 74*. Os Poderes Legislativo, Executivo e Judiciário manterão, de forma integrada, sistema de controle interno com a finalidade de:*

IV - apoiar o controle externo no exercício de sua missão institucional.

Meios de controle

Os meios de controle administrativo são a supervisão ministerial sobre as entidades personalizadas que integram a Administração Indireta e o controle hierárquico típico dos órgãos da administração direta.

Com efeito, a **fiscalização hierárquica** é exercida, no âmbito de uma mesma pessoa jurídica administrativa, entre seus órgãos e agentes, com o intuito de ordenar e coordenar atividades, além de atuar na orientação e revisão de atos administrativos viciados ou inoportunos e inconvenientes ao interesse público. É importante ressaltar que a organização hierárquica dispõe os órgãos públicos em níveis de subordinação, concedendo aos órgãos de hierarquia mais elevada a possibilidade de rever as condutas daqueles que lhe são inferiores.

Sempre que houver o escalonamento vertical entre órgãos ou agentes haverá controle hierárquico de superior sobre os atos praticados pelos subordinados, tratando-se de controle pleno, analisando os aspectos de legitimidade bem como o mérito de todos os atos praticados pelos órgãos subalternos a determinado órgão. Este controle justifica, inclusive, a possibilidade de avocação e delegação de competências exercida nos termos da lei.

Ademais, a **supervisão ministerial** se manifesta entre entidades diferentes, sendo também designado como controle finalístico, ou tutela administrativa. Em razão da autonomia administrativa existente nos entes da Administração descentralizada, este controle é diverso daquele apresentado em decorrência da hierarquia.

Dessa forma, o controle finalístico depende de norma legal que o estabeleça, delimitando os limites e forma de exercício desta atividade controladora, definindo os aspectos a serem controlados e as hipóteses em que se admite a realização de controle. Deve ainda ser indicada a autoridade controladora e as finalidades desta ingerência.

De fato, a supervisão ministerial se baseia na relação de vinculação existente entre as entidades da Administração Pública, configurando-se como controle de finalidade, permitindo ao órgão controlador verificar se o ente controlado cumpre os fins precipuamente definidos por lei como de sua responsabilidade.

A supervisão ministerial deve respeitar alguns objetivos, definidos em lei, na área de competência do Ministro de Estado, quais sejam:

a) assegurar a observância da legislação federal, primordialmente a lei específica responsável pela criação da entidade da Administração Indireta, que definirá suas finalidades e metas a serem cumpridas no exercício de suas atividades;

b) promover a execução dos programas do Governo;

c) fazer observar os princípios fundamentais de planejamento, controle, coordenação, descentralização e delegação de competência;

d) coordenar as atividades dos órgãos supervisionados e harmonizar sua atuação com a dos demais Ministérios, para que não haja discrepância na prestação dos serviços públicos de titularidade das diversas pastas;

e) avaliar o comportamento administrativo dos órgãos supervisionados e diligenciar no sentido de que estejam confiados a dirigentes capacitados;

f) proteger a administração dos órgãos supervisionados contra interferências e pressões ilegítimas que desvirtuem a busca pelo interesse público como única finalidade da sua atuação;

g) fortalecer o sistema do mérito;

h) realizar controle financeiro da entidade, mediante a fiscalização da aplicação e utilização de dinheiros, valores e bens públicos;

i) acompanhar os custos globais dos programas setoriais do Governo, a fim de alcançar uma prestação econômica de serviços;

j) fornecer ao órgão próprio do Ministério da Fazenda os elementos necessários à prestação de contas do exercício financeiro;

k) transmitir ao Tribunal de Contas, sem prejuízo da fiscalização deste, informes relativos à administração financeira e patrimonial dos órgãos do Ministério, inclusive informando qualquer irregularidade de que tenha conhecimento no exercício de suas funções, sob pena de responsabilização solidária.

4.1. Provocação da Administração Pública

Inicialmente, ressalta-se que o controle administrativo pode ser exercido por iniciativa direta do órgão controlador, sem a necessidade de provocação de qualquer interessado. Inclusive, o controle da Administração Pública não substitui ou impede o exercício do controle pelo Poder Judiciário posteriormente. Saliente-se, ainda, que não se faz necessário o esgotamento da via administrativa para que se possa recorrer ao Poder Judiciário, salvo nos casos definidos na Constituição Federal, mais especificamente em relação à justiça desportiva.

A possibilidade de provocação da Administração Pública para efetivação do controle decorre do direito de petição, estampado na Carta Magna como garantia fundamental dos cidadãos. Com efeito, dispõe o art. 5º, XXXIV que *"são a todos assegurados, independentemente do pagamento de taxas: o direito de petição aos Poderes Públicos em defesa de direitos ou contra ilegalidade ou abuso de poder"*.

Observe-se que o direito, em sua plenitude, deve ser analisado como o direito de provocar os órgãos da Administração Pública, bem como a garantia de obter uma resposta aos pedidos efetivados. Caso contrário, seria uma garantia vazia, meramente formal. É neste sentido, inclusive, que a doutrina e jurisprudência pátria costumam definir que o silencio administrativo não produz qualquer efeito, salvo disposição legal em contrário.

→ A provocação aos entes da Administração Pública pode-se dar por meio de:

A – **Representação**: ato por meio do qual o particular requer a anulação de ato lesivo ao interesse público. Ressalte-se que, nestes casos, o peticionante não é diretamente prejudicado pela conduta impugnada, agindo como representante da coletividade, haja vista a atuação estatal violar preceitos de garantia de toda a coletividade. Cite-se como exemplo a impugnação a um edital de licitação feita por um cidadão que acompanhava o procedimento licitatório.

B – **Reclamação**: ato de impugnação que visa à retirada de conduta administrativa que viola direito preexistente do peticionante. Nestes casos, o particular prejudicado busca a anulação do ato administrativo que lhe causou prejuízos diretamente. Suponha que um licitante impugna edital de licitação que traz regras que o desclassificariam do certame.

C – **Pedido de reconsideração**: ato por meio do qual se peticiona requerendo a retratação da autoridade pública de uma conduta previamente praticada.

Em qualquer caso, a petição dará ensejo à instauração de regular processo administrativo no qual o poder público produzirá as provas necessárias a obter a resposta à pergunta feita pelo cidadão interessado. Neste sentido, o processo administrativo deverá respeitar os princípios do contraditório e de ampla defesa e se movimentar por meio de uma série concatenada de atos previamente estipulados por lei, os quais não dependem de nova provocação do interessado, em garantia ao princípio do impulso oficial.

No bojo destes procedimentos, a lei prevê a possibilidade de interposição de recursos administrativos, como forma de garantir-se a revisão da decisão previamente proferida por autoridade administrativa de nível hierárquico inferior. Esses recursos merecem tratamento especial.

4.2. Recursos administrativos

Inicialmente, cumpre ressaltar que o Supremo Tribunal Federal, acompanhando a tendência doutrinária, entende ser inerente à garantia da ampla defesa, constitucionalmente definida, o direito ao duplo grau de julgamento na esfera administrativa. Tal entendimento é decorrência lógica da leitura da Súmula Vinculante n. 21 da Suprema Corte, que considera inconstitucional qualquer lei que exija depósito prévio ou caução para interposição de recursos administrativos.

Sendo assim, a garantia recursal, em processos administrativos, não pode ser submetida à exigência – ainda que regulamentada por lei – de depósito prévio ou de caução, haja vista o fato de que isso restringiria o acesso à ampla defesa.

Por sua vez, no âmbito federal, o artigo 56 da lei 9784/99 garante o direito à interposição de recursos administrativos, seja para combater uma decisão por motivo de ilegalidade, seja por motivo de mérito.

Ainda, por disposição legal, se entende que são legitimados à interposição de recursos os titulares de direitos e interesses que forem parte no processo; aqueles cujos direitos ou interesses forem indiretamente afetados pela decisão recorrida; as organizações e associações representativas, no tocante a direitos e interesses coletivos e também todos os cidadãos ou associações, quanto a direitos ou interesses difusos. Ademais, o recurso será interposto por meio de requerimento no qual o recorrente deverá expor os fundamentos do pedido de reexame, podendo ainda juntar os documentos que julgar convenientes, sendo imprescindível salientar que os recursos interpostos, salvo disposição legal em contrário, terão efeito meramente devolutivo, não suspendendo a eficácia da decisão impugnada.

Ademais, na seara administrativa, não há vedação da *reformatio in pejus,* ou seja uma decisão proferida em sede de recurso administrativo poderá piorar a situação do recorrente, em respeito ao princípio da verdade material e da legalidade estrita da atuação administrativa.

Nestes casos, se, do julgamento do recurso, puder decorrer gravame à situação do recorrente, este deverá ser cientificado para que formule suas alegações antes da decisão, em obediência à garantia do contraditório e da ampla defesa.

Por fim, é cediço que, após a tramitação do processo em todas as instâncias, legalmente permitidas, estará formada a coisa julgada administrativa. A expressão **coisa julgada administrativa** designa tão somente situação que não poderá ser objeto de discussão na esfera administrativa.

Com efeito, trata-se de situação na qual há imutabilidade da decisão em esfera administrativa, tão somente haja vista o entendimento de que sempre haverá a possibilidade de se recorrer às vias judiciais para solução de controvérsias, em decorrência da adoção, no Direito Brasileiro, do sistema de jurisdição única, consagrado no princípio da inafastabilidade, disposto no art. 5º, XXXV da Constituição da República.

→ ***Recurso hierárquico próprio e impróprio***

Ao tratar de recursos hierárquicos, a doutrina identifica o recurso próprio e o impróprio. Analisemos as expressões.

O **recurso hierárquico próprio** é endereçado à autoridade hierárquica superior à que praticou o ato recorrido, dentro da estrutura orgânica de uma mesma pessoa jurídica. Trata-se de recurso inerente à organização escalonada da administração e pode ser interposto sem necessidade de previsão legal. Cite-se como exemplo o recurso interposto perante o Ministro da Fazenda, com a intenção de rever uma decisão proferida pelo Secretário da Receita Federal. Atente-se para o fato de que este recurso decorre da manifestação do poder hierárquico e existe como forma de garantia da ampla defesa e do contraditório.

Por seu turno, o **recurso hierárquico impróprio** é dirigido à autoridade que não possui posição de superioridade hierárquica em relação a quem praticou o ato recorrido, mas tão somente a possibilidade de controle em decorrência de vinculação.

Trata-se, neste caso, de recurso que decorre do poder de supervisão ministerial, não se podendo falar em hierarquia, haja vista o fato de se manifestar entre pessoas jurídicas diversas, dependendo de expressa previsão legal para que seja interposto regularmente. Imagine-se, a título de exemplo, um recurso contra decisão tomada por autarquia, que seja endereçado ao Ministro da pasta à qual a entidade recorrida está vinculada. Nestes casos, o poder de reanalisar a decisão proferida decorre do controle finalístico e, por isso, não é propriamente um recurso hierárquico.

4.3. Órgãos internos de controle

→ ***Controladoria Geral***

A controladoria é órgão interno de controle dos entes federativos que não têm função consultiva, mas sim de efetiva fiscalização, orientação e revisão de atos praticados dentro da estrutura do Poder Executivo. São normalmente vinculados ao Chefe do Poder Executivo de cada um dos entes federativos e atuam com ampla prerrogativa de investigação com a finalidade de garantir maior transparência e moralidade na prestação de contas públicas.

No âmbito federal, a Controladoria-Geral da União – CGU é regulamentada pela lei 10.683/03, com suas alterações posteriores. A lei define que a Controladoria-Geral da União tem a competência para assistir direta e imediatamente ao Presidente da República no desempenho de suas atribuições quanto aos assuntos e providências que, no âmbito do Poder Executivo, sejam atinentes à defesa do patrimônio público, ao controle interno, à auditoria pública, à correição, à prevenção e ao combate à corrupção, às atividades de ouvidoria e ao incremento da transparência da gestão no âmbito da administração pública federal, devendo, no exercício de sua competência, dar o devido andamento às representações ou denúncias fundamentadas que receber, relativas a lesão ou ameaça de lesão ao patrimônio público, velando por seu integral deslinde.

No que tange a sua estruturação, a CGU tem como titular o Ministro de Estado Chefe do órgão, e sua estrutura básica é constituída por: Gabinete, Assessoria Jurídica, Conselho de Transparência Pública e Combate à Corrupção, Comissão de Coordenação de Controle Interno, Secretaria-Executiva, Corregedoria-Geral da União, Ouvidoria-Geral da União e 2 (duas) Secretarias, sendo 1 (uma) a Secretaria Federal de Controle Interno.

Por fim, a fim de assegurar a comunicação entre o controle interno e o externo, o art. 18, §3º da lei dispõe que *"A Controladoria-Geral da União encaminhará à Advocacia-Geral da União os casos que configurem improbidade administrativa e todos quantos recomendem a indisponibilidade de bens, o ressarcimento ao erário e outras providências a cargo daquele órgão, bem como provocará, sempre que necessária, a atuação do Tribunal de Contas da União, da Secretaria da Receita Federal, dos órgãos do Sistema de Controle Interno do Poder Executivo Federal e, quando houver indícios de responsabilidade penal, do Departamento de Polícia Federal e do Ministério Público, inclusive quanto a representações ou denúncias que se afigurarem manifestamente caluniosas"*.

→ *Conselho Nacional de Justiça (CNJ) e Conselho Nacional do Ministério Público (CNMP)*

A Emenda Constitucional n. 45/2004 criou os dois órgãos com a função de realizar o controle administrativo e financeiro do judiciário e do ministério público. São órgãos internos de controle, haja vista fazerem parte da estrutura destes poderes.

Neste sentido, o Conselho Nacional de Justiça é órgão do Poder Judiciário, composto por quinze membros com mandato de dois anos, admitida uma recondução, sendo presidido pelo presidente do Supremo Tribunal Federal. Os demais membros serão nomeados pelo Presidente da República mediante aprovação do Senado Federal.

A Carta Magna estabelece que compete ao Conselho o controle da atuação administrativa e financeira do Poder Judiciário e do cumprimento dos deveres funcionais dos juízes, cabendo-lhe, além de outras atribuições que lhe forem conferidas pelo Estatuto da Magistratura, as que seguem:

a) zelar pela autonomia do Poder Judiciário e pelo cumprimento do Estatuto da Magistratura, podendo expedir atos regulamentares, no âmbito de sua competência, ou recomendar providências; o órgão goza de poder normativo e a Resolução de maior impacto, desde sua formação foi a Resolução n. 07/2005 que vedava o nepotismo no âmbito do serviço público, que deu base para a edição da Súmula Vinculante n. 13;

b) zelar pela observância do art. 37 e apreciar, de ofício ou mediante provocação, a legalidade dos atos administrativos praticados por membros ou órgãos do Poder Judiciário, podendo desconstituí-los, revê-los ou fixar prazo para que se adotem as providências necessárias ao exato cumprimento da lei, sem prejuízo da competência do Tribunal de Contas da União;

c) receber e conhecer das reclamações contra membros ou órgãos do Poder Judiciário, inclusive contra seus serviços auxiliares, serventias e órgãos prestadores de serviços notariais e de registro que atuem por delegação do poder público ou oficializado, sem prejuízo da competência disciplinar e correicional dos tribunais, sendo inclusive admitida a avocação de processos disciplinares em curso, assim como a remoção, a disponibilidade ou a aposentadoria com subsídios ou proventos proporcionais ao tempo de serviço e aplicar outras sanções administrativas, assegurada ampla defesa; não se trata de decisão judicial, mas tão somente de natureza administrativa, não se admitindo, portanto, a demissão de magistrado por ordem do CNJ, diante de sua vitaliciedade;

d) representar ao Ministério Público, no caso de crime contra a administração pública ou de abuso de autoridade, o que configura comunicação com o controle externo;

e) rever, de ofício ou mediante provocação, os processos disciplinares de juízes e membros de tribunais julgados há menos de um ano, podendo, inclusive, a revisão piorar a situação do agente, imputando-lhe penalidade mais grave;

f) elaborar semestralmente relatório estatístico sobre processos e sentenças prolatadas, por unidade da Federação, nos diferentes órgãos do Poder Judiciário;

g) elaborar relatório anual, propondo as providências que julgar necessárias, sobre a situação do Poder Judiciário no País e as atividades do Conselho, o qual deve integrar mensagem do Presidente do Supremo Tribunal Federal a ser remetida ao Congresso Nacional, por ocasião da abertura da sessão legislativa.

Por sua vez, o Conselho Nacional do Ministério Público tem a atribuição de exercer o controle administrativo e financeiro do Ministério Público, inclusive verificando a atuação funcional dos seus membros. Trata-se de órgão integrante da estrutura organizacional do Ministério Público o que justifica se tratar de controle interno. O órgão é composto por quatorze membros nomeados pelo Presidente da República, depois de aprovada a escolha pela maioria absoluta do Senado Federal, para um mandato de dois anos, admitida uma recondução, sendo que o Procurador Geral da República será o presidente.

Assim como o CNJ, o CNMP tem poder normativo, podendo editar resoluções que estabeleçam regras a serem obedecidas pelos agentes integrantes das carreiras sujeitas ao seu controle. O art. 130-A da Carta Magna estabelece as funções e formas de atuação do órgão.

→ *Corregedorias*

Consoante determinação da Constituição da República, em seu art. 74, os três poderes do Estado devem criar órgãos de controle interno para execução de suas atividades. Respeitando esta norma, os tribunais e casas do Poder Legislativo devem, por meio de lei, criar as corregedorias e ouvidorias, com a função de realizar o controle interno da entidade, assim como a análise da atuação de seus membros, como forma de garantia dos princípios da moralidade e impessoalidade.

A Resolução n. 86 do CNJ impõe a criação de órgãos internos de controle em todos os tribunais para auxiliar na fiscalização, analisando a eficiência da atividade, assim como o cumprimento das metas definidas em orçamento.

5. CONTROLE LEGISLATIVO

É realizado no âmbito do parlamento e dos órgãos auxiliares do poder Legislativo, sobre os atos praticados pela Administração Pública, nos limites definidos pela Constituição. Em verdade, sua abrangência inclui o controle político sobre o próprio exercício da função administrativa e o controle financeiro sobre a gestão dos gastos públicos dos três poderes.

A doutrina costuma explicitar que o controle legislativo poderá ser exercido de ofício ou mediante provocação de particulares interessados que terão o poder de representar aos órgãos controladores com denúncias de irregularidades. Ademais, este controle poderá ser prévio, concomitante ou posterior à prática do ato controlado e pode ser exercido no que tange aos aspectos de legalidade e de mérito. Neste sentido, aponta-se que a aprovação efetivada pelo senado para a nomeação de um Ministro do Supremo Tribunal Federal, por exemplo, configura ato discricionário, extrapolando a simples análise de legalidade.

Outrossim, divide-se o controle legislativo em controle parlamentar direto e controle exercido com o auxílio do Tribunal de Contas.

5.1. Controle Parlamentar Direto

Trata-se de controle efetivado pelo próprio parlamento diretamente, mediante manifestação do Congresso Nacional, ou por meio de uma de suas casas. As hipóteses estão espraiadas no texto constitucional e podem ser exemplificadas, a saber.

I. Compete ao Congresso Nacional autorizar o Presidente da República a declarar guerra, a celebrar a paz, a permitir que forças estrangeiras transitem pelo território nacional ou nele permaneçam temporariamente, ressalvados os casos previstos em lei complementar.

II. Somente o Congresso poderá autorizar o Presidente e o Vice-Presidente da República a se ausentarem do País, quando a ausência exceder a quinze dias.

III. É competência do Congresso a suspensão dos atos normativos do Chefe do Executivo que extrapolem o poder regulamentar, invadindo seara de lei.

IV. O Congresso também é responsável por julgar anualmente as contas prestadas pelo Presidente da República e apreciar os relatórios sobre a execução dos planos de governo.

V. É de competência do Senado Federal processo e julgamento do Presidente e do Vice-Presidente da República nos crimes de responsabilidade, bem como dos Ministros de Estado e dos Comandantes da Marinha, do Exército e da Aeronáutica nos crimes da mesma natureza conexos com aqueles, após autorização da Câmara dos Deputados para recebimento da denúncia e instauração do processo.

VI. A Carta Magna prevê ainda a criação de comissões parlamentares de inquérito – CPI's, que terão poderes de investigação próprios das autoridades judiciais, além de outros previstos nos regimentos das respectivas Casas; as CPIs serão criadas pela Câmara dos Deputados e pelo Senado Federal, em conjunto ou separadamente, mediante requerimento de um terço de seus membros, para a apuração de fato determinado e por prazo certo, sendo suas conclusões, se for o caso, encaminhadas ao Ministério Público, para que se promova a responsabilidade civil ou criminal dos infratores.

VII. O Congresso Nacional tem o poder de sustar contratos, mediante parecer apresentado pelo Tribunal de Contas da União.

Também é de competência do Senado aprovar a nomeação de alguns agentes políticos, nos moldes definidos pela Carta Magna, entre outras formas de controle da atividade estatal, definidas como forma de garantia dos princípios aplicáveis à Administração.

Convém relembrar que o controle legislativo sobre as atividades da administração somente pode ser realizado nas hipóteses taxativamente previstas na Constituição da República, sob pena de violação ao princípio da Tripartição dos Poderes.

5.2. Controle exercido pelos Tribunais de Contas

O Tribunal de Contas é órgão auxiliar do Poder Legislativo no controle externo. Tem competência para fiscalização de quaisquer entidades públicas, incluindo as contas do Ministério Público, Legislativo e Judiciário, assim como para efetivar seu controle sobre entidades privadas que utilizem dinheiro público para execução de suas atividades.

No Brasil, há a previsão de Tribunal de Contas no âmbito estadual e federal, assim como a possibilidade de criação de Tribunal de Contas dos Municípios, órgão estadual. No município de São Paulo e do Rio de Janeiro, há a atuação do Tribunal de Contas do Município, órgão municipal[5]. Com efeito, o Tribunal de Contas da União - TCU é órgão auxiliar do Congresso Nacional, auxiliando a fiscalização contábil, financeira, orçamentária, operacional e patrimonial da União e das entidades da administração direta e indireta, quanto à legalidade, legitimidade, economicidade, aplicação das subvenções e renúncia de receitas.

O TCU é integrado por nove Ministros, tem sede no Distrito Federal, quadro próprio de pessoal e jurisdição em todo o território nacional, sendo os seus membros nomeados dentre brasileiros que tenham mais de trinta e cinco e menos de sessenta e cinco anos de idade, idoneidade moral e reputação ilibada, notórios conhecimentos jurídicos, contábeis, econômicos e financeiros ou de administração pública, além de possuir mais de dez anos de exercício de função ou de efetiva atividade profissional que exija estes conhecimentos.

Respeitadas essas exigências, os Ministros do Tribunal de Contas da União serão escolhidos, respeitando os seguintes critérios:

a) um terço pelo Presidente da República, com aprovação do Senado Federal, sendo dois alternadamente dentre auditores e membros do Ministério Público junto ao Tribunal, indicados em lista tríplice pelo Tribunal, segundo os critérios de antiguidade e merecimento;

b) dois terços pelo Congresso Nacional.

5. Isso decorre do fato de que os Tribunais de Contas municipais existentes antes da promulgação da Constituição Federal de 1988 foram mantidos, sendo vedada a criação de novos tribunais de contas no âmbito do poder público municipal, após a edição da Carta Magna vigente.

Ademais, a Carta Magna define que os Ministros do Tribunal de Contas da União terão as mesmas garantias, prerrogativas, impedimentos, vencimentos e vantagens dos Ministros do Superior Tribunal de Justiça.

5.2.1. Atribuições do Tribunal de Contas da União

O texto constitucional define as atribuições do TCU que devem ser analisadas individualmente, dadas as suas peculiaridades:

A) Apreciar as **contas** prestadas anualmente pelo **Presidente da República**, mediante parecer prévio que deverá ser elaborado em sessenta dias a contar de seu recebimento. Nestes casos, não compete ao TCU efetivar o julgamento das contas que será feito pelo Congresso Nacional. O órgão auxiliar fica responsável somente pela emissão de um parecer que não tem natureza vinculante, não obstante seja obrigatório.

B) **Julgar as contas dos administradores** e demais responsáveis por dinheiros, bens e valores públicos da administração direta e indireta, incluídas as fundações e sociedades instituídas e mantidas pelo Poder Público Federal, e as contas daqueles que derem causa a perda, extravio ou outra irregularidade de que resulte prejuízo ao erário público. Importante ressaltar que, no decorrer dos julgamentos efetivados, o TCU poderá declarar, *incidenter tantum*, a inconstitucionalidade de leis e normas. Neste sentido, a súmula n. 347 do Supremo Tribunal Federal dispõe que "*O Tribunal de Contas, no exercício de suas atribuições, pode apreciar a constitucionalidade das leis e dos atos do poder público*".

C) Apreciar, para fins de registro, a **legalidade dos atos de admissão de pessoal**, a qualquer título, na administração direta e indireta, incluídas as fundações instituídas e mantidas pelo Poder Público, excetuadas as nomeações para cargo de provimento em comissão, bem como a das concessões de aposentadorias, reformas e pensões, ressalvadas as melhorias posteriores que não alterem o fundamento legal do ato concessório.

D) Realizar, por iniciativa própria, da Câmara dos Deputados, do Senado Federal, de Comissão técnica ou de inquérito, **inspeções e auditorias** de natureza contábil, financeira, orçamentária, operacional e patrimonial, nas unidades administrativas dos Poderes Legislativo, Executivo e Judiciário, e demais entidades privadas que atuem na prestação de serviços por meio da transferência de verbas públicas.

E) Fiscalizar as **contas nacionais das empresas** supranacionais de cujo capital social a União participe, de forma direta ou indireta, nos termos do tratado constitutivo.

F) Fiscalizar a **aplicação de quaisquer recursos repassados pela União mediante convênio**, acordo, ajuste ou outros instrumentos congêneres, a Estado, ao Distrito Federal ou a Município.

G) **Prestar as informações solicitadas pelo Congresso Nacional**, por qualquer de suas Casas, ou por qualquer das respectivas Comissões, sobre a fiscalização contábil, financeira, orçamentária, operacional e patrimonial e sobre resultados de auditorias e inspeções realizadas, auxiliando a atividade do controle parlamentar direto.

H) Aplicar aos responsáveis, em caso de ilegalidade de despesa ou irregularidade de contas, as sanções previstas em lei, que estabelecerá, entre outras cominações, **multa** proporcional ao dano causado ao erário. Nestes casos, é importante ressaltar que a multa aplicada pelo Tribunal de Contas tem natureza de Título executivo extrajudicial, podendo ser executada diretamente, sem a necessidade de propositura de ação cognitiva prévia. Neste sentido, o art. 71, §3º da carta Magna dispõe que *"As decisões do Tribunal de que resulte imputação de débito ou multa terão eficácia de título executivo"*.

É importante ressaltar que a multa aplicada pelo Tribunal de Contas da União será executada pelo órgão de representação judicial da União (Advocacia Geral da União) e não pelo próprio Tribunal que não tem personalidade jurídica [6].

I) Assinar prazo para que o órgão ou entidade adote as providências necessárias ao exato cumprimento da lei, se verificada ilegalidade.

J) Sustar, se não atendido, a execução do ato impugnado, comunicando a decisão à Câmara dos Deputados e ao Senado Federal. Importa ressaltar que, não obstante tenha a competência para sustação de atos ilegais, o TCU não pode efetivar a sustação de contratos administrativos ilícitos, haja vista ser atribuição do Congresso Nacional. Nestes casos, o ato de sustação será adotado diretamente pelo Congresso Nacional, que solicitará, de imediato, ao Poder Executivo as medidas cabíveis, sendo que, somente se o Congresso Nacional ou o Poder Executivo, no prazo de noventa dias, não efetivar as medidas previstas no parágrafo anterior, o Tribunal poderá decidir a respeito.

K) representar ao Poder competente sobre irregularidades ou abusos apurados.

L) Efetuar o cálculo das quotas referentes aos fundos de participação dos Estados, do Distrito Federal e dos Municípios, bem como fiscalizar a entrega dos recursos.

Dessa forma, pode-se verificar que as competências atribuídas ao Tribunal de Contas visam a auxiliar o controle exercido pelo Congresso e fiscalizar todos os entes da Administração Pública, além das entidades privadas que executam funções mediante repasse de dinheiro público.

6. CONTROLE JUDICIAL

Inicialmente, cumpre ressaltar que, no que tange ao controle da Administração Pública, o Direito Brasileiro adotou o sistema de jurisdição única, em detrimento ao sistema do contencioso administrativo.

O **sistema inglês** ou **sistema de jurisdição única**, também designado de sistema da unicidade de jurisdição, estabelece que todos os litígios, sejam eles administrativos ou privados, podem ser levados à justiça comum, ou seja, ao Poder Judiciário, único com competência para dizer o direito aplicável aos casos litigiosos, de forma definitiva, com força de coisa julgada

6. RECURSO EXTRAORDINÁRIO. TRIBUNAL DE CONTAS DO ESTADO DE SERGIPE. COMPETÊNCIA PARA EXECUTAR SUAS PRÓPRIAS DECISÕES: IMPOSSIBILIDADE. NORMA PERMISSIVA CONTIDA NA CARTA ESTADUAL. INCONSTITUCIONALIDADE. 1. As decisões das Cortes de Contas que impõem condenação patrimonial aos responsáveis por irregularidades no uso de bens públicos têm eficácia de título executivo (CF, artigo 71, § 3º). Não podem, contudo, ser executadas por iniciativa do próprio Tribunal de Contas, seja diretamente ou por meio do Ministério Público que atua perante ele. Ausência de titularidade, legitimidade e interesse imediato e concreto. 2. A ação de cobrança somente pode ser proposta pelo ente público beneficiário da condenação imposta pelo Tribunal de Contas, por intermédio de seus procuradores que atuam junto ao órgão jurisdicional competente. 3. Norma inserida na Constituição do Estado de Sergipe, que permite ao Tribunal de Contas local executar suas próprias decisões (CE, artigo 68, XI). Competência não contemplada no modelo federal. Declaração de inconstitucionalidade, incidenter tantum, por violação ao princípio da simetria (CF, artigo 75). Recurso extraordinário não conhecido. (STF - RE: 223037 SE, Relator: Min. MAURÍCIO CORRÊA, Data de Julgamento: 02/05/2002,Tribunal Pleno, Data de Publicação: DJ 02-08-2002)

material. Nesse sentido, pode-se estabelecer que somente ao Poder Judiciário é atribuída jurisdição, em sentido próprio.

Observe-se, ainda, que a adoção do sistema de jurisdição única não implica a vedação à existência de solução de litígios na esfera administrativa. Ao contrário, a Administração Pública tem poder para efetivar a revisão acerca dos seus atos, independentemente de provocação de qualquer interessado. Ocorre que a decisão administrativa não impede que a matéria seja levada à apreciação do Poder Judiciário.

Assim, é possível a provocação do Judiciário para análise de controvérsias ainda que já se tenham esgotado as instâncias administrativas e independentemente disso, ou seja, não se pode exigir a decisão final em sede administrativa como requisito para ingresso em demanda judicial. Com efeito, o particular poderá optar pelo Judiciário, sem a necessidade de esgotamento das instâncias administrativas. A exceção está definida no art. 217, §1º da Constituição que dispõe que "*O Poder Judiciário só admitirá ações relativas à disciplina e às competições desportivas após esgotarem-se as instâncias da justiça desportiva, regulada em lei*".

Ademais, o controle judicial das atividades administrativas somente pode ser realizado mediante provocação do interessado, podendo ser prévio ou posterior, somente no que tange aos aspectos de legalidade, não sendo admitido que o Poder Judiciário intervenha nos aspectos de oportunidade e conveniência que justificaram a prática dos atos administrativos.

A doutrina brasileira aponta alguns limites ao controle jurisdicional, quais sejam a atividade política de Estado, a qual não se submete a controle judicial *in abstratum*, dada a ampla discricionariedade atribuída a esta função estatal e os atos *interna corporis*, que serão analisados em tópico apartado.

Importa salientar que o Novo Código de Processo Civil prevê que, nas ações judiciais, deverá sempre ser estimulada a mediação, não somente por magistrados, mas também por advogados, defensores públicos e membros do Ministério Público.

→ *Prescrição administrativa*

A prescrição é tradicionalmente conhecida como a perda do direito de ação devido à inércia de seu titular, sendo também reconhecido pela legislação no que tange ao Direito Administrativo.

O Decreto 20.910/32 define, em seu art. 1º, que todo e qualquer direito ou ação contra a Fazenda Federal, estadual ou municipal, seja qual for a sua natureza, prescrevem em cinco anos contados da data do ato ou fato do qual se originarem, sendo que, quando o pagamento se dividir por dias, meses ou anos, a prescrição atingirá progressivamente as prestações à medida que completarem os prazos estabelecidos pelo presente decreto. Nestes casos, não há prescrição do fundo do direito, mas tão somente das parcelas vencidas há mais de cinco anos.

No que tange à ação de reparação civil em face do Estado, a prescrição quinquenal é reiterada pelo art. 1º-C da lei 9.494/97 que dispõe que "*Prescreverá em cinco anos o direito de obter indenização dos danos causados por agentes de pessoas jurídicas de direito público e de pessoas jurídicas de direito privado prestadoras de serviços públicos*". A matéria foi alvo de algumas controvérsias após a edição do Código Civil de 2002, não obstante o prazo prescricional previsto neste diploma para ações de reparação civil seja de três anos, somente.

A jurisprudência majoritária aponta no sentido de que o Código Civil, dada sua qualidade de norma geral, não tem o poder de revogar as disposições de lei especial, mantendo-se a aplicação da lei 9.494/97, com a prescrição quinquenal destas ações. Para maior aprofundamento do tema, o leitor deve- se remeter ao capítulo atinente à responsabilidade civil do estado.

Importante, por fim, destacar que as hipóteses de suspensão e interrupção do prazo prescricional previstas na legislação civil também são aplicáveis às ações judiciais pertinentes ao Direito Administrativo.

→ ***Coisa julgada administrativa***

É comum encontrar na doutrina e na jurisprudência referências à denominada **coisa julgada administrativa**, característica inerente à decisão tida como imutável após o esgotamento de todos os prazos para a interposição de recursos administrativos. Neste sentido, por exemplo, pode-se considerar o trânsito em julgado do Processo Administrativo Disciplinar com a aplicação da penalidade de demissão ao servidor público, quando não for mais possível qualquer espécie de recurso em face da decisão proferida.

É importante entender que a coisa julgada administrativa não impede a revisão judicial da decisão prolatada. Com efeito, o impedimento de que uma matéria volte a ser discutida administrativamente não afasta o Poder Judiciário da controvérsia, mesmo porque, no ordenamento jurídico brasileiro, o exercício da jurisdição é inafastável, nos moldes do art. 5º, XXXV[7] da Constituição Federal.

Dessa forma, entende-se que no ordenamento jurídico nacional, somente o Poder Judiciário pode emitir decisões que produzam efeitos de coisa julgada material, ensejando imutabilidade e impossibilidade de rediscussão da matéria.

6.1. Ações judiciais

Consoante explicitado, a atuação judicial depende de provocação do particular interessado no sentido de requerer a manifestação deste poder, anulando ato administrativo viciado ou impedindo a prática de ato a ser realizado, ou ainda, determinando a atuação do ente público em determinadas situações nas quais a omissão configura ilicitude.

Atualmente, existem vários instrumentos para efetivação do controle jurisdicional. As mais importantes ações judiciais de controle da administração pública são: a) mandado de segurança; b) *habeas data*, c) mandado de injunção; d) ação popular; e) ação civil pública; f) ação de improbidade e g) ações ordinárias que visam a anulação de atos administrativos ou a imposição de obrigação de fazer.

Analisemos sucintamente cada uma destas ações.

6.1.1. Mandado de Segurança

O Mandado de segurança é uma ação mandamental de rito especial, previsto no art. 5º, LXIX e LXX da Carta Magna e regulamentada pela lei 12.016/09, para proteção de

7. O dispositivo constitucional define, como garantia fundamental que *a lei não excluirá da apreciação do Poder Judiciário lesão ou ameaça de direito*

direitos individuais ou coletivos, violados ou ameaçados por ato administrativo ilegal. Com efeito, diante de ato ilegal que viola direito líquido e certo de particular, é possível requerer, mediante a impetração de Mandado de Segurança, que se declare a nulidade desta conduta.

O mesmo ocorre em caso de atos omissivos, situações nas quais o Mandado de Segurança ensejará obrigação de fazer ao poder público. Sendo assim, caso um candidato em concurso público, por exemplo, seja aprovado dentro do número de vagas previsto no edital e a Administração deixe de convocá-lo para assumir o cargo, pode-se mediante a impetração do *mandamus* se determinar que a nomeação seja efetivada.

Neste sentido, o **Mandado de Segurança preventivo** será admitido sempre que o particular estiver se sentindo ameaçado da prática de ato administrativo ilícito que lhe causa danos. Caso, durante o andamento da ação, o ato for praticado, ele poderá ser convertido automaticamente em Mandado de Segurança repressivo.

Por seu turno, a ação repressiva, denominada somente Mandado de Segurança será cabível para anulação de atos administrativos já praticados de forma ilícita, ensejando prejuízos a particulares, mediante a violação de seus direitos.

→ *Mandado de Segurança Coletivo e Individual*

O Mandado de segurança individual será proposto porque qualquer particular que se sinta lesado por ato administrativo ilícito que viole seu direito líquido e certo. Será individual o *mandamus* ainda que impetrado por diversas pessoas em litisconsórcio ativo, haja vista não haver substituição processual de uma coletividade.

O Mandado de Segurança coletivo é remédio especial utilizado para a proteção de direitos coletivos, quais sejam os transindividuais de natureza indivisível de que seja titular grupo ou categoria de pessoas ligadas entre si ou com a parte contrária por uma relação jurídica básica, bem como para proteção de direitos individuais homogêneos, assim entendidos, para efeito desta Lei, os decorrentes de origem comum e da atividade ou situação específica da totalidade ou de parte dos associados ou membros do impetrante.

Nestes casos, a ação será proposta por substitutos processuais, representando esta coletividade, admitindo-se que pode ser impetrado por partido político com representação no Congresso Nacional, na defesa de seus interesses legítimos relativos a seus integrantes ou à finalidade partidária, ou por organização sindical, entidade de classe ou associação legalmente constituída e em funcionamento há, pelo menos, 1 (um) ano, em defesa de direitos líquidos e certos da totalidade, ou de parte, dos seus membros ou associados, na forma dos seus estatutos e desde que pertinentes às suas finalidades, dispensada, para tanto, autorização especial.

→ *Legitimidade passiva e autoridade coatora*

Na ação mandamental, o Réu é a entidade pública em cujos quadros esteja lotado o agente que praticou o ato lesivo ao interesse do particular. Com efeito, a autoridade coatora atua como informante no processo, não ostentando a qualidade de sujeito passivo do *mandamus*.

Neste sentido, a lei 12.016/09 determina que seja notificada a autoridade coatora (agente público responsável pela prática do ato impugnado) para que preste informações, no prazo de dez dias, de forma a explicar as razões que ensejaram sua conduta, como forma de auxiliar no convencimento do magistrado acerca da controvérsia.

Por sua vez, o Réu da ação, *in casu*, a entidade da Administração Pública a que pertença a autoridade coatora deverá ser cientificada para que apresente defesa no prazo legal, haja vista sua condição de Ré do feito. A lei determina ao juiz que, ao receber a petição inicial, determine "*que se dê ciência do feito ao órgão de representação judicial da pessoa jurídica interessada, enviando-lhe cópia da inicial sem documentos, para que, querendo, ingresse no feito*".

Ressalte-se, ainda, que em casos de ato praticado por delegação, a autoridade coatora do Mandado de Segurança será a autoridade delegada, que praticou o ato impugnado. Vejamos a súmula 510 do Supremo Tribunal Federal acerca do tema.

> *Súmula 510 STF - "PRATICADO O ATO POR AUTORIDADE, NO EXERCÍCIO DE COMPETÊNCIA DELEGADA, CONTRA ELA CABE O MANDADO DE SEGURANÇA OU A MEDIDA JUDICIAL."*

→ *Direito líquido e certo*

A legislação determina que a impetração do Mandado de Segurança depende da existência de violação a direito líquido e certo do Autor, assim considerado o direito que tem comprovação mediante a juntada de documentos pelo impetrante. Com efeito, entende-se por direito líquido e certo o direito cuja prova está pré-constituída, não se admitindo a produção de provas durante o processo. Neste sentido, a complexidade quanto à matéria fática não impede a utilização do MS, já que será necessário verificar se foi produzida de forma prévia a prova para corroborar os fatos alegados, e isso é relativo ao mérito do MS.

Inclusive, acerca do tema, o Supremo Tribunal Federal já se manifestou mediante a edição da súmula 625, dispondo que "*Controvérsia sobre matéria de direito não impede concessão de mandado de segurança*".

Caso os documentos que comprovariam os fatos alegados pelo Impetrante estejam em poder da Administração, que se negou a fornecê-los, como pode ocorrer, por exemplo, com a cópia de procedimento administrativo, a lei 12.016/09 prevê, no art. 6º §1º, que o Impetrante pode narrar essa situação, determinando o magistrado que a autoridade coatora a apresente os documentos em prazo estipulado de dez dias.

Ademais, se tratando do Mandado de Segurança impetrado para defesa de direitos individuais, ele não pode ser manejado para anulação de atos normativos. De fato, deve ser impetrado para anulação de atos que causem danos individuais a particulares.

→ *Hipóteses de cabimento*

Para que seja admitida a impetração do Mandado de Segurança, a lei ainda define alguns requisitos, quais sejam:

a) a ação deve ser proposta em, no máximo 120 (cento e vinte) dias, contados da data do ato impugnado, sob pena de decadência do direito e ultrapassado o prazo decadencial, o particular deverá se socorrer nas vias ordinárias, não se admitindo a impetração do *mandamus;*

b) não é cabível Mandado de Segurança para pleitear a indenização de valores anteriores à sua impetração. Neste sentido, a súmula 269, do Supremo Tribunal Federal dispõe que "*O Mandado de Segurança não é substitutivo de ação de cobrança*";

c) não cabe Mandado de Segurança contra os atos de gestão comercial praticados pelos administradores de empresas públicas, de sociedade de economia mista e de concessionárias de serviço público;

Importante salientar que, para os atos praticados pelas empresas estatais, na execução de atividades de interesse público, o Mandado de Segurança é cabível, somente não o sendo quando se tratar de ato praticado na exploração de atividade econômica, de cunho comercial. Vejamos, inclusive o entendimento do Superior Tribunal de Justiça acerca do tema.

> *Súmula 333 - Cabe mandado de segurança contra ato praticado em licitação promovida por sociedade de economia mista ou empresa pública.*

d) não se concederá Mandado de Segurança quando se tratar de ato do qual caiba recurso administrativo ou judicial com efeito suspensivo e de decisão judicial transitada em julgado. Neste sentido, dispõe o art. 5º da lei 12.016/09, que não se concederá mandado de segurança quando se tratar: *"I - de ato do qual caiba recurso administrativo com efeito suspensivo, independentemente de caução; II - de decisão judicial da qual caiba recurso com efeito suspensivo; III - de decisão judicial transitada em julgado".*

→ *Competência para julgamento do Mandado de Segurança*

A competência varia de acordo com a autoridade coatora, havendo prerrogativa de foro, determinada pela Carta Magna, sempre que se tratar de agente de alto escalão. Neste sentido, pode-se definir as seguintes regras de competência para julgamento originário do *mandamus.*

Supremo Tribunal Federal (art. 102 da CF)	contra atos do Presidente da República, das Mesas da Câmara dos Deputados e do Senado Federal, do Tribunal de Contas da União, do Procurador-Geral da República e do próprio Supremo Tribunal Federal.
Superior Tribunal de Justiça (art. 105 da CF)	contra ato de Ministro de Estado, dos Comandantes da Marinha, do Exército e da Aeronáutica ou do próprio Tribunal
Tribunal Regional Federal (art. 108 da CF)	contra ato do próprio Tribunal ou de juiz federal
Tribunal de Justiça	Definido nas Constituições estaduais, normalmente para julgamento de governador, secretário estadual e prefeitos
Justiça Federal (art. 109 da CF)	Outras autoridades federais
Justiça Estadual	Outras autoridades estaduais ou municipais

6.1.2. Ação Popular

A ação popular é remédio constitucional, regulamentado no art. 5º, LXXIII da Constituição Federal proposta por qualquer cidadão que, embora não tenha sido diretamente lesado pelo ato que ele pretende anular, considere o ato lesivo ao interesse coletivo. Com efeito, o cidadão busca a anulação de um ato lesivo ao interesse da coletividade e não à sua esfera individual.

Neste sentido, pode-se dizer que o Autor da ação atua em prol da sociedade e não visando resguardar direito próprio, podendo ser proposta em face de ato praticado de forma ilícita ou mesmo diante da ameaça de prática desta conduta lesiva ao patrimônio da União, do Distrito Federal, dos Estados, dos Municípios, de entidades autárquicas, de sociedades de economia mista, de sociedades mútuas de seguro nas quais a União represente os segurados ausentes, de empresas públicas, de serviços sociais autônomos, de instituições ou fundações para cuja criação ou custeio o tesouro público haja concorrido ou concorra com mais de cinquenta por cento do patrimônio ou da receita anual, de empresas incorporadas ao patrimônio da União, do Distrito Federal, dos Estados e dos Municípios, e de quaisquer pessoas jurídicas ou entidades subvencionadas pelos cofres públicos.

→ *Legitimidade ativa e passiva*

Sendo assim, a legitimidade para a propositura da ação é sempre de um cidadão e a comprovação da cidadania é sempre realizada pela juntada do título de eleitor, nos moldes determinados pelo art. 1º, §3º da lei 4.717/65.

Ademais, a ação será proposta contra as pessoas públicas ou privadas e as entidades privadas que recebam dinheiro público para custeio ou formação do capital, contra as autoridades, funcionários ou administradores que houverem autorizado, aprovado, ratificado ou praticado o ato impugnado, ou que, por omissas, tiverem dado oportunidade à lesão, e contra os beneficiários diretos dele. Assim, estes são os réus da ação popular: o agente público, o ente estatal que esse agente representa e o beneficiado (ou os beneficiados) pelo ato impugnado.

Ressalte-se que, se não houver benefício direto do ato lesivo, ou se for ele indeterminado ou desconhecido, a ação será proposta somente contra as outras pessoas, quais sejam o agente público e o ente estatal a cujos quadros esse agente pertença.

→ *Competência e julgamento*

Inicialmente, ressalte-se não haver prerrogativa de foro para julgamento da ação popular, sendo assim, a ação tramitará, necessariamente, perante juiz singular, competindo à justiça federal a análise do feito, nas hipóteses previstas no art. 109 da Constituição Federal. Em caso contrário, a ação será proposta perante juiz estadual.

Ademais, o art. 5º, §4º, da lei 4.717/65 admite a concessão ou tutela antecipada em sede liminar, como forma de resguardar o resultado prático do processo, definindo que "*Na defesa do patrimônio público caberá a suspensão liminar do ato lesivo impugnado*".

Na ação popular, o autor requer a anulação do ato lesivo. Caso haja antecipação de tutela, requer primeiramente a suspensão do ato em sede liminar, para que se determine a anulação em julgamento final. Por fim, pode-se requerer, ainda, o ressarcimento ao erário por qualquer prejuízo causado.

> → Ressalte-se que, na ação popular, o autor não pleiteia indenização para si, haja vista o fato de que não foi diretamente lesado pelo ato. Dessa forma, deve-se requerer o ressarcimento ao erário, pelo dano causado.

Por fim, a lei determina a participação do Ministério Público, atuando como fiscal da lei e dispõe, em seu art. 21 que "*A ação prevista nesta lei prescreve em 5 (cinco) anos*".

6.1.3. Habeas Data

Trata-se o *habeas data* de ação constitucional, prevista no art. 5º, LXXII, da Carta Magna que visa à garantia do direito fundamental à informação. Com efeito, a ação é cabível sempre para garantir o direito a informação acerca da pessoa do impetrante, não sendo admitida sua impetração para garantir direito à informação do seu interesse. Neste segundo caso, o remédio a ser manejado é o Mandado de Segurança.

Da mesma forma, não é cabível o *habeas data* quando o particular pretender o fornecimento de certidões, quando, então, será admitida a impetração da ação mandamental.

Dessa forma, é possível a impetração do *habeas data* nas seguintes situações:

a) para assegurar o conhecimento de informações relativas à pessoa do impetrante, constantes de registro ou banco de dados de entidades governamentais ou de caráter público;

b) para a retificação de dados, quando não se prefira fazê-lo por processo sigiloso, judicial ou administrativo;

c) para a anotação nos assentamentos do interessado, de contestação ou explicação sobre dado verdadeiro, mas justificável, e que esteja sob pendência judicial ou amigável.

Não obstante a ação seja proposta para obtenção ou acréscimo de informações acerca da pessoa do impetrante, a jurisprudência e doutrina vêm-se firmando no sentido de admitir a impetração por sucessores, em defesa do direito do *de cujus.* Outrossim, não há qualquer vedação à impetração do *habeas data* por uma pessoa jurídica que pretenda ver satisfeita a pretensão de obter informações constantes em registro público em relação a si.

Ademais, a petição inicial deve ser instruída com a prova de que o agente público se recusou a prestar as informações, ou não o fez no prazo de dez dias - situação em que se configura a recusa tácita. Em casos de acréscimo e retificação de informações, a recusa tácita ocorre após quinze dias sem manifestação do poder público.

Trata-se de requisito específico, sem o qual, considera-se que não há legitimidade de agir do impetrante, haja vista a movimentação da máquina do judiciário de forma desnecessária e indevida.

A ação deve ser proposta obedecendo às regras de prerrogativa de foro determinada pela Constituição, baseada na autoridade coatora. O quadro utilizado para definição da competência jurisdicional do Mandado de Segurança poderá ser utilizado pelo leitor, haja vista a similaridade com o *habeas data.*

Ademais, a lei 9.507/97 prevê, em seu art. 18, a possibilidade de renovação do *habeas data*, quando a decisão denegatória não tiver analisado o mérito do feito. Trata-se de norma similar àquela prevista para o Mandado de Segurança. Nestes termos, o dispositivo dispõe que "*O pedido de habeas data poderá ser renovado se a decisão denegatória não lhe houver apreciado o mérito*".

Por fim, ao despachar a inicial, o juiz ordenará que se notifique o coator do conteúdo da petição, entregando-lhe a segunda via apresentada pelo impetrante, com as cópias dos documentos, a fim de que, no prazo de dez dias, preste as informações que julgar necessárias, bem como determine a intimação do ilustríssimo representante do *parquet* para atuar no feito como fiscal da lei.

6.1.4. Ação civil pública

Trata-se de ação cabível sempre que o legitimado tiver a intenção de garantir a proteção a interesses difusos e coletivos, assim como de direitos individuais homogêneos, com regulamentação na lei 7.347/85. É possível o manejo desta ação especial para defesa do meio ambiente, do direito do consumidor, da ordem econômica, entre outros, sendo vedada a sua propositura para veicular pretensões que envolvam tributos, contribuições previdenciárias, o Fundo de Garantia do Tempo de Serviço - FGTS ou outros fundos de natureza institucional, cujos beneficiários podem ser individualmente determinados.

A lei prevê a possibilidade de ajuizamento de ação cautelar para defesa dos direitos coletivos, objetivando, inclusive, evitar o dano ao meio ambiente, ao consumidor, à ordem urbanística ou aos bens e direitos de valor artístico, estético, histórico, turístico e paisagístico, bem como, com a finalidade de proteção à honra de grupos raciais, étnicos ou religiosos.

→ ***Legitimidade ativa e passiva***

No que tange à legitimidade para propor a ação principal e a ação cautelar, a lei define, de forma exaustiva, quais as pessoas que poderão propor a ação, diferentemente do que ocorre na ação popular, cuja legitimidade é atribuída a qualquer cidadão. Nestes termos, são legitimados para a propositura da ação:

a) o Ministério Público, sendo que, caso não seja o Autor da ação, o *parquet* deverá atuar como fiscal da lei;

b) a Defensoria Pública, que, não obstante não tenha personalidade jurídica, possui capacidade postulatória, podendo figurar no polo ativo da ação judicial;

c) a União, os Estados, o Distrito Federal e os Municípios, nestes casos, entidades políticas, com personalidade jurídica própria;

d) a autarquia, inclusive a associação pública, empresa pública, fundação pública ou sociedade de economia mista;

e) a associação que, concomitantemente, esteja constituída há pelo menos 1 (um) ano nos termos da lei civil e inclua, entre suas finalidades institucionais, a proteção ao meio ambiente, ao consumidor, à ordem econômica, aos direitos de grupos raciais, étnicos ou religiosos, à livre concorrência ou ao patrimônio artístico, estético, histórico, turístico e paisagístico.

A lei define ainda que fica facultado ao Poder Público e a outras associações legitimadas nos termos deste artigo habilitar-se como litisconsortes de qualquer das partes, sendo que, em caso de desistência infundada ou abandono da ação por associação legitimada, o Ministério Público ou outro legitimado assumirá a titularidade ativa.

Por sua vez, serão legitimados passivos todos aqueles que, sendo pessoa física ou jurídica, derem causa a qualquer conduta que ensejar prejuízos ao meio ambiente, ao direito do consumidor, à ordem econômica ou urbanística, a bens e direitos de valor estético, histórico, turístico e paisagístico ou a qualquer outro interesse difuso ou coletivo.

Outrosssim, o art. 3º, da lei 7.347/85 define que *"A ação civil poderá ter por objeto a condenação em dinheiro ou o cumprimento de obrigação de fazer ou não fazer"*.

6.1.5. Mandado de Injunção

O art. 5º, LXXI da Constituição da República define, que *"conceder-se-á mandado de injunção sempre que a falta de norma regulamentadora torne inviável o exercício dos direitos e liberdades constitucionais e das prerrogativas inerentes à nacionalidade, à soberania e à cidadania"*. Com efeito, trata-se de ação especial proposta com a finalidade de se evitar que a omissão legislativa cause prejuízos ou obste o exercício de direitos e garantias constitucionalmente previstas no texto constitucional.

Normalmente, a ação é necessária quando se está diante de uma norma de eficácia limitada, ou seja, norma que define uma garantia, cujo exercício depende da existência de norma infraconstitucional posterior que a regulamente.

Dessa forma, enquanto não for editada a lei que regulamente o texto constitucional, o particular goza da prerrogativa, mas não tem a possibilidade de exercer o seu direito, por carecer de regulamentação, o que caracteriza descumprimento da norma descrita na Carta Magna.

A definição de norma constitucional de eficácia limitada decorre de classificação efetivada por José Afonso da Silva[8] e que, atualmente, é adotada pela doutrina majoritária, no Brasil. Sendo assim, as normas constitucionais que dependem de regulamentação para a sua aplicabilidade ensejam um dever de agir do legislador e a omissão legislativa se torna vício sanável por meio da impetração do Mandado de Injunção.

O mandado de injunção tem regulamentação pela lei 13.300/16 que dispõe, em seu art. 2º que *"Conceder-se-á mandado de injunção sempre que a falta total ou parcial de norma regulamentadora torne inviável o exercício dos direitos e liberdades constitucionais e das prerrogativas inerentes à nacionalidade, à soberania e à cidadania"*. O art. 14 do referido diploma legal, ainda, determina que deverá ser utilizada a lei 12.016/09 – que trata do mandado de segurança – de forma subsidiária, sempre que houver omissão acerca de pontos relevantes do procedimento judicial do mandado de injunção.

Assim como ocorre no Mandado de Segurança, deverá respeitar as regras do art. 319 do CPC, sendo necessária a indicação do autor (ou impetrante), da autoridade coatora (agente público que teria legitimidade para a iniciativa do projeto de lei) e o Réu (entidade pública.

Recebida a petição inicial, será ordenada:

I - a notificação do impetrado sobre o conteúdo da petição inicial, devendo-lhe ser enviada a segunda via apresentada com as cópias dos documentos, a fim de que, no prazo de 10 (dez) dias, preste informações;

---

8. AFONSO DA SILVA, José. Curso de Direito Constitucional Positivo, 23 ed. Ed. São Paulo. Malheiros. 2004.

II - a ciência do ajuizamento da ação ao órgão de representação judicial da pessoa jurídica interessada, devendo-lhe ser enviada cópia da petição inicial, para que, querendo, ingresse no feito.

É relevante salientar ainda que reconhecido o estado de mora legislativa, será deferida a injunção para:

I - determinar prazo razoável para que o impetrado promova a edição da norma regulamentadora;

II - estabelecer as condições em que se dará o exercício dos direitos, das liberdades ou das prerrogativas reclamados ou, se for o caso, as condições em que poderá o interessado promover ação própria visando a exercê-los, caso não seja suprida a mora legislativa no prazo determinado.

Verifica-se, portanto, que o Mandado de Injunção não é ação de controle concentrado de constitucionalidade, visando somente a resolver o problema do impetrante por meio da garantia a ele de que poderá exercer seu direito mesmo sem a previsão de norma regulamentadora. Nesse sentido, dispõe o art. 9º da lei 13.300/16 que *"A decisão terá eficácia subjetiva limitada às partes e produzirá efeitos até o advento da norma regulamentadora"*, ressaltando, ainda, em seu parágrafo primeiro que *"poderá ser conferida eficácia **ultra partes** ou **erga omnes** à decisão, quando isso for inerente ou indispensável ao exercício do direito, da liberdade ou da prerrogativa objeto da impetração"*.

No que tange ao cabimento de liminar, o Supremo Tribunal Federal já pacificou a impossibilidade de concessão da tutela de urgência. Com efeito, a matéria já foi alvo de diversos julgados, tendo sido definido pela Corte que a ação não admite a decisão liminar.

→ *Mandado de Injunção Coletivo*

É possível que seja impetrado o Mandado de Injunção Coletivo quando os direitos constitucionais de uma determinada categoria ou coletividade estiverem sendo usurpados pela ausência de norma infraconstitucional que os regulamente.

Nesse caso, a lei dispõe que o mandado de injunção coletivo pode ser promovido pelo Ministério Público, por partido político com representação no Congresso Nacional, pela defensoria pública e também por **organização sindical, entidade de classe ou associação legalmente constituída e em funcionamento há pelo menos 1 (um) ano.**

Nesse último caso, se trata de representação de entidade privada e alei determina que essa entidade sindical ou associação poderá impetrar o Mandado de Injunção Coletivo para assegurar o exercício de direitos, liberdades e prerrogativas em favor da totalidade ou de parte de seus membros ou associados, na forma de seus estatutos e desde que pertinentes a suas finalidades, dispensada, para tanto, autorização especial.

→ *Efeitos das decisões*

Por fim, é importante ressaltar que a decisão proferida em Mandado de Injunção deve ser analisada com muito cuidado, haja vista a impossibilidade de que o Poder Judiciário determine ao legislador o dever de atuar, diante da independência imposta entre os poderes.

Dessa forma, a regra tem sido a prolatação de decisões que preveem a aplicação de outras normas, de forma analógica, como forma de suprir a omissão legislativa.

Pode ser citado como exemplo, o MI 670 que trata do direito de greve do servidor público. É cediço que a greve do servidor público civil é garantia constitucional, em seu art. 37, VII, dependendo, para seu exercício, da regulamentação por lei específica.

Diante da ausência de lei específica, a prerrogativa constitucional de fazer greve era vedada aos servidores públicos, o que ensejava muita insatisfação. Sendo assim, o Supremo Tribunal Federal determinou a aplicação da lei n. 7.783/89, que regulamenta a greve dos empregados em geral, para a greve dos servidores públicos, no que couber, até que seja editada a lei específica a regulamentar o instituto.

No voto deste julgado, o Ministro Ricardo Lewandowski definiu que "*Não resta dúvida, a meu ver, de que é chegada a hora desta Corte avançar no sentido de conferir maior efetividade ao mandado de injunção, dando concreção a um dos mais importantes instrumentos de defesa dos direitos fundamentais concebidos pelo constituinte originário*". Ainda, no mesmo sentido, o ministro dispôs que "*entende competir ao Judiciário elaborar a norma faltante para disciplinar a matéria pendente de regulamentação, suprindo, desse modo, a omissão do legislador. A decisão judicial ostentará, então, caráter constitutivo, podendo ser adotada com validade erga omnes ou limitada à situação concreta*".

Desse modo, deve-se, portanto, considerar que o Poder Judiciário, no julgamento do Mandado de Injunção, não pode substituir-se ao legislador, editando normas para regulamentação da matéria constitucional, entretanto, poder-se-á valer de analogia em relação a leis existentes, como forma de suprir a omissão legislativa, no caso concreto, com efeitos *inter partes* ou *erga omnes*, dependendo da amplitude da matéria.

6.1.6. Demais ações

Além das ações estudadas nesta obra, é importante ressaltar a possibilidade de propositura de ações que visam declarar a inconstitucionalidade de leis, em controle concentrado, perante o Supremo Tribunal Federal e que são matéria do Direito Constitucional.

Neste sentido, é possível a propositura de Ação Direta de Inconstitucionalidade (ADI), seja ela por ação ou omissão, da Ação Declaratória de Constitucionalidade (ADC), além da Ação por Descumprimento de Preceito Fundamental (ADPF).

6.2. Atos *interna corporis*

Podem ser assim conceituados os atos praticados, na estrutura interna dos tribunais ou das casas do Poder Legislativo, dentro dos limites de sua competência definida por lei, para a instituição de normas internas.

Em tais casos, a doutrina costuma afirmar que, diante da ampla discricionariedade atribuída a estas condutas, como forma de garantia da separação de Poderes, não é possível a análise destes atos por decisão jurisdicional, salvo em casos de lesão direta ou ameaça de lesão a direitos individuais, quando, então, não se admite o afastamento do controle judicial. Trata-se de matéria interna, apoiada nos regimentos destes órgãos, não afetando direitos individuais de terceiros, como regra.

Com efeito, a jurisprudência brasileira reconhece a impossibilidade de se analisar estes atos que ostentam qualidade de manifestação interna dos órgãos públicos.

Por outro lado, em se tratando de ato praticado ilicitamente, afrontando direitos e garantias de particulares, compete ao judiciário a sua correção, ainda que decorram de normas internas da entidade. Ou seja, não se admite que, sob a proteção de normas internas, se pratiquem atos violadores de direitos e garantias dos particulares, ainda que ligados à estrutura administrativa.

Acerca do tema, é interessante analisar julgado proferido pelo Tribunal Regional Federal da 2ª Região, que aponta entendimento pacificado na doutrina e jurisprudência. Vejamos.

> Ementa: JUÍZES CLASSISTAS SUPLENTES. VINCULAÇÃO DESCABIDA ENTRE SUPLENTES E TITULARES. DISCRICIONARIEDADE MITIGADA DA ADMINISTRAÇÃO. ATO VINCULADO. ANTIGÜIDADE. - O espaço de discricionariedade legado pela lei ao administrador ficou restrito às hipóteses em que a conveniência e a oportunidade podem reger o conteúdo do ato. - É inapropriado falar-se em ato interna corporis, uma vez que a possibilidade de lesão a direitos alheios, torna lícito o controle pela via judicial. - A hipótese dos autos assemelha-se a caso de preterição, uma vez que não se levou em consideração a maior antigüidade da autora no momento do surgimento da vaga ociosa para a titularidade classista. - A falta de motivação aparente dos atos exarados pelo Presidente do Tribunal Regional Federal da 1ª Região, que passaram a vincular juízes classistas suplentes e titulares para fins de substituição em caso de vacância destes, acaba retirando-lhes os requisitos mínimos de validade, bem como sua aptidão para a produção dos seus regulares efeitos. - Agravo regimental da União Federal improvido. - Agravo de instrumento provido. TRF-2 - AGRAVO DE INSTRUMENTO AG 40521 99.02.28207-5 (TRF-2). Julgado em 16/03/2004.

Pode-se perceber, portanto, que, não obstante não se admita a invasão do controle judicial em atos que digam respeito à estrutura interna de órgãos públicos, estas condutas não devem ensejar danos a terceiros, sob pena de se extrapolar a discricionariedade administrativa.

7. QUADRO SINÓPTICO

CONTROLE DA ADMINISTRAÇÃO	
INTRODUÇÃO	
Não existe um diploma legal específico que discipline o controle da atuação administrativa.	
Decreto lei n. 200/1967	As atividades da Administração Federal obedecerão como princípio fundamental o controle exercido pelos cidadãos e pelos próprios órgãos internos desta entidade, abrangendo, inclusive, os órgãos que integram a estrutura dos Poderes legislativos e judiciário (art. 6º, V).
Constituição Federal	Definiu a criação de dois órgãos com a atribuição de controle da atuação do Estado, quais sejam, o Conselho Nacional de Justiça e o Conselho Nacional do Ministério Público (103-B e 130-A).

<table>
<tr><th colspan="3">CONTROLE DA ADMINISTRAÇÃO</th></tr>
<tr><th colspan="3">CONCEITO</th></tr>
<tr><td colspan="3">Conjunto de instrumentos definidos pelo ordenamento jurídico a fim de permitir a fiscalização da atuação estatal por órgãos e entidades da própria Administração Pública, dos Poderes legislativo e Judiciário, assim como pelo povo diretamente, compreendendo ainda a possibilidade de orientação e revisão da atuação administrativa de todas as entidades e agentes públicos em todas as esferas de poder</td></tr>
<tr><td colspan="3">José dos Santos Carvalho Filho dispõe que "podemos denominar de controle da Administração Pública o conjunto de mecanismos jurídicos e administrativos por meio dos quais se exerce o poder de fiscalização e de revisão da atividade administrativa em qualquer das esferas de Poder"</td></tr>
<tr><td colspan="3">Controle de legalidade dos atos e controle do mérito</td></tr>
<tr><td colspan="3">ATENÇÃO! Não confundir com controle da atividade política de Estado, que só se efetiva nas hipóteses previstas na CF/88 e visa adequar as políticas estatais à legislação aplicável. Este controle é exercido sobre os atos políticos (declaração de guerra, a concessão de anistia, a declaração de estado de defesa ou estado de sítio).</td></tr>
<tr><th colspan="3">CLASSIFICAÇÃO</th></tr>
<tr><td rowspan="3">Quanto à natureza do órgão controlador</td><td>Controle legislativo</td><td>Executado pelo Poder Legislativo diretamente ou mediante auxílio do Tribunal de Contas.</td></tr>
<tr><td>Administrativo</td><td>Decorre do poder de autotutela conferido à Administração Pública</td></tr>
<tr><td>Judicial</td><td>Realizado pelo Poder Judiciário, mediante provocação de qualquer interessado que esteja sofrendo lesão ou ameaça de lesão em virtude de conduta ou omissão administrativa que o atinja direta ou indiretamente.</td></tr>
<tr><td rowspan="4">Quanto à extensão do controle</td><td>Interno</td><td>Exercido dentro de um mesmo Poder, por meio de órgãos especializados (art. 74, da CF/88).</td></tr>
<tr><td rowspan="3">Externo</td><td>Exercido por um poder em relação aos atos administrativos praticados por outro poder do estado.</td></tr>
<tr><td>Também aquele exercido diretamente pelos cidadãos, o chamado, controle popular (art. 31, §3°, da CF/88).</td></tr>
<tr><td>ATENÇÃO! Somente pode ser exercido se tiver base constitucional (mitigação ao princípio da tripartição de poderes).</td></tr>
<tr><td rowspan="2">Quanto ao âmbito de atuação</td><td>por subordinação</td><td>Realizado por autoridade hierarquicamente superior a quem praticou o ato, ou seja, entre órgãos e agentes de uma mesma pessoa jurídica da Administração Pública.</td></tr>
<tr><td>por vinculação</td><td>Exercido pela administração direta sobre as entidades descentralizadas, não se caracterizando como subordinação hierárquica, mas tão somente uma espécie de supervisão (controle finalístico, art. 19, Decreto lei n. 200/1967).</td></tr>
<tr><td rowspan="5">Quanto à natureza</td><td>de legalidade</td><td>Analisa se o ato administrativo foi praticado em conformidade com o ordenamento jurídico.</td></tr>
<tr><td rowspan="4">de mérito</td><td>Verifica a oportunidade e conveniência administrativas do ato controlado.</td></tr>
<tr><td>ATENÇÃO! De regra, compete exclusivamente ao próprio Poder que, atuando na função de Administração Pública, praticou a conduta.</td></tr>
<tr><td>Excepcionalmente o Poder Legislativo tem competência para exercer o controle de mérito sobre atos praticados pela Administração.</td></tr>
<tr><td>O controle exercido pelo Judiciário é sempre vinculado à legalidade da conduta estatal.</td></tr>
</table>

<table>
<tr><th colspan="4">CONTROLE DA ADMINISTRAÇÃO</th></tr>
<tr><td rowspan="3">Quanto ao momento de exercício</td><td>Prévio</td><td colspan="2">Pode ser feito quando o ato administrativo está na iminência de ser praticado ou quando ainda se encontra em formação.</td></tr>
<tr><td>Concomitante</td><td colspan="2">Exercido durante a execução da atividade controlada.</td></tr>
<tr><td>Posterior</td><td colspan="2">Verifica a regularidade e conveniência diante de atos administrativos já praticados em sua inteireza.</td></tr>
<tr><td rowspan="2">Quanto à iniciativa</td><td>Controle de ofício</td><td colspan="2">Realizado sem a provocação da parte interessada (o exercido pela própria Administração Pública e pelo Poder Legislativo pode ser de ofício).</td></tr>
<tr><td>Controle provocado</td><td colspan="2">Aquele que depende da iniciativa da parte interessada (o controle jurisdicional depende de provocação).</td></tr>
<tr><th colspan="4">CONTROLE ADMINISTRATIVO</th></tr>
<tr><td colspan="4">Controle exercido pela própria Administração Pública em relação a suas condutas, em decorrência do poder da autotutela.</td></tr>
<tr><td colspan="4">Pode ser realizado de forma prévia, concomitante ou posterior ao ato controlado e deve-se pautar na análise de legalidade dos atos controlados, assim como nos aspectos de oportunidade e conveniência destas condutas.</td></tr>
<tr><td colspan="4">Mediante provocação ou, de ofício, como um poder-dever.</td></tr>
<tr><td colspan="4">É exercido pelo Poder Legislativo e Judiciário, quando exercem a função administrativa atipicamente.</td></tr>
<tr><td rowspan="4">Finalidades (CF/88)</td><td colspan="3">Avaliar o cumprimento das metas e projeções definidas na lei do plano plurianual, assim como a execução dos programas definidos pelo governo e dos orçamentos da União Federal;</td></tr>
<tr><td colspan="3">Comprovar a legalidade e avaliar os resultados, quanto à eficácia e eficiência, da gestão orçamentária, financeira e patrimonial nos órgãos públicos e nas entidades da administração pública federal, bem como da aplicação de recursos públicos por entidades de direito privado;</td></tr>
<tr><td colspan="3">Exercer o controle das operações de crédito, avais e garantias, bem como dos direitos e haveres da União;</td></tr>
<tr><td colspan="3">Apoiar o controle externo no exercício de sua missão institucional.</td></tr>
<tr><td colspan="4">ATENÇÃO! Os agentes responsáveis pelo controle interno, ao tomarem conhecimento de qualquer irregularidade ou ilegalidade, dela darão ciência ao Tribunal de Contas da União, sob pena de responsabilidade solidária.</td></tr>
<tr><td rowspan="6">Meios de controle</td><td rowspan="6">Supervisão ministerial</td><td colspan="2">Se manifesta entre entidades diferentes e se baseia na relação de vinculação existente entre as entidades da Administração Pública</td></tr>
<tr><td colspan="2">É controle finalístico e norma legal o estabelece, delimitando os limites e forma de exercício.</td></tr>
<tr><td rowspan="4">Deve</td><td>ATENÇÃO! assegurar a observância da legislação federal, primordialmente a lei específica responsável pela criação da entidade da Administração Indireta, que definirá suas finalidades e metas a serem cumpridas no exercício de suas atividades.</td></tr>
<tr><td>Promover a execução dos programas do Governo.</td></tr>
<tr><td>Fazer observar os princípios fundamentais de planejamento, controle, coordenação, descentralização e delegação de competência.</td></tr>
<tr><td>Coordenar as atividades dos órgãos supervisionados e harmonizar sua atuação com a dos demais Ministérios, para que não haja discrepância na prestação dos serviços públicos de titularidade das diversas pastas.</td></tr>
</table>

<table>
<tr><th colspan="4">CONTROLE DA ADMINISTRAÇÃO</th></tr>
<tr><td rowspan="8">Meios de controle</td><td rowspan="7">Supervisão ministerial</td><td rowspan="7">Deve</td><td>Avaliar o comportamento administrativo dos órgãos supervisionados e diligenciar no sentido de que estejam confiados a dirigentes capacitados.</td></tr>
<tr><td>Proteger a administração dos órgãos supervisionados contra interferências e pressões ilegítimas que desvirtuem a busca pelo interesse público como única finalidade da sua atuação.</td></tr>
<tr><td>Fortalecer o sistema do mérito.</td></tr>
<tr><td>Realizar controle financeiro da entidade, mediante a fiscalização da aplicação e utilização de dinheiros, valores e bens públicos.</td></tr>
<tr><td>Acompanhar os custos globais dos programas setoriais do Governo, a fim de alcançar uma prestação econômica de serviços.</td></tr>
<tr><td>Fornecer ao órgão próprio do Ministério da Fazenda os elementos necessários à prestação de contas do exercício financeiro.</td></tr>
<tr><td>Transmitir ao Tribunal de Contas, sem prejuízo da fiscalização deste, informes relativos à administração financeira e patrimonial dos órgãos do Ministério, inclusive informando qualquer irregularidade de que tenha conhecimento no exercício de suas funções, sob pena de responsabilização solidária.</td></tr>
<tr><td>Controle hierárquico</td><td colspan="2">No âmbito de uma mesma pessoa jurídica administrativa, entre seus órgãos e agentes, com o intuito de ordenar e coordenar atividades, além de atuar na orientação e revisão de atos administrativos viciados ou inoportunos e inconvenientes ao interesse público.</td></tr>
<tr><td rowspan="8">PROVOCAÇÃO DA ADMINISTRAÇÃO PÚBLICA</td><td colspan="3">O controle administrativo pode ser exercido por iniciativa direta do órgão controlador, sem a necessidade de provocação de qualquer interessado.</td></tr>
<tr><td colspan="3">O controle da Administração Pública não substitui ou impede o exercício do controle pelo Poder Judiciário posteriormente.</td></tr>
<tr><td colspan="3">Não se faz necessário o esgotamento da via administrativa para que se possa recorrer ao Poder Judiciário.</td></tr>
<tr><td colspan="3">A possibilidade de provocação da Administração Pública para efetivação do controle decorre do direito de petição, que é uma garantia de obter resposta aos pedidos efetivados, não produzindo qualquer efeito o silêncio administrativo, salvo disposição legal em contrário.</td></tr>
<tr><td rowspan="2">Representação</td><td colspan="2">Ato por meio do qual o particular requer a anulação de ato lesivo ao interesse público.</td></tr>
<tr><td colspan="2">O peticionante não é diretamente prejudicado pela conduta impugnada</td></tr>
<tr><td>Reclamação</td><td colspan="2">Ato de impugnação que visa à retirada de conduta administrativa que viola direito preexistente do peticionante.</td></tr>
<tr><td>Pedido de reconsideração</td><td colspan="2">Ato por meio do qual se peticiona requerendo a retratação da autoridade pública de uma conduta previamente praticada.</td></tr>
</table>

<table>
<tr><th colspan="5">CONTROLE DA ADMINISTRAÇÃO</th></tr>
<tr><td rowspan="11">RECURSOS ADMINIS-TRATIVOS</td><td colspan="4">É considerada inconstitucional qualquer lei que exija depósito prévio ou caução para interposição de recursos administrativos (súmula vinculante n. 21).</td></tr>
<tr><td colspan="4">O artigo 56 da lei 9784/99 garante o direito à interposição de recursos administrativos, seja para combater uma decisão por motivo de ilegalidade, seja por motivo de mérito.</td></tr>
<tr><td rowspan="4">Legitimidade</td><td colspan="3">Os titulares de direitos e interesses que forem parte no processo.</td></tr>
<tr><td colspan="3">Aqueles cujos direitos ou interesses forem indiretamente afetados pela decisão recorrida</td></tr>
<tr><td colspan="3">As organizações e associações representativas, no tocante a direitos e interesses coletivos e também todos os cidadãos ou associações, quanto a direitos ou interesses difusos.</td></tr>
<tr><td colspan="3">Todos os cidadãos ou associações, quanto a direitos ou interesses difusos.</td></tr>
<tr><td colspan="4">Os recursos interpostos, salvo disposição legal em contrário, terão efeito meramente devolutivo, não suspendendo a eficácia da decisão impugnada.</td></tr>
<tr><td colspan="4">Na seara administrativa, não há vedação da reformatio in pejus, mas se, do julgamento do recurso, puder decorrer gravame à situação do recorrente, este deverá ser cientificado para que formule suas alegações antes da decisão.</td></tr>
<tr><td colspan="4">Após a tramitação do processo em todas as instâncias, legalmente permitidas, estará formada a coisa julgada administrativa, não podendo mais ser objeto de discussão na esfera administrativa.</td></tr>
<tr><td rowspan="2">Recurso hierárquico próprio e impróprio</td><td colspan="3">Recurso hierárquico próprio é endereçado à autoridade hierárquica superior à que praticou o ato recorrido, dentro da estrutura orgânica de uma mesma pessoa jurídica. Pode ser interposto sem necessidade de previsão legal.</td></tr>
<tr><td colspan="3">Recurso hierárquico impróprio é dirigido à autoridade que não possui posição de superioridade hierárquica em relação a quem praticou o ato recorrido, mas tão somente a possibilidade de controle em decorrência de vinculação (depende de expressa previsão legal).</td></tr>
<tr><td rowspan="7">ÓRGÃOS INTERNOS DE CONTROLE</td><td rowspan="3">Controladoria Geral</td><td colspan="3">Órgão interno de controle dos entes federativos.</td></tr>
<tr><td colspan="3">Tem função de efetiva fiscalização, orientação e revisão de atos praticados dentro da estrutura do Poder Executivo.</td></tr>
<tr><td colspan="3">Normalmente vinculado ao Chefe do Poder Executivo de cada um dos entes federativos.</td></tr>
<tr><td rowspan="4">Conselho Nacional de Justiça (CNJ) e Conselho Nacional do Ministério Público (CNMP)</td><td rowspan="4">No âmbito federal (lei 10.683/03, com suas alterações posteriores)</td><td colspan="2">Controladoria-Geral da União tem a competência para assistir direta e imediatamente ao Presidente da República.</td></tr>
<tr><td colspan="2">Quanto aos assuntos e providências (no âmbito do Poder Executivo) atinentes à defesa do patrimônio público, ao controle interno, à auditoria pública, à correição, à prevenção e ao combate à corrupção, às atividades de ouvidoria e ao incremento da transparência da gestão no âmbito da administração pública federal.</td></tr>
<tr><td rowspan="2">CGU (estrutura)</td><td>Ministro de Estado Chefe do órgão é o titular.</td></tr>
<tr><td>Estrutura Básica: Gabinete, Assessoria Jurídica, Conselho de Transparência Pública e Combate</td></tr>
</table>

CONTROLE DA ADMINISTRAÇÃO				
				à Corrupção, Comissão de Coordenação de Controle Interno, Secretaria-Executiva, Corregedoria-Geral da União, Ouvidoria-Geral da União e 2 (duas) Secretarias, sendo 1 (uma) a Secretaria Federal de Controle Interno.
				ATENÇÃO! O art. 18, §3º da lei 10.683/03, assegura a comunicação entre o controle interno e o externo
		Função de realizar o controle administrativo e financeiro do judiciário e do ministério público (EC n. 45/2004).		
		São órgãos internos de controle.		
		CNJ	É órgão do Poder Judiciário.	
			Composto por quinze membros com mandato de dois anos, admitida uma recondução.	
			Presidido pelo presidente do Supremo Tribunal Federal.	
			Os demais membros serão nomeados pelo Presidente da República mediante aprovação do Senado Federal.	
			ATENÇÃO! Controla a atuação administrativa e financeira do Poder Judiciário e do cumprimento dos deveres funcionais dos juízes.	
			Função (CF/88)	Zelar pela autonomia do Poder Judiciário e pelo cumprimento do Estatuto da Magistratura, podendo expedir atos regulamentares, no âmbito de sua competência, ou recomendar providências.
				Zelar pela observância do art. 37 e apreciar, de ofício ou mediante provocação, a legalidade dos atos administrativos praticados por membros ou órgãos do Poder Judiciário, podendo desconstituí-los, revê-los ou fixar prazo para que se adotem as providências necessárias ao exato cumprimento da lei, sem prejuízo da competência do Tribunal de Contas da União.
				Receber e conhecer das reclamações contra membros ou órgãos do Poder Judiciário, inclusive contra seus serviços auxiliares, serventias e órgãos prestadores de serviços notariais e de registro que atuem por delegação do poder público ou oficializados, sem prejuízo da competência

CONTROLE DA ADMINISTRAÇÃO				
				disciplinar e correicional dos tribunais, sendo inclusive admitida a avocação de processos disciplinares em curso, assim como a remoção, a disponibilidade ou a aposentadoria com subsídios ou proventos proporcionais ao tempo de serviço e aplicar outras sanções administrativas, assegurada ampla defesa.
				Representar ao Ministério Público, no caso de crime contra a administração pública ou de abuso de autoridade, o que configura comunicação com o controle externo.
				Rever, de ofício ou mediante provocação, os processos disciplinares de juízes e membros de tribunais julgados há menos de um ano, podendo, inclusive, a revisão piorar a situação do agente, imputando-lhe penalidade mais grave
				Elaborar semestralmente relatório estatístico sobre processos e sentenças prolatadas, por unidade da Federação, nos diferentes órgãos do Poder Judiciário;
				Elaborar relatório anual, propondo as providências que julgar necessárias, sobre a situação do Poder Judiciário no País e as atividades do Conselho, o qual deve integrar mensagem do Presidente do Supremo Tribunal Federal a ser remetida ao Congresso Nacional, por ocasião da abertura da sessão legislativa.
		CNMP	Tem a atribuição de exercer o controle administrativo e financeiro do Ministério Público, inclusive verificando a atuação funcional dos seus membros.	
			Órgão integrante da estrutura organizacional do Ministério Público.	
			Composto por quatorze membros nomeados pelo Presidente da República, depois de aprovada a escolha pela maioria absoluta do Senado Federal, para um mandato de dois anos, admitida uma recondução, sendo que o Procurador Geral da República será o presidente.	
		ATENÇÃO! Tanto o CNJ, quanto o CNMP podem editar resoluções que estabeleçam regras a serem obedecidas pelos agentes integrantes das carreiras sujeitas ao seu controle (poder normativo).		

<table>
<tr><th colspan="3">CONTROLE DA ADMINISTRAÇÃO</th></tr>
<tr><td rowspan="2"></td><td rowspan="2">Corregedorias</td><td>Os três poderes do Estado devem criar órgãos de controle interno para execução de suas atividades (art. 74, da CF/88).</td></tr>
<tr><td>Os tribunais e casas do Poder Legislativo devem, por meio de lei, criar as corregedorias e ouvidorias, com a função de realizar o controle interno da entidade, assim como a análise da atuação de seus membros, como forma de garantia dos princípios da moralidade e impessoalidade.</td></tr>
<tr><th colspan="3">CONTROLE LEGISLATIVO</th></tr>
<tr><td colspan="3">É realizado no âmbito do parlamento e dos órgãos auxiliares do poder Legislativo, sobre os atos praticados pela Administração Pública.</td></tr>
<tr><td rowspan="9">CONTROLE PARLAMENTAR DIRETO</td><td colspan="2">Efetivado pelo próprio parlamento diretamente, mediante manifestação do Congresso Nacional, ou por meio de uma de suas casas.</td></tr>
<tr><td colspan="2">Compete ao Congresso Nacional autorizar o Presidente da República a declarar guerra, a celebrar a paz, a permitir que forças estrangeiras transitem pelo território nacional ou nele permaneçam temporariamente, ressalvados os casos previstos em lei complementar.</td></tr>
<tr><td colspan="2">Somente o Congresso poderá autorizar o Presidente e o Vice-Presidente da República a se ausentarem do País, quando a ausência exceder a quinze dias.</td></tr>
<tr><td colspan="2">É competência do Congresso sustar os atos normativos do Chefe do Executivo que extrapolem o poder regulamentar, invadindo seara de lei.</td></tr>
<tr><td colspan="2">O Congresso também é responsável por julgar anualmente as contas prestadas pelo Presidente da República e apreciar os relatórios sobre a execução dos planos de governo.</td></tr>
<tr><td colspan="2">É de competência do Senado Federal processar e julgar o Presidente e o Vice-Presidente da República nos crimes de responsabilidade, bem como os Ministros de Estado e os Comandantes da Marinha, do Exército e da Aeronáutica nos crimes da mesma natureza conexos com aqueles, após autorização da Câmara dos Deputados para recebimento da denúncia e instauração do processo.</td></tr>
<tr><td colspan="2">A Carta Magna prevê ainda a criação de comissões parlamentares de inquérito – CPI's, que terão poderes de investigação próprios das autoridades judiciais, além de outros previstos nos regimentos das respectivas Casas; as CPIs serão criadas pela Câmara dos Deputados e pelo Senado Federal, em conjunto ou separadamente, mediante requerimento de um terço de seus membros, para a apuração de fato determinado e por prazo certo, sendo suas conclusões, se for o caso, encaminhadas ao Ministério Público, para que promova a responsabilidade civil ou criminal dos infratores.</td></tr>
<tr><td colspan="2">O congresso Nacional tem o poder de sustar contratos, mediante parecer apresentado pelo Tribunal de Contas da União.</td></tr>
<tr><td colspan="2">Também é de competência do Senado aprovar a nomeação de alguns agentes políticos, nos moldes definidos pela Carta Magna.</td></tr>
<tr><td rowspan="4">CONTROLE EXERCIDO PELOS TRIBUNAIS DE CONTAS</td><td colspan="2">É órgão auxiliar do Poder legislativo no controle externo.</td></tr>
<tr><td>Competência</td><td>Pode fiscalizar quaisquer entidades públicas e efetivar seu controle sobre entidades privadas que utilizem dinheiro público para execução de suas atividades.</td></tr>
<tr><td colspan="2">Há a previsão de Tribunal de Contas no âmbito estadual e federal, assim como a possibilidade de criação de Tribunal de Contas dos Municípios.</td></tr>
<tr><td colspan="2">O TCU é integrado por nove Ministros, tem sede no Distrito Federal, quadro próprio de pessoal e jurisdição em todo o território nacional, sendo os seus membros nomeados dentre brasileiros que tenham mais de trinta e cinco e menos de sessenta e cinco anos de idade, idoneidade moral e reputação ilibada, notórios conhecimentos jurídicos, contábeis, econômicos e financeiros ou de administração pública, além de possuir mais de dez anos de exercício de função ou de efetiva atividade profissional que exija estes conhecimentos.</td></tr>
</table>

CONTROLE DA ADMINISTRAÇÃO		
	CRITÉRIO PARA ESCOLHA DOS MINISTROS DO TCU	Um terço pelo Presidente da República, com aprovação do Senado Federal, sendo dois alternadamente dentre auditores e membros do Ministério Público junto ao Tribunal, que os indica em lista tríplice, segundo os critérios de antiguidade e merecimento
		Dois terços pelo Congresso Nacional.
		Ademais, possuem as mesmas garantias, prerrogativas, impedimentos, vencimentos e vantagens dos Ministros do Superior Tribunal de Justiça.
	ATRIBUIÇÕES DO TRIBUNAL DE CONTAS DA UNIÃO	Apreciar as contas prestadas anualmente pelo Presidente da República, **mediante parecer** prévio que deverá ser elaborado em sessenta dias a contar de seu recebimento (não julga as contas).
		Julgar as contas dos administradores e demais responsáveis por dinheiros, bens e valores públicos da administração direta e indireta, incluídas as fundações e sociedades instituídas e mantidas pelo Poder Público Federal, e as contas daqueles que derem causa a perda, extravio ou outra irregularidade de que resulte prejuízo ao erário (o TCU poderá declarar, *incidenter tantum*, a inconstitucionalidade de leis e normas, Súmula n. 347, do STF).
		Apreciar, para fins de registro, a legalidade dos atos de admissão de pessoal, a qualquer título, na administração direta e indireta, incluídas as fundações instituídas e mantidas pelo Poder Público, excetuadas as nomeações para cargo de provimento em comissão, bem como a das concessões de aposentadorias, reformas e pensões, ressalvadas as melhorias posteriores que não alterem o fundamento legal do ato concessório.
		Realizar, por iniciativa própria, da Câmara dos Deputados, do Senado Federal, de Comissão técnica ou de inquérito, inspeções e auditorias de natureza contábil, financeira, orçamentária, operacional e patrimonial, nas unidades administrativas dos Poderes Legislativo, Executivo e Judiciário, e demais entidades privadas que atuem na prestação de serviços por meio da transferência de verbas públicas.
		Fiscalizar as contas nacionais das empresas supranacionais de cujo capital social a União participe, de forma direta ou indireta, nos termos do tratado constitutivo.
		Fiscalizar a aplicação de quaisquer recursos repassados pela União mediante convênio, acordo, ajuste ou outros instrumentos congêneres, a Estado, ao Distrito Federal ou a Município.
		Prestar as informações solicitadas pelo Congresso Nacional, por qualquer de suas Casas, ou por qualquer das respectivas Comissões, sobre a fiscalização contábil, financeira, orçamentária, operacional e patrimonial e sobre resultados de auditorias e inspeções realizadas, auxiliando a atividade do controle parlamentar direto.
		Aplicar aos responsáveis, em caso de ilegalidade de despesa ou irregularidade de contas, as sanções previstas em lei (As decisões do Tribunal de que resulte imputação de débito ou multa terão eficácia de título executivo, conforme,art. 71, §3°, da CF/88).
		Assinar prazo para que o órgão ou entidade adote as providências necessárias ao exato cumprimento da lei, se verificada ilegalidade.
		Sustar, se não atendido, a execução do ato impugnado, comunicando a decisão à Câmara dos Deputados e ao Senado Federal. Mas não susta contratos administrativos ilícitos (competência do Congresso Nacional).

<table>
<tr><th colspan="4">CONTROLE DA ADMINISTRAÇÃO</th></tr>
<tr><td rowspan="2"></td><td rowspan="2"></td><td colspan="2">Representar ao Poder competente sobre irregularidades ou abusos apurados.</td></tr>
<tr><td colspan="2">Efetuar o cálculo das quotas referentes aos fundos de participação dos Estados, do Distrito Federal e dos Municípios, bem como fiscalizar a entrega dos recursos.</td></tr>
<tr><th colspan="4">CONTROLE JUDICIAL</th></tr>
<tr><td colspan="4">O direito brasileiro adotou o sistema de jurisdição única que estabelece que todos os litígios, sejam eles administrativos ou privados, podem ser levados à justiça comum, ou seja, ao Poder Judiciário.</td></tr>
<tr><td colspan="4">É possível a provocação do judiciário para análise de controvérsias ainda que já se tenham esgotado as instâncias administrativas e independentemente disso. Contudo, "O Poder Judiciário só admitirá ações relativas à disciplina e às competições desportivas após esgotarem-se as instâncias da justiça desportiva, regulada em lei" (art. 217, §1°, da CF/88).</td></tr>
<tr><td colspan="4">Esse controle só pode se realizar mediante provocação do interessado e somente no que tange aos aspectos de legalidade.</td></tr>
<tr><td colspan="4">A atividade política de Estado não se submete a controle judicial in abstratum, dada a ampla discricionariedade atribuída a esta função estatal e os atos interna corporis.</td></tr>
<tr><td rowspan="4">Prescrição administrativa</td><td colspan="3">Art. 1°, do Decreto n. 20.910/32, todo e qualquer direito ou ação contra a Fazenda federal, estadual ou municipal, seja qual for a sua natureza, prescreve em cinco anos contados da data do ato ou fato do qual se originarem</td></tr>
<tr><td colspan="3">Art. 1º-C, da lei 9.494/97, dispõe que "Prescreverá em cinco anos o direito de obter indenização dos danos causados por agentes de pessoas jurídicas de direito público e de pessoas jurídicas de direito privado prestadoras de serviços públicos"</td></tr>
<tr><td colspan="3">CC/2002 prevê um prazo prescricional de três anos para ações de reparação civil.</td></tr>
<tr><td>Jurisprudência</td><td colspan="2">O CC/02, como norma geral, não tem poder para revogar as disposições de lei especial.</td></tr>
<tr><td>Coisa julgada administrativa</td><td colspan="3">O impedimento de que uma matéria volte a ser discutida administrativamente não afasta o Poder Judiciário da controvérsia, mesmo porque, no ordenamento jurídico brasileiro, o exercício da jurisdição é inafastável, nos moldes do art. 5º, XXXV, da CF/88.</td></tr>
<tr><td rowspan="6">AÇÕES JUDICIAIS</td><td rowspan="6">MANDADO DE SEGURANÇA</td><td colspan="2">Ação mandamental de rito especial, previsto no art. 5º, LXIX e LXX da Carta Magna e regulamentada pela lei 12.016/09, para proteção de direitos individuais ou coletivos, violados ou ameaçados por ato administrativo ilegal, aplicando-se também em casos de atos omissivos.</td></tr>
<tr><td colspan="2">O preventivo admitido sempre que o particular estiver se sentindo ameaçado da prática de ato administrativo ilícito que lhe causa danos, que pode ser convertido em repressivo se o ato se efetivar.</td></tr>
<tr><td rowspan="2">Mandado de Segurança Coletivo e Individual</td><td>O individual será proposto por qualquer particular que se sinta lesado por ato administrativo ilícito que viole seu direito líquido e certo.</td></tr>
<tr><td>O coletivo é remédio especial utilizado para a proteção de direitos coletivos (transindividuais de natureza indivisível; individuais homogêneos).</td></tr>
<tr><td rowspan="2">Legitimidade passiva e autoridade coatora</td><td>O Réu é a entidade pública em cujos quadros esteja lotado o agente que praticou o ato lesivo ao interesse do particular.</td></tr>
<tr><td>A autoridade coatora atua como informante no processo (Lei n. 12.016/09).</td></tr>
</table>

CONTROLE DA ADMINISTRAÇÃO

		Nas hipóteses de ato praticado por delegação, a autoridade coatora do Mandado de Segurança será a autoridade delegada, que praticou o ato impugnado, conforme a Súmula 510 do STF.
Direito líquido e certo		entende-se por direito líquido e certo o direito cuja prova está pré-constituída, não se admitindo a produção de provas durante o processo.
		Súmula 625, do STF.
		Se os documentos estiverem em poder da Administração, que se negou a fornecê-los, o impetrante pode narrar essa situação, determinando o magistrado que a autoridade coatora apresente os documentos em prazo estipulado de dez dias (§1°, do art. 6°, da lei 12.016/09).
		ATENÇÃO! O Mandado de Segurança impetrado para defesa de direitos individuais não pode ser manejado para anulação de atos normativos.
Hipóteses de cabimento		Deve ser proposta em, no máximo 120 (cento e vinte) dias, contados da data do ato impugnado, sob pena de decadência do direito.
		"O Mandado de Segurança não é substitutivo de ação de cobrança" (súmula 269, do STF).
		Não cabe contra os atos de gestão comercial praticados pelos administradores de empresas públicas, de sociedade de economia mista e de concessionárias de serviço público.
		ATENÇÃO! Cabe Mandado de Segurança **dos atos praticados pelas empresas estatais, na execução de atividades de interesse público**, só não sendo possível quando se tratar de ato praticado na exploração de atividade econômica, de cunho comercial, de acordo com a Súmula 333 do STJ.
		Não cabe quando se tratar de ato do qual caiba recurso administrativo ou judicial com efeito suspensivo e de decisão judicial transitada em julgado (art. 5º da Lei 12.016/09)
Competência para julgamento	**Supremo Tribunal Federal (art. 102 da CF)**	Contra atos do Presidente da República, das Mesas da Câmara dos Deputados e do Senado Federal, do Tribunal de Contas da União, do Procurador-Geral da República e do próprio Supremo Tribunal Federal.
	Superior Tribunal de Justiça (art. 105 da CF)	Contra ato de Ministro de Estado, dos Comandantes da Marinha, do Exército e da Aeronáutica ou do próprio Tribunal
	Tribunal Regional Federal (art. 108 da CF)	Contra ato do próprio Tribunal ou de juiz federal

<table>
<tr><th colspan="5">CONTROLE DA ADMINISTRAÇÃO</th></tr>
<tr><td rowspan="15"></td><td rowspan="3"></td><td rowspan="3"></td><td>Tribunal de Justiça</td><td>Definido nas Constituições estaduais, normalmente para julgamento de governador, secretário estadual e prefeitos</td></tr>
<tr><td>Justiça federal (art. 109 da CF)</td><td>Outras autoridades federais</td></tr>
<tr><td>Justiça estadual</td><td>Outras autoridades estaduais ou municipais</td></tr>
<tr><td rowspan="9">AÇÃO POPULAR</td><td colspan="3">Remédio constitucional, regulamentado no art. 5º, LXXIII da Constituição Federal proposta por qualquer cidadão que, embora não tenha sido diretamente lesado pelo ato que ele pretende anular, considere o ato lesivo ao interesse coletivo.</td></tr>
<tr><td rowspan="2">Legitimidade ativa e passiva</td><td colspan="2">É sempre de um cidadão e a comprovação da cidadania é sempre realizada pela juntada do título de eleitor (art. 1º, §3º da lei 4.717/65).</td></tr>
<tr><td colspan="2">Os réus são o agente público, o ente estatal que esse agente representa e o beneficiado (ou os beneficiados) pelo ato impugnado.</td></tr>
<tr><td rowspan="6">Competência e julgamento</td><td colspan="2">A ação tramitará, necessariamente, perante juiz singular, competindo à justiça federal a análise do feito, nas hipóteses previstas no art. 109 da Constituição Federal, caso contrário, a ação será proposta perante juiz estadual.</td></tr>
<tr><td colspan="2">"Na defesa do patrimônio público caberá a suspensão liminar do ato lesivo impugnado" (art. 5°, §4°, da lei 4.717/65).</td></tr>
<tr><td colspan="2">O autor pode requerer a anulação do ato lesivo. Caso haja antecipação de tutela, requer primeiramente a suspensão do ato em sede de liminar, para que se determine a sua anulação em julgamento final.
Por fim, pode-se requerer, ainda, o ressarcimento ao erário por qualquer prejuízo causado.</td></tr>
<tr><td colspan="2">O autor não pleiteia indenização para si, requer ressarcimento ao erário.</td></tr>
<tr><td colspan="2">O MP atua como fiscal da lei.</td></tr>
<tr><td colspan="2">"A ação prevista nesta lei prescreve em 5 (cinco) anos" (art. 21 da Lei 4.717/65).</td></tr>
<tr><td rowspan="3">HABEAS DATA</td><td colspan="3">Ação constitucional, prevista no art. 5º, LXXII, da Carta Magna que visa à garantia do direito fundamental à informação acerca da pessoa do impetrante.</td></tr>
<tr><td rowspan="2">Cabível</td><td colspan="2">Para assegurar o conhecimento de informações relativas à pessoa do impetrante, constantes de registro ou banco de dados de entidades governamentais ou de caráter público</td></tr>
<tr><td colspan="2">Para a retificação de dados, quando não se prefira fazê-lo por processo sigiloso, judicial ou administrativo</td></tr>
</table>

CONTROLE DA ADMINISTRAÇÃO				
			Para a anotação nos assentamentos do interessado, de contestação ou explicação sobre dado verdadeiro mas justificável e que esteja sob pendência judicial ou amigável.	
			ATENÇÃO! a jurisprudência e doutrina vem-se firmando no sentido de admitir a impetração por sucessores, em defesa do direito do *de cujus*.	
			Não é vedado a impetração do habeas data por uma pessoa jurídica que pretenda ver satisfeita a pretensão de obter informações constantes em registro público em relação a si.	
			A petição deve conter prova de que o agente público se recusou a prestar as informações, ou não o fez no prazo de dez dias (recusa tácita). Em casos de acréscimo e retificação de informações, a recusa tácita ocorre após quinze dias sem manifestação do poder público. Tal prova é considerado requisito específico, sem o qual, considera-se que não há legitimidade de agir do impetrante.	
			A Lei 9.507/97 prevê, em seu art. 18, que "o pedido de habeas data poderá ser renovado se a decisão denegatória não lhe houver apreciado o mérito".	
			O quadro utilizado para definição da competência jurisdicional do Mandado de Segurança poderá ser utilizado pelo leitor, haja vista a similaridade com o *habeas data.*	
			O MP também atua aqui como fiscal da lei.	
	AÇÃO CIVIL PÚBLICA	Sempre que o legitimado tiver a intenção de garantir a proteção a interesses difusos e coletivos, assim como de direitos individuais homogêneos, com regulamentação na lei 7.347/85.		
		É vedada a sua propositura para veicular pretensões que envolvam tributos, contribuições previdenciárias, o FGTS ou outros fundos de natureza institucional cujos beneficiários podem ser individualmente determinados.		
		É possível o ajuizamento de ação cautelar para defesa dos direitos coletivos.		
		Legitimidade ativa e passiva	**Autor**	O Ministério Público, sendo que, caso não seja o Autor da ação, o parquet deverá atuar como fiscal da lei.
				A Defensoria Pública
				A União, os Estados, o Distrito Federal e os Municípios
				A autarquia, inclusive a associação pública, empresa pública, fundação pública ou sociedade de economia mista.

<table>
<tr><th colspan="5">CONTROLE DA ADMINISTRAÇÃO</th></tr>
<tr><td rowspan="10"></td><td rowspan="5"></td><td rowspan="5"></td><td rowspan="4">Réu</td><td>A associação que esteja constituída há pelo menos 1 ano nos termos da lei civil e inclua, entre suas finalidades institucionais, a proteção ao meio ambiente, ao consumidor, à ordem econômica, à livre concorrência ou ao patrimônio artístico, estético, histórico, turístico e paisagístico.</td></tr>
<tr><td>ATENÇÃO! Poder Público e a outras associações legitimadas podem habilitar-se como litisconsortes de qualquer das partes.</td></tr>
<tr><td>Em caso de desistência infundada ou abandono da ação por associação legitimada, o Ministério Público ou outro legitimado assumirá a titularidade ativa.</td></tr>
<tr><td>Aquele que, sendo pessoa física ou jurídica, deu causa a qualquer conduta que ensejar prejuízos ao meio ambiente, ao direito do consumidor, à ordem econômica ou urbanística, a bens e direitos de valor estético, histórico, turístico e paisagístico ou a qualquer outro interesse difuso ou coletivo.</td></tr>
<tr><td colspan="2">"A ação civil poderá ter por objeto a condenação em dinheiro ou o cumprimento de obrigação de fazer ou não fazer" (art. 3°, da Lei n.7.347/85).</td></tr>
<tr><td rowspan="3">MANDADO DE INJUNÇÃO</td><td colspan="3">"Conceder-se-á mandado de injunção sempre que a falta de norma regulamentadora torne inviável o exercício dos direitos e liberdades constitucionais e das prerrogativas inerentes à nacionalidade, à soberania e à cidadania" (LXXI, art. 5°, da CF/88).</td></tr>
<tr><td colspan="3">É necessário quando se está diante de uma norma de eficácia limitada, normas constitucionais que dependem de regulamentação para a sua aplicabilidade, ensejando um dever de agir do legislador. A omissão legislativa se torna vício sanável por meio da impetração do Mandado de Injunção.</td></tr>
<tr><td colspan="3">O art. 14 da Lei 13.300/16, determina que deverá ser utilizada a Lei 12.016/09 de forma subsidiária, sempre que houver omissão acerca de pontos relevantes do procedimento judicial de mandado de injunção.</td></tr>
<tr><td rowspan="2">MANDADO DE INJUNÇÃO COLETIVO</td><td colspan="3">O Supremo Tribunal Federal já pacificou a impossibilidade de concessão da tutela de urgência.</td></tr>
<tr><td>Efeitos das decisões</td><td colspan="2">No julgamento do Mandado de Injunção, não pode substituir-se ao legislador, editando normas para regulamentação da matéria constitucional, no entanto, poderá se valer de analogia em relação a leis existentes, como forma de suprir a omissão legislativa, no caso concreto, com efeitos inter partes ou erga omnes, dependendo da amplitude da matéria.</td></tr>
</table>

CONTROLE DA ADMINISTRAÇÃO		
	DEMAIS AÇÕES	É possível a propositura de Ação Direta de Inconstitucionalidade (ADI), seja ela por ação ou omissão, da Ação Declaratória de Constitucionalidade (ADC), além da Ação por Descumprimento de Preceito Fundamental (ADPF).
ATOS INTERNA CORPORIS	Atos praticados, na estrutura interna do tribunais ou das casas do Poder Legislativo, dentro dos limites de sua competência definida por lei, para a instituição de normas internas.	
	São amplamente discricionários, sendo possível sua análise por decisão judicial apenas em casos de lesão direta ou ameaça de lesão a direitos individuais	
	A jurisprudência brasileira reconhece a impossibilidade de serem analisados estes atos que ostentam qualidade de manifestação interna dos órgãos públicos.	
	Em se tratando de ato praticado ilicitamente, afrontando direitos e garantias de particulares, compete ao judiciário a sua correção, ainda que decorram de normas internas da entidade	

8. SÚMULAS

8.1. Súmulas do STF

- **SÚMULA VINCULANTE N. 3:** Nos processos perante o tribunal de contas da união asseguram-se o contraditório e a ampla defesa quando da decisão puder resultar anulação ou revogação de ato administrativo que beneficie o interessado, excetuada a apreciação da legalidade do ato de concessão inicial de aposentadoria, reforma e pensão.
- **SÚMULA VINCULANTE N. 13:** A nomeação de cônjuge, companheiro ou parente em linha reta, colateral ou por afinidade, até o terceiro grau, inclusive, da autoridade nomeante ou de servidor da mesma pessoa jurídica investido em cargo de direção, chefia ou assessoramento, para o exercício de cargo em comissão ou de confiança ou, ainda, de função gratificada na administração pública direta e indireta em qualquer dos Poderes da União, dos Estados, do Distrito Federal e dos Municípios, compreendido o ajuste mediante designações recíprocas, viola a Constituição Federal.
- **SÚMULA VINCULANTE N.21:** É inconstitucional a exigência de depósito ou arrolamento prévios de dinheiro ou bens para admissibilidade de recurso administrativo.
- **SÚMULA N. 101:** O mandado de segurança não substitui a ação popular.
- **SÚMULA N. 266:** Não Cabe Mandado De Segurança Contra Lei Em Tese.
- **SÚMULA N. 267:** Não cabe mandado de segurança contra ato judicial passível de recurso ou correição.
- **SÚMULA N. 269:** O mandado de segurança não é substitutivo de ação de cobrança.
- **SÚMULA N. 271:** Concessão de mandado de segurança não produz efeitos patrimoniais, em relação a período pretérito, os quais devem ser reclamados administrativamente ou pela via judicial própria.
- **SÚMULA N. 304:** Decisão denegatória de mandado de segurança, não fazendo coisa julgada contra o impetrante, não impede o uso da ação própria.
- **SÚMULA N. 330:** O Supremo Tribunal Federal não é competente para conhecer de mandado de segurança contra atos dos tribunais de justiça dos estados.
- **SÚMULA N. 346:** A administração pública pode declarar a nulidade dos seus próprios atos.
- **SÚMULA N. 347:** O Tribunal de Contas, no exercício de suas atribuições, pode apreciar a constitucionalidade das leis e dos atos do poder público.
- **SÚMULA N, 365:** Pessoa jurídica não tem legitimidade para propor ação popular.
- **SÚMULA N.405:** Denegado o mandado de segurança pela sentença, ou no julgamento do agravo, dela interposto, fica sem efeito a liminar concedida, retroagindo os efeitos da decisão contrária.
- **SÚMULA N. 429:** A existência de recurso administrativo com efeito suspensivo não impede o uso do mandado de segurança contra omissão da autoridade.
- **SÚMULA N. 430:** Pedido de reconsideração na via administrativa não interrompe o prazo para o mandado de segurança.

- **SÚMULA N. 473:** A administração pode anular seus próprios atos, quando eivados de vícios que os tornam ilegais, porque deles não se originam direitos; ou revogá-los, por motivo de conveniência ou oportunidade, respeitados os direitos adquiridos, e ressalvada, em todos os casos, a apreciação judicial.
- **SÚMULA N. 625:** Controvérsia sobre matéria de direito não impede concessão de mandado de segurança.

8.2. Súmulas do STJ

- **SÚMULA N.2:** Não cabe o habeas data (CF, Art. 5º, LXXII, letra a) se não houve recusa de informações por parte da autoridade administrativa.
- **SÚMULA N. 177:** O Superior Tribunal de Justiça é incompetente para processar e julgar, originariamente, mandado de segurança contra ato de órgão colegiado presidido por Ministro de Estado.
- **SÚMULA N. 213:** O mandado de segurança constitui ação adequada para a declaração do direito à compensação tributária.

9. JURISPRUDÊNCIAS 2015/2016

- **PROCESSUAL CIVIL E ADMINISTRATIVO. AGRAVO REGIMENTAL NO AGRAVO EM RECURSO ESPECIAL. CONCURSO PÚBLICO. LIMITAÇÃO DE IDADE FIXADA EM EDITAL. COMPROVAÇÃO DE IDADE NA DATA DA INSCRIÇÃO NO CONCURSO. TEMA DECIDIDO EM SEDE DE REPERCUSSÃO GERAL. ARE 678.112 RG/MG. AGRAVO REGIMENTAL DO DISTRITO FEDERAL DESPROVIDO.** 1. É assente nesta Corte Superior a orientação de que o ato administrativo pode ser objeto do controle jurisdicional quando ferir o princípio da legalidade, não havendo que se falar em invasão ao mérito administrativo; desse modo, é firme a premissa que todo e qualquer ato administrativo está sujeito a controle de legalidade no âmbito do Poder Judiciário. 2. O Supremo Tribunal Federal já pacificou o entendimento de que a comprovação do requisito relativo ao limite de idade deve ser comprovado no momento da inscrição do concurso público, e não no ato da matrícula do curso de formação (ARE 678.112 RG/MG, Rel. Min. LUIZ FUX, DJe 17.5.2013; ARE 741.815/CE - AgR, Rel. Min. RICARDO LEWANDOWSKI, DJe 13.2.2014 e ARE 685.870/MG - AgR, Rel. Min. CÁRMEN LÚCIA, DJe 12.2.2014). 3. O Superior Tribunal de Justiça tem jurisprudência consolidada no sentido da possibilidade de estabelecerem-se limites mínimo e máximo de idade para o ingresso nas carreiras militares; entretanto, esse entendimento não é aplicável ao caso dos autos, uma vez que não se está a discutir o limite etário para a participação em concurso, mas, sim, a razoabilidade de indeferir-se a inscrição de candidato que, embora, à época da inscrição, preenchesse os requisitos do edital, veio, durante o certame, a ultrapassar a idade exigida para a inscrição no curso de formação (RCD no AREsp 679.607/DF, Rel. Min. SÉRGIO KUKINA, DJe 13.5.2015 e RMS 31.932/AC, Rel. Min. BENEDITO GONÇALVES, DJe 24.9.2010). 4. Agravo Regimental do DISTRITO FEDERAL desprovido. **AgRg no AREsp 653336/DF AGRAVO REGIMENTAL NO AGRAVO EM RECURSO ESPECIAL 2015/0008754-0. Relator(a): Ministro NAPOLEÃO NUNES MAIA FILHO (1133). Órgão Julgador: T1 - PRIMEIRA TURMA. Data do Julgamento: 20/10/2015. Data da Publicação/Fonte: DJe 04/11/2015.**
- **ADMINISTRATIVO E PROCESSUAL CIVIL. AGRAVO REGIMENTAL NO RECURSO ORDINÁRIO EM MANDADO DE SEGURANÇA. CONCURSO PÚBLICO. REEXAME DE CRITÉRIOS DE CORREÇÃO DE QUESTÃO DISCURSIVA. DESCABIMENTO. PRECEDENTES DO STJ. PREVISÃO DOS CRITÉRIOS DE CORREÇÃO, NO EDITAL. INEXISTÊNCIA DE ATO ILEGAL. AGRAVO REGIMENTAL IMPROVIDO.** I. É firme a compreensão do STJ no sentido de que "o reexame dos critérios usados por banca examinadora na formulação de questões, correção e atribuição de notas em provas de concursos públicos é vedado, como regra, ao Poder Judiciário, que deve se limitar à análise da legalidade e da observância às regras contidas no respectivo edital" (STJ, AgRg no AREsp 266.582/DF, Rel. Ministro HERMAN BENJAMIN, SEGUNDA TURMA, DJe de 07/03/2013). Na mesma linha, recentemente - em 23/04/2015 -, o Plenário do STF, apreciando o Tema 485 da Repercussão Geral, nos termos do voto do Relator, Ministro GILMAR MENDES, conheceu e deu provimento ao RE 632.853/CE, para fixar a tese de que "não compete ao Poder Judiciário, no controle de legalidade, substituir banca examinadora para avaliar respostas dadas pelos candidatos e notas a elas atribuídas. Precedentes. Excepcionalmente, é permitido ao Judiciário juízo de compatibilidade do conteúdo das questões do concurso com o previsto no edital do certame" (DJe de 29/06/2015). II. In casu, conforme destacado no acórdão recorrido, o edital do concurso público estabeleceu as regras da fase discursiva, prevendo o desconto de pontuação, pela existência de erros gramaticais. III. Diante desse quadro, não há ato ilegal, pelo desconto de pontuação, dentro dos parâmetros previstos no edital. Em verdade, o que pretende o recorrente é a substituição, pelo Judiciário, da Banca Examinadora do certame, para reexaminar a correção da questão subjetiva, o que se revela impossível, sob pena de indevida incursão no mérito do ato administrativo. IV. Agravo Regimental improvido. **AgRg no RMS 47180/RO. AGRAVO REGIMENTAL NO RECURSO EM MANDADO DE SEGURANÇA 2014/0335946-0 . Relator(a): Ministra ASSUSETE MAGALHÃES (1151). Órgão Julgador: T2 - SEGUNDA TURMA. Data do Julgamento: 22/09/2015. Data da Publicação/Fonte: DJe 01/10/2015.**

- **ORÇAMENTO – APLICAÇÃO DE RECURSOS MÍNIMOS NA ÁREA DA SAÚDE – CONTROLE JUDICIAL – SEPARAÇÃO DE PODERES – ALCANCE DOS ARTIGOS 2º, 160, PARÁGRAFO ÚNICO, INCISO II, E 198, § 2º E § 3º, DO CORPO PERMANENTE E 77, INCISO III, § 3º E § 4º, DO ATO DAS DISPOSIÇÕES TRANSITÓRIAS DA CARTA DE 1988 – RECURSO EXTRAORDINÁRIO – REPERCUSSÃO GERAL CONFIGURADA.** Possui repercussão geral a controvérsia alusiva à possibilidade de o Poder Judiciário impor aos municípios e à União a aplicação de recursos mínimos na área da saúde, antes da edição da lei complementar referida no artigo 198, § 3º, da Constituição Federal, considerados os preceitos dos artigos 2º, 160, parágrafo único, inciso II, e 198, § 2º e § 3º, do corpo permanente e 77, inciso III, § 3º e § 4º, do Ato das Disposições Transitórias da Carta de 1988. (STF - RE 858075 RG / RJ - RIO DE JANEIRO. REPERCUSSÃO GERAL NO RECURSO EXTRAORDINÁRIO. Relator(a): Min. MARCO AURÉLIO. Julgamento: 21/05/2015. Publicação. ACÓRDÃO ELETRÔNICO. DJe-114 DIVULG 15-06-2015 PUBLIC 16-06-2015).
- **AGRAVO REGIMENTAL NO RECURSO EXTRAORDINÁRIO COM AGRAVO. ADMINISTRATIVO. FUNDO DE PARTICIPAÇÃO DOS MUNICÍPIOS. LEI COMPLEMENTAR Nº 91/1997. COEFICIENTE DE CÁLCULO. ANÁLISE DE LEGISLAÇÃO INFRACONSTITUCIONAL. REVOLVIMENTO DO CONJUNTO FÁTICO-PROBATÓRIO. SÚMULA Nº 279 DO STF. CONTROLE DE LEGALIDADE DOS ATOS ADMINISTRATIVOS PELO PODER JUDICIÁRIO. POSSIBILIDADE. PRECEDENTES. AGRAVO REGIMENTAL DESPROVIDO.** (STF - ARE 864405 AgR / PE – PERNAMBUCO. AG.REG. NO RECURSO EXTRAORDINÁRIO COM AGRAVO. Relator(a): Min. LUIZ FUX. Julgamento: 20/10/2015. Órgão Julgador: Primeira Turma. Publicação. PROCESSO ELETRÔNICO. DJe-223 DIVULG 09-11-2015 PUBLIC 10-11-2015).
- **DIREITO ADMINISTRATIVO. CONTROLE LEGISLATIVO FINANCEIRO. CONTROLE EXTERNO. REQUISIÇÃO PELO TRIBUNAL DE CONTAS DA UNIÃO DE INFORMAÇÕES ALUSIVAS A OPERAÇÕES FINANCEIRAS REALIZADAS PELAS IMPETRANTES. RECUSA INJUSTIFICADA. DADOS NÃO ACOBERTADOS PELO SIGILO BANCÁRIO E EMPRESARIAL.** 1. O controle financeiro das verbas públicas é essencial e privativo do Parlamento como consectário do Estado de Direito (IPSEN, Jörn. Staatsorganisationsrecht. 9. Auflage. Berlin: Luchterhand, 1997, p. 221). 2. O primado do ordenamento constitucional democrático assentado no Estado de Direito pressupõe uma transparente responsabilidade do Estado e, em especial, do Governo. (BADURA, Peter. Verfassung, Staat und Gesellschaft in der Sicht des Bundesverfassungsgerichts. In: Bundesverfassungsgericht und Grundgesetz. Festgabe aus Anlass des 25jähringe Bestehens des Bundesverfassungsgerichts. Weiter Band. Tübingen: Mohr, 1976, p. 17.) 3. O sigilo de informações necessárias para a preservação da intimidade é relativizado quando se está diante do interesse da sociedade de se conhecer o destino dos recursos públicos. 4. Operações financeiras que envolvam recursos públicos não estão abrangidas pelo sigilo bancário a que alude a Lei Complementar nº 105/2001, visto que as operações dessa espécie estão submetidas aos princípios da administração pública insculpidos no art. 37 da Constituição Federal. Em tais situações, é prerrogativa constitucional do Tribunal [TCU] o acesso a informações relacionadas a operações financiadas com recursos públicos. 5. O segredo como "alma do negócio" consubstancia a máxima cotidiana inaplicável em casos análogos ao sub judice, tanto mais que, quem contrata com o poder público não pode ter segredos, especialmente se a revelação for necessária para o controle da legitimidade do emprego dos recursos públicos. É que a contratação pública não pode ser feita em esconderijos envernizados por um arcabouço jurídico capaz de impedir o controle social quanto ao emprego das verbas públicas. 6. "O dever administrativo de manter plena transparência em seus comportamentos impõe não haver em um Estado Democrático de Direito, no qual o poder reside no povo (art. 1º, parágrafo único, da Constituição), ocultamento aos administrados dos assuntos que a todos interessam, e muito menos em relação aos sujeitos individualmente afetados por alguma medida." (MELLO, Celso Antônio Bandeira de. Curso de Direito Administrativo. 27ª edição. São Paulo: Malheiros, 2010, p. 114). 7. O Tribunal de Contas da União não está autorizado a, manu militari, decretar a quebra de sigilo bancário e empresarial de terceiros, medida cautelar condicionada à prévia anuência do Poder Judiciário, ou, em situações pontuais, do Poder Legislativo. Precedente: MS 22.801, Tribunal Pleno, Rel. Min. Menezes Direito, DJe 14.3.2008. 8. In casu, contudo, o TCU deve ter livre acesso às operações financeiras realizadas pelas impetrantes, entidades de direito privado da Administração Indireta submetidas ao seu controle financeiro, mormente porquanto operacionalizadas mediante o emprego de recursos de origem pública. Inoponibilidade de sigilo bancário e empresarial ao TCU quando se está diante de operações fundadas em recursos de origem pública. Conclusão decorrente do dever de atuação transparente dos administradores públicos em um Estado Democrático de Direito. 9. A preservação, in casu, do sigilo das operações realizadas pelo BNDES e BNDESPAR com terceiros não, apenas, impediria a atuação constitucionalmente prevista para o TCU, como, também, representaria uma acanhada, insuficiente, e, por isso mesmo, desproporcional limitação ao direito fundamental de preservação da intimidade. 10. O princípio da conformidade funcional a que se refere Canotilho, também, reforça a conclusão de que os órgãos criados pela Constituição da República, tal como o TCU, devem se manter no quadro normativo de suas competências, sem que tenham autonomia para abrir mão daquilo que o constituinte lhe entregou em termos de competências. (CANOTILHO, José Joaquim Gomes. Direito Constitucional e Teoria da Constituição. 5ª edição. Coimbra: Almedina, 2002, p. 541.) 11. A Proteção Deficiente de vedação implícita permite assentar que se a publicidade não pode ir tão longe, de forma a esvaziar, desproporcionalmente, o direito fundamental à privacidade e ao sigilo bancário e empresarial; não menos verdadeiro é que a insuficiente limitação ao direito à privacidade revelar-se-ia, por outro ângulo, desproporcional, porquanto lesiva aos interesses da sociedade de exigir do Estado brasileiro uma atuação transparente. 12. No caso sub examine: I) O TCU determinou o fornecimento de dados pela JBS/Friboi, pessoa que celebrou contratos vultosos com o BNDES, a fim de aferir, por exemplo, os critérios utilizados para a escolha da referida sociedade empresária, quais seriam as vantagens

sociais advindas das operações analisadas, se houve cumprimento das cláusulas contratuais, se as operações de troca de debêntures por posição acionária na empresa ora indicada originou prejuízo para o BNDES. II) O TCU não agiu de forma imotivada e arbitrária, e nem mesmo criou exigência irrestrita e genérica de informações sigilosas. Sobre o tema, o ato coator aponta a existência de uma operação da Polícia Federal denominada Operação Santa Tereza que apontou a existência de quadrilha intermediando empréstimos junto ao BNDES, inclusive envolvendo o financiamento obtido pelo Frigorífico Friboi. Ademais, a necessidade do controle financeiro mais detido resultou, segundo o decisum atacado, de um "protesto da Associação Brasileira da Indústria Frigorífica (Abrafigo) contra a política do BNDES que estava levanto à concentração econômica do setor". III) A requisição feita pelo TCU na hipótese destes autos revela plena compatibilidade com as atribuições constitucionais que lhes são dispensadas e permite, de forma idônea, que a sociedade brasileira tenha conhecimento se os recursos públicos repassados pela União ao seu banco de fomento estão sendo devidamente empregados. 13. Consequentemente a recusa do fornecimento das informações restou inadmissível, porquanto imprescindíveis para o controle da sociedade quanto à destinação de vultosos recursos públicos. O que revela que o determinado pelo TCU não extrapola a medida do razoável. 14. Merece destacar que in casu: a) Os Impetrantes são bancos de fomento econômico e social, e não instituições financeiras privadas comuns, o que impõe, aos que com eles contratam, a exigência de disclosure e de transparência, valores a serem prestigiados em nossa República contemporânea, de modo a viabilizar o pleno controle de legitimidade e responsividade dos que exercem o poder. b) A utilização de recursos públicos por quem está submetido ao controle financeiro externo inibe a alegação de sigilo de dados e autoriza a divulgação das informações necessárias para o controle dos administradores, sob pena de restar inviabilizada a missão constitucional da Corte de Contas. c) À semelhança do que já ocorre com a CVM e com o BACEN, que recebem regularmente dados dos Impetrantes sobre suas operações financeiras, os Demandantes, também, não podem se negar a fornecer as informações que forem requisitadas pelo TCU. 15. A limitação ao direito fundamental à privacidade que, por se revelar proporcional, é compatível com a teoria das restrições das restrições (Schranken-Schranken). O direito ao sigilo bancário e empresarial, mercê de seu caráter fundamental, comporta uma proporcional limitação destinada a permitir o controle financeiro da Administração Publica por órgão constitucionalmente previsto e dotado de capacidade institucional para tanto. 16. É cediço na jurisprudência do E. STF que: "ADMINISTRAÇÃO PÚBLICA – PUBLICIDADE. A transparência decorre do princípio da publicidade. TRIBUNAL DE CONTAS – FISCALIZAÇÃO – DOCUMENTOS. Descabe negar ao Tribunal de Contas o acesso a documentos relativos à Administração Pública e ações implementadas, não prevalecendo a óptica de tratar-se de matérias relevantes cuja divulgação possa importar em danos para o Estado. Inconstitucionalidade de preceito da Lei Orgânica do Tribunal de Contas do Estado do Ceará que implica óbice ao acesso." (ADI 2.361, Tribunal Pleno, Rel. Min. Marco Aurélio, DJe 23/10/2014). 17. Jusfilosoficamente as premissas metodológicas aplicáveis ao caso sub judice revelam que: I - "nuclearmente feito nas pranchetas da Constituição. Foi o legislador de primeiríssimo escalão quem estruturou e funcionalizou todos eles (os Tribunais de Contas), prescindindo das achegas da lei menor. (...) Tão elevado prestígio conferido ao controle externo e a quem dele mais se ocupa, funcionalmente, é reflexo direto do princípio republicano. Pois, numa República, impõe-se responsabilidade jurídica pessoal a todo aquele que tenha por competência (e consequente dever) cuidar de tudo que é de todos". (BRITTO, Carlos Ayres. O regime constitucional dos Tribunais de Contas. In: Revista do Tribunal de Contas do Estado do Rio de Janeiro. Volume 8. 2º semestre de 2014. Rio de Janeiro: TCE-RJ, p. 18 e 20) II - "A legitimidade do Estado Democrático de Direito depende do controle da legitimidade da sua ordem financeira. Só o controle rápido, eficiente, seguro, transparente e valorativo dos gastos públicos legitima o tributo, que é o preço da liberdade. O aperfeiçoamento d controle é que pode derrotar a moral tributária cínica, que prega a sonegação e a desobediência civil a pretexto da ilegitimidade da despesa pública. (TORRES, Ricardo Lobo. Uma Avaliação das Tendências Contemporâneas do Direito Administrativo. Obra em homenagem a Eduardo García de Enterría. Rio de Janeiro: Renovar, 2003, p. 645) 18. Denegação da segurança por ausência de direito material de recusa da remessa dos documentos. (STF - MS 33340/DF - DISTRITO FEDERAL. MANDADO DE SEGURANÇA. Relator(a): Min. LUIZ FUX. Julgamento: 26/05/2015. Órgão Julgador: Primeira Turma. Publicação. PROCESSO ELETRÔNICO. DJe-151 DIVULG 31-07-2015 PUBLIC 03-08-2015).

- **EMENTA AGRAVO REGIMENTAL EM MANDADO DE SEGURANÇA. INTERPOSIÇÃO SOB A ÉGIDE DO CPC/2015. CONSELHO NACIONAL DE JUSTIÇA. SERVENTIAS EXTRAJUDICIAIS DO ESTADO DO ESPÍRITO SANTO. OUTORGA DE DELEGAÇÃO A SUBSTITUTO, SEM CONCURSO PÚBLICO. DETERMINAÇÃO GENÉRICA. SUSTENTADA OFENSA ÀS GARANTIAS DO DEVIDO PROCESSO LEGAL, DO CONTRADITÓRIO E DA AMPLA DEFESA**. 1. A jurisprudência deste Supremo Tribunal Federal, atenta à viabilidade operacional dos órgãos de controle (Tribunal de Contas da União, Conselho Nacional de Justiça, Conselho Nacional do Ministério Público etc.), e à acertada delimitação das garantias constitucionais de natureza procedimental, firma-se no sentido de que, na hipótese de a atuação de instituições fiscalizatórias envolver apuração de espectro amplo, voltada à promoção de ajuste da conduta de entes ou órgãos fiscalizados aos ditames legais, sem deliberação imediata sobre situações específicas, não há necessidade de intimação, no âmbito interno do órgão de controle, de cada um dos potenciais interessados nos desdobramentos da decisão administrativa genérica a ser proferida. Precedentes. 2. Em tais hipóteses, incumbirá ao órgão ou ente fiscalizado, no intuito de verificar a subsunção de casos específicos ao genericamente determinado pelo órgão de controle, instaurar, posteriormente, em seu perímetro, contraditório individualizado e observar as demais garantias de índole procedimental. 3. No caso em tela, ante o caráter geral da apuração empreendida no PCA nº 2008.10.00.000885-5, impõe-se concluir, na ausência de objeto de deliberação suscetível de causar, de forma direta e imediata, gravame ao impetrante, que não havia necessidade de que este fosse intimada para apresentar manifestação no referido procedimento de controle administrativo. 4. Ainda que se reputasse devida a prévia intimação pessoal do agravante no PCA em tela, forçoso seria concluir, presente a diretriz traçada no brocardo "pas de nullité sans grief", que a decretação de nulidade por cerceamento de defesa exigiria demonstração de prejuízo concreto, o que não ocorreu, quer ante a existência de manifestação do impetrante no mencionado procedimento de controle administrativo, quer ante a natureza genérica da decisão proferida pelo CNJ, limitada a determinar a observância, pelo Tribunal de Justiça do Estado do Espírito Santo, autoridade delegante, da exigência constitucional de concurso para ingresso e remoção na atividade notarial e de registro, sem redundar em imediata desconstituição de delegações específicas, providência deixada a cargo da Corte estadual capixaba, após exame individualizado de cada situação. 5. Tanto é certo que a análise empreendida no ato impugnado foi meramente genérica, não enfocada a situação particular do agravante, que, posteriormente, no PP nº 0000584-14.2011.2.00.0000, o CNJ examinou a situação individualizada da serventia titularizada pelo impetrante, proferindo decisão administrativa específica, que veio a ser contestada, perante esta Suprema Corte, por meio do MS nº 30791, distribuído ao Ministro Marco Aurélio. 6. Inaplicável o art. 85, § 11, do CPC/2015, por se tratar de recurso interposto em mandado de segurança (art. 25 da Lei 12.016/2009 e Súmula 512/STF). 7. Agravo regimental conhecido e não provido, com aplicação, no caso de votação unânime, da penalidade prevista no art. 1.021, § 4º, do CPC/2015. **(MS 27751 ED-AgR, Relator(a): Min. ROSA WEBER, Primeira Turma, julgado em 09/11/2016, ACÓRDÃO ELETRÔNICO DJe-248 DIVULG 21-11-2016 PUBLIC 22-11-2016)**

- **Ementa: AGRAVO REGIMENTAL EM MANDADO DE SEGURANÇA. DELIBERACÃO DO CONSELHO NACIONAL DE JUSTIÇA PROFERIDA NO ÂMBITO DE PROCESSO DE REVISÃO DISCIPLINAR. APLICAÇÃO DA PENA DE APOSENTADORIA COMPULSÓRIA AO IMPETRANTE. ALEGAÇÃO DE ILEGITIMIDADE ATIVA DO REQUERENTE DO PEDIDO DE REVISÃO. INEXISTÊNCIA. EXERCÍCIO DE ATRIBUIÇÃO PREVISTA NO ART. 103-B, § 4º, V, DA CONSTITUIÇÃO DA REPÚBLICA. SUPOSTA DESPROPORCIONALIDADE DA PENA EM RELAÇÃO À CONDUTA PRATICADA. ILIQUIDEZ DOS FATOS. IMPOSSIBILIDADE DE REEXAME DO ACERVO PROBATÓRIO DE PROCESSO ADMINISTRATIVO DISCIPLINAR EM SEDE DE MANDADO DE SEGURANÇA. AGRAVO REGIMENTAL DESPROVIDO.** 1. A Constituição da República atribui, expressamente, ao Conselho Nacional de Justiça a competência para rever, de ofício ou mediante provocação, os processos disciplinares de juízes e membros de tribunais julgados há menos de um ano (CRFB/88, art. 103-B, § 4º, V). 2. O constituinte garantiu legitimidade ampla para a propositura do Pedido de Revisão perante o CNJ, não havendo qualquer limitação em relação a quem possa provocar essa espécie de processo, mormente porque o seu escopo é o controle de legalidade e de mérito de decisões tomadas por outros órgãos administrativos. Daí não ter relevância, no plano jurídico, identificar um interesse direto do requerente, ao delatar a prática de uma ilegalidade, com o pedido de controle ou revisão formulado perante o órgão de controle. 3. A proporcionalidade da sanção, posto não se revelar, de plano, flagrantemente ilegal ou teratológica, envolve rediscussão de fatos e provas produzidas no âmbito do processo administrativo disciplinar, o que não se compatibiliza com a via do mandado de segurança. 4. In casu, conforme evidenciado no voto vencedor do ato coator, verifica-se que: (i) o ato impugnado está fundamentado em múltiplos e concatenados elementos de prova; (ii) os argumentos e provas produzidos pela defesa do impetrante foram devidamente considerados pelos integrantes do Conselho Nacional de Justiça, a denotar a observância das garantias do contraditório e da ampla defesa, e (iii) formada convicção, a partir do conjunto probatório examinado, a maioria dos membros do CNJ considerou adequada a aplicação de sanção disciplinar consistente em aposentadoria compulsória, considerada a particular gravidade da falta funcional apurada. 5. Agravo regimental a que se nega provimento. **(MS 32246 AgR, Relator(a): Min. LUIZ FUX, Primeira Turma, julgado em 18/10/2016, PROCESSO ELETRÔNICO DJe-236 DIVULG 04-11-2016 PUBLIC 07-11-2016)**

9.1. Informativos dos STJ

- **Informativo n. 587**

DIREITO ADMINISTRATIVO. CONTROLE EXTERNO DA ATIVIDADE DE INTELIGÊNCIA DA POLÍCIA FEDERAL. O controle externo da atividade policial exercido pelo Ministério Público Federal não lhe garante o acesso irrestrito a todos os relatórios de inteligência produzidos pela Diretoria de Inteligência do Departamento de Polícia Federal, mas somente aos de natureza persecutório-penal. De fato, entre as funções institucionais enumeradas na Carta da República, conferiu-se ao Ministério Público o controle externo da atividade policial (art. 129, VII). Ao regulamentar esse preceito constitucional, a LC n. 75/1993 assim dispõe: "Art. 9º O Ministério Público da União exercerá o controle externo da atividade policial por meio de medidas judiciais e extrajudiciais podendo: [...] II - ter acesso a quaisquer documentos relativos à atividade-fim policial." Por sua vez, a atividade de inteligência está disciplinada pela Lei n. 9.883/1999, que instituiu o Sistema Brasileiro de Inteligência (SISBIN) e criou a Agência Brasileira de Inteligência (ABIN). Ademais, o § 2º do art. 1º desse diploma considera serviço de inteligência aquele que "objetiva a obtenção, análise e disseminação de conhecimentos dentro e fora do território nacional sobre fatos e situações de imediata ou potencial influência sobre o processo decisório e a ação governamental e sobre a salvaguarda e a segurança da sociedade e do Estado". Por seu turno, o Decreto n. 4.376/2002, em seu art. 4º, elenca os órgãos que compõem o SISBIN, destacando-se, entre eles, a Diretoria de Inteligência Policial do Departamento de Polícia Federal. Nesse contexto, quanto ao controle das atividades de inteligência, o art. 6º da Lei n. 9.883/1999 dispõe que "O controle e fiscalização externos da atividade de inteligência serão exercidos pelo Poder Legislativo na forma a ser estabelecida em ato do Congresso Nacional". Assim, se o controle externo da atividade policial exercido pelo *Parquet* deve circunscrever-se à atividade de polícia judiciária, conforme a dicção do art. 9º da LC n. 75/1993, somente cabe ao órgão ministerial acesso aos relatórios de inteligência emitidos pela Polícia Federal de natureza persecutório-penal, ou seja, que guardem relação com a atividade de investigação criminal. Desse modo, o poder fiscalizador atribuído ao Ministério Público não lhe confere o acesso irrestrito a todos os relatórios de inteligência produzidos pelo Departamento de Polícia Federal. **REsp 1.439.193-RJ, Rel. Min. Gurgel de Faria, julgado em 14/6/2016, DJe 9/8/2016.**

10. QUESTÕES DE CONCURSOS

1. **(FCC - 2014 - TRF - 4ª REGIÃO - Analista Judiciário - Oficial de Justiça Avaliador Federal)** A Administração pública, é sabido, está sujeita a princípios expressos e implícitos no exercício de suas funções. A observância desses princípios está sujeita a controle, do que é exemplo o controle

a) exercido pela própria Administração, que se presta a verificar a observância dos princípios expressos e implícitos, vedada, no entanto, a revisão dos atos, que deve ser feita judicialmente.

b) administrativo externo, que se presta à verificação da observância dos princípios, desde que expressos, que regem a Administração.

c) exercido pelo Legislativo, pelo Judiciário e pela própria Administração, sem prejuízo da participação do usuário no bom desempenho das funções administrativas, o que lhes confere, inclusive, direito à informações sobre a atuação do governo.

d) exercido pelo Judiciário, que se consubstancia em verificação interna dos princípios expressos, tais como, legalidade, impessoalidade e supremacia do interesse público.

e) legislativo externo, que se presta somente à verificação da observância dos princípios expressos e da discricionariedade da Administração.

2. **(FCC - 2014 - TRF - 4ª REGIÃO - Técnico Judiciário - Área Administrativa)** Considere:

I. Convocação de Ministro de Estado por Comissão do Senado Federal para prestar, pessoalmente, informações sobre o tema da demarcação de terras indígenas.

II. Controle administrativo sobre órgãos da Administração Direta.

Acerca do Controle da Administração pública, os itens I e II correspondem, respectivamente, a controle

a) legislativo de natureza política e controle administrativo interno decorrente do poder de tutela da Administração pública.

b) legislativo de natureza política e controle administrativo interno decorrente do poder de autotutela da Administração pública.

c) administrativo de natureza política e controle administrativo interno decorrente do poder de tutela da Administração pública.

d) legislativo de natureza financeira e controle administrativo externo decorrente do poder de autotutela da Administração pública.

e) administrativo de natureza política e controle administrativo externo decorrente do poder de tutela da Administração pública.

3. **(CESPE - 2014 - TJ-SE - Titular de Serviços de Notas e de Registros – Remoção)** Com relação ao controle da administração pública, assinale a opção correta.

a) No exercício do controle financeiro sobre a administração pública, o Poder Legislativo pode, por meio da Câmara dos Deputados ou do Senado Federal, convocar ministro de Estado para, pessoalmente ou por meio de representante designado, prestar informações a respeito de determinado assunto.

b) Conforme entendimento do STF, preenchidos concomitantemente os seguintes requisitos, é possível o controle judicial nas políticas públicas: natureza constitucional da política pública reclamada; existência de correlação entre a política pública reclamada e os direitos fundamentais; prova de omissão ou prestação deficiente e não justificada pela administração pública.

c) O habeas corpus, por ter caráter essencialmente processual penal, não é considerado meio de provocação do controle judicial da administração pública.

d) Controle interno consiste no controle exercido pela administração direta sobre os atos praticados por seus órgãos e pelas entidades da administração indireta.

e) Os recursos administrativos, meios de que podem se valer os administrados para provocar o reexame, pela administração pública, de ato administrativo, não podem, conforme o STF, ser apreciados por autoridade que tenha participado anteriormente do processo objeto de recurso e que tenha nele proferido decisão desfavorável.

4. (FCC - 2014 - TRT - 2ª REGIÃO SP - Analista Judiciário - Área Judiciária) De acordo com a separação de poderes constitucionalmente estabelecida, a função de administrar incumbe ao Poder Executivo. A Administração pública, no desempenho das tarefas inerentes a essa função

a) admite controle do poder externo, tanto dos órgãos que integram a estrutura da Administração, quanto do Tribunal de Contas, cuja análise de mérito é mais restrita que o controle desempenhado pelo Poder Judiciário, que o faz sem distinção.
b) submete-se a controle externo exercido pelo Legislativo, com auxilio do Tribunal de Contas, que pode abranger análise de critérios que excedem a legalidade, tal como economicidade.
c) submete-se a controle externo do Poder Judiciário, vedada interferência de outros órgãos ou entes, ainda que da mesma esfera de governo, em especial quando se tratar de atuação discricionária.
d) admite controle interno de outros órgãos, entes ou Poderes, vedado controle externo no que se refere aos aspectos discricionários da atuação.
e) submete-se a controle interno, pelos órgãos que integram sua própria estrutura, e a controle externo, desempenhado pelo Tribunal de Contas e pelo Poder Judiciário, vedada análise de qualquer aspecto discricionário.

5. (VUNESP - 2014 - TJ-PA - Juiz de Direito Substituto) Em relação ao controle externo exercido pelo Poder Legislativo, com auxílio dos Tribunais de Contas, é correto afirmar que este último poderá

a) solicitar para exame cópia de edital de licitação já publicado, até o dia útil imediatamente anterior à data de recebimento das propostas.
b) apreciar, para fins de registro, as nomeações para cargo de provimento em comissão e as concessões de aposentadorias.
c) determinar a quebra de sigilo de agentes públicos e particulares que contrataram com o Estado, para apuração de irregularidades.
d) sustar os contratos administrativos em execução, prescindindo de manifestação do Poder Legislativo.
e) realizar auditorias, mas somente mediante expressa determinação do Poder Legislativo.

6. (TRF 1 - Juiz Federal Substituto 1ª região/2015) Considerando o controle administrativo, a ação popular e a improbidade administrativa, assinale a opção correta.

a) Os atos de improbidade administrativa que causam prejuízo ao erário relacionam-se à ação ou omissão que acarreta perda patrimonial, desvio, apropriação, malbaratamento ou dilapidação dos bens ou haveres da administração pública por meio de conduta dolosa, não admitindo a forma culposa.
b) O controle administrativo, como a prerrogativa reconhecida à administração pública para fiscalizar e corrigir a sua própria atuação, restringe-se à avaliação da conveniência e oportunidade relativas à edição do ato administrativo discricionário (controle de mérito).
c) O TCU, no exercício de suas atribuições, pode apreciar a constitucionalidade dos atos administrativos do poder público, mas não a constitucionalidade das leis.
d) Os casos de controle legislativo sobre o Poder Executivo devem constar expressamente da CF, pois consagram exceções ao princípio da separação de poderes, não se admitindo, assim, a sua ampliação por meio da legislação infraconstitucional.
e) O cidadão possui legitimidade ativa e capacidade postulatória para a propositura de ação popular, independentemente da assistência de advogado.

7. (FCC – Analista Judiciário – Área Judiciária - TRT 3/2015) A Administração pública exerce, em relação aos administrados, uma série de atos decorrentes de prerrogativas e pores inerentes à função executiva. Em contrapartida, esses atos estão sujeitos a controle, interno e externo, a fim de garantir as melhores práticas em termos de gestão pública, para aumento de produtividade, ganho de eficiência e respeito às garantias e direitos individuais. Também por isso

a) o controle exercido pelo Tribunal de Contas sobre os atos praticados pela Administração pública possui extensão demasiadamente maior, representando a única ferramenta repressiva eficaz de limitação das atividades administrativas, tal como a Administração pública o faz em relação aos administrados quando do exercício de seu poder de polícia.

b) o poder de polícia exercido pela Administração pública possui expresso fundamento na legislação vigente, de modo que deve guardar pertinência com os limites do que lhe autoriza a norma, razão pela qual seu controle está adstrito ao exame de legalidade, para garantir a observância dos princípios constitucionais, direitos e liberdades individuais.

c) o controle interno é aquele praticado pela Administração pública sobre seus próprios atos, razão pela qual é ilimitado e não atende a prazos ou limitações, especialmente em matéria de conveniência e oportunidade, diferentemente do controle externo que, tal qual o poder de polícia, dá-se em caráter excepcional, dentro de quadrantes normativamente bem delimitados, restrito ao exame de legalidade.

d) o controle externo pode ser exercido pelo Poder Judiciário, que também desempenha relevante papel no controle das manifestações do poder de polícia praticadas pela Administração pública, ainda que se possa afirmar remanescer um núcleo discricionário, pertinente ao mérito do ato administrativo, cujos critérios de conveniência e oportunidade não possam ser revistos por aquele Poder.

e) somente o Poder Executivo pode praticar atos administrativos e exercer poder de polícia, posto que sujeito ao controle interno de seus próprios órgãos e ao controle externo do Legislativo e do Executivo, estes que não poderiam se submeter a controle daquela natureza, razão pela qual não poderiam receber atribuição com poderes ilimitados.

8. **(Vunesp - PGM – São Paulo - SP/2015)** Assinale a alternativa correta.

a) O controle dos atos administrativos pelo Judiciário afronta o princípio da separação, independência e harmonia dos poderes constituídos.

b) Os atos normativos do Poder Executivo, como regulamentos, resoluções, portarias, podem ser invalidados pelo Poder Judiciário.

c) O Judiciário não pode examinar sob o aspecto da legalidade e da moralidade os atos da Administração Pública discricionários.

d) Os atos administrativos vinculados estão fora da competência de revisão do Poder Judiciário, por estar este impedido de examinar seu mérito.

e) Os atos políticos estão sujeitos à apreciação do Judiciário, desde que causem lesão a direitos individuais.

9. **(CAIPIMES – PGM - Grande ABC – Procurador/2015)** O controle externo, a cargo do Congresso Nacional, deve ser exercido com o auxílio do Tribunal de Contas da União, ao qual compete:

a) fiscalizar as contas nacionais das empresas supranacionais de cujo capital social a União participe, de forma direta ou indireta, nos termos do tratado constitutivo.

b) apreciar as contas prestadas anualmente pelo Presidente da República, mediante parecer prévio que deverá ser elaborado em noventa dias a contar de seu recebimento.

c) aplicar aos responsáveis, em caso de ilegalidade de despesa ou irregularidade de contas, as sanções que lhe compete infligir, tais como advertência, suspensão e exoneração do exercício do cargo, emprego ou função.

d) julgar as contas dos administradores e demais responsáveis por dinheiros, bens e valores públicos da administração direta e indireta, excluídas as contas daqueles que derem causa a perda, extravio ou outra irregularidade de que resulte prejuízo ao erário público.

10. **(Cespe – Defensor Público - PR/ 2015)** No que se refere ao controle da administração pública, julgue o seguinte item.

Por ser um órgão constitucional autônomo, a DP não está sujeita a controle interno de suas funções administrativas.

11. **(PUC – Procurador do Estado – PR/2015)** A respeito do sistema e órgãos de controle da Administração Pública brasileira, assinale a alternativa CORRETA.

a) Nos processos perante o Tribunal de Contas da União, é dispensável o contraditório e a ampla defesa quando da apreciação da legalidade de ato de ascensão funcional de empregados públicos.

b) O Tribunal de Contas tem atribuição fiscalizadora de verbas públicas, desde que recebidas e/ou despendidas por pessoas da Administração Pública (direta ou indireta).

c) Nos processos perante o Tribunal de Contas da União, é dispensável o contraditório e a ampla defesa quando da apreciação da legalidade do ato de concessão inicial de aposentadoria, reforma e pensão.

d) Os Tribunais de Contas têm competência para fixar o teto remuneratório de servidores públicos por meio de resolução administrativa.

e) A Constituição Federal dispõe que, nos casos de contratos, licitações, dispensa e inexigibilidade, a competência de julgamento dos Tribunais de Contas fica subordinada ao crivo do Poder Legislativo, pois os atos de sustação devem ser adotados diretamente por ele.

12. Cespe – Agente de Polícia – PC – PE/2016) A respeito do controle da administração pública, assinale a opção correta de acordo com as normas atinentes à improbidade administrativa previstas na Lei n.° 8.429/1992.

A) O controle dos órgãos da administração pública pelo Poder Legislativo decorre do poder de autotutela, que permite, por exemplo, ao Legislativo rever atos do Poder Executivo se ilegais, inoportunos ou inconvenientes.

B) O Senado Federal poderá sustar atos normativos dos Poderes Executivos federal, estadual, distrital ou municipal se esses atos exorbitarem do poder regulamentar ou dos limites de delegação legislativa.

C) No caso de entidade que receba subvenção financeira de órgão público, as sanções relativas à improbidade administrativa, previstas na Lei n.° 8.429/1992, prescrevem em dez anos, contados da data do recebimento da subvenção.

D) Para a caracterização de ato de improbidade administrativa, é necessário que fiquem demonstrados o enriquecimento ilícito e a conduta dolosa do agente público.

E) No âmbito da fiscalização financeira, cabe ao Congresso Nacional, com o auxílio do Tribunal de Contas da União, exercer o controle externo da aplicação de recursos repassados pela União, mediante convênio, a estado, ao Distrito Federal ou a município.

13. (Cespe – Escrivão de Polícia – PC – PE/2016) A respeito do controle dos atos e contratos administrativos, assinale a opção correta.

A) No controle externo da administração financeira e orçamentária, os tribunais de contas devem realizar o controle prévio dos atos ou contratos da administração direta ou indireta.

B) É vedado ao Poder Judiciário realizar o controle de mérito de atos discricionários que não contrariarem qualquer princípio administrativo.

C) O controle de legalidade ou legitimidade do ato administrativo, no sistema brasileiro, compete privativamente ao Poder Judiciário.

D) No controle de legalidade ou de legitimidade, o ato administrativo ilegal só pode ser revogado.

E) No controle administrativo, a administração pode anular seus próprios atos, mas não revogá-los.

14. (Faurgs – Juiz de Direito Substituto - RS/2016) Acerca do controle externo e interno da Administração Pública, assinale a alternativa correta.

A) O controle externo dos Municípios onde não houver Tribunal de Contas ou Conselhos ou Tribunais de Contas dos Municípios será exercido pelo respectivo Tribunal de Contas do Estado de cujas decisões cabe recurso à Câmara Municipal.

B) As agências reguladoras integram o sistema de controle externo da administração pública direta e indireta como auxiliares do Tribunal de Contas.

C) A Constituição Estadual, em função da autonomia dos Estados-membros, fixará o número de Conselheiros do Tribunal de Contas do Estado.

D) O Tribunal de Contas, como auxiliar do controle externo, a cargo do Poder Legislativo e dele integrante, será organizado segundo o modelo constitucional das corporações legislativas respectivas.

E) Os Poderes Legislativo, Executivo e Judiciário manterão, de forma integrada, sistema de controle interno, com a finalidade de, entre outras, apoiar o controle externo no exercício da sua missão institucional.

15. (FCC – Analista Judiciário – TRT 9ª Região/2015) As atividades desempenhadas pela Administração pública não estão imunes a controle, o que é inerente, inclusive, ao princípio da separação de poderes. Contrapondo o controle exercido pelos Tribunais de Contas e a teoria do ato administrativo, a atuação daquelas Cortes de Contas

a) é expressão do controle interno dos atos da Administração pública, restrito aos aspectos financeiros, o que abrange não só a análise contábil, de receitas e despesas, mas também verificações da oscilação patrimonial dos entes.

b) é acessória e dependente do controle do Poder Legislativo, que atua em maior abrangência e profundidade nas matérias exemplificativas constantes da Constituição Federal, examinando não só os aspectos de legalidade dos atos administrativos, mas também o núcleo essencial dos atos discricionários.

c) envolve também análise de mérito da atuação da Administração pública, pois abarca exame de economicidade, o que implica avaliar a relação entre as opções disponíveis e o benefício delas decorrentes.

d) restringe-se às pessoas jurídicas de direito público, integrantes da Administração direta ou indireta, que celebram negócios jurídicos e proferem manifestações que possuem natureza jurídica de ato administrativo.

e) possui apenas competências fiscalizatórias, ou seja, de natureza inquisitória, cabendo as funções corretivas e sancionatórias ao Poder Legislativo ao qual a Corte de Contas está vinculada, ainda que possa propor as medidas coercitivas cabíveis.

16. (ESAF – Analista de Planejamento e Orçamento – ESAF/2015) As opções a seguir correspondem a meios de controle dos atos administrativos previstos na Constituição Federal, <u>exceto</u>:

a) Ação Popular, que objetiva a anulação ou a declaração de nulidade de atos lesivos ao Patrimônio Público, à moralidade Administrativa, ao Meio Ambiente e ao Patrimônio Histórico e Cultural.

b) Ação de Improbidade Administrativa, que visa proteger o patrimônio público, o meio ambiente e outros direitos difusos e coletivos; é ajuizada pelo Ministério Público.

c) Habeas Corpus, que visa proteger o direito de locomoção sempre que alguém ou se achar ameaçado de sofrer violência ou coação em sua liberdade de locomoção, por ilegalidade ou abuso de poder.

d) Habeas Data, que visa proteger o direito a informações relativas à pessoa do impetrante, constante de registro ou banco de dados de entidades governamentais ou de caráter público.

e) Mandado de Injunção, utilizado sempre que a falta de norma regulamentadora torne inviável o exercício dos direitos e liberdades constitucionais e das prerrogativas inerentes à nacionalidade, à soberania e à cidadania.

17. No que se refere ao controle da Administração Pública, assinale a alternativa que contém afirmativa correta.

a) O controle da Administração Pública compete exclusivamente ao controle interno.

b) O controle interno da Administração Pública não mantém relações com o controle externo.

c) O controle interno da Administração Pública é uma atividade de natureza judicial pela sua relevância, objetivando o cumprimento das normas constitucionais e legais relativas à Administração Pública.

d) Os Poderes Legislativo, Executivo e Judiciário manterão, de forma integrada, sistema de controle interno com a finalidade de, dentre outras funções, apoiar o controle externo no exercício de sua missão institucional.

Gabarito		Comentário
1	C	A observância aos princípios pode ser objeto do controle interno, feito pela própria Administração Pública, no exercício da autotutela, como do controle externo praticado pelos demais poderes, observando sua competência para tal. Ademais, os administrados também podem exercer controle dos atos administrativos devido ao princípio da publicidade, que garante o conhecimento dos atos praticados pela Administração Pública e a realização do controle de legalidade tanto pela via administrativa como pelo Judiciário.
2	B	A atuação do Senado Federal em Comissões investigativas evidencia o exercício do controle legislativo, mais especificamente o controle parlamentar direto que, como visto alhures, está fundamentado na Constituição. Já o controle administrativo é aquele exercido pela própria Administração Pública em relação a suas condutas, decorrente do poder de autotutela, que visa a confirmação, correção ou alteração de comportamentos administrativos.
3	B	Segundo o STF, o controle jurisdicional de políticas públicas é possível desde que presentes todos os requisitos a viabilizar a incursão judicial nesse campo, a saber: a natureza constitucional da política pública reclamada; a existência de correlação entre ela e os direitos fundamentais; a prova de que haveria omissão ou prestação deficiente pela Administração Pública, inexistindo justificativa razoável para esse comportamento.
4	B	A alternativa está em conformidade com o art. 70 da Constituição Federal, in verbis: "A fiscalização contábil, financeira, orçamentária, operacional e patrimonial da União e das entidades da administração direta e indireta, quanto à legalidade, legitimidade, economicidade, aplicação das subvenções e renúncia de receitas, será exercida pelo Congresso Nacional, mediante controle externo, e pelo sistema de controle interno de cada Poder."

Gabarito		Comentário
5	A	De acordo com o §2º do art. 113 da Lei 8.666/93, "os Tribunais de Contas e os órgãos integrantes do sistema de controle interno poderão solicitar para exame, até o dia útil imediatamente anterior à data de recebimento das propostas, cópia de edital de licitação já publicado, obrigando-se os órgãos ou entidades da Administração interessada à adoção de medidas corretivas pertinentes que, em função desse exame, lhes forem determinadas".
6	D	O controle legislativo sobre as atividades da administração somente pode ser realizado nas hipóteses taxativamente previstas na Constituição da República, sob pena de violação ao princípio da Tripartição dos Poderes.
7	D	O Poder Judiciário exerce o controle externo, mediante provocação de qualquer interessado que esteja sofrendo lesão ou ameaça de lesão em virtude de conduta ou omissão administrativa que o atinja direta ou indiretamente. Nestes casos, o controle será exercido somente no que tange aos aspectos de legalidade dos atos administrativos, ainda que se trate de ato praticado no exercício da competência discricionária, haja vista a impossibilidade de substituição do mérito administrativo pela opção do julgador.
8	E	O controle politico se efetiva somente nas hipóteses previstas expressamente na Constituição Federal e visa adequar as politicas estatais a legislação aplicável. Neste sentido, podem ser considerados atos políticos passiveis de controle a declaração de guerra, a concessão de anistia, a declaração de estado de defesa ou estado de sitio, entre outros.
9	A	As competências atribuídas ao Tribunal de Contas visam a auxiliar o controle exercido pelo Congresso e fiscalizar todos os entes da Administração Pública, além das entidades privadas que executam funções mediante repasse de dinheiro público. Dentre estas competências, está a fiscalização das **contas nacionais das empresas** supranacionais de cujo capital social a União participe, de forma direta ou indireta, nos termos do tratado constitutivo.
10	ERRADO	A Assertiva é incorreta, pois as funções administrativas da Defensoria Pública estão sujeitas a controle interno. O controle interno é aquele exercido dentro de um mesmo Poder, seja o exercido por meio de órgãos especializados, até entre órgãos de uma mesma entidade, quando se manifesta relação de hierarquia, seja entre entidades diferentes, como ocorre com o controle que a administração direta exerce sobre a administração indireta de um mesmo poder.
11	C	**SÚMULA VINCULANTE N. 3:** Nos processos perante o tribunal de contas da união asseguram-se o contraditório e a ampla defesa quando da decisão puder resultar anulação ou revogação de ato administrativo que beneficie o interessado, excetuada a apreciação da legalidade do ato de concessão inicial de aposentadoria, reforma e pensão.
12	E	O Tribunal de Contas é órgão auxiliar do Poder Legislativo no controle externo. Neste sentido, entre as atribuições do Tribunal de Contas da União, verifica-se o dever de fiscalizar a aplicação de quaisquer recursos repassados pela União mediante convênio, acordo, ajuste ou outros instrumentos congêneres, a Estado, ao Distrito Federal ou a Município.
13	B	O controle judicial das atividades administrativas somente pode ser realizado mediante provocação do interessado, podendo ser prévio ou posterior, somente no que tange aos aspectos de legalidade, não sendo admitido que o Poder Judiciário intervenha nos aspectos de oportunidade e conveniência que justificaram a prática dos atos administrativos.
14	E	O art. 74 da Constituição Federal, ao tratar do controle interno, estabelece que *"Os Poderes Legislativo, Executivo e Judiciário manterão, de forma integrada, sistema de controle interno com a finalidade de: I - avaliar o cumprimento das metas previstas no plano plurianual, a execução dos programas de governo e dos orçamentos da União; II - comprovar a legalidade e avaliar os resultados, quanto à eficácia e eficiência, da gestão orçamentária, financeira e patrimonial nos órgãos e entidades da administração federal, bem como da aplicação de recursos públicos por entidades de direito privado; III - exercer o controle das operações de crédito, avais e garantias, bem como dos direitos e haveres da União; IV - apoiar o controle externo no exercício de sua missão institucional".*

Gabarito		Comentário
15	C	O Tribunal de Contas é órgão auxiliar do Poder Legislativo no controle externo. No Brasil, há a previsão de Tribunal de Contas no âmbito estadual e federal, assim como a possibilidade de criação de Tribunal de Contas dos Municípios, órgão estadual. No município de São Paulo e do Rio de Janeiro, há a atuação do Tribunal de Contas do Município, órgão municipal. Com efeito, o Tribunal de Contas da União - TCU é órgão auxiliar do Congresso Nacional, auxiliando a fiscalização contábil, financeira, orçamentária, operacional e patrimonial da União e das entidades da administração direta e indireta, quanto à legalidade, legitimidade, economicidade, aplicação das subvenções e renúncia de receitas.
16	B	Ao contrário do que afirma a assertiva, a Ação de Improbidade Civil não tem o intuito de proteger o patrimônio público, o meio ambiente e outros direitos difusos e coletivos, e sim, de punir os agentes públicos e particulares por atos de improbidade administrativa, motivo pelo qual a assertiva encontra-se incorreta. Além disso, pode ser proposta pela Pessoa Jurídica lesada – ou seja, uma das entidades elencadas no art. 1º da Lei 8.429/92 que tenha sofrido o ato de improbidade – ou pelo Ministério Público.
17	D	Ao contrário do que afirmou a assertiva "b", uma das finalidades do controle interno, aqui entendido como os Poderes Legislativo, Executivo e Judiciário, é apoiar o controle externo em sua missão institucional. Nesse sentido, o art. 74, IV, da Constituição Federal de 1988, assim dispõe: "Art. 74. Os Poderes Legislativo, Executivo e Judiciário manterão, de forma integrada, sistema de controle interno com a finalidade de: IV - apoiar o controle externo no exercício de sua missão institucional".

CAPÍTULO 8

LICITAÇÃO

1. CONCEITO

A Administração Pública possui a tarefa árdua e complexa de manter o equilíbrio social e gerir a máquina pública, composta por seus órgãos e agentes. Por essa razão, não poderia a lei deixar a critério do administrador a escolha das pessoas a serem contratadas, porque essa liberdade daria margem a escolhas impróprias e escusas, desvirtuadas do interesse coletivo.

A exigência de um procedimento licitatório busca contornar esses riscos, por ser um procedimento que antecede o próprio contrato, por meio do qual várias pessoas podem concorrer em igualdade de condições e a Administração Pública pode escolher a proposta mais vantajosa, além de atuar na busca do Desenvolvimento Nacional. Dessa forma, a licitação é um procedimento administrativo prévio às contratações públicas, realizado em uma série concatenada de atos, legalmente distribuídos, culminando com a celebração do contrato.

O art. 37, XXI, da CRFB determina que os contratos administrativos sejam precedidos de licitação pública, bem como o art. 175 da Carta Magna, ao tratar das outorgas de Concessões e Permissões, também faz referência à obrigatoriedade de licitar, imposta ao ente estatal.

Adotamos como conceito de licitação a definição do ilustre jurista Marçal Justen Filho[1], que assim afirma: *"A licitação é um procedimento administrativo disciplinado por lei e por um ato administrativo prévio, que determina critérios objetivos de seleção de proposta da contratação mais vantajosa, com observância do princípio da Isonomia, conduzido por um órgão dotado de competência específica."*

1. JUSTEN FILHO, Marçal. Curso de Direito Administrativo. Belo Horizonte: Editora Forum, 7ª ed. 2011.

Em regra, todas as vezes que a Administração Pública precisar celebrar contratos, ela o fará mediante prévia licitação. As exceções ficam a cargo das hipóteses de dispensa e inexigibilidade, que serão tratadas em tópico específico.

2. COMPETÊNCIA PARA LEGISLAR

O artigo 22, XXVII, da Constituição Federal firma a competência privativa da União para legislar sobre normas gerais de licitações e contratos administrativos, em todas as modalidades para a Administração Direta e Indireta de qualquer dos poderes da União, Estados, Distrito Federal e Municípios. Vejamos.

> Art. 22. Compete privativamente à União legislar sobre:
>
> (...)
>
> XXVII – normas gerais de licitação e contratação, em todas as modalidades, para as administrações públicas diretas, autárquicas e fundacionais da União, Estados, Distrito Federal e Municípios, obedecido o disposto no art. 37, XXI, e para as empresas públicas e sociedades de economia mista, nos termos do art. 173, § 1º, III; (Redação dada pela Emenda Constitucional n. 19, de 1998)

Sendo assim, as normas da União, quando forem gerais, terão aplicação para todos os entes federativos, sendo que estes poderão expedir normas específicas para regulamentação de seus procedimentos licitatórios, desde que observadas as normas genéricas trazidas na legislação federal.

Ressalte-se que, em determinadas situações, a União expede normas específicas que se aplicarão somente no âmbito dos procedimentos licitatórios deste ente, não podendo atingir os Estados, Municípios e Distrito Federal. Em todos os casos, se o ente federado não houver expedido qualquer norma específica em seu âmbito, a legislação federal lhe será aplicável integralmente.

A doutrina majoritária costuma definir que normas gerais são somente aquelas que estabelecem os fundamentos da licitação, seus princípios e as suas diretrizes, definindo preceitos de aplicação genérica. Ocorre que a matéria, em termos de licitação, ganha uma controvérsia doutrinária de grandes proporções, haja vista o fato de não haver consenso acerca de quais as normas da lei federal que podem ser consideradas gerais e quais as que definem regras específicas.

Em obediência ao dispositivo constitucional, foram publicadas leis traçando as modalidades e tipos de licitação, bem como definindo seu procedimento e as hipóteses de dispensa e inexigibilidade. No âmbito federal, existem, atualmente, duas leis gerais de licitações: Lei 8.666/93 e 10.520/02 (Lei do Pregão), bem como duas leis que tratam acerca de contratos administrativos, quais sejam, a Lei 8.987/95 e a Lei 11.079/04.

Nesse sentido, também é considerada norma geral de licitações e contratos a lei que trata do RDC – regime diferenciado de contratações da Copa do mundo de 2014, da copa das confederações, e dos Jogos Olímpicos e Paralímpicos de 2016 – Lei 12.462/11, que será comentada em tópico específico.

Cumpre ainda lembrar que o legislador tem criado normas gerais para tratar de contratos específicos. Nesses casos, não se trata de lei que regulamenta quaisquer tipos de contratos, mas tão somente aqueles especificados no diploma legal. O caso mais relevante ocorreu com a edição da Lei 12.232/10 que dispõe acerca do procedimento licitatório e das contratações realizadas por intermédio de agências de propagandas. Essa lei também será abordada nessa obra em tópico específico.

Por fim, mesmo nas disposições da Lei 8.666/93, a jurisprudência do Supremo Tribunal Federal reconhece que alguns dispositivos extrapolam o caráter de norma geral e definem regras específicas de licitação, sendo que, nesses casos, os dispositivos serão aplicáveis somente às licitações realizadas no âmbito federal. Com efeito, a Suprema Corte determinou que seja feita uma interpretação conforme esses dispositivos, excluindo a sua aplicação dos demais entes federados, porque, caso contrário, restaria violado o art. 22, XXVII, da Carta Maior.

Nesses termos, transcreve-se a ementa do julgado da ADI n. 927, que considerou específica a norma que trata acerca de permuta de bens imóveis. Vejamos.

> Ementa: CONSTITUCIONAL. LICITAÇÃO. CONTRATAÇÃO ADMINISTRATIVA. Lei n. 8.666, de 21.06.93. I. – Interpretação conforme dada ao art. 17, I, "b" (doação de bem imóvel) e art. 17, II, "b" (permuta de bem móvel), para esclarecer que a vedação tem aplicação no âmbito da União Federal, apenas. Idêntico entendimento em relação ao art. 17, I, "c" e par. 1. do art. 17. Vencido o Relator, nesta parte. II. – Cautelar deferida, em parte.
>
> ADI 927 MC/RS, j. 03/11/1993

Sendo assim, as normas da Lei 8.666/93 que estabelecem regras específicas são constitucionais para a União e inconstitucionais para os demais entes federados, que estão sujeitos apenas às de caráter geral editadas no âmbito federal. Finalmente, as normas gerais de licitações trazidas pela Lei 8.666/93 foram posteriormente complementadas pela edição da Lei 10.520/02, que traça as regras básicas da modalidade licitatória do pregão.

3. FINALIDADES DO PROCEDIMENTO LICITATÓRIO

A Licitação tem como **finalidade** viabilizar a melhor contratação possível para o poder público, sempre buscando a proposta mais vantajosa ao Estado, bem como permitir que qualquer pessoa tenha condições de participar das contratações públicas, desde que preencha os requisitos legais, consoante disposição do art. 3º da Lei 8.666/93.

Nesse sentido, a licitação busca a satisfação do interesse da coletividade ao garantir **contratos mais vantajosos à Administração**, bem como garante a **isonomia das contratações** públicas. Dessa forma, qualquer pessoa que tenha interesse e cumpra os requisitos de lei pode contratar com o poder público desde que, por óbvio, se sagre vencedor do certame. Portanto, a licitação tem um duplo objetivo: proporcionar ao poder público o negócio mais vantajoso e assegurar ao administrado a oportunidade de concorrer, em igualdade de condições, com os demais interessados.

Sendo assim, é importante que se entenda que ambas as finalidades têm relevância idêntica e que o ente público não pode violar a garantia da isonomia, a pretexto de contratar a melhor proposta. Nesse sentido, Marçal Justen Filho[2] pondera que *"Se prevalecesse exclusivamente a ideia de vantajosidade, a busca da vantagem poderia conduzir a Administração Pública a opções arbitrárias ou abusivas. Deverá ser selecionada a proposta mais vantajosa, mas, além disso, tem-se de respeitar os princípios norteadores do sistema jurídico, em especial o da isonomia".*

Cumpre ressaltar que a Lei 12.349/10 acrescentou uma outra finalidade à licitação, que é a busca pelo Desenvolvimento Nacional. Sendo assim, o artigo 3º da Lei 8.666/93, atualmente, define existirem três finalidades na realização do procedimento licitatório, a saber, **busca pela melhor proposta, isonomia e garantia de desenvolvimento nacional,** não havendo hierarquia ou preferência entre elas, devendo o ente público compatibilizar esses escopos todas as vezes que der início a um procedimento de licitação.

4. PRINCÍPIOS NORTEADORES DA LICITAÇÃO

O procedimento licitatório deve observar os princípios constitucionais aplicáveis à Administração Pública, sejam os princípios expressos no art. 37, *caput*, e demais dispositivos da Constituição Federal, sejam aqueles implícitos no ordenamento jurídico, além dos princípios específicos que serão abordados doravante.

Dessa forma, remete-se o leitor ao Capítulo 2 desta obra que refere todos os princípios aplicáveis à atuação do Estado – o chamado Regime Jurídico Administrativo – e que devem ser observados na realização de licitações públicas. Sendo assim, a realização do procedimento licitatório deve observar a **legalidade**, no que tange às normas aplicáveis ao seu procedimento, a **impessoalidade** que representa, inclusive, uma das finalidades da licitação, sem que haja favoritismos ou escolhas em razão da pessoa a celebrar o contrato, a **moralidade**, sendo conduzida a licitação em respeito aos padrões éticos e morais, além da garantia de **eficiência** inerente a toda atuação do Poder Público.

Neste capítulo, no entanto, será feita uma análise específica dos princípios aplicáveis de forma direta às licitações públicas.

4.1. Princípio da Vinculação ao Instrumento Convocatório

Ressalte-se que o instrumento de convocação é, em regra, o edital – exceto no convite, em que a lei prevê a convocação mediante carta-convite, que é um instrumento convocatório simplificado.

O edital é a "lei" interna da licitação, e deve definir tudo o que for importante para o certame, vinculando os licitantes e a Administração Pública à sua observância. Hely Lopes Meirelles[3] já dispunha que "o edital é a lei da licitação". Tal assertiva é verdadeira, mas deve ser interpretada com muita cautela porque o edital não é lei. Em verdade, o edital é ato administrativo, submisso à lei, devendo ser formulado de acordo com as disposições legais.

A elaboração do edital pela Administração pública é livre e discricionária, na busca por satisfazer os interesses da coletividade; todavia, após a sua publicação, a Administração fica

2. JUSTEN FILHO,Marçal. Curso de Direito Administrativo. Belo Horizonte: Editora Forum, 7ª ed. 2011.
3. MEIRELLES, Hely Lopes. Direito Administrativo Brasileiro. São Paulo: Malheiros, 29ª ed. 2003.

vinculada àquilo que foi publicado. Com efeito, a discricionariedade administrativa se encerra com a elaboração do edital e, uma vez publicado, seu cumprimento é imperativo.

Sendo assim, pode-se dizer que o instrumento convocatório estabelece normas que obrigam os licitantes, bem como a própria Administração Pública, inclusive no que tange ao critério de escolha do vencedor a ser utilizado nas licitações.

4.2. Princípio do Julgamento Objetivo

Esse princípio é de suma importância e também deve ser observado. O edital deve estabelecer, de forma precisa e clara, qual critério será usado para seleção da proposta vencedora. Além disso, o ato convocatório tem de conter critérios objetivos de julgamento que não se subsumem às escolhas dos julgadores. Portanto, o administrador não deve se valer de critérios que não estejam previamente delimitados no edital para definição do vencedor do certame.

O art. 45 da Lei 8.666/93 define, como critérios possíveis a serem estipulados no edital, os de menor preço, maior lance, melhor técnica ou os critérios conjugados de técnica e preço, não se admitindo a utilização de outros ou mesmo a não utilização de critérios objetivos, deixando a cargo do administrador público a escolha do vencedor do certame. Com efeito, não pode ser utilizado, para fins de escolha do vencedor, nenhum outro fator de análise que não aqueles expressamente definidos no instrumento convocatório.

4.3. Princípio do Sigilo das Propostas

Este princípio não contradiz o princípio da publicidade, que deve ser observado na realização de licitações públicas.

De fato, a licitação é pública e os atos praticados no bojo do procedimento licitatório não podem ser sigilosos ou secretos, contudo, as propostas apresentadas pelos licitantes são sigilosas até a data da abertura dos envelopes, a ser feita em conjunto por todos os concorrentes, em sessão pública. Até este momento, previamente determinado pelo edital, um licitante não pode saber da proposta do outro, pois a violação do sigilo da proposta representa Improbidade Administrativa e crime definido na própria Lei de Licitações. Situação diversa configuraria privilégio de alguns licitantes em detrimento de outros, em ofensa clara ao princípio da isonomia.

4.4. Princípio do Procedimento Formal

O processo licitatório deve atender a todas as formalidades previstas em lei. O texto da lei estipula que o administrador não pode criar uma nova modalidade licitatória ou combinar duas ou mais modalidades já existentes. A Administração deve obedecer a todas as fases da licitação, sendo vedado que uma das fases não seja realizada, ou seja, o procedimento deve seguir, absolutamente, a previsão legal.

Nesse sentido, cumpre ressaltar que, em matéria de processos administrativos, vige o princípio do formalismo necessário, sendo que a forma do processo administrativo só é imperativa enquanto necessária à garantia dos interesses da sociedade e do interessado no processo.

Dessa forma, deve-se observar a máxima que estipula que, em sede de processos administrativos, não há nulidade sem prejuízo para os interessados, apresentado no brocardo francês "*Pas de nullité san grief*".

4.5. Princípio da Eficácia Administrativa

A eficácia impõe a adoção da solução mais eficiente e conveniente para a gestão dos recursos públicos. A atividade administrativa gera custos e, como os recursos públicos são escassos, é necessário que sua utilização produza os melhores resultados econômicos possíveis à Administração Pública, tanto quantitativa quanto qualitativamente. O agente público tem o dever de gerenciar os recursos públicos, onerando o menos possível a Administração.

4.6. Princípio da isonomia

Com base nesse princípio, é indispensável que seja garantido um tratamento igualitário entre os licitantes no bojo do procedimento licitatório, conforme disposição do art. 3º, § 1º, da Lei 8.666/93, não se admitindo qualquer espécie de tratamento diferenciado que vise a beneficiar ou prejudicar algum dos participantes do certame.

Com efeito, não se admite que a Administração Pública exija requisitos para a participação no certame que não estejam previamente estipulados em lei e sejam indispensáveis à sua realização. Nesse sentido, o Supremo Tribunal Federal já se manifestou em sede de Ação Direta de Inconstitucionalidade:

> Ementa: LICITAÇÃO PÚBLICA. Concorrência. Aquisição de bens. Veículos para uso oficial. Exigência de que sejam produzidos no Estado-membro. Condição compulsória de acesso. Art. 1º da Lei n. 12.204/98, do Estado do Paraná, com a redação da Lei n. 13.571/2002. Discriminação arbitrária. Violação ao princípio da isonomia ou da igualdade. Ofensa ao art. 19, II, da vigente Constituição da República. Inconstitucionalidade declarada. Ação direta julgada, em parte, procedente. Precedentes do Supremo. É inconstitucional a lei estadual que estabeleça como condição de acesso a licitação pública, para aquisição de bens ou serviços, que a empresa licitante tenha a fábrica ou sede no Estado-membro. ADI 3583/PR, 21/02/2008

Ressalte-se que a isonomia, em seu aspecto material, significa tratar igualmente os iguais e oferecer tratamento desigual aos desiguais na medida de suas desigualdades. Nesse sentido, o princípio visa a igualar juridicamente aqueles que são desiguais faticamente, formando o que se convencionou chamar de **isonomia material.**

Com base nessa ideia, está em conformidade com esse princípio o tratamento diferenciado dispensado a microempresas e empresas de pequeno porte pela Lei Complementar 123/06, bem como a possibilidade de criação de preferências para aquisição de produtos manufaturados ou serviços nacionais que obedeçam à normas técnicas brasileiras, nos moldes da própria Lei 8.666/93, conforme disposto em seu art. 3º, §§ 6º a 12º.

Ressalte-se que a isonomia é, inclusive, finalidade da realização do procedimento licitatório e deve orientar todos os seus termos.

5. TIPOS DE LICITAÇÃO

A priori, cumpre salientar que a expressão **Tipos de licitação** não pode ser confundida com a expressão Modalidades de licitação por que esta se relaciona com a estrutura procedimental da licitação, enquanto os *Tipos de licitação* se vinculam ao critério de julgamento da licitação. Dessa forma, são modalidades de licitação a tomada de preços, a concorrência, o convite, entre outros a serem estudados em tópico específico deste capítulo. Por sua vez, os tipos são divididos em licitação "menor preço", "melhor técnica", "técnica e preço" e "maior lance", consoante se analisará doravante.

Sendo assim, quatro critérios podem ser estabelecidos, no edital, como forma de escolha do vencedor do certame. São os chamados tipos de licitação e estão definidos nos artigos 45 e seguintes da Lei 8.666/93. São tipos de licitação, a saber:

A – MENOR PREÇO – A Administração é orientada a selecionar a proposta de **melhor preço** que não pode ser confundido com o menor valor monetário, pois, existem hipóteses em que pagar o valor mais elevado propiciará à Administração Pública vantagens maiores. O artigo 46 da Lei 8.666/93 reserva este tipo para as compras.

Este tipo é utilizado quando o produto pretendido pela Administração não tiver nenhuma característica especial, ou quando as características especiais são definidas como requisitos mínimos para contratação.

B – MELHOR TÉCNICA – Trata-se de licitação que tem por critério de escolha a qualidade do produto a ser adquirido ou do serviço a ser prestado. Em razão do previsto no artigo 46 da Lei 8.666/93, este tipo só poderá ser utilizado para serviços de natureza intelectual ou para serviços de informática. Tanto neste tipo quanto no tipo **técnica e preço,** a seleção da proposta vencedora é feita por uma avaliação conjunta de atributos de qualidade e de preço. O Edital deve prever a apresentação de 2 (duas) propostas; uma técnica e outra comercial.

C – TÉCNICA E PREÇO – Nas licitações deste tipo, a escolha do vencedor será adequada, quando a variação de qualidade da prestação refletir na satisfação das necessidades do Estado. Sendo assim, será feita uma análise de preço bem como de qualidade do bem ou serviço a ser prestado pelo vencedor.

D – MAIOR LANCE – A licitação do tipo maior lance se verifica para alienação pela Administração Pública de bens e direitos, e é apropriada para o leilão, modalidade licitatória que utiliza sempre como critério de escolha do vencedor o **maior lance**, igual ou superior ao valor da avaliação feita pelo ente público.

Conforme já explicitado, uma vez definido o critério de escolha do vencedor a ser utilizado no procedimento licitatório, o que deve estar estipulado no instrumento convocatório do certame, a Administração Pública não pode se valer de nenhum outro critério para selecionar a proposta mais vantajosa.

Nesse sentido, vejamos o exemplo hipotético tratado abaixo.

ATENÇÃO

Ex.: Licitação para comprar carro 1.0 com ar condicionado.

Modalidade: tomada de preço. Critério: menor preço.

- 1º licitante – Fiesta 1.0, com ar condicionado, 30 mil.
- 2º licitante – Corsa 1.0, sem ar condicionado, 23 mil → desclassificado.
- 3º licitante – Pálio 1.0, com ar condicionado, vidro elétrico, direção hidráulica, 30 mil → não pode ser escolhido por ser mais vantajoso, porque os critérios que definem o que é mais vantajoso devem estar especificados no edital.

Neste caso, houve empate na licitação. Isso porque os critérios objetivos definidos no edital (qual seja o menor preço) não foram suficientes para fazer a escolha do vencedor. Nesses casos, a lei estabelece a regra de desempate, haja vista o fato de que os itens a mais trazidos pelo 3º licitante não podem ser utilizados como critérios de escolha do vencedor.

6. DESEMPATE NA LICITAÇÃO

A lei estabelece **critérios sucessivos de desempate, na licitação**, nas situações em que os critérios de escolha previamente definidos no edital não são suficientes para a seleção de uma única proposta vencedora.

Os critérios de desempate, no procedimento licitatório, estão definidos em lei, na ordem em que devem ser observados, somente sendo analisado o segundo critério caso o primeiro não seja suficiente a desempatar a licitação e assim sucessivamente. Logo, trata-se de critérios sucessivos e não alternativos, vejamos.

> Art. 3º. Lei 8.666/93:
>
> § 2º Em igualdade de condições, como **critério de desempate**, será assegurada preferência, sucessivamente, aos bens e serviços:
>
> I – **produzidos no País**; (Redação dada pela Medida Provisória n. 495, de 2010)
>
> II – produzidos ou prestados por **empresas brasileiras**; e (Redação dada pela Medida Provisória n. 495, de 2010)
>
> III – produzidos ou prestados por **empresas que invistam em pesquisa e no desenvolvimento de tecnologia no País**. (Redação dada pela Medida Provisória n. 495, de 2010)
>
> IV – produzidos ou prestados por empresas que comprovem cumprimento de reserva de cargos prevista em lei para pessoa com deficiência ou para reabilitado da Previdência Social e que atendam às regras de acessibilidade previstas na legislação. (Incluído pela Lei nº 13.146, de 2015)

Deve-se atentar para as alterações ocorridas nesta norma pela Medida Provisória n. 495, de 19 de julho de 2010, já convertida em lei (Lei 12.349/10). Isso porque, na redação anterior a essa lei, o primeiro critério de desempate a ser observado seria o fato de se tratar de Empresa Brasileira de Capital Nacional. A doutrina e jurisprudência já discordavam deste critério, uma vez que estabelecia regras diferenciadas para empresas brasileiras em virtude do seu capital, em afronta ao princípio da isonomia. Seguindo a orientação já definida pela doutrina pátria, este critério foi suprimido do texto legal.

Houve, ainda, alteração em 2015, com a publicação do Estatuto da Pessoa com Deficiência, determinando que as empresas que cumpram o dever de reservar vagas de emprego aos portadores de deficiências e reabilitados da Previdência Social poderão ter isso como benefício em caso de empate. Trata-se do último critério na ordem de sucessão legal.

Além disso, também é importante salientar, mais uma vez, que os critérios são sucessivos e não alternativos. Ou seja, a Administração Pública deve analisar os critérios na ordem em que foram estipulados na lei, não podendo escolher quais pretende utilizar.

Por fim, o texto da Lei 8.666/93, em seu art. 45, § 2º, estipula que, se nenhum dos critérios de desempate, anteriormente mencionados, alcançar o propósito, deve ser feito o desempate por meio de sorteio.

→ ATENÇÃO

Se a prova especificar que uma das empresas empatadas é Microempresa ou Empresa de Pequeno Porte, deve-se atentar para a LC 123/06. A microempresa e empresa de pequeno porte têm direito de preferência no desempate.

Com efeito, com o advento da LC 123/06 surgiu esse tratamento diferenciado e favorável às ME e EPP. Isto significa que, antes de analisar os critérios de desempate, a ME ou EPP poderá reduzir o valor de sua proposta e vencer a licitação. Nesse sentido, a Lei Complementar 123/06, em seu art. 45, I, estabelece que *"a microempresa ou empresa de pequeno porte mais bem classificada poderá apresentar proposta de preço inferior àquela considerada vencedora do certame, situação em que será adjudicado em seu favor o objeto licitado"*.

Ademais, em igualdade de condições, caso a microempresa apresente uma proposta até 10% superior à proposta vencedora, a lei considera ter havido empate na licitação. O art. 44, § 1º, da LC 123/06 dispõe: *"Entende-se por empate aquelas situações em que as propostas apresentadas pelas microempresas e empresas de pequeno porte sejam iguais ou até 10% (dez por cento) superiores à proposta mais bem classificada"*. Dessa forma, caso a proposta apresentada pela EPP ou ME seja superior à proposta vencedora, mas não a exceder em 10%, se considerará empatada a licitação, nos moldes da lei.

No entanto, nas licitações de modalidade pregão, o benefício da Microempresa ou Empresa de Pequeno Porte não chega a 10%, se limitando a 5%, ou seja, as propostas superiores à vencedora, desde que não ultrapassem 5% desta, serão consideradas como empate no certame. Sendo assim, dispõe o art. 44, § 2º, da LC 123/06, que *"Na modalidade de pregão, o intervalo percentual estabelecido no § 1º deste artigo será de até 5% (cinco por cento) superior ao melhor preço"*.

7. QUEM DEVE LICITAR

O texto legal (art. 1º da Lei 8.666/93) estabelece expressamente a obrigatoriedade de licitação para as contratações de todas as entidades que recebam dinheiro público. De fato, estipula que devem licitar:

a) Os entes da Administração Direta – abrangendo a União, os Estados, os Municípios e o Distrito Federal.

b) Os entes da Administração indireta – Autarquias, Fundações, Empresas públicas e Sociedades de Economia Mista prestadoras de serviços públicos ou exploradoras de atividades econômicas.

c) Os Fundos especiais – O Fundo é objeto de direito e não sujeito. Trata-se de um equívoco legislativo, uma vez que tais fundos representam normalmente mera destinação de verbas públicas. Excepcionalmente, tais fundos podem ser regulamentados por lei como órgãos integrantes da Administração Direta ou Fundações Públicas de direito público, o que já os colocaria nas hipóteses anteriores.

d) Demais entidades controladas, direta ou indiretamente, pelo Poder Público. Isso inclui todas as entidades que recebem dinheiro público para custeio ou para manutenção de pessoal, como as entidades do terceiro setor, ressalvadas as hipóteses de dispensa de licitação, como ocorre com as Organizações Sociais, nos moldes do art. 24, XXIV, da Lei 8.666/93. As hipóteses de dispensa serão analisadas em tópico específico.

Empresas estatais: quanto às Empresas Públicas e Sociedades de Economia Mista exploradoras de atividade econômica, o art. 173, § 1º, III, da CF dispõe que é possível a criação de uma lei específica para reger a licitação dessas empresas. Com efeito, o dispositivo constitucional define que essas entidades podem se submeter a um regime próprio de licitação, com regras mais simples e com uma dinâmica compatível com a atividade que exercem no mercado econômico. Entretanto, essa regulamentação deve dar-se por meio de lei específica.

Em 2016, foi editada a lei 13.303/16 que trata do Estatuto das empresas estatais, inclusive, regulamentando novo procedimento licitatório para essas entidades. Enquanto esse novo procedimento estiver em fase de vacância legal, lhes é aplicada a Lei 8.666/93, em sua integralidade, considerando que o art. 37, XXI, da Constituição Federal, ao estabelecer o dever de licitar aos entes da Administração Pública, não as distingue dos demais entes da Administração Indireta. De fato, o texto da Carta Magna não distingue as empresas estatais em razão de suas finalidades, ou seja, se são prestadoras de serviço público ou exploradoras de atividade econômica, sendo-lhes obrigatória a realização de licitações para a celebração de seus contratos.

Todavia, a própria Lei 8.666/93, em disposição expressa no art. 119, admite a possibilidade da edição de regulamento para facilitar e tornar mais simples o procedimento licitatório dessas empresas. Logo, algumas destas empresas respeitam as disposições da Lei 8.666/93, mas tem a sua aplicabilidade minudenciada por decreto executivo, como é o exemplo da Petrobras, que segue o Decreto 2745/98, expedido em obediência às regras da legislação aplicável.

Obs.: Há decisão do TCU que entende que de fato as empresas estatais precisam licitar, mas deve se admitir exceção. Quando a empresa estatal exploradora de atividade econômica licita para contratações referentes à sua **atividade-fim**, está sendo impedida de concorrer com igualdade no mercado. Isso porque a rapidez do mercado não se coaduna com a burocracia da licitação e a realização de procedimento licitatório, nesses casos, iria de encontro ao interesse público. Então, o TCU entende que não precisam realizar procedimento licitatório, por motivo de inexigibilidade, uma vez que não há interesse público na licitação.

Conselhos de classe: conforme explicitado no capítulo referente à organização administrativa, os Conselhos de Classe, por atuarem no exercício do Poder de Polícia, ostentam qualidade de autarquias, compondo, desta forma, a Administração Indireta da União. Com efeito, a ADI n. 1717 definiu a impossibilidade de delegação de atos de polícia a entidades de direito privado, concedendo a natureza de autarquia federal aos conselhos profissionais.

Sendo assim, por serem entidades componentes da Administração Indireta, os Conselhos de Classe devem realizar licitação para celebração dos contratos por eles promovidos com terceiros. Encontra-se ressalvada deste entendimento a Ordem dos Advogados do Brasil que, por entendimento do Supremo Tribunal Federal, estampado na ADI n. 3026, configura-se um caso a parte e não tem natureza jurídica de autarquia. Desta forma, a OAB é uma entidade privada, não sujeita ao controle da Administração Pública, configurando-se um serviço independente.

Convênios: Por fim, a celebração de convênios, a princípio, não depende de prévia licitação, uma vez que os interesses dos conveniados são convergentes, diferentemente dos contratos, em que as vontades são divergentes, haja vista o particular contratar com o Poder Público na busca pelo lucro, discrepando da finalidade pública inerente à atuação administrativa.

Conforme o Decreto 6.170/2007, o convênio nada mais é senão *"acordo, ajuste ou qualquer outro instrumento que discipline a transferência de recursos financeiros de dotações consignadas nos Orçamentos Fiscal e da Seguridade Social da União e tenha como partícipe, de um lado, órgão ou entidade da administração pública federal, direta ou indireta, e, de outro lado, órgão ou entidade da administração pública estadual, distrital ou municipal, direta ou indireta, ou ainda, entidades privadas sem fins lucrativos, visando a execução de programa de governo, envolvendo a realização de projeto, atividade, serviço, aquisição de bens ou evento de interesse recíproco, em regime de mútua cooperação"*.

8. INTERVALO MÍNIMO

É o prazo mínimo definido em lei que deve ser respeitado **entre a publicação do instrumento convocatório e a data da abertura dos envelopes** de documentação e de propostas. Ou melhor, o intervalo obrigatório a ser observado pelo ente público entre a publicação do instrumento convocatório e o início do certame.

Necessariamente, esse prazo mínimo deve ser observado pelo ente público, sob pena de se considerar a licitação fraudulenta. O prazo só começa a contar a partir da data da última publicação ou da data em que for disponibilizado o edital.

Esse prazo é presumido, pela lei, como suficiente e adequado, para que todos os interessados, na licitação, apresentem a documentação necessária e a proposta, dentro dos limites estipulados no edital.

→ ATENÇÃO

Observe-se que o prazo previsto na lei é "mínimo". Desta forma, pode ser concedido um prazo maior aos licitantes, a critério do Administrador Público, que deve buscar, sempre, fixar um prazo suficiente para participação dos interessados.

Cada modalidade licitatória deve respeitar um prazo de intervalo mínimo diferente, conforme disposição do art. 21, § 2º, da Lei 8.666/93. Ressalta-se, ainda, que qualquer alteração no edital que modifique as obrigações da licitação ou a formulação das propostas exige a reabertura do prazo de intervalo mínimo, para que os licitantes se adéquem às novas regras, consoante disposto no art. 21, § 4º, da Lei de Licitações.

Sendo assim, vejamos os prazos de intervalo mínimo.

MODALIDADE LICITATÓRIA	PRAZO DE INTERVALO MÍNIMO
Concorrência	• 45 dias – concorrência do tipo melhor técnica ou do tipo técnica e preço. • 30 dias – concorrência do tipo menor preço ou maior lance.
Tomada de preços	• 30 dias – tomada de preços do tipo melhor técnica ou do tipo técnica e preço. • 15 dias – tomada de preços do tipo menor preço ou maior lance.
Convite	5 dias **úteis** – independentemente do tipo de licitação utilizado
Concurso	45 dias
Leilão	15 dias
Pregão	8 dias **úteis**

Sempre que o prazo for contado em dias úteis, tal situação estará expressamente definida na lei, caso contrário, serão considerados dias corridos, excluindo-se o do início e incluindo-se o dia do final, sendo sempre prorrogados o início e o término para o dia útil subsequente, caso ocorra em dia não útil.

9. COMISSÃO

A comissão existe porque a autoridade máxima do órgão não realiza o procedimento licitatório, apesar de ser responsável pela elaboração do edital e exposição de motivos da contratação. Logo, normalmente, quem procede à licitação é uma comissão designada por essa autoridade, responsável pela realização dos trâmites do procedimento.

O ato de designação é um ato jurídico que pode ser formalizado por decreto, portaria, resolução ou ato da diretoria conforme a natureza da entidade, sempre realizado pela autoridade competente do órgão ou entidade licitante.

Em regra, a comissão licitante é composta por, pelo menos, 3 (três) membros, sendo 2 (dois) deles servidores públicos qualificados dos quadros permanentes do órgão responsável pela licitação, consoante disposto no art. 51 da Lei 8.666/93.

A função da Comissão é analisar os pedidos de inscrições em registros cadastrais bem como sua alteração ou cancelamento, habilitação para participação no certame, além da análise e julgamento das propostas da licitação, em observância aos critérios de julgamento previamente estipulados no instrumento convocatório.

Ademais, a comissão designada pode ser especial ou permanente. Isso porque, em algumas situações, é designada uma comissão específica para cada certame licitatório, que recebe a denominação de comissão especial, apesar deste fato não ser muito eficiente, principalmente, em casos de órgãos públicos que licitam com certa frequência. Dessa forma, a maioria dos órgãos públicos possui uma comissão permanente, que será responsável por todas as licitações daquele órgão no período de sua investidura, período este que não pode ultrapassar um ano. Com efeito, a lei define que, após um ano, é vedada a recondução de todos os membros da comissão licitante, para o período subsequente. Ou seja, depois de um ano, a comissão deve ser alterada, ainda que com a modificação de um único membro.

Os atos praticados pela Comissão poderão ser fiscalizados por qualquer cidadão e também pela autoridade que a nomeou ou pelos órgãos de controle interno e externo. Ressalte-se que o controle interno é um poder-dever da Administração Pública, não se tratando de mera faculdade do órgão controlador.

Ademais, a legislação estipula que todos os membros da comissão respondem solidariamente pelos atos da comissão, ressalvado o caso de quem houver manifestado, fundamentadamente, sua posição divergente, registrada em ata de decisão.

Ocorre que essas regras são excepcionalizadas para determinadas modalidades licitatórias, indicadas a seguir.

Tratando-se de licitação na modalidade **leilão**, não há designação de comissão, uma vez que o procedimento é realizado pelo leiloeiro que, nos termos da lei, pode ser **leiloeiro oficial** ou **servidor público designado**. O Decreto 21.981/32 regulamenta as disposições aplicáveis ao leiloeiro público, como auxiliar independente do comércio, sendo vedado ao poder público contratar terceiros não regulamentados por essa profissão.

Da mesma forma, as licitações realizadas na modalidade pregão não são executadas por comissão, mas sim pelo **pregoeiro**, acompanhado ou não de uma comissão de apoio, nos moldes do art. 3º da Lei 10.520/02. O pregoeiro é servidor público efetivo do órgão ou entidade previamente qualificado para o exercício da função e tem como atribuições o credenciamento dos representantes das empresas participantes da licitação, a condução da sessão pública, inclusive efetivando a escolha do licitante vencedor com base no critério de menor preço, a habilitação do licitante vencedor, a adjudicação do objeto do certame, o recebimento e a análise dos recursos eventualmente interpostos, bem como o encaminhamento do procedimento para a autoridade superior que deverá analisar se é o caso de homologação, autorizando, consequentemente a celebração do contrato.

Por sua vez, a equipe de apoio está regulamentada no artigo 3º, IV, da Lei 10.520/02 que estabelece: "*a autoridade competente designará, dentre os servidores do órgão ou entidade promotora da licitação, o pregoeiro e respectiva equipe de apoio, cuja atribuição inclui, dentre outras, o recebimento das propostas e lances, a análise de sua aceitabilidade e sua classificação, bem como a habilitação e a adjudicação do objeto do certame ao licitante vencedor*". Ademais, a equipe de apoio deverá ser integrada, em sua maioria, por servidores ocupantes de cargo efetivo da Administração Pública, preferencialmente, pertencentes ao quadro permanente do órgão ou entidade promotora do evento.

Em casos de licitação na modalidade **concurso**, a comissão é especial, haja vista não ser composta necessariamente por servidores públicos. De fato, a legislação estipula que os membros da comissão do concurso devem ser pessoas idôneas, com reputação ilibada, que tenham amplo conhecimento na área referente ao objeto do certame.

Por fim, tratando-se de licitação na modalidade **convite**, a comissão de licitação poderá ser dispensada, sempre que a unidade for pequena e, justificadamente, a designação de uma comissão composta por três membros possa causar prejuízos ao andamento regular das atividades do órgão. Nesses casos, a licitação será realizada por apenas um servidor, desde que efetivo.

10. MODALIDADES LICITATÓRIAS

Além da consulta, que é modalidade licitatória específica de determinadas agências reguladoras e que, por não ter procedimento legal previsto na Lei de Licitações, não será analisada a fundo nesta obra, no Brasil, estão previstas em lei 6 (seis) modalidades licitatórias, abaixo elencadas e definidas. Vejamos:

- Concorrência
- Tomada de preços
- Convite

} ***Definidas em razão do VALOR do contrato***

- Concurso
- Leilão
- Pregão (Lei 10.520)

} ***Definidas em razão do OBJETO a ser contratado***

Pode-se analisar que as modalidades concorrência, tomada de preços e convite são escolhidas pela Administração em razão do valor do contrato a ser celebrado, com ressalvas para a modalidade da concorrência que, em determinadas situações, previamente estipuladas por lei, será exigida em razão do objeto a ser contratado. Por sua vez, as outras modalidades, quais sejam, o concurso, o leilão e o pregão são modalidades selecionadas em virtude da natureza do objeto do contrato e não do valor, propriamente dito.

O art. 23 da Lei 8.666/93 dispõe acerca dos valores que serão utilizados para definição da modalidade licitatória a ser utilizada, sendo admitida a atualização desses valores pelo Poder Executivo Federal, desde que observada a variação geral dos preços de mercado. Com a edição da Lei 11.107/2005, que regulamenta os **consórcios públicos**, foi acrescentado o art. 23, § 8º, à Lei 8.666/93, o qual dispõe que tais valores serão duplicados para as licitações realizadas pelos consórcios formados por até três entes federativos e triplicados para as licitações feitas por consórcios formados por mais de três entes federativos.

A definição de valor toma por base a amplitude de competição garantida em cada espécie licitatória. Dessa forma, a concorrência é obrigatória para contratações de grande vulto, pois não há qualquer limite de competição, sendo aberta à participação de quaisquer pessoas. Por sua vez, a tomada de preços somente admite a participação de licitantes cadastrados no órgão, o que enseja a necessidade de haver limitação de valor em suas contratações. O convite restringe a participação, basicamente, aos licitantes convidados ou àqueles cadastrados que se interessarem com antecedência mínima de 24 horas, ensejando uma maior restrição de valor. Sendo assim, as modalidades em que a competição é mais ampla são mais rigorosas em seu procedimento, enquanto aquelas que restringem a participação de licitantes têm procedimento mais simplificado.

Entenda-se, quanto mais simples a modalidade, mais restrita a competição e menor o valor das contratações que podem ser feitas por meio dela. Ademais, é certo dizer que, em termos de definição da modalidade licitatória, **"a modalidade que pode o mais, pode o menos"**, ou seja, sempre que for possível a utilização do convite, serão possíveis a tomada de preços e a concorrência e, em todos os casos em que for possível a tomada de preços, também será admitida a concorrência. O contrário, porém, não ocorre.

Portanto, a lei autoriza sempre que a modalidade mais simples seja substituída pela mais rigorosa, mas não admite a situação contrária.

Por fim, importante salientar que o texto legal expressamente dispõe que é vedada a criação de novas modalidades licitatórias ou a combinação das modalidades já existentes. Por óbvio, tal dispositivo pode ser revogado pela edição de nova lei que disponha acerca de normas gerais de licitação e crie modalidades não regulamentadas pela Lei 8.666/93.

Fracionamento da licitação: Configura fracionamento de licitação, a divisão do objeto, seja a contratação de obras ou serviços ou a aquisição de bens com a intenção de se utilizar modalidade licitatória mais simples em detrimento da mais rigorosa que seria obrigatória, caso a compra fosse feita de uma única vez. Em algumas situações, ainda mais graves, o fracionamento enseja a possibilidade de celebração do contrato com dispensa de licitação em razão do valor, nos moldes do art. 24, I e II, da Lei 8.666/93.

Nesse sentido, a lei veda a utilização da modalidade convite para aquisição de parcelas de uma mesma obra ou serviço que possam ser realizados conjunta ou concomitantemente, sempre que o somatório de seus valores caracterizar o caso de tomada de preço ou, até mesmo, de concorrência. Logo, sempre que for possível, a contratação deve ser feita por inteiro e não por parcelas, para que se evite a utilização de modalidade mais simples.

Em algumas situações, até mesmo por questões orçamentárias, a Administração Pública, ao longo do exercício financeiro, opta pela realização de várias licitações públicas para o mesmo objeto. Tal situação é admitida, sendo somente necessária a utilização da modalidade mais rigorosa para cada um destes procedimentos. Portanto, caso o Poder Público tenha a necessidade de adquirir 30 veículos, pode fazer a compra de cada um individualmente, desde que utilize a modalidade licitatória cabível para a aquisição de todos eles, analisados conjuntamente.

Excepcionalmente, o texto da lei define que é possível o parcelamento e a utilização de modalidade mais simples, sempre que se tratar de parcelas de natureza específica que devam ser executadas por pessoas diversas daquela que está executando a obra ou prestando o serviço principal.

O fracionamento doloso, com a intenção de causar prejuízos ao erário configura inclusive crime tipificado na Lei de Licitações, sem prejuízo das sanções administrativas e cíveis cabíveis pelo mesmo fato. Vejamos.

> AÇÃO PENAL. EX-PREFEITA. ATUAL CONSELHEIRA DE TRIBUNAL DE CONTAS ESTADUAL. FESTA DE CARNAVAL. FRACIONAMENTO ILEGAL DE SERVIÇOS PARA AFASTAR A OBRIGATORIEDADE DE LICITAÇÃO. ARTIGO 89 DA Lei N. 8.666/1993. ORDENAÇÃO E EFETUAÇÃO DE DESPESA EM DESCONFORMIDADE COM A LEI. PAGAMENTO REALIZADO PELA MUNICIPALIDADE ANTES DA ENTREGA DO SERVIÇO PELO PARTICULAR CONTRATADO. ARTIGO 1º, INCISO V, DO DECRETO-LEI N. 201/1967 C/C OS ARTIGOS 62 E 63 DA LEI N. 4.320/1964. AUSÊNCIA DE FATOS TÍPICOS. ELEMENTO SUBJETIVO. INSUFICIÊNCIA DO DOLO GENÉRICO. NECESSIDADE DO DOLO ESPECÍFICO DE CAUSAR DANO AO ERÁRIO E DA CARACTERIZAÇÃO DO EFETIVO PREJUÍZO.
>
> - Os crimes previstos nos artigos 89 da Lei n. 8.666/1993 (dispensa de licitação mediante, no caso concreto, fracionamento da contratação) e 1º, inciso V, do Decreto-lei n. 201/1967 (pagamento realizado antes da entrega do respectivo serviço pelo particular) exigem, para

> que sejam tipificados, a presença do dolo específico de causar dano ao erário e da caracterização do efetivo prejuízo. Precedentes da Corte Especial e do Supremo Tribunal Federal.
>
> - Caso em que não estão caracterizados o dolo específico e o dano ao erário.
>
> Ação penal improcedente.
>
> APn 480/MG, AÇÃO PENAL 2006/0259090-0, j. 29/03/2012.

Sendo assim, importante que se faça uma análise de cada uma das modalidades licitatórias separadamente.

10.1. Concorrência

Esta é a modalidade de licitação adequada a contratações de grande vulto, sendo garantidora da competição, sem limite de ingresso, com amplo procedimento previsto em lei, abarcando todas as fases, desde a análise de documentação, até a escolha das propostas. Por isso, é considerada uma modalidade genérica em que podem participar quaisquer interessados. Esta é maior característica da concorrência, qual seja, a amplitude de participantes.

Ademais, conforme já explicitado, trata-se de modalidade com procedimento rigoroso, sem supressão de etapas, sendo utilizada, a princípio, para contratações envolvendo valores mais altos.

A Concorrência deve ser exigida em razão de dois critérios: valor e natureza do objeto.

Em virtude de seu caráter mais amplo e de seu procedimento rigoroso, a concorrência é obrigatória para contratações envolvendo valores mais altos, conforme prevê o art. 23, da Lei 8.666/93. Porque os recursos financeiros empregados pela Administração são mais elevados, a concorrência apresenta maior rigor na formalidade, exigindo-se ampla divulgação. Sendo assim, a modalidade é obrigatória para contratações de obras e serviços de engenharia acima de um milhão e meio de reais (R$ 1.500.000,00) e para a aquisição de bens e serviços, que não de engenharia, acima de seiscentos e cinquenta mil reais (R$ 650.000,00).

Em razão da natureza do objeto, independentemente do valor do negócio, a concorrência se faz obrigatória na celebração de determinados contratos, em razão da importância conferida a essas avenças. Vejamos.

a) **Alienação ou aquisição de imóveis pela Administração Pública**: Quando a Administração Pública adquire ou aliena imóveis. Estas contratações dependem de prévia licitação, sempre na modalidade concorrência, não sendo, aí, relevante o valor do contrato. Portanto, o valor de avaliação do imóvel, nestes casos, não é relevante para a definição da modalidade de licitação.

> **ATENÇÃO**
>
> Se o imóvel a ser alienado tiver sido adquirido por **dação em pagamento** ou **decisão judicial** pode-se celebrar este contrato de alienação mediante licitação na modalidade **concorrência OU leilão**. Logo, na situação especificada, a modalidade concorrência não será obrigatória, conforme art. 19 da Lei de Licitações.

b) **Contrato de concessão de serviço público**: no que tange às concessões, a concorrência é modalidade obrigatória. Na concessão de serviço público, regulamentada pela

Lei 8.987/95, a administração pública contrata determinada empresa que será responsável pela prestação de um determinado serviço público e será remunerada pelo usuário do serviço. Nesses casos, o art. 2º, II, da Lei 8.987/95 exige a utilização da modalidade concorrência independentemente do valor do contrato a ser celebrado. O contrato de concessão pode ser precedido de obra ou não e será analisado em capítulo específico.

Como exceção, será possível utilizar o leilão quando o serviço estiver previsto no Programa Nacional de Desestatização estipulado no art. 29 da Lei 9.074/95.

Ademais, a Lei 11.079/2004 regulamenta duas novas espécies de concessão, denominadas de parcerias público-privadas. Nesse diploma legal, há a previsão da celebração de contratos de concessão patrocinada ou de concessão administrativa. Em ambos os casos, o art. 10 do referido diploma legal define a exigência de licitação na modalidade concorrência.

c) **Concessão de direito real de uso**: ocorre quando a Administração Pública permite que o particular utilize um bem público de forma privativa, como titular de direito real deste bem. Tais contratos são regulamentados pelo Decreto-lei 271/67 e também dependem da realização de procedimento licitatório, na modalidade concorrência, independentemente do valor do bem a ser disponibilizado. Por se tratar de direito real, a concessão de direito real de uso é transmissível por atos *inter vivos* ou *causa mortis*.

d) **Contratos de obra celebrados por meio de empreitada integral**: nesses casos, não interessa o valor da obra, ou seja, haverá obrigatoriedade da licitação na modalidade concorrência mesmo que a obra não atinja um milhão e quinhentos mil reais. A empreitada integral ocorre quando se contrata um empreendimento em sua integralidade, compreendendo todas as etapas da obra, como serviços e instalações, sob responsabilidade da contratada até a entrega ao contratante em condições de uso com segurança.

e) **Licitações internacionais**: Essas licitações, nas quais se admite a participação de empresas estrangeiras que não tenham sede no país, só podem ser realizadas mediante concorrência.

Em tal situação, a lei estabelece duas exceções, quais sejam, a possibilidade de se utilizar a licitação na modalidade Tomada de Preços quando a Administração Pública possuir cadastro internacional de licitantes e também a possibilidade de se valer da modalidade convite quando não houver fornecedor do bem ou serviço no País, desde que, em ambos os casos, a contratação não ultrapasse os limites de valor das modalidades.

Portanto, memorizemos:

→ **Obrigatoriedade da concorrência:**

- Contratos de OBRAS E SERVIÇOS DE ENGENHARIA **acima de R$ 1.500.000,00**
- Contratos de COMPRAS DE BENS E AQUISIÇÃO DE SERVIÇOS **acima de R$ 650.000,00**

Exceções: existem determinados contratos em que a **concorrência é obrigatória** independentemente do valor da avença, em razão do objeto do contrato e, portanto, é considerada uma exceção à regra de valor. São as hipóteses de **aquisição e alienação de bens imóveis, concessão de serviços públicos, concessão de direito real de uso, licitações internacionais e contratos de empreitada integral.**

Intervalo mínimo da concorrência

Conforme já explicitado, em licitações da modalidade concorrência, o intervalo mínimo varia de acordo com o critério de escolha do vencedor a ser utilizado, conforme disposto no instrumento convocatório.

Em casos de concorrência do tipo melhor técnica ou técnica e preço e também para contratos de empreitada integral, o intervalo mínimo é de **45 dias** entre a publicação do edital e o início do procedimento.

Em casos de concorrência do tipo menor preço ou maior lance, o intervalo mínimo é de **30 dias** entre a publicação do edital e o início do procedimento.

10.2. Tomada de preços

A tomada de preços é possível para contratos de valores médios, ou seja, aqueles acima do limite do convite e abaixo do limite da concorrência. Logo, nesta modalidade a participação de licitantes é mais restrita e o procedimento mais simples.

Sendo assim, é possível a realização da tomada de preços para contratações de obras e serviços de engenharia até de um milhão e meio de reais (R$ 1.500.000,00) e para aquisição de bens e serviços, que não de engenharia, até de seiscentos e cinquenta mil reais (R$ 650.000,00).

Como regra, podem participar da tomada de preços apenas os licitantes inscritos em cadastro público. No entanto, são admitidos ainda os interessados que atendam às condições do cadastramento até o terceiro dia anterior à data do recebimento das propostas. O cadastramento é importante, pois torna a licitação mais rápida e sumária.

Desta forma, participam da competição apenas os licitantes que forem cadastrados no órgão ou aqueles que se cadastrarem até 3 (três) dias antes da data marcada para a abertura dos envelopes contendo as propostas dos licitantes.

Ressalte-se que o cadastro funciona como uma habilitação prévia feita pelas empresas, no órgão público. No momento da realização do cadastro, a empresa deverá apresentar toda a documentação necessária à sua habilitação. O cadastro tem validade de 1 (um) ano, quando então deverá ser renovada a apresentação dos documentos. Em casos de indeferimento do pedido de cadastramento, o art. 109, I, "d", da Lei 8.666/93 prevê a possibilidade de interposição de recurso no prazo de cinco dias úteis, ressaltando que, nesse caso, por não estar enumerado expressamente no art. 109, § 2º, da respectiva lei, o recurso terá somente efeito devolutivo.

Em virtude da restrição da competição, somente admitindo o ingresso de licitantes cadastrados, a tomada de preços respeita um limite máximo de valor, acima do qual não poderá ser realizada. Memorizemos.

- Contratos de OBRAS E SERVIÇOS DE ENGENHARIA **até R$ 1.500.000,00**
- Contratos de COMPRAS DE BENS OU AQUISIÇÃO DE OUTROS SERVIÇOS **até R$ 650.000,00**

Ressalte-se que, nestas situações, em que é possível a tomada de preços, também será possível a realização de concorrência, apesar de não obrigatória. Isso porque, em licitação, segue-se a máxima de que "a modalidade que pode o mais, pode o menos".

Intervalo mínimo da tomada de preços

Assim como na concorrência, em licitações da modalidade tomada de preços, o intervalo mínimo varia de acordo com o critério de escolha do vencedor a ser utilizado, conforme disposto no instrumento convocatório.

Em casos de tomada de preços do tipo melhor técnica ou técnica e preço, o intervalo mínimo é de **30 dias** entre a publicação do edital e o início do procedimento.

Em se tratando de licitação do tipo menor preço ou maior lance, o intervalo mínimo é de **15 dias** entre a publicação do edital e o início do procedimento.

10.2.1. Cadastro de interessados

As empresas interessadas em participar de procedimentos licitatórios podem realizar prévio cadastro no órgão público, com a finalidade de evitarem uma inabilitação durante o certame. O cadastro nada mais é senão um conjunto de documentos arquivados no órgão público que demonstram a idoneidade financeira da empresa para celebrar contratos com a Administração Pública, ensejando uma simplificação do procedimento de licitação posterior. O registro será utilizado para qualquer modalidade licitatória, sendo obrigatório para participação na tomada de preços e para o convite, caso o interessado não tenha sido convidado pela Administração Pública.

Com efeito, o cadastro funciona como uma habilitação prévia para participação em futuras licitações, com o qual os interessados são aprovados e classificados por grupos e categorias. Dessa forma, teremos empresas cadastradas para prestação dos serviços de limpeza, outras para execução de atividades de vigilância, por exemplo.

Isso enseja uma garantia ao particular de que ele está idôneo para contratar com o Estado, em eventuais procedimentos licitatórios que sejam realizados, bem como confere celeridade ao certame, uma vez que não será analisada, durante o procedimento, toda a documentação dos interessados em contratar com o Poder Público.

O registro cadastral é público e aberto aos interessados, sendo obrigação imposta à Administração Pública a sua publicação, bem como a convocação para que os interessados façam a renovação do seu cadastro e para que novos interessados compareçam ao órgão público e apresentem a sua documentação.

Uma vez deferido o pedido de cadastro, será emitido ao interessado um Certificado de Registro Cadastral, com validade de 1(um) ano. Esse registro substitui os documentos ordinários de habilitação nos procedimentos licitatórios, tornando mais célere o certame a ser realizado.

Ao término do prazo estipulado, o interessado deverá renovar seu certificado, por meio da atualização do registro. Caso o cadastrado descumpra as condições de habilitação previstas em lei, o registro poderá ser cancelado, desde que respeitadas as garantias de contraditório e da ampla defesa ao particular. O art. 109, I, "d", estabelece a possibilidade de recurso dos atos administrativos de suspensão ou cancelamento do registro cadastral. Conforme art. 109, § 2º, tal recurso, a princípio, não terá efeito suspensivo. Todavia, o entendimento da doutrina majoritária aponta no sentido de conferir efeito suspensivo a esse recurso sempre que o cadastro funcionar como uma verdadeira fase de habilitação prévia, o que ocorre na modalidade licitatória da tomada de preços.

10.3. Convite

Esta modalidade é mais adequada para contratos de valores pequenos. O convite é a modalidade mais restrita de todas as previstas na Lei de Licitações, pois a Administração Pública pode escolher potenciais interessados em participar da licitação. Sendo assim, é possível a realização da licitação na modalidade convite para contratações de obras e serviços de engenharia no valor de até cento e cinquenta mil reais (R$ 150.000,00) e para aquisição de bens e serviços, que não de engenharia, de até oitenta mil reais (R$ 80.000,00).

Com efeito, participarão do certame apenas os **convidados**, sejam eles cadastrados ou não, sendo, no mínimo 3 (três), salvo comprovada restrição de mercado, quando então pode-se realizar o convite com apenas 2 (dois) convidados. Com efeito, se o bem ou serviço a ser adquirido for entregue ou prestado por apenas dois fornecedores, na localidade, pode-se realizar o certame com apenas dois convidados, desde que isso tenha sido justificado pelo ente público, consoante entendimento do art. 22, § 7º, da Lei 8.666/93.

Ademais, além dos licitantes convidados, se admite a participação de outras empresas. Em tais casos, se não houver sido convidado, o interessado pode manifestar seu interesse em participar do convite com antecedência de 24 horas da apresentação das propostas e, ainda assim, poderá participar da licitação desde que comprove estar regularmente cadastrado no órgão.

Conforme entendimento admitido pela doutrina majoritária, mesmo os licitantes não cadastrados, simetricamente ao disposto em relação à tomada de preços, devem ter direito a disputar o convite, desde que, tomando conhecimento dele, requeiram o cadastramento no prazo estabelecido em relação àquela modalidade licitatória, ou seja, três dias de antecedência à data de apresentação das propostas. E, por óbvio, desde que este interessado faça a manifestação de interesse em participar do certame até 24 horas antes da entrega das propostas.

Na modalidade convite não há elaboração de edital. O instrumento convocatório é simplificado e denomina-se carta-convite.

A carta-convite não é publicada em Diário Oficial, porém, ainda assim, deve ser dada a conhecer, já que toda atuação do Estado deve respeitar o Princípio da Publicidade. Só que a publicidade é feita de forma diferente da publicação. Estipula a lei que a administração deverá enviar a carta-convite aos convidados e afixá-la no átrio da repartição, em local visível ao público. Respeitadas essas regras, está devidamente publicizada a licitação.

De fato, em virtude de tantas restrições, o convite somente pode ser utilizado para contratações de valores mais baixos, quais sejam:

- Contratos de OBRAS E SERVIÇOS DE ENGENHARIA **até R$ 150.000,00**
- Contratos de COMPRAS DE BENS E AQUISIÇÃO DE OUTROS SERVIÇOS **até R$ 80.000,00**

O prazo de **Intervalo mínimo** é de 5 (cinco) dias **ÚTEIS** do recebimento da carta--convite pelos convidados ou da afixação da carta na repartição, o que acontecer por último. Neste caso, o último ato de publicidade é que iniciará a contagem do prazo de intervalo mínimo.

Comissão de licitação: a princípio, deve ser obedecida a regra geral definida na lei para designação de comissões. Ocorre que, se ficar comprovada a escassez de pessoal, em pequenos órgãos, a Comissão licitante pode ser dispensada e o procedimento licitatório realizado por um único servidor público, desde que efetivo.

Por fim, a Lei 8.666/93 estabelece, em seu art. 22, § 6º, que, *"existindo na praça mais de 3 (três) possíveis interessados, a cada novo convite, realizado para objeto idêntico ou assemelhado, é obrigatório o convite a, no mínimo, mais um interessado, enquanto existirem cadastrados não convidados nas últimas licitações"*. Nesse caso, enquanto não se esgotar a lista de cadastrados não convidados, cada novo convite para o objeto licitado dependerá do encaminhamento da carta-convite a mais um licitante.

10.4. Concurso

O concurso demonstra o interesse da Administração Pública em selecionar trabalhos técnicos, científicos ou artísticos com certas capacidades personalíssimas para incentivar o desenvolvimento cultural. Nesta modalidade, há instituição de prêmios ou remuneração aos vencedores. É também utilizada para contratação de serviços técnicos profissionais especializados como dispõe o art. 13 da Lei 8.666/93.

Não se deve confundir o concurso regulamentado na Lei de Licitações – procedimento licitatório para aquisição de trabalhos – com o concurso público para provimento de cargos públicos regido pela Lei 8.112/90. O concurso público visa provimento de cargos públicos ou de empregos na estrutura da Administração Direta e Indireta e o sujeito selecionado se torna agente público, estabelecendo vínculo de trabalho com o ente público. Por sua vez, a licitação visa, mediante procedimento regularmente instituído por lei, a escolha de trabalho técnico, artístico ou científico, mediante o pagamento de prêmio ao vencedor, não havendo qualquer preenchimento de cargos ou contratação de empregado.

Pode-se citar como exemplo, um concurso para escolha do melhor projeto arquitetônico para revitalização do centro de uma cidade, ou concurso de monografias em determinada área do conhecimento de interesse do órgão público. Em ambos os casos, a Administração Pública escolherá um trabalho a ser premiado conforme estipulado no edital.

O procedimento licitatório desta modalidade de licitação será definido em regulamento próprio, não havendo disposições acerca dele na Lei 8.666/93. Neste caso, sequer podem ser utilizados os critérios de escolha do vencedor previstos na Lei de Licitações, devendo estar estipulado no regulamento a qualificação dos participantes, as diretrizes, a forma de apresentação do trabalho, bem como os valores dos prêmios a serem pagos aos vencedores.

As provas objetivas de concursos públicos ainda podem exigir o conhecimento de duas regras atinentes ao concurso, quais sejam:

- **Intervalo mínimo:** no concurso, o intervalo mínimo a ser respeitado entre a publicação do edital e o início do procedimento será de **45 dias**.
- **Comissão Licitante:** a comissão do concurso é diferenciada e denominada comissão especial de concurso. Neste caso, a comissão também é composta por três membros, no entanto, a lei dispõe que não precisam, necessariamente, ser servidores públicos. A lei determina que sejam pessoas idôneas e que tenham conhecimento na área do trabalho que será apresentado. Isso é o que estabelece o art. 51, § 5º, da Lei 8.666/93.

10.5. Leilão

Na definição de Marçal Justen Filho[4], *"o Leilão se peculiariza pela concentração, em uma única oportunidade, de diversos atos destinados à seleção da proposta mais vantajosa"*.

Além disso, o leilão tem seu diferencial no fato de haver possibilidade de multiplicação de propostas por parte de um mesmo interessado. É um procedimento apropriado para a alienação de bens pelo maior preço. Por esse motivo se torna desnecessária uma fase de habilitação destinada à investigação de peculiaridades do interessado.

Esta modalidade licitatória serve para **alienação de bens** pelo poder público àquele que ofertar o maior preço, seja ele igual ou superior ao valor da avaliação.

a. O leilão pode ser feito para alienar **bens imóveis** que tenham sido adquiridos por decisão judicial ou dação em pagamento (todos os outros deverão ser alienados mediante concorrência, obrigatoriamente).

b. Também, é modalidade licitatória para alienação de **bens móveis** inservíveis, apreendidos e penhorados pelo poder público.

c. Por fim, pode ser utilizada licitação na modalidade leilão para venda de bens móveis componentes do acervo da Administração Pública, previamente desafetados, desde que, analisados de forma isolada ou global, não ultrapassem o montante de R$ 650.000,00 (seiscentos e cinquenta mil reais), quando então será necessária a utilização de concorrência pública, em razão do valor.

Em relação aos bens móveis inservíveis, apreendidos e penhorados, deve-se analisar cada um deles, separadamente.

- **Bens inservíveis**: são os bens que não têm mais serventia pública. Trata-se de bens desafetados, que não estão sendo destinados à utilização pública e, portanto, devem ser retirados do patrimônio público.
- **Bens apreendidos:** são os bens confiscados, pelo poder público uma vez que estavam sendo utilizados por particulares com finalidade ilícita.

---

4. JUSTEN FILHO, Marçal. Curso de Direito Administrativo. Belo Horizonte: Editora. Forum, 7ª ed. 2011.

- **Bens penhorados:** o legislador se equivocou ao falar em "penhora" quando queria se referir ao penhor. É importante atentar para o fato de que o leilão administrativo não se confunde com o leilão judicial. Os bens penhorados por determinação judicial, em execuções pela Fazenda Pública, são alienados mediante hasta pública, com regulamentação no Código de Processo Civil.

Em verdade, quando se trata de licitação na modalidade leilão, o legislador pretendeu definir a utilização desta modalidade licitatória para alienação de bens **empenhados** pelo particular ao ente público. Suponha, a título de exemplo que a Caixa Econômica Federal efetivou empréstimo de dinheiro (mediante contrato de mútuo) a um particular, com a entrega de joias em garantia do débito. Nesse caso, com o vencimento do contrato sem o pagamento da dívida, o ente da Administração Indireta pode realizar o leilão para alienação dos bens objetos de penhor.

O **Intervalo mínimo**, nesta modalidade licitatória será de **15 dias,** entre a publicação do edital e a realização do procedimento.

O leilão é realizado pelo **leiloeiro**, que pode ser o leiloeiro oficial ou um servidor designado pela Administração Pública para cumprir a função de leiloeiro e, portanto, não possui comissão de licitação.

Ademais, conforme disposição legal, o leilão será sempre do tipo MAIOR LANCE, sendo que a administração somente pode alienar o bem para lance vencedor que seja igual ou superior ao valor da avaliação, conforme disposto no art. 45 da Lei 8.666/93.

Assim como o concurso, o leilão não tem procedimento definido na Lei de Licitações. Nesse sentido, deve obedecer a realização do certame a todos os princípios e regras definidos na Lei 8.666/93, sendo a procedimentalização regulada pelo Direito Comercial.

10.6. Pregão

Inicialmente, o pregão foi instituído como modalidade específica das agências reguladoras, uma vez regulado pela Lei 9.472/97, que instituiu a ANATEL (Agência Nacional de Telecomunicações), e Lei 9.478/97, que instituiu a ANP(Agência Nacional do Petróleo).

Tais diplomas legais estabeleciam que essas autarquias em regime especial realizariam procedimento licitatório nas modalidades pregão e consulta. Em 2000, foi editada a Medida Provisória 2.026/2000 que estendeu a sua aplicação aos órgãos e entidades da União Federal, não sendo, ainda, possível a utilização de pregão para as licitações em âmbito estadual, distrital e municipal. Após várias reedições, chegou-se na atual Lei 10.520/02, em que o Pregão teve sua atuação estendida para todos os entes da Administração Pública, em todas as esferas de poder.

→ ATENÇÃO

A **Consulta** continua a ser regulamentada pelas leis das agências reguladoras, porém é pouco utilizada pelo fato de não estar regulamentada na lei geral de licitações e porque não tem o seu procedimento estabelecido (a lei somente estipula que caberá a consulta nas hipóteses em que não for cabível o pregão). Ou seja, atualmente, a única modalidade licitatória exclusiva das agências reguladoras é a Consulta, uma vez que o pregão foi estendido a todos os entes da Administração Pública, com a edição da Lei 10.520/02.

O Pregão surgiu para aperfeiçoar o regime de licitações levando a uma maior competitividade e ampliando a oportunidade de participar das licitações, contribuindo para desburocratizar os procedimentos para a habilitação e etapas do procedimento, por ser mais célere e também visando a busca pelas contratações de preços mais baixos pelos entes da Administração Pública. Desta forma, o pregão, ao mesmo tempo, garante maior agilidade nas contratações públicas e contribui para a redução de gastos.

Com efeito, o pregão é realizado de forma a acirrar as disputas pelas contratações com o Estado, prevendo, em seu procedimento, a realização de lances verbais, com o intuito de permitir sempre a contratação de menor custo, observadas as disposições referentes aos requisitos mínimos de qualidade.

Nesse sentido, o pregão é modalidade licitatória definida para **aquisição de bens** – por esta razão parte da doutrina o chama de "leilão reverso" – **e serviços comuns**, cujos padrões mínimos de qualidade serão previamente estipulados no instrumento convocatório. Ressalte-se que, conforme disposto na Lei 10.520/02, serviços e bens comuns são aqueles que podem ser designados no edital com expressão usual de mercado. O que se busca no pregão é sempre a melhor contratação pelo menor preço.

Em resumo, a doutrina administrativa vem ampliando, cada vez mais, o objeto desta modalidade licitatória, admitindo-se quaisquer bens e serviços como comuns. Por óbvio, o pregão não pode ser utilizado para execução de obras públicas, mas tem sido aceito, até mesmo, para contratação de serviços de engenharia.

Com efeito, com a edição do Decreto 3.555/2000, os bens e serviços de informática podem ser adquiridos mediante pregão. A discussão pairava no fato de que o art. 45, § 4º, da Lei 8.666/93 exige a licitação do tipo "melhor técnica e preço" para aquisição destes serviços e o pregão, por sua vez, somente pode ser realizado pelo critério de menor preço. Desta forma, a princípio, o pregão não seria modalidade cabível para tais contratações.

Ocorre que o art. 3º do Decreto 3.555/2000 admite expressamente a utilização do pregão, determinando a observância ao art. 3º da Lei 8.248/91 que, dispondo acerca da contratação para aquisição de bens e serviços de informática, expressamente, admite a utilização da modalidade licitatória do pregão.

Sendo assim, a doutrina costuma apontar a **impossibilidade de utilização do pregão** somente para alienação de bens (quando então deve ser utilizado o leilão), para execução de obras públicas e para a celebração de contratos de locação de imóveis.

Atualmente, portanto, quaisquer bens e serviços vêm sendo considerados comuns pela doutrina, não havendo limitação de valor para realização do pregão. De fato, não há limite de valor estipulado em lei para a realização de pregão, podendo ser utilizado inclusive para aquisição de bens em valor superior a seiscentos e cinquenta mil reais.

O **Intervalo mínimo** do pregão será de **8 dias ÚTEIS**, a serem respeitados entre a publicação do edital e a realização do procedimento.

Também no pregão (assim como no leilão), não há designação de comissão licitante, uma vez que o responsável pela realização do pregão é o **pregoeiro**, que será um servidor efetivo designado para esta função. Na Lei 10.520/02 há a previsão de designação de **comissão de apoio ao pregoeiro**, que não se trata de comissão licitante e serve apenas para auxiliar o pregoeiro na realização do certame. Apenas o pregoeiro responde pela licitação, inclusive é responsável pelos atos praticados pela comissão de apoio.

Conforme já explicitado previamente, a licitação, na modalidade pregão, será sempre do tipo MENOR PREÇO.

Vale ressaltar que, na modalidade do pregão, a exigência de aquisição de edital pelos licitantes é vedada expressamente pela Lei 10.520/02, conforme o seu art. 5º, inciso II, *literis*:

> "Art. 5º É vedada a exigência de:
>
> I - garantia de proposta;
>
> II - aquisição do edital pelos licitantes, como condição para participação no certame; e
>
> III - pagamento de taxas e emolumentos, salvo os referentes a fornecimento do edital, que não serão superiores ao custo de sua reprodução gráfica, e aos custos de utilização de recursos de tecnologia da informação, quando for o caso".

10.6.1. Pregão eletrônico

O pregão pode, inclusive, ser realizado na forma eletrônica. O uso das novas tecnologias, como a Internet, permite a participação de um maior número de pessoas, ampliando a competição e auxiliando o Poder Público na busca da melhor proposta. Ademais, a ampliação da competição também visa à garantia da isonomia, permitindo uma maior participação popular nas contratações realizadas pelo Estado.

No âmbito federal, o Decreto 5.450/2005 regulamenta o pregão, na forma eletrônica. Esse decreto tem autorização legal no art. 2º, § 1º, da Lei 10.520/02. O pregão, na forma eletrônica é realizado pela Internet, com a utilização deste mecanismo para comunicação entre os licitantes e entre estes e a Administração Pública na realização da sessão. Em linhas gerais, segue o mesmo procedimento do pregão presencial, com algumas peculiaridades.

Nesse sentido, Marçal Justen Filho[5] aponta algumas diferenças entre o Pregão comum e o Pregão eletrônico que serão suscintamente expostas nessa obra.

Pregão comum: o pregão comum se desenvolve segundo a tradição básica das licitações, no sentido de que os licitantes interessados devem comparecer pessoalmente ou por representante no local e hora designados e apresentar ao pregoeiro envelopes lacrados com as suas propostas e os documentos necessários para habilitação.

Pregão eletrônico: não existe comparecimento físico do interessado à repartição que promove a licitação, nem há encaminhamento de documentos, tudo se passa virtualmente. A participação do interessado depende de credenciamento, exigindo apenas o cadastramento perante algum órgão público. Em âmbito federal existe o SICAF. Este órgão remeterá, por via eletrônica, sua proposta e a documentação só será entregue quando o interessado for o vencedor do pregão.

5. JUSTEN FIHO, Marçal. Comentários à Lei do Pregão. São Paulo. 5ª ed. Ed. Dialética, 2009.

11. LICITAÇÃO PARA REGISTRO DE PREÇOS

Em algumas situações, o poder público não licita com a finalidade imediata de contratação, mas tão somente para registrar os preços, para o caso de eventual contratação posterior. Acontece quando a Administração entende que um bem ou serviço é adquirido com muita frequência e, por isso, tem interesse em deixar um registro, no órgão, com o eventual fornecedor deste bem ou serviço. O instituto está previsto no art. 15 da Lei 8.666/93 e foi regulamentado pelo Decreto 7.892/13, alterado pelo Decreto 8.250/14.

Essa licitação não obriga a Administração a contratar com o vencedor, uma vez que sequer sabe se haverá dotação orçamentária para celebração do contrato. O vencedor não tem a garantia de que se o Estado for contratar, irá contratar com ele. O registro de preço não vincula a Administração Pública ao vencedor de nenhuma forma.

Com efeito, nesse procedimento licitatório, devem os licitantes apresentar o valor unitário dos produtos, uma vez que não há quantitativo exato a ser adquirido pelo Estado. A Administração Pública, no entanto, deve informar a quantidade máxima que poderá adquirir por meio da ata decorrente do certame. Dessa forma, realizada uma licitação para registrar preços para aquisição de vinte automóveis, é possível que o poder público, ao final do procedimento, adquira um único automóvel, ou, até mesmo, nenhum, mas, se houver necessidade, poderá, com lastro no procedimento realizado, adquirir até vinte automóveis, nunca mais do que isso.

Finalizada a licitação, os preços são registrados no sistema de cadastros do ente, formalizando o que se denomina ata de registro de preços. Esta ata, decorrente do registro, terá validade de 1 (um) ano, devendo ser realizado um novo procedimento licitatório, após este período, ainda que a Administração Pública não tenha adquirido todo o quantitativo que poderia, nos moldes do procedimento licitatório realizado.

Durante esse ano (período de vigência da ata), a proposta selecionada fica à disposição da Administração Pública, que poderá adquirir o bem selecionado quantas vezes ela precisar, desde que não ultrapasse o quantitativo licitado, realizando quantas contratações forem necessárias e convenientes, sem a necessidade de novo procedimento licitatório.

Sendo assim, nessa espécie de procedimento, basta a realização de um procedimento licitatório para que os bens fiquem à disposição do Poder Público que poderá adquiri-los, no decorrer do ano, conforme suas necessidades e disponibilidades orçamentárias. Com isso, evita-se uma série de licitações realizadas sucessivamente para aquisição de objetos similares, ensejando uma maior eficiência nas contratações públicas.

Por fim, caso o preço selecionado esteja acima daquele praticado no mercado, o procedimento foi fraudulento e qualquer cidadão é parte legítima para impugnação da ata de registro de preços, na via administrativa ou judicial.

12. PROCEDIMENTOS LICITATÓRIOS

O estudo do procedimento licitatório é de suma relevância para que o leitor entenda como funciona a máquina administrativa direcionada à contratação pública de forma a garantir a isonomia. Será analisado, a princípio, o procedimento licitatório da concorrência, por se tratar da modalidade mais ampla de todas, em que estão presentes todas as fases, sendo considerado o procedimento mais completo, dentre as modalidades a serem aqui estudadas.

Em tópico posterior, será feita a distinção do procedimento desta modalidade para os demais procedimentos regulamentados pela Lei 8.666/93 e também em relação ao pregão, definido na Lei 10.520/02.

12.1. Concorrência

Conforme já explicitado, vamos tomar como base o procedimento da concorrência, já que é o procedimento mais extenso e seu estudo serve de apoio para os demais.

Para alguns autores, o procedimento licitatório começa com a abertura do procedimento administrativo, para outros, ele começa com a convocação dos interessados no instrumento convocatório e, por fim, alguns ainda definem como marco inicial a elaboração do edital. A doutrina majoritária aponta no sentido de que o início da licitação se dá com o ato que instaura o procedimento administrativo, dando início ao que se convencionou chamar de **fase interna** da licitação. Nesse momento, o procedimento licitatório já está formalmente iniciado, tendo sido atribuído um número ao processo administrativo.

1. Fase interna

Nesta fase, a Administração Pública está, internamente, se organizando para licitar, com a abertura do processo administrativo respectivo e com a realização dos atos preparatórios que justifiquem a realização do certame. O texto legal define requisitos a serem observados para início do procedimento.

Primeiramente, deverá ser formulada a **exposição de motivos** da contratação, justificando a necessidade da celebração do contrato e sua importância às atividades do ente estatal e à persecução do interesse público.

Ademais, a lei estabelece a necessidade de **declaração de adequação orçamentária** para a celebração do contrato que advirá do certame, inclusive em consonância com o disposto na Lei Complementar 101/00 (Lei de Responsabilidade Fiscal).

Ressalte-se que a jurisprudência do Superior Tribunal de Justiça vem se formando no sentido de que a lei não exige a real disponibilidade financeira antes do início da licitação, mas tão somente a previsão de recursos orçamentários. Vejamos.

> LICITAÇÃO. PREVISÃO DE RECURSOS ORÇAMENTÁRIOS. A Lei de Licitações exige, para a realização de licitação, a existência de previsão de recursos orçamentários que assegurem o pagamento das obrigações decorrentes de obras ou serviços a serem executados no exercício financeiro em curso, de acordo com o respectivo cronograma, ou seja, a lei não exige a disponibilidade financeira (fato de a Administração ter o recurso antes do início da licitação), mas, tão somente, que haja previsão desses recursos na lei orçamentária. REsp 1.141.021-SP, Rel. Min. Mauro Campbell Marques, j. 21/8/2012.

Dessa forma, o poder público deve ter um **orçamento**, definindo o valor máximo que está disposto a pagar pela aquisição do bem ou serviço ou pela execução da obra a ser contratada. Nesse sentido, o art. 40, X, da Lei 8.666/93 dispõe que a Administração Pública deve definir, no edital, o critério de aceitabilidade das propostas, "*permitida a fixação de preços máximos e vedados a fixação de preços mínimos*".

Em casos de despesas de caráter continuado, ou seja, hipóteses em que os gastos com o contrato a ser celebrado devam ultrapassar um exercício financeiro, deve haver contemplação do produto ou serviço nas metas estipuladas na lei do Plano Plurianual, conforme disposto no art. 165 da Constituição Federal.

Depois disso, deve-se designar a comissão que ficará responsável pela realização do certame. O fato de o órgão possuir comissão permanente não desvincula a Administração Pública de informar qual será a comissão. Nesses casos, basta anexar, aos autos do procedimento, a portaria de designação desta comissão permanente para o órgão.

Em casos de contratação para execução de obras, a lei exige ainda a realização de um **projeto básico** aprovado pela autoridade competente e disponível para que os interessados em participar da licitação tenham amplo conhecimento. Trata-se, conforme art. 6º, IX, da Lei 8.666/93 de projeto arquitetônico que configure um *"conjunto de elementos necessários e suficientes, com nível de precisão adequado, para caracterizar a obra ou serviço, ou complexo de obras ou serviços objeto da licitação, elaborado com base nas indicações dos estudos técnicos preliminares, que assegurem a viabilidade técnica e o adequado tratamento do impacto ambiental do empreendimento, e que possibilite a avaliação do custo da obra e a definição dos métodos e do prazo de execução, devendo conter como elementos, o desenvolvimento da solução escolhida de forma a fornecer visão global da obra e identificar todos os seus elementos constitutivos com clareza; as soluções técnicas globais e localizadas, suficientemente detalhadas, de forma a minimizar a necessidade de reformulação ou de variantes durante as fases de elaboração do projeto executivo e de realização das obras e montagem; a identificação dos tipos de serviços a executar e de materiais e equipamentos a incorporar à obra, bem como suas especificações que assegurem os melhores resultados para o empreendimento, sem frustrar o caráter competitivo para a sua execução; as informações que possibilitem o estudo e a dedução de métodos construtivos, instalações provisórias e condições organizacionais para a obra, sem frustrar o caráter competitivo para a sua execução; os subsídios para montagem do plano de licitação e gestão da obra, compreendendo a sua programação, a estratégia de suprimentos, as normas de fiscalização e outros dados necessários em cada caso e o orçamento detalhado do custo global da obra, fundamentado em quantitativos de serviços e fornecimentos propriamente avaliados".*

A lei ainda estipula a **vedação de participação** de licitantes.

Com efeito, dispõe a Lei 8.666/93 que estão impedidos de participar do procedimento licitatório, direta ou indiretamente:

- a pessoa, seja ela física ou jurídica, que tenha realizado o projeto básico ou o projeto executivo;
- empresa, isoladamente ou em consórcio, responsável pela elaboração do projeto básico ou do projeto executivo ou, ainda, cujo autor de um desses projetos seja dirigente, gerente, acionista ou detentor de mais de 5% (cinco por cento) do capital com direito a voto ou controlador, responsável técnico ou subcontratado;
- as pessoas físicas ou jurídicas às quais tenha sido aplicada a penalidade de suspensão de contratar com o poder público ou declaração de inidoneidade, enquanto vigentes as penalidades;
- o agente público que seja membro da comissão licitante, ou servidor ou dirigente de órgão ou entidade contratante ou responsável pela realização do procedimento licitatório.

Saliente-se que a lei, em relação a estes sujeitos, proíbe a participação no procedimento licitatório, ainda que se trate de participação indireta, ou seja, mediante pessoa jurídica, ou terceira pessoa interposta.

A lei ainda dispõe acerca da possibilidade de participação, como consultor técnico, com a finalidade de auxiliar a fiscalização e supervisão da obra, da pessoa física ou jurídica responsável pela realização do projeto básico ou executivo. Neste caso, a pessoa deve atuar a serviço da Administração Pública.

No que tange ao objeto da licitação, a Lei 8.666/93 ainda estabelece algumas vedações, dispostas no art. 7º, §§ 3º a 5º. Dessa forma, dispõe a legislação que é proibida a inclusão, no objeto da licitação, de obtenção de recursos financeiros para sua execução, qualquer que seja a sua origem, salvo nas hipóteses de empreendimentos executados e explorados sob o regime de concessão, nos termos da legislação específica.

É vedada, ainda, a inclusão, no objeto da licitação, de fornecimento de materiais e serviços sem previsão de quantidades ou cujos quantitativos não correspondam às previsões reais do projeto básico ou executivo. Nesse mesmo sentido, o texto legal ainda proíbe a realização de licitação cujo objeto inclua bens e serviços sem similaridade ou de marcas, características e especificações exclusivas, exceto nos casos em que for tecnicamente justificável, ou quando o fornecimento de tais materiais e serviços for feito sob o regime de administração contratada, previsto e discriminado expressamente no instrumento convocatório.

Por fim, dispõe o texto legal que o desrespeito ao disposto neste artigo implica a nulidade de todos os atos praticados ou contratos celebrados, sem prejuízo da responsabilidade de quem lhes tenha dado causa.

Edital: Ainda nesta fase interna, o Poder Público elabora a minuta do edital de licitação que será encaminhado ao órgão de consultoria jurídica para aprovação.

O edital é o instrumento convocatório das licitações na modalidade concorrência e configura uma convocação a todos os interessados em contratar com a Administração Pública, desde que atendam às exigências nele contidas. Conforme já explicitado previamente, o edital define todas as regras a serem respeitadas no procedimento licitatório, seja pelos licitantes, seja pela própria Administração Pública, em respeito ao princípio da **vinculação ao instrumento convocatório** que norteia a realização do certame. A minuta do contrato deve ser anexada ao instrumento convocatório da licitação para que os participantes tenham conhecimento acerca da avença a ser celebrada pelo Poder Público com o vencedor da licitação.

O art. 40 da Lei de Licitações dispõe acerca dos requisitos básicos que devem estar presentes no edital da licitação. Conforme o texto legal, além das exigências que podem ser peculiares a cada contratação, o edital deve conter obrigatoriamente:

- O número de ordem em série anual, o nome da repartição interessada e do setor, a modalidade licitatória, o regime de execução e o tipo da licitação, ou seja, o critério de escolha do vencedor, a menção de que o certame será regido por esta Lei, o local, dia e hora para recebimento da documentação e proposta, bem como para início da abertura dos envelopes;
- Condições de pagamento, prevendo o prazo de pagamento não superior a trinta dias, contado a partir da data final do período de adimplemento de cada parcela; o cronograma

de desembolso máximo por período, respeitando a disponibilidade de recursos financeiros; o critério de atualização financeira e correção monetária de todos os valores a serem pagos, desde a data final do período de adimplemento de cada parcela até a data do efetivo pagamento; as compensações financeiras e penalidades a serem aplicadas em virtude de eventuais atrasos, e descontos por eventuais antecipações de pagamentos; a exigência de seguros, quando for o caso;

- O objeto a ser contratado por meio do procedimento licitatório, em descrição sucinta e clara;
- O prazo e as condições para a assinatura do contrato ou retirada dos instrumentos, como previsto no art. 64 da própria Lei 8.666/93, para execução do contrato e para entrega do objeto da licitação;
- Sanções que poderão ser aplicadas pelo Poder Público para o caso de inadimplemento do particular;
- O local onde poderá ser examinado e adquirido o projeto básico pelos licitantes, em casos de licitação para contratações de obras públicas;
- A existência ou não de projeto executivo disponível na data da publicação do edital de licitação e, em havendo, a definição do local onde possa ser examinado e adquirido pelos licitantes;
- As condições para participação na licitação, em conformidade com os arts. 27 a 31 da Lei 8.666/93, e forma de apresentação das propostas;
- Critério para julgamento, com disposições claras e parâmetros objetivos, o que define o chamado tipo de licitação que está sendo definido pelo edital. Ressalte-se que o critério de **julgamento objetivo** é garantia de isonomia inafastável por vontade da Administração Pública. Nesse sentido, o edital pode prever a utilização de licitação do tipo "menor preço", "melhor técnica", "melhor técnica e preço" ou "maior lance", para definir como será feita a seleção da melhor proposta na licitação;
- A definição dos locais, horários e códigos de acesso dos meios de comunicação à distância em que serão fornecidos elementos, informações e esclarecimentos relativos ao procedimento licitatório e às condições para atendimento das obrigações necessárias ao cumprimento de seu objeto;
- As condições equivalentes de pagamento entre empresas brasileiras e estrangeiras, no caso de licitações internacionais;
- O critério de aceitabilidade dos preços unitário e global, conforme o caso, permitida a fixação de preços máximos e vedados a fixação de preços mínimos, critérios estatísticos ou faixas de variação em relação a preços de referência, ressalvado o disposto nos §§ 1º e 2º do art. 48, da Lei 8.666/93;
- O critério de reajuste, que deverá retratar a variação efetiva do custo de produção, admitida a adoção de índices específicos ou setoriais, desde a data prevista para apresentação da proposta, ou do orçamento a que essa proposta se referir, até a data do adimplemento de cada parcela;

- A definição dos limites para pagamento de instalação e mobilização para execução de obras ou serviços que serão obrigatoriamente previstos em separado das demais parcelas, etapas ou tarefas;
- Instruções aos licitantes acerca da possibilidade de interposição de recursos administrativos do certame;
- Condições de recebimento do objeto da licitação.

Em casos de execução de obras ou atividades administrativas, o Poder Público pode adotar o regime de **execução direta ou indireta**.

A **execução direta**, como se percebe pela nomenclatura utilizada, ocorre todas as vezes que o objeto do contrato é executado pela própria Administração Pública por meio de seus órgãos e agentes públicos.

A **execução indireta** está presente sempre que o órgão ou ente da Administração Pública celebra contrato com terceiro para realização do objeto do contrato, conforme previsão expressa do instrumento convocatório. Admite-se quatro hipóteses de contratação para execução indireta de obras, quais sejam:

A) **empreitada por preço global** – a contratação para execução de uma obra ou serviço por preço certo e total;

B) **empreitada por preço unitário** – a contratação para execução da obra ou do serviço por preço certo de unidades determinadas;

C) **empreitada por tarefa** – a contratação de mão de obra para pequenos trabalhos por preço certo, com ou sem fornecimento de materiais;

D) **empreitada integral** – conforme já explicitado previamente, a empreitada integral configura contratação de um empreendimento em sua integralidade, compreendendo todas as etapas das obras, serviços e instalações necessárias, sob inteira responsabilidade da contratada até a sua entrega ao contratante em condições de entrada em operação, atendidos os requisitos técnicos e legais para sua utilização em condições de segurança estrutural e operacional e com as características adequadas às finalidades para que foi contratada. Inclusive, nesses casos, a modalidade licitatória que deve ser adotada é a concorrência.

Audiência Pública – Para as licitações realizadas com o fim de celebração de contratos de valores muito altos, é definida em lei a obrigatoriedade de realização de audiência pública à qual será dada ampla publicidade, para que os cidadãos possam participar e opinar acerca do certame. Trata-se de garantia da democracia, ensejando participação popular direta nas contratações realizadas pelo Estado, admitindo-se a indagação da sociedade e o dever de esclarecimentos imposto ao administrador público.

Com efeito, a realização desta audiência será imperativa sempre que o valor estimado para uma licitação ou para um conjunto de licitações for superior a 100 vezes o limite mínimo definido para a concorrência, no art. 23, I, "c", da Lei 8.666/93, ou seja, R$ 150.000.000,00 (cento e cinquenta milhões de reais).

Nesse sentido, dispõe o texto legal que:

> Art. 39. Sempre que o valor estimado para uma licitação ou para um conjunto de licitações simultâneas ou sucessivas for superior a 100 (cem) vezes o limite previsto no art. 23, inciso I, alínea "c" desta Lei, o processo licitatório será iniciado, obrigatoriamente, com uma audiência pública concedida pela autoridade responsável com antecedência mínima de 15 (quinze) dias úteis da data prevista para a publicação do edital, e divulgada, com a antecedência mínima de 10 (dez) dias úteis de sua realização, pelos mesmos meios previstos para a publicidade da licitação, à qual terão acesso e direito a todas as informações pertinentes e a se manifestar todos os interessados.
>
> Parágrafo único. **Para os fins deste artigo, consideram-se licitações simultâneas aquelas com objetos similares e com realização prevista para intervalos não superiores a trinta dias e licitações sucessivas aquelas em que, também com objetos similares, o edital subseqüente tenha uma data anterior a cento e vinte dias após o término do contrato resultante da licitação antecedente.** (Redação dada pela Lei n. 8.883, de 1994)

Estabelece ainda o texto legal que a autoridade responsável deverá marcar a audiência com antecedência de, no mínimo, quinze dias antes da data marcada para a publicação do edital, e que a divulgação do pleito deve ser feita, ao menos, dez dias antes da sua realização, pelos mesmos meios previstos para se dar publicidade à licitação, ou seja, por meio de publicação em Diário Oficial e jornal de grande circulação. A não realização da audiência nas hipóteses determinadas pela lei enseja nulidade do procedimento licitatório e, caso já tenha sido celebrado o contrato, será este também eivado de vício de ilegalidade.

Respeitadas todas as normas previamente estabelecidas, o procedimento será encaminhado para órgão de consultoria jurídica para emissão de parecer. O art. 38, VI, dispõe o parecer jurídico acerca da licitação como obrigatório à lisura e legalidade do procedimento. Nesse sentido, segue-se a orientação geral de que o parecer emitido não tem caráter vinculante, mas meramente opinativo, orientando o gestor público acerca de eventuais falhas no procedimento e a possibilidade de correção desses vícios.

Após a emissão de parecer jurídico concordando com a realização do procedimento, o certame passa à sua fase externa, que se inicia com a publicação do instrumento convocatório, pelos meios legalmente previstos.

2. Fase externa

Inicia-se essa fase mostrando aos interessados como participarão da disputa, através da publicação do edital.

Dispõe a Lei 8.666/93:

> Art. 43. A licitação será processada e julgada com observância dos seguintes procedimentos:
>
> I – abertura dos envelopes contendo a documentação relativa à habilitação dos concorrentes, e sua apreciação;
>
> II – devolução dos envelopes fechados aos concorrentes inabilitados, contendo as respectivas propostas, desde que não tenha havido recurso ou após sua denegação;
>
> III – abertura dos envelopes contendo as propostas dos concorrentes habilitados, desde que transcorrido o prazo sem interposição de recurso, ou tenha havido desistência expressa, ou após o julgamento dos recursos interpostos;
>
> IV – verificação da conformidade de cada proposta com os requisitos do edital e, conforme o caso, com os preços correntes no mercado ou fixados por órgão oficial competente, ou ainda com os constantes do sistema de registro de preços, os quais deverão ser devidamente

registrados na ata de julgamento, promovendo-se a desclassificação das propostas desconformes ou incompatíveis;

V – julgamento e classificação das propostas de acordo com os critérios de avaliação constantes do edital;

VI – deliberação da autoridade competente quanto à homologação e adjudicação do objeto da licitação.

→ O procedimento da concorrência segue a seguinte cronologia lógica.

Edital → Habilitação → Classificação → Homologação → Adjudicação

2.1. Publicação do edital de licitação

Inicialmente, cumpre salientar que a compra do edital não poderá ser condição para participação no certame, pois o que importa é o licitante conhecer as condições do instrumento convocatório. A publicação é feita em **diário oficial** e em **jornal de grande circulação**. Em verdade, o ente estatal pode, unicamente, cobrar o valor da reprodução gráfica do edital. Portanto, o edital não pode ser objeto de comercialização.

Com a publicação, a Administração Pública marca uma data para que sejam abertos os envelopes de documentação dos licitantes e propostas, respeitado o prazo de intervalo mínimo exigido para cada modalidade de licitação. Nesse mesmo momento, se inicia a contagem do prazo para a impugnação administrativa do edital.

Conforme a lei, qualquer cidadão pode impugnar o edital até o 5º dia útil anterior à data marcada para abertura dos envelopes. Oferecida a impugnação, cabe à Administração decidi-la no prazo de 3 dias úteis (art. 41, § 1º).

O potencial licitante também poderá apresentar Impugnação, porém seu prazo é até o 2º dia útil anterior à data da abertura dos envelopes. (art. 41, § 2º). Se o potencial licitante não impugnar dentro do prazo, decairá o direito de fazê-lo na via administrativa, o que não impede de fazê-lo judicialmente.

As impugnações ao edital não são consideradas recursos, na Lei de Licitações e não gozam de efeito suspensivo, sendo assim, o procedimento licitatório segue o seu curso, mesmo antes de ser proferido qualquer julgamento pela Administração Pública. Dessa forma, a impugnação realizada pelo potencial licitante não impedirá sua participação no procedimento licitatório com a abertura dos seus envelopes de documentação e propostas.

Dessa forma, deve-se analisar a seguinte sequência lógica.

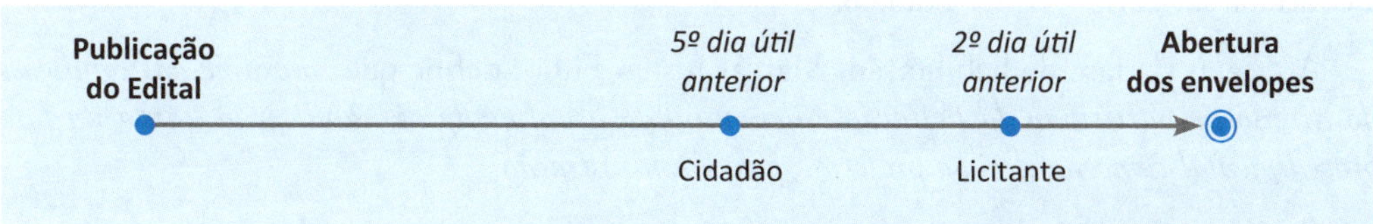

Ademais, é cediço que, em virtude do poder da Autotutela, a Administração pode alterar de ofício o edital ou mesmo anulá-lo. Nesse sentido, sempre oportuno relembrar a edição da súmula 473 do Supremo Tribunal Federal, que abaixo se transcreve.

Súmula 473/STF: A ADMINISTRAÇÃO PODE ANULAR SEUS PRÓPRIOS ATOS, QUANDO EIVADOS DE VÍCIOS QUE OS TORNAM ILEGAIS, PORQUE DELES NÃO SE ORIGINAM DIREITOS; OU REVOGÁ-LOS, POR MOTIVO DE CONVENIÊNCIA OU OPORTUNIDADE, RESPEITADOS OS DIREITOS ADQUIRIDOS, E RESSALVADA, EM TODOS OS CASOS, A APRECIAÇÃO JUDICIAL.

Havendo qualquer problema no edital, como vício de ilegalidade ou regras obscuras, a comissão pode tomar providências para saná-lo e isso acontece com a alteração efetivada por meio de termo de aditamento. A alteração do Edital deverá ser publicada novamente, nos mesmos moldes da publicação inicial, sendo reaberto o prazo de intervalo mínimo para que os novos potenciais licitantes se adéquem à nova regra. Entretanto, se a modificação não alterar o conteúdo das propostas, será desnecessária a reabertura do prazo de intervalo mínimo, não sendo dispensada, contudo, a realização de nova publicação.

→ ATENÇÃO

Somente não é necessário reabrir o prazo de intervalo mínimo quando a alteração não afetar a formulação das propostas. Além disso, não há exceção à exigência de nova publicação, ou seja, esta deverá ser feita em qualquer hipótese, ainda que a alteração seja meramente material e não modifique o conteúdo das propostas. A exceção dispensa somente a reabertura do prazo de intervalo mínimo.

2.2. Habilitação

Após a publicação do edital e respeitado o prazo definido nesse documento para recebimento dos envelopes, a comissão de licitação passará ao recebimento dos envelopes dos licitantes, no local e data indicados no próprio instrumento convocatório. A recepção deve ser feita, em regra, em sessão pública, com a participação de quaisquer interessados, sendo admitida a utilização do sistema de correios para entrega das documentações e propostas.

Diferentemente do pregão, em que haverá uma fase subsequente com a apresentação de lances verbais, no procedimento licitatório da concorrência, não se exige a presença dos licitantes, mas tão somente a entrega dos envelopes, no prazo designado pelo edital. Todos os envelopes entregues serão rubricados, com a presença dos interessados, para que se evite qualquer espécie de fraude ou troca de envelopes durante o certame. Da mesma forma, todos os licitantes presentes, assim como a comissão, devem rubricar todos os documentos constantes de cada um dos envelopes abertos, ainda com a finalidade de evitar vícios.

Primeiramente, a Administração Pública deve proceder à abertura dos envelopes que contêm as documentações dos licitantes, com a finalidade de analisar se estão aptos e idôneos a contratarem com o Poder Público.

Ao tratar da fase de habilitação, Marçal Justen Filho[6] define que *"o exame das condições do direito de participar da licitação é denominado usualmente de habilitação, tanto na fase procedimental como na decisão proferida pela Administração"*.

Essa fase é também conhecida como fase de qualificação, quando devem ser analisados os requisitos e documentos pessoais dos licitantes. É a fase de análise da documentação dos

6. JUSTEN FILHO, Marçal. Curso de Direito Administrativo. Belo Horizonte: Editora Forum, 7ª ed. 2011.

licitantes a fim de verificar se têm idoneidade para contratar com o Poder Público. Caso contrário, sequer serão analisadas as propostas.

Até o julgamento desta fase de habilitação, a lei autoriza que os licitantes desistam de participar do procedimento licitatório, sem a necessidade de apresentação de qualquer justificativa. Após a fase de qualificação dos licitantes, somente será possível a desistência de participação pela empresa, mediante ato devidamente justificado e aceito pela comissão licitante, consoante dispõe o art. 43, § 6º, da Lei 8.666/93.

É importante frisar que o edital não pode estabelecer critérios não previstos em lei, mais especificamente no art. 27, da Lei 8.666/93, evitando assim restringir a licitação de forma desarrazoada. Para cumprimento desses requisitos, basta que se realize a apresentação de documentos enumerados pela própria lei, que podem ser originais ou cópias do cartório competente. Vejamos um elenco legal dos requisitos de habilitação.

Os critérios estão postos na lei e são seis. Com efeito, o texto legal estabelece que, para a habilitação nas licitações, a Administração Pública exigirá dos interessados, exclusivamente, documentação relativa a:

A – Habilitação jurídica: para parte da doutrina, essa exigência, assim como a exigência de regularidade fiscal e respeito ao art. 7º, XXXIII, da CF são inconstitucionais, por estarem previstos em lei, sem que haja disposição similar no art. 37, XXI, da Carta Magna, ensejando burocratização indevida da licitação. Porém, este entendimento não prevalece para fins de provas de concursos, por se tratar de posição minoritária.

A habilitação jurídica, conforme a Lei 8.666/93 será demonstrada por meio de:

> i) juntada de cédula de identidade, em casos de pessoas físicas e registro comercial, no caso de empresa individual;
>
> ii) ato constitutivo, estatuto ou contrato social em vigor, devidamente registrado, em se tratando de sociedades comerciais; e, no caso de sociedades por ações, acompanhado de documentos de eleição de seus administradores e inscrição do ato constitutivo; em se tratando de sociedades civis, acompanhada de comprovação da diretoria em exercício;
>
> iii) decreto de autorização, em caso de participação de empresa ou sociedade estrangeira em funcionamento no País;
>
> iv) ato de registro ou autorização para funcionamento expedido pelo órgão competente, quando a atividade assim o exigir.

B – Qualificação técnica: trata-se de demonstração de que a empresa tem condições técnicas de cumprir o contrato celebrado em conformidade com as exigências de qualidade e celeridade impostas pela Administração Pública. Nesse sentido, a lei dispõe que será comprovada a qualificação técnica por meio de registro ou inscrição da empresa licitante e de seus empregados técnicos, na entidade profissional competente, da comprovação de aptidão para desempenho de atividade pertinente e compatível em características, quantidades e prazos com o objeto da licitação, e indicação das instalações e do aparelhamento e do pessoal técnico adequados e disponíveis para a realização do objeto da licitação, bem como da qualificação de cada um dos membros da equipe técnica que se responsabilizará pelos trabalhos. Ressalte-se que o empregado técnico qualificado deverá assinar termo de responsabilização pelo serviço ou obra a ser executado.

Também é possível a exigência de comprovação, fornecida pelo órgão licitante, de que recebeu os documentos, e, quando exigido, de que tomou conhecimento de todas as informações e das condições locais para o cumprimento das obrigações objeto da licitação e, quando for o caso, prova de atendimento de requisitos previstos em lei especial.

C – Qualificação econômico-financeira: é a demonstração de idoneidade financeira da entidade a ser contratada. Considerando-se que o Poder Público não realiza o pagamento antes da disponibilização do objeto do contrato, a empresa deve ter qualificação para arcar com todos os custos da contratação.

Nesses termos, a lei define que o ente estatal pode exigir, como prova de idoneidade financeira, o balanço patrimonial e demonstrações contábeis do último exercício social, já exigíveis e apresentados na forma da lei, que comprovem a boa situação financeira da empresa, sendo proibida a sua substituição por balancetes ou balanços provisórios, podendo ser atualizados por índices oficiais quando encerrado há mais de 3 (três) meses da data de apresentação da proposta.

A lei ainda autoriza que se determine a apresentação de certidão negativa de falência ou concordata expedida pelo distribuidor da sede da pessoa jurídica, ou de execução patrimonial, expedida no domicílio da pessoa física bem como se faz possível a exigência de garantia, nas mesmas modalidades e critérios previstos no "caput" e § 1º do art. 56 da Lei 8.666/93, limitada a 1% (um por cento) do valor estimado do objeto da contratação, ou seja, é possível cobrar garantia que será prestada pelo licitante em dinheiro, títulos da dívida pública, fiança bancária ou por meio de seguro-garantia.

D – Regularidade fiscal: configura demonstração de que a entidade que pretende participar da licitação não possui débitos em atraso com a Fazenda Pública. A regularidade será demonstrada por meio da juntada de Certidão Negativa de Débitos (CND) ou de Certidão Positiva de Débitos com efeitos de negativa (CPD-EN). Sendo assim, a entidade deverá demonstrar que não possui débitos com a fazenda pública ou, caso possua, que esse está com a sua exigibilidade suspensa, nos termos da legislação pertinente.

Ressalte-se, que pode ser exigida a regularidade perante a Fazenda Federal, Estadual e Municipal do domicílio ou sede do licitante, ou outra equivalente, na forma da lei, bem como a prova de regularidade relativa à Seguridade Social e ao Fundo de Garantia por Tempo de Serviço (FGTS), demonstrando situação regular no cumprimento dos encargos sociais.

E – Cumprimento do disposto no inciso XXXIII do art. 7º da Constituição Federal: dispõe o referido artigo que aos empregadores, em geral, é proibido *"o trabalho noturno, perigoso ou insalubre a menores de dezoito e de qualquer trabalho a menores de dezesseis anos, salvo na condição de aprendiz, a partir de quatorze anos"*. Em outras palavras, a lei exige a demonstração de que a empresa licitante não explora trabalho infantil, em violação ao dispositivo constitucional mencionado.

F – Regularidade Trabalhista: demonstrada por meio da **Certidão Negativa de Débitos Trabalhistas (CNDT)**, expedida pela Justiça do Trabalho. Com o advento da Lei 12.440/11, foi acrescentado o requisito de regularidade trabalhista a ser comprovado, na fase de habilitação, pela juntada da Certidão Negativa de débitos trabalhistas (CNDT). Esta lei foi publicada em julho de 2011 e teve *vacatio legis* de 180 dias, portanto, a exigência somente passou a viger a partir de Janeiro de 2012.

Importante ressaltar que, caso a empresa já esteja previamente cadastrada no órgão público, o Certificado de Registro Cadastral substitui todos esses documentos listados alhures, haja vista a prévia qualificação da empresa perante o Estado.

Em relação às empresas estrangeiras, que não possuam sede no país, as mesmas devem atender, em casos de licitações internacionais, todas as exigências, tanto quanto for possível, mediante documentação equivalente com autenticação no consulado respectivo e traduzido por tradutor juramentado. Nesses casos, a empresa deve ter representante no país, com poderes expressos para se manifestar em nome do licitante.

Em caso de empresas que pretendem participar em consórcio do procedimento licitatório, a lei estipula que devem apresentar o compromisso de constituição de consórcio e a indicação de qual empresa será responsável na licitação. Em caso de consórcios que possuam empresas brasileiras e estrangeiras, a liderança será sempre exercida por uma das empresas brasileiras. Sendo assim, as empresas participarão com a simples apresentação do compromisso e, caso sejam vencedoras, na licitação, deverão firmar o consórcio efetivamente antes da celebração do contrato, inclusive com o respectivo registro.

Dessa forma, para fins de qualificação técnica e qualificação financeira, será considerado o somatório dos documentos apresentados por todas as empresas que formarão o consórcio futuramente, na proporção da participação de cada uma delas.

→ ATENÇÃO

Microempresas e empresas de pequeno porte

A LC 123/06 estabelece que essas empresas poderão participar da licitação ainda que não tenham regularidade fiscal e trabalhista. Ao final da licitação, se forem declaradas vencedoras, terão o prazo de 5 (cinco) dias úteis, prorrogável por igual período, cujo termo inicial corresponderá ao momento em que o proponente for declarado o vencedor do certame, prorrogável por igual período, a critério da Administração Pública, para a regularização da documentação, pagamento ou parcelamento do débito e emissão de eventuais certidões negativas ou positivas com efeito de certidão negativa, ou seja, para fazer o saneamento do débito. Essa regra está disposta nos arts. 42 e 43 da referida lei complementar, alterados, inclusive pela LC 155/16.

Conforme previamente explicitado, em obediência ao instrumento convocatório, não é possível que o Poder Público exija documentação não expressamente prevista no edital para participação na licitação.

Ademais, o próprio edital, em observância ao princípio da isonomia, não pode incluir requisitos para participação que não estejam regulamentados por lei e que não sejam efetivamente indispensáveis à execução do contrato, sob pena de ensejar fraude à licitação, mediante a concessão de privilégios.

Nesse sentido, a lei estabelece, em seu art. 3º, § 1º, I, que é vedado à Administração Pública "*admitir, prever, incluir ou tolerar, nos atos de convocação, cláusulas ou condições que comprometam, restrinjam ou frustrem o seu caráter competitivo, inclusive nos casos de sociedades cooperativas, e estabeleçam preferências ou distinções em razão da naturalidade, da sede ou domicílio dos licitantes ou de qualquer outra circunstância impertinente ou irrelevante para o específico objeto do contrato*".

Se todos os licitantes forem inabilitados, por não se adequarem a alguma das normas estipuladas em lei, a Administração Pública poderá fixar um prazo de 8 (oito) dias úteis para que se adéquem às normas editalícias. A doutrina majoritária entende tratar-se de um poder dever e não somente uma faculdade do ente estatal. Isso porque se trata de uma tentativa exposta em lei de salvar o procedimento já iniciado.

Divulgada a decisão final acerca da habilitação e inabilitação de licitantes, o prazo para que os interessados interponham **Recurso** com a intenção de modificar o quanto decidido é de 5 (cinco) dias úteis e este recurso terá **efeito suspensivo**, conforme disposto expressamente no art. 109, I, e art. 109, § 2º, da Lei 8.666/93.

→ ATENÇÃO AO EXEMPLO:

Empresa A foi inabilitada porque não comprovou qualificação técnica.

Empresa B foi habilitada.

Empresa C foi inabilitada por irregularidade fiscal junto ao INSS.

Por meio de recurso tempestivo e válido, C comprova que já estava regular com o INSS desde a data da habilitação. Nesta situação, C deverá ser habilitado? Não, porque ele não conseguiu trazer todos os documentos no prazo estipulado pelo edital.

➤ O prazo para recurso não é para juntar documento obrigatório e este prazo para juntada de documentação não poderia ser dilatado para beneficiar um licitante. Se não juntou documento dentro do prazo, não adianta juntar depois, porque o recurso é meio de discussão do acerto da decisão e não prazo para juntada de documentação do licitante.

O Princípio da Vinculação do instrumento convocatório impede que o administrador, sem previsão expressa no edital, faça exigência de um novo requisito bem como proíbe que, após sua divulgação, qualquer exigência seja liberada, mesmo que todos os licitantes não tenham cumprido esse requisito.

O que a lei permite é trazer documentos acessórios, desde que requeridos pela comissão, após a abertura dos envelopes.

Importante ressaltar que os requisitos de habilitação são indispensáveis para que a empresa vencedora possa fielmente cumprir o contrato a ser celebrado de forma idônea e sem risco de prejuízos à Administração Pública. Dessa forma, se, a qualquer tempo, a empresa deixar de cumprir os requisitos de habilitação, ela será desqualificada do certame, desde que respeitadas, sempre, as garantias do contraditório e ampla defesa.

Por fim, definidos os licitantes que estão habilitados a contratar com o Estado, passa-se à fase seguinte com a abertura dos envelopes contendo as propostas das empresas habilitadas. Os licitantes inabilitados terão de volta os envelopes de propostas por eles apresentados lacrados, pois não serão objeto de deliberação no procedimento licitatório em curso.

Após a edição da Lei 13.243/16, os documentos de habilitação poderão ser dispensados, nos termos de regulamento, no todo ou em parte, para a contratação de produto para pesquisa e desenvolvimento, desde que para pronta entrega ou até o valor máximo de R$ 80.000,00.

Ressalte-se que, conforme art. 6º, XX, da Lei 8.666/93, devem ser considerados produtos para pesquisa e desenvolvimento aqueles *"bens, insumos, serviços e obras necessários para atividade de pesquisa científica e tecnológica, desenvolvimento de tecnologia ou inovação tecnológica, discriminados em projeto de pesquisa aprovado pela instituição contratante"*.

2.3. Julgamento e classificação

A primeira etapa da atividade do julgamento consiste na avaliação da regularidade formal e material das propostas. Os envelopes das propostas dos licitantes serão abertos em sessão pública e os interessados têm que verificar se os envelopes não foram violados, pois, caso haja violação, há nulidade do procedimento, também configurada como crime, nos termos da Lei 8.666/93 e a licitação deverá ser anulada.

Na fase de classificação, serão aplicados os critérios de julgamento que foram previamente estipulados no instrumento convocatório. Afinal, os critérios de julgamento devem estar objetivamente previstos, no edital da licitação, em respeito ao princípio do julgamento objetivo, sob pena de nulidade do certame. Nesse sentido, a lei determina que sejam, de plano, descartadas as propostas que desatendem os requisitos mínimos definidos no edital, bem como aquelas consideradas inexequíveis. Vejamos o que dispõe o art. 48 da Lei 8.666/93.

> Art. 48. Serão **desclassificadas**:
>
> I – as propostas que **não atendam às exigências do ato convocatório** da licitação;
>
> II – propostas com valor global superior ao limite estabelecido ou com preços manifestamente inexequíveis, assim considerados aqueles que não venham a ter demonstrada sua viabilidade através de documentação que comprove que os custos dos insumos são coerentes com os de mercado e que os coeficientes de produtividade são compatíveis com a execução do objeto do contrato, condições estas necessariamente especificadas no ato convocatório da licitação. (Redação dada pela Lei n. 8.883, de 1994)

A comissão passa ao exame das propostas aptas, afastando as defeituosas, o que não significa que são duas etapas, pois elas são subsequentes. As propostas serão avaliadas segundo critérios constantes do edital e classificadas em ordem decrescente de vantajosidade.

Ressalte-se que, no julgamento das propostas, a comissão somente poderá levar em consideração os critérios de escolha previamente definidos no edital do certame, sendo vedada a utilização de elementos sigilosos, subjetivos, que possam violar a garantia de isonomia entre os participantes da licitação. Ademais, conforme já explicitado, não serão aceitas quaisquer vantagens não previstas no instrumento convocatório. A Lei veda ainda que sejam feitas propostas baseadas nas ofertas dos demais licitantes.

Em caso de empate no julgamento das propostas, conforme já analisado em tópico anterior, em igualdade de condições, como **critério de desempate**, será assegurada preferência, sucessivamente, aos bens e serviços produzidos no País; em segundo lugar, aos bens e serviços produzidos ou prestados por empresas brasileiras, àqueles produzidos ou prestados por empresas que invistam em pesquisa e no desenvolvimento de tecnologia no País e, por fim, aos bens produzidos ou prestados por empresas que comprovem cumprimento de reserva de cargos prevista em lei para pessoa com deficiência ou para reabilitado da Previdência Social e que atendam às regras de acessibilidade previstas na legislação.

Ainda se garante a preferência no desempate para Microempresas e Empresas de Pequeno Porte, nos moldes definidos pela Lei Complementar 123/06.

Após a análise de todos os critérios, se for mantido o empate, a Lei de Licitações, em seu art. 45, § 2º, determina a realização de sorteio.

Mais uma vez, a Lei 8.666/93, em seu art. 48, § 3º, estipula que, se forem todos os licitantes desclassificados, a administração poderá conceder o prazo de 8 dias úteis para que se adéquem ao edital, mediante a apresentação de novas propostas. Repita-se que a doutrina majoritária entende se tratar de um poder dever da Administração Pública e não uma faculdade concedida ao ente estatal. Isso porque se trata de mais uma tentativa, exposta em lei, de salvar o procedimento licitatório já iniciado.

Assim como na fase de habilitação, divulgada a decisão final pela comissão acerca da classificação e julgamento das propostas apresentadas pelos licitantes, o prazo para que os interessados interponham **Recurso** com a intenção de modificar o quanto decidido será de 5 (cinco) dias úteis e este recurso terá **efeito suspensivo**, conforme disposto expressamente no art. 109, I, "b", e art. 109, § 2º, da Lei 8.666/93.

Contudo, o art. 43, § 3º, da Lei 8.666/93 define que "*é facultada à Comissão ou autoridade superior, em qualquer fase da licitação, a promoção de diligência destinada a esclarecer ou a complementar a instrução do processo, vedada a inclusão posterior de documento ou informação que deveria constar originariamente da proposta*".

→ *Regras de preferência*

Consoante já explicitado, a lei não permite que os agentes públicos admitam, prevejam, incluam ou tolerem, nos atos de convocação, cláusulas ou condições que comprometam, restrinjam ou frustrem o seu caráter competitivo, inclusive nos casos de sociedades cooperativas, e estabeleçam preferências ou distinções em razão da naturalidade, da sede ou domicílio dos licitantes ou de qualquer outra circunstância impertinente ou irrelevante para o específico objeto do contrato.

No entanto, o art. 3º, § 5º, da Lei de Licitações prevê a possibilidade de ser previamente estipulado, pela Administração Pública, a preferência para aquisição de produtos manufaturados e serviços nacionais que obedeçam às normas técnicas brasileiras, assim como para bens e serviços produzidos ou prestados por empresas que comprovem cumprimento de reserva de cargos prevista em lei para pessoa com deficiência ou para reabilitado da Previdência Social e que atendam às regras de acessibilidade previstas na legislação. A preferência deve ser prevista em Decreto expedido pelo chefe do Poder Executivo Federal.

Nesse sentido, a lei estipula a possibilidade de a Administração Pública preferir produtos manufaturados ou serviços nacionais, ainda que mais caros que os outros, a margem de preferência pode chegar a 25%.

Além disso, para os produtos manufaturados e serviços nacionais resultantes de desenvolvimento e inovação tecnológica realizados no País, poderá ser estabelecido margem de preferência adicional àquela prevista anteriormente, desde que a soma das preferências não ultrapasse os 25% anteriormente explicitado. De fato, com a intenção de fomentar a pesquisa e o desenvolvimento de novas tecnologias no Brasil, a legislação ainda estabelece que, se esses produtos manufaturados ou serviços nacionais decorrerem de inovação tecnológica, podem vir a ter uma preferência adicional, desde que respeitado o limite total de preferências, de 25%. Ou seja, em havendo a incidência de preferência adicional, a soma das preferências não pode ultrapassar o percentual da lei.

Imagine-se que, por exemplo, pode-se conceder uma preferência de 10% para aquisição de produto manufaturado em determinada licitação e mais 15% de preferência adicional para o produto da mesma qualidade que decorra de inovação tecnológica.

A soma das duas preferências não ultrapassou os 25%, então trata-se de preferência legalmente admitida.

Ressalte-se que, com o intuito de salvaguardar essa alteração (que claramente viola as finalidades tradicionais da licitação de busca pela melhor proposta e isonomia), foi acrescentada uma nova finalidade à licitação, qual seja a busca pelo desenvolvimento nacional (art. 3º, *caput*), senão vejamos:

> Art. 3º A licitação destina-se a garantir a observância do **princípio constitucional da isonomia**, a **seleção da proposta mais vantajosa** para a administração e a **promoção do desenvolvimento nacional**, e será processada e julgada em estrita conformidade com os princípios básicos da legalidade, da impessoalidade, da moralidade, da igualdade, da publicidade, da probidade administrativa, da vinculação ao instrumento convocatório, do julgamento objetivo e dos que lhes são correlatos. (Redação dada pela Lei nº 12.349, de 2010)

Dessa forma, a preferência se justifica pelo fato de que as empresas que fornecem produtos manufaturados ou prestam serviços em obediência às normas técnicas brasileiras, são geradoras de emprego e renda para o país.

2.4. Homologação

Classificadas as propostas, está encerrado o trabalho da comissão licitante, que encaminhará o procedimento à autoridade do órgão para homologação. Se não for configurada nenhuma espécie de nulidade nem for o caso de revogação, a autoridade superior será obrigada a promover a homologação da decisão. No que tange à anulação, a lei prevê que não gera para a Administração o dever de indenizar, já que se trata do reconhecimento de uma irregularidade, ressalvada a hipótese de já ter sido celebrado o contrato administrativo. Esse é o entendimento estampado no art. 49, § 1º, da Lei 8.666/93.

Sendo assim, primeiramente deve ser analisada a regularidade do procedimento licitatório, ou seja, a sua realização em conformidade com a lei. Caso o procedimento sofra de qualquer vício, deverá ser invalidado. Em um segundo momento, considerando a regularidade do procedimento, a Administração deverá verificar se há interesse público na contratação. Caso contrário, será determinada a revogação do procedimento. Saliente-se que a revogação deve basear-se em situação de interesse público superveniente ao início da licitação que tornou a contratação indesejada para o Poder Público.

Trata-se de manifestação do princípio da autotutela estampado nas Súmulas 346 e 473 do Supremo Tribunal Federal que permite à Administração Pública anular ou revogar os seus próprios atos, sem a necessidade de provocação de qualquer interessado.

Em casos de revogação do procedimento, baseada em critérios de oportunidade e conveniência, ou de anulação, com base em vício de ilegalidade – o texto legal exige a emissão de parecer da autoridade competente, justificando tais condutas. Será também garantida aos licitantes a possibilidade de exercer contraditório e ampla defesa.

Com efeito, a homologação do procedimento licitatório é a regra. Tanto é assim que, se a administração não homologar o procedimento licitatório por qualquer dos motivos legais, deverá oferecer o prazo de 5 (cinco) dias úteis para interposição de recurso, pelo licitante interessado. Neste caso, a lei não confere efeito suspensivo à demanda recursal. Essa é a leitura do art. 109, I, "c", da Lei 8.666/93.

Ocorrendo a Homologação, passa-se à última fase do certame.

2.5. Adjudicação

Para alguns autores, a adjudicação é ato de competência da própria comissão julgadora e, para outros, trata-se de ato da autoridade superior cuja prática dependerá da homologação da classificação. Para Marçal Justen Filho,[7] *"a adjudicação é o ato terminal da licitação, e sua produção pressupõe prévia homologação."*

De fato, a adjudicação é o ato por meio do qual se atribui ao vencedor o objeto da licitação, dando fim ao procedimento licitatório. Saliente-se, a princípio, que adjudicar não é contratar, mas tão somente declarar oficialmente o vencedor da licitação.

Após a adjudicação, a Administração Pública NÃO está obrigada a celebrar o contrato administrativo, em outras palavras, a Administração Pública não poderia ser constrangida a promover a contratação do adjudicatário. Embora não seja obrigada a contratar, caso necessite realizar a contratação, só pode fazê-lo com o vencedor da licitação. É por isso que se diz que a adjudicação tem força vinculante. Sendo assim, compete ao Poder Público definir o momento da contratação, estando o adjudicatário na garantia de que, em caso de celebração do contrato, ele será convocado pelo Poder Público em preferência a qualquer outro interessado.

Esse poder vinculante do ato homologatório é designado pela doutrina de **Princípio da Adjudicação Compulsória** por se considerar o ato de adjudicação como declaratório e vinculado, não sendo admitida a celebração de contrato em relação ao objeto do certame com nenhum outro interessado que não o adjudicatário.

Em relação ao licitante vencedor, não poderá deixar de contratar com a Administração Pública nos moldes da proposta apresentada, desde que tenha sido convocado a celebrar o contrato, no prazo de 60 (sessenta) dias da abertura dos envelopes. O licitante fica vinculado à proposta apresentada pelo prazo de 60 (sessenta) dias, contados da apresentação da proposta. Após esse prazo, a lei presume que ele pode não ter condições de contratar, garantindo os valores previamente apresentados. Vejamos a disposição legal.

> Art. 64. A Administração convocará regularmente o interessado para assinar o termo de contrato, aceitar ou retirar o instrumento equivalente, dentro do prazo e condições estabelecidos, sob pena de decair o direito à contratação, sem prejuízo das sanções previstas no art. 81 desta Lei.
>
> § 1º O prazo de convocação poderá ser prorrogado uma vez, por igual período, quando solicitado pela parte durante o seu transcurso e desde que ocorra motivo justificado aceito pela Administração.
>
> § 2º É facultado à Administração, quando o convocado não assinar o termo de contrato ou não aceitar ou retirar o instrumento equivalente no prazo e condições estabelecidos, convocar os licitantes remanescentes, na ordem de classificação, para fazê-lo em igual prazo e nas mesmas condições propostas pelo primeiro classificado, inclusive quanto aos preços

7. JUSTEN FILHO, Marçal. Curso de Direito Administrativo. Belo Horizonte: Editora Forum, 7ª ed. 2011.

> atualizados de conformidade com o ato convocatório, ou revogar a licitação independentemente da cominação prevista no art. 81 desta Lei.
>
> § 3º Decorridos 60 (sessenta) dias da data da entrega das propostas, sem convocação para a contratação, ficam os licitantes liberados dos compromissos assumidos.

Conforme disposição legal transcrita, caso o vencedor não possa contratar, o Estado só poderá celebrar o contrato, nos termos da proposta vencedora, chamando os demais licitantes na ordem de classificação. Por óbvio, os demais licitantes não estão obrigados a aceitar a celebração do contrato nos moldes da proposta apresentada pelo vencedor e, não havendo interessados, o procedimento será revogado, com a realização de nova licitação, caso o Poder Público ainda tenha interesse na celebração deste contrato.

12.2. Procedimento da tomada de preços

Na licitação de modalidade Tomada de Preços, o procedimento é o mesmo estudado para a concorrência, porém NÃO HÁ FASE DE HABILITAÇÃO, uma vez que os licitantes já estão previamente cadastrados. Haverá somente a abertura dos envelopes de propostas, após a análise dos Certificados de Registros cadastrais apresentados pelos licitantes. Nesse caso, o cadastro funciona como uma habilitação prévia, não havendo necessidade de juntada ou apresentação de novos documentos.

Em virtude dessas regras, a modalidade tomada de preços torna-se modalidade mais simples e tende a ser muito mais célere.

12.3. Procedimento do Convite

Mais uma vez, o procedimento é mais rápido e simplificado, também segue um procedimento similar ao da concorrência, contudo, algumas peculiaridades devem ser apontadas.

A) não há publicação de edital. A publicidade da carta-convite é diferenciada, sendo suficiente o envio do instrumento convocatório aos convidados e, posterior afixação no átrio da repartição, em local visível ao público.

B) os prazos para **recursos** são de **2 (dois) dias úteis** (e não de 5 dias como nas demais modalidades estudadas).

C) se forem todos os licitantes inabilitados ou desclassificadas todas as propostas apresentadas, o prazo para diligências definido no art. 48, § 3º, da Lei 8.666/93 poderá ser reduzido de 8 (oito) dias úteis para **3 (três) dias úteis,** para que se adéquem ao edital, trazendo novos documentos de qualificação ou apresentando nova proposta.

D) em relação à comissão licitante, se ficar comprovada a escassez de pessoal, em pequenos órgãos, a Comissão pode ser dispensada e o procedimento licitatório realizado por um único servidor público, desde que efetivo.

E) assim como na tomada de preços, não há fase de habilitação, uma vez que os licitantes já estão previamente cadastrados ou foram convidados (devendo, nesse caso, se cadastrarem antes do início do certame). Somente haverá a abertura dos envelopes de propostas, após a análise dos Certificados de Registros cadastrais apresentados pelos participantes da licitação. Nesse caso, o cadastro funciona como uma habilitação prévia, não havendo necessidade de juntada ou apresentação de novos documentos.

12.4. Procedimento do concurso e do leilão

Conforme já previamente explicitado o concurso terá o seu procedimento definido em regulamento específico, não tendo previsão na Lei 8.666/93. Relembre-se, somente que o **Intervalo mínimo,** no concurso, a ser respeitado entre a publicação do edital e o início do procedimento, será de **45 dias**, por definição legal, e que a **Comissão Licitante** do concurso é diferenciada e denominada comissão especial de concurso. Neste caso, a comissão também é composta por três membros, no entanto, a lei dispõe que não precisam, necessariamente, ser servidores públicos. A lei determina que sejam pessoas idôneas e que tenham conhecimento na área do trabalho que será apresentado. Isso é o que estabelece o art. 51, § 5º, da Lei 8.666/93.

Em relação ao leilão, a Lei de Licitações determina que o procedimento será realizado pelo leiloeiro e que o intervalo mínimo a ser respeitado entre a publicação do edital e a realização do procedimento será de 15 dias. As demais regras são definidas em legislação específica.

12.5. Procedimento do pregão

O procedimento da licitação na modalidade pregão apresenta inúmeras peculiaridades. A principal é o procedimento invertido previsto na Lei 10.520/02 e, por isso, esta modalidade licitatória se diferencia de forma substancial do procedimento da concorrência, conferindo maior celeridade ao certame.

Relembre-se que o pregão é modalidade licitatória realizada pelo Poder Público para aquisição de bens e serviços comuns, que são definidos em lei como aqueles cujos padrões de desempenho e qualidade possam ser objetivamente definidos pelo edital, por meio de especificações usuais no mercado.

Ademais, o pregão é sempre realizado tendo como critério de escolha do vencedor exclusivamente o "menor preço", não se admitindo qualquer outro tipo, previamente definido no instrumento convocatório. A inversão de fases do pregão enseja maior rapidez no procedimento licitatório, isso porque, no pregão, primeiramente são classificadas as propostas, deixando a fase de habilitação por último. Também, procede-se a fase de adjudicação antes da homologação do certame pela autoridade competente.

Assim como na concorrência, o pregão se inicia com a realização de uma fase interna, que segue os mesmos parâmetros utilizados na fase interna do procedimento da concorrência, ou seja, a definição do objeto a ser licitado, a justificativa da necessidade de realização da compra, os critérios de aceitação das propostas e para habilitação dos licitantes, o orçamento detalhado do bem ou serviço a ser executado e a declaração de disponibilidade orçamentária para a contratação, a elaboração da minuta do edital e do contrato, bem como a autorização, mediante parecer, do órgão consultivo para o início da licitação.

Ocorre que, posteriormente a essa fase, será efetivada a publicação do instrumento convocatório e a fase externa é realizada com as etapas invertidas em comparação com o procedimento da concorrência. Vejamos.

→ **Fase externa – Pregão**

Edital → Classificação → Habilitação → Adjudicação → Homologação

Além da inversão nas fases do procedimento, o pregão possui algumas peculiaridades a serem analisadas.

A publicação do edital, assim como na concorrência deve ser feita em **diário oficial** e em **jornal de grande circulação**. Ademais, a Administração Pública pode, unicamente, cobrar o valor da reprodução gráfica do edital. Portanto, o edital não pode ser objeto de comercialização, nem se estabelecer cobrança de taxas ou emolumentos. Entre a publicação do edital e o início da licitação com a abertura dos envelopes de propostas deve ser respeitado, conforme disposição legal, o **intervalo mínimo de 8 (oito) dias úteis**.

Na fase de classificação, que se segue à publicação do edital, as propostas escritas são apresentadas e são selecionadas as melhores propostas para que a disputa se dê em sessão pública. Com efeito, a disputa se dará por meio da apresentação, pelos licitantes selecionados, de lances verbais.

A princípio, passam para a fase de lances verbais o licitante que apresentou a melhor proposta (menor preço) e todas as outras propostas que não ultrapassarem 10% do valor da primeira. Independentemente disso, deve passar para os lances verbais a melhor proposta e mais 2 (duas), para completar o mínimo de 3 (três) licitantes. A seguir, as disposições da Lei 10.520/2002 acerca da matéria.

> Art. 4º da Lei 10.520/02:
>
> VIII – no curso da sessão, o autor da oferta de valor mais baixo e os das ofertas com preços até 10% (dez por cento) superiores àquela poderão fazer novos lances verbais e sucessivos, até a proclamação do vencedor;
>
> IX – não havendo pelo menos 3 (três) ofertas nas condições definidas no inciso anterior, poderão os autores das melhores propostas, até o máximo de 3 (três), oferecer novos lances verbais e sucessivos, quaisquer que sejam os preços oferecidos;

Após a seleção das propostas, o pregoeiro deverá analisar se a proposta selecionada atende aos requisitos definidos no edital e decidirá, em ato motivado, acerca da sua aceitabilidade ou não. Sendo aceita a proposta, o licitante será declarado vencedor da licitação e, não sendo admitida a proposta vencedora, os demais licitantes serão convocados, em ordem de classificação, para negociação do preço.

Concluída a etapa de seleção das propostas, será procedida a abertura dos envelopes de documentação dos licitantes. Os requisitos a serem analisados são aqueles constantes no art. 27 da Lei 8.666/93 e já analisados nesta obra.

Ressalte-se que, antes do início do certame, aberta a sessão, os interessados ou seus representantes já apresentaram, previamente, uma declaração dando ciência de que cumprem plenamente os requisitos de habilitação e entregaram os envelopes contendo a indicação do objeto e do preço oferecidos, procedendo-se à sua imediata abertura e à verificação da conformidade das propostas com os requisitos estabelecidos no instrumento convocatório.

Ocorrendo a inabilitação do licitante que apresentou a melhor proposta, o pregoeiro passa a examinar a proposta do segundo colocado e assim sucessivamente, sempre sendo admitida a negociação do preço ofertado.

Após a declaração oficial do vencedor da licitação, os licitantes podem manifestar o interesse em recorrer da decisão. Com efeito, na licitação de modalidade pregão, o prazo para recurso é imediato e ocorre após a declaração do vencedor, ou seja, somente ao final da licitação. Se o licitante recorrer, a lei concede o prazo de 3 (três) dias para elaboração e apresentação das razões do recurso, ficando os demais licitantes desde logo intimados para apresentar contrarrazões em igual número de dias, que começarão a correr do término do prazo do recorrente, sendo-lhes assegurada vista imediata dos autos.

Ademais, dispõe o art. 4º, XX, da Lei 10.520/02 que *"a falta de manifestação imediata e motivada do licitante importará a decadência do direito de recurso e a adjudicação do objeto da licitação pelo pregoeiro ao vencedor"*.

Decididos os recursos, a autoridade competente fará a adjudicação do objeto da licitação ao licitante vencedor. Nesse caso, o próprio pregoeiro será responsável pela adjudicação do certame licitatório ao vencedor.

Assim como na licitação na modalidade concorrência, após a adjudicação, a Administração Pública não está obrigada a celebrar o contrato administrativo, não podendo ser constrangida a promover a contratação do adjudicatário. Inobstante não seja obrigada a contratar, caso necessite realizar a contratação, só poderá fazê-lo com o vencedor da licitação. Nesse sentido, se costuma dizer que a adjudicação tem força vinculante. Sendo assim, compete ao ente estatal escolher o melhor momento para a contratação, possuindo o vencedor da licitação somente a garantia de que, em caso de celebração do contrato, ele será convocado pelo Poder Público em preferência a qualquer outro interessado.

Por sua vez, o particular vencedor está obrigado a celebrar o contrato desde que convocado para tanto pela Administração Pública dentro do prazo de 60 (sessenta) dias, contados da abertura e apresentação da proposta.

Nesse sentido, a Lei 10.520/02 estipula que, se o particular vencedor da licitação, convocado dentro do prazo de validade da sua proposta, não celebrar o contrato, deixar de entregar ou apresentar documentação falsa exigida para o certame, ensejar o retardamento da execução de seu objeto, não mantiver a proposta, falhar ou fraudar na execução do contrato, comportar-se de modo inidôneo ou cometer fraude fiscal, ficará impedido de licitar e contratar com a União, Estados, Distrito Federal ou Municípios e será descredenciado no SICAF (Sistema de Cadastro Unificado de Fornecedores da Administração Federal), ou nos sistemas de cadastramento de fornecedores, pelo prazo de até 5 (cinco) anos, sem prejuízo das multas previstas em edital e no contrato e das demais cominações legais.

12.5.1. Procedimento do pregão eletrônico

Inicialmente, ressalta-se que o pregão eletrônico é realizado em sessão pública, sem a presença física dos licitantes, que se comunicam entre si e com a Administração Pública via Internet. Trata-se de sistema moderno que visa facilitar e desburocratizar ainda mais a contratação de bens e serviços pelo ente estatal.

Cada ente federativo deverá ter regulamentação mediante decreto específico para que possa se utilizar desta forma de licitação. No âmbito federal, foi expedido o Decreto 5.450/2005 que regulamenta o pregão eletrônico realizado pela União. O procedimento é o mesmo do pregão presencial, porque o decreto tão somente regulamentará a lei, haja vista se tratar de regulamento executivo. O decreto não pode trazer novidades, tratando-se somente de ato normativo que minudencia o texto da lei para facilitar o pregão que será feito na rede.

De acordo com o decreto mencionado, o pregão eletrônico, no âmbito federal, será conduzido pelo órgão ou entidade promotora da licitação, com apoio técnico e operacional da Secretaria de Logística e Tecnologia da Informação do Ministério do Planejamento, Orçamento e Gestão, que atuará como provedor do sistema eletrônico para os órgãos integrantes do Sistema de Serviços Gerais – SISG. O art. 2º, § 5º, do decreto ainda define que a Secretaria de Logística e Tecnologia da Informação poderá ceder o uso do seu sistema eletrônico a órgão ou entidade dos Poderes da União, Estados, Distrito Federal e Municípios, mediante celebração de termo de adesão.

→ *Fase interna*

Assim como no pregão presencial, é a fase na qual o ente público está se preparando para a realização do procedimento licitatório. Nessa fase, no pregão realizado na forma eletrônica, serão observados alguns requisitos legais a seguir indicados.

- Deverá ser elaborado termo de referência pelo órgão requisitante, com indicação precisa do objeto a ser licitado, de forma suficiente e clara, vedadas quaisquer especificações que, por excessivas, irrelevantes ou desnecessárias, limitem ou frustrem a competição ou sua realização;
- Será aprovado o citado termo de referência pela autoridade competente do órgão público licitante;
- O Poder Público deve apresentar a justificativa da necessidade da contratação;
- O ente estatal procederá à elaboração do edital, estabelecendo critérios de aceitação das propostas;
- Serão definidas as exigências de habilitação, das sanções aplicáveis, inclusive no que se refere aos prazos e às condições que, pelas suas particularidades, sejam consideradas relevantes para a celebração e execução do contrato e o atendimento das necessidades da administração; e
- Serão designados, mediante portaria expedida pela autoridade do órgão, pregoeiro e sua equipe de apoio.

Ademais, o instrumento convocatório obedecerá a todas as regras definidas em lei para a publicação de edital no pregão presencial, além de definir a data e horário para a realização do pregão eletrônico, incluindo a designação do *site* onde ocorrerá o evento.

Para que o pregão seja regularmente realizado na via eletrônica, será exigido o **credenciamento** dos licitantes que pretendam participar do certame, da autoridade responsável pelo órgão que pretende promover o certame, do pregoeiro e de sua equipe de apoio. A realização do credenciamento no sistema enseja a responsabilização do licitante e a presunção de sua capacidade técnica para a participação no pregão.

O Decreto estabelece que o credenciamento será feito pela atribuição de chave de identificação e de senha, pessoal e intransferível, para acesso ao sistema eletrônico. No caso de pregão promovido por órgão integrante do SISG, o credenciamento do licitante, bem assim a sua manutenção, dependerá de registro atualizado no Sistema de Cadastramento Unificado de Fornecedores – SICAF.

Por fim, o uso da senha de acesso pelo licitante é de sua responsabilidade exclusiva, incluindo qualquer transação efetuada diretamente ou por seu representante, não cabendo ao provedor do sistema ou ao órgão promotor da licitação responsabilidade por eventuais danos decorrentes de uso indevido da senha, ainda que por terceiros.

→ *Fase externa*

I – Publicação do edital

Conforme disposto no Decreto, a fase externa do pregão, na forma eletrônica, será iniciada com a convocação dos interessados por meio de publicação de aviso do edital, observados os valores estimados para contratação. O edital deve contar a indicação precisa e clara do objeto a ser adquirido por meio da licitação, bem como a indicação dos locais, dias e horários em que poderá ser obtido o instrumento convocatório, em sua íntegra. Também, será informado, no aviso, o endereço eletrônico onde ocorrerá a sessão pública, com a designação da data e horário da realização, sendo indispensável que o aviso deixe claro que o pregão será realizado por meio eletrônico, ou seja, via internet. A publicidade varia de acordo com o valor da contratação, nos moldes definidos pelo decreto. Dessa forma, vejamos.

- Contratações **até R$ 650.000,00** (seiscentos e cinquenta mil reais) – a publicação será realizada por meio de Diário Oficial da União e por meio eletrônico, na internet;
- Contratações **acima de R$ 650.000,00** (seiscentos e cinquenta mil reais) **até R$ 1.300.000,00** (um milhão e trezentos mil reais) – a publicação ocorrerá em Diário Oficial da União, por meio eletrônico, na internet; e, ainda mediante publicação em jornal de grande circulação local;
- Para contratos **superiores a R$ 1.300.000,00** (um milhão e trezentos mil reais) – a publicação ocorrerá em Diário Oficial da União, por meio eletrônico, na internet; e mediante publicação em jornal de grande circulação regional ou nacional.

Em casos de divulgação para pregão realizado para o sistema de registro de preços, será adotada a publicação em Diário Oficial da União, internet e publicação em jornal de grande circulação regional ou nacional. Nessa situação, não é relevante o valor estimado para a contratação, ou seja, a ampla divulgação será necessária mesmo que se trate de contratação inferior a R$ 650.000,00 (seiscentos e cinquenta mil reais).

Ainda, em conformidade com o Decreto 5.450/2005, a publicação feita pela internet poderá ser realizada em sítios oficiais da administração pública, desde que certificado digitalmente por autoridade certificadora credenciada no âmbito da Infraestrutura de Chaves Públicas Brasileira – ICP-Brasil.

Da mesma forma, como ocorre no pregão presencial, o intervalo mínimo fixado para a apresentação das propostas, contado a partir da publicação do aviso, será de oito dias úteis e todos os horários estabelecidos no edital, no aviso e durante a sessão pública observarão, para todos os efeitos, o horário de Brasília, Distrito Federal, inclusive para contagem de tempo e registro no sistema eletrônico e na documentação relativa ao certame.

No que tange à possibilidade de **impugnação administrativa do instrumento convocatório**, o diploma legal dispõe que, até dois dias úteis antes da data fixada para abertura da sessão pública, qualquer pessoa poderá impugnar o ato convocatório do pregão, na forma eletrônica. Nesses casos, é responsabilidade do pregoeiro, auxiliado pelo setor responsável pela elaboração do edital, decidir sobre a impugnação no prazo de até vinte e quatro horas.

Enfim, acolhida a impugnação contra o ato convocatório, será definida e publicada nova data para a realização do certame, sendo que, em consonância com o disposto na Lei 8.666/93, qualquer modificação no edital de convocação exige divulgação pelo mesmo instrumento ou instrumentos de publicação em que se deu o texto original, reabrindo-se o prazo inicialmente estabelecido, exceto quando, inquestionavelmente, a alteração não afetar a formulação das propostas.

Ademais, dispõe o art. 19 do Decreto 5.450/2005 que:

> "Art. 19. Os pedidos de esclarecimentos referentes ao processo licitatório deverão ser enviados ao pregoeiro, até três dias úteis anteriores à data fixada para abertura da sessão pública, exclusivamente por meio eletrônico via internet, no endereço indicado no edital".

II – Classificação e julgamento das propostas

Efetivada a publicação do edital, nos termos determinados pelo Decreto, os licitantes deverão encaminhar proposta com a descrição do objeto ofertado e o preço e, se for o caso, o respectivo anexo, até a data e hora marcadas para abertura da sessão, que respeitará o prazo mínimo de oito dias úteis pelo ente público. O envio das propostas se dará exclusivamente por meio do sistema eletrônico definido no instrumento convocatório, quando, então, encerrar-se-á, automaticamente, a fase de recebimento das mesmas. A participação no pregão eletrônico dar-se-á pela utilização da senha privativa do licitante. O dispositivo normativo estabelece ainda que, até que seja procedida a abertura da sessão pública, qualquer um dos licitantes poderá retirar ou substituir a proposta anteriormente apresentada.

Assim como ocorre no pregão presencial, para participação regular no pregão eletrônico, os licitantes deverão manifestar, em campo próprio do sistema eletrônico, que cumprem plenamente os requisitos de habilitação e que suas propostas estão em conformidade com as exigências do instrumento convocatório. Ressalte-se que a declaração falsa relativa ao cumprimento dos requisitos de habilitação e proposta sujeitará o licitante às penalidades previamente definidas no Decreto que regulamenta o procedimento.

Feita a declaração regularmente, a partir do horário previsto no instrumento convocatório, a sessão pública, na internet, será aberta por comando do pregoeiro com a utilização de sua chave de acesso e senha. Nesse momento, todos os licitantes poderão participar da sessão, devendo utilizar suas chaves de acesso e senhas.

Apresentadas as propostas, por meio eletrônico, o pregoeiro fará, primeiramente, a verificação, desclassificando aquelas que não estejam em conformidade com os requisitos estabelecidos no edital. A desclassificação de proposta será sempre fundamentada e registrada no sistema, com acompanhamento, em tempo real, por todos os participantes do certame. Isso porque todas as propostas, incluindo a descrição do objeto, valor e eventuais anexos estarão disponíveis a todos os participantes, na internet. E o sistema deve disponibilizar campo próprio para troca de mensagens entre o pregoeiro e os licitantes.

Após a desclassificação de propostas em desconformidade com o edital, será feita a classificação das demais, pelo pregoeiro, as quais serão ordenadas no sistema. Somente os licitantes responsáveis por essas propostas poderão passar para a fase seguinte, com a apresentação virtual de lances. Sendo assim, uma vez classificadas as propostas, o pregoeiro dará início à fase competitiva, quando então os licitantes poderão encaminhar lances sucessivos exclusivamente por meio do sistema eletrônico em que está sendo realizado o certame. Os lances deverão observar o horário fixado para abertura da sessão e as regras estabelecidas no edital e o licitante será imediatamente informado do seu recebimento e do valor consignado no registro.

Nesse sentido, o Decreto dispõe que o licitante somente poderá oferecer lance inferior ao último por ele ofertado e registrado pelo sistema. Ademais, não serão aceitos dois ou mais lances iguais, prevalecendo aquele que for recebido e registrado primeiro. A etapa de lances é realizada publicamente e, durante a sessão, todos os licitantes serão informados, em tempo real, do valor do menor lance registrado, vedada a identificação do licitante. Por decisão do pregoeiro estará encerrada a sessão com a definição do vencedor. Nesse momento, o sistema eletrônico encaminhará aviso de fechamento iminente dos lances, após o que transcorrerá período de tempo de até trinta minutos, aleatoriamente determinado, findo o qual será automaticamente encerrada a recepção de lances pelos licitantes.

Assim como no pregão presencial, o Decreto 5.450/05 prevê a possibilidade de negociação de valores com o licitante vencedor. Com efeito, encerrada a etapa de lances da sessão pública, o pregoeiro poderá encaminhar, pelo sistema eletrônico, contraproposta ao licitante que tenha apresentado lance mais vantajoso à Administração Pública, para que seja obtida melhor proposta, observado o critério de julgamento. Por óbvio, não se admite a negociação de condições diferentes daquelas previstas no edital. Para garantir a lisura da negociação, ela será realizada por meio do sistema, podendo ser acompanhada pelos demais licitantes.

É possível que o pregoeiro esteja desconectado do sistema, por falha nos meios de comunicação. Nesses casos, se a desconexão não ultrapassar o prazo de dez minutos, no decorrer da etapa de lances, se o sistema eletrônico permanecer acessível aos licitantes, os lances continuarão sendo recebidos, sem prejuízo dos atos realizados. Entretanto, caso a desconexão do pregoeiro ocorra por prazo superior a dez minutos, a sessão do pregão na forma eletrônica deverá ser suspensa e reiniciada, posteriormente, somente após comunicação aos participantes, no endereço eletrônico utilizado para divulgação.

III – Habilitação

Ao final da etapa de lances, selecionada a proposta mais vantajosa, qual seja, aquela que apresentou o menor preço para a Administração Pública, o pregoeiro examinará a proposta classificada em primeiro lugar quanto à compatibilidade do preço em relação ao estimado para contratação e verificará a habilitação do licitante conforme disposições do edital.

Os parágrafos do artigo 26 do Decreto 5.450/05 definem algumas regras acerca da habilitação. Vejamos.

> "Art. 26 (...)
>
> § 1º A habilitação dos licitantes será verificada por meio do SICAF, nos documentos por ele abrangidos, quando dos procedimentos licitatórios realizados por órgãos integrantes do SISG ou por órgãos ou entidades que aderirem ao SICAF.
>
> § 2º Os documentos exigidos para habilitação que não estejam contemplados no SICAF, inclusive quando houver necessidade de envio de anexos, deverão ser apresentados inclusive via fax, no prazo definido no edital, após solicitação do pregoeiro no sistema eletrônico.
>
> § 3º Os documentos e anexos exigidos, quando remetidos via fax, deverão ser apresentados em original ou por cópia autenticada, nos prazos estabelecidos no edital.

§ 4º Para fins de habilitação, a verificação pelo órgão promotor do certame nos sítios oficiais de órgãos e entidades emissores de certidões constitui meio legal de prova.

§ 5º Se a proposta não for aceitável ou se o licitante não atender às exigências habilitatórias, o pregoeiro examinará a proposta subseqüente e, assim sucessivamente, na ordem de classificação, até a apuração de uma proposta que atenda ao edital".

Em resumo, o texto legal define que, após a análise dos documentos de habilitação, caso o vencedor do certame não atenda às exigências de habilitação definidas em lei, o pregoeiro deverá analisar a proposta classificada em segundo lugar e assim sucessivamente.

Após a análise da documentação e declarado o vencedor, qualquer licitante poderá, durante a sessão pública, de forma imediata e motivada, em campo próprio do sistema, manifestar sua intenção em apresentar **recurso**, quando lhe será concedido o prazo de três dias para apresentar as razões de recurso, ficando os demais licitantes, desde logo, intimados para, querendo, apresentarem contrarrazões em igual prazo, que começará a contar do término do prazo do recorrente, sendo-lhes assegurada vista imediata dos elementos indispensáveis à defesa dos seus interesses. Resta claro, portanto, que o prazo para interposição de recurso é imediato, sendo concedido o prazo de três dias, somente àqueles que já haviam previamente manifestado interesse em recorrer, para que apresentem suas razões. Nesse sentido, o Decreto estabelece que a ausência de manifestação imediata e motivada do licitante quanto à intenção de recorrer importará na decadência desse direito, ficando o pregoeiro autorizado a adjudicar o objeto ao licitante declarado vencedor.

Por fim, o acolhimento do recurso não importa necessariamente a anulação de todo o procedimento licitatório, mas tão somente a invalidação dos atos insuscetíveis de aproveitamento. Ademais, no julgamento da habilitação e das propostas, o pregoeiro poderá sanar erros ou falhas que não alterem a substância das propostas, dos documentos e sua validade jurídica, mediante despacho fundamentado, registrado em ata e acessível a todos, atribuindo-lhes validade e eficácia para fins de habilitação e classificação.

IV – Adjudicação e homologação

Após a análise e julgamento, pelo pregoeiro, dos recursos interpostos, uma vez constatada a regularidade dos atos praticados, a autoridade competente adjudicará o objeto e, posteriormente, será realizada a homologação do procedimento.

Por óbvio, a homologação ocorrerá somente se não houver irregularidades no procedimento, situação na qual a Administração Pública deverá, por intermédio da autoridade competente, determinar a anulação do certame. Por sua vez, a autoridade competente poderá revogar o procedimento licitatório, somente, em face de razões de interesse público, por motivo de fato superveniente devidamente comprovado, pertinente e suficiente para justificar tal conduta. Tanto a anulação quanto a revogação do certame poderá ser executada de ofício ou por provocação de qualquer pessoa, mediante ato escrito e fundamentado.

A anulação do procedimento licitatório induz à do contrato ou da ata de registro de preços dele decorrentes.

Ademais, os licitantes não terão, a princípio, direito à indenização em virtude da anulação do procedimento licitatório, ressalvado o direito do contratado de boa-fé de ser ressarcido pelos encargos que tiver suportado no cumprimento do contrato.

Com efeito, a regra é a homologação do procedimento, após a qual o adjudicatário será convocado para assinar o contrato ou a ata de registro de preços no prazo definido no edital. Nesse momento, será exigida do licitante vencedor a comprovação das condições de habilitação consignadas no edital, as quais deverão ser mantidas pelo licitante durante a vigência do contrato ou da ata de registro de preços. Caso o vencedor não faça a comprovação referida ou, injustificadamente, se recuse a assinar o contrato ou a ata de registro de preços, poderá ser convocado outro licitante, desde que respeitada a ordem de classificação, para, após comprovados os requisitos habilitatórios e feita a negociação, assinar o contrato ou a ata de registro de preços, sem prejuízo das multas previstas em edital e no contrato e das demais cominações legais.

Assim como ocorre nas demais modalidades licitatórias, o prazo de validade das propostas será de sessenta dias, salvo disposição específica do edital. Dessa forma, sendo o licitante vencedor convocado, dentro desse prazo, para assinatura do contrato, deverá fazê-lo.

Na hipótese de recusa em assinar o contrato ou ata de registro de preços, ou se o licitante deixar de entregar a documentação exigida no edital, apresentar documentação falsa, ensejar o retardamento da execução de seu objeto, não mantiver a proposta, falhar ou fraudar na execução do contrato, comportar-se de modo inidôneo, fizer declaração falsa ou cometer fraude fiscal, garantido o direito à ampla defesa, ficará **impedido de licitar** e de contratar com a União, e será descredenciado no SICAF, pelo **prazo de até cinco anos**, sem prejuízo das multas previstas em edital e no contrato e das demais cominações legais. Saliente-se que todas as penalidades serão obrigatoriamente registradas no SICAF.

13. LICITAÇÃO INTERNACIONAL

As licitações internas são aquelas realizadas pelo ente público com a ampla participação de empresas brasileiras, consórcios de empresas, bem como empresas estrangeiras, desde que estejam em funcionamento no país. Com efeito, ao se referir aos documentos de habilitação para participação em procedimento licitatório, o art. 28, V, da Lei 8.666/93 exige que seja apresentado decreto de autorização, em se tratando de empresa ou sociedade estrangeira em funcionamento no País, e ato de registro ou autorização para funcionamento expedido pelo órgão competente, quando a atividade assim o exigir.

Essas empresas poderão participar das licitações internas desde que tenham sede no país e representante permanente com plenos poderes para receber citação e praticar todos os atos necessários à licitação.

Dessa forma, as empresas e sociedades estrangeiras que não cumprirem tais requisitos não podem participar de licitações internamente realizadas no Brasil. Nesses casos, em determinadas situações, para atender às necessidades da Administração Pública frente às limitações do mercado, é possível a realização de **licitações internacionais**. Trata-se, portanto, de licitação internacional o procedimento licitatório realizado pelo Poder Público em que se admite a participação de quaisquer empresas estrangeiras, ainda que não possuam sede no país.

A lei estabelece que não é possível a distinção entre as empresas brasileiras e estrangeiras nesses procedimentos licitatórios, sendo obrigatória a definição de condições equivalentes de pagamento entre empresas brasileiras e estrangeiras.

Ademais, o texto da lei define, em seu art. 42 que, nas concorrências de âmbito internacional, o edital deverá ajustar-se às diretrizes da política monetária e do comércio exterior e atender às exigências dos órgãos competentes, sendo que sempre que for permitido ao licitante estrangeiro cotar preço em moeda estrangeira, igualmente o poderá fazer o licitante brasileiro. Trata-se de respeito básico ao princípio da isonomia. Nesses casos, o pagamento feito ao licitante brasileiro eventualmente contratado em virtude da licitação de que trata o parágrafo anterior será efetuado em moeda brasileira, à taxa de câmbio vigente no dia útil imediatamente anterior à data do efetivo pagamento.

Da mesma forma, em garantia ao princípio da isonomia, o texto da lei também estabelece que as garantias de pagamento ao licitante brasileiro serão equivalentes àquelas oferecidas ao licitante estrangeiro e que, para fins de julgamento da licitação, as propostas apresentadas por licitantes estrangeiros serão acrescidas dos gravames consequentes dos mesmos tributos que oneram exclusivamente os licitantes brasileiros quanto à operação final de venda.

Por fim, o art. 42, § 5º, da Lei 8.666/93 define que:

> "§ 5º Para a realização de obras, prestação de serviços ou aquisição de bens com recursos provenientes de financiamento ou doação oriundos de agência oficial de cooperação estrangeira ou organismo financeiro multilateral de que o Brasil seja parte, poderão ser admitidas, na respectiva licitação, as condições decorrentes de acordos, protocolos, convenções ou tratados internacionais aprovados pelo Congresso Nacional, bem como as normas e procedimentos daquelas entidades, inclusive quanto ao critério de seleção da proposta mais vantajosa para a administração, o qual poderá contemplar, além do preço, outros fatores de avaliação, desde que por elas exigidos para a obtenção do financiamento ou da doação, e que também não conflitem com o princípio do julgamento objetivo e sejam objeto de despacho motivado do órgão executor do contrato, despacho esse ratificado pela autoridade imediatamente superior. (Redação dada pela Lei n. 8.883, de 1994)"

14. LICITAÇÕES DE GRANDE VULTO E ALTA COMPLEXIDADE TÉCNICA

A lei estipula que são consideradas de grande vulto todas as licitações de Obras, serviços e compras cujo valor estimado seja superior a 25 (vinte e cinco) vezes o limite estabelecido na alínea "c" do inciso I do art. 23 da própria Lei 8.666/93. O referido dispositivo prevê o valor de R$ 1.500.000,00 (um milhão e quinhentos mil reais). Dessa forma, em conta matemática simples, chega-se à conclusão de que podem ser consideradas contratações de grande vulto todas as contratações de valores superiores a R$ 37.500.000,00 (trinta e sete milhões e quinhentos mil reais).

Por sua vez, o art. 30, § 9º, da Lei 8.666/93 define a licitação de alta complexidade técnica como *"aquela que envolva alta especialização, como fator de extrema relevância para garantir a execução do objeto a ser contratado, ou que possa comprometer a continuidade da prestação de serviços públicos essenciais"*.

As contratações de grande vulto e alta complexidade técnica recebem um tratamento legal peculiar. Com efeito, nesse tipo de contratação, poderá a Administração exigir dos licitantes a metodologia de execução, cuja avaliação, para efeito de sua aceitação ou não, antecederá sempre à análise dos preços e será efetuada exclusivamente por critérios objetivos.

Ademais, o art. 56 da Lei de Licitações, ao definir o valor máximo de garantia a ser exigido pela Administração Pública do particular por ela contratado estabelece que, para obras, serviços e fornecimentos de grande vulto envolvendo alta complexidade técnica e riscos financeiros consideráveis, demonstrados através de parecer tecnicamente aprovado pela autoridade competente, o limite de garantia poderá ser elevado para até dez por cento do valor do contrato. Ressalte-se que, como regra geral, a garantia do contrato não poderá exceder o valor de cinco por cento do valor contratual.

15. TRATAMENTO DIFERENCIADO PARA MICROEMPRESAS E EMPRESAS DE PEQUENO PORTE

Estabelece o art. 170 da Constituição Federal que:

> Art. 170. A ordem econômica, fundada na valorização do trabalho humano e na livre iniciativa, tem por fim assegurar a todos existência digna, conforme os ditames da justiça social, observados os seguintes princípios:
>
> (...)
>
> IX – **tratamento favorecido para as empresas de pequeno porte constituídas sob as leis brasileiras e que tenham sua sede e administração no País.** (Redação dada pela Emenda Constitucional n. 6, de 1995)

Em observância ao dispositivo legal ora transcrito, foi editada a Lei Complementar 123/2006, denominada Estatuto Nacional da Microempresa e Empresa de Pequeno Porte, conferindo algumas vantagens a essas entidades no bojo da participação de procedimentos licitatórios, concedendo algumas preferências para as contratações com todos os entes federados e os respectivos entes da Administração Indireta. Trata-se de forma de garantir o desenvolvimento nacional, uma vez que tais empresas são geradoras de emprego e renda no país.

Nesse sentido, o texto legal define que se consideram microempresas ou empresas de pequeno porte a sociedade empresária, a sociedade simples, a empresa individual de responsabilidade limitada e o empresário devidamente registrados no Registro de Empresas Mercantis ou no Registro Civil de Pessoas Jurídicas, conforme o caso, desde que, no caso da microempresa, aufira, em cada ano-calendário, receita bruta igual ou inferior a R$ 360.000,00 (trezentos e sessenta mil reais) e, no caso da empresa de pequeno porte, aufira, em cada ano-calendário, receita bruta superior a R$ 360.000,00 (trezentos e sessenta mil reais) e igual ou inferior a R$ 4.800.000,00 (quatro milhões e oitocentos mil reais). Informa ainda que é considerada receita bruta, o produto da venda de bens e serviços nas operações de conta própria, o preço dos serviços prestados e o resultado nas operações em conta alheia, não incluídas as vendas canceladas e os descontos incondicionais concedidos.

O primeiro grande privilégio concedido pela lei para essas entidades em procedimento licitatório diz respeito à possibilidade de participação na licitação, sem a necessidade de demonstração de regularidade fiscal e trabalhista na fase de habilitação.

Com efeito, a lei dispõe que, nas licitações públicas, a comprovação de regularidade fiscal e a regularidade trabalhista das microempresas e empresas de pequeno porte somente será exigida para efeito de assinatura do contrato.

Dessa forma, as microempresas e empresas de pequeno porte, por ocasião da participação em certames licitatórios, na fase de habilitação deverão apresentar toda a documentação exigida para efeito de comprovação de regularidade fiscal e trabalhista, mesmo que esta apresente alguma restrição, ou seja, mesmo não estando regular com o fisco ou possuindo débitos na justiça do trabalho em sede de execução. Sendo apurada alguma restrição na comprovação da regularidade fiscal ou trabalhista, a empresa poderá participar do certame a despeito da irregularidade e, ao término do procedimento, será assegurado o prazo de 5 (cinco) dias úteis, prorrogáveis por igual período, a critério da Administração Pública, cujo termo inicial corresponderá ao momento em que o proponente for declarado o vencedor do certame, para a regularização da documentação, pagamento ou parcelamento do débito, e emissão de eventuais certidões negativas ou positivas com efeito de certidão negativa.

Por óbvio, a não regularização da documentação, no prazo previsto, implicará decadência do direito à contratação, sem prejuízo das sanções previstas no art. 81 da Lei n. 8.666/93, sendo facultado à Administração Pública convocar os licitantes remanescentes, na ordem de classificação, para a assinatura do contrato, ou revogar a licitação.

Ademais, conforme já explicitado, em casos de empate no certame licitatório, a Microempresa ou Empresa de Pequeno Porte terá preferência para o desempate. Isso significa que, antes de serem analisados pela Administração Pública os critérios de desempate, a entidade poderá reduzir o valor de sua proposta e sagrar-se vencedora na licitação. Nesse sentido, a Lei Complementar 123/06, em seu art. 45, I, estabelece que "*a microempresa ou empresa de pequeno porte mais bem classificada poderá apresentar proposta de preço inferior àquela considerada vencedora do certame, situação em que será adjudicado em seu favor o objeto licitado*".

Ademais, em igualdade de condições, caso a microempresa apresente uma proposta até 10% superior à proposta vencedora, a lei considera ter havido empate na licitação. O art. 44, § 1º, da LC 123/06 dispõe que serão consideradas empatadas as empresas naquelas situações em que as propostas apresentadas pelas microempresas e empresas de pequeno porte sejam iguais ou até 10% (dez por cento) superiores à proposta mais bem classificada.

Sendo assim, caso a proposta apresentada pela EPP ou ME seja superior à proposta vencedora, mas não exceder 10% a ela, se considerará empatada a licitação, nos moldes da lei.

Todavia, em caso de licitações na modalidade pregão, o benefício da Microempresa ou Empresa de Pequeno Porte não chega a 10%, limitando-se a 5%, ou seja, as propostas a maior do que a vencedora, desde que não ultrapassem 5% desta, serão consideradas como empate no certame. É a leitura do artigo 44, § 2º, da multimencionada lei complementar. Vejamos.

> "Na modalidade de pregão, o intervalo percentual estabelecido no § 1º deste artigo será de até 5% (cinco por cento) superior ao melhor preço".

Ademais, como forma de se admitirem critérios diferenciados de contratações para micro e pequenas empresas, a Lei Complementar 123/06 define que a administração pública deverá realizar processo licitatório destinado exclusivamente à participação de microempresas e empresas de pequeno porte nos itens de contratação cujo valor seja de até R$ 80.000,00 (oitenta mil reais).

Dispõe, ainda, a legislação que, em casos de licitações para celebração de contratos acima de R$ 80.000,00, o ente público deverá estabelecer, desde que se trate de certame para aquisição de bens de natureza divisível, cota de até 25% (vinte e cinco por cento) do objeto para a contratação de microempresas e empresas de pequeno porte.

Trata-se de sistema de cotas criado para Microempresas e Empresas de Pequeno Porte, garantindo a estas entidades a realização de licitação dividida em dois itens, sendo que um destes itens não admitirá a participação de pessoas jurídicas que não estejam contempladas no regime especial da Lei Complementar.

Ressalte-se que as Microempresas e Empresas de Pequeno Porte poderão participar de ambos os itens da licitação, sendo classificadas dentro da ampla concorrência para a contratação de 75% (setenta e cinco por cento) do objeto e se submetendo a outra classificação, somente com empresas de mesmo porte, em relação aos 25% (vinte e cinco por cento) restantes.

Outrossim, a lei determina que a Administração Pública poderá, em relação aos processos licitatórios destinados à aquisição de obras e serviços, exigir dos licitantes a subcontratação de microempresa ou empresa de pequeno porte.

Por fim, a Lei Complementar 147/14, alterando disposição da Lei Complementar 123/06, dispõe que em casos de dispensa de licitação em razão do valor do contrato (conforme disposto no art. 24, I e II), a compra deverá ser feita preferencialmente de microempresas e empresas de pequeno porte.

16. DISPENSA E INEXIGIBILIDADE DA LICITAÇÃO

Não obstante a licitação seja a regra definida por lei para as contratações públicas, em determinadas situações, o próprio texto legal regulamenta e admite celebração de contratos sem a realização do prévio procedimento. Com efeito, o próprio art. 37, XXI, da Carta Magna prevê que as obras, serviços, compras e alienações serão contratados mediante processo de licitação pública que assegure igualdade de condições a todos os concorrentes, com cláusulas que estabeleçam obrigações de pagamento, mantidas as condições efetivas da proposta, nos termos da lei, o qual somente permitirá as exigências de qualificação técnica e econômica indispensáveis à garantia do cumprimento das obrigações ,estabelecendo que estão **ressalvados os casos especificados na legislação**.

Nesse sentido, conforme a legislação ora vigente, a dispensa e a inexigibilidade de licitação configuram situações que a administração pode contratar sem a necessidade de realização do procedimento licitatório. São situações de **contratação direta**.

De acordo com o art. 25 da Lei 8.666/93, a inexigibilidade de licitação deriva da inviabilidade de competição pelo Poder Público. Este artigo contém três incisos de cunho exemplificativo e cuja leitura é essencial para conceituação de viabilidade de competição.

Para Marçal Justen Filho[8], inviabilidade de competição é um gênero que comporta diversas modalidades.

8. JUSTEN FILHO, Marçal. Curso de Direito Administrativo. Belo Horizonte: Editora Forum, 7ª ed. 2011.

→ Inviabilidade de Competição:

– por ausência de pluralidades alternativas;

– por ausência de "mercado concorrencial";

– por impossibilidade de julgamento objetivo;

– por ausência de definição objetiva da prestação.

Quanto à dispensa de licitação, ela se verifica em situações em que, não obstante seja viável a competição entre particulares, ela torna-se inconveniente ao interesse público, já que toda licitação envolve custos para a Administração e nas hipóteses de dispensa, o legislador o faz com uma ponderação de interesses.

Deve haver um processo de justificação embasando fundamentalmente a dispensa e a inexigibilidade e depois disso é enviado para ratificação pela autoridade do órgão. Ressalvado o fato de serem hipóteses de contratação direta, dispensa e inexigibilidade não são expressões sinônimas e ocorrem em situações diversas.

16.1. Inexigibilidade de licitação

A inexigibilidade está regulamentada no art. 25 da Lei 8.666/93 que estabelece, em princípio, que a licitação será inexigível sempre que a **competição for impossível**.

Nesse sentido, o próprio artigo define que se considera inviável a competição em casos de aquisição de materiais, equipamentos ou gêneros que só possam ser fornecidos por produtor, empresa ou representante comercial exclusivo, não sendo admitida a escolha de marca pela Administração Pública, devendo a comprovação de exclusividade ser feita através de atestado fornecido pelo órgão de registro do comércio do local em que se realizaria a licitação ou a obra ou o serviço, pelo Sindicato, Federação ou Confederação Patronal, ou, ainda, pelas entidades equivalentes. Também não se considera viável competir para a contratação de serviços técnicos especializados enumerados no art. 13 da própria Lei 8.666/93, de natureza singular, com profissionais ou empresas de notória especialização e para contratação de profissional de qualquer setor artístico, seja a contratação feita diretamente ou através de empresário exclusivo, desde que consagrado pela crítica especializada ou pela opinião pública.

As hipóteses dispostas na lei não são taxativas, mas meramente exemplificativas. Mesmo que a circunstância não esteja disposta expressamente no texto legal, a licitação será inexigível quando for inviável a realização de competição entre interessados.

Ao definir o que seria inviabilidade de competição justificadora de contratação direta pela Administração Pública, a doutrina majoritária costuma apontar pressupostos da licitação e estabelece que a ausência de qualquer dos pressupostos torna o procedimento licitatório inexigível.

Com efeito, pode-se considerar que existem pressupostos de existência do certame e que a ausência de qualquer um deles tornaria faticamente impossível ou juridicamente inviável a realização do procedimento. Eis os pressupostos:

a) **Pressuposto lógico**: pluralidade de bens e de fornecedores do bem ou do serviço. Não é possível a realização de licitação para contratação de bens que possuam um único fornecedor ou para aquisição de um bem singular, que não possua qualquer outro similar no mercado. Considere-se, por exemplo, que a Administração Pública, para inauguração de um museu de história brasileira, necessita adquirir um objeto pessoal de uma figura histórica, com a intenção de compor o acervo da entidade. Nesses casos, o bem a ser adquirido não encontra similaridade no mercado e a contratação somente pode ser efetivada com o proprietário.

b) **Pressuposto jurídico**: trata-se da demonstração de interesse público na realização do certame. A licitação não é um fim em si mesmo, é um meio para atingir o interesse público. Se a licitação for de encontro ao interesse público, não será exigível licitar. Nesse sentido, pode-se citar como exemplo o entendimento do TCU que vê que, de fato, as empresas estatais precisam licitar, mas deve-se admitir exceção. Quando a empresa estatal, exploradora de atividade econômica, licita para contratações referentes à sua **atividade-fim** está sendo impedida de concorrer com igualdade no mercado. Isso porque a rapidez do mercado não se coaduna com a burocracia da licitação e a realização de procedimento licitatório, e, então, iria de encontro ao interesse público. O TCU entende que não é preciso realizar procedimento licitatório, por motivo de inexigibilidade, uma vez que não há interesse público na licitação.

c) **Pressuposto fático**: trata-se da desnecessidade de contratação específica. Ou seja, o Poder Público deve satisfazer as suas necessidades com qualquer produto ou serviço presente no mercado, não dependendo de um bem ou serviço específico. Nos casos em que há necessidade de contratação específica, a licitação será inexigível. Pode-se citar o seguinte exemplo. O Estado precisa contratar o melhor tributarista do Brasil para defendê-lo em uma demanda que envolve milhões de reais. Não seria possível fazer uma contratação direta para qualquer causa.

Por fim, ressalte-se que o dispositivo legal expressamente dispõe ser **VEDADA inexigibilidade de licitação para serviços de divulgação e serviços de publicidade.**

16.2. Dispensa de licitação

Nas situações de dispensa, o Poder Público encontra-se diante de situação em que é plenamente possível a realização do procedimento licitatório mediante a competição, no entanto, a **lei** dispõe que é desnecessária a execução do certame. Somente a Lei de Licitações pode definir as hipóteses de dispensa, não podendo haver definição de novas hipóteses por atos administrativos específicos ou decretos.

As hipóteses de dispensa de licitação estampadas nos artigos da Lei 8.666/1993 são taxativas ou exaustivas, não se admitindo qualquer ampliação analógica. Ainda assim, costuma-se estabelecer hipóteses em que a licitação é dispensável e outras nas quais a licitação é dispensada.

Art. 17: estabelece um rol de licitação **dispensada**. Nesses casos, o administrador público não pode emitir qualquer juízo de valor, sendo imperativa a contratação direta por determinação legal. Trata-se de dispensa definida legalmente como ato vinculado.

Art. 24: estabelece um rol de licitação **dispensável**. Nessas hipóteses, a legislação permite a celebração dos contratos pelo Poder Público sem a necessidade de realização do procedimento licitatório, mas se trata de atuação discricionária do administrador, a quem compete, em cada caso, definir se realizará ou não o certame licitatório.

É importante ressaltar que essa definição sofre algumas críticas doutrinárias, contudo, deve ser seguida para fins de provas de concursos públicos.

Iniciando a análise da licitação dispensável, é relevante analisarmos cada uma das hipóteses definidas no art. 24 da Lei 8.666/93. Vejamos.

> Art. 24. É dispensável a licitação:
>
> I – **para obras e serviços de engenharia de valor até 10% (dez por cento) do limite previsto na alínea "a", do inciso I do artigo anterior, desde que não se refiram a parcelas de uma mesma obra ou serviço ou ainda para obras e serviços da mesma natureza e no mesmo local que possam ser realizadas conjunta e concomitantemente**; (Redação dada pela Lei n. 9.648, de 1998)
>
> II – **para outros serviços e compras de valor até 10% (dez por cento) do limite previsto na alínea "a", do inciso II do artigo anterior e para alienações, nos casos previstos nesta Lei, desde que não se refiram a parcelas de um mesmo serviço, compra ou alienação de maior vulto que possa ser realizada de uma só vez**; (Redação dada pela Lei n. 9.648, de 1998)

Os dispositivos tratam de dispensa em razão do valor, definindo que não há necessidade de licitar, embora plenamente viável a competição para contratações que não ultrapassem dez por cento do valor máximo utilizado para a modalidade convite. Dessa forma, é dispensável a licitação para todos os contratos de:

Obras e serviços de engenharia → Até R$ 15.000,00

Bens → Até R$ 8.000,00

→ ATENÇÃO

O § 1º, deste art. 24 estabelece **exceções** (situações de dispensa em razão do valor contada em dobro).

Com efeito, alguns entes da Administração Pública têm dispensa de licitação para contratações no percentual de até 20% do valor do convite. Esses entes estão enumerados no dispositivo.

- Empresas Públicas
- Sociedades de Economia Mista
- Agências Executivas
- Consórcios Públicos.

> III – **nos casos de guerra ou grave perturbação da ordem;**

Situações anômalas que ensejam um desinteresse do Estado na realização do procedimento licitatório, em face das peculiaridades da contratação.

> IV – **nos casos de emergência ou de calamidade pública, quando caracterizada urgência de atendimento de situação que possa ocasionar prejuízo ou comprometer a segurança de pessoas, obras, serviços, equipamentos e outros bens, públicos ou particulares, e somente para os bens necessários ao atendimento da situação emergencial ou calamitosa e para as parcelas de obras e serviços que possam ser concluídas no prazo máximo de 180 (cento e oitenta) dias consecutivos e ininterruptos, contados da ocorrência da emergência ou calamidade, vedada a prorrogação dos respectivos contratos;**

Trata-se de dispensa de licitação em contratações de urgência, desde que não seja causada pelo Estado. É importante frisar que o próprio texto da lei estabelece que a ausência de contratação direta é possível em situação que possa ocasionar prejuízo ou comprometer a segurança de pessoas, obras, serviços, equipamentos e outros bens, públicos ou particulares, e somente para os bens necessários ao atendimento da situação emergencial ou calamitosa.

Ademais, para que seja lícita a contratação emergencial, as obras e serviços contratados devem ser concluídos no prazo máximo de 180 (cento e oitenta) dias consecutivos e ininterruptos, contados da ocorrência da emergência ou calamidade, sendo expressamente vedada a prorrogação dos respectivos contratos.

Na prática, ainda que a urgência tenha sido ensejada por culpa do agente público, será determinada a responsabilização do agente público causador da urgência, no entanto, a Administração Pública deverá contratar diretamente.

> V – **quando não acudirem interessados à licitação anterior e esta, justificadamente, não puder ser repetida sem prejuízo para a Administração, mantidas, neste caso, todas as condições preestabelecidas**;

Trata-se de situação denominada pela doutrina de licitação deserta. São hipóteses nas quais o Poder Público divulga regularmente o edital para realização do procedimento licitatório, todavia, nenhum interessado comparece para participação no procedimento. Nesses casos, o ente estatal deve demonstrar que um novo certame pode vir a ensejar prejuízos e justificar a contratação direta pela dispensa legal.

É importante ressaltar que a licitação deserta não se confunde com a licitação fracassada.

Com efeito, a **licitação fracassada** ocorre sempre que os licitantes comparecem à realização do procedimento licitatório, todavia, todos os participantes são **inabilitados**, por não se adequarem às normas legais, ou são todos **desclassificados**, em suas propostas. Normalmente, a licitação fracassada enseja a necessidade de uma nova licitação.

> VI – **quando a União tiver que intervir no domínio econômico para regular preços ou normalizar o abastecimento;**

Nesse caso, não há como se analisar a melhor proposta, porque a finalidade da contratação não é vantagem econômica para o ente público. Ressalte-se, entretanto, que o Supremo Tribunal Federal entende que a ocorrência de dano a empresa em virtude de intervenção do Estado na economia, por meio de plano econômico que estabeleça congelamento de preços, gera direito à indenização, com base na Teoria da Responsabilidade Objetiva do Estado [9].

9. **AGRAVO REGIMENTAL NO RECURSO EXTRAORDINÁRIO. ADMINISTRATIVO. INTERVENÇÃO DO ESTADO NO DOMÍNIO ECONÔMICO. RESPONSABILIDADE OBJETIVA DO ESTADO. FIXAÇÃO PELO PODER EXECUTIVO DOS PREÇOS DOS PRODUTOS DERIVADOS DA CANA-DE-AÇÚCAR ABAIXO DO PREÇO DE CUSTO. DANO MATERIAL. INDENIZAÇÃO CABÍVEL.**
Omissis
3. O Supremo Tribunal Federal firmou a orientação no sentido de que "a desobediência aos próprios termos da política econômica estadual desenvolvida, gerando danos patrimoniais aos agentes econômicos envolvidos, são fatores que acarretam insegurança e instabilidade, desfavoráveis à coletividade e, em última análise, ao próprio consumidor." (RE 422.941, Rel. Min. Carlos Velloso, 2ª Turma, DJ de 24/03/2006). 4. In casu, o acórdão recorrido assentou: ADMINISTRATIVO. LEI 4.870/1965. SETOR SUCROALCOOLEIRO. FIXAÇÃO DE PREÇOS PELO INSTITUTO DO AÇÚCAR E DO ÁLCOOL – IAA. LEVANTAMENTO DE CUSTOS, CONSIDERANDO-SE A PRODUTIVIDADE MÍNIMA. PARECER DA FUNDAÇÃO GETÚLIO VARGAS – FGV. DIFERENÇA ENTRE PREÇOS E CUSTOS. 1. Ressalvado o

VII – **quando as propostas apresentadas consignarem preços manifestamente superiores aos praticados no mercado nacional, ou forem incompatíveis com os fixados pelos órgãos oficiais competentes, casos em que, observado o parágrafo único do art. 48 desta Lei e, persistindo a situação, será admitida a adjudicação direta dos bens ou serviços, por valor não superior ao constante do registro de preços, ou dos serviços;**

Trata-se de situação excepcional em que a licitação fracassada pode justificar uma dispensa de licitação. Na hipótese descrita, a licitação é fracassada haja vista a desclassificação de todas as propostas, por incompatibilidade com o orçamento realizado pelo ente estatal.

VIII – **para a aquisição, por pessoa jurídica de direito público interno, de bens produzidos ou serviços prestados por órgão ou entidade que integre a Administração Pública e que tenha sido criado para esse fim específico em data anterior à vigência desta Lei, desde que o preço contratado seja compatível com o praticado no mercado;** (Redação dada pela Lei n. 8.883, de 1994)

Essa hipótese de dispensa somente pode ser utilizada para contratações de entes da Administração Indireta criados especialmente com a finalidade de contratar com o Poder Público. Isso é relevante porque o Tribunal de Contas da União justifica nesse fato a impossibilidade de utilização deste dispositivo em relação às contratações com a Empresa Brasileira de Correios e Telégrafos, para aquisição de serviços de entregas de encomendas e impressos (que são serviços nos quais, a empresa de correios não possui exclusividade). Vejamos.

REPRESENTAÇÃO. JOGOS PANAMERICANOS E PARAPANAMERICANOS DE 2007. DISPENSA INDEVIDA DE LICITAÇÃO. IRREGULARIDADE INSUFICIENTE PARA APLICAÇÃO DE MULTA. ARQUIVAMENTO.

1. Os serviços prestados pelos Correios, em caráter complementar aos previstos na Lei 6.538/1978, não integram o serviço postal, explorado em regime de monopólio pela União (CF, art. 21, X).

2. **Apenas as entidades que prestam serviços públicos de suporte à Administração Pública, criadas para esse fim específico, podem ser contratadas com dispensa de licitação, nos termos do art. 24, inciso VIII, da Lei 8.666/1993.**

3. As empresas públicas e sociedades de economia mista que se dedicam à exploração de atividade econômica de produção ou comercialização de bens ou de prestação de serviços sujeitam-se ao regime jurídico das empresas privadas (CF, 173), em consonância com os princípios constitucionais da livre concorrência e da isonomia, e não podem ser contratadas com dispensa de licitação fundamentada no art. 24, inciso VIII, da Lei 8.666/1993. (ACÓRDÃO N. 6931/2009 – TCU – 1ª Câmara)

IX – **quando houver possibilidade de comprometimento da segurança nacional, nos casos estabelecidos em decreto do Presidente da República, ouvido o Conselho de Defesa Nacional;**

A segurança nacional não pode ser ameaçada para a proteção do certame licitatório. Ressalta-se que a licitação não é um fim em si mesma e só poderá ser realizada para atender o interesse público.

---

entendimento deste Relator sobre a matéria, a jurisprudência do STJ se firmou no sentido de ser devida a indenização, pelo Estado, decorrente de intervenção nos preços praticados pelas empresas do setor sucroalcooleiro. 2. Recurso Especial provido. 5. Agravo regimental a que se nega provimento.

(STF - RE: 648622 DF, Relator: Min. LUIZ FUX, Data de Julgamento: 20/11/2012, Primeira Turma, Data de Publicação: DJe-035 DIVULG 21-02-2013 PUBLIC 22-02-2013)

X – **para a compra ou locação de imóvel destinado ao atendimento das finalidades precípuas da administração, cujas necessidades de instalação e localização condicionem a sua escolha, desde que o preço seja compatível com o valor de mercado, segundo avaliação prévia;** (Redação dada pela Lei n. 8.883, de 1994)

Nesses casos, diante da peculiaridade do contrato, é inviável a realização da licitação. Parte da doutrina entende que o dispositivo encontra-se mal localizado, configurando, de fato, uma situação de inexigibilidade de licitação.

XI – **na contratação de remanescente de obra, serviço ou fornecimento, em consequência de rescisão contratual, desde que atendida a ordem de classificação da licitação anterior e aceitas as mesmas condições oferecidas pelo licitante vencedor, inclusive quanto ao preço, devidamente corrigido;**

Nesse caso, a lei exige que seja observada a ordem de classificação da licitação, não podendo ser escolhido um terceiro para celebração do contrato. Ademais, indispensável que sejam mantidas as condições da proposta vencedora, inclusive no que tange ao preço que será devidamente corrigido, nos termos do contrato.

XII – **nas compras de hortifrutigranjeiros, pão e outros gêneros perecíveis, no tempo necessário para a realização dos processos licitatórios correspondentes, realizadas diretamente com base no preço do dia; (Redação dada pela Lei n. 8.883, de 1994)**

Trata-se de necessidade excepcional, enquanto é realizada a licitação para contratar empresa que ficará responsável por fornecer esses bens com a frequência necessária ao atendimento das necessidades da Administração.

XIII – **na contratação de instituição brasileira incumbida regimental ou estatutariamente da pesquisa, do ensino ou do desenvolvimento institucional, ou de instituição dedicada à recuperação social do preso, desde que a contratada detenha inquestionável reputação ético-profissional e não tenha fins lucrativos; (Redação dada pela Lei n. 8.883, de 1994)**

Trata-se de dispensa com cunho social, com a finalidade de fomentar a criação e de garantir a subsistência dessas entidades. É importante ressaltar a inexistência de fins lucrativos pelo particular contratado.

XIV – **para a aquisição de bens ou serviços nos termos de acordo internacional específico aprovado pelo Congresso Nacional, quando as condições ofertadas forem manifestamente vantajosas para o Poder Público; (Redação dada pela Lei n. 8.883, de 1994)**

Configura respeito da legislação interna aos acordos firmados pelo Poder Público, no âmbito de sua política externa. Ainda assim, deve-se demonstrar a vantajosidade da contratação para a Administração.

XV – **para a aquisição ou restauração de obras de arte e objetos históricos, de autenticidade certificada, desde que compatíveis ou inerentes às finalidades do órgão ou entidade.**

Mais uma vez, trata-se de uma situação muito característica de inexigibilidade que seria, perfeitamente, enquadrada no art. 25, II, por se tratar de serviço técnico especializado de natureza singular, inclusive com regulamentação no art. 13 da Lei 8.666/93.

XVI – **para a impressão dos diários oficiais, de formulários padronizados de uso da administração, e de edições técnicas oficiais, bem como para prestação de serviços de informática a pessoa jurídica de direito público interno, por órgãos ou entidades que**

> **integrem a Administração Pública, criados para esse fim específico; (Incluído pela Lei n. 8.883, de 1994)**

São duas hipóteses diferentes de dispensa. A primeira diz respeito à contratação para elaboração de formulários padronizados e para a impressão dos Diários. A outra hipótese está configurada para contratação de entes da Administração Indireta para prestação de serviço de informática. A dispensa se justifica, em ambos os casos, pela necessidade de padronização.

> XVII – **para a aquisição de componentes ou peças de origem nacional ou estrangeira, necessários à manutenção de equipamentos durante o período de garantia técnica, junto ao fornecedor original desses equipamentos, quando tal condição de exclusividade for indispensável para a vigência da garantia; (Incluído pela Lei n. 8.883, de 1994)**

A contratação mediante licitação ensejaria a possibilidade de qualquer pessoa celebrar o contrato e realizar o serviço, o que causaria a perda da garantia dos equipamentos previamente adquiridos pelo Poder Público.

> XVIII – **nas compras ou contratações de serviços para o abastecimento de navios, embarcações, unidades aéreas ou tropas e seus meios de deslocamento quando em estada eventual de curta duração em portos, aeroportos ou localidades diferentes de suas sedes, por motivo de movimentação operacional ou de adestramento, quando a exiguidade dos prazos legais puder comprometer a normalidade e os propósitos das operações e desde que seu valor não exceda ao limite previsto na alínea "a" do inciso II do art. 23 desta Lei. (Incluído pela Lei n. 8.883, de 1994)**

A hipótese somente pode ser vislumbrada nas situações em que a exiguidade dos prazos legais puder comprometer as operações e só será admitida para contratações que não ultrapassem o limite de R$ 80.000,00 (oitenta mil reais).

> XIX – **para as compras de material de uso pelas Forças Armadas, com exceção de materiais de uso pessoal e administrativo, quando houver necessidade de manter a padronização requerida pela estrutura de apoio logístico dos meios navais, aéreos e terrestres, mediante parecer de comissão instituída por decreto; (Incluído pela Lei n. 8.883, de 1994)**

Trata-se de aquisição para apoio logístico. A dispensa se justifica pela necessidade de padronização que poderia comprometer a segurança nacional e, inclusive, não se estende aos materiais de uso pessoal e administrativo.

> XX – **na contratação de associação de portadores de deficiência física, sem fins lucrativos e de comprovada idoneidade, por órgãos ou entidades da Administração Pública, para a prestação de serviços ou fornecimento de mão-de-obra, desde que o preço contratado seja compatível com o praticado no mercado; (Incluído pela Lei n. 8.883, de 1994)**

Mais uma vez, a dispensa de licitação tem cunho social, com a intenção de fomentar o exercício dessas atividades. Saliente-se a exigência de que a entidade contratada não tenha finalidade de obtenção de lucro e a necessidade de os preços contratados serem compatíveis com os demais preços praticados no mercado para serviços similares.

> XXI – **para a aquisição ou contratação de produto para pesquisa e desenvolvimento, limitada, no caso de obras e serviços de engenharia, a 20% (vinte por cento) do valor de que trata a alínea "b" do inciso I do *caput* do art. 23;**

Configura dispensa que visa a garantir o desenvolvimento nacional, incentivando a realização de pesquisas internas e a criação de novas tecnologias no país, desde que a contratação não ultrapasse o montante de R$ 300.000,00, sendo que, quando aplicada a obras e serviços de engenharia, seguirá procedimentos especiais instituídos em regulamentação específica. Neste caso, **não se aplica a vedação de contratação com o autor do projeto básico ou do projeto executivo**, conforme dispõe o art. 24, § 3º.

> XXII – **na contratação de fornecimento ou suprimento de energia elétrica e gás natural com concessionário, permissionário ou autorizado, segundo as normas da legislação específica; (Incluído pela Lei n. 9.648, de 1998)**

Desde que o prestador do serviço tenha permissão ou autorização prévia do Poder Público, a licitação é dispensável.

> XXIII – **na contratação realizada por empresa pública ou sociedade de economia mista com suas subsidiárias e controladas, para a aquisição ou alienação de bens, prestação ou obtenção de serviços, desde que o preço contratado seja compatível com o praticado no mercado; (Incluído pela Lei n. 9.648, de 1998)**

A dispensa justifica a existência das subsidiárias das empresas estatais, as quais deverão ser criadas mediante autorização de lei, com a finalidade de prestar serviços ligados à atividade institucional de sua criadora.

> XXIV – **para a celebração de contratos de prestação de serviços com as organizações sociais, qualificadas no âmbito das respectivas esferas de governo, para atividades contempladas no contrato de gestão. (Incluído pela Lei n. 9.648, de 1998)**

As Organizações Sociais foram criadas pela Lei 9.637/98 e são entidades privadas sem fins lucrativos que atuam na prestação de serviços públicos não exclusivos dirigidos ao ensino, à pesquisa científica, ao desenvolvimento tecnológico, à proteção e preservação do meio ambiente, à cultura e à saúde, mediante a celebração de contrato de gestão com a Administração Pública.

Dispõe a lei que se entende por contrato de gestão o instrumento firmado entre o Poder Público e a entidade qualificada como organização social, com vistas à formação de parceria entre as partes para fomento e execução de atividades de interesse público. O contrato de gestão, elaborado de comum acordo entre o órgão ou entidade supervisora e a organização social, discriminará as atribuições, responsabilidades e obrigações do Poder Público e da organização social.

Para que essas entidades celebrem contratos de prestação de serviços com terceiros, a realização do procedimento licitatório é dispensável, conforme entendimento legal. Ressalte-se que a constitucionalidade deste dispositivo vem sendo alvo de julgamento pelo Supremo Tribunal Federal, por meio da ADI 1923. Em 2007, foi negada a concessão da medida cautelar e, em 2015, foi confirmada pelo plenário a constitucionalidade da dispensa de licitação. Vejamos parte do voto do relator, o Ministro Luiz Fux:

> "... As dispensas de licitação instituídas nos arts. 24, XXIV, da Lei nº 8.666/93 e no art. 12, § 3º, da Lei nº 9.637/98 têm a finalidade que a doutrina contemporânea denomina de função regulatória da licitação, através da qual a licitação passa a ser também vista como mecanismo de indução de determinadas práticas sociais benéficas, fomentando a atuação de organizações sociais que já ostentem, à época da contratação, o título de qualificação, e que por isso sejam reconhecidamente colaboradoras do Poder Público no desempenho dos deveres constitucionais no campo dos serviços sociais. O afastamento do certame licitatório não exime, porém, o administrador público da observância dos princípios constitucionais,

de modo que a contratação direta deve observar critérios objetivos e impessoais, com publicidade de forma a permitir o acesso a todos os interessados. 15. As organizações sociais, por integrarem o Terceiro Setor, não fazem parte do conceito constitucional de Administração Pública, razão pela qual não se submetem, em suas contratações com terceiros, ao dever de licitar, o que consistiria em quebra da lógica de flexibilidade do setor privado, finalidade por detrás de todo o marco regulatório instituído pela Lei. Por receberem recursos públicos, bens públicos e servidores públicos, porém, seu regime jurídico tem de ser minimamente informado pela incidência do núcleo essencial dos princípios da Administração Pública (CF, art. 37, *caput*), dentre os quais se destaca o princípio da impessoalidade, de modo que suas contratações devem observar o disposto em regulamento próprio (Lei nº 9.637/98, art. 4º, VIII), fixando regras objetivas e impessoais para o dispêndio de recursos públicos..."

XXV – **na contratação realizada por Instituição Científica e Tecnológica – ICT ou por agência de fomento para a transferência de tecnologia e para o licenciamento de direito de uso ou de exploração de criação protegida; (Incluído pela Lei n. 10.973, de 2004)**

XXVI – **na celebração de contrato de programa com ente da Federação ou com entidade de sua administração indireta, para a prestação de serviços públicos de forma associada nos termos do autorizado em contrato de consórcio público ou em convênio de cooperação; (Incluído pela Lei n. 11.107, de 2005)**

A Lei 11.107/05 estabelece a criação de Consórcios Públicos, formados pela gestão associada de entes federativos, com a intenção de executar atividades públicas de interesse comum a todos esses entes. Conforme a legislação, deverão ser constituídas e reguladas por contrato de programa, como condição de sua validade, as obrigações que um ente da Federação constituir para com outro ente da Federação ou para com consórcio público no âmbito de gestão associada, em que haja a prestação de serviços públicos ou a transferência total ou parcial de encargos, serviços, pessoal ou de bens necessários à continuidade dos serviços transferidos.

Tais contratações de caráter público não dependem da realização de procedimento licitatório. Não se confunde com as contratações celebradas entre os consórcios públicos e particulares, as quais se submetem à licitação.

XXVII – **na contratação da coleta, processamento e comercialização de resíduos sólidos urbanos recicláveis ou reutilizáveis, em áreas com sistema de coleta seletiva de lixo, efetuados por associações ou cooperativas formadas exclusivamente por pessoas físicas de baixa renda reconhecidas pelo poder público como catadores de materiais recicláveis, com o uso de equipamentos compatíveis com as normas técnicas, ambientais e de saúde pública; (Redação dada pela Lei n. 11.445, de 2007)**

Essa dispensa foi criada pela Lei 11.445/07, que define as diretrizes nacionais para o saneamento básico no país e visa dar oportunidade de contratação direta a pessoas de baixa renda, desde que respeitadas as normas de saúde pública.

XXVIII – **para o fornecimento de bens e serviços, produzidos ou prestados no País, que envolvam, cumulativamente, alta complexidade tecnológica e defesa nacional, mediante parecer de comissão especialmente designada pela autoridade máxima do órgão; (Incluído pela Lei n. 11.484, de 2007)**

Ressalte-se que os bens devem envolver alta complexidade técnica e segurança nacional de forma cumulativa e devem ser prestados ou produzidos no país.

XXIX – **na aquisição de bens e contratação de serviços para atender aos contingentes militares das Forças Singulares brasileiras empregadas em operações de paz no exterior, necessariamente justificadas quanto ao preço e à escolha do fornecedor ou executante e ratificadas pelo Comandante da Força; (Incluído pela Lei n. 11.783, de 2008)**

> XXX – **na contratação de instituição ou organização, pública ou privada, com ou sem fins lucrativos, para a prestação de serviços de assistência técnica e extensão rural no âmbito do Programa Nacional de Assistência Técnica e Extensão Rural na Agricultura Familiar e na Reforma Agrária, instituído por lei federal. (Incluído pela Lei n. 12.188, de 2010)**
>
> XXXI – **nas contratações visando ao cumprimento do disposto nos arts. 3º, 4º, 5º e 20 da Lei n. 10.973, de 2 de dezembro de 2004, observados os princípios gerais de contratação dela constantes; (Incluído pela Lei n. 12.349, de 2010)**

Trata-se de contratações que estimulam e apoiam o desenvolvimento de projetos de cooperação, envolvendo empresas nacionais, Instituição Científica e Tecnológica (ICT) e organizações de direito privado sem fins lucrativos voltadas para atividades de pesquisa e desenvolvimento e elaboração de projetos, visando a inovação tecnológica.

> XXXII – **na contratação em que houver transferência de tecnologia de produtos estratégicos para o Sistema Único de Saúde – SUS, no âmbito da Lei n. 8.080, de 19 de setembro de 1990, conforme elencados em ato da direção nacional do SUS, inclusive por ocasião da aquisição destes produtos durante as etapas de absorção tecnológica; (Incluído pela Lei n. 12.715, de 2012)**

Trata-se, novamente, de preocupação com o desenvolvimento nacional, fomentando a transferência de tecnologias na área da saúde, com a finalidade de bem atender ao interesse público.

> XXXIII – **na contratação de entidades privadas sem fins lucrativos, para a implementação de cisternas ou outras tecnologias sociais de acesso à água para consumo humano e produção de alimentos, para beneficiar as famílias rurais de baixa renda atingidas pela seca ou falta regular de água. (Incluído pela Lei nº 12.873, de 2013)**

Incluída na Lei 8.666/93 com a intenção de garantir direitos básicos de subsistência para pessoas de baixa renda, com diminuição da burocracia nas contratações. Trata-se de aplicação do princípio basilar da dignidade da pessoa humana.

> XXXIV – **para a aquisição por pessoa jurídica de direito público interno de insumos estratégicos para a saúde produzidos ou distribuídos por fundação que, regimental ou estatutariamente, tenha por finalidade apoiar órgão da administração pública direta, sua autarquia ou fundação em projetos de ensino, pesquisa, extensão, desenvolvimento institucional, científico e tecnológico e estímulo à inovação, inclusive na gestão administrativa e financeira necessária à execução desses projetos, ou em parcerias que envolvam transferência de tecnologia de produtos estratégicos para o Sistema Único de Saúde – SUS, nos termos do inciso XXXII deste artigo, e que tenha sido criada para esse fim específico em data anterior à vigência desta Lei, desde que o preço contratado seja compatível com o praticado no mercado. (Incluído pela Lei nº 13.204, de 2015)**

Hipótese diretamente vinculada às atividades de ensino e pesquisa, que busquem inovação tecnológica, e também às parcerias com o SUS para as atividades de saúde. É a busca pelo desenvolvimento nacional sustentável.

> § 1º **Os percentuais referidos nos incisos I e II do caput deste artigo serão 20% (vinte por cento) para compras, obras e serviços contratados por consórcios públicos, sociedade de economia mista, empresa pública e por autarquia ou fundação qualificadas, na forma da lei, como Agências Executivas. (Incluído pela Lei n. 12.715, de 2012)**

Trata-se de exceção legal à dispensa em razão do valor. Alguns entes da Administração Pública têm dispensa de licitação para contratações no percentual de até 20% do valor do convite, ou seja, não precisam licitar para contratos de obras e serviços de engenharia de até R$ 30.000,00 (trina mil reais) e para aquisição de bens e outros serviços até R$ 16.000,00 (dezesseis mil reais). Esses entes estão enumerados no dispositivo e são empresas públicas, sociedades de economia mista, consórcios públicos e agências executivas.

Por fim, a Lei de Licitações ainda estabelece, no art. 24, § 2º, que o limite temporal de criação do órgão ou entidade que integre a administração pública estabelecido no inciso VIII do *caput* deste artigo não se aplica aos órgãos ou entidades que fazem produtos estratégicos para o SUS, no âmbito da Lei n. 8.080, de 19 de setembro de 1990, conforme elencados em ato da direção nacional do SUS.

16.3. Procedimento para contratação direta

Não obstante a doutrina regulamente as hipóteses de dispensa e inexigibilidade como situações de contratação direta do Poder Público, a realização de processo administrativo para justificativa da dispensa é imperativa.

Nesse sentido, a lei dispõe que as hipóteses de dispensas e as situações de inexigibilidade, referidas no art. 25, deverão ser necessariamente justificadas, e qualquer retardamento imotivado da execução de obra ou serviço, ou de suas parcelas, se existente previsão orçamentária para sua execução total, deverá ser comunicado dentro de três dias à autoridade superior, para ratificação e publicação na imprensa oficial, no prazo de cinco dias, como condição para eficácia dos atos.

O processo de dispensa, de inexigibilidade ou de retardamento, previsto neste artigo, será instruído, no que couber, com caracterização da situação emergencial ou calamitosa que justifique a dispensa, quando for o caso; motivo que explique a escolha do fornecedor ou executante, o que costuma ser feito mediante pesquisa de mercado pelo ente público; justificativa do preço contratado e documento de aprovação dos projetos de pesquisa aos quais os bens serão alocados.

A ausência de respeito ao procedimento enseja a nulidade da contratação. Nesse sentido, leia-se decisão do Superior Tribunal de Justiça acerca do tema.

> ADMINISTRATIVO. RECURSO ORDINÁRIO EM MANDADO DE SEGURANÇA. CONTRATO ADMINISTRATIVO. VÍCIOS NO PROCEDIMENTO LICITATÓRIO. ANULAÇÃO. POSSIBILIDADE. SÚMULA 473/STF.
>
> 1. A impetrante foi contratada em 20.08.07, por inexigibilidade de licitação, para fornecimento de livros didáticos ao Estado do Maranhão. Todavia, identificando vícios no procedimento de contratação, o ente estatal editou a Portaria n. 840, de 14.09.07, anulando o certame. A recorrente afirma que a administração pública cometeu ilegalidade, pois o desfazimento do vínculo, após a assinatura do contrato, apenas pode ser realizada em duas situações: interesse público ou ocorrência de fato superveniente devidamente comprovado.
>
> **2. A contratação direta por inexigibilidade de licitação exige uma série de providências formais, de modo a justificar a regularidade da qualificação jurídica do contratante, a necessidade do bem ou serviço pretendido, a inviabilidade de competição e a razoabilidade dos preços.**
>
> 3. Na hipótese dos autos, foram detectados vícios procedimentais que impossibilitaram a continuidade do vínculo contratual. A dúvida existente sobre a autenticidade dos documentos que justificaram a contratação direta (como por exemplo, pareceres da assessoria jurídica sem a

assinatura do advogado parecerista, bem como, sem assinatura do Chefe da Assessoria Jurídica à época, o certificado de exclusividade com selo indicando data posterior à ratificação do instrumento) é situação apta a ensejar a nulidade do contrato. Aplicação da Súmula 473/STF.

4. A anulação do certame público autoriza o interessado a buscar eventuais perdas e danos, pelos meios cabíveis em direito.

5. Recurso ordinário em mandado de segurança não provido.

RMS 28552/MA.

Recurso Ordinário em Mandado de Segurança

2008/0286292-5/DJe 25/03/2011.

16.4. Resumo de dispensa de inexigibilidade

Dada a importância da matéria, façamos um quadro comparativo entre as duas hipóteses de contratação direta.

Inexigibilidade: art. 25	Dispensa: arts. 17 e 24
Sempre que a **competição for impossível**, a licitação será inexigível. As hipóteses dispostas na lei não são taxativas, mas meramente exemplificativas. Mesmo que a circunstância não esteja disposta expressamente no texto legal, a licitação será inexigível quando for inviável a realização de competição entre interessados. A doutrina majoritária costuma apontar pressupostos da licitação e estabelece que a ausência de qualquer um deles torna o procedimento licitatório inexigível. Vejamos os pressupostos: a) **Pressuposto lógico**: pluralidade de bens e de fornecedores do bem ou do serviço. b) **Pressuposto jurídico**: interesse público. A licitação não é um fim em si mesmo, é um meio para atingir o interesse público. Se a licitação for de encontro ao interesse público, não será exigível licitar. c) **Pressuposto fático**: desnecessidade de contratação específica. Nos casos em que há necessidade de contratação específica, a licitação será inexigível. Ex.: o Estado precisa contratar o melhor tributarista do Brasil para defendê-lo em uma demanda que envolve milhões de reais. Não se pode fazer contratação direta para qualquer causa. **É VEDADA inexigibilidade de licitação para serviços de divulgação e serviços de publicidade.**	Nas situações de dispensa é plenamente possível competir, mas a **lei** diz que é dispensada a licitação. Somente a lei pode trazer as hipóteses de dispensa, não podendo haver definição de novas hipóteses por atos administrativos específicos ou decretos. As hipóteses da Lei 8.666/93 são taxativas/exaustivas. **Art. 17**: estabelece um rol de licitação **dispensada**. **Art. 24**: estabelece um rol de licitação **dispensável**.

17. APROFUNDAMENTO PARA PROVAS SUBJETIVAS. LICITAÇÃO "CARONA"

Conforme previamente explicitado, em determinadas hipóteses, a Administração Pública realiza procedimento licitatório sem a finalidade imediata de contratação, mas tão somente para registrar os preços, para o caso de eventual contratação posterior. Acontece sempre que o Estado entende que um bem ou serviço é adquirido com muita frequência e, por isso, tem interesse em deixar um registro, no órgão, com o eventual fornecedor deste bem ou serviço.

A Lei 8.666/93 prevê, em seu art. 15, a possibilidade deste instituto regulamentado pelo Decreto 3.931/01, Decreto 4.342/02 e Decreto 7.892/13.

Esse último decreto estabelece em seu art. 3º que:

> "Art. 3º O Sistema de Registro de Preços poderá ser adotado nas seguintes hipóteses:
>
> I – quando, pelas características do bem ou serviço, houver necessidade de contratações frequentes;
>
> II – quando for conveniente a aquisição de bens com previsão de entregas parceladas ou contratação de serviços remunerados por unidade de medida ou em regime de tarefa;
>
> III – quando for conveniente a aquisição de bens ou a contratação de serviços para atendimento a mais de um órgão ou entidade, ou a programas de governo; ou
>
> IV – quando, pela natureza do objeto, não for possível definir previamente o quantitativo a ser demandado pela Administração".

Essa licitação não obriga a administração a contratar com o vencedor, uma vez que sequer sabe se haverá dotação orçamentária para celebração do contrato. O vencedor não tem a garantia de que se o Estado for contratar, irá contratar com ele. O registro de preço não vincula a Administração Pública ao vencedor de nenhuma forma.

De fato, são muitas as vantagens para a Administração Pública na utilização do sistema de registro de preços, como a possibilidade de fracionamento das aquisições, a redução de volume de estoques, a desnecessidade de dotação orçamentária, a padronização dos preços, a redução dos gastos, a rapidez na contratação e, consequente, otimização dos gastos públicos, entre outras.

Nesse sentido, José dos Santos Carvalho Filho[10] entende que o registro de preços é *"necessário para a obtenção de certa uniformidade e regularidade na aquisição dos bens. Por tal motivo, urge que haja atualização periódica no sistema de registro de preços, pela qual se compromete a fornecer, em determinado prazo, não superior a um ano, o objeto licitado conforme as necessidades da Administração"*

Finalizada a licitação, os preços são registrados no sistema de cadastros do ente, formalizando o que se denomina ata de registro de preços. Esta ata, decorrente do registro terá validade de 1 (um) ano, devendo ser realizado um novo procedimento licitatório, após este período, ainda que a Administração Pública não tenha adquirido todo o quantitativo que poderia.

Durante o período de vigência da ata, a proposta selecionada fica à disposição da Administração Pública, que poderá adquirir o bem selecionado quantas vezes ela precisar, desde que não ultrapasse a quantidade licitada.

Ocorre que, em algumas situações, um órgão ou entidade pública que não participou da licitação que deu ensejo à ata pretende contratar com o licitante vencedor, por meio de adesão à ata de registro de preços feita por outro órgão. É o que a doutrina convencionou chamar de licitação "carona". Explique-se.

Tomemos como exemplo uma licitação realizada pelo Ministério da Saúde para registro de preços para aquisição de 20 carros em determinado ano. Após a seleção da proposta vencedora

10. CARVALHO FILHO, José dos Santos. Manual de Direito Administrativo. Rio de Janeiro: Editora Lumen Juris, 23ª ed. 2012.

e registrada a ata no órgão licitante, o Ministério recebe uma notificação de uma autarquia federal que pretende contratar com aquele fornecedor para aquisição de 5 carros, de interesse da entidade. Nesse caso, a autarquia oficia o Ministério da Saúde, solicitando a adesão à ata de registro de preços. Caso o Ministério concorde, a autarquia celebrará o contrato com a empresa, sem a necessidade de realização de procedimento licitatório.

Com efeito, ao tratar da adesão à ata, estabelece Marçal Justen Filho[11] que "*Em síntese, 'carona' consiste na contratação fundada num sistema de registro de preços em vigor, mas envolvendo uma entidade estatal dele não participante originalmente, com a peculiaridade de que os quantitativos contratados não serão computados para o exaurimento do limite máximo. De acordo com a prática, a única restrição admitida reside no limite de 100% do quantitativo máximo objeto do registro por entidade*".

O art. 2º do Decreto 7.892/13 expressamente prevê a figura da adesão à ata. Vejamos.

> "Art. 2º Para os efeitos deste Decreto, são adotadas as seguintes definições:
>
> (...)
>
> V – órgão não participante – **órgão ou entidade da administração pública que, não tendo participado dos procedimentos iniciais da licitação, atendidos os requisitos desta norma, faz adesão à ata de registro de preços**".

Ademais, o art. 22 do mesmo decreto dispõe que a vantagem da licitação "carona" deve ser devidamente justificada. Nesse caso, a ata de registro de preços, durante sua vigência, poderá ser utilizada por qualquer órgão ou entidade da Administração Pública federal que não tenha participado do certame licitatório, mediante anuência do órgão gerenciador. Ademais, conforme já explicitado, os órgãos e entidades que não participaram do registro de preços, quando desejarem fazer uso da ata correspondente, deverão consultar o órgão gerenciador da ata para manifestação sobre a possibilidade de adesão. E caberá ao fornecedor beneficiário dessa ata, observadas as condições nela estabelecidas, optar pela aceitação ou não do fornecimento decorrente de adesão, desde que não prejudique as obrigações presentes e futuras decorrentes da ata, assumidas com o órgão gerenciador e órgãos participantes, ou seja, o licitante vencedor da ata de registro de preços não está obrigado a celebrar o contrato com o licitante "carona".

Ademais, as aquisições ou contratações adicionais a que se refere este artigo não poderão exceder, por órgão ou entidade, a 100% (cem por cento) dos quantitativos dos itens do instrumento convocatório e registrados na ata de registro de preços para o órgão gerenciador e órgãos participantes. Nesse sentido, o Tribunal de Contas da União entende modernamente que o quantitativo adquirido pelo licitante "carona" será abatido do valor total da ata. Sendo assim, se a ata previa a compra de 20 itens e 10 itens foram adquiridos pelo órgão que aderiu à ata, o órgão licitante somente poderá fazer a aquisição de 10 itens, com base naquela ata. Nesse sentido, o Acórdão n. **1233/2012** proferido pelo Pleno do TCU estabeleceu que:

> "(...) em atenção ao princípio da vinculação ao instrumento convocatório (Lei 8.666/1993, art. 3º, caput), devem gerenciar a ata de forma que **a soma dos quantitativos contratados em todos os contratos derivados da ata não supere o quantitativo máximo previsto no edital**".

11. JUSTEN FILHO, Marçal. Comentários à Lei de Licitações e contratos administrativos. São Paulo: Ed. Dialética, 14ª ed. 2009.

Ocorre que o art. 22, § 4º, do Decreto 7.892/13 dispõe que "*O instrumento convocatório deverá prever que o quantitativo decorrente das adesões à ata de registro de preços não poderá exceder, na totalidade, ao quíntuplo do quantitativo de cada item registrado na ata de registro de preços para o órgão gerenciador e órgãos participantes, independente do número de órgãos não participantes que aderirem*".

Dessa forma, a soma das aquisições efetivadas pelos licitantes que estão aderindo à ata de registro de preços poderá ultrapassar o quantitativo da ata, mas fica limitada ao montante de 5 vezes este valor. Com efeito, estas aquisições somente não podem ultrapassar o quíntuplo da quantidade total da licitação.

Ademais, o Decreto ainda dispõe que é vedada aos órgãos e entidades da Administração Pública federal a adesão à ata de registro de preços gerenciada por órgão ou entidade municipal, distrital ou estadual, não obstante seja facultada aos órgãos ou entidades municipais, distritais ou estaduais a adesão à ata de registro de preços da Administração Pública Federal. Nesse sentido também a Orientação Normativa da AGU n. 21, publicada no D.O.U. de 07 de abril de 2009, que dispõe:

> **ORIENTAÇÃO NORMATIVA N. 21**:
>
> Ementa: "É VEDADA AOS ÓRGÃOS PÚBLICOS FEDERAIS A ADESÃO À ATA DE REGISTRO DE PREÇOS QUANDO A LICITAÇÃO TIVER SIDO REALIZADA PELA ADMINISTRAÇÃO PÚBLICA ESTADUAL, MUNICIPAL OU DO DISTRITO FEDERAL, BEM COMO POR ENTIDADES PARAESTATAIS."

Ainda no mesmo sentido, a Segunda Câmara do Tribunal de Contas da União já se manifestou, por meio do Acórdão n. 3625/2011, que abaixo se transcreve.

> REPRESENTAÇÃO. LICITAÇÃO. JUSTIFICATIVA INADEQUADA DE PREÇOS. ADESÃO INDEVIDA A ATA DE REGISTRO DE PREÇOS. PROJETO BÁSICO NÃO BASEADO EM ESTUDOS TÉCNICOS PRELIMINARES E NÃO APROVADO PELA AUTORIDADE COMPETENTE. IMPROCEDÊNCIA DAS JUSTIFICATIVAS. MULTA.
>
> 1 – Por ferir o princípio da publicidade, é vedada a adesão de órgão ou entidade federal a ata de registro de preços promovida por órgão ou entidade estadual ou municipal **(TCU, ACÓRDÃO 3625/2011 ATA 18 – SEGUNDA CÂMARA)**

Portanto, não obstante todas as críticas doutrinárias que sofre a possibilidade de adesão à ata de registro de preços, o fato é que a utilização do Sistema de Registro de Preços importa uma série de vantagens para a Administração Pública e a possibilidade da realização de licitação "carona" é uma forma de otimizar as contratações realizadas pelos entes públicos, estando regulamentada e delimitada pelo Decreto 7.892/2013, ou seja, plenamente admitida no ordenamento jurídico brasileiro.

18. QUADRO SINÓPTICO

LICITAÇÃO
CONCEITO
Adotamos como conceito de licitação a definição do ilustre jurista Marçal Justen Filho que assim afirma: *"A licitação é um procedimento administrativo disciplinado por lei e por um ato administrativo prévio, que determina critérios objetivos de seleção de proposta da contratação mais vantajosa, com observância do princípio da Isonomia, conduzido por um órgão dotado de competência específica."*

LICITAÇÃO

COMPETÊNCIA PARA LEGISLAR

De acordo com o art. 22, da Constituição Federal, compete privativamente à União legislar sobre: (...) XXVII – normas gerais de licitação e contratação, em todas as modalidades, para as administrações públicas diretas, autárquicas e fundacionais da União, Estados, Distrito Federal e Municípios, obedecido o disposto no art. 37, XXI, e para as empresas públicas e sociedades de economia mista, nos termos do art. 173, § 1°, III;

ATENÇÃO! Os entes federativos poderão expedir normas específicas para regulamentação de seus procedimentos licitatórios, desde que observadas as normas genéricas trazidas na legislação federal.

No âmbito federal, existem, atualmente, duas leis gerais de licitações: Leis 8.666/93 e 10.520/02 (Lei do Pregão), bem como duas leis que tratam acerca de contratos administrativos, quais sejam, as Leis 8.987/95 e 11.079/04.

Além destas também temos a lei que trata do RDC – regime diferenciado de contratações da Copa do mundo de 2014, da copa das confederações, e dos Jogos Olímpicos e Paralímpicos de 2016 – Lei 12.462/11.

O STF entende haver disposições da Lei n. 8.666/93 que definem regras específicas de licitação, sendo que, nesses casos, os dispositivos serão aplicáveis somente às licitações realizadas no âmbito federal. Como exemplo, temos a norma que trata acerca de permuta de bens imóveis (ADI n. 927).

Sendo assim, as normas da Lei 8.666/93 que estabelecem regras específicas são constitucionais para a União e inconstitucionais para os demais entes federados que estão sujeitos, apenas às normas gerais editadas no âmbito federal.

FINALIDADES DO PROCEDIMENTO LICITATÓRIO.

As finalidades são: viabilizar a contratação mais vantajosa à Administração e assegurar ao administrado a oportunidade de concorrer, em igualdade de condições, com os demais interessados.

ATENÇÃO! Além da **busca pela melhor proposta e isonomia**, a Lei n. 12.349/10 acrescentou à redação do art. 3°, da Lei n. 8.666/93, a busca pelo Desenvolvimento Nacional como uma das finalidades do procedimento licitatório.

PRINCÍPIOS NORTEADORES DA LICITAÇÃO.

Além dos princípios específicos, o procedimento licitatório deve observar os princípios constitucionais aplicáveis à Administração Pública, sejam os princípios expressos no art. 37, *caput*, e demais dispositivos da Constituição Federal, sejam aqueles implícitos no ordenamento jurídico.

Vinculação ao Instrumento Convocatório	O instrumento de convocação é, em regra, o edital, exceto no convite, em que a lei prevê a convocação mediante carta-convite, que é de um instrumento convocatório simplificado.
	O edital/carta-convite estabelece normas que obrigam os licitantes, bem como a própria Administração Pública, inclusive as normas no que tange ao critério de escolha do vencedor a ser utilizado nas licitações.
Julgamento Objetivo	O ato convocatório tem de conter critérios objetivos de julgamento que não se subsumem às escolhas dos julgadores. Portanto, o administrador não se deve valer de critérios que não estejam previamente definidos no edital para definição do vencedor do certame.
Sigilo das Propostas	As propostas apresentadas pelos licitantes são sigilosas até a data da abertura dos envelopes, a ser feita em conjunto por todos os concorrentes, em sessão pública. Até este momento, previamente determinado pelo edital, um licitante não pode saber da proposta do outro, pois a violação do sigilo da proposta representa Improbidade Administrativa e crime definido na própria Lei de Licitações.
	ATENÇÃO! Não contradiz o princípio da publicidade que deve ser observado na realização de licitações públicas.
Procedimento Formal	O texto da lei estipula que o administrador não pode criar uma nova modalidade licitatória ou combinar duas ou mais modalidades já existentes. A Administração deve obedecer a todas as fases da licitação, sendo vedado que uma das fases não seja realizada, ou seja, o procedimento deve seguir, absolutamente, a previsão legal.

LICITAÇÃO

Eficácia Administrativa	A atividade administrativa gera custos e, como os recursos públicos são escassos, é necessário que a sua utilização produza os melhores resultados econômicos possíveis à Administração Pública, tanto quantitativa quanto qualitativamente. O agente público tem o dever de gerenciar os recursos públicos onerando o menos possível à Administração.
Isonomia	Em seu aspecto material, isto significa tratar igualmente os iguais e oferecer tratamento desigual aos desiguais na medida de suas desigualdades. Neste sentido, o princípio visa a igualar juridicamente aqueles que são desiguais faticamente, formando o que se convencionou chamar de **isonomia material.**
	Está em conformidade com esse princípio o tratamento diferenciado dispensado a microempresas e empresas de pequeno porte pela Lei Complementar 123/06, bem como a possibilidade de criação de preferências para aquisição de produtos manufaturados ou serviços nacionais que obedeçam às normas técnicas brasileiras, nos moldes da própria Lei 8.666/93, conforme disposto em seu art. 3º, §§ 6º a 12.
	ATENÇÃO! É inconstitucional a lei estadual que estabeleça como condição de acesso à licitação pública, para aquisição de bens ou serviços, que a empresa licitante tenha a fábrica ou sede no Estado-membro. ADI 3583 / PR – PARANÁ / 21/02/2008

TIPOS DE LICITAÇÃO

Artigos 45 e seguintes da Lei 8.666/93.

Menor preço	A Administração é orientada a selecionar a proposta de **melhor preço** que não pode ser confundido com o menor valor monetário, pois, existem hipóteses em que pagar o valor mais elevado propiciará à Administração Pública vantagens maiores.
	ATENÇÃO! Este tipo é utilizado quando o produto pretendido pela Administração não tiver nenhuma característica especial, ou quando as características especiais são definidas como requisitos mínimos para contratação.
Melhor técnica	Trata-se de licitação que tem por critério de escolha a qualidade do produto a ser adquirida ou do serviço a ser prestado.
	ATENÇÃO! Só poderá ser utilizado para serviços de natureza intelectual ou para serviços de informática.
Técnica e preço	Nas licitações deste tipo, a escolha do vencedor será adequada, quando a variação de qualidade da prestação refletir na satisfação das necessidades do Estado. Sendo assim, será feita uma análise de preço bem como de qualidade do bem ou serviço a ser prestado pelo vencedor.
Maior lance	A licitação do tipo maior lance se verifica para alienação pela Administração Pública de bens e direitos, é apropriada para o leilão, que é modalidade licitatória que utiliza sempre como critério de escolha do vencedor o **maior lance**, igual ou superior ao valor da avaliação feita pelo ente público.

ATENÇÃO! A expressão **Tipos de licitação** não pode ser confundida com a expressão *Modalidades de licitação* porque esta se relaciona com a estrutura procedimental da licitação, enquanto os Tipos de licitação se vinculam ao critério de julgamento da licitação.

Nos tipos **melhor técnica** e **técnica e preço** a seleção da proposta vencedora é feita por uma avaliação conjunta de atributos de qualidade e de preço. O Edital deve prever a apresentação de 2 (duas) propostas (uma técnica e outra comercial).

Definido o critério de escolha do vencedor a ser utilizado no procedimento licitatório, que deve estar estipulado no instrumento convocatório do certame, a Administração Pública não pode se valer de nenhum outro critério para selecionar a proposta mais vantajosa.

DESEMPATE NA LICITAÇÃO

Os critérios de desempates estão definidos legalmente e são critérios sucessivos e não alternativos, ou seja, a Administração deve analisá-los na ordem em que foram estipulados na lei, não podendo escolher quais pretende utilizar.

<table>
<tr><th colspan="2">LICITAÇÃO</th></tr>
<tr><td rowspan="4">Art. 3º, Lei 8.666/93:
§ 2º Em igualdade de condições, como critério de desempate, será assegurada preferência, sucessivamente, aos bens e serviços:</td><td>II – produzidos no País;</td></tr>
<tr><td>III – produzidos ou prestados por empresas brasileiras; e</td></tr>
<tr><td>IV – produzidos ou prestados por empresas que invistam em pesquisa e no desenvolvimento de tecnologia no País;</td></tr>
<tr><td>V – produzidos ou prestados por empresas que comprovem cumprimento de reserva de cargos prevista em lei para pessoa com deficiência ou para reabilitado da Previdência Social e que atendam às regras de acessibilidade previstas na legislação.</td></tr>
<tr><td>ATENÇÃO! Medida Provisória n. 495, de 19 de julho de 2010, já convertida em lei (Lei 12.349/10).</td><td>Seguiu a doutrina e jurisprudência ao revogar o inciso I do art. 3° da Lei 8.666/93, que trazia critério que estabelecia regras diferenciadas para empresas brasileiras em virtude do seu capital ser nacional.</td></tr>
<tr><td colspan="2">ATENÇÃO! O art. 45, § 2º, da Lei 8.666/93 estipula que, se nenhum dos critérios de desempate, anteriormente mencionados, alcançar o propósito, deve ser feito o desempate por meio de sorteio.</td></tr>
<tr><td colspan="2">A Lei Complementar 123/06, em seu art. 45, I, estabelece que “a microempresa ou empresa de pequeno porte mais bem classificada poderá apresentar proposta de preço inferior àquela considerada vencedora do certame, situação em que será adjudicado em seu favor o objeto licitado”.</td></tr>
<tr><td colspan="2">O art. 44, § 1º, da LC 123/06 dispõe: “Entende-se por empate aquelas situações em que as propostas apresentadas pelas microempresas e empresas de pequeno porte sejam iguais ou até 10% (dez por cento) superiores à proposta mais bem classificada”.</td></tr>
<tr><td colspan="2">Dispõe o art. 44, § 2º, da LC 123/06, que “Na modalidade de pregão, o intervalo percentual estabelecido no § 1º deste artigo será de até 5% (cinco por cento) superior ao melhor preço”.</td></tr>
<tr><th colspan="2">QUEM DEVE LICITAR</th></tr>
<tr><td colspan="2">O art. 1°, da Lei n. 8.666/93 estabelece a obrigatoriedade de licitação para as contratações de todas as entidades que recebam dinheiro público.</td></tr>
<tr><td colspan="2">Os entes da Administração Direta – abrangendo a União, os Estados, os Municípios e o Distrito Federal.</td></tr>
<tr><td colspan="2">Os entes da Administração indireta – Autarquias, Fundações, Empresas públicas e Sociedades de Economia Mista prestadoras de serviços públicos ou exploradoras de atividades econômicas.</td></tr>
<tr><td>Fundos especiais</td><td>O Fundo é objeto de direito e não sujeito. Trata-se de um equívoco legislativo, uma vez que tais fundos representam normalmente mera destinação de verbas públicas. Excepcionalmente, tais fundos podem ser regulamentados por lei como órgãos integrantes da Administração Direta ou Fundações Públicas de direito público, o que já os colocaria nas hipóteses anteriores.</td></tr>
<tr><td rowspan="2">Demais entidades controladas, direta ou indiretamente, pelo Poder Público</td><td>Isso inclui todas as entidades que recebem dinheiro público para custeio ou para manutenção de pessoal, como as entidades do terceiro setor.</td></tr>
<tr><td>ATENÇÃO! O art. 24, XXIV, da Lei n. 8.666/93 traz a hipótese de dispensa de licitação para a celebração de contratos de prestação de serviços com as Organizações Sociais, qualificadas no âmbito das respectivas esferas de governo, para atividades contempladas no contrato de gestão.</td></tr>
<tr><td colspan="2">ATENÇÃO! Quanto às Empresas Públicas e Sociedades de Economia Mista exploradoras de atividade econômica, o art. 173, § 1º, inciso III, da CF dispõe que é possível a criação de uma lei específica para reger a licitação dessas empresas. Ocorre que, não tendo havido a edição de regime específico, lhes é aplicada a Lei 8.666/93, em sua integralidade, devendo ser respeitado o art. 37, XXI, da Constituição Federal, independente da finalidade da empresa estatal.
Contudo, deve-se ressaltar a possibilidade da edição de regulamento para facilitar e tornar mais simples o procedimento licitatório dessas empresas (art. 119 da Lei n. 8.666/93).</td></tr>
<tr><td colspan="2">O TCU entende que, de fato, as empresas estatais precisam licitar, mas deve-se admitir exceção. Quando a empresa estatal exploradora de atividade econômica licita para contratações referentes à sua atividade-fim, está sendo impe-</td></tr>
</table>

LICITAÇÃO

dida de concorrer com igualdade no mercado. Isso porque a rapidez do mercado não se coaduna com a burocracia da licitação e a realização de procedimento licitatório. Nestes casos, iria de encontro ao interesse público. Assim, o Tribunal entende que não precisam realizar procedimento licitatório, por motivo de inexigibilidade, uma vez que não há interesse público na licitação.

Os Conselhos de Classe, por atuarem no exercício do Poder de Polícia, ostentam qualidade de autarquias, compondo, desta forma, a Administração Indireta da União e, por isso, devem licitar para contratar. Encontra-se ressalvada deste entendimento a Ordem dos Advogados do Brasil que, por entendimento do Supremo Tribunal Federal, estampado na ADI n. 3.026, configura-se um caso à parte e não tem natureza jurídica de autarquia. Dessa forma, a OAB é uma entidade privada, não sujeita ao controle da Administração Pública, configurando-se um serviço independente.

Convênios: interesses convergentes, sendo assim, a princípio, sua celebração não precisa de licitação. É conceituado no inciso I, § 1°, art. 1°, do Decreto 6.170/2007.	Contratos: vontades divergentes.
Partícipes: órgão ou entidade da Administração Pública federal, direta ou indireta, e órgão ou entidade da Administração Pública estadual, distrital ou municipal, direta ou indireta, ou ainda, entidades privadas sem fins lucrativos.	O particular busca o lucro e o Poder Público busca o interesse público.

INTERVALO MÍNIMO

É o prazo mínimo definido em lei que deve ser respeitado **entre a publicação do instrumento convocatório e a data da abertura dos envelopes** de documentação e de propostas. Se este prazo mínimo não for observado pelo ente público, a licitação poderá ser considerada fraudulenta.

O prazo só começa a contar a partir da data da última publicação ou da data em que for disponibilizado o edital.

ATENÇÃO! Observe-se que o prazo previsto na lei é "mínimo". Dessa forma, pode ser concedido um prazo maior aos licitantes, a critério do Administrador Público, que deve buscar, sempre, fixar um prazo suficiente para participação dos interessados.

Qualquer alteração no edital que modifique as obrigações da licitação ou a formulação das propostas exige a reabertura do prazo de intervalo mínimo, para que os licitantes de adequem às novas regras (§ 4°, do art. 21, da Lei n. 8.666/93).

<table>
<tr><td rowspan="7">Art. 21, § 2°, da Lei 8.666/93</td><td>Concorrência</td><td>45 dias – concorrência do tipo melhor técnica ou do tipo técnica e preço.
30 dias – concorrência do tipo menor preço ou maior lance.</td></tr>
<tr><td>Tomada de preços</td><td>30 dias – tomada de preços do tipo melhor técnica ou do tipo técnica e preço.
15 dias – tomada de preços do tipo menor preço ou maior lance.</td></tr>
<tr><td>Convite</td><td>5 dias úteis – independentemente do tipo de licitação utilizado</td></tr>
<tr><td>Concurso</td><td>45 dias</td></tr>
<tr><td>Leilão</td><td>15 dias</td></tr>
<tr><td>Pregão</td><td>8 dias úteis</td></tr>
<tr><td colspan="2">ATENÇÃO! Sempre que o prazo for contado em dias úteis, tal situação estará expressamente definida na lei, caso contrário, serão considerados dias corridos, excluindo-se o dia do início e incluindo-se o dia do final, sendo sempre prorrogados o início e o término para o dia útil subsequente, caso ocorra em dia não útil.</td></tr>
</table>

COMISSÃO

Esta é designada pela autoridade máxima do órgão, por meio de um ato jurídico formalizado por decreto, portaria resolução ou ato da diretoria, para realizar procedimento licitatório, ficando a autoridade responsável pela elaboração do edital e exposição de motivos da contratação.

Em regra, a comissão licitante é composta por, pelo menos, 3 (três) membros, sendo 2 (dois) deles servidores públicos qualificados dos quadros permanentes do órgão responsável pela licitação, consoante disposto no art. 51 da Lei 8.666/93.

<table>
<tr><th colspan="3">LICITAÇÃO</th></tr>
<tr><td>Especial</td><td colspan="2">É aquela designada para determinado certame licitatório.</td></tr>
<tr><td rowspan="4">Permanente</td><td colspan="2">É a responsável por todas as licitações daquele órgão no período de sua investidura, período esse que não pode ultrapassar um ano. Esta é mais frequente.</td></tr>
<tr><td colspan="2">ATENÇÃO! A lei define que, após um ano, é vedada a recondução de todos os membros da comissão licitante, para o período subsequente. Ou seja, depois de um ano, a comissão deve ser alterada, ainda que com a modificação de um único membro.</td></tr>
<tr><td colspan="2">A fiscalização dos seus atos pode ocorrer por qualquer cidadão e também pela autoridade que a nomeou ou pelos órgãos de controle interno e externo.</td></tr>
<tr><td colspan="2">Os membros respondem solidariamente pelos atos da comissão, ressalvado o caso daquele que houver manifestado, fundamentadamente, sua posição divergente, registrada em ata de decisão.</td></tr>
<tr><th colspan="3">EXCEÇÕES</th></tr>
<tr><td>Leilão</td><td>Não há comissão, mas leiloeiro (Decreto 21.981/32)</td><td>Leiloeiro oficial ou servidor público designado.</td></tr>
<tr><td rowspan="2">Pregão</td><td rowspan="2">Não são executados por comissão, mas sim pelo pregoeiro, acompanhado ou não de uma comissão de apoio (art. 3°, da Lei 10.520/02).</td><td>O pregoeiro deve ser servidor público efetivo do órgão ou entidade previamente qualificado para o exercício da função.</td></tr>
<tr><td>A equipe de apoio deverá ser integrada, em sua maioria, por servidores ocupantes de cargo efetivo da Administração Pública, preferencialmente, pertencentes ao quadro permanente do órgão ou entidade promotora do evento.</td></tr>
<tr><td>Concurso</td><td>Por não ser composta necessariamente por servidores públicos, a comissão é especial.</td><td>Os membros devem ser pessoas idôneas, com reputação ilibada, que tenham amplo conhecimento na área referente ao objeto do certame.</td></tr>
<tr><td>Convite</td><td>Poderá ser dispensada, sempre que a unidade for pequena e, justificadamente, a designação de uma comissão composta por três membros possa causar prejuízos ao andamento regular das atividades do órgão.</td><td>Se dispensada a comissão, a licitação será realizada por apenas um servidor, desde que efetivo.</td></tr>
<tr><th colspan="3">MODALIDADES DE LICITAÇÃO</th></tr>
<tr><td rowspan="6">Em razão do valor do contrato</td><td>Concorrência</td><td>Em determinadas situações, previamente estipuladas por lei, será exigida em razão do objeto a ser contratado.</td></tr>
<tr><td colspan="2">Tomada de preço</td></tr>
<tr><td colspan="2">Convite</td></tr>
<tr><td colspan="2">ATENÇÃO! Art. 23, § 8°, da Lei 8.666/93 dispõe que os valores serão duplicados para as licitações realizadas pelos consórcios formados por até três entes federativos e triplicados para as licitações feitas por consórcios formados por mais de três entes federativos.</td></tr>
<tr><td colspan="2">Quanto mais simples a modalidade, mais restrita a competição e menor o valor das contratações que podem ser feitas por meio dela.</td></tr>
<tr><td colspan="2">"A modalidade que pode o mais, pode o menos".</td></tr>
<tr><td rowspan="3">Em razão do objeto do contrato</td><td colspan="2">Concurso</td></tr>
<tr><td colspan="2">Leilão</td></tr>
<tr><td colspan="2">Pregão (Lei 10.520/02)</td></tr>
</table>

<table>
<tr><th colspan="5">LICITAÇÃO</th></tr>
<tr><td colspan="5">ATENÇÃO! O texto legal expressamente dispõe que é vedada a criação de novas modalidades licitatórias ou a combinação das modalidades já existentes. Por óbvio, tal dispositivo pode ser revogado pela edição de nova lei que disponha acerca de normas gerais de licitação e crie modalidades não regulamentadas pela Lei 8.666/93.</td></tr>
<tr><td rowspan="5">Fracionamento da licitação</td><td colspan="4">Trata-se da divisão do objeto da licitação, com a intenção de se utilizar modalidade licitatória mais simples em detrimento da mais rigorosa que seria obrigatória.</td></tr>
<tr><td colspan="4">A lei veda a utilização da modalidade convite para aquisição de parcelas de uma mesma obra ou serviço que possam ser realizados conjunta ou concomitantemente, sempre que o somatório de seus valores caracterizar o caso de tomada de preço ou, até mesmo, de concorrência.</td></tr>
<tr><td colspan="4">ATENÇÃO! Nas situações em que, por questões orçamentárias, a Administração Pública, ao longo do exercício financeiro, opta pela realização de várias licitações públicas para o mesmo objeto, esta é admitida, sendo somente necessária a utilização da modalidade mais rigorosa para cada um destes procedimentos.</td></tr>
<tr><td colspan="4">Excepcionalmente, o texto da lei define que é possível o parcelamento e a utilização de modalidade mais simples, sempre que se tratar de parcelas de natureza específica que devam ser executadas por pessoas diversas daquela que está executando a obra ou prestando o serviço principal.</td></tr>
<tr><td colspan="4">O fracionamento doloso, com a intenção de causar prejuízos ao erário configura inclusive crime tipificado na Lei de Licitações, sem prejuízo das sanções administrativas e cíveis cabíveis pelo mesmo fato.</td></tr>
<tr><td rowspan="8">Concorrência</td><td colspan="4">Adequada a contratações de grande vulto, sendo garantidora da competição, sem limite de ingresso, com amplo procedimento previsto em lei, abarcando todas as fases, desde a análise de documentação, até a escolha das propostas</td></tr>
<tr><td colspan="4">Critérios: valor e natureza do objeto.</td></tr>
<tr><td colspan="4">A modalidade é obrigatória para contratações de obras e serviços de engenharia acima de um milhão e meio de reais (R$ 1.500.000,00) e para aquisição de bens e serviços, que não de engenharia, acima de seiscentos e cinquenta mil reais (R$ 650.000,00).</td></tr>
<tr><td colspan="4">Em razão da natureza do objeto, independente do valor do negócio, a concorrência se faz obrigatória na celebração de determinados contratos, vejamos:</td></tr>
<tr><td>Alienação ou aquisição de imóveis</td><td>Não é relevante, nestes casos, o valor do contrato.</td><td colspan="2">ATENÇÃO! Se o imóvel a ser alienado tiver sido adquirido por dação em pagamento ou decisão judicial, pode-se celebrar este contrato de alienação mediante licitação na modalidade concorrência OU leilão.</td></tr>
<tr><td>Contrato de concessão de serviço público</td><td>O art. 2º, II, da Lei 8.987/95 exige a utilização da modalidade concorrência independentemente do valor do contrato a ser celebrado.</td><td>ATENÇÃO! Será possível utilizar o leilão quando o serviço estiver previsto no Programa Nacional de Desestatização estipulado no art. 29 da Lei 9.074/95.</td><td>Celebração de contratos de concessão patrocinada ou de concessão administrativa: em ambos os casos, o art. 10 da Lei 11.079/2004 define a exigência de licitação na modalidade concorrência</td></tr>
<tr><td>Concessão de direito real de uso</td><td colspan="3">ATENÇÃO! Tais contratos são regulamentados pelo Decreto-lei 271/67 e também dependem da realização de procedimento licitatório, na modalidade concorrência, independentemente do valor do bem a ser disponibilizado. Por se tratar de direito real, a concessão de direito real de uso é transmissível por atos inter vivos ou causa mortis.</td></tr>
<tr><td>Contratos de obra celebrados por meio de empreitada integral</td><td colspan="3">ATENÇÃO! A empreitada integral ocorre quando se contrata um empreendimento em sua integralidade, compreendendo todas as etapas da obra, como serviços e instalações, sob responsabilidade da contratada até a entrega ao contratante em condições de uso com segurança.</td></tr>
</table>

<table>
<tr><th colspan="4">LICITAÇÃO</th></tr>
<tr><td></td><td>Licitações internacionais</td><td>Estas licitações, nas quais se admite a participação de empresas estrangeiras que não tenham sede no país, só podem ser realizadas mediante concorrência.</td><td>ATENÇÃO! É possível utilizar a licitação na modalidade Tomada de Preços quando a Administração Pública possuir cadastro internacional de licitantes e também a modalidade convite quando não houver fornecedor do bem ou serviço no País, desde que, em ambos os casos, a contratação não ultrapasse os limites de valor das modalidades.</td></tr>
<tr><td rowspan="10">Tomada de Preço</td><td colspan="3">Contratações de obras e serviços de engenharia de até um milhão e meio de reais (R$ 1.500.000,00)</td></tr>
<tr><td colspan="3">Aquisição de bens e serviços, que não de engenharia, de até seiscentos e cinquenta mil reais (R$ 650.000,00).</td></tr>
<tr><td colspan="3">Participam da competição apenas os licitantes que forem cadastrados no órgão ou aqueles que se cadastrarem até 3 (três) dias antes da data marcada para a abertura dos envelopes contendo as propostas dos licitantes.</td></tr>
<tr><td colspan="3">ATENÇÃO! O cadastro, que tem função de habilitação prévia, tem duração de 1 (um) ano, quando então deverá ser renovada a apresentação dos documentos.</td></tr>
<tr><td colspan="3">Se indeferido o pedido de cadastramento, o art. 109, I, “d”, da Lei 8.666/93 prevê a possibilidade de interposição de recurso no prazo de cinco dias úteis, ressaltando que, nesse caso, por não estar enumerado expressamente no art. 109, § 2º, da respectiva lei, o recurso terá somente efeito devolutivo.</td></tr>
<tr><td rowspan="5">Cadastro de interessados</td><td colspan="2">Um conjunto de documentos arquivados no órgão público que demonstram a idoneidade financeira da empresa para celebrar contratos com a Administração Pública, ensejando uma simplificação do procedimento de licitação posterior.</td></tr>
<tr><td colspan="2">Obrigatório na tomada de preço e no convite, caso o interessado não tenha sido convidado pela Administração Pública.</td></tr>
<tr><td colspan="2">O registro cadastral é público e aberto aos interessados, sendo a sua publicação obrigação imposta à Administração Pública, bem como a convocação para que os interessados façam a renovação do seu cadastro e para que novos interessados compareçam ao órgão público e apresentem sua documentação.</td></tr>
<tr><td colspan="2">Será cancelado o registro daquele que descumpra as condições de habilitação, devendo ser respeitadas as garantias de contraditório e da ampla defesa ao particular.</td></tr>
<tr><td colspan="2">Art. 109, § 2°, da Lei 8.666/93: recurso contra a suspensão ou cancelamento do registro sem efeito suspensivo. Contudo, a doutrina majoritária entende que o efeito suspensivo pode dar se sempre que o cadastro funcionar como uma verdadeira fase de habilitação prévia (tomada de preços).</td></tr>
<tr><td rowspan="5">Convite</td><td colspan="3">É a mais restrita das modalidades previstas na Lei de Licitações, pois a Administração pública pode escolher potenciais interessados em participar da licitação.</td></tr>
<tr><td colspan="3">Contratações de obras e serviços de engenharia no valor de até cento e cinquenta mil reais (R$ 150.000,00).</td></tr>
<tr><td colspan="3">Aquisição de bens e serviços, que não de engenharia, até oitenta mil reais (R$ 80.000,00).</td></tr>
<tr><td colspan="3">Participam do certame apenas os convidados, cadastrados ou não, sendo, no mínimo, de 3 (três).</td></tr>
<tr><td colspan="3">ATENÇÃO! Comprovando-se a restrição de mercado, a licitação poderá ocorrer com apenas 2 (dois) convidados (art. 22, § 3°, da Lei 8.666/93).</td></tr>
</table>

<table>
<tr><th colspan="3">LICITAÇÃO</th></tr>
<tr><td rowspan="6"></td><td colspan="2">Caso não tenha sido convidado, o interessado pode manifestar seu interesse em participar do convite com antecedência de 24 horas da apresentação das propostas e, ainda assim, poderá participar da licitação desde que comprove estar regularmente cadastrado no órgão.</td></tr>
<tr><td rowspan="3">Carta convite</td><td>É um instrumento convocatório mais simplificado do que o edital.</td></tr>
<tr><td>A administração deve enviar a carta-convite aos convidados e afixar, no átrio da repartição, em local visível ao público.</td></tr>
<tr><td>O último ato de publicidade é que iniciará a contagem do prazo de intervalo mínimo.</td></tr>
<tr><td>Comissão de licitação</td><td>Deve ser obedecida a regra geral definida na lei para designação de comissões. Ocorre que, se ficar comprovada a escassez de pessoal, em pequenos órgãos, a Comissão licitante pode ser dispensada e o procedimento licitatório realizado por um único servidor público, desde que efetivo.</td></tr>
<tr><td colspan="2">ATENÇÃO! Enquanto não se esgotar a lista de cadastrados não convidados, cada novo convite para o objeto licitado dependerá do encaminhamento da carta-convite a mais um licitante (art. 22, § 6°, da Lei 8.666/93).</td></tr>
<tr><td rowspan="5">Concurso</td><td colspan="2">Instrumento para selecionar trabalhos técnicos, científicos ou artísticos com certas características personalíssimas para incentivar o desenvolvimento cultural.</td></tr>
<tr><td colspan="2">ATENÇÃO! Também utilizada para contratação de serviços técnicos profissionais especializados (art. 13 da Lei 8.666/93).</td></tr>
<tr><td colspan="2">Diferencia-se do concurso público, porque não há qualquer preenchimento de cargos ou contratação de empregado.</td></tr>
<tr><td colspan="2">O procedimento desta modalidade será definido em regulamento próprio: qualificação dos participantes, as diretrizes, a forma de apresentação do trabalho, bem como os valores dos prêmios a serem pagos aos vencedores.</td></tr>
<tr><td colspan="2">A chamada comissão especial de concurso é composta por três membros: pessoas idôneas que tenham conhecimento na área do trabalho que será apresentado (art. 51, § 5°, da Lei 8.666/93). Não precisa ser servidor público.</td></tr>
<tr><td rowspan="7">Leilão</td><td colspan="2">Serve para alienação de bens pelo poder público àquele que ofertar o maior preço, seja ele igual ou superior ao valor da avaliação.</td></tr>
<tr><td colspan="2">Sempre do tipo maior lance.</td></tr>
<tr><td colspan="2">O leilão é realizado pelo leiloeiro, que pode ser o leiloeiro oficial ou um servidor designado pela Administração Pública para cumprir a função de leiloeiro e, portanto, não possui comissão de licitação.</td></tr>
<tr><td colspan="2">Não tem procedimento definido na Lei de Licitações. Contudo, a realização do certame deve obedecer a todos os princípios e regras definidos na Lei 8.666/93, sendo a procedimentalização regulada pelo Direito Comercial.</td></tr>
<tr><td colspan="2">ATENÇÃO! O leilão pode ser feito para alienar bens imóveis que tenham sido adquiridos por decisão judicial ou dação em pagamento (todos os outros deverão ser alienados mediante concorrência, obrigatoriamente).</td></tr>
<tr><td colspan="2">Também, é modalidade licitatória para alienação de bens móveis inservíveis, apreendidos e penhorados pelo poder público (penhor, não penhora).</td></tr>
<tr><td colspan="2">Em venda de bens móveis componentes do acervo da Administração Pública, previamente desafetados, desde que, analisados de forma isolada ou global, não ultrapassem o montante de R$ 650.000,00 (seiscentos e cinquenta mil reais), quando então será necessária a utilização de concorrência pública, em razão do valor.</td></tr>
</table>

<table>
<tr><th colspan="3">LICITAÇÃO</th></tr>
<tr><td rowspan="4"></td><td>Bens inservíveis</td><td>Bens desafetados, que não estão sendo destinados à utilização pública</td></tr>
<tr><td>Bens apreendidos</td><td>Bens confiscados pelo poder público em decorrência de atos ilícitos praticados por particulares.</td></tr>
<tr><td rowspan="2">Bens penhorados</td><td>O legislador quis dizer: penhor.</td></tr>
<tr><td>Ocorre um leilão administrativo, já que se trata de alienação de bens empenhados pelo particular ao ente público.</td></tr>
<tr><td rowspan="7">Pregão</td><td colspan="2">Para aquisição de bens – por esta razão parte da doutrina o chama de "leilão reverso" – e serviços comuns, cujos padrões mínimos de qualidade serão previamente estipulados no instrumento convocatório.</td></tr>
<tr><td colspan="2">Do tipo menor preço.</td></tr>
<tr><td colspan="2">Não há designação de comissão licitante, sendo o pregoeiro o responsável pela realização do pregão, que será um servidor efetivo designado a esta função.</td></tr>
<tr><td colspan="2">ATENÇÃO! Serviços e bens comuns são aqueles que podem ser designados no edital com expressão usual de mercado.</td></tr>
<tr><td colspan="2">Não pode ser utilizado para execução de obras públicas, mas tem sido aceito, até mesmo, para contratação de serviços de engenharia.</td></tr>
<tr><td colspan="2">O art. 3º do Decreto 3.555/2000 admite expressamente a utilização do pregão, determinando a observância ao art. 3º da Lei 8.248/91 que, dispondo acerca da contratação para aquisição de bens e serviços de informática, expressamente, admite a utilização da modalidade licitatória do pregão.</td></tr>
<tr><td colspan="2">A comissão de apoio ao pregoeiro não é comissão licitante e apenas auxilia o pregoeiro na realização do certame. Assim, é o pregoeiro que responde pela licitação, inclusive é responsável pelos atos praticados pela comissão de apoio.</td></tr>
<tr><td colspan="3">ATENÇÃO! A Consulta continua a ser regulamentada pelas Leis das Agências Reguladoras, porém, é pouco utilizada pelo fato de não estar regulamentada na Lei Geral de Licitações e porque não tem o seu procedimento estabelecido (a lei somente estipula que caberá a consulta nas hipóteses em que não for cabível o pregão). Ou seja, atualmente, a única modalidade licitatória exclusiva das agências reguladoras é a Consulta, uma vez que o pregão foi estendido a todos os entes da Administração Pública, com a edição da Lei 10.520/02.</td></tr>
<tr><td rowspan="2">Pregão eletrônico (Decreto 5.450/2005)</td><td colspan="2">O pregão, na forma eletrônica, é realizado pela Internet, com a utilização deste mecanismo para comunicação entre os licitantes e entre estes e a Administração Pública na realização da sessão.</td></tr>
<tr><td colspan="2">A participação do interessado depende de credenciamento, exigindo apenas o cadastramento perante algum órgão público. Em âmbito federal existe o SICAF. Este órgão remeterá, por via eletrônica, sua proposta e a documentação só será entregue quando o interessado for o vencedor do pregão.</td></tr>
<tr><th colspan="3">LICITAÇÃO PARA REGISTRO DE PREÇOS</th></tr>
<tr><td colspan="3">É quando o poder público licita com a finalidade de registrar os preços, para o caso de eventual contratação posterior. Acontece quando a administração entende que um bem ou serviço é adquirido com muita frequência e, por isso, tem interesse em deixar um registro, no órgão, com o eventual fornecedor deste bem ou serviço.</td></tr>
<tr><td colspan="3">A ata de registro de preço terá validade de 1 (um) ano, devendo ser realizado um novo procedimento licitatório, após este período.</td></tr>
<tr><td colspan="3">ATENÇÃO! Durante esse ano (período de vigência da ata), a proposta selecionada fica à disposição da Administração Pública, que poderá adquirir o bem selecionado quantas vezes ela precisar, desde que não ultrapasse o quantitativo licitado.</td></tr>
<tr><td colspan="3">O instituto está previsto no art. 15 da Lei 8.666/93 e foi regulamentado pelo Decreto 7.892/13, alterado pelo Decreto n. 8.250/14.</td></tr>
</table>

<table>
<tr><th colspan="4">LICITAÇÃO</th></tr>
<tr><th colspan="4">PROCEDIMENTO</th></tr>
<tr><td colspan="4">A doutrina majoritária aponta no sentido de que o início da licitação se dá com o ato que instaura o procedimento administrativo, dando início ao que se convencionou chamar de fase interna da licitação.</td></tr>
<tr><td rowspan="13">Concorrência</td><td colspan="3">É o procedimento mais extenso e seu estudo serve de apoio para os demais.</td></tr>
<tr><td rowspan="12">Fase Interna</td><td>Exposição de motivos da contratação</td><td>Justificando a necessidade do órgão na celebração do contrato e sua importância às atividades do ente estatal e à persecução do interesse público.</td></tr>
<tr><td rowspan="3">Declaração de adequação orçamentária</td><td>Consonância com o disposto na Lei Complementar 101/00 (Lei de Responsabilidade Fiscal).</td></tr>
<tr><td>ATENÇÃO! A jurisprudência do Superior Tribunal de Justiça vem se formando no sentido de que a lei não exige a real disponibilidade financeira antes do início da licitação, mas tão somente a previsão de recursos orçamentários.</td></tr>
<tr><td>Deve definir, no edital, o critério de aceitabilidade das propostas, "permitida a fixação de preços máximos e vedados a fixação de preços mínimos" (art. 40, X, da Lei 8.666/93).</td></tr>
<tr><td>Despesas de caráter continuado</td><td>São hipóteses em que os gastos com o contrato a ser celebrado devam ultrapassar um exercício financeiro, devendo haver contemplação do produto ou serviço nas metas estipuladas na lei do Plano Plurianual (no art. 165 da Constituição Federal).</td></tr>
<tr><td>Designar a comissão</td><td>Mesmo possuindo comissão permanente, deve ser anexada a portaria de designação desta aos autos.</td></tr>
<tr><td rowspan="2">Minuta do edital</td><td>Este será encaminhado para o órgão de consultoria jurídica para aprovação (deve respeitar os critérios mínimos do art. 40, da Lei 8.666/93).</td></tr>
<tr><td>Ele deve vir com a minuta do contrato anexada dando aos participantes o conhecimento acerca da avença a ser celebrada pelo Poder Público.</td></tr>
<tr><td>Audiência pública</td><td>Será imperativa sempre que o valor estimado para uma licitação ou para um conjunto de licitações for superior a 100 vezes o limite mínimo definido para a concorrência, no art. 23, I, "c", da Lei 8.666/93</td></tr>
<tr><td>Parecer jurídico</td><td>Não tem caráter vinculante, mas meramente opinativo, orientando o gestor público acerca de eventuais falhas no procedimento e a possibilidade de conserto destes vícios.</td></tr>
<tr><td colspan="2">ATENÇÃO! Na contratação para execução de obras, a lei exige ainda a realização de um projeto básico aprovado pela autoridade competente e disponível para que os interessados em participar da licitação tenham amplo conhecimento (art. 6º, IX, da Lei 8.666/93)</td></tr>
<tr><td colspan="2">É vedada a participação, ainda que indiretamente: da pessoa, seja ela física ou jurídica, que tenha realizado o projeto, básico ou o projeto executivo; empresa, isoladamente ou em consórcio, responsável pela elaboração do</td></tr>
</table>

<table>
<tr><th colspan="5">LICITAÇÃO</th></tr>
<tr><td rowspan="16"></td><td rowspan="13"></td><td colspan="3">projeto básico ou do projeto executivo ou, ainda, da qual o autor de um desses projetos seja dirigente, gerente, acionista ou detentor de mais de 5% (cinco por cento) do capital com direito a voto ou controlador, responsável técnico ou subcontratado; das pessoas físicas ou jurídicas às quais tenha sido aplicada a penalidade de suspensão de contratar com o poder público ou declaração de inidoneidade, enquanto vigentes as penalidades; e do agente público que seja membro da comissão licitante, ou servidor ou dirigente de órgão ou entidade contratante ou responsável pela realização do procedimento licitatório.</td></tr>
<tr><td colspan="3">Pessoa física ou jurídica responsável pela realização do projeto básico ou executivo pode auxiliar a fiscalização e supervisão da obra (consultor técnico).</td></tr>
<tr><td colspan="3">É proibida a inclusão, no objeto da licitação, de obtenção de recursos financeiros para sua execução, qualquer que seja a sua origem, salvo nas hipóteses de empreendimentos executados e explorados sob o regime de concessão (art. 7°, §§ 3° e 5°, da Lei 8.666/93).</td></tr>
<tr><td colspan="3">É vedada, ainda, a inclusão, no objeto da licitação, de fornecimento de materiais e serviços sem previsão de quantidades ou cujos quantitativos não correspondam às previsões reais do projeto básico ou executivo.</td></tr>
<tr><td colspan="3">Objeto não pode ser bem e serviço sem similaridade ou de marca, características e especificações exclusivas, exceto nos casos em que for tecnicamente justificável, ou quando o fornecimento de tais materiais e serviços for feito sob o regime de administração contratada, previsto e discriminado expressamente no instrumento convocatório.</td></tr>
<tr><td colspan="3">O desrespeito ao art. 7° implica a nulidade de todos os atos praticados ou contratos celebrados, sem prejuízo da responsabilidade de quem lhes tenha dado causa.</td></tr>
<tr><td rowspan="7">Execução de obras ou atividades administrativas</td><td colspan="2">Pode ser adotada:</td></tr>
<tr><td>Execução direta</td><td>Contrato executado pela própria Administração</td></tr>
<tr><td rowspan="5">Execução indireta</td><td>Contratação de um terceiro para execução</td></tr>
<tr><td>Empreitada por preço global</td></tr>
<tr><td>Empreitada por preço unitário</td></tr>
<tr><td>Empreitada por tarefa</td></tr>
<tr><td>Empreitada integral</td></tr>
<tr><td rowspan="3">Fase Externa</td><td rowspan="3">Publicação do edital</td><td colspan="2">Feita em diário oficial e em jornal de grande circulação.</td></tr>
<tr><td colspan="2">Inicia-se a contagem do prazo para a impugnação administrativa do edital (art. 41, §§1° e 2°, da Lei 8.666/93).</td></tr>
<tr><td colspan="2">As impugnações ao edital não são consideradas recursos, na Lei de Licitações e não gozam de efeito suspensivo.</td></tr>
</table>

LICITAÇÃO			
			ATENÇÃO! De acordo com Súmula n. 473 do STF, a Administração pode alterar de ofício o edital ou mesmo anulá-lo.
			Somente não é necessário reabrir o prazo de intervalo mínimo quando a alteração não afetar a formulação das propostas. Além disso, não há exceção à exigência de nova publicação.
		Habilitação	É a fase de análise da documentação dos licitantes a fim de verificar se têm idoneidade para contratar com o Poder Público.
			Após esta fase, a desistência de participação pela empresa só ocorre mediante ato devidamente justificado e aceito pela comissão licitante. **ATENÇÃO!** As microempresas e empresas de pequeno porte, segundo a LC 123/06, poderão participar da licitação ainda que não tenham regularidade fiscal e trabalhista. Se forem declaradas vencedoras, terão o prazo de 5 (cinco) dias úteis cujo termo inicial corresponderá ao momento em que o proponente for declarado o vencedor do certame, prorrogável por igual período, para a regularização da documentação, pagamento ou parcelamento do débito e emissão de eventuais certidões negativas ou positivas com efeito de certidão negativa.
			Habilitação jurídica
			Qualificação técnica
			Qualificação econômico-financeira
			Regularidade fiscal
			Cumprimento do disposto no inciso XXXIII do art. 7º da Constituição Federal
			Regularidade Trabalhista
			ATENÇÃO! O recurso contra inabilitação tem efeito suspensivo nesta fase (assim como na fase de classificação).
			O prazo para recurso não é para juntar documento obrigatório.
			A desqualificação da empresa deve respeitar, sempre, o direito ao contraditório e ampla defesa.
		Julgamento e classificação	Inicialmente, o julgamento consiste na avaliação da regularidade formal e material das propostas.
			As propostas serão avaliadas segundo critérios constantes do edital e classificadas em ordem decrescente de vantajosidade.
			Se forem todos os licitantes desclassificados, a administração poderá conceder o prazo de 8 dias úteis para que apresentem novas propostas.

<table>
<tr><th colspan="4">LICITAÇÃO</th></tr>
<tr><td rowspan="9"></td><td rowspan="9"></td><td></td><td>Administração pode estabelecer no edital preferência para aquisição de produtos manufaturados e serviços nacionais que obedeçam às normas técnicas brasileiras. A preferência deve ser prevista em Decreto expedido pelo chefe do Poder Executivo Federal (art. 3°, § 2°, da Lei 8.666/93.</td></tr>
<tr><td rowspan="2">Homologação</td><td>Se não for configurada nenhuma espécie de nulidade nem for o caso de revogação, a autoridade superior será obrigada a promover a homologação da decisão.</td></tr>
<tr><td>Em casos de revogação do procedimento – baseada em critérios de oportunidade e conveniência – ou de anulação – com base em vício de ilegalidade – é exigida a emissão de parecer da autoridade competente, justificando tais condutas, garantindo aos licitantes a possibilidade de exercer contraditório e ampla defesa.</td></tr>
<tr><td rowspan="6">Adjudicação</td><td>É o ato por meio do qual se atribui ao vencedor o objeto da licitação, dando fim ao procedimento licitatório.</td></tr>
<tr><td>ATENÇÃO! Adjudicar não é contratar, mas tão somente declarar oficialmente o vencedor da licitação.</td></tr>
<tr><td>A adjudicação tem força vinculante, pois a Administração não é obrigada a contratar, caso necessite realizar a contratação, só pode fazê-lo com o vencedor da licitação (princípio da adjudicação compulsória).</td></tr>
<tr><td>O licitante fica vinculado à proposta apresentada pelo prazo de 60 (sessenta) dias, contados da apresentação da proposta.</td></tr>
<tr><td>Caso o vencedor não possa contratar, o Estado só poderá celebrar o contrato, nos termos da proposta vencedora, chamando os demais licitantes na ordem de classificação.</td></tr>
<tr><td>Os demais licitantes não estão obrigados a aceitar a celebração do contrato nos moldes da proposta apresentada pelo vencedor e, não havendo interessados, o procedimento será revogado.</td></tr>
<tr><td>Tomada de preços</td><td colspan="3">NÃO HÁ FASE DE HABILITAÇÃO, uma vez que os licitantes já estão previamente cadastrados.</td></tr>
<tr><td rowspan="4">Convite</td><td colspan="3">O instrumento convocatório é enviado aos convidados e, em seguida, afixado no átrio da repartição, em local visível ao público.</td></tr>
<tr><td colspan="3">Os prazos para recursos são de 2 (dois) dias úteis (e não de 5 dias como nas demais modalidades estudadas).</td></tr>
<tr><td colspan="3">Se forem todos os licitantes inabilitados ou desclassificadas todas as propostas apresentadas, o prazo para diligências definido no art. 48, § 3º, da Lei 8.666/93 poderá ser reduzido de 8 (oito) dias úteis para 3 (três) dias úteis para que se adéquem ao edital, trazendo novos documentos de qualificação ou apresentando nova proposta.</td></tr>
<tr><td colspan="3">Não há fase de habilitação, uma vez que os licitantes já estão previamente cadastrados ou foram convidados (devendo, nesse caso, se cadastrarem antes do início do certame).</td></tr>
</table>

<table>
<tr><th colspan="3">LICITAÇÃO</th></tr>
<tr><td>Concurso</td><td colspan="2">Procedimento definido em regulamento específico, não tendo previsão na Lei 8.666/93.</td></tr>
<tr><td rowspan="3">Leilão</td><td colspan="2">O procedimento de Leilão será realizado pelo leiloeiro.</td></tr>
<tr><td colspan="2">Sendo que as demais regras são definidas em legislação específica.</td></tr>
<tr><td colspan="2">Na fase externa primeiro classifica para depois habilitar. Além de adjudicar e só depois homologar (Lei n. 10.520/02)</td></tr>
<tr><td></td><td colspan="2">Na classificação as propostas escritas serão apresentadas e são selecionadas as melhores propostas para que a disputa se dê em sessão pública. Com efeito, a disputa se dará por meio da apresentação, pelos licitantes selecionados, de lances verbais.</td></tr>
<tr><td rowspan="3">Pregão</td><td colspan="2">Passam para a fase de lances verbais o licitante que apresentou a melhor proposta (menor preço) e todas as outras propostas que não ultrapassarem 10% do valor da primeira. Independentemente disso, deve passar para os lances verbais a melhor proposta mais 2 (duas), para completar o mínimo de 3 (três) licitantes.</td></tr>
<tr><td colspan="2">O prazo para recurso é imediato e ocorre após a declaração do vencedor. Se outro licitante recorrer, a lei concede o prazo de 3 (três) dias para elaboração e apresentação das razões do recurso, ficando os demais licitantes desde logo intimados para apresentar contrarrazões em igual número de dias, que começarão a correr do término do prazo do recorrente.</td></tr>
<tr><td colspan="2">Se o particular vencedor da licitação, convocado dentro do prazo de validade da sua proposta, não celebrar o contrato, deixar de entregar ou apresentar documentação falsa exigida para o certame, ensejar o retardamento da execução de seu objeto, não mantiver a proposta, falhar ou fraudar na execução do contrato, comportar-se de modo inidôneo ou cometer fraude fiscal, ficará impedido de licitar e contratar com a União, Estados, Distrito Federal ou Municípios e, será descredenciado no SICAF (Sistema de Cadastro Unificado de Fornecedores da Administração Federal), ou nos sistemas de cadastramento de fornecedores, pelo prazo de até 5 (cinco) anos, sem prejuízo das multas previstas em edital e no contrato e das demais cominações legais.</td></tr>
<tr><td rowspan="8">Pregão eletrônico</td><td colspan="2">No âmbito federal, foi expedido o Decreto 5.450/2005, que regulamenta o pregão eletrônico realizado pela União. O procedimento é o mesmo do pregão presencial, porque o decreto tão somente regulamentará a lei, haja vista se tratar de regulamento executivo.</td></tr>
<tr><td>Até
R$ 650.000,00</td><td>A publicação será realizada por meio de Diário Oficial da União e por meio eletrônico, na internet.</td></tr>
<tr><td>Acima de
R$ 650.000,00
até
R$ 1.300.000,00</td><td>Além do descrito acima, deve publicar o edital em jornal de grande circulação local.</td></tr>
<tr><td>Superior a R$ 1.300.000,00</td><td>A publicação ocorrerá em Diário Oficial da União, por meio eletrônico, na internet, e mediante publicação em jornal de grande circulação regional ou nacional.</td></tr>
<tr><td colspan="2">ATENÇÃO! No sistema de registro de preços, será adotada a publicação em Diário Oficial da União, internet e publicação em jornal de grande circulação regional ou nacional, independente do valor.</td></tr>
<tr><td rowspan="2">Classificação</td><td>Apresentadas as propostas, por meio eletrônico, o pregoeiro fará, primeiramente, a verificação, desclassificando aquelas que não estejam em conformidade com os requisitos estabelecidos no edital.</td></tr>
<tr><td>Somente os licitantes classificados poderão passar para as fases seguintes, com a apresentação virtual de lances.</td></tr>
<tr><td>Habilitação</td><td>O recurso aqui é imediato.</td></tr>
</table>

LICITAÇÃO	
	Na hipótese de recusa em assinar o contrato ou ata de registro de preços, ou se o licitante deixar de entregar documentação exigida no edital, apresentar documentação falsa, ensejar o retardamento da execução de seu objeto, não mantiver a proposta, falhar ou fraudar na execução do contrato, comportar-se de modo inidôneo, fizer declaração falsa ou cometer fraude fiscal, garantido o direito à ampla defesa, ficará **impedido de licitar** e de contratar com a União, e será descredenciado no SICAF, pelo **prazo de até cinco anos**, sem prejuízo das multas previstas em edital e no contrato e das demais cominações legais

TRATAMENTO DIFERENCIADO PARA MICROEMPRESAS E EMPRESAS DE PEQUENO PORTE

A Lei Complementar 123/06 define que a Administração Pública deverá realizar processo licitatório destinado exclusivamente à participação de microempresas e empresas de pequeno porte nos itens de contratação cujo valor seja de até R$ 80.000,00.

Em casos de licitações para celebração de contratos para aquisição de bens de natureza divisível acima de R$ 80.000,00, o ente público deverá estabelecer, cota de até 25% do objeto para a contratação de microempresas e empresas de pequeno porte.

ATENÇÃO! As Microempresas e Empresas de Pequeno Porte poderão participar de ambos os itens da licitação, sendo classificadas dentro da ampla concorrência para a contratação de 75% do objeto e se submetendo a outra classificação, somente com empresas de mesmo porte, em relação aos 25% (vinte e cinco por cento) restantes.

A Administração Pública poderá, nas licitações destinadas à aquisição de obras e serviços, exigir dos licitantes a subcontratação de microempresa ou empresa de pequeno porte.

Na dispensa de licitação em razão do valor do contrato (conforme disposto no art. 24, I e II), a compra deverá ser feita preferencialmente de microempresas e empresas de pequeno porte.

INEXIGIBILIDADE

Sempre que a **competição for impossível**, a licitação será inexigível.

As hipóteses do art. 25 da Lei 8.666/93 não são taxativas, mas meramente exemplificativas. Mesmo que a circunstância não esteja disposta expressamente no texto legal, a licitação será inexigível quando for inviável a realização de competição entre interessados.

<table>
<tr><td rowspan="3">A doutrina majoritária costuma apontar pressupostos da licitação e estabelece que a ausência de qualquer dos pressupostos, torna o procedimento licitatório inexigível.</td><td>Pressuposto lógico</td><td>Pluralidade de bens e de fornecedores do bem ou do serviço.</td></tr>
<tr><td>Pressuposto jurídico</td><td>Se a licitação for de encontro ao interesse público, não será exigível licitar.</td></tr>
<tr><td>Pressuposto fático</td><td>Nos casos em que há necessidade de contratação específica, a licitação será inexigível.
Ex.: o Estado precisa contratar o melhor tributarista do Brasil para defendê-lo em uma demanda que envolve milhões de reais.</td></tr>
</table>

ATENÇÃO! É VEDADA inexigibilidade de licitação para serviços de divulgação e serviços de publicidade.

DISPENSA

<table>
<tr><td>Art. 17: estabelece um rol de licitação DISPENSADA.</td><td>Nesses casos, o administrador público não pode emitir qualquer juízo de valor, sendo imperativa a contratação direta por determinação legal. Trata-se de dispensa definida legalmente como ato vinculado.</td></tr>
</table>

LICITAÇÃO	
Art. 24: estabelece um rol de licitação DISPENSÁVEL.	Nessas hipóteses, a legislação permite a celebração dos contratos pelo Poder Público sem a necessidade de realização do procedimento licitatório, mas se trata de atuação discricionária do administrador, a quem compete, em cada caso, definir se realizará ou não o certame licitatório.

Nas situações de dispensa é plenamente possível competir, mas a **lei** diz que é dispensada a licitação. Somente a lei pode trazer as hipóteses de dispensa, não podendo haver definição de novas hipóteses por atos administrativos específicos ou decretos.

ATENÇÃO! As hipóteses da Lei 8.666/93 são taxativas/exaustivas.

APROFUNDAMENTO PARA PROVA SUBJETIVA

Em algumas situações, um órgão ou entidade pública que não participou da licitação que deu ensejo à ata pretende contratar com o licitante vencedor, por meio de adesão à ata de registro de preços feita por outro órgão. É o que a doutrina convencionou chamar de licitação "carona".

Só ocorrerá após a anuência do órgão gerenciador e desde que não prejudique as obrigações presentes e futuras decorrentes da ata, assim o licitante vencedor da ata de registro de preços não está obrigado a celebrar o contrato com o "carona".

ATENÇÃO! O Tribunal de Contas da União entende modernamente que o quantitativo adquirido pelo licitante "carona" será abatido do valor total da ata. Sendo assim, se a ata previa a compra de 20 itens e 10 itens foram adquiridos pelo órgão que aderiu à ata, o órgão licitante somente poderá fazer a aquisição de 10 itens, com base naquela ata.

O art. 22, § 4º, do Decreto 7.892/13 dispõe que *"O instrumento convocatório deverá prever que o quantitativo decorrente das adesões à ata de registro de preços não poderá exceder, na totalidade, ao quíntuplo do quantitativo de cada item registrado na ata de registro de preços para o órgão gerenciador e órgãos participantes, independente do número de órgãos não participantes que aderirem"*. Assim, a soma das aquisições efetivadas pelos licitantes que estão aderindo à ata de registro de preços poderá ultrapassar o quantitativo da ata, mas fica limitada ao montante de 5 vezes este valor.

É vedada aos órgãos e entidades da Administração Pública federal a adesão a ata de registro de preços gerenciada por órgão ou entidade municipal, distrital ou estadual, não obstante seja facultada aos órgãos ou entidades municipais, distritais ou estaduais a adesão a ata de registro de preços da Administração Pública Federal.

19. SÚMULAS

19.1. Súmulas do STF

- **Súmula n. 346:** A administração pública pode declarar a nulidade dos seus próprios atos.[12]
- **Súmula n. 473:** A administração pode anular seus próprios atos, quando eivados de vícios que os tornam ilegais, porque deles não se originam direitos; ou revogá-los, por motivo de conveniência ou oportunidade, respeitados os direitos adquiridos, e ressalvada, em todos os casos, a apreciação judicial.

19.2. Súmulas do STJ

- **Súmula n. 333:** Cabe mandado de segurança contra ato praticado em licitação promovida por sociedade de economia mista ou empresa pública.

12. JUSTEN FILHO, Marçal. Comentários à Lei de Licitações e contratos administrativos. São Paulo: Editora Dialética, 14ª ed. 2009.

20. JURISPRUDÊNCIAS 2015/2016

- **AGRAVO REGIMENTAL. SUSPENSÃO DE LIMINAR. DEFERIMENTO. TRANSPORTE PÚBLICO. LICITAÇÃO. EXIGÊNCIA EDITALÍCIA. NÃO CUMPRIMENTO. PREDOMINÂNCIA DO INTERESSE PÚBLICO. EXCLUSÃO POSTERIOR DO CERTAME POR RAZÕES AUTÔNOMAS E DISTINTAS. FRACASSO DA LICITAÇÃO DECLARADO PELA ANTT. PERDA SUPERVENIENTE DO INTERESSE RECURSAL. NÃO CONHECIMENTO DO AGRAVO.** I - Cuidando-se de exigência constante de edital de concorrência para exploração de várias linhas de transporte terrestre, mister seu integral cumprimento, considerando que o objeto licitado envolve o sistema de transporte coletivo interestadual, responsável pela locomoção diária de elevado número de passageiros. II - A empresa agravada juntou aos autos documento que atesta a exclusão da empresa agravante do certame em causa, por não preencher requisitos autônomos e distintos do discutido no presente pedido de contracautela (experiência na prestação de transporte público regular, fl. 333, e-STJ). Ato posterior à decisão suspensiva da Presidência do STJ. Declaração de fracasso da licitação em vertente pela ANTT, em 26 de maio de 2015. Sendo assim, mantida ou revogada a decisão impugnada, não será beneficiada a recorrente. Tal conclusão implica a perda superveniente do interesse recursal da Kandango Transportes e Turismo LTDA. Agravo regimental não conhecido. **(AgRg na SLS 1999/DF, Agravo Regimental na Suspensão de Liminar e de Sentença 2015/0047559-1, Rel. Ministro Francisco Falcão, Corte Especial, j. 05/08/2015, DJe 14/08/2015.)**
- **RECURSO ESPECIAL. ADMINISTRATIVO E PROCESSUAL CIVIL. OMISSÃO INEXISTENTE. ART. 535 NÃO VIOLADO. AÇÃO CIVIL DE IMPROBIDADE ADMINISTRATIVA. CONTRATAÇÃO POR MUNICÍPIO DE ESCRITÓRIO DE ADVOCACIA SEM LICITAÇÃO. HIPÓTESE EM QUE NÃO HÁ INEXIGIBILIDADE. SERVIÇOS TÉCNICOS NÃO SINGULARES. VIOLAÇÃO DOS ARTS. 25, II, § 1º C/C 13, V, DA LEI 8.666/93. IMPROBIDADE ADMINISTRATIVA.** ART. 11 DA LEI 8.429/92. 1. Trata-se de Ação Civil por Ato de Improbidade Administrativa ajuizada pelo Ministério Público do Estado de Minas Gerais contra o então Prefeito, membros da Comissão Permanente de Licitação e Contratos do Município de Visconde do Rio Branco e o Procurador Municipal pela contratação do escritório de José Nilo de Castro Advocacia Associada S/C, sem a realização do devido procedimento licitatório, sob o fundamento da inexigibilidade. 2. Verifica-se que o acórdão recorrido analisou todas as questões necessárias ao desate da controvérsia. Logo, não padece de vícios de omissão, contradição ou obscuridade, a justificar sua anulação pelo STJ. Dessarte, merece ser repelida a tese de violação do art. 535 do CPC. 3. Nos termos do art. 13, V c/c art. 25, II, § 1º, da Lei 8.666/1993 é possível a contratação de serviços relativos ao patrocínio ou defesa de causas judiciais ou administrativas sem procedimento licitatório. Contudo, para tanto, deve haver a notória especialização do prestador de serviço e a singularidade deste. A inexigibilidade é medida de exceção que deve ser interpretada restritivamente. 4. A singularidade envolve casos incomuns e anômalos que demandam mais do que a especialização, pois apresentam complexidades que impedem sua resolução por qualquer profissional, ainda que especializado. 5. No caso dos autos, o objeto do contrato descreve as atividades de patrocínio ou defesa de causas judiciais ou administrativas e elaboração de pareceres, as quais são genéricas e não apresentam peculiaridades e/ou complexidades incomuns, nem exigem conhecimentos demasiadamente aprofundados, tampouco envolvem dificuldades superiores às corriqueiramente enfrentadas por advogados e escritórios de advocacia atuantes na área da Administração Pública e pelo órgão técnico jurídico do município. Ilegalidade. Serviços não singulares. 6. O STJ possui entendimento de que viola o disposto no art. 25 da Lei 8.666/1993 a contratação de advogado quando não caracterizada a singularidade na prestação do serviço e a inviabilidade da competição. Precedentes: REsp 1.210.756/MG, Rel. Ministro Mauro Campbell Marques, DJe 14/12/2010; REsp 436.869/SP, Rel. Ministro João Otávio de Noronha, DJ 01/02/2006, p. 477. 7. A contratação de serviços sem procedimento licitatório quando não caracterizada situação de inexigibilidade viola os princípios da legalidade, impessoalidade, moralidade e eficiência e os deveres de legalidade e imparcialidade. Improbidade administrativa - art. 11 da Lei 8.429/92. 8. É pacífico o entendimento do STJ no sentido de que o ato de improbidade administrativa previsto no art. 11 da Lei 8.429/92 não requer a demonstração de dano ao erário ou de enriquecimento ilícito, mas exige a demonstração de dolo, o qual, contudo, não necessita ser específico, sendo suficiente o dolo genérico. 9. Recurso parcialmente conhecido e nessa parte provido, com a devolução dos autos para a instância de origem para a apreciação das penalidades cabíveis. **(REsp 1444874/MG, Recurso Especial 2013/0352355-7, Rel. Ministro Herman Benjamin, Segunda Turma, j. 03/02/2015, DJe 31/03/2015.)**
- **EMENTA Ação penal. Dispensa de licitação (art. 89, caput e parágrafo único, da Lei nº 8.666/93). Tomada de preço. Contratos de locação de veículos. Termos aditivos. Prorrogação do prazo de vigência. Alegada violação do art. 57 da Lei nº 8.666/93. Ausência de dolo. Fato atípico. Ordenação de despesas não autorizadas (art. 359-D do Código Penal). Acusado que, à época dos fatos, não mais detinha qualquer poder para ordenar as despesas em questão. Ação penal improcedente.** 1. O tipo penal do art. 89 da Lei n° 8.666/93 pressupõe, além do necessário dolo simples (vontade consciente e livre de contratar independentemente da realização de prévio procedimento licitatório), a intenção de produzir um prejuízo aos cofres públicos por meio do afastamento indevido da licitação. 2. Não se vislumbra, na conduta dos acusados de firmar termos aditivos, prorrogando a vigência de contratos de locação de veículos precedidos de licitação na modalidade de tomada de preços, o dolo de causar prejuízo ao erário. Atipicidade do fato reconhecida. 3. Uma vez que o acusado, à época dos fatos, não detinha mais poderes para ordenar despesas não autorizadas por lei, está provado que não concorreu de qualquer forma para o crime descrito no art. 359-D do Código Penal. 4. Ação penal julgada improcedente. **(AP 700, Relator(a): Min. DIAS TOFFOLI, Segunda Turma, julgado em 23/02/2016, ACÓRDÃO ELETRÔNICO DJe-080 DIVULG 25-04-2016 PUBLIC 26-04-2016)**

20.1. Informativos dos STF

- Informativo n. 786

TCU E DECLARAÇÃO DE INIDONEIDADE PARA LICITAR. O TCU tem competência para declarar a inidoneidade de empresa privada para participar de licitações promovidas pela Administração Pública. Com base nessa orientação, o Tribunal, por maioria, denegou mandado de segurança impetrado em face de decisão do TCU que declarara não poder aquela pessoa jurídica, por cinco anos, participar de licitações públicas. No caso, a Corte de Contas aplicara a referida penalidade porque a impetrante fraudara documentos que teriam permitido a sua habilitação em procedimentos licitatórios. A decisão fora fundamentada no art. 46 da Lei 8.443/1992 — Lei Orgânica do TCU ("Art. 46. Verificada a ocorrência de fraude comprovada à licitação, o Tribunal declarará a inidoneidade do licitante fraudador para participar, por até cinco anos, de licitação na Administração Pública Federal"). A Corte destacou que, no julgamento da Pet 3.606 AgR/DF (DJU de 27.10.2006), o Plenário do STF reconhecera a validade do art. 46 da Lei Orgânica do TCU e esclarecera que "o poder outorgado pelo legislador ao TCU, de declarar, verificada a ocorrência de fraude comprovada à licitação, a inidoneidade do licitante fraudador para participar, por até cinco anos, de licitação na Administração Pública Federal (art. 46 da L. 8.443/92), não se confunde com o dispositivo da Lei das licitações (art. 87), que - dirigido apenas aos altos cargos do Poder Executivo dos entes federativos (§ 3º) - é restrito ao controle interno da Administração Pública e de aplicação mais abrangente". Lembrou que outras decisões foram proferidas no sentido de assentar a constitucionalidade das atribuições que são delegadas a certas entidades privadas (organizações sociais e entidades do "Sistema S") e que teriam como um dos fundamentos básicos a submissão dessas entidades ao Tribunal de Contas e, portanto, sujeitas às sanções correspondentes por ele aplicadas. Asseverou que a base normativa que legitima, a partir da Constituição, o exercício desse dever/poder de fiscalizar, de controlar e de reprimir eventuais fraudes ou ilicitudes no âmbito da Administração Pública residiria no art. 46 da Lei 8.443/1992. Ademais, o parágrafo único do art. 70 da CF ("Art. 70. ... Parágrafo único. Prestará contas qualquer pessoa física ou jurídica, pública ou privada, que utilize, arrecade, guarde, gerencie ou administre dinheiros, bens e valores públicos ou pelos quais a União responda, ou que, em nome desta, assuma obrigações de natureza pecuniária") submeteria essa competência material do TCU não apenas as pessoas de direito público, mas também as pessoas jurídicas de direito privado e até mesmo as pessoas naturais. Vencido o Ministro Marco Aurélio, que concedia a ordem. Assinalava que o § 3º do art. 71 da CF, ao estabelecer que as decisões do TCU de que resultasse imputação de débito ou multa terão eficácia de título executivo, conduziria, em interpretação sistemática e teleológica, à conclusão de que o pronunciamento diria respeito à Administração Pública. Nesse contexto, frisava que o art. 46 da Lei 8.443/1992 implicaria — a colocar em segundo plano a higidez — aditamento ao rol das práticas autorizadas pelo art. 71 da CF e à Lei 8.666/1993, a qual seria categórica ao preconizar o que incumbiria, de forma exclusiva, ao Ministro de Estado, ao Secretário Estadual ou Municipal aplicar sanção ["Art. 87. ... § 3º. A sanção estabelecida no inciso IV deste artigo é de competência exclusiva do Ministro de Estado, do Secretário Estadual ou Municipal, conforme o caso, facultada a defesa do interessado no respectivo processo, no prazo de 10 (dez) dias da abertura de vista, podendo a reabilitação ser requerida após 2 (dois) anos de sua aplicação"]. Assim, assentava a inconstitucionalidade do art. 46 da Lei 8.443/1992. MS 30788/MG, rel. orig. Min. Marco Aurélio, red. p/ o acórdão Min. Roberto Barroso, 21.5.2015. (MS - 30788). (Informativo 786, Plenário).

21. QUESTÕES DE CONCURSOS

1. (VUNESP - 2014 - SAAE-SP - Procurador Jurídico) É prevista na Lei Federal n.º 8.666/93, como hipótese de inexigibilidade de licitação

a) a aquisição que a União tiver que efetuar para intervir no domínio econômico a fim de regular preços ou normalizar o abastecimento.
b) a locação de imóvel destinado ao atendimento das finalidades precípuas da administração, cujas necessidades de localização condicionem a sua escolha.
c) a contratação de serviços técnicos de auditorias financeiras ou tributárias, de natureza singular, com profissionais ou empresas de notória especialização.
d) a contratação de associação de portadores de deficiência física, sem fins lucrativos e de comprovada idoneidade, para a prestação de serviços de mão de obra.
e) nas compras de hortifrutigranjeiros, pão e outros gêneros perecíveis, realizadas diretamente com base no preço do dia.

2. (FCC - 2014 - TCE-RS - Auditor Público Externo - Engenharia Civil - Conhecimentos Básicos) Dentre as peculiaridades que predicam o pregão como modalidade de licitação que confere celeridade à conclusão do procedimento, destaca-se a

a) inexistência de fase recursal, cabendo, contudo, aos licitantes recorrer à via judicial.
b) existência da fase de lances verbais, na qual todos os participantes inscritos disputam o objeto da licitação facultado apresentarem novos lances, até que seja definido o menor preço.
c) possibilidade de contratar pelo critério melhor técnica, cabendo aos licitantes disputar suas

propostas na fase de lances verbais, inclusive com propostas substitutivas.

d) fase recursal única, facultada a qualquer dos licitantes, após a declaração do vencedor.

e) possibilidade de participação de todos os interessados em qualquer fase, ainda que não estejam devidamente inscritos na licitação.

3. (VUNESP - 2014 - TJ-PA - Analista Judiciário - Fiscal de Arrecadação) Quanto à anulação ou revogação de uma licitação, assinale a alternativa correta.

a) No caso de revogação do processo licitatório, não há necessidade de ser assegurado o contraditório e a ampla defesa.

b) A anulação do procedimento licitatório por motivo de ilegalidade sempre gera obrigação de indenizar.

c) Constatando a ocorrência de ilegalidade, a autoridade competente deverá revogar a licitação de ofício.

d) A nulidade do procedimento licitatório induz à do contrato, produzindo efeitos retroativos.

e) A anulação por interesse público ocorrerá desde que provocação de terceiros demonstre fato superveniente que impeça futura contratação

4. (FCC - 2014 - TRF - 4ª REGIÃO - Técnico Judiciário - Área Administrativa) Nos termos da Lei nº 8.666/1993, as obras, serviços e compras efetuadas pela Administração pública serão divididas em tantas parcelas quantas se comprovarem técnica e economicamente viáveis, procedendo-se à licitação com vistas ao melhor aproveitamento dos recursos disponíveis no mercado e à ampliação da competitividade sem perda da economia de escala.

O Estado do Rio Grande do Sul pretende executar obra, parcelada nos termos da afirmativa anterior. Nesse caso, a cada etapa ou conjunto de etapas da obra, há de corresponder

a) uma única licitação, obrigatoriamente na modalidade tomada de preços.

b) licitação distinta, sempre na modalidade tomada de preços.

c) uma única licitação, obrigatoriamente na modalidade concorrência.

d) uma única licitação, preservada a modalidade pertinente para a execução do objeto.

e) licitação distinta, preservada a modalidade pertinente para a execução do objeto.

5. (CESPE - 2014 - TJ-SE - Analista Judiciário – Direito) Acerca das licitações públicas, julgue os itens subsequentes.

É vedado exigir aos licitantes a comprovação de capital mínimo ou de patrimônio líquido mínimo ou qualquer outra condição que comprometa, restrinja ou frustre a isonomia entre os licitantes ou o caráter competitivo do certame.

6. (CESPE - 2014 - TJ-SE - Titular de Serviços de Notas e de Registros – Remoção) Com relação às licitações (Lei n.º 8.666/1993 e atualizações), assinale a opção correta.

a) A prestação de serviços públicos sob o regime de permissão, concessão ou autorização independe da realização de licitação.

b) O licitante que apresentar tempestivamente impugnação contra determinada restrição para a habilitação imposta no edital de licitação somente poderá participar do processo licitatório após o trânsito em julgado da decisão pertinente à referida impugnação.

c) É dispensável a licitação para a compra de imóvel destinado ao atendimento de finalidades precípuas da administração pública, se as necessidades de instalação condicionarem sua escolha e ainda que seu preço seja superior ao de mercado, desde que o imóvel seja adequado à destinação pretendida pela administração.

d) É possível a adoção da modalidade de licitação denominada tomada de preços caso os interessados apresentem comprovação das condições exigidas para o cadastramento até o terceiro dia posterior à data do recebimento das propostas, observada a necessária qualificação.

e) É vedada a inclusão, no edital de licitação, de exigências de habilitação para cujo atendimento os licitantes tenham de incorrer, antes da celebração do contrato, em custos não necessários.

7. (CAIPIMES – PGM - Grande ABC – Procurador/2015) É dispensável a licitação:

a) nos casos de interesse público, quando caracterizada necessidade de atendimento de situação que possa colocar em risco equipamentos públicos, e somente para os bens necessários ao atendimento da situação urgencial para as parcelas de obras e serviços que possam ser concluídas no prazo máximo de 90 (noventa) dias úteis.

b) quando os entes federativos tiverem que intervir no domínio econômico para regular preços ou normalizar o abastecimento.

c) quando houver possibilidade de comprometimento da segurança nacional, nos casos estabelecidos em decreto do Presidente da República, ouvido o Conselho de Defesa Nacional.

d) quando acudirem interessados à licitação anterior e esta, justificadamente, puder ser repetida sem prejuízo para a Administração, mantidas, neste caso, todas as condições preestabelecidas.

8. (FCC – Juiz de Direito – GO/2015) Suponha que o Estado de Goiás tenha instaurado um procedimento licitatório para a contratação de obra de grande vulto e, ao final do certame, já tendo conhecimento do vencedor, considerou prudente não prosseguir com a contratação haja vista que a empresa que apresentou a melhor proposta teve envolvimento comprovado em investigações em curso para apuração de fraudes em outras licitações no Estado e superfaturamento de contratos. Diante deste cenário, com base nas disposições da Lei no 8.666/1993,

a) deverá desclassificar a empresa vencedora, caso o resultado da licitação já tenha sido homologado, podendo contratar diretamente a execução das obras, observada a compatibilidade de preços com os praticados no mercado.

b) poderá revogar a licitação, por razões de interesse público, decorrente de fato superveniente devidamente comprovado, pertinente e suficiente para justificar tal conduta.

c) deverá anular a licitação, por ilegalidade, de ofício ou por provocação de terceiros, mediante parecer escrito e devidamente fundamentado.

d) poderá desconsiderar a proposta apresentada pelo licitante vencedor e adjudicar o objeto ao segundo colocado, por decisão fundamentada da comissão de licitação.

e) poderá deixar de contratar a empresa vencedora, desde que ainda não tenha adjudicado o objeto da licitação, independentemente desta ter sido formalmente apenada com suspensão ou declaração de inidoneidade.

9. (TRF 1 - Juiz Federal Substituto 1ª região/2015) Com referência a licitação, sistema de registro de preços, contratos administrativos e pregão, assinale a opção correta.

a) No pregão, ao contrário das demais modalidades de licitação, a adjudicação do objeto da licitação ao vencedor antecede à homologação do procedimento.

b) A licitação frustrada, assim considerada aquela à qual não acudirem interessados à licitação anterior e que não possa ser repetida sem prejuízo para a administração, caracteriza hipótese de inexigibilidade de licitação.

c) O sistema de registro de preços pode ser definido como uma modalidade de licitação por meio da qual a administração pública seleciona a melhor proposta para celebração de contratos específicos a mais de um órgão ou entidade.

d) Entre os casos de dispensa de licitação está a contratação, por pessoas jurídicas de direito público e de direito privado que integram a administração pública, de bens ou serviços oriundos de entidade que integre a administração pública, desde que o preço contratado seja compatível com o praticado no mercado.

e) Os contratos administrativos possuem prazo determinado, devendo sua duração ficar sempre adstrita à vigência dos respectivos créditos orçamentários.

10. (MPE-SP – Promotor de Justiça – SP/2015) Sobre as sanções administrativas previstas na Lei n. 8.666/93, marque a assertiva correta:

a) Dependem de sentença judicial a aplicação das sanções previstas na Lei n. 8.666/93, pela Administração Pública, em caso de irregularidades do particular na execução do contrato.

b) A multa de mora por atraso injustificado na execução do contrato será descontada da garantia prestada pelo contratado, independentemente de processo administrativo.

c) A lei não permite a cumulação da multa de mora com a multa pela inexecução total ou parcial do contrato administrativo.

d) A declaração de inidoneidade para licitar ou contratar com a Administração Pública é de competência exclusiva do Ministro de Estado, do Secretário Estadual ou Municipal, conforme o caso, e cabe pedido de reconsideração no prazo de 10 dias úteis da intimação do ato.

e) A suspensão temporária de participação em licitação e o impedimento de contratar com a Administração competem exclusivamente ao Ministro de Estado, ao Secretário Estadual ou Municipal, conforme o caso, e cabe pedido de reconsideração no prazo de 10 dias úteis da intimação do ato.

11. (TRF 5 - Juiz Federal Substituto 5ª região/2015) Assinale a opção correta a respeito de licitações e registro de preços.

a) Representa hipótese de licitação dispensada, com previsão na Lei n.° 8.666/1993, a locação de imóvel destinado ao atendimento das finalidades precípuas da administração cuja necessidade de instalação e localização condicione a sua escolha.

b) Quando, no decorrer de uma licitação, os licitantes apresentarem propostas com preços manifestamente superiores aos praticados no mercado nacional ou incompatíveis com os fixados pelos órgãos oficiais competentes, se estará diante, então, da chamada licitação deserta.

c) Em todas as modalidades licitatórias, faz-se imprescindível a constituição de comissão permanente ou especial de, no mínimo, três membros, servidores qualificados pertencentes aos quadros permanentes dos órgãos da administração responsável pela licitação, a qual será responsável por receber, examinar e julgar todos os documentos e procedimentos relativos às licitações e ao cadastramento dos licitantes.

d) O sistema de registro de preços é o procedimento administrativo por meio do qual a administração pública seleciona as propostas mais vantajosas, que ficarão registradas para futuras contratações de prestação de serviços e aquisição de bens mediante concorrência ou pregão.

e) Se a administração pública pretender contratar serviços ou adquirir materiais, equipamentos ou gêneros que só possam ser fornecidos por produtor, empresa ou representante comercial exclusivo, poderá fazê-lo mediante dispensa de licitação.

12. (FCC – Analista Judiciário – Área Administrativa - TRT 3/2015) Considere duas situações hipotéticas:

I. O Estado de Minas Gerais pretende comprar imóvel para o atendimento de suas finalidades precípuas, cujas necessidades de instalação e localização condicionem a sua escolha, e desde que o preço do imóvel seja compatível com o valor de mercado, segundo avaliação prévia;

II. A União Federal necessita intervir no domínio econômico para regular preços.

Nas hipóteses narradas, e nos termos do que consta na Lei nº 8.666/1993, a licitação é

a) dispensável na primeira hipótese e inexigível na segunda.

b) inexigível.

c) inexigível na primeira hipótese e dispensável na segunda.

d) dispensável.

e) obrigatória na modalidade pregão na primeira hipótese e inexigível na segunda.

13. (Cespe – Juiz de Direito Substituto - AM/2016) Com relação a licitação, assinale a opção correta.

A) A empreitada por preço global refere-se à contratação de um empreendimento em sua integralidade, compreendidas todas as etapas da obra, serviços e instalações necessários, sob inteira responsabilidade da contratada.

B) Para fins de julgamento das propostas de preços, será computada a atualização monetária das obrigações de pagamento como valor da obra ou serviço.

C) O autor do projeto básico não poderá participar, ainda que indiretamente, do fornecimento de bens necessários à execução de obra.

D) As margens de preferência por produto manufaturado e por serviços nacionais que atendam a normas técnicas brasileiras são definidas pelo Congresso Nacional, não podendo seu preço ultrapassar o montante de 50% do preço dos produtos manufaturados e serviços estrangeiros.

E) Os conteúdos das propostas e todos os atos e procedimentos licitatórios são públicos.

14. (FCC – Analista Judiciário – Área Administrativa – TRF 3/2016) A escolha da modalidade licitatória a ser utilizada pela Administração pública é prerrogativa da autoridade competente para a contratação, decisão que

A) pode ser discricionária, baseada nas opções constantes da legislação, tal como o leilão ou o pregão para a alienação de bens inservíveis.

B) é invariavelmente vinculada, tendo em vista que o cabimento de cada modalidade de licitação está expressamente arrolado na legislação vigente para as hipóteses de contratação pretendidas.

C) pode ser discricionária, cabendo ao administrador fundamentar e justificar a escolha feita, tal como na escolha da modalidade leilão para a alienação de bens imóveis adquiridos por meio de adjudicação em execuções fiscais.

D) pode ser vinculada, quando a lei descrever a modalidade cabível para uma hipótese, como no caso das contratações de bens e serviços de natureza comum, que deve ser realizada por meio de pregão.

E) é discricionária, posto que cabe ao administrador justificar a escolha da modalidade de licitação a ser escolhida visando ao resultado pretendido, com base em critérios de conveniência e oportunidade, como no caso da alienação onerosa de imóveis, que pode ser realizada por meio de leilão ou concorrência.

15. (FCC – Analista Judiciário – Área Administrativa – TRF 3/2016) O princípio que obriga a Administração pública à prévia licitação para contratação dos diversos bens e serviços de seu interesse convive com situações em que o certame se mostra dispensável ou inexigível. As hipótese são várias, algumas que a lei escolheu excluir da obrigatoriedade de serem licitadas, outras cuja a realização do certame não se mostra possível ou adequada.

Diante de um cenário em que a Administração pública precise firmar contrato para prestação de serviço de atendimento da população para orientação inicial e encaminhamento aos setores adequados de conhecido complexo que concentra vários serviços públicos em um mesmo local, é

A) possível declarar inexigibilidade de licitação para contratação de associação sem fins lucrativos que congregue portadores de deficiência física e pessoas com reconhecida hipossuficiência financeira, como forma de execução de política social.

B) permitido dispensar a licitação para contratar associação sem fins lucrativos, de pessoas portadoras de deficiência física, tendo em vista que as atividades necessárias à Administração são condizentes com as limitações físicas dos associados, o que não afasta a necessidade do valor ser compatível com o praticado no mercado.

C) necessário realizar licitação, tendo em vista que se trata de contratação de mão de obra, para cuja finalidade inexiste previsão legal de dispensa ou inexigibilidade de certame.

D) dispensada a licitação para contratação de associações sem fins lucrativos, bastando à Administração pública comprovar essa condição e a respectiva declaração de utilidade pública emitida pelo ente da mesma esfera do potencial contratante.

E) inexigível a licitação para os casos em que o contratado seja pessoa jurídica sem fins lucrativos e desde que o valor da contratação seja compatível com o praticado no mercado.

16. (Cespe – Agente de Polícia – PC – PE/2016) A respeito de licitações, contratos administrativos e convênios, assinale a opção correta.

A) Tratando-se de pregão, os prazos para o fornecimento dos bens ou serviços contratados serão fixados na fase externa da licitação, imediatamente após a convocação dos interessados.

B) Veda-se a celebração de contratos de repasse entre a União e órgãos estaduais relacionados à execução de obras e serviços de engenharia se o valor da transferência da União for inferior a R$ 250.000.

C) No âmbito do Regime Diferenciado de Contratações Públicas (RDC), define-se como projeto básico o conjunto dos elementos necessários e suficientes à execução completa da obra, de acordo com as normas técnicas pertinentes.

D) Veda-se a utilização do Sistema de Registro de Preços para a aquisição de bens ou para a contratação de serviços destinados ao atendimento a mais de um órgão ou entidade.

E) Em se tratando de licitação de obra relacionada a empreendimento executado e explorado sob o regime de concessão, é vedado incluir no objeto da licitação a previsão de obtenção de recursos financeiros para a sua execução.

17. (FCC – Procurador do Estado – MT/2016) A Diretoria Regional de Educação pretende realizar licitação para aquisição de uniforme escolar destinado ao uso de dez mil alunos pertencentes à rede local de ensino, sendo que o preço estimado da contratação equivale a quinhentos mil reais. Nessa hipótese, a Diretoria

A) não pode adotar o pregão, pois esta modalidade licitatória só pode ser utilizada quando o valor estimado da contratação for igual ou inferior a oitenta mil reais.

B) deve dividir a compra em quatro ou mais lotes, possibilitando assim o uso de modalidade convite, para propiciar maior celeridade e competitividade na contratação.

C) pode utilizar o pregão presencial, mas não o pregão eletrônico, modalidade licitatória que somente é empregada pelas entidades e órgãos da Administração Pública Federal.

D) deverá obrigatoriamente utilizar a concorrência-pregão, compatível com a aquisição de bens considerados comuns, mas cujo valor estimado da contratação exceda o valor da tomada de preços.

E) pode utilizar a modalidade licitatória tomada de preço ou, se entender mais conveniente, adotar a concorrência.

18. (Cespe – Juiz de Direito Substituto - DF/2016) A licitação é inexigível

A) para a contratação de fornecimento ou suprimento de energia elétrica e gás natural com concessionário, permissionário ou autorizado.

B) quando a União tiver de intervir no domínio econômico para regular preços ou normalizar o abastecimento.

C) se houver possibilidade de comprometimento da segurança nacional, nos casos estabelecidos em decreto do presidente da República, ouvido o Conselho de Defesa Nacional.

D) para a contratação de profissional de qualquer setor artístico, diretamente ou mediante empresário exclusivo, desde que o profissional seja consagrado pela crítica especializada ou pela opinião pública.

E) para a aquisição ou a restauração de obras de arte e objetos históricos, de autenticidade certificada, compatíveis ou inerentes às finalidades do órgão ou da entidade.

19. (CAIPIMES – PGM - Grande ABC – Procurador/2015) É dispensável a licitação:

a) nos casos de interesse público, quando caracterizada necessidade de atendimento de situação que possa colocar em risco equipamentos públicos, e somente para os bens necessários ao atendimento da situação urgencial para as parcelas de obras e serviços que possam ser concluídas no prazo máximo de 90 (noventa) dias úteis.

b) quando os entes federativos tiverem que intervir no domínio econômico para regular preços ou normalizar o abastecimento.

c) quando houver possibilidade de comprometimento da segurança nacional, nos casos estabelecidos em decreto do Presidente da República, ouvido o Conselho de Defesa Nacional.

d) quando acudirem interessados à licitação anterior e esta, justificadamente, puder ser repetida sem prejuízo para a Administração, mantidas, neste caso, todas as condições preestabelecidas.

20. (FCC – Analista Judiciário – Área Administrativa - TRT 3/2015) Considere duas situações hipotéticas:

I. O Estado de Minas Gerais pretende comprar imóvel para o atendimento de suas finalidades precípuas, cujas necessidades de instalação e localização condicionem a sua escolha, e desde que o preço do imóvel seja compatível com o valor de mercado, segundo avaliação prévia;

II. A União Federal necessita intervir no domínio econômico para regular preços.

Nas hipóteses narradas, e nos termos do que consta na Lei no 8.666/1993, a licitação é

a) dispensável na primeira hipótese e inexigível na segunda.

b) inexigível.

c) inexigível na primeira hipótese e dispensável na segunda.

d) dispensável.

e) obrigatória na modalidade pregão na primeira hipótese e inexigível na segunda.

GABARITO		COMENTÁRIO
1	C	De acordo com o art. 25, inciso II, da Lei 8.666, é inexigível a licitação quando houver inviabilidade de competição, em especial "para a contratação de serviços técnicos enumerados no art. 13 desta Lei, de natureza singular, com profissionais ou empresas de notória especialização, vedada a inexigibilidade para serviços de publicidade e divulgação". O art. 13, inciso IV, da referida lei, dispõe que são considerados serviços técnicos profissionais especializados os trabalhos relativos a assessorias ou consultorias técnicas e auditorias financeiras ou tributárias.
2	D	Conforme o art. 4º, inciso XVIII, da Lei 10.520/02, "declarado o vencedor, qualquer licitante poderá manifestar imediata e motivadamente a intenção de recorrer, quando lhe será concedido o prazo de 3 (três) dias para apresentação das razões do recurso, ficando os demais licitantes desde logo intimados para apresentar contrarrazões em igual número de dias, que começarão a correr do término do prazo do recorrente, sendo-lhes assegurada vista imediata dos autos".
3	D	A alternativa está correta tendo em vista a disposição do § 2º do art. 49 da Lei 8.666/93, que determina que "a nulidade do procedimento licitatório induz à do contrato, ressalvado o disposto no parágrafo único do art. 59 desta Lei", bem como do art. 59, segundo o qual "a declaração de nulidade do contrato administrativo opera retroativamente impedindo os efeitos jurídicos que ele, ordinariamente, deveria produzir, além de desconstituir os já produzidos".
4	E	A alternativa está de acordo com o § 2º do art. 23 da Lei de Licitações, segundo o qual "na execução de obras e serviços e nas compras de bens, parceladas nos termos do parágrafo anterior, a cada etapa ou conjunto de etapas da obra, serviço ou compra, há de corresponder licitação distinta, preservada a modalidade pertinente para a execução do objeto em licitação".

GABARITO		COMENTÁRIO
5	ERRADO	A assertiva contraria o § 2º do art. 31 da Lei 8.666/93, que estabelece que a Administração, nas compras para entrega futura e na execução de obras e serviços, poderá determinar, no instrumento convocatório da licitação, a exigência de capital mínimo ou de patrimônio líquido mínimo, ou ainda as garantias previstas no § 1º do art. 56, como dado objetivo de comprovação da qualificação econômico-financeira dos licitantes e para efeito de garantia ao adimplemento do contrato a ser ulteriormente celebrado.
6	E	Conforme a Súmula nº 272, de 2012, do Tribunal de Contas da União, no edital de licitação é defeso a inclusão de exigências de habilitação e de quesitos de pontuação técnica para cujo atendimento os licitantes tenham de incorrer em custos que não sejam necessários anteriormente à celebração do contrato.
7	C	O art. 24, da Lei 8.666/93, no seu inciso IX, estabelece como hipótese de licitação dispensável "quando houver possibilidade de comprometimento da segurança nacional, nos casos estabelecidos em decreto do Presidente da República, ouvido o Conselho de Defesa Nacional".
8	B	A autoridade competente poderá revogar o procedimento licitatório, em face de razões de interesse público, por motivo de fato superveniente devidamente comprovado, pertinente e suficiente para justificar tal conduta.
9	A	A inversão de fases do pregão enseja maior rapidez, no procedimento licitatório, isso porque, no pregão, primeiramente são classificadas as propostas, deixando a fase de habilitação por último. Também, procede-se a fase de adjudicação antes da homologação do certame pela autoridade competente.
10	D	A declaração de inidoneidade é de competência exclusiva do Ministro de Estado, do Secretário Estadual ou Municipal, conforme o caso, facultada a defesa do interessado no respectivo processo, no prazo de 10 (dez) dias da abertura de vista, podendo a reabilitação ser requerida após 2 (dois) anos de sua aplicação.
11	D	A licitação para registro de preços é utilizada quando o Poder Público licita com a finalidade de registrar os preços, para o caso de eventual contratação posterior. Acontece quando a administração entende que um bem ou serviço é adquirido com muita frequência e, por isso, tem interesse em deixar um registro, no órgão, com o eventual fornecedor deste bem ou serviço.
12	D	O art. 24, da Lei 8.666/93, no inciso VI, define que a licitação é dispensável "quando a União tiver que intervir no domínio econômico para regular preços ou normalizar o abastecimento". Já o inciso X, do mesmo dispositivo, estabelece que "para a compra ou locação de imóvel destinado ao atendimento das finalidades precípuas da administração, cujas necessidades de instalação e localização condicionem a sua escolha, desde que o preço seja compatível com o valor de mercado, segundo avaliação prévia".
13	C	O autor do projeto básico ou executivo estará impedido de participar, direta ou indiretamente, do procedimento licitatório, para execução da obra, podendo, contudo, ser contratado pela Administração Pública para atuar como fiscal, gerente ou supervisor, mediante contrato de consultoria, auxiliando os agentes públicos responsáveis por esta fiscalização.
14	C	Nas hipóteses em que a escolha da modalidade licitatória seja de caráter discricionário, o administrador deverá buscar a solução mais oportuna e conveniente ao interesse público. Resta claro, portanto, que a discricionariedade não se confunde com arbitrariedade, somente sendo exercida dentro dos limites definidos pela legislação aplicável. Sendo assim, o texto da lei 8.666/93 ao dispor que para alienação de bens imóveis que foram adquiridos pelo poder público mediante decisão judicial ou dação em pagamento, a Administração poderá se valer de procedimento licitatório na modalidade concorrência ou leilão, está conferindo ao ente estatal a possibilidade optar entre duas modalidades de licitação.
15	B	O art. 24, XX, da Lei 8.666/93, estabelece a dispensa de licitação na contratação de associação de portadores de deficiência física, sem fins lucrativos e de comprovada idoneidade, por **órgãos** ou entidades da Administração Pública, para a prestação de serviços ou fornecimento de mão de obra, desde que o preço contratado seja compatível com o praticado no mercado.

GABARITO		COMENTÁRIO
		Mais uma vez, a dispensa de licitação tem cunho social, com a intenção de fomentar o exercício dessas atividades. Saliente-se a exigência de que a entidade contratada não tenha finalidade de obtenção de lucro e a necessidade de os preços contratados serem compatíveis com os demais preços praticados no mercado para serviços similares.
16	**B**	Não se admite a celebração de convênios com órgãos e entidades da administração pública direta e indireta dos Estados, Distrito Federal e Municípios cujo valor seja inferior a R$ 100.000,00 (cem mil reais) ou, no caso de execução de obras e serviços de engenharia, exceto elaboração de projetos de engenharia, nos quais o valor da transferência da União seja inferior a R$ 250.000,00. Trata-se de vedação decorrente de baixo valor do objeto.
17	**E**	É possível a realização da tomada de preços para contratações de obras e serviços de engenharia até de um milhão e meio de reais (R$ 1.500.000,00) e para aquisição de bens e serviços, que não de engenharia, até de seiscentos e cinquenta mil reais (R$ 650.000,00). Ressalte-se que, nestas situações, em que é possível a tomada de preços, também será possível a realização de concorrência, apesar de não obrigatória. Isso porque, em licitação, segue-se a máxima de que "a modalidade que pode o mais, pode o menos".
18	**D**	De acordo com o gabarito da questão, não se considera viável competir para a contratação de serviços técnicos especializados enumerados no art. 13 da própria Lei 8.666/93, de natureza singular, com profissionais ou empresas de notória especialização e para contratação de profissional de qualquer setor artístico, seja a contratação feita diretamente ou através de empresário exclusivo, desde que consagrado pela crítica especializada ou pela opinião pública.
19	**C**	**O GABARITO tratou do inciso IX, da Lei 8.666/93, o qual define que a licitação é dispensável "quando houver possibilidade de comprometimento da segurança nacional, nos casos estabelecidos em decreto do Presidente da República, ouvido o Conselho de Defesa Nacional".** **Neste sentido, a segurança nacional não pode ser ameaçada para a proteção do certame licitatório. Ressalta-se que a licitação não é um fim em si mesma e só poderá ser realizada para atender o interesse público.**
20	**D**	**As duas situações apresentadas pela banca examinadora estão previstas nos incisos VI e X, do art. 24, da Lei 8.666/93. Desta forma, constata-se que os dois casos apresentados pela questão envolvem hipóteses em que a licitação é dispensável. Nestas situações, a legislação permite a celebração dos contratos pelo Poder Público sem a necessidade de realização do procedimento licitatório, mas se trata de atuação discricionária do administrador, a quem compete, em cada caso, definir se realizará ou não o certame licitatório.**

CAPÍTULO 9

CONTRATOS ADMINISTRATIVOS

1. INTRODUÇÃO

Algumas noções preliminares são importantes para conhecermos o tema e efetuarmos uma diferenciação capaz de elucidar por definitivo quaisquer dúvidas.

Inicialmente, é relevante suscitar uma divergência doutrinária acerca da existência e definição dos contratos administrativos. Nesse sentido, é possível que sejam destacadas três posições diversas.

- **A que nega a existência de contratos administrativos** – posição defendida por Oswaldo Aranha Bandeira de Melo[1]. O autor defende que estes contratos violariam a autonomia da vontade, bem como o *pacta sunt servanda*, haja vista a possibilidade de mutação da avença por vontade unilateral de uma das partes, bem como a rescisão contratual a qualquer tempo. Sendo assim, a doutrina dispunha que as cláusulas regulamentares dos contratos administrativos decorreriam de atos unilaterais e as avenças referentes ao equilíbrio econômico financeiro seriam celebradas por força de contratos privados.
- **A que defende que todos os contratos celebrados pela Administração são contratos administrativos** – esta doutrina toma por base o entendimento de que, em qualquer acordo celebrado com o Estado, estarão presentes as regras e princípios decorrentes da supremacia do interesse público sobre o interesse privado e, portanto, estariam todos esses instrumentos sujeitos ao regime jurídico administrativo.
- **A que aceita a existência de contratos administrativos como uma das espécies de contratos celebrados pela Administração** – é a posição majoritária, adotada nesta obra que defende que os contratos administrativos são aqueles contratos celebrados pela Administração Pública sob o regime de direito público, com prerrogativas e vantagens decorrentes da supremacia estatal. Sendo assim, a Administração Pública pode celebrar

1. BANDEIRA DE MELLO, Osvaldo Aranha. Princípios Gerais de Direito Administrativo. Rio de Janeiro: Editora Forense, 1979.

contratos regidos pelo direito privado, como locação, permuta e compra e venda, quando então atuaria sem prerrogativas em face do particular contratado, com a regência do Direito Civil. Ressalte-se que, mesmo nos contratos privados, a Administração Pública deve respeitar os princípios inerentes à sua atuação, como o dever de licitar e de garantir a isonomia nas contratações.

Sendo assim, considerando a adoção da terceira corrente, o objeto de estudo do Direito Administrativo é a análise dos contratos administrativos e não de todo e qualquer contrato celebrado pelo Poder Público.

Inicialmente devemos ter em mente que a legislação, por diversas vezes, confunde contratos administrativos com contratos da Administração, onde este é gênero do qual aquele é espécie, pois a expressão "contratos da administração" (sentido amplo) engloba os contratos administrativos e os contratos de direito privado celebrados pelo Poder Público.

Saliente-se que, mesmo nos contratos administrativos, a aplicação subsidiária do direito privado se faz necessária, pois é na teoria geral dos contratos que os contratos administrativos vão buscar seus elementos essenciais, aos quais vão agregar suas prerrogativas. Como exemplos disso, podem-se citar a bilateralidade dos contratos e comutatividade. No entanto, nos contratos da administração regidos pelo direito privado, o direito civil traça toda sua regulamentação, atuando o ente estatal sem nenhuma das prerrogativas de Estado.

Em resumo: a Administração Pública pode celebrar contratos regidos pelo Direito Público (ex: concessão de uso de bens públicos, permissão de serviços públicos) bem como pelo Direito Privado (ex: contratos de locação, de compra e venda).

Os contratos celebrados pela Administração Pública, sejam pelo regime de direito público quanto pelo regime de direito privado, estão sujeitos ao controle do Tribunal de Contas, por se tratar de avenças travadas com o dinheiro público, além de dependerem da realização de procedimento licitatório regular e obediência a todas as restrições impostas à Administração, como o prazo determinado e a previsão orçamentária.

Dessa forma, deve-se ter em mente o quanto disposto no quadro mnemônico abaixo.

→ Contratos da administração

A lei autoriza que o Estado celebre contratos regidos pelo direito privado no exercício de sua atividade ou contratos regidos pelo direito público. Todos eles ostentam a qualidade de "contratos da administração". Nos contratos de direito privado, o Estado não goza de prerrogativas de poder público, não obstante precise respeitar os requisitos e as limitações estipuladas na Lei 8666/93.

Ex.: contrato de compra e venda; contrato de locação regido pela lei 8245/91 c/c art.62 parágrafo 3.º da lei 8666/93 (são contratos civis, contudo, devem ter prazo determinado e a prorrogação não pode ser tácita, além de serem precedido de licitação).

→ Importante frisar

Os contratos da administração, ainda que privados, devem respeitar as regras da licitação, bem como devem ser celebrados por prazo determinado, dependendo da previsão de verba orçamentária e se sujeitam a controle orçamentário e financeiro exercido pelo Tribunal de Contas, nos moldes definidos na Constituição Federal. Ademais, esses contratos são celebrados com a finalidade de atingir o interesse público.

2. CONCEITO

A primeira grande característica, utilizada para definição dos contratos administrativos é o fato de que estas avenças, regidas pelo direito público, apresentam-se com uma característica singular, qual seja, a possibilidade de haver tratamento desigual entre a Administração (que atua com prerrogativas públicas) e o contratado, a exemplo de haver a possibilidade de a Administração extinguir o contrato unilateralmente. Maria Sylvia Zanella di Pietro[2] dispõe que *"no contrato administrativo, a Administração age como poder público, com poder de império na relação jurídica contratual; não agindo nessa qualidade, o contrato será de direito privado"*.

Com efeito, os contratos administrativos são as manifestações de vontade entre duas ou mais pessoas visando à celebração de negócio jurídico, havendo a participação do Poder Público, atuando com todas as prerrogativas decorrentes da supremacia do interesse público, visando sempre à persecução de um fim coletivo. Este contrato é regido pelo direito público, sendo inerentes a ele todas as prerrogativas e limitações de Estado.

Essas prerrogativas ensejam a existência das chamadas **cláusulas exorbitantes**, previstas no art. 58 da lei 8.666/93 e presentes, implicitamente, em todos os contratos administrativos. Essas cláusulas definem garantias ao poder público contratante de alteração unilateral dos contratos, para adequá-los ao interesse público, rescisão unilateral da avença por motivo de inadimplemento do contratado ou justificado por razões de interesse público, aplicação de penalidades previstas em lei, fiscalização e controle dos contratos celebrados, bem como a possibilidade, concedida ao estado de ocupação temporária de bens da contratada, como forma de evitar a descontinuidade do serviço prestado, em casos de necessidade. Essas cláusulas exorbitantes não são aplicadas aos contratos privados celebrados pelo Poder Público, salvo em situações excepcionais, quando então elas devem estar expressamente definidas no instrumento do acordo, não decorrendo diretamente da legislação aplicável.

Sendo assim, pode-se apontar a **verticalidade** como característica inerente aos contratos administrativos, haja vista a atuação do Poder Público com supremacia em face do particular contratado.

3. COMPETÊNCIA LEGISLATIVA

A Constituição define a competência para legislar acerca de licitações e contratos administrativos, em seu art. 22, XXVII, dispondo que a União deve proceder à legislação acerca das normas gerais aplicáveis à matéria.

Sendo assim, a União Federal deve editar as leis que traçam as regras gerais, cabendo aos estados e municípios a edição de normas suplementares, em obediências às regras estipuladas na legislação federal. Nas hipóteses em que não houver a edição de lei local ou estadual acerca do tema, a legislação federal será aplicada integralmente a todos os contratos administrativos celebrados por aquele ente.

2. PIETRO,Maria Sylvia Zanella di. Direito Administrativo. São Paulo: Editora Atlas, 21ª ed. 2008.

No exercício da competência constitucional, a União editou a lei 8.666/93 que, regulamentando o disposto no art. 37, XXI da Carta Magna dispõe acerca das licitações e contratos administrativos pertinentes a obras, serviços, inclusive de publicidade, compras, alienações e locações no âmbito dos Poderes da União, dos Estados, do Distrito Federal e dos Municípios.

4. CARACTERÍSTICAS DOS CONTRATOS ADMINISTRATIVOS

Conforme disposto alhures, para caracterização dos contratos administrativos, a doutrina se vale de aplicação subsidiária da teoria geral dos contratos, pois é nela que os contratos administrativos irão buscar seus elementos essenciais.

Além da característica comum a todos os contratos administrativos, qual seja a busca incessante pelo interesse público, outras características estão presentes nas avenças celebradas pelo Poder Público, consoante se analisará.

Dessa forma, pode-se dizer que todo contrato administrativo será:

I. **Comutativo:** aquele que gera direitos e deveres previamente estabelecidos para ambas as partes, não havendo a submissão a álea por parte dos contratantes. Não há contratos sujeitos a risco no Direito Administrativo. Sendo assim, diferentemente do direito civil, que permite a celebração de contratos aleatórios, com indefinição de obrigações para uma das partes do acordo, esta característica não pode estar presente nos contratos públicos.

II. **Consensual:** o simples consenso das partes já formaliza o contrato. Não se faz necessária a transferência do bem para ele se tornar perfeito. Nestes casos, a transferência do bem é simples consequência do contrato. Ressalte-se que, em direito civil, é possível a celebração de contrato real, aquele cuja perfeição depende da entrega da coisa, objeto do contrato.

No Direito Administrativo, o consenso do particular manifestar-se-á no momento da abertura dos envelopes de documentação. Por sua vez, o consenso da Administração depende da celebração do contrato.

III. **De Adesão:** aqueles que não admitem a rediscussão de cláusulas contratuais. As cláusulas são impostas por uma das partes (poder público) e à outra parte (particular) cabe apenas aderir ou não à avença. Nesses contratos, a Administração Pública não pode modificar cláusulas contratuais por vontade ou sugestão do particular a ser contratado.

IV. **Oneroso**: como regra, não são admitidos contratos gratuitos firmados com o poder público, devendo o particular ser remunerado pela execução da atividade ou entrega do bem objeto do acordo firmado.

V. **Sinalagmático:** as obrigações das partes são recíprocas, ou seja, a execução da atividade de uma das partes enseja o adimplemento contratual pela outra.

VI. **Personalíssimo:** os contratos administrativos devem ser celebrados com o vencedor do procedimento licitatório, não podendo ser transferido a terceiro. Nesse sentido, o contrato tem natureza *intuito personae* e a possibilidade de subcontratação do objeto do acordo fica limitada às hipóteses legalmente admitidas.

Sendo assim, os contratos são celebrados com aqueles que participaram e venceram os certames, restringindo a possibilidade de subcontratação, àquelas situações em que haja previsão editalícia e contratual e autorização do ente público (alguns contratos, como a concessão de serviços públicos, exige licitação para subcontratação).

No que pertine à subcontratação, a lei 8666/93, no seu artigo 72, prevê esta possibilidade, sendo certo que só ocorrerá se houver previsão no edital ou no contrato e desde que haja a concordância da Administração, sob pena de haver a rescisão contratual.

Este assunto é divergente e há quem afirme ser inconstitucional qualquer previsão que permita a subcontratação, por se tratar de burla ao procedimento licitatório. Afinal, estar-se-á entregando o objeto do contrato a quem não foi vencedor no certame, gerando a possibilidade de fraudes e de contratação de "laranjas" pelos particulares. A matéria será analisada em tópico específico.

VII. **Formal:** todo contrato administrativo tem uma forma definida na lei, indispensável à sua regularidade.

A Lei 8666, em seu artigo 55, prevê a forma do contrato, designada pela doutrina de **Instrumento (ou termo) do contrato**.

Esta norma prevê todas as cláusulas necessárias à validade do contrato administrativo e a sua ausência gera o vício de forma. Dessa forma, o art. 55, da lei 8.666/93 define as cláusulas necessárias à formação do contrato. Vejamos:

> Art. 55. São cláusulas necessárias em todo contrato as que estabeleçam:
>
> I – o objeto e seus elementos característicos;
>
> II – o regime de execução ou a forma de fornecimento;
>
> III – o preço e as condições de pagamento, os critérios, data-base e periodicidade do reajustamento de preços, os critérios de atualização monetária entre a data do adimplemento das obrigações e a do efetivo pagamento;
>
> IV – os prazos de início de etapas de execução, de conclusão, de entrega, de observação e de recebimento definitivo, conforme o caso;
>
> V – o crédito pelo qual correrá a despesa, com a indicação da classificação funcional programática e da categoria econômica;
>
> VI – as garantias oferecidas para assegurar sua plena execução, quando exigidas;
>
> VII – os direitos e as responsabilidades das partes, as penalidades cabíveis e os valores das multas;
>
> VIII – os casos de rescisão;
>
> IX – o reconhecimento dos direitos da Administração, em caso de rescisão administrativa prevista no art. 77 desta Lei;
>
> X – as condições de importação, a data e a taxa de câmbio para conversão, quando for o caso;
>
> XI – a vinculação ao edital de licitação ou ao termo que a dispensou ou a inexigiu, ao convite e à proposta do licitante vencedor;
>
> XII – a legislação aplicável à execução do contrato e especialmente aos casos omissos;
>
> XIII – a obrigação do contratado de manter, durante toda a execução do contrato, em compatibilidade com as obrigações por ele assumidas, todas as condições de habilitação e qualificação exigidas na licitação.
>
> § 1º (Vetado). (Redação dada pela Lei n. 8.883, de 1994)
>
> § 2º Nos contratos celebrados pela Administração Pública com pessoas físicas ou jurídicas, inclusive aquelas domiciliadas no estrangeiro, deverá constar necessariamente cláusula que

declare competente o foro da sede da Administração para dirimir qualquer questão contratual, salvo o disposto no § 6º do art. 32 desta Lei.

§ 3º No ato da liquidação da despesa, os serviços de contabilidade comunicarão, aos órgãos incumbidos da arrecadação e fiscalização de tributos da União, Estado ou Município, as características e os valores pagos, segundo o disposto no art. 63 da Lei n. 4.320, de 17 de março de 1964.

4.1. Formalismo

A primeira exigência é a realização de procedimento licitatório, conforme determinação do artigo 26 da lei 8.666/93. Não obstante, tal exigência também atinja os contratos celebrados pela Administração Pública, regidos pelo direito privado. Por óbvio, conforme já analisado em capítulo anterior, desta obra, a lei dispõe acerca de situações de dispensa e inexigibilidade de licitação, hipóteses nas quais a contratação poderá ser feita mediante procedimento que justifique a celebração da avença.

Como regra geral, o contrato deve ser **escrito**, devendo haver um termo que materialize a sua celebração. Assim, o procedimento licitatório é formalizado em processo regular e a contratação deve respeitar os requisitos definidos em lei. Desse modo, o art. 55 da lei 8.666/93 define quais são as cláusulas necessárias para formalização do instrumento de contrato. Nesse sentido, o **termo de contrato** ou **instrumento de contrato** é o meio, determinado por lei, para formalização do contrato e, para que o acordo seja válido, deve conter o objeto e seus elementos característicos, o regime de execução ou a forma de fornecimento, o preço e as condições de pagamento, assim como os critérios e periodicidade do reajuste de preços e as regras de atualização monetária entre a data do adimplemento das obrigações e a do efetivo pagamento.

No termo de contrato, ainda devem constar os prazos de início de etapas de execução e de conclusão e o crédito pelo qual correrá a despesa, com a indicação da classificação funcional programática e da categoria econômica. Deve ainda dispor acerca das garantias oferecidas para assegurar sua plena execução, os direitos e as responsabilidades das partes, as penalidades cabíveis e os valores das multas, os casos de rescisão e o reconhecimento dos direitos da Administração, em caso de rescisão administrativa.

A lei ainda exige como requisitos para a formalização regular do contrato, as condições de importação, a data e a taxa de câmbio para conversão, quando for o caso, devendo ainda definir a legislação aplicável à execução do contrato e especialmente aos casos omissos. Por fim, é indispensável obrigação do contratado de manter, durante toda a execução do contrato, em compatibilidade com as obrigações por ele assumidas, todas as condições de habilitação e qualificação exigidas na licitação.

Ressalte-se que a lei permite a celebração de contrato, em determinadas situações, por meio de carta-contrato, nota de empenho, autorização de compra ou ordem de execução de serviço, dispensando-se o termo de contrato propriamente dito, sempre que se tratar de avença celebrada com valor mais baixo.

Com efeito, a lei diz que o instrumento de contrato só é obrigatório quando o seu valor exigir licitação na modalidade concorrência ou tomada de preço. Para contratos de valores mais baixos, pode ser dispensado o instrumento de contrato.

→ ATENÇÃO

Valores que tornam obrigatória licitação na modalidade tomada de preço ou na modalidade concorrência e, consequentemente, exigem a realização de contrato, por meio de instrumento apropriado.

- Obras: acima de R$ 150.000,00.

- Bens e serviços: acima de R$ 80.000,00.

É importante entender que o que define a exigência do instrumento de contrato não é a realização de licitação na modalidade concorrência, mas sim o valor do contrato, inclusive, sendo indispensável, nas dispensas e inexigibilidades cujos preços estejam compreendidos nos limites destas duas modalidades de licitação.

→ *Exemplo 1:* **contrato de obras no valor de 100 mil reais**: pode fazer convite, mas também pode fazer concorrência → o instrumento de contrato não é obrigatório, porque o valor admite a dispensa deste termo contratual.

→ *Exemplo 2:* **obra de 2 milhões de reais,** sendo hipótese de dispensa de licitação, definida em lei → é obrigatório instrumento de contrato, porque não importa se foi feita licitação concorrência, mas tão somente o valor do contrato.

Para contratos de valores mais baixos, não é preciso seguir a forma estabelecida, podendo ser mais simples: não precisa do instrumento de contrato propriamente dito. Em tais casos, a lei permite substituir o termo de contrato por:

a) Carta contrato

b) Nota de empenho da despesa

c) Ordem de serviço

d) Autorização de compra.

Com efeito, dispõe o art. 62 da lei 8.666/93 que ***"O instrumento de contrato é obrigatório nos casos de concorrência e de tomada de preços,*** *bem como nas dispensas e inexigibilidades cujos preços estejam compreendidos nos limites destas duas modalidades de licitação, e facultativo nos demais em que a Administração puder substituí-lo por outros instrumentos hábeis, tais como* ***carta-contrato****,* ***nota de empenho de despesa****,* ***autorização de compra*** *ou* ***ordem de execução de serviço"****.*

Para contratos de valores mais baixos, é possível a substituição do termo de contrato por "carta contrato", "nota de empenho de despesa", "autorização de compra", "ordem de execução de serviço" ou outros instrumentos hábeis, quando então, aplica-se, no que couber, as cláusulas necessárias do art. 55 da lei 8.666/93.

Ademais, é dispensável o "termo de contrato" e facultada a substituição prevista neste artigo, a critério da Administração e independentemente de seu valor, nos casos de compra com entrega imediata e integral dos bens adquiridos, dos quais não resultem obrigações futuras, inclusive assistência técnica. Isso decorre do fato de que, nesses casos, a ausência do termo de contrato não ensejará quaisquer prejuízos ao Poder Público, haja vista a ausência de obrigações futuras em decorrência da avença.

O termo de contrato funciona como documentação do próprio e, em observância ao princípio da publicidade, será permitido a qualquer licitante o conhecimento dos termos do contrato e do respectivo processo licitatório e, a qualquer interessado, a obtenção de cópia autenticada, mediante o pagamento dos emolumentos devidos.

Apesar de dispensar-se o termo de contrato em determinadas situações regulamentadas pela lei, nota-se a necessidade de documentação do contrato, de alguma forma, ainda que por instrumento mais simples. Isso porque a legislação estabelece como regra que NÃO é possível **contrato verbal** celebrado pela administração, dispondo ser nulo e de nenhum efeito qualquer contrato verbal realizado pelo ente estatal.

→ ATENÇÃO

Excepcionalmente, admite-se contrato verbal, nas compras que não ultrapassam 5% do valor máximo definido para a licitação na modalidade convite – ou seja, 4 mil reais – desde que se trate de compra de pronta entrega e pronto pagamento, feitas em regime de adiantamento. Isso significa que este contrato não gera nenhuma espécie de obrigação futura (art. 60, parágrafo único da lei 8.666/93).

Nestas hipóteses, também não há necessidade de realização de procedimento licitatório, em conformidade com o disposto no art. 24, I e II da lei 8.666/93.

Não obstante a ausência de previsão legal, a doutrina admite a celebração de contratos verbalmente, para posterior formalização por escrito, em casos emergenciais. Nesse caso, a formalização poderá ser realizada posteriormente à existência de contrato e início da prestação do serviço pelo contratado.

Celebrado o contrato, esse deve mencionar os nomes das partes e os de seus representantes, a finalidade, o ato que autorizou a sua lavratura, o número do processo da licitação, da dispensa ou da inexigibilidade, a sujeição dos contratantes às normas desta Lei e às cláusulas contratuais. Qualquer alteração contratual deve ser realizada por meio de aditamento, o qual será formalizado em conformidade com a lei e regularmente publicado.

Além da formalização, a publicação é requisito indispensável à eficácia do contrato administrativo, decorrente do princípio da publicidade, o qual garante o conhecimento acerca do contrato a toda a sociedade. Em verdade, publica-se somente um resumo ou extrato do contrato, não sendo feita a sua publicação em sua integralidade.

A lei dispõe que *"A publicação resumida do instrumento de contrato ou de seus aditamentos na imprensa oficial, que é condição indispensável para sua eficácia, será providenciada pela Administração até o quinto dia útil do mês seguinte ao de sua assinatura, para ocorrer no prazo de vinte dias daquela data, qualquer que seja o seu valor"*.

Parte da doutrina, interpretando o dispositivo legal, entende que a lei definiu que a Administração deve garantir a publicação do contrato até o quinto dia útil do mês seguinte ao que foi celebrado ou em até 20 dias corridos, sendo válido o prazo que advier primeiro.

Esse não é o entendimento adotado nesta obra que acata a seguinte regra: a administração pública deve providenciar a publicação do contrato até o quinto dia útil do mês seguinte ao da sua celebração, sendo que essa publicação deve acontecer, após as providências, no prazo máximo de vinte dias corridos. Ou seja, o prazo de vinte dias só terá início após o quinto dia útil do mês seguinte ao que o contrato foi celebrado.

Caso a administração deixe de publicar o contrato, ele é válido e perfeito, só **não sendo eficaz**. Não produz efeito, uma vez que a eficácia fica dependendo da publicidade do contrato administrativo celebrado.

A lei ressalva a exigência de publicação do instrumento de contrato nos casos que decorram de dispensa e inexigibilidade de licitação. Isso porque, nestes casos, o art. 26 da lei 8.666/93 define que o administrador público deve publicar o ato que autoriza a contratação direta, não sendo lógico exigir nova publicação quando da celebração do contrato. De fato, o administrador divulga a realização da contratação quando iniciar o procedimento de justificativa da dispensa ou inexigibilidade.

5. GARANTIA

O art. 55, VI, da lei 8.666/93 estabelece a exigência de garantia como cláusula necessária dos contratos administrativos e, nesse sentido, o art. 56 prevê a exigência da caução com o objetivo de garantir a plena execução do contrato, não se confundindo com a garantia da proposta que vincula o proponente aos termos apresentados. O fundamento para sua exigência é o resguardo do interesse público. Nesse sentido, dispõe Marçal Justen Filho[3] que *"para neutralizar os efeitos jurídicos potencialmente danosos aos interesses do particular, o contrato administrativo comporta um conjunto de garantias igualmente excepcionais"*.

Como forma de garantia, a Lei prevê a caução que pode ser exigida, pelo Estado, para garantir o ressarcimento de danos em caso de descumprimento contratual pelo particular, sendo que a garantia poderá ser prestada em dinheiro, títulos da dívida pública, fiança bancária ou seguro garantia, a critério do contratado privado. Trata-se de poder dever da Administração Pública e não mera faculdade do contratante público, haja vista a aplicação do princípio da indisponibilidade do interesse público.

→ Embora a lei não mencione expressamente no artigo 58 e a doutrina se omita, algumas bancas examinadoras de concursos públicos incluem a Garantia dentre as cláusulas exorbitantes presentes no contrato administrativo.

O valor dessa garantia é definido, no bojo do contrato, e determinado pela administração pública. A lei estabelece o **limite máximo de 5%** do valor do contrato, sendo que, em observância a este limite, o poder público deve, discricionariamente, dispor acerca do valor a ser cobrado em cada contratação específica.

Ocorre que, nos contratos de grande vulto, que envolvam alta complexidade técnica ou riscos financeiros consideráveis, definido por meio de parecer tecnicamente aprovado pela autoridade competente, a garantia pode chegar a **10%** do valor inicial do contrato, sempre mantida a regra que o ente estatal é quem define o valor da caução.

→ **ATENÇÃO**

Regra geral	Garantia	Até 5% do valor do contrato
Exceções	Grande vulto, alta complexidade técnica, riscos financeiros	Até 10% do valor do contrato

3. JUSTEN FILHO, Marçal. Curso de Direito Administrativo. São Paulo: Editora Forum, 14ª ed. 2009.

Ressalte-se que a legislação expressamente define contratos de grande vulto como aqueles que ultrapassam 25 × R$ 1.500,000,00, consoante definido no art. 6º, V da lei 8.666/93, não havendo discricionariedade em relação a esta característica.

Em relação ao valor da garantia contratual, a legislação ainda dispõe que, em caso de contratos que importem na entrega de bens pela Administração, dos quais o contratado ficará depositário, ao valor da garantia deverá ser acrescido o valor desses bens.

Outrossim, a lei diz quais são as formas possíveis de garantia contratual, mas quem escolhe a forma de prestação da caução é o particular contratado e não o poder público, que definiu o valor da garantia a ser prestada dentro dos limites legais. A garantia poderá ser prestada sob uma das seguintes formas:

a) dinheiro;
b) títulos da dívida pública, desde que este título tenha sido emitido sob a forma escritural, mediante registro em sistema de liquidação e custódia, com autorização do Banco Central do Brasil e avaliado nos parâmetros definidos pelo Ministério da Fazenda;
c) seguro garantia firmado com empresa seguradora que arcará com o risco dos eventos danosos ocorridos no bojo do contrato;
d) fiança bancária, não se admitindo qualquer outra espécie de fiador, que não a instituição financeira.

Ao final do contrato administrativo, duas situações são possíveis. Vejamos.

- Em caso de cumprimento do contrato e adimplemento de todos os seus termos pelo particular, a garantia deverá ser devolvida e, se foi prestada em dinheiro, deve haver a correção do valor, no momento da devolução.
- Em caso de descumprimento contratual, a garantia pode ser utilizada pelo Estado como mínimo indenizatório, ou seja, o ente público pode executar a garantia e cobrar indenização excedente em caso de o prejuízo ultrapassar o valor da caução.

6. CLÁUSULAS EXORBITANTES

As cláusulas exorbitantes são aquelas que extrapolam as regras e características dos contratos em geral, pois apresentam vantagem excessiva à Administração Pública. Decorrem da supremacia do interesse público sobre o interesse privado e colocam o Estado em posição de superioridade jurídica na avença. Estas cláusulas são designadas como exorbitantes, haja vista o fato de que sua previsão em contratos privados ensejaria a nulidade contratual. Com efeito, seria leonina e abusiva a cláusula contratual privada que permitisse a uma das partes rescindir o contrato ou alterá-lo unilateralmente, sem a necessidade de oitiva da outra parte.

Estas cláusulas são implícitas em todos os contratos administrativos, não dependendo de previsão expressa no acordo, pois decorrem diretamente da Lei. Logo, não são cláusulas necessárias, uma vez que as garantias do Poder Público decorrem diretamente do texto legal.

As cláusulas exorbitantes estão previstas no artigo 58 da lei 8666/93 e ensejam à Administração Pública a prerrogativa de alteração unilateral do acordo ou rescisão unilateral, bem como a possibilidade de fiscalização e controle da relação contratual, somada à possibilidade de aplicação de penalidades contratuais e de ocupação temporária dos bens da contratada, como forma de evitar a paralisação da atividade pública.

Analisaremos, em seguida, cada uma destas cláusulas, sob a ótica da supremacia do interesse público sobre o privado.

6.1. Alteração unilateral do contrato

Para adequar as disposições contratuais, na busca incessante pelo interesse público, o Estado contratante pode modificar a avença, independentemente do consentimento da outra parte, desde que não prejudique o contratado e desde que a modificação seja feita nos limites previamente estipulados pela lei. Sendo assim, não pode haver alteração que atinja o equilíbrio econômico financeiro do contrato ou que modifique a natureza do objeto que foi explicitado no edital do procedimento licitatório.

Dessa forma, a lei estipula ser possível a alteração unilateral quando houver modificação do projeto ou das especificações, para melhor adequação técnica aos seus objetivos e quando necessária a modificação do valor contratual em decorrência de acréscimo ou diminuição quantitativa de seu objeto. Sendo assim, conforma previamente explicitado, a administração NÃO pode alterar o OBJETO do contrato, porque seria burla à licitação. Explique-se: não é possível realização de procedimento licitatório para aquisição de computadores e, posteriormente, por mudança de necessidade pública, ser feita somente a compra de placas de rede, em observância ao princípio da vinculação ao instrumento convocatório que norteia a realização das licitações e celebração de contratos públicos.

A alteração de projeto é qualitativa e será justificada sempre que o projeto originariamente apresentado pelo estado, por qualquer motivo público, devidamente justificado, não atenda mais aos fins desejados pela Administração.

A alteração atinente ao valor da contratação tem natureza de modificação quantitativa e, por sua vez, tem limites definidos na lei, que prevê que o particular deve aceitar as modificações feitas unilateralmente pela Administração Pública em **até 25%,** do valor original do contrato, para acréscimos ou supressões. Nesses casos, a alteração não depende de concordância do particular contratado.

EXCEÇÃO

Se o contrato for celebrado para reforma de equipamentos ou de edifícios, a alteração unilateral, para ACRÉSCIMOS contratuais, pode chegar a 50% do valor original do contrato. As supressões contratuais continuam respeitando o limite de 25%.

Sendo assim, deve-se ter em mente a seguinte regra:

Regra geral	Alteração unilateral	Até 25% para acréscimos ou diminuições.
Exceções	Contratos de reforma	Até 50% para acréscimos
		Até 25% para diminuições

Importante ressaltar que os limites tratados devem ser aplicados, da mesma forma, para as alterações qualitativas. Não obstante seja a matéria controversa, ensejando divergência doutrinária, o entendimento majoritário é de que a alteração no projeto originário não pode ensejar um aumento de custo superior a 25% do valor originário do contrato, com a ressalva de 50% quando se tratar de contratação de reforma.

Nesse sentido, já se posicionou o Tribunal de Contas da União, na decisão n. 215/1999, proferida na consulta n. 930.039/98, cujo trecho relevante se transcreve doravante:

> "Por isso, **alinhamo-nos à tese de que as alterações unilaterais qualitativas estão sujeitas aos mesmos limites escolhidos pelo legislador para as alterações unilaterais quantitativas, previstos no art. 65, § 1.º, da Lei 8.666/93, não obstante a falta de referência a eles no art. 65, I, a.**
>
> Fundamentamo-nos na necessidade de previsão de limites objetivos e claros em Lei, no princípio da proporcionalidade e no respeito aos direitos do contratado, prescrito no art. 58, I, da Lei 8.666/93.
>
> Note-se que a supressão, por parte da Administração, de obras, serviços ou compras, que excedam os limites prescritos no art. 65, § 1.º, é também causa de rescisão do contrato, por inexecução pela Administração, conforme prevê o art. 78, XIII, da Lei 8.666/93. O que reforça a nossa tese, de observância a esses limites nas alterações unilaterais, sejam quantitativas ou qualitativas.
>
> Embora nossa exemplificação tenha-se baseado na hipótese de supressão de serviços, porque é mais evidente a onerosidade ao contratado, cabe ressaltar que a não-imposição de barreiras aos acréscimos unilaterais pode também ser fonte de ônus desnecessário ao contratado".

Sendo assim, seja a alteração unilateral realizada no que tange ao projeto originário, seja alteração simplesmente atinente à quantidade do objeto contratado, aplicam-se os limites percentuais definidos na lei 8.666/93.

Independentemente do motivo que enseje a alteração contratual, esta alteração encontra uma barreira que não pode ser ultrapassada pelo Estado, qual seja, o **equilíbrio econômico-financeiro do contrato**. Ou seja, o particular tem a garantia de que, haja o que houver, será mantida pelo ente estatal a margem de lucro contratada. Repita-se, a **margem de lucro** inicialmente contratada jamais poderá ser alterada pela Administração Pública de forma unilateral. Ou seja, o particular tem a garantia de que não terá prejuízo, nem redução no lucro inicialmente previsto quando da celebração do acordo.

Com efeito, não se pode olvidar que, na celebração de contratos administrativos, estão presentes vontades contrastantes, quais sejam, o interesse público, buscado pela Administração e o lucro, almejado pelo particular contratado. Sendo assim, a Administração tem a prerrogativa de modificar o contrato, na busca de satisfazer os interesses da sociedade, desde que não acarrete em desequilíbrio os valores previamente acordados que representam a margem de lucro que o particular contratado faz jus.

Sendo assim, suponha que, em determinado contrato para construção de estradas, no qual o particular tem a responsabilidade de construir mil quilômetros, caso a Administração Pública resolva suprimir o contrato em 20%, para que somente sejam construídos oitocentos quilômetros, o valor a ser pago será reduzido proporcionalmente para que o particular receba o mesmo montante que estava previamente acordado, considerando o valor, por quilômetros.

No entanto, se esse particular comprovar que já havia feito despesas com compras de material para o total de mil quilômetros, será indenizado pela Administração, no valor da nota fiscal dos produtos adquiridos a mais, para que não sofra prejuízos. A lei 8.666/93, em seu art. 65, §4º dispõe que *"No caso de supressão de obras, bens ou serviços, se o contratado já houver adquirido os materiais e posto no local dos trabalhos, estes deverão ser pagos pela Administração pelos custos de aquisição regularmente comprovados e monetariamente corrigidos, podendo caber indenização por outros danos eventualmente decorrentes da supressão, desde que regularmente comprovados".*

Da mesma forma, se ao invés de reduzir o valor do objeto contratual, a Administração precisar acrescer esse contrato em 20%, passando a se exigir da empresa contratada a construção de mil e duzentos quilômetros de estrada, o valor a ser pago pela Administração Pública será acrescido proporcionalmente para fazer frente ao acréscimo no objeto contratual.

Enfim, as alterações contratuais não podem atingir a margem de lucro inicialmente pactuada que é garantia intransponível do particular contratado.

Ademais, ressalte-se que as alterações unilaterais feitas pela Administração Pública devem decorrer de motivo de interesse público superveniente devidamente justificado, ou seja, o contratante deverá demonstrar a ocorrência de fato posterior à contratação que dá ensejo à necessidade de modificação das cláusulas contratuais, para que se evite um prejuízo maior ao interesse da coletividade, que é a finalidade maior dos contratos administrativos.

6.2. Rescisão unilateral do contrato

A rescisão unilateral é prerrogativa dada ao ente público contratante de por fim à avença, independentemente, de consentimento do particular e sem depender de decisão judicial (art. 77 e seguintes da lei 8666/93). Dessa forma, o contrato poderá ser extinto antes do prazo previamente estipulado no acordo.

Pode se dar em razão do:

- inadimplemento do particular.
- interesse público devidamente justificado.

No caso de rescisão motivada por razões de interesse público, a administração deve indenizar o particular se houver dano, bem como indenizar os investimentos não amortizados do contratado, em razão da extinção antecipada do acordo. A lei 8.666/93 dispõe que, além do ressarcimento dos prejuízos comprovados, o particular contratado terá direito à devolução da garantia prestada aos pagamentos devidos pela execução do contrato até a data da rescisão e ao pagamento do custo da desmobilização.

Discute-se acerca do direito ou não ao recebimento de lucros cessantes. A matéria enseja divergência na doutrina, contudo, o entendimento majoritário é de que também devem ser pagas estas verbas. Acerca do tema, Marçal Justen Filho[4] define que *"assegura-se ao particular o direito à indenização por lucros cessantes. Afinal, os lucros cessantes configuram aquilo que o particular tinha direito de obter em virtude do contrato. Esse direito não pode ser unilateralmente suprimido pela Administração, sob invocação de conveniência e oportunidade".*

4. JUSTEN FILHO, Marçal. Curso de Direito Administrativo. São Paulo: Editora Forum, 14ª ed. 2009.

Nesse sentido também já se posicionou o Superior Tribunal de Justiça. Vejamos.

> ADMINISTRATIVO. CONTRATO ADMINISTRATIVO. RESCISÃO UNILATERAL. INDENIZAÇÃO POR **LUCROS CESSANTES. CABIMENTO.** 1. Trata-se de ação ordinária de cobrança de danos fundamentada em Decreto municipal n. 3553/92 e Ofício n. 106 /92, os quais revogaram,por interesse público, todos os contratos de concessão e permissão de serviço de transporte coletivo do Município de Rio Branco, dentre eles o contrato realizado com o recorrente com o intuito de redistribuir as linhas de transporte. 2. A sentença de primeiro grau julgou improcedente a ação intentada e, em grau de apelação, o Tribunal local a manteve ao fundamento de que a redistribuição das linhas baseou-se no interesse público,acrescentando que a pretendida indenização representaria pesado ônus a uma situação ocorrida dentro de estrita legalidade. 3. No entanto, o pedido de indenização por rescisão de contrato administrativo unilateral é cabível na espécie. 4. **Esta Corte Superior já se pronunciou no sentido de que a rescisão do contrato administrativo por ato unilateral da Administração Pública, sob justificativa de interesse público, impõe ao contratante a obrigação de indenizar o contratado pelos prejuízos daí decorrentes, como tais considerados não apenas os danos emergentes, mas também os lucros cessantes.** Precedentes. 5. É que, sob a perspectiva do Direito Administrativo Consensual, os particulares que travam contratos com a Administração Pública devem ser vistos como parceiros, devendo o princípio da boa-fé objetiva (e seus corolários relativos à tutela da legítima expectativa) reger as relações entre os contratantes público e privado. 6. Recurso especial provido.
>
> STJ – RECURSO ESPECIAL REsp 1240057 AC 2010/0185403-6 (STJ) Data de publicação: 21/09/2011

Se o particular é inadimplente, normalmente, ele deverá indenizar a Administração Pública pelos danos causados em virtude do inadimplemento. De fato, em caso de inadimplemento do particular contratado, o Poder Público deverá assumir imediatamente o objeto do contrato, no estado e local em que se encontrar, ocupar e utilizar o local, instalações, equipamentos, material e pessoal empregados na execução do contrato, necessários à sua continuidade, executar a garantia contratual, para ressarcimento da Administração, e dos valores das multas e indenizações a ela devidos, retendo os créditos decorrentes do contrato até o limite dos prejuízos causados à Administração. Todas essas medidas independem da aplicação das penalidades cabíveis em virtude do descumprimento contratual.

A rescisão unilateral dos contratos administrativos também é garantida nos contratos de concessão de serviços públicos, regulamentados pela lei 8.987/95.

→ IMPORTANTE

Nos contratos de Contratos de concessão de serviços públicos (regulamentados pela Lei 8.987/95), a rescisão unilateral ocorre, nas mesmas hipóteses acima definidas, mas recebe nomenclaturas específicas, muito correntes em provas objetivas de concursos:

- rescisão por inadimplemento do particular → **caducidade**
- rescisão por motivo de interesse público → **encampação.**

Administração inadimplente

Questiona-se: caso o poder público seja inadimplente no contrato administrativo celebrado, o particular pode rescindir o contrato unilateralmente?

NÃO.

A rescisão unilateral é cláusula exorbitante e só se aplica à Administração Pública. Se o ente estatal for inadimplente, por mais de 90 dias, o particular pode SUSPENDER A EXECUÇÃO do contrato (exceção de contrato não cumprido), conforme disposição do art. 78, XV da Lei 8666/93. Para haver rescisão do contrato, por iniciativa do particular, em virtude do inadimplemento do estado, necessária decisão judicial.

Nesse sentido, resta claro que o particular não pode determinar a rescisão unilateral, no entanto, poderá suspender a execução do contrato pela **exceção de contrato não cumprido** ou ***exceptio non adimplenti contractus.*** De fato, trata-se de cláusula implícita em acordos de vontade, dispondo que se uma das partes não cumpre devidamente sua obrigação no contrato, não pode exigir o cumprimento pela outra parte.

Não obstante parte da doutrina defenda sua não aplicação aos contratos administrativos, a lei 8.666/93, em seu art. 78, XV, dispõe expressamente que:

> "Art. 78. Constituem motivo para rescisão do contrato:
>
> (...)
>
> XV – o atraso superior a 90 (noventa) dias dos pagamentos devidos pela Administração decorrentes de obras, serviços ou fornecimento, ou parcelas destes, já recebidos ou executados, salvo em caso de calamidade pública, grave perturbação da ordem interna ou guerra, assegurado ao contratado o direito de optar pela suspensão do cumprimento de suas obrigações até que seja normalizada a situação".

Sendo assim, por expressa dicção legal, a exceção de contrato não cumprido poderá ser aplicada aos contratos administrativos, todavia, o direito de paralisar a execução do contrato somente surge ao particular caso a Administração Pública seja inadimplente por mais de noventa dias. Em outras palavras, o particular contratado deverá suportar o inadimplemento do poder público por até noventa dias, sem que isso justifique a paralisação do contrato. Extrapolado o prazo legal, o contratado poderá suspender a execução do contrato, sem a necessidade de decisão judicial.

Nesse sentido também se manifesta o Superior Tribunal de Justiça, conforme se demonstra em parte de julgado transcrita abaixo.

> RECURSO ESPECIAL. ADMINISTRATIVO. PROCESSUAL CIVIL. EXECUÇÃO. CONTRATO ADMINISTRATIVO. TÍTULO EXECUTIVO EXTRAJUDICIAL. RECURSO PARCIALMENTE PROVIDO.
>
> (...)
>
> 9. As questões relativas ao efetivo cumprimento pelas empresas das obrigações estipuladas no contrato e à satisfação pela empresa pública de suas contraprestações podem ser analisadas na via dos embargos à execução, porquanto a cognição, nesse caso, é ampla. 10. **O Superior Tribunal de Justiça consagra entendimento no sentido de que a regra de não-aplicação da exceptio non adimpleti contractus, em sede de contrato administrativo, não é absoluta, tendo em vista que, após o advento da Lei 8.666/93, passou-se a permitir sua incidência, em certas circunstâncias, mormente na hipótese de atraso no pagamento, pela Administração Pública, por mais de noventa dias** (art. 78, XV). A propósito: AgRg no Resp 326.871/PR, 2ª Turma, Rel. Min. Humberto Martins, DJ de 20.2.2008; RMS 15.154/PE, 1ª Turma, Rel. Min. Luiz Fux, DJ de 2.12.2002. Além disso, não merece prosperar o fundamento do acórdão recorrido de que as empresas necessitariam pleitear judicialmente a suspensão do contrato, por inadimplemento da Administração Pública. Isso, porque, conforme bem delineado pela Ministra Eliana Calmon no julgamento do REsp 910.802/RJ (2ª Turma, DJe de 6.8.2008), **"condicionar a suspensão da execução**

do contrato ao provimento judicial, é fazer da lei letra morta". Entretanto, não há como aplicar a "exceção do contrato não-cumprido" na hipótese em exame, porquanto o Tribunal de Justiça do Distrito Federal e Territórios informou que não há obrigações não-cumpridas pela empresa pública. Isso, porque: (a) houve "concordância da Administração em efetuar o pagamento dos serviços que ainda faltam faturar e executar, da correção monetária dos pagamentos em atraso e dos valores retidos"; (b) "a emissão do Certificado de Recebimento Definitivo somente ocorrerá após o recebimento efetivo do sistema, tal como determina o subitem 20.3 do edital (fl. 433 dos autos da execução)"; (c) não há direito à indenização pelos períodos de suspensão do contrato, na medida em que "os embargantes aderiram a todos os termos aditivos dos contratos sem demonstrar qualquer irresignação" (fls. 849/851). 11. Recurso especial parcialmente provido, apenas para afastar a multa aplicada em sede de embargos declaratórios.

REsp 879046 / DF

RECURSO ESPECIAL

2006/0109019-2 / julgamento – 19/05/2009

Sendo assim, como garantia do princípio da continuidade, o particular contratado não poderá suspender a execução do contrato mesmo que a Administração Pública seja inadimplente, desde que este inadimplemento não extrapole o prazo de noventa dias, definido em lei.

6.3. Fiscalização da execução do contrato

Em verdade, trata-se de poder-dever da administração pública, haja vista que comprovada a ausência de fiscalização, o Estado poderá responder por omissão, por eventuais danos causados pela empresa, inclusive, no que tange ao inadimplemento das obrigações trabalhistas.

De fato, a Administração Pública deve designar um agente público que ficará responsável pela fiscalização na execução contratual, aplicando penalidades e exigindo o cumprimento das obrigações pela parte contratada. Nesse sentido, a lei 8.666/93, em seu art. 67, determina que *"A execução do contrato deverá ser acompanhada e fiscalizada por um representante da Administração especialmente designado, permitida a contratação de terceiros para assisti-lo e subsidiá-lo de informações pertinentes a essa atribuição"*.

O representante da Administração deverá realizar anotações, em registro próprio, de todas as ocorrências relacionadas com a execução do contrato, determinando o que for necessário à regularização das faltas ou defeitos observados e todas as decisões e providências que ultrapassarem a competência do representante deverão ser solicitadas a seus superiores em tempo hábil para a adoção das medidas convenientes.

Ademais, o contratado deverá manter preposto, aceito pela Administração, no local da obra ou serviço, para representá-lo na execução do contrato. Deve-se ainda ressaltar que a fiscalização contratual não exclui ou reduz a responsabilidade do particular contratado que continua sendo responsável pelos danos causados diretamente à Administração ou a terceiros, decorrentes de sua culpa ou dolo na execução do contrato, não havendo redução ou exclusão da responsabilidade em virtude da fiscalização ou o acompanhamento pelo órgão interessado.

Ressalte-se que, por meio da ADC n.16 de 2010, o Supremo Tribunal Federal declarou constitucional o artigo 71, § 1º da lei 8666/93, excluindo a responsabilidade subsidiária do

Estado pelos débitos trabalhistas da empresa. Ocorre que, se o não pagamento aos empregados não for fiscalizado pelo ente público, daí surge a responsabilidade por omissão.

Este é o entendimento estampado na Súmula 331 do TST, reformulada pela Corte após a decisão do Supremo Tribunal Federal. Porém, a matéria atinente a esta responsabilização será analisada em tópico específico.

6.4. Ocupação temporária de bens

Trata-se de cláusula exorbitante que visa a garantia do princípio da continuidade do serviço. Em determinadas situações, para manter a prestação dos serviços prestados pelo particular contratado, o Estado precisa ocupar temporariamente os bens da contratada.

Com efeito, nos casos de serviços essenciais, a Administração Pública poderá ocupar provisoriamente bens móveis, imóveis, pessoal e serviços vinculados ao objeto do contrato, na hipótese da necessidade de acautelar apuração administrativa de faltas contratuais pelo contratado, bem como na hipótese de rescisão do contrato administrativo.

Pode-se citar como exemplo situação de empresa de transporte público cujos funcionários deflagram greve. Em consequência,o ente público ocupa os ônibus da empresa e mantém a prestação do serviço público, para evitar um transtorno maior à coletividade.

A ocupação temporária deve ser precedida de processo administrativo no qual sejam assegurados o contraditório e a ampla defesa ao particular contratado, sendo garantido, ainda, o direito à indenização por eventuais prejuízos causados.

6.5. Aplicação de penalidades

O art. 58, IV, da lei 8.666/93, define também como cláusula exorbitante, o poder de aplicar penalidades aos particulares contratados em decorrência de descumprimento do acordo, ainda que se trate de inexecução parcial.

As penalidades a serem aplicadas estão previstas na legislação e se dividem em quatro hipóteses, de acordo com a gravidade da infração cometida.

a) ***Advertência***: sempre por escrito, para sancionar infrações mais leves praticadas pelo particular contratado.

b) ***Multa***: trata-se de penalidade pecuniária e deve ter previsão de valor definida no bojo do acordo firmado. Assim, como as demais penalidades, a multa deve ser aplicada após regular processo administrativo e poderá ser descontada da garantia do respectivo contratado. Consoante já explicitado, se a multa for de valor superior ao valor da garantia prestada, além da perda desta, responderá o contratado pela sua diferença, a qual será descontada dos pagamentos eventualmente devidos pela Administração ou ainda, quando for o caso, cobrada judicialmente.

Importante ressaltar que a multa não se confunde com o ressarcimento por prejuízo. Além do dever de ressarcir ao erário por eventuais danos causados, pode ser aplicada ao particular a sanção de multa punitiva (penalidade). Ademais, a sanção pecuniária pode ser aplicada isoladamente ou cumulativamente com outras penalidades.

c) ***Suspensão de contratar com poder público e participar de procedimentos licitatórios***: por, no máximo, dois anos. Neste caso, a empresa fica impedida de participar de certames e celebrar contratos com o ente federativo que aplicou a penalidade.

d) ***Declaração de inidoneidade:*** enseja proibição de licitar ou contratar com a Administração Pública enquanto perdurarem os motivos determinantes da punição ou até que seja promovida a reabilitação perante a própria autoridade que aplicou a penalidade, que será concedida sempre que o contratado ressarcir a Administração pelos prejuízos resultantes e após decorrido o prazo da sanção aplicada que, também, não pode ultrapassar dois anos.

A aplicação desta penalidade é de competência exclusiva do Ministro de Estado, do Secretário Estadual ou Municipal, conforme o caso, facultada a defesa do interessado no respectivo processo, no prazo de 10 (dez) dias da abertura de vista, podendo a reabilitação ser requerida após 2 (dois) anos de sua aplicação.

→ Diferenças entre as penalidades de "suspensão de contratar com o poder público" e "declaração de inidoneidade"

- **Suspensão de contratar**: atinge apenas o ente federativo que aplicou a pena, incluindo todas as entidades daquele ente federativo, ou seja, abrangendo os entes da Administração Direta e Indireta da esfera de poder daquela entidade. Dessa forma, suponha que o Estado X tenha aplicado tal penalidade à empresa Y. Durante o prazo da suspensão, a empresa sancionada não deverá participar de licitações ou celebrar contratos com nenhuma das entidades da Administração Direta ou Indireta do Estado X, incluindo as suas autarquias, fundações públicas, empresas públicas e sociedades de economia mista. No entanto, poderá celebrar contratos com outros entes da federação.
- **Declaração de idoneidade**: atinge todos os entes da federação. A empresa declarada inidônea não poderá contratar com nenhuma entidade da Administração Pública direta ou indireta que quaisquer dos poderes da União, estados, municípios ou Distrito Federal.

Outrossim, importante ressaltar que, para que a empresa penalizada volte a ser idônea, deverá se reabilitar, por meio do ressarcimento ao erário pelos prejuízos causados. A declaração de inidoneidade, segundo a doutrina, só pode ser aplicada para infrações graves, que também estejam capituladas como crimes (ilícitos penais).

A aplicação de quaisquer uma das sanções previstas na lei 8.666/93 deve ser precedida de **processo administrativo** em que se garantam ao particular a ser sancionado o **contraditório e a ampla defesa**. O particular terá prazo de 5 dias úteis para apresentação de defesa, salvo nas hipóteses de aplicação de declaração de inidoneidade, cujo prazo será de 10 dias. As punições serão aplicadas em consonância ao **princípio da proporcionalidade**, não sendo admitida a aplicação de penalidade mais intensa ou mais extensa do que o necessário a sancionar a infração praticada.

Ademais, as sanções de declaração de inidoneidade e de suspensão de contratar com o Poder Público poderão também ser aplicadas às empresas ou aos profissionais que, em razão dos contratos regidos por esta Lei tenham sofrido condenação definitiva por praticarem, por meios dolosos, fraude fiscal no recolhimento de quaisquer tributos, aos que tenham praticado atos ilícitos visando a frustrar os objetivos da licitação e, ainda aqueles que demonstrem não possuir idoneidade para contratar com a Administração em virtude de atos ilícitos praticados.

Por fim, todos os **agentes públicos** que praticarem atos que possam prejudicar a licitação ou frustrar seu caráter competitivo ficarão sujeitos às sanções administrativas, penais e civis cabíveis, nos moldes das legislações pertinentes. Sendo assim, a lei 8.429/92 prevê, por exemplo, como ato de improbidade qualquer conduta omissiva ou comissiva que vise a frustrar a licitude de processo licitatório ou dispensá-lo indevidamente.

Ademais, a lei 8.666/93 define sanções penais a serem aplicadas a esses agentes, sem prejuízo das sanções civis e administrativas a serem aplicadas pelo mesmo fato. O diploma em comento ainda define que será considerado servidor público, para os fins da Lei, aquele que exerce, mesmo que transitoriamente ou sem remuneração, cargo, função ou emprego público e estabelece que se equipara a servidor público quem exerce cargo, emprego ou função em entidade paraestatal, assim consideradas, além das fundações, empresas públicas e sociedades de economia mista, as demais entidades sob controle, direto ou indireto, do Poder Público.

Quando os autores dos crimes previstos nesta Lei forem ocupantes de cargo em comissão ou de função de confiança em órgão da Administração Direta, autarquia, empresa pública, sociedade de economia mista, fundação pública, ou outra entidade controlada direta ou indiretamente pelo Poder Público, a pena imposta será acrescida da terça parte, haja vista a quebra da relação de confiança estabelecida.

7. ALTERAÇÃO CONTRATUAL POR VONTADE DAS PARTES

Consoante disposto em tópico anterior, a Administração Pública tem o poder de alterar o contrato unilateralmente, para adequá-lo às necessidades de interesse público, modificando o projeto originário ou acrescendo e suprimindo o valor contratual, desde que respeitadas as garantias legais do particular contratado.

Ocorre que, em determinadas situações, o contrato administrativo poderá ser alterado de forma bilateral, ou seja, por acordo de ambas as partes. Nestes termos, a alteração poderá se dar por acordo das partes em quatro hipóteses a seguir.

a) quando o particular julgar conveniente a **substituição da garantia** de execução do contrato e desde que, essa modificação não enseje prejuízos ao ente público.

b) quando necessária a **modificação do regime de execução** da obra ou serviço, bem como do modo de fornecimento, em face de verificação técnica da inaplicabilidade dos termos contratuais originários.

c) quando necessária a modificação da **forma de pagamento**, por imposição de circunstâncias supervenientes, mantido o valor inicial atualizado, vedada a antecipação do pagamento, com relação ao cronograma financeiro fixado, sem a correspondente contraprestação de fornecimento de bens ou execução de obra ou serviço. Com efeito, a Administração Pública não admite pagar o serviço que ainda não foi prestado pelo particular, no entanto, a alteração de cronograma financeiro poderá ser ajustada pelas partes.

d) para restabelecer a relação que as partes pactuaram inicialmente entre os encargos do contratado e a retribuição da administração para a justa remuneração da obra, serviço ou fornecimento, objetivando a manutenção do equilíbrio econômico-financeiro inicial do contrato, na hipótese de sobrevirem fatos imprevisíveis, ou previsíveis porém de consequências incalculáveis, retardadores ou impeditivos da execução do ajustado, ou, ainda, em caso de força maior, caso fortuito ou fato do príncipe, configurando álea econômica extraordinária e extracontratual. São as hipóteses de **teoria da imprevisão**, que ensejam a necessidade de revisão contratual, como forma de se evitar prejuízos ao particular contratado.

As hipóteses de fatos supervenientes que ensejam esta necessidade de revisão contratual se dividem em situações de caso fortuito, força maior, interferências imprevistas, além das hipóteses de fato da administração e fato do príncipe a caracterizar uma situação excepcional que ameaça a manutenção do equilíbrio financeiro do contrato.

Dessa forma, a margem de lucro que havia sido pactuada não pode ser modificada por situação alheia à vontade das partes, haja vista a avença ensejar ao particular contratado a garantia dos valores a serem pagos pelo serviço prestado, em obediência, inclusive à regra de que a proposta vencedora deve ser obedecida em todos os seus termos, conforme se analisará, de forma devida, no tópico seguinte.

8. EQUILÍBRIO ECONÔMICO-FINANCEIRO DO CONTRATO

Conforme explicitado alhures, é garantia do particular contratado a manutenção da margem de lucro inicialmente pactuada. Nas palavras de Marçal Justen Filho[5] *"equação econômico-financeira é a relação entre encargos e vantagens assumidas pelas partes do contrato administrativo, estabelecida por ocasião da contratação, e que deverá ser preservada ao longo da execução do contrato"*. Ainda acerca do tema, aduz o autor que *" a equação econômico-financeira abrange todos os aspectos econômicos relevantes para a execução da prestação das partes. Isso compreende não apenas o montante de dinheiro devido ao particular contratado, mas também o prazo estimado para pagamento, a periodicidade dos pagamentos, a abrangência do contrato e qualquer outra vantagem que a configuração da avença possa produzir"*.

Sendo assim, a manutenção deste equilíbrio deve se dar mediante a alteração de valores a serem pagos ou modificação e ampliação de prazos de execução, sempre que a situação previamente estabelecida for alterada no bojo da execução do contrato. Em outras palavras, o particular contratado não pode sofrer prejuízos de situações não causadas por ele, durante a relação contratual, sob pena de se frustrar a garantia da proposta apresentada.

Para manutenção deste equilíbrio, se faz possível a revisão de preços pactuados e de prazos previamente estabelecidos, sempre para garantir a boa execução da atividade contratada com o particular.

8.1. Pagamentos feitos ao particular

O art. 55, III da lei 8.666/93 define que é cláusula necessária do contrato administrativo a regulamentação acerca do preço e das formas de pagamento. Assim, além do pagamento da

5. JUSTEN FILHO, Marçal. Curso de Direito Administrativo. São Paulo: Editora Forum, 14ª ed. 2009.

fatura, propriamente dita, como forma de manutenção do equilíbrio econômico-financeiro, alguns pagamentos são feitos ao particular contratado pela Administração Pública. Analisemos cada uma dessas formas de pagamento.

- **Correção monetária:** atualização da margem de lucro inicialmente acordada, mantendo o valor real do contrato. Esse pagamento não enseja qualquer espécie de acréscimo, configurando-se uma simples modificação numérica, para evitar que o credor receba menos do que o valor devido em virtude da desvalorização do dinheiro. Não se pode admitir que o desgaste da moeda implique prejuízos ao particular contratado, haja vista ter ele a garantia dc manutenção do valor real previamente acordado, na proposta vencedora da licitação.

A correção monetária, inclusive, deve ser garantida ao particular vencedor de licitação no sistema de registro de preços. Afinal, o Poder Público convocará o interessado para celebrar o contrato dentro do prazo de um ano.

- **Reajustamento de preços:** reajuste em face do aumento ordinário e regular do custo dos insumos necessários ao cumprimento do acordo. De fato, o reajuste tem a intenção de pagar ao particular contratado os gastos com que ele terá de arcar em virtude do aumento normal dos custos do contrato, o que altera os valores que serviram de base para a composição do preço acordado. Trata-se de cláusula previamente definida no contrato administrativo e que garante o pagamento de variações previsíveis e esperadas nos preços dos insumos e nos custos, em geral, da prestação do serviço objeto da avença.

Neste sentido, dispõe Celso Antônio Bandeira de Mello[6] que *"daí as cláusulas de reajuste, as quais preveem, como o próprio nome indica, um ajuste automático do valor dos pagamentos à variação do preço dos insumos. Este ajuste se faz de acordo com a fórmula ou o sistema preestabelecido, atrelados a índices do custo dos insumos publicados com base em dados oficiais ou por instituições de alta credibilidade, como os da Fundação Getúlio Vargas"*.

Dessa forma, suponha que, para a prestação do serviço de limpeza, a empresa, no momento da celebração do contrato tem um custo de X reais, com a aquisição de material pertinente. Com o decorrer do tempo, o mesmo material será adquirido por esta empresa pelo valor de X + Y. Em tal caso, o reajuste de preço será no valor de Y, o que garante ao particular que não precisará reduzir o valor do lucro, para fazer face a este aumento.

Sendo assim, diferente da correção monetária, na qual não há alteração de valor, sendo ajustado somente o montante numérico, no reajustamento de preços, ocorreu uma alteração no custo da prestação do serviço e, dessa forma, aumenta-se o valor do pagamento feito, para que reste intocada a margem de lucro pactuada. O art. 40, XI da lei 8.666/93 define que o edital deverá conter o *"critério de reajuste, que deverá retratar a variação efetiva do custo de produção, admitida a adoção de índices específicos ou setoriais, desde a data prevista para apresentação da proposta, ou do orçamento a que essa proposta se referir, até a data do adimplemento de cada parcela"*.

- **Recomposição de preços ou revisão de preços:** quando o reajustamento de preços não consegue fazer face ao real aumento do preço dos insumos, em virtude de uma situação

6. BANDEIRA DE MELLO, Celso Antonio. Curso de Direito Administrativo. São Paulo: Editora Malheiros, 26ª ed. 2009.

excepcional (não prevista no contrato), a Administração Pública, como forma de reequilibrar o contrato, precisa fazer a recomposição de preços. Isso ocorre porque a previsão contratual de reajuste não foi suficiente para suprir a efetiva modificação nos custos do contrato celebrado.

A necessidade de revisão contratual pode decorrer de alterações do contrato, determinadas unilateralmente pela Administração, em relação ao valor contratado, ou no que tange ao projeto previamente estabelecido, também pode ser desencadeada por alterações bilaterais, nos quais se modifique o regime de execução da obra ou serviço.

Por fim, as distorções no valor contratado que ensejam a necessidade de recomposição de preços podem decorrer de situações inesperadas, não previamente definidas pelo contrato e que ensejam um desequilíbrio no acordo celebrado. Essas situações excepcionais que desequilibram a relação contratual e ensejam a necessidade de revisão da avença são designadas pela doutrina como hipóteses de **teoria da imprevisão.**

No Direito Administrativo, a teoria da imprevisão pode se manifestar em virtude de situações de caso fortuito, força maior, interferências imprevistas, além das hipóteses de fato da administração e fato do príncipe, que serão analisadas no tópico seguinte.

9. TEORIA DA IMPREVISÃO

Ocorre nos casos em que há uma situação fática não prevista quando da celebração do contrato, portanto imprevisível, que venha a alterar o equilíbrio econômico-financeiro do contrato, com reflexos em sua execução. Em virtude desta situação, se faz necessária a **recomposição dos preços.**

Decorre da denominada Cláusula *rebus sic stantibus:* situações nas quais há desequilíbrio contratual e a administração precisa, a fim de manter o equilíbrio do contrato, proceder à revisão dos preços e prazos previamente pactuados.

As hipóteses de teoria da imprevisão são:

a) ***Caso fortuito e força maior*** – situações imprevisíveis ou inevitáveis que alteram a relação contratual. Pode decorrer de fatos humanos, desde que não sejam provocados por nenhuma das partes do acordo, ou podem ser causados por fatos da natureza, em relação aos quais nenhuma medida pode ser tomada para obstar sua precipitação. Pode-se citar como exemplo, uma chuva muito forte que destrói parte de uma obra que se encontra em execução, ensejando uma necessidade de revisão dos valores pagos à empreiteira, além da necessidade de repactuação de prazos de entrega.

b) ***Interferências imprevistas*** (sujeições imprevistas) – assim como no direito civil, são situações preexistentes à celebração do contrato, mas que só vêm à tona durante sua execução. Situação que as partes não tinham como prever e que ensejam um aumento de gastos no contrato firmado. Pode-se citar a contratação de particular para execução de uma obra sem saber que o terreno é pantanoso, o que ensejará o dispêndio de vultosos recursos para manutenção do projeto originalmente estipulado.

c) ***Fato da administração***: o desequilíbrio contratual é causado por uma atuação específica da Administração que incide sobre o contrato e impede a sua execução. Com efeito, o Poder Público atua, no bojo da relação contratual, causado desequilíbrio na avença firmada. Cite-se, como exemplo, situação na qual a Administração contrata uma empresa para realização de uma obra e, por descaso, não expede as ordens de serviços respectivas ou efetiva as desapropriações necessárias à aquisição dos terrenos onde as obras seriam executadas. Note-se que a atuação do ente público ocorre enquanto parte do contrato, ou seja, é ato praticado no bojo do contrato administrativo celebrado que altera a situação inicial. O inadimplemento do poder público implica em descumprimento contratual que onera demasiadamente o acordo, tornando impossível a manutenção da proposta vencedora.

d) ***Fato do príncipe***: o desequilíbrio contratual também é causado pelo poder público e, por esta atuação, haverá necessidade de recomposição do preço. Ocorre que, neste caso, há uma atuação extracontratual (geral e abstrata) do ente estatal que termina por atingir diretamente a relação contratual.

Pode-se citar como exemplo, um caso no qual a Administração Pública Federal contrata uma empresa para realizar o transporte de servidores e, em atuação subsequente, triplica a alíquota de determinado tributo que incide sobre o combustível, onerando a prestação do serviço pactuado. Ou ainda uma situação de determinado município que contrata empresa para realizar transporte público. Depois de formalizado o contrato, o município editou uma lei exigindo que fosse concedido passe livre para todas as pessoas de até 18 anos. Essa lei municipal é uma lei geral que atinge a todos, mas que interfere no contrato de transporte, desequilibrando-o. Será necessária a recomposição dos preços (ou revisão de preços) das tarifas ajustadas.

Nesse sentido, a lei 8.666/93, em seu art. 65, §5º dispõe que "*Quaisquer tributos ou encargos legais criados, alterados ou extintos, bem como a superveniência de disposições legais, quando ocorridas após a data da apresentação da proposta, de comprovada repercussão nos preços contratados, implicarão a revisão destes para mais ou para menos, conforme o caso*".

Trata-se de hipótese positivada de situação de fato de príncipe, em decorrência de alteração de tributos.

O fato de príncipe tem sido discutido com bastante frequência nas provas de concursos, como se pode verificar da prova discursiva em certame para assunção de cargo de Juiz de Direito no estado do Pará. Analise-se.

▶ COMO FOI COBRADO NA 2ª FASE DO CONCURSO

(CESPE – Juiz de Direito - PA/2012) Considere que o poder público municipal, após a realização de procedimento licitatório, tenha celebrado, com determinada empresa, contrato para a prestação de serviço de transporte e que lei específica posterior tenha aumentado a carga tributária que seria suportada pela empresa. Em face dessa situação hipotética, responda, de forma fundamentada, se o particular contratado pelo poder público tem direito à revisão dos valores do contrato para suprir a despesa decorrente do correspondente recolhimento.

Discute-se acerca da possibilidade de aplicação desta teoria, quando a conduta extracontratual for praticada por ente federativo diverso daquele que havia celebrado o contrato. Nesse sentido, se um determinado contrato foi celebrado pelo Estado da Bahia e este mesmo contrato for especialmente onerado pelo aumento de um tributo federal, estaríamos diante de uma situação de fato do príncipe? Não obstante as posições divergentes, entende-se que se trata de situação de caso fortuito, haja vista a independência dos entes da federação. Dessa forma, para que a situação se caracterize como fato do príncipe, é relevante que o agente que pratica a conduta onerosa seja da mesma esfera de governo daquele que celebrou o contrato administrativo atingido. Este inclusive é o entendimento de Maria Sylvia Zanella de Pietro[7] que define que *"no direito brasileiro, de regime federativo, a teoria do fato do príncipe somente se aplica se a autoridade responsável pelo fato do príncipe for da mesma esfera de governo em que se celebrou o contrato"*.

Dessa forma, nas situações mencionadas, deve ser garantida ao particular contratado a revisão contratual, como forma de evitar um prejuízo que enseje desequilíbrio na relação contratual firmada.

Em algumas situações, a teoria da imprevisão gera a impossibilidade de manter o contrato. De fato, em determinadas hipóteses, a recomposição dos preços é impossível, como no caso em que um incêndio destrói uma escola pública, tornando impossível a manutenção do contrato de limpeza desta escola. Nesses casos, a situação imprevista enseja a rescisão contratual, conforme se estudará em tópico específico com a nomenclatura de rescisão de pleno direito, ocorrida por situação alheia à vontade das partes.

10. SUBCONTRATAÇÃO NOS CONTRATOS DA ADMINISTRAÇÃO

A subcontratação em contratos administrativos é matéria de muita divergência na doutrina, haja vista o caráter personalíssimo da avença, inclusive em decorrência do fato de que o objeto do contrato somente pode ser entregue ao licitante vencedor, ou seja àquele que ofereceu a proposta mais vantajosa ao poder público.

Sendo assim, se houver a subcontratação do objeto integral do contrato, resta clara a fraude ao procedimento licitatório. De fato, o subcontratado não se sagrou vencedor no certame e, em virtude disto, não tem legitimidade para executar o objeto do contrato administrativo. Pensar de forma diferente ensejaria a possibilidade de constituição de entidades "laranjas" que participariam da licitação para, posteriormente, realizar a subcontratação, transferindo o objeto do contrato a quem lhe interessasse.

Nesse sentido, a lei 8.666/93 dispõe acerca da possibilidade de subcontratação parcial do objeto do contrato, desde que cumpridos alguns requisitos definidos na legislação, restando clara a impossibilidade de subcontratar integralmente o objeto acordado, inclusive em observância à impessoalidade e isonomia, princípios arraigados no conceito da licitação, enquanto procedimento administrativo.

Veja-se o que estabelece o art. 72 da referida lei.

7. PIETRO, Maria Sylvia Zanella di. Direito Administrativo. São Paulo: Editora Atlas, 21ª ed. 2008.

> Art. 72. O contratado, na execução do contrato, sem prejuízo das responsabilidades contratuais e legais, **poderá subcontratar** PARTES da obra, serviço ou fornecimento, até o limite admitido, em cada caso, pela Administração.

Ainda no mesmo sentido a lei define que a subcontratação em desrespeito às normas legais poderá ser considerada inadimplemento contratual, sujeito às sanções previstas em lei, além da possibilidade de rescisão contratual. Vejamos.

> Art. 78. Constituem motivo para rescisão do contrato:
>
> (...)
>
> VI – a subcontratação total ou parcial do seu objeto, a associação do contratado com outrem, a cessão ou transferência, total ou parcial, bem como a fusão, cisão ou incorporação, NÃO ADMITIDAS NO EDITAL E NO CONTRATO;

Dessa forma, mediante realização de leitura combinada dos dispositivos transcritos, pode-se concluir que, para que a subcontratação seja lícita, deve haver previsão no edital e no contrato administrativo celebrado e, além disso, a subcontratação deve-se restringir a partes do contrato, não sendo, a princípio, lícito transferir todo o objeto do contrato a terceiro que não foi vencedor no procedimento licitatório.

Da leitura literal da norma estampada no art. 78, VI, isoladamente, pode-se entender que, havendo autorização do poder público, a subcontratação poderá ser total.

Ocorre que esta obra segue entendimento diverso, embasado em leitura combinada dos dispositivos aplicáveis à espécie e, desta forma, defende-se que, embora do texto da lei se possa entender de maneira diversa, para que haja subcontratação deve haver: previsão no edital e no contrato + tratar-se de subcontratação parcial + autorização do poder público para efetivação do ato.

Ademais, em casos de subcontratação permitida por lei, a Administração Pública poderá exigir do subcontratado a demonstração de que cumpre todos os requisitos exigidos na fase de habilitação dos licitantes que demonstram que ele estará apto a cumprir fielmente os termos do objeto transferido do contrato.

11. DURAÇÃO

Inicialmente, é importante salientar que, consoante disposto no art. 55, IV da lei 8.666/93, os prazos de início de etapas de execução, de conclusão, de entrega, de observação e de recebimento definitivo, conforme o caso, são cláusulas necessárias dos contratos administrativos, indispensáveis à regular formalização do instrumento de contrato.

Dessa forma, todo contrato deve ter prazo de vigência predefinido no Edital e no próprio instrumento de contrato, estabelecendo a lei, expressamente, que são vedados contratos administrativos por prazo indeterminado. Com efeito, o prazo estará expressamente regulamentado no edital e deve ter compatibilidade com a disponibilidade orçamentária para fazer face às despesas decorrentes do acordo.

Sendo assim, como regra, a duração dos contratos regidos pela Lei 8.666/93 ficará adstrita à vigência dos respectivos créditos orçamentários que, no direito brasileiro, são definidos pela lei orçamentária anual, à qual cabe prever todas as despesas e receitas da entidade no período de um exercício. Desse modo, os contratos administrativos devem ter duração máxima de um ano, para atender à previsão orçamentária.

Com efeito, a lei orçamentária define as despesas que podem ser contraídas pelo ente público naquele exercício, limitando toda atuação ou ajuste firmado pelo Estado durante a vigência dos respectivos créditos.

Ocorre que o art. 57 da lei 8.666/93 define algumas situações excepcionais, nas quais se admite a contratação além do prazo de um exercício.

11.1. Exceções à vigência máxima de um ano

I – ***Projetos contemplados na lei do Plano Plurianual***: os projetos cujos produtos estejam previstos nas metas estabelecidas no Plano Plurianual podem ter vigência superior a um exercício e poderão ser prorrogados se houver interesse da Administração e desde que isso tenha sido previsto no ato convocatório.

A lei do PPA estabelece, de forma regionalizada, todas as diretrizes, objetivos e metas da Administração Pública que extrapolem um exercício, tendo a lei vigência de quatro anos, não coincidentes com a legislatura. De fato, a lei define as despesas de capital e outras dela decorrentes, contemplando as despesas de caráter continuado, assim consideradas todas aquelas que ultrapassam o exercício financeiro.

Nesses casos, o limite temporal do contrato é ampliado, podendo a avença ter duração de até quatro anos, para cumprimento das metas e execução de seu objeto. Ressalte-se que a lei prevê, além da celebração do contrato, por prazo superior a um ano, a possibilidade de prorrogação do acordo, desde que isso esteja previamente estipulado no edital do procedimento licitatório e no próprio instrumento do acordo.

A doutrina enxerga essa possibilidade de prorrogação com muitas ressalvas, definindo tratar-se de situação excepcional, devidamente justificada pela Administração Pública que deverá comprovar a impossibilidade de execução do objeto do contrato dentro do prazo inicialmente acordado entre as partes.

II – ***Prestação de serviços a serem executados de forma contínua***: nesses casos, para contratação de serviços de caráter continuado, a lei prevê a possibilidade de prorrogação contratual por iguais e sucessivos períodos, com vistas à obtenção de preços e condições mais vantajosas para a Administração Pública, desde que estas prorrogações se limitem ao prazo final máximo de sessenta meses. Em tais casos, a lei dispõe ainda que, *"em caráter excepcional, devidamente justificado e mediante autorização da autoridade superior, o prazo de que trata o inciso II do caput deste artigo poderá ser prorrogado por até doze meses"*. Sendo assim, excepcionalmente, é possível que o acordo atinja o prazo máximo de setenta e dois meses após todas as prorrogações cabíveis.

Verifica-se que estes contratos não devem ser celebrados por prazo superior a um ano, somente sendo admitida sua prorrogação posterior. Sendo assim, os contratos serão celebrados por prazo de, no máximo, um ano, admitindo-se prorrogações, até o limite de sessenta meses.

A doutrina é mansa e pacífica no sentido de que os serviços continuados, aos quais se referem o dispositivo, não são, necessariamente, serviços essenciais à coletividade, abrangendo quaisquer atividades que devem ser prestadas continuamente para regular funcionamento da estrutura administrativa. Com efeito, a regra abarca serviços de vigilância e limpeza da repartição, por exemplo, que, não obstante não ostentem a qualidade de serviços necessários à sociedade, são indispensáveis à regular atividade na repartição pública. Logo, tais contratos podem ser prorrogados, com a intenção de facilitar a execução da atividade fim do órgão público, sem a necessidade de interrupção destas atividades.

III – ***Aluguel de equipamentos e utilização de programas de informática***: nesses casos, pode a duração do contrato se estender pelo prazo de até 48 (quarenta e oito) meses após o início da sua vigência. A lei, mais uma vez, considera que a interrupção para celebração de um novo contrato, ao final de cada exercício, não atende ao interesse público, em razão da necessidade contínua de utilização destes serviços pela Administração Pública.

IV – ***Contratações previstas nos incisos IX, XIX, XXVIII e XXXI do art. 24, da lei 8.666/93:*** trata-se de situação incluída na lei, por força da medida provisória n. 495/2010, posteriormente, convertida na lei 12.349/10. Nesses casos, os contratos poderão ter vigência por até cento e vinte meses, caso haja interesse da administração. Analisemos cada uma das hipóteses que se caracterizam como situações de dispensa de licitação, ensejando, portanto, a possibilidade de contratação direta.

Primeiramente, define-se esta possibilidade de vigência por até cento e vinte meses quando houver possibilidade de comprometimento da segurança nacional, nos casos estabelecidos em decreto do Presidente da República, ouvido o Conselho de Defesa Nacional, consoante disposto no art. 24, IX, da lei.

A regra ainda se aplica para as compras de material de uso pelas Forças Armadas, com exceção de materiais de uso pessoal e administrativo, quando houver necessidade de manter a padronização requerida pela estrutura de apoio logístico dos meios navais, aéreos e terrestres, mediante parecer de comissão instituída por decreto. A necessidade de padronização justifica a necessidade de duração dilatada de prazo.

Outrossim,pode-se celebrar contratações com vigência de até cento e vinte meses para o fornecimento de bens e serviços, produzidos ou prestados no País, que envolvam, cumulativamente, alta complexidade tecnológica e defesa nacional, desde que mediante parecer de comissão especialmente designada pela autoridade máxima do órgão e para as contratações, regulamentadas na lei 10.973/04, que visem ao desenvolvimento de projetos científicos ou tecnológicos para obtenção de novos produtos.

Em todos os casos, pode-se dizer que o investimento dos particulares contratados para prestação destes serviços é de grande monta, o que justificaria a necessidade de prazos mais alongados, como forma de garantir-se a amortização dos valores aportados, com a intenção de executar as atividades objetos dos acordos.

Ademais, alguns contratos administrativos podem ser celebrados, sem ensejar gastos ao poder público. Nesses casos, pode-se dizer que, além das exceções mencionadas, **os contratos que não geram despesas** à Administração Pública não precisam estar previstos na lei orçamentária, logo, não precisam respeitar o limite de vigência definido, no art. 57, da lei 8.666/93, que condiciona a vigência à adequação orçamentária.

Ressalte-se que NÃO se trata de celebração de contratos por prazo indeterminado, mas tão somente da possibilidade de ajustes que extrapolam a vigência de um exercício, podendo ter duração bem mais alongada. Pode-se citar como exemplo, o contrato de concessão de serviços públicos, regulamentado pela lei 8.987/95, no qual a empresa concessionária é remunerada pela cobrança de tarifas ao usuário do serviço, não causando gastos aos cofres públicos. Neste caso, o ajuste pode ser firmado com prazos de duração acima de um ano.

→ **IMPORTANTE**

Nas provas de concursos, será correta a alternativa que dispõe que **não existe contrato administrativo por prazo indeterminado**. Trata-se de literalidade do texto legislativo, consoante previsão no art. 57,§3º, da lei 8.666/93.

No que tange à possibilidade de prorrogação, a legislação determina que o contrato administrativo pode ser prorrogado, desde que seja feito dentro do prazo de vigência do contrato e decorra, cumulativamente, de previsão no edital e no contrato e autorização do poder público, mantidas as demais disposições contratuais.

Não há possibilidade de prorrogação tácita de contratos administrativos, mesmo que haja cláusula contratual prevendo esta situação e, por óbvio, o contrato não pode ter sua prorrogação determinada após escoado todo o seu prazo de duração.

Com efeito, a lei 8.666/93, em seu art. 57, §1º, estabelece que "*Os prazos de início de etapas de execução, de conclusão e de entrega admitem prorrogação, mantidas as demais cláusulas do contrato e assegurada a manutenção de seu equilíbrio econômico-financeiro*".

Na verdade, o requerimento de prorrogação deve ser feito enquanto ainda vigente o contrato. Se o contrato for extinto, não será mais possível sua prorrogação e deve ser motivada por razões de interesse público que justifiquem a necessidade real de alongamento da avença, mesmo após o advento do termo contratual.

A lei estabelece os motivos a serem alegados pela Administração Pública para fins de justificar a prorrogação de contratos administrativos, quais sejam:

a) alteração do projeto ou especificações, pela Administração Pública, unilateralmente, ou por acordo das partes;

b) superveniência de fato excepcional ou imprevisível, estranho à vontade das partes, que altere fundamentalmente as condições de execução do contrato; são as hipóteses de teoria da imprevisão que, conforme já explicitado, ensejam a necessidade de revisão de preços e prazos contratuais;

c) interrupção da execução do contrato ou diminuição do ritmo de trabalho por ordem e no interesse da Administração;

d) aumento das quantidades inicialmente previstas no contrato, nos limites permitidos pela lei, quais sejam, até 25% do valor original do contrato, independentemente de concordância do particular, podendo chegar a 50% para contratos de reforma de equipamentos ou de edifícios;

e) impedimento de execução do contrato por fato ou ato de terceiro, reconhecido pela Administração em documento contemporâneo à sua ocorrência;

f) omissão ou atraso de providências a cargo da Administração Pública, inclusive quanto aos pagamentos previstos de que resulte, diretamente, impedimento ou retardamento na execução do objeto do contrato, sem prejuízo das sanções legais a serem aplicadas aos responsáveis.

Sendo assim, toda prorrogação de prazo contratual deverá ser justificada por escrito e previamente autorizada pela autoridade competente para celebrar o contrato. Importante salientar, ainda, que, para que haja prorrogação, é indispensável que haja previsão orçamentária e que a empresa mantenha todas as condições necessárias à sua habilitação para contratar com o poder público, quais sejam a regularidade fiscal e trabalhista, a habilitação jurídica regular, qualificação técnica e econômico financeira, além do respeito ao disposto no art. 7º, XXXIII, da Constituição Federal, no que tange à não exploração de trabalho infantil.

12. RESPONSABILIDADES DECORRENTES DO CONTRATO

Uma vez celebrado o contrato, as partes que firmaram o pacto têm o dever de cumprir fielmente as obrigações assumidas, em consonância com a legislação vigente e com as cláusulas previstas no acordo, sendo que cada uma das partes será responsabilizada por qualquer descumprimento contratual.

Nesse sentido, o contratado deverá manter preposto, aceito pela Administração, no local da obra ou serviço, para representá-lo na execução do contrato, perante o poder público e perante terceiros. Também, é responsabilidade do particular reparar, corrigir, remover, reconstruir ou substituir, às suas expensas, no total ou em parte, o objeto do contrato em que se verificarem vícios, defeitos ou incorreções resultantes da execução ou de materiais empregados. Em resumo, o particular responde diretamente pelo serviço prestado ou bem entregue à Administração, ou ainda pela obra por ele executada.

Ademais, quaisquer prejuízos causados pelo particular, seja à Administração Pública ou a terceiros, na execução da obra, ou prestação do serviço ensejam sua responsabilização e, conforme já previamente estipulado, não excluem ou reduzem essa responsabilidade à fiscalização ou ao acompanhamento pelo órgão interessado.

Por fim, o particular contratado deve arcar com todos os encargos trabalhistas, previdenciários, fiscais e comerciais resultantes da execução do contrato, sendo que, conforma expressa dicção legal, a Administração Pública responde solidariamente com o contratado pelos encargos previdenciários resultantes da execução do contrato. Sendo assim, em caso de não pagamento das obrigações previdenciárias dos empregados ligados à empresa contratada, surge automaticamente a possibilidade de se exigir tal prestação do ente público. Por se tratar de responsabilidade solidária, a única possibilidade de se eximir da responsabilização é comprovando que a empresa prestadora dos serviços efetivou os recolhimentos das contribuições devidamente.

Portanto, o Poder Público, enquanto tomador do serviço, não se pode eximir de arcar com o recolhimento das contribuições previdenciárias devidas e não realizados corretamente pela empresa prestadora.

Ocorre que, em relação aos demais encargos da empresa contratada, não se admite a responsabilização do ente público. Com efeito, o art. 71, §1º, da lei 8.666/93 dispõe que "*A inadimplência do contratado, com referência aos encargos trabalhistas, fiscais e comerciais não transfere à Administração Pública a responsabilidade por seu pagamento, nem poderá onerar o objeto do contrato ou restringir a regularização e o uso das obras e edificações, inclusive perante o Registro de Imóveis*".

Pela leitura do texto legal, resta clara a ausência de responsabilidade do ente público pelos encargos trabalhistas, fiscais e comerciais das empresas por ele contratadas. Todavia, a súmula 331 do Tribunal Superior do Trabalho, contrariando expressamente o dispositivo legal, dispôs que a responsabilidade do Estado seria subsidiária, em relação aos débitos trabalhistas das empresas por ele contratadas.

No dia 24 de novembro de 2010 (publicado no DJE e DOU de 03/12/2010) foi declarada a constitucionalidade do Art. 71, §1º. da Lei n. 8.666/93, por meio da Ação Direta de Constitucionalidade n. 16/2010.

Ressalte-se, mais uma vez, que o texto da lei, ora em comento, sempre foi tratado, com profundo desprezo, pela Justiça do Trabalho ou mesmo negligenciado pelos magistrados trabalhistas que aplicavam, em sentido diametralmente oposto, a Súmula 331 do TST que, até então, determinava a responsabilidade subsidiária do Estado pelos débitos trabalhistas das empresas contratadas.

Ocorre que, com a decisão da ADC n.16, e, diante da grande demanda de causas trabalhistas em que o Estado figura como responsável subsidiário, o Judiciário trabalhista ficou sem rumo, não sabendo de que modo julgar as referidas causas. O fato é que, após a decisão do Supremo Tribunal Federal, em sede de controle concentrado, não seria mais possível ignorar o texto legal e manter a responsabilização conforme orientação do texto sumulado.

Com efeito, a responsabilização subsidiária do ente público colocava o trabalhador, e até a empresa empregadora, em uma zona de conforto indiscutível, por ter o ente público (sempre solvente) a lastrear estas relações de emprego.

Em verdade, a solução de todos os problemas estava ameaçada, haja vista o fato de que, até então, em última instância, não conseguindo o adimplemento dos débitos pela empresa, exigiria esta obrigação do Estado, apto a quitar os débitos e fazer "justiça social" com o dinheiro do contribuinte.

Com a finalidade de discutir a repercussão da decisão do STF nas demandas trabalhistas, o pleno do Tribunal Superior do Trabalho, no dia 24 de maio de 2011, se reuniu para definir uma nova redação para a Súmula 331 do TST.

Foi, então. alterado o inciso IV e foram acrescentados dois novos incisos, ficando, da seguinte maneira, a nova redação da Súmula 331:

> IV – O inadimplemento das obrigações trabalhistas, por parte do empregador, implica a responsabilidade subsidiária do tomador de serviços quanto àquelas obrigações, desde que haja participado da relação processual e conste também do título executivo judicial.
>
> V – Os entes integrantes da administração pública direta e indireta respondem subsidiariamente, nas mesmas condições do item IV, caso evidenciada a sua conduta culposa no cumprimento das obrigações da Lei n. 8.666/93, especialmente na fiscalização do cumprimento

das obrigações contratuais e legais da prestadora de serviço como empregadora. A aludida responsabilidade não decorre de mero inadimplemento das obrigações trabalhistas assumidas pela empresa regularmente contratada.

VI – A responsabilidade subsidiária do tomador de serviços abrange todas as verbas decorrentes da condenação.

Nota-se, claramente, que a intenção do Tribunal foi de definir uma responsabilidade civil por omissão do estado, em virtude da não fiscalização do contrato firmado, nos moldes determinados pelo artigo 58 da lei 8666/93. Assim, a responsabilidade do Estado não decorreria do "mero inadimplemento" das obrigações laborais da empresa, mas sim da "conduta culposa no cumprimento das obrigações da Lei n. 8.666/93" por parte do ente estatal.

Em um primeiro momento, parece lógico o novo raciocínio estampado no verbete, mas, em verdade, trata-se de manobra escancarada com a intenção de manter a responsabilidade do Estado pelos débitos da empresa contratada e contrariar, desta vez, não só a lei, como também a decisão vinculante do Supremo Tribunal Federal. Explique-se.

Primeiramente, caso se entenda que o Estado responde pela não fiscalização dos contratos administrativos, esta responsabilidade não é subsidiária, mas sim primária, por todos os danos decorrentes de sua omissão. Isso porque, é indispensável que se enxergue a presença de duas relações jurídicas distintas na questão: a relação Estado X Contratado (relação de direito público) e a relação Empregador X Empregado (relação trabalhista).

Dessa forma, caso o Estado deixe de fiscalizar o contrato administrativo celebrado e esta omissão ensejar prejuízos a quaisquer pessoas (inclusive aos empregados), o Estado tem o dever de indenizar. No entanto, esta indenização não corresponde ao pagamento de salários e verbas trabalhistas, mas tão somente uma compensação determinada pelo juiz, pelos danos causados. Além do que, por não se tratar de matéria laboral, não é sequer da competência da Justiça do Trabalho.

Defende-se, portanto, que o particular prejudicado pela omissão do Estado pode pleitear indenizações do ente público, no juízo competente (Justiça Comum), independentemente da responsabilização de terceiros. Logo, não há como sustentar uma responsabilidade subsidiária do Estado, uma vez que o fundamento de sua responsabilização é diverso, das obrigações da empresas contratada/empregadora.

Enfim, a nova redação da súmula 331, mantendo a responsabilização subsidiária do ente público, viola a decisão do STF, ora em comento. Esse é o entendimento adotado por esta obra e por este autor.

Infelizmente, é que o judiciário trabalhista carece da imparcialidade exigida para a atividade judicante, sendo um órgão criado em prol do trabalhador. O que se vê, diuturnamente, é o juiz do trabalho atuando como verdadeiro advogado do trabalhador/reclamante, deixando, muitas vezes, de lado todos os princípios processuais, entre eles, a isonomia processual e da imparcialidade.

Com a decisão, totalmente tendenciosa de manter a responsabilização do ente estatal por débitos trabalhistas de empresas privadas, a justiça trabalhistas abre mão do interesse público e coloca o erário público à disposição dos trabalhadores privados, por causa da visão jurisdicional de que os entes públicos devem ser os seguradores universais dos trabalhadores.

Ademais, nunca é tarde lembrar que o art. 71, § 1º, da lei 8666/93 é diploma legal válido e regular, constituído de forma democrática, pelos representantes do povo e que não pode ser afastado por decisão do Tribunal Superior do Trabalho que não tem legitimidade para tanto, por não ter sido nomeado por indicação popular. Qualquer forma de burla ao disposto em lei fere de morte a democracia brasileira.

Entretanto, para fins de provas de concurso, a aplicação da nova redação da súmula 331 é plenamente cabível, diante do dispositivo exposto na lei 8.666/93.

13. RECEBIMENTO DO OBJETO CONTRATUAL

Em casos de contratação de obras e serviços, a lei dispõe que o recebimento do objeto será feito provisoriamente, pelo responsável por seu acompanhamento e fiscalização, mediante termo circunstanciado, assinado por ambas as partes em até 15 (quinze) dias da comunicação escrita do contratado. Sendo assim, o particular comunica a finalização do objeto e aguarda o recebimento provisório, pelo poder público, no prazo definido por lei.

Após o decurso do prazo de observação – que não pode ser superior a 90 dias, salvo situação excepcional devidamente justificada – ou mediante vistoria que comprove a adequação do objeto aos termos definidos no acordo, a Administração Pública deverá proceder ao recebimento definitivo do objeto do contrato, por servidor ou comissão designada pela autoridade competente, mediante termo circunstanciado, assinado pelas partes.

É sempre importante salientar que o recebimento definitivo não exclui a responsabilidade do particular contratado por qualquer dano que decorra da ausência de perfeição na execução do serviço, ou na obra entregue. Nesse sentido, o art. 73, §2º da lei 8.666/93 dispõe que *"O recebimento provisório ou definitivo não exclui a responsabilidade civil pela solidez e segurança da obra ou do serviço, nem ético-profissional pela perfeita execução do contrato, dentro dos limites estabelecidos pela lei ou pelo contrato"*.

Quando se tratar de recebimento para contratos de aquisição de bens ou de locação de equipamentos, também deverá ser realizado o recebimento provisório, para efeito de posterior verificação da conformidade do material com a especificação estabelecida. E, após a verificação da qualidade e quantidade do material e consequente aceitação, será feito o recebimento definitivo do objeto contratado. Nos casos de aquisição de equipamentos de grande vulto, o recebimento far-se-á mediante termo circunstanciado e, nos demais, mediante recibo.

Nos casos de aquisição de gêneros perecíveis e alimentação preparada, assim como para contratação de serviços profissionais, poderá ser dispensado o recebimento provisório, sendo o recebimento feito mediante recibo assinado pela autoridade competente.

A mesma regra se aplica para contratação de obras e serviços de valor até R$ 80.000,00 (oitenta mil reais), desde que não se componham de aparelhos, equipamentos e instalações sujeitos à verificação de funcionamento e produtividade.

Por fim, a lei estipula que, salvo disposição em contrário no instrumento convocatório ou em ato normativo específico, os ensaios, testes e demais provas exigidos por normas técnicas oficiais para a boa execução do objeto do contrato correm por conta do contratado.

Por óbvio, caso a obra, serviço ou fornecimento tenha sido executado em desacordo com o contrato, a Administração Pública rejeitará, no todo ou em parte, o objeto contratual.

14. FORMAS DE EXTINÇÃO DO CONTRATO ADMINISTRATIVO

As hipóteses de extinção decorrem de lei ou da própria execução do contrato e são situações que dão fim à avença celebrada entre o poder público e o particular contratado.

Primeiramente, caso não haja qualquer irregularidade apontada, o contrato pode ser extinto pela **conclusão do objeto ou advento do termo do contrato.** É a chamada "extinção natural" dos contratos administrativos e ocorre com a execução do objeto do contrato ou encerramento do seu prazo, sem que haja prorrogação.

Portanto, estará extinto um contrato de execução de obra com o término e entrega definitiva da obra. Da mesma forma, está encerrado um contrato de prestação de um determinado serviço com o transcurso do prazo estipulado no instrumento contratual e no edital, sem que haja prorrogação para que se reinicie o acordo.

Em casos de irregularidade na celebração do contrato, a extinção pode decorrer de **anulação.** Com efeito, trata-se de extinção contratual decorrente de vício de ilegalidade no contrato ou no procedimento licitatório de que resultou sua assinatura, com efeitos retroativos à data de início de vigência do acordo, impedindo os efeitos jurídicos que ele, ordinariamente, deveria produzir, além de desconstituir os já produzidos. Ressalte-se, portanto, que o vício na licitação induz o vício do contrato administrativo que dela resultar.

→ ATENÇÃO

Ressalte-se que, MESMO QUE O CONTRATO SEJA NULO, O PARTICULAR CONTRATADO DEVE SER REMUNERADO PELOS SERVIÇOS PRESTADOS DE BOA-FÉ, caso contrário, estaria se admitindo o enriquecimento sem causa do ente público.

Nesse sentido, o art. 59, parágrafo único, da lei 8.666/93 dispõe que *"A nulidade não exonera a Administração do dever de indenizar o contratado pelo que este houver executado até a data em que ela for declarada e por outros prejuízos regularmente comprovados, contanto que não lhe seja imputável, promovendo-se a responsabilidade de quem lhe deu causa".*

O dever de indenizar o particular contratado não configura punição ao poder público, pelo que, somente será devido o pagamento de valores caso se demonstre que, previamente à declaração de nulidade do ajuste, o particular contratado prestou serviços ao poder público ou constituiu despesas com essa finalidade.

Porém, caso a anulação ocorra após a prestação contratual, ainda que em parte, ou após a realização de despesas para cumprimento do objeto do contrato, o particular deve ser ressarcido pelas despesas que constituiu e pago pelos serviços já prestados.

Importante ressaltar que a presença da boa-fé do contratado é indispensável para que ele faça jus ao pagamento de indenização, caso contrário, estaria se aproveitando da própria torpeza, situação não admitida em direito. Se o particular celebrou o contrato de má fé, ou contribuindo para a nulidade apresentada pelo acordo, atuou em desconformidade aos princípios da moralidade, não devendo ser ressarcido de valores públicos.

Entretanto, não obstante a impossibilidade de ser indenizado por prejuízos, a doutrina vem-se firmando no sentido de que, mesmo estando de má fé, caso tenha sido feita a prestação de serviços à Administração Pública e, diante da impossibilidade de se devolver os serviços prestados, com o retorno ao *status quo ante*, o Poder Público deverá pagar pelos serviços prestados e pelas despesas realizadas e revertidas em proveito do ente estatal, sob pena de configurar-se enriquecimento sem causa do Estado.

Nesse sentido, Celso Antônio Bandeira de Mello[8] aduz que *"salvo conluio com a Administração na ilegalidade, até nos casos em que tenha havido má fé não sendo possível repor o status quo ante, em nome do princípio que veda o enriquecimento sem causa, terá que ser acobertado pelas despesas que fez em seu proveito"*.

O contrato ainda chegará ao seu fim em decorrência do **desaparecimento da pessoa contratada.** Dessa forma, pode ser caracterizado o desaparecimento pela falência da empresa contratada ou pelo falecimento, caso o contrato tenha sido celebrado com pessoa física ou firma individual. Essa hipótese de extinção contratual decorre do fato de que os contratos administrativos são celebrados *intuito personae.* Nestes casos, a rescisão poderá ser determinada, unilateralmente, pelo poder público.

Ademais, a legislação prevê as possibilidades de **rescisão** contratual em decorrência de vontade unilateral do poder público, por acordo das partes, mediante decisão judicial ou, ainda, por situação alheia à vontade das partes contratantes. Analisemos cada uma destas possibilidades, separadamente, a seguir.

I – Rescisão unilateral: ocorre por razões de interesse público ou por inadimplemento total ou parcial do contrato pelo particular. A rescisão unilateral configura cláusula exorbitante do contrato e, por isso, somente pode ser determinada por vontade administração pública, não sendo possível ao particular se valer desta prerrogativa.

Sendo assim, a legislação estabelece que a rescisão unilateral poderá ser determinada pela Administração Pública em casos de não cumprimento ou cumprimento irregular de cláusulas contratuais, especificações, projetos ou prazos. O mesmo ocorre em casos de lentidão do seu cumprimento, levando a Administração a comprovar a impossibilidade da conclusão da obra, do serviço ou do fornecimento, nos prazos estipulados, ou ainda o atraso injustificado no início da obra, serviço ou fornecimento.

Também se caracteriza por inadimplemento que enseja rescisão, a paralisação da obra, do serviço ou do fornecimento, sem justa causa e prévia comunicação à Administração, assim como a subcontratação total ou parcial do seu objeto, a associação do contratado com outrem, a cessão ou transferência, total ou parcial, bem como a fusão, cisão ou incorporação, não admitidas no edital e no contrato.

A desobediência às determinações regulares da autoridade designada para acompanhar e fiscalizar a sua execução e a alteração social ou a modificação da finalidade ou da estrutura

8. BANDEIRA DE MELLO, Celso Antonio. Curso de Direito Administrativo. São Paulo: Malheiros, 26ª ed. 2009.

da empresa, que prejudique a execução do contrato também são consideradas por lei como faltas ensejadoras de rescisão unilateral.

Por fim, consoante já especificado, a rescisão unilateral pode-se dar mesmo em casos nos quais não haja descumprimento contratual, embasado em razões de interesse público, de alta relevância e amplo conhecimento, justificadas e determinadas pela máxima autoridade da esfera administrativa a que está subordinado o contratante e exaradas no processo administrativo a que se refere o contrato.

II – Rescisão Judicial: se dá por provocação do particular, quando o ente público é inadimplente, haja vista o contratado não poder se utilizar da rescisão unilateral.

Dessa forma, caso a Administração Pública seja inadimplente no pagamento de sua prestação por prazo superior a noventa dias, o particular poderá suspender a execução do contrato, sem necessidade de propositura de ação. Caso pretenda a rescisão contratual, deverá valer-se do Poder Judiciário que decretará o fim do ajuste. Estas são as disposições do art. 78 incs. XIII a XVI, da lei 8.666/93.

III – Rescisão Bilateral (distrato): trata-se de rescisão amigável, realizada por ambas as partes, ou seja, no interesse público e com o consentimento do particular contratado. Estas hipóteses estão regulamentadas no art. 78, XIII a XVI e dependem de prévia autorização escrita e fundamentada da autoridade competente.

IV – Rescisão de pleno direito: por situações alheias à vontade das partes, em casos excepcionais que impedem a manutenção do contrato e nas quais não seja possível a revisão de preços. Imagine-se o exemplo de um determinado contrato de limpeza para prestação do serviço em um hospital público que é automaticamente extinto diante de um terremoto que destruiu o prédio público, onde seria executado o serviço.

15. DISPOSIÇÃO PENAIS DA LEI 8.666/93

A partir do art. 89, a lei 8.666/93 trata acerca dos crimes que podem ser cometidos na execução dos procedimentos licitatórios e dos contratos administrativos. Todos os crimes previstos são de ação penal pública incondicionada, cabendo ao Ministério Público promovê-la. No entanto, será admitida ação penal privada subsidiária da pública, caso esta não tenha sido ajuizada no prazo legalmente definido.

Ainda em relação aos crimes previstos na lei 8.666/93, qualquer pessoa poderá provocar a iniciativa do Ministério Público, fornecendo-lhe, por escrito, informações sobre o fato e sua autoria, bem como as circunstâncias em que se deu a ocorrência. Caso a comunicação tenha sido feita verbalmente, mandará a autoridade reduzi-la a termo, assinado pelo apresentante e por duas testemunhas. Por sua vez, quando, em autos ou documentos de que conhecerem, os magistrados, os membros dos Tribunais ou Conselhos de Contas ou os titulares dos órgãos integrantes do sistema de controle interno de qualquer dos Poderes verificarem a existência dos crimes definidos nesta Lei, remeterão ao Ministério Público as cópias e os documentos necessários ao oferecimento da denúncia.

Os crimes estão enumerados no texto legal, com a devida definição da penalidade a ser aplicada ao infrator. Por tratar-se de matéria atinente ao direito penal e processo penal, as disposições criminais não serão objeto de análise acurada nesta obra.

16. DOS CONTRATOS ADMINISTRATIVOS EM ESPÉCIE

A Lei 8.666/93 regulamenta três espécies de contratos administrativos, quais sejam os contratos de execução de obras, os de prestação de serviços, bem como os contratos de fornecimento de bens. Além destes contratos regulamentados pela lei geral de licitações e contratos, a legislação pertinente e a doutrina costumam apontar a existência ainda de contratos de concessão, contratos de permissão de serviços públicos e os contratos de gestão. Analisemos cada um destes ajustes, entendendo suas peculiaridades de forma sucinta.

I – Contratos de execução de obra: são contratos celebrados pela administração pública para que o particular, em um prazo máximo, fixado na avença, execute obra pública para utilização do próprio ente estatal ou da coletividade em geral. Nos termos da legislação, pode ser conceituada como obra toda construção, reforma, fabricação, recuperação ou ampliação, realizada por execução direta ou indireta.

Sendo assim, caso a obra não seja executada diretamente pelo poder público, poderá ser contratada para execução por instrumentos definidos na lei, quais sejam:

a) empreitada por preço global – ocorre todas as vezes que a Administração Pública contrata a execução da obra ou do serviço por preço certo e total, previamente definido no momento da assinatura do ajuste. Define-se um único preço por toda a obra, não sendo estipulado valor para cada item do contrato.

b) empreitada por preço unitário – será firmado quando o poder público contrata a execução da obra ou do serviço por preço certo de unidades determinadas.

c) tarefa – se dá quando se ajusta mão de obra para pequenos trabalhos por preço certo, o que pode ser feito com ou sem fornecimento de materiais.

d) empreitada integral – trata-se de contratação na qual o ente estatal ajusta a contratação de um empreendimento em sua integralidade, compreendendo todas as etapas das obras, serviços e instalações necessárias, sob inteira responsabilidade da contratada até a sua entrega ao contratante em condições de entrada em operação, atendidos os requisitos técnicos e legais para sua utilização em condições de segurança estrutural e operacional e com as características adequadas às finalidades para que foi contratada

Ademais, para celebração de contratos para execução de obras, a Administração Pública deverá, previamente à celebração do acordo, ajustar a elaboração do **projeto básico**, bem como do **projeto executivo.**

O projeto básico é o projeto arquitetônico que deve apresentar todos os elementos necessários e suficientes, com nível de precisão adequado, para caracterizar a obra ou serviço, ou complexo de obras ou serviços objeto do certame, elaborado com base nas indicações dos estudos técnicos preliminares, que assegurem a viabilidade técnica, além do adequado tratamento do impacto ambiental do empreendimento, e que possibilite a avaliação do custo da obra, mediante apresentação de planilha detalhada, bem como a definição dos métodos e do prazo de execução, devendo conter alguns elementos fixados, no art. 6º, IX da lei 8.666/93.

Tais elementos constituem garantias de que o projeto será suficiente para definir todas as condições técnicas de execução da obra, incluindo os materiais e serviços que serão necessários para bem executar o objeto do contrato, assim como estabelecerá critérios para realização da licitação e fiscalização da obra. Por fim, o projeto básico deve apresentar um orçamento detalhado do custo global da obra, fundamentado em quantitativos de serviços e fornecimentos propriamente avaliados, em planilha elaborada.

Por seu turno, o projeto executivo constitui o conjunto dos elementos necessários e suficientes à execução completa da obra, de acordo com as normas pertinentes da ABNT. Na elaboração do projeto executivo, assim como do projeto básico devem ser considerados os requisitos de segurança; funcionalidade e adequação ao interesse público; economia na execução, conservação e operação; possibilidade de emprego de mão de obra, materiais, tecnologia e matérias-primas existentes no local para execução, conservação e operação; facilidade na execução, conservação e operação, sem prejuízo da durabilidade da obra ou do serviço; adoção das normas técnicas, de saúde e de segurança do trabalho adequadas, assim como o impacto ambiental.

A contratação de obra deve ser realizada, seguindo o cronograma de elaboração do projeto básico, primeiramente, para posterior contratação do projeto executivo e, por fim, a celebração do ajuste para execução da obra.

No entanto, a lei autoriza que seja contratado, pela Administração, somente o projeto básico, deixando a elaboração do projeto executivo a cargo do vencedor da licitação para execução da obra, desde que isso esteja previamente estipulado no edital. Neste sentido, dispõe o art. 9º, § 2º, da lei 8.666/93 que *"O disposto neste artigo não impede a licitação ou contratação de obra ou serviço que inclua a elaboração de projeto executivo como encargo do contratado ou pelo preço previamente fixado pela Administração"*. Com a ressalva desta situação, o autor do projeto básico ou executivo estará impedido de participar, direta ou indiretamente, do procedimento licitatório, para execução da obra, podendo, contudo, ser contratado pela Administração Pública para atuar como fiscal, gerente ou supervisor, mediante contrato de consultoria, auxiliando os agentes públicos responsáveis por esta fiscalização.

II – Contratos de prestação de serviços: trata-se de contratação de atividade destinada a obter determinada utilidade de interesse para a Administração, tais como: demolição, conserto, instalação, montagem, operação, conservação, reparação, adaptação, manutenção, transporte, locação de bens, publicidade, seguro ou trabalhos técnico-profissionais. Os serviços são prestações contínuas, não havendo início, meio e fim de prestação, como ocorre com as obras.

Não se confundem com os contratos de concessão de serviços públicos porque, nestes casos, a Administração Pública ficará responsável por remunerar o prestador do serviço, mediante pagamento de preço previamente estipulado no contrato, não havendo a cobrança de tarifas dos usuários do serviço prestado.

Nesses casos, a Administração Pública deverá, mediante pesquisa prévia de mercado, definir o valor máximo que se dispõe a pagar pelo serviço a ser prestado, sendo que esse orçamento servirá como base para a aceitabilidade das propostas no procedimento licitatório que se seguirá, sendo vedada a contratação de serviço por preço acima daquele orçado pelo Poder Público. O Estado não define valores mínimos.

III – Contratos de fornecimento de bens: trata-se de contratação para aquisição de bens necessários à execução das atividades do órgão público, seja mediante pagamento à vista ou parcelado, nos moldes definidos na proposta vencedora da licitação. As contratações para compra de bens deverão conter adequada caracterização de seu objeto e indicação dos recursos orçamentários para seu pagamento, sob pena de nulidade do ato e responsabilidade de quem lhe tiver dado causa.

Ademais, a legislação dispõe que as compras, sempre que possível, devem-se guiar pelos preços praticados nos demais órgãos da Administração Pública. Devem ainda atender ao princípio da padronização, que imponha compatibilidade de especificações técnicas e de desempenho, observadas, quando for o caso, as condições de manutenção, assistência técnica e garantia oferecidas. Se possível, deve-se dar preferência à aquisição de bens mediante sistema de registro de preços e devem ser subdivididas em tantas parcelas quantas necessárias para aproveitar as peculiaridades do mercado, visando economicidade.

Por fim, a lei determina a submissão, no que couber, às condições de aquisição e pagamento semelhantes às do setor privado.

IV – Contrato de concessão de serviços públicos: trata-se de contratação regulamentada pela lei 8.987/95, por meio da qual a Administração transfere, mediante procedimento licitatório na modalidade concorrência, a prestação de um determinado serviço público ao particular que deverá prestá-lo por sua conta e risco, por prazo determinado, mediante a remuneração por meio de cobrança de tarifas dos usuários do serviço. Com efeito, no contrato de concessão de serviços públicos, a empresa concessionária não é remunerada por preço fixado ao poder público, mas sim por meio da exploração do próprio serviço a ela concedido. A concessão de serviço público poderá ser simples, ou precedida de obra.

De fato, os **contratos de concessão de serviços públicos precedidos de obra** são firmados quando o poder público transfere ao particular a execução de determinado serviço púbico, mediante concorrência, sendo indispensável a previa execução de obra, reforma ou construção para possibilitar a prestação deste serviço. Neste caso, a empresa concessionária executa a obra, por sua conta e risco, sendo-lhe transferida, posteriormente, a possibilidade de explorar o serviço decorrente da obra executada, como forma de remuneração.

Ademais, a lei 11.079/04 criou duas novas espécies de concessões de serviços públicos, designadas, pela própria lei, como Parceria Público-Privada. Tais parcerias se dividem em duas novas espécies de ajustes, quais sejam a concessão patrocinada e a concessão administrativa.

A **concessão patrocinada** se configura como contrato de concessão de serviço público no qual, adicionalmente às tarifas pagas pelos usuários, o particular contratado recebe uma contraprestação pecuniária do poder público, como forma de complementar seus ganhos, mantendo a cobrança de tarifas módicas.

Por sua vez, a **concessão administrativa** também é concessão de serviço público, na qual, por ser a Administração Pública a usuária, direta ou indireta, do serviço público prestado, ela fica responsável pelo pagamento das tarifas.

Estes contratos serão objeto de análise mais aprofundada, nesta obra, no capítulo atinente aos serviços públicos.

V – Permissão de serviços públicos: a permissão de serviços públicos, assim como a permissão de uso de bens públicos surgiu no ordenamento jurídico mediante a formalização de ato administrativo unilateral, discricionário e precário. Ocorre que, o art. 175 da Constituição Federal trata a permissão de serviço público como contrato administrativo e, seguindo esta orientação, a lei 8.987/95, em seu art. 40, conceitua a permissão de serviços públicos como contrato de adesão (característica comum a todos os contratos administrativos) por meio do qual se transfere a particular a prestação de serviços públicos, por sua conta e risco, mediante remuneração por tarifas dos usuários, a título precário. Por óbvio, a precariedade é afastada pela natureza contratual do instituto.

Dessa forma, diferentemente do que ocorre com a permissão de uso de bens públicos que se mantém como ato unilateral, a permissão de serviço público se configura como contrato administrativo que pode ser celebrado, mediante procedimento licitatório, com pessoas físicas ou jurídicas para prestação de serviços públicos.

Mais uma vez, salienta-se que estes contratos serão objeto de análise, nesta obra, no capítulo atinente aos serviços públicos.

VI – Contrato de concessão de uso de bens públicos: trata-se de contrato celebrado com particular, por meio do qual a Administração Pública consente na utilização de um determinado bem público, de forma especial, anormal ou privativa, com finalidade específica, mediante pagamento de remuneração ou gratuitamente. Nestes casos, o particular contratado deverá realizar alguns investimentos para utilização do bem concedido e, dessa forma, depende da garantia de prazo decorrente da celebração do ajuste.

A concessão e uso de bem público será analisada no capítulo referente aos bens públicos, diferenciando-se dos atos unilaterais, discricionários e precários de autorização e permissão de uso desses bens.

VII – Contrato de gestão:

Tradicionalmente, tratava-se de avença firmada entre entidades públicas, com a intenção de conferir maior eficiência na execução das atividades, não sendo possível a assinatura do acordo com pessoas privadas. Com a Reforma Administrativa ocorrida, no Brasil, a partir de 1995, culminando com a edição da Emenda Constitucional n. 19/98, os contratos de gestão passaram a ter ampla previsão legal e constitucional, abarcando, sob o mesmo título jurídico, várias espécies de ajustes, de naturezas jurídicas diversas.

Sendo assim, a lei 9649/98 regulamenta o contrato de gestão firmado entre entes da Administração Direta e suas autarquias ou fundações públicas, ao mesmo tempo que a lei 9637/98 designa com o mesmo título, o acordo celebrado entre o Estado e entidades privadas sem fins lucrativos que atuam na execução de serviços de utilidade pública, em um rol definido na própria lei. Por sua vez, o art. 37, §8º, da Constituição Federal, por meio de regulamentação muito criticada pela doutrina brasileira, admite a celebração de contratos de gestão entre órgãos e, até mesmo, entre órgãos públicos e seus administradores, pessoas físicas, configurando verdadeira aberração jurídica, de impossível realização prática.

Com efeito, a lei 9649/98 define que é possível a celebração de contratos de gestão entre o Poder Público e autarquias ou fundações públicas que possuam plano estratégico de reestruturação, para fins de qualificá-las como agências executivas. Trata-se de verdadeiro contrato por meio do qual se confere maior autonomia a estas entidades, definindo, por sua vez, metas e objetivos a serem cumpridos, como forma de garantir uma maior eficiência na execução de suas atividades. No contrato ficam estipulados os instrumentos de controle que poderão ser utilizados pelo ente público.

Estes ajustes são alvo de muitas críticas doutrinárias, pelo fato de que a concessão de maior orçamento e liberdade de atuação às entidades autárquicas e fundacionais deve ser feito mediante lei específica, haja vista competir somente a este instrumento a criação e definição das finalidades destes entes, bem como a delimitação de sua área de atuação e prerrogativas institucionais. Sendo assim, os contratos de gestão firmados com estas entidades estariam premiando, por meio de atribuição de vantagens não previstas em lei, as autarquias que não atingem metas de eficiência em detrimento das demais. Afinal a eficiência é exigência constitucional a todos os entes da Administração Pública, não havendo a necessidade de celebração de contrato para que o Poder Público possa realizar este tipo de exigências.

Tais contratos já foram analisados nesta obra, no capítulo atinente à organização administrativa. Nesse sentido, dispõe os art. 51 e 52 da lei 9649/98 que:

> Art. 51. O Poder Executivo poderá qualificar como Agência Executiva a autarquia ou fundação que tenha cumprido os seguintes requisitos:
>
> I – ter um plano estratégico de reestruturação e de desenvolvimento institucional em andamento;
>
> II – ter celebrado Contrato de Gestão com o respectivo Ministério supervisor.
>
> § 1º A qualificação como Agência Executiva será feita em ato do Presidente da República.
>
> § 2º O Poder Executivo editará medidas de organização administrativa específicas para as Agências Executivas, visando assegurar a sua autonomia de gestão, bem como a disponibilidade de recursos orçamentários e financeiros para o cumprimento dos objetivos e metas definidos nos Contratos de Gestão.
>
> Art. 52. Os planos estratégicos de reestruturação e de desenvolvimento institucional definirão diretrizes, políticas e medidas voltadas para a racionalização de estruturas e do quadro de servidores, a revisão dos processos de trabalho, o desenvolvimento dos recursos humanos e o fortalecimento da identidade institucional da Agência Executiva.
>
> § 1º Os Contratos de Gestão das Agências Executivas serão celebrados com periodicidade mínima de um ano e estabelecerão os objetivos, metas e respectivos indicadores de desempenho da entidade, bem como os recursos necessários e os critérios e instrumentos para a avaliação do seu cumprimento.
>
> § 2º O Poder Executivo definirá os critérios e procedimentos para a elaboração e o acompanhamento dos Contratos de Gestão e dos programas estratégicos de reestruturação e de desenvolvimento institucional das Agências Executivas.

Por sua vez, a lei 9637/98, ao definir a criação das Organizações Sociais, estabeleceu o contrato de gestão como o instrumento hábil à qualificação destas entidades. De fato, as entidades privadas sem fins lucrativos que executam serviços de utilidade pública, dentro de um rol previamente definido na lei, poderão, mediante contrato de gestão, estabelecer um vínculo com o Poder Público que a qualificará como Organização Social.

Neste caso, entende-se que o contrato de gestão teria natureza jurídica de convênio e não de contrato, propriamente dito, haja vista a convergência de interesses entre as pessoas jurídicas que participam do instrumento. Assim, tanto o poder público quanto a entidade privada celebram o acordo com a intenção de prestar serviços de forma a garantir o interesse da coletividade, uma vez que, vale lembrar, estas entidades, embora privadas, possuem finalidade meramente filantrópica, sem quaisquer fins lucrativos.

O contrato de gestão definirá, pois, as atribuições, incluindo direitos e obrigações, da Administração Pública e do particular, no bojo da relação criada.

Sendo assim, o contrato deve ser celebrado em observância aos princípios constitucionais da publicidade, economicidade, legalidade, moralidade e impessoalidade e discriminará o programa de trabalho proposto pela organização, as metas que deverão ser atingidas na execução de suas atividades, incluindo os prazos e critérios a serem utilizados para avaliação do desempenho da entidade. A legislação ainda determina que o contrato estipule os limites e critérios de despesa a ser feita com remuneração e vantagens pagas aos dirigentes da entidade, bem como os salários dos empregados a elas vinculados. A intenção é evitar que se trate de entidade visando lucro, de forma disfarçada.

Por meio deste contrato de gestão, podem ser transferidas à entidade privada contratada dotações orçamentárias, servidores públicos em cessão, assim como bens públicos, por mcio de permissão de uso.

Por fim, conforme previamente comentado, o art. 37, §8º da Constituição Federal regulamentou o contrato de gestão definindo que

> § 8º A autonomia gerencial, orçamentária e financeira dos órgãos e entidades da administração direta e indireta poderá ser ampliada mediante contrato, a ser firmado entre seus administradores e o poder público, que tenha por objeto a fixação de metas de desempenho para o órgão ou entidade, cabendo à lei dispor sobre: (Incluído pela Emenda Constitucional n. 19, de 1998)
>
> I – o prazo de duração do contrato;
>
> II – os controles e critérios de avaliação de desempenho, direitos, obrigações e responsabilidade dos dirigentes;
>
> III – a remuneração do pessoal.

Este dispositivo não tem como ser implementado, em sua literalidade, em virtude da impossibilidade de obediência a algumas de suas regras. Primeiramente, os órgãos públicos não gozam de personalidade jurídica e, portanto, não são sujeitos de direito e obrigações, o que inviabiliza o ajuste destas entidades entre si. De fato, as estruturas orgânicas não poderiam se responsabilizar pelas responsabilidades assumidas ao firmarem o acordo, tornando inócuo o instrumento celebrado nestas condições.

Outrossim, é impossível se admitir a celebração de contratos entre os órgãos públicos e seus administradores, haja vista o fato de que a atuação do agente público, no exercício de suas funções, deve ser imputada ao Poder Público e não ao próprio agente. A teoria da imputação volitiva, ou teoria do órgão, já analisada em capítulo específico define que a vontade do agente público e do órgão se confundem e, portanto, quem celebraria o contrato seria a própria pessoa jurídica e não a pessoa física.

Por fim, o dispositivo constitucional estabelece que o contrato de gestão será firmado com a finalidade de aumentar a autonomia gerencial, orçamentária e financeira dos órgãos públicos. Ocorre que eles são parte integrante de uma pessoa jurídica, não possuindo autonomia gerencial ou orçamento próprios, o que torna inócuo o texto da Constituição que prevê o aumento de algo, que não existe em sua essência. No que tange aos entes da Administração Indireta (autarquias e fundações públicas), a autonomia é definida mediante a edição de lei específica que é responsável pela criação destas entidades. Sendo assim, não é possível a ampliação, mediante contrato, daquilo que foi atribuído por lei.

Por tudo o quanto exposto, a doutrina vem se posicionando no sentido de que o art. 37, §8º, da Carta Magna, não tem aplicabilidade prática e deve ser desconsiderado pelo administrador público, diante da impossibilidade de celebração do acordo nele regulamentado. Com efeito, trata-se de norma incompatível com o ordenamento jurídico.

17. CONVÊNIOS

Os convênios são ajustes firmados entre a Administração Pública e entidades que possuam vontades convergentes, mediante a celebração de acordo para melhor execução das atividades de interesse comum dos conveniados. Nesse sentido, a lei 8.666/93, em seu art. 116 dispõe que *"Aplicam-se as disposições desta Lei, no que couber, aos convênios, acordos, ajustes e outros instrumentos congêneres celebrados por órgãos e entidades da Administração"*.

Sendo assim, a legislação regulamenta também, naquilo que for compatível, os convênios firmados entre o Poder Público e quaisquer outras entidades para execução de atividades comuns, com convergência de interesses. De fato, este é o ponto crucial de distinção entre este instituto e os contratos administrativos, haja vista o fato de que, nestes últimos, as vontades dos particulares e do Poder Público são divergentes, sendo firmado o acordo de forma que agrade às duas partes e cada uma possa alcançar seu objetivo.

A legislação exige, para formação do convênio, pelos órgãos ou entidades da Administração Pública, prévia aprovação de competente plano de trabalho proposto pela organização interessada, o qual deverá conter, ao menos, algumas informações definidas na lei, quais sejam:

> a) identificação e definição do objeto a ser executado, de interesse comum entre os entes conveniados;
>
> b) metas a serem atingidas;
>
> c) etapas ou fases de execução;
>
> d) plano de aplicação dos recursos financeiros;
>
> e) cronograma de desembolso de valores pela entidade conveniada, com definição de prazos e metas;
>
> f) previsão de início e fim da execução do objeto, bem assim da conclusão das etapas ou fases programadas;
>
> g) comprovação de que os recursos próprios para complementar a execução do objeto estão devidamente assegurados, caso o convênio compreenda execução de obra ou serviço de

engenharia, salvo se o custo total do empreendimento recair sobre a entidade ou órgão descentralizador.

Após a assinatura do convênio, a entidade pública ou órgão repassador dará ciência disso à Assembleia Legislativa ou à Câmara Municipal respectiva. Enfim, o Poder Legislativo deve ter ciência de todos os termos do acordo firmado.

Uma vez definidos os valores a serem repassados ao conveniado, por meio de lei orçamentária, as parcelas do convênio serão liberadas em estrita conformidade com o plano de aplicação aprovado, salvo se for verificada alguma irregularidade, situação na qual as parcelas ficarão retidas até o saneamento das impropriedades ocorrentes.

Neste ínterim, a lei aponta algumas irregularidades que podem ensejar a retenção das parcelas de pagamento, senão vejamos:

> **I** – em situações de **falta de comprovação da boa e regular aplicação da parcela** anteriormente recebida, na forma da legislação aplicável, inclusive mediante procedimentos de fiscalização local, realizados periodicamente pela entidade ou órgão descentralizador dos recursos ou pelo órgão competente do sistema de controle interno da Administração Pública, o qual deve apurar e definir se os critérios de utilização dos valores repassados foram observados;
>
> **II** – em hipóteses nas quais se verificar **desvio de finalidade** na aplicação dos recursos, **atrasos não justificados** no cumprimento das etapas ou fases programadas, práticas atentatórias aos princípios fundamentais de Administração Pública nas contratações e demais atos praticados na execução do convênio, ou **o inadimplemento do executor**, seja ele total ou parcial, com relação a outras cláusulas conveniais básicas;
>
> **III** – quando o executor **deixar de adotar as medidas saneadoras** apontadas pelo partícipe repassador dos recursos ou por integrantes do respectivo sistema de controle interno.

Em todos os casos, os saldos de convênio, enquanto não utilizados, serão obrigatoriamente aplicados em cadernetas de poupança de instituição financeira oficial se a previsão de seu uso for igual ou superior a um mês, ou em fundo de aplicação financeira de curto prazo ou operação de mercado aberto lastreada em títulos da dívida pública, quando a utilização dos mesmos verificar-se em prazos menores que um mês, como forma de se evitar o desgaste da moeda, ensejando perda e dilapidação do patrimônio público.

Sempre que for feita, nestes moldes, a aplicação de valores, as receitas financeiras auferidas serão obrigatoriamente computadas a crédito do convênio e aplicadas, exclusivamente, no objeto de sua finalidade, devendo constar de demonstrativo específico que, necessariamente, integrará as prestações de contas do ajuste.

Por fim, a lei dispõe que em caso de extinção do convênio, todo o montante remanescente do acordo deve ser devolvido ao órgão público que repassou o recurso. Esta devolução deve ocorrer em até trinta dias da extinção da avença, sob pena de responsabilização do agente público. Neste sentido, o art. 116, §6º, da lei 8.666/93 dispõe que "*quando da conclusão, denúncia, rescisão ou extinção do convênio, acordo ou ajuste, os saldos financeiros remanescentes, inclusive os provenientes das receitas obtidas das aplicações financeiras realizadas, serão devolvidos à entidade ou órgão repassador dos recursos, no prazo improrrogável de 30 (trinta) dias do evento, sob pena da imediata instauração de tomada de contas especial do responsável, providenciada pela autoridade competente do órgão ou entidade titular dos recursos*".

Importa ainda ressaltar que a doutrina e jurisprudência se firmaram no sentido de que a celebração de convênios, em decorrência da convergência de vontades e de todas as peculiaridades que cercam o acordo, não deve ser precedida de procedimento licitatório, podendo o convênio ser firmado, diretamente, entre o ente público e a entidade privada.

18. CONSÓRCIOS PÚBLICOS

Os consórcios públicos foram criados com a edição da lei 11.107/05 e consistem na gestão associada de entes federativos para prestação de serviços de interesse comum a todos eles. Somente se admite a participação de entes políticos no acordo, ou seja, União Federal, estados, municípios e Distrito Federal podem se associar para formação deste ajuste.

A previsão desta gestão associada tem base constitucional, haja vista a previsão no art. 241 da Carta Magna e apresenta uma formalização jurídica estável, na qual, entidades federativas firmam acordo para prestação de serviços públicos de forma associada, garantindo maior eficiência e destinação de recursos mais consistentes para executar a atividade pretendida.

Sendo assim, os entes federativos podem se associar para a formação do Consórcio Público, criando, por meio do ajuste uma nova entidade com personalidade jurídica de direito público ou de direito privado, consoante disposto no próprio termo do consórcio. Com efeito, a assinatura do acordo enseja a criação de nova pessoa jurídica, que não se confunde e nem integra nenhum dos entes formadores do consórcio e que exercerá suas atividades com autonomia, desde que atendidas as finalidades definidas no instrumento do consórcio, sempre de prestação de serviços públicos de forma descentralizada.

Na formação do ajuste, os entes consorciados firmarão, nos termos da legislação, contrato de rateio para definir com que montante cada uma destas entidades participará na formação de manutenção da nova pessoa jurídica criada.

Os consórcios públicos serão analisados de forma acurada no capítulo atinente aos serviços públicos, em tópico específico, haja vista se tratar de ajuste com a finalidade de prestação destes serviços, mediante descentralização administrativa.

19. REGIME DIFERENCIADO DE CONTRATAÇÕES

Em 04 de agosto de 2011, foi editada a lei 12.462/11, com a finalidade de definir procedimento específico de licitação e instrumentalização para os contratos necessários à realização dos **Jogos Olímpicos e Paraolímpicos de 2016**, da **Copa das Confederações da Federação Internacional de Futebol Associação – Fifa 2013** e da **Copa do Mundo Fifa 2014**, definidos pelo Grupo Executivo – Gecopa 2014 do Comitê Gestor instituído para definir, aprovar e supervisionar as ações previstas no Plano Estratégico das Ações do Governo Brasileiro para a realização da Copa do Mundo Fifa 2014 – CGCOPA 2014, restringindo-se, no caso de obras públicas, às constantes da matriz de responsabilidades celebrada entre a União, Estados, Distrito Federal e Municípios, bem como para as contratações de obras de infraestrutura e de contratação de serviços para os aeroportos das capitais dos Estados da Federação distantes até 350 km (trezentos e cinquenta quilômetros) das cidades sedes dos mundiais.

A lei referida já sofreu duas alterações, primeiramente, pela lei 12.688/12 que incluiu neste regime as contratações necessárias ao cumprimento das ações integrantes do **Programa de Aceleração do Crescimento (PAC)**. Na mesma esteira, mediante alteração efetivada pela lei 12.722/12, o Regime Diferenciado de Contratações – RDC também passou a ser aplicável às licitações e contratos necessários à realização de obras e serviços de engenharia no âmbito dos **sistemas públicos de ensino**.

Por fim, a Lei 12.745/12, inserindo nova alteração no texto legal, incluiu no RDC, os acordos firmados para execução de obras e serviços de engenharia no âmbito do Sistema Único de Saúde – SUS, das ações no âmbito da segurança pública, das obras e serviços de engenharia, relacionadas a melhorias na mobilidade urbana ou ampliação de infraestrutura logística e nos contratos de locação de bens móveis e imóveis, nos quais o locador realiza prévia aquisição, construção ou reforma substancial, com ou sem aparelhamento de bens, por si mesmo ou por terceiros, do bem especificado pela administração. Por seu turno, a Lei 13.243/16 determina que o Regime Diferenciado de Contratações poderá ser utilizado nos contratos necessários á realização das ações em órgãos e entidades dedicados à ciência, à tecnologia e à inovação.

É importante frisar que a opção pela utilização do Regime Diferenciado de Contratações deverá constar de forma expressa do instrumento convocatório e resultará no afastamento das normas contidas na lei 8.666/93, a qual não tem aplicação subsidiária, salvo nas hipóteses expressamente determinadas pela lei 12.462/11.

19.1. Objetivos

A contratação por meio de regime diferenciado visa a garantir uma maior celeridade e simplificação nas contratações realizadas, nos moldes da lei. Entenda-se que, no contexto de edição do regime, os ajustes para execução de obras e serviços para os eventos esportivos, em comento, eram prementes, ante a proximidade de sua realização.

Com efeito, a lei define que o regime especial objetiva ampliar a eficiência nas contratações públicas e a competitividade entre os licitantes, promover a troca de experiências e tecnologias em busca da melhor relação entre custos e benefícios para o setor público, incentivar a inovação tecnológica e assegurar tratamento isonômico entre os licitantes e a seleção da proposta mais vantajosa para a Administração Pública. Ressalte-se que as duas últimas finalidades estão presentes em todos os procedimentos licitatórios.

19.2. Peculiaridades da lei 12.462/11

A princípio, a lei repete muitas das definições e institutos regulamentados pela legislação geral de licitações e contratos e, desta forma, interessa, nesta obra, somente apontar as diferenças trazidas pelo novo regramento. Sendo assim, apontam-se como peculiaridades da lei, no que tange às licitações e aos contratos a ela submetidos,

a) Indicação de marcas

Nas licitações realizadas nos moldes do RDC, é admitida a indicação de marcas, desde que isso seja especificado e decorra de necessidade de padronização do objeto a ser contratado, ou quando determinada marca ou modelo comercializado por mais de um fornecedor for a única capaz de atender às necessidades da entidade contratante.

Também será admitida a indicação de marca, em situações nas quais a descrição do objeto a ser licitado puder ser mais bem compreendida pela identificação de determinada marca ou modelo aptos a servir como referência, situação em que será obrigatório o acréscimo da expressão "ou similar ou de melhor qualidade". Nesta última hipótese, o poder público não seleciona a marca que pretende adquirir e somente utiliza a mesma como forma de auxiliar os licitantes a entenderem claramente as especificações do bem que interessa à entidade promotora do certame.

Ressalte-se, ainda, que nos contratos regidos pela Lei do Regime Diferenciado de Contratações, poderá ser admitido o emprego dos mecanismos privados de resolução de disputas, inclusive a arbitragem.

b) Critérios de seleção das propostas e critérios de desempate

O edital da licitação definirá o critério de julgamento a ser utilizado para escolha do vencedor no certame, que será efetivado pelo emprego de parâmetros objetivos definidos no instrumento convocatório. Diferentemente do quanto estipulado na lei 8.666/93, os critérios de escolha se dividem em cinco diferentes opções. Sendo assim, podem ser definidos como critérios de julgamento.

1) **menor preço ou maior desconto**, no qual o poder público considerará o menor dispêndio para a administração pública, atendidos os parâmetros mínimos de qualidade definidos no instrumento convocatório, incluindo os custos indiretos, relacionados com as despesas de manutenção, utilização, reposição, depreciação e impacto ambiental, entre outros fatores.

2) **técnica e preço**, utilizado quando a avaliação e a ponderação da qualidade técnica das propostas que superarem os requisitos mínimos estabelecidos no instrumento convocatório forem relevantes aos fins pretendidos pela administração pública, e destinar-se-á exclusivamente a objetos de natureza predominantemente intelectual e de inovação tecnológica ou técnica, ou que possam ser executados com diferentes metodologias ou tecnologias de domínio restrito no mercado, pontuando-se as vantagens e qualidades que eventualmente forem oferecidas para cada produto ou solução. Neste caso, a lei permite a atribuição de fatores de ponderação distintos para valorar as propostas técnicas e de preço, sendo o percentual de ponderação mais relevante limitado a 70% (setenta por cento).

3) **melhor técnica ou conteúdo artístico**, utilizado para a contratação de projetos, inclusive arquitetônicos, e trabalhos de natureza técnica, científica ou artística, excluindo-se os projetos de engenharia, sendo que devem ser consideradas exclusivamente as propostas técnicas ou artísticas apresentadas pelos licitantes com base em critérios objetivos previamente estabelecidos no instrumento convocatório, no qual será definido o prêmio ou a remuneração que será atribuída aos vencedores.

4) **maior oferta de preço**, no caso de contratos que resultem em receita para a administração pública. Nesses casos, os requisitos de qualificação técnica e econômico-financeira poderão ser dispensados, conforme dispuser o regulamento, podendo ser exigida a comprovação do recolhimento de quantia a título de garantia, como requisito de habilitação, limitada a 5% (cinco por cento) do valor ofertado.

5) **maior retorno econômico**, utilizado exclusivamente para a celebração de contratos de eficiência, quando então as propostas serão consideradas de forma a selecionar a que proporcionará a maior economia para a administração pública decorrente da execução do

contrato. De acordo com o art. 23, §1º da lei 12.462/11, "*O contrato de eficiência terá por objeto a prestação de serviços, que pode incluir a realização de obras e o fornecimento de bens, com o objetivo de proporcionar economia ao contratante, na forma de redução de despesas correntes, sendo o contratado remunerado com base em percentual da economia gerada*".

Em todos os casos, assim como ocorre nas licitações geridas pela lei geral de licitações e contratos, não pode ser considerada, para fins de escolha e definição do vencedor do certame, nenhuma vantagem não prevista no instrumento convocatório, inclusive financiamentos subsidiados ou a fundo perdido.

No que tange aos critérios de **desempate na licitação**, a lei define que, em casos de condições idênticas de propostas, será primeiramente realizada disputa final, em que os licitantes empatados poderão apresentar nova proposta fechada em ato contínuo à classificação. Mantendo-se a situação de empate, será realizada a avaliação do desempenho contratual prévio dos licitantes, desde que exista sistema objetivo de avaliação instituído e, somente depois destas medidas, serão utilizados, sucessivamente, os critérios de desempate regulamentados no art. 3º, § 2º, da lei 8.666/93 e, por fim, ainda será possível a efetivação de sorteio, caso as medidas anteriores não sejam aptas a definir o vencedor do procedimento licitatório.

c) Procedimento da licitação

O procedimento da licitação regulamentado pela lei 12.462/11, observará as seguintes fases, nesta ordem:

I. **fase preparatória**, nos mesmos moldes em que se desenvolve a fase interna no procedimento licitatório regulamentado pela lei geral.

II. **publicação do instrumento convocatório**, no Diário Oficial da União, do Estado, do Distrito Federal ou do Município, ou, no caso de consórcio público, do ente de maior nível entre eles, sem prejuízo da possibilidade de publicação de extrato em jornal diário de grande circulação e em sítio eletrônico oficial centralizado de divulgação de licitações ou mantido pelo ente encarregado do procedimento licitatório na rede mundial de computadores. Ressalte-se que, para contratações de valores mais baixos, ou seja,que não ultrapassem R$ 150.000,00 (cento e cinquenta mil reais) para obras ou R$ 80.000,00 (oitenta mil reais) para bens e serviços, inclusive de engenharia, é dispensada a publicação no Diário Oficial, sendo a divulgação realizada, exclusivamente, no sítio eletrônico.

III. **apresentação de propostas ou lances**, sendo que serão desclassificadas as propostas que contenham vícios insanáveis, não obedeçam às especificações técnicas pormenorizadas no instrumento convocatório, apresentem preços manifestamente inexequíveis ou permaneçam acima do orçamento estimado para a contratação, não tenham sua exequibilidade demonstrada, quando exigido pela administração pública ou apresentem desconformidade com quaisquer outras exigências do instrumento convocatório, desde que insanáveis.

IV. **julgamento**, mediante aplicação dos critérios previamente definidos no instrumento convocatório.

V. **habilitação**, desde que o edital não preveja a inversão de fases, hipóteses nas quais a habilitação dos licitantes será realizada antes da apresentação de propostas.

VI. **recurso**, a ser interposto, no prazo de 5 (cinco) dias úteis contados a partir da data da intimação ou da lavratura da ata, sendo assegurado aos licitantes vista dos elementos indispensáveis à defesa de seus interesses.

VII. **encerramento**.

d) Parcelamento do objeto e contratação simultânea

A lei prevê a possibilidade de parcelamento do objeto, visando à ampla participação de licitantes, sem perda de economia de escala.

Ademais, é possível, nesse regime, mediante justificativa expressa, a contratação de mais de uma empresa ou instituição para executar o mesmo serviço, desde que não implique perda de economia de escala, e que não se trate de serviço de engenharia. Além disso, caso o objeto da contratação puder ser executado de forma concorrente e simultânea por mais de um contratado, ou a múltipla execução for conveniente para atender à Administração Pública que, em tais casos, deverá manter o controle individualizado da execução do objeto contratual relativamente a cada uma das contratadas.

e) Possibilidade de pré-qualificação

A lei regulamenta a possibilidade de o Poder Público realizar procedimento de pré-qualificação permanente, sempre anterior à licitação, com a finalidade de identificar fornecedores que reúnam condições de habilitação exigidas para o fornecimento de bem ou a execução de serviço ou obra nos prazos, locais e condições previamente estabelecidos e bens que atendam às exigências técnicas e de qualidade da Administração Pública.

A pré-qualificação poderá ser parcial ou total, contendo alguns ou todos os requisitos de habilitação ou técnicos necessários à contratação, assegurada, em qualquer hipótese, a igualdade de condições entre os concorrentes e terá validade de 1 (um) ano, no máximo, podendo ser atualizada a qualquer tempo.

Nestes casos, o procedimento de pré-qualificação ficará permanentemente aberto para a inscrição dos eventuais interessados e, posteriormente, a Administração Pública poderá realizar licitação restrita aos pré-qualificados, nas condições estabelecidas em regulamento.

É importante ressaltar que a pré-qualificação permanente não se confunde com o cadastramento de empresas, uma vez que o cadastro se apresenta como um conjunto de informações armazenadas no órgão público, ou seja, não há qualquer provimento de caráter decisório proferido pela entidade estatal.

Com efeito, na pré-qualificação, é indispensável que seja proferida uma decisão pelo ente estatal, informando se a empresa tem condições de participar de futuras licitações, enquanto que, no cadastro, os documentos são apresentados e arquivados no órgão público.

f) Contratação de outra proposta que não a vencedora

Neste caso, estipula o art. 40, parágrafo único, da lei 12.462/11 que *"Na hipótese de nenhum dos licitantes aceitar a contratação nos termos do inciso II do caput deste artigo, a administração pública poderá convocar os licitantes remanescentes, na ordem de classificação, para a celebração do contrato nas condições ofertadas por estes, desde que o respectivo valor seja igual ou inferior ao orçamento estimado para a contratação, inclusive quanto aos preços atualizados nos termos do instrumento convocatório".*

Esta situação não seria admitida em uma licitação ordinária, regulada pela lei 8.666/93, na qual o poder público somente pode convocar os demais licitantes para contratação, na proposta apresentada pelo vencedor.

g) Remuneração Variável

Importante relembrar que nos contratos celebrados, consoante disposições da lei 8.666/93, o preço a ser pago pela Administração Pública ao particular será sempre fixo, definido com base na proposta vencedora do procedimento licitatório.

Na contratação das obras e serviços, inclusive de engenharia, nos moldes do Regime Diferenciado de Contratações, poderá ser estabelecida remuneração variável ao particular contratado, vinculada ao desempenho deste, com base em metas, padrões de qualidade, critérios de sustentabilidade ambiental e prazo de entrega definidos, previamente, no instrumento convocatório e no contrato. É importante salientar que a utilização da remuneração variável será devidamente justificada pelo ente público contratante e respeitará o limite orçamentário fixado pela Administração Pública para a contratação firmada.

h) Contratação integrada

Conforme estipulado em tópico anterior, nas contratações de obras públicas, primeiramente deve ser adquirida, pela Administração, a realização dos projetos básicos e executivos para, posteriormente, se realizar o procedimento licitatório com a finalidade de contratar particular que executará a obra pública. Foi ainda estipulado que, consoante disposto no art. 9º, § 2º, da lei 8.666/93, é admitido que o ente estatal adquira somente o projeto básico, deixando a elaboração do projeto executivo a cargo do vencedor da licitação para execução da obra, desde que isso esteja previamente estipulado no instrumento convocatório da licitação. Sendo assim, em todas as hipóteses, o procedimento básico deve ser contratado previamente, mediante procedimento licitatório próprio, como requisito indispensável à regularidade da contratação de obra.

Por seu turno, a lei 12.462/11 admite a chamada contratação integrada que consiste em situação na qual um único ajuste compreende a elaboração e o desenvolvimento dos projetos básico e executivo, a execução de obras e serviços de engenharia, a montagem, a realização de testes, a pré-operação e todas as demais operações necessárias e suficientes para a entrega final do objeto. O valor estimado da contratação será calculado com base nos valores praticados pelo mercado, nos valores pagos pela administração pública em serviços e obras similares ou na avaliação do custo global da obra, aferida mediante orçamento sintético ou metodologia expedita ou paramétrica.

Ademais, em tais situações, o instrumento convocatório deverá conter **anteprojeto de engenharia** que contemple os documentos técnicos destinados a possibilitar a caracterização da obra ou serviço, incluindo a demonstração e a justificativa do programa de necessidades, a visão global dos investimentos e as definições quanto ao nível de serviço desejado; as condições de solidez, segurança, durabilidade e prazo de entrega; a estética do projeto arquitetônico, assim como os parâmetros de adequação ao interesse público, à economia na utilização, à facilidade na execução, aos impactos ambientais e à acessibilidade.

Por derradeiro, sempre que o Poder Público adotar a contratação integrada, é vedada a celebração de termos aditivos aos contratos firmados, salvo para recomposição do equilíbrio econômico-financeiro decorrente de caso fortuito ou força maior e por necessidade de alteração do projeto ou das especificações para melhor adequação técnica aos objetivos da contratação, a pedido da Administração Pública, desde que não decorrentes de erros ou omissões por parte do contratado. Nesses casos, a alteração unilateral obedece ao limite legal de até 25% do objeto contratado, exceto em contratos de reforma de equipamentos e edifício, quando os acréscimos poderão alcançar até 50% do valor total do acordo.

i) Penalidade de suspensão de contratar com o Poder Público por cinco anos

Conforme já observado anteriormente, nas licitações realizadas em decorrência da lei 8.666/93, há a possibilidade de aplicar penalidade de suspensão do particular de celebrar contratos com o ente público, por até 2 (dois) anos.

No RDC, a penalidade poderá durar prazo maior. Com efeito, ficará impedido de licitar e contratar com a União, Estados, Distrito Federal ou Municípios, pelo prazo de até 5 (cinco) anos, sem prejuízo das multas previstas no instrumento convocatório e no contrato, bem como das demais cominações legais, o licitante que:

> I – convocado dentro do prazo, previsto em lei, para validade da sua proposta, não celebrar o contrato;
>
> II – deixar de entregar a documentação exigida para habilitação no certame ou apresentar documento falso;
>
> III – ensejar o retardamento da execução ou da entrega do objeto da licitação sem motivo justificado, configurando inadimplemento contratual;
>
> IV – não mantiver a proposta, salvo se em decorrência de fato superveniente, devidamente justificado, quando será admitida a demonstração de que situações alheias à vontade do contratado tornaram impossível a realização do contrato na proposta efetivada;
>
> V – fraudar a licitação ou praticar atos fraudulentos na execução do contrato;
>
> VI – comportar-se de modo inidôneo ou cometer fraude fiscal;
>
> VII – der causa à inexecução total ou parcial do contrato.

Feitas as considerações devidas, todas as demais regras da lei 12.462/11 são similares àquelas definidas na lei geral de licitações e contratos, já analisadas, neste capítulo e em capítulo anterior desta obra.

Ressalte-se, por fim, que existem algumas discussões acerca da inconstitucionalidade da lei que institui o Regime Diferenciado de Contratações, de caráter material, nos quais se alegam a violação à moralidade e comprometimento do patrimônio público, além do desrespeito ao princípio da publicidade, haja vista a possibilidade de, em determinadas situações, somente se garantir a publicidade por meio de divulgação no sítio oficial do órgão público. Há, ainda, alegação à violação ao princípio da ampla competitividade, com a restrição de participação e possibilidade de escolha de marcas.

No que tange à constitucionalidade formal da lei, também tem sido alvo de divergência, haja vista a lei decorrer de medida provisória que, originariamente, não tinha a intenção de tratar de licitações e contratos administrativos.

Ocorre que não há qualquer declaração formal de inconstitucionalidade da lei, sendo ela aplicável em todos os seus termos, portanto.

20. LICITAÇÕES E CONTRATOS DAS EMPRESAS ESTATAIS

20.1. Dispensa e inexigibilidade

Inicialmente, cumpre ressaltar que a Lei 13.303/16 estabelece situações de contratações diretas por meio de dispensa e inexigibilidade de licitação.

As hipóteses de dispensa estão taxativamente expostas no art. 29 da referida lei, que permite a contratação direta, em razão de dispensa:

I – para **obras e serviços de engenharia de valor até R$ 100.000,00** (cem mil reais), desde que não se refiram a parcelas de uma mesma obra ou serviço ou ainda a obras e serviços de mesma natureza e no mesmo local que possam ser realizadas conjunta e concomitantemente;

II – para **outros serviços e compras de valor até R$ 50.000,00** (cinquenta mil reais) e para alienações, nos casos previstos nesta Lei, desde que não se refiram a parcelas de um mesmo serviço, compra ou alienação de maior vulto que possa ser realizado de uma só vez;

III – quando não acudirem interessados à licitação anterior e essa, justificadamente, não puder ser repetida sem prejuízo para a empresa pública ou a sociedade de economia mista, bem como para suas respectivas subsidiárias, desde que mantidas as condições preestabelecidas, ou seja, quando se tratar de licitação deserta;

IV – quando as propostas apresentadas consignarem preços manifestamente superiores aos praticados no mercado nacional ou incompatíveis com os fixados pelos órgãos oficiais competentes;

V – para a **compra ou locação de imóvel destinado ao atendimento de suas finalidades precípuas, quando as necessidades de instalação e localização condicionarem a escolha do imóvel**, desde que o preço seja compatível com o valor de mercado, segundo avaliação prévia;

VI – na contratação de **remanescente de obra, de serviço ou de fornecimento**, em consequência de rescisão contratual, desde que atendida a ordem de classificação da licitação anterior e aceitas as mesmas condições do contrato encerrado por rescisão ou distrato, inclusive quanto ao preço, devidamente corrigido;

VII – na contratação de instituição brasileira incumbida regimental ou estatutariamente da pesquisa, do ensino ou do desenvolvimento institucional ou de instituição dedicada à recuperação social do preso, desde que a contratada detenha inquestionável reputação ético-profissional e não tenha fins lucrativos;

VIII – para a aquisição de componentes ou peças de origem nacional ou estrangeira necessários à manutenção de equipamentos durante o período de garantia técnica, junto ao fornecedor original desses equipamentos, quando tal condição de exclusividade for indispensável para a vigência da garantia;

IX – na contratação de associação de pessoas com deficiência física, sem fins lucrativos e de comprovada idoneidade, para a prestação de serviços ou fornecimento de mão de obra, desde que o preço contratado seja compatível com o praticado no mercado;

X – na contratação de concessionário, permissionário ou autorizado para fornecimento ou suprimento de energia elétrica ou gás natural e de outras prestadoras de serviço público, segundo as normas da legislação específica, desde que o objeto do contrato tenha pertinência com o serviço público.

XI – nas contratações entre empresas públicas ou sociedades de economia mista e suas respectivas subsidiárias, para aquisição ou alienação de bens e prestação ou obtenção de serviços, desde que os preços sejam compatíveis com os praticados no mercado e que o objeto do contrato tenha relação com a atividade da contratada prevista em seu estatuto social;

XII – na contratação de coleta, processamento e comercialização de resíduos sólidos urbanos recicláveis ou reutilizáveis, em áreas com sistema de coleta seletiva de lixo, efetuados por associações ou cooperativas formadas exclusivamente por pessoas físicas de baixa renda que tenham como ocupação econômica a coleta de materiais recicláveis, com o uso de equipamentos compatíveis com as normas técnicas, ambientais e de saúde pública;

XIII – para o fornecimento de bens e serviços, produzidos ou prestados no País, que envolvam, cumulativamente, alta complexidade tecnológica e defesa nacional, mediante parecer de comissão especialmente designada pelo dirigente máximo da empresa pública ou da sociedade de economia mista;

XIV – nas contratações visando ao cumprimento do disposto nos arts. 3º, 4º, 5º e 20 da Lei nº 10.973, de 2 de dezembro de 2004, que tratam dos contratos firmados com Institutos de Ciência e Tecnologia, observados os princípios gerais de contratação dela constantes;

XV – em situações de **emergência**, quando caracterizada urgência de atendimento de situação que possa ocasionar prejuízo ou comprometer a segurança de pessoas, obras, serviços, equipamentos e outros bens, públicos ou particulares, e somente para os bens necessários ao atendimento da situação emergencial e para as parcelas de obras e serviços que possam ser concluídas no **prazo máximo de 180 (cento e oitenta) dias** consecutivos e ininterruptos, contado da ocorrência da emergência, **vedada a prorrogação** dos respectivos contratos, observado o disposto no § 2º;

XVI – na transferência de bens a órgãos e entidades da administração pública, inclusive quando efetivada mediante permuta;

XVII – na doação de bens móveis para fins e usos de interesse social, após avaliação de sua oportunidade e conveniência socioeconômica relativamente à escolha de outra forma de alienação;

XVIII – na compra e venda de ações, de títulos de crédito e de dívida e de bens que produzam ou comercializem.

Por seu turno, a **inexigibilidade de licitação** estará presente sempre que se demonstrar a **inviabilidade de competição**. Neste sentido, o art. 30 da lei 13.303/16 dispõe acerca de algumas hipóteses em que se configura a contratação direta com base neste entendimento. Lembrando-se que se trata de um rol meramente exemplificativo.

Com efeito, a lei dispõe:

> Art. 30. A contratação direta será feita quando houver inviabilidade de competição, em especial na hipótese de:
>
> I – aquisição de materiais, equipamentos ou gêneros que só possam ser fornecidos por produtor, empresa ou representante comercial exclusivo;
>
> II – contratação dos seguintes serviços técnicos especializados, com profissionais ou empresas de notória especialização, vedada a inexigibilidade para serviços de publicidade e divulgação:
>
> a) estudos técnicos, planejamentos e projetos básicos ou executivos;
>
> b) pareceres, perícias e avaliações em geral;
>
> c) assessorias ou consultorias técnicas e auditorias financeiras ou tributárias;
>
> d) fiscalização, supervisão ou gerenciamento de obras ou serviços;
>
> e) patrocínio ou defesa de causas judiciais ou administrativas;
>
> f) treinamento e aperfeiçoamento de pessoal;
>
> g) restauração de obras de arte e bens de valor histórico.

Em ambos os casos, em que se admita a contratação sem a realização do certame licitatório, o processo de contratação direta será instruído, no que couber, com a caracterização da situação emergencial ou calamitosa que justifique a dispensa, quando for o caso, razão da escolha do fornecedor ou do executante e justificativa do preço. Sendo assim, não obstante a desnecessidade do processo de licitação, deverá ser instaurado um processo simplificado justificador da situação excepcional.

20.2. Modalidade e regras aplicáveis

O art. 32, IV, da Lei 13.303/16 prevê que o **pregão** deverá ser a modalidade licitatória preferencialmente utilizada nas contratações realizadas pelas empresas públicas e sociedades de economia mista. Saliente-se que a lei deixa claro o **caráter preferencial** – e não exclusivo – desta modalidade licitatória, que somente será escolhida quando for cabível, nos moldes da legislação vigente, ou seja, para aquisição de bens e serviços comuns. Com efeito, não se pode utilizar o pregão para a execução de obras ou alienação de bens pelas empresas estatais.

Ademais, as licitações deverão atentar para a **sustentabilidade ambiental** e **acessibilidade para pessoas com deficiência** ou com mobilidade reduzida.

20.3. Tipos de licitação e intervalo mínimo

Inicialmente, deve-se ter em mente que as regras e princípios aplicáveis às licitações devem ser seguidos pelas empresas estatais em seus procedimentos de seleção, razão pela qual o instrumento convocatório deve trazer critérios objetivos de julgamento, evitando a escolha do vencedor com base em parâmetros pessoais. Nesse sentido, a lei dispõe que as licitações das estatais poderão prever 8 (oito) critérios de escolha do vencedor, sendo que um deles deverá estar estipulado no edital.

São critérios de escolha do vencedor admitidos:

I – menor preço;

II – maior desconto;

III – melhor combinação de técnica e preço;

IV – melhor técnica;

V – melhor conteúdo artístico;

VI – maior oferta de preço;

VII – maior retorno econômico;

VIII – melhor destinação de bens alienados.

Outrossim, uma vez divulgado o instrumento convocatório, a Administração Pública deverá conceder prazo razoável para que os licitantes possam se preparar para a participação no certame. Neste sentido, a lei dispõe acerca do intervalo mínimo que deverá ser obedecido pelo ente público entre a publicação do edital e o início da licitação com a análise das propostas e documentações.

Esse **intervalo mínimo** varia de acordo com o objeto e com o tipo de licitação. Vejamos.

- Em se tratando de licitação para aquisição de bens:

a) 5 (cinco) dias úteis, quando adotado como critério de julgamento o menor preço ou o maior desconto;

b) 10 (dez) dias úteis, nas demais hipóteses;

- Nos casos de contratações de obras e serviços:

a) 15 (quinze) dias úteis, quando adotado como critério de julgamento o menor preço ou o maior desconto;

b) 30 (trinta) dias úteis, nas demais hipóteses;

- Nas hipóteses de licitação em que se adote como critério de julgamento a **melhor técnica ou a melhor combinação de técnica e preço**, bem como para licitação em que haja **contratação semi-integrada ou integrada** – no mínimo 45 (quarenta e cinco) dias úteis.

Insta salientar que as modificações promovidas no instrumento convocatório serão objeto de divulgação nos mesmos termos, devendo ser reaberto o prazo de intervalo mínimo, exceto quando a alteração não afetar a preparação e conteúdo das propostas.

20.4. Procedimento da licitação

O procedimento licitatório se desenvolve em 10 fases a seguir expostas:

a) Preparação

Trata-se da fase interna do procedimento licitatório em que é elaborado o instrumento convocatório e a minuta do contrato, assim como justificada a necessidade da contratação a ser efetivada.

b) Divulgação

Diante da ausência de previsão legal expressa, aplicam-se as disposições da lei 8.666/93 que define que a divulgação é feita por meio de publicação do edital em Diário Oficial e em jornal de grande circulação.

c) Apresentação de lances ou propostas

A lei regulamenta que poderão ser adotados os modelos de disputa aberto ou fechado, ou ainda, a combinação de ambos.

No **modelo de disputa fechado**, seguindo a regra geral aplicável aos procedimentos licitatórios definidos na Lei 8.666/93, as propostas apresentadas pelos licitantes serão sigilosas até a data e a hora designadas para que sejam divulgadas.

No modo de disputa aberto, os licitantes apresentarão lances públicos e sucessivos, crescentes ou decrescentes, conforme o critério de julgamento adotado, sendo que nesses casos, poderá ser admitida a apresentação de lances intermediários e, também, o reinício da disputa aberta, após a definição do melhor lance, para definição das demais colocações, quando existir diferença de pelo menos 10% (dez por cento) entre o melhor lance e o subsequente.

d) Julgamento

Nesse caso, será aplicado o critério previamente estabelecido no instrumento convocatório, de forma objetiva.

Em havendo empate na licitação, deverão ser utilizados os **critérios sucessivos de desempate** estipulados na lei, quais sejam:

I – disputa final, em que os licitantes empatados poderão apresentar nova proposta fechada, em ato contínuo ao encerramento da etapa de julgamento;

II – avaliação do desempenho contratual prévio dos licitantes, desde que exista sistema objetivo de avaliação instituído;

III – bens produzidos nos país

IV – bens ou serviços produzidos ou prestados por empresa brasileira

IV – bens ou serviços produzidos ou prestados por empresas que invistam em pesquisa e no desenvolvimento de tecnologia no País.

V – produzidos ou prestados por empresas que comprovem cumprimento de reserva de cargos prevista em lei para pessoa com deficiência ou para reabilitado da Previdência Social e que atendam às regras de acessibilidade previstas na legislação.

VI – Sorteio

e) Verificação da efetividade dos lances ou propostas

f) Negociação

A negociação será feita, sempre que a proposta vencedora for desclassificada, quando então serão negociados os valores com os licitantes que ofertaram as propostas subsequentes.

Da mesma forma, a negociação deverá ser feita com os demais licitantes, segundo a ordem inicialmente estabelecida, quando o preço do primeiro colocado, mesmo após a negociação, permanecer acima do orçamento estimado pela empresa.

Isso decorre do fato de que a lei estabelece que o orçamento estimado da licitação feito pela empresa estatal será sigiloso.

g) Habilitação

A habilitação será apreciada exclusivamente a partir dos seguintes parâmetros:

I – exigência da apresentação de documentos aptos a comprovar a possibilidade da aquisição de direitos e da contração de obrigações por parte do licitante, ou seja, **habilitação jurídica**.

II – **qualificação técnica**, restrita a parcelas do objeto técnica ou economicamente relevantes, de acordo com parâmetros estabelecidos de forma expressa no instrumento convocatório, não sendo lícito se exigir condições técnicas que não sejam compatíveis com o objeto do contrato.

III – **capacidade econômica e financeira**;

IV – **recolhimento de quantia** a título de adiantamento, tratando-se de licitações em que se utilize como critério de julgamento a maior oferta de preço.

Insta salientar que, quando o critério de julgamento utilizado for a maior oferta de preço, os requisitos de qualificação técnica e de capacidade econômica e financeira poderão ser dispensados.

h) Recurso

Na licitação das empresas estatais o prazo recursal é único. Com efeito, o recurso deve ser interposto no prazo de 5 (cinco) dias úteis a contar da habilitação.

i) Adjudicação do objeto

j) Homologação ou revogação

Nessa fase, a autoridade máxima do órgão irá verificar se o procedimento foi regular, quando então será homologado e encerrado. Também se admite a revogação do procedimento fundada em razões de interesse público supervenientes ao início do certame e anulação em casos de vícios devidamente comprovados.

Saliente-se, ainda que o art. 75, § 2º, da Lei 13.303/16 dispõe que:

> § 2º É facultado à empresa pública ou à sociedade de economia mista, quando o convocado não assinar o termo de contrato no prazo e nas condições estabelecidos:
>
> I – convocar os licitantes remanescentes, na ordem de classificação, para fazê-lo em igual prazo e nas mesmas condições propostas pelo primeiro classificado, inclusive quanto aos preços atualizados em conformidade com o instrumento convocatório;
>
> II – revogar a licitação.

20.5. Pré-qualificação permanente

A Pré-qualificação permanente configura uma decisão administrativa que informa que interessados cumprem requisitos genéricos para participação de licitações no órgão público que a está realizando. O procedimento para a pré-qualificação é público, permanente e aberto para quaisquer interessados.

Neste sentido, a Lei 13.303/16 define que:

> Art. 64. Considera-se pré-qualificação permanente o procedimento anterior à licitação destinado a identificar:
>
> I – fornecedores que reúnam condições de habilitação exigidas para o fornecimento de bem ou a execução de serviço ou obra nos prazos, locais e condições previamente estabelecidos;
>
> II – bens que atendam às exigências técnicas e de qualidade da administração pública.

A legislação ainda dispõe que a pré-qualificação poderá ser dividida com base no seguimento de atividade dos fornecedores e que a empresa pública e a sociedade de economia mista poderão restringir a participação em suas licitações a fornecedores ou produtos pré-qualificados, nas condições estabelecidas em regulamento.

Outrossim, a pré-qualificação poderá ser parcial ou total, contendo alguns ou todos os requisitos de habilitação ou técnicos necessários à contratação, assegurada, em qualquer hipótese, a igualdade de condições entre os concorrentes e terá validade de um ano, podendo ser atualizada a qualquer tempo.

20.6. Cadastramento

A lei ainda prevê a possibilidade de cadastramento de licitantes, sendo que os registros cadastrais poderão ser mantidos para efeito de habilitação dos inscritos em procedimentos licitatórios e serão válidos por 1 (um) ano, no máximo, também sendo admitida a atualização a qualquer tempo. Da mesma forma que acontece na pré-qualificação, o art. 65, § 1º, dispõe que *"Os registros cadastrais serão amplamente divulgados e ficarão permanentemente abertos para a inscrição de interessados."*

Não se confunde com a pré-qualificação, uma vez que o cadastro se apresenta como um conjunto de informações armazenadas no órgão público, ou seja, não há qualquer provimento de caráter decisório proferido pelo órgão.

Com efeito, na pré-qualificação, é indispensável que seja proferida uma decisão pelo ente estatal, informando se a empresa tem condições de participar de futuras licitações, enquanto que, no cadastro, os documentos são apresentados e arquivados no órgão público.

Acerca do tema, Marçal Justen Filho define que *"a decisão de pré-qualificar é equivalente àquela produzida pela Administração ao reconhecer a habilitação do sujeito ou ao reputar que o produto ofertado é satisfatório".*[9]

20.7. Registro de preços

A Lei 13.303/16 prevê o sistema de registro de preços, nos mesmos moldes definidos para as demais modalidades licitatórias, dispondo que, nestes casos, serão observadas, as seguintes condições:

---

9. JUSTEN FILHO, Marçal. A Pré-qualificação como procedimento auxiliar das licitações no RDC (Lei 12.462/11). *Informativo Justen, Pereira, Oliveira e Talamini*, Curitiba, nº 56, outubro de 2011, disponível em http: //www.justen.com.br/informativo.

I – efetivação prévia de ampla pesquisa de mercado;

II – seleção de acordo com os procedimentos previstos em regulamento;

III – desenvolvimento obrigatório de rotina de controle e atualização periódicos dos preços registrados;

IV – definição da validade do registro;

V – inclusão, na respectiva ata, do registro dos licitantes que aceitarem cotar os bens ou serviços com preços iguais ao do licitante vencedor na sequência da classificação do certame, assim como dos licitantes que mantiverem suas propostas originais.

20.8. Contratos firmados com as empresas estatais

Inicialmente, é importante salientar que, haja vista a natureza jurídica inerente às empresas estatais, os seus contratos não ostentam a qualidade de contratos administrativos, razão pela qual a lei não prevê cláusulas exorbitantes como a possibilidade de alteração unilateral da avença por determinação do contratante.

Inclusive, nesse sentido, o art. 173, II, da Constituição da República dispõe que essas entidades devem se sujeitar ao regime jurídico próprio das empresas privadas, quanto aos direitos e obrigações civis, comerciais, trabalhistas e tributários.

Todavia, a lei estabelece algumas peculiaridades em relação aos contratos a serem firmados por essas empresas com particulares, inclusive a possibilidade de aplicação de multa e exigência de garantia. Vejamos.

20.8.1. Garantia

Da mesma forma que ocorre nos contratos administrativos, as empresas estatais poderão exigir do particular a ser contratado a prestação de garantia no valor de até 5% do valor do contrato, podendo esse valor chegar a até 10%, em se tratando de contratação de grande vulto, que envolva alta complexidade técnica e riscos financeiros consideráveis. O valor da garantia, respeitados os limites legais, será estipulado pela estatal.

Além disso, o particular definirá a forma de prestação da garantia, também nos limites da lei. A garantia poderá ser prestada em dinheiro, seguro garantia ou fiança bancária.

19.7.2. Duração

Ressalte-se, de antemão, que não se admite a celebração de contratos com as empresas estatais por prazo indeterminado e que, os acordos firmados deverão, como regra, respeitar o prazo máximo de vigência de 5 anos.

Entretanto, os contratos poderão exceder essa duração máxima de 5 anos em duas situações, a saber:

a) para projetos contemplados no plano de negócios e investimentos da empresa pública ou da sociedade de economia mista;

b) nos casos em que a pactuação por prazo superior a 5 (cinco) anos seja prática rotineira de mercado e a imposição desse prazo inviabilize ou onere excessivamente a realização do negócio.

20.8.3. Alteração bilateral

Consoante exposto anteriormente, não se admite a alteração unilateral de contratos firmados pelas empresas estatais. Os referidos acordos deverão conter cláusula que estabeleça a possibilidade de alteração, por acordo entre as partes, em determinadas situações, a saber:

a) quando houver modificação do projeto ou das especificações, para melhor adequação técnica aos seus objetivos;

b) quando necessária a modificação do valor contratual em decorrência de acréscimo ou diminuição quantitativa de seu objeto, nos limites permitidos por esta Lei;

c) quando conveniente a substituição da garantia de execução;

d) quando necessária a modificação do regime de execução da obra ou serviço, bem como do modo de fornecimento, em face de verificação técnica da inaplicabilidade dos termos contratuais originários;

e) quando necessária a modificação da forma de pagamento, por imposição de circunstâncias supervenientes, mantido o valor inicial atualizado, vedada a antecipação do pagamento, com relação ao cronograma financeiro fixado, sem a correspondente contraprestação de fornecimento de bens ou execução de obra ou serviço;

f) para restabelecer a relação que as partes pactuaram inicialmente entre os encargos do contratado e a retribuição da administração para a justa remuneração da obra, serviço ou fornecimento, objetivando a manutenção do equilíbrio econômico-financeiro inicial do contrato, na hipótese de sobrevirem fatos imprevisíveis, ou previsíveis porém de consequências incalculáveis, retardadores ou impeditivos da execução do ajustado, ou, ainda, em caso de força maior, caso fortuito ou fato do príncipe, configurando álea econômica extraordinária e extracontratual.

Outrossim, a lei estipula que o contratado **poderá** aceitar, nas mesmas condições contratuais, os acréscimos ou supressões que se fizerem nas obras, serviços ou compras, até 25% (vinte e cinco por cento) do valor inicial atualizado do contrato. Em se tratando de contratos de reformas, a alteração para acréscimos poderá chegar até o limite de 50% (cinquenta por cento). **O mais importante é ressaltar que essas alterações dependem sempre do consentimento do particular contratado.**

O art. 81, § 2º, da lei contém uma impropriedade que deverá ser consertada posteriormente por nova legislação ou, até mesmo, mediante interpretação jurisprudencial e doutrinária. O dispositivo dispõe que *"Nenhum acréscimo ou supressão poderá exceder os limites estabelecidos no § 1º, salvo as supressões resultantes de acordo celebrado entre os contratantes."*

Ora, os limites de 25% e 50% (em casos de reforma) já estão postos para alterações bilaterais, ou seja, mediante acordo celebrado entre as partes, razão pela qual a ressalva colocada no dispositivo deve ser suprimida, em razão de sua apresentação contraditória.

Com efeito, o art. 81, § 2º, deverá ser lido sem a existência da ressalva, por se tratar de erro material na elaboração da lei que repetiu o art. 65, § 2º, da Lei 8.666/93 sem atentar para as peculiaridades deste novo contrato. **Essa interpretação se impõe, diante do equívoco do legislador.**

O art. 81, § 5º, prevê a garantia de revisão contratual nas hipóteses de fato do príncipe, quando o contrato é desequilibrado por atuação extracontratual do ente público que atinge a avença de forma indireta, definindo que *"A criação, a alteração ou a extinção de quaisquer tributos ou encargos legais, bem como a superveniência de disposições legais, quando ocorridas após a data da apresentação da proposta, com comprovada repercussão nos preços contratados, implicarão a revisão destes para mais ou para menos, conforme o caso"*.

Por seu turno, o § 6º do mesmo dispositivo contempla as hipóteses de fato da administração, presentes todas as vezes em que o desequilíbrio do contrato decorra de atuação do ente estatal dentro da relação contratual, determinando que *"Em havendo alteração do contrato que aumente os encargos do contratado, a empresa pública ou a sociedade de economia mista deverá restabelecer, por aditamento, o equilíbrio econômico-financeiro inicial"*.

19.7.3. Sanções

A lei prevê que o descumprimento do contrato pelo particular, seja ele total ou parcial do poderá, garantida a prévia defesa, aplicar ao contratado as seguintes sanções:

I – advertência.

Trata-se de penalidade aplicada por escrito, com o intuito de alertar a prática abusiva e evitar penalidades mais graves.

II – multa

Somente poderá ser aplicada se houver previsão no instrumento convocatório ou no contrato. Trata-se de penalidade pecuniária que não se confunde com o dever de ressarcir o erário por qualquer prejuízo decorrente do contrato e pode ser aplicada isoladamente ou cumulada com outras sanções.

Ademais, a multa será descontada da garantia do respectivo contratado e, em sendo de valor superior ao valor da garantia prestada, além da perda desta, responderá o contratado pela sua diferença, a qual será descontada dos pagamentos eventualmente devidos pela Administração ou ainda, quando for o caso, cobrada judicialmente.

III – suspensão temporária de participação em licitação e impedimento de contratar com a Administração

A suspensão poderá ser aplicada pelo **prazo máximo de 2 (dois) anos**.

Para a aplicação de quaisquer sanções, deverá ser instaurado processo administrativo regular, facultada a defesa prévia do interessado, no respectivo processo, no prazo de 10 (dez) dias úteis.

Por fim, cumpre estabelecer que a sanção de **suspensão temporária de contratar** poderá também ser aplicada às empresas ou aos profissionais que, em razão dos contratos regidos pela Lei 13.303/16:

I – tenham sofrido condenação definitiva por praticarem, por meios dolosos, fraude fiscal no recolhimento de quaisquer tributos;

II – tenham praticado atos ilícitos visando a frustrar os objetivos da licitação;

III – demonstrem não possuir idoneidade para contratar com a Administração em virtude de atos ilícitos praticados.

19.7.4. Subcontratação

A subcontratação é admitida, desde que seja parcial e mediante autorização da empresa estatal, desde que a empresa subcontratada atenda a todas as exigências de qualificação técnica impostas ao contratado no bojo do procedimento licitatório. Com efeito, o art. 78 da Lei 13.303/16 dispõe que *"O contratado, na execução do contrato, sem prejuízo das responsabilidades contratuais e legais, poderá subcontratar partes da obra, serviço ou fornecimento, até o limite admitido, em cada caso, pela empresa pública ou pela sociedade de economia mista, conforme previsto no edital do certame"*.

Outrossim, veda-se a subcontratação de empresa ou consórcio que tenha participado:

I – do procedimento licitatório do qual se originou a contratação;

II – direta ou indiretamente, da elaboração de projeto básico ou executivo.

19.7.5. Contratação integrada e contratação semi-integrada

Assim como nas licitações previstas na Lei 8.666/93, para a execução de obras, se exige a elaboração de **projeto básico**, com todas as características arquitetônicas e planilha de custos da obra e o **projeto executivo** com o cronograma de execução da obra.

A princípio, cada uma dessas etapas deverá ser feita separadamente. Ou seja, a empresa estatal deverá contratar uma empresa para a elaboração do projeto básico. Posteriormente, será feito o projeto executivo e, somente após a sua conclusão, será realizada a licitação para a execução da obra.

A Lei 13.303/16, então dispõe que, em algumas situações, é possível a **contratação semi-integrada**, ou seja, contratação que envolve a elaboração e o desenvolvimento do projeto executivo, a execução de obras e serviços de engenharia, a montagem, a realização de testes, a pré-operação e as demais operações necessárias e suficientes para a entrega final do objeto.

De fato, a nomenclatura foi criada pela nova lei, no entanto, art. 7º, § 1º, da Lei 8.666/93 já estipula que nos contratos regulados por aquele diploma, é possível que o ente estatal contrate alguém para a elaboração do projeto básico, deixando a elaboração do projeto executivo a cargo do vencedor da licitação para a execução da obra.

O inciso V do art. 43 da Lei n. 13.303/2016 dispõe que a contratação semi-integrada deve ser utilizada *"quando for possível definir previamente no projeto básico as quantidades dos serviços a serem posteriormente executados na fase contratual, em obra ou serviço de engenharia que possa ser executado com diferentes metodologias ou tecnologias"* e o § 4º do art. 42 estabelece que esta forma de contratação deverá ser utilizada como regra nas contratações de obras e de serviços de engenharia que sejam firmadas pelas empresas estatais.

Importa ressaltar que esta espécie de contratação deverá ser utilizada nos casos de obras e serviços que possam ser executados com diferentes metodologias e tecnologias. Melhor seria dizer que, nestes casos, as empresas estatais não escolhem a tecnologia ou metodologia a ser utilizada, deixando a cargo dos licitantes a apresentação de mais de uma.

A grande crítica que se faz a esse tipo de contratação diz respeito ao fato de que sua utilização amplia o espaço de discricionariedade para a avaliação da proposta mais vantajosa, o que contraria o entendimento moderno de que os critérios devem ser mais objetivos.

Com efeito, se dois licitantes apresentam propostas similares, em termos de valor, com metodologias diversas de execução, fica difícil definir como será feita a seleção da melhor proposta sem que haja uma subjetividade inerente a essa escolha.

Por fim, a **contratação integrada**, é instituto que já havia sido criado para as contratações do RDC (regime diferenciado de contratações) regulado pela Lei 12.462/11. Trata-se de contratação que envolve a elaboração e o desenvolvimento dos projetos básico e executivo, a execução de obras e serviços de engenharia, a montagem, a realização de testes, a pré-operação e as demais operações necessárias e suficientes para a entrega final do objeto. Enfim, todas as etapas ficam englobadas em uma única contratação, exigindo-se do ente estatal somente a elaboração de um anteprojeto antes da realização do certame licitatório.

Nessas contratações, devem ser observadas algumas regras, quais sejam

I – o instrumento convocatório deverá conter:

a) anteprojeto de engenharia, no caso de contratação integrada, com elementos técnicos que permitam a caracterização da obra ou do serviço e a elaboração e comparação, de forma isonômica, das propostas a serem ofertadas pelos particulares;

b) projeto básico, nos casos de empreitada por preço unitário, de empreitada por preço global, de empreitada integral e de contratação semi-integrada, nos termos definidos neste artigo;

c) documento técnico, com definição precisa das frações do empreendimento em que haverá liberdade de as contratadas inovarem em soluções metodológicas ou tecnológicas, seja em termos de modificação das soluções previamente delineadas no anteprojeto ou no projeto básico da licitação, seja em termos de detalhamento dos sistemas e procedimentos construtivos previstos nessas peças técnicas;

d) matriz de riscos;

II – o valor estimado do objeto a ser licitado será calculado com base em valores de mercado, em valores pagos pela administração pública em serviços e obras similares ou em avaliação do custo global da obra, aferido mediante orçamento sintético ou metodologia expedita ou paramétrica.

III – o critério de julgamento a ser adotado será o de menor preço ou de melhor combinação de técnica e preço, pontuando-se na avaliação técnica as vantagens e os benefícios que eventualmente forem oferecidos para cada produto ou solução.

IV – na contratação semi-integrada, o projeto básico poderá ser alterado, desde que demonstrada a superioridade das inovações em termos de redução de custos, de aumento da qualidade, de redução do prazo de execução e de facilidade de manutenção ou operação.

Por fim, nessas espécies de contratações os riscos decorrentes de fatos supervenientes à contratação associados à escolha da solução de projeto básico pela empresa estatal deverão ser alocados como de sua responsabilidade na matriz de riscos.

21. CONVÊNIOS E CONTRATOS DE REPASSE COM O PODER PÚBLICO

Além da celebração de contratos administrativos, a legislação prevê a possibilidade de serem firmados outros ajustes entre os particulares e a Administração Pública. Neste sentido, o art. 116, da lei 8.666/93 estipula que se aplicam as disposições deste, no que couber, aos convênios, acordos, ajustes e outros instrumentos congêneres celebrados por órgãos e entidades da Administração.

No mesmo sentido, a legislação dispõe que a celebração de convênio, acordo ou ajuste pelos órgãos ou entidades da Administração Pública depende de prévia aprovação de competente plano de trabalho proposto pela organização interessada, o qual deverá conter, no mínimo, a identificação do objeto a ser executado, as metas a serem atingidas, as etapas ou fases de execução, o plano de aplicação dos recursos financeiros, o cronograma de desembolso, a previsão de início e fim da execução do objeto, bem assim da conclusão das etapas ou fases programadas e, caso o ajuste compreenda obra ou serviço de engenharia, comprovação de que os recursos próprios para complementar a execução do objeto estão devidamente assegurados, salvo se o custo total do empreendimento recair sobre a entidade ou órgão descentralizador.

Enfim, pode-se verificar que, diferentemente do que ocorre com os contratos administrativos, na celebração de convênios, as partes que firmam o ajuste possuem vontades convergentes, não sendo necessária a realização de licitação antes de firmado o acordo.

Dispondo, mas especificamente acerca do tema, o Decreto 6170/07 conceitua e diferencia cada um destes ajustes. Sendo assim, serão relevantes as seguintes definições:

1 - **convênio** - acordo, ajuste ou qualquer outro instrumento que discipline a transferência de recursos financeiros de dotações consignadas nos Orçamentos Fiscal e da Seguridade Social da União e tenha como partícipe, de um lado, órgão ou entidade da administração pública federal, direta ou indireta, e, de outro lado, órgão ou entidade da administração pública estadual, distrital ou municipal, direta ou indireta, ou ainda, entidades privadas sem fins lucrativos, visando a execução de programa de governo, envolvendo a realização de projeto, atividade, serviço, aquisição de bens ou evento de interesse recíproco, em regime de mútua cooperação

Neste sentido, o ente público será o concedente, podendo figurar como convenente outra entidade integrante da Administração ou pessoa de direito privado sem fins lucrativos.

2 - **contrato de repasse** - instrumento administrativo, de interesse recíproco, por meio do qual a transferência dos recursos financeiros se processa por intermédio de instituição ou agente financeiro público federal, que atua como mandatário da União.

Da mesma forma, o ente público será o contratante, podendo outra entidade integrante da Administração ou pessoa de direito privado sem fins lucrativos atuar como contratado.

3 - **termo de execução descentralizada** - instrumento por meio do qual é ajustada a descentralização de crédito entre órgãos e/ou entidades integrantes dos Orçamentos Fiscal e da Seguridade Social da União, para execução de ações de interesse da unidade orçamentária

descentralizadora e consecução do objeto previsto no programa de trabalho, respeitada fielmente a classificação funcional programática.

21.1. Vedações para celebração de convênios

Não se admite a celebração de convênios com órgãos e entidades da administração pública direta e indireta dos Estados, Distrito Federal e Municípios cujo valor seja inferior a R$ 100.000,00 (cem mil reais) ou, no caso de execução de obras e serviços de engenharia, exceto elaboração de projetos de engenharia, nos quais o valor da transferência da União seja inferior a R$ 250.000,00. **Trata-se de vedação decorrente de baixo valor do objeto.**

Da mesma forma, não é possível que se firme este tipo de ajuste com entidades privadas sem fins lucrativos que tenham como dirigente agente político de Poder ou do Ministério Público, dirigente de órgão ou entidade da administração pública de qualquer esfera governamental, ou respectivo cônjuge ou companheiro, bem como parente em linha reta, colateral ou por afinidade, até o segundo grau. **Neste caso, se busca vedar o favorecimento de agentes públicos e seus parentes com o repasse de verbas públicas.**

O decreto dispõe ainda que o convênio não pode ser firmado entre órgãos e entidades da administração pública federal, **caso em que deverá ser feito o Termo de execução descentralizada (TED).**

Por fim, o acordo não é permitido com entidades privadas sem fins lucrativos que não comprovem ter desenvolvido, durante os últimos três anos, atividades referentes à matéria objeto do convênio ou contrato de repasse ou com entidades privadas sem fins lucrativos que tenham, em suas relações anteriores com a União, cometido algumas das infrações reguladas no Decreto.

21.2. Chamamento público ou concurso de projetos

Consoante havia sido explicitado anteriormente, a celebração de convênios e contratos de repasse não devem ser precedidos de certame licitatório, uma vez que não possuem natureza jurídica de contratos administrativos. Todavia, por se tratarem de acordos firmados com o poder público, se faz necessária a garantia de impessoalidade na escolha do convenente/contratado, razão pela qual, **deve ser realizado um procedimento simplificado, designado como chamamento público**, regulamentado pela Portaria Interministerial 507/11.

O chamamento público pode ser definido como procedimento que deverá conter a descrição dos programas a serem executados e os critérios objetivos de seleção do vencedor e deve tramitar nas seguintes etapas.

1 – PUBLICIDADE DO EDITAL – a ser feita no sítio eletrônico do órgão público que celebrará o convênio, no mínimo 15 dias antes da realização do evento.

2 – ABERTURA DAS PROPOSTAS – e seleção conforme critérios objetivos estabelecidos no instrumento convocatório.

3 – HABILITAÇÃO DO VENCEDOR – após a aferição da capacidade técnica e adequação da proposta ao objeto. Nestes casos, o vencedor terá que comprovar que possui, ao menos, 3 anos de experiência no objeto a ser executado.

4 – DECLARAÇÃO DO VENCEDOR

A referida Portaria estabelece que será **inexigível** o chamamento público sempre que não for viável a competição, em razão da singularidade do objeto ou da inexistência de múltiplos interessados.

Prevê, ainda, a possibilidade de se declarar **dispensável** o certame desde que se configure:

1 - casos de emergência ou calamidade pública, quando caracterizada situação que demande a realização ou manutenção de convênio ou contrato de repasse pelo prazo máximo de cento e oitenta dias consecutivos e ininterruptos, contados da ocorrência da emergência ou calamidade, vedada a prorrogação da vigência do instrumento

2 - hipótese de realização de programas de proteção a pessoas ameaçadas ou em situação que possa comprometer sua segurança

3 - casos em que o projeto, atividade ou serviço objeto do convênio ou contrato de repasse já seja realizado adequadamente mediante parceria com a mesma entidade há pelo menos cinco anos e cujas respectivas prestações de contas tenham sido devidamente aprovadas.

21.3. Cláusulas necessárias do convênio

Ao final do chamamento público, se determina que o particular interessado deverá celebrar com o poder público o instrumento de convênio que contenha, no mínimo:

> I - a indicação da forma pela qual a execução do objeto será acompanhada pelo concedente;
>
> II - a vedação para o convenente de estabelecer contrato ou convênio com entidades impedidas de receber recursos federais.

Ademais, antes da celebração do convênio poderá ser exigida a apresentação de Projeto básico ou termo de referência, sendo facultado ao concedente exigi-lo depois, desde que antes da liberação da primeira parcela dos recursos.

Por derradeiro, a lei prevê que deverá ser ajustada a contrapartida do convenente que poderá ser ou não financeira.

21.4. Prestação de contas

Conforme claramente demonstrado, o particular convenente recebe benefícios pagos pelos cofres públicos, razão pela qual é necessária a prestação de contas no que tange à execução correta do objeto do convênio e à boa utilização da verba pública.

Neste sentido, a Portaria Interministerial 507/11 dispõe que deverá ser apresentada a referida prestação à Administração Pública em até 60 (sessenta) dias a contar do término do acordo. Em caso de não cumprimento do prazo, se admite sua prorrogação por mais 30 (trinta) dias, sob pena de se instaurar o procedimento de tomada de contas especial.

Composição da prestação de contas:

1 - **Relatório de Cumprimento do Objeto**, no qual o particular deverá comprovar o atendimento das metas propostas no ajuste com a correta execução da atividade pública;

2 - **Notas e comprovantes fiscais, quanto aos seguintes aspectos**: data do documento, compatibilidade entre o emissor e os pagamentos registrados no SICONV, valor, aposição de dados do convenente, programa e número do convênio;

3 - **Relatório de prestação de contas** aprovado e registrado no SICONV pelo convenente, em que será demonstrada a boa gestão dos valores públicos utilizados no objeto do convênio;

4 - **declaração de realização dos objetivos** a que se propunha o instrumento;

5 - **relação de bens adquiridos, produzidos ou construídos**, quando for o caso;

6 - **a relação de treinados ou capacitados**, quando for o caso;

7 - **a relação dos serviços prestados**, quando for o caso;

8 - **comprovante de recolhimento do saldo de recursos**, quando houver;

9 - **termo de compromisso** por meio do qual o convenente será obrigado a manter os documentos relacionados ao convênio.

21.5. Processo seletivo simplificado para contratação de pessoal

Por se tratar de entidade privada que atua com dinheiro público, o particular convenente deverá realizar procedimento simplificado de contratação de pessoas que lhe prestarão serviços. Neste caso, estará dispensado o procedimento para contratações que não ultrapassem o valor total de R$ 8.000 (oito mil reais) ou em se tratando de se situação na qual se verifique a inviabilidade de competição.

Caso o convenente seja outra entidade integrante da estrutura da Administração Direta ou Indireta, deverá ser realizado o certame licitatório regular, em uma das modalidades definidas na legislação específica, para contratações com terceiros.

Ressalte-se que o particular poderá aproveitar licitação anterior de convenentes desde que:

> I - fique demonstrado que a contratação é mais vantajosa para o convenente, se comparada com a realização de uma nova licitação;
>
> II - que a licitação tenha seguido as regras estabelecidas na Lei nº 8.666, de 1993, inclusive quanto à obrigatoriedade da existência de previsão de recursos orçamentários que assegurem o pagamento das obrigações decorrentes de obras ou serviços a serem executadas;
>
> III - que o projeto básico, no caso de obras de engenharia, tenha sido elaborado de acordo com o que preceitua a Lei nº 8.666, de 1993;
>
> IV - que o objeto da licitação deve guardar compatibilidade com o objeto do convênio, caracterizado no Plano de Trabalho, sendo vedada a utilização de objetos genéricos ou indefinidos;
>
> V - que a empresa vencedora da licitação venha mantendo durante a execução do contrato, todas as condições de habilitação e qualificação exigidas na licitação.

Por fim, a legislação estabelece que é vedada a contratação de terceiros que tenham sido anteriormente condenados por crime contra a Administração Pública, crime eleitoral ou de lavagem de dinheiro e ocultação de bens.

21.6. Denúncia e rescisão

Não obstante seja necessária a definição de prazo de duração para fins de celebração do convênio, o ajuste pode ser denunciado por qualquer uma das partes, a qualquer tempo, por ato devidamente justificado.

Neste caso, ficam os partícipes responsáveis somente pelas obrigações e auferindo as vantagens do tempo em que participaram voluntariamente da avença, não sendo admissível cláusula obrigatória de permanência ou sancionadora dos denunciantes.

No que tange à rescisão, a Portaria Interministerial 507/11 dispõe que constituem motivos que justificam tal medida:

A - o inadimplemento de qualquer das cláusulas pactuadas;

B - constatação, a qualquer tempo, de falsidade ou incorreção de informação em qualquer documento apresentado;

C - a verificação de qualquer circunstância que enseje a instauração de tomada de contas especial. Rescisão.

22. APROFUNDAMENTO PARA PROVA SUBJETIVA

Importante travar, para fins de provas discursivas, um debate acerca da possibilidade de aplicação do Código de Defesa do Consumidor para a proteção do ente público, nas situações em que ele atuar como consumidor de serviços prestados por particulares.

A matéria ganha contorno interessante, haja vista o fato de que a discussão deve-se basear no conceito de consumidor e na possibilidade de inserir o Poder Público dentro deste conceito.

Neste sentido, Marçal Justen Filho[10] defende que não há como pretender que a Administração Pública invoque a aplicação da Lei n. 8.078/90, dispondo que *"alguém poderia defender a aplicação subsidiária do regime da Lei n. 8.078/90 (Código de Defesa do Consumidor), no tocante à responsabilidade por vício do produto ou de serviços. Isso é inviável, porquanto a administração é quem define a prestação a ser executada pelo particular, assim como as condições contratuais que disciplinarão a relação jurídica. Ainda que se pudesse caracterizar a administração como 'consumidor', não haveria espaço para incidência das regras do Código de Defesa do Consumidor, estenda toda a matéria subordinada às regras da lei de licitação do ato convocatório e do contrato"*.

Com efeito, o entendimento apresentado é adotado por parte da doutrina internacional e decorre do fato de que os consumidores intermediários ou os que se valem de produtos ou serviços, como bens de produção, devem ser excluídos do conceito de consumidor. Essa posição decorre da compreensão de que os órgãos públicos são verdadeiros fornecedores, ou seja, consumidores intermediários, já que utilizam os bens e serviços como instrumentos de execução de seus serviços, não estando, portanto, sob a égide da Lei n. 8.078/90. Nesse sentido, o Poder Público não seria consumidor, uma vez que não adquire os serviços como consumidor final.

10. JUSTEN FILHO, Marçal. Comentários à lei de licitações e contratos administrativos. São Paulo: Dialética, 8ª ed. 2000.

Ademais, também se fundamenta a inaplicabilidade do Código de Defesa do Consumidor no fato de que a Administração Pública, ao celebrar os seus contratos, encontra-se em uma posição de supremacia que, por sua vez, não se coaduna com um sistema jurídico de tutela típico do Código em tela, que exige um prova da vulnerabilidade, conforme a corrente dos finalistas adotada pela maioria da doutrina, ao caracterizar o destinatário final.

Ocorre que, a Administração Pública não atua na busca de lucro, mas sim na prestação de serviços à coletividade e, como tal, pode ser considerada usuária final destes serviços.

Dessa forma, Toshio Mukai[11] assevera, com muita pertinência, que o Código de Defesa do Consumidor pode e deve ser invocado pelo contratante, uma vez que, ao contratar o fornecimento de bens ou serviços, coloca-se na posição de destinatário final e, portanto, sob a égide protetora da Lei 8.078/1990, não podendo a mesma ser ignorada.

De fato, a supremacia jurídica determinada pela legislação administrativa, não afasta a possibilidade de vulnerabilidade técnica ou econômica. Sendo assim, dependendo da situação e circunstâncias do caso concreto, a Administração poderá ser considerada vulnerável quando adquirir produtos ou utilizar serviços na qualidade de destinatário final, merecendo, portanto, a tutela jurídica da Lei n. 8.078/90. Nestes casos, como a finalidade da atuação administrativa é o interesse público, deve ser em nome deste que o Código de Defesa do Consumidor será aplicado, sempre de forma subsidiária, aos contratos administrativos, nas situações em que esteja configurada a vulnerabilidade do ente contratante.

O entendimento a ser adotado por esta obra, então, é o de que o órgão ou entidade pública poderá ser considerado consumidor final e, como tal, gozar dos benefícios do CDC sempre que estiver em posição de vulnerabilidade técnica, científica, fática ou econômica perante o fornecedor, visto que a superioridade jurídica do ente público é presumida nos contratos administrativos e desde que a Administração esteja adquirindo o produto ou serviço na condição de destinatário final, ou seja, para o atendimento de uma necessidade própria e não para o desenvolvimento de uma atividade econômica.

Sendo este o entendimento, o poder público poderá aplicar sanções que não estão previstas na Lei. 8.666/93, mas são previstas no Código de Defesa do Consumidor, como, por exemplo, a inclusão do nome do fornecedor no cadastro de maus fornecedores, previsto no art. 44, CDC, assim como pleitear ao juiz imposição de contrapropaganda, no caso de se verificar que, mediante procedimento licitatório, o fornecedor incorre na prática de publicidade enganosa ou abusiva, consoante art. 56 e 60, do CDC.

Pode-se concluir, portanto, que, não obstante a divergência do tema, se entende ser a corrente mais consentânea com os princípios do direito brasileiro e do direito internacional, do qual tem origem a tutela aos consumidores, a que admite a Administração Pública como destinatária final, e, consequentemente, como consumidora, sempre que estiver em posição de vulnerabilidade na aquisição de bens e serviços.

---

11. MUKAI, Toshio. Direito Administrativo Sistematizado. São Paulo: Saraiva, 1999.

Inclusive, o conceito jurídico de consumidor estampado no art. 2º da Lei n. 8.078/90 se coaduna perfeitamente com este entendimento, mesmo tratando-se de uma pessoa jurídica de direito público, já que a lei prevê pessoa jurídica em geral.

O Tribunal de Contas da União já enfrentou esta questão, tendo o entendimento sido o da permissibilidade da aplicação da Lei n. 8.078/90 aos Contratos Administrativos de forma subsidiária. Foi no processo n. TC-015.972/1999-2 atinente ao Relatório de Auditoria realizada no Instituto de Pesquisas da Marinha – IPqM, nos dias 29 e 30/11/1999, abrangendo a área de contratos de consultoria celebrado com a empresa IES S. A. Informática e Engenharia de Sistemas.

O acórdão segue transcrito abaixo:

> 1. Processo TC 015.972/1999-2 (com 1 anexo)
>
> 2. Classe de Assunto: I – Pedido de Reexame.
>
> 3. Interessada: Diretoria de Contas da Marinha.
>
> 4. Unidade: Instituto de Pesquisas da Marinha (IPqM).
>
> 5. Relator: Ministro Walton Alencar Rodrigues.
>
> 6. Representante do Ministério Público: Subprocurador-Geral Jatir Batista da Cunha.
>
> 7. Unidade Técnica: 3ª Secex/Serur.
>
> 8. Decisão: Os Ministros do Tribunal de Contas da União, reunidos em sessão da Primeira Câmara, diante das razões expostas pelo Relator, e com fundamento no art. 48 c/c os artigos 32, parágrafo único, e 33 da Lei 8.443/92 e nos arts. 230 e 233 do Regimento Interno, DECIDEM:
>
> 8.1. conhecer do expediente encaminhado pela Diretoria de Contas da Marinha como Pedido de Reexame e dar-lhe provimento parcial;
>
> 8.2. dar à determinação constante do item II, do Ofício – 3ª Secex 1.064/00, que comunicou ao IPqM a deliberação tomada por esta Primeira Câmara, em sessão de 6.6.00, contida na Relação 44/00, Ata 19/00, a seguinte redação:
>
> "II – observe, nas contratações futuras, as disposições constantes da Lei 8.666/93, artigo 57, que dispõe sobre o prazo da duração dos contratos, sem incluir no período de vigência o prazo de garantia, uma vez que esse direito, de acordo com o que preceitua o art. 69, e o § 2º, do art. 73, todos da Lei 8666/93, perdura após a execução do objeto do contrato."
>
> 8.3. esclarecer ao IPqM que, nas hipóteses em que for aplicável a Lei 8.078/90, poderá exigir do contratado, termo de garantia em separado, segundo o disposto no art. 50 e parágrafo único, da mencionada lei; e
>
> 8.4. dar ciência desta Decisão ao IPqM e à Diretoria de Contas da Marinha.

Pelo exposto, a Administração Pública, apesar de sua supremacia jurídica, na celebração de contratos, disposta na lei 9.666/93, pode, em algumas situações, se tornar vulnerável tecnicamente, factualmente e economicamente, merecendo, nestes casos a aplicação, de forma subsidiária, do sistema jurídico de tutela que é proporcionado pelo Código de Defesa do Consumidor, independentemente da modalidade de contrato celebrado pela administração, sejam contratos administrativos ou os contratos privados celebrados pelo poder público.

23. QUADRO SINÓPTICO

<table>
<tr><th colspan="3">CONTRATOS ADMINISTRATIVOS</th></tr>
<tr><th colspan="3">Introdução</th></tr>
<tr><td rowspan="3">São três posições doutrinárias quanto à definição dos contratos administrativos</td><td>A que nega a existência de contratos administrativos.</td><td>Oswaldo Aranha Bandeira de Melo defende que estes contratos violariam a autonomia da vontade, bem como o pacta sunt servanda.</td></tr>
<tr><td>A que defende que todos os contratos celebrados pela Administração são contratos administrativos.</td><td>Estando sempre presentes as regras e princípios decorrentes da supremacia do interesse público sobre o interesse privado.</td></tr>
<tr><td>A que aceita a existência de contratos administrativos como uma das espécies de contratos celebrados pela Administração.</td><td>É a posição majoritária, adotada nesta obra que defende que os contratos administrativos são aqueles contratos celebrados pela Administração Pública sob o regime de direito público, com prerrogativas e vantagens decorrentes da supremacia estatal.</td></tr>
<tr><td>Contratos da Administração</td><td colspan="2">É gênero, pois engloba os contratos administrativos e os contratos de direito privado celebrados pelo Poder Público.</td></tr>
<tr><td>Contratos administrativos</td><td colspan="2">É espécie e a aplicação subsidiária do direito privado se faz necessária, pois é na teoria geral dos contratos que os contratos administrativos vão buscar seus elementos essenciais, aos quais vai agregar suas prerrogativas.</td></tr>
<tr><td colspan="3">ATENÇÃO! Os contratos da administração, ainda que privados, estão sujeitos ao controle do Tribunal de Contas, por se tratar de avenças travadas com o dinheiro público, além de dependerem da realização de procedimento licitatório regular e obediência a todas as restrições impostas à Administração, como o prazo determinado e a previsão orçamentária.</td></tr>
<tr><th colspan="3">CONCEITO</th></tr>
<tr><td colspan="3">Os contratos administrativos são as manifestações de vontade entre duas ou mais pessoas visando à celebração de negócio jurídico, havendo a participação do Poder Público, atuando com todas as prerrogativas decorrentes da supremacia do interesse público, visando sempre à persecução de um fim coletivo. Este contrato, que possui a verticalidade como característica, é regido pelo direito público, sendo inerentes a ele todas as prerrogativas e limitações de Estado.</td></tr>
<tr><td colspan="3">Essas prerrogativas ensejam a existência das chamadas cláusulas exorbitantes, previstas no art. 58 da lei 8.666/93 e presentes, implicitamente, em todos os contratos administrativos. Estas cláusulas só excepcionalmente se aplicam aos contratos privados celebrados pelo Poder Público, devendo estar expressamente definidas no instrumento do acordo.</td></tr>
<tr><th colspan="3">COMPETÊNCIA LEGISLATIVA</th></tr>
<tr><td colspan="3">A União deve proceder à legislação acerca das normas gerais aplicáveis à matéria (art. 22, XXVII, da CF/88).</td></tr>
<tr><td colspan="3">Cabe aos estados e municípios a edição de normas suplementares, em obediência às regras estipuladas na legislação federal.</td></tr>
<tr><td colspan="3">Não havendo lei local ou estadual acerca do tema, a legislação federal será aplicada integralmente a todos os contratos administrativos celebrados por aquele ente.</td></tr>
<tr><th colspan="3">CARACTERÍSTICAS DOS CONTRATOS ADMINISTRATIVOS</th></tr>
<tr><td colspan="3">Além da busca incessante pelo interesse público, outras características estão presentes.</td></tr>
<tr><td rowspan="2">Comutativo</td><td colspan="2">Gera direitos e deveres previamente estabelecidos para ambas as partes.</td></tr>
<tr><td colspan="2">ATENÇÃO! A indefinição de obrigações para uma das partes do acordo é característica que não pode estar presente nos contratos públicos.</td></tr>
</table>

<table>
<tr><th colspan="2">CONTRATOS ADMINISTRATIVOS</th></tr>
<tr><td rowspan="2">Consensual</td><td>Não se faz necessária a transferência do bem para ele se tornar perfeito.</td></tr>
<tr><td>ATENÇÃO! No Direito Administrativo, o consenso do particular manifestar-se-á no momento da abertura dos envelopes de documentação. Por sua vez, o consenso da Administração depende da celebração do contrato.</td></tr>
<tr><td>De Adesão</td><td>As cláusulas são impostas por uma das partes (poder público) e à outra parte (particular) cabe apenas aderir ou não à avença.</td></tr>
<tr><td>Oneroso</td><td>Como regra, não são admitidos contratos gratuitos firmados com o poder público.</td></tr>
<tr><td>Sinalagmático</td><td>As obrigações das partes são recíprocas, ou seja, a execução da atividade de uma das partes enseja o adimplemento contratual pela outra.</td></tr>
<tr><td rowspan="2">Personalíssimo</td><td>Nesse sentido, o contrato tem natureza intuito personae e a possibilidade de subcontratação do objeto do acordo fica limitada às hipóteses legalmente admitidas.</td></tr>
<tr><td>ATENÇÃO! O art. 72, da Lei n. 8.666/93 traz que só ocorrerá subcontratação se houver previsão no edital ou no contrato e desde que haja a concordância da Administração, sob pena de haver a rescisão contratual.</td></tr>
<tr><td rowspan="2">Formal</td><td>Todo contrato administrativo tem uma forma definida na lei, indispensável à sua regularidade.</td></tr>
<tr><td>A Lei 8666, em seu artigo 55, prevê todas as cláusulas necessárias à validade do contrato administrativo e a sua ausência gera o vício de forma.</td></tr>
<tr><td rowspan="12">FORMALISMO</td><td>A primeira exigência é a realização de procedimento licitatório, conforme determinação do artigo 26 da lei 8.666/93.</td></tr>
<tr><td>O contrato deve ser escrito, sendo que o termo de contrato ou instrumento de contrato é o meio para a sua formalização, respeitando o art. 55, da Lei n. 8.666/93, que traz as cláusulas obrigatórias.</td></tr>
<tr><td>ATENÇÃO! A lei permite a celebração de contrato, em determinadas situações, por meio de carta-contrato, nota de empenho, autorização de compra ou ordem de execução de serviço.</td></tr>
<tr><td>Obras, acima de R$150.000,00, e Bens e serviços, acima de R$ 80.000,00, exigem a realização de contrato por meio de instrumento apropriado.</td></tr>
<tr><td>É dispensável o "termo de contrato" e facultada a substituição a critério da Administração e independentemente de seu valor, nos casos de compra com entrega imediata e integral dos bens adquiridos, dos quais não resultem obrigações futuras, inclusive assistência técnica.</td></tr>
<tr><td>É nulo e de nenhum efeito qualquer contrato verbal realizado pelo ente estatal.</td></tr>
<tr><td>Excepcionalmente se admite contrato verbal, nas compras que não ultrapassam 5% do valor máximo definido para a licitação na modalidade convite – ou seja, 4 mil reais – desde que se trate de compra de pronta entrega e pronto pagamento, feitas em regime de adiantamento. Isso significa que este contrato não gera nenhuma espécie de obrigação futura (art. 60, parágrafo único da lei 8.666/93).
Nestas hipóteses, também não há necessidade de realização de procedimento licitatório, em conformidade com o disposto no art. 24, I e II da lei 8.666/93.</td></tr>
<tr><td>Não obstante a ausência de previsão legal, a doutrina admite a celebração de contratos verbalmente, para posterior formalização por escrito, em casos emergenciais. Neste caso, a formalização poderá ser realizada posteriormente à existência de contrato e início da prestação do serviço pelo contratado.</td></tr>
<tr><td>A publicação do resumo ou extrato do contrato é requisito indispensável, providenciada pela Administração até o quinto dia útil do mês seguinte ao de sua assinatura ou em até 20 dias corridos, sendo válido o prazo que advier primeiro.</td></tr>
<tr><td>Sem a publicação, o contrato é válido e perfeito, só não sendo eficaz</td></tr>
<tr><td>O administrador público deve publicar o ato que autoriza a contratação direta, não sendo exigida nova publicação quando da celebração do contrato (o art. 26 da lei 8.666/93)</td></tr>
</table>

<table>
<tr><th colspan="3">CONTRATOS ADMINISTRATIVOS</th></tr>
<tr><th colspan="3">GARANTIA</th></tr>
<tr><td colspan="3">A exigência de garantia é uma cláusula necessária dos contratos administrativos (art. 55, VI, da Lei n. 8.666/93).</td></tr>
<tr><td colspan="3">A Lei prevê a caução que poderá ser prestada em dinheiro, títulos da dívida pública, a fiança bancária ou seguro garantia, a critério do contratado privado.</td></tr>
<tr><td colspan="3">ATENÇÃO! Embora a lei não mencione expressamente no artigo 58 e a doutrina se omita, algumas bancas examinadoras de concursos públicos incluem a Garantia dentre as cláusulas exorbitantes presentes no contrato administrativo.</td></tr>
<tr><td colspan="3">REGRA GERAL – GARANTIA – ATÉ 5% DO VALOR DO CONTRATO.
EXCEÇÕES: GRANDE VULTO, ALTA COMPLEXIDADE TÉCNICA, RISCOS FINANCEIROS – ATÉ 10% DO VALOR DO CONTRATO.</td></tr>
<tr><td colspan="3">Os contratos de grande vulto são os que ultrapassam 25 × R$ 1.500,000,00, (art. 6., V da lei 8.666/93).</td></tr>
<tr><td colspan="3">Em relação ao valor da garantia contratual, a legislação ainda dispõe que, em caso de contratos que importem na entrega de bens pela Administração, dos quais o contratado ficará depositário, ao valor da garantia deverá ser acrescido o valor desses bens.</td></tr>
<tr><td colspan="3">Em caso de cumprimento do contrato e adimplemento de todos os seus termos pelo particular, a garantia deverá ser devolvida e, se foi prestada em dinheiro, deve haver a correção do valor, no momento da devolução.</td></tr>
<tr><td colspan="3">Em caso de descumprimento contratual, a garantia pode ser utilizada pelo Estado como mínimo indenizatório, ou seja, o ente público pode executar a garantia e cobrar indenização excedente em caso de o prejuízo ultrapassar o valor da caução.</td></tr>
<tr><th colspan="3">CLÁUSULAS EXORBITANTES</th></tr>
<tr><td colspan="3">Decorrem da supremacia do interesse público sobre o interesse privado e coloca o Estado em posição de superioridade jurídica na avença.</td></tr>
<tr><td colspan="3">São implícitas em todos os contratos administrativos, não dependendo de previsão expressa no acordo, pois decorrem diretamente da Lei (art. 58, da Lei n. 8.666/93).</td></tr>
<tr><td rowspan="9">ALTERAÇÃO UNILATERAL DO CONTRATO</td><td colspan="2">É possível quando houver modificação do projeto ou das especificações, para melhor adequação técnica aos seus objetivos e quando necessária a modificação do valor contratual em decorrência de acréscimo ou diminuição quantitativa de seu objeto.</td></tr>
<tr><td colspan="2">A administração NÃO pode alterar o OBJETO do contrato, porque seria burla à licitação.</td></tr>
<tr><td>Alteração de projeto</td><td>Alteração qualitativa (o projeto originalmente apresentado pelo Estado não atende mais aos fins desejados pela Administração).</td></tr>
<tr><td rowspan="2">Alteração atinente ao valor</td><td>Alteração quantitativa (atinente ao valor da contratação).</td></tr>
<tr><td>ATENÇÃO! Alteração unilateral – até 25% – acréscimos ou supressões.
Exceção – contratos de reforma de equipamentos ou de edifícios – até 50% para acréscimos – até 25% para supressões.</td></tr>
<tr><td colspan="2">ATENÇÃO! A alteração no projeto originário não pode ensejar um aumento de custo superior a 25% do valor originário do contrato, com a ressalva de 50% quando se tratar de contratação de reforma (TCU, decisão n. 215/1999).</td></tr>
<tr><td colspan="2">A margem de lucro inicialmente contratada jamais poderá ser alterada pela Administração Pública de forma unilateral.</td></tr>
<tr><td colspan="2">"No caso de supressão de obras, bens ou serviços, se o contratado já houver adquirido os materiais e posto no local dos trabalhos, estes deverão ser pagos pela Administração pelos custos de aquisição regularmente comprovados e monetariamente corrigidos, podendo caber indenização por outros danos eventualmente decorrentes da supressão, desde que regularmente comprovados" (art. 65, §4°, da Lei n. 8.666/93).</td></tr>
<tr><td colspan="2">A alteração deve decorrer de interesse público superveniente devidamente justificado.</td></tr>
<tr><td rowspan="2">RESCISÃO UNILATERAL DO CONTRATO</td><td colspan="2">Prerrogativa dada ao ente público contratante de por fim à avença, independentemente, de consentimento do particular e sem depender de decisão judicial (art. 77 e seguintes da lei 8666/93).</td></tr>
<tr><td colspan="2">Pode se dar em razão do inadimplemento do particular ou pelo interesse público devidamente justificado.</td></tr>
</table>

<table>
<tr><th colspan="3">CONTRATOS ADMINISTRATIVOS</th></tr>
<tr><td rowspan="6"></td><td rowspan="2">Interesse público devidamente justificado.</td><td>A administração deve indenizar o particular se houver dano, bem como indenizar os investimentos não amortizados do contratado em razão da extinção antecipada do acordo.</td></tr>
<tr><td>O particular contratado terá direito à devolução da garantia prestada, aos pagamentos devidos pela execução do contrato até a data da rescisão e ao pagamento do custo da desmobilização.</td></tr>
<tr><td colspan="2">ATENÇÃO! O entendimento majoritário é de que também devem ser pagos lucros cessantes.</td></tr>
<tr><td colspan="2">Inadimplente o particular contratado, o Poder Público deverá assumir imediatamente o objeto do contrato, no estado e local em que se encontrar, ocupar e utilizar o local, instalações, equipamentos, material e pessoal empregados na execução do contrato, necessários à sua continuidade, executar a garantia contratual, para ressarcimento da Administração, e dos valores das multas e indenizações a ela devidos e reter os créditos decorrentes do contrato até o limite dos prejuízos causados à Administração. Todas essas medidas independem da aplicação das penalidades cabíveis em virtude do descumprimento contratual.</td></tr>
<tr><td colspan="2">Nos contratos de concessão de serviços públicos (regulamentados pela Lei 8.987/95), a rescisão por inadimplemento do particular é chamada de caducidade, já por motivo de interesse público chama-se encampação.</td></tr>
<tr><td colspan="2">Se o ente estatal for inadimplente, por mais de 90 dias, o particular pode SUSPENDER A EXECUÇÃO do contrato (exceção de contrato não cumprido), conforme disposição do art. 78, XV da Lei 8666/93. Para haver rescisão do contrato, por iniciativa do particular, em virtude do inadimplemento do estado, necessária decisão judicial.</td></tr>
<tr><td rowspan="4">FISCALIZAÇÃO DA EXECUÇÃO DO CONTRATO</td><td colspan="2">A Administração Pública deve designar um agente público que ficará responsável pela fiscalização na execução contratual, aplicando penalidades e exigindo o cumprimento das obrigações pela parte contratada (art. 67, da Lei n. 8.666/93).</td></tr>
<tr><td colspan="2">Poder-dever da Administração, que não exclui a responsabilidade do particular.</td></tr>
<tr><td colspan="2">O contratado deverá manter preposto, aceito pela Administração, no local da obra ou serviço, para representá-lo na execução do contrato.</td></tr>
<tr><td colspan="2">ATENÇÃO! Se o não pagamento aos empregados não for fiscalizado pelo ente público, daí surge a responsabilidade por omissão (súmula 331 do TST).</td></tr>
<tr><td rowspan="2">OCUPAÇÃO TEMPORÁRIA DE BENS</td><td colspan="2">Nos casos de serviços essenciais, a Administração Pública poderá ocupar provisoriamente bens móveis, imóveis, pessoal e serviços vinculados ao objeto do contrato, na hipótese da necessidade de acautelar apuração administrativa de faltas contratuais pelo contratado, bem como na hipótese de rescisão do contrato administrativo.</td></tr>
<tr><td colspan="2">ATENÇÃO! A ocupação temporária deve ser precedida de processo administrativo</td></tr>
<tr><td rowspan="8">APLICAÇÃO DE PENALIDADES</td><td colspan="2">Precedida de processo administrativo</td></tr>
<tr><td colspan="2">O prazo de defesa em regra é de 5 dias úteis, salvo nas hipóteses de aplicação de declaração de inidoneidade, cujo prazo será de 10 dias.</td></tr>
<tr><td colspan="2">Vige aqui o princípio da proporcionalidade</td></tr>
<tr><td>Advertência</td><td>Sempre por escrito, para sancionar infrações mais leves praticadas pelo particular contratado.</td></tr>
<tr><td rowspan="4">Multa</td><td>Deve ter previsão de valor definida no bojo do acordo firmado e pode ser aplicada isolada ou cumulativamente com outra penalidade.</td></tr>
<tr><td>Deve ser aplicada após regular processo administrativo e poderá ser descontada da garantia do respectivo contratado.</td></tr>
<tr><td>Se for de valor superior ao valor da garantia, responderá o contratado pela sua diferença, a qual será descontada dos pagamentos eventualmente devidos pela Administração ou ainda, quando for o caso, cobrada judicialmente.</td></tr>
<tr><td>Não se confunde com o ressarcimento por prejuízo.</td></tr>
</table>

<table>
<tr><th colspan="3">CONTRATOS ADMINISTRATIVOS</th></tr>
<tr><td rowspan="9"></td><td rowspan="2">Suspensão de contratar com poder público e participar de procedimentos licitatórios</td><td>Duração de dois anos</td></tr>
<tr><td>A empresa fica impedida de participar de certames e celebrar com o ente federativo que aplicou a penalidade.</td></tr>
<tr><td rowspan="5">Declaração de inidoneidade</td><td>Proibição de licitar ou contratar com a Administração Pública enquanto perdurarem os motivos determinantes da punição ou até que seja promovida a reabilitação perante a própria autoridade que aplicou a penalidade, que será concedida sempre quando o contratado ressarcir a Administração pelos prejuízos resultantes e após decorrido o prazo da sanção aplicada que, também, não pode ultrapassar dois anos.</td></tr>
<tr><td>Competência exclusiva do Ministro de Estado, do Secretário Estadual ou Municipal.</td></tr>
<tr><td>O prazo de defesa é de 10 dias da abertura de vista.</td></tr>
<tr><td>Atinge todos os entes da federação.</td></tr>
<tr><td>Segundo a doutrina, só pode ser aplicada para infrações graves, que também estejam capituladas como crimes (ilícitos penais).</td></tr>
<tr><td colspan="2">ATENÇÃO! Todos os agentes públicos que praticarem atos que possam prejudicar a licitação ou frustrar seu caráter competitivo ficarão sujeitos às sanções administrativas, penais e civis cabíveis, nos moldes das legislações pertinentes.</td></tr>
<tr><td colspan="2">Se ocupantes de cargo em comissão ou de função de confiança em órgão da Administração, ou outra entidade controlada direta ou indiretamente pelo Poder Público, a pena imposta será acrescida da terça parte, haja vista a quebra da relação de confiança estabelecida.</td></tr>
<tr><th colspan="3">Alteração contratual por vontade das partes</th></tr>
<tr><td colspan="3">Em determinadas situações, o contrato administrativo poderá ser alterado de forma bilateral, nas quatro hipóteses a seguir:</td></tr>
<tr><td colspan="3">Quando o particular julgar conveniente a substituição da garantia de execução do contrato e desde que essa modificação não enseje prejuízos ao ente público.</td></tr>
<tr><td colspan="3">Quando necessária a modificação do regime de execução da obra ou serviço, bem como do modo de fornecimento, em face de verificação técnica da inaplicabilidade dos termos contratuais originários.</td></tr>
<tr><td colspan="3">Quando necessária a modificação da forma de pagamento, por imposição de circunstâncias supervenientes, mantido o valor inicial atualizado, vedada a antecipação do pagamento, com relação ao cronograma financeiro fixado, sem a correspondente contraprestação de fornecimento de bens ou execução de obra ou serviço.</td></tr>
<tr><td colspan="3">Para restabelecer a relação que as partes pactuaram inicialmente entre os encargos do contratado e a retribuição da Administração (manutenção do equilíbrio econômico-financeiro). São hipóteses da teoria da imprevisão.</td></tr>
<tr><th colspan="3">EQUILÍBRIO ECONÔMICO-FINANCEIRO DO CONTRATO</th></tr>
<tr><td colspan="3">O particular contratado não pode sofrer prejuízos de situações não causados por ele, durante a relação contratual, sob pena de se frustrar a garantia da proposta apresentada.</td></tr>
<tr><td rowspan="3">PAGAMENTOS FEITOS AO PARTICULAR</td><td>Correção monetária</td><td>Atualização da margem de lucro inicialmente acordada, mantendo o valor real do contrato.</td></tr>
<tr><td>Reajustamento de preços</td><td>Reajuste em face do aumento ordinário e regular do custo dos insumos necessários ao cumprimento do acordo.</td></tr>
<tr><td>Recomposição de preços ou revisão de preços</td><td>Quando o reajustamento de preços não consegue fazer face ao real aumento do preço dos insumos, em virtude de uma situação excepcional (não prevista no contrato), a Administração Pública, como forma de reequilibrar o contrato, precisa fazer a recomposição de preços. Isso ocorre porque a previsão contratual de reajuste não foi suficiente para suprir a efetiva modificação nos custos do contrato celebrado.</td></tr>
</table>

<table>
<tr><th colspan="3">CONTRATOS ADMINISTRATIVOS</th></tr>
<tr><th colspan="3">TEORIA DA IMPREVISÃO</th></tr>
<tr><td>Caso fortuito e força maior</td><td colspan="2">Pode decorrer de fatos humanos, desde que não sejam provocados por nenhuma das partes do acordo, ou podem ser causados por fatos da natureza, em relação aos quais nenhuma medida pode ser tomada para obstar sua precipitação</td></tr>
<tr><td>Interferências imprevistas</td><td colspan="2">São situações preexistentes à celebração do contrato, mas que só vêm à tona durante sua execução.</td></tr>
<tr><td>Fato da administração</td><td colspan="2">O desequilíbrio contratual é causado por uma atuação específica da Administração (enquanto parte no contrato) que incide sobre o contrato e impede a sua execução.</td></tr>
<tr><td rowspan="3">Fato do príncipe</td><td colspan="2">Neste caso, há uma atuação extracontratual (geral e abstrata) do ente estatal que termina por atingir diretamente a relação contratual (art. 65, § 5°, da Lei n. 8.666/93).</td></tr>
<tr><td colspan="2">ATENÇÃO! É relevante que o agente que pratica a conduta onerosa seja da mesma esfera de governo daquele que celebrou o contrato administrativo atingido.</td></tr>
<tr><td colspan="2">Ente federativo diverso caracteriza caso fortuito.</td></tr>
<tr><td colspan="3">ATENÇÃO! Em algumas situações, a teoria da imprevisão gera a impossibilidade de manter o contrato.</td></tr>
<tr><th colspan="3">SUBCONTRATAÇÃO NOS CONTRATOS DA ADMINISTRAÇÃO</th></tr>
<tr><td colspan="3">Se houver a subcontratação do objeto integral do contrato, resta clara a fraude ao procedimento licitatório e pode ser considerado inadimplemento contratual (art. 78 da Lei n. 8.666/93).</td></tr>
<tr><td colspan="3">O contratado, na execução do contrato, sem prejuízo das responsabilidades contratuais e legais, poderá subcontratar PARTES da obra, serviço ou fornecimento, até o limite admitido, em cada caso, pela Administração (art. 72 da Lei n. 8.666/93).</td></tr>
<tr><td colspan="3">ATENÇÃO! Para que haja subcontratação lícita deve haver: previsão no edital e no contrato + tratar-se de subcontratação parcial + autorização do poder público para efetivação do ato.</td></tr>
<tr><td colspan="3">Ademais, em casos de subcontratação permitida por lei, a Administração Pública poderá exigir do subcontratado a demonstração de que cumpre todos os requisitos exigidos na fase de habilitação dos licitantes que demonstram que ele estará apto a cumprir fielmente os termos do objeto transferido do contrato.</td></tr>
<tr><th colspan="3">DURAÇÃO</th></tr>
<tr><td colspan="3">Todo contrato deve ter prazo de vigência predefinido no Edital e no próprio instrumento de contrato, estabelecendo a lei, expressamente, que são vedados contratos administrativos por prazo indeterminado.</td></tr>
<tr><td colspan="3">Ficará adstrita à vigência dos respectivos créditos orçamentários, ou seja duração máxima de um ano.</td></tr>
<tr><td rowspan="5">EXCEÇÕES À VIGÊNCIA MÁXIMA DE UM ANO</td><td>Projetos contemplados na lei do Plano Plurianual</td><td>A avença terá duração de até quatro anos, para cumprimento das metas e execução de seu objeto.</td></tr>
<tr><td>Prestação de serviços a serem executados de forma contínua</td><td>Há possibilidade de prorrogação contratual por iguais e sucessivos períodos com vistas à obtenção de preços e condições mais vantajosas para a Administração Pública, desde que estas prorrogações se limitem ao prazo final máximo de sessenta meses.</td></tr>
<tr><td>Aluguel de equipamentos e à utilização de programas de informática</td><td>Pode a duração do contrato se estender pelo prazo de até 48 (quarenta e oito) meses após o início da sua vigência.</td></tr>
<tr><td>Contratações previstas nos incisos IX, XIX, XXVIII e XXXI do art. 24, da lei 8.666/93</td><td>Os contratos poderão ter vigência por até cento e vinte meses, caso haja interesse da administração.</td></tr>
<tr><td colspan="2">ATENÇÃO! Contratos que não geram despesas à Administração Pública não precisam estar previstos na lei orçamentária, logo, não precisam respeitar o limite de vigência definido, no art. 57, da lei 8.666/93</td></tr>
</table>

<table>
<tr><th colspan="3">CONTRATOS ADMINISTRATIVOS</th></tr>
<tr><td colspan="3">ATENÇÃO! A prorrogação é possível se solicitada dentro do prazo de vigência do contrato e decorra, cumulativamente, de previsão no edital e no contrato e autorização do poder público, mantidas as demais disposições contratuais.</td></tr>
<tr><td colspan="3">As justificativas para a prorrogação vêm expressas no art. 57, da Lei n. 8.666/93, devem vir por escrito e é indispensável que haja previsão orçamentária.</td></tr>
<tr><th colspan="3">RESPONSABILIDADES DECORRENTES DO CONTRATO</th></tr>
<tr><td colspan="3">As partes que firmaram o pacto têm o dever de cumprir fielmente as obrigações assumidas, em consonância com a legislação vigente e com as cláusulas previstas no acordo, sendo que cada uma das partes será responsabilizada por qualquer descumprimento contratual.</td></tr>
<tr><td colspan="3">O particular responde diretamente pelo serviço prestado ou bem entregue à Administração, ou ainda pela obra por ele executada.</td></tr>
<tr><td colspan="3">Quaisquer prejuízos causados pelo particular, seja à Administração Pública ou a terceiros, na execução da obra, ou prestação do serviço, ensejam responsabilização da contratada.</td></tr>
<tr><td colspan="3">ATENÇÃO! A Administração Pública responde solidariamente com o contratado pelos encargos previdenciários resultantes da execução do contrato.</td></tr>
<tr><td colspan="3">Para fins de provas de concurso, a aplicação da nova redação da Súmula 331, do Tribunal Superior do Trabalho, é plenamente cabível, diante do dispositivo exposto na Lei 8.666/93.</td></tr>
<tr><th colspan="3">RECEBIMENTO DO OBJETO CONTRATUAL</th></tr>
<tr><td>Provisório</td><td colspan="2">Feito pelo responsável por seu acompanhamento e fiscalização, mediante termo circunstanciado, assinado por ambas as partes em até 15 (quinze) dias da comunicação escrita do contratado.</td></tr>
<tr><td rowspan="3">Definitivo</td><td colspan="2">Após prazo de observação, não superior a 90 dias, salvo situação excepcional devidamente justificada – ou mediante vistoria que comprove a adequação do objeto aos termos definidos no acordo.</td></tr>
<tr><td colspan="2">Realizado, mediante termo circunstanciado, por servidor ou comissão designada pela autoridade competente.</td></tr>
<tr><td colspan="2">ATENÇÃO! Não exclui a responsabilidade do particular (art. 73, §2°, da Lei n. 8.666/93)</td></tr>
<tr><td colspan="3">ATENÇÃO! Aquisição de equipamentos de grande vulto, o recebimento far-se-á mediante termo circunstanciado e, nos demais, mediante recibo.</td></tr>
<tr><td colspan="3">Aquisição de gêneros perecíveis e alimentação preparada, assim como para contratação de serviços profissionais e de obras e serviços de valor até R$ 80.000,00 (desde que não se componham de aparelhos, equipamentos e instalações sujeitos à verificação de funcionamento e produtividade), poderá ser dispensado o recebimento provisório, para efeito de posterior verificação de conformidade do material com a especificação estabelecida.</td></tr>
<tr><td colspan="3">Salvo disposição em contrário no instrumento convocatório ou em ato normativo específico, os ensaios, testes e demais provas exigidos por normas técnicas oficiais para a boa execução do objeto do contrato correm por conta do contratado.</td></tr>
<tr><th colspan="3">FORMAS DE EXTINÇÃO DO CONTRATO ADMINISTRATIVO</th></tr>
<tr><td>Extinção natural</td><td colspan="2">Conclusão do objeto ou advento do termo do contrato</td></tr>
<tr><td rowspan="3">Irregularidade na celebração</td><td>Anulação</td><td>Efeitos retroativos à data de início de vigência do acordo.</td></tr>
<tr><td colspan="2">ATENÇÃO! Mesmo que o contrato seja nulo, o particular contratado deve ser remunerado pelos serviços prestados de boa-fé ou de má-fé, caso contrário, estaria se admitindo o enriquecimento sem causa do ente público (art. 59, da Lei n. 8.666/93).</td></tr>
<tr><td colspan="2">A presença da boa-fé do contratado é indispensável para que ele faça jus ao pagamento de indenização.</td></tr>
<tr><td rowspan="2">Desaparecimento da pessoa contratada</td><td colspan="2">Pela falência da empresa contratada ou por falecimento.</td></tr>
<tr><td colspan="2">Afinal, os contratos administrativos são celebrados intuito personae.</td></tr>
</table>

<table>
<tr><th colspan="3">CONTRATOS ADMINISTRATIVOS</th></tr>
<tr><td rowspan="4">Rescisão</td><td>Rescisão unilateral</td><td>Ocorre por razões de interesse público ou por inadimplemento total ou parcial do contrato pelo particular.</td></tr>
<tr><td>Rescisão Judicial</td><td>Provocação do particular, quando o ente público é inadimplente (art. 78, XIII a XVI, da lei 8.666/93).</td></tr>
<tr><td>Rescisão Bilateral (distrato)</td><td>Trata-se de rescisão amigável, realizada por ambas as partes, Estas hipóteses estão regulamentadas no art. 78, XIII a XVI e dependem de prévia autorização escrita e fundamentada da autoridade competente.</td></tr>
<tr><td>Rescisão de pleno direito</td><td>Por situações alheias à vontade das partes, em casos excepcionais que impedem a manutenção do contrato e nas quais não seja possível a revisão de preços.</td></tr>
<tr><th colspan="3">DISPOSIÇÕES PENAIS DA LEI 8.666/93</th></tr>
<tr><td colspan="3">Todos os crimes previstos são de ação penal pública incondicionada, cabendo ao Ministério Público promovê-la, no entanto, será admitida ação penal privada subsidiária da pública, caso esta não tenha sido ajuizada no prazo legalmente definido.</td></tr>
<tr><td colspan="3">ATENÇÃO! Qualquer pessoa poderá provocar a iniciativa do Ministério Público, por escrito.</td></tr>
<tr><td colspan="3">Se feita verbalmente, mandará a autoridade reduzi-la a termo, assinado pelo apresentante e por duas testemunhas</td></tr>
<tr><td colspan="3">Em autos ou documentos de que conhecerem, os magistrados, os membros dos Tribunais ou Conselhos de Contas ou os titulares dos órgãos integrantes do sistema de controle interno de qualquer dos Poderes se verificarem a existência dos crimes definidos nesta Lei, remeterão ao Ministério Público as cópias e os documentos necessários ao oferecimento da denúncia.</td></tr>
<tr><th colspan="3">DOS CONTRATOS ADMINISTRATIVOS EM ESPÉCIE</th></tr>
<tr><td rowspan="8">Contratos de execução de obra</td><td colspan="2">Nos termos da legislação, pode ser conceituada como obra toda construção, reforma, fabricação, recuperação ou ampliação, realizada por execução direta ou indireta.</td></tr>
<tr><td>Empreitada por preço global</td><td>Define-se um único preço por toda a obra.</td></tr>
<tr><td>Empreitada por preço unitário</td><td>Preço certo de unidades determinadas.</td></tr>
<tr><td>Tarefa</td><td>Ajusta-se mão de obra para pequenos trabalhos por preço certo</td></tr>
<tr><td>Empreitada integral</td><td>Na qual o ente estatal ajusta a contratação de um empreendimento em sua integralidade, compreendendo todas as etapas das obras, serviços e instalações necessárias</td></tr>
<tr><td colspan="2">ATENÇÃO! Deve haver a elaboração do projeto básico (art. 6°, da Lei n. 8.666/93), bem como do projeto executivo.</td></tr>
<tr><td colspan="2">A lei autoriza que seja contratado, pela Administração, somente o projeto básico, deixando a elaboração do projeto executivo a cargo do vencedor da licitação para execução da obra, desde que isso esteja previamente estipulado no edital.</td></tr>
<tr><td colspan="2">O autor do projeto básico ou executivo estará impedido de participar, direta ou indiretamente, do procedimento licitatório, para execução da obra, podendo, no entanto, ser contratado pela Administração Pública para atuar como fiscal, gerente ou supervisor, mediante contrato de consultoria, auxiliando os agentes públicos responsáveis por esta fiscalização.</td></tr>
<tr><td rowspan="2">Contratos de prestação de serviços</td><td colspan="2">Demolição, conserto, instalação, montagem, operação, conservação, reparação, adaptação, manutenção, transporte, locação de bens, publicidade, seguro ou trabalhos técnico-profissionais.</td></tr>
<tr><td colspan="2">Não se confundem com os contratos de concessão de serviços públicos, já que neste há a cobrança de tarifas dos usuários do serviço prestado.</td></tr>
<tr><td>Contratos de fornecimento de bens</td><td colspan="2">Contratação para aquisição de bens necessários à execução das atividades do órgão público, seja mediante pagamento à vista ou parcelado, nos moldes definidos na proposta vencedora da licitação.</td></tr>
</table>

<table>
<tr><th colspan="4">CONTRATOS ADMINISTRATIVOS</th></tr>
<tr><td rowspan="6">Contrato de concessão de serviços público</td><td colspan="3">A Administração transfere, mediante procedimento licitatório na modalidade concorrência, a prestação de um determinado serviço público ao particular que deverá prestá-lo por sua conta e risco, por prazo determinado.</td></tr>
<tr><td colspan="3">A remuneração é por meio da exploração do próprio serviço a ela concedido.</td></tr>
<tr><td colspan="3">A concessão de serviço público poderá ser simples ou precedida de obra.</td></tr>
<tr><td>Precedida de obra</td><td colspan="2">A concessionária executa a obra, por sua conta e risco, sendo-lhe transferida, posteriormente, a possibilidade de explorar o serviço decorrente da obra executada, como forma de remuneração.</td></tr>
<tr><td rowspan="2">Lei 11.079/04 (Parceria Público-Privada)</td><td>Concessão patrocinada</td><td>Tarifas pagas pelos usuários + contraprestação pecuniária do poder público = remuneração</td></tr>
<tr><td>Concessão administrativa</td><td>Administração Pública a usuária, direta ou indireta, do serviço público prestado, sendo a responsável pelo pagamento das tarifas.</td></tr>
<tr><td rowspan="2">Permissão de serviços públicos</td><td colspan="3">A lei 8.987/95, em seu art. 40, conceitua a permissão de serviços públicos como contrato de adesão (característica comum a todos os contratos administrativos) por meio do qual se transfere a particular a prestação de serviços públicos, por sua conta e risco, mediante remuneração por tarifas dos usuários, a título precário.</td></tr>
<tr><td colspan="3">ATENÇÃO! A precariedade é afastada pela natureza contratual do instituto.</td></tr>
<tr><td>Contrato de concessão de uso de bens públicos</td><td colspan="3">Consentimento da utilização de um determinado bem público, de forma especial, anormal ou privativa, com finalidade específica, mediante pagamento de remuneração ou gratuitamente.</td></tr>
<tr><td rowspan="9">Contrato de gestão</td><td colspan="3">O art. 37, §8º, da Constituição Federal, por meio de regulamentação muito criticada pela doutrina brasileira, admite a celebração de contratos de gestão entre órgãos e, até mesmo, entre órgãos públicos e seus administradores, pessoas físicas, configurando verdadeira aberração jurídica, de impossível realização prática (norma incompatível com o ordenamento jurídico, pelo entendimento doutrinário).</td></tr>
<tr><td colspan="3">A lei 9649/98 define que é possível a celebração de contratos de gestão entre o Poder Público e autarquias ou fundações públicas que possuam plano estratégico de reestruturação, para fins de qualificá-las como agências executivas.</td></tr>
<tr><td colspan="3">Art. 51 e 52 da lei 9649/98.</td></tr>
<tr><td colspan="3">Organização Social é assim qualificada através do contrato de gestão.</td></tr>
<tr><td colspan="3">Por meio deste contrato de gestão, podem ser transferidas à entidade privada contratada dotações orçamentárias, servidores públicos em cessão, assim como bens públicos, por meio de permissão de uso.</td></tr>
<tr><td colspan="3">ATENÇÃO! Órgãos públicos não gozam de personalidade jurídica o que inviabiliza o ajuste destas entidades entre si.</td></tr>
<tr><td colspan="3">A atuação do agente público, no exercício de suas funções, deve ser imputada ao Poder Público e não ao próprio agente.</td></tr>
<tr><td colspan="3">Os órgãos são parte integrante de uma pessoa jurídica, não possuindo autonomia gerencial ou orçamento próprios.</td></tr>
<tr><td colspan="3">Em relação às autarquias e fundações públicas, a autonomia é definida mediante a edição de lei específica que é responsável pela criação destas entidades. Sendo assim, não é possível a ampliação, mediante contrato, daquilo que foi atribuído por lei.</td></tr>
<tr><th colspan="4">CONVÊNIOS</th></tr>
<tr><td colspan="4">Ajustes firmados entre a Administração Pública e entidades que possuam vontades convergentes, mediante a celebração de acordo para melhor execução das atividades de interesse comum dos conveniados (art. 116, da Lei n. 8.666/93).</td></tr>
<tr><td colspan="4">A legislação exige prévia aprovação de competente plano de trabalho proposto pela organização interessada.</td></tr>
</table>

<table>
<tr><th colspan="4">CONTRATOS ADMINISTRATIVOS</th></tr>
<tr><td rowspan="7">Plano de Trabalho</td><td colspan="3">Identificação e definição do objeto a ser executado, de interesse comum entre os entes conveniados;</td></tr>
<tr><td colspan="3">Metas a serem atingidas;</td></tr>
<tr><td colspan="3">Etapas ou fases de execução;</td></tr>
<tr><td colspan="3">Plano de aplicação dos recursos financeiros;</td></tr>
<tr><td colspan="3">Cronograma de desembolso de valores pela entidade conveniada, com definição de prazos e metas;</td></tr>
<tr><td colspan="3">Previsão de início e fim da execução do objeto, bem assim da conclusão das etapas ou fases programadas;</td></tr>
<tr><td colspan="3">Caso o convênio compreenda execução de obra ou serviço de engenharia, comprovação de que os recursos próprios para complementar a execução do objeto estão devidamente assegurados, salvo se o custo total do empreendimento recair sobre a entidade ou órgão descentralizador.</td></tr>
<tr><td colspan="4">ATENÇÃO! O Poder legislativo deve ter ciência de todos os termos do acordo firmado.</td></tr>
<tr><td rowspan="3">Se for verificada alguma irregularidade, as parcelas do convênio ficarão retidas até o saneamento das impropriedades ocorrentes.</td><td colspan="3">Falta de comprovação da boa e regular aplicação da parcela anteriormente recebida.</td></tr>
<tr><td colspan="3">Verificado desvio de finalidade na aplicação dos recursos, atrasos não justificados no cumprimento das etapas ou fases programadas, práticas atentatórias aos princípios fundamentais de Administração Pública nas contratações e demais atos praticados na execução do convênio, ou o inadimplemento do executor, seja ele total ou parcial, com relação a outras cláusulas conveniais básicas.</td></tr>
<tr><td colspan="3">Quando o executor deixar de adotar as medidas saneadoras apontadas pelo partícipe repassador dos recursos ou por integrantes do respectivo sistema de controle interno.</td></tr>
<tr><td rowspan="3">Saldos</td><td rowspan="3">Enquanto não utilizados</td><td>Aplicados em cadernetas de poupança de instituição financeira oficial</td><td>Previsão de uso igual ou superior a um mês.</td></tr>
<tr><td>Em fundo de aplicação financeira de curto prazo</td><td rowspan="2">Quando a utilização for verificada em prazos menores que um mês</td></tr>
<tr><td>Ou operação de mercado aberto lastreada em títulos da dívida pública</td></tr>
<tr><td colspan="4">Em caso de extinção do convênio, todo o montante remanescente do acordo deve ser devolvido ao órgão público que repassou o recurso, em até trinta dias da extinção da avença, sob pena de responsabilidade do agente público.</td></tr>
<tr><td colspan="4">A doutrina e jurisprudência entendem que celebração de convênios, em decorrência da convergência de vontades não devem ser precedidos de procedimento licitatório.</td></tr>
<tr><th colspan="4">CONSÓRCIOS PÚBLICOS</th></tr>
<tr><td colspan="4">Consiste na gestão associada de entes federativos para prestação de serviços de interesse comum a todos eles, garantindo maior eficiência e destinação de recursos mais consistentes para executar a atividade pretendida.</td></tr>
<tr><td colspan="4">Criação de uma nova entidade com personalidade jurídica de direito público ou de direito privado, consoante disposto no próprio termo do consórcio.</td></tr>
<tr><td colspan="4">Contrato de rateio é firmado para definir com que montante cada uma destas entidades participará na formação de manutenção da nova pessoa jurídica criada.</td></tr>
<tr><th colspan="4">REGIME DIFERENCIADO DE CONTRATAÇÕES</th></tr>
<tr><td colspan="4">Procedimento específico de licitação e instrumentalização para os contratos necessários à realização dos Jogos Olímpicos e Paraolímpicos de 2016, da Copa das Confederações da Federação Internacional de Futebol Associação – Fifa 2013 e da Copa do Mundo Fifa 2014.</td></tr>
</table>

<table>
<tr><th colspan="4">CONTRATOS ADMINISTRATIVOS</th></tr>
<tr><td rowspan="3">Alterações da lei 12.462/11</td><td colspan="3">Incluíram-se neste regime as contratações necessárias ao cumprimento das ações integrantes do Programa de Aceleração do Crescimento (PAC) (lei n. 12.688/12).</td></tr>
<tr><td colspan="3">Também passou a ser aplicável às licitações e contratos necessários à realização de obras e serviços de engenharia no âmbito dos sistemas públicos de ensino (lei n. 12.722/12).</td></tr>
<tr><td colspan="3">Os acordos firmados para execução de obras e serviços de engenharia no âmbito do Sistema Único de Saúde – SUS, também foram inclusos (lei n. 12.745/12)</td></tr>
<tr><td colspan="4">ATENÇÃO! A opção pela utilização Regime Diferenciado de Contratações deverá constar de forma expressa do instrumento convocatório e resultará no afastamento das normas contidas na lei 8.666/93, a qual não tem aplicação subsidiária, salvo nas hipóteses expressamente determinadas pela lei 12.462/11.</td></tr>
<tr><td rowspan="2">OBJETIVOS</td><td colspan="3">Objetiva ampliar a eficiência nas contratações públicas e a competitividade entre os licitantes, promover a troca de experiências e tecnologias em busca da melhor relação entre custos e benefícios para o setor público, incentivar a inovação tecnológica; e assegurar tratamento isonômico entre os licitantes e a seleção da proposta mais vantajosa para a administração pública.</td></tr>
<tr><td colspan="3">ATENÇÃO! Assegurar tratamento isonômico entre os licitantes e a seleção da proposta mais vantajosa para a administração pública são finalidades de todos os procedimentos licitatórios.</td></tr>
<tr><td rowspan="9">PECULIARIDADES DA LEI 12.462/11</td><td rowspan="2">Indicação de marcas</td><td colspan="2">Desde que isso decorra de necessidade de padronização do objeto a ser contratado, ou quando determinada marca ou modelo comercializado por mais de um fornecedor for a única capaz de atender às necessidades da entidade contratante.</td></tr>
<tr><td colspan="2">Para melhor compreensão do objeto, sendo obrigatório o acréscimo da expressão “ou similar ou de melhor qualidade”</td></tr>
<tr><td rowspan="7">Critério de seleção das propostas e critérios de desempate</td><td>Menor preço ou maior desconto</td><td>Atendidos os parâmetros mínimos de qualidade definidos no instrumento convocatório.</td></tr>
<tr><td>Técnica e preço</td><td>Destinar-se-á exclusivamente a objetos de natureza predominantemente intelectual e de inovação tecnológica ou técnica, ou que possam ser executados com diferentes metodologias ou tecnologias de domínio restrito no mercado.</td></tr>
<tr><td>Melhor técnica ou conteúdo artístico</td><td>Para a contratação de projetos, inclusive arquitetônicos, e trabalhos de natureza técnica, científica ou artística, excluindo-se os projetos de engenharia.</td></tr>
<tr><td rowspan="2">Maior oferta de preço</td><td>No caso de contratos que resultem em receita para a Administração Pública, os requisitos de qualificação técnica e econômico-financeira poderão ser dispensados, conforme dispuser o regulamento.</td></tr>
<tr><td>Pode ser exigida comprovação do recolhimento de quantia a título de garantia, como requisito de habilitação, limitada a 5% (cinco por cento) do valor ofertado.</td></tr>
<tr><td>Maior retorno econômico</td><td>Utilizado exclusivamente para a celebração de contratos de eficiência.</td></tr>
<tr><td colspan="2">ATENÇÃO! Nos casos em que houver empate na licitação, primeiro é realizada disputa final, em que os licitantes empatados poderão apresentar nova proposta fechada em ato contínuo à classificação</td></tr>
</table>

<table>
<tr><th colspan="4">CONTRATOS ADMINISTRATIVOS</th></tr>
<tr><td rowspan="20"></td><td rowspan="8">Procedimento da licitação</td><td colspan="2">Fase preparatória</td></tr>
<tr><td>Publicação do instrumento convocatório</td><td>Contratações que não ultrapassem R$ 150.000,00 (cento e cinquenta mil reais) para obras ou R$ 80.000,00 (oitenta mil reais) para bens e serviços, inclusive de engenharia, é dispensada a publicação no Diário Oficial, sendo a divulgação realizada, exclusivamente, no sítio eletrônico.</td></tr>
<tr><td colspan="2">Apresentação de propostas ou lances</td></tr>
<tr><td colspan="2">Julgamento</td></tr>
<tr><td>Habilitação</td><td>Desde que o edital não preveja a inversão de fases, hipóteses nas quais a habilitação dos licitantes será realizada antes da apresentação de propostas.</td></tr>
<tr><td>Recurso</td><td>A ser interposto, no prazo de 5 (cinco) dias úteis contados a partir da data da intimação ou da lavratura da ata, sendo assegurado aos licitantes vista dos elementos indispensáveis à defesa de seus interesses.</td></tr>
<tr><td colspan="2">Encerramento</td></tr>
<tr><td colspan="2" style="display:none"></td></tr>
<tr><td rowspan="2">Parcelamento do objeto e contratação simultânea</td><td colspan="2">Desde que não implique perda de economia de escala, não se trate de serviço de engenharia e caso o objeto da contratação puder ser executado de forma concorrente e simultânea por mais de um contratado ou a múltipla execução for conveniente para atender à administração pública.</td></tr>
<tr><td colspan="2">ATENÇÃO! Administração pública deverá manter o controle individualizado da execução do objeto contratual</td></tr>
<tr><td rowspan="2">Possibilidade de pré-qualificação</td><td colspan="2">Com a finalidade de identificar fornecedores que reúnam condições de habilitação exigidas</td></tr>
<tr><td colspan="2">Poderá ser parcial ou total e terá validade de 1 (um) ano, no máximo, podendo ser atualizada a qualquer tempo.</td></tr>
<tr><td colspan="3">Contratação de outra proposta que não a vencedora (Art. 40, da Lei n. 12.462).</td></tr>
<tr><td rowspan="2">Remuneração Variável</td><td colspan="2">Vinculada ao desempenho deste.</td></tr>
<tr><td colspan="2">A utilização será devidamente justificada pelo ente público contratante e respeitará o limite orçamentário fixado pela Administração.</td></tr>
<tr><td rowspan="4">Contratação integrada</td><td colspan="2">Um único ajuste compreende a elaboração e o desenvolvimento dos projetos básico e executivo, a execução de obras e serviços de engenharia, a montagem, a realização de testes, a pré-operação e todas as demais operações necessárias e suficientes para a entrega final do objeto.</td></tr>
<tr><td colspan="2">Sempre realizada no tipo técnica e preço.</td></tr>
<tr><td colspan="2">O instrumento convocatório deverá conter anteprojeto de engenharia.</td></tr>
<tr><td colspan="2">É vedada a celebração de termos aditivos, salvo para recomposição do equilíbrio econômico-financeiro decorrente de caso fortuito ou força maior e por necessidade de alteração do projeto ou das especificações para melhor adequação técnica aos objetivos da contratação, a pedido da administração pública, desde que não decorrentes de erros ou omissões por parte do contratado.</td></tr>
</table>

<table>
<tr><th colspan="4">CONTRATOS ADMINISTRATIVOS</th></tr>
<tr><td rowspan="8"></td><td rowspan="8">Penalidade de suspensão de contratar com o Poder Público por cinco anos</td><td colspan="2">Sem prejuízo das multas previstas no instrumento convocatório e no contrato, bem como das demais cominações legais.</td></tr>
<tr><td rowspan="7">O licitante que:</td><td>Convocado dentro do prazo, previsto em lei para validade da sua proposta não celebrar o contrato;</td></tr>
<tr><td>Deixar de entregar a documentação exigida para habilitação no certame ou apresentar documento falso.</td></tr>
<tr><td>Retardar execução ou da entrega do objeto da licitação sem motivo justificado, configurando inadimplemento contratual.</td></tr>
<tr><td>Não mantiver a proposta, salvo se em decorrência de fato superveniente, devidamente justificado.</td></tr>
<tr><td>Fraudar a licitação ou praticar atos fraudulentos na execução do contrato.</td></tr>
<tr><td>Comportar-se de modo inidôneo ou cometer fraude fiscal.</td></tr>
<tr><td>Der causa à inexecução total ou parcial do contrato</td></tr>
</table>

<table>
<tr><th colspan="2">LICITAÇÕES E CONTRATOS DAS EMPRESAS ESTATAISCONVÊNIOS</th></tr>
<tr><td rowspan="4">Dispensa e inexigibilidade</td><td>A Lei 13.303/16 estabelece situações de contratações diretas por meio de dispensa e inexigibilidade de licitação.</td></tr>
<tr><td>As hipóteses de dispensa estão taxativamente expostas no art. 29, da referida lei.</td></tr>
<tr><td>A inexigibilidade de licitação estará presente sempre que se demonstrar a inviabilidade de competição. Neste sentido, o art. 30 da lei 13.303/16 dispõe acerca de algumas hipóteses em que se configura a contratação direta com base neste entendimento. Lembrando-se que se trata de um rol meramente exemplificativo.</td></tr>
<tr><td>Em ambos os casos, em que se admita a contratação sem a realização do certame licitatório, o processo de contratação direta será instruído, no que couber, com a caracterização da situação emergencial ou calamitosa que justifique a dispensa, quando for o caso, razão da escolha do fornecedor ou do executante e justificativa do preço. Sendo assim, não obstante a desnecessidade do processo de licitação, deverá ser instaurado um processo simplificado justificador da situação excepcional.</td></tr>
<tr><td rowspan="2">Modalidade e regras aplicáveis</td><td>O art. 32, IV, da Lei 13.303/16 prevê que o pregão deverá ser a modalidade licitatória preferencialmente utilizada nas contratações realizadas pelas empresas públicas e sociedades de economia mista (caráter preferencial).</td></tr>
<tr><td>Ademais, as licitações deverão atentar para a sustentabilidade ambiental e acessibilidade para pessoas com deficiência ou com mobilidade reduzida.</td></tr>
<tr><td rowspan="2">Tipos de licitação e intervalo mínimo</td><td>A lei dispõe que as licitações das estatais poderão prever 8(oito) critérios de escolha do vencedor, sendo que um deles deverá estar estipulado no edital.</td></tr>
<tr><td>Vale destacar que o intervalo mínimo varia de acordo com o objeto e com o tipo de licitação</td></tr>
<tr><td>Procedimento da licitação</td><td>O procedimento licitatório se desenvolve em 10 fases, quais sejam: preparação; divulgação; apresentação de lances ou propostas; julgamento; verificação da efetividade dos lances ou propostas; negociação; habilitação; recurso; adjudicação do objeto; homologação ou revogação.</td></tr>
</table>

CONTRATOS ADMINISTRATIVOS	
Pré-qualificação permanente	Decisão administrativa que informa que interessados cumprem requisitos genéricos para participação de licitações no órgão público que a está realizando. O procedimento para a pré-qualificação é público, permanente e aberto para quaisquer interessados.
	Poderá ser dividida com base no seguimento de atividade dos fornecedores e que a empresa pública e a sociedade de economia mista poderão restringir a participação em suas licitações a fornecedores ou produtos pré-qualificados, nas condições estabelecidas em regulamento.
	Poderá ser parcial ou total, contendo alguns ou todos os requisitos de habilitação ou técnicos necessários à contratação, assegurada, em qualquer hipótese, a igualdade de condições entre os concorrentes e terá validade de um ano, podendo ser atualizada a qualquer tempo.
Cadastramento	Sendo que os registros cadastrais poderão ser mantidos para efeito de habilitação dos inscritos em procedimentos licitatórios e serão válidos por 1 (um) ano, no máximo, também sendo admitida a atualização a qualquer tempo.
Registro de preços	A Lei 13.303/16 prevê o sistema de registro de preços, nos mesmos moldes definidos para as demais modalidades licitatórias.
Contratos firmados com as empresas estatais	Haja vista a natureza jurídica inerente às empresas estatais, os seus contratos não ostentam a qualidade de contratos administrativos, razão pela qual a lei não prevê cláusulas exorbitantes como a possibilidade de alteração unilateral da avença por determinação do contratante.
	Todavia, a lei estabelece algumas peculiaridades em relação aos contratos a serem firmados por essas empresas com particulares, inclusive a possibilidade de aplicação de multa e exigência de garantia.
CONVÊNIOS E CONTRATOS DE REPASSE COM O PODER PÚBLICO	
Vedações para celebração de convênios	Não se admite a celebração de convênios com órgãos e entidades da administração pública direta e indireta dos Estados, Distrito Federal e Municípios cujo valor seja inferior a R$ 100.000,00 (cem mil reais) ou, no caso de execução de obras e serviços de engenharia, exceto elaboração de projetos de engenharia, nos quais o valor da transferência da União seja inferior a R$ 250.000,00. **Trata-se de vedação decorrente de baixo valor do objeto.** Da mesma forma, não é possível que se firme este tipo de ajuste com entidades privadas sem fins lucrativos que tenham como dirigente agente político de Poder ou do Ministério Público, dirigente de órgão ou entidade da administração pública de qualquer esfera governamental, ou respectivo cônjuge ou companheiro, bem como parente em linha reta, colateral ou por afinidade, até o segundo grau. **Neste caso, se busca vedar o favorecimento de agentes públicos e seus parentes com o repasse de verbas públicas.** O decreto dispõe ainda que o convênio não pode ser firmado entre órgãos e entidades da administração pública federal, **caso em que deverá ser feito o Termo de execução descentralizada (TED).** Por fim, o acordo não é permitido com entidades privadas sem fins lucrativos que não comprovem ter desenvolvido, durante os últimos três anos, atividades referentes à matéria objeto do convênio ou contrato de repasse ou com entidades privadas sem fins lucrativos que tenham, em suas relações anteriores com a União, cometido algumas das infrações reguladas no Decreto.
Chamamento público ou concurso de projetos	Em razão da garantia de impessoalidade na escolha do convenente/contratado, **deve ser realizado um procedimento simplificado, designado como chamamento público**, regulamentado pela Portaria Interministerial 507/11. O chamamento público pode ser definido como procedimento que deverá conter a descrição dos programas a serem executados e os critérios objetivos de seleção do vencedor e deve tramitar nas seguintes etapas: publicação do edital, abertura das propostas, habilitação do vencedor e declaração do vencedor.

<table>
<tr><th colspan="4">CONTRATOS ADMINISTRATIVOS</th></tr>
<tr><td>Cláusulas necessárias do convênio</td><td colspan="3">I - a indicação da forma pela qual a execução do objeto será acompanhada pelo concedente;
II - a vedação para o convenente de estabelecer contrato ou convênio com entidades impedidas de receber recursos federais.
Ademais, antes da celebração do convênio poderá ser exigida a apresentação de Projeto básico ou termo de referência, sendo facultado ao concedente exigi-lo depois, desde que antes da liberação da primeira parcela dos recursos.
Por derradeiro, a lei prevê que deverá ser ajustada a contrapartida do convenente que poderá ser ou não financeira.</td></tr>
<tr><td>Prestação de contas</td><td colspan="3">A Portaria Interministerial 507/11 dispõe que deverá ser apresentada a referida prestação à Administração Pública em até 60 (sessenta) dias a contar do término do acordo. Em caso de não cumprimento do prazo, se admite sua prorrogação por mais 30 (trinta) dias, sob pena de se instaurar o procedimento de tomada de contas especial.</td></tr>
<tr><td>Processo seletivo simplificado para contratação de pessoal</td><td colspan="3">Por se tratar de entidade privada que atua com dinheiro público, o particular convenente deverá realizar procedimento simplificado de contratação de pessoas que lhe prestarão serviços. Neste caso, estará dispensado o procedimento para contratações que não ultrapassem o valor total de R$ 8.000 (oito mil reais) ou em se tratando de se situação na qual se verifique a inviabilidade de competição.
Caso o convenente seja outra entidade integrante da estrutura da Administração Direta ou Indireta, deverá ser realizado o certame licitatório regular, em uma das modalidades definidas na legislação específica, para contratações com terceiros.
Ressalte-se que o particular poderá aproveitar licitação anterior de convenentes desde seja observados os requisitos previstos na legislação.</td></tr>
<tr><td>Denúncia e rescisão</td><td colspan="3">Não obstante seja necessária a definição de prazo de duração para fins de celebração do convênio, o ajuste pode ser denunciado por qualquer uma das partes, a qualquer tempo, por ato devidamente justificado.
Neste caso, ficam os partícipes responsáveis somente pelas obrigações e auferindo as vantagens do tempo em que participaram voluntariamente da avença, não sendo admissível cláusula obrigatória de permanência ou sancionadora dos denunciantes.
No que tange à rescisão, a Portaria Interministerial 507/11 dispõe acerca dos motivos que justificam tal medida:</td></tr>
<tr><th colspan="4">APROFUNDAMENTO PARA PROVA SUBJETIVA</th></tr>
<tr><td rowspan="4">Aplicação do Código de Defesa do Consumidor para a proteção do ente público</td><td rowspan="4">para a contratação de projetos, inclusive arquitetônicos, e trabalhos de natureza técnica, científica ou artística, excluindo-se os projetos de engenharia.</td><td rowspan="3">parte da doutrina internacional</td><td>Não se aplica.</td></tr>
<tr><td>Os consumidores intermediários ou os que se valem de produtos ou serviços, como bens de produção, devem ser excluídos do conceito de consumidor.</td></tr>
<tr><td>A Administração Pública, ao celebrar os seus contratos, encontra-se em uma posição de supremacia.</td></tr>
<tr><td>TCU</td><td>A Administração Pública, apesar de sua supremacia jurídica, na celebração de contratos, disposta na lei 9.666/93, pode, em algumas situações, se tornar vulnerável tecnicamente, factualmente e economicamente, merecendo, nestes casos a aplicação, de forma subsidiária, do sistema jurídico de tutela que é proporcionado pelo Código de Defesa do Consumidor, independentemente da modalidade de contrato celebrado pela administração, sejam contratos administrativos ou os contratos privados celebrados pelo poder público.</td></tr>
</table>

24. SÚMULAS

24.1. Súmulas do STF

- **Súmula n. 346:** A administração pública pode declarar a nulidade dos seus próprios atos.
- **Súmula n. 473:** A administração pode anular seus próprios atos, quando eivados de vícios que os tornam ilegais, porque deles não se originam direitos; ou revogá-los, por motivo de conveniência ou oportunidade, respeitados os direitos adquiridos, e ressalvada, em todos os casos, a apreciação judicial.

24.2. Súmulas do TST

- **Súmula n. 331:** Contrato de prestação de serviços. Legalidade.

  I – A contratação de trabalhadores por empresa interposta é ilegal, formando-se o vínculo diretamente com o tomador dos serviços, salvo no caso de trabalho temporário (Lei n. 6.019, de 03.01.1974).

  II – A contratação irregular de trabalhador, mediante empresa interposta, não gera vínculo de emprego com os órgãos da Administração Pública direta, indireta ou fundacional (art. 37, II, da CF/1988).

  III – Não forma vínculo de emprego com o tomador a contratação de serviços de vigilância (Lei n. 7.102, de 20.06.1983) e de conservação e limpeza, bem como a de serviços especializados ligados à atividade-meio do tomador, desde que inexistente a pessoalidade e a subordinação direta.

  IV – O inadimplemento das obrigações trabalhistas, por parte do empregador, implica a responsabilidade subsidiária do tomador dos serviços quanto àquelas obrigações, desde que haja participado da relação processual e conste também do título executivo judicial.

  V – Os entes integrantes da Administração Pública direta e indireta respondem subsidiariamente, nas mesmas condições do item IV, caso evidenciada a sua conduta culposa no cumprimento das obrigações da Lei n. 8.666, de 21.06.1993, especialmente na fiscalização do cumprimento das obrigações contratuais e legais da prestadora de serviço como empregadora. A aludida responsabilidade não decorre de mero inadimplemento das obrigações trabalhistas assumidas pela empresa regularmente contratada.

  VI – A responsabilidade subsidiária do tomador de serviços abrange todas as verbas decorrentes da condenação referentes ao período da prestação laboral.

25. JURISPRUDÊNCIAS 2015/2016

- **PROCESSUAL CIVIL. ADMINISTRATIVO. CONTRATAÇÃO DE SERVIÇOS DE PUBLICAÇÃO DE ATOS INSTITUCIONAIS DE MUNICÍPIO SEM LICITAÇÃO. OMISSÃO NÃO CONFIGURADA. DANO AO ERÁRIO COMPROVADO. SÚMULA 7/STJ.** 1. Trata-se, na origem, de Ação Civil Pública ajuizada pelo Ministério Público do Estado de São Paulo contra João Francisco Bertoncello Danieletto e Tribuna de Bocaina S/C Ltda, objetivando a condenação dos réus por prática de ato de improbidade administrativa consistente na contratação, efetivada por João Francisco Bertonceilo Danielelto, então Prefeito Municipal de Bocaina, da empresa jornalística Tribuna de Bocaina, para publicar matérias institucionais sem licitação ou regular processo de dispensa de certame licitatório. 2. Relatam os autos que o ora agravante, o ex-Prefeito de Bocaina (pequeno município de São Paulo com população estimada em 11.568 habitantes, ano 2013, conforme IBGE), ao assumir o mandato, rescindiu unilateralmente o contrato firmado entre a Prefeitura de Bocaina e o jornal Cidade de Bocaina, que publicava matéria oficial (leis, decretos, editais, etc.) e passou a publicar, sem licitação, atos oficiais no jornal A Tribuna de Bocaina, que tem como jornalista responsável João Henrique Vieira de Azevedo, seu primo e assessor de imprensa. 3. Ao que consta do site oficial do Tribunal de Justiça de São Paulo, João Francisco Bertoncello Danieletto já tem contra si propostas pelo menos seis Ações Civis Públicas (improbidade/dano ao Erário). 4. O Juízo monocrático julgou parcialmente procedente a pretensão inicial para declarar nulos os contratos administrativos celebrados entre os requeridos, devendo a nulidade retroagir, impedindo os efeitos jurídicos que deveria produzir e desconstituir os já produzidos; condenar os réus, solidariamente, a ressarcir integralmente aos cofres públicos R$ 89.348,00 (R$ 113.793,04 valor atualizado até agosto/2013) e a pagar multa neste referido valor atualizado; condenar João Francisco Bertoncello Danieletto à suspensão dos direitos políticos, pelo prazo de 5 anos; e condenar A Tribuna de Bocaina S/C Ltda. a não contratar com o Poder Público ou receber dele benefícios, incentivos fiscais ou creditícios, pelo mesmo prazo. 5. O Tribunal a quo, ao analisar a controvérsia, deu parcial provimento ao recurso dos réus para afastar a pena de suspensão dos direitos políticos imposta ao réu João Francisco Bertonceilo Danieletto e reduzir o valor a ser ressarcido aos cofres públicos - para o correspondente à diferença atualizada entre a quantia paga à Tribuna de Bocaina e os valores pagos, à mesma época, ao jornal Comércio de Jahu - e calculá-lo em execução. No mais, manteve a sentença de primeiro grau. 6. No Recurso Especial, alegou-se, em suma, violação do art. 535, II, do CPC, apontando omissões no julgado a quo em relação: a) à falta de exame de documentos necessários ao deslinde da controvérsia; b) ao valor fixado no contrato para divulgação dos atos institucionais, que aduz não ser exorbitante; e c) aos arts. 505 e 515 do CPC, porquanto, a despeito de não ter impugnado a pena de multa especificamente, a matéria foi toda devolvida em Apelação. Indicou-se, também, afronta aos arts. 10, VIII, e 11, I, da Lei 8.429/1992, porquanto a dispensa de licitação foi devida e legal, e o jornal Tribuna de Boaina era o único do município, além de apresentar preço inferior ao cobrado pelo jornal Comércio do Jahu (que teve o contrato rescindido unilateralmente com a prefeitura). 7. Inexistência de omissão no acórdão recorrido. 8. Com efeito, o Tribunal de origem efetivamente discorreu sobre a desnecessidade de análise de documentos, sobre o valor e a circulação do periódico, e analisou toda a matéria devolvida à segunda instância (arts. 505 e 515 do CPC) em minucioso e extenso voto com 28 páginas, que transcreve inclusive peculiaridades dos contratos firmados entre as partes. Ademais, no tocante especificamente à multa aplicada, tem-se que o acórdão do Tribunal a quo se debruçou largamente sobre o referido tema, consoante se nota dos seguintes excertos: "Não é compatível com a norma de regência que o agente público que praticou ato ímprobo seja apenas condenado ao ressarcimento do dano, com restauração ao status quo ante. Não seria nem necessário a cominação de ressarcimento do dano ao erário no art. 12 da Lei de Improbidade Administrativa, pois isto já decorre dos arts. 186 e 927 do Código Civil. Assim, é proporcional e razoável pela natureza do dano, não só do material, mas também do imaterial, ferindo os princípios da legalidade e da moralidade da Administração Pública, a fixação da pena de multa civil, suspensão do direito de contratar com a Administração Pública, além do ressarcimento do dano. (...) No caso em tela, dada a extensão e dimensão do dano ao erário não ter sido exorbitante e não ter havido qualquer alegação de proveito patrimonial por parte dos réus, as penas de ressarcimento ao erário, multa civil e proibição de contratação com a Administração Pública são suficientes para atingir o objetivo da norma, sendo desnecessárias as aplicações das penas de perda da função pública e suspensão dos direitos políticos, que ficam reservadas aos atos de maior gravidade e lesão ao patrimônio público. (...) No mais, fica a r. sentença mantida, tal como lançada, observando que a multa, devida exclusivamente pelo Prefeito, terá por base o mesmo valor, considerando que não houve impugnação neste aspecto." (fls. 1071-1081). Não há falar, portanto, em violação do art. 535 do CPC. 10. No que concerne à apontada afronta aos arts. 10, VIII, e 11, I, da Lei de Improbidade Administrativa - Lei 8.429/1992, o Tribunal a quo expressamente registrou: "verifica-se que houve dano ao erário e não foram observadas as formalidades para a dispensa da licitação, enquadrando-se o ato como ímprobo, nos termos do art. 10, VIII, da Lei 8.429/92" (fl. 1070). Não há como rever esse entendimento, sob pena de esbarrar no óbice da Súmula 7/STJ. Precedentes do STJ. 9. Agravo Regimental não provido. **STJ. AgRg no AREsp 177292/SP. AGRAVO REGIMENTAL NO AGRAVO EM RECURSO ESPECIAL 2012/0096011-6. Relator (a): Ministro HERMAN BENJAMIN (1132). Órgão Julgador: T2 - SEGUNDA TURMA. Data do Julgamento: 19/03/2015. Data da Publicação/Fonte: DJe 01/07/2015.**

- **PROCESSUAL CIVIL. CONTRATO ADMINISTRATIVO. DESEQUILÍBRIO ECONÔMICO. INEXISTÊNCIA. IMPREVISIBILIDADE DA ELEVAÇÃO DOS PREÇOS. NÃO DEMONSTRAÇÃO. LUCROS CESSANTES. NÃO COMPROVAÇÃO DE CAUSALIDADE ENTRE A ATIVIDADE DO PODER PÚBLICO E O DANO. OFENSA AO ART. 535 DO CPC NÃO CONFIGURADA. ART. 131 DO CPC. PRINCÍPIO DO LIVRE CONVENCIMENTO MOTIVADO. MATÉRIA FÁTICO-PROBATÓRIA. INCIDÊNCIA DA SÚMULA 7/STJ. EXAME DE REGRAS CONTIDAS EM CONTRATO. SÚMULA 5/STJ**. 1. Hipótese em que o Tribunal local consignou: a) não foi provado nos autos que a elevação dos preços dos insumos (PVC e ferro) tenha gerado desequilíbrio econômico nos contratos; b) no momento da assinatura dos contratos administrativos, os insumos (PVC e Ferro Fundido) já estavam com os preços majorados, sendo que a autora poderia ter desistido de celebrá-los, mas não o fez; c) ao ser constatada a majoração dos preços dos insumos, poderia ter desistido ou reivindicado condições melhores para a execução dos contratos sem sofrer penalidade administrativa; porém, preferiu assinar os mencionados contratos, devendo arcar com os ônus correspondentes; d) não houve prova da imprevisibilidade da elevação dos preços dos insumos; e e) é incabível a condenação de indenização por lucros cessantes, uma vez que não houve comprovação de causalidade entre a atividade do Poder Público e o dano. 2. Não se configura a ofensa ao art. 535 do Código de Processo Civil, uma vez que o Tribunal de origem julgou integralmente a lide e solucionou a controvérsia, tal como lhe foi apresentada. 3. No que se refere à possível violação do 131 do CPC, ressalto que o mencionado dispositivo legal consagra o princípio do livre convencimento motivado, segundo o qual o Juiz é livre para apreciar as provas produzidas, bem como para decidir quanto à necessidade de produção ou não das que forem requeridas pelas partes, podendo, motivadamente, indeferir as diligências que reputar inúteis ou protelatórias. 4. Ademais, observa-se que não há como aferir eventual violação ao mencionado dispositivo legal sem que se verifique o conjunto probatório dos presentes autos. A pretensão de simples reexame de provas, além de escapar da função constitucional deste Tribunal, encontra óbice na Súmula 7 do STJ, cuja incidência é induvidosa no caso sob exame. 5. No tocante ao alegado desequilíbrio econômico-financeiro do contrato, bem como aos supostos danos que gerariam direito à indenização por lucros cessantes, para modificar o entendimento firmado no acórdão recorrido, seria necessário exceder as razões colacionadas no acórdão vergastado, o que demanda incursão no contexto fático-probatório dos autos, bem como examinar as regras contidas no contrato, o que é impossível no Recurso Especial, ante os óbices contidos nas Súmulas 5 e 7 do STJ. 6. Agravo Regimental não provido. Acórdão Vistos, relatados e discutidos os autos em que são partes as acima indicadas, acordam os Ministros da SEGUNDA Turma do Superior Tribunal de Justiça: "A Turma, por unanimidade, negou provimento ao agravo regimental, nos termos do voto do(a) Sr(a). Ministro(a)-Relator(a)." Os Srs. Ministros Og Fernandes (Presidente), Mauro Campbell Marques, Assusete Magalhães e Humberto Martins votaram com o Sr. Ministro Relator. **STJ. AgRg no**

AREsp 699182/PR. AGRAVO REGIMENTAL NO AGRAVO EM RECURSO ESPECIAL 2015/0099872-1 . Relator(a): Ministro HERMAN BENJAMIN (1132). Órgão Julgador: T2 - SEGUNDA TURMA. Data do Julgamento: 20/08/2015. Data da Publicação/Fonte: DJe 10/09/2015.

25.1. Informativos dos STJ

- **Informativo n. 589**

DIREITO ADMINISTRATIVO. NULIDADE DE CONTRATO DE COMPRA E VENDA DE IMÓVEL PERTENCENTE À UNIÃO. É nulo o contrato firmado entre particulares de compra e venda de imóvel de propriedade da União quando ausentes o prévio recolhimento do laudêmio e a certidão da Secretaria do Patrimônio da União (SPU), ainda que o pacto tenha sido registrado no Cartório competente. Para melhor compreensão da controvérsia, transcreve-se o art. 3º do Decreto-Lei n. 2.398/1987, que dispõe sobre foros, laudêmios e taxas de ocupação relativas a imóveis de propriedade da União, e dá outras providências: "Art. 3º A transferência onerosa, entre vivos, do domínio útil e da inscrição de ocupação de terreno da União ou cessão de direito a eles relativos dependerá do prévio recolhimento do laudêmio, em quantia correspondente a 5% (cinco por cento) do valor atualizado do domínio pleno do terreno, excluídas as benfeitorias. § 1º As transferências parciais de aforamento ficarão sujeitas a novo foro para a parte desmembrada. § 2º Os Cartórios de Notas e Registro de Imóveis, sob pena de responsabilidade dos seus respectivos titulares, não lavrarão nem registrarão escrituras relativas a bens imóveis de propriedade da União, ou que contenham, ainda que parcialmente, área de seu domínio: I - sem certidão da Secretaria do Patrimônio da União - SPU que declare: a) ter o interessado recolhido o laudêmio devido, nas transferências onerosas entre vivos; b) estar o transmitente em dia, perante o Patrimônio da União, com as obrigações relativas ao imóvel objeto da transferência; e c) estar autorizada a transferência do imóvel, em virtude de não se encontrar em área de interesse do serviço público; II - sem a observância das normas estabelecidas em regulamento". Os bens públicos podem ser classificados como bens de uso comum do povo, bens de uso especial e bens dominicais. A diferença principal entre eles reside no fato de que as duas primeiras espécies possuem destinação pública, enquanto a terceira não a possui. Os terrenos pertencentes à União são bens públicos, apesar de os bens dominicais terem destinação precipuamente particular. Seguindo o escólio de doutrina "o regime dos bens dominicais é parcialmente público e parcialmente privado". Por isso, deve-se ter consciência de que a sua natureza não é exclusivamente patrimonial, pois a Administração Pública não deseja apenas auferir renda, mas também observar o interesse coletivo representado pelo domínio direto do imóvel. Conforme explicitado, os bens dominicais possuem especificidades com relação à propriedade privada, que é regulada exclusivamente pelo Código Civil. Dentre elas, existe o direito de transferir onerosamente o domínio útil do imóvel mediante o pagamento de laudêmio, pois se trata, como dito alhures, de relação de natureza híbrida. Portanto, o contrato de compra e venda desses imóveis deve se revestir de formalidades sem as quais se desnatura a sua natureza jurídica. Logo, não é somente o pagamento do laudêmio que diferencia essa espécie de transferência onerosa entre vivos, mas, e, principalmente, a autorização da União para a realização do negócio jurídico. Como se trata de bem público de interesse da União, ela deve acompanhar de perto, por meio da SPU, a realização de sua transferência, pois, como dispõe a lei, pode ocorrer a vinculação do imóvel ao serviço público. Ademais, os Cartórios de Registro de Imóveis têm a obrigação de não lavrar nem registrar escrituras relativas a bens imóveis de propriedade da União sem a certidão da SPU, sob pena de responsabilidade dos seus titulares. Precedente citado: REsp 1.201.256-RJ, Primeira Turma, DJe 22/2/2011. **REsp 1.590.022-MA, Rel. Min. Herman Benjamin, por unanimidade, julgado em 9/8/2016, DJe 8/9/2016.**

25.2. Informativos dos STF

- **Informativo n. 818**

O Plenário iniciou o julgamento de embargos de declaração opostos de decisão proferida no RE 571.969/DF (DJe de 18.9.2014), na qual assentara-se que a União, na qualidade de contratante, possui responsabilidade civil por prejuízos suportados por companhia aérea em decorrência de planos econômicos existentes no período objeto da ação. Alega-se omissão quanto ao afastamento do instituto da preclusão acerca da impugnação aos critérios utilizados na perícia para a aferição do desequilíbrio econômico-financeiro do contrato de concessão. Sustenta-se, também, omissão sobre a prevalência do regime intervencionista do Estado com relação ao instituto da responsabilidade objetiva. Argui-se ser contraditória a indicação do instituto da desapropriação como exemplo de responsabilidade do Estado por ato ilícito, bem assim o próprio resultado do julgamento, em face de conclusão do laudo pericial no sentido da ausência de nexo causal entre as medidas de intervenção e o agravamento das dívidas da embargada. Por fim, afirma-se que a limitação de lucro excessivo não configura dano indenizável. A Ministra Cármen Lúcia (relatora) desproveu os embargos. Aduziu que esse instrumento processual não se presta para provocar reforma da decisão embargada, salvo nos pontos em que haja omissão, contradição ou obscuridade (CPC, art. 535). No caso, todavia, não se pretende provocar esclarecimento, mas modificar o conteúdo do julgado, para afastar a responsabilidade da União pelos danos causados à embargada. A relatora entendeu que o acórdão impugnado enfrentara, devidamente, a questão relativa ao reconhecimento da preclusão sobre a impugnação feita aos critérios utilizados na perícia para a aferição do desequilíbrio econômico-financeiro do contrato de concessão. Ademais, fora enfatizado que o afastamento da preclusão e, consequentemente, da intempestividade da peça apresentada pela União, é matéria infraconstitucional, insuscetível de análise em sede de recurso extraordinário. De igual modo, incabível, nessa via, o exame dos elementos afetos ao equilíbrio econômico-financeiro de contrato administrativo. Após os votos dos Ministros Edson Fachin, Roberto Barroso, Rosa Weber e Marco Aurélio, nesse mesmo sentido, pediu vista o Ministro Gilmar Mendes. **RE 571969 ED/DF, rel. Min. Cármen Lúcia, 17.3.2016. (RE-571969)**

26. QUESTÕES DE CONCURSOS

1. (FCC - 2014 - TRT - 1ª REGIÃO RJ - Analista Judiciário - Tecnologia da Informação) Alguns contratos firmados pela Administração pública possuem características próprias, que lhes predicam como administrativos. Sabendo-se que nem todo contrato firmado pela Administração pode assim ser qualificado, destaca-se como indicativo dessa condição, dentre outros aspectos, a

a) impossibilidade do contratado suspender a execução de suas obrigações, seja qual for o objeto contratado, diante de inadimplência prolongada da Administração pública.
b) possibilidade de contratação sem que haja demonstração da existência de recursos para fazer frente às despesas, em face da supremacia do interesse público e da relevância do objeto a ser contratado.
c) mutabilidade intrínseca dos termos e condições pactuados, permitida unilateralmente à Administração e aos particulares contratados, desde que o objeto seja a prestação de serviços públicos.
d) impossibilidade de prorrogação da avença, exigindo-se sempre a realização de licitação como forma de privilegiar o menor preço nas contratações da Administração.
e) obrigação de manutenção do equilíbrio econômico-financeiro inicial da avença, diante de determinados fatores e condições, tais como a alteração unilateral do contrato.

2. (CESPE - 2014 - TJ-SE - Analista Judiciário – Direito) Acerca das licitações públicas, julgue os itens subsequentes.

Considere que determinada autarquia tenha contratado empresa prestadora de serviços terceirizados de faxina e tenha sido comprovado, em juízo, que não foram adotadas as medidas cabíveis para se fiscalizar a execução do contrato. Considere, ainda, que a empresa que terceiriza os serviços tenha deixado de honrar seus compromissos trabalhistas com os empregados. Nesse caso, a autarquia deve responder, subsidiariamente, pelo pagamento das verbas laborais.

3. (PUC-PR - 2014 - TJ-PR - Juiz Substituto) Tratando de licitação, analise as assertivas abaixo e assinale a alternativa CORRETA.

I. As licitações e contratos administrativos pertinentes a obras, imóveis do patrimônio da União, serviços, inclusive de publicidade, compras, alienações e locações no âmbito dos Poderes da União, dos Estados, do Distrito Federal e dos Municípios estão sujeitas as normas gerais estabelecidas na Lei nº. 8.666/1993.
II. Para a inscrição cadastral de que trata o artigo 34 da Lei de Licitações, ou sua atualização, a qualquer tempo, o interessado necessariamente fornecerá os elementos imprescindíveis à satisfação das exigências do artigo 27 da Lei.
III. O contratado é responsável pelos danos causados diretamente à Administração ou a terceiros, decorrentes de sua culpa ou dolo na execução do contrato, independentemente da fiscalização ou do acompanhamento pelo órgão interessado.
IV. Nenhuma compra será feita sem a adequada caracterização de seu objeto e indicação dos recursos orçamentários para seu pagamento, sob pena de anulação do ato.

a) Apenas as assertivas I e IV estão corretas.
b) Apenas as assertivas II e III estão corretas.
c) Apenas as assertivas I e II estão corretas.
d) Todas as assertivas acima (I, II, III e IV) estão corretas.

4. (FCC – Analista Judiciário – Área Administrativa - TRT 4/2015) Suponha que determinada empresa privada, que costuma participar de licitações e contratar com a Administração pública tenha sofrido condenação definitiva em processo judicial. De acordo com as disposições da Lei no 8.666/93, referida condenação

a) poderá ensejar declaração de inidoneidade para participar de licitações e contratar com a Administração, em se tratando de prática dolosa de fraude fiscal.

b) somente poderá ensejar a suspensão ou proibição do direito de contratar com a Administração se ocorrer por prática de ilícito visando frustrar procedimento licitatório.

c) não poderá constituir fundamento para a imputação de sanção administrativa, a qual somente pode se dar no bojo da execução dos contratos celebrados com a Administração pública.

d) autoriza os responsáveis pelos procedimentos licitatórios instaurados a inabilitarem a referida empresa, independentemente de declaração específica de suspensão ou inidoneidade.

e) enseja a automática inidoneidade da empresa para contratar com a Administração e a suspensão dos contratos em curso, se envolver a prática de ato de improbidade administrativa.

5. **(Vunesp - PGM – São Paulo - SP/2015)** Quanto à exigência de garantia, que é uma das cláusulas exorbitantes do contrato administrativo, assinale a alternativa correta.

a) A escolha da modalidade de garantia cabe ao contratante.

b) Pode ser exigida dos licitantes já na licitação.

c) Não poderá exceder o valor contratado.

d) Será devolvida após cinco anos da execução do contrato.

e) É cabível para contratação de obras e serviços e não para o de compras.

6. **(CEFET – Promotor de Justiça – BA/2015)** Acerca dos contratos administrativos, é CORRETO afirmar:

a) O contratado é obrigado a aceitar, nas mesmas condições contratuais, os acréscimos que se fizerem no caso particular de reforma de edifício ou de equipamento, até o limite de 50% (cinquenta por cento) do valor inicial atualizado do contrato.

b) Nos contratos privados da Administração Pública, dos quais são exemplos o contrato de seguro, de financiamento e de locação, não há a incidência de cláusulas de privilégio.

c) As cláusulas de reajuste dos contratos administrativos podem ser unilateralmente alteradas pela Administração Pública, desde que demonstrado o interesse público.

d) No exercício do controle externo, o Tribunal de Contas da União poderá determinar a imediata sustação de contrato administrativo ante suspeitas fundadas de irregularidades, comunicando, posteriormente, sua decisão ao Congresso Nacional.

e) No contrato de concessão de serviço público, a concessionária poderá interromper os serviços contratados, independentemente de autorização judicial, após 90 (noventa) dias de atraso dos pagamentos devidos pelo ente concedente.

7. **(Cespe – Delegado de Polícia – PE/2016)** Com base nas regras e princípios relativos à licitação pública e aos contratos administrativos, assinale a opção correta.

A) É inexigível a licitação para aquisição de materiais, equipamentos, ou gêneros de determinada marca, quando essa só possa ser fornecida por representante comercial exclusivo.

B) Na contratação direta de serviço de engenharia por dispensa ou inexigibilidade de licitação, se o valor da contratação for inferior a R$ 150.000,00, o instrumento de contrato não será obrigatório.

C) De acordo com a Lei n.° 10.520/2002 (modalidade de licitação denominada pregão, para aquisição de bens e serviços comuns), se a licitação for feita na modalidade de pregão, será obrigatória a exigência de garantia de proposta para a aquisição de serviços comuns.

D) Admite-se a participação de bolsas de mercadorias para o apoio técnico e operacional ao pregão, desde que sejam constituídas na forma de cooperativas.

E) É dispensável a licitação para a contratação de instituição que promoverá a recuperação social de presos. Para esse fim, o poder público pode contratar pessoa jurídica com ou sem fim lucrativo, desde que a instituição seja de inquestionável reputação ético-profissional.

8. **(Cespe – Analista de Controle – Área Jurídica – TCE – PR/2016)** Após prévio e regular certame licitatório, um estado da Federação celebrou contrato de concessão de serviço público. No decorrer da execução do contrato, a administração, após a concessão do direito de ampla defesa, verificou que a empresa concessionária paralisou o serviço contratado sem motivo justificável.

Nessa situação hipotética, com respaldo na Lei n.° 8.987/1995, o ente federativo poderá extinguir o contrato mediante o instituto da

A) rescisão.

B) reversão.

C) encampação.

D) anulação.

E) caducidade.

9. (Cespe – Juiz de Direito Substituto - AM/2016) Os contratos administrativos regulam-se pelas suas cláusulas e pelos preceitos de direito público, aplicando-lhes, supletivamente, os princípios da teoria geral dos contratos e as disposições de direito privado. Com base na legislação de regência dos contratos administrativos, assinale a opção correta.

A) São cláusulas implícitas de todos os contratos administrativos os direitos e as responsabilidades das partes.

B) Não é condição indispensável para a eficácia do contrato a publicação, na imprensa oficial, do instrumento ou de seus aditamentos.

C) É facultado ao contratado manter preposto, no local da obra ou serviço, para representá-lo na execução do contrato, estando a indicação desse proposto condicionada à aceitação da administração.

D) É vedada a subcontratação de partes da obra, de serviço ou fornecimento.

E) A declaração de nulidade do contrato administrativo susta os efeitos jurídicos que ele, ordinariamente, deveria produzir.

10. (FCC – Analista Judiciário – Área Administrativa – TRF 3/2016) A qualificação de um contrato firmado com a Administração pública como administrativo traz implicações para dotar a contratante de prerrogativas que, quando utilizadas, garantem ao contratado determinadas e proporcionais contrapartidas ou direitos, como no caso

A) da Administração pública alterar unilateralmente o contrato administrativo, impondo ao contratado a concordância com as novas disposições e obrigações, seja para aumento, seja para supressão de objeto, desde que com fundamento de interesse público e mediante indenização preestabelecida em favor do privado.

B) da rescisão unilateral, faculdade atribuída exclusivamente à Administração pública nos casos arrolados na lei, garantido ao contratado a remuneração pelos serviços prestados até a data da extinção do contrato, para evitar enriquecimento ilícito, vedado agregar ao montante a ser pago o custo da desmobilização.

C) da aplicação de sanções pela Administração pública em face do contratado diante dos casos de inexecução parcial, requisitos que permitem, no caso de reincidência, a rescisão unilateral do ajuste, vedada qualquer remuneração em favor do contratado, independentemente dos serviços prestados, em razão da culpa pela extinção do ajuste.

D) de alteração unilateral do ajuste pela Administração pública, inclusive para supressão de objeto, nos casos em que assim justificar o interesse público, ficando o contratado obrigado a aceitar a imposição nos casos de contrato de obras de reforma até o limite de 50% do valor contratado.

E) da Administração pública, nos casos legalmente previstos de rescisão de contratos cujo objeto seja a prestação de serviços essenciais, ocupar provisoriamente bens imóveis e móveis do contratado, bem como utilizar o pessoal empregado na execução do contrato, para garantir a continuidade do serviço, cabendo ao contratado a remuneração pelos serviços prestados, de cujo montante pode ser descontado o valor correspondente aos prejuízos causados pela inexecução adequada do contrato.

11. (TRF 5 - Juiz Federal Substituto 5ª região/2015) Assinale a opção correta no que se refere aos contratos administrativos.

a) As cláusulas exorbitantes de que a administração pública pode lançar mão nos contratos administrativos não precisam constar dos instrumentos contratuais, mas deverão, necessariamente, estar previstas no edital da licitação.

b) Caso ocorra desequilíbrio do contrato devido a aumento da alíquota de tributo que incida sobre o objeto contratual, o particular contratado será beneficiado com a revisão contratual; entretanto, a administração não poderá reduzir o valor devido no ajuste na hipótese de haver diminuição da alíquota de tributo.

c) Os contratos e seus aditamentos serão lavrados nas repartições interessadas, as quais manterão arquivo cronológico dos seus autógrafos e registro sistemático do seu extrato, sendo integralmente vedados, sob pena de nulidade, contratos verbais com a administração.

d) O fato da administração é um fato genérico e extracontratual imputável à administração pública que acarreta o aumento dos custos do contrato administrativo.

e) O contrato administrativo tem como uma de suas características a alteração unilateral; entretanto, apenas as cláusulas regulamentares (ou de serviço) podem ser alteradas unilateralmente, possibilidade essa que não alcança as cláusulas econômico-financeiras e monetárias.

12. (Reis & Reis – PGM – Santana do Jacaré – Procurador/2015) Marque a opção incorreta referente aos contratos administrativos:

a) O contrato administrativo tem as seguintes características: formal, oneroso, comutativo e *intuitu personae*. É formal porque deve ser formulado por escrito e nos termos previstos em lei. Oneroso porque há remuneração relativa contraprestação do objeto do contrato. Comutativo porque são as partes do contrato compensadas reciprocamente. *Intuitu personae* consiste na exigência para execução do objeto pelo próprio contratado;

b) o que distingue o contrato administrativo do privado é a supremacia do interesse público sobre o particular, que permite ao Estado certos benefícios sobre o particular que não existe no contrato privado. Estes benefícios ou peculiaridades são denominados pela doutrina de cláusulas exordiais e devem estar previstas nos contratos administrativos de forma explícita, sob pena de nulidade do mesmo;

c) O contratado fica obrigado a aceitar, nas mesmas condições contratuais, os acréscimos ou supressões que se fizeram nas obras, serviços ou compras, até 25% (vinte e cinco por cento) do valor inicial atualizado do contrato, e, no caso particular de reforma de edifício ou de equipamento, até o limite de 50% (cinquenta por cento) para os seus acréscimos (artigo 65, § 1° e § 2°). Nenhum acréscimo ou supressão poderá exceder estes limites, sob pena de nulidade do ato administrativo;

d) O reajustamento de preços decorre de hipótese de fatos imprevisíveis, ou previsíveis, porém de consequências incalculáveis, como, por exemplo, a desvalorização da moeda ou o aumento real dos custos.

13. (FCC – Juiz de Direito – PE/2015) No que tange ao regime jurídico dos contratos celebrados pela Administração pública, é correto afirmar:

a) Em contrato de obra pública, a inadimplência do contratado, com referência aos encargos trabalhistas, fiscais e comerciais não pode onerar o objeto do contrato ou restringir a regularização e o uso das obras e edificações, inclusive perante o Registro de Imóveis.

b) A Administração pública pode alterar unilateralmente o contrato administrativo, para restabelecer a relação que as partes pactuaram inicialmente entre os encargos do contratado e a retribuição da administração para a justa remuneração da obra, serviço ou fornecimento, objetivando a manutenção do equilíbrio econômico-financeiro inicial do contrato, na hipótese de sobrevirem fatos imprevisíveis, ou previsíveis porém de consequências incalculáveis, retardadores ou impeditivos da execução do ajustado, ou, ainda, em caso de força maior, caso fortuito ou fato do príncipe, configurando álea econômica extraordinária e extracontratual.

c) Em vista do princípio da supremacia do interesse público, considera-se que todo e qualquer contrato firmado pelos entes da Administração pública é contrato administrativo, dotado de cláusulas exorbitantes, tais como a possibilidade de alteração unilateral do ajuste.

d) Em face da indisponibilidade do interesse público, a solução de litígios por meio de arbitragem não é admitida em contratos administrativos de nenhuma espécie.

e) Dado o formalismo dos contratos administrativos, é nulo e de nenhum efeito a celebração de contratos por meio verbal, seja qual for o valor ou natureza da contratação.

14. (CEFET – Promotor de Justiça – BA/2015) Acerca dos contratos administrativos, é CORRETO afirmar:

a) O contratado é obrigado a aceitar, nas mesmas condições contratuais, os acréscimos que se fizerem no caso particular de reforma de edifício ou de equipamento, até o limite de 50% (cinquenta por cento) do valor inicial atualizado do contrato.

b) Nos contratos privados da Administração Pública, dos quais são exemplos o contrato de seguro, de financiamento e de locação, não há a incidência de cláusulas de privilégio.

c) As cláusulas de reajuste dos contratos administrativos podem ser unilateralmente alteradas pela Administração Pública, desde que demonstrado o interesse público.

d) No exercício do controle externo, o Tribunal de Contas da União poderá determinar a imediata sustação de contrato administrativo ante suspeitas fundadas de irregularidades, comunicando, posteriormente, sua decisão ao Congresso Nacional.

e) No contrato de concessão de serviço público, a concessionária poderá interromper os serviços contratados, independentemente de autorização judicial, após 90 (noventa) dias de atraso dos pagamentos devidos pelo ente concedente.

15. (PUC – Procurador do Estado – PR/2015) A respeito do regime brasileiro dos contratos administrativos, é CORRETO afirmar que:

a) O reajuste contratual se identifica com a revisão contratual, pois as expressões são sinônimas e possuem os mesmos pressupostos fáticos e normativos.
b) A Administração Pública não celebra apenas contratos administrativos, mas também tem legitimidade para pactuar contratos de direito privado.
c) As "cláusulas exorbitantes" são sintetizadas na prerrogativa da Administração Pública de impor unilateralmente sanções administrativas pecuniárias.
d) A regra de exceção de contrato não cumprido (*exceptio non adimplet contractus*) é absoluta e inaplicável aos contratos administrativos.
e) O contrato administrativo exclui a necessidade de existir acordo de vontades entre as partes contratantes, vez que a Administração Pública deve obediência ao interesse público, além de ser detentora do *ius variandi*.

16. (Cespe – Analista Judiciário – STJ/2015) A nulidade de contrato administrativo por ausência prévia de licitação gera, para o contratado de boa-fé, direito a indenização pelos serviços por ele prestados.

17. (Cespe – Analista Judiciário – Oficial de Justiça Avaliador Federal – TJ – DFT/2015) Determinado órgão público contratou uma prestadora de serviços para executar uma atividade em seu edifício sede. Durante a execução do contrato, o órgão atrasou por cem dias o pagamento dos serviços executados. Não houve culpa da contratada.

Nessa situação, o atraso poderá ensejar a rescisão do contrato, devendo a contratada ser **ressarcida dos prejuízos regularmente comprovados que houver sofrido.**

18. Cespe – Técnico do Judiciário – Área Administrativa – STJ/2015) Contratos públicos são celebrados em caráter *intuitu personae*, sendo, em regra, vedada a subcontratação.

GABARITO		COMENTÁRIO
1	E	A afirmativa está certa tendo em vista que o particular contratado não pode sofrer prejuízos de situações não causados por ele, durante a relação contratual, sob pena de se frustrar a garantia da proposta apresentada. Dessa forma, o art. 65 da Lei 8.666/93 estabelece, no §6º, que, havendo alteração unilateral do contrato que aumente os encargos do contratado, a Administração deverá restabelecer, por aditamento, o equilíbrio econômico-financeiro inicial.
2	CERTO	De acordo com a Súmula 331, inciso V, do TST, como visto no capítulo, "os entes integrantes da Administração Pública direta e indireta respondem subsidiariamente, nas mesmas condições do item IV, caso evidenciada a sua conduta culposa no cumprimento das obrigações da Lei n.º 8.666, de 21.06.1993, especialmente na fiscalização do cumprimento das obrigações contratuais e legais da prestadora de serviço como empregadora. A aludida responsabilidade não decorre de mero inadimplemento das obrigações trabalhistas assumidas pela empresa regularmente contratada".
3	B	Item I. FALSO. Os imóveis do patrimônio da União não estão sujeitos as normas gerais sobre licitações e contratos administrativos estabelecidas na Lei 8.666/93. Dispõe o art. 1º: "esta Lei estabelece normas gerais sobre licitações e contratos administrativos pertinentes a obras, serviços, inclusive de publicidade, compras, alienações e locações no âmbito dos Poderes da União, dos Estados, do Distrito Federal e dos Municípios". Item II: VERDADE. Art. 35 da Lei 8.666/93: ao requerer inscrição no cadastro, ou atualização deste, a qualquer tempo, o interessado fornecerá os elementos necessários à satisfação das exigências do art. 27 desta Lei. Item III: VERDADE. Art. 70 da Lei 8.666/93: o contratado é responsável pelos danos causados diretamente à Administração ou a terceiros, decorrentes de sua culpa ou dolo na execução do contrato, não excluindo ou reduzindo essa responsabilidade a fiscalização ou o acompanhamento pelo órgão interessado. Item IV: FALSO. O art. 14 da Lei 8.666/93 determina que na hipótese de compra feita sem a adequada caracterização de seu objeto e indicação dos recursos orçamentários para seu pagamento, ato será nulo, e não anulável, sem prejuízo da responsabilidade de quem lhe tiver dado causa.
4	A	As sanções de declaração de inidoneidade e de suspensão de contratar com o Poder Público poderão ser aplicadas às empresas ou aos profissionais que, em razão dos contratos regidos por esta lei, tenham sofrido condenação definitiva por praticarem, por meios dolosos, fraude fiscal no recolhimento de quaisquer tributos, como também, aos que tenham praticado atos ilícitos visando a frustrar os objetivos da licitação e, ainda, aqueles que demonstrem não possuir idoneidade para contratar com a Administração Pública em virtude de atos ilícitos praticados.

GABARITO		COMENTÁRIO
5	B	O art. 55, VI, da Lei 8.666/93 estabelece a exigência de garantia como cláusula necessária dos contratos administrativos e, nesse sentido, o art. 56 prevê a exigência da caução com o objetivo de garantir a plena execução do contrato, não se confundindo com a garantia da proposta que vincula o proponente aos termos apresentados. O fundamento para sua exigência é o resguardo do interesse público.
6	A	Se o contrato for celebrado para reforma de equipamentos ou de edifícios, a alteração unilateral, para ACRÉSCIMOS contratuais, pode chegar a 50% do valor original do contrato. As supressões contratuais continuam respeitando o limite de 25%.
7	B	De fato, a legislação estabelece que o instrumento de contrato apenas torna-se obrigatório quando o seu valor exigir licitação na modalidade concorrência ou tomada de preço. Para contratos de valores mais baixos, pode ser dispensado o instrumento de contrato. Assim, por exemplo, nas obras de valor abaixo de R$ 150.000,00 (cento e cinquenta mil reais), o instrumento de contrato não será obrigatório. É importante entender que o que define a exigência do instrumento de contrato não é a realização de licitação na modalidade concorrência, mas sim o valor do contrato, inclusive, sendo indispensável, nas dispensas e inexigibilidades cujos preços estejam compreendidos nos limites destas duas modalidades de licitação.
8	E	A caducidade é uma hipótese de extinção do contrato de concessão, na qual verifica-se a rescisão unilateral do contrato justificada por motivo de inadimplemento do particular contratado. Nestes casos, a empresa concessionária deixa de cumprir suas obrigações contratuais e, em virtude deste descumprimento, enseja a possibilidade de extinção da relação contratual por iniciativa do Poder Público.
9	E	Com base no art. 59, da Lei 8.666/93, "a declaração de nulidade do contrato administrativo opera retroativamente impedindo os efeitos jurídicos que ele, ordinariamente, deveria produzir, além de desconstituir os já produzidos". Ademais, vale destacar que a nulidade não exonera a Administração do dever de indenizar o contratado pelo que este houver executado até a data em que ela for declarada e por outros prejuízos regularmente comprovados, contanto que não lhe seja imputável, promovendo-se a responsabilidade de quem lhe deu causa.
10	E	Quanto a isso, o art. 58, V da lei 8.666/93 define que a Administração Pública, para evitar a interrupção da atividade pública, poderá, nos casos de serviços essenciais, efetivar a ocupação provisória de bens móveis, imóveis, de pessoal e serviços vinculados ao objeto do contrato, na hipótese da necessidade de acautelar apuração administrativa de faltas contratuais pelo contratado, bem como na hipótese de rescisão do contrato administrativo. Trata-se de cláusula exorbitante dos contratos administrativos que visa a evitar uma indevida paralisação da atividade exercida pelo particular contratado pelo Estado. Por fim, vale destacar que os valores correspondentes aos eventuais prejuízos causados pela inexecução adequada do contrato podem ser descontados pela Administração Pública.
11	E	Independentemente do motivo que enseje a alteração contratual, esta alteração encontra um barreira que não pode ser ultrapassada pelo Estado, qual seja, o equilíbrio econômico-financeiro do contrato. Ou seja, o particular tem a garantia de que, haja o que houver, será mantida pelo ente estatal a margem de lucro contratada. Repita-se, a margem de lucro inicialmente contratada jamais poderá ser alterada pela Administração Pública de forma unilateral. Ou seja, o particular tem a garantia de que não terá prejuízo, nem redução no lucro inicialmente previsto quando da celebração do acordo.
12	B	A banca examinadora alterou a denominação atribuída às clausulas que extrapolam as regras e características dos contratos em geral, apresentando vantagem excessiva à Administração Pública nos contratos administrativos. Estas cláusulas são denominadas de EXORBITANTES. Além do que, de forma diversa à afirmação da questão, estas cláusulas são implícitas em todos os contratos administrativos, não dependendo de previsão expressa no acordo, pois decorrem diretamente da Lei. Logo, não são cláusulas necessárias, uma vez que as garantias do Poder Público decorrem diretamente do texto legal.

GABARITO		COMENTÁRIO
13	A	De acordo com o art. 71, § 1º, da Lei 8.666/93, *literis*: "Art. 71. O contratado é responsável pelos encargos trabalhistas, previdenciários, fiscais e comerciais resultantes da execução do contrato. § 1º A inadimplência do contratado, com referência aos encargos trabalhistas, fiscais e comerciais não transfere à Administração Pública a responsabilidade por seu pagamento, nem poderá onerar o objeto do contrato ou restringir a regularização e o uso das obras e edificações, inclusive perante o Registro de Imóveis".
14	A	A alteração atinente ao valor da contratação tem natureza de modificação quantitativa e, por sua vez, tem limites definidos na lei, que prevê que o particular deve aceitar as modificações feitas unilateralmente pela Administração Pública em até 25%, do valor original do contrato, para acréscimos ou supressões. Nesses casos, a alteração não depende de concordância do particular contratado. A alternativa apresentada expõe, justamente, a exceção à regra supramencionada. Esta exceção é verificada quando o contrato for celebrado para reforma de equipamentos ou de edifícios, nestes casos, a alteração unilateral, para ACRÉSCIMOS contratuais, pode chegar a 50% do valor original do contrato. As supressões contratuais continuam respeitando o limite de 25%.
15	B	Conforme a posição majoritária da doutrina, os contratos administrativos são aqueles contratos celebrados pela Administração Pública sob o regime de direito público, com prerrogativas e vantagens decorrentes da supremacia estatal. Contudo, de acordo com a alternativa exibida, a Administração Pública também pode celebrar contratos regidos pelo direito privado, como locação, permuta e compra e venda, quando então atuaria sem prerrogativas em face do particular contratado, com a regência do Direito Civil. Ressalte-se que, mesmo nos contratos privados, a Administração Pública deve respeitar os princípios inerentes à sua atuação, como o dever de licitar e de garantir a isonomia nas contratações.
16	CORRETO	O art. 59, parágrafo único, da Lei 8.666/93 dispõe que *"A nulidade não exonera a Administração do dever de indenizar o contratado pelo que este houver executado até a data em que ela for declarada e por outros prejuízos regularmente comprovados, contanto que não lhe seja imputável, promovendo-se a responsabilidade de quem lhe deu causa"*. Importante ressaltar que a presença da boa-fé do contratado é indispensável para que ele faça jus ao pagamento de indenização, caso contrário, estaria se aproveitando da própria torpeza, situação não admitida em direito.
17	CORRETO	A rescisão unilateral é cláusula exorbitante e só se aplica à Administração Pública. Se o ente estatal for inadimplente, por mais de 90 dias, o particular pode SUSPENDER A EXECUÇÃO do contrato (exceção de contrato não cumprido), conforme disposição do art. 78, XV, da Lei 8666/93. Para haver rescisão do contrato, por iniciativa do particular, em virtude do inadimplemento do estado, necessária decisão judicial. Neste sentido, poderá haver a rescisão do contrato por iniciativa do particular em virtude do inadimplemento do Estado, devendo o Poder Público ressarcir os prejuízos comprovados pela empresa contratada. Neste caso, para haver a rescisão do contrato é necessária decisão judicial.
18	CORRETO	A subcontratação em contratos administrativos é matéria de muita divergência na doutrina, haja vista o caráter personalíssimo da avença (*intuitu personae*), inclusive em decorrência do fato de que o objeto do contrato somente pode ser entregue ao licitante vencedor, ou seja, àquele que ofereceu a proposta mais vantajosa ao poder público. Nesse sentido, em regra, é vedada a subcontratação. Contudo, a lei 8.666/93 dispõe acerca da possibilidade de subcontratação parcial do objeto do contrato, desde que cumpridos alguns requisitos definidos na legislação.

CAPÍTULO 10

SERVIÇOS PÚBLICOS

SUMÁRIO • 1. Conceito – 2. Princípios: 2.1. Dever de prestação pelo Estado; 2.2. Modicidade; 2.3. Atualidade; 2.4. Cortesia; 2.5. Economicidade; 2.6. Generalidade; 2.7. Submissão a controle; 2.8. Continuidade: 2.8.1. Greve de agentes públicos; 2.8.2. Inadimplemento do usuário do serviço; 2.8.3. *Exceptio non adimpleti contractus*; 2.8.4. Ocupação temporária de bens e substituição; 2.9. Isonomia – 3. Formas de prestação do serviço público – 4. Classificação – 5. Delegação Contratual de Serviços– 6. Concessão de Serviços Públicos: 6.1. Poder concedente: 6.1.1. Direitos e obrigações do concedente; 6.2. Concessionária; 6.3. Usuários do serviço; 6.4. Procedimento licitatório: 6.4.1. Modalidades licitatórias diferenciadas; 6.5. Formalização dos contratos de concessão de serviço público; 6.6. Intervenção; 6.7. Duração do contrato de concessão; 6.8. Arbitragem; 6.9. Subconcessão; 6.10. Remuneração da concessionária; 6.11. Extinção do contrato de concessão – 7. Parceria Público-Privada – PPP: 7.1. Espécies de Parcerias; 7.2. Cláusulas dos contratos de Parceria Público-Privada; 7.3. Características específicas das parcerias; 7.3.1. Compartilhamento de riscos e de ganhos decorrentes da redução do risco; 7.3.2. Financiamento do setor privado; 7.3.3. Pluralidade compensatória; 7.3.4. Garantias do parceiro público; 7.3.5. Diretrizes da lei de PPP; 7.3.6. Procedimento licitatório; 7.3.7. Sociedade de Propósito Específico; 7.3.8. Normas aplicadas no âmbito federal para os contratos de Parcerias Público-Privadas - 8. Permissão de Serviço Público - 9. Autorização de serviço público - 10. Consórcios Públicos - 11. Aprofundamento para provas subjetivas – Administração Dialógica - 12. Quadro Sinóptico - 13. Súmulas: 13.1 Súmulas do STF; 13.2 Súmulas do STJ - 14. Jurisprudências 2015/2016: 14.1. Informativos dos STJ; 14.2 Informativo STF - 15. Questões de Concurso.

1. CONCEITO

O conceito de serviços públicos vem sofrendo algumas alterações ao longo da história, e a definição dessas atividades, ainda na doutrina moderna, encontra divergências. Os primeiros estudos acerca da matéria surgiram na França, com a criação da Escola do Serviço Público – que seguia as orientações de Leon Duguit. À época, se defendia que o Direito Administrativo teria por objeto unicamente a disciplina jurídica dos serviços públicos, ou seja, os serviços prestados pelo Estado a toda a coletividade, necessários à coexistência dos cidadãos, considerando-se como serviço qualquer atividade executada pelo Estado, desde que fosse realizada com a finalidade de satisfazer as necessidades coletivas.

Ocorre que a noção de serviços públicos foi influenciado pela doutrina mais moderna de forma a restringir o seu conceito. Com efeito, tradicionalmente, a conceituação de serviço público era muito abrangente, abarcando toda atuação do Estado, na busca do interesse público, sem efetivar a distinção em relação às demais atividades administrativas.

Atualmente, a doutrina vem considerando fundamental diferenciar as atividades do Estado, traçando as distinções entre serviços públicos, exploração de atividade econômica pelo Estado, execução de obras públicas e exercício do poder de polícia, mesmo sendo todas essas atividades orientadas de forma a garantir o interesse da coletividade.

Ademais, a definição das atividades que podem ser abrangidas pelo conceito de serviços públicos não é estática, haja vista as mudanças decorrentes das novas necessidades dos cidadãos e da diversidade de culturas. Neste sentido, pode-se estabelecer que uma mesma atividade será considerada serviço público em uma determinada sociedade e em uma determinada época, não o sendo em momentos históricos diversos ou em uma civilização que tenha uma cultura diferenciada. Compete à Constituição e à legislação infraconstitucional definir quais as atividades que serão rotuladas neste conceito. Podem ser citados como exemplos os serviços de telefonia e de radiodifusão de sons e imagens (televisão), que, há algum tempo, atrás, eram usufruídos por poucos cidadãos e limitados a determinadas camadas da população.

Dessa forma, a conceituação de determinada atividade como serviço público depende da conjunção de 3 (três) elementos, a saber:

- **Substrato material** – o serviço público é uma comodidade ou utilidade fruível pelo particular, de forma contínua, sem interrupções indevidas. Enfim, configura prestação de atividade continuada pela Administração Pública, na busca do interesse público, fornecendo uma comodidade que será usufruída por toda a sociedade. Nestes casos, o Estado assume essas condutas, de forma a oferecer aos cidadãos as benesses decorrentes da vida em sociedade.
- **Substrato formal** – o serviço público é regido por normas de direito público. Fala-se que o regime de prestação do serviço é um regime público, ainda que prestado por particulares em regime de delegação. Isso decorre do fato de que estas atividades são prestadas com a intenção de se beneficiar toda a coletividade, não visando a obtenção de vantagens ou interesses egoísticos de determinados cidadãos – caso contrário, o ente público não assumiria, como sua, a execução. Da mesma forma, a doutrina não considera serviço público o serviço prestado com a intenção de beneficiar pequenos grupos da sociedade, como uma rádio amadora, por exemplo.
- **Elemento subjetivo** – o serviço público deve ser prestado pelo Estado de forma direta ou indireta. Para a doutrina moderna, se o serviço público não for prestado pelo Estado (ainda que indiretamente) não poderá ser conceituado como serviço público, mesmo que se direcione aos interesses da coletividade. Pode-se definir, de forma adequada, que o Estado deverá promover a prestação do serviço – seja mediante prestação direta ou por meio da delegação da execução destas atividades a particulares, consoante disposto no art. 175 da Carta Magna.

Portanto, pode-se definir que será considerado serviço público toda atividade executada pelo Estado de forma a promover à sociedade uma comodidade ou utilidade, usufruída individualmente pelos cidadãos, visando ao interesse público, gozando das prerrogativas decorrentes da supremacia estatal e sujeições justificadas pela indisponibilidade do interesse público. Por fim, a atividade deve ser prestada pelo poder público, de forma direta ou mediante delegação a particulares que atuarão por sua conta e risco.

Esse é o entendimento de José dos Santos Carvalho Filho[1], que dispõe que a atividade pode ser definida *"como toda atividade prestada pelo Estado ou por seus delegados, basicamente sob regime de direito público, com vistas à satisfação de necessidades essenciais e secundárias da coletividade"*.

Tratados os elementos formadores do conceito de serviço público, resta diferenciar a prestação de serviços públicos, das outras atividades do Estado, também realizadas na busca

1. CARVALHO FILHO, José dos Santos – Manual de Direito Administrativo. São Paulo: Lumen Juris, 25ª, 2012.

do interesse de todos. Com efeito, para satisfazer os interesses da sociedade, a Administração Pública executa uma série de atividades que não podem ser confundidas com a prestação de serviços, como é o caso da exploração de atividade econômica pelo poder público ou do exercício do poder de polícia, o qual tem a finalidade de controlar atividades particulares que repercutem nos interesses de toda a sociedade. Ademais, o ente estatal executa obras públicas para facilitar a execução de suas finalidades essenciais.

Nestes termos, devem ser analisadas quais as principais distinções entre a prestação do serviço público propriamente dito e as demais atividades executadas pelo Estado.

- **Obra Pública** – A obra pública é uma atividade estanque, com projeto que determina início e fim das atividades. O serviço difere da execução de obras porque é uma atuação constante, configurando comodidade prestada de forma contínua. Os conceitos causam algumas confusões pelo fato de que, em diversas situações, a obra pública é indispensável à prestação de determinado serviço, mas com ele não se confunde. Por exemplo, não se pode confundir a obra do hospital com a prestação do serviço de saúde, ou a obra de um metrô com o serviço de transporte; não obstante em ambos os casos ser a obra necessária à execução do serviço público.
- **Poder de Polícia** – O poder de polícia configura uma restrição e não uma comodidade. Na busca do interesse público, o Estado restringe o exercício de liberdades e o uso da propriedade. Trata-se de atuação restritiva do poder público, diferentemente da prestação do serviço que é medida ampliativa. Saliente-se que, mesmo nas hipóteses em que o ato de polícia configura um consentimento estatal, – como ocorre, por exemplo, no caso de uma licença para construir ou uma autorização para porte de armas – o poder público define limites ao exercício da atividade privada, tratando-se, portanto, de medida restritiva e não ampliativa.
- **Exploração de atividade econômica** – Quando o ente estatal atua no mercado, explorando atividade econômica, submete-se às normas de direito privado, não se beneficiando das prerrogativas de poder público. Por exemplo, uma empresa pública que explora atividade econômica não usufrui de imunidade tributária nem se responsabiliza por seus atos, nos moldes do artigo 37, §6º, da Constituição Federal, sendo-lhe aplicadas as regras atinentes ao direito privado. Nesse sentido, o art. 173 da Carta Constitucional define que o Estado somente poderá intervir na atividade econômica quando necessário por razões de interesse coletivo ou por imperativo da segurança nacional, não havendo execução de atividades estatais com finalidade lucrativa.

Sendo assim, o conceito de serviços públicos tem relevância na medida em que o tratamento dado a essas atividades não se deve confundir com a execução das demais atividades desenvolvidas pelo ente estatal.

2. PRINCÍPIOS

O serviço público está submetido ao regime de direito público, o que significa que deve obediência aos princípios de Direito Administrativo definidos, no texto constitucional, de forma expressa ou implícita. Ressalte-se desde já que todos os princípios de Direito

Administrativo, já analisados no capítulo específico desta obra são aplicáveis à prestação do serviço público. Sendo assim, o Estado deve observar, na prestação de serviços, os princípios da legalidade, impessoalidade, moralidade, publicidade e eficiência. Da mesma forma, deve atuar de modo a respeitar a razoabilidade e proporcionalidade, entre outros.

Todavia, alguns princípios são definidos pela lei 8.987/95 (que regulamenta a prestação dos serviços públicos, bem como a concessão e a permissão feita a particulares) e devem ser analisados de forma cuidadosa em relação a estas atividades. Nesta esteira, deverá ser analisado cada um destes preceitos isoladamente.

2.1. Dever de prestação pelo Estado

Trata-se de princípio definido pela doutrina, estabelecendo que o poder público não poderá se escusar da prestação de serviços públicos, configurando-se poder-dever do ente estatal, que tem a possibilidade de prestá-lo diretamente ou por particulares, mediante contratos de concessão e a permissão.

De fato, o serviço poderá ser executado pelo Estado de forma centralizada, admitindo-se a descentralização como forma de garantir-se o princípio da especialidade e a busca de maior eficiência na prestação da atividade. Nestes casos, a descentralização pode ser feita aos entes da Administração Indireta ou aos particulares. Em todos os casos, a Administração se mantém responsável subsidiariamente ao prestador direto, por qualquer dano decorrente da prestação do serviço cuja execução foi transferida.

A omissão do Estado no dever de prestação do serviço público, seja de forma direta ou indireta, configura abuso de poder e justifica, inclusive, responsabilidade civil, caso algum dano decorra do seu não agir.

2.2. Modicidade

A modicidade das tarifas também é princípio atinente ao tema em estudo, determinando que as tarifas cobradas para os usuários dos serviços sejam as mais baixas possíveis, a fim de manter a prestação do serviço à maior parte da coletividade. Alguns doutrinadores mais tradicionais chegavam a pregar a aplicação do princípio da gratuidade, não admitindo a cobrança de tarifas pela execução das atividades públicas. Trata-se de entendimento superado pela doutrina moderna que admite a cobrança desde que a preços módicos.

Ressalte-se que este princípio visa a garantir a prestação do serviço à maior parte das pessoas possível, uma vez que a cobrança de valores exorbitantes limitaria a fruição a determinadas camadas da população, excluindo as demais de atividade essencial a seu bem-estar.

2.3. Atualidade

Também chamado de princípio da **adaptabilidade**, estabelece que a prestação do serviço público deve, sempre, ser feita dentro das técnicas mais modernas. Logo, dentro das possibilidades, o poder público deve buscar atualização nas técnicas de prestação do serviço. Não se considera viável, a título de exemplo, que, nos tempos atuais, determinado município invista dinheiro na criação de uma linha de transporte de bonde elétrico.

O art. 6º, §2º da lei 8.987/95, ao tratar deste preceito, define que *"atualidade compreende a modernidade das técnicas, do equipamento e das instalações e sua conservação, bem como a melhoria e expansão do serviço".*

Trata-se de princípio diretamente ligado ao dever de **eficiência** imposto ao Estado na execução de suas atividades, haja vista o entendimento de que a evolução técnica visa à garantia de um serviço mais seguro e com melhores resultados.

2.4. Cortesia

Estampa o dever do prestador de serviço público de ser cortês e educado em sua prestação, ao tratar com o usuário. Também é regulamentado pelo art. 6º, §1º da Lei 8.987/95, que estipula que, para se considerar adequada a atividade estatal, deve-se atentar para o bom trato com os particulares que usufruirão dos serviços executados.

2.5. Economicidade

A economicidade carrega a noção de prestação do serviço de forma eficiente, com resultados positivos à sociedade e com gastos dentro dos limites da razoabilidade. Saliente-se que se costuma considerar este preceito no que tange à qualidade e também à quantidade de serviço prestado, evitando-se uma execução morosa por parte do servidor.

2.6. Generalidade

Conceituado por alguns estudiosos como princípio da **universalidade**, a norma define que serviço deverá ser prestado à maior quantidade de pessoas possível. A prestação geral, exigência da lei, se contrapõe à prestação setorizada, que beneficiaria somente algumas camadas da sociedade ou pessoas determinadas.

Nesse sentido, não se admite que o serviço público seja direcionado a uma pessoa ou grupo específico, em atenção ao princípio da impessoalidade na prestação. Com efeito, a execução da atividade será a mesma independentemente da pessoa que será beneficiada ou atingida.

2.7. Submissão a controle

Os serviços públicos devem ser controlados pela sociedade, assim como pela própria Administração Pública, como forma de garantia dos demais princípios, se admitindo, inclusive, o controle efetivado pelos demais poderes, desde que nos limites definidos pelo texto constitucional. Dessa forma, o Poder Judiciário pode, quando provocado, analisar a legalidade na prestação das atividades estatais, bem como o Poder Legislativo realiza o controle financeiro.

Como garantia deste controle, a prestação dos serviços deve ser transparente, em observância ao dever de publicidade dos atos estatais e todas as condutas praticadas no decorrer de sua gestão devem ser devidamente motivadas, de forma a justificar a tomada de decisões, sejam os atos vinculados ou discricionários, nos moldes da lei.

Com efeito, o dever de motivação dos atos praticados na execução de serviços públicos garante ao cidadão que a Administração Pública apresentará todas as razões de fato e de direito que justificaram suas condutas.

2.8. Continuidade

Traduz-se na ideia de prestação ininterrupta da atividade administrativa e dos serviços prestados à coletividade, evitando interrupções indevidas, sendo designado, por uma parcela da doutrina, como **princípio da permanência**.

Configura-se, portanto, na exigência de que a atividade do Estado seja contínua, não podendo parar a prestação dos serviços e nem comportando falhas ou interrupções, já que muitas necessidades da sociedade são inadiáveis – como é o exemplo dos serviços de fornecimento de água, transporte público, iluminação pública e segurança pública, bem como fornecimento de energia elétrica à população em geral. Tal princípio está expressamente regulamentado, no art. 6º, §1º, da Lei 8.987/95, como necessário para que a atividade administrativa seja considerada adequada em sua execução. Para os estudiosos da matéria, este princípio se encontra, ainda, implícito no texto constitucional, em razão do dever de prestação de serviços de forma adequada às necessidades coletivas.

Vale ressaltar que o princípio da Continuidade está intimamente ligado ao princípio da Eficiência, haja vista se tratar de garantia de busca por resultados positivos, sem que sejam estes frutos prejudicados pela ausência de prestação, mesmo que por um determinado tempo.

Consoante explicitado no capítulo referente ao regime jurídico administrativo, Celso Antônio Bandeira de Mello[2] trata a norma como um subprincípio, decorrente do princípio da **obrigatoriedade do desempenho da atividade pública.** Assim, o eminente doutrinador dispõe, acerca do tema, que *"Outrossim, em face do princípio da obrigatoriedade do desempenho da atividade pública, típico do regime administrativo, como vimos vendo, a Administração sujeita-se ao dever de continuidade no desempenho de sua ação. O princípio da continuidade do serviço público é um subprincípio, ou, se se quiser, princípio derivado, que decorre da obrigatoriedade de desempenho da atividade administrativa"*.

Da análise deste princípio, decorrem algumas consequências à execução das atividades estatais que ensejam alguns questionamentos, senão vejamos.

2.8.1. Greve de agentes públicos

Trata-se de discussão que tem por base o fato de que o movimento paredista do servidor poderia interromper ou tornar inviável a execução dos serviços públicos, haja vista a necessidade de ausência dos servidores para adesão à greve, causando prejuízos à sociedade, mais especificamente aos particulares que dependem das atividades paralisadas.

Acerca do questionamento efetivado, inicialmente, cumpre ressaltar que, por expressa vedação constitucional, os servidores militares não têm direito de greve nem de sindicalização, sejam eles das forças armadas, policiais militares estaduais ou integrantes do corpo de bombeiros militar dos estados. A vedação está definida no art. 142, §3º, IV, da Carta Magna, ao estipular que *"ao militar são proibidas a sindicalização e a greve"*. Com efeito, essas corporações executam atividades em carreiras direcionadas pela disciplina e hierarquia intensas, considerando-se falta grave a paralisação das atividades pela busca de melhores condições de

2. MELLO,Celso Antônio Bandeira de – Curso de Direito Administrativo. São Paulo:Malheiros,6ª ed.2009

trabalho. Ademais, estes agentes prestam serviços diretamente ligados à segurança nacional, cuja paralisação causaria prejuízos incalculáveis a toda a coletividade.

Em sentido oposto, ao servidor público civil é garantido constitucionalmente o direito de greve e sindicalização. Observe-se que, ao tratar dos servidores públicos civis, em seu art. 37, VII, a Constituição da República garantiu o direito de greve a estes agentes nos termos e condições estabelecidos em lei específica.

O direito à livre associação sindical também tem base constitucional para esses agentes, haja vista a previsão de seu art. 37, VI, sendo que a doutrina brasileira considera que essa garantia está definida em dispositivo constitucional de eficácia plena, não dependendo de qualquer regulamentação para que seja exercido o direito pelos servidores públicos.

No entanto, em relação ao direito de greve, a matéria foi alvo de discussão doutrinária. De fato, alguns estudiosos consideram que este direito está disposto na Carta Magna, em norma de eficácia contida – ou seja, regra que admite aplicação direta, embora possa ser posteriormente regulada por lei que conterá seus efeitos. Contudo, outra parte da doutrina defende a ideia de que a greve dos servidores está posta em dispositivo constitucional de eficácia limitada, dependendo, nesse sentido, de regulamentação constitucional para o seu pleno exercício.

Em relação ao tema, o Supremo Tribunal Federal já pacificou o entendimento de que o direito de greve é norma de eficácia limitada, ou seja, não obstante o servidor tenha a garantia definida na Constituição, o exercício do direito fica limitado à edição de lei específica que o regulamente e, enquanto não for editada a lei, o exercício da prerrogativa será impossível.

Assim, diante da ausência de lei específica a tratar da matéria, o exercício do direito de greve do servidor fica prejudicado e os agentes estatais não podem realizar movimentos paredistas, a despeito da garantia constitucional.

Ocorre que a ausência de legislação, nestes casos, configura inconstitucionalidade por omissão, uma vez que a prerrogativa está disposta na Carta Magna e a falta de regulamentação impede a concretização do dispositivo. Nesta esteira, no que tange aos servidores civis, o Supremo Tribunal Federal determinou ao julgar Mandado de Injunção[3] referente à matéria que, enquanto não houver lei específica a regulamentar a greve dos servidores, será utilizada a lei geral de greve (Lei 7.783/89) para o exercício desse direito. Tal entendimento visa a garantir que a omissão legislativa não cause prejuízos a direito constitucional e vem sendo reiterado pela Suprema Corte. Todavia, deve-se entender que a não prestação do serviço público enseja a paralisação do pagamento da contraprestação, representada, *in casu*, pela remuneração devida aos agentes, sob pena de se configurar enriquecimento sem causa, em detrimento do dinheiro público.

Ainda na discussão acerca da matéria, o Superior Tribunal de Justiça decidiu que, se o servidor exercer o direito de greve de forma lícita, ou seja, em obediência às normas definidas na lei 7.783/89, embora não tenha direito à remuneração pelos dias parados, haja vista não

3. Neste sentido, já foram proferidos julgamentos similares em três Mandados de Injunção impetrados diretamente perante o Supremo Tribunal Federal, quais sejam, o MI n., 670, o MI n. 708 e o MI n. 712. Em todos os casos, foi determinado pela corte a aplicação da lei 7.783/89, como forma de suprir a omissão decorrente da ausência de lei específica a regulamentar o direito constitucional de greve dos servidores públicos.

tenha havido a prestação do serviço a ensejar o pagamento da contraprestação, não deve sofrer o corte da remuneração durante o exercício deste direito, desde que o movimento paredista tenha sido realizado licitamente, sob pena de se considerar coerção indevida do poder público.

Nesses casos, o servidor, ao terminar a greve, ficará sujeito à compensação pelos dias parados, sendo obrigado a ressarcir o erário. Neste sentido, analisemos o julgado que trata acerca do tema, proferido pela Corte.

> SERVIDORES PÚBLICOS. GREVE. LEGITIMIDADE. PAGAMENTO. DIAS PARADOS.
>
> É cediço que a lei de greve do serviço público ainda não foi regulamentada, mas, após o julgamento no STF do mandado de injunção 708-DF, DJe 30/10/2008, determinou-se a aplicação das Leis ns. 7.701/1988 e 7.783/1989 enquanto persistir essa omissão quanto à existência de lei específica, nos termos previstos no art. 37, VII, da CF/1988. Este Superior Tribunal, consequentemente, passou a ter competência para apreciar os processos relativos à declaração sobre a paralisação do trabalho decorrente de greve de servidores públicos civis, bem como às respectivas medidas acautelatórias, quando as greves forem nacionais ou abrangerem mais de uma unidade da Federação. Também no citado mandado de injunção, o STF, ao interpretar o art. 7º da Lei n. 7.783/1989, entendeu que com a deflagração da greve ocorre a suspensão do contrato de trabalho. Assim, não devem ser pagos os salários dos dias de paralisação, a não ser que a greve tenha sido provocada por atraso no pagamento ou por outras situações excepcionais as quais possam justificar essa suspensão do contrato de trabalho. Anotou-se que, reiteradas vezes, em casos análogos, o STF tem decidido no mesmo sentido. Na hipótese dos autos, os servidores em greve pertencentes à carreira da Previdência, da Saúde e do Trabalho buscam a criação de carreira exclusiva para o Ministério do Trabalho, disciplinada pela Lei n. 11.357/2006. Consta que os servidores somente deflagraram a greve após ter sido frustrado o cumprimento do termo de acordo firmado, em 25/3/2008, entre as entidades sindicais representativas da classe e o Governo Federal, este representado por secretários. Para não ser considerada ilegal a greve, antes de deflagrarem o movimento, expediram a comunicação e a devida notificação extrajudicial ao Ministro de Estado do Planejamento, Orçamento e Gestão. Neste Superior Tribunal, em relação a essa greve, foi interposta medida cautelar preparatória a dissídio coletivo sobre a paralisação do trabalho decorrente de greve e petição que cuida de dissídio coletivo, ambas ajuizadas pela Confederação dos Trabalhadores no Serviço Público Federal (CONDSEF) e pela Confederação Nacional dos Trabalhadores em Seguridade Social da Central Única dos Trabalhadores (CNTSS/CUT) e outra petição (ação declaratória) ajuizada pela União. O Min. Relator considerou legal a greve, fazendo uma análise do ordenamento jurídico, da interdependência dos Poderes, do direito de greve e do princípio da dignidade humana. Assim, afirmou, que, embora o termo de acordo firmado não configure acordo ou convenção coletiva de trabalho, não tenha força vinculante, nem seja ato jurídico perfeito em razão dos princípios da separação dos Poderes e da reserva legal (arts. 2º, 61, § 1º, II, a e c, e 165 da CF/1988), constitui causa legal de exclusão da alegada natureza abusiva da greve, nos termos do inciso I do parágrafo único do art. 14 da Lei n. 7.783/1989. Quanto ao pagamento dos vencimentos durante o período de paralisação, o Min. Relator ressalvou ponto de vista quanto à natureza da disciplina legal e constitucional do servidor público, a exigir um mínimo de regramento para a criação de um fundo destinado a fazer frente à não percepção de vencimentos durante a suspensão do vínculo funcional, o que, pela sua excepcionalidade, poderia justificar a não suspensão do pagamento. Entretanto, assevera que não há como ignorar a jurisprudência do STF e a natureza particular de necessidade da formação desse fundo devido à suspensão do vínculo funcional no período de greve. Diante desses argumentos, entre outros, a Seção declarou a legalidade da paralisação do trabalho, determinando que a União se abstenha de promover qualquer ato que possa acarretar prejuízo administrativo funcional e financeiro aos grevistas, mas que haja regular compensação dos dias paralisados sob pena de reposição ao erário dos vencimentos pagos, nos termos do art.

> 46 da Lei n. 8.112/1990. Precedentes citados do STF: AI 799.041-MG, DJe 31/5/2010; RE 456.530-SC, DJe 31/5/2010; RE 480.989-RS, DJe 11/5/2010; RE 538.923-PA, DJe 16/3/2010, e MI 3.085-DF, DJe 1º/9/2010. **MC 16.774-DF**, **Pet 7.920-DF**, e **Pet 7.884-DF**, Rel. Min. Hamilton Carvalhido, julgados em 22/9/2010 (ver Informativo n. 440).

Por seu turno, o Supremo Tribunal Federal, em 2016, na análise do Recurso Extraordinário nº 693.456, decidiu, apreciando o tema da repercussão geral, por unanimidade, por maioria, na parte conhecida, fixar tese nos seguintes termos: "***A administração pública deve proceder ao desconto dos dias de paralisação decorrentes do exercício do direito de greve pelos servidores públicos, em virtude da suspensão do vínculo funcional que dela decorre, permitida a compensação em caso de acordo. O desconto será, contudo, incabível se ficar demonstrado que a greve foi provocada por conduta ilícita do Poder Público***".

Sendo assim, considera-se que o direito de greve do servidor configura uma exceção ao princípio da continuidade, uma vez que enseja uma diminuição no ritmo dos serviços executados. Dessa forma, deverá ser exercido, respeitando os limites definidos na legislação pertinente, de modo a se evitar a paralisação total da atividade pública e o prejuízo aos usuários, indevida e inconstitucionalmente.

Outrossim, ainda que a greve seja lícita, se não decorrer da prática de ato ilegal por parte da Administração, será admitido o corte da remuneração dos servidores grevistas, sem prejuízo de pagamentos posteriores, caso seja firmado acordo de compensação.

2.8.2. Inadimplemento do usuário do serviço

A Lei 8.987/95, em seu art. 6º, §3º, estabelece expressamente que é possível a interrupção das atividades estatais em algumas situações. Nesse sentido, define o texto legal que "*Não se caracteriza como descontinuidade do serviço a sua interrupção em* ***situação de emergência*** *ou após* ***prévio aviso****, quando: I - motivada por* ***razões de ordem técnica*** *ou de* ***segurança das instalações****; e, II - por* ***inadimplemento do usuário****, considerado o interesse da coletividade*".

Assim, podem ser verificadas duas situações diversas: a interrupção decorrente de razões de ordem técnica, alheias à vontade do prestador e dos usuários em geral e aquela que é feita deliberadamente pelo poder público ou por quem atue na execução da atividade administrativa, por delegação, motivado pelo não pagamento dos particulares que usufruem da atividade.

No que tange à interrupção por motivos de **ordem técnica**, não há discussão doutrinária acerca da sua regularidade, haja vista a impossibilidade fática de garantir-se a execução da atividade. Nesses casos, pode-se estabelecer que a queda de um poste de transmissão de energia ensejará a interrupção do serviço de energia elétrica em determinada área até que seja reparado o dano decorrente do evento acidental; assim como a necessidade de conserto do encanamento de determinado logradouro deverá ensejar a interrupção do serviço de esgoto e de abastecimento de água até que seja solucionado o problema.

Por seu turno, no que tange à interrupção por **inadimplemento do usuário**, não obstante se trate de matéria divergente na doutrina nacional, a princípio a possibilidade de paralisação do serviço deve ser considerada constitucional, bastando que o usuário seja previamente avisado, nos moldes exigidos pela legislação, ora transcrita. Com efeito, a maioria dos estudiosos entende que esta regra é não somente adequada ao texto da Constituição Federal como também garantidora do princípio da continuidade, uma vez que a manutenção de serviços públicos àqueles que estão inadimplentes pode ensejar a impossibilidade futura de que a atividade seja mantida a todos os que estão adimplentes com suas prestações, em virtude da inviabilidade econômica que será causada ao prestador.

Trata-se, ainda, de aplicação do princípio da supremacia do interesse público sobre o interesse privado, permitindo ao Estado que interrompa o serviço em relação a um determinado cidadão inadimplente como forma de manter a prestação aos demais particulares que estão cumprindo regularmente com o dever de pagar a contraprestação pela atividade estatal.

Ademais, pode-se definir que haverá enriquecimento sem causa do particular que tiver garantida a manutenção da prestação do serviço público sem arcar com os custos dela decorrentes. Neste sentido, o Superior Tribunal de Justiça já proferiu algumas decisões[4].

Analisemos um julgado da corte acerca da matéria, permitindo a paralisação de uma atividade em decorrência da inadimplência do usuário.

> AÇÃO CIVIL PÚBLICA. SERVIÇO PÚBLICO. FORNECIMENTO DE ÁGUA. INTERRUPÇÃO. ART. 6, § 3º, INCISO II, DA LEI N. 8.987/95. LEGALIDADE.
> 1. Nos termos da Lei n. 8.987/95, não se considera quebra na continuidade do serviço público a sua interrupção em situação emergencial ou após prévio aviso quando motivada pelo inadimplemento do usuário. Assim, inexiste qualquer ilegalidade ou afronta às disposições constantes do Código de Defesa do Consumidor no corte do fornecimento de água ao usuário inadimplente.
>
> 2. Recurso especial improvido. Processo REsp 596320/PR; RECURSO ESPECIAL 2003/0166715-8
>
> Relator(a) Ministro JOÃO OTÁVIO DE NORONHA (1123)
>
> Órgão Julgador T2 - SEGUNDA TURMA
>
> Data do Julgamento 12/12/2006

É importante ainda ressaltar que, em sentido contrário, alguns doutrinadores se orientam apontando a inconstitucionalidade do dispositivo legal que admite a interrupção do serviço

---

4. Algumas decisões do STJ apontam pela aplicação do Código de Defesa do Consumidor, que proíbe ao prestador de uma atividade interromper a prestação deste serviço diante do não cumprimento das obrigações pelo consumidor final. A aplicação do CDC, contudo, deve ser feita de forma relativa, consoante se analisa do julgado transcrito:
ADMINISTRATIVO. SUSPENSÃO DO FORNECIMENTO DE ÁGUA. USUÁRIO INADIMPLENTE. POSSIBILIDADE.
1. Nos termos do art. 22 da Lei 8.078/90 (Código de Defesa do Consumidor), "os órgãos públicos, por si ou suas empresas, concessionárias, permissionárias ou sob qualquer outra forma de empreendimento, são obrigados a fornecer serviços adequados, eficientes, seguros e, quanto aos essenciais, contínuos".
2. A Lei 8.987/95, por sua vez, ao dispor sobre o regime de concessão e permissão da prestação de serviços públicos previsto no art. 175 da Constituição Federal, em seu Capítulo II ("Do Serviço Adequado"), traz a definição, para esse especial objeto de relação de consumo, do que se considera "serviço adequado", prevendo, nos incisos I e II do 3º do art. 6º, duas hipóteses em que é legítima sua interrupção, em situação de emergência ou após prévio aviso: (a) por razões de ordem técnica ou de segurança das instalações; (b) por inadimplemento do usuário, considerado o interesse da coletividade.
3. Tem-se, assim, que a continuidade do serviço público assegurada pelo art. 22 do CDC não constitui princípio absoluto, mas garantia limitada pelas disposições da Lei8.987/95, que, em nome justamente da preservação da continuidade e da qualidade da prestação dos serviços ao conjunto dos usuários, permite, em hipóteses entre as quais o inadimplemento, a suspensão no seu fornecimento. Precedentes da 1ª Turma : REsp 591.692/RJ , Rel. Min. Teori Albino Zavascki, DJ de 14.03.2005; REsp 691.516/RS, Rel. Min. Luiz Fux, 1ª Turma, DJ de 24.10.2005; REsp 337.965/MG, Rel.ª Min.ª Eliana Calmon, 2ª Turma, DJ de 20.10.2003.
4. Recurso especial a que se dá provimento.
RECURSO ESPECIAL N. 898.769 - RS (2006/0240399-0)

por inadimplemento do usuário, haja vista a violação ao dever de continuidade implícito na Constituição Federal, devendo o prestador manter a execução da atividade, somente se admitindo que faça paralelamente a cobrança judicial dos valores não pagos. Algumas decisões isoladas de tribunais vêm admitindo esse entendimento, considerando que o corte na prestação do serviço como forma de compelir o particular ao pagamento das suas tarifas extrapola os limites da lei. Todavia, conforme explicitado, essa posição é minoritária.

Mesmo para aqueles que admitem a interrupção dos serviços – o que se apresenta como o entendimento majoritário adotado pela doutrina e jurisprudência nacionais –, não se discute se será ilegal a paralisação de determinado serviço público por inadimplemento do usuário caso enseje a interrupção de um serviço essencial à coletividade –, como ocorre, por exemplo, quando uma concessionária determina o corte no fornecimento de energia elétrica de um hospital em virtude do inadimplemento.

Nesses casos, a interrupção do serviço será prejudicial ao interesse da coletividade e não pode subsistir, em garantia ao princípio da supremacia do interesse público sobre o interesse privado, impedindo que se priorizem os direitos do prestador do serviço em detrimento das necessidades coletivas.

Por exemplo, consoante entendimento do Superior Tribunal de Justiça, a iluminação pública é serviço essencial à segurança da coletividade, razão pela qual não pode ser interrompido, por motivo de inadimplemento[5]. Nestas situações, a concessionária deverá efetivar a cobrança ao ente estatal inadimplente sem, contudo, paralisar a prestação do serviço, o que atingiria os usuários que não têm qualquer responsabilidade pelo fato.

2.8.3. Exceptio non adimpleti contractus

Trata-se da regra de exceção de contrato não cumprido, que define para qualquer uma das partes contratantes o direito de suspender a execução do contrato em face do inadimplemento da outra parte. A doutrina tradicional era assente no sentido de que, nos contratos administrativos, a aplicação desta teoria em benefício do particular contratado pelo Estado ensejaria afronta direta ao princípio da continuidade do serviço público. Sendo assim, os particulares deveriam manter a prestação determinada nos contratos celebrados com o poder público, mesmo diante do inadimplemento deste por longos períodos.

Ocorre que, consoante disposição do art. 78, XV, da Lei 8.666/93, o particular tem direito de invocar a exceção do contrato não cumprido desde que a administração seja inadimplente por mais de 90 (noventa) dias em relação aos seus pagamentos. Com efeito, como garantia à continuidade, o particular contratado pelo ente estatal tem o dever de manter a prestação do serviço, mesmo diante do inadimplemento da Administração Pública, desde que essa ausência de pagamento não ultrapasse o prazo legalmente estabelecido. Trata-se da aplicação da exceção de contrato não cumprido de forma diferida, garantida ao particular, independentemente de provimento jurisdicional.

5. A matéria vem sendo julgada neste sentido pela Corte de forma reiterada, inclusive tendo sido analisada novamente em 2012, no julgamento do **AI 854430 AgR / RJ - RIO DE JANEIRO**.

Saliente-se que, conforme analisado previamente, no capítulo 9, a rescisão dos contratos administrativos pelo particular motivada por inadimplemento do poder público depende de decisão judicial. A aplicação da *exceptio non adimplenti contractus* enseja somente a paralisação das atividades do particular, não ensejando a extinção da avença firmada com a Administração.

Desse modo, o art. 78, XV da lei 8.666/93 define que é considerada situação que enseja a rescisão do contrato *"o atraso superior a 90 (noventa) dias dos pagamentos devidos pela Administração decorrentes de obras, serviços ou fornecimento, ou parcelas destes, já recebidos ou executados, salvo em caso de calamidade pública, grave perturbação da ordem interna ou guerra,* ***assegurado ao contratado o direito de optar pela suspensão do cumprimento de suas obrigações até que seja normalizada a situação****"*.

2.8.4. Ocupação temporária de bens e substituição

Analisadas todas as exceções ao princípio da continuidade, é relevante ressaltar que alguns dispositivos legais foram definidos como forma de garantia da não interrupção da atividade administrativa.

Quanto a isso, o art. 58, V da lei 8.666/93 define que a Administração Pública, para evitar a interrupção da atividade pública, poderá, nos casos de serviços essenciais, efetivar a **ocupação provisória** de bens móveis, imóveis, de pessoal e serviços vinculados ao objeto do contrato, na hipótese da necessidade de acautelar apuração administrativa de faltas contratuais pelo contratado, bem como na hipótese de rescisão do contrato administrativo. Trata-se de cláusula exorbitante dos contratos administrativos que visa a evitar uma indevida paralisação da atividade exercida pelo particular contratado pelo Estado.

Outrossim, nos contratos de concessão de serviços públicos, admite-se a transferência de propriedade, ao final do contrato, dos bens da concessionária que estejam atrelados à prestação do serviço público. Este instituto é conhecido como **reversão** de bens. Nestes termos, define a lei 8.987/95, ao tratar do tema, em seu art. 36, que *"A reversão no advento do termo contratual far-se-á com a indenização das parcelas dos investimentos vinculados a bens reversíveis, ainda não amortizados ou depreciados, que tenham sido realizados com o objetivo de garantir a continuidade e atualidade do serviço concedido"*.

Ademais, os estatutos dos servidores públicos preveem os institutos da **substituição** e **suplência** como forma de evitar que a ausência de um determinado agente enseje a não execução do serviço que lhe era atribuído. Assim, os servidores investidos em cargo ou função de direção ou chefia e os ocupantes de cargo de Natureza Especial terão substitutos indicados no regimento interno ou, no caso de omissão, previamente designados pelo dirigente máximo do órgão ou entidade, sendo que será responsabilidade do substituto assumir, sem prejuízo do cargo que ocupa, o exercício do cargo ou função de direção ou chefia e os de Natureza Especial nos afastamentos, impedimentos legais ou regulamentares do titular e na vacância do cargo.

2.9. Isonomia

A prestação dos serviços não pode criar diferenciação indevida entre os usuários, de forma que não pode o Poder Público se esmerar na execução das atividades para um particular, em detrimento dos demais cidadãos.

Ademais, consoante o que se designa, doutrinariamente, como isonomia material, se faz possível o tratamento desigual na prestação de serviços públicos àqueles usuários que são diferentes, nas medidas de suas diversidades. Nestes casos, é possível que a prestação do serviço seja preocupada com as especificidades inerentes a cada usuário. Neste sentido, os serviços públicos são o alvo mais comum das ações afirmativas que visam a tratar igualmente os iguais e desigualmente os desiguais, na medida das suas desigualdades, permitindo a inserção de cotas para ingressos em Universidades Públicas e ingressos em concursos, assim como a reserva de vagas em concurso público para portadores de necessidades especiais, entre outros.

Inclusive, em virtude da alteração das necessidades dos administrados, costuma-se definir que os serviços devem respeitar o princípio da **mutabilidade de regime** em sua prestação. Sendo assim, o serviço de transporte que costumava ser prestado por meio de bonde elétrico nas grandes cidades é executado através de sistemas de metrô. Trata-se da adequação da atividade estatal às constantes necessidades do cidadão,.

3. FORMAS DE PRESTAÇÃO DO SERVIÇO PÚBLICO

A prestação do serviço público é feita pelo Estado que, no entanto, pode efetivar esta execução de forma direta ou mediante descentralização. Com efeito, a prestação direta ocorre pela prestação efetivada pelos próprios entes federativos, ou seja, União, estados, municípios e Distrito Federal, de forma centralizada.

Ocorre que, para uma maior eficiência e visando à especialização na execução da atividade administrativa, o ente estatal descentraliza a prestação de determinados serviços públicos para entes da administração indireta, quais sejam as autarquias, fundações públicas, empresas públicas e sociedades de economia mista, previstas no texto constitucional e criadas mediante lei específica, sob o controle da entidade centralizada; ou transfere a particulares, mediante contratos administrativos de concessão e permissão.

Desse modo, a doutrina preconiza que a descentralização pode ser feita mediante outorga ou delegação de serviços.

Na **outorga**, é transferida a titularidade e a execução do serviço público à pessoa jurídica diversa do Estado, ao passo que, na **delegação**, apenas a execução é transferida, permanecendo com o Estado a titularidade do serviço. Para a doutrina majoritária, a outorga é conferida, somente, para pessoas jurídicas de direito público; já a delegação é feita para particulares ou aos entes da Administração Indireta regidos pelo direito privado.

A outorga, também denominada de descentralização por serviço, é feita sempre mediante edição de lei específica que cria as entidades públicas da Administração Indireta que ficarão responsáveis pela execução de atividades específicas. Por seu turno, a delegação, designada como descentralização por colaboração, pode ser efetivada por lei (no caso de entes da Administração Indireta de direito privado, cuja criação depende de autorização legislativa específica) ou mediante contratos de concessão e permissão de serviços públicos. Sendo assim, pode-se estabelecer que a delegação será legal ou contratual.

Deve ser ressaltado, contudo, que mesmo quando o Estado transfere a titularidade do serviço, ele se mantém responsável pelos danos decorrentes da atividade, de forma subsidiária, sempre que o prestador direto não puder arcar com as indenizações decorrentes dos prejuízos causados na execução da atividade delegada.

Analisemos o quadro mnemônico.

Outorga (descentralização por serviço)	Delegação (descentralização por colaboração)
Transferência da titularidade e da execução do serviço público.	Transferência da execução do serviço público.
Mediante lei – Pessoas jurídicas de Direito Público da Administração Indireta.	**Mediante lei** – Pessoas jurídicas de Direito Privado da Administração Indireta. **Mediante contrato** – Particulares prestadores de serviços públicos.

Ocorre que nem todos os serviços públicos admitem delegação, sendo regulamentadas, na doutrina, algumas situações nas quais o Estado tem o dever de executar a atividade diretamente, como forma de se resguardar o interesse da sociedade. Neste sentido, os serviços públicos podem se classificar em 4 (quatro) espécies:

1) **Serviços públicos exclusivos, não delegáveis**: são aqueles serviços que somente podem ser prestados diretamente pelo Estado, não se admitindo a transferência a particulares. A Constituição Federal expressamente prevê dois deles, quais sejam, o serviço postal e o correio aéreo nacional, dispostos no art. 21, X do texto constitucional. A doutrina acrescenta outros como a administração tributária e a organização administrativa – que não podem, por sua natureza, ser executados mediante delegação. Inclusive, em razão da impossibilidade de delegação destas atividades, a Empresa Brasileira de Correios e Telégrafos executa serviço público por outorga, ostentando a qualidade de titular da atividade, se submetendo, no entender do Supremo Tribunal Federal, a regime idêntico ao da Fazenda Pública.

2) **Serviços públicos exclusivos delegáveis**: São os serviços que devem ser necessariamente prestados pelo Estado, que pode realizar esta prestação diretamente ou mediante delegação a particulares. Exemplos desta espécie, previstos no art. 21, XI, da Carta Magna, são os serviços de transporte público, energia elétrica, entre outros. Nestes casos, os particulares prestam as atividades por sua conta e risco, mas mantendo a titularidade da atividade em nome do Estado, que se responsabiliza subsidiariamente por todos os danos decorrentes dessas atividades.

3) **Serviços públicos de delegação obrigatória**: são os serviços de radiodifusão sonora e radiodifusão de sons e imagens (rádio e televisão), regulamentados no art. 223 da Constituição da República. O Estado não pode monopolizar esses serviços, não obstante tenha o dever de prestação. Portanto, devem ser prestados pelo Estado e, necessariamente, devem ser delegados a particulares que terão o poder de execução destas atividades em virtude da transferência na prestação, realizada mediante a celebração de contrato.

4) **Serviços públicos não exclusivos de Estado**: nestes casos, o Estado presta estes serviços e o particular também o faz, sem a necessidade de delegação. Ressalte-se que o fato de o particular prestar este serviço público não exclui a obrigação do Estado de fazer a execução direta. Isso porque a prestação executada pelo particular não se configura prestação indireta pelo Estado, por não decorrer de delegação[6]. Citem-se

6. Analisemos julgado do Supremo Tribunal Federal que trata da matéria:
"EMENTA: AÇÃO DIRETA DE INCONSTITUCIONALIDADE. LEI N. 10.989/93 DO ESTADO DE PERNAMBUCO. EDUCAÇÃO: SERVIÇO PÚBLICO NÃO PRIVATIVO. MENSALIDADES ESCOLARES. FIXAÇÃO DA DATA DE VENCIMENTO.

como exemplos os serviços de saúde, educação e previdência, que são prestados pelo particular, somente mediante fiscalização do Estado e também serão prestados pelo Estado obrigatoriamente.

Saliente-se mais uma vez que, nestes casos, o particular executa as atividades por iniciativa própria, gozando da sua titularidade, sem que haja a celebração de contratos transferindo o poder de executar as atividades, mantendo-se a titularidade com o poder público. Imagine-se, por exemplo, que determinada escola privada, para entrar em funcionamento, depende de autorização – porque o Estado fiscaliza referida atividade. Trata-se de autorização de polícia (exercício do poder de polícia) e não de delegação de serviços. Para a doutrina mais moderna, inclusive encampada pela jurisprudência do Supremo Tribunal Federal, tais serviços, quando prestados pelo particular, não ostentam a qualificação de serviços públicos propriamente ditos, sendo, portanto, designados **serviços de utilidade pública** ou **serviços impróprios**.

O Supremo Tribunal Federal já se manifestou no sentido de que estes serviços públicos não exclusivos, quando prestados por particulares, são serviços de **relevância pública.** Neste sentido, Ayres Britto, no julgamento da Adi 1923, definiu que *"se prestadas pelo setor público, são atividades públicas de regime jurídico igualmente público, se prestadas pela iniciativa privada, óbvio que são atividades privadas, porém sob o timbre da relevância pública"*[7]

Analisadas as formas de prestação dos serviços de modo a melhor atender às necessidades dos usuários, devem-se analisar as diversas maneiras de classificação dos serviços públicos, como meio de agrupá-los para facilitar seu estudo.

4. CLASSIFICAÇÃO

Consoante explicitado, as diversas classificações existem como forma de sistematizar o estudo da matéria e definir algumas peculiaridades de cada uma das espécies de serviços públicos. São encontrados, na doutrina, vários critérios de classificação, sendo relevante analisar aqueles mais importantes para sintetização do assunto.

Primordialmente, os serviços públicos podem ser diferenciados em **serviços *uti singuli* ou individuais** e **serviços *uti universi* ou gerais**, tomando por base a forma de fruição destas atividades pelos usuários.

a) **Serviços *uti singuli*:** são aqueles serviços prestados a toda a coletividade, nos quais, o poder público pode individualizar a utilização. Com efeito, trata-se de serviço prestado a toda a coletividade, sem distinções discriminatórias. No entanto, na prestação de tais serviços, é possível mensurar o quanto cada usuário dele usufruiu e, por isso, a cobrança

MATÉRIA DE DIREITO CONTRATUAL. VÍCIO DE INICIATIVA. 1. Os serviços de educação, seja os prestados pelo Estado, seja os prestados por particulares, configuram serviço público não privativo, podendo ser desenvolvidos pelo setor privado independentemente de concessão, permissão ou autorização. 2. Nos termos do artigo 22, inciso I, da Constituição do Brasil, compete à União legislar sobre direito civil. 3. Pedido de declaração de inconstitucionalidade julgado procedente".

ADI 1007 / PE – PERNAMBUCO. AÇÃO DIRETA DE INCONSTITUCIONALIDADE. Relator(a): Min. EROS GRAU. Julgamento: 31/08/2005. Órgão Julgador: Tribunal Pleno

7. ADI 1923 MC/DF, rel. orig. Min. Ilmar Galvão, rel. p/ o acórdão Min. Eros Grau, 1º. 8. 2007. (ADI-1923)

pode ser feita mediante o pagamento de taxas ou tarifas. Podem ser citados, como exemplos, os serviços de energia elétrica, telefonia e transporte público. Nestes casos, *verbi gratia*, o particular deverá arcar, na utilização do serviço de energia elétrica, com prestação proporcional à quantidade utilizada, mediante medição a ser efetivada pelo prestador do serviço público.

Podem ser designados como **serviços divisíveis**, haja vista a possibilidade de se dividir a utilização entre os usuários, distribuindo o ônus da prestação de forma proporcional à utilização individual.

b) **Serviços *uti universi:*** são os serviços que não podem ser divididos em sua utilização, ou seja, não é possível saber quanto cada usuário utilizou desses serviços. Nestes casos, o poder público presta o serviço a toda a coletividade, que dele usufrui simultaneamente, não sendo possível determinar a quantidade utilizada por cada um individualmente. Como não é possível mensurar a utilização de cada cidadão, esses serviços são custeados pela receita geral decorrente da arrecadação dos impostos. Citem-se como exemplos os serviços de Iluminação Pública e de Limpeza Pública. Configuram-se **serviços indivisíveis**, não sendo possível dividir o ônus da prestação em proporção igual à utilização.

Assim sendo, é inconstitucional a taxa que tenha como finalidade arcar com os custos de um serviço indivisível, como é o caso da iluminação pública[8]. Neste sentido, já se manifestou a jurisprudência e a doutrina. Assim, a base de cálculo para cobrança de taxas deve ser um serviço *uti singuli*, sob pena de inconstitucionalidade da exação.

Inclusive, acerca do tema, o Supremo Tribunal Federal editou a súmula 670, dispondo que *"o serviço de iluminação pública não pode ser remunerado mediante taxa"*. Com efeito, a inconstitucionalidade decorre do fato de que a natureza do serviço não admite a individualização da cobrança.

No que tange aos serviços públicos divisíveis, eles podem ser classificados em **compulsórios** e **facultativos**.

Os serviços compulsórios são essenciais à coletividade, de forma que não podem ser abdicados pelos destinatários, devendo ser feita a cobrança pelo poder público em decorrência de ter colocado o serviço à disposição dos cidadãos. Nestes casos, a cobrança deve ser efetivada mediante taxa e se admite a cobrança da chamada "taxa mínima" pelo simples fato de estar o serviço à disposição do usuário[9]. Desse modo, o não pagamento da contraprestação enseja

8. Neste sentido, o julgado do Supremo Tribunal Federal. Vejamos:
EMENTA Agravo regimental no agravo de instrumento. Taxa de iluminação pública. Inconstitucionalidade. Improcedência. Precedentes. 1. Esta Corte firmou entendimento no sentido de que a análise do apelo extremo deve limitar-se aos fatos da causa na versão do acórdão recorrido. 2. Pacífica é a jurisprudência do Supremo Tribunal Federal no sentido de ser inconstitucional a remuneração de serviço de iluminação pública por meio de taxa. 3. Agravo regimental não provido.
AI 588248 AgR / RJ - RIO DE JANEIRO
AG.REG. NO AGRAVO DE INSTRUMENTO
Relator(a): Min. DIAS TOFFOLI
Julgamento: 14/02/2012 Órgão Julgador: Primeira Turma

9. Não obstante não se trate de serviço compulsório, o Superior Tribunal de Justiça vem admitindo a cobrança de assinatura básica para a prestação do serviço de telefonia, paga independentemente da utilização pelo usuário do serviço, decorrente da disponibilização pelo prestador. Neste sentido, a Súmula n. 356 do Superior Tribunal de Justiça define que *"é legítima a cobrança da tarifa básica pelo uso dos serviços de telefonia fixa"*.

a possibilidade de cobrança, por meio de execução fiscal, nos moldes da lei 6.830/80, dada a natureza tributária dos valores cobrados para a execução da atividade.

Por seu turno, os serviços facultativos são prestados visando aos interesses da coletividade; todavia, podem ou não ser utilizados pelos usuários. Então, somente será possível a cobrança pelo serviço efetivamente prestado, sendo que a contraprestação deve ser feita mediante tarifas ou preços públicos, não ostentando natureza tributária.

A natureza privada das tarifas já foi objeto de análise pelos estudiosos da matéria e pela jurisprudência, estando consolidado o entendimento de que são exações privadas, não se confundindo com as taxas. Neste sentido, a súmula 545, do Supremo Tribunal Federal, dispõe que *"preços de serviços públicos e taxas não se confundem, porque estas, diferentemente daqueles, são compulsórias e têm sua cobrança condicionada à prévia autorização orçamentária, em relação à lei que as instituiu"*.

Outrossim, a doutrina costuma classificar os serviços públicos, no que tange à sua forma de prestação, em **serviços públicos próprios** e **impróprios**.

São considerados serviços públicos próprios aqueles que somente podem ser prestados pelo Estado, de forma direta (pelos entes da Administração Direta ou Indireta) ou mediante delegação a particulares, efetivada mediante a celebração de contratos de concessão e permissão, nos moldes da legislação.

Por outro lado, os serviços públicos impróprios são aqueles que, não obstante sejam essenciais à coletividade e satisfaçam os interesses dos administrados, podem ser executados por particulares sem a necessidade de delegação pelo ente estatal. São serviços de utilidade pública, cuja execução será somente fiscalizada pela Administração Pública, mediante a expedição de atos de consentimento que condicionam a forma de execução. Foram tratados no tópico anterior como serviços públicos não exclusivos de Estado.

Por fim, alguns doutrinadores ainda diferenciam as atividades estatais em **serviços administrativos, serviços industriais (ou comerciais)** e **serviços sociais**.

O rol dos serviços administrativos abarca as atividades internas do Estado, voltadas à organização e estruturação institucional, de forma a garantir uma boa execução da atividade administrativa – como ocorre com o serviço de imprensa oficial, utilizado para a divulgação dos atos administrativos e publicidade dos demais serviços públicos. Os serviços sociais são serviços prestados diretamente pelo Estado para a satisfação dos interesses da sociedade, em paralelo à execução pela iniciativa privada, como ocorre com serviços de saúde, educação, previdência, entre outros.

Os serviços comerciais ou industriais são, em verdade, exploração de atividade econômica pelo Estado, não se configurando serviço público propriamente dito. Neste caso, a execução da atividade não segue as normas de direito privado, sendo considerada atividade privada de interesse público, nos moldes do art. 173 da Constituição Federal. Em sentido

A matéria é controversa na doutrina, haja vista não se tratar de serviço compulsório, admitindo-se, inclusive, a cobrança por meio de tarifas ou preços públicos. Ademais, a lei 9.427/97, que dispõe acerca do serviço de telecomunicações, não prevê a possibilidade de cobrança destes valores de tarifa básica em respeito ao Código de Defesa do Consumidor, que veda a cobrança ao usuário daquilo que não foi consumido por ele.

contrário, Maria Sylvia Zanella di Pietro[10] estabelece que são comerciais ou industriais aquelas atividades que são prestadas pelo poder público, diretamente ou mediante delegação, com a finalidade de satisfazer algumas necessidades do particular de natureza econômica, como serviços de transportes ou telecomunicações. Sendo assim, dispõe a autora que *"é aquele que a Administração Pública executa, direta ou indiretamente para atender às necessidades coletivas de ordem econômica"*.

5. DELEGAÇÃO CONTRATUAL DE SERVIÇOS

Conforme o art. 175 da CF, o Estado presta serviço público diretamente ou por meio de contratos de concessão e permissão desses serviços. Vejamos.

> Art. 175. Incumbe ao Poder Público, na forma da lei, diretamente ou sob regime de concessão ou permissão, sempre através de licitação, a prestação de serviços públicos.

Sendo assim, as atividades públicas poderão ser executadas pelo Estado diretamente, sendo que a interpretação do texto constitucional impõe o entendimento de que a execução de serviços pelos entes da Administração Indireta segue as regras definidas para a execução direta pelos entes federativos. Por outro lado, admite-se a execução de serviços mediante delegação a particulares, efetivada mediante contratos de concessão e de permissão de serviços públicos, nos moldes da legislação.

Com efeito, a necessidade de lei foi estampada no texto do dispositivo constitucional mencionado que, em seu parágrafo único dispõe:

> Parágrafo único. A lei disporá sobre:
>
> I - o regime das empresas concessionárias e permissionárias de serviços públicos, o caráter especial de seu contrato e de sua prorrogação, bem como as condições de caducidade, fiscalização e rescisão da concessão ou permissão;
>
> II - os direitos dos usuários;
>
> III - política tarifária;
>
> IV - a obrigação de manter serviço adequado.

A fim de regulamentar o dispositivo transcrito, foi editada a Lei 8.987/95, que trata dos contratos de concessão de serviços públicos e dos contratos de permissão de serviços públicos e todas as regras atinentes a estas contratações. A matéria ainda sofre influências da lei 9.074/99, que estabelece as normas para outorga e prorrogação das concessões e permissões de serviços públicos, no que tange a execução das atividades relacionadas ao serviço de energia elétrica.

Ademais, foi editada a lei 11.079/04 que criou as Parcerias Público-Privadas como novas espécies de contratos de concessão. Com efeito, as conhecidas PPPs são contratos de concessão de serviços públicos de natureza especial. Desse modo, a lei prevê a possibilidade de celebração de contrato de concessão patrocinada, assim como contrato de concessão administrativa, com o intuito de diminuir os custos na prestação de atividades de interesse público. Estes contratos devem ser analisados separadamente.

10. PIETRO,Maria Sylvia Zanella di – Direito Administrativo. São Paulo: Editora Atlas, 21ª ed. 2008.

6. CONCESSÃO DE SERVIÇOS PÚBLICOS

A lei 8.987/95 regulamenta os contratos de concessão comuns, estipulando seu conceito no art. 2º, II, determinando que se configura a transferência da prestação de serviços públicos para particulares, pelo ente público, a pessoas jurídicas ou consórcios de empresas que demonstrem capacidade para desempenhar a atividade transferida por sua conta e risco. Ademais, o texto legal dispõe a obrigatoriedade de procedimento licitatório realizado na modalidade de concorrência, independentemente do valor do contrato a ser firmado.

Com efeito, não se trata de transferência da titularidade do serviço, haja vista a impossibilidade de outorga de atividades públicas a particulares. Em verdade, a concessão enseja somente a delegação da atividade, ou seja, a descentralização por colaboração, na qual o ente delegado terá somente o poder de executar o serviço, sem obter sua titularidade.

É importante salientar que, nos contratos de concessão de serviço público, a empresa concessionária será remunerada pelas tarifas que cobrará dos usuários, não lhe sendo devida qualquer contraprestação pelo ente estatal. De fato, a entidade deverá explorar o serviço concedido de forma a obter sua remuneração, diferentemente dos contratos comuns de prestação de serviços, em que o poder público paga pelo serviço contratado.

Assim, suponha-se, por exemplo, que um município contrate uma empresa para a prestação do serviço de transporte público municipal. Efetivada a contratação, a empresa será remunerada pela cobrança dos usuários do sistema de transportes, e não pelo poder concedente. Por seu turno, caso o município celebre contrato determinando que um particular realize a limpeza de seus logradouros, nesta situação, a empresa será remunerada pelo poder público diretamente, configurando-se contrato de prestação de serviços, regulamentado pelo texto da lei 8.666/93.

Ressalte-se, ainda, que a concessão comum (regulamentada pela lei 8.987/95) pode ser dividida em duas espécies, a saber:

a) **Concessão simples**: são contratos cujo objeto se resume à transferência da execução do serviço público para o particular, que o executará por sua conta e risco mediante cobrança de tarifas dos usuários.

b) **Concessão precedida de obra**: trata-se de contratos de concessão nos quais o ente público determina ao particular que realize uma obra pública de relevância para a sociedade e indispensável à prestação do serviço público delegado. Nestes casos, o particular deverá executar a obra às suas expensas, sendo remunerado, posteriormente, pela exploração do serviço decorrente da obra.

Imagine-se, a título de exemplo, que determinado estado contrata uma empresa privada para construção da linha de metrô da sua capital. Neste caso, a empresa ficará responsável pela execução da obra e, em contrapartida, poderá explorar o serviço de metrô durante prazo determinado no contrato, de forma a se remunerar pelos gastos efetivados e obter o lucro da atividade.

Neste sentido, o art. 2º, III, da lei 8.987/95, dispõe que "*concessão de serviço público precedida da execução de obra pública: a construção, total ou parcial, conservação, reforma, ampliação ou melhoramento de quaisquer obras de interesse público, delegada pelo poder concedente, mediante licitação, na modalidade de concorrência, à pessoa jurídica ou consórcio de empresas que demonstre capacidade para a sua realização, por sua conta e risco, de forma que o investimento da concessionária seja remunerado e amortizado mediante a exploração do serviço ou da obra por prazo determinado".*

Como todo contrato celebrado, a concessão de serviços públicos deve ser formada por duas partes pactuantes, quais sejam, o Poder Público contratante e o particular contratado, aqui chamados de concedente e concessionário. Analisemos cada uma destas partes e suas obrigações diante da avença firmada.

6.1. Poder concedente

São os entes da Administração Direta (União, Estado, Município, DF) que delegam a particulares, mediante acordo, a execução de determinados serviços públicos. Nestes termos, o art. 2º, I da lei 8.987/95 define que é considerado poder concedente *"a União, o Estado, o Distrito Federal ou o Município, em cuja competência se encontre o serviço público, precedido ou não da execução de obra pública, objeto de concessão ou permissão".*

Sendo assim, o concedente é o ente federativo responsável pela execução da atividade delegada, respeitando as competências constitucionais para a prestação dos serviços públicos, ou seja, a União é responsável pela delegação de serviços de interesse nacional, enquanto os estados ficam responsáveis pela celebração de contratos de concessão que deleguem a execução de serviços de interesse regional. Por sua vez, o ente público municipal será a entidade concedente quando se tratar de serviços de interesse local.

Excepcionalmente, a lei atribui o poder de delegar serviços públicos a entidades da administração indireta, como é o caso do poder atribuído a ANATEL e ANEEL por lei para atuar numa concessão como poder concedente de serviço público. Lembre-se que estas entidades são qualificadas como agências reguladoras – portanto, autarquias em regime especial. Neste sentido a lei 9.427/96, define, em seu art. 3º, II, que compete à ANEEL *"promover, mediante delegação, com base no plano de outorgas e diretrizes aprovadas pelo Poder Concedente, os procedimentos licitatórios para a contratação de concessionárias e permissionárias de serviço público para produção, transmissão e distribuição de energia elétrica e para a outorga de concessão para aproveitamento de potenciais hidráulicos".*

Ademais, os consórcios públicos, instituídos pela lei 11.107/05, poderão atuar como poder concedente em relação aos serviços de sua responsabilidade. Com efeito, a lei define que estas entidades, formadas pela gestão associada de entes da federação, poderão outorgar concessão, permissão ou autorização de obras ou serviços públicos, desde que o faça mediante autorização prevista no contrato de consórcio público, que deverá indicar de forma específica o objeto da concessão, permissão ou autorização e as condições a que deverá atender, observada a legislação de normas gerais em vigor acerca da matéria.

Aliás, esta matéria vem sendo alvo de algumas críticas, que serão analisadas no tópico específico, haja vista o fato de que os consórcios públicos não fazem parte da divisão constitucional de competências para a prestação de serviços públicos, não possuindo a titularidade da atividade, então, para fins de delegação.

6.1.1. Direitos e obrigações do concedente

É importante frisar que o ente público é o titular dos serviços delegados e, como tal, tem o dever de zelar pela sua adequada prestação, de forma a satisfazer as necessidades dos usuários e garantir uma execução eficiente.

Outrossim, o ente público será subsidiariamente responsável por todos os danos causados na execução de um serviço público, haja vista se manter na titularidade desta atividade, transferindo somente o poder de prestação aos particulares.

Neste sentido, alguns encargos são impostos, por lei, ao poder concedente, assim como algumas prerrogativas, quais sejam:

a) **regulamentar o serviço concedido e fiscalizar permanentemente a sua prestação**: trata-se de poder-dever da Administração Pública, haja vista tratar-se de uma garantia pública a possibilidade de fiscalização do contrato durante sua execução;

b) **aplicar as penalidades regulamentares e contratuais, nos moldes definidos no contrato**, observando o princípio da proporcionalidade, não se admitindo a aplicação de penas mais intensas do que o necessário para sancionar a infração cometida pela empresa concessionária. Com efeito, a Administração Pública pode aplicar penalidades aos particulares contratados em decorrência de descumprimento do acordo, nos moldes da lei 8666/93. As punições a serem aplicadas ao contratado já foram estudadas em capítulo pertinente aos contratos administrativos;

c) **intervir na prestação do serviço**, nos casos e condições previstos em lei, sempre que houver indícios de irregularidades na empresa contratada. A intervenção será analisada em tópico específico, dadas as suas peculiaridades;

d) **extinguir a concessão**, haja vista o poder de **Rescisão Unilateral**, previsto em lei como prerrogativa dada ao ente público contratante de pôr fim à avença, independentemente de consentimento do particular ou de decisão judicial. Pode se dar por motivo de interesse público e, nesse caso, recebe o nome de **encampação** e pode se dar por inadimplemento da empresa concessionária, quando receberá o nome de **caducidade;**

e) homologar reajustes e proceder à revisão das tarifas na forma da lei 8.987/95, das normas pertinentes e do contrato;

f) cumprir e fazer cumprir as disposições regulamentares do serviço e as cláusulas contratuais da concessão;

g) **zelar pela boa qualidade do serviço**, receber, apurar e solucionar queixas e reclamações dos usuários, que serão cientificados, em até trinta dias, das providências tomadas: é um dever do ente público de manter a eficiência na prestação dos serviços, não se admitindo que o particular, em busca do lucro, execute o serviço de forma inadequada;

h) **declarar de utilidade pública os bens necessários à execução do serviço ou obra pública**, promovendo as desapropriações, diretamente ou mediante outorga de poderes à concessionária, caso em que será desta a responsabilidade pelas indenizações cabíveis, casos em que o ente estatal somente efetiva a declaração de utilidade pública, competindo à concessionária executar a desapropriação;

i) **declarar de necessidade ou utilidade pública, para fins de instituição de servidão administrativa**, os bens necessários à execução de serviço ou obra pública, promovendo-a diretamente ou mediante outorga de poderes à concessionária, caso em que será desta a responsabilidade pelas indenizações cabíveis;

j) estimular o aumento da qualidade, produtividade, preservação do meio-ambiente e conservação;

l) incentivar a competitividade;

m) estimular a formação de associações de usuários para defesa de interesses relativos ao serviço.

Ressalte-se que, para garantir a boa execução das atividades, o poder concedente ainda terá a possibilidade de determinar a **alteração unilateral do contrato** com a finalidade de adequar as disposições contratuais ao interesse público. De fato, o Estado pode modificar a avença independentemente do consentimento da outra parte, quando o fizer para satisfazer as necessidades da coletividade. Trata-se de cláusula exorbitante presente em todos os contratos administrativos, inclusive nos contratos de concessão de serviços públicos.

Por fim, a lei prevê a possibilidade de **ocupação temporária de bens**. Com efeito, em determinadas situações, para manter os serviços prestados pelo particular contratado, o Estado precisa ocupar temporariamente os bens da contratada. Cite-se como exemplo a situação de uma empresa de transporte público cujos funcionários deflagram greve. O ente público ocupa os ônibus da empresa e mantém a prestação do serviço público.

Trata-se de garantia inerente ao princípio da continuidade do serviço público, com vistas a evitar a paralisação da prestação. Saliente-se que não deve ser confundida a ocupação temporária com a reversão de bens, já que na ocupação, a situação é temporária e o Poder Público, devolve o bem à concessionária, cessada a situação excepcional que deu ensejo à sua atuação. Na reversão, o Poder Público mediante indenização correspondente ao concessionário, reverte para si os bens da empresa atrelados à prestação do serviço público. A reversão tem caráter definitivo e decorre da extinção do contrato de concessão de serviço público.

6.2. Concessionária

A concessionária de serviço é o particular que celebra o contrato administrativo, tornando-se executor do serviço público descentralizado. O contrato de concessão de serviços públicos somente pode ser celebrado com pessoas jurídicas ou consórcios de empresas, não se admitindo a assinatura da avença com pessoa física.

→ **ATENÇÃO!**

O leitor deve tomar cuidado para não confundir com o contrato de concessão de uso de bem público, analisado em capítulo próprio, o qual pode ser celebrado com pessoas físicas ou pessoas jurídicas.

A concessionária, assim como todos aqueles que celebram contratos com o poder público, deve suportar todas as garantias estatais decorrentes da supremacia do interesse público sobre o interesse privado e tem a garantia de manutenção do equilíbrio econômico-financeiro do contrato, independentemente das necessidades públicas. De fato, consoante já analisado no capítulo atinente aos contratos administrativos, é cediço que ao particular contratado deverá ser garantida a manutenção da margem de lucro inicialmente pactuada, mesmo diante de situações que desequilibrem a avença de forma inesperada.

Neste sentido, o particular contratado deverá atuar na busca pelo lucro, desde que isso não enseje prejuízo aos usuários do serviço ou má execução da atividade a si transferida, não gozando de qualquer benefício da fazenda pública como a imunidade tributária ou as prerrogativas processuais de prazos dilatados e execução fiscal de seus débitos.

Ademais, a empresa concessionária deverá cumprir algumas obrigações definidas em lei que visam a garantir o interesse público, quais sejam:

a) prestar serviço adequado, na forma prevista na lei 8.987/95, nas normas técnicas aplicáveis e no contrato, em obediência a todos os princípios referentes à matéria, mantendo uma execução eficiente da atividade;

b) manter em dia o inventário e o registro dos bens vinculados à concessão, como forma de evitar-se enriquecimento sem causa da empresa;

c) prestar contas da gestão do serviço ao poder concedente e aos usuários, nos termos definidos no contrato, não se admitindo a execução da atividade de forma sigilosa, em respeito ao princípio da publicidade;

d) cumprir e fazer cumprir as normas do serviço e as cláusulas contratuais da concessão;

e) permitir aos encarregados da fiscalização livre acesso, em qualquer época, às obras, aos equipamentos e às instalações integrantes do serviço, bem como a seus registros contábeis, haja vista a prerrogativa estatal de fiscalizar a prestação do serviço;

f) promover as desapropriações e constituir servidões autorizadas pelo poder concedente, conforme previsto no edital e no contrato, sendo que o ente público ficará responsável pela declaração de utilidade ou necessidade pública, restando ao particular contratado a possibilidade de executar a desapropriação;

g) zelar pela integridade dos bens vinculados à prestação do serviço, bem como segurá-los adequadamente;

h) captar, aplicar e gerir os recursos financeiros necessários à prestação do serviço, uma vez que a prestação é feita por conta e risco da empresa contratada. Neste sentido, o art. 25, da lei 8.987/95, define que *"Incumbe à concessionária a execução do serviço concedido, cabendo-lhe responder por todos os prejuízos causados ao poder concedente, aos usuários ou a terceiros, sem que a fiscalização exercida pelo órgão competente exclua ou atenue essa responsabilidade"*.

Em relação à responsabilidade civil das concessionárias, aplica-se o quanto disposto no art. 37, §6º, da Constituição Federal. Com efeito, por expressa dicção do dispositivo, além dos entes da Administração direta e indireta, também se submetem a esse regime todos os particulares que atuem na prestação de serviço público por delegação – como é o caso das concessionárias e permissionárias de serviços.

Nesses casos em que o particular prestador do serviço ou entidade da administração indireta causa o dano por conduta de seus agentes a responsabilidade da concessionária (ou entidade da administração indireta) é objetiva e o Estado tem responsabilidade subsidiária – e objetiva – por esta atuação.

Cite-se como exemplo um acidente fatal ocorrido com passageiro de ônibus pertencente a uma empresa contratada para prestação do serviço de transporte público. A responsabilidade será objetiva da empresa prestadora de serviço público, bem como do ente estatal. Nesses casos, a responsabilidade do Estado é objetiva, porém subsidiária à da empresa prestadora do serviço.

Em outras palavras, sendo o dano causado por uma entidade prestadora de serviços públicos, somente é possível a responsabilização do Estado após o esgotamento das tentativas de pagamento por parte da empresa pelos prejuízos causados, uma vez que a concessionária executa o serviço público por sua conta e risco.

Em suma, a responsabilidade subsidiária se dá quando o Estado responde pelos danos causados por outra pessoa jurídica. Neste caso, a obrigação de reparar o dano é da pessoa jurídica prestadora do serviço e, caso seja inviável esse pagamento, ao Estado é incumbida a responsabilidade. É oportuno mencionar que a **responsabilidade subsidiária** não pode ser confundida com a **responsabilidade solidária.** Nesta, ambos responderiam, ao mesmo tempo, solidariamente, enquanto na subsidiária o Estado só é chamado se o prestador de serviços não tiver condições financeiras.

Ressalte-se, ainda que, em nome do Princípio da Isonomia, o Supremo Tribunal Federal, por decisão do plenário, no RExt n. 591874/2009, já decidiu que, ainda que o dano seja causado a terceiro não usuário do serviço público, a responsabilidade também será objetiva, pois, se a própria constituição não diferencia, não cabe ao intérprete diferenciar os danos causados a terceiros, em virtude de serem ou não usuários do serviço[11].

Por fim, cumpre salientar que a responsabilidade da entidade concessionária pelos danos causados será objetiva somente para aqueles prejuízos causados a terceiros durante a prestação do serviço e, não obstante seja objetiva, deve haver a comprovação de conduta do agente público, dano jurídico causado a particular e nexo de causalidade. A exclusão de qualquer um destes elementos enseja a impossibilidade de se responsabilizar a entidade, o que ocorre, por exemplo, nas situações de caso fortuito, força maior e culpa exclusiva da vítima.

6.3. Usuários do serviço

Inicialmente, cumpre ressaltar que a lei 8.987/95 admite, expressamente, a aplicação do Código de Defesa do Consumidor para a proteção dos usuários dos serviços públicos prestados por empresas concessionárias. Com efeito, a concessionária é, primordialmente, fornecedora

11. Neste sentido, vejamos o julgado do Supremo Tribunal Federal:
"EMENTA: CONSTITUCIONAL. RESPONSABILIDADE DO ESTADO. ART. 37, § 6º, DA CONSTITUIÇÃO. PESSOAS JURÍDICAS DE DIREITO PRIVADO PRESTADORAS DE SERVIÇO PÚBLICO. CONCESSIONÁRIO OU PERMISSIONÁRIO DO SERVIÇO DE TRANSPORTE COLETIVO. RESPONSABILIDADE OBJETIVA EM RELAÇÃO A TERCEIROS NÃO-USUÁRIOS DO SERVIÇO. RECURSO DESPROVIDO. I - A responsabilidade civil das pessoas jurídicas de direito privado prestadoras de serviço público é objetiva relativamente a terceiros usuários e não-usuários do serviço, segundo decorre do art. 37, § 6º, da Constituição Federal. II - A inequívoca presença do nexo de causalidade entre o ato administrativo e o dano causado ao terceiro não-usuário do serviço público, é condição suficiente para estabelecer a responsabilidade objetiva da pessoa jurídica de direito privado. III - Recurso extraordinário desprovido."
RE 591874 / MS - MATO GROSSO DO SUL - Julgamento: 26/08/2009

de serviços usufruídos por particulares e, como tal, não pode se eximir de respeitar as normas definidas para a proteção do consumidor.

Ademais, a própria lei 8.987/95 define alguns direitos e obrigações que devem ser analisados pelos usuários de serviços públicos.

Inicialmente, é garantia do particular o **recebimento de serviço adequado**, respeitando a eficiência e isonomia na sua prestação, em obediência às regras de modicidade das tarifas e cortesia pelos executores.

Da mesma forma, o particular que usufruirá do serviço público concedido deverá receber do poder concedente e da concessionária todas as informações necessárias para a defesa de interesses individuais ou coletivos.

Ainda como prerrogativa definida por lei, o usuário deverá obter e utilizar o serviço, com liberdade de escolha entre vários prestadores de serviços, quando for o caso, observadas as normas do poder concedente.

Por seu turno, o usuário do serviço deve respeitar algumas imposições legais, como forma de se garantir uma prestação adequada do serviço público. Neste sentido, a lei determina que o particular leve ao conhecimento do poder público e da concessionária as irregularidades de que tenha conhecimento, referentes ao serviço prestado, assim como lhe impõe o dever de comunicar às autoridades competentes os atos ilícitos praticados pela concessionária na prestação do serviço, que sejam de seu conhecimento.

Por fim, o texto legal estipula que os particulares que usufruem da execução da atividade devem contribuir para a permanência das boas condições dos bens públicos através dos quais lhes são prestados os serviços.

6.4. Procedimento licitatório

Assim como todos os contratos firmados pelo Poder Público, a concessão deverá ser precedida de precedida de procedimento licitatório como forma de garantir a impessoalidade na escolha do contratado, bem como com a intenção de se firmar avença com aquele que oferecer a proposta mais vantajosa ao Poder Público. Neste sentido, o art. 175 da Carta Magna define que "*Incumbe ao Poder Público, na forma da lei, diretamente ou sob regime de concessão ou permissão,* ***sempre através de licitação****, a prestação de serviços públicos*".

A concessão de serviços públicos é precedida de licitação na modalidade concorrência, necessariamente, com algumas ressalvas trazidas pela lei 9.074/95, que será analisada no tópico seguinte.

Interessante frisar que a Lei 8.987/95 prevê que, no edital da concorrência, para contratos de concessão de serviços públicos, é possível se estabelecer a inversão de fases da habilitação e classificação. Portanto, a inversão das fases do procedimento licitatório não decorre da lei, mas pode ser estipulada com previsão editalícia. Sendo assim, desde que esteja previamente definido no instrumento convocatório, primeiramente serão analisadas as propostas dos licitantes para, somente após a definição da melhor proposta, ser feita a habilitação do licitante vencedor para análise de sua idoneidade. Assim, se for inabilitado o licitante mais bem classificado, serão analisados os documentos habilitatórios do licitante com a proposta classificada em segundo lugar, e assim sucessivamente, até que um licitante classificado atenda às condições fixadas no edital.

Além disso, a forma de escolha do vencedor não segue as normas da lei 8666/93. De fato, os tipos de licitação não se resumem à analise de menor preço ou melhor técnica. Isso porque os critérios de escolha definidos na lei 8.987/95 são os seguintes:

a) **o menor valor da tarifa do serviço público a ser prestado**, como forma de garantia do princípio da modicidade;

b) **a maior oferta**, somente nos casos em que haja pagamento ao poder concedente pela outorga da concessão;

c) a **combinação**, dois a dois, dos critérios de menor valor da tarifa do serviço público a ser prestado, de maior oferta, nos casos em que haja pagamento ao poder concedente pela outorga da concessão e de melhor oferta de pagamento pela outorga, após qualificação de propostas técnicas; ressalte-se que a aplicação deste critério só será admitida quando previamente estabelecida no edital de licitação, inclusive com regras e fórmulas precisas para avaliação econômico-financeira;

d) **melhor proposta técnica**, com preço fixado no edital;

e) melhor proposta em razão da **combinação dos critérios de menor valor da tarifa do serviço público a ser prestado com o de melhor técnica**;

f) melhor proposta em razão da **combinação dos critérios de maior oferta pela outorga da concessão com o de melhor técnica**;

g) **melhor oferta de pagamento pela outorga** após qualificação de propostas técnicas.

Ademais, o art. 15, § 3º da lei 8.987/95 trata acerca da inexequibilidade das propostas ao definir que *"O poder concedente recusará propostas manifestamente inexequíveis ou financeiramente incompatíveis com os objetivos da licitação"*.

Outrossim, no que tange ao **critério de desempate** da licitação, não serão observadas as disposições da lei 8.666/93. De fato, o único critério definido em lei, para desempatar o procedimento licitatório, em casos de contratos de concessão de serviços públicos é a nacionalidade da empresa participante do certame. Neste sentido, o art. 15, §4º da lei 8.987/95 dispõe que *"Em igualdade de condições, será dada preferência à proposta apresentada por empresa brasileira"*.

Por fim, a lei prevê a possibilidade de participação no procedimento licitatório de empresas consorciadas, mesmo antes de firmado o acordo. Neste caso, será exigida a comprovação de compromisso, público ou particular, de constituição de consórcio, subscrito pelas consorciadas, determinando-se que aquele sagrado vencedor fica obrigado a promover, antes da celebração do contrato, a constituição e registro do consórcio, nos termos do compromisso.

Será obrigatória, ainda, a definição de qual empresa ficará responsável pelo consórcio, sendo que a empresa líder responderá, perante o poder concedente, pelo cumprimento do contrato de concessão, sem prejuízo da responsabilidade solidária das demais consorciadas.

Nestes casos de participação em consórcio do certame, os critérios e a relação dos documentos necessários à aferição da capacidade técnica, da idoneidade financeira e da regularidade jurídica e fiscal serão exigidos de cada uma das empresas consorciadas.

Ressalte-se, por derradeiro, que a lei dispõe expressamente acerca do impedimento de participação de empresas consorciadas na mesma licitação, por intermédio de mais de um consórcio ou mesmo isoladamente.

6.4.1. Modalidades licitatórias diferenciadas

A lei 9.074/95 criou o Programa Nacional de Desestatização e determina que os serviços públicos que estejam elencados neste programa podem ser delegados mediante contratos de concessão, sendo que, nestes casos, a modalidade licitatória a ser utilizada poderá ser o **leilão**. Trata-se de norma que afasta a obrigatoriedade de concorrência para estes serviços específicos.

Com efeito, o art. 29 desta lei dispõe que *"A modalidade de leilão poderá ser adotada nas licitações relativas à outorga de nova concessão com a finalidade de promover a transferência de serviço público prestado por pessoas jurídicas, a que se refere o art. 27, incluídas, para os fins e efeitos da Lei n.: 8.031, de 1990, no Programa Nacional de Desestatização, ainda que não haja a alienação das quotas ou ações representativas de seu controle societário"*.

O citado art. 27, por sua vez, estipula que *"Nos casos em que os serviços públicos, prestados por pessoas jurídicas sob controle direto ou indireto da União, para promover a privatização simultaneamente com a outorga de nova concessão ou com a prorrogação das concessões existentes a União, exceto quanto aos serviços públicos de telecomunicações, poderá: I - utilizar, no procedimento licitatório, a modalidade de leilão, observada a necessidade da venda de quantidades mínimas de quotas ou ações que garantam a transferência do controle societário; II - fixar, previamente, o valor das quotas ou ações de sua propriedade a serem alienadas, e proceder a licitação na modalidade de concorrência"*.

Dessa forma, em obediência ao novo programa, passou-se a admitir o leilão como modalidade licitatória para a celebração dos contratos de concessão, desde que respeitadas as regras dispostas em lei.

Do mesmo modo, há uma peculiaridade a ser observada nos contratos de concessão de serviços públicos de radiodifusão de sons e imagens (televisão) e radiodifusão sonora (rádio). Em tais casos, não há aplicabilidade das disposições da lei 8.987/95, consoante estabelecido em seu artigo 41, devendo ser observada a definição constitucional.

Com efeito, o art. 223 da Carta Magna estipula que compete ao Poder Executivo outorgar e renovar concessão, permissão e autorização para estes serviços, com observância ao princípio da complementaridade dos sistemas privado, público e estatal, definindo ainda que a não renovação da concessão ou permissão dependerá de aprovação de, no mínimo, dois quintos do Congresso Nacional, em votação nominal.

O texto da Constituição define também que o prazo da concessão ou permissão será de dez anos para as emissoras de rádio e de quinze para as de televisão e que o cancelamento da concessão ou permissão, antes de vencido o prazo, depende de decisão judicial.

6.5. Formalização dos contratos de concessão de serviço público

Os contratos de concessão se diferenciam dos demais contratos de execução de serviços pelo fato de que a remuneração da empresa concessionária não é feita pela Administração Pública, mas sim pela exploração do serviço concedido. Sendo assim, para a formação de um contrato de concessão de serviço público, faz-se necessária a observação das regras seguintes.

➔ **A Administração Direta contrata determinada empresa para prestar serviço público, mediante delegação. Essa empresa se torna responsável pela prestação do serviço, sendo, no entanto, remunerada pelo usuário do serviço e não pela Administração Pública que a contratou.**

Por exemplo, quando determinado município contrata uma empresa de ônibus para prestação do serviço de transporte, a remuneração desta empresa é feita mediante a cobrança de tarifas dos usuários do serviço. A remuneração básica é realizada pelo usuário, ou seja, a empresa deverá explorar o serviço concedido de forma a ser remunerada e obter lucro na execução da atividade.

Podem ser citados como exemplos, serviços de transporte, telefonia, energia elétrica, entre outros.

Logo, quando o Poder Público contrata uma empresa para execução do serviço de limpeza pública, trata-se de um contrato de prestação de serviço comum, regido pela lei 8.666/93, não se confundindo com a concessão de serviços públicos. Isso porque, não obstante a limpeza da cidade seja serviço público, a execução do serviço pela empresa será paga pela própria Administração Pública, não havendo a cobrança direta de tarifas dos usuários do serviço. No contrato de concessão, a remuneração é diferenciada, uma vez que o usuário tem relação direta com a concessionária e remunera os gastos, viabilizando o lucro da empresa.

Consoante já explicitado previamente, a concessão de serviços pode ser simples ou precedida de obra. As concessões de serviços públicos precedidas de obra ocorrem nas situações em que o Estado transfere à empresa o dever de executar obra necessária à prestação deste serviço, sendo que a exploração do serviço público feita posteriormente deverá ressarcir a empresa dos gastos efetivados com a obra. Pode-se citar um exemplo de situação na qual o ente público contrata a empresa para executar a obra do metrô, sendo posteriormente remunerada pela exploração do serviço de transporte público dela decorrente, por certo período de tempo, definido no contrato firmado.

Ademais, importa saber que a concessão de serviço público é um contrato administrativo e, como tal, se submete ao regime geral dos contratos previsto na lei 8.666/93 com todas as suas obrigações e garantias. Neste sentido, estão implícitas nos contratos de concessão, as cláusulas exorbitantes previstas na referida lei, assim como devem ser respeitadas as regras de manutenção do equilíbrio econômico financeiro do contrato, entre outras regras expostas na lei geral de contratos administrativos.

Outrossim, o art. 23 da lei 8.987/95 define as **cláusulas necessárias** à validade dos contratos de concessão de serviço público. Neste sentido, o contrato deve prever regras referentes ao objeto, à área e ao prazo da concessão; ao modo, forma e condições de prestação do serviço; aos critérios, indicadores, fórmulas e parâmetros definidores da qualidade do serviço; ao preço do serviço e aos critérios e procedimentos para o reajuste e a revisão das tarifas; aos direitos, garantias e obrigações do poder concedente e da concessionária, inclusive os relacionados às previsíveis necessidades de futura alteração e expansão do serviço e consequente modernização, aperfeiçoamento e ampliação dos equipamentos e das instalações; aos direitos e deveres dos usuários para obtenção e utilização do serviço; à forma de fiscalização das instalações, dos equipamentos, dos métodos e práticas de execução do serviço, bem como a indicação dos órgãos competentes para exercê-la; às penalidades contratuais e administrativas a que se sujeita a concessionária e sua forma de aplicação; aos casos de extinção da concessão; aos bens reversíveis; aos critérios para o cálculo e a forma de pagamento das indenizações devidas à concessionária, quando for o caso; às condições para prorrogação do contrato; à obrigatoriedade, forma e periodicidade da prestação de contas da concessionária ao poder concedente; à exigência da publicação de demonstrações financeiras periódicas da concessionária; e ao foro e ao modo amigável de solução das divergências contratuais.

Em se tratando de contratos de concessão de serviço público precedido da execução de obra pública, devem, ainda, estar previstas cláusulas que estipulem os cronogramas físico-financeiros de execução das obras vinculadas à concessão e que exijam garantia do fiel cumprimento, pela concessionária, das obrigações relativas às obras vinculadas à concessão.

6.6. Intervenção

A fiscalização gera a possibilidade de intervenção na empresa concessionária, determinada pelo poder concedente, quando houver indícios de irregularidades. Nestes casos, o Estado nomeia um agente público que atuará como interventor, o qual ficará responsável pela gestão da empresa, enquanto se instaura processo administrativo para apuração das supostas irregularidades apontadas. A nomeação do interventor deve ser feita dar por meio de decreto, expedido pelo chefe do Poder Executivo.

Depois de nomeado o interventor, a Administração Pública deverá, no prazo máximo de 30 (trinta) dias, instaurar o processo administrativo a fim de apurar irregularidades, sendo que este procedimento terá duração máxima de 180 (cento e oitenta) dias. Neste sentido, estabelece a lei 8.987/95, em seu artigo 32 e seguintes, o quanto segue:

> Art. 32. O poder concedente poderá intervir na concessão, com o fim de assegurar a adequação na prestação do serviço, bem como o fiel cumprimento das normas contratuais, regulamentares e legais pertinentes.
>
> **Parágrafo único. A intervenção far-se-á por decreto do poder concedente, que conterá a designação do interventor, o prazo da intervenção e os objetivos e limites da medida.**
>
> Art. 33. Declarada a intervenção, o poder concedente deverá, no prazo de trinta dias, instaurar procedimento administrativo para comprovar as causas determinantes da medida e apurar responsabilidades, assegurado o direito de ampla defesa.

Os pressupostos da intervenção estão definidos em lei e, caso fique demonstrado que a intervenção não observou os pressupostos legais e regulamentares, será declarada sua nulidade, devendo o serviço ser imediatamente devolvido à concessionária, sem prejuízo de seu direito à indenização por todos os danos causados.

Cessada a intervenção, se não for verificada nenhuma irregularidade na empresa concessionária, a administração do serviço será devolvida à mesma, precedida de prestação de contas pelo interventor, que responderá pelos atos praticados durante a sua gestão. Caso contrário, sendo descoberto o cometimento de irregularidades que configurem inadimplemento contratual, será decretada a caducidade do contrato.

6.7. Duração do contrato de concessão

No que tange à duração, a concessão de serviços públicos não respeita os prazos estipulados na Lei 8.666/93, em seu art. 57, que estabelece como regra a duração de 1 (um) ano, respeitando o orçamento público.

Observe-se que o contrato de concessão, como regra, não gera despesas ao Estado e, por conseguinte, não depende de previsão na lei orçamentária – não precisando, portanto, obedecer ao prazo de duração do crédito orçamentário. Com efeito, nesses acordos a empresa contratada é remunerada por meio da exploração do próprio serviço, o que enseja a cobrança de tarifas diretamente aos usuários, não havendo, necessariamente, contraprestação pecuniária pelo poder concedente.

Sendo assim, o prazo de sua duração normalmente é mais longo, inclusive com o intuito de remunerar os gastos da concessionária de serviços públicos. Ressalte-se que a desvinculação ao art. 57 da lei 8.666/93 não significa celebração do contrato de concessão de serviços por prazo indeterminado. Afinal, a lei supramencionada determina que todo contrato administrativo tem prazo determinado.

Ademais, consoante já explicitado, em relação aos contratos de concessão dos serviços de radiodifusão sonora e de radiodifusão de sinais e imagens, o prazo de duração será de dez e quinze anos respectivamente, nos termos do art. 223, §5º da Constituição da República que dispõe que *"O prazo da concessão ou permissão será de dez anos para as emissoras de rádio e de quinze para as de televisão"*.

6.8. Arbitragem

A lei 11.196/05 alterou as disposições da lei 8.987/95, admitindo-se a celebração de cláusulas compromissórias e compromissos arbitrais para solução das controvérsias ocorridas no bojo de contratos de concessão de serviços públicos. Com efeito, em razão da alteração legal, atualmente é possível a instituição da arbitragem para contratos de concessão.

Nestes termos, o dispositivo legal estabelece expressamente que *"O contrato de concessão poderá prever o emprego de mecanismos privados para resolução de disputas decorrentes ou relacionadas ao contrato, inclusive a arbitragem, a ser realizada no Brasil e em língua portuguesa, nos termos da Lei nº 9.307, de 23 de setembro de 1996"*.

A matéria encontra acirradas críticas doutrinárias, pelo fato de que as controvérsias envolvendo a Administração Pública devem ser analisadas por agentes licitamente investidos na qualidade de julgadores pelo próprio Estado. A previsão da arbitragem viola a indisponibilidade do interesse público, uma vez que admite que particulares resolvam contendas de relevância para toda a coletividade.

Neste sentido, Celso Antônio Bandeira de Mello[12], ao tratar da arbitragem prevista na lei 11.079/04, para contratos de concessão especiais, estabelece que *"Não é aceitável, perante a Constituição, que particulares, árbitros, como suposto no art. 11, III, possam solver contendas nas quais estejam em causa interesses concernentes a serviços públicos, os quais não se constituem em bens disponíveis, mas indisponíveis, coisas* extra commercium*"*. Ainda se manifestando acerca do tema, o ilustre doutrinador dispõe que *"Envolve interesses de elevada estatura, pertinentes à sociedade como um todo; e, bem por isto, quando suscitar algum quadro conflitivo entre partes, só pode ser soluto pelo Poder Judiciário"*.

Não obstante a relevância das críticas, a matéria não foi alvo de controle de constitucionalidade pelo Supremo Tribunal Federal e continua vigente[13].

---

12. MELLO,Celso Antônio Bandeira de – Curso de Direito Administrativo. São Paulo: Malheiros, 26ª ed. 2009.
13. Ressalte-se que o Supremo Tribunal Federal já se manifestou no sentido da constitucionalidade da lei de arbitragem, admitindo-se a possibilidade de solução privada de controvérsias. Neste sentido, no julgamento do **SE 5206 AgR**,

6.9. Subconcessão

É cediço que os contratos administrativos se caracterizam pelo fato de serem celebrados *intuito personae*, ou seja, firmados com pessoas determinadas cujas características individuais justificaram a contratação. Esta regra decorre inclusive do fato de que o particular contratado foi selecionado mediante criterioso procedimento licitatório, com observação dos princípios da impessoalidade e isonomia, de forma que a avença não deve ser firmada com outra pessoa qualquer ou transferida durante sua execução.

Dessa forma, para que seja possível a subconcessão, ou seja, para que seja subcontratado o objeto do contrato de concessão firmado, ou para que se admita a transferência do controle acionária da concessionária, é indispensável a anuência do poder concedente, sob pena de configurar-se inadimplemento sujeito à declaração de caducidade do contrato, sem prejuízo das sanções a serem aplicadas. Neste sentido, dispõe o art. 27, da lei 8.987/95 que *"A transferência de concessão ou do controle societário da concessionária sem prévia anuência do poder concedente implicará a caducidade da concessão"*.

Ademais, para que seja concedida a anuência, o Poder Público deve verificar algumas regras. De fato, a empresa que assumirá o serviço público deverá atender às exigências de capacidade técnica, idoneidade financeira e regularidade jurídica e fiscal necessárias à assunção do serviço, assim como se comprometerá a cumprir todas as cláusulas do contrato em vigor. Ainda assim, deve o Poder Público analisar se a transferência não está sendo feita logo após o término da licitação, o que pode ensejar uma fraude ao certame por meio da criação de uma "empresa de fachada" somente para participação do procedimento.

Como forma de garantia do princípio da continuidade, a legislação admite que, desde que haja regulamentação prévia no contrato de concessão, o poder concedente poderá autorizar a assunção do controle da concessionária por seus financiadores para promover sua reestruturação financeira e assegurar a não interrupção da prestação dos serviços. Nestes casos, o Estado exigirá dos financiadores que atendam às exigências de regularidade jurídica e fiscal.

No que tange à subconcessão, a lei determina que, além da autorização específica pelo poder concedente, deverá ser precedida de procedimento licitatório na modalidade concorrência, para que seja regularmente efetivada.

Trata-se de dispositivo que causa estranheza aos estudiosos da matéria, haja vista o fato de que, na subcontratação, não há relação entre o contratante original e o subcontratado, ou seja, o Poder Público não participa do novo contrato. Dessa forma, existem duas possibilidades

---

a Corte definiu que a *"Lei de Arbitragem (L. 9.307/96): constitucionalidade, em tese, do juízo arbitral; discussão incidental da constitucionalidade de vários dos tópicos da nova lei, especialmente acerca da compatibilidade, ou não, entre a execução judicial específica para a solução de futuros conflitos da cláusula compromissória e a garantia constitucional da universalidade da jurisdição do Poder Judiciário (CF, art. 5º, XXXV). Constitucionalidade declarada pelo plenário, considerando o Tribunal, por maioria de votos, que a manifestação de vontade da parte na cláusula compromissória, quando da celebração do contrato, e a permissão legal dada ao juiz para que substitua a vontade da parte recalcitrante em firmar o compromisso não ofendem o artigo 5º, XXXV, da CF. Votos vencidos, em parte - incluído o do relator - que entendiam inconstitucionais a cláusula compromissória - dada a indeterminação de seu objeto - e a possibilidade de a outra parte, havendo resistência quanto à instituição da arbitragem, recorrer ao Poder Judiciário para compelir a parte recalcitrante a firmar o compromisso, e, consequentemente, declaravam a inconstitucionalidade de dispositivos da Lei 9.307/96 (art. 6º, parág. único; 7º e seus parágrafos e, no art. 41, das novas redações atribuídas ao art. 267, VII e art. 301, inciso IX do C. Pr. Civil; e art. 42), por violação da garantia da universalidade da jurisdição do Poder Judiciário. Constitucionalidade - aí por decisão unânime, dos dispositivos da Lei de Arbitragem que prescrevem a irrecorribilidade (art. 18) e os efeitos de decisão judiciária da sentença arbitral (art. 31)".*

a serem analisadas: ou o próprio poder realiza o procedimento licitatório e contrata nova empresa para executar parte do objeto contratual ou a concessionária subcontrata parte do contrato, sendo que, neste segundo caso, não se admite a realização de licitação dirigida pela empresa privada, ainda que prestadora de serviços públicos.

Sendo assim, o entendimento adotado pela doutrina majoritária é no sentido de que a lei 8.987/95 veda a subcontratação, nos moldes definidos pela legislação contratual civil, sendo somente possível a transferência do objeto do contrato (ainda que parcial) mediante procedimento licitatório realizado pelo Poder Público concedente.

6.10. Remuneração da concessionária

Conforme explicitado alhures, a empresa concessionária deverá ser remunerada, majoritariamente ou integralmente, mediante a cobrança de tarifas dos usuários do serviço cuja prestação lhe foi transferida. A política tarifária deve observar o princípio da modicidade, não se admitindo a cobrança de valores muito altos, inclusive, como forma de se garantir que a atividade será acessível à maior quantidade de pessoas possível.

Sendo assim, a tarifa do serviço público concedido será fixada pelo preço da proposta vencedora da licitação e preservada pelas regras de revisão previstas nesta Lei, no edital e no contrato, ou seja, ao término do procedimento licitatório já se saberá quais os valores que poderão ser cobrados pela empresa concessionária aos particulares que usufruirão do serviço público a ser prestado. Ademais, a tarifa não será subordinada à legislação específica anterior e somente nos casos expressamente previstos em lei, sua cobrança poderá ser condicionada à existência de serviço público alternativo e gratuito para o usuário.

Neste sentido, entende-se que a tarifa deve ser calculada com base nos custos dos serviços a serem executados, somando-se ao lucro que deve ser auferido pela concessionária, assim como a amortização dos investimentos que a empresa realizou para bem executar a atividade; mesmo porque é garantia do particular contratado que seja mantido, durante toda a vigência do acordo, seu equilíbrio econômico-financeiro.

Outrossim, para que se mantenha a margem de lucro inicialmente pactuada, a lei prevê a possibilidade de revisão de tarifas diante de situações excepcionais que aumentem os custos da prestação do serviço e também, nos moldes do contrato, para se evitar a corrosão do valor auferido em virtude da inflação no período. Dessa forma, o art. 9º, §2º, da lei 8.987/95, dispõe que *"Os contratos poderão prever mecanismos de revisão das tarifas, a fim de manter-se o equilíbrio econômico-financeiro"*.

Ademais, sempre que houver alteração unilateral do contrato que afete o seu inicial equilíbrio econômico-financeiro, o poder concedente deverá restabelecê-lo, concomitantemente à alteração. Da mesma forma, mesmo não havendo atuação do poder concedente no bojo da relação contratual, ressalvados os impostos sobre a renda, a criação, alteração ou extinção de quaisquer tributos ou encargos legais, após a apresentação da proposta, quando comprovado seu impacto, implicará a revisão da tarifa, para mais ou para menos, conforme o caso. Trata-se de situações de aplicação das teorias do fato da administração e do fato do príncipe, já analisadas, nesta obra, no capítulo referente aos contratos administrativos.

Por fim, a legislação define que, no atendimento às peculiaridades de cada serviço público, poderá o poder concedente prever, em favor da concessionária, no edital de licitação, a possibilidade de outras fontes provenientes de **receitas alternativas**, complementares, acessórias ou de projetos associados, com ou sem exclusividade, com vistas a favorecer a modicidade das tarifas. Cite-se como exemplo a possibilidade de uma empresa de transporte colocar placas de publicidade em seus ônibus, cobrando valores dos empresários que se beneficiam com a propaganda, ou mesmo definir um valor de subsídio feito pelo poder concedente para acrescer ao valor das tarifas cobradas.

Nestes casos, é indispensável que as fontes de receita alternativas sejam obrigatoriamente consideradas para a aferição do inicial equilíbrio econômico-financeiro do contrato, ensejando uma diminuição proporcional do valor das tarifas a serem pagas pelos usuários dos serviços. Trata-se de mais uma forma de se buscar a obediência ao princípio da modicidade de tarifas.

Acerca do tema, dispõe José dos Santos Carvalho Filho[14] que *"Caso o concedente deseje reduzir o valor da tarifa, deve compensar o concessionário para que seja mantido o equilíbrio econômico financeiro do contrato, seja através da redução dos ônus e encargos atribuídos contratualmente ao concessionário, seja por meio de indenização paga pelo poder concedente, correspondendo ao que o concessionário deixará de arrecadar em razão da redução tarifária"*. Enfim, qualquer política que vise à redução das tarifas deve ser acompanhada de forma alternativa de pagamento ao prestador do serviço ou de redução de encargos contratuais para se evitar o desequilíbrio do contrato firmado.

6.10.1. Assunção do controle da empresa pelos financiadores

A Lei 8.987/95 sofreu alteração em sua redação com edição da Lei 13.097/15, passando a dispor que, desde que haja previsão no contrato de concessão, o poder concedente autorizará a assunção do controle ou da administração temporária da concessionária por seus financiadores e garantidores, com quem não mantenha vínculo societário direto, sempre que seja necessário para promover sua reestruturação financeira e assegurar a continuidade da prestação dos serviços, sendo que, nestes casos, os financiadores e garantidores deverão atender às exigências de regularidade jurídica e fiscal. A legislação ainda dispõe que poderão ser dispensados os demais requisitos de habilitação.

A assunção do controle ou da administração temporária autorizados não alterará as obrigações da concessionária e de seus controladores para com terceiros, poder concedente e usuários dos serviços públicos.

Ademais, a legislação passa a estabelecer que se configura a administração temporária da concessionária por seus financiadores e garantidores quando, sem a transferência da propriedade de ações ou quotas, forem outorgados os seguintes poderes:

> I - indicar os membros do Conselho de Administração, a serem eleitos em Assembleia Geral pelos acionistas, em se tratando de Sociedade Anônima (S/A) ou administradores, a serem eleitos pelos quotistas, nas demais sociedades;
>
> II - indicar os membros do Conselho Fiscal, a serem eleitos pelos acionistas ou quotistas controladores em Assembleia Geral;

14. CARVALHO FILHO, José dos Santos – Manual de Direito Administrativo. Rio de janeiro: Lumen Juris, 23ª ed. 2012.

III - exercer poder de veto sobre qualquer proposta submetida à votação dos acionistas ou quotistas da concessionária, que representem, ou possam representar, prejuízos;

IV - outros poderes necessários para promover sua reestruturação financeira e assegurar a continuidade da prestação dos serviços.

Importa salientar, ainda que a administração temporária não acarretará responsabilidade aos financiadores e garantidores em relação à tributação, encargos, ônus, sanções, obrigações ou compromissos com terceiros, inclusive com o poder concedente ou empregados.

6.11. Extinção do contrato de concessão

A extinção é o término do contrato, por qualquer motivo que ponha fim às regras expostas na avença firmada entre o particular e o Poder Público. Em qualquer caso, extinta a concessão, retornam ao poder concedente todos os bens reversíveis, direitos e privilégios transferidos ao concessionário, conforme previsto no edital e estabelecido no contrato. Da mesma forma, haverá a imediata assunção do serviço pelo poder concedente, procedendo-se aos levantamentos, avaliações e liquidações necessários, o que autoriza a ocupação das instalações e a utilização de todos os bens reversíveis. A legislação define as hipóteses de extinção do contrato de concessão de serviços público, que serão analisadas a seguir.

a) **Advento do termo contratual**. É cediço que todos os contratos administrativos são celebrados por prazo determinado em seu instrumento e o escoamento do prazo negocial enseja o término do acordo. A lei prevê que, nesses casos, a reversão dos bens da concessionária ao poder concedente far-se-á com a indenização das parcelas dos investimentos vinculados a bens reversíveis, ainda não amortizados ou depreciados, que tenham sido realizados com o objetivo de garantir a continuidade e atualidade do serviço concedido.

b) **Encampação**. A encampação ou resgate do serviço público ocorre todas as vezes em que não há mais interesse público na manutenção do contrato, configurando cláusula exorbitante dos contratos administrativos que permite ao ente estatal extinguir a avença, sem a necessidade de concordância do particular. Ressalte-se que a legislação exige que se efetive a indenização ao particular por todos os prejuízos decorrentes desta extinção precoce do contrato. O art. 37, da lei 8.987/95 define que *"Considera-se encampação a retomada do serviço pelo poder concedente durante o prazo da concessão, por motivo de interesse público, mediante lei autorizativa específica e após prévio pagamento da indenização, na forma do artigo anterior"*.

c) **Caducidade**. Trata-se de rescisão unilateral do contrato justificada por motivo de inadimplemento do particular contratado. Nestes casos, a empresa concessionária deixa de cumprir suas obrigações contratuais e, em virtude deste descumprimento, enseja a possibilidade de extinção da relação contratual por iniciativa do Poder Público. A caducidade se dá por meio da edição de um decreto, pelo chefe do Poder Executivo, no qual se instaura um processo administrativo, em respeito ao contraditório e ampla defesa. Neste processo, a concessionária deverá justificar suas faltas, sendo possível, inclusive, a aplicação de penalidades pelo concedente, independentemente da ocorrência da caducidade.

A Lei 8.987/95, em seu art. 38, §1º, define algumas situações em que poderá ser declarada a caducidade do contrato de concessão, quais sejam

I. o serviço estiver sendo prestado de forma inadequada ou deficiente, tendo por base as normas, critérios, indicadores e parâmetros definidores da qualidade do serviço, em obediência às normas legais;

II. a concessionária descumprir quaisquer cláusulas contratuais ou disposições legais ou, ainda, regulamentares, concernentes à concessão, configurando claro inadimplemento contratual;

III. a concessionária paralisar o serviço ou concorrer para tanto, em afronta direta ao princípio da continuidade, ressalvadas as hipóteses decorrentes de caso fortuito ou força maior;

IV. a concessionária perder as condições econômicas, técnicas ou operacionais para manter a adequada prestação do serviço concedido;

V. a concessionária não cumprir as penalidades impostas por infrações cometidas, nos devidos prazos;

VI. a concessionária não atender a intimação do poder concedente no sentido de regularizar a prestação do serviço, como forma de garantia da eficiência na execução da atividade concedida; e

VII. a concessionária não atender a intimação do poder concedente para, em 180 (cento e oitenta) dias, apresentar a documentação relativa a regularidade fiscal, no curso da concessão.

Por fim, a lei dispõe que, uma vez declarada a caducidade do contrato de concessão, não resultará para o poder concedente qualquer espécie de responsabilidade em relação aos encargos, ônus, obrigações ou compromissos com terceiros ou com empregados da concessionária.

d) **Rescisão**. Nestes casos, vislumbram-se duas situações distintas.

Primeiramente, será possível a **rescisão consensual**, ou bilateral, decorrente de acordo firmado entre as partes. São casos em que não há mais interesse público na manutenção do contrato, sendo esse entendimento acatado pela concessionária. Trata-se de distrato, no qual há conjunção de vontades de ambas as partes da avença.

Ademais, existe a possibilidade de **rescisão judicial**, a ser requerida pela concessionária, diante do inadimplemento contratual do poder público. Esta situação decorre do fato de que a entidade privada não tem poder de rescindir o contrato unilateralmente, devendo recorrer ao judiciário sempre que se sentir lesada por qualquer comportamento indevido do poder concedente. Neste sentido, dispõe o art. 39, da lei 8.987/95 que "*O contrato de concessão poderá ser rescindido por iniciativa da concessionária, no caso de descumprimento das normas contratuais pelo poder concedente, mediante ação judicial especialmente intentada para esse fim*".

e) **Anulação**. A anulação é a extinção do contrato administrativo em virtude de ilegalidade originária. Nestes casos, a medida pode ser definida pela própria Administração Pública, no exercício de seu poder de autotutela ou por decisão judicial, mediante provocação de qualquer particular interessado.

f) **Falência ou extinção da empresa concessionária e falecimento ou incapacidade do titular, no caso de empresa individual**. É a extinção do contrato em razão do desaparecimento da concessionária. Isso decorre do fato de que os contratos administrativos, em geral, são celebrados *intuito personae*, não sendo possível a sua manutenção diante da ausência do contratado.

Disciplinando os contratos firmados antes da edição da lei 8.987/95, o diploma legal define que as concessões de serviço público outorgadas anteriormente consideram-se válidas pelo prazo fixado no contrato ou no ato de outorga, salvo se foram firmadas sem licitação, na vigência da Constituição Federal de 1988, casos em que deve ser declarada sua nulidade originária, por desrespeito ao princípio da isonomia.

Da mesma forma, devem ser extintas as concessões firmadas sem prévio procedimento licitatório, ainda que anteriores à Carta Magna, desde que os serviços ou obras a serem executadas não tenham se iniciado ou estejam paralisados, na data de edição da lei 8.987/95.

Por seu turno, as concessões que foram firmadas em caráter precário, as que estiverem com prazo vencido e as que estiverem em vigor por prazo indeterminado, inclusive por força de legislação anterior, permanecerão válidas pelo prazo necessário à realização dos levantamentos e avaliações indispensáveis à organização das licitações que precederão a outorga das concessões que as substituirão, prazo esse que não será inferior a 24 (vinte e quatro) meses.

7. PARCERIA PÚBLICO-PRIVADA – PPP

A Lei 11.079/04 criou as Parcerias Público-Privadas que nada mais são senão espécies de concessão de serviços públicos. Com efeito, trata-se de acordos firmados entre o particular e o poder público com o objetivo de prestação de serviços públicos de forma menos dispendiosa que o normal, podendo, ainda, admitir-se o fornecimento de bens ou execução de obras. Estes contratos se caracterizam pela existência de contraprestação pecuniária do ente estatal, além da existência de compartilhamento dos riscos da atividade executada.

Saliente-se que, como concessões de serviços públicos de natureza especial, ficam sujeitas à aplicação da Lei 8.987/95, no silêncio da lei específica. Neste sentido, José dos Santos Carvalho Filho[15] estipula que *"Em virtude de tal caracterização e, ainda, pela referência expressa que a lei fez à concessões comuns, reguladas pela lei n. 8.987/95, admitindo, inclusive a aplicação subsidiária de algumas das normas desse diploma, entendemos melhor caracterizá-las como concessões especiais, para distingui-las das concessões comuns"*.

O autor ainda critica a expressão **parceria**, utilizada para designar esses contratos, haja vista se configurar relação contratual em que estão participando entidades com vontades divergentes, não se confundindo com os convênios ou parcerias firmados com o Poder Público. De fato, o parceiro privado celebra a contratação, mediante procedimento licitatório, visando à obtenção de lucro.

Dessa forma, o citado doutrinador dispõe que *"onde há contrato (tipicamente considerado) não há parceria em seu sentido verdadeiro. Além disso, o denominado parceiro privado nada mais é do que uma pessoa comum do setor privado, que, como tal, persegue lucros e vantagens na execução do serviço ou da obra pública"*.

Sendo assim, tratando-se de contrato administrativo, em sua natureza, a lei 11.079/04 tem base constitucional, no art. 22, XXVII que estabelece competir à União a edição de normas gerais acerca de licitações e contratos da Administração, tendo essas regras aplicação

15. CARVALHO FILHO, José dos Santos - Manual de Direito Administrativo. Rio de Janeiro: Editora Lumen Juris, 23ª ed. 2012.

de âmbito nacional, de observância obrigatória aos demais entes da federação. Assim, os estados, municípios e o Distrito Federal terão competência para complementar essa legislação, tratando acerca de normas específicas.

Para regulamentar e minudenciar as normas apresentadas na lei 11.079/04, a União editou o Decreto 5.977/06 que, em sua ementa, dispõe que *"Regulamenta o art. 3º,* ***caput*** *e § 1º, da Lei n. 11.079, de 30 de dezembro de 2004, que dispõe sobre a aplicação, às parcerias público-privadas, do art. 21 da Lei nº 8.987, de 13 de fevereiro de 1995, e do art. 31 da Lei n. 9.074, de 7 de julho de 1995, para apresentação de projetos, estudos, levantamentos ou investigações, a serem utilizados em modelagens de parcerias público-privadas no âmbito da administração pública federal, e dá outras providências"*.

Antes disso, já havia sido expedido, no âmbito da União Federal, pelo Presidente da República, o Decreto 5.385/05 que instituiu o Comitê Gestor de Parceria Público-Privada Federal – CGP, além de definir outras providências.

7.1. Espécies de Parcerias

Como contratos de concessões especiais, as Parcerias Público-Privadas podem ser constituídas de duas firmas diversas, definidas na legislação, quais sejam a concessão patrocinada e a concessão administrativa. A seguir, a análise de cada uma delas.

a) Concessão patrocinada

Trata-se de contrato de concessão de serviços públicos, podendo ser precedida ou não de obra pública, no qual, adicionalmente à tarifa paga pelos usuários, há uma contraprestação do Poder Público ao parceiro privado. Sendo assim, este contrato poderá ser firmado com empresas ou consórcios privados que executarão o serviço por sua conta e risco, cobrando as tarifas pelo oferecimento da atividade e percebendo uma remuneração adicional paga pelo Poder Público concedente.

A intenção desta contraprestação é a garantia da modicidade de tarifas aos usuários. Com efeito, com o pagamento de valores efetivado pelo Estado, admite-se que seja feita uma cobrança de tarifa mais módica aos usuários, sem que isso enseje uma redução no valor do lucro da contratada. A contraprestação do Poder Público não pode ultrapassar 70%, salvo se estabelecida por lei específica, sob pena de desnaturar o caráter de concessão de serviço público. Neste sentido, dispõe o art. 10, §3º da lei 11.079/04 que *"As concessões patrocinadas em que mais de 70% (setenta por cento) da remuneração do parceiro privado for paga pela Administração Pública dependerão de autorização legislativa específica"*.

Pode ser citado como exemplo um contrato de manutenção de rodovia, mediante a cobrança de pedágio aos usuários e pagamento de valores previamente definidos no contrato pelo ente público concedente.

b) Concessão administrativa

Trata-se de espécie de concessão de serviço público na qual a própria Administração Pública fica responsável pelo pagamento das tarifas, uma vez que ostenta a qualidade de usuária do serviço prestado de forma direta ou indireta, mesmo que envolva a execução de obras públicas ou o fornecimento de bens.

Para parte da doutrina, a concessão administrativa seria um contrato de prestação de serviços públicos como outro qualquer, na qual a empresa é remunerada pelo ente estatal. De fato, nestes casos, o parceiro privado é integralmente pago pelos recursos transferidos pelo parceiro público, o que enseja muitas críticas. Neste sentido, ao tratar da concessão administrativa, Celso Antônio Bandeira de Mello[16] a designa como "falsa concessão" e dispõe que *"o que a lei visa, na verdade, por meios transversos, não confessados, é a realizar um simples contrato de prestação de serviços – e não uma concessão – segundo um regime diferenciado e muito mais vantajoso para o contratado que o regime geral dos contratos"*.

Não obstante se trate de contrato que se aproxima da prestação de serviços, a concessão administrativa encontra algumas peculiaridades, quais sejam, o grande vulto do investimento do parceiro privado (que fica responsável por todos os custos da execução do serviço a ser prestado) bem como a impossibilidade de celebração do contrato somente para a prestação de serviço – sendo indispensável a execução de obras ou fornecimento de bens como objetos do contrato a ser firmado, necessariamente.

Cite-se o exemplo de um contrato firmado com uma determinada empresa para que ela execute a construção de um presídio federal, ficando, posteriormente, responsável pela prestação do serviço penitenciário. Nestes casos, a cobrança das tarifas pela prestação da atividade será feita diretamente à Administração que se apresenta como usuária do serviço.

Feitas as diferenciações, o regime jurídico aplicado às Parcerias Público – Privadas – PPPs, definido na lei 11.079/04, é o mesmo para as duas espécies acima expostas. Sendo assim, em ambos os casos, se aplica a legislação específica e, subsidiariamente, as leis 8.666/93 e 8.987/95, estipulando normas e prerrogativas.

7.2. Cláusulas dos contratos de Parceria Público-Privada

Inicialmente, a lei define que todas as cláusulas necessárias à formalização do contrato previstas na lei 8.987/95 se aplicam às concessões especiais, devendo, no entanto, estas parcerias respeitarem algumas cláusulas específicas, quais sejam:

a) o **prazo de vigência** do contrato, compatível com a amortização dos investimentos realizados, não podendo ser celebrado contrato de parceria público-privada por tempo inferior a 5 (cinco), nem superior a 35 (trinta e cinco) anos, incluindo eventual prorrogação que se faça necessária; relembre-se que todas as prorrogações, assim como definido para todos os contratos administrativos, devem ser precedidas de prévia justificativa realizada pelo gestor dos contratos e autorizada pela autoridade pública superior, desde que haja previsão no edital e na minuta do contrato;

b) a previsão de todas as **penalidades** que poderão ser aplicadas à Administração Pública e ao parceiro privado em caso de inadimplemento contratual, fixadas sempre em respeito ao princípio da proporcionalidade, em relação à gravidade da falta cometida, e às obrigações assumidas;

c) a **repartição de riscos** entre as partes, inclusive os referentes a caso fortuito, força maior, fato do príncipe e álea econômica extraordinária, configurando uma característica básica

16. MELLO, Celso Antônio Bandeira de – Curso de Direito Administrativo. São Paulo: Malheiros, 26ª ed. 2009.

da parceria, o fato de que ambos os parceiros devem-se responsabilizar por todos os prejuízos ocorridos no bojo do contrato;

d) as formas de **remuneração** e de atualização dos valores contratuais, estabelecendo índices de reajuste para manutenção do equilíbrio econômico-financeiro do contrato, diante de corrosão inflacionária da moeda;

e) os mecanismos para a preservação da **atualidade** da prestação dos serviços, evitando-se a prestação de serviços obsoletos, o que comprometeria diretamente sua eficiência e adequação;

f) os fatos que caracterizem a **inadimplência** pecuniária do parceiro público, os modos e o prazo de regularização e, quando houver, a forma de acionamento da garantia prestada pela Administração;

g) os critérios objetivos de **avaliação do desempenho** do parceiro privado, não se admitindo a manutenção do contrato com a empresa que não cumpra as metas de eficiência previamente estipuladas na avença;

h) a prestação, pelo parceiro privado, de garantias de execução suficientes e compatíveis com os ônus e riscos envolvidos, observados os limites definidos na lei 8.666/93. Saliente-se que o contrato deve, ainda, definir, mediante decisão do parceiro público, o valor da garantia a ser prestada pelo parceiro privado, observando-se os limites estipulados na legislação pertinente;

i) o **compartilhamento com a Administração Pública de ganhos econômicos** efetivos do parceiro privado, decorrentes da redução do risco de crédito dos financiamentos utilizados por ele, uma vez que o compartilhamento de ganhos configura uma forma de redução de custos do serviço para o Estado;

j) a realização de **vistoria dos bens reversíveis**, podendo o parceiro público reter os pagamentos ao parceiro privado, no valor necessário para reparar as irregularidades eventualmente detectadas;

k) o cronograma e os marcos para o repasse ao parceiro privado das parcelas do aporte de recursos, na fase de investimentos do projeto e/ou após a disponibilização dos serviços, sempre que necessário.

Ademais, a legislação específica define algumas características peculiares aos contratos de concessão especial que devem ser observados na sua celebração, sob pena de a Administração Pública atuar ilicitamente.

Dessa forma, os contratos de parceria devem ser celebrados, no valor mínimo de R$ 20.000.000,00 (vinte milhões de reais), não sendo admitidas contratações de valores mais baixos; ademais, consoante já explicitado alhures, o prazo mínimo de contratação deve ser de 5 (cinco) e o máximo de 35 (trinta e cinco) anos.

Da mesma forma, a lei estabelece que essas avenças devem prever a prestação de serviços públicos como objeto do contrato, ainda que não seja objeto único. Sendo assim, não será possível a celebração de um contrato de concessão especial somente para a execução de obras públicas ou fornecimento de bens à Administração. Neste sentido, dispõe o art. 2º, §4º da lei 11.079/04, abaixo transcrito.

> "Art. 2º (...) § 4º É vedada a celebração de contrato de parceria público-privada:
>
> I – cujo valor do contrato seja inferior a R$ 20.000.000,00 (vinte milhões de reais);

II – cujo período de prestação do serviço seja inferior a 5 (cinco) anos; ou

III – que tenha como objeto único o fornecimento de mão-de-obra, o fornecimento e instalação de equipamentos ou a execução de obra pública".

Por fim, a lei prevê a possibilidade de inserção de algumas cláusulas não obrigatórias à validade do contrato. Nestes casos, a Administração Pública poderá considerar necessária a inclusão de tais disposições.

A lei define que os contratos poderão prever adicionalmente:

I. os requisitos e as condições a serem observados para que o parceiro público autorize a transferência do controle da sociedade de propósito específico para os seus financiadores, com o objetivo de promover a sua reestruturação financeira e assegurar a continuidade da prestação dos serviços;

II. a possibilidade de emissão de empenho em nome dos financiadores do projeto em relação às obrigações pecuniárias da Administração Pública;

III. a legitimidade dos financiadores do projeto para receber indenizações, em situações na qual haja a extinção antecipada do contrato, bem como pagamentos efetuados pelos fundos e empresas estatais garantidores de parcerias público-privadas.

7.3. Características específicas das parcerias

Por se tratar de contratos especiais, a lei define algumas regras que não são admitidas em outras avenças firmadas com o poder público que ensejam um regime diferenciado deste tipo de concessão de serviços públicos. Dessa forma, é importante analisarmos cada uma destas regras.

7.3.1. Compartilhamento de riscos e de ganhos decorrentes da redução do risco

Os contratos de PPPs devem realmente ser enxergados como uma parceria do Poder Público com o particular, a fim de possibilitar a prestação de serviços com gastos menores. Neste sentido, a lei prevê o compartilhamento de riscos, ensejando a **responsabilidade solidária** da Administração Pública pelos danos causados na prestação do serviço.

Ressalte-se que, nos contratos de concessão de serviços públicos comuns, aplica-se a teoria da responsabilidade subsidiária do Estado, somente sendo admitida a cobrança de débitos pelos danos causados, na prestação do serviço, após o esgotamento das tentativas de pagamento pelo concessionário. Nas concessões especiais, portanto, o ente público compartilha os riscos e se torna responsável solidariamente em todos os casos de prejuízos, ainda que decorrentes de caso fortuito ou força maior.

Em contrapartida, serão compartilhados os ganhos decorrentes da redução do risco de créditos de financiamento firmado pelo parceiro privado. Explique-se.

No momento em que a administração participa como responsável solidária, os custos da prestação do serviço caem no que tange à concessão de empréstimos com financeiras. Isso porque a empresa que efetivará o empréstimo poderá cobrar juros e encargos mais baixos do que o normal, em virtude da garantia apresentada, qual seja a participação do Estado como responsável solidário. Essa redução de custos deverá ser compartilhada com o ente estatal.

7.3.2. Financiamento do setor privado

Trata-se de característica definidora dos investimentos do particular. Com efeito, a Administração Pública não disponibilizará recursos financeiros para custeio integral dos empreendimentos contratados, cabendo ao parceiro privado efetivar os investimentos necessários à prestação do serviço e eventual execução de obra.

Esta característica permite à Administração a execução de obras de interesse da coletividade, assim como o fornecimento de bens, para a prestação de serviços essenciais que não poderiam ser executados por falta de disponibilidade financeira, se os recursos devessem ser provenientes dos cofres públicos, de forma integral.

7.3.3. Pluralidade compensatória

Além da amortização dos seus investimentos e obtenção de lucros mediante a exploração do serviço concedido, o parceiro privado tem a garantia de percepção de valores pagos pelos cofres públicos como forma de viabilizar economicamente os empreendimentos a serem executados para satisfação dos interesses da sociedade.

A legislação prevê uma série de garantias ao parceiro privado, uma vez que podem ser concedidas vantagens pecuniárias de diversas naturezas, seja mediante pagamento direto, em dinheiro, seja mediante outorga de direitos e cessão de bens.

Neste sentido, a legislação prevê algumas formas de contraprestação do parceiro privado ao parceiro público, a serem analisadas individualmente, sem prejuízo dos demais instrumentos que estejam previstos em lei específica.

→ ***Ordem bancária***

Nestes casos, o parceiro público disponibiliza valores específicos em estabelecimento bancário para que o parceiro privado utilize para cumprimento das finalidades contratuais. Trata-se de forma de pagamento direto.

Mediante previsão contratual, é possível definir-se o pagamento ao parceiro privado de remuneração variável vinculada ao seu desempenho, conforme metas e padrões de qualidade e disponibilidade estabelecidos no contrato. Importante ressaltar que os critérios que serão utilizados para estipulação dos valores a serem repassados devem estar objetivamente dispostos no contrato, de forma prévia, evitando-se abusos por parte do administrador público.

Ademais, não se admite que o ente estatal efetive o pagamento de valores antes de executado o objeto do contrato. Com efeito, o art. 7º da lei 11.079/04 dispõe que *"A contraprestação da Administração Pública será obrigatoriamente precedida da disponibilização do serviço objeto do contrato de parceria público-privada"*.

→ ***Cessão de créditos não tributários***

Não seria possível a cessão de crédito tributário definida por meio de lei ordinária, haja vista tratar-se de matéria atinente à lei complementar. No entanto, é admitida a cessão de créditos, por exemplo, derivados de indenizações devidas por terceiros à fazenda pública. Configura-se forma indireta de prestação pecuniária.

→ ***Outorga de direitos em face da Administração Pública***

A outorga deve incidir sobre direitos que possam ser convertidos em pecúnia, ou seja, que possam ser analisados financeiramente. Tratando da matéria, José dos Santos Carvalho Filho[17] estabelece que *"Talvez possa enquadrar-se na hipótese a outorga onerosa do direito de construir, instrumento urbanístico previsto na lei 10.257/2001 (Estatuto da Cidade), pelo qual o interessado recebe consentimento para edificar além do coeficiente de aproveitamento básico do local"*.

→ ***Outorga de direitos sobre bens públicos dominicais***

Nestas situações, o particular poderá ter a ele transferida a renda decorrente de locações e concessões onerosas de uso efetivadas pelo parceiro público. Ressalte-se que a lei não admite que sejam transferidos os valores auferidos pela exploração de bens públicos afetados, de uso comum ou de uso especial.

7.3.4. Garantias do parceiro público

Inicialmente, cumpre ressaltar que, nos moldes definidos pela lei 8.666/93, admite-se que o ente estatal exija garantias do parceiro privado para a celebração do contrato de concessão especial. Dessa forma, nos moldes da legislação apontada, a garantia, como regra, pode ser definida em valor não superior a 5% do montante do acordo e poderá ser prestada, a critério do contratado particular, mediante pagamento em dinheiro, por meio de seguro garantia, fiança bancária ou por Títulos da Dívida Pública.

Ocorre que uma peculiaridade se apresenta nas Parcerias Público-Privadas, qual seja: a possibilidade de se exigir uma garantia ao parceiro público. Com efeito, estes contratos são formalizados mediante investimentos efetivados pelo particular, fazendo com que a lei tente, ao máximo, minimizar os riscos decorrentes de uma eventual inadimplência da Administração ou, até mesmo, de situações imprevisíveis, alheias à vontade das partes.

Sendo assim, a lei definiu um rol meramente exemplificativo de formas de prestação de garantia que poderão ser estipuladas à escolha do parceiro público, como forma de serem resguardados os direitos do particular contratado. Analisemos cada um dos instrumentos postos pela lei com o intuito de caucionar o direito de parceiro privado.

Primeiramente, a lei prevê a possibilidade de **vinculação de receitas**, desde que respeitadas as disposições constitucionais, haja vista o impedimento de vinculação, a princípio, de receitas decorrentes de pagamentos de impostos. O próprio texto da Carta Magna define algumas exceções. Neste sentido, o art. 167, IV, estabelece ser vedada *"a vinculação de receita de impostos a órgão, fundo ou despesa, ressalvadas a repartição do produto da arrecadação dos impostos a que se referem os arts. 158 e 159, a destinação de recursos para as ações e serviços públicos de saúde, para manutenção e desenvolvimento do ensino e para realização de atividades da administração tributária, como determinado, respectivamente, pelos arts. 198, § 2º, 212 e 37, XXII, e a prestação de garantias às operações de crédito por antecipação de receita, previstas no art. 165, § 8º, bem como o disposto no § 4º deste artigo"*.

Sendo assim, desde que observadas as disposições constitucionais, o contrato pode prever a prestação de garantia por meio da vinculação de receitas decorrente do pagamento de tributos

17. CARVALHO FILHO, José dos Santos – Manual de Direito Administrativo. Rio de Janeiro: Lumen Juris, 23ª ed. 2012.

para salvaguardar os direitos do particular contratado. Ressalte-se que Celso Antônio Bandeira de Melo[18] defende a inconstitucionalidade deste dispositivo da lei 11.079/04, não sendo, contudo, acompanhado pela jurisprudência ou pela doutrina majoritária acerca do tema.

Ademais, a legislação prevê a possibilidade de garantia mediante a **instituição ou utilização de fundos especiais previstos em lei**, assim como a **contratação de seguro-garantia** desde que seja celebrado com companhias seguradoras que não sejam controladas pelo Poder Público de forma direta.

Por fim, a caução poderá ser prestada por **organismos internacionais ou instituições financeiras** contanto que não sejam entidades controladas pelo Poder Público, assim como garantias prestadas por **fundo garantidor ou empresa estatal** criada para essa finalidade.

O fundo garantidor das parcerias é entidade com natureza privada e patrimônio próprio separado do patrimônio dos cotistas, sujeito a direitos e obrigações próprios e será analisado em tópico específico.

7.3.5. Diretrizes da lei de PPP

O art. 4º da lei 11.079/04 define algumas diretrizes a serem observadas pelo Estado e pelo particular em contratos de Parcerias Público-Privadas. Com efeito, é indiscutível que todos os princípios aplicáveis à Administração Pública devem ser obedecidos, assim como os princípios organizadores da prestação de serviços públicos. Entretanto, a legislação específica estipula algumas premissas que serão respeitadas na execução das atividades transferidas. Analise-se cada uma destas diretrizes.

a) eficiência no cumprimento das missões de Estado, assim como no emprego dos recursos da sociedade, devendo-se executar os serviços públicos transferidos de forma a satisfazer as necessidades coletivas.

b) respeito aos interesses e direitos dos destinatários dos serviços e dos entes privados incumbidos da sua execução, não sendo admitida, por exemplo, a diminuição do lucro do parceiro privado por normas unilaterais impostas pela Administração Pública.

c) indelegabilidade das funções de regulação, jurisdicional, do exercício do poder de polícia e de outras atividades exclusivas do Estado. Ressalte-se já ser pacífico o entendimento da doutrina e jurisprudência no sentido de que os atos que se manifestam como expressão do Poder Público, de autoridade pública, como a Polícia Administrativa, não podem ser delegados porque ofenderiam o equilíbrio entre os particulares em geral e colocariam em risco a ordem social.

Inclusive, no que tange à impossibilidade de delegação, o Supremo Tribunal Federal, ao julgar a Ação Direta de Inconstitucionalidade n. 1.717 declarou que os conselhos reguladores de profissão têm natureza de autarquia, uma vez que o exercício do poder de polícia é indelegável a particulares. Contudo, parte da doutrina admite delegação em situações especiais, a exemplo dos poderes que são reconhecidos aos capitães de navio. Dessa forma, certos atos

18. MELLO, Celso Antônio Bandeira de – Curso de Direito Administrativo. São Paulo: Malheiros. 26ª ed. 2009.

materiais que precedem a atos jurídicos de polícia podem ser praticados por particulares, por delegação ou simples contrato de prestação de serviços.

d) responsabilidade fiscal na celebração e execução das parcerias, exigindo-se um controle estatal eficiente em relação ao contrato firmado.

e) transparência dos procedimentos e das decisões, configurando-se manifestação do princípio da publicidade, não se admitindo a prática de atos sigilosos ou, até mesmo, o sigilo em relação às disposições contratuais, sob pena de se inviabilizar o controle da sociedade sobre as avenças.

f) repartição objetiva de riscos entre as partes. O compartilhamento de riscos foi analisado em tópico anterior deste capítulo e enseja a responsabilidade solidária do parceiro público por todos os prejuízos decorrentes da execução contratual, com a intenção de garantir uma diminuição no custo da prestação dos serviços, inclusive, mediante garantia de compartilhamento dos ganhos decorrentes da redução do risco entre o particular contratado e o poder público.

g) sustentabilidade financeira e vantagens socioeconômicas dos projetos de parceria. Deve ser precedida a celebração do contrato de prévio estudo especializado que conclua pela viabilidade do projeto.

Essas premissas orientam todas as demais disposições legais já estudadas acerca dos contratos de concessão administrativa e de concessão patrocinada, com a intenção de se garantir a prestação de serviços adequados, com baixo custo.

A lei 11.079/04 dispõe ainda que as controvérsias decorrentes dos contratos de PPPs podem ser resolvidas por meio da **arbitragem**. Em verdade, posteriormente a esta lei (11.079/04), foi permitida a assinatura da cláusula compromissória e do compromisso arbitral, inclusive em contratos de concessão de serviços públicos regidos pela lei 8.987/95, conforme já explicitado em momento oportuno. Nestes termos, o art. 10, III do diploma legal, define que o edital da licitação poderá dispor acerca "*do emprego dos mecanismos privados de resolução de disputas, inclusive a arbitragem, a ser realizada no Brasil e em língua portuguesa, nos termos da Lei n. 9.307, de 23 de setembro de 1996, para dirimir conflitos decorrentes ou relacionados ao contrato*".

7.3.6. Procedimento licitatório

Abertura do certame

Assim como ocorre em todos os contratos de concessão de serviços públicos, as PPPs devem ser precedidas de licitação, na modalidade **concorrência**, sendo que, nestes casos, a legislação define algumas regras especiais que modificam a estrutura do certame licitatório, com o intuito de adequá-lo às peculiaridades destes contratos de natureza especial.

De antemão, o texto da lei determina que a abertura do procedimento licitatório somente será autorizada se forem cumpridos alguns requisitos, a serem analisados.

Inicialmente, deve haver **autorização da autoridade competente**, fundamentada em estudo técnico que demonstre a conveniência e a oportunidade da contratação, mediante identificação das razões que justifiquem a opção pela parceria público-privada em vez de celebrar qualquer outra forma de concessão. Com efeito, o ato autorizativo deverá demonstrar que a utilização desta espécie de contrato se coaduna com as necessidades coletivas.

Ademais, a autoridade pública deve comprovar que as despesas criadas ou aumentadas não afetarão as metas de resultados fiscais previstas na Lei de Responsabilidade Fiscal, devendo seus efeitos financeiros, nos períodos seguintes, ser compensados pelo aumento permanente de receita ou pela redução permanente de despesa.

Ainda com a intenção de serem evitados gastos indevidos, a lei determina que o certame deve ser precedido de elaboração de estimativa do impacto orçamentário-financeiro nos exercícios em que deva vigorar o contrato de parceria público-privada, assim como declaração do ordenador da despesa de que as obrigações contraídas pela Administração Pública no decorrer do contrato de parceria são compatíveis com a lei de diretrizes orçamentárias editada para aquele ano fiscal e estão previstas na lei orçamentária anual. Por se tratar de contrato firmado por prazo de mínimo de 5 (anos), consoante previamente analisado, seu objeto deve estar previsto no plano plurianual em vigor no âmbito onde o contrato será celebrado. De fato, a contratação ensejará despesa de caráter continuado, ultrapassando um exercício, sendo indispensável a previsão na lei orçamentária mencionada.

Outrossim, deve ser realizada uma estimativa do fluxo de recursos públicos suficiente para o cumprimento das obrigações contraídas pela Administração Pública, assim como será submetida a minuta de edital e de contrato à **consulta pública**, mediante publicação na imprensa oficial, em jornais de grande circulação e por meio eletrônico, que deverá informar a justificativa para a contratação, a identificação do objeto, o prazo de duração do contrato, seu valor estimado.

Nestes casos, a lei fixa prazo mínimo de 30 (trinta) dias para recebimento de sugestões, cujo termo dar-se-á pelo menos 7 (sete) dias antes da data prevista para a publicação do edital.

Por fim, não será possível dar início ao procedimento licitatório sem que haja prévia licença ambiental ou expedição das diretrizes para o licenciamento ambiental do empreendimento, na forma do regulamento, sempre que o objeto do contrato exigir, em razão do impacto que poderá causar ao meio ambiente.

→ *Instrumento convocatório*

A princípio, o edital de licitação, na modalidade concorrência, deverá conter todos os requisitos definidos na lei 8.666/93, sendo a ele aplicadas as características especiais, definidas para os contratos de concessão de serviços públicos comuns, quais sejam, a possibilidade de o edital prever a inversão das fases de habilitação e classificação das propostas e a realização de desempate baseada unicamente na nacionalidade da empresa. Dessa forma, em casos de empate, será selecionada a proposta apresentada por empresa brasileira.

Ademais, a lei 11.079/04 define que o julgamento poderá ser precedido de etapa de qualificação de propostas técnicas, desclassificando-se os licitantes que não alcançarem a pontuação mínima.

Estes participantes desclassificados não participarão das etapas seguintes. Na etapa de classificação, serão admitidos os seguintes critérios de julgamento, previamente definidos no instrumento convocatório:

a) **o menor valor da tarifa do serviço público a ser prestado**, como forma de garantia do princípio da modicidade.

b) melhor proposta em razão da **combinação dos critérios de menor valor da tarifa do serviço público a ser prestado e de melhor técnica**.

c) **menor valor da contraprestação** a ser paga pela Administração Pública, de forma a se evitar desperdício de verbas estatais.

d) melhor proposta em razão da **combinação do critério anterior** (menor valor da contraprestação a ser paga pelo poder público) **com o de melhor técnica**, de acordo com os pesos estabelecidos no edital.

A lei 11.079/04 acrescenta a possibilidade de previsão editalícia estipulando a **edição de lances verbais**, dentro do procedimento da concorrência. Com efeito, o instrumento convocatório estabelecerá a apresentação de envelopes lacrados seguidos ou não de lances verbais feitos em viva voz. No segundo caso, os lances em viva voz serão sempre oferecidos na ordem inversa da classificação das propostas escritas, sendo vedado ao edital limitar a quantidade de lances.

Além disso, o instrumento convocatório poderá restringir a apresentação de lances em viva voz aos licitantes cuja proposta escrita for no máximo 20% (vinte por cento) maior que o valor da melhor proposta.

Assim como ocorre nos contratos de concessão regidos pela lei 8.987/95, nas concessões especiais o edital poderá prever a **inversão da ordem das fases de habilitação e julgamento**. Nesses casos, encerrada a fase de classificação das propostas ou o oferecimento de lances, será aberto o invólucro com os documentos de habilitação do licitante mais bem classificado para verificação do atendimento das condições fixadas no edital, quando, então, se for comprovado o atendimento das exigências do edital, o licitante será declarado vencedor.

Caso seja verificada a inabilitação do licitante mais bem classificado, serão analisados os documentos habilitatórios do segundo colocado, e assim, sucessivamente, até que um licitante classificado atenda às condições fixadas no edital.

Então, será proclamado o resultado final do certame e o objeto será adjudicado ao vencedor nas condições técnicas e econômicas por ele ofertadas.

Por fim, o art. 12, Iv da lei 11.079/04 dispõe que *"o edital poderá prever a possibilidade de saneamento de falhas, de complementação de insuficiências ou ainda de correções de caráter formal no curso do procedimento, desde que o licitante possa satisfazer as exigências dentro do prazo fixado no instrumento convocatório"*.

É importante ressaltar que o dispositivo que define a possibilidade da edição de lances verbais sofre algumas críticas doutrinárias, uma vez que a Lei 8.666/93 não permite misturar as modalidades licitatórias. Com efeito, pode-se verificar a realização de um certame licitatório na modalidade concorrência, com aspectos similares ao procedimento previsto na lei 10.520/02 para a formação do pregão. A matéria não foi objeto de discussão judicial e, portanto, a lei vem sendo aplicada em sua inteireza.

7.3.7. Sociedade de Propósito Específico

A Parceria Público-Privada deve ser gerida por uma sociedade de propósito específico, a qual deve ter sido criada previamente à celebração do contrato, ficando responsável, além da gestão, pela implantação da parceria.

Neste sentido, a sociedade de propósito específico é criada pelo ente público e pelo parceiro privado, com a única finalidade de implantar e gerir a contratação. Ressalte-se que a sociedade pode ser companhia, inclusive de capital aberto, com a negociação de valores mobiliários em mercado de ações e deverá ser instituída depois de realizada a licitação e antes da celebração do contrato de concessão especial.

Ademais, a entidade deverá obedecer a padrões de governança corporativa e adotar contabilidade e demonstrações financeiras padronizadas, conforme definido em regulamento. Além disso, a lei determina que o Poder Público não pode deter a maior parte do capital social votante desta entidade específica; caso contrário, ficaria comprometida a sua imparcialidade, salvo em casos de aquisição da maior parte do capital em questão por instituição financeira controlada pelo Poder Público, quando houver inadimplemento de contratos de financiamento.

Ressalte-se, ainda, que os contratos de PPP poderão prever os requisitos e condições em que o parceiro público autorizará a transferência do controle ou a administração temporária da sociedade de propósito específico aos seus financiadores e garantidores com quem não mantenha vínculo societário direto, com o objetivo de promover a sua reestruturação financeira e assegurar a continuidade da prestação dos serviços.

Nos casos em que haja a transferência da administração temporária da sociedade de propósito específico, aos financiadores e garantidores serão outorgados os seguintes poderes:

a) indicar os membros do Conselho de Administração, a serem eleitos em Assembleia Geral pelos acionistas, nas sociedades anônimas ou administradores, a serem eleitos pelos quotistas, nas demais sociedades;

b) indicar os membros do Conselho Fiscal, a serem eleitos pelos acionistas ou quotistas controladores em Assembleia Geral;

c) exercer poder de veto sobre qualquer proposta submetida à votação dos acionistas ou quotistas da concessionária, que representem, ou possam representar, prejuízos aos fins previstos no **caput** deste artigo;

A administração temporária autorizada pelo poder concedente não acarretará responsabilidade aos financiadores e garantidores em relação à tributação, encargos, ônus, sanções, obrigações ou compromissos com terceiros, inclusive com o poder concedente ou empregados.

7.3.8. Normas aplicadas no âmbito federal para os contratos de Parcerias Público-Privadas

O capítulo VI da lei 11.079/04 foi editado para estabelecer disposições aplicáveis somente às parcerias firmadas no âmbito da União Federal. Isso decorre do fato de que o ente federal não tem competência legislativa para definir normas específicas, apenas lhe sendo admitida a edição de normas gerais que atinjam os estados e municípios, assim como o Distrito Federal.

Nestes casos, cada um dos entes federativos deve editar as legislações pertinentes para regulamentar as contratações feitas em seu âmbito de governo.

→ *Órgão Gestor*

Inicialmente, a legislação determina que será instituído, por decreto, órgão gestor de parcerias público-privadas federais, com competência para definir os serviços prioritários para execução no regime dessas parcerias, disciplinar os procedimentos para celebração desses contratos, autorizar a abertura da licitação e aprovar seu edital, assim como para apreciar os relatórios de execução dos contratos.

O órgão gestor deverá ser composto por indicação nominal de um representante titular e respectivo suplente do Ministério do Planejamento, Orçamento e Gestão, ao qual cumprirá a tarefa de coordenação das respectivas atividades, do Ministério da Fazenda e da Casa Civil da Presidência da República.

Ademais, das reuniões do órgão para examinar projetos de parceria público-privada participará um representante do órgão da Administração Pública direta cuja área de competência seja pertinente ao objeto do contrato em análise.

Em 2005, foi editado o Decreto n. 5.385, que trata da criação do Comitê Gestor das Parcerias Público-Privadas no âmbito federal, ficando responsável pela fiscalização dos contratos de concessão firmados, mediante avaliação periódica. Ressalte-se que o decreto conferiu poder normativo ao órgão, dispondo que o Comitê poderá editar resoluções nas matérias de sua competência.

→ *Fundo Garantidor*

A legislação define ainda a criação de uma entidade garantidora dos contratos firmados no âmbito federal. Neste sentido, a União, seus fundos especiais, suas autarquias, suas fundações públicas e suas empresas estatais dependentes ficam autorizadas a participar, no limite global de R$ 6.000.000.000,00 (seis bilhões de reais), em **Fundo Garantidor de Parcerias Público-Privadas – FGP**, que terá por finalidade prestar garantia de pagamento de obrigações pecuniárias assumidas pelos parceiros públicos federais, distritais, estaduais ou municipais, em virtude das parcerias, tendo natureza privada e patrimônio próprio separado do patrimônio dos cotistas.

Por se tratar de entidade privada, o patrimônio do Fundo será formado pelo aporte de bens e direitos realizado pelos cotistas, por meio da integralização de cotas e pelos rendimentos obtidos com sua administração, admitindo-se que a integralização das cotas seja realizada em dinheiro, títulos da dívida pública, bens imóveis dominicais, bens móveis, inclusive ações de sociedade de economia mista federal excedentes ao necessário para manutenção de seu controle pela União, ou outros direitos com valor patrimonial. Em caso de integralização de bens, a transferência não depende de procedimento licitatório, sendo indispensável, no entanto, a autorização do Presidente da República, mediante proposta do Ministério da Fazenda e, em se tratando de bens de uso especial ou de uso comum no FGP, o aporte será condicionado a sua desafetação de forma individualizada.

Da mesma forma, o FGP responderá por suas obrigações com os bens e direitos integrantes de seu patrimônio, não havendo responsabilização dos cotistas por qualquer obrigação do Fundo, salvo pela integralização das cotas que subscreverem, configurando-se verdadeira entidade autônoma, formada com capital público.

Ademais, o FGP será criado, administrado, gerido e representado judicial e extrajudicialmente por instituição financeira controlada, direta ou indiretamente, pela União, sendo que seu estatuto e regulamento serão aprovados em assembleia dos cotistas.

Por seu turno, o estatuto e o regulamento do FGP devem deliberar sobre a política de concessão de garantias, inclusive no que se refere à relação entre ativos e passivos do Fundo.

Desse modo, a garantia será prestada na forma aprovada pela assembleia dos cotistas, nas seguintes modalidades:

I. fiança, sem benefício de ordem para o fiador;

II. penhor de bens móveis ou de direitos integrantes do patrimônio do FGP, sem transferência da posse da coisa empenhada antes da execução da garantia;

III. hipoteca de bens imóveis do patrimônio do FGP;

IV. alienação fiduciária, permanecendo a posse direta dos bens com o FGP ou com agente fiduciário por ele contratado antes da execução da garantia;

V. outros contratos que produzam efeito de garantia, desde que não transfiram a titularidade ou posse direta dos bens ao parceiro privado antes da execução da garantia;

VI. garantia, real ou pessoal, vinculada a um patrimônio de afetação constituído em decorrência da separação de bens e direitos pertencentes ao FGP.

Outrossim, o FGP poderá prestar contragarantias a seguradoras, instituições financeiras e organismos internacionais que atuarem como garantidores do cumprimento das obrigações pecuniárias dos cotistas em contratos de Parceria Público-Privada.

Por fim, a lei determina que o parceiro privado não poderá acionar o Fundo Garantidor a qualquer momento, devendo ser demonstrado o inadimplemento do parceiro público, de forma reiterada. Neste sentido, o art. 18, §5º da lei 11.079/04, dispõe que *"O parceiro privado poderá acionar o FGP nos casos de: I - crédito líquido e certo, constante de título exigível aceito e não pago pelo parceiro público após 15 (quinze) dias contados da data de vencimento; e II - débitos constantes de faturas emitidas e não aceitas pelo parceiro público após 45 (quarenta e cinco) dias contados da data de vencimento, desde que não tenha havido rejeição expressa por ato motivado".*

Em tais casos, após a quitação de débito da Administração Pública pelo FGP, a entidade estará sub-rogada nos direitos do parceiro privado, ou seja, o pagamento pelo ente não desonera o parceiro público do cumprimento de suas obrigações.

→ *Limitações à celebração de PPPs*

Os contratos de concessão especiais devem respeitar limites de gastos para que sejam celebrados no âmbito da União.

Neste sentido, o art. 22, da lei 11.079/04 dispõe que *"A União somente poderá contratar parceria público-privada quando a soma das despesas de caráter continuado derivadas do conjunto das parcerias já contratadas não tiver excedido, no ano anterior, a 1% (um por cento) da receita corrente líquida do exercício, e as despesas anuais dos contratos vigentes, nos 10 (dez) anos subseqüentes, não excedam a 1% (um por cento) da receita corrente líquida projetada para os respectivos exercícios".*

8. PERMISSÃO DE SERVIÇO PÚBLICO

A permissão de serviços públicos também foi prevista no texto constitucional e regulamentada, na lei 8.987/95, como forma de delegação de serviço público a particulares que executarão a atividade por sua conta e risco, mediante cobrança de tarifas dos usuários que serão responsáveis pela sua remuneração. A legislação estabelece que o contrato poderá ser firmado com qualquer pessoa física ou jurídica que demonstre capacidade para seu desempenho, após a realização de prévio procedimento licitatório.

Com efeito, a permissão de serviços públicos é tratada, na lei 8.987/95, como contrato de adesão, sendo, contudo, ressaltada a sua natureza precária. Confira:

> Art. 40. A permissão de serviço público será formalizada mediante contrato de adesão, que observará os termos desta Lei, das demais normas pertinentes e do edital de licitação, inclusive quanto à precariedade e à revogabilidade unilateral do contrato pelo poder concedente.

A matéria enseja algumas discussões doutrinárias, haja vista o entendimento tradicional de que a permissão teria natureza jurídica de ato administrativo, unilateral, discricionário e precário, não se confundido com o vínculo contratual. Com efeito, diferente do quanto estipulado para as permissões de uso, que se qualificam como atos administrativos unilaterais e precários, a permissão de serviços públicos foi alçada à condição de contrato administrativo pelo texto legal, inclusive em consonância com o disposto no artigo 175 da Carta Magna.

Ocorre que a doutrina ressalta que a natureza contratual não se coaduna com o caráter de precariedade e que o contrato administrativo estabelece garantias de manutenção do equilíbrio econômico financeiro que não podem ser mitigadas e que vão de encontro à noção de ato precário. De fato, entende-se por ato precário aquele que pode ser desfeito a qualquer tempo pelo Poder Público, sem ensejar ao particular beneficiado direito a indenização por eventuais prejuízos. Todavia, em virtude da natureza contratual da permissão de serviços públicos, fica mitigada a precariedade definida pela lei, gerando direito à indenização do permissionário, em casos de rescisão precoce do contrato, não obstante a matéria não esteja pacificada na doutrina, diante do entendimento de alguns estudiosos de que a permissão não se reveste de contrato, mas sim de ato unilateral[19].

No que tange ao designativo legal "de adesão", não há qualquer comentário relevante a ser tecido, haja vista a análise, em capítulo específico desta obra, de que todos os contratos administrativos ostentam esta característica.

O Supremo Tribunal Federal já se manifestou acerca da matéria, ao definir, no julgamento de medida cautelar, na ADI 1.491, que não há qualquer distinção entre concessão e permissão de serviço público, no que tange à sua natureza, podendo ambos serem considerados contratos administrativos[20].

---

19. Celso Antônio Bandeira de Mello tem posicionamento exatamente contrário, defendendo que a permissão de serviço público é ato precário e, portanto, a expressão contrato é que deve ser apagada do texto constitucional pelo intérprete. Esse entendimento é isolado, mas cumpre analisar as disposições do autor que define que *"dada a irremissível contradição existente no dispositivo sub examine, estamos em que a solução há de ser a que deriva da natureza do instituto; aquela que lhe é tradicionalmente reconhecida, isto é, a de ato unilateral e precário, significando este último qualificativo que, em sendo encerrada a permissão por decisão do permitente, não há direito à indenização"*. MELLO, Celso Antônio Bandeira de. Curso de Direito Administrativo. São Paulo:Ed. Malheiros. 26ª ed. 2009.

20. Segue trecho do julgado a ser analisado:
O Tribunal, por maioria de votos, indeferiu o pedido de suspensão cautelar da eficácia do art. 4º e seu parágrafo único da referida Lei, que autoriza o Poder Executivo a transformar em concessões de Serviço Móvel Celular, as permissões

Seguindo o entendimento majoritário da doutrina acerca da matéria, no sentido de que a permissão de serviços tem natureza contratual e que, nos termos da lei, devem-lhe ser aplicadas, no que couber, as regras atinentes à concessão de serviços públicos, deve-se analisar quais as diferenças entre a concessão de serviços públicos e permissão de serviços públicos.

Neste sentido, são apontadas pela doutrina 3 (três) diferenças a serem observadas entre os contratos regidos pela lei 8.987/95 que podem ser resumidas no quadro sinóptico abaixo.

1. Modalidade licitatória	A concessão de serviços públicos deverá ser precedida de licitação (na modalidade concorrência) e a permissão admite outras modalidades de licitação, dependendo do valor contratado.
2. Contratado	A concessão somente é celebrada com Pessoas Jurídicas ou com consórcios de empresas, ao passo que a permissão de serviços públicos pode ser celebrada com Pessoa Física ou Pessoa Jurídica.
3. Autorização legislativa	A concessão depende de autorização legislativa expressa para sua celebração e a permissão dispensa lei específica, salvo algumas permissões de natureza especial.

9. AUTORIZAÇÃO DE SERVIÇO PÚBLICO

Primordialmente, é importante ressaltar que a autorização é conceituada pela doutrina pátria como ato administrativo unilateral, discricionário e precário. Dessa forma, a Administração Pública terá o poder de analisar critérios de oportunidade e conveniência para a sua prática, dentro dos limites da lei e, uma vez praticado o ato, seu desfazimento, a qualquer tempo, não enseja direito à indenização pelo beneficiado.

Para parte da doutrina, somente são admitidas duas hipóteses de autorização, quais sejam a autorização de uso de bem público, sempre que um particular tiver interesse em utilizar um determinado bem público de forma especial, bem como a autorização de polícia, praticada para permitir a particulares o exercício de atividades materiais que dependem de fiscalização estatal – como ocorre, por exemplo, com a autorização para porte de arma de fogo. Sendo assim, a autorização de serviço público não teria base constitucional, no ordenamento jurídico brasileiro, inclusive porque o art. 175 da Carta Magna, ao tratar da delegação de serviços públicos, o fez por meio de concessão e permissão de serviços, somente.

Neste sentido, José dos Santos Carvalho Filho[21] dispõe que *"A conclusão, desse modo, é a de considerar inaceitável a noção dos denominados serviços públicos autorizados. A atividade, quando for autorizada, há de refletir interesse exclusivo ou predominante de seu titular, ou seja, na atividade autorizada interesse meramente privado, ainda que traga alguma comodidade a um grupo de pessoas".*

---

do Serviço de Radiocomunicação Móvel Terrestre Público-Restrito outorgadas anteriormente à vigência desta Lei. O Min. Sydney Sanches proferiu voto de desempate, acompanhando o entendimento do Min. Carlos Velloso, relator, no sentido de que o art. 175, parágrafo único, I da CF ("A lei disporá sobre: I - o regime das empresas concessionárias e permissionárias de serviços públicos, o caráter especial de seu contrato e de sua prorrogação, bem como as condições de caducidade, fiscalização e rescisão da concessão ou permissão.") afastou qualquer distinção conceitual entre permissão e concessão, ao conferir àquela o caráter contratual próprio desta. Vencidos os Ministros Marco Aurélio, Sepúlveda Pertence, Néri da Silveira, Moreira Alves e Celso de Mello, que deferiam a medida cautelar por entenderem que os conceitos de "permissão" e "concessão" não são sinônimos e que a utilização, pelo referido art. 175, § único, I, da CF/88, da expressão "o caráter especial de seu contrato" para ambos os institutos, traduz mera impropriedade e não equiparação. **ADInMC 1.491-DF, rel. Min. Carlos Velloso, 1º.7.98.**

21. CARVALHO FILHO, José dos Santos – Manual de Direito Administrativo. Rio de Janeiro: Lúmen Juris, 23ª ed. 2012.

Sendo assim, os serviços autorizados, seriam os serviços de utilidade pública, prestados por particulares, por sua conta e risco e por iniciativa própria, consistindo a autorização em ato de polícia para melhor fiscalização da atividade. Em qualquer caso, a autorização, por se tratar de ato unilateral, não deve ser precedida de procedimento licitatório.

Não obstante essa obra siga a doutrina no sentido de não haver autorização de serviços públicos no ordenamento constitucional vigente, cumpre ressaltar que alguns doutrinadores como Helly Lopes Meirelles[22], admitem a delegação por autorização para serviços não essenciais, como é o caso de serviços de transportes de vans ou táxis mediante cobrança de tarifas dos usuários, sem ensejar, no entanto, qualquer garantia ao particular que presta o serviço dada a natureza precária do ato de delegação.

10. CONSÓRCIOS PÚBLICOS

O art. 241 da Constituição da República define que *"A União, os Estados, o Distrito Federal e os Municípios disciplinarão por meio de lei os consórcios públicos e os convênios de cooperação entre os entes federados, autorizando a gestão associada de serviços públicos, bem como a transferência total ou parcial de encargos, serviços, pessoal e bens essenciais à continuidade dos serviços transferidos"*.

Para regulamentação do dispositivo transcrito, foi editada a lei 11.107/05, segundo a qual os consórcios públicos são uma forma de gestão associada de entes federativos na prestação de serviços públicos. Explique-se.

Primordialmente, cumpre ressaltar que o consórcio público não é um contrato administrativo, já que neste há vontades divergentes das partes contratantes. Em verdade, no consórcio estabelecido pela Lei 11.107/05, as vontades dos entes consorciados são convergentes. Com efeito, enquanto no contrato, o Poder Público, na busca do interesse coletivo, celebra uma avença com alguém que tem como mote o lucro, no consórcio, ocorre gestão associada dos entes federados que se unem para prestação de serviços de interesse comum. Note-se que as vontades dos consorciados são idênticas, referindo-se à prestação de determinado serviço público com a finalidade de atender ao corpo social.

Neste sentido, pode-se estabelecer que o consórcio público é a gestão associada dos entes federativos, de qualquer esfera de governo, para a prestação de serviços públicos de interesse comum. O conceito sofre algumas críticas doutrinárias, mormente pelo fato de se enxergar uma brecha para violação da autonomia federativa, haja vista a possibilidade de a União interferir na gestão de serviços de interesse local ou regional, que seriam de competência dos municípios e estados do local de prestação, respectivamente.

Diferentemente do que ocorria na legislação anterior, os consórcios podem ser formados por entes federativos de esferas de governo diferentes, não havendo a previsão de formação somente com entidades de mesma esfera de poder. Todavia, a lei dispõe que a União somente participará de consórcios públicos em que também façam parte todos os Estados em cujos territórios estejam situados os Municípios consorciados.

22. MEIRELES, Helly Lopes – Direito Administrativo Brasileiro. São Paulo: Malheiros, 29ª ed. 2003.

Formalização do consórcio

A criação do consórcio forma uma nova pessoa jurídica que não se confunde com os entes consorciados. Exemplo: a União, os estados da Bahia, Pernambuco, Sergipe e Ceará se juntam para prestação do serviço de auxílio e defesa das vítimas do semiárido nordestino. Desta junção, nasce a ADEVISA (Associação de Defesa às Vítimas do Semi-árido), nova pessoa jurídica com patrimônio e obrigações próprias, não se confundindo com os entes consorciados. Com efeito, a formação do consórcio cria uma nova pessoa jurídica que presta o serviço e é apartada, ou seja, não se confunde com as pessoas jurídicas formadoras do consórcio.

Nos termos da legislação, esta nova pessoa jurídica instituída pelo consórcio poderá ter personalidade jurídica de direito público ou personalidade de direito privado.

Em sendo criada como pessoa de direito privado, terá a designação de consórcio público e será regido pelo direito civil, aplicando-se a ela as normas que regem as associações privadas, com algumas ressalvas decorrentes da aplicação dos princípios inerentes à atuação administrativa. Nestes casos, a entidade não será integrante da Administração Pública, no entanto, será formada com verba estatal, ficando, portanto, sujeita ao controle efetivado pelo Tribunal de Contas, além de respeitar as normas de impessoalidade e isonomia de suas contratações.

Inclusive, o art. 6º da lei 11.107/2005 dispõe acerca da obrigatoriedade de respeitar os princípios inerentes à Administração Pública.

> Art. 6º O consórcio público adquirirá personalidade jurídica:
>
> (...)
>
> § 2º No caso de se revestir de personalidade jurídica de direito privado, o consórcio público observará as normas de direito público no que concerne à realização de licitação, celebração de contratos, prestação de contas e admissão de pessoal, que será regido pela Consolidação das Leis do Trabalho - CLT.

Por sua vez, a Lei determina que se ela for criada sob o regime de direito público, recebe o nome de associação pública e faz parte da Administração Indireta de cada um dos entes consorciados.

Ressalte-se que a associação pública não é nova espécie de entidade da administração indireta, mas tão somente uma espécie de autarquia, consoante, inclusive, dicção do Código Civil de 2002 que assim estabelece em seu art. 41, *in litteris:*

> Art. 41. São pessoas jurídicas de direito público interno:
>
> (...)
>
> IV - as autarquias, inclusive as associações públicas; (Redação dada pela Lei n. 11.107, de 2005)

Cumpre relembrar, contudo, que o texto constitucional determina serem as autarquias entidades criadas por lei específica, logo, não seria possível sua criação por meio de acordo (consórcio). Dessa forma, quando os entes federativos firmam o acordo, em verdade, está sendo celebrado somente o **protocolo de intenções**. Posteriormente, este protocolo será enviado ao Poder Legislativo de cada um dos entes consorciados, como projeto de lei, e, da ratificação do protocolo de intenções, é formalizado o consórcio.

A lei estabelece que, na celebração do protocolo de intenções, devem estar presentes algumas cláusulas necessárias à sua validade, quais sejam:

a) a denominação, a finalidade, o prazo de duração e a sede do consórcio;

b) a identificação dos entes da Federação consorciados, podendo ser ou não da mesma esfera de governo;

c) a indicação da área de atuação do consórcio, sendo assim considerada, em caso de consórcio firmado somente entre Municípios ou por um Estado e Municípios com territórios nele contidos, a soma da área dos Municípios consorciados. Será considerada a área dos Estados ou dos Estados e do Distrito Federal, quando o consórcio público for, respectivamente, constituído por mais de 1 (um) Estado ou por 1 (um) ou mais Estados e o Distrito Federal. Por seu turno, será a soma da área dos Municípios e do Distrito Federal, quando o consórcio for constituído pelo Distrito Federal e os Municípios;

d) a previsão de que o consórcio público é associação pública ou pessoa jurídica de direito privado sem fins econômicos, o que definirá as suas normas de regência;

e) os critérios para, em assuntos de interesse comum, autorizar o consórcio público a representar os entes da Federação consorciados perante outras esferas de governo;

f) as normas de convocação e funcionamento da assembleia geral, inclusive para a elaboração, aprovação e modificação dos estatutos do consórcio público;

g) a previsão de que a assembleia geral é a instância máxima do consórcio público, assim como o número de votos para as suas deliberações;

h) a forma de eleição e a duração do mandato do representante legal do consórcio público que, obrigatoriamente, deverá ser Chefe do Poder Executivo de algum dos entes da Federação consorciados;

i) o número, as formas de provimento e a remuneração dos empregados públicos, bem como os casos de contratação por tempo determinado para atender a necessidade temporária de excepcional interesse público;

j) as condições para que o consórcio público celebre contrato de gestão ou termo de parceria;

k) a autorização para a gestão associada de serviços públicos, explicitando as competências cujo exercício se transferiu ao consórcio público, os serviços públicos objeto da gestão associada e a área em que serão prestados, a autorização para licitar ou outorgar concessão, permissão ou autorização da prestação dos serviços, as condições a que deve obedecer o contrato de programa, no caso de a gestão associada envolver também a prestação de serviços por órgão ou entidade de um dos entes da Federação consorciados e os critérios técnicos para cálculo do valor das tarifas e de outros preços públicos, bem como para seu reajuste ou revisão;

l) o direito de qualquer dos contratantes, quando adimplente com suas obrigações, de exigir o pleno cumprimento das cláusulas do contrato de consórcio público.

Ademais, o protocolo de intenções deve definir o número de votos que cada ente da Federação consorciado possui na assembleia geral, sendo assegurado, ao menos, 1 (um) voto a cada ente consorciado.

Cumpridos os requisitos, o protocolo de intenções será publicado na imprensa oficial e encaminhado para os órgãos do Poder Legislativo de cada um dos entes participantes do consórcio, quando, então, serão ratificados por meio de lei, dando início à formação do consórcio público.

Logo, a formalização do consórcio propriamente dito, com a criação da pessoa jurídica, se dá mediante lei específica de cada um dos entes consorciados, ao ratificarem, por meio do Poder Legislativo, o acordo firmado pelo chefe do executivo. Saliente-se que a doutrina majoritária somente admite a criação do consórcio após a edição de todas as leis. O ente consorciado estará excluído do consórcio se não ratificar o contrato de rateio no prazo de lei (2 anos). Após este prazo, a ratificação do contrato de rateio depende de homologação da assembleia geral do consórcio. Nesse sentido, dispõe o art. 5º, §3º da lei 11.107/05. A seguir transcrito:

> Art. 5º. § 3º A ratificação realizada após 2 (dois) anos da subscrição do protocolo de intenções dependerá de homologação da assembleia-geral do consórcio público.

Como ocorre com qualquer autarquia, a associação pública deverá receber orçamento dos entes consorciados para sua formação e manutenção. Não somente a destinação de orçamentos é admitida, mas também os entes da Federação consorciados, ou os com eles conveniados, poderão ceder-lhe servidores, na forma e condições da legislação de cada um, sendo ainda possível a doação, destinação ou cessão do uso de bens móveis ou imóveis e as transferências ou cessões de direitos operadas por força de gestão associada de serviços públicos.

Para definir a parcela de contribuição de cada um dos entes federativos na formação e manutenção do consórcio, deverá ser firmado contrato de rateio juntamente com o protocolo de intenções. O contrato de rateio será formalizado em cada exercício financeiro e seu prazo de vigência não será superior ao das dotações que o suportam, com exceção dos contratos que tenham por objeto exclusivamente projetos consistentes em programas e ações contemplados em plano plurianual ou a gestão associada de serviços públicos custeados por tarifas ou outros preços públicos. Ademais, é vedada a aplicação dos recursos entregues por meio de contrato de rateio para o atendimento de despesas genéricas, inclusive transferências ou operações de crédito.

Neste sentido, o art. 8º, §5º da lei 11.107/05, define que *"Poderá ser excluído do consórcio público, após prévia suspensão, o ente consorciado que não consignar, em sua lei orçamentária ou em créditos adicionais, as dotações suficientes para suportar as despesas assumidas por meio de contrato de rateio"*.

Outrossim, consoante previamente explicitado, o consórcio público está sujeito à fiscalização contábil, operacional e patrimonial pelo Tribunal de Contas competente para apreciar as contas do Chefe do Poder Executivo representante legal do consórcio, inclusive quanto à legalidade, legitimidade e economicidade das despesas, atos, contratos e renúncia de receitas, sem prejuízo do controle externo a ser exercido em razão de cada um dos contratos de rateio. Dessa forma, a execução das receitas e despesas do consórcio público deverá obedecer às normas de direito financeiro aplicáveis às entidades públicas.

→ *Objetivos*

Consoante previamente exposto, os consórcios são firmados com o objetivo de prestar serviços e executar atividades de interesse de todos os entes consorciados e, para atender essas metas, poderá atuar com algumas prerrogativas de interesse público.

Inicialmente, a legislação estabelece que, para atingir a finalidade pública, os consórcios públicos poderão **firmar convênios, contratos, acordos de qualquer natureza**, receber auxílios, contribuições e subvenções sociais ou econômicas de outras entidades e órgãos do governo. Neste sentido, inclusive, a União poderá celebrar convênios com os consórcios públicos, com o objetivo de viabilizar a descentralização e a prestação de políticas públicas.

Da mesma forma, é garantido ao consórcio público a possibilidade de **promover desapropriações e instituir servidões** nos termos de declaração de utilidade ou necessidade pública, ou interesse social, realizada pelo Poder Público. Nestes casos, o ente federativo é competente para declarar o interesse público no bem, competindo ao consórcio a possibilidade de execução da desapropriação.

O ente tem ainda a garantia de ser contratado pela administração direta ou indireta dos entes da Federação consorciados, dispensada a licitação. Trata-se do contrato de programa que será analisado a seguir.

Outrossim, os consórcios públicos poderão emitir **documentos de cobrança** e exercer atividades de arrecadação de tarifas e outros preços públicos pela prestação de serviços, pelo uso, outorga de uso de bens públicos por eles administrados ou, mediante autorização específica, pelo ente da Federação consorciado.

Por derradeiro, para fins de execução de suas atividades, o consórcio poderá atuar como poder concedente, **delegando serviços mediante a celebração de contratos de concessão e permissão de serviços** públicos, assim como mediante autorização de serviços públicos (precedidos ou não de obras públicas), mediante autorização prevista no contrato de consórcio público (que deverá indicar de forma específica o objeto da concessão), permissão ou autorização e as condições a que deverá atender.

→ *Contratos celebrados pelo consórcio*

Inicialmente, cumpre lembrar que, como entidade formada por entes federativos e custeada pelo dinheiro público, para celebrar contratos, o consórcio público (seja ele de direito público ou privado) deve realizar procedimento licitatório. Neste caso, no entanto, as normas atinentes à licitação ganham algumas peculiaridades.

A primeira situação peculiar ocorre em relação à dispensa de licitação, em virtude de contratações de pequeno valor. Isso porque o parágrafo primeiro do artigo 24, da lei 8666/93, estabelece que o consórcio público é dispensado de licitação para contratações de valores que não ultrapassem 20% do valor máximo permitido para a licitação na modalidade convite, diferente da regra geral, em que a dispensa atinge somente contratações cujos valores não ultrapassem 10% do valor máximo para a licitação daquela modalidade. Logo, o consórcio usufrui de dispensa de licitação quanto ao valor, em dobro. Vejamos.

> Art. 24. §1º. Os percentuais referidos nos incisos I e II do caput deste artigo serão 20% (vinte por cento) para compras, obras e serviços contratados por consórcios públicos, sociedade de economia mista, empresa pública e por autarquia ou fundação qualificadas, na forma da lei, como Agências Executivas.

Ademais, os valores para definição da modalidade licitatória também não seguem a regra geral. Isso porque a lei de licitações define que, para licitações realizadas por consórcios públicos formados por até 3 (três) entes federativos, os valores serão duplicados e, em caso de consórcios formados por mais de 3 (três) entes, os valores serão triplicados. Por exemplo, a ADEVISA, formada por 5 entes federativos, poderá realizar licitação na modalidade tomada de preços para contratações de obras até R$ 4.500.000,00, enquanto o valor máximo para contratações desta espécie, na modalidade, é de R$ 1.500.000,00 para os outros entes públicos.

ATENÇÃO

Estes valores diferenciados não são considerados para a dispensa tratada no parágrafo anterior, mas tão somente para fins de definição da modalidade licitatória.

Desse modo, o artigo 24, XXVI dispensa as licitações quando o consórcio público estiver contratando com os entes formadores do consórcio, sejam os entes da administração direta ou suas autarquias, fundações, empresas públicas e sociedades de economia mista. Estas contratações celebradas ente os consórcios públicos e os entes consorciados são designadas pela lei, como **contratos de programa** e são realizadas sem necessidade de procedimento licitatório. O dispositivo legal define que é dispensável a licitação *"na celebração de contrato de programa com ente da Federação ou com entidade de sua administração indireta, para a prestação de serviços públicos de forma associada nos termos do autorizado em contrato de consórcio público ou em convênio de cooperação"*.

Neste sentido, a legislação pertinente explicita como contrato de programa aquele que define as obrigações que um ente da Federação constituir para com outro ente da Federação ou para com consórcio público no âmbito de gestão associada em que haja a prestação de serviços públicos ou a transferência total ou parcial de encargos, serviços, pessoal ou de bens necessários à continuidade dos serviços transferidos. Ademais, mediante previsão do contrato de consórcio público ou de convênio de cooperação, o contrato de programa poderá ser celebrado por entidades de direito público ou privado que integrem a administração indireta de qualquer dos entes da Federação consorciados ou conveniados.

Por fim, cumpre frisar que o texto legal dispõe que, uma vez celebrado o contrato de programa com os entes federativos consorciados ou suas entidades da administração indireta, caso o ente federativo se desligue do consórcio público, a referida avença será automaticamente extinta. É o que se segue.

> Art. 13. § 6º O contrato celebrado na forma prevista no § 5º deste artigo será automaticamente extinto no caso de o contratado não mais integrar a administração indireta do ente da Federação que autorizou a gestão associada de serviços públicos por meio de consórcio público ou de convênio de cooperação.

Alteração e extinção do consórcio

A lei prevê a possibilidade de retirada de um ente federativo do consórcio, desde que seja realizada mediante a edição de ato formal de seu representante na assembleia geral, na forma previamente disciplinada por lei. Nestes casos, os bens destinados ao consórcio público pelo consorciado que se retira somente serão revertidos ou retrocedidos no caso de expressa previsão no contrato de consórcio público ou no instrumento de transferência ou de alienação.

Ressalte-se, ainda, que a retirada ou a extinção do consórcio público não prejudicará as obrigações já constituídas, inclusive os contratos de programa, cuja extinção dependerá do prévio pagamento das indenizações eventualmente devidas.

Por fim, a lei 11.107/05 determina, em seu art. 12, que *"A alteração ou a extinção de contrato de consórcio público dependerá de instrumento aprovado pela assembléia geral, ratificado mediante lei por todos os entes consorciados"*.

11. APROFUNDAMENTO PARA PROVAS SUBJETIVAS – ADMINISTRAÇÃO DIALÓGICA

A administração dialógica vem surgindo como uma forma de se permitir o acesso dos particulares à atuação administrativa, ensejando a possibilidade de se vislumbrar a atuação do ente público em que se admita a participação de particulares. É o oposto do que se pregava no surgimento do Direito Administrativo, quando então pugnava-se pela total separação entre particulares e Estado (a chamada administração monológica).

De acordo com Rafael Maffini[23] "administração pública dialógica" é uma noção jurídica pela qual se busca impor como condição para a atuação administrativa a prévia realização de um verdadeiro e efetivo diálogo com todos aqueles que terão suas esferas de direitos atingidas por essa atuação estatal. Em suma, o cidadão, individualmente considerado, passa a ser responsável por buscar o bem comum, juntamente com o Estado. Ainda nesse sentido, Norberto Bobbio[24] afirma que *"o Estado de hoje está muito mais propenso a exercer uma função de mediador e de garante, mais do que a de detentor do poder de império"*.

A expressão desta Administração Dialógica se dá, principalmente, pela criação das parcerias firmadas entre o Estado e particulares, com a finalidade de satisfazer as necessidades coletivas. Neste sentido, os órgãos e entidades administrativas devem atuar a partir de bases e de procedimentos que privilegiam o emprego de técnicas, métodos e instrumentos negociais, visando a atingir resultados que poderiam ser buscados por meio da ação impositiva e unilateral da Administração.

Dessa forma, a lei 8.666/93 prevê, por exemplo, a participação popular, mediante consulta pública, para realização de procedimentos licitatórios de valores muito altos. Com efeito, o art. 39 da lei dispõe que *"Sempre que o valor estimado para uma licitação ou para um conjunto de licitações simultâneas ou sucessivas for superior a 100 (cem) vezes o limite previsto no art. 23, inciso I, alínea "c" desta Lei, o processo licitatório será iniciado, obrigatoriamente, com uma audiência pública concedida pela autoridade responsável com antecedência mínima de 15 (quinze) dias úteis da data prevista para a publicação do edital, e divulgada, com a antecedência mínima de 10 (dez) dias úteis de sua realização, pelos mesmos meios previstos para a publicidade da licitação, à qual terão acesso e direito a todas as informações pertinentes e a se manifestar todos os interessados"*.

O mesmo pode-se dizer em relação às entidades do chamado terceiro setor, analisadas em capítulo próprio, que atuam, mediante vínculo específico, ao lado do Poder Público, executando atividades de interesse coletivo, sem finalidade lucrativa, exercendo um diálogo com a Administração para a boa execução da atividade estatal. É com base nisso que se costuma afirmar que a Administração do diálogo auxilia numa prestação de serviços mais eficiente.

Ademais, além de consectário do direito fundamental à boa administração pública, a noção de administração pública dialógica pode ser considerada também uma decorrência do princípio da segurança jurídica, mais especificamente de proteção da confiança ou das

23. MAFFINI, Rafael – A Administração Pública Dialógica (proteção procedimental de confiança). Em torno da Súmula Vinculante n. 3 do supremo Tribunal Federal. Revista de Direito Administrativo – Rio de Janeiro n. 253, pp. 159-172, jan/abr 2010.

24. BOBBIO, Norberto – Estado, governo e sociedade. Rio de janeiro: Paz e Terra, 4ª ed. 1987, p. 26.

expectativas legítimas, conforme explica Rafael Maffini[25] *"a noção de 'administração pública dialógica', do qual se colocam em posição proeminente primados jurídicos de relevância ímpar, tais como o devido processo legal, o contraditório, a ampla defesa, a noção de participação, entre outros aspectos dotados de status constitucional, pode ser igualmente considerado uma decorrência lógica da noção de 'proteção da confiança'"*.

De fato, os destinatários da função administrativa passam a participar da atividade estatal, evitando que sejam surpreendidos com a imposição de atos que lhe são prejudiciais ou com a extinção de condutas que lhes são benéficas. Da mesma forma, a participação popular, legitima a atuação do Estado, no caso concreto.

Ao tratar do tema, Diogo de Figueiredo Moreira Neto[26] designa essa atuação do ente estatal em parceria com o particular de "administração associada", dispondo que *"a execução da administração privada associada de interesses públicos se realiza através de pessoas jurídicas de direito privado que se aliam ao estado através de algum tipo de vínculo de direito público, sendo este vínculo jurídico formal a importante característica que distingue a colaboração associada da colaboração simples"*.

Concluindo, pelo exposto, pode-se verificar que a Administração Pública moderna é aquela que se aproxima dos cidadãos, estabelecendo um diálogo entre os órgãos e entidades estatais e os particulares de forma a garantir um maior aproveitamento na execução das atividades públicas, visando a uma maior eficiência na prestação do serviço. Ademais, a associação com particulares garante uma maior transparência na atividade administrativa e assegura a manutenção da segurança jurídica.

12. QUADRO SINÓPTICO

SERVIÇOS PÚBLICOS		
CONCEITO		
Com efeito, tradicionalmente, a conceituação de serviço público era muito abrangente, abarcando toda atuação do Estado, na busca do interesse público, sem efetivar a distinção em relação às demais atividades administrativas.		
Atualmente a conceituação de determinada atividade como serviço público depende da conjunção de 3 (três) elementos	**Substrato material**	O serviço público é uma comodidade ou utilidade apreciável pelo particular, de forma contínua, sem interrupções indevidas.
	Substrato formal	O serviço público é regido por normas de direito público. Fala-se que o regime de prestação do serviço é um regime público, ainda que prestado por particulares em regime de delegação.
	Elemento subjetivo	O serviço público deve ser prestado pelo Estado de forma direta ou indireta.
Será considerado serviço público toda atividade executada pelo Estado de forma a promover à sociedade uma comodidade ou utilidade, usufruída individualmente pelos cidadãos, visando ao interesse público, gozando das prerrogativas decorrentes da supremacia estatal e sujeições justificadas pela indisponibilidade do interesse público.		
Principais distinções entre a prestação de o serviço público propriamente dito e as demais atividades executadas pelo Estado	**Obra Pública**	A obra pública é uma atividade estanque, com projeto que determina início e fim das atividades. O serviço difere da execução de obras porque é uma atuação constante, configurando comodidade prestada de forma contínua.
	Poder de Polícia	Trata-se de atuação restritiva do poder público, diferente da prestação do serviço que é medida ampliativa.
	Exploração de atividade econômica	Quando o ente estatal atua no mercado, explorando atividade econômica, submete-se às normas de direito privado, não se beneficiando das prerrogativas de poder público.

25. MAFFINI, Rafael – op. cit.

26. MOREIRA NETO, Diogo de Figueiredo – Curso de Direito Administrativo. Rio de Janeiro: Forense, 15ª ed. 2009.

<table>
<tr><th colspan="3">SERVIÇOS PÚBLICOS</th></tr>
<tr><th colspan="3">PRINCÍPIOS</th></tr>
<tr><td colspan="3">O serviço público está submetido ao regime de direito público, o que significa que deve obediência aos princípios de Direito Administrativo definidos, no texto constitucional, de forma expressa ou implícita. Sendo assim, o Estado deve respeitar, na prestação de serviços, os princípios da legalidade, impessoalidade, moralidade, publicidade e eficiência.</td></tr>
<tr><td colspan="3">Alguns princípios são definidos pela lei 8.987/95, que regulamenta a prestação dos serviços públicos, bem como a concessão de permissão feita a particulares, e devem ser analisados de forma cuidadosa em relação a estas atividades.</td></tr>
<tr><td>DEVER DE PRESTAÇÃO PELO ESTADO</td><td colspan="2">Estabelece que o poder público não poderá se escusar da prestação de serviços públicos, configurando-se poder-dever do ente estatal, que tem a possibilidade de prestá-lo diretamente ou mediante delegação a particulares, por contratos de concessão de permissão.</td></tr>
<tr><td>MODICIDADE</td><td colspan="2">Determina que as tarifas cobradas para os usuários dos serviços sejam as mais baixas possíveis, a fim de manter a prestação do serviço à maior parte da coletividade.</td></tr>
<tr><td rowspan="2">ATUALIDADE</td><td colspan="2">Também chamado de princípio da adaptabilidade, estabelece que a prestação do serviço público deve, sempre, ser feita dentro das técnicas mais modernas (§2°, do art. 6°, da Lei n. 8.987/95).</td></tr>
<tr><td colspan="2">Ligado ao dever de eficiência.</td></tr>
<tr><td>CORTESIA</td><td colspan="2">Estampa o dever do prestador de serviço público de ser cortês e educado em sua prestação, ao tratar com o usuário (§1°, do art. 6°, da Lei n. 8.987/95).</td></tr>
<tr><td>ECONOMICIDADE</td><td colspan="2">carrega a noção de prestação do serviço de forma eficiente, com resultados positivos à sociedade e com gastos dentro dos limites da razoabilidade.</td></tr>
<tr><td>GENERALIDADE (universalidade)</td><td colspan="2">Serviço deverá ser prestado à maior quantidade de pessoas possível.</td></tr>
<tr><td>SUBMISSÃO A CONTROLE</td><td colspan="2">Os serviços públicos devem ser controlados pela sociedade, assim como pela própria Administração Pública, como forma de garantia dos demais princípios – admitindo-se, inclusive, o controle efetivado pelos demais poderes, desde que nos limites definidos pelo texto constitucional. Dessa forma, o Poder Judiciário pode, quando provocado, analisar a legalidade na prestação das atividades estatais, bem como o poder legislativo realiza o controle financeiro.</td></tr>
<tr><td rowspan="8">CONTINUIDADE</td><td colspan="2">Exigência de que a atividade do Estado seja contínua, não podendo parar a prestação dos serviços, não comportando falhas ou interrupções já que muitas necessidades da sociedade são inadiáveis (art. 6º, §1º, da Lei 8.987/95).</td></tr>
<tr><td colspan="2">Também conhecido como princípio da permanência.</td></tr>
<tr><td colspan="2">Está intimamente ligado ao princípio da eficiência, haja vista se tratar de garantia de busca por resultados positivos.</td></tr>
<tr><td colspan="2">Celso Antônio Bandeira de Mello trata a norma como um subprincípio, decorrente do princípio da obrigatoriedade do desempenho da atividade pública.</td></tr>
<tr><td rowspan="4">GREVE DE AGENTES PÚBLICOS</td><td>O direito de greve do servidor se configura como uma exceção ao princípio da continuidade, uma vez que ensejará uma diminuição no ritmo dos serviços executados.</td></tr>
<tr><td>No que tange aos servidores civis, o Supremo Tribunal Federal determinou, ao julgar Mandado de Injunção referente à matéria que, enquanto não houver lei específica a regulamentar a greve dos servidores, será utilizada a lei geral de greve (Lei 7.783/89) para o exercício deste direito.</td></tr>
<tr><td>"Ao militar são proibidas a sindicalização e a greve" (o art. 142, §3º, IV, da Carta Magna).</td></tr>
<tr><td>O servidor, ao terminar a greve, ficará sujeito à compensação pelos dias parados, sendo obrigado a ressarcir ao erário.</td></tr>
<tr><td></td><td>INADIMPLEMENTO DO USUÁRIO DO SERVIÇO</td><td>"A administração pública deve proceder ao desconto dos dias de paralisação decorrentes do exercício do direito de greve pelos servidores públicos em virtude da suspensão do vínculo funcional que dela decorre, permitida a compensação em caso de acordo. O desconto será, contudo, incabível se ficar demonstrado que a greve foi provocada por conduta ilícita do Poder Público" (Recurso Extraordinário no 693, julgado pelo STF).</td></tr>
</table>

SERVIÇOS PÚBLICOS		
		*"Não se caracteriza como descontinuidade do serviço a sua interrupção em **situação de emergência** ou após **prévio aviso**, quando: I - motivada por **razões de ordem técnica** ou de **segurança das instalações**; e, II - por **inadimplemento do usuário**, considerado o interesse da coletividade"* (Lei 8.987/95, em seu art. 6, §3º).
		Por inadimplemento do usuário , esse deve ser previamente avisado
		Garantidor do princípio da continuidade, uma vez que a manutenção de serviços públicos àqueles que estão inadimplentes pode ensejar a impossibilidade futura de que a atividade seja mantida para todos os que estão adimplentes com suas prestações, em virtude da inviabilidade econômica que será causado ao prestador.
		Pode-se definir que haverá enriquecimento sem causa do particular que tiver garantida a manutenção da prestação do serviço público sem arcar com os custos dela decorrentes.
		Será ilegal a paralisação de determinado serviço público por inadimplemento do usuário, caso enseje a interrupção de um serviço essencial à coletividade.
	EXCEPTIO NON ADIMPLETI CONTRACTUS	O direito de qualquer das partes de suspender a execução do contrato em face do inadimplemento da outra parte.
		O particular tem direito de invocar a exceção do contrato não cumprido, desde que a administração seja inadimplente por mais de 90 (noventa) dias em relação aos seus pagamentos (exceção do contrato não cumprindo de forma diferida).
		A rescisão dos contratos administrativos pelo particular, motivada por inadimplemento do poder público, depende de decisão judicial (art. 78, XV da lei 8.666/93)
	OCUPAÇÃO TEMPORÁRIA DE BENS E SUBSTITUIÇÃO	A Administração Pública, para evitar a interrupção da atividade pública poderá, nos casos de serviços essenciais, efetivar a **ocupação provisória** de bens móveis, imóveis, pessoal e serviços vinculados ao objeto do contrato, na hipótese da necessidade de acautelar apuração administrativa de faltas contratuais pelo contratado, bem como na hipótese de rescisão do contrato administrativo (art. 58, V da lei 8.666/93).
		Nos contratos de concessão de serviços públicos, admite-se a transferência de propriedade, ao final do contrato, dos bens da concessionárias que estejam atrelados à prestação do serviço público (art. 36, da lei 8.987/95 prevê a reversão).
		Os servidores investidos em cargo ou função de direção ou chefia e os ocupantes de cargo de Natureza Especial terão substitutos indicados no regimento interno ou, no caso de omissão, previamente designados pelo dirigente máximo do órgão ou entidade (substituição e suplência).
ISONOMIA	A prestação dos serviços não pode criar diferenciação indevida entre os usuários.	
	É possível a incidência de tratamento desigual na prestação de serviços públicos àqueles usuários que são diferentes, na medida de suas diversidades (isonomia material).	
	A adequação da atividade estatal às constantes necessidades do cidadão deve ser respeitada (princípio da mutabilidade de regime).	
FORMAS DE PRESTAÇÃO DO SERVIÇO PÚBLICO		
A prestação direta ocorre pela prestação efetivada pelos próprios entes federativos, ou seja, União, estados, municípios e Distrito Federal, de forma centralizada.		
O ente estatal pode descentralizar a prestação de determinados serviços públicos para entes da administração indireta, para maior eficiência.		

<table>
<tr><th colspan="4">SERVIÇOS PÚBLICOS</th></tr>
<tr><td rowspan="7">descentralização</td><td rowspan="3">outorga</td><td colspan="2">Descentralização por serviço.</td></tr>
<tr><td colspan="2">Transferência da titularidade e da execução do serviço público.</td></tr>
<tr><td>Mediante lei</td><td>Pessoas jurídicas de Direito Público da Administração Indireta.</td></tr>
<tr><td rowspan="4">delegação</td><td colspan="2">Descentralização por colaboração.</td></tr>
<tr><td colspan="2">Transferência da execução do serviço público, sendo que a sua titularidade permanece com o Estado.</td></tr>
<tr><td>Mediante lei</td><td>Pessoas jurídicas de Direito Privado da Administração Indireta.</td></tr>
<tr><td>Mediante contrato</td><td>Particulares prestadores de serviços públicos.</td></tr>
<tr><td rowspan="3">Serviços públicos exclusivos, não delegáveis</td><td colspan="3">Serviços que somente podem ser prestados diretamente pelo Estado, não se admitindo a transferência a particulares.</td></tr>
<tr><td colspan="3">O serviço postal e o correio aéreo nacional (X, art. 21, da CF/88).</td></tr>
<tr><td colspan="3">A doutrina acrescenta outros, como a administração tributária e a organização administrativa. Por isto, a Empresa Brasileira de Correios e Telégrafos executa serviço público por outorga, se submetendo, no entender do Supremo Tribunal Federal, a regime idêntico ao da Fazenda Pública.</td></tr>
<tr><td rowspan="3">Serviços públicos exclusivos delegáveis</td><td colspan="3">Serviços que devem ser necessariamente prestados pelo Estado, que pode realizar esta prestação diretamente ou mediante delegação a particulares.</td></tr>
<tr><td colspan="3">Serviços de transporte público, energia elétrica (XI, art. 21, CF/88).</td></tr>
<tr><td colspan="3">O Estado se responsabiliza subsidiariamente por todos os danos decorrentes desta atividade.</td></tr>
<tr><td rowspan="2">Serviços públicos de delegação obrigatória</td><td colspan="3">Serviços de radiodifusão sonora e radiodifusão de sons e imagens (rádio e televisão) (art. 223, da CF/88).</td></tr>
<tr><td colspan="3">Devem ser prestados pelo Estado e, necessariamente, devem ser delegados a particulares que terão o poder de execução destas atividades em virtude da transferência da prestação, realizada mediante a celebração do contrato.</td></tr>
<tr><td rowspan="4">Serviços públicos não exclusivos de Estado</td><td colspan="3">O estado presta estes serviços e o particular também o faz, sem a necessidade de delegação.</td></tr>
<tr><td colspan="3">A prestação executada pelo particular não se configura prestação indireta pelo Estado, por não decorrer de delegação. Não exclui a obrigação do estado de fazer a execução direta.</td></tr>
<tr><td colspan="3">Trata-se de autorização de polícia (exercício do poder de polícia) e não de delegação de serviços.</td></tr>
<tr><td colspan="3">Tais serviços, quando prestados pelo particular, não ostentam a qualificação de serviços públicos propriamente ditos, sendo, portanto, designados serviços de utilidade pública ou serviços impróprios (STF e doutrina).</td></tr>
<tr><th colspan="4">CLASSIFICAÇÃO</th></tr>
<tr><td rowspan="6">Serviços uti singuli ou individuais</td><td colspan="3">Trata-se de serviço prestado a toda a coletividade, sem distinções discriminatórias; no entanto, na prestação destes serviços, é possível mensurar o quanto cada usuário fruiu do serviço e, por isso, a cobrança pode ser feita mediante o pagamento de taxas ou tarifas.</td></tr>
<tr><td rowspan="5">Serviços divisíveis,</td><td colspan="2">Haja vista a possibilidade de se dividir a utilização entre os usuários.</td></tr>
<tr><td rowspan="4">Compulsórios</td><td>São essenciais à coletividade de forma que não podem ser abdicados pelos destinatários, devendo ser feita a cobrança pelo poder público.</td></tr>
<tr><td>Cobrança através de taxa.</td></tr>
<tr><td>“Taxa mínima” é a cobrança pelo simples fato de estar o serviço à disposição do usuário.</td></tr>
<tr><td>O não pagamento enseja a possibilidade de cobrança, por meio de execução fiscal (lei 6.830/80), dada a natureza tributária dos valores cobrados.</td></tr>
</table>

<table>
<tr><th colspan="4">SERVIÇOS PÚBLICOS</th></tr>
<tr><td rowspan="3"></td><td rowspan="3"></td><td rowspan="3">Facultativos</td><td>São prestados visando aos interesses da coletividade, todavia, podem ou não ser utilizados pelos usuários.</td></tr>
<tr><td>Somente será possível a cobrança pelo serviço efetivamente prestado.</td></tr>
<tr><td>Cobrança feita mediante tarifas ou preços públicos, não ostentando natureza tributária (súmula 545, do STF).</td></tr>
<tr><td rowspan="5">Serviços uti universi</td><td colspan="3">O poder público presta o serviço a toda a coletividade que o usufrui simultaneamente, não sendo possível determinar a quantidade utilizada por cada um individualmente.</td></tr>
<tr><td colspan="3">São custeados pela receita geral decorrente da arrecadação dos impostos.</td></tr>
<tr><td colspan="3">Serviços indivisíveis, não sendo possível dividir o ônus da prestação em proporção igual à utilização.</td></tr>
<tr><td colspan="3">ATENÇÃO! É inconstitucional taxa que tenha como finalidade arcar com os custos de um serviço indivisível.</td></tr>
<tr><td colspan="3">"O serviço de iluminação pública não pode ser remunerado mediante taxa" (súmula 670, do STF).</td></tr>
<tr><td rowspan="3">Forma de prestação</td><td>Serviços públicos próprios</td><td colspan="2">Somente podem ser prestados pelo Estado, de forma direta (pelos entes da Administração Direta ou Indireta) ou mediante delegação a particulares, efetivada mediante a celebração de contratos de concessão e permissão, nos moldes da legislação.</td></tr>
<tr><td rowspan="2">Serviços públicos impróprios</td><td colspan="2">Não obstante sejam essenciais à coletividade e satisfaçam os interesses dos administrados, podem ser executados por particulares sem a necessidade de delegação pelo ente estatal.</td></tr>
<tr><td colspan="2">Execução será somente fiscalizada pela Administração Pública.</td></tr>
<tr><td rowspan="5">Alguns doutrinadores</td><td>Serviços administrativos</td><td colspan="2">Abarca as atividades internas do Estado, voltadas à organização e estruturação institucional, de forma a garantir uma boa execução da atividade administrativa.</td></tr>
<tr><td rowspan="3">Serviços industriais (ou comerciais)</td><td colspan="2">São, em verdade, exploração de atividade econômica pelo Estado, não se configurando serviço público propriamente dito.</td></tr>
<tr><td colspan="2">A execução da atividade não segue as normas de direito privado, sendo considerada atividade privada de interesse público, nos moldes do art. 173 da Constituição Federal.</td></tr>
<tr><td colspan="2">ATENÇÃO! Em sentido contrário Di Pietro entende que "é aquele que a Administração Pública executa, direta ou indiretamente para atender às necessidades coletivas de ordem econômica".</td></tr>
<tr><td>Serviços sociais</td><td colspan="2">Prestados diretamente pelo Estado, para satisfação dos interesses da sociedade, em paralelo à execução pela iniciativa privada.</td></tr>
<tr><th colspan="4">DELEGAÇÃO CONTRATUAL DE SERVIÇOS</th></tr>
<tr><td colspan="4">Conforme o art. 175, da CF/88, admite-se a execução de serviços mediante delegação a particulares, efetivada por contratos de concessão e de permissão de serviços públicos.</td></tr>
<tr><td colspan="4">No parágrafo único, do referido dispositivo, vem expressa a necessidade de lei para dispor sobre: o regime das empresas concessionárias e permissionárias de serviços públicos, o caráter especial de seu contrato e de sua prorrogação, bem como as condições de caducidade, fiscalização e rescisão da concessão ou permissão, os direitos dos usuários, política tarifária e a obrigação de manter serviço adequado.</td></tr>
<tr><td colspan="4">As leis que tratam sobre esta são: lei 8.987/95; lei 9.074/99; lei 11.079/04.</td></tr>
<tr><th colspan="4">CONCESSÃO DE SERVIÇOS PÚBLICOS</th></tr>
<tr><td colspan="4">Configura-se a transferência da prestação de serviços públicos para particulares, pelo ente público a pessoas jurídicas ou consórcios de empresas que demonstrem capacidade para desempenhar a atividade transferida por sua conta e risco (II, art. 2°, da lei n. 8.987/95).</td></tr>
<tr><td colspan="4">É obrigatório o procedimento licitatório realizado na modalidade de concorrência, independentemente do valor do contrato a ser firmado (lei n. 8.987/95).</td></tr>
</table>

<table>
<tr><th colspan="5">SERVIÇOS PÚBLICOS</th></tr>
<tr><td colspan="5">Enseja somente a delegação da atividade, ou seja, a descentralização por colaboração.</td></tr>
<tr><td colspan="5">A empresa concessionária será remunerada pelas tarifas que cobrará dos usuários, não lhe sendo devida qualquer contraprestação pelo ente estatal.</td></tr>
<tr><td>Concessão simples</td><td colspan="4">São contratos cujo objeto se resume à transferência da execução do serviço público para o particular, que o executará por sua conta e risco mediante cobrança de tarifas dos usuários.</td></tr>
<tr><td>Concessão precedida de obra</td><td colspan="4">Contratos de concessão nos quais o ente público determina ao particular que realize uma obra pública de relevância para a sociedade e indispensável à prestação do serviço público delegado. Nestes casos, o particular deverá executar a obra às suas expensas, sendo remunerado, posteriormente, pela exploração do serviço decorrente da obra (art. 2º, III, da lei 8.987/95).</td></tr>
<tr><td rowspan="3">PODER CONCEDENTE</td><td colspan="4">É o ente federativo responsável pela execução da atividade delegada, respeitando as competências constitucionais para a prestação dos serviços públicos (I, art. 2° da lei n. 8.987/95).</td></tr>
<tr><td colspan="4">Excepcionalmente, a lei atribui o poder de delegar serviços públicos a entidades da administração indireta.</td></tr>
<tr><td colspan="4">Os consórcios públicos formados pela gestão associada de entes da federação poderão outorgar concessão, permissão ou autorização de obras ou serviços públicos, desde que o faça mediante autorização prevista no contrato de consórcio público, que deverá indicar de forma específica o objeto da concessão, permissão ou autorização e as condições a que deverá atender, observada a legislação de normas gerais em vigor acerca da matéria (lei 11.107/05).</td></tr>
<tr><td rowspan="11">DIREITOS E OBRIGAÇÕES DO CONCEDENTE</td><td colspan="4">Como titular dos serviços delegados, tem o dever de zelar pela sua adequada prestação de forma a satisfazer as necessidades dos usuários e garantir uma execução eficiente.</td></tr>
<tr><td colspan="4">Será subsidiariamente responsável por todos os danos causados na execução de um serviço público</td></tr>
<tr><td rowspan="9">Encargos</td><td>Regulamentar o serviço concedido e fiscalizar permanentemente a sua prestação</td><td colspan="2">Poder-dever da Administração Pública.</td></tr>
<tr><td>Aplicar as penalidades regulamentares e contratuais, nos moldes definidos no contrato</td><td colspan="2">Observando o princípio da proporcionalidade.</td></tr>
<tr><td>Intervir na prestação do serviço</td><td colspan="2">Prerrogativa dada ao ente público contratante de por fim à avença, independentemente de consentimento do particular ou de decisão judicial (poder de rescisão judicial).</td></tr>
<tr><td rowspan="3">Extinguir a concessão</td><td colspan="2">Prerrogativa dada ao ente público contratante, não sem depender de decisão judicial nem de consentimento do particular.</td></tr>
<tr><td>Interesse público</td><td>Encampação</td></tr>
<tr><td>Inadimplemento da Empresa concessionária</td><td>Caducidade</td></tr>
<tr><td>Homologar reajustes e proceder à revisão das tarifas</td><td colspan="2">Na forma da lei 8.987/95.</td></tr>
<tr><td colspan="3">Cumprir e fazer cumprir as disposições regulamentares do serviço e as cláusulas contratuais da concessão.</td></tr>
<tr><td>Zelar pela boa qualidade do serviço</td><td colspan="2">Recebendo, apurando e solucionando queixas e reclamações dos usuários, que serão cientificados, em até trinta dias, das providências tomadas.</td></tr>
</table>

<table>
<tr><th colspan="4">SERVIÇOS PÚBLICOS</th></tr>
<tr><td rowspan="7"></td><td rowspan="7"></td><td>Declarar de utilidade pública os bens necessários à execução do serviço ou obra pública</td><td>O ente estatal somente efetiva a declaração de utilidade pública, competindo à concessionária executar a desapropriação.</td></tr>
<tr><td>Declarar de necessidade ou utilidade pública, para fins de instituição de servidão administrativa</td><td>Os bens necessários à execução de serviço ou obra pública, promovendo-a diretamente ou mediante outorga de poderes à concessionária, caso em que será desta a responsabilidade pelas indenizações cabíveis.</td></tr>
<tr><td colspan="2">Estimular o aumento da qualidade, produtividade, preservação do meio-ambiente e conservação.</td></tr>
<tr><td colspan="2">Incentivar a competitividade.</td></tr>
<tr><td colspan="2">Estimular a formação de associações de usuários para defesa de interesses relativos ao serviço.</td></tr>
<tr><td colspan="2">ATENÇÃO! para garantir a boa execução das atividades, o poder concedente ainda terá a possibilidade de determinar a alteração unilateral do contrato com a finalidade de adequar as disposições contratuais ao interesse público.</td></tr>
<tr><td colspan="2">em determinadas situações, para manter os serviços prestados pelo particular contratado, o Estado precisa ocupar temporariamente os bens da contratada (ocupação temporária que é diferente da reversão cujo caráter é definitivo).</td></tr>
<tr><td rowspan="13">CONCESSIONÁRIA</td><td colspan="3">É o particular que celebra o contrato administrativo, tornando-se executor do serviço público descentralizado.</td></tr>
<tr><td colspan="3">Não goza de qualquer benefício da fazenda pública</td></tr>
<tr><td colspan="3">O contrato de concessão de serviços públicos somente pode ser celebrado com pessoas jurídicas ou consórcios de empresas.</td></tr>
<tr><td colspan="3">Aplicam-se aos contratos as garantias estatais decorrentes da supremacia do interesse público e a garantia de manutenção do equilíbrio econômico financeiro do contrato.</td></tr>
<tr><td colspan="3">A busca pelo lucro não pode ensejar prejuízo aos usuários do serviço ou má execução da atividade.</td></tr>
<tr><td rowspan="8">Obrigações definidas em lei</td><td colspan="2">Prestar serviço adequado, na forma prevista na lei 8.987/95, nas normas técnicas aplicáveis e no contrato, em obediência a todos os princípios aplicáveis à matéria, mantendo uma execução eficiente da atividade.</td></tr>
<tr><td colspan="2">Manter em dia o inventário e o registro dos bens vinculados à concessão, como forma de evitar-se enriquecimento sem causa da empresa.</td></tr>
<tr><td colspan="2">Prestar contas da gestão do serviço ao poder concedente e aos usuários, nos termos definidos no contrato, não se admitindo a execução da atividade de forma sigilosa, em respeito ao princípio da publicidade.</td></tr>
<tr><td colspan="2">Cumprir e fazer cumprir as normas do serviço e as cláusulas contratuais da concessão.</td></tr>
<tr><td colspan="2">Permitir aos encarregados da fiscalização livre acesso, em qualquer época, às obras, aos equipamentos e às instalações integrantes do serviço, bem como a seus registros contábeis, haja vista a prerrogativa estatal de fiscalizar a prestação do serviço.</td></tr>
<tr><td colspan="2">Promover as desapropriações e constituir servidões autorizadas pelo poder concedente, conforme previsto no edital e no contrato.</td></tr>
<tr><td colspan="2">Zelar pela integridade dos bens vinculados à prestação do serviço, bem como segurá-los adequadamente.</td></tr>
<tr><td colspan="2">Captar, aplicar e gerir os recursos financeiros necessários à prestação do serviço, uma vez que a prestação é feita por conta e risco da empresa contratada.</td></tr>
</table>

<table>
<tr><th colspan="3">SERVIÇOS PÚBLICOS</th></tr>
<tr><td rowspan="4"></td><td rowspan="4">responsabilidade civil</td><td>Art. 37, §6º da Constituição Federal.</td></tr>
<tr><td>A responsabilidade da concessionária é objetiva e o Estado tem responsabilidade subsidiária – e objetiva – por esta atuação.</td></tr>
<tr><td>Na responsabilidade solidária ambos responderiam, ao mesmo tempo, solidariamente, enquanto na subsidiária o Estado só é chamado se o prestador de serviços não tiver condições financeiras.</td></tr>
<tr><td>Ainda que o dano seja causado a terceiro, não usuário do serviço público, a responsabilidade também será objetiva, desde que o dano tenha sido causado durante a prestação do serviço (STF).</td></tr>
<tr><td rowspan="7">USUÁRIOS DO SERVIÇO</td><td colspan="2">A concessionária é, primordialmente, fornecedora de serviços usufruídos por particulares e, como tal, não pode se eximir de respeitar as normas definidas para a proteção do consumidor.</td></tr>
<tr><td colspan="2">É garantia do particular o recebimento de serviço adequado, respeitando a eficiência e isonomia na sua prestação, em obediência às regras de modicidade das tarifas e cortesia pelos executores.</td></tr>
<tr><td colspan="2">Deverá receber do poder concedente e da concessionária todas as informações necessárias para a defesa de interesses individuais ou coletivos.</td></tr>
<tr><td colspan="2">Deverá obter e utilizar o serviço, com liberdade de escolha entre vários prestadores de serviços.</td></tr>
<tr><td colspan="2">Deve levar ao conhecimento do poder público e da concessionária as irregularidades de que tenham conhecimento, referentes ao serviço prestado.</td></tr>
<tr><td colspan="2">Deve comunicar às autoridades competentes os atos ilícitos praticados pela concessionária na prestação do serviço, que sejam de seu conhecimento.</td></tr>
<tr><td colspan="2">Deve contribuir para a permanência das boas condições dos bens públicos através dos quais lhes são prestados os serviços.</td></tr>
<tr><td rowspan="12">PROCEDIMENTO LICITATÓRIO</td><td colspan="2">"Incumbe ao Poder Público, na forma da lei, diretamente ou sob regime de concessão ou permissão, sempre através de licitação, a prestação de serviços públicos". (art. 175, da CF/88)</td></tr>
<tr><td colspan="2">No edital da concorrência, para contratos de concessão de serviços públicos, é possível se estabelecer a inversão de fases da habilitação e classificação (deve haver previsão editalícia).</td></tr>
<tr><td rowspan="6">Os critérios de escolha definidos na lei 8.987/95 são os seguintes:</td><td>O menor valor da tarifa do serviço público a ser prestado</td></tr>
<tr><td>A maior oferta, somente nos casos em que haja pagamento ao poder concedente pela outorga da concessão.</td></tr>
<tr><td>A combinação, dois a dois, dos critérios de menor valor da tarifa do serviço público a ser prestado, de maior oferta, nos casos em que haja pagamento ao poder concedente pela outorga da concessão e de melhor oferta de pagamento pela outorga, após qualificação de propostas técnicas.</td></tr>
<tr><td>Melhor proposta técnica.</td></tr>
<tr><td>Melhor proposta em razão da combinação dos critérios de menor valor da tarifa do serviço público a ser prestado com o de melhor técnica.</td></tr>
<tr><td>Melhor oferta de pagamento pela outorga após qualificação de propostas técnicas.</td></tr>
<tr><td colspan="2">"O poder concedente recusará propostas manifestamente inexequíveis ou financeiramente incompatíveis com os objetivos da licitação"(§3°, do art. 15, da lei n. 8.987/95).</td></tr>
<tr><td colspan="2">O único critério definido em lei, para desempatar o procedimento licitatório, em casos de contratos de concessão de serviços públicos é a nacionalidade da empresa participante do certame (art. 15, §4º da lei 8.987/95).</td></tr>
<tr><td colspan="2">É possível a participação do procedimento licitatório de empresas em consorciadas, mesmo antes de firmado o acordo, desde que apresentada a comprovação de compromisso, público ou particular, de constituição de consórcio.</td></tr>
<tr><td colspan="2">É obrigatória ainda a definição de qual empresa ficará responsável pelo consórcio (sem prejuízo da responsabilidade solidária das demais consorciadas).</td></tr>
</table>

SERVIÇOS PÚBLICOS		
	Os documentos para a aferição da capacidade técnica, da idoneidade financeira e da regularidade jurídica e fiscal serão exigidos de cada uma das empresas consorciadas.	
	Há o impedimento de participação de empresas consorciadas na mesma licitação, por intermédio de mais de um consórcio ou mesmo isoladamente.	
	MODALIDADES LICITATÓRIAS DIFERENCIADAS	A lei 9.074/95 criou o Programa Nacional de Desestatização e determina que os serviços públicos que estejam elencados neste programa podem ser delegados mediante contratos de concessão, sendo que, nestes casos, a modalidade licitatória a ser utilizada poderá ser o **leilão**. Trata-se de norma que afasta a obrigatoriedade de concorrência para estes serviços específicos.
		A modalidade leilão é aplicada desde que respeitadas as regras dispostas em lei (art. 27 c/c 29).
		Nos contratos de concessão de serviços públicos de radiodifusão de sons e imagens (televisão) e radiodifusão sonora (rádio), não há aplicabilidade das disposições da lei 8.987/95, consoante estabelecido em seu artigo 41, devendo ser observada a definição constitucional.
		Compete ao Poder Executivo outorgar e renovar concessão, permissão e autorização para estes serviços, com observância ao princípio da complementaridade dos sistemas privado, público e estatal, dependendo a negativa de aprovação de, no mínimo, dois quintos do Congresso Nacional, em votação nominal (art. 223, da CF/88).
	Prazo da concessão ou permissão	Dez anos para as emissoras de rádio.
		Quinze para as de televisão.
	Cancelamento da concessão ou permissão, antes de vencido o prazo	Depende de decisão judicial.
FORMALIZAÇÃO DOS CONTRATOS DE CONCESSÃO DE SERVIÇO PÚBLICO	Contratada determinada empresa para prestar serviço público, mediante delegação, esta é responsável pela prestação do serviço, sendo, no entanto, remunerada pelo usuário do serviço e não pela Administração Pública que a contratou.	
	Serviço de limpeza pública, é um contrato de prestação de serviço comum e não de concessão.	
	Cláusulas necessárias (art. 23)	Deve prever regras referentes ao objeto, à área e ao prazo da concessão.
		Deve prever regras referentes ao modo, forma e condições de prestação do serviço.
		Deve prever regras referentes aos critérios, indicadores, fórmulas e parâmetros definidores da qualidade do serviço.
		Deve prever regras referentes ao preço do serviço e aos critérios e procedimentos para o reajuste e a revisão das tarifas.
		Deve prever regras referentes aos direitos, garantias e obrigações do poder concedente e da concessionária, inclusive os relacionados às previsíveis necessidades de futura alteração e expansão do serviço e consequente modernização, aperfeiçoamento e ampliação dos equipamentos e das instalações; aos direitos e deveres dos usuários para obtenção e utilização do serviço.
		Deve prever regras referentes à forma de fiscalização das instalações, dos equipamentos, dos métodos e práticas de execução do serviço, bem como a indicação dos órgãos competentes para exercê-la.
		Deve prever regras referentes às penalidades contratuais e administrativas a que se sujeita a concessionária e sua forma de aplicação.
		Deve prever regras referentes aos casos de extinção da concessão

<table>
<tr><th colspan="3">SERVIÇOS PÚBLICOS</th></tr>
<tr><td rowspan="6"></td><td rowspan="6"></td><td>Deve prever regras referentes aos bens reversíveis e aos critérios para o cálculo e a forma de pagamento das indenizações devidas à concessionária, quando for o caso.</td></tr>
<tr><td>Deve prever regras referentes às condições para prorrogação do contrato.</td></tr>
<tr><td>Deve prever regras referentes à obrigatoriedade, forma e periodicidade da prestação de contas da concessionária ao poder concedente.</td></tr>
<tr><td>Deve prever regras referentes à exigência da publicação de demonstrações financeiras periódicas da concessionária.</td></tr>
<tr><td>Deve prever regras referentes ao foro e ao modo amigável de solução das divergências contratuais.</td></tr>
<tr><td>ATENÇÃO! Nos contratos de concessão de serviço público precedido da execução de obra pública devem, ainda, estar previstas cláusulas que estipulem os cronogramas físico-financeiros de execução das obras vinculadas à concessão e que exijam garantia do fiel cumprimento, pela concessionária, das obrigações relativas às obras vinculadas à concessão.</td></tr>
<tr><td rowspan="8">INTERVENÇÃO</td><td colspan="2">Ocorre quando, ao fiscalizar, o poder concedente descobre indícios de irregularidades.</td></tr>
<tr><td colspan="2">Haverá nomeação de agente público que atuará como interventor, o qual ficará responsável pela gestão da empresa, enquanto se instaura processo administrativo para apuração das supostas irregularidades apontadas.</td></tr>
<tr><td colspan="2">A nomeação deve ser feita por meio de decreto expedido pelo chefe do Poder Executivo.</td></tr>
<tr><td colspan="2">Depois da nomeação, a Administração deve instaurar o processo administrativo em até 30 dias.</td></tr>
<tr><td colspan="2">Este procedimento terá duração máxima de 180 dias.</td></tr>
<tr><td colspan="2">ATENÇÃO! Se a intervenção não observou os pressupostos legais e regulamentares será declarada sua nulidade, devendo o serviço ser imediatamente devolvido à concessionária, sem prejuízo de seu direito à indenização por todos os danos causados.</td></tr>
<tr><td colspan="2">Se após o procedimento não for verificada nenhuma irregularidade na empresa concessionária, a administração do serviço será devolvida à mesma, devendo o interventor prestar contas e responder pelos atos praticados durante a sua gestão.</td></tr>
<tr><td colspan="2">Já se tiver havido irregularidade configurando inadimplemento contratual, será decretada a caducidade do contrato.</td></tr>
<tr><td rowspan="4">DURAÇÃO DO CONTRATO DE CONCESSÃO</td><td colspan="2">O contrato de concessão, como regra, não gera despesas ao Estado e, por conseguinte, não depende de previsão na lei orçamentária, não precisando, portanto, obedecer ao prazo de duração do crédito orçamentário.</td></tr>
<tr><td colspan="2">A desvinculação ao art. 57 da lei 8.666/93 não significa celebração do contrato de concessão de serviços por prazo indeterminado.</td></tr>
<tr><td>Radiodifusão sonora</td><td>O prazo de duração será de dez anos.</td></tr>
<tr><td>Radiodifusão de sinais e imagens</td><td>O prazo de duração será de quinze anos.</td></tr>
<tr><td>ARBITRAGEM</td><td colspan="2">A celebração de cláusulas compromissórias e compromissos arbitrais para solução das controvérsias ocorridas no bojo de contratos de concessão de serviços públicos é permitida.</td></tr>
<tr><td rowspan="2">SUBCONCESSÃO</td><td colspan="2">Para que seja subcontratado o objeto do contrato de concessão firmado, ou para que se admita a transferência do controle acionário da concessionária, é indispensável a anuência do poder concedente, sob pena de se configurar inadimplemento sujeito à declaração de caducidade do contrato, sem prejuízo das sanções a serem aplicadas (art. 27, da lei 8.987/95).</td></tr>
<tr><td colspan="2">Não pode ocorrer logo após o término da licitação, o que pode ensejar uma fraude ao certame por meio da criação de uma “empresa de fachada” somente para participação do procedimento.</td></tr>
</table>

<table>
<tr><th colspan="4">SERVIÇOS PÚBLICOS</th></tr>
<tr><td rowspan="3"></td><td rowspan="2">Requisitos para a anuência</td><td colspan="2">A empresa que assumirá o serviço público deverá atender às exigências de capacidade técnica, idoneidade financeira e regularidade jurídica e fiscal necessárias à assunção do serviço, assim como se comprometerá a cumprir todas as cláusulas do contrato em vigor.</td></tr>
<tr><td colspan="2">Se houver regulamentação prévia no contrato de concessão, o poder concedente pode autorizar a assunção do controle da concessionária por seus financiadores para promover sua reestruturação financeira e assegurar a não interrupção da prestação dos serviços. Aqui os financiadores devem atender às exigências de regularidade jurídica e fiscal.</td></tr>
<tr><td>Doutrina Majoritária</td><td colspan="2">a lei 8.987/95 veda a subcontratação, nos moldes definidos pela legislação contratual civil, sendo somente possível a transferência do objeto do contrato (ainda que parcial) mediante procedimento licitatório realizado pelo poder público concedente.</td></tr>
<tr><td>REMUNERAÇÃO DA CONCESSIONÁRIA</td><td colspan="3">A empresa concessionária deverá ser remunerada, majoritariamente ou integralmente, mediante a cobrança de tarifas dos usuários do serviço cuja prestação lhe foi transferida.</td></tr>
<tr><td>Assunção do controle da empresa pelos financiadores</td><td colspan="3">ATENÇÃO! A Lei 8.987/95 sofreu alteração em sua redação com edição da Lei 13.097/15, passando a dispor que desde que haja previsão no contrato de concessão, o poder concedente autorizará a assunção do controle ou da administração temporária da concessionária por seus financiadores e garantidores, com quem não mantenha vínculo societário direto, sempre que seja necessário para promover sua reestruturação financeira e assegurar a continuidade da prestação dos serviços, sendo que, nestes casos, os financiadores e garantidores deverão atender às exigências de regularidade jurídica e fiscal. A legislação ainda dispõe que poderão ser dispensados os demais requisitos de habilitação.</td></tr>
<tr><td rowspan="10"></td><td rowspan="6">Tarifa</td><td colspan="2">Deve respeitar o princípio da modicidade.</td></tr>
<tr><td colspan="2">Será fixada pelo preço da proposta vencedora da licitação e preservada pelas regras de revisão previstas nesta Lei, no edital e no contrato.</td></tr>
<tr><td colspan="2">Não será subordinada à legislação específica anterior.</td></tr>
<tr><td colspan="2">Somente nos casos expressamente previstos em lei, sua cobrança poderá ser condicionada à existência de serviço público alternativo e gratuito para o usuário.</td></tr>
<tr><td colspan="2">Calculada com base nos custos dos serviços a serem executados, somando-se ao lucro que deve ser auferido pela concessionária, assim como a amortização dos investimentos que a empresa realizou para bem executar a atividade.</td></tr>
<tr><td colspan="2">A lei prevê a possibilidade de revisão de tarifas, diante de situações excepcionais que aumentem os custos da prestação do serviço e também, nos moldes do contrato, para evitar a corrosão do valor auferido em virtude da inflação do período conforme art. 9°, §2°, da lei 8.987/95.</td></tr>
<tr><td colspan="3">Há a aplicação das teorias do fato da administração e do fato do príncipe.</td></tr>
<tr><td colspan="3">Há a possibilidade de o edital prever outras fontes provenientes de receitas alternativas, complementares, acessórias ou de projetos associados, com ou sem exclusividade, com vistas a favorecer a modicidade das tarifas.</td></tr>
<tr><td colspan="3">As fontes de receita alternativas devem ser consideradas para a aferição do inicial equilíbrio econômico-financeiro do contrato, ensejando uma diminuição proporcional do valor das tarifas a serem pagas pelos usuários dos serviços.</td></tr>
<tr><td colspan="3">Qualquer política que vise à redução das tarifas deve ser acompanhada de forma alternativa de pagamento ao prestador do serviço ou de redução de encargos contratuais para se evitar o desequilíbrio do contrato firmado.</td></tr>
<tr><td rowspan="4">EXTINÇÃO DO CONTRATO DE CONCESSÃO</td><td colspan="3">Extinta a concessão, retornam ao poder concedente todos os bens reversíveis, direitos e privilégios transferidos ao concessionário conforme previsto no edital e estabelecido no contrato.</td></tr>
<tr><td colspan="3">Haverá a imediata assunção do serviço pelo poder concedente, procedendo-se aos levantamentos, avaliações e liquidações necessários, o que autoriza a ocupação das instalações e a utilização, pelo poder concedente, de todos os bens reversíveis.</td></tr>
<tr><td rowspan="2">Hipóteses</td><td>Advento do termo contratual</td><td>Escoamento do prazo negocial.</td></tr>
<tr><td>Encampação</td><td>Cláusula exorbitante dos contratos administrativos que permite ao ente estatal extinguir a avença, sem a necessidade de concordância do particular (art. 37, da lei 8.987/95).</td></tr>
</table>

SERVIÇOS PÚBLICOS				
		Caducidade	Rescisão unilateral do contrato justificada por motivo de inadimplemento do particular contratado.	
			Se dá por meio da edição de um decreto, pelo chefe do Poder Executivo.	
			Ocorre quando	O serviço estiver sendo prestado de forma inadequada ou deficiente, tendo por base as normas, critérios, indicadores e parâmetros definidores da qualidade do serviço, em obediência às normas legais;
				A concessionária descumprir quaisquer cláusulas contratuais ou disposições legais ou, ainda, regulamentares concernentes à concessão, configurando claro inadimplemento contratual;
				A concessionária paralisar o serviço ou concorrer para tanto, em afronta direta ao princípio da continuidade, ressalvadas as hipóteses decorrentes de caso fortuito ou força maior;
				A concessionária perder as condições econômicas, técnicas ou operacionais para manter a adequada prestação do serviço concedido;
				A concessionária não cumprir as penalidades impostas por infrações cometidas, nos devidos prazos;
				A concessionária não atender a intimação do poder concedente no sentido de regularizar a prestação do serviço, como forma de garantia da eficiência na execução da atividade concedida.
				A concessionária não atender a intimação do poder concedente para, em 180 (cento e oitenta) dias, apresentar a documentação relativa à regularidade fiscal, no curso da concessão.
			Depois de declarada o poder concedente não tem responsabilidade em relação aos encargos, ônus, obrigações ou compromissos com terceiros ou com empregados da concessionária.	
		Rescisão	**Rescisão consensual, ou bilateral**	Acordo firmado entre as partes.
			Rescisão Judicial	Requerida pela concessionária, diante do inadimplemento contratual do poder público.
		Anulação	É a extinção do contrato administrativo em virtude de ilegalidade originária.	

<table>
<tr><th colspan="4">SERVIÇOS PÚBLICOS</th></tr>
<tr><td></td><td></td><td>Falência ou extinção da empresa concessionária e falecimento ou incapacidade do titular, no caso de empresa individual.</td><td>Extinção do contrato em razão do desaparecimento da concessionária.</td></tr>
<tr><td></td><td colspan="3">Os contratos firmados antes da edição da lei 8.987/95 permanecem válidos pelo prazo fixado no contrato ou no ato de outorga, salvo se foram firmados sem licitação, na vigência da Constituição Federal de 1988, casos em que deve ser declarada sua nulidade originária, por desrespeito ao princípio da isonomia.</td></tr>
<tr><td></td><td colspan="3">Devem ser extintas as concessões firmadas sem prévio procedimento licitatório, ainda que anteriores à Carta Magna, desde que os serviços ou obras a serem executadas não tenham se iniciado ou estejam paralisados, na data de edição da lei 8.987/95.</td></tr>
<tr><td></td><td colspan="3">As concessões que foram firmadas em caráter precário, as que estiverem com prazo vencido e as que estiverem em vigor por prazo indeterminado, inclusive por força de legislação anterior, permanecerão válidas pelo prazo necessário à realização dos levantamentos e avaliações indispensáveis à organização das licitações que precederão a outorga das concessões que as substituirão, prazo esse que não será inferior a 24 (vinte e quatro) meses.</td></tr>
<tr><th colspan="4">PARCERIA PÚBLICO-PRIVADA</th></tr>
<tr><td colspan="4">Concessões de serviços públicos de natureza especial com o objetivo de prestação de serviços públicos de forma menos dispendiosa que o normal, podendo, ainda, se admitir o fornecimento de bens ou execução de obras.</td></tr>
<tr><td colspan="4">Estes contratos se caracterizam pela existência de contraprestação pecuniária do ente estatal e de compartilhamento dos riscos da atividade executada.</td></tr>
<tr><td colspan="4">Fica sujeita à aplicação da Lei 8.987/95, no silêncio da lei específica.</td></tr>
<tr><td colspan="4">José dos Santos Carvalho Filho critica a expressão parceria, haja vista se configurar relação contratual em que estão participando entidades com vontades divergentes.</td></tr>
<tr><td colspan="4">Art. 22, XXVII, lei 11.079/04.</td></tr>
<tr><td colspan="4">Para regulamentar e minudenciar as normas apresentadas na lei 11.079/04, a União editou o Decreto 5.977/06, que em sua ementa dispõe que "Regulamenta o art. 3º, caput e § 1º, da Lei n. 11.079, de 30 de dezembro de 2004, que dispõe sobre a aplicação, às parcerias público-privadas, do art. 21 da Lei n. 8.987, de 13 de fevereiro de 1995, e do art. 31 da Lei n. 9.074, de 7 de julho de 1995, para apresentação de projetos, estudos, levantamentos ou investigações, a serem utilizados em modelagens de parcerias público-privadas no âmbito da administração pública federal, e dá outras providências".</td></tr>
<tr><td rowspan="6">ESPÉCIES DE PARCERIAS</td><td rowspan="3">Concessão patrocinada</td><td colspan="2">Pode ser precedida ou não de obra pública, na qual, adicionalmente à tarifa paga pelos usuários, há uma contraprestação do Poder Público ao parceiro privado.</td></tr>
<tr><td colspan="2">Com a contraprestação se admite que seja feita uma cobrança de tarifa mais módica aos usuários, sem que isso enseje uma redução o valor do lucro da contratada.</td></tr>
<tr><td colspan="2">A contraprestação do Poder Público não pode ultrapassar 70%, salvo se estabelecida por lei específica (art. 10, §3º da lei 11.079/04).</td></tr>
<tr><td rowspan="3">Concessão administrativa</td><td colspan="2">Administração Pública fica responsável pelo pagamento das tarifas, uma vez que ostenta a qualidade de usuária do serviço prestado de forma direta ou indireta, mesmo que envolva a execução de obras públicas ou o fornecimento de bens.</td></tr>
<tr><td rowspan="2">peculiaridade</td><td>Grande vulto de investimento do parceiro privado, que fica responsável por todos os custos da execução do serviço a ser prestado.</td></tr>
<tr><td>Impossibilidade de celebração do contrato somente para a prestação de serviço.</td></tr>
</table>

<table>
<tr><th colspan="3">SERVIÇOS PÚBLICOS</th></tr>
<tr><td rowspan="17">CLÁUSULAS DOS CONTRATOS DE PARCERIA PÚBLICO-PRIVADA.</td><td colspan="2">Além das previstas na lei 8.987/95, há as cláusulas específicas.</td></tr>
<tr><td rowspan="11">Cláusulas específicas</td><td>O prazo de vigência do contrato, compatível com a amortização dos investimentos realizados, não podendo ser celebrado contrato de Parceria público-privada por tempo inferior a 5 (cinco), nem superior a 35 (trinta e cinco) anos, incluindo eventual prorrogação que se faça necessária.</td></tr>
<tr><td>A previsão de todas as penalidades que poderão ser aplicadas à Administração Pública e ao parceiro privado em caso de inadimplemento contratual, fixadas sempre em respeito ao princípio da proporcionalidade, em relação à gravidade da falta cometida, e às obrigações assumidas.</td></tr>
<tr><td>A repartição de riscos entre as partes, inclusive os referentes a caso fortuito, força maior, fato do príncipe e álea econômica extraordinária.</td></tr>
<tr><td>As formas de remuneração e de atualização dos valores contratuais, estabelecendo índices de reajuste para manutenção do equilíbrio econômico-financeiro do contrato, diante de corrosão inflacionária da moeda;</td></tr>
<tr><td>Os mecanismos para a preservação da atualidade da prestação dos serviços.</td></tr>
<tr><td>Os fatos que caracterizem a inadimplência pecuniária do parceiro público, os modos e o prazo de regularização e, quando houver, a forma de acionamento da garantia prestada pela Administração.</td></tr>
<tr><td>Os critérios objetivos de avaliação do desempenho do parceiro privado, não se admitindo a manutenção do contrato com a empresa que não cumpra as metas de eficiência previamente estipuladas na avença;</td></tr>
<tr><td>A prestação, pelo parceiro privado, de garantias de execução suficientes e compatíveis com os ônus e riscos envolvidos, observados os limites definidos na lei 8.666/93.</td></tr>
<tr><td>O compartilhamento com a Administração Pública de ganhos econômicos efetivos do parceiro privado decorrentes da redução do risco de crédito dos financiamentos utilizados pelo parceiro privado.</td></tr>
<tr><td>A realização de vistoria dos bens reversíveis, podendo o parceiro público reter os pagamentos ao parceiro privado, no valor necessário para reparar as irregularidades eventualmente detectadas.</td></tr>
<tr><td>O cronograma e os marcos para o repasse ao parceiro privado das parcelas do aporte de recursos, na fase de investimentos do projeto e/ou após a disponibilização dos serviços, sempre que necessário.</td></tr>
<tr><td colspan="2">Os contratos devem ser celebrados, no valor mínimo de R$ 20.000.000,00 (vinte milhões de reais), não sendo admitidas para contratações de valores mais baixos.</td></tr>
<tr><td colspan="2">Essa avença deve prever a prestação de serviços públicos como objeto do contrato, ainda que não seja objeto único.</td></tr>
<tr><td rowspan="3">Cláusulas não obrigatórias</td><td>Os requisitos e as condições a serem observadas para que o parceiro público autorize a transferência do controle da sociedade de propósito específico para os seus financiadores, com o objetivo de promover a sua reestruturação financeira e assegurar a continuidade da prestação dos serviços;</td></tr>
<tr><td>A possibilidade de emissão de empenho em nome dos financiadores do projeto em relação às obrigações pecuniárias da Administração Pública;</td></tr>
<tr><td>A legitimidade dos financiadores do projeto para receber indenizações, em situações na qual haja a extinção antecipada do contrato, bem como pagamentos efetuados pelos fundos e empresas estatais garantidores de parcerias público-privadas.</td></tr>
</table>

<table>
<tr><th colspan="4">SERVIÇOS PÚBLICOS</th></tr>
<tr><td rowspan="14">CARACTERÍSTICAS ESPECÍFICAS DAS PARCERIAS</td><td rowspan="2">COMPARTILHAMENTO DE RISCOS E DE GANHOS DECORRENTES DA REDUÇÃO DO RISCO</td><td colspan="2">A lei prevê o compartilhamento de riscos, ensejando a responsabilidade solidária da Administração Pública, pelos danos causados na prestação do serviço.</td></tr>
<tr><td colspan="2">Em contrapartida, serão compartilhados os ganhos decorrentes da redução do risco de créditos de financiamento firmado pelo parceiro privado.</td></tr>
<tr><td>FINANCIAMENTO DO SETOR PRIVADO</td><td colspan="2">A Administração Pública não disponibilizará recursos financeiros para custeio integral dos empreendimen tos contratados, cabendo ao parceiro privado efetivar os investimentos necessários à prestação do serviço e eventual execução de obra.</td></tr>
<tr><td rowspan="7">PLURALIDADE COMPENSATÓRIA</td><td colspan="2">Além da amortização dos seus investimentos e obtenção de lucros mediante a exploração do serviço concedido, o parceiro privado tem a garantia de percepção de valores pagos pelos cofres públicos como forma de viabilizar economicamente os empreendimentos a serem executados, para satisfação dos interesses da sociedade.</td></tr>
<tr><td rowspan="3">Ordem bancária</td><td>O parceiro público disponibiliza valores específicos em estabelecimento bancário para que o parceiro privado utilize para cumprimento das finalidades contratuais.</td></tr>
<tr><td>Os critérios a serem utilizados para estipulação dos valores a serem repassados devem estar objetivamente dispostos no contrato, de forma prévia, evitando-se abusos por parte do administrador público.</td></tr>
<tr><td>Não se admite que o ente estatal efetive o pagamento de valores antes de executado o objeto do contrato (art. 7º, a lei 11.079/04).</td></tr>
<tr><td>Cessão de créditos não tributários</td><td>É admitida a cessão de créditos, por exemplo, derivados de indenizações devidas por terceiros à fazenda pública. Configura-se forma indireta de prestação pecuniária.</td></tr>
<tr><td>Outorga de direitos em face da Administração Pública</td><td>A outorga deve incidir sobre direitos que possam ser convertidos em pecúnia, ou seja, que possam ser analisados financeiramente.</td></tr>
<tr><td>Outorga de direitos sobre bens públicos dominicais</td><td>Nestas situações, o particular poderá ter a ele transferida a renda decorrente de locações e concessões onerosas de uso efetivadas pelo parceiro público; ressalte-se que a lei não admite que sejam transferidos os valores auferidos pela exploração de bens públicos afetados, de uso comum ou de uso especial.</td></tr>
<tr><td rowspan="4">GARANTIAS DO PARCEIRO PÚBLICO</td><td>Lei 8.666/93</td><td>Como regra, pode ser definida em valor não superior a 5% ao acordo e poderá ser prestada, a critério do contratado particular, mediante pagamento em dinheiro, por meio de seguro garantia, fiança bancária ou por Títulos da Dívida Pública.</td></tr>
<tr><td rowspan="3">Lei 11.079/04</td><td>Rol exemplificativo.</td></tr>
<tr><td>Desde que observadas as disposições constitucionais, o contrato pode prever a prestação de garantia por meio da vinculação de receitas decorrente do pagamento de tributos para salvaguardar os direitos do particular contratado (IV, art. 167, da CF/88).</td></tr>
<tr><td>Garantia mediante a instituição ou utilização de fundos especiais previstos em lei, assim como a contratação de seguro-garantia desde que seja celebrado com companhias seguradoras que não sejam controladas pelo Poder Público de forma direta.</td></tr>
</table>

<table>
<tr><th colspan="5">SERVIÇOS PÚBLICOS</th></tr>
<tr><td rowspan="15"></td><td></td><td></td><td colspan="2">A caução poderá ser prestada por organismos internacionais ou instituições financeiras contanto que não sejam entidades controladas pelo Poder Público, assim como garantias prestadas por fundo garantidor ou empresa estatal (natureza privada com patrimônio separado dos cotistas) criada para essa finalidade.</td></tr>
<tr><td rowspan="8"></td><td rowspan="8">art. 4º, da lei 11.079/04</td><td colspan="2">Eficiência no cumprimento das missões de Estado, assim como no emprego dos recursos da sociedade, devendo-se executar os serviços públicos transferidos de forma a satisfazer as necessidades coletivas.</td></tr>
<tr><td colspan="2">Respeito aos interesses e direitos dos destinatários dos serviços e dos entes privados incumbidos da sua execução.</td></tr>
<tr><td rowspan="2">Indelegabilidade das funções de regulação, jurisdicional, do exercício do poder de polícia e de outras atividades exclusivas do Estado.</td><td>O STF declarou que os conselhos reguladores de profissão têm natureza de autarquia, uma vez que o exercício do poder de polícia é indelegável a particulares (ADI n. 1717).</td></tr>
<tr><td>Atos materiais que precedem a atos jurídicos de polícia podem ser delegados.</td></tr>
<tr><td colspan="2">Responsabilidade fiscal na celebração e execução das parcerias, exigindo-se um controle estatal eficiente em relação ao contrato firmado.</td></tr>
<tr><td colspan="2">Transparência dos procedimentos e das decisões, configurando-se manifestação do princípio da publicidade.</td></tr>
<tr><td colspan="2">Repartição objetiva de riscos entre as partes.</td></tr>
<tr><td colspan="2">Sustentabilidade financeira e vantagens socioeconômicas dos projetos de parceria.</td></tr>
<tr><td rowspan="6">PROCEDIMENTO LICITATÓRIO</td><td rowspan="6">Abertura do certame</td><td colspan="2">Assim como ocorre em todos os contratos de concessão de serviços públicos, as PPPs devem ser precedidas de licitação na modalidade concorrência. Contudo, o procedimento licitatório deve observar as seguintes regras especiais:</td></tr>
<tr><td colspan="2">Somente será autorizada se forem cumpridos alguns requisitos.</td></tr>
<tr><td colspan="2">Deve haver autorização da autoridade competente, fundamentada em estudo técnico que demonstre a conveniência e a oportunidade da contratação.</td></tr>
<tr><td colspan="2">A autoridade pública deve comprovar que as despesas criadas ou aumentadas não afetarão as metas de resultados fiscais previstas na Lei de Responsabilidade Fiscal.</td></tr>
<tr><td colspan="2">Deve ser precedido de elaboração de estimativa do impacto orçamentário-financeiro nos exercícios em que deva vigorar o contrato de parceria público-privada, assim como declaração do ordenador da despesa de que as obrigações contraídas pela Administração Pública no decorrer do contrato de parceria são compatíveis com a lei de diretrizes orçamentárias editada para aquele ano fiscal e estão previstas na lei orçamentária anual.</td></tr>
<tr><td colspan="2">Deve ser realizada uma estimativa do fluxo de recursos públicos suficientes para o cumprimento, das obrigações contraídas pela Administração Pública, assim como será submetida a minuta de edital e de contrato à consulta pública, mediante publicação na imprensa oficial, em jornais de grande circulação e por meio eletrônico</td></tr>
</table>

SERVIÇOS PÚBLICOS			
	Instrumento convocatório	Fixará prazo mínimo de 30 (trinta) dias para recebimento de sugestões, cujo termo dar-se-á pelo menos 7 (sete) dias antes da data prevista para a publicação do edital.	
		Sempre que o objeto do contrato exigir, o procedimento licitatório só se realizará com prévia licença ambiental ou expedição das diretrizes para o licenciamento ambiental do empreendimento.	
		Requisitos previsto na lei 8.666/93.	
		A lei 11.079/04 define que o julgamento poderá ser precedido de etapa de qualificação de propostas técnicas, desclassificando-se os licitantes que não alcançarem a pontuação mínima.	
		Critérios específicos	o menor valor da tarifa do serviço público a ser prestado.
			Melhor proposta em razão da **Combinação dos critérios de menor valor da tarifa do serviço público a ser prestado com o de melhor técnica**.
			Menor valor da contraprestação a ser paga pela Administração Pública.
			Melhor proposta em razão do menor valor da contraprestação **com o de melhor técnica**
		Pode estipular a **edição de lances verbais**, dentro do procedimento da concorrência, após apresentação de envelopes lacrados.	
		Os lances em viva voz serão sempre oferecidos na ordem inversa da classificação das propostas escritas, sendo vedado ao edital limitar a quantidade de lances e o edital poderá restringir a apresentação de lances em viva voz aos licitantes cuja proposta escrita for no máximo 20% (vinte por cento) maior que o valor da melhor proposta.	
		Poderá prever a **inversão da ordem das fases de habilitação e julgamento.**	
		*Poderá prever a possibilidade de saneamento de falhas, de complementação de insuficiências ou ainda de correções de caráter formal no curso do procedimento, desde que o licitante possa satisfazer as exigências dentro do prazo fixado no instrumento convocatório (*art. 12, IV da lei 11.079/04).	
SOCIEDADE DE PROPÓSITO ESPECÍFICO	Pode ser companhia, inclusive de capital aberto, com a negociação de valores mobiliários em mercado de ações e deverá ser instituída depois de realizada a licitação e antes da celebração do contrato de concessão especial.		
	Criada pelo ente público e pelo parceiro privado, com a única finalidade de implantar e gerir a contratação.		
	Deverá obedecer a padrões de governança corporativa e adotar contabilidade e demonstrações financeiras padronizadas, conforme definido em regulamento.		

SERVIÇOS PÚBLICOS			
		Poder Público não pode deter a maior parte do capital social votante desta entidade específica, caso contrário ficaria comprometida a sua imparcialidade, salvo em casos de aquisição da maior parte do capital em questão por instituição votante por instituição financeira controlada pelo Poder Público, quando houver inadimplemento de contratos de financiamento.	
	NORMAS APLICADAS NO ÂMBITO FEDERAL PARA OS CONTRATOS DE PARCERIAS PÚBLICO-PRIVADAS	O ente federal não tem competência legislativa para definir normas específicas, nos moldes do art. 22, XXVII da Carta Magna, somente lhe sendo admitida a edição de normas gerais que atinjam os estados e municípios, assim como o Distrito Federal.	
		Órgão Gestor	É instituído com competência para definir os serviços prioritários para execução no regime de parceria público-privada, disciplinar os procedimentos para celebração desses contratos, autorizar a abertura da licitação e aprovar seu edital, assim como para apreciar os relatórios de execução dos contratos.
			Composto por indicação nominal de um representante titular e respectivo suplente do Ministério do Planejamento, Orçamento e Gestão, ao qual cumprirá a tarefa de coordenação das respectivas atividades, do Ministério da Fazenda e da Casa Civil da Presidência da República.
			Das reuniões do órgão para examinar projetos de parceria público-privada participará um representante do órgão da Administração Pública direta cuja área de competência seja pertinente ao objeto do contrato em análise.
			O Comitê Gestor das PPPs no âmbito federal é responsável pela fiscalização dos contratos de concessão firmados, mediante avaliação periódica.
		Fundo Garantidor	Entidade garantidora dos contratos firmados no âmbito federal.
			Finalidade: prestar garantia de pagamento de obrigações pecuniárias assumidas pelos parceiros públicos federais, distritais, estaduais ou municipais em virtude das parcerias.
			A União, seus fundos especiais, suas autarquias, suas fundações públicas e suas empresas estatais dependentes ficam autorizadas a participar, no limite global de R$ 6.000.000.000,00 (seis bilhões de reais) nestes.
			Natureza privada e patrimônio próprio separado do patrimônio dos cotistas.
			Integralização dos bens e direitos por cotas e pelos rendimentos obtidos com sua administração, admitindo-se que esta seja realizada em dinheiro, títulos da dívida pública, bens imóveis dominicais, bens móveis, inclusive ações de sociedade de economia mista federal excedentes ao necessário para manutenção de seu controle pela União, ou outros direitos com valor patrimonial.
			Em caso de integralização de bens, a transferência só depende da autorização do Presidente da República, mediante proposta do Ministério da Fazenda, não de licitação.
			Bens de uso especial ou de uso comum no FGP, o aporte será condicionado a sua desafetação de forma individualizada.

SERVIÇOS PÚBLICOS				
			Responderá por suas obrigações com os bens e direitos integrantes de seu patrimônio.	
			Será criado, administrado, gerido e representado judicial e extrajudicialmente por instituição financeira controlada, direta ou indiretamente, pela União,	
			O estatuto e regulamento serão aprovados em assembleia dos cotistas.	
			O estatuto e o regulamento deliberarão sobre a política de concessão de garantias, inclusive no que se refere à relação entre ativos e passivos do Fundo.	
			Modalidades de garantia	Fiança, sem benefício de ordem para o fiador;
				Penhor de bens móveis ou de direitos integrantes do patrimônio do FGP, sem transferência da posse da coisa empenhada antes da execução da garantia;
				Hipoteca de bens imóveis do patrimônio do FGP;
				Alienação fiduciária, permanecendo a posse direta dos bens com o FGP ou com agente fiduciário por ele contratado antes da execução da garantia;
				Outros contratos que produzam efeito de garantia, desde que não transfiram a titularidade ou posse direta dos bens ao parceiro privado antes da execução da garantia;
				Garantia, real ou pessoal, vinculada a um patrimônio de afetação constituído em decorrência da separação de bens e direitos pertencentes ao FGP.
			Poderá prestar contragarantias a seguradoras, instituições financeiras e organismos internacionais que atuarem como garantidores do cumprimento das obrigações pecuniárias dos cotistas em contratos de parceria público-privada.	
			Para ser acionado deve ser demonstrado o inadimplemento do parceiro público, de forma reiterada (art. 18, §5º da lei 11.079/04).	
			Após a quitação de débito da Administração Pública pelo FGP, a entidade estará sub-rogada nos direitos do parceiro privado	
		Limitações à celebração de PPP's	*A soma das despesas de caráter continuado derivadas do conjunto das parcerias já contratadas não deve exceder, no ano anterior, a 1% (um por cento) da receita corrente líquida do exercício, e as despesas anuais dos contratos vigentes, nos 10 (dez) anos subseqüentes, não pode exceder a 1% (um por cento) da receita corrente líquida projetada para os respectivos exercícios* (art. 22, da lei 11.079/04)	

<table>
<tr><th colspan="4">SERVIÇOS PÚBLICOS</th></tr>
<tr><th colspan="4">PERMISSÃO DE SERVIÇO PÚBLICO</th></tr>
<tr><td colspan="4">Forma de delegação de serviço público a particulares que executarão a atividade por sua conta e risco, mediante cobrança de tarifas dos usuários que serão responsáveis pela sua remuneração.</td></tr>
<tr><td colspan="4">O contrato poderá ser firmado com qualquer pessoa física ou jurídica que demonstre capacidade para seu desempenho.</td></tr>
<tr><td colspan="4">Contrato de adesão de natureza precária (art. 40, da lei 8.987/95 c/c o art. 175, da CF/88 e ADI 1491).</td></tr>
<tr><td colspan="4">Todavia, em virtude da natureza contratual da permissão de serviços públicos, fica mitigada a precariedade definida pela lei, gerando direito à indenização do permissionário, em casos de rescisão precoce do contrato.</td></tr>
<tr><td rowspan="6">Diferença</td><td rowspan="2">Modalidade Licitatória</td><td>Concessão</td><td>Deverá ser precedida de licitação, na modalidade concorrência.</td></tr>
<tr><td>Permissão</td><td>Admite outras modalidades de licitação, dependendo do valor contratado.</td></tr>
<tr><td rowspan="2">Contratado</td><td>Concessão</td><td>Celebrada apenas com Pessoas Jurídicas ou com consórcios de empresas.</td></tr>
<tr><td>Permissão</td><td>Celebrada com Pessoa Física ou Pessoa Jurídica.</td></tr>
<tr><td rowspan="2">Autorização Legislativa</td><td>Concessão</td><td>Depende de autorização legislativa.</td></tr>
<tr><td>Permissão</td><td>Dispensa lei específica, salvo algumas permissões de natureza especial.</td></tr>
<tr><th colspan="4">AUTORIZAÇÃO DE SERVIÇO PÚBLICO</th></tr>
<tr><td colspan="4">Ato administrativo unilateral, discricionário e precário (não deve ser precedida de procedimento licitatório)</td></tr>
<tr><td rowspan="2">Doutrina</td><td>Autorização de uso de bem público</td><td colspan="2">Sempre que um particular tiver interesse em utilizar um determinado bem público de forma especial.</td></tr>
<tr><td>Autorização de polícia</td><td colspan="2">Permitir a particulares o exercício de atividades materiais que dependem de fiscalização estatal.</td></tr>
<tr><td colspan="4">Os serviços autorizados seriam os serviços de utilidade pública, prestados por particulares, por sua conta e risco e por iniciativa própria.</td></tr>
<tr><th colspan="4">CONSÓRCIOS PÚBLICOS</th></tr>
<tr><td colspan="4">"A União, os Estados, o Distrito Federal e os Municípios disciplinarão por meio de lei os consórcios públicos e os convênios de cooperação entre os entes federados, autorizando a gestão associada de serviços públicos, bem como a transferência total ou parcial de encargos, serviços, pessoal e bens essenciais à continuidade dos serviços transferidos" (art. 241, da CF/88).</td></tr>
<tr><td colspan="4">São uma forma de gestão associada de entes federativos, de qualquer esfera do governo, na prestação de serviços públicos de interesse comum (lei 11.107/05).</td></tr>
<tr><td colspan="4">As vontades dos entes consorciados são convergentes (não são contratos).</td></tr>
<tr><td colspan="4">Podem ser formados por entes federativos de esferas de governo diferentes.</td></tr>
<tr><td colspan="4">A União somente participará de consórcios públicos em que também façam parte todos os Estados em cujos territórios estejam situados os Municípios consorciados.</td></tr>
<tr><td rowspan="6">Formalização do consórcio</td><td colspan="3">O consórcio forma uma nova pessoa jurídica, não se confundindo com os entes consorciados.</td></tr>
<tr><td rowspan="2">Personalidade de direito público</td><td colspan="2">Associação pública que faz parte da Administração Indireta de cada um dos entes consorciados.</td></tr>
<tr><td colspan="2">Uma espécie de autarquia (art. 41, do CC/02).</td></tr>
<tr><td rowspan="2">Personalidade jurídica de direito privado</td><td colspan="2">Terá a designação de consórcio público e será regido pelo direito civil</td></tr>
<tr><td colspan="2">Não será integrante da Administração Pública, no entanto, será formada com verba estatal, sujeitando-se ao controle efetivado pelo Tribunal de Contas, além de respeitar as normas de impessoalidade e isonomia de suas contratações.</td></tr>
<tr><td colspan="3">O acordo é somente o protocolo de intenções. Posteriormente, este protocolo será enviado ao Poder Legislativo de cada um dos entes consorciados, como projeto de lei, e, da ratificação do protocolo de intenções, é formalizado o consórcio.</td></tr>
</table>

<table>
<tr><th colspan="3">SERVIÇOS PÚBLICOS</th></tr>
<tr><td rowspan="20"></td><td rowspan="12">Protocolo de intenção e cláusulas necessárias</td><td>A denominação, a finalidade, o prazo de duração e a sede do consórcio.</td></tr>
<tr><td>A identificação dos entes da Federação consorciados.</td></tr>
<tr><td>A indicação da área de atuação do consórcio.</td></tr>
<tr><td>A previsão de que o consórcio público é associação pública ou pessoa jurídica de direito privado sem fins econômicos.</td></tr>
<tr><td>Os critérios para, em assuntos de interesse comum, autorizar o consórcio público a representar os entes da Federação consorciados perante outras esferas de governo.</td></tr>
<tr><td>As normas de convocação e funcionamento da assembleia geral.</td></tr>
<tr><td>A previsão de que a assembleia geral é a instância máxima do consórcio público, assim como o número de votos para as suas deliberações.</td></tr>
<tr><td>A forma de eleição e a duração do mandato do representante legal do consórcio público (Chefe do Poder Executivo de algum dos entes da Federação consorciados).</td></tr>
<tr><td>O número, as formas de provimento e a remuneração dos empregados públicos, bem como os casos de contratação por tempo determinado para atender a necessidade temporária de excepcional interesse público.</td></tr>
<tr><td>As condições para que o consórcio público celebre contrato de gestão ou termo de parceria.</td></tr>
<tr><td>A autorização para a gestão associada de serviços públicos.</td></tr>
<tr><td>O direito de qualquer dos contratantes, quando adimplente com suas obrigações, de exigir o pleno cumprimento das cláusulas do contrato de consórcio público.</td></tr>
<tr><td colspan="2">O protocolo de intenções será publicado na imprensa oficial e encaminhado para os órgãos do Poder Legislativo de cada um dos entes formadores do consórcio quando então, serão ratificados por meio de lei específica, dando início à formação do consórcio público.</td></tr>
<tr><td colspan="2">A doutrina majoritária somente admite a criação do consórcio após a edição de todas as leis.</td></tr>
<tr><td colspan="2">O ente consorciado estará excluído do consórcio se não ratificar o contrato de rateio no prazo de 2 anos; após este prazo a ratificação do contrato de rateio depende de homologação da assembleia geral do consórcio (art. 5º, §3º da lei 11.107/05).</td></tr>
<tr><td colspan="2">A associação pública deverá receber orçamento dos entes consorciados para sua formação e manutenção, assim como poderão ser cedidos servidores, sendo ainda possível a doação, destinação ou cessão do uso de bens móveis ou imóveis e as transferências ou cessões de direitos.</td></tr>
<tr><td rowspan="5">contrato de rateio</td><td>Define parcela de contribuição de cada um dos entes, sendo firmado com o protocolo de intenções.</td></tr>
<tr><td>Formalizado em cada exercício financeiro.</td></tr>
<tr><td>Seu prazo de vigência não será superior ao das dotações que o suportam, com exceção dos contratos que tenham por objeto exclusivamente projetos consistentes em programas e ações contemplados em plano plurianual ou a gestão associada de serviços públicos custeados por tarifas ou outros preços públicos.</td></tr>
<tr><td>O recurso deste não pode ser aplicado em atendimento de despesas genéricas, inclusive transferências ou operações de crédito.</td></tr>
<tr><td>Poderá ser excluído do consórcio público, após prévia suspensão, o ente consorciado que não consignar, em sua lei orçamentária ou em créditos adicionais, as dotações suficientes para suportar as despesas assumidas por meio de contrato de rateio (art. 8º, §5º da lei 11.107/05).</td></tr>
<tr><td></td><td colspan="2">A execução das receitas e despesas do consórcio público deverá obedecer às normas de direito financeiro aplicáveis às entidades públicas.</td></tr>
</table>

<table>
<tr><th colspan="3">SERVIÇOS PÚBLICOS</th></tr>
<tr><td rowspan="7">Objetivo</td><td colspan="2">Prestar serviços e executar atividades de interesse de todos os entes consorciados.</td></tr>
<tr><td colspan="2">Para atingi-lo poderão ser firmados convênios, contratos, acordos de qualquer natureza, receber auxílios, contribuições e subvenções sociais ou econômicas de outras entidades e órgãos do governo.</td></tr>
<tr><td colspan="2">A União poderá celebrar convênios com os consórcios públicos, com o objetivo de viabilizar a descentralização e a prestação de políticas públicas.</td></tr>
<tr><td>Objetivando a utilidade ou necessidade pública, ou interesse social</td><td>Pode promover desapropriações e instituir servidões</td></tr>
<tr><td>Contrato de programa</td><td>Garantia de ser contratado pela Administração direta ou indireta, dos Entes da Federação consorciados, dispensada a licitação.</td></tr>
<tr><td colspan="2">Os consórcios públicos poderão emitir documentos de cobrança e exercer atividades de arrecadação de tarifas e outros preços públicos pela prestação de serviços ou pelo uso ou outorga de uso de bens públicos por eles administrados ou, mediante autorização específica, pelo ente da Federação consorciado.</td></tr>
<tr><td colspan="2">O consórcio poderá atuar como poder concedente</td></tr>
<tr><td rowspan="8">Contratos celebrados pelo consórcio</td><td colspan="2">O consórcio deve realizar procedimento licitatório. No entanto, as normas atinentes à licitação ganham algumas peculiaridades.</td></tr>
<tr><td colspan="2">Dispensa de licitação, em virtude de contratações de valores que não ultrapassem 20% do valor máximo permitido para a licitação na modalidade convite (artigo 24, da lei 8.666/93).</td></tr>
<tr><td colspan="2">Para licitações realizadas por consórcios públicos formados por até 3 (três) entes federativos, os valores serão duplicados e, em caso de consórcios formados por mais de 3 (três) entes, os valores serão triplicados.</td></tr>
<tr><td colspan="2">ATENÇÃO! Estes valores diferenciados não são considerados para a dispensa tratada acima, mas tão somente para fins de definição da modalidade licitatória.</td></tr>
<tr><td colspan="2">Há dispensa também, quando consórcio público estiver contratando com os entes formadores do consórcio (contrato programa; art. 24, XXVI, da Lei 8.666/93).</td></tr>
<tr><td rowspan="3">Contrato Programa</td><td>Define as obrigações que um ente da Federação constituir para com outro ente da Federação ou para com consórcio público no âmbito de gestão associada em que haja a prestação de serviços públicos ou a transferência total ou parcial de encargos, serviços, pessoal ou de bens necessários à continuidade dos serviços transferidos.</td></tr>
<tr><td>Celebrado por entidades de direito público ou privado que integrem a administração indireta de qualquer dos entes da Federação , consorciados ou conveniados.</td></tr>
<tr><td>Caso o ente federativo se desligue do consórcio público, a referida avença será automaticamente extinta (§6°, art. 13, da Lei 11.107/05).</td></tr>
<tr><td rowspan="3">Alteração e extinção do consórcio</td><td rowspan="2">Retirada de um ente federativo</td><td>Mediante a edição de ato formal de seu representante na assembleia geral, na forma previamente disciplinada por lei.</td></tr>
<tr><td>Os bens destinados por este ente só serão revertidos ou retrocedidos no caso de expressa previsão no contrato de consórcio público ou no instrumento de transferência ou de alienação.</td></tr>
<tr><td colspan="2">Retirada ou a extinção do consórcio público não prejudicará as obrigações já constituídas, inclusive os contratos de programa, cuja extinção dependerá do prévio pagamento das indenizações eventualmente devidas (art. 12, da lei 11.107/05).</td></tr>
<tr><th colspan="3">APROFUNDAMENTO PARA PROVAS SUBJETIVAS</th></tr>
<tr><td rowspan="3">Administração Dialógica</td><td colspan="2">Possibilidade de se vislumbrar a atuação do ente público em que se admita a participação de particulares.</td></tr>
<tr><td colspan="2">O cidadão, individualmente considerado, passa a ser responsável por buscar o bem comum, juntamente com o Estado.</td></tr>
<tr><td colspan="2">Surge a partir da criação das parcerias firmadas entre o Estado e particulares com a finalidade de satisfazer as necessidades coletivas.</td></tr>
</table>

SERVIÇOS PÚBLICOS	
	Participação popular, mediante consulta pública, para realização de procedimentos licitatórios de valores muito altos (art. 39, da Lei 8.666/93).
	Administração do diálogo auxilia numa prestação de serviços mais eficiente.
	Pode ser considerada também uma decorrência do princípio da segurança jurídica, mais especificamente da noção de proteção da confiança ou das expectativas legítimas.
	Administração Pública moderna é aquela que se aproxima dos cidadãos, estabelecendo um diálogo entre os órgãos e entidades estatais e os particulares de forma a garantir um maior aproveitamento na execução das atividades públicas, visando uma maior eficiência na prestação do serviço.

13. SÚMULAS

13.1. Súmulas do STF

- **SÚMULA VINCULANTE N.2:** É inconstitucional a lei ou ato normativo estadual ou distrital que disponha sobre sistemas de consórcios e sorteios, inclusive bingos e loterias.
- **SÚMULA VINCULANTE N. 12:** A cobrança de taxa de matrícula nas universidades públicas viola o disposto no art. 206, iv, da constituição federal.
- **SÚMULA VINCULANTE N. 19:** A taxa cobrada exclusivamente em razão dos serviços públicos de coleta, remoção e tratamento ou destinação de lixo ou resíduos provenientes de imóveis, não viola o artigo 145, ii, da constituição federal.
- **SÚMULA VINCULANTE N. 27:** Compete à justiça estadual julgar causas entre consumidor e concessionária de serviço público de telefonia, quando a Anatel não seja litisconsorte passiva necessária, assistente, nem opoente.
- **SÚMULA VINCULANTE N. 29:** É constitucional a adoção, no cálculo do valor de taxa, de um ou mais elementos da base de cálculo própria de determinado imposto, desde que não haja integral identidade entre uma base e outra.
- **SÚMULA N. 157:** É necessária prévia autorização do presidente da república para desapropriação, pelos estados, de empresa de energia elétrica.
- **SÚMULA N. 344:** Sentença de primeira instância concessiva de "habeas corpus", em caso de crime praticado em detrimento de bens, serviços ou interesses da união, está sujeita a recurso "ex officio".
- **SÚMULA N. 477:** As concessões de terras devolutas situadas na faixa de fronteira, feitas pelos estados, autorizam, apenas, o uso, permanecendo o domínio com a união, ainda que se mantenha inerte ou tolerante, em relação aos possuidores.
- **SÚMULA N. 516:** O serviço social da indústria (SESI) está sujeito à jurisdição da justiça estadual.
- **SÚMULA N. 545:** Preços de serviços públicos e taxas não se confundem, porque estas, diferentemente daqueles, são compulsórias e têm sua cobrança condicionada à prévia autorização orçamentária, em relação à lei que as instituiu.
- **SÚMULA N. 670:** O serviço de iluminação pública não pode ser remunerado mediante taxa.

13.2. Súmulas do STJ

- **SÚMULA N. 356:** É legítima a cobrança da tarifa básica pelo uso dos serviços de telefonia fixa.
- **SÚMULA N. 357:** A pedido do assinante, que responderá pelos custos, é obrigatória, a partir de 1º de janeiro de 2006, a discriminação de pulsos excedentes e ligações de telefone fixo para celular.
- **SÚMULA N. 391:** O ICMS incide sobre o valor da tarifa de energia elétrica correspondente à demanda de potência efetivamente utilizada.
- **SÚMULA N. 407:** É legítima a cobrança da tarifa de água fixada de acordo com as categorias de usuários e as faixas de consumo.
- **SÚMULA N. 506:** A Anatel não é parte legítima nas demandas entre a concessionária e o usuário de telefonia decorrentes de relação contratual.

14. JURISPRUDÊNCIAS 2015/2016

- **PROCESSUAL CIVIL E ADMINISTRATIVO. AGRAVO REGIMENTAL NO AGRAVO EM RECURSO ESPECIAL. FORNECIMENTO DE ÁGUA. TARIFA DE ÁGUA. SUSPENSÃO DO FORNECIMENTO EM RAZÃO DE DÉBITOS PRETÉRITOS. IMPOSSIBILIDADE. CONFIGURAÇÃO DOS DANOS MORAIS. REEXAME DO CONTEXTO FÁTICO-PROBATÓRIO. IMPOSSIBILIDADE. INCIDÊNCIA DA SÚMULA 7/STJ. VALOR DO DANO MORAL. VIOLAÇÃO À LEI FEDERAL. DISPOSITIVOS NÃO INDICADOS. SÚMULA 284/STF.** 1. A jurisprudência do STJ firmou o entendimento de que é vedada a suspensão no fornecimento de serviços de energia e água em razão de débitos pretéritos. O corte pressupõe o inadimplemento de conta regular, relativa ao mês do consumo. 2. A revisão da conclusão a que chegou o Tribunal de origem sobre a comprovação de danos morais demanda o reexame dos fatos e provas constantes dos autos, o que é vedado no âmbito do recurso especial, nos termos da Súmula 7/STJ. 3. Revelam-se deficientes as razões do recurso especial quando a recorrente limita-se a tecer alegações genéricas, sem, contudo, apontar especificamente qual dispositivo foi contrariado pelo Tribunal a quo, fazendo incidir a Súmula 284 do STF. 4. Agravo regimental não provido. STJ. AgRg no AREsp 752030/RJ. AGRAVO REGIMENTAL NO AGRAVO EM RECURSO ESPECIAL 2015/0181365-6. Relator(a): Ministro BENEDITO GONÇALVES (1142). Órgão Julgador: T1 - PRIMEIRA TURMA. Data do Julgamento: 20/10/2015. Data da Publicação/Fonte: DJe 04/11/2015.

- **Agravo regimental no recurso extraordinário com agravo. Direito Administrativo. Contrato de concessão de distribuição de gás. Descumprimento contratual. Poder de polícia. Multa. Princípios da legalidade, do contraditório e da ampla defesa. Violação. Verificação. Fatos e provas. Cláusulas contratuais. Reexame. Impossibilidade. Legislação infraconstitucional. Ofensa reflexa. Precedentes. 1. Inadmissível, em recurso extraordinário, a análise do conjunto fático-probatório dos autos, das cláusulas do contrato firmado entre as litigantes e da legislação infraconstitucional. Incidência das Súmulas nºs 279, 454 e 636/STF. 2. Agravo regimental não provido. (STF** - ARE 853224 AgR/RJ - RIO DE JANEIRO. AG.REG. NO RECURSO EXTRAORDINÁRIO COM AGRAVO. Relator(a): Min. DIAS TOFFOLI. Julgamento: 09/06/2015. Órgão Julgador: Segunda Turma. Publicação. PROCESSO ELETRÔNICO. DJe-128 DIVULG 30-06-2015 PUBLIC 01-07-2015).

- **Agravo regimental em recurso extraordinário com agravo. 2. Direito Administrativo. Permissões de serviço público de transporte intermunicipal. Necessidade de licitação. Precedentes. 3. Alegação de violação à cláusula de reserva de plenário. Inocorrência. Interpretação de dispositivos infraconstitucionais. Precedentes. 4. Agravo regimental a que se nega provimento. (STF** - ARE 813530 AgR / RJ - RIO DE JANEIRO. AG.REG. NO RECURSO EXTRAORDINÁRIO COM AGRAVO. Relator(a): Min. GILMAR MENDES. Julgamento: 20/10/2015. Órgão Julgador: Segunda Turma. Publicação. PROCESSO ELETRÔNICO. DJe-225 DIVULG 11-11-2015 PUBLIC 12-11-2015).

- **Ação Direta de Inconstitucionalidade. 2. Direito do Consumidor. 3. Telefonia. 4. Assinatura básica mensal. 5. Lei n. 11.908, de 25 de setembro de 2001, do estado de Santa Catarina. 6. Inconstitucionalidade formal. 7. Afronta aos arts. 21, XI, e 22, IV, da Constituição Federal. 8. É inconstitucional norma local que fixa as condições de cobrança do valor de assinatura básica, pois compete à União legislar sobre telecomunicações, bem como explorar, diretamente ou mediante autorização, concessão ou permissão seus serviços. 9. Ação direta julgada procedente.** (STF - ADI 2615 / SC - SANTA CATARINA. AÇÃO DIRETA DE INCONSTITUCIONALIDADE. Relator(a): Min. EROS GRAU. Relator(a) p/ Acórdão: Min. GILMAR MENDES. Julgamento: 11/03/2015. Órgão Julgador: Tribunal Pleno. Publicação. DJe-091 DIVULG 15-05-2015 PUBLIC 18-05-2015.

- **EMENTA DIREITO ADMINISTRATIVO. CONTRATO DE PRESTAÇÃO DE SERVIÇO DE TRANSPORTE PÚBLICO DE PASSAGEIROS. PERMISSÃO. INDENIZAÇÃO. EQUILÍBRIO ECONÔMICO-FINANCEIRO. DEBATE DE ÂMBITO INFRACONSTITUCIONAL. ALEGAÇÃO DE OFENSA AO ART. 5º, XXXV E LIV, DA CONSTITUIÇÃO DA REPÚBLICA. DEVIDO PROCESSO LEGAL. INAFASTABILIDADE DA JURISDIÇÃO. EVENTUAL VIOLAÇÃO REFLEXA DA CONSTITUIÇÃO DA REPÚBLICA NÃO VIABILIZA O MANEJO DE RECURSO EXTRAORDINÁRIO. ART. 102 DA LEI MAIOR. ACÓRDÃO RECORRIDO PUBLICADO EM 25.5.2001.** 1. A controvérsia, a teor do já asseverado na decisão guerreada, não alcança estatura constitucional. Não há falar em afronta aos preceitos constitucionais indicados nas razões recursais. Compreender de modo diverso exigiria a análise da legislação infraconstitucional encampada na decisão da Corte de origem, a tornar oblíqua e reflexa eventual ofensa, insuscetível, como tal, de viabilizar o conhecimento do recurso extraordinário. 2. O exame da alegada ofensa ao art. 5º, XXXV e LIV, da Lei Maior, observada a estreita moldura com que devolvida a matéria à apreciação desta Suprema Corte, dependeria de prévia análise da legislação infraconstitucional aplicada à espécie, o que refoge à competência jurisdicional extraordinária, prevista no art. 102 da Magna Carta. 3. As razões do agravo regimental não se mostram aptas a infirmar os fundamentos que lastrearam a decisão agravada. Desatendida a exigência do art. 102, III, "a", da Lei Maior, nos termos da remansosa jurisprudência desta Suprema Corte. 4. Agravo regimental conhecido e não provido. (STF - RE 576437 AgR / MG - MINAS GERAIS. AG.REG. NO RECURSO EXTRAORDINÁRIO Relator(a): Min. ROSA WEBER. Julgamento: 09/06/2015. Órgão Julgador: Primeira Turma. Publicação. PROCESSO ELETRÔNICO. DJe-128 DIVULG 30-06-2015 PUBLIC 01-07-2015).

- Ementa: Agravo Regimental No Recurso Extraordinário Com Agravo. Administrativo. Concessionária De Serviço Público. Falha Na Prestação De Serviço. Configuração De Danos Morais. Impossibilidade De Análise Do Conjunto

Fático-Probatório. Contrarrazões Apresentadas. Verba Honorária Majorada Em 1%, Percentual O Qual Se Soma Ao Fixado Na Origem, Obedecidos Os Limites Do Art. 85, § 2º, § 3º E § 11, Do Código De Processo Civil/2015, Com A Ressalva De Eventual Concessão Do Benefício Da Justiça Gratuita. Agravo Regimental Ao Qual Se Nega Provimento. **(Are 907738 Agr, Relator(A): Min. Cármen Lúcia, Segunda Turma, Julgado Em 09/08/2016, Acórdão Eletrônico Dje-182 Divulg 26-08-2016 Public 29-08-2016)**

- **EMENTA Agravo regimental no recurso extraordinário com agravo. Administrativo. Acidente de trânsito. Rodovia pedagiada. Concessionária de serviço público. Responsabilidade objetiva. Possibilidade. Elementos da responsabilidade civil demonstrados na origem. Dever de indenizar. Legislação infraconstitucional. Ofensa reflexa. Fatos e provas. Reexame. Impossibilidade. Precedentes. 1.** A jurisprudência da Corte firmou-se no sentido de que as pessoas jurídicas de direito público e as pessoas jurídicas de direito privado prestadoras de serviço público respondem objetivamente pelos danos que causarem a terceiros, com fundamento no art. 37, § 6º, da Constituição Federal, tanto por atos comissivos quanto por atos omissivos, em situações como a ora em exame, desde que demonstrado o nexo causal entre o dano e a omissão. 2. Inadmissível, em recurso extraordinário, a análise de legislação infraconstitucional e o reexame do conjunto fático-probatório da causa. Incidência das Súmulas nºs 636 e 279/STF. 3. Agravo regimental não provido. 4. Inaplicável o art. 85, § 11, do CPC, tendo em vista que, na origem, os honorários advocatícios já foram fixados no limite máximo previsto no § 2º do mesmo artigo. (ARE 951552 AgR, Relator(a): Min. DIAS TOFFOLI, Segunda Turma, julgado em 02/08/2016, ACÓRDÃO ELETRÔNICO DJe-181 DIVULG 25-08-2016 PUBLIC 26-08-2016)

14.1. Informativos dos STJ

- **Informativo n. 587**

DIREITO ADMINISTRATIVO. COBRANÇA PELA INSCRIÇÃO DE CÉDULA DE CRÉDITO RURAL EM CARTÓRIO. Na cobrança para o registro de cédula de crédito rural, não se aplica o art. 34 do DL n. 167/1967, e sim lei estadual que, em conformidade com a Lei n. 10.169/2000, fixa valor dos respectivos emolumentos. A cédula de crédito rural recebe disciplina do DL n. 167/1967, em cujo art. 34 estão normatizados os valores dos emolumentos cobrados pelo registro da cártula. Em dezembro de 2000 foi editada a Lei n. 10.169, que, ao regulamentar o art. 236, § 2º, da CF, estabeleceu "normas gerais para a fixação de emolumentos relativos aos atos praticados pelos serviços notariais e de registro". Nesse contexto, é de relevo decisivo o fato de o referido decreto legislativo ser anterior à CF/1988 e à Lei n. 10.169/2000, a qual, ao regulamentar o art. 236, § 2º, da CF/1988, conferiu novo regime jurídico ao tema, instituindo novas regras sobre os emolumentos, as quais hão de prevalecer, prestigiando a competência dos estados-membros de legislar sobre o assunto, em homenagem ao princípio federativo. Logo, a Lei n. 10.169/2000 derrogou o art. 34 do DL n. 167/1967, a teor do disposto no art. 2º, § 1º, da LINDB, segundo o qual "a lei posterior revoga a anterior quando expressamente o declare, quando seja com ela incompatível ou quando regule inteiramente a matéria de que tratava a lei anterior". REsp 1.142.006-MG, Rel. Min. Olindo Menezes (Desembargador convocado do TRF da 1ª Região), Rel. para acórdão Min. Regina Helena Costa, julgado em 16/6/2016, DJe 4/8/2016

14.2. Informativo STF

- **Informativo n. 844**

O Plenário retomou julgamento conjunto de recurso extraordinário e de quatro ações diretas de inconstitucionalidade em que debatida a constitucionalidade de dispositivos da legislação ordinária e infralegal que estabeleceram requisitos e procedimentos para fins de enquadramento na qualificação de "entidades beneficentes de assistência social", indispensável para a fruição da imunidade prevista no art. 195, § 7º, da Constituição. Os dispositivos atacados "isentaram" das contribuições para a seguridade social apenas as entidades voltadas exclusivamente à assistência social beneficente de pessoas carentes e desde que prestada de modo gratuito e, no caso de serviços de saúde, desde que garantida a oferta de 60% dos atendimentos ao Sistema Único de Saúde (SUS). Alternativamente, às entidades sem fins lucrativos de saúde e de educação que não satisfizessem as condições anteriores foi concedida a possibilidade de desfrutar de "isenção parcial" das contribuições sociais, na proporção do valor das vagas ou dos atendimentos oferecidos gratuitamente a pessoas carentes. No caso, entidades dedicadas a serviços de saúde e de educação alegam que lei ordinária seria espécie normativa inidônea para estipular como requisito indispensável para a incidência de normas constitucionais de imunidade em geral a gratuidade (total ou parcial) dos serviços prestados a título de assistência social. Afirmam que, por traduzirem uma espécie de limitação ao poder de tributar, as normas de imunidade somente poderiam ser integradas por leis complementares, por imposição do art. 146, II, da Constituição, cuja força cogente não cederia diante da redação genérica da parte final do art. 195, § 7º ? v. Informativo 749. Em voto-vista, o ministro Teori Zavascki, preliminarmente, ao aplicar o princípio da fungibilidade, conheceu das ações diretas de inconstitucionalidade como ações de arguição de descumprimento de preceito fundamental. Nas arguições decorrentes da conversão da ADI 2.028/DF e da ADI 2.036/DF, acompanhou o ministro Joaquim Barbosa (relator), e julgou procedentes os pedidos formulados. Nas arguições decorrentes da conversão da ADI 2.228/DF e da ADI 2.621/DF, reputou-as procedentes, em parte, para declarar a inconstitucionalidade dos arts. 2º, IV; 3º, VI, §§ 1º e 4º, parágrafo único, do Decreto

2.536/1998, assim como dos arts. 1º, IV; 2º, IV e §§ 1º e 3º; 7º, § 4º, do Decreto 752/1993. No que se refere ao recurso extraordinário, haja vista que o acórdão recorrido se assentou não apenas na questão da reserva de lei complementar como veículo adequado à definição do modo beneficente de prestar assistência social ? única matéria tratada no recurso ?, mas também na circunstância de a demandante não ter preenchido uma das exigências validamente previstas pela Lei 8.212/1991 ? a de obtenção de título de utilidade pública federal ?, o ministro negou provimento ao recurso. Afirmou que a reserva de lei complementar aplicada à regulamentação da imunidade tributária, prevista no art. 195, § 7º, da Constituição Federal, limita-se à definição de contrapartidas a serem observadas para garantir a finalidade beneficente dos serviços prestados pelas entidades de assistência social, o que não impede seja o procedimento de habilitação dessas entidades positivado em lei ordinária. Explicou que, justamente por cumprir uma missão mais nobre, a imunidade se diferencia das isenções e demais figuras de desoneração tributárias. A imunidade de contribuições sociais serve não apenas a propósitos fiscais, mas à consecução de alguns dos objetivos que são fundamentais para a República, como a construção de uma sociedade solidária e voltada para a erradicação da pobreza. Objetivos fundamentais da República não podem ficar à mercê da vontade transitória de governos. Devem ser respeitados, honrados e valorizados por todos os governos, transcendendo a frequência ordinária em que se desenvolvem costumeiramente os juízos políticos de conveniência e oportunidade, para desfrutar da dignidade de políticas de Estado. Portanto, não se pode conceber que o regime jurídico das entidades beneficentes fique sujeito a flutuações legislativas erráticas, não raramente influenciadas por pressões arrecadatórias de ocasião. É inadmissível que tema tão sensível venha a ser regulado, por exemplo, por meio de medida provisória. O cuidado de inibir a facilitação de flutuações normativas nesse domínio justifica-se, sobretudo, pela própria jurisprudência do Supremo Tribunal Federal, que afirma não haver direito adquirido a determinado tratamento tributário. Assim, diante da relevância maior das imunidades de contribuições sociais para a concretização de uma política de Estado voltada à promoção do mínimo existencial e da necessidade de evitar que as entidades compromissadas com esse fim sejam surpreendidas com bruscas alterações legislativas desfavoráveis à continuidade de seus trabalhos, deve incidir nesse caso a reserva legal qualificada prevista no art. 146, II, da Constituição Federal. É essencial frisar, todavia, que essa proposição não produz uma contundente reviravolta na jurisprudência da Corte a respeito da matéria, mas apenas um reajuste pontual. Aspectos meramente procedimentais referentes à certificação, à fiscalização e ao controle administrativo continuam passíveis de definição em lei ordinária. A lei complementar é forma somente exigível para a definição do modo beneficente de atuação das entidades de assistência social contempladas pelo art. 195, § 7º, da Constituição, especialmente quanto às contrapartidas a serem observadas por elas. Por essas razões, o ministro Teori Zavascki concluiu pela inconstitucionalidade dos artigos da Lei 9.732/1998 que criaram contrapartidas a serem observadas pelas entidades beneficentes, e também dos dispositivos infralegais atacados nessas ações (arts. 1º, IV; 2º, IV e §§ 1º e 3º; 7º, § 4º, do Decreto 752/1993), que perderam o indispensável suporte legal do qual derivam. Contudo, não há vício formal – tampouco material – nas normas acrescidas ao inciso II do art. 55 da Lei 8.212/1991 pela Lei 9.429/1996 e pela MP 2.187/2001, essas últimas impugnadas pela ADI 2.228 e pela ADI 2.621. As sucessivas redações do art. 55, II, da Lei 8.212/1991 têm em comum a exigência de registro da entidade no CNAS, a obtenção do certificado expedido pelo órgão e a validade trienal do documento. Como o conteúdo da norma tem relação com a certificação da qualidade de entidade beneficente, fica afastada a tese de vício formal. Essas normas tratam de meros aspectos procedimentais necessários à verificação do atendimento das finalidades constitucionais da regra de imunidade. Nesse aspecto, sempre caberá lei ordinária. A ministra Rosa Weber e os ministros Luiz Fux e Ricardo Lewandowski acompanharam o voto do ministro Teori Zavascki. O ministro Dias Toffoli não converteu as ações diretas em arguição de descumprimento de preceito fundamental. Ressaltou que, havendo a inclusão de pauta de ação direta antes do exaurimento da eficácia da lei temporária impugnada, o Tribunal deveria julgá-la. No mérito, entretanto, acompanhou o ministro Teori Zavascki. Em seguida, o ministro Marco Aurélio pediu vista das ações diretas e indicou adiamento do recurso extraordinário. ADI 2028/DF, rel. min. Joaquim Barbosa, 19.10.2016. **(ADI-2028) ADI 2036/DF, rel. min. Joaquim Barbosa, 19.10.2016. (ADI-2036) ADI 2621/DF, rel. min. Joaquim Barbosa, 19.10.2016. (ADI-2621) ADI 2228/DF, rel. min. Joaquim Barbosa, 19.10.2016. (ADI-2228) RE 566622/RS, rel. min. Marco Aurélio, 19.10.2016. (RE-566622)**

15. QUESTÕES DE CONCURSOS

1. (VUNESP - 2014 - DPE-MS - Defensor Público) Considerando as várias formas de gestão de serviços públicos previstas no direito brasileiro, é correto afirmar que

a) é possível a gestão associada de serviços públicos entre entes federativos, por meio de convênios de cooperação ou consórcios públicos.

b) a execução direta de serviços públicos, prevista na Constituição Federal, é aquela realizada, tão somente, pela Administração Direta.

c) a Administração Pública é plenamente livre para escolher a forma de gestão do serviço público, se por execução direta ou delegada, por instrumento contratual.

d) atividades exclusivas do Estado, delegáveis por sua própria natureza, poderão ser objeto de concessão, permissão ou autorização de serviço público.

2. (TRF - 2ª Região - 2014 - TRF - 2ª REGIÃO - Juiz Federal) Em relação às parcerias público-privadas, é correto afirmar que:

a) A obrigatoriedade do licitante vencedor em constituir uma sociedade de propósito específico alcança apenas as concessões patrocinadas, considerando a circunstância de que as concessões administrativas se assemelham às terceirizações.
b) As pessoas físicas ou jurídicas da iniciativa privada que apresentem projetos, estudos, levantamentos ou investigações que sejam utilizados nas modelagens das parcerias público-privada ficam proibidas de participar da licitação subsequente.
c) Nas parcerias público-privadas é possível emitir empenho em nome dos financiadores do projeto em relação às obrigações pecuniárias da Administração Pública, ficando o parceiro público impedido de autorizar a transferência do controle acionário da sociedade de propósito específico para os seus financiadores, com vistas a resguardar o interesse público.
d) A repartição de riscos entre as partes pode considerar o fato do príncipe e a álea econômica extraordinária, excluindo-se o caso fortuito e a força maior, atribuíveis ao Poder Público para não onerar o preço a ser ofertado pelo parceiro privado.
e) É vedado à Administração Pública ser titular da maioria do capital votante de uma sociedade de propósito específico estruturada para viabilizar uma parceria público-privada.

3. (CESPE - 2014 - TJ-SE - Titular de Serviços de Notas e de Registros – Provimento) Acerca de serviço público, assinale a opção correta.

a) De acordo com o STJ, na hipótese de contrato de permissão de serviço de transporte público realizado sem prévia licitação, não há garantia da manutenção do equilíbrio econômico- financeiro do contrato.
b) Compete aos municípios a exploração direta ou por meio de concessão dos serviços de gás canalizado.
c) Autorização, concessão e permissão são formas contratuais de delegação do serviço público.
d) As primeiras tentativas de conceituação de serviço público surgiram na Alemanha, com a Escola de Serviço Público, segundo a qual o conceito incluía as atividades materiais realizadas pelo Poder Executivo.
e) Classificam-se como serviços públicos congênitos aqueles que, passíveis em tese de execução particular, são absorvidos pelo Estado em regime de concorrência com a iniciativa privada.

4. (FCC - 2014 - MPE-PE - Promotor de Justiça) Em relação ao princípio da continuidade dos serviços públicos, a legislação brasileira prevê:

a) Nos contratos de parcerias público-privadas, é admissível cláusula que preveja a transferência do controle da sociedade de propósito específico para os seus financiadores, com o objetivo de promover a sua reestruturação financeira e assegurar a continuidade da prestação dos serviços.
b) Somente na hipótese de atraso superior a 120 (cento e vinte) dias dos pagamentos devidos pela Administração, e salvo em caso de calamidade pública, grave perturbação da ordem interna ou guerra, poderá o contratado para execução de obras, serviços ou fornecimento, suspender o cumprimento de suas obrigações contratuais.
c) Na greve, em serviços ou atividades essenciais, ficam as entidades sindicais ou os trabalhadores, conforme o caso, obrigados a comunicar a decisão aos empregadores e aos usuários com antecedência mínima de 48 (quarenta e oito) horas da paralisação.
d) O poder concedente poderá intervir na concessão, com o fim de assegurar a adequação na prestação do serviço, bem como o fiel cumprimento das normas contratuais, regulamentares e legais pertinentes, mediante prévia notificação do concessionário para exercício do direito de defesa.
e) A inexecução total ou parcial do contrato de concessão permite a encampação do serviço concedido, precedida tal medida da verificação da inadimplência da concessionária, em processo administrativo, assegurado o direito de ampla defesa.

5. (VUNESP - 2014 - TJ-PA - Juiz de Direito Substituto) Sobre a concessão de serviços públicos, é correto afirmar que

a) a responsabilidade do concessionário por prejuízos causados a terceiros será objetiva, nos termos da Constituição Federal.
b) em caso de encampação pelo Poder Público, não poderá o poder concedente incorporar os bens do concessionário que eram necessários ao serviço.
c) o Poder Público poderá rescindir o contrato por motivo de interesse público, pois são transferidos ao concessionário a execução e a titularidade do serviço.

d) o usuário não poderá exigir judicialmente o cumprimento da obrigação pelo concessionário.
e) o concessionário corre os riscos normais do empreendimento, não havendo, nesse caso, direito à manutenção do equilíbrio econômico-financeiro do contrato.

6. **(CESPE - 2014 - TJ-SE - Analista Judiciário – Direito)** No que concerne às regras e aos princípios específicos que regem a atuação da administração pública, julgue os itens subsequentes.

Os serviços públicos podem ser remunerados mediante taxa ou tarifa.

7. **(VUNESP - 2014 - TJ-SP - Titular de Serviços de Notas e de Registros – Remoção)** A respeito do serviço público, é correto afirmar:

a) há serviços públicos cuja titularidade é compartilhada com particulares por expressa determinação Constitucional, tal como a educação, saúde, previdência social e assistência social, quer dizer, mantém-se a natureza de serviços públicos mesmo quando ofertados por particulares; são os denominados serviços públicos não privativos do Estado.
b) a titularidade do serviço pode ser transferida a particulares, é a denominada privatização do serviço público
c) por outorga do serviço público, entende-se a alienação da atividade que ocorre em favor de particulares ou por meio de concurso público, na hipótese das atividades notariais e de registro, ou por licitação nos demais casos.
d) a titularidade do serviço é sempre do Estado, apenas a execução é que pode, nos casos permitidos ou determinados pela Constituição Federal, ser assumida por um particular.

8. **(ACPI – PGM – Gaúcha do Norte – Procurador/2015)** De acordo com a concessão e com a permissão da prestação de serviços públicos, previsto no art. 175 da CF/88, incumbe ao Poder Concedente, exceto:

a) Regulamentar o serviço concedido e fiscalizar permanentemente a sua prestação.
b) Intervir na prestação do serviço.
c) Extinguir a concessão.
d) Manter em dia o inventário e o registro dos bens vinculados à concessão.

9. **(Cespe – Defensor Público - PR/ 2015)** Com base na jurisprudência do STJ, julgue os itens seguintes.

Segundo o entendimento jurisprudencial dominante no STJ relativo ao princípio da continuidade dos serviços públicos, não é legítimo, ainda que cumpridos os requisitos legais, o corte de fornecimento de serviços públicos essenciais, em caso de estar inadimplente pessoa jurídica de direito público prestadora de serviços indispensáveis à população.

10. **(FCC – Juiz de Direito – PE/2015)** Dalva era passageira de ônibus intermunicipal que fazia a linha entre Vitória de Santo Antão e Jaboatão dos Guararapes, linha essa explorada em regime de concessão pela Empresa Expresso Caramuru S/A, quando referido ônibus envolveu-se em acidente, sem a participação de outros veículos. Em virtude dos ferimentos, Dalva acabou se submetendo a cirurgias reparadoras, remanescendo todavia sequelas funcionais e estéticas decorrentes do acidente. Do relato, deve-se concluir que:

a) a empresa concessionária deve ser responsabilizada de forma objetiva; o Estado de Pernambuco, na qualidade de poder concedente, deve ser responsabilizado de forma subjetiva, em virtude da culpa in vigilando.
b) a empresa concessionária e o poder concedente respondem objetivamente pelos danos materiais sofridos pela usuária, este último, de forma subsidiária; os danos morais, todavia, são de natureza personalíssima, portanto somente a causadora direta é que responderá por eles.
c) não se aplica à situação o disposto no art. 37, § 6º da CF/88, que dispõe sobre a responsabilidade objetiva pelos danos causados a terceiros, sendo que a responsabilidade em face dos usuários do serviço público é de natureza subjetiva, regulada pela Lei no 8.987/95 e pelo código de defesa do consumidor.
d) devem ser responsabilizadas de forma objetiva e solidária a empresa concessionária de serviço público e o Estado de Pernambuco, na qualidade de poder concedente.
e) em caso de extinção do contrato de concessão, outra empresa que venha a assumir a prestação do serviço público, após regular seleção licitatória, não responde pelos danos causados à usuária pela prestadora anterior.

11. **(FCC – Juiz de Direito – RR/2015)** Observe a seguinte notícia, do Informativo do STF no 777:

"PSV: remuneração do serviço de iluminação pública (Enunciado 41 da Súmula Vinculante) - O Plenário acolheu proposta de edição de enunciado de súmula vinculante com o seguinte teor: 'O serviço de iluminação pública não pode ser remunerado mediante taxa'. Assim, tornou vinculante o conteúdo do Verbete 670 da Súmula do STF".

A vedação mencionada justifica-se porque

a) trata-se de serviço *uti universi*, devendo ser custeado por impostos ou pela instituição de contribuição específica para seu custeio, pelos municípios.
b) se trata de *uti singuli*, porém de natureza indelegável, devendo por essa razão ser custeado exclusivamente por impostos.
c) caso seja delegada sua prestação ao particular, a remuneração se dará por tarifa, e não por taxa.

d) o serviço de iluminação pública não admite prestação sob nenhum tipo de concessão e, portanto, seria incabível a remuneração de um concessionário privado por meio da cobrança do usuário.
e) embora se trate de serviço público indivisível, o seu custeio já está embutido nos preços públicos pagos aos concessionários de fornecimento de energia elétrica, conforme disposições contratuais padronizadas pela ANEEL.

12. (FCC – Juiz de Direito – SC/2015) Nos termos da Súmula Vinculante 27, do Supremo Tribunal Federal, "Compete à Justiça estadual julgar causas entre consumidor e concessionária de serviço público de telefonia, quando a ANATEL não seja litisconsorte passiva necessária, assistente, nem opoente".

Está contida no posicionamento do Tribunal a compreensão de que

a) a agência reguladora posiciona-se juridicamente em relação ao usuário do serviço público como fornecedora do serviço.
b) a concessionária de serviço público mantém com a agência reguladora uma relação jurídica caracterizada como de consumo.
c) é facultativa, a critério da agência reguladora, a sua inserção como parte na relação jurídica caracterizada como de consumo, tendo por objeto o serviço público regulado.
d) serviço público não pode ser considerado objeto de relação de consumo, estando sujeito ao regime exorbitante característico das relações jurídicas de direito administrativo.
e) há relação jurídica caracterizada como de consumo entre o usuário e a concessionária de serviço público.

13. (TRF 5 - Juiz Federal Substituto 5ª região/2015) Tendo em vista as permissões e concessões de serviços públicos e as parcerias público-privadas, assinale a opção correta.

a) A concessionária do serviço público somente pode interromper a prestação do serviço por motivos de ordem técnica ou de segurança das instalações, casos em que ficará dispensada de realizar prévia comunicação ao usuário.
b) A concessão patrocinada se caracteriza pelo fato de a administração pública, além de ser a usuária direta ou indireta do serviço ou da obra contratada, ser integralmente responsável pela remuneração do parceiro público-privado.
c) Embora seja formalizada por meio de contrato administrativo, a permissão de serviço público se diferencia da concessão por não poder ser firmada com pessoa jurídica ou consórcio de empresas.
d) O poder concedente poderá intervir na concessão, com o fim de assegurar a adequação na prestação do serviço e o fiel cumprimento das normas contratuais, regulamentares e legais pertinentes, medida essa que deve ser formalizada por decreto.
e) A encampação, que constitui uma das formas de extinção do contrato de concessão, deve ser adotada pela administração sempre que se caracterizar a inadimplência por parte do concessionário.

14. (Fundatec – Procurador do Estado – RS/2015) Sobre as parcerias público-privadas, assinale a alternativa INCORRETA.

a) A concessão patrocinada é uma concessão de serviços públicos e/ou obras públicas em que, adicionalmente à tarifa cobrada dos usuários, há uma contraprestação pecuniária do parceiro público ao parceiro privado.
b) As concessões administrativas regem-se pela Lei n° 11.079/04, aplicando-se-lhes, adicionalmente, todas as disposições da Lei n° 8.987/95.
c) Os contratos de parceria público-privada têm como uma de suas características a repartição objetiva dos riscos entre as partes.
d) Os contratos de parceria público-privada têm prazo de vigência não inferior a 5 (cinco) anos e não superior a 35 (trinta e cinco) anos, incluindo eventual prorrogação.
e) O Fundo Garantidor das Parcerias Público- Privadas tem natureza privada, sendo penhoráveis os bens de seu patrimônio.

15. (PUC – Procurador do Estado – PR/2015) Sobre as parcerias público-privadas (Lei 11.079/2004 - Lei de PPP), é CORRETO afirmar que:

a) São contratos de parcerias público-privadas as concessões patrocinadas, as concessões administrativas e as concessões comuns.
b) A elaboração do projeto executivo pode ser delegada ao parceiro privado, mas não a do projeto básico, que deve integrar o instrumento convocatório da licitação.
c) O aporte de recursos do parceiro público para o parceiro privado exige a prévia execução das obras, a respectiva medição e o início da prestação do serviço.
d) A concessão administrativa é o contrato de concessão de serviços públicos ou de obras públicas quando envolver, adicionalmente à tarifa cobrada dos usuários, a contraprestação pecuniária do parceiro público ao parceiro privado.
e) A obrigação de constituir sociedade de propósito específico para implantar e gerir o objeto da parceria público-privada tem como fonte a Lei de PPP.

16. (FCC – Analista Judiciário – Oficial de Justiça Avaliador - TRT 3/2015) Uma empresa estatal, delegatária de serviço de transporte urbano intermunicipal, foi acionada judicialmente por sucessores de um suposto passageiro que, no trajeto entre duas estações, juntou-se a um grupo de clandestinos para a prática de "surf ferroviário", mas acabou se acidentando fatalmente. O resultado da ação é de provável

a) procedência, tendo em vista que a responsabilidade das estatais é regida pela teoria do risco integral, de modo que é prescindível a demonstração de culpa do passageiro.
b) improcedência, tendo em vista que as concessionárias de serviço público não respondem objetivamente, mas sim subjetivamente, tendo em vista que são submetidas a regime jurídico de direito privado.
c) improcedência, pois a modalidade objetiva de responsabilidade a que se sujeitam as pessoas jurídicas de direito privado prestadoras de serviço público não afasta a incidência das excludentes de responsabilidade, tais como a culpa exclusiva da vítima.
d) procedência, mas como não foi comprovada a condição de passageiro da vítima, a ação deve se processar como responsabilidade subjetiva, cabendo aos sucessores do falecido comprovar que houve culpa dos agentes da delegatária de serviço público.
e) improcedência, tendo em vista que as pessoas jurídicas de direito privado prestadoras de serviço público respondem objetivamente por danos causados às vítimas, mas, como se trata de norma excepcional, no caso de falecimento, esse direito não se transfere aos sucessores, que podem apenas deduzir pleito de responsabilidade subjetiva em face da delegatária.

17. (FCC – Técnico Judiciário – Área Administrativa – TRT 3/2015) O estabelecimento de tarifas reduzidas para usuários de serviços públicos, que possuem menor poder aquisitivo,

a) é legítimo e corresponde à aplicação do princípio da modicidade das tarifas.
b) viola o princípio da legalidade.
c) viola o princípio da igualdade dos usuários de serviços públicos, devendo o Estado promover outros meios para privilegiar tais pessoas.
d) viola o princípio da flexibilidade dos meios aos fins.
e) é legítimo e corresponde à aplicação do princípio da razoabilidade e da igualdade dos usuários.

18. (FCC – Juiz de Direito – GO/2015) Suponha que em determinada rodovia estadual, objeto de concessão, o reajuste de pedágio, aplicado em conformidade com o regramento estabelecido no contrato de concessão, tenha causado forte insatisfação da população, que passou a exigir do Poder Concedente a revogação do aumento. O Poder Concedente, pretendendo acolher o pleito da população, poderá, com base na legislação que rege a matéria,

a) retomar o serviço por motivo de interesse público, mediante encampação, condicionada a autorização legislativa específica e após prévio pagamento da indenização prevista legalmente.
b) reduzir unilateralmente o valor do pedágio, estando a concessionária obrigada a suportar a redução da receita tarifária, por se tratar de fato do príncipe.
c) retomar a rodovia, mediante declaração de caducidade da concessão, indenizando a concessionária pelos investimentos não amortizados.
d) decretar a intervenção na concessão, indenizando a concessionária pelos lucros cessantes correspondentes ao prazo restante da concessão.
e) alterar a equação econômico-financeira do contrato, concedendo subsídio à concessionária para compensar a redução da receita tarifária.

19. (FCC – Analista Judiciário – Área Administrativa - TRT 3/2015) O Estado de Minas Gerais pretende contratar, através de parceria público-privada, empresa para o fornecimento e a instalação de equipamentos, sendo a contratação estimada em trinta milhões de reais, devendo perdurar por prazo superior a seis anos. Nesse caso, a parceria público-privada

a) é viável, não sendo necessário prévio procedimento licitatório.
b) não será possível em razão do valor da contratação.
c) é absolutamente viável, haja vista o preenchimento das condições legais.
d) não será possível em razão do lapso temporal do contrato.
e) não será possível em razão do objeto contratual.

20. (Cespe – Agente de Polícia – PC – PE/2016) Em relação à prestação de serviços públicos e à organização da administração pública, assinale a opção correta.

a) As sociedades de economia mista são entidades de direito privado constituídas exclusivamente para prestar serviços públicos, de modo que não podem explorar qualquer atividade econômica.
b) Em decorrência do princípio da continuidade do serviço público, admite-se que o poder concedente tenha prerrogativas contratuais em relação ao concessionário. Uma dessas prerrogativas é a possibilidade de encampação do serviço, quando necessária à sua continuidade.
c) A concessão de serviço público pode prever a delegação do serviço a um consórcio de empresas, caso em que o contrato de concessão terá prazo indeterminado.
d) Os serviços públicos serão gratuitos, ainda que prestados por meio de agentes delegados.
e) O poder público poderá criar uma autarquia para centralizar determinados serviços públicos autônomos. Nessa hipótese, esses serviços passam a integrar a administração direta, com gestão administrativa e financeira centralizadas no respectivo ente federativo.

GABARITO		COMENTÁRIO
1	A	Dispõe o art. 241 da Constituição Federal: "a União, os Estados, o Distrito Federal e os Municípios disciplinarão por meio de lei os consórcios públicos e os convênios de cooperação entre os entes federados, autorizando a gestão associada de serviços públicos, bem como a transferência total ou parcial de encargos, serviços, pessoal e bens essenciais à continuidade dos serviços transferidos".
2	E	Art. 9º da Lei 11.079/04: Antes da celebração do contrato, deverá ser constituída sociedade de propósito específico, incumbida de implantar e gerir o objeto da parceria. § 4º Fica vedado à Administração Pública ser titular da maioria do capital votante das sociedades de que trata este Capítulo.
3	A	Informativo 535 de 12 de março de 2014 do STJ: DIREITO ADMINISTRATIVO. EQUILÍBRIO ECONÔMICO-FINANCEIRO EM CONTRATO DE PERMISSÃO DE SERVIÇO PÚBLICO. Não há garantia da manutenção do equilíbrio econômico-financeiro do contrato de permissão de serviço de transporte público realizado sem prévia licitação. Precedentes citados: AgRg nos EDcl no REsp 799.250-MG, Segunda Turma, DJe 4/2/2010, e AgRg no Ag 800.898-MG, Segunda Turma, DJe 2/6/2008. REsp 1.352.497-DF, Rel. Min. Og Fernandes, julgado em 4/2/2014.
4	A	Art. 5º, § 2º da Lei 11.079/04 que estabelece as normas gerais para licitação e contratação de parceria público-privada: Os contratos poderão prever adicionalmente: I – os requisitos e condições em que o parceiro público autorizará a transferência do controle da sociedade de propósito específico para os seus financiadores, com o objetivo de promover a sua reestruturação financeira e assegurar a continuidade da prestação dos serviços, não se aplicando para este efeito o previsto no inciso I do parágrafo único do art. 27 da Lei no 8.987, de 13 de fevereiro de 1995.
5	A	A responsabilidade da concessionária é objetiva e o Estado tem responsabilidade subsidiária por esta atuação. Art. 37, §6º da Constituição Federal: as pessoas jurídicas de direito público e as de direito privado prestadoras de serviços públicos responderão pelos danos que seus agentes, nessa qualidade, causarem a terceiros, assegurado o direito de regresso contra o responsável nos casos de dolo ou culpa.
6	CERTO	Como analisado anteriormente, os serviços públicos uti singuli ou individuais são aqueles prestados a toda a coletividade, mas que possibilitam mensurar a quantidade usufruída por cada usuário, viabilizando cobrança através do pagamento de taxas ou tarifas.
7	D	Conforme o art. 175 da CF, a titularidade do serviço público será sempre do Estado, que poderá presta-lo indiretamente, transferindo a execução mediante o regime de concessão ou permissão
8	D	A assertiva encontra-se errada visto que esta é uma obrigação da Concessionária e não do Poder Concedente conforme preceito previsto no art. 31, II, da Lei 8.987/95: "Art. 31. Incumbe à concessionária: II - manter em dia o inventário e o registro dos bens vinculados à concessão";
9	CERTO	O STJ, no EREsp 845982 / RJ: EMBARGOS DE DIVERGÊNCIA EM RECURSO ESPECIAL: 2006/0269086-7, assim decidiu: "2. É que resta assente nesta Corte que: "O princípio da continuidade do serviço público assegurado pelo art. 22 do Código de Defesa do Consumidor deve ser obtemperado, ante a exegese do art. 6º, § 3º, II da Lei n. 8.987/95 que prevê a possibilidade de interrupção do fornecimento de energia elétrica quando, após aviso, permanecer inadimplente o usuário, considerado o interesse da coletividade. Precedentes de ambas as Turmas de Direito Público (...) " RESP 845.982/RJ." Desta forma, a assertiva está correta.
10	E	O art. 2, inciso III, da Lei 8.987/95 define o que seja concessão, estabelecendo que a concessionária que presta o serviço por sua conta e risco responde de forma objetiva pelos danos causados e O Estado responde de forma subsidiária. Sendo que a concessionária posterior, que venha a assumir o serviço, nada tem a ver com o dano causado pela outra concessionária.
11	A	Os serviços uti universi são os serviços que não podem ser divididos em sua utilização, ou seja, não é possível saber quanto cada usuário utilizou destes serviços. Nestes casos, o poder público presta o serviço a toda a coletividade que o usufrui simultaneamente, não sendo possível determinar a quantidade utilizada por cada um individualmente. Como não é possível mensurar a utilização de cada cidadão, estes serviços são custeados pela receita geral decorrente da arrecadação dos impostos. Citem-se como exemplos os serviços de Iluminação Pública e de Limpeza Pública. Configuram-se serviços indivisíveis, não sendo possível dividir o ônus da prestação em proporção igual à utilização.

GABARITO		COMENTÁRIO
12	E	Não é apenas o Estado que responde, com base no disposto na CF/88, uma vez que o texto constitucional abarca todos aqueles que atuam na prestação de serviços públicos. Desta forma, além dos entes da administração direta e indireta, também se submetem a esse regime de responsabilidade objetiva, os particulares prestadores de serviço público por delegação, como é o caso das concessionárias e permissionárias de serviços. Portanto, o Código de Defesa do Consumidor embasará a responsabilização objetiva das entidades, não se aplicando as normas de Direito Administrativo.
13	D	A assertiva está de acordo com o disposto no art. 32, parágrafo único, da Lei 8.987/95: "Art. 32. O poder concedente poderá intervir na concessão, com o fim de assegurar a adequação na prestação do serviço, bem como o fiel cumprimento das normas contratuais, regulamentares e legais pertinentes. Parágrafo único. A intervenção far-se-á por decreto do poder concedente, que conterá a designação do interventor, o prazo da intervenção e os objetivos e limites da medida".
14	B	As duas leis que tratam acerca de concessão administrativa, são a lei 11.079/04 e a lei 8.987/95. Visto que a definição de concessão administrativa encontra-se no art. 2º, § 2º da Lei 11.079/04, é ela a Lei Principal sobre o assunto, conforme abaixo: "Art. 2º Parceria público-privada é o contrato administrativo de concessão, na modalidade patrocinada ou administrativa. § 2º Concessão administrativa é o contrato de prestação de serviços de que a Administração Pública seja a usuária direta ou indireta, ainda que envolva execução de obra ou fornecimento e instalação de bens".
15	E	A Parceria Público-Privada deve ser gerida por uma sociedade de propósito específico, a qual deve ter sido criada previamente à celebração do contrato, ficando responsável, além da gestão, pela implantação da parceria. Esta é previsão feita pela Lei 11.079/04 (Lei das PPP)
16	C	A questão trata de uma culpa exclusiva da vítima visto que o "surf ferroviário" não é serviço prestado pela Concessionária, e mais importante, a vítima causou sozinha o seu infortuno. Desta forma, as situações nas quais ocorre a interrupção do nexo de causalidade, são apontadas pela doutrina como hipóteses excludentes de responsabilidade do Estado, sendo comum a referência a três destas situações, quais sejam: Caso Fortuito, Força Maior e Culpa Exclusiva da Vítima – que são, repita-se, hipóteses de exclusão do nexo de causalidade.
17	E	A modicidade das tarifas determina que as tarifas cobradas para os usuários dos serviços sejam as mais baixas possíveis, a fim de manter a prestação do serviço à maior parte da coletividade, sendo derivado dos princípios gerais do Direito Administrativo que são a razoabilidade e a igualdade dos usuários.
18	A	A encampação ou resgate do serviço público ocorre todas as vezes em que não há mais interesse público na manutenção do contrato, configurando cláusula exorbitante dos contratos administrativos que permite ao ente estatal extinguir a avença, sem a necessidade de concordância do particular. Ressalte-se que a legislação exige que se efetive a indenização ao particular por todos os prejuízos decorrentes desta extinção precoce do contrato. O art. 37, da lei 8.987/95 define que *"Considera-se encampação a retomada do serviço pelo poder concedente durante o prazo da concessão, por motivo de interesse público, mediante lei autorizativa específica e após prévio pagamento da indenização, na forma do artigo anterior".*
19	E	A PPP não será possível visto que o objeto é expressamente vedado pela no art. 2º, § 4º, III, da Lei 11.079/04, conforme abaixo: "Art. 2º (...) § 4º É vedada a celebração de contrato de parceria público-privada: I – cujo valor do contrato seja inferior a R$ 20.000.000,00 (vinte milhões de reais); II – cujo período de prestação do serviço seja inferior a 5 (cinco) anos; ou III – que tenha como objeto único o fornecimento de mão-de-obra, o fornecimento e instalação de equipamentos ou a execução de obra pública".
20	B	A encampação ou resgate do serviço público ocorre todas as vezes em que não há mais interesse público na manutenção do contrato, configurando cláusula exorbitante dos contratos administrativos que permite ao ente estatal extinguir a avença, sem a necessidade de concordância do particular. Ressalte-se que a legislação exige que se efetive a indenização ao particular por todos os prejuízos decorrentes desta extinção precoce do contrato.

CAPÍTULO 11

ENTIDADES DO TERCEIRO SETOR

1. SETORES DA ECONOMIA

Ao se efetivar a análise econômica de determinada sociedade, a doutrina brasileira costuma apontar, atualmente, a existência de quatro setores compondo a economia, os quais devem ser analisados separadamente.

O **primeiro setor** é composto pelos entes da Administração Pública Direta e Indireta, com a intenção de garantir o bem estar de toda a sociedade, sem qualquer espécie de finalidade lucrativa, praticando todos os seus atos, visando a garantir o bem estar de toda a coletividade. De fato, o Estado atua na prestação de serviços públicos ou de execução de obras, ou, ainda, definindo restrições à atuação dos particulares, no exercício do poder de polícia, como forma de adequar todas as condutas ao interesse geral. Toda a atividade realizada pelo primeiro setor da economia é orientada no sentido de se garantirem melhores condições de vida à população.

O **segundo setor**, por seu turno, se configura como o espaço de atuação dos particulares que visam garantir lucro no mercado, estando vigente a ideia de livre iniciativa, para que o ator econômico possa auferir vantagem pecuniária em sua atividade. A princípio, este setor da economia é o campo de atuação da iniciativa privada, ficando restrita a atuação estatal, nos moldes definidos no texto constitucional. Com efeito, o art. 173, da Carta Magna define que "*Ressalvados os casos previstos nesta Constituição, a exploração direta de atividade econômica pelo Estado só será permitida quando necessária aos imperativos da segurança nacional ou a relevante interesse coletivo, conforme definidos em lei*".

Trata-se de setor relevante na economia dos países. Como há conhecimentos tecnológicos agregados aos produtos do setor secundário, o lucro obtido na comercialização é significativo. Países com bom grau de desenvolvimento possuem uma significativa base econômica, concentrada no setor secundário ou segundo setor. A exportação dos produtos deste setor também gera riquezas para as indústrias destes países.

Não obstante se trate de setor da economia em que vigora a livre iniciativa na busca do lucro, a atividade privada na economia se sujeita à regulamentação e fiscalização do ente estatal, como forma de evitar prejuízos à sociedade. Dessa forma, o art. 174 da Constituição da República define o Estado como agente normativo e regulador da atividade econômica, estabelecendo que a Administração Pública exercerá, na forma da lei, as funções de fiscalização, incentivo e planejamento, sendo este determinante para o setor público e indicativo para o setor privado. Da mesma forma, o art. 177 define que algumas atividades relacionadas à exploração e refinamento de petróleo, além da prospecção de gás natural serão de monopólio da União Federal.

No **terceiro setor** da economia, estão presentes as entidades privadas que atuam, sem finalidade lucrativa, visando garantir o interesse da sociedade, executando atividades de interesse social, gozando, desta forma, de benefícios pagos pelo ente estatal, como forma de incentivar a atuação do particular. A doutrina costuma chamá-las de entidades paraestatais, haja vista sua atuação ao lado da Administração Pública, praticando atos e realizando atividades de interesse do Estado, na busca de trazer benefícios à sociedade.

Este setor é marcante nos países de alto grau de desenvolvimento econômico. Quanto mais rica é uma região, maior é a presença de atividades do setor terciário. Com o processo de globalização, iniciado no século XX, o terceiro setor, ou terciário foi o setor da economia que mais se desenvolveu no mundo.

O **quarto setor** é representado pela economia informal. Trata-se de uma tentativa da iniciativa privada de se eximir do pagamento de tributos e encargos legais exigidos pela execução da atividade lucrativa. Este setor está mais presente em países com grau de desenvolvimento ainda baixo, em virtude do desemprego e do alto custo para manutenção de empregados, além da elevada carga tributária.

Trata-se de setor que se infiltra, principalmente, nas atividades referentes ao segundo setor da economia, competindo de forma desigual com aqueles que atuam formalmente no mercado, na busca de lucro, em respeito às regras postas pelo ordenamento jurídico e da regulação estatal. O quarto setor está em crescimento, haja vista a inclusão de pessoas com nível social menos favorecido e marginalizado da sociedade.

A doutrina econômica moderna já prevê a criação de um quinto setor, ou setor quinário da economia que se encontra em estudo embrionário, não merecendo análise nesta obra jurídica.

1.1. Entidades do terceiro setor

Analisados cada um dos setores que estão presentes na economia mundial, passemos à analise das entidades que compõem o terceiro setor e, por isso, são objeto de estudo do Direito Administrativo moderno.

Inicialmente, cumpre salientar que as entidades que fazem parte do terceiro setor, também designadas como entes paraestatais, não integram a estrutura administrativa como entes da Administração Direta ou Indireta, caso contrário estariam localizadas no primeiro setor da economia e seriam estudados juntamente com o estudo da Organização Administrativa.

Em verdade, estes entes são particulares em colaboração, sem fins lucrativos, que atuam ao lado do Estado na prestação de serviços públicos não exclusivos, mas de cunho social. Por atuarem na prestação de serviços, estas entidades recebem incentivos do Poder Público, mediante a dotação orçamentária, cessão de bens públicos entre outros benefícios e, consequentemente, se submetem às restrições de controle impostas ao ente estatal. Sendo assim, não obstante conservem a qualidade de particulares, se sujeitam à regulação financeira efetivada pelo Tribunal de Contas, além de se submeterem aos princípios básicos que norteiam a atuação administrativa.

São quatro as espécies de entes do terceiro setor tratados no direito brasileiro, a saber: entidades do serviço social autônomo, organizações sociais (OS), organizações da sociedade civil de interesse público (OSCIP) e entidades de apoio.

Dadas as peculiaridades presentes em cada uma delas, deverão ser analisadas separadamente.

2. SERVIÇO SOCIAL AUTÔNOMO

São as entidades criadas mediante autorização legal para realização de atividade de fomento, auxílio e capacitação de determinadas categorias profissionais, seja a indústria ou o comércio. É o chamado sistema "s" e abarca entidades como o SESI (Serviço Social da Indústria), SESC (Serviço Social do Comércio), SENAI (Serviço Nacional de Aprendizagem Industrial), SENAC (Serviço Nacional de Aprendizagem Comercial), SENAR (Serviço Nacional de Aprendizagem Rural), entre outras criadas por meio de autorização legislativa.

É importante verificar que elas não atuam na prestação de serviços públicos exclusivos de estado por meio de delegação de atividades, mas sim executam atividades particulares de cunho social, sem a intenção de auferirem qualquer espécie de lucro. Neste sentido, dispõe Maria Sylvia Zanella di Pietro[1] que *"Essas entidades não prestam serviço público delegado pelo Estado, mas atividade privada de interesse público (serviços não exclusivos do Estado); exatamente por isso, são incentivadas pelo Poder Público. A atuação estatal, no caso, é a de fomento e não de prestação de serviço público. Por outras palavras, a participação do Estado, no ato de criação, se deu para incentivar a iniciativa privada, mediante subvenção garantida por meio de instituição compulsória de contribuições parafiscais destinadas especificamente a essas finalidades".*

Com efeito, verifica-se que estas entidades são particulares criadas por autorização legal para execução de atividades de interesse do Estado, admitindo-se que sejam constituídas sob a forma de associação ou fundação, ou, ainda, por meio de estruturas não previstas no Direito Civil e reguladas pela lei específica da entidade.

Com a intenção de auxiliar na execução de suas atividades, o poder público lhes transfere a capacidade tributária. Com efeito, os entes do serviço social autônomo gozam de parafiscalidade, que é a transferência do poder de cobrar tributos, chamada capacidade tributária.

Ressalte-se que, para os estudiosos de direito fiscal, a competência tributária – competência para criar tributos - é intransferível e indelegável. No entanto, é possível, mediante lei, a transferência do poder de se cobrar tributos, designada como capacidade tributária. Neste sentido, Luciano Amaro dispõe[2] que *"uma coisa é a competência tributária (aptidão para instituir tributo) e outra é a capacidade tributária (aptidão para ser titular do pólo ativo da obrigação, vale dizer, para figurar como credor na relação jurídica tributária)".*

1. PIETRO,Maria Sylvia Zanella di. Direito Administrativo. São Paulo, Editora Atlas,21ª ed.2008
2. AMARO, Luciano. Direito Tributário Brasileiro,São Paulo, Editora Saraiva,10 ed. 2004

Com efeito, a capacidade tributária pode ser transferida às entidades da Administração Indireta, como ocorre com determinadas autarquias e também às entidades privadas em determinadas situações. Sendo assim, estas entidades cobram contribuições de seus associados que têm natureza de tributos.

Não obstante a concessão da capacidade tributária, trata-se de entidades privadas e, desta forma, não gozam de privilégios administrativos, sejam eles fiscais, processuais ou contratuais. Neste sentido, já se pronunciou o Supremo Tribunal Federal. Veja-se a seguir.

> Ementa
>
> AGRAVO REGIMENTAL NO AGRAVO DE INSTRUMENTO. PROCESSUAL CIVIL. ENTIDADE PARAESTATAL. LEI ESTADUAL N. 12.398/98. PARANAPREVIDÊNCIA. INAPLICABILIDADE DE EXECUÇÃO PELO RITO DOS PRECATÓRIOS [ART. 730, CPC]. O Supremo Tribunal Federal fixou entendimento no sentido de que as entidades paraestatais que possuem personalidade de pessoa jurídica de direito privado não fazem jus aos privilégios processuais concedidos à Fazenda Pública. Precedentes. Agravo regimental a que se nega provimento.
>
> AI 783136 AgR / PR – PARANÁ
>
> AG.REG. NO AGRAVO DE INSTRUMENTO
>
> Relator(a): Min. EROS GRAU
>
> Julgamento: 20/04/2010 Órgão Julgador: Segunda Turma

Entretanto, no que tange ao regime de tributos, por não serem integrantes da Administração Pública, não gozam da imunidade tributária recíproca, regulamentada pelo art. 150, VI, "a" da Constituição da República, haja vista a aplicação deste dispositivo ser limitada às entidades de direito público, em virtude do regime a elas aplicado. Porém, por se tratarem de entidades filantrópicas, sem finalidade de obtenção de lucro, podem vir a se enquadrar na imunidade definida no art. 150, VI, "c" da Carta Magna que define não ser possível a cobrança de impostos incidentes sobre o "*patrimônio, renda ou serviços dos partidos políticos, inclusive suas fundações, das entidades sindicais dos trabalhadores, das instituições de educação e de assistência social, sem fins lucrativos, atendidos os requisitos da lei*".

Com efeito, as entidades do serviço social autônomo se dedicam à assistência social e capacitação, bem como auxílio de determinadas categorias sociais e profissionais, sem finalidade lucrativa, se enquadrando no dispositivo constitucional e, portanto, gozando da imunidade no que tange aos impostos.

Por receberem verba pública, através da cobrança de tributos, os entes do serviço social autônomo ficam sujeitos a controle pelo Tribunal de Contas e devem respeitar os princípios inerentes à licitação pública para suas contratações. A exigência de licitações, nos termos da lei 8.666/93, foi afastada por entendimento do TCU acerca da matéria que define a obrigatoriedade destes entes obedecerem aos princípios básicos do procedimento licitatório, sem a necessidade de observância das modalidades definidas na lei geral.

> Recurso de Reconsideração interposto pelo Serviço Social do Comércio (SESC) – Administração Nacional requereu a reforma do Acórdão 4.520/2009 – 1ª Câmara. Por meio do comando contido em seu subitem 1.5.6, o Tribunal havia expedido determinação ao SESC, com o seguinte teor: "adote preferencialmente a licitação na modalidade pregão para a aquisição de bens e serviços comuns, conforme dispõe a Lei 10.520/2002". **Em seu recurso, o SESC argumentou que, por se tratar de serviço social autônomo, não estaria obrigado a observar os normativos federais que regulam as licitações, mas apenas os princípios gerais**

aplicáveis à Administração Pública. O relator reconheceu a necessidade de retificação daquele comando, com a finalidade de excluir a referência à Lei 10.520/2007, "por não ser sua observância exigível dos integrantes do Sistema S". Anotou que tal entendimento está pacificado no âmbito do Tribunal, desde a prolação da Decisão n. 907/1997 – Plenário. Observou, no entanto, que a obrigatoriedade de adoção preferencial do pregão para a aquisição de bens e serviços comuns deve ser mantida e que tal questão já foi debatida no âmbito do Tribunal. Mencionou o Acórdão 2.841/2011 – 1ª Câmara, por meio do qual o Tribunal, com fundamento nos princípios da eficiência e da economicidade, decidiu: "1.10. determinar ao Conselho Nacional do SESC que promova a adequação do seu Regulamento de Licitações e Contratos, de forma a tornar obrigatória, sempre que possível, a utilização da modalidade de pregão para a aquisição de bens e serviços comuns, assim considerados aqueles cujos padrões de desempenho e de qualidade possam ser objetivamente definidos pelo edital, por meio de especificações usuais no mercado, podendo, todavia, adotar outra modalidade, mas, neste caso, desde que a escolha seja devidamente justificada". E também Acórdão 9.859/2011 – 1ª Câmara, por meio do qual o Tribunal apreciou recurso contra essa decisão, mantendo-a inalterada. O Tribunal, ao acolher proposta do relator, decidiu: a) conhecer o citado recurso; conceder a esse recurso provimento parcial, a fim de conferir ao mencionado comando a seguinte redação: "1.5.6. adote preferencialmente a licitação na modalidade pregão para aquisição de bens e serviços comuns;". Precedentes mencionados: Decisão nº 907/1997 – Plenário e Acórdãos 2.841/2011 e 9.859/2011, ambos da 1ª Câmara. Acórdão n.º 5613/2012-Primeira Câmara, TC-013.780/2007-4, rel. Min. José Múcio Monteiro, 18.9.2012.

Sendo assim, as entidades do sistema "s" devem seguir regramento próprio para contratações, respeitando os princípios atinentes à licitação.

Ademais, por não se enquadrarem em nenhuma das hipóteses do art. 109, da Constituição Federal, as ações propostas em face das entidades do serviço social autônomo devem tramitar na justiça estadual, sem que haja qualquer prerrogativa de foro. Neste sentido, a súmula 516, do Supremo Tribunal Federal estabelece que *"O Serviço Social da Indústria (SESI) está sujeito a jurisdição da justiça estadual"*.

No que tange ao regime de pessoal, os empregados destas entidades são regidos pela Consolidação das Leis do Trabalho e não dependem de concurso público de provas ou de provas e títulos para ingresso em suas atividades.

Com efeito, a regra do concurso público de provas ou de provas e títulos é definida para os servidores estatais, sejam eles estatutários ou celetistas que atuam nos entes da Administração Direta e Indireta, não se estendendo aos empregados das entidades do terceiro setor, que ostentam qualidade de particulares. Este entendimento, inclusive, já foi pacificado na jurisprudência do Tribunal de Contas da União, por meio da edição do acórdão 17/1999, proferido pelo plenário do órgão.

Não obstante não serem considerados servidores públicos e nem dependerem de concurso público para contratação, os empregados destas entidades são considerados agentes públicos, amplamente considerados, inclusive para fins penais e para fins de aplicação da lei de improbidade administrativa (lei 8.429/92).

3. ENTIDADES DE APOIO

As entidades de apoio são particulares que atuam ao lado de hospitais e Universidades Públicas, auxiliando no exercício da atividade destas entidades, por meio da realização de programas de pesquisa e extensão. Estas pessoas jurídicas executam atividades não exclusivas de estado, direcionadas à saúde, educação e pesquisa científica juntamente com órgãos ou entidades públicas que atuam nestes serviços.

É importante frisar que podem ser constituídas sob a forma de fundações, associações e cooperativas, sempre sem finalidade lucrativa, atuando ao lado do órgão público, não se confundindo com a entidade estatal. Nestes casos, deve-se atentar para o fato de que a fundação de apoio, por exemplo, não é fundação pública, mas sim fundação privada, formada por destinação de patrimônio de particulares, submetida às normas do Direito Civil, que se vincula ao ente público, na execução de atividades que atendem aos seus fins[3].

Dessa forma, as ações propostas em face destas entidades devem tramitar na justiça estadual, ainda que estejam atuando junto a uma entidade pública federal, por se tratarem de particulares, não integrantes da Administração Pública.

A criação destas entidades é feita por particulares, muitas vezes pelos próprios servidores do órgão ou entidade pública, com recursos privados para executarem atividades de interesse social daquele ente estatal.

O vínculo com o Poder Público decorre da assinatura de **convênio**, que lhe garante a destinação de valores públicos, com dotação orçamentária específica, além da possibilidade de cessão de bens públicos e, até mesmo, a cessão de servidores.

Neste sentido, o art. 3º, §1º da lei 8.958/94, que regulamenta as fundações de apoio que atuam ao lado de Universidades Públicas e Instituições de Ciência e Tecnologia (ICT), define esta possibilidade, dispondo que:

> "As fundações de apoio, com a anuência expressa das instituições apoiadas, poderão captar e receber diretamente os recursos financeiros necessários à formação e à execução dos projetos de pesquisa, desenvolvimento e inovação, sem ingresso na Conta Única do Tesouro Nacional". O mesmo diploma legal, em seu art. 6º estabelece que "No cumprimento das finalidades referidas nesta Lei, poderão as fundações de apoio, por meio de instrumento legal próprio, utilizar-se de bens e serviços das IFES e demais ICTs apoiadas, pelo prazo necessário à elaboração e execução do projeto de ensino, pesquisa e extensão e de desenvolvimento institucional, científico e tecnológico e de estímulo à inovação, mediante ressarcimento previamente definido para cada projeto".

Tais entidades não são criadas mediante lei ou mantidas pela União, razão pela qual se submetem a regime privado, não sujeitando seus contratos à realização de procedimento licitatório ou a contratação de seus empregados à aprovação em concurso público de provas ou de provas e títulos. Essa situação enseja uma discussão doutrinária, haja vista as inúmeras

---

3. Nesse sentido, já se pronunciou o Superior Tribunal de Justiça, consoante julgado proferido. Vejamos.
CONFLITO NEGATIVO DE COMPETÊNCIA. AÇÃO ORDINÁRIA. FUNDAÇÃO DE APOIO A UNIVERSIDADE PÚBLICA. PERSONALIDADE JURÍDICA DE DIREITO PRIVADO. COMPETÊNCIA DO JUÍZO ESTADUAL.
I – As fundações de apoio às universidades públicas têm personalidade jurídica de direito privado, com patrimônio e administração próprios, não fazendo parte da Administração Pública Indireta, razão pela qual as ações em que atuarem como parte devem deverão ser julgadas pela Justiça Comum Estadual, mormente não se enquadrarem na previsão do artigo 109, inciso I, da CF/88. II – Conflito de competência conhecido, para declarar competente o MM. Juízo de Direito da Vara Cível de Santa Maria – RS, suscitado.
CC 89935 / RS CONFLITO DE COMPETÊNCIA. 2007/0221717-0. Julgamento em 22/10/2008

vantagens conferidas a estes entes, sem a exigência de obrigações decorrentes das normas de direito público.

Ademais, não há previsão legal para a criação de fundações de apoio que executam atividades juntamente com os hospitais públicos. Em relação às entidades que atuam ao lado de Universidades Públicas e de Instituição de Ciência e Tecnologia (ICT), a regulamentação se dá por meio da lei 8.958/94, alterada recentemente pela lei 12.349/10.

Com efeito, a lei permite que as Instituições Federais de Ensino Superior – IFES e as demais Instituições Científicas e Tecnológicas – ICTs, celebrem convênios e contratos por prazo determinado, com fundações instituídas com a finalidade de apoiar projetos de ensino, pesquisa, extensão, desenvolvimento institucional, científico e tecnológico e estímulo à inovação, inclusive na gestão administrativa e financeira necessária à execução desses projetos, limitando-se a atuação da fundação de apoio em projetos de desenvolvimento institucional para melhoria de infraestrutura, às obras laboratoriais e à aquisição de materiais, equipamentos e outros insumos diretamente relacionados às atividades de inovação e pesquisa científica e tecnológica.

Ademais, como forma de evitar-se fraude às licitações, por meio de contratação de serviços ou obras, a lei dispõe que é vedado o enquadramento no conceito de desenvolvimento institucional, quando financiadas com recursos repassados pelas IFES e demais Instituições de Ciência e Tecnologia (ICTs) às fundações de apoio, de:

a) atividades como manutenção predial ou infraestrutural, conservação, limpeza, vigilância, reparos, copeiragem, recepção, secretariado, serviços administrativos na área de informática, gráficos, reprográficos e de telefonia e demais atividades administrativas de rotina, bem como as respectivas expansões vegetativas, inclusive por meio do aumento no número total de pessoal.

b) outras tarefas que não estejam objetivamente definidas no Plano de Desenvolvimento Institucional da instituição apoiada.

Sendo assim, a celebração de convênio deve ser feita somente para auxiliar a atividade de pesquisa e extensão da entidade, não se admitindo que se trate de forma de contratação de bens e serviços sem a necessidade de licitação.

Por fim, a lei dispõe que as entidades de apoio, quando tiverem natureza jurídica de fundação, deverão estar constituídas na forma de fundações de direito privado, sem fins lucrativos, regidas pelo Código Civil, e por estatutos cujas normas expressamente disponham sobre a observância dos princípios da legalidade, impessoalidade, moralidade, publicidade, economicidade e eficiência, e sujeitas, em especial, à fiscalização pelo Ministério Público, nos termos do código civil, à legislação trabalhista e ao prévio registro e credenciamento no Ministério da Educação e do Desporto e no Ministério da Ciência e Tecnologia, renovável bienalmente.

Podem ser citados como exemplos de entidades de apoio a FAPEX – Fundação de Apoio à Pesquisa e Extensão, que atua ao lado da Universidade Federal da Bahia e a FUSP – Fundação de Apoio à Universidade de São Paulo que presta serviços ao lado da Universidade de São Paulo (USP), dentre outras.

4. ORGANIZAÇÕES SOCIAIS (OS)

As organizações sociais são particulares, sem fins lucrativos, criadas pela lei 9.637/98, para prestação de serviços públicos não exclusivos de Estado, tais como ensino, pesquisa científica, desenvolvimento tecnológico, proteção e preservação do meio ambiente, entre outros definidos na própria lei. Assim como as demais entidades paraestatais, não integram a estrutura da Administração Pública direta ou indireta, não dependendo de lei para a sua criação e as atividades por ela exercidas são aqueles serviços não exclusivos.

A legislação foi preponderante como propulsora da reforma do Estado, por meio do programa de publicização da atividade, uma vez que inclui atividades públicas dentro da estrutura de entidades privadas, com a finalidade de se alcançar o interesse coletivo e difundir a execução de serviços de interesse da coletividade.

Com efeito, o art. 1º da lei 9.637/98 dispõe acerca dos serviços a serem executados pelas organizações sociais, definindo um rol de atividades que é de livre prestação pela iniciativa privada, como é o caso da educação e da saúde, por exemplo.

Não obstante não sejam delegatárias de serviços públicos e atuarem em nome próprio sob o regime de direito privado, pelo fato de executarem atividades de interesse social, sem escopo de lucro, estas organizações recebem auxílio do ente estatal de diversas formas e, consequentemente, se sujeitam a algumas restrições impostas à fazenda pública.

O vínculo com o Poder Público é efetivado mediante a celebração do **contrato de gestão**. Por meio deste contrato, a entidade se qualifica como organização social e poderá gozar de todos os privilégios referentes a esta qualificação como a dotação orçamentária, cessão de bens públicos e cessão de servidores públicos.

Inicialmente, a lei estabelece alguns requisitos para que esta entidade privada sem fins lucrativos possa se qualificar como organização social, mediante a celebração do contrato de gestão. Assim, é pressuposto básico para que as entidades privadas referidas no artigo anterior habilitem-se à qualificação como OS, a aprovação, quanto à conveniência e oportunidade de sua qualificação como organização social, do Ministro ou titular de órgão supervisor ou regulador da área de atividade correspondente ao seu objeto social e do Ministro de Estado da Administração Federal e Reforma do Estado.

Ademais, é indispensável a comprovação do registro de seu ato constitutivo, sendo que este registro deve dispor sobre:

a) natureza social de seus objetivos relativos à respectiva área de atuação, dentro daquelas atividades definidas em lei;

b) finalidade não-lucrativa, com a obrigatoriedade de investimento de seus excedentes financeiros no desenvolvimento das próprias atividades, não podendo haver distribuição de lucro entre seus dirigentes;

c) previsão expressa de a entidade ter, como órgãos de deliberação superior e de direção, um conselho de administração e uma diretoria definidos nos termos do estatuto, asseguradas àquele composição e atribuições normativas e de controle básicas previstas na legislação;

d) previsão de participação, no órgão colegiado de deliberação superior, de representantes do Poder Público, bem como de membros da comunidade, de notória capacidade profissional e idoneidade moral;

e) composição da diretoria e atribuições dos seus membros;

f) obrigatoriedade de publicação anual, no Diário Oficial da União, dos relatórios financeiros e do relatório de execução do contrato de gestão;

g) no caso de associação civil, a forma e critério de aceitação de novos associados, na forma do estatuto;

h) proibição de distribuição de bens ou de parcela do patrimônio líquido em qualquer hipótese, inclusive em razão de desligamento, retirada ou falecimento de associado ou membro da entidade, sob pena de se caracterizar divisão de lucro;

i) previsão de incorporação integral do patrimônio, dos legados ou das doações que lhe foram destinados, bem como dos excedentes financeiros decorrentes de suas atividades, em caso de extinção ou desqualificação, ao patrimônio de outra organização social qualificada no âmbito da União, da mesma área de atuação, ou ao patrimônio da União, dos Estados, do Distrito Federal ou dos Municípios, na proporção dos recursos e bens por estes alocados.

Desde que sejam cumpridos todos os requisitos legais, a entidade privada poderá celebrar o contrato de gestão com o poder público e, em virtude deste vínculo, receber a qualificação de organização social. Ressalte-se que o contrato de gestão não é instrumento de delegação, não se confundindo com os contratos de concessão ou permissão de serviços públicos, haja vista a natureza dos serviços a serem executados pela OS não admitir delegação a particulares.

A definição do **contrato de gestão** é alvo de muitas discussões doutrinárias, uma vez que as vontades presentes neste acordo convergem para um mesmo fim, guardando todas as características de um **convênio**. De fato, na celebração de contratos administrativos, ocorre o encontro de vontades divergentes, chegando-se a um determinado acordo que concilia estas vontades. Por seu turno, os convênios são verdadeiras parcerias firmadas entre entidades que têm interesses similares, para execução de atividades de forma associada. Neste sentido, José dos Santos Carvalho Filho[4] também defende a natureza jurídica de convênio ao dispor que *"A despeito da denominação adotada, não há propriamente contrato nesse tipo de ajuste, mas sim verdadeiro convênio, pois que, embora sejam pactos bilaterais, não há contraposição entre os pactuantes, visando a objetivos de interesses comuns. Sendo paralelos e comuns os interesses perseguidos, esse tipo de negócio jurídico melhor há de enquadrar-se como convênio".*

O contrato de gestão, que discriminará as atribuições, responsabilidades e obrigações do Poder Público e da organização social, deve ser submetido, após aprovação pelo Conselho de Administração da entidade, ao Ministro de Estado ou autoridade supervisora da área correspondente à atividade fomentada.

4. CARVALHO FILHO,José dos Santos. Manual de Direito Administrativo. Rio de Janeiro, Editora Lumen Juris,25ª ed.2012

Ademais, o acordo firmado deverá definir e especificar o programa de trabalho proposto pela organização social, a estipulação das metas a serem atingidas e os respectivos prazos de execução, bem como previsão expressa dos critérios objetivos de avaliação de desempenho a serem utilizados, mediante indicadores de qualidade e produtividade, assim como deve estipular os limites e critérios para despesa com remuneração e vantagens de qualquer natureza a serem percebidas pelos dirigentes e empregados das organizações sociais, no exercício de suas funções.

Uma vez formado o contrato de gestão, a entidade se qualifica como organização social e, consoante previamente explicitado, passa a gozar de certos benefícios decorrentes deste ajuste, tais como a destinação de valores públicos, por meio de dotação orçamentária e a cessão de bens públicos e servidores estatais. Neste sentido, o art. 12, da lei 9.637/98 dispõe que *"Às organizações sociais poderão ser destinados recursos orçamentários e bens públicos necessários ao cumprimento do contrato de gestão"*, sendo ainda complementado pelas regras expostas em seu parágrafo primeiro, o qual define que *"São assegurados às organizações sociais os créditos previstos no orçamento e as respectivas liberações financeiras, de acordo com o cronograma de desembolso previsto no contrato de gestão"*.

Além da possibilidade de destinação de valores, as entidades poderão receber bens públicos, mediante permissão de uso, consoante cláusula expressa do contrato de gestão, sem a necessidade de licitação, sendo que os bens móveis públicos permitidos para uso poderão ser permutados por outros de igual ou maior valor, condicionado a que os novos bens integrem o patrimônio da União.

No que tange à possibilidade de cessão de servidores estatais, o art. 14, da lei 9.637/98 dispõe que *"É facultado ao Poder Executivo a cessão especial de servidor para as organizações sociais, com ônus para a origem"*.

Em tais casos, o agente prestará serviços à entidade privada, o que enseja muitas críticas doutrinárias, haja vista a aprovação em concurso público para execução de atividades em entidades integrantes da Administração Pública. Com efeito, a cessão para prestação de serviços em entidades da Administração Indireta é admitida pela doutrina sem grandes discussões, no entanto, a possibilidade de se impor a execução de atividades em entidades particulares enseja controvérsias. A princípio, não há inconstitucionalidade no dispositivo legal.

O pagamento de sua remuneração será feita pelos cofres públicos e não será incorporada aos vencimentos de origem do servidor cedido qualquer vantagem pecuniária que vier a ser paga pela organização social. Saliente-se, ainda, que a lei proíbe expressamente o pagamento de vantagem pecuniária permanente por organização social a servidor cedido, com recursos provenientes do contrato de gestão, ressalvada a hipótese de adicional relativo ao exercício de função temporária de direção e assessoria.

Em virtude dos benefícios concedidos, estas entidades se submetem a controle, efetivado pelo Ministério supervisor daquela atividade executada. Desta forma, a entidade qualificada apresentará ao órgão ou entidade do Poder Público supervisora signatária do contrato, ao término de cada exercício ou a qualquer momento, conforme recomende o interesse público, relatório pertinente à execução do contrato de gestão, contendo comparativo específico das metas propostas com os resultados alcançados, acompanhado da prestação de contas correspondente ao exercício financeiro.

Por sua vez, os resultados atingidos com a execução do contrato de gestão devem ser analisados, periodicamente, por comissão de avaliação, indicada pela autoridade supervisora da área correspondente, composta por especialistas de notória capacidade e adequada qualificação, a qual deverá encaminhar à autoridade supervisora relatório conclusivo sobre a avaliação procedida na entidade.

Além do controle executado pelos órgãos da Administração Direta, o controle financeiro e contábil deverá ser realizado pelo Tribunal de Contas, além da submissão destas entidades às normas definidas na lei 8.429/92, no que tange às sanções a serem aplicadas pela prática de atos de improbidade administrativa.

É, ainda, relevante assinalar que as organizações sociais devem possuir um Conselho de Administração, nos moldes da lei, com participação obrigatória de representantes do povo e do poder público, nos percentuais estipulados no art. 3º da lei 9.637/98[5].

Não obstante todas as prerrogativas concedidas, as organizações sociais gozam de **dispensa de licitar**, consoante dispositivo expresso da lei 8.666/93, em seu art. 24, XXIV, alterado pela lei 9.648/98, abaixo transcrito.

> "Art. 24 É dispensável a licitação;
>
> (...)
>
> XXIV – para a celebração de contratos de prestação de serviços com as organizações sociais, qualificadas no âmbito das respectivas esferas de governo, para atividades contempladas no contrato de gestão. (Incluí- do pela Lei n. 9.648, de 1998)".

A matéria enseja muita divergência doutrinária, uma vez que é flagrantemente abusiva a dispensa de licitação inserida na lei para estas entidades sem qualquer justificativa que decorra de necessidades do interesse público. Ao contrário, a ausência de licitação permite a estas entidades, geridas e ordenadas com o dinheiro público e benefícios estatais, a escolha das pessoas que participarão de suas contratações, o que enseja grandes possibilidades de fraudes, malversação do dinheiro público e concessão de privilégios indevidos, em afronta direta aos princípios da moralidade, impessoalidade e isonomia.

Apesar da discussão acerca da matéria e de alguns doutrinadores apresentarem entendimento diverso, a celebração do contrato de gestão em si não depende de procedimento licitatório, dada a sua natureza jurídica de convênio, já analisada neste tópico. Entretanto, a contratação de prestação de serviços públicos com terceiros deveria ser precedida de licitação, não o sendo por expressa dicção da lei 8.666/93.

---

5. A lei estabelece que: *"Art. 3º O conselho de administração deve estar estruturado nos termos que dispuser o respectivo estatuto, observados, para os fins de atendimento dos requisitos de qualificação, os seguintes critérios básicos: I – ser composto por: a) 20 a 40% (vinte a quarenta por cento) de membros natos representantes do Poder Público, definidos pelo estatuto da entidade; b) 20 a 30% (vinte a trinta por cento) de membros natos representantes de entidades da sociedade civil, definidos pelo estatuto; c) até 10% (dez por cento), no caso de associação civil, de membros eleitos dentre os membros ou os associados; d) 10 a 30% (dez a trinta por cento) de membros eleitos pelos demais integrantes do conselho, dentre pessoas de notória capacidade profissional e reconhecida idoneidade moral; e) até 10% (dez por cento) de membros indicados ou eleitos na forma estabelecida pelo estatuto".*

Ademais, a qualificação de entidade privada como organização é social é temporária, somente sendo vigente, enquanto durar o vínculo firmado. Sendo assim, a Administração Pública poderá proceder à desqualificação da entidade como organização social, quando constatado o descumprimento de qualquer uma das disposições contidas no contrato de gestão, sendo que a desqualificação será precedida de processo administrativo em que sejam assegurados os princípios do contraditório e o direito de ampla defesa, respondendo os dirigentes da organização social, individual e solidariamente, pelos danos ou prejuízos decorrentes de sua ação ou omissão.

Para evitar a lesão aos cofres públicos, a desqualificação enseja a reversão automática dos bens permitidos e dos valores entregues à utilização da organização social, sem prejuízo de outras sanções que sejam cabíveis em caso de cometimento de infrações.

São entidades que, apesar de previstas em lei, sofrem muitas críticas doutrinárias, em face dos benefícios a elas concedidos e, principalmente, em razão da dispensa de licitação. Em razão disso, foi proposta a ADI 1923, discutindo acerca da constitucionalidade de algumas disposições da lei 9.637/98, bem como a dispensa de licitação inserida no art. 24, XXIV da lei 8.666/93. A liminar foi indeferida em julgamento proferido em 2007.

> EMENTA: MEDIDA CAUTELAR EM AÇÃO DIRETA DE INCONSTITUCIONALIDADE. LEI N. 9.637, DE15 DE MAIO DE 1.998. QUALIFICAÇÃO DE ENTIDADES COMO ORGANIZAÇÕES SOCIAIS. INCISO XXIV DO ARTIGO 24 DA LEI N. 8.666, DE 21 DE JUNHO DE 1.993, COM A REDAÇÃO CONFERIDA PELA LEI N. 9.648, DE 27 DE MAIO DE 1.998. DISPENSA DE LICITAÇÃO. ALEGAÇÃO DE AFRONTA AO DISPOSTO NOS ARTIGOS 5º; 22; 23; 37; 40; 49; 70; 71; 74, § 1º E 2º; 129; 169, § 1º; 175, CAPUT; 194; 196; 197; 199, § 1º; 205; 206; 208, § 1º E 2º; 211, § 1º; 213; 215, CAPUT; 216; 218, §§ 1º, 2º, 3º E 5º; 225, § 1º, E 209. INDEFERIMENTO DA MEDIDA CAUTELAR EM RAZÃO DEDESCARACTERIZAÇÃO DO PERICULUM IN MORA.
>
> 1. Organizações Sociais --- pessoas jurídicas de direito privado, sem fins lucrativos, direcionadas ao exercício de atividades referentes a ensino, pesquisa científica, desenvolvimento tecnológico, proteção e preservação do meio ambiente, cultura e saúde. 2. Afastamento, no caso, em sede de medida cautelar, do exame das razões atinentes ao fumus boni iuris. O periculum in mora não resulta no caso caracterizado, seja mercê do transcurso do tempo --- os atos normativos impugnados foram publicados em 1.998 --- seja porque no exame do mérito poder-se-á modular efeitos do que vier a ser decidido, inclusive com a definição de sentença aditiva. 3. Circunstâncias que não justificariam a concessão do pedido liminar. 4. Medida cautelar indeferida.
>
> ADI 1923 MC / DF – DISTRITO FEDERAL
>
> MEDIDA CAUTELAR NA AÇÃO DIRETA DE INCONSTITUCIONALIDADE
>
> Relator(a): Min. ILMAR GALVÃO
>
> Relator(a) p/ Acórdão: Min. EROS GRAU (ART.38,IV,b, DO RISTF)
>
> Julgamento: 01/08/2007 Órgão Julgador: Tribunal Pleno

Em 2011, o julgamento foi retomado pela Suprema Corte, tendo sido proferidos os votos dos Ministros Ayres Britto e Luiz Fux, em ambos os casos, julgando parcialmente o pedido, mas admitindo a constitucionalidade da dispensa de licitação apresentada na legislação vigente. Analise-se o trecho do voto exposto.

> "Assinalou que o "contrato de gestão" firmado com tais entidades consistiria, em linhas gerais, em convênio, caracterizado por interesses recíprocos e convergentes. Portanto, em princípio, considerou desnecessária a realização de processo licitatório para a sua celebração

> e, em conseqüência, constitucional o inciso XXIV do art. 24 da Lei 8.666/93. Entretanto, o relator ressalvou que isso: a) não afastaria o dever de abertura de processo administrativo que demonstrasse, objetivamente, em que o regime da parceria com a iniciativa privada se revelaria como de superior qualidade frente à atuação isolada ou solitária do próprio Estado enquanto titular da atividade em questão; b) não liberaria a Administração da rigorosa observância dos princípios constitucionais da publicidade, da moralidade, da impessoalidade, da eficiência e da garantia de um processo objetivo e público para a qualificação das entidades como organizações sociais e sua específica habilitação para determinado "contrato de gestão"; c) não prescindiria de motivação administrativa quanto à seleção de uma determinada pessoa privada, se houver outra com idêntica pretensão de emparceiramento com o Poder Público; d) não dispensaria os mecanismos de controle interno e externo sobre o serviço ou atividade em regime de parceria com a iniciativa privada. Salientou, em suma, que se deveria proceder a um chamamento público, com regras objetivas, a fim de se convocar, dentre as organizações sociais com atuação na área, aquela com maior aptidão para realizar a atividade pretendida". ADI 1923/DF, rel. Min. Ayres Britto, 31.3.2011. (ADI-1923)

Posteriormente, em 2015, o julgamento foi finalizado, mantendo o entendimento inicial e considerando válida a contratação efetivada pela entidade com terceiros sem a realização de certame licitatório, desde que *"fossem conduzidas de forma pública, objetiva e impessoal, com observância dos princípios do art. 37, caput da Constituição Federal, e nos termos do regulamento próprio a ser editado por cada entidade[6]"*.

Sendo assim, é plenamente constitucional a legislação que trata das organizações sociais, inclusive no que tange à dispensa de licitação para celebração de seus contratos com terceiros.

Ressalte-se, por fim, que, conforme previamente exposto, as organizações sociais não são delegatárias de serviços públicos e não podem substituir o Estado na execução desses serviços.A intenção da lei é de permitir que estas entidades privadas, sem finalidade lucrativa executem atividades de interesse social, auxiliando o poder público no mister de atingir o seu objetivo maior, qual seja o interesse da sociedade.

Inclusive, neste sentido, o voto do relator Ayres Britto, ainda no julgamento da ADI 1923 define que *"organização social não seria pessoa integrante da Administração Pública e que, se permitida tal "absorção", o Estado passaria a exercer, nos serviços públicos, o mesmo papel que desempenha na atividade econômica: o de agente indutor, fiscalizador e regulador, em frontal descompasso com a vontade objetiva da Constituição. De outro lado, não vislumbrou mácula no mecanismo de parceria entre o Estado e os particulares relativamente aos serviços enumerados no art. 1º da lei questionada, dado que não seriam exclusivos do Estado"*.

Sendo assim, as organizações sociais não devem absorver determinadas atividades públicas que seriam de prestação do Estado, mas sim atuar ao lado do poder público, como auxiliar da execução de atividades de cunho social.

5. ORGANIZAÇÃO DA SOCIEDADE CIVIL DE INTERESSE PÚBLICO (OSCIP)

Assim como as organizações sociais, as organizações da sociedade civil de interesse público são particulares, sem finalidade lucrativa, que tenham sido constituídas e se encontrem em

6. ADI 1923/DF, rel. orig. Min. Ayres Britto, red. p/ o acórdão Min. Luiz Fux, 15 e 16.04.2015.

funcionamento regular há, no mínimo, 3 (três) anos, criadas para prestação de serviços públicos não exclusivos de promoção da assistência social, promoção da cultura, defesa e conservação do patrimônio histórico e artístico, promoção gratuita da educação e da saúde, promoção da segurança alimentar e nutricional, defesa, preservação e conservação do meio ambiente e promoção do desenvolvimento sustentável, entre outras definidas em lei.

As OSCIP's foram previstas na lei 9.790/99 e seguem uma sistemática muito similar à das Organizações Sociais, em razão da execução de serviços de interesse social juntamente com o poder público e da ausência de fins lucrativos.

O vínculo entre estas entidades e o Poder Público é obtido por meio da celebração de **termo de parceria**, destinado à formação de vínculo de cooperação entre as partes, para o fomento e a execução das atividades de interesse público. Esse termo discriminará direitos, responsabilidades e obrigações das partes signatárias. É importante salientar que a celebração do Termo de Parceria será precedida de consulta aos Conselhos de Políticas Públicas das áreas correspondentes de atuação existentes, nos respectivos níveis de governo.

Ademais, o termo de parceria deve respeitar algumas cláusulas obrigatórias, necessárias à sua validade, a saber:

a) o **objeto**, que conterá a especificação do programa de trabalho proposto pela Organização da Sociedade Civil de Interesse Público;

b) a **definição de metas** e dos resultados a serem atingidos e os respectivos prazos de execução ou cronograma;

c) os critérios objetivos de **avaliação de desempenho** da entidade vinculada, a serem utilizados, mediante indicadores de resultado;

d) a **previsão de receitas e despesas** a serem realizadas em seu cumprimento, estipulando item por item as categorias contábeis usadas pela organização e o detalhamento das remunerações e benefícios de pessoal a serem pagos, com recursos oriundos ou vinculados ao Termo de Parceria, a seus diretores, empregados e consultores;

e) as **obrigações da Sociedade Civil de Interesse Público**, entre as quais a de apresentar ao Poder Público, ao término de cada exercício, relatório sobre a execução do objeto do Termo de Parceria, contendo comparativo específico das metas propostas com os resultados alcançados, acompanhado de prestação de contas dos gastos e receitas efetivamente realizados;

f) a obrigatoriedade de **publicação**, na imprensa oficial do Município, do Estado ou da União, conforme o alcance das atividades celebradas entre o órgão parceiro e a Organização da Sociedade Civil de Interesse Público, de extrato do Termo de Parceria e de demonstrativo da sua execução física e financeira, conforme modelo simplificado estabelecido em regulamento.

O termo permite a destinação de valores públicos às instituições privadas, mediante dotação orçamentária, com liberação destes recursos em conta bancária específica, não havendo a previsão de cessão de servidores e bens públicos. Ademais, não há dispensa de licitação expressa em lei, o que justifica a necessidade de licitar para as contratações celebradas com terceiros para execução de suas atividades.

Ressalte-se que, para a celebração do termo de parceria, não há necessidade de realização de procedimento licitatório, haja vista o vínculo ter natureza jurídica de convênio. Inclusive, pode-se perceber, da leitura do art. 6º da lei 9.790/99, que o termo de parceria é ato vinculado do poder público. Sendo assim, caso a entidade cumpra os requisitos de lei para a qualificação como OSCIP, a Administração não pode negar o vínculo.

Por óbvio, sempre que houver mais de um interessado na celebração do termo de parceria e, desde que todos cumpram os requisitos legais, a Administração Pública deverá realizar um procedimento simplificado que justifique a escolha de uma entidade em detrimento das demais. Esse procedimento é regulamentado pelo Decreto 3.100/99 e recebe a designação de "concurso de projetos". Nestes termos, vejamos o que dispõe o art. 23 do Decreto:

> "Art. 23. A escolha da Organização da Sociedade Civil de Interesse Público, para a celebração do Termo de Parceria, deverá ser feita por meio de publicação de edital de concursos de projetos pelo órgão estatal parceiro para obtenção de bens e serviços e para a realização de atividades, eventos, consultoria, cooperação técnica e assessoria. (Redação dada pelo Decreto n. 7.568, de 2011)
>
> § 1º Deverá ser dada publicidade ao concurso de projetos, especialmente por intermédio da divulgação na primeira página do sítio oficial do órgão estatal responsável pelo Termo de Parceria, bem como no Portal dos Convênios a que se refere o art. 13 do Decreto n. 6.170, de 25 de julho de 2007. (Incluído pelo Decreto n. 7.568, de 2011)".

Ademais, diante das prerrogativas públicas, estas entidades ficam sujeitas ao **controle** financeiro e orçamentário exercido pelo Tribunal de Contas, além do acompanhamento e fiscalização do termo de parceria por órgão do Poder Público da área de atuação correspondente à atividade fomentada, e pelos Conselhos de Políticas Públicas das áreas correspondentes de atuação existentes, em cada nível de governo.

Nesse sentido, Maria Silvia Zanella di Pietro[7], definindo e conceituando o termo de parceria, deixa clara a necessidade de controle e prestação de contas da entidade, ao dispor que:

> "os termos de parceria, referidos na lei federal, têm a mesma natureza que os convênios: trata-se de acordos de vontades, em que os partícipes objetivam a um fim de interesse comum; cada qual colabora de uma forma, podendo ser por meio de recursos humanos, materiais, financeiros, know how; a verba que o poder público repassa à entidade privada não tem a natureza de preço ou remuneração, razão pela qual não passa a integrar o patrimônio da entidade, para que ela utilize a seu bel-prazer, mas, ao contrário, mantém a natureza de dinheiro público; em decorrência disso, a entidade está obrigada a prestar contas de maneira a demonstrar que os recursos foram utilizados para os fins estabelecidos no acordo, sob pena de ilegalidade".

Diferentemente do que ocorre com as organizações sociais, em que é determinada a criação de um Conselho de Administração com composição definida na lei e participação obrigatória de representantes do Poder Público, as organizações da sociedade civil de interesse público devem constituir **conselho fiscal** ou órgão equivalente, dotado de competência para opinar sobre os relatórios de desempenho financeiro e contábil, e sobre as operações patrimoniais realizadas, emitindo pareceres para os organismos superiores da entidade.

7. PIETRO,Maria Sylvia Zanella di. Direito Administrativo.São Paulo: Editora Atlas,21ª ed.2008

A composição do conselho não exige a presença de representantes do poder público, sendo somente permitida a participação de servidores públicos na sua composição.

Ademais, a lei expressamente veda a celebração de termo de parceria com algumas entidades privadas, como sociedades comerciais e cooperativas de trabalho. Nesse sentido, façamos a leitura do art. 2º da Lei 9.790/99.

> "Art. 2º Não são passíveis de qualificação como Organizações da Sociedade Civil de Interesse Público, ainda que se dediquem de qualquer forma às atividades descritas no art. 3º desta Lei:
>
> I – as sociedades comerciais;
>
> II – os sindicatos, as associações de classe ou de representação de categoria profissional;
>
> III – as instituições religiosas ou voltadas para a disseminação de credos, cultos, práticas e visões devocionais e confessionais;
>
> IV – as organizações partidárias e assemelhadas, inclusive suas fundações;
>
> V – as entidades de benefício mútuo destinadas a proporcionar bens ou serviços a um círculo restrito de associados ou sócios;
>
> VI – as entidades e empresas que comercializam planos de saúde e as- semelhados;
>
> VII – as instituições hospitalares privadas não gratuitas e suas mantenedoras;
>
> VIII – as escolas privadas dedicadas ao ensino formal não gratuito e suas mantenedoras;
>
> IX – as organizações sociais;
>
> X – as cooperativas;
>
> XI – as fundações públicas;
>
> XII – as fundações, sociedades civis ou associações de direito privado criadas por órgão público ou por fundações públicas;
>
> XIII – as organizações creditícias que tenham quaisquer tipos de vinculação com o sistema financeiro nacional a que se refere o art. 192 da Constituição Federal.

Desta forma, as organizações da sociedade civil de interesse público são criadas para execução de atividades de interesse do Estado, sem a intenção de substituir a Administração Pública na execução destas atividades, mas sim com a finalidade de executar o objeto de sua finalidade, em atuação conjunta com os órgãos estatais.

6. ORGANIZAÇÕES DA SOCIEDADE CIVIL (OSC)

Em 1º de agosto de 2014, foi publicada a lei 13.019/14, alterada em dezembro de 2015 pela lei 13.204/15, que regulamenta duas novas espécies de parcerias que podem ser firmadas entre o poder público e entidades privadas sem fins lucrativos, quais sejam, o termo de colaboração, o termo de fomento ou o acordo de cooperação, definindo regras específicas para as entidades que pretendam assumir este vínculo com o Estado. Tais entidades receberam a designação de Organizações da Sociedade Civil, devendo ser, necessariamente, uma pessoa jurídica de direito privado sem fins lucrativos que não distribui, entre os seus sócios ou associados, conselheiros, diretores, empregados ou doadores, eventuais resultados, sobras, excedentes operacionais, brutos ou líquidos, dividendos, bonificações, participações ou parcelas do seu patrimônio, auferidos mediante o exercício de suas atividades, e que os aplica integralmente na consecução do respectivo objeto social, de forma imediata ou por meio da constituição de fundo patrimonial ou fundo de reserva.

Também podem se qualificar como Organizações da Sociedade Civil as sociedades cooperativas sociais; as integradas por pessoas em situação de risco ou vulnerabilidade pessoal ou social; as alcançadas por programas e ações de combate à pobreza e de geração de trabalho e renda; as voltadas para fomento, educação e capacitação de trabalhadores rurais ou capacitação de agentes de assistência técnica e extensão rural; e as capacitadas para execução de atividades ou de projetos de interesse público e de cunho social., assim como as organizações religiosas que se dediquem a atividades ou a projetos de interesse público e de cunho social distintas das destinadas a fins exclusivamente religiosos.

A celebração dos termos de colaboração ou de fomento será precedida de procedimento simplificado de escolha, denominado pelo diploma legal de chamamento público, como forma de garantia da impessoalidade e isonomia.

Assim, a lei determina que, no início de cada ano civil, a administração pública publique, nos meios oficiais de divulgação, os valores aprovados na lei orçamentária anual vigente para execução de programas e ações do plano plurianual em vigor, que poderão ser executados por meio de parcerias previstas nesta Lei, permitindo, desse modo, que os eventuais interessados se preparem para a participação nos certames de seleção.

Ademais, para que se possa manter a transparência das atividades estatais no que tange aos acordos firmados, a administração pública deverá manter, em seu *site* oficial, a relação das parcerias celebradas, em ordem alfabética, pelo nome da organização da sociedade civil, por prazo não inferior a 5 (cinco) anos, contado da apreciação da prestação de contas final da parceria. A mesma exigência e feita à Organização da Sociedade Civil que deve fazer constar em seu *site* as parcerias firmadas com o ente estatal.

6.1. Do termo de colaboração, do termo de fomento e do acordo de cooperação

O **termo de colaboração** deve ser adotado pela administração pública em caso de transferências voluntárias de recursos para consecução **de planos de trabalho propostos pela administração pública**, em regime de mútua cooperação com organizações da sociedade civil, selecionadas por meio de chamamento público, enquanto que o **termo de fomento** é celebrado para consecução de **planos de trabalho propostos pelas organizações da sociedade civil**, também selecionadas por meio de chamamento público. Ambos os acordos envolvem transferência de recursos financeiros do poder público ao particular.

Por outro lado, o acordo de cooperação é o instrumento por meio do qual são formalizadas as parcerias estabelecidas pela administração pública com organizações da sociedade civil para a consecução de finalidades de interesse público e recíproco que não envolvam a transferência de recursos financeiros.

Sendo assim, pode-se verificar que, em todos os casos, a atuação da OSC se dará na execução de atividades de interesse social, diferindo as espécies de parcerias com base na iniciativa para apresentação de planos de trabalho: caso o Estado sugira o trabalho a ser executado, celebrará termo de colaboração, devendo ser utilizado o termo de fomento quando a proposta de atuação for realizada pela entidade privada.

Nas situações expostas, o plano de trabalho deverá conter o diagnóstico da realidade que será objeto das atividades da parceria, devendo ser demonstrado o nexo entre essa realidade e as atividades ou metas a serem atingidas, assim como a descrição pormenorizada de metas quantitativas e mensuráveis a serem atingidas e de atividades a serem executadas, devendo estar claro, preciso e detalhado o que se pretende realizar ou obter, bem como quais serão os meios utilizados para tanto e o prazo para a execução das atividades e o cumprimento das metas.

A lei dispõe, ainda que o plano de trabalho deverá fazer a previsão de receitas e de despesas a serem realizadas na execução das atividades ou dos projetos abrangidos pela parceria, assim como a forma de execução das atividades ou dos projetos e de cumprimento das metas a eles atreladas e a definição dos parâmetros a serem utilizados para a aferição do cumprimento das metas.

Nas duas situações expostas, o plano de trabalho deverá conter o diagnóstico da realidade que será objeto das atividades da parceria, devendo ser demonstrado o nexo entre essa realidade e as atividades ou metas a serem atingidas, assim como a descrição pormenorizada de metas quantitativas e mensuráveis a serem atingidas e de atividades a serem executadas, devendo estar claro, preciso e detalhado o que se pretende realizar ou obter, bem como quais serão os meios utilizados para tanto e o prazo para a execução das atividades e o cumprimento das metas.

A lei dispõe, ainda que o plano de trabalho deverá definir os indicadores, qualitativos e quantitativos, a serem utilizados para a aferição do cumprimento das metas, contendo todos os elementos que demonstrem a compatibilidade dos custos com os preços praticados no mercado ou com outras parcerias da mesma natureza, devendo existir elementos indicativos da mensuração desses custos, tais como: cotações, tabelas de preços de associações profissionais, publicações especializadas ou quaisquer outras fontes de informação disponíveis ao público.

Devem constar, também, no plano de trabalho, a definição de aplicação dos recursos a serem desembolsados pela administração pública, a estimativa de valores a serem recolhidos para pagamento de encargos previdenciários e trabalhistas das pessoas envolvidas diretamente na consecução do objeto, durante o período de vigência proposto, os valores a serem repassados, mediante cronograma de desembolso compatível com os gastos das etapas vinculadas às metas do cronograma físico, o modo e periodicidade das prestações de contas, compatíveis com o período de realização das etapas vinculadas às metas e com o período de vigência da parceria, não se admitindo periodicidade superior a 1 (um) ano ou que dificulte a verificação física do cumprimento do objeto e os prazos de análise da prestação de contas pela administração pública responsável pela parceria.

Saliente-se que o termo de fomento e o termo de colaboração somente produzirão efeitos jurídicos após a publicação dos respectivos extratos no meio oficial de publicidade da administração pública.

Enfim, as parcerias que serão firmadas se constituem em manifestação da chamada Administração Dialógica, tratada no capítulo anterior, permitindo o acesso dos particulares à atuação administrativa, ensejando a possibilidade de se vislumbrar a atuação do ente público em que se admita a participação de particulares, não se confundindo e nem substituindo a possibilidade de celebração de contratos de gestão com particulares para qualificação como Organizações Sociais e de termo de parceria firmado com as Organizações da Sociedade Civil de Interesse Público (OSCIP).

6.2. Procedimento de manifestação de interesse social

Haja vista a possibilidade de se firmar termos de fomento com entidades privadas que proponham planos de trabalho para execução de atividades de interesse público, a lei instituiu o Procedimento de Manifestação de Interesse Social como instrumento por meio do qual as organizações da sociedade civil, movimentos sociais e cidadãos poderão apresentar propostas ao poder público para que este avalie a possibilidade de realização de um chamamento público objetivando a celebração de parceria.

Nestes casos, qualquer cidadão poderá apresentar proposta, desde que seja feita com a identificação do subscritor da proposta, a indicação do interesse público envolvido e o diagnóstico da realidade que se quer modificar, aprimorar ou desenvolver e, quando possível, indicação da viabilidade, dos custos, dos benefícios e dos prazos de execução da ação pretendida.

Apresentada a proposta por qualquer particular, a administração pública deverá torná-la pública no *site* oficial do órgão, realizando-se, se entender pertinente, uma audiência pública para discussão do tema com a sociedade.

É importante ressaltar que, mesmo tendo apresentado o Procedimento de Manifestação de Interesse Social, a Organização Social somente poderá celebrar a parceria com o ente público se for vencedora no procedimento de chamamento público a ser realizado posteriormente, do qual poderão participar quaisquer entes sem fins lucrativos que cumpram os requisitos legais pertinentes.

6.3. Chamamento público

O chamamento público é um procedimento seletivo simplificado, regulamentado pela Lei 13.019/14, com a intenção de garantir a impessoalidade do ente público na escolha da entidade privada que celebrará os termos de colaboração ou de fomento. Com efeito, busca, por meio do certame, evitar o favorecimento de particulares em razão de interesses políticos, familiares ou pessoais, em detrimento da finalidade pública.

Neste sentido, inclusive, como meio para garantir a integridade do certame e evitar a frustração ao caráter competitivo, o art. 24, §2º, da lei 13.019/14 regulamenta que *"É vedado admitir, prever, incluir ou tolerar, nos atos de convocação, cláusulas ou condições que comprometam, restrinjam ou frustrem o seu caráter competitivo em decorrência de qualquer circunstância impertinente ou irrelevante para o específico objeto da parceria, admitidos: I - a seleção de propostas apresentadas exclusivamente por concorrentes sediados ou com representação atuante e reconhecida na unidade da Federação onde será executado o objeto da parceria; II - o estabelecimento de cláusula que delimite o território ou a abrangência da prestação de atividades ou da execução de projetos, conforme estabelecido nas políticas setoriais."*

O procedimento seguirá etapas a seguir postas:

- Públicação do edital no *site* do órgão interessado
- Classificação das propostas pela comissão de seleção
- Habilitação da entidade
- Encerramento

Analise-se cada uma das fases separadamente.

a) Publicação do edital

O edital do chamamento público deve ser divulgado em **página do *site* oficial** do órgão ou entidade, com antecedência mínima de trinta dias, permitindo, a legislação, inclusive, que as pessoas jurídicas de direito público interno e as entidades personalizadas da administração criem portal único na internet que reúna as informações sobre todas as parcerias por elas celebradas, bem como os editais publicados, como forma de ampliar a publicidade do certame.

Outrossim, a lei dispõe que o edital especificará, entre outros requisitos, a programação orçamentária que autoriza e fundamenta a celebração da parceria, o objeto da parceria a ser celebrada, as datas, os prazos, as condições, o local e a forma de apresentação das propostas, as datas e os critérios objetivos de seleção e julgamento das propostas, inclusive no que se refere à metodologia de pontuação e ao peso atribuído a cada um dos critérios estabelecidos, se for o caso, o valor previsto para a realização do objeto, as condições para interposição de recurso administrativo, a minuta do termo por meio do qual a parceria será celebrada, bem como as medidas de acessibilidade para pessoas com deficiência ou mobilidade reduzida e idosos.

b) Classificação das propostas

As propostas serão julgadas por uma comissão de seleção anteriormente designada, composta por agentes públicos, designados por ato publicado em meio oficial de comunicação, sendo, pelo menos, 2/3 (dois terços) de seus membros servidores ocupantes de cargos permanentes do quadro de pessoal da administração pública realizadora do certame, ou constituída pelo respectivo conselho gestor, se o projeto for financiado com recursos de fundos específicos. Ressalte-se que está impedida de participar da comissão pessoa que, nos últimos 5 (cinco) anos, tenha mantido relação jurídica com, ao menos, 1 (uma) das entidades em disputa. Trata-sede regra que visa garantir a impessoalidade da Administração Pública durante a seleção.

A análise das propostas deve ser feita com regras previamente definidas. A lei determina que sempre será critério obrigatório de julgamento da proposta o grau de adequação desta aos objetivos específicos do programa ou ação em que se insere o tipo de parceria e ao valor de referência constante do chamamento.

Desta forma, será obrigatoriamente justificada a seleção de proposta que não for a mais adequada ao valor de referência constante do chamamento público.

Depois de selecionada a proposta vencedora, passa-se à fase de análise de documentos dos interessados.

c) **Habilitação**

Para a celebração do termo de colaboração ou do termo de fomento, a entidade interessada, sem fins lucrativos, deverá comprovar, **no mínimo**, um, dois ou três anos de existência, com cadastro ativo, comprovados por meio de documentação emitida pela Secretaria da Receita Federal do Brasil, com base no Cadastro Nacional da Pessoa Jurídica - CNPJ, conforme, respectivamente, a parceria seja celebrada no âmbito dos Municípios, do Distrito Federal ou dos Estados e da União, admitida a redução desses prazos por ato específico de cada ente na hipótese de nenhuma organização atingi-los, assim como a **experiência prévia na realização, com efetividade, do objeto da parceria** ou de natureza semelhante e a **capacidade técnica e operacional** para o desenvolvimento das atividades previstas e o cumprimento das metas estabelecidas.

No caso de acordo de cooperação, basta a comprovação da entidade de que possui objetivos voltados à promoção de atividades e finalidades de relevância pública e social.

Caso a entidade vencedora não cumpra os requisitos legais, a Administração Pública deverá convocar a segunda colocada no certame para celebrar a parceria, na proposta da vencedora. Se a mesma não aceitar as condições oferecidas, será convocada a terceira na ordem de classificação e, assim, sucessivamente.

d) **Encerramento**

Finalizada a seleção pela comissão, deverá o certame ser encaminhado para a autoridade responsável pelo órgão para homologação do procedimento. A administração pública homologará e divulgará o resultado do julgamento em página do sítio oficial da administração pública na internet ou sítio eletrônico oficial equivalente.

Neste sentido, o art. 27, §4º, da lei 13.019/14 determina que *"A administração pública homologará e divulgará o resultado do julgamento em página do sítio previsto no art. 26."* Sendo importante salientar que a homologação não gera direito para a organização da sociedade civil à celebração da parceria.

6.4. Dispensa e inexigibilidade do certame

A princípio, a realização do chamamento público é requisito indispensável para a celebração de termos de colaboração ou de termos de fomento pelo poder público com entidades privadas sem finalidade lucrativa. No entanto, em algumas situações, a lei prevê a possibilidade de se firmar o certame diretamente, por meio de dispensa ou inexigibilidade da seleção.

A **inexigibilidade** decorre de situação lógica na qual se demonstre a **inviabilidade de competição**, não havendo definição taxativa de suas hipóteses, uma vez que deve ser analisada a possibilidade ou não de se fazer a seleção em cada caso específico.

Desta forma, dispõe o art. 31 da lei 13.019/14 que *"Será considerado inexigível o chamamento público na hipótese de inviabilidade de competição entre as organizações da sociedade civil, em razão da natureza singular do objeto da parceria ou se as metas somente puderem ser atingidas por uma entidade específica, especialmente quando: I - o objeto da parceria constituir incumbência prevista em acordo, ato ou compromisso internacional, no qual sejam indicadas as instituições que utilizarão os recursos; II - a parceria decorrer de transferência para organização da sociedade civil que esteja autorizada em lei na qual seja identificada expressamente a entidade beneficiária, inclusive quando se tratar da subvenção prevista no inciso I do § 3º do art. 12 da Lei nº 4.320, de 17 de março de 1964, observado o disposto no art. 26 da Lei Complementar nº 101, de 4 de maio de 2000".*

Por seu turno, a **dispensa** ocorre em casos nos quais a competição é viável e, portanto, exigível a realização do certame. Nestes casos, a lei define um **rol exaustivo** de hipóteses de dispensa que não pode ser ampliado por meio de atos concretos.

É dispensável o chamamento público:

1 - no caso de **urgência decorrente de paralisação ou iminência de paralisação de atividades de relevante interesse público** pelo prazo de até 180 dias.

2 - nos casos de **guerra ou grave perturbação da ordem pública** ou ameaça à paz social.

3 - quando se tratar da realização de programa **de proteção a pessoas ameaçadas** ou em situação que possa comprometer a sua segurança.

4 - no caso de atividades voltadas ou vinculadas a serviços de educação, saúde e assistência social, desde que executadas por organizações da sociedade civil previamente credenciadas pelo órgão gestor da respectiva política.

Em casos de dispensa ou inexigibilidade, deverá ser instaurado um processo administrativo no qual o ente público apresente uma justificativa dos motivos que ensejaram a celebração direta do termo, sendo que o extrato da justificativa deve ser publicado, pelo menos, 5 (cinco) dias antes da formalização da parceria, no *site* oficial da administração pública e, eventualmente, a critério do administrador público no Diário Oficial.

A lei regulamenta que é possível a impugnação à justificativa de dispensa ou inexigibilidade, desde que apresentada em até 5 (cinco) dias a contar de sua publicação, cujo teor deve ser analisado pelo administrador público responsável, que terá competência para revogar ou anular o ato, determinando a abertura de chamamento público.

6.5. Organizações da sociedade civil - requisitos

Para poder celebrar o termo de colaboração ou o termo de fomento, ou, ainda, o acordo de cooperação, as organizações da sociedade civil deverão ser regidas por normas de organização interna.

A entidade deverá ter objetivos voltados à promoção de atividades e finalidades de relevância pública e social, não podendo ter finalidade lucrativa, razão pela qual o estatuto deverá definir que, em caso de dissolução da entidade, o respectivo patrimônio líquido seja transferido a outra pessoa jurídica de igual natureza que preencha os requisitos desta Lei e cujo objeto social seja, preferencialmente, o mesmo da entidade extinta, salvo em se tratando de serviços sociais autônomos destinatários de contribuições dos empregadores incidentes sobre a folha de salários. Esse requisito é dispensado para as sociedades cooperativas, nos termos da lei.

Da mesma forma, para celebração das parcerias, as organizações da sociedade civil deverão apresentar:

1 - certidões de regularidade fiscal, previdenciária, tributária, de contribuições e de dívida ativa, de acordo com a legislação aplicável de cada ente federado;

2 - certidão de existência jurídica expedida pelo cartório de registro civil ou cópia do estatuto registrado e eventuais alterações, ou, tratando-se de sociedade cooperativa, certidão simplificada emitida por junta comercial

3 - cópia da ata de eleição do quadro dirigente atual;

4 - relação nominal atualizada dos dirigentes da entidade, com endereço, número e órgão expedidor da carteira de identidade e número de registro no Cadastro de Pessoas Físicas - CPF da Secretaria da Receita Federal do Brasil - RFB de cada um deles;

5 - cópia de documento que comprove que a organização da sociedade civil funciona no endereço registrado no Cadastro Nacional da Pessoa Jurídica - CNPJ da Secretaria da Receita Federal do Brasil - RFB;

Ademais, a lei estabelece, ainda, que a celebração de termo de colaboração ou termo de fomento depende da emissão de emissão de **parecer jurídico** do órgão de assessoria ou consultoria jurídica, bem como de **parecer de órgão técnico da administração pública**, de caráter conclusivo e não vinculante. Desta forma, a autoridade pública responsável pelo órgão poderá contrariar o parecer desde que justificadamente. O parecer técnico deverá pronunciar-se, de forma expressa, a respeito:

1) do **mérito da proposta**, em conformidade com a modalidade de parceria adotada;

2) da identidade e da **reciprocidade de interesse** das partes na realização, em mútua cooperação, da parceria;

3) da **viabilidade de sua execução**, inclusive no que se refere aos valores estimados, que deverão ser compatíveis com os preços praticados no mercado, sendo que não será exigida contrapartida financeira como requisito para celebração de parceria, facultada a exigência de contrapartida em bens e serviços economicamente mensuráveis;

4) da verificação do **cronograma de desembolso** previsto no plano de trabalho, e se esse é adequado e permite a sua efetiva fiscalização;

5) da descrição de quais serão os meios disponíveis a serem utilizados para a **fiscalização** da execução da parceria, assim como dos procedimentos que deverão ser adotados para avaliação da execução física e financeira, no cumprimento das metas e objetivos;

6) da descrição de elementos mínimos de convicção e de meios de prova que serão aceitos pela administração pública na **prestação de contas**;

7) da designação do **gestor da parceria**, que, necessariamente, deverá ser servidor público lotado no órgão responsável pela parceria. Neste sentido, caso o gestor da parceria deixe de

ser agente público ou de ser lotado em outro órgão ou entidade, o administrador público deverá designar novo gestor, assumindo, enquanto isso não ocorrer, todas as obrigações do gestor, com as respectivas responsabilidades;

8) da designação da **comissão de monitoramento** e avaliação da parceria. Saliente-se que será impedida de participar como gestor da parceria ou como membro da comissão de monitoramento e avaliação pessoa que, nos últimos 5 (cinco) anos, tenha mantido relação jurídica com, ao menos, 1 (uma) das organizações da sociedade civil partícipes;

9) da aprovação do **regulamento de compras e contratações** apresentado pela organização da sociedade civil, demonstrando a compatibilidade entre a alternativa escolhida e a natureza e o valor do objeto da parceria, a natureza e o valor dos serviços, e as compras passíveis de contratação, conforme aprovado no plano de trabalho.

Importante ressaltar que, caso a organização da sociedade civil adquira equipamentos e materiais permanentes com recursos provenientes da celebração da parceria, o bem será gravado com cláusula de inalienabilidade, e ela deverá formalizar promessa de transferência da propriedade à administração pública, na hipótese de sua extinção.

Por fim, a legislação determina que não poderá celebrar termo de colaboração ou termo de fomento a sociedade civil que:

1 - não esteja regularmente constituída ou, se estrangeira, não esteja autorizada a funcionar no território nacional;

2 - esteja omissa no dever de prestar contas de parceria anteriormente celebrada;

3 - tenha como dirigente membro de Poder ou do Ministério Público, ou dirigente de órgão ou entidade da administração pública da mesma esfera governamental na qual será celebrado o termo de colaboração ou de fomento, estendendo-se a vedação aos respectivos cônjuges ou companheiros, bem como parentes em linha reta, colateral ou por afinidade, até o segundo grau;

4 - tenha tido as contas rejeitadas pela administração pública nos últimos 5 (cinco) anos, exceto se for sanada a irregularidade que motivou a rejeição e quitados os débitos eventualmente imputados, for reconsiderada ou revista a decisão pela rejeição ou se a apreciação das contas estiver pendente de decisão sobre recurso com efeito suspensivo.

5 - tenha sido punida, pelo período que durar a penalidade, com suspensão de participação em licitação e impedimento de contratar com a administração, declaração de inidoneidade para licitar ou contratar com a administração pública, suspensão temporária da participação em chamamento público e impedimento de celebrar termos de fomento, termos de colaboração e contratos com órgãos e entidades da esfera de governo da administração pública sancionadora, por prazo não superior a 2 (dois) anos, declaração de inidoneidade para participar em chamamento público ou celebrar termos de fomento, termos de colaboração e contratos com órgãos e entidades de todas as esferas de governo;

6 - tenha tido contas de parceria julgadas irregulares ou rejeitadas por Tribunal ou Conselho de Contas de qualquer esfera da Federação, em decisão irrecorrível, nos últimos 8 (oito) anos;

7 - tenha entre seus dirigentes pessoa cujas contas relativas a parcerias tenham sido julgadas irregulares ou rejeitadas por Tribunal ou Conselho de Contas de qualquer esfera da Federação, em decisão irrecorrível, nos últimos 8 (oito) anos, que tenha sido julgada responsável por falta grave e inabilitada para o exercício de cargo em comissão ou função de confiança, enquanto durar a inabilitação ou que tenha sido condenada por ato de improbidade, enquanto durarem os prazos das penalidades definidas na lei de improbidade.

Nestes casos, não somente se veda a celebração da parceria, mas também a transferência de novos recursos no âmbito de parcerias em execução, excetuando-se os casos de serviços essenciais que não podem ser adiados sob pena de prejuízo ao erário ou à população, desde que precedida de expressa e fundamentada autorização do dirigente máximo do órgão ou entidade da administração pública, sob pena de responsabilidade solidária.

Por fim, é vedada a celebração de parcerias previstas nesta Lei que tenham por objeto, envolvam ou incluam, direta ou indiretamente, delegação das funções de regulação, de fiscalização, de exercício do poder de polícia ou de outras atividades exclusivas de Estado.

6.6. Formalização das parcerias

Conforme analisado previamente, a celebração da parceria com o ente público, nos moldes da lei 13.019/14 deve ser precedida de chamamento público, salvo nas hipóteses excepcionais de dispensa ou inexigibilidade regulamentadas no mesmo diploma Legal.

Ademais, os termos de colaboração e de fomento e os acordos de cooperação devem respeitar a formalização definida em lei. Com efeito, o art. 42 da lei especificada alhures determina algumas cláusulas necessárias à validade do instrumento de parceria, a saber.

1- a descrição do objeto pactuado, especificando quais as atividades que serão executadas pela organização da sociedade civil.

2 - as obrigações da entidade privada e da entidade pública participantes do acordo.

3 - o valor total do repasse e o cronograma de desembolso, quando for o caso;

4 - a contrapartida e a forma de sua aferição em bens e/ou serviços necessários à consecução do objeto. É importante ressaltar que a contrapartida não é requisito indispensável para a celebração das avenças.

5 – o prazo de vigência e as hipóteses de prorrogação do acordo. Com efeito, a vigência da parceria poderá ser alterada mediante solicitação da organização da sociedade civil, devidamente formalizada e justificada, a ser apresentada na administração pública em, no mínimo, 30 (trinta) dias antes do término de sua vigência. Por sua vez, a prorrogação de ofício da vigência do instrumento deve ser feita pela administração pública, antes do seu término, nas hipóteses em que ela der causa a atraso na liberação dos recursos, limitada ao exato período do atraso verificado.

6 - a obrigação da entidade privada de efetivar a prestação de contas com definição de forma e prazos.

7 - a forma de monitoramento e avaliação, com a indicação dos recursos humanos e tecnológicos que serão empregados na atividade.

8 - a obrigatoriedade de restituição de recursos, nos casos previstos na Lei 13.01914.

9 - a definição, se for o caso, da titularidade dos bens e direitos remanescentes na data da conclusão ou extinção da parceria e que, em razão de sua execução, tenham sido adquiridos, produzidos ou transformados com recursos repassados pela administração pública.

10 - a prerrogativa atribuída à administração pública para assumir ou transferir a responsabilidade pela execução do objeto, no caso de paralisação, de modo a evitar sua descontinuidade.

11 - a obrigação de a organização da sociedade civil manter e movimentar os recursos na conta bancária específica da parceria em instituição financeira indicada pela entidade pública responsável pela parceria.

12 - o livre acesso dos servidores dos órgãos ou das entidades públicas repassadoras dos recursos, do controle interno e do Tribunal de Contas, correspondentes aos processos, aos documentos, às informações referentes aos instrumentos de transferências, bem como aos locais de execução do objeto, como forma de garantir uma ampla fiscalização da atividade executada.

13 - a faculdade dos partícipes (tanto o parceiro público quanto a entidade privada) rescindirem o instrumento, a qualquer tempo, com as respectivas condições, sanções e delimitações claras de responsabilidades, além da estipulação de prazo mínimo de antecedência para a publicidade dessa intenção, que não poderá ser inferior a 60 (sessenta) dias.

14 - a indicação do foro para dirimir as dúvidas decorrentes da execução da parceria, estabelecendo a obrigatoriedade da prévia tentativa de solução administrativa, com a participação de órgão encarregado de assessoramento jurídico integrante da estrutura da administração pública.

15 - a responsabilidade exclusiva da organização da sociedade civil pelo gerenciamento administrativo e financeiro dos recursos recebidos, inclusive no que diz respeito às despesas de custeio, de investimento e de pessoal, o que não impede ou restringe a possibilidade de fiscalização da entidade pública.

16 - a responsabilidade exclusiva da organização da sociedade civil pelo pagamento dos encargos trabalhistas, previdenciários, fiscais e comerciais relacionados à execução do objeto previsto no termo de colaboração ou de fomento, não implicando responsabilidade solidária ou subsidiária da administração pública a inadimplência da organização da sociedade civil em relação ao referido pagamento, os ônus incidentes sobre o objeto da parceria ou os danos decorrentes de restrição à sua execução. Ressalte-se, neste ponto, a **não aplicação da súmula 331 do TST** que estabelece a responsabilização subsidiária do Estado pelos débitos trabalhistas das empresas contratadas em caso de omissão do poder público na fiscalização de contratos administrativos.

Outrossim, o instrumento da parceria deverá apresentar, como anexo, o plano de trabalho, que dele é parte integrante e indissociável. A ausência deste requisito enseja vício de forma do termo celebrado, podendo resultar em sua declaração de nulidade pela Administração Pública ou pelo poder judiciário. No que tange ao objeto das parcerias firmadas, a legislação estabelece ser vedada a celebração de termo de colaboração ou termo de fomento que tenham por objeto, envolvam ou incluam, direta ou indiretamente delegação das funções de regulação, de fiscalização, do exercício do poder de polícia ou de outras atividades exclusivas do Estado, haja vista a indelegabilidade do poder de polícia a entidades privadas, ainda que sem fins lucrativos. Da mesma forma, não se admite que a parceria para prestação de serviços públicos exclusivos de estado.

A lei 13.019/14 dispõe, ainda, que a parceria não pode ser firmada para a contratação de serviços de consultoria, com ou sem produto determinado nem para a execução de atividades de apoio administrativo, com ou sem disponibilização de pessoal, fornecimento de materiais consumíveis ou outros bens.

No que diz respeito à fiscalização da parceria, compete ao ente público monitorar o cumprimento do objeto do acordo, podendo, inclusive, realizar visitas **in loco**, se valendo do apoio técnico de terceiros, admitindo-se, até mesmo, a delegação de competências e a formação de termos de cooperação com órgãos ou entidades que se situem próximos ao local de aplicação dos recursos.

Quando a parceria tiver vigência superior a 1 (um) ano, a administração pública realizará, sempre que possível, pesquisa de satisfação com os beneficiários do plano de trabalho e utilizará os resultados como subsídio na avaliação da parceria celebrada e do cumprimento dos objetivos pactuados, bem como na reorientação e no ajuste das metas e atividades definidas.

Após a realização das vistorias e visitas, quando for o caso, o ente estatal deverá emitir relatório técnico de monitoramento e avaliação da parceria e o submeterá à comissão de monitoramento e avaliação designada, que o homologará, independentemente da obrigatoriedade de apresentação da prestação de contas devida pela organização da sociedade civil. Este relatório deverá conter:

a) descrição e análise das atividades executadas e do cumprimento das metas estabelecidas e do impacto do benefício social obtido em razão da execução do objeto até o período, com base nos indicadores estabelecidos e aprovados no plano de trabalho;

b) valores efetivamente transferidos pela administração pública e comprovadamente utilizados pela Organização da Sociedade Civil na execução do objeto da parceria;

c) análise dos documentos comprobatórios das despesas apresentados pela organização da sociedade civil na prestação de contas e

d) análise das auditorias realizadas pelos controles interno e externo, no âmbito da fiscalização preventiva, bem como de suas conclusões e das medidas que tomaram em decorrência dessas auditorias.

Sem prejuízo da fiscalização pela administração pública e pelos órgãos de controle, a execução da parceria poderá ser acompanhada e fiscalizada pelos conselhos de políticas públicas das áreas correspondentes de atuação existentes, em cada esfera de governo, assim como pelos cidadãos, sendo possível, inclusive, a propositura de ação popular, quando se entender que a conduta da Organização seja lesiva ao interesse da coletividade.

6.7. Contratos firmados entre as organizações da sociedade civil e terceiros

As contratações de bens e serviços pelas organizações da sociedade civil, feitas com o uso de recursos transferidos pela administração pública, deverão observar todos os princípios aplicáveis à atuação estatal, notadamente, os princípios da legalidade, da moralidade, da boa-fé, da probidade, da impessoalidade, da economicidade, da eficiência, da isonomia, da publicidade, da razoabilidade e do julgamento objetivo e a busca permanente de qualidade e durabilidade, de acordo com o regulamento de compras e contratações aprovado para a consecução do objeto da parceria.

Nestes termos, a lei determina a realização de procedimento seletivo simplificado para a celebração destes contratos, não sendo necessária a realização de licitação nos moldes da lei 8.666/93. Sendo assim, o processamento das compras e contratações poderá ser efetuado por meio de sistema eletrônico disponibilizado pela administração pública às organizações da sociedade civil, aberto ao público via internet, que permita aos interessados formular propostas e que contenha ferramenta de notificação dos fornecedores do ramo da contratação que constem do cadastro da entidade.

Logo, não obstante a desnecessidade de realização de procedimento licitatório dentro das modalidades legalmente definidas, a Organização da Sociedade Civil não deve celebrar contratos de forma direta, sendo indispensável a justificativa da contratação mediante processo seletivo eletrônico, a despeito de não haver mais disposição legal tratando da matéria, após a edição da lei 13.204/15 que revogou o art. 43 da lei 13.019/14.

6.8. Liberação de recursos pelo ente estatal e aplicação dos mesmos

Havendo a previsão de transferência de recursos pelo poder público, a liberação desses será feita em parcelas que serão liberadas em estrita conformidade com o cronograma de desembolso aprovado. Nestes casos, para recebimento das parcelas, a entidade privada deverá demonstrar ter preenchido os requisitos legais para celebração da parceria, apresentar a prestação de contas da parcela anterior e estar em situação regular com a execução do plano de trabalho.

Entretanto, a lei regulamenta três situações nas quais ficarão retidas as parcelas de pagamento até o saneamento das impropriedades, quais sejam:

1 - quando houver evidências de irregularidade na aplicação de parcela anteriormente recebida;

2 - quando constatado desvio de finalidade na aplicação dos recursos ou o inadimplemento da organização da sociedade civil em relação a obrigações estabelecidas no termo de colaboração ou de fomento;

3 - quando a organização da sociedade civil deixar de adotar sem justificativa suficiente as medidas saneadoras apontadas pela administração pública ou pelos órgãos de controle interno ou externo.

Vale salientar que todos os recursos recebidos em decorrência da parceria serão depositados e geridos em conta bancária específica, em instituição financeira pública, isenta de tarifa, indicada pela administração pública.

Extinta a parceria, os saldos financeiros remanescentes, inclusive os provenientes das receitas obtidas das aplicações financeiras realizadas, serão devolvidos à entidade ou órgão repassador dos recursos, no prazo improrrogável de 30 (trinta) dias do evento, sob pena de imediata instauração de tomada de contas especial do responsável, providenciada pela autoridade competente do órgão ou entidade titular dos recursos.

Conforme explicitado em tópico anterior, em casos excepcionais, desde que fique demonstrada no plano de trabalho a impossibilidade física de pagamento mediante transferência eletrônica, em função das peculiaridades do objeto da parceria, da região onde se desenvolverão as atividades e dos serviços a serem prestados, o termo de colaboração ou de fomento poderá admitir a realização de pagamentos em espécie.

Nestes casos, os pagamentos serão realizados por meio de saques na conta do termo de fomento ou de colaboração, ficando por eles responsáveis as pessoas físicas que os realizarem, devendo as mesmas efetivar a prestação de contas dos valores percebidos e a devolução do montante não utilizado.

6.9. Prestação de contas

Conforme explicitado anteriormente, haja vista o recebimento de verbas públicas por meio da celebração do termo de colaboração ou do termo de fomento, a Organização da Sociedade Civil deverá prestar contas à Administração dos valores percebidos e dos gastos efetivados, sem prejuízo do controle efetivado pelo Tribunal de Contas nos moldes da Constituição Federal, sendo que esta prestação de contas deve conter elementos que permitam ao gestor da parceria avaliar o andamento ou concluir que o seu objeto foi executado conforme pactuado, com a descrição pormenorizada das atividades realizadas e a comprovação do alcance das metas e dos resultados esperados, até o período de que trata a prestação de contas.

Neste sentido, será feita a análise dos documentos previstos no plano de trabalho, além dos seguintes relatórios:

1 - Relatório de Execução do Objeto: relatório de execução do objeto, elaborado pela organização da sociedade civil, contendo as atividades ou projetos desenvolvidos para o cumprimento do objeto e o comparativo de metas propostas com os resultados alcançados;

2 - Relatório de Execução Financeira: com a descrição das despesas e receitas efetivamente realizadas e sua vinculação com a execução do objeto, na hipótese de descumprimento de metas e resultados estabelecidos no plano de trabalho.

A legislação determina que a organização da sociedade civil está obrigada a prestar as contas finais da boa e regular aplicação dos recursos recebidos no prazo de até 90 (noventa) dias a partir do término da vigência da parceria, prorrogáveis por mais 30 (trinta) dias, mediante justificativa, conforme estabelecido no respectivo instrumento, se a duração da parceria exceder a um ano. Verifica-se que a lei não define o prazo específico de prestação de contas, somente estipulando o prazo máximo que poderá ser estabelecido no termo de colaboração ou de fomento, que tomará como base a complexidade do objeto da parceria e integra a etapa de análise técnica da proposição e celebração do instrumento. Admite-se, ainda, que o instrumento de parceria estabeleça prestações de contas parciais, periódicas ou exigíveis, após a conclusão de etapas vinculadas às metas do objeto.

Constatada irregularidade ou omissão na prestação de contas, será concedido prazo de até 45(quarenta e cinco) dias prorrogável por igual período, para a organização da sociedade civil sanar a irregularidade ou cumprir a obrigação.

Transcorrido o prazo para saneamento da irregularidade ou da omissão, não havendo o saneamento, a autoridade administrativa competente, sob pena de responsabilidade solidária, deve adotar as providências para apuração dos fatos, identificação dos responsáveis, quantificação do dano e obtenção do ressarcimento, nos termos da legislação vigente.

A administração pública terá como objetivo apreciar a prestação final de contas apresentada, no prazo de até 150 (cento e cinquenta) dias, contado da data de seu recebimento, prorrogável por igual período, conforme estabelecido no instrumento da parceria. Entretanto, cumpre salientar que o transcurso do prazo sem que as contas tenham sido apreciadas não significa impossibilidade de apreciação em data posterior ou vedação a que se adotem medidas saneadoras, punitivas ou destinadas a ressarcir danos que possam ter sido causados aos cofres públicos.

6.10. Responsabilização da organização da sociedade civil e aplicação de penalidades

A lei estabelece que, pela execução da parceria em desacordo com o plano de trabalho e com as normas desta Lei e da legislação específica, a administração poderá, garantida a prévia defesa, aplicar à organização da sociedade civil parceira as seguintes sanções:

a) **advertência**: sempre, por escrito, configurando penalidade menos intensa, em razão do cometimento de infração mais leve.

b) **suspensão temporária da participação em chamamento público** e impedimento de celebrar termos de fomento, termos de colaboração e contratos com órgãos e entidades da esfera de governo da administração pública sancionadora, por prazo não superior a 2 (dois) anos.

c) **declaração de inidoneidade** para participar em chamamento público ou celebrar termos de fomento, termos de colaboração e contratos com órgãos e entidades de todas as esferas de governo, enquanto perdurarem os motivos determinantes da punição ou até que seja promovida a reabilitação perante a própria autoridade que aplicou a penalidade, que será concedida sempre que a organização da sociedade civil ressarcir a administração pelos prejuízos resultantes, e após decorrido o prazo de 2(dois) anos. Nestes casos, somente terá competência para aplicação da pena o Ministro de Estado ou do Secretário Estadual ou Municipal, conforme o caso, facultada a defesa do interessado no respectivo processo, no prazo de 10 (dez) dias da abertura de vista, podendo a reabilitação ser requerida após 2 (dois) anos de sua aplicação.

Nestes casos de aplicação das sanções de suspensão de de contratar ou declaração de inidoneidade, somente terá competência para aplicação da pena o Ministro de Estado ou do Secretário Estadual ou Municipal, conforme o caso, facultada a defesa do interessado no respectivo processo, no prazo de 10 (dez) dias da abertura de vista, podendo a reabilitação ser requerida após 2 (dois) anos de sua aplicação.

Em respeito aos princípios do devido processo legal e do contraditório e ampla defesa, estampados nos art. 5º, LIV e LV da Constituição da República, sempre deverá ser dado ao sancionado a possibilidade de manifestação acerca da sanção a ser aplicada. Ademais, as penas não serão aplicadas de forma sucessiva, ou seja, a aplicação da punição mais grave não depende da demonstração de que a entidade já sofreu a sanção mais leve, sendo somente exigido a observância do princípio da razoabilidade na definição da penalidade pelo ente estatal.

Outrossim, a lei define que o responsável por parecer técnico que conclua indevidamente pela capacidade operacional e técnica de organização da sociedade civil para execução de determinada parceria responderá administrativa, penal e civilmente, caso tenha agido com dolo ou culpa, pela restituição aos cofres públicos dos valores repassados, sem prejuízo da responsabilidade do administrador público, do gestor, da organização da sociedade civil e de seus dirigentes.

Por fim, a pessoa que atestar ou o responsável por parecer técnico que concluir pela realização de determinadas atividades ou pelo cumprimento de metas estabelecidas responderá administrativa, penal e civilmente pela restituição aos cofres públicos dos valores repassados, caso se verifique que as atividades não foram realizadas tal como afirmado no parecer ou que as metas não foram integralmente cumpridas.

7. QUADRO SINÓPTICO

<table>
<tr><th colspan="3">ENTIDADES DO TERCEIRO SETOR</th></tr>
<tr><th colspan="3">SETORES DA ECONOMIA</th></tr>
<tr><td>Primeiro setor</td><td>Entes da Administração Pública Direta e Indireta</td><td>Atuam na prestação de serviços públicos ou de execução de obras, ou, ainda, definindo restrições à atuação dos particulares, no exercício do poder de polícia, como forma de adequar todas as condutas ao interesse geral.</td></tr>
<tr><td>Segundo setor</td><td>Atuação da iniciativa privada, que visa garantir lucro no mercado.</td><td>A atuação estatal é definida nos moldes do art. 173, da CF/88.</td></tr>
<tr><td>Terceiro setor</td><td>Estão presentes as entidades privadas que atuam, sem finalidade lucrativa.</td><td>A doutrina costuma chamá-las de entidades paraestatais e por executar atividades de interesse social, gozam, desta forma, de benefícios pagos pelo ente estatal.</td></tr>
<tr><td>Quarto setor</td><td>Economia informal.</td><td>Uma tentativa da iniciativa privada de se eximir do pagamento de tributos e encargos legais, se infiltrando, principalmente, nas atividades referentes ao segundo setor da economia.</td></tr>
<tr><td rowspan="4">ENTIDADES DO TERCEIRO SETOR</td><td colspan="2">Não integram a estrutura administrativa como entes da Administração Direta ou Indireta, mas, atuam ao lado do Estado na prestação de serviços públicos não exclusivos, mas de cunho social.</td></tr>
<tr><td colspan="2">Recebem incentivos do Poder Público, mediante a dotação orçamentária, cessão de bens públicos entre outros benefícios.</td></tr>
<tr><td colspan="2">Sujeitam-se à regulação financeira efetivada pelo Tribunal de Contas, além de se submeterem aos princípios básicos que norteiam a atuação administrativa.</td></tr>
<tr><td colspan="2">São quatro as espécies de entes do terceiro setor tratados no direito brasileiro, a saber: entidades do serviço social autônomo, organizações sociais (OS), organizações da sociedade civil de interesse público (OSCIP) e entidades de apoio.</td></tr>
</table>

ENTIDADES DO TERCEIRO SETOR
SERVIÇO SOCIAL AUTÔNOMO
Executam atividades particulares de cunho social, sem fins lucrativos.
Realizam atividade de fomento, auxílio e capacitação de determinadas categorias profissionais;
Estas entidades são particulares criadas por autorização legal para execução de atividades de interesse do Estado, admitindo-se que sejam constituídas sob a forma de associação ou fundação, ou, ainda, por meio de estruturas não previstas no direito civil e reguladas pela lei específica da entidade.
Sistema "s" (SESI, SESC, SENAI, SENAR).
Gozam de parafiscalidade, que é a transferência do poder de cobrar tributos, chamada CAPACIDADE tributária, mas não de competência tributária.
ATENÇÃO! Por se tratar de entidades filantrópicas, sem finalidade de obtenção de lucro, podem vir a se enquadrar na imunidade definida no art. 150, VI, "c" da Carta Magna, mas não na "a" do mesmo dispositivo.
Por receberem verba pública, através da cobrança de tributos, os entes do serviço social autônomo ficam sujeitos a controle pelo Tribunal de Contas e devem respeitar os princípios inerentes à licitação pública para suas contratações.
A partir de entendimento do TCU, estas entidades devem seguir regramento próprio para contratações.
As ações propostas em face das entidades do serviço social autônomo devem tramitar na justiça estadual, sem que haja qualquer prerrogativa de foro (art. 109, da CF/88 e Súmula 516 do STF).
Os empregados destas entidades são regidos pela Consolidação das Leis do Trabalho e não dependem de concurso público de provas ou de provas e títulos para ingresso em suas atividades (TCU).
Os empregados destas entidades são considerados agentes públicos, amplamente considerados, inclusive para fins penais e para fins de aplicação da lei de improbidade administrativa (lei 8.429/92).
ENTIDADES DE APOIO
Estas pessoas jurídicas executam atividades não exclusivas de estado, direcionadas à saúde, educação e pesquisa científica juntamente com órgãos ou entidades públicas que atuam nestes serviços.
São constituídas sob a forma de fundações privadas, associações e cooperativas, sempre sem finalidade lucrativa
As ações propostas em face destas entidades devem tramitar na justiça estadual.
São criadas por particulares.
FAPEX, FUSP.
ATENÇÃO! O vínculo com o Poder Público decorre da assinatura de **convênio.**
São criadas mediante lei ou mantidas pela União, razão pela qual se submetem a regime privado, não sujeitando seus contratos à realização de procedimento licitatório ou a contratação de seus empregados à aprovação em concurso público.
Em relação às entidades que atuam ao lado de Universidades Públicas e de Instituição de Ciência e Tecnologia (ICT), a regulamentação se dá por meio da lei 8.958/94, alterada recentemente pela lei 12.349/10.
A celebração de convênio deve ser feita somente para auxiliar a atividade de pesquisa e extensão da entidade, não se admitindo que se trate de forma de contratação de bens e serviços sem a necessidade de licitação.
As fundações, que possuem natureza de direito privado, sem fins lucrativos, estão sujeitas à fiscalização do Ministério Público.
ORGANIZAÇÕES SOCIAIS (OS)
São particulares, sem fins lucrativos, criados pela lei 9.637/98, para prestação de serviços públicos não exclusivos de estado, tais como ensino, pesquisa científica, desenvolvimento tecnológico, proteção e preservação do meio ambiente, entre outros definidos na própria lei.
O vínculo com o Poder Público é efetivado mediante a celebração do **contrato de gestão**, que não é instrumento de delegação, não se confundindo com os contratos de concessão ou permissão de serviços públicos.

<table>
<tr><th colspan="2">ENTIDADES DO TERCEIRO SETOR</th></tr>
<tr><td colspan="2">Só ocorre o contrato de gestão após a aprovação do Ministro ou titular de órgão supervisor ou regulador da área de atividade correspondente ao seu objeto social e do Ministro de Estado da Administração Federal e Reforma do Estado.</td></tr>
<tr><td rowspan="9">O registro de seu ato constitutivo deve dispor sobre</td><td>Natureza social de seus objetivos relativos à respectiva área de atuação, dentro daquelas atividades definidas em lei;</td></tr>
<tr><td>Finalidade não lucrativa, com a obrigatoriedade de investimento de seus excedentes financeiros no desenvolvimento das próprias atividades, não podendo haver distribuição de lucro entre seus dirigentes;</td></tr>
<tr><td>Previsão expressa de a entidade ter, como órgãos de deliberação superior e de direção, um conselho de administração e uma diretoria definidos nos termos do estatuto, asseguradas àquele composição e atribuições normativas e de controle básicas previstas na legislação;</td></tr>
<tr><td>Previsão de participação, no órgão colegiado de deliberação superior, de representantes do Poder Público, bem como de membros da comunidade, de notória capacidade profissional e idoneidade moral;</td></tr>
<tr><td>Composição da diretoria e atribuições dos seus membros;</td></tr>
<tr><td>Obrigatoriedade de publicação anual, no Diário Oficial da União, dos relatórios financeiros e do relatório de execução do contrato de gestão;</td></tr>
<tr><td>No caso de associação civil, a forma e critério de aceitação de novos associados, na forma do estatuto;</td></tr>
<tr><td>Proibição de distribuição de bens ou de parcela do patrimônio líquido em qualquer hipótese, inclusive em razão de desligamento, retirada ou falecimento de associado ou membro da entidade, sob pena de se caracterizar divisão de lucro;</td></tr>
<tr><td>Previsão de incorporação integral do patrimônio, dos legados ou das doações que lhe foram destinados, bem como dos excedentes financeiros decorrentes de suas atividades, em caso de extinção ou desqualificação, ao patrimônio de outra organização social qualificada no âmbito da União, da mesma área de atuação, ou ao patrimônio da União, dos Estados, do Distrito Federal ou dos Municípios, na proporção dos recursos e bens por estes alocados.</td></tr>
<tr><td colspan="2">A OS goza de certos benefícios, tais como a destinação de valores públicos, por meio de dotação orçamentária e a cessão de bens públicos e servidores estatais.</td></tr>
<tr><td colspan="2">Pode receber bens públicos, mediante permissão de uso, consoante cláusula expressa do contrato de gestão, sem a necessidade de licitação.</td></tr>
<tr><td rowspan="4">O acordo deve</td><td>Definir e especificar o programa de trabalho.</td></tr>
<tr><td>A estipulação das metas a serem atingidas e os respectivos prazos de execução.</td></tr>
<tr><td>Expressar os critérios objetivos de avaliação de desempenho a serem utilizados, mediante indicadores de qualidade e produtividade.</td></tr>
<tr><td>Deve estipular os limites e critérios para despesa com remuneração e vantagens de qualquer natureza a serem percebidas pelos dirigentes e empregados das organizações sociais, no exercício de suas funções.</td></tr>
<tr><td colspan="2">"É facultado ao Poder Executivo a cessão especial de servidor para as organizações sociais, com ônus para a origem" (art.14, da Lei 9.637/98).</td></tr>
<tr><td colspan="2">O servidor cedido é remunerado pelos cofres públicos.</td></tr>
<tr><td colspan="2">É vedado legalmente o pagamento de vantagem permanente pela OS.</td></tr>
<tr><td colspan="2">Vantagem pecuniária paga pela organização social não é incorporada ao vencimento.</td></tr>
<tr><td colspan="2">Sofre controle pelo Ministério supervisor, que indicará comissão de avaliação periódica, composta por especialistas de notória capacidade e adequada qualificação.</td></tr>
</table>

<table>
<tr><th colspan="2">ENTIDADES DO TERCEIRO SETOR</th></tr>
<tr><td colspan="2">O controle financeiro e contábil deverá ser realizado pelo Tribunal de Contas, além da submissão destas entidades às normas definidas na lei 8.429/92, no que tange às sanções a serem aplicadas pela prática de atos de improbidade administrativa.</td></tr>
<tr><td colspan="2">Devem possuir um Conselho de Administração, nos moldes da lei, com participação obrigatória de representantes do povo e do poder público, nos percentuais estipulados no art. 3º da lei 9.637/98.</td></tr>
<tr><td colspan="2">As organizações sociais gozam de dispensa de licitar (art. 24, XXIV, da Lei n. 8.666/93).</td></tr>
<tr><td colspan="2">Como o vínculo é temporário, a qualificação como OS também é, podendo ser desfeito inclusive se descumprida alguma disposição, mas apenas após processo administrativo.</td></tr>
<tr><td colspan="2">A desqualificação enseja a reversão automática dos bens permitidos e dos valores entregues, sem prejuízo de outras sanções que sejam cabíveis em caso de cometimento de infrações.</td></tr>
<tr><td colspan="2">ADI 1923 definiu pela constitucionalidade da legislação que trata das organizações sociais, inclusive no que tange à dispensa de licitação para celebração de seus contratos com terceiros.</td></tr>
<tr><th colspan="2">ORGANIZAÇÃO DA SOCIEDADE CIVIL DE INTERESSE PÚBLICO (OSCIP)</th></tr>
<tr><td colspan="2">Particulares sem finalidade lucrativa, criadas para prestação de serviços públicos não exclusivos.</td></tr>
<tr><td colspan="2">O vínculo com o poder público se dá através de um termo de parceria.</td></tr>
<tr><td colspan="2">A celebração do Termo de Parceria será precedida de consulta aos Conselhos de Políticas Públicas das áreas correspondentes de atuação existentes, nos respectivos níveis de governo.</td></tr>
<tr><td rowspan="6">Cláusulas obrigatórias</td><td>Objeto</td></tr>
<tr><td>Definição de metas e dos resultados e os respectivos prazos de execução ou cronograma.</td></tr>
<tr><td>Critérios objetivos de avaliação de desempenho da entidade vinculada.</td></tr>
<tr><td>Previsão de receitas e despesas</td></tr>
<tr><td>Obrigações da Sociedade Civil de Interesse Público.</td></tr>
<tr><td>Obrigatoriedade de publicação, na imprensa oficial do Município, do Estado ou da União, conforme o alcance das atividades celebradas entre o órgão parceiro e a Organização da Sociedade Civil de Interesse Público, de extrato do Termo de Parceria e de demonstrativo da sua execução física e financeira, conforme modelo simplificado estabelecido em regulamento.</td></tr>
<tr><td rowspan="3">ATENÇÃO!
Termo de parceria</td><td>Permite a destinação de valores públicos às instituições privadas.</td></tr>
<tr><td>Para a celebração não há necessidade de realização de procedimento licitatório, haja vista o vínculo ter natureza jurídica de convênio.</td></tr>
<tr><td>O termo de parceria é ato vinculado do poder público (art. 6°, da lei nº 9.790/99)</td></tr>
<tr><td colspan="2">Não há a previsão de cessão de servidores e bens públicos.</td></tr>
<tr><td colspan="2">Não Há Dispensa De Licitação Expressa Em Lei.</td></tr>
<tr><td colspan="2">“Art. 23. A escolha da Organização da Sociedade Civil de Interesse Público, para a celebração do Termo de Parceria, deverá ser feita por meio de publicação de edital de concursos de projetos pelo órgão estatal parceiro para obtenção de bens e serviços e para a realização de atividades, eventos, consultoria, cooperação técnica e assessoria.
§ 1º Deverá ser dada publicidade ao concurso de projetos, especialmente por intermédio da divulgação na primeira página do sítio oficial do órgão estatal responsável pelo Termo de Parceria, bem como no Portal dos Convênios a que se refere o art. 13 do Decreto no 6.170, de 25 de julho de 2007 (lei n. 9.790/99).</td></tr>
<tr><td colspan="2">Estão sujeitas ao controle financeiro e orçamentário exercido pelo Tribunal de Contas, além do acompanhamento e fiscalização do termo de parceria por órgão do Poder Público e pelos Conselhos de Políticas Públicas.</td></tr>
<tr><td colspan="2">Devem constituir conselho fiscal ou órgão equivalente, que apenas podem ter a participação de servidores públicos na sua composição, vedada a percepção de remuneração ou subsídio, a qualquer título.</td></tr>
</table>

<table>
<tr><th colspan="3">ENTIDADES DO TERCEIRO SETOR</th></tr>
<tr><td rowspan="14">Entidades que não podem celebrar termo de parceria (art. 2º da lei n. 9.637/98)</td><td colspan="2">As sociedades comerciais</td></tr>
<tr><td colspan="2">Os sindicatos, as associações de classe ou de representação de categoria profissional.</td></tr>
<tr><td colspan="2">As instituições religiosas ou voltadas para a disseminação de credos, cultos, práticas e visões devocionais e confessionais.</td></tr>
<tr><td colspan="2">As organizações partidárias e assemelhadas, inclusive suas fundações.</td></tr>
<tr><td colspan="2">As entidades de benefício mútuo destinadas a proporcionar bens ou serviços a um círculo restrito de associados ou sócios.</td></tr>
<tr><td colspan="2">As entidades e empresas que comercializam planos de saúde e assemelhados.</td></tr>
<tr><td colspan="2">As instituições hospitalares privadas não gratuitas e suas mantenedoras.</td></tr>
<tr><td colspan="2">As instituições hospitalares privadas não gratuitas e suas mantenedoras.</td></tr>
<tr><td colspan="2">As escolas privadas dedicadas ao ensino formal não gratuito e suas mantenedoras.</td></tr>
<tr><td colspan="2">As organizações sociais.</td></tr>
<tr><td colspan="2">As cooperativas.</td></tr>
<tr><td colspan="2">As fundações públicas</td></tr>
<tr><td colspan="2">As fundações, sociedades civis ou associações de direito privado criadas por órgão público ou por fundações públicas.</td></tr>
<tr><td colspan="2">As organizações creditícias que tenham quaisquer tipos de vinculação com o sistema financeiro nacional a que se refere o art. 192 da Constituição Federal.</td></tr>
<tr><th colspan="3">ORGANIZAÇÕES DA SOCIEDADE CIVIL (osc)</th></tr>
<tr><td colspan="3">A Lei 13.019/14, publicada em 1º de agosto de 2014, regulamenta duas novas espécies de parcerias que podem ser firmadas entre o poder público e entidades privadas sem fins lucrativos, quais sejam, o termo de colaboração e o termo de fomento. Tais entidades foram denominadas de organizações da sociedade civil, devendo ser, necessariamente, uma pessoa jurídica de direito privado sem fins lucrativos.</td></tr>
<tr><td colspan="3">No início de cada ano civil, a administração pública deve publicar, nos meios oficiais de divulgação, os valores aprovados na lei orçamentária anual vigente para execução de programas e ações do plano plurianual em vigor, que poderão ser executados por meio de parcerias previstas na Lei 13.019/14.</td></tr>
<tr><td colspan="3">A Administração pública deverá manter, em seu site oficial, a relação das parcerias celebradas, em ordem alfabética pelo prazo não inferior a 5 (cinco) anos, contado da apreciação da prestação de contas final da parceria, sendo exigido também à organização da sociedade civil que conste em seu site as parcerias firmadas com o ente estatal.</td></tr>
<tr><td rowspan="4">TERMO DE COLABORAÇÃO E TERMO DE FOMENTO</td><td colspan="2">Termo de colaboração: deve ser adotado pela administração pública em caso de transferências voluntárias de recursos para consecução de planos de trabalho propostos pela administração pública, em regime de mútua cooperação com organizações da sociedade civil.</td></tr>
<tr><td colspan="2">Termo de fomento: celebrado para consecução de planos de trabalho propostos pelas organizações da sociedade civil.</td></tr>
<tr><td colspan="2">O acordo de colaboração é o instrumento por meio do qual são formalizadas as parcerias estabelecidas pela Administração Pública com organizações da sociedade civil para consecução de finalidades de interesse público e recíproco que não envolvam a transferência de recursos financeiros.</td></tr>
<tr><td>Plano de Trabalho</td><td>O plano de trabalho deverá conter: diagnóstico da realidade que será objeto das atividades da parceria, com demonstração do nexo entre essa realidade e as atividades ou metas a serem atingidas, bem como a descrição pormenorizada de metas quantitativas e mensuráveis a serem atingidas e de atividades a serem executadas; definição dos indicadores, qualitativos e quantitativos, a serem utilizados para a aferição do cumprimento das metas; definição de aplicação dos recursos a serem desembolsados pela administração pública; a estimativa de valores a serem recolhidos para pagamento de encargos previdenciários e trabalhistas; os valores a serem repassados; o modo e periodicidade das prestações de contas, não se admitindo periodicidade superior a 1 (um) ano.</td></tr>
</table>

<table>
<tr><th colspan="3">ENTIDADES DO TERCEIRO SETOR</th></tr>
<tr><td rowspan="4">PROCEDIMENTO DE MANIFESTAÇÃO DE INTERESSE SOCIAL</td><td colspan="2">Instrumento através do qual as OSCs, movimentos sociais e cidadãos poderão apresentar propostas ao poder público para que este avalie a possibilidade de realização de um chamamento público visando a celebração de parceria.</td></tr>
<tr><td colspan="2">Qualquer cidadão poderá apresentar proposta, desde que seja feita com a identificação do subscritor da proposta, do interesse público envolvido e o diagnóstico da realidade que se quer modificar, aprimorar ou desenvolver e, quando possível, indicação da viabilidade, dos custos, dos benefícios e dos prazos de execução da ação pretendida.</td></tr>
<tr><td colspan="2">A Administração deverá tornar a manifestação de interesse social pública no site oficial do órgão, realizando-se, se pertinente, uma audiência pública para discussão do tema com a sociedade.</td></tr>
<tr><td colspan="2">A Organização Social só poderá celebrar a parceria com o ente público se for vencedora no procedimento de chamamento público a ser realizado posteriormente, do qual poderão participar quaisquer entes sem fins lucrativos que cumpram os requisitos legais pertinentes.</td></tr>
<tr><td rowspan="5">CHAMAMENTO PÚBLICO</td><td colspan="2">É o procedimento seletivo simplificado, que visa garantir a impessoalidade do ente público na escolha da entidade privada que celebrará os termos de colaboração ou de fomento.</td></tr>
<tr><td rowspan="4">Etapas</td><td>Publicação do edital no site do órgão interessado: a lei permite que pessoas jurídicas de direito público interno e as entidades personalizadas da administração criem portal único na internet que reúna as informações sobre todas as parcerias por elas celebradas, bem como os editais publicados.
O edital deverá conter os requisitos elencados no art. 24, §1º, da Lei.</td></tr>
<tr><td>Classificação das propostas pela comissão de seleção: as propostas serão julgadas por uma comissão de seleção anteriormente designada, composta por agentes públicos, sendo, pelo menos, 2/3 de seus membros servidores ocupantes de cargos permanentes do quadro de pessoal da administração pública realizadora do certame ou constituída pelo respectivo conselho gestor, se o projeto for financiado com recursos de fundos específicos. Está impedida de participar da comissão pessoa que, nos últimos 5 anos, tenha mantido relação jurídica com, ao menos, uma das entidades em disputa.
A análise das propostas deve ser feita com regras previamente definidas.</td></tr>
<tr><td>Habilitação da entidade: a entidade interessada deverá comprovar, no mínimo, 3 anos de existência, com cadastro ativo, bem como a experiência prévia na realização, com efetividade, do objeto da parceria ou de natureza semelhante e a capacidade técnica e operacional para o desenvolvimento das atividades previstas e o cumprimento das metas.</td></tr>
<tr><td>Encerramento: deverá o certame ser encaminhado para a autoridade responsável pelo órgão para homologação do procedimento, que divulgará o resultado do julgamento em página do sítio oficial da administração pública na internet ou sítio eletrônico oficial equivalente.</td></tr>
<tr><td rowspan="3">CHAMAMENTO PÚBLICO</td><td colspan="2">É o procedimento seletivo simplificado, que visa garantir a impessoalidade do ente público na escolha da entidade privada que celebrará os termos de colaboração ou de fomento.</td></tr>
<tr><td rowspan="2">Etapas</td><td>Publicação do edital no site do órgão interessado: a lei permite que pessoas jurídicas de direito público interno e as entidades personalizadas da administração criem portal único na internet que reúna as informações sobre todas as parcerias por elas celebradas.
O edital deverá conter os requisitos elencados no art. 24, §1º, da Lei.</td></tr>
<tr><td>Classificação das propostas pela comissão de seleção: as propostas serão julgadas por uma comissão de seleção designada, composta por agentes públicos, sendo, pelo menos, 2/3 de seus membros servidores ocupantes de cargos permanentes do quadro de pessoal da administração pública realizadora do certame. Está impedida de participar da comissão pessoa que, nos últimos 5 anos, tenha mantido relação jurídica com, ao menos, uma das entidades em disputa.
A análise das propostas deve ser feita com regras previamente definidas.</td></tr>
</table>

<table>
<tr><th colspan="3">ENTIDADES DO TERCEIRO SETOR</th></tr>
<tr><td rowspan="2"></td><td rowspan="2"></td><td>Habilitação da entidade: a entidade interessada deverá comprovar, no mínimo, um, dois ou três anos de existência, com cadastro ativo, bem como a experiência prévia na realização, com efetividade, do objeto da parceria ou de natureza semelhante e a capacidade técnica e operacional para o desenvolvimento das atividades previstas e o cumprimento das metas.</td></tr>
<tr><td>Encerramento: deverá o certame ser encaminhado para a autoridade responsável pelo órgão para homologação do procedimento, que divulgará o resultado do julgamento em página do sítio oficial da administração pública na internet ou sítio eletrônico oficial equivalente.</td></tr>
<tr><td rowspan="3">DISPENSA E INEXIGIBILIDADE DO CERTAME</td><td colspan="2">Inexigibilidade: decorre de situação lógica na qual se demonstre a inviabilidade de competição, em razão da natureza singular do objeto do plano de trabalho ou quando as metas somente puderem ser atingidas por uma entidade específica.</td></tr>
<tr><td colspan="2">Dispensa: ocorre em casos nos quais a competição é viável e, portanto, exigível a realização do certame, havendo um rol exaustivo definido pela lei no art. 30.</td></tr>
<tr><td colspan="2">Deverá ser instaurado um processo administrativo no qual o ente público apresente uma justificativa dos motivos que ensejaram a celebração direta do termo. O extrato da justificativa deve ser publicado até 5 dias antes da formalização da parceria, no site oficial da administração pública e, a critério do administrador público,no Diário Oficial.
É possível a impugnação à justificativa de dispensa ou inexigibilidade, desde que apresentada antes da celebração da parceria.</td></tr>
<tr><td rowspan="3">DISPENSA E INEXIGIBILIDADE DO CERTAME</td><td colspan="2">Inexegibilidade: decorre de situação lógica na qual se demonstre a inviabilidade de competição, em razão da natureza singular do objeto do plano de trabalho ou quando as metas somente puderem ser atingidas por uma entidade específica.</td></tr>
<tr><td colspan="2">Dispensa: ocorre em casos nos quais a competição é viável e, portanto, exigível a realização do certame, havendo um rol exaustivo definido pela lei no art. 30.</td></tr>
<tr><td colspan="2">Deverá ser instaurado um processo administrativo no qual o ente público apresente uma justificativa dos motivos que ensejaram a celebração direta do termo. O extrato da justificativa deve ser publicado até 5 dias antes da formalização da parceria, no site oficial da administração pública e, a critério do administrador público,no Diário Oficial.
É possível a impugnação à justificativa de dispensa ou inexigibilidade, desde que apresentada em até cinco dias a contar de sua publicação.</td></tr>
<tr><td rowspan="4">REQUISITOS DA OSC</td><td colspan="2">e terão objetivos voltados à promoção de atividades e finalidades de relevância pública e social.</td></tr>
<tr><td colspan="2">O estatuto deverá definir que, em caso de dissolução da entidade, o respectivo patrimônio líquido seja transferido a outra pessoa jurídica de igual natureza que preencha os requisitos da Lei e cujo objeto social seja, preferencialmente, o mesmo da entidade extinta, salvo em se tratando de serviços sociais autônomos destinatários de contribuições dos empregadores incidentes sobre a folha de salário.</td></tr>
<tr><td colspan="2">Deve ser constituído conselho fiscal ou órgão equivalente, dotado de atribuição para opinar sobre os relatórios de desempenho financeiro e contábil e sobre as operações patrimoniais realizadas.</td></tr>
<tr><td colspan="2">O estatuto indicará ao menos 1 dirigente que se responsabilizará, de forma solidária, pela execução das atividades e cumprimento das metas pactuadas na parceria.</td></tr>
<tr><td rowspan="3">FORMALIZAÇÃO DAS PARCERIAS</td><td colspan="2">A celebração de termo de colaboração ou termo de fomento depende de emissão de parecer jurídico do órgão de assessoria ou consultoria jurídica, bem como de parecer de órgão técnico da administração pública, de caráter conclusivo e não vinculante, o qual deverá pronunciar-se expressamente sobre os itens enumerados nas alíneas do inciso V do art. 35.</td></tr>
<tr><td colspan="2">O art. 42 da Lei 13.019/14 determina algumas cláusulas necessárias à validade do instrumento de parceria.</td></tr>
<tr><td colspan="2">O instrumento da parceria deverá apresentar, como anexo, o plano de trabalho e o regulamento de compras e contratações adotado pela organização da sociedade civil, devidamente aprovado pela administração pública parceira, de modo que a ausência desses requisitos ensejam vício de forma do termo celebrado.</td></tr>
</table>

<table>
<tr><th colspan="3">ENTIDADES DO TERCEIRO SETOR</th></tr>
<tr><td rowspan="5"></td><td rowspan="2">Objeto</td><td>É vedada a celebração de termo de colaboração ou termo de fomento que tenham por objeto, envolvam ou incluam, direta ou indiretamente delegação das funções de regulação, de fiscalização, do exercício do poder de polícia ou de outras atividades exclusivas do Estado.</td></tr>
<tr><td>A parceria não pode ser firmada para a contratação de serviços de consultoria nem para a execução de atividades de apoio administrativo.</td></tr>
<tr><td rowspan="3">Fiscalização</td><td>Cabe ao ente público monitorar o cumprimento do objeto do acordo, podendo, inclusive, realizar visitas in loco, se valendo do apoio técnico de terceiros.</td></tr>
<tr><td>Quando a parceria tiver vigência superior a 1 ano, a administração pública realizará, sempre que possível, pesquisa de satisfação com os beneficiários do plano de trabalho.</td></tr>
<tr><td>A execução da parceria poderá ser acompanhada e fiscalizada pelos conselhos de políticas públicas das áreas correspondentes de atuação existentes, em cada esfera de governo, assim como pelos cidadãos.</td></tr>
<tr><td rowspan="2">CONTRATOS FIRMADOS ENTRE AS ORGANIZAÇÕES DA SOCIEDADE CIVIL E TERCEIROS</td><td colspan="2">As contratações de bens e serviços pelas OSCs, realizadas com recursos transferidos pela administração pública, deverão observar todos os princípios aplicáveis à atuação estatal, de acordo com o regulamento de compras e contratações aprovado para a consecução do objeto da parceria.</td></tr>
<tr><td colspan="2">Não é necessária a realização de licitação para a celebração desses contratos, que poderão ser efetuados através de sistema eletrônico disponibilizado pela administração pública às organizações da sociedade civil, aberto ao público via internet.
ATENÇÃO! A Organização da Sociedade Civil não deve celebrar contratos de forma direta, sendo indispensável a justificativa da contratação mediante processo seletivo eletrônico.</td></tr>
<tr><td rowspan="5">LIBERAÇÃO DE RECURSOS PELO ENTE ESTATAL E APLICAÇÃO DOS MESMOS</td><td colspan="2">A liberação de recursos pelo poder público será feita em parcelas, liberadas em estrita conformidade com o cronograma de desembolso aprovado. Para recebimento de tais parcelas, a entidade privada deverá comprovar ter preenchido os requisitos legais para celebração da parceria, apresentar a prestação de contas da parcela anterior e estar em situação regular com a execução do plano de trabalho.</td></tr>
<tr><td colspan="2">Há 3 situações em que as parcelas ficarão retidas até o saneamento das improbidades:
1. quando houver fundados indícios de não ter ocorrido boa e regular aplicação da parcela anteriormente recebida;
2. se for verificado desvio de finalidade na aplicação dos recursos, atrasos não justificados no cumprimento das etapas ou fases programadas, práticas atentatórias aos princípios fundamentais da administração pública nas contratações e demais atos praticados na execução da parceria ou o inadimplemento da organização da sociedade civil com relação a outras cláusulas básicas;
3. quando a OSC deixar de adotar as medidas saneadoras apontadas pela administração pública ou pelos órgãos de controle interno ou externo.</td></tr>
<tr><td colspan="2">Todos os recursos recebidos em decorrência da parceria serão depositados e geridos em conta bancária específica, em instituição financeira pública, isenta de tarifa indicada pela Administração..</td></tr>
<tr><td colspan="2">Extinta a parceria, os saldos financeiros remanescentes serão devolvidos à entidade ou órgão repassador dos recursos, no prazo improrrogável de 30 dias do evento.</td></tr>
<tr><td colspan="2">O termo de colaboração ou de fomento poderá admitir a realização de pagamentos em espécie, desde que restritos ao limite individual de R$ 800,00 por beneficiário e ao limite global de 10% do valor total da parceria, devido as peculiaridades do objeto da parceria, da região onde se desenvolverão as atividades e dos serviços a serem prestados.</td></tr>
</table>

<table>
<tr><th colspan="2">ENTIDADES DO TERCEIRO SETOR</th></tr>
<tr><td rowspan="5">GASTOS EFETIVADOS PELA ORGANIZAÇÃO DA SOCIEDADE CIVIL</td><td>Deverão ser respeitas as disposições do termo pactuado com o ente público, estando a entidade sujeita à fiscalização no que tange às suas despesas.</td></tr>
<tr><td>Vedações: art. 45 da Lei 13.019/14.</td></tr>
<tr><td>Havendo aprovação no plano de trabalho, admite-se que despesas com remuneração de pessoal admitido regularmente sejam pagas com valores transferidos pela entidade pública.
ATENÇÃO! O fato de se pagar os encargos trabalhistas com recursos transferidos pelo poder público, não enseja vínculo trabalhista direto deste com os empregados da Organização da Sociedade Civil.</td></tr>
<tr><td>O plano de trabalho poderá prever o pagamento de custos indiretos necessários à execução do objeto, em proporção nunca superior a 15% do valor total da parceria.</td></tr>
<tr><td>As despesas com auditoria externa contratada pela organização da sociedade civil não podem ser incluídas nos custos indiretos.
Ademais, não poderão fazer jus a esta remuneração decorrente de custos indiretos, as pessoas naturais que tenham sido condenadas por crimes contra a administração pública ou o patrimônio público, por crimes eleitorais, para os quais a lei comine pena privativa de liberdade ou de lavagem ou ocultação de bens, direitos e valores.</td></tr>
<tr><td rowspan="3">PRESTAÇÃO DE CONTAS</td><td>A OSC deverá prestar contas à Administração dos valores percebidos e dos gastos efetivados, sem prejuízo do controle efetivado pelo Tribunal de Contas conforme a CF, sendo que esta prestação de contas deve conter elementos que permitam ao gestor da parceria avaliar o andamento ou concluir que o seu objeto foi executado conforme pactuado.</td></tr>
<tr><td>A organização está obrigada a prestar as contas finais da boa e regular aplicação dos recursos recebidos no prazo de até 90 dias a partir do término da vigência da parceria, prorrogáveis por mais 30 dias, mediante justificativa.
No caso de irregularidade ou omissão na prestação de contas, será concedido prazo de até 45 dias prorrogável por igual período, para a OSC sanar a irregularidade ou cumprir a obrigação. Não havendo o saneamento, a autoridade administrativa competente, sob pena de responsabilidade solidária, deve adotar as providências para apuração dos fatos, identificação dos responsáveis, quantificação do dano e obtenção do ressarcimento.</td></tr>
<tr><td>A administração pública deverá apreciar a prestação final de contas apresentada, no prazo de 90 a 150 dias, contado da data de seu recebimento. Caso as contas não forem apreciadas no prazo, não significa impossibilidade de apreciação em data posterior ou vedação a que se adotem medidas saneadoras, punitivas ou destinadas a ressarcir danos que possam ter sido causados aos cofres públicos.</td></tr>
<tr><td>RESPONSABILIZAÇÃO DA ORGANIZAÇÃO DA SOCIEDADE CIVIL E APLICAÇÃO DE PENALIDADES</td><td>Na hipótese de execução da parceria em desacordo com o plano de trabalho e com as normas da Lei e da legislação específica, a administração poderá, garantida a prévia defesa, aplicar à organização da sociedade civil parceira as sanções de advertência, por escrito, suspensão temporária em chamamento público, não superior a 2 anos, e declaração de inidoneidade.</td></tr>
</table>

8. SÚMULAS

8.1. Súmulas do STF

- **Súmula n. 516:** O Serviço Social da Indústria (SESI) está sujeito a jurisdição da justiça estadual.
- **Súmula n. 724:** Ainda quando alugado a terceiros, permanece imune ao IPTU o imóvel pertencente a qualquer das entidades referidas pelo art. 150, VI, c, da Constituição, desde que o valor dos aluguéis seja aplicado nas atividades essenciais de tais entidades.

- **Súmula n. 730:** A imunidade tributária conferida a instituições de assistência social sem fins lucrativos pelo art. 150, VI, c, da Constituição, somente alcança as entidades fechadas de previdência social privada se não houver contribuição dos beneficiários.

9. JURISPRUDÊNCIAS 2015/2016

AÇÃO CÍVEL ORIGINÁRIA – JURISPRUDÊNCIA DO SUPREMO TRIBUNAL FEDERAL CONSOLIDADA QUANTO À MATÉRIA VERSADA NA IMPETRAÇÃO – POSSIBILIDADE, EM TAL HIPÓTESE, DE O RELATOR DA CAUSA DECIDIR, MONOCRATICAMENTE, A CONTROVÉRSIA JURÍDICA – COMPETÊNCIA MONOCRÁTICA QUE O SUPREMO TRIBUNAL FEDERAL DELEGOU, VALIDAMENTE, EM SEDE REGIMENTAL (RISTF, ART. 21, § 1º) – INOCORRÊNCIA DE TRANSGRESSÃO AO PRINCÍPIO DA COLEGIALIDADE – PLENA LEGITIMIDADE JURÍDICA DESSA DELEGAÇÃO REGIMENTAL – SIAFI/CADIN/CAUC – INCLUSÃO, NESSE CADASTRO FEDERAL, DO ESTADO DO MARANHÃO – POR EFEITO DE AUSÊNCIA DE PRESTAÇÃO DE CONTAS REFERENTE A CONVÊNIOS CELEBRADOS EM GESTÕES ANTERIORES – SEM QUE SE TENHA PRECEDIDO À PRÉVIA INSTAURAÇÃO DE PROCESSO DE "TOMADA DE CONTAS ESPECIAL" – CONSEQUENTE IMPOSIÇÃO AO ESTADO-MEMBRO, EM VIRTUDE DE ALEGADO DESCUMPRIMENTO DAS RESPECTIVAS OBRIGAÇÕES, DE LIMITAÇÕES DE ORDEM JURÍDICA – POSTULADO DA INTRANSCENDÊNCIA – IMPOSSIBILIDADE DE SANÇÕES E RESTRIÇÕES DE ORDEM JURÍDICA SUPERAREM A DIMENSÃO ESTRITAMENTE PESSOAL DO INFRATOR – A QUESTÃO DOS DIREITOS E GARANTIAS CONSTITUCIONAIS, NOTADAMENTE AQUELES DE CARÁTER PROCEDIMENTAL, TITULARIZADOS PELAS PESSOAS JURÍDICAS DE DIREITO PÚBLICO – POSSIBILIDADE DE INVOCAÇÃO, PELAS ENTIDADES ESTATAIS, EM SEU FAVOR, DA GARANTIA DO "DUE PROCESS OF LAW" – VIOLAÇÃO AO POSTULADO CONSTITUCIONAL DO DEVIDO PROCESSO LEGAL (TAMBÉM APLICÁVEL AOS PROCEDIMENTOS DE CARÁTER MERAMENTE ADMINISTRATIVO) – BLOQUEIO DE RECURSOS CUJO REPASSE TEM POR FUNDAMENTO RESPECTIVOS CONVÊNIOS – RISCO PARA A CONTINUIDADE DA EXECUÇÃO DOS PROGRAMAS NO ÂMBITO DO ESTADO DO MARANHÃO – SITUAÇÃO DE POTENCIALIDADE DANOSA AO INTERESSE PÚBLICO – PRECEDENTES – RECURSO DE AGRAVO IMPROVIDO. INSCRIÇÃO EM CADASTRO PÚBLICO DE INADIMPLENTES E ALEGAÇÃO DE OFENSA AO PRINCÍPIO DA INTRANSCENDÊNCIA DAS MEDIDAS RESTRITIVAS DE DIREITOS. – O postulado da intranscendência impede que sanções e restrições de ordem jurídica superem a dimensão estritamente pessoal do infrator. Em virtude desse princípio, as limitações jurídicas que derivam da inscrição, em cadastros públicos de inadimplentes, das autarquias, das empresas governamentais ou das entidades paraestatais não podem atingir os Estados-membros, projetando, sobre estes, consequências jurídicas desfavoráveis e gravosas, pois o inadimplemento obrigacional – por revelar-se unicamente imputável aos entes menores integrantes da administração descentralizada – só a estes pode afetar. – Os Estados-membros e o Distrito Federal, em consequência, não podem sofrer limitações em sua esfera jurídica, motivadas pelo só fato de se acharem administrativamente vinculadas a eles as autarquias, as entidades paraestatais, as sociedades sujeitas a seu poder de controle e as empresas governamentais alegadamente inadimplentes e que, por tal motivo, hajam sido incluídas em cadastros federais (CAUC, SIAFI, CADIN, v.g.). A QUESTÃO DOS DIREITOS E GARANTIAS CONSTITUCIONAIS, NOTADAMENTE AQUELES DE CARÁTER PROCEDIMENTAL, TITULARIZADOS PELAS PESSOAS JURÍDICAS DE DIREITO PÚBLICO. – A imposição de restrições de ordem jurídica, pelo Estado, quer se concretize na esfera judicial, quer se realize no âmbito estritamente administrativo, supõe, para legitimar-se constitucionalmente, o efetivo respeito, pelo Poder Público, da garantia indisponível do "due process of law", assegurada, pela Constituição da República (art. 5º, LIV), à generalidade das pessoas, inclusive às próprias pessoas jurídicas de direito público, eis que o Estado, em tema de limitação ou supressão de direitos, não pode exercer a sua autoridade de maneira abusiva e arbitrária. Doutrina. Precedentes. LIMITAÇÃO DE DIREITOS E NECESSÁRIA OBSERVÂNCIA, PARA EFEITO DE SUA IMPOSIÇÃO, DA GARANTIA CONSTITUCIONAL DO DEVIDO PROCESSO LEGAL. – A Constituição da República estabelece, em seu art. 5º, incisos LIV e LV, considerada a essencialidade da garantia constitucional da plenitude de defesa e do contraditório, que ninguém pode ser privado de sua liberdade, de seus bens ou de seus direitos sem o devido processo legal, notadamente naqueles casos em que se viabilize a possibilidade de imposição, a determinada pessoa ou entidade, seja ela pública ou privada, de medidas consubstanciadoras de limitação de direitos. – A jurisprudência dos Tribunais, especialmente a do Supremo Tribunal Federal, tem reafirmado o caráter fundamental do princípio da plenitude de defesa, nele reconhecendo uma insuprimível garantia que, instituída em favor de qualquer pessoa ou entidade, rege e condiciona o exercício, pelo Poder Público, de sua atividade, ainda que em sede materialmente administrativa ou no âmbito político-administrativo, sob pena de nulidade da própria medida restritiva de direitos, revestida, ou não, de caráter punitivo. Doutrina. Precedentes. BLOQUEIO DE RECURSOS CUJA EFETIVAÇÃO COMPROMETE A EXECUÇÃO, NO ÂMBITO LOCAL, DE PROGRAMA ESTRUTURADO PARA VIABILIZAR A IMPLEMENTAÇÃO DE POLÍTICAS PÚBLICAS. – O Supremo Tribunal Federal, nos casos de inscrição de entidades estatais, de pessoas administrativas ou de empresas governamentais em cadastros de inadimplentes, organizados e mantidos pela União, tem ordenado a liberação e o repasse de verbas federais (ou, então, determinado o afastamento de restrições impostas à celebração de operações de crédito em geral ou à obtenção de garantias), sempre com o propósito de neutralizar a ocorrência de risco que possa comprometer, de modo grave e/ou irreversível, a continuidade da execução de políticas públicas ou a prestação de serviços essenciais à coletividade. Precedentes. (STF - ACO 1848 AgR / MA – MARANHÃO. **AG.REG. NA AÇÃO CÍVEL ORIGINÁRIA. Relator(a): Min. CELSO DE MELLO. Julgamento: 06/11/2014. Órgão Julgador: Tribunal Pleno. Publicação. PROCESSO ELETRÔNICO. DJe-025 DIVULG 05-02-2015 PUBLIC 06-02-2015**).

ADMINISTRATIVO. OSCIP - ORGANIZAÇÃO DA SOCIEDADE CIVIL DE INTERESSE PÚBLICO. OBTENÇÃO DA QUALIFICAÇÃO. NEGATIVA. LEI COMPLEMENTAR ESTADUAL 564/2010. MALVERSAÇÃO DE VERBAS PÚBLICAS. TERMO DE PARCERIA. NÃO PREENCHIMENTO DOS REQUISITOS LEGAIS. AUSÊNCIA DE DIREITO LÍQUIDO E CERTO. DESCABIMENTO DE DILAÇÃO PROBATÓRIA. 1. Recurso ordinário interposto contra acórdão que denegou a segurança por não observa o alegado direito líquido e certo na obtenção da OSCIP requerida, diante das evidentes irregularidades praticadas pela associação recorrente no tocante à malversação de verbas públicas repassadas em razão de anterior Termo de Parceria. 2. Diante da gravidade dos fatos, não há falar em direito líquido e certo à qualificação como OSCIP, relativamente aos termos da Lei Complementar 564/2010, que rege o tema. 3. Inviável, na estreita via do mandado de segurança, dilação probatória para fins de refutação e comprovação das alegadas irregularidades. Recurso ordinário improvido. **(RMS 48.521/ES, Rel. Ministro HUMBERTO MARTINS, SEGUNDA TURMA, julgado em 02/06/2016, DJe 08/06/2016)**

ADMINISTRATIVO E PROCESSUAL CIVIL. AGRAVOS REGIMENTAIS. AÇÃO CIVIL PÚBLICA POR SUPOSTO ATO DE IMPROBIDADE ADMINISTRATIVA. IMPUTAÇÃO PELO ART. 10 DA LEI 8.429/92. ALEGAÇÃO DO PARQUET ESTADUAL DE NULIDADE DA DECISÃO AGRAVADA, POR NÃO HAVER JURISPRUDÊNCIA DOMINANTE DO TRIBUNAL A JUSTIFICAR O JULGAMENTO MONOCRÁTICO DO RELATOR. PREVISÃO DE DECISUM SINGULAR NO CPC E NO REGIMENTO INTERNO DESTA CORTE SUPERIOR. PRELIMINAR DE NULIDADE REJEITADA. ALEGAÇÃO DO PARQUET PARANAENSE DE QUE A DECISÃO AGRAVADA OFENDE A SÚMULA 7/STJ, POR PROMOVER REEXAME DE MATÉRIA FÁTICA EM SEDE ESPECIAL. PORÉM, A REVALORAÇÃO DA PROVA OU DE DADOS EXPLICITAMENTE ADMITIDOS E DELINEADOS NO DECISÓRIO RECORRIDO NÃO IMPLICA O VEDADO REEXAME DO MATERIAL DE CONHECIMENTO NA SEARA ESPECIAL. PRECEDENTE: RESP. 878.334/DF, REL. MIN. FELIX FISCHER, DJ 26.2.2007. PRELIMINAR REJEITADA. MÉRITO. TERMOS DE PARCERIA ENTRE MUNICÍPIO E OSCIP PARA IMPLEMENTAÇÃO DE PROGRAMAS FEDERAIS EM AÇÕES DE SAÚDE PÚBLICA. AUSÊNCIA DE DOLO OU CULPA ENSEJADORA DE ATO ÍMPROBO. AGRAVOS REGIMENTAIS DO MPF E DO MP/PR DESPROVIDOS. 1. O relator pode decidir toda matéria recursal, desde a admissibilidade do recurso até o seu próprio mérito, sempre sob controle do colegiado a que pertence, órgão competente para decidir, de modo definitivo, sobre a admissibilidade e mérito do recurso, conforme orienta a doutrina. Eventual alegação de nulidade da decisão singular fica superada com a apreciação do tema pelo Órgão Colegiado. Rejeita-se a preliminar de nulidade da decisão agravada. 2. Cinge-se a controvérsia em saber se resulta em ato de improbidade administrativa a conduta do ex-Prefeito do Município de Palotina/PR ao firmar termos de parceria e convênios entre o Município e o IBIDEC, qualificado como OSCIP, para implementação de programas federais em saúde pública. 3. A conduta do agente, nos casos dos arts. 9º. e 11 da Lei 8.429/92, há de ser sempre dolosa, por mais complexa que seja a demonstração desse elemento subjetivo; nas hipóteses do art. 10 da Lei 8.429/92, cogita-se que possa ser culposa, mas em nenhuma das hipóteses legais se diz que possa a conduta do agente ser considerada apenas do ponto de vista objetivo, gerando a responsabilidade objetiva. 4. O excelso Supremo Tribunal Federal, em recente decisum na ADI 1.923/DF, Rel. Min. LUIZ FUX, julgada em 16.4.2015, entendeu pela parcial procedência do pedido para conferir interpretação conforme à Constituição Federal à Lei 9.637/98 (Lei das Organizações Sociais) e à Lei 8.666/93, para que a seleção de pessoal pelas Organizações Sociais seja conduzida de forma pública, objetiva e impessoal, com observância dos princípios do caput do art. 37 da CF, e nos termos do regulamento próprio a ser editado por cada entidade. 5. In casu, não se verifica tenha o Prefeito pretendido agir em mascaramento da relação de emprego a partir de uma suposta terceirização ilícita da saúde pública. 6. Efetivamente, não se mostrou vedado ao administrador público municipal firmar convênios com OSCIP na área de saúde pública, pelos seguintes motivos: (a) a própria Constituição Federal afirma que as instituições privadas poderão participar de forma complementar do sistema único de saúde, o que significa um claro nihil obstat ao ingresso de entidades do Terceiro Setor no âmbito das ações em saúde pública como área-fim; (b) partiu-se da premissa de que o Estado não é capaz de cumprir sua missão constitucional e precisa convocar os cidadãos ao auxílio na prestação dos serviços sociais; (c) a utilização das formas jurídicas de participação de Organizações Sociais, surgidas em cenário nacional na década de 1990, poderia ser vista como o modelo ideal de colaboração do particular com o Estado, numa perspectiva moderna de eficiência dos serviços públicos; e (d) é admissível a compreensão do Prefeito segundo a qual, para a execução dos programas federais, haveria a necessidade de contratação de agentes específicos e possivelmente temporários, sobretudo considerando a especificidade do profissional em Saúde da Família. 7. Referida análise está sujeita a aspectos que estão sob o discrímen do administrador público, dentro de um ambiente político-democrático para a concepção de ideal intervenção do Estado nos domínios sociais. Na hipótese, entendeu o então Prefeito de Palotina/PR que, para o alcance dos objetivos sociais, a execução mais eficiente se daria por uma entidade parceira, pois, em sua esfera de atuação como Chefe do Executivo local, as disponibilidades municipais não seriam suficientes para, em determinado momento, prestar a política pública advinda de programas federais em saúde. 8. Ausente ato doloso ou em culpa grave causador de prejuízo ao Erário na realização de convênio entre Município e OSCIP, não há falar em ato de improbidade administrativa, até porque os serviços em saúde pública foram efetivamente prestados aos munícipes. 9. Agravos Regimentais do MPF e do MP/PR conhecidos e desprovidos. **(AgRg no AREsp 567.988/PR, Rel. Ministro NAPOLEÃO NUNES MAIA FILHO, PRIMEIRA TURMA, julgado em 05/05/2016, DJe 13/05/2016)**

9. QUESTÕES DE CONCURSOS

1. **(VUNESP - 2014 - TJ-SP – Juiz)** Quanto ao tema das OSCIPs (Organizações da Sociedade Civil de Interesse Público), é incorreto afirmar que

a) são pessoas jurídicas de direito privado, sem fins lucrativos, instituídas por particulares para desempenhar serviços não exclusivos do Estado, com fiscalização pelo Poder Público.

b) malgrado sejam pessoas jurídicas de direito privado, suas obras, compras, serviços e alienações serão objeto de contrato realizado mediante regular processo de licitação, utilizando-se o pregão nos bens e serviços comuns.

c) têm elas a mesma natureza jurídica e a mesma finalidade das Organizações Sociais, regidas pela Lei n.º 9.637/98, sendo instituídas por meio de contrato de gestão e exercendo atividades de interesse público, anteriormente desempenhadas pelo Estado.

d) são formalizadas por meio de termo de parceria com a Administração Pública, sendo que a outorga do título de OSCIP permite-lhes a concessão de benefícios especiais, tais como a destinação de recursos públicos.

2. **(FCC - 2014 - MPE-PA - Promotor de Justiça)** No tocante às chamadas organizações sociais, a legislação federal aplicável a tais entidades

a) obriga a publicação anual, em jornal de circulação diária no Estado ou nos municípios em que se der a atuação da entidade, dos relatórios financeiros e do relatório de execução do contrato de gestão.

b) veda a remuneração dos membros da diretoria da entidade.

c) prevê responsabilidade individual e solidária dos dirigentes pelos danos ou prejuízos decorrentes de sua ação ou omissão, em caso de desqualificação da entidade pelo descumprimento das disposições contidas no contrato de gestão.

d) estabelece como hipótese de inexigibilidade de licitação a celebração de contratos de prestação de serviços com as organizações sociais, qualificadas no âmbito das respectivas esferas de governo, para atividades contempladas no contrato de gestão.

e) permite que apenas associações civis sejam qualificadas como organizações sociais

3. **(CESPE - 2014 - TC-DF - Técnico de Administração Pública)** A respeito da organização administrativa, julgue os próximos itens.

O Serviço Social do Comércio, exemplo de entidade de direito privado que atua em colaboração com o Estado, apesar de ter sido criado por lei, não integra a administração indireta.

4. **(CESPE - 2014 - TJ-CE - Analista Judiciário - Área Administrativa)** A propósito da organização administrativa, assinale a opção correta.

a) Compete ao Ministério da Justiça a qualificação de pessoas jurídicas de direito privado, sem fins lucrativos, como organizações da sociedade civil de interesse público.

b) Ocorrerá descentralização administrativa funcional caso haja criação de uma nova vara em um tribunal de justiça

c) São integrantes da administração indireta, entre outros, as autarquias, as fundações e os serviços sociais autônomos.

d) Exige-se lei específica para a criação de subsidiárias de empresas públicas e de sociedades de economia mista.

e) As autarquias caracterizam-se por serem dotações patrimoniais criadas por lei, sujeitas a controle ou tutela, com personalidade jurídica pública e capacidade de autoadministração.

5. **(CESPE - 2014 - TJ-DF - Titular de Serviços de Notas e de Registros – Provimento)** No que se refere à administração pública, assinale a opção correta.

a) Consoante o entendimento do STF, encontra fundamento constitucional a exigência legal de aprovação legislativa prévia para a exoneração de ocupante do cargo de presidente de autarquia.

b) Por não se submeterem ao regime jurídico de direito público, as sociedades de economia mista exploradoras de atividade econômica estão dispensadas da realização de concurso público para a admissão de pessoal

c) Não se aplica às empresas públicas prestadoras de serviço público a responsabilidade civil objetiva pelos danos que seus agentes, nessa qualidade, causarem a terceiros

d) A descentralização administrativa por meio de delegação de serviço público pode ocorrer por meio de contrato e pressupõe relação de hierarquia.

e) As entidades paraestatais, entes privados que não integram a administração pública direta e indireta, colaboram com o Estado no desempenho de atividades de interesse público, sem finalidade lucrativa, como os serviços sociais autônomos.

6. **(FCC - 2014 - TJ-AP – Juiz)** No tocante à aplicação das regras do regime jurídico administrativo a entidades da Administração indireta, entidades de colaboração e particulares, é correto afirmar:

a) Em razão de sua natureza de autarquia federal, a Ordem dos Advogados do Brasil está sujeita à fiscalização contábil, financeira, orçamentária, operacional e patrimonial pelo Tribunal de Contas da União.

b) Pelas regras constitucionais vigentes, as entidades autárquicas e fundacionais da Administração indireta podem adotar para seus servidores regime jurídico funcional distinto do aplicado pela Administração direta.

c) É dispensável a licitação para a celebração de contrato de prestação de serviços com as organizações sociais, qualificadas no âmbito das respectivas esferas de governo, para atividades contempladas no contrato de gestão.

d) As subsidiárias das empresas públicas e sociedades de economia mista estão desobrigadas de aplicar a seus empregados o teto máximo de remuneração estabelecido no art. 37, XI da Constituição Federal.

e) Os conselhos de fiscalização de profissões regulamentadas são entidades dotadas de personalidade jurídica de direito privado e não mantém com os órgãos da Administração pública qualquer vínculo funcional ou hierárquico.

7. **(CESPE - 2014 - Câmara dos Deputados - Analista Legislativo - Consultor de Orçamento e Fiscalização Financeira)** Com referência à organização administrativa da União, julgue o item seguinte.

É classificada como integrante dos serviços sociais autônomos uma pessoa jurídica de direito privado, sem fins lucrativos, criada por autorização legislativa, cuja finalidade principal seja a de executar serviços de utilidade pública para o benefício de grupos específicos, com custeio por contribuições compulsórias.

8. **(TRF 5 - Juiz Federal Substituto 5ª região/2015)** Com relação às entidades do terceiro setor e às pessoas jurídicas que integram a administração indireta, assinale a opção correta.

a) As OSs formalizam o regime de cooperação com o poder público por meio da celebração de termo de parceria no qual são descritos, de modo detalhado, os direitos e as obrigações dos pactuantes.

b) São passíveis de qualificação como OSCIP, entre outras entidades, as fundações públicas e as sociedades civis ou associações de direito privado, desde que se dediquem a atividades e objetivos sociais descritos na Lei n.º 9.790/1999, conhecida como Lei das OSCIPs.

c) As fundações estatais, sejam elas de direito público ou de direito privado, somente podem ser criadas por lei específica de iniciativa do chefe do Poder Executivo.

d) As empresas públicas devem ter a forma de sociedades anônimas; as sociedades de economia mista, por sua vez, podem revestir-se de qualquer uma das formas admitidas em direito.

e) As pessoas jurídicas de direito privado que pretendem qualificar-se como OSCIPs não podem ter fins lucrativos e devem ter como objetivos, entre outros, a promoção gratuita da educação e da saúde, da segurança alimentar e nutricional e do voluntariado.

9. **(Vunesp – Juiz de Direito – MS/2015)** Considerando a recente decisão do Supremo Tribunal Federal em relação à Lei Federal no 9.637/98, que dispõe sobre a qualificação de entidades como organizações sociais e suas atividades, assinale a alternativa correta.

a) Os empregados das Organizações Sociais são equiparados a servidores públicos, por isso que sua remuneração deve ter base em lei, aplicando-se também às Organizações Sociais a exigência de concurso público.

b) As organizações sociais, por não integrarem o Terceiro Setor, fazem parte do conceito constitucional de Administração Pública, razão pela qual devem se submeter, em suas contratações com terceiros, ao dever de licitar.

c) Os contratos a serem celebrados pela Organização Social com terceiros, com recursos públicos, devem ser conduzidos de forma pública, objetiva e impessoal, com observância dos princípios do caput do art. 37 da CF, e nos termos de regulamento próprio a ser editado por cada ente federativo contratante.

d) O afastamento do certame licitatório não exime o administrador público da observância dos princípios constitucionais, de modo que a contratação direta das Organizações Sociais deve observar critérios objetivos e impessoais, com publicidade de forma a permitir o acesso a todos os interessados.

e) A atribuição de título jurídico de legitimação da entidade como Organização Social, por meio da qualificação, configura hipótese de credenciamento, na qual deve incidir a licitação pela própria natureza jurídica do ato.

10. (FCC – Juiz de Direito – PE/2015) "[...] é a qualificação jurídica dada a pessoa jurídica de direito privado, sem fins lucrativos, instituída por iniciativa de particulares, e que recebe delegação do Poder Público, mediante contrato de gestão, para desempenhar serviço público de natureza social" (Maria Sylvia Zanella Di Pietro, Direito Administrativo, 2012: 565).

A definição acima se refere às

a) Serviços sociais autônomos.

b) Organizações não governamentais.

c) Organizações sociais.

d) Fundações de apoio.

e) Organizações da Sociedade Civil de Interesse Público.

11. (FCC – TCE-CE – Técnico de controle externo--administração – 2015) Tem crescido em número e importância as relações do Estado com o denominado terceiro setor. As parcerias (sentido amplo) estão sujeitas a instrumentos jurídicos distintos e a diferentes regimes jurídicos. Considerando o regime jurídico aplicável às Organizações Sociais (OS) e as Organizações da Sociedade Civil de Interesse Público (OSCIP), há de se considerar que

a) as primeiras OSs são pessoas jurídicas de direito privado, sem fins lucrativos, que recebem recursos públicos para desempenhar serviços sociais exclusivos do Estado, o que se dá por meio de termo de parcerias.

b) a outorga, pela Administração pública, de qualificação como OSCIP à pessoa jurídica de direito privado, sem fins lucrativos, é ato discricionário do Poder Público, mesmo nas hipóteses em que preenchidos os requisitos legais para tanto.

c) a entidade que descumprir as regras e princípios regedores do contrato de gestão poderá ser desqualificada como OS, o que independe de processo administrativo em que seja assegurada a ampla defesa nas hipóteses em que a entidade tiver bens e valores públicos entregues à sua utilização.

d) a relação do Poder Público com as Organizações Sociais encontra disciplina no Contrato de Gestão, já a relação das OSCIPs é instrumentalizada por meio de termo de parceria; ambas as relações têm por objeto o fomento e o desempenho de serviços sociais não exclusivos do Estado.

e) a celebração de contratos de prestação de serviços do Estado com OSs para atividades contempladas no contrato de gestão depende da realização de licitação, na modalidade pregão, nas formas presencial ou eletrônica.

12. (CESP – 2015 – TRE-GO – Analista Judiciário) Acerca das entidades para estatais e do terceiro setor, julgue o item seguinte.

Entidades para estatais são pessoas jurídicas de direito público ou privado que atuam ao lado do Estado, executando atividades de interesse público, porém não privativos do ente estatal.

13. (FCC – TCM-GO – Procurador do Ministério Público de Contas – 2015) O desempenho das atividades estatais deixou de ser exclusividade da Administração há lapso temporal bastante considerável. Na evolução social do movimento de descentralização experimentado pela Administração pública surgiram entidades privadas para o desempenho de atividades estatais, com ênfase na área social, da saúde e da cultura. Essas entidades

a) podem se constituir sob formas jurídicas de direito privado, seja fundação, seja associação civil, submetendo-se aos instrumentos de controle e fiscalização por parte da Administração pública, cuja intensidade se amplia diante do regular recebimento de benefícios estatais e subsídios econômicos.

b) constituem-se, primordialmente, sob a forma de organização social, pessoa jurídica de direito privado que celebra contrato de gestão com o Estado para dispor sobre os limites de sua atuação e desempenho de suas atividades, inclusive aquelas de natureza econômica.

c) não integram a Administração direta nem indireta, e seu centro de controle e gestão são dissociados e independentes da estrutura estatal, aplicando-lhes o regime eminentemente privado, o que afasta os mecanismos de controle e os instrumentos para fiscalização do desempenho das atividades.

d) não são criadas pela Administração, nem são geridas por servidores designados por aquela, de modo que lhes é vedado receber qualquer tipo de subsídio econômico ou outorga de uso de bens públicos.

e) constituem-se sob formas jurídicas de direito privado, porém caso recebam benefícios financeiros ou materiais da Administração pública, passam a se submeter ao princípio da obrigatoriedade de licitação para suas contratações, tal qual as empresas estatais.

14. (Cespe – Analista Judiciário – TRE-GO/2015) Entidades paraestatais são pessoas jurídicas de direito público ou privado que atuam ao lado do Estado, executando atividades de interesse público, porém não privativos do ente estatal.

15. (FCC – Procurador do Ministério Público de Contas – TCM - GO/2015) O desempenho das atividades estatais deixou de ser exclusividade da Administração há lapso temporal bastante considerável. Na evolução social do movimento de descentralização experimentado pela Administração pública surgiram entidades privadas para o desempenho de atividades estatais, com ênfase na área social, da saúde e da cultura. Essas entidades

a) podem se constituir sob formas jurídicas de direito privado, seja fundação, seja associação civil, submetendo-se aos instrumentos de controle e fiscalização por parte da Administração pública, cuja intensidade se amplia diante do regular recebimento de benefícios estatais e subsídios econômicos.
b) constituem-se, primordialmente, sob a forma de organização social, pessoa jurídica de direito privado que celebra contrato de gestão com o Estado para dispor sobre os limites de sua atuação e desempenho de suas atividades, inclusive aquelas de natureza econômica.
c) não integram a Administração direta nem indireta, e seu centro de controle e gestão são dissociados e independentes da estrutura estatal, aplicando-lhes o regime eminentemente privado, o que afasta os mecanismos de controle e os instrumentos para fiscalização do desempenho das atividades.
d) não são criadas pela Administração, nem são geridas por servidores designados por aquela, de modo que lhes é vedado receber qualquer tipo de subsídio econômico ou outorga de uso de bens públicos.
e) constituem-se sob formas jurídicas de direito privado, porém caso recebam benefícios financeiros ou materiais da Administração pública, passam a se submeter ao princípio da obrigatoriedade de licitação para suas contratações, tal qual as empresas estatais.

16. (Vunesp – Analista de Promotoria – MPE – SP/2015) Nos moldes da Lei n° 9.790/99, considerando atendidos os demais requisitos legais, pode-se afirmar que são passíveis de qualificação como Organizações da Sociedade Civil de Interesse Público

a) as fundações públicas cujo objeto seja a promoção da cultura, a defesa e a conservação do patrimônio histórico e artístico.
b) as pessoas jurídicas de direito privado, sem fins lucrativos, que tenham por finalidade a promoção do desenvolvimento econômico e social e o combate à pobreza.
c) as Organizações Sociais que tenham por finalidade a promoção do voluntariado.
d) os sindicatos, as associações de classe ou de representação de categoria profissional que se dediquem à promoção da assistência social.
e) as sociedades comerciais cuja finalidade seja a promoção da cultura, a defesa e a conservação do patrimônio histórico e artístico.

17. (Cespe – Advogado da União – AGU/2015) Em consonância com o entendimento do STF, os serviços sociais autônomos estão sujeitos ao controle finalístico do TCU no que se refere à aplicação de recursos públicos recebidos.

18. (FCC – Técnico de controle externo-administração – TCE – CE/2015) Tem crescido em número e importância as relações do Estado com o denominado terceiro setor. As parcerias (sentido amplo) estão sujeitas a instrumentos jurídicos distintos e a diferentes regimes jurídicos. Considerando o regime jurídico aplicável às Organizações Sociais (OS) e as Organizações da Sociedade Civil de Interesse Público (OSCIP), há de se considerar que

a) as primeiras OSs são pessoas jurídicas de direito privado, sem fins lucrativos, que recebem recursos públicos para desempenhar serviços sociais exclusivos do Estado, o que se dá por meio de termo de parcerias.
b) a outorga, pela Administração pública, de qualificação como OSCIP à pessoa jurídica de direito privado, sem fins lucrativos, é ato discricionário do Poder Público, mesmo nas hipóteses em que preenchidos os requisitos legais para tanto.
c) a entidade que descumprir as regras e princípios regedores do contrato de gestão poderá ser desqualificada como OS, o que independe de processo administrativo em que seja assegurada a ampla defesa nas hipóteses em que a entidade tiver bens e valores públicos entregues à sua utilização.

d) a relação do Poder Público com as Organizações Sociais encontra disciplina no Contrato de Gestão, já a relação das OSCIPs é instrumentalizada por meio de termo de parceria; ambas as relações têm por objeto o fomento e o desempenho de serviços sociais não exclusivos do Estado.

e) a celebração de contratos de prestação de serviços do Estado com OSs para atividades contempladas no contrato de gestão depende da realização de licitação, na modalidade pregão, nas formas presencial ou eletrônica.

GABARITO		COMENTÁRIO
1	C	As OSCIPs são instituídas através do Termo de Parceria, e não contrato de gestão, conforme o art. 9º da Lei 9.790/99: fica instituído o Termo de Parceria, assim considerado o instrumento passível de ser firmado entre o Poder Público e as entidades qualificadas como Organizações da Sociedade Civil de Interesse Público destinado à formação de vínculo de cooperação entre as partes, para o fomento e a execução das atividades de interesse público previstas no art. 3º desta Lei.
2	C	Segundo o art. 16, §1º da Lei 9.637/98, a desqualificação será precedida de processo administrativo, assegurado o direito de ampla defesa, respondendo os dirigentes da organização social, individual e solidariamente, pelos danos ou prejuízos decorrentes de sua ação ou omissão.
3	CERTO	O Serviço Social do Comércio é uma entidade do terceiro setor prestadora de serviços social autônomo. É uma entidade particular criada por autorização legal para a execução de atividades de interesse do Estado. Faz parte do denominada sistema "s".
4	A	Art. 5º da Lei 9.790/98: Cumpridos os requisitos dos arts. 3º e 4º desta Lei, a pessoa jurídica de direito privado sem fins lucrativos, interessada em obter a qualificação instituída por esta Lei, deverá formular requerimento escrito ao Ministério da Justiça [...].
5	E	Como estudamos anteriormente as entidades do terceiro setor, chamadas pela doutrina de entidades paraestatais, não integram a estrutura administrativa como entes da Administração Direta ou Indireta, mas, sim, atuam ao lado do Estado na prestação de serviços públicos não exclusivos, mas de cunho social, e sem fins lucrativos.
6	C	Art. 24 da Lei 8.666/93: é dispensável a licitação: XXIV - para a celebração de contratos de prestação de serviços com as organizações sociais, qualificadas no âmbito das respectivas esferas de governo, para atividades contempladas no contrato de gestão.
7	CERTO	As entidades do terceiro setor prestadora de serviço social autônomo são particulares criadas por autorização legal para execução de atividades de interesse do Estado que executam atividades particulares de cunho social, sem fins lucrativos. São custeados mediante contribuições compulsórias pagas pelos sindicalizados, conforme o art. 240 da Constituição Federal.
8	E	Assim como as organizações sociais, as organizações da sociedade civil de interesse público são particulares, sem finalidade lucrativa, criadas para prestação de serviços públicos não exclusivos de promoção da assistência social, promoção da cultura, defesa e conservação do patrimônio histórico e artístico, promoção gratuita da educação e da saúde, promoção da segurança alimentar e nutricional, defesa, preservação e conservação do meio ambiente e promoção do desenvolvimento sustentável, entre outras definidas em lei.
9	D	A decisão do Supremo Tribunal, a respeito das dispensas de licitação instituídas no art. 24, XXIV, da Lei 8.666/93 e no art. 12, §3º, da Lei 9.637/98, envolve o que a doutrina moderna denomina de função regulatória da licitação. Neste julgado, a Suprema Corte definiu que "o afastamento do certame licitatório não exime, porém, o administrador público da observância dos princípios constitucionais, de modo que a contratação direta deve observar critérios objetivos e impessoais, com publicidade de forma a permitir o acesso a todos os interessados" (ADIN 1.923).
10	C	As organizações sociais são particulares, sem fins lucrativos, criadas pela Lei 9.637/98, para prestação de serviços públicos não exclusivos de Estado, tais como ensino, pesquisa científica, desenvolvimento tecnológico, proteção e preservação do meio ambiente, entre outros definidos na própria lei. Assim como as demais entidades paraestatais, não integram a estrutura da Administração Pública direta ou indireta, não dependendo de lei para a sua criação e as atividades por ela exercidas são aqueles serviços não exclusivos. O vínculo com o Poder Público é efetivado mediante a celebração do **contrato de gestão**.
11	D	A lei 9637/98, ao definir a criação das Organizações Sociais, estabeleceu o contrato de gestão como o instrumento hábil à qualificação destas entidades. Já o vinculo entre as OSCIP's e o Poder Público é obtido por meio da celebração de termo de parceria. Sendo o fomento e desempenho de serviços sociais, objetivos previstos na legislação, no que tange os dois tipos de entidades.

GABARITO		COMENTÁRIO
12	ERRADO	As entidades paraestatais são pessoas jurídicas de direito privado, particulares em colaboração, sem fins lucrativos, que atuam ao lado do Estado na prestação de serviços públicos não exclusivos, mas de cunho social.
13	A	Por atuarem na prestação de serviços, estas entidades recebem incentivos do Poder Público, mediante a dotação orçamentária, cessão de bens públicos entre outros benefícios e, consequentemente, se submetem às restrições de controle impostas ao ente estatal. Sendo assim, não obstante conservem a qualidade de particulares, se sujeitam à regulação financeira efetivada pelo Tribunal de Contas, além de se submeterem aos princípios básicos que norteiam a atuação administrativa.
14	ERRADO	As entidades paraestatais são apenas pessoas jurídicas de direito privado, particulares em colaboração, sem fins lucrativos, que atuam ao lado do Estado na prestação de serviços públicos não exclusivos, mas de cunho social.
15	A	Por atuarem na prestação de serviços, estas entidades recebem incentivos do Poder Público, mediante a dotação orçamentária, cessão de bens públicos entre outros benefícios e, consequentemente, se submetem às restrições de controle impostas ao ente estatal. Sendo assim, não obstante conservem a qualidade de particulares, se sujeitam à regulação financeira efetivada pelo Tribunal de Contas, além de se submeterem aos princípios básicos que norteiam a atuação administrativa.
16	B	Assim como as organizações sociais, as organizações da sociedade civil de interesse público são particulares, sem finalidade lucrativa, criadas para prestação de serviços públicos não exclusivos de promoção da assistência social, promoção da cultura, defesa e conservação do patrimônio histórico e artístico, promoção gratuita da educação e da saúde, promoção da segurança alimentar e nutricional, defesa, preservação e conservação do meio ambiente e promoção do desenvolvimento sustentável, entre outras definidas em lei.
17	CERTO	Por receberem verba pública, através da cobrança de tributos, os entes do serviço social autônomo ficam sujeitos a controle pelo Tribunal de Contas e devem respeitar os princípios inerentes à licitação pública para suas contratações. A exigência de licitações, nos termos da Lei 8.666/93, foi afastada por entendimento do TCU acerca da matéria que define a obrigatoriedade destes entes obedecerem aos princípios básicos do procedimento licitatório, sem a necessidade de observância das modalidades definidas na lei geral.
18	D	A Lei 9.637/98, ao definir a criação das Organizações Sociais, estabeleceu o contrato de gestão como o instrumento hábil à qualificação destas entidades. Já o vinculo entre as OSCIP's e o Poder Público é obtido por meio da celebração de termo de parceria. Sendo o fomento e desempenho de serviços sociais, objetivos previstos na legislação, no que tange os dois tipos de entidades.

CAPÍTULO 12

AGENTES PÚBLICOS

1. CONCEITO

A expressão **agente público** é bastante ampla, para determinar, de forma específica, os sujeitos que exercem funções públicas. Assim, qualquer pessoa que age em nome do Estado é agente público, independentemente de vínculo jurídico, ainda que atue sem remuneração e transitoriamente. Dessa forma, uma vez que o Estado está atuando por via do sujeito, responderá pelos atos praticados, sendo a responsabilidade objetiva do Estado nos moldes do art. 37, §6º da CRFB.

Neste sentido, a lei 8.429/92 estabelece que "*Reputa-se agente público, para os efeitos desta lei, todo aquele que exerce, ainda que transitoriamente ou sem remuneração, por eleição, nomeação, designação, contratação ou qualquer outra forma de investidura ou vínculo, mandato, cargo, emprego ou função nas entidades mencionadas no artigo anterior*". Com efeito, a qualificação de determinado sujeito como agente público não depende do pagamento de remuneração pela prestação do serviço e pode ocorrer ainda que ele possua com o poder público vínculo de caráter transitório, ou seja, não permanente.

Inclusive, o Código Penal confere a mesma abrangência ao definir "funcionário público". É cediço que a expressão "funcionário público" já está superada no Direito Administrativo, sendo substituída pela expressão "agente público". Entretanto, o Código Penal, estabelece, em seu art. 327, que "*Considera-se funcionário público, para os efeitos penais, quem, embora transitoriamente ou sem remuneração, exerce cargo, emprego ou função pública*".

Sendo assim, podem ser considerados agentes públicos aqueles que exercem função pública em virtude de relação trabalhista, em qualquer dos entes da Administração Pública Direta ou Indireta, seja este regime estatutário, mediante a nomeação de servidores que se submetem ás regras definidas em estatuto próprio, seja um regime de emprego, por meio de contratação de empregados, sob o regime da Consolidação das Leis Trabalhistas, para prestarem serviços, mediante regime de emprego público.

Da mesma forma, todos os particulares contratados sob regime de cargo temporário, nos moldes definidos pelo art. 37, IX da Constituição Federal, ainda são considerados agentes públicos e exercem função pública.

Também podem ser considerados agentes públicos aqueles que, mesmo não possuindo qualquer vínculo de natureza administrativa ou política com o ente estatal, atuam no exercício de funções públicas, como, por exemplo, o mesário no dia da eleição ou o jurado, no dia em que presta o serviço de atuação no júri popular, ou ainda, os agentes das concessionárias e permissionárias de serviços públicos e os titulares das serventias de cartório, autorizados, após a provação em concurso, para execução de serviços notariais, mediante delegação.

Em todos os casos, o Estado responde pelos atos praticados pelo sujeito, se ele causar dano a alguém no exercício da função pública, haja vista o fato de que, naquele momento, ostenta qualidade de agente público atuando em nome do ente estatal. De fato, a Administração Pública os habilita para atuarem em seu nome.

Observe-se ainda que, por exercerem função pública, seus atos são imputados à Pessoa Jurídica que integram e se sujeitam ao controle dos atos administrativos. Sendo assim, os atos destes agentes ficam sujeitos ao controle judicial que se pode dar por meio dos remédios constitucionais, tais como Mandado de Segurança e Ação Popular.

Neste sentido, os agentes públicos, considerados amplamente, podem figurar como autoridade coatora, para prestação de informações em Mandado de Segurança, somente não sendo admitida, nos moldes da lei 12.016/09, em seu art. 1, §1º, a impetração do *mandamus* contra os atos de gestão comercial, praticados pelos administradores de empresas públicas, de sociedade de economia mista e de concessionárias de serviço público. Logo, é possível que a medida constitucional seja intentada em face de atos praticados pelo diretor de uma Universidade particular, em razão da função pública exercida pelo próprio.

Por fim, conforme já explicitado, em razão do exposto no art. 37, § 6º da Carta Magna, o poder público se responsabiliza objetivamente por todos os atos praticados pelos agentes públicos, neste caso, considerados amplamente, sendo que, após o pagamento da indenização devida, é cabível a propositura de ação regressiva em face do sujeito, desde que reste demonstrada que sua participação no evento danoso se deu a título de dolo ou, ao menos, que ele agiu culposamente para a ocorrência do prejuízo.

2. CLASSIFICAÇÃO DE AGENTES

A classificação de agentes públicos encontra divergência doutrinária, não sendo pacífico, entre os estudiosos, o entendimento quanto às espécies que serão tratadas nesta obra. Entretanto, é relevante explicitar que a classificação toma por base, principalmente, o regime jurídico ao qual estes sujeitos se submetem e qual a natureza do vínculo com a Administração Pública, o que justifica a força das decisões proferidas por eles e os seus limites de atuação.

Assim, consoante entendimento majoritário na doutrina moderna, são espécies de agentes públicos:

a. **Agentes políticos**

b. **Particulares em colaboração com o poder público**

c. **Servidores Estatais,** sendo estes últimos divididos em **servidores temporários** (contratados nos moldes do art. 37, IX da Constituição Federal) **estatutários** e **empregados** - regidos pela CLT.

Exposta a classificação, será analisada cada uma das espécies separadamente, dadas as suas peculiaridades e funções que lhes são inerentes, bem como as regras de conduta, definidas pelo regime jurídico aplicável.

2.1. Agentes Políticos

São aqueles agentes públicos que atuam no exercício da função política de Estado, que possuem cargos estruturais e inerentes à organização política do país e que exercem a vontade superior do Estado.

Os direitos e deveres destes agentes decorrem de leis específicas que estabelecem o seu vínculo com o poder público e, muitas vezes, estas regras estão definidas na própria Constituição Federal. Dessa forma, são servidores estatutários, não possuindo vínculo contratual com o Estado.

É indiscutível, na doutrina, que são agentes políticos os **detentores de mandato eletivo** e os **secretários e ministros de Estado**. Portanto, seriam agentes políticos os chefes do executivo (Presidente da República, governadores e prefeitos) e seus auxiliares diretos (secretários estaduais e municipais) e também aqueles eleitos para o exercício de mandato no Poder Legislativo (senadores, deputados e vereadores). Parte dos doutrinadores, inclusive o eminente

Celso Antônio Bandeira de Melo[1], entende que somente estes já elencados ostentam a qualidade de agentes políticos. Com efeito, estabelece este autor que: *"São agentes políticos apenas o Presidente da República, os Governadores, Prefeitos e respectivos vices, os auxiliares imediatos dos Chefes de Executivo, isto é, Ministros e Secretários das diversas pastas, bem como os Senadores, Deputados Federais e Estaduais e Vereadores. O vínculo que tais agentes mantêm com o Estado não é de natureza profissional, mas de natureza política".*

O autor citado ainda explica que a escolha destes agentes não se dá por meio de aptidão técnica, e sim por sua qualidade como cidadão e pela capacidade de conduzir a sociedade, sendo normalmente escolhidos por nomeação ou eleição popular.

Ocorre que parte da doutrina vem-se posicionando, majoritariamente, no sentido de acrescentar os membros da **Magistratura** e os do **Ministério Público** como agentes políticos, haja vista atuarem no exercício de funções essenciais ao Estado e praticarem atos inerentes à soberania deste. Saliente-se que, neste caso, o ingresso em tais carreiras se dá, em sua maioria, mediante aprovação em concurso público, em que seja avaliada sua qualificação técnica e profissional para o exercício da atividade. Não obstante se trate de matéria controversa, para fins de concursos públicos, o Supremo Tribunal Federal já se manifestou no sentido de considerá-los agentes políticos. Eis o julgado.

> Ementa: Recurso extraordinário. Responsabilidade objetiva. Ação reparatória de dano por ato ilícito. Ilegitimidade de parte passiva. 2. Responsabilidade exclusiva do Estado. A autoridade judiciária não tem responsabilidade civil pelos atos jurisdicionais praticados. Os magistrados enquadram-se na espécie agente político, investidos para o exercício de atribuições constitucionais, sendo dotados de plena liberdade funcional no desempenho de suas funções, com prerrogativas próprias e legislação específica. **3. Ação que deveria ter sido ajuizada contra a Fazenda Estadual - responsável eventual pelos alegados danos causados pela autoridade judicial, ao exercer suas atribuições -, a qual, posteriormente, terá assegurado o direito de regresso contra o magistrado responsável, nas hipóteses de dolo ou culpa. 4. Legitimidade passiva reservada ao Estado. Ausência de responsabilidade concorrente em face dos eventuais prejuízos causados a terceiros pela autoridade julgadora no exercício de suas funções, a teor do art. 37, § 6º, da CF/88**. 5. Recurso extraordinário conhecido e provido.
>
> RE 228977 / SP - SÃO PAULO
>
> RECURSO EXTRAORDINÁRIO
>
> Relator(a): Min. NÉRI DA SILVEIRA
>
> Julgamento: 05/03/2002 Órgão Julgador: Segunda Turma

Em relação aos Membros do Tribunal de Contas, alguns doutrinadores, ainda, os inserem na qualificação de agentes políticos. Sendo assim, os conselheiros e ministros dos Tribunais de Contas ostentariam a qualidade de agentes políticos, exercendo função de importante atuação no Estado. Ocorre que o Supremo Tribunal Federal já se pronunciou acerca do tema, dispondo que eles se enquadram na categoria de agentes administrativos. A situação foi a seguinte:

Em 2008, após a edição da Súmula Vinculante n. 13, que veda o nepotismo no serviço público, determinado Prefeito nomeou seu irmão como Secretário de Obras do Município. Ao analisar o caso, o STF entendeu não ser inconstitucional haja vista o fato de que o Secretário

1. MELLO,Celso Antônio Bandeira de – Curso de Direito Administrativo.São Paulo:Malheiros, 26ª ed. 2009

de Estado é agente político e, portanto, sua nomeação se configura um ato político. Por sua vez, o ato político não se sujeita ao controle jurisdicional por meio da Súmula Vinculante.

Após esta decisão, determinado governador nomeou o irmão para assunção do cargo de Conselheiro do Tribunal de Contas do Estado e o Supremo Tribunal Federal anulou a nomeação sob a alegação de que aquela é uma função administrativa e não política. Em virtude dessa decisão, que segue abaixo transcrita, os membros do Tribunal de Contas não estão incluídos no rol dos agentes políticos para fins de provas objetivas ou subjetivas de concursos.

→ *EMENTA: AGRAVO REGIMENTAL EM RECLAMAÇÃO CONSTITUCIONAL. DENEGAÇÃO DE LIMINAR. ATO DECISÓRIO CONTRÁRIO À SÚMULA VINCULANTE 13 DO STF. NEPOTISMO. NOMEAÇÃO PARA O EXERCÍCIO DO CARGO DE CONSELHEIRO DO TRIBUNAL DE CONTAS DO ESTADO DO PARANÁ. NATUREZA ADMINISTRATIVA DO CARGO. VÍCIOS NO PROCESSO DE ESCOLHA. VOTAÇÃO ABERTA. APARENTE INCOMPATIBILIDADE COM A SISTEMÁTICA DA CONSTITUIÇÃO FEDERAL. PRESENÇA DO FUMUS BONI IURIS E DO PERICULUM IN MORA. LIMINAR DEFERIDA EM PLENÁRIO. AGRAVO PROVIDO. I - A vedação do nepotismo não exige a edição de lei formal para coibir a prática, uma vez que decorre diretamente dos princípios contidos no art. 37, caput, da Constituição Federal. II -* ***O cargo de Conselheiro do Tribunal de Contas do Estado do Paraná reveste-se, à primeira vista, de natureza administrativa, uma vez que exerce a função de auxiliar do Legislativo no controle da Administração Pública.*** *III - Aparente ocorrência de vícios que maculam o processo de escolha por parte da Assembléia Legislativa paranaense. IV - À luz do princípio da simetria, o processo de escolha de membros do Tribunal de Contas pela Assembléia Legislativa por votação aberta, ofende, a princípio, o art. 52, III, b, da Constituição. V - Presença, na espécie, dos requisitos indispensáveis para o deferimento do pedido liminarmente pleiteado. VI - Agravo regimental provido.*

(Rcl 6702 MC-AgR, Relator(a): Min. RICARDO LEWANDOWSKI, Tribunal Pleno, julgado em 04/03/2009, DJe-079 DIVULG 29-04-2009 PUBLIC 30-04-2009 EMENT VOL-02358-02 PP-00333 RSJADV jun., 2009, p. 31-34 LEXSTF v. 31, n. 364, 2009, p. 139-150)

Pelo exposto, não obstante a discussão doutrinária e jurisprudencial acerca da matéria, entende-se, nesta obra, ostentarem a qualidade de agentes políticos, além dos detentores de mandato eletivo e dos secretários e ministros de estado, os membros da magistratura e do Ministério Público, diante das funções que exercem.

2.2. Particulares em colaboração com o poder público

São considerados particulares em colaboração com o Estado aqueles que, sem perderem a qualidade de particulares, atuam, em situações excepcionais, em nome do Estado, mesmo em caráter temporário ou ocasional, independentemente do vínculo jurídico estabelecido, exercendo função pública. Além de manifestar a vontade do Estado, este os habilita e dá força jurídica para tanto. Estes agentes não integram a estrutura da Administração Pública, executando atividades públicas em situações específicas.

Mais uma vez, não se pode dizer que há consenso em relação a esse ponto, no entanto, para fins de esquematização, é certo afirmar que os particulares em colaboração com o Estado se dividem em quatro espécies:

a) **Designados:** são todos aqueles que atuam em virtude de convocação efetivada pelo Poder Público. Exercem múnus público, têm a obrigação de participar quando requisitados sob pena de sanção. São chamados por Hely Lopes Meireles[2] de "agentes honoríficos".

2. MEIRELES,Helly Lopes – Direito Administrativo Brasileiro.São Paulo: Malheiros,29ª ed.2003

Podem ser citados como exemplos, os mesários, atuando no dia de eleição no exercício da função pública; os Jurados, convocados para atuarem no júri popular; ou, ainda, aqueles agentes militares constritos, ou seja, os particulares convocados para prestação de serviço militar obrigatório.

b) **Voluntários:** aqueles que atuam voluntariamente em repartições, escolas, hospitais públicos ou situações de calamidade, sempre que o ente estatal realiza programa de voluntariado; é possível, também, a participação destes agentes na execução de atividades públicas em situações anômalas, para socorrer necessidades iminentes.

Podem ser citados como exemplos os "Amigos da Escola", ingressos no serviço público, mediante programa específico, ou, ainda, médicos particulares voluntários para prestação de socorro e atendimento em hospitais públicos, em casos de calamidade declarada ou em casos de guerra.

c) **Delegados:** são aqueles que atuam na prestação de serviços públicos mediante delegação do Estado.

Podem ser citados como exemplos os titulares das serventias de cartórios, regulamentados pela lei 8.935/94 que, após a prestação de concurso, poderão prestar, mediante delegação, o serviço notarial.

Ainda são considerados agentes públicos delegados os agentes das **concessionárias e permissionárias de serviços públicos**.

Obs.: não é pacífica esta classificação, pois a atuação dos "delegados" não se dá em nome do Estado e sim em nome de uma empresa que presta serviço público por delegação; prestando serviço em nome próprio, seus agentes não prestam serviços em nome do Estado, mas sim em nome da concessionária ou permissionária; entretanto, são considerados, para a doutrina majoritária, agentes públicos, enquanto atuam na prestação do serviço público delegado.

d) **Credenciados:** atuam em nome do Estado em virtude de convênios celebrados com o Poder Público, como ocorre com médicos privados que atuam em convênio com o Sistema Único de Saúde – SUS, para atendimento de pacientes, mediante pagamento do poder público.

2.3. Servidores estatais

Os servidores estatais, também chamados de Agentes Administrativos, têm vínculo com o Estado, no exercício da função administrativa. Estes servidores, normalmente, têm sua definição por critério de exclusão, compreendendo todos aqueles que possuem vínculo com a Administração Pública e que exercem função pública, não ostentando qualidade de agentes políticos ou particulares em colaboração com o ente público. Possuem vínculo de dependência e sua natureza de trabalho é não eventual, haja vista possuírem relação de trabalho de natureza profissional com os entes da Administração Pública, seja da Administração Direta, tais como União, Estados, Municípios e Distrito Federal, seja da Administração Indireta, como autarquias, fundações públicas, empresas públicas e sociedades de economia mista.

Com a finalidade de melhor entender os possíveis vínculos destes agentes, a doutrina costuma dividi-los em três espécies:

2.3.1. Servidores temporários

Consideram-se servidores temporários todos aqueles contratados, com base no art. 37, inciso IX, da Constituição Federal, para atendimento, em caráter excepcional, de necessidades não permanentes dos órgãos públicos.

Neste sentido, dispõe o texto da Carta Magna que:

> "Art. 37. IX - a lei estabelecerá os casos de contratação por tempo determinado para atender a necessidade temporária de excepcional interesse público".

De uma breve leitura do dispositivo constitucional transcrito alhures, pode-se observar que, para regular contratação de servidores temporários, faz-se necessário o cumprimento de três requisitos, a saber:

I. **Serviço temporário**, definido por meio de lei específica que deve especificar seus contornos e características, os limites máximos de duração destes contratos, além de regulamentar o regime aplicado a estes servidores. Sendo assim, trata-se o art. 37, IX da CF/88 de norma de eficácia limitada, somente produzindo efeito se houver regulamentação infraconstitucional para estabelecer seus limites.

II. **Interesse público**, devidamente justificado pela autoridade responsável pela contratação, dentro das hipóteses permitidas em lei.

III. Caráter de **excepcionalidade** da contratação. É que a de servidores temporários não pode ser a regra de contratação do órgão ou entidade pública, sendo situação não ordinária. É inconstitucional a contratação de temporários em situação que deveria haver nomeação de servidores efetivos.

O prazo de duração do vínculo especial é determinado pela lei específica que regulamenta as contratações na esfera de cada ente federativo e deve ser definido no contrato celebrado com o ente estatal.

No âmbito federal, à contratação de servidores temporários, aplica-se a Lei 8.745/93, que *"dispõe sobre a contratação por tempo determinado para atender a necessidade temporária de excepcional interesse público, nos termos do inciso IX do art. 37 da Constituição Federal"*. Afinal, a contratação depende sempre de lei específica que a regulamente. Consoante já explicitado, não é possível a contratação de temporários para substituir servidores efetivos, sob pena de se estar diante de uma atuação inconstitucional do agente público. Inclusive, neste ínterim, a legislação define que estes servidores não poderão receber quaisquer atribuições, funções ou encargos não previstos no respectivo contrato ou serem nomeados ou designados, ainda que a título precário ou em substituição, para o exercício de cargo em comissão ou função de confiança.

Essa contratação irregular acontece com frequência, na prática, pelo fato de que os temporários não adquirem estabilidade, por isso, é mais simples a sua exoneração; além de ser mais simples a contratação, uma vez que o texto constitucional não exige concurso para a contratação destes agentes, sendo comum, somente, a realização de procedimento simplificado para garantir a impessoalidade da escolha dos agentes.

Esses servidores não são celetistas, embora sejam contratados pelo poder público, não se submetendo à regra da Consolidação das Leis do Trabalho. Em verdade, têm regime especial de Direito Administrativo, que decorre da lei específica que justifica e ampara sua contratação. Hoje é indiscutível que as ações decorrentes de controvérsias dos servidores que possuem vínculo temporário são de competência da justiça comum, não tendo atribuição a justiça trabalhista para analisar estas contendas.[3] Tal entendimento resulta do fato de que o regime especial a que estes servidores se submetem decorre do Direito Administrativo, extrapolando os limites definidos no art. 114 da Carta da República.

Pode-se citar como exemplo de servidores temporários aqueles recrutados, mediante procedimento seletivo simplificado, para atuar no programa censitário do IBGE.

A lei 8.745/93 define que podem ser considerados serviços de excepcional interesse público, os serviços de assistência a situações de calamidade pública; a assistência a emergências em saúde pública; a realização de recenseamentos e outras pesquisas de natureza estatística efetuadas pela Fundação Instituto Brasileiro de Geografia e Estatística - IBGE; a admissão de professor substituto e professor visitante; a admissão de professor e pesquisador visitante estrangeiro, entre outras atividades elencadas no art. 2º do diploma legal federal.

2.3.2. Regime jurídico dos servidores efetivos

Primordialmente, devem ser diferenciadas estas duas espécies de servidores, com base no regime jurídico a eles aplicado, em decorrência da natureza do vínculo que possuem com o poder público. Dessa forma, embora ambos possuam vínculo de natureza profissional para prestação de serviços de natureza não eventual, os servidores celetistas têm seu vínculo decorrente da assinatura de um contrato de emprego, os servidores estatutários têm vínculo de natureza legal e todos os seus direitos e obrigações decorrem diretamente da lei.

3. Neste sentido, já se manifestou o Supremo Tribunal Federal, conforme decisão a seguir:
EMENTA RECLAMAÇÃO - ADMINISTRATIVO E PROCESSUAL CIVIL - DISSÍDIO ENTRE SERVIDORES E O PODER PÚBLICO - ADI N. 3.395-MC/DF - CABIMENTO DA RECLAMAÇÃO - INCOMPETÊNCIA DA JUSTIÇA DO TRABALHO. 1. A reclamação é meio hábil para conservar a autoridade do Supremo Tribunal Federal e a eficácia de suas decisões. Não se reveste de caráter primário ou se transforma em sucedâneo recursal quando é utilizada para confrontar decisões de juízos e tribunais que afrontam o conteúdo do acórdão do STF na ADI n. 3.395-MC/DF. 2. **Compete à Justiça comum pronunciar-se sobre a existência, a validade e a eficácia das relações entre servidores e o poder público fundadas em vínculo jurídico-administrativo. É irrelevante a argumentação de que o contrato é temporário ou precário, ainda que haja sido extrapolado seu prazo inicial, bem assim se o liame decorre de ocupação de cargo comissionado ou função gratificada.** 3. Não descaracteriza a competência da Justiça comum, em tais dissídios, o fato de se requerer verbas rescisórias, FGTS e outros encargos de natureza símile, dada a prevalência da questão de fundo, que diz respeito à própria natureza da relação jurídico-administrativa, posto que desvirtuada ou submetida a vícios de origem, como fraude, simulação ou ausência de concurso público. Nesse último caso, ultrapassa o limite da competência do STF a investigação sobre o conteúdo dessa causa de pedir específica. 4. Parte das ações trabalhistas, vinculadas à reclamação, já transitaram em julgado, o que implica o não conhecimento do incidente quanto a esses feitos. 5. Reclamação conhecida parcialmente e, nessa parte, julgada procedente.
Rcl 5954 / PA - PARÁ
RECLAMAÇÃO
Relator(a): Min. DIAS TOFFOLI
Julgamento: 02/06/2010 Órgão Julgador: Tribunal Pleno

Em relação à escolha do regime pela Administração Pública, é relevante tecer alguns comentários que justificam o regime aplicado, atualmente, para ingresso de agentes nas entidades da Administração Direta.

→ *Regime jurídico na Constituição Federal de 1988*

A Constituição Federal, quando publicada, instituiu a exigência de regime jurídico único para ingresso de pessoal nas entidades da Administração Direta, autárquica e fundacional. Não se admitia, portanto, a contratação de empregados, regidos pela CLT, e a nomeação para assunção de cargos públicos estatutários, ao mesmo tempo, nos entes de direito público, da Administração Direta ou Indireta.

A grande maioria dos entes federativos optou, então, pela aplicação do regime estatutário aos seus servidores, inclusive, este foi o entendimento adotado pela União Federal, com a edição da lei 8112/90, que regulamenta o estatuto aplicável aos servidores civis federais, consolidando este regime jurídico para todos os servidores nesta esfera de governo. O regime estatutário, por definir mais garantias aos servidores públicos e maior independência na prestação do serviço, efetivamente, sempre se mostrou mais adequado à nomeação de agentes que atuam na execução das atividades de interesse público.

Não obstante o regime estatutário ser preponderante no âmbito federal / estadual, alguns municípios optaram pela aplicação do regime de emprego, contratando servidores, em respeito às normas da CLT.

→ *Emenda Constitucional n. 19/98*

Em 1998, com a aprovação e publicação da Emenda Constitucional n.19, as regras anteriormente definidas foram alteradas e foi abolida a exigência do regime jurídico único na Administração Direta, autárquica e fundacional, passando-se a admitir, a convivência de servidores de ambos os regimes no mesmo órgão ou entidade. Assim, por meio de lei a ser expedida por cada um dos entes federativos, ficariam definidos quais os regimes a serem aplicados aos seus servidores, podendo haver a contratação de empregados e nomeação de estatutários simultaneamente.

Dessa forma, na União, a lei 8.112/90 se aplica aos servidores estatutários aprovados mediante concurso público para assunção de cargos efetivos, definindo o regime aplicável a esses agentes, inclusive estabelecendo todos os direitos e obrigações a serem exigidas na prestação do serviço público. Esta lei se autodenomina "Estatuto dos Servidores Públicos Civis da União" e suas regras não são estendidas àqueles contratados sob o regime da Consolidação das Leis do Trabalho, ainda que prestem serviços nos órgãos federais.

Por seu turno, mediante disposição expressa da Carta Magna, após alteração por emenda, a União Federal, suas autarquias e fundações públicas de direito público também passaram a contratar empregados regidos pela Consolidação das Leis do Trabalho – CLT. Neste caso, os servidores serão contratados para assunção de emprego público.

Todavia, não obstante a aplicação do regime de trabalhadores em geral, pelo fato de prestarem serviços em entes da Administração Pública, esses agentes se submetem às restrições aplicadas aos servidores públicos, em geral, como, por exemplo, a exigência de concurso público para ingresso na carreira, a impossibilidade de acumulação de empregos públicos, a obediência e adequação de seus vencimentos ao teto de remuneração estampado no art. 37, XI da Constituição Federal, entre outras normas.

No âmbito federal, a CLT é aplicada subsidiariamente à lei 9.962/00 que "*Disciplina o regime de emprego público do pessoal da Administração federal direta, autárquica e fundacional, e dá outras providências*". A lei determina que os servidores admitidos para emprego público na Administração Federal direta, autárquica e fundacional terão suas relações de trabalho regidas pela Consolidação das Leis do Trabalho e legislação trabalhista correlata, somente naquilo que a própria lei 9.962/00 não dispuser em contrário.

Para dispor acerca do regime celetista, fica determinado que o contrato de trabalho é firmado por prazo indeterminado e somente será rescindido por ato unilateral da Administração Pública, em decorrência de prática de falta grave, dentre as enumeradas no art. 482 da Consolidação das Leis do Trabalho – CLT; em casos de acumulação ilegal de cargos, empregos ou funções públicas; para fins de redução de quadro de pessoal, por excesso de despesa, nos termos da lei complementar a que se refere o art. 169 da Constituição Federal e em virtude de insuficiência de desempenho, apurada em procedimento no qual se assegurem pelo menos um recurso hierárquico dotado de efeito suspensivo, que será apreciado em trinta dias, e o prévio conhecimento dos padrões mínimos exigidos para continuidade da relação de emprego, obrigatoriamente estabelecidos de acordo com as peculiaridades das atividades exercidas.

Ocorre que a alteração feita pela Emenda Constitucional n. 19/98 foi objeto de muitas críticas doutrinárias e foi alvo de Ação Direta de Inconstitucionalidade, ajuizada com a finalidade de se restaurar o regime jurídico único vigente, até então.

→ *ADI n. 2135*

A Ação Direta de Inconstitucionalidade foi proposta com a intenção de declarar inconstitucional a Emenda Constitucional n. 19/98, sob a alegação de incompatibilidade formal com a Carta Magna, em razão da violação do art. 60, §2º do diploma constitucional, que prevê que as propostas de emenda à constituição devem tramitar em cada uma das Casas do Congresso Nacional em dois turnos e, para que sejam aprovadas, devem obter, em ambos os turnos, a aquiescência de três quintos dos membros respectivos.

A Ação Direta mencionada ainda discutia a inconstitucionalidade material da referida Emenda que estaria modificando cláusula pétrea, em dissonância com o disposto no art. 60, §4ºda Carta Magna que dispõe não ser objeto de deliberação a proposta de emenda tendente a abolir a forma federativa de Estado, o voto direto, secreto, universal e periódico, a separação dos Poderes e os direitos e garantias individuais.

Desse modo, em 02 de agosto de 2007, o Supremo Tribunal Federal concedeu a medida cautelar para suspender, até a decisão final da ação, a eficácia da nova redação conferida pela Emenda ao art. 39 da Constituição Federal, em virtude de aparente vício formal de tramitação da norma. Com efeito, o plenário da Câmara Federal havia mantido, em primeiro turno, a redação originária do art. 39, somente admitindo a alteração no segundo turno de votação, o que enseja a inconstitucionalidade do dispositivo alterado.

Em virtude dessa decisão, passou-se a admitir somente um regime de servidores nos entes da Administração Direta, autárquica e fundacional, não mais sendo possível a implantação de regimes múltiplos em cada uma das entidades. Com efeito, restaura-se, no âmbito federal, a obrigatoriedade de aplicação da lei 8.112/90.

Dada a importância da decisão que restaura a exigência de regime jurídico único nos entes de direito público da Administração, é relevante analisar a ementa da decisão ora apresentada. Sendo assim, transcreve-se a ementa do julgado.

> Ementa: MEDIDA CAUTELAR EM AÇÃO DIRETA DE INCONSTITUCIONALIDADE. PODER CONSTITUINTE REFORMADOR. PROCESSO LEGISLATIVO. EMENDA CONSTITUCIONAL 19, DE 04.06.1998. ART. 39, CAPUT, DA CONSTITUIÇÃO FEDERAL. SERVIDORES PÚBLICOS. REGIME JURÍDICO ÚNICO. PROPOSTA DE IMPLEMENTAÇÃO, DURANTE A ATIVIDADE CONSTITUINTE DERIVADA, DA FIGURA DO CONTRATO DE EMPREGO PÚBLICO. INOVAÇÃO QUE NÃO OBTEVE A APROVAÇÃO DA MAIORIA DE TRÊS QUINTOS DOS MEMBROS DA CÂMARA DOS DEPUTADOS QUANDO DA APRECIAÇÃO, EM PRIMEIRO TURNO, DO DESTAQUE PARA VOTAÇÃO EM SEPARADO (DVS) N. 9. SUBSTITUIÇÃO, NA ELABORAÇÃO DA PROPOSTA LEVADA A SEGUNDO TURNO, DA REDAÇÃO ORIGINAL DO CAPUT DO ART. 39 PELO TEXTO INICIALMENTE PREVISTO PARA O PARÁGRAFO 2º DO MESMO DISPOSITIVO, NOS TERMOS DO SUBSTITUTIVO APROVADO. SUPRESSÃO, DO TEXTO CONSTITUCIONAL, DA EXPRESSA MENÇÃO AO SISTEMA DE REGIME JURÍDICO ÚNICO DOS SERVIDORES DA ADMINISTRAÇÃO PÚBLICA. RECONHECIMENTO, PELA MAIORIA DO PLENÁRIO DO SUPREMO TRIBUNAL FEDERAL, DA PLAUSIBILIDADE DA ALEGAÇÃO DE VÍCIO FORMAL POR OFENSA AO ART. 60, § 2º, DA CONSTITUIÇÃO FEDERAL. RELEVÂNCIA JURÍDICA DAS DEMAIS ALEGAÇÕES DE INCONSTITUCIONALIDADE FORMAL E MATERIAL REJEITADA POR UNANIMIDADE. 1. A matéria votada em destaque na Câmara dos Deputados no DVS n. 9 não foi aprovada em primeiro turno, pois obteve apenas 298 votos e não os 308 necessários. Manteve-se, assim, o então vigente caput do art. 39, que tratava do regime jurídico único, incompatível com a figura do emprego público. 2. O deslocamento do texto do § 2º do art. 39, nos termos do substitutivo aprovado, para o caput desse mesmo dispositivo representou, assim, uma tentativa de superar a não aprovação do DVS n. 9 e evitar a permanência do regime jurídico único previsto na redação original suprimida, circunstância que permitiu a implementação do contrato de emprego público ainda que à revelia da regra constitucional que exige o quorum de três quintos para aprovação de qualquer mudança constitucional. 3. Pedido de medida cautelar deferido, dessa forma, quanto ao caput do art. 39 da Constituição Federal, ressalvando-se, em decorrência dos efeitos ex nunc da decisão, a subsistência, até o julgamento definitivo da ação, da validade dos atos anteriormente praticados com base em legislações eventualmente editadas durante a vigência do dispositivo ora suspenso. 4. Ação direta julgada prejudicada quanto ao art. 26 da EC 19/98, pelo exaurimento do prazo estipulado para sua vigência. 5. Vícios formais e materiais dos demais dispositivos constitucionais impugnados, todos oriundos da EC 19/98, aparentemente inexistentes ante a constatação de que as mudanças de redação promovidas no curso do processo legislativo não alteraram substancialmente o sentido das proposições ao final aprovadas e de que não há direito adquirido à manutenção de regime jurídico anterior. 6. Pedido de medida cautelar parcialmente deferido.
>
> ADI 2135 MC / DF - DISTRITO FEDERAL
>
> MEDIDA CAUTELAR NA AÇÃO DIRETA DE INCONSTITUCIONALIDADE
>
> Relator(a): Min. NÉRI DA SILVEIRA
>
> Relator(a) p/ Acórdão: Min. ELLEN GRACIE (ART.38,IV,b, do RISTF)
>
> Julgamento: 02/08/2007 Órgão Julgador: Tribunal Pleno

Pelo exposto, em virtude da decisão proferida pelo Supremo Tribunal Federal em controle concentrado de constitucionalidade, produzindo efeito vinculante até o julgamento final da Ação Direta de Inconstitucionalidade, aplica-se, atualmente, o texto original do art. 39 da Carta Magna que define a aplicação de Regime Jurídico Único para os servidores da Administração Direta, autárquica e fundacional.

Não obstante seja competência do ente federativo, em cada esfera de poder, definir qual o regime que será aplicado aos seus servidores – sendo somente vedada a implantação de mais de um regime no mesmo ente federativo, a doutrina é orientada no sentido de que a contratação de empregados pelos entes de direito público deve ser restrita e somente admitida em caráter excepcional, para o exercício de determinadas atividades.

É cediço que alguns dispositivos constitucionais preveem a contratação de empregados para atuarem no âmbito da Administração Pública, como por exemplo, o art. 51, IV que define que compete à Câmara dos Deputados, privativamente, "*dispor sobre sua organização, funcionamento, polícia, criação, transformação ou extinção dos cargos,* ***empregos*** *e funções de seus serviços, e a iniciativa de lei para fixação da respectiva remuneração, observados os parâmetros estabelecidos na lei de diretrizes orçamentárias*". Sendo assim, a obrigatoriedade de regime jurídico único proíbe somente que, no âmbito da mesma esfera de governo, haja multiplicidade de regimes, como seria o caso de servidores estatutários serem nomeados pela União, ao tempo em que determinada autarquia federal realiza a contratação de empregados, regidos pela Consolidação das Leis do Trabalho, para execução de serviço similar.

Consoante explicitado, a doutrina, majoritariamente, entende que a adoção de regime celetista por determinado ente federativo deve ser analisado com ressalvas, haja vista ser o regime estatutário o mais adequado à prestação de serviços públicos nos entes de direito público da Administração. Sendo assim, o regime jurídico único exige, a princípio, a nomeação de servidores estatutários.

Ressalte-se que alguns doutrinadores adotam o entendimento de que o regime jurídico único será obrigatoriamente estatutário, não havendo margem de escolha para o ente federativo. Nesse sentido, Marçal Justen Filho[4] dispõe que "*o dispositivo foi aplicado no sentido de generalização do regime dito 'estatutário' para todos os servidores públicos da Administração Direta, autárquica e de fundações públicas. Isso significou que os antigos titulares de empregos públicos tiveram sua situação jurídica alterada e foram investidos em cargos públicos*".

Há quem entenda ainda que é possível a criação de um regime único para os entes da Administração Direta e um outro regime único, diverso, aplicável às autarquias e às fundações públicas de direito público.

Ocorre que o entendimento adotado por esta obra, seguindo a posição majoritária da doutrina, é no sentido de que as entidades públicas da Administração devem adotar um único regime aplicável a todos os seus servidores, sendo possível a adoção do regime de cargos ou de empregos.

Por sua vez, todos os servidores que ingressaram no serviço público antes da decisão liminar proferida na ADI 2135, sob o regime de empregos públicos, mantêm o seu vínculo

4. JUSTEN FILHO, Marçal – Curso de Direito Administrativo. São Paulo: Forum, 14ª, 2009.

inalterado, haja vista a irretroatividade da decisão proferida. Por óbvio, o Supremo Tribunal Federal poderá determinar, na decisão final, a conversão do regime.

→ *Preferência do regime estatutário*

Conforme explicitado alhures, adota-se, nesta obra, o entendimento de que compete a cada ente federativo, por meio de lei, a definição do regime jurídico a ser aplicado aos servidores de sua Administração Direta, bem como para as autarquias e fundações públicas de direito público, não podendo, todavia, optarem pela adoção de mais de um regime simultaneamente. Sendo assim, o ente pode preferir a aplicação do regime de cargos ou de empregos públicos.

Apesar desta posição firmada, não se pode deixar de reconhecer que o regime estatutário prevalece na execução de atividades públicas, desde a promulgação da Constituição Federal de 1988, haja vista definir mais garantias aos agentes, na prestação das atividades públicas, como a estabilidade e o regime especial de aposentadoria, desatrelado do Regime Geral de Previdência aplicado aos empregados em geral, a possibilidade de disponibilidade remunerada em casos de extinção de cargo público, entre outros benefícios.

Essas prerrogativas não foram atribuídas com a finalidade de criar ou ampliar direitos dos servidores em seu benefício, mas sim com a intenção de garantir uma maior independência na prestação do serviço público, ensejando uma garantia de moralidade e impessoalidade na execução das atividades do Estado. Teoricamente analisando, o agente público que se sente seguro e respeitado em sua atividade pode tomar todas as suas decisões fundadas somente na busca pelo interesse público, sem se preocupar com perseguições ou jogos políticos que lhe ameacem o vínculo de trabalho conquistado mediante concurso.

Nesse sentido, a professora Fernanda Marinela[5] dispõe acerca das garantias inerentes ao regime estatutário que *"esses direitos garantem aos servidores maior segurança e conforto para o exercício de suas funções, o que representa, ao menos, na teoria, uma maior eficiência, moralidade e impessoalidade nos serviços públicos"*.

Em virtude deste entendimento, a doutrina majoritária entende que o regime estatutário dos seus servidores deve ser a preferência na definição do regime jurídico a ser adotado pelos entes federativos. A opção pelo regime de emprego será excepcional e admitida em situações nas quais a entidade não tenha possibilidade orçamentária para a criação de plano de cargos e salários sob regime estatutário, o que ocorre com determinados municípios da federação brasileira.

→ *Regime jurídico único aplicado à União Federal*

No âmbito federal, não há discussão acerca da adoção de regime, em virtude da aplicação da lei 8.112/90 que define que todos os servidores da Administração Direta, autárquica e fundacional se submetem ao regime estatutário definido por aquela lei.

Ressalte-se, ainda que, todos os servidores que haviam ingressado no serviço público antes da Constituição Federal, sob o regime de emprego, tiveram a conversão do regime em estatutário. De fato, não obstante as discussões doutrinárias acerca do tema, a conversão de regime foi disposta no art. 243 da própria lei 8.112/90.

5. MARINELA, Fernanda – Direito Administrativo. Niterói: Impetus, 6ª ed. 2012.

A matéria foi alvo de muitas críticas pelos doutrinadores mais tradicionais, entendendo que o dispositivo viola diretamente o art. 19, §1º, do Ato das Disposições Constitucionais Transitórias - ADCT.

Isso porque este dispositivo determina que o tempo de serviço destes servidores será contado como título quando se submeterem a concurso para fins de efetivação, na forma da lei. Sendo assim, em interpretação clara do artigo da ADCT, estes agentes devem realizar um concurso público posterior para sua efetivação em cargos públicos, podendo, inclusive, aproveitar esse tempo de serviço para fins de titulação neste processo seletivo.

A despeito das críticas, o dispositivo legal a seguir transcrito não sofreu qualquer declaração de inconstitucionalidade e se aplica integralmente.

> "Art. 243. Ficam submetidos ao regime jurídico instituído por esta Lei, na qualidade de servidores públicos, os servidores dos Poderes da União, dos ex-Territórios, das autarquias, inclusive as em regime especial, e das fundações públicas, regidos pela Lei n. 1.711, de 28 de outubro de 1952 - Estatuto dos Funcionários Públicos Civis da União, ou pela Consolidação das Leis do Trabalho, aprovada pelo Decreto-Lei n. 5.452, de 1º de maio de 1943, exceto os contratados por prazo determinado, cujos contratos não poderão ser prorrogados após o vencimento do prazo de prorrogação.
>
> § 1º **Os empregos ocupados pelos servidores incluídos no regime instituído por esta Lei ficam transformados em cargos, na data de sua publicação**".

Com efeito, pode-se verificar da leitura do texto legal que, após a edição do estatuto dos servidores federais, não mais subsistem servidores em regime de emprego nas entidades de direito público integrantes da estrutura organizacional da União.

Ressalte-se que a estabilidade, nos moldes estipulados pelo art. 19 da ADCT, somente foi adquirida pelos servidores que ingressaram, ao menos, cinco anos antes da promulgação da carta Constitucional. Com efeito, dispõe o artigo que "*Os servidores públicos civis da União, dos Estados, do Distrito Federal e dos Municípios, da administração direta, autárquica e das fundações públicas, em exercício na data da promulgação da Constituição, há pelo menos cinco anos continuados, e que não tenham sido admitidos na forma regulada no art. 37, da Constituição, são considerados estáveis no serviço público*".

Em virtude desta disposição, a lei 9.527/97, alterando a lei 8.112/90, definiu, em seu art. 243, §7º, a possibilidade de exoneração dos servidores que, mesmo efetivos, não adquiriram estabilidade em virtude do ingresso, no serviço público, há menos de cinco anos, contados da promulgação do texto constitucional vigente.

A nova redação da lei prevê a possibilidade de desligamento destes servidores desde que mediante o pagamento de indenização prévia, ao estipular que "*Os servidores públicos de que trata o caput deste artigo, não amparados pelo art. 19 do Ato das Disposições Constitucionais Transitórias, poderão, no interesse da Administração e conforme critérios estabelecidos em regulamento, ser exonerados mediante indenização de um mês de remuneração por ano de efetivo exercício no serviço público federal*".

→ *Agentes comunitários de saúde e agentes de combate às endemias*

Não obstante a definição do regime jurídico único estatutário aos servidores da Administração Pública Federal, incluindo suas autarquias e fundações públicas de direito público, existe a possibilidade de contratação de empregados, sob o regime da Consolidação das Leis do Trabalho, para os agentes comunitários de saúde e de combate às endemias. Trata-se de exceção decorrente do texto constitucional. Explique-se.

O art. 198, §4º da Constituição Federal define que "*Os gestores locais do sistema único de saúde poderão admitir agentes comunitários de saúde e agentes de combate às endemias por meio de processo seletivo público, de acordo com a natureza e complexidade de suas atribuições e requisitos específicos para sua atuação*".

Para regulamentar este dispositivo, foi editada a lei 11.350/06 que dispõe acerca da contratação destes agentes. A legislação estabelece algumas regras para a contratação de pessoal com essa finalidade, definindo, inclusive, suas atividades e áreas de atuação.

Ademais, o agente comunitário de saúde e o agente de combate a endemias devem ser aprovados em processo seletivo público de provas ou de provas e títulos, de acordo com a natureza e a complexidade de suas atribuições e requisitos específicos para o exercício das atividades, que atenda aos princípios de legalidade, impessoalidade, moralidade, publicidade e eficiência.

Além da aprovação em processo seletivo, o agente comunitário de saúde deve cumprir, ainda, alguns requisitos para assunção da função, quais sejam, residir na área da comunidade em que atuar, desde a data da publicação do edital do processo seletivo público; haver concluído, com aproveitamento, curso introdutório de formação inicial e continuada e haver concluído o ensino fundamental, com exceção daqueles que já estiverem executando esta atividade quando foi editada a lei. Em relação aos agentes de combate a endemias, não se exige a residência na área da comunidade, sendo mantidos os demais requisitos legais, inclusive, formação no ensino fundamental.

Ocorre que a legislação em comento define que o vínculo destes agentes com a Administração Pública é regido pela CLT, por se tratarem de empregados contratados pelo poder público. Com efeito, o art. 8º, da lei 11.350/06 dispõe que "*Os Agentes Comunitários de Saúde e os Agentes de Combate às Endemias admitidos pelos gestores locais do SUS e pela Fundação Nacional de Saúde - FUNASA, na forma do disposto no § 4º do art. 198 da Constituição, submetem-se ao regime jurídico estabelecido pela Consolidação das Leis do Trabalho - CLT, salvo se, no caso dos Estados, do Distrito Federal e dos Municípios, lei local dispuser de forma diversa*".

Inclusive, assim como disposto na lei 9.962/00, a Administração Pública somente poderá rescindir unilateralmente o contrato de emprego do Agente Comunitário de Saúde ou do Agente de Combate às Endemias, de acordo com o regime jurídico de trabalho adotado, na ocorrência de prática de falta grave, dentre as enumeradas no art. 482 da CLT, acumulação ilegal de cargos, empregos ou funções públicas, necessidade de redução de quadro de pessoal, por excesso de despesa, ou em decorrência de insuficiência de desempenho, apurada em procedimento no qual se assegurem pelo menos um recurso hierárquico dotado de efeito suspensivo, que será apreciado em trinta dias, e o prévio conhecimento dos padrões mínimos exigidos para a continuidade da relação de emprego, obrigatoriamente estabelecidos de acordo com as peculiaridades das atividades exercidas.

Trata-se, portanto, de exceção ao regime estatutário vigente para os entes de direito público da Administração Federal.

2.3.3. Servidores celetistas

Por tudo o quanto exposto anteriormente, é cediço que, salvo situações excepcionais, a contratação de empregados sob o regime da CLT para prestação de serviços na Administração Pública fica limitada aos entes de direito privado, quais sejam, as empresas públicas, sociedades de economia mista e fundações públicas regidas pelo direito privado.

Pelo fato de se submeterem a regime de direito privado, a estas entidades não se admite a nomeação de servidores sob regime estatutário, com as prerrogativas constitucionais e legais inerentes ao regime de cargos públicos.

Estes agentes têm vínculo permanente com o Estado, com prazo indeterminado, sob relação de emprego, sendo-lhes aplicável o regime da CLT, subsidiariamente às normas estipuladas por lei específica. No âmbito federal, a regulamentação destes empregos se deu por meio da edição da lei 9.962/00.

Não obstante sejam regulados por regime de emprego e estejam vinculados a entidades com personalidade jurídica de direito privado, estes agentes se submetem a algumas restrições aplicadas aos servidores públicos em geral. Como se mostra a seguir.

a) Consoante disposto no art. 37, XVII, da Constituição Federal, estes servidores estão **proibidos de acumularem seus empregos** com outros cargos ou empregos públicos, salvo as exceções constitucionalmente admitidas.

b) São considerados agentes públicos para fins de responsabilização por atos de **improbidade administrativa**, conforme disposição do art. 2º, da lei 8.429/92, bem como se enquadram na definição de **"funcionário público" para fins penais**, estampada no Código Penal, em seu artigo 327, respondendo, pelos crimes praticados contra a Administração Pública.

c) Seus atos se submetem a correção e controle judicial, por meio dos **remédios constitucionais**, tais como o Mandado de Segurança, a ação popular e o *habeas data* entre outros.

d) Devem-se submeter a **concurso público** de provas ou de provas e títulos para a celebração do contrato de emprego e, consequente, criação de vínculo com o poder público, nos moldes estipulados pelo art. 37, II da Constituição Federal. Trata-se de forma de garantir a impessoalidade e moralidade na contratação de empregados pela Administração Pública, sem preferências indevidas.

e) Seus salários estão submetidos ao limite constitucional aplicado aos servidores públicos em geral. Em outras palavras, devem respeitar o teto remuneratório, previsto no art. 37, XI da Carta Magna, salvo se a entidade não receber dinheiro público para custeio ou pagamento de pessoal. Nesse sentido, o art. 37, §9º da CF define que *"O disposto no inciso XI aplica-se às empresas públicas e às sociedades de economia mista, e suas subsidiárias, que receberem recursos da União, dos Estados, do Distrito Federal ou dos Municípios para pagamento de despesas de pessoal ou de custeio em geral".*

A despeito de se submeterem a determinadas regras públicas, o regime aplicado a estes servidores é de emprego, razão pela qual, não podem ficar em disponibilidade remunerada quando da extinção do emprego ou função. Ademais, se submetem a regime geral de previdência social, entre outras normas de direito privado a eles aplicáveis.

Por fim, discute-se, na doutrina e jurisprudência, a possibilidade de aquisição de estabilidade pelos detentores de empregos públicos das entidades da Administração Indireta de Direito Privado, haja vista a exigência de concurso para ingresso nos quadros públicos.

Nesse sentido, a súmula 390, II do TST determina que *"Ao empregado de empresa pública ou de sociedade de economia mista, ainda que admitido mediante aprovação em concurso público, não é garantida a estabilidade prevista no art. 41 da CF/1988"*. No mesmo sentido a doutrina majoritária não admite a extensão da estabilidade aos detentores de empregos, haja vista a expressa dicção constitucional no sentido de que a estabilidade somente será adquirida pelos detentores de cargos efetivos.

Não obstante a ausência de estabilidade, ainda se discute a possibilidade de dispensa imotivada destes agentes. O Supremo Tribunal Federal já se posicionou no sentido de que, não havendo a garantia da estabilidade, é prescindível a justificativa para dispensa dos empregados das empresas públicas e sociedades de economia mista. Esse entendimento foi estampado, inclusive, no julgamento do AI 648453 AgR/ ES - ESPÍRITO SANTO.

Essa regra admite a exceção trazida para a Empresa Brasileira de Correios e Telégrafos que, no entendimento estampado pela Suprema Corte, goza de "regime de fazenda pública", com todas as prerrogativas e limitações inerentes ao regime jurídico administrativo.

Ocorre que a dispensa de empregado público se configura ato administrativo e, como tal, depende de motivação, inclusive, pelo fato de restringir direitos de particulares. Nesse sentido, não se pode admitir a dispensa sem a necessidade de qualquer garantia de contraditório e ampla defesa. Em 2013, em novo julgado, o Supremo Tribunal Federal reconheceu o dever de motivar os atos de dispensa dos empregados das empresas estatais prestadoras de serviços públicos. Embora se trate de julgado proferido em relação à dispensa de servidor da ECT, o entendimento da Corte vem-se consolidando no sentido de que a garantia do contraditório se estende aos servidores de quaisquer empresas públicas ou sociedades de economia mista que atuem na execução de serviços públicos. Vejamos.

> Ementa: EMPRESA BRASILEIRA DE CORREIOS E TELÉGRAFOS – ECT. DEMISSÃO IMOTIVADA DE SEUS EMPREGADOS. IMPOSSIBILIDADE. NECESSIDADE DE MOTIVAÇÃO DA DISPENSA. RE PARCIALEMENTE PROVIDO. I - Os empregados públicos não fazem jus à estabilidade prevista no art. 41 da CF, salvo aqueles admitidos em período anterior ao advento da EC n.19/1998. Precedentes. II - Em atenção, no entanto, aos princípios da impessoalidade e isonomia, que regem a admissão por concurso público, a dispensa do empregado de empresas públicas e sociedades de economia mista que prestam serviços públicos deve ser motivada, assegurando-se, assim, que tais princípios, observados no momento daquela admissão, sejam também respeitados por ocasião da dispensa. III – A motivação do ato de dispensa, assim, visa a resguardar o empregado de uma possível quebra do postulado da impessoalidade por parte do agente estatal investido do poder de demitir. IV - Recurso extraordinário parcialmente provido para afastar a aplicação, ao caso, do art. 41 da CF, exigindo-se, entretanto, a motivação para legitimar a rescisão unilateral do contrato de trabalho.
>
> RE 589998 / PI - PIAUÍ
>
> RECURSO EXTRAORDINÁRIO
>
> Relator(a): Min. RICARDO LEWANDOWSKI
>
> Julgamento: 20/03/2013 Órgão Julgador: Tribunal Pleno

Sendo assim, entende-se que, a despeito de se tratar de matéria divergente, a dispensa de empregados da Administração Pública depende de motivação, por se tratar de ato administrativo que restringe direitos. Todavia, isso não se confunde com a garantia de estabilidade, prevista no art. 41 da Constituição Federal e que não se estende aos detentores de empregos públicos, sob o regime da Consolidação das Leis do Trabalho.

Corroborando com esse entendimento, o professor Dirley da Cunha Júnior[6] dispõe que *"estamos convencidos de que as chamadas empresas estatais só podem demitir os seus empregados públicos motivadamente e em razão de falta grave apurada em processo administrativo sendo assegurada a ampla defesa"*.

2.3.4. Servidores estatutários

Assim como os empregados públicos, os servidores estatutários têm vínculo permanente com a Administração, de natureza profissional, com prazo indeterminado, para execução de atividades permanentes de interesse do Estado.

Tais agentes se vinculam ao poder público sem a celebração de contrato de emprego, com vínculo decorrente diretamente do texto da lei, o que confere mais garantias aos servidores. Com efeito, as normas dispostas no estatuto se aplicam a todos os servidores a ele submetidos, indistintamente, não havendo relação individualizada com a Administração mediante a celebração de qualquer espécie de acordo. O candidato é aprovado em um concurso público para provimento de cargos e, após nomeação, ao assinar o termo de posse, se submete a todas as normas dispostas na legislação para sua carreira.

Ressalte-se que, em virtude da ausência de contrato dispondo acerca de todos os direitos e obrigações, o servidor estatutário não tem direito adquirido a manter as prerrogativas definidas em lei. A título de exemplo, se o estatuto do servidor prevê a concessão de licença prêmio aos servidores desta carreira que contam com mais de cinco anos no serviço e, posteriormente, a norma é revogada pela edição de lei posterior, aqueles agentes que já haviam ingressado na carreira, mas não possuíam cinco anos de serviço, não têm qualquer direito garantido. Situação diversa ocorreria se o servidor tivesse vínculo contratual; afinal, neste último caso, a alteração legal não atinge sua relação individualizada. Para que lhe seja suprimida qualquer garantia, deve ser realizada uma alteração no contrato de emprego que lhe define os direitos e as obrigações.

De fato, acerca do tema, o Supremo Tribunal Federal já se manifestou no sentido de que não há direito adquirido a regime jurídico, ou seja, ninguém pode alegar direito adquirido àquilo que estava disposto em lei, quando for procedida uma alteração legislativa de forma regular, haja vista não ser possível impedir a edição de nova lei tratando da mesma matéria de forma diversa, consoante se depreende de julgado abaixo transcrito.

> Ementa: CONSTITUCIONAL E ADMINISTRATIVO. AGRAVO REGIMENTAL EM AGRAVO DE INSTRUMENTO. SERVIDORES DO DISTRITO FEDERAL. REAJUSTE DE 84,32% (PLANO COLLOR). LIMITAÇÃO TEMPORAL. DIREITO ADQUIRIDO. INEXISTÊNCIA. RE INTERPOSTO ANTES DE 03.05.2007 QUE

6. CUNHA JÚNIOR, Dirley da – Curso de Direito Administrativo, Salvador: Editora Juspodium, 12ª ed., 2013.

PREENCHEU TODOS OS PRESSUPOSTOS DE ADMISSIBILIDADE PARA A ANÁLISE DA QUESTÃO DE MÉRITO. 1. Limitação do reajuste ao período de vigência da Lei Distrital 38/89, revogada pela Lei Distrital 117/90. **Inexistência de direito adquirido a regime jurídico-funcional.** 2. Não encontra amparo na jurisprudência desta Corte a tese do agravante, concernente à subsistência do reajuste de 84,32% (Plano Collor) aos servidores do Distrito Federal, mesmo após a revogação da Lei Distrital 38/89 pela Lei Distrital 117/90. 3. Agravo regimental improvido.

AI 537862 AgR / DF - DISTRITO FEDERAL

AG.REG.NO AGRAVO DE INSTRUMENTO

Relator(a): Min. ELLEN GRACIE

Julgamento: 08/09/2009 Órgão Julgador: Segunda Turma

Sendo assim, pode-se dizer que os direitos instituídos pelo estatuto dos servidores públicos não incorporam ao patrimônio jurídico destes agentes, haja vista a possibilidade de alteração posterior, mediante a edição de lei que regulamente a mesma matéria de forma diversa do que estava disposto quando do seu ingresso na atividade pública.

Somente para sintetizar o quanto foi explicitado alhures, segue resumo comparativo em relação aos servidores estatais.

DISTINÇÃO ENTRE ESTATUTÁRIOS E CELETISTAS

Em resumo, o que diferencia os servidores empregados, regidos pela Consolidação das Leis do Trabalho, dos servidores estatutários é a natureza do vínculo que possuem com o poder público e que justifica seus direitos e obrigações.

O **servidor celetista** é aprovado no concurso e, posteriormente, convocado a assinar um **contrato de emprego**. Todos os seus direitos e obrigações estão previstos no contrato, desde que respeitadas as regras mínimas estipuladas na CLT e, no âmbito federal, na Lei 9.962/00. Logo, sua relação com o Poder Público é contratual e neste acordo estão definidas todas as regras dispostas neste vínculo.

O **servidor estatutário**, após aprovação em concurso público é convocado, mediante ato de nomeação, a tomar posse, assumindo, em decorrência deste ato, um cargo público. Este agente não celebra contrato com a Administração Pública, estando seus direitos e obrigações previstos em diplomas legais específicos, denominados **estatutos**. No âmbito federal, a Lei 8.112/90 é o estatuto que trata dos servidores civis. Logo, não há uma relação individualizada ou contratual, sendo o vínculo jurídico responsável por definir os direitos e obrigações decorrentes diretamente da lei.

Ressalte-se ainda que, para todos aqueles que ingressam no serviço público permanente, seja como servidor empregado regido pela Consolidação das Leis Trabalhistas, seja como estatutário, a Constituição Federal exige aprovação em concurso público de provas ou de provas e títulos, conforme estipulado em seu art. 37, inciso II:

> *Art. 37. II - a investidura em **cargo ou emprego público** depende de aprovação prévia em concurso público de provas ou de provas e títulos, de acordo com a natureza e a complexidade do cargo ou emprego, na forma prevista em lei, ressalvadas as nomeações para cargo em comissão declarado em lei de livre nomeação e exoneração;* (Redação dada pela Emenda Constitucional n. 19, de 1998)

3. CARGO PÚBLICO, EMPREGO PÚBLICO E FUNÇÃO PÚBLICA

Os conceitos de cargo, emprego e função são indispensáveis a uma melhor compreensão dos agentes públicos em geral e têm base legal e doutrinária. Nesse sentido, deve-se analisar que alguns agentes assumem cargos públicos, outros são detentores de empregos a determinados agentes públicos somente é atribuída uma função pública, sem a necessidade de assunção de cargo ou emprego na estrutura organizacional da Administração Pública.

Analisem-se, separadamente, cada um dos conceitos.

3.1. Emprego público

A expressão designa o vínculo profissional entre a Administração Pública e os seus agentes regidos pela Consolidação das Leis do Trabalho, mediante celebração de contrato que definirá todos os direitos e obrigações do particular sujeito à disciplina administrativa e também dos entes estatais, na relação ajustada.

Celso Antônio Bandeira de Mello[7] estabelece que os empregos públicos *"são núcleos de encargos de trabalho permanentes a serem preenchidos por agentes contratados para desempenhá--los, sob relação trabalhista, como, aliás, prevê a lei 9.962 de 22.2.2000"*

Os empregados detentores de empregos públicos se submetem a normas estipuladas no próprio acordo firmado com o ente público, designado como "contrato de emprego" que deve ser orientado, por todas as garantias constitucionais estampadas no art. 7º da Carta Magna e na Consolidação das Leis Trabalhistas. Ressalte-se que tais normas definem, somente, garantias mínimas a serem observadas pelo empregador, quando da assinatura do contrato, sendo possível a ampliação destes direitos mediante ajuste próprio.

No âmbito federal, a CLT é aplicada subsidiariamente às normas estipuladas pela lei 9.962/00 que disciplina o regime de emprego público do pessoal da Administração Federal Direta, autárquica e fundacional, e dá outras providências e define que o contrato de trabalho será celebrado por prazo indeterminado e somente será rescindido por ato unilateral da Administração Pública, nas hipóteses previstas no art. 3º deste diploma legislativo.

Ocorre que o regime de emprego foi abolido da Administração Direta, autárquica e fundacional, em virtude da restauração do Regime Jurídico Único, decorrente da concessão de medida cautelar na ADI 2135, já analisada, nesta obra, em tópico anterior, consolidado por meio da edição da lei 8.112/90.

Sendo assim, o regime de empregos, na estrutura organizacional da União Federal, fica restrito às contratações de pessoal efetivadas nas empresas públicas, sociedades de economia mista e fundações públicas regidas pelo direito privado.

Consoante disposto no art. 61, §1º, II, "a" da Constituição Federal, a criação de empregos públicos deve ser feita mediante lei e, pelo princípio da simetria das formas, exige-se esta mesma regra para sua extinção.

Ademais, para que seja possível a celebração de contrato de emprego, o particular deve ter sido previamente aprovado em concurso público de provas ou de provas e títulos, definido nos moldes do art. 37, II da CF, ainda que para prestação de serviços nos entes privados da Administração Descentralizada.

7. MELLO, Celso Antonio Bandeira de – Curso de Direito Administrativo. São Paulo: Malheiros, 26ª ed. 2009.

3.2. Cargo Público

No entendimento de Celso Antônio Bandeira de Mello[8], os cargos públicos são *"as mais simples e indivisíveis unidades de competência a serem expressadas por um agente, previstas em número certo, com denominação própria, retribuídas por pessoas jurídicas de direito público e criadas por lei"*. No mesmo sentido, Marçal Justen Filho[9] dispõe que *"cargo público é uma posição jurídica, utilizada como instrumento de organização da estrutura administrativa, criada e disciplinada por lei, sujeita a regime jurídico de direito público peculiar, caracterizado por mutabilidade por determinação unilateral do Estado e por certas garantias em prol do titular"*.

Cumpre, ainda, trazer à baila a definição legal. Com efeito, o art. 3º da lei 8.112/90 define que *"Cargo público é o conjunto de atribuições e responsabilidades previstas na estrutura organizacional que devem ser cometidas a um servidor"*.

Enfim, é pacífico o entendimento de que o **cargo público** se configura uma unidade de competência à qual será atribuído um plexo de atribuições e que deve ser criado mediante lei e assumido por um determinado agente, com vínculo estatutário, de natureza profissional e permanente, para execução das atividades a ele inerentes.

A criação de cargos públicos deve ser feita mediante lei de iniciativa do Poder cuja estrutura o cargo integrará. O art. 48, X da Constituição Federal define a exigência de lei para criação, transformação e extinção dos cargos. Ressalte-se também depender de formação legislativa a definição das atribuições deste cargo, bem como a denominação e a remuneração correspondente a ele, ou seja, o valor pecuniário a ser pago ao ocupante do cargo como contraprestação pelo serviço prestado em seu exercício.

Conforme exposto, cada Poder estatal fica responsável pela iniciativa para a edição da lei que determinará a criação dos seus cargos. Sendo assim, será de iniciativa do Presidente da República a lei que dispõe acerca da criação e extinção de cargos no âmbito do Poder Executivo; por sua vez, compete ao Congresso Nacional e aos tribunais a iniciativa das leis que ensejarão a criação de cargos no âmbito de suas estruturas.

Estampado situação excepcional, o art. 51, IV da Carta Magna define que compete à Câmara dos Deputados *"dispor sobre sua organização, funcionamento, polícia, criação, transformação ou extinção dos cargos, empregos e funções de seus serviços, e a iniciativa de lei para fixação da respectiva remuneração, observados os parâmetros estabelecidos na lei de diretrizes orçamentárias"*. A mesma regra está prevista no art. 52, XIII, em referência à competência do Senado Federal.

Em ambos os casos, pode-se verificar, portanto, que há dispensa de lei para nomeação de cargos para exercerem os **serviços auxiliares nos órgãos do Poder Legislativo**, sendo, nestes casos, admitida a criação e extinção de cargos mediante **resolução** de cada uma das casas do Congresso Nacional. Trata-se de possibilidade de criação de cargo mediante ato administrativo normativo, sem força de lei.

Analisando, ainda, a redação do dispositivo transcrito, pode-se verificar que a remuneração destes cargos deverá ser definida mediante lei. Nestes casos, a casa legislativa terá competência

8. Op.cit.
9. JUSTEN FILHO, Marçal – Curso de Direito administrativo. São Paulo:Forum, 14ª ed. 2009.

somente para a iniciativa da lei que definirá a remuneração a ser paga. A exigência enseja algumas críticas doutrinárias daqueles que defendem que a necessidade de sanção do chefe do executivo para estipulação do valor remuneratório violaria o princípio constitucional da separação de poderes, mas a crítica não tem fundamento e a lei, enquanto manifestação popular, definirá os vencimentos do cargo.

Não obstante a criação e extinção de cargos públicos devam ser realizadas mediante a edição de lei, o texto da Constituição Federal definiu uma exceção, em seu art. 84, VI, ao estabelecer que, compete ao Presidente da República, mediante **decreto**, dispor acerca da **extinção de cargos e funções públicas, quando vagos**.

Este dispositivo, já analisado em capítulo específico, trata, no entendimento da doutrina majoritária, de regulamento autônomo constitucionalmente admitido, não obstante, a regra, no ordenamento jurídico brasileiro, seja a edição de regulamentos executivos, para facilitar e auxiliar na execução do texto de lei. De fato, tal regulamento estaria sendo expedido em substituição ao texto legal, com a função de disciplinar assunto, até então, de competência legislativa.

Nesse sentido, o Superior Tribunal de Justiça já se manifestou no REsp 584.798/PE – Primeira Turma, julgado em 04/11/2004 e publicado no DJ de 06/12/2004 no qual dispôs que são *"os regulamentos autônomos vedados no ordenamento jurídico brasileiro, a não ser pela exceção do art. 84, VI da Constituição Federal"*.

3.2.1. Classificação de cargos

A classificação é uma forma de se auxiliar no estudo da matéria, separando em grupos as espécies de cargos públicos, de forma a respeitar suas individualidades e as normas aplicáveis a cada um destes tipos.

→ ***Quanto à esfera de governo***

Neste caso, os cargos públicos dividem-se em **federais, estaduais, distritais e municipais**. Por óbvio, a classificação toma por base o ente federativo cuja estrutura o cargo público integra e na qual ele exerce atribuições para prestação da atividade pública. Sendo assim, os cargos pertencem, respectivamente, à União Federal, aos Estados, ao Distrito Federal e aos Municípios e são criados por meio de lei de cada uma destas entidades federativas.

→ ***Quanto à posição estatal***

Esta classificação toma por base a estrutura organizacional que serve de base para a criação e desenvolvimento das atividades inerentes ao cargo.

Sendo assim, os **cargos de carreira** são aqueles organizados em classes ou categorias escalonadas em razão do nível de responsabilidade e atribuições definidas para os agentes que os representa. Com efeito, a divisão é feita dentro da mesma estrutura profissional, permitindo a progressão funcional e a promoção, mediante critérios de antiguidade e merecimento para assunção das responsabilidades referentes ao cargo de categoria superior. Ressalte-se que, na medida em que o servidor ascende, por meio da ocupação de cargos de nível mais alto, na carreira, as suas atribuições se tornam mais complexas e suas responsabilidades são ampliadas, ensejando, consequentemente, ganho vencimental.

Por seu turno, os **cargos isolados**, não obstante façam parte da estrutura organizacional do ente federativo, não integram carreira específica, haja vista não haver escalonamento de funções, o que impede a possibilidade de progressão funcional. A criação de cargos isolados é cada vez menos frequente, no direito brasileiro, uma vez que não há motivação para os agentes executarem suas atividades, diante da imutabilidade de sua situação, sem qualquer possibilidade de avanço ou promoção na atividade pública.

→ *Quanto à garantia conferida ao ocupante*

Essa classificação toma por base a garantia que o cargo público dá ao agente que integra sua estrutura. Isso porque, dependendo da espécie de cargo, o servidor poderá ter maior segurança na manutenção de sua situação.

O **cargo em comissão** é a unidade indivisível de atribuições, prevista na estrutura organizacional do estado, para execução de atribuições de direção, chefia ou assessoramento, ou seja, funções que exigem a confiança direta e pessoal da autoridade pública. Em virtude desta situação, tais cargos podem ser preenchidos por quaisquer pessoas[10], integrantes ou não dos quadros da Administração Pública, mediante nomeação livre, sem a necessidade de prestação de concurso público ou qualquer procedimento seletivo, ainda que simplificado. Por se tratar de relação de confiança entre agentes, a exoneração do servidor ocupante deste cargo é de livre iniciativa de sua chefia, sem a necessidade de qualquer motivação ou garantia de contraditório. A doutrina costuma designar como exoneração *ad nutum* a dispensa do servidor comissionado. Nestes casos, não há nenhuma garantia ao agente público detentor do cargo que poderá, a qualquer tempo, ser destituído do vínculo que possui com o poder público. Em resumo, os cargos em comissão são cargos de livre nomeação e livre exoneração pela autoridade nomeante.

Os **cargos efetivos**, por sua vez, são preenchidos por agentes aprovados em concurso público de provas ou de provas e títulos, como forma de garantia de impessoalidade, o que enseja uma maior segurança na execução de suas atividades, para atribuição de atividades permanentes do órgão, mediante vínculo estatutário. Depois de cumpridos os requisitos estampados no art. 41 da Carta Magna, quais sejam o prazo de três anos de efetivo exercício somado à aprovação em avaliação especial de desempenho, estes agentes passam a gozar de estabilidade, somente sendo possível a perda de seu vínculo nos moldes estipulados pela própria Constituição Federal, a saber, mediante processo administrativo, em que se assegure ampla defesa, avaliação periódica de desempenho em que se verificou sua ineficiência, sentença judicial transitada em julgado, ou ainda, mediante procedimento específico para contenção de gastos, consoante disposição do art. 169 da Constituição da República.

10. Embora possa ser exercido por qualquer pessoa, o art. 37, V da Constituição Federal estabelece limitações. Neste sentido, o art. 37, V dispõe que *"V - as funções de confiança, exercidas exclusivamente por servidores ocupantes de cargo efetivo, e os cargos em comissão, a serem preenchidos por servidores de carreira nos casos, condições e percentuais mínimos previstos em lei, destinam-se apenas às atribuições de direção, chefia e assessoramento"*. Sendo assim, deve-se definir um percentual mínimo de cargos em comissão que serão preenchidos, obrigatoriamente, por servidores ocupantes daquela determinada carreira.

Outrossim, os **cargos vitalícios** ensejam maior garantia aos servidores que os ocupam. A Constituição Federal exige, da mesma forma, a aprovação em concurso público ou nomeação direta para ingresso nas carreiras de magistratura, conforme disposto no art. 95, I da CF, ministério público – nos moldes do art. 128, §5º, I, "a" da CF – e tribunais de contas, consoante previsão do art. 73, §3º da Carta Magna. Trata-se de atividades de alta responsabilidade que justificam uma necessidade de maior garantia, sob pena de se admitir a incidência de pressões políticas na execução de suas atividades. A vitaliciedade é garantia dada a esses agentes de que a perda do seu cargo somente se dará por meio de decisão em sentença judicial, com trânsito em julgado, não sendo possível a perda administrativa do vínculo.[11]

3.3. Função Pública

A função pública é o conjunto de atividades atribuídas a um cargo ou emprego público, seja este cargo isolado ou de carreira, para provimento efetivo, vitalício ou em comissão. Com efeito, pode-se definir que todo cargo ou emprego público deve ter função estipulada por lei, que corresponde às tarefas a serem executadas pelo servidor público que, de forma lícita, o ocupar.

Trata-se da atividade pública, propriamente dita e, cada uma destas funções, deve ser criada e extinta mediante a edição de lei, haja vista integrar a estrutura organizacional da Administração Pública, para cumprimento de suas finalidades.

Não obstante inexista cargo ou emprego público sem funções, o contrário não é verdade. Isso porque, na estrutura da Administração Pública, admite-se a criação, por meio de lei, de funções de confiança, para exercício de atividades de direção, chefia ou assessoramento. A função de confiança não é atribuída a nenhum cargo público, sendo disposta diretamente na organização administrativa e atribuída a um servidor que já detenha cargo público efetivo. Sendo assim, pode-se dizer tratar-se de uma "função sem cargo", atribuída a servidores públicos.

As funções de confiança somente serão preenchidas por servidores de carreira e se limitam ás atribuições que exigem a confiança direta da autoridade pública nomeante. A nomeação para exercício destas funções não depende de qualquer critério de seleção e não há qualquer garantia de manutenção do agente no exercício destas atividades.

Não se deve confundir com os cargos em comissão, já analisados anteriormente, que correspondem a cargo público, cuja função se qualifica pela execução de atividades de direção, chefia ou assessoramento.

Façamos um breve comparativo.

- **Função de confiança:** é uma "**função sem cargo**", uma função isolada dentro da estrutura do serviço público. Por se tratar da função de direção, chefia ou assessoramento e por não estar atribuída a um cargo específico, a função de confiança ***somente pode ser exercida por alguém que já esteja investido em cargo efetivo***.

11. A aquisição da vitaliciedade ocorre, após dois anos de efetivo exercício naquelas carreiras, para os aprovados em concursos públicos e, mediante posse e exercício, nos casos de funções adquiridas mediante nomeação direta.

- **Cargo em comissão** (ou cargo de confiança): é **cargo** cuja função que lhe foi atribuída corresponde a uma atividade de direção, chefia e assessoramento. Sendo um cargo e não somente uma função, pode ser exercido por quem não possua cargo efetivo, trata-se do comissionado.

Também pode ser exercido por servidores de cargo efetivo. Neste caso o servidor deverá, uma vez que não se podem acumular cargos de forma remunerada, afastar-se do cargo efetivo (sem vagar), deixando de ser remunerado por ele, passando a receber a retribuição pelo exercício do cargo em comissão.

A CF criou uma "reserva de mercado" para que cada entidade, por meio de lei, estabeleça percentual mínimo de cargos em comissão que necessariamente deverão ser preenchidos por servidores de carreira (efetivos).

> Art. 37. V – As funções de confiança, exercidas exclusivamente por servidores ocupantes de cargo efetivo, e os cargos em comissão, a serem preenchidos por servidores de carreira nos casos, condições e percentuais mínimos previstos em lei, destinam-se apenas às atribuições de direção, chefia e assessoramento.

Por fim, questiona-se: Pode ser atribuído cargo em comissão ao servidor ocupante de outro cargo em comissão?

Sim, desde que de forma interina (temporariamente). Nesses casos, o sujeito acumula as funções, mas recebe somente uma remuneração, a maior. Esta é a dicção da lei 8112/90, abaixo transcrita:

> Art. 9º (...)
>
> Parágrafo único. O servidor ocupante de cargo em comissão ou de natureza especial poderá ser nomeado para ter exercício, interinamente, em outro cargo de confiança, sem prejuízo das atribuições do que atualmente ocupa, hipótese em que deverá optar pela remuneração de um deles durante o período da interinidade. (Redação dada pela Lei n. 9.527, de 10.12.97)

Ressalte-se, ainda que, para ambos se aplicam as regras proibitivas do nepotismo estampadas na **Súmula Vinculante n. 13** que define que *"A nomeação de cônjuge, companheiro ou parente em linha reta, colateral ou por afinidade, até o terceiro grau, inclusive, da autoridade nomeante ou de servidor da mesma pessoa jurídica investido em cargo de direção, chefia ou assessoramento, para o exercício de cargo em comissão ou de confiança ou, ainda, de função gratificada na administração pública direta e indireta em qualquer dos Poderes da União, dos Estados, do Distrito Federal e dos Municípios, compreendido o ajuste mediante designações recíprocas, viola a Constituição Federal".*

Em resumo, as funções são plexos de atribuições definidas para um determinado cargo ou emprego público, criadas por lei, com a intenção de permitir que a Administração Pública atinja sua finalidade essencial, qual seja a prestação dos serviços públicos e execução de atividades para alcançar o interesse da coletividade. Sendo assim, a todo cargo ou emprego público definido dentro da estrutura organizacional do Estado deverá estar definida uma prévia função, estipulando as tarefas e atividades do ocupante deste cargo.

No entanto, a Carta Magna prevê a possibilidade de criação mediante legislação, de funções não atribuídas a qualquer cargo ou emprego, com a intenção de garantir o exercício das atividades de direção, chefia ou assessoramento. São as chamadas funções de confiança, atribuídas a servidor efetivo que goze da credibilidade da autoridade pública responsável pela nomeação, a qual não depende de qualquer espécie de processo seletivo ou concurso.

4. REQUISITOS DE INGRESSO NO SERVIÇO PÚBLICO

O ingresso aos cargos públicos não deve ser restringido indevidamente pela Administração Pública, contudo, é possível que a lei estabeleça pressupostos necessários à assunção destes cargos, como forma de se evitarem abusos por parte dos administradores públicos e para que o acesso seja feito em observância aos princípios da legalidade, impessoalidade, moralidade, publicidade e eficiência, além dos demais aplicáveis à atuação estatal.

4.1. Ampla acessibilidade

O ingresso na carreira pública deve-se pautar pelos princípios constitucionais que norteiam a atuação estatal e não pode decorrer de interesses particulares, visando a beneficiar pessoas específicas, em detrimento do restante da sociedade.

Inicialmente, em garantia ao princípio da impessoalidade, o texto constitucional prevê ampla acessibilidade aos cargos e empregos públicos, dispondo, no art. 37, I que devem ser acessíveis aos brasileiros que preencham os requisitos estabelecidos em lei, assim como aos estrangeiros, na forma da legislação aplicável.

Com efeito, considera-se inconstitucional qualquer norma que restrinja ou frustre o amplo acesso aos cargos da Administração Pública, ou a definição de qualquer espécie de discriminação que permita a escolha de pessoas específicas para exercício das funções estatais ou, ainda, a vedação de ingresso de particulares, por motivos não devidamente justificados. A assunção do cargo público e exercício de suas funções são garantia do agente que cumprir todos os requisitos legais e constitucionais de ingresso, não podendo ser violado pela Administração Pública, em observância, inclusive, ao caráter isonômico desta distribuição de cargos e empregos.

A princípio, cumpre ressaltar que, ao dispor acerca da acessibilidade para brasileiros, a Carta Magna permite amplamente o ingresso nas carreiras públicas, desde que cumpridos os demais requisitos de lei, aos brasileiros natos, aos naturalizados e também aos portugueses equiparados, nos moldes do art. 12, §1º, da Constituição Federal que garante a estes cidadãos, em havendo reciprocidade em favor de brasileiros, todos os direitos inerentes aos cidadãos nacionais.

Excepcionalmente, o art. 13, §3º, da Constituição da República, define alguns cargos que somente podem ser preenchidos por brasileiros natos. Trata-se de cargos de chefia que decidem sobre os rumos da nação brasileira e de extrema relevância à garantia da segurança nacional. O dispositivo estabelece que *"São privativos de brasileiro nato os cargos: I - de Presidente e Vice-Presidente da República; II - de Presidente da Câmara dos Deputados; III - de Presidente do Senado Federal; IV - de Ministro do Supremo Tribunal Federal; V - da carreira diplomática; VI - de oficial das Forças Armadas; VII - de Ministro de Estado da Defesa"*. No mesmo sentido, o art. 89, VII, da Carta Magna, define que participam e compõem o Conselho da República *"seis cidadãos brasileiros natos, com mais de trinta e cinco anos de idade, sendo dois nomeados pelo Presidente da República, dois eleitos pelo Senado Federal e dois eleitos pela Câmara dos Deputados, todos com mandato de três anos, vedada a recondução".*

No que tange ao ingresso de estrangeiros, o texto constitucional limita seu acesso aos cargos públicos àquelas hipóteses que serão definidas em lei específica. De fato, trata-se de norma constitucional de eficácia limitada e somente terá aplicabilidade mediante lei que regulamente os seus termos. Esse é o entendimento acolhido, inclusive, pela jurisprudência do Supremo Tribunal Federal, cuja decisão se transcreve:

> Ementa: AGRAVO REGIMENTAL NO RECURSO EXTRAORDINÁRIO. CONSTITUCIONAL. ADMINISTRATIVO. ESTRANGEIRO. ACESSO AO SERVIÇO PÚBLICO. ARTIGO 37, I, DA CB/88. O Supremo Tribunal Federal fixou entendimento no sentido de que o artigo 37, I, da Constituição do Brasil [redação após a EC 19/98], consubstancia, relativamente ao acesso aos cargos públicos por estrangeiros, preceito constitucional dotado de eficácia limitada, dependendo de regulamentação para produzir efeitos, sendo assim, não auto-aplicável. Precedentes. Agravo regimental a que se dá provimento.
>
> RE 544655 AgR / MG - MINAS GERAIS
>
> AG.REG.NO RECURSO EXTRAORDINÁRIO
>
> Relator(a): Min. EROS GRAU
>
> Julgamento: 09/09/2008 Órgão Julgador: Segunda Turma

No âmbito federal, o dispositivo foi regulamentado pelo art. 5º, §3º da lei 8.112/90, ao admitir que as universidades públicas federais e as instituições de pesquisa científica e tecnológica federais possam prover seus cargos com professores, técnicos e cientistas estrangeiros, de acordo com as normas e os procedimentos definidos no próprio diploma legal.

A regra já estava prevista no texto constitucional, haja vista o art. 207, da Carta da República, definir que:

> Art. 207. As universidades gozam de autonomia didático-científica, administrativa e de gestão financeira e patrimonial, e obedecerão ao princípio de indissociabilidade entre ensino, pesquisa e extensão.
>
> § 1º **É facultado às universidades admitir professores, técnicos e cientistas estrangeiros, na forma da lei.** (Incluído pela Emenda Constitucional n. 11, de 1996)
>
> § 2º O disposto neste artigo aplica-se às instituições de pesquisa científica e tecnológica. (Incluído pela Emenda Constitucional n. 11, de 1996)

Ainda assim, o texto constitucional remete a forma de acesso à lei ordinária, sendo, nestes casos, aplicável a lei 8.112/90. Em relação aos demais entes federativos, deve haver regulamentação legal, definindo os contornos para que seja acessível o cargo público ao estrangeiro.

4.2. Concurso público

O requisito básico para garantia de impessoalidade, moralidade e isonomia no acesso a cargos públicos é a realização de concurso público, de provas ou de provas e títulos, uma vez que os critérios de seleção são objetivos, não se admitindo quaisquer espécies de favoritismos ou discriminações indevidas. Neste sentido, o art. 37, II da Constituição Federal dispõe que *"a investidura em cargo ou emprego público depende de aprovação prévia em concurso público de provas ou de provas e títulos, de acordo com a natureza e a complexidade do cargo ou emprego, na forma prevista em lei, ressalvadas as nomeações para cargo em comissão declarado em lei de livre nomeação e exoneração".*

A lei definirá as exigências a serem determinadas para o ingresso em cada carreira pública, sendo que o mérito do sujeito será o único critério a ser avaliado na escolha dos servidores, devendo-se estipular os requisitos de ingresso sempre em respeito ao princípio da razoabilidade. De fato, a complexidade da prova e o nível de exigência deve ser compatível com a carreira a ser preenchida mediante o processo seletivo.

Desse modo, a Constituição exige a realização de prova, obrigatoriamente, para que a seleção seja realizada de forma isonômica. Não se admite no Brasil a escolha de candidatos baseada somente em concurso de títulos. Definir a titulação do candidato como único critério de ingresso viola diretamente impessoalidade do acesso. Nesse sentido, alguns julgados dos tribunais superiores, inclusive, do Supremo Tribunal Federal, transcrito abaixo.

> Ementa: ADIN - CONSTITUIÇÃO DO ESTADO DO RIO DE JANEIRO (ADCT, ARTS. 69 E 74) - PROVIMENTO DERIVADO DE CARGOS PÚBLICOS (TRANSFERÊNCIA E TRANSFORMAÇÃO DE CARGOS) - OFENSA AO POSTULADO DO CONCURSO PÚBLICO - USURPAÇÃO DO PODER DE INICIATIVA CONSTITUCIONALMENTE RESERVADO AO CHEFE DO EXECUTIVO - PROCEDÊNCIA DA AÇÃO. - Os Estados-membros encontram-se vinculados, em face de explicita previsão constitucional (art. 37, caput), aos princípios que regem a Administração Pública, dentre os quais ressalta, como vetor condicionante da atividade estatal, a exigência de observância do postulado do concurso público (art. 37, II). A partir da Constituição de 1988, a imprescindibilidade do certame público não mais se limita a hipótese singular da primeira investidura em cargos, funções ou empregos públicos, impondo-se as pessoas estatais como regra geral de observância compulsória. - A transformação de cargos e a transferência de servidores para outros cargos ou para categorias funcionais diversas traduzem, quando desacompanhadas da previa realização do concurso público de provas ou de provas e títulos, formas inconstitucionais de provimento no Serviço Público, pois implicam o ingresso do servidor em cargos diversos daqueles nos quais foi ele legitimamente admitido. **Insuficiência, para esse efeito, da mera prova de títulos e da realização de concurso interno. Ofensa ao princípio da isonomia**. - A iniciativa reservada das leis que versem o regime jurídico dos servidores públicos revela-se, enquanto prerrogativa conferida pela Carta Politica ao Chefe do Poder Executivo, projeção especifica do princípio da separação de poderes. Incide em inconstitucionalidade formal a norma inscrita em Constituição do Estado que, subtraindo a disciplina da matéria ao domínio normativo da lei, dispõe sobre provimento de cargos que integram a estrutura jurídico-administrativa do Poder Executivo local. - A supremacia jurídica das normas inscritas na Carta Federal não permite, ressalvadas as eventuais exceções proclamadas no próprio texto constitucional, que contra elas seja invocado o direito adquirido. Doutrina e jurisprudência.
>
> ADI 248 / RJ - RIO DE JANEIRO
>
> AÇÃO DIRETA DE INCONSTITUCIONALIDADE
>
> Relator(a): Min. CELSO DE MELLO
>
> Julgamento: 18/11/1993 Órgão Julgador: Tribunal Pleno

Haja vista a exigência de realização de concurso público para ingresso na atividade pública permanente: não se admite qualquer espécie de provimento derivado que permita ao servidor assumir cargo em outra carreira que não aquela em que foi regularmente investido por meio de concurso. Por exemplo, o servidor que é aprovado em concurso para assumir cargo de técnico do Tribunal Regional do Trabalho da 5ª Região não pode ser promovido a analista deste tribunal, já que o ingresso na nova carreira depende de aprovação em outro concurso público com exigências específicas, de acordo com as atribuições do novo cargo. Esse é o entendimento estampado na súmula vinculante 43 do Supremo Tribunal Federal ao dispor que "*É inconstitucional toda modalidade de provimento que propicie ao servidor investir-se, sem prévia aprovação em concurso público destinado ao seu provimento, em cargo que não integra a carreira na qual anteriormente investido*".

No mesmo sentido, não se admitem os chamados concursos internos, por meio dos quais antigos servidores poderiam assumir cargos em nova carreira, criada por lei, que não guarda uniformidade com aquela carreira na qual o servidor ingressou mediante concurso.

Da mesma forma, o aproveitamento de cargos não poderá ser feito aos servidores em disponibilidade para assumir novos cargos em carreiras não compatíveis com aquele que havia assumido mediante aprovação em procedimento seletivo. Com efeito, o servidor em disponibilidade somente poderá ser aproveitado em cargo com atribuições e atividades compatíveis com aquelas que exercia antes da extinção do cargo ou da declaração de desnecessidade do próprio, nos termos do art. 41, §3º da CF.

4.2.1. Exceções ao concurso público

No entanto, é cediço que a exigência de concurso público pode ser excepcionalizada por disposição constitucional. De fato, para assunção de determinados cargos ou funções, a realização de concurso não atende às necessidades de interesse público, o que enseja a possibilidade de ingresso mediante nomeação direta. Podem ser listadas as exceções, espraiadas em diversos dispositivos da Constituição Federal.

a) **Cargos em comissão**: o próprio art. 37, II da Carta Magna define que estes cargos são ocupados para exercício de funções de direção, chefia e assessoramento e, em virtude da necessidade de confiança pessoal que possuem estas atividades, são cargos de livre nomeação e livre exoneração Com efeito, não pode ser criado, ainda que por meio de lei, cargo em comissão para o exercício de atividades eminentemente técnicas[12].

b) **Servidores Temporários**: ao dispor acerca da contratação de servidores para prestação de serviços temporários de excepcional interesse público, a Constituição da República não estabelece o concurso público como exigência para ingresso. De fato, por tratar-se de situação excepcional, transitória e pela necessidade de se atender uma situação urgente, a realização de procedimento seletivo poderia ensejar prejuízos aos interesses da Administração.

c) **Cargos eletivos**: trata-se de agentes políticos nomeados para exercerem função de representação da sociedade e, como tais, precisam ser eleitos pelo povo, como forma de manifestação da democracia. A vontade do povo, nestes casos, não pode se submeter a provas e títulos.

d) **Ex-combatentes**: desde que tenham participado, de forma efetiva, de operações na Segunda Guerra Mundial, nos termos definidos pelo Ato das Disposições Constitucionais Transitórias, em seu art. 53, I.

12. O Supremo Tribunal Federal já decidiu a respeito da matéria, consolidando o seu entendimento. Mostra-se importante destacar parte do julgado na ADI nº 3.602 – GO, *literis*:
"É inconstitucional a criação de cargos em comissão que não possuem caráter de assessoramento, chefia ou direção e que não demandam relação de confiança entre o servidor nomeado e o seu superior hierárquico, tais como os cargos de Perito Médico-Psiquiátrico, Perito Médico-Clínico, Auditor de Controle Interno, Produtor Jornalístico, Repórter Fotográfico, Perito Psicológico, Enfermeiro e Motorista de Representação. Ofensa ao artigo 37, II e V, da Constituição federal".

e) **Agentes comunitários de saúde e agentes de combate às endemias**: consoante previsão no art. 198, §4º da Carta Magna e já analisado em tópico anterior deste capítulo, por se tratar de situação excepcional. De fato, a lei 11.350/06 prevê a realização de um processo seletivo público diferenciado, de provas ou de provas e títulos, em respeito aos princípios constitucionais. Este processo tem regulamentação específica, devendo respeitar as atribuições do cargo para definição do nível de exigência, e não se confunde com o concurso público para provimento de cargos efetivos.

Além destas ressalvas elencadas, a Constituição Federal ainda prevê a nomeação direta, sem a necessidade de realização de concursos públicos para os Ministros dos Tribunais de Contas, do Supremo Tribunal Federal e o Superior Tribunal de Justiça, além dos ministros dos demais tribunais superiores (STM, TST, TSE).

No mesmo sentido, há a previsão do quinto constitucional, admitindo a nomeação, mediante indicação dos advogados ou membros do Ministério Público que se tornarão membros dos Tribunais Regionais Federais e Tribunais de Justiça. Em todos estes casos, há a previsão constitucional de nomeação por decisão política, sem a necessidade de realização de provas de concursos ou quaisquer processos seletivos.

Em relação às empresas públicas e sociedades de economia mista, é sabido que se trata de entidades de direito privado, integrantes da Administração Indireta e, por este motivo os agentes que atuam na prestação de serviços na estrutura destas entidades são agentes públicos, classificados como empregados, regidos pela Consolidação das Leis do Trabalho, prestando serviço mediante a celebração de contrato de emprego, não se admitindo a regulação da atividade por meio de regime estatutário de servidores, com exceção dos seus dirigentes, uma vez que estes são servidores detentores de cargo em comissão, nomeados livremente pelo ente da Administração Direta responsável pela instituição da empresa.

Com efeito, por serem detentores de cargos em comissão, os dirigentes das empresas estatais não dependem de concurso público para sua nomeação. Por sua vez, em relação aos demais agentes destas entidades, não obstante sejam empregados, contratados pelo regime da CLT, com vínculo empregatício, por meio de relação contratual de emprego, estes servidores se submetem a algumas restrições aplicáveis aos servidores públicos em geral, inclusive no que tange à necessidade de aprovação em concurso público.

Sendo assim, para que sejam admitidos na relação de emprego, esses empregados devem ter sido previamente aprovados em concurso público de provas ou de provas e títulos, consoante disposto no art. 37, II da Constituição Federal, salvo as hipóteses de contratação excepcional para prestação de serviços temporários, nos moldes definidos pelo art, 37, IX da Carta Magna, quando, então, a contratação pode ser feita mediante procedimento seletivo simplificado.

Todavia, em relação a estas **empresas estatais**, a doutrina ainda admite a **contratação direta**, sem a necessidade de concurso, em situações excepcionais, para situações de **contratação de profissionais qualificados**, em determinados ramos de atividade de interesse da entidade, que não estariam dispostos a se submeter a concurso. Nestes casos, a exigência do concurso iria de encontro à busca pelo interesse público e a burocratização na contratação poderia ensejar a perda de um determinado profissional para o mercado.

Uma outra discussão a ser travada diz respeito aos **conselhos profissionais**, ou conselhos de classe. Em relação a estas entidades, a lei 9.649/98 dispunha, em seu art. 58, que os serviços de fiscalização de profissões regulamentadas serão exercidos em caráter privado, por delegação do poder público, mediante autorização legislativa. O texto legal ainda definia que a organização, a estrutura e o funcionamento dos conselhos de fiscalização de profissões regulamentadas serão disciplinados mediante decisão do plenário do conselho federal da respectiva profissão, garantindo-se que na composição deste estejam representados todos seus conselhos regionais.

Por derradeiro, a disposição legal ainda determina que os conselhos de fiscalização de profissões regulamentadas, dotados de personalidade jurídica de direito privado, **não manterão com os órgãos da Administração Pública qualquer vínculo funcional ou hierárquico**.

Consoante já analisado em capítulo específico, a matéria foi objeto de análise pelo Supremo Tribunal Federal que, ao julgar a Ação Direta de Inconstitucionalidade n. 1717, que analisava a constitucionalidade do art. 58 da lei 9649/98, declarou que os conselhos reguladores de profissão têm **natureza jurídica de autarquia**, uma vez que atuam no exercício do poder de polícia, ao estabelecer restrições ao exercício da liberdade profissional e que tal poder é indelegável a particulares.

Sendo assim, estas entidades ostentam natureza jurídica autárquica, em relação a todas as prerrogativas e limitações, inclusive em relação ao regime de pessoal, que, indiscutivelmente, devem seguir o Regime Jurídico Único, previsto na lei 8.112/90 para todos os servidores da União, incluindo as suas autarquias.

Saliente-se que o art. 58, §3º da lei 9649/98 dispunha que "*Os empregados dos conselhos de fiscalização de profissões regulamentadas são regidos pela legislação trabalhista, sendo vedada qualquer forma de transposição, transferência ou deslocamento para o quadro da Administração Pública direta ou indireta*". Ocorre que esta norma não subsiste após a decisão judicial acerca da matéria.

O Superior Tribunal de Justiça já se manifestou no sentido de que o regime de pessoal das autarquias deve ser aplicado aos conselhos profissionais.

> AGRAVO REGIMENTAL EM RECURSO ESPECIAL. ADMINISTRATIVO. SERVIDOR PÚBLICO. VIOLAÇÃO DO ART. 535 DO CPC. NÃO OCORRÊNCIA. PRETENSÃO DE PREQUESTIONAMENTO DE DISPOSITIVOS CONSTITUCIONAIS. INADMISSIBILIDADE. CONSELHOS DE FISCALIZAÇÃO PROFISSIONAL. NATUREZA JURÍDICA. AUTARQUIAS CORPORATIVAS. REGIME JURÍDICO DE CONTRATAÇÃO DE FUNCIONÁRIOS. CONVERSÃO DO REGIME CELETISTA PARA O ESTATUTÁRIO. INCIDÊNCIA DA LEI N. 8.112/90. DEMISSÃO IRREGULAR. NECESSIDADE DE PRÉVIO PROCESSO ADMINISTRATIVO. INAPLICABILIDADE DA LEI Nº 9.649/98.
>
> 1. Não há vício consistente em omissão, contradição ou obscuridade quando o Tribunal de origem decide, fundamentadamente, todas as questões postas ao seu crivo. O mero inconformismo da parte com o julgamento contrário à sua pretensão não caracteriza falta de prestação jurisdicional.
>
> 2. Não cabe a esta Corte Superior, na via especial, a análise de violação a dispositivos constitucionais, ainda que com o objetivo de prequestionamento visando à interposição do apelo extraordinário, sob pena de haver a usurpação de competência do Supremo Tribunal Federal.

> 3. Este Tribunal Superior consagrou o entendimento de que, por força no disposto no Decreto-Lei n. 968/69, o regime dos funcionários dos Conselhos de Fiscalização de Profissões era o celetista. Após a Constituição Federal de 1988 e com o advento da Lei n. 8.112/90, foi instituído o regime jurídico único, sendo os funcionários dessas autarquias alçados à condição de estatutários, situação que perdurou até a Emenda Constitucional n. 19/98 e a entrada em vigor da Lei n. 9.649/98, a qual instituiu novamente o regime celetista.
>
> 4. No julgamento da ADI n. 1.717/DF, o Supremo Tribunal Federal declarou a inconstitucionalidade do art. 58 e seus §§ 1º, 2º, 4º, 5º, 6º, 7º e 8º, da Lei n. 9.649/98, afirmando que os conselhos de fiscalização profissional possuem natureza de autarquia de regime especial, permanecendo incólume o art. 58, § 3º, que submetia os empregados desses conselhos à legislação trabalhista.
>
> 5. Posteriormente, no julgamento da ADI n. 2.135 MC/DF, foi suspensa a vigência do caput do art. 39 da Constituição Federal, com a redação dada pela EC n. 19/98. **Dessa forma, subsiste, atualmente, para a Administração Pública direta, autárquica e fundacional, a obrigatoriedade de adoção do regime jurídico único, ressalvadas as situações consolidadas na vigência da legislação editada nos termos da aludida emenda declarada suspensa.**
>
> 6. **No caso dos autos, a autora foi admitida pelo Conselho Regional de Engenharia, Arquitetura e Agronomia do Estado do Rio de Janeiro por concurso público em 1º/3/1965, pelo regime da Consolidação das Leis do Trabalho (CLT), e, com o advento da Lei n. 8.112/1990, passou à condição de servidora pública federal estatutária, de modo que não poderia ter sido demitida em 6/3/1997 sem a observância das regras estatutárias então vigentes.**
>
> 7. Agravo regimental a que se nega provimento.
>
> AgRg no REsp 1164129 / RJ
>
> AGRAVO REGIMENTAL NO RECURSO ESPECIAL
>
> 2009/0214127-4 / DJe 15/02/2013

Saliente-se, por fim, que essas regras não se aplicam à **Ordem dos Advogados do Brasil**. Em relação a esta entidade, o Supremo Tribunal Federal já se manifestou no sentido de que não ostentam a qualidade de autarquias e, portanto, **não se submetem à exigência de concurso público para nomeação de seus empregados**. Com efeito, conforme entendimento da corte, a OAB é serviço público independente, não sendo integrante da Administração Indireta, o que, inclusive, afasta a incidência do controle orçamentário, financeiro, operacional e patrimonial exercido pelo Tribunal de Contas da União. Veja-se o julgado do Supremo Tribunal Federal acerca da matéria.

> Ementa: AÇÃO DIRETA DE INCONSTITUCIONALIDADE. § 1º DO ARTIGO 79 DA LEI N. 8.906, 2ª PARTE. "SERVIDORES" DA ORDEM DOS ADVOGADOS DO BRASIL. PRECEITO QUE POSSIBILITA A OPÇÃO PELO REGIME CELESTISTA. COMPENSAÇÃO PELA ESCOLHA DO REGIME JURÍDICO NO MOMENTO DA APOSENTADORIA. INDENIZAÇÃO. IMPOSIÇÃO DOS DITAMES INERENTES À ADMINISTRAÇÃO PÚBLICA DIRETA E INDIRETA. CONCURSO PÚBLICO (ART. 37, II DA CONSTITUIÇÃO DO BRASIL). INEXIGÊNCIA DE CONCURSO PÚBLICO PARA A ADMISSÃO DOS CONTRATADOS PELA OAB. AUTARQUIAS ESPECIAIS E AGÊNCIAS. CARÁTER JURÍDICO DA OAB. ENTIDADE PRESTADORA DE SERVIÇO PÚBLICO INDEPENDENTE. CATEGORIA ÍMPAR NO ELENCO DAS PERSONALIDADES JURÍDICAS EXISTENTES NO DIREITO BRASILEIRO. AUTONOMIA E INDEPENDÊNCIA DA ENTIDADE. PRINCÍPIO DA MORALIDADE. VIOLAÇÃO DO ARTIGO 37, CAPUT, DA CONSTITUIÇÃO DO BRASIL. NÃO OCORRÊNCIA.
>
> 1. A Lei n. 8.906, artigo 79, § 1º, possibilitou aos "servidores" da OAB, cujo regime outrora era estatutário, a opção pelo regime celetista. Compensação pela escolha: indenização a ser paga à

época da aposentadoria. 2. Não procede a alegação de que a OAB sujeita-se aos ditames impostos à Administração Pública Direta e Indireta. 3. A OAB não é uma entidade da Administração Indireta da União. A Ordem é um serviço público independente, categoria ímpar no elenco das personalidades jurídicas existentes no direito brasileiro. 4. A OAB não está incluída na categoria na qual se inserem essas que se tem referido como "autarquias especiais" para pretender-se afirmar equivocada independência das hoje chamadas "agências". 5. Por não consubstanciar uma entidade da Administração Indireta, a OAB não está sujeita a controle da Administração, nem a qualquer das suas partes está vinculada. Essa não vinculação é formal e materialmente necessária. 6. A OAB ocupa-se de atividades atinentes aos advogados, que exercem função constitucionalmente privilegiada, na medida em que são indispensáveis à administração da Justiça [artigo 133 da CB/88]. É entidade cuja finalidade é afeita a atribuições, interesses e seleção de advogados. Não há ordem de relação ou dependência entre a OAB e qualquer órgão público. 7. A Ordem dos Advogados do Brasil, cujas características são autonomia e independência, não pode ser tida como congênere dos demais órgãos de fiscalização profissional. A OAB não está voltada exclusivamente a finalidades corporativas. Possui finalidade institucional. 8. Embora decorra de determinação legal, o regime estatutário imposto aos empregados da OAB não é compatível com a entidade, que é autônoma e independente. 9. Improcede o pedido do requerente no sentido de que se dê interpretação conforme o artigo 37, inciso II, da Constituição do Brasil ao caput do artigo 79 da Lei n. 8.906, que determina a aplicação do regime trabalhista aos servidores da OAB. 10. Incabível a exigência de concurso público para admissão dos contratados sob o regime trabalhista pela OAB. 11. Princípio da moralidade. Ética da legalidade e moralidade. Confinamento do princípio da moralidade ao âmbito da ética da legalidade, que não pode ser ultrapassada, sob pena de dissolução do próprio sistema. Desvio de poder ou de finalidade. 12. Julgo improcedente o pedido.

ADI 3026 / DF - DISTRITO FEDERAL

AÇÃO DIRETA DE INCONSTITUCIONALIDADE

Relator(a): Min. EROS GRAU

Julgamento: 08/06/2006 Órgão Julgador: Tribunal Pleno

Nestes termos, de uma análise do julgado acima transcrito, pode-se verificar que a Ordem dos Advogados do Brasil não ostenta a qualidade de autarquia, destacando-se dos demais conselhos de profissão, sendo um serviço público independente, nas próprias palavras do Supremo Tribunal Federal, uma "***categoria ímpar no elenco das personalidades jurídicas existentes no direito brasileiro***". **Em virtude desta qualificação diferenciada, é constitucional a contratação direta de seus empregados, sem a necessidade de realização de concurso público.**

Repita-se que a exceção à regra do concurso se apresenta somente em relação à Ordem dos Advogados do Brasil. Em relação aos demais conselhos de profissão, **a jurisprudência e doutrina majoritária apontam no sentido de que a ausência do concurso enseja a nulidade do ato de ingresso dos seus agentes**.

Além da exigência de concurso público, a legislação define outras regras a serem exigidas para ingresso na atividade pública.

4.2.2. Regras definidas pelo edital

→ Prazo de vigência

Inicialmente, cumpre ressaltar que o prazo de validade do concurso público é de até dois anos, admitindo-se uma única prorrogação por mesmo período, nos moldes do art. 37, III da Constituição Federal, competindo ao edital do certame, desde que obedecidos os limites e parâmetros constitucionalmente estipulados, a definição do seu prazo efetivo de validade. Neste sentido, o edital poderá dispor acerca de concurso com prazo inferior a dois anos.

O texto da Carta Constitucional ainda define a possibilidade de prorrogação, somente por uma vez e desde que seja feito por um prazo idêntico ao prazo originalmente definido. Dessa forma, caso o edital do concurso preveja a duração de um ano para o certame, a prorrogação deverá respeitar esse limite temporal.

Compete ao administrador público, em cada caso concreto, definir se há interesse na prorrogação do concurso, com base em critérios de oportunidade e conveniência, devidamente motivados, devendo a eventual prorrogação ocorrer antes do término de vigência originário, sob pena de se tornar impossível.

→ Alteração de disposições editalícias

O edital é ato administrativo discricionário expedido pela Administração Pública para definir regras básicas de ingresso em determinados cargos ou empregos públicos, devendo suas normas se adequar à lei e aos princípios constitucionais aplicáveis à atuação do Estado. Sem dúvida, a discricionariedade sempre se encontra limitada pela lei e, neste sentido, o edital não pode estipular regras e requisitos de ingresso que extrapolem as reais necessidades daquele cargo ou emprego, sob pena de violação aos princípios constitucionais de isonomia, impessoalidade e moralidade administrativa.

Ademais, uma vez publicado o edital, seus termos vinculam todos aqueles que pretendem participar do certame, assim como a própria Administração Pública que ficará obediente aos ditames ali estabelecidos. Trata-se do princípio de vinculação ao instrumento convocatório que norteia a realização de concursos públicos.

Dentro deste contexto, a alteração das regras dispostas, no instrumento de convocação para o concurso público, a princípio, configura afronta direta ao princípio da isonomia e da segurança jurídica, não sendo admitida, salvo em situações excepcionais, devidamente justificadas em alterações legislativas que modificam o regime de cargos e empregos na carreira a ser preenchida pelo procedimento. Com efeito, qualquer outra mudança imposta pela Administração Pública seria abusiva e ilegal.

O Supremo Tribunal Federal já se posicionou neste sentido e veda a modificação editalícia que não seja embasada em alteração legislativa e, ainda assim, restringe a mudança do edital, enquanto não concluído e homologado o certame[13]. Segue-se ementa de julgado que trata acerca do tema de forma exauriente.

> Ementa: MANDADO DE SEGURANÇA. PROCEDIMENTO DE CONTROLE ADMINISTRATIVO. CONSELHO NACIONAL DE JUSTIÇA. CONCURSO PARA A MAGISTRATURA DO ESTADO DO PIAUÍ. CRITÉRIOS DE CONVOCAÇÃO PARA AS PROVAS ORAIS. ALTERAÇÃO DO EDITAL NO CURSO DO PROCESSO DE SELEÇÃO. IMPOSSIBILIDADE. ORDEM DENEGADA. 1. O Conselho Nacional de

13. A obrigatoriedade de ser feita a modificação anterior à homologação do certame foi decidida pelo Supremo Tribunal Federal, no RE 318.106/RN, publicado no DJe de 18.11.05, no qual a Corte dispôs que *"enquanto não concluído e homologado o concurso público, pode a Administração alterar as condições do certame constantes do respectivo edital, para adaptá-la à nova legislação aplicável à espécie"*.

Justiça tem legitimidade para fiscalizar, inclusive de ofício, os atos administrativos praticados por órgãos do Poder Judiciário (MS 26.163, rel. min. Carmem Lúcia, DJe 04.09.2008). 2. **Após a publicação do edital e no curso do certame, só se admite a alteração das regras do concurso se houver modificação na legislação que disciplina a respectiva carreira.** Precedentes. (RE 318.106, rel. min. Ellen Gracie, DJ 18.11.2005). 3. No caso, a alteração das regras do concurso teria sido motivada por suposta ambigüidade de norma do edital acerca de critérios de classificação para a prova oral. Ficou evidenciado, contudo, que o critério de escolha dos candidatos que deveriam ser convocados para as provas orais do concurso para a magistratura do Estado do Piauí já estava claramente delimitado quando da publicação do Edital n. 1/2007. 4. A pretensão de alteração das regras do edital é medida que afronta o princípio da moralidade e da impessoalidade, pois não se pode permitir que haja, no curso de determinado processo de seleção, ainda que de forma velada, escolha direcionada dos candidatos habilitados às provas orais, especialmente quando já concluída a fase das provas escritas subjetivas e divulgadas as notas provisórias de todos os candidatos. 5. Ordem denegada.

MS 27160 / DF - DISTRITO FEDERAL

MANDADO DE SEGURANÇA

Relator(a): Min. JOAQUIM BARBOSA

Julgamento: 18/12/2008 Órgão Julgador: Tribunal Pleno

→ *Controle judicial*

Por se tratar de ato discricionário, conforme estipulado anteriormente, o instrumento convocatório e o concurso público, em si, não se sujeitam a controle jurisdicional amplo, no que tange aos aspectos de mérito, sendo possível, no entanto, a análise do Poder Judiciário de regularidade do certame e adequação aos princípios constitucionais inerentes à espécie.

Com efeito, é pacífico o entendimento de que o Poder Judiciário não pode substituir-se à banca examinadora, definindo critérios de seleção e reavaliando provas e notas atribuídas a candidatos, sob pena de adentrar no mérito da atuação discricionária da Administração Pública, em clara violação ao princípio constitucional da separação de poderes[14].

---

14. Nesse sentido, importante analisar o AgRg no REsp 1487419 PE 2014/0262612-7, julgado pelo STJ com Publicação em 21/05/2015 que dispõe :
"PROCESSUAL CIVIL. RECURSO ESPECIAL FUNDAMENTADO NA ALÍNEA C. NÃO INDICAÇÃO DO DISPOSITIVO LEGAL AO QUAL FOI DADA INTERPRETAÇÃO DIVERGENTE. FUNDAMENTAÇÃO DEFICIENTE. RECURSO ESPECIAL NÃO CONHECIDO." O acórdão de origem, em relação ao qual houve interposição de recurso especial, traz esta ementa (fl. 1109, e-STJ): "PROCESSUAL CIVIL E ADMINISTRATIVO. CONCURSO PÚBLICO. IMPOSSIBILIDADE JURÍDICA DO PEDIDO. INOCORRÊNCIA. ANULAÇÃO DE QUESTÕES OBJETIVAS. IMPOSSIBILIDADE. 1. Hipótese em que o autor, ora apelado, pretende ver reconhecido o direito à anulação de duas questões da prova objetiva do concurso público para provimento de cargo de Policial Rodoviário Federal, ao fundamento de que nenhuma alternativa dela constante correspondia à resposta correta (questão nº 22) e que envolveria matéria não prevista explícita ou implicitamente no programa do certame (questão nº 29); 2. O pedido é juridicamente impossível quando encontra vedação no ordenamento jurídico, o que não é a hipótese dos autos. Não é vedado ao candidato que se submete a concurso público requerer a revisão judicial da prova a que se submeteu. Se ele faz jus ao que pede, é questão distinta, de mérito, que não se confunde com a condição da ação reputada ausente; 3. **É defeso ao Poder Judiciário se imiscuir no mérito de correção de prova, substituindo a banca examinadora nas funções que lhe são próprias, estando sua atuação adstrita à análise da legalidade do certame; 4. A opinião de profissionais estranhos à banca examinadora (em que se fundamenta a exordial), não pode ser sobreposta ao entendimento dessa última, que se manifestou pela inexistência de nulidade na questão, quando da apreciação dos recursos administrativos interpostos; 5. Também no que respeita à interpretação do Edital, no aspecto em que cuida da amplitude dos temas elencados no programa, há que se respeitar a autonomia da banca, daí que a intervenção do Judiciário somente se legitima nos casos de erros grosseiros; (...)".**

Por sua vez, é cediço que o instrumento convocatório não pode definir critérios de escolha e requisitos de admissão que extrapolem os princípios da razoabilidade e isonomia e, por óbvio, a ocorrência de tais abusos exige a possibilidade de correção, na via judicial, desde que haja provocação para atuação deste Poder.

Neste sentido, o Supremo Tribunal Federal admite o controle das regras do concurso público, desde que não sejam examinados os critérios da banca examinadora, seja na elaboração das questões, seja na avaliação das respostas dos candidatos. Seguindo essa orientação, admite-se que o Poder Judiciário verifique a cobrança de itens da matéria não previstos no conteúdo programático disponibilizado pela banca, entre outras regras objetivas.

Cumpre, acerca do tema, analisar julgamento do Supremo Tribunal Federal que regulamenta a matéria.

> Ementa: MANDADO DE SEGURANÇA. CONCURSO PÚBLICO. ANULAÇÃO DE QUESTÕES DA PROVA OBJETIVA. DEMONSTRAÇÃO DA INEXISTÊNCIA DE PREJUÍZO À ORDEM DE CLASSIFICAÇÃO E AOS DEMAIS CANDIDATOS. PRINCÍPIO DA ISONOMIA OBSERVADO. LIQUIDEZ E CERTEZA DO DIREITO COMPROVADOS. PRETENSÃO DE ANULAÇÃO DAS QUESTÕES EM DECORRÊNCIA DE ERRO GROSSEIRO DE CONTEÚDO NO GABARITO OFICIAL. POSSIBILIDADE. CONCESSÃO PARCIAL DA SEGURANÇA. 1. A anulação, por via judicial, de questões de prova objetiva de concurso público, com vistas à habilitação para participação em fase posterior do certame, pressupõe a demonstração de que o Impetrante estaria habilitado à etapa seguinte caso essa anulação fosse estendida à totalidade dos candidatos, mercê dos princípios constitucionais da isonomia, da impessoalidade e da eficiência. 2. **O Poder Judiciário é incompetente para, substituindo-se à banca examinadora de concurso público, reexaminar o conteúdo das questões formuladas e os critérios de correção das provas, consoante pacificado na jurisprudência do Supremo Tribunal Federal.** Precedentes (v.g., MS 30433 AgR/DF, Rel. Min. GILMAR MENDES; AI 827001 AgR/RJ, Rel. Min. JOAQUIM BARBOSA; MS 27260/DF, Rel. Min. CARLOS BRITTO, Red. para o acórdão Min. CÁRMEN LÚCIA), **ressalvadas as hipóteses em que restar configurado, tal como in casu, o erro grosseiro no gabarito apresentado, porquanto caracterizada a ilegalidade do ato praticado pela Administração Pública.** 3. Sucede que o Impetrante comprovou que, na hipótese de anulação das questões impugnadas para todos os candidatos, alcançaria classificação, nos termos do edital, habilitando-o a prestar a fase seguinte do concurso, mediante a apresentação de prova documental obtida junto à Comissão Organizadora no exercício do direito de requerer certidões previsto no art. 5º, XXXIV, "b", da Constituição Federal, prova que foi juntada em razão de certidão fornecida pela instituição realizadora do concurso público. 4. Segurança concedida, em parte, tornando-se definitivos os efeitos das liminares deferidas.
>
> MS 30859 / DF - DISTRITO FEDERAL
> MANDADO DE SEGURANÇA
> Relator(a): Min. LUIZ FUX
> Julgamento: 28/08/2012 Órgão Julgador: Primeira Turma

→ Nulidade do concurso

Caso o concurso público para provimento de cargos ou de empregos na Administração Pública sofra de alguma irregularidade, a sua invalidação induz à invalidação da nomeação efetivada ou da contratação feita. Sendo assim, o agente público investido no exercício de suas funções em virtude de procedimento seletivo inválido, não tem legitimidade para o exercício das suas funções e deve ser desligado dos quadros do órgão público.

Com efeito, acerca do tema, a doutrina e jurisprudência não admitem a aplicação da teoria do fato consumado, haja vista a impossibilidade de se convalidar procedimento irregular, em respeito aos princípios da isonomia, impessoalidade e moralidade administrativa. Dessa forma, não obstante trate-se de matéria em que há divergência entre os estudiosos, em decorrência do princípio da segurança jurídica a proteger os particulares de boa fé, o entendimento dominante é de que o particular deverá ser afastado das funções e declarada a nulidade do ato de nomeação baseado no concurso irregularmente conduzido.

Importa ainda ressaltar que, a despeito de não se poder convalidar o ato de nomeação decorrente de concurso ilegal, os atos praticados por este agente irregularmente investido, por se revestirem de legalidade aparente, devem ser mantidos para se evitar prejuízos a terceiros que acreditaram na atuação estatal.

De fato, neste sentido, aplica-se a teoria do funcionário de fato ou a **teoria da aparência** que, em nome da boa fé de terceiros que travaram relações com a Administração Pública, mantém válidos os efeitos produzidos pelos atos praticados por estes agentes putativos, que ostentavam aparência de agente público, no exercício da atividade.

Ressalte-se que a teoria garante a manutenção dos efeitos de atos praticados por estes agentes, mas não permite a regularização da situação do particular como servidor público, sendo mantido o entendimento de que a anulação do ato de nomeação é imperativa.

Por óbvio, a anulação da nomeação em decorrência da irregularidade do concurso público deve respeitar o devido processo legal em que se observe o contraditório e a ampla defesa, haja vista se tratar de decisão que restringe os direitos do agente. Com efeito, se o ato administrativo pode repercutir no campo dos interesses individuais, não deve ser praticado sem o conhecimento e manifestação dos interessados.

Importante frisar que José dos Santos Carvalho Filho[15] defende a desnecessidade de garantia de contraditório ou ampla defesa se a anulação do certame ocorrer antes da investidura dos candidatos no cargo, caso em que a simples atuação administrativa já legitima o ato de anulação, desde que demonstradas as irregularidades ocorridas no certame, somente sendo garantida a oitiva do interessado, caso já tenha sido empossado no cargo. Esse entendimento já foi analisado pelo Superior Tribunal de Justiça que, seguindo o entendimento adotado pela doutrina majoritária, garante a defesa do particular, mesmo que a anulação do concurso público ocorra antes do ato de nomeação dos candidatos. Vejamos.

> AGRAVO REGIMENTAL EM RECURSO ORDINÁRIO - INVALIDAÇÃO DE EXAME DE APTIDÃO FÍSICA EM CONCURSO PÚBLICO - NECESSIDADE DE MOTIVAÇÃO - GARANTIA DO CONTRADITÓRIO E DA AMPLA DEFESA IMPERATIVA – DIREITO LÍQUIDO E CERTO - ORDEM CONCEDIDA PARCIALMENTE - AGRAVO DESPROVIDO.
>
> 1. Para invalidação de atos ampliativos de direitos dos cidadãos, isto é, atos cuja nulidade importe diminuição da esfera patrimonial dos indivíduos, ainda que o exercício da competência administrativa esteja respaldado pelo poder de autotutela, não se afasta a necessidade imperiosa de instauração do devido processo administrativo, garantindo-se o contraditório e a ampla defesa aos interessados, nos termos do art. 5º, inciso LV, da CR/88.
>
> 2. Todos os atos administrativos, inclusive, os discricionários são passíveis de controle jurisdicional (art. 5º, XXXV, CR/88). Esse controle, mormente nos atos discricionários, depende da devida motivação, como condição de sua própria validade.

15. CARVALHO FILHO, José dos Santos – Manual de Direito Administrativo. Rio: Lumen Juris. 23ª ed. 2012.

3. Segurança concedida, em parte, para assegurar ao Impetrante - Agravado o direito líquido e certo da motivação do ato que invalidou seu teste de aptidão física, bem como as garantias do contraditório e da ampla defesa.

4. Agravo regimental desprovido.

AgRg nos EDcl no RMS 17718 / AC

AGRAVO REGIMENTAL NOS EMBARGOS DE DECLARAÇÃO NO RECURSO EM MANDADO DE SEGURANÇA

2003/0236684-0. Julgamento em 11/04/2006

Dessa forma, a anulação do concurso enseja a invalidade dos atos de nomeação dele decorrente e justifica a retirada do servidor dos quadros da Administração Pública. Caso o concurso tenha sido concluído com a definição dos aprovados, a sua declaração de nulidade deve ser precedida de processo administrativo com as garantias de contraditório e ampla defesa.

Por fim, cabe ainda salientar que a nulidade do ato de nomeação de servidores não pode justificar o não pagamento das remunerações pelos serviços efetivamente prestados pelo agente, **sob pena de enriquecimento sem causa do poder público que se valeu da força de trabalho e não pode retornar ao *status quo ante*.**

Caso se trate de anulação de concurso público para contratação de empregados, a jurisprudência do Supremo Tribunal Federal definiu que, além da percepção da remuneração pelos dias trabalhados, o agente faz jus ao saldo do Fundo de Garantia por Tempo de Serviço – FGTS, cujos depósitos devem ser efetivados pelo Estado.

Nesse sentido, analise-se o julgado abaixo transcrito, proferido pela Suprema Corte, em julgamento de Recurso Extraordinário, no ano de 2012.

Ementa: Recurso extraordinário. Direito Administrativo. Contrato nulo. Efeitos. Recolhimento do FGTS. Artigo 19-A da Lei n. 8.036/90. Constitucionalidade. 1. É constitucional o art. 19-A da Lei n. 8.036/90, o qual dispõe ser devido o depósito do Fundo de Garantia do Tempo de Serviço na conta de trabalhador cujo contrato com a Administração Pública seja declarado nulo por ausência de prévia aprovação em concurso público, desde que mantido o seu direito ao salário. 2. **Mesmo quando reconhecida a nulidade da contratação do empregado público, nos termos do art. 37, § 2º, da Constituição Federal, subsiste o direito do trabalhador ao depósito do FGTS quando reconhecido ser devido o salário pelos serviços prestados.** 3. Recurso extraordinário ao qual se nega provimento.

RE 596478 / RR - RORAIMA

RECURSO EXTRAORDINÁRIO

Relator(a): Min. ELLEN GRACIE

Relator(a) p/ Acórdão: Min. DIAS TOFFOLI

Julgamento: 13/06/2012 Órgão Julgador: Tribunal Pleno

Outrossim, STF possui orientação no sentido de que "a contratação em caráter precário, para o exercício das mesmas atribuições do cargo para o qual foi promovido concurso público, implica em preterição de candidato habilitado, quando ainda subsiste a plena vigência do referido concurso, o que viola o direito do concorrente aprovado à respectiva nomeação[16]"

4.2.3. Realização de novo concurso na vigência do certame anterior

A lei 8.112/90 estabelece, em seu art. 12, §2º, que "*Não se abrirá novo concurso enquanto houver candidato aprovado em concurso anterior com prazo de validade não expirado*". Dessa

16. AI 788628 AgR.

forma, o texto expresso de lei proíbe expressamente a realização de novo concurso público para preenchimento de cargos em uma determinada carreira, enquanto estiver vigente concurso anterior com o mesmo propósito, desde que não tenha sido esgotada a lista de aprovados do certame em andamento.

Nestes termos, o poder público deveria esgotar a lista de aprovados do concurso anterior para, posteriormente, analisar a necessidade de realização de novo certame. Tal situação engessava a Administração que, muitas vezes, tinha a previsão orçamentária para nomeação de candidatos durante aquele ano específico, ficando sujeito à prévia nomeação de todos os candidatos do certame anterior para iniciar novo processo seletivo para escolha de novos servidores.

Com a intenção de corrigir as discrepâncias legais sem, contudo, atingir os direitos dos candidatos, a Emenda Constitucional n. 19/98, alterando o art. 37, IV da Constituição da República, admite a realização do novo processo seletivo, desde que seja respeitada a ordem de preferência aos candidatos aprovados no concurso anterior.

O dispositivo passou a definir que "*durante o prazo improrrogável previsto no edital de convocação, aquele aprovado em concurso público de provas ou de provas e títulos será convocado com prioridade sobre novos concursados para assumir cargo ou emprego, na carreira*". A norma não deixa qualquer dúvida acerca da possibilidade de realização de processo seletivo novo, com a prioridade de convocação mantida em relação aos candidatos que aguardavam a nomeação em certame realizado previamente.

4.2.4. Direito subjetivo à nomeação

Durante muito tempo, a doutrina e a jurisprudência dominante definiram que os candidatos aprovados em concursos públicos não teriam direito subjetivo à nomeação, tratando-se de mera expectativa de direito. Da mesma forma, o candidato teria a garantia de não preterição, ou seja, não poderia admitir a contratação de temporários ou terceirizados para exercer as funções inerentes ao seu cargo e, menos ainda, seria admitida a convocação de um candidato aprovado e classificado com nota inferior à que lhe fora atribuída.

Nestes casos, seria garantida a nomeação do candidato em casos de preterição, consoante disposto na Súmula n. 15 do Supremo Tribunal Federal, a qual dispõe que "*Dentro do prazo de validade do concurso, o candidato aprovado tem o direito à nomeação, quando o cargo for preenchido sem observância da classificação*".

Da mesma forma, o direito à nomeação surgiria em situações em que o poder público, em desrespeito à norma estampada no art. 37, IV da Constituição Federal, analisada em tópico supracitado, efetivasse a nomeação de candidato aprovado em novo concurso antes de esgotar a lista de aprovados do concurso anterior.

Em 2007, o Supremo Tribunal Federal proferiu uma decisão que se tornou *leading case* da nova posição adotada pela jurisprudência dominante no Brasil de que o candidato que for aprovado, em concurso público, dentro do número de vagas previamente definido no instrumento convocatório, terá direito subjetivo à nomeação. A argumentação se fundamenta no princípio da vinculação ao instrumento convocatório e se justifica pelos abusos cometidos historicamente pela Administração Pública em relação ao tema.

A previsão editalícia de número de vagas presume, conforme entendimento moderno, a necessidade de nomeação, consoante ementa a seguir transcrita, proferida pelo Superior Tribunal de Justiça, em sede recursal.

> Ementa: ADMINISTRATIVO - SERVIDOR PÚBLICO - CONCURSO - APROVAÇÃO DE CANDIDATO DENTRO DO NÚMERO DE VAGAS PREVISTAS EM CARGO - RECURSO PROVIDO.
>
> 1. **Em conformidade com jurisprudência pacífica desta Corte, o candidato aprovado em concurso público, dentro do número de vagas previstas em edital, possui direito líquido e certo à nomeação e à posse.** 2. A partir da veiculação, pelo instrumento convocatório, da necessidade de a Administração prover determinado número de vagas, a nomeação e posse, que seriam, a princípio, atos discricionários, de acordo com a necessidade do serviço público, tornam-se vinculados, gerando, em contrapartida, direito subjetivo para o candidato aprovado dentro do número de vagas previstas em edital. Precedentes. 3. Recurso ordinário provido.
>
> RMS 20718 / SP
>
> RECURSO ORDINÁRIO EM MANDADO DE SEGURANÇA
>
> 2005/0158090-4. Julgamento em 04/12/2007

Sendo assim, em observância aos princípios da boa-fé e segurança jurídica a Administração Pública se obriga a realizar a nomeação dos candidatos aprovados em colocação condizente com o número de vagas que estava prevista no edital do certame, dentro do prazo de validade do concurso público, sob pena de omissão ilícita.

Ocorre que não se pode esquecer que a atuação administrativa se pauta na busca do interesse público e que o agente público tem o dever de compatibilizar as necessidades sociais com as possibilidades orçamentárias e financeiras, além de outros obstáculos postos à boa condução da atividade estatal. Também convém relembrar que compete ao administrador público, e somente a ele, estabelecer as regras, dentro das possibilidades fáticas que ensejam a menor perda possível aos interesses da sociedade, em razão de limitações concretas. Pode-se dizer que essa compatibilização e atuação concreta se configuram a verdadeira função administrativa.

Sendo assim, não obstante seja o edital norma vinculante da atuação do Estado, o instrumento convocatório é um ato administrativo e, como tal pode ser modificado ou revogado por motivo de interesse público superveniente, devidamente justificado. Trata-se da aplicação do princípio da autotutela, regulamentado, inclusive pela edição das súmulas 346 e 473 do Supremo Tribunal Federal.[17]

Em decorrência disso, diante da demonstração de situações excepcionais, nas quais, por motivo de necessidade pública superveniente, devidamente comprovada e justificada, a Administração Pública poderá deixar de nomear candidatos aprovados em concurso público, ainda que dentro do número de vagas, sob pena de se priorizar o direito do aprovado em detrimento do interesse geral. Nestes casos, não seria admissível que o Poder Judiciário pudesse determinar, a qualquer custo, a nomeação do candidato, diante da impossibilidade fática apresentada pelo ente público.

---

17. Nesse sentido, como corolário do princípio da autotutela, dispõe a Súmula 346 do STF que *"A administração pública pode declarar a nulidade dos seus próprios atos"*. De forma ainda mais ampla, a Súmula 473 da Suprema Corte estabelece que *"A administração pode anular seus próprios atos, quando eivados de vícios que os tornam ilegais, porque deles não se originam direitos; ou revogá-los, por motivo de conveniência ou oportunidade, respeitados os direitos adquiridos, e ressalvada, em todos os casos, a apreciação judicial"*.

Este entendimento vem sendo adotado pela jurisprudência mais moderna, diante da impossibilidade de invasão do mérito administrativo, por decisões judiciais típicas.

Analise-se julgado que trata da matéria, proferido pelo Supremo Tribunal Federal.

> Ementa: RECURSO EXTRAORDINÁRIO. REPERCUSSÃO GERAL. CONCURSO PÚBLICO. PREVISÃO DE VAGAS EM EDITAL. DIREITO À NOMEAÇÃO DOS CANDIDATOS APROVADOS. I. DIREITO À NOMEAÇÃO. CANDIDATO APROVADO DENTRO DO NÚMERO DE VAGAS PREVISTAS NO EDITAL. Dentro do prazo de validade do concurso, a Administração poderá escolher o momento no qual se realizará a nomeação, mas não poderá dispor sobre a própria nomeação, a qual, de acordo com o edital, passa a constituir um direito do concursando aprovado e, dessa forma, um dever imposto ao poder público. Uma vez publicado o edital do concurso com número específico de vagas, o ato da Administração que declara os candidatos aprovados no certame cria um dever de nomeação para a própria Administração e, portanto, um direito à nomeação titularizado pelo candidato aprovado dentro desse número de vagas. II. ADMINISTRAÇÃO PÚBLICA. PRINCÍPIO DA SEGURANÇA JURÍDICA. BOA-FÉ. PROTEÇÃO À CONFIANÇA. O dever de boa-fé da Administração Pública exige o respeito incondicional às regras do edital, inclusive quanto à previsão das vagas do concurso público. Isso igualmente decorre de um necessário e incondicional respeito à segurança jurídica como princípio do Estado de Direito. Tem-se, aqui, o princípio da segurança jurídica como princípio de proteção à confiança. Quando a Administração torna público um edital de concurso, convocando todos os cidadãos a participarem de seleção para o preenchimento de determinadas vagas no serviço público, ela impreterivelmente gera uma expectativa quanto ao seu comportamento segundo as regras previstas nesse edital. Aqueles cidadãos que decidem se inscrever e participar do certame público depositam sua confiança no Estado administrador, que deve atuar de forma responsável quanto às normas do edital e observar o princípio da segurança jurídica como guia de comportamento. Isso quer dizer, em outros termos, que o comportamento da Administração Pública no decorrer do concurso público deve se pautar pela boa-fé, tanto no sentido objetivo quanto no aspecto subjetivo de respeito à confiança nela depositada por todos os cidadãos. III. SITUAÇÕES EXCEPCIONAIS. NECESSIDADE DE MOTIVAÇÃO. CONTROLE PELO PODER JUDICIÁRIO. **Quando se afirma que a Administração Pública tem a obrigação de nomear os aprovados dentro do número de vagas previsto no edital, deve-se levar em consideração a possibilidade de situações excepcionalíssimas que justifiquem soluções diferenciadas, devidamente motivadas de acordo com o interesse público. Não se pode ignorar que determinadas situações excepcionais podem exigir a recusa da Administração Pública de nomear novos servidores. Para justificar o excepcionalíssimo não cumprimento do dever de nomeação por parte da Administração Pública, é necessário que a situação justificadora seja dotada das seguintes características: a) Superveniência: os eventuais fatos ensejadores de uma situação excepcional devem ser necessariamente posteriores à publicação do edital do certame público; b) Imprevisibilidade: a situação deve ser determinada por circunstâncias extraordinárias, imprevisíveis à época da publicação do edital; c) Gravidade: os acontecimentos extraordinários e imprevisíveis devem ser extremamente graves, implicando onerosidade excessiva, dificuldade ou mesmo impossibilidade de cumprimento efetivo das regras do edital; d) Necessidade: a solução drástica e excepcional de não cumprimento do dever de nomeação deve ser extremamente necessária, de forma que a Administração somente pode adotar tal medida quando absolutamente não existirem outros meios menos gravosos para lidar com a situação excepcional e imprevisível.** De toda forma, a recusa de nomear candidato aprovado dentro do número de vagas deve ser devidamente motivada e, dessa forma, passível de controle pelo Poder Judiciário. IV. FORÇA NORMATIVA DO PRINCÍPIO DO CONCURSO PÚBLICO. Esse entendimento, na medida em que atesta a existência de um direito subjetivo à nomeação, reconhece e preserva da melhor forma a força normativa do princípio do concurso público, que vincula diretamente a Administração. É preciso reconhecer que a efetividade da exigência constitucional do concurso público, como uma incomensurável conquista da cidadania no Brasil, permanece condicionada à observância, pelo Poder Público,

de normas de organização e procedimento e, principalmente, de garantias fundamentais que possibilitem o seu pleno exercício pelos cidadãos. O reconhecimento de um direito subjetivo à nomeação deve passar a impor limites à atuação da Administração Pública e dela exigir o estrito cumprimento das normas que regem os certames, com especial observância dos deveres de boa-fé e incondicional respeito à confiança dos cidadãos. O princípio constitucional do concurso público é fortalecido quando o Poder Público assegura e observa as garantias fundamentais que viabilizam a efetividade desse princípio. Ao lado das garantias de publicidade, isonomia, transparência, impessoalidade, entre outras, o direito à nomeação representa também uma garantia fundamental da plena efetividade do princípio do concurso público. V. NEGADO PROVIMENTO AO RECURSO EXTRAORDINÁRIO.

RE 598099 / MS - MATO GROSSO DO SUL

RECURSO EXTRAORDINÁRIO

Relator(a): Min. GILMAR MENDES

Julgamento: 10/08/2011 Órgão Julgador: Tribunal Pleno

4.2.5. Cláusula de barreira

A matéria vem sendo objeto de discussão nos tribunais superiores e ocorre todas as vezes em que o edital limita a quantidade de classificados, tomando por base o número de vagas do concurso.

Suponha-se, a título de exemplo, que o edital de determinado concurso público traga a seguinte dissertação *"serão habilitados na primeira fase do concurso público os candidatos que obtiverem nota igual ou superior a 70 pontos, sendo classificados para a fase seguinte somente 5 vezes o número de vagas definidas neste edital"*.

Neste caso, a Administração Pública limita o acesso às fases seguintes do certame, proibindo a participação daqueles candidatos classificados fora do quantitativo definido no instrumento convocatório, o qual sempre é calculado com base no número de vagas para o cargo.

A matéria enseja algumas discussões doutrinárias, haja vista o fato de alguns doutrinadores defenderem o entendimento de que a referida cláusula restringe e limita de forma inconstitucional o princípio do livre acesso aos cargos públicos, assim como o princípio da impessoalidade, restringindo a competição nos certames públicos, de forma indevida.

Todavia, em 2014, o Supremo Tribunal Federal declarou constitucional a referida regulamentação em editais de concursos públicos, dispondo que a cláusula de barreira utiliza-se, como forma de limitação, o desempenho meritório dos concorrentes nas etapas anteriores do concurso, o que estaria de acordo com os propósitos constitucionais.

Para fins de ilustração, passa-se à transcrição de parte do julgado proferido pelo Supremo Tribunal Federal na análise do pleito formulado no RE n. 635.739/Al.

> "É constitucional a regra denominada "cláusula de barreira", inserida em edital de concurso público, que limita o número de candidatos participantes de cada fase da disputa, com o intuito de selecionar apenas os concorrentes mais bem classificados para prosseguir no certame. Essa a conclusão do Plenário, que proveu recurso extraordinário no qual se discutia a legitimidade da aludida cláusula à luz do princípio da isonomia. Preliminarmente, a Corte rejeitou questão de ordem, suscitada da tribuna, no sentido de que a matéria dos autos estaria alegadamente contida no RE 608.482/RN, com repercussão geral reconhecida. A respeito, o Tribunal afirmou tratar-se de temas distintos. No mérito, o Colegiado explicou que o crescente número de candidatos ao ingresso em carreira pública provocaria a criação

> de critérios editalícios que restringissem a convocação de concorrentes de uma fase para outra dos certames. Nesse sentido, as regras restritivas subdividir-se-iam em "eliminatórias" e "cláusulas de barreira". As eliminatórias preveriam, como resultado de sua aplicação, a eliminação do candidato do concurso por insuficiência em algum aspecto de seu desempenho. Reputou comum a conjunção, com esta, da cláusula de barreira, que restringiria o número de candidatos para a fase seguinte do certame, para determinar que, no universo de pessoas não excluídas pela regra eliminatória, participaria da etapa subsequente apenas número predeterminado de concorrentes, de modo a contemplar apenas os mais bem classificados. Assinalou que estas regras não produziriam eliminação por insuficiência de desempenho, mas estipulariam um corte deliberado no número de concorrentes que poderiam participar de fase posterior. Asseverou que o acórdão recorrido registrara que esse corte premeditado de classificados violaria o princípio da isonomia, porque todos os que tivessem obtido notas mínimas nas fases anteriores seriam tratados indevidamente de forma diferenciada, uns aptos a participar da fase subsequente, outros não. No ponto, o Pleno consignou que nem todas as distinções implicariam quebra de isonomia, postulado que demandaria tratamento igual aos iguais e desigual aos desiguais. Sublinhou jurisprudência no sentido de estar justificado o tratamento desigual entre candidatos de concursos públicos, a concretizar esse princípio".
> **RE 635739/AL, rel. Min. Gilmar Mendes, 19.2.2014. (RE-635739)**

Neste sentido, trata-se de regulamentação constitucional que pode ser inserida em editais de concursos públicos sem qualquer irregularidade, uma vez que o único critério de limitação à participação do certame se dá com base na meritocracia, não se valendo de critérios pessoais de restrição.

4.3. Nacionalidade brasileira

Conforme já analisado, a nacionalidade brasileira é requisito básico para ingresso em cargos, empregos ou funções públicas. Ressalte-se que a lei não pode distinguir entre brasileiros natos e naturalizados. Somente a Constituição Federal pode fazer distinção. Neste sentido, para ingressar em cargo público federal, o candidato deve ser brasileiro (nato ou naturalizado).

As exceções ficam a cargo do próprio estatuto dos servidores públicos civis da União que, em respeito ao disposto no art. 37, I da Carta Magna, prevê que as universidades públicas e instituições de pesquisa científica e tecnológica federais poderão prover seus cargos com professores, técnicos e cientistas estrangeiros.

Por sua vez, o art. 12, §3º da Constituição Federal define que somente os brasileiros natos poderão assumir os cargos de Presidente e Vice-Presidente da República, de Presidente da Câmara dos Deputados, de Presidente do Senado Federal, de Ministro do Supremo Tribunal Federal, da carreira diplomática, de oficial das Forças Armadas e de Ministro de Estado da Defesa". O art. 89, VII, da Carta Magna, ainda limita a composição do Conselho da República a seis cidadãos brasileiros natos, com mais de trinta e cinco anos de idade, sendo dois nomeados pelo Presidente da República, dois eleitos pelo Senado Federal e dois eleitos pela Câmara dos Deputados, todos com mandato de três anos, vedada a recondução.

4.4. O gozo dos direitos políticos

Aqueles que, de alguma forma, não estiverem em pleno gozo dos direitos políticos não poderão ingressar na carreira pública federal, consoante exposto no art. 5º, II, da lei 8.112/90.

Ressalte-se que a Constituição Federal e a legislação infraconstitucional definem algumas hipóteses de cassação ou suspensão dos direitos políticos no Brasil.

A título de exemplo, o art. 37, §4º da Constituição Federal, elenca a suspensão dos direitos políticos como sanção decorrente da prática de ato de improbidade, além de outras definidas na legislação aplicável.

4.5. A quitação com as obrigações militares e eleitorais

Este é requisito estampado no art. 5º, III, da lei 8.112/90, para assunção de cargo público estatutário civil, no âmbito federal, devendo ser demonstrado por meio de certidões extraídas nos respectivos órgãos, que demonstrem a ausência de pendência do cidadão.

4.6. O nível de escolaridade exigido para o exercício do cargo

A exigência de escolaridade deve ser determinada por meio de lei e deve ser compatível com as funções a serem atribuídas aos servidores dos cargos a serem providos. É importante ressaltar a vinculação direta ao princípio da razoabilidade, não se admitindo exigências superiores às necessidades da função, sob pena de se caracterizar uma forma indevida de restrição ao acesso de cargos e funções públicas.

Da mesma forma, a legislação não pode deixar de exigir escolaridade mínima para agentes que deverão assumir atribuições de responsabilidade e complexidade elevada, sob pena de se prejudicar o bom andamento da atividade pública.

Além da previsão legal, o edital do concurso deve especificar claramente qual a escolaridade mínima exigida para exercer atividades naquele cargo público que se pretende preencher, dando ampla publicidade a esta informação.

4.7. Aptidão física e mental para o exercício das funções do cargo

Este requisito limita o ingresso em cargos, empregos e funções públicas, àqueles que tenham condições de exercer as atribuições definidas para os agentes integrantes da carreira, não se admitindo critérios discriminatórios, ou com a intenção de frustrar e limitar a participação na competição.

Assim, a vedação pode decorrer de quaisquer impedimentos físicos ou mentais, desde que seja amparada nas funções específicas do cargo a ser assumido, sob pena de afronta direta ao princípio da isonomia.

Acerca do tema, são necessárias algumas considerações.

4.7.1. Portadores de necessidades especiais

Primeiramente, é importante ressaltar que as pessoas portadoras de necessidades especiais não devem, por esta razão, estar impedidas de exercerem funções públicas, haja vista a plena possibilidade de compatibilização desta limitação com as funções inerentes às atividades de interesse da coletividade. Sendo assim, uma pessoa que tenha deficiência visual, por exemplo, poderá exercer as atribuições definidas para os cargos públicos, a despeito de sua limitação física e qualquer limitação de ingresso configuraria violação direta aos princípios da impessoalidade e isonomia, em virtude da garantia de ampla acessibilidade às carreiras públicas.

No entanto, é cediço que determinadas deficiências, em situações específicas, poderão ensejar a impossibilidade de o agente exercer algumas atribuições, o que justifica a necessidade de se obstar o ingresso de determinadas pessoas a determinados cargos. Sendo assim, está plenamente regular a vedação de ingresso, nas carreiras militares, de particular que seja paraplégico, haja vista o fato de que a deficiência a ele inerente tornará inviável o exercício das funções atribuídas aos servidores desta carreira e, portanto, permitir a participação em concurso e posterior nomeação poderia causar transtornos à regular prestação do serviço público. A mesma deficiência, contudo, não poderia justificar a impossibilidade de realização de concurso para preenchimento de cargos de magistrado ou procurador.

Com efeito, pode-se dizer que a impossibilidade de ingresso na carreira por qualquer necessidade especial deve-se justificar plenamente em virtude das atribuições dispostas na lei que organiza a carreira. Qualquer outra espécie de restrição se configuraria fraude à garantia de ampla competição para ingresso na atividade estatal.

Neste sentido, a lei 8.112/90 reserva até 20% das vagas aos portadores de deficiência, desde que essa deficiência não impeça o exercício da função do cargo a ser assumido. Sendo assim, a lei não dispõe acerca do percentual, definindo somente um percentual máximo a ser garantido, competindo ao edital do concurso definir com exatidão a quantidade de vagas que serão destinadas a estes candidatos.

Uma vez que a legislação pertinente definiu somente o percentual máximo a ser garantido pelo edital, a jurisprudência do Superior Tribunal de Justiça, por sua vez, em julgados esparsos, estabeleceu que o edital deve respeitar um percentual mínimo de 5% das vagas destinadas a estes candidatos. Segue o texto da lei:

> Art. 5º (...)
>
> (...)
>
> § 2º Às pessoas portadoras de deficiência é assegurado o direito de se inscrever em concurso público para provimento de cargo cujas atribuições sejam compatíveis com a deficiência de que são portadoras; para tais pessoas serão reservadas até 20% (vinte por cento) das vagas oferecidas no concurso.

Dessa forma, em respeito ao disposto em lei, o edital do certame público definirá, respeitados os limites estipulados pela lei e jurisprudência, o percentual de vagas do concurso que serão reservadas aos portadores de necessidades especiais. Trata-se de consagração da isonomia material, ensejando tratamento jurídico diverso àqueles que têm situação fática diferente.

4.7.2. Limite de idade

Ainda em relação à aptidão física e mental para o exercício do cargo público, um tema relevante a ser discutido é a possibilidade de se estabelecer idade máxima para que as pessoas possam ingressar em determinadas carreiras.

Frise-se que não se trata de discussão sobre a regra de idade mínima, haja vista estar definida expressamente em lei, de forma incontroversa. Observe-se que o art. 5º, V da lei 8.112/90 determina a idade mínima de 18 anos para ingresso em cargos públicos federais, marco que coincide, atualmente, com a maioridade civil.

Por sua vez, em relação à discussão travada acerca da exigência de idade máxima, é relevante relembrar que a determinação legislativa de aptidão física e mental para o exercício do cargo não pode restringir o acesso aos cargos, empregos e funções públicas, de forma indevida, somente sendo admitida, caso a exigência seja compatível com a função a ser exercida pelo agente. Dessa forma, a princípio a definição de idade máxima para participação em concursos públicos deve ter justificativa previamente estipulada pelo ente estatal, em razão das atribuições do cargo, e se restringe a situações excepcionais.

Neste sentido, o Supremo Tribunal Federal editou a súmula 683 que dispõe acerca do tema, como se segue:

> **SÚMULA N. 683 DO STF**: O limite de idade para a inscrição em concurso público só se legitima em face do art. 7º, XXX, da Constituição, quando possa ser justificado pela natureza das atribuições do cargo a ser preenchido.

O entendimento sumulado deve ser ampliado, não somente para restrição referente a idade, mas também em relação a sexo (masculino ou feminino), altura mínima, entre outras restrições e precisa ser lido à luz do disposto no art. 7º, XXX, combinado com o art. 39, §3º, ambos da Constituição Federal.

Com efeito, o art. 39, §3º da Carta Magna dispõe acerca da extensão, aos detentores de cargos públicos, de determinadas garantias constitucionais definidas para os empregados em geral, incluindo o art. 7º, XXX que define a "*proibição de diferença de salários, de exercício de funções e de critério de admissão por motivo de sexo, idade, cor ou estado civil*". Ocorre que, o próprio art. 39, §3º estabelece que pode "*a lei estabelecer requisitos diferenciados de admissão quando a natureza do cargo o exigir*".

Realizando uma leitura sistemática dos dispositivos constitucionais e da súmula transcrita alhures, pode-se estipular que a limitação de ingresso em cargos públicos por motivo de idade, sexo, estado civil, altura é possível desde que devidamente embasada nas funções a serem exercidas pelo servidor que preencher o cargo objeto do concurso.

Neste sentido, por exemplo, para ingressar nas forças armadas de determinado estado é necessário ter ao menos 1,70 m de altura, conforme estipulação por lei. Um cidadão foi aprovado em concurso público para cargo de médico da polícia militar deste estado e, por não ter a altura mínima exigida para o exercício da função, foi considerado inapto, consoante disposição legal previamente definida. Considerando que o requisito não é indispensável ao exercício da função, a exigência é ilegal, para o cargo de médico.

Ademais, mesmo diante de situações que justifiquem as restrições de ingresso, estas regras devem ser estipuladas por meio de lei, não sendo suficiente a disposição no edital do certame, como forma de impedir o acesso daqueles que se enquadrarem na vedação explícita. De fato, somente a lei tem competência para definir os requisitos de ingresso, não podendo ser suprida a ausência de determinação legal, por previsão em ato administrativo.

A matéria já foi alvo de análise pelo Supremo Tribunal Federal[18] que se posicionou no sentido de que somente a lei pode estabelecer os limites e requisitos para acesso aos cargos públicos, não devendo ser substituída por mera regulamentação editalícia.

18. O Supremo Tribunal Federal, no julgamento do RE 600.885?RS, publicado no DJe de 01.07.2011 definiu que *"o art. 142, §3º, inciso X, da Constituição da República, é expresso ao atribuir exclusivamente à lei a definição dos*

No mesmo sentido, o Superior Tribunal de Justiça admite a definição de idade máxima para acessibilidade em determinadas carreiras, mais uma vez, deixando clara a determinação de que este limite tenha previsão expressa de lei. Cabe, para ilustrar o entendimento da Corte, a análise de ementa acerca do tema.

> RECURSO ORDINÁRIO EM MANDADO DE SEGURANÇA. ADMINISTRATIVO. SERVIDOR PÚBLICO. CONCURSO PÚBLICO. POLÍCIA MILITAR. IDADE. LIMITE MÁXIMO. POSSIBILIDADE. PREVISÃO LEGAL. RAZOABILIDADE. NATUREZA DO CARGO. PRECEDENTES.
>
> 1. **A lei ordinária pode, ex vi da interpretação dos art. 7.º, inciso XXX, 39, § 2.º, 37, inciso I, da Constituição Federal, estabelecer limites mínimo e máximo de idade para ingresso em funções, empregos e cargos públicos, desde que pautada no princípio da razoabilidade.**
>
> 2. Considerando-se as especificidades da carreira militar, não pode ser tida por desarrazoada, despropositada ou discriminatória a idade máxima de 25 anos para o ingresso na Polícia Militar do Estado do Mato Grosso.
>
> 3. Agravo regimental desprovido.
>
> AgRg no RMS 30047 / MT
>
> AGRAVO REGIMENTAL NO RECURSO EM MANDADO DE SEGURANÇA
>
> 2009/0144646-9. Julgamento em 09/02/2010

A regra admitida pela jurisprudência e amparada pela doutrina abalizada ganhou ainda respaldo legal com a edição da lei n. 10.741/03, conhecida por introduzir o Estatuto do Idoso no ordenamento jurídico brasileiro. Em uma tentativa de se evitar a existência de discriminações desarrazoadas e com a finalidade de garantir-se o mercado de trabalho àqueles que já atingiram idade avançada, o diploma legislativo prevê, em seu art. 27, que a definição de limites máximos de idade para ingresso em cargos, empregos e funções públicas deve ser previamente justificada. Analise-se a literalidade do dispositivo legal.

> Art. 27. Na admissão do idoso em qualquer trabalho ou emprego, é vedada a discriminação e a fixação de limite máximo de idade, inclusive para concursos, ressalvados os casos em que a natureza do cargo o exigir.

Está pacificada, assim, a possibilidade de limitação de idade máxima para ingresso em cargos públicos, em razão das necessidades justificadas pela Administração Pública, em virtude da natureza das atribuições inerentes ao cargo.

4.7.3. Exame psicotécnico

Existe muita divergência entre os doutrinadores acerca da possibilidade de realização dos psicotestes e dos limites de atuação do poder público na condução destes exames, dado o grau de subjetivismo de que se revestem as decisões tomadas nesta seara.

O Decreto 6.944/09 regulamenta a realização de exames psicotécnicos em concursos públicos realizados pelo Poder Executivo da União e define, em seu art. 14, §1º, que o exame de avaliação psicológica consiste *"no emprego de procedimentos científicos destinados a aferir*

---

requisitos para ingresso nas Forças Armadas...". A matéria foi recebida como repercussão geral e o entendimento da Corte foi respaldado no mérito do julgamento.

a compatibilidade das características psicológicas do candidato com as atribuições do cargo". No mesmo sentido, o decreto garante que exames de avaliação psicológica devem ser realizados mediante previsão legal específica.

Por sua vez, o Conselho Nacional de Justiça e o Conselho Nacional do Ministério Público regulamentam a possibilidade de realização destes exames para provimento de cargos nas carreiras da magistratura e, para ingresso nos quadros do *parquet*, respectivamente, nos moldes definidos pelo edital do concurso.

Em todos os casos, a realização do exame psicotécnico fica submetida à autorização por meio de lei, consoante orientação estampada nos diplomas que regulamentam o tema que, inclusive, já foi objeto de deliberação pelo Supremo tribunal Federal concluída com a edição da súmula vinculante nº 44 que estabelece que *"Só por lei se pode sujeitar a exame psicotécnico a habilitação de candidato a cargo público"*.

Ademais, além da exigência de **previsão legal**, a doutrina e jurisprudência vêm-se orientando no sentido de que a realização do psicoteste deve ser definida no edital do concurso com **regras objetivas** que justifiquem a aptidão ou não para o exercício do cargo. Qualquer margem de subjetivismo pode significar uma restrição ilícita de acesso às funções estatais. Neste sentido, o Decreto 6.944/09 define, nos parágrafos de seu art. 14 que *"Os requisitos psicológicos para o desempenho no cargo deverão ser estabelecidos previamente, por meio de estudo científico das atribuições e responsabilidades dos cargos, descrição detalhada das atividades e tarefas, identificação dos conhecimentos, habilidades e características pessoais necessários para sua execução e identificação de características restritivas ou impeditivas para o cargo"* e, ainda, que *"A avaliação psicológica deverá ser realizada mediante o uso de instrumentos de avaliação psicológica, capazes de aferir, de forma objetiva e padronizada, os requisitos psicológicos do candidato para o desempenho das atribuições inerentes ao cargo"*.

Por derradeiro, para que se garanta a lisura do exame psicotécnico, após o resultado acerca da aptidão ou não para o exercício das funções, deve ser concedido ao candidato prazo para interposição de **recurso administrativo** da decisão. Nesta esteira, o art. 14-A, §2º do Decreto 6.944/09 estabelece que *"Os prazos e a forma de interposição de recurso acerca do resultado da avaliação psicológica serão definidos pelo edital do concurso"*. Dessa forma, a possibilidade de recurso se mostra como forma de garantia dos princípios do contraditório e da ampla defesa.

Neste sentido, cumpre analisar o entendimento do Supremo Tribunal Federal acerca do tema que, juntamente com a doutrina majoritária, define que a regularidade do exame de avaliação psicológica depende da previsão legal, assim como da garantia de requisitos objetivamente definidos para decisão de aptidão.

> Ementa: MANDADO DE SEGURANÇA. CONSELHO NACIONAL DO MINISTÉRIO PÚBLICO. CONTROLE DE LEGALIDADE DE ATO PRATICADO PELO MINISTÉRIO PÚBLICO DE RONDÔNIA. CONCURSO PÚBLICO. EXAME PSICOTÉCNICO. PREVISÃO EM LEI. CRITÉRIOS OBJETIVOS. ORDEM DENEGADA. I – O art. 5º, I, da Lei 12.016/2009 não configura uma condição de procedibilidade, mas tão somente uma causa impeditiva de que se utilize simultaneamente o recurso administrativo com efeito suspensivo e o mandamus. II – A questão da legalidade do exame psicotécnico nos concursos públicos reveste-se de relevância jurídica e ultrapassa os interesses subjetivos da causa. III – **A exigência de exame psicotécnico**, como requisito ou condição necessária ao acesso a determinados cargos públicos, somente é possível, nos termos da Constituição

Federal, **se houver lei em sentido material que expressamente o autorize, além de previsão no edital do certame.** IV – É necessário **um grau mínimo de objetividade** e de publicidade dos critérios que nortearão a avaliação psicotécnica. A ausência desses requisitos torna o ato ilegítimo, por não possibilitar o acesso à tutela jurisdicional para a verificação de lesão de direito individual pelo uso desses critérios V - Segurança denegada.

MS 30822 / DF - DISTRITO FEDERAL

MANDADO DE SEGURANÇA

Relator(a): Min. RICARDO LEWANDOWSKI

Julgamento: 05/06/2012 Órgão Julgador: Segunda Turma

4.8. Atividade jurídica

Para o preenchimento de cargos, em determinadas carreiras públicas, a Constituição Federal exige a demonstração de prazo de atividade na área jurídica, como forma de se verificar a experiência necessária para execução das funções inerentes à atividade estatal a ser preenchida pelo candidato. De fato, ao menos na teoria, o sujeito que já vivenciou situações práticas diversas, na área do Direito, terá maiores condições de proferir decisões justas, de modo a garantir a paz social ou analisar a necessidade de intervenção na sociedade, mediante a propositura de ações civis públicas, por exemplo, com mais maturidade e embasado em seus conhecimentos empíricos adquiridos ao longo do tempo.

A Emenda Constitucional n. 45/04, alterou o texto da Carta Magna, definindo a obrigatoriedade de atividade jurídica de três anos para que seja possível o ingresso nas carreiras da Magistratura e do Ministério Público. Nesse sentido, o art. 93, I define que a nomeação para assumir cargo de magistrado, será feito "*mediante concurso público de provas e títulos, com a participação da Ordem dos Advogados do Brasil em todas as fases, exigindo-se do bacharel em direito, no mínimo, três anos de atividade jurídica e obedecendo-se, nas nomeações, à ordem de classificação*". Da mesma forma, o art. 129, §3º, da Carta Magna estabelece que "*O ingresso na carreira do Ministério Público far-se-á mediante concurso público de provas e títulos, assegurada a participação da Ordem dos Advogados do Brasil em sua realização, exigindo-se do bacharel em direito, no mínimo, três anos de atividade jurídica e observando-se, nas nomeações, a ordem de classificação*".

A leitura do texto constitucional acima transcrito é clara no sentido de que a exigência de atividade jurídica para estas duas carreiras não depende de lei, decorrendo diretamente de regramento constitucional. Em relação às demais carreiras da área jurídica, a exigência não é estampada na Constituição da República, no entanto, poderá ser feita mediante lei específica, desde que justificada em razão das atribuições inerentes ao cargo objeto da norma. Com efeito, a exigência de atividade jurídica não se esgota na disposição constitucional, sendo admitida, mediante imposição legislativa, para as demais carreiras públicas.

Em relação à norma constitucional, a discussão doutrinária e jurisprudencial começou a ser travada no sentido de se definir o que pode ser considerado atividade jurídica para fins de acessibilidade aos cargos nas carreiras da Magistratura e do Ministério Público, haja vista a indeterminação do conceito estabelecido.

Acerca do tema, na Ação Direta de Inconstitucionalidade 3460, em que analisava a adequação da norma estipulada em Resolução do Conselho Nacional de Justiça – CNJ, o Supremo Tribunal Federal expôs o que se segue.

EMENTA: CONSTITUCIONAL. AÇÃO DIRETA DE INCONSTITUCIONALIDADE. ARTIGO 7º, CAPUT E PARÁGRAFO ÚNICO, DA RESOLUÇÃO N. 35/2002, COM A REDAÇÃO DADA PELO ART. 1º DA RESOLUÇÃO N. 55/2004, DO CONSELHO SUPERIOR DO MINISTÉRIO PÚBLICO DO DISTRITO FEDERAL E TERRITÓRIOS. A norma impugnada veio atender ao objetivo da Emenda Constitucional 45/2004 de recrutar, com mais rígidos critérios de seletividade técnico-profissional, os pretendentes às carreira ministerial pública. **Os três anos de atividade jurídica contam-se da data da conclusão do curso de Direito e o fraseado "atividade jurídica" é significante de atividade para cujo desempenho se faz imprescindível a conclusão de curso de bacharelado em Direito.** O momento da comprovação desses requisitos deve ocorrer na data da inscrição no concurso, de molde a promover maior segurança jurídica tanto da sociedade quanto dos candidatos. Ação improcedente.

ADI 3460 / DF - DISTRITO FEDERAL

AÇÃO DIRETA DE INCONSTITUCIONALIDADE

Relator(a): Min. CARLOS BRITTO

Julgamento: 31/08/2006 Órgão Julgador: Tribunal Pleno

Sendo assim, diante do julgado proferido, qualquer tempo de atividade, ainda que na área jurídica, não poderá ser assim assumido, caso tenha sido exercido antes da colação de grau como bacharel em Direito. De fato, o bacharelado é necessário ao exercício da atividade jurídica profissional, sendo qualquer outra atividade considerada extensão universitária necessária à conclusão do curso. Neste sentido, o art. 59, §1º da Resolução n. 75 do CNJ dispõe que "*É vedada, para efeito de comprovação de atividade jurídica, a contagem do estágio acadêmico ou qualquer outra atividade anterior à obtenção do grau de bacharel em Direito*".

O julgado ainda estabeleceu norma já consolidada por decisões anteriores de que a Administração Pública pode exigir o requisito na data de inscrição definitiva do concurso e não somente no momento da posse para exercício no cargo. Sendo assim, os candidatos aprovados na primeira fase podem ser instados a demonstrar essa comprovação de experiência para se inscreverem e realizarem a prova seguinte.

Diante da constitucionalidade declarada pelo STF, atualmente a definição de atividade jurídica para ingresso nas carreiras de magistratura é, assim, definida na Resolução n. 75/09 do Conselho Nacional de Justiça. O diploma define como atividade jurídica aquela exercida com exclusividade por bacharel em Direito, abarcando ainda o efetivo exercício de advocacia, inclusive voluntária, mediante a participação anual mínima em 5 (cinco) atos privativos de advogado em causas ou questões distintas, o exercício de cargos, empregos ou funções, inclusive de magistério superior, que exija a utilização preponderante de conhecimento jurídico, o exercício da função de conciliador junto a tribunais judiciais, juizados especiais, varas especiais, anexos de juizados especiais ou de varas judiciais, ao menos, por 16 (dezesseis) horas mensais e durante um ano, assim como também admite como atividade jurídica o exercício da atividade de mediação ou de arbitragem na composição de litígios.

Sendo assim, a conclusão em cursos de pós-graduação na área jurídica que, à luz do entendimento anterior, poderia ser considerado como tempo de atividade jurídica, não mais é admitida para esse fim pela regra atual.

Em relação ao ingresso nas carreiras do Ministério Público, a matéria se encontra regulamentada pela Resolução n. 40/09 do Conselho Nacional do Ministério Público – CNMP que admite como tempo de atividade jurídica os cursos de pós-graduação, desde que respeitadas algumas regras expostas. O diploma estabelece, em seu art. 2º, que ***"Também serão considerados atividade jurídica, desde que integralmente concluídos com aprovação, os cursos de pós-graduação em Direito ministrados pelas Escolas do Ministério Público, da Magistratura e da Ordem dos Advogados do Brasil, bem como os cursos de pós-graduação reconhecidos, autorizados ou supervisionados pelo Ministério da Educação ou pelo órgão competente".*** Ainda em relação à matéria, o parágrafo único deste dispositivo dispõe que ***"Os cursos referidos no caput deste artigo deverão ser presenciais, com toda a carga horária cumprida após a conclusão do curso de bacharelado em Direito, não se admitindo, no cômputo da atividade jurídica, a concomitância de cursos nem de atividade jurídica de outra natureza".***

Por sua vez, em relação às demais carreiras, a lei poderá exigir a comprovação de atividade jurídica como requisito para ingresso e, nestes casos, compete ao edital do concurso ou ao próprio texto legal definir como será feita a análise do requisito.

4.9. Vedação ao nepotismo

Por fim, como último requisito para ingresso nas carreiras públicas, deve-se exigir, em respeito ao princípio da moralidade e da impessoalidade das nomeações, que o agente não possua vínculo familiar com o nomeante. Trata-se de requisito negativo de acesso e que deve ser tratado com muito cuidado.

A princípio, analise-se que, em decorrência do princípio da indisponibilidade do interesse público, toda a atuação do administrador deve-se pautar, unicamente, na busca pelo interesse da coletividade, não dando margem a escolhas pessoais, com a intenção de beneficiar a si mesmo ou aos seus parentes. Nesse sentido, todos os atos praticados pelos agentes estatais respeitam a impessoalidade, ou seja, não são definidos em razão da pessoa que será atingida pela conduta pública, além de visar a uma maior eficiência na execução da atividade administrativa. As atividades públicas se pautam ainda pela moralidade e isonomia, como princípios orientadores da atuação do Estado.

Dentro deste sistema, a nomeação de parentes ou cônjuge da autoridade pública nomeante vai de encontro a todos estes princípios e não encontra qualquer respaldo no ordenamento constitucional vigente. Em suma, consoante entendimento de Marçal Justen Filho[19], *"O sujeito titular da competência para promover a investidura em cargo em comissão ou função gratificada não pode exercitá-la em favor do cônjuge, companheiro ou parente até o terceiro grau (em linha reta, colateral ou por afinidade).* Trata-se de garantia, portanto, da vedação de atuação do agente, visando interesses privados.

A matéria já era objeto de regulamentação legal. A lei 8112/90, em seu art. 117, VIII define que é punível com advertência a prática do nepotismo, expondo que configura infração administrativa *"manter sob sua chefia imediata, em cargo ou função de confiança, cônjuge, companheiro ou parente até o segundo grau civil".*

19. JUSTEN FILHO,Marçal – Curso de Direito Administrativo.São Paulo:Editora Forum,14ª ed.2009

A matéria continuou sendo alvo de discussão doutrinária e a vedação ao nepotismo foi inserida em resoluções do Conselho Nacional de Justiça e do Conselho Nacional do Ministério Público, as quais vedam a prática nas carreiras sujeitas a sua regulamentação.

Em 2008, o Supremo Tribunal Federal expediu a Súmula Vinculante n. 13 que dispõe que *"A nomeação de cônjuge, companheiro ou parente em linha reta, colateral ou por afinidade, até o terceiro grau, inclusive, da autoridade nomeante ou de servidor da mesma pessoa jurídica, investido em cargo de direção, chefia ou assessoramento, para o exercício de cargo em comissão ou de confiança, ou, ainda, de função gratificada na Administração Pública direta e indireta, em qualquer dos Poderes da União, dos Estados, do Distrito Federal e dos municípios, compreendido o ajuste mediante designações recíprocas, viola a Constituição Federal".*

Perceba que a súmula veda a realização de designações recíprocas, ou seja, não se admite que, de forma indireta se garanta a nomeação do parente do agente público, por meio de troca de favores ou favorecimentos pessoais para parentes de outros agentes. Neste sentido, não é possível que o juiz "B" nomeie a esposa do juiz "A" para exercer a função de assessoria em seu gabinete e, em troca, o juiz "A" garanta a nomeação da esposa ou companheira do Juiz "B" para exercer função gratificada em seu gabinete. Essa reciprocidade de nomeações, conhecida como "nepotismo cruzado" é vedada expressamente pelo texto da súmula, impedindo qualquer expediente que, ainda de forma indireta, atente contra a impessoalidade das nomeações. Lembre-se, ainda, que o texto da súmula abrange a nomeação de companheiros, assim entendidos aqueles que possuam relação de união estável com a autoridade nomeante.

É importante ressaltar que as Súmulas Vinculantes têm o poder de determinar a atuação da Administração Pública e do Poder Judiciário, entretanto não vincula a atuação política de Estado, ou seja, os atos políticos praticados pelo ente público não se sujeitam às regras definidas nas orientações judiciais.

Sendo assim, o Supremo Tribunal Federal já se manifestou no sentido da inaplicabilidade da vedação ao nepotismo quando se tratar de nomeação de agentes para o exercício de cargos políticos, como é o caso de secretário ou de ministro de estado, situação na qual a nomeação do parente não encontra óbice, desde que o sujeito tenha condições técnicas de exercer o *munus* público a ele transferido por meio da nomeação. O julgado tratou de situação na qual o prefeito de determinado município nomeou seu irmão (parente de segundo grau civil na linha colateral) para o exercício do cargo de Secretário de Transporte.

> Ementa: AGRAVO REGIMENTAL EM MEDIDA CAUTELAR EM RECLAMAÇÃO. NOMEAÇÃO DE IRMÃO DE GOVERNADOR DE ESTADO. CARGO DE SECRETÁRIO DE ESTADO. NEPOTISMO. SÚMULA VINCULANTE Nº 13. INAPLICABILIDADE AO CASO. CARGO DE NATUREZA POLÍTICA. AGENTE POLÍTICO. ENTENDIMENTO FIRMADO NO JULGAMENTO DO RECURSO EXTRAORDINÁRIO 579.951/RN. OCORRÊNCIA DA FUMAÇA DO BOM DIREITO. 1. **Impossibilidade de submissão do reclamante, Secretário Estadual de Transporte, agente político, às hipóteses expressamente elencadas na Súmula Vinculante n. 13, por se tratar de cargo de natureza política**. 2. Existência de precedente do Plenário do Tribunal: RE 579.951/RN, rel. Min. Ricardo Lewandowski, DJE 12.9.2008. 3. Ocorrência da fumaça do bom direito. 4. Ausência de sentido em relação às alegações externadas pelo agravante quanto à conduta do prolator da decisão ora agravada. 5. Existência de equívoco lamentável, ante a impossibilidade lógica de uma decisão devidamente assinada por Ministro desta Casa ter

sido enviada, por fac-símile, ao advogado do reclamante, em data anterior à sua própria assinatura. 6. Agravo regimental improvido.

Rcl 6650 MC-AgR / PR - PARANÁ

AG.REG.NA MEDIDA CAUTELAR NA RECLAMAÇÃO

Relator(a): Min. ELLEN GRACIE

Julgamento: 16/10/2008 Órgão Julgador: Tribunal Pleno

Por sua vez, o Supremo Tribunal Federal já se manifestou no sentido de que a vedação ao nepotismo configura aplicação direta dos princípios previstos no art. 37 da Carta da República e, sendo assim, não depende da edição de lei formal para que seja aplicado a todos os entes federados, em qualquer dos seus poderes.[20] É, pois, dispensável a exigência de lei para a aplicação de regra que proíbe a realização de nepotismo no âmbito da Administração Pública.

No âmbito federal, a matéria é regulamentada por meio do Decreto 7.203/10. O texto estabelece as regras aplicáveis para a vedação do nepotismo no âmbito dos órgãos e entidades da administração pública federal direta e indireta.[21]

Interessante ressaltar, contudo, que a jurisprudência do Superior Tribunal de Justiça definiu que a nomeação de parentes nos moldes vedados pela Súmula Vinculante n. 13, além de configurar ato ilícito, pode ser rotulado como ato de improbidade administrativa.

Porém, caso a contratação indevida tenha ocorrido em data anterior à lei ou ao ato administrativo do ente federativo que veda a referida nomeação e antes da vigência da súmula mencionada, não estará configurada a prática de ato de improbidade, ante a ausência de dolo ou culpa do agente que praticou o ato ilegal.

Sendo assim, nestes casos, o ato de nomeação deverá ser anulado, mas a responsabilização por ato de improbidade não estará configurada em razão da ausência do elemento subjetivo. Eis o julgado que trata da matéria.

DIREITO CONSTITUCIONAL E ADMINISTRATIVO. NÃO CONFIGURAÇÃO DE ATO DE IMPROBIDADE ADMINISTRATIVA.

Não configura improbidade administrativa a contratação, por agente político, de parentes e afins para cargos em comissão ocorrida em data anterior à lei ou ao ato administrativo do respectivo ente federado que a proibisse e à vigência da Súmula Vinculante 13 do STF. *A distinção entre conduta ilegal e conduta ímproba imputada a agente público ou privado é muito antiga. A ilegalidade e a improbidade não são situações ou conceitos intercambiáveis, cada uma delas tendo a sua peculiar conformação estrita: a improbidade é uma ilegalidade qualificada pelo intuito malsão do agente, atuando com desonestidade, malícia, dolo ou culpa grave. A confusão conceitual que se estabeleceu entre a ilegalidade e a improbidade deve provir do caput do art. 11 da Lei 8.429/1992, porquanto ali está apontada como ímproba qualquer conduta que ofenda os princípios da Administração Pública, entre os quais se inscreve*

20. A Suprema Corte proferiu a decisão em 2008, no Recurso Extraordinário n. 579.951, anulando a nomeação de um parente de determinado agente público para o exercício de cargo em comissão.

21. O art. 3º do Decreto 7.203/10 define que *"No âmbito de cada órgão e de cada entidade, são vedadas as nomeações, contratações ou designações de familiar de Ministro de Estado, familiar da máxima autoridade administrativa correspondente ou, ainda, familiar de ocupante de cargo em comissão ou função de confiança de direção, chefia ou assessoramento, para:I - cargo em comissão ou função de confiança;II - atendimento a necessidade temporária de excepcional interesse público, salvo quando a contratação tiver sido precedida de regular processo seletivo; e III - estágio, salvo se a contratação for precedida de processo seletivo que assegure o princípio da isonomia entre os concorrentes".*

o da legalidade (art. 37 da CF). Mas nem toda ilegalidade é ímproba. Para a configuração de improbidade administrativa, deve resultar da conduta enriquecimento ilícito próprio ou alheio (art. 9º da Lei 8.429/1992), prejuízo ao Erário (art. 10 da Lei 8.429/1992) ou infringência aos princípios nucleares da Administração Pública (arts. 37 da CF e 11 da Lei 8.429/1992). A conduta do agente, nos casos dos arts. 9º e 11 da Lei 8.429/1992, há de ser sempre dolosa, por mais complexa que seja a demonstração desse elemento subjetivo. Nas hipóteses do art. 10 da Lei 8.429/1992, cogita-se que possa ser culposa. Em nenhuma das hipóteses legais, contudo, se diz que possa a conduta do agente ser considerada apenas do ponto de vista objetivo, gerando a responsabilidade objetiva. Quando não se faz distinção conceitual entre ilegalidade e improbidade, ocorre a aproximação da responsabilidade objetiva por infrações. Assim, ainda que demonstrada grave culpa, se não evidenciado o dolo específico de lesar os cofres públicos ou de obter vantagem indevida, bens tutelados pela Lei 8.429/1992, não se configura improbidade administrativa. ***REsp 1.193.248-MG, Rel. Min. Napoleão Nunes Maia Filho, julgado em 24/4/2014.***

4.10. Vagas reservadas para negros e pardos

Em 09 de junho de 2014, foi publicada a lei 12.990/14, definindo a reserva de um percentual de 20% das vagas de concursos públicos, no âmbito da Administração Direta e Indireta da União, para os candidatos negros e pardos, desde que o número de vagas estipulado no edital seja igual ou superior a três.

Inicialmente, pode-se verificar que a regra não se aplica para concursos no âmbito estadual, distrital e municipal, os quais dependem da publicação de leis específicas, publicadas no bojo dessas entidades.

Ressalte-se que, diferentemente do que ocorre com a destinação de cargos reservados para candidatos que possuam necessidades especiais, o texto legislativo determinou a aplicação de um percentual fixo de 20% (e não de até 20%). Dessa forma, não há qualquer margem de discricionariedade conferida ao administrador público, quando da publicação do instrumento convocatório do certame.

O art. 2º da referida lei dispõe que poderão concorrer às vagas reservadas a candidatos negros aqueles que se autodeclararem pretos ou pardos no ato da inscrição no concurso público, conforme o quesito cor ou raça utilizado pela Fundação Instituto Brasileiro de Geografia e Estatística - IBGE. Ocorre que, caso seja constatada a falsidade da declaração, o candidato será eliminado do concurso e, até mesmo se houver sido nomeado, ficará sujeito à anulação da sua admissão ao serviço ou emprego público, mediante procedimento administrativo no qual lhe sejam assegurados o contraditório e a ampla defesa.

O diploma legal ainda determina que os candidatos negros concorrerão concomitantemente às vagas reservadas e às vagas destinadas à ampla concorrência, de acordo com a sua classificação no concurso e, em razão do caráter protetivo da norma, os candidatos negros aprovados dentro do número de vagas oferecido para ampla concorrência não serão computados para efeito do preenchimento das vagas reservadas.

Importa salientar, todavia, que, caso não haja número de candidatos negros aprovados suficiente para ocupar as vagas reservadas, as vagas remanescentes serão revertidas para a ampla concorrência e serão preenchidas pelos demais candidatos aprovados, observada a ordem de classificação.

Outrossim, o art. 4º da lei 12.990/14 dispõe que *"A nomeação dos candidatos aprovados respeitará os critérios de alternância e proporcionalidade, que consideram a relação entre o número de vagas total e o número de vagas reservadas a candidatos com deficiência e a candidatos negros"*. Neste ponto, a legislação concedeu ao agente público responsável pela nomeação de candidatos uma margem de escolha a ser exercida com base em critérios de conveniência de oportunidade, sempre de acordo com os princípios constitucionais que regem a atuação estatal.

Por derradeiro, o art. 6º da lei multimencionada estipula a vigência imediata da lei – sem a concessão de *vacatio legis* – bem como estabelece sua inaplicabilidade para os concursos públicos cujos editais tenham sido publicados anteriormente, mesmo que as provas ainda não tenham sido realizadas.

> "Art. 6º Esta Lei entra em vigor na data de sua publicação e terá vigência pelo prazo de 10 (dez) anos.
>
> Parágrafo único. Esta Lei não se aplicará aos concursos cujos editais já tiverem sido publicados antes de sua entrada em vigor".

Com efeito, a norma se baseia na busca pela isonomia material e enseja algumas discussões no bojo da sociedade, principalmente, entre aqueles que estão se preparando para a participação em concursos públicos.

É cediço que a prestação de serviços públicos deve ser feita de forma isonômica e universal, com a finalidade de alcançar a maior quantidade de pessoas possível e a exclusão social dos negros atinge o serviço público que, em sua maioria, é composto por servidores brancos. Sendo assim, com a intenção de igualar juridicamente aqueles que se encontram faticamente desiguais, foi expedida a regra ora discutida. Por sua vez, o critério de ingresso no serviço público, qual seja, a meritocracia, é excepcionalizado de forma discutível, uma vez que os indivíduos têm capacidade intelectual similar, independentemente da cor da pele.

Enfim, a matéria ensejará algumas discussões, mas, dificilmente, essa prerrogativa concedida aos negros será retirada do ordenamento jurídico em momento posterior. Entretanto, é importante ressaltar que a lei 12.990/14 foi publicada com prazo determinado, vigorando por 10 (dez) anos, somente, consoante disposto em seu art. 6º, supratranscrito.

5. ESTABILIDADE

Antes de analisar o conceito de estabilidade e os contornos que orientam esta garantia conferida a determinadas espécies de agentes públicos, deve-se analisar o que significa efetividade na prestação do serviço.

A **efetividade** é atributo do cargo público, definido por lei, no momento de sua criação, sendo requisito indispensável para aquisição de estabilidade. Desse modo, nem todo servidor público, ainda que estatutário, está apto a adquirir a estabilidade. Os cargos públicos estatutários se dividem, conforme a lei que os criou em:

- **Cargos efetivos:** aprovados mediante concurso público e passíveis da aquisição de estabilidade. Estes contam com maior garantia. Como dependem de concurso público, a nomeação é feita em caráter definitivo. Quando preenchidos os requisitos definidos no texto da Constituição da República, poderão adquirir estabilidade.

- **Cargos em comissão:** não adquirem estabilidade, pois são cargos de livre nomeação e exoneração, assim definidos pela Constituição. São ocupados em caráter provisório, a escolha é realizada com base na confiança, por isso a denominação de cargos de confiança, dessa forma podem ser exonerados *ad nutum*. Os servidores comissionados não precisam de concurso para provimento do cargo, mas não têm garantia de continuidade na função.

Sendo assim, após a aprovação em concurso público para assunção de cargo em determinada carreira, o candidato é nomeado e, com a posse, se tornará efetivo. A estabilidade, por sua vez, não será adquirida imediatamente.

Pode-se, assim, conceituar a **estabilidade** como uma prerrogativa constitucional atribuída aos servidores públicos, detentores de cargos de provimento efetivo, após aprovação em concurso público de provas ou de provas e títulos, de permanência no serviço público desde que não advenha alguma das situações regulamentadas pelo próprio texto da carta Magna. Com efeito, após a aquisição da estabilidade, o servidor público somente perderá o cargo nas hipóteses previamente definidas em disposição constitucional.[22]

Nesse sentido, a estabilidade não poderá ser adquirida pelos agentes detentores de empregos públicos, sob o regime da CLT. Isso porque, nos termos do art. 41 da CF/88, a estabilidade é adquirida pelos detentores de CARGO público EFETIVO, não sendo também prevista para os detentores de EMPREGO público ou para aqueles detentores de CARGOS EM COMISSÂO. Segue-se a transcrição do dispositivo mencionado:

> Art. 41. São estáveis, após três anos de efetivo exercício, os servidores nomeados para **cargo** de provimento efetivo em virtude de concurso público. (Redação dada pela Emenda Constitucional n. 19, de 1998)

5.1. Conceito e evolução constitucional

Consoante exposto anteriormente, pode-se definir a estabilidade como garantia constitucional atribuída a determinados servidores detentores de cargos efetivos de permanência,

22. O Supremo Tribunal Federal já se manifestou no sentido de diferenciar os institutos da estabilidade e da efetividade. Analisemos parte da decisão proferida no RE 167.635, publicada no Dje de 07/02/97. *"(...)**Não há que confundir efetividade com estabilidade. Aquela é atributo do cargo, designando o funcionário desde o instante da nomeação; a estabilidade é aderência, é integração no serviço público, depois de preenchidas determinadas condições fixadas em lei, e adquirida pelo decurso de tempo. 3. Estabilidade: artigos 41 da Constituição Federal e 19 do ADCT. A vigente Constituição estipulou duas modalidades de estabilidade no serviço público: a primeira, prevista no art. 41, é pressuposto inarredável à efetividade. A nomeação em caráter efetivo constitui-se em condição primordial para a aquisição da estabilidade, que é conferida ao funcionário público investido em cargo, para o qual foi nomeado em virtude de concurso público. A segunda, prevista no art. 19 do ADCT, é um favor constitucional conferido àquele servidor admitido sem concurso público há pelo menos cinco anos antes da promulgação da Constituição. Preenchidas as condições insertas no preceito transitório, o servidor é estável, mas não é efetivo, e possui somente o direito de permanência no serviço público no cargo em que fora admitido, todavia sem incorporação na carreira, não tendo direito a progressão funcional nela, ou a desfrutar de benefícios que sejam privativos de seus integrantes. 3.1. O servidor que preenchera as condições exigidas pelo art. 19 do ADCT-CF/88 é estável no cargo para o qual fora contratado pela Administração Pública, mas não é efetivo. Não é titular do cargo que ocupa, não integra a carreira e goza apenas de uma estabilidade especial no serviço público, que não se confunde com aquela estabilidade regular disciplinada pelo art. 41 da Constituição Federal. Não tem direito a efetivação, a não ser que se submeta a concurso público, quando, aprovado e nomeado, fará jus à contagem do tempo de serviço prestado no período de estabilidade excepcional, como título".***

a princípio, no serviço público. Ressalte-se que não se trata de prerrogativa de permanência no cargo para o qual foi nomeado.

Para aquisição da estabilidade, os servidores deverão cumprir alguns requisitos definidos na Carta Constitucional.

O texto originário da Constituição Federal de 1988 definia, em seu art. 41, que a estabilidade deveria ser atribuída aos detentores de cargos efetivos, aprovados em concurso público, desde que contassem com dois anos de efetivo exercício no cargo.

A regra foi alterada com o advento da Emenda Constitucional n. 19/98. A modificação constitucional ampliou o prazo de exercício para aquisição da estabilidade de dois para três anos e acrescentou um requisito, até então, inexistente, qual seja a aprovação em avaliação especial de desempenho realizada por uma comissão especialmente constituída com esta finalidade. Ou seja, além de demonstrar o tempo no exercício da função, o servidor deverá ser avaliado com a finalidade de verificar-se a aptidão para o exercício das funções.

Ressalte-se que, como garantia ao direito adquirido, a nova redação constitucional não retroage para atingir aqueles que já haviam completado o período de dois anos e, consequentemente, adquirido estabilidade antes do advento da Emenda Constitucional.

Dessa forma, os servidores estáveis só podem perder o cargo, nas hipóteses de lei e da forma que a Constituição Federal estabeleceu: ela é assegurada para servidores públicos de cargo efetivo, por meio de concurso público e, após ser submetido à avaliação especial de desempenho. E uma vez adquirida, só poderá ser desfeita por meio de processo administrativo em que se respeitem o contraditório e a ampla defesa ou diante de situações constitucionalmente regulamentadas.

→ EM RESUMO:

Para aquisição da estabilidade, é indispensável a comprovação de dois requisitos cumulativos, quais sejam:

- **três anos de efetivo exercício em cargo efetivo;**
- **aprovação em avaliação especial de desempenho, por comissão especialmente constituída.**

Ocorre que a doutrina e a jurisprudência vêm-se firmando no sentido de que a avaliação pode ser expressa ou tácita. Isso porque, passados os três anos de exercício, se a avaliação não foi realizada pelo poder público, presume-se que o servidor foi avaliado e aprovado. Neste sentido, o Superior Tribunal de Justiça já se manifestou.

> DIREITO ADMINISTRATIVO. RECURSO ORDINÁRIO EM MANDADO DE SEGURANÇA. SERVIDOR PÚBLICO EM ESTÁGIO PROBATÓRIO. EXONERAÇÃO. EXIGÊNCIA DOS PRINCÍPIOS DO CONTRADITÓRIO E DA AMPLA DEFESA. EXONERAÇÃO APÓS AQUISIÇÃO DA ESTABILIDADE. NÃO-CABIMENTO. ART. 41 DA CONSTITUIÇÃO FEDERAL. RECURSO PROVIDO.
>
> 1. Em se tratando de exoneração de servidor público que se encontra em estágio probatório, não se apresenta necessário prévio processo administrativo disciplinar. No entanto, devem-lhe ser assegurados os princípios da ampla defesa e do contraditório. Precedentes do STJ.
>
> 2. Não obstante os fundamentos do acórdão recorrido, não há notícia nos autos da instauração de um procedimento em que tenha o recorrente figurado formalmente como acusado.
>
> 3. **Adquire estabilidade o servidor após exercer efetivamente por 3 (três) anos cargo provido mediante concurso público, razão por que, transcorrido esse prazo, não mais**

se cogita de avaliação de desempenho em estágio probatório, exceto se houver justificativa plausível para a demora da Administração. Inteligência do art. 41 da Constituição Federal.

4. A eventual demora na publicação de um ato normativo local, disciplinando a avaliação de servidores públicos estaduais, porque destituído de poderes para alterar o texto constitucional, não se apresenta capaz de dilatar o prazo peremptório em tela.

5. Hipótese em que o recorrente tomou posse e entrou em exercício em 29/7/02 e foi "exonerado" do cargo de Professor de Educação Física do Estado de Minas Gerais em 11/2/06, por ter sido reprovado na avaliação do estágio probatório, quando, no entanto, já alcançara estabilidade no serviço público.

6. No caso em que servidor público deixa de auferir seus vencimentos, parcial ou integralmente, por ato ilegal ou abusivo da autoridade impetrada, os efeitos patrimoniais da concessão da ordem em mandado de segurança devem retroagir à data da prática do ato impugnado, violador de direito líquido e certo. Inaplicabilidade dos enunciados das Súmulas 269/STF e 271/STF.

7. Recurso ordinário provido.

RMS 24602 / MG

RECURSO ORDINÁRIO EM MANDADO DE SEGURANÇA

2007/0160151-6. Julgamento em 11/09/2008

No mesmo sentido, José dos Santos Carvalho Filho[23] entende que ***Caso a Administração não institua a comissão ou esta retarde sua decisão para após o prazo de três anos, deverá considerar-se que o servidor, cumprido o prazo, terá adquirido a estabilidade, mesmo sem a avaliação da comissão.*** *É que a norma da avaliação funcional por comissão especial foi criada em favor da Administração, de modo que, se esta não concretiza a faculdade constitucional, deve entender-se que tacitamente avaliou o servidor de forma positiva.* ***O que não se pode é prejudicar o servidor, que já cumpriu integralmente o período de estágio, pela inércia ou ineficiência dos órgãos administrativos.*** *Assim, para conciliar os citados dispositivos, será necessário concluir que a avaliação do servidor pela comissão deverá encerrar-se antes de findo o prazo necessário para a aquisição da estabilidade para, então, se for o caso, ser providenciado o processo de exoneração do servidor avaliado negativamente".*

Ademais, a estabilidade poderá ser adquirida por aqueles agentes que, mesmo sem aprovação em concurso público, tenham ingressado no serviço público, ao menos, cinco anos antes da promulgação da Constituição Federal de 1988. Trata-se de regra de "estabilização" prevista no Ato das Disposições Constitucionais Transitórias – ADCT que tem a intenção de assegurar os direitos daqueles que já tinham sua situação consolidada.

Dessa forma, o art. 19 da ADCT define que "*Os servidores públicos civis da União, dos Estados, do Distrito Federal e dos Municípios, da administração direta, autárquica e das fundações públicas, em exercício na data da promulgação da Constituição, há pelo menos cinco anos continuados, e que não tenham sido admitidos na forma regulada no art. 37, da Constituição, são considerados estáveis no serviço público*". É relevante frisar que a norma não se aplica aos ocupantes de cargos, funções e empregos de confiança ou em comissão, nem aos que a lei declare de livre exoneração nem àqueles servidores que atuam no exercício da função de

23. CARVALHO FILHO,José dos Santos –Manual de Direito Administrativo. Rio de Janeiro:Lumen Juris,23ª ed. 2012

professores de nível superior, cujo tempo de serviço não será computado para fins de aquisição de estabilidade.

Sendo assim, atualmente serão estáveis no serviço público aqueles que cumprirem os requisitos constitucionais de três anos de efetivo exercício, somados à aprovação em avaliação especial de desempenho (expressa ou tácita). Além destes agentes, adquirem estabilidade os servidores que ingressaram no serviço público cinco anos antes da promulgação da Constituição Federal de 1988, nos moldes do art. 19 da ADCT, desde que não exerçam função de confiança ou cargo em comissão de livre exoneração.

5.2. Empregos públicos

No que tange aos empregados regidos pela CLT, cumpre relembrar que, a princípio, serão contratados para prestação de serviços nas entidades privadas da Administração Indireta e, portanto, não gozam das prerrogativas de direito público.

Assim, a súmula 390, II do TST dispõe acerca da aquisição de estabilidade pelos empregados das empresas públicas e sociedades de economia mista, definindo a impossibilidade de aplicação do art. 41 da CF a estes servidores. [24] No mesmo sentido, a doutrina majoritária não admite a extensão da estabilidade aos detentores de empregos, haja vista a expressa dicção constitucional no sentido de que a estabilidade somente será adquirida pelos detentores de cargos efetivos.

Não obstante a ausência de estabilidade, ainda se discute a possibilidade de dispensa imotivada destes agentes. O Supremo Tribunal Federal já se posicionou no sentido de que, não havendo a garantia da estabilidade, é prescindível a justificativa para dispensa dos empregados das empresas públicas e sociedades de economia mista. Esse entendimento foi estampado, inclusive, no julgamento do **AI 648453 AgR/ ES - ESPÍRITO SANTO.**

Esse entendimento não é adotado nesta obra, haja vista o fato de que a dispensa de empregado público se configura ato administrativo e, como tal, depende de motivação, inclusive, pelo fato de restringir direitos de particulares, sendo imprescindível, portanto, garantia de contraditório e de ampla defesa.

Além disso, no julgamento do RE 589998 / PI, em 20/03/2013, o Supremo Tribunal Federal reconheceu o dever de motivar os atos de dispensa dos empregados das empresas estatais prestadoras de serviços públicos. Não obstante tratar-se de julgado proferido em relação à dispensa de servidor da ECT, o entendimento da corte vem se consolidando no sentido de que a garantia do contraditório se estende aos servidores de quaisquer empresas públicas ou sociedades de economia mista que atuem na execução de serviços públicos.

Em resumo, embora não pacificada a matéria, a dispensa de empregados da Administração Pública Indireta depende de motivação, por tratar-se de ato administrativo que restringe direitos. No entanto, isso não se confunde com a garantia de estabilidade, prevista no art.

24. A súmula 331, II do TST dispõe acerca do tema que *"Ao empregado de empresa pública ou de sociedade de economia mista, ainda que admitido mediante aprovação em concurso público, não é garantida a estabilidade prevista no art. 41 da CF/1988".*

41 da Constituição Federal e que não se estende aos detentores de empregos públicos, sob o regime da Consolidação das Leis do Trabalho.

Por sua vez, no que tange aos empregados contratados para prestação de serviços na Administração Direta e autárquica, o Tribunal Superior do Trabalho firmou entendimento sumulado no sentido de que a estabilidade os alcança[25]. Ocorre que a referida súmula não pode ser aplicada àqueles que ingressaram no serviço público, após o advento da EC n. 19/98 que alterou substancialmente as regras de aquisição de estabilidade. Sendo assim, os empregados que ingressaram no serviço público, para execução de atividades nos entes da Administração Direta, autárquica e fundacional, antes de 1998, gozam de estabilidade nos moldes da súmula 390 do TST. Por sua vez, a partir da vigência da norma alterada pela EC n. 19/98, não se admite a aquisição de estabilidade por empregados regidos pela CLT.

Nesse sentido, o Supremo Tribunal Federal já se manifestou.

> Ementa: CONSTITUCIONAL. ADMINISTRATIVO. AGRAVO REGIMENTAL EM AGRAVO DE INSTRUMENTO. SERVIDOR PÚBLICO. ART. 41 DA CONSTITUIÇÃO FEDERAL. ADMISSÃO POR CONCURSO PÚBLICO ANTES DO ADVENTO DA EMENDA CONSTITUCIONAL 19/98. ESTABILIDADE. REINTEGRAÇÃO. PRECEDENTE DO PLENÁRIO. 1. A jurisprudência desta Corte consignou que a estabilidade assegurada pelo art. 41 da Constituição Federal, na sua redação original, estende-se aos empregados públicos, admitidos por concurso público antes do advento da EC 19/98, pois "se refere genericamente a servidores". Precedente do Plenário: MS 21.236/DF. 2. Agravo regimental improvido.
>
> AI 480432 AgR / SP - SÃO PAULO
>
> AG.REG. NO AGRAVO DE INSTRUMENTO
>
> Relator(a): Min. ELLEN GRACIE
>
> Julgamento: 23/03/2010 Órgão Julgador: Segunda Turma

Dessa forma, a estabilidade, a partir do advento da Emenda Constitucional n.19/98 se aplica somente aos detentores de cargos públicos efetivos, não se estendendo aos empregados, regidos pela Consolidação das Leis do Trabalho.

5.3. Dispensa do servidor estável

Para aqueles agentes que não gozam de estabilidade, em virtude do vínculo de emprego regido pela Consolidação das Leis do Trabalho, a dispensa não se sujeita a maiores rigores, não obstante, conforme já explicitado, dependa de ato devidamente motivado no qual se garanta o contraditório e a ampla defesa. Isso porque a contratação destes agentes não é livre, haja vista a necessidade de submissão a concurso público de provas ou de provas e títulos. A matéria é controversa e se encontram entendimentos em contrário, inclusive, estampados na Súmula 390, II do Tribunal Superior do Trabalho que define que a dispensa dos empregados das empresas estatais não depende de qualquer justificativa.

Em relação aos servidores detentores de cargos em comissão, a exoneração, por expressa disposição constitucional, é livre sem depender sequer de motivação da autoridade responsável pela dispensa.

---

25. A súmula 390 do Tribunal Superior do Trabalho estabelece que *"O servidor público celetista da administração direta, autárquica ou fundacional é beneficiário da estabilidade prevista no art. 41 da CF/1988"*.

Aos servidores efetivos que, por se encontrarem em período de estágio probatório, ainda não adquiriram estabilidade, a dispensa depende de motivação e deve ser precedida de garantia de contraditório e ampla defesa.

Os servidores estáveis só perderão o cargo nas formas que a CF estabelece em seu art. 41 e nas formas estabelecidas em lei:

> Art. 41. § 1º O servidor público estável só perderá o cargo: (Redação dada pela Emenda Constitucional n. 19, de 1998)
>
> I - em virtude de sentença judicial transitada em julgado; (Incluído pela Emenda Constitucional n. 19, de 1998)
>
> II - mediante processo administrativo em que lhe seja assegurada ampla defesa; (Incluído pela Emenda Constitucional n. 19, de 1998)
>
> III - mediante procedimento de avaliação periódica de desempenho, na forma de lei complementar, assegurada ampla defesa. (Incluído pela Emenda Constitucional n. 19, de 1998)

Com efeito, dispõe o art. 41 da Carta da República que o servidor público, mesmo depois de adquirir a estabilidade, pode perder o cargo em virtude de:

a) **Avaliação periódica de desempenho**: neste caso o servidor já adquiriu estabilidade e continuará sendo avaliado, como forma de se aferir a eficiência da atividade pública. É diferente da avaliação especial, necessária para aquisição da estabilidade. Esta avaliação depende de regulamentação por meio de lei para que seja efetivamente aplicada, por se tratar de norma de eficácia limitada e o texto legal deve garantir ao agente público avaliado o contraditório e a ampla defesa.

b) **Processo administrativo em que se assegure ampla defesa**: trata-se de redundância do texto constitucional, haja vista o entendimento de que todo processo administrativo deve respeitar a ampla defesa.

c) **Sentença judicial transitada em julgado**, não sendo possível a perda do cargo em razão de decisões judiciais que estejam sujeitas a revisão mediante recurso, nos moldes do Código de Processo Civil.

d) **Exoneração para corte de gastos**: hipótese inserida por meio da Emenda Constitucional 19/98, alterando o art. 169 da Constituição Federal, para se evitar que o poder público exceda os limites de despesas com pagamento de servidores definido na Lei de Responsabilidade Fiscal (LC 101/00). Analise-se esta última hipótese de forma pormenorizada.

→ *Limite de gastos*

A Lei de Responsabilidade Fiscal (LC 101/00) estabelece os limites de gastos que os entes federativos podem ter com pagamento de servidores. Nos termos da lei, considera-se despesa com pessoal o somatório dos gastos do ente da Federação com os ativos, os inativos e os pensionistas, relativos a mandatos eletivos, cargos, funções ou empregos, civis, militares e de membros de Poder, com quaisquer espécies remuneratórias, tais como vencimentos e vantagens, fixas e variáveis, subsídios, proventos da aposentadoria, reformas e pensões, inclusive adicionais, gratificações, horas extras e vantagens pessoais de qualquer natureza, bem como encargos sociais e contribuições recolhidas pelo ente às entidades de previdência.

Neste sentido, dispõe o art. 19 da Lei Complementar 101/00 que a União Federal deve utilizar, no máximo, 50% de sua receita corrente líquida com gastos de pessoal. Em relação aos Estados e Municípios, este percentual é de 60%.

É importante ressaltar que, nos termos da legislação, não se considera despesa com pessoal, para fins de atendimento dos limites, a indenização por demissão de servidores ou empregados, as despesas relativas a incentivos à demissão, bem como os gastos com inativos, ainda que por intermédio de fundo específico.

Em obediência ao disposto na lei, a Carta da República define que o ente federativo que extrapolar os limites de gastos deve tomar algumas medidas como forma de se adequar aos parâmetros definidos em lei, o que pode significar exonerações.

Neste ínterim, o texto constitucional estipula uma gradação a ser observada pelo ente público. A regra é que, primeiramente, haverá redução de **pelo menos 20% das despesas com cargos comissionados e funções de confiança**, para fins de adequação às limitações legais de pagamento de servidores.

Caso não esteja solucionado o problema, serão exonerados **servidores públicos não estáveis**, ou seja, aqueles que ainda se encontram no estágio probatório ou que ingressaram sem concurso no serviço público há menos de cinco anos da promulgação da Constituição Federal de 1988, não gozando da estabilidade do art. 19 da ADCT.

Mesmo depois de tomadas as medidas anteriores, se não se atingir o limite legal de gastos, serão exonerados os **servidores estáveis**[26], respeitando as normas definidas na lei 9801/99, editada para regulamentar esta situação.

Nestes casos, o cargo do servidor estável será extinto sendo vedada, ao ente estatal, a criação de cargo, emprego ou função com atribuições iguais ou assemelhadas pelo prazo de quatro anos e, além disso, o servidor estável exonerado perceberá uma indenização que corresponde a um mês de remuneração para cada ano de serviço público prestado, como forma de se atenuar a perda patrimonial ensejada pela dispensa.

Ademais, a exoneração dos servidores estáveis deverá ser precedida de ato normativo motivado dos Chefes de cada um dos Poderes da União, dos Estados, dos Municípios e do Distrito Federal, o qual deverá apresentar a economia de recursos e o número correspondente de servidores a serem exonerados, a atividade funcional e o órgão ou a unidade administrativa objeto de redução de pessoal. O ato ainda deve definir o critério geral impessoal escolhido para a identificação dos servidores estáveis a serem desligados dos

26. O dispositivo constitucional dispõe, *in litteris:*
"Art. 169. § 3º Para o cumprimento dos limites estabelecidos com base neste artigo, durante o prazo fixado na lei complementar referida no caput, a União, os Estados, o Distrito Federal e os Municípios adotarão as seguintes providências: (Incluído pela Emenda Constitucional n. 19, de 1998)
I - redução em pelo menos vinte por cento das despesas com cargos em comissão e funções de confiança; (Incluído pela Emenda Constitucional n. 19, de 1998)
II - exoneração dos servidores não estáveis. (Incluído pela Emenda Constitucional n. 19, de 1998)
§ 4º Se as medidas adotadas com base no parágrafo anterior não forem suficientes para assegurar o cumprimento da determinação da lei complementar referida neste artigo, o servidor estável poderá perder o cargo, desde que ato normativo motivado de cada um dos Poderes especifique a atividade funcional, o órgão ou unidade administrativa objeto da redução de pessoal. (Incluído pela Emenda Constitucional n. 19, de 1998)".

respectivos cargos, os critérios e as garantias especiais escolhidos para identificação dos servidores estáveis que, em decorrência das atribuições do cargo efetivo, desenvolvam atividades exclusivas de Estado, assim como deverá estar previsto no ato, o prazo de pagamento da indenização devida pela perda do cargo e os créditos orçamentários para o pagamento das indenizações.

Ressalte-se, ainda, que a exoneração de servidor estável que desenvolva **atividade exclusiva de Estado**, assim definida em lei, somente será admitida quando a exoneração de servidores dos demais cargos do órgão ou da unidade administrativa objeto da redução de pessoal tenha alcançado, pelo menos, trinta por cento do total desses cargos.

É importante frisar que, para evitar que o ente federativo extrapole o limite de gastos com pessoal, o que dá ensejo às medidas analisadas alhures, a Lei Complementar n. 101/00 define, em seu art. 23, que, se a despesa total com pessoal do Poder ou órgão se aproximar dos limites legais, deve-se realizar a extinção de cargos e funções públicas ou a redução temporária da jornada de trabalho com adequação dos vencimentos à nova carga horária.

Dessa forma, conforme analisado, os servidores se sujeitam à perda de cargo público, mesmo após adquirida a estabilidade, em quatro hipóteses, definidas no texto da Constituição Federal, restando clara a definição de que a prerrogativa constitucional não é absoluta, devendo, entretanto, em todas as hipóteses, a dispensa ser realizada mediante a edição de ato administrativo devidamente justificado, no qual se assegure ao agente o exercício do contraditório e da ampla defesa, seguindo parâmetros definidos em lei.

→ CUIDADO!

EXONERAÇÃO é DIFERENTE de DEMISSÃO → a **demissão** de servidor público efetivo é a perda do cargo com caráter PUNITIVO, ou seja, decorrente de infração praticada pelo agente. Por sua vez, a **exoneração** também configura situação de perda do cargo, mas sem caráter de penalidade, ocorrendo por situações definidas na legislação.

5.4. Estabilidade x Estágio probatório

A princípio, o estágio probatório é fase na qual o servidor público está sendo avaliado, dentro da execução da atividade pública, com a intenção de se verificar se possui aptidão para o exercício daquelas funções para as quais foi designado, analisando-se aspectos como a sua aptidão e capacidade para o desempenho do cargo, observados os fatores de assiduidade, disciplina, capacidade de iniciativa, produtividade e responsabilidade, necessários à garantia de eficiência na prestação da atividade pública pelo órgão.

A matéria vem sendo objeto de ampla discussão no que tange ao prazo de duração desta fase de testes, diante da legislação vigente, em consonância às regras definidas na Constituição Federal para aquisição de estabilidade.

Isso ocorre porque, quando a Constituição Federal foi promulgada, estabelecia, em seu texto original, que os servidores aprovados mediante concurso público de provas ou de provas e títulos adquiririam estabilidade após dois anos de efetivo exercício nas funções da carreira.

Com a intenção de regulamentar este dispositivo, a Lei 8112/90 e os estatutos em geral deram a esses primeiros dois anos (vinte e quatro meses) o nome de "**estágio probatório**", definido, então, como o prazo necessário à aquisição da estabilidade.

Ocorre que, com o advento da Emenda Constitucional n. 19/98, o prazo de exercício no cargo necessário para que o servidor público efetivo adquira estabilidade passou a ser de **três anos**, além da necessidade de aprovação em avaliação especial de desempenho por comissão especialmente instituída para esta finalidade.

Em virtude desta alteração constitucional, deixou de haver coincidência entre o prazo de duração do estágio probatório e o tempo necessário para aquisição da estabilidade e, considerando-se o período de estágio como um período de teste para o servidor, onde ele é avaliado e considerado ou não apto as suas novas funções, deveria culminar a declaração de aptidão do servidor com a aquisição da prerrogativa constitucional.

Com isso, a divergência doutrinária se instalou e parte da doutrina passou a defender que o prazo para aquisição da estabilidade não se confunde com o período de estágio probatório, sendo a estabilidade adquirida após três anos, independentemente da duração de vinte quatro meses aplicada ao estágio. O argumento ainda ganhou força em virtude da edição da lei 11.784/98 que decorreu da conversão da Medida Provisória n. 431/08. Todavia, em sua redação originária, a MP alterava o art. 20 da lei 8112/90, modificando o prazo de estágio probatório para trinta e seis meses, passando a coincidir com o tempo necessário à aquisição da estabilidade. Neste ponto, a Medida Provisória não foi acatada quando da conversão em lei, mantendo-se o dispositivo legal originário do estatuto dos servidores federais, com a regra de duração de vinte e quatro meses para o término do período de estágio probatório.

Outra parcela da doutrina ainda defende que o estágio probatório é o prazo, definido em lei, como necessário para aquisição da estabilidade, devendo, portanto, acompanhar a alteração constitucional para gozo da garantia. Sendo assim, em virtude da alteração da Constituição Federal, o prazo de estágio probatório estaria automaticamente alterado e passaria a ser de três anos, necessários à análise de aptidão do agente.

A partir de 2010, em julgados dos Tribunais Superiores, apesar da disparidade entre a lei e a Constituição Federal, o prazo necessário à aquisição da estabilidade foi definido como sendo o prazo do estágio probatório. Logo, se o prazo para que o servidor se torne estável é de três anos, o tempo de duração do estágio probatório será o mesmo.

A decisão do Supremo Tribunal Federal que firmou este entendimento na Corte segue abaixo transcrita.

→ ***EMENTA:*** *Agravo Regimental em Suspensão de Tutela Antecipada. 2. Estágio confirmatório de dois anos para Advogados da União de acordo com o artigo 22 da Lei Complementar n. 73/1993. 3. Vinculação entre o instituto da estabilidade, definida no art. 41 da Constituição Federal, e o instituto do estágio probatório. 4. Aplicação de prazo comum de três anos a ambos os institutos. 5. Agravo Regimental desprovido.* **(STA 269 AgR, Relator(a): Min. GILMAR MENDES (Presidente), Tribunal Pleno, julgado em 04/02/2010, DJe-035 DIVULG 25-02-2010 PUBLIC 26-02-2010**

No mesmo sentido, vem decidindo o Superior Tribunal de Justiça, conforme se depreende de julgado proferido em 2013.

MANDADO DE SEGURANÇA. ADMINISTRATIVO. PROCURADOR FEDERAL. PROMOÇÃO E PROGRESSÃO NA CARREIRA. CRITÉRIOS. PORTARIA PGF 468/2005. ILEGALIDADES NÃO CONFIGURADAS. ESTABILIDADE. ART. 41 DA CF. EC N. 19/1998. PRAZO. ALTERAÇÃO. ESTÁGIO PROBATÓRIO. OBSERVÂNCIA. DIREITO LÍQUIDO E CERTO. INEXISTÊNCIA

1. A fixação de critérios e diretrizes para promoção e progressão funcional por meio de atos administrativos, não é, por si, ilegal, visto que encontra amparo no disposto no art. 10 da Lei n. 8.112/1990.

2. **Não atendido o requisito temporal de conclusão do estágio probatório, considerando que não verificado o interstício de 3 (três) anos de efetivo exercício da impetrante no cargo de Procurador Federal**, inexiste direito líquido e certo de figurar nas listas de promoção e progressão funcional, regulamentadas pela Portaria PGF n. 468/2005. Precedente: MS 12.523/DF, Rel. Min. Felix Fischer, DJe de 18.8.2009. Segurança denegada.

MS 12665 / DF

MANDADO DE SEGURANÇA

2007/0045827-0. Julgamento em 12/12/2012

Sendo assim, resta claro que, quando o constituinte dilatou o prazo para a aquisição da estabilidade, tinha a intenção de manter a análise de aptidão do agente por mais tempo, como forma de se aferir de forma mais acurada sua efetiva condição para o exercício das funções inerentes à carreira e ao cargo assumido.

Logo, não obstante a inércia do legislador em alterar o texto legal para definição de estágio probatório com prazo de duração de três anos, a incompatibilidade da legislação com o texto constitucional é indiscutível. E imperativo se faz o entendimento de que o estágio probatório, com a finalidade de avaliar a capacidade do servidor público, tem duração de três anos, ao final do qual, desde que aprovado em avaliação especial de desempenho, o agente adquire a estabilidade definida no art. 41 da Constituição da República.

5.5. Vitaliciedade

Conforme analisado, a estabilidade, adquirida após três anos de exercício em cargos públicos efetivos, enseja uma garantia do servidor público, que somente poderá sofrer a perda do seu cargo mediante sentença judicial transitada em julgado, processo administrativo em que lhe seja assegurada ampla defesa, procedimento de avaliação periódica de desempenho, na forma de lei complementar, assegurada ampla defesa ou mediante procedimento específico decorrente da necessidade de contenção de gastos com pessoal, nos moldes definidos pelo art. 169 da Constituição Federal.

A **vitaliciedade**, por sua vez, configura uma prerrogativa maior concedida pela Carta Magna aos agentes públicos de determinadas carreiras, em razão da natureza do cargo que exercem e do grau de responsabilidade inerente às atividades por eles exercidas. Aos agentes que ocupam cargos vitalícios é garantida a permanência no serviço público, somente sendo possível a perda do cargo mediante **sentença judicial transitada em julgado**. Com efeito, as demais hipóteses de perda do cargo público aplicada aos servidores estáveis não se estendem aos vitalícios.

O texto constitucional confere a garantia da vitaliciedade aos membros das carreiras da magistratura, do Ministério Público e também aos ministros e conselheiros dos Tribunais de Contas.

Neste sentido, o art. 95, I da Carta Constitucional define que os juízes gozarão de "*vitaliciedade, que, no primeiro grau, só será adquirida após dois anos de exercício, dependendo a perda do cargo, nesse período, de deliberação do tribunal a que o juiz estiver vinculado, e, nos demais casos, de sentença judicial transitada em julgado*". A norma é repetida em relação aos membros do Ministério Público, no art. 128, §5º, I, "a" da CF/88. Por sua vez, em relação aos membros do Tribunal de Contas, a prerrogativa da vitaliciedade decorre do fato de que o art. 73, §3º dispõe que "*Os Ministros do Tribunal de Contas da União terão as mesmas garantias, prerrogativas, impedimentos, vencimentos e vantagens dos Ministros do Superior Tribunal de Justiça, aplicando-se-lhes, quanto à aposentadoria e pensão, as normas constantes do art. 40*".

Por fim, cumpre ressaltar que, para aqueles que ingressam na carreira da magistratura mediante nomeação direta, nos moldes da Constituição, como ocorre com os desembargadores nomeados pelo "quinto constitucional" ou os ministros do Superior Tribunal de Justiça, por exemplo, a vitaliciedade é adquirida no momento da posse, não sendo necessária a observação do prazo de dois anos. O mesmo ocorre com os ministros e conselheiros dos Tribunais de Contas.

Em relação àqueles que ingressam nas carreiras da magistratura ou do Ministério Público mediante aprovação em concurso, por sua vez, a vitaliciedade é adquirida, somente, após dois anos de efetivo exercício no cargo.

6. DIREITO DE GREVE DO SERVIDOR PÚBLICO

Em relação à possibilidade de realização de movimentos paredistas pelos agentes estatais, inicialmente, cumpre ressaltar que os servidores militares não têm direito de greve, nem de sindicalização, por expressa vedação constitucional. Com efeito, a proibição está expressa no art. 142, IV da Carta Magna e se aplica aos que prestam serviços às forças armadas, como exército, marinha e aeronáutica, mas também se estende aos militares dos estados, incluindo a polícia militar e o corpo de bombeiros.

Nestas corporações, deve-se atentar para o respeito à hierarquia e à disciplina e o movimento grevista pode prejudicar as relações travadas, indispensáveis à garantia de manutenção da segurança da sociedade.

Por sua vez, em relação aos servidores públicos civis, o direito de greve está garantido pelo art. 37, VII da Constituição Federal e será exercido nos limites definidos em lei específica. Ressalte-se que, ao tratar de lei específica, o texto constitucional se refere à edição de lei ordinária para tratar do tema, definindo os contornos e forma de exercício deste direito pelos servidores públicos civis, não sendo matéria afeta à lei complementar.

A dependência de previsão legal para tratar da matéria enseja a discussão acerca da natureza jurídica da norma constitucional. Isso porque, caso se entenda tratar de norma de eficácia contida, o direito de greve poderá ser exercido, de imediato, devendo a lei ordinária, posteriormente, definir regras e conter os efeitos da norma. Neste sentido, o servidor público poder-se-ia valer de movimentos paredistas imediatamente, restando à lei posteriormente editada o poder de restringir esse direito, traçando limites.

Por sua vez, caso se entenda tratar de norma de eficácia limitada, não obstante o direito esteja constitucionalmente assegurado, por disposição expressa, o exercício desta prerrogativa fica limitado à edição de uma lei infraconstitucional que o regulamente e defina os seus termos.

A doutrina majoritária, acompanhada da jurisprudência do Supremo Tribunal Federal adota a segunda posição, no sentido de que o direito de greve dos servidores públicos é norma de eficácia limitada, sendo assim, embora tenha direito constitucional, o exercício desta garantia fica limitado à edição de lei específica que a regulamente. Ocorre que, na situação atual, não há qualquer norma infraconstitucional a regulamentar o direito de greve dos servidores estatais, o que enseja a impossibilidade de se exercer esta prerrogativa e torna qualquer movimento grevista realizado pelos agentes absolutamente ilegal.

A matéria vem sendo alvo de discussão, por se tratar de situação de inconstitucionalidade por omissão legislativa e o Supremo Tribunal Federal determinou, ao julgar Mandado de Injunção referente à matéria que, enquanto não houver lei específica a regulamentar a greve dos servidores, será utilizada a lei geral de greve (Lei 7.783/89) para o exercício deste direito. Tal entendimento visa a garantir que a omissão legislativa não cause prejuízos a direito constitucional, impedindo seu exercício pelos legitimados.

> Ementa: MANDADO DE INJUNÇÃO. DIREITO DE GREVE DO SERVIDOR PÚBLICO. ARTIGO 37, VII, DA CONSTITUIÇÃO FEDERAL. NECESSIDADE DE INTEGRAÇÃO LEGISLATIVA. OMISSÃO DO CONGRESSO NACIONAL. 1. Servidor público. Exercício do direito público subjetivo de greve. Necessidade de integralização da norma prevista no artigo 37, VII, da Constituição Federal, mediante edição de lei complementar, para definir os termos e os limites do exercício do direito de greve no serviço público. Precedentes. 2. **Observância às disposições da Lei 7.783/89, ante a ausência de lei complementar, para regular o exercício do direito de greve dos serviços públicos**. Aplicação dos métodos de integração da norma, em face da lacuna legislativa. Impossibilidade. A hipótese não é de existência de lei omissa, mas de ausência de norma reguladora específica. Mandado de injunção conhecido em parte e, nessa parte, deferido, para declarar a omissão legislativa.
> MI 485 / MT - MATO GROSSO
> MANDADO DE INJUNÇÃO
> Relator(a): Min. MAURÍCIO CORRÊA
> Julgamento: 25/04/2002 Órgão Julgador: Tribunal Pleno

Por óbvio, é cediço que a decisão proferida no Mandado de Injunção não tem eficácia *erga omnes*, fazendo coisa julgada somente para as partes do processo, no entanto, o julgado representa uma mudança de orientação da jurisprudência de relevância singular para a garantia das prerrogativas funcionais dos servidores públicos.

Entenda-se, ainda que a determinação para que se aplique a lei 7.783/89 não resolve a problemática em relação à greve do servidor. Afinal, a legislação trata de relações de emprego entre particulares, mediante a celebração de contratos empregatícios regidos pelo direito privado, sem nenhuma singularidade decorrente do interesse público. Sendo assim, a legislação vigente não poderá ser aplicada integralmente para substituir a necessidade de uma lei específica, tratando-se, em verdade, de medida paliativa com a intenção de suprir a omissão legislativa, enquanto não for editada a lei para regulamentar a greve realizada por agentes do Estado.

De fato, os servidores estatais possuem vínculos especiais, regidos pelo direito público. E a paralisação de suas atividades pode atingir o interesse de toda a sociedade, diante do fato de que executam atividades inerentes ao interesse público, seja a prestação de serviços públicos, a execução de obras públicas, o exercício do poder de polícia estatal, entre outras.

Dessa forma, diante da situação atual, os servidores públicos devem cumprir as regras definidas na lei 7.783/89 para o exercício do direito de greve que lhe é garantido pelo texto da Constituição, não sendo mais cabível à Administração Pública a alegação de ilegalidade do movimento paredista pela ausência de norma regulamentadora.

Nesse sentido, a greve pode, desde que seja realizada licitamente, ser exercida, inclusive por servidores que estejam em **estágio probatório**, não havendo vedação a estes agentes públicos para o exercício desta garantia constitucional. Isso decorre do fato de que a ausência ao trabalho não se configura imotivada, em caso de greve, mas sim ocorrida de forma deliberada com a intenção de lutar por melhores remunerações e condições de trabalho, para os ocupantes de cargos públicos naquela determinada carreira.

O Superior Tribunal de Justiça decidiu que, caso o servidor exerça o direito de greve de forma lícita, embora não tenha direito à remuneração pelos dias parados, já que se trata da contraprestação pelo exercício da atividade pública, não deve sofrer o corte da remuneração durante o exercício regular deste direito.

Em tais casos, a jurisprudência se firma no sentido de que o servidor, ao terminar a movimentação grevista, ficará sujeito à compensação pelos dias parados, sob pena de ressarcimento ao erário dos valores percebidos.

Por seu turno, o Supremo Tribunal Federal, em 2016, na análise do Recurso Extraordinário nº 693.456, decidiu, apreciando o tema da repercussão geral, por unanimidade, por maioria, na parte conhecida, fixar tese nos seguintes termos: ***"A administração pública deve proceder ao desconto dos dias de paralisação decorrentes do exercício do direito de greve pelos servidores públicos, em virtude da suspensão do vínculo funcional que dela decorre, permitida a compensação em caso de acordo. O desconto será, contudo, incabível se ficar demonstrado que a greve foi provocada por conduta ilícita do Poder Público".***

Por fim, discute-se acerca da competência judicial para analisar as controvérsias decorrentes dos movimentos paredistas realizados por servidores públicos: a Justiça do Trabalho terá legitimidade para julgar as greves realizadas pelos empregados públicos, regidos pela Consolidação das Leis do Trabalho. Por seu turno, em caso de movimento paredista realizado pelos servidores estatutários, detentores de cargos efetivos, a competência será da justiça comum. Ademais, compete ao Superior Tribunal de Justiça julgar a greve de servidores públicos civis, sempre que o movimento for nacional ou abarcar mais de um ente federativo.

Sindicalização

Com a ressalva feita em relação aos servidores militares, submetidos a regime especial em que se veda a possibilidade de sindicalização, com esteio na disposição do art. 142, IV, da Constituição Federal, aos servidores públicos, em geral, é garantido o direito, não somente à greve, mas também à sindicalização.

Com efeito, dispõe o art. 37, VI que ao servidor público é garantida a livre associação sindical. A regra constitucional veio alterar o entendimento anterior, regulamentado pelo art.

566 da Consolidação das Leis do Trabalho que dispunha que *"Não podem sindicalizar-se os servidores do Estado e os das instituições paraestatais"*. Dessa forma, diante da redação do texto da Carta Magna, os servidores públicos podem-se organizar em sindicatos, como forma de travarem diálogo com o ente público na busca por melhores condições de trabalho.

Trata-se de norma de eficácia plena, não dependendo de qualquer regulamentação infraconstitucional para que possa ser exercido o direito de sindicalização dos servidores públicos. Frisa-se, ainda, que o direito à sindicalização não corresponde a um dever, sendo uma faculdade de o servidor analisar se tem ou não interesse de filiar-se ao sindicato de sua categoria.

Não obstante a possibilidade de dialogarem com o poder público, visando a angariar melhores remunerações e planos de carreira, é importante ressaltar que é vedada a celebração de acordo ou convenção coletiva com a Administração Pública para fins de aumento salarial. Nesse sentido, a Súmula 679 do Supremo Tribunal Federal dispõe que *"A fixação de vencimentos dos servidores públicos não pode ser objeto de convenção coletiva"*.

Saliente-se, por derradeiro, que o art. 8º, VIII da Constituição da República estabelece que *"é vedada a dispensa do empregado sindicalizado a partir do registro da candidatura a cargo de direção ou representação sindical e, se eleito, ainda que suplente, até um ano após o final do mandato, salvo se cometer falta grave nos termos da lei"*. A doutrina majoritária entende que esta regra de estabilidade sindical se estende aos servidores públicos que estejam nesta condição, com exceção dos detentores de cargos em comissão, que podem ser livremente nomeados e exonerados.

7. PROVIMENTO

Trata-se da forma de ocupação do cargo público pelo servidor. É um ato administrativo por meio do qual há esse preenchimento de cargo, atribuindo as funções a ele inerentes a uma determinada pessoa. A lei e a doutrina costumam dividir as hipóteses de provimento de cargos públicos em dois grupos: provimento originário e provimento derivado.

Assim, pode-se entender que:

Provimento Originário	Provimento Derivado
– Nomeação	– Promoção; – Readaptação; – Reversão; – Reintegração; – Recondução; – Aproveitamento.

7.1. Provimento Originário

Trata-se do primeiro provimento do agente em determinada carreira – é ato administrativo que atribui um cargo a servidor que não integrava o quadro de servidores daquele órgão. Em outras palavras, o agente está entrando pela primeira vez na nova carreira.

O ordenamento jurídico brasileiro reconhece a **nomeação** como única forma de provimento originário dependendo de prévia habilitação em concurso público de provas ou de provas e títulos, obedecidos a ordem de classificação e o prazo de sua validade. Ressalte-se que o momento da nomeação configura discricionariedade do administrador, desde que respeitados os prazos do concurso público, conforme art. 9º e seguintes da Lei 8112/90, devendo, ainda ser feita uma análise acerca dos requisitos para assunção do cargo.

Todavia, uma vez realizada a nomeação do candidato, este ato não lhe confere a qualidade de servidor público, mas tão somente a garantia de ocupação daquele cargo. Para que o particular se torne servidor público, deverá assinar o termo de posse, aceitando-se submeter a todas as normas definidas no estatuto. Por isso, o texto legal estabelece que o provimento do cargo se dá com a nomeação, mas a **investidura** no cargo se dá com a posse (art. 7º, Lei 8.112/90).

O prazo máximo para a posse, nos termos da lei federal, é de 30 (trinta) dias, contados da publicação do ato de provimento (art. 13, §1º), sendo que a legislação admite que a posse se dê mediante procuração, desde que específica, consoante disposição do art. 13, §3º da lei 8.112/90.

Efetivada a posse, no prazo legal, o servidor público federal terá o prazo máximo de 15 (dias) dias para começar a exercer as funções do cargo, nos moldes do art. 15, §1º do estatuto dos servidores civis da União, sendo que o desrespeito a este prazo enseja a exoneração do agente. A seguir, a disposição legal.

> Art. 15. § 2º O servidor será exonerado do cargo ou será tornado sem efeito o ato de sua designação para função de confiança, se não entrar em exercício nos prazos previstos neste artigo, observado o disposto no art. 18. (Redação dada pela Lei n. 9.527, de 10.12.97)

Por sua vez, se o candidato for nomeado e não se apresentar para a posse, no prazo de lei, não ocorrerá exoneração, haja vista ainda não tenha sido investido na qualidade de servidor. Neste caso, o ato de nomeação se torna sem efeito. Logo, o cargo, que havia sido ocupado pelo ato de nomeação, volta a ficar vago.

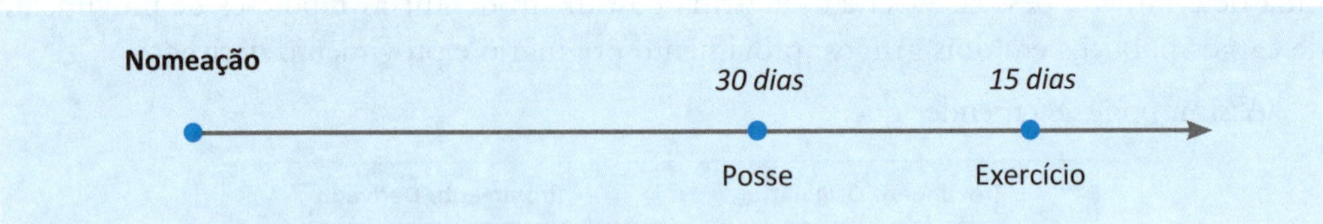

7.2. Provimento Derivado

Nas situações de provimento derivado, o cargo público será atribuído a um servidor que já tem uma anterior relação com a Administração Pública, mais especificamente, já se encontra exercendo funções na carreira em que pretende assumir novo cargo. Somente é possível o provimento derivado de outros cargos na mesma carreira em que houve provimento originário anterior. Não pode haver provimento derivado em outra carreira. Nestes casos, deve haver a realização de concurso público de provas ou de provas e títulos, para que se faça novo provimento originário.

De fato, permitir que o agente ingresse em nova carreira por meio de provimento derivado violaria os princípios da isonomia e da impessoalidade, diante de benefícios oferecidos de forma indevida. Neste sentido, a súmula vinculante nº 43 do Supremo Tribunal Federal define, diretamente, que *"É inconstitucional toda modalidade de provimento que propicie ao servidor investir-se, sem prévia aprovação em concurso público destinado ao seu provimento, em cargo que não integra a carreira na qual anteriormente investido"*.

Sendo assim, cumpre analisar cada uma das espécies de provimento derivado permitidas no ordenamento jurídico e suas características específicas.

7.2.1. Provimento derivado vertical

A **promoção** na carreira pública é o chamado provimento derivado vertical, ensejando a garantia de o servidor público ocupar cargos mais altos, na carreira de ingresso, alternadamente por antiguidade e merecimento.

Para que seja possível a promoção do servidor público é necessário que ele tenha ingressado, mediante aprovação em concurso público, no serviço público mediante assunção de cargo escalonado em carreira. A escolha do servidor a progredir na carreira deve ser feita por critérios de antiguidade e merecimento, de forma alternada, ou seja, a cada promoção realizada por merecimento, se determina que o próximo provimento se dê em decorrência da antiguidade.

A promoção não se confunde com a **progressão funcional** que configura aumento do padrão remuneratório sem mudança de cargo e ocorre em determinadas carreiras em que cada cargo é escalonado com o pagamento de vencimentos progressivos, sempre por antiguidade. Dessa forma, por exemplo, ao ingressar, na carreira de técnico do Tribunal Regional do Trabalho, o servidor assumirá cargo da Categoria III, padrão E. Posteriormente, haverá aumento de remuneração, a cada ano, por aumento no padrão, passando ao padrão D, posteriormente, ao padrão C e assim sucessivamente, sem mudança de cargo. Isso se configura progressão. Cumpridos os requisitos definidos em lei, esse servidor, então, será promovido à Categoria II e isso se configura provimento derivado vertical, com mudança de cargo.

Em casos de promoção por merecimento, o texto constitucional prevê a realização de cursos pelos órgãos da Administração Pública como forma de auxiliar na melhor eficiência da atividade, ensejando o merecimento do servidor. Com efeito, o art. 39, §2º da Carta Magna dispõe que *"A União, os Estados e o Distrito Federal manterão escolas de governo para a formação e o aperfeiçoamento dos servidores públicos, constituindo-se a participação nos cursos um dos requisitos para a promoção na carreira, facultada, para isso, a celebração de convênios ou contratos entre os entes federados"*. Trata-se de norma de eficácia limitada que depende de lei para sua efetivação.

Ressalte-se que, por meio de promoção, não se pode assumir um cargo em outra carreira mais elevada (Por exemplo, ser promovido do cargo de técnico do Tribunal para o cargo de analista do mesmo órgão). Tal situação significaria a possibilidade de mudança de carreira sem a realização de concurso e tinha previsão no ordenamento jurídico brasileiro, com o nome de **ascensão**. Dessa forma, a ascensão, que era prevista na Lei 8.112/90 e estabelecia esta situação, não encontra mais respaldo no ordenamento jurídico vigente, porque burla a obrigatoriedade de concurso para ingresso em nova carreira, estampada no art. 37, II da Constituição Federal.

Sendo assim, a ascensão ou acesso foi abolido do ordenamento jurídico pela Constituição Federal de 1988. Isso porque permitia o provimento de servidor público para carreiras diferentes, sem a realização de concurso, o que atualmente NÃO é mais possível.

7.2.2. Provimento derivado horizontal

A **readaptação** (art. 24, Lei 8112/90) é o aproveitamento do servidor em novo cargo, em razão de uma limitação sofrida na capacidade física ou mental. Nestes casos, o agente será readaptado, assumindo um novo cargo, cujas funções sejam compatíveis com as limitações que sofreu em sua capacidade laboral, dependendo a verificação desta limitação a um laudo proferido por junta médica oficial, que ateste a impossibilidade de o sujeito se manter no exercício das atividades que, então, exerce.

Na readaptação é garantida a equivalência de vencimentos, ou seja, não pode haver alteração remuneratória em virtude da readaptação. De fato, a readaptação será efetivada em cargo de atribuições afins, respeitada a habilitação exigida, nível de escolaridade e equivalência de vencimentos.

Esta forma de provimento derivado independe da existência de cargo vago na carreira, porque ainda que não o haja, o servidor terá direito a ser readaptado e exercerá suas funções, no novo cargo, como excedente. Não havendo nenhum cargo na carreira, com funções compatíveis, o servidor será aposentado por invalidez.

Por fim, para que haja readaptação, não há necessidade de a limitação ter ocorrido por causa do exercício da função. A princípio, independentemente de culpa, o servidor tem direito a ser readaptado.

Anteriormente, a lei 8.112/90 admitia a existência de **transferência**, na qual o servidor público poderia assumir novo cargo em carreira diversa daquela que havia ingressado mediante concurso, desde que fosse cargo de denominação idêntica. A medida não pôde ser mantida, em virtude da violação à regra constitucional do concurso público.

7.2.3. Provimento derivado por reingresso

Se o servidor que, de alguma forma, deixou de atuar no exercício das funções de um determinado cargo, retorna às suas atividades, está configurado um provimento derivado por reingresso. Tal provimento pode ser de quatro espécies, a saber: reversão, reintegração, recondução e aproveitamento.

→ ***Reversão***

Trata-se de retorno do servidor público aposentado ao exercício do cargo público, consoante entendimento do art. 25 da lei 8.112/90.

Pode-se dar por dois motivos, previstos na legislação federal.

- Reversão da aposentadoria por invalidez, quando cessam os motivos da invalidez. Neste caso, por meio de laudo médico oficial, o poder público toma conhecimento de que os motivos que ensejaram a aposentadoria do servidor se tornaram insubsistentes, do que resulta a obrigatoriedade de retorno;
- Reversão do servidor aposentado voluntariamente, atendidos os requisitos estabelecidos em lei. Nesta hipótese, a lei determina que haja interesse da Administração Pública, que o servidor tenha solicitado a reversão, que a aposentadoria tenha sido voluntária, que o agente público já tivesse adquirido estabilidade quando na atividade, que a aposentadoria

tenha ocorrido nos cinco anos anteriores à solicitação e que haja cargo vago, no momento do requerimento de reversão.

Parte da doutrina e da jurisprudência brasileiras vem entendendo que a aposentadoria voluntária quebra o vínculo com a Administração Pública, logo a reversão, nestes casos, seria uma burla à regra constitucional, sendo possível o retorno apenas mediante novo concurso público. Dessa forma, somente seria possível a reversão do servidor público aposentado por invalidez, uma vez cessados os motivos que deram ensejo à aposentadoria.

Em qualquer hipótese, após os 75 anos de idade, não será possível a reversão, por tratar-se da idade limite para a aposentadoria compulsória, nos moldes do art. 2º, da Lei complementar 152/2015.

Reintegração

É provimento derivado que enseja o retorno do servidor público estável ao cargo que ocupava anteriormente, em virtude da anulação do ato de demissão.

Ocorre, portanto, quando invalidada a demissão do servidor estável por decisão judicial ou administrativa, sendo que o reintegrado será indenizado por tudo que deixou de ganhar em virtude da demissão ilegal.

Ressalte-se que, a despeito de estar prevista a exigência de estabilidade para que o servidor faça jus à reintegração, a jurisprudência do Supremo Tribunal Federal vem sendo orientada no sentido de que basta que este agente seja detentor de cargo público efetivo que terá direito a ser reintegrado por demissão ilegal, mesmo que esteja em estágio probatório.

Nesses casos, se algum outro servidor ocupava o cargo do reintegrado, será reconduzido ao cargo de origem, a princípio. Analisemos a seguinte situação.

Situação hipotética

Mauricio, que ocupava o cargo A, foi demitido. Quando reintegrado, o cargo A estava ocupado por Wesley. Mauricio será reintegrado ao seu cargo. Wesley será reconduzido para o cargo de origem dele, qual seja, o cargo B. Estando o cargo B ocupado por Paulo, Wesley, então, será aproveitado em outro cargo compatível com o dele. Não havendo cargo compatível vago, Wesley, então, será posto em disponibilidade remunerada proporcionalmente ao tempo de serviço.

Recondução

Consoante disposto no art. 29, da lei 8.112/90, a recondução é o retorno do servidor ao cargo anteriormente ocupado por ele.

Ocorrerá em duas hipóteses:

a) **inabilitação em estágio probatório relativo a outro cargo**, quando então o servidor público retorna à carreira anterior em que já havia adquirido estabilidade, ao invés de ser exonerado do serviço público. Dessa forma, caso um agente da polícia federal, estável, seja aprovado em concurso público para assumir cargo de delegado federal e, seja declarado inapto no estágio probatório deste novo cargo, terá direito a retornar ao cargo de origem, no qual já havia sido aprovado em avaliação de desempenho e adquirido estabilidade.

A doutrina vem-se posicionando, majoritariamente, no sentido de que o servidor pode requerer a recondução dentro do período de estágio probatório. Sendo assim, não obstante o texto da lei trate de inaptidão, essa análise de aptidão é de "mão dupla", podendo ser o servidor reconduzido a pedido seu ou por decisão administrativa. Nesse sentido, o entendimento do Superior Tribunal de Justiça.

> MANDADO DE SEGURANÇA. SERVIDOR PÚBLICO ESTÁVEL. ESTÁGIO PROBATÓRIO EM OUTRO CARGO PÚBLICO. RECONDUÇÃO AO CARGO ANTERIORMENTE OCUPADO. POSSIBILIDADE. ORDEM PARCIALMENTE CONCEDIDA. 1. **O servidor público estável que desiste do estágio probatório a que foi submetido em razão de ingresso em novo cargo público tem direito a ser reconduzido ao cargo anteriormente ocupado**. 2. Inteligência do parágrafo 2º do artigo 20 da Lei n. 8.112/90. Precedentes do STF. 3. "O mandado de segurança não é substitutivo de ação de cobrança" (Súmula do STF, Enunciado n. 269). "Concessão do mandado de segurança não produz efeitos patrimoniais, em relação a período pretérito, os quais devem ser reclamados administrativamente ou pela via judicial própria." (Súmula do STF, Enunciado n. 271).4. Ordem parcialmente concedida. Processo: MS 8339 DF 2002/0051853-4 Relator(a): Ministro HAMILTON CARVALHIDO Julgamento: 11/09/2002

b) **reintegração do anterior ocupante**. Trata-se de situação exposta, na situação prática anteriormente apresentada, na qual o agente público ocupa cargo de um servidor que é posteriormente reintegrado.

A recondução não gera direito à percepção de indenização, em nenhuma das duas hipóteses. Logo, o servidor, retornará ao cargo de origem, percebendo a remuneração deste cargo.

→ ***Aproveitamento***

Trata-se do retorno de determinado servidor público que se encontra em disponibilidade, para assunção de cargo com funções compatíveis com as que exercia, antes de ter extinto o cargo que ocupava.

Isso porque, a Constituição Federal prevê que, caso haja a extinção ou declaração de desnecessidade de cargo público, o servidor público estável ocupante do cargo não poderá ser demitido ou exonerado, sendo transferido para a **disponibilidade**. Nestas situações, o servidor deixa de exercer as funções temporariamente e mantém o vínculo com a administração pública. A disponibilidade é remunerada proporcionalmente ao tempo de serviço. Veja-se o quanto disposto no texto constitucional.

> Art. 41. § 3º Extinto o cargo ou declarada a sua desnecessidade, o servidor estável ficará em disponibilidade, com remuneração proporcional ao tempo de serviço, até seu adequado aproveitamento em outro cargo. (Redação dada pela Emenda Constitucional n. 19, de 1998)

Frise-se que não há prazo para o término da disponibilidade, mas o servidor tem a garantia de que, surgindo cargo vago compatível, seu aproveitamento será obrigatório.

Ressalte-se que o aproveitamento é obrigatório para o poder público e para o agente. Isso porque a Administração não pode deixar de executar o aproveitamento para nomear novos candidatos, assim como o servidor não pode optar por ficar em disponibilidade, recusando o aproveitamento. De fato, a lei dispõe que será tornado sem efeito o aproveitamento e cassada a disponibilidade se o servidor não entrar em exercício no prazo legal, quando convocado pela Administração, salvo doença comprovada por junta médica oficial.

8. VACÂNCIA

Em sentido contrário ao provimento, as situações de vacância são as hipóteses de desocupação do cargo público. É o termo técnico para descrever cargo público vago. É um fato administrativo que determina que o cargo público não está provido e, portanto, poderá ser, a qualquer tempo, preenchido por novo agente. A lei prevê sete hipóteses, a saber.

I. **Aposentadoria**, que ocorre quando o servidor público passa para a inatividade mediante ato praticado pela Administração Pública. A aposentadoria, no Regime Próprio de Previdência do Servidor Público, pode-se dar voluntariamente, compulsoriamente ou por invalidez e deverá ser aprovada pelo Tribunal de Contas para que tenha validade, por tratar-se de ato administrativo complexo. As regras acerca do instituto serão analisadas, nesta obra, em tópico específico deste capítulo.

II. **Falecimento**, que se trata de fato administrativo alheio ao interesse do servidor ou da Administração Pública e que torna inviável a ocupação do cargo.

III. **Exoneração**, ocorrida sempre que a dissolução do vínculo com o poder público se dá por situação prevista em lei, sem caráter de penalidade, ensejando o fim da relação jurídica funcional, que havia se iniciado com a posse.

A exoneração pode-se dar a pedido do servidor, situação na qual, por vontade do agente público, o vínculo se encontra desfeito e o cargo vago. A lei 8.112/90 ainda prevê a possibilidade de ocorrer a exoneração *ex officio*, ou seja, por vontade da Administração Pública, em situações expressas no texto legal, quais sejam:

a) quando não satisfeitas as condições do estágio probatório, ou seja, quando o poder público, ao final do período de testes, entender que o servidor não está apto para exercer as funções inerentes àquele cargo;

b) quando, tendo tomado posse, o servidor não entrar em exercício no prazo estabelecido em lei, qual seja o de 15 dias. Então, há uma presunção legal de desinteresse pelas atividades inerentes ao cargo e a determinação de vacância do cargo para que possa ser preenchido por outro agente público, nos termos da lei;

c) quando o servidor, mesmo após a aquisição da estabilidade, não consegue atingir as metas mínimas de eficiência e é considerado insatisfatório na avaliação periódica de desempenho, prevista no art. 41, §1º, III, da Constituição da República, sempre garantidos, nestes casos, o contraditório e a ampla defesa. Ressalte-se que a avaliação periódica de desempenho depende de regulamentação por lei específica que definirá as regras aplicáveis, tratando-se o dispositivo constitucional mencionado de norma de eficácia limitada;

d) em casos de necessidade de corte de gastos com pessoal, para adequação às disposições da lei de Responsabilidade Fiscal, consoante disposição do art. 169 da Carta Magna, situações em que o ente estatal determinará a exoneração de servidores comissionados, em um percentual mínimo de 20%, passando à exoneração de servidores não estáveis e, por fim, em havendo necessidade, realizando a dispensa de servidores estáveis, nos termos da lei;

e) em casos de servidores detentores de cargos em comissão, casos em que a exoneração será feita por livre decisão da autoridade responsável sem a necessidade de motivação, haja vista se tratar de cargo previsto em lei como cargo de livre nomeação e livre exoneração.

IV. **Demissão**, cabível sempre que o servidor comete infração funcional, prevista em lei e punível com a perda do cargo público. A demissão não é somente forma de desinvestidura como se trata de penalidade disciplinar aplicada, mediante processo administrativo, em virtude do descumprimento de obrigações funcionais.

A demissão está prevista na lei 8.112/90 como sanção aplicada ao servidor que comete alguma das infrações previstas no art. 132, que configuram condutas consideradas graves. Em algumas situações, definidas pelo legislador, a demissão enseja automaticamente a indisponibilidade dos bens do servidor até que seja feito o devido ressarcimento ao erário público e, em casos, mais extremos, o legislador veda o retorno do agente ao serviço público.

A aplicação da penalidade deve ser precedida de processo administrativo disciplinar em que sejam observados o contraditório e a ampla defesa e, por tratar-se de matéria estudada no tópico referente ao regime disciplinar, remete-se o leitor a esta parte da obra para que seja feita uma melhor análise do instituto.

V. **Readaptação**, conforme já analisado no tópico concernente ao provimento de cargos, trata-se de investidura do servidor em cargo de atribuições e responsabilidades compatíveis com a limitação que tenha sofrido em sua capacidade física ou mental, verificada em inspeção realizada por junta médica oficial.

O servidor readaptado, ao assumir o novo cargo, com funções compatíveis com sua nova situação, deverá tornar ao cargo anteriormente ocupado. Dessa forma, a readaptação enseja o provimento de um cargo e a vacância de outro, consubstanciadas em um único ato.

VI. **Promoção**, que ocorre sempre que o servidor público, por antiguidade e merecimento, alternadamente, assume cargo mais elevado na carreira de ingresso. Da mesma forma que a readaptação, a assunção do novo cargo causa a vacância do cargo anteriormente ocupado, justificando o fato de que a promoção configura hipótese de provimento e vacância de cargos, ao mesmo tempo.

VII. **Posse em cargo inacumulável**, sempre que o servidor público for empossado em cargo ou emprego público de nova carreira, mediante aprovação em concurso público de provas ou de provas e títulos, desde que o novo cargo não seja acumulável com o primeiro. Nesses casos, em virtude da vedação constitucional de acumulação de cargos e empregos públicos, será necessária a vacância do cargo anteriormente ocupado. Caso o servidor não faça a opção, após a concessão de prazo de dez dias, o poder público poderá instaurar processo administrativo sumário, culminando na aplicação da penalidade de demissão.

9. ACUMULAÇÃO DE CARGOS

De acordo com a CF/88, a princípio, não é possível acumular cargos nem empregos públicos de qualquer ente da administração direta ou indireta da União, dos Estados, dos Municípios e do Distrito Federal. Logo, quando a Constituição Federal proíbe a acumulação de cargo ou emprego, tal proibição abrange os servidores estatutários, os celetistas, assim como os servidores temporários contratados nos moldes do art. 37, IX da Carta da República.

Sendo assim, a norma de vedação para acumular cargos abrange os servidores que atuam na prestação de serviços, em entes da Administração Centralizada, ou nas autarquias, fundações públicas, empresas públicas e sociedades de economia mista. Ficam ressalvadas as situações constitucionalmente postas, a serem analisadas individualmente. Dessa forma, cumpridos alguns requisitos legais, é possível a acumulação de cargos e empregos públicos em cinco situações, quais sejam:

a) dois cargos de professor, havendo permissão expressa no art. 37, XVI, da Constituição da República para os servidores que atuam na atividade de magistério; um cargo de professor com outro técnico ou científico, sendo que, no que tange a esta regra, o Superior Tribunal de Justiça vem entendendo que os cargos técnicos ou científicos, para fins de acumulação, são aqueles que exigem, para o seu regular preenchimento, nível superior ou formação técnica especializada, não bastando ter a nomenclatura de técnico, para que seja aplicada a exceção. Desse modo, cargos de técnico judiciário, que têm como requisito de escolaridade, para ingresso, o nível médio completo não estão abrangidos pela norma constitucional.[27] Inclusive, neste sentido, os tribunais superiores já se manifestaram definindo que o cargo de policial militar não pode ser cumulado com um cargo de magistério, não sendo considerado, assim, cargo técnico ou científico para fins de acumulação. De fato, o Superior Tribunal de Justiça define que o art. 142 da Carta Magna, ao tratar dos benefícios do art. 37 extensível aos militares, não abarca a norma exposta no art. 37, XVI, "b", tornando inviável, assim, a referida cumulação.

c) dois cargos ou empregos privativos de profissionais de saúde, com profissões regulamentadas. Trata-se de alteração inserida pela EC n. 34/2001, haja vista o texto originário da Constituição somente admitir a acumulação para cargos de médico. Com a ampliação, todos os cargos decorrentes de profissões de saúde podem-se beneficiar da exceção. Neste caso, o art. 142,§3º, II da Constituição Federal, alterada em 2014, passou a definir a possibilidade de cumulação dos referidos cargos, mesmo em se tratando de profissionais de saúde em carreiras militares. Sendo assim, um agente que exerce a atividade de médico militar pode acumular suas funções com outro cargo público de médico de outra carreira militar ou civil, desde que haja compatibilidade de horários.

d) Um cargo de Magistrado ou membro do Ministério Público com um cargo de professor, nos moldes do artigo 95, parágrafo Único, I c/c artigo 128, §5º, II, "d" da Carta Magna. Mesmo que não houvesse previsão expressa, a acumulação seria lícita em virtude da regra geral, por se tratarem de cargos científicos. A repetição da norma se dá, todavia, para que reste claro o fato de que estas carreiras também se beneficiam da ressalva constitucional;

e) Um cargo efetivo mais um cargo de vereador. Trata-se de acumulação permitida no art. 38 da Carta Magna entre cargos e natureza diversa, qual seja um cargo efetivo e um cargo político assumido mediante eleição popular. Cabe ressaltar que esta acumulação não abrange os demais cargos eletivos como prefeito ou deputado, situações nas quais o texto constitucional exige o afastamento do cargo efetivo. Este afastamento será analisado em tópico específico deste capítulo.

Analisando as hipóteses estipuladas, pode-se verificar não haver a possibilidade admitida de acumulação de mais de dois cargos públicos, independentemente de sua natureza ou das

27. Neste sentido alguns julgados do STJ.
"RECURSO ORDINÁRIO. MANDADO DE SEGURANÇA. ACUMULAÇÃO DO CARGO PÚBLICO DE POLICIAL MILITAR COM O DE PROFESSOR. IMPOSSIBILIDADE. A jurisprudência do Superior Tribunal de Justiça assentou o entendimento de que o cargo público de técnico, que permite a acumulação com o de professor nos termos do art. 37, XVI, b, da Constituição Federal, é o que exige formação técnica ou científica específica. Não se enquadra como tal o cargo ocupado pelo impetrante, de Policial Militar. 2. Recurso ordinário desprovido".
RMS 32031 / AC
RECURSO ORDINÁRIO EM MANDADO DE SEGURANÇA
2010/0067325-0. Julgamento em 17/11/2011

atribuições a eles inerentes. Sendo assim, caso o servidor que esteja acumulando licitamente dois cargos ou empregos públicos seja eleito para o mandato de vereador ou, por exemplo, seja aprovado em novo concurso para assunção de novo cargo, terá que se afastar de algum dos cargos anteriores, sob pena de irregularidade da acumulação.

Ademais, para que, em qualquer das hipóteses, a acumulação de cargos ou empregos públicos seja lícita, deve haver a demonstração de compatibilidade de horários, ou seja, o exercício da função de um dos cargos não pode obstar a prestação dos serviços inerentes ao outro, sob pena de a acumulação impedir a eficiência na execução da atividade estatal.

Além disso, é indispensável que a referida acumulação respeite o teto remuneratório de pagamento de servidores previsto no art. 37, XI da CF/8, qual seja o subsídio do Ministro do Supremo Tribunal Federal. Em outras palavras, a soma das remunerações referentes aos cargos acumulados não pode ultrapassar este valor.

Quando verificada a acumulação ilegal de cargos por determinado servidor público, a Administração Pública, nos moldes do art. 133 da lei 8.112/90, notificará o servidor, por intermédio de sua chefia imediata, para apresentar opção no prazo improrrogável de dez dias, contados da data da ciência. Nestes casos, duas são as possibilidades:

- optando por um dos cargos, dentro do prazo de lei, considera-se que o servidor faltoso estava de boa-fé, sendo-lhe concedida a exoneração a pedido do cargo ou emprego público que não foi objeto de escolha;
- caso o servidor não opte por um dos cargos dentro do prazo de dez dias, a Administração Pública deverá instaurar um processo administrativo sumário que se desenvolve nas seguintes etapas: será designada, por meio de portaria, uma comissão composta por dois servidores estáveis e posteriormente, concede-se o prazo para apresentação de defesa pelo servidor, em cinco dias; após a apresentação da defesa, a comissão elaborará relatório conclusivo quanto à inocência ou à responsabilidade do servidor, em que resumirá as peças principais dos autos, opinará sobre a licitude da acumulação em exame, indicará o respectivo dispositivo legal e remeterá o processo à autoridade instauradora, para julgamento; ao final, é proferida a decisão, definindo pela ocorrência ou não da infração. Nestes casos, a lei dispõe que a indicação da autoria dar-se-á pelo nome e matrícula do servidor, e a materialidade pela descrição dos cargos, empregos ou funções públicas em situação de acumulação ilegal, dos órgãos ou entidades de vinculação, das datas de ingresso, do horário de trabalho e do correspondente regime jurídico.

Frise-se que a lei 8112/90 concede ao servidor a possibilidade de optar por um dos cargos até o último dia do prazo de defesa. Feita a opção, considerar-se-á de boa-fé o referido agente, sendo convertido o processo em um pedido de exoneração de cargo público, sem qualquer penalidade a ser aplicada. Não sendo feita a opção e sendo detectada a acumulação ilegal, o servidor será demitido de todos os cargos ocupados.

O processo sumário para fins de acumulação de cargos é analisado, de forma, pormenorizada, no capítulo referente aos processos administrativos.

Por fim, resta o seguinte questionamento acerca da acumulação. É possível acumular aposentadoria do regime próprio de previdência do servidor com remuneração de cargo efetivo? Dispõe a Constituição Federal que:

> Art. 37. § 10. É vedada a percepção simultânea de proventos de aposentadoria decorrentes do art. 40 ou dos arts. 42 e 142 com a remuneração de cargo, emprego ou função pública, ressalvados os cargos acumuláveis na forma desta Constituição, os cargos eletivos e os cargos em comissão declarados em lei de livre nomeação e exoneração.(Incluído pela Emenda Constitucional n. 20, de 1998)
>
> Art. 40. § 6º - Ressalvadas as aposentadorias decorrentes dos cargos acumuláveis na forma desta Constituição, é vedada a percepção de mais de uma aposentadoria à conta do regime de previdência previsto neste artigo. (Redação dada pela Emenda Constitucional n. 20, de 15/12/98)
>
> (...)
>
> § 11 - Aplica-se o limite fixado no art. 37, XI, à soma total dos proventos de inatividade, inclusive quando decorrentes da acumulação de cargos ou empregos públicos, bem como de outras atividades sujeitas a contribuição para o regime geral de previdência social, e ao montante resultante da adição de proventos de inatividade com remuneração de cargo acumulável na forma desta Constituição, cargo em comissão declarado em lei de livre nomeação e exoneração, e de cargo eletivo. (Incluído pela Emenda Constitucional n. 20. de 15/12/98)

Dessa forma, analisando as disposições postas no texto constitucional, pode-se verificar ser possível a acumulação em três situações:

a) Proventos de aposentadoria + remuneração de cargo em comissão;

b) Proventos de aposentadoria + remuneração de cargo eletivo, neste caso, não somente os cargos de vereador, mas todo e qualquer cargo eletivo, inclusive nas esferas federal e estadual;

c) Proventos de aposentadoria + remuneração de cargo efetivo acumulável na atividade (hipóteses do art. 37, XVI), situação em que, se os cargos eram acumuláveis na atividade, também não se veda a acumulação na inatividade.

Em todos os casos em que é admitida a acumulação de proventos de aposentadoria do Regime Próprio de Previdência do servidor com remuneração ou subsídio de cargos em atividade, deve-se respeitar o limite de remuneração, previsto no art. 37, XI da Constituição da República, não se admitindo que a soma dos pagamentos extrapole este teto.

9.1. Acumulação de cargos de profissionais de saúde na carreira militar

Não obstante não houvesse qualquer distinção constitucional acerca da acumulação de cargos de profissionais de saúde, no que tange à carreira na qual o cargo estivesse inserido, havia uma discussão acerca da aplicação do art. 37, XVI, "C" da Constituição Federal aos militares que atuassem no exercício da função de médico.

Com efeito, alguns defendiam a impossibilidade de acumulação de cargos de profissionais de saúde quando um deles fosse exercido dentro de uma carreira militar, diante da incompatibilidade de regimes em relação aos cargos civis.

Em 11 de fevereiro de 2014, foi publicada a Emenda Constitucional n. 77 que tratou do tema, deixando clara a possibilidade de acumulação de cargos de médico, na atividade militar, com cargo público de médico em carreiras públicas civis, em razão da alteração do art. 142, §3º, II da Carta Magna.

Ademais, como forma de compatibilizar os regimes, o art. 142, §3º, VIII define que, havendo a acumulação de cargos constitucionalmente admitida, haverá a prevalência do serviço militar.

10. DESLOCAMENTO

A lei 8112/90 estabelece duas hipóteses de deslocamento que não configuram provimento ou vacância de cargos públicos, configurando somente situações nas quais o agente público sofre alteração de lotação: a remoção e a redistribuição. Tratemos de cada uma delas isoladamente.

10.1. Remoção

Previsto no art. 36 da lei 8.112/90, a remoção é o deslocamento do servidor público dentro do mesmo quadro de pessoal, ou seja, dentro da mesma carreira, com ou sem mudança de sede e de domicílio. Com efeito, trata-se de deslocamento funcional, podendo ocorrer mesmo que não haja deslocamento físico.

A remoção pode ser determinada de ofício, no interesse da Administração Pública ou efetivada mediante pedido do servidor, situações em que será concedida, a critério do poder público, que deve analisar a sua compatibilidade com o interesse da prestação do serviço. Sendo assim, em ambos os casos, deve haver compatibilização do deslocamento com o interesse público. Em suma a lei dispõe que:

→ A **remoção de ofício** é sempre concedida, no **interesse da Administração Pública**; enquanto a **remoção a pedido** é concedida a **critério da Administração Pública**.

Nota-se que, em ambos os casos, a remoção se dá por **ato discricionário do agente**, mesmo quando há pedido do agente estatal.

Ocorre que, a lei estabelece 3 (três) hipóteses nas quais a remoção a pedido deve ser concedida independentemente do interesse da Administração Pública. São situações em que a remoção figura como **ato vinculado**. Veja-se a seguir.

I. ***deslocamento do cônjuge do servidor.*** Nesta situação, se o cônjuge ou companheiro do servidor público é deslocado no interesse da administração, por meio de remoção, ele poderá acompanhar o cônjuge deslocado. Importante ressaltar que a jurisprudência do Superior Tribunal de Justiça dispõe que, para a concessão desta remoção, é necessário demonstrar que os dois servidores coabitavam. Neste sentido, o julgado a seguir.

> SERVIDOR PÚBLICO. REMOÇÃO. ACOMPANHAMENTO. CÔNJUGE. IMPOSSIBILIDADE. INEXISTÊNCIA. COABITAÇÃO. Servidor público federal lotado no interior do Estado da Paraíba requereu a sua remoção para a capital do estado ou, alternativamente, a lotação provisória em qualquer outro órgão da Administração Federal direta, autárquica ou fundacional para acompanhar a esposa, servidora pública federal, removida de ofício de Campina Grande para João Pessoa. **Apesar de a esposa do autor ter sido removida de ofício, o apelante não faz jus à remoção para a sede do TRE/PB, visto que o casal não residia na mesma localidade antes da remoção da esposa.** Portanto, o Estado não se omitiu do seu dever de proteger a unidade familiar, que ocorre quando há o afastamento do convívio familiar direto e diário de um dos seus integrantes. AgRg no REsp 1.209.391-PB, Rel. Min. Humberto Martins, julgado em 6/9/2011.

II. ***por motivo de saúde do servidor, cônjuge ou de dependente econômico do servidor, comprovado o requisito por laudo médico oficial.*** Nestes casos, demonstrada a situação de doença que torna necessário deslocamento do servidor, o poder público não pode sobrepor esta situação ao interesse do serviço.

III. ***em virtude de processo seletivo promovido, na hipótese em que o número de interessados for superior ao número de vagas, de acordo com normas preestabelecidas pelo órgão ou entidade em que aqueles estejam lotados.*** Trata-se de concurso de remoção, feito, normalmente, por antiguidade, entre os servidores da carreira.

Nestas três situações apresentadas, a comprovação do fato exposto na legislação garante ao servidor o direito ao deslocamento que não poderá ser negado sob a alegação de ausência de vaga ou falta de interesse da Administração.

10.2. Redistribuição

Diferentemente da remoção, analisada anteriormente, a redistribuição é o deslocamento do cargo público, ou seja, na redistribuição é o cargo - e não o servidor público - que será deslocado de uma localidade para outra, dentro da estrutura administrativa.

A lei permite que o deslocamento seja feito entre órgãos diferentes e até mesmo entre entidades diferentes, desde que seja dentro do mesmo Poder, sendo possível que este deslocamento incida sobre cargos ocupados ou vagos. Verifica-se, portanto, que em caso de cargos ocupados, o deslocamento do cargo enseja, automaticamente, o do servidor que o ocupa.

Em análise, a seguinte situação:

→ Mediante lei, foram aprovadas dentro do orçamento do Poder Executivo, 1.000 (mil) vagas para cargos de técnico administrativo, que serão distribuídas dentre os vários Ministérios, de acordo com as necessidades. Adveio lei nova, após a distribuição dos cargos, estipulando que determinada atividade migrará do Ministério da Fazenda para o Ministério do Planejamento. Neste caso, em virtude da alteração de competência, os 100 (cem) cargos de técnicos que haviam sido distribuídos ao Ministério da Fazenda serão redistribuídos para o Ministério do Planejamento, independentemente de estarem ocupados ou vagos.

Situação similar ocorreu com a criação da "Super Receita", em 2007. Antes da criação da Receita Federal do Brasil, a União fazia cobrança de impostos federais e o INSS fazia cobrança de contribuições sociais. Com o advento da lei, a União passou a ter competência para cobrança de todos os tributos, inclusive das contribuições previdenciárias, não sendo mais competência do INSS. Dessa forma, os auditores que estavam lotados no INSS foram redistribuídos para a estrutura da União, para execução da cobrança no novo ente.

A redistribuição de cargos públicos é sempre feita de ofício, ou seja, ocorre no interesse da Administração.

11. REMUNERAÇÃO DO SERVIDOR PÚBLICO

Atualmente, o sistema de remuneração dos agentes públicos pelos serviços prestados é regulamentado pelo estatuto do servidor em conjunto com a Constituição Federal que sofreu algumas alterações da Emenda Constitucional n. 19/98, a qual introduziu o sistema de pagamentos efetivado por meio de subsídios e a definição do teto remuneratório dos agentes estatais, no bojo do texto da Carta Magna. Posteriormente, a EC n. 41/03 dispôs acerca da definição de subtetos para os servidores estaduais e municipais.

Será analisada cada uma das formas de remuneração aos servidores públicos, separadamente.

Em princípio, a Lei 8112/90 estabelece que a **remuneração** é composta pelo vencimento básico do servidor público, acrescido de todas as vantagens pecuniárias permanentes do cargo. As vantagens pecuniárias decorrem da peculiaridade de cada carreira ou de situações pessoais do próprio servidor, sendo parcelas variáveis de acordo com o tempo de serviço, nível de escolaridade do agente, entre outros critérios definidos em lei. Sendo assim, a soma do vencimento (parcela fixa a todos os servidores) e das vantagens permanentes (parcela variável) compõe a remuneração total paga pela prestação do serviço. Ressalte-se que a expressão vencimentos (no plural) é sinônima de remuneração e não de vencimento.

→ **REMUNERAÇÃO OU VENCIMENTOS** = vencimento + vantagens pecuniárias permanentes

É pacífico o entendimento, entre os estudiosos da matéria, que o vencimento e a remuneração do servidor público configuram verbas de caráter alimentar, que se apresentam com natureza de **contraprestação** pela prestação do serviço público. Sendo assim, o servidor disponibiliza a sua força de trabalho e, em troca, faz jus à percepção da verba remuneratória.

Em virtude desta característica, **não se admite arresto, sequestro ou penhora da remuneração** do servidor, haja vista o fato de que isso poderia ensejar prejuízos incalculáveis a ele e à sua família. Nesse sentido, Edmir Netto de Araújo[28] dispõe que *"a natureza jurídica do vencimento é considerada, hoje em dia, sob o duplo enfoque da contraprestação pelo serviço prestado e de seu caráter alimentar, que, desde as Ordenações Filipinas, vigentes até o império, encontra guarida no direito positivo brasileiro, como meio destinado à manutenção e subsistência do agente público e de sua família, sendo, por isso, impenhorável ou insuscetível de arresto, sequestro ou retenção pela Administração".*

A remuneração do servidor público deve ser definida mediante a edição de lei específica, sendo também exigida a via legislativa para qualquer revisão ou alteração do valor remuneratório das carreiras em geral. A iniciativa para a edição da lei é distribuída a cada um dos Poderes do Estado, para os seus agentes:

- o chefe do Poder Executivo tem legitimidade privativa para a iniciativa da lei que defina as remunerações para os cargos e empregos pertencentes à sua estrutura, consoante art. 61, §1º, II, "a" da CF.
- ao Supremo Tribunal Federal, aos tribunais superiores e aos Tribunais de Justiça competem a iniciativa da lei que regulamenta a remuneração dos cargos do Poder Judiciário, nos moldes do art. 96, II, "b", da CF.
- a Câmara dos Deputados ou o Senado Federal terão a iniciativa privativa para a legislação que defina a remuneração dos servidores do Poder Legislativo. Essa é a leitura dos art. 51, IV e 52, XIII da Carta Magna.

28. ARAÚJO,Edmir Netto de – Curso de Direito Administrativo.São Paulo:Saraiva,5ª ed. 2007

Não obstante a regra constitucional de que a fixação de remuneração de agentes públicos deve ser feita mediante lei, o próprio texto da Constituição estabelece algumas **exceções**. Sendo assim, é possível a fixação, por meio de **decreto legislativo**, da remuneração do Presidente da República e do Vice-Presidente, dos Ministros de Estado e dos senadores e deputados federais, desde que respeitada a limitação do art. 37, XI que institui o teto remuneratório, impedindo a fixação de pagamento superior ao subsídio do ministro do Supremo Tribunal Federal[29].

Ademais, o art. 29, VI, da Constituição da República define que a Câmara de Vereadores tem competência para fixação dos subsídios dos Vereadores, sem a necessidade de deliberação do Poder Executivo, mediante decreto legislativo[30].

Por fim, a Constituição Federal ainda define que a concessão de vantagens ou aumento de remuneração depende de prévia dotação orçamentária capaz de fazer frente às despesas a serem realizadas e à autorização específica na lei de diretrizes orçamentárias, com exceção das empresas públicas e sociedades de economia mista.

11.1. Irredutibilidade de Remuneração

A remuneração do servidor público, conforme disposto no art. 37, XV da Constituição da República, é irredutível. Trata-se de prerrogativa decorrente da natureza alimentar da qual se reveste a verba remuneratória. Com efeito, o servidor depende destes valores para pagamento de seus débitos pessoais e suas despesas regulares. Permitir a diminuição deste valor de forma inesperada ensejaria prejuízos incalculáveis à vida deste sujeito.

Importante salientar que a irredutibilidade garantida pelo texto constitucional e pela lei é nominal, ou seja, não há garantia de irredutibilidade real. Em outras palavras, a irredutibilidade não garante a remuneração dos servidores das perdas decorrentes de aumentos inflacionários. Neste sentido, o Supremo Tribunal Federal já pacificou o entendimento de que não é possível garantir a irredutibilidade real dos vencimentos.

> EMENTA: ADMINISTRATIVO. SERVIDOR PÚBLICO. MANDADO DE SEGURANÇA. INCORPORAÇÃO DE REPRESENTAÇÃO MENSAL PARA CÁLCULO DA PARCELA DENOMINADA "QUINTOS". ART. 1º, § 1º, DO DECRETO-LEI N. 2.333/87. PRINCÍPIO DA IRREDUTIBILIDADE DE VENCIMENTOS. ART. 37, XV, DA CB/88. VIOLAÇÃO. INOCORRÊNCIA. IRREDUTIBILIDADE NOMINAL DA REMUNERAÇÃO GLOBAL. EQUIPARAÇÃO ENTRE ATIVOS E INATIVOS. ART.

---

29. A Constituição Federal dispõe, em seu art. 49 que *"É da competência exclusiva do Congresso Nacional: (...) VII - fixar idêntico subsídio para os Deputados Federais e os Senadores, observado o que dispõem os arts. 37, XI, 39, § 4º, 150, II, 153, III, e 153, § 2º, I; VIII - fixar os subsídios do Presidente e do Vice-Presidente da República e dos Ministros de Estado, observado o que dispõem os arts. 37, XI, 39, § 4º, 150, II, 153, III, e 153, § 2º, I"*

30. Dessa forma, dispõe o art. 29, VI que *"o subsídio dos Vereadores será fixado pelas respectivas Câmaras Municipais em cada legislatura para a subseqüente, observado o que dispõe esta Constituição, observados os critérios estabelecidos na respectiva Lei Orgânica e os seguintes limites máximos: a) em Municípios de até dez mil habitantes, o subsídio máximo dos Vereadores corresponderá a vinte por cento do subsídio dos Deputados Estaduais; b) em Municípios de dez mil e um a cinqüenta mil habitantes, o subsídio máximo dos Vereadores corresponderá a trinta por cento do subsídio dos Deputados Estaduais; c) em Municípios de cinqüenta mil e um a cem mil habitantes, o subsídio máximo dos Vereadores corresponderá a quarenta por cento do subsídio dos Deputados Estaduais; d) em Municípios de cem mil e um a trezentos mil habitantes, o subsídio máximo dos Vereadores corresponderá a cinqüenta por cento do subsídio dos Deputados Estaduais; e) em Municípios de trezentos mil e um a quinhentos mil habitantes, o subsídio máximo dos Vereadores corresponderá a sessenta por cento do subsídio dos Deputados Estaduais; f) em Municípios de mais de quinhentos mil habitantes, o subsídio máximo dos Vereadores corresponderá a setenta e cinco por cento do subsídio dos Deputados Estaduais"*.

40, § 4º, DA CB/88 [REDAÇÃO ORIGINAL]. VIOLAÇÃO. INOCORRÊNCIA. 1. O art. 1º, § 1º, do decreto-lei n. 2.333/87 é claro ao dispor que "a representação mensal, devida aos membros do Ministério Público e da Advocacia Consultiva da União, incorpora-se aos respectivos vencimentos e salários para efeitos de cálculo das demais vantagens", aplicando-se à parcela denominada "quintos" [Lei n. 6.732/79]. 2. Somente são irredutíveis os vencimentos e proventos constitucionais e legais. Precedente [RE n. 185.255, Relator o Ministro SYDNEY SANCHES, DJ 19.09.97]. 3. **O art. 37, XV, da Constituição assegura a irredutibilidade nominal da remuneração global** – soma de todas as parcelas, gratificações e outras vantagens percebidas pelo servidor. Precedentes [RE n. 344.450, Relatora a Ministra ELLEN GRACIE, DJ 25.02.05; RMS n. 23.170, Relator o Ministro MAURÍCIO CORRÊA, DJ 05.12.03; RE n. 293.606, Relator o Ministro CARLOS VELLOSO, DJ 14.11.03] 4. A equiparação entre ativos e inativos prevista na redação original do art. 41, § 4º, da Constituição somente é legítima quando os vencimentos pagos àqueles são calculados em observância à legislação. 5. Segurança denegada.

MS 21659 / DF - DISTRITO FEDERAL

MANDADO DE SEGURANÇA

Relator(a): Min. EROS GRAU

Julgamento: 28/09/2005 Órgão Julgador: Tribunal Pleno

Ademais, em razão do seu caráter indenizatório, segundo José dos Santos Carvalho Filho[31] *"se a nomeação vier a ser anulada, o vencimento se converte em indenização pelo trabalho executado, não tendo o ex servidor o dever de devolução de tais parcelas"*.

Ressalte-se, ainda, que a jurisprudência pacificou o entendimento de que a garantia de irredutibilidade não impede a **alteração da forma de cálculo**, desde que o valor total dos vencimentos não seja alterado. Sendo assim, é possível que haja a redução do vencimento básico proporcional ao aumento de determinada vantagem pessoal de caráter permanente, sem que isso altere o valor global da remuneração.

Não obstante seja a garantia da irredutibilidade, prerrogativa que assegura somente a manutenção do valor nominal, o **valor real** da remuneração também foi objeto de previsão constitucional. Sendo assim, o art. 37, X da Carta Magna define o direito à **revisão geral** anual dos vencimentos pagos aos servidores estatais, como forma de evitar que a inflação e o decurso de tempo corroam o valor real do pagamento. Com efeito, disposição constitucional ainda define que a revisão deverá ser feita sempre na mesma data e sem distinção de índices, para manutenção do poder aquisitivo do valor pago a título de contraprestação pelos serviços.

Trata-se de norma de eficácia limitada, uma vez que a remuneração somente será revisada mediante lei específica que respeite a regra de iniciativa privativa, de acordo com o Poder do Estado ao qual o servidor está vinculado. Dessa forma, a lei deve definir a revisão com periodicidade de um ano e garantindo a isonomia entre os servidores do órgão, haja vista a impossibilidade de distinção de índices. Saliente-se, ainda, que, conforme previamente especificado, a revisão deverá estar contemplada na lei de diretrizes orçamentárias, nos moldes previstos na Constituição e na Lei de Responsabilidade Fiscal.

Pelo exposto, resta claro que a ausência de lei a fixar a revisão geral anual dos vencimentos do servidor público configura inconstitucionalidade por omissão, sendo este entendimento já pacificado pela jurisprudência pátria. Ocorre que, o Supremo Tribunal Federal pacificou o

31. CARVALHO FILHO, José dos Santos – Manual de Direito Administrativo. Rio de Janeiro: Lumen Juris, 23ª ed. 2012

entendimento de que, não sendo concedida a revisão, por meio de lei, não compete ao Poder Judiciário condenar o poder público ao pagamento de indenização. Isso porque a determinação para que se indenize o servidor público configuraria verdadeira revisão imposta, no exercício da jurisdição, sem regulamentação legal.

> Ementa: AGRAVO REGIMENTAL. REVISÃO GERAL ANUAL DE VENCIMENTOS. OMISSÃO LEGISLATIVA INCONSTITUCIONAL. DEVER DE INDENIZAR. IMPOSSIBILIDADE. AGRAVO DESPROVIDO. Não sendo possível, pela via do controle abstrato, obrigar o ente público a tomar providências legislativas necessárias para prover omissão declarada inconstitucional - na espécie, o encaminhamento de projeto de lei de revisão geral anual dos vencimentos dos servidores públicos -, **com mais razão não poderia fazê-lo o Poder Judiciário, por via oblíqua, no controle concreto de constitucionalidade, deferindo pedido de indenização para recompor perdas salariais em face da inflação.**
>
> RE 510467 AgR / SP - SÃO PAULO
>
> AG.REG. NO RECURSO EXTRAORDINÁRIO
>
> Relator(a): Min. CÁRMEN LÚCIA
>
> Julgamento: 02/03/2007 Órgão Julgador: Primeira Turma

11.2. Salário Mínimo

A remuneração do servidor público não pode ser inferior ao salário mínimo, conforme leitura do art. 39, §3º, combinado com o art. 7º, IV da Constituição Federal que estende a garantia de remuneração não inferior ao mínimo legal, aos servidores estatutários.

Frise-se que o vencimento básico pode ser inferior ao mínimo legal, desde que a remuneração total não o seja, consoante disposto no art. 41, §5º da lei 8.112/90. Com efeito, desde que a soma do vencimento com as vantagens permanentes não sejam inferiores ao mínimo legal, o pagamento estará sendo feito de forma lícita. Esta é a dicção da Súmula Vinculante n. 16 do Supremo Tribunal Federal, abaixo transcrita, *in litteris.*

> **Súmula Vinculante 16:** Os artigos 7º, IV, e 39, § 3º (redação da EC 19/98), da Constituição, referem-se ao total da remuneração percebida pelo servidor público.

11.3. Pagamento em atraso

O pagamento da remuneração deve ser feito em data previamente estabelecida, mediante a entrega de dinheiro ou a efetivação de depósito em conta bancária predefinida pelo servidor, sendo ainda devida a entrega do contracheque, com o detalhamento de valores do vencimento e das vantagens permanentes ou não.

Em decorrência da natureza alimentar que possui a verba remuneratória, o atraso no pagamento pode ensejar prejuízos ao servidor público e qualquer dano devidamente comprovado poderá ser indenizado mediante a propositura de ação própria.

Ademais, independentemente da comprovação de qualquer espécie de prejuízo, o atraso no pagamento enseja a incidência de correção monetária, como forma de se permitir uma redução do valor real em virtude da mora atribuída ao poder público. Neste sentido, o Supremo Tribunal Federal editou a Súmula n. 682, dispondo que *"Não ofende a Constituição a correção monetária no pagamento com atraso dos vencimentos de servidores públicos"*.

Outrossim, o art. 1º-F da lei 9.494/97 dispõe que devem incidir juros de mora nos pagamentos em atraso feitos pela Administração Pública ao estipular que "*Nas condenações impostas à Fazenda Pública, independentemente de sua natureza e para fins de atualização monetária, remuneração do capital e compensação da mora, haverá a incidência uma única vez, até o efetivo pagamento, dos índices oficiais de remuneração básica e juros aplicados à caderneta de poupança*".

Por fim, em caso de ausência de pagamento de remuneração pelo poder público ou de pagamento a menor, as verbas podem ser pleiteadas pelo servidor público, dentro do prazo prescricional de cinco anos e, conforme disposto, no Decreto 20.910/32, por se tratar de pagamento de trato sucessivo, não há a prescrição do fundo do direito, mas sim das parcelas vencidas e não pagas, há mais de cinco anos.

11.4. Vinculação e equiparação de remunerações

Inicialmente, o texto constitucional busca garantir a isonomia entre os servidores públicos, definindo que a fixação de remunerações e vencimentos não será feita aleatoriamente, devendo ter como parâmetro a natureza, o grau de responsabilidade e a complexidade dos cargos componentes de cada carreira, os requisitos para a investidura e as peculiaridades dos cargos. Dessa forma, em obediência à impessoalidade e igualdade, presentes na atuação administrativa, as diferenças de vencimentos para servidores públicos serão embasadas por critérios objetivos, não sendo possível a discriminação de determinada carreira em benefício de outras.

Ainda, como forma de garantia da isonomia, o art. 37, XII, da Carta Magna, dispõe que "*os vencimentos dos cargos do Poder Legislativo e do Poder Judiciário não poderão ser superiores aos pagos pelo Poder Executivo*". Mais uma vez, o texto constitucional se preocupa com a igualdade entre os agentes públicos, não podendo haver diferença de remuneração em virtude do Poder do Estado ao qual estejam vinculados.

A regra constitucional tenta evitar o que ocorre com frequência que é o pagamento de remunerações mais baixas aos servidores do Poder Executivo. Isso porque, sendo este poder o responsável pela administração do dinheiro público, tem uma tendência de desvalorizar seus agentes, estabelecendo padrões mais baixos de pagamento pela prestação dos serviços. Isso ocorre porque a iniciativa legislativa para remuneração dos servidores do Poder Executivo é do Presidente da República, conforme já estudado.

Não obstante a garantia de isonomia, não se admite a equiparação ou vinculação de espécies remuneratórias, entre carreiras no serviço público. De fato, a vedação está expressa no art. 37, XIII da Constituição da República.

A equiparação ocorre quando se definem vencimentos similares para carreiras diversas, em virtude das responsabilidades de suas funções serem idênticas e dos requisitos para ingresso na carreira serem definidos com critérios de igual dificuldade. Neste caso, haveria uma carreira paradigma e, sempre que houver aumento dos servidores desta carreira, os agentes da carreira equiparada farão jus ao mesmo aumento.

A vinculação ocorre entre carreiras de responsabilidades diversas, quando, por exemplo, se atrela a remuneração dos servidores técnicos de um determinado órgão à dos servidores que exercem função de analista. Nestes casos, a carreira de hierarquia inferior receberá percentual definido, com base na remuneração da outra. Da mesma forma, o reajuste remuneratório feito, mediante lei, para os servidores que exercem função de analista ensejará revisão aos demais agentes.

Em ambos os casos, a vedação constitucional visa evitar o chamado "aumento em cascata", ensejando o acréscimo de valores nos vencimentos de uma determinada classe de servidores, sem que haja lei específica, justificado pelo simples fato de que uma outra carreira obteve vantagens, mediante previsão legal.

Da mesma forma, o Supremo Tribunal Federal não admite que haja aumento de remuneração de servidores públicos, sob a alegação de isonomia, haja vista a necessidade de lei para que haja alteração vencimental aos agentes públicos.

Neste sentido, dispunha a Súmula 339 do STF que foi convertida, em outubro de 2014, na Súmula Vinculante n. 37, a qual passa a ter a seguinte redação:

> "SÚMULA VINCULANTE N. 37 - NÃO CABE AO PODER JUDICIÁRIO, QUE NÃO TEM FUNÇÃO LEGISLATIVA, AUMENTAR VENCIMENTOS DE SERVIDORES PÚBLICOS SOB O FUNDAMENTO DE ISONOMIA".

Esta súmula reafirma a independência entre os poderes legislativo, executivo e judiciário, definindo a impossibilidade de se exigir a exata correspondência remuneratória entre servidores de poderes diversos.

11.5. Subsídios

Além da remuneração, a Constituição Federal, por meio de alteração promovida pela Emenda Constitucional n. 19/98, criou outra forma de pagamento aos servidores públicos, denominada **SUBSÍDIO**.

O Subsídio é forma de pagamento feito em parcela única, não aceitando nenhum acréscimo patrimonial. É atribuída a parte dos cargos do serviço estatal. O objetivo desta nova forma de remuneração é tornar mais clara e transparente a retribuição de determinados cargos, evitando que um determinado servidor público com vencimento previsto em lei de determinado valor receba remuneração muito acima deste padrão.

A intenção do constituinte derivado é clara ao definir que o valor de pagamento pela prestação do serviço deve estar definido em lei de forma objetiva, em uma única parcela, impedindo vantagens pecuniárias. Neste sentido, Maria Sylvia Zanella de Pietro[32] dispõe que *"ao falar em parcela única, fica clara a intenção de vedar a fixação dos subsídios em duas partes, uma fixa e outra variável, tal como ocorria com os agentes políticos, na vigência da Constituição de 1967. E, ao vedar expressamente o* ***acréscimo de qualquer gratificação, adicional, abono, prêmio verba de representação ou outra espécie remuneratória****, também fica clara a intenção de extinguir, para as mesmas categorias de agentes públicos, o sistema remuneratório que vem vigorando tradicionalmente na Administração Pública e que compreende o padrão fixado em lei mais as vantagens pecuniárias de variada natureza previstas na legislação estatutária".*

Com efeito, a criação dos subsídios fixados em lei, em parcela única, viabiliza o controle da sociedade de forma mais simples em relação aos valores que são pagos às carreiras de agentes públicos, como contraprestação pelos serviços prestados.

32. PIETRO,Maria Sylvia Zanella – Direito Administrativo – São Paulo: Atlas,21ª ed. 2008

Dessa forma, dispõe o texto constitucional que:

> Art. 39. § 4º. O membro de Poder, o detentor de mandato eletivo, os Ministros de Estado e os Secretários Estaduais e Municipais serão remunerados exclusivamente por **subsídio fixado em parcela única, vedado o acréscimo de qualquer gratificação, adicional, abono, prêmio, verba de representação ou outra espécie remuneratória**, obedecido, em qualquer caso, o disposto no art. 37, X e XI. (Redação dada pela Emenda Constitucional n. 19, de 1998)

A criação do subsídio não exclui o pagamento feito mediante remuneração. Isso porque, salvo as carreiras cuja instituição do subsídio é obrigatória, é facultado ao Poder Público optar pela remuneração ou pelo subsídio, uma vez que a Constituição Federal não exige a sua implementação para todos os servidores.

Sendo assim, o texto constitucional estabeleceu algumas carreiras para as quais deve ser definida, mediante lei, a implantação do sistema de subsídios, restando às demais carreiras a possibilidade de criação do sistema por vontade da Administração Pública.

11.6. Teto remuneratório

Inicialmente, a Constituição Federal, em seu texto original, definia que cada ente da federação, quais sejam Estados, Municípios, Distrito Federal e União, teria um teto remuneratório especificado para os seus servidores, por meio de lei, expedida no âmbito de cada um destas entidades, garantindo a isonomia de vencimentos para cargos de atribuições iguais ou assemelhadas, com as ressalvas de vantagens pessoais.

A Emenda Constitucional n. 19/98 alterou o regime de remuneração dos servidores públicos, definindo um teto único a lhes ser aplicado.

Posteriormente, a norma foi, mais uma vez modificada, desta vez pela Emenda Constitucional n. 41/03, passando a admitir a implantação de subtetos para os servidores dos Estados e Municípios, desde que com previsão nas respectivas constituições estaduais e leis orgânicas municipais[33].

Analise-se:

Teto remuneratório	Subteto estadual e do DF	Subteto municipal
Subsídio do Ministro do Supremo Tribunal Federal.	**EXECUTIVO** – Subsídio do governador. **LEGISLATIVO** – Subsídio dos deputados estaduais e distritais. **JUDICIÁRIO** – Subsídio dos desembargadores do Tribunal de Justiça que deve corresponder a 90,25% do subsídio do ministro do STF. Obs. Os membros do Ministério Público, defensoria pública e procuradorias estaduais se submetem ao subteto do Poder Judiciário.	Subsídio do Prefeito do Município.

33. Dispõe o art. 37, XI da Constituição Federal, após as alterações que: *"XI - a remuneração e o subsídio dos ocupantes de cargos, funções e empregos públicos da administração direta, autárquica e fundacional, dos membros de qualquer dos Poderes da União, dos Estados, do Distrito Federal e dos Municípios, dos detentores de mandato eletivo e dos demais agentes políticos e os proventos, pensões ou outra espécie remuneratória, percebidos cumulativamente ou não, incluídas as vantagens pessoais ou de qualquer outra natureza, não poderão exceder o subsídio mensal, em espécie, dos Ministros do Supremo Tribunal Federal, aplicando-se como limite, nos Municípios, o subsídio do Prefeito, e nos Estados e no Distrito Federal, o subsídio mensal do Governador no âmbito do Poder Executivo, o subsídio dos Deputados Estaduais e Distritais no âmbito do Poder Legislativo e o subsídio dos Desembargadores do Tribunal de Justiça, limitado a noventa inteiros e vinte e cinco centésimos por cento do subsídio mensal, em espécie, dos Ministros do Supremo Tribunal Federal, no âmbito do Poder Judiciário, aplicável este limite aos membros do Ministério Público, aos Procuradores e aos Defensores Públicos; (Redação dada pela Emenda Constitucional n. 41, 19.12.2003)".*

O subteto de remuneração do Poder Judiciário foi alvo de discussão jurisprudencial, haja vista o entendimento de que os membros da magistratura não podem ter tratamento diferenciado, pelo fato de serem juízes estaduais ou federais, uma vez que atuam no exercício de funções similares e se submetem todos eles, à Lei Orgânica da Magistratura Nacional – LOMAN (lei complementar n. 35/79).

Dessa forma, o Supremo Tribunal Federal se pronunciou no sentido de que os juízes estaduais não se submetem à regra do subteto, mas sim ao teto de remuneração, qual seja o subsídio do Ministro do STF.

> Ementa: MAGISTRATURA. Remuneração. Limite ou teto remuneratório constitucional. Fixação diferenciada para os membros da magistratura federal e estadual. Inadmissibilidade. Caráter nacional do Poder Judiciário. Distinção arbitrária. Ofensa à regra constitucional da igualdade ou isonomia. Interpretação conforme dada ao art. 37, inc. XI, e § 12, da CF. Aparência de inconstitucionalidade do art. 2º da Resolução n. 13/2006 e do art. 1º, § único, da Resolução n. 14/2006, ambas do Conselho Nacional de Justiça. Ação direta de inconstitucionalidade. Liminar deferida. Voto vencido em parte. Em sede liminar de ação direta, aparentam inconstitucionalidade normas que, editadas pelo Conselho Nacional da Magistratura, estabelecem tetos remuneratórios diferenciados para os membros da magistratura estadual e os da federal.
>
> ADI 3854 MC / DF - DISTRITO FEDERAL
>
> MEDIDA CAUTELAR NA AÇÃO DIRETA DE INCONSTITUCIONALIDADE
> Relator(a): Min. CEZAR PELUSO
>
> Julgamento: 28/02/2007 Órgão Julgador: Tribunal Pleno

Posteriormente, por alteração da Emenda Constitucional n. 47/05, o art. 37, §12º da Carta Magna passou a definir que fica facultado aos Estados e ao Distrito Federal fixar, em seu âmbito, mediante emenda às respectivas Constituições e Lei Orgânica, como limite único, o subsídio mensal dos Desembargadores do respectivo Tribunal de Justiça, limitado a 90,25% do subsídio mensal dos Ministros do Supremo Tribunal Federal, não se aplicando o disposto neste parágrafo aos subsídios dos Deputados Estaduais e Distritais e dos Vereadores.

As empresas públicas e sociedades de economia mista também se submetem ao teto de remuneração previsto na Carta Magna, desde que recebam dinheiro público para custeio de seus gastos ou para pagamento de pessoal. Neste sentido, o art. 37, §9º estabelece que *"O disposto no inciso XI aplica-se às empresas públicas e às sociedades de economia mista, e suas subsidiárias, que receberem recursos da União, dos Estados, do Distrito Federal ou dos Municípios para pagamento de despesas de pessoal ou de custeio em geral"*.

Ressalte-se ainda que, para fins de adequação ao teto remuneratório, serão consideradas todas as espécies de vantagens, sejam elas pessoais ou de qualquer outra natureza, percebidas cumulativamente ou não. A regra deve ser analisada com muito cuidado e serão excluídos alguns pagamentos feitos ao agente público. Dessa forma, não se submetem à analise de adequação ao teto remuneratório:

- **Verbas de natureza indenizatória**, que não possuem natureza de acréscimo patrimonial, mas sim de reparação ou devolução de valores ao servidor que teve dispêndio com a prestação do serviço público. Sendo assim, quando são pagos ao servidor, por exemplo, valores referentes a diárias, a norma se justifica pelo fato de que o agente precisa ser ressarcido de gastos que teve com hospedagem, transporte urbano e alimentação em localidade diversa de sua sede para prestação do serviço público.

- **Direitos sociais**, previstos no art. 39, §3º da Carta Magna, tais como pagamento de serviço extraordinário, décimo terceiro salário, adicional de férias, adicional noturno, entre outras verbas.
- **Abono de permanência**, pago nos moldes do art. 40, §19º, ao servidor que tenha completado as exigências para aposentadoria voluntária integral e, por opção, permaneça na atividade.
- **Remuneração da atividade de magistério.** Trata-se de orientação jurisprudencial e doutrinária que exclui da adequação ao teto de remuneração as remunerações pagas pelo exercício de cargos de professor, em acumulação com outro cargo público. Com efeito, determinados agentes públicos não teriam o interesse em difundir seu conhecimento, caso isso não lhe trouxesse qualquer vantagem pecuniária. Suponha, neste sentido, que um Ministro do Supremo Tribunal Federal, cuja remuneração já corresponde ao teto de pagamento, não poderia ser remunerado caso acumulasse sua função com o cargo público de professor. Sendo assim, a remuneração pelo exercício do cargo de professor não será computada para fins de adequação ao teto remuneratório.

Todos aqueles servidores que, de alguma forma, estiverem recebendo remuneração acima do teto definido, deverão ter o desconto dos valores que ultrapassam o limite constitucional, em folha de pagamento. Inclusive, o art. 17 do Ato das Disposições Constitucionais Transitórias – ADCT dispõe que "*Os vencimentos, a remuneração, as vantagens e os adicionais, bem como os proventos de aposentadoria que estejam sendo percebidos em desacordo com a Constituição serão imediatamente reduzidos aos limites dela decorrentes, não se admitindo, neste caso, invocação de direito adquirido ou percepção de excesso a qualquer título*".

11.7. Desconto na remuneração do servidor público

Como regra geral, não se admite a incidência de descontos da remuneração dos servidores estatais, já que se trata de verba que tem caráter alimentar. No entanto, excepcionalmente, é admitido o desconto. As exceções estão postas na lei e são:

- **imposição legal ou por decisão judicial**. Podem ser citados como exemplos, o desconto referente ao Imposto sobre a Renda, ou os alimentos dos filhos, determinados judicialmente.
- **consignação em folha de pagamentos**. Necessário estipular que, para haver **empréstimo consignado em folha de pagamento,** devem estar presentes 2 requisitos, a saber: (i) o interesse da administração e (ii) autorização do servidor público. Assim, a empresa financeira realizou prévio ajuste com o poder público para oferecer a vantagem do chamado crédito consignado.

Cabe salientar que a lei 8.112/90, em seu artigo 45, §2º, alterado em 2015, passou a estipular que o total de consignações facultativas de que trata o § 1º não excederá trinta e cinco por cento da remuneração mensal, sendo cinco por cento reservados exclusivamente para a amortização de despesas contraídas por meio de cartão de crédito. Da mesma forma, o §1º do mesmo dispositivo legal permite que, mediante autorização do servidor, seja efetivada a consignação em folha de pagamento em favor de terceiros, a critério da administração e com reposição de custos. Nestes casos, o débito será realizado, na forma definida em regulamento.

- **ressarcimento ao erário**. Estando de má-fé, o servidor deve devolver os valores recebidos no prazo de 30 dias. Não podendo pagar de uma só vez dentro do prazo, a lei confere a ele o direito de fazer o pagamento mediante parcelamento com desconto em folha de pagamento. A lei 8.112/90 dispõe, em seu art. 46, §1º, que a parcela será de, no mínimo, 10% da remuneração do servidor.

Ressalte-se, ainda, que a jurisprudência do STJ vem-se firmando no sentido de que os **valores recebidos a maior** pelo servidor de boa-fé não são repetíveis.

Neste sentido, inclusive, cumpre transcrever o Parecer da Advocacia Geral da União **n. 114/96, publicado no Diário Oficial de 26/11/96, que regulamenta o entendimento da Administração Pública acerca do tema ao dispor que:**

> O servidor público que, de presumida boa-fé, **venha a receber alguma vantagem financeira, em decorrência de errada interpretação ou aplicação de norma legal, por parte da Administração, sem ter influenciado ou interferido na sua concessão,** independente de havê-la pleiteado ou não, **jamais poderá vir a ser compelido, depois, a devolver aquelas importâncias tidas por indevidamente pagas,** porquanto descaracterizada a figura do indébito, em tais casos, nos quais o ato respectivo, embora vitimado de vicio insanável, mesmo insuscetível de gerar direitos, goza de presunção de legalidade, até advir-lhe a nulificação, declarada por autoridade para tanto competente. Isto é intuitivo e de inteira justiça.
>
> Não se pode **pretender penalizar o servidor, com o ônus da reposição,** do que recebeu a maior indevido, depois de incorporado ao seu patrimônio, se ele não concorreu direta ou indiretamente, para o erro administrativo, do qual foi beneficiado ainda que isto assim, o desejasse".

11.8. Honorários Advocatícios dos Advogados Públicos

Diante da aprovação do projeto de lei do Novo Código de Processo Civil, volta à baila a discussão acerca do pagamento de honorários aos membros da advocacia pública. O novo CPC dispõe que, nas causas em que a Fazenda Pública for parte, os honorários serão fixados dentro dos seguintes percentuais, conforma dispõe o art. 85, §3º do referido diploma legal:

> I – mínimo de dez e máximo de vinte por cento nas ações de até duzentos salários mínimos;
>
> II – mínimo de oito e máximo de dez por cento nas ações acima de duzentos até dois mil salários mínimos;
>
> III – mínimo de cinco e máximo de oito por cento nas ações acima de dois mil até vinte mil salários mínimos;
>
> IV – mínimo de três e máximo de cinco por cento nas ações acima de vinte mil até cem mil salários mínimos;
>
> V – mínimo de um e máximo de três por cento nas ações acima de cem mil salários mínimos.

É importante ressaltar que a verba honorária a ser paga aos advogados públicos não dependia ou depende de qualquer previsão no Código de Processo Civil, sendo pagamento efetivado pela parte vencida nas ações contra a Fazenda Pública, não ostentando qualidade de remuneração, haja vista o fato de que não é valor pago pelos cofres públicos.

Em razão disto, não incidem sobre as verbas honorárias as garantias dadas à remuneração e o valor não deve ser computado para fins de adequação do teto remuneratório.

12. VANTAGENS

São parcelas pecuniárias acrescidas ao vencimento dos servidores públicos em virtude de condição fática prevista em lei. Logo, preenchidas essas condições, o agente terá garantido seu direito de recebê-las.

Podem ser acrescidas à remuneração do servidor, de acordo com a lei, **indenizações, gratificações** ou **adicionais**. São situações circunstanciais, não integrando a remuneração dos agentes. Em verdade, a indenização, por não ter caráter de acréscimo patrimonial e sim de ressarcimento de gastos, jamais poderá ser incorporada à remuneração; por sua vez, as gratificações e adicionais se incorporam, nos termos das leis específicas. Nesse sentido, dispõe a lei 8.112/90 que:

> Art. 49. Além do vencimento, poderão ser pagas ao servidor as seguintes vantagens:
>
> I - indenizações;
>
> II - gratificações;
>
> III - adicionais.
>
> § 1º As indenizações não se incorporam ao vencimento ou provento para qualquer efeito.
>
> § 2º As gratificações e os adicionais incorporam-se ao vencimento ou provento, nos casos e condições indicados em lei.

12.1. Indenização

As indenizações são pagas ao servidor público como forma de reparar gastos feitos na prestação da atividade pública. Nesse sentido, a verba indenizatória NÃO É ACRÉSCIMO PATRIMONIAL, possuindo natureza meramente ressarcitória. Nestes casos, o Estado deve repor o prejuízo causado ao servidor que despendeu recursos próprios para prestação de serviço público.

Pode-se citar, como exemplo, o oficial de justiça que gasta o próprio carro para entregar mandados. Ou os gastos do Procurador do Estado que vai para outra comarca realizar audiência, devendo ser ressarcido das despesas com hospedagem e alimentação nesta localidade que não é sua sede de lotação.

As indenizações previstas na lei 8112/90 são de quatro tipos. Será analisado cada um deles isoladamente.

i) Diária

Indenização paga ao servidor público que se desloca temporariamente para prestação do serviço público. As diárias são pagas para que o servidor possa arcar com as despesas de acomodação, alimentação e locomoção urbana (já que o servidor faz jus ao recebimento de diárias além das passagens para deslocamento).

Ressalte-se que, nas situações em que o deslocamento da sede seja atribuição permanente do cargo, o servidor não faz jus à percepção de diárias; bem assim o servidor que se deslocar dentro da mesma região metropolitana, aglomeração urbana ou microrregião, constituídas por municípios limítrofes e regularmente instituídas, ou em áreas de controle integrado mantidas com países limítrofes, nos quais há extensão de jurisdição e competência dos órgãos, entidades e servidores brasileiros, salvo se houver pernoite fora da sede, hipóteses em que as diárias pagas serão sempre as fixadas para os afastamentos dentro do território nacional.

Ademais, o servidor perceberá somente ½ (meia) diária quando o deslocamento não exigir pernoite fora da sede, ou quando a União custear, por meio diverso, as despesas extraordinárias cobertas por diárias.

Por fim, a lei estipula que, em virtude do seu caráter indenizatório, o servidor que receber diárias e não se afastar da sede, por qualquer motivo, fica obrigado a restituí-las à Administração Pública, integralmente, no prazo máximo de 5 (cinco) dias. Da mesma forma, se o deslocamento se der por menos prazo do que estava previsto, terá este mesmo prazo para devolver os valores percebidos a mais.

ii) Ajuda de custo

Trata-se de indenização paga ao servidor público que se desloca da sede, de forma permanente, no interesse da administração pública, com mudança de domicílio, vedado o duplo pagamento de indenização, a qualquer tempo, no caso de o cônjuge ou companheiro que detenha também a condição de servidor, vier a ter exercício na mesma sede.

Também não visam custear os gastos com a mudança, uma vez que a lei determina que correm por conta da Administração Pública as despesas de transporte do servidor e de sua família, compreendendo passagem, bagagem e bens pessoais. O valor da diária será definido pela administração pública e não pode ultrapassar o valor correspondente a 3 (três) meses de remuneração do servidor[34].

A ajuda de custo é devida para aquele que, não sendo servidor público, for nomeado para exercer cargo em comissão em sede diferente da localidade em que tem residência. Por seu turno, o art. 55 da lei 8.112/90 define que "*Não será concedida ajuda de custo ao servidor que se afastar do cargo, ou reassumi-lo, em virtude de mandato eletivo*".

Diante do caráter de indenização, o servidor ficará obrigado a restituir a ajuda de custo quando, injustificadamente, não se apresentar na nova sede no prazo de 30 (trinta) dias. O prazo de devolução não está regulamentado por lei o que faz presumir que, caso a Administração Pública não defina, deve-se efetivar a devolução dos valores imediatamente.

Outrossim, saliente-se que, em caso de morte do servidor na nova sede, à sua família são assegurados ajuda de custo e transporte para a localidade de origem, deste que requerido dentro do prazo de 1 (um) ano, contado do óbito.

Por fim, o art. 53, §3º da lei 8.112/90, que foi alterado pela Lei 12.998/14 define que não é devida a ajuda de custo nos casos em que houver remoção do servidor, a pedido, inclusive nas hipóteses em que o deslocamento é garantido independentemente do interesse da Administração Pública.

---

34. O Decreto n. 4.004/01 regulamenta o pagamento de ajuda de custo aos servidores públicos civis da União, das autarquias e das fundações públicas federais, estabelecendo em relação ao valor a ser pago a título de indenização, em seu art. 2º, §2º, que "*A ajuda de custo corresponderá a uma remuneração, caso o servidor possua um dependente, a duas remunerações, caso o servidor possua dois dependentes e a três remunerações, caso o servidor possua três ou mais dependentes*".

iii) **Transporte**

É indenização paga ao servidor público que realizar despesas com a utilização de meio próprio de locomoção para a execução de serviços públicos externos, por força das atribuições próprias do cargo.

No âmbito federal, o pagamento de transportes e de ajuda de custo é regulamentado pelo Decreto n. 4.004/01 que define, em seu art. 3º que, em caso de mudança de sede, determinada no interesse da Administração Pública, "*O servidor que, atendido o interesse da Administração, utilizar condução própria no deslocamento para a nova sede, fará jus à indenização da despesa do transporte, correspondente a quarenta por cento do valor da passagem de transporte aéreo no mesmo percurso, acrescida de vinte por cento do referido valor por dependente que o acompanhe, até o máximo de três dependentes*".

iv) **auxílio moradia**

É indenização paga ao servidor público que tenha sido deslocado de sua sede, para exercer cargos em comissão de DAS 4, 5 e 6, ou cargos de natureza especial ou ainda cargos de ministro de estado. Tem como finalidade custear os gastos com moradia dos referidos servidores e será pago no valor comprovado do aluguel ou pagamento de hotel, não podendo ultrapassar 25% do valor do cargo em comissão.

A lei estabelece algumas restrições à percepção do auxílio moradia definindo que, para que seja feito este pagamento, devem estar presentes alguns requisitos, cumulativamente analisados, a seguir.

I. **não exista imóvel funcional disponível para uso pelo servidor**, caso contrário o agente público deve utilizar o imóvel oferecido pelo poder público, ou arcar com suas despesas de moradia;

II. **o cônjuge ou companheiro do servidor não ocupe imóvel funcional**, além do mais, a disponibilização de imóvel ao cônjuge ou companheiro impede o pagamento do benefício

III. **o servidor ou seu cônjuge ou companheiro não seja ou tenha sido proprietário, promitente comprador, cessionário ou promitente cessionário de imóvel no Município aonde for exercer o cargo**, incluída a hipótese de lote edificado sem averbação de construção, nos doze meses que antecederem a sua nomeação, casos em que há uma presunção legal de desnecessidade do pagamento da verba indenizatória;

IV. **nenhuma outra pessoa que resida com o servidor receba auxílio-moradia**, haja vista considerar-se irregularidade a percepção dupla do mesmo benefício;

V. o servidor tenha se mudado do local de residência para ocupar **cargo em comissão ou função de confiança do Grupo-Direção e Assessoramento Superiores – DAS, níveis 4, 5 e 6, de Natureza Especial, de Ministro de Estado ou equivalentes,** não havendo pagamento de auxílio moradia àqueles que foram deslocados para exercício de cargos em comissão de nível mais baixo;

VI. o Município no qual assuma o cargo em comissão ou função de confiança **não se enquadre dentro da mesma região metropolitana, aglomeração urbana ou microrregião**, constituídas por municípios limítrofes e regularmente instituídas, ou em áreas de controle integrado mantidas com países limítrofes, cuja jurisdição e competência dos órgãos, entidades e servidores brasileiros considera-se estendida;

VII. o **servidor não tenha sido domiciliado ou tenha residido no Município, nos últimos doze meses, aonde for exercer o cargo em comissão ou função de confiança**, desconsiderando-se prazo inferior a sessenta dias dentro desse período;

VIII. **o deslocamento não tenha sido por força de alteração de lotação ou nomeação para cargo efetivo**, já que somente se admite o pagamento de auxílio moradia para os servidores deslocados em razão do exercício de cargos em comissão ou funções de confiança, nos limites definidos em lei;

IX. **o deslocamento tenha ocorrido após 30 de junho de 2006**, uma vez que os servidores, deslocados antes da edição da lei que incluiu esta indenização na Lei 8.112/90 não fazem jus à percepção da verba, ainda que estejam residindo na mesma sede até os dias atuais.

Ademais, a lei dispunha que a percepção de auxílio moradia não poderia ser permanente, sendo que somente seria paga a indenização continuamente por um período máximo de oito anos, a cada doze anos. Neste sentido, o art. 60-C, da lei 8.112/90 definia que *"O auxílio--moradia não será concedido por prazo superior a 8 (oito) anos dentro de cada período de 12 (doze) anos"*.

Esta norma foi revogada com a edição da Lei 12.998/14, razão pela qual, a partir de então, não há que se falar de prazo máximo de percepção da gratificação de auxílio moradia.

12.2. Gratificações

Estão regulamentadas, na lei 8.112/9, em seu art. 61, incisos I, II e IX, quais sejam, a gratificação de função, a gratificação natalina e aquela paga por encargo de curso ou concurso. No caso do inciso I, a legislação fala em retribuição, sendo, contudo, pacífico na doutrina a natureza de gratificação desta verba.

i) Gratificação de função

Trata-se de gratificação paga ao agente público pelo exercício de uma função de direção chefia ou assessoramento. Para melhor entender esta forma de retribuição, indispensável explicitar os conceitos de "função de confiança" e "cargo em comissão", entendendo as suas peculiaridades e diferenças.

Para melhor entender os institutos, faremos um quadro explicativo.

→ OBSERVAÇÃO IMPORTANTE:

Todo cargo público é criado mediante edição de lei, fazendo parte da estrutura de um órgão público e, necessariamente, lhe será atribuída uma função. **Não existe cargo sem função, não obstante exista função sem cargo.**

Em decorrência da função exercida, a lei atribui a remuneração, ou seja, a contraprestação pelo exercício do cargo.

Ocorre que existem funções que não podem ser exercidas por qualquer servidor público, por dependerem da confiança do administrador, que são basicamente as funções de **direção, chefia e assessoramento**. O caráter peculiar destas funções impede que elas sejam preenchidas mediante concurso público, haja vista a necessidade de confiança pessoal da autoridade estatal para o exercício destas atividades. Por isso, a lei criou duas formas de provimento destas funções.

→ **FORMAS DE PROVIMENTO DESSAS FUNÇÕES:**

- **Função de confiança:** é uma **função sem cargo**, uma função "avulsa" dentro da estrutura do serviço público. Por se tratar da função de direção, chefia ou assessoramento e por não estar atribuída a um cargo específico, a função de confiança só pode ser exercida por alguém que já esteja investido em cargo efetivo.

Por sua vez, se o servidor público possui um cargo efetivo para o qual há uma função, e se a este mesmo servidor for entregue uma nova função além daquela que possui e pela qual é remunerado, receberá uma GRATIFICAÇÃO, denominada **gratificação de função**. Esta gratificação tem a finalidade, então, de remunerar a função de confiança que está sendo atribuída ao servidor, além da função pela qual ele já faz jus à remuneração.

- **Cargo em comissão** (ou cargo de confiança): é **cargo** cuja função é de direção, chefia e assessoramento. Sendo um cargo e não somente uma função, pode ser exercido por quem não possua cargo efetivo. Trata-se, então, do comissionado, definido no texto constitucional, como de livre nomeação e exoneração.

Também pode ser exercido por servidores de cargo efetivo. Neste caso, o servidor deverá, uma vez que não se podem acumular cargos de forma remunerada, se afastar do cargo efetivo (sem vagar), deixando de ser remunerado por ele, passando a receber a retribuição pelo exercício do cargo em comissão.

A Constituição Federal criou uma "reserva de mercado" para que cada entidade, por meio de lei, estabeleça percentual mínimo de cargos em comissão que necessariamente deverão ser preenchidos por servidores de carreira (efetivos), não sendo possível prover todos estes cargos com pessoas estranhas à estrutura do órgão. Neste sentido, dispõe o art. 37, V da carta Magna que:

> *"Art. 37. V – As funções de confiança, exercidas exclusivamente por servidores ocupantes de cargo efetivo, e os cargos em comissão, a serem preenchidos por servidores de carreira nos casos, condições e percentuais mínimos previstos em lei, destinam-se apenas às atribuições de direção, chefia e assessoramento".*

Por serem os cargos em comissão de livre nomeação e exoneração, sendo provido por servidor efetivo, caso exonerado desse cargo, voltará para o cargo efetivo.

Por fim, questiona-se.

É possível prover um cargo em comissão com servidor detentor de outro cargo em comissão?

Sim, desde que de forma interina (temporariamente). Nesses casos, o sujeito acumula as funções, mas recebe somente uma remuneração, a maior. Esta é a dicção da lei 8112/90, abaixo transcrita:

> *"Art. 9º (...)*
>
> *Parágrafo único. O servidor ocupante de cargo em comissão ou de natureza especial poderá ser nomeado para ter exercício, interinamente, em outro cargo de confiança, sem prejuízo das atribuições do que atualmente ocupa, hipótese em que deverá optar pela remuneração de um deles durante o período da interinidade.* (Redação dada pela Lei n. 9.527, de 10.12.97)".

Para ambos, sejam cargos em comissão ou função de confiança, se aplicam as regras proibitivas do nepotismo estampadas na **Súmula Vinculante n. 13**, definindo:

> *"A nomeação de cônjuge, companheiro ou parente em linha reta, colateral ou por afinidade, até o terceiro grau, inclusive, da autoridade nomeante ou de servidor da mesma pessoa jurídica investido em cargo de direção, chefia ou assessoramento,* **para o exercício de cargo em comissão ou de confiança ou, ainda, de função gratificada** *na administração pública direta e indireta em qualquer dos Poderes da União, dos Estados, do Distrito Federal e dos Municípios, compreendido o ajuste mediante designações recíprocas, viola a Constituição Federal".*

Dessa forma, a gratificação de função é paga como forma de remunerar o servidor efetivo que é nomeado para exercer função de direção, chefia ou assessoramento e tem a finalidade de remunerar o exercício de funções não inerentes à estrutura do cargo de origem deste agente.

i) Gratificação natalina

Trata-se de gratificação paga ao servidor, até o dia 20 de dezembro de cada ano, na proporção de um doze avos da remuneração de dezembro para cada mês de serviço público prestado. Ressalte-se que a fração igual ou superior a quinze dias será considerada como um mês integral para o cálculo desta verba.

Ademais, não obstante a regra seja calcular o pagamento gratificação, com base na remuneração do mês de dezembro, o servidor exonerado perceberá sua gratificação natalina, proporcionalmente aos meses de exercício, calculada sobre a remuneração do mês da exoneração.

ii) Gratificação por encargo de curso ou concurso

Configura-se gratificação paga ao servidor público pelo exercício de atividades não inerentes ao exercício do seu cargo que podem ser de quatro espécies, a saber.

a) ao servidor que atuar como instrutor em curso de formação, de desenvolvimento ou de treinamento regularmente instituído no âmbito da Administração Pública Federal;

b) àquele que participar de banca examinadora ou de comissão para exames orais, para análise curricular, para correção de provas discursivas, para elaboração de questões de provas ou para julgamento de recursos intentados por candidatos;

c) ao que participar da logística de preparação e de realização de concurso público, envolvendo atividades de planejamento, coordenação, supervisão, execução e avaliação de resultado, quando tais atividades não estiverem incluídas entre as suas atribuições permanentes e

d) ao agente que participar da aplicação, fiscalização ou avaliação de provas de exame vestibular ou de concurso público ou supervisionar essas atividades.

A lei define que será expedido um regulamento para definir os valores a serem pagos a título de gratificação, sendo que essa verba será paga por hora de atividade e, para fins de definição da forma de pagamento, deverá considerar a complexidade das atribuições.

Ademais, trata, ainda, a legislação de definir que a retribuição não poderá ser superior ao equivalente a 120 (cento e vinte) horas de trabalho anuais, ressalvada situação de excepcionalidade, devidamente justificada e previamente aprovada pela autoridade máxima do órgão ou entidade, que poderá autorizar o acréscimo de até 120 (cento e vinte) horas de trabalho anuais e que o valor máximo da hora trabalhada corresponderá aos seguintes percentuais, incidentes sobre o maior vencimento básico da administração pública federal:

a) 2,2% (dois inteiros e dois décimos por cento), em se tratando de atividades de instrutor em curso de formação ou examinador de bancas de concurso público realizado pelo órgão estatal;

b) 1,2% (um inteiro e dois décimos por cento), em se tratando de atividade de aplicação, fiscalização de provas de concurso ou a coordenação e planejamento destas atividades, incluindo a organização da estrutura logística.

Por fim, é importante ressaltar que esta gratificação, paga por Encargo de Curso ou Concurso, não se incorpora ao vencimento ou salário do servidor para qualquer efeito e não poderá ser utilizada como base de cálculo para quaisquer outras vantagens, inclusive para fins de cálculo dos proventos da aposentadoria e das pensões.

12.3. Adicionais

São acréscimos patrimoniais regulamentados nos art. 61, incisos IV a VIII, da Lei 8.112/90 e que dependem de uma certa situação fática para que sejam garantidos aos servidores, não se configurando vantagem pessoal.

Na legislação federal encontramos os seguintes adicionais: adicional pelo exercício de atividades insalubres, perigosas ou penosas, adicional de férias, pelo exercício de horas extras e de horas noturnas. Analise-se cada um deles separadamente.

i) Adicional pelo exercício de atividades insalubres, perigosas ou penosas

Trata-se de adicional pago aos servidores públicos que exercem atividades prejudiciais à saúde, como aqueles que têm contato com substâncias tóxicas ou radioativas (insalubres), com risco de vida (perigosas) ou que exijam esforço demasiado (penosas), sendo devido este último a todos os servidores em exercício em zonas de fronteira ou em localidades cujas condições de vida o justifiquem.

A lei determina que os dois primeiros adicionais são inacomodáveis, portanto, se a atividade do servidor for, ao mesmo tempo, insalubre e perigosa, ele deve optar por um dos dois adicionais, não sendo possível o recebimento de ambos.

Ademais, a servidora gestante ou lactante será afastada, enquanto durar a gestação e a lactação, das operações e locais insalubres, perigosos e penosos, exercendo suas atividades em outro local, perdendo, enquanto estiver afastada deste tipo de atividade, o direito à percepção da verba acessória. Com efeito, a legislação dispõe que haverá permanente controle da atividade de servidores em operações ou locais considerados penosos, insalubres ou perigosos e que o direito ao adicional de insalubridade ou periculosidade cessa com a eliminação das condições ou dos riscos que deram causa à sua concessão.

Por fim, em relação aos servidores que operem com Raio X, o art. 72 da lei 8.112/90 deu especial tratamento, definindo que "*Os locais de trabalho e os servidores que operam com Raios X ou substâncias radioativas serão mantidos sob controle permanente, de modo que as doses de radiação ionizante não ultrapassem o nível máximo previsto na legislação própria*". No mesmo sentido, o parágrafo único do dispositivo estabelece que "*Os servidores a que se refere este artigo serão submetidos a exames médicos a cada 6 (seis) meses*".

ii) Adicional pela prestação de serviço extraordinário (hora extra)

Configura-se verba acessória paga ao servidor que trabalha além de sua jornada diária normal, por necessidade do serviço público.

A hora extraordinária tem caráter excepcional, não podendo ultrapassar 2 (duas) horas por jornada (diária) e será remunerada com um adicional de 50% a mais em relação à hora normal daquele agente.

No que tange à jornada normal de trabalho do servidor, a lei 8.112/90 define parâmetros mínimos e máximos, sendo atribuição da legislação de cada carreira definir especificamente os horários de prestação dos serviços. Neste sentido, o art. 19 da lei 8.112/90, tratando dos agentes estatutários da União Federal, estabelece que "*Os servidores cumprirão jornada de trabalho fixada em razão das atribuições pertinentes aos respectivos cargos, respeitada a duração máxima do trabalho semanal de quarenta horas e observados os limites mínimo e máximo de seis horas e oito horas diárias, respectivamente*".

iii) Adicional noturno

Trata-se de adicional, no valor de 25% da remuneração da hora normal, pago ao servidor que exerce atividade noturna.

Considera-se serviço noturno, o prestado em horário compreendido entre 22 (vinte e duas) horas de um dia e 5 (cinco) horas do dia seguinte, sendo que a hora noturna tem duração de cinquenta e dois minutos e trinta segundos. Dessa forma, pode-se dizer que, além do recebimento do adicional, o servidor faz jus ao cômputo diferenciado da hora noturna de trabalho.

Por fim, em se tratando de hora noturna que configure prestação de serviço extraordinário, os adicionais serão pagos cumulativamente, devendo ser feito o cálculo da hora noturna pelo valor de remuneração já majorado pelo adicional de prestação de serviço extraordinário. Esta é a dicção do art. 75, Parágrafo único da lei 8.112/90 que estabelece que "*Em se tratando de serviço extraordinário, o acréscimo de que trata este artigo incidirá sobre a remuneração prevista no art. 73*".

iv) Adicional de férias

É o adicional pago ao servidor público, por ocasião das suas férias, correspondente a 1/3 (um terço) de sua remuneração. No caso de o servidor exercer função de direção, chefia ou assessoramento, ou ocupar cargo em comissão, a respectiva vantagem será considerada no cálculo do adicional de que trata este artigo.

Ressalte-se que, caso haja parcelamento das férias do servidor, a pedido do interessado e desde que observado o critério da Administração Pública, o adicional respectivo deve ser pago integralmente antes da primeira parcela concessiva, não se admitindo o parcelamento da verba acessória.

13. FÉRIAS

Trata-se de direito previsto no art. 7º, XVII, da Carta Magna, estendido aos servidores estatutários, pela dicção do art. 39, §3º do mesmo diploma normativo. Nos moldes da lei 8.112/90, o servidor público tem direito a **30 dias** de férias **por ano (civil)**. No entanto, para que possa gozar do primeiro período de férias, o servidor deve ter **12 meses** de exercício. Logo, apenas para o primeiro período é que se exige o período aquisitivo de 12 meses, consoante disposto no art. 77 e seguintes da Lei 8112/90.

→ Por exemplo, o servidor que entra em exercício em cargo público federal, em 10 de outubro de 2009, terá seu primeiro período de férias a partir de 10 de outubro de 2010. Entretanto, para usufruir do segundo período de férias, já poderá fazê-lo a partir de 01 de janeiro do ano seguinte. Isso ocorre porque, com exceção do primeiro período de férias, os demais são adquiridos com a passagem do ano civil, não sendo necessário o interstício de doze meses.

A lei estipula que é possível haver **acumulação** de períodos de férias, por no máximo 2 (dois) períodos, desde que seja feito, no interesse da Administração, não se tratando de opção do agente público.

Por sua vez, a pedido do servidor e a critério da Administração, as férias do servidor público podem ser **parceladas** em até 3 (três) períodos. Porém, em caso de parcelamento das férias, consoante já explicitado alhures, o adicional de férias (1/3 da remuneração do mês das férias) não é parcelado, sendo pago de uma única vez, antes do primeiro período.

Caso o servidor seja exonerado antes de usufruir de seu período de férias, fará jus ao pagamento de férias, de forma proporcional, com acréscimo do adicional de 1/3. Este entendimento, inclusive, já foi pacificado pelo Supremo Tribunal Federal. O que se mostra a seguir.

> EMENTA: DIREITOS CONSTITUCIONAL E ADMINISTRATIVO. SERVIDOR PÚBLICO ESTADUAL. CARGO COMISSIONADO. EXONERAÇÃO. FÉRIAS NÃO GOZADAS: PAGAMENTO ACRESCIDO DO TERÇO CONSTITUCIONAL. PREVISÃO CONSTITUCIONAL DO BENEFÍCIO. AUSÊNCIA DE PREVISÃO EM LEI. JURISPRUDÊNCIA DESTE SUPREMO TRIBUNAL. RECURSO AO QUAL SE NEGA PROVIMENTO. 1. O direito individual às férias é adquirido após o período de doze meses trabalhados, sendo devido o pagamento do terço constitucional independente do exercício desse direito. 2. A ausência de previsão legal não pode restringir o direito ao pagamento do terço constitucional aos servidores exonerados de cargos comissionados que não usufruíram férias. 3. **O não pagamento do terço constitucional àquele que não usufruiu o direito de férias é penalizá-lo duas vezes**: primeiro por não ter se valido de seu direito ao descanso, cuja finalidade é preservar a saúde física e psíquica do trabalhador; segundo por vedar-lhe o direito ao acréscimo financeiro que teria recebido se tivesse usufruído das férias no momento correto. 4. Recurso extraordinário não provido.
>
> RE 570908 / RN - RIO GRANDE DO NORTE
>
> RECURSO EXTRAORDINÁRIO
>
> Relator(a): Min. CÁRMEN LÚCIA
>
> Julgamento: 16/09/2009 Órgão Julgador: Tribunal Pleno

É importante relembrar, ainda, que o agente atua na prestação de atividade de interesse público e, por isso, não obstante goze de alguns privilégios decorrentes da supremacia deste objeto, precisa adequar seu trabalho às demandas da coletividade. Dessa forma, na busca do interesse público, o servidor pode ter suas **férias interrompidas**. A lei define um rol taxativo de hipóteses de interrupção.

> "Art. 80. As férias somente poderão ser interrompidas por motivo de calamidade pública, comoção interna, convocação para júri, serviço militar ou eleitoral, ou por necessidade do serviço declarada pela autoridade máxima do órgão ou entidade.(Redação dada pela Lei n. 9.527, de 10.12.97) (Férias de Ministro - Vide)
>
> Parágrafo único. O restante do período interrompido será gozado de uma só vez, observado o disposto no art. 77". (Incluído pela Lei n. 9.527, de 10.12.97).

Conforme explicitado no parágrafo único, as férias do servidor só podem ser interrompidas uma única vez, no mesmo período e o restante do tempo será usufruído pelo servidor público sem que haja nova interrupção.

14. LICENÇAS

Além das férias, os servidores públicos, em determinadas situações previstas em lei, fazem jus às licenças, por meio das quais, poderão se afastar do exercício da atividade pública de forma regular, sem configurar ausência injustificada. As licenças podem ser remuneradas ou não e algumas têm prazo determinado, fixado em lei.

Para melhor compreensão sistemática das licenças permitidas aos servidores públicos, será analisada cada uma delas dentro de um quadro explicativo. No quadro, ficarão definidas quais as licenças que poderão ser concedidas durante o período de estágio probatório e, em quais delas, o período de estágio ficará suspenso.

1 – Licença por motivo de doença familiar (Pode ser concedida no Estágio probatório, mas suspende a contagem do estágio):	Conforme a lei, para fazer jus a esta licença, será necessário completar 3 (três) requisitos comprovados por junta médica oficial (art. 83), quais sejam: I - pessoa da família doente, podendo ser assim considerado cônjuge ou companheiro, pais, filhos, padrasto ou madrasta e enteado, ou dependente que viva a suas expensas e conste do seu assentamento funcional; II - o doente depende da assistência direta do servidor, não sendo possível o auxílio por outra pessoa da família; e III - impossibilidade de o servidor, ao mesmo tempo, prestar a assistência devida ao familiar enfermo e exercer sua função pública, nem mesmo mediante compensação de horários, permitida na lei. Comprovados os requisitos, o servidor tem direito à licença por até 60 dias com remuneração, limite este que inclui as prorrogações necessárias. Terminado este período, pode prorrogar por até 90 dias, sem remuneração. Evidentemente, cada nova prorrogação exige a comprovação de todos os requisitos anteriormente analisados. Concedida a licença por motivo de doença de membro da família, outra só poderá ser concedida após 12 meses, ainda que não usufruído todo o período permitido.
2 - Por motivo de afastamento do cônjuge (Pode ser concedida no Estágio probatório, mas suspende a contagem do estágio):	Ocorre quando o cônjuge do servidor é deslocado para qualquer lugar do território nacional ou do exterior, ou para o exercício de mandato eletivo, no Poder executivo ou no Legislativo. A licença não tem prazo definido em lei, podendo ser concedida por tempo indeterminado e, durante o período de licença, o servidor não fará jus ao recebimento de sua remuneração. Caso o cônjuge também seja servidor público e esteja se deslocando no interesse da Administração, a lei regulamenta a possibilidade de exercício provisório. *"Art. 84. § 2º No deslocamento de servidor cujo cônjuge ou companheiro também seja servidor público, civil ou militar, de qualquer dos Poderes da União, dos Estados, do Distrito Federal e dos Municípios, PODERÁ haver exercício provisório em órgão ou entidade da Administração Federal direta, autárquica ou fundacional, desde que para o exercício de atividade compatível com o seu cargo.* (Redação dada pela Lei nº 9.527, de 10.12.97)". O Superior Tribunal de Justiça, a despeito de a lei mencionar que a licença "PODERÁ ser concedida", vem julgando no sentido de que o servidor tem DIREITO à licença para acompanhar o cônjuge, desde que comprovados os requisitos. Com isso, firmou um entendimento que esta licença seria um ato vinculado e não discricionário como parece estabelecer o dispositivo legal[32]. Logo, anteriormente, poder-se-ia falar em ato discricionário da Administração, porém, de acordo com as decisões proferidas pelos tribunais superiores, se extrai que a licença é ato vinculado, configurando garantia do servidor público, desde que cumpridos os requisitos de lei.

35. Neste sentido, analise-se o julgado abaixo transcrito:
ADMINISTRATIVO. AGRAVO REGIMENTAL. RECURSO ESPECIAL. MANDADO DE SEGURANÇA. SERVIDOR PÚBLICO. LICENÇA. EXERCÍCIO PROVISÓRIO. DESLOCAMENTO DE CÔNJUGE SERVIDOR.

3 - Para exercício de atividade política (Pode ser concedida no Estágio probatório, mas suspende a contagem do estágio):	Concedida ao sujeito que quer participar das eleições na qualidade de candidato. Essa licença se divide em dois momentos: o primeiro vai da escolha do sujeito, na convenção partidária, até a véspera do registro da candidatura na justiça eleitoral (neste período, a licença é concedida sem remuneração); o segundo vem com o registro da candidatura e segue até 10 dias após as eleições (neste período, a licença será concedida com remuneração, não podendo ultrapassar 3 (três) meses). Servidores que exercem funções ou cargos comissionados não podem se candidatar sem se desincompatibilizar. Considera-se desincompatibilização, o afastamento do cargo ou função por um período de 180 (cento e oitenta) dias sem direito à remuneração.
4 - Para prestação do serviço militar (Pode ser concedida no Estágio probatório, e não suspende a contagem do estágio):	A licença será concedida para prestação da atividade militar e dura o tempo do serviço militar. Assim, finda a atividade, a licença deixa de ser admitida. No entanto, terminado o serviço militar, o servidor ainda terá, nos moldes da legislação federal, o prazo máximo de 30 (trinta) dias, sem remuneração, para retornar ao cargo público. Ou seja, o retorno não será necessariamente imediato ao término da prestação do serviço militar.
5 - Por motivo de interesse particular: **(Não pode ser concedida no Estágio probatório)**	Prevista no art. 91 do estatuto dos servidores federais. Trata-se de licença imotivada. Isso porque o servidor não precisa explicar o motivo pelo qual requer a licença (afinal, tem cunho particular). É discricionária e precária. Logo, a Administração concede se entender pertinente à luz do interesse público e, mesmo depois de concedida, poderá ser interrompida, a qualquer tempo, por causa de interesse público. Será concedida pelo prazo máximo de 3 (três) anos, improrrogáveis, e sem que o servidor faça jus à percepção de sua remuneração.
6 - Para capacitação: (Não pode ser concedida no Estágio probatório)	Conforme a lei 8112/90, a cada 5 (cinco) anos de efetivo exercício no serviço público o servidor tem direito a até 3 (três) meses de licença para participar de curso de capacitação profissional, no interesse da Administração Pública. Estes 3 (três) meses não configuram uma garantia, mas sim o limite definido ao servidor público. Dessa forma, se o curso do qual o agente decidiu participar, tiver duração de 2 (dois) meses, este será o prazo da sua licença. Os períodos são inacumuláveis, não sendo admitido que, após 10 (dez) anos de exercício, a licença chegue a seis meses. (art. 87). A licença capacitação será concedida sem prejuízo da remuneração do servidor. Para cálculo do período de 5 (cinco) anos, será computado todo o tempo de exercício de cargo, no serviço público federal, inclusive o compreendido no estágio probatório, não obstante a licença não possa ser concedida ao servidor durante o período do estágio.

ARTIGO 84, § 2º, DA LEI 8.112/90. REQUISITOS. 1. A agravante aduz que a licença para acompanhar cônjuge com exercício provisório, modalidade pleiteada pela servidora, tem como requisito inarredável o deslocamento do cônjuge no interesse da Administração Pública. Assevera, ainda, que "devem ser atribuídas ao art. 84 as mesmas restrições presentes no art. 36 do Estatuto, que disciplina hipóteses de remoção no serviço público federal, quais sejam, que o cônjuge do servidor seja também servidor e que este venha a ser removido de ofício por parte da Administração". 2. **O caput do artigo 84 da Lei n. 8.112/90 estabelece o direito à licença para o servidor público afastar-se de suas atribuições, por prazo indeterminado e sem remuneração, com o fim de acompanhar cônjuge ou companheiro, sendo este servidor público ou não.** *Já o § 2º estabelece a possibilidade de o servidor, civil ou militar, "de qualquer dos Poderes da União, dos Estados, do Distrito Federal e dos Municípios", exercer provisoriamente "atividade compatível com o seu cargo" em órgão ou entidade "da Administração Federal direta, autárquica ou fundacional" de outra localidade, mas desde que o seu cônjuge deslocado seja servidor público. Precedentes. 3. Se a norma não distingue a forma de deslocamento do cônjuge do servidor para ensejar a licença, se a pedido ou por interesse da Administração, não cabe ao intérprete fazê-la, sendo de rigor a aplicação da máxima inclusio unius alterius exclusio. 4. Agravo regimental não provido.* **AgRg no REsp 1195954 / DF**
AGRAVO REGIMENTAL NO RECURSO ESPECIAL
2010/0099505-8. Julgamento em 18/08/2011

7 - Para desempenho de Mandato classista: (Não pode ser concedida no Estágio probatório)	Somente serão licenciados os servidores eleitos para os cargos de direção ou representação em entidades de classe dos servidores, assim considerado o desempenho de mandato em confederação, federação, associação de classe de âmbito nacional, sindicato representativo da categoria ou entidade fiscalizadora da profissão ou, ainda, para participar de gerência ou administração em sociedade cooperativa constituída por servidores públicos para prestar serviços a seus membros (art. 92). A licença não é remunerada e dura o tempo do mandato classista, sendo que a lei permite a prorrogação se houver reeleição (uma única vez). Esta licença, embora não seja remunerada, é computada como tempo de serviço para todos os efeitos, menos para fins de promoção por merecimento.

Além destas licenças, algumas outras são garantidas ao servidor público e pagas pela seguridade social, devendo ser analisada, cada uma delas, no capítulo que trata especificamente dos benefícios securitários dos agentes federais.

15. AFASTAMENTOS

São mais algumas hipóteses de ausência, previstas na legislação federal, nas quais o servidor se afasta do exercício do serviço público para execução de outras atividades de interesse da coletividade ou de cunho social.

15.1. Afastamento para o exercício de mandato eletivo

Trata-se de afastamento regulamentado no art. 94 da lei 8112/1990, assim como no art. 38, da Constituição Federal[36], que permite o afastamento do exercício de atividades em cargos efetivos aos servidores eleitos para funções com representatividade popular. A *intentio legis* é permitir que a vontade do povo se sobreponha às necessidades da Administração Pública considerada individualmente em relação a um determinado órgão estatal.

Nem sempre haverá afastamento do servidor efetivo de seu cargo, porque é possível a acumulação com o exercício das funções em mandato eletivo, sempre que o texto constitucional autorizar.

Sendo assim, se o cargo público para o qual foi eleito o servidor for de âmbito federal, estadual ou distrital, o servidor será afastado de seu cargo efetivo e receberá a remuneração (subsídio) do cargo eletivo.

Nos cargos eletivos de mandato municipal para Prefeito, será afastado o servidor público, mas poderá optar pela remuneração do cargo efetivo que ocupava.

Em se elegendo para cumprir mandato municipal em cargo de Vereador, o afastamento depende da compatibilidade de horários entre os cargos (efetivo e eletivo). Isso porque, se

36. Dispõe a Carta Magna que: *Art. 38. "Ao servidor público da administração direta, autárquica e fundacional, no exercício de mandato eletivo, aplicam-se as seguintes disposições:(Redação dada pela Emenda Constitucional n. 19, de 1998)*

I - tratando-se de mandato eletivo federal, estadual ou distrital, ficará afastado de seu cargo, emprego ou função;

II - investido no mandato de Prefeito, será afastado do cargo, emprego ou função, sendo-lhe facultado optar pela sua remuneração;

III - investido no mandato de Vereador, havendo compatibilidade de horários, perceberá as vantagens de seu cargo, emprego ou função, sem prejuízo da remuneração do cargo eletivo, e, não havendo compatibilidade, será aplicada a norma do inciso anterior;

IV - em qualquer caso que exija o afastamento para o exercício de mandato eletivo, seu tempo de serviço será contado para todos os efeitos legais, exceto para promoção por merecimento;

V - para efeito de benefício previdenciário, no caso de afastamento, os valores serão determinados como se no exercício estivesse".

houver compatibilidade de horários, o servidor pode acumular o cargo efetivo mais o de vereador, recebendo por ambos. Não havendo compatibilidade de horários, não pode acumular e será afastado, podendo ainda optar pela remuneração.

→ ATENÇÃO

O afastamento para o exercício de mandato eletivo pode ser concedido a qualquer servidor efetivo, mesmo durante o período de **estágio probatório**.

A Constituição Federal determina que, necessariamente, o servidor afastado deve continuar contribuindo para o regime próprio de previdência do servidor, como se estivesse em atividade e também estabelece que o tempo de afastamento será computado como tempo de serviço público para todos os efeitos, menos para fins de promoção por merecimento.

15.2. Afastamento para Servir a Outro Órgão ou Entidade

Conforme disposição da lei 8112/90, o servidor público poderá ser cedido para ter exercício em outro órgão ou entidade dos Poderes da União, dos Estados, ou do Distrito Federal e dos Municípios ou em serviço social autônomo instituído pela União que exerça atividades de cooperação com a administração pública federal, para exercício de cargo em comissão ou função de confiança, ou de direção ou gerência no caso dos serviços sociais autônomos, além de situações previstas em lei específica. A cessão será realizada por meio de portaria, a qual deverá ser publicada no Diário Oficial da União.

A questão de maior relevo neste afastamento diz respeito ao pagamento do servidor público que foi cedido, ou seja, importa saber a cargo de quem ficará o ônus da cessão.

Neste sentido, a legislação estipula que, sendo a cessão para órgãos ou entidades dos Estados, do Distrito Federal dos Municípios ou para Serviços Sociais Autônomos, o ônus da remuneração será do órgão ou entidade cessionária, sendo mantido o ônus para o cedente nos demais casos. No entanto, na hipótese de o servidor cedido a empresa pública, sociedade de economia mista ou serviço social autônomo, nos termos de suas respectivas normas, optar pela remuneração do cargo efetivo ou pela remuneração do cargo efetivo acrescida de percentual da retribuição do cargo em comissão, de direção ou de gerência, a entidade cessionária ou o serviço social autônomo efetuará o reembolso das despesas realizadas pelo órgão ou pela entidade de origem.

Ressalte-se ainda que o servidor, em estágio probatório, somente poderá ser cedido a outro órgão público para o exercício de cargos em comissão de DAS 4, 5 ou 6 ou, ainda, cargos de natureza especial.

Por fim, as cessões de empregados de empresa pública ou de sociedade de economia mista, que recebam recursos de Tesouro Nacional para o custeio total ou parcial da sua folha de pagamento de pessoal, ficam condicionadas à autorização específica do Ministério do Planejamento, Orçamento e Gestão, exceto nos casos de ocupação de cargo em comissão ou função gratificada.

15.3. Afastamento para Estudo ou Missão no Exterior

Mediante autorização do Presidente da República, Presidente dos Órgãos do Poder Legislativo e Presidente do Supremo Tribunal Federal, o servidor poderá se afastar do cargo para fins de estudo ou missão oficial fora do país.

Nestas situações, a lei determina que a ausência não excederá a 4 (quatro) anos, e finda a missão ou estudo, somente decorrido igual período, será permitida nova ausência.

Ademais, cumpre ressaltar que a lei proíbe que o servidor, ao retornar do estudo ou missão, seja exonerado a pedido ou goze de licença por interesse particular, pelo mesmo tempo que ficou afastado, salvo se optar por ressarcir ao erário por todas as despesas tidas com seu afastamento. Observe-se:

> Art. 95. (...)
>
> (...)
>
> §2º Ao servidor beneficiado pelo disposto neste artigo não será concedida exoneração ou licença para tratar de interesse particular antes de decorrido período igual ao do afastamento, ressalvada a hipótese de ressarcimento da despesa havida com seu afastamento.

Por fim, a lei estipula que o servidor que for afastado para prestar serviços em Organismos Internacionais que tenha cooperação do país, não receberá remuneração.

> Art. 96. O afastamento de servidor para servir em organismo internacional de que o Brasil participe ou com o qual coopere dar-se-á com perda total da remuneração. (Vide Decreto n. 3.456, de 2000)

15.4. Afastamento para Participação em Programa de Pós-Graduação *Stricto Sensu* no Brasil

O servidor público poderá, afastar-se do exercício do cargo efetivo, com a respectiva remuneração, no interesse público, para participar em programa de pós-graduação *stricto sensu* em instituição de ensino superior no País. A pós-graduação *strictu sensu*, nos termos da lei, abrange mestrado, doutorado e pós-doutorado.

O texto legal traz algumas restrições para a concessão deste afastamento.

Com efeito, os afastamentos para realização de programas de mestrado e doutorado somente serão concedidos aos servidores titulares de cargos efetivos no respectivo órgão ou entidade há pelo menos 3 (três) anos para mestrado e 4 (quatro) anos para doutorado, incluído o período de estágio probatório, que não tenham se afastado por licença para tratar de assuntos particulares. para gozo de licença capacitação ou, com fundamento neste artigo, nos 2 (dois) anos anteriores à data da solicitação de afastamento.

Por sua vez, em casos de afastamentos para realização de programas de pós-doutorado, os benefícios somente serão concedidos aos servidores titulares de cargos efetivos no respectivo órgão ou entidade há pelo menos quatro anos, incluído o período de estágio probatório, e que não tenham se afastado por licença para tratar de assuntos particulares ou, com fundamento neste artigo, nos quatro anos anteriores à data da solicitação de afastamento.

Definindo regra similar àquela aplicada aos afastamentos para estudo ou missão no exterior, a lei dispõe que os servidores beneficiados pelos afastamentos para programas de pós graduação *strictu sensu* terão que permanecer no exercício de suas funções após o seu retorno por um período igual ao do afastamento concedido, caso contrário, deverão ressarcir o órgão ou entidade dos gastos efetivados com seu aperfeiçoamento.

Por fim, o art. 96-A, §6º da lei 8.112/90 estabelece que deverá ser feito o ressarcimento ao erário, caso o servidor não obtenha o título da pós graduação que justificou seu afastamento da prestação do serviço público.

> § 6º Caso o servidor não obtenha o título ou grau que justificou seu afastamento no período previsto, aplica-se o disposto no § 5º deste artigo, salvo na hipótese comprovada de força maior ou de caso fortuito, a critério do dirigente máximo do órgão ou entidade. (Incluído pela Lei n. 11.907, de 2009).

16. CONCESSÕES

A lei 8112/90 estabelece situações nas quais o servidor pode se ausentar do serviço, sendo considerada a ausência como efetivo exercício. São as chamadas concessões e seguem a tabela abaixo.

DIAS DE AUSÊNCIA	MOTIVO
1 dia	Doação de sangue
Até 2 dias	Alistamento eleitoral[37]
8 dias	Casamento Luto pelo falecimento de cônjuge, companheiro, pais, madrasta ou padrasto, filhos, enteados, menor sob guarda ou tutela e irmãos

Além das concessões gerais, estendidas a todos os servidores públicos, a legislação ainda regulamenta a possibilidade de concessão de horários especiais a determinados agentes que cumpram requisitos legais específicos.

Inicialmente, será concedido horário especial ao servidor estudante, quando comprovada a incompatibilidade entre o horário escolar e o da repartição, sem prejuízo do exercício do cargo, sendo que, neste caso, será exigida a compensação de horário no órgão ou entidade que tiver exercício, respeitada a duração semanal do trabalho. Ou seja, não é possível que a compensação reduza a jornada de trabalho definida em lei para servidores daquela carreira específica.

Ainda, em relação aos servidores estudantes, a lei, visando compatibilizar a atividade pública com seus estudos, estabelece que, caso haja necessidade de mudança de sede, no interesse da Administração Pública, lhe será assegurada, na localidade da nova residência ou na mais próxima, matrícula em instituição de ensino congênere, em qualquer época, independentemente de vaga. É importante ressaltar que este benefício se estende ao cônjuge ou companheiro, aos filhos, ou enteados do servidor que vivam em sua companhia, bem como aos menores sob sua guarda, com autorização judicial.

Insta salientar que o Supremo Tribunal Federal considera que a previsão em lei de instituição "congênere" decorre do fato de que a garantia é de manter-se em instituição privada,

37. Em 24 de dezembro de 2013 foi editada a Medida Provisória nº 632/2013, convertida, posteriormente, na lei 12.998/14, que determina que a concessão para afastamento eleitoral pode ser por, no máximo, 2 dias. Sendo assim, o servidor terá direito a dois dias de não comparecimento ao serviço, caso seja necessário este período para as atividades de alistamento ou recadastramento eleitoral. Neste sentido, a nova redação da lei determina que o servidor poderá se ausentar do serviço "*pelo período comprovadamente necessário para alistamento ou recadastramento eleitoral, limitado, em qualquer caso, a dois dias*".

caso seja estudante de instituição privada, não sendo possível lhe garantir vaga em instituição pública. Neste sentido, analise-se julgado em situação análoga.

> Ementa: AÇÃO DIRETA DE INCONSTITUCIONALIDADE - INTERPRETAÇÃO CONFORME A CONSTITUIÇÃO - POSSIBILIDADE JURÍDICA. É possível, juridicamente, formular-se, em inicial de ação direta de inconstitucionalidade, pedido de interpretação conforme, ante enfoque diverso que se mostre conflitante com a Carta Federal. Envolvimento, no caso, de reconhecimento de inconstitucionalidade. UNIVERSIDADE - TRANSFERÊNCIA OBRIGATÓRIA DE ALUNO - LEI N. 9.536/97. A constitucionalidade do artigo 1º da Lei n. 9.536/97, viabilizador da transferência de alunos, **pressupõe a observância da natureza jurídica do estabelecimento educacional de origem, a congeneridade das instituições envolvidas - de privada para privada, de pública para pública** -, mostrando-se inconstitucional interpretação que resulte na mesclagem - de privada para pública. ADI 3324 / DF - DISTRITO FEDERAL AÇÃO DIRETA DE INCONSTITUCIONALIDADE
>
> Relator(a): Min. MARCO AURÉLIO
>
> Julgamento: 16/12/2004 Órgão Julgador: Tribunal Pleno

Também será garantido o horário especial ao servidor público federal que tenha cônjuge, filho ou dependente portador de deficiência física e ao servidor portador de deficiência, quando comprovada a necessidade por junta médica oficial, sendo, nestes casos, o benefício garantido independentemente de compensação de horário, conforme disposição do art. 98, §§ 2º e 3º da Lei 8.112/90.

17. REGIME DISCIPLINAR

O regime disciplinar definido em lei regulamenta as penalidades que podem ser aplicadas aos servidores públicos que desrespeitam regras legalmente previstas para o exercício das funções, exigindo-se, em todos os casos, a realização de processo administrativo, em que estejam respeitadas as garantias do contraditório e da ampla defesa.

17.1. Responsabilidade do servidor público

A prática de condutas ilícitas pelos agentes públicos ensejarão sua responsabilização na esfera penal, civil e administrativa. Com efeito, é possível que, pela prática de um único ato indevido, o servidor sofra sanções diversas, sendo admitida a cumulação destas sanções sem que se considere a ocorrência de *bis in idem*, uma vez que cada uma das instâncias de apuração do fato tem seu fundamento diverso das demais.

Em outras palavras, o agente faltoso poderá sofrer três sanções por um único ato infracional, não sendo isso analisado como *bis in idem* e, da mesma forma, poderá ser absolvido em um julgamento e punido nos outros, não configurando contradição. Isso acontece porque a regra é que as esferas são independentes entre si, não havendo interferência da decisão de uma instância, no julgamento das demais.

- **Sanções penais** são aplicadas com base na legislação penal, pelo cometimento de crimes ou contravenções no exercício da atividade pública.

- **Sanções civis** estão previstas na lei de improbidade (Lei 8.429/92) e são aplicadas mediante a propositura de ação judicial ao servidor que pratica infrações que ensejem dano à Administração Pública ou a terceiros, ainda que exclusivamente moral.
- **Sanções administrativas** estão previstas no estatuto do servidor (Lei 8112/90) e devem ser aplicadas em razão do descumprimento de normas funcionais, mediante processo administrativo disciplinar.

Sendo assim, diante de fundamentos absolutamente diversos, a princípio, as decisões proferidas em uma instância não interferem nas demais, ainda que estejam sendo proferidas em razão do mesmo fato.

→ ***Exceção à independência das instâncias***

A legislação estabelece que, sendo o servidor absolvido na esfera penal por *inexistência do fato* ou *negativa de autoria*, necessariamente deverá ser absolvido na esfera civil e administrativa. Saliente-se que nem toda absolvição penal tem o poder de interferir nas outras esferas, mas tão somente naquela que decorrer de demonstração de que o fato não ocorreu ou de que o agente não foi o seu autor.

Imagine-se, por exemplo, que determinado sujeito desviou dinheiro público. Neste caso, a Administração, tomando conhecimento, informa ao Ministério Público e o servidor responderá a processos nas 3 (três) esferas. Consoante já analisado, o processo administrativo não precisa esperar o fim dos demais, diante da independência das instâncias. Ocorre que o servidor foi demitido, mediante julgamento proferido em processo administrativo disciplinar e, 1 (um) ano depois, foi absolvido, na esfera penal, embasado na negativa de autoria. Diante disso, este servidor será reintegrado aos quadros da Administração Pública.

Neste sentido, o art. 126 da lei 8.112/90 dispõe que *"A responsabilidade administrativa do servidor será afastada no caso de absolvição criminal que negue a existência do fato ou sua autoria"*.

Ressalte-se ainda que, mesmo que o servidor público faleça após cometer uma infração, as sanções patrimoniais a ele aplicadas se **transmitem aos herdeiros e sucessores** deste servidor falecido, nos limites da herança transmitida.

Por fim, a lei dispõe que nenhum servidor poderá ser responsabilizado civil, penal ou administrativamente por dar ciência à autoridade superior ou, quando houver suspeita de envolvimento desta, a outra autoridade competente para apuração de informação concernente à prática de crimes ou improbidade de que tenha conhecimento, ainda que em decorrência do exercício de cargo, emprego ou função pública.

Neste capítulo, cumpre analisar os aspectos referentes à responsabilidade administrativa do agente, sem prejuízo das sanções a serem aplicadas, pelo mesmo fato, nas demais esferas.

18. INFRAÇÕES E SANÇÕES ADMINISTRATIVAS

A princípio, com a finalidade de garantir uma boa prestação do serviço público, de forma eficiente, sempre direcionado com a finalidade de atingir o bem comum, a lei define que são deveres do servidor público exercer com zelo e dedicação as atribuições do cargo, ser leal às instituições a que servir, observar as normas legais e regulamentares, cumprir as ordens superiores, exceto quando manifestamente ilegais, atender com presteza ao público em geral, prestando as informações requeridas, ressalvadas as protegidas por sigilo, assim como garantir a presteza no atendimento à expedição de certidões requeridas para defesa de direito ou esclarecimento de situações de interesse pessoal e às requisições para a defesa da Fazenda Pública.

O servidor, na execução das suas atividades, tem, ainda, o dever de levar as irregularidades de que tiver ciência em razão do cargo ao conhecimento da autoridade superior ou, quando houver suspeita de envolvimento desta, ao conhecimento de outra autoridade competente para apuração, zelar pela economia do material e a conservação do patrimônio público, guardar sigilo sobre assunto da repartição, manter conduta compatível com a moralidade administrativa, ser assíduo e pontual ao serviço, tratar com urbanidade as pessoas e representar contra ilegalidade, omissão ou abuso de poder, sempre que tiver conhecimento de situação neste sentido.

Toda a atuação do agente público é, portanto, orientada para uma boa execução da atividade estatal e, neste ínterim, a lei define algumas condutas proibidas que, caso sejam praticadas, configuram infrações disciplinares.

É importante que se saiba que cada uma das infrações definidas na lei será punida com uma penalidade disciplinar específica, não havendo margem de escolha à autoridade pública no que tange à espécie punitiva a ser utilizada. Assim, será analisada cada uma das infrações disciplinares, divididas com base nas sanções a serem aplicadas, em caso de prática da conduta pelo agente público faltoso.

18.1. Demissão

Primeiramente, cumpre ressaltar que a penalidade de demissão deve ser aplicada pelo Presidente da República, Presidentes das Casas do Poder Legislativo e dos Tribunais Federais e Procurador-Geral da República, de acordo com o órgão ou Poder ao qual o servidor esteja vinculado, nos moldes definidos no art. 141 da lei 8.112/90.

São puníveis com demissão as seguintes infrações disciplinares:

- **valer-se do cargo para lograr proveito pessoal ou de outrem, em detrimento da dignidade da função pública,** caso em que o servidor será demitido e, em conformidade com o texto da lei, é vedado seu retorno ao serviço público federal, ainda que após aprovação em concurso público, pelo prazo de 5 (cinco) anos;
- **participar de gerência ou administração de sociedade privada**, personificada ou não, exercer o comércio, exceto na qualidade de acionista, cotista ou comanditário, vedação esta que não se aplica à participação nos conselhos de administração e fiscal de empresas ou entidades em que a União detenha, direta ou indiretamente, participação no capital social ou em sociedade cooperativa constituída para prestar serviços a seus membros, não se considerando infração, se o servidor estiver em gozo de licença para o trato de interesses particulares, observada a legislação sobre conflito de interesses;

- **atuar, como procurador ou intermediário, junto a repartições públicas, salvo quando se tratar de benefícios previdenciários ou assistenciais de parentes até o segundo grau, e de cônjuge ou companheiro**, hipóteses em que também o servidor será demitido e, em conformidade com o texto da lei, é vedado seu retorno ao serviço público federal, ainda que após aprovação em concurso público, pelo prazo de 5 (cinco) anos;
- **receber propina, comissão, presente ou vantagem de qualquer espécie**, em razão de suas atribuições, configurando uma forma de beneficiar-se indevidamente das funções públicas inerentes ao cargo;
- **aceitar comissão, emprego ou pensão de estado estrangeiro;**
- **praticar usura** sob qualquer de suas formas, seja na repartição pública ou fora dela, caso em que a conduta do servidor é considerada ilícita e prejudicial a sua integridade moral;
- **proceder de forma desidiosa**, ou seja, sem se dedicar de forma devida para a boa prestação da atividade estatal;
- **utilizar pessoal ou recursos materiais da repartição em serviços ou atividades particulares**.

A legislação ainda prevê outras infrações que serão puníveis com demissão caso sejam praticadas pelos agentes públicos tais como:

- **crime contra a administração pública**, independentemente da punição do agente na esfera penal, sendo que, nestas situações, o servidor público é demitido e **não poderá mais retornar ao serviço público federal**[38];
- **abandono de cargo**, assim considerada a ausência do servidor ao serviço público por mais de trinta dias consecutivos, intencionalmente;

38. Parte da doutrina considera inconstitucional a disposição legal que impede o retorno a cargo público, sem a definição de prazo, haja vista se tratar de pena de caráter perpétuo, vedada no ordenamento jurídico brasileiro. O Supremo Tribunal Federal ainda não se pronunciou especificamente acerca da matéria, mas tem proferido decisões em casos similares. Cumpre analisar o julgado a seguir.
EMENTA: - DIREITO CONSTITUCIONAL, ADMINISTRATIVO E PROCESSUAL CIVIL. PENA DE INABILITAÇÃO PERMANENTE PARA O EXERCÍCIO DE CARGOS DE ADMINISTRAÇÃO OU GERÊNCIA DE INSTITUIÇÕES FINANCEIRAS. INADMISSIBILIDADE: ART. 5 , XLVI, "e", XLVII, "b", E § 2 , DA C.F. REPRESENTAÇÃO DA UNIÃO, PELO MINISTÉRIO PÚBLICO: LEGITIMIDADE PARA INTERPOSIÇÃO DO R.E. RECURSO EXTRAORDINÁRIO. 1. À época da interposição do R.E., o Ministério Público federal ainda representava a União em Juízo e nos Tribunais. Ademais, em se tratando de Mandado de Segurança, o Ministério Público oficia no processo (art. 10 da Lei n. 1.533, de 31.12.51), e poderia recorrer, até, como "custos legis". Rejeita-se, pois, a preliminar suscitada nas contra-razões, no sentido de que lhe faltaria legitimidade para a interposição. 2. No mérito, é de se manter o aresto, no ponto em que afastou o caráter permanente da pena de inabilitação imposta aos impetrantes, ora recorridos, em face do que dispõem o art. 5 , XLVI, "e", XLVII, "b", e § 2 da C.F. 3. Não é caso, porém, de se anular a imposição de qualquer sanção, como resulta dos termos do pedido inicial e do próprio julgado que assim o deferiu. 4. Na verdade, o Mandado de Segurança é de ser deferido, apenas para se afastar o caráter permanente da pena de inabilitação, devendo, então, o Conselho Monetário Nacional prosseguir no julgamento do pedido de revisão, convertendo-a em inabilitação temporária ou noutra, menos grave, que lhe parecer adequada. 5. Nesses termos, o R.E. é conhecido, em ***parte, e, nessa parte, provido.*** **RE 154134 / SP - SÃO PAULO RECURSO EXTRAORDINÁRIO**
Relator(a): Min. SYDNEY SANCHES
Julgamento: 15/12/1998 Órgão Julgador: Primeira Turma

- **Inassiduidade habitual,** que ocorre caso o servidor deixe de comparecer ao serviço público por sessenta dias interpolados, no prazo de doze meses, sem que haja justificativa plausível de sua ausência;
- **improbidade administrativa**, sem prejuízo das sanções previstas na lei de improbidade, quando o servidor público é demitido e **não poderá mais retornar ao serviço público federal,** sendo que o cometimento desta infração implica a indisponibilidade dos bens do servidor até que seja feito o completo ressarcimento ao erário público pelos danos causados;
- **incontinência pública e conduta escandalosa**, na repartição;
- **insubordinação grave em serviço**, competindo à chefia do servidor, discricionariamente, definir o que pode ser considerado grave;
- **ofensa física, em serviço**, a servidor ou a particular, salvo em legítima defesa própria ou de outrem;
- **aplicação irregular de dinheiros públicos,** quando **o** servidor público é demitido e **não poderá mais retornar ao serviço público federal**, considerando-se que o cometimento desta infração implica a indisponibilidade dos bens do servidor até que seja feito o completo ressarcimento ao erário público pelos danos causados;
- **revelação de segredo do qual se apropriou em razão do cargo,** o que significa violação do dever de sigilo;
- **lesão aos cofres públicos e dilapidação do patrimônio nacional,** sendo o servidor público demitido, **não podendo mais retornar ao serviço público federal,** implicando, mais uma vez, a indisponibilidade dos bens do servidor até que seja feito o completo ressarcimento ao erário público pelos danos causados;
- **corrupção,** quando o servidor público é demitido, **não podendo mais retornar ao serviço público federal** e, mais uma vez o cometimento desta infração implica a indisponibilidade dos bens do servidor até que seja feito o completo ressarcimento ao erário público pelos danos causados;
- **acumulação ilegal de cargos**, empregos ou funções públicas, situações nas quais, a demissão pode decorrer de procedimento sumário, conforme já analisado em tópico específico.

Em todos os casos, a penalidade de demissão deve respeitar o **prazo de prescrição** de 5 (cinco) anos, contados do momento em que a administração toma conhecimento do fato. Ressalte-se que não se exige que o conhecimento do fato seja feito pela autoridade competente para aplicação da penalidade, mas sim por qualquer autoridade pública.

18.2. Cassação de aposentadoria e cassação de disponibilidade

Trata-se de sanção aplicada aos servidores públicos que estejam aposentados ou em disponibilidade e que tenham cometido, na atividade, alguma das sanções previstas em lei, puníveis com demissão. Com efeito, o que diverge da penalidade anterior é a situação funcional do servidor que, por não estar em atividade, não poderá ser demitido.

A competência para aplicação da penalidade, assim como ocorre nas sanções de demissão, será definida de acordo com o órgão ou Poder ao qual o servidor esteja vinculado, podendo aplicar a pena o Presidente da República, Presidentes das Casas do Poder Legislativo e dos Tribunais Federais e Procurador-Geral da República.

Da mesma forma, **o prazo de prescrição** para aplicação da sanção será de 5 (cinco) anos, contados do momento em que a administração toma conhecimento do fato.

Ressalte-se que o art. 32 da lei 8.112/90 define uma situação excepcional ao prever uma hipótese de aplicação da penalidade de cassação de disponibilidade, não coincidente com infração punível com demissão. Estipula o dispositivo que "*Será tornado sem efeito o aproveitamento e cassada a disponibilidade se o servidor não entrar em exercício no prazo legal, salvo doença comprovada por junta médica oficial*".

18.3. Suspensão

A princípio, a lei define três infrações puníveis com suspensão, quais sejam:

a) cometer a outro servidor atribuições estranhas ao cargo que ocupa, exceto em situações transitórias e de emergência;

b) exercer quaisquer atividades que sejam incompatíveis com o exercício do cargo ou função e com o horário de trabalho;

c) reincidência em infração punível com advertência; e, em relação à reincidência, é importante ressaltar que a legislação define um prazo para cancelamento de registro da penalidade de advertência aplicada, o que significa, caso o servidor não seja reincidente dentro daquele prazo, que a sanção anteriormente aplicada é cancelada do registro do servidor.

Com efeito, dispõe o art. 131 da lei 8.112/90 que "*As penalidades de advertência e de suspensão terão seus registros cancelados, após o decurso de 3 (três) e 5 (cinco) anos de efetivo exercício, respectivamente, se o servidor não houver, nesse período, praticado nova infração disciplinar*".

Dessa forma, para que se opere a reincidência, o servidor deve praticar outra infração punível com demissão dentro do prazo máximo de três anos desde a aplicação da primeira, caso contrário, a penalidade previamente aplicada terá seus registros cancelados.

No que tange à suspensão, **a competência para aplicação da penalidade** será autoridade imediatamente inferior àquela que é competente para aplicação da penalidade de demissão, se a suspensão for por mais de 30 dias. Em casos de suspensão por até 30 dias, o chefe da repartição é competente para aplicação da pena.

Por sua vez, **o prazo de prescrição** para aplicação da sanção será de 2 (dois) anos, contados do momento em que a administração toma conhecimento do fato.

ATENÇÃO

A penalidade de suspensão não pode ultrapassar 90 (noventa) dias e, no interesse da administração, pode ser substituída por uma multa de 50% da remuneração do servidor, ficando, nestes casos, o sancionado prestando serviços regularmente.

Recusa à inspeção médica

No caso em que o servidor se recusa a se submeter à inspeção médica, quando solicitado pelo órgão público, a lei também determina a penalidade de suspensão. Ocorre que a suspensão, neste caso, não tem finalidade punitiva, mas sim coercitiva.

Desse modo, a lei afirma que, se o servidor se submete à inspeção médica, a qualquer momento durante a suspensão, cessa a penalidade de suspensão naquele exato momento. Ademais, nestes casos, a suspensão pode ser aplicada por, no máximo, 15 (quinze) dias.

18.4. Destituição de cargo em comissão e destituição de função de confiança

A destituição de cargo em comissão exercido por não ocupante de cargo efetivo será aplicada nos casos de infração sujeita às penalidades de suspensão e de demissão. Desta forma, caso o servidor comissionado cometa algumas das infrações anteriores, o que para um servidor efetivo ensejaria a penalidade de suspensão ou de demissão, aqui deve ser aplicada a pena de destituição.

É importante que não se confunda com a exoneração de servidores comissionados que, nos moldes do art. 37, II, da Constituição da República, é livre, não dependendo de motivação ou processo administrativo, por não ter caráter de penalidade. A destituição é sanção e deve ser aplicada mediante procedimento administrativo disciplinar em que se assegure a garantia do contraditório e da ampla defesa ao servidor.

Nestes casos, **a competência para aplicação da penalidade** será da autoridade que nomeou o agente para exercício do cargo ou função e o **prazo de prescrição** para aplicação da penalidade será de 5 (cinco) anos, contados do momento em que a administração toma conhecimento do fato.

18.5. Advertência

A advertência é a sanção administrativa mais leve a ser aplicada aos servidores públicos pelo cometimento de infrações disciplinares. Nesse sentido, a lei define a **competência para aplicação da penalidade** como sendo do chefe da repartição.

Ademais, deverá ser punido com a sanção de advertência o servidor público federal que, em desrespeito às determinações legais:

a) ausentar-se do serviço durante o horário normal de expediente, sem prévia autorização do chefe imediato;

b) retirar, sem prévia anuência da autoridade competente, qualquer documento ou objeto da repartição pública;

c) recusar fé a documentos públicos;

d) opor resistência injustificada ao andamento de documento e processo ou execução de serviço, o que contribui para uma menor eficiência na execução da atividade pública e, portanto, viola os princípios constitucionais aplicados à prestação dos serviços estatais;

e) promover manifestação de apreço ou desapreço no recinto da repartição, entendendo-se aí a aplicação do princípio da impessoalidade, haja vista o fato de que o servidor não pode manifestar simpatia ou antipatia pessoal pelos cidadãos;

f) cometer a pessoa estranha à repartição, fora dos casos previstos em lei, o desempenho de atribuição que seja de sua responsabilidade ou de seu subordinado;

g) coagir ou aliciar subordinados no sentido de filiarem-se a associação profissional ou sindical, ou a partido político, conduta que enseja abuso de autoridade pelo agente público que se vale do cargo com interesses pessoais;

h) manter sob sua chefia imediata, em cargo ou função de confiança, cônjuge, companheiro ou parente até o segundo grau civil, o que é prática de nepotismo, vedada em nosso ordenamento jurídico, em garantia da moralidade pública;

i) recusar-se a atualizar seus dados cadastrais quando solicitado.

Consoante disposto na legislação, **o prazo de prescrição** para aplicação da penalidade de advertência será de 180 dias, contados do momento em que a Administração Pública toma conhecimento do fato infracional.

Cumpre ressaltar que, em todos os casos, se a infração administrativa também configurar infração penal, o prazo prescricional aplicável é aquele previsto pela **legislação penal**, e não pelos prazos descritos nos tópicos apresentados alhures. Nesse sentido, dispõe o art. 142, §2º, da lei 8.112/90, que "*Os prazos de prescrição previstos na lei penal aplicam-se às infrações disciplinares capituladas também como crime*".

Nestes casos, a jurisprudência do Superior Tribunal de Justiça vem firmando o entendimento no sentido de que, para que se aplique o prazo prescricional penal, na esfera administrativa, não basta que a infração seja, concomitantemente, administrativa e penal, sendo também necessário que a conduta esteja sendo alvo de julgamento na esfera criminal. Nesse sentido, o julgado a seguir transcrito.

> MANDADO DE SEGURANÇA. ADMINISTRATIVO. CASSAÇÃO DE APOSENTADORIA. PRESCRIÇÃO DA PRETENSÃO PUNITIVA DO ESTADO. NÃO-OCORRÊNCIA. NÃO DEMONSTRAÇÃO DE APURAÇÃO CRIMINAL DA CONDUTA DO IMPETRANTE. IMPOSSIBILIDADE DE APLICAÇÃO DO PRAZO PRESCRICIONAL PREVISTO NA LEI PENAL.
>
> 1. A Lei n. 9.873/99, que estabelece prazo de prescrição para o exercício de ação punitiva pela Administração Pública Federal, direta e indireta, não se aplica às infrações de natureza funcional, incidindo o disposto na Lei n. 8.112/90 quanto às infrações praticadas por servidor público federal (no caso, policial rodoviário federal).
>
> 2. Tendo decorrido prazo inferior a cinco anos entre o fato e a instauração do processo disciplinar, não há falar em prescrição da pretensão punitiva estatal. Da mesma forma, afasta-se a ocorrência de prescrição se, no momento da aplicação da penalidade de cassação de aposentadoria do impetrante, não tiverem transcorrido cinco anos da instauração do processo disciplinar, que interrompe o prazo prescricional.
>
> 3. **Não tendo sido evidenciado nos autos que tenha sido apurada criminalmente a conduta do impetrante, ainda que seu ato seja tipificado como crime, deve ser aplicado o prazo prescricional previsto na lei que regula a punição administrativa, qual seja, de cinco anos** (art. 142, Lei n. 8.112/90).
>
> 4. Segurança denegada.

MS 11220 / DF
MANDADO DE SEGURANÇA
2005/0198004-9. Julgamento em 27/05/2009

18.6. Registro da Penalidade

É importante ressaltar que todas as penalidades aplicadas ao servidor público serão registradas em seu assentamento individual, com exceção, por óbvio, daquelas que ensejam a desvinculação do agente com o poder público.

Neste sentido, a lei determina que, caso o servidor não cometa nenhuma outra infração, dentro do prazo definido na lei, o registro da penalidade será cancelado. Em tal caso, considera-se que o servidor não poderá ser dado como reincidente naquela infração cometida. Com efeito, dispõe o art. 131 da lei 8.112/90 que:

> Art. 131. As penalidades de advertência e de suspensão terão seus registros cancelados, após o decurso de 3 (três) e 5 (cinco) anos de efetivo exercício, respectivamente, se o servidor não houver, nesse período, praticado nova infração disciplinar.

Ademais, o art. 170, da lei 8.112/90, define que se a punibilidade do servidor público for extinta em razão de prescrição da pretensão punitiva, nos moldes do art. 142 da mesma lei, o fato deverá ser registrado em seu assentamento individual.

Trata-se de dispositivo controverso que viola diretamente o princípio da presunção de inocência, uma vez que registra o cometimento de infração prescrita, sem que tenha sido oportunizada a defesa de mérito do agente público. Ou seja, diante da prescrição ocorrida, não é possível saber se foi cometida a infração disciplinar da qual o agente foi acusado e admitir o registro seria como considerá-lo culpado.

De acordo com este entendimento, o Supremo Tribunal Federal vem declarando a inconstitucionalidade do art. 170 da lei 8.112/90, por se tratar de violador ao princípio da presunção de inocência e da razoabilidade. A título de exemplo, analise-se o julgado a seguir transcrito.

> **Art. 170 da Lei 8.112/1990: registro de infração prescrita e presunção de inocência***O art. 170 da Lei 8.112/1990 ("Extinta a punibilidade pela prescrição, a autoridade julgadora determinará o registro do fato nos assentamentos individuais do servidor") é inconstitucional. Essa a conclusão do Plenário ao conceder mandado de segurança para cassar decisão do Presidente da República que, embora reconhecendo a prescrição da pretensão punitiva de infração disciplinar praticada pelo impetrante, determinara a anotação dos fatos apurados em assentamento funcional. O Tribunal asseverou que, em virtude do reconhecimento da extinção da punibilidade pela prescrição, obstar-se-ia a imposição de punição administrativo-disciplinar, tendo em conta que a pretensão punitiva da Administração estaria comprometida de modo direto e imediato. Assim, afirmou que a anotação dessa ocorrência em ficha funcional violaria o princípio da presunção de inocência. Em consequência, a Corte, por maioria, declarou a inconstitucionalidade incidental do art. 170 da Lei 8.112/1990. O Ministro Dias Toffoli (relator) aduziu que o mencionado dispositivo remontaria prática surgida, em especial, na Formulação 36 do extinto Departamento de Administração do Serviço Público - DASP ("Se a prescrição for posterior à instauração do inquérito, deve-se registrar nos assentamentos do funcionário a prática da infração apenada"). O Ministro Luiz Fux salientou que o registro, em si, seria uma punição, que acarretaria efeitos deletérios na carreira do servidor, em ofensa também ao princípio da razoabilidade. O Ministro Marco Aurélio realçou, de igual forma, que o aludido artigo discreparia da Constituição sob o ângulo da razoabilidade. Por sua vez, o Ministro Ricardo Lewandowski acrescentou que o*

preceito em questão atentaria contra a imagem funcional do servidor. Vencido o Ministro Teori Zavascki, que não reputava o art. 170 da Lei 8.112/1990 inconstitucional. Consignava que a incompatibilidade dependeria da interpretação conferida ao dispositivo. Aduzia não conflitar com a Constituição o entendimento de que se trataria de documentação de um fato, ou seja, de que o servidor respondera a um processo e que a ele não fora aplicada pena em razão da prescrição. ***MS 23262/DF, rel. Min. Dias Toffoli, 23.4.2014. (MS-23262)***

19. PROCESSO ADMINISTRATIVO DISCIPLINAR

Consoante previamente explicitado, não é possível a aplicação de quaisquer penalidades administrativas, sem que haja o prévio processo administrativo, em que sejam asseguradas as garantias do contraditório e da ampla defesa. Neste sentido, a aplicação de penalidades sem o devido processo legal se afigura ilícita e abusiva.

A matéria referente ao processo administrativo disciplinar será mais bem estudada no capítulo específico referente aos processos administrativos, ao qual se remete o leitor. Porém, algumas considerações devem ser traçadas neste tópico.

Inicialmente, cumpre ressaltar que, não obstante a possibilidade de aplicação de sanções civis e penais, no presente estudo interessam, tão somente, as sanções administrativas que serão impostas quando o servidor cometer uma infração. As sanções de natureza civil e criminal serão aplicadas mediante ações judiciais próprias que tramitam independentemente do processo na esfera administrativa.

Vale observar duas importantes considerações preliminares:

- Obs. 1.: A instauração do PAD **interrompe o prazo prescricional para aplicação da penalidade administrativa**. O Superior Tribunal de Justiça já pacificou o entendimento de que o prazo fica interrompido pelo período de 140 (cento e quarenta) dias, depois dos quais se reinicia normalmente a contagem, consoante julgamento proferido no MS 12.735/DF, analisado no capítulo pertinente.
- Obs. 2.: O servidor que estiver respondendo a processo administrativo disciplinar não pode ser exonerado a pedido e nem ser aposentado voluntariamente.

Ressalte-se que o processo administrativo é **indispensável** para aplicação de quaisquer penalidades administrativas. Antes da CF/88 existia a figura da "verdade sabida", na qual se aplicavam penalidades sem processo; no entanto, modernamente, isso não é mais possível.

- Portanto, nenhuma penalidade pode ser aplicada sem processo. Todavia, algumas penalidades dependem de um processo administrativo mais simplificado (sindicância) e outras punições necessitam da instauração do processo administrativo disciplinar propriamente dito.

É importante ressaltar que o PAD não se faz necessário para a exoneração ou demissão de servidores em estágio probatório. Com efeito, nestes casos, o agente não goza das prerrogativas da estabilidade definidas no art. 41 da Carta Magna, razão pela qual a dispensa não precisa ser precedida de processo administrativo disciplinar propriamente dito. Destaque-se, no entanto, que, ainda que desnecessária a instauração do PAD, a saída deste servidor efetivo depende de ato motivado no qual se garanta o contraditório e a ampla defesa. Neste sentido, o Superior Tribunal de Justiça já se manifestou, conforme se verifica, abaixo:

> "ADMINISTRATIVO. AGRAVO REGIMENTAL. DECISÃO AGRAVADA MANTIDA POR SEUS PRÓPRIOS FUNDAMENTOS. SERVIDOR PÚBLICO. APLICAÇÃO DA SÚMULA N.º 182 DO STJ. ESTÁGIO PROBATÓRIO. EXONERAÇÃO. PROCEDIMENTO ADMINISTRATIVO REGULAR. AMPLA DEFESA OBSERVADA. MOTIVAÇÃO: NÃO-PREENCHIMENTO DO REQUISITO CONDUTA ILIBADA. PRETENSÃO DE REEXAME PELO JUDICIÁRIO. ANÁLISE SUBJETIVA. DESCABIMENTO. JUÍZO RESTRITO AOS ASPECTOS DA LEGALIDADE.
>
> [...]
>
> *2. É pacífico o entendimento neste Tribunal de que é desnecessária a instauração de processo administrativo disciplinar, com todas suas formalidades, para a apuração de inaptidão ou insuficiência no exercício das funções para fins de exoneração em estágio probatório, bastando que sejam asseguradas as garantias constitucionais da ampla defesa e do contraditório, mediante decisão fundamentada, tal como ocorrera na espécie. 3. O controle do ato administrativo a cargo do Poder Judiciário dá-se, apenas, quanto aos aspectos da legalidade. Aferir se a prática do crime de porte ilegal de arma mostra-se ou não suficiente para macular a conduta do servidor, por exigir juízo de valor, não pode ser levado a efeito pelo Judiciário, sem que isso implique ofensa ao Princípio da Separação dos Poderes, daí porque não se vislumbra negativa de prestação jurisdicional. 4. Agravo regimental desprovido." (AgRg no RMS 13.984/SP, Rel. Ministra LAURITA VAZ, DJ de 06/08/2007.)*

19.1. Sindicância

A sindicância é processo administrativo simplificado, suficiente e adequado para aplicação das penalidades de **advertência** ou **suspensão por até 30 dias**, não se admitindo este procedimento, quando do cometimento de infrações mais graves.

> **→ ATENÇÃO**
>
> Esta sindicância, prevista na Lei 8112/90, não se confunde com a "sindicância meramente investigativa" criada pela doutrina e pela prática administrativa, com base legal na lei 9784/99, e que não pode resultar na aplicação de penalidades, dispensando, portanto, a garantia de contraditório e da ampla defesa.
>
> A sindicância regulamentada pela Lei 8112/90 é um processo administrativo disciplinar que pode gerar penalidades, embora mais leves, ao servidor e, por esse motivo, deve respeitar o contraditório e a ampla defesa, sob pena de ser declarada ilegal.

A sindicância deverá ser finalizada no prazo máximo de 30 dias, prorrogáveis por mais 30 dias. Ocorre que, assim como os demais prazos de duração dos processos administrativos, definidos em lei, tal prazo é impróprio, ou seja, a sua inobservância pela administração pública não causa nulidade do processo.

A lei estipula que, da sindicância, podem decorrer três situações (art. 145):

1. **Arquivamento do processo**: ocorrerá quando não for apurada nenhuma infração ou se o servidor não foi o autor da irregularidade.
2. **Aplicação de penalidade**: havendo a infração e sendo o servidor o seu causador. Frise-se que somente podem ser aplicadas, *in casu*, as penalidades disciplinares de advertência ou de suspensão por até 30 dias.

3. **Instauração do PAD**: no caso de se apurar, no bojo da sindicância, infração mais grave, praticada pelo servidor público, e sendo necessária a aplicação de penalidade mais severa do que as mencionadas no tópico anterior.

A sindicância não é indispensável para instauração do Processo Administrativo Disciplinar (PAD), bem como a instauração do PAD não é necessária, se na sindicância for apurada infração penalizada com advertência ou suspensão de até 30 dias.

19.2. Processo administrativo disciplinar propriamente dito (PAD)

Inicialmente, saliente-se que, antes da instauração do PAD, é possível que seja determinado o afastamento preventivo do servidor público, como forma de acautelar o resultado prático do procedimento.

→ ***Afastamento preventivo (art. 147)***

Ao ser instaurado o PAD, se a autoridade administrativa entender que a permanência do servidor no cargo pode atrapalhar o andamento do processo, poderá determinar o afastamento preventivo deste, pelo prazo máximo de 60 dias, prorrogáveis por mais 60 (prazo peremptório), mantida obrigatoriamente sua remuneração integral. Afinal não se trata de penalidade, mas sim de medida acautelatória.

19.3. Fases do Processo Administrativo Disciplinar

O processo administrativo disciplinar, assim como todos os processos, se configura uma série concatenada de atos, respeitando um procedimento previamente estipulado na lei e visando alcançar uma finalidade específica que, no caso, é a de apurar a infração cometida e definir a sanção mais correta a ser aplicada. Nesse sentido, o PAD se desenvolve em três fases.

A) Instauração:

A instauração se dá com a designação da comissão processante. A comissão deverá ser composta obrigatoriamente por 3(três) servidores estáveis que não sejam cônjuges ou parentes até o terceiro grau civil do acusado.

A autoridade competente indicará, dentre esses três, um membro para ser o presidente da comissão. Além dos requisitos mencionados, o presidente da comissão deverá ser detentor de cargo ou ter nível de escolaridade igual ou superior ao do acusado (art. 149).

O Superior Tribunal de Justiça firmou o entendimento de que, para que seja membro da comissão disciplinar, o servidor deverá ser estável no serviço público, não sendo imprescindível a estabilidade na carreira em que ele esteja exercendo suas funções. Com efeito, imagine-se um servidor público, Técnico Judiciário do TRT, que já havia adquirido estabilidade e, posteriormente, foi aprovado em concurso para Analista Judiciário do TRE. Se, no primeiro ano em que exerce as atividades de analista, for convocado para compor comissão disciplinar neste órgão, não haverá qualquer irregularidade, uma vez que já havia adquirido a estabilidade no serviço público, na função de técnico judiciário.

B) Inquérito administrativo:

O inquérito administrativo é a segunda fase do Processo Administrativo Disciplinar, que abarca toda a ideia de contraditório e ampla defesa. O inquérito se divide em três momentos diferentes: instrução probatória, citação do acusado com abertura de prazo e oportunização de defesa e elaboração do relatório. Ressalte-se que a apresentação de defesa pode ser feita pelo próprio acusado, não se exigindo a representação por advogado, conforme exposto na Súmula Vinculante n. 5 do Supremo Tribunal Federal.

Súmula Vinculante n. 5: A falta de defesa técnica por advogado no processo administrativo disciplinar não ofende a Constituição.

Do texto da súmula transcrita, depreende-se que, se o acusado não quiser constituir advogado, pode seguir no PAD sozinho. Todavia, se optar pela defesa técnica e a Administração lhe negar, ocorrerá violação da ampla defesa.

Conforme explicitado:

→ **INQUÉRITO ADMINISTRATIVO** = i) instrução probatória + ii) defesa + iii) relatório

i) A instrução probatória é ampla, uma vez que a lei admite, no bojo do processo administrativo, todos os meios de prova admitidos em direito; ou seja, todas as provas produzidas licitamente são admitidas.

→ **OBSERVAÇÃO**

Determinado servidor estava respondendo a processo judicial e, ao mesmo tempo, a processo administrativo disciplinar. No bojo do processo judicial, foi determinada licitamente a interceptação telefônica. É possível que esta prova seja emprestada ao processo administrativo, levando-se em consideração que foi regularmente realizada na esfera judicial? Em processo administrativo, não se admite interceptação telefônica, mas não há óbice para a prova emprestada, desde que tenha sido produzida regularmente no processo judicial.

Neste sentido, apresenta-se recente julgado do Superior Tribunal de Justiça, abaixo transcrito, *in litteris:*

→ *[...] 4.* ***Ademais, é firme o entendimento deste Tribunal de que, respeitado o contraditório e a ampla defesa em ambas as esferas, é admitida a utilização no processo administrativo de "prova emprestada" devidamente autorizada na esfera criminal.*** *Precedentes: MS 10128/DF, Rel. Ministro Og Fernandes, Terceira Seção, DJe 22/02/2010, MS 13.986/DF, Rel. Ministro Napoleão Nunes Maia Filho, Terceira Seção, DJe 12/02/2010, MS 13.501/DF, Rel. Ministro Felix Fischer, Terceira Seção, DJe 09/02/2009, MS 12.536/DF, Rel. Ministra Laurita Vaz, Terceira Seção, DJe 26/09/2008, MS 10.292/DF, Rel. Ministro Paulo Gallotti, Terceira Seção, DJ 11/10/2007.*

5. Na espécie, a referida prova foi produzida em estrita observância aos preceitos legais, cujo traslado para o procedimento disciplinar foi precedido de requerimento formulado pela Comissão Processante do PAD perante o Juízo Criminal Federal (1ª Vara Federal de Campos dos Goytacazes), devidamente deferido e submetido ao contraditório e ampla defesa em ambas as esferas.

6. Tendo sido a interceptação telefônica concretizada nos exatos termos da Lei 9.296/96, haja vista que o impetrante também responde criminalmente por sua conduta, não há que se falar em ilegalidade do uso desta prova para instruir o PAD.

7. Acrescenta-se que a condenação do impetrante não se deu unicamente com base nas gravações produzidas na esfera penal, tendo havido farto material probatório, como análise documental, oitiva de testemunhas, dentre outras provas, capaz de comprovar a autoria e materialidade das infrações disciplinares.

8. Também não se pode esquecer que a nulidade do PAD está diretamente ligada à ocorrência de prejuízo à defesa do servidor acusado, observando-se o princípio do "pas de nullité sans grief", o que não foi demonstrado nos autos.

9. Da análise dos autos, verifica-se que inexistem quaisquer nulidades no aludido PAD, já que, durante todo o seu trâmite, foram devidamente observados os princípios da legalidade, da ampla defesa e do contraditório, tendo sido o impetrante regularmente notificado da instauração do processo administrativo (fls. 218) e para o ato do interrogatório (fls. 383), sendo certo que apresentou defesa, regular e oportunamente (fls. 464/484).

10. Segurança denegada.

(MS 15.207/DF, Rel. Ministro BENEDITO GONÇALVES, PRIMEIRA SEÇÃO, julgado em 08/09/2010, DJe 14/09/2010)

ii) Produzidas as provas, o réu terá o prazo de **10 dias** para apresentação de **defesa**, ressalvadas as seguintes situações:

– se o acusado não for encontrado e a citação ocorrer por edital, o prazo para apresentação de defesa será de **15 dias**.

– havendo dois ou mais acusados no mesmo processo, o prazo de defesa será de **20 dias** (prazo comum).

Caso o réu não apresente defesa, no prazo legal, ocorre a **revelia**. Ressalte-se que o conceito de revelia é exatamente a ausência de contestação e, nos processos administrativos, a revelia não enseja a presunção de veracidade dos fatos alegados pela parte contrária, como ocorre em processos civis, haja vista a impossibilidade de o processo seguir seu curso sem a apresentação de defesa.

Inclusive, o concurso da Defensoria do Distrito Federal no ano de 2013 questionou acerca da necessidade do PAD para a dispensa de servidor em estágio probatório e da possibilidade de utilização de prova emprestada, temas analisados neste capítulo. Vejamos.

▶ COMO FOI COBRADO NA 2ª FASE DO CONCURSO

(CESPE – Defensor Público - DF/2013) Posicione-se a respeito da possibilidade de abertura de processo administrativo disciplinar e de aplicação de demissão em face de servidor público em estágio probatório, e esclareça, com base no entendimento do STJ, se é possível a utilização, em processo administrativo disciplinar, de prova emprestada produzida em processo criminal.

Efeito da revelia: no processo administrativo, o único efeito decorrente da revelia é a designação do defensor dativo, já que não se pode seguir o Processo Administrativo Disciplinar sem a apresentação de defesa. O defensor dativo não precisa ser, necessariamente, advogado, todavia a sua escolha deve seguir a mesma regra utilizada para a escolha do presidente da comissão, ou seja, deve ter cargo ou nível de escolaridade igual ou superior ao acusado. Veja-se, a desnecessidade de advogado reitera o conteúdo da Súmula Vinculante n. 5 do Supremo Tribunal Federal, já devidamente comentada alhures.

iii) Apresentada a defesa, seja pelo acusado, seja pelo defensor dativo, a comissão elaborará um **relatório conclusivo**. Ressalte-se que o relatório tem natureza jurídica de um parecer, não se restringindo a relatar os acontecimentos do processo, devendo emitir opinião sobre qual deve ser a decisão a ser tomada pela autoridade competente.

Questiona-se se o relatório vincula a autoridade julgadora, ou seja, se o julgador está adstrito à conclusão do relatório ou se pode julgar contrário a ele. A Lei 8112/90 estabelece que o julgamento deverá seguir a conclusão do relatório, salvo se comprovadamente contrária à prova dos autos administrativos:

> "Art. 168. O julgamento acatará o relatório da comissão, salvo quando contrário às provas dos autos.
>
> Parágrafo único. Quando o relatório da comissão contrariar as provas dos autos, a autoridade julgadora poderá, motivadamente, agravar a penalidade proposta, abrandá-la ou isentar o servidor de responsabilidade".

Da leitura do dispositivo transcrito, o Supremo Tribunal Federal manifestou entendimento recente de que o relatório da comissão não é vinculante. Isso porque, segundo a Corte Suprema, parecer vinculante é aquele que, em nenhuma hipótese, pode ser contrariado.

Logo, haja vista a lei 8112/90 estipular que a conclusão deve ser seguida, **salvo se contrária à prova dos autos**. Entende-se que a expressão "deve" trazida pelo dispositivo configura mera orientação da lei e o relatório não tem, de fato, natureza vinculante.

Apresentado o relatório, o parecer segue para julgamento pela autoridade competente, que decidirá pela aplicação da penalidade ou arquivamento do processo. A autoridade competente já foi tratada no tópico anterior deste capítulo e varia de acordo com a penalidade a ser aplicada, consoante disposto no art. 141 da Lei 8.112/90 a seguir:

> "Art. 141. As penalidades disciplinares serão aplicadas:
>
> I - pelo Presidente da República, pelos Presidentes das Casas do Poder Legislativo e dos Tribunais Federais e pelo Procurador-Geral da República, quando se tratar de demissão e cassação de aposentadoria ou disponibilidade de servidor vinculado ao respectivo Poder, órgão, ou entidade;
>
> II - pelas autoridades administrativas de hierarquia imediatamente inferior àquelas mencionadas no inciso anterior quando se tratar de suspensão superior a 30 (trinta) dias;
>
> III - pelo chefe da repartição e outras autoridades na forma dos respectivos regimentos ou regulamentos, nos casos de advertência ou de suspensão de até 30 (trinta) dias;
>
> IV - pela autoridade que houver feito a nomeação, quando se tratar de destituição de cargo em comissão".

O **prazo de duração do PAD** é de 60 dias, prorrogáveis por mais 60 dias, até elaboração do relatório, depois a autoridade terá mais 20 dias para que seja proferido o julgamento (+ 20 dias), tratando-se de prazos impróprios.

→ ATENÇÃO

É da soma destes prazos que decorre o entendimento jurisprudencial de que a interrupção da prescrição dura 140 dias contados da instauração do PAD. Logo, chega-se à conclusão que, após os prazos máximos previstos em lei, não tendo sido finalizado o processo administrativo, reiniciará a contagem do prazo de prescrição, o que tornaria admissível a figura da prescrição intercorrente na esfera administrativa.

Prescrição intercorrente no PAD – entendimento do STJ: passados os 140 dias de interrupção da prescrição, o prazo volta a correr, do início, no bojo do processo, gerando a possibilidade de ocorrência de prescrição intercorrente.

C) Julgamento

Após a elaboração do relatório, a autoridade julgadora deverá proferir o julgamento, no processo administrativo, em um prazo máximo de 20 (vinte) dias, concluindo pelo arquivamento do processo ou aplicação da penalidade.

Após o julgamento, poderão ser interpostas as seguintes impugnações administrativas

a) Pedido de reconsideração

b) Recurso

c) Revisão

Antes de analisar cada uma das possibilidades acima, deve-se relembrar a súmula vinculante n. 21, que estabelece a garantia do duplo grau de julgamento em processo administrativo, não sendo possível a exigência de depósito prévio para recurso administrativo, devendo-se entender a expressão "recurso administrativo" de forma ampla:

> **Súmula Vinculante 21.** É inconstitucional a exigência de depósito ou arrolamento prévios de dinheiro ou bens para admissibilidade de recurso administrativo.

19.4. Recurso e Pedido de reconsideração

O pedido de reconsideração e o recurso devem ser interpostos, no prazo legal de 30 (trinta) dias. O recurso é encaminhado hierarquicamente, por via da autoridade à qual está subordinado e dirigido à autoridade superior àquela que proferiu a decisão impugnada. Por sua vez, o pedido de reconsideração é julgado pela própria autoridade que efetivou o julgamento do processo, ora farpeado.

Ressalte-se que o recurso e o pedido de reconsideração são impugnações diferentes, que não se excluem. Logo, da decisão do pedido de reconsideração, o agente terá o prazo de 30 (trinta) dias para interposição de recurso e assim sucessivamente. Veja-se que, havendo hierarquia administrativa suficiente, podem ser apresentados recursos até o máximo de 3 (três) instâncias, sendo que, a cada nova interposição de recurso ou de pedido de reconsideração, ocorre nova interrupção do prazo de prescrição.

Ressalte-se ainda que, em se tratando de processo administrativo, do julgamento de pedido de reconsideração e de recurso administrativo, pode decorrer situação mais gravosa ao recorrente. Com efeito, a lei não proíbe, nestas situações, a *reformatio in pejus*.

19.5. Revisão

A Revisão não tem prazo, logo, o pedido pode ser feito a qualquer tempo, desde que haja a alegação de **fatos novos** por parte do servidor público, que possam influenciar na decisão proferida no processo original.

A autoridade que julgou o Processo Administrativo Disciplinar será competente para julgamento da Revisão, desta vez, diante de fatos novos que não foram considerados para embasar a decisão anterior.

Por fatos novos entende-se, não os fatos havidos após a instauração do PAD, mas apenas fatos que não foram analisados no processo. É um novo processo, com nova comissão, que será julgado pela mesma autoridade. Apesar de não haver prazo preclusivo, há prazo de prescrição contra o Estado, que é de cinco anos para a demissão, cassação de aposentadoria e disponibilidade e de 120 (cento e vinte) dias nos demais casos, conforme disposição da Lei 8112/90, abaixo transcrita.

> "Art. 110. O direito de requerer prescreve:
>
> I - em 5 (cinco) anos, quanto aos atos de demissão e de cassação de aposentadoria ou disponibilidade, ou que afetem interesse patrimonial e créditos resultantes das relações de trabalho;
>
> II - em 120 (cento e vinte) dias, nos demais casos, salvo quando outro prazo for fixado em lei".

Importante salientar que a lei expressamente determina que, do julgamento da Revisão, NÃO pode haver agravamento da penalidade que o servidor havia sofrido no processo originário. Nesta situação, a lei veda a *reformatio in pejus.*

20. PROCESSO SUMÁRIO

Por fim, pode-se verificar que a Lei 8112/90 prevê o processo sumário nos casos de abandono de cargo, inassiduidade habitual (art. 140) e também de acumulação ilegal de cargos (art. 133) – hipóteses que ensejam a aplicação da penalidade de demissão. Apesar das discussões doutrinárias acerca da constitucionalidade deste processo, para fins de provas objetivas, ele tem sido aceito pelas bancas de concursos e exame de ordem.

A lei criou para essas situações um processo administrativo sumário em face da (suposta) facilidade de comprovação da materialidade das irregularidades, o qual terá o prazo máximo de duração de 30 (trinta) dias prorrogáveis por mais 15 (quinze) dias.

A comissão é composta por 2 (dois) servidores estáveis, não haveria fase de instrução, uma vez que a materialidade do fato e da autoria estaria comprovada documentalmente, amplamente falando, e a defesa deve ser apresentada no prazo de 5 (cinco) dias.

No caso de acumulação ilegal de cargos, o estatuto dispõe que, antes da instauração do processo, o servidor será notificado para fazer a opção entre os cargos ocupados. Feita a escolha, considera-se que estava de boa-fé e será efetivada a exoneração do cargo que não foi alvo de sua opção. Da mesma sorte, se fizer a opção até o último dia do prazo para defesa no processo administrativo, presumir-se-á a sua boa-fé e será determinada a exoneração a pedido.

21. APOSENTADORIA DO SERVIDOR PÚBLICO

A aposentadoria é garantia definida pelo texto constitucional a todos aqueles que exercem atividades remuneradas de, após um determinado tempo de exercício da atividade, e mediante o cumprimento de alguns requisitos previamente estipulados, fazerem jus ao recebimento de uma remuneração – designada como provento – mesmo sem a necessidade de se manter na execução de sua atividade original.

Consoante analisado no capítulo referente aos atos administrativos, a aposentadoria é ato administrativo complexo e, para sua perfeição, depende da manifestação de vontade do órgão ao qual o servidor público esteja vinculado e mais a aprovação pelo respectivo Tribunal de Contas. Sendo assim, enquanto não emanada a manifestação de conformidade, expedida pelo referido tribunal, o ato de aposentadoria não estará perfeito.

A Constituição Federal de 1988, em seu art. 40, regulamenta todas as regras a serem aplicadas à aposentadoria dos servidores públicos estatutários. Todas as normas decorrem de modificações estabelecidas por duas reformas previdenciárias, vigentes, no Brasil, em razão das Emendas Constitucionais n. 20/98 e n. 41/03, além de alterações posteriores.

Feitas as considerações preliminares, seguimos ao estudo da matéria propriamente dito.

21.1. Regimes de Previdência

No Brasil, existem dois regimes obrigatórios de previdência social, além dos regimes privados e complementares: (i) regime geral da previdência social e (ii) regime próprio de previdência social. A regra é que todos aqueles que exercem atividade remunerada, necessariamente, deverão contribuir para algum dos dois regimes, sendo ainda possível a contribuição para o regime geral aqueles que, mesmo não exercendo qualquer atividade remunerada, visam a uma garantia futura, chamados de contribuintes facultativos.

Regime geral de Previdência Social (RGPS)

Trata-se da matéria de estudo do direito previdenciário, não sendo afeta à análise dos estudiosos de Direito Administrativo. O RGPS é regulamentado pelo art. 201 e seguintes do texto constitucional e deve ser aplicado a todas as pessoas que atuam no exercício de qualquer função, mediante pagamento, sem estar vinculado a algum regime próprio. Com efeito, todos aqueles que não têm regime próprio e exercem atividade remunerada, necessariamente, contribuem para o Regime Geral de Previdência Social.

O Instituto Nacional do Seguro Social - INSS é responsável pela gestão do regime geral de previdência.

Estão sujeitos ao RGPS, além dos empregados em geral, aqueles contratados sob o regime da Consolidação das Leis do Trabalho para prestação de serviços em entidades da Administração Indireta de Direito Privado, como as empresas públicas e sociedades de economia mista, sejam elas prestadoras de serviço público ou exploradoras de atividade econômica. Da mesma forma, os servidores detentores de cargo temporário, nos moldes definidos pelo art. 37, IX da Constituição da República, são vinculados ao Regime Geral de Previdência.

Ademais, consoante já analisado nesta obra, o servidor estatutário pode ser comissionado e não detentor de cargo efetivo e, neste caso, em que não tenha cargo efetivo, sendo somente detentor de cargo em comissão, estará vinculado ao regime geral. Neste sentido, o art. 40, §13º da Carta Magna dispõe que *"Ao servidor ocupante, exclusivamente, de cargo em comissão declarado em lei de livre nomeação e exoneração bem como de outro cargo temporário ou de emprego público, aplica-se o regime geral de previdência social"*. A matéria já foi objeto de controle de constitucionalidade, por meio da ADI 2024 e declarada constitucional pelo Supremo Tribunal Federal, razão pela qual, não há mais discussões a esse respeito[39].

O Regime Geral de Previdência Social ainda será aplicado aos servidores detentores de cargos efetivos vinculados a entes federativos que não instituíram regime próprio para os seus servidores estatutários.

Regime próprio (RPPS)

Trata-se de regime destinado ao servidor estatutário, detentor de **cargo efetivo** de ente federativo que tenha instituído e regulamentado a previdência. Com efeito, conforme mencionado, é necessário que o ente a que o servidor presta serviços tenha criado regime próprio de previdência para seu pessoal. Caso contrário, seus servidores seguirão o Regime Geral. O RPPS também se aplica aos detentores de **cargos vitalícios**.

Em relação aos **servidores militares**, há regulamentação específica para aqueles que ingressam na atividade, mediante a reserva remunerada ou a reforma. Não se trata de

---

39. Veja-se o julgado proferido pelo STF, em sede de ADI:
EMENTA: I. Ação direta de inconstitucionalidade: seu cabimento - sedimentado na jurisprudência do Tribunal - para questionar a compatibilidade de emenda constitucional com os limites formais ou materiais impostos pela Constituição ao poder constituinte derivado: precedentes. II. Previdência social (CF, art. 40, § 13, cf. EC 20/98): submissão dos ocupantes exclusivamente de cargos em comissão, assim como os de outro cargo temporário ou de emprego público ao regime geral da previdência social: argüição de inconstitucionalidade do preceito por tendente a abolir a "forma federativa do Estado" (CF, art. 60, § 4º, I): improcedência. 1. A "forma federativa de Estado" - elevado a princípio intangível por todas as Constituições da República - não pode ser conceituada a partir de um modelo ideal e apriorístico de Federação, mas, sim, daquele que o constituinte originário concretamente adotou e, como o adotou, erigiu em limite material imposto às futuras emendas à Constituição; de resto as limitações materiais ao poder constituinte de reforma, que o art. 60, § 4º, da Lei Fundamental enumera, não significam a intangibilidade literal da respectiva disciplina na Constituição originária, mas apenas a proteção do núcleo essencial dos princípios e institutos cuja preservação nelas se protege. 2. À vista do modelo ainda acentuadamente centralizado do federalismo adotado pela versão originária da Constituição de 1988, o preceito questionado da EC 20/98 nem tende a aboli-lo, nem sequer a afetá-lo. 3. Já assentou o Tribunal (MS 23047-MC, Pertence), que no novo art. 40 e seus parágrafos da Constituição (cf. EC 20/98), nela, pouco inovou "sob a perspectiva da Federação, a explicitação de que aos servidores efetivos dos Estados, do Distrito Federal e dos Municípios, "é assegurado regime de previdência de caráter contributivo, observados critérios que preservem o equilíbrio financeiro e atuarial", assim como as normas relativas às respectivas aposentadorias e pensões, objeto dos seus numerosos parágrafos: afinal, toda a disciplina constitucional originária do regime dos servidores públicos - inclusive a do seu regime previdenciário - já abrangia os três níveis da organização federativa, impondo-se à observância de todas as unidades federadas, ainda quando - com base no art. 149, parág. único - que a proposta não altera - organizem sistema previdenciário próprio para os seus servidores": análise da evolução do tema, do texto constitucional de 1988, passando pela EC 3/93, até a recente reforma previdenciária. 4. A matéria da disposição discutida é previdenciária e, por sua natureza, comporta norma geral de âmbito nacional de validade, que à União se facultava editar, sem prejuízo da legislação estadual suplementar ou plena, na falta de lei federal (CF 88, arts. 24, XII, e 40, § 2º): se já o podia ter feito a lei federal, com base nos preceitos recordados do texto constitucional originário, obviamente não afeta ou, menos ainda, tende a abolir a autonomia dos Estados-membros que assim agora tenha prescrito diretamente a norma constitucional sobrevinda. 5. É da jurisprudência do Supremo Tribunal que o princípio da imunidade tributária recíproca (CF, art. 150, VI, a) - ainda que se discuta a sua aplicabilidade a outros tributos, que não os impostos - não pode ser invocado na hipótese de contribuições previdenciárias. 6. A auto-aplicabilidade do novo art. 40, § 13 é questão estranha à constitucionalidade do preceito e, portanto, ao âmbito próprio da ação direta.
ADI 2024 / DF - DISTRITO FEDERAL AÇÃO DIRETA DE INCONSTITUCIONALIDADE Relator(a): Min. SEPÚLVEDA PERTENCE Julgamento: 03/05/2007 Órgão Julgador: Tribunal Pleno

aposentadoria, propriamente dita e, neste sentido, não segue as normas aplicáveis aos servidores civis em geral, mas sim um sistema custeado integralmente pelo poder público.

21.2. Regime Próprio de Previdência Social (RPPS)

Conforme explicitado, a matéria de nosso estudo é somente o Regime Próprio de Previdência Social, atualmente, regulamentado, na Constituição Federal, em seu art. 40, que lhe define todos os contornos e limites. O Regime Geral de Previdência Social não será analisado nesta obra por se tratar de objeto de estudo do direito previdenciário.

21.2.1. Breve histórico constitucional

Originariamente, o texto constitucional de 1988 definia o tempo de serviço como único requisito para concessão de aposentadoria a servidores efetivos, vinculados ao Regime Próprio de Previdência, sendo garantida, a todos os servidores da inatividade, a paridade com os servidores em atividade no exercício de funções similares, bem como a integralidade, ou seja, a garantia de se aposentar com proventos idênticos ao valor da última remuneração percebida na atividade, sem importar os outros salários de contribuição.

Com a edição da **Emenda Constitucional n. 20/98**, o tempo de serviço, que figurava como requisito único, deixa de ser relevante para a concessão da aposentadoria. No novo texto, os pressupostos necessários à concessão da aposentadoria do servidor público passam a ser o **tempo de contribuição** e a **idade**. Neste momento, foram inseridas algumas regras de transição àqueles que já haviam ingressado no serviço público no momento da edição da emenda, e foram mantidas as garantias dos que já haviam cumprido todos os requisitos para se aposentarem, por gozarem de prerrogativa de direito adquirido.

A referida emenda ainda criou o abono de permanência aos servidores que se mantivessem no serviço público mesmo já tendo cumprido todos os requisitos para o gozo de aposentadoria voluntária integral, com a intenção de evitar a debandada geral dos quadros da Administração Pública de servidores preocupados com as alterações constitucionais.

Posteriormente, foi editada a **Emenda Constitucional n. 41/03**, incluindo expressamente no texto constitucional o princípio da solidariedade do regime público de previdência, com a definição de que o segurado não contribui para o seu benefício especificamente e sim para a manutenção do sistema ao qual está vinculado.

A emenda ainda foi responsável pelo término das garantias da integralidade e paridade. Sendo assim, o cálculo de aposentadoria passou a seguir as regras do regime geral de previdência, por meio de cálculo aritmético dos salários de contribuição do sujeito, não havendo mais a garantia de manter-se vinculado à remuneração dos servidores que estejam em atividade.

A reforma previdenciária ainda acrescentou, entre outras coisas, a contribuição dos servidores inativos, sejam eles aposentados ou pensionistas e determinou a introdução do teto de proventos do regime geral de previdência aos servidores do regime próprio, dependendo, entretanto, esta norma da criação, mediante lei, de um regime complementar de previdência público para os servidores estatutários.

Da mesma forma, as alterações não atingiram aqueles que já haviam cumprido os requisitos para fins de aposentadoria e foram definidas regras de transição a serem aplicadas aos servidores já em atividade.

Por fim, a **Emenda Constitucional n. 47/05** foi aprovada, definindo novas regras de transição para aqueles ingressos no serviço público antes de 2003, além da criação de aposentadoria especial para servidores portadores de deficiência, que exerçam atividades de risco ou atividades prejudiciais à saúde, desde que as normas sejam estipuladas por meio de lei complementar.

21.2.2. Características do RPPS

Após todas as alterações constitucionais, o regime próprio de previdência dos servidores ganhou contornos definidos e seguem algumas características básicas a serem analisadas.

Caráter contributivo do regime: desde a edição da EC 20/98, não interessa, para fins de cálculo e de concessão da aposentadoria, o tempo de serviço público, passando a ser relevante apenas o tempo de contribuição do agente. O que já tinha sido computado como tempo de serviço, até então, foi automaticamente transformado em tempo de contribuição e, a partir de 1998. Somente aquilo que foi efetivamente contribuído será utilizado como critério para a concessão da aposentadoria do agente público.

Em razão disso, hoje é proibida qualquer espécie de contagem de tempo fictício de contribuição, como, por exemplo, o tempo de tiro de guerra, que a lei 8112/90 determina que seja contado em dobro, ou ainda a licença prêmio não gozada, definida em alguns estatutos como garantia de contagem dobrada de tempo de serviço. Tal vedação está estipulada no texto constitucional, em seu art. 40, §10º, a fim de não quebrar o caráter contributivo do sistema.

Repita-se, no entanto, que aqueles servidores cuja contagem de tempo de serviço havia sido feita antes do advento da EC 20/98, tiveram, automaticamente, todo tempo de serviço convertido em tempo de contribuição.

Contagem recíproca de tempo de contribuição: todo tempo que o agente público contribuiu em qualquer dos regimes de previdência, a qualquer tempo, poderá ser contado como tempo de contribuição para fins de aposentadoria no regime próprio de previdência.

> → Suponha, a título de exemplo, que Marcelo, aos 18 anos, começou a dar aula de inglês, contribuindo para o regime geral de previdência por 2 (dois) anos. Posteriormente, aprovado para o cargo público de técnico do Ministério Público da União, ficou 1 (um) ano contribuindo como para o regime próprio da União. Depois, após aprovação mediante concurso público, contribuiu por 2 (dois) anos para o regime próprio de determinado estado, como Procurador do Estado. Em 2007, assumiu, mediante concurso público, o cargo de Procurador da Fazenda Nacional, passando a contribuir para o regime próprio da União. Ocorre que, a partir de 2007, ao mesmo tempo em que contribui para o regime próprio, exerce atividade privada compatível com o horário de trabalho, professor em universidade privada e, como tal, contribui para o regime geral de previdência social.

Nesta situação, todo tempo de contribuição, no RGPS e nos diversos regimes próprios poderá ser contado no momento da aposentadoria final, entretanto, exceto os tempos de contribuição em que simultaneamente exerce a atividade privada de professor e exerce o cargo público.

Isso porque a contagem simultânea de tempo não é admitida, mas tão somente a contagem recíproca, já que reduziria o tempo de contribuição efetivo. Logo, se, por exemplo, por 20 anos, determinado cidadão contribui, simultaneamente, para o RPPS e para o RGPS, não poderá aproveitar todo este tempo de contribuição para sua aposentadoria no RPPS. Poderá, todavia, se cumpridos os requisitos legais, acumular aposentadoria de dois regimes.

Caráter solidário: a solidariedade decorre do fato de que, no regime público de previdência, diferentemente do que ocorre no regime de previdência privada, não se aplica o sistema de capitalização, ou seja, o sujeito não contribui para seu benefício especificamente, ficando o dinheiro em uma conta vinculada, aguardando o momento de recebimento do prêmio. No sistema público, os servidores contribuem para a manutenção do sistema, não havendo uma correlação lógica entre o valor efetivamente pago e aquilo que será percebido a título de benefício pelo agente público, tratando-se de regra básica de repartição simples.

21.2.3. Hipóteses de aposentadoria

A) Aposentadoria por invalidez

Sempre que caracterizada a invalidez permanente, por laudo médico oficial, demonstrando a incapacidade do sujeito para a prestação do serviço público, será concedida aposentadoria, com proventos proporcionais ao tempo de contribuição do agente.

Contudo, a própria Constituição Federal aponta algumas exceções. São hipóteses nas quais a aposentadoria por invalidez se dará com proventos integrais, independentemente do tempo de contribuição (art. 40, I, CF/88), quando:

a) decorrer de acidente de serviço, casos em que a invalidez decorreu da própria atividade pública, razão pela qual o ente estatal ficará responsável pelo pagamento de proventos integrais, independentemente do tempo de contribuição do sujeito;

b) decorrer de doença profissional, que no mesmo sentido tem base nas funções do cargo, como é o exemplo da lesão por esforço repetitivo – LER;

c) doença grave, incurável ou contagiosa, na forma da lei, observando-se que, no âmbito do serviço público federal, a regulamentação destas enfermidades é feita por meio da Lei 8112/90, em seu art. 186, §1º.

Conforme entendimento do Supremo Tribunal Federal, o rol de doenças graves do art. 186, da lei 8112/90 é taxativo, exaurindo todas as hipóteses fáticas. Desta forma, o entendimento é o de que ainda que a doença seja grave, o servidor não haverá direito à aposentadoria com proventos integrais, caso a moléstia não esteja expressamente prevista em dispositivo legal. Analise-se o julgado que trata da matéria:

> → **Ementa: CONSTITUCIONAL. ADMINISTRATIVO. SERVIDOR PÚBLICO. APOSENTADORIA POR INVALIDEZ COM PROVENTOS INTEGRAIS. ART. 40, § 1º, I, DA CF. SUBMISSÃO AODISPOSTO EM LEI ORDINÁRIA.** 1. O art. 40, § 1º, I, da Constituição Federal assegura aos servidores públicos abrangidos pelo regime de previdência nele estabelecido o direito a aposentadoria por invalidez com proventos proporcionais ao tempo de contribuição. O benefício será devido com proventos integrais quando a invalidez for decorrente de acidente em serviço, moléstia profissional ou doença grave, contagiosa ou incurável, "na forma da lei". 2. Pertence, portanto, ao domínio normativo ordinário a definição das doenças e moléstias que ensejam aposentadoria por invalidez com proventos integrais, cujo rol, segundo a jurisprudência assentada pelo STF, tem natureza taxativa. 3. Recurso extraordinário a que se dá provimento.
>
> **(RE 656860 / MT - MATO GROSSO / Relator(a): Min. TEORI ZAVASCKI - Julgamento: 21/08/2014)**

B) Aposentadoria compulsória

Acontece aos 75 (setenta e cinco) anos de idade, tanto para o homem quanto para a mulher servidora pública, consoante disposto no art. 40, II, da Constituição Federal e no art. 2º da LC 152/2015 e será paga com proventos proporcionais ao tempo de contribuição ou integral, caso o servidor tenha contribuído todo o tempo necessário para a concessão de aposentadoria com proventos integrais.

É relevante que se ressalte que, ao completar a idade máxima de 75 (setenta e cinco) anos, o servidor público, detentor de cargo efetivo ou vitalício, estará automaticamente aposentado, sendo o ato administrativo que define esta aposentadoria meramente declaratório, retroagindo a esta data.

Enfim, aos 75 (setenta e cinco) anos de idade, a Constituição Federal presume, de forma absoluta, a incapacidade de exercer a atividade estatal, não sendo possível que o agente demonstre o contrário, mesmo tendo condições de se manter nas atribuições do cargo.

C) Aposentadoria voluntária

A aposentadoria voluntária pode ser concedida com proventos integrais ou proporcionais ao tempo de contribuição, sendo que, em ambos os casos, o servidor deverá comprovar haver completado 10 (dez) anos no serviço público, somado ao fato de estar, há 5 (cinco) anos, no cargo em que será concedida a aposentadoria.

→ *Aposentadoria voluntária integral*

Além de demonstrar que conta com dez anos de serviço público, sendo os últimos cinco, no cargo em que está se dando a aposentadoria, o servidor deve comprovar o cumprimento de mais dois requisitos, a saber:

- homem: deve ter 60 anos de idade + 35 anos de contribuição.
- mulher: deve ter 55 anos de idade + 30 anos de contribuição.

Se não conseguir cumprir o tempo de contribuição e já tiver idade avançada, o servidor poderá aposentar-se proporcionalmente, desde que observe a regra dos 10 (dez) anos no serviço público + 5(cinco) anos no cargo em que se está aposentando. Nestes casos, o tempo de contribuição será utilizado para fins de calcular o valor dos proventos, sendo requisito para a aposentadoria somente a idade do servidor estatal.

→ *Aposentadoria voluntária proporcional*

- homem: 65 anos de idade.
- mulher: 60 anos de idade.

Se o servidor cumprir TODOS os requisitos necessários à concessão da aposentadoria voluntária integral e **não tiver interesse em se aposentar**, passa a fazer jus ao recebimento de **abono de permanência**. Esse abono será recebido, pelo servidor, mensalmente, enquanto puder aposentar com proventos integrais e não o quiser, mantendo-se em atividade. O abono é pago em valor correspondente ao da contribuição previdenciária desse servidor.

É importante salientar que esse servidor NÃO deixa de contribuir para o regime de previdência, ele continua contribuindo, mas recebe de volta o valor pago, mediante o recebimento de abono de permanência.

→ *Servidores que exercem atividades de magistério*

O próprio texto constitucional (art. 40, §8º) criou um benefício para os servidores que exercem atividades de magistério, desde que comprovem o cumprimento de dois requisitos cumulativos, quais sejam:

I. comprovem que todo tempo de contribuição se deu em sala de aula, ou melhor, em atividade educacional, uma vez que a jurisprudência do Supremo Tribunal Federal vem relativizando a aplicação da súmula 726 do STF. Sendo assim, não obstante a súmula defina a obrigatoriedade de estar, durante todo o tempo de contribuição, em sala de aula, na verdade, a jurisprudência da Corte vem admitindo tempo de atividades vinculadas ao magistério como direção de escola ou orientação pedagógica, entre outros.

Nesse sentido, observe-se o julgado da ADI 3772, já consolidado na jurisprudência da Suprema Corte.

> EMENTA: AÇÃO DIRETA DE INCONSTITUCIONALIDADE MANEJADA CONTRA O ART. 1º DA LEI FEDERAL 11.301/2006, QUE ACRESCENTOU O § 2º AO ART. 67 DA LEI 9.394/1996. CARREIRA DE MAGISTÉRIO. APOSENTADORIA ESPECIAL PARA OS EXERCENTES DE FUNÇÕES DE DIREÇÃO, COORDENAÇÃO E ASSESSORAMENTO PEDAGÓGICO. ALEGADA OFENSA AOS ARTS. 40, § 5º, E 201, § 8º, DA CONSTITUIÇÃO FEDERAL. INOCORRÊNCIA. AÇÃO JULGADA PARCIALMENTE PROCEDENTE, COM INTERPRETAÇÃO CONFORME. I - A função de magistério não se circunscreve apenas ao trabalho em sala de aula, abrangendo também a preparação de aulas, a correção de provas, o atendimento aos pais e alunos, a coordenação e o assessoramento pedagógico e, ainda, a direção de unidade escolar. II - **As funções de direção, coordenação e assessoramento pedagógico integram a carreira do magistério, desde que exercidos, em estabelecimentos de ensino básico**, por professores de carreira, excluídos os especialistas em educação, fazendo jus aqueles que as desempenham ao regime especial de aposentadoria estabelecido nos arts. 40, § 5º, e 201, § 8º, da Constituição Federal. III - Ação direta julgada parcialmente procedente, com interpretação conforme, nos termos supra.
>
> ADI 3772 / DF - DISTRITO FEDERAL
>
> AÇÃO DIRETA DE INCONSTITUCIONALIDADE
>
> Relator(a): Min. CARLOS BRITTO
>
> Relator(a) p/ Acórdão: Min. RICARDO LEWANDOWSKI
>
> Julgamento: 29/10/2008 Órgão Julgador: Tribunal Pleno

II. que todo o tempo prestado foi no ensino de educação infantil, ensino fundamental ou médio. Logo, estará excluído do benefício, nos moldes do texto constitucional o professor universitário ou de pós graduação em geral.

Esses servidores, desde que comprovem os dois requisitos, têm direito à redução de 5 (cinco) anos na contagem de tempo de contribuição bem como na idade, somente para fins de aposentadoria voluntária integral. Nesta situação, a aposentadoria dependeria dos seguintes requisitos: homem deve ter 55 anos de idade + 30 anos de contribuição e a mulher deve ter 50 anos de idade + 25 anos de contribuição.

→ *Critérios diferenciados*

Os critérios para a concessão de aposentadoria estão, desta forma, definidos no texto da Constituição Federal, sendo vedada, expressamente, a utilização de qualquer critério diferenciado para concessão do benefício, ressalvando situações específicas, nas quais, mediante Lei Complementar poderá haver a criação de critérios diferenciados. Com efeito, o texto constitucional define que:

> "Art. 40. § 4º É vedada a adoção de requisitos e critérios diferenciados para a concessão de aposentadoria aos abrangidos pelo regime de que trata este artigo, ressalvados, nos termos definidos em leis complementares, os casos de servidores: (Redação dada pela Emenda Constitucional n. 47, de 2005)
>
> I - **portadores de deficiência**; (Incluído pela Emenda Constitucional n. 47, de 2005)
>
> II - **que exerçam atividades de risco**; (Incluído pela Emenda Constitucional n. 47 de 2005)
>
> III - **cujas atividades sejam exercidas sob condições especiais que prejudiquem a saúde ou a integridade física**. (Incluído pela Emenda Constitucional n. 47, de 2005)".

Verifica-se tratar-se de norma de eficácia limitada, uma vez que a concessão do critério diferenciado não está regulamentada na Carta Magna que atribui essa tarefa a Lei Complementar. Em virtude da ausência de regulamentação, a omissão constitucional se configura inconstitucionalidade, discutível mediante Mandado de Injunção.

No que tange a esta matéria, já foram analisados diversos remédios constitucionais pelo Supremo Tribunal Federal, considerando que a edição da lei é garantia dos servidores que estejam em uma das situações previstas no dispositivo constitucional.

No que tange à hipótese no inciso III, em 24 de abril de 2014, o Supremo Tribunal Federal editou a Súmula Vinculante n. 33, conferindo aos servidores que exercem atividade prejudicial à saúde o direito à aposentadoria especial, mesmo que não haja lei específica tratando da matéria. Nestes casos, a Corte Suprema determina que sejam aplicadas as regras definidas no Regime Geral de Previdência Social para empregados em situação similar.

Eis o teor da referida Súmula:

> *"**Súmula vinculante no 33** - Aplicam-se ao servidor público, no que couber, as regras do regime geral da previdência social sobre aposentadoria especial de que trata o artigo 40, § 4º, inciso III da Constituição Federal, até a edição de lei complementar específica."*

Dessa forma, o STF tenta suprir a omissão legislativa e garantir o exercício do direito constitucional destes servidores por meio da utilização de lei análoga. Por se tratar de súmula com caráter vinculante, não pode ser desrespeitada por nenhuma entidade da Administração Pública, estando temporariamente garantida a aposentadoria especial a estes agentes.

21.2.4. Valor da contribuição

No regime próprio de previdência social do servidor público, a alíquota de contribuição será sempre de **11%**, consoante a regulamentação da lei 10.887/04 que trata da matéria, em seu art. 4º, não importando o valor da remuneração. Esse percentual é o mínimo admitido pela Constituição Federal, o que não impede que estados e municípios, ou, até mesmo a União Federal possam instituir alíquotas maiores.

Desde a edição da EC 41/03, o **servidor inativo** também contribui e a alíquota é a mesma do servidor em atividade, ou seja 11%. O que muda para o servidor inativo é a base de cálculo para incidência da contribuição previdenciária.

Isso porque o servidor inativo que ganhar acima do teto do regime geral de previdência social contribuirá sobre tudo aquilo que seu provento de aposentadoria ou pensão ultrapassar o referido teto. Dessa forma, os aposentados e pensionistas que recebem proventos que não ultrapassam o valor do teto do regime geral de previdência não estão sujeitos à contribuição.

A constitucionalidade da medida foi analisada pelo Supremo Tribunal Federal que fundamenta esta cobrança em virtude do princípio de solidariedade aplicado ao regime público de previdência. Com efeito, não importa se o servidor inativo poderá ou não gozar de novo benefício, haja vista o fato de estar contribuindo para a manutenção do sistema e não para a capitalização dos valores pagos, para fins de pagamento posterior.

De fato, o julgamento da ADI 3105 sepultou a discussão, por meio da declaração de constitucionalidade da cobrança destes valores. No julgado o STF se pronunciou definindo que "*No ordenamento jurídico vigente, não há norma, expressa nem sistemática, que atribua à condição jurídico-subjetiva da aposentadoria de servidor público o efeito de lhe gerar direito subjetivo como poder de subtrair ad aeternum a percepção dos respectivos proventos e pensões à incidência de lei tributária que, anterior ou ulterior, os submeta à incidência de contribuição previdencial. Noutras palavras, não há, em nosso ordenamento, nenhuma norma jurídica válida que, como efeito específico do fato jurídico da aposentadoria, lhe imunize os proventos e as pensões, de modo absoluto, à tributação de ordem constitucional, qualquer que seja a modalidade do tributo eleito, donde não haver, a respeito, direito adquirido com o aposentamento*"[40].

A Emenda Constitucional n. 47/05 acrescentou o § 21 ao art. 40, que estabelece que, caso o servidor inativo sofra de doença incapacitante, só contribuirá sobre aquilo que os proventos de sua aposentadoria ultrapassar o dobro do valor definido como teto para os sujeitos ao regime geral de previdência.

21.2.5. Teto do regime próprio

A redação da Emenda Constitucional n. 41/03 deixava claro que, enquanto o poder público não implementar um regime complementar público ao regime próprio, a aposentadoria dos servidores públicos não se submeterá ao teto e estes continuarão aposentando-se sobre o valor total de sua remuneração e contribuindo sobre este mesmo valor. Isso porque a incidência do teto do regime geral de previdência social é previsto constitucionalmente para o regime próprio de previdência, dependendo, entretanto, sua efetivação de uma lei criadora de um regime que complemente o público. Esta é a redação do art. 40, §14º que dispõe que "*A União, os Estados, o Distrito Federal e os Municípios, desde que instituam regime de previdência complementar para os seus respectivos servidores titulares de cargo efetivo, poderão fixar, para o valor das aposentadorias e pensões a serem concedidas pelo regime de que trata este artigo, o limite máximo estabelecido para os benefícios do regime geral de previdência social de que trata o art. 201*".

40. Trata-se de trecho do julgado da **ADI 3105 / DF - DISTRITO FEDERAL. AÇÃO DIRETA DE INCONSTITUCIONALIDADE**
Relator(a): Min. ELLEN GRACIE
Relator(a) p/ Acórdão: Min. CEZAR PELUSO
Julgamento: 18/08/2004 Órgão Julgador: Tribunal Pleno

Em 2012, foi editada a lei 12.618, que institui o regime de previdência complementar para os servidores públicos federais titulares de cargo efetivo, inclusive os membros dos órgãos que menciona; fixa o limite máximo para a concessão de aposentadorias e pensões pelo regime de previdência de que trata o art. 40 da Constituição Federal.

A lei foi regulamentada pela edição do Decreto 7.808/12 que cria a FUNPRESP, no âmbito do Poder Executivo. É importante ressaltar que todos aqueles servidores que ingressaram no serviço público antes da regulamentação do regime complementar de previdência não se submetem às normas definidas de adequação ao teto de proventos do regime próprio de previdência, salvo se for de seu interesse.

No entanto, aqueles que ingressarem posteriormente terão seus proventos de aposentadoria limitados ao teto estipulado para os benefícios pagos aos segurados do regime geral de previdência social, sendo possível complementar esses valores, caso optem por aderir ao regime complementar criado com essa finalidade.

Não obstante tratar-se de matéria afeta ao direito previdenciário a análise acerca do novo regime complementar, é importante salientar que os planos de benefícios da Funpresp-Exe, da Funpresp-Leg e da Funpresp-Jud serão estruturados na modalidade de contribuição definida, nos termos da regulamentação estabelecida pelo órgão regulador das entidades fechadas de previdência complementar, e a distribuição das contribuições nos planos de benefícios e nos planos de custeio será revista sempre que necessário, para manter o equilíbrio permanente dos planos de benefícios.

Neste sentido, o valor do benefício programado será calculado de acordo com o montante do saldo da conta acumulado pelo participante, devendo o valor do benefício estar permanentemente ajustado ao referido saldo.

Ademais, os benefícios não programados serão definidos nos regulamentos dos planos, devendo ser assegurados, pelo menos, os benefícios decorrentes dos eventos invalidez e morte e, se for o caso, a cobertura de outros riscos atuariais, sendo que a concessão dos benefícios de que trata o § 3º aos participantes ou assistidos pela entidade fechada de previdência social é condicionada à concessão do benefício pelo regime próprio de previdência social, haja vista tratar-se de regime com caráter meramente "complementar".

Ressalte-se que os servidores que ingressaram antes da criação do regime complementar de previdência mantêm, se assim quiserem, as regras aplicadas anteriormente, sem a sujeição ao teto de benefícios do regime geral de previdência.

Por sua vez, aqueles que ingressaram no serviço público após a criação da FUNPRESP terão proventos de aposentadoria e pensão limitados ao valor máximo pago aos segurados do regime geral. Nestes casos, poderão optar por aderirem ao regime complementar de previdência para fins de recebimento de valores acima do teto.

21.2.6. Paridade e Integralidade

O art. 189 da Lei 8112/90 estabelecia duas regras que deixaram de existir com a edição da EC 41/03, quais sejam a integralidade e a paridade.

A **integralidade** era uma garantia de que o servidor receberia, a título de proventos de aposentadoria, o valor integral da última remuneração. Dessa forma, caso o servidor público contribuísse, em toda a sua vida laboral com valores muito baixos e, nos últimos cinco anos, por exemplo, em virtude de aprovação em novo concurso passasse a contribuir sob remuneração muito alta, receberia proventos no valor desta última remuneração.

A situação causava grandes transtornos ao regime de previdência que, muitas vezes, precisava arcar com o pagamento de proventos altos para um agente que não havia contribuído em montante tão relevante.

Atualmente, o cálculo é feito nos mesmos moldes definidos para o regime geral de previdência, qual seja, mediante cálculo da média aritmética dos salários de contribuição do servidor público, ao longo de sua vida, atualizados monetariamente, consoante art. 40, §3º da Constituição Federal.

Por sua vez, a **Paridade** com o servidor da ativa era prerrogativa de que gozava o inativo: qualquer reajuste dado ao servidor em atividade gerava direito subjetivo de reajuste no mesmo índice e na mesma proporção aos respectivos inativos. A intenção era garantir um reajuste real àqueles que não exercem atividade pública e, por isso, não possuem poder de negociação com o Estado para evitarem a defasagem de seus pagamentos.

Com o fim da paridade, criou-se uma revisão geral anual, no texto constitucional, não vinculada ao reajuste dos servidores em atividade, conforme se transcreve abaixo:

> "Art. 40.(...)
>
> (...)
>
> §8º: É assegurado o reajustamento dos benefícios para preservar-lhes, em caráter permanente, o valor real, conforme critérios estabelecidos em lei".

Sendo assim, os inativos têm a garantia constitucional de revisão geral anual dos proventos, no entanto essa prerrogativa não está atrelada ao aumento concedido aos servidores que estão na atividade.

21.3. Natureza jurídica do ato de aposentadoria

Aposentadoria é um **ato complexo**, para maioria da doutrina e da jurisprudência, porque se perfaz pela conjunção de duas vontades independentes, quais sejam, a manifestação do órgão em que o servidor exerce suas atividades e a aprovação do ato de aposentadoria pelo Tribunal de Contas.

Sendo assim, no momento em que o órgão "aposenta" o servidor, o ato emanado ainda não foi efetivado, porque depende da aprovação do Tribunal de Contas. Se o referido tribunal não aprovar a concessão inicial, não precisa respeitar o contraditório e a ampla defesa, porque não se trata de anulação de ato ampliativo, mas tão somente a não perfeição deste ato que ainda se encontrava em formação.

Em virtude deste entendimento, o Supremo Tribunal Federal define que o ato que nega a aposentadoria pelo Tribunal de Contas não depende de garantia de contraditório ou ampla defesa, haja vista não configurar a restrição de um direito já efetivado.

Esta é a redação da Súmula Vinculante n. 3, que dispõe que "*Nos processos perante o Tribunal de Contas da União asseguram-se o contraditório e a ampla defesa quando da decisão puder resultar anulação ou revogação de ato administrativo que beneficie o interessado, excetuada a apreciação da legalidade do ato de concessão inicial de aposentadoria, reforma e pensão".*

21.4. Regras de transição das reformas previdenciárias

Estas regras têm a intenção de resguardar alguns direitos aos servidores que, não obstante não possuam direito adquirido no regime anterior, haja vista não terem cumprido os requisitos para a aposentadoria, se encontravam no serviço público quando foram expedidas as novas normas. Sendo assim, temos regras de transição para aqueles que ingressaram antes da edição da EC n. 20/98 e outra para os que estavam no serviço público depois desta emenda, mas anteriormente à edição da EC n. 41/03.

É importante ressaltar que aqueles que, no momento de publicação das emendas, já haviam cumprido os pressupostos necessários à aposentadoria, nas regras anteriores, tinham direito adquirido e, portanto, não foram atingidos pelas novas regras.

→ ***Regras para quem ingressou no serviço público antes da EC n. 20/98***

Para aqueles que estavam no serviço público antes da publicação da EC n. 20/98, mas não haviam cumprido os requisitos para fazerem jus à aposentadoria, poderão se aposentar antes de completarem a idade mínima definida na Carta Magna.

Com efeito, o HOMEM se aposentará com 53 anos de idade e 35 anos de contribuição. Caso seja MULHER, a aposentadoria poderá se dar com 48 anos de idade e 30 anos de contribuição, somados a um período de tempo de contribuição de 20% a mais do que faltaria para completar a idade mínima, que era conhecido como pedágio. Por exemplo, se o homem aposentar com 53 anos de idade, deverá contribuir ainda durante 1,6 anos – correspondente a 20% dos 8 (oito) anos restantes para que completasse 60 anos de idade.

Nesses casos, o servidor se aposenta sem as prerrogativas da paridade ou da integralidade, sendo os proventos de aposentadoria calculados com base na média aritmética atualizada dos salários de contribuição de toda a vida funcional do sujeito, consoante regra do RGPS, sendo ainda garantida a correção anual, nos moldes do art. 40, §8º da CF, sem estar vinculado à remuneração dos servidores em atividade.

Ademais, caso seja feita a opção de se aposentar com idade menor, o servidor sofrerá uma redução de remuneração de 3,5%, para cada ano que faltava para completar a idade mínima de aposentadoria do novo regime, sendo que, a partir de 2006, o redutor passa a ser de 5%. Imaginemos que o servidor se aposentou em 1999 com 55 anos de idade. Desta forma, faltam 5 anos para completar os 60 anos, necessários à aposentadoria nos moldes da nova regra. Como a aposentadoria se deu em 1999, ele deverá sofrer uma redução de 5 X 3,5% dos seus proventos, como forma de incentivar sua manutenção no serviço público.

Posteriormente, a EC n 47/05 definiu novas regras de transição para aqueles que ingressaram no serviço público antes de 1998, sem excluir as regras anteriores.

Dessa forma, aqueles que ingressaram antes da edição da EC n. 20/98 que contarem com 25 anos de serviço público, 15 anos de carreira e 5 anos no cargo se poderão aposentar, subtraindo da idade cada ano de contribuição que tenham acima do necessário à aposentadoria, nos moldes da nova regra. Assim, o homem que tiver 38 anos de contribuição, poderá aposentar-se com 3 anos de idade a menos do que 60 anos, haja vista a compensação permitida entre o tempo de idade e o tempo de contribuição.

Neste caso, será mantida a integralidade e a paridade ao servidor público aposentado, nos moldes desta regra. Observe-se o art. 3º da EC n. 47/05.

> "Art. 3º Ressalvado o direito de opção à aposentadoria pelas normas estabelecidas pelo art. 40 da Constituição Federal ou pelas regras estabelecidas pelos arts. 2º_e_6º da Emenda Constitucional nº 41, de 2003, o servidor da União, dos Estados, do Distrito Federal e dos Municípios, incluídas suas autarquias e fundações, que tenha ingressado no serviço público até 16 de dezembro de 1998 poderá aposentar-se com proventos integrais, desde que preencha, cumulativamente, as seguintes condições:
>
> I- trinta e cinco anos de contribuição, se homem, e trinta anos de contribuição, se mulher;
>
> II - vinte e cinco anos de efetivo exercício no serviço público, quinze anos de carreira e cinco anos no cargo em que se der a aposentadoria;
>
> III - idade mínima resultante da redução, relativamente aos limites do art. 40, § 1º, inciso III, alínea "a", da Constituição Federal, de um ano de idade para cada ano de contribuição que exceder a condição prevista no inciso I do caput deste artigo.
>
> Parágrafo único. Aplica-se ao valor dos proventos de aposentadorias concedidas com base neste artigo o disposto no art. 7º da Emenda Constitucional n. 41, de 2003, observando-se igual critério de revisão às pensões derivadas dos proventos de servidores falecidos que tenham se aposentado em conformidade com este artigo".

→ ***Regras para quem ingressou no serviço público antes da EC n. 41/03***

Para aqueles servidores que ingressaram no serviço público antes da EC n. 41/03 e ainda não haviam completado o tempo necessário para a aposentadoria, podem manter seus proventos com as prerrogativas de paridade e integralidade, desde que cumpram os seguintes requisitos:

I. HOMEM – 20 anos de efetivo exercício no serviço público; 10 anos de carreira e 5 anos no cargo, somados aos 60 anos de idade e 35 anos de contribuição.

II. MULHER – 20 anos de efetivo exercício no serviço público; 10 anos de carreira e 5 anos no cargo, somados aos 55 anos de idade e 30 anos de contribuição.

22. DEMAIS BENEFÍCIOS DA SEGURIDADE SOCIAL DO SERVIDOR

Além do benefício previdenciário, a lei regulamenta outros benefícios aos servidores públicos e aos seus dependentes, em razão do regime de seguridade definido no estatuto dos servidores públicos federais. Saliente-se que alguns benefícios são direcionados ao próprio segurado, como ocorre com a licença por motivo de saúde e o salário família, por exemplo, contudo, outros benefícios se dirigem aos dependentes do segurado, como é o caso da pensão por morte, do auxílio reclusão e do auxílio funeral.

Analise-se cada um dos benefícios separadamente, de modo a entender suas peculiaridades e requisitos para gozo.

22.1. Benefícios dos segurados

Estes benefícios são prerrogativas dos servidores ativos ou inativos que figurem na qualidade de segurado direto.

22.1.1. Salário família

O salário-família é devido ao servidor ativo ou ao inativo, de baixa renda, por dependente econômico, para auxiliar nos gastos com este dependente.

No âmbito da seguridade do servidor público, são considerados dependentes para efeito de percepção do benefício, o cônjuge ou companheiro e os filhos, inclusive os enteados até 21 (vinte e um) anos de idade ou, se estudante, até 24 (vinte e quatro) anos ou, se inválido, de qualquer idade, o menor de 21 (vinte e um) anos que, mediante autorização judicial, viver na companhia e às expensas do servidor, ou do inativo, assim como a mãe e o pai desde que não tenham economia própria.

O salário-família não está sujeito a qualquer tributo, nem servirá de base para qualquer contribuição, inclusive para a contribuição da Previdência Social.

Ademais, a lei dispõe que o afastamento do cargo efetivo, ainda que sem remuneração, não acarreta a suspensão do pagamento do salário-família.

22.1.2. Auxílio Natalidade

O auxílio-natalidade é devido à servidora por motivo de nascimento de filho, em quantia equivalente ao menor vencimento do serviço público, ou seja, um salário mínimo, sendo devido, inclusive, no caso de natimorto.

Na hipótese de parto múltiplo, ou seja, quando ocorrer o nascimento de gêmeos, ou trigêmeos, por exemplo, o valor será acrescido de 50% (cinquenta por cento), por nascituro, além do primeiro. Dessa forma, em caso de parto de gêmeos, o auxílio natalidade pago ao servidor corresponderá a 1,5 salários mínimos.

Por fim, a lei determina que o benefício seja pago ao cônjuge ou companheiro servidor público, quando a parturiente não for servidora.

22.1.3. Licença para tratamento de saúde

A licença será concedida, mediante perícia médica oficial, ao servidor que tiver necessidade de se ausentar da prestação do serviço público por motivo de saúde, sendo dispensado este laudo médico para licenças inferiores a 15 (quinze) dias dentro do período de um ano. Dessa forma, a regra é a seguinte:

a) Licença por até 15 dias, dentro de 1 (um) ano, poderá ser dispensada de perícia oficial, sendo que o atestado médico particular será recepcionado pelo setor de recursos humanos do órgão;

b) Licença por mais de 15 (quinze) dias, mas inferior a 120 (cento e vinte dias), o laudo médico será proferido pelo médico do órgão ao qual o servidor público se encontra vinculado diretamente;

c) Licença por mais de 120 (cento e vinte) dias, no período de 12 (doze) meses a contar do primeiro dia de afastamento, será concedida somente mediante avaliação por junta médica oficial.

Após a concessão da licença, o servidor será submetido a exames médicos periódicos, podendo ser convocado, a qualquer tempo, para analisar a permanência das condições que deram ensejo ao seu afastamento.

22.1.4. Licença gestante, adotante e paternidade

Será concedida licença à servidora gestante por 120 (cento e vinte) dias consecutivos, sem prejuízo da remuneração, iniciado no nono mês de gestação, sendo que esse prazo poderá ser prorrogado por mais 60 dias, nos moldes do decreto n 6690/08 desde que o servidor requeira esta prorrogação até, no máximo, 30 dias após o parto. Ademais, após o parto, para amamentar o próprio filho, até a idade de seis meses, a servidora lactante terá direito, durante a jornada de trabalho, a uma hora de descanso, que poderá ser parcelada em dois períodos de meia hora.

No caso de natimorto, decorridos 30 (trinta) dias do evento, a servidora será submetida a exame médico, e se julgada apta, reassumirá o exercício. Da mesma forma, em caso de aborto atestado por médico oficial, a servidora terá direito a 30 (trinta) dias de repouso remunerado.

Nos casos de adoção de crianças, a lei define que:

a) criança até 1 (um) ano de idade, a licença será de 90 dias, prorrogáveis por mais 45 dias nos moldes do Decreto 6690/08;

b) criança com mais de 1 (um) ano de idade, a licença será de 30 dias, prorrogáveis por mais 15 dias nos moldes do Decreto 6690/08.

Em todos os casos, a **licença paternidade** será de 5 (cinco) dias consecutivos, com a possibilidade de prorrogação por mais 15 dias, desde que haja requerimento pelo servidor.

Com efeito, o **Decreto 8737/16** estabelece que será concedida prorrogação da licença paternidade ao servidor público que esteja submetido às normas da lei 8112/90, desde que requeira o benefício no prazo de dois dias úteis após o nascimento ou a adoção e terá duração de quinze dias, além dos cinco dias concedidos pelo art. 208 da referida Lei.

A regra se aplica também aos servidores que estejam em licença paternidade em razão da adoção de crianças.

22.1.5. Licença por acidente em serviço

Será licenciado, com remuneração integral, o servidor acidentado em serviço, assim considerado o dano físico ou mental sofrido pelo servidor, que se relacione, mediata ou imediatamente, com as atribuições do cargo exercido.

A lei define que se equipara ao acidente em serviço o dano:

a) decorrente de agressão sofrida e não provocada pelo servidor no exercício do cargo;

b) sofrido no percurso da residência para o trabalho e vice-versa.

Outrossim, a lei garante ao servidor acidentado em serviço que necessite de tratamento especializado, o tratamento em instituição privada, à conta de recursos públicos, desde que a prova do acidente seja feita no prazo de 10 (dez) dias, admitindo-se prorrogação quando as circunstâncias a exigirem.

22.1.6. Assistência à saúde

Aos segurados e aos dependentes é assegurada a assistência à saúde compreendida a assistência médica, hospitalar, odontológica, psicológica e farmacêutica que terá como diretriz básica o implemento de ações preventivas voltadas para a promoção da saúde e será prestada pelo Sistema Único de Saúde – SUS, diretamente pelo órgão ou entidade ao qual estiver vinculado o servidor, ou mediante convênio ou contrato, ou ainda na forma de auxílio, mediante ressarcimento parcial do valor despendido pelo servidor, ativo ou inativo, e seus dependentes ou pensionistas com planos ou seguros privados de assistência à saúde, na forma estabelecida em regulamento.

Para garantir esta assistência, o ente da administração pública poderá, mediante licitação, celebrar contratos com planos de saúde privados ou celebrar convênios com entidades que atuem com recursos ou benefícios do poder público.

22.2. Benefícios dos dependentes

São benefícios garantidos àqueles que vivam às expensas do segurado e estejam definidos como seus dependentes em seu assentamento individual.

22.2.1. Pensão por morte

O benefício é pago ao depende do servidor, em razão de sua morte, correspondendo a uma pensão mensal a partir da data do óbito, sendo que as pensões costumam ser distinguidas, quanto à natureza, em vitalícias e temporárias.

Primeiramente, cumpre ressaltar que o art. 40 da Constituição Federal, após alteração pelas emendas, modificou o cálculo do benefício que anteriormente correspondia ao valor da remuneração ou provento do servidor falecido. Dessa forma, o art. 40, §7º, da Carta Magna define que a pensão corresponde ao valor da totalidade da remuneração ou proventos do servidor falecido, até o limite máximo estabelecido para os benefícios do regime geral de previdência social de que trata o art. 201, acrescido de setenta por cento da parcela excedente a este limite, caso aposentado à data do óbito do agente[41].

Com a edição da Lei 13.135, de 317 de junho de 2015, que alterou a lei 8112/90, algumas mudanças foram efetivadas no regime de pensão dos servidores públicos federais.

Dessa forma, fazem jus à pensão:

a) o cônjuge do falecido,

b) a pessoa separada judicialmente ou divorciada, com percepção de pensão alimentícia definida judicialmente, a legislação anterior utilizava a expressão "desquitado" que, há bastante tempo, não é mais adequada para conceituação de estado civil).

41 Trata-se de alteração imposta pela Emenda Constitucional n. 41/03.

c) o companheiro ou companheira designado que comprove união estável como entidade familiar,

d) os filhos, enteados, ou menores tutelados até 21 (vinte e um) anos de idade, ou, se inválidos, enquanto durar a invalidez, ou, ainda, que possua deficiência intelectual/mental na forma do regulamento;

Cumpre lembrar que a legislação dispõe que o enteado e o menor tutelado equiparam-se a filho mediante declaração do servidor e desde que comprovada dependência econômica, na forma estabelecida em regulamento.

e) a mãe e o pai que comprovem dependência econômica do servidor e

f) o irmão, até 21 (vinte e um) anos, e o inválido, enquanto durar a invalidez, ou ainda que possua deficiência intelectual ou mental na forma do regulamento, desde que comprovem dependência econômica do servidor.

É importante ressaltar que, com as alterações efetivadas pela Lei 13.135/2015, a pensão não se divide mais em vitalícia e temporária, o que significa que, para fins de cálculo de pensão, os valores serão divididos igualmente entre os beneficiários, não havendo divisão por grupos.

Sendo assim, em caso de morte de um servidor que tenha deixado uma viúva e dois filhos sobreviventes, a pensão será dividida por 3, de forma igualitária, diferente do que ocorria anteriormente, quando então, a viúva faria jus a 50%, deixando o restante para a divisão entre os filhos.

Ademais, diante das inovações, **exclui-se do rol de dependentes** o menor sob guarda, à semelhança do que já havia ocorrido no Regime Geral de Previdência Social no ano de 1996, assim como a pessoa designada, maior de 60 (sessenta) anos e a pessoa portadora de deficiência, que vivam sob a dependência econômica do servidor; a pessoa designada que viva na dependência econômica do servidor, até 21 (vinte e um) anos, ou, se inválida, enquanto durar a invalidez. Em relação à exclusão do menor sob guarda, deve-se aguardar o posicionamento da jurisprudência acerca do tema, haja vista alguns defenderem a inclusão deste em razão do ECA (Estatuto da Criança e do Adolescente).

Saliente-se, ainda que, a existência de **cônjuge** do falecido, de **pessoa separada judicialmente ou divorciada**, com percepção de pensão alimentícia definida judicialmente, **de companheiro ou companheira** designado que comprove união estável como entidade familiar, ou de **filhos e enteados** até 21 (vinte e um) anos de idade, ou, se inválidos, enquanto durar a invalidez, excluem a percepção do benefício da mãe e do pai que comprovem dependência econômica do servidor e do irmão órfão, até 21 (vinte e um) anos, e o inválido, enquanto durar a invalidez, que comprovem dependência econômica do servidor.

Outrossim, em caso de concessão do benefício à mãe ou pai do servidor que demonstre dependência econômica, estará excluído o irmão órfão, ainda que comprove a dependência econômica. É a nova disposição do art. 217, §2º da lei 8.112/90, após a edição da Lei 13.135/2015.

A pensão será concedida integralmente ao titular da pensão, exceto se houver mais de um beneficiário, quando então o valor será dividido entre todos, de forme igualitária.

Com efeito, o art. 218 da lei 8.112/90, alterado pela Lei 13.135/2015 define que "*Ocorrendo habilitação de vários titulares à pensão o seu valor será distribuído em partes iguais entre os beneficiários habilitados*".

Desta forma, por morte ou perda da qualidade de beneficiário, a respectiva cota reverterá para os cobeneficiários, até que não haja mais nenhum a receber o valor da pensão.

22.2.1.1. Exclusão da Pensão

O cônjuge, companheiro ou companheira, assim como o cônjuge divorciado ou separado judicialmente ou de fato, com percepção de pensão alimentícia estabelecida judicialmente terão direito ao benefício da pensão por morte, somente durante o período de 4 (quatro) meses, nas hipóteses em que o casamento ou o início da união estável tiver ocorrido há menos de dois anos da data do óbito do instituidor do benefício ou se o óbito ocorrer sem que o servidor tenha vertido 18 (dezoito) contribuições mensais.

Nestes casos, a lei estabelece que não se aplica este prazo, se o óbito do segurado seja decorrente de acidente de qualquer natureza ou de doença profissional ou do trabalho.

Importa ainda ressaltar que não faz jus à pensão o beneficiário condenado pela prática de crime doloso de que tenha resultado a morte do servidor e o cônjuge, o companheiro ou a companheira se comprovada, a qualquer tempo, simulação ou fraude no casamento ou na união estável, ou a formalização desses com o fim exclusivo de constituir benefício previdenciário, apuradas em processo judicial no qual será assegurado o direito ao contraditório e à ampla defesa.

A lei ainda estabelece que, ressalvado o direito de opção, é vedada a percepção cumulativa de pensão deixada por mais de um cônjuge, companheiro ou companheira, e de mais de duas pensões.

22.2.1.2. Pensão provisória

Outra alteração relevante efetivada na Lei 8.112/90, com a publicação da Lei 13.135/2015, foi o fato de que a pensão por morte no RPPS para cônjuges, companheiros e companheiras passou a ser temporária ou vitalícia, a depender da idade do dependente a ser aferida no momento do óbito do *de cujus* segurado.

É cediço que, na redação anterior da lei, para os citados dependentes, a pensão por morte era sempre vitalícia.

Desta forma, para que seja definitiva a pensão por morte, é necessário que o dependente, no dia do óbito do segurado, possua, no mínimo, 44 (quarenta e quatro) anos de idade. Caso o dependente, no dia do óbito do segurado, tenha idade inferior a 44 (quarenta e quatro) anos, será concedida a pensão por morte temporária, observada a tabela a seguir apresentada:

IDADE	ANOS DE DURAÇÃO DA PENSÃO POR MORTE
ENTRE 41 E 43 ANOS	20 anos
ENTRE 30 E 40 ANOS	15 anos

IDADE	ANOS DE DURAÇÃO DA PENSÃO POR MORTE
ENTRE 27 E 29 ANOS	10 anos
ENTRE 21 E 26 ANOS	06 anos
MENOS DE 21 ANOS	03 anos

Todavia, a lei prevê uma segunda possibilidade de concessão de pensão por morte vitalícia, caso, independentemente da sua idade, o cônjuge, o companheiro ou a companheira for considerado inválido, com deficiência, inclusive deficiência intelectual ou mental que o torne absoluta ou relativamente incapaz.

Por fim, cumpre ressaltar que, consoante disposto na própria Lei 13.135/2015, as novas regras possuem vigência a partir da publicação da lei, o que ocorreu em 18/06/2015, somente sendo aplicáveis aos falecimentos ocorridos a partir desta data, à luz do Princípio do *Tempus Regit Actum*.

22.2.2. Auxílio reclusão

Trata-se de benefício pago aos dependentes do servidor ativo em casos que esteja sofrendo penalidade de reclusão, nos seguintes valores:

a) dois terços da remuneração, quando afastado por motivo de prisão, em flagrante ou preventiva, determinada pela autoridade competente, enquanto perdurar a prisão, casos em que o servidor terá direito à integralização da remuneração, desde que absolvido ao final da ação penal;

b) metade da remuneração, durante o afastamento, em virtude de condenação, por sentença definitiva, desde que a pena não determine a perda de cargo.

O pagamento do auxílio-reclusão cessará, automaticamente, a partir do dia imediato àquele em que o servidor for posto em liberdade, ainda que condicional.

22.2.3. Auxílio Funeral

O auxílio-funeral é devido à família do servidor falecido na atividade ou aposentado ou àquele que comprovar ter custeado o funeral, em valor máximo equivalente a um mês da remuneração ou provento. O valor do benefício corresponde às despesas efetivadas com o funeral, definindo a legislação, somente, o valor máximo que poderá ser pago. Ressalte-se, ainda que, em caso de acumulação legal de cargos, o auxílio será pago somente em razão do cargo de maior remuneração.

Outrossim, o auxílio será pago no prazo de 48 (quarenta e oito) horas, por meio de procedimento sumaríssimo, à pessoa da família que houver custeado o funeral.

22.2.4. Assistência à saúde

Assim como os segurados, seus dependentes fazem jus ao benefício de assistência à saúde, nos mesmos moldes definidos no tópico referente à saúde do servidor público ativo ou inativo, segurado do regime.

23. QUADRO SINÓPTICO

<table>
<tr><th colspan="3">AGENTES PÚBLICOS</th></tr>
<tr><th colspan="3">CONCEITO</th></tr>
<tr><td colspan="3">Qualquer pessoa que age em nome do Estado é agente público, independentemente de vínculo jurídico, ainda que atue sem remuneração e transitoriamente. Assim,uma vez que o Estado que está atuando por via do sujeito, responderá pelos atos praticados, sendo a responsabilidade objetiva do Estado nos moldes do art. 37, §6º da CRFB.</td></tr>
<tr><td colspan="3">Todos os particulares contratados sob regime de cargo temporário, nos moldes definidos pelo art. 37, IX da Constituição Federal, são considerados agentes públicos e exercem função pública.</td></tr>
<tr><td colspan="3">Os atos dos agentes públicos ficam sujeitos ao controle judicial que pode se dar por meio dos remédios constitucionais, tais como Mandado de Segurança e Ação Popular.</td></tr>
<tr><td colspan="3">Os agentes públicos, considerados amplamente, podem figurar como autoridade coatora, para prestação de informações em Mandado de Segurança, somente não sendo admitida, nos moldes da lei 12.016/09, em seu art. 1, §1º, a impetração do mandamus contra os atos de gestão comercial praticados pelos administradores de empresas públicas, de sociedade de economia mista e de concessionárias de serviço público.</td></tr>
<tr><td colspan="3">É cabível a propositura de ação regressiva em face do agente público, por parte da Administração Pública, desde que reste demonstrada que sua participação no evento danoso se deu a título de dolo ou , ao menos, que ele agiu culposamente para a ocorrência do prejuízo.</td></tr>
<tr><th colspan="3">CLASSIFICAÇÃO DE AGENTES</th></tr>
<tr><td rowspan="4">AGENTES POLÍTICOS</td><td colspan="2">É indiscutível na doutrina que são agentes políticos os detentores de mandato eletivo e os secretários e ministros de Estado.</td></tr>
<tr><td>Celso Antônio Bandeira de Melo</td><td>Os chefes do executivo (Presidente da República, governadores e prefeitos), seus auxiliares diretos (secretários estaduais e municipais) e também aqueles eleitos para o exercício de mandato no Poder Legislativo (senadores, deputados e vereadores.</td></tr>
<tr><td rowspan="2">Supremo Tribunal Federal</td><td>Acrescenta os membros da Magistratura e os membros do Ministério Público como agentes políticos, haja vista atuarem no exercício de funções essenciais ao Estado e praticarem atos inerentes à soberania do Estado.</td></tr>
<tr><td>ATENÇÃO! Membros do Tribunal de Contas se enquadram na categoria de agentes administrativos.</td></tr>
<tr><td rowspan="6">PARTICULARES EM COLABORAÇÃO COM O PODER PÚBLICO</td><td colspan="2">Aqueles que, sem perderem a qualidade de particulares, atuam, em situações excepcionais, em nome do Estado, mesmo em caráter temporário ou ocasional, independentemente do vínculo jurídico estabelecido, exercendo função pública.</td></tr>
<tr><td>Designados</td><td>São todos aqueles que atuam em virtude de convocação efetivada pelo Poder Público. Exercem múnus público, tem a obrigação de participar quando requisitados sob pena de sanção. São chamados por Hely Lopes Meireles de "agentes honoríficos".</td></tr>
<tr><td>Voluntários</td><td>Aqueles que atuam voluntariamente em repartições, escolas, hospitais públicos ou em situações de calamidade, nas hipóteses em que o ente estatal realiza programa de voluntariado.</td></tr>
<tr><td rowspan="2">Delegados</td><td>São aqueles que atuam na prestação de serviços públicos mediante delegação do Estado.</td></tr>
<tr><td>ATENÇÃO! Não é pacífica esta classificação. Entretanto, são considerados, para a doutrina majoritária, agentes públicos, quando atuam na prestação do serviço público delegado.</td></tr>
<tr><td>Credenciados</td><td>Atuam em nome do Estado em virtude de convênios celebrados com o Poder Público.</td></tr>
<tr><td rowspan="2">SERVIDORES ESTATAIS</td><td colspan="2">Também chamados de Agentes Administrativos, têm vínculo com o Estado, no exercício da função administrativa.</td></tr>
<tr><td colspan="2">Possuem vínculo de dependência e sua natureza de trabalho é não eventual, haja vista possuírem relação de trabalho de natureza profissional com os entes.</td></tr>
</table>

<table>
<tr><th colspan="4">AGENTES PÚBLICOS</th></tr>
<tr><td rowspan="15"></td><td rowspan="6">SERVIDORES TEMPORÁRIOS</td><td colspan="2">Todos aqueles contratados, com base no art. 37, inciso IX, da Constituição Federal, para atendimento, em caráter excepcional, de necessidades não permanentes dos órgãos públicos.</td></tr>
<tr><td>Serviço temporário</td><td>Definido por meio de lei específica que deve definir seus contornos e características, os limites máximos de duração destes contratos, além de regulamentar o regime aplicado a estes servidores.</td></tr>
<tr><td>Interesse público</td><td>Devidamente justificado pela autoridade responsável pela contratação, dentro das hipóteses permitidas em lei.</td></tr>
<tr><td>Caráter de excepcionalidade</td><td>É inconstitucional a contratação de temporários em situação que deveria haver nomeação de servidores efetivos.</td></tr>
<tr><td colspan="2">ATENÇÃO! O prazo de duração do vínculo especial é determinado pela lei específica que regulamenta as contratações na esfera de cada ente federativo e deve ser definido no contrato celebrado com o ente estatal.</td></tr>
<tr><td colspan="2">Esses servidores não são celetistas, embora sejam contratados pelo poder público, não se submetendo à regra da Consolidação das Leis do Trabalho.</td></tr>
<tr><td rowspan="9">REGIME JURÍDICO DOS SERVIDORES EFETIVOS</td><td colspan="2">Os servidores celetistas, têm seu vínculo decorrente da assinatura de um contrato de emprego, os servidores estatutários têm vínculo de natureza legal e todos os seus direitos e obrigações decorrem diretamente da lei.</td></tr>
<tr><td colspan="2">Em virtude da decisão proferida pelo Supremo Tribunal Federal em controle concentrado de constitucionalidade, produzindo efeito vinculante até o julgamento final da Ação Direta de Inconstitucionalidade n. 2135, aplica-se, atualmente, o texto original do art. 39 da Carta Magna que define a aplicação de Regime Jurídico Único para os servidores da Administração Direta, autárquica e fundacional.</td></tr>
<tr><td colspan="2">A obrigatoriedade de regime jurídico único proíbe somente que, no âmbito da mesma esfera de governo, haja multiplicidade de regimes (art. 51, IV, da CF/88).</td></tr>
<tr><td colspan="2">Todos os servidores que ingressaram no serviço público antes da decisão liminar proferida na ADI 2135, sob o regime de empregos públicos, mantêm o seu vínculo inalterado, haja vista a irretroatividade da decisão proferida.</td></tr>
<tr><td>Preferência do regime estatutário</td><td>A professora Fernanda Marinela dispõe acerca das garantias inerentes ao regime estatutário que “esses direitos garantem aos servidores maior segurança e conforto para o exercício de suas funções, o que representa, ao menos, na teoria, uma maior eficiência, moralidade e impessoalidade nos serviços públicos”.</td></tr>
<tr><td rowspan="4">Regime jurídico único aplicado à União Federal</td><td>No âmbito federal, não há discussão acerca da adoção de regime, em virtude da aplicação da lei 8.112/90 que define que todos os servidores da Administração Direta, autárquica e fundacional se submetem ao regime estatutário definido por aquela lei.</td></tr>
<tr><td>Todos os servidores que haviam ingressado no serviço público antes da Constituição Federal, sob o regime de emprego, tiveram a conversão do regime em estatutário.</td></tr>
<tr><td>O tempo de serviço destes servidores será contado como título quando se submeterem a concurso para fins de efetivação, na forma da lei (art. 19, §1º, do ADCT).</td></tr>
<tr><td>Estabilidade, nos moldes estipulados pelo art. 19 da ADCT, somente foi adquirida pelos servidores que ingressaram, ao menos cinco anos, antes da promulgação da carta Constitucional.</td></tr>
</table>

AGENTES PÚBLICOS			
		Agentes comunitários de saúde e agentes de combate às endemias	Há possibilidade de exoneração dos servidores que, mesmo efetivos, não adquiriram estabilidade em virtude do ingresso, no serviço público, há menos de cinco anos, contados da promulgação do texto constitucional vigente. Isso ocorre desde que mediante o pagamento de indenização prévia, conforme art. 243, § 7º da lei 8.112/90.
			Existe a possibilidade de contratação de empregados, sob o regime da Consolidação das Leis do Trabalho, para os agentes comunitários de saúde e de combate às endemias (art. 198, §4º da CF/88).
			Além da aprovação em processo seletivo, o agente comunitário de saúde deve cumprir, ainda, alguns requisitos para assunção da função, quais sejam, residir na área da comunidade em que atuar, desde a data da publicação do edital do processo seletivo público; haver concluído, com aproveitamento, curso introdutório de formação inicial e continuada e haver concluído o ensino fundamental, com exceção daqueles que já estiverem executando esta atividade quando foi editada a lei. Em relação aos agentes de combate a endemias, não se exige a residência na área da comunidade, sendo mantidos os demais requisitos legais, inclusive, formação no ensino fundamental.
	SERVIDORES CELETISTAS	Estes agentes têm vínculo permanente com o Estado, com prazo indeterminado, sob relação de emprego, sendo-lhes aplicável o regime da CLT, subsidiariamente às normas estipuladas por lei específica. No âmbito federal, a regulamentação destes empregos se deu por meio da edição da lei 9.962/00.	
		ATENÇÃO! Estes servidores estão **proibidos de acumularem seus empregos** com outros cargos ou empregos públicos, salvo as exceções constitucionalmente admitidas (art. 37, XVII, CF/88).	
		São agentes públicos para fins de responsabilização por atos de **improbidade administrativa (art. 2º, da lei 8.429/92).**	
		Enquadram-se na definição de "**funcionário público" para fins penais (artigo 327, CP).**	
		Seus atos se submetem a correção e controle judicial, por meio dos **remédios constitucionais**	
		Devem-se submeter a **concurso público** de provas ou de provas e títulos.	
		Devem respeitar a aplicação do teto remuneratório, previsto no art. 37, XI da Carta Magna, salvo se a entidade não receber dinheiro público para custeio ou pagamento de pessoal , conforme art. 37, § 9º da CF.	
		Não podem ficar em disponibilidade remunerada quando da extinção do emprego ou função.	
		Submetem-se a regime geral de previdência social, entre outras normas de direito privado a eles aplicáveis.	
		Não se admite a extensão da estabilidade aos detentores de empregos (doutrina e súmula 390, II, do TST).	
		Os atos de dispensa dos empregados das empresas estatais prestadoras de serviços públicos devem ser motivados (STF).	
	SERVIDORES ESTATUTÁRIOS	Têm vínculo permanente com a Administração, de natureza profissional, com prazo indeterminado, para execução de atividades permanentes de interesse do Estado.	
		O candidato é aprovado em um concurso público para provimento de cargos e, após nomeação, ao assinar o termo de posse, se submete a todas as normas dispostas na legislação para sua carreira.	
		Em virtude da ausência de contrato dispondo acerca de todos os direitos e obrigações, o servidor estatutário não tem direito adquirido a manter as prerrogativas definidas em lei.	

<table>
<tr><th colspan="5">AGENTES PÚBLICOS</th></tr>
<tr><th colspan="5">CARGO PÚBLICO, EMPREGO PÚBLICO E FUNÇÃO PÚBLICA</th></tr>
<tr><td rowspan="4">EMPREGO PÚBLICO</td><td colspan="4">Vínculo profissional entre a Administração Pública e os seus agentes regidos pela Consolidação das Leis do Trabalho, mediante celebração de contrato que definirá todos os direitos e obrigações do particular sujeito à disciplina administrativa e também dos entes estatais, na relação ajustada.</td></tr>
<tr><td colspan="4">No âmbito federal, a CLT é aplicada subsidiariamente às normas estipuladas pela lei 9.962/00.</td></tr>
<tr><td colspan="4">O contrato de trabalho será celebrado por prazo indeterminado e somente será rescindido por ato unilateral da Administração Pública, nas hipóteses do art. 3o da lei 9.962/00.</td></tr>
<tr><td colspan="4">A criação de empregos públicos deve ser feita mediante lei e, pelo princípio da simetria das formas, se exige esta mesma regra para sua extinção.</td></tr>
<tr><td rowspan="12">CARGO PÚBLICO</td><td colspan="4">Configura-se uma unidade de competência à qual será atribuída um plexo de atribuições e que deve ser criado mediante lei e assumido por um determinado agente, com vínculo estatutário, de natureza profissional e permanente, para execução das atividades a ele inerentes.</td></tr>
<tr><td colspan="4">A criação de cargos públicos deve ser feita mediante lei de iniciativa do Poder cuja estrutura o cargo integrará.</td></tr>
<tr><td colspan="4">A definição das atribuições deste cargo, bem como a denominação e a remuneração correspondente a ele, dependem de lei.</td></tr>
<tr><td colspan="4">Há dispensa de lei para nomeação de cargos para exercerem os serviços auxiliares nos órgãos do Poder Legislativo, sendo nestes casos, admitida a criação e extinção de cargos mediante resolução de cada uma das casas do Congresso Nacional, casos em que a casa legislativa terá competência somente para a iniciativa da lei que definirá a remuneração a ser paga aos ocupantes destes cargos.</td></tr>
<tr><td colspan="4">Compete ao Presidente da República, mediante decreto, dispor acerca da extinção de cargos e funções públicas, quando vagos (VI, art. 84, CF/88).</td></tr>
<tr><td rowspan="7">CLASSIFICAÇÃO DE CARGOS</td><td>Quanto à esfera de governo</td><td colspan="2">Dividem-se em federais, estaduais, distritais e municipais</td></tr>
<tr><td rowspan="2">Quanto à posição estatal</td><td>Cargos de Carreira</td><td>A divisão é feita dentro da mesma estrutura profissional, permitindo a progressão funcional e a promoção, mediante critérios de antiguidade e merecimento.</td></tr>
<tr><td>Cargos Isolados</td><td>Não obstante façam parte da estrutura organizacional do ente federativo, não integram carreira específica, haja vista não haver escalonamento de funções, o que impede a possibilidade de progressão funcional.</td></tr>
<tr><td rowspan="4">Quanto à garantia conferida ao ocupante</td><td rowspan="2">Cargo em Comissão</td><td>Funções que exigem a confiança direta e pessoal da autoridade pública e por causa disso tais cargos podem ser preenchidos por quaisquer pessoas.</td></tr>
<tr><td>Não precisa de concurso público ou qualquer procedimento seletivo</td></tr>
<tr><td rowspan="2">Cargos Efetivos</td><td>Preenchidos por agente aprovados em concurso público de provas ou de provas e títulos</td></tr>
<tr><td>A estabilidade vem depois prazo de três anos de efetivo exercido somado à aprovação em avaliação especial de desempenho.</td></tr>
</table>

<table>
<tr><th colspan="5">AGENTES PÚBLICOS</th></tr>
<tr><td></td><td></td><td></td><td>Cargos Vitalícios</td><td>Atividades de alta responsabilidade que justificam uma necessidade de maior garantia, sob pena de se admitir a incidência de pressões políticas na execução de suas atividades.</td></tr>
<tr><td rowspan="7">FUNÇÃO PÚBLICA</td><td colspan="4">É o conjunto de atividades atribuída a um cargo ou emprego público, seja este cargo, isolado ou de carreira, para provimento efetivo, vitalício ou em comissão.</td></tr>
<tr><td colspan="4">Todo cargo ou emprego público deve ter.</td></tr>
<tr><td colspan="4">Deve ser criada e extinta mediante a edição de lei.</td></tr>
<tr><td colspan="4">A função de confiança não é atribuída a nenhum cargo público, sendo disposta diretamente na organização administrativa e atribuída a um servidor que já detenha cargo público efetivo.</td></tr>
<tr><td colspan="4">Exige a confiança direta da autoridade pública nomeante.</td></tr>
<tr><td colspan="4">Não se deve confundir com os cargos em comissão, já analisados anteriormente, que correspondem a cargo público cuja função se qualifica pela execução de atividades de direção, chefia e assessoramento.</td></tr>
<tr><td colspan="4">Funções de confiança são atribuídas a servidor efetivo que goze da credibilidade da autoridade pública responsável pela nomeação, a qual não depende de qualquer espécie de processo seletivo ou concurso.</td></tr>
<tr><th colspan="5">REQUISITOS DE INGRESSO NO SERVIÇO PÚBLICO</th></tr>
<tr><td rowspan="4">AMPLA ACESSIBILIDADE</td><td colspan="4">Em garantia ao princípio da impessoalidade, o texto constitucional prevê ampla acessibilidade aos cargos e empregos públicos, dispondo, no art. 37, I que devem ser acessíveis aos brasileiros que preencham os requisitos estabelecidos em lei, assim como aos estrangeiros, na forma da legislação aplicável.</td></tr>
<tr><td colspan="4">Excepcionalmente, o art. 13, §3º, da Constituição da República, define alguns cargos que somente podem ser preenchidos por brasileiros natos.</td></tr>
<tr><td colspan="4">Participam e compõem o Conselho da República "seis cidadãos brasileiros natos, com mais de trinta e cinco anos de idade, sendo dois nomeados pelo Presidente da República, dois eleitos pelo Senado Federal e dois eleitos pela Câmara dos Deputados, todos com mandato de três anos, vedada a recondução" (VII, art. 89, CF/88).</td></tr>
<tr><td colspan="4">O texto constitucional limita o acesso de estrangeiros aos cargos públicos àquelas hipóteses que serão definidas em lei específica.</td></tr>
<tr><td rowspan="7">CONCURSO PÚBLICO</td><td colspan="4">O requisito básico para garantia de impessoalidade, moralidade e isonomia no acesso a cargos públicos é a realização de concurso público, de provas ou de provas e títulos, uma vez que os critérios de seleção são objetivos, não se admitindo quaisquer espécies de favoritismos ou discriminações indevidas (II, do art. 37, da CF/88).</td></tr>
<tr><td colspan="4">A complexidade da prova e o nível de exigência deve ser compatível com a carreira a ser preenchida mediante o processo seletivo.</td></tr>
<tr><td colspan="4">Não se admite no Brasil a escolha de candidatos baseada somente em concurso de títulos.</td></tr>
<tr><td colspan="4">Não se admite qualquer espécie de provimento derivado que permita ao servidor assumir cargo em outra carreira que não aquela em que foi regularmente investido por meio de concurso (Súmula Vinculante nº 43, do STF).</td></tr>
<tr><td colspan="4">Não se admitem os chamados concursos internos, por meio dos quais antigos servidores poderiam assumir cargos em nova carreira, criada por lei, que não guarda uniformidade com aquela carreira na qual o servidor ingressou mediante concurso.</td></tr>
<tr><td colspan="4">O servidor em disponibilidade somente poderá ser aproveitado em cargo com atribuições e atividades compatíveis com aquelas que exercia antes da extinção do cargo ou da declaração de desnecessidade do mesmo, nos termos do art. 41, §3º da CF.</td></tr>
<tr><td>CLÁUSULA DE BARREIRA</td><td colspan="3">Ocorre quando a Administração Pública limita o acesso às fases seguintes do concurso, proibindo a participação dos candidatos classificados fora do quantitativo definido no edital, o qual sempre é calculado com base no número de vagas para o cargo.</td></tr>
</table>

<table>
<tr><th colspan="4">AGENTES PÚBLICOS</th></tr>
<tr><td rowspan="19"></td><td></td><td colspan="2">Em 2014, o STF no RE 635.739/AL declarou constitucional a cláusula de barreira.</td></tr>
<tr><td rowspan="10">EXCEÇÕES AO CONCURSO PÚBLICO</td><td colspan="2">Cargos em comissão</td></tr>
<tr><td colspan="2">Servidores Temporários</td></tr>
<tr><td colspan="2">Cargos eletivos</td></tr>
<tr><td colspan="2">Ex-combatentes</td></tr>
<tr><td colspan="2">Agentes comunitários de saúde e agentes de combate às endemias</td></tr>
<tr><td colspan="2">A nomeação direta, sem a necessidade de realização de concursos públicos para os Ministros dos Tribunais de Contas, do Supremo Tribunal Federal e o Superior Tribunal de Justiça, além dos ministros dos demais tribunais superiores (STM, TST e TSE).</td></tr>
<tr><td colspan="2">A formação do quinto constitucional.</td></tr>
<tr><td colspan="2">Em relação as empresas estatais, a doutrina ainda admite a contratação direta, para situações de contratação de profissionais qualificados, em determinados ramos de atividade de interesse da entidade, que não estariam dispostos a se submeterem a concurso.</td></tr>
<tr><td colspan="2">Conselhos profissionais ostentam natureza jurídica autárquica, em relação a todas as prerrogativas e limitações, inclusive em relação ao regime de pessoal, que, indiscutivelmente, devem seguir o Regime Jurídico Único, previsto na lei 8.112/90.</td></tr>
<tr><td colspan="2">A OAB não ostenta a qualidade de autarquia e, portanto, não se submete à exigência de concurso público para nomeação de seus empregados.</td></tr>
<tr><td rowspan="8">REGRAS DEFINIDAS PELO EDITAL</td><td rowspan="3">Prazo de vigência</td><td>É de até dois anos, admitindo-se uma única prorrogação por mesmo período (art. 37, III da CF/88)</td></tr>
<tr><td>O edital poderá dispor acerca de concurso com prazo inferior a dois anos, no entanto, a prorrogação será por igual período e uma única vez..</td></tr>
<tr><td>As prorrogações devem ocorrer antes do término de vigência originário.</td></tr>
<tr><td>Alteração de disposições editalícias</td><td>Configura afronta direta ao princípio da isonomia e da segurança jurídica, não sendo admitida, salvo em situações excepcionais, devidamente justificadas em alterações legislativas que modificam o regime de cargos e empregos na carreira a ser preenchida pelo procedimento.</td></tr>
<tr><td rowspan="2">Controle judicial</td><td>O Poder Judiciário não pode substituir-se à banca examinadora, definindo critérios de seleção e reavaliando provas e notas atribuídas a candidatos, sob pena de adentrar no mérito da atuação discricionária da Administração Pública.</td></tr>
<tr><td>Admite-se que o Poder Judiciário verifique a cobrança de itens da matéria não previstos no conteúdo programático disponibilizado pela banca, entre outras regras objetivas.</td></tr>
<tr><td rowspan="2">Nulidade do concurso</td><td>A anulação da nomeação em decorrência da irregularidade do concurso público deve respeitar o devido processo legal</td></tr>
<tr><td>A despeito de não se poder convalidar o ato de nomeação decorrente de concurso ilegal, os atos praticados por este agente irregularmente investido, por se revestirem de legalidade aparente, devem ser mantidos para se evitar prejuízos a terceiros que acreditaram na atuação estatal.</td></tr>
</table>

<table>
<tr><th colspan="4">AGENTES PÚBLICOS</th></tr>
<tr><td rowspan="4"></td><td></td><td></td><td>A jurisprudência do Supremo Tribunal Federal definiu que, além da percepção da remuneração pelos dias trabalhados, o agente faz jus ao saldo do Fundo de Garantia por Tempo de Serviço – FGTS, cujos depósitos devem ser efetivados pelo Estado , quando for a hipótese de anulação de concurso público para contratação de empregados:</td></tr>
<tr><td>REALIZAÇÃO DE NOVO CONCURSO NA VIGÊNCIA DO CERTAME ANTERIOR</td><td colspan="2">"Durante o prazo improrrogável previsto no edital de convocação, aquele aprovado em concurso público de provas ou de provas e títulos será convocado com prioridade sobre novos concursados para assumir cargo ou emprego, na carreira"(art. 37, IV da CF alterado pela EC n.19/98).</td></tr>
<tr><td rowspan="2">DIREITO SUBJETIVO À NOMEAÇÃO</td><td colspan="2">Em 2007 o Supremo Tribunal Federal proferiu uma decisão que se tornou leading case da nova posição adotada pela jurisprudência dominante no Brasil de que o candidato que for aprovado, em concurso público, dentro do número de vagas previamente definido no instrumento convocatório, terá direito subjetivo à nomeação.</td></tr>
<tr><td colspan="2">O instrumento convocatório é um ato administrativo e, como tal pode ser modificado ou revogado por motivo de interesse público superveniente, devidamente justificado. Trata-se da aplicação do princípio da autotutela, regulamentado, inclusive pela edição das súmulas 346 e 473 do Supremo Tribunal Federal.</td></tr>
<tr><td rowspan="2">NACIONALIDADE BRASILEIRA</td><td colspan="3">Ressalte-se que a lei não pode distinguir entre brasileiros natos e naturalizados, distinção apenas feita pela Constituição Federal (§3°, art. 12 e VII e do art. 89, da CF/88),logo, para ingressar em cargo público federal, deve ser brasileiro (nato ou naturalizado).</td></tr>
<tr><td colspan="3">As universidades públicas e instituições de pesquisa científica e tecnológica federais poderão prover seus cargos com professores, técnicos e cientistas estrangeiros (I, art. 37, CF/88).</td></tr>
<tr><td>O GOZO DOS DIREITOS POLÍTICOS</td><td colspan="3">Aqueles que, de alguma forma, não estiverem em pleno gozo dos direitos políticos não poderão ingressar na carreira pública federal, (art. 5º, II, da lei 8.112/90).</td></tr>
<tr><td>A QUITAÇÃO COM AS OBRIGAÇÕES MILITARES E ELEITORAIS</td><td colspan="3">Requisito estampado no art. 5º, III, da lei 8.112/90, para assunção de cargo público estatutário civil, no âmbito federal, devendo ser demonstrado por meio de certidões extraídas nos respectivos órgãos, que demonstrem a ausência de pendência do cidadão.</td></tr>
<tr><td rowspan="4">O NÍVEL DE ESCOLARIDADE EXIGIDO PARA O EXERCÍCIO DO CARGO</td><td colspan="3">A exigência de escolaridade deve ser determinada por meio de lei e deve ser compatível com as funções a serem atribuídas aos servidores dos cargos a serem providos.</td></tr>
<tr><td rowspan="3">APTIDÃO FÍSICA E MENTAL PARA O EXERCÍCIO DAS FUNÇÕES DO CARGO</td><td rowspan="3">PORTADORES DE NECESSIDADES ESPECIAIS</td><td>As pessoas portadoras de necessidades especiais não devem, por esta razão, estar impedidos de exercerem funções públicas, haja vista a plena possibilidade de compatibilização desta limitação com as funções inerentes às atividades de interesse da coletividade.</td></tr>
<tr><td>É cediço que determinadas deficiências, em situações específicas, poderão ensejar a impossibilidade de o agente exercer algumas atribuições, o que justifica a necessidade de se obstar o ingresso de determinadas pessoas a determinados cargos (em virtude das atribuições dispostas na lei).</td></tr>
<tr><td>A lei 8.112/90 reserva até 20% das vagas aos portadores de deficiência, desde que se trate de deficiência que não impeça o exercício da função do cargo a ser assumido.</td></tr>
</table>

<table>
<tr><th colspan="4">AGENTES PÚBLICOS</th></tr>
<tr><td rowspan="7"></td><td rowspan="7"></td><td rowspan="5">LIMITE DE IDADE</td><td>O STJ, em julgados esparsos, estabeleceu que o edital deve respeitar um percentual mínimo de 5% das vagas destinadas a estes candidatos.</td></tr>
<tr><td>SÚMULA N. 683 DO STF: O limite de idade para a inscrição em concurso público só se legitima em face do art. 7º, XXX, da Constituição, quando possa ser justificado pela natureza das atribuições do cargo a ser preenchido.</td></tr>
<tr><td>O entendimento sumulado deve ser ampliado, não somente para restrição referente a idade, mas também em relação a sexo (masculino ou feminino), altura mínima, entre outras restrições (XXX, art. 7° c/c o §3°, do art. 39, da CF/88).</td></tr>
<tr><td>Somente a lei pode estabelecer os limites e requisitos para acesso aos cargos públicos, não devendo ser substituída por mera regulamentação editalícia (STF).</td></tr>
<tr><td>Na admissão do idoso em qualquer trabalho ou emprego, é vedada a discriminação e a fixação de limite máximo de idade, inclusive para concursos, ressalvados os casos em que a natureza do cargo o exigir (art. 27, da lei nº 10.741/03).</td></tr>
<tr><td rowspan="2">EXAME PSICOTÉCNICO</td><td>Além da exigência de previsão legal, a doutrina e jurisprudência vêm-se orientando no sentido de que a realização do psicoteste deve ser definida no edital do concurso com regras objetivas que justifiquem a aptidão ou não para o exercício do cargo (§1°, art. 14, do Decreto n° 6944/09 c/c súmula vinculante nº 44 do STF)</td></tr>
<tr><td>Após o resultado acerca da aptidão ou não para o exercício das funções, deve ser concedido ao candidato prazo para interposição de recuso administrativo da decisão (o art. 14-A, §2º do Decreto 6.944/09).</td></tr>
<tr><td rowspan="6">ATIVIDADE JURÍDICA</td><td colspan="3">Para o preenchimento de cargos, em determinadas carreiras públicas, a Constituição Federal exige a demonstração de prazo de atividade na área jurídica, como forma de se verificar a experiência necessária para execução das funções inerentes à atividade estatal a ser preenchida pelo candidato.</td></tr>
<tr><td colspan="3">A Emenda Constitucional n. 45/04, alterou o texto da Carta Magna, definindo a obrigatoriedade de atividade jurídica de três anos para que seja possível o ingresso nas carreiras da Magistratura e do Ministério Público (art. 93, I, c/c art. 129, §3º, da CF/88).</td></tr>
<tr><td colspan="3">Nas demais carreiras da área jurídica, a exigência não é estampada na Constituição da República, no entanto, poderá ser feita mediante lei específica, desde que justificada em razão das atribuições inerentes ao cargo objeto da norma.</td></tr>
<tr><td colspan="3">Para o ingresso nas carreiras de Magistratura e do Ministério Público, qualquer tempo de atividade, ainda que na área jurídica, não poderá ser assumido como tal, caso tenha sido exercido antes da colação de grau como bacharel em direito da Resolução n. 75 do CNJ.</td></tr>
<tr><td colspan="3">Para o ingresso nas carreiras de Magistratura e do Ministério Público, a conclusão em cursos de pós-graduação na área jurídica que, à luz do entendimento anterior, poderia ser considerado como tempo de atividade jurídica não mais é admitida para esse fim pela regra atual.</td></tr>
<tr><td colspan="3">Em relação ao ingresso nas carreiras do Ministério Público, a matéria se encontra regulamentada pela Resolução n. 40/09 do Conselho Nacional do Ministério Público – CNMP que admite como tempo de atividade jurídica os cursos de pós-graduação, desde que respeitadas algumas regras expostas.</td></tr>
<tr><td>VEDAÇÃO AO NEPOTISMO</td><td colspan="3">Em respeito ao princípio da moralidade e da impessoalidade das nomeações, é exigido que o agente não possua vínculo familiar com o nomeante. Trata-se de requisito negativo de acesso e que deve ser tratado com muito cuidado.</td></tr>
</table>

<table>
<tr><th colspan="2">AGENTES PÚBLICOS</th></tr>
<tr><td rowspan="10">VAGAS RESERVADAS PARA NEGROS E PARDOS</td><td>A lei 8112/90, em seu art. 117, VIII define que é punível com advertência a prática do nepotismo, expondo que configura infração administrativa "manter sob sua chefia imediata, em cargo ou função de confiança, cônjuge, companheiro ou parente até o segundo grau civil".</td></tr>
<tr><td>"A nomeação de cônjuge, companheiro ou parente em linha reta, colateral ou por afinidade, até o terceiro grau, inclusive, da autoridade nomeante ou de servidor da mesma pessoa jurídica, investido em cargo de direção, chefia ou assessoramento, para o exercício de cargo em comissão ou de confiança, ou, ainda, de função gratificada na Administração Pública direta e indireta, em qualquer dos Poderes da União, dos Estados, do Distrito Federal e dos municípios, compreendido o ajuste mediante designações recíprocas, viola a Constituição Federal"(Súmula Vinculante n. 13 do STF).</td></tr>
<tr><td>O STJ definiu que a nomeação de parentes nos moldes vedados pela Súmula Vinculante n. 13, além de configurar ato ilícito, pode ser rotulado como ato de improbidade administrativa.</td></tr>
<tr><td>É inaplicável a vedação ao nepotismo quando se tratar de nomeação de agentes para o exercício de cargos políticos.</td></tr>
<tr><td>No âmbito federal, a matéria é regulamentada por meio do Decreto 7.203/10.</td></tr>
<tr><td>A lei 12.990/14 determinou a reserva de um percentual fixo de 20% das vagas de concursos públicos, no âmbito da Administração Direta e Indireta da União, para os candidatos negros e pardos, desde que o número de vagas estipulado no edital seja igual ou superior a 3.</td></tr>
<tr><td>ATENÇÃO! A regra não se aplica para concursos no âmbito estadual, distrital e municipal, dependendo da publicação de leis específicas, publicadas no bojo dessas entidades.</td></tr>
<tr><td>Poderão concorrer às vagas aqueles que se autodeclararem pretos ou pardos no ato da inscrição no concurso público, conforme o quesito cor ou raça utilizado pelo IBGE.</td></tr>
<tr><td>Os candidatos negros concorrerão concomitantemente às vagas reservadas e às vagas destinadas à ampla concorrência.</td></tr>
<tr><td>A vigência da lei 12.990/14 será de 10 anos, conforme art. 6º da citada norma legal</td></tr>
<tr><th colspan="2">ESTABILIDADE</th></tr>
<tr><td>Cargos efetivos</td><td>Aprovados mediante concurso público e passíveis da aquisição de estabilidade. Estes contam com maior garantia visto que a nomeação é feita em caráter definitivo e quando preenchido os requisitos definidos no texto da Constituição da República, adquirirão estabilidade.</td></tr>
<tr><td>Cargos em comissão</td><td>Não adquirem estabilidade, pois são cargos de livre nomeação e exoneração, assim definidos pela Constituição.</td></tr>
<tr><td colspan="2">Com efeito, após a aquisição da estabilidade, o servidor público somente perderá o cargo nas hipóteses previamente definidas em disposição constitucional.</td></tr>
<tr><td colspan="2">A estabilidade é adquirida pelos detentores de CARGO público EFETIVO, não sendo também prevista para os detentores de EMPREGO público ou para aqueles detentores de CARGOS EM COMISSÂO (art. 41 da CF/88).</td></tr>
<tr><td rowspan="4">Conceito e evolução constitucional</td><td>Pode-se definir a estabilidade como garantia constitucional atribuída a determinados servidores detentores de cargos efetivos de permanência, a princípio, no serviço público.</td></tr>
<tr><td>O prazo de exercício para aquisição da estabilidade é de três anos somados a aprovação em avaliação especial de desempenho realizada por uma comissão especialmente constituída com esta finalidade (art. 41 a CF alterado pela EC n. 19/98).</td></tr>
<tr><td>Como garantia ao direito adquirido, a nova redação constitucional não retroage para atingir aqueles que já haviam completado o período de dois anos e, consequentemente, adquirido estabilidade antes do advento da Emenda Constitucional.</td></tr>
<tr><td>Passados os três anos de exercício, se a avaliação não foi realizada pelo poder público, presume-se que o servidor foi avaliado e aprovado, conforme entendimento da doutrina e da jurisprudência) (art. 19, da ADCT).</td></tr>
</table>

<table>
<tr><th colspan="4">AGENTES PÚBLICOS</th></tr>
<tr><td rowspan="3">EMPREGOS PÚBLICOS</td><td colspan="3">Os empregados públicos, a princípio, serão contratados para prestação de serviços nas entidades privadas da Administração Indireta e, portanto, não gozam das prerrogativas de direito público em conformidade com a súmula 390, II do TST.</td></tr>
<tr><td colspan="3">A dispensa de empregado público se configura ato administrativo e, como tal, depende de motivação, inclusive, pelo fato de restringir direitos de particulares, sendo imprescindível, portanto, garantia de contraditório e ampla defesa (entendimento não pacificado).</td></tr>
<tr><td colspan="3">Os empregados que ingressaram no serviço público, para execução de atividades nos entes da Administração Direta, autárquica e fundacional, antes de 1998 gozam de estabilidade nos moldes da súmula 390 do TST. Por sua vez, a partir da vigência da norma alterada pela EC n. 19/98, não se admite a aquisição de estabilidade por empregados regidos pela CLT.</td></tr>
<tr><td rowspan="13">DISPENSA DO SERVIDOR ESTÁVEL</td><td rowspan="13">Hipóteses</td><td colspan="2">Avaliação periódica de desempenho</td></tr>
<tr><td colspan="2">Processo administrativo em que se assegure ampla defesa</td></tr>
<tr><td colspan="2">Sentença judicial transitada em julgado</td></tr>
<tr><td colspan="2">Exoneração para corte de gastos</td></tr>
<tr><td rowspan="9">Exoneração para corte de gastos</td><td>Dispõe o art. 19 da Lei Complementar 101/00 que a União Federal deve utilizar, no máximo, 50% de sua receita corrente líquida com gastos de pessoal. Em relação aos estados e municípios, este percentual é de 60%.</td></tr>
<tr><td>Não se considera despesa com pessoal, para fins de atendimento dos limites, a indenização por demissão de servidores ou empregados, as despesas relativas a incentivos à demissão, bem como os gastos com inativos, ainda que por intermédio de fundo específico.</td></tr>
<tr><td>A regra a ser observada é que, primeiramente, haverá redução de pelo menos 20% das despesas com cargos comissionados e funções de confiança, para fins de adequação às limitações legais de pagamento de servidores.</td></tr>
<tr><td>Caso não esteja solucionado o problema, serão exonerados os servidores públicos não estáveis e se não se chegar ao limite legal de gastos, serão exonerados os servidores estáveis.</td></tr>
<tr><td>O cargo do servidor estável será extinto sendo vedada, ao ente estatal, a criação de cargo, emprego ou função com atribuições iguais ou assemelhadas pelo prazo de quatro anos.</td></tr>
<tr><td>O servidor estável exonerado perceberá uma indenização que corresponde a um mês de remuneração para cada ano de serviço público prestado.</td></tr>
<tr><td>Deverá ser precedida de ato normativo motivado dos Chefes de cada um dos Poderes da União, dos Estados, dos Municípios e do Distrito Federal.</td></tr>
<tr><td>A exoneração de servidor estável que desenvolva atividade exclusiva de Estado, assim definida em lei, somente será admitida quando a exoneração de servidores dos demais cargos do órgão ou da unidade administrativa objeto da redução de pessoal tenha alcançado, pelo menos, trinta por cento do total desses cargos.</td></tr>
<tr><td>Se a despesa total com pessoal, do Poder ou órgão se aproximar dos limites legais deve-se realizar a extinção de cargos e funções públicas ou a redução temporária da jornada de trabalho com adequação dos vencimentos à nova carga horária (art. 23, da LC n. 101/00).</td></tr>
</table>

<table>
<tr><th colspan="3">AGENTES PÚBLICOS</th></tr>
<tr><td></td><td></td><td>Atenção! A demissão é a perda do cargo com caráter PUNITIVO. Já a exoneração é a perda do cargo, sem caráter de penalidade, ocorrendo por situações definidas na legislação.</td></tr>
<tr><td rowspan="2">ESTABILIDADE X ESTÁGIO PROBATÓRIO</td><td colspan="2">O estágio probatório é fase na qual o servidor público está sendo avaliado, dentro da execução da atividade pública, com a intenção de se verificar se possui aptidão para o exercício daquelas funções para as quais foi designado</td></tr>
<tr><td colspan="2">Tribunais Superiores, apesar da disparidade entre a lei n. 8112/90 e a Constituição Federal, entendem que o prazo necessário à aquisição da estabilidade é o definido como o prazo do estágio probatório. Logo, se o prazo para que o servidor se torne estável é de três anos, o tempo de duração do estágio probatório será o mesmo.</td></tr>
<tr><td rowspan="4">VITALICIEDADE</td><td colspan="2">Aos agentes que ocupam cargos vitalícios é garantida a permanência no serviço público, somente sendo possível a perda do cargo mediante sentença judicial transitada em julgado.</td></tr>
<tr><td colspan="2">As demais hipóteses de perda do cargo público aplicada aos servidores estáveis não se estendem aos vitalícios.</td></tr>
<tr><td colspan="2">Para aqueles que ingressam na carreira da magistratura mediante nomeação direta, nos moldes da Constituição, como ocorre com os desembargadores nomeados pelo "quinto constitucional" ou os ministros do Superior Tribunal de Justiça, por exemplo, a vitaliciedade é adquirida no momento da posse, não sendo necessária a observação do prazo de dois anos. O mesmo ocorre com os ministros e conselheiros dos Tribunais de Contas.</td></tr>
<tr><td colspan="2">Em relação àqueles que ingressam nas carreiras da magistratura ou do Ministério Público mediante aprovação em concurso, por sua vez, a vitaliciedade é adquirida, somente, após dois anos de efetivo exercício no cargo.</td></tr>
<tr><th colspan="3">DIREITO DE GREVE DO SERVIDOR PÚBLICO</th></tr>
<tr><td colspan="3">Os servidores militares não têm direito de greve nem de sindicalização, por expressa vedação constitucional (art. 142, IV).</td></tr>
<tr><td colspan="3">Aos servidores públicos civis, o direito de greve está garantido pelo art. 37, VII da Constituição Federal e será exercido nos limites definidos em lei específica.</td></tr>
<tr><td colspan="3">A doutrina majoritária e a jurisprudência do STF entendem que o direito de greve dos servidores públicos decorre de uma norma de eficácia limitada, pois mesmo tendo direito constitucional, o exercício desta garantia fica limitado à edição de lei específica que a regulamente.</td></tr>
<tr><td colspan="3">O STF determinou que, enquanto não houver lei específica a regulamentar a greve dos servidores, será utilizada a lei geral de greve (Lei 7.783/89) para o exercício deste direito.</td></tr>
<tr><td colspan="3">A greve pode, desde que seja realizada licitamente, ser exercida, inclusive por servidores que estejam em estágio probatório.</td></tr>
<tr><td colspan="3">O STF, em 2016, decidiu que "a Administração Pública deve proceder ao desconto dos dias de paralisação decorrentes do exercício do direito de greve pelos servidores públicos, em virtude da suspensão do vínculo funcional que dela decorre, permitida a compensação em caso de acordo. O desconto será, contudo, incabível se ficar demonstrado que a greve foi provocada por conduta ilícita do Poder Público."</td></tr>
<tr><td colspan="3">Ao terminar a movimentação grevista, ficará sujeito à compensação pelos dias parados, sob pena de ressarcimento ao erário dos valores percebidos.</td></tr>
<tr><td colspan="3">A Justiça do Trabalho terá legitimidade para julgar as greves realizadas pelos empregados públicos. Em relação aos servidores estatutários, detentores de cargos efetivos, a competência será da justiça comum. Já quando o movimento for nacional ou abarcar mais de um ente federativo, a competência é do STJ.</td></tr>
<tr><td rowspan="3">Sindicalização</td><td colspan="2">Aos servidores públicos, em geral, é garantido o direito, não somente à greve, mas também à sindicalização (VI, art. 37, da CF/88).</td></tr>
<tr><td colspan="2">"A fixação de vencimentos dos servidores públicos não pode ser objeto de convenção coletiva"(Súmula 679 do STF).</td></tr>
<tr><td colspan="2">"é vedada a dispensa do empregado sindicalizado a partir do registro da candidatura a cargo de direção ou representação sindical e, se eleito, ainda que suplente, até um ano após o final do mandato, salvo se cometer falta grave nos termos da lei"(VIII, art. 8°, da CF/88).</td></tr>
</table>

<table>
<tr><th colspan="4">AGENTES PÚBLICOS</th></tr>
<tr><th colspan="4">PROVIMENTO</th></tr>
<tr><td colspan="4">É um ato administrativo por meio do qual há esse preenchimento de cargo, atribuindo as funções a ele inerentes a uma determinada pessoa.</td></tr>
<tr><td>Provimento Originário:</td><td colspan="3">Nomeação</td></tr>
<tr><td rowspan="7">Provimento Derivado:</td><td colspan="3">Promoção</td></tr>
<tr><td colspan="3">Readaptação</td></tr>
<tr><td colspan="3">Reversão</td></tr>
<tr><td colspan="3">Reintegração</td></tr>
<tr><td colspan="3">Recondução</td></tr>
<tr><td colspan="3">Aproveitamento</td></tr>
<tr><td rowspan="4">Provimento originário</td><td colspan="3">é ato administrativo que atribui um cargo a servidor que não integrava o quadro de servidores daquele órgão.</td></tr>
<tr><td colspan="3">a nomeação é única forma de provimento originário, no ordenamento jurídico brasileiro, dependendo de prévia habilitação em concurso público de provas ou de provas e títulos, obedecidos a ordem de classificação e o prazo de sua validade.</td></tr>
<tr><td colspan="3">o momento da nomeação configura discricionariedade do administrador (art. 9º e seguintes da Lei 8112/90).</td></tr>
<tr><td colspan="3">o provimento do cargo se dá com a nomeação, mas a investidura, no cargo, se dá com a posse (art. 7º, Lei 8.112/90).</td></tr>
<tr><td rowspan="11">PROVIMENTO DERIVADO</td><td colspan="3">nos termos da lei federal, é de 30 (trinta) dias, contados da publicação do ato de provimento, o prazo máximo para a posse, podendo ser feita mediante procuração (art. 13, da Lei n. 8.112/90).</td></tr>
<tr><td colspan="3">E o prazo para o servidor público federal começar exercer as funções do cargo é de 15 dias no máximo (art. 15, da Lei n. 8.112/90).</td></tr>
<tr><td colspan="3">Se o candidato for nomeado e não tomar posse, o ato de nomeação se torna sem efeito.</td></tr>
<tr><td colspan="3">O cargo público será atribuído a um servidor que já exerce funções na carreira em que pretende assumir novo cargo.</td></tr>
<tr><td colspan="3">Não pode haver provimento derivado em outra carreira.</td></tr>
<tr><td colspan="3">"É inconstitucional toda modalidade de provimento que propicie ao servidor investir-se, sem prévia aprovação em concurso público destinado ao seu provimento, em cargo que não integra a carreira na qual anteriormente investido"(Súmula Vinculante nº 43, do STF).</td></tr>
<tr><td rowspan="5">Provimento derivado vertical</td><td rowspan="3">Promoção</td><td>Promoção na carreira pública é o chamado provimento derivado vertical, ensejando a garantia de o servidor público ocupar cargos mais altos, na carreira de ingresso, alternadamente por antiguidade e merecimento.</td></tr>
<tr><td>É necessário a assunção de cargo escalonado em carreira.</td></tr>
<tr><td>ATENÇÃO: Por meio de promoção, não se pode assumir um cargo em outra carreira mais elevada.</td></tr>
<tr><td>Progressão Funcional</td><td>A progressão funcional se configura como o aumento do padrão remuneratório sem mudança de cargo e ocorre em determinadas carreiras em que cada cargo é escalonado com o pagamento de vencimentos progressivos, sempre por antiguidade.</td></tr>
<tr><td>Ascensão</td><td>Também conhecido como acesso foi abolido do ordenamento jurídico pela Constituição Federal de 1988.</td></tr>
</table>

<table>
<tr><th colspan="4">AGENTES PÚBLICOS</th></tr>
<tr><td rowspan="6">Provimento derivado horizontal</td><td rowspan="5">Readaptação</td><td colspan="2">A readaptação (art. 24, Lei 8112/90) é o aproveitamento do servidor em novo cargo razão de uma limitação sofrida na capacidade física ou mental.</td></tr>
<tr><td colspan="2">É garantida a equivalência de vencimentos.</td></tr>
<tr><td colspan="2">Independe da existência de cargo vago na carreira, podendo ser readaptado, no novo cargo, como excedente.</td></tr>
<tr><td colspan="2">Não havendo nenhum cargo, na carreira, com funções compatíveis, o servidor será aposentado por invalidez.</td></tr>
<tr><td colspan="2">A princípio, independentemente de culpa, o servidor tem direito a ser readaptado.</td></tr>
<tr><td>Transferência</td><td colspan="2">Inicialmente, prevista na lei 8.112/90, a transferência como forma de assumir novo cargo em carreira diversa não pode ser mantida, em virtude da violação ao concurso público.</td></tr>
<tr><td rowspan="15">Provimento derivado por reingresso</td><td rowspan="6">Reversão</td><td colspan="2">retorno do servidor público aposentado ao exercício do cargo público.</td></tr>
<tr><td>Reversão da aposentadoria por invalidez</td><td>quando cessam os motivos da invalidez</td></tr>
<tr><td rowspan="4">Reversão do servidor aposentado voluntariamente</td><td>Deve haver solicitação do aposentado, que já tinha estabilidade quando na atividade.</td></tr>
<tr><td>a aposentadoria deve ter ocorrido nos cinco anos anteriores.</td></tr>
<tr><td>deve haver cargo vago e interesse da Administração Pública.</td></tr>
<tr><td>Após os 75 anos de idade, não será possível a reversão (aposentadoria compulsória).</td></tr>
<tr><td rowspan="4">Reintegração</td><td colspan="2">Retorno do servidor público estável, ao cargo que ocupava anteriormente, em virtude da anulação do ato de demissão.</td></tr>
<tr><td colspan="2">Invalidade da demissão do servidor estável por decisão judicial ou administrativa.</td></tr>
<tr><td colspan="2">O reintegrado será indenizado por tudo que deixou de ganhar.</td></tr>
<tr><td colspan="2">Basta que este agente seja detentor de cargo público efetivo (STF).</td></tr>
<tr><td rowspan="5">Recondução</td><td rowspan="2">Inabilitação em estágio probatório relativo a outro cargo</td><td>É o retorno à carreira anterior em que já havia adquirido estabilidade, ao invés de ser exonerado do serviço público.</td></tr>
<tr><td>Pode o servidor ser reconduzido a pedido seu ou por decisão administrativa (STJ).</td></tr>
<tr><td>reintegração do anterior ocupante</td><td>O servidor pode requerer a recondução dentro do período de estágio probatório (doutrina majoritária).</td></tr>
<tr><td colspan="2">Pode o servidor ser reconduzido a pedido seu ou por decisão administrativa (STJ).</td></tr>
<tr><td colspan="2">Não gera direito a percepção de indenização.</td></tr>
</table>

<table>
<tr><th colspan="4">AGENTES PÚBLICOS</th></tr>
<tr><td rowspan="4"></td><td rowspan="4"></td><td rowspan="4">Aproveitamento</td><td>Retorno de determinado servidor público que se encontra em disponibilidade, para assunção de cargo com funções compatíveis com as que exercia, antes de ter extinto o cargo que ocupava.</td></tr>
<tr><td>Havendo extinção ou declaração de desnecessidade de cargo público, o servidor é transferido para a disponibilidade.</td></tr>
<tr><td>A disponibilidade é remunerada e não tem prazo.</td></tr>
<tr><td>O aproveitamento é obrigatório tanto para o poder público, como para o agente.</td></tr>
<tr><th colspan="4">VACÂNCIA</th></tr>
<tr><td colspan="4">É o termo técnico para descrever cargo público vago.</td></tr>
<tr><td rowspan="5">Aposentadoria</td><td colspan="3">Quando o servidor público passa apara a inatividade mediante ato praticado pela Administração Pública.</td></tr>
<tr><td colspan="3">Deverá ser aprovada pelo Tribunal de Contas para que tenha validade por se tratar de ato complexo.</td></tr>
<tr><td rowspan="3">Hipóteses</td><td colspan="2">Voluntária</td></tr>
<tr><td colspan="2">Compulsória</td></tr>
<tr><td colspan="2">Por invalidez</td></tr>
<tr><td>Falecimento</td><td colspan="3">fato administrativo alheio ao interesse do servidor ou da Administração Pública e que torna inviável a ocupação do cargo.</td></tr>
<tr><td rowspan="2">Exoneração</td><td colspan="3">dissolução do vínculo com o poder público, por situação prevista em lei, sem caráter de penalidade.</td></tr>
<tr><td colspan="3">a pedido do servidor ou por vontade da Administração Pública.</td></tr>
<tr><td rowspan="2">Demissão</td><td colspan="3">cabível sempre que o servidor comete infração funcional, prevista em lei e punível com a perda do cargo público.</td></tr>
<tr><td colspan="3">deve ser precedida de processo administrativo disciplinar.</td></tr>
<tr><td>Readaptação</td><td colspan="3">O servidor readaptado, ao assumir o novo cargo, com funções compatíveis com sua nova situação, deverá tornar vago o cargo anteriormente ocupado.</td></tr>
<tr><td>Promoção</td><td colspan="3">A assunção do novo cargo causa a vacância do cargo anteriormente ocupado.</td></tr>
<tr><td rowspan="2">Posse em cargo inacumulável</td><td colspan="3">Em virtude da vedação constitucional de acumulação de cargos e empregos públicos, será necessária a vacância do cargo anteriormente ocupado.</td></tr>
<tr><td colspan="3">Caso o servidor não faça a opção, após a concessão de prazo de dez dias, o poder público poderá instaurar processo administrativo sumário, culminando na aplicação da penalidade de demissão.</td></tr>
<tr><th colspan="4">ACUMULAÇÃO DE CARGOS</th></tr>
<tr><td colspan="4">Quando a Constituição Federal proíbe a acumulação de cargo ou emprego, abrange os servidores estatutários, os celetistas, assim como os servidores temporários contratados nos moldes do art. 37, IX da Carta da República.</td></tr>
<tr><td rowspan="6">EXCEÇÃO</td><td rowspan="5">Hipóteses de acumulação</td><td colspan="2">dois cargos de professor, para os servidores que atuam na atividade de magistério (XVI, art. 37, da CF/88).</td></tr>
<tr><td colspan="2">um cargo de professor com outro técnico ou científico (nível superior ou formação técnica especializada), conforme entendimento do STJ.</td></tr>
<tr><td colspan="2">dois cargos ou empregos privativos de profissionais de saúde, com profissões regulamentadas (art. 142, §3º, II alterado pela EC n. 34/2001).</td></tr>
<tr><td colspan="2">um cargo de Magistrado ou membro do Ministério Público com um cargo de professor (artigo 95, parágrafo Único, I c/c artigo 128, §5º, II, “d” da CF/88).</td></tr>
<tr><td colspan="2">um cargo efetivo mais um cargo de vereador (art. 38, da CF/88).</td></tr>
<tr><td colspan="3">ATENÇÃO! Não há a possibilidade admitida de acumulação de mais de dois cargos públicos.</td></tr>
</table>

<table>
<tr><th colspan="4">AGENTES PÚBLICOS</th></tr>
<tr><td rowspan="11"></td><td colspan="3">Deve haver a demonstração de compatibilidade de horários</td></tr>
<tr><td colspan="3">A referida acumulação deve respeitar o teto remuneratório de pagamento do Ministro do Supremo Tribunal Federal (XI, art. 37, CF/88).</td></tr>
<tr><td rowspan="3">Acumulação Ilegal</td><td colspan="2">Caso a acumulação seja ilegal, o servidor deve ser notificado por intermédio de sua chefia imediata, para apresentar opção no prazo improrrogável de dez dias, contados da data da ciência.</td></tr>
<tr><td colspan="2">Ao optar dentro do prazo, considerar-se-á que estava de boa fé e haverá exoneração daquele cargo ou emprego público não escolhido.</td></tr>
<tr><td colspan="2">Se não optar, abre-se um processo administrativo sumário e se detectada a acumulação ilegal, o servidor será demitido de todos os cargos ocupados.</td></tr>
<tr><td rowspan="2">Acumulação na carreira militar</td><td colspan="2">O cargo de policial militar não pode ser cumulado com um cargo de magistério, não sendo considerado, assim, cargo técnico ou científico para fins de acumulação, conforme entendimento dos tribunais superiores.</td></tr>
<tr><td colspan="2">ATENÇÃO! A Emenda Constitucional n. 77 alterou o art. 142 da CF possibilitando a acumulação de cargos de médico, na atividade militar, com cargo público de médico em carreiras públicas civis, havendo prevalência do serviço militar.</td></tr>
<tr><td rowspan="4">Acumulação da aposentadoria do regime próprio de previdência do servidor com remuneração de cargo efetivo</td><td colspan="2">Proventos de aposentadoria + remuneração de cargo em comissão</td></tr>
<tr><td colspan="2">Proventos de aposentadoria + remuneração de cargo eletivo (não só vereador).</td></tr>
<tr><td colspan="2">Proventos de aposentadoria + remuneração de cargo efetivo acumulável na atividade (art. 37, XVI, da CF/88)</td></tr>
<tr><td colspan="2">ATENÇÃO! Deve-se respeitar o limite de remuneração, previsto no art. 37, XI da Constituição da República.</td></tr>
<tr><th colspan="4">DESLOCAMENTO</th></tr>
<tr><td colspan="4">São duas as hipóteses de deslocamento que não configuram provimento ou vacância de cargos públicos.</td></tr>
<tr><td rowspan="6">REMOÇÃO</td><td colspan="3">é um deslocamento funcional, ou seja, deslocamento do servidor público dentro do mesmo quadro de pessoal, ou seja, dentro da mesma carreira, com ou sem mudança de sede e de domicílio.</td></tr>
<tr><td colspan="3">a remoção de ofício é sempre concedida, no interesse da Administração Pública; enquanto a remoção a pedido é concedida a critério da Administração Pública.</td></tr>
<tr><td colspan="3">trata-se de ato discricionário</td></tr>
<tr><td rowspan="3">Hipóteses desta sendo ato vinculado</td><td>deslocamento do cônjuge do servidor</td><td>a jurisprudência do Superior Tribunal de Justiça dispõe que, para a concessão desta remoção, é necessário demonstrar que os dois servidores coabitavam</td></tr>
<tr><td>por motivo de saúde do servidor, cônjuge ou de dependente econômico do servidor, comprovado o requisito por laudo médico oficial.</td><td>o poder público não pode sobrepor esta situação ao interesse do serviço.</td></tr>
<tr><td>em virtude de processo seletivo promovido, na hipótese em que o número de interessados for superior ao número de vagas, de acordo com normas preestabelecidas pelo órgão ou entidade em que aqueles estejam lotados</td><td>Trata-se de concurso de remoção, feito, normalmente, por antiguidade, entre os servidores da carreira.</td></tr>
<tr><td>REDISTRIBUIÇÃO</td><td colspan="3">é o deslocamento do cargo público, ou seja, na redistribuição é o cargo - e não o servidor público - que será deslocado de uma localidade para outra, dentro da estrutura administrativa.</td></tr>
</table>

<table>
<tr><th colspan="3">AGENTES PÚBLICOS</th></tr>
<tr><td rowspan="2"></td><td colspan="2">A lei permite que o deslocamento seja feito entre órgãos diferentes e até mesmo entre entidades diferentes, desde que seja dentro do mesmo Poder, sendo possível que este deslocamento incida sobre cargos ocupados ou vagos.</td></tr>
<tr><td colspan="2">É sempre feita de ofício, ou seja, no interesse da Administração Pública.</td></tr>
<tr><th colspan="3">REMUNERAÇÃO DO SERVIDOR PÚBLICO</th></tr>
<tr><td>Lei 8112/90</td><td colspan="2">A soma do vencimento (parcela fixa a todos os servidores) e das vantagens permanentes (parcela variável) compõe a remuneração total paga pela prestação do serviço.</td></tr>
<tr><td colspan="3">A expressão vencimentos (no plural) é sinônima de remuneração</td></tr>
<tr><td colspan="3">O vencimento e a remuneração do servidor público se configuram como verbas de caráter alimentar, não se admitindo, arresto, sequestro ou penhora destes valores.</td></tr>
<tr><td colspan="3">A remuneração do servidor público deve ser definida mediante a edição de lei específica, assim como a revisão ou alteração.</td></tr>
<tr><td rowspan="5">Iniciativa para a edição da lei:</td><td colspan="2">O chefe do Poder Executivo tem legitimidade privativa para a iniciativa da lei que defina as remunerações para os cargos e empregos pertencentes à sua estrutura (art. 61, §1º, II, "a" da CF/88).</td></tr>
<tr><td colspan="2">Ao Supremo Tribunal Federal, aos tribunais superiores e aos Tribunais de Justiça compete a iniciativa da lei que regulamenta a remuneração dos cargos do Poder Judiciário (art. 96, II, "b", da CF/88).</td></tr>
<tr><td colspan="2">A Câmara dos Deputados ou o Senado Federal terão a iniciativa privativa para a legislação que defina a remuneração dos servidores do Poder Legislativo (art. 51, IV e 52, XIII da CF/88).</td></tr>
<tr><td rowspan="2">Exceções</td><td>É possível a fixação, por meio de decreto legislativo, da remuneração do Presidente da República e do Vice-Presidente, dos Ministros de Estado e dos senadores e deputados federais, desde que não ultrapasse o subsídio do ministro do Supremo Tribunal Federal (art. 37, XI, CF/88).</td></tr>
<tr><td>A Câmara de Vereadores tem competência para fixação dos subsídios dos Vereadores, sem a necessidade de deliberação do Poder Executivo, mediante decreto legislativo (art. 29, VI, da CF/88).</td></tr>
<tr><td colspan="3">A concessão de vantagens ou aumento de remuneração depende de prévia dotação orçamentária capaz de fazer frente às despesas a serem realizadas e autorização específica na lei de diretrizes orçamentárias, com exceção das empresas públicas e sociedades de economia mista.</td></tr>
<tr><td rowspan="5">IRREDUTIBILIDADE DE REMUNERAÇÃO</td><td colspan="2">A irredutibilidade garantida pelo texto constitucional e pela lei é nominal, ou seja, não há garantia de irredutibilidade real.</td></tr>
<tr><td colspan="2">Não impede a alteração da forma de cálculo, desde que o valor total dos vencimentos não seja alterado.</td></tr>
<tr><td colspan="2">O art. 37, X da Carta Magna define o direito à revisão geral anual dos vencimentos pagos aos servidores estatais, como forma de evitar que a inflação e o decurso de tempo corroam o valor real do pagamento.</td></tr>
<tr><td colspan="2">A lei deve definir a revisão com periodicidade de um ano e garantindo a isonomia entre os servidores do órgão.</td></tr>
<tr><td colspan="2">O STF pacificou o entendimento que, não sendo concedida a revisão, por meio de lei, não compete ao Poder Judiciário condenar o poder público ao pagamento de indenização.</td></tr>
<tr><td rowspan="3">SALÁRIO MÍNIMO</td><td colspan="2">A remuneração do servidor público não pode ser inferior ao salário mínimo (§3°, art. 39 c/c o art. 7°, IV, da CF/88).</td></tr>
<tr><td colspan="2">O vencimento básico pode ser inferior ao mínimo legal, desde que a remuneração total não o seja (art. 41, §5º da lei 8.112/90).</td></tr>
<tr><td colspan="2">Os artigos 7º, IV, e 39, § 3º (redação da EC 19/98), da Constituição, referem-se ao total da remuneração percebida pelo servidor público conforme ditames da Súmula Vinculante n. 16 do STF.</td></tr>
</table>

<table>
<tr><th colspan="3">AGENTES PÚBLICOS</th></tr>
<tr><td rowspan="6">PAGAMENTO EM ATRASO</td><td colspan="2">O pagamento da remuneração deve ser feito em data previamente estabelecida, mediante a entrega de dinheiro ou a efetivação de depósito em conta bancária predefinida pelo servidor, sendo ainda devida a entrega do contracheque, com o detalhamento de valores do vencimento e das vantagens permanentes ou não.</td></tr>
<tr><td colspan="2">Qualquer dano devidamente comprovado, por causa do atraso, poderá ser indenizado mediante a propositura de ação própria.</td></tr>
<tr><td>Independentemente de prejuízo</td><td>Súmula n. 682 do STF: "Não ofende a Constituição a correção monetária no pagamento com atraso dos vencimentos de servidores públicos"</td></tr>
<tr><td colspan="2">Devem incidir juros de mora, nos pagamentos em atraso feitos pela Administração Pública em conformidade como o art. 1º-F, da lei 9.494/97.</td></tr>
<tr><td colspan="2">As verbas vencidas e não pagas podem ser pleiteadas pelo servidor público, dentro do prazo prescricional de cinco anos.</td></tr>
<tr><td colspan="2">Prazo que se aplica às parcelas vencidas e não pagas.</td></tr>
<tr><td rowspan="3">VINCULAÇÃO E EQUIPARAÇÃO DE REMUNERAÇÕES</td><td colspan="2">A fixação de remunerações e vencimentos não será feita aleatoriamente, conforme preceitos constitucionais.</td></tr>
<tr><td colspan="2">"Os vencimentos dos cargos do Poder Legislativo e do Poder Judiciário não poderão ser superiores aos pagos pelo Poder Executivo"(art. 37, XII, da CF/88).</td></tr>
<tr><td colspan="2">Não se admite a equiparação ou vinculação de espécies remuneratórias, entre carreiras no serviço público (art. 37, XIII, da CF/88).</td></tr>
<tr><td rowspan="13">SUBSÍDIOS</td><td colspan="2">É forma de pagamento feito em parcela única, não aceitando nenhum acréscimo patrimonial.</td></tr>
<tr><td rowspan="2">Objetivo</td><td>Tornar mais clara e transparente a retribuição de determinados cargos, evitando que um determinado servidor público com vencimento previsto em lei de determinado valor receba remuneração muito acima deste padrão.</td></tr>
<tr><td>Viabilizar o controle da sociedade de forma mais simples em relação aos valores que são pagos às carreiras de agentes públicos, como contraprestação pelos serviços prestados.</td></tr>
<tr><td colspan="2">ATENÇÃO! Salvo as carreiras cuja instituição do subsídio é obrigatória, é facultado ao Poder Público optar pela remuneração ou pelo subsídio.</td></tr>
<tr><td rowspan="9">Carreiras cuja implantação do subsídio é obrigatória</td><td>Chefes do Poder Executivo e os seus respectivos vices.</td></tr>
<tr><td>Auxiliares diretos do Poder Executivo, abarcando os Ministros de Estado e os Secretários estaduais e municipais.</td></tr>
<tr><td>Membros do Poder Legislativo, em todas as esferas de poder, que ingressaram no cargo, mediante eleição popular.</td></tr>
<tr><td>Membros da magistratura, no âmbito federal e estadual, incluindo os juízes, ministros e desembargadores de tribunais.</td></tr>
<tr><td>Membros do Ministério Público, abarcando os promotores e procuradores de justiça.</td></tr>
<tr><td>Ministros e Conselheiros dos Tribunais de Contas.</td></tr>
<tr><td>Membros da Advocacia Pública.</td></tr>
<tr><td>Defensores públicos.</td></tr>
<tr><td>Agentes de segurança pública.</td></tr>
<tr><td>TETO REMUNERATÓRIO</td><td colspan="2">A Emenda Constitucional n. 19/98 alterou o regime de remuneração dos servidores públicos, definindo-lhes um teto único a ser aplicado.</td></tr>
</table>

<table>
<tr><th colspan="4">AGENTES PÚBLICOS</th></tr>
<tr><td rowspan="10"></td><td colspan="3">Já a Emenda Constitucional n. 41/03 modificou a norma mais uma vez e passou a admitir a implantação de subtetos para os servidores dos estados e municípios, desde que com previsão nas respectivas constituições estaduais e leis orgânicas municipais</td></tr>
<tr><td>Teto remuneratório</td><td colspan="2">Subsídio do Ministro do Supremo Tribunal Federal.</td></tr>
<tr><td>Subteto estadual e do DF</td><td colspan="2">EXECUTIVO – Subsídio do governador.
LEGISLATIVO – Subsídio dos deputados estaduais e distritais.
JUDICIÁRIO – Subsídio dos desembargadores do Tribunal de Justiça que devem corresponder a 90,25% do subsídio do ministro do STF.
Obs. Os membros do Ministério Público, defensoria pública e procuradorias estaduais se submetem ao subteto do Poder Judiciário.</td></tr>
<tr><td>Subteto municipal</td><td colspan="2">Subsídio do Prefeito do Município.</td></tr>
<tr><td colspan="3">As empresas públicas e sociedades de economia mista também se submetem ao teto de remuneração previsto na Carta Magna, desde que recebam dinheiro público para custeio de seus gastos ou para pagamento de pessoal em consonância com o disposto no § 9°, do art. 37, da CF/88.</td></tr>
<tr><td rowspan="4">Não se submetem à analise de adequação ao teto remuneratório:</td><td colspan="2">Verbas de natureza indenizatória;</td></tr>
<tr><td colspan="2">Direitos sociais;</td></tr>
<tr><td colspan="2">Abono de permanência;</td></tr>
<tr><td colspan="2">Remuneração da atividade de magistério</td></tr>
<tr><td colspan="3">Todos aqueles servidores que, de alguma forma estiverem recebendo remuneração acima do teto definido, deverão ter o desconto dos valores que ultrapassam o limite constitucional, em folha de pagamento.</td></tr>
<tr><td rowspan="4">DESCONTO NA REMUNERAÇÃO DO SERVIDOR PÚBLICO</td><td rowspan="4">Excepcionalmente, é admitido o desconto</td><td colspan="2">Imposição legal ou por decisão judicial</td></tr>
<tr><td colspan="2">Consignação em folha de pagamentos</td></tr>
<tr><td rowspan="2">Ressarcimento ao erário</td><td>Estando de má-fé, o servidor deve devolver os valores recebidos no prazo de 30 dias. Não podendo pagar de uma só vez dentro do prazo, a lei confere a ele o direito de fazer o pagamento mediante parcelamento com desconto em folha de pagamento. A lei 8.112/90 dispõe, em seu art. 46, §1º, que a parcela será de, no mínimo, 10% da remuneração do servidor.</td></tr>
<tr><td>Atenção! os valores recebidos a maior pelo servidor de boa-fé não são repetíveis conforme jurisprudência do STJ.</td></tr>
<tr><th colspan="4">VANTAGENS</th></tr>
<tr><td colspan="4">São parcelas pecuniárias acrescidas ao vencimento dos servidores públicos em virtude de condição fática prevista em lei.</td></tr>
<tr><td colspan="4">Preenchidas as condições legais o agente terá garantido seu direito de recebê-la conforme art. 49, da lei 8.112/90.</td></tr>
<tr><td rowspan="4">INDENIZAÇÃO</td><td colspan="3">Forma de reparar gastos feitos na prestação da atividade pública.</td></tr>
<tr><td colspan="3">Não é acréscimo patrimonial, possuindo natureza ressarcitória.</td></tr>
<tr><td rowspan="2">Diária</td><td colspan="2">Indenização paga ao servidor público que se desloca temporariamente para prestação do serviço público.</td></tr>
<tr><td colspan="2">Se o deslocamento da sede for atribuição permanente do cargo, o servidor não faz jus à percepção de diárias. Assim como quando se deslocar dentro da mesma região metropolitana, aglomeração urbana ou microrregião, constituídas por municípios limítrofes e regularmente instituídas, ou em áreas de controle integrado mantidas com países limítrofes, cuja jurisdição e competência dos órgãos, entidades e servidores brasileiros considera-se estendida, salvo se houver pernoite fora da sede, hipóteses em que as diárias pagas serão sempre as fixadas para os afastamentos dentro do território nacional.</td></tr>
</table>

<table>
<tr><th colspan="4">AGENTES PÚBLICOS</th></tr>
<tr><td rowspan="21"></td><td rowspan="3"></td><td colspan="2">O servidor perceberá somente ½ (meia) diária quando o deslocamento não exigir pernoite fora da sede, ou quando a União custear, por meio diverso, as despesas extraordinárias cobertas por diárias.</td></tr>
<tr><td colspan="2">O servidor que receber diárias e não se afastar da sede, por qualquer motivo, deve restituí-las à Administração Pública, integralmente, no prazo máximo de 5 (cinco) dias.</td></tr>
<tr><td colspan="2">O servidor, também, deverá devolver os valores percebidos a mais se o prazo de deslocamento for menor.</td></tr>
<tr><td rowspan="9">Ajuda de custo</td><td colspan="2">Paga ao servidor público que se desloca da sede, de forma permanente, no interesse da administração pública.</td></tr>
<tr><td colspan="2">Vedado o duplo pagamento da indenização no caso de cônjuge também servidor.</td></tr>
<tr><td colspan="2">Valor definido pela administração pública que não pode ultrapassar o valor correspondente a 3 (três) meses de remuneração do servidor.</td></tr>
<tr><td colspan="2">É devida para aquele que, não sendo servidor público, for nomeado para exercer cargo em comissão em sede diferente da localidade em que tem residência</td></tr>
<tr><td colspan="2">Não cabe para aquele que se afastar do cargo, ou reassumi-lo, em virtude de mandato eletivo conforme art. 55, da Lei 8.112/90).</td></tr>
<tr><td colspan="2">Deve restitui-la se não se apresentar na nova sede no prazo de 30 (trinta) dias.</td></tr>
<tr><td colspan="2">Em caso de morte do servidor na nova sede, à sua família são assegurados ajuda de custo e transporte para a localidade de origem, deste que requerido dentro do prazo de 1 (um) ano, contado do óbito</td></tr>
<tr><td colspan="2">Não é devida a ajuda de custo nos casos em que houver remoção do servidor, a pedido, inclusive nas hipóteses em que o deslocamento é garantido independentemente do interesse da Administração Pública (art. 53, §3º da lei 8.112/90, alterado pela Lei 12.998/14).</td></tr>
<tr><td colspan="2">(blank)</td></tr>
</table>

<table>
<tr><td rowspan="9"></td><td rowspan="2">Transporte</td><td colspan="2">É indenização paga ao servidor público que realizar despesas com a utilização de meio próprio de locomoção para a execução de serviços públicos externos, por força das atribuições próprias do cargo</td></tr>
<tr><td colspan="2">Art. 3°, do Decreto n. 4.004/01</td></tr>
<tr><td rowspan="7">Auxílio moradia</td><td colspan="2">Indenização paga ao servidor público que tenha sido deslocado de sua sede, para exercer cargos em comissão de DAS 4, 5 e 6, ou cargos de natureza especial ou ainda cargos de ministro de estado.</td></tr>
<tr><td colspan="2">Não pode ultrapassar 25% do valor do cargo em comissão.</td></tr>
<tr><td rowspan="5">Requisitos Cumulativos</td><td>Não exista imóvel funcional disponível para uso pelo servidor</td></tr>
<tr><td>O cônjuge ou companheiro do servidor não ocupe imóvel funcional, assim como a disponibilização de imóvel ao cônjuge ou companheiro.</td></tr>
<tr><td>O servidor ou seu cônjuge ou companheiro não seja ou tenha sido proprietário, promitente comprador, cessionário ou promitente cessionário de imóvel no Município aonde for exercer o cargo</td></tr>
<tr><td>Nenhuma outra pessoa que resida com o servidor receba auxílio-moradia</td></tr>
<tr><td>O servidor tenha se mudado do local de residência para ocupar cargo em comissão ou função de confiança do Grupo-Direção e Assessoramento Superiores - DAS, níveis 4, 5 e 6, de Natureza Especial, de Ministro de Estado ou equivalentes</td></tr>
</table>

<table>
<tr><th colspan="4">AGENTES PÚBLICOS</th></tr>
<tr><td rowspan="5"></td><td rowspan="5"></td><td rowspan="4"></td><td>O Município no qual assuma o cargo em comissão ou função de confiança não se enquadre dentro da mesma região metropolitana, aglomeração urbana ou microrregião</td></tr>
<tr><td>O servidor não tenha sido domiciliado ou tenha residido no Município, nos últimos doze meses, aonde for exercer o cargo em comissão ou função de confiança</td></tr>
<tr><td>O deslocamento não tenha sido por força de alteração de lotação ou nomeação para cargo efetivo.</td></tr>
<tr><td>o deslocamento tenha ocorrido após 30 de junho de 2006</td></tr>
<tr><td colspan="2">A Lei 12.998/14 revogou o art. 60-C da Lei 8.112/90, que estipulava o período máximo de 8 (oito) anos, a cada 12 (doze), para pagamento contínuo desse auxílio. Assim, a partir de então, não há que se falar de prazo máximo de percepção da gratificação de auxílio moradia.</td></tr>
<tr><td rowspan="12">Gratificações</td><td>Gratificação de função</td><td colspan="2">Trata-se de gratificação paga ao agente público pelo exercício de uma função de direção chefia ou assessoramento.</td></tr>
<tr><td rowspan="3">Gratificação natalina</td><td colspan="2">Paga ao servidor, até o dia 20 de dezembro de cada ano, na proporção de um doze avos da remuneração de dezembro para cada mês de serviço público prestado</td></tr>
<tr><td colspan="2">A fração igual ou superior a quinze dias será considerada como um mês integral.</td></tr>
<tr><td colspan="2">O servidor exonerado perceberá sua gratificação natalina, proporcionalmente aos meses de exercício, calculada sobre a remuneração do mês da exoneração</td></tr>
<tr><td rowspan="5">Gratificação por encargo de curso ou concurso</td><td colspan="2">É paga ao servidor público pelo exercício de atividades não inerentes ao exercício do seu cargo;</td></tr>
<tr><td rowspan="4">Hipóteses</td><td>Ao servidor que atuar como instrutor em curso de formação, de desenvolvimento ou de treinamento regularmente instituído no âmbito da administração pública federal.</td></tr>
<tr><td>Àquele que participar de banca examinadora ou de comissão para exames orais, para análise curricular, para correção de provas discursivas, para elaboração de questões de provas ou para julgamento de recursos intentados por candidatos.</td></tr>
<tr><td>Ao que participar da logística de preparação e de realização de concurso público envolvendo atividades de planejamento, coordenação, supervisão, execução e avaliação de resultado, quando tais atividades não estiverem incluídas entre as suas atribuições permanentes.</td></tr>
<tr><td>Aos agentes que participarem da aplicação, fiscalização ou avaliação de provas de exame vestibular ou de concurso público ou supervisionar essas atividades.</td></tr>
<tr><td colspan="3">Será paga por hora de atividade</td></tr>
<tr><td colspan="3">A retribuição não poderá ser superior ao equivalente a 120 (cento e vinte) horas de trabalho anuais.</td></tr>
<tr><td colspan="3">Se justificados devidamente e previamente aprovada pela autoridade máxima do órgão ou entidade, o valor máximo da hora trabalhada corresponderá: 2,2%, em se tratando de atividades de instrutor em curso de formação ou examinador de bancas de concurso público realizado pelo órgão estatal e de 1,2%, em se tratando de atividade de aplicação, fiscalização de provas de concurso ou a coordenação e planejamento destas atividades, incluindo a organização da estrutura logística.</td></tr>
<tr><td rowspan="2">ADICIONAIS</td><td colspan="3">São acréscimos patrimoniais regulamentados nos art. 61, incisos IV a VIII, da Lei 8.112/90 e que dependem de uma certa situação fática para que sejam garantidos aos servidores, não se configurando vantagem pessoal</td></tr>
<tr><td colspan="3">Na legislação federal encontramos os seguintes adicionais: adicional pelo exercício de atividades insalubres, perigosas ou penosas, adicional de férias, pelo exercício de horas extras e de horas noturnas.</td></tr>
</table>

<table>
<tr><th colspan="2">AGENTES PÚBLICOS</th></tr>
<tr><th colspan="2">FÉRIAS</th></tr>
<tr><td colspan="2">Nos moldes da lei 8.112/90, o servidor público tem direito a 30 dias de férias por ano (civil).</td></tr>
<tr><td colspan="2">Para que possa gozar do primeiro período de férias, o servidor deve ter 12 meses de exercício consoante disposto no art. 77 e seguintes da Lei 8112/90.</td></tr>
<tr><td colspan="2">No interesse da Administração é possível haver acumulação de períodos de férias, por no máximo 2 (dois) períodos.</td></tr>
<tr><td colspan="2">As férias do servidor público podem ser parceladas em até 3 (três) períodos (a pedido do servidor e a critério da Administração). No entanto, o adicional de férias (1/3 da remuneração do mês das férias) não é parcelado, sendo pago de uma única vez, antes do primeiro período.</td></tr>
<tr><td colspan="2">Caso o servidor seja exonerado antes de usufruir de seu período de férias, fará jus a este pagamento de forma proporcional, com acréscimo do adicional de 1/3 (STF).</td></tr>
<tr><td colspan="2">As férias somente poderão ser interrompidas por motivo de calamidade pública, comoção interna, convocação para júri, serviço militar ou eleitoral, ou por necessidade do serviço declarada pela autoridade máxima do órgão ou entidade. O restante do período interrompido será gozado de uma só vez, observado o disposto no art. 77 (art. 80, caput e parágrafo único da Lei n° 8.112/90).</td></tr>
<tr><th colspan="2">LICENÇAS</th></tr>
<tr><td colspan="2">As licenças podem ser remuneradas ou não, bem como ter prazo determinado e fixado em lei.</td></tr>
<tr><td rowspan="3">Licença por motivo de doença familiar</td><td>Para sua concessão, faz-se necessário o preenchimento dos 3 requisitos previstos no art. 83 da lei 8.112/90, abaixo discriminados:
I - pessoa da família doente, podendo ser assim considerado cônjuge ou companheiro, dos pais, dos filhos, do padrasto ou madrasta e enteado, ou dependente que viva a suas expensas e conste do seu assentamento funcional;
II - o doente depende da assistência direta do servidor, não sendo possível o auxílio por outra pessoa da família; e
III - impossibilidade de o servidor, ao mesmo tempo, prestar a assistência devida ao familiar enfermo e exercer sua função pública, nem mesmo mediante compensação de horários, permitida na lei.</td></tr>
<tr><td>Comprovados os requisitos, o servidor tem direito à licença por até 60 dias com remuneração, limite este que inclui as prorrogações necessárias. Terminado este período, pode prorrogar por até 90 dias, sem remuneração. Evidentemente, cada nova prorrogação exige a comprovação de todos os requisitos anteriormente analisados.</td></tr>
<tr><td>Concedida a licença por motivo de doença de membro da família, outra só poderá ser concedida após 12 meses, ainda que não usufruído todo o período permitido.</td></tr>
<tr><td rowspan="4">Por motivo de afastamento do cônjuge</td><td>Ocorre quando o cônjuge do servidor é deslocado para qualquer lugar do território nacional ou do exterior, ou para o exercício de mandato eletivo, no Poder executivo ou no Legislativo.</td></tr>
<tr><td>A licença não tem prazo definido em lei, podendo ser concedida por tempo indeterminado e, durante o período de licença, o servidor não fará jus ao recebimento de sua remuneração.</td></tr>
<tr><td>Caso o cônjuge também seja servidor público e esteja se deslocando no interesse da Administração, a lei regulamenta a possibilidade de exercício provisório.</td></tr>
<tr><td>É ato vinculado segundo entendimento do STJ.</td></tr>
<tr><td rowspan="2">Para exercício de atividade política</td><td>Essa licença se divide em dois momentos:
o primeiro vai da escolha do sujeito, na convenção partidária, até a véspera do registro da candidatura na justiça eleitoral (neste período, a licença e concedida sem remuneração).
o segundo vem com o registro da candidatura e segue até 10 dias após as eleições (neste período, a licença será concedida com remuneração, não podendo ultrapassar 3 (três) meses).</td></tr>
<tr><td>Servidores que exercem funções ou cargos comissionados não podem se candidatar sem se desincompatibilizar. Considera-se desincompatibilização o afastamento do cargo ou função por um período de 180 (cento e oitenta) dias sem direito à remuneração.</td></tr>
<tr><td rowspan="2">Para prestação do serviço militar</td><td>A licença será concedida para prestação da atividade militar e dura o tempo do serviço militar.</td></tr>
<tr><td>Terminado o serviço, o servidor ainda terá, nos moldes da legislação federal, o prazo máximo de 30 (trinta) dias, sem remuneração, para retornar ao cargo público.</td></tr>
<tr><td rowspan="3">Por motivo de interesse particular</td><td>Trata-se de licença imotivada (art. 91, da lei n. 8.112/90).</td></tr>
<tr><td>É discricionária e precária.</td></tr>
<tr><td>Concedida pelo prazo máximo de 3 (três) anos, improrrogáveis, e sem que o servidor faça jus à percepção de sua remuneração.</td></tr>
</table>

<table>
<tr><th colspan="2">AGENTES PÚBLICOS</th></tr>
<tr><td rowspan="4">Para capacitação</td><td>Conforme a lei 8112/90, a cada 5 (cinco) anos de efetivo exercício no serviço público o servidor tem direito a até 3 (três) meses de licença para participar de curso de capacitação profissional, no interesse da Administração Pública. Estes 3 (três) meses não configuram uma garantia, mas sim o limite definido ao servidor público. Dessa forma, se o curso do qual o agente decidiu participar, tiver duração de 2 (dois) meses, este será o prazo da sua licença.</td></tr>
<tr><td>Os períodos são inacumuláveis, não senso admitido que, após 10 (dez) anos de exercício, a licença chegue a seis meses. (art. 87 da lei 8.112/90).</td></tr>
<tr><td>Sem prejuízo da remuneração do servidor.</td></tr>
<tr><td>Para cálculo do período de 5 (cinco) anos, será computado todo o tempo de exercício de cargo, no serviço público federal, inclusive o compreendido no estágio probatório, não obstante a licença não possa ser concedida ao servidor durante o período do estágio.</td></tr>
<tr><td rowspan="3">Para desempenho de Mandato classista</td><td>Somente serão licenciados os servidores eleitos para os cargos de direção ou representação em entidades de classe dos servidores, assim considerado o desempenho de mandato em confederação, federação, associação de classe de âmbito nacional, sindicato representativo da categoria ou entidade fiscalizadora da profissão ou, ainda, para participar de gerência ou administração em sociedade cooperativa constituída por servidores públicos para prestar serviços a seus membros (art. 92).</td></tr>
<tr><td>Não é remunerada e dura o tempo do mandato classista, sendo que a lei permite a prorrogação se houver reeleição (uma única vez).</td></tr>
<tr><td>É computada como tempo de serviço, menos para fins de promoção por merecimento.</td></tr>
<tr><td colspan="2">ATENÇÃO! As três primeiras podem ser concedidas no estágio probatório, mas suspendem a contagem do estágio.</td></tr>
<tr><td colspan="2">A quarta pode ser concedida no estágio probatório, mas não suspende a contagem do estágio.</td></tr>
<tr><td colspan="2">As três últimas não podem ser concedidas no estágio probatório.</td></tr>
<tr><th colspan="2">AFASTAMENTOS</th></tr>
<tr><td rowspan="6">AFASTAMENTO PARA O EXERCÍCIO DE MANDATO ELETIVO</td><td>Afastamento do exercício de atividades em cargos efetivos aos servidores eleitos para funções com representatividade popular.</td></tr>
<tr><td>Se o cargo público para o qual foi eleito o servidor for de âmbito federal, estadual ou distrital, o servidor será afastado do cargo efetivo e receberá a remuneração (subsídio) do cargo eletivo.</td></tr>
<tr><td>Nos cargos eletivos de mandato municipal para Prefeito, será afastado o servidor público, mas poderá optar pela remuneração do cargo efetivo que ocupava.</td></tr>
<tr><td>Se o cargo for de Vereador o afastamento depende da compatibilidade de horários entre os cargos (efetivo e eletivo).</td></tr>
<tr><td>Pode ser concedido a qualquer servidor efetivo, mesmo durante o período de estágio probatório.</td></tr>
<tr><td>O servidor afastado deve continuar contribuindo para o regime próprio de previdência do servidor e o tempo de afastamento será computado como tempo de serviço público para todos os efeitos, menos para fins de promoção por merecimento.</td></tr>
<tr><td rowspan="4">AFASTAMENTO PARA SERVIR A OUTRO ÓRGÃO OU ENTIDADE</td><td>O servidor público poderá ser cedido para ter exercício em outro órgão ou entidade dos Poderes da União, dos Estados, ou do Distrito Federal e dos Municípios, para exercício de cargo em comissão ou função de confiança, além de situações previstas em lei específica. A cessão será realizada por meio de portaria, a qual deverá ser publicada no Diário Oficial da União.</td></tr>
<tr><td>Sendo a cessão para órgãos ou entidades dos Estados, do Distrito Federal ou dos Municípios, o ônus da remuneração será do órgão ou entidade cessionária, sendo mantido o ônus para o cedente nos demais casos.</td></tr>
<tr><td>A cessão para outro órgão ocorre somente para o exercício de cargos em comissão de DAS 4, 5 ou 6 ou, ainda, cargos de natureza especial.</td></tr>
<tr><td>A cessão nas empresas públicas ou de sociedade de economia mistas, que recebam recursos de Tesouro Nacional, depende de autorização específica do Ministério do Planejamento, Orçamento e Gestão, exceto nos casos de ocupação de cargo em comissão ou função gratificada.</td></tr>
<tr><td rowspan="2">AFASTAMENTO PARA ESTUDO OU MISSÃO NO EXTERIOR</td><td>Ocorre mediante autorização do Presidente da República, Presidente dos Órgãos do Poder Legislativo e Presidente do Supremo Tribunal Federal.</td></tr>
<tr><td>A ausência não excederá a 4 (quatro) anos, e finda a missão ou estudo, somente decorrido igual período, será permitida nova ausência.</td></tr>
</table>

<table>
<tr><th colspan="3">AGENTES PÚBLICOS</th></tr>
<tr><td rowspan="2"></td><td colspan="2">Ao retornar não pode ser exonerado a pedido ou gozar de licença por interesse particular, pelo mesmo tempo que ficou afastado, salvo se optar por ressarcir ao erário por todas as despesas tidas com seu afastamento (art. 95, da Lei n. 8.112/90).</td></tr>
<tr><td colspan="2">O servidor que for afastado para prestar serviços em Organismos Internacionais que tenha cooperação do país, não receberá remuneração (art. 96, da Lei n. 8.112/90).</td></tr>
<tr><td rowspan="11">AFASTAMENTO PARA PARTICIPAÇÃO EM PROGRAMA DE PÓS-GRADUAÇÃO STRICTO SENSU NO BRASIL</td><td colspan="2">Com a respectiva remuneração.</td></tr>
<tr><td colspan="2">A pós-graduação strictu sensu, nos termos da lei, abrange mestrado, doutorado e pós-doutorado.</td></tr>
<tr><td rowspan="3">Para realização de programas de mestrado e doutorado</td><td>Aos servidores titulares de cargos efetivos no respectivo órgão ou entidade.</td></tr>
<tr><td>Não tenham se afastado por licença para tratar de assuntos particulares para gozo de licença capacitação ou com fundamento neste artigo nos 2 (dois) anos anteriores à data da solicitação de afastamento.</td></tr>
<tr><td>Os servidores deverão ter, no mínimo 3 (três) anos para mestrado e 4 (quatro) anos para doutorado, incluído o período de estágio probatório</td></tr>
<tr><td rowspan="2">Programas de pós-doutorado</td><td>Aos servidores titulares de cargos efetivo no respectivo órgão ou entidade há pelo menos quatro anos, incluído o período de estágio probatório,</td></tr>
<tr><td>Não tenham se afastado por licença para tratar de assuntos particulares ou com fundamento nesta justificativa, nos quatro anos anteriores à data da solicitação de afastamento.</td></tr>
<tr><td rowspan="2">Pós graduação strictu sensu</td><td>Terão que permanecer no exercício de suas funções após o seu retorno por um período igual ao do afastamento concedido, ou ressarcir o órgão ou entidade dos gastos efetivados com seu aperfeiçoamento.</td></tr>
<tr><td>O ressarcimento ao erário também deve ser feito se o servidor não obtiver o título (art. 96-A, §6º da lei 8.112/90).</td></tr>
</table>

<table>
<tr><th colspan="2">CONCESSÕES</th></tr>
<tr><td colspan="2">Situações nas quais o servidor pode se ausentar do serviço, sendo considerada a ausência como efetivo exercício.</td></tr>
<tr><td>1 dia de ausência</td><td>Doação de sangue</td></tr>
<tr><td>Até 2 dias</td><td>Alistamento eleitoral</td></tr>
<tr><td>8 dias</td><td>Casamento
Luto pelo falecimento de cônjuge, companheiro, pais, madrasta ou padrasto, filhos, enteados, menor sob guarda ou tutela e irmãos</td></tr>
<tr><td rowspan="4">Horário especial:</td><td>Será concedido horário especial ao servidor estudante, quando comprovada a incompatibilidade entre o horário escolar e o da repartição, sem prejuízo do exercício do cargo, sendo que, neste caso, será exigida a compensação de horário no órgão ou entidade que tiver exercício, respeitada a duração semanal do trabalho.</td></tr>
<tr><td>Sem relação aos servidores estudantes, a lei, visando compatibilizar a atividade pública com seus estudos, estabelece que, caso haja necessidade de mudança de sede, no interesse da Administração Pública, lhe será assegurada, na localidade da nova residência ou na mais próxima, matrícula em instituição de ensino congênere, em qualquer época, independentemente de vaga. É importante ressaltar que este benefício se estende ao cônjuge ou companheiro, aos filhos, ou enteados do servidor que vivam em sua companhia, bem como aos menores sob sua guarda, com autorização judicial</td></tr>
<tr><td>Será garantido o horário especial ao servidor público federal que tenha cônjuge, filho ou dependente portador de deficiência física, exigindo-se, porém, neste caso, compensação de horário, não se admitindo a diminuição da carga horária atribuída aos agentes da carreira.</td></tr>
<tr><td>Ao servidor portador de deficiência, quando comprovada a necessidade por junta médica oficial, sendo, nestes casos, o benefício garantido independentemente de compensação de horário.</td></tr>
</table>

<table>
<tr><th colspan="3">AGENTES PÚBLICOS</th></tr>
<tr><th colspan="3">REGIME DISCIPLINAR</th></tr>
<tr><td colspan="3">Regulamenta as penalidades que podem ser aplicadas aos servidores públicos que desrespeitam regras legalmente previstas para o exercício das funções.</td></tr>
<tr><td colspan="3">Exigido a realização de processo administrativo em que estejam respeitadas as garantias do contraditório e da ampla defesa.</td></tr>
<tr><td colspan="3">O servidor público, por uma única infração cometida, pode ser punido mais de uma vez, haja vista a possibilidade de aplicação de sanções nas esferas penal, civil e administrativa.</td></tr>
<tr><td colspan="3">Poderá ser absolvido em um julgamento e punido nos outros.</td></tr>
<tr><td>Sanções penais</td><td colspan="2">Aplicadas com base na legislação penal, pelo cometimento de crimes ou contravenções no exercício da atividade pública.</td></tr>
<tr><td>Sanções civis</td><td colspan="2">São aplicadas mediante a propositura de ação judicial ao servidor que pratica infrações que ensejem dano à Administração Pública ou a terceiros, ainda que exclusivamente moral (Lei 8.429/92).</td></tr>
<tr><td>Sanções administrativas</td><td colspan="2">Descumprimento de normas funcionais, mediante processo administrativo disciplinar.</td></tr>
<tr><td colspan="3">ATENÇÃO! Sendo o servidor absolvido na esfera penal por inexistência do fato ou negativa de autoria, necessariamente deverá ser absolvido na esfera civil e administrativa</td></tr>
<tr><td colspan="3">Mesmo que o servidor público faleça após cometer uma infração, as sanções patrimoniais a ele aplicadas se transmitem aos herdeiros e sucessores deste servidor falecido, nos limites da herança transmitida.</td></tr>
<tr><td colspan="3">Todas as penalidades aplicadas ao servidor público serão registradas em seu assentamento individual.</td></tr>
<tr><td colspan="3">O STF tem entendimento que é inconstitucionalidade o art. 170 da lei 8.112/90, que determina que se a punibilidade do servidor público for extinta devido à prescrição da pretensão punitiva, o fato deverá ser registrado em seu assentamento individual, posto que sua redação viola o princípio da presunção de inocência.</td></tr>
<tr><th colspan="3">INFRAÇÕES E SANÇÕES ADMINISTRATIVAS</th></tr>
<tr><td colspan="3">Toda a atuação do agente público é orientada para uma boa execução da atividade estatal e, neste ínterim a lei define algumas condutas proibidas que, caso sejam praticadas, configuram infrações disciplinares.</td></tr>
<tr><td colspan="3">Cada uma das infrações definidas na lei será punida com uma penalidade disciplinar específica, não havendo margem de escolha à autoridade pública no que tange à espécie punitiva a ser utilizada.</td></tr>
<tr><td rowspan="4">DEMISSÃO</td><td colspan="2">Deve ser aplicada pelo Presidente da República, Presidentes das Casas do Poder Legislativo e dos Tribunais Federais e Procurador-Geral da República, de acordo com o órgão ou Poder ao qual o servidor esteja vinculado nos moldes do art. 141 da lei 8.112/90.</td></tr>
<tr><td>Valer-se do cargo para lograr proveito pessoal ou de outrem, em detrimento da dignidade da função pública.</td><td>Em conformidade com o texto da lei, é vedado seu retorno ao serviço público federal, ainda que após aprovação em concurso público, pelo prazo de 5 (cinco) anos.</td></tr>
<tr><td>Participar de gerência ou administração de sociedade privada</td><td>Esta vedação não se aplica à participação nos conselhos de administração e fiscal de empresas ou entidades em que a União detenha, direta ou indiretamente, participação no capital social ou em sociedade cooperativa constituída para prestar serviços a seus membros. Não se considera infração, se o servidor estiver em gozo de licença para o trato de interesses particulares, observada a legislação sobre conflito de interesses.</td></tr>
<tr><td>Atuar, como procurador ou intermediário, junto a repartições públicas, salvo quando se tratar de benefícios previdenciários ou assistenciais de parentes até o segundo grau, e de cônjuge ou companheiro.</td><td>Em conformidade com o texto da lei, é vedado seu retorno ao serviço público federal, ainda que após aprovação em concurso público, pelo prazo de 5 (cinco) anos.</td></tr>
</table>

AGENTES PÚBLICOS		
	Receber propina, comissão, presente ou vantagem de qualquer espécie	
	Aceitar comissão, emprego ou pensão de estado estrangeiro.	
	Praticar usura sob qualquer de suas formas, seja na repartição pública ou fora dela	
	Proceder de forma desidiosa	
	Utilizar pessoal ou recursos materiais da repartição em serviços ou atividades particulares.	
	Crime contra a administração pública	Não poderá mais retornar ao serviço público federal.
	Abandono de cargo	Ausência do servidor ao serviço público por mais de trinta dias consecutivos, intencionalmente.
	Inassiduidade habitual	Deixa de comparecer ao serviço público por sessenta dias interpolados, no prazo de doze meses, sem que haja justificativa plausível de sua ausência.
	Improbidade administrativa	Não poderá mais retornar ao serviço público federal
		Implica a indisponibilidade dos bens do servidor até o completo ressarcimento ao erário público pelos danos causados
	Incontinência pública e conduta escandalosa	No âmbito da repartição pública.
	Insubordinação grave em serviço	O grau de insubordinação é determinado pela discricionariedade do chefe.
	Ofensa física, em serviço	Salvo em legítima defesa própria ou de outrem.
	Aplicação irregular de dinheiros públicos	Não poderá mais retornar ao serviço público federa.
		Implica a indisponibilidade dos bens do servidor até que seja feito o completo ressarcimento ao erário público pelos danos causados.
	Revelação de segredo do qual se apropriou em razão do cargo.	
	Lesão aos cofres públicos e dilapidação do patrimônio nacional.	Não poderá mais retornar ao serviço público federal.
		Implica a indisponibilidade dos bens do servidor até que seja feito o completo ressarcimento ao erário público pelos danos causados.
	Corrupção	Não poderá mais retornar ao serviço público federal
		Implica a indisponibilidade dos bens do servidor até que seja feito o completo ressarcimento ao erário público pelos danos causados.
	Acumulação ilegal de cargos	a demissão pode decorrer de procedimento sumário
	ATENÇÃO! A penalidade de demissão deve respeitar o **prazo de prescrição** de 5 (cinco) anos, contados do momento em que a administração (qualquer autoridade pública) toma conhecimento do fato.	
CASSAÇÃO DE APOSENTADORIA E CASSAÇÃO DE DISPONIBILIDADE	Sanção aplicada aos servidores públicos que estejam aposentados ou em disponibilidade e que tenham cometido, na atividade alguma das sanções previstas em lei, puníveis com demissão.	
	Pode aplicar a pena o Presidente da República, Presidentes das Casas do Poder Legislativo e dos Tribunais Federais e Procurador-Geral da República. Vai depender do órgão ou Poder ao qual o servidor esteja vinculado.	
	O prazo de prescrição para aplicação da sanção será de 5 (cinco) anos, contados do momento em que a administração toma conhecimento do fato.	

<table>
<tr><th colspan="3">AGENTES PÚBLICOS</th></tr>
<tr><td rowspan="10">SUSPENSÃO</td><td colspan="2">Cometer a outro servidor atribuições estranhas ao cargo que ocupa, exceto em situações de emergência e transitórias.</td></tr>
<tr><td colspan="2">Exercer quaisquer atividades que sejam incompatíveis com o exercício do cargo ou função e com o horário de trabalho.</td></tr>
<tr><td colspan="2">Reincidência em infração punível com advertência.</td></tr>
<tr><td colspan="2">ATENÇÃO!“As penalidades de advertência e de suspensão terão seus registros cancelados, após o decurso de 3 (três) e 5 (cinco) anos de efetivo exercício, respectivamente, se o servidor não houver, nesse período, praticado nova infração disciplinar”(art. 131, da Lei n. 8.112/90).</td></tr>
<tr><td colspan="2">A competência para aplicação da penalidade será autoridade imediatamente inferior àquela que é competente para aplicação da penalidade de demissão, se a suspensão for por mais de 30 dias. Em casos de suspensão por até 30 dias, o chefe da repartição é competente para aplicação da pena.</td></tr>
<tr><td colspan="2">O prazo de prescrição para aplicação da sanção será de 2 (dois) anos, contados do momento em que a administração toma conhecimento do fato.</td></tr>
<tr><td colspan="2">Não pode ultrapassar 90 (noventa) dias e, no interesse da administração, pode ser substituída por uma multa de 50% da remuneração do servidor.</td></tr>
<tr><td rowspan="3">Recusa à inspeção médica</td><td>A lei também determina a penalidade de suspensão, com finalidade coercitiva.</td></tr>
<tr><td>Se o servidor se submete à inspeção médica, a qualquer momento durante a suspensão, cessa a penalidade de suspensão naquele exato momento.</td></tr>
<tr><td>A suspensão pode ser aplicada por, no máximo, 15 (quinze) dias.</td></tr>
<tr><td rowspan="3">DESTITUIÇÃO DE CARGO EM COMISSÃO E DESTITUIÇÃO DE FUNÇÃO DE CONFIANÇA</td><td colspan="2">Será aplicada nos casos de infração sujeita às penalidades de suspensão e de demissão.</td></tr>
<tr><td colspan="2">Que não se confunda com a exoneração de servidores comissionados, porque a destituição é sanção e deve ser aplicada mediante procedimento administrativo disciplinar em que se assegure a garantia do contraditório e da ampla defesa ao servidor.</td></tr>
<tr><td colspan="2">A competência para aplicação da penalidade será da autoridade que nomeou o agente para exercício do cargo ou função e o prazo de prescrição para aplicação da penalidade será de 5 (cinco) anos, contados do momento em que a administração toma conhecimento do fato.</td></tr>
<tr><td rowspan="13">ADVERTÊNCIA</td><td colspan="2">É a sanção administrativa mais leve.</td></tr>
<tr><td colspan="2">A competência para aplicação da penalidade é do chefe da repartição.</td></tr>
<tr><td rowspan="9">Hipóteses</td><td>Ausentar-se do serviço durante o horário normal de expediente, sem prévia autorização do chefe imediato.</td></tr>
<tr><td>Retirar, sem prévia anuência da autoridade competente, qualquer documento ou objeto da repartição pública.</td></tr>
<tr><td>Recusar fé a documentos públicos.</td></tr>
<tr><td>Opor resistência injustificada ao andamento de documento e processo ou execução de serviço.</td></tr>
<tr><td>Promover manifestação de apreço ou desapreço no recinto da repartição.</td></tr>
<tr><td>Cometer a pessoa estranha à repartição, fora dos casos previstos em lei, o desempenho de atribuição que seja de sua responsabilidade ou de seu subordinado.</td></tr>
<tr><td>Coagir ou aliciar subordinados no sentido de filiarem-se a associação profissional ou sindical, ou a partido político.</td></tr>
<tr><td>Manter sob sua chefia imediata, em cargo ou função de confiança, cônjuge, companheiro ou parente até o segundo grau civil.</td></tr>
<tr><td>Recusar-se a atualizar seus dados cadastrais quando solicitado.</td></tr>
<tr><td colspan="2">ATENÇÃO! O prazo de prescrição para aplicação da penalidade de advertência será de 180 dias, contados do momento em que a Administração Pública toma conhecimento do fato infracional.</td></tr>
<tr><td colspan="2">“Os prazos de prescrição previstos na lei penal aplicam-se às infrações disciplinares capituladas também como crime” (art. 142, §2°, da Lei n. 8.112/90). Conforme o STF é necessário que a conduta esteja sendo alvo de julgamento na esfera criminal.</td></tr>
</table>

<table>
<tr><th colspan="4">AGENTES PÚBLICOS</th></tr>
<tr><th colspan="4">PROCESSO ADMINISTRATIVO DISCIPLINAR</th></tr>
<tr><td colspan="4">Não é possível a aplicação de quaisquer penalidades administrativas, sem que haja o prévio processo administrativo, não existindo a figura da “verdade sabida”.</td></tr>
<tr><td colspan="4">A instauração do PAD interrompe o prazo prescricional para aplicação da penalidade administrativa, por 140 dias conforme entendimento do STJ. Depois desse prazo reinicia normalmente a contagem gerando a possibilidade da ocorrência de prescrição intercorrente.</td></tr>
<tr><td colspan="4">O servidor que estiver respondendo a processo administrativo disciplinar não pode ser exonerado a pedido e nem ser aposentado voluntariamente.</td></tr>
<tr><td rowspan="8">SINDICÂNCIA</td><td colspan="3">Processo administrativo simplificado, suficiente e adequado para aplicação das penalidades de advertência ou suspensão por até 30 dias.</td></tr>
<tr><td colspan="3">ATENÇÃO! Difere da “sindicância meramente investigativa” figura criada pela doutrina e pela prática administrativa, com base legal na lei 9784/99 que não resulta na aplicação de penalidades.</td></tr>
<tr><td colspan="3">O prazo máximo de duração é de 30 dias, prorrogáveis por mais 30 dias (prazo impróprio).</td></tr>
<tr><td rowspan="3">Pode resultar em (art. 145):</td><td colspan="2">Arquivamento do processo</td></tr>
<tr><td colspan="2">Aplicação de penalidade</td></tr>
<tr><td colspan="2">Instauração do PAD</td></tr>
<tr><td colspan="3">ATENÇÃO! Não é indispensável para instauração do PAD, e o PAD não é necessário, se na sindicância for apurada infração penalizada com advertência ou suspensão de até 30 dias.</td></tr>
<tr><td>PROCESSO ADMINISTRATIVO DISCIPLINAR PROPRIAMENTE DITO (PAD)</td><td colspan="3">Se a permanência do servidor no cargo puder atrapalhar o andamento do processo, seu afastamento preventivo pode ser determinado, pelo prazo máximo de 60 dias, prorrogáveis por mais 60 (prazo peremptório), mantida obrigatoriamente sua remuneração integral (art. 147).</td></tr>
<tr><td rowspan="12">FASES DO PROCESSO ADMINISTRATIVO DISCIPLINAR</td><td rowspan="3">Instauração</td><td colspan="2">Designa-se a comissão processante (composta por três servidores estáveis que não sejam cônjuges ou parentes até o terceiro grau civil do acusado).</td></tr>
<tr><td colspan="2">O membro presidente (detentor de cargo ou nível de escolaridade igual ou superior ao do acusado) é indicado pela autoridade competente.</td></tr>
<tr><td colspan="2">O STJ entende que, para que seja membro da comissão disciplinar, o servidor deverá ser estável no serviço público, não sendo imprescindível a estabilidade na carreira em que ele esteja exercendo suas funções.</td></tr>
<tr><td rowspan="9">Inquérito administrativo</td><td>Instrução Probatória</td><td>Ampla, cabendo a prova emprestada, desde que tenha sido produzida regularmente no processo judicial.</td></tr>
<tr><td rowspan="5">Defesa</td><td>O réu terá o prazo de 10 dias para apresentação de defesa.</td></tr>
<tr><td>Se citado por edital o prazo para defesa é de 15 dias.</td></tr>
<tr><td>Havendo dois ou mais acusados no mesmo processo, o prazo de defesa comum a ambos será de 20 dias.</td></tr>
<tr><td>Com a revelia há a designação defensor dativo (pode ser qualquer pessoa com cargo ou nível de escolaridade igual ou superior ao acusado).</td></tr>
<tr><td>Não precisa ser defesa técnica conforme entendimento da súmula vinculante n. 5 do STF. Mas se optar por ela, a Administração Pública não pode impedir.</td></tr>
<tr><td rowspan="2">Elaboração do Relatório.</td><td>Tem natureza jurídica de um parecer</td></tr>
<tr><td>Não é vinculante nos moldes do entendimento do STF.</td></tr>
<tr><td colspan="2">Na defesa não precisa de defesa técnica (súmula vinculante n. 5). Mas se optar por ela, a Administração não pode impedir.</td></tr>
</table>

<table>
<tr><th colspan="3">AGENTES PÚBLICOS</th></tr>
<tr><td rowspan="20"></td><td>Julgamento</td><td>A autoridade julgadora deverá proferir o julgamento, no processo administrativo, em um prazo máximo de 20 (vinte) dias, concluindo pelo arquivamento do processo ou aplicação da penalidade.</td></tr>
<tr><td rowspan="4">Impugnações administrativas do julgamento</td><td>Pedido de reconsideração</td></tr>
<tr><td>Recurso</td></tr>
<tr><td>Revisão</td></tr>
<tr><td>ATENÇÃO! É inconstitucional a exigência de depósito ou arrolamento prévios de dinheiro ou bens para admissibilidade de recurso administrativo (súmula vinculante n. 21).</td></tr>
<tr><td colspan="2">ATENÇÃO! O PAD tem duração de 60 dias, prorrogáveis por mais 60 dias, até elaboração do relatório, depois a autoridade terá mais 20 dias para que seja proferido o julgamento (+ 20 dias) tratando-se de prazos impróprios.</td></tr>
<tr><td rowspan="6">RECURSO E PEDIDO DE RECONSIDE-RAÇÃO</td><td>Devem ser interpostos, no prazo legal de 30 (trinta) dias.</td></tr>
<tr><td>O recurso é dirigido à autoridade superior àquela que proferiu a decisão impugnada.</td></tr>
<tr><td>O pedido de reconsideração é julgado pela própria autoridade que efetivou o julgamento do processo.</td></tr>
<tr><td>Da decisão do pedido de reconsideração, o agente terá o prazo de 30 (trinta) dias para interposição de recurso e assim sucessivamente.</td></tr>
<tr><td>Podem ser apresentados recursos até o máximo de 3 (três) instâncias.</td></tr>
<tr><td>A lei não proíbe, nestas situações, a reformatio in pejus.</td></tr>
<tr><td rowspan="6">REVISÃO</td><td>Não tem prazo para a interposição , ou seja, não há prazo preclusivo.</td></tr>
<tr><td>Devem ser alegados novos que não foram analisados no processo.</td></tr>
<tr><td>A autoridade que julgou o Processo Administrativo Disciplinar será competente para julgamento da Revisão.</td></tr>
<tr><td>É um novo processo, com nova comissão.</td></tr>
<tr><td>O prazo de prescrição contra o Estado é de cinco anos para a demissão, cassação de aposentadoria e disponibilidade e de cento e vinte dias nos demais casos conforme art. 110, da Lei n. 8.112/90.</td></tr>
<tr><td>É vedado a reformatio in pejus.</td></tr>
<tr><td colspan="3">PROCESSO SUMÁRIO</td></tr>
<tr><td colspan="3">Abandono de cargo, inassiduidade habitual (art. 140) e também acumulação ilegal de cargos (art. 133) são hipóteses que ensejam a aplicação da penalidade de demissão.</td></tr>
<tr><td colspan="3">Facilidade (suposta) de comprovação da materialidade das irregularidades, que terá o prazo máximo de duração de 30 (trinta) dias prorrogáveis por mais 15 (quinze) dias.</td></tr>
<tr><td colspan="3">A comissão é composta por 2 (dois) servidores estáveis.</td></tr>
<tr><td colspan="3">Não há fase instrutória.</td></tr>
<tr><td colspan="3">Prazo para a defesa é de cinco dias.</td></tr>
<tr><td colspan="3">ATENÇÃO! No caso de acumulação ilegal de cargos, a opção poderá ser feita após uma notificação e antes da instauração do PAD, ou até o último dia do prazo para a defesa no PAD. Ao fazer a escolha, em ambos os casos, presumir-se-á a sua boa-fé e será determinada a exoneração a pedido.</td></tr>
<tr><td colspan="3">APOSENTADORIA DO SERVIDOR PÚBLICO</td></tr>
<tr><td colspan="3">É garantia constitucional usufruída pelos servidores após um determinado tempo de exercício da atividade e, mediante o cumprimento de alguns requisitos, previamente estipulados, de fazerem jus ao recebimento de uma remuneração mesmo sem a necessidade de se manter na execução de sua atividade original.</td></tr>
</table>

<table>
<tr><th colspan="4">AGENTES PÚBLICOS</th></tr>
<tr><td rowspan="10">REGIMES DE PREVIDÊNCIA</td><td colspan="3">Todos aqueles que exercem atividade remunerada, necessariamente, deverão contribuir ou para regime geral da previdência social ou para o regime próprio de previdência social.</td></tr>
<tr><td colspan="3">Não exercendo qualquer atividade remunerada, a contribuição ao regime geral é facultativa.</td></tr>
<tr><td rowspan="5">Regime geral de Previdência Social (RGPS)</td><td colspan="2">Todos aqueles que não têm regime próprio e exercem atividade remunerada, necessariamente, contribuem para o Regime Geral de Previdência Social.</td></tr>
<tr><td colspan="2">O responsável pela gestão deste é o INSS.</td></tr>
<tr><td colspan="2">É aplicado aos empregados em geral, àqueles contratados sob o regime da CLT para prestação de serviços em entidades da Administração Indireta de Direito Privado, como as empresas públicas e sociedades de economia mista e aos servidores temporários.</td></tr>
<tr><td colspan="2">O servidor comissionado está sujeito ao regime geral de previdência.</td></tr>
<tr><td colspan="2">Aplicado aos servidores detentores de cargos efetivos vinculados a entes federativos que não instituíram regime próprio para os seus servidores estatutários.</td></tr>
<tr><td rowspan="3">Regime próprio (RPPS)</td><td colspan="2">Trata-se de regime destinado ao servidor estatutário, detentor de cargo efetivo de ente federativo que tenha instituído e regulamentado a previdência.</td></tr>
<tr><td colspan="2">Também se aplica aos detentores de cargos vitalícios.</td></tr>
<tr><td colspan="2">ATENÇÃO! Os servidores militares possuem uma regulamentação específica, não se tratando de aposentadoria propriamente dita.</td></tr>
<tr><td rowspan="9">REGIME PRÓPRIO DE PREVIDÊNCIA SOCIAL (RPPS).</td><td rowspan="4">BREVE HISTÓRICO CONSTITUCIONAL</td><td colspan="2">Originariamente, o texto constitucional de 1988 definia o tempo de serviço como único requisito para concessão de aposentadoria a servidores efetivos, vinculados ao Regime Próprio de Previdência.</td></tr>
<tr><td colspan="2">A EC n. 20/98 trouxe o tempo de contribuição e a idade como pressupostos. Esta ainda criou o abono de permanência aos servidores que se mantivessem no serviço público mesmo já tendo cumprido todos os requisitos para o gozo de aposentadoria voluntária integral.</td></tr>
<tr><td colspan="2">Já a EC n. 41/03 incluiu no texto constitucional o princípio da solidariedade do regime público de previdência; o que terminou com as garantias da integralidade e paridade. Acrescentou, ainda, também acrescentou a contribuição dos servidores inativos, sejam eles aposentados ou pensionistas e determinou a introdução do teto de proventos do regime geral de previdência aos servidores do regime próprio.</td></tr>
<tr><td colspan="2">Por fim, a EC n. 47/05 definiu novas regras de transição para aqueles ingressos no serviço público antes de 2003, além da criar a aposentadoria especial para servidores portadores de deficiência, que exerçam atividades de risco ou atividades prejudiciais à saúde, desde que as normas sejam estipuladas por meio de lei complementar.</td></tr>
<tr><td rowspan="5">CARACTERÍSTICAS DO RPPS</td><td rowspan="2">Caráter contributivo do regime</td><td>Não interessa, para fins de cálculo e de concessão da aposentadoria, o tempo de serviço público, passando a ser relevante apenas o tempo de contribuição do agente.</td></tr>
<tr><td>Aqueles servidores cuja contagem de tempo de serviço havia sido feita antes do advento da EC 20/98, tiveram, automaticamente, todo tempo de serviço convertido em tempo de contribuição.</td></tr>
<tr><td>Contagem recíproca de tempo de contribuição</td><td>Todo tempo que o agente público contribuiu em qualquer dos regimes de previdência, a qualquer tempo, poderá ser contado como tempo de contribuição para fins de aposentadoria no regime próprio de previdência.</td></tr>
<tr><td>Caráter solidário</td><td>Os servidores contribuem para a manutenção do sistema.</td></tr>
</table>

<table>
<tr><th colspan="4">AGENTES PÚBLICOS</th></tr>
<tr><td rowspan="17">HIPÓTESES DE APOSENTADORIA</td><td rowspan="4">Aposentadoria por invalidez</td><td colspan="2">Será concedida aposentadoria, com proventos proporcionais ao tempo de contribuição do agente.</td></tr>
<tr><td rowspan="3">Dar-se-á com proventos integrais:</td><td>Decorrer de acidente de serviço.</td></tr>
<tr><td>Decorrer de doença profissional.</td></tr>
<tr><td>Doença grave, incurável ou contagiosa, na forma da lei (o art. 18, da Lei n, 8.112/90 traz rol taxativo, entendimento do STF).</td></tr>
<tr><td rowspan="2">Aposentadoria compulsória</td><td colspan="2">Acontece aos 75 (setenta e cinco) anos de idade, tanto para o homem quanto para a mulher servidora pública.</td></tr>
<tr><td colspan="2">Paga com proventos proporcionais ao tempo de contribuição ou integral, caso o servidor tenha contribuído todo o tempo necessário para a concessão de aposentadoria com proventos integrais.</td></tr>
<tr><td rowspan="6">Aposentadoria voluntária</td><td colspan="2">O servidor deverá comprovar ter completado 10 (dez) anos no serviço público, somado ao fato de estar, há 5 (cinco) anos, no cargo em que será concedida a aposentadoria.</td></tr>
<tr><td rowspan="3">Voluntária Integral</td><td>Homem: deve ter 60 anos de idade + 35 anos de contribuição.</td></tr>
<tr><td>Mulher: deve ter 55 anos de idade + 30 anos de contribuição.</td></tr>
<tr><td>ATENÇÃO! Se aqui decidir por não se aposentar, receberá o abono permanência, não deixando de contribuir.</td></tr>
<tr><td rowspan="2">Voluntária proporcional</td><td>Homem: 65 anos de idade.</td></tr>
<tr><td>Mulher: 60 anos de idade.</td></tr>
<tr><td rowspan="3">Servidores que exercem atividades de magistério</td><td colspan="2">Devem comprovar que todo tempo de contribuição se deu em atividade educacional (STF admite tempo de atividades vinculadas ao magistério como direção de escola ou orientação pedagógica, entre outros).</td></tr>
<tr><td colspan="2">Devem comprovar que todo o tempo prestado foi no ensino de educação infantil, ensino fundamental ou médio.</td></tr>
<tr><td colspan="2">Têm direito à redução de cinco anos na contagem de tempo de contribuição bem como na idade, somente para fins de aposentadoria voluntária integral.</td></tr>
<tr><td rowspan="2">Critérios diferenciados</td><td colspan="2">Apenas em relação aos casos previstos ao art. 40, §4°, da Lei n. 8.112/90.</td></tr>
<tr><td colspan="2">Súmula vinculante n. 33 de 2014: “Aplicam-se ao servidor público, no que couber, as regras do regime geral da previdência social sobre aposentadoria especial de que trata o artigo 40, § 4º, inciso III da Constituição Federal, até a edição de lei complementar específica”.</td></tr>
<tr><td rowspan="3">VALOR DA CONTRIBUIÇÃO</td><td colspan="3">No regime próprio de previdência social do servidor público, a alíquota de contribuição será sempre de 11% (art. 4°, da Lei n. 10.887/94).</td></tr>
<tr><td colspan="3">O servidor inativo que ganhar acima do teto do regime geral de previdência social contribuirá, também com 11% sobre tudo aquilo que seu provento de aposentadoria ou pensão ultrapassar o referido teto (EC n. 41/03 c/c ADI 3105).</td></tr>
<tr><td colspan="3">Caso o servidor inativo sofra de doença incapacitante, só contribuirá sobre aquilo que os proventos de sua aposentadoria ultrapassar o dobro do valor definido como teto para os sujeitos ao regime geral de previdência nos moldes do art. 40 § 21º acrescentado pela EC n. 47/05.</td></tr>
</table>

<table>
<tr><th colspan="4">AGENTES PÚBLICOS</th></tr>
<tr><td rowspan="4">TETO DO REGIME PRÓPRIO</td><td colspan="3">Com a edição da lei 12.618/12, a aposentadoria dos servidores públicos passou a se submeter ao teto, pois ao instituir o regime de previdência complementar para os servidores públicos federais titulares de cargo efetivo, também fixou o limite máximo para a concessão de aposentadorias e pensões pelo regime de previdência de que trata o art. 40 da Constituição Federal.</td></tr>
<tr><td colspan="3">O Decreto n. 7.808/12 regulamentou a lei, de forma aqueles que ingressaram no serviço público após a criação da FUNPRESP terão proventos de aposentadoria e pensão limitados ao valor máximo pago aos segurados do regime geral.</td></tr>
<tr><td colspan="3">No novo regime complementar, o valor do benefício programado será calculado de acordo com o montante do saldo da conta acumulado pelo participante, devendo o valor do benefício estar permanentemente ajustado ao referido saldo.</td></tr>
<tr><td colspan="3">São assegurados os benefícios decorrentes dos eventos invalidez e morte e, se for o caso, a cobertura de outros riscos atuariais são assegurados.</td></tr>
<tr><td rowspan="2">Paridade e Integralidade</td><td>Integralidade</td><td colspan="2">Atualmente, o cálculo é feito nos mesmos moldes definidos para o regime geral de previdência, qual seja, mediante cálculo da média aritmética dos salários de contribuição do servidor público, ao longo de sua vida, atualizados monetariamente, consoante art. 40, §3º da Constituição Federal.</td></tr>
<tr><td>Paridade</td><td colspan="2">Foi extinta pela EC 41/03 e com o fim desta, criou-se uma revisão anual, no texto constitucional, não vinculada ao reajuste dos servidores em atividade (art. 40, §8°, da CF/88)</td></tr>
<tr><td rowspan="2">NATUREZA JURÍDICA DO ATO DE APOSENTADORIA</td><td colspan="3">Ato complexo, pois é conjunção da manifestação do órgão que o servidor exerce suas atividades e da aprovação do ato de aposentadoria pelo Tribunal de Contas.</td></tr>
<tr><td colspan="3">Se o Tribunal de Contas não aprovar a concessão inicial, não precisa respeitar o contraditório e a ampla defesa, porque não se trata de anulação de ato ampliativo, mas tão somente a não perfeição deste ato que ainda se encontrava em formação conforme Súmula Vinculante n. 3 do STF.</td></tr>
<tr><td rowspan="11">REGRAS DE TRANSIÇÃO DAS REFORMAS PREVIDENCIÁRIAS</td><td rowspan="7">Quem ingressou no serviço público antes da EC n. 20/98</td><td colspan="2">Mesmo sem ter cumprido os requisitos, poderá se aposentar sem a idade mínima.</td></tr>
<tr><td colspan="2">Homem: 53 anos de idade e 35 anos de contribuição.</td></tr>
<tr><td colspan="2">Mulher: 48 anos de idade e 30 anos de contribuição.</td></tr>
<tr><td colspan="2">Contudo, o período de tempo de contribuição é de 20% a mais do que faltaria para completar a idade mínima.</td></tr>
<tr><td colspan="2">Sem as prerrogativas da paridade ou da integralidade (art. 40, §8°, da CF/88).</td></tr>
<tr><td colspan="2">Caso seja feita a opção de se aposentar com idade menor, o servidor sofrerá uma redução de remuneração de 3,5%, para cada ano que faltava para completar a idade mínima de aposentadoria do novo regime. Frise-se que a partir de 2006, o redutor passa a ser de 5%.</td></tr>
<tr><td colspan="2">A EC n. 47/05 definiu novas regras de transição para aqueles que ingressaram no serviço público antes de 1998, sem excluir as regras anteriores (art. 3°).</td></tr>
<tr><td rowspan="4">Quem ingressou no serviço público antes da EC nº 41/03</td><td colspan="2">Mesmo sem ter completado o tempo necessário para a aposentadoria, podem manter seus proventos com as prerrogativas de paridade e integralidade.</td></tr>
<tr><td rowspan="3">Requisitos</td><td>Homem: 60 anos de idade e 35 anos de contribuição.</td></tr>
<tr><td>Mulher: 55 anos de idade e 30 anos de contribuição.</td></tr>
<tr><td>E 20 anos de efetivo exercício no serviço público; 10 anos de carreira e 5 anos no cargo (somados aos requisitos de idade e contribuição).</td></tr>
</table>

<table>
<tr><th colspan="4">AGENTES PÚBLICOS</th></tr>
<tr><th colspan="4">DEMAIS BENEFÍCIOS DA SEGURIDADE SOCIAL DO SERVIDOR</th></tr>
<tr><td rowspan="25">BENEFÍCIOS DOS SEGURADOS</td><td colspan="3">Prerrogativas dos servidores ativos ou inativos que figurem na qualidade de segurado direto.</td></tr>
<tr><td rowspan="8">SALÁRIO FAMÍLIA</td><td colspan="2">Devido ao servidor ativo ou ao inativo, de baixa renda, por dependente econômico.</td></tr>
<tr><td rowspan="5">Dependentes</td><td>O cônjuge ou companheiro</td></tr>
<tr><td>Filhos e enteados até 21 anos (se inválido, de qualquer idade)</td></tr>
<tr><td>Filho e enteados, se estudantes, até 24 anos</td></tr>
<tr><td>Filho e enteados, se estudantes e inválidos, qualquer idade.</td></tr>
<tr><td>Menor de 21 anos que, mediante autorização judicial, viver na companhia e às expensas do servidor, ou do inativo, assim como a mãe e o pai desde que não tenham economia própria.</td></tr>
<tr><td colspan="2">Não está sujeito a qualquer tributo, nem servirá de base para qualquer contribuição, inclusive para a contribuição da Previdência Social.</td></tr>
<tr><td colspan="2">O afastamento do cargo efetivo, ainda que sem remuneração, não acarreta a suspensão do pagamento do salário-família.</td></tr>
<tr><td rowspan="4">AUXÍLIO NATALIDADE</td><td colspan="2">Devido à servidora por motivo de nascimento de filho, sendo devido, inclusive, no caso de natimorto.</td></tr>
<tr><td colspan="2">Equivalente a um salário mínimo.</td></tr>
<tr><td colspan="2">Se for parto múltiplo, o valor será acrescido de 50%, por nascituro, além do primeiro.</td></tr>
<tr><td colspan="2">Pago ao cônjuge ou companheiro servidor público, quando a parturiente não for servidora.</td></tr>
<tr><td rowspan="4">LICENÇA PARA TRATAMENTO DE SAÚDE</td><td rowspan="3">Hipóteses</td><td>Por até 15 dias, dentro de 1 (um) ano, poderá ser dispensada de perícia oficial, sendo que o atestado médico particular será recepcionado pelo setor de recursos humanos do órgão.</td></tr>
<tr><td>Por mais de 15 (quinze) dias, mas inferior a 120 (cento e vinte dias), o laudo médico será proferido pelo médico do órgão ao qual o servidor público se encontra vinculado diretamente.</td></tr>
<tr><td>Por mais de 120 (cento e vinte) dias, no período de 12 (doze) meses a contar do primeiro dia de afastamento, será concedida somente mediante avaliação por junta médica oficial.</td></tr>
<tr><td colspan="2">Após a concessão da licença, o servidor será submetido a exames médicos periódicos.</td></tr>
<tr><td rowspan="8">LICENÇA GESTANTE, ADOTANTE E PATERNIDADE</td><td colspan="2">120 (cento e vinte) dias consecutivos, sem prejuízo da remuneração, iniciado no nono mês de gestação, sendo que esse prazo poderá ser prorrogado por mais 60 dias nos moldes do Decreto n. 6690/08.</td></tr>
<tr><td colspan="2">Prorrogação deve ser requerida até, no máximo, 30 dias após o parto.</td></tr>
<tr><td colspan="2">A servidora lactante terá direito, durante a jornada de trabalho, a uma hora de descanso (ou dois períodos de meia hora), para amamentar o filho (até o sexto mês).</td></tr>
<tr><td colspan="2">A servidora que sofreu um aborto (atestado por médico oficial) terá direito a 30 dias de repouso remunerado.</td></tr>
<tr><td colspan="2">Natimorto - decorridos 30 dias do evento, a servidora será submetida a exame médico, e se julgada apta, reassumirá o exercício.</td></tr>
<tr><td rowspan="2">Adoção</td><td>Até um ano de idade – licença de 90 dias, prorrogáveis por mais 45 dias.</td></tr>
<tr><td>Mais de um ano de idade – licença de 30 dias, prorrogáveis por mais 15 dias.</td></tr>
<tr><td colspan="2">A licença paternidade será de 5 (cinco) dias consecutivos com possibilidade de prorrogação por mais 15 dias, desde que requerido pelo servidor em até 2 dias úteis após o evento, conforme art. 208 do Decreto 8737/16.</td></tr>
</table>

<table>
<tr><th colspan="4">AGENTES PÚBLICOS</th></tr>
<tr><td rowspan="8"></td><td rowspan="5">LICENÇA POR ACIDENTE EM SERVIÇO</td><td colspan="2">Com remuneração integral.</td></tr>
<tr><td colspan="2">Dano físico ou mental relacionado, mediata ou imediatamente, com as atribuições do cargo exercido.</td></tr>
<tr><td colspan="2">Se necessitar de tratamento especializado, é garantido o tratamento em instituição privada, à conta de recursos públicos, desde que provando o acidente no prazo de 10 dias (prorrogáveis se as circunstâncias exigir)</td></tr>
<tr><td rowspan="2">Equiparação legal</td><td>Dano decorrente de agressão sofrida e não provocada pelo servidor no exercício do cargo</td></tr>
<tr><td>Dano sofrido no percurso da residência para o trabalho e vice-versa.</td></tr>
<tr><td rowspan="3">ASSISTÊNCIA À SAÚDE</td><td colspan="2">Aos segurados e aos dependentes.</td></tr>
<tr><td colspan="2">Compreende a assistência médica, hospitalar, odontológica, psicológica e farmacêutica.</td></tr>
<tr><td colspan="2">A diretriz básica é a ação preventiva.</td></tr>
<tr><td rowspan="11">BENEFÍCIOS DOS DEPENDENTES</td><td rowspan="11">PENSÃO POR MORTE</td><td colspan="2">A partir da Lei 13135/15, a pensão não se divide mais em vitalícia e temporária, o que significa que, para fins de cálculos de pensão, os valores serão divididos igualmente entre os beneficiários, não havendo divisão por grupos.</td></tr>
<tr><td colspan="2">O art. 40, §7º, da Carta Magna define que a pensão corresponde ao valor da totalidade da remuneração ou proventos do servidor falecido, até o limite máximo estabelecido para os benefícios do regime geral de previdência social de que trata o art. 201, acrescido de setenta por cento da parcela excedente a este limite, caso aposentado à data do óbito do agente.</td></tr>
<tr><td rowspan="6">Fazem jus à pensão</td><td>O cônjuge do falecido.</td></tr>
<tr><td>A pessoa separada judicialmente ou divorciada, com percepção de pensão alimentícia definida judicialmente, a legislação anterior utilizava a expressão “desquitado” que, há bastante tempo, não é mais adequada para conceituação de estado civil).</td></tr>
<tr><td>O companheiro ou companheira designado que comprove união estável como entidade familiar.</td></tr>
<tr><td>Os filhos, enteados, ou menores tutelados até 21 (vinte e um) anos de idade, ou, se inválidos, enquanto durar a invalidez, ou, ainda, que possua deficiência intelectual/mental na forma do regulamento.</td></tr>
<tr><td>A mãe e o pai que comprovem dependência econômica do servidor.</td></tr>
<tr><td>O irmão, até 21 (vinte e um) anos, e o inválido, enquanto durar a invalidez, ou ainda que possua deficiência intelectual ou mental na forma do regulamento, desde que comprovem dependência econômica do servidor.</td></tr>
<tr><td colspan="2">ATENÇÃO! A legislação dispõe que o enteado e o menor tutelado equiparam-se a filho mediante declaração do servidor e desde que comprovada dependência econômica, na forma estabelecida em regulamento.</td></tr>
<tr><td colspan="2">Para fins de cálculo de pensão, os valores serão divididos igualmente entre os beneficiários, não havendo divisão por grupos.</td></tr>
<tr><td colspan="2">Exclui-se do rol de dependentes o menor sob guarda, assim como a pessoa designada, maior de 60 anos, a portadora de deficiência e a pessoa designada, até 21 anos ou, se inválida, enquanto durar a invalidez, que viviam na dependência econômica do servidor.</td></tr>
</table>

<table>
<tr><th colspan="4">AGENTES PÚBLICOS</th></tr>
<tr><td rowspan="13"></td><td rowspan="13"></td><td colspan="2">Saliente-se, ainda que, a existência de cônjuge do falecido, de pessoa separada judicialmente ou divorciada, com percepção de pensão alimentícia definida judicialmente, de companheiro ou companheira designado que comprove união estável como entidade familiar, ou de filhos e enteados até 21 anos de idade, ou, se inválidos, enquanto durar a invalidez, excluem a percepção do benefício da mãe e do pai que comprovem dependência econômica do servidor e do irmão órfão, até 21 anos, e o inválido enquanto durar a invalidez, que comprovem dependência econômica do servidor.</td></tr>
<tr><td colspan="2">Outrossim, em caso de concessão do benefício à mãe ou pai do servidor que demonstre dependência econômica, estará excluído o irmão órfão, ainda que comprove a dependência econômica.</td></tr>
<tr><td rowspan="3">Exclusão da Pensão</td><td>O cônjuge, companheiro ou companheira, assim como o cônjuge divorciado ou separado judicialmente ou de fato, com percepção de pensão alimentícia estabelecida judicialmente terão direito ao benefício da pensão por morte, somente durante o período de 4 (quatro) meses, nas hipóteses em que o casamento ou o início da união estável tiver ocorrido há menos de dois anos da data do óbito do instituidor do benefício ou se o óbito ocorrer sem que o servidor tenha vertido 18 (dezoito) contribuições mensais.</td></tr>
<tr><td>O cônjuge, o companheiro ou a companheira se comprovada, a qualquer tempo, simulação ou fraude no casamento ou na união estável, ou a formalização desses com o fim exclusivo de constituir benefício previdenciário, apuradas em processo judicial no qual será assegurado o direito ao contraditório e à ampla defesa.</td></tr>
<tr><td>o beneficiário condenado pela prática de crime doloso de que tenha resultado a morte do servidor.</td></tr>
<tr><td colspan="2">ATENÇÃO! No primeiro caso de exclusão de pensão acima, a lei estabelece que não se aplica este prazo, se o óbito do segurado seja decorrente de acidente de qualquer natureza ou de doença profissional ou do trabalho</td></tr>
<tr><td colspan="2">A Lei ainda estabelece que, ressalvado o direito de opção, é vedada a percepção cumulativa de pensão deixada por mais de um cônjuge, companheiro ou companheira, e de mais de duas pensões.</td></tr>
<tr><td colspan="2">A pensão por morte no RPPS para cônjuges, companheiros e companheiras passou a ser temporária ou vitalícia, a depender da expectativa de sobrevida do dependente a ser aferida no momento do óbito do de cujus segurado.</td></tr>
<tr><td colspan="2">Desta forma, para que seja definitiva a pensão por morte, é necessário que o dependente, no dia do óbito do segurado, possua no mínimo 44 anos de idade. Caso a idade seja inferior a 44 anos, será concedida pensão por morte temporária, conforme tabela definida em lei.</td></tr>
<tr><td colspan="2">Existe ainda uma segunda possibilidade de concessão de pensão por morte vitalícia, caso, independentemente de sua idade, o cônjuge, o companheiro ou a companheira seja considerado inválido, com deficiência, inclusive deficiência intelectual ou mental que o torne absoluta ou relativamente incapaz.</td></tr>
<tr><td colspan="2">ATENÇÃO! As novas regras implementadas pela Lei 13.135/2015 possuem vigência a partir da publicação da lei, o que ocorreu em 18/06/2015, somente sendo aplicáveis aos falecimentos ocorridos a partir desta data, à luz do Princípio do Tempus Regit Actum.</td></tr>
</table>

<table>
<tr><th colspan="4">AGENTES PÚBLICOS</th></tr>
<tr><td rowspan="10"></td><td rowspan="5">AUXÍLIO RECLUSÃO</td><td colspan="2">Caso em que o servidor ativo esteja sofrendo penalidade de reclusão.</td></tr>
<tr><td colspan="2">Cessa assim que for posto em liberdade.</td></tr>
<tr><td rowspan="2">Dois terços da remuneração</td><td>Prisão, em flagrante ou preventiva.</td></tr>
<tr><td>Terá direito à integralização da remuneração, desde que absolvido ao final da ação penal.</td></tr>
<tr><td>Metade da remuneração</td><td>Condenação, por sentença definitiva, desde que a pena não determine a perda de cargo.</td></tr>
<tr><td rowspan="4">AUXÍLIO FUNERAL</td><td colspan="2">Devido à família do servidor falecido na atividade ou aposentado ou àquele que comprovar ter custeado o funeral.</td></tr>
<tr><td colspan="2">Valor referente aos gastos efetivos, chegando ao máximo a um mês da remuneração ou provento.</td></tr>
<tr><td colspan="2">Em caso de acumulação legal de cargos, o auxílio será pago somente em razão do cargo de maior remuneração.</td></tr>
<tr><td colspan="2">Pago no prazo de 48 horas (procedimento sumaríssimo).</td></tr>
<tr><td>ASSISTÊNCIA À SAÚDE</td><td colspan="2">Nos mesmos moldes definidos no tópico referente à saúde do servidor público ativo ou inativo.</td></tr>
</table>

24. SÚMULAS

24.1. Súmulas do STF

- **SÚMULA VINCULANTE N. 3:** Nos processos perante o tribunal de contas da união asseguram-se o contraditório e a ampla defesa quando da decisão puder resultar anulação ou revogação de ato administrativo que beneficie o interessado, excetuada a apreciação da legalidade do ato de concessão inicial de aposentadoria, reforma e pensão.
- **SÚMULA VINCULANTE N. 4:** Salvo nos casos previstos na constituição, o salário mínimo não pode ser usado como indexador de base de cálculo de vantagem de servidor público ou de empregado, nem ser substituído por decisão judicial.
- **SÚMULA VINCULANTE N. 5:** A falta de defesa técnica por advogado no processo administrativo disciplinar não ofende a constituição.
- **SÚMULA VINCULANTE N. 13:** A nomeação de cônjuge, companheiro ou parente em linha reta, colateral ou por afinidade, até o terceiro grau, inclusive, da autoridade nomeante ou de servidor da mesma pessoa jurídica investido em cargo de direção, chefia ou assessoramento, para o exercício de cargo em comissão ou de confiança ou, ainda, de função gratificada na administração pública direta e indireta em qualquer dos Poderes da União, dos Estados, do Distrito Federal e dos Municípios, compreendido o ajuste mediante designações recíprocas, viola a Constituição Federal.
- **SÚMULA N. 16:** Os artigos 7º, IV, e 39, § 3º (redação da EC 19/98), da Constituição, referem-se ao total da remuneração percebida pelo servidor público.
- **SÚMULA VINCULANTE N. 21:** É inconstitucional a exigência de depósito ou arrolamento prévios de dinheiro ou bens para admissibilidade de recurso administrativo.
- **SUMULA VINCULANTE N. 33:** Aplicam-se ao servidor público, no que couber, as regras do regime geral da previdência social sobre aposentadoria especial de que trata o artigo 40, § 4º, inciso III da Constituição Federal, até a edição de lei complementar específica.
- **SÚMULA VINCULANTE N. 34:** A Gratificação de Desempenho de Atividade de Seguridade Social e do Trabalho - GDASST, instituída pela Lei 10.483/2002, deve ser estendida aos inativos no valor correspondente a 60 (sessenta) pontos, desde o advento da Medida Provisória 198/2004, convertida na Lei 10.971/2004, quando tais inativos façam jus à paridade constitucional (EC 20, 41 e 47).

- **SÚMULA VINCULANTE N. 37:** Não cabe ao Poder Judiciário, que não tem função legislativa, aumentar vencimentos de servidores públicos sob o fundamento de isonomia.
- **SÚMULA CINCULANTE N. 43:** É inconstitucional toda modalidade de provimento que propicie ao servidor investir-se, sem prévia aprovação em concurso público destinado ao seu provimento, em cargo que não integra a carreira na qual anteriormente investido.
- **SÚMULA VINCULANTE N. 44:** Só por lei se pode sujeitar a exame psicotécnico a habilitação de candidato a cargo público.
- **SÚMULA N. 11:** A vitaliciedade não impede a extinção do cargo, ficando o funcionário em disponibilidade, com todos os vencimentos.
- **SÚMULA N. 15:** Dentro do prazo de validade do concurso, o candidato aprovado tem o direito à nomeação, quando o cargo for preenchido sem observância da classificação.
- **SÚMULA N. 16:** Funcionário nomeado por concurso tem direito à posse.
- **SÚMULA N. 17:** A nomeação de funcionário sem concurso pode ser desfeita antes da posse.
- **SÚMULA N. 19:** É inadmissível segunda punição de servidor público, baseada no mesmo processo em que se fundou a primeira.
- **SÚMULA N. 20:** É necessário processo administrativo, com ampla defesa, para demissão de funcionário admitido por concurso.
- **SÚMULA N. 21:** Funcionário em estágio probatório não pode ser exonerado nem demitido sem inquérito ou sem as formalidades legais de apuração de sua capacidade.
- **SÚMULA N. 22:** O estágio probatório não protege o funcionário contra a extinção do cargo.
- **SÚMULA N. 679:** A fixação de vencimentos dos servidores públicos não pode ser objeto de convenção coletiva.
- **SÚMULA N. 681:** É inconstitucional a vinculação do reajuste de vencimentos de servidores estaduais ou municipais a índices federais de correção monetária.
- **SÚMULA N. 682:** Não ofende a Constituição a correção monetária no pagamento com atraso dos vencimentos de servidores públicos.
- **SÚMULA N. 683:** O limite de idade para a inscrição em concurso público só se legitima em face do art. 7º, XXX, da , quando possa ser justificado pela natureza das atribuições do cargo a ser preenchido.
- **SÚMULA N. 684:** É inconstitucional o veto não motivado à participação de candidato a concurso público.
- **SÚMULA N. 685:** É inconstitucional toda modalidade de provimento que propicie ao servidor investir-se, sem prévia aprovação em concurso público destinado ao seu provimento, em cargo que não integra a carreira na qual anteriormente investido.
- **SÚMULA N. 686:** Só por lei se pode sujeitar a exame psicotécnico a habilitação de candidato a cargo público.
- **SÚMULA N. 726:** Para efeito de aposentadoria especial de professores, não se computa o tempo de serviço prestado fora da sala de aula.

24.2. Súmulas do STJ

- **SÚMULA N. 137:** Compete à Justiça Comum Estadual processar e julgar ação de servidor público municipal, pleiteando direitos relativos ao vínculo estatutário.
- **SÚMULA N. 173:** Compete à Justiça Federal processar e julgar o pedido de reintegração em cargo público federal, ainda que o servidor tenha sido dispensado antes da instituição do Regime Jurídico Único.
- **SÚMULA N. 218:** Compete à Justiça dos Estados processar e julgar ação de servidor estadual decorrente de direitos e vantagens estatutárias no exercício de cargo em comissão.
- **SÚMULA N. 266:** O diploma ou habilitação legal para o exercício do cargo deve ser exigido na posse e não na inscrição para o concurso público.
- **SÚMULA N. 377:** Julgada procedente a investigação de paternidade, os alimentos são devidos a partir da citação.
- **SÚMULA N. 378:** O termo inicial do prazo prescricional, na ação de indenização, é a data em que o segurado teve ciência inequívoca da incapacidade laboral.

24.3. Súmulas do TST

- **SÚMULA 390:**

I - O servidor público celetista da administração direta, autárquica ou fundacional é beneficiário da estabilidade prevista no art. 41 da CF/1988. (ex-OJ nº 265 da SDI-1 - Inserida em 27.09.2002 e ex-OJ nº 22 da SDI-2 - Inserida em 20.09.00)

II - Ao empregado de empresa pública ou de sociedade de economia mista, ainda que admitido mediante aprovação em concurso público, não é garantida a estabilidade prevista no art. 41 da CF/1988. (ex-OJ n. 229 - Inserida em 20.06.2001)

25. JURISPRUDÊNCIAS 2015/2016

25.1. Informativos dos STJ

- **Informativo n. 558**

DIREITO ADMINISTRATIVO. PERÍODO DE INCIDÊNCIA DO REAJUSTE DE 28,86% SOBRE A GRATIFICAÇÃO DE ESTÍMULO À FISCALIZAÇÃO E ARRECADAÇÃO. RECURSO REPETITIVO (ART. 543-C DO CPC E RES. 8/2008-STJ). O reajuste de 28,86% sobre a Gratificação de Estímulo à Fiscalização e Arrecadação -GEFA incide, após a edição da MP 831/1995 até a edição da MP 1.915-1/1999, mais precisamente, no período de janeiro de 1995 a julho de 1999. A despeito de ser firme o entendimento do STJ no sentido de não incidir o reajuste de 28,86% sobre a GEFA, porque essa gratificação seria calculada com base no vencimento básico do respectivo servidor, sob pena de bis in idem, observa-se que esse entendimento não se aplica indistintamente durante todo o período em que vigorou a referida vantagem. Nessa linha intelectiva, analisando-se os reajustes concedidos pelas Leis 8.460/1992, 8.622/1993 e 8.627/1993, não há como se confundir o pagamento do reajuste de 28,86% sobre o vencimento básico do Auditor Fiscal (o que é compensável pelo reposicionamento) com o pagamento do mesmo reajuste sobre a GEFA, cuja base de cálculo é o padrão A-III multiplicado por oito, no período de janeiro de 1995 a julho de 1999. Assim, os reajustes concedidos pelas Leis 8.622/1993 e 8.627/1993 não justificam compensação, à luz do entendimento do STF no RMS 22.307-DF e da Súmula 672 do STF. Portanto, não restam dúvidas acerca da incidência do reajuste de 28,86% sobre GEFA a partir da edição da MP 831/1995, quando houve a modificação da base de cálculo da referida gratificação, uma vez que o aumento salarial concedido aos servidores pela Lei 8.627/1993, a despeito do reposicionamento em três padrões de vencimento (art. 3°, II), não é compensável com o reajuste de 28,86%, posto tratar-se de aumentos distintos, um decorrente de reposicionamento e o outro de revisão geral de vencimentos, conforme firmado pelo Pretório Excelso. Por fim, com a edição da MP 1.915, de 30/7/1999, houve reestruturação da carreira de Auditoria do Tesouro Nacional, alterando a nomenclatura para "Carreira Auditoria da Receita Federal", além de dispor, em seu art. 14, que "os integrantes da Carreira da Auditoria-Fiscal da Previdência Social e da Carreira Fiscalização do Trabalho não fazem jus à percepção da Gratificação de Estímulo à Fiscalização e Arrecadação -GEFA, criada pelo Decreto-Lei nº 2.371, de 18 de novembro de 1987", que foi substituída pela Gratificação de Desempenho de Atividade Tributária -GDAT (art. 7º), calculada no percentual de até cinquenta por cento, incidente sobre o vencimento básico do servidor. **REsp 1.478.439-RS, Rel. Min. Mauro Campbell Marques, Primeira Seção, julgado em 25/3/2015, DJe 27/3/2015.**

- **Informativo n. 559**

DIREITO ADMINISTRATIVO. LIMITE TEMPORAL PARA APLICAÇÃO DO REAJUSTE SALARIAL DE 3,17% CONCEDIDO A SERVIDORES PÚBLICOS DO MAGISTÉRIO SUPERIOR. RECURSO REPETITIVO (ART. 543-C DO CPC E RES. 8/2008-STJ). TEMA 804. O pagamento do reajuste de 3,17% está limitado à data da reestruturação ou reorganização da carreira, nos termos do art. 10 da Medida Provisória 2.225-45/2001, não configurando tal marco o advento da Lei 9.678, de 3 de julho de 1998, que estabeleceu a Gratificação de Estímulo à Docência -GED, uma vez que esse normativo não reorganizou ou reestruturou a carreira dos servidores públicos do magistério superior lotados em instituições de ensino dos Ministérios da Educação e da Defesa. **REsp 1.371.750-PE, Rel. Min. Og Fernandes, Primeira Seção, julgado em 25/3/2015, DJe 10/4/2015.**

- **Informativo n. 569**

DIREITO ADMINISTRATIVO. FIXAÇÃO DE LIMITAÇÃO TEMPORAL PARA O RECEBIMENTO DE NOVA AJUDA DE CUSTO. RECURSO REPETITIVO (ART. 543-C DO CPC E RES. 8/2008-STJ). TEMA 538. A fixação de limitação temporal para o recebimento da indenização prevista no art. 51, I, da Lei 8.112/1990, por meio de normas infralegais, não ofende o princípio da legalidade. De fato, o art. 51, I, da Lei 8.112/1990 estabelece que constitui indenização ao servidor a "ajuda de custo". Além disso, o art. 56 desse mesmo diploma legal determina, no seu caput, que "Será concedida ajuda de custo àquele que, não sendo servidor da União, for nomeado para cargo em comissão, com mudança de domicílio" e, no seu parágrafo único, prescreve: "No afastamento previsto no inciso I do art. 93, a ajuda de custo será paga pelo órgão cessionário, quando cabível". Realmente, há normas infralegais que impõem limite temporal para o recebimento de nova ajuda de custo. Nesse ponto, pode-se pensar que, se a Lei 8.112/1990 não estabeleceu limite temporal para a concessão da "ajuda de custo", o legislador administrativo não pode fazê-lo. Esse pensamento, todavia, não deve prevalecer. O art. 52 da Lei 8.112/1990 determina de forma expressa que os critérios para a concessão da ajuda de custo sejam regulamentados por norma infralegal: "Os valores das indenizações estabelecidas nos incisos I a III do art. 51, assim como as condições para a sua concessão, serão estabelecidos em regulamento". Nesse contexto, ao estabelecer o termo "condições" – que o vernáculo entende, entre outros sentidos, como antecedente necessário –, a Lei 8.112/1990 permitiu restrições/limitações que nada mais são que requisitos que qualificam o servidor para o recebimento da indenização. Aliás, a despeito das alterações legislativas ocorridas neste artigo, os valores e as condições para a concessão da ajuda de custo sempre foram fixados em regulamento, na medida em que a Lei atribuiu benefícios, mas nunca estabeleceu a possibilidade de abuso desses benefícios, sobretudo contra o patrimônio público. Ademais, não é imperativo que essa regulamentação seja feita por meio de norma hierárquica imediatamente inferior (decreto), consoante interpretação realizada a partir do art. 84, VI, da CF poderia sugerir. Isso porque, de acordo com o STF (RE 570.680-RS, Pleno, DJe 4/12/2009), a competência regulamentadora não é exclusiva do Presidente da República: "é compatível com a Carta Magna a norma infraconstitucional que atribui a órgão integrante do Poder Executivo da União a faculdade de estabelecer alíquotas do Imposto de Importação. Competência que não é privativa do Presidente da República". Além disso, mesmo que não fosse a expressa autorização legal para regulamentação da ajuda de custo, outras razões hermenêuticas e axiomáticas reforçam a legitimidade de resoluções que prescrevam a limitação temporal em análise, visto se tratar de medidas limitadoras que obedecem aos princípios da moralidade administrativa, da razoabilidade, da impessoalidade, da eficiência e da economicidade da gestão pública. Nesse sentido, ressalta-se que o fator tempo não pode ser desconsiderado por ocasião da fixação de limites para a concessão de ajuda de custo, ante fundamentos atrelados à ratio do benefício, aos impactos financeiros da presente decisão, à conveniência e oportunidade da concessão e ao histórico do tratamento da matéria. Além do mais, ir além e questionar os termos em que estabelecido o limite temporal exigiria a invasão do mérito dos atos administrativos que estabelecessem essa limitação, o que é permitido apenas em hipótese excepcional de flagrante ilegalidade (AgRg no Ag 1.298.842-RJ, Segunda Turma, DJe 29/6/2010; e AgRg nos EDcl no REsp 902.419-RS, Segunda Turma, DJe 15/2/2008). De mais a mais, o CNJ e o STF ratificam essas limitações. Nesse sentido, cabe ressaltar a afirmação realizada pelo CNJ ao analisar pedido de ajuda de custo de magistrado. (Pedidos de Providência 2007.10000007809 e 2007.10000011825): "Observo ainda que os decretos regulamentadores da ajuda de custo, no plano federal, limitam a concessão da ajuda de custo a um ano, ou seja, o magistrado não pode receber em período inferior a um ano mais de uma ajuda de custo. Esta regra deve ser seguida nas concessões de ajuda de custo, sob pena de conversão dos magistrados em peregrinos, contrariando inclusive a própria natureza da ajuda de custo, com o que a ajuda de custo somente é devida em remoções que ocorrerem em prazo superior a um ano". Seguindo a mesma ratio, a Resolução 382/2008 do STF, que dispõe sobre a concessão de ajuda de custo no âmbito do Supremo Tribunal Federal, assevera, em seu art. 9º, caput e I, que "Não será concedida ajuda de custo ao Ministro ou ao servidor que [...] tiver recebido indenização dessa espécie no período correspondente aos doze meses imediatamente anteriores, ressalvada a hipótese de retorno de ofício, de que trata o § 6º do art. 3º". **REsp 1.257.665-CE, Rel. Min. Herman Benjamin, Primeira Seção, julgado em 8/10/2014, DJe 17/9/2015.**

- **Informativo n. 585**

DIREITO ADMINISTRATIVO E PROCESSUAL CIVIL. RETENÇÃO DE HONORÁRIOS ADVOCATÍCIOS CONTRATUAIS SOBRE A DIFERENÇA DE VALORES DE REPASSE AO FUNDEF. No caso em que Município obtenha êxito em ação judicial destinada à complementação de repasses efetuados pela União ao Fundo de Manutenção e Desenvolvimento do Ensino Fundamental e de Valorização do Magistério (FUNDEF), será legítima a retenção de parte das referidas verbas complementares para o pagamento de honorários advocatícios contratuais (art. 22, §4º, da Lei n. 8.906/1994). Destaca-se, inicialmente, que "É pacífico, no Superior Tribunal de Justiça, o entendimento de que é possível ao patrono da causa, em seu próprio nome, requerer o destaque da verba honorária, mediante juntada aos autos do contrato de honorários, nos termos do artigo 22, § 4º, da Lei 8.906/94, até a expedição do mandado de levantamento ou precatório" (AgRg no AREsp 447.744-RS, Segunda Turma, DJe 27/3/2014). A peculiaridade da hipótese em análise é que a retenção de honorários advocatícios contratuais refere-se a valores apurados em execução contra a União relativos a diferenças de repasses ao FUNDEF. Pois bem, a Segunda Turma do STJ, no julgamento do REsp 1.509.457-PE (acórdão pendente de publicação), em idêntica questão jurídica, firmou compreensão de que é legítima a retenção da verba honorária, pois a previsão constitucional de vinculação à educação da dotação do FUNDEF não retira do patrono o direito de retenção dos honorários. REsp 1.604.440- PE, Rel. Min. Humberto Martins, julgado em 14/6/2016, DJe 21/6/2016.

25.2. Informativos dos STF

- **Informativo n. 775**

POSSE EM CARGO PÚBLICO POR DETERMINAÇÃO JUDICIAL E DEVER DE INDENIZAR – 2. Na hipótese de posse em cargo público determinada por decisão judicial, o servidor não faz jus à indenização, sob fundamento de que deveria ter sido investido em momento anterior, salvo situação de arbitrariedade flagrante. Com base nesse entendimento, o Plenário, em conclusão de julgamento e por maioria, deu provimento a recurso extraordinário em que se discutia eventual direito, de candidatos nomeados e empossados em cargos públicos por força de decisão transitada em julgado, à indenização por danos materiais em decorrência da demora na nomeação determinada judicialmente. No caso, candidatos aprovados, dentro do número de vagas, na primeira fase de concurso público, somente participaram da segunda fase do certame em virtude de decisão judicial transitada em julgado, sendo ao final, aprovados, nomeados e empossados —v. Informativo 764. A Corte de origem assentara o direito de candidatos aprovados em concurso público a receberem indenização relativa ao período compreendido entre a data na qual deveriam ter assumido o cargo correspondente e a data da efetiva posse, considerado o interregno decorrente do trâmite processual. O Supremo destacou que, por se ressentir de disciplina legal mais exaustiva, a aplicação de concursos públicos suscitaria pródigo contencioso judicial. Nesse sentido, saber quando a nomeação de candidato aprovado deixasse de constituir opção administrativa e se transformasse em direito subjetivo seria controvérsia que, em especial, mereceria destaque na crônica jurisprudencial do tema. Para solucionar impasses da espécie, o STF teria produzido respostas a tomar como referência o contraponto mais agudo às expectativas dos concursandos —a preterição —, o que estaria consubstanciado no Enunciado 15 de sua Súmula ("Dentro do prazo de validade do concurso, o candidato aprovado tem o direito à nomeação, quando o cargo for preenchido sem observância da classificação"). Esse enunciado, produzido antes de 1988, inclusive teria sido assimilado pela ordem constitucional vigente por meio do art. 37, IV, da CF ("Durante o prazo improrrogável previsto no edital de convocação, aquele aprovado em concurso público de provas ou de provas e títulos será convocado com prioridade sobre os novos concursados para assumir cargo ou emprego, na carreira"). RE 724347/DF, rel. orig. Min. Marco Aurélio, red. p/ o acórdão Min. Roberto Barroso, 26.2.2015. (RE-724347). (Informativo 775, Plenário, Repercussão Geral).

POSSE EM CARGO PÚBLICO POR DETERMINAÇÃO JUDICIAL E DEVER DE INDENIZAR – 3. A Corte asseverou que o tônus normativo da noção constitucional de prioridade, que militaria em favor da contratação dos aprovados em concursos públicos, imporia uma série de deveres sucessivos à Administração, dentre os quais os de: a) convocar os aprovados dentro do número de vagas previsto em edital; b) motivar apropriadamente eventual não convocação; c) não preterir a ordem de classificação estabelecida após a correção das provas, salvo se por imposição de determinação judicial; e d) não empregar expedientes de contratação precários durante o prazo de validade de concursos para a mesma função. Ocorrendo o descumprimento de quaisquer desses deveres implícitos, os aprovados teriam uma pretensão legítima a ser exercida contra a Administração por meio de ação judicial. Ademais, se durante o processamento da demanda não ficassem provados fatos extintivos, impeditivos ou modificativos do direito de prioridade, seguir-se-ia a nomeação como desfecho natural. Contudo, apesar de estar consolidado esse entendimento na jurisprudência, a reversão judicial de eventuais violações ao art. 37, IV, da CF nem sempre se operaria com a celeridade esperada. Assim, como o provimento judicial de nomeação implicaria carga de onerosidade semelhante aos comandos de "liberação de recurso, inclusão em folha de pagamento, reclassificação, equiparação, concessão de aumento ou extensão de vantagens a servidor" — cuja execução estaria condicionada ao trânsito em julgado da decisão concessiva, nos termos do art. 2º-B da Lei 9.494/1997 —, também a nomeação em decorrência de decisão judicial ficaria submetida ao princípio de prudência judiciária que, em resguardo ao erário, limitaria a execução provisória das decisões judiciais. Desse modo, as nomeações somente seriam implementadas após o trânsito em julgado das decisões que as tivessem assegurado. Igualmente, o diferimento da eficácia dessas decisões em sede de concurso público provocaria ainda outro efeito secundário, qual seja, o atraso na nomeação dos postulantes, quando verificada a procedência do direito reclamado. RE 724347/DF, rel. orig. Min. Marco Aurélio, red. p/ o acórdão Min. Roberto Barroso, 26.2.2015. (RE-724347). (Informativo 775, Plenário, Repercussão Geral).

POSSE EM CARGO PÚBLICO POR DETERMINAÇÃO JUDICIAL E DEVER DE INDENIZAR – 4. O Plenário pontuou que não se poderia deixar de reconhecer, em abstrato, a possibilidade de que determinadas condutas praticadas pelo Estado na aplicação de concursos públicos pudessem vir a ocasionar danos materiais passíveis de indenização. Isso se daria notadamente nos casos em que eventual preterição decorresse de inequívoca e manifesta ilegitimidade do comportamento da Administração, suscetível de identificação sem maiores digressões jurídicas. Dessa feita, o dever de reparação eventualmente surgido na condução de concursos públicos não poderia alcançar todas as hipóteses possíveis de judicialização. Fosse isso verdadeiro, a responsabilidade estatal assumiria elastério desproporcional, a tornar os procedimentos seletivos praticamente inadministráveis, já que a impugnação de qualquer aspecto poderia provocar, em tese, o adiamento do desfecho do certame e, consequentemente, das nomeações. Admitir essa premissa resultaria em considerar possível o nascimento do dever de reparação civil em decorrência de atrasos causados, por exemplo, pela impugnação de cláusulas editalícias de alcance genérico, bem como pelo questionamento de etapas intermediárias da avaliação, como a correção do gabarito de determinada questão de prova objetiva. A rigor, porém, nenhuma dessas situações deveria gerar dever estatal de reparação. Isso porque, embora algumas delas pudessem constituir demora qualificável na nomeação no cargo, em nenhuma delas estaria consolidada a situação de aprovação do candidato, pressuposto indispensável para a configuração da posição jurídica tida como prioritária pelo art. 37, IV, da CF. Não seria, portanto, a anulação judicial de qualquer ato administrativo praticado em concurso público que atrairia a incidência pura e simples do art. 37, § 6º, da CF. No caso, os recorridos não ostentariam condição jurídica e fática de postular o provimento das nomeações, porque, quando da impetração de mandados de segurança no juízo "a quo", ainda não estariam definitivamente aprovados no concurso em questão, composto por duas etapas, ambas de caráter eliminatório. Desse modo, se a controvérsia judicial então instaurada apresentara por objeto situação jurídica primitiva à nomeação, ou seja, se ao tempo da propositura das ações os recorridos tinham mera expectativa de investidura em cargo público, o art. 37, § 6º, da CF, não constituiria base normativa suficiente para adjudicar, em favor deles, reparação similar ao que seria pago pelo exercício do cargo. Assim, ainda que se pudesse conjecturar, em tese, sobre um direito secundário de reparação, derivado do descumprimento da positividade irredutível do art. 37, IV, da CF — o que, de resto, não poderia ser tido como manifesto e fora de qualquer dúvida jurídica —, não haveria fundamento concreto, no caso, para afirmar esse direito, porque os postulantes ainda não teriam sido efetivamente aprovados no concurso de que participavam. Por fim, o pagamento de remuneração a servidor público e o reconhecimento de efeitos funcionais ressuporia efetivo exercício do cargo, o que não ocorrera, sob pena de enriquecimento sem causa. Vencidos os Ministros Marco Aurélio (relator) e Luiz Fux, que desproviam o recurso por considerarem devida a indenização, em face da responsabilidade civil objetiva do Estado pelo ato ilegal de seus agentes (CF, art. 37, § 6º), além do que, não se trataria, no caso, de pretensão de receber vencimentos ou subsídios, e sim pagamento de quantia certa, em dinheiro, a título de indenização por danos materiais, a caracterizar típica obrigação do civilmente responsável. RE 724347/DF, rel. orig. Min. Marco Aurélio, red. p/ o acórdão Min. Roberto Barroso, 26.2.2015. RE-724347). (Informativo 775, Plenário, Repercussão Geral).

- **Informativo n. 829**

Contratação temporária de professores e emergencialidade O Plenário, por maioria, julgou parcialmente procedente pedido formulado em ação direta para declarar a inconstitucionalidade da alínea "f" e do parágrafo único do art. 3º da LC 22/2000 do Estado do Ceará. Tais dispositivos autorizam a contratação temporária de professores da rede pública de ensino nas hipóteses de "afastamentos que repercutam em carência de natureza temporária" (alínea "f") e para "fins de implementação de projetos educacionais, com vistas à erradicação do analfabetismo, correção do fluxo escolar e qualificação da população cearense" (parágrafo único). A referida lei complementar também permite a contratação temporária de profissionais do magistério nas situações de licença para tratamento de saúde; licença gestante; licença por motivo de doença de pessoa da família; licença para trato de interesses particulares; e cursos de capacitação. O Colegiado reputou que o art. 37, IX, da CF exige complementação normativa criteriosa quanto aos casos de necessidade temporária de excepcional interesse público que ensejam contratações sem concurso. Embora recrutamentos dessa espécie sejam admissíveis, em tese, mesmo para atividades permanentes da Administração, fica o legislador sujeito ao ônus de especificar, em cada circunstância, os traços de emergencialidade que justificam a medida atípica. Nesse sentido, nas demais hipóteses descritas na lei complementar, trata-se de ocorrências alheias ao controle da Administração Pública cuja superveniência pode resultar em desaparelhamento transitório do corpo docente, permitindo reconhecer que a emergencialidade está suficientemente demonstrada. O mesmo não se pode dizer, contudo, da situação prevista na alínea "f" do art. 3º, que padece de generalidade manifesta, e cuja declaração de inconstitucionalidade se impõe. Além disso, os projetos educacionais previstos no parágrafo único do art. 3º da LC 22/2000 correspondem a objetivos corriqueiros das políticas públicas de educação praticadas no território nacional. Diante da continuada imprescindibilidade de ações desse tipo, não podem elas ficar à mercê de projetos de governo casuísticos, implementados por meio de contratos episódicos, sobretudo quando a lei não tratara de designar qualquer contingência especial a ser atendida. Por fim, o Tribunal, por decisão majoritária, modulou os efeitos da declaração de inconstitucionalidade, para surtir um ano após a data da publicação da ata de julgamento. Vencido o Ministro Marco Aurélio, que julgava totalmente procedente o pedido formulado. Entendia que as hipóteses da lei complementar seriam corriqueiras e não dotadas de emergencialidade. Ademais, não admitia a modulação. ADI 3721/CE, rel. Min. Teori Zavascki, 9.6.2016. (ADI-3721)

- **Informativo n. 833**

Ato do CNJ e extensão de gratificação de servidor público – 2 A Primeira Turma, em conclusão de julgamento e por maioria, denegou mandado de segurança impetrado em face de ato do CNJ, que determinara a alteração da Resolução 10/2010 do Tribunal de Justiça do Estado da Bahia, para que o referido ato normativo contemplasse, no rol de beneficiários da Gratificação por Condições Especiais de Trabalho (CET), determinada categoria de servidores — v. Informativo 805. A Turma afirmou que a Lei estadual 11.919/2010, que criara a gratificação, não teria afastado o direito dos demais servidores efetivos — à luz do seu art. 1º, "caput" — à percepção daquele benefício. Essa interpretação seria corroborada pelo fato de que o próprio tribunal de justiça, ao regulamentar a lei, estendera a outros servidores efetivos o direito à citada gratificação. Fundamentada a possibilidade de extensão da gratificação criada por lei, não haveria como, em sede de mandado de segurança — cuja dilação probatória seria limitada —, infirmar essa conclusão. Assim, havendo, em tese, direito à percepção da gratificação, não haveria ilegalidade na decisão do CNJ, que reconhecera a omissão e determinara que o tribunal de justiça regulamentasse as condições pelas quais outros servidores a recebessem. Vencido o Ministro Marco Aurélio (relator), que deferia o mandado de segurança por entender que a decisão impugnada, ao igualar a remuneração de categorias distintas de agentes públicos, revelaria desrespeito às balizas constitucionais relativas à atuação administrativa do CNJ. MS 31285/DF, rel. orig. Min. Marco Aurélio, red. p/ o acórdão Min. Edson Fachin, 2.8.2016. (MS-31285)

- **Informativo n. 834**

Concurso público: direito subjetivo a nomeação e surgimento de vaga – 2 Em conclusão de julgamento, a Primeira Turma, por maioria, negou provimento a recurso ordinário em mandado de segurança em que se pretendia garantir a nomeação de candidato aprovado em concurso público fora das vagas originalmente previstas no edital. O recorrente sustentava haver direito subjetivo à nomeação, em virtude do advento de posto adicional, ainda na vigência do concurso. Isso decorreria da existência, durante a validade do certame anterior, de tratativas entre os órgãos competentes para a deflagração de novo concurso, bem como de dotação orçamentária e da necessidade de criação de novas vagas. Novo concurso fora realizado apenas dois meses depois de expirado o prazo do certame pretérito — v. Informativo 820. Prevaleceu o voto do Ministro Edson Fachin. Consignou que o prazo de validade do concurso em que aprovado o recorrente expirara antes da abertura do novo certame, a significar que o caso não se amoldaria ao precedente firmado pelo Plenário no RE 837.311/PI (DJe de 18.4.2016). Na ocasião, em sede de repercussão geral, o Tribunal fixara a tese de que a existência de direito subjetivo à nomeação está ligada ao surgimento de nova vaga durante a validade do certame. A mera existência de tratativas sobre a inauguração de novo concurso permite inferir, apenas, sobre a existência de vaga, mas não gera direito líquido e certo. O Ministro Roberto Barroso destacou, ainda, que a suposta vaga decorreria da aposentadoria de um servidor, mas não houvera manifestação do órgão competente quanto à disponibilidade orçamentária para que o cargo fosse provido, de modo a não se poder falar em preterição arbitrária. Vencido o Ministro Marco Aurélio (relator), que dava provimento ao recurso. RMS 31478/DF, rel. orig. Min. Marco Aurélio, red. p/ o acórdão Min. Edson Fachin, 9.8.2016. (RMS-31478)

26. QUESTÕES DE CONCURSOS

1. (VUNESP - 2014 - TJ-SP – Juiz) "A", servidor público de determinada serventia judicial, foi surpreendido pelo magistrado titular da Vara onde trabalha, cometendo falta disciplinar grave. Utilizando-se do instituto da verdade sabida, o referido magistrado aplicou ao servidor "A", de imediato, a penalidade de suspensão de suas funções.

Assinale, em face do enunciado, a opção correta.

a) O procedimento foi incorreto, pois o instituto da verdade sabida não foi recepcionado pelo ordenamento jurídico vigente, impondo-se a observância do contraditório e da ampla defesa.

b) O procedimento do magistrado foi correto, dado o fato de que tomou conhecimento direto da falta cometida, o que torna qualquer outra providência desnecessária, para o fim de aplicar-se a penalidade em questão.

c) O procedimento foi correto, posto ocupar o magistrado posição que lhe dá poder correcional, autoridade e competência para a aplicação da penalidade em questão, configurando incorreta inversão de valores o questionamento de tal autoridade, sobretudo se é afirmado pelo próprio magistrado ter testemunhado a ocorrência da falta.

d) O procedimento do magistrado foi incorreto, pois, malgrado ainda se aceite, no campo do Direito Administrativo, o instituto da verdade sabida, é imprescindível que se apure a falta por meio de processo administrativo, com obrigatória presença de advogado de defesa.

2. (FCC - 2014 - TRT - 1ª REGIÃO RJ - Analista Judiciário - Tecnologia da Informação) De acordo com a Lei nº 8.112/90, a nomeação é uma das formas de provimento de cargo público, aplicável para ocupação de

a) função pública de confiança, cargo em comissão efetivo e emprego público.

b) cargo em comissão, desde que derivado de readaptação.

c) cargo público efetivo, não aplicado para os comissionados, exceto os reintegrados.

d) cargo público efetivo e para cargos de confiança.

e) cargo ou emprego público efetivos.

3. (CESPE - 2014 - PGE-PI - Procurador do Estado Substituto) Ainda acerca de servidores públicos e temas conexos, assinale a opção correta à luz da jurisprudência do STF e da doutrina pertinente.

a) Uma das formas de aposentadoria do servidor público é a compulsória, que exige, além do requisito da idade, o cumprimento de tempo mínimo tanto no serviço público quanto no cargo efetivo.

b) É legítimo o desconto, pelos dias não trabalhados, da remuneração dos servidores públicos que aderirem a movimento grevista.

c) Conforme o entendimento do STF, caso determinado servidor, que se encontre em estágio probatório, decida aderir a movimento grevista, a administração poderá demiti-lo após regular procedimento disciplinar.

d) A despeito da ressalva constitucional que possibilita a acumulação remunerada de dois cargos de professor, desde que haja compatibilidade de horários, o servidor que se encontre no exercício dessa excepcionalidade deverá, por ocasião da sua aposentadoria, optar pela remuneração de um dos dois cargos.

e) De acordo com os princípios protetivo e da universalidade, o servidor público que se aposentar por invalidez permanente, independentemente do fato que tiver motivado a invalidez, terá o benefício da aposentadoria integral

4. (CESPE - PGE/PI – Procurador do Estado Substituto – 2014) A Secretaria de Transparência do Estado do Piauí, no curso de processo administrativo instaurado a fim de apurar as irregularidades na acumulação remunerada de cargos públicos pelos servidores do estado, constatou que o servidor Florentino ocupava, desde 1987, um cargo de professor na Universidade Estadual e, desde 1997, um cargo de químico, vinculado à Secretaria de Estado de Agricultura, além de compor, desde 1996, o quadro de servidores inativos da carreira de agrônomo do município de Caracol. Em relação aos cargos de professor e de químico, constatou-se compatibilidade de horários, sendo o regime semanal de trabalho de vinte e quatro horas e de quarenta horas, respectivamente. Decreto estadual condiciona a licitude da acumulação de cargos à carga horária semanal máxima de sessenta horas. Em face da situação hipotética acima, redija um texto dissertativo indicando a conduta a ser tomada pela administração. Em seu texto, aborde, necessariamente, os seguintes aspectos:

- a normatividade constitucional e a jurisprudência dos tribunais superiores relativas à acumulação de cargos públicos; [valor: 1,00 ponto]
- a (im)possibilidade de cassação da aposentadoria ou de demissão de Florentino de quaisquer dos cargos por ele ocupados; [valor: 0,75 ponto]
- a (in)admissibilidade de acumulação da remuneração dos cargos ocupados com os proventos advindos da aposentadoria no cargo municipal; [valor: 0,50 ponto]
- a incidência do teto remuneratório constitucional. [valor: 0,15 ponto]

5. (IBC – PGM – Carapicuíba – Procurador/2015) Sobre os servidores públicos, é correto afirmar:

a) São estáveis após dois anos de efetivo exercício os servidores nomeados para cargo de provimento efetivo em virtude de concurso público.

b) Invalidada por sentença judicial a demissão do servidor estável, será ele reintegrado, e o eventual ocupante da vaga, se estável, reconduzido ao cargo de origem, com direito a indenização, aproveitado em outro cargo ou posto em disponibilidade com remuneração proporcional ao tempo de serviço.

c) Extinto o cargo ou declarada a sua desnecessidade, o servidor estável ficará em disponibilidade, com remuneração proporcional ao tempo de serviço, até seu adequado aproveitamento em outro cargo.

d) Ao servidor ocupante, exclusivamente, de cargo em comissão declarado em lei de livre nomeação e exoneração bem como de outro cargo temporário ou de emprego público, aplica-se o regime exclusivo de previdência social.

6. (Vunesp - PGM – São Paulo - SP/2015) Considerando o servidor público que teve seu ato de aposentadoria publicado, mas que não teve conhecimento e continua trabalhando, causando dano a terceiro, no que diz respeito à responsabilidade civil da Administração, assinale a alternativa correta.

a) Não há responsabilidade por não ser o autor mais servidor público.

b) Não há responsabilidade, pois se trata de usurpação de função.

c) Há responsabilidade, por manter o servidor aparência de agente público de fato.

d) Há responsabilidade, uma vez que é servidor enquanto não deixar o cargo.

e) Há responsabilidade, por equivaler à teoria da culpa anônima por falta de serviço.

7. (Fundatec – Procurador do Estado – RS/2015) Assinale a alternativa INCORRETA.

a) A absolvição do servidor público na esfera penal, por falta de provas, não impede a sua punição, em sede administrativa, pelos mesmos fatos.

b) A condenação do servidor público na esfera penal vincula a Administração Pública, quanto à autoria e à materialidade dos fatos, para fins de aplicação da sanção administrativa.

c) A absolvição do servidor público, por atipicidade do fato, não impede a sua punição, em sede administrativa, pelo mesmo fato.

d) A absolvição do servidor público, por estar provado que o réu não concorreu para a infração penal, não impede a sua punição, em sede administrativa, pelo mesmo fato.

e) Pela falta residual, não compreendida na sentença absolutória criminal, é admissível a punição administrativa do servidor público.

8. (FCC – Analista Judiciário – Área Administrativa - TRT 3/2015) Cibele, servidora pública federal, recebeu vantagem econômica para intermediar a liberação de verba pública e, em razão de sua conduta, sofreu a pena de demissão do serviço público. A demissão narrada

a) não inviabiliza a ex-servidora a retornar de imediato ao serviço público federal, desde que seja regularmente aprovada em novo concurso público, seguindo todos os trâmites legais.
b) incompatibiliza a ex-servidora para nova investidura em cargo público federal, pelo prazo de cinco anos.
c) proíbe, definitivamente, o retorno de Cibele ao serviço público federal.
d) incompatibiliza a ex-servidora para nova investidura em cargo público federal, pelo prazo de três anos.
e) incompatibiliza a ex-servidora para nova investidura em cargo público federal, pelo prazo de dez anos.

9. (FCC – Analista Judiciário – Área Judiciária - TRT 4/2015) Sobre os vocábulos cargo, emprego e função, seus conteúdos e possíveis inter-relações no âmbito da Administração pública, pode-se afirmar que

a) as atribuições desempenhadas por servidor, sem correspondência delas a um cargo ou a um emprego, estão atreladas a função, que, sob a égide da Constituição Federal de 1988, ficou restrita às situações de assessoramento.
b) a opção pela criação de cargo ou emprego é discricionária no âmbito da Administração, porque envolve questões orçamentário-financeiras, mas a criação de função é ato vinculado restrito à contratação de temporários.
c) a função pode ser exercida por servidores para atividade de direção, ficando excepcionado o princípio público do concurso, restrito para investidura em cargo ou emprego.
d) a criação de cargos, em razão do impacto previdenciário, depende de prévia autorização legal tanto na Administração Direta, quanto na Indireta, exigência que não se estende para a criação de empregos ou funções públicas.
e) a investidura de servidores em funções públicas representa exceção ao princípio da isonomia e da legalidade, na medida em que não depende de prévia submissão a concurso de provas ou de provas e títulos.

10. (FCC – Analista Judiciário – Oficial de Justiça Avaliador - TRT 4/2015) A obrigatoriedade do concurso público para o ingresso de servidores no serviço público não se reflete no direito dos aprovados à nomeação, que se consubstancia em expectativa de direito. Há, no entanto, situações em que essa expectativa de direito dos aprovados se convola em direito líquido certo à nomeação, tais como

a) imediatamente após decorrido o prazo de validade previsto no edital, desde que haja recursos orçamentários previstos para tanto.
b) a contratação de servidores para o preenchimento de outros cargos, ainda que para localidades distintas daquelas previstas no concurso anterior, uma vez que expressa a disponibilidade financeira para fazer frente à nomeação pretendida.
c) diante da demonstração de prejuízo ao candidato aprovado no concurso, decorrente, por exemplo, da desistência de participação em outro certame em razão da aprovação conhecida.
d) abertura de novo concurso para a mesma área de atuação do candidato aprovado durante o prazo de vigência do anterior, salvo se comprovado que o preenchimento das novas vagas será em localidades distintas.
e) diante da hipótese de aposentadoria, demissão ou outra forma de vacância de cargos públicos no mesmo ente, tendo em vista que acarreta disponibilidade orçamentário-financeira para viabilizar a nomeação dos candidatos aprovados.

11. (FCC – Técnico Judiciário – Área Administrativa - TRT 3/2015) Flávio, após passar em concurso público de âmbito federal, foi nomeado e tomou posse no respectivo cargo público. No entanto, Flávio não satisfez as condições do estágio probatório. Nos termos da Lei no 8.112/1990, Flávio será

a) punido com suspensão de quinze dias.
b) exonerado de ofício.
c) demitido.
d) punido com advertência.
e) punido com suspensão de noventa dias.

12. (Vunesp – Juiz de Direito – MS/2015) Determinado servidor público da Administração Pública Estadual requer sua aposentadoria. O pedido tramita regularmente e a aposentadoria é concedida em junho de 2014. Em abril de 2015, durante verificação de rotina, a Administração Pública Estadual constata que a concessão inicial foi indevida, pois o servidor não preenchia os requisitos legais para a aposentação. Nesse caso, deve a Administração Pública

a) emitir ato revogatório de efeitos imediatos, pois o ato administrativo pode ser posto em execução pela própria Administração Pública, sem necessidade de intervenção do Poder Judiciário.
b) manter o ato administrativo da forma como se encontra, pois em decorrência do atributo da presunção de veracidade juris et de jure dos atos administrativos, presumem-se verdadeiros os fatos reconhecidos pela Administração.
c) anular o ato administrativo, pois em decorrência do princípio da legalidade, queda afastada a possibilidade de a Administração praticar atos inominados, como o ato viciado em tela.
d) com base no seu poder de autotutela sobre os próprios atos, anular o ato de concessão inicial da aposentadoria, mediante processo em que sejam assegurados o contraditório e a ampla defesa ao servidor público interessado.
e) anular o ato independentemente de manifestação do servidor interessado, pois possui a prerrogativa de, por meio de atos unilaterais, impor obrigações a terceiros.

13. (MPE-SP – Promotor de Justiça – SP/2015) Sobre a proibição da prática de nepotismo, é correto afirmar que:

a) a competência para a iniciativa de lei sobre o nepotismo é privativa do Chefe do Poder Executivo.
b) a vedação do nepotismo exige a edição de lei formal que coíba a sua prática.
c) é necessária a prova de vínculo de amizade ou troca de favores entre o nomeante e o nomeado para a caracterização do nepotismo.
d) a Súmula Vinculante n. 13, do Supremo Tribunal Federal, esgotou todas as possibilidades de configuração de nepotismo na Administração Pública.
e) ressalvada situação de fraude à lei, a nomeação de parentes para cargos públicos de natureza política não configura nepotismo na Administração Pública.

14. (FCC – Técnico Judiciário – Área Administrativa - TRT 3/2015) Márcia, servidora do Tribunal Regional do Trabalho da 3a Região, foi chamada pelo setor competente do referido Tribunal para atualizar seus dados cadastrais, recusando- se a assim o fazer. Nos termos da Lei no 8.112/1990, a ação disciplinar para a penalidade a que está sujeita Márcia prescreverá em

a) 180 dias.
b) 2 anos.
c) 5 anos.
d) 3 anos.
e) 120 dias.

15. (FCC – Analista Judiciário – Área Administrativa - TRT 4/2015) Considere as seguintes situações:

I. Servidor federal passou a ter exercício em nova sede, no interesse da Administração. Essa mudança foi em caráter permanente e ele foi obrigado a realizar despesas com sua instalação.
II. Servidor federal realizou viagem à Brasília, fora de sua sede, em caráter transitório, tendo realizado despesas com passagens aéreas e alimentação.
III. Servidor federal se deslocou a município localizado dentro da região metropolitana em que está localizada sua sede para realizar trabalho que é exigência permanente do cargo por ele ocupado.

Nos termos da Lei no 8.112/90, o servidor fará jus a diárias em

a) I, apenas.
b) II e III, apenas.
c) I, II e III.
d) II, apenas.
e) III, apenas.

16. (TRF 5 - Juiz Federal Substituto 5ª região/2015) No que concerne ao regime jurídico do servidor estatutário e do empregado público e ao regime de previdência social para ambos, assinale a opção correta.

a) O RGPS organizado pelo INSS se aplica aos empregados das pessoas jurídicas de direito privado da administração indireta e aos empregados públicos em geral, deles excluídos os servidores ocupantes exclusivamente de cargos em comissão e os servidores temporários.
b) O RGPS é obrigatório para os servidores que ingressaram no serviço público até a data da publicação do ato de instituição desse regime, e facultativo para os que ingressaram no serviço público depois da instituição desse regime.
c) Em que pese a alteração promovida pela Emenda Constitucional n.° 19, que implementou, em 1998, a reforma da administração pública, permanece válida a norma constitucional que determina que todos os entes federati-

vos devem instituir regime jurídico único para os servidores da administração pública direta, das autarquias e das fundações de direito público.

d) O regime de emprego público regulamentado pela Lei n.° 9.962/2000 incide sobre os servidores da administração federal direta, mas não sobre os servidores das autarquias, das empresas públicas e das sociedades de economia mista.

e) Os cargos em comissão e as funções de confiança podem ser exercidos por qualquer pessoa, servidor público ou não, cabendo à legislação ordinária estabelecer os casos, as condições e os percentuais mínimos de cargos comissionados destinados aos servidores de carreira.

17. (UFU-MG – Assistente de Laboratório/2016) A Lei 8.112 dispõe sobre o regime jurídico dos servidores públicos civis da União, das autarquias e das fundações públicas federais. Acerca da concessão de licenças ao servidor, conceder-se-á ao servidor licença nos casos a seguir, EXCETO:

a) Prêmio por assiduidade.
b) Por motivo de doença em pessoa da família.
c) Para o serviço militar.
d) Para atividade política.

18. (IBFC – Técnico de Controle Externo – TCM-RJ/2016) Aos servidores abrangidos pelo regime próprio de previdência, de que trata a Constituição da República, serão aposentados compulsoriamente, com proventos proporcionais ao tempo de contribuição:

a) aos 65 anos de idade, ou aos 70 anos de idade, na forma de lei ordinária
b) aos 70 anos de idade, ou aos 65 anos de idade, na forma de lei ordinária
c) aos 70 anos de idade, ou aos 75 anos de idade, na forma de lei complementar
d) aos 75 anos de idade, ou aos 70 anos de idade, na forma de lei complementar

19. (IF-TO – Assistente em Administração/2016) Constituem penalidades aplicáveis ao servidor público, previstas na Lei nº 8.112/90, exceto.

a) Demissão.
b) Destituição de função comissionada.
c) Destituição de cargo em comissão.
d) Advertência.
e) Destituição de aposentadoria, não sendo possível a destituição de disponibilidade.

20. (CESPE – Analista de Direito – FUNPRESP-JUD/2016) Julgue o item seguinte, acerca de agentes públicos.

As pessoas que exercem cargo em comissão em órgão do Poder Judiciário devem ser vinculadas ao regime próprio de previdência dos servidores públicos, o qual é mantido pelos entes públicos da Federação e assegurado tanto aos servidores titulares de cargo efetivo quanto aos detentores de cargo em comissão.

21. (COMPERVE – Assistente em Administração – UFERSA/2016) Nos termos do que expressamente estabelece as normas do regime jurídico dos servidores públicos civis da União (Lei nº 8.112/90), a gratificação natalina paga ao servidor aposentado deve ser equivalente a

a) cem por cento do seu provento, sem dedução do adiantamento recebido.
b) noventa por cento de seu provento, sem dedução do adiantamento recebido.
c) cem por cento do seu provento, deduzido o adiantamento recebido
d) noventa por cento de seu provento, deduzido o adiantamento recebido.

22. (COMPERVE – Assistente em Administração – UFERSA/2016) Nos termos da Lei nº 8.112/90, o auxílio-moradia consiste no ressarcimento das despesas comprovadamente realizadas pelo servidor com aluguel de moradia ou com meio de hospedagem administrado por empresa hoteleira, devendo esse ressarcimento ser efetivado no prazo de um mês após a comprovação da despesa pelo servidor. O valor da referida indenização não pode ultrapassar

a) vinte e cinco por cento do valor da remuneração (subsídio) de Ministro de Estado.
b) vinte por cento do valor da remuneração (subsídio) do Presidente da República.
c) vinte e cinco por cento do valor da remuneração (subsídio) do Presidente da República.
d) vinte por cento do valor da remuneração (subsídio) de Ministro de Estado.

23. (COMPERVE – Assistente em Administração – UFERSA/2016) De acordo com as disposições previstas no regime jurídico dos servidores públicos civis da União (Lei nº 8.112/90), a reintegração, a recondução e o aproveitamento são algumas formas de

a) promoção em cargo público.
b) provimento de cargo público.
c) investidura em cargo público.
d) nomeação para cargo público.

QUESTÃO		COMENTÁRIO
1	A	Não é possível a aplicação de quaisquer penalidades administrativas, sem que haja o prévio processo administrativo, não existindo a figura da "verdade sabida", na qual se aplicavam penalidades sem processo.
2	D	Art. 9º da Lei 8.112/90: A nomeação far-se-á: I - em caráter efetivo, quando se tratar de cargo isolado de provimento efetivo ou de carreira; II - em comissão, inclusive na condição de interino, para cargos de confiança vagos.
3	B	O STF determinou que, enquanto não houver lei específica a regulamentar a greve dos servidores, será utilizada a lei geral de greve (Lei 7.783/89) para o exercício deste direito. Dessa forma, a participação em greve suspende o contrato de trabalho, ensejando o não pagamento do dia não trabalhado.
4	–	No capítulo 12, estudamos que é possível a acumulação de cargos e empregos públicos em cinco hipóteses: dois cargos de professor; um cargo de professor com outro técnico ou científico; dois cargos ou empregos privativos de profissionais de saúde, com profissões regulamentadas; um cargo de Magistrado ou membro do Ministério Público com um cargo de professor; e um cargo efetivo mais um cargo de vereador, devendo, em qualquer das hipóteses, haver a demonstração de compatibilidade de horários, ou seja, o exercício da função de um dos cargos não pode obstar a prestação dos serviços inerentes ao outro, sob pena de a acumulação impedir a eficiência na execução da atividade estatal. Outrossim, é indispensável que a referida acumulação respeite o teto remuneratório de pagamento de servidores previsto no art. 37, XI da CF/8, qual seja o subsídio do Ministro do Supremo Tribunal Federal, inclusive com relação aos proventos de aposentadoria dos cargos acumuláveis na atividade.
5	C	A assertiva expõe o conteúdo do art. 41, §3º, da CF: "extinto o cargo ou declarada a sua desnecessidade, o servidor estável ficará em disponibilidade, com remuneração proporcional ao tempo de serviço, até seu adequado aproveitamento em outro cargo"
6	C	A assertiva é correta visto que a responsabilidade civil objetiva do Estado está pautada em 3 elementos: Conduta, nexo e dano. Desta forma, a conduta deve ser de determinado agente público que atue nesta qualidade ou, ao menos, se aproveitando da qualidade de agente para causar o dano. Portanto, ainda que o agente público não esteja em seu horário de trabalho, caso ele se aproveite da qualidade de agente para ensejar o dano, estará configurada hipótese de responsabilização do ente público. A situação é corolário da Teoria da Imputação (ou Teoria do Órgão) que define que a conduta do agente público deve ser imputada ao ente estatal que ele representa.
7	D	A assertiva está incorreta visto o disciplinado no art. 126, da Lei 8.112/90, que através da jurisprudência dos tribunais superiores, define que a absolvição criminal que decorra da inexistência do fato ou negativa de autoria, enseja absolvição na esfera administrativa automaticamente, configurando-se exceção à independência das instâncias.
8	C	A assertiva está correta, pois a conduta de Cibele encontra-se dentre aquelas em que não se pode mais retornar ao serviço público, conforme art. 137, parágrafo único, c/c, o art. 132, XI, da Lei 8.112/90.
9	C	Os conceitos de cargo, emprego e função são indispensáveis a uma melhor compreensão dos agentes públicos em geral e têm base legal e doutrinária. Nesse sentido, deve-se analisar que alguns agentes assumem cargos públicos, outros são detentores de empregos, como também, a determinados agentes públicos somente é atribuída uma função pública, sem a necessidade de assunção de cargo ou emprego na estrutura organizacional da Administração Pública (Ex.: Cargo em Comissão). Desta forma, cargo em comissão ou cargo de confiança é aquele cuja função que lhe foi atribuída corresponde a uma atividade de direção, chefia e assessoramento. Sendo um cargo e não somente uma função, pode ser exercido por quem não possua cargo efetivo, trata-se do comissionado.
10	D	A Lei 8.112/90 estabelece, em seu art. 12, §2º, que "não se abrirá novo concurso enquanto houver candidato aprovado em concurso anterior com prazo de validade não expirado". Dessa forma, o texto legal proíbe expressamente a realização de novo concurso público para preenchimento de cargos em uma determinada carreira, enquanto estiver vigente concurso anterior com o mesmo propósito, desde que não tenha sido esgotada a lista de aprovados do certame em andamento.
11	B	Flávio será exonerado visto que não foi aprovado no estágio probatório. Frise-se que a demissão de servidor público é a perda do cargo com caráter PUNITIVO, ou seja, decorrente de infração praticada pelo agente. Por sua vez, a exoneração também configure situação de perda do cargo, mas sem caráter de penalidade, ocorrendo por situações definidas na legislação.

QUESTÃO		COMENTÁRIO
12	D	A Autotutela trata-se do Poder que a Administração Pública possui de ter o controle dos seus atos "em suas mãos", podendo ela mesma revê-los para trazer regularidade às suas condutas. Nesses casos, o ente estatal tem a garantia de anular os atos praticados em suas atividades essenciais, quando ilegais, ou revogá-los, quando inoportunos ou inconvenientes, sem que seja necessária a interferência do Poder Judiciário. Já o Contraditório é o direito conferido ao particular de saber o que acontece no processo administrativo ou judicial de seu interesse, bem como o direito de se manifestar na relação processual, requerendo a produção de provas e provocando sua tramitação. Neste sentido, verifica-se a Súmula Vinculante no 3 do STF.
13	E	O Supremo Tribunal Federal, em sede de Rel 6650 MC – AgR/PR, já se manifestou no sentido da inaplicabilidade da vedação ao nepotismo quando se tratar de nomeação de agentes para o exercício de cargos políticos, como é o caso de secretário ou de ministro de estado, situação na qual a nomeação do parente não encontra óbice, desde que o sujeito tenha condições técnicas de exercer o munus público a ele transferido por meio da nomeação.
14	A	Na situação hipotética da questão, Márcia está sujeita a advertência pela sua conduta. Esta é a redação do art. 129, c/c o art. 117, XIX, e com o art. 142, da Lei 8.112/90. Destacados abaixo: "Art. 129. A advertência será aplicada por escrito, nos casos de violação de proibição constante do art. 117, incisos I a VIII e XIX, e de inobservância de dever funcional previsto em lei, regulamentação ou norma interna, que não justifique imposição de penalidade mais grave". "Art. 117. Ao servidor é proibido: XIX - recusar-se a atualizar seus dados cadastrais quando solicitado". "Art. 142. A ação disciplinar prescreverá: III - em 180 (cento e oitenta) dias, quanto à advertência".
15	D	A diária é indenização paga ao servidor público que se desloca temporariamente para prestação do serviço público, conforme preceito do art. 58, da Lei 8.112/90. São pagas para que o servidor possa arcar com as despesas de acomodação, alimentação e locomoção urbana (já que o servidor faz jus ao recebimento de diárias além das passagens para deslocamento).
16	C	O texto constitucional, originariamente, estabelecia a obrigatoriedade de obediência a regime jurídico único por todos os entes da Administração Direta, autárquica e fundacional. Neste diapasão, foi editada a Lei 8.112/90, criando o regime estatutário no âmbito federal. Com a introdução da Emenda Constitucional n. 19/98, a regra foi alterada e foi abolido o regime jurídico único, sendo admitido o ingresso de servidores celetistas (regidos pela consolidação das leis trabalhistas e sob regime de emprego) e estatutário nos quadros das entidades mencionadas. Sendo assim, o regime passou a ser misto. Diante da concessão da medida cautelar proferida na ADI 2135, o STF, desde 2007, suspendeu a eficácia do art. 39, caput, da CF, com a redação dada pela EC 19/1998, o que rendeu ensejo ao retorno da redação anterior, na qual havia sido instituído o regime jurídico único para os servidores da administração direta, das autarquias e fundações públicas. No âmbito da União, o regime foi instituído pela Lei 8112/90. Desse modo, não se admite mais o ingresso de servidores celetistas para prestação de serviços nos entes da administração direta, autárquica e fundacional.
17	A	Os servidores públicos, em determinadas situações previstas na Lei 8.112/90, fazem jus às licenças, por meio das quais, poderão se afastar do exercício da atividade pública de forma regular, sem configurar ausência injustificada. São elas: licença por motivo de doença em pessoa da família; licença por motivo de afastamento do cônjuge ou companheiro; licença para o serviço militar; licença para atividade política; licença para capacitação; licença por motivo particular; licença para desempenho de mandato classista.
18	C	Acontece aos 70 (setenta) anos de idade ou 75 (setenta e cinco), tanto para o homem quanto para a mulher servidora pública, consoante disposto no art. 40, II, da Constituição Federal e será paga com proventos proporcionais ao tempo de contribuição ou integral, caso o servidor tenha contribuído todo o tempo necessário para a concessão de aposentadoria com proventos integrais. Frise-se que a lei que regule a aposentadoria compulsória será complementar.

QUESTÃO		COMENTÁRIO
19	**E**	Toda a atuação do agente público é orientada para uma boa execução da atividade estatal e, neste ínterim, a Lei 8.112/90 em seu art. 127 define algumas condutas proibidas que, caso sejam praticadas, configuram infrações disciplinares. São elas: advertência; suspensão; demissão; cassação de aposentadoria ou disponibilidade; destituição de cargo em comissão; destituição de função comissionada. Verifica-se, portanto que não existe destituição de aposentadoria e sim, cassação de aposentadoria.
20	**ERRADO**	O art. 40, §13o da Carta Magna dispõe que *"Ao servidor ocupante, exclusivamente, de cargo em comissão declarado em lei de livre nomeação e exoneração bem como de outro cargo temporário ou de emprego público, aplica-se o regime geral de previdência social"*. A matéria já foi objeto de controle de constitucionalidade, por meio da ADI 2024 e declarada constitucional pelo Supremo Tribunal Federal.
21	**C**	A gratificação natalina trata-se de gratificação paga ao servidor, até o dia 20 de dezembro de cada ano, na proporção de um doze avos da remuneração de dezembro para cada mês de serviço público prestado. Ressalte-se que a fração igual ou superior a quinze dias será considerada como um mês integral para o cálculo desta verba. No caso do servidor aposentado, está será equivalente ao respectivo provento, deduzido o adiantamento na forma do art. 194 da Lei 8.112/90.
22	**A**	O auxílio moradia é indenização paga ao servidor público que tenha sido deslocado de sua sede, para exercer cargos em comissão de DAS 4, 5 e 6, ou cargos de natureza especial ou ainda cargos de ministro de estado. Tem como finalidade custear os gastos com moradia dos referidos servidores e será pago no valor comprovado do aluguel ou pagamento de hotel, não podendo ultrapassar 25% do valor do cargo em comissão, da função comissionada ou do cargo de Ministro de Estado ocupado, conforme art. 60-D da Lei 8.112/90.
23	**B**	O provimento trata-se da forma de ocupação do cargo público pelo servidor. É um ato administrativo por meio do qual há esse preenchimento de cargo, atribuindo as funções a ele inerentes a uma determinada pessoa. A lei e a doutrina costumam dividir as hipóteses de provimento de cargos públicos em dois grupos: provimento originário (nomeação) e provimento derivado (Promoção, Readaptação, Reversão, Reintegração, Recondução e Aproveitamento).

CAPÍTULO 13

IMPROBIDADE ADMINISTRATIVA

1. CONSIDERAÇÕES INICIAIS

A improbidade administrativa tem base na Constituição Federal que, em seu art. 37, §4º, estabelece que a lei sancionará os atos de improbidade. Esse dispositivo constitucional enumera algumas sanções a serem aplicadas pela prática de ato de improbidade e, conforme entendimento majoritário da doutrina, trata-se de rol meramente exemplificativo, não esgotando as sanções a serem aplicadas.

Com efeito, estipula a norma que *"Os atos de improbidade administrativa importarão a suspensão dos direitos políticos, a perda da função pública, a indisponibilidade dos bens e o ressarcimento ao erário, na forma e gradação previstas em lei, sem prejuízo da ação penal cabível"*. Por sua vez, a lei que regulamenta os atos de improbidade, expedida, em obediência ao dispositivo transcrito, relaciona um rol mais extenso de sanções, considerando que aquele previsto na Carta Magna é um rol de sanções mínimas a serem aplicadas.

Atualmente, a matéria referente à improbidade administrativa praticada pelos agentes públicos se encontra positivada na Lei 8429/92. Essa lei tem sua estrutura composta por cinco pontos principais: o sujeito passivo, o sujeito ativo, a tipologia da improbidade, as sanções e os procedimentos.

Para José dos Santos Carvalho Filho[1], a *"ação de Improbidade Administrativa é aquela em que se pretende o reconhecimento judicial de condutas de improbidade na Administração, perpetradas por administradores públicos e terceiros, e a consequente aplicação das sanções legais, com o escopo de preservar o princípio da moralidade administrativa."*

1. CARVALHO FILHO, José dos Santos. Manual de Direito Administrativo. Rio de Janeiro: Editora Lumen Juris, 23. ed., 2012.

2 . CONCEITO

A doutrina faz distinções quanto ao sentido de **probidade** e **moralidade**. Alguns autores consideram distintos os sentidos, entendendo que a probidade é subprincípio da moralidade. Para outros, a probidade é conceito mais amplo do que a moralidade. O posicionamento majoritário da Doutrina, que deve ser seguido para provas de concursos públicos, afirma que a moralidade e a probidade, enquanto princípios, são expressões sinônimas, em razão de a Constituição da República ter mencionado em seu texto a moralidade como princípio no art. 37, caput, e a improbidade como lesão ao mesmo princípio.

Todavia, a noção de improbidade não se confunde com a de imoralidade, sendo esta uma espécie daquela. O agente ímprobo sempre se qualificará como violador do princípio da moralidade, contudo, nem todo ato de improbidade tipificado em lei corresponde a violação ao princípio da moralidade.

Com efeito, a Lei de Improbidade Administrativa deu tratamento amplo à matéria, estipulando uma série de atos de improbidade que não configuram imoralidade, como, por exemplo, atos que causam dano ao erário, praticados com culpa *stricto sensu* pelo agente ímprobo. Dessa forma, pode-se dizer que a improbidade administrativa é gênero do qual a violação à moralidade é uma espécie.

É importante mencionarmos que a Lei de Improbidade Administrativa não deve ser aplicada para meras irregularidades ou transgressões disciplinares – pois estas serão devidamente punidas na instância administrativa, mediante a instauração de processo disciplinar. De outro modo, visa a resguardar os princípios da administração pública.

Conforme a Lei 8.429/92, são espécies de improbidade administrativa:

- ações ou omissões que geram enriquecimento ilícito, em detrimento da função pública;
- ações ou omissões dolosas ou culposas que causam dano ao erário;
- ações ou omissões que atentam contra os princípios da Administração Pública.

A configuração do ato de improbidade não depende da demonstração de dano patrimonial ao erário público, podendo estar configurada pela simples violação a princípios administrativos.

3. NATUREZA JURÍDICA DAS SANÇÕES DE IMPROBIDADE

É cediço que as instâncias penal, administrativa e cível são independentes e que os atos de improbidade podem ser sancionados nas três instâncias. Importante saber que as sanções de improbidade previstas na Lei 8429/92 têm natureza civil, não impedindo, contudo, a apuração de responsabilidades na esfera administrativa e na esfera penal. Frise-se, portanto, mais uma vez, que a **natureza da ação de improbidade é cível**.

Logo, ao praticar um ato de improbidade, o servidor estará sujeito às sanções administrativas (conforme processo administrativo disciplinar estipulado no seu estatuto), sem prejuízo da ação penal nos moldes da legislação pertinente.

Por fim, haverá a responsabilização civil deste servidor, conforme a Lei de Improbidade Administrativa.

As sanções por improbidade serão aplicadas mediante a propositura da Ação Civil Pública por ato de improbidade (ou, simplesmente, Ação de Improbidade). Não obstante tenha natureza de Ação Civil Pública, a Ação de Improbidade não é regulamentada pela Lei de Ação Civil Pública (Lei 7.347/85). Isso porque a própria Lei 8429/92 define os contornos dessa ação.

Sendo assim, por tratar-se de lei que comina sanções administrativas àqueles que causam dano direto ou não ao erário público, entende-se que compete privativamente à União legislar acerca de improbidade administrativa e, dessa forma, a Lei 8.429/92 tem abrangência nacional e não somente federal.

4. DOS AGENTES DA IMPROBIDADE ADMINISTRATIVA

Sujeito Ativo – a Lei 8.429/92 conceitua e apresenta o rol de sujeitos ativos a responderem por atos ímprobos, afirmando que a improbidade administrativa pode ser praticada por qualquer agente público, servidor ou não, contra a administração direta, indireta, fundacional ou autárquica de qualquer dos Poderes da União, Estados ou Municípios e de empresas incorporadas ao patrimônio público. Isto posto, aqueles que praticam ato de improbidade são agentes públicos. Importa-nos observar que também pode cometer ato de improbidade quem atua em nome da Administração Pública ainda que temporariamente e sem remuneração, conforme preceito do artigo 2º da referida lei.

> Art. 2° Reputa-se agente público, para os efeitos desta lei, todo aquele que exerce, ainda que transitoriamente ou sem remuneração, por eleição, nomeação, designação, contratação ou qualquer outra forma de investidura ou vínculo, mandato, cargo, emprego ou função nas entidades mencionadas no artigo anterior.

No entanto, em decisões recentes o Supremo Tribunal Federal vem firmando o entendimento de que os agentes políticos que respondem por crime de responsabilidade, nos moldes previstos na Carta Magna, não estão sujeitos à Lei de improbidade. Isso porque a Lei de Crimes de Responsabilidade estipula sanções de natureza civil e seria *bis in idem* admitir as duas punições.

Por sua vez, o Egrégio Superior Tribunal de Justiça, nas Reclamações 2.790 e 2.115, tem reafirmado o seu posicionamento de que, excetuada a hipótese de atos de improbidade praticados pelo Presidente da República e Ministros de Estado em crimes conexos com os cometidos por aquele (o Presidente), não há norma alguma que proíba que os agentes políticos respondam por crimes de responsabilidade e por atos de improbidade.

Ressalte-se que, **além dos agentes públicos, particulares também podem responder por improbidade, desde que se beneficiem ou concorram para a prática do ato**. Dessa forma, a lei de improbidade não se aplica somente a agentes públicos, estabelecendo sanções a particulares, alheios à estrutura do Estado.

Ademais, o entendimento do Superior Tribunal de Justiça é de que o dolo deve ser elemento caracterizador dos atos de improbidade. De fato, no Recurso Especial 980.706, transcrito a seguir, a Corte entendeu que somente pode haver responsabilidade por atos de improbidade administrativa, quando houver dolo por parte do agente. Por óbvio, tal entendimento diz respeito aos atos de improbidade que não causam dano direto ao erário público.

> PROCESSUAL CIVIL. ADMINISTRATIVO. AÇÃO CIVIL PÚBLICA. IMPROBIDADE ADMINISTRATIVA. APROPRIAÇÃO INDEVIDA DE DIÁRIAS. ART. 10, CAPUT, DA LEI 8.429/92. AUSÊNCIA DE DANO AO ERÁRIO. MÁ-FÉ. ELEMENTO SUBJETIVO. ESSENCIAL À CARACTERIZAÇÃO DO ATO DE IMPROBIDADE. SANÇÕES. DOSIMETRIA. CUMULATIVIDADE. PRINCÍPIOS DA PROPORCIONALIDADE E DA RAZOABILIDADE (ART. 12, PARÁGRAFO ÚNICO DA LEI 8.429/83 [*sic*]). VIOLAÇÃO AO ART. 535. INOCORRÊNCIA.
>
> 1. O caráter sancionador da Lei 8.429/92 é aplicável aos agentes públicos que, por ação ou omissão, violem os deveres de honestidade, imparcialidade, legalidade, lealdade às instituições e notadamente: (a) importem em enriquecimento ilícito (art. 9º); (b) causem prejuízo ao erário público (art. 10); (c) atentem contra os princípios da Administração Pública (art. 11) compreendida nesse tópico a lesão à moralidade administrativa.
>
> 2. A má-fé, consoante cediço, é premissa do ato ilegal e ímprobo e a ilegalidade só adquire o status de improbidade quando a conduta antijurídica fere os princípios constitucionais da Administração Pública coadjuvados pela má-intenção do administrador.
>
> 3. A improbidade administrativa está associada à noção de desonestidade, de má-fé do agente público, do que decorre a conclusão de que, somente em hipóteses excepcionais, por força de inequívoca disposição legal, é que se admite a sua configuração por ato culposo (artigo 10, da Lei 8.429/92).
>
> 4. O elemento subjetivo é essencial à caracterização da improbidade administrativa, sendo certo, ainda, que a tipificação da lesão ao patrimônio público (art. 10, caput, da Lei 8.429/92) exige a prova de sua ocorrência, mercê da impossibilidade de condenação ao ressarcimento ao erário de dano hipotético ou presumido. Precedentes do STJ: REsp 805.080/SP, PRIMEIRA TURMA, DJe 06/08/2009; REsp 939142/RJ, PRIMEIRA TURMA, DJe 10/04/2008; REsp 678.115/RS, PRIMEIRA TURMA, DJ 29/11/2007; REsp 285.305/DF, PRIMEIRA TURMA; DJ 13/12/2007; e REsp 714.935/PR, SEGUNDA TURMA, DJ 08/05/2006;
>
> 5. In casu, a ausência de má-fé (elemento subjetivo) dos demandados E.O. M. e L. M. M. representado por seu espólio, coadjuvada pela inexistência de obtenção de proveito patrimonial, conforme consta do voto condutor do acórdão recorrido, revela error in judicando a análise do ilícito apenas sob o ângulo objetivo.
>
> 6. Ademais, a exegese das regras insertas no art. 11 da Lei 8.429/92, considerada a gravidade das sanções e restrições impostas ao agente público, deve ser realizada com ponderação, máxime porque uma interpretação ampliativa poderá acoimar de ímprobas condutas meramente irregulares, suscetíveis de correção administrativa, posto ausente a má-fé do administrador público e preservada a moralidade administrativa e, a fortiori, ir além do que o legislador pretendeu.
>
> 7. Outrossim, é cediço que não se enquadra nas espécies de improbidade o ato praticado por administrador inepto. Precedentes: Resp 1149427/SC, PRIMEIRA TURMA, julgado em 17/08/2010, DJe 09/09/2010; e REsp 734984/SP, PRIMEIRA TURMA, julgado em 18/12/2008, DJe 16/06/2008.
>
> 8. As sanções do art. 12, incisos I, II e III, da Lei n. 8.429/92, não são necessariamente cumulativas, cabendo ao magistrado a sua dosimetria; em consonância com os princípios da razoabilidade e da proporcionalidade, que, evidentemente, perpassa pela adequação, necessidade e proporcionalidade estrito senso, aliás, como deixa entrever o parágrafo único do referido dispositivo, a fim de que a reprimenda a ser aplicada ao agente ímprobo seja suficiente à repressão e à prevenção da improbidade.

9. A Ação Civil Pública, por ato de improbidade administrativa, in casu, objetiva a condenação dos demandados nas sanções do art. 12, incisos I, II e III, da Lei 8.429/92, em razão da prática de atos descritos nos arts. 9º, caput; 10, caput; e 11, caput e inciso I, da mencionada lei, consubstanciado pelo pagamento de 02 (duas) diárias a servidor público no valor de R$ 375,00 (trezentos e setenta e cinco reais), a fim de possibilitar-lhe a participação nos eventos cognominados "Encontro de Estudos para o Desenvolvimento Auto-Sustentado por Regiões, referente a Micro, Pequena e Média Propriedade" e "Encontro de Entidades da Região Sul", a serem realizados em Curitiba – PR, o qual, inobstante tenha recebido a quantia de R$ 375,00, consoante se colhe da Nota de Empenho autorizada pelo Prefeito Municipal em Exercício e, conquanto estivesse em Curitiba, não participou dos referidos eventos.

10. O Tribunal local, mediante ampla cognição fático probatória, assentou que: (a) a conduta imputada ao demandado C. P. – recebimento de recursos públicos que não lhe eram devidos, no valor de R$ 375,00 – configura ato de improbidade administrativa, capitulado no art. 9º, inciso XI, da Lei n. 8.429/92, e, por isso, manteve incólume a condenação relativa à perda dos valores acrescidos ilicitamente (R$ 375,00); à perda da função pública; à suspensão dos direitos políticos, pelo prazo de quatro anos; e ao ressarcimento do dano causado ao erário, na proporção de 1/6; reduzindo, apenas, a multa para três vezes o valor das diárias apropriadas indevidamente;

(b) a conduta imputada a E. O. M – inserção no cheque relativo à diária como beneficiário de pessoa que não constava na nota de empenho e não era servidor do Poder Executivo – configura de ato de improbidade administrativa, capitulado no art. 10, inciso I, da Lei 8.429/92, e, por isso, manteve incólume a condenação relativa ao ressarcimento do dano causado ao erário, na proporção de 1/6; reduzindo, apenas, a multa para duas vezes do valor das diárias;

(c) a conduta imputada a L. M. M., representado por seu espólio, – ao firmar nota de empenho referente às 02 (duas) diárias destinadas a custear a participação do Secretário da Agricultura em evento, E.Z., à míngua de pedido escrito do beneficiário, que se encontrava fora do Estado, para acompanhar a filha em tratamento médico (fl. 50) – configura de ato de improbidade administrativa, capitulado no art. 10, inciso I, da Lei 8.429/92, e, por isso, manteve incólume a condenação relativa ao ressarcimento do dano causado ao erário, na proporção de 1/6.

11. O espectro sancionatório da lei induz interpretação que deve conduzir à dosimetria relacionada à exemplaridade e à correlação da sanção, critérios que compõem a razoabilidade da punição, sempre prestigiada pela jurisprudência do E. STJ: RESP 664856/PR, Relator Ministro Luiz Fux, DJ de 02.05.2006; RESP 507574/MG, Relator Ministro Teori Zavascki, DJ de 08.05.2006; RESP 513.576/MG, Relator p/ acórdão Ministro Teori Zavascki, DJ de 06.03.2006.

12. Os embargos de declaração que enfrentam explicitamente a questão embargada não ensejam recurso especial pela violação do artigo 535, II, do CPC.

13. Recurso Especial parcialmente provido para: (a) afastar as sanções impostas ao demandado C. P, quanto à perda da função pública e à suspensão dos direitos políticos, pelo prazo de quatro anos; mantendo incólume o ressarcimento do dano causado ao erário, na proporção de 1/6; e a multa civil correspondente a três vezes o valor das diárias apropriadas indevidamente; e (b) afastar as sanções impostas aos demandados E. O. M quanto ao ressarcimento do dano causado ao erário, na proporção de 1/6, e a multa de duas vezes do valor das diárias; e L. M. M., representado por seu espólio, quanto ao ressarcimento do dano causado ao erário, na proporção de 1/6.

(REsp 980706/RS, Rel. MIN. LUIZ FUX, PRIMEIRA TURMA, julgado em 03/02/2011, DJe 23/02/2011)

O Superior Tribunal de Justiça ainda afirma que não basta um elemento para a caracterização de ato de improbidade, mas, sim, uma série de atos que juntos caracterizam a improbidade administrativa.

ADMINISTRATIVO. IMPROBIDADE ADMINISTRATIVA. CARTA-CONVITE. MODALIDADE DE LICITAÇÃO INADEQUADA. LICITANTE VENCEDORA. QUADRO SOCIETÁRIO. FILHA DO PREFEITO. VIOLAÇÃO AO ART. 11 DA LEI N. 8.429/92. CARACTERIZAÇÃO. PREJUÍZO AO ERÁRIO. DESNECESSIDADE.

1. Trata-se de ação civil pública por ato de improbidade administrativa ajuizada em face de ex-prefeito e de sociedades empresárias (postos de gasolina) em razão da contratação alegadamente ilegal dos referidos postos pela Municipalidade. A ação é fundada no art. 11 da Lei n. 8.429/92.

2. Nas razões recursais, sustenta o Ministério Público estadual ter havido violação aos arts. 4º, 11 e 21 da Lei n. 8.429/92, uma vez que (i) fere a moralidade administrativa a contratação de empresa cujo quadro societário conta com filha de Prefeito e (ii) está caracterizada a má-fé na espécie, a teor do fracionamento indevido do objeto licitado e dos diversos favorecimentos pessoais ocorridos.

3. Resumidamente, foram os seguintes os argumentos da instância ordinária para afastar o pedido de condenação por improbidade administrativa formulado pelo recorrente com base no art. 11 da Lei n. 8.429/92: (a) realização de licitação prévia para a contratação;(b) inexistência de prejuízo ao erário; e (c) não-comprovação de dolo ou má-fé dos envolvidos. Trechos dos acórdãos recorridos.

4. Como se observa, os fatos estão bem delimitados pela origem no acórdão da apelação, que foi confirmado pelo acórdão dos embargos infringentes, o que está sujeita a exame nesta Corte Superior é a simples qualificação jurídica desse quadro fático-probatório, não sendo aplicável, pois, sua Súmula n. 7.

5. Em primeiro lugar, é de se afastar o argumento (b), retro, porque pacífico no Superior Tribunal de Justiça entendimento segundo o qual, para o enquadramento de condutas no art. 11 da Lei n. 8.429/92, é despicienda a caracterização do dano ao erário e do enriquecimento ilícito. Confiram-se os seguintes precedentes: REsp 1.119.657/MG, Rel. Min. Eliana Calmon, Segunda Turma, DJe 30.9.2009, e REsp 799.094/SP, Rel. Min. Teori Albino Zavascki, Primeira Turma, DJe 16.9.2008.

6. Em segundo lugar, acredito que a análise do argumento (a) está essencialmente ligada ao enfrentamento do argumento (c).

7. Não há como afastar a conclusão da origem no sentido de que, isoladamente, o simples fato de a filha do Prefeito compor o quadro societário de uma das empresas vencedora da licitação não constitui ato de improbidade administrativa.

8. Ocorre que, na hipótese dos autos, este não é um dado isolado. Ao contrário, a perícia – conforme consignado no próprio acórdão recorrido – deixou consignado que a modalidade de licitação escolhida (carta-convite) era inadequada para promover a contratação pretendida, em razão do valor do objeto licitado.

9. Daí porque o que se tem, no caso concreto, não é a formulação, pelo Parquet estadual, de uma proposta de condenação por improbidade administrativa com fundamento único e exclusivo na relação de parentesco entre o contratante e o quadro societário da empresa contratada.

10. No esforço de desenhar o elemento subjetivo da conduta, os aplicadores da Lei n. 8.429/92 podem e devem guardar atenção às circunstâncias objetivas do caso concreto, porque, sem qualquer sombra de dúvida, elas podem levar à caracterização do dolo, da má-fé.

11. Na verdade, na hipótese em exame – lembre-se: já se adotando a melhor versão dos fatos para os recorridos –, o que se observa são vários elementos que, soltos, de per se, não configurariam em tese improbidade administrativa, mas que, somados, foram um panorama configurador de desconsideração do princípio da legalidade e da moralidade administrativa, atraindo a incidência do art. 11 da Lei n. 8.429/92.

12. O fato de a filha do Prefeito compor uma sociedade contratada com base em licitação inadequada, por vícios na escolha de modalidade, são circunstâncias objetivas (declaradas

no acórdão recorrido) que induzem à configuração do elemento subjetivo doloso, bastante para, junto com os outros elementos exigidos pelo art. 11 da LIA, atrair-lhe a incidência.

13. Pontue-se, antes de finalizar, que a prova do móvel do agente pode se tornar impossível se se impuser que o dolo seja demonstrado de forma inafastável, extreme de dúvidas. Pelas limitações de tempo e de procedimento mesmo, inerentes ao Direito Processual, não é factível exigir do Ministério Público e da Magistratura uma demonstração cabal, definitiva, mais-que-contundente de dolo, porque isto seria impor ao Processo Civil algo que ele não pode alcançar: a verdade real.

14. Recurso especial provido.

(REsp 1245765/MG, Rel. MIN. MAURO CAMPBELL MARQUES, SEGUNDA TURMA, julgado em 28/06/2011, DJe 03/08/2011)

Sujeito passivo – É a pessoa jurídica que a lei indica como vítima do ato de improbidade administrativa. Nem sempre o sujeito passivo se qualifica como pessoa eminentemente administrativa.

Com efeito, a lei ampliou o seu alcance para a Administração Pública Direta e Indireta e ainda para as entidades privadas que recebem dinheiro público para custeio ou formação do capital. Ressalte-se que, para as entidades privadas cuja criação ou custeio o erário haja concorrido ou concorra com menos de 50% do patrimônio ou da receita anual ou que recebam subvenção, as sanções de improbidade somente se aplicam até o montante das verbas públicas recebidas. Esta é a dicção do artigo 1º da lei de improbidade. Indicada a seguir:

> Art. 1º Os atos de improbidade praticados por qualquer agente público, servidor ou não, contra a administração direta, indireta ou fundacional de qualquer dos Poderes da União, dos Estados, do Distrito Federal, dos Municípios, de Território, de empresa incorporada ao patrimônio público ou de entidade para cuja criação ou custeio o erário haja concorrido ou concorra com mais de cinquenta por cento do patrimônio ou da receita anual, serão punidos na forma desta lei.
>
> Parágrafo único. Estão também sujeitos às penalidades desta lei os atos de improbidade praticados contra o patrimônio de entidade que receba subvenção, benefício ou incentivo, fiscal ou creditício, de órgão público bem como daquelas para cuja criação ou custeio o erário haja concorrido ou concorra com menos de cinquenta por cento do patrimônio ou da receita anual, limitando-se, nestes casos, a sanção patrimonial à repercussão do ilícito sobre a contribuição dos cofres públicos.

Sendo assim, a Lei 8429/92 protege o patrimônio dos entes da Administração Pública (amplamente considerada) e também das entidades privadas que recebam dinheiro público para custeio ou para formação do capital.

5. ESPÉCIES DE ATO DE IMPROBIDADE E SANÇÕES APLICÁVEIS

Conforme explicitado alhures, o texto legal estabelece três espécies de atos de improbidade, a saber, os atos que geram enriquecimento ilícito, os que causam danos ao erário público e os atos que atentam contra princípios da administração pública.

Tais atuações encontram-se nos artigos 9º, 10 e 11 da lei de improbidade, constituindo uma gradação, ou seja, sendo o primeiro ato o mais grave de todos e o último o mais leve, sendo que cada um dos artigos traz um rol – meramente exemplificativo – de atos de improbidade. Vejamos:

Art. 9 – atos de improbidade que ensejam enriquecimento ilícito do agente

Art. 10 – atos de improbidade que causam dano ao erário público

Art. 11 – atos de improbidade que atentam contra princípios da administração

Ressalte-se ainda que, em interpretação jurisprudencial, o Superior Tribunal de Justiça definiu que apenas os atos de improbidade que causam dano ao erário (art. 10) podem ser sancionados a título de dolo ou culpa, sendo os demais atos de improbidade sancionados somente se comprovada a má-fé do agente, ou seja, a atuação dolosa, conforme julgado acima transcrito.

Isso porque, em interpretação sistemática do texto legal, a Corte entendeu que os atos culposos estão expressamente delimitados pela lei e, quando o texto legal silencia, só se admite a sanção a título de dolo.

Deve-se ter em mente que as sanções previstas na Lei de Improbidade não são necessariamente aplicadas de forma cumulativa, entendendo o Superior Tribunal de Justiça que a penalidade deve ser aplicada de acordo com a gravidade do caso e as suas consequências. Por óbvio, compete ao juiz da causa, motivadamente, definir quais sanções de improbidade serão aplicadas, em cada caso concreto, se de forma isolada ou cumulativa, de acordo com a gravidade da infração.

Certo é ainda que nos casos onde houver prejuízo ao erário, o ressarcimento deve ser obrigatório. Este entendimento pode ser verificado no REsp. 622.234.

> **Art. 9° Constitui ato de improbidade administrativa importando enriquecimento ilícito auferir qualquer tipo de vantagem patrimonial indevida em razão do exercício de cargo, mandato, função, emprego ou atividade nas entidades mencionadas no art. 1° desta lei, e notadamente:**
>
> I – receber, para si ou para outrem, dinheiro, bem móvel ou imóvel, ou qualquer outra vantagem econômica, direta ou indireta, a título de comissão, percentagem, gratificação ou presente de quem tenha interesse, direto ou indireto, que possa ser atingido ou amparado por ação ou omissão decorrente das atribuições do agente público;
>
> II – perceber vantagem econômica, direta ou indireta, para facilitar a aquisição, permuta ou locação de bem móvel ou imóvel, ou a contratação de serviços pelas entidades referidas no art. 1° por preço superior ao valor de mercado;
>
> III – perceber vantagem econômica, direta ou indireta, para facilitar a alienação, permuta ou locação de bem público ou o fornecimento de serviço por ente estatal por preço inferior ao valor de mercado;
>
> IV – utilizar, em obra ou serviço particular, veículos, máquinas, equipamentos ou material de qualquer natureza, de propriedade ou à disposição de qualquer das entidades mencionadas no art. 1° desta lei, bem como o trabalho de servidores públicos, empregados ou terceiros contratados por essas entidades;
>
> V – receber vantagem econômica de qualquer natureza, direta ou indireta, para tolerar a exploração ou a prática de jogos de azar, de lenocínio, de narcotráfico, de contrabando, de usura ou de qualquer outra atividade ilícita, ou aceitar promessa de tal vantagem;
>
> VI – receber vantagem econômica de qualquer natureza, direta ou indireta, para fazer declaração falsa sobre medição ou avaliação em obras públicas ou qualquer outro serviço, ou sobre quantidade, peso, medida, qualidade ou característica de mercadorias ou bens fornecidos a qualquer das entidades mencionadas no art. 1º desta lei;

VII – adquirir, para si ou para outrem, no exercício de mandato, cargo, emprego ou função pública, bens de qualquer natureza cujo valor seja desproporcional à evolução do patrimônio ou à renda do agente público;

VIII – aceitar emprego, comissão ou exercer atividade de consultoria ou assessoramento para pessoa física ou jurídica que tenha interesse suscetível de ser atingido ou amparado por ação ou omissão decorrente das atribuições do agente público, durante a atividade;

IX – perceber vantagem econômica para intermediar a liberação ou aplicação de verba pública de qualquer natureza;

X – receber vantagem econômica de qualquer natureza, direta ou indiretamente, para omitir ato de ofício, providência ou declaração a que esteja obrigado;

XI – incorporar, por qualquer forma, ao seu patrimônio bens, rendas, verbas ou valores integrantes do acervo patrimonial das entidades mencionadas no art. 1° desta lei;

XII – usar, em proveito próprio, bens, rendas, verbas ou valores integrantes do acervo patrimonial das entidades mencionadas no art. 1° desta lei.

Art. 10. Constitui ato de improbidade administrativa que causa lesão ao erário qualquer ação ou omissão, dolosa ou culposa, que enseje perda patrimonial, desvio, apropriação, malbaratamento ou dilapidação dos bens ou haveres das entidades referidas no art. 1º desta lei, e notadamente:

I – facilitar ou concorrer por qualquer forma para a incorporação ao patrimônio particular, de pessoa física ou jurídica, de bens, rendas, verbas ou valores integrantes do acervo patrimonial das entidades mencionadas no art. 1º desta lei;

II – permitir ou concorrer para que pessoa física ou jurídica privada utilize bens, rendas, verbas ou valores integrantes do acervo patrimonial das entidades mencionadas no art. 1º desta lei, sem a observância das formalidades legais ou regulamentares aplicáveis à espécie;

III – doar à pessoa física ou jurídica bem como ao ente despersonalizado, ainda que de fins educativos ou assistenciais, bens, rendas, verbas ou valores do patrimônio de qualquer das entidades mencionadas no art. 1º desta lei, sem observância das formalidades legais e regulamentares aplicáveis à espécie;

IV – permitir ou facilitar a alienação, permuta ou locação de bem integrante do patrimônio de qualquer das entidades referidas no art. 1º desta lei, ou ainda a prestação de serviço por parte delas, por preço inferior ao de mercado;

V – permitir ou facilitar a aquisição permuta ou locação de bem ou serviço por preço superior ao de mercado;

VI – realizar operação financeira sem observância das normas legais e regulamentares ou aceitar garantia insuficiente ou inidônea;

VII – conceder benefício administrativo ou fiscal sem a observância das formalidades legais ou regulamentares aplicáveis à espécie;

VIII – frustrar a licitude de processo licitatório ou de processo seletivo para celebração de parcerias com entidades sem fins lucrativos, ou dispensá-los indevidamente; (**Incluído pela Lei nº 13.019, de 2014**)

IX – ordenar ou permitir a realização de despesas não autorizadas em lei ou regulamento;

X – agir negligentemente na arrecadação de tributo ou renda, bem como no que diz respeito à conservação do patrimônio público;

XI – liberar verba pública sem a estrita observância das normas pertinentes ou influir de qualquer forma para a sua aplicação irregular;

XII – permitir, facilitar ou concorrer para que terceiro se enriqueça ilicitamente;

XIII – permitir que se utilize, em obra ou serviço particular, veículos, máquinas, equipamentos ou material de qualquer natureza, de propriedade ou à disposição de qualquer das entidades mencionadas no art. 1° desta lei, bem como o trabalho de servidor público, empregados ou terceiros contratados por essas entidades.

XIV – celebrar contrato ou outro instrumento que tenha por objeto a prestação de serviços públicos por meio da gestão associada sem observar as formalidades previstas na lei;

XV – celebrar contrato de rateio de consórcio público sem suficiente e prévia dotação orçamentária, ou sem observar as formalidades previstas na lei.

XVI – facilitar ou concorrer, por qualquer forma, para a incorporação, ao patrimônio particular de pessoa física ou jurídica, de bens, rendas, verbas ou valores públicos transferidos pela administração pública a entidades privadas mediante celebração de parcerias, sem a observância das formalidades legais ou regulamentares aplicáveis à espécie; (Incluído pela Lei nº 13.019, de 2014)

XVII – permitir ou concorrer para que pessoa física ou jurídica privada utilize bens, rendas, verbas ou valores públicos transferidos pela administração pública a entidade privada mediante celebração de parcerias, sem a observância das formalidades legais ou regulamentares aplicáveis à espécie; (Incluído pela Lei nº 13.019, de 2014)

XVIII – celebrar parcerias da administração pública com entidades privadas sem a observância das formalidades legais ou regulamentares aplicáveis à espécie; (Incluído pela Lei nº 13.019, de 2014)

XIX – agir negligentemente na celebração, fiscalização e análise das prestações de contas de parcerias firmadas pela administração pública com entidades privadas; (Incluído pela Lei nº 13.019, de 2014)

XX - liberar recursos de parcerias firmadas pela administração pública com entidades privadas sem a estrita observância das normas pertinentes ou influir de qualquer forma para a sua aplicação irregular; (Incluído pela Lei nº 13.019, de 2014)

XXI - liberar recursos de parcerias firmadas pela administração pública com entidades privadas sem a estrita observância das normas pertinentes ou influir de qualquer forma para a sua aplicação irregular. (Incluído pela Lei nº 13.019, de 2014)

Art. 11. Constitui ato de improbidade administrativa que atenta contra os princípios da administração pública qualquer ação ou omissão que viole os deveres de honestidade, imparcialidade, legalidade, e lealdade às instituições, e notadamente:

I – praticar ato visando fim proibido em lei ou regulamento ou diverso daquele previsto, na regra de competência;

II – retardar ou deixar de praticar, indevidamente, ato de ofício;

III – revelar fato ou circunstância de que tem ciência em razão das atribuições e que deva permanecer em segredo;

IV – negar publicidade aos atos oficiais;

V – frustrar a licitude de concurso público;

VI – deixar de prestar contas quando esteja obrigado a fazê-lo;

VII – revelar ou permitir que chegue ao conhecimento de terceiro, antes da respectiva divulgação oficial, teor de medida política ou econômica capaz de afetar o preço de mercadoria, bem ou serviço.

VIII – descumprir as normas relativas à celebração, fiscalização e aprovação de contas de parcerias firmadas pela administração pública com entidades privadas. (Redação dada pela Lei nº 13.019, de 2014)

IX – deixar de cumprir a exigência de requisitos de acessibilidade previstos na legislação. (Incluído pela Lei nº 13.146, de 2015)

VIII – descumprir as normas relativas à celebração, fiscalização e aprovação de contas de parcerias firmadas pela administração pública com entidades privadas; (Redação dada pela Lei nº 13.019, de 2014)

IX – deixar de cumprir a exigência de requisitos de acessibilidade previstos na legislação. (Incluído pela Lei nº 13.146, de 2015)

Nota-se que o texto legal traz um rol de atos de improbidade, dispostos nos incisos, em cada um dos artigos ora transcritos. Conforme entendimento uníssono, os incisos definem exemplos de atos de improbidade, não exaurindo as hipóteses de infrações.

Ademais, para cada ato de improbidade, a lei definiu as sanções que deverão ser aplicadas ao agente. Insta salientar que as sanções também sofrem uma gradação, em razão da gravidade do ato praticado.

Tal situação decorre, inclusive, da aplicação do princípio da proporcionalidade, apresentado na disposição legal acerca do tema.

Veja-se o quadro explicativo abaixo.

ATOS QUE GERAM ENRIQUECIMENTO ILÍCITO	ATOS QUE CAUSAM DANO AO ERÁRIO	ATOS QUE ATENTAM CONTRA PRINCÍPIOS ADMINISTRATIVOS
Perda da função pública *(Obs. 1)*	Perda da função pública	Perda da função pública
Indisponibilidade e perda dos bens adquiridos ilicitamente	Indisponibilidade e perda dos bens adquiridos ilicitamente	-------------------------------------
Ressarcimento do dano (se houver)	Ressarcimento do dano	Ressarcimento do dano (se houver)
Multa de até três vezes o que acresceu ilicitamente	Multa de até duas vezes o valor do dano causado	Multa de até 100 vezes a remuneração do servidor *(Obs. 3)*
Suspensão dos direitos políticos de 8 a 10 anos *(Obs. 2)*	Suspensão dos direitos políticos de 5 a 8 anos	Suspensão dos direitos políticos de 3 a 5 anos
Impossibilidade de contratar com o Poder Público e de receber benefícios fiscais até 10 anos	Impossibilidade de contratar com o Poder Público e de receber benefícios por até 5 anos	Impossibilidade de contratar com o Poder Público e de receber benefícios por até 3 anos

Obs. 1 – Conforme entendimento da jurisprudência, o agente público perderá o cargo que esteja exercendo no momento da aplicação da pena e, não necessariamente, a função de que tenha se valido para a prática do ato. Ex.: Auditor fiscal afastado do cargo para exercer função de prefeito pratica ato de improbidade no exercício da função política. Ao final do mandato, a Ação de Improbidade é proposta e pode ser determinada a perda da função do cargo de Auditor.

Obs. 2 – Se a sentença for silente em relação ao prazo de suspensão dos direitos políticos, aplica-se o menor prazo previsto em lei para aquela infração. Por exemplo, no caso de infração capitulada no art. 9º, aplicam-se 8 anos.

Obs. 3 – Ressalte-se que agente público, para fins de improbidade, é todo aquele que exerce função pública, a qualquer título, ainda que sem remuneração. Inclusive, essa é a leitura do art. 2º da Lei 8.429/92. Se o agente que praticou o ato de improbidade não for remunerado pelo exercício de suas funções, conforme entendimento do Superior Tribunal de Justiça, a multa será de até 100 vezes o valor do salário mínimo. Trata-se de aplicação do princípio da adequação punitiva às sanções de improbidade administrativa.

5.1. Nova espécie de improbidade administrativa

A LC 157/16 criou uma nova espécie de ato de improbidade que foi inserida no art. 10-A da Lei 8.429/92. Em verdade, trata-se de ato que enseja prejuízo ao erário e que poderia ter sido incluído em um dos incisos do próprio art. 10, no entanto, foi tratado em artigo separado, inclusive com sanções diferenciadas.

Desta forma, a lei estabelece que **constitui ato de improbidade administrativa qualquer ação ou omissão para conceder, aplicar ou manter benefício financeiro ou tributário de forma indevida em relação ao ISS (Imposto Sobre Serviços)**. Entenda-se como indevida a concessão de isenções, incentivos ou benefícios tributários ou financeiros, inclusive de redução de base de cálculo ou de crédito presumido ou outorgado, ou sob qualquer outra forma que resulte, direta ou indiretamente, em carga tributária menor que a decorrente da aplicação da alíquota mínima de 2%, salvo as disposições legais em contrário.

Saliente-se que o novo ato de improbidade não se estende a qualquer tributo, mas tão somente ao ISS que foi objeto de tratamento pela LC 157/16. Com efeito, a concessão indevida de isenções tributárias continua sendo considerada ato de improbidade que causa dano ao erário, nos moldes do art. 10 da Lei 8.429/92, não estando abarcada na nova espécie legislativa.

Por fim, cabe salientar que a nova espécie de ato de improbidade não resulta na aplicação de todas as sanções previstas para as espécies tradicionais. Nesse sentido, a Lei 8.429/92 dispõe, em seu art. 12, IV, que poderão ser aplicadas, nesse caso, somente as sanções de **perda da função pública, suspensão dos direitos políticos de 5 (cinco) a 8 (oito) anos e multa civil de até 3 (três) vezes o valor do benefício financeiro ou tributário concedido**. Não obstante o silêncio da lei, entende-se ser obrigatório o **ressarcimento ao erário**, diante da indisponibilidade do interesse público, sempre que ficar demonstrado o prejuízo causado.

Portanto, são sanções a serem aplicadas:

- Perda da função;
- Suspensão dos direitos políticos de 5 a 8 anos;
- Multa de até 3 vezes o valor do benefício financeiro;
- Ressarcimento ao erário por danos causados.

6. PROCEDIMENTO DA AÇÃO CIVIL PÚBLICA POR ATO DE IMPROBIDADE

A ação de improbidade é ação civil que visa punir os agentes públicos e particulares que atuem em colaboração ou se beneficiando da atuação do agente, por atos de improbidade. Pode ser proposta pela Pessoa Jurídica lesada – ou seja, uma das entidades elencadas no art. 1º da Lei 8.429/92 que tenha sofrido o ato de improbidade – ou pelo Ministério Público.

Se a ação for proposta pelo Ministério Público, a entidade lesada deverá ser intimada para, em tendo interesse, atuar como litisconsorte ativa. Por sua vez, se a Pessoa Jurídica lesada propuser a ação, o *parquet* deverá atuar, necessariamente, como fiscal da lei (*custos legis*).

Deve-se mencionar que o procedimento da A.C.P. por ato de improbidade é o ordinário previsto na sua lei de regência, todavia, devem ser aplicadas as regras estipuladas no art. 17 da L.I.A. (Lei de Improbidade Administrativa), que estabelece peculiaridades.

Inicialmente, a ação de improbidade deverá ser proposta em juízo singular. Com efeito, não há prerrogativa de foro para a propositura da ação. Ressalte-se que não é possível a utilização da competência constitucional para as ações penais em face de agentes públicos, haja vista a natureza civil das sanções a serem aplicadas. Sendo assim, repita-se, a ação será proposta originariamente na justiça comum estadual ou federal, nas hipóteses previstas no art. 109 da Carta Magna.

Ocorre que o Superior Tribunal de Justiça já firmou o entendimento de que as ações de improbidade propostas em face de membros da magistratura e que podem gerar a perda do cargo devem ser propostas diretamente no tribunal ao qual o agente esteja vinculado. Observe-se julgado acerca do tema.

> ADMINISTRATIVO E PROCESSUAL CIVIL. EMBARGOS DE DECLARAÇÃO NO AGRAVO REGIMENTAL NO AGRAVO DE INSTRUMENTO. MANDADO DE SEGURANÇA. INQUÉRITO CIVIL INSTAURADO PELO MINISTÉRIO PÚBLICO PARA O FIM DE APURAR A PRÁTICA DE ATO DE IMPROBIDADE ADMINISTRATIVA POR PARTE DE MAGISTRADO.
>
> 1. Os embargos de declaração são cabíveis quando o provimento jurisdicional padece de omissão, contradição ou obscuridade, consoante dispõe o art. 535, I e II, do CPC, bem como para sanar a ocorrência de erro material. Excepcionalmente, quando o saneamento de algum desses vícios implicar na alteração do resultado do julgamento embargado, aos embargos de declaração devem ser atribuídos efeitos modificativos.
>
> 2. **O Superior Tribunal de Justiça, alterando entendimento jurisprudencial que vinha sendo externado, tem entendido que o foro privilegiado dos magistrados também deve ser observado nas ações civis públicas por ato de improbidade administrativa, cujo resultado possa levar à pena de demissão do réu.** Como consequência desse entendimento, deve-se reconhecer a competência do Tribunal de Justiça para processar e julgar mandado de segurança que ataca a instauração de inquérito civil público, fase preliminar de investigação e preparatória de ação civil pública.
>
> 3. Embargos de declaração acolhidos, com efeitos modificativos, para conhecer do agravo de instrumento e dar parcial provimento ao recurso especial, determinando a remessa dos autos do mandado de segurança ao TJ/MG para que seja processado e julgado, com a anulação dos atos decisórios proferidos pelo juízo de primeiro grau.
>
> (STJ, EDcl no AgRg no Ag 1338058 / MG, Relator Ministro Benedito Gonçalves, Primeira Turma, j. 25/10/2011, DJe 18/11/2011)

Proposta a ação de improbidade, no foro competente, deve ser aplicado o artigo 17, § 7º da L.I.A., que prevê a notificação do acusado para apresentação de defesa prévia, no prazo de 15 dias, antes de ser proferida decisão pelo juízo acerca do deferimento ou não da petição inicial. Dentro desse prazo, o acusado deverá convencer o juiz a indeferir a petição inicial de plano, considerando a inadequação da via eleita.

Após a apresentação da defesa prévia, o juiz definirá acerca da adequação da via eleita. Se entender cabível a propositura da Ação Civil Pública por ato de Improbidade, deve receber a petição inicial em todos os seus termos.

Ressalte-se que, conforme art. 17, § 10, da Lei 8.429/92, a decisão do juízo que recebe a petição inicial é passível de recurso (Agravo). Isso é uma peculiaridade da ação de improbidade, haja vista o fato de que nas ações ordinárias não há previsão de recurso em face do recebimento da petição inicial, considerada como mero despacho.

Por sua vez, caso o juiz indefira a peça introdutória, o recurso cabível é a apelação, consoante entendimento já estampado no Código de Processo Civil.

Sendo assim:

→ AÇÃO DE IMPROBIDADE:
Juiz indeferiu a petição inicial – APELAÇÃO
Juiz deferiu a petição inicial – AGRAVO

Após o recebimento da petição inicial, o juiz determinará a citação do Réu para apresentar contestação e a ação segue o procedimento comum.

7. MEDIDAS CAUTELARES

Proposta a ação, o Juiz pode, como forma de resguardar o resultado prático do processo, incidentalmente, a requerimento do autor, conceder 4 (quatro) medidas cautelares previstas na Lei 8.429/92.

A princípio, conforme entendimento da doutrina, as cautelares serão requeridas mediante a demonstração do *fumus boni iuris* e do *periculum in mora*.

As cautelares previstas na L.I.A. estão elencadas no art. 16 e seguintes, a saber:

1) **Afastamento preventivo do servidor público**. A medida tem cabimento todas as vezes que o administrador alegar e demonstrar que a manutenção do agente no cargo de origem poderá atrapalhar o andamento regular do processo judicial. Normalmente, esse sujeito terá acesso às provas e documentos, bem como às testemunhas do caso, podendo macular a instrução probatória. Ressalte-se que, neste caso, diversamente do que ocorre no processo administrativo disciplinar (em que o afastamento não pode ultrapassar 60 dias), o afastamento pode ser determinado, sem estipulação de prazo máximo. Ademais, a intenção é assegurar a lisura do processo judicial, sem que isso acarrete qualquer espécie de penalidade, conforme qualquer medida cautelar, sem prejuízo da remuneração a que o agente público faça jus pelo exercício do cargo ou função.

2) **Bloqueio de contas**. É medida que visa garantir a solvência do Réu para arcar com os prejuízos causados e demais sanções pecuniárias a serem aplicadas, sendo admitido, inclusive, o bloqueio e a investigação das contas do requerido, fora do país, por expressa dicção legal.

3) **Indisponibilidade dos bens**. A medida será aplicada, inclusive, como garantia de devolução, em caso de aplicação de penalidade de perda dos bens acrescidos ilicitamente. Saliente-se que, conforme entendimento pacificado no Superior Tribunal de Justiça a indisponibilidade de bens pode ser requerida na ação de improbidade com a simples demonstração de *fumus boni iuris*. Isso porque, o *periculum in mora* é presumido, nessas ações. Como se pode ver a seguir.

O periculum in *mora para decretar a indisponibilidade de bens decorrente do ato de improbidade administrativa (art. 37, § 4º, da CF) é presumido, nos termos do art. 7º da Lei n. 8.429/1992. Precedentes citados: REsp 1.315.092-RJ, DJe 14/6/2012; REsp 1.203.133-MT, DJe 28/10/2010; REsp 1.135.548-PR, DJe 22/6/2010; REsp 1.115.452-MA, DJe 20/4/2010, e REsp 1.319.515-ES.*

(AgRg no AREsp 188.986-MG, Rel. Min. Teori Albino Zavascki, julgado em 28/8/2012)

4) **Sequestro de bens.** Vale notar que a Lei 8.429/92, em seu art. 16, §1º, determina a aplicação do Código de Processo Civil para tratar das disposições do sequestro.

Concedidas ou não as cautelares pleiteadas, o processo tem curso para aplicação das penalidades previstas na lei.

Ressalte-se ainda que as medidas cautelares podem também ser pleiteadas em ações autônomas. São as chamadas ações cautelares antecedentes. Nesses casos, será proposta uma ação cautelar previamente à propositura da Ação de Improbidade. A ação cautelar terá como objeto principal a indisponibilidade dos bens, afastamento preventivo do agente, sequestro ou investigação de bloqueio de contas.

Nesses casos, tendo sido proposta ação cautelar antecedente, a ação de improbidade deve ser proposta, no prazo máximo de 30 dias, a contar da efetivação da cautelar requerida pelo Ministério Público ou pela pessoa jurídica lesada, sempre nos mesmos autos processuais. Este é o entendimento que se impõe da leitura conjunta do art. 17 da Lei 8.429/92 c/c 305 e 309 do novo CPC.

8. PEDIDOS NA AÇÃO DE IMPROBIDADE

O pedido principal da ação de improbidade é a aplicação das sanções estabelecidas no art. 12 da lei, já analisado anteriormente.

É interessante ressaltar que, em julgado recente, o Superior Tribunal de Justiça, passou a entender que a aplicação de todas as penalidades, decorrentes do ato de improbidade e previstas no artigo 12 da Lei 8.429/92, podem ser aplicadas, independente de pedido explícito pelo autor da ação. *In casu*, não se estaria diante de sentença *extra petita* uma vez que todas as sanções previstas em lei são pedidos implícitos da ação de improbidade.

Com efeito, entende a Corte que, na ação de improbidade, o juiz julga os fatos e não os pedidos, podendo, portanto, aplicar penalidades que não tenham sido expressamente requeridas na petição inicial.

Logo, caso o Ministério Público proponha a ação de improbidade e não inclua entre seus pedidos expressos a aplicação de multa, por exemplo, tal sanção poderá, ainda assim, ser aplicada, se o juiz entender cabível, diante da gravidade da infração praticada.

Compete ao juízo definir quais as sanções que devem ser aplicadas, isolada ou cumulativamente, de acordo com a gravidade da infração cometida. É o disposto no art. 12, *caput*, da lei.

> Art. 12. Independentemente das sanções penais, civis e administrativas previstas na legislação específica, está o responsável pelo ato de improbidade sujeito às seguintes cominações, que podem ser aplicadas isolada ou cumulativamente, de acordo com a gravidade do fato: (Redação dada pela Lei n.12.120, de 2009).

Ademais, a lei estipula que, em caso de morte do agente, as sanções pecuniárias se estendem aos herdeiros e sucessores do réu falecido, até o limite da herança transferida. Não é possível estender as sanções além das forças da herança, portanto.

Importante ressaltar ainda que é possível, mesmo após a aprovação das contas pelo Tribunal de Contas, a propositura da ação de improbidade, verificado o cometimento de alguma das infrações estabelecidas em lei. Isso porque, conforme expressa dicção legal, a configuração do ato de improbidade administrativa independe de dano patrimonial ou efetivo ao erário – a violação de um princípio já configura ato de improbidade e independe da rejeição de contas pelo Tribunal de Contas competente.

Por fim, o art. 17, §1º, da Lei 8.429/92 estabelece ser **proibida expressamente a transação, acordo ou conciliação nesse tipo de ação**, não se admitindo inclusive a celebração de TAC (termo de ajustamento de conduta) firmado pelo Ministério Público, mesmo sendo ele o Autor da ação.

A perda da função pública e a suspensão dos direitos políticos somente se efetivam com o trânsito em julgado e a aplicação da penalidade.

9. DA COMPETÊNCIA PARA JULGAMENTO DA AÇÃO DE IMPROBIDADE

A questão tem como seu ponto nuclear identificar a matéria como legislativa ou administrativa e isso porque esta é objeto da regulação pelo próprio ente federativo em virtude de sua autonomia. A princípio, entendia-se que a ação de improbidade teria a prerrogativa de foro da ação penal. Logo, a ação contra ministro de Estado teria foro no Superior Tribunal de Justiça, por exemplo.

A jurisprudência do STF, no entanto, determinava que, quando a Constituição Federal definiu o foro privilegiado, não inseriu a ação de improbidade como hipótese em que se aplicaria tal prerrogativa, portanto, não se poderia fazer analogia neste sentido. Logo, seria inconstitucional o foro privilegiado na ação de improbidade e a ação deveria ser julgada no primeiro grau de jurisdição, independentemente de quem fosse o Réu.

Ressalte-se, todavia, que a discussão voltou à tona no ano de 2010, com uma decisão do Supremo Tribunal Federal que determinou a competência da própria Corte para julgar ações de improbidade contra seus ministros e decisões do Superior Tribunal de Justiça, restabelecendo sua competência originária para julgar ações de improbidade em face de governadores.

Por fim, ao final do ano de 2011, a corte especial do STJ firmou o entendimento de que as ações propostas contra membros da magistratura devem seguir foro privilegiado, ou seja, a ação deve ser proposta no Tribunal ao qual o magistrado esteja vinculado. Em tópico anterior, foi transcrito o julgado que definiu a competência originária em tribunal para ações de improbidade propostas em face de magistrados. Em provas objetivas, orienta-se o candidato a não marcar assertivas que concedam prerrogativas de foro em ações de improbidade administrativa, salvo na hipótese de ações propostas em face de membros da magistratura.

Por fim, o STJ, recentemente negou a prerrogativa de foro nas ações de improbidade em relação a deputados federais, trazendo de volta a tese dominante na doutrina de que não se admite privilégio de foro no âmbito destas ações. Vejamos:

> *"PROCESSO CIVIL. ADMINISTRATIVO. IMPROBIDADE ADMINISTRATIVA. DEPUTADO FEDERAL QUE RETORNA AO CARGO DE PREFEITO. ART. 462DO CPC. FATO SUPERVENIENTE. RECONHECIMENTO. AUSÊNCIA DE PRERROGATIVA DE FORO. RECURSO ESPECIAL PROVIDO.*
>
> *Processo: REsp 1569811 RJ 2015/0284187-2*
>
> *Relator(a): Ministro HUMBERTO MARTINS*
>
> *Julgamento: 16/02/2016*
>
> *Órgão Julgador: T2 - SEGUNDA TURMA*
>
> *Publicação: DJe 24/02/2016"*

São muito frequentes questões discursivas de concursos públicos tratando do tema da Ação Civil Pública por ato de improbidade, por se tratar de matéria muito controversa em alguns aspectos. O concurso para provimento de cargos de Juiz de Direito da Paraíba, elaborado pela CESPE trouxe o tema, conforme se verifica a título de exemplo.

▶ COMO FOI COBRADO NA 2ª FASE DO CONCURSO

(CESPE – Juiz de Direito - PB/2011) Ação de improbidade administrativa é aquela em que se pretende o reconhecimento judicial de conduta de improbidade na administração e a consequente aplicação das sanções legais, com o escopo de preservar o princípio da moralidade administrativa. Sem dúvida, cuida-se de poderoso instrumento de controle judicial sobre atos que a lei caracteriza como de improbidade.

José dos Santos Carvalho Filho. Manual de direito administrativo. 23. ed., 2010, p. 1.166 (com adaptações).

Considerando a informação acima como referência inicial, redija um texto dissertativo acerca da ação de improbidade administrativa como instrumento de defesa da moralidade no exercício da função pública. Ao elaborar seu texto, aborde, necessariamente, os seguintes aspectos:

- sujeito passivo e sujeito ativo da ação de improbidade administrativa;
- categorias dos atos de improbidade previstas na Lei n.° 8.429/1992;
- modalidades de sanções aplicáveis à improbidade administrativa.

10. PRESCRIÇÃO

O instituto da prescrição é decorrência do princípio da segurança jurídica. Sobre o tema, aduz Marçal Justen Filho[2] que *"a segurança jurídica apresenta uma relevância ainda*

2. JUSTEN FILHO, Marçal – Curso de Direito Administrativo .São Paulo: Editora Forum, 14. Ed., 2009.

mais destacada relativamente à atuação estatal. Num Estado de Direito, a conduta dos agentes estatais deve ser previsível".

Dessa forma, o decurso do tempo extingue o poder que a Administração Pública tem de sancionar os atos ímprobos praticados por seus agentes ou até mesmo por particulares em concorrência com aqueles, a fim de punir a inércia estatal, bem como evitar a insegurança nas relações jurídicas com o ente público.

Na ação de improbidade administrativa, o prazo de prescrição varia de acordo com o réu, nos moldes estipulados pela L.I.A.

Com efeito, o artigo 23 da Lei de Improbidade assim dispõe:

> "Art. 23. As ações destinadas a levar a efeito as sanções previstas nesta lei podem ser propostas: I – até cinco anos após o término do exercício de mandato, de cargo em comissão ou de função de confiança; II – dentro do prazo prescricional previsto em lei específica para faltas disciplinares puníveis com demissão a bem do serviço público, nos casos de exercício de cargo efetivo ou emprego; III - até cinco anos da data da apresentação à administração pública da prestação de contas final pelas entidades referidas no parágrafo único do art. 1o desta Lei (Incluído pela Lei nº 13.019, de 2014)."

Analise-se:

a) Se o requerido for detentor de cargo em comissão, função de confiança ou mandato eletivo, o prazo de prescrição para propositura de ação de improbidade será de 5 (cinco) anos a contar do término do exercício do cargo, função de confiança ou mandato. Nesses casos, primeiro o mandato se exaure, para, então, se iniciar a contagem do prazo de prescrição. A *intentio legis* é evitar que o agente se valha da própria torpeza e evite a sanção de improbidade administrativa enquanto ainda está no exercício da função, ensejando sua prescrição.

Sendo assim, o termo *a quo* para início do prazo prescricional é o final do mandato, cargo ou função em que esteja investido.

> → **Obs:** Prefeita cometeu ato de improbidade, no primeiro mandato e foi reeleita. Posteriormente, cumpriu o 2º mandato sem praticar atos de improbidade. A partir de quando começou a contar o prazo prescricional? Nestas situações, o Superior Tribunal de Justiça entende que o prazo de prescrição somente se inicia a partir do término do segundo mandato. É uma interpretação feita pela Corte, já que a reeleição, no Brasil, foi inserida, no ordenamento, por emenda constitucional posterior à edição da Lei de Improbidade.

b) Se o réu for servidor público que exerce cargo efetivo, o prazo prescricional é o mesmo previsto no estatuto do servidor para as infrações puníveis com demissão.

No âmbito federal, a Lei 8.112/90 estabelece o prazo de prescrição, nestas situações, de 5 (cinco) anos, a contar do conhecimento do fato infracional pela Administração Pública. Saliente-se que esse prazo vai variar de acordo com a esfera de governo ao qual o servidor está vinculado, uma vez que o estatuto funcional tem aplicação somente em relação aos servidores do ente federativo. Logo, se for servidor estadual, é o estatuto daquele estado que vai definir a prescrição para a propositura de ação de improbidade em face daquele agente público.

Para a doutrina majoritária, conforme dicção do artigo 37, § 5º, da Constituição Federal, a ação de ressarcimento ao erário é imprescritível. Insta ressaltar que somente é imprescritível a ação de ressarcimento ao erário por danos causados por agentes públicos ao patrimônio público. Caso o dano tenha sido causado por um particular, a ação de ressarcimento em face desse sujeito prescreve em conformidade com a legislação civil, ou seja, 3 anos, nos moldes do art. 206 do Código Civil ora vigente.

Com efeito, esse é o entendimento consolidado pela jurisprudência do Supremo Tribunal Federal, conforme se depreende do julgamento do RE 669069/MG, em 03/02/2016. Vejamos:

> *"É prescritível a ação de reparação de danos à Fazenda Pública decorrente de ilícito civil. Esse o entendimento do Plenário, que em conclusão de julgamento e por maioria, negou provimento a recurso extraordinário em que discutido o alcance da imprescritibilidade da pretensão de ressarcimento ao erário prevista no § 5º do art. 37 da CF ("§ 5º - A lei estabelecerá os prazos de prescrição para ilícitos praticados por qualquer agente, servidor ou não, que causem prejuízos ao erário, ressalvadas as respectivas ações de ressarcimento"). No caso, o Tribunal de origem considerara prescrita a ação de ressarcimento de danos materiais promovida com fundamento em acidente de trânsito, proposta em 2008, por dano ocorrido em 1997 — v. Informativo 767. O Colegiado afirmou não haver dúvidas de que a parte final do dispositivo constitucional em comento veicularia, sob a forma da imprescritibilidade, ordem de bloqueio destinada a conter eventuais iniciativas legislativas displicentes com o patrimônio público. Todavia, não seria adequado embutir na norma de imprescritibilidade um alcance ilimitado, ou limitado apenas pelo conteúdo material da pretensão a ser exercida — o ressarcimento — ou pela causa remota que dera origem ao desfalque no erário — ato ilícito em sentido amplo.* ***De acordo com o sistema constitucional, o qual reconheceria a prescritibilidade como princípio, se deveria atribuir um sentido estrito aos ilícitos previstos no § 5º do art. 37 da CF. No caso concreto, a pretensão de ressarcimento estaria fundamentada em suposto ilícito civil que, embora tivesse causado prejuízo material ao patrimônio público, não revelaria conduta revestida de grau de reprovabilidade mais pronunciado, nem se mostraria especialmente atentatória aos princípios constitucionais aplicáveis à Administração Pública.*** *Por essa razão, não seria admissível reconhecer a regra excepcional de imprescritibilidade. Seria necessário aplicar o prazo prescricional comum para as ações de indenização por responsabilidade civil em que a Fazenda figurasse como autora. Ao tempo do fato, o prazo prescricional seria de 20 anos de acordo com o CC/1916 (art. 177). Porém, com o advento do CC/2002, o prazo fora diminuído para três anos. Além disso, possuiria aplicação imediata, em razão da regra de transição do art. 2.028, que preconiza a imediata incidência dos prazos prescricionais reduzidos pela nova lei nas hipóteses em que ainda não houvesse transcorrido mais da metade do tempo estabelecido no diploma revogado. A Corte pontuou que a situação em exame não trataria de imprescritibilidade no tocante a improbidade e tampouco envolveria matéria criminal. Assim, na ausência de contraditório, não seria possível o pronunciamento do STF sobre tema não ventilado nos autos. Vencido o Ministro Edson Fachin, que provia o recurso. Entendia que a imprescritibilidade constitucional deveria ser estendida para as ações de ressarcimento decorrentes de atos ilícitos que gerassem prejuízo ao erário" (RE 669069/MG, rel. Min. Teori Zavascki, 3.2.2016)*

Eis a literalidade do dispositivo constitucional mencionado alhures.

> Art. 37. A administração pública direta e indireta de qualquer dos Poderes da União, dos Estados, do Distrito Federal e dos Municípios obedecerá aos princípios de legalidade, impessoalidade, moralidade, publicidade e eficiência e, também, ao seguinte:
>
> § 5º A lei estabelecerá os prazos de prescrição para ilícitos praticados por qualquer agente, servidor ou não, que causem prejuízos ao erário, ressalvadas as respectivas ações de ressarcimento.

c) Quanto aos particulares, a lei é silente no que tange ao prazo de prescrição para aplicação das sanções de improbidade.

Nesse caso, duas são as interpretações possíveis. O entendimento majoritário, para fins de provas de concursos, é de que a prescrição para aplicação da penalidade é a mesma prevista para o agente público que atuou em concurso com o particular. Isso porque, é cediço que o particular somente pratica atos de improbidade em concurso com um agente público e figura no polo passivo da ação em litisconsórcio.

No entanto, importa saber que existe doutrina no sentido de que se aplica o prazo de 10 anos, por ser o previsto no Código Civil como prazo genérico.

d) Por fim, o art. 23, III, da Lei 8.429/92, alterado pela Lei 13.019/2014, dispõe que, em relação às entidades privadas que recebem benefício fiscal ou aquelas em que o dinheiro público concorre com menos de 50% da formação do capital, a ação de improbidade prescreve em até cinco anos da data da apresentação à administração pública da prestação de contas final.

11. APROFUNDAMENTO PARA PROVAS DISCURSIVAS

11.1. Inconstitucionalidade da Lei de Improbidade Administrativa

Tema que tem gerado algumas controvérsias diz respeito à alegação de inconstitucionalidade da Lei 8.429/92, defendida por alguns doutrinadores. A discussão se estende à inconstitucionalidade formal e material.

Examine-se o assunto.

O primeiro ponto a ser questionado diz respeito à competência legislativa privativa da União. É que inexiste, no texto constitucional, dentre as disposições que tratam da distribuição de competências dos entes federados, mormente no art. 24 (que dispõe sobre a competência concorrente), qualquer autorização à União que lhe outorgue competência legislativa em termos de normas gerais sobre o assunto (improbidade administrativa).

Dessa forma, parte da doutrina sustenta que a lei trata de imposição de sanções aos funcionários e agentes da Administração e que, portanto, a matéria cai inteiramente na competência legislativa em tema de Direito Administrativo, e, portanto, na competência privativa de cada ente político. Caso se pense nesse sentido, se o funcionário é federal, somente lei federal pode impor-lhe sanções pelo seu comportamento irregular; se o funcionário é municipal, somente lei administrativa do Município ao qual está ligado pode impor-lhe sanções.

Sendo assim, prevê Toshio Mukai[3] que *"qualquer sanção administrativa prevista em lei federal, a ser imposta ao funcionário estadual ou municipal, se aplicada por agente, ainda que competente, ou mesmo pelo juiz, contamina esse ato de absoluta e irrefragável inconstitucionalidade"*.

O que se alega tem base no regime federativo instalado no Brasil pela autonomia das unidades da federação, levando à convicção de que, a título de exemplo, somente mediante previsão de lei estadual é que pode um agente público estadual ser punido pela suposta prática de improbidade administrativa. Entendimento em sentido contrário ofenderia dogmas jurídicos altamente prestigiados pela doutrina e acolhidos pela Constituição pátria.

A doutrina que defende o tema ainda informa que o § 4º do art. 37 da Constituição Federal não autoriza esta suposta violação do pacto federativo, uma vez que a Lei 8.429/92

3. MUKAI, Toshio. A inconstitucionalidade da Lei de Improbidade Administrativa, Lei Federal n. 8.429/92 *in* Boletim de Direito Administrativo, Nov. 1999.

não tem regulamentação de lei nacional, mas tão somente lei federal. Entendimento contrário ensejaria desatenção à vontade do legislador constituinte originário, vontade esta que sabidamente deve ser preservada, diante da eficácia do princípio constitucional da Supremacia Hierárquica das Normas Constitucionais.

Essa primeira alegação sofre de um erro de premissa. A Lei 8.429/92 não é lei que prevê sanções administrativas a servidores públicos, mas sim lei que estipula penalidades civis a todos aqueles que praticarem atos violadores da moralidade pública ou danosa ao patrimônio público, seja agente público, seja particular.

Assim, conforme art. 22, I, da Constituição Federal, compete à União legislar privativamente sobre direito civil e, portanto, as sanções de improbidade que têm essa natureza devem estar previstas em lei nacional.

Afastada, logo, a primeira alegação de inconstitucionalidade da lei.

O segundo ponto a ser questionado diz respeito às sanções previstas na lei em comento. Isso porque, se alega, doutrinariamente, que o § 4º do art. 37 da Constituição já indicou quais são as únicas espécies de sanções a serem aplicadas na hipótese de improbidade administrativa. Portanto, ainda conforme Toshio Mukai[4], *"pelo princípio da legalidade constitucional, ao legislador competia tão-só disciplinar a forma e a gradação das penas previstas no texto constitucional; quando acresceu às referidas penas mais três, o fez inconstitucionalmente"*.

Nesse sentido, as sanções de proibição de contratar com o Poder Público e a multa, por exemplo, estariam extrapolando o texto constitucional e, portanto, não se podem manter no ordenamento jurídico.

Mais uma vez, a doutrina se equivoca, haja vista o fato de que o texto constitucional prevê somente as sanções **mínimas** a serem aplicadas, nos moldes da lei, pela prática de atos de improbidade administrativa. Com efeito, o texto legal não poderia suprimir nenhuma das penalidades expressas na Carta Magna, contudo, o acréscimo de sanções, no bojo do diploma infraconstitucional, encontra amparo constitucional.

Assim, afastada a segunda alegação de inconstitucionalidade material, haja vista o rol de sanções previstas no art. 37, §4º, da CF ser meramente exemplificativo.

Por fim, a doutrina ainda discute a inconstitucionalidade formal da referida lei. Conforme entendimento de Toshio Mukai[5]: *"Ainda, para finalizar, essa mesma lei padece de inconstitucionalidade formal, eis que na sua produção não foi observado o princípio bicameral previsto no art. 65 da Constituição. No caso, o Projeto de Lei nº 1.446-B/91, encaminhado à Câmara dos Deputados, foi aprovado por esta casa em 8.10.91 e encaminhado ao Senado Federal na data de 23.10.91. No Senado, o relator, Senador Pedro Simon, deu seu parecer favorável nos termos do substitutivo que ofereceu. Em 3.12.91 o Plenário do Senado vota aprovando o substitutivo, ficando prejudicados o projeto e as emendas. Em 4.12.91 é encaminhado o projeto para revisão da Câmara, nos termos do art. 65 da CF. Em 18.5.92 o Senado recebe ofício do Secretário da Câmara comunicando a aprovação da emenda do Senado e o encaminhamento dos autógrafos para sanção."*

Ocorre que, na Câmara dos Deputados, após esta receber o substitutivo do Senado, inicia-se a tramitação em segundo turno com a leitura e publicação do substitutivo do Senado

4. Idem, ibidem.
5. Idem, ibidem.

Federal. O projeto foi, então, aprovado pela câmara, sem as alterações feitas pelo Senado, e encaminhado para sessão, não tendo retornado à casa anterior.

Essa última alegação de inconstitucionalidade já foi analisada e afastada pelo Supremo Tribunal Federal em sede de ADI que abaixo se transcreve.

> EMENTA: AÇÃO DIRETA DE INCONSTITUCIONALIDADE. 1. QUESTÃO DE ORDEM: PEDIDO ÚNICO DE DECLARAÇÃO DE INCONSTITUCIONALIDADE FORMAL DE LEI. IMPOSSIBILIDADE DE EXAMINAR A CONSTITUCIONALIDADE MATERIAL. 2. MÉRITO: ART. 65 DA CONSTITUIÇÃO DA REPÚBLICA. INCONSTITUCIONALIDADE FORMAL DA LEI 8.429/1992 (LEI DE IMPROBIDADE ADMINISTRATIVA): INEXISTÊNCIA. 1. Questão de ordem resolvida no sentido da impossibilidade de se examinar a constitucionalidade material dos dispositivos da Lei 8.429/1992, dada a circunstância de o pedido da ação direta de inconstitucionalidade se limitar única e exclusivamente à declaração de inconstitucionalidade formal da lei, sem qualquer argumentação relativa a eventuais vícios materiais de constitucionalidade da norma. 2. Iniciado o projeto de lei na Câmara de Deputados, cabia a esta o encaminhamento à sanção do Presidente da República depois de examinada a emenda apresentada pelo Senado da República. O substitutivo aprovado no Senado da República, atuando como Casa revisora, não caracterizou novo projeto de lei a exigir uma segunda revisão. 3. Ação direta de inconstitucionalidade improcedente.
>
> (STF, ADI 2182 / DF, Relator Min. Marco Aurélio, Relatora p/ Acórdão Min. Cármen Lúcia, j. 12/05/2010, Tribunal Pleno, DJe-168, 09.09.2010)

Dessa forma, afastadas as discussões acima travadas, é constitucional a Lei 8.429/92 que trata dos atos de improbidade administrativa e das sanções a serem aplicadas por meio da Ação Civil Pública por ato de improbidade.

11.2. Possibilidade de delação premiada nas ações de improbidade

A doutrina moderna vem discutindo acerca da possibilidade de aplicação do instituto da delação premiada nas ações de improbidade administrativa, como forma de se facilitar as investigações de infrações cometidas, por meio do auxílio de algum dos partícipes, que será beneficiado por meio da não aplicação de determinadas penalidades, por exemplo.

Ressalte-se que a delação ou colaboração premiada é instituto jurídico do direito penal, previsto no art. 159, § 4º, do Código Penal e principalmente nos arts. 13 e 14 da Lei 9.807/1999, com a intenção de auxiliar o poder público no esclarecimento dos fatos e punição do responsável pelo delito.

Neste sentido, os arts. 13 e 14 da Lei 9.807/99 dispõem que:

> *"**Artigo 13.** Poderá o juiz, de ofício ou a requerimento das partes, conceder o perdão judicial e a conseqüente extinção da punibilidade ao acusado que, sendo primário, tenha colaborado efetiva e voluntariamente com a investigação e o processo criminal, desde que dessa colaboração tenha resultado:*
>
> *I - a identificação dos demais co-autores ou partícipes da ação criminosa;*
>
> *II - a localização da vítima com a sua integridade física preservada;*
>
> *III - a recuperação total ou parcial do produto do crime.*
>
> Parágrafo único. A concessão do perdão judicial levará em conta a personalidade do beneficiado e a natureza, circunstâncias, gravidade e repercussão social do fato criminoso.

> ***Artigo 14.*** *O indiciado ou acusado que colaborar voluntariamente com a investigação policial e o processo criminal na identificação dos demais co-autores ou partícipes do crime, na localização da vítima com vida e na recuperação total ou parcial do produto do crime, no caso de condenação, terá pena reduzida de um a dois terços".*

Sendo assim, pode-se verificar que a delação premiada, além de facilitar o esclarecimento do ilícito, permite que o agente arrependido que efetivamente colabora com a Justiça, tenha a sua pena diminuída ou mesmo não aplicada.

Por seu turno, o art. 17, § 1º, da Lei 8.429/92, já analisado em tópico anterior, vedava expressamente a transação, acordo ou qualquer espécie de conciliação em ações de improbidade administrativa.

No entanto, a matéria deve ser analisada sob a ótica do bem jurídico que se visa proteger por meio da ação de improbidade administrativa, qual seja, a integridade do patrimônio público, material e imaterial e a garantia do interesse da coletividade, mediante a aplicação de sanções aos agentes que põem em risco essas prerrogativas.

Ocorre que, diferentemente do ilícito penal, no qual a sanção geralmente incide sobre a liberdade pessoal, nas condenações por improbidade ela incide sobre bens (indisponibilidade e sequestro), comportamentos negociais (contratar com o poder público ou receber incentivos ou benefícios fiscais e creditícios) e direitos políticos (candidatar-se a cargos públicos, ou a cargos eletivos, ou de usufruir do direito-dever de voto). Não obstante estas diferenças, as sanções à improbidade administrativa têm finalidade preventiva e repressiva.

Neste sentido, dispõe Fábio Medina Osório,[6] que "***a sanção administrativa consiste em um mal ou castigo, com alcance geral e potencialmente*** pro futuro, ***imposto pela Administração Pública, considerada materialmente, pelo Poder Judiciário ou por corporações de direito público, a um administrado(r), agente público, indivíduo ou pessoa jurídica, expostos ou não a relações especiais de sujeição com o Estado, como conseqüência de uma conduta ilegal, tipificada em norma proibitiva, com uma finalidade repressora, ou disciplinar, no âmbito formal ou material do direito administrativo***".

Ademais, inobstante seja a ação de improbidade administrativa regida pelo processo civil, sua tramitação mais se aproxima da processualística penal, guardando, inclusive, alguns pontos em comum com o rito de instrução dos processos por crime de responsabilidade cometido por funcionário público.

E, no que tange à aplicação das sanções, a própria Lei 8.429/92, em seu art. 12, determina que sua fixação e dosagem seja efetivada, tomando por base a natureza, a gravidade e as consequências da infração, devendo ser observada a lesividade e reprovabilidade da conduta do agente, além do elemento volitivo e do prejuízo causado ao interesse público, devendo, ainda, ser observada a individualização da pena em relação a cada demandado.

Outrossim, deve-se considerar que a Lei de Improbidade Administrativa, criada como instrumento para combate à corrupção, apresenta dificuldades no que tange às investigações,

6. OSÓORIO, Fábio Medina. Teoria da Improbidade Administrativa: má gestão pública, corrupção, ineficiência. São Paulo, Editora Revista dos Tribunais, 2007.

mormente nos casos que envolvem grandes associações criminosas e esquemas de corrupção com agentes de alto escalão.

Assim, a delação premiada seria uma forma de auxiliar o poder público no combate a condutas violadoras da moralidade pública, permitindo a punição dos responsáveis por grandes esquemas de corrupção, permitindo ao Ministério Público atingir o topo da pirâmide, alcançando todos os responsáveis pelos atos danosos.

Saliente-se, ainda, que não se vislumbra empecilho legal à aplicação analógica do instituto da colaboração premiada, uma vez que a Lei de Introdução às normas do Direito Brasileiro (Decreto-lei n. 4.657/42) estabelece, no seu artigo 4.º, que *"**quando a lei for omissa, o juiz decidirá o caso de acordo com a analogia, os costumes e os princípios gerais de direito**"*.

Neste sentir, a vedação de transacionar, definida na Lei 8.429/92, não deve alcançar o referido instituto, haja vista suas peculiaridades. Inclusive, esse entendimento vem sendo admitido no bojo do Ministério Público. Neste sentido, o Ministério Público de São Paulo, já se manifestou. Observe-se:

> ***"CONCLUSÕES DAS TESES APROVADAS EM PLENÁRIA NO I CONGRESSO DO PATRIMÔNIO PÚBLICO E SOCIAL DO MINISTÉRIO PÚBLIC DO ESTADO DE SÃO PAULO***
>
> ***Tese nº 5***
>
> ***COLABORAÇÃO PREMIADA E LEI DE IMPROBIDADE ADMINISTRATIVA***
>
> ***Autor: Antonio Celso Campos de Oliveira Faria***
>
> ***Relator: Silvio Antonio Marques***
>
> ***Conclusões:***
>
> *1. o instituto da colaboração premiada, por analogia, pode ser aplicado aos atos de improbidade administrativa;*
>
> *2. as Promotorias do Patrimônio Público e Social devem envidar esforços no sentido de ser reconhecida perante o Poder Judiciário a aplicação do instituto da colaboração premiada em matéria de improbidade administrativa."*

Com a publicação da Medida Provisória 703/2015, a lei de improbidade não mais proíbe que seja firmado acordo no bojo da ação de improbidade, corroborando este entendimento aqui apresentado.

12. QUADRO SINÓPTICO

IMPROBIDADE ADMINISTRATIVA
CONCEITO
A doutrina majoritária e as provas de concursos públicos fazem distinção entre Moralidade e Probidade enquanto princípios apesar da Constituição da República ter mencionado em seu texto a moralidade como princípio no art. 37, *caput*, e a improbidade como lesão ao mesmo princípio, tratando-as como expressões sinônimas.
No entanto, o entendimento majoritária, entende que a noção de improbidade não se confunde com a de imoralidade, sendo esta uma das modalidades daquela.
ATENÇÃO! A Lei de Improbidade Administrativa visa resguardar os princípios da administração pública. Assim, não deve esta ser aplicada para meras irregularidades ou transgressões disciplinares.

<table>
<tr><th colspan="3">IMPROBIDADE ADMINISTRATIVA</th></tr>
<tr><th colspan="3">NATUREZA JURÍDICA DAS SANÇÕES DE IMPROBIDADE</th></tr>
<tr><td colspan="3">As sanções de improbidade previstas na Lei 8.429/92 têm natureza civil, não impedindo, entretanto, a apuração de responsabilidades na esfera administrativa e na esfera penal. Frise-se, todavia, mais uma vez, que a natureza da ação de improbidade é cível.</td></tr>
<tr><td colspan="3">ATENÇÃO! Não obstante tenha natureza de Ação Civil Pública, a Ação de Improbidade não é regulamentada pela Lei de ACP (Lei 7.347/85). Isso porque a própria Lei de Improbidade Administrativo (Lei n. 8.429/92) define os contornos dessa ação.</td></tr>
<tr><th colspan="3">DOS AGENTES DA IMPROBIDADE ADMINISTRATIVA</th></tr>
<tr><td rowspan="6">SUJEITO ATIVO</td><td>Lei n. 8.429/92</td><td>O art. 2° prevê que comete ato de improbidade quem atua em nome da Administração Pública ainda que temporariamente e sem remuneração.</td></tr>
<tr><td>STF</td><td>Vem firmando o entendimento de que os agentes políticos que respondem por crime de responsabilidade, nos moldes previstos na Carta Magna, não estão sujeitos à Lei de improbidade. Isso porque a Lei de Crimes de Responsabilidade estipula sanções de natureza civil e seria bis in idem admitir as duas punições.</td></tr>
<tr><td>STJ</td><td>Reclamações 2790 e 2115 – O STJ excetuada a hipótese de atos de improbidade praticados pelo Presidente da República e Ministros de Estado em crimes conexos cometidos por aqueles, visto que não há norma alguma que proíba que os agentes políticos respondam por crimes de responsabilidade e por atos de improbidade.</td></tr>
<tr><td colspan="2">ATENÇÃO! Particulares também podem responder por improbidade, desde que se beneficiem ou concorram para a prática do ato.</td></tr>
<tr><td colspan="2">O Recurso Especial 980706, no STJ, evidenciou que somente pode haver responsabilidade por atos de improbidade administrativa, quando houver dolo por parte do agente. Por óbvio, tal entendimento diz respeito aos atos de improbidade que não causam dano direto ao erário público.</td></tr>
<tr><td colspan="2">O STJ afirma, ainda que não basta um elemento para a caracterização de ato de improbidade, mas, sim, uma série de atos que juntos caracterizam a improbidade administrativa.</td></tr>
<tr><td rowspan="2">SUJEITO PASSIVO</td><td colspan="2">Pessoa jurídica que a lei indica como vítima do ato de improbidade administrativa. Nem sempre o sujeito passivo se qualifica como pessoa eminentemente administrativa.</td></tr>
<tr><td colspan="2">ATENÇÃO! O art. 1° da Lei 8.429/92 ampliou o sujeito passivo para incluir a Administração Pública Direta e Indireta e ainda as entidades privadas que recebem dinheiro público para custeio ou formação do capital. Ressalte-se que, para as entidades privadas cuja criação ou custeio o erário haja concorrido ou concorra com menos de 50% do patrimônio ou da receita anual ou que recebam subvenção, as sanções de improbidade somente se aplicam até o montante das verbas públicas recebidas.</td></tr>
<tr><th colspan="3">ESPÉCIES DE ATO DE IMPROBIDADE E SANÇÕES APLICÁVEIS.</th></tr>
<tr><td rowspan="5">ESPÉCIES</td><td>Art. 9º, da Lei 8.429/92</td><td>Atos de improbidade que ensejam enriquecimento ilícito do agente.</td></tr>
<tr><td>Art..10, da Lei 8.429/92</td><td>Atos de improbidade que causam dano ao erário público.</td></tr>
<tr><td>Art. 11, da Lei 8.429/92</td><td>Atos de improbidade que atentam contra princípios da administração pública.</td></tr>
<tr><td colspan="2">ATENÇÃO! Dos atos supramencionados,o primeiro é o mais grave de todos e o último o mais leve.</td></tr>
<tr><td colspan="2">O Superior Tribunal de Justiça tem entendimento que apenas os casos do art. 10 podem ser sancionados a título de dolo ou culpa, sendo os demais atos de improbidade sancionados somente se comprovada a má-fé do agente. Ou seja, deve ser comprovada a atuação dolosa.</td></tr>
<tr><td colspan="3">ATENÇÃO! Os incisos dos arts. 9º, 10 e 11 definem exemplos de atos de improbidade, não exaurindo as hipóteses de infrações.</td></tr>
</table>

<table>
<tr><th colspan="3">IMPROBIDADE ADMINISTRATIVA</th></tr>
<tr><th colspan="3">PROCEDIMENTO DA AÇÃO CIVIL PÚBLICA POR ATO DE IMPROBIDADE.</th></tr>
<tr><td>Objetivo</td><td colspan="2">Visa punir os agentes públicos e particulares que atuem em colaboração ou se beneficiando da atuação do agente por atos de improbidade.</td></tr>
<tr><td colspan="3">É procedimento ordinário previsto na Lei de Ação Civil Pública que, todavia, deve respeitar a aplicação das regras e peculiaridades estipuladas no art. 17 da Lei de Improbidade Administrativa.</td></tr>
<tr><td rowspan="2">LEGITIMIDADE PARA PROPOR</td><td>Pessoa Jurídica lesada (entidades elencadas no art. 1º da Lei 8.429/92)</td><td>O parquet deve atuar como fiscal da ordem jurídica (custus legis)</td></tr>
<tr><td>Ministério Público</td><td>A entidade lesada deve ser intimada para, em tendo interesse, atuar como litisconsorte ativa.</td></tr>
<tr><td rowspan="4">COMPETÊNCIA</td><td colspan="2">Inicialmente proposta em juízo singular, não havendo prerrogativa de foro.</td></tr>
<tr><td colspan="2">A ação será proposta originariamente na justiça comum estadual ou federal conforme hipóteses do art. 109, da Carta Magna.</td></tr>
<tr><td colspan="2">ATENÇÃO! Não é possível a utilização da competência constitucional para as ações penais em face de agentes públicos, haja vista a natureza civil das sanções a serem aplicadas.</td></tr>
<tr><td colspan="2">O Superior Tribunal de Justiça já firmou entendimento de que as ações de improbidade propostas em face de membros da magistratura e que podem gerar a perda do cargo devem ser propostas diretamente no tribunal ao qual o agente for vinculado.</td></tr>
<tr><td>NOTIFICAÇÃO DO ACUSADO</td><td colspan="2">Art. 17, § 7°, da L.I.A: após a notificação o acusado tem 15 dias para apresentar defesa e convencer o juiz a indeferir a petição inicial.</td></tr>
<tr><td rowspan="2">JUÍZO DE ADMISSIBILIDADE</td><td>INDEFERIMENTO</td><td>Cabe apelação (art. 331 do CPC).</td></tr>
<tr><td>DEFERIMENTO</td><td>Cabe agravo (art. 17, § 10, da Lei 8.429/92).</td></tr>
<tr><td>CITAÇÃO DO RÉU</td><td colspan="2">É determinada pelo juiz, após o recebimento da petição inicial, para a apresentação da contestação.</td></tr>
<tr><th colspan="3">MEDIDAS CAUTELARES</th></tr>
<tr><td colspan="3">Podem ser concedidas a requerimento do autor se demonstrado o fumus boni iuris e o periculum in mora.</td></tr>
<tr><td rowspan="3">AFASTAMENTO PREVENTIVO DO SERVIDOR PÚBLICO</td><td colspan="2">O administrador deve alegar e demonstrar que a manutenção do agente no cargo de origem poderá atrapalhar o andamento regular do processo judicial.</td></tr>
<tr><td colspan="2">ATENÇÃO! Sem prejuízo da remuneração.</td></tr>
<tr><td colspan="2">Pode ser determinado sem prazo máximo.</td></tr>
<tr><td rowspan="2">BLOQUEIO DE CONTAS</td><td colspan="2">Visa garantir a solvência do Réu para arcar com os prejuízos causados e demais sanções pecuniárias a serem aplicadas.</td></tr>
<tr><td colspan="2">ATENÇÃO! Esta medida pode ser aplicada a contas fora do país.</td></tr>
<tr><td rowspan="2">INDISPONIBILIDADE DOS BENS</td><td colspan="2">É uma garantia de devolução em caso de aplicação de penalidade de perda dos bens acrescidos ilicitamente.</td></tr>
<tr><td colspan="2">ATENÇÃO! O STJ tem entendimento de que basta a simples demonstração de fumus boni iuris. Isso porque, o periculum in mora é presumido, nas ações de improbidade.</td></tr>
<tr><td>SEQUESTRO DE BENS</td><td colspan="2">O art. 16, § 1°, Lei 8.429/92 normatiza que para tratar das disposições do sequestro aplica-se o Código de Processo Civil.</td></tr>
<tr><td colspan="3">ATENÇÃO! A concessão das medidas cautelares não impede o curso normal do processo.</td></tr>
<tr><td rowspan="2">CAUTELARES PREPARATÓRIAS</td><td colspan="2">São ações autônomas propostas previamente às Ações de Improbidade.</td></tr>
<tr><td colspan="2">A ação de improbidade deve ser intentada no prazo máximo de 30 dias, a contar da efetivação da cautelar requerida pelo Ministério Público ou pela pessoa jurídica lesada.</td></tr>
</table>

<table>
<tr><th colspan="3">IMPROBIDADE ADMINISTRATIVA</th></tr>
<tr><th colspan="3">PEDIDOS NA AÇÃO DE IMPROBIDADE</th></tr>
<tr><td rowspan="3">PEDIDO PRINCIPAL</td><td colspan="2">Aplicação das sanções estabelecidas no art. 12, da Lei de improbidade.</td></tr>
<tr><td colspan="2">ATENÇÃO! O STJ entende que as sanções previstas em lei são pedidos implícitos da ação de improbidade.</td></tr>
<tr><td colspan="2">O juiz julga os fatos e não as penalidades, podendo aplicar penalidades que não tenham sido expressamente requeridas na petição inicial.</td></tr>
<tr><td colspan="3">ATENÇÃO! A lei estipula que, em caso de morte do agente, as sanções pecuniárias se estendem aos herdeiros e sucessores do réu falecido, até o limite da herança transferida.</td></tr>
<tr><td colspan="3">A violação de um princípio já configura ato de improbidade, sendo possível, mesmo após a aprovação das contas pelo Tribunal de Contas, a propositura da ação de improbidade.</td></tr>
<tr><td colspan="3">O art. 17, §1º, da Lei 8.429/92 estabelece ser proibida expressamente a transação, acordo ou conciliação nesse tipo de ação, não se admitindo inclusive a celebração de TAC (termo de ajustamento de conduta) firmado pelo Ministério Público, mesmo sendo ele o Autor da ação.</td></tr>
<tr><th colspan="3">DA COMPETÊNCIA PARA JULGAMENTO DA AÇÃO DE IMPROBIDADE.</th></tr>
<tr><td colspan="3">O STJ firmou o entendimento de que as ações propostas contra membros da magistratura devem seguir foro privilegiado, ou seja, a ação deve ser proposta no Tribunal ao qual o magistrado esteja vinculado.</td></tr>
<tr><th colspan="3">PRESCRIÇÃO</th></tr>
<tr><td colspan="3">O decurso do tempo extingue o poder que a Administração Pública tem de sancionar os atos ímprobos praticados por seus agentes ou até mesmo por particulares em concorrência com aqueles, a fim de punir a inércia estatal, bem como evitar a insegurança nas relações jurídicas com o ente público.</td></tr>
<tr><td rowspan="9">Art. 23 da Lei de Improbidade</td><td rowspan="2">De 5 anos a contar do término do exercício do cargo, função de confiança ou mandato.</td><td>Detentor de cargo em comissão, função de confiança ou mandato eletivo.</td></tr>
<tr><td>ATENÇÃO! O STJ entende que em caso de reeleição, o prazo de prescrição somente se inicia a partir do término do segundo mandato.</td></tr>
<tr><td rowspan="4">Previsto no estatuto do servidor para as infrações puníveis com demissão.</td><td>Servidor público que exerce cargo efetivo.</td></tr>
<tr><td>ATENÇÃO! Prazo vai variar de acordo com a esfera de governo ao qual o servidor está vinculado.</td></tr>
<tr><td>No âmbito federal, a Lei 8.112/90 estabelece o prazo de prescrição, nestas situações, de 5 (cinco) anos, a contar do conhecimento do fato infracional pela Administração Pública.</td></tr>
<tr><td>Para a doutrina majoritária, o artigo 37, § 5º, da Constituição Federal, traz que a ação de ressarcimento ao erário é imprescritível. Insta ressaltar que somente é imprescritível a ação de ressarcimento ao erário por danos causados por agentes públicos ao patrimônio público.</td></tr>
<tr><td rowspan="2">Lei silente em relação aos particulares.</td><td>A doutrina majoritária, para fins de concurso, é de que a prescrição em relação aos particulares é a mesma prevista para o agente público que atuou em concurso com o particular.</td></tr>
<tr><td>A doutrina minoritária é no sentido de que se aplica o prazo prescricional de 10 anos, por ser o previsto no Código Civil como prazo genérico.</td></tr>
<tr><td>Em até cinco anos da data da apresentação à administração pública da prestação de contas final</td><td>As entidades privadas que recebem benefício fiscal ou aquelas em que o dinheiro público concorre com menos de 50% da formação do capital.</td></tr>
</table>

IMPROBIDADE ADMINISTRATIVA	
APROFUNDAMENTO PARA PROVAS DISCURSIVAS **INCONSTITUCIONALIDADE DA LEI DE IMPROBIDADE ADMINISTRATIVA**	
Há na doutrina uma discussão sobre a inconstitucionalidade da Lei 8.429/92.	
Inconstitucionalidade material	Inexiste, no texto constitucional, dentre as disposições que tratam da distribuição de competências dos entes federados, mormente no art. 24 (que dispõe sobre a competência concorrente), qualquer autorização à União que lhe outorgue competência legislativa em termos de normas gerais sobre o assunto (improbidade administrativa).
	A doutrina que defende o tema ainda informa, ainda, que o § 4º do art. 37 da Constituição Federal não autoriza esta suposta violação do pacto federativo, sendo a Lei 8.429/92 aplicável à esfera federal, não nacional.
	Esta alegação de inconstitucionalidade material sofre erro de premissa posto que a Lei 8.429/92 não prevê sanções administrativas a servidores públicos, mas, sim, estipula penalidades civis a todos aqueles que praticarem atos violadores da moralidade pública ou danosa ao patrimônio público, seja agente público, seja particular. Ou seja, a lei respeita a CF/88, que estabelece em seu art. 22, I, a competência privativa da União para legislar sobre direito civil.
	Ainda, o art. 37, § 4º, da CF prevê somente as sanções mínimas a serem aplicadas, nos moldes da lei, pela prática de atos de improbidade administrativa. Com efeito, o texto legal não poderia suprimir nenhuma das penalidades expressas na Carta Magna, no entanto, o acréscimo de sanções, no bojo do diploma infraconstitucional, encontra amparo constitucional.
Inconstitucionalidade formal	Suposta inconstitucionalidade formal, na produção da referida lei não houve a devida observação ao princípio bicameral previsto no art. 65 da Constituição.
	Ocorre que, na Câmara dos Deputados, após esta receber o substitutivo do Senado, inicia-se a tramitação em segundo turno com a leitura e publicação do substitutivo do Senado Federal. O projeto foi então aprovado pela Câmara sem as alterações feitas pelo Senado e encaminhado para sessão, não tendo retornado à casa anterior.
	Novamente, esta alegação de inconstitucionalidade, desta vez formal, não merece prosperar posto que o STF já enfrentou a matéria e afastou a inconstitucionalidade formal por meio da ADI 2182 / DF.
Da Delação Premiada nas Ações de Improbidade Administrativa	Instituto jurídico do direito penal, previsto no art. 159, § 4º, do Código Penal e, principalmente, nos arts. 13 e 14 da Lei 9.807/1999, que visa auxiliar o poder público no esclarecimento dos fatos e punição do responsável pelo delito.
	O art. 17, §1º da Lei 8.429/92, veda expressamente a transação, acordo ou qualquer espécie de conciliação em ações de improbidade administrativa, ensejando a discussão acerca da utilização do instituto da delação premiada.
	Tendo em vista que a ação de improbidade administrativa, ainda que regida pelo processo civil, se aproxima mais da processualística penal e que a delação premiada seria uma forma de auxiliar o poder público no combate a condutas violadoras da moralidade pública, esta obra entende pela possibilidade de utilização de tal instituto. Ademais, não há óbice legal à aplicação analógica do instituto da delação premiada, uma vez que a Lei de Introdução às normas do Direito Brasileiro (Decreto-lei n. 4.657/42) estabelece, no seu artigo 4.º, que "quando a lei for omissa, o juiz decidirá o caso de acordo com a analogia, os costumes e os princípios gerais de direito".

13. JURISPRUDÊNCIAS 2015/2016

- **AGRAVO REGIMENTAL NO RECURSO ESPECIAL. IMPROBIDADE ADMINISTRATIVA. VIOLAÇÃO DO ARTIGO 535 DO CPC. ALEGAÇÃO GENÉRICA. FUNDAMENTAÇÃO DEFICIENTE. SÚMULA 284/STF. AGENTE POLÍTICO. PREFEITO. SUBMISSÃO ÀS NORMAS DA LEI 8.429/92. PRECEDENTES DO STJ. ART. 24 DA LEI 8.666/93. DISPENSA DE LICITAÇÃO. LEGITIMIDADE PASSIVA. REVISÃO DAS SANÇÕES IMPOSTAS. PRINCÍPIOS DA PROPORCIONALIDADE E RAZOABILIDADE REEXAME DE MATÉRIA FÁTICO PROBATÓRIA. IMPOSSIBILIDADE. SÚMULA 7/STJ.** 1. É pacífico o entendimento desta Corte Superior no sentido de que a simples alegação genérica, desprovida da indicação de quais os dispositivos teriam sido efetivamente violados pelo Tribunal de origem, não é suficiente para fundar recurso especial, atraindo a incidência da Súmula 284/STF. 2. A orientação desta Corte Superior firmou-se no sentido de que os Prefeitos Municipais, apesar do regime de responsabilidade político-administrativa previsto no Decreto-Lei 201/67, estão submetidos à Lei de Improbidade Administrativa, em face da inexistência de incompatibilidade entre as referidas normas. 3. A reversão do entendimento adotado pelo Tribunal de origem, no sentido de que o recorrente possui legitimidade para constar no polo passivo da demanda, pois recebeu as verbas do FUNDEF, responsabilizando-se por sua destinação regular e pela prestação de contas, bem como a acolhida da pretensão recursal de que foram interpretados equivocadamente os termos do edital e da defesa, demanda o reexame do conjunto fático-probatório dos autos, o que não é possível em sede de recurso especial, em face do óbice da Súmula 7/STJ. 4. A análise da pretensão recursal no sentido de que sanções aplicadas não observaram os princípios da proporcionalidade e razoabilidade, com a consequente reversão do entendimento manifestado pelo Tribunal de origem, exige o reexame de matéria fático-probatória dos autos, o que é vedado em sede de recurso especial, nos termos da Súmula 7/STJ. 5. Agravo regimental não provido. (STJ, AgRg no REsp 1425191/CE, Agravo Regimental no Recurso Especial 2013/0408957-7, Relator Ministro Mauro Campbell Marques, Segunda Turma, j. 10/03/2015, DJe 16/03/2015.)

- **ADMINISTRATIVO E PROCESSUAL CIVIL. RECURSO ESPECIAL. AÇÃO CIVIL PÚBLICA. IMPROBIDADE ADMINISTRATIVA. CONTROVÉRSIA A RESPEITO DA POSSIBILIDADE DE APLICAÇÃO DA PENA DE PERDA DE CARGO A MEMBRO DO MINISTÉRIO PÚBLICO. POSSIBILIDADE.** 1. Recurso especial no qual se discute a possibilidade de haver aplicação da pena de perda do cargo a membro do Ministério Público, em ação civil pública por ato de improbidade administrativa. 2. Constatado que a Corte de origem empregou fundamentação adequada e suficiente para dirimir a controvérsia, é de se afastar a alegada violação do art. 535 do CPC. 3. Nos termos do art. 37, § 4º, da Constituição Federal e da Lei n. 8.429/1992, qualquer agente público, de qualquer dos Poderes da União, dos Estados, do Distrito Federal e dos Municípios pode ser punido com a pena de perda do cargo que ocupa, pela prática de atos de improbidade administrativa. 4. A previsão legal de que o Procurador-Geral de Justiça ou o Procurador-Geral da República ajuizará ação civil específica para a aplicação da pena de demissão ou perda do cargo, nos casos elencados na lei, dentre os quais destacam-se a prática de crimes e os atos de improbidade, não obsta que o legislador ordinário, cumprindo o mandamento do § 4º do art. 37 da Constituição Federal, estabeleça a pena de perda do cargo a membro do Ministério Público quando comprovada a prática de ato ímprobo, em ação civil pública específica para sua constatação. 5. Na legislação aplicável aos membros do Ministério Público, asseguram-se à instituição as providências cabíveis para sancionar o agente comprovadamente ímprobo. Na Lei n. 8.429/1992, o legislador amplia a legitimação ativa, ao prever que a ação será proposta "pelo Ministério Público ou pela pessoa jurídica interessada" (art. 17). Não há competência exclusiva do Procurador-Geral. 6. Assim, a demissão por ato de improbidade administrativa de membro do Ministério Público (art. 240, inciso V, alínea b, da LC n. 75/1993) não só pode ser determinada pelo trânsito em julgado de sentença condenatória em ação específica, cujo ajuizamento foi provocado por procedimento administrativo e é da competência do Procurador-Geral, como também pode ocorrer em decorrência do trânsito em julgado da sentença condenatória proferida em ação civil pública prevista na Lei n. 8.429/1992. Inteligência do art. 12 da Lei n. 8.429/1992. 7. Recurso especial provido para declarar a possibilidade de, em ação civil pública por ato de improbidade administrativa, ser aplicada a pena de perda do cargo a membro do Ministério Público, caso a pena seja adequada à sua punição. (STJ, REsp 1191613/MG, Recurso Especial 2010/0076423-3, Relator Ministro Benedito Gonçalves, Primeira Turma, j. 19/03/2015, DJe 17/04/2015.)

- **AGRAVO REGIMENTAL NO AGRAVO DE INSTRUMENTO. ADMINISTRATIVO. IMPROBIDADE ADMINISTRATIVA. IRREGULARIDADE EM CONTRATAÇÕES. INTERPRETAÇÃO DE LEGISLAÇÃO INFRACONSTITUCIONAL LOCAL. INCURSIONAMENTO NO CONJUNTO FÁTICO-PROBATÓRIO. INCIDÊNCIA DAS SÚMULAS Nº 279 E Nº 280 DO STF. ALEGADA OFENSA AO PRINCÍPIO DA LEGALIDADE. SÚMULA 636 DO STF. INCIDÊNCIA. AGRAVO REGIMENTAL DESPROVIDO.** (STF, AI 858248 AgR/MS, Relator Min. Luiz Fux, Primeira Turma, j. 20/10/2015, DJe 06/11/2015.)

- **PROCESSUAL CIVIL E ADMINISTRATIVO. AGRAVO REGIMENTAL NO RECURSO EXTRAORDINÁRIO COM AGRAVO. PRELIMINAR DE REPERCUSSÃO GERAL. FUNDAMENTAÇÃO DEFICIENTE. ÔNUS DO RECORRENTE. VIOLAÇÃO AOS PRINCÍPIOS DO CONTRADITÓRIO E DA AMPLA DEFESA. INEXISTÊNCIA DE REPERCUSSÃO GERAL (ARE 748.371-RG, REL. MIN. GILMAR MENDES, TEMA 660). IMPROBIDADE ADMINISTRATIVA. SANÇÕES. GRADAÇÃO. ANÁLISE DE MATÉRIA FÁTICO-PROBATÓRIA E NECESSIDADE DE INTERPRETAÇÃO DA LEGISLAÇÃO INFRACONSTITUCIONAL. IMPOSSIBILIDADE. SÚMULA 279/STF. AGRAVO REGIMENTAL A QUE SE NEGA PROVIMENTO.** (STF, ARE 884264 AgR/DF, Ag.Reg. no Recurso Extraordinário com Agravo, Relator Min. Teori Zavascki, j. 13/10/2015, Segunda Turma, DJe 28/10/2015.)

- **Agravo regimental no recurso extraordinário. Administrativo. Alegação de não esgotamento de instância. Não ocorrência. Imprescritibilidade das ações de ressarcimento ao erário. Repercussão geral do tema reconhecida. Mantida a decisão em que se determinou o retorno dos autos à origem. Precedentes. 1. O Supremo Tribunal Federal, no exame do RE nº 669.069/MG-RG, Relator o Ministro Teori Zavascki, reconheceu a repercussão geral da matéria relativa à "imprescritibilidade das ações de ressarcimento por danos causados ao erário, ainda que o prejuízo não decorra de ato de improbidade administrativa". 2. Manutenção da decisão mediante a qual, com base no art. 328, parágrafo único, do Regimento Interno do Supremo Tribunal Federal, se determinou a devolução dos autos ao**

Tribunal de origem para a observância do disposto no art. 543-B do Código de Processo Civil. 3. Agravo regimental não provido. (STF, AgR/RE 814243/PE, Relator Min. Dias Toffoli, Segunda Turma, j. 01/09/2015, DJe 22/10/2015.)

- **AGRAVO REGIMENTAL NO RECURSO ORDINÁRIO EM MANDADO DE SEGURANÇA. PROCURADOR DA FAZENDA NACIONAL. EXECUÇÃO, EM NOME PRÓPRIO, DE HONORÁRIOS DE SUCUMBÊNCIA DEVIDOS À UNIÃO. APROPRIAÇÃO INDEVIDA DESSES VALORES. ATOS DE IMPROBIDADE ADMINISTRATIVA E DE UTILIZAÇÃO DO CARGO PARA LOGRAR PROVEITO PESSOAL OU DE OUTREM, EM DETRIMENTO DA DIGNIDADE DA FUNÇÃO PÚBLICA. CONDUTAS APURADAS EM REGULAR PROCESSO ADMINISTRATIVO DISCIPLINAR. DEMISSÃO. PENA APLICADA POR FORÇA DE PREVISÃO LEGAL. OFENSA AOS PRINCÍPIOS DA PROPORCIONALIDADE E DA RAZOABILIDADE. NÃO CONFIGURAÇÃO. AGRAVO REGIMENTAL A QUE SE NEGA PROVIMENTO.** (STF, - RMS 30899 AgR / DF - DISTRITO FEDERAL., Ag.Reg. no Recurso Ord. em Mandado de Segurança, . Relator(a): Min. Teori Zavascki, j.. Julgamento: 25/08/2015, . Órgão Julgador: Segunda Turma, . Publicação. PROCESSO ELETRÔNICO. DJe-177 DIVULG 08-09-2015 PUBLIC 09-/09-/2015.).
- **DIREITO ADMINISTRATIVO. AGRAVO REGIMENTAL EM RECURSO EXTRAORDINÁRIO COM AGRAVO. IMPROBIDADE ADMINISTRATIVA. AÇÃO DE RESSARCIMENTO DE DANO. AUSÊNCIA DE LESÃO AO PATRIMÔNIO PÚBLICO. SÚMULA 279/STF. 1. Hipótese em que a resolução da controvérsia demandaria o reexame dos fatos e do material probatório constantes dos autos, o que é vedado em recurso extraordinário. Incidência da Súmula 279/STF. 2. Agravo regimental a que se nega provimento.** (STF, ARE 714922 AgR/SP, Ag.Reg. no Recurso Extraordinário com Agravo, Relator Min. Roberto Barroso, j. 26/05/2015, Primeira Turma, DJe 18/06/2015.)
- **ADMINISTRATIVO. IMPROBIDADE ADMINISTRATIVA. IRREGULARIDADES EM LICITAÇÃO.CONFIGURAÇÃO DO ELEMENTO SUBJETIVO E DO PREJUÍZO AO ERÁRIO. REVISÃO DE FATOS E PROVAS. SÚMULA 7/STJ.** 1. Cuida-se, na origem, de Ação de Improbidade Administrativa proposta pelo Ministério Público Federal contra o ora recorrente e outros, objetivando a condenação dos réus pela prática de ato ímprobo, consistente em diversas irregularidades na licitação realizada pela Superintendência Federal de Agricultura (Convite nº 06/2003), que resultou na celebração do Contrato nº 05/2003, firmado entre o órgão e a empresa Sky Representações, Comércio e Construções Ltda., visando à execução de obras e serviços de engenharia nas instalações da sede da unidade. 2. O entendimento do STJ é de que, para que seja reconhecida a tipificação da conduta do réu como incurso nas previsões da Lei de Improbidade Administrativa, é necessária a demonstração do elemento subjetivo, consubstanciada pelo dolo para os tipos previstos nos artigos 9º e 11 e, ao menos, pela culpa, nas hipóteses do artigo 10. 3. É pacífica a jurisprudência do STJ no sentido de que o ato de improbidade administrativa previsto no art. 11 da Lei 8.429/92 exige a demonstração de dolo, o qual, contudo, não necessita ser específico, sendo suficiente o dolo genérico. Assim, para a correta fundamentação da condenação por improbidade administrativa, é imprescindível, além da subsunção do fato à norma, caracterizar a presença do elemento subjetivo. A razão para tanto é que a Lei de Improbidade Administrativa não visa punir o inábil, mas sim o desonesto, o corrupto, aquele desprovido de lealdade e boa-fé. 4. O Tribunal de origem foi categórico em afirmar a presença do elemento subjetivo, in casu, o dolo (fl. 3.663, e-STJ). Nesse contexto de limitação cognitiva, a alteração das conclusões firmadas pelas instâncias inferiores somente poderia ser alcançada com o revolvimento do conjunto fático-probatório, o que é vedado pela Súmula 7/STJ. 5. Quanto ao prejuízo ao erário, a Corte de origem, com base no acervo probatório dos autos, atestou o " prejuízo aos cofres públicos no importe de R$25.007,36" (fl. 3667). Modificar a conclusão a que chegou a Corte de origem, de modo a acolher a tese do recorrente, demanda reexame do acervo fático-probatório dos autos, o que é inviável em Recurso Especial, sob pena de violação da Súmula 7 do STJ. 6. Agravo Interno não provido. (AgInt no AREsp 833.788/CE, Rel. Ministro HERMAN BENJAMIN, SEGUNDA TURMA, julgado em 08/11/2016, DJe 17/11/2016)
- **PROCESSUAL CIVIL. ADMINISTRATIVO. AGRAVO INTERNO NO AGRAVO EM RECURSO ESPECIAL. CÓDIGO DE PROCESSO CIVIL DE 2015. APLICABILIDADE. ARGUMENTOS INSUFICIENTES PARA DESCONSTITUIR A DECISÃO ATACADA. IMPROBIDADE ADMINISTRATIVA. BLOQUEIO DE BENS. REQUISITOS PARA DECRETAÇÃO. PRESENÇA DE FUMUS BONI IURIS E DE PERICULUM IN MORA CONSTATADA PELO TRIBUNAL DE ORIGEM. REVISÃO. IMPOSSIBILIDADE NO CASO DOS AUTOS. SÚMULA N. 7/STJ. INCIDÊNCIA.** I - Consoante o decidido pelo Plenário desta Corte na sessão realizada em 09.03.2016, o regime recursal será determinado pela data da publicação do provimento jurisdicional impugnado. Assim sendo, in casu, aplica-se o Código de Processo Civil de 2015 no julgamento do Agravo Interno. II - No caso dos autos, rever o entendimento do Tribunal de origem, que consignou restar devidamente comprovada a presença de fumus boni juris e periculum in mora, necessários à decretação do bloqueio de bens do Agravante, demandaria necessário revolvimento de matéria fática, o que é inviável em sede de recurso especial, à luz do óbice contido na Súmula n. 7/STJ. III - A Agravante não apresenta, no agravo, argumentos suficientes para desconstituir a decisão recorrida. IV - Agravo Interno improvido. (AgInt no AgInt no AREsp 779.509/SP, Rel. Ministra REGINA HELENA COSTA, PRIMEIRA TURMA, julgado em 27/10/2016, DJe 18/11/2016)
- **ADMINISTRATIVO. MANDADO DE SEGURANÇA. PROCESSO ADMINISTRATIVO DISCIPLINAR. AGENTES DA POLÍCIA RODOVIÁRIA FEDERAL. PENA DE DEMISSÃO. SUPOSTA EXIGÊNCIA DE PROPINA PARA LIBERAR VEÍCULO E ABUSO DE AUTORIDADE. PRESCRIÇÃO: INEXISTÊNCIA. NULIDADE POR SUBSTITUIÇÃO DOS INTEGRANTES DA COMISSÃO PROCESSANTE DO PAD: INEXISTÊNCIA. INAPLICABILIDADE DA LEI 4.878/1965. INDEPENDÊNCIA ENTRE AS ESFERAS PENAL, CIVIL E ADMINISTRATIVA.** Nos termos do art. 142, § 1º, da Lei 8.112/90, o termo inicial da prescrição é a data do conhecimento do fato pela autoridade competente para instaurar o Processo Administrativo Disciplinar.

Entretanto, conforme previsto nos §§ 3º e 4º do mesmo dispositivo legal, tal prazo se interrompe com a publicação do primeiro ato instauratório válido, seja a abertura de sindicância ou a instauração de processo disciplinar, e recomeça a correr por inteiro após o decurso do prazo de 140 (cento e quarenta) dias, prazo máximo estipulado pela lei para a conclusão do PAD, de acordo com a soma dos prazos previstos nos arts. 152 e 167 da Lei 8.112/90. Em se tratando de infração punível com demissão, como é o caso dos autos, o prazo prescricional da pretensão punitiva disciplinar estatal é de 5 (cinco) anos (art. 142, I, da Lei 8.112/90). Na situação em exame, a Administração tomou conhecimento, em 16/01/2003, dos fatos que teriam sido praticados pelos impetrantes em 12/01/2003 e deu início ao Procedimento Administrativo Disciplinar por meio da Portaria n. 410, publicada no Boletim de Serviço n. 18, de 27/08/2004, dentro, portanto, do prazo de 5 (cinco) anos que, nesse momento, foi interrompido e recomeçou a contar em 15/01/2005, 140 dias após o início do PAD. Tomando-se como termo inicial o dia 15/05/2015 e tendo em conta que a penalidade de demissão foi imposta, ao final do PAD, por meio das Portarias de n. 2.465 e 2.467, de 28/07/2009, publicadas no DOU de 29/07/2009, é de se concluir que não foi extrapolado o prazo quinquenal. A declaração de possíveis nulidades no processo administrativo disciplinar, segundo o princípio da instrumentalidade das formas (pas de nullité sans grief), depende da efetiva demonstração de prejuízos à defesa do servidor. O art. 149 da Lei 8.112/90 não exige que os integrantes da comissão processante sejam escolhidos em lista previamente publicada pela Administração, nem tampouco traz nenhuma vedação à substituição dos membros da comissão processante, providência que pode ser levada a efeito desde que os novos integrantes preencham os requisitos legalmente estabelecidos. Precedentes. "É firme o entendimento no âmbito do Superior Tribunal de Justiça no sentido de que a Lei 4.878/1965 não se aplica aos Policiais Rodoviários Federais, os quais se sujeitam às disposições da Lei 8.112/1990." (MS 19.046/DF, Rel. Ministro BENEDITO GONÇALVES, PRIMEIRA SEÇÃO, julgado em 09/12/2015, DJe 15/12/2015) Precedentes. Nem a superveniência de sentença penal absolutória fundada em falta de provas (art. 386, VII, do CPP), nem a superveniência de sentença que julga improcedente ação de improbidade administrativa têm o condão de afetar decisão administrativa que impôs a pena de demissão a servidor público federal, diante da independência das esferas administrativa, cível e penal. A Administração somente fica vinculada à decisão do juízo criminal que negar a existência do fato ou a autoria do crime. Precedentes. Segurança denegada. (MS 14.838/DF, Rel. Ministro REYNALDO SOARES DA FONSECA, TERCEIRA SEÇÃO, julgado em 26/10/2016, DJe 09/11/2016)

13.1. Informativos do STJ

- **Informativo n. 559**

DIREITO PROCESSUAL CIVIL. COMPETÊNCIA PARA PROCESSAR E JULGAR AÇÃO DE IMPROBIDADE ADMINISTRATIVA. Compete à Justiça Estadual - e não à Justiça Federal - processar e julgar ação civil pública de improbidade administrativa na qual se apure irregularidades na prestação de contas, por ex-prefeito, relacionadas a verbas federais transferidas mediante convênio e incorporadas ao patrimônio municipal, a não ser que exista manifestação de interesse na causa por parte da União, de autarquia ou empresa pública federal. Nessa situação, pode-se, em tese, visualizar conflito entre as Súmulas 208 e 209 do STJ, que determinam, respectivamente, hipóteses de competência da Justiça Federal e da Justiça Estadual. Isso porque, embora a ação tenha por objeto "verba sujeita a prestação de contas perante órgão federal" (Súmula 208), trata-se de "verba transferida e incorporada ao patrimônio municipal" (Súmula 209). Ocorre que esses enunciados provêm da Terceira Seção do STJ e, por isso, versam sobre hipóteses de fixação da competência em matéria penal, em que basta o interesse da União, de suas autarquias ou empresas públicas para deslocar a competência para a Justiça Federal, nos termos do inciso IV do art. 109 da CF. No âmbito cível, entretanto, deve-se observar uma distinção na aplicação desses enunciados, visto que o art. 109 da CF elenca a competência da Justiça Federal em um rol taxativo em que, em seu inciso I, menciona as causas a serem julgadas por juízo federal em razão da pessoa, competindo a este último "decidir sobre a existência [ou não] de interesse jurídico que justifique a presença, no processo, da União, suas autarquias ou empresas públicas" (Súmula 150 do STJ). Assim, a despeito de a Súmula 208 do STJ afirmar que "Compete à Justiça Federal processar e julgar prefeito municipal por desvio de verba sujeita a prestação de contas perante órgão federal", a competência absoluta enunciada no art. 109, I, da CF faz alusão, de forma clara e objetiva, às partes envolvidas no processo, tornando despicienda, dessa maneira, a análise da matéria discutida em juízo. Nesse contexto, a Segunda Turma do STJ já decidiu que "A competência da Justiça Federal, em matéria cível, é aquela prevista no art. 109, I, da Constituição Federal, que tem por base critério objetivo, sendo fixada tão só em razão dos figurantes da relação processual, prescindindo da análise da matéria discutida na lide" (REsp 1.325.491-BA, DJe 25/6/2014). CC 131.323-TO, Rel. Min. Napoleão Nunes Maia Filho, julgado em 25/3/2015, DJe 6/4/2015.

- **Informativo n. 580**

DIREITO ADMINISTRATIVO. DESNECESSIDADE DE LESÃO AO PATRIMÔNIO PÚBLICO EM ATO DE IMPROBIDADE ADMINISTRATIVA QUE IMPORTA ENRIQUECIMENTO ILÍCITO. Ainda que não haja dano ao erário, é possível a condenação por ato de improbidade administrativa que importe enriquecimento ilícito (art. 9º da Lei n. 8.429/1992), excluindo-se, contudo, a possibilidade de aplicação da pena de ressarcimento ao erário. Isso porque, comprovada a ilegalidade na conduta do agente, bem como a presença do dolo indispensável à configuração do ato de improbidade administrativa, a ausência de dano ao patrimônio público exclui tão-somente a possibilidade de condenação na pena de ressarcimento ao erário. As demais penalidades são, em tese, compatíveis com os atos de improbidade tipificados no art. 9º da LIA. REsp 1.412.214-PR, Rel. Min. Napoleão Nunes Maia Filho, Rel. para acórdão Min. Benedito Gonçalves, julgado em 8/3/2016, DJe 28/3/2016.

- **Informativo n. 581**

DIREITO ADMINISTRATIVO. INAPLICABILIDADE DAS SANÇÕES POR ATO DE IMPROBIDADE ADMINISTRATIVA ABAIXO DO MÍNIMO LEGAL. No caso de condenação pela prática de ato de improbidade administrativa que atenta contra os princípios da administração pública, as penalidades de suspensão dos direitos políticos e de proibição de contratar com o Poder Público ou receber benefícios ou incentivos fiscais ou creditícios não podem ser fixadas aquém do mínimo previsto no art. 12, III, da Lei n. 8.429/1992. Isso porque é manifesta a ausência de previsão legal. REsp 1.582.014-CE, Rel. Min. Humberto Martins, julgado em 7/4/2016, DJe 15/4/2016.

- **Informativo n. 584**

DIREITO ADMINISTRATIVO. POSSIBILIDADE DE DUPLA CONDENAÇÃO AO RESSARCIMENTO AO ERÁRIO PELO MESMO FATO. Não configura bis in idem a coexistência de título executivo extrajudicial (acórdão do TCU) e sentença condenatória em ação civil pública de improbidade administrativa que determinam o ressarcimento ao erário e se referem ao mesmo fato, desde que seja observada a dedução do valor da obrigação que primeiramente foi executada no momento da execução do título remanescente. Conforme sedimentada jurisprudência do STJ, nos casos em que fica demonstrada a existência de prejuízo ao erário, a sanção de ressarcimento, prevista no art. 12 da Lei n. 8.429/92, é imperiosa, constituindo consequência necessária do reconhecimento da improbidade administrativa (AgRg no AREsp 606.352-SP, Segunda Turma, DJe 10/2/2016; REsp 1.376.481-RN, Segunda Turma, DJe 22/10/2015). Ademais, as instâncias judicial e administrativa não se confundem, razão pela qual a fiscalização do TCU não inibe a propositura da ação civil pública. Assim, é possível a formação de dois títulos executivos, devendo ser observada a devida dedução do valor da obrigação que primeiramente foi executada no momento da execução do título remanescente. Precedente citado do STJ: REsp 1.135.858-TO, Segunda Turma, DJe 5/10/2009. Precedente citado do STF: MS 26.969-DF, Primeira Turma, DJe 12/12/2014. REsp 1.413.674-SE, Rel. Min. Olindo Menezes (Desembargador Convocado do TRF 1ª Região), Rel. para o acórdão Min. Benedito Gonçalves, julgado em 17/5/2016, DJe 31/5/2016.

14. QUESTÕES DE CONCURSOS

1. **(VUNESP - 2014 - PRODEST-ES - Analista Organizacional - Área Administrativa)** Assinale a alternativa que está em consonância com o disposto na Lei n.º 8.429/92.

a) Ocorrendo lesão ao patrimônio público por ação ou omissão, dolosa ou culposa, do agente ou de terceiro, o responsável responderá pelo crime de improbidade administrativa, ficando sujeito à pena de reclusão.

b) No caso de enriquecimento ilícito, perderá o agente público ou terceiro beneficiário os bens ou valores acrescidos ao seu patrimônio, além de ter cassados os seus direitos políticos.

c) As cominações da Lei aplicam-se, exclusivamente, aos servidores públicos, mas o particular que concorrer para a prática do ato lesivo ao patrimônio público poderá responder criminalmente pela sua conduta.

d) Quando o ato de improbidade causar lesão ao patrimônio público ou ensejar enriquecimento ilícito, caberá à autoridade administrativa responsável pelo inquérito representar ao Ministério Público, para a indisponibilidade dos bens do indiciado.

e) O sucessor daquele que causar lesão ao patrimônio público ou enriquecer ilicitamente está sujeito às cominações da Lei até o limite do valor do débito.

2. **(FCC - 2014 - MPE-PA - Promotor de Justiça)** No tocante à improbidade administrativa, a Lei nº 8.429/92 determina que

a) as pessoas jurídicas estão sujeitas às penalidades patrimoniais e restritivas de direito ali estipuladas.

b) a decisão condenatória proferida por órgão judicial colegiado produz efeitos imediatos no tocante à suspensão dos direitos políticos do réu condenado.

c) somente a autoridade jurisdicional é competente para determinar o afastamento provisório do agente público acusado, quando a medida se fizer necessária à instrução processual.

d) é vedada a transação, acordo ou conciliação nas ações baseadas na referida lei.

e) a ação de improbidade, em relação ao servidor titular de cargo efetivo, prescreve no prazo de cinco anos, contados do conhecimento do ato ilícito.

3. **(TRF - 2ª Região - 2014 - TRF - 2ª REGIÃO - Juiz Federal)** No tocante à improbidade administrativa, disciplinada pela Lei nº 8.429/92, assinale a opção em conformidade com o entendimento dominante em doutrina e no Superior Tribunal de Justiça:

a) Todos os atos de improbidade administrativa previstos nos artigos 9º (enriquecimento ilícito), 10 (que causam dano ao erário) e 11 (violação de princípios da Administração Pública) podem ser praticados com dolo ou culpa.

b) Quem não é agente público (o terceiro, previsto no artigo 3º da Lei nº 8.429/92) não pode responder isoladamente (sem a presença de qualquer agente público), em ação de improbidade, e ser submetido às medidas gerais previstas no artigo 12 da mencionada legislação.

c) Em caso de dano ao erário, causado por agente que comete ato de improbidade administrativa, é firme a orientação de que a prescrição está sujeita aos prazos disciplinados no art. 23 da Lei nº 8.429/92.

d) Na aplicação das medidas estipuladas no art. 12 da Lei nº 8.429/92 (incisos I, II e III), reconhecida a improbidade do servidor, o magistrado está vinculado à aplicação de todas as modalidades ali previstas, tendo liberdade apenas no que se refere à gradação, haja vista que o § 4º do art. 37 da Constituição Federal encontra-se no imperativo.

e) No âmbito da improbidade administrativa, após o julgamento do tribunal de segundo grau, mantendo condenação do agente público, a legislação admite a perda imediata do cargo público, sem prejuízo de futuro retorno na hipótese de reforma do julgado por tribunal superior.

4. (CESPE - 2014 - TJ-SE - Titular de Serviços de Notas e de Registros – Provimento) No que concerne à improbidade administrativa, assinale a opção correta segundo as disposições da Lei n.º 8.429/1992.

a) Recebida a petição inicial da ação de improbidade administrativa, o juiz pode, em decisão fundamentada e no prazo legal, rejeitar a ação se estiver convencido da inexistência de improbidade.

b) Diferentemente da suspensão dos direitos políticos, a perda da função pública só se efetiva com o trânsito em julgado da sentença condenatória.

c) Não constitui ato de improbidade administrativa a omissão culposa que cause lesão ao erário, já que a lei exige a má-fé por parte do agente público.

d) Notários e registradores não estão sujeitos às penalidades da lei em questão referentes a enriquecimento ilícito por não serem considerados agentes públicos para os fins dessa lei.

e) No caso de réu que ocupe cargo em comissão, a ação de improbidade administrativa deverá ser ajuizada dentro do prazo prescricional previsto em lei específica para faltas disciplinares puníveis com destituição do cargo em comissão.

5. (Cespe – Defensor Público - DPU/ 2015) Em relação a improbidade administrativa e responsabilidade civil do servidor público federal, julgue os itens subsequentes.

O rol de condutas tipificadas como atos de improbidade administrativa constante na Lei de Improbidade (Lei n.° 8.429/1992) é taxativo.

6. (Cespe – Defensor Público - DPU/ 2015) A responsabilidade civil do servidor público pela prática, no exercício de suas funções, de ato que acarrete prejuízo ao erário ou a terceiros pode decorrer tanto de ato omissivo quanto de ato comissivo, doloso ou culposo.

7. (FCC – Juiz de Direito – RR/2015) Acerca da Lei de Improbidade - Lei Federal nº 8.429/92, é INCORRETO afirmar:

a) Para controle da evolução patrimonial dos agentes públicos, deverão estes apresentar declaração de bens por ocasião da posse, compreendendo também os bens e valores patrimoniais do cônjuge ou companheiro, dos filhos e de outras pessoas que vivam sob a dependência econômica do declarante.

b) Sujeito ativo do ato de improbidade pode ser o agente público ou terceiro que induza ou concorra para a prática do ato de improbidade ou dele se beneficie sob qualquer forma direta ou indireta.

c) A atuação dolosa é imprescindível para que haja responsabilização dos sujeitos ativos pelas condutas descritas na referida lei.

d) Ressalvada a sanção de ressarcimento, a aplicação das sanções por improbidade administrativa independe da existência de dano ao patrimônio público.

e) Somente é aplicável o regime de responsabilidade por improbidade administrativa, em relação a condutas cometidas contra entidades para cuja criação ou custeio o erário haja concorrido ou concorra com mais de cinquenta por cento do patrimônio ou da receita anual.

8. (Vunesp - PGM – São Paulo - SP/2015) Sobre a prática de improbidade administrativa, assinale a alternativa correta.

a) É possível o ajuizamento de ação de improbidade administrativa exclusivamente em face de particular, sem a concomitante presença de agente público no polo passivo da demanda.
b) Em ação de improbidade administrativa, não é possível que se determine a indisponibilidade de bens adquiridos anteriormente ao suposto ato de improbidade.
c) Configura ato de improbidade administrativa a conduta de professor da rede pública de ensino que, aproveitando-se dessa condição, assedie sexualmente seus alunos.
d) Para a configuração dos atos de improbidade administrativa que causem prejuízo ao erário, é dispensável a comprovação de efetivo prejuízo aos cofres públicos.
e) Para a decretação de indisponibilidade de bens pela prática de atos de improbidade administrativa que tenha causado lesão ao patrimônio público, exige-se que se demonstre a ocorrência de periculum in mora.

9. (FCC – Analista Judiciário – Área Administrativa - TRT 4/2015) Nos termos regulados pela Lei no 8.429/92, a pena de perda dos bens ou valores acrescidos ilicitamente ao patrimônio, ressarcimento integral do dano, quando houver, perda da função pública, suspensão dos direitos políticos de oito a dez anos, pagamento de multa civil de até três vezes o valor do acréscimo patrimonial e proibição de contratar com o Poder Público ou receber benefícios ou incentivos fiscais ou creditícios, direta ou indiretamente, ainda que por intermédio de pessoa jurídica da qual seja sócio majoritário, pelo prazo de dez anos, pode ser aplicada quando caracterizado o ato de improbidade administrativa por

a) receber vantagem econômica de qualquer natureza, direta ou indiretamente, para omitir ato de ofício, providência ou declaração a que esteja obrigado.
b) permitir ou facilitar a aquisição, permuta ou locação de bem ou serviço por preço superior ao de mercado.
c) ordenar ou permitir a realização de despesas não autorizadas em lei ou regulamento.
d) negar publicidade aos atos oficiais.
e) retardar ou deixar de praticar, indevidamente, ato de ofício.

10. FCC – Analista Judiciário – Oficial de Justiça Avaliador - TRT 3/2015) Determinada empresa pública municipal contratou empregados, sob o regime celetista, sem concurso público. A grande maioria dos empregados foi cedida à Administração direta, que, sempre que dispunha de recursos, providenciava o pagamento dos salários, desonerando a empresa pública. Essa situação perdurou por anos, até que um dos empregados ajuizou reclamação trabalhista contra o Município, trazendo à tona o vínculo empregatício, o que motivou comunicação ao Ministério Público que, sem prejuízo de outras providências adotadas, ajuizou ação de improbidade contra o Prefeito e representantes legais da empresa pública. Considerando os tipos de atos de improbidade legalmente previstos, a conduta

a) das autoridades e a dos administradores da empresa envolvidos configuram ato de improbidade que atenta contra os princípios da Administração, diante da contratação sem concurso público e da demonstração de dolo, respondendo solidariamente, embora prescindível a ocorrência de danos.
b) do Prefeito não se enquadra em nenhuma das hipóteses, porque embora tenha participado do planejamento da solução para suprir a deficiência de servidores na Administração direta, a contratação sem concurso público foi feita pela empresa pública, de modo que somente os representantes legais da mesma podem ser responsabilizados.
c) do Prefeito absorve as irregularidades praticadas pelos administradores da empresa, em razão do vínculo hierárquico e de subordinação, e, em razão do dolo comprovado, configura ato de improbidade que causa prejuízo ao erário.
d) dos administradores da empresa e a do Prefeito configuram ato de improbidade que causa lesão ao erário, admitida a modalidade culposa, sendo prescindível a demonstração da ocorrência de prejuízo.
e) dos gestores públicos e a dos administradores da empresa podem configurar ato de improbidade que atenta contra os princípios da Administração, independentemente da demonstração de dolo, respeitada responsabilização subsidiária conforme a gradação da culpa.

11. (FCC – Analista Judiciário – Área Administrativa - TRT 3/2015) Moisés, agente público encarregado da guarda do patrimônio de museu público, não tomou as medidas necessárias para garantir a inviolabilidade do local, acarretando a invasão do museu e o furto de valiosa obra de arte. A conduta negligente de Moisés

a) não caracteriza ato de improbidade administrativa.
b) caracteriza ato ímprobo, que pode ensejar, dentre outras sanções, a suspensão dos direitos políticos de cinco a oito anos.
c) caracteriza ato ímprobo, que pode ensejar, dentre outras sanções, a suspensão dos direitos políticos de oito a dez anos.
d) caracteriza ato ímprobo, que pode ensejar, dentre outras sanções, a proibição de contratar com o Poder Público pelo prazo de dez anos.
e) caracteriza ato ímprobo, que pode ensejar, dentre outras sanções, a proibição de contratar com o Poder Público pelo prazo de três anos.

12. (FCC – Técnico Judiciário – Área Administrativa - TRT 4/2015) Nos termos regulados pela Lei no 8.429/92, é ato de improbidade administrativa que atenta contra os princípios da Administração Pública:

a) aceitar emprego, comissão ou exercer atividade de consultoria ou assessoramento para pessoa física ou jurídica que tenha interesse suscetível de ser atingido ou amparado por ação ou omissão decorrente das atribuições do agente público, durante a atividade.
b) causar prejuízo ao erário ao liberar verba pública sem a estrita observância das normas pertinentes ou influir de qualquer forma para a sua aplicação irregular.
c) causar prejuízo ao erário ao conceder benefício administrativo ou fiscal sem a observância das formalidades legais ou regulamentares aplicáveis à espécie.
d) praticar ato visando fim proibido em lei ou regulamento ou diverso daquele previsto, na regra de competência.
e) perceber vantagem econômica, direta ou indireta, para facilitar a alienação, permuta ou locação de bem público ou o fornecimento de serviço por ente estatal por preço inferior ao valor de mercado.

13. (QUADRIX – Auxiliar de Atendimento e Administração – CREF da 7a Região /2016) Em consonância com a Lei nº 8.429/92, assinale a alternativa correta.

a) Somente constitui ato de improbidade administrativa a ação ou omissão que causa lesão ao patrimônio público.
b) Apenas os agentes públicos detentores de cargo de chefia são obrigados a velar pela estrita observância dos princípios de legalidade, impessoalidade, moralidade e publicidade no trato dos assuntos que lhe são afetos.
c) A posse e o exercício de agente público não estão condicionados à apresentação de declaração dos bens e valores que compõem seu patrimônio privado.
d) Qualquer pessoa poderá representar à autoridade administrativa competente, para que seja instaurada investigação destinada a apurar a prática de ato de improbidade.
e) A aplicação das sanções previstas nessa lei depende da aprovação ou rejeição das contas pelo órgão de controle interno ou pelo Tribunal ou Conselho de Contas.

14. (IF-TO – Assistente em Administração/2016) O Artigo 11 da Lei nº 8.429/92 diz que constitui ato de improbidade administrativa que atenta contra os princípios da Administração Pública, exceto.

a) Frustrar a licitude de concurso público.
b) Deixar de prestar contas quando esteja obrigado a fazê-lo.
c) Cumprir a exigência de requisitos de acessibilidade previstos na legislação
d) Praticar ato visando ao fim proibido em lei ou regulamento ou diverso daquele previsto na regra de competência.
e) Negar publicidade aos atos oficiais.

15. (CESPE – Analista em Direito – FUNPRESP-JUD/2016) Julgue o item a seguir, a respeito de improbidade administrativa.

De acordo com o Superior Tribunal de Justiça (STJ), o foro especial por prerrogativa de função não se estende ao processamento das ações de improbidade administrativa.

16. (IF-TO – Assistente em Administração/2016) Considerando a Lei n° 8.429/1992 (Lei de Improbidade Administrativa), consideram-se como atos que importam "enriquecimento ilícito", exceto:

a) receber, para si ou para outrem, dinheiro, bem móvel ou imóvel, ou qualquer outra vantagem econômica, direta ou indireta, a título de comissão, percentagem, gratificação ou presente de quem tenha interesse, direto ou indireto, que possa ser atingido ou amparado por ação ou omissão decorrente das atribuições do agente público.
b) receber vantagem econômica de qualquer natureza, direta ou indiretamente, para omitir ato de ofício, providência ou declaração a que esteja obrigado .

c) perceber vantagem econômica, direta ou indireta, para facilitar a alienação, permuta ou locação de bem público ou o fornecimento de serviço por ente estatal por preço inferior ao valor de mercado.

d) realizar operação financeira sem observância das normas legais e regulamentares ou aceitar garantia insuficiente ou inidônea.

e) adquirir, para si ou para outrem, no exercício de mandato, cargo, emprego ou função pública, bens de qualquer natureza cujo valor seja desproporcional à evolução do patrimônio ou à renda do agente público.

17. (IADHED – Procurador Municipal – Prefeitura de Araguari-MG/2016) De acordo com dispositivo específico da Lei nº 8.429/92, marque a alternativa que não representa ato de improbidade administrativa que importa enriquecimento ilícito:

a) utilizar, em obra ou serviço particular, veículos, máquinas, equipamentos ou material de qualquer natureza, de propriedade ou à disposição de qualquer das entidades mencionadas no art. 1° desta lei, bem como o trabalho de servidores públicos, empregados ou terceiros contratados por essas entidades;

b) aceitar emprego, comissão ou exercer atividade de consultoria ou assessoramento para pessoa física ou jurídica que tenha interesse suscetível de ser atingido ou amparado por ação ou omissão decorrente das atribuições do agente público, durante a atividade;

c) adquirir, para si ou para outrem, no exercício de mandato, cargó, emprego ou função pública, bens de qualquer natureza cujo valor seja desproporcional à evolução do patrimônio ou à renda do agente público;

d) ordenar ou permitir a realização de despesas não autorizadas em lei ou regulamento.

18. (FCC – Técnico de Nível Superior – Prefeitura de Teresina-PI/2016) José é servidor público federal e trabalha como assistente jurídico na Presidência da República. Em determinado dia, José decide revelar a um colega, jornalista, antes da divulgação oficial, medida econômica que afetará significativamente o valor de alguns alimentos, dentre eles, o arroz e o feijão. Em razão do ocorrido, José foi processado e condenado por improbidade administrativa, haja vista a comprovação de sua conduta dolosa. Nos termos da Lei nº 8.429/1992, acerca das sanções, José está sujeito,

a) à proibição de contratar com o Poder Público pelo prazo de quatro anos.

b) ao pagamento de multa civil de até duzentas vezes o valor da rémuneração percebida por José.

c) à suspensão dos direitos políticos por cinco anos.

d) à suspensão dos direitos políticos por dois anos.

e) à proibição de receber benefícios ou incentivos fiscais ou creditícios, direta ou indiretamente, ainda que por intermédio de pessoa jurídica da qual seja sócio majoritário, pelo prazo de cinco anos.

19. (COMVEST UFAM – Auxiliar em Administração – UFAM/2016) A Lei n.º 8.429/1992 dispõe sobre as sanções aplicáveis aos agentes públicos nos casos de enriquecimento ilícito no exercício de mandato, cargo, emprego ou função na administração pública direta, indireta ou fundacional. Nos termos da lei, assinale a única alternativa que NÃO constitui ato de Improbidade Administrativa que atenta contra os princípios da administração pública:

a) retardar ou deixar de praticar, indevidamente, ato de ofício.

b) perceber vantagem econômica para intermediar a liberação ou aplicação de verba pública de qualquer natureza.

c) revelar fato ou circunstância de que tem ciência em razão das atribuições e que deva permanecer em segredo.

d) frustrar a licitude de concurso público.

e) deixar de cumprir a exigência de requisitos de acessibilidade previstos na legislação.

20. (FCC – Técnico de Nível Superior – Prefeitura de Teresina-PI/2016) Manuel, Diretor de uma autarquia municipal, recebeu vultosa quantia pecuniária para facilitar o fornecimento de serviço por ente estatal por preço inferior ao valor de mercado. Em razão do ocorrido, o Ministério Público Estadual ingressou com ação de improbidade administrativa contra o citado agente público. Nos termos da Lei no 8.429/1992, o ato de improbidade administrativa em questão

a) tem, como uma de suas sanções, a suspensão dos direitos políticos de oito a dez anos.

b) não comporta a medida de indisponibilidade de bens.

c) não exige a presença do elemento subjetivo dolo para sua configuração.

d) tem, como uma de suas sanções, o pagamento de multa civil de até cinco vezes o valor do acréscimo patrimonial.

e) não transfere qualquer sanção ao sucessor, na hipótese de falecimento do agente público.

GABARITO		COMENTÁRIO
1	D	Art. 7º da Lei 8.429/92: quando o ato de improbidade causar lesão ao patrimônio público ou ensejar enriquecimento ilícito, caberá a autoridade administrativa responsável pelo inquérito representar ao Ministério Público, para a indisponibilidade dos bens do indiciado.
2	D	Art. 17. A ação principal, que terá o rito ordinário, será proposta pelo Ministério Público ou pela pessoa jurídica interessada, dentro de trinta dias da efetivação da medida cautelar. § 1º É vedada a transação, acordo ou conciliação nas ações de que trata o caput.
3	B	Informativo nº 535 de 12 de março de 2014 do STJ: DIREITO ADMINISTRATIVO E PROCESSUAL CIVIL. AÇÃO DE IMPROBIDADE ADMINISTRATIVA AJUIZADA APENAS EM FACE DE PARTICULAR. Não é possível o ajuizamento de ação de improbidade administrativa exclusivamente em face de particular, sem a concomitante presença de agente público no polo passivo da demanda. De início, ressalta-se que os particulares estão sujeitos aos ditames da Lei 8.429/1992 (LIA), não sendo, portanto, o conceito de sujeito ativo do ato de improbidade restrito aos agentes públicos. Entretanto, analisando-se o art. 3º da LIA, observa-se que o particular será incurso nas sanções decorrentes do ato ímprobo nas seguintes circunstâncias: a) induzir, ou seja, incutir no agente público o estado mental tendente à prática do ilícito; b) concorrer juntamente com o agente público para a prática do ato; e c) quando se beneficiar, direta ou indiretamente do ato ilícito praticado pelo agente público. Diante disso, é inviável o manejo da ação civil de improbidade exclusivamente contra o particular. Precedentes citados: REsp 896.044-PA, Segunda Turma, DJe 19/4/2011; REsp 1.181.300-PA, Segunda Turma, DJe 24/9/2010. REsp 1.171.017-PA, Rel. Min. Sérgio Kukina, julgado em 25/2/2014..
4	A	Art. 17, §8º, da Lei 8.429/92: recebida a manifestação, o juiz, no prazo de trinta dias, em decisão fundamentada, rejeitará a ação, se convencido da inexistência do ato de improbidade, da improcedência da ação ou da inadequação da via eleita.
5	ERRADO	A improbidade administrativa tem base na Constituição Federal que em seu art. 37, §4º, estabelece que a lei sancionará os atos de improbidade. Este dispositivo constitucional, juntamente com a LIA enumera algumas sanções a serem aplicadas pela prática de ato de improbidade e, conforme entendimento majoritário da doutrina, o rol é meramente exemplificativo, não esgotando as sanções a serem aplicadas.
6	CERTO	Conforme a Lei 8.429/92, art. 10, são espécies de improbidade administrativa, as ações ou omissões dolosas ou culposas que causam dano ao erário: "Art. 10. Constitui ato de improbidade administrativa que causa lesão ao erário qualquer ação ou omissão, dolosa ou culposa, que enseje perda patrimonial, desvio, apropriação, malbaratamento ou dilapidação dos bens ou haveres das entidades referidas no art. 1º desta lei, e notadamente:"
7	C	A assertiva encontra-se errada visto que o preceito encontrado no art. 5º, da Lei 8.429/92, assim afirma: "Art. 5°. Ocorrendo lesão ao patrimônio público por ação ou omissão, dolosa ou culposa, do agente ou de terceiro, dar-se-á o integral ressarcimento do dano".
8	C	A conduta do professor atenta contra os Princípios da Administração Pública, conforme art. 11, I, da Lei 8.429/92.
9	A	A assertiva é exatamente o previsto no art. 9º, X, da Lei 8.429/91: "Art. 9° Constitui ato de improbidade administrativa importando enriquecimento ilícito auferir qualquer tipo de vantagem patrimonial indevida em razão do exercício de cargo, mandato, função, emprego ou atividade nas entidades mencionadas no art. 1° desta lei, e notadamente: X - receber vantagem econômica de qualquer natureza, direta ou indiretamente, para omitir ato de ofício, providência ou declaração a que esteja obrigado"; Para os crimes previstos no art. 9º, o art. 12, I, da mesma Lei assim prevê: "Art. 12. Independentemente das sanções penais, civis e administrativas previstas na legislação específica, está o responsável pelo ato de improbidade sujeito às seguintes cominações, que podem ser aplicadas isolada ou cumulativamente, de acordo com a gravidade do fato: I - na hipótese do art. 9°, perda dos bens ou valores acrescidos ilicitamente ao patrimônio, ressarcimento integral do dano, quando houver, perda da função pública, suspensão dos direitos políticos de oito a dez anos, pagamento de multa civil de até três vezes o valor do acréscimo patrimonial e proibição de contratar com o Poder Público ou receber benefícios ou incentivos fiscais ou creditícios, direta ou indiretamente, ainda que por intermédio de pessoa jurídica da qual seja sócio majoritário, pelo prazo de dez anos."

GABARITO		COMENTÁRIO
10	A	A frustação de concurso público é ato que atenta com os Princípios da Administração Pública, conforme se verifica abaixo: "Art. 11. Constitui ato de improbidade administrativa que atenta contra os princípios da administração pública qualquer ação ou omissão que viole os deveres de honestidade, imparcialidade, legalidade, e lealdade às instituições, e notadamente: V - frustrar a licitude de concurso público;" Visto isto, ambos respondem solidariamente pela improbidade administrativa cometida.
11	B	Moisés será responsabilizado por improbidade administrativa, por conta da previsão do Art. 10, I, da Lei 8.429/92: "Art. 10. Constitui ato de improbidade administrativa que causa lesão ao erário qualquer **ação ou omissão, dolosa ou culposa**, que enseje perda patrimonial, desvio, apropriação, malbaratamento ou dilapidação dos bens ou haveres das entidades referidas no art. 1º desta lei, e notadamente: I - facilitar ou concorrer por qualquer forma para a incorporação ao patrimônio particular, de pessoa física ou jurídica, de bens, rendas, verbas ou valores integrantes do acervo patrimonial das entidades mencionadas no art. 1º desta lei";
12	D	É ato que atenta contra os Princípios da Administração Pública, nos exatos termos do art. 11, I, da Lei 8.429/92, conforme abaixo: "Art. 11. Constitui ato de improbidade administrativa que atenta contra os princípios da administração pública qualquer ação ou omissão que viole os deveres de honestidade, imparcialidade, legalidade, e lealdade às instituições, e notadamente: I - praticar ato visando fim proibido em lei ou regulamento ou diverso daquele previsto, na regra de competência";
13	D	A assertiva correta trata da hipótese prevista no art. 14 da Lei de Improbidade Administrativa, conforme se verifica a seguir: "Art. 14. Qualquer pessoa poderá representar à autoridade administrativa competente para que seja instaurada investigação destinada a apurar a prática de ato de improbidade."
14	C	O item incorreto é o que afirma a necessidade de cumprir exigência de requisites de acessibilidade previstos na legislação, visto que as demais assertivas encontram-se amparadas na lei, conforme se verifica abaixo: Art. 11. Constitui ato de improbidade administrativa que atenta contra os princípios da administração pública qualquer ação ou omissão que viole os deveres de honestidade, imparcialidade, legalidade, e lealdade às instituições, e notadamente: I - praticar ato visando fim proibido em lei ou regulamento ou diverso daquele previsto, na regra de competência; IV - negar publicidade aos atos oficiais; V - frustrar a licitude de concurso público; VI - deixar de prestar contas quando esteja obrigado a fazê-lo;
15	CORRETO	A ação de improbidade deverá ser proposta em juízo singular. Com efeito, não há prerrogativa de foro para a propositura da ação. Ressalte-se que não é possível a utilização da competência constitucional para as ações penais em face de agentes públicos, haja vista a natureza civil das sanções a serem aplicadas. Sendo assim, repita-se, a ação será proposta originariamente na justiça comum estadual ou federal, nas hipóteses previstas no art. 109 da Carta Magna. Neste sentido e corroborando com este entendimento, o STJ No em sede de AgRg na Rcl 12.514/MT, firmou orientação no sentido de que o foro por prerrogativa de função não se estende ao processamento das ações de improbidade administrativa.
16	A	A única opção que não enseja em um enriquecimento ilícito é a de realizar operação financeira sem observância das normas legais e regulamentares ou aceitar garantia insuficiente ou inidônea posto que isso é hipótese de lesão ao erário conforme se observa do inciso VI do art. 10 da Lei 8429/92. Observe: Art. 10. Constitui ato de improbidade administrativa que causa lesão ao erário qualquer ação ou omissão, dolosa ou culposa, que enseje perda patrimonial, desvio, apropriação, malbaratamento ou dilapidação dos bens ou haveres das entidades referidas no art. 1º desta lei, e notadamente: VI - realizar operação financeira sem observância das normas legais e regulamentares ou aceitar garantia insuficiente ou inidônea;

GABARITO		COMENTÁRIO
17	D	Dentre as assertivas da questão, a única opção que não enseja em um enriquecimento ilícito é a de ordenar ou permitir a realização de despesas não autorizadas em lei ou regulamento posto que isso é hipótese de lesão ao erário conforme se observa do inciso VI do art. 10 da Lei 8429/92. Observe: Art. 10. Constitui ato de improbidade administrativa que causa lesão ao erário qualquer ação ou omissão, dolosa ou culposa, que enseje perda patrimonial, desvio, apropriação, malbaratamento ou dilapidação dos bens ou haveres das entidades referidas no art. 1º desta lei, e notadamente: IX - ordenar ou permitir a realização de despesas não autorizadas em lei ou regulamento;
18	C	Revelar ou permitir que chegue ao conhecimento de terceiro, antes da respectiva divulgação oficial, teor de medida política ou econômica capaz de afetar o preço de mercadoria, bem ou serviço é ato de improbidade administrativa que atenta contra os princípios da administração pública conforme art. 11, VII da Lei 8.429/92. Neste sentido, o art. 12, III da mesma norma legal prevê para as hipóteses de atos que atentem contra os princípios da administração pública, a penalidade de suspensão dos direitos políticos de três a cinco anos, dentre outras.
19	B	A única opção que não enseja em um ao de Improbidade Administrativa que atenta contra os princípio da administração pública é a de perceber vantagem econômica para intermediar a liberação ou aplicação de verba pública de qualquer natureza posto que isso é hipótese de enriquecimento ilícito conforme se observa do inciso IX do art. 9 da Lei 8429/92. Observe: Art. 9° Constitui ato de improbidade administrativa importando enriquecimento ilícito auferir qualquer tipo de vantagem patrimonial indevida em razão do exercício de cargo, mandato, função, emprego ou atividade nas entidades mencionadas no art. 1° desta lei, e notadamente: IX - perceber vantagem econômica para intermediar a liberação ou aplicação de verba pública de qualquer natureza;
20	A	Perceber vantagem econômica, direta ou indireta, para facilitar a alienação, permuta ou locação de bem público ou o fornecimento de serviço por ente estatal por preço inferior ao valor de mercado é ato de improbidade administrativa que importa em enriquecimento ilícito conforme art. 9, III da Lei 8.429/92. Neste sentido, o art. 12, I da mesma norma legal prevê para as hipóteses de atos que importem em enriquecimento ilícito, a penalidade de suspensão dos direitos políticos de oito a dez anos, dentre outras.

CAPÍTULO 14

INTERVENÇÃO DO ESTADO NA PROPRIEDADE

1. DIREITO DE PROPRIEDADE

O direito de propriedade configura uma garantia constitucional que assegura ao seu detentor as prerrogativas de usar, fruir, dispor e reaver a coisa dominada, de modo absoluto, exclusivo e perpétuo. Neste sentido, o art. 5º, XXII, garante a todos o direito de propriedade que, conforme disposto no inciso XXIII, do mesmo dispositivo, deverá atender à sua função social.

Neste sentido, o art. 1.231 do Código Civil dispõe que *"A propriedade presume-se plena e exclusiva, até prova em contrário"*.

O **caráter exclusivo** do direito de propriedade demonstra sua oponibilidade *erga omnes*. Assim, o direito de propriedade poderá ser livremente exercido pelo particular sem a oposição de terceiros, ensejando a obrigação, a toda a sociedade, de respeitar sua utilização. Logo, somente o proprietário, ou alguém agindo em seu nome e com sua autorização, poderá exercer, de forma plena, as faculdades inerentes ao domínio.

Por seu turno, o **caráter absoluto** repousa na possibilidade de utilização do bem objeto do direito, da forma que melhor lhe aprouver. Ou seja, o proprietário do bem terá ampla liberdade de utilização deste bem, desde que não cause prejuízos a terceiros ou viole direitos e garantias dos demais cidadãos.

Com efeito, cumpre salientar que o caráter absoluto não retira o dever de o proprietário cumprir a função social da propriedade, ou seja, exercer sua garantia sem causar prejuízos a terceiros e garantir que o direito de propriedade se coadunará com as suas finalidades econômicas e sociais definidas em lei. Dessa forma, o proprietário de bens imóveis localizados em área de proteção ambiental, por exemplo, deverá manter um nível de preservação mínimo definido por meio de normas de proteção ao meio ambiente. Pode-se, ainda, considerar como exemplo o dever de construção, quando o proprietário de terrenos urbanos não edificados, mantém a propriedade deste bem em local cujo plano diretor da cidade imponha um nível de utilização específico. Da mesma forma, a utilização da propriedade não se pode dar mediante a exploração de trabalho escravo. Estes exemplos servem para ilustrar que a lei deve impor os limites de utilização da propriedade, sem, com isso, restringir ou retirar seu caráter absoluto.

Ademais, o **caráter de perpetuidade** decorre do fato de que o exercício deste direito não se dá com prazo definido, devendo a qualidade de proprietário durar até que haja a transferência a outrem, *mortis causa* ou por ato *inter vivos.* Neste sentido, pode-se definir que o direito é imprescritível, não se perdendo pelo não exercício.

Verifica-se, portanto, que a garantia da propriedade deve ser respeitada como direito fundamental, definido na Carta Magna, insuscetível de aniquilação. No entanto, como forma de condicionar o exercício deste direito ás necessidades públicas, a lei poderá regulamentar sua utilização, definindo normas a serem observadas pelo proprietário.

Maria Sylvia Zanella di Pietro[1], analisando todos estes aspectos, define que *"a propriedade, como mais amplo direito real, que congrega os poderes de usar, gozar, dispor da coisa de forma absoluta, exclusiva e perpétua, bem como o de persegui-la nas mãos de quem quer que injustamente a detenha, e cujo desmembramento implica a constituição de direitos parciais, evoluiu do sentido individual para o social"*. Ainda sobre o tema, a doutrinadora estabelece que *"Hoje prevalece o princípio da* ***função social da propriedade****, que autoriza não apenas a imposição de obrigações de não fazer, como também as de deixar de fazer e, hoje, pela Constituição, a obrigação de fazer, expressa no art. 182, §4º, consistente no adequado aproveitamento do solo urbano"*.

O art. 22, I, da Constituição da República, define que compete à União legislar sobre direito civil, incluindo a possibilidade de editar leis que tratem acerca do direito de propriedade e dos demais direitos reais.

2. INTERVENÇÃO DO ESTADO NA PROPRIEDADE: FUNDAMENTOS CONSTITUCIONAIS

É cediço que o ente público, no exercício da função administrativa, pode exercer o **poder de polícia**, limitando o exercício de direitos individuais, bem como o uso, gozo e disposição da propriedade, na busca do interesse da coletividade. Neste sentido, dispõe o art. 78 do Código Tributário Nacional que "*Considera-se poder de polícia atividade da administração pública que, limitando ou disciplinando direito, interesse ou liberdade, regula a prática de ato ou abstenção de fato, em razão de interesse público concernente à segurança, à higiene, à ordem, aos costumes,*

1. PIETRO, Maria Sylvia Zanella di. Direito Administrativo. São Paulo: Atlas, 21ª ed. 2008.

à disciplina da produção e do mercado, ao exercício de atividades econômicas dependentes de concessão ou autorização do Poder Público, à tranqüilidade pública ou ao respeito à propriedade e aos direitos individuais ou coletivos".

Ainda cumpre ressaltar que o poder de polícia poderá se manifestar por atos individuais e concretos ou gerais e abstratos, definindo restrições, de forma genérica, a todos os particulares que se encontrem em situação similar descrita no ato.

Outrossim, a jurisprudência do Supremo Tribunal Federal pacificou o entendimento de que este poder configura atividade típica de estado, o que impede sua delegação a entidades de direito privado, ressalvada a possibilidade de se transferirem os atos de execução necessários ao regular exercício da atividade.

Sendo assim, vislumbrando o poder de polícia como a prerrogativa estatal de condicionar o uso da propriedade privada, é possível entender que as intervenções a serem analisadas decorrem deste poder estatal, desde que sejam somente restritivas do direito da propriedade. Dessa forma, somente a desapropriação, na qual se retira a propriedade do particular, não tem justificativa no exercício regular do poder de polícia do Estado.

Em qualquer hipótese, é indiscutível que a intervenção do Estado no direito de propriedade decorre do princípio basilar da **supremacia do interesse público sobre o interesse privado.** Sendo assim, em virtude da possibilidade de limitar direitos individuais, na busca da satisfação de necessidades coletivas, o ente estatal poderá restringir o uso da propriedade ou, até mesmo, retirá-la do particular, desde que devidamente justificada a conduta estatal.

Em algumas situações, contudo, as intervenções na propriedade decorrem da prática de ilegalidade no exercício do domínio.

Com efeito, em algumas situações, o particular não utiliza o bem de forma a garantir a sua função social, ou mesmo destina sua propriedade a cultivo de plantas psicotrópicas ilícitas e, nestes casos, o ente público poderá promover intervenções, como forma de adequar o uso do bem ao interesse público.

A Constituição Federal justifica a possibilidade de intervenção na propriedade em alguns dispositivos, como por exemplo, o art. 5º, XXIV, que admite a desapropriação de bens por razões de utilidade ou necessidade pública ou mesmo por motivo de interesse social, desde que mediante o pagamento de indenização prévia, justa e em dinheiro.

O art. 5º, XXV estabelece a possibilidade da requisição administrativa, em casos de iminente perigo público, quando, então, a autoridade competente poderá usar de propriedade particular, assegurada ao proprietário indenização ulterior, se houver dano.

Ademais, a Carta Magna regulamenta algumas desapropriações especiais. A desapropriação especial urbana será cabível quando um determinado imóvel urbano não cumprir a função social da propriedade, definida no plano diretor da cidade, após a notificação do proprietário para parcelamento ou edificação no terreno e posterior instituição de Imposto Predial e Territorial Urbano – IPTU, com alíquota progressiva, por cinco anos. Esta desapropriação está definida nos artigos 182 e seguintes, do texto constitucional, e será paga com indenização em títulos da dívida pública resgatáveis em até 10 (dez) anos.

O art. 184 e seguintes definem a possibilidade de desapropriação especial rural, quando então o poder público poderá, mediante pagamento de indenização em Títulos da Dívida Agrária, resgatáveis em até 20 (vinte) anos, desde que seja demonstrado o descumprimento da função social da propriedade pelo particular.

Por fim, o art. 243 da Constituição da República prevê a possibilidade de expropriação de bens imóveis utilizados na plantação de psicotrópicos, assim como de bens móveis utilizados para o tráfico de drogas e entorpecentes. Neste caso, a perda do bem se dará sem direito a qualquer espécie de indenização.

3. MODALIDADES DE INTERVENÇÃO

Inicialmente, a doutrina costuma definir a existência de duas modalidades de intervenção do Estado na propriedade privada, a saber:

a) **Intervenção Supressiva** → o Estado transfere para si a propriedade de terceiro, suprimindo o direito de propriedade anteriormente existente. Nestes casos, o direito de propriedade do particular é suprimido em face da necessidade pública, podendo se dar mediante indenização, ou excepcionalmente, sem qualquer espécie de pagamento. Tradicionalmente, se define a desapropriação como a única forma de intervenção supressiva na propriedade regulamentada pelo ordenamento jurídico brasileiro.

b) **Intervenção Restritiva** → o Estado impõe restrições e condicionamentos ao uso da propriedade pelo terceiro, sem, contudo, lhe retirar o direito de propriedade. Nestes casos, não obstante o particular conserve o seu direito de propriedade, não poderá mais exercê-lo em sua plenitude, ficando a utilização do bem sujeita às limitações impostas pelo Estado, de forma a garantir a satisfação das necessidades coletivas.

São consideradas hipóteses de intervenção restritiva na propriedade a Servidão Administrativa, a Requisição Administrativa, a Ocupação Temporária, a Limitação Administrativa e o Tombamento, sendo que, em cada uma das intervenções, o ente público define restrições diversas, com fundamentos constitucionais e legais.

4. DESAPROPRIAÇÃO

A desapropriação é procedimento por meio do qual o ente público determina a retirada de bem privado do seu proprietário, para que esse faça parte do patrimônio público, sempre embasado nas necessidades coletivas, mediante o pagamento de indenização, previamente definida, de forma justa ao proprietário.

Inicialmente, cumpre observar que a desapropriação é **forma originária de aquisição** da propriedade. Por esta razão, o bem chega ao acervo do Estado livre de quaisquer ônus de natureza real, haja vista o fato de que o ingresso do bem no patrimônio público não decorre de negócio jurídico anterior. Desse modo, qualquer direito real que recaía sobre o bem fica sub-rogado no valor da indenização, de forma que os credores do ex-proprietário que tinham, naquela propriedade, a garantia de seus créditos, não ficarão desamparados após a medida.

Ademais, caso o ente público realize o procedimento expropriatório, indenizando o particular que não ostenta a qualidade de proprietário do bem, o vício não ensejará a nulidade do procedimento. Com efeito, o proprietário poderá requerer o pagamento da indenização, mas não poderá pleitear o retorno do bem ao seu domínio.

Portanto, a expressão "transferência" de propriedade não é correta para tratar da desapropriação, haja vista não haver uma efetiva transição ou entrega, mas sim a retirada da propriedade original e o surgimento de um novo direito de propriedade, novo, sem qualquer ônus real.

Por fim, a doutrina e jurisprudência costumam apontar a desapropriação como situação excepcional, somente sendo admitida quando presentes os pressupostos constitucionais para sua prática. Com efeito, em regra o poder público deverá respeitar o direito de propriedade garantido aos cidadãos como preceito fundamental.

4.1. Objeto da desapropriação

A desapropriação poderá recair sobre todos os bens de valor econômico sejam eles móveis ou imóveis, corpóreos ou incorpóreos, públicos[2] ou privados. Ademais, a desapropriação do espaço aéreo ou do subsolo só se tornará necessária, quando de sua utilização resultar prejuízo patrimonial do proprietário do solo. Ademais, se admite a desapropriação de direito de créditos e ações referentes a cota de sociedades em pessoas jurídicas.

Por fim, se admite a desapropriação incidente sobre direitos reais, como ocorre no caso de enfiteuse, em que se admite a desapropriação do domínio útil, ou seja, da qualidade de enfiteuta de um determinado bem.

A doutrina ainda aponta algumas vedações ao poder de desapropriar, definindo que a possibilidade de aquisição de propriedade coercitivamente pelo poder público deve respeitar alguns limites, não sendo admitida em face de alguns direitos e bens.

Primeiramente, não é possível a desapropriação de direitos personalíssimos tais como a honra, intimidade, liberdade, entre outros. Consoante entendimento de Celso Antônio Bandeira de Mello[3], *"estes não se definem por um conteúdo patrimonial, antes se apresentam como verdadeiras projeções da personalidade do indivíduo ou consistem em expressões de um seu status jurídico, como o pátrio poder e a cidadania, por exemplo".*

Ademais, não é suscetível de desapropriação a moeda corrente no país, haja vista o dinheiro ser a forma de pagamento para indenizar o bem expropriado, não obstante seja feita a ressalva da possibilidade de se desapropriar dinheiro estrangeiro.

---

2. Neste sentido, o art. 2º, §2º, do Decreto Lei 3.365/41 define que *"Será exigida autorização legislativa para a desapropriação dos bens de domínio dos Estados, dos Municípios e do Distrito Federal pela União e dos bens de domínio dos Municípios pelos Estados."* O §2º A dispõe que *"Será dispensada a autorização legislativa a que se refere o § 2º quando a desapropriação for realizada mediante acordo entre os entes federativos, no qual serão fixadas as respectivas responsabilidades financeiras quanto ao pagamento das indenizações correspondentes"*. Por seu turno, o parágrafo terceiro do mesmo dispositivo estabelece que *"É vedada a desapropriação, pelos Estados, Distrito Federal, Territórios e Municípios de ações, cotas e direitos representativos do capital de instituições e empresas cujo funcionamento dependa de autorização do Governo Federal e se subordine à sua fiscalização, salvo mediante prévia autorização, por decreto do Presidente da República"*.
3. MELLO, Celso Antônio Bandeira de. Curso de Direito Administrativo. São Paulo: Malheiros, 26ª ed. 2009.

Outrossim, não se admite a desapropriação de pessoas, sejam elas físicas ou jurídicas, uma vez que se tratam de sujeitos de direito e não de objetos, suscetíveis de apropriação. Desse modo, a desapropriação não se configura forma de extinção de uma pessoa jurídica.

Neste sentido, José dos Santos Carvalho Filho dispõe que "*há, entretanto, algumas situações que tornam impossível a desapropriação. Pode-se agrupar tais situações em duas categorias:* ***as impossibilidades jurídicas e as impossibilidades materiais. Impossibilidades jurídicas*** *são aquelas que se referem a bens que a própria lei considere insuscetíveis de determinado tipo de desapropriação. Como exemplo, temos a propriedade produtiva, que não pode ser objeto de desapropriação para fins de reforma agrária, como emana o art. 185, inciso II, da CF (embora possa sê-lo para desapropriação de outra natureza). Entendemos que aí também se situa a hipótese de desapropriação, por um Estado, de bens particulares situados em outro Estado; a desapropriação é poder jurídico que está associado ao fator território, de modo que permitir esse tipo de desapropriação implicaria vulneração da autonomia estadual sobre a extensão de seu território. De outro lado, impossibilidades materiais são aquelas pelas quais alguns bens, por sua própria natureza, se tornam inviáveis de ser desapropriados. São exemplos dessas impossibilidades a moeda corrente, porque é ela o próprio meio em que se materializa a indenização; os direitos personalíssimos, como a honra, a liberdade, a cidadania; e as pessoas físicas ou jurídicas, porque são sujeitos, e não objeto de direitos.*"

No que tange aos bens públicos, o Decreto-Lei 3.365/41 admite a desapropriação desde que respeitada a chamada "hierarquia federativa", ou seja, desde que a tomada do bem seja feita do ente mais abrangente para o menos abrangente. Neste sentido, a União poderá desapropriar bens pertencentes aos estados e municípios e os estados poderão desapropriar bens municipais, não se admitindo o contrário. Em todos os casos, a desapropriação depende de previsão em lei, expedida pela entidade expropriante.

Da mesma forma, os municípios não podem desapropriar bens das autarquias federais ou estaduais e os estados não têm competência para a desapropriação de bens pertencentes às autarquias federais, haja vista se tratarem de bens públicos e, portanto, se submeterem à mesma vedação dos bens pertencentes aos entes federativos.

Por seu turno, os bens das empresas públicas e sociedades de economia mista não ostentam a qualidade de bens públicos, sendo, a princípio, admitida a desapropriação por quaisquer entes da Federação. No entanto, o decreto determina que os Estados, Distrito Federal, Territórios e Municípios somente poderão desapropriar ações, cotas e direitos representativos do capital de instituições e empresas cujo funcionamento dependa de autorização do Governo Federal e se subordine à sua fiscalização, mediante prévia autorização, por decreto do Presidente da República.

Por fim, a súmula 479 do Supremo Tribunal Federal define que *"As margens dos rios navegáveis são domínio público, insuscetíveis de expropriação e, por isso mesmo, excluídas de indenização"*. Trata-se de bens imóveis, designados pela doutrina como terrenos reservados e não podem ser objeto de desapropriação.

4.2. Pressupostos da desapropriação

Para que a desapropriação seja executada de forma legítima, se faz necessária a presença de dois pressupostos cumulativos, quais sejam, o interesse público – que pode se manifestar por meio de demonstração de utilidade ou necessidade pública e ainda em razão de interesse social – e o pagamento da indenização, pelo ente estatal, que deve, como regra, ser prévia à imissão na posse, justa e em dinheiro.

Neste sentido, dispõe o art. 5º, XXIV, da Constituição Federal.

> XXIV - a lei estabelecerá o procedimento para desapropriação por **necessidade** ou **utilidade pública**, ou por **interesse social**, mediante justa e prévia indenização em dinheiro, **ressalvados os casos previstos nesta Constituição**;

Com base neste dispositivo, portanto, depreende-se que a desapropriação por parte do Estado depende da comprovação destes dois requisitos e que a ausência de qualquer um deles enseja a nulidade do ato.

Considera-se **utilidade pública** a situação em que o ente público terá necessidade de utilizar o bem diretamente, seja para uma obra pública ou para a prestação de um determinado serviço, sendo a situação regulamentada no Decreto-lei 3.365/41. Neste sentido, dispõe o art. 5º do mencionado diploma que *"Consideram-se casos de utilidade pública: a) a segurança nacional; b) a defesa do Estado; c) o socorro público em caso de calamidade; d) a salubridade pública;e) a criação e melhoramento de centros de população, seu abastecimento regular de meios de subsistência; f) o aproveitamento industrial das minas e das jazidas minerais, das águas e da energia hidráulica; g) a assistência pública, as obras de higiene e decoração, casas de saúde, clínicas, estações de clima e fontes medicinais; h) a exploração ou a conservação dos serviços públicos; i) a abertura, conservação e melhoramento de vias ou logradouros públicos; a execução de planos de urbanização; o parcelamento do solo, com ou sem edificação, para sua melhor utilização econômica, higiênica ou estética; a construção ou ampliação de distritos industriais; j) o funcionamento dos meios de transporte coletivo; k) a preservação e conservação dos monumentos históricos e artísticos, isolados ou integrados em conjuntos urbanos ou rurais, bem como as medidas necessárias a manter-lhes e realçar-lhes os aspectos mais valiosos ou característicos e, ainda, a proteção de paisagens e locais particularmente dotados pela natureza; l) a preservação e a conservação adequada de arquivos, documentos e outros bens moveis de valor histórico ou artístico; m) a construção de edifícios públicos, monumentos comemorativos e cemitérios; n) a criação de estádios, aeródromos ou campos de pouso para aeronaves; o) a reedição ou divulgação de obra ou invento de natureza científica, artística ou literária; p) os demais casos previstos por leis especiais".*

A **necessidade pública**, por sua vez, se verifica nas mesmas hipóteses em que se poderia imaginar uma situação de utilidade, acrescida da urgência na solução do problema. Sendo assim, em casos de necessidade pública, a ausência de atuação estatal premente poderá ensejar prejuízos ao interesse público.

As hipóteses de **Interesse social** são justificadas pela necessidade de se garantir a função social da propriedade. Nestes casos, a desapropriação tem a intenção de reduzir desigualdades sociais e conferir uma destinação social ao bem expropriado, mesmo que ele não seja utilizado diretamente pelo ente estatal. Pode ser citada como exemplo a utilização de bem imóvel para a realização de reforma agrária. Os casos são, em regra, regulamentados pela Lei 4.132/62.

O art. 2º da referida lei define que será considerado de interesse social o aproveitamento de todo bem improdutivo ou explorado sem correspondência com as necessidades de habitação, trabalho e consumo dos centros de população a que deve ou possa suprir por seu destino econômico; o estabelecimento e a manutenção de colônias ou cooperativas de povoamento e trabalho agrícola; a manutenção de posseiros em terrenos urbanos onde, com a tolerância expressa ou tácita do proprietário, tenham construído sua habilitação, formando núcleos residenciais de mais de 10 (dez) famílias; a construção de casas populares; as terras e águas suscetíveis de valorização extraordinária, pela conclusão de obras e serviços públicos, notadamente de saneamento, portos, transporte, eletrificação armazenamento de água e irrigação, no caso em que não sejam ditas áreas socialmente aproveitadas; a proteção do solo e a preservação de cursos e mananciais de água e de reservas florestais e a utilização de áreas, locais ou bens que, por suas características, sejam apropriados ao desenvolvimento de atividades turísticas.

Ressalte-se que as disposições legais não são exaustivas acerca das hipóteses de utilidade pública ou interesse social, haja vista se tratarem de conceitos jurídicos indeterminados, nos quais impera uma margem de discricionariedade ao administrador público, que poderá exercê-la com base em critérios de oportunidade e conveniência.

Ocorre que, o art. 5º, XXIV, da Carta Magna, *in fine,* estabelece que, não obstante a indenização seja feita, como regra, em dinheiro, serão *"ressalvadas as exceções trazidas pela própria Constituição".* Esta ressalva significa que algumas desapropriações não serão efetivadas com pagamento de indenização prévia, justa e em dinheiro. Entretanto, deixa claro também que estas situações excepcionais somente serão aceitas se previstas no corpo da própria Constituição Federal, ou seja, a legislação infraconstitucional pode regulamentar, mas não criar espécies de desapropriação que excetuem o disposto no referido dispositivo.

O próprio texto constitucional estabelece, em seu bojo, três hipóteses de desapropriações especiais. São formas de desapropriação especial:

I. Desapropriação urbana (art. 182, CF)

II. Desapropriação rural (art. 184 a 186, CF)

III. Desapropriação confisco (art. 243, CF)

Como forma de sistematizar o estudo do tema, analisaremos cada uma das espécies de desapropriação regulamentadas na Carta Magna, isoladamente.

4.2.1. Desapropriação Comum

Trata-se da desapropriação regulamentada no art. 5º, XXIV da Constituição da República, dependendo sua licitude da existência de uma situação de utilidade ou necessidade pública, ou, ainda, da demonstração de uma hipótese de interesse social.

Ademais, a desapropriação comum deverá ser precedida de pagamento de valor indenizatório prévio, justo e em dinheiro. É importante ressaltar que a indenização tem caráter contraprestacional, pela perda da propriedade imposta ao cidadão, no benefício de toda a coletividade, tendo sua base no princípio da isonomia. Com efeito, se toda a sociedade vai se beneficiar da situação que ensejou a perda do bem ao particular, nada mais justo que esta mesma coletividade – representada pelo Estado – indenize o particular pela perda sofrida.

A doutrina moderna e jurisprudência firmaram entendimento no sentido de que a **indenização justa** é aquela que abarca o valor de mercado do bem a ser expropriado, os danos emergentes decorrentes da perda da propriedade, assim como os lucros cessantes devidamente comprovados, sempre acrescidos de correção monetária, a partir da avaliação do bem, de forma a se evitar que a corrosão da moeda enseje perdas indevidas ao particular. Quando a desapropriação for efetivada na via judicial, a estes valores serão acrescidos os honorários advocatícios e, quando couber, os juros moratórios e compensatórios.

No que tange ao valor de mercado do bem, deve-se atentar para a atualidade da avaliação, sendo também considerados quaisquer aspectos intrínsecos, como, por exemplo, valor histórico ou artístico da coisa.

Ainda serão considerados os acréscimos feitos no bem a título de acessões e benfeitorias, sendo que somente serão indenizadas estas melhorias feitas até a data da declaração de utilidade pública ou interesse social, com exceção das benfeitorias úteis e necessárias, pagas ainda que executadas após esta data.

Neste sentido, Celso Antônio Bandeira de Mello[4] dispõe que a indenização justa *"é aquela que corresponde real e efetivamente ao valor do bem expropriado, ou seja, aquela cuja importância deixe o expropriado absolutamente indene, sem prejuízo algum em seu patrimônio. Indenização justa é a que se consubstancia em importância que habilita o proprietário a adquirir outro bem perfeitamente equivalente e o exime de qualquer detrimento"*.

Ademais, a indenização deverá ser feita previamente à imissão do poder público no bem expropriado, ainda que momentos antes disto e deve ser realizada em dinheiro. José dos Santos Carvalho Filho[5] entende que o pagamento em espécie é exigido *"para permitir que o expropriado possa, em tese, adquirir bem idêntico ao que constituiu objeto da desapropriação"*.

Ademais, a jurisprudência do Superior Tribunal de Justiça se firmou no sentido de que, em caso de divergência entre a área registrada e a área real do imóvel, a indenização será calculada somente sobre o espaço constante no registro[6].

Por seu turno, caso o imóvel objeto da desapropriação possua área dotada de cobertura vegetal, esta deverá ser indenizada com base em valor específico, diverso do valor atribuído à terra nua, desde que o proprietário demonstre que explora economicamente os recursos vegetais, caso contrário, a indenização será a mesma. Neste sentido, já se manifestou o Superior Tribunal de Justiça, conforme se depreende do julgamento a seguir.

> PROCESSUAL CIVIL. AGRAVO REGIMENTAL NO RECURSO ESPECIAL. AÇÃO DE DESAPROPRIAÇÃO PARA FINS DE REFORMA AGRÁRIA. IMPOSSIBILIDADE

4. MELLO, Celso Antônio Bandeira de. Curso de direito Administrativo. São Pulo: Malheiros, 26ª ed. 2009.
5. CARVALHO FILHO, José dos Santos. Manual de Direito Administrativo. Rio de Janeiro: Lumen Juris, 23ª ed. 2012.
6. Neste sentido o Resp 1.075.293, no qual a Corte define que *"O pagamento da indenização em desapropriação direta restringe-se à área efetivamente registrada, constante do decreto expropriatório, incumbindo à parte o ingresso em via ordinária própria para a apuração de eventual esbulho de área excedente. Inteligência do artigo 34, do Decreto-lei n.º 3.365/41, e do artigo 6.º, § 1º, da Lei Complementar n.º 76/93, verbis: Art. 34 - O levantamento do preço será deferido mediante prova de propriedade, de quitação de dívidas fiscais que recaiam sobre o bem expropriado, e publicação de editais, com o prazo de 10 (dez) dias, para conhecimento de terceiros. Parágrafo único. Se o juiz verificar que há dúvida fundada sobre o domínio, o preço ficará em depósito, ressalvada aos interessados a ação própria para disputá-lo"*.

DO PAGAMENTO DA COBERTURA VEGETAL EM SEPARADO. INEXISTÊNCIA DE COMPROVAÇÃO DE EXPLORAÇÃO ECONÔMICA.

1. "O STJ firmou a orientação de que, inexistindo prova de exploração econômica dos recursos vegetais, não há por que cogitar de indenização em separado da cobertura florística" (Resp 880.271/DF, Relator Ministro João Otávio de Noronha, Segunda Turma, DJ 28 de setembro de 2007). Outro precedente: REsp 978.558/MG, Relator Ministro Luiz Fux, Primeira Turma, DJ de 15 de dezembro de 2008.

2. No caso sub examine, o TRF da Quarta Região, a despeito de expressamente assentar que o expropriado não detinha autorização para legalmente explorar a cobertura vegetal (fls. 1.014-1.016), ainda assim determinou que o pagamento da aludida rubrica fosse feito em separado. Diante disso, ressoa inequívoco ser defeso o pagamento, em apartado, do valor concernente à cobertura florística.

3. Agravo regimental não provido.

AgRg no Resp 1119706 / PR

AGRAVO REGIMENTAL NO RECURSO ESPECIAL

2009/0014918-0. Dje 18/02/2011

Caso o proprietário do bem possua débitos com a fazenda pública, sejam elas decorrentes de débitos fiscais ou de multas em virtude do inadimplemento de obrigações fiscais acessórias, desde que estes valores já estejam inscritos e ajuizados, se admite a dedução do *quantum* indenizatório para pagamento das dívidas.

Por fim, ressalte-se que a indenização decorrente da desapropriação não se confunde com a indenização devida por danos causados a particulares. A responsabilidade civil do Estado tem fundamento no art. 37, §6º da Constituição Federal, enquanto que a indenização decorrente de desapropriação se justifica pelo art. 5, XXIV, da Carta Magna.

Ocorre que, se, em decorrência da desapropriação, o particular sofrer um dano extraordinário, poderão ser cumuladas, no mesmo processo, a indenização decorrente da intervenção supressiva e aquela que decorre da responsabilidade civil do Estado[7].

7. Neste sentido, julgado do Supremo Tribunal Federal acerca do tema:
A 2ª Turma iniciou julgamento de recurso extraordinário no qual se discute se o valor da justa indenização para satisfazer o direito de propriedade (CF, art. 5º, XXII e XXIV) deve, ou não, incluir, em seu bojo, as perdas do proprietário decorrentes da desvalorização de sua propriedade e de seus produtos, independentemente, da reavaliação do material fático-probatório. Na espécie, parte da propriedade do recorrente fora declarada de utilidade pública para a construção de três estações de tratamento de esgoto - ETEs, não tendo sido incluídos, nos valores pagos a título de indenização, os lucros cessantes decorrentes da desvalorização da área remanescente, utilizada no plantio e beneficiamento de laranja para fins de exportação, nos quais empregada alta tecnologia. O Min. Gilmar Mendes, relator, deu parcial provimento ao recurso para incluir na condenação os valores referentes à desvalorização das terras remanescentes. Entendeu que a discussão da tese jurídica referente à exclusão de elementos supostamente ínsitos ao princípio da justa indenização não demandaria o reexame da prova, de modo a afastar a incidência do Enunciado 279 da Súmula do STF. Aduziu que se trataria, na realidade, de intervenção administrativa na propriedade para a concretização de fins públicos e, por isso, todo prejuízo causado pela Administração, no exercício de seu ius imperii, haveria de ser recomposto ao patrimônio do expropriado. Asseverou que, sob pena de violação do núcleo essencial do postulado em apreço, em que se funda o direito de propriedade, seria inconcebível não levar em consideração a perda do valor do bem remanescente e de seus produtos. Após, pediu vista dos autos o Min. Joaquim Barbosa.
RE 567708/SP, rel. Min. Gilmar Mendes, 1º.3.2011. (RE-567708)

4.2.2. Desapropriação especial urbana

Inicialmente, cumpre ressaltar que a propriedade urbana deverá atender as exigências definidas no Plano Diretor da Cidade, de forma a atender à sua função social. Nesse sentido, o atendimento da função social deve-se dar, assegurando o atendimento das necessidades dos cidadãos quanto à qualidade de vida, à justiça social e ao desenvolvimento das atividades econômicas. O art. 182, da Constituição Federal, neste sentido, dispõe que *"A política de desenvolvimento urbano, executada pelo Poder Público municipal, conforme diretrizes gerais fixadas em lei, tem por objetivo ordenar o pleno desenvolvimento das funções sociais da cidade e garantir o bem-estar de seus habitantes"*.

O plano diretor deverá ser aprovado por lei municipal, que deve ser revista a cada dez anos, pelo menos, sendo considerado o instrumento básico da política de desenvolvimento e expansão urbana. Ademais, o plano plurianual, as diretrizes orçamentárias e o orçamento anual deverão incorporar as diretrizes e as prioridades nele contidas.

O estatuto da cidade determina que, no processo de elaboração do plano diretor e na fiscalização de sua implementação, os Poderes Legislativo e Executivo municipais garantirão a promoção de audiências públicas e debates com a participação da população e de associações representativas dos vários segmentos da comunidade; a publicidade quanto aos documentos e informações produzidos e o acesso de qualquer interessado a estes documentos e informações.

A lei determina a obrigatoriedade do plano diretor para todas as cidades que possuam mais de vinte mil habitantes, nas cidades que sejam integrantes de regiões metropolitanas ou aglomerações urbanas, assim como nas áreas de especial interesse turístico e nos municípios inseridos na área de influência de empreendimentos ou atividades com significativo impacto ambiental de âmbito regional ou nacional.

Por fim, devem ter plano diretor as cidades incluídas no cadastro nacional de Municípios com áreas suscetíveis à ocorrência de deslizamentos de grande impacto, inundações bruscas ou processos geológicos ou hidrológicos correlatos. Nas outras hipóteses, o plano é facultativo.

Sendo assim, havendo o plano diretor, os proprietários de imóveis urbanos devem seguir as disposições ali impostas, sob pena de descumprimento da função social da propriedade. Nestes casos, se a propriedade não estiver cumprindo a **função social** prevista no plano diretor da cidade, algumas restrições serão instituídas pelo poder público municipal. As medidas estabelecidas em lei (art. 5º e seguintes do Estatuto da Cidade) são **sucessivas e gradativas**, ou seja, a ordem posta na lei deve ser obedecida.

É facultado ao Poder Público municipal, mediante lei específica para área incluída no plano diretor, exigir, nos termos da lei federal, do proprietário do solo urbano não edificado, subutilizado ou não utilizado, que promova seu adequado aproveitamento, sob pena, sucessivamente, de:

a) **parcelamento ou edificação compulsórios**, sendo que a notificação deverá ser averbada no Cartório de Registro de Imóveis e realizada por funcionário do órgão competente do Poder Público Municipal, ao proprietário do imóvel ou, no caso de este ser pessoa jurídica, a quem tenha poderes de gerência geral ou administração, ou, por edital, somente quando for frustrada, por três vezes, a tentativa de notificação pessoal.

Nestes casos, o proprietário deverá efetivar o parcelamento, a edificação ou a utilização compulsória do terreno. Notificado, o proprietário terá 1 (um) ano para apresentar o projeto, protocolando-o no órgão competente, e, contados da apresentação do projeto, terá 2 (dois) anos para começar as obras do empreendimento com vistas a conferir função social à propriedade (§4º do art. 5º da lei 10.257/01). Estes prazos não serão interrompidos em caso de transmissão do imóvel, por ato *inter vivos* ou *causa mortis*, sendo que o novo proprietário se sub-roga em todas as obrigações definidas no ato administrativo.

Por fim, em se tratando de empreendimentos de grande porte, excepcionalmente, a lei municipal específica a que se refere o caput poderá prever a conclusão em etapas, assegurando-se que o projeto aprovado compreenda o empreendimento como um todo.

b) Não sendo suficiente a medida anterior para garantir a função social da propriedade, o poder público municipal poderá determinar a aplicação de **imposto sobre a propriedade predial e territorial urbana progressivo no tempo**, mediante a majoração da alíquota, pelo prazo de cinco anos consecutivos. Trata-se de coação e sanção impostas pelo poder público em razão da inércia em face da notificação.

Nesta situação, o IPTU se configura como tributo de caráter extrafiscal, ou seja, sem interesse eminentemente arrecadatório. Inclusive, neste sentido, a lei veda expressamente a concessão de isenções ou de anistia relativas a esta tributação progressiva.

Consoante disposto alhures, a alíquota será progressiva por 5(cinco) anos consecutivos e está limitada a 15%, não podendo, em nenhuma hipótese, ultrapassar este percentual. Ademais, de um ano para o outro, o máximo que se pode acrescentar na alíquota é 100% do valor anterior, ou seja, é possível a duplicação anual da alíquota, não mais do que isso.

A maioria da doutrina acerca da matéria entende que o prazo de 5 (cinco) anos, definido na legislação, é limite temporal para a progressividade do tributo, não havendo restrição quanto ao tempo em que a alíquota máxima será aplicada. A CF proíbe que o poder público continue majorando o valor do tributo por mais que 5 (cinco) anos, mas não veda que se mantenha na alíquota máxima, mesmo após escoado este prazo. Neste sentido, o art. 7º, §2º, da lei 10.257/01 define que "*Caso a obrigação de parcelar, edificar ou utilizar não esteja atendida em cinco anos, o Município manterá a cobrança pela alíquota máxima, até que se cumpra a referida obrigação, garantida a prerrogativa prevista no art. 8º*".

c) Escoado o prazo de cinco anos sem que o particular tenha tomado qualquer providência no sentido que conferir função social ao bem, o ente municipal poderá decretar a **desapropriação especial urbana**, com pagamento de indenização mediante a entrega de títulos da dívida pública de emissão previamente aprovada pelo Senado Federal, com prazo de resgate de até 10(dez) anos, em parcelas anuais, iguais e sucessivas, assegurados o valor real da indenização e os juros legais. Trata-se de desapropriação com função sancionatória.

Nos termos da legislação, os **títulos da dívida pública**, que serão previamente aprovados pelo Senado Federal, deverão ser resgatados no prazo de até dez anos, em prestações anuais, iguais e sucessivas, assegurados, ao particular, o valor real da indenização e os juros legais de seis por cento ao ano. A lei ainda define que esses títulos não terão poder liberatório para fins de pagamento de tributos.

Ademais, nestes casos de desapropriação sanção, a indenização justa refletirá o valor da base de cálculo do IPTU, descontado o montante incorporado em função de obras realizadas pelo Poder Público na área onde se localiza e não computará expectativas de ganhos, lucros cessantes e juros compensatórios.

Após a incorporação do bem ao patrimônio público, o Município deverá proceder ao adequado aproveitamento do imóvel no prazo máximo de cinco anos, diretamente pelo Poder Público ou por meio de alienação ou concessão a terceiros, observando-se, nesses casos, o devido procedimento licitatório.

4.2.3. Desapropriação Especial Rural

A propriedade rural tem seus critérios de utilização definidos no o Estatuto da Terra (lei 4.504/64), o qual regula os direitos e obrigações concernentes aos bens imóveis rurais, para os fins de execução da Reforma Agrária e promoção da Política Agrícola.

Neste sentido, a lei determina que a política agrícola deverá tentar harmonizar a utilização da propriedade rural com a busca pelo emprego e com a industrialização do país, dispondo ser assegurada a todos a oportunidade de acesso à propriedade da terra, condicionada pela sua função social.

Ademais, a propriedade da terra desempenha integralmente a sua função social quando, simultaneamente, favorece o bem-estar dos proprietários e dos trabalhadores que nela labutam, assim como de suas famílias, mantém níveis satisfatórios de produtividade, assegura a conservação dos recursos naturais e observa as disposições legais que regulam as justas relações de trabalho entre os que a possuem e a cultivem.

Nota-se, portanto, que a produtividade do terreno não é o único requisito a ser observado para análise da função social da propriedade rural. Ou seja, é possível a situação de um terreno rural ser produtivo, mas ser descumpridor de sua função social, em virtude do descumprimento de algum dos outros requisitos postos na legislação aplicável.

Inclusive, seguindo a mesma orientação, a Constituição Federal, em seu art. 186, determina que:

> Art. 186. A FUNÇÃO SOCIAL é cumprida quando a propriedade rural atende, simultaneamente, segundo critérios e graus de exigência estabelecidos em lei, aos seguintes requisitos:
>
> I - aproveitamento racional e adequado;
>
> II - utilização adequada dos recursos naturais disponíveis e preservação do meio ambiente;
>
> III - observância das disposições que regulam as relações de trabalho;
>
> IV - exploração que favoreça o bem-estar dos proprietários e dos trabalhadores.

Sendo assim, caso o proprietário não cumpra a função social do imóvel rural, compete à União desapropriar por interesse social, para fins de reforma agrária, o referido imóvel, mediante prévia e justa indenização em títulos da dívida agrária, com cláusula de preservação do valor real, resgatáveis no prazo de até vinte anos, a partir do segundo ano de sua emissão, e cuja utilização será definida em lei. Sendo assim, o decreto que declarar o imóvel como de interesse social, para fins de reforma agrária, autoriza a União a propor a ação de desapropriação.

Não obstante a indenização seja paga mediante a emissão de títulos da dívida agrária, a Carta Magna dispõe que as benfeitorias úteis e necessárias, presentes no bem quando da declaração expropriatória, serão indenizadas em dinheiro.

Ademais, a Lei Complementar 76/93 estabelece o procedimento contraditório especial, de rito especial, para o processo judicial de desapropriação especial para fins de reforma agrária, que será analisado em tópico específico.

Verifica-se que, nestes casos, a desapropriação será efetivada, com destinação vinculada do bem expropriado. Com efeito, a União não poderá definir como realizará o adequado aproveitamento do imóvel, sendo imperativa sua destinação à reforma agrária. O Estatuto da Terra define que a Reforma Agrária visa a estabelecer um sistema de relações entre o homem, a propriedade rural e o uso da terra, capaz de promover a justiça social, o progresso e o bem-estar do trabalhador rural e o desenvolvimento econômico do país, com a gradual extinção do minifúndio e do latifúndio.

Ademais, o orçamento fixará anualmente o volume total de títulos da dívida agrária, assim como o montante de recursos para atender ao programa de Reforma Agrária no exercício, sendo que estarão isentas de impostos federais, estaduais e municipais as operações de transferência de imóveis desapropriados para esse fim.

→ ATENÇÃO

A própria CF excepciona os imóveis que NÃO poderão sofrer desapropriação especial rural para fins de reforma agrária em seu art. 185. Sendo assim estabelece que a referida expropriação não poderá recair sobre terrenos produtivos (ainda que descumpram a função social por qualquer outro motivo), sendo também vedada a medida incidente sobre a pequena e média propriedade rural - desde que o proprietário não possua outra.

4.2.4. Desapropriação Confisco

Trata-se de desapropriação específica, na qual a lei não prevê o pagamento de qualquer espécie de indenização. Com efeito, esta desapropriação NÃO É INDENIZÁVEL e, por isso, parte da doutrina designa esta retirada da propriedade do particular de expropriação, diferenciando das desapropriações propriamente ditas que seriam sempre mediante indenização.

A norma constitucional estabelece duas situações diversas, tratando a expropriação de bens móveis e de bens imóveis. Nestes termos, serão expropriados os bens móveis utilizados para o tráfico de drogas e os bens imóveis utilizados para plantação de psicotrópicos ilícitos e para a exploração de trabalho escravo.

Observe-se que plantas psicotrópicas são aquelas que permitem a obtenção de substância entorpecente proscrita, plantas estas elencadas no rol emitido pelo órgão sanitário competente do Ministério da Saúde, sendo que a autorização para a cultura de plantas psicotrópicas poderá ser concedida pelo órgão competente do Ministério da Saúde, atendendo exclusivamente a finalidades terapêuticas e científicas. No que tange ao trabalho escravo, o próprio texto constitucional define que a lei deverá dispor acerca da matéria, regulamentando seus termos.

Mais uma vez, a medida configura a retirada do bem de seu proprietário, com a incorporação ao patrimônio público, determinando, de forma vinculada, qual deve ser a utilização dada pelo Estado. Dessa forma, em se tratando de bens móveis, o poder público deverá revertê-los a fundos especiais de natureza específica e, no caso de imóveis, serão destinados à reforma agrária e a programas de habitação popular. Assim, é vedada a incorporação destes bens ao patrimônio público.

É importante ressaltar que o dispositivo constitucional que trata da matéria sofreu alteração em 2014, com a edição da Emenda Constitucional n. 81. Anteriormente, a Carta Magna previa somente a expropriação de glebas utilizadas para plantação de psicotrópicos, não tratando acerca da expropriação em virtude da existência de trabalho escravo.

Da mesma forma, a destinação dos bens expropriados sofreu mudanças com a alteração constitucional. Anteriormente, a Carta Magna dispunha que tais imóveis seriam utilizados para assentamento de colonos e que os bens móveis deveriam ser destinados diretamente no combate ao tráfico ou na recuperação de viciados.

Por óbvio, os programas populares de habitação visam a assentar famílias mais carentes e o fundo a ser criado para a destinação dos bens móveis, objetos da desapropriação e confisco deverá se destinar a aniquilar o tráfico de drogas e auxiliar no tratamento de viciados.

Enfim, analisem-se as disposições constitucionais.

> Art. 243. As propriedades rurais e urbanas de qualquer região do País onde forem localizadas culturas ilegais de plantas psicotrópicas ou a exploração de trabalho escravo na forma da lei serão expropriadas e destinadas à reforma agrária e a programas de habitação popular, sem qualquer indenização ao proprietário e sem prejuízo de outras sanções previstas em lei, observado, no que couber, o disposto no art. 5º.

Parágrafo único. Todo e qualquer bem de valor econômico apreendido em decorrência do tráfico ilícito de entorpecentes e drogas afins e da exploração de trabalho escravo será confiscado e reverterá a fundo especial com destinação específica, na forma da lei."

O Supremo Tribunal Federal vem decidindo no sentido de que todo o terreno será desapropriado, ainda que a plantação se restrinja a uma parcela da propriedade. De fato, caso o proprietário do bem utilize somente parte de seu imóvel para a cultura ilegal de plantas psicotrópicas, a expropriação incidirá sobre toda a sua propriedade, inclusive pelo fato de que a nova redação da Carta Constitucional não mais se refere à tomada de "glebas", mas sim de propriedades utilizadas de forma indevida. Abaixo transcrito a ementa do julgado mencionado.

> EMENTA: RECURSO EXTRAORDINÁRIO. CONSTITUCIONAL. EXPROPRIAÇÃO. GLEBAS. CULTURAS ILEGAIS. PLANTAS PSICOTRÓPICAS. ARTIGO 243 DA CONSTITUIÇÃO DO BRASIL. INTERPRETAÇÃO DO DIREITO. LINGUAGEM DO DIREITO. LINGUAGEM JURÍDICA. ARTIGO 5º, LIV DA CONSTITUIÇÃO DO BRASIL. O CHAMADO PRINCÍPIO DA PROPORCIONALIDADE. 1. Gleba, no artigo 243 da Constituição do Brasil, só pode ser entendida como a propriedade na qual sejam localizadas culturas ilegais de plantas psicotrópicas. O preceito não refere áreas em que sejam cultivadas plantas psicotrópicas, mas as glebas, no seu todo. 2. A gleba expropriada será destinada ao assentamento de colonos, para o cultivo de produtos alimentícios e medicamentosos. 3. A linguagem jurídica corresponde à linguagem natural, de modo que é nesta, linguagem natural, que se há de buscar o significado das palavras e expressões que se compõem naquela. Cada vocábulo nela assume significado no contexto no qual inserido. O sentido de cada palavra há de ser discernido em cada caso. No seu contexto e em face das circunstâncias do caso. Não se pode atribuir à palavra qualquer sentido distinto do que ela tem em estado de dicionário, ainda que não baste a consulta aos dicionários, ignorando-se o contexto no qual ela é usada,

para que esse sentido seja em cada caso discernido. A interpretação/aplicação do direito se faz não apenas a partir de elementos colhidos do texto normativo [mundo do dever-ser], mas também a partir de elementos do caso ao qual será ela aplicada, isto é, a partir de dados da realidade [mundo do ser]. 4. O direito, qual ensinou CARLOS MAXIMILIANO, deve ser interpretado "inteligentemente, não de modo que a ordem legal envolva um absurdo, prescreva inconveniências, vá ter a conclusões inconsistentes ou impossíveis". 5. O entendimento sufragado no acórdão recorrido não pode ser acolhido, conduzindo ao absurdo de expropriar-se 150 m^2 de terra rural para nesses mesmos 150 m^2 assentar-se colonos, tendo em vista o cultivo de produtos alimentícios e medicamentosos. 6. Não violação do preceito veiculado pelo artigo 5º, LIV da Constituição do Brasil e do chamado "princípio" da proporcionalidade. Ausência de "desvio de poder legislativo" Recurso extraordinário a que se dá provimento. RE 543974 / MG - MINAS GERAIS

RECURSO EXTRAORDINÁRIO

Relator(a): Min. EROS GRAU

Julgamento: 26/03/2009 Órgão Julgador: Tribunal Pleno

Por se tratar de expropriação diferenciada, na qual não se prevê o pagamento de indenização, seu procedimento segue um rito especial, regulamentado pela lei 8.257/91.

Desse modo, a ação deverá ser proposta pela União Federal, única entidade competente para determinar esta espécie de desapropriação. Recebida a inicial, o Juiz determinará a citação dos expropriados, no prazo de cinco dias, nomeando, neste ato, o perito que terá oito dias de prazo para entregar o laudo em cartório.

A lei determina que o prazo para contestação e indicação de assistentes técnicos será de dez dias, a contar da data da juntada do mandado de citação aos autos, devendo o Juiz determinar a audiência de instrução e julgamento para data não superior a quinze dias, a contar da data da contestação, sendo admitido que o magistrado determine a imissão da União, na posse do imóvel expropriando, garantindo-se o contraditório posteriormente, durante a audiência de justificação.

Na audiência de instrução e julgamento cada parte poderá indicar até cinco testemunhas, sendo que, salvo motivo de força maior, devidamente justificado, é vedado o adiamento da audiência. Excepcionalmente, poderá ser postergada em virtude da impossibilidade de produção de toda a prova oral no mesmo dia. Nestes casos, em nenhuma hipótese será ela marcada para data posterior a três dias.

Encerrada a instrução, o Juiz prolatará a sentença em cinco dias, sendo a mesma passível de apelação, no prazo de quinze dias, nos moldes do Código de Processo Civil. Ao final do processo, como o trânsito em julgado da sentença expropriatória, o imóvel será incorporado ao patrimônio da União Federal para que dê a finalidade definida na Carta Magna.

Excepcionalmente, se a terra expropriada nos termos desta lei, após o trânsito em julgado da sentença, não puder ter em cento e vinte dias a destinação prevista na Constituição, qual seja a destinação para fins de reforma agrária ou inclusão em programa de habitação popular, ficará incorporada ao patrimônio da União, reservada, até que sobrevenham as condições necessárias àquela utilização.

4.3. Procedimento da Desapropriação

A desapropriação deve ser efetivada em respeito a um procedimento administrativo definido em lei, no qual será garantido ao particular expropriado o direito ao contraditório e à ampla defesa. Em não sendo possível solucionar o problema administrativamente, a lei determina que seja realizado o procedimento na via judicial.

4.3.1. Competência para desapropriar

A análise da competência divide-se em três diversas situações – competência legislativa, declaratória e executória.

Dessa forma, a **competência para legislar** acerca de desapropriação é exclusiva da União. Com efeito, a produção normativa acerca da matéria é privativa da União Federal, conforme disposto no art. 22, inciso II, da Constituição da República. É importante ressaltar que o parágrafo único do dispositivo constitucional mencionado determina que a lei complementar poderá autorizar os estados a legislar sobre questões específicas.

A **competência declaratória**, ou seja a atribuição para declarar a utilidade ou necessidade pública e o interesse social dos bens privados para fins de desapropriação será, concorrente, de todos os entes federativos. Neste sentido, somente os entes políticos (União, estados, municípios e Distrito Federal) e não as entidades da administração indireta têm competência para declaração de utilidade pública ou de interesse social. Ademais, em relação à competência atribuída aos estados e municípios, é relevante que seja respeitada a limitação territorial, ou seja, não se admite que determinado estado da federação desaproprie bem privado situado em outro estado. Esta restrição visa a garantir a independência dos entes federativos.

A regra que admite a declaração por todos os entes da federação admite algumas exceções a serem analisadas.

→ ***Exceções:***

nas desapropriações comuns

- **DNIT (Departamento Nacional de Infraestrutura de Transportes - autarquia federal)**: pode promover declaração de utilidade pública visando à implantação do Sistema Nacional de Viação. Neste sentido, o art. 82, IX, da lei 10.233/01, define como atribuições desta autarquia "*declarar a utilidade pública de bens e propriedades a serem desapropriados para implantação do Sistema Federal de Viação*".
- **ANEEL (Agência Nacional de Energia Elétrica** – autarquia em regime especial da União): terá competência para declarar utilidade pública de bens privados para fins de instalação de empresas concessionárias e permissionárias do serviço energia elétrica, nos moldes definidos pela lei 9.074/95.

nas desapropriações especiais

- **desapropriação especial urbana**: trata-se de desapropriação especial, já analisada, efetivada em razão do descumprimento pelo proprietário de imóvel urbano das disposições do plano diretor da cidade, casos em que a desapropriação é precedida de medidas anteriores com a intenção de solucionar o problema, quais sejam, a notificação para parcelamento compulsório e a incidência de IPTU com alíquota progressiva.

A competência para declarar o interesse público nesta expropriação sancionatória se restringe ao **Município,** não sendo possível que qualquer ente federativo declare o interesse social. Ademais, somente os municípios que possuam plano diretor poderão se valer desta espécie de desapropriação.

- **desapropriação especial rural**: prevista no art. 184, da Constituição Federal, cabível, para fins de reforma agrária, sempre que o imóvel rural esteja descumprindo a função social da propriedade. Trata-se de desapropriação sancionatória com pagamento de indenização em títulos da dívida agrária, com ressalva das benfeitorias úteis e necessárias, as quais devem ser pagas em dinheiro.

Nestes casos, a competência para a declaração de interesse social é exclusivamente da **União Federal**, não podendo ser exercida por outro ente federativo.

- **desapropriação confisco**: regulamentada no art. 243 da carta Magna e feita sem pagamento de qualquer espécie indenizatória para imóveis utilizados na plantação de psicotrópicas e para bens móveis utilizados no tráfico de drogas. Somente à **União Federal** compete efetivar esta espécie expropriatória.

Por seu turno, a **competência para executar** a desapropriação é atribuída, inicialmente, ao ente federativo que declarou a utilidade pública ou interesse social. Nestes casos, a competência é incondicionada. Afinal, quem declara a necessidade no bem, poderá promover a desapropriação posterior.

Ademais, se admite a delegação da competência executória para entes da Administração Indireta, para concessionárias de serviços públicos, para consórcios públicos, firmados nos moldes da lei 11.107/05 e entidades da Administração Indireta. Estas entidades não têm competência para decretar o interesse no bem, mas poderão promover a desapropriação, mediante o pagamento do valor indenizatório e imissão na propriedade.

Neste sentido, inclusive, o Decreto Lei 3.365/41, em seu art. 3º, dispõe que

> *"Os concessionários de serviços públicos e os estabelecimentos de carater público ou que exerçam funções delegadas de poder público poderão promover desapropriações mediante autorização expressa, constante de lei ou contrato".*

Imagine-se, como exemplo, que a União declare o interesse social de um terreno para fins de Reforma Agrária, delegando a execução da desapropriação ao INCRA (Instituto Nacional da Colonização e Reforma Agrária) – autarquia federal.

4.3.2. Fases do Procedimento

O procedimento expropriatório se desenvolve em duas fases distintas, quais sejam a declaração efetivada pelo poder público, mediante decreto expropriatório ou lei de efeitos concretos, informando a utilidade ou necessidade pública ou o interesse social no bem do particular e a execução da desapropriação, mediante o pagamento da indenização justa, prévia e em dinheiro e imissão na propriedade.

O Decreto-lei 3.365/41 regulamenta o procedimento das desapropriações comuns, bem como a desapropriação especial urbana, uma vez que a lei 10.257/01 não estabelece normas para o procedimento expropriatório. Por seu turno, a desapropriação especial rural, para fins de Reforma Agrária tem o seu procedimento regulamentado pela Lei Complementar 76/93, já alterada pela Lei Complementar 88/96.

É importante ressaltar, ainda, que o procedimento poderá se desenvolver integralmente na via administrativa, desde que haja consenso entre o poder público e o particular em relação ao valor indenizatório a ser pago pelo bem. Caso contrário, ou seja, quando o particular discorda do valor ofertado pelo Estado, a fase executória ocorre na via judicial, mediante a propositura de ação de desapropriação.

4.3.2.1. Fase Declaratória

Por meio da Declaração de Utilidade Pública, o Poder Público manifesta o seu interesse na futura desapropriação, informando que o bem apontado atende às necessidades públicas, definindo qual a finalidade que será dada à propriedade, após sua aquisição pelo ente estatal. É necessário que o ato declaratório defina qual o bem que será objeto da desapropriação e qual a finalidade do ato a ser executado.

A declaração pode ser feita de duas formas, por meio de Decreto (Decreto expropriatório, nos moldes definidos pelo art. 6º, do Decreto lei 3.365/41) ou mediante a edição de lei de efeitos concretos. Ou seja, pode ser feita tanto por ato do Poder Legislativo como pelo chefe do Poder Executivo dos entes federados. Neste sentido, o art. 8º, do referido decreto define que *"O Poder Legislativo poderá tomar a iniciativa da desapropriação, cumprindo, neste caso, ao Executivo, praticar os atos necessários à sua efetivação"*.

A lei de efeitos concretos deve respeitar o processo legislativo constitucional, razão pela qual é considerada lei, em sentido formal. Ocorre que, em sentido material esta lei se configura verdadeiro ato administrativo, sujeito, inclusive a controle jurisdicional e, podendo ensejar responsabilização do ente público em caso de dano.

Quando o Estado declara a utilidade ou interesse público, o bem continua sendo de propriedade do particular, sujeito, todavia, a algumas restrições definidas na lei. A doutrina afirma que o bem estará, após o ato declaratório de utilidade pública ou interesse social, sujeito à **força expropriatória** do Estado.

Caso o ato declaratório sofra algum vício de ilegalidade, ficará sujeito a controle judicial, além da possibilidade de exercício da autotutela, nos moldes da súmula 473 do Supremo Tribunal Federal[8], independentemente de provocação. Entretanto, não compete ao judiciário efetivar o controle de mérito do ato administrativo, razão pela qual o art. 9º do Decreto Lei 3.365/41 dispõe que *"Ao Poder Judiciário é vedado, no processo de desapropriação, decidir se se verificam ou não os casos de utilidade pública"*.

Essa norma decorre do fato de que a declaração de utilidade pública ou interesse social se reveste da natureza jurídica de ato administrativo discricionário, no qual o ente público deverá analisar a oportunidade e conveniência, dentro dos limites da lei. Nestes termos, José dos Santos Carvalho Filho[9] dispõe que *"A averiguação da conveniência e oportunidade para praticar o ato administrativo declaratório é privativa do administrador público; os parâmetros, portanto, são de caráter administrativo"*.

Para que o decreto que declara a utilidade pública ou interesse social seja regular, deve observar alguns requisitos, apontados pela doutrina majoritária e pela legislação aplicável aos atos administrativos em geral. Dessa forma, são indispensáveis à legalidade do ato, os seguintes elementos:

I. A identificação do bem objeto da desapropriação de forma detalhada, informando as benfeitorias que estão presentes no momento da declaração, o que será importante para a definição do valor indenizatório.

II. Os recursos orçamentários que serão utilizados para satisfação do direito do expropriado, nos moldes determinados pela LC 101/00.

III. O motivo que deu ensejo à prática do ato, apontando o dispositivo legal que justifica a realização da desapropriação. Ressalte-se que a motivação dos atos administrativos é exigida pelo art. 50 da lei 9.784/99, sempre que o ato praticado puder atingir a esfera individual de particulares, restringindo-lhes direitos.

IV. A finalidade do ato de desapropriação, devendo ser informada qual será a destinação do bem após sua incorporação ao patrimônio público. Com efeito, a Administração não pode efetivar a transferência da propriedade sem a definição da utilização pública que será conferida ao bem expropriado.

V. A identificação do sujeito passivo, ou seja, do proprietário do bem móvel ou imóvel objeto do ato expropriatório.

8. Dispõe a referida súmula que *"A administração pode anular seus próprios atos, quando eivados de vícios que os tornam ilegais, porque deles não se originam direitos; ou revogá-los, por motivo de conveniência ou oportunidade, respeitados os direitos adquiridos, e ressalvada, em todos os casos, a apreciação judicial"*.

9. CARVALHO FILHO, José dos Santos. Manual de Direito Administrativo. Rio de Janeiro: Lumen Juris, 23ª ed. 2012.

Efeitos da declaração

Consoante previamente explicitado, a declaração não tem o poder de transferir a propriedade do bem objeto do ato, no entanto, sujeita a propriedade à força expropriatória do Estado, o que enseja alguns efeitos.

Nestes termos, o Poder Público poderá ingressar no bem para fazer avaliações, medições, podendo, inclusive, recorrer, em caso de oposição, ao auxílio de força policial. O poder de penetrar no bem deve ser analisado com cautela e exercido pelo poder público sem excessos, sempre da forma menos gravosa ao proprietário.

Ademais, com a Declaração Expropriatória ocorrerá também a **fixação do estado do bem**. Isto significa que o Poder Público fixa o estado em que o bem se encontra no momento da declaração e, por isso, qualquer melhoria ou construção realizada no bem após a declaração não será abarcada pela indenização. Com efeito, a declaração é um marco a ser utilizado para fins de indenização das benfeitorias.

A lei ressalva as benfeitorias necessárias e úteis; estas últimas, somente se forem autorizadas pelo Estado. Em relação a estas benfeitorias, a indenização será devida, mesmo que executadas após o ato declaratório. Sendo assim, não serão indenizáveis as benfeitorias voluptuárias feitas após a declaração, bem como as benfeitorias úteis não autorizadas.

Neste mesmo sentido, a doutrina e jurisprudência vêm reiterando que construções feitas após a declaração de interesse público não serão indenizadas pelo ente expropriante. Veja-se o que dispõe a Súmula da jurisprudência dominante do Supremo Tribunal Federal:

> Súmula 23: Verificados os pressupostos legais para o licenciamento da obra, não o impede a declaração de utilidade pública para desapropriação do imóvel, mas o valor da obra não se incluirá na indenização, quando a desapropriação for efetivada.

Ressalte-se, entretanto, que o cidadão não pode ficar, por prazo indeterminado, sujeito à força expropriatória do Estado, razão pela qual a legislação prevê um prazo de **caducidade** do ato declaratório. Ultrapassado o referido prazo, ocorre a perda dos efeitos do ato declaratório em razão do decurso do tempo sem que seja efetivada a desapropriação, não se admitindo que o poder público promova a execução desse.

A caducidade é contada a partir da data da expedição do decreto (art. 10 do DL 3.365/41) e o seu prazo varia de acordo com a natureza da declaração expropriatória. Desta forma, a declaração de utilidade ou necessidade pública decai após cinco anos de sua expedição se, neste prazo, não forem iniciados os atos de execução. Por sua vez, a declaração de interesse social decai após dois anos, caso, dentro deste prazo, não se execute o ato.

Sendo assim, o quadro mnemônico abaixo se faz necessário.

PRAZOS DE CADUCIDADE DO ATO DECLARATÓRIO

- desapropriação por necessidade ou utilidade pública: prazo de **5 anos**.
- desapropriação por interesse social (incluídas neste prazo as desapropriações urbana e rural, que também ocorrem por interesse social): **2 anos**.

Decorrido esse prazo, a declaração efetivada não poderá ser executada, haja vista sua retirada pela inércia administrativa. Porém, o Estado poderá realizar nova declaração, em havendo utilidade pública ou interesse social, decorrido o prazo de 1(um) ano, que é definido em lei, como o prazo de carência.

Ressalte-se que, não obstante não haja a previsão deste prazo de carência, na lei 4.132/62, para a declaração de interesse social, neste caso, deve-se aplicar o prazo de um ano definido no Decreto lei 3.365/41.

4.3.2.2. Fase executória

Declarado o interesse na desapropriação, o Estado deverá adotar as providências necessárias à sua efetivação, com a transferência do bem após pagamento do valor justo. Em suma, executar ou promover a desapropriação é pagar o valor da indenização, previamente fixado, efetivando a imissão do poder público na posse do bem.

A execução pode ser feita na via **administrativa**, mediante acordo entre o Poder Público e o proprietário quanto ao valor da indenização. Ou seja, havendo aceitação pelo particular do valor ofertado pelo Estado a título de indenização, a desapropriação é efetivada administrativamente, sem a necessidade de homologação pelo Poder Judiciário.

Nestes casos, o pagamento da indenização será feita previamente à tomada da propriedade, em dinheiro, sem a incidência de precatórios judiciais, haja vista não se tratar de pagamento determinado por decisão judicial.

A execução, na **via judicial**, se dá por meio da **Ação de Desapropriação**, que será proposta pelo Poder Público, sempre que não houver acordo em relação ao *quantum* indenizatório, ou se o ente expropriante não souber quem ostenta a qualidade de proprietário do bem (quando se fará a citação por edital). Analise-se o procedimento judicial.

4.4. Ação de desapropriação

A ação segue rito especial, nos moldes determinados pelo Decreto-Lei 3.365/41, que define como deve proceder a ação judicial para tomada do bem por motivo de utilidade e necessidade pública ou por motivo de interesse social.

A ação, quando a União for autora, será proposta no Distrito Federal ou no foro da Capital do Estado onde for domiciliado o réu; sendo outro o autor, no foro da situação dos bens. A petição inicial, deverá obedecer a todos os requisitos previstos no Código de Processo Civil, contendo, ainda, a oferta do preço, devendo ser instruída com um exemplar do contrato, ou do jornal oficial que houver publicado o decreto de desapropriação, ou cópia autenticada dos mesmos, e a planta ou descrição dos bens e suas confrontações.

Ademais, após despachar a inicial, o juiz designará um perito de sua livre escolha, sempre que possível, técnico, para proceder à avaliação dos bens, sendo garantido ao autor e ao réu a indicação de assistente técnico do perito.

Posteriormente, deverá ser determinada a citação por mandado na pessoa do proprietário dos bens, salvo se o réu não for conhecido, ou estiver em lugar ignorado, incerto ou inacessível, ou, ainda, no estrangeiro, mediante certificação de dois oficiais do juízo, quando, então, a citação será feita por edital.

Efetivada a citação, o réu terá o prazo de quinze dias, conforme lei processual, para apresentação de defesa, a qual, no mérito, apenas pode versar acerca do valor indenizatório (art. 20 do DL 3.365). Vícios processuais também poderão ser analisados como matéria da contestação. Dessa forma, não se admite nenhuma outra matéria de defesa, no bojo da ação de desapropriação, além das estipuladas em lei, seja a alegação de nulidade ou vício formal do ato de desapropriação.

Ocorrendo vício de legalidade no ato de desapropriação, o judiciário poderá analisar, porém não no bojo da Ação de Desapropriação, mas sim em uma ação autônoma. Em outros termos, qualquer discussão de mérito que não diga respeito ao valor da indenização será discutida por meio de **ação direta**. Ressalte-se que o juízo da desapropriação é prevento para julgamento desta ação direta que deverá ser distribuída por dependência à ação principal, na qual se discute o valor indenizatório pela aquisição de bem.

Caso o particular concorde com o valor ofertado pelo ente público, no bojo da ação proposta, o juiz deverá homologar o acordo por sentença, no despacho saneador. Caso contrário, o perito deve apresentar o laudo em cartório, até cinco dias antes da data marcada para a audiência de instrução de julgamento, sendo admitido ao perito requerer prazo maior para apresentação deste laudo, desde que o requerimento seja feito antes do despacho saneador.

A audiência seguirá as regras definidas na lei processual e, ao final, o juiz proferirá a sentença, definindo qual o valor indenizatório justo pela desapropriação a ser efetivada. O juiz indicará na sentença os fatos que motivaram o seu convencimento e deverá atender, especialmente, à estimação dos bens para efeitos fiscais; ao preço de aquisição e interesse que deles aufere o proprietário; à sua situação, estado de conservação e segurança; ao valor venal dos da mesma espécie, nos últimos cinco anos, e à valorização ou depreciação de área remanescente, pertencente ao réu.

Da sentença que fixar o preço da indenização caberá apelação, no prazo de quinze dias, com efeito meramente devolutivo, quando interposta pelo expropriado, e com ambos os efeitos, quando o for pelo expropriante.

→ *Imissão provisória na posse*

Como na Ação de Desapropriação, a matéria discutida se restringe ao valor da indenização, e se o resultado da ação for favorável ao particular, ter-lhe-á sido estipulado um valor indenizatório superior àquele ofertado pelo Estado, não sendo possível que se determine a não transferência da propriedade ao ente estatal.

Em virtude desta situação, a lei permite que o ente expropriante tenha a posse provisória do bem antes de finalizada a Ação de Desapropriação. Para tanto, o Estado precisa alegar a urgência da imissão e, posteriormente, deve depositar o valor que julgar justo. De fato, são requisitos para a imissão provisória na posse:

- **Declaração de urgência** por parte do expropriante, o que poderá ser feito, inclusive, no ato declaratório de utilidade pública ou interesse social.
- **Depósito do valor** incontroverso da indenização, em juízo, como forma de garantia de pagamento mínimo. Nestes termos, o Decreto-Lei define que o depósito será do preço oferecido pelo ente público, se este for superior a 20 (vinte) vezes o valor locativo, caso o imóvel esteja sujeito ao imposto predial; da quantia correspondente a 20 (vinte) vezes o valor locativo, estando o imóvel sujeito ao imposto predial e caso o preço oferecido seja menor; do valor cadastral do imóvel, para fins de lançamento do imposto territorial, urbano ou rural, caso o referido valor tenha sido atualizado no ano fiscal imediatamente anterior e não tendo havido a referida atualização, o juiz fixará independente de avaliação, a importância do depósito, tendo em vista a época em que houver sido fixado originalmente o valor cadastral e a valorização ou desvalorização posterior do imóvel.

Ressalte-se que, declarada a urgência, o Estado terá o prazo de 120 dias para requerer ao juízo a imissão provisória, fazendo o depósito do valor incontroverso em juízo, sob pena de decair a declaração de urgência. Esta declaração de urgência, se perdido o prazo, não pode ser renovada, por sua própria natureza.

Realizada a imissão provisória, por determinação judicial, deverá ser registrada no registro de imóveis competente e o proprietário do bem tem direito de levantar parte do valor depositado pelo Estado. Com efeito, em virtude da perda da posse, o réu poderá levantar, mediante alvará judicial, o equivalente a até 80% do depósito, ainda que discorde do valor ofertado. O valor restante garantirá o juízo e poderá ser levantado somente com a sentença. O levantamento do preço será deferido mediante prova de propriedade, de quitação de dívidas fiscais que recaiam sobre o bem expropriado, e publicação de editais, com o prazo de 10 dias, para conhecimento de terceiros.

Entende-se que, caso o expropriado levante a integralidade do depósito (ao invés de levantar somente 80%), presume-se que o valor depositado foi aceito e o juiz homologará o acordo, por sentença, não havendo mais a possibilidade de se questionar o pagamento.

Ressalte-se que, com a imissão provisória na posse do bem, o proprietário fica impedido de usufruir da sua propriedade, excluindo-se também a obrigação de pagamentos de tributos referentes ao bem, como o Imposto Predial e Territorial Urbano - IPTU[10].

Caso o poder público desista da desapropriação, em tendo havido imissão provisória na posse do bem, deverá haver reparação por quaisquer danos causados no imóvel. Neste sentido, já se manifestou o Supremo Tribunal Federal:

10. Neste sentido, alguns julgados do Superior Tribunal de Justiça, como o REsp 1.111.364/SP / Dje 03/09/2009.

EMENTA: RECURSO EXTRAORDINÁRIO. IMÓVEL TOMBADO PELA UNIÃO. DESAPROPRIAÇÃO DO MESMO BEM PELO MUNICÍPIO, COM IMISSÃO PROVISÓRIA NA POSSE. DESISTÊNCIA DA AÇÃO DE DESAPROPRIAÇÃO. RESPONSABILIDADE PELOS DANOS CAUSADOS. Valendo-se o município da vertente mais larga de proteção do patrimônio cultural - a desapropriação, com imissão provisória na posse - cumpre-lhe o dever de reparar eventuais danos causados no imóvel.

RE 168917 / RJ - RIO DE JANEIRO

RECURSO EXTRAORDINÁRIO

Relator(a): Min. FRANCISCO REZEK

Julgamento: 19/12/1996

→ *Sentença*

Consoante explicitado previamente, o juiz, em sentença devidamente motivada, estabelecerá a indenização justa devida pelo poder público ao expropriado. Ocorre que, caso o valor determinado pela sentença seja maior do que o valor depositado, a diferença deverá ser paga pelo ente estatal. Neste caso, o valor acrescido na sentença, em relação ao anteriormente depositado, resulta de decisão judicial e, como tal, será pago, respeitando a ordem cronológica de pagamento de precatório nos moldes definidos pelo art. 100, da Constituição Federal.

Neste sentido, para evitar prejuízos ao particular expropriado, em razão da demora no cumprimento da ordem judicial, sobre os valores de indenização incidirão algumas parcelas acessórias, a saber, a correção monetária, os juros compensatórios e juros moratórios e os honorários advocatícios. Cada um deles será analisado separadamente.

4.5. Correção monetária

Trata-se de atualização da moeda, como forma de evitar que a inflação do período enseje a corrosão do valor efetivamente pago, reduzindo, de fato a indenização justa. Deve ser calculada desde o momento da avaliação efetivada pelo perito designado pelo juízo, como forma de se evitar a diminuição do valor a ser pago. O art. 26, §2º do Decreto-lei 3.365/41 define que a correção deve ser determinada pelo magistrado. Ressalte-se que o texto constitucional garante o direito à correção a partir do trânsito em julgado da sentença, o que não impede a incidência deste índice anteriormente a esta data.

Ademais, a correção incidirá sobre o valor que não foi levantado pelo particular, sendo que o Art. 100, § 12º da CRFB, determina que na correção seja utilizado o índice oficial de remuneração básica utilizado para a caderneta de poupança.

O Supremo Tribunal Federal, tratando do tema, considerou inconstitucional o dispositivo inserido por meio de Emenda à Constituição, no tocante à expressão "índice oficial de remuneração básica da caderneta de poupança", por ficar entendido que ele não é suficiente para recompor as perdas inflacionárias, conforme disposto na ADI-4425, cujo trecho segue transcrito, *in verbis*:

> "Declarou-se, ainda, a inconstitucionalidade parcial do **§ 12** do **art. 100** da CF ("A partir da promulgação desta Emenda Constitucional, a atualização de valores requisitórios, após sua expedição, até o efetivo pagamento, independentemente de sua natureza, será feita pelo índice oficial de remuneração básica da caderneta de poupança, e para fins de compensação da mora, incidirão juros simples no mesmo percentual de juros incidentes sobre a caderneta de poupança,

> ficando excluída a incidência de juros compensatórios"), no que diz respeito à expressão "índice oficial de remuneração básica da caderneta de poupança", bem como do inciso II do § 1º e do § 16, ambos do art. 97 do ADCT. Realçou-se que essa atualização monetária dos débitos inscritos em precatório deveria corresponder ao índice de desvalorização da moeda, no fim de certo período, e que esta Corte já consagrara não estar refletida, no índice estabelecido na emenda questionada, a perda de poder aquisitivo da moeda. Dessa maneira, afirmou-se a afronta à garantia da coisa julgada e, reflexamente, ao postulado da separação dos Poderes."

Dessa forma, a correção deve ser guiada por índices oficiais que retratem a inflação do período, não sendo suficiente a aplicação do índice de correção utilizado para fins de atualização da caderneta de poupança.

4.6. Juros compensatórios

Este pagamento acessório é feito com a intenção de compensar o expropriado pelo fato de ter perdido a posse do bem antes de receber a indenização justa. Com efeito, caso haja a imissão provisória na posse, por exemplo, o particular deixa de usufruir do bem, levantando somente 80% do valor que o ente estatal considerava devido.

O restante do valor será pago posteriormente à decisão do juízo, sendo que o valor determinado pelo magistrado, além do valor depositado ainda deverá seguir a ordem cronológica de pagamento de precatórios.

Assim, supondo que o ente estatal efetivou o depósito de cem mil reais para a imissão provisória na posse do bem, o particular levantou o valor de oitenta mil, em razão da perda da posse. Ao final do processo, a sentença, com trânsito em julgado, determinou que o valor justo a ser pago deveria ser de duzentos mil. Neste caso, os juros compensatórios deverão incidir sobre cento e vinte mil que corresponde a tudo aquilo que não estava disponível para o réu, no momento da perda da posse.

Ademais, os juros compensatórios começam a incidir a partir do momento em que o particular perde a posse do bem, *in casu*, a partir da data de imissão provisória na posse efetivada pelo ente estatal. O percentual de juros é de 12% ao ano, conforme entendimento sumulado do Supremo Tribunal Federal[11]. Ocorre que a matéria enseja algumas discussões analisadas a seguir.

O Decreto-Lei 3.365/41, originariamente, definia o pagamento de juros compensatórios no valor de 12% ao ano. Posteriormente, o diploma foi alterado pela Medida Provisória 1.577/97, convertida na Medida Provisória 2.183/01, que incluiu o art. 15-A no Decreto-Lei, dispondo a incidência de juros compensatórios no valor de 6% ao ano.

A matéria sofreu algumas críticas doutrinárias e jurisprudenciais, sendo objeto de controle de constitucionalidade, por meio da ADI n. 2332-2 que suspendeu, em sede liminar, a determinação de que os juros fossem pagos no valor de até 6% ao ano, reafirmando o entendimento já trazido pela súmula 618 do Supremo Tribunal Federal. Como a decisão não tem caráter retroativo, a aplicação dos juros compensatórios no valor de 6% ao ano deve ser mantida para os pagamentos feitos entre 11/06/97 e 13/09/2001, a partir de quando volta a incidir a regra que determina a incidência da parcela no percentual de 12% ao ano.

11. A Súmula 618 do Supremo Tribunal Federal dispõe que *"Na desapropriação, direta ou indireta, a taxa dos juros compensatórios é de 12% (doze por cento) ao ano"*.

Neste sentido, o Superior Tribunal de Justiça editou a Súmula 408, dispondo que *"Nas ações de desapropriação, os juros compensatórios incidentes após a Medida Provisória n. 1.577, de 11/06/1997, devem ser fixados em 6% ao ano até 13/09/2001 e, a partir de então, em 12% ao ano, na forma da Súmula n. 618 do Supremo Tribunal Federal".*

Ademais, a Corte firmou o entendimento de que os juros compensatórios devem ser pagos mesmo quando a desapropriação recair sobre propriedades improdutivas, haja vista ter como motivo a perda da posse antes do recebimento do valor de indenização efetivamente devido, bastando, para isso, que a área seja suscetível de produção.

Apontando para este entendimento, cumpre transcrever um trecho do Resp 1.165.988/AC, proferido em 23/11/2010, no qual o Superior Tribunal de Justiça, analisando a matéria, definiu que *"Os juros compensatórios são devidos mesmo quando o imóvel desapropriado for improdutivo, justificando-se a imposição pela frustração da "expectativa de renda", considerando a possibilidade do imóvel "ser aproveitado a qualquer momento de forma racional e adequada, ou até ser vendido com o recebimento do seu valor à vista".*

4.7. Juros moratórios

Os juros de mora são devidos em razão da demora no cumprimento da decisão judicial com o efetivo pagamento por parte do Estado. Originariamente, a Súmula 70 do Superior Tribunal de Justiça determinava que estes juros começassem a incidir a partir do trânsito em julgado da decisão que julgou a ação expropriatória. Ocorre que este entendimento foi alterado pela edição da Medida Provisória 1.577/97 que inseriu, no Decreto-lei 3.365/41, o art. 15-B.

Em virtude da alteração do dispositivo, a legislação passou a determinar que os juros moratórios começam a incidir a partir de 1º de janeiro do ano seguinte àquele em que o precatório deveria ter sido pago, não incidindo durante o prazo constitucional para pagamento de precatórios judiciais, nos moldes da Constituição..

Este entendimento é, inclusive, reafirmado pela Súmula vinculante n. 17 do Supremo Tribunal Federal[12]. A Corte determinou, em reiterados julgados, que esta regra deve-se aplicar às desapropriações que estavam em curso, quando da edição da Medida Provisória. O entendimento se baseia no fato de que, caso o ente estatal efetive o pagamento dentro do prazo estabelecido pela Carta Magna, não se pode reconhecer sua mora, não sendo lícita a cobrança desta espécie de juros.

Os juros de mora incidem no percentual de 6% ao ano, de acordo com o art. 15-B do Decreto-lei 3.365/41 e incidem sobre aquele valor que o proprietário do bem não levanta automaticamente, com a decisão final do processo.

→ *Cumulação de juros*

Durante muito tempo a doutrina e a jurisprudência discutiram acerca da possibilidade de acumulação dos juros compensatórios e moratórios em um mesmo processo. Ressalte-se

12. A referida súmula determina que não deve haver a incidência de juros moratórios dentro do prazo constitucional para pagamento de precatórios, ao definir que *"Durante o período previsto no parágrafo 1º do artigo 100 da Constituição, não incidem juros de mora sobre os precatórios que nele sejam pagos".*

que a acumulação não é a possibilidade de incidência de ambos, na mesma ação, mas sim a admissibilidade de incidência em juros compostos. Em outras palavras, admitir a acumulação significa aceitar a incidência de juros sobre juros.

Com a intenção de resolver a celeuma, foi editada a Súmula 12, do Superior Tribunal de Justiça, na qual a corte definiu que *"Em desapropriação, são cumuláveis juros compensatórios e moratórios"*. Dessa forma, passou-se a admitir que, para fins de cálculo dos juros moratórios, fosse considerado o valor da indenização já majorado pela incidência dos juros compensatórios.

Ocorre que, posteriormente, o STJ reviu este posicionamento ao admitir que, não obstante os juros incidam em um mesmo processo, eles têm projeções em momentos diferentes, não havendo aplicação de ambos simultaneamente. Com efeito, os juros compensatórios incidem a partir da imissão provisória na posse até a sentença; e os juros de mora somente começarão a incidir, neste mesmo processo, depois de transcorrido o prazo constitucional para pagamento de precatórios.

Neste sentido, colaciona-se trecho de julgado do Superior Tribunal de Justiça acerca do tema:

> Ao julgar o REsp 1.111.829/SP, DJe de 25/05/2009, sob o regime do art. 543-C do CPC, a 1ª Seção do STJ considerou que os juros compensatórios, em desapropriação, são devidos no percentual de 12% ao ano, nos termos da Súmula 618/STF, exceto no período compreendido entre 11.06.1997 , até 13.09.2001. Considerada a especial eficácia vinculativa desse julgado , impõe-se sua aplicação,(início da vigência da Medida Provisória 1.577, que reduziu essa taxa para 6% ao ano) nos mesmos termo (data em que foi publicada decisão liminar do STF na ADIn 2.332/DF, suspendendo a eficácia da expressão"de até seis por cento ao ano", do caput do art. 15-A do Decreto-lei 3.365/41, introduzido pela mesma MP) s, aos casos análogos.(CPC, art. 543-C, § 7º) A matéria está, ademais, sumulada pelo STJ (Súmula 408).
>
> 3. Segundo jurisprudência assentada por ambas as Turmas da 1ª Seção, os juros compensatórios, em desapropriação, somente incidem até a data da expedição do precatório original. Tal entendimento está agora também confirmado pelo § 12 do art. 100 da CF, com a redação dada pela EC 62/09. **Sendo assim, não ocorre, no atual quadro normativo, hipótese de cumulação de juros moratórios e juros compensatórios, eis que se tratam de encargos que incidem em períodos diferentes: os juros compensatórios têm incidência até a data da expedição de precatório, enquanto que os moratórios somente incidirão se o precatório expedido não for pago no prazo constitucional.** RECURSO ESPECIAL N. 1.113.343 - SC (2008/0276406-4). DJe 14/06/2010.

Dessa forma, consoante entendimento mais recente do Superior Tribunal de Justiça, não se admite a cumulação dos juros moratórios e compensatórios, ainda que ambos estejam incidindo no bojo da mesma ação de desapropriação, haja vista a incidência em fases diversas do feito.

4.8. Honorários advocatícios

Os honorários a serem pagos pela parte sucumbente na ação de desapropriação deverão incidir sobre o valor fixado na sentença menos o valor depositado pelo ente estatal para fins de imissão provisória na posse, que é efetivamente, o valor da sucumbência. Ressalte-se que a regra difere das demais ações judiciais em que os honorários incidem sobre o valor total da condenação, haja vista o entendimento legal de que o advogado contribuiu, de fato, para o recebimento deste valor excedente determinado pela sentença, somente.

Reiterando o entendimento, o Supremo Tribunal Federal editou a Súmula 617, dispondo que *"a base de cálculo dos honorários de advogado em desapropriação é a diferença entre a oferta e a indenização, corrigidas ambas monetariamente"*.

Ademais, também não se aplica a norma geral definida na legislação processual no que tange ao valor da parcela. Com efeito, o montante a ser pago a título de honorários pode variar entre 0,5% e 5% do valor da sucumbência, não se aplicando a determinação do Código de Processo Civil, o qual define percentual de até 20% sobre o valor da condenação.

Nestes termos, o art. 27, §1º, do decreto-lei 3.365/41 define, acerca do tema, que *"A sentença que fixar o valor da indenização quando este for superior ao preço oferecido condenará o desapropriante a pagar honorários do advogado, que serão fixados entre meio e cinco por cento do valor da diferença, observado o disposto no § 4º do art. 20 do Código de Processo Civil, não podendo os honorários ultrapassar R$ 151.000,00 (cento e cinqüenta e um mil reais)"*.

O dispositivo foi objeto de controle judicial de constitucionalidade, por meio da ADI 2.332-2, a qual determinou a suspensão da eficácia de sua parte final. Sendo assim, em virtude da decisão referida, não há limite de valor estipulado como teto de honorários na ação de desapropriação, sendo inaplicável a norma que determina que os honorários não poderão ultrapassar o valor de R$ 151.000,00 (cento e cinquenta e um mil reais).

Os honorários devem tomar como base o trabalho desenvolvido pelo advogado da parte vencedora, sendo atribuição do magistrado da causa, dentro dos limites estipulados pela legislação, definir o percentual a ser fixado. Em havendo sucumbência recíproca, deverá ser feita a compensação de honorários. Inclusive, acerca do tema, já se manifestou o Superior Tribunal de Justiça, por meio da Súmula 306, a qual determina que *"Os honorários advocatícios devem ser compensados quando houver sucumbência recíproca, assegurado o direito autônomo do advogado à execução do saldo sem excluir a legitimidade da própria parte"*.

4.9. Ação de desapropriação rural

A desapropriação especial rural, regulamentada pelo art. 184 da Constituição Federal é cabível sempre que o imóvel não esteja cumprindo a função social definida pela própria Carta Magna, para fins de reforma agrária, mediante o pagamento de indenização em títulos da dívida agrária, resgatáveis em até vinte anos.

Este espécie de desapropriação segue um procedimento judicial diferenciado para que haja a transferência da propriedade. Com efeito, a Lei Complementar 76/93, alterada pela Lei Complementar 88/96 define que a ação expropriatória, nestes casos, é de competência exclusiva da União, tramitando na Justiça Federal, inclusive no caso de férias forenses, devendo ser precedida de decreto declarando o imóvel de interesse social, para fins de reforma agrária. Ressalte-se ser indispensável que a ação tenha sido proposta em, no máximo dois anos, contados do ato declaratório, sob pena de caducidade.

A lei ainda prevê que, caso seja intentada a desapropriação parcial, o proprietário poderá requerer, na contestação, a desapropriação de todo o imóvel, quando a área remanescente ficar reduzida a superfície inferior à da pequena propriedade rural; ou prejudicada substancialmente em suas condições de exploração econômica, caso seja o seu valor inferior ao da parte desapropriada. Trata-se de hipótese de direito de extensão da desapropriação, que será analisado em tópico seguinte, de forma mais completa.

A petição inicial deverá conter os requisitos previstos no art. 319 do Código de processo Civil, contendo, ainda, a oferta do preço e será instruída com o texto do decreto declaratório de interesse social para fins de Reforma Agrária, publicado no Diário Oficial da União, as certidões atualizadas de domínio e de ônus real do imóvel, o documento cadastral do imóvel, o comprovante de lançamento dos Títulos da Dívida Agrária correspondente ao valor ofertado para pagamento de terra nua e comprovante de depósito em banco oficial, ou outro estabelecimento, no caso de inexistência de agência na localidade, à disposição do juízo, correspondente ao valor ofertado para pagamento das benfeitorias úteis e necessárias, haja vista a determinação constitucional de que a indenização destas benfeitorias deverá ser feita em dinheiro.

Ademais, a petição ainda deverá ser instruída com o laudo de vistoria e avaliação administrativa, que conterá, necessariamente a descrição do imóvel, por meio de suas plantas geral e de situação, e memorial descritivo da área objeto da ação, a relação das benfeitorias úteis, necessárias e voluptuárias, das culturas e pastos naturais e artificiais, da cobertura florestal, seja natural ou decorrente de florestamento ou reflorestamento, e dos semoventes e os valores de avaliação da terra nua e das benfeitorias indenizáveis, de forma discriminada.

O juiz deverá despachar a petição inicial de plano ou no prazo máximo de quarenta e oito horas, podendo imitir o expropriante na posse do bem. No despacho, o magistrado deverá determinar a citação do expropriando para contestar o pedido e indicar assistente técnico, se tiver interesse e expedir mandado ordenando a averbação do ajuizamento da ação no registro do imóvel expropriando, para conhecimento de terceiros. É importante salientar, ainda, que a lei determina a participação do Ministério Público, que deverá atuar no feito como fiscal da lei.

O magistrado também deve, com o objetivo de fixar a prévia e justa indenização, promover audiência de conciliação, que será realizada nos dez primeiros dias a contar da citação, e na qual deverão estar presentes o autor, o réu e o Ministério Público. As partes ou seus representantes legais serão intimados via postal. A audiência de conciliação não suspende ou interrompe o curso do processo. Ademais, quando houver acordo, será lavrado, em audiência, o termo assinado pelas partes e pelo representante do *parquet*, sendo que, uma vez integralizado o valor acordado, nos dez dias úteis subsequentes ao pactuado, o Juiz expedirá mandado ao registro imobiliário, determinando a matrícula do bem expropriado em nome do expropriante.

A citação deve ser feita na pessoa do proprietário do bem, salvo em casos de falecimento, quando, então, a citação deverá ser realizada na pessoa do inventariante. Não havendo inventariante, deve-se citar o cônjuge sobrevivente ou qualquer herdeiro ou legatário que esteja na posse do bem. Caso se trate de enfiteuse ou aforamento, a citação será feita na pessoa do titular do domínio útil e do domínio direto, salvo quando este último for a União. Não havendo acordo, a contestação deverá ser apresentada no prazo máximo de quinze dias e não pode versar acerca da matéria de interesse social declarado, haja vista se tratar de aspectos de mérito administrativo, não admitindo discussão jurisdicional. Feita a ressalva devida, não há qualquer outra restrição à matéria de defesa a ser apresentada pelo Réu.

Após o recebimento da contestação, o juiz, se for o caso, determinará a realização de prova pericial, adstrita a pontos impugnados do laudo de vistoria administrativa e, simultaneamente, designará o perito do juízo, formulará os quesitos que julgar necessários, intimará o perito e os assistentes para prestar compromisso, no prazo de cinco dias, assim como realizará a intimação das partes para apresentar quesitos, no prazo de dez dias. Não se admite que a prova pericial exceda sessenta dias, contado da data do compromisso do perito.

Concluída a perícia, será determinada a audiência de instrução e julgamento no prazo máximo de quinze dias, devendo, na mesma, ser proferida a sentença judicial ou, nos trinta dias subsequentes. Na decisão final, o juiz individualizará o valor do imóvel, de suas benfeitorias e dos demais componentes do valor da indenização, admitindo-se a interposição de recurso de apelação com efeito simplesmente devolutivo, quando interposta pelo expropriado e, em ambos os efeitos, quando interposta pelo expropriante. Ademais, a sentença que condenar o expropriante, em quantia superior a cinquenta por cento sobre o valor oferecido na inicial, fica sujeita a duplo grau de jurisdição.

Ademais, uma vez proferida a sentença judicial, o valor da indenização, estabelecido pelo juízo, deverá ser depositado pelo expropriante em dinheiro, para as benfeitorias úteis e necessárias, inclusive culturas e pastagens artificiais e, em Títulos da Dívida Agrária, para a terra nua, sendo que em caso de reforma de sentença, com o aumento do valor da indenização, o expropriante será intimado a depositar a diferença, no prazo de quinze dias.

Ademais, no que tange aos honorários advocatícios, aplica-se o percentual máximo de vinte por cento entre o preço oferecido e o valor da indenização, devendo ser fixado pelo juiz, de acordo com a complexidade do caso. Trata-se de decisão judicial que deve tomar por base o efetivo esforço do advogado para estabelecer um valor justo a título de pagamento.

Por fim, a legislação determina que as ações concernentes à desapropriação de imóvel rural, por interesse social, para fins de reforma agrária, têm caráter preferencial e prejudicial em relação a outras ações referentes ao imóvel expropriando, e independem do pagamento de preparo ou de emolumentos, tornando inclusive prevento o juízo para análise de qualquer ação que tenha por objeto o bem expropriando, a qual deverá ser distribuída, por dependência, à Vara Federal onde tiver curso a ação de desapropriação, determinando-se a pronta intervenção da União.

4.10. Desapropriações diferenciadas

O código civil prevê a desapropriação que pode ser realizada por particulares, contrariando as normas gerais aprendidas acerca de desapropriação. Ademais, a doutrina e a legislação tratam acerca da desapropriação indireta que configura esbulho do poder público em bens particulares com a devida utilização do bem no interesse público. Analise-se cada uma das hipóteses.

4.10.1. Desapropriação privada

Consoante explicitado alhures, a desapropriação é ato administrativo inerente à atuação do Estado, tendo como base as prerrogativas estatais decorrentes da supremacia do interesse público. No entanto, o Código Civil de 2002 criou um novo instituto, no qual se determina a transferência compulsória de bem privado a outros particulares, sem a intervenção estatal.

Trata-se de instituto que deve ser analisado à luz do direito privado, não configurando uma forma de intervenção do estado na propriedade privada. Com efeito, dispõe o Código Civil, em seu art. 1228, §4º que se admite a desapropriação de bens privados, quando se tratar de imóvel de extensa área, na posse ininterrupta e de boa fé, por mais de cinco anos, de considerável número de pessoas, desde que elas tenham realizado, isoladamente ou em conjunto, obras e serviços de relevante interesse social e econômico.

Deverá ser proposta ação expropriatória, na qual o magistrado definirá o valor indenizatório justo, valendo a sentença como justo título para fins de registro no Cartório de Registros do Imóvel, o que enseja a transferência da propriedade.

Trata-se de tomada do bem privado com intuito social, tendo base, indiscutivelmente, no princípio da supremacia do interesse público sobre o interesse privado. Não obstante o cunho de interesse supraindividual, o instituto foi criado pelo direito civil e é regulado somente pelo direito privado, não se tratando de matéria a ser analisada pelo Direito Administrativo.

4.10.2. Desapropriação indireta

A desapropriação indireta ocorre nas situações em que o Estado invade o bem privado sem respeitar os procedimentos administrativos e judiciais inerentes à desapropriação. Com efeito, configura verdadeiro esbulho ao direito de propriedade do particular perpetrado pelo ente público, de forma irregular e ilícita. Também é conhecida pela doutrina com a designação de **apossamento administrativo.**

Suponha-se, a título de exemplo, que um determinado particular de uma propriedade no interior do país, ao chegar na cidade, se depara com um logradouro público no local onde se situava seu terreno. Ao analisar o caso, descobre que nenhuma notificação foi expedida e que, simplesmente, o ente estatal penetrou em sua propriedade, dando início à construção de uma escola pública, atualmente, em regular funcionamento.

Nesses casos, dada a destinação pública ao bem, o proprietário não pode mais reverter a situação, buscando o bem para si, restando pleitear o pagamento de justa indenização através da **Ação de Indenização por Desapropriação Indireta**. De fato, o proprietário requer ao juízo que reconheça a desapropriação e defina um valor indenizatório justo, uma vez que a retomada do bem ensejaria um prejuízo à coletividade e violação ao princípio da supremacia do interesse público sobre o interesse privado.

Deve-se ressaltar que a conduta estatal é ilícita e passível de responsabilização, todavia, para garantir a satisfação das necessidades sociais, o particular não poderá reaver o bem invadido, devendo se limitar a pleitear o pagamento de indenização. Ademais, visando resguardar a propriedade que se encontra nas mãos do poder público, o Decreto-lei 3.365/41, em seu art. 35, define que *"Os bens expropriados, uma vez incorporados à Fazenda Pública, não podem ser objeto de reivindicação, ainda que fundada em nulidade do processo de desapropriação. Qualquer ação, julgada procedente, resolver-se-á em perdas e danos"*.

É comum se vislumbrar a desapropriação indireta em situações nas quais o Estado disfarça a retirada do bem, sob a alegação de estar incidindo intervenções restritivas na propriedade.

Isso porque, se a intervenção restritiva impede o uso do bem pelo particular, ela configura verdadeira desapropriação. Nestes casos, é possível que esta desapropriação seja disfarçada de tombamento ou de servidão administrativa. Neste sentido, imagine-se um ato de tombamento que determina que o bem tombado passará a integrar o patrimônio histórico do município expropriante, sujeito à visitação popular, com a exigência de desocupação do bem pelos proprietários, de forma a se garantir a manutenção do patrimônio. Assim, não obstante o ente estatal tenha formalizado o processo de tombamento, em virtude da impossibilidade de utilização do bem pelo particular, ocorreu, de fato, uma desapropriação do imóvel.

A jurisprudência reconhece a desapropriação indireta, apontando três requisitos necessários a sua configuração, quais sejam: o apossamento irregular do bem pelo poder público, a destinação pública deste bem, ou seja, sua afetação ao interesse público, ou pela execução de uma obra ou prestação de determinado serviço e a impossibilidade de se reverter a situação sem ensejar prejuízos aos interesses da coletividade[13].

Desse modo, entende-se que, caso o proprietário presencie o esbulho estatal, ele pode se valer dos institutos processuais cabíveis a impedir esta invasão, tais como o interdito proibitório, em casos de ameaça de esbulho e, até mesmo, a ação de reintegração de posse, nas situações em que o ente estatal já tenha efetivamente esbulhado seu bem. Somente não poderá pleitear o retorno do bem ao seu patrimônio, se este já houver sido utilizado para a execução de atividade pública.

Ademais, caso tenha sido proposta algumas das ações possessórias previstas na legislação civil e, ainda assim, o bem tenha sido incorporado ao patrimônio público com sua afetação às finalidades sociais, a ação poderá ser convertida em ação de indenização por desapropriação indireta ou por apossamento administrativo.

A competência para julgamento do feito, não obstante a controvérsia doutrinária, deve ser considerada como o local da situação do imóvel. Com efeito, trata-se de ação decorrente de direito real, a despeito de ter como objeto o requerimento de indenização, tão somente, sendo aplicável, portanto, o art. 47 do Código de Processo Civil.

Importa ressaltar que o tema de competência em relação a bens imóveis não sofre competência com a redação do novo CPC.

O grande problema que se encontra na desapropriação indireta é a inversão das normas postas na constituição para o apossamento estatal. De fato, define o art. 5º, XXIV, da Carta Magna que, primeiramente, será garantido o pagamento da indenização justa para, somente, então, haver a tomada da propriedade pelo Estado. Na desapropriação indireta a situação é invertida, haja vista a invasão do bem ser anterior à determinação do valor indenizatório ao particular esbulhado.

Portanto, nestes casos, a ação deverá ser proposta pelo proprietário que está sendo prejudicado pela perda da posse indevidamente e a indenização fixada pelo juiz será paga por meio de precatório, por se tratar de pagamento determinado por decisão jurisdicional, nos moldes do art. 100 da Constituição da República.

13. Neste sentido, podem-se verificar alguns julgados do Superior Tribunal de Justiça, tal como o EREsp 922.786/SC, julgado em 09/09/09.

Assim, os juros compensatórios devem começar a incidir a partir do esbulho perpetrado pelo Estado e incidirá sobre todo o valor do bem, haja vista o não pagamento de qualquer indenização prévia. Da mesma forma, serão devidos os juros moratórios, no percentual de 6% ao ano, consoante disposto no art. 15-B do Decreto-Lei 3.365/41, a partir de janeiro do ano seguinte à data de pagamento do precatório expedido.

Por fim, o prazo de prescrição para a propositura da ação de desapropriação indireta enseja algumas discussões doutrinárias e jurisprudenciais. Com efeito, dispõe o art. 10, parágrafo único do Decreto-Lei 3.365/41 define que *"Extingue-se em cinco anos o direito de propor ação que vise a indenização por restrições decorrentes de atos do Poder Público"*.

Este prazo se aplica tão somente em relação a atos administrativo praticados pelo Estado que ensejem restrições a direitos dos particulares. Observe-se que a desapropriação indireta não decorre de qualquer ato administrativo, mas sim de uma situação fática na qual o ente público invade o bem privado sem a prática de qualquer conduta, pelo que não se admite a aplicação do texto legal. Ressalta-se, ainda, o fato de que o texto originário foi modificado em razão de veto presidencial que retirou do dispositivo a inclusão da desapropriação indireta.

Dessa forma, o Superior Tribunal de Justiça, para regulamentar o tema, editou, em 1998, a súmula 119 fixando o prazo de 20 (vinte) anos para prescrição destas ações[14]. Ocorre que esta súmula é contemporânea ao Código Civil de 1916, quando era de 20(vinte) anos o prazo de usucapião extraordinária. Ou seja, a súmula considerava que, após o decurso deste prazo, se o ente estatal estivesse na posse do bem sem qualquer oposição do particular, estaria configurada a usucapião do bem, com a transferência da propriedade, não se tratando de espécie expropriatória.

Atualmente, não se aplica a súmula 119, em sua literalidade, mas o raciocínio aplicado a ela continua vigendo, qual seja a coincidência entre o prazo para a usucapião do bem e a prescrição na ação de desapropriação indireta.

Com efeito, o Código Civil vigente, em seu art. 1238, define que o prazo para a usucapião extraordinária se configurar é de quinze anos, ou seja, se qualquer pessoa possuir como seu imóvel privado por quinze anos ininterruptos, sem oposição do proprietário, caracterizando-se a posse como mansa e pacífica, haverá a aquisição da propriedade. Logo, é de quinze anos o prazo de prescrição da ação de desapropriação indireta, uma vez que este é o prazo para usucapião extraordinária do Código Civil atual.

Recentemente, o Superior Tribunal de Justiça passou a entender que a usucapião extraordinária não deve ser o parâmetro utilizado, nas situações em que o poder público invade o bem, dando função social à propriedade esbulhada. De fato, nestes casos, a legislação prevê a possibilidade de ocorrência de usucapião ordinária, após dez anos de uso ininterruptos, sem oposição do proprietário. Sendo assim, este será o prazo de prescrição para a propositura da ação de desapropriação indireta. Veja-se o julgado.

> DIREITO ADMINISTRATIVO. PRAZO PRESCRICIONAL NA HIPÓTESE DE PRETENSÃO INDENIZATÓRIA DECORRENTE DE DESAPROPRIAÇÃO INDIRETA. A pretensão indenizatória decorrente de desapropriação indireta prescreve em vinte

14. Dispõe a súmula referida que *"A ação de desapropriação indireta prescreve em vinte anos"*

anos na vigência do CC/1916 e em dez anos na vigência do CC/2002, respeitada a regra de transição prevista no art. 2.028 do CC/2002. De início, cumpre ressaltar que a ação de desapropriação indireta possui natureza real e, enquanto não transcorrido o prazo para aquisição da propriedade por usucapião, ante a impossibilidade de reivindicar a coisa, subsiste a pretensão indenizatória em relação ao preço correspondente ao bem objeto do apossamento administrativo. Com base nessa premissa e com fundamento no art. 550 do CC/1916; dispositivo legal cujo teor prevê prazo de usucapião, o STJ firmou a orientação de que "a ação de desapropriação indireta prescreve em vinte anos" (Súmula 119/STJ). O CC/2002, entretanto, reduziu o prazo da usucapião extraordinária para quinze anos (art. 1.238, caput) e previu a possibilidade de aplicação do prazo de dez anos nos casos em que o possuidor tenha estabelecido no imóvel sua moradia habitual ou realizado obras ou serviços de caráter produtivo. **Assim, considerando que a desapropriação indireta pressupõe a realização de obras pelo poder público ou sua destinação em função da utilidade pública ou do interesse social, com fundamento no atual Código Civil, o prazo prescricional aplicável às desapropriações indiretas passou a ser de dez anos**. REsp 1.300.442-SC, Rel. Min. Herman Benjamin, julgado em 18/6/2013.

4.11. Situações específicas na desapropriação

É cediço que a desapropriação deve ser enxergada excepcionalmente, haja vista ser regra o direito à propriedade. Ocorre que, em algumas situações, o procedimento expropriatório sofre algumas peculiaridades, seja no bojo da desapropriação ,seja na má utilização do bem expropriado. Nestes casos, a legislação e a doutrina criam institutos com a intenção de garantir a regularidade da transferência compulsória de propriedade.

4.11.1. Direito de extensão

Consoante previamente exposto, existe a possibilidade de a desapropriação recair somente sobre parte de um determinado bem privado. De fato, o interesse público pode-se restringir a uma área de terra que não engloba toda a propriedade, devendo, nestes casos, efetivar a desapropriação parcial do terreno.

Ocorre que, nos casos em que o Estado desapropria um bem deixando uma área remanescente inaproveitável, isoladamente, surge ao proprietário o direito de extensão. Nessas situações o poder público deverá desapropriar o bem inteiro e indenizará tudo. Com efeito, em determinados casos, a desapropriação de parte da propriedade esvazia o conteúdo econômico da área que não foi desapropriada, tornando-a inútil, quando analisada de forma separada do restante do terreno. Nestes casos, o particular poderá requerer ao poder público que efetive a desapropriação sobre todo o bem, incluindo a área que não lhe será útil isoladamente, calculando-se a indenização sobre todo o espaço do bem.

O instituto é amplamente aceito pela doutrina e regulado pelo Decreto 4.956/1903. Da mesma forma, no que tange à desapropriação especial rural, o art. 4º, da Lei Complementar 76/93 dispõe que *"Intentada a desapropriação parcial, o proprietário poderá requerer, na contestação, a desapropriação de todo o imóvel, quando a área remanescente ficar: I - reduzida a superfície inferior à da pequena propriedade rural; ou II - prejudicada substancialmente em suas condições de exploração econômica, caso seja o seu valor inferior ao da parte desapropriada"*.

Inclusive, em se tratando de desapropriação de imóvel rural, a jurisprudência vem-se firmando no sentido de que deverá ser considerado inaproveitável qualquer terreno menor que um "módulo fiscal", sem que, nestes casos, seja necessário demonstrar que, efetivamente, não é possível fazer a utilização do imóvel.

Por fim, esse requerimento deverá ser feito pelo particular, na via administrativa, ou, em não sendo possível a realização de acordo, por meio de ação de procedimento comum. Excepcionalmente, a doutrina considera ser admissível o requerimento de direito de extensão em sede de defesa, no bojo da ação de desapropriação, como pedido contraposto da contestação. Trata-se de situação excepcional, considerando-se que, a princípio, a contestação neste tipo de processo está restrita às discussões acerca do valor indenizatório.

4.11.2. Tredestinação e Retrocessão

Inicialmente, cumpre ressaltar ser a desapropriação, antes de mais nada, um ato administrativo como outro qualquer. Dessa forma, assim como toda conduta estatal, deve ser composto por cinco elementos, quais sejam, o sujeito competente, a forma previamente estipulada na lei, o motivo, o objeto, lícito possível e determinado ou, ao menos, determinável e a finalidade definida na legislação que prevê a prática do ato.

No que tange ao elemento finalidade, a doutrina costuma definir que os atos administrativos são expedidos com finalidade genérica, qual seja, o interesse público e uma finalidade específica. A finalidade específica, nestes casos, é o fim para o qual houve a desapropriação, configurado na destinação que o poder público pretende conferir ao objeto da desapropriação.

Sendo assim, caso o bem seja desapropriado para cumprir determinada finalidade definida no próprio decreto expropriatório e, após a realização do procedimento, o poder público decide conferir outra finalidade ao bem, ocorre o que a doutrina designa como tredestinação. Neste sentido, o instituto da tredestinação pode ser conceituado como a alteração de finalidade do objeto expropriado, após a realização do procedimento expropriatório e efetiva transferência do bem para a composição do patrimônio público. Em outras palavras, haverá tredestinação, quando houver desvio de finalidade do ato de desapropriação.

Imagine-se, a título de exemplo, que foi efetivada uma desapropriação com a finalidade declarada de construção de uma escola pública no local. Nestes casos, o ato terá, como finalidade genérica, o interesse público de prestar um serviço que visa à satisfação da sociedade e, como finalidade específica, a construção da escola. Ainda, analisando hipoteticamente, após a execução do ato expropriatório, o poder público, em vista de interesse coletivo devidamente justificado, decidiu alterar o destino do bem, determinando a construção de um hospital público no terreno, para atendimento de pessoas carentes.

Note-se que, neste caso, indiscutivelmente, foi alterada a destinação do bem, estando configurada a ocorrência de desvio de finalidade que, no ato de desapropriação, consoante exposto, recebe o nome de **tredestinação**.

Ocorre que, nas hipóteses em que há a mudança de destinação específica, somente, mantendo-se a finalidade genérica, qual seja a busca do interesse público, a **tredestinação será lícita.** No exemplo anterior, ao invés de construir uma escola, o Poder Público, justificadamente, resolve efetivar a construção de um hospital no terreno construído e, esta conduta, é amparada pelo direito, não havendo qualquer irregularidade a ser apontada.

Por seu turno, em outras situações, o ente estatal deixa de utilizar o bem no interesse social, não dando a ele a finalidade específica para o qual havia sido desapropriado. Nestes casos, em que a expropriação é efetivada e o ente público não dá o aproveitamento adequado à propriedade, ocorre a **Tredestinação** ilícita, também designada pela doutrina como **adestinação**.

Sendo assim, nos casos em que o ente público desapropria o bem, transferindo a propriedade ao patrimônio público, contudo, não garante a sua utilização na busca do interesse público, deixando o bem inaproveitado ou subaproveitado, ocorre desvio de finalidade ilícito, ensejando o surgimento do direito à **retrocessão** do proprietário.

A natureza jurídica do **direito de retrocessão** é bastante controversa, não havendo consenso entre os estudiosos do tema. Isso ocorre porque parte da doutrina entende que o proprietário tem direito a reaver o bem, mesmo que alienado a terceiros, dando ao instituto, caráter de direito real, enquanto o remanescente entende que a situação se resolveria em perdas e danos, a serem exigidas pelo particular expropriado, do ente público expropriante, não sendo possível opor a garantia a terceiros adquirentes do bem, haja vista a natureza de direito pessoal da retrocessão.

Há ainda posicionamento como o da eminente Maria Sylvia di Pietro[15] que defende tratar-se de direito real ou pessoal, definindo a natureza mista do direito de retrocessão, dependendo, nestes casos, da preferência do particular expropriado que poderia optar por reaver o bem ou por requerer a conversão do seu direito em perdas e danos, determinando o pagamento de indenização pelo poder público.

O Código Civil inseriu o direito de retrocessão no capítulo que trata dos direitos pessoais, conforme abaixo transcrito:

> Art. 519. Se a coisa expropriada para fins de necessidade ou utilidade pública, ou por interesse social, não tiver o destino para que se desapropriou, ou não for utilizada em obras ou serviços públicos, caberá ao expropriado direito de preferência, pelo preço atual da coisa.

Por outro lado, a jurisprudência dos tribunais superiores vem-se firmando no sentido de conferir natureza real do direito de retrocessão, garantindo ao particular desapropriado a possibilidade de reaver o bem, mesmo que este já tenha sido alienado a terceiros, em virtude da prerrogativa de sequela, presente nos direitos reais.

> AGRAVO REGIMENTAL EM AGRAVO DE INSTRUMENTO. PROCESSUAL CIVIL. ADMINISTRATIVO. RETROCESSÃO - DESVIO DE FINALIDADE PÚBLICA DE BEM DESAPROPRIADO - DECRETO EXPROPRIATÓRIO. CRIAÇÃO DO TERMINAL RODOVIÁRIO DE CAMPO GRANDE. NÃO EFETIVAÇÃO. BENS DESTINADOS AO ATENDIMENTO DE FINALIDADE PÚBLICA DIVERSA. TREDESTINAÇÃO LÍCITA. INEXISTÊNCIA DE DIREITO À RETROCESSÃO OU À PERDAS E DANOS. IMPOSIÇÃO DE MULTA. ART. 557, § 2º, DO CPC. AUSENTE O INEQUÍVOCO CARÁTER PROTELATÓRIO DO AGRAVO REGIMENTAL. EXCLUSÃO DA MULTA.
>
> 1. A retrocessão é o instituto por meio do qual ao expropriado é lícito pleitear as conseqüências pelo fato de o imóvel não ter sido utilizado para os fins declarados no decreto expropriatório. Nessas hipóteses, a lei permite que a parte, que foi despojada do seu direito de propriedade, possa reivindicá-lo e, diante da impossibilidade de fazê-lo (ad impossibilia nemo tenetur), venha

15. PIETRO, Maria Sylvia Zanello de. Direito Administrativo. São Paulo: Atlas, 21ª ed. 2008.

postular em juízo a reparação pelas perdas e danos sofridos. 2. **A retrocessão constitui-se direito real do ex-proprietário de reaver o bem expropriado, mas não preposto a finalidade pública** (Celso Antônio Bandeira de Mello, Curso de Direito Administrativo, 17ª edição, pg. 784). 3. Precedentes: RESP n. 623.511/RJ, Primeira Turma, deste relator, DJ de 06.06.2005) RESP n. 570.483/MG, Segunda Turma, Rel. Min. Franciulli Netto, DJ de 30.06.2004). 4. Outrossim, o Supremo Tribunal Federal também assentou a natureza real da retrocessão: "DESAPROPRIAÇÃO - Retrocessão - Prescrição - Direito de natureza real - Aplicação do prazo previsto no art. 177 do CC e não do quinquenal do De. 20.910/32 - Termo inicial - Fluência a partir da data da transferência do imóvel ao domínio particular, e não da desistência pelo Poder expropriante." (STF, ERE 104.591/RS, Rel. Min. Djaci Falcão, DJU 10/04/87) 5. Consagrado no Código Civil, o direito de vindicar a coisa, ou as consequentes perdas e danos, forçoso concluir que a lei civil considera esse direito real, tendo em vista que é um sucedâneo do direito à reivindicação em razão da subtração da propriedade e do desvio de finalidade na ação expropriatória. 6. O Supremo Tribunal Federal concluiu que:"Desapropriação. Retrocessão. Alienação do imóvel. Responsabilidade solidária. Perdas e danos. Código Civil, art. 1150 - Transitado em julgado o reconhecimento da impossibilidade de retrocessão do imóvel por já incorporado ao patrimônio público e cedido a terceiros, razoável é o entendimento, em consonância com doutrina e jurisprudência, do cabimento de perdas e danos ao expropriados - Recursos extraordinários não conhecidos."(STF - RE n. 99.571/ES, Rel. Min. Rafael Mayer, DJU de 02/12/83). 7. É cediço na doutrina que o Poder Público não deve desapropriar imóveis sem lhes destinar qualquer finalidade pública ou interesse social, exigência constitucional para legitimar a desapropriação. Com efeito, "não pode haver expropriação por interesse privado de pessoa física ou organização particular" (Hely Lopes Meirelles, Direito Administrativo Brasileiro, p. 576). 8. In casu, o Tribunal a quo com ampla cognição de matéria fático-probatória, cujo reexame é vedado ao E. STJ a teor do disposto na Súmula n. 07/STJ, assentou que, muito embora não cumprida a destinação prevista no decreto expropriatório - criação do Terminal Rodoviário de Campo Grande -, não houve desvio de finalidade haja vista que o interesse público permaneceu resguardado com cessão da área expropriada para fins de criação de uma Unidade Pantaneira de Arte e Cultura Regional. 9. Consectariamente, em não tendo havido o desvio de finalidade, uma vez que, muito embora não efetivada a criação do Terminal Rodoviário de Campo Grande, conforme constante do decreto expropriatório, a área desapropriada for utilizada para o atingimento de outra finalidade pública, não há vício algum que enseje ao particular ação de retrocessão, ou, sequer, o direito a perdas e danos. 10. Precedentes que trataram de matéria idêntica à versada nos presentes autos: RESP n.º 800.108/SP, Rel. Min. Teori Albino Zavascki, DJ de 20.03.2006; RESP n.º 710.065/SP, Rel. Min. José Delgado, DJ de 06.06.2005; RESP n. 847092/SP, Rel. Min. Denise Arruda, DJ. 18.09.2006. 11. A utilização dos recursos previstos em lei não caracteriza, por si só, a litigância de má-fé, sendo necessária a demonstração do dolo em obstar o trâmite regular do processo, carreando prejuízos para a parte adversa. Precedentes desta Corte: REsp 357.157/RJ, 2ª Turma, DJ 13/09/2004;ERESP 210.636/RS, 1ª Seção, DJ 12/03/2003; RESP 418.342/PB, DJ 05/08/2002. 12. Agravo regimental desprovido. AgRg nos EDcl no Ag 1069903 MS 2008/0137295-0 / DJe 06/10/2009

Ressalte-se, ainda, que a retomada do bem somente será possível nas hipóteses em que o ente estatal desapropria o bem privado e não confere a ele qualquer finalidade pública. Com efeito, se o bem for incorporado ao patrimônio público, sendo afetado a uma utilização de caráter social, qualquer ação se resolverá em perdas e danos. Neste sentido, define o art. 35, do Decreto-Lei 3.365/41 que *"Os bens expropriados, uma vez incorporados à Fazenda Pública, não podem ser objeto de reivindicação, ainda que fundada em nulidade do processo de desapropriação. Qualquer ação, julgada procedente, resolver-se-á em perdas e danos"*.

Desse modo, não obstante a controvérsia acerca da matéria, a jurisprudência orienta no sentido de que a propriedade é garantia fundamental e, assim, não poderá ser perdida, por determinação do poder público, fora dos limites definidos na Constituição Federal. Com efeito, a desapropriação é exceção constitucional ao direito de propriedade e somente será admitida se feita por razões de interesse social ou de utilidade pública. Caso contrário, o direito de propriedade deverá prevalecer, incluindo a faculdade inerente ao domínio de reaver o bem nas mãos de quem o detenha injustamente.

O direito de retrocessão, neste sentido, não configura um direito real em si, haja vista o rol destas garantias está no código civil de forma taxativa, mas sim uma faculdade do direito real de propriedade, que se traduz na prerrogativa de reaver o bem que foi possuído injustamente por terceiros.

Acerca do tema, Celso Antônio Bandeira de Mello[16] dispõe que *"não se pode negar ao ex-proprietário o direito de reaver o bem nos casos aludidos, e é isto que se constitui a retrocessão propriamente dita, direito de natureza real"*.

O autor, ainda segundo o entendimento majoritário da doutrina, define que no momento da retrocessão deverá ser feita uma nova avaliação do bem, devendo o particular pagar o valor indenizatório do bem atualizado.

Por se tratar de tema controverso, a matéria de retrocessão costuma ser trazida em provas discursivas de concursos. Neste sentido, a prova do certame para assunção de cargo de Juiz de Direito do Distrito Federal, em 2013 tratou do tema.

► COMO FOI COBRADO NA 2ª FASE DO CONCURSO

(TJ-DF – Juiz de Direito - DF/2013) Em tema de desapropriação, disserte sobre a destinação dos bens expropriados em correlação com o instituto da retrocessão.

4.12. Desapropriação por zona

A desapropriação por zona se efetiva em razão da realização de obra pública, na qual o ente estatal tenha a necessidade de desapropriar, não somente o espaço necessário à construção da obra, mas também a zona vizinha a esta construção. Acerca do tema. O art. 4º, do Decreto-Lei 3.365/41 define que *"A desapropriação poderá abranger a área contígua necessária ao desenvolvimento da obra a que se destina, e as zonas que se valorizarem extraordinariamente, em consequência da realização do serviço. Em qualquer caso, a declaração de utilidade pública deverá compreendê-las, mencionando-se quais as indispensáveis à continuação da obra e as que se destinam à revenda"*.

Ou seja, a desapropriação ocorre em terreno além do necessário para a realização da obra, sendo que a lei exige que o decreto expressamente disponha sobre sua razão, discriminando, inclusive, que parcela da desapropriação é feita para a obra e qual a parcela do terreno em que a desapropriação ocorre por zona.

Pode acontecer:

a) em virtude de uma necessidade pública de posterior extensão da obra, devidamente justificada, como forma de dar celeridade à execução da parte acrescida.

16. MELLO, Celso Antônio Bandeira de. Curso de Direito Administrativo. São Paulo: Malheiros, 26ª ed. 2009.

b) se o Estado entender que haverá uma supervalorização dos terrenos vizinhos, quando então a desapropriação será feita para que o poder público possa, posteriormente à execução da obra, vender os bens expropriados pelo valor já valorizado. Nestes casos, o valor recebido a mais será utilizado com a finalidade de custear os gastos feitos com a execução da obra pública.

Parte da doutrina considera que a desapropriação por zona com a intenção de alienar os bens após a sua valorização se configura como especulação imobiliária, contrária ao texto constitucional. Ademais, para esta parte da doutrina, a Constituição Federal de 1988 criou o tributo de Contribuição de Melhoria justamente para abarcar esses casos, de onde se depreende que o ordenamento jurídico não autoriza a indenização do Estado por outros meios além daquele estabelecido. Dessa forma, o decreto lei 3365/41 não teria sido recepcionado, neste ponto, pela Constituição Federal de 1988 e a desapropriação por zona, somente será possível, a partir dele, nos casos de necessidade de posterior extensão da obra.

Este entendimento não é aceito pela jurisprudência do Supremo Tribunal Federal que determina ser viável a desapropriação por zona em casos nos quais a obra pública enseje uma valorização extraordinária dos bens vizinhos. Em outras palavras, sempre que a obra pública ensejar valorização diferenciada aos prédios vizinhos, permitindo que um determinado imóvel valorize mais do que os outros, a desapropriação por zona é a melhor forma de garantir o pagamento ao poder público. A contribuição de melhoria deverá ser aplicada obrigatoriamente nas situações em que a valorização dos vizinhos for ordinária.

> DESAPROPRIAÇÃO. VALORIZAÇÃO ESPECÍFICA. Cuida-se de REsp derivado de ação indenizatória por desapropriação indireta no qual a autora, ora recorrente, insurge-se, entre outras questões, contra a assertiva do acórdão recorrido de que a valorização de seu imóvel (área remanescente) decorrente da construção de rodovia estadual deveria ser deduzida do valor da indenização. Nesse contexto, mostra-se relevante frisar que a valorização imobiliária que advém de obra ou serviço público pode ser de ordem geral (beneficia indistintamente grupo considerável de administrados) ou especial (apenas um ou alguns identificados ou identificáveis são beneficiados) e a mais-valia divide-se em ordinária (todos os imóveis lindeiros à obra valorizam-se na mesma proporção) ou extraordinária (um ou alguns se valorizam mais que outros sujeitos à mais-valia ordinária). **Na hipótese de valorização geral ordinária, o Poder Público tem em mão o instrumento legal da contribuição de melhoria e, diante da valorização geral extraordinária, tem a desapropriação por zona ou extensiva (art. 4º do DL n. 3.365/1941).** Já na seara da valorização específica e só nela, pode o Estado abatê-la da indenização a ser paga (art. 27 daquele mesmo DL, que deve ser interpretado em consonância com os demais princípios e regras do ordenamento jurídico). Anote-se que a tendência da jurisprudência de vetar o abatimento da mais-valia pelo Estado como regra geral remonta à década de 1950 e visava assegurar que o ônus referente à valorização fosse suportado não só pelo expropriado, mas por todos os beneficiados pelo melhoramento público, além de evitar que o desapropriado ficasse devedor do Poder Público acaso a valorização da parte remanescente fosse maior que o preço da parte desapropriada. Contudo, essa tendência sofreu evolução jurisprudencial a possibilitar a compensação nos casos de valorização específica, diante da impossibilidade de repartir o ônus oriundo da valorização. Disso decorre a jurisprudência do Superior Tribunal de que essa compensação não pode ser feita na desapropriação, com exceção dos casos de comprovada valorização específica ou individual. No caso, é patente a mais-valia da área remanescente em decorrência da construção da rodovia. Todavia, essa se mostra não como especial, mas como genérica, ao atingir os mesmos patamares dos demais imóveis lindeiros. Daí a respectiva mais-valia dever ser cobrada mediante contribuição de melhoria, a invalidar seu abatimento proporcional do valor da indenização, tal qual assentado no acórdão recorrido. Esse entendimento foi firmado por

maioria pela Turma no prosseguimento do julgamento. Precedentes citados: REsp 795.580-SC, DJ 1º/2/2007; REsp 951.533-MG, DJe 5/3/2008, e REsp 831.405-SC, DJ 12/11/2007. REsp 1.092.010-SC, Rel. Min. Castro Meira, julgado em 12/4/2011.

4.13. Desapropriação de domínio útil

O art. 678 do Código Civil de 1916 define que configura a enfiteuse a transferência, por ato *inter vivos* ou *causa mortis*, a particular, o domínio útil de bem imóvel, repassando ao enfiteuta o direito de usar, fruir, dispor e reaver o bem nas mãos de quem injustamente o detenha.

Em outras palavras, com a transferência do domínio útil, todas as faculdades do domínio são passadas ao enfiteuta, restando somente ao proprietário (titular do domínio real) o direito ao pagamento de foro anual e de laudêmio em caso de alienação do domínio útil a terceiros.

O domínio útil de imóvel objeto de aforamento pode ser objeto de disputa entre particulares, admitindo-se a desapropriação envolvendo o domínio útil. Nestes casos, o valor da indenização deverá ser dividido entre o titular do domínio real e o senhorio direto (proprietário do bem).

No que tange ao valor a ser pago pelo expropriante ao titular do domínio real, deve-se aplicar o art. 103, §2º do Decreto-Lei 9.760/46, que dispõe que *"Na consolidação pela União do domínio pleno de terreno que haja concedido em aforamento, deduzir-se-á do valor do mesmo domínio a importância equivalente a 17% (dezessete por cento), correspondente ao valor do domínio direto"*.

Dessa forma, havendo desapropriação de propriedade sujeita a enfiteuse, o titular do domínio útil fará jus a 83% do valor indenizatório, devendo o restante do valor ser pago ao senhorio direto, proprietário do bem.

5. INTERVENÇÕES RESTRITIVAS NA PROPRIEDADE PRIVADA

Consoante previamente explicitado, estas intervenções limitam o exercício do direito de propriedade sem que, contudo, seja transferido o bem ao patrimônio público. Ressalta-se que, caso o poder público, sob a alegação de estar instituindo intervenção restritiva, impeça totalmente o uso do bem pelo proprietário, estará reconhecida a desapropriação indireta.

Estas intervenções se dividem em cinco espécies, a saber, a limitação administrativa, a servidão administrativa, o tombamento, a ocupação temporária e a requisição. Analisemos cada um destes institutos separadamente em respeito às suas peculiaridades.

5.1. Limitação administrativa

Trata-se de restrição de caráter geral, não atingindo um bem especificamente, mas sim todos os proprietários que estiverem na situação descrita na norma. Tratando da matéria, José dos Santos Carvalho Filho[17] leciona que "*limitações administrativas são determinações de*

17. CARVALHO FILHO, José dos Santos. Manual de Direito Administrativo. Rio de Janeiro: Lumen Juris, 23ª ed. 2012.

caráter geral, através das quais o Poder Público impõe a proprietários indeterminados obrigações positivas, negativas ou permissivas, para o fim de condicionar as propriedades ao atendimento da função social".

Com efeito, as limitações decorrem do exercício do poder de polícia do Estado, ensejando a limitação do uso de bens privados, como forma de os adequarem às necessidades públicas. Configuram-se aplicação direta da garantia constitucional de função social da propriedade.

Assim, a norma geral incide sobre os bens pertencentes a particulares, definindo restrição ao seu caráter absoluto, uma vez que limita a forma de utilização do bem pelo proprietário.

Pode ser citado o exemplo do gabarito de prédio definido por norma municipal. Suponha-se que, em determinado município, haja norma municipal definindo que os imóveis à beira mar não podem ter construções acima de quatro andares. Trata-se de regulamentação que limita a forma de utilização do bem, estabelecendo restrição de caráter geral. Da mesma forma, podem ser analisadas as normas sanitárias impostas a restaurantes e casas de show situadas no município.

Em virtude de seu caráter de generalidade, normalmente, a limitação administrativa produz efeitos *ex nunc*, não retroagindo para atingir pessoas e propriedades que respeitavam a situação anterior. Sendo assim, advindo norma que determine que as construções em determinada área não devem ultrapassar o quarto andar, não se impõe que aqueles prédios já construídos, acima do limite, sejam desfeitos, por se tratar de situação consolidada.

É muito comum vislumbrar a existência de limitações administrativas em regras urbanísticas, muitas vezes estipuladas por normas locais. O Estatuto da Cidade (Lei 10.257/2001) define algumas regras que são exemplos de limitação.

Com efeito, o art. 25, da Lei 10.257/01 criou o **Direito de Preempção**, que, nada mais é, senão uma espécie de limitação administrativa. Analise-se.

Estipula a norma legal que determinadas áreas do município podem ser atingidas pelo direito de preferência (preempção), mediante lei municipal. Neste caso, o direito de preempção confere ao Poder Público Municipal, preferência para aquisição de imóvel urbano, objeto de alienação onerosa entre particulares, ou seja, todos os proprietários de bens localizados nesta área, ao alienarem seus terrenos, deverão oferecer primeiramente ao Poder Público.

Conforme exposto, deverá ser editada uma lei que discrimine quais áreas do município se sujeitarão a esta restrição, tomando por base que o direito de preempção será exercido sempre que o Poder Público necessitar de áreas para regularização fundiária; execução de programas e projetos habitacionais de interesse social; constituição de reserva fundiária; ordenamento e direcionamento da expansão urbana; implantação de equipamentos urbanos e comunitários; criação de espaços públicos de lazer e áreas verdes; criação de unidades de conservação ou proteção de outras áreas de interesse ambiental ou proteção de áreas de interesse histórico, cultural ou paisagístico. Nestes casos, a lei poderá determinar a incidência do direito por, no máximo, cinco anos. Após este prazo, somente se admitirá nova lei instituindo o direito de preempção sobre a mesma área depois de respeitado o prazo de um ano de carência.

O poder público será notificado pelo particular, sendo-lhe concedido o prazo de trinta dias para definir se possui, ou não, interesse na aquisição do bem, nos termos da proposta formulada pelo particular. À notificação mencionada será anexada proposta de compra assinada por terceiro interessado na aquisição do imóvel, da qual constarão preço, condições de pagamento e prazo de validade.

Após este prazo, caso o poder público não manifeste interesse na aquisição do bem, o particular poderá vendê-lo, nos mesmos termos da proposta apresentada ao Estado, a qualquer pessoa interessada. Caso queira alterar a proposta, primeiramente, deverá fazer uma nova proposta ao Poder Público, sob pena de violar o direito de preempção. Concretizada a venda a terceiro, o proprietário fica obrigado a apresentar ao Município, no prazo de trinta dias, cópia do instrumento público de alienação do imóvel.

Dentro do seu prazo de vigência, caso o direito de preempção não seja respeitado, a alienação feita indevidamente ao particular será nula e o Poder Público, nos termos da lei, poderá adquirir o bem pelo valor da transação ou pelo valor venal do bem, o que for mais baixo.

ATENÇÃO

Não se deve confundir a preempção administrativa, com o direito de preferência definido no Código Civil. A preempção civil é feita por acordo entre particulares, baseada na autonomia da vontade, voltada para interesses dos particulares contratados. Por seu turno, a preempção administrativa é determinada unilateralmente pelo poder público, mediante a edição de lei, e visa a satisfazer os interesses da sociedade.

Indenização

Por ter caráter normativo e geral, as limitações administrativas, a princípio, não geram danos específicos; logo, não ensejam o dever de indenização do proprietário do bem. Com efeito, trata-se de restrição aplicável a todas as propriedades, não havendo a configuração de prejuízo individual de determinado patrimônio. Acerca do tema, Marçal Justen Filho[18] define que *"a limitação usualmente não gera direito de indenização porque apenas configura o direito de propriedade. Rigorosamente, não se trata de uma limitação ao direito de propriedade, mas de definição jurídica deste direito. A natureza geral da determinação e seu cunho limitado conduzem à ausência de indenizibilidade em virtude da limitação"*.

Porém, nada obsta que, excepcionalmente, uma determinada pessoa seja indenizada caso sofra prejuízo diferenciado em relação aos demais atingidos. A jurisprudência do Superior Tribunal de Justiça vem reconhecendo este direito, mormente nos casos em que a aquisição do bem pelo particular se dê antes da existência da restrição. Essa é a interpretação *a contrario sensu* que se impõe do julgamento proferido no Resp 746.846/SP, cujo trecho se transcreve abaixo:

> (...)É inadmissível a propositura de ação indenizatória na hipótese em que a aquisição do imóvel objeto da demanda tiver ocorrido após a edição dos atos normativos que lhe impuseram as limitações supostamente indenizáveis, como ocorrera, in casu, com os decretos estaduais n. 10.251/1977 e n. 19.448/1982 de preservação da Serra do Mar (Precedentes: EREsp n.º 254.246-SP, Relatora originária Ministra ELIANA CALMON, Relator para acórdão Ministro JOÃO OTÁVIO NORONHA, Primeira Seção, DJ de 12 de março de 2.007 e EREsp n. 209.297 - SP, desta relatoria, Primeira Seção, julgado em 13 de junho de 2.007).

18. JUSTEN FILHO, Marçal. Curso de Direito Administrativo. Belo Horizonte: Forum, 7ª ed. 2011.

Inclusive, no sentido de que excepcionalmente se admite a indenização em virtude de limitação administrativa, já se posicionou o Superior Tribunal de Justiça, definindo a aplicação, nestes casos da prescrição quinquenal própria das ações contra a fazenda pública. Veja-se a seguir.

> PROCESSUAL CIVIL. ADMINISTRATIVO. RECURSO ESPECIAL. IMPLANTAÇÃO DE LINHA DE TRANSMISSÃO DE ELETRICIDADE. SIMPLES LIMITAÇÃO ADMINISTRATIVA. AÇÃO DE NATUREZA PESSOAL. PRESCRIÇÃO QUINQUENAL. DECRETO 20.910/32. RECURSO PROVIDO. 1. A pretensão indenizatória deduzida no presente feito, exercitada por intermédio de reconvenção em ação de reintegração de posse, relaciona-se a suposto prejuízo decorrente da implantação de linha de transmissão de eletricidade na propriedade do ora recorrido, ou seja, em decorrência da instituição de simples limitação administrativa.
>
> 2. Limitação administrativa, segundo a definição de Hely Lopes Meirelles, "é toda imposição geral, gratuita, unilateral e de ordem pública condicionadora do exercício de direitos ou de atividades particulares às exigências do bem-estar social "("Direito Administrativo Brasileiro", 32ª edição, atualizada por Eurico de Andrade Azevedo, Délcio Balestero Aleixo e José Emmanuel Burle Filho - São Paulo: Malheiros, 2006, pág. 630). 3. **É possível, contudo, que o tombamento de determinados bens, ou mesmo a imposição de limitações administrativas, traga prejuízos aos seus proprietários, gerando, a partir de então, a obrigação de indenizar.** 4. Não se tratando, todavia, de ação real, incide, na hipótese, a norma contida no art. 1º do Decreto 20.910/32, o qual dispõe que "todo e qualquer direito ou ação contra a Fazenda Federal, Estadual ou Municipal, seja qual for a sua natureza, **prescreve em cinco anos** contados da data do ato ou fato do qual se originarem ". 5. Assim, consolidada a linha de transmissão de eletricidade há mais de trinta anos do pedido de indenização, ainda que não tenha sido formalmente constituída a servidão de passagem, não resta dúvida de que a presente ação (reconvenção) foi irremediavelmente atingida pela prescrição, impondo-se, desse modo, a extinção do processo, com resolução de mérito, fundamentada no art. 269, IV, do Código de Processo Civil. 6. Recurso especial provido. RECURSO ESPECIAL N. 1.100.563 - RS (2008/0247041-4)

Ademais é cediço que, sempre que, a pretexto de instituir uma limitação administrativa, o ente estatal torne impossível a utilização do bem pelo proprietário, a medida, na verdade, se configurará uma situação de desapropriação indireta, ensejando o dever de indenizar ao poder público. Analise-se julgado neste sentido.

> RECURSOS ESPECIAIS. ADMINISTRATIVO. DESAPROPRIAÇÃO INDIRETA. DIREITO À INDENIZAÇÃO. PRECEDENTES. PRESCRIÇÃO VINTENÁRIA. SÚMULA 119/STJ. Esta egrégia Corte Superior de Justiça pacificou o entendimento segundo o qual "as limitações estabelecidas pela administração, ao criar os parques de preservação ambiental, configuram-se em desapropriação indireta e, consequentemente devem ser indenizadas, na medida em que atinjam o uso e gozo da propriedade" (Resp 408.172/SP, Rel. Min. Eliana Calmon, DJ 24.5.2004). **Na espécie, como bem asseverou o d. Ministério Público Federal, "a Administração Federal impôs, ainda que de caráter de proteção ambiental, restrições ao uso e gozo da propriedade do recorrente, restando configurados os requisitos da desapropriação indireta"** (fls. 328/329). Quanto à prescrição, é firme a orientação deste Sodalício, consagrada pela Súmula 119, no sentido de que "a ação de desapropriação indireta prescreve em vinte anos". Dessa forma, uma vez que a presente ação foi ajuizada em 10/2/2003 e o Decreto 750, que criou restrições ao uso e gozo da propriedade, foi publicado em 1993, na espécie não ocorreu a prescrição. Recursos especiais improvidos. REsp 752813 / SC. DJ 13/03/2006 p. 281

5.2. Servidão Administrativa

Assim como a servidão do direito civil, a servidão administrativa ostenta a qualidade de direito real , sendo, neste último caso, de natureza pública. A servidão pública recairá sempre sobre bens imóveis determinados e, necessariamente, deve ser registrada, no Cartório de Registro de Imóveis, para que produza efeitos *erga omnes*.

Neste ínterim, é possível definir-se a servidão como uma restrição imposta pelo ente estatal a bens privados, determinando que seu proprietário suporte a utilização do imóvel pelo Estado, o qual deverá usar a propriedade de forma a garantir o interesse público. Desse modo, o bem poderá ser utilizado para a prestação de um determinado serviço público (a execução de uma obra, por exemplo) , sempre com a intenção de satisfazer as necessidades coletivas.

Assim como no direito civil, pode-se determinar a existência de um prédio serviente. Sendo que, na servidão administrativa, o interesse público é dominante. Em suma, o instituto se configura na utilização de um bem privado pelo ente estatal para a prestação de um determinado serviço público ou execução de atividade de interesse público.

Imóvel privado serviente ← **SERVIÇO PÚBLICO DOMINANTE**

Pode-se verificar, portanto, que a servidão afeta o caráter exclusivo da propriedade, uma vez que impõe ao proprietário o dever de suportar a utilização do bem pelo poder público, independentemente de sua concordância.

Podem ser citados como exemplos, a necessidade de o poder público utilizar uma parcela de terreno privado com a finalidade de instalação de postes e fios de energia elétrica, para que este serviço seja regularmente prestado à vizinhança, ou, até mesmo, a aposição de uma placa, por determinação do município, no muro de um imóvel particular, com a informação acerca do nome da rua ou avenida em que o bem se localiza.

Assim como a limitação administrativa, a servidão decorre do poder de polícia do Estado que, por seu turno, se baseia no princípio da supremacia do interesse público sobre o interesse privado, sujeitando o direito de propriedade dos cidadãos ao cumprimento de sua função social. Neste sentido, o art. 40, do Decreto-Lei 3.365/41, regulamenta a servidão, dispondo que *"O expropriante poderá constituir servidões, mediante indenização na forma desta lei"*. Da mesma forma, o art. 18, XII, da lei 8.987/95 define a possibilidade de instituição de servidões pelo concessionário de serviços públicos, após a efetivação de declaração de interesse público pelo ente estatal.

Conforme verificado do texto legal acima transcrito, é cediço que, diante da instituição de servidão administrativa, caso a medida enseje um prejuízo ao proprietário, será devida a indenização prévia. Ressalte-se que o poder público não atribui um valor a título de pagamento pela servidão, não se confundindo com o instituto da locação de bens. O que ocorre, de fato, é o pagamento pelo dano que tenha sido causado ao bem imóvel serviente[19].

19. Este é o entendimento pacificado pela jurisprudência dos tribunais em todo o país. A título de exemplo, vejamos julgado o Tribunal de Justiça do Rio Grande do Sul acerca do tema: *APELAÇÃO CÍVEL. SERVIDÃO DE ELETRODUTO. VALOR DA INDENIZAÇÃO RELATIVA A BENFEITORIAS NÃO-REPRODUTIVAS. CASA DE MORADIA LOCALIZADA NA*

Sendo assim, em apertada síntese, podem ser consideradas as seguintes características inerentes ao instituto da servidão administrativa:

- Trata-se de restrição com natureza de direito real na coisa alheia, incidindo sobre bens imóveis privados, de forma que os bens passam a ser utilizados pelo poder público para prestação de serviços de interesse da coletividade.
- Não se confunde com a servidão civil, haja vista a natureza pública e a destinação pública conferida ao bem.
- Depende de autorização legislativa para que seja regularmente constituída.
- Enseja o pagamento de indenização ao particular que sofre a medida restritiva, sempre que houver dano comprovado.
- A medida coloca um serviço ou execução de obra dominante em relação a um bem privado, que se coloca como serviente.

Para a doutrina majoritária, é possível a incidência de servidão administrativa sobre bens públicos, desde que seja respeitada a "hierarquia federativa", analisando-se analogicamente o art. 2º, §2º, do Decreto-Lei 3.365/41 que trata da desapropriação. Desta forma, a União poderia instituir servidão sobre bens dos estados e dos municípios e os Estados somente sobre bens municipais, não se admitindo o contrário.

5.2.1. Constituição e extinção da servidão administrativa

Primordialmente, parte da doutrina admite a **servidão decorrente de lei**, diretamente, não havendo a necessidade de edição de ato administrativo constitutivo. Podem ser citadas como exemplos, a servidão imposta aos imóveis vizinhos a bens tombados, os quais não podem impedir a visualização ou acesso ao bem dominante. Da mesma forma, o gabarito de prédios exigido no entorno de aeroportos, como forma de não prejudicar o tráfego aéreo.

Ocorre que, nestes casos, a servidão tem todas as características inerentes a uma limitação administrativa, haja vista o caráter de generalidade e a incidência sobre o caráter absoluto do bem constrito, não se configurando, de fato, uma servidão. Neste sentido, inclusive, José dos Santos Carvalho Filho[20] define que *"não consideramos legítima a forma de instituição de servidões administrativas através de lei, como o fazem alguns autores. As servidões são instituídas sobre propriedades determinadas, o que não ocorre com a lei, que estabelece o direito de uso sobre propriedades indeterminadas"*.

Apesar de concordar com o entendimento acima exposto, é indiscutível que se trata de matéria controversa entre os estudiosos da matéria, sendo reconhecida a possibilidade desta servidão por doutrinadores como Maria Sylvia Zanella di Pietro.

ÁREA DA SERVIDÃO, QUE NÃO FORA INTEGRALMENTE DEMOLIDA. IMPORTÂNCIA ADEQUADA À ÁREA DE RESTRIÇÃO DA PROPRIEDADE. AVALIAÇÃO RESULTANTE DE PERÍCIA TÉCNICA JUDICIAL QUE SE MOSTRA ADEQUADA PARA FINS DE COMPENSAÇÃO DE DANOS SUPORTADOS EM RAZÃO DA INSTITUIÇÃO DA LIMITAÇÃO ADMINISTRATIVA AO DIREITO DE PROPRIEDADE. NEGARAM PROVIMENTO AO APELO. UNÂNIME. **(Apelação Cível N. 70043229277, Quarta Câmara Cível, Tribunal de Justiça do RS**

20. CARVALHO FILHO, José dos Santos. Manual de Direito Administrativo. Rio de Janeiro: Lumen Juris, 19ª ed. 2008.

Nestes casos, não há pagamento de indenização, como regra, haja vista não se tratar de situação que enseja prejuízo específico a um particular, mas sim restrição de caráter geral e abstrato, incidente sobre um número indeterminado de proprietários. Excepcionalmente, caso se demonstre que algum dos imóveis sofreu dano anormal em relação aos demais, poderá ser determinado o pagamento de indenização.

Além da possibilidade discutível de instituição mediante lei específica, a servidão pode ser instituída mediante **acordo** com o particular. Com efeito, ressalta-se que a servidão deve ser procedida mediante a expedição de um ato declaratório, no qual o poder público informa o interesse na utilização do bem e posterior execução, mediante o pagamento da indenização, estipulada por meio de perícia. Caso o particular concorde com o valor indenizatório ofertado pelo ente estatal, a servidão será instituída extrajudicialmente, mediante acordo. Trata-se de procedimento similar ao da desapropriação.

Caso o particular não concorde com o valor ofertado pelo Estado, a servidão deverá ser instituída mediante **sentença judicial** que, após a realização de perícia, determinará o pagamento de montante indenizatório justo previamente à utilização do bem pelo Estado.

Ressalvadas as situações em que a servidão é instituída mediante lei, por se tratar de medida de natureza real, a instituição da servidão deve ser feita mediante **registro** no Cartório de Registro de Imóveis, como forma de garantir eficácia *erga omnes*. Nestes casos, a restrição deverá acompanhar o imóvel, mesmo em casos de alienação a terceiros, em decorrência do instituto da sequela, presente nos direitos reais.

Em casos de servidões administrativas aparentes, mesmo que o registro não seja efetivado, deve ser garantida a proteção, em decorrência de obras realizadas. Nestes termos, a Súmula 415 do Supremo Tribunal Federal dispõe que *"Servidão de trânsito não titulada, mas tomada permanente, sobretudo pela natureza das obras realizadas, considera-se aparente, conferindo direito à proteção possessória"*.

Ademais, a servidão tem caráter perpétuo (permanente). Isso porque a medida não decorre de uma situação temporária ou provisória, mas sim de uma necessidade administrativa por prazo indeterminado.

Não obstante seu caráter de perpetuidade, a servidão administrativa poderá ser extinta, se presentes algumas das causas extintivas apontadas pela doutrina. Com efeito, extingue-se a servidão não havendo mais interesse público, pelo desaparecimento do bem ou pela aquisição do bem pelo Poder Público (quando ocorre a consolidação da propriedade nas mãos do Estado), entre outras situações. São hipóteses de extinção da servidão:

- A perda da coisa gravada com o ônus real, como pode ocorrer com a demolição de um prédio pelo proprietário ou, até mesmo, uma enchente ou outro fato da natureza que destrua totalmente o bem imóvel.
- Se a coisa dominante perder a sua afetação pública. Suponha, por exemplo, que o imóvel vizinho que estava tombado, teve seu tombamento cancelado por ato do poder público. Neste caso, a servidão imposta aos terrenos vizinhos é automaticamente extinta.
- Caso haja a aquisição do bem imóvel pelo poder público que havia instituído a servidão. Neste caso ocorre a consolidação da propriedade nas mãos do Estado, ensejando a extinção da medida, haja vista, se tratar a servidão administrativa de direito real na coisa alheia.

- Nas situações em que não haja mais interesse público na manutenção da servidão sobre o bem.

Em todos estes casos, o ato de servidão deverá ser extinto formalmente, mediante o registro desta extinção nos respectivos registros do imóvel, salvo nas hipóteses em que se trate de servidão legal, na qual, não há registro de sua constituição.

Por fim, cumpre ressaltar que a servidão é intervenção restritiva, não podendo impedir a utilização do bem pelo particular, situação na qual ocorre uma servidão que disfarça a desapropriação, o que caracteriza, no entendimento da doutrina e jurisprudência, uma situação de desapropriação indireta. Com efeito, se a restrição impede o uso do bem pelo particular, ocorrerá uma intervenção supressiva (desapropriação) e não restritiva.

5.2.2. Diferenças entre servidão civil e servidão administrativa

Primordialmente cumpre salientar que ambos os institutos decorrem de uma relação de dominação entre propriedade, configurando-se em direito real na coisa alheia. Nestes casos, um determinado bem ficará serviente enquanto outra propriedade será a dominante, usufruindo da utilização do imóvel constrito.

Ocorre que, enquanto a servidão civil é regida pelo direito privado, visando a proteção de interesses de particulares, tão somente, a servidão administrativa é regida pelo Direito Administrativo, devendo incidir com a finalidade de proteção ao interesse público.

Ademais, a servidão civil é restrição imposta a um prédio privado, em benefício de outro prédio privado, designado como dominante, pertencente a outro proprietário. Na servidão administrativa, um determinado prédio privado se torna serviente à execução de atividades de interesse público, seja a prestação de um determinado serviço de interesse social ou a execução de uma obra pública. Por exemplo, quando o estado precisa passar tubos em um terreno para garantir a prestação do serviço de fornecimento de água, o próprio serviço é dominante, ensejando a relação de dominação em face do bem privado. Ressalte-se que, excepcionalmente, se admite a relação de dominação em relação a outro prédio como ocorre em casos de servidões impostas a terrenos vizinhos a aeroportos ou a bens tombados, quando então, estes últimos são os dominantes.

Por fim, cumpre relembrar que, em razão da natureza jurídica de direito real, em ambos os casos, trata-se de direito perpétuo, não havendo a prescrição pelo decurso do tempo e não podendo ser presumido, dependendo a sua constituição de registro no Cartório de Registro de Imóveis da circunscrição competente.

IMPORTANTE

De acordo com o direito civil, pode-se estipular que o direito de propriedade tem caráter absoluto e exclusivo.

O caráter absoluto se apresenta no fato de que o proprietário de um bem deve utilizá-lo como melhor lhe aprouver. Já o caráter exclusivo encontra repouso na ideia de que o bem é utilizado pelo seu proprietário, exclusivamente, sem a intervenção de terceiros.

A doutrina costuma dizer que as intervenções restritivas deverão atingir, em situações específicas, o caráter absoluto ou o exclusivo do bem:

- **Limitação administrativa:** atinge o caráter absoluto da propriedade. Restringe a forma como o particular utiliza o bem, sem, contudo, dividir sua utilização com terceiros. Nestes casos, o proprietário deverá utilizar o bem condicionado às disposições apresentadas pelo poder público.
- **Servidão** afeta o caráter exclusivo da propriedade: o particular utilizará o bem concomitantemente ao Estado, quebrando a exclusividade na utilização, mantendo-se, entretanto, o caráter absoluto, porque o particular continua dando a utilização ao bem que considera devida.

5.3. Tombamento

O tombamento se configura como intervenção do Estado na propriedade como forma de proteção ao meio ambiente, no que tange aos aspectos do patrimônio histórico, artístico e cultural. Com efeito, mediante este instituto, o poder público visa à proteção ao meio ambiente, no que tange à conservação dos aspectos da história, arte e cultura de um povo.

A intervenção atinge o caráter absoluto da propriedade, definindo algumas limitações ao exercício do direito de propriedade, definindo regras de forma a evitar que a destruição deste bem resulte na perda de informações relevantes à história do país ou cause prejuízos a obras artísticas de valor cultural inestimável para a identidade de um povo.

No âmbito federal, o instituto é regulamentado pelo Decreto-Lei 25/37 que define o patrimônio histórico e artístico nacional como o conjunto dos bens móveis e imóveis existentes no país e cuja conservação seja de interesse público, quer por sua vinculação a fatos memoráveis da história do Brasil, quer por seu excepcional valor arqueológico ou etnográfico, bibliográfico ou artístico. No mesmo sentido, equiparam-se aos bens a que se refere o presente artigo e são também sujeitos a tombamento os monumentos naturais, bem como os sítios e paisagens que importe conservar e proteger pela feição notável com que tenham sido dotados pela natureza ou agenciados pela indústria humana.

A **competência** para praticar os atos necessários ao tombamento de bens públicos ou privados é concorrente entre os entes federativos. De fato, todos os entes federativos podem praticar o ato constritivo e o mesmo bem pode sofrer mais de um tombamento, simultaneamente, sem que um interfira nos demais.

Nestes casos, é relevante definir que compete a União efetivar o tombamento sobre bens que conservem aspectos relevantes à história, arte ou cultura nacionais; enquanto que os estados membros devem praticar o ato restritivo somente sobre bens que possuam aspectos a serem protegidos, no âmbito regional. Por seu turno, compete aos municípios determinar o tombamento incidente sobre bens cujas características remontem à história local ou façam alusão às manifestações culturais daquela localidade. Ressalte-se, ainda, ser possível que um único bem seja ao mesmo tempo de interesse nacional, regional e local, ensejando a possibilidade de realização de mais de um tombamento.

Dessa forma, pode-se definir que:

- Bem de interesse local: será tombado pelo município
- Bem de interesse regional: deve sofrer tombamento efetivado pelo estado
- Bem de interesse nacional: o tombamento é de competência da União.

Da mesma forma, a **competência legislativa** também é concorrente, devendo a União expedir normas gerais, atribuindo a possibilidade de edição de normas específicas aos estados e ao Distrito Federal, não havendo competência legislativa atribuída aos entes municipais, devendo determinar os tombamentos que considerar relevantes, em observância às leis federais e estaduais[21]. Assim, o art. 30, IX, da carta Magna determina que compete ao Município *"promover a proteção do patrimônio histórico-cultural local, observada a legislação e a ação fiscalizadora federal e estadual"*.

Da mesma forma, a Constituição da República determina que o poder público deverá contar com a colaboração da comunidade, para a promoção e proteção do patrimônio cultural brasileiro, por meio de inventários, registros, vigilância, tombamento e desapropriação, e de outras formas de acautelamento e preservação (art. 216, §1º).

No âmbito federal, foi criado o IPHAN – Instituto do Patrimônio Histórico e Artístico Nacional, autarquia nacional, vinculada ao Ministério da Cultura, com a intenção de tomar as medidas necessárias à proteção dos bens que conservam aspectos relevantes de arte, cultura e história, merecendo a proteção do Estado. Os estados e municípios devem instituir entidades autárquicas ou órgãos públicos com finalidades similares em seu âmbito.

Ademais, o tombamento pode ser **voluntário** ou **compulsório.**

O **tombamento voluntário** ocorre sempre que o proprietário o pedir e a coisa se revestir dos requisitos necessários para constituir parte integrante do patrimônio histórico e artístico nacional, a juízo do Conselho Consultivo do Serviço do Patrimônio Histórico e Artístico Nacional, ou sempre que o mesmo proprietário anuir, por escrito, à notificação, que se lhe fizer, para a inscrição da coisa em qualquer dos Livros do Tombo. Nestes casos, ou o particular tem a iniciativa de requerer o tombamento ou concorda plenamente com o tombamento iniciado por iniciativa do poder público, não havendo controvérsia a ser dirimida.

Por sua vez, o **tombamento compulsório** ocorrerá quando o proprietário se recusar a anuir à inscrição da coisa. Nestes casos, deverá ser instaurado procedimento administrativo, nos moldes determinados pelo Decreto-Lei 25/37, com a finalidade de se proceder à inscrição do imóvel, permitindo ao particular o exercício do contraditório.

A doutrina também divide o tombamento em **geral** e **individual**, sendo que no primeiro caso é expedida norma abstrata, atingindo uma quantidade indeterminada de bens que ficarão sujeitos às restrições impostas pelo ente público. É possível que este tombamento recaia sobre um bairro ou, até mesmo, sobre uma cidade inteira. Por sua vez, o tombamento individual é aquele que incide sobre bem especificado no ato.

Outrossim, o tombamento poderá ser **definitivo** ou **provisório**. O tombamento provisório é medida cautelar administrativa determinada, no bojo do processo administrativo de tombamento, como forma de garantir o resultado prático do processo. Ao final do procedimento, será procedido o tombamento definitivo, mediante transcrição no registro do imóvel.

21. Neste sentido, o art. 24, VII da Constituição da República define que *"Compete à União, aos Estados e ao Distrito Federal legislar concorrentemente sobre: VII - proteção ao patrimônio histórico, cultural, artístico, turístico e paisagístico"*.

Por fim, a doutrina já pacificou o entendimento de que o tombamento pode ser total ou parcial. De fato, é possível que o tombamento recaia sobre parte do bem, como, por exemplo, o tombamento da fachada de determinado casarão, nos casos em que somente esta parte possua referência de interesse histórico, artístico ou cultural.

5.3.1. Bens objetos de tombamento

O tombamento pode recair sobre bens móveis ou imóveis, desde que sejam bens cujas características remontem a aspectos relevantes de natureza histórica, artística ou cultural.

Inicialmente, há discussão acerca da possibilidade de tombamento de **bens incorpóreos**. Alguns doutrinadores defendem esta possibilidade de efetivar a medida, mesmo em se tratando de bens imateriais. Sobre o tema, Maria Sylvia Zanella Di Pietro[22] determina que *"o tombamento pode atingir bens de qualquer natureza: móveis ou imóveis, materiais ou imateriais, públicos ou privados"*.

Ocorre que, a posição nos parece equivocada, haja vista não ser possível aplicar as regras do tombamento aos bens imateriais. Com efeito, normas como o direito de preferência ou a determinação de que não haja a destruição do bem, ou ainda, a necessidade de autorização para a retirada do bem do país não são compatíveis com a natureza jurídica destes bens. É indiscutível que tais bens devem gozar de proteção estatal sempre que forem relevantes à cultura ou história da nação, no entanto o instituto do tombamento, como foi pensado pela legislação, não se coaduna com as características dos bens incorpóreos.

Sendo assim, para os bens incorpóreos, existe a previsão de **registro** nos órgãos de proteção ao Patrimônio Histórico Artístico e Cultural. Este registro garantirá a proteção destes bens, sem, contudo, lhes impor as exigências decorrentes do tombamento. Tratando do tema, o Decreto 3.551/2000 definiu quais bens imateriais estão sujeitos a registro no IPHAN, dispondo acerca do tema que:

> **Art. 1º** Fica instituído o Registro de Bens Culturais de Natureza Imaterial que constituem patrimônio cultural brasileiro.
>
> 1º Esse registro se fará em um dos seguintes livros:
>
> I - Livro de Registro dos Saberes, onde serão inscritos conhecimentos e modos de fazer enraizados no cotidiano das comunidades;
>
> II - Livro de Registro das Celebrações, onde serão inscritos rituais e festas que marcam a vivência coletiva do trabalho, da religiosidade, do entretenimento e de outras práticas da vida social;
>
> III - Livro de Registro das Formas de Expressão, onde serão inscritas manifestações literárias, musicais, plásticas, cênicas e lúdicas;
>
> IV - Livro de Registro dos Lugares, onde serão inscritos mercados, feiras, santuários, praças e demais espaços onde se concentram e reproduzem práticas culturais coletivas.

Atualmente, existem os seguintes bens imateriais brasileiros registrados no IPHAN: Ofício das Paneleiras de Goiabeiras, Arte Kusiwa Pintura Corporal e Arte Gráfica Wajãpi, Círio de Nossa Senhora de Nazaré, Samba de Roda do Recôncavo Baiano, Modo de Fazer Viola-de-Cocho, Ofício das Baianas de Acarajé, Jongo no Sudeste, Cachoeira de Iauaretê Lugar

22. PIETRO, Maria Sylvia Zanella di. Direito Administrativo. São Paulo. Ed. Atlas, 21ª ed. 2008.

Sagrado dos Povos Indígenas dos Rios Uaupés e Papuri, Feira de Caruaru, Frevo, Tambor de Crioula, Matrizes do Samba no Rio de Janeiro: Partido Alto, Samba de Terreiro e Samba-Enredo, Modo de Fazer Queijo de Minas, nas regiões do Serro e das Serras da Canastra e do Salitre, Roda de Capoeira, Ofício dos Mestres de Capoeira, Modo de Fazer Renda Irlandesa produzida em Divina Pastora (SE), Toque dos Sinos de Minas Gerais e Ofício de Sineiros.

Outra controvérsia que merece destaque diz respeito ao tombamento de **bens públicos**. Parte da doutrina não admite o tombamento de bens públicos e outra parte determina que o tombamento deverá respeitar a "hierarquia federativa", dispondo que o União poderá tombar bens estaduais e municipais e os estados somente poderão praticar o ato em relação aos bens dos municípios, em analogia às disposições do art. 2º, §2º, do Decreto-Lei 3.365/41.

Ocorre que a doutrina majoritária se posiciona no sentido de que a restrição é indevida. Com efeito, o tombamento não retira a propriedade do bem, devendo ser analisado com base na abrangência da proteção, sendo irrelevante, nestes casos, que o proprietário do bem seja o poder público. Dessa forma, caso haja um bem de propriedade da União que remonte a aspectos históricos relevantes de uma determinada região, não há óbice ao tombamento deste bem pelo estado competente.

Neste sentido, inclusive, o Decreto-Lei 25/37 determina que o tombamento dos bens pertencentes à União, aos Estados e aos Municípios se fará de ofício, por ordem do diretor do Serviço do Patrimônio Histórico e Artístico Nacional, mas deverá ser notificado à entidade a quem pertencer, ou sob cuja guarda estiver a coisa tombada, a fim de produzir os necessários efeitos, não havendo qualquer restrição ao tombamento destes bens.

Com este mesmo pensamento, já se manifestou o Superior Tribunal de Justiça no acórdão abaixo transcrito.

> ADMINISTRATIVO – TOMBAMENTO – COMPETÊNCIA MUNICIPAL. 1. A Constituição Federal de 88 outorga a todas as pessoas jurídicas de Direito Público a competência para o tombamento de bens de valor histórico e artístico nacional. 2. Tombar significa preservar, acautelar, preservar, sem que importe o ato em transferência da propriedade, como ocorre na desapropriação. 3. O Município, por competência constitucional comum – art. 23, III –, deve proteger os documentos, as obras e outros bens de valor histórico, artístico e cultural, os monumentos, as paisagens naturais notáveis e os sítios arqueológicos. 4. Como o tombamento não implica em transferência da propriedade, inexiste a limitação constante no art. 1º, § 2º, do DL 3.365/1941, que proíbe o Município de desapropriar bem do Estado. 5. Recurso improvido. RMS 18952 / RJ. STJ. DJ 30/05/2005 p. 266

Por sua vez excluem-se do patrimônio histórico e artístico nacional, não podendo ser, portanto, objeto de tombamento as obras de origem estrangeira que pertençam às representações diplomáticas ou consulares acreditadas no país; que adornem quaisquer veículos pertencentes a empresas estrangeiras, que façam carreira no país; que pertençam a casas de comércio de objetos históricos ou artísticos; que sejam trazidas para exposições comemorativas, educativas ou comerciais ou que sejam importadas por empresas estrangeiras expressamente para adorno dos respectivos estabelecimentos.

5.3.2. Obrigações decorrentes do tombamento

Inicialmente, cumpre ressaltar que o tombamento é intervenção permanente, não tendo caráter temporário. A figura do **tombamento provisório**, consoante já explicitado, é representada por uma medida assecuratória (medida cautelar administrativa) efetivada com a intenção de garantir o resultado prático do processo de tombamento. Com efeito, no bojo do processo de tombamento, se a administração entender que o proprietário pode alterar ou destruir o bem antes da inscrição do tombamento definitivo, pode determinar o tombamento provisório para assegurar o resultado prático do processo.

Ademais, o tombamento de um determinado bem gera algumas obrigações de fazer, de não fazer e de tolerar que devem ser suportadas pelo proprietário do bem tombado. A seguir, a análise de cada uma das obrigações decorrentes do tombamento:

a) Obrigações de fazer:

- **Direito de preferência**: caso o particular queira alienar o bem tombado, deverá, primeiramente, oferecer, em preferência, ao Poder Público. Esse direito de preferência foi extinto pelo art. 1.072, I do Código de Processo Civil que revoga expressamente o art. 22 do Decreto-lei 25/37.

Desta forma, se mantém a preferência somente em casos de alienações judiciais, consoante dispõe o art. 892, § 3º, do CPC. Com efeito, o artigo estabelece que *"No caso de leilão de bem tombado, a União, os Estados e os Municípios terão, nessa ordem, o direito de preferência na arrematação, em igualdade de oferta"*.

Desse modo, não há mais direito de preferência do poder público sobre bens tombados, quando se tratar de alienação extrajudicial.

Outrossim, é importante ressaltar que o tombamento não inibe o proprietário de gravar livremente a coisa tombada, de penhor, anticrese ou hipoteca.

Por fim, saliente-se, ainda que, os bens públicos tombados são inalienáveis, haja vista ostentarem a qualidade de bem de uso especial (visando à proteção do meio ambiente histórico, artístico e cultural).

- **Dever de conservação**: o proprietário do bem tombado deverá conservar o bem da forma como se encontra. É responsabilidade dele a realização de todas as benfeitorias necessárias à conservação deste bem. Se não tiver condições financeiras de realizar a conservação, deverá informar ao poder público. Assim, passa a ser dever de informar a necessidade de conservação. Neste sentido, dispõe o art. 19, do Decreto-Lei 25/37 que *"O proprietário de coisa tombada, que não dispuser de recursos para proceder às obras de conservação e reparação que a mesma requerer, levará ao conhecimento do Serviço do Patrimônio Histórico e Artístico Nacional a necessidade das mencionadas obras, sob pena de multa correspondente ao dobro da importância em que for avaliado o dano sofrido pela mesma coisa"*.
- **Dever de comunicação em caso de extravio**: No caso de extravio ou furto de qualquer objeto tombado, o respectivo proprietário deverá dar conhecimento do fato ao Serviço do Patrimônio Histórico e Artístico Nacional, dentro do prazo de cinco dias, sob pena de multa de dez por cento sobre o valor da coisa.
- **Registro especial**: A legislação determina que os negociantes de antiguidades, de obras de arte de qualquer natureza, de manuscritos e livros antigos ou raros são obrigados

a um registro especial no Serviço do Patrimônio Histórico e Artístico Nacional, cumprindo-lhes, outrossim, apresentar semestralmente ao órgão relações completas das coisas históricas e artísticas que possuírem.

b) ***Obrigações de não fazer:***

- **Retirada do país**: não é possível tirar o bem do país, salvo, por curto período de tempo para fim de intercâmbio cultural, a juízo do Conselho Consultivo do Serviço do Patrimônio Histórico e Artístico Nacional. A tentativa de exportação do bem, sem respeitar estas regras ensejará o sequestro pelo poder público. Ademais, apurada a responsabilidade do proprietário, ser-lhe-á imposta a multa de cinquenta por cento do valor da coisa, que permanecerá sequestrada em garantia do pagamento, e até que este se faça, sem prejuízo das sanções penais cabíveis pelo cometimento do crime de contrabando.
- **Não destruição**: o proprietário do bem tombado não pode modificar (proceder alterações no bem) nem destruir, mutilar ou demolir o bem tombado. Qualquer reforma a ser realizada na propriedade depende de autorização do Estado, sob pena de multa no valor de cinquenta por cento do dano causado.

c) ***Obrigação de tolerar:***

- **Fiscalização**: o proprietário do bem tem que tolerar a fiscalização pelo Poder Público. Acerca do tema, dispõe o art. 20, do Decreto-lei 25/37 que *"As coisas tombadas ficam sujeitas à vigilância permanente do Serviço do Patrimônio Histórico e Artístico Nacional, que poderá inspecioná-los sempre que for julgado conveniente, não podendo os respectivos proprietários ou responsáveis criar obstáculos à inspeção, sob pena de multa(...)"*.

Por fim, o tombamento enseja, automaticamente, uma servidão administrativa aos vizinhos do bem tombado (forma de servidão instituída por lei). Isso porque, o vizinho não pode impedir a visualização e nem o acesso ao bem tombado. Neste caso, por decorrer da lei, sendo a lei geral, o registro da servidão é dispensável.

De fato, a legislação determina que, salvo mediante autorização do órgão competente, não se poderá, na vizinhança da coisa tombada, fazer construção que lhe impeça ou reduza a visibilidade, nem nela colocar anúncios ou cartazes, sob pena de ser mandada destruir a obra ou retirar o objeto, impondo-se neste caso a multa de cinquenta por cento do valor do mesmo objeto.

5.3.3. Indenização

Como regra, se entende que o dever de preservação do bem, conservando suas características originais não configura um efetivo prejuízo ao seu proprietário, razão pela qual **não será cabível indenização** em decorrência da imposição de tombamento sobre bens privados. Sendo assim, o tombamento é intervenção na propriedade que não serve de fundamento para requerimento de indenização.

Excepcionalmente, o tombamento pode ensejar esvaziamento do valor econômico do bem, casos nos quais o proprietário não poderá suportar sozinho o dano, haja vista deixar de ser uma intervenção restritiva para se configurar verdadeira desapropriação indireta. Nestes casos, a indenização será cabível nos moldes já analisados em situações em que ocorre este tipo de restrição[23].

Ademais, caso se demonstre que o tombamento enseja gastos desproporcionais para a manutenção do bem, o poder público terá o dever de indenizar por estes prejuízos devidamente comprovados, uma vez que a manutenção ordinária do bem não geraria encargos de tal monta.

5.3.4. Procedimento

O tombamento deverá ser efetivado mediante a realização de procedimento administrativo em que seja respeitado o contraditório e a ampla defesa do proprietário, ressalvados os casos de tombamento voluntário, nos quais o proprietário concorda integralmente com a medida restritiva sobre seu patrimônio.

Cada ente federativo, por meio do órgão competente, deverá conservar o livro do tombo, no qual serão registrados todos os bens de interesse histórico artístico ou cultural. No âmbito federal, o Decreto-Lei 25/37 determina que o IPHAN possua quatro livros de tombo diferentes, quais sejam, o Livro do Tombo Arqueológico, Etnográfico e Paisagístico, em que serão registradas as coisas pertencentes às categorias de arte arqueológica, etnográfica, ameríndia e popular, o Livro do Tombo Histórico, para registro das coisas de interesse histórico e as obras de arte histórica, o Livro do Tombo das Belas Artes, em que serão postas as coisas de arte erudita, nacional ou estrangeira e no Livro do Tombo das Artes Aplicadas, no qual se procederá ao registro das obras que se incluírem na categoria das artes aplicadas, nacionais ou estrangeiras.

O Serviço do Patrimônio Histórico e Artístico Nacional, mediante seu órgão competente, deverá então avaliar se o bem deverá ser objeto de tombamento e, concluindo pelo interesse na propriedade, notificará o proprietário para anuir ao tombamento, dentro do prazo de quinze dias, a contar do recebimento da notificação, ou para, se o quiser impugnar, oferecer dentro do mesmo prazo as razões de sua impugnação.

Caso não haja impugnação dentro do prazo assinado por lei, o diretor do Serviço do Patrimônio Histórico e Artístico Nacional mandará por simples despacho que se proceda

23. Neste sentido já se posicionou o Superior Tribunal de Justiça. Vejamos.
"ADMINISTRATIVO. TOMBAMENTO. INDENIZAÇÃO. BEM GRAVADO EM CLÁUSULAS DE INALIENABILIDADE, INCOMUNICABILIDADE, IMPENHORABILIDADE, USUFRUTO E FIDEICOMISSO. 1. O proprietário de imóvel gravado com cláusulas de inalienabilidade, incomunicabilidade, impenhorabilidade, usufruto e fideicomisso tem interesse processual para ingressar com ação de desapropriação indireta quando o referido bem é tombado. 2. O pedido só é considerado juridicamente impossível quando contém pretensão proibida por lei, ex: cobrança de dívida de jogo. 3. O ato administrativo de tombamento de bem imóvel, com o fim de preservar a sua expressão cultural e ambiental, esvaziar-se, economicamente, de modo total, transforma-se, por si só, de simples servidão administrativa em desapropriação, pelo que a indenização deve corresponder ao valor que o imóvel tem no mercado. Em tal caso, o Poder Público adquire o domínio sobre o bem. Imóvel situado na Av. Paulista, São Paulo. 4. Em sede de ação de desapropriação indireta não cabe solucionar-se sobre a permanência ou não dos efeitos de gravames (inalienabilidade, incomunicabilidade, impenhorabilidade, usufruto e fideicomisso) incidentes sobre o imóvel. As partes devem procurar afastar os efeitos de tais gravames em ação própria. 5. Reconhecido o direito de indenização, há, por força de lei (art. 31, do DL 3.365, de 21.6.41), ficarem sub-rogados no preço quaisquer ônus ou direitos que recaiam sobre o bem expropriado. 6. Em razão de tal dispositivo, ocorrendo o pagamento da indenização, deve o valor ficar depositado, em conta judicial, até solução da lide sobre a extensão dos gravames. 7. Recurso improvido. **REsp 220983** / SP. DJ 25/09/2000 p. 72

à inscrição da coisa no competente Livro do Tombo. Por seu turno, se a impugnação for oferecida dentro do prazo assinado, far-se-á vista da mesma, dentro de outros quinze dias fatais, ao órgão de que houver emanado a iniciativa do tombamento, a fim de sustentá-la. Em seguida, independentemente de custas, será o processo remetido ao Conselho Consultivo do Serviço do Patrimônio Histórico e Artístico Nacional, que proferirá decisão a respeito, dentro do prazo de sessenta dias, a contar do seu recebimento. Essa determinará a inscrição no livro do tombo ou o arquivamento do processo em se considerando procedente a argumentação do proprietário.

Ressalte-se que, não obstante o art. 9, item 3 do Decreto-Lei 25/37 defina que a decisão que julga o tombamento é irrecorrível, este entendimento se encontra superado pela disposição do artigo único do Decreto-Lei 3.866/41, o qual determina a possibilidade de interposição de recurso perante o Presidente da República. Ademais, a doutrina moderna determina que o duplo grau de julgamento é garantia inerente ao contraditório e a ampla defesa na seara administrativa. Nestes termos, dispõe o artigo do Decreto-lei que *"O Presidente da República, atendendo a motivos de interesse público, poderá determinar, de ofício ou em grau de recurso, interposto pôr qualquer legítimo interessado, seja cancelado o tombamento de bens pertencentes à União, aos Estados, aos municípios ou a pessoas naturais ou jurídicas de direito privado, feito no Serviço do Patrimônio Histórico e Artístico Nacional, de acordo com o* decreto-lei n. 25, de 30 de novembro de 1937".

Consoante já explicitado, caso o poder público considere a possibilidade de destruição do bem durante o processo administrativo de tombamento, poderá ser determinado em caráter cautelar o tombamento provisório do bem.

Por fim, o tombamento definitivo será registrado no livro do tombo e, em caso de bens imóveis, ainda deverá ser procedido ao registro no Cartório de Registro do Imóveis. Sendo assim, nestes casos, o tombamento se sujeita a duplo registro. Ademais, a Lei 6.292/75 define que o tombamento de bens no Instituto do Patrimônio Histórico e Artístico Nacional (IPHAN) dependerá de homologação do Ministro de Estado da Educação de Cultura, após parecer do respectivo Conselho Consultivo.

5.3.5. Extinção

Inicialmente, ressalta-se que o ato de tombamento é eminentemente discricionário, haja vista competir ao administrador público a definição de qual bem possui valor histórico, artístico ou cultural, ensejando a determinação da medida. Neste sentido, caso, após a efetivação da restrição, não haja mais interesse público na conservação do bem, por qualquer ato devidamente justificado, poderá o ente estatal determinar a extinção do tombamento do bem. Trata-se, neste caso de **revogação** do ato por razões de oportunidade e conveniência administrativas.

Da mesma forma, caso o ato de tombamento possua algum vício em sua constituição, seja no processo administrativo que deu ensejo à medida, seja em algum dos elementos do ato em si, deverá ser determinada a sua **anulação**, por decisão administrativa, ou mediante determinação judicial.

Admite-se, também, a extinção do tombamento nos casos de **desaparecimento do bem** tombado, como pode ocorrer, por exemplo, com um casarão tombado que foi devastado por uma enchente, perdendo totalmente as características histórias que justificavam a medida restritiva.

Por fim, é possível o **cancelamento** do ato de tombamento, consoante disposição do Decreto-Lei 25/37. É cediço que, não obstante seja responsabilidade do proprietário conservar o bem na forma em que ele se encontra, caso não tenha condições de fazê-lo, deverá comunicar ao poder público que terá o dever de efetivar a conservação deste bem. Nestes termos, o art. 19, §2º, do diploma legal mencionado prevê o cancelamento nos casos em que o poder público for omisso em sua obrigação de tomar as medidas necessárias à conservação do bem.

5.3.6. Tombamento X Servidão Administrativa

Parte da doutrina considera que o tombamento se configura uma espécie de servidão administrativa, de natureza especial, para a proteção do patrimônio histórico artístico e cultural. Neste sentido, Diógenes Gasparini[24] define que, no ato de tombamento está prevista a mesma relação de dominação presente nas servidões instituída pelo poder público, dispondo que *"o elemento dominante tanto pode ser um prédio como um serviço público e este, induvidosamente, está presente na medida em que cabe ao Estado garantir a todos o exercício dos direitos culturais e o acesso às fontes de cultura nacional, apoiando e incentivando a valorização e difusão das manifestações culturais"*.

No mesmo sentido, Celso Antônio Bandeira de Mello[25] defende não haver distinção entre os institutos, tratando-se o tombamento de uma espécie de servidão administrativa, com características peculiares, diferenciando-se da limitação administrativa, que possui caráter geral e abstrato, incidindo sobre uma quantidade indeterminada de bens.

Ocorre que a doutrina majoritária, seguida por esta obra, trata o tombamento como medida autônoma com características específicas, não se confundindo com nenhuma outra espécie de intervenção restritiva. Dessa forma, o tombamento possui características comuns que o distingue das demais espécies de limitações, sendo medida criada para a proteção específica do patrimônio histórico, artístico e cultural.

Tratando do tema, Maria Sylvia Zanella di Pietro[26] define que *"preferimos, por isso, considerar o tombamento como categoria própria, que não se enquadra nem como simples limitação administrativa, nem como servidão"*.

No mesmo sentido, José dos Santos Carvalho Filho[27] dispõe que *"não concordamos com a posição segundo a qual se trata de servidão administrativa. . Por mais de uma razão. Primeiramente, o tombamento não é um direito real, como o é a servidão; depois, inexistem as figuras do dominante e do serviente, intrínsecas à servidão administrativa"*.

24. GASPARINI, DIÓGENES. Direito Administrativo. São Paulo: Saraiva, 11ª ed. 2006.
25. MELLO, Celso Antônio Bandeira de. Curso de Direito Administrativo. São Paulo: Malheiros, 26ª ed. 2009.
26. PIETRO, Maria Sylvia Zanella di. Direito Administrativo. São Paulo: Atlas, 21ª ed. 2008.
27. CARVALHO FILHO, José dos Santos. Manual de Direito Administrativo. Rio de Janeiro: Lumen Juris, 23ª ed. 2012.

Dessa forma, seguindo o entendimento mais moderno da doutrina pátria, se entende que o tombamento configura uma espécie autônoma de intervenção na propriedade privada, com a intenção específica de proteção ao patrimônio histórico, artístico e cultural, não se confundindo com a servidão ou a limitação administrativa.

5.4. Requisição administrativa

A requisição é intervenção restritiva na propriedade privada que visa a solucionar situações de iminente perigo, mediante a utilização de bens privados pelo ente estatal, enquanto durar a situação de risco. Trata-se de aplicação do princípio da função social da propriedade, regulamentado no art. 5º, XXIII, da Constituição da República, submetendo os bens privados à utilização pelo Estado em casos de necessidade pública.

Assim, dispõe o texto constitucional, em seu art. 5º, XXV, que, *"no caso de* ***iminente perigo público****, a autoridade competente poderá usar de propriedade particular, assegurada ao proprietário indenização ulterior, se houver dano"*.

Cite-se como exemplo de requisição, situação de enchente na qual muitas famílias ficaram desabrigadas, sendo necessário ao poder público a requisição de um galpão inutilizado de um particular com a intenção de assentar as famílias até a solução definitiva.

Por se tratar de situação de perigo ou de guerra declarada, aponta-se pela aplicação do art. 22, III, da Carta Magna, no que tange à competência legislativa, sendo esta atribuída à União Federal, de forma exclusiva.

Valendo-se desta competência, já foram editados alguns diplomas legais criando requisição de bens em situações específicas. Podem ser citados como exemplos, o Decreto-Lei 4.812/42 que trata da requisição de bens móveis e imóveis necessários às forças armadas e à defesa passiva da população e a lei 7.565/86 que prevê a requisição de aeronaves.

5.4.1. Características e objeto da requisição

Inicialmente, para que se admita a requisição sobre bens privados, é indispensável a demonstração de uma situação de perigo iminente. Pode ser assim considerado, qualquer situação excepcional que possa colocar em risco a sociedade, caso não seja tomada nenhuma medida relevante pelo ente público. Ademais, se faz necessária a demonstração de que a utilização do bem pelo poder público poderá auxiliar na resolução do problema, evitando que o perigo se transforme em efetivo prejuízo à sociedade.

Ademais, a requisição goza do atributo da auto-executoriedade, podendo ser determinada pelo poder público, independentemente da concordância do particular ou de decisão judicial. Neste sentido, Maria Sylvia Zanella di Pietro[28] dispõe que *"a requisição caracteriza-se por ser procedimento unilateral e auto-executório, pois independe da aquiescência do particular e da prévia intervenção do Poder Judiciário"*.

28. PIETRO, Maria Sylvia Zanella di. Direito Administrativo. São Paulo: Ed. Atlas, 21ª ed. 2008.

Por fim, para que seja admitida a requisição, se faz necessário o pagamento da indenização, posterior à execução do ato e desde que tenha sido comprovada a existência de danos ao bem objeto da restrição.

No que tange ao objeto, o entendimento da doutrina e jurisprudência acerca da requisição administrativa vem sendo amplo, admitindo-se a possibilidade de incidência da medida restritiva sobre bens móveis e imóveis, havendo a possibilidade inclusive de requisição de serviços. Neste sentido, a lei 8.080/90, que dispõe sobre as condições para a promoção, proteção e recuperação da saúde, a organização e o funcionamento dos serviços correspondentes e dá outras providências, prevê a possibilidade de requisição de leitos e serviços de hospitais.

Com efeito, o art. 15, XIII do diploma legal mencionado determina que *"para atendimento de necessidades coletivas, urgentes e transitórias, decorrentes de situações de perigo iminente, de calamidade pública ou de irrupção de epidemias, a autoridade competente da esfera administrativa correspondente poderá requisitar bens e serviços, tanto de pessoas naturais como de jurídicas, sendo-lhes assegurada justa indenização"*.

Por fim, se discute, na doutrina, a possibilidade de requisição de bens consumíveis, haja vista haver entendimento no sentido de que se trataria de verdadeira desapropriação, em virtude da impossibilidade de devolução.

É cediço que bens consumíveis são conceituados pelos estudiosos como aqueles que perdem sua utilidade após o primeiro uso. Portanto, a princípio, poderia parecer que a requisição configuraria uma verdadeira desapropriação, ante a impossibilidade de devolução do bem ao proprietário. Ocorre que, se o bem for fungível – ou seja, puder ser substituído por outro da mesma qualidade - pode ser requisitado. Se infungível, então será o caso de desapropriação.

A título de exemplo, imagine-se que o vestuário particular é infungível, pois as roupas do guarda-roupa de um particular estão personalizadas e não podem ser substituídas, configurando-se sua retirada, efetiva desapropriação. Por seu turno, vestuário requisitado no comércio é fungível, podendo ser devolvido, posteriormente, um de mesma qualidade, tratando-se, portanto, de requisição administrativa a conduta que determina sua entrega para auxiliar em situação de iminente perigo público.

5.5. Ocupação temporária

Trata-se de intervenção por meio da qual o ente público utiliza um determinado bem privado por prazo determinado, para satisfazer necessidades de interesse público, podendo se dar de forma gratuita ou remunerada. Trata-se de instituto autônomo que não se confunde com a servidão, haja vista o caráter perpétuo desta última medida.

Esta modalidade pode ser observada em diversos dispositivos legais que determinam hipóteses nas quais o ente estatal deverá, mediante ato fundamentado, requerer a utilização do bem privado.

O decreto lei 3365/41, em seu art. 36, dispõe que o Estado poderá temporariamente utilizar bens privados vizinhos às obras públicas como meio de apoio, para alocação do maquinário e assentamento dos funcionários da obra. Neste caso, deverá haver um ato declaratório, informando a necessidade pública na utilização do bem e posterior execução da medida.

Por outro lado, a lei 3.924/61 trata da possibilidade de ocupação temporária de bens privados para que se faça a pesquisa e escavação, sempre que houver indícios de se tratar de sítio arqueológico. Neste caso, o art. 14, do diploma legal, determina que no caso de ocupação temporária do terreno, para realização de escavações nas jazidas declaradas de utilidade pública, deverá ser lavrado um auto, antes do início dos estudos, no qual se descreva o aspecto exato do local.

Da mesma forma, o art. 58, V, da lei 8.666/93 define que, nos casos de serviços essenciais, pode o ente público ocupar provisoriamente bens móveis, imóveis, pessoal e serviços vinculados ao objeto do contrato, na hipótese da necessidade de acautelar apuração administrativa de faltas contratuais pelo contratado, bem como na hipótese de rescisão do contrato administrativo. Trata-se de cláusula exorbitante que tem a intenção de evitar a paralisação dos serviços públicos prestados pelo particular, como garantia ao princípio da continuidade.

Disposição similar encontra respaldo na lei 8.987/95 que reconhece a possibilidade de ocupação dos bens da concessionária para evitar a paralisação dos serviços públicos prestados.

Ressalte-se que as a ocupação temporária não deve ser o instituto utilizado em casos nos quais a utilização do bem se dê em razão de situação de iminente perigo, quando, então, deverá ser utilizada a requisição administrativa como forma de intervenção.

No que tange ao pagamento de **indenização**, a princípio não será devida. Com efeito, não há previsão de pagamento de verbas indenizatórias nas disposições que tratam acerca do tema. Todavia, se a utilização do bem pelo poder público causar prejuízos ao proprietário, deverá ser garantida a reparação destes danos.

→ ATENÇÃO

Alguns doutrinadores estabelecem o gênero **ocupação provisória** para tratar de requisição e ocupação temporária. Neste sentido, ocupação provisória seria gênero, dividido em duas espécies: requisição administrativa (situações em que há perigo iminente) e ocupação temporária (sem a ocorrência da situação de perigo).

6. QUADRO SINÓPTICO

INTERVENÇÃO DO ESTADO NA PROPRIEDADE
DIREITO DE PROPRIEDADE
Uma garantia constitucional que assegura ao seu detentor as prerrogativas de usar, fruir, dispor e reaver a coisa dominada, de modo absoluto, exclusivo e perpétuo conforme incisos XXII e XXIII, do art. 5°, da CF/88.
"A propriedade presume-se plena e exclusiva, até prova em contrário" nos moldes do art. 1.231, do CC/02.
Compete à União legislar sobre direito civil, incluindo a possibilidade de editar leis que tratem acerca do direito de propriedade e dos demais direitos reais (I, do art. 22, da CF/88).

INTERVENÇÃO DO ESTADO NA PROPRIEDADE	
Caráter exclusivo	Somente o proprietário, ou alguém agindo em seu nome e com sua autorização, poderá exercer, de forma plena, as faculdades inerentes ao domínio.
	Oponibilidade erga omnes
Caráter absoluto	o proprietário do bem terá ampla liberdade de utilização deste bem, desde que não cause prejuízos a terceiros ou viole direitos e garantias dos demais cidadãos, cumprindo a função social da propriedade.
Caráter de perpetuidade	A qualidade de proprietário dura até que haja a transferência a outrem, *mortis causa* ou por ato *inter vivos*.
	Trata-se de direito imprescritível, que não se perde pelo não exercício.
INTERVENÇÃO DO ESTADO NA PROPRIEDADE: FUNDAMENTOS CONSTITUCIONAIS	
A intervenção na propriedade decorre do poder de polícia, de forma a restringir o direito da propriedade.	
O **poder de polícia** é exercido pela Administração Pública quando na sua função administrativa, limita o exercício de direitos individuais, bem como o uso, gozo e disposição da propriedade, na busca do interesse da coletividade (art. 78 do CTN).	
A intervenção do Estado no direito de propriedade também decorre do princípio basilar da **supremacia do interesse público sobre o interesse privado.**	
As intervenções na propriedade podem decorrer da prática de ilegalidade no exercício do domínio.	
Art. 5°, da CF/88	Desapropriação de bens por em razão de utilidade ou necessidade pública ou mesmo por motivo de interesse social, desde que mediante o pagamento de indenização prévia, justa e em dinheiro.
	Requisição administrativa, em casos de iminente perigo público, assegurada ao proprietário indenização ulterior, se houver dano.
Art. 182 da CF/88	Desapropriação especial urbana será cabível quando um determinado imóvel urbano não cumprir a função social da propriedade, definida no plano diretor da cidade.
Art. 184 da CF/88	Desapropriação especial rural desde que seja demonstrado o descumprimento da função social da propriedade pelo particular.
Art. 243, da CF/88	Prevê a possibilidade de expropriação de bens imóveis utilizados na plantação de psicotrópicos ou para exploração de trabalho escravo, assim como de bens móveis utilizados para o tráfico de drogas e entorpecentes.
MODALIDADES DE INTERVENÇÃO	
Intervenção Supressiva	O Estado transfere para si a propriedade de terceiro, suprimindo o direito de propriedade anteriormente existente.
	Por necessidade pública.
	Em casos excepcionais não gera indenização.
Intervenção Restritiva	O Estado impõe restrições e condicionamentos ao uso da propriedade pelo terceiro, sem, contudo, lhe retirar o direito de propriedade.
DESAPROPRIAÇÃO	
O ente público determina a retirada de bem privado do seu proprietário, para que esse faça parte do patrimônio público, sempre embasado nas necessidades coletivas, mediante o pagamento de indenização, previamente definida, de forma justa ao proprietário.	
É forma originária de aquisição da propriedade.	

<table>
<tr><th colspan="4">INTERVENÇÃO DO ESTADO NA PROPRIEDADE</th></tr>
<tr><td colspan="4">Qualquer direito real que recaía sobre o bem fica sub-rogado no valor da indenização.</td></tr>
<tr><td colspan="4">Caso ocorra o pagamento da indenização a particular não proprietário, este fato não enseja em nulidade, podendo o proprietário requerer o pagamento da mesma, sem o retorno do bem ao seu domínio.</td></tr>
<tr><td colspan="4">A doutrina e jurisprudência costumam apontar a desapropriação como situação excepcional</td></tr>
<tr><td rowspan="10">OBJETO DA DESAPRO-PRIAÇÃO</td><td colspan="3">Poderá recair sobre todos os bens de valor econômico sejam eles móveis ou imóveis, corpóreos ou incorpóreos, privados e até mesmo públicos conforme dicção do art. 2º, § 2º, do Decreto-lei 3.365/41</td></tr>
<tr><td colspan="3">É possível a desapropriação do espaço aéreo ou do subsolo somente quando de sua utilização resultar prejuízo patrimonial do proprietário do solo.</td></tr>
<tr><td colspan="3">De direito de créditos e ações referentes a cota de sociedades em pessoas jurídicas.</td></tr>
<tr><td colspan="3">Direitos reais em que se admite a desapropriação do domínio útil (enfiteuse).</td></tr>
<tr><td colspan="3">Os bens das empresas públicas e sociedades de economia mista não ostentam a qualidade de bens públicos. Sendo admitida, a priori, a desapropriação dos seus bens.</td></tr>
<tr><td rowspan="5">Vedações</td><td colspan="2">Não é possível a desapropriação de direitos personalíssimos tais como a honra, intimidade, liberdade.</td></tr>
<tr><td colspan="2">Não é suscetível de desapropriação a moeda corrente no país.</td></tr>
<tr><td colspan="2">Não se admite a desapropriação de pessoas, sejam elas físicas ou jurídicas.</td></tr>
<tr><td colspan="2">Bens públicos podem ser desapropriados desde que a tomada do bem seja feita do ente mais abrangente para o menos abrangente.</td></tr>
<tr><td colspan="2">A Súmula 479 do STF define que “As margens dos rios navegáveis são domínio público, insuscetíveis de expropriação e, por isso mesmo, excluídas de indenização”. Ou seja, não podem ser objeto de desapropriação.</td></tr>
<tr><td rowspan="9">PRESSUPOSTOS DA DESAPRO-PRIAÇÃO (XXIV, art. 5°, da CF/88)</td><td colspan="3">A ausência qualquer pressuposto enseja na nulidade do ato de desapropriação.</td></tr>
<tr><td rowspan="5">Interesse público</td><td colspan="2">Se manifesta por meio de demonstração de utilidade ou necessidade pública e ainda por razões de interesse social.</td></tr>
<tr><td rowspan="2">Utilidade pública</td><td>Situação em que o ente público terá necessidade de utilizar o bem diretamente.</td></tr>
<tr><td>Situações não exaustivas elencadas no art. 5°, do Decreto-lei 3.365/41.</td></tr>
<tr><td>Necessidade pública</td><td>Se verifica nas mesmas hipóteses, não exaustivas, em que se poderia imaginar uma situação de utilidade, acrescida da urgência na solução do problema.</td></tr>
<tr><td>Interesse social</td><td>Visa reduzir desigualdades sociais e conferir uma destinação social ao bem expropriado, como descreve o art. 2°, da Lei n. 4.132/62.</td></tr>
<tr><td rowspan="2">Pagamento da indenização</td><td colspan="2">Que deve, como regra, ser prévia à imissão na posse, justa e em dinheiro.</td></tr>
<tr><td colspan="2">O art. 5º, XXIV, da CF/88, in fine, estabelece que, não obstante a indenização seja feita, como regra, em dinheiro, serão “ressalvadas as exceções trazidas pela própria Constituição”.</td></tr>
<tr><td>DESAPROPRIA-ÇÃO COMUM</td><td colspan="2">Depende da existência de uma situação de utilidade ou necessidade pública, ou, ainda, da demonstração de uma hipótese de interesse social (XXIV, do art. 5°, CF/88)</td></tr>
</table>

<table>
<tr><th colspan="4">INTERVENÇÃO DO ESTADO NA PROPRIEDADE</th></tr>
<tr><td rowspan="17"></td><td rowspan="9"></td><td colspan="2">Precedida de pagamento de valor indenizatório prévio, justo e em dinheiro.</td></tr>
<tr><td rowspan="3">Justa</td><td>Valor de mercado + danos emergentes + lucros cessantes com correção monetária.</td></tr>
<tr><td>Se a desapropriação for efetivada na via judicial, a estes valores serão acrescidos os honorários advocatícios e, quando couber, os juros moratórios e compensatórios.</td></tr>
<tr><td>Somente serão indenizadas as melhorias feitas até a data da declaração de utilidade pública ou interesse social, com exceção das benfeitorias úteis e necessárias, pagas ainda que executadas após esta data.</td></tr>
<tr><td>STJ</td><td>Em caso de divergência entre a área registrada e a área real do imóvel, a indenização será calculada somente sobre o espaço constante no registro.</td></tr>
<tr><td colspan="2">Imóvel com cobertura vegetal deve ser indenizada com base em valor específico se o proprietário demonstrar que explora economicamente os recursos vegetais.</td></tr>
<tr><td>Débitos com a fazenda pública</td><td>Desde que estes valores já estejam inscritos e ajuizados, se admite a dedução do quantum indenizatório para pagamento das dívidas.</td></tr>
<tr><td colspan="2">Indenização decorrente da desapropriação não se confunde com a indenização devida por danos causados a particulares.</td></tr>
<tr><td colspan="2">Se, em decorrência da desapropriação, o particular sofrer um dano extraordinário, poderão ser cumuladas, no mesmo processo, a indenização decorrente da intervenção supressiva e aquela que decorre da responsabilidade civil do Estado.</td></tr>
<tr><td rowspan="8">DESAPROPRIAÇÃO ESPECIAL URBANA</td><td colspan="2">Deverá atender as exigências definidas no Plano Diretor da cidade, de forma a atender à sua função social (art. 182, da CF/88).</td></tr>
<tr><td rowspan="5">Plano diretor</td><td>Aprovado por lei municipal.</td></tr>
<tr><td>Deve ser revisto a cada dez anos, pelo menos.</td></tr>
<tr><td>O plano plurianual, as diretrizes orçamentárias e o orçamento anual deverão incorporar as diretrizes e as prioridades nele contidas.</td></tr>
<tr><td>Na sua elaboração e fiscalização da implementação deve ser garantida a promoção de audiências públicas e debates, a publicidade e o acesso de qualquer interessado aos documentos e informações produzidos.</td></tr>
<tr><td>Obrigatório para todas as cidades que possuam mais de vinte mil habitantes, nas cidades que sejam integrantes de regiões metropolitanas ou aglomerações urbanas, assim como nas áreas de especial interesse turístico e nos municípios inseridos na área de influência de empreendimentos ou atividades com significativo impacto ambiental de âmbito regional ou nacional e nas cidades incluídas no cadastro nacional de Municípios com áreas suscetíveis à ocorrência de deslizamentos de grande impacto, inundações bruscas ou processos geológicos ou hidrológicos correlatos.</td></tr>
<tr><td colspan="2">Se não for cumprida a função social prevista no plano diretor da cidade, algumas restrições serão instituídas pelo poder público municipal.</td></tr>
<tr><td>Restrições</td><td>São sucessivas e gradativas.</td></tr>
</table>

INTERVENÇÃO DO ESTADO NA PROPRIEDADE				
			Parcelamento ou edificação compulsórios	Com notificação averbada no Cartório de Registro de Imóveis e realizada por funcionário do órgão competente do Poder Público municipal, ao proprietário do imóvel ou, no caso de este ser pessoa jurídica, a quem tenha poderes de gerência geral ou administração, ou, por edital, somente quando for frustrada, por três vezes, a tentativa de notificação pessoal.
				Notificado, o proprietário terá 1 (um) ano para apresentar o projeto, protocolando-o no órgão competente, e, contados da apresentação do projeto, terá 2 (dois) anos para começar as obras do empreendimento com vistas a conferir função social à propriedade nos moldes do § 4º do art. 5º da Lei 10.257/01.
				Novo proprietário se sub-roga em todas as obrigações.
			Aplicação de imposto sobre a propriedade predial e territorial urbana progressivo no tempo	Mediante a majoração da alíquota, pelo prazo de cinco anos consecutivos, limitada a 15%.
				A maioria da doutrina entende, que o limite aqui é temporal para a progressividade do tributo (art. 7º, §2º, da lei 10.257/01).
				Medida coercitiva e sancionatória.
				Nesta situação, o IPTU é tributo de caráter extrafiscal.
				De um ano para o outro, o máximo que se pode acrescentar na alíquota é 100% do valor anterior.
			Decretação da desapropriação especial urbana	Com pagamento de indenização mediante a entrega de títulos da dívida pública de emissão previamente aprovada pelo Senado Federal, com prazo de resgate de até 10 (dez) anos, em parcelas anuais, iguais e sucessivas, assegurados o valor real da indenização e os juros legais de 6% a.a.
				É desapropriação sanção.
				A indenização justa refletirá o valor da base de cálculo do IPTU, descontado o montante incorporado em função de obras realizadas pelo Poder Público na área onde se localiza e não computará expectativas de ganhos, lucros cessantes e juros compensatórios.
			Após tudo isso, o Município deverá aproveitar o imóvel no prazo máximo de cinco anos, diretamente pelo Poder Público ou por meio de alienação ou concessão a terceiros.	

<table>
<tr><th colspan="4">INTERVENÇÃO DO ESTADO NA PROPRIEDADE</th></tr>
<tr><td rowspan="10">DESAPROPRIAÇÃO ESPECIAL RURAL</td><td rowspan="2">Lei 4.504/64</td><td colspan="2">Caso o proprietário não cumpra a função social do imóvel rural, compete à União desapropriar por interesse social, para fins de Reforma Agrária, o referido imóvel, mediante prévia e justa indenização em títulos da dívida agrária, com cláusula de preservação do valor real, resgatáveis no prazo de até vinte anos, a partir do segundo ano de sua emissão, e cuja utilização será definida em lei.</td></tr>
<tr><td colspan="2">É necessário um decreto declarando o imóvel como de interesse social.</td></tr>
<tr><td rowspan="8">Função social</td><td colspan="2">A propriedade da terra desempenha integralmente a sua função social quando simultaneamente favorece o bem-estar dos proprietários e dos trabalhadores que nela labutam, assim como de suas famílias, mantém níveis satisfatórios de produtividade, assegura a conservação dos recursos naturais e observa as disposições legais que regulam as justas relações de trabalho entre os que a possuem e a cultivem (art. 186, da CF/88)</td></tr>
<tr><td colspan="2">As benfeitorias úteis e necessárias anteriores à declaração expropriatória, serão indenizadas em dinheiro.</td></tr>
<tr><td colspan="2">A LC n. 76/93 estabelece o procedimento contraditório especial.</td></tr>
<tr><td colspan="2">A destinação à Reforma Agrária é imperativa.</td></tr>
<tr><td colspan="2">O orçamento fixará anualmente o volume total de títulos da dívida agrária, assim como o montante de recursos para atender ao programa de reforma agrária.</td></tr>
<tr><td colspan="2">Estarão isentas de impostos federais, estaduais e municipais, as operações de transferência de imóveis desapropriados para fins de reforma agrária.</td></tr>
<tr><td rowspan="2">Não podem ser expropriados (art. 185, CF/88)</td><td>Terrenos produtivos, mesmo sem função social.</td></tr>
<tr><td>A pequena e média propriedade rural, desde que o proprietário não possua outra</td></tr>
<tr><td rowspan="5">DESAPROPRIAÇÃO CONFISCO</td><td colspan="3">Desapropriação específica, que, a lei não prevê o pagamento de qualquer espécie de indenização.</td></tr>
<tr><td>Bens móveis</td><td>Utilizados para o tráfico de drogas</td><td>O poder público deverá revertê-los a fundos especiais de natureza específica</td></tr>
<tr><td>Bens imóveis</td><td>Utilizados para plantação de psicotrópicos ilícitos e para a exploração de trabalho escravo</td><td>Serão destinados à reforma agrária e a programas de habitação popular</td></tr>
<tr><td colspan="3">É vedada a incorporação destes bens ao patrimônio público.</td></tr>
<tr><td colspan="3">As plantas psicotrópicas são elencadas no rol emitido pelo órgão sanitário competente do Ministério da Saúde.</td></tr>
</table>

INTERVENÇÃO DO ESTADO NA PROPRIEDADE				
		ATENÇÃO! O STF entende que todo o terreno será desapropriado, ainda que a plantação se restrinja a uma parcela da propriedade.		
		Seu procedimento segue um rito especial, regulamentado pela lei 8.257/91.		
		A União é quem deverá propor a ação.		
		O Juiz determinará a citação dos expropriados, no prazo de cinco dias, nomeando, neste ato, o perito que terá oito dias de prazo para entregar o laudo em cartório.		
		O prazo para contestação e indicação de assistentes técnicos é de dez dias, a contar da data da juntada do mandado de citação aos autos.		
		Instrução e julgamento	O juiz determina data não superior a quinze dias, a contar da data da contestação.	
			Cada parte poderá indicar até cinco testemunhas	
			Excepcionalmente, poderá ser postergada em virtude da impossibilidade de produção de toda a prova oral no mesmo dia.	
		Imissão da União	Pode o juiz determinar a imissão na pose, garantindo-se um contraditório postergado, durante a audiência de justificação.	
		O Juiz prolatará a sentença em cinco dias, sendo a mesma passível de apelação, no prazo de quinze dias.		
		Excepcionalmente, se após o trânsito em julgado da sentença, não puder ocorrer em cento e vinte dias a destinação prevista na CF/88, a gleba será incorporada ao patrimônio da União, reservada, até que sobrevenham as condições necessárias àquela utilização.		
PROCEDIMENTO DA DESAPROPRIAÇÃO	Não sendo possível solucionar o problema administrativamente, a lei determina que seja realizado o procedimento na via judicial.			
	COMPETÊNCIA PARA DESAPROPRIAR	**Legislativa**	Exclusiva da União (art. 22, II, da CF/88).	
			Lei complementar poderá autorizar os estados a legislar sobre questões específicas.	
		Declaratória	A atribuição para declarar a utilidade ou necessidade pública e o interesse social dos bens privados para fins de desapropriação será, concorrente, de todos os entes federativos.	
			Não se admite que determinado estado da federação desaproprie bem privado situado em outro estado.	

Exceções		
Desapropriações comuns	**DNIT**	pode promover declaração de utilidade pública visando à implantação do Sistema Nacional de Viação (art. 82, IX, da lei 10.233/01).
	ANEEL	competência para declarar utilidade pública de bens privados para fins de instalação de empresas concessionárias e permissionárias do serviço energia elétrica (lei 9.074/95)
desapropriações especiais	**urbana**	a competência declaratória se restringe ao **Município, com** plano diretor.
	rural	exclusivamente da **União Federal**
	confisco	competência exclusiva da **União Federal**

<table>
<tr><th colspan="5">INTERVENÇÃO DO ESTADO NA PROPRIEDADE</th></tr>
<tr><td rowspan="20"></td><td rowspan="3"></td><td rowspan="3">Executiva</td><td colspan="2">É atribuída, inicialmente, ao ente federativo que declarou.</td></tr>
<tr><td colspan="2">Trata-se de competência incondicionada.</td></tr>
<tr><td colspan="2">Admite-se a delegação da execução para entes da Administração Indireta, para concessionárias de serviços públicos e, até mesmo, para consórcios públicos, firmados nos moldes da lei 11.107/05.</td></tr>
<tr><td rowspan="17">FASES DO PROCEDIMENTO</td><td colspan="3">O procedimento se desenvolve em duas fases distintas: a da declaração e da execução.</td></tr>
<tr><td>Decreto-lei 3.365/41</td><td colspan="2">Desapropriações comuns e especial urbana</td></tr>
<tr><td>Lei Complementar 76/93</td><td colspan="2">Desapropriação especial rural</td></tr>
<tr><td colspan="3">o procedimento poderá se desenvolver integralmente na via administrativa, desde que haja consenso em relação ao valor indenizatório. Caso contrário, a fase executória ocorre na via judicial.</td></tr>
<tr><td rowspan="13">FASE DECLARATÓRIA</td><td colspan="2">Aqui o Poder Público informa que o bem apontado atende às necessidades públicas, definindo qual a finalidade que será dada à propriedade, após sua aquisição pelo ente estatal.</td></tr>
<tr><td rowspan="2">Pode ocorrer</td><td>Por meio de Decreto Expropriatório editado.
Pelo chefe do Poder Executivo conforme art. 6º, do Decreto lei 3.365/41.</td></tr>
<tr><td>Mediante a edição de lei de efeitos concretos realizada.
Por ato do Poder Legislativo</td></tr>
<tr><td colspan="2">Aqui o bem continua da propriedade do particular, mas com algumas restrições e sujeito à força expropriatória do Estado.</td></tr>
<tr><td colspan="2">Ato sujeito ao controle judicial e administrativo e com natureza de ato discricionário.</td></tr>
<tr><td rowspan="5">Elementos do decreto</td><td>A identificação do bem objeto da desapropriação de forma detalhada, informando as benfeitorias que estão presentes no momento da declaração, o que será importante para a definição do valor indenizatório.</td></tr>
<tr><td>Os recursos orçamentários que serão utilizados para satisfação do direito do expropriado, nos moldes determinados pela LC 101/00.</td></tr>
<tr><td>O motivo que deu ensejo à prática do ato, apontando o dispositivo legal que justifica a realização da desapropriação (pelo art. 50 da lei 9.784/99).</td></tr>
<tr><td>A finalidade do ato de desapropriação</td></tr>
<tr><td>A identificação do sujeito passivo</td></tr>
</table>

INTERVENÇÃO DO ESTADO NA PROPRIEDADE			
	Efeitos da declaração	Sujeita a propriedade à força expropriatória do Estado	
		O Poder Público poderá ingressar no bem para fazer avaliações, medições, podendo, inclusive, recorrer, em caso de oposição, ao auxílio de força policial.	
		Ocorrerá também a **fixação do estado do bem.**	
		Indenizam-se benfeitorias necessárias e úteis. Estas últimas, somente se forem autorizadas pelo Estado.	
		O STF entende que as construções realizadas após a declaração de interesse público não serão indenizadas pelo ente expropriante conforme dicção da Súmula 23.	
	Caducidade	A legislação prevê um prazo de **caducidade** do ato declaratório que se ultrapassado tem por consequência a ocorrência da perda dos efeitos do ato declaratório em razão do decurso do tempo sem que seja efetivada a desapropriação, não se admitindo que o poder público promova a sua execução.	
		A caducidade é contada a partir da data da expedição do decreto, conforme art. 10 do DL 3.365/41 e o seu prazo varia de acordo com a natureza da declaração expropriatória.	
		Prazos	A declaração de utilidade ou necessidade pública decai após cinco anos
			A declaração de interesse social decai após dois anos
FASE EXECUTÓRIA	Executar ou promover a desapropriação é pagar o valor da indenização, previamente fixado, efetivando a imissão do poder público na posse do bem.		
	Via administrativa	Acordo entre o Poder Público e o proprietário quanto ao valor da indenização.	
		Sem a necessidade de homologação pelo Poder Judiciário.	
		Indenização em dinheiro	
	Via judicial	Não há acordo em relação ao *quantum* indenizatório, ou se o ente expropriante não souber quem ostenta a qualidade de proprietário do bem.	
		Ocorre por meio da **Ação de Desapropriação proposta pelo Poder Público.**	

<table>
<tr><th colspan="4">INTERVENÇÃO DO ESTADO NA PROPRIEDADE</th></tr>
<tr><td rowspan="21">AÇÃO DE DESAPRO-PRIAÇÃO</td><td colspan="3">Trata-se de rito especial (DL 3.365/41).</td></tr>
<tr><td>União como autora</td><td colspan="2">Será proposta no Distrito Federal ou no foro da Capital do Estado onde for domiciliado o réu.</td></tr>
<tr><td>Outro o autor</td><td colspan="2">No foro da situação dos bens.</td></tr>
<tr><td rowspan="2">Petição Inicial</td><td colspan="2">Além dos requisitos do CPC, deve conter a oferta do preço.</td></tr>
<tr><td colspan="2">Deve ser instruída com o contrato, ou o jornal oficial que houver publicado o decreto de desapropriação, ou cópia autenticada dos mesmos, e a planta ou descrição dos bens e suas confrontações.</td></tr>
<tr><td colspan="3">Após despachar a inicial, o juiz designará um perito de sua livre escolha, sempre que possível, técnico, para proceder à avaliação dos bens, sendo garantido ao autor e ao réu a indicação de assistente técnico do perito.</td></tr>
<tr><td rowspan="3">Citação</td><td colspan="2">Por mandado na pessoa do proprietário dos bens.</td></tr>
<tr><td rowspan="2">Por edital</td><td>Réu não conhecido ou estiver em lugar ignorado, incerto ou inacessível.</td></tr>
<tr><td>Ou, ainda, no estrangeiro, mediante certificação de dois oficiais do juízo.</td></tr>
<tr><td rowspan="3">Defesa</td><td colspan="2">O prazo é de quinze dias, conforme lei processual.</td></tr>
<tr><td colspan="2">Pode versar, apenas, acerca do valor indenizatório (art. 20 do DL 3.365).</td></tr>
<tr><td colspan="2">Vícios processuais também poderão ser analisados como matéria da contestação.</td></tr>
<tr><td colspan="3">Vício de legalidade no ato só será analisado pelo judiciário em uma ação autônoma, ação direta.</td></tr>
<tr><td colspan="3">O juízo da desapropriação é prevento para julgamento desta ação direta que deverá ser distribuída por dependência à ação principal.</td></tr>
<tr><td>Se o particular concordar com o valor, no bojo da ação</td><td colspan="2">O juiz homologará o acordo por sentença, no despacho saneador.</td></tr>
<tr><td rowspan="2">Sem acordo</td><td colspan="2">O perito apresentará laudo em cartório, até cinco dias antes da audiência de instrução de julgamento.</td></tr>
<tr><td colspan="2">ATENÇÃO! O perito pode requerer prazo maior, desde que requeira antes do despacho saneador.</td></tr>
<tr><td rowspan="4">Sentença</td><td colspan="2">Definirá qual o valor indenizatório justo.</td></tr>
<tr><td colspan="2">Conterá os fatos que motivaram o convencimento do juiz.</td></tr>
<tr><td colspan="2">Atenderá à estimação dos bens para fiscais, bem como ao preço de aquisição e interesse que deles aufere o proprietário, ainda à sua situação, estado de conservação e segurança do bem, além do valor venal dos da mesma espécie, nos últimos cinco anos, e à valorização ou depreciação de área remanescente, pertencente ao réu.</td></tr>
<tr><td colspan="2">Caso o valor determinado pela sentença seja maior do que o depositado, a diferença deverá ser paga pelo ente estatal, respeitando a ordem cronológica de pagamento de precatório conforme o art. 100, da CF/88.</td></tr>
</table>

<table>
<tr><th colspan="4">INTERVENÇÃO DO ESTADO NA PROPRIEDADE</th></tr>
<tr><td rowspan="14"></td><td rowspan="2">Recurso</td><td>Interposto pelo expropriado</td><td>Apelação no prazo de quinze dias, com efeito meramente devolutivo.</td></tr>
<tr><td>Interposto pelo expropriante</td><td>No prazo de quinze dias, com efeito devolutivo e suspensivo.</td></tr>
<tr><td rowspan="8">Imissão provisória na posse</td><td colspan="2">A lei permite que o ente expropriante tenha a posse provisória do bem antes de finalizada a Ação de Desapropriação.</td></tr>
<tr><td rowspan="4">Requisitos</td><td>Declaração de urgência por parte do expropriante, que poderá ser feita, inclusive, no ato declaratório de utilidade pública ou interesse social.</td></tr>
<tr><td>Depósito do valor incontroverso da indenização, em juízo, como forma de garantia de pagamento mínimo.</td></tr>
<tr><td>ATENÇÃO! Após a declaração de urgência o Estado tem 120 dias para requerer ao juízo a imissão provisória, fazendo o depósito do valor incontroverso em juízo, sob pena de decair a declaração de urgência.</td></tr>
<tr><td>Se perdido o prazo, a declaração não pode ser renovada.</td></tr>
<tr><td colspan="2">A imissão deverá ser registrada no registro de imóveis competente e o proprietário do bem tem direito de levantar parte do valor depositado pelo Estado.</td></tr>
<tr><td colspan="2">O proprietário não pode usufruir da sua propriedade, excluindo-se também a obrigação de pagamentos de tributos referentes ao bem, como o IPTU.</td></tr>
<tr><td colspan="2">Se após a imissão, o Poder Público desistir da desapropriação, pagará por qualquer dano no imóvel.</td></tr>
<tr><td rowspan="4">Levantamento</td><td colspan="2">Ocorrerá mediante alvará judicial, o equivalente a até 80% do depósito.</td></tr>
<tr><td colspan="2">O restante só poderá ser levantado após a sentença como forma de garantia do juízo.</td></tr>
<tr><td>Requisitos para o deferimento</td><td>Prova de propriedade, de quitação de dívidas fiscais que recaiam sobre o bem expropriado, e publicação de editais, com o prazo de 10 dias, para conhecimento de terceiros.</td></tr>
<tr><td colspan="2">Se levantar a integralidade, presume-se um acordo, sendo homologado pelo juiz.</td></tr>
<tr><td rowspan="5">CORREÇÃO MONETÁRIA</td><td colspan="3">Atualização da moeda, como forma de se evitar corrosão pela inflação.</td></tr>
<tr><td colspan="3">É calculada desde o momento da avaliação efetivada pelo perito designado pelo juízo bem como a sua determinação pelo juiz nos moldes do art. 26, § 2º, do Decreto-lei 3.365/41.</td></tr>
<tr><td colspan="3">É garantia constitucional.</td></tr>
<tr><td colspan="3">Incidirá sobre o valor que não foi levantado.</td></tr>
<tr><td colspan="3">O STF entende que a correção deve ser guiada por índices oficiais que retratem a inflação do período conforme ADI-4425.</td></tr>
<tr><td rowspan="3">JUROS COMPENSATÓRIOS</td><td colspan="3">Tem a intenção de compensar o expropriado pelo fato de ter perdido a posse do bem antes de receber a indenização justa.</td></tr>
<tr><td colspan="3">Começam a incidir a partir da data de imissão provisória na posse efetivada pelo ente estatal.</td></tr>
<tr><td colspan="3">O STJ editou a seguinte Súmula 408: "Nas ações de desapropriação, os juros compensatórios incidentes após a Medida Provisória n. 1.577, de 11/06/1997, devem ser fixados em 6% ao ano até 13/09/2001 e, a partir de então, em 12% ao ano, na forma da Súmula n. 618 do Supremo Tribunal Federal".</td></tr>
</table>

<table>
<tr><th colspan="5">INTERVENÇÃO DO ESTADO NA PROPRIEDADE</th></tr>
<tr><td></td><td colspan="4">O STJ entende, ainda, que os juros compensatórios devem ser pagos mesmo em se tratando de propriedades improdutivas conforme REsp 1.165.988/AC.</td></tr>
<tr><td rowspan="6">JUROS MORATÓRIOS</td><td colspan="4">São devidos em razão da demora no cumprimento da decisão judicial.</td></tr>
<tr><td colspan="4">Começam a incidir a partir de 1º de janeiro do ano seguinte àquele em que o precatório deveria ter sido pago (o art. 15-B, do Decreto-lei 3.365/41 c/c Súmula Vinculante n. 17 do STF.</td></tr>
<tr><td colspan="4">O percentual de 6% ao ano incide sobre o valor não levantado automaticamente pelo proprietário (art. 15-B do Decreto-lei 3.365/41).</td></tr>
<tr><td rowspan="3">Cumulação de juros</td><td rowspan="3">STJ</td><td colspan="2">Não se admite a cumulação dos juros moratórios e compensatórios, ainda que ambos estejam incidindo no bojo da mesma ação de desapropriação.</td></tr>
<tr><td>Compensatórios</td><td>Incidem a partir da imissão provisória na posse até a sentença.</td></tr>
<tr><td>De mora</td><td>Começam a incidir depois de transcorrido o prazo constitucional para pagamento de precatórios.</td></tr>
<tr><td rowspan="4">HONORÁRIOS ADVOCATÍCIOS</td><td colspan="4">Devem incidir sobre o valor da sucumbência, que é o fixado na sentença menos o valor depositado pelo ente conforme Súmula 617, da STF.</td></tr>
<tr><td colspan="4">O montante a ser pago a título de honorários pode variar entre 0,5% e 5% do valor da sucumbência.</td></tr>
<tr><td colspan="4">ATENÇÃO! O art. 27, §1º, do Decreto-lei 3.365/41 foi objeto de controle judicial de constitucionalidade, por meio da ADI 2.332-2, a qual determinou a suspensão da eficácia de sua parte final que fixava o teto máximo para honorários advocatícios.</td></tr>
<tr><td colspan="4">A Súmula 306 do STJ define que em havendo sucumbência recíproca, deverá ser feita a compensação de honorários.</td></tr>
<tr><td rowspan="10">AÇÃO DE DESAPROPRIAÇÃO RURAL</td><td colspan="4">É de competência exclusiva da União, tramitando na Justiça Federal, inclusive no caso de férias forenses.</td></tr>
<tr><td colspan="4">Deve ser precedida de decreto declarando o imóvel de interesse social, para fins de reforma agrária.</td></tr>
<tr><td colspan="4">Têm caráter preferencial e prejudicial em relação a outras ações referentes ao imóvel expropriando.</td></tr>
<tr><td colspan="4">Independe do pagamento de preparo ou de emolumentos.</td></tr>
<tr><td colspan="4">É prevento o juízo para análise de qualquer ação que tenha por objeto o bem expropriando, distribuída, por dependência, à Vara Federal onde tiver em curso a ação de desapropriação.</td></tr>
<tr><td rowspan="2">Se intentada a desapropriação parcial</td><td rowspan="2">O proprietário pode requerer, na contestação, a desapropriação de todo o imóvel</td><td colspan="2">Se a área remanescente ficar reduzida a superfície inferior à da pequena propriedade rural.</td></tr>
<tr><td colspan="2">Ou prejudicada substancialmente em suas condições de exploração econômica.</td></tr>
<tr><td rowspan="3">Petição inicial</td><td colspan="3">Requisitos previstos no art. 282 do CPC.</td></tr>
<tr><td colspan="3">Deve conter a oferta do preço.</td></tr>
<tr><td colspan="3">Instruída com o texto do decreto declaratório de interesse social para fins de reforma agrária, as certidões atualizadas de domínio e de ônus real do imóvel, o documento cadastral do imóvel, o comprovante de lançamento dos Títulos da Dívida Agrária correspondente ao valor ofertado para pagamento de terra nua e comprovante de depósito em banco oficial, ou outro estabelecimento no</td></tr>
</table>

INTERVENÇÃO DO ESTADO NA PROPRIEDADE		
	caso de inexistência de agência na localidade, à disposição do juízo, correspondente ao valor ofertado para pagamento das benfeitorias úteis e necessárias, haja vista a determinação constitucional que a indenização desta benfeitorias deverá ser feita em dinheiro.	
	Também deve ser instruída com o laudo de vistoria e avaliação administrativa.	
O juiz pode despachar a inicial ou imitir o expropriante na posse do bem, em 48 horas.		
Despacho	Determinará a citação do expropriado para contestar e indicar assistente técnico, se tiver interesse e expedir mandado ordenando a averbação do ajuizamento da ação no registro do imóvel expropriando, para conhecimento de terceiros.	
Citação	Deve ser feita na pessoa do proprietário do bem, salvo em casos de falecimento.	
MP deve atuar como fiscal da lei.		
Audiência de conciliação	Deve ser realizada nos dez primeiros dias a contar da citação.	
	Presentes o autor, o réu e o Ministério Público.	
	Não suspende ou interrompe o curso do processo.	
	Partes ou seus representantes legais.	São intimados via postal.
	havendo acordo	Será lavrado, em audiência, o termo assinado pelas partes e pelo representante do *parquet*, sendo que, uma vez integralizado o valor acordado, nos dez dias úteis subsequentes ao pactuado, o Juiz expedirá mandado ao registro imobiliário, determinando a matrícula do bem expropriado em nome do expropriante.
	Sem acordo	A contestação deverá ser apresentada no prazo máximo de quinze dias.
A prova pericial ocorre após a contestação	Adstrita a pontos impugnados do laudo de vistoria administrativa.	
	Simultaneamente, o juiz designará o perito do juízo, formulando os quesitos que julgar necessários, intimando o perito e os assistentes para prestar compromisso, no prazo de cinco dias, assim como realizando a intimação das partes para apresentar quesitos, no prazo de dez dias.	
	Prazo máximo para a produção da prova pericial é 60 dias, do compromisso do perito.	
Audiência de instrução e julgamento	Determinada no prazo máximo de quinze dias.	
	Será aqui proferida sentença judicial ou, nos trinta das subsequentes.	
Sentença	Traz o valor do imóvel, de suas benfeitorias e dos demais componentes do valor da indenização.	
	Se condenar o expropriante, em quantia superior a 50% sobre o valor oferecido na inicial, fica sujeita a duplo grau de jurisdição.	
	O valor estabelecido deve ser depositado pelo expropriante em dinheiro, para as benfeitorias úteis e necessárias inclusive culturas e pastagens artificiais, e em Títulos da Dívida Agrária, para a terra nua.	
	Se reformada, aumentando-se o valor, o expropriante depositará a diferença em 15 dias.	

<table>
<tr><th colspan="4">INTERVENÇÃO DO ESTADO NA PROPRIEDADE</th></tr>
<tr><td rowspan="3"></td><td rowspan="2">Recurso</td><td colspan="2">Apelação com efeito simplesmente devolutivo, quando interposta pelo expropriado.</td></tr>
<tr><td colspan="2">Apelação com efeito devolutivo e suspensivo, quando interposto pelo expropriante.</td></tr>
<tr><td>Honorários advocatícios</td><td colspan="2">Percentual máximo de vinte por cento entre o preço oferecido e o valor da indenização a ser fixado pelo juiz.</td></tr>
<tr><td rowspan="19">DESAPROPRIAÇÕES DIFERENCIADAS</td><td rowspan="3">DESAPROPRIAÇÃO PRIVADA</td><td colspan="2">Transferência compulsória de bem privado a outros particulares, sem a intervenção estatal.</td></tr>
<tr><td colspan="2">Se admite quando se tratar de imóvel de extensa área, na posse ininterrupta e de boa fé, por mais de cinco anos, de considerável número de pessoas, desde que elas tenham realizado, isoladamente ou em conjunto, obras e serviços de relevante interesse social e econômico nos moldes do § 4°, art. 1228, do CC/02.</td></tr>
<tr><td colspan="2">A sentença será justo título para fins de registro no Cartório de Registros do Imóvel.</td></tr>
<tr><td rowspan="2"></td><td colspan="2">Valor da indenização definida pelo juiz.</td></tr>
<tr><td colspan="2">Mesmo sendo criado pelo direito civil tem como base o princípio da supremacia do interesse público sobre o interesse privado.</td></tr>
<tr><td rowspan="14">DESAPROPRIAÇÃO INDIRETA</td><td colspan="2">Ocorre nas situações em que o Estado invade o bem privado sem respeitar os procedimentos administrativos e judiciais inerentes à desapropriação.</td></tr>
<tr><td colspan="2">Também chamada de apossamento administrativo.</td></tr>
<tr><td colspan="2">Dada a destinação pública ao bem, ao proprietário só resta pleitear o pagamento de justa indenização, através da Ação de Indenização por Desapropriação Indireta.</td></tr>
<tr><td colspan="2">A conduta estatal é ilícita e passível de responsabilização nos moldes do art. 35 do Decreto-lei 3.365/41.</td></tr>
<tr><td rowspan="3">Requisitos jurisprudenciais</td><td>O apossamento irregular do bem pelo poder público.</td></tr>
<tr><td>A destinação pública deste bem.</td></tr>
<tr><td>A impossibilidade de se reverter a situação sem ensejar prejuízos aos interesses da coletividade.</td></tr>
<tr><td colspan="2">A reintegração de posse e o interdito só não serão cabíveis se o bem já tiver destinação pública, dada pelo Estado.</td></tr>
<tr><td colspan="2">Se já incorporado ao patrimônio público, o bem, as ações possessórias previstas no CC/02 serão convertidas em ação de indenização por desapropriação indireta ou por apossamento administrativo.</td></tr>
<tr><td colspan="2">A competência para julgamento do feito é a do local da situação do imóvel conforme art. 95, do CC/02.</td></tr>
<tr><td colspan="2">A indenização nestes casos será paga posteriormente por meio de precatório.</td></tr>
<tr><td rowspan="2">Juros compensatórios</td><td>Começam a incidir a partir do esbulho perpetrado.</td></tr>
<tr><td>Incidem sobre todo o valor do bem, pois a indenização é posterior.</td></tr>
<tr><td>Juros moratórios</td><td>Percentual de 6% ao ano nos moldes do art. 15-B do Decreto-lei 3.365/41.</td></tr>
</table>

<table>
<tr><th colspan="4">INTERVENÇÃO DO ESTADO NA PROPRIEDADE</th></tr>
<tr><td rowspan="2"></td><td rowspan="2"></td><td rowspan="2">Prescrição</td><td>O Código Civil vigente, em seu art. 1238, c/c a súmula 119 do STJ afirmava que o prazo de prescrição da ação de desapropriação indireta seria de 15 anos, uma vez que este é o prazo para usucapião extraordinária do Código Civil atual.</td></tr>
<tr><td>No entanto, o STJ no REsp 1.300.442/SC mudou o entendimento e passou a entender que o parâmetro utilizado deve ser o prazo da usucapião ordinária, ou seja, prazo prescricional de 10 anos.</td></tr>
<tr><td rowspan="10">SITUAÇÕES ESPECÍFICAS NA DESAPROPRIAÇÃO</td><td rowspan="4">DIREITO DE EXTENSÃO</td><td colspan="2">Surge quando a desapropriação de parte da propriedade esvazia o conteúdo econômico da área que não foi desapropriada.</td></tr>
<tr><td colspan="2">Com isso o particular poderá requerer ao poder público que efetive a desapropriação sobre todo o bem, incluindo a área que não lhe será útil isoladamente, calculando-se a indenização sobre todo o espaço do bem.</td></tr>
<tr><td>Desapropriação de imóvel rural</td><td>A jurisprudência vem-se firmando no sentido de que deverá ser considerado inaproveitável qualquer terreno menor que um “módulo fiscal”.</td></tr>
<tr><td colspan="2">Pode ser requerida na via administrativa, em processo ordinário ou como pedido contraposto na ação de desapropriação.</td></tr>
<tr><td rowspan="3">TREDESTINAÇÃO E RETROCESSÃO</td><td>Tredestinação</td><td>Pode ser conceituado como a alteração de finalidade do objeto expropriado, após a realização do procedimento expropriatório e efetiva transferência do bem para a composição do patrimônio público.</td></tr>
<tr><td rowspan="2">Desvio de finalidade do ato</td><td>Nas hipóteses em que há a mudança de destinação específica, somente, mantendo-se a finalidade genérica, qual seja a busca do interesse público, a tredestinação será lícita.</td></tr>
<tr><td>Quando a expropriação é efetivada e o ente público não dá o aproveitamento adequado à propriedade, ocorre a tredestinação ilícita, também designada pela doutrina como adestinação.</td></tr>
<tr><td rowspan="3">Retrocessão</td><td colspan="2">É a retomada do bem somente, porque o ente estatal desapropriou o bem privado e não conferiu a ele qualquer finalidade pública.</td></tr>
<tr><td colspan="2">Conforme a doutrina majoritária, trata-se de uma faculdade do direito real de propriedade que se traduz na prerrogativa de reaver o bem que foi possuído injustamente por terceiros.</td></tr>
<tr><td colspan="2">Celso Antônio Bandeira de Mello define que no momento desta, deverá ser feita uma nova avaliação do bem, devendo o particular pagar o valor indenizatório do bem atualizado.</td></tr>
<tr><td rowspan="4">DESAPROPRIAÇÃO POR ZONA</td><td colspan="3">Se efetiva em razão da realização de obra pública, na qual o ente estatal tem a necessidade de desapropriar, não somente o espaço necessário à construção da obra, mas também a zona vizinha a esta construção nos moldes do art. 4º, do Decreto-Lei 3.365/41.</td></tr>
<tr><td rowspan="2">Pode acontecer:</td><td colspan="2">Em virtude de uma necessidade pública de posterior extensão da obra, devidamente justificada, como forma de dar celeridade à execução da parte acrescida.</td></tr>
<tr><td colspan="2">Se o Estado entender que haverá uma supervalorização dos terrenos vizinhos.</td></tr>
<tr><td colspan="3">ATENÇÃO! Parte da doutrina considera que a desapropriação por zona com a intenção de alienar os bens após a sua valorização se configura especulação imobiliária, contrária ao texto constitucional.</td></tr>
</table>

<table>
<tr><th colspan="4">INTERVENÇÃO DO ESTADO NA PROPRIEDADE</th></tr>
<tr><td></td><td colspan="3">Este entendimento não é aceito pela jurisprudência do Supremo Tribunal Federal que determina ser viável a desapropriação por zona em casos nos quais a obra pública enseje uma valorização extraordinária dos bens vizinhos.</td></tr>
<tr><td rowspan="4">DESAPROPRIAÇÃO DE DOMÍNIO ÚTIL</td><td colspan="3">O art. 678 do CC/16 configura a enfiteuse como a transferência, por ato inter vivos ou causa mortis, a particular, do domínio útil de bem imóvel, repassando ao enfiteuta o direito de usar, fruir, dispor e reaver o bem nas mãos de quem injustamente o detenha (art. 678 do CC/16)</td></tr>
<tr><td colspan="3">Resta somente ao proprietário (titular do domínio real) o direito ao pagamento de foro anual e de laudêmio em caso de alienação do domínio útil a terceiros.</td></tr>
<tr><td colspan="3">O domínio útil pode ser objeto de disputa entre particulares, admitindo-se, desta forma, a desapropriação envolvendo o domínio útil, cujo valor deverá ser dividido entre o titular do domínio real e o proprietário.</td></tr>
<tr><td colspan="3">O titular do domínio útil fará jus a 83% do valor indenizatório, devendo o restante do valor ser pago ao senhorio direto, proprietário do bem (art. 103, §2º do Decreto-Lei 9.760/46).</td></tr>
<tr><td rowspan="13">LIMITAÇÃO ADMINISTRATIVA</td><td colspan="3">É determinada unilateralmente pelo poder público, mediante a edição de lei, e visa a satisfazer os interesses da sociedade.</td></tr>
<tr><td colspan="3">É uma restrição de caráter geral, não atingindo um bem especificamente, mas sim todos os proprietários que estiverem na situação descrita na norma.</td></tr>
<tr><td colspan="3">Decorrem do exercício do poder de polícia do Estado, limitando o uso da propriedade.</td></tr>
<tr><td colspan="3">Produz efeitos ex nunc, não retroagindo para atingir pessoas e propriedades que respeitavam a situação anterior.</td></tr>
<tr><td rowspan="7">DIREITO DE PREEMPÇÃO</td><td colspan="2">O Estatuto da Cidade (Lei 10.257/2001) define algumas regras que são exemplos de limitação.</td></tr>
<tr><td colspan="2">O art. 25, da Lei 10.257/01 criou o Direito de Preempção (direito de preferência), que confere ao Poder Público municipal, preferência para aquisição de imóvel urbano, objeto de alienação onerosa entre particulares.</td></tr>
<tr><td colspan="2">Frise-se que a lei poderá determinar a incidência do direito por, no máximo cinco anos e após este, apenas depois de um ano de carência será admitida nova lei acerca deste direito na mesma área.</td></tr>
<tr><td colspan="2">O poder público será notificado pelo particular, sendo-lhe concedido o prazo de trinta dias para definir se possui, ou não, interesse na aquisição do bem, nos termos da proposta formulada pelo particular.</td></tr>
<tr><td colspan="2">Se não houver manifestação do Estado, no prazo, o particular poderá vendê-lo, nos mesmos termos da proposta apresentada ao Estado, a qualquer pessoa interessada.</td></tr>
<tr><td colspan="2">Após a venda, o proprietário deve apresentar ao Município, em trinta dias, cópia do instrumento público de alienação do imóvel.</td></tr>
<tr><td colspan="2">Não respeitado o direito de preempção, a alienação indevida será nula, podendo o Estado adquirir o bem pelo valor da transação ou pelo valor venal do bem, o que for mais baixo.</td></tr>
<tr><td rowspan="3">Indenização</td><td colspan="2">Por não gerar danos específicos, não enseja o dever de indenização do proprietário do bem, inicialmente.</td></tr>
<tr><td rowspan="2">Entendimento do STJ</td><td>Vem reconhecendo este direito, mormente nos casos em que a aquisição do bem pelo particular se dê antes da existência da restrição.</td></tr>
<tr><td>No entanto, deve-se aplicar a prescrição quinquenal próprias das ações contra a fazenda pública.</td></tr>
</table>

<table>
<tr><th colspan="4">INTERVENÇÃO DO ESTADO NA PROPRIEDADE</th></tr>
<tr><td rowspan="22">SERVIDÃO ADMINISTRATIVA</td><td></td><td colspan="2">Sempre que, a pretexto de instituir uma limitação administrativa, o ente estatal torne impossível a utilização do bem pelo proprietário, a medida, na verdade, se configurará uma situação de desapropriação indireta, ensejando o dever de indenizar ao poder público.</td></tr>
<tr><td colspan="3">Recairá sempre sobre bens imóveis determinados e, necessariamente, deve ser registrada, no Cartório de Registro de Imóveis, para que produza efeitos erga omnes.</td></tr>
<tr><td colspan="3">O instituto se configura na utilização de um bem privado pelo ente estatal para a prestação de um determinado serviço público ou execução de atividade de interesse público.</td></tr>
<tr><td colspan="3">Restrição com natureza de direito real na coisa alheia.</td></tr>
<tr><td colspan="3">Pode-se determinar a existência de um prédio serviente.</td></tr>
<tr><td colspan="3">O interesse público é dominante.</td></tr>
<tr><td colspan="3">Afeta o caráter exclusivo da propriedade.</td></tr>
<tr><td colspan="3">Decorre do poder de polícia do Estado, que sujeita o direito de propriedade dos cidadãos ao cumprimento de sua função social.</td></tr>
<tr><td colspan="3">Conforme o art. 40, do Decreto-Lei 3.365/41, caso a medida enseje um prejuízo ao proprietário, será devida a indenização prévia.</td></tr>
<tr><td colspan="3">O concessionário de serviços públicos pode instituir servidão, após a efetivação de declaração de interesse público pelo ente estatal nos moldes do art. 18, XII, da lei 8.987/95.</td></tr>
<tr><td>Bens Públicos</td><td colspan="2">Para doutrina majoritária é possível a incidência de servidão administrativa sobre bens públicos, desde que seja respeitada a "hierarquia federativa".</td></tr>
<tr><td rowspan="11">CONSTITUIÇÃO E EXTINÇÃO DA SERVIDÃO ADMINISTRATIVA</td><td colspan="2">procedida mediante a expedição de um ato declaratório, informando o interesse na utilização do bem e posterior execução</td></tr>
<tr><td rowspan="2">Servidão decorrente de lei</td><td>Se trata de matéria controversa entre os estudiosos, quanto sua possibilidade.</td></tr>
<tr><td>Tem todas as características inerentes a uma limitação administrativa.</td></tr>
<tr><td>Instituída mediante acordo</td><td>É quando o particular concorda com o valor indenizatório ofertado pelo ente estatal, sendo a servidão extrajudicialmente.</td></tr>
<tr><td rowspan="2">Mediante sentença judicial</td><td>Quando o particular não concorda com o valor ofertado.</td></tr>
<tr><td>O pagamento de montante indenizatório justo estabelecido após perícia.</td></tr>
<tr><td colspan="2">A Súmula 415 do STF assim dispõe: "Servidão de trânsito não titulada, mas tomada permanente, sobretudo pela natureza das obras realizadas, considera-se aparente, conferindo direito à proteção possessória".</td></tr>
<tr><td colspan="2">A servidão tem caráter perpétuo, pois ela decorre de uma necessidade administrativa por prazo indeterminado.</td></tr>
<tr><td rowspan="3">Extinção</td><td>Quando não há mais interesse público.</td></tr>
<tr><td>Quando há desaparecimento do bem.</td></tr>
<tr><td>Quando ocorre a aquisição do bem pelo Poder Público.</td></tr>
</table>

<table>
<tr><th colspan="5">INTERVENÇÃO DO ESTADO NA PROPRIEDADE</th></tr>
<tr><td rowspan="21"></td><td rowspan="3"></td><td rowspan="3"></td><td colspan="2">Com a perda da coisa gravada com o ônus real, como pode ocorrer com a demolição de um prédio pelo proprietário.</td></tr>
<tr><td colspan="2">Quando a coisa dominante perde a afetação pública.</td></tr>
<tr><td colspan="2">Com exceção da servidão legal (de que não há registro), todos os casos de extinção devem ocorrer através do registro desta extinção nos respectivos registros do imóvel.</td></tr>
<tr><td rowspan="2">SEMELHANÇAS ENTRE SERVIDÃO CIVIL E SERVIDÃO ADMINISTRATIVA</td><td colspan="3">Ambos os institutos decorrem de uma relação de dominação entre propriedade, configurando-se em direito real na coisa alheia.</td></tr>
<tr><td colspan="3">Em ambos os casos, trata-se de direito perpétuo, não havendo a prescrição pelo decurso do tempo e não podendo ser presumido.</td></tr>
<tr><td rowspan="3">DIFERENÇAS ENTRE SERVIDÃO CIVIL E SERVIDÃO ADMINISTRATIVA</td><td>Civil</td><td colspan="2">É restrição imposta a um prédio privado, em benefício de outro prédio privado.</td></tr>
<tr><td rowspan="2">Administrativa</td><td colspan="2">Um determinado prédio privado se torna serviente à execução de atividades de interesse público.</td></tr>
<tr><td colspan="2">Excepcionalmente, se admite a relação de dominação em relação a outro prédio.</td></tr>
<tr><td colspan="4">ATENÇÃO! As intervenções restritivas deverão atingir, em situações específicas, ou o caráter absoluto (Limitação administrativa, tombamento) ou exclusivo do bem (Servidão).</td></tr>
<tr><td rowspan="12">TOMBAMENTO</td><td colspan="3">Forma de proteção ao meio ambiente, no que tange aos aspectos do patrimônio histórico, artístico e cultural.</td></tr>
<tr><td colspan="3">Define regras de forma a evitar a destruição do bem.</td></tr>
<tr><td colspan="3">Decreto-Lei 25/37 regula no âmbito federal o instituto.</td></tr>
<tr><td rowspan="5">Competência</td><td colspan="2">Concorrente entre os entes federativos.</td></tr>
<tr><td colspan="2">Bem de interesse local: será tombado pelo município.</td></tr>
<tr><td colspan="2">Bem de interesse regional: sofrerá tombamento efetivado pelo estado.</td></tr>
<tr><td colspan="2">Bem de interesse nacional: o tombamento é de competência da União.</td></tr>
<tr><td colspan="2">ATENÇÃO! Todos os entes federativos podem praticar o ato e o mesmo bem pode sofrer mais de um tombamento.</td></tr>
<tr><td>Competência legislativa</td><td colspan="2">A União expede normas gerais; os estados e o distrito federal expedem normas específicas, não havendo competência legislativa atribuída aos entes municipais nos moldes do inciso IX, art. 30, CF/88.</td></tr>
<tr><td colspan="3">IPHAN - autarquia federal que toma as medidas necessárias à proteção dos bens.</td></tr>
<tr><td rowspan="2">Tombamento pode ser:</td><td>Voluntário</td><td>Decorre da solicitação do proprietário ou concorda com o tombamento iniciado por iniciativa do poder público.</td></tr>
<tr><td>Compulsório</td><td>Quando o proprietário se recusar a anuir, devendo ser instaurado procedimento administrativo.</td></tr>
</table>

INTERVENÇÃO DO ESTADO NA PROPRIEDADE				
			Geral	É expedida norma abstrata, atingindo uma quantidade indeterminada de bens.
			Individual	Incide sobre bem especificado no ato.
			Definitivo	Ocorre ao final do procedimento, mediante transcrição no registro do imóvel.
			Provisório	É medida cautelar administrativa no bojo do processo administrativo de tombamento, para garantir o resultado prático do processo.
			Total	Recai sobre todo o bem.
			Parcial	Recai sobre parte do bem.
	BENS OBJETOS DE TOMBAMENTO	Podem ser eles bens móveis ou imóveis.		
		Para os bens incorpóreos, existe a previsão de **registro** nos órgãos de proteção ao Patrimônio Histórico Artístico e Cultural, não lhe impondo as exigências decorrentes do tombamento.		
		Bens públicos	Doutrina majoritária se posiciona no sentido de que a restrição a bens públicos é indevida.	
			No entanto, o tombamento não retira a propriedade do bem, sendo irrelevante, nestes casos, que o proprietário do bem seja o poder público.	
			Decreto-Lei 25/37	O tombamento dos bens pertencentes aos entes federativos se fará de ofício, por ordem do diretor do Serviço do Patrimônio Histórico e Artístico Nacional.
				O ente deverá ser notificado.
		Excluem-se do patrimônio histórico e artístico nacional, não podendo ser, portanto, objeto de tombamento as obras de origem estrangeira que pertençam às representações diplomáticas ou consulares acreditadas no país; que adornem quaisquer veículos pertencentes a empresas estrangeiras, que façam carreira no país; que pertençam a casas de comércio de objetos históricos ou artísticos; que sejam trazidas para exposições comemorativas, educativas ou comerciais ou que sejam importadas por empresas estrangeiras expressamente para adorno dos respectivos estabelecimentos.		
	OBRIGAÇÕES DECORRENTES DO TOMBAMENTO	**Obrigações de fazer**	**Direito de preferência**	O direito de preferência, nas alienações extrajudiciais, foi extinto pelo art. 1.072, I do Código de Processo Civil.
				No entanto, a preferência se mantém somente em casos de alienações judiciais, consoante dispõe o art. 892, § 3º do CPC.
				ATENÇÃO! O proprietário da coisa tombada pode gravá-la livremente (penhor, anticrese ou hipoteca).
			Dever de conservação	O proprietário deve conservar o bem da forma como se encontra.

INTERVENÇÃO DO ESTADO NA PROPRIEDADE				
				Se não tiver condições financeiras de realizar a conservação, deverá informar ao poder público (art. 19, do Decreto-Lei 25/37).
			Dever de comunicação em caso de extravio	Deve o proprietário comunicar ao Serviço do Patrimônio Histórico e Artístico Nacional, dentro do prazo de cinco dias, sob pena de multa de dez por cento sobre o valor da coisa.
			Registro especial	A legislação determina que os negociantes de antiguidades, de obras de arte de qualquer natureza, de manuscritos e livros antigos ou raros são obrigados a um registro especial no Serviço do Patrimônio Histórico e Artístico Nacional, cumprindo-lhes, outrossim, apresentar semestralmente ao órgão relações completas das coisas históricas e artísticas que possuírem.
		Obrigações de não fazer	**Retirada do país**	Não é possível tirar o bem do país, salvo, por curto período de tempo, para fim de intercâmbio cultural, a juízo do Conselho Consultivo do Serviço do Patrimônio Histórico e Artístico Nacional.
				Exportação do bem enseja o sequestro e multa de cinquenta por cento do valor da coisa.
			Não destruição	Qualquer reforma a ser realizada na propriedade depende de autorização do Estado, sob pena de multa no valor de cinquenta por cento do dano causado.
		Obrigação de tolerar	**Fiscalização**	O proprietário do bem tem que tolerar a fiscalização pelo Poder Público (art. 20, do Decreto-lei 25/37).
		ATENÇÃO! O vizinho não pode impedir a visualização e nem o acesso ao bem tombado pois trata-se de forma de servidão instituída por lei.		
	INDENIZAÇÃO	Como regra, o tombamento é intervenção na propriedade que não gera direito à indenização, pois não configura um efetivo prejuízo ao proprietário.		
		A indenização é cabível quando ensejar esvaziamento do valor econômico do bem, configurando uma verdadeira desapropriação indireta.		
		Também será passível de indenização, quando o tombamento ensejar gastos desproporcionais para a manutenção do bem.		
	PROCEDIMENTO	O tombamento é efetivado mediante procedimento administrativo, respeitando o contraditório e a ampla defesa, ressalvados os casos de tombamento voluntário.		
		É no livro do tombo que são registrados todos os bens de interesse histórico artístico ou cultural. Frise-se que cada ente deve conservá-lo.		

<table>
<tr><th colspan="4">INTERVENÇÃO DO ESTADO NA PROPRIEDADE</th></tr>
<tr><td rowspan="16"></td><td rowspan="8"></td><td colspan="2">O Serviço do Patrimônio Histórico e Artístico Nacional avalia se o bem deve ser tombado e, concluindo pelo interesse na propriedade, notificará o proprietário para anuir ao tombamento, dentro do prazo de quinze dias, a contar do recebimento da notificação, ou para, se o quiser impugnar, oferecer dentro do mesmo prazo as razões de sua impugnação.</td></tr>
<tr><td>Sem impugnação</td><td>O diretor do Serviço do Patrimônio Histórico e Artístico Nacional mandará por simples despacho que se proceda à inscrição da coisa no competente Livro do Tombo.</td></tr>
<tr><td rowspan="2">Com impugnação</td><td>Abrir-se-á vistas dentro de 15 dias ao órgão com iniciativa do tombamento.</td></tr>
<tr><td>depois o processo será remetido ao Conselho Consultivo do Serviço do Patrimônio Histórico e Artístico Nacional, que proferirá decisão, em sessenta dias, a contar do seu recebimento.</td></tr>
<tr><td>Sentença</td><td>Cabe recurso ao Presidente da República, conforme Decreto-Lei 3.866/41.</td></tr>
<tr><td colspan="2">ATENÇÃO! É cabível o tombamento provisório para evitar uma possível destruição do bem.</td></tr>
<tr><td colspan="2">O tombamento definitivo será registrado no livro do tombo e, em caso de bens imóveis, ainda deverá ser procedido ao registro no Cartório de Registro do Imóveis.</td></tr>
<tr><td colspan="2">O tombamento de bens no IPHAN depende de homologação do Ministro de Estado da Educação de Cultura, após parecer do respectivo Conselho Consultivo nos moldes da Lei 6.292/75.</td></tr>
<tr><td rowspan="5">EXTINÇÃO</td><td colspan="2">Por ser o ato de tombamento eminentemente discricionário, se após a efetivação da restrição, não houver mais interesse público na conservação do bem, por qualquer ato devidamente justificado, pode o poder público revogá-lo.</td></tr>
<tr><td colspan="2">Se possuir algum vício pode ser o ato anulado por decisão administrativa ou judicial.</td></tr>
<tr><td colspan="2">Por desaparecimento do bem tombado.</td></tr>
<tr><td colspan="2">Nos casos de desaparecimento do bem.</td></tr>
<tr><td colspan="2">É possível o cancelamento do ato de tombamento, consoante disposição do Decreto-Lei 25/37.</td></tr>
<tr><td rowspan="3">TOMBAMENTO X SERVIDÃO ADMINISTRATIVA</td><td>Parte da doutrina</td><td>Acredita que o tombamento se configura uma espécie de servidão administrativa, de natureza especial.</td></tr>
<tr><td rowspan="2">Doutrina Majoritária</td><td>Tombamento e servidão não se confundem.</td></tr>
<tr><td>O tombamento é uma espécie autônoma de intervenção na propriedade privada, com a intenção específica de proteção ao patrimônio histórico, artístico e cultural, não se confundindo com a servidão ou a limitação administrativa.</td></tr>
<tr><td>REQUISIÇÃO ADMINISTRATIVA</td><td colspan="3">Intervenção restritiva na propriedade privada que visa a solucionar situações de iminente perigo, mediante a utilização de bens privados pelo ente estatal, enquanto durar a situação de risco nos moldes do art. 5º, XXIII, da CF/88.</td></tr>
</table>

<table>
<tr><th colspan="5">INTERVENÇÃO DO ESTADO NA PROPRIEDADE</th></tr>
<tr><td rowspan="7"></td><td>Competência legislativa</td><td colspan="3">Da União Federal, de forma exclusiva (III, art. 22, da CF/88).</td></tr>
<tr><td rowspan="6">CARACTERÍSTICAS E OBJETO DA REQUISIÇÃO</td><td colspan="3">A requisição goza do atributo da auto-executoriedade, podendo ser determinada pelo poder público, independentemente da concordância do particular ou de decisão judicial.</td></tr>
<tr><td colspan="3">Para que seja admitida a requisição, se faz necessário o pagamento da indenização, posterior à execução do ato e desde que tenha sido comprovada a existência de danos ao bem objeto da restrição.</td></tr>
<tr><td colspan="3">Admite-se a possibilidade de incidência da medida restritiva sobre bens móveis e imóveis, havendo a possibilidade inclusive de requisição de serviços em conformidade com o art. 15, XIII, da lei 8.080/90.</td></tr>
<tr><td rowspan="2">Bens consumíveis</td><td>Fungível</td><td>Pode ser requisitado.</td></tr>
<tr><td>Infungível</td><td>Não pode ser requisitado.</td></tr>
<tr><td colspan="3"></td></tr>
<tr><td rowspan="13">OCUPAÇÃO TEMPORÁRIA</td><td colspan="4">Intervenção por meio da qual o ente público utiliza um determinado bem privado por prazo determinado, para satisfazer necessidades de interesse público, podendo se dar de forma gratuita ou remunerada.</td></tr>
<tr><td rowspan="2">Decreto lei 3.365/41</td><td colspan="3">O art. 36 dispõe que o Estado poderá temporariamente utilizar bens privados vizinhos às obras públicas como meio de apoio, para alocação do maquinário e assentamento dos funcionários da obra.</td></tr>
<tr><td colspan="3">Necessita de ato declaratório informando a necessidade pública na utilização do bem e posterior execução da medida.</td></tr>
<tr><td rowspan="2">Lei 3.924/61</td><td colspan="3">Ocupação temporária de bens privados para que se faça a pesquisa e escavação, sempre que houver indícios de se tratar de sítio arqueológico.</td></tr>
<tr><td colspan="3">Deve ser lavrado um auto, antes do início dos estudos, no qual se descreva o aspecto exato do local nos moldes do art. 14.</td></tr>
<tr><td>Lei 8.666/93</td><td colspan="3">Quando os serviços são essenciais, pode a Administração Pública ocupar provisoriamente bens móveis, imóveis, pessoal e serviços vinculados ao objeto do contrato, na hipótese da necessidade de acautelar apuração administrativa de faltas contratuais pelo contratado, bem como na hipótese de rescisão do contrato administrativo conforme art. 58, V.</td></tr>
<tr><td>Lei 8.987/95</td><td colspan="3">há possibilidade de ocupação dos bens da concessionária para evitar a paralisação dos serviços públicos prestados.</td></tr>
<tr><td colspan="4">Não deve ser o instituto utilizado em casos nos quais a utilização do bem se dê em razão de situação de iminente perigo.</td></tr>
<tr><td rowspan="2">Indenização</td><td colspan="3">A princípio não será devida.</td></tr>
<tr><td colspan="3">Mas se a utilização do bem pelo poder público causar prejuízos ao proprietário, deverá ser garantida a reparação destes danos.</td></tr>
<tr><td colspan="4">ATENÇÃO! Alguns doutrinadores estabelecem o gênero ocupação provisória para tratar de requisição e ocupação temporária. Neste sentido, ocupação provisória seria gênero, dividido em duas espécies: requisição administrativa (situações em que há perigo iminente) e ocupação temporária (sem a ocorrência da situação de perigo).</td></tr>
</table>

7. SÚMULAS

7.1. Súmulas do STF

- **Súmula Vinculante n. 17:** Durante o período previsto no parágrafo 1° do artigo 100 da Constituição, não incidem juros de mora sobre os precatórios que nele sejam pagos.
- **Súmula n. 23:** Verificados os pressupostos legais para o licenciamento da obra, não o impede a declaração de utilidade pública para desapropriação do imóvel, mas o valor da obra não se incluirá na indenização, quando a desapropriação for efetivada.
- **Súmula n. 111:** É legítima a incidência do imposto de transmissão "inter vivos" sobre a restituição, ao antigo proprietário, de imóvel que deixou de servir a finalidade da sua desapropriação.
- **Súmula n. 157:** É necessária prévia autorização do Presidente da República para desapropriação, pelos estados, de empresa de energia elétrica.
- **Súmula n. 164:** No processo de desapropriação, são devidos juros compensatórios desde a antecipada imissão de posse, ordenada pelo juiz, por motivo de urgência.
- **Súmula n. 218:** É competente o juízo da Fazenda Nacional da Capital do Estado, e não o da situação da coisa, para a desapropriação promovida por empresa de energia elétrica, se a União Federal intervém como assistente.
- Súmula n. 378: Na indenização por desapropriação incluem-se honorários do advogado do expropriado.
- **Súmula n. 415:** Servidão de trânsito não titulada, mas tomada permanente, sobretudo pela natureza das obras realizadas, considera-se aparente, conferindo direito à proteção possessória.
- **Súmula n. 416:** Pela demora no pagamento do preço da desapropriação não cabe indenização complementar além dos juros.
- **Súmula n. 476:** Desapropriadas as ações de uma sociedade, o poder desapropriante, imitido na posse, pode exercer, desde logo, todos os direitos inerentes aos respectivos títulos.
- **Súmula n. 561:** Em desapropriação, é devida a correção monetária até a data do efetivo pagamento da indenização, devendo proceder-se à atualização do cálculo, ainda que por mais de uma vez.
- **Súmula n. 617:** A base de cálculo dos honorários de advogado em desapropriação é a diferença entre a oferta e a indenização, corrigidas ambas monetariamente.
- **Súmula n. 618:**: Na desapropriação, direta ou indireta, a taxa dos juros compensatórios é de 12% (doze por cento) ao ano.
- **Súmula n. 652:** Não contraria a Constituição o art. 15, § 1º,do Dl. 3.365/41 (Lei da Desapropriação por utilidade pública).
- **Súmula n. 668:** É inconstitucional a lei municipal que tenha estabelecido, antes da Emenda Constitucional 29/2000, alíquotas progressivas para o IPTU, salvo se destinada a assegurar o cumprimento da função social da propriedade urbana.

7.2. Súmulas do STJ

- **Súmula n. 56:** Na desapropriação para instituir servidão administrativa são devidos os juros compensatórios pela limitação de uso da propriedade.
- **Súmula n. 67:** Na desapropriação, cabe a atualização monetária, ainda que por mais de uma vez, independente do decurso de prazo superior a um ano entre o cálculo e o efetivo pagamento da indenização.
- **Súmula n. 69:** Na desapropriação direta, os juros compensatórios são devidos desde a antecipada imissão na posse e, na desapropriação indireta, a partir da efetiva ocupação do imóvel.
- **Súmula n. 102:** A incidência dos juros moratórios sobre os compensatórios, nas ações expropriatórias, não constitui anatocismo vedado em lei.
- **Súmula n. 113:** Os juros compensatórios, na desapropriação direta, incidem a partir da imissão na posse, calculados sobre o valor da indenização, corrigido monetariamente.
- **Súmula n. 114:** Os juros compensatórios, na desapropriação indireta, incidem a partir da ocupação, calculados sobre o valor da indenização, corrigidos monetariamente.
- **Súmula n. 119:** A ação de desapropriação indireta prescreve em vinte anos.
- **Súmula n.131:** Nas ações de desapropriação incluem-se no cálculo da verba advocatícia as parcelas relativas aos juros compensatórios e moratórios, devidamente corrigidas.

- **Súmula n. 141:** Os honorários de advogado em desapropriação direta são calculados sobre a diferença entre a indenização e a oferta, corrigidas monetariamente.
- **Súmula n. 354:** A invasão do imóvel é causa de suspensão do processo expropriatório para fins de reforma agrária.
- **Súmula n. 408:** Nas ações de desapropriação, os juros compensatórios incidentes após a Medida Provisória n. 1.577, de 11/06/1997, devem ser fixados em 6% ao ano até 13/09/2001 e, a partir de então, em 12% ao ano, na forma da Súmula n. 618 do Supremo Tribunal Federal.

8. JURISPRUDÊNCIAS 2015/2016

- **ADMINISTRATIVO. IMPROCEDÊNCIA DA ALEGAÇÃO DE NEGATIVA DE PRESTAÇÃO JURISDICIONAL. DESAPROPRIAÇÃO. REFORMA AGRÁRIA. IMPOSSIBILIDADE DE INDENIZAÇÃO DA COBERTURA FLORÍSTICA EM SEPARADO, ANTE A COMPROVAÇÃO DE QUE NÃO HOUVE PRÉVIA E REGULAR EXPLORAÇÃO ECONÔMICA DO POTENCIAL MADEIREIRO. RECURSO PROVIDO.** Não houve negativa de prestação jurisdicional, porquanto inexistente a contradição aventada nos declaratórios opostos, pois a parte embargante (INCRA), em verdade, buscava a retratação do Colegiado local em tema de mérito, e não a integração do julgado. Descabe, assim, ver ofensa ao art. 535 do CPC. No caso concreto, embora o Tribunal de origem tenha afirmado a impossibilidade da avaliação em separado da cobertura florística, terminou por agregar ao preço da indenização 10% (dez por cento) sobre o valor da terra nua encontrado pelo perito judicial. Assentada nos autos a falta de prévia e regular exploração econômica do potencial madeireiro, não se pode cogitar da outorga de qualquer compensação financeira adicional em favor dos expropriados, máxime por meio de percentual aleatório e não previsto em lei. Recurso especial provido, para o fim de se cancelar do acórdão recorrido o acréscimo de 10% (dez por cento) sobre o valor da terra nua, relativo à cobertura florística da área expropriada. STJ. REsp 1287823/MT. RECURSO ESPECIAL 2011/0249035-2. Relator(a): Ministro ARI PARGENDLER (1104). Relator(a) p/ Acórdão: Ministro SÉRGIO KUKINA (1155). Órgão Julgador: T1 - PRIMEIRA TURMA. Data do Julgamento: 04/08/2015. Data da Publicação/Fonte: DJe 28/08/2015.
- **DIREITO CONSTITUCIONAL E DIREITO ADMINISTRATIVO. DESAPROPRIAÇÃO. GARANTIA DE JUSTA E PRÉVIA INDENIZAÇÃO EM DINHEIRO. COMPATIBILIDADE COM O REGIME DE PRECATÓRIOS. PRESENÇA DE REPERCUSSÃO GERAL. 1. Constitui questão constitucional saber se e como a justa e prévia indenização em dinheiro assegurada pelo art. 5º, XXIV, da CRFB/1988 se compatibiliza com o regime de precatórios instituído no art. 100 da Carta. 2. Repercussão geral reconhecida. (STF -** RE 922144 RG / MG - MINAS GERAIS. REPERCUSSÃO GERAL NO RECURSO EXTRAORDINÁRIO. Relator (a): Min. ROBERTO BARROSO Julgamento: 29/10/2015. Publicação. PROCESSO ELETRÔNICO. DJe-229 DIVULG 13-11-2015 PUBLIC 16-11-2015).
- **AGRAVO REGIMENTAL. DESAPROPRIAÇÃO INDIRETA. CONSTITUIÇÃO DE RESERVA INDÍGENA NA ÁREA ARIPUANÃ. VENDA "A NON DOMINO". INDENIZAÇÃO. BENFEITORIAS. REEXAME DE FATOS E PROVAS. SÚMULA 279 DO STF. 1. O Tribunal de origem consignou, no acórdão recorrido, que o ato de homologação da demarcação da reserva indígena foi editado em 1991, portanto, sob a égide da Constituição da República de 1988, incidindo, na hipótese, o disposto no artigo 231, § 6º, do Texto Constitucional. Entendimento contrário exige o revolvimento de matéria fática, o que é vedado pela Súmula 279 deste Tribunal. 2. Agravo regimental a que se nega provimento. (STF -** RE 636272 AgR / MT - MATO GROSSO. AG.REG. NO RECURSO EXTRAORDINÁRIO. Relator(a): Min. EDSON FACHIN. Julgamento: 13/10/2015. Órgão Julgador: Primeira Turma. Publicação. ACÓRDÃO ELETRÔNICO. DJe-230 DIVULG 16-11-2015 PUBLIC 17-11-2015).

8.1. Informativos do STF

- **Informativo n. 818**

  O Plenário iniciou o julgamento de embargos de declaração opostos de decisão proferida no RE 571.969/DF (DJe de 18.9.2014), na qual assentara-se que a União, na qualidade de contratante, possui responsabilidade civil por prejuízos suportados por companhia aérea em decorrência de planos econômicos existentes no período objeto da ação. Alega-se omissão quanto ao afastamento do instituto da preclusão acerca da impugnação aos critérios utilizados na perícia para a aferição do desequilíbrio econômico-financeiro do contrato de concessão. Sustenta-se, também, omissão sobre a prevalência do regime intervencionista do Estado com relação ao instituto da responsabilidade objetiva. Argui-se ser contraditória a indicação do instituto da desapropriação como exemplo de responsabilidade do Estado por ato ilícito, bem assim o próprio resultado do julgamento, em face de conclusão do laudo pericial no sentido da ausência de nexo causal entre as medidas de intervenção e o agravamento das dívidas da embargada. Por fim, afirma-se que a limitação de lucro excessivo não configura dano indenizável. A Ministra Cármen Lúcia (relatora) desproveu os embargos. Aduziu que esse instrumento processual não se presta para provocar reforma da decisão embargada, salvo nos pontos em que haja omissão, contradição ou obscuridade (CPC, art. 535). No caso, todavia, não se pretende provocar esclarecimento, mas modificar o conteúdo do julgado, para afastar a responsabilidade da União pelos danos causados à embargada. A relatora entendeu que o acórdão impugnado enfrentara, devidamente, a questão relativa ao reconhecimento da preclusão sobre a impugnação feita aos critérios utilizados na perícia para a aferição do desequilíbrio econômico-financeiro do contrato de concessão. Ademais, fora enfatizado que o afastamento da preclusão e, consequentemente, da intempestividade da peça apresentada pela União, é matéria infraconstitucional, insuscetível de análise em sede de recurso extraordinário. De igual modo, incabível, nessa via, o exame dos elementos afetos ao equilíbrio econômico-financeiro de contrato **administrativo**. Após os votos dos Ministros Edson Fachin, Roberto Barroso, Rosa Weber e Marco Aurélio, nesse mesmo sentido, pediu vista o Ministro Gilmar Mendes. **RE 571969 ED/DF, rel. Min. Cármen Lúcia, 17.3.2016. (RE-571969)**

9. QUESTÕES DE CONCURSOS

1. (FCC - 2014 - TRF - 4ª REGIÃO - Analista Judiciário - Oficial de Justiça Avaliador Federal) A empresa responsável pelo abastecimento de água e saneamento local precisa implantar um emissário subterrâneo de esgoto em um terreno particular próximo à estação de tratamento existente, onde se cultiva cana-de-açúcar. Para tanto

a) poderá instituir ocupação temporária ou requisição administrativa, que perdurarão pelo tempo necessário para a utilização do emissário, dispensando-se indenização ao proprietário.

b) deverá adquirir a porção do terreno necessária à instalação da infraestrutura subterrânea.

c) poderá desapropriar a porção de terreno necessária à instalação da infraestrutura, dispensada indenização, tendo em vista que não haverá restrição à exploração econômica.

d) deverá decretar o tombamento da área, com a consequente preservação e impossibilidade de utilização da porção do terreno para outra finalidade além do emissário de esgoto.

e) poderá instituir servidão administrativa, indenizando o proprietário do terreno pelos prejuízos experimentados pela restrição operada.

2. (VUNESP - 2014 - TJ-PA - Juiz de Direito Substituto) Assinale a alternativa que corretamente discorre acerca da desapropriação indireta.

a) Para realizar a desapropriação indireta basta afetar o bem particular ao fim público.

b) É uma espécie de desapropriação de fato, permitida expressamente pela legislação.

c) Em nenhuma hipótese o tombamento ambiental acarretará desapropriação indireta.

d) O proprietário poderá sempre solicitar em juízo que o Poder Público restitua a coisa.

e) É um esbulho possessório praticado pelo Estado, que invade área privada sem contraditório ou indenização

3. (CESPE - 2014 - Câmara dos Deputados - Analista Legislativo - Consultor Legislativo Área VIII) Acerca do regime jurídico dos bens públicos, julgue o próximo item.

A desapropriação é forma de aquisição originária da propriedade, por isso será válida ainda que a indenização seja paga a quem não seja o proprietário do bem.

4. (FGV – TJ AM – JUIZ SUBSTITUTO DE CARREIRA/2015) A desapropriação é um procedimento administrativo que possui duas fases: a primeira denominada declaratória e a segunda denominada executória, que poderá seguir a via amigável ou judicial. Quanto à primeira fase, responda quais os efeitos produzidos pelo ato declaratório. Quanto à segunda fase, responda em qual momento a administração expropriante adquire a propriedade do bem objeto da desapropriação, caso esta se dê pela via judicial. (Não deve o candidato realizar o eventual relatório, observando a necessidade, diante das linhas, de demonstrar objetividade em sua resposta).

5. **(TRF 5 - Juiz Federal Substituto 5ª região/2015)** Assinale a opção correta no que tange às formas de intervenção do Estado na propriedade.

a) A requisição, modalidade de intervenção estatal que ocorre em situação de perigo público iminente, abrange tanto bens móveis quanto bens imóveis e serviços particulares.

b) Legislar sobre desapropriação compete, concorrentemente, à União, aos estados e ao DF.

c) Todos os entes federativos dispõem de competência para promover expropriação confiscatória mediante a qual as glebas onde forem localizadas culturas ilegais de plantas psicotrópicas ou a exploração de trabalho escravo serão retiradas do particular, com direito a indenização apenas das benfeitorias.

d) A servidão administrativa é direito de caráter não real que incide sobre bens móveis e imóveis.

e) As limitações administrativas são atos singulares que alcançam indivíduos determinados e possuem caráter de transitoriedade.

6. **(Vunesp – Juiz de Direito – MS/2015)** Assinale a alternativa que corretamente discorre sobre o instituto da desapropriação, tendo em vista a jurisprudência do Supremo Tribunal Federal e do Superior Tribunal de Justiça.

a) A base de cálculo dos honorários de advogado em desapropriação é o valor da causa corrigido monetariamente.

b) Nas ações de desapropriação não se incluem no cálculo da verba advocatícia as parcelas relativas aos juros compensatórios e moratórios.

c) Na desapropriação, direta ou indireta, a taxa dos juros compensatórios é de 12% (doze por cento) ao ano.

d) Em desapropriação, é devida a correção monetária até a data do efetivo pagamento da indenização, devendo proceder-se à atualização do cálculo uma única vez.

e) Os juros compensatórios, na desapropriação indireta, incidem a partir da citação, calculados sobre o valor da indenização, corrigido monetariamente.

7. **(MPE-SP – Promotor de Justiça – SP/2015)** Sobre a servidão administrativa, é correto afirmar que ela:

a) impõe uma obrigação de fazer.

b) representa uma obrigação pessoal.

c) alcança toda uma categoria abstrata de bens.

d) constitui direito real de uso sobre coisa alheia, em favor de entidade pública ou delegada, com finalidade pública.

e) retira a propriedade do particular.

8. **(IBC – PGM – Carapicuíba – Procurador/2015)** São requisitos constitucionais exigidos para a desapropriação os abaixo citados, exceto:

a) necessidade ou utilidade pública.

b) justa e prévia indenização em dinheiro.

c) interesse social.

d) sentença transitada em julgado.

9. **(Consulplan – Cartório – TJ – MG/2015)** Consideram-se casos de interesse social para a desapropriação

a) a proteção do solo e a preservação de cursos e mananciais de água e de reservas florestais.

b) a criação e melhoramento de centros de população e seu abastecimento regular de meios de subsistência.

c) a assistência pública, as obras de higiene e decoração, casas de saúde, clínicas, estações de clima e fontes medicinais.

d) a construção de edifícios públicos, monumentos comemorativos e cemitérios.

10. **(TRF 1 - Juiz Federal Substituto 1ª região/2015)** A União publicou decreto expropriatório por utilidade pública de imóvel urbano. No decreto, declarou-se o interesse de instalar, no referido imóvel, a sede de determinado órgão público federal. A administração pública imitiu-se na posse do bem e realizou as reformas necessárias. Em seguida, as atividades do órgão público foram inauguradas no imóvel. O prazo do decreto expropriatório caducou sem que a administração propusesse acordo para o pagamento da indenização nem ajuizasse, para esse fim, a ação judicial.

Acerca dessa situação hipotética, assinale a opção correta à luz das normas e precedentes jurisprudenciais a respeito da desapropriação.

a) A ação de indenização tem natureza pessoal e deve ser proposta pelo proprietário no foro de domicílio da pessoa jurídica expropriante.

b) Conforme o entendimento atual do STJ, o prazo para a interposição da ação indenizatória, pelo proprietário, é de vinte anos, contados da imissão na posse.

c) O proprietário poderá obter a restituição do bem mediante a propositura de ação reivindicatória contra a União.

d) Ocorreu desapropriação indireta, que, comparada à desapropriação comum, caracteriza-se pela inversão entre as fases de pagamento da indenização e apossamento do bem desapropriado.

e) Não houve ilegalidade na imissão na posse ocorrida, visto que o ato administrativo é dotado de autoexecutoriedade e decorreu dos poderes transferidos à administração pelo decreto expropriatório.

11. **(IDECAN – PGM – Ubatuba – Procurador/2015)** Quanto aos institutos da intervenção do Estado na propriedade, o Município pode determinar a

a) ocupação temporária de determinado terreno particular, em função da construção de rodovia federal.

b) requisição administrativa de determinada obra de arte, em função de seu valor histórico e cultural local.

c) servidão administrativa preventiva para fins de reforma agrária, cabendo à União a respectiva desapropriação.

d) desapropriação sancionatória urbana, depois de exaurido o prazo de IPTU progressivo, nos termos do plano diretor.

12. (FCC – Defensor Público – DPE-ES/2016) A propósito da intervenção do Estado na propriedade, a Constituição Federal dispõe que

a) a pequena propriedade rural, assim definida em lei, desde que trabalhada pela família, não será objeto de desapropriação.
b) no caso de iminente perigo público, a autoridade competente poderá usar de propriedade particular, assegurada ao proprietário indenização ulterior, se houver dano ou lucros cessantes.
c) compete exclusivamente à União desapropriar por interesse social, para fins de reforma agrária, o imóvel rural que não esteja cumprindo sua função social, mediante prévia e justa indenização em títulos da dívida agrária.
d) o confisco decorrente da cultura ilegal de plantas psicotrópicas e pela exploração de trabalho escravo aplica-se somente às propriedades rurais.
e) a descoberta de jazida de recursos minerais em terrenos particulares implica na imediata desapropriação de tais recursos, sendo o proprietário compensado por meio de participação na exploração da lavra.

13. (FUNDATEC – Procurador Municipal – Prefeitura de Porto Alegre - RS/2016) Acerca da intervenção do Estado na propriedade, assinale a alternativa correta.

a) Na desapropriação, por interesse social para fins de reforma agrária, a indenização prévia e justa, em títulos da dívida agrária, somente abrange as benfeitorias úteis.
b) A requisição, em qualquer das hipóteses, não é indenizável.
c) A servidão administrativa, por suas características, determina que a indenização paga ao proprietário do imóvel corresponda ao valor total do bem.
d) Os bens públicos não contemplam a hipótese de tombamento.
e) A caducidade da declaração de utilidade pública em uma desapropriação resulta do decurso do tempo sem o Poder Público desencadear atos concretos para torná-la uma realidade.

14. (FCC – Defensor Público – DPE-ES/2016) A chamada "desapropriação para política urbana" é uma espécie de desapropriação de competência dos municípios, conforme artigo 182 da Constituição Federal de 1998 e a Lei nº 10.257 de 2001. São condições para a utilização do instrumento de desapropriação nessa modalidade:

a) O ato administrativo reconhecendo a utilidade e necessidade pública, o interesse social naquele imóvel, especificação no plano diretor da área em que o imóvel está inscrito, o pagamento de indenização prévia, justa e em dinheiro.
b) Especificação no plano diretor da área em que o imóvel está inscrito, lei municipal autorizando tal medida, e que o proprietário não atenda às medidas anteriores que a lei determina.
c) O ato administrativo reconhecendo a utilidade e necessidade pública e o interesse social naquele imóvel.
d) O ato administrativo reconhecendo a utilidade e necessidade pública, o interesse social naquele imóvel e o pagamento de indenização prévia, justa e em dinheiro.
e) Especificação no plano diretor da área em que o imóvel está inscrito, lei federal autorizando tal medida, o pagamento de indenização prévia, justa e em dinheiro.

15. (FCC – Técnico de Nível Superior – Prefeitura de Teresina-PI/2016) Uma concessionária prestadora de serviço público de distribuição de gás precisa ampliar a rede subterrânea sob sua operação em determinado trecho, para disponibilizar o acesso a mais localidades. Elaborado o projeto e identificados os imóveis, todos particulares, a empresa precisa instrumentalizar a instalação da infraestrutura. O instituto jurídico adequado para viabilizar o projeto da concessionária é a

a) requisição administrativa, visto que o serviço público permite que a concessionária requisite as áreas particulares necessárias à prestação do serviço público de utilidade geral.
b) limitação administrativa, pois a restrição será temporária, apenas para a instalação da tubulação subterrânea, devolvendo-se a superfície ao proprietário ao término da obra.
c) desapropriação, pois a obra deixará inaproveitável o imóvel por completo, sendo obrigatório, por lei, que o poder público adquira as áreas necessárias a instalação de infraestrutura para prestação de serviços públicos.
d) servidão administrativa, instituída em favor do serviço público, mediante indenização aos proprietários pela redução do aproveitamento de suas propriedades, em razão da obra ser subterrânea.
e) ocupação temporária, mediante remuneração proporcional, tendo em vista que a utilização do

imóvel perdurará apenas pelo tempo necessário a instalação da infraestrutura, restituindo-se os imóveis ao término.

16. (FCC – Técnico de Nível Superior – Prefeitura de Teresina-PI/2016) O tombamento é ato de intervenção estatal na propriedade que implica, ao proprietário, o dever de preservá-la em todas as suas características declaradas como portadoras de significativo valor histórico, cultural, artístico ou paisagístico, tornando-a, assim, parte integrante do patrimônio cultural brasileiro. Para tal preservação cumpre ao proprietário do bem tombado

a) eximir-se de custear as medidas de preservação, visto que, em se tratando de bem integrante do patrimônio cultural brasileiro, cumpre ao Estado, titular desse patrimônio, e não mais ao particular, custeá-las integralmente.

b) arcar integralmente com os custos de preservação, salvo se declarar que não dispõe de recursos para tanto, hipótese em que o Estado deverá lhe assistir.

c) arcar integralmente com os custos de preservação, jamais lhe socorrendo o direito de obter assistência estatal para esse custeio.

d) arcar integralmente com os custos de preservação, podendo, todavia, alterá-lo significativamente se tal medida objetivar angariar recursos que permitam a melhor preservação da parcela remanescente.

e) repartir sempre com o Estado os custos de preservação, por tratar-se de propriedade afeta a interesses tanto públicos como privados.

17. (CESPE – Auditor de Controle Externo – TCE-PA/2016) Com relação aos atos administrativos e suas classificações, julgue o item seguinte.

A requisição administrativa caracteriza-se por ser ato administrativo autoexecutório, independente de autorização judicial e de natureza transitória, podendo abranger, além de bens móveis e imóveis, serviços prestados por particulares. Seu pressuposto é o perigo público iminente.

GABARITO		COMENTÁRIO
1	E	A servidão administrativa consiste na utilização de um bem privado pelo ente estatal para a prestação de um determinado serviço público ou execução de atividade de interesse público. Decorre do poder de polícia do Estado, que sujeita o direito de propriedade dos cidadãos ao cumprimento de sua função social e, de acordo com o art. 40 do Decreto-Lei 3.365/41, caso a medida enseje um prejuízo ao proprietário, será devida a indenização prévia.
2	E	A desapropriação indireta ocorre nos casos em que o Estado invade o bem privado sem respeitar os procedimentos administrativos e judiciais inerentes à desapropriação Consiste no apossamento irregular do bem pelo poder público, visando a destinação pública deste bem, não havendo possibilidade de se reverter a situação sem ensejar prejuízos aos interesses da coletividade. Ao proprietário só resta pleitear o pagamento de justa indenização, através do judiciário.
3	CERTO	A desapropriação, como visto anteriormente, consiste em forma originária de aquisição da propriedade, pela qual o ente público determina a retirada de bem privado do seu proprietário, para que esse faça parte do patrimônio público, sempre embasado nas necessidades coletivas, mediante o pagamento de indenização, previamente definida, de forma justa ao proprietário.
4	–	Como analisado anteriormente no tópico 4.3.2 do capítulo 14, o ato declaratório de desapropriação implica em individuação do bem, fixação do estado do bem, para fins de indenização, direito de penetração e início do prazo decadencial para a efetivação da desapropriação. Quanto a fase executória, a posse do Poder Público se dá com o pagamento do valor da indenização, previamente fixado. GABARITO DA BANCA: A fase declaratória acarreta a individuação do bem; estabelece o seu estado, para fins de indenização, nos termos da súmula 23, do S.T.F., confere o direito de penetração, nos termos do art. 7º, do Decreto-Lei nº 3.365/41 e, por fim, traz o início do prazo decadencial para fins de efetivação da desapropriação. Quanto à segunda parte da questão, embora no passado tenha havido alguma divergência acerca do momento da consumação da desapropriação, a posição hoje aceita pela ampla maioria da doutrina e jurisprudência é que administração expropriante adquire a propriedade do bem objeto da desapropriação no momento do pagamento da indenização. Isto porque a Constituição exige, como requisitos para este ato interventivo, a finalidade pública (interesse social, utilidade ou necessidade pública) e o pagamento da justa indenização. Logo, o candidato deveria abordar, de forma lógica, os seguintes pontos: Primeira parte – individuação do bem; estabelecimento do estado do bem (súmula n.23, do STF); direito de penetração; e início do

GABARITO		COMENTÁRIO
		prazo decadencial para efetivação da desapropriação. Segunda parte – a desapropriação é forma de aquisição originária, não dependendo do registro do Título para sua efetivação; e a aquisição da propriedade se dá quando preenchido os requisitos constitucionais, onde o pagamento do justo valor indenizatório é o marco.
5	A	A requisição é intervenção restritiva na propriedade privada que visa a solucionar situações de iminente perigo, mediante a utilização de bens privados pelo ente estatal, enquanto durar a situação de risco. Pode ocorrer tanto em bens móveis e bens imóveis, conforme exemplo previsto no Decreto-Lei 4.812/42 (requisição de aeronaves), como também em serviços particulares, a exemplo do disciplinado na Lei 8.080/90 (requisição de leitos e serviços hospitalares).
6	C	Assertiva correta é baseada na Súmula 618, do Supremo Tribunal Federal, que dispõe: "na desapropriação, direta ou indireta, a taxa dos juros compensatórios é de 12% (doze por cento) ao ano".
7	D	A servidão administrativa ostenta a qualidade de direito real, sendo, neste último caso, de natureza pública. Ou seja, o instituto se configura na utilização de um bem privado pelo ente estatal para a prestação de um determinado serviço público ou execução de atividade de interesse público.
8	D	As três primeiras assertivas referem-se exatamente ao conteúdo expresso no art. 5º, XXIV, da CF/88, conforme abaixo: "XXIV - a lei estabelecerá o procedimento para desapropriação por <u>necessidade ou utilidade pública</u>, ou por <u>interesse social</u>, mediante <u>justa e prévia indenização em dinheiro</u>, ressalvados os casos previstos nesta Constituição;"
9	A	Trata-se de hipótese prevista no art. 2º, VII, da Lei 4.132/62: "Art. 2º Considera-se de interesse social: VII - a proteção do solo e a preservação de cursos e mananciais de água e de reservas florestais;"
10	D	A assertiva correta é hipótese de desapropriação indireta que ocorre nas situações em que o Estado invade o bem privado sem respeitar os procedimentos administrativos e judiciais inerentes à desapropriação. Nela ocorre a inversão das normas postas na Constituição para o apossamento estatal. De fato, define o art. 5º, XXIV, da Carta Magna que, primeiramente, será garantido o pagamento da indenização justa para, somente, então, haver a tomada da propriedade pelo Estado. Na desapropriação indireta a situação é invertida, haja vista a invasão do bem ser anterior à determinação do valor indenizatório ao particular esbulhado.
11	D	A propriedade urbana deverá atender as exigências definidas no Plano Diretor da Cidade, de forma a alcançar a devida função social. É facultado ao Poder Público Municipal, mediante Lei Específica para área incluída no plano diretor, exigir, nos termos da lei federal, do proprietário do solo urbano não edificado, subutilizado ou não utilizado, que promova seu adequado aproveitamento. Desta forma, após notificação de parcelamento ou edificação compulsória, poderá, o Poder Municipal, determinar a aplicação de imposto sobre a propriedade predial e territorial urbana progressivo no tempo, mediante a majoração da alíquota, pelo prazo de cinco anos consecutivos. Escoado o prazo de cinco anos sem que o particular tenha tomado qualquer providência no sentido que conferir função social ao bem, o ente municipal poderá decretar a desapropriação especial urbana, com pagamento de indenização mediante a entrega de títulos da dívida pública de emissão previamente aprovada pelo Senado Federal, com prazo de resgate de até 10(dez) anos, em parcelas anuais, iguais e sucessivas, assegurados o valor real da indenização e os juros legais. Trata-se de desapropriação com função sancionatória.
12	C	Compete à União desapropriar por interesse social, para fins de reforma agrária, o referido imóvel, mediante prévia e justa indenização em títulos da dívida agrária, com cláusula de preservação do valor real, resgatáveis no prazo de até vinte anos, a partir do segundo ano de sua emissão, e cuja utilização será definida em lei, conforme previsão do art. 184 da CF/88.
13	E	O cidadão não pode ficar, por prazo indeterminado, sujeito à força expropriatória do Estado, razão pela qual a legislação prevê um prazo de **caducidade** do ato declaratório. Ultrapassado o referido prazo, ocorre a perda dos efeitos do ato declaratório em razão do decurso do tempo sem que seja efetivada a desapropriação, não se admitindo que o poder público promova a sua execução.

<table>
<tr><th colspan="2">GABARITO</th><th>COMENTÁRIO</th></tr>
<tr><td>14</td><td>B</td><td>A desapropriação especial urbana trata-se de desapropriação especial efetivada em razão do descumprimento pelo proprietário de imóvel urbano das disposições do plano diretor da cidade, casos em que a desapropriação é precedida de medidas anteriores com a intenção de solucionar o problema, quais sejam, a notificação para parcelamento compulsório e a incidência de IPTU com alíquota progressiva. Esta desapropriação tem previsão constitucional e nos termos do artigo 182, § 4º:
§ 4º É facultado ao Poder Público municipal, mediante lei específica para área incluída no plano diretor, exigir, nos termos da lei federal, do proprietário do solo urbano não edificado, subutilizado ou não utilizado, que promova seu adequado aproveitamento, sob pena, <u>sucessivamente</u>, de:
I - parcelamento ou edificação compulsórios;
II - imposto sobre a propriedade predial e territorial urbana progressivo no tempo;
III - desapropriação com <u>pagamento mediante títulos da dívida pública</u> de emissão previamente aprovada pelo Senado Federal, com prazo de resgate de até dez anos, em parcelas anuais, iguais e sucessivas, assegurados o valor real da indenização e os juros legais.</td></tr>
<tr><td>15</td><td>D</td><td>A servidão administrativa é uma restrição imposta pelo ente estatal a bens privados, determinando que seu proprietário suporte a utilização do imóvel pelo Estado, o qual deverá usar a propriedade de forma a garantir o interesse público. Desse modo, o bem poderá ser utilizado para a prestação de um determinado serviço público (a execução de uma obra, por exemplo) , sempre com a intenção de satisfazer as necessidades coletivas.</td></tr>
<tr><td>16</td><td>B</td><td>O tombamento se configura como intervenção do Estado na propriedade como forma de proteção ao meio ambiente, no que tange aos aspectos do patrimônio histórico, artístico e cultural. Com efeito, mediante este instituto, o poder público visa à proteção ao meio ambiente, no que tange à conservação dos aspectos da história, arte e cultura de um povo e, por consequência disso, gera algumas obrigações de fazer, de não fazer e de tolerar que devem ser suportadas pelo proprietário do bem tombado. Entre as obrigações de fazer encontra-se o dever conservar o bem da forma como se encontra. Desta forma, é de responsabilidade do proprietário a realização de todas as benfeitorias necessárias à conservação do bem tombado. Caso o proprietário do bem, não tenha condições financeiras de realizar a conservação, deverá informar ao poder público, nos moldes do art. 19, do Decreto-Lei 25/37.</td></tr>
<tr><td>17</td><td>CORRETO</td><td>A requisição é intervenção restritiva na propriedade privada configurada como ato administrativo auto executório, independentemente da concordância do particular ou de decisão judicial, que visa a solucionar situações de iminente perigo, mediante a utilização de bens ou serviços privados pelo ente estatal, enquanto durar a situação de risco. Trata-se de aplicação do princípio da função social da propriedade, regulamentado no art. 5º, XXIII, da Constituição da República, submetendo os bens ou serviços privados à utilização pelo Estado em casos de necessidade pública.</td></tr>
</table>

CAPÍTULO 15

BENS PÚBLICOS

1. CONCEITO

Inicialmente, cumpre salientar ser bastante controversa a conceituação de domínio público e não haver um consenso entre os doutrinadores da matéria.

Majoritariamente, entende-se que o domínio público pode ser analisado em sentido amplo e em sentido restrito.

O domínio público em sentido amplo – também conhecido por **domínio eminente** – nada mais é senão o poder que o Estado exerce sobre todos os bens que se encontram em seu território. Não se trata de análise de propriedade ou posse, mas tão somente de soberania exercida dentro do território nacional, tão difundida em nosso texto constitucional e que gera a possibilidade de criação de restrições a esses bens pelo ente estatal, na busca do interesse público, ainda que pertençam a particulares.

Enfim, o domínio eminente é o poder de regulamentação exercido pelo ente estatal sobre os bens públicos e também sobre os bens privados que devem respeitar os interesses da coletividade e serem usufruídos de forma a garantir a função social da propriedade. É a manifestação do Poder de administração do Estado.

O domínio público em sentido estrito é conceituado pelo conjunto de bens que pertencem ao poder público, que goza de todas as faculdades atinentes ao direito de propriedade. São os chamados bens públicos. Esta é a matéria de nosso estudo e, por sua vez, também encontra divergência doutrinária em sua delimitação.

→ *Definição de bens públicos*

A definição de bens públicos é controversa porque a doutrina tradicional, em um primeiro momento, adotava o entendimento de que seriam bens públicos os bens das pessoas jurídicas de direito público, bem como aqueles bens pertencentes a pessoas de direito privado, desde que estivessem afetados à prestação de determinado serviço público.

Ressalte-se, inclusive, que este entendimento é o mais indicado para assegurar as garantias de tais bens, uma vez que as vantagens conferidas pelo ordenamento aos bens públicos não são prerrogativas do titular do bem, mas sim direito da coletividade. Explique-se. Se o ordenamento admitir a penhora e arrematação dos veículos de uma empresa de transporte público, por exemplo, o dano causado ao titular dos bens nada será em comparação com os prejuízos causados à coletividade que não poderá usufruir do serviço de transportes.

Dessa forma, a utilização do bem na busca do interesse público seria determinante para sua caracterização como bem público, ainda que sua titularidade fosse de Pessoa Jurídica de direito privado.

Esse entendimento é, por exemplo, encampado por Celso Antônio Bandeira de Mello[1] que estabelece que *"todos os bens que estiverem sujeitos ao mesmo regime público deverão ser havidos como bens públicos. Ora, bens particulares quando afetados a uma atividade pública (enquanto estiverem) ficam submissos ao mesmo regime dos bens de propriedade pública. Logo, tem que estar incluídos no conceito de bem público"*

Todavia, com o advento do Código Civil de 2002, positivou-se, por meio do seu artigo 98, a conceituação de bens públicos, divergindo da doutrina, até então vigente. Isso porque o referido dispositivo estabelece, *in verbis*:

> Art. 98. São públicos os bens do domínio nacional pertencentes às pessoas jurídicas de direito público interno; todos os outros são particulares, seja qual for a pessoa a que pertencerem.

Assim, resta claro que a conceituação dos bens públicos, no entender do legislador, toma por base sua titularidade e não sua utilização no interesse coletivo. Isso porque, não obstante os bens das pessoas jurídicas de direito público sejam públicos (e isso não se discute), conforme o texto de lei supratranscrito, o Código Civil Brasileiro não considera como bens públicos os bens pertencentes às pessoas de direito privado, ainda que estejam atrelados à prestação de serviços de interesse da coletividade.

Nesse sentido, se encontra a doutrina de José dos Santos Carvalho Filho[2] que define *"bens públicos como todos aqueles que, de qualquer natureza e a qualquer título, pertençam às pessoas jurídicas de direito público, sejam elas federativas, como a União, os Estados, o Distrito Federal e os Municípios, sejam da Administração descentralizada, como as autarquias, nestas incluindo-se as fundações de direito público e as associações públicas"*.

Para fins de prova de concursos, deve-se adotar esse segundo entendimento, ou seja, somente serão considerados bens públicos os bens pertencentes às pessoas jurídicas de direito público.

Insta salientar, no entanto, que, muito embora não constem como bens públicos para a lei civil, os bens das pessoas jurídicas de direito privado que estejam sendo utilizados na prestação de determinado serviço público também devem gozar das prerrogativas de direito público, tais como as garantias de impenhorabilidade e não onerabilidade. Assim, mesmo não sendo abarcados pelo conceito de bens públicos, o regime jurídico administrativo e as garantias inerentes a esse regime se aplicam a esses bens, afetados ao interesse da coletividade.

1. MELLO, Celso Antonio Bandeira de. Curso de Direito Administrativo. São Paulo: Editora Malheiros, 26ª ed. 2009.
2. CARVALHO FILHO, José dos Santos. Manual de Direito Administrativo. Rio de Janeiro: Lumen Juris, 25ª ed. 2012.

Esse entendimento se impõe, haja vista o fato de que as garantias dos bens públicos não são garantias do titular do bem, mas sim da coletividade que usufrui deles.

Logo, esse deve ser o entendimento dominante para provas de concursos, qual seja o da extensão das garantias dos bens públicos aos bens privados atrelados à prestação de serviços públicos.

ATENÇÃO

O candidato deve sempre tomar cuidado com provas objetivas no sentido de que, se for cobrada a literalidade do artigo 98 do CC/2002 (e costuma ser), a assertiva deve ser considerada como verdadeira.

Sendo assim, os bens das empresas estatais que não estejam vinculados à prestação dos serviços estão sujeitos à penhora. Com efeito, o Superior Tribunal Justiça pacificou o entendimento (no REsp 1070735/RS, Dje: 15/12/2008) de que os bens das empresas públicas prestadoras de serviços públicos se sujeitam à penhora desde que eles não estejam diretamente ligados à prestação de serviços e desde que a penhora não comprometa a execução dessa atividade. Isso porque a proteção está diretamente ligada ao princípio da continuidade da prestação dos serviços públicos. De fato, vale lembrar que a atividade administrativa deve ser prestada de forma ininterrupta e que esse dever de prestação contínua da atividade pública se mantém, mesmo quando o serviço é transferido a pessoas jurídicas de direito privado.

No que tange às empresas estatais exploradoras de atividades econômicas, seus bens não gozam de nenhuma das garantias inerentes aos bens públicos.

Importante ainda ressaltar que, mesmo sendo entidades de direito privado, as empresas estatais integram a estrutura da Administração Pública e, por isso, devem ser criadas por meio de lei específica que autorize sua criação, nos moldes do art. 37, XIX da Constituição Federal de 1988. Sendo assim, a extinção da entidade também se deve dar mediante autorização legal e, quando da sua extinção, os bens serão devolvidos automaticamente à pessoa política que a criou (cláusula de reversão). Sendo assim, não se poderá desfazer livremente de seus bens.

Por fim, cumpre ressaltar o que está previsto na lei n. 11.284/2006. Esse diploma estabelece que são públicas todas as florestas localizadas nos entes públicos e nas pessoas jurídicas componentes da Administração Indireta, não diferenciando entre as de direito público e as de direito privado. Dessa forma, a proteção dos bens públicos, nesse caso, abrange inclusive entidades com regime de direito privado.

Concluindo, portanto, os bens das pessoas de direito privado que, de alguma forma, estiverem afetados ao interesse da coletividade gozam das garantias inerentes aos bens públicos, como forma de proteção ao princípio básico da supremacia do interesse público sobre o interesse privado que norteia toda a atividade administrativa.

2. COMPETÊNCIA PARA LEGISLAR

O art. 22, I da Carta Magna, que define a competência legislativa privativa da União, estabelece que cabe ao ente federal legislar acerca de Direito Civil. Esse dispositivo abarca a competência legislativa acerca dos bens públicos.

Os demais entes da federação podem expedir leis específicas acerca de uso, ocupação e alienação de bens, desde que em consonância com as regras gerais.

3. CLASSIFICAÇÃO

A classificação de bens é relevante como toda classificação em direito para que se possa dar tratamento jurídico diferenciado de acordo com as necessidades de cada uma das espécies de bens públicos. Na doutrina tradicional, existem diversos parâmetros para fins de diferenciação dos bens.

As classificações que têm relevância jurídica são basicamente as que tomam por base a titularidade e a que se fundamenta na destinação do bem.

3.a. Quanto à sua titularidade.

Essa classificação, como deixa transparecer a nomenclatura, toma por critério o proprietário do bem. Nesse sentido, os bens podem se classificar em **federais, estaduais, municipais ou distritais**, sendo que tal classificação toma por base a titularidade do bem, que pode pertencer, respectivamente, à União Federal, Estados, Municípios ou Distrito Federal e as entidades de direito público que compõem sua administração indireta.

Essa classificação será analisada devidamente, no tópico referente aos bens em espécie.

De antemão, ressalta-se que o art. 20 do texto constitucional enumera os bens pertencentes à União. Por sua vez, o art. 26 estabelece quais são os bens pertencentes aos estados federados – essa enumeração é utilizada também para definir os bens do Distrito Federal. No que tange aos bens municipais, não há previsão constitucional expressa, abrangendo todos os bens de utilização local que não estejam na repartição da Carta Magna, como, por exemplo, praças, jardins, vias e logradouros públicos, edificações onde se localizam as repartições públicas municipais, entre outros.

3.b. Quanto a sua destinação.

A classificação que tem mais relevo para provas de concursos é a que divide os bens com base em sua utilização. A classificação que, tem fundamento legal no art. 99 do Código Civil, será, a seguir, descrita.

1) Bens de uso comum do povo – são bens que a Administração Pública mantém para o uso normal da população, de uso livre, gratuito **ou mediante a cobrança de taxas** (no caso de utilização anormal ou privativa). Alguns doutrinadores designam esses bens como *bens do domínio público*. Essa nomenclatura não é adotada nesta obra, uma vez que se consideram de domínio público todos os bens pertencentes às pessoas de direito público.

O fato é que, para a utilização normal desses bens, não há necessidade de autorização do Poder Público. No entanto, em determinadas situações, quando houver interesse de particulares em fazer utilização especial desses bens, deverá haver regulamentação do ente estatal.

São bens para uso da população em geral e essa destinação decorre ou da lei ou da própria natureza do bem, como é o caso de praias marítimas, ruas, praças públicas, etc.

2) Bens de uso especial – são bens usados para a prestação de serviço público pela Administração ou conservados pelo Poder Público com finalidade pública.

Esses bens podem ser *bens de uso especial* direto que são aqueles que compõem o aparelho estatal. Ex. Escola Pública, logradouro onde se localiza a repartição pública, automóvel oficial, entre outros.

É possível também se vislumbrar os *bens de uso especial indireto*. Nesses casos, o ente público não utiliza os bens diretamente, mas conserva os mesmos com a intenção de garantir proteção a determinado bem jurídico de interesse da coletividade. Podem ser citadas como exemplos as terras tradicionalmente ocupadas pelos índios, as terras públicas utilizadas para proteção do meio ambiente.

3) Bens dominicais ou dominiais (as expressões são sinônimas para a maioria da doutrina e para as provas de concurso, não obstante a doutrina tradicional, encabeçada pelo autor José Cretella Júnior estabelecesse como bens dominiais todos os bens componentes do domínio público) – são bens que não têm qualquer destinação pública. Ex: terra devoluta de um determinado Estado da federação, bens móveis apreendidos sem utilização definida.

Nesse caso, os bens somente ostentam a qualidade de bem público pelo fato de pertencerem a uma determinada pessoa jurídica de direito público – haja vista o ordenamento jurídico adotar o critério da titularidade para conceituação de bens.

Os bens dominicais, diferentemente do que ocorre com os bens de uso comum e com os de uso especial, podem ser alienados, respeitadas as condições previstas em lei (art. 17 da lei 8666/93), ou seja, são bens que não estão fora do comércio como as outras espécies de bens públicos.

→ CUIDADO

Nem toda terra devoluta é bem dominical. Uma determinada terra devoluta cuja finalidade é a proteção do meio ambiente, por exemplo, é um bem de uso especial, em virtude da sua finalidade pública.

A doutrina costuma estabelecer que os bens que têm uma determinada destinação pública (seja uso comum do povo ou utilização especial) são bens afetados.

Em sentido contrário, todos os bens que não têm nenhuma utilização no interesse coletivo (os dominicais) são desafetados.

→ ATENÇÃO

- Bens de uso comum do povo e de uso especial – BENS AFETADOS
- Bens dominicais – BENS DESAFETADOS

4. AFETAÇÃO E DESAFETAÇÃO DE BENS PÚBLICOS

Os institutos da afetação e desafetação de bens públicos decorrem do fato de que um bem desafetado pode passar a ter destinação pública específica (mediante afetação) e, da mesma forma, um bem que tem destinação pública específica pode deixar de ostentar a qualidade de bem afetado (mediante desafetação).

Com efeito, afetar o bem é dar destinação pública a bem dominical e desafetar é suprimir a destinação de bem que estava atrelado, de alguma forma, ao interesse público. A doutrina mais tradicional, encabeçada por Diógenes Gasparini, também designa esses institutos como **consagração** (sinônimo de afetação) e **desconsagração** (sinônimo de desafetação).

A afetação do bem público torna esse bem inalienável e destinado a determinada utilização de interesse coletivo. Por isso, para a doutrina majoritária, a afetação é livre, ou seja, não depende de lei ou ato administrativo específico, pelo que, a simples utilização do bem, com finalidade pública, já lhe confere a qualidade de bem afetado. A sua destinação de fato, no interesse da coletividade, seja para uso comum ou para utilização especial, já afeta o bem.

Ressalte-se, ainda, que a afetação não é um caminho sem volta, ou seja, não é uma característica permanente do bem que poderá ser desafetado posteriormente, caso não haja mais interesse público em sua na utilização.

Por seu turno, a desafetação torna o bem passível de alienação, nas condições previstas em lei. Isso porque o instituto retira sua destinação pública e ele deixará de ser de uso comum ou especial e passará a ser dominical.

Para que a desafetação seja feita licitamente, depende de lei específica ou manifestação do Poder Público mediante ato administrativo expresso, não ocorrendo com o simples desuso do bem.

Em que pese este entendimento, sabe-se da possibilidade de desafetação dos bens de uso especial por fatos da natureza, como, por exemplo, no caso de um incêndio em escola pública que a deixe totalmente destruída, impedindo sua utilização.

Dessa forma, a desafetação dos bens segue o seguinte esquema.

Desafetação	
Bens de uso comum	Lei ou ato administrativo previamente autorizado por lei.
Bens de uso especial	Lei, ato administrativo previamente autorizado por lei ou fato da natureza.

Ressalte-se, por fim, que determinados autores consideram que qualquer alteração de destinação pode configurar desafetação de bens. Sendo assim, se o bem deixa de ser de uso comum e passa a ser de uso especial, ele estaria sendo desafetado. Tal entendimento não é adotado para fins de provas, por ser minoritário, não obstante adotado por doutrinadores como José dos Santos Carvalho Filho e Maria Sylvia Zanella de Pietro. Conforme já explicitado, a desafetação ocorre quando o bem deixa de ser de uso comum ou especial para se tornar um bem dominical.

5. GARANTIAS

Os bens públicos gozam de determinadas prerrogativas decorrentes do regime jurídico de direito público que lhes é peculiar. Tais garantias podem ser divididas em quatro regras válidas para os bens que ostentem a titularidade pública. Saliente-se que as garantias não visam assegurar o direito do ente público (titular do bem), mas sim dos particulares que utilizam estes bens, colocados à disposição da coletividade. A inserção dessas garantias no regime desses bens é corolário da supremacia do interesse público sobre o interesse privado.

Observe-se.

- Impenhorabilidade – os bens públicos não podem ser penhorados em juízo para garantia de uma execução contra a fazenda pública, por exemplo. A penhora e arrematação do bem seriam de inquestionável prejuízo a toda a sociedade que dele usufrui. A penhora não surtiria os efeitos necessários, inclusive, pelo fato de que o orçamento público é garantia da execução contra o Estado, uma vez que os débitos judiciais serão inscritos e pagos com respeito à ordem cronológica de precatórios prevista no art. 100 da Constituição Federal de 1988. Dessa forma, o ente estatal é solvente e não depende da constrição judicial dos seus bens para garantir seus débitos.

  Ressalte-se, ainda, que, mesmo os bens dominicais, que não estão atrelados a qualquer finalidade pública, gozam desta prerrogativa.

  A penhora de bens e o regime de arrematação previsto no Código de Processo Civil não se coadunariam com a impossibilidade de livre alienação de bens. Com efeito, conforme se explicará, doravante, é possível a alienação de bens públicos, somente após o cumprimento dos requisitos da lei 8666/93, inclusive a licitação. Dessa forma, a hasta pública judicial seria uma forma não regulamentada de alienação de bens públicos e inadmissível na legislação administrativa brasileira.

- Não-onerabilidade – os bens públicos não podem ser objetos de direito real de garantia, ou seja, um determinado bem público não fica sujeito à instituição de penhor, anticrese ou hipoteca para garantir débitos do ente estatal.

  Sendo assim, o ente público jamais pode oferecer um bem público como garantia real dos débitos por ele contraídos, mesmo porque, essa garantia não poderia ser executada, em caso de inadimplemento da obrigação estatal.

- Imprescritibilidade – trata-se da prescrição aquisitiva (usucapião) e sua inoponibilidade ao Poder Público. Nesse sentido, os bens públicos não podem ser adquiridos pela posse mansa e pacífica por determinado espaço de tempo continuado, nos moldes da legislação civil. Importante salientar que a imprescritibilidade atinge inclusive os bens não afetados, não sendo estes, também, passíveis de usucapião.

  Sendo assim, a posse mansa e pacífica de particulares sobre bens públicos, por 15 anos ininterruptos e sem oposição do ente estatal, não ensejam a aquisição da propriedade por usucapião.

  A imprescritibilidade está expressamente prevista no art. 102 do Código Civil. O texto constitucional também prevê a impossibilidade de usucapião sobre bens públicos imóveis, nos artigos 183, §3º e 191, parágrafo único.

  Por fim, o Supremo Tribunal Federal editou a Súmula n. 340, que estabelece que *"desde a vigência do Código Civil, os bens dominicais, como os demais bens públicos, não podem ser adquiridos por usucapião"*

Em verdade, a jurisprudência do Superior Tribunal de Justiça vem-se manifestando no sentido de que a utilização de bens públicos não induz posse, tratando-se de mera detenção pelo particular. Logo, não seria possível a utilização dos meios de defesa possessória por esse particular para proteger sua utilização.

- Alienabilidade condicionada – o entendimento mais moderno é o de que os bens públicos podem ser alienados, desde que atendidos os requisitos estampados no artigo 17 da Lei 8666/93. O primeiro requisito é estar o bem desafetado da destinação pública, haja vista os bens afetados terem a característica de inalienabilidade. A segunda exigência é a demonstração do interesse público na alienação deste bem. Ademais, se faz necessária a avaliação prévia do referido bem e, por fim, indispensável a realização de regular procedimento licitatório, prévio à alienação.

  Deve ser registrado que, para a alienação de bem imóvel, além dos quatro requisitos explicitados alhures, há a exigência de um quinto requisito, qual seja a autorização legislativa.

O estudo acerca da alienação de bens públicos deve ser analisado cuidadosamente.

5.1. Alienação de bens públicos

Tradicionalmente, a doutrina costumava enumerar a inalienabilidade como característica básica de bens públicos. Tal regra, modernamente se aplica aos bens de uso especial e os de uso comum são afetados, logo insuscetíveis de alienação. Tais bens somente poderão ser alienados no caso de serem desafetados, quando, então, deixam de ser bens de uso especial (ou comum) e passam a ostentar a qualidade de bens dominicais. Portanto, é correta a assertiva corrente em provas objetivas de concursos de que os bens de uso especial e os bens de uso comum são inalienáveis (são bens fora do comércio).

Sendo assim, os artigos 17 a 19 da lei 8666/93 estabelecem os requisitos para alienação de bens públicos desafetados, ou seja, desvinculados de qualquer utilização de interesse público (uma vez que bens públicos afetados são inalienáveis).

Primeiramente, deve haver declaração estatal de que há interesse público na alienação. Considerando que a alienação é norma excepcional, essa declaração deve ser devidamente fundamentada. Posteriormente, deve ser feita a avaliação prévia do bem, que servirá de parâmetro para definir o valor da venda. Por fim, deverá ser realizado o prévio procedimento licitatório, nos moldes definidos pela legislação.

Em casos de bens imóveis, a alienação depende ainda de autorização legislativa, ou seja, deverá ser expedida uma lei específica que autorize o ato.

Em relação aos bens imóveis pertencentes à União, a Lei n. 9.636/98, em seu artigo 23 exige, além dos requisitos previamente estipulados, a autorização do Presidente da República, mediante regulamento.

> "Art. 23. A alienação de bens imóveis da União dependerá de autorização, mediante ato do Presidente da República, e será sempre precedida de parecer da SPU quanto à sua oportunidade e conveniência."

No que tange à licitação, as alíneas do art. 17 estabelecem algumas situações em que a mesma é dispensada, sendo, portanto, possível a contratação direta, pelo ente público, nos moldes da lei. São situações em que a competição é faticamente possível, no entanto, a legislação dispensa a realização do procedimento. Ocorre que a dispensa é situação que excepcionaliza a regra geral, qual seja, o dever de licitar.

No que tange aos bens imóveis, a modalidade licitatória concorrência é obrigatória, para fins de alienação. O art. 19 da lei 8666/93 admite a utilização do leilão para alienação de bens que tenham sido previamente adquiridos pelo poder público por meio de dação em pagamento ou por decisão judicial.

Em relação aos bens móveis, não há exigência de autorização legislativa específica ou de autorização do Presidente da República. No que tange à modalidade licitatória, não há exigência da utilização de modalidade concorrência. Para os bens móveis inservíveis, apreendidos e penhorados, utiliza-se a modalidade leilão, que também é utilizada para alienação dos demais bens móveis avaliados, desde que não ultrapassem o valor de R$ 650.000,00 (seiscentos e cinquenta mil reais), analisados de forma isolada ou globalmente. Caso ultrapasse o valor supramencionado, a concorrência também será obrigatória.

Ademais, os bens públicos podem ser alienados mediante **doação, permuta, dação em pagamento, concessão de domínio, investidura, incorporação, retrocessão e legitimação de posse.**

A **doação** de bens públicos é admitida excepcionalmente, nos moldes do art. 17 da lei 8666/93, sem a necessidade de realização de procedimento licitatório. Com efeito, é dispensada a licitação para doação de bens, o que é admitido exclusivamente para outra entidade ou órgão da Administração Pública, de qualquer esfera de governo.

Ressalte-se que também se admite a cessão gratuita de bens imóveis nas hipóteses previstas no art. 17, I, alíneas "f", "h" e "i" que preveem essa possibilidade nas situações de regularização fundiária, para imóveis comerciais, com terrenos de até 250 m^2, nas hipóteses de cessão para programas habitacionais e nas situações previstas no programa da "Amazônia legal".

Por sua vez, os bens móveis podem ser doados para fins e uso de interesse social, após a oportunidade de conveniência e oportunidade.

O contrato de **permuta** ou troca é ajuste no qual ocorre transferência mútua de patrimônio. O ente público permuta com outra entidade da Administração Pública, em caráter excepcional e em hipóteses similares à doação. Trata-se, mais uma vez, de situações de licitação dispensada, ou seja, a contratação é realizada diretamente.

A **investidura,** também mediante dispensa de licitação, é regulamentada pelo art. 17, §3º da lei 8666/93 que estabelece, *in litteris*:

> "§ 3º Entende-se por investidura, para os fins desta lei: (Redação dada pela Lei n. 9.648, de 1998)
>
> I – a alienação aos proprietários de imóveis lindeiros de área remanescente ou resultante de obra pública, área esta que se tornar inaproveitável isoladamente, por preço nunca inferior ao da avaliação e desde que esse não ultrapasse a 50% (cinquenta por cento) do valor constante da alínea "a" do inciso II do art. 23 desta lei; (Incluído pela Lei n. 9.648, de 1998)

II – a alienação aos legítimos possuidores diretos ou, na falta destes, ao Poder Público, de imóveis para fins residenciais construídos em núcleos urbanos anexos a usinas hidrelétricas, desde que considerados dispensáveis na fase de operação dessas unidades e não integrem a categoria de bens reversíveis ao final da concessão. (Incluído pela Lei n. 9.648, de 1998)".

A **dação em pagamento** ocorre todas as vezes que o ente estatal celebra contrato com determinado credor que admite o recebimento de um determinado bem público como forma alternativa de quitação da dívida do Estado. Para que o ente estatal entregue um bem, em pagamento a uma determinada dívida pública, se fazem necessárias autorização legal (em se tratando de bem imóvel), avaliação prévia e declaração de interesse público. Mais uma vez, a lei trata da hipótese como dispensa de licitação.

Por derradeiro, o art. 188, §1º da Constituição Federal prevê a **concessão de domínio**, por meio da qual uma entidade pública transfere, de forma gratuita ou onerosa, bem público a particular, desde que haja autorização legislativa, anuência do Congresso Nacional e se trate de área superior a 2.500 hectares.

Segue quadro de alienação de bens públicos, para memorização.

→ Requisitos para alienação de bens públicos

- Bem desafetado – tornado sem destinação pública;
- Demonstração de interesse público na alienação do bem com a respectiva avaliação e licitação;
- Possibilidade de alienação de bens móveis por leilão até o limite de R$ 650.000,00, pois acima deste valor deve ser feita concorrência;
- Necessidade de concorrência na alienação de bens imóveis, exceto nos casos de bens imóveis que sejam fruto de dação em pagamento ou decisão judicial, nos quais o poder público pode optar pela utilização de leilão.

Obs. É necessária lei específica para alienação destes bens.

6. UTILIZAÇÃO DE BENS PÚBLICOS POR PARTICULARES

O Estado tem o poder-dever de gerir os bens integrantes do seu patrimônio, sendo responsável por administrá-los e definir sua utilização conforme sua natureza e destinação. Trata-se de poder-dever conferido à Administração Pública, porque o ente público tem o poder de gerir sua utilização, mas tem o dever de guarda, cuidado e conservação dos seus bens, sob pena de se responsabilizar pela deterioração indevida e má utilização.

Em determinadas situações, os bens são utilizados pelo próprio Estado, por meio de seus agentes, mormente, quando se trata da utilização de bens de uso especial. Todavia, os bens públicos também podem ser destinados à utilização dos particulares em geral, situações nas quais, a gestão pelo poder público se torna mais difícil.

Considerando-se a natureza dos bens públicos, a utilização pode ser **normal** ou **comum**, mas também pode ser **anormal** ou **especial**.

A **utilização normal do bem público** ocorre todas as vezes que o bem atende à sua finalidade originária, sendo usufruído por toda a coletividade, sem distinção entre os usuários.

Pode-se citar como exemplo, a utilização de vias públicas para a circulação de automóveis, a utilização das praias para passeio. Ocorre que, em determinadas situações, o particular pretende dar destinação diversa a esses bens. Suponha então que, ao invés de passear na praia, um casal pretende realizar sua festa de casamento na praia, ou um grupo pretende fechar a via pública para uma festa de confraternização dos vizinhos. Nesses casos, está-se diante de utilização anormal ou especial.

Conforme explicitado anteriormente, a utilização normal dos bens públicos não depende de manifestação do ente estatal, já que esses bens são de uso livre da população em geral. Entretanto, é possível que ente público regulamente a utilização comum, como forma de compatibilizá-la com os interesses públicos. Então, como dito alhures, o particular pode utilizar a via pública para trafegar em seu automóvel, mas deve respeitar as regras de trânsito para garantir uma melhor utilização desse bem. Sendo assim, pode-se dizer que a utilização dos bens públicos, em sua destinação ordinária, não depende de consentimento do ente estatal, mas não se trata de uso necessariamente livre ou sem regulamentação.

A discussão ganha corpo, com o direito de reunião estipulado no art. 5º, XVI da Constituição Federal que estabelece que *"todos podem reunir-se pacificamente, sem armas, em locais abertos ao público, independentemente de autorização, desde que não frustrem outra reunião anteriormente convocada para o mesmo local, sendo apenas exigido prévio aviso à autoridade competente"*.

O direito de reunião é garantia fundamental estabelecida na Carta Magna, no entanto, seu exercício não deve impedir ou comprometer a utilização normal dos bens públicos pela coletividade. Sendo assim, como forma de ponderação de interesses, o direito de reunião não pode ser exercido livremente, ou seja, em qualquer local e sem prévia comunicação à autoridade. Isso porque a utilização indevida poderá ensejar transtornos ao restante da coletividade como, por exemplo, uma reunião feita no centro da Avenida Paulista em horário de *rush*. Dessa forma, o poder público pode vetar o local e hora escolhidos para a reunião, de forma fundamentada, concedendo outros locais públicos em que ela possa ser realizada.

Por fim, insta ressaltar que a utilização comum pode ser feita em bens de uso comum do povo, mas também em bens de uso especial como, por exemplo, a visitação de mercados municipais, museus públicos, entre outros.

Quanto à **utilização especial ou anormal** dos bens públicos, ela ocorre quando o particular pretende utilizar o bem para destinação diversa das regras específicas estipuladas para ele. Exemplo disso é a situação em que determinado cidadão quer fazer um casamento na praia, ou fechar o trânsito de uma rua para organizar a festa de São João, ou ainda, quer espalhar as mesas do seu bar na calçada em frente a ele.

A utilização especial se divide em: utilização especial remunerada e utilização especial privativa.

a) **utilização especial remunerada** ocorre quando o ente público exige o pagamento de determinado valor para a utilização do bem pela sociedade, como, por exemplo, a entrada para assistir a um espetáculo em um teatro público, ou o pedágio cobrado para transitar em uma estrada, ou ainda o pagamento de um ticket para visitação de praça. Para determinados doutrinadores, trata-se de utilização comum, afinal, o bem está sendo utilizado em sua destinação originária. Contudo, para fins de provas de concursos, a doutrina majoritária aponta no sentido de se tratar de uma utilização especial, uma vez que está limitada ao pagamento de retribuição ao poder público.

b) **utilização especial privativa** ocorre quando o particular precisa fazer uso do bem sem a interferência de outras pessoas. É o caso de uma festa de casamento realizada em uma praia, na qual as pessoas não convidadas estão impedidas de utilizar o bem, durante todo o tempo de utilização especial.

Nessas situações, a utilização anormal (chamada de "utilização especial") desses bens fica dependendo da manifestação do Estado que, discricionariamente, deve analisar se a utilização diferenciada de um indivíduo não vai obstar a utilização normal deste bem pelo restante da coletividade.

Com efeito, considerando que o bem deixa de estar à disposição da coletividade, dando ao particular a possibilidade de utilização não compartilhada, a utilização especial depende de instrumento jurídico específico e válido que manifeste consentimento do poder público. Como regra geral, esse consentimento é manifestado por meio de institutos precários que admitem a retomada do bem pelo Estado, no entanto, em determinadas situações, o consentimento pode-se manifestar por meio de contrato administrativo, com prazo de duração determinado e garantias ao particular.

Os instrumentos legais postos ao Estado para viabilizar esta utilização anormal dos bens públicos pelos particulares devem ser objeto de estudo acurado, por se tratar de tema recorrente em provas de concursos.

6.1. Consentimento estatal para utilização especial de bens públicos

- Autorização de uso: é ato discricionário e precário, independente de licitação prévia, por meio da qual o Estado permite a utilização anormal ou privativa de um bem público pelo particular, concedida eminentemente no interesse deste, desde que, por óbvio, não cause prejuízos ao interesse da coletividade. Podem ser citados, como exemplos, o fechamento de uma rua para eventos festivos ou a utilização da praia para realização de casamento ou festa privada.

  A característica da discricionariedade decorre do fato de que este ato é realizado pelo ente público, no exercício do poder discricionário, com margem de escolha, dentro dos limites da lei, por meio de critérios de oportunidade e conveniência administrativas. Ou seja, compete ao agente público, no caso concreto, analisar se a utilização anormal ora admitida não causará transtornos ao resto da coletividade.

  A característica da precariedade enseja a possibilidade de extinção de tal ato, por motivo de interesse público, sem a necessidade de indenização ao particular beneficiado.

  O ato de autorização não depende de procedimento licitatório prévio e pode ser feito a título gratuito ou oneroso.

- Permissão de uso: é ato discricionário e precário, **dependente de licitação prévia**, por meio da qual o Estado permite a utilização anormal ou privativa de um bem público pelo particular, concedida eminentemente no interesse público. Os exemplos a serem citados passam por *Stands* em feiras de artesanatos ou bancas de revistas em calçadas, em que estão presentes os interesses de difusão de cultura ou direito à informação.

Não obstante sua natureza jurídica de ato administrativo, sempre que possível, a permissão de uso deve ser precedida de procedimento licitatório e, se o ato previr termo final, perde o caráter de precariedade, porque o prazo enseja garantia de duração ao particular. Dessa forma, caso seja extinta antes do prazo aposto, no próprio ato, enseja indenização ao particular. É o que se denomina permissão condicionada.

Obs.: Alguns doutrinadores defendem que a diferença entre permissão e autorização não reside no interesse público ou não do ato, mas sim da transitoriedade, sendo que a autorização seria utilizada para situações mais transitórias e a permissão para situações que têm maior duração.

- Concessão de uso – trata-se de contrato administrativo que permite o uso de bem público de forma anormal ou privativa, usado para situações mais perenes, permanentes e que dependem de maior investimento financeiro do particular. Não é precária – por ter natureza contratual – tem prazo determinado e requer procedimento licitatório prévio, salvo as hipóteses de dispensa e inexigibilidade. Por exemplo, a utilização de box em um determinado mercado municipal ou de restaurante em uma universidade pública.

  Conforme exposto, a concessão de uso é contrato administrativo e, como tal, segue as normas estipuladas na lei 8666/93, com a possibilidade de inserção de cláusulas exorbitantes, cobrança de garantias, entre outras regras. Como todo contrato administrativo, ela pode ser rescindida antes do termo final, por motivo de interesse público, ensejando, nesses casos, direito à indenização ao particular contratado. Mais uma vez, pode ser realizada a título gratuito ou oneroso.

- Concessão de direito real de uso – é contrato administrativo por meio do qual o particular passa a ser titular de um direito real de utilização de determinado bem público. Pode ser feito, por exemplo, quando a administração visa à industrialização ou urbanização de determinada área, cultivo da terra, preservação de comunidades tradicionais. Pode-se conceder o direito real de utilizar determinado terreno público, por exemplo, a uma fábrica. Depende de licitação, sempre na modalidade concorrência, independentemente do valor do contrato.

  A concessão de direito real de uso tem previsão no Dec. Lei 271/67 que, em seu art. 7º conceitua o instituto e prevê inclusive a possibilidade de transferência desse título por sucessão ou por ato *inter vivos.*

- Concessão de uso especial para fins de moradia – regulamentado pela MP n. 2.220/01 que estabelece que "*Aquele que, até 30 de junho de 2001, possuiu como seu, por cinco anos, ininterruptamente e sem oposição, até duzentos e cinquenta metros quadrados de imóvel público situado em área urbana, utilizando-o para sua moradia ou de sua família, tem o direito à concessão de uso especial para fins de moradia em relação ao bem objeto da posse, desde que não seja proprietário ou concessionário, a qualquer título, de outro imóvel urbano ou rural.*"

Define ainda a legislação que a concessão será feita a título gratuito ao homem ou à mulher, independentemente do estado civil.

Por fim, a medida provisória não admite o reconhecimento desse direito por mais de uma vez ao mesmo concessionário.

- Cessão de uso – normalmente feito entre órgãos ou entidades públicas, tem a finalidade de permitir a utilização de determinado bem público por outro ente estatal, para utilização no interesse da coletividade. Normalmente é firmado por meio de convênio ou termo de cooperação.

  Além das formas acima descritas, é possível a utilização de bens públicos por meio de instrumentos privados de uso como a enfiteuse e a locação civil, o comodato, etc. Esses instrumentos são matéria de estudo do direito civil.

  Para a doutrina majoritária, essa utilização de bens, nos moldes do direito privado será admitida somente para bens dominicais.

7. AQUISIÇÃO DE BENS - INCORPORAÇÃO DOS BENS AO PATRIMÔNIO PÚBLICO

Trata esse tópico das formas pelas quais o ente estatal se torna proprietário de bens, no ordenamento jurídico, com a intenção de atender às finalidades públicas e atender aos interesses da coletividade. A aquisição de bens se pode dar mediante contratos, por fenômenos da natureza ou, até mesmo, por meio de lei.

Ademais, essas aquisições podem ocorrer de forma originária ou derivada.

A aquisição **originária** se dá independentemente da vontade do transmitente e se designa de aquisição direta de bens. Nesses casos, o bem se incorpora ao patrimônio público sem nenhuma espécie de restrição ou ônus. São exemplos de aquisição originária o usucapião, a desapropriação, o aluvião, entre outros.

A aquisição **derivada** decorre de consenso entre o as partes e transfere o bem ao patrimônio público, com todos os ônus que ele possuía originariamente. Podem-se citar como exemplos a compra e venda, a dação em pagamento, entre outros.

7.1. Aquisição contratual

Os contratos de aquisição celebrados pelo Poder Público não se revestem da natureza de contratos administrativos. São contratos da Administração celebrados sob o regime de direito privado, embora respeitando as limitações e princípios do Direito Administrativo, inclusive, o dever de licitar, conforme art. 37, XXI da Constituição Federal. Analisemos esses contratos de forma bem sucinta, somente para fins de identificação.

a) **Compra e venda:** trata-se de contrato regulamentado pelo Código Civil em seu art. 481, por meio do qual o vendedor se responsabiliza por transferir a propriedade de determinado bem ao comprador, mediante o pagamento de preço justo acordado entre as partes. Embora um contrato privado, quando celebrado pela Administração deve respeitar algumas regras, quais sejam, processo administrativo, avaliação prévia, declaração de interesse público e licitação, salvo as hipóteses já tratadas de dispensa e inexigibilidade.

b) **Dação em pagamento:** ocorre todas as vezes nas quais o credor admite receber, como forma de pagamento de seu crédito, prestação diversa da que havia sido previamente acordada. Em outras palavras, o ente público admitirá receber um bem provado em substituição a um débito do particular. Tem previsão no art. 356 do CC.

c) **Resgate da enfiteuse:** sempre que o Estado for proprietário de um bem que está sujeito a enfiteuse, caso o enfiteuta deixe de cumprir suas obrigações. Ressalte-se que, não obstante a enfiteuse tenha sido extinta pelo Código Civil, em 2002, aquelas que já haviam sido constituídas serão mantidas, uma vez que se trata de instituto perpétuo.

   É cediço que, na enfiteuse, o proprietário do bem, ou senhorio direto transfere ao enfiteuta ou foreiro o domínio útil do bem, em troca do pagamento de foro anual e laudêmio em casos de alienação do bem a terceiro.

d) **Permuta:** é contrato por meio do qual as partes se obrigam mutuamente a dar uma coisa por uma outra determinada no contrato previamente. Tem previsão no art. 533 do Código Civil e segue as regras referentes à compra e venda.

e) **Doação:** prevista no art. 538 do CC, é contrato por meio do qual uma pessoa transfere parte do seu patrimônio para o patrimônio de terceiro, o donatário. Conforme entendimento da legislação civil, a doação pode ser feita de forma simples ou com encargos impostos ao donatário do bem.

7.2. Aquisição legal ou por fenômenos da natureza

Em determinadas situações, a aquisição de bens pelo Poder Público decorre de previsão legal ou constitucional.

a) **Desapropriação:** é instituto com base no art. 5º, XXIV da Constituição Federal que estabelece a possibilidade de aquisição dos bens pelo Poder Público mediante o pagamento de indenização prévia, justa e em dinheiro, desde que presentes os requisitos de utilidade ou necessidade pública ou de interesse social. A desapropriação é estudada em capítulo específico e trata-se de forma originária de aquisição de propriedade pelos entes federativos. Ressalte-se que existe a possibilidade da realização de desapropriações especiais, nas quais a indenização não será paga em dinheiro, conforme o caso sendo paga em títulos ou, até mesmo, sem o pagamento de qualquer indenização, conforme previsão do art. 243 do texto constitucional.

b) **Usucapião:** trata-se também de forma originária de aquisição de propriedade que se dá pelo decurso de tempo. Chamada também de prescrição aquisitiva, configura a aquisição de determinada propriedade em virtude da posse mansa e pacífica por determinado espaço de tempo continuado. Os art. 1238 a 1244 do Código Civil preveem algumas espécies de usucapião. Ressalte-se, ainda, que o ente público pode usucapir bens privados, não obstante não possa ter seus bens adquiridos desta forma.

c) **Acessão natural:** o Código Civil, em seus artigos 1248 a 1253, prevê as hipóteses de acessão, quais sejam, a formação de ilhas, a avulsão, o aluvião, o abandono de álveo, além das construções e plantações. Tais institutos são matéria de estudo do Direito Civil e ensejam aquisição da propriedade também pelo ente estatal.

d) **Testamento e herança vacante:** o Código Civil admite a transferência de bens por disposição de última vontade. Dessa forma, pode-se, por meio de testamento, transferir bens ao Estado.

Ademais, nos casos de herança vacante (sem herdeiros sucessíveis), será transferido o bem objeto dessa herança ao Município ou Distrito Federal, sendo transferido à União Federal se o bem estiver localizado em territórios federais (art. 1819 a 1822 e 1844 do Código Civil). Veja-se:

> "Art. 1.822. A declaração de vacância da herança não prejudicará os herdeiros que legalmente se habilitarem; mas, decorridos cinco anos da abertura da sucessão, os bens arrecadados passarão ao domínio do Município ou do Distrito Federal, se localizados nas respectivas circunscrições, incorporando-se ao domínio da União quando situados em território federal".

e) **Reversão de bens:** instituto previsto na lei 8987/95 que define que os bens da concessionária de serviços públicos que estejam atrelados à prestação do serviço serão transferidos ao poder concedente, ao final do contrato de concessão, mediante o pagamento da indenização devida. Tal instituto é tratado de forma detalhada no capítulo referente aos serviços públicos, para o qual remeto o leitor.

f) **Pena de perdimento de bens:** tem previsão no art. 91, II do Código Penal e trata-se de efeito da condenação penal. Os bens utilizados como instrumentos dos crimes praticados ou que sejam produtos deste ou ainda que decorram dos proveitos auferidos com o crime serão transferidos para a União Federal.

g) **Perda de bens:** A lei 8429/92 (Lei de Improbidade Administrativa) estabelece que a perda dos bens acrescidos ilicitamente é uma das penalidades aplicadas ao agentes público ou particular que pratique ato de improbidade. A previsão está no art. 12 da referida lei que dispõe acerca das sanções aplicáveis.

8. BENS EM ESPÉCIE

O texto constitucional, em seu artigo 20 define quais os bens pertencentes à União, conforme abaixo transcrito.

> Art. 20. São bens da União:
>
> I – os que atualmente lhe pertencem e os que lhe vierem a ser atribuídos;

Nesse dispositivo, o texto constitucional se vale de norma abrangente, como forma de resguardar todo o patrimônio já adquirido pelo Poder Público e aqueles que venham a ser adquiridos por todos os meios já estudados.

> II – as terras devolutas indispensáveis à defesa das fronteiras, das fortificações e construções militares, das vias federais de comunicação e à preservação ambiental, definidas em lei;

As terras devolutas são terras que não sofreram apossamento de ninguém. A lei 6383/76 prevê a Ação Discriminatória para separação e limitação das terras devolutas, quando não for possível fazê-lo na via administrativa. Ressalte-se que as terras devolutas são, como regra geral, pertencentes aos estados-membros – consoante art. 26, IV da CF – pertencendo excepcionalmente à União as terras devolutas indispensáveis à defesa das fronteiras, das fortificações e construções militares, das vias federais de comunicação e à preservação ambiental.

> III – os lagos, rios e quaisquer correntes de água em terrenos de seu domínio, ou que banhem mais de um Estado, sirvam de limites com outros países, ou se estendam a território estrangeiro ou dele provenham, bem como os terrenos marginais e as praias fluviais;

Também excepcionaliza a regra geral de que pertencem aos estados-membros os rios e correntes de águas que se encontrem em seu território.

> IV – as ilhas fluviais e lacustres nas zonas limítrofes com outros países; as praias marítimas; as ilhas oceânicas e as costeiras, excluídas, destas, as que contenham a sede de Municípios, exceto aquelas áreas afetadas ao serviço público e a unidade ambiental federal, e as referidas no art. 26, II;(Redação dada pela Emenda Constitucional n. 46, de 2005)

O art. 25 do Código de Águas estabelece que são bens dominicais, salvo quando lhes for dada alguma destinação pública. As demais ilhas fluviais e lacustres pertencem aos estados-membros, conforme art. 26, III da CF.

> V – os recursos naturais da plataforma continental e da zona econômica exclusiva;

Ressalte-se que a plataforma continental e a zona econômica exclusiva não pertencem à União, mas tão somente os recursos naturais ali encontrados.

A Convenção das Nações Unidas sobre o Direito do Mar estabelece o conceito de plataforma continental: *A plataforma continental de um Estado costeiro compreende o leito e o subsolo das áreas submarinas que se estendem além do seu mar territorial, em toda a extensão do prolongamento natural do seu território terrestre, até ao bordo exterior da margem continental, ou até uma distância de 200 milhas marítimas das linhas de base a partir das quais se mede a largura do mar territorial, nos casos em que o bordo exterior da margem continental não atinja essa distância."* (CNUDM, art. 76, par. 1).

> VI – o mar territorial;

No mesmo sentido, a Convenção das Nações Unidas sobre o Direito do Mar estabelece que o mar territorial é uma faixa de mar adjacente com dimensão de até 12 milhas marítimas contados da linha de base.

> VII – os terrenos de marinha e seus acrescidos;

Conforme o Decreto-Lei 9760/46, são terrenos de marinha aqueles que se situam, em uma profundidade de 33 (trinta e três) metros, medidos horizontalmente, para a parte da terra, da posição da linha da preamar-médio de 1831. Ou seja, todas as terras costeiras dentro desta faixa de terra de 33 metros ostentam essa qualidade e, portanto, pertencem à União.

No que tange aos terrenos acrescidos o Decreto-lei 9760/46 define como aqueles que tiverem se formado de forma natural ou artificial em seguimento aos terrenos de marinha. Isso porque, conforme explicitado, a medição da faixa que comporta o terreno de marinha foi efetivada em 1831.

É possível a utilização desses bens por particulares por meio de enfiteuse firmada com o ente público que transfere ao cidadão a qualidade de enfiteuta e o domínio útil sobre o bem.

> VIII – os potenciais de energia hidráulica;

Ainda que estejam localizados em rios estaduais, pertencem à União os potenciais de energia hidráulica.

Nesse sentido, Marçal Justen Filho[3] conceitua potenciais de energia hidráulica estabelecendo que *"a expressão potencial de energia hidráulica indica uma manifestação de energia natural, produzida pelo deslocamento físico de massas de água, que comporta transformação em energia elétrica mediante a utilização de equipamentos adequados"* O autor completa definindo que *"sob o prisma natural, o potencial de energia hidráulica é indissociável da existência das águas. Para fins jurídicos, no entanto, o potencial de energia hidráulica não se confunde com a massa de água propriamente dita"*

> IX – os recursos minerais, inclusive os do subsolo;

As minas e jazidas são bens pertencentes à União e não ao proprietário do solo. Com efeito, o art. 176 da CF estabelece que as jazidas, em lavra ou não, e demais recursos minerais são propriedades distintas da do solo para efeito de exploração ou aproveitamento.

> X – as cavidades naturais subterrâneas e os sítios arqueológicos e pré-históricos;
>
> XI – as terras tradicionalmente ocupadas pelos índios.

São bens que se destinam à posse exclusiva dos índios, cabendo a eles usufruir do espaço, das riquezas do solo, dos rios e dos lagos nela existentes. Essa regra está estipulada ainda no art. 231, §2º da Constituição Federal.

Dessa forma, são bens de uso especial.

Nesse sentido, ainda a súmula 480 do Supremo Tribunal Federal estabelece que *"pertencem ao domínio e administração da União, nos termos dos art. 4º, IV e 186 da CF/67, as terras ocupadas por silvícolas"*.

Por derradeiro, a súmula 650 da Suprema Corte define especificamente que *"os incisos I e IX do art. 20 da Cf não alcançam terras de aldeamentos extintos, ainda que ocupadas por indígenas em passado remoto"*.

> § 1º – É assegurada, nos termos da lei, aos Estados, ao Distrito Federal e aos Municípios, bem como a órgãos da administração direta da União, participação no resultado da exploração de petróleo ou gás natural, de recursos hídricos para fins de geração de energia elétrica e de outros recursos minerais no respectivo território, plataforma continental, mar territorial ou zona econômica exclusiva, ou compensação financeira por essa exploração.
>
> § 2º – A faixa de até cento e cinquenta quilômetros de largura, ao longo das fronteiras terrestres, designada como faixa de fronteira, é considerada fundamental para defesa do território nacional, e sua ocupação e utilização serão reguladas em lei.

A chamada "Faixa de fronteira" é regulamentada pela Lei 6634/79 e não se trata, necessariamente de bem público. Salienta-se que os bens localizados nessa área são indispensáveis à garantia da Segurança Nacional, sejam bens públicos ou privados.

O artigo 26 da Carta Maior também define quais os bens públicos pertencentes aos estados federados.

> Art. 26. Incluem-se entre os bens dos Estados:
>
> I – as águas superficiais ou subterrâneas, fluentes, emergentes e em depósito, ressalvadas, neste caso, na forma da lei, as decorrentes de obras da União;
>
> II – as áreas, nas ilhas oceânicas e costeiras, que estiverem no seu domínio, excluídas aquelas sob domínio da União, Municípios ou terceiros;
>
> III – as ilhas fluviais e lacustres não pertencentes à União;
>
> IV – as terras devolutas não compreendidas entre as da União.

3. JUSTEN FILHO, Marçal. Curso de Direito Administrativo. Belo Horizonte: Ed. Forum, 7ª ed. 2011.

Ressalte-se, ainda, que o texto constitucional não atribuiu aos municípios, expressamente, a titularidade de bens, pertencendo a estes os bens de uso comum da sociedade local como praças, vias públicas e logradouros públicos.

Para ilustrar as regras estampadas alhures, cumpre analisar o mapa do Brasil com algumas observações.

Veja-se o mapa explicativo:

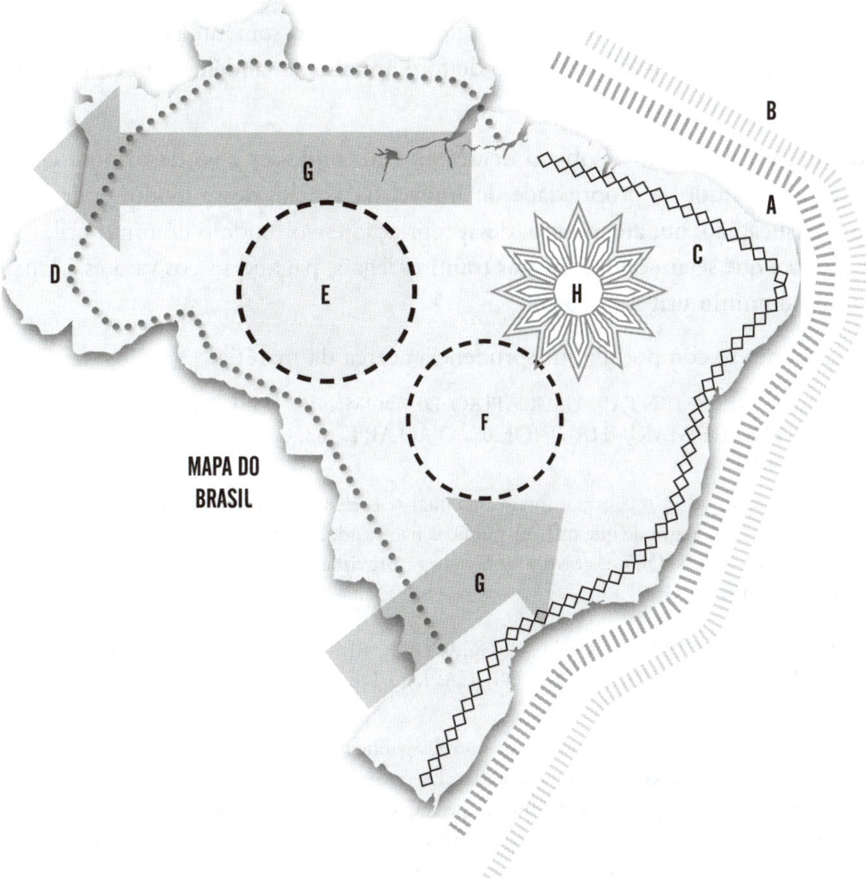

Brasil

- **A**: 12 milhas – mar territorial (União)
- **B:** 200 milhas – Plataforma continental de zona econômica exclusiva. Os recursos naturais encontrados nesta área pertencem à União.
- **C:** 33 m – contados da preamar média (terreno de marinha)
- **D**: Faixa de terra indispensável à garantia da segurança nacional
- **E**: Terras indígenas pertencem a União
- **F:** Terras devolutas são pertencentes do Estado, salvo art. 20, II da CF
- **G**: Vai de um país, vem de outro país ou banha mais de um Estado pertence à União.
- **H:** Potenciais de energia hidráulica pertencem à União

Obs: Terrenos reservados são os marginais aos rios navegáveis e pertencem à União, conforme Súmula 479 do STF. O STJ, no entanto, vem admitindo o domínio privado sobre esses bens que, ainda assim, teriam as garantias inerentes aos bens públicos (Resp n. 995.290/SP, Segunda Turma – 2008).

9. APROFUNDAMENTO PARA PROVAS DISCURSIVAS

Conforme já explicitado, a União Federal possui a propriedade do terreno de marinha; todavia, pode dispor de seu domínio útil, por meio do instituto da enfiteuse.

Com efeito, por meio da enfiteuse legalmente constituída, o ente público transfere a uma pessoa a titularidade do domínio útil do bem, que consiste na possibilidade de usar, fruir, dispor e reaver o bem. Em outras palavras, com a transferência do domínio útil, todas as faculdades do domínio são passadas ao enfiteuta, restando somente ao proprietário (titular do domínio real) o direito ao pagamento de foro anual e de laudêmio em caso de alienação do domínio útil a terceiros.

O domínio útil de imóvel objeto de aforamento pode ser alvo de disputa entre particulares, sendo, contudo, a propriedade do imóvel da União; desse modo, pode haver ação possessória, usucapião, ou, até mesmo, desapropriação envolvendo o domínio útil. Contudo, o que importa é que sejam obedecidos os trâmites legais, pagando-se os valores à União, pela utilização do domínio útil desse bem.

Veja-se como se comporta a jurisprudência acerca da matéria.

> AGRAVO REGIMENTAL. USUCAPIÃO DE DOMÍNIO ÚTIL DE BEM PÚBLICO (TERRENO DE MARINHA). VIOLAÇÃO AO ART. 183, § 3º, DA CONSTITUIÇÃO. INOCORRÊNCIA.
>
> O ajuizamento de ação contra o foreiro, na qual se pretende usucapião do domínio útil do bem, não viola a regra de que os bens públicos não se adquirem por usucapião. Precedente: RE 82.106, RTJ 87/505. Agravo a que se nega provimento. (RE 218324 PE – segunda turma – 2010)

> CIVIL E PROCESSO CIVIL. USUCAPIÃO. BEM PÚBLICO. TERRENO DE MARINHA. CONVERSÃO EM USUCAPIÃO DE DOMÍNIO ÚTIL. IMPOSSIBILIDADE.
>
> É viável a usucapião do domínio útil de imóveis públicos, mas apenas quando já exista enfiteuse sobre o imóvel, em favor de particular. De outro lado, nem se pode julgar a usucapião do domínio útil não postulada na inicial, peça que buscou a aquisição do domínio pleno e tudo omitiu. Apelo desprovido. (TRF2 – APELAÇÃO CIVEL: AC 200151010123005 RJ 2001.51.01.012300-5 – sexta turma especializada – 2010)

Pelo exposto, nota-se que, não obstante seja impossível a usucapião de bens públicos, se determinado particular for titular do domínio útil sobre um determinado terreno de marinha e uma terceira pessoa possuir, como sua, com posse mansa e pacífica esta área, sem oposição do titular pelo prazo exigido na legislação civil, haverá a usucapião. Por óbvio, a usucapião não incidirá sobre a propriedade do bem, por ser esta pertencente à União, mas sim sob o domínio útil. Dessa forma, o terceiro adquirirá, por usucapião o domínio útil do bem (pertencente ao particular), ou seja, será usucapida a qualidade de enfiteuta.

Importa ressaltar que, nesse caso, a União não estará no pólo passivo da ação de usucapião, uma vez que sua propriedade não será atingida pela sentença, mas tão somente a qualidade de enfiteuta, pertencente ao particular, titular do domínio útil.

10. QUADRO SINÓPTICO

<table>
<tr><th colspan="3">BENS PÚBLICOS</th></tr>
<tr><th colspan="3">DOMÍNIO PÚBLICO</th></tr>
<tr><td>Sentido Amplo</td><td colspan="2">Também conhecido como domínio eminente, é o poder de regulamentação exercido pelo ente estatal sobre os bens públicos e também dos bens privados que devem respeitar os interesses da coletividade e serem usufruídos que forma a garantir a função social da propriedade. Ou seja, é a manifestação do Poder de administração do Estado.</td></tr>
<tr><td>Sentido Estrito</td><td colspan="2">Conjunto de bens que pertencem ao poder público, que goza de todas as faculdades atinentes ao direito de propriedade. Ou seja, são os conhecidos bens públicos.</td></tr>
<tr><th colspan="3">DEFINIÇÃO DE BENS PÚBLICOS</th></tr>
<tr><td colspan="3">De acordo com o art. 98, do CC/02: são públicos os bens do domínio nacional pertencentes às pessoas jurídicas de direito público interno; todos os outros são particulares, seja qual for a pessoa a que pertencerem. Resta claro que a conceituação dos bens públicos, no entender do legislador, toma por base sua titularidade e não sua utilização no interesse coletivo.</td></tr>
<tr><td colspan="3">ATENÇÃO! Muito embora não constem como bens públicos para a lei civil, os bens das pessoas jurídicas de direito privado que estejam sendo utilizados na prestação de determinado serviço público também devem gozar das prerrogativas de direito público, tais como as garantias de impenhorabilidade e não onerabilidade. Assim, mesmo não sendo abarcadas pelo conceito de bens públicos, o regime jurídico administrativo e as garantias inerentes a esse regime se aplicam a esses bens, afetados ao interesse da coletividade.</td></tr>
<tr><th colspan="3">COMPETÊNCIA PARA LEGISLAR</th></tr>
<tr><td colspan="3">O art. 22, I da Carta Magna, estabelece que compete privativamente a União legislar acerca de Direito Civil. Esse dispositivo abarca a competência legislativa acerca dos bens públicos.</td></tr>
<tr><td colspan="3">Os demais entes da federação podem expedir leis específicas acerca de uso, ocupação e alienação de bens, desde que em consonância com as regras gerais.</td></tr>
<tr><th colspan="3">CLASSIFICAÇÃO</th></tr>
<tr><td>Quanto à sua titularidade</td><td colspan="2">Os bens podem se classificar em:
- federais.
- estaduais.
- municipais.
- distritais.</td></tr>
<tr><td rowspan="3">Quanto a sua destinação</td><td colspan="2">- bens de uso comum do povo são aqueles bens que a Administração Pública mantém para o uso normal da população, de uso livre, gratuito ou mediante a cobrança de taxas – no caso de utilização anormal ou privativa.</td></tr>
<tr><td colspan="2">- bens de uso especial são aqueles bens usados para a prestação de serviço público pela Administração ou conservados pelo Poder Público com finalidade pública.</td></tr>
<tr><td colspan="2">- bens dominicais ou dominiais são aqueles bens que não têm qualquer destinação pública e assim podem ser alienados, respeitadas as condições previstas em lei, principalmente no art. 17 da lei 8666/93.</td></tr>
<tr><td colspan="3">CUIDADO! Nem toda terra devoluta é bem dominical. Uma determinada terra devoluta cuja finalidade é a proteção do meio ambiente, por exemplo, é um bem de uso especial, em virtude da sua finalidade pública.</td></tr>
<tr><td rowspan="2">ATENÇÃO!</td><td>BENS AFETADOS</td><td>Bens de uso comum do povo e de uso especial</td></tr>
<tr><td>BENS DESAFETADOS</td><td>Bens dominicais</td></tr>
</table>

<table>
<tr><th colspan="3">BENS PÚBLICOS</th></tr>
<tr><th colspan="3">Afetação e desafetação de bens públicos</th></tr>
<tr><td colspan="3">Afetar o bem é dar destinação pública a bem dominical e desafetar é suprimir a destinação de bem que estava atrelado, de alguma forma, ao interesse público. A doutrina mais tradicional, encabeçada pelo Diógenes Gasparini, também designa esses institutos como consagração (sinônimo de afetação) e desconsagração (sinônimo de desafetação).</td></tr>
<tr><td>AFETAÇÃO</td><td colspan="2">Não depende de lei ou ato administrativo específico, pelo que, a simples utilização do bem, com finalidade pública, já confere a este bem a qualidade de bem afetado.</td></tr>
<tr><td rowspan="2">DESAFETAÇÃO</td><td>BENS DE USO COMUM</td><td>Lei ou ato administrativo previamente por lei.</td></tr>
<tr><td>BENS DE USO ESPECIAL</td><td>Lei, ato administrativo previamente autorizado por lei ou fato da natureza.</td></tr>
<tr><th colspan="3">GARANTIAS</th></tr>
<tr><td rowspan="14">Os bens públicos gozam de determinadas prerrogativas decorrentes do regime jurídico de direito público que lhes é peculiar.</td><td rowspan="2">Impenhora-bilidade</td><td>Os bens públicos não podem ser penhorados em juízo para garantia de uma execução contra a fazenda pública, por exemplo.</td></tr>
<tr><td>Ressalte-se que, mesmo os bens dominicais, que não estão atrelados a qualquer finalidade pública, gozam desta prerrogativa.</td></tr>
<tr><td>Não-onerabilidade</td><td>Os bens públicos não podem ser objetos de direito real de garantia, ou seja, um determinado bem público não fica sujeito à instituição de penhor, anticrese ou hipoteca para garantir débitos do ente estatal.</td></tr>
<tr><td>Imprescri-tibilidade</td><td>A posse mansa e pacífica de particulares sobre bens públicos, por 15 anos ininterruptos e sem oposição do ente estatal, não enseja a aquisição da propriedade por usucapião (arts. 183, §3º e 191, parágrafo único, da CF/88 c/c art. 102, do CC/02 e Súmula n. 340 do STF).</td></tr>
<tr><td>Alienabilidade condicionada</td><td>Os bens públicos podem ser alienados, desde que atendidos os requisitos estampados no artigo 17 da Lei 8666/93:
- bem desafetado da destinação pública.
- a demonstração do interesse público na alienação deste bem.
- avaliação prévia do referido bem.
- realização de regular procedimento licitatório, prévio à alienação.</td></tr>
<tr><th colspan="2">Alienação de bens públicos.</th></tr>
<tr><td colspan="2">Os bens públicos podem ser alienados mediante doação, permuta, dação em pagamento, concessão de domínio, investidura, incorporação, retrocessão e legitimação de posse.</td></tr>
<tr><td rowspan="5">BENS IMÓVEIS</td><td>A modalidade licitatória concorrência é obrigatória.</td></tr>
<tr><td>Depende de autorização legislativa, ou seja, deverá ser expedida uma lei específica que autorize o ato.</td></tr>
<tr><td>A Lei n. 9.636/98, em seu artigo 23 exige, para os bens pertencentes à União, além dos requisitos previamente estipulados que a autorização do Presidente da República seja mediante regulamento.</td></tr>
<tr><td>No que tange à licitação, as alíneas do art. 17 estabelece algumas situações em que a mesma é dispensada.</td></tr>
<tr><td>O art. 19 da lei 8666/93 admite a utilização do leilão para alienação de bens que tenham sido previamente adquiridos pelo poder público por meio de dação em pagamento ou por decisão judicial.</td></tr>
</table>

<table>
<tr><th colspan="4">BENS PÚBLICOS</th></tr>
<tr><td></td><td>BENS MÓVEIS</td><td colspan="2">Para os bens móveis inservíveis, apreendidos e penhorados, utiliza-se a modalidade leilão, que também é utilizada para alienação dos demais bens móveis avaliados, desde que não ultrapassem o valor de R$ 650.000,00 (seiscentos e cinquenta mil reais), analisados de forma isolada ou globalmente.</td></tr>
<tr><td rowspan="6">Considerando-se a natureza dos bens públicos, a utilização pode ser normal ou comum, mas também pode ser anormal ou especial.</td><td rowspan="2">Normal ou comum</td><td colspan="2">Ocorre todas as vezes que o bem atende à sua finalidade originária, sendo usufruído por toda a coletividade, sem distinção entre os usuários.</td></tr>
<tr><td colspan="2">É possível que o ente público regulamente a utilização comum, como forma de compatibilizá-la com os interesses públicos.</td></tr>
<tr><td rowspan="4">Anormal ou especial</td><td colspan="2">Ocorre quando o particular pretende utilizar o bem para destinação diversa das regras específicas estipuladas para ele.</td></tr>
<tr><td>Utilização especial remunerada</td><td>É quando o ente público exige o pagamento de determinado valor para a utilização do bem pela sociedade</td></tr>
<tr><td rowspan="2">Utilização especial privativa</td><td>É quando o particular precisa fazer uso do bem sem a interferência de outras pessoas</td></tr>
<tr><td>ATENÇÃO! Nestas situações, a utilização anormal destes bens fica dependendo da manifestação do Estado que, discricionariamente, deve analisar se a utilização diferenciada de um indivíduo não vai obstar a utilização normal deste bem pelo restante da coletividade.</td></tr>
<tr><th colspan="4">Utilização de bens públicos por particulares</th></tr>
<tr><td rowspan="8">Consentimento estatal para utilização especial de bens públicos</td><td>Autorização de uso</td><td>É ato discricionário e precário, independente de licitação prévia, por meio da qual o Estado permite a utilização anormal ou privativa de um bem público pelo particular, concedida eminentemente no interesse deste, desde que, por óbvio, não cause prejuízos ao interesse da coletividade.</td><td rowspan="2">A precariedade enseja a possibilidade de extinção de tal ato, por motivo de interesse público, sem a necessidade de indenização ao particular beneficiado.
ATENÇÃO! Autorização seria utilizada para situações mais transitórias e a permissão para situações que têm maior duração.</td></tr>
<tr><td>Permissão de uso</td><td>É ato discricionário e precário, dependente de licitação prévia, por meio da qual o Estado permite a utilização anormal ou privativa de um bem público pelo particular, concedida eminentemente no interesse público.</td></tr>
<tr><td rowspan="2">Concessão de uso</td><td colspan="2">É contrato administrativo que permite o uso de bem público de forma anormal ou privativa, usado para situações mais perenes, permanentes e que dependem de maior investimento financeiro do particular.</td></tr>
<tr><td colspan="2">Não é precária, com prazo determinado e requer procedimento licitatório prévio, salvo as hipóteses de dispensa e inexigibilidade.</td></tr>
<tr><td rowspan="2">Concessão de direito real de uso</td><td colspan="2">É contrato administrativo por meio do qual o particular passa a ser titular de um direito real de utilização de determinado bem público.</td></tr>
<tr><td colspan="2">Depende de licitação, sempre na modalidade concorrência, independentemente do valor do contrato.</td></tr>
<tr><td>Concessão de uso especial para fins de moradia</td><td colspan="2">A MP n. 2.220/01 estabelece que "Aquele que, até 30 de junho de 2001, possuiu como seu, por cinco anos, ininterruptamente e sem oposição, até duzentos e cinquenta metros quadrados de imóvel público situado em área urbana, utilizando-o para sua moradia ou de sua família, tem o direito à</td></tr>
</table>

BENS PÚBLICOS		
		concessão de uso especial para fins de moradia em relação ao bem objeto da posse, desde que não seja proprietário ou concessionário, a qualquer título, de outro imóvel urbano ou rural.”
		A medida provisória não admite o reconhecimento desse direito por mais de uma vez ao mesmo concessionário.
	Cessão de uso	Permitir a utilização de determinado bem público por outro ente estatal, para utilização no interesse da coletividade.
		Normalmente é firmado por meio de convênio ou termo de cooperação.
AQUISIÇÃO DE BENS		
A **incorporação dos bens ao patrimônio público** pode se dar mediante contratos, por fenômenos da natureza ou, até mesmo, por meio de lei.		
Aquisição	**Originária** se dá independentemente da vontade do transmitente e se designa de aquisição direta de bens. Nesses casos, o bem se incorpora ao patrimônio público sem nenhuma espécie de restrição ou ônus.	
	Derivada decorre de consenso entre o as partes e transfere o bem ao patrimônio público, com todos os ônus que ele possuía originariamente.	
Aquisição contratual	São contratos da Administração celebrados sob o regime de direito privado que respeitam as limitações e princípios do Direito Administrativo, inclusive, o dever de licitar, conforme art. 37, XXI da Constituição Federal.	
	Compra e venda	Contrato regulamentado pelo Código Civil em seu art. 481, por meio do qual o vendedor se responsabiliza por transferir a propriedade de determinado bem ao comprador, mediante o pagamento de preço justo acordado entre as partes.
	Dação em pagamento	É quando o ente público admite receber um bem provado em substituição a um débito do particular. Tem previsão no art. 356 do CC.
	Resgate da enfiteuse	Sempre que o Estado for proprietário de um bem que está sujeito a enfiteuse, caso o enfiteuta deixe de cumprir suas obrigações.
	Permuta	É contrato por meio do qual as parte se obrigam mutuamente a dar uma coisa por uma outra determinada no contrato previamente.
	Doação	É contrato por meio do qual uma pessoa transfere parte do seu patrimônio para o patrimônio de terceiro, o donatário nos moldes do art. 538 do CC.
		Esta pode ser feita de forma simples ou com encargos impostos ao donatário do bem.
Aquisição legal ou por fenômenos da natureza	**Desapropriação**	É instituto com base no art. 5º, XXIV da Constituição Federal que estabelece a possibilidade de aquisição dos bens pelo Poder Público mediante o pagamento de indenização prévia, justa e em dinheiro, desde que presentes os requisitos de utilidade ou necessidade pública ou de interesse social.
	Usucapião	Chamada também de prescrição aquisitiva, configura a aquisição de determinada propriedade em virtude da posse mansa e por determinado espaço de tempo continuado.
	Acessão natural	O Código Civil, em seus artigos 1248 a 1253, prevê as hipóteses de acessão quais sejam, a formação de ilhas, a avulsão, o aluvião, o abandono de álveo, além das construções e plantações. Tais institutos são matéria de estudo do direito civil e ensejam aquisição da propriedade também pelo ente estatal.

BENS PÚBLICOS		
	Testamento e herança jacente	Pode-se, por meio de testamento, transferir bens ao Estado. Ademais, nos casos de herança jacente (sem herdeiros sucessíveis), será transferido o bem objeto dessa herança ao Município ou Distrito Federal, sendo transferido à União Federal se o bem estiver localizado em territórios federais nos dos arts. 1819 a 1822 e 1844 do Código Civil.
	Reversão de bens	Os bens da concessionária de serviços públicos que estejam atrelados à prestação do serviço serão transferidos ao poder concedente, ao final do contrato de concessão, mediante o pagamento da indenização devida.
	Pena de perdimento de bens	Os bens utilizados como instrumentos dos crimes praticados ou que sejam produtos deste ou ainda que decorram dos proveitos auferidos com o crime serão transferidos para a União Federal.
	Perda de bens	A lei 8429/92 (Lei de improbidade Administrativa) estabelece que a perda dos bens acrescidos ilicitamente é uma das penalidades aplicadas ao agentes público ou particular que pratique ato de improbidade.

BENS EM ESPÉCIE	
DA UNIÃO	O art. 20, da CF/88 define que são bens da União: I – os que atualmente lhe pertencem e os que lhe vierem a ser atribuídos; II – as terras devolutas indispensáveis à defesa das fronteiras, das fortificações e construções militares, das vias federais de comunicação e à preservação ambiental, definidas em lei; III – os lagos, rios e quaisquer correntes de água em terrenos de seu domínio, ou que banhem mais de um Estado, sirvam de limites com outros países, ou se estendam a território estrangeiro ou dele provenham, bem como os terrenos marginais e as praias fluviais; IV as ilhas fluviais e lacustres nas zonas limítrofes com outros países; as praias marítimas; as ilhas oceânicas e as costeiras, excluídas, destas, as que contenham a sede de Municípios, exceto aquelas áreas afetadas ao serviço público e a unidade ambiental federal, e as referidas no art. 26, II (Redação dada pela Emenda Constitucional n. 46, de 2005); V – os recursos naturais da plataforma continental e da zona econômica exclusiva; VI – o mar territorial; VII – os terrenos de marinha e seus acrescidos; VIII – os potenciais de energia hidráulica; IX – os recursos minerais, inclusive os do subsolo; X – as cavidades naturais subterrâneas e os sítios arqueológicos e pré-históricos; XI – as terras tradicionalmente ocupadas pelos índios. § 1º – É assegurada, nos termos da lei, aos Estados, ao Distrito Federal e aos Municípios, bem como a órgãos da administração direta da União, participação no resultado da exploração de petróleo ou gás natural, de recursos hídricos para fins de geração de energia elétrica e de outros recursos minerais no respectivo território, plataforma continental, mar territorial ou zona econômica exclusiva, ou compensação financeira por essa exploração. § 2º – A faixa de até cento e cinquenta quilômetros de largura, ao longo das fronteiras terrestres, designada como faixa de fronteira, é considerada fundamental para defesa do território nacional, e sua ocupação e utilização serão reguladas em lei.
DOS ESTADOS	O art. 26, da CF/88 traz que se incluem entre os bens dos Estados: I – as águas superficiais ou subterrâneas, fluentes, emergentes e em depósito, ressalvadas, neste caso, na forma da lei, as decorrentes de obras da União; II – as áreas, nas ilhas oceânicas e costeiras, que estiverem no seu domínio, excluídas aquelas sob domínio da União, Municípios ou terceiros; III – as ilhas fluviais e lacustres não pertencentes à União; IV – as terras devolutas não compreendidas entre as da União.

ATENÇÃO! Ressalte-se, ainda, que o texto constitucional não atribuiu aos municípios, expressamente, a titularidade de bens, pertencendo a estes os bens de uso comum da sociedade local como praças, vias públicas e logradouros públicos.

DAS AÇÕES POSSESSÓRIAS SOBRE O DOMÍNIO ÚTIL
O domínio útil de imóvel objeto de aforamento pode ser objeto de disputa entre particulares, sendo, contudo, a propriedade do imóvel da União. Desse modo, pode haver ação possessória, usucapião, ou, até mesmo, desapropriação envolvendo o domínio útil.

11. SÚMULAS

11.1. Súmulas do STF

- **Súmula n. 340:** Desde a vigência do código civil, os bens dominicais, como os demais bens públicos, não podem ser adquiridos por usucapião.
- **Súmula n. 477:** As concessões de terras devolutas situadas na faixa de fronteira, feitas pelos estados, autorizam, apenas, o uso, permanecendo o domínio com a união, ainda que se mantenha inerte ou tolerante, em relação aos possuidores.
- **Súmula n. 479:** As margens dos rios navegáveis são de domínio público, insuscetíveis de expropriação e, por isso mesmo, excluídas de indenização.
- **Súmula n. 480:** Pertencem ao domínio e administração da união, nos termos dos arts. 4º, iv, e 186, da constituição federal de 1967, as terras ocupadas por silvícolas.
- **Súmula n. 650:** Os incisos i e xi do art. 20 da constituição federal não alcançam terras de aldeamentos extintos, ainda que ocupadas por indígenas em passado remoto.

12. JURISPRUDÊNCIAS 2015/2016

- **AGRAVO REGIMENTAL NO AGRAVO DE INSTRUMENTO. ADMINISTRATIVO. BENS PÚBLICOS. USUCAPIÃO. ALDEAMENTO INDÍGENA EXTINTO. COMPETÊNCIA. JUSTIÇA ESTADUAL. SÚMULA Nº 650. REANÁLISE DO CONTEXTO FACTUAL. SÚMULA Nº 279/STF. AGRAVO REGIMENTAL DESPROVIDO. (STF -** AI 814128 AgR/SP - SÃO PAULO. AG.REG. NO AGRAVO DE INSTRUMENTO. Relator(a): Min. LUIZ FUX. Julgamento: 23/06/2015. Órgão Julgador: Primeira Turma. Publicação. ACÓRDÃO ELETRÔNICO. DJe-156 DIVULG 07-08-2015 PUBLIC 10-08-2015).
- **PROCESSUAL CIVIL E ADMINISTRATIVO. AGRAVO INTERNO NO AGRAVO EM RECURSO ESPECIAL. ENUNCIADO ADMINISTRATIVO 3/STJ. BENS PÚBLICOS. TERRENO DE MARINHA. VIOLAÇÃO AOS ARTS. 535, DO CPC E 11, §1º, DA LEI 9.868/99. NÃO OCORRÊNCIA. DEMARCAÇÃO. COMUNICAÇÃO POR EDITAL. NECESSIDADE DE NOTIFICAÇÃO PESSOAL. REEXAME DE PROVAS. SÚMULA 7/STJ. AGRAVO NÃO PROVIDO.** 1- Não há omissão apta a justificar o retorno dos autos à origem, pois o acórdão esta fundamento de acordo com o seu livre convencimento, baseado nos aspectos pertinentes à hipótese *sub judice* e com a legislação que entender aplicável ao caso concreto. 2- No período que permeia a edição da Lei nº 11.481/07 e a publicação da decisão exarada pelo STF nos autos da ADI 4264/PE, a jurisprudência desta Corte é assente no sentido de se reputar como válidas as intimações feitas por edital dos possíveis interessados para participação no procedimento demarcatório de terreno de marinha. Não é a data conclusão da demarcação que rege a questão, mas do procedimento demarcatório. 3- O exame pormenorizado do acórdão combatido não permite concluir que o processo demarcatório teria sido deflagrado no período compreendido entre 31/5/2007 e 16/3/2011. Dessa forma, admitir os argumentos da recorrente demandaria revolvimento deste aplicador do direito o exame do conjunto fático-probatório dos autos, o que é vedado em sede de especial, em razão do óbice elencado na Súmula nº 07 do STJ. 4- Agravo interno não provido. **(AgInt no AREsp 918.960/MA, Rel. Ministro MAURO CAMPBELL MARQUES, SEGUNDA TURMA, julgado em 20/10/2016, DJe 27/10/2016)**

12.1. Informativos do STJ

- **Informativo n. 589**

  DIREITO ADMINISTRATIVO. NULIDADE DE CONTRATO DE COMPRA E VENDA DE IMÓVEL PERTENCENTE À UNIÃO. É nulo o contrato firmado entre particulares de compra e venda de imóvel de propriedade da União quando ausentes o prévio recolhimento do laudêmio e a certidão da Secretaria do Patrimônio da União (SPU), ainda que o pacto tenha sido registrado no Cartório competente. Para melhor compreensão da controvérsia, transcreve-se o art. 3º do Decreto-Lei n. 2.398/1987, que dispõe sobre foros, laudêmios e taxas de ocupação relativas a imóveis de propriedade da União, e dá outras providências: "Art. 3º A transferência onerosa, entre vivos, do domínio útil e da inscrição de ocupação de terreno da União ou cessão de direito a eles relativos dependerá do prévio recolhimento do laudêmio, em quantia correspondente a 5% (cinco por cento) do valor atualizado do domínio pleno do terreno, excluídas as benfeitorias. § 1º As transferências parciais de aforamento ficarão sujeitas a novo foro para a parte desmembrada. § 2º Os Cartórios de Notas e Registro de Imóveis, sob pena de responsabilidade dos seus respectivos titulares, não lavrarão nem registrarão escrituras relativas a bens imóveis de propriedade da União, ou que contenham, ainda que parcialmente, área de seu domínio: I - sem certidão da Secretaria do Patrimônio da União - SPU que declare: a) ter o interessado recolhido o laudêmio devido, nas transferências onerosas entre vivos; b) estar o transmitente em dia, perante o Patrimônio da União, com as obrigações relativas ao imóvel objeto da transferência; e c) estar autorizada a transferência do imóvel, em virtude de não se encontrar em área de interesse do serviço público; II - sem a observância das normas estabelecidas em regulamento". Os bens públicos podem ser classificados como bens de uso comum do povo, bens de uso especial e bens dominicais. A diferença principal entre eles reside no fato de que as duas primeiras espécies possuem destinação pública, enquanto a terceira não a possui. Os terrenos pertencentes à União são bens públicos, apesar de os bens dominicais terem destinação precipuamente particular. Seguindo o escólio de doutrina "o regime dos bens dominicais é parcialmente público e parcialmente privado". Por isso, deve-se ter consciência de que a sua natureza não é exclusivamente patrimonial, pois a Administração Pública não deseja apenas auferir renda, mas também observar o interesse coletivo representado pelo domínio direto do imóvel. Conforme explicitado, os bens dominicais possuem especificidades com relação à propriedade privada, que é regulada exclusivamente pelo Código Civil. Dentre elas, existe o direito de transferir onerosamente o domínio útil do imóvel mediante o pagamento de laudêmio, pois se trata, como dito alhures, de relação de natureza híbrida. Portanto, o contrato de compra e venda desses imóveis deve se revestir de formalidades sem as quais se desnatura a sua natureza jurídica. Logo, não é somente o pagamento do laudêmio que diferencia essa espécie de transferência onerosa entre vivos, mas, e, principalmente, a autorização da União para a realização do negócio jurídico. Como se trata de bem público de interesse da União, ela deve acompanhar de perto, por meio da SPU, a realização de sua transferência, pois, como dispõe a lei, pode ocorrer a vinculação do imóvel ao serviço público. Ademais, os Cartórios de Registro de Imóveis têm a obrigação de não lavrar nem registrar escrituras relativas a bens imóveis de propriedade da União sem a certidão da SPU, sob pena de responsabilidade dos seus titulares. Precedente citado: REsp 1.201.256-RJ, Primeira Turma, DJe 22/2/2011. **REsp 1.590.022-MA, Rel. Min. Herman Benjamin, por unanimidade, julgado em 9/8/2016, DJe 8/9/2016.**

13. QUESTÕES DE CONCURSOS

1. (VUNESP - 2014 - TJ-SP – Juiz) Os edifícios em que se encontram sediados o Tribunal de Justiça do Estado de São Paulo, na Praça da Sé, e o Fórum João Mendes Júnior, na Praça João Mendes, podem ser qualificados, dentro do tema dos bens públicos, como:

a) bens de uso especial, pertencentes à Fazenda do Estado, afetados ao uso do Poder Judiciário.

b) bens de uso comum do povo, ou de domínio público, na medida em que a acessibilidade aos mesmos se dá por meio da utilização universal, por toda a população, com livre trânsito em suas dependências.

c) bens dominicais ou dominiais, de propriedade do Tribunal de Justiça do Estado de São Paulo, como sede do Poder Judiciário estadual.

d) bens dominicais ou dominiais, de propriedade da Fazenda do Estado, cedidos ao uso do Poder Judiciário.

2. (FCC - 2014 - TJ-CE – Juiz) Acerca dos bens públicos, é correto afirmar:

a) A imprescritibilidade é característica dos bens públicos de uso comum e de uso especial, sendo usucapíveis os bens pertencentes ao patrimônio disponível das entidades de direito público.

b) As terras devolutas indispensáveis à preservação ambiental constituem, nos termos do art. 225, caput, da Constituição Federal, bem de uso comum do povo.

c) Os bens pertencentes aos Conselhos Federais e Regionais de Fiscalização são bens públicos, insuscetíveis de constrição judicial para pagamentos de dívidas dessas entidades.

d) Os bens das representações diplomáticas dos Estados estrangeiros e de Organismos Internacionais são considerados bens públicos, para fins de proteção legal.

e) Os imóveis pertencentes à Petrobrás, sociedade de economia mista federal, são considerados bens públicos, desde que situados no Território Nacional.

3. (ESAF - 2014 - Receita Federal - Auditor Fiscal da Receita Federal - Prova 01) Quanto às formas de aquisição dos Bens Públicos, é correto afrmar:

a) aluvião é uma das formas de efetivação da acessão.

b) a legislação atual manteve as enfteuses já existentes no antigo Código Civil, por meio das quais o credor obtém o direito de adquirir os bens praceados.

c) a arrematação exige a posse do bem por determinado período e a boa-fé.

d) o contrato é uma forma de aquisição originária da propriedade.

e) os bens desapropriados repassados a terceiros, no caso da reforma agrária, não mais possuem natureza de bens públicos, mesmo que não se dê a transferência

4. (CESPE - 2014 - PGE-BA – Procurador) Em relação aos bens públicos, julgue o item seguinte.

Para a utilização de espaço de prédio de autarquia para o funcionamento de restaurante que atenda aos servidores públicos, é obrigatória a realização de licitação e a autorização de uso de bem público

5. **(IBC – PGM – Carapicuíba – Procurador/2015)** Sobre os bens públicos, está incorreto afirmar:

a) São públicos os bens do domínio nacional pertencentes às pessoas jurídicas de direito público interno; todos os outros são particulares, seja qual for a pessoa a que pertencerem.
b) São bens públicos dominicais aqueles que constituem o patrimônio das pessoas jurídicas de direito público, como objeto de direito pessoal, ou real, de cada uma dessas entidades.
c) Edifícios ou terrenos destinados a serviço ou estabelecimento da administração federal, estadual, territorial ou municipal, inclusive os de suas autarquias, são bens públicos de uso comum do povo.
d) Não dispondo a lei em contrário, consideram-se dominicais os bens pertencentes às pessoas jurídicas de direito público a que se tenha dado estrutura de direito privado.

6. **(Cespe – Defensor Público - DPU/ 2015)** No que tange às limitações administrativas da propriedade e aos bens públicos, julgue os itens seguintes.

As limitações administrativas são determinações de caráter geral por meio das quais o poder público impõe a determinados proprietários obrigações de caráter negativo, mas não positivo, que condicionam a propriedade ao atendimento de sua função social.

7. **(Cespe – Defensor Público - PR/ 2015)** Com relação aos bens públicos, julgue o item abaixo.

É juridicamente impossível a prescrição aquisitiva de imóvel público rural por meio de usucapião constitucional pro labore.

8. **(FCC – Juiz de Direito – GO/2015)** Suponha que determinada empresa privada promotora de eventos pretenda utilizar um imóvel público, atualmente sem destinação e cuja propriedade foi adquirida pelo Estado por meio de adjudicação levada a efeito em processo de execução fiscal, para a instalação de um centro de convenções com a finalidade de realizar feiras agropecuárias. Considerando o regime jurídico a que se sujeitam os bens públicos, a utilização do imóvel pelo referido particular, em caráter exclusivo, poderá se dar mediante

a) cessão de uso, que pressupõe a transferência do domínio e se dá, necessariamente, a título oneroso.
b) permissão de uso, em caráter discricionário e precário em razão do interesse no uso beneficiar exclusivamente o particular.
c) autorização de uso, sem prazo determinado e revogável mediante indenização ao particular.
d) permissão qualificada, onerosa e precedida de licitação, que não admite indenização ao particular no caso de revogação a critério da Administração.
e) concessão de uso, precedida de licitação, com prazo determinado, com direito do particular a indenização caso rescindida antes do termo final.

9. **(Cespe – Defensor Público - DPU/ 2015)** No que tange às limitações administrativas da propriedade e aos bens públicos, julgue os itens seguintes.

São bens públicos de uso comum do povo aqueles especialmente afetados aos serviços públicos, como, por exemplo, aeroportos, escolas e hospitais públicos.

10. **(FCC – Juiz de Direito – RR/2015)** Determinada Administração Municipal, com o fim de promover o desenvolvimento econômico local, desapropriou determinada gleba de terra, em área rural, para fins de constituição de um distrito industrial. O proprietário aceitou o valor ofertado e foi lavrada e registrada a escritura pública ultimando a desapropriação administrativa. A Administração Municipal, então, por meio de contrato de concessão de direito de superfície, possibilitou que indústrias se instalassem, pelo prazo de 15 anos, nos lotes da zona industrial recém-constituída. Passados dez anos, em virtude da carência de recursos financeiros, o Prefeito Municipal obtém a aprovação, na Câmara Municipal, de projeto de lei autorizativa da alienação dos lotes componentes da zona industrial em questão.

Diante de tal situação, é correto concluir que

a) caso haja a alienação dos lotes, ficará caracterizada a tredestinação ilícita do bem desapropriado, havendo a possibilidade de pedido de retrocessão pelo expropriado.
b) a desapropriação ocorrida é inválida, pois o ente municipal não tem competência para desapropriar glebas rurais, em face da competência privativa da União para promover a política agrária e fundiária.
c) é possível a alienação dos lotes, mediante regular procedimento licitatório, garantindo-se aos superficiários a preferência na aquisição dos respectivos lotes, em igualdade de condições em relação às propostas vencedoras do certame.
d) os contratos de concessão de direito de superfície são inválidos, pois trata-se de instituto do direito civil, não aplicável aos bens públicos.

e) é impossível a alienação dos terrenos, haja vista que se trata de bem de uso especial, que precisa ser desafetado para sua alienação.

11. **(FCC – Juiz de Direito – SC/2015)** Pela perspectiva tão somente das definições constantes do direito positivo brasileiro, consideram-se "bens públicos" os pertencentes a

a) um estado, mas não os pertencentes a um território.
b) um município, mas não os pertencentes a uma autarquia.
c) uma sociedade de economia mista, mas não os pertencentes ao distrito federal.
d) uma fundação pública, mas não os pertencentes a uma autarquia.
e) uma associação pública, mas não os pertencentes a uma empresa pública.

12. **(TRF 1 - Juiz Federal Substituto 1ª região/2015)** Assinale a opção correta acerca do domínio público.

a) As terras devolutas são bens públicos de uso especial que, em regra, integram o patrimônio da União.
b) Diferentemente dos bens de uso comum do povo, os bens de uso especial podem ser alienados mesmo enquanto conservarem a sua qualificação.
c) São considerados bens públicos aqueles integrantes do patrimônio das pessoas jurídicas de direito público interno e das pessoas jurídicas de direito privado que integram a administração pública.
d) O uso privativo dos bens públicos pode se dar tanto por instrumentos de direito público quanto por instrumentos jurídicos de direito privado.
e) Os terrenos de marinha, considerados bens públicos federais, não podem ter seu uso transferido a particulares.

13. **(TRF 5 - Juiz Federal Substituto 5ª região/2015)** Com relação aos bens públicos, assinale a opção correta.

a) A inalienabilidade é característica tanto dos bens de uso comum do povo como dos bens dominicais e dos de uso especial.
b) A CF admite que os estados, o DF e os municípios, bem como os órgãos da administração direta e indireta de todos os entes federativos, participem no resultado da exploração de recursos minerais no âmbito de seu respectivo território.
c) As terras devolutas são bens públicos que não possuem afetação pública nem foram incorporados ao domínio privado.
d) Os terrenos de marinha são as áreas que, banhadas pelas águas de mar ou de rios navegáveis, integram o patrimônio dos diversos entes federativos e cuja utilização, por particulares, somente é admitida mediante permissão de uso.
e) Devido ao fato de os bens públicos de uso comum se destinarem à utilização geral pelos indivíduos, é vedada a cobrança de remuneração pela utilização desse tipo de bem.

14. **(Vunesp - PGM – São Paulo - SP/2015)** Acerca do direito de concessão de uso especial para fins de moradia, a Medida Provisória n.° 2.220/01, estabelece que:

a) é intransferível.
b) sua extinção dá-se no caso do concessionário adquirir a propriedade, sendo despicienda a averbação no Cartório de Registro de Imóveis.
c) em caso de ação judicial, a concessão respectiva poderá ser declarada por sentença arbitral.
d) a Administração Pública terá o prazo máximo de 18 meses para decidir acerca do pedido do título de concessão respectivo.
e) o título de concessão será obtido pela via administrativa perante o órgão competente da Administração Pública ou, em caso de recusa ou omissão deste, pela via judicial.

15. **(CESPE – Analista de Controle – TCE-PR/2016)** Determinado órgão da administração pública pretende disponibilizar, mediante contrato por prazo determinado, uma área do prédio de sua sede – um bem público – para um particular instalar refeitório destinado aos servidores desse órgão.

Nessa situação, de acordo com a doutrina pertinente, o instituto legalmente adequado para se disponibilizar o uso privativo do bem público por particular é a

a) concessão de uso.
b) cessão de uso.
c) autorização de uso.
d) concessão de direito real de uso.
e) permissão de uso.

16. **(CESPE – Analista de Controle – TCE-PR/2016)** Acerca da alienação de bens pela administração pública, assinale a opção correta.

a) A alienação de bens imóveis desafetados da administração pública direta para outro órgão da administração pública far-se-á por contratação direta, uma vez que a licitação é inexigível.

b) Não é possível a alienação de bens da administração pública direta.

c) Não é possível a alienação de bens imóveis da administração pública direta, mesmo que desafetados.

d) É possível a alienação de bens móveis e imóveis da administração pública direta, desde que haja autorização legislativa.

e) É possível a alienação de bens móveis desafetados da administração pública direta se houver demonstração de interesse público, avaliação prévia do bem e prévia licitação.

17. (Instituto AOCP – Advogado – EBSERH/2016) Sobre os bens públicos, assinale a alternativa correta.

a) São bens públicos os de uso comum do povo, tais como edifícios ou terrenos destinados a serviço ou estabelecimento da administração federal, estadual, territorial ou municipal, inclusive os de suas autarquias; os de uso especial, que constituem o patrimônio das pessoas jurídicas de direito público, como objeto de direito pessoal, ou real, de cada uma dessas entidades; os dominicais, tais como rios, mares, estradas, ruas e praças.

b) Os bens de uso comum do povo podem ser alienados, observadas as exigências da lei.

c) Bens públicos dominicais constituem-se no patrimônio das pessoas jurídicas de direito público, como objeto de direito pessoal, ou real, de cada uma dessas entidades e podem ser alienados, observadas as exigências da lei.

d) Os bens públicos dominicais são inalienáveis.

e) O uso comum dos bens públicos deve ser gratuito.

GABARITO		COMENTÁRIO
1	A	A alternativa está correta visto que bens de uso especial são aqueles utilizados para a prestação de serviço público pela Administração ou conservados pelo Poder Público com finalidade pública, como por exemplo os edifícios que abrigam os Tribunais de Justiça, escolas públicas, entre outros.
2	C	Conforme o entendimento jurisprudencial, os Conselhos Profissionais possuem personalidade jurídica de direito público, devendo, assim, a execução movida contra esses seguir o rito próprio das execuções contra a Fazenda Pública, haja vista definirem-se tais conselhos como entidades autárquicas, dotadas, assim, de personalidade jurídica de direito público, cujo patrimônio é impenhorável.
3	A	O Código Civil, em seus artigos 1248 a 1253, prevê as hipóteses de acessão quais sejam, a formação de ilhas, a avulsão, o aluvião, o abandono de álveo, além das construções e plantações. Tais institutos são matéria de estudo do direito civil e ensejam aquisição da propriedade também pelo ente estatal.
4	errado	A utilização do bem público por particular mediante autorização de uso consiste no ato discricionário e precário, independente de licitação prévia, por meio da qual o Estado permite a utilização anormal ou privativa de um bem público pelo particular, concedida eminentemente no interesse deste, desde que, por óbvio, não cause prejuízos ao interesse da coletividade.
5	C	A assertiva encontra-se errada visto que os bens de uso comum do povo são aqueles que a Administração Pública mantém para o uso normal da população, de uso livre, gratuito ou mediante a cobrança de taxas (no caso de utilização anormal ou privativa). No caso a definição utilizada "Edifícios ou terrenos destinados a serviço ou estabelecimento da administração federal, estadual, territorial ou municipal, inclusive os de suas autarquias" refere-se a bens de uso especial.
6	ERRADO	José dos Santos Carvalho Filho leciona que *"limitações administrativas são determinações de caráter geral, através das quais o Poder Público impõe a proprietários indeterminados obrigações positivas, negativas ou permissivas, para o fim de condicionar as propriedades ao atendimento da função social"*. Desta forma, o erro da assertiva é afirmar que as obrigações só são negativas e nunca positivas.
7	CERTO	O STF, pela Súmula n. 340, consagrou o entendimento de que "desde a vigência do Código Civil, os bens dominicais, como os demais bens públicos, não podem ser adquiridos por usucapião"
8	E	Concessão de uso é contrato administrativo que permite o uso de bem público de forma anormal ou privativa, usado para situações mais perenes, permanentes. Não é precária, tendo prazo determinado e requer procedimento licitatório prévio, salvo as hipóteses de dispensa e inexigibilidade.

GABARITO		COMENTÁRIO
9	ERRADO	Os bens de uso comum do povo são aqueles que a Administração Pública mantém para o uso normal da população, de uso livre, gratuito ou mediante a cobrança de taxas (no caso de utilização anormal ou privativa). No caso a definição utilizada "aqueles especialmente afetados aos serviços públicos, como, por exemplo, aeroportos, escolas e hospitais públicos" refere-se a bens de uso especial.
10	C	O Estatuto das Cidades, no seu art. 22, com combinação do art. 4º, V, alínea "l", da mesma Lei 10.257/2001, faz a devida previsão do caso citado: "Art. 22. Em caso de alienação do terreno, ou do direito de superfície, o superficiário e o proprietário, respectivamente, terão direito de preferência, em igualdade de condições à oferta de terceiros. Art. 4º Para os fins desta Lei, serão utilizados, entre outros instrumentos: V – institutos jurídicos e políticos: l) direito de superfície"
11	E	A resposta desta questão também é verificada com a análise dos arts. 22, c/c o art. 4º, V alínea "l", Lei 10.257/2001.
12	D	O uso privativo acontece quando a Administração confere a pessoas físicas ou jurídicas, públicas ou privadas, a exclusividade de uso sobre certo bem público. Trata-se de providência possível, desde que o uso seja compatível com o fim a que se destina e que tenham sido observadas as restrições legais aplicáveis. Algumas formas possíveis de uso privativo de bem público ocorrem através da autorização, da permissão, da concessão, da cessão, entre tantas outras formas.
13	C	As terras devolutas são aquelas que não sofreram apossamento de ninguém e como regra geral, pertencentes aos estados-membros – consoante art. 26, IV da CF – pertencendo excepcionalmente à União as terras devolutas indispensáveis à defesa das fronteiras, das fortificações e construções militares, das vias federais de comunicação e à preservação ambiental.
14	E	A assertiva encontra-se nos exatos termos do art. 6º, da MP 2.220/2001, conforme abaixo: Art. 6º O título de concessão de uso especial para fins de moradia será obtido pela via administrativa perante o órgão competente da Administração Pública ou, em caso de recusa ou omissão deste, pela via judicial.
15	a	Concessão de uso é contrato administrativo que permite o uso de bem público de forma anormal ou privativa, usado para situações mais perenes, permanentes e que dependem de maior investimento financeiro do particular. Não é precária – por ter natureza contratual – tem prazo determinado e requer procedimento licitatório prévio, salvo as hipóteses de dispensa e inexigibilidade.
16	e	Os institutos da afetação e desafetação de bens públicos decorrem do fato de que um bem desafetado pode passar a ter destinação pública específica (mediante afetação) e, da mesma forma, um bem que tem destinação pública específica pode deixar de ostentar a qualidade de bem afetado (mediante desafetação). Os artigos 17 a 19 da lei 8666/93 estabelecem a possibilidade da alienação de bens públicos desafetados, ou seja, desvinculados de qualquer utilização de interesse público e seus requisitos. Primeiramente, deve haver declaração estatal de que há interesse público na alienação. Considerando que a alienação é norma excepcional, essa declaração deve ser devidamente fundamentada. Posteriormente, deve ser feita a avaliação prévia do bem, que servirá de parâmetro para definir o valor da venda. Por fim, deverá ser realizado o prévio procedimento licitatório, nos moldes definidos pela legislação.
17	c	Bens dominicais ou dominiais são bens que não têm qualquer destinação publico que ostentam a qualidade de bem público pelo fato de pertencerem a uma determinada pessoa jurídica de direito público – haja vista o ordenamento jurídico adotar o critério da titularidade para conceituação de bens. Diferentemente do que ocorre com os bens de uso comum e com os de uso especial, podem ser alienados, respeitadas as condições previstas em lei (art. 17 da lei 8666/93), ou seja, são bens que não estão fora do comércio como as outras espécies de bens públicos.

CAPÍTULO 16

PROCESSO ADMINISTRATIVO

1. INTRODUÇÃO E CONCEITO

De início, na análise dos processos administrativos, ressalte-se que não há consenso na doutrina acerca de sua conceituação. Isso porque alguns doutrinadores diferenciam processos de procedimentos administrativos, sendo estes últimos os trâmites e formalidades obedecidos pelos primeiros, o que não possui qualquer aplicação prática.

No entanto, para fins teóricos, é relevante distinguir processos administrativos e procedimentos administrativos. Observe-se.

- **Processo administrativo** – se configura por uma série concatenada de atos administrativos, respeitando uma ordem posta por lei, com uma finalidade específica, ensejando a prática de um ato final. A doutrina costuma dizer que todos os atos administrativos devem ser precedidos de um processo formal que justifica sua prática e serve de base para sua legitimidade, documentando todas as etapas até a formação válida da atuação da Administração Pública.
- **Procedimento administrativo** – se traduz na forma pela qual os atos do processo se desenvolvem. O procedimento é o rito respeitado pela Administração para se alcançar a finalidade do processo.

Ressalte-se que essa distinção não tem relevância prática para provas objetivas de concursos, uma vez que as expressões são utilizadas na doutrina geral sem diferenciação. Portanto, a expressão processo administrativo, nesta obra, utilizada o será de forma ampla, sem distinção com o procedimento.

Neste passo, o processo administrativo é uma sucessão lógica de atos praticados pela administração pública com a intenção de se alcançar um objetivo final, seja a punição de determinado servidor, seja a contratação ou até mesmo a anulação de atos anteriormente praticados. Enfim, toda atuação do ente estatal depende de um prévio processo que a instrua e fundamente.

Acerca do tema, dispõe Marçal Justen Filho[1] que *"a procedimentalização impede a concentração decisória num ato imediato e único. Mais ainda, assegura a oportunidade de manifestação para todos os potenciais interessados, a qual deverá ser promovida (em princípio) previamente a qualquer decisão. Enfim, a procedimentalização exige que toda e qualquer decisão administrativa seja logicamente compatível com os eventos que lhe foram antecedentes e se traduza em manifestação fundada em motivos cuja procedência é requisito de validade"*.

Cumpre salientar que o Brasil adotou o sistema de jurisdição única, ou sistema inglês, no qual o processo administrativo não exaure a discussão de nenhuma matéria com caráter de definitividade, sendo sempre admitida a discussão judicial da matéria já decidida definitivamente na via administrativa.

De fato, o artigo 5º, XXXV da Constituição Federal de 1988 prevê o princípio da inafastabilidade de jurisdição, ao impedir que lesão ou ameaça de lesão seja afastada do Poder Judiciário. Em virtude de tal dispositivo, mesmo depois de esgotadas as discussões em sede administrativa, o interessado em determinada decisão ainda pode recorrer ao Poder Judiciário para sanar ou evitar lesão aos seus interesses.

Dessa forma, o sentido de **coisa julgada administrativa**, no Brasil, é restrito, definindo somente uma situação que não pode mais ser arguida e analisada em sede administrativa, mas sem conferir a esta decisão o caráter de definitividade, haja vista a possibilidade de recurso à esfera judicial, conforme já detalhado em capítulo específico.

Ademais, interessante relembrar que o processo administrativo não depende de provocação de terceiros para ser iniciado, uma vez que o princípio da autotutela, garantido à administração pública, admite que os processos se iniciem *ex officio.*

Por fim, ressalta-se que, em Direito Administrativo, a matéria de processo é regulamentada pela lei 9784/99 que define as regras gerais aplicadas a todos os processos, no âmbito da União Federal. A lei 8112/90 também estabelece normas processuais, ao dispor acerca dos processos administrativos disciplinares para aplicação de sanções a servidores públicos civis da União. Além disso, existem leis específicas, inclusive no âmbito de estados e municípios, definindo as regras aplicáveis a processos administrativos.

2. FINALIDADE DO PROCESSO ADMINISTRATIVO

A atuação do administrador público deve ser pautada na busca do interesse da coletividade. A função administrativa tem como regra basilar o fato de que o administrador público deve exercer atividades em nome do povo.

Pode-se dizer, por esses motivos expostos, que a realização de processos administrativos possui quatro finalidades básicas, apontadas pela doutrina quais sejam: o controle da atuação

1. JUSTEN FILHO, Marçal –Curso de Direito Administrativo. Cidade: Editora Forum,7ª Ed. data

estatal, a realização da democracia, a redução dos encargos do Poder Judiciário e a garantia de uma atuação eficiente e menos defeituosa.

Primeiramente, se analisa o processo como **instrumento de controle** da atividade pública. Com efeito, a realização do processo divide o poder entre vários agentes públicos, evitando uma decisão tomada em um único momento, concentrada nas mãos de um único agente. Assim, divide-se o poder da prática do ato em uma série de atos administrativos, com uma diluição dessas competências entre diferentes pessoas.

Igualmente, o controle também se manifesta pelo fato de que a realização do processo, de forma regular e em garantia ao princípio da publicidade, imprime transparência à atividade administrativa, permitindo ao particular interessado ter acesso aos motivos pelos quais os atos foram praticados e todos os trâmites pelos quais passou sua formação.

Sendo assim, todos os atos praticados no bojo do processo ficam sujeitos ao controle e fiscalização a ser exercido pela autoridade responsável pela prática do ato subsequente, sendo possível a reconsideração pela própria autoridade que praticou um ato decisório indevido, mediante provocação ou de ofício.

O processo ainda é enxergado como **garantia da democracia**, ou seja, como instrumento hábil a impedir condutas arbitrárias pelo Poder Público. Isso ocorre porque o processo não visa somente a garantir os direitos dos particulares que possam ser prejudicados pelos seus termos, mas também a defesa do interesse público e do patrimônio público, pertencente ao povo em geral. Sendo assim, o processo visa a impedir práticas administrativas viciadas e incompatíveis com o Estado democrático. De fato, o agente público, ao conduzir o processo, tem o dever de justificar cada um dos atos praticados e os motivos que ensejaram cada uma de suas condutas, evitando abusos e arbitrariedades por parte da autoridade pública.

Enfim, o processo administrativo funciona como consagração do princípio da moralidade, enquanto probidade e honestidade no exercício das atividades estatais, tornando-se um mecanismo de defesa posto ao particular em face da atuação dos agentes públicos.

Além disso, a **diminuição dos encargos** do Poder Judiciário decorre do fato de que o processo administrativo reduz a litigiosidade, haja vista a possibilidade de participação dos interessados no processo administrativo, com apresentação de defesa e ampla produção de provas, com vista a se alcançar um resultado justo. Ademais, o processo administrativo auxilia na descoberta de vícios, ensejando a anulação do ato, sem a necessidade de se recorrer à solução judicial.

É sempre relevante comentar que os processos administrativos não substituem as demandas judiciais e nem coíbem sua provocação. Contudo, a possibilidade de solucionar a controvérsia, garantindo a pacificação social, sem a provocação do judiciário, é inegável.

Por fim, pode-se dizer que o processo administrativo se destina a **aperfeiçoar a atuação estatal**, na eterna busca por uma atividade eficiente. Com efeito, a dialética promovida pelo processo administrativo faz com que a atuação administrativa seja realizada de forma mais eficiente e isenta de defeitos, protegendo, não somente os interesses dos particulares, mas também garantindo o direito fundamental à boa administração pública.

Destaca-se que alguns doutrinadores ainda definem que o processo também tem a **finalidade de documentar a atividade estatal**, uma vez que os agentes públicos atuam em nome do interesse coletivo, mas, posteriormente, por qualquer motivo (seja aposentadoria, exoneração, falecimento) se desvinculam da atividade administrativa. Nesse sentido, trata-se de garantia para fins históricos, efetivamente, haja vista a possibilidade de se analisar como o Estado atuava em determinada sociedade, em um dado momento histórico, o que, inclusive, serve como auxílio para os novos gestores.

2.1. Obrigatoriedade dos processos administrativos

A doutrina moderna enxerga o processo administrativo prévio como condição para edição de atos administrativos, mas não se confunde com o ato propriamente dito que surgirá após a realização do procedimento. De fato, não somente a doutrina, mas a jurisprudência dos tribunais superiores está orientada no sentido de que a validade dos atos administrativos que podem repercutir na esfera jurídica dos particulares está condicionada à prévia realização de processo regular, em que se respeite o contraditório e ampla defesa. Por óbvio, existem situações, consoante se demonstrará doravante, em que o contraditório poderá ser postergado, como forma de evitar um prejuízo ao interesse coletivo, em situações emergenciais.

Ressalte-se que o processo é mecanismo da função administrativa e não do Estado somente, do que decorre o entendimento de que a realização do procedimento é indispensável para atuação de autarquias e empresas estatais, quando exercendo função pública, seja na prestação de serviços, seja no exercício das atividades de polícia (essas somente admitidas às pessoas jurídicas de direito público).

Isso porque, consoante explicitado, o processo configura um requisito para formação regular dos atos, além de representar uma garantia aos cidadãos e uma limitação à atividade estatal, evitando ou, ao menos, obstaculizando a prática de atos arbitrários e carentes de justificativa plausível embasada no interesse público.

Nesse sentido, aduz a professora Fernanda Marinela[2] que a ausência de processo administrativo prévio e regular enseja a nulidade do ato que dele deveria decorrer, ao dispor que *"a existência do processo e a aplicação de seus princípios são garantias inafastáveis, sob pena de nulidade do ato administrativo praticado"*.

3. PRINCÍPIOS APLICÁVEIS AO PROCESSO ADMINISTRATIVO

Indiscutivelmente, todos os princípios inerentes à atuação administrativa, já estudados nesta obra, em capítulo específico, se aplicam aos processos administrativos. Dessa forma, a condução dos processos deve respeitar os princípios da legalidade, impessoalidade, publicidade, moralidade e eficiência e todos os demais relacionados à atividade administrativa, sejam eles expressamente definidos ou implicitamente postos na Constituição Federal.

2. MARINELLA, Fernanda – Direito Administrativo. Niterói, Editora Ímpetus, 6 ed. 2012.

Todavia, cumpre tratarmos de determinados princípios específicos dos processos da administração pública, estampados, não somente na Carta Magna, mas também na legislação infraconstitucional que delimita as regras atinentes à matéria, que entendemos demandar uma análise mais cuidadosa. É o que se verá a seguir.

3.1. Princípio da Oficialidade (Impulso Oficial)

É cediço que, diferentemente do que ocorre na função jurisdicional, os processos administrativos podem ser instaurados sem a necessidade de provocação de qualquer particular interessado. Logo, é possível que a Administração Pública seja instada a manifestar-se, inclusive, em decorrência do direito de petição, estampado no art. 5º, XXXIV da Constituição Federal. Todavia, o início do processo, na esfera administrativa, pode decorrer de vontade originária do Poder Público, no exercício de suas atividades.

Ainda que o processo administrativo tenha se iniciado por iniciativa do particular, não depende da manifestação deste para seu impulso, ou seja, a movimentação do processo incumbe ao poder público que deve atuar, independente de provocação do interessado. Com efeito, o processo administrativo se desenvolve em uma série concatenada de atos administrativos, em uma série lógica e legalmente definida e, para a prática desses atos, o particular não precisa ser questionado por qualquer interessado.

Isso decorre do entendimento de que o processo tem finalidade pública, mesmo nas situações em que o particular dá início a sua tramitação. Em decorrência deste princípio, os agentes públicos encarregados do processo poderão solicitar pareceres, perícias e laudos, realizar a tomada de depoimentos, efetivar diligência, etc... Em síntese, a administração pública pode atuar, de ofício, na condução de todas as fases do processo, inclusive com iniciativa de investigação dos fatos, podendo produzir provas de ofício e proteger os direitos dos cidadãos interessados na regular condução do processo.

3.2. Devido Processo Legal

O texto constitucional, em seu art. 5º, LIV estabelece que *"ninguém será privado da liberdade ou de seus bens sem o devido processo legal"*. Até a edição da Constituição Federal de 1988, o entendimento doutrinário e jurisprudencial dominante era de que tal princípio serviria como norte tão somente para os processos realizados na esfera judicial, não se estendendo à atuação processual dentro da Administração Pública.

Atualmente, é consenso entre os estudiosos da matéria, que a norma constitucional posta é de eficácia plena e norteia a condução de todos os procedimentos a serem realizados, inclusive na esfera administrativa.

Trata-se de princípio de ampla conceituação, abarcando a garantia de transparência na condução do processo, com a finalidade de se evitar o cometimento de abusos e arbitrariedades por parte do administrador, bem como a necessidade de a Administração Pública seguir um padrão de conduta na condução de seus processos, sem que haja alteração ou supressão das fases postas legalmente e que são de importância singular a justificar a conduta que será desencadeada pelo procedimento. Essa garantia está intimamente ligada ao conceito de Estado

Democrático de Direito, no qual os cidadãos têm pleno acesso à motivação que justifica a conduta estatal que o atinja, seja para beneficiá-lo, seja para restringir sua esfera jurídica.

Da mesma forma, o processo administrativo é instrumento concedido ao cidadão, que terá a prerrogativa de provocar o Poder Público para garantia dos seus direitos. Suponha, por exemplo, que um cidadão, preocupado com a onda de violência que assola o país, pretende adquirir arma de fogo para se defender de assaltos ou outros crimes praticados mediante violência. Nesse caso, é prerrogativa deste particular acionar o ente público para que se dê início a um processo administrativo que deverá culminar na autorização para porte de arma, ou na negativa da mesma, em qualquer caso, com justificativa apresentada no bojo de um procedimento em que serão analisadas todas as circunstâncias aplicadas à situação.

Por fim, o processo é indispensável no exercício da autotutela administrativa, sempre que o Poder Público, em observância ao disposto na súmula 473 do Supremo Tribunal Federal, atua na anulação de atos viciados ou revogação de atos inoportunos ou inconvenientes. Acontece que, muitas vezes, a manutenção deste ato enseja direitos a particulares e, consequentemente, sua extinção terá efeitos diretos na esfera jurídica desses cidadãos, razão pela qual não se faz possível que essa retirada se dê sem o devido processo legalmente instituído. Nesse sentido, diversos julgados da Suprema Corte e dos demais tribunais pátrios.

3.3. Contraditório e Ampla Defesa

Esses princípios estão expressos, no texto constitucional de 1988, em seu artigo 5º, LV, como garantia fundamental do cidadão. Em síntese, é o direito conferido ao particular de saber o que acontece no processo administrativo ou judicial de seu interesse, bem como o direito de se manifestar na relação processual, requerendo a produção de provas e provocando sua tramitação. Eis o dispositivo constitucional.

> "LV – aos litigantes, em processo judicial ou administrativo, e aos acusados em geral são assegurados o contraditório e ampla defesa, com os meios e recursos a ela inerentes".

A garantia de conhecimento dos atos processuais e a manifestação do particular em sua defesa são decorrência lógica do princípio do devido processo legal, anteriormente analisado. Importante ressaltar que o texto constitucional determina explicitamente a aplicação destes princípios em sede de processos administrativos, sendo que o desrespeito a essas garantias enseja a nulidade do processo e de todos os atos administrativos dele decorrentes.

Primordialmente, o contraditório é tema de suma importância na história processual, haja vista ser indiscutível a premissa de que ninguém pode ser processado e julgado sem ter amplo conhecimento dos fatos relatados nesse processo e dos motivos que deram ensejo a sua instauração. Ademais, sendo o processo uma relação bilateral, o contraditório permite a participação do interessado na condução do feito, tendo o poder de influenciar na decisão a ser proferida, concedendo ao julgador a sua visão acerca do tema discutido.

Para que o contraditório seja exercido de forma regular, é indispensável o respeito ao princípio da igualdade na relação processual. O particular interessado deve ter o mesmo poder de convencimento que qualquer outra pessoa nesta relação processual e, para tanto, terá direito a ser notificado dos atos a serem praticados, bem como de produzir provas e participar da produção de todas as provas produzidas nos autos. Não é suficiente ter conhecimento do feito, mas sim poder participar e praticar atos de relevância no curso do procedimento. Sendo assim, é importante que o direito à produção de provas não seja meramente formal, sendo necessária a real avaliação da prova produzida pelo particular como instrumento a influenciar a decisão do julgador, sendo vedadas provas ilícitas ou meramente procrastinatórias.

Por seu turno, quando se fala em ampla defesa, a doutrina processual a define como indispensável para a concepção de democracia, abarcando o direito de ação e à tutela jurisdicional e administrativa para proteção de direitos. Ao tratar do tema, costuma-se definir como inerente à ampla defesa o direito à defesa prévia, a garantia de defesa técnica e o direito ao duplo grau de julgamento.

Conforme já explicitado no capítulo atinente aos princípios de Direito Administrativo, esses aspectos foram importados para o Direito Administrativo, ou seja, aí, a ampla defesa abarca todos os aspectos acima elencados, com algumas ressalvas relevantes a serem analisadas pontualmente.

- **Defesa técnica**: no que tange a essa garantia, a súmula 343 do Superior Tribunal de Justiça define que é indispensável a presença de advogado em todas as fases do processo administrativo disciplinar, impondo uma interpretação garantista ao art. 156 da lei 8112/90, o qual dispunha ser uma faculdade do acusado a representação por advogado. Essa súmula decorreu da evolução jurisprudencial acerca das garantias constitucionais e do reconhecimento da importância de defesa técnica como forma de evitarem-se abusos por parte das autoridades públicas, diante da ausência de conhecimento específico pelo particular interessado no feito.

No entanto, essa orientação não prevaleceu, diante da edição da Súmula Vinculante n. 5 do Supremo Tribunal Federal, em 07 de maio de 2008, que estabelece que *"A falta de defesa técnica por advogado no processo administrativo disciplinar não ofende a Constituição"*. Para alguns doutrinadores, a edição desta súmula representa uma retrocessão no direito brasileiro e tem caráter de decisão política. É inegável que, com a edição da súmula do STJ, todos aqueles servidores demitidos sem a presença de advogados previamente teriam o direito à anulação do ato praticado com o imediato retorno ao serviço público, em claro prejuízo à Administração Pública. O fato é que, em 2008, com a edição da súmula vinculante ora transcrita, afasta-se a aplicabilidade da súmula 343 do Superior Tribunal de Justiça, restando aos particulares acusados em processos administrativos disciplinares a faculdade de se fazerem representar por advogado.

- **Defesa prévia**: para o exercício pleno da garantia, é imprescindível que o particular possa se manifestar antes de ser proferida decisão administrativa acerca da matéria objeto do processo. Em decorrência dessa prerrogativa, todo o procedimento a ser seguido pela Administração Pública em um processo, bem como todas as penalidades que possam dele resultar precisam ser de conhecimento prévio do particular interessado, para que seja possível a ele traçar planos e estratégias de defesa.

Todavia, em situações emergenciais, nas quais o interesse público esteja em perigo, admite-se que a atuação administrativa anteceda à manifestação do particular. Imagine-se, por exemplo, que um prédio privado está em ruínas e prestes a desabar em frente a um mercado municipal, com o perigo de destruir toda a estrutura do mercado e causar a morte de centenas de pessoas. Nesse caso, é permitido ao poder público que tome as providências necessárias à demolição do prédio, sendo oportunizada, posteriormente, a defesa do proprietário. Tais situações são denominadas de **contraditório diferido** e admitidas em decorrência da supremacia do interesse público sobre o privado.

- **Duplo grau de julgamento** ou **direito ao recurso administrativo**: trata-se de prerrogativa que possibilita a reanálise dos atos praticados pela Administração, por provocação do particular, com a finalidade de evitar que se perpetuem injustiças ou decisões ilegais. Como forma de sedimentar-se esse direito, em toda a sua amplitude, a lei exige a motivação dos atos decisórios, viabilizando apresentação de argumentos em sede recursal.

Nesse sentido, reforça o conhecimento desta garantia a edição da Súmula Vinculante n. 21 pelo Supremo Tribunal Federal dispondo que: "*É inconstitucional a exigência de depósito ou arrolamento prévios de dinheiro ou bens para admissibilidade de recurso administrativo.*", Analisando este dispositivo, interpreta-se que tal exigência seria inconstitucional por restringir o acesso ao duplo grau e consequentemente, inviabilizar o exercício pleno da ampla defesa. Na mesma esteira, o Superior Tribunal de Justiça também editou a Súmula 373, definindo que *"é inconstitucional a exigência de depósito ou arrolamento prévio de dinheiro ou bens para admissibilidade de recurso administrativo"*.

- **Direito à informação**: configura-se corolário da garantia do contraditório o direito de todos os interessados de conhecer o conteúdo das decisões do processo, bem como de seus atos e das provas produzidas. Dessa forma, não pode ser negada ao particular interessado do feito o direito de ter vista dos autos e de tirar cópia (sob suas expensas) dos atos processuais considerados, por si, relevantes, quando não for possível a realização de carga dos autos para análise acurada do procedimento.

Por fim, acerca das garantias do contraditório e da ampla defesa, cabe mencionar a Súmula Vinculante n. 03, abaixo transcrita.

> "Nos processos perante o tribunal de contas da união asseguram-se o contraditório e a ampla defesa quando da decisão puder resultar anulação ou revogação de ato administrativo que beneficie o interessado, excetuada a apreciação da legalidade do ato de concessão inicial de aposentadoria, reforma e pensão".

De fato, a súmula, primeiramente, estende os princípios de contraditório e ampla defesa às decisões proferidas pelo Tribunal de Contas, todas as vezes que a atuação do órgão puder afetar os direitos do particular, por meio da retirada de ato administrativo que lhe criou garantias. A súmula é relevante pelo fato de que a anulação do ato, a princípio, decorre de uma relação travada entre o administrador público e o Tribunal de Contas. Ocorre que, mesmo não sendo parte direta no processo que justificou e motivou a anulação do ato, o particular atingido por essa decisão deve ter o direito de manifestar-se previamente, inclusive, com a produção de provas e todos os meios necessários a formar o convencimento do órgão julgador.

No que tange aos atos que negam a concessão inicial de aposentadoria, reforma e pensão, conforme já explicitado no capítulo referente aos atos administrativos, não se trata de anulação de atos ampliativos pelo Tribunal de Contas, mas tão somente na manifestação do órgão, impedindo que tais atos se aperfeiçoem. Explique-se.

O ato de aposentadoria de servidor público se configura ato complexo, sendo necessária, para sua perfeição, a manifestação do órgão ao qual o servidor esteja vinculado, somado à aprovação pelo Tribunal de Contas. Sendo assim, no momento em que o tribunal se manifesta contrário à aposentadoria pretendida pelo autor, ele não está desconstituindo garantia já consolidada em ato perfeito, estando, de fato, evitando a perfeição do ato, o que enseja a desnecessidade de garantia ao contraditório.

3.4. Instrumentalidade das formas

Tal princípio se aplica à formação dos atos administrativos e estipula que todas as vezes que o texto legal prevê uma determinada forma para a prática de um ato administrativo, tem a intenção de garantir a busca pelo interesse público que é a finalidade do ato. Logo, a forma é somente o instrumento necessário a alcançar o interesse coletivo. Explique-se. O legislador entendeu que, se outra forma fosse utilizada para a edição do ato administrativo, haveria um grande risco de ele não atingir a sua finalidade e, consequentemente, prejudicar o interesse coletivo.

Nesse sentido, a forma é o instrumento para alcance dos objetivos do ato. Por isso, o vício de forma é sanável quando não gerar prejuízo, desde que mantido o interesse público face à aplicação do referido princípio.

A doutrina francesa se refere a este princípio pela expressão *pas de nullité sans grief*, traduzido para o vernáculo como "não há nulidade sem prejuízos", haja vista o fato de que a forma não é um fim em si mesmo.

Este princípio é tratado pela Maria Sylvia Zanella di Pietro[3] *in* Direito Administrativo, como princípio da economia processual, quando então, ela estipula que *"o processo é instrumento para aplicação da lei, de modo que as exigências a ele pertinentes devem ser adequadas e proporcionais ao fim que se pretende atingir"*. Arremata ainda a referida doutrinadora, estabelecendo que *"desse princípio decorre outro, que é o* ***aproveitamento dos atos processuais****, que admite o saneamento do processo quando se tratar de nulidade sanável, cuja inobservância não prejudique a administração ou o administrado."*

3.5. Informalismo ou Formalismo Necessário

O informalismo norteia os atos do processo administrativo praticados pelos particulares visando evitar prejuízos a este, em virtude da exigência de formalidades legais. Portanto, como regra geral, os atos praticados pelos particulares em processos administrativos não dependem de forma prescrita em lei.

Com efeito, a não exigência de formalismos desnecessários ou a forma simples do processo visa impedir prejuízos aos particulares, através da exigência de formalismos para a prática dos atos indispensáveis ao andamento do processo, o que poderia impedir que esse cidadão tivesse acesso à justiça pelo simples fato de não respeitar exigências formais.

3. Di PIETRO, Maria Sylvia Zanella – Direito Administrativo. São Paulo .Editora Atlas,20ª Ed.2008 Ano

Ressalte-se, no entanto, que devem ser garantidas as formalidades essenciais à garantia da segurança do particular e, por este motivo, o processo se torna formal para a Administração Pública. De fato, não obstante, para o particular, o procedimento não dependa de formalidades, sendo admitidas, por exemplo, documentos por cópia, sem a necessidade de autenticação, assinaturas sem reconhecimento de firma, para o Poder Público, o processo deve respeitar determinadas formalidades, para se evitar prejuízos ao interessado.

Nesse sentido, dispõe a legislação que o processo deve ter forma escrita, com páginas rubricadas e sequencialmente numeradas, bem como os atos processuais, com as devidas exceções devem ser realizados no horário e local de funcionamento da repartição, entre outras exigências legais.

Sendo assim, parte da doutrina trata da forma do processo administrativo pelo princípio do "**formalismo necessário**" ao estabelecer que, em matéria processual, são obrigatórias as formalidades indispensáveis à segurança jurídica do cidadão que devem ser observadas pela Administração Pública na condução do feito, a despeito de não se poder exigir formalidades ao particular interessado no procedimento.

3.6. Verdade Real

O processo administrativo busca a verdade material em contraponto aos processos judiciais, na esfera cível, que apontam na busca da verdade formal, ou seja, verdade apresentada nos autos. Assim, o processo civil não admite provas extemporâneas e segue um formalismo rígido definido na legislação pertinente. Os processos administrativos, por sua vez, admitem todos os tipos lícitos de provas, apresentados em qualquer fase do processo, ainda que após o encerramento da instrução, bem como admite a produção de provas realizada, de ofício, pela própria Administração Pública condutora do feito. Isso tudo ocorre em respeito à busca pelo conhecimento do fato efetivamente ocorrido, a verdade absoluta.

Inclusive, em virtude desta busca pela verdade real, é admissível, em sede de recursos administrativos, a chamada *reformatio in pejus*, ou seja, a decisão de um recurso pode gerar agravamento da situação do recorrente.

Por óbvio, a busca pela verdade real não pode violar o dever de celeridade do processo, ou seja, a verdade tem limites temporais e materiais. A busca pela verdade terá que se adequar aos limites que são impostos pela limitada estrutura administrativa, bem como deve respeitar a razoável duração do processo. Dessa forma, o art. 5º, LXXVIII, incluído na Constituição Federal pela Emenda Constitucional n. 45/2004, dispõe que "*a todos, no âmbito judicial e administrativo, são assegurados a razoável duração do processo e os meios que garantam a celeridade de sua tramitação*". Tal norma se apresenta como garantia fundamental dos cidadãos e justifica o chamado **princípio da celeridade** na atuação administrativa.

Por fim, é importante ressaltar que a doutrina processual civil vem rebatendo essa dicotomia criada e define que, com a evolução da matéria, a verdade formal perde força e consistência e que a atuação nesses processos também é feita na busca pela verdade dos fatos.

3.7. Gratuidade

Diferente da maioria dos processos judiciais, os processos administrativos são gratuitos, não havendo cobrança de custas, emolumentos ou ônus sucumbenciais aos particulares envolvidos. A atuação administrativa visa, antes de tudo, a alcançar o interesse coletivo e, portanto, deve ser exercida sem ônus para outras partes interessadas, haja vista o fato de que a Administração Pública é a maior interessada na solução da controvérsia.

Nesse sentido, dispõe o art. 2º, parágrafo único, XI, da lei 9.784/99, que é vedada à Administração Pública a cobrança de despesas processuais, ressalvadas as previstas em lei.

3.8. Princípio da Legalidade

Conforme explicitado no capítulo específico do regime jurídico administrativo, o agente público somente pode atuar conforme **determinação legal**. A legalidade se caracteriza como a garantia de que todos os conflitos sejam solucionados pela lei. Nesse sentido, Celso Antônio Bandeira de Mello[4] dispõe que *"o princípio da Legalidade é específico do Estado de Direito, é justamente aquele que o qualifica e que lhe dá identidade própria, por isso considerado é basilar para o Regime Jurídico-administrativo"*.

Ressalte-se que, diferentemente do direito privado em que vigora o princípio de não contradição à lei, estipulando que o cidadão pode fazer tudo desde que não contrarie o texto legal, no Direito Administrativo vigora o princípio da **Subordinação à lei**, ou seja, o administrador público só pode atuar quando a lei autorizar essa atuação. Não havendo previsão legal, está proibida a atuação do ente público.

Todos os atos do processo estão previamente estipulados em lei e são de observância obrigatória do administrador público.

3.9. Princípio da motivação

A motivação é o dever imposto ao ente estatal de indicar os pressupostos de fato e de direito que determinaram a prática dos atos administrativos. Dessa forma, a validade da atuação administrativa depende da apresentação formal dos fundamentos fáticos e jurídicos justificadores da decisão adotada.

Apesar da relutância de parte da doutrina, a motivação é considerada princípio constitucional implícito no ordenamento jurídico. Nesse sentido, o STJ já se manifestou.

> "AGRAVO REGIMENTAL. RECURSO ORDINARIO EM MANDADO DE SEGURANCA. ADMINISTRATIVO. ATO ADMINISTRATIVO. MOTIVAÇÃO.
>
> AUSÊNCIA. 1. O motivo e requisito necessário a formação do ato administrativo e a motivação, alçada a categoria de principio, e obrigatória ao exame da legalidade, da finalidade e da moralidade administrativa. 2. Como ato diverso e autônomo que e, o ato administrativo que torna sem efeito ato anterior, requer fundamentação própria, não havendo falar em retificação, se o ato subseqüente não se limita a emendar eventual falha ou erro formal, importando na

4. BANDEIRA DE MELLO, Celso Antonio – Curso de Direito Administrativo. São Paulo, Editora Malheiros, 23ª ed.2009

desconstituição integral do ato anterior. (...). 4. Agravo regimental improvido". (AgRg no RMS 15.350/DF, rel. Min. Hamilton Carvalhido, DJ 8.9.2003).

A motivação é indispensável ao controle dos atos administrativos pela sociedade, sendo inviável a qualquer cidadão controlar o ato sem ter conhecimento das razões legais e fáticas que justificaram sua prática. De fato, a Constituição Federal reconhece a cidadania como fundamento da República e atribui ao povo a titularidade de todo o poder, no Estado brasileiro, sendo, portanto, indispensável que o titular do interesse público tenha ampla ciência das razões que motivam e justificam a atuação da Administração Pública.

Além de se tratar de princípio implícito na Carta Magna, a motivação encontra fundamento, no âmbito federal, no art. 50 da lei 9784/99 que estabelece que *"Os atos administrativos deverão ser motivados, com indicação dos fatos e dos fundamentos jurídicos(...)"*.

Ressalte-se ainda que não se confundem motivação e motivos dos atos administrativos, uma vez que estes são elementos formadores da atuação e que a motivação é somente a fundamentação deste ato, mas esta discussão é tratada detalhadamente, nesta obra, no capítulo atinente ao estudo dos atos administrativos.

4. PROCESSO ADMINISTRATIVO FEDERAL

A lei 9784/99 estabelece todas as normas atinentes aos processos administrativos no âmbito da União e será analisada, neste capítulo, em virtude de sua cobrança rotineira em provas de concursos. Saliente-se que as normas estabelecidas neste dispositivo legal não serão aplicadas aos processos administrativos em estados e municípios que editarão leis próprias para regulamentação da matéria em suas administrações.

Saliente-se, porém, que, naqueles estados ou municípios em que não haja lei para tratar da matéria, a lei 9.784/99 poderá ser utilizada. Este é o entendimento do Superior Tribunal de Justiça, conforme se transcreve.

ADMINISTRATIVO. RECURSO ESPECIAL. SERVIDORES PÚBLICOS ESTADUAIS. ATO ANULATÓRIO DA INVESTIDURA. ART. 54 DA LEI N. 9.784/1999. ESTADOS-MEMBROS. APLICAÇÃO SUBSIDIÁRIA. PRAZO DECADENCIAL. SUSPENSÃO. INTERRUPÇÃO. NÃO OCORRÊNCIA. TERMO INICIAL. VIGÊNCIA DA LEI. DECADÊNCIA CONFIGURADA.

1. A jurisprudência do Superior Tribunal de Justiça é assente no sentido de que a Lei n. 9.784/1999 pode ser aplicada de forma subsidiária no âmbito dos Estados-Membros, se ausente lei própria regulando o processo administrativo no âmbito local, o que se verifica no caso do Estado do Rio de Janeiro 2. O prazo quinquenal, estabelecido no art. 54 da Lei n. 9.784/1999, para que a administração possa anular os atos de que decorram efeitos favoráveis para os destinatários, tem natureza decadencial, o que afasta a incidência dos arts. 190 do Código Civil e 219 do Código de Processo Civil. Aplica-se, em vez disso, o art. 207 do CC, segundo o qual, salvo previsão legal expressa – inexistente na Lei n. 9.784/1999 –, não se aplicam à decadência as normas que impedem, suspendem ou interrompem a prescrição. 3. "A Lei 9.784/1999, ao disciplinar o processo administrativo, estabeleceu o prazo de cinco anos para que pudesse a Administração revogar os seus atos (art. 54). A vigência do dispositivo, dentro da lógica interpretativa, tem início a partir da publicação da lei, não sendo possível retroagir a norma para limitar a Administração em relação ao passado." (MS 9.112/DF, Rel. Ministra ELIANA CALMON, CORTE ESPECIAL, julgado em 16/2/2005, DJ 14/11/2005). 4. Na hipótese, tendo em vista que as investiduras tidas por ilegais ocorreram

antes da vigência da Lei n. 9.784/1999, a administração estadual poderia rever esses atos até cinco anos depois de 1º/2/1999, contudo, somente o fez em 2007, quando já operada a decadência. 5. Recurso especial a que se nega provimento. (REsp 1103105/RJ, Rel. Ministro OG FERNANDES, SEXTA TURMA, julgado em 03/05/2012, DJe 16/05/2012)

Ademais, muitos pontos tratados na referida lei já foram devidamente analisados quando do estudo dos atos administrativos. Isso porque, não obstante a lei se proponha a tratar acerca dos processos administrativos federais, traçam importantes normas acerca dos elementos e princípios atinentes à atuação administrativa. Dessa forma, os pontos já exauridos, no capítulo de atos administrativo, serão aqui mencionados, mas não repetidos.

4.1. Aplicação Subsidiária

Em primeira análise, cumpre explicitar que a lei 9784/99 se propõe a evitar lacunas na legislação processual administrativa, sem substituir leis específicas. Por isso, a própria lei determina expressamente sua subsidiariedade.

Assim, somente será possível a aplicação deste dispositivo legal, se não houver nenhuma outra legislação específica a tratar a matéria. Explique-se.

Toda vez que houver uma legislação específica tratando de determinado processo administrativo, a lei 9784/99 será aplicada somente de forma subsidiária a este regramento. A aplicabilidade integral da lei ocorrerá nas situações em que não haja lei específica a regular o processo administrativo em curso. Por exemplo, no caso de processos administrativos disciplinares para aplicação de penalidades a servidores públicos, é imposta a aplicação da lei 8112/90 que é lei específica a regular tais procedimentos. Neste caso, a lei 9784/99 será utilizada subsidiariamente, para sanar as eventuais omissões da lei específica.

Nesse sentido, o art. 69 da lei 9.784/99 dispõe que *"Os processos administrativos específicos continuarão a reger-se por lei própria, aplicando-se-lhes apenas subsidiariamente os preceitos desta Lei"*.

4.2. Princípios previstos na lei 9.784/99

Em observância aos princípios gerais aplicados aos processos administrativos, explicitados em tópico anterior deste capítulo, a lei 9.784/99 estipula, em seu artigo 2º que a Administração Pública obedecerá, dentre outros, aos princípios da legalidade, finalidade, motivação, razoabilidade, proporcionalidade, moralidade, ampla defesa, contraditório, segurança jurídica, interesse público e eficiência.

Além disso, o parágrafo único do artigo dispõe que, nos processos administrativos, serão observados, entre outros, os critérios de:

I – atuação conforme a lei e o Direito;

II – atendimento a fins de interesse geral, vedada a renúncia total ou parcial de poderes ou competências, salvo autorização em lei;

III – objetividade no atendimento do interesse público, vedada a promoção pessoal de agentes ou autoridades;

IV – atuação segundo padrões éticos de probidade, decoro e boa-fé;

V – divulgação oficial dos atos administrativos, ressalvadas as hipóteses de sigilo previstas na Constituição;

VI – adequação entre meios e fins, vedada a imposição de obrigações, restrições e sanções em medida superior àquelas estritamente necessárias ao atendimento do interesse público;

VII – indicação dos pressupostos de fato e de direito que determinarem a decisão;

VIII – observância das formalidades essenciais à garantia dos direitos dos administrados;

IX – adoção de formas simples, suficientes para propiciar adequado grau de certeza, segurança e respeito aos direitos dos administrados;

X – garantia dos direitos à comunicação, à apresentação de alegações finais, à produção de provas e à interposição de recursos, nos processos de que possam resultar sanções e nas situações de litígio;

XI – proibição de cobrança de despesas processuais, ressalvadas as previstas em lei;

XII – impulsão, de ofício, do processo administrativo, sem prejuízo da atuação dos interessados;

XIII – interpretação da norma administrativa da forma que melhor garanta o atendimento do fim público a que se dirige, vedada aplicação retroativa de nova interpretação.

Note-se que o *caput* do artigo estabelece os princípios regentes dos processos administrativos e da atuação administrativa como um todo e que os incisos previstos no parágrafo único do dispositivo definem a atuação do Estado no curso do procedimento, de forma a evitar prejuízos aos interessados, bem como ao interesse público.

5. DIREITOS E DEVERES DOS PARTICULARES

O artigo 3º e seguintes da lei 9.784/1999 estabelecem os direitos e deveres dos administrados a serem definidos no bojo de um processo administrativo. Vale fazer algumas observações no que tange a estes direitos.

Primeiramente, pode-se notar pelo texto legal (inciso IV) que a defesa por advogado é facultativa e garantida, se houver interesse do particular. Dessa forma, o entendimento estampado na Súmula Vinculante n. 5 do STF já encontrava a respectiva disposição legal, para os processos no âmbito da administração pública federal, sendo cediço que o particular pode-se fazer representar por advogado, no entanto, a ausência deste não enseja a nulidade do processo.

Os incisos II e III retratam os princípios do contraditório e ampla defesa, ao garantir ciência ao particular dos atos do processo e obter cópias de documentos neles contidos e conhecer as decisões proferidas. No mesmo sentido, se garante o direito ao particular interessado de formular perguntas e produzir provas, bem como apresentar documentos antes da decisão para serem analisados pelo órgão julgador.

Por fim, o inciso I estampa o princípio da urbanidade, como garantia do cidadão interessado no procedimento, dispondo que o particular deve ser tratado com respeito pelas autoridades e servidores, que deverão facilitar o exercício de seus direitos e o cumprimento de suas obrigações.

Por sua vez, o rol exemplificativo de deveres do particular estabelece a obrigação de expor os fatos conforme a verdade; proceder com lealdade, urbanidade e boa-fé; não agir de modo temerário; prestar as informações que lhe forem solicitadas e colaborar para o esclarecimento dos fatos, como forma de se alcançar a verdade real.

5.1. Legitimidade processual

A participação em processos administrativos como interessado é ampla, haja vista a garantia do direito de petição, aos órgãos públicos, estampada na Carta Magna. Com efeito, são legitimados como interessados no processo administrativo quaisquer pessoas físicas ou jurídicas que o iniciem como titulares de direitos ou interesses individuais ou no exercício do direito de representação, bem como aqueles que, sem terem iniciado o processo, têm direitos ou interesses que possam ser afetados pela decisão a ser adotada.

Além das pessoas físicas, também podem se apresentar como interessadas as organizações e associações representativas, no tocante aos direitos e interesses coletivos e as pessoas ou as associações legalmente constituídas quanto a direitos ou interesses difusos.

Além da demonstração de legitimidade, as pessoas físicas devem demonstrar capacidade processual. Desta forma, a lei 9784/99 estabelece que são capazes, para fins de processo administrativo, os maiores de dezoito anos, ressalvada previsão especial em ato normativo próprio.

Em 2009, por meio de alteração na lei 9.784/99, se estabeleceu a prioridade em processos administrativos para determinados interessados. Assim, terão prioridade na tramitação, em qualquer órgão ou instância, os procedimentos administrativos em que figure como parte ou interessado:

- Idosos, assim considerada, para fins da lei, a pessoa com idade igual ou superior a 60 (sessenta) anos;
- Pessoa portadora de deficiência, física ou mental;
- Pessoa portadora de algumas doenças consideradas graves pela lei, quais sejam, tuberculose ativa, esclerose múltipla, neoplasia maligna, hanseníase, paralisia irreversível e incapacitante, cardiopatia grave, doença de Parkinson, espondiloartrose anquilosante, nefropatia grave, hepatopatia grave, estados avançados da doença de Paget (osteíte deformante), contaminação por radiação, síndrome de imunodeficiência adquirida, ou outra doença grave, com base em conclusão da medicina especializada, mesmo que a doença tenha sido contraída após o início do processo.

Caso tenha direito à tramitação prioritária, a pessoa interessada na obtenção do benefício, juntando prova de sua condição, deverá requerê-lo à autoridade administrativa competente, que determinará as providências a serem cumpridas. Uma vez deferida a prioridade, os autos receberão identificação própria que deixe claro o regime de tramitação prioritária.

6. INÍCIO DO PROCESSO

O processo administrativo pode-se iniciar por provocação do interessado ou de ofício, por interesse da administração pública.

Conforme explicitado alhures, o interessado pode ser qualquer pessoa física ou jurídica que atue em nome próprio ou que possa ser afetado pela decisão administrativa, admitindo-se também a legitimação de entidades representantes de determinadas classes ou de toda a coletividade para defesa de interesses coletivos e difusos.

O poder conferido ao particular de dar início ao processo administrativo decorre do direito de petição, conferido ao cidadão pelo texto constitucional, como garantia fundamental, conforme disposição do artigo 5º, XXXIV da CF:

> "XXXIV – são a todos assegurados, independentemente do pagamento de taxas:
>
> a) o direito de petição aos Poderes Públicos em defesa de direitos ou contra ilegalidade ou abuso de poder (...)"

Em obediência a este princípio, o parágrafo único do artigo 6º da lei 9784/99 regulamenta que *"É vedada à Administração a recusa imotivada de recebimento de documentos, devendo o servidor orientar o interessado quanto ao suprimento de eventuais falhas"*.

Ressalte-se que, em situações excepcionais, esta provocação pode ser feita verbalmente, entretanto, a regra é a obediência a formalidades legais, previstas no próprio artigo 6º da lei, para seja regular a instauração dos procedimentos administrativos. Também se admite que mais de um interessado formule pedidos idênticos, em um único documento formal, salvo disposição em contrário em leis específicas.

Ademais, a legislação dispõe que os órgãos e entidades da Administração Pública deverão elaborar modelos ou formulários padronizados para assuntos que importem pretensões equivalentes e que, quando os pedidos de uma pluralidade de interessados tiverem conteúdo e fundamentos idênticos, poderão ser formulados em um único requerimento, ressalvadas as hipóteses em que haja disposição de lei em contrário.

7. COMPETÊNCIA ADMINISTRATIVA

A competência para prática dos atos administrativos deve ser definida em lei ou em ato administrativo geral, sendo tratada pela lei e doutrina como irrenunciável, imprescritível e insuscetível de prorrogação.

A imprescritibilidade da competência fica demonstrada pelo fato de não se extinguir com a inércia; é de exercício obrigatório para os órgãos e agentes públicos, não pode ser modificada pela vontade do agente. É ainda improrrogável pelo fato de que o exercício de uma atividade pelo agente incompetente sem que haja qualquer requerimento de declaração de nulidade por interessados, não enseja a prorrogação desta competência, ou seja, a competência não se adquire pelo fato de estar sendo exercida sem oposição.

Por fim, pode-se dizer que a competência é irrenunciável, por estar definida em lei e não ser uma faculdade do agente, mas sim uma imposição legal, em respeito ao Princípio da Indisponibilidade do interesse público. Nesse sentido, dispõe Marçal Justen Filho[5] que *"a competência administrativa é irrenunciável porque criada por lei e atribuída ao cargo ou função, não ao indivíduo. Então, o sujeito pode renunciar ao cargo que ocupa, mas não pode manter o cargo e eliminar a competência correspondente"*.

Não obstante a impossibilidade de renúncia pela autoridade competente, é admitida por lei a delegação e avocação da competência, desde que de **forma temporária e excepcional,** devendo ser justificadas.

5. JUSTEN FILHO,Marçal – Curso de Direito Administrativo.Belo Horizonte: Editora Forum,7ª ed. 2011

Delegação de competência – A delegação é a extensão da competência efetivada de um agente competente para um outro de mesma hierarquia ou de hierarquia inferior, em razão de circunstâncias de índole técnica, social, econômica, jurídica ou territorial. Importante saber que, em um ato de delegação, deve-se definir o tempo e a matéria a ser transferida de forma expressa e restrita. Quando um ato de delegação é genérico, ele é considerado nulo. **A delegação é ato discricionário, pode ser revogada a qualquer tempo e não implica renúncia de competência.** Isso porque, salvo disposição em contrário, o agente delegante não transfere a competência, mas apenas a amplia, mantendo-se competente após a delegação juntamente com o agente delegado.

Por fim, em observância ao princípio da publicidade dos atos da Administração, o ato de delegação e sua revogação deverão ser publicados no meio oficial.

É importante ressaltar que o artigo 14 §3º, da lei 9.784/99, estipula que *"As decisões adotadas por delegação devem mencionar explicitamente esta qualidade e considerar-se-ão editadas pelo delegado"*. Neste sentido, também a Súmula n. 510 do Supremo Tribunal Federal define o agente delegado como autoridade coatora em casos de impetração de mandados de segurança em face do ato praticado por delegação.

A lei expressamente proíbe a delegação nas situações descritas em seu artigo 13, a seguir transcrito, *in litteris:*

> Art. 13. Não podem ser objeto de delegação:
>
> **I – a edição de atos de caráter normativo;**
>
> **II – a decisão de recursos administrativos;**
>
> **III – as matérias de competência exclusiva do órgão ou autoridade.**

Avocação de competência – A avocação também está prevista no texto legal e é a possibilidade conferida ao agente público de, em situações excepcionais, devidamente justificadas, tomar para si, temporariamente, a competência de agente subordinado. Saliente-se que o poder de avocação se sujeita às mesmas vedações da delegação.

7.1. Suspeição e impedimento

No que tange à suspeição e ao impedimento, são hipóteses de afastamento da competência originária como forma de garantia da imparcialidade das decisões administrativas, o que é indispensável à justiça e legitimidade destas decisões.

Dessa forma, a lei dispõe que estão impedidos de proferir decisão no processo aqueles agentes que tenham interesse direto ou indireto na causa, por qualquer motivo, ainda que tenha competência legalmente atribuída. Também estão impedidos de atuar no feito a autoridade que tenha participado ou venha a participar como perito, testemunha ou representante, ou se tais situações ocorrem quanto ao cônjuge, companheiro ou parente e afins até o terceiro grau e por fim o agente que esteja litigando judicial ou administrativamente com o interessado no processo ou seu respectivo cônjuge ou companheiro.

São hipóteses definidas em lei com critérios objetivos e, por isso, a autoridade ou servidor que incorrer em impedimento deve comunicar o fato à autoridade competente, abstendo-se de atuar, sendo que a omissão do dever de comunicar o impedimento constitui falta grave, para efeitos disciplinares.

A Suspeição, por sua vez diz respeito à possibilidade de haver favorecimento ou desfavorecimento deliberado de particulares por amizades ou inimizades com o agente público. Nesse sentido, pode ser arguida a suspeição de autoridade ou servidor que tenha amizade íntima ou inimizade notória com algum dos interessados ou com os respectivos cônjuges, companheiros, parentes e afins até o terceiro grau. Desse modo, ainda dispõe a lei que o indeferimento de alegação de suspeição poderá ser objeto de recurso, sem efeito suspensivo.

Em ambas as situações, há uma clara intenção da lei em garantir a isonomia e impessoalidade da atuação do ente estatal, evitando favorecimentos ilegais ou perseguições que não se coadunam com a busca pelo interesse coletivo.

8. DOS ATOS PROCESSUAIS

O processo administrativo nada mais é senão uma série concatenada de atos dispostos por lei, com a finalidade de alcançar um resultado de interesse coletivo. A análise destes atos é indispensável por se tratar do devido processo legal na seara administrativa.

8.1. Forma, tempo e lugar dos atos processuais

Inicialmente, a lei, em observância ao princípio do informalismo, define que os atos do processo administrativo não dependem de forma determinada, salvo disposição legal em contrário. Tal entendimento é reiterado ao definir que o reconhecimento de firma somente será exigido quando houver dúvida razoável de autenticidade e que a autenticação de documentos entregues em cópias pelo interessado, poderá ser feita pelo próprio órgão responsável pelo processo. A *intentio legis* é de evitar formalismos desnecessários que possam resultar em uma restrição aos direitos dos particulares e da Administração Pública.

No entanto, como forma de garantir os direitos dos cidadãos interessados, a lei estipula que todas as páginas dos processos serão numeradas sequencialmente e rubricadas e que os atos do processo devem ser produzidos por escrito, em vernáculo, com a data e o local de sua realização e a assinatura da autoridade responsável.

No que tange ao tempo e ao lugar de prática dos atos do processo administrativo, estabelece a lei 9784/99 que, a princípio, tais atos serão realizados em dias úteis, no horário normal de funcionamento da repartição na qual tramita o feito e, preferencialmente, na sede do órgão, não obstante possam ser realizados em outro local, mediante prévio aviso ao particular interessado e possam ser concluídos depois do horário normal os atos já iniciados, cujo adiamento cause prejuízo à administração pública ou ao particular. Logo, os atos do processo devem realizar-se preferencialmente na sede do órgão, cientificando-se o interessado se outro for o local de realização.

Por fim, estipula o artigo 24, do diploma legal mencionado, que o prazo genérico para a prática, pela administração ou pelo particular, de atos processuais, salvo disposição expressa em contrário, é de 5 (cinco) dias, ressalvadas razões de força maior. Mediante comprovada necessidade, é possível a prorrogação deste prazo por igual período.

8.2. Comunicação dos atos processuais

Como garantia dos princípios do contraditório e da ampla defesa, o interessado deve ser informado de todos os atos que sejam praticados no processo e intimado para realização de qualquer providência a ser adotada. Neste sentido, Marcelo Alexandrino e Vicente Paulo[6] estipulam que *"intimar é, simplesmente, dar ciência ao interessado de algum ato praticado no processo, ou de alguma providência que deva ser adotada, dependa, ou não, do comparecimento do interessado à repartição"*.

Nos moldes do artigo 26 da lei 9784/99, a intimação, para garantia dos interesses do cidadão deverá conter necessariamente alguns requisitos, quais sejam, identificação do intimado e nome do órgão ou entidade administrativa, finalidade da intimação, data, hora e local em que deve comparecer, se o intimado deve comparecer pessoalmente, ou fazer-se representar, informação da continuidade do processo independentemente do seu comparecimento e indicação dos fatos e fundamentos legais pertinentes. Observe-se:

→ REQUISITOS DA INTIMAÇÃO EM PROCESSOS ADMINISTRATIVOS

1 – identificação do interessado e nome do órgão ou entidade administrativa; 2 – finalidade da intimação; 3 – data, hora e local em que deve comparecer; 4 – se o intimado deve comparecer pessoalmente ou se pode fazer-se representar; 5 – informação da continuidade do processo independentemente de seu comparecimento; 6 – indicação dos fatos e fundamentos legais pertinentes.

A intimação, que deve observar a antecedência mínima de 3 (três) dias úteis para o comparecimento, poderá ser efetivada mediante ciência no procedimento administrativo, por telegrama, por via postal com aviso de recebimento ou por qualquer outro meio que assegure a certeza da ciência do particular. É possível que a intimação seja feita por edital (publicação oficial) se os interessados forem indeterminados, desconhecidos ou com domicílio indefinido.

Interessante ressaltar que a nulidade da intimação, por desatendimento aos preceitos legais, será sanada com o comparecimento do interessado para prática do ato. Novamente, corolário do princípio da instrumentalidade das formas, ou seja, a forma dos atos administrativos somente é relevante enquanto necessária à consecução de sua finalidade. Logo, se a finalidade do ato foi alcançada, o vício de forma estará sanado.

→ IMPORTANTE

O desatendimento da intimação não importa o reconhecimento da verdade dos fatos, nem a renúncia a direito pelo administrado. Isso significa que, no processo administrativo, a revelia não produz os efeitos que costuma produzir nos processos judiciais. Tal dispositivo é decorrência do princípio da verdade real, ou seja, a administração vai buscar a verdade dos fatos, não se satisfazendo com presunções legais.

O artigo 28 da lei, ainda estabelece que devem, necessariamente, ser objeto de intimação todos os atos do processo que resultem para o particular interessado em imposição de deveres, ônus, sanções ou restrição ao exercício de direitos e atividades e os atos de outra natureza, desde que sejam de seu interesse.

6. ALEXANDRINO, Marcelo e PAULO, Vicente. Direito Administrativo Descomplicado. Rio de Janeiro: Editora Forense, 18 ed. 2012

9. FASES DO PROCESSO ADMINISTRATIVO

Conforme já explicitado, a lei 9.784/99 é aquela que se aplica aos processos administrativos no âmbito federal, desde que não tenham regulamentação por lei específica, situação na qual a lei específica será utilizada para travar as regras do processo e a legislação ora estudada se aplicará somente de forma subsidiária.

Sendo assim, desde que não haja regulamentação diversa em lei específica, o procedimento segue o trâmite que será analisado doravante.

9.1. Instauração

O processo administrativo será instaurado mediante portaria do órgão responsável, por provocação do interessado ou *ex officio*, por interesse da Administração Pública, em decorrência do princípio da autotutela.

Sendo assim, qualquer pessoa física ou jurídica que atue em nome próprio ou que possa ser afetada pela decisão administrativa será interessada e terá legitimidade para dar início ao processo administrativo. A lei ainda confere essa legitimação às entidades representantes de determinadas classes ou de toda a coletividade para defesa de interesses coletivos e difusos.

Quando decorrer de iniciativa do particular, a provocação deverá ser feita por escrito e deve conter alguns dados obrigatórios, quais sejam, o órgão ou autoridade administrativa a que se dirige, a identificação do interessado ou de quem o represente, o domicílio do requerente ou local para recebimento de comunicações, a formulação do pedido, com exposição dos fatos e de seus fundamentos e a data e assinatura do requerente ou de seu representante. Em situações excepcionais, a lei prevê que a provocação pode ser feita verbalmente.

Por fim, a legislação admite que mais de um interessado formule pedidos idênticos, em um único documento formal, ensejando uma maior eficiência na instauração do processo, salvo disposição em contrário em leis específicas.

9.2. Instrução processual, defesa e relatório

A fase instrutória é a fase de dilação probatória nos procedimentos administrativos, em busca da verdade dos fatos, com vistas a obter uma decisão justa e devidamente fundamentada. Em decorrência do princípio da oficialidade, a produção de provas em processo administrativo pode ser feita pelo interessado ou pela própria administração pública, de ofício, independentemente de provocação do particular.

Com efeito, o poder público pode, por iniciativa própria, determinar a realização das diligências necessárias, bem como produzir todas as provas imprescindíveis ao deslinde do feito, tais como testemunhal, documental, pericial, depoimento do acusado. Em processos administrativos, somente não se admitem as provas obtidas por meios ilícitos, conforme explicitado na lei e no próprio texto constitucional. Ademais, os atos de instrução que exijam a atuação dos interessados devem realizar-se do modo menos oneroso para estes.

Não obstante a possibilidade de produção de provas, sem provocação, o ônus da prova é distribuído entre as partes no processo, cabendo ao interessado provar todos os fatos por ele alegados, exceto em situações em que tais fatos se encontrem em poder da administração pública, que deverá garantir, de ofício a apresentação dos documentos ou das respectivas cópias, mediante declaração e requerimento do particular.

Enfim, dispõe Celso Antônio Bandeira de Mello,[7] *"é neste estádio que se fazem averiguações, perícias, exames, estudos técnicos, pareceres e que se colhem os dados e elementos para elucidar o que seja cabível a fim de chegar-se à fase subsequente".*

Ademais, é possível a realização de consulta pública, aberta mediante despacho devidamente fundamentado do órgão, para manifestação de terceiros, antes da decisão do pedido, se não houver prejuízo para a parte interessada, quando a matéria do processo for de interesse geral e também a realização de audiência pública se houver relevância na questão discutida.

Consoante disposto na lei, a abertura da consulta pública será objeto de divulgação pelos meios oficiais, a fim de que pessoas físicas ou jurídicas possam examinar os autos, fixando-se prazo para oferecimento de alegações escritas. Saliente-se ainda que o comparecimento à consulta pública não confere, por si, a condição de interessado do processo, no entanto, confere o direito de obter da Administração Pública resposta fundamentada, que poderá ser comum a todas as alegações substancialmente iguais.

A lei também prevê a possibilidade de realização de audiências públicas, conforme se transcreve abaixo:

> Art. 32. Antes da tomada de decisão, a juízo da autoridade, diante da relevância da questão, poderá ser realizada audiência pública para debates sobre a matéria do processo.
>
> Art. 33. Os órgãos e entidades administrativas, em matéria relevante, poderão estabelecer outros meios de participação de administrados, diretamente ou por meio de organizações e associações legalmente reconhecidas.
>
> Art. 34. Os resultados da consulta e audiência pública e de outros meios de participação de administrados deverão ser apresentados com a indicação do procedimento adotado.

É facultado ao interessado, na fase instrutória e antes de proferida a decisão do processo, juntar documentos e pareceres, requerer diligências e perícias, bem como aduzir alegações referentes à matéria objeto do processo. Frise-se que o texto legal determina que poderão ser recusadas, mediante decisão fundamentada, as provas propostas pelos interessados, somente, quando sejam ilícitas, impertinentes, desnecessárias ou protelatórias. Caso contrário, haveria violação direta aos princípios do contraditório e da ampla defesa, princípios basilares do nosso sistema processual. A ampla dilação probatória é uma demonstração clara de busca da verdade material pelos procedimentos na esfera administrativa e, por isso, os elementos probatórios deverão ser considerados na motivação do relatório e da decisão.

Em determinadas situações, pode ser necessária a prestação de informações ou a apresentação de provas, não somente pelos interessados, mas também por terceiros. Em tais casos, serão expedidas intimações para esse fim, mencionando-se data, prazo, forma e condições de atendimento. A lei 9784/99, em seu artigo 39, parágrafo único, estabelece que *"Não sendo*

7. BANDEIRA DE MELLO, Celso Antonio – Curso de Direito Administrativo São Paulo: Editora Malheiros, 23ª ed.2009

atendida a intimação, poderá o órgão competente, se entender relevante a matéria, suprir de ofício a omissão, não se eximindo de proferir a decisão."

Nos casos em que o interessado não apresentar documentos solicitados pelo ente estatal e estes forem necessários à apreciação de pedido formulado, o não atendimento, no prazo fixado pela Administração, para a respectiva apresentação, implicará arquivamento do processo, mediante decisão fundamentada com notificação dos interessados. Ressalte-se que o texto legal determina que as intimações para apresentação de documentos ou realização de atividades devem ser expedidas e encaminhadas com antecedência mínima de 3 (três) dias úteis, mencionando-se data, hora e local de realização.

Em algumas situações, será necessária por força de lei, ou ato normativo, a obtenção prévia de laudos técnicos de órgãos administrativos para as decisões administrativas. Assim sendo, intimado o órgão, se este não cumprir o encargo, no prazo assinalado, o órgão responsável pela instrução deverá solicitar laudo técnico de outro órgão dotado de qualificação e capacidade técnica equivalentes, a fim de dar andamento ao feito.

Também, por exigência normativa, pode ser cobrada a emissão de pareceres de órgãos consultivos. Neste caso, o artigo 42 da lei 9784/99 determina que o **prazo para emissão do parecer será de 15 (quinze) dias**, salvo norma específica ou necessidade devidamente justificada e comprovada de maior prazo.

Não sendo emitido o parecer, dentro do prazo legal, duas situações podem ocorrer, dependendo da natureza do ato consultivo:

- **Se o parecer for obrigatório e vinculante, será paralisado o processo até a apresentação do parecer**, sem prejuízo da responsabilização civil, penal e administrativa do agente público que deu causa ao atraso.
- **Se o parecer for obrigatório e não vinculante, o processo poderá prosseguir sem a emissão do parecer, inclusive com a decisão final**, sem prejuízo da responsabilização penal, civil e administrativa do agente que deu causa à não emissão do parecer devido, no prazo fixado por lei.

Encerrada a fase instrutória com a produção de todas as provas necessárias, os interessados terão o prazo máximo de 10 (dez) dias, para manifestações, salvo se outro prazo for fixado por disposição legal específica.

Ressalte-se que, na busca pelo interesse público, o art. 45 da multimencionada lei 9784/99 prevê que, "*Em caso de risco iminente, a Administração Pública poderá motivadamente adotar providências acauteladoras sem a prévia manifestação do interessado.*" Em tais situações, o contraditório será exercido de forma diferida. Com efeito, a Administração Pública não pode impedir o exercício do direito de defesa, todavia, é possível que essa defesa seja postergada, como forma de se evitar um maior prejuízo ao interesse da coletividade.

O artigo 46 estipula norma garantidora do princípio da publicidade e do direito constitucional à informação, estabelecendo que "*Os interessados têm direito à vista do processo e a obter certidões ou cópias reprográficas dos dados e documentos que o integram, ressalvados os dados e documentos de terceiros protegidos por sigilo ou pelo direito à privacidade, à honra e à imagem.*".

9.3. Decisão

Por fim, concluída a instrução, o poder público terá o prazo de 30 (trinta) dias, prorrogáveis, desde que justificadamente, por igual período, para proferir a decisão final no processo, que, nos moldes da lei, deve ser explícita.

O texto legal determina ainda que, se o órgão de instrução não for competente para emitir a decisão final, elaborará relatório indicando o pedido inicial, o conteúdo das fases do procedimento e formulará proposta de decisão, objetivamente justificada, encaminhando o processo à autoridade competente.

10. MOTIVAÇÃO DOS ATOS PROCESSUAIS

Conforme já explicitado, para a doutrina majoritária de Direito Administrativo, a motivação é um princípio que rege toda a atuação da administração pública e se justifica pelo fato de que o poder emana do povo, o qual deve ser informado dos motivos que justificaram a prática dos atos pelos administradores públicos.

Neste ínterim, a lei 9.784/99 determina o dever de motivar os atos administrativos todas as vezes que neguem, limitem ou afetem direitos ou interesses; imponham ou agravem deveres, encargos ou sanções; decidam processos administrativos de concurso ou seleção pública; dispensem ou declarem a inexigibilidade de processo licitatório; decidam recursos administrativos; decorram de reexame de ofício; deixem de aplicar jurisprudência firmada sobre a questão ou discrepem de pareceres, laudos, propostas e relatórios oficiais ou importem anulação, revogação, suspensão ou convalidação de ato administrativo.

De fato, ainda que não se entenda a motivação como princípio implícito no texto constitucional, ela se torna obrigatória, na atuação administrativa, em âmbito federal, em todas as situações descritas em lei.

Ademais, como forma de garantia de celeridade e economia processual, na solução de vários assuntos da mesma natureza, pode ser utilizado meio mecânico que reproduza os fundamentos das decisões, desde que não prejudique direito ou garantia dos interessados. Ou seja, a Administração Pública poderá valer-se da mesma fundamentação para justificar a prática de vários atos idênticos, desde que resguardado o direito do particular.

Por fim, a lei estipula que a motivação de atos orais deverá ser reduzida a termo e constar em ata, para garantir seu formalismo mínimo.

10.1. Da motivação *aliunde*

Estabelece o artigo 50, §1º da lei 9.784/99 que *"A motivação deve ser explícita, clara e congruente, podendo consistir em declaração de concordância com fundamentos de anteriores pareceres, informações, decisões ou propostas, que, neste caso, serão parte integrante do ato."*

Tal situação configura o que a doutrina administrativa resolveu denominar **motivação *aliunde*** dos atos administrativos e ocorre todas as vezes que a motivação de um determinado ato remete à motivação de ato anterior que embasa sua edição, ou seja, ao invés de o administrador público justificar a razão do seu ato, ele justifica com base em motivos expostos em ato prévio.

Em tais situações, se, por exemplo, um parecer opina pela possibilidade de prática de ato de demissão de servidor, ao demitir o servidor, a autoridade não precisa repetir os fundamentos explicitados pelo parecer, bastando, na fundamentação do ato de demissão, declarar a concordância com os argumentos expedidos no ato opinativo.

11. EXTINÇÃO DO PROCESSO

Cumpre relembrar, a princípio, que o processo administrativo visa garantir, antes de tudo, o interesse coletivo, além das garantias do particular interessado.

Dessa forma, a lei 9.784/99 expressamente regulamenta que o órgão da Administração Pública competente poderá declarar extinto o processo quando exaurida sua finalidade ou o objeto da decisão se tornar impossível, inútil ou prejudicado por fato superveniente. Não há necessidade, então, de provocação do particular interessado, podendo a extinção ocorrer de ofício.

A extinção se faz por ato administrativo, devidamente fundamentado, e desde que comprovados os requisitos estampados na lei de inutilidade ou impossibilidade da decisão, ou até mesmo prejudicialidade por fatos posteriores.

Por fim, cumpre salientar que a manifestação de desistência do processo pelo interessado não gera, necessariamente, extinção do feito, podendo a administração pública dar continuidade ao processo, se exigido pelo interesse público. Nesse sentido, é relevante transcrever o que dispõe o artigo 51 da lei 9.784/99.

> Art. 51. O interessado poderá, mediante manifestação escrita, desistir total ou parcialmente do pedido formulado ou, ainda, renunciar a direitos disponíveis.
>
> § 1º Havendo vários interessados, a desistência ou renúncia atinge somente quem a tenha formulado.
>
> § 2º A desistência ou renúncia do interessado, conforme o caso, não prejudica o prosseguimento do processo, se a Administração considerar que o interesse público assim o exige.

12. ANULAÇÃO, REVOGAÇÃO E CONVALIDAÇÃO DE ATOS NO PROCESSO

A lei 9784/99, em seus artigos 53 a 55, regulamenta as hipóteses de retirada dos atos administrativas por motivo de vícios de ilegalidade (anulação) e por motivo de interesse público superveniente (revogação).

Prevê, ainda, a possibilidade de conserto dos vícios sanáveis, pela própria administração pública, gerando a convalidação dos atos anuláveis, todas as vezes que essa convalidação não ensejar prejuízos à Administração Pública ou a terceiros.

No que tange à matéria, remetemos o leitor ao Capítulo de Atos Administrativos, onde ela é tratada em sua inteireza. Para leitura útil às provas objetivas, transcreve os dispositivos legais supramencionados, *in litteris:*

> Art. 53. A Administração deve anular seus próprios atos, quando eivados de vício de legalidade, e pode revogá-los por motivo de conveniência ou oportunidade, respeitados os direitos adquiridos.

Art. 54. O direito da Administração de anular os atos administrativos de que decorram efeitos favoráveis para os destinatários decai em cinco anos, contados da data em que foram praticados, salvo comprovada má-fé.

§ 1º No caso de efeitos patrimoniais contínuos, o prazo de decadência contar-se-á da percepção do primeiro pagamento.

§ 2º Considera-se exercício do direito de anular qualquer medida de autoridade administrativa que importe impugnação à validade do ato.

Art. 55. Em decisão na qual se evidencie não acarretarem lesão ao interesse/ público nem prejuízo a terceiros, os atos que apresentarem defeitos sanáveis poderão ser convalidados pela própria Administração.

13. RECURSOS ADMINISTRATIVOS

Antes de adentrar a análise dos dispositivos legais atinentes à matéria, cumpre ressaltar que o Supremo Tribunal Federal, acompanhando a tendência doutrinária, entende ser inerente à garantia da ampla defesa (art. 5º, LV da CF/88), o direito ao duplo grau de julgamento na esfera administrativa. Tal entendimento é o que se impõe pela leitura da Súmula Vinculante n. 21 da Suprema Corte, que considera inconstitucional qualquer lei que exija depósito prévio ou caução para interposição de recursos administrativos. Com efeito, a edição desta súmula tornou superada a disposição do art. 56, §2º da lei 9.784/99 que define ser possível a exigência de caução, excepcionalmente, havendo exigência legal específica.

Portanto, a garantia recursal, em processos administrativos, não pode ser submetida à exigência – ainda que regulamentada por lei – de depósito prévio ou de caução, haja vista o fato de que isso restringiria o acesso à ampla defesa.

O artigo 56 da lei 9784/99 já garante, no âmbito federal, o direito à interposição de recursos administrativos, seja para combater uma decisão por motivo de ilegalidade, seja por motivo de mérito.

O prazo para interposição de recursos administrativos, salvo lei específica dispondo em contrário, é de **10 (dez) dias**. Interessante é que, nos moldes da lei, tal recurso será encaminhado, como pedido de reconsideração, à autoridade que proferiu a decisão impugnada e somente será encaminhado à autoridade superior se, dentro do prazo de 5 (cinco) dias, não houver reconsideração, por parte da autoridade julgadora.

Conforme disposição legal, são legitimados à interposição de recursos os titulares de direitos e interesses que forem parte no processo; aqueles cujos direitos ou interesses forem indiretamente afetados pela decisão recorrida; as organizações e associações representativas, no tocante a direitos e interesses coletivos e também todos os cidadãos ou associações, quanto a direitos ou interesses difusos. Ademais, o recurso será interposto por meio de requerimento no qual o recorrente deverá expor os fundamentos do pedido de reexame, podendo ainda juntar os documentos que julgar convenientes.

Recebido o recurso, a outra parte interessada será intimada para apresentação de contra razões, em um prazo de 5 (cinco) dias. A autoridade julgadora do recurso deverá julgá-lo no prazo de 30 (trinta) dias, prorrogáveis por igual período, mediante ato devidamente justificado. Importante realçar que o prazo de julgamento de recurso pela autoridade administrativa é impróprio, ou seja, o seu desrespeito não gera nulidade do processo, configurando mera irregularidade e podendo gerar responsabilização do agente que ensejou o atraso.

Salvo disposição legal em contrário, os recursos administrativos não têm efeito suspensivo, ou seja, conservam intacta a eficácia da decisão farpeada. Não obstante a ausência de efeito suspensivo automático, a autoridade recorrida ou a superior poderá, havendo justo receio de prejuízo de difícil ou incerta reparação decorrente da execução, de ofício ou a pedido, conceder efeito suspensivo ao recurso.

O limite de tramitação de um processo na esfera administrativa, nos moldes da lei é de 3 (três) instâncias. Entende-se que é possível, desta forma, o julgamento inicial e mais 2 (dois) recursos, evidentemente, se houver estrutura hierárquica para tanto. Após a tramitação do processo administrativo por, no máximo, 3 (três) instâncias, ocorre o que a doutrina denomina **coisa julgada administrativa**.

A análise deste instituto merece cuidados. Isso porque é cediço que, no direito brasileiro, nenhuma lesão ou ameaça de lesão pode ser afastada pelo Poder Judiciário e que, em decorrência da adoção do sistema de jurisdição única, somente as decisões judiciais formam coisa julgada, tornando-se imutáveis.

A expressão **coisa julgada administrativa** designa, tão somente, a situação não poderá ser objeto de discussão na esfera administrativa. Repita-se, trata-se de situação na qual há imutabilidade da decisão em esfera administrativa, tão somente. Sempre haverá a possibilidade de recorrer-se às vias judiciais para solução de controvérsias, em decorrência da adoção, no Direito Brasileiro, do sistema de jurisdição única, consagrado no princípio da inafastabilidade, disposto no art. 5º, XXXV da Constituição da República.

A lei 11.417/2006, alterando a lei 9784/99 definiu que, se o recorrente alegar que a decisão administrativa **contraria enunciado da súmula vinculante**, caberá à autoridade prolatora da decisão impugnada, se não a reconsiderar e explicitar, antes de encaminhar o recurso à autoridade superior, as razões da aplicabilidade ou inaplicabilidade da súmula, conforme o caso. A mesma regra se aplica à autoridade julgadora do recurso.

Ressalte-se que, caso o Supremo Tribunal Federal acolha, em sede de Reclamação Constitucional, a alegação de violação à sumula, tal decisão vincula a autoridade administrativa que julgará casos semelhantes em favor dos recorrentes, sob pena de responsabilidade pessoal. Estas são as normas insculpidas no art. 64-A da lei 9784/99.

13.1. Não recebimento do recurso e seus efeitos

A lei define situações nas quais a administração pública não admitirá o recurso administrativo. Nesse sentido, não será conhecido o recurso sempre que for interposto fora do prazo, se for apresentado após exaurida a esfera administrativa ou interposto por quem não seja legitimado para tanto. A lei prevê ainda o não recebimento de recursos interpostos perante órgão incompetente. Nesses casos, entretanto, será indicada ao recorrente a autoridade competente, sendo-lhe devolvido o prazo para recurso.

Em virtude do princípio da autotutela, estampado na Súmula 473 do Supremo Tribunal Federal, o não conhecimento do recurso não impede a Administração de rever, de ofício, o ato ilegal, desde que não ocorrida preclusão administrativa. Poderá ainda o órgão competente, para decidir o recurso, confirmar, modificar, anular ou revogar, total ou parcialmente, a decisão recorrida, se a matéria for de sua competência.

13.2. Da *reformatio in pejus*

Em sede de processo jurisdicional, vigora o princípio que impede o agravamento da situação do recorrente em sede de recurso, ou seja, interposto o recurso, a sua decisão não pode reformar a decisão impugnada para pior. A doutrina processualista designa este princípio de "proibição da *reformatio in pejus*".

Na seara administrativa, não há vedação da *reformatio in pejus* e uma decisão de recurso administrativo poderá piorar a situação do recorrente, em respeito ao princípio da verdade material e da legalidade estrita da atuação administrativa. Nestes casos, se, do julgamento do recurso, puder decorrer gravame à situação do recorrente, este deverá ser cientificado para que formule suas alegações antes da decisão. Este é o entendimento da lei 9784/99, acerca do qual já se manifestou José dos Santos Carvalho Filho[8], no sentido de que *"a lei admitiu a reformatio in pejus, atenuando-a, porém, com a possibilidade de manifestação prévia do recorrente"*.

13.3. Da revisão

Por fim, a lei prevê ainda a possibilidade de revisão dos processos administrativos punitivos. Não se trata de recurso, mas sim de novo processo no qual a administração proferirá outra decisão sobre a mesma matéria.

Não há prazo para pedido de revisão que depende, entretanto, da alegação de fatos novos a serem analisados pela autoridade julgadora que justifiquem o entendimento de inadequação da penalidade aplicada.

→ **O julgamento da revisão não pode resultar agravamento da penalidade inicialmente aplicada, ou seja, nestes casos, é vedada a *reformatio in pejus*.**

14. CONTAGEM DE PRAZOS

A lei 9784/99 se preocupa, ainda, em definir a forma de contagem dos prazos nos procedimentos sujeitos às suas normas. Assim, os prazos começam a correr a partir da data da cientificação oficial, excluindo-se da contagem o dia do seu início e incluindo-se o do vencimento. No mesmo sentido, considera-se prorrogado o prazo até o primeiro dia útil seguinte, se o vencimento cair em dia em que não houver expediente ou este for encerrado antes da hora normal.

É importante lembrar que alguns procedimentos regulamentados por leis específicas preveem prazos de recursos contados em dias úteis. Se a lei for expressa neste sentido como, por exemplo, alguns prazos de recursos da lei 8666/93, não se aplicam as regras mencionadas alhures.

8. CARVALHO FILHO, José dos Santos – Manual de Direito Administrativo. Rio de Janeiro :Editora Lumen Juris, 23ª Ed. 2012.

Salvo situações de força maior, devidamente comprovada, os prazos processuais não se suspendem ou interrompem.

15. PROCESSO ADMINISTRATIVO DISCIPLINAR

O estudo do processo administrativo disciplinar já foi analisado, nesta obra, de forma mais simples, no capítulo referente aos servidores públicos, uma vez que se encontra regulamentado, no âmbito federal, no art. 143 e seguintes da Lei 8.112/90, sendo o meio existente para aplicação de sanções administrativas, nos casos de infrações praticadas por agentes na prestação do serviço público. Nesse sentido, dispõe a lei que:

> "Art. 143. A autoridade que tiver ciência de irregularidade no serviço público é obrigada a promover a sua apuração imediata, mediante sindicância ou processo administrativo disciplinar, assegurada ao acusado ampla defesa".

É cediço que os agentes públicos que praticam atos infracionais se sujeitam, pelos atos praticados, a sanções de natureza penal, civil e administrativa, sendo que as instâncias são independentes entre si e, dessa forma, a decisão proferida em uma dessas instâncias não interfere nas demais. Neste capítulo, analisaremos o procedimento instaurado para aplicação de sanções de natureza administrativa, sem prejuízo das demais penalidades.

Muitas vezes, antes da instauração do processo, se faz necessária a realização de procedimento de investigação, denominado de sindicância, com a intenção de apurar fatos e verificar a ocorrência de eventuais infrações. Este procedimento é designado pela doutrina como sindicância investigativa, a qual se analisa no tópico seguinte.

15.1. Sindicância investigativa ou preparatória

A Administração Pública dispõe de amplo poder de investigação para apuração de fatos que possam configurar ilícitos administrativos e tem-se a sindicância investigativa ou investigatória como um procedimento inquisitorial, ou seja, no qual não se exige a garantia de contraditório, por meio do qual o Poder Público deverá formar o seu conhecimento acerca do cometimento ou não de infrações administrativas por servidores públicos. Esse procedimento jamais ensejará aplicação direta de penalidade, podendo ensejar a instauração do processo administrativo disciplinar, sempre que se descobrir a ocorrência de conduta lesiva ao interesse público ou o cometimento de infração disciplinar.

A sindicância, nesse caso, existe somente para apuração de fatos e será extinta com uma conclusão, a qual pode determinar a instauração do processo administrativo disciplinar ou estabelecer o cometimento de falhas na prestação da atividade pública. Com efeito, essa sindicância pode resultar na determinação de rescisão de contratos, instauração de procedimento de tomada de contas, entre outras medidas.

Diferente do que ocorre com a sindicância contraditória, essa sindicância não tem previsão expressa em lei e decorre de uma leitura sistemática da lei 9.784/99, a qual determina que o Poder Público tem o poder de apurar a existência de condutas ilícitas.

Em virtude da ausência de contraditório e ampla defesa, essa sindicância jamais ensejará a aplicação de penalidades e, caso seja apurado o cometimento de infrações, deve ensejar a instauração do processo administrativo disciplinar para aplicação de sanção ao servidor faltoso ou a instauração de uma sindicância contraditória, em casos de infrações mais leves, puníveis com advertência ou suspensão por até 30 dias.

Nesse sentido, a doutrina moderna entende que os servidores que participaram da sindicância investigatória não devem ficar responsáveis pela condução do processo dela decorrente, sob pena de afronta à imparcialidade do processo. Afinal, tais autoridades, certamente, já formaram sua opinião acerca dos fatos expostos.

15.2. Sindicância contraditória ou acusatória

Essa sindicância, para servidores federais, está regulamentada nos art. 143 e 145 da lei 8.112/90 e se trata de processo administrativo simplificado, suficiente e adequado para aplicação das penalidades de **advertência** ou **suspensão por até 30 dias**.Com efeito, nesse caso, a sindicância se configura um processo disciplinar simplificado para aplicação de penalidades mais leves aos agentes públicos que praticam infrações mais brandas.

ATENÇÃO

Esta sindicância, prevista na Lei 8112/90, não se confunde com a "sindicância meramente investigativa" criada pela doutrina e pela prática administrativa, com base legal na lei 9784/99, e que não pode resultar na aplicação de penalidades, dispensando, portanto, a garantia de contraditório. A sindicância regulamentada pela Lei 8112/90 é um processo administrativo disciplinar que pode gerar penalidades ao servidor e por isso deve respeitar o contraditório e a ampla defesa, sob pena de ser declarada ilegal.

A sindicância deverá ser finalizada no prazo máximo de 30 dias, prorrogáveis por mais 30 dias, a critério da autoridade superior. Ocorre que tal prazo é impróprio, ou seja, a sua inobservância pela administração pública não causa nulidade do processo, ensejando, no máximo, a responsabilização do agente que gerou o atraso.

Ademais, diante da ausência de previsão legal, no que tange ao procedimento, a doutrina entende que devem ser aplicadas as regras atinentes ao processo administrativo disciplinar, no que couber, haja vista a necessidade de se definir um procedimento a ser observado pela Administração Pública, neste processo.

A lei, em seu art. 145, estipula que, da sindicância contraditória, podem decorrer três situações, a saber:

1. **Arquivamento do processo**: ocorrerá quando não for apurada nenhuma infração ou se o servidor não foi o autor da irregularidade.
2. **Aplicação de penalidade**: havendo a infração e sendo o servidor o seu causador. Frise-se que somente podem ser aplicadas, *in casu*, as penalidades disciplinares de advertência ou de suspensão por até 30 dias.
3. **Instauração do PAD**: no caso de se apurar, no bojo da sindicância, infração mais grave, praticada pelo servidor público, e sendo necessária a aplicação de penalidade mais severa do que as mencionadas no tópico anterior. Nesse sentido, se entende, ainda, que sempre

que a comissão verificar a existência de indícios de cometimento de infração mais grave, deve automaticamente determinar a instauração do processo administrativo disciplinar.

A sindicância não é indispensável para instauração do Processo Administrativo Disciplinar (PAD), bem como a instauração deste não é necessária, se na sindicância for apurada infração penalizada com advertência ou suspensão de até 30 dias.

No caso de a sindicância resultar na instauração do processo administrativo disciplinar, os autos da sindicância integrarão esse processo , como peça informativa da instrução. Ademais, na hipótese de o relatório da sindicância concluir que a infração está capitulada como ilícito penal, a autoridade competente encaminhará cópia dos autos ao Ministério Público, independentemente da imediata instauração do processo disciplinar.

15.3. Processo administrativo disciplinar propriamente dito (PAD)

Inicialmente, saliente-se que, antes da instauração do PAD, é possível que seja determinado o afastamento preventivo do servidor público, como medida cautelar e a fim de que o servidor não venha a influir na apuração da irregularidade.

Afastamento preventivo (art. 147 da lei 8.112/90): ao ser instaurado o PAD, se a autoridade administrativa entender que a permanência do servidor no cargo pode atrapalhar o andamento do processo, poderá determinar o afastamento preventivo deste, pelo prazo máximo de 60 dias, prorrogáveis por mais 60 (prazo peremptório), mantida obrigatoriamente sua remuneração integral. A medida não tem caráter de penalidade ou sanção, mas sim de medida acautelatória, mesmo porque não se faz possível a aplicação de penalidades aos servidores públicos sem prévio processo disciplinar.

Ainda, antes da análise do procedimento, devem ser feitas duas importantes considerações preliminares:

- Obs. 1.: A instauração do PAD **interrompe o prazo prescricional para aplicação da penalidade administrativa**. O Superior Tribunal de Justiça entende que o prazo fica interrompido pelo período de 140 (cento e quarenta) dias, depois desse prazo reinicia-se normalmente a sua contagem.

→ MANDADO DE SEGURANÇA. PROCESSO ADMINISTRATIVO DISCIPLINAR. PRESCRIÇÃO. INOCORRÊNCIA. DEMISSÃO POR IMPROBIDADE ADMINISTRATIVA. POSSIBILIDADE. PRECEDENTES DESTA CORTE.

1. A teor do art. 142, § 1.º, da Lei n.º 8.112/90, a prescrição da pretensão punitiva administrativa começa a fluir a partir da data em que o ato ilícito se torna conhecido, sendo certo, também, que, à luz do disposto no § 3.º do mesmo artigo, a instauração do processo administrativo disciplinar constitui fato interruptivo da contagem do prazo prescricional.

2. Desse modo, interrompida a contagem da prescrição com a instauração do Processo Administrativo Disciplinar em 15/10/2001, volta o referido prazo a correr por inteiro em 07/03/2002, isto é, após o transcurso de 140 (cento e quarenta) dias (prazo máximo para a conclusão do PAD – art. 152, caput, c.c. o art. 169, § 2.º, ambos da Lei 8.112/90). Assim, tendo sido expedida a Portaria Demissória do Impetrante em 20/12/2006, constata-se, a toda evidência, a não ocorrência da prescrição da pretensão punitiva da Administração Federal, a qual somente viria a ocorrer em 7 de março de 2007.

3. A independência das instâncias civil, penal e administrativa permite que a Administração imponha ao servidor a pena de demissão, no caso de improbidade administrativa. Precedentes. [...] (MS 12.735/DF, Rel. Ministro OG FERNANDES, TERCEIRA SEÇÃO, julgado em 09/06/2010, DJe 24/08/2010)

- Obs. 2.: O servidor que estiver respondendo a processo administrativo disciplinar não pode ser exonerado a pedido e nem ser aposentado voluntariamente, antes de terminado o procedimento.

Ressalte-se que o processo administrativo é **indispensável** para aplicação de quaisquer penalidades administrativas. Isso é relevante porque, antes da CF/88, existia, no ordenamento jurídico, a figura da "**verdade sabida**", na qual se aplicavam penalidades sem processo; no entanto, modernamente, isso não é mais possível.

→ Portanto, nenhuma penalidade pode ser aplicada sem processo. Todavia, algumas penalidades dependem de um processo administrativo mais simplificado (sindicância) e outras punições necessitam da instauração do processo administrativo disciplinar propriamente dito.

15.3.1. Fases do Processo Administrativo Disciplinar

A) Instauração:

A instauração se dá com a designação da comissão processante. A comissão deverá ser composta obrigatoriamente por 3(três) servidores estáveis que não sejam cônjuges ou parentes até o terceiro grau civil do acusado, haja vista a necessidade de garantir-se a imparcialidade para a condução do feito. Nesse sentido, o art. 150 da lei 8.112/90 dispõe que *"A Comissão exercerá suas atividades com independência e imparcialidade, assegurado o sigilo necessário à elucidação do fato ou exigido pelo interesse da administração"*.

A autoridade competente indicará, dentre esses três, um membro para ser o presidente da comissão. Além dos requisitos mencionados, o presidente da comissão deverá ser detentor de cargo ou ter nível de escolaridade igual ou superior ao do acusado (art. 149).

A Comissão terá, ainda, como secretário servidor designado pelo seu presidente, podendo a indicação recair em um de seus membros e, sempre que necessário, a comissão dedicará tempo integral aos seus trabalhos, ficando seus membros dispensados do ponto, até a entrega do relatório final. Além disso, as reuniões da comissão, que terão caráter reservado, serão registradas em atas que deverão detalhar as deliberações adotadas.

Saliente-se, ainda, que a autoridade que tiver ciência de irregularidade no serviço público é obrigada a promover a sua apuração imediata, mediante sindicância ou processo administrativo disciplinar, assegurada ao acusado ampla defesa. Ou seja, a instauração do processo administrativo para apuração de infrações, é ato administrativo vinculado, não podendo ser dispensado pela autoridade.

Dessa forma, em recente julgamento, o Superior Tribunal de Justiça já se manifestou no sentido de que a portaria que designa a comissão e instaura o PAD não precisa trazer uma descrição minuciosa dos fatos, inclusive como forma de evitar-se uma presunção de culpabilidade do servidor. Com efeito, se a autoridade administrativa informar a extensão dos fatos, bem como sua autoria, estará presumindo a culpabilidade do agente. Sendo assim, a portaria de designação da comissão deve somente informar quem são os agentes responsáveis pela condução do feito com as respectivas matrículas e apontar quem é o presidente, bem como fazer uma descrição genérica da infração cometida. Veja-se um trecho de julgado que trata da matéria no Superior Tribunal de Justiça, abaixo transcrito.

ADMINISTRATIVO. SERVIDOR PÚBLICO. PROCESSO ADMINISTRATIVO DISCIPLINAR. PRELIMINARES. PREVENÇÃO. NECESSIDADE DE REDISTRIBUIÇÃO. NÃO OCORRÊNCIA. LITISPENDÊNCIA. PRESCRIÇÃO. TERMO INICIAL. CONHECIMENTO DOS FATOS PELA AUTORIDADE COMPETENTE PARA PROCESSAR E JULGAR ADMINISTRATIVAMENTE. LITISPENDÊNCIA. NÃO OCORRÊNCIA. CERCEAMENTO DE DEFESA. DIVERSAS PRELIMINARES. NÃO OCORRÊNCIA. QUESTÕES JÁ APRECIADAS PELA TERCEIRA SEÇÃO. MÉRITO. NULIDADE. INTEGRANTES DA COMISSÃO PROCESSANTE. PARTICIPAÇÃO EM PROCESSOS DA ESFERA CRIMINAL E ADMINISTRATIVA. PARCIALIDADE PARA O JULGAMENTO. INEXISTÊNCIA. MATÉRIA JÁ DECIDIDA EM OUTROS WRITS IMPETRADOS EM RAZÃO DA MESMA OPERAÇÃO POLICIAL. PRECEDENTES ESPECÍFICOS. OFENSA AO DEVIDO PROCESSO LEGAL. NÃO OCORRÊNCIA.

8. **Não há falar em nulidade no ato demissório em razão da suposta falta de individualização dos atos praticados pelo investigado, porquanto, nos termos do entendimento do Superior Tribunal de Justiça, a descrição minuciosa dos fatos se faz necessária apenas quando do indiciamento do servidor, após a fase instrutória, na qual são efetivamente apurados, e não na portaria de instauração ou na citação inicial** (MS n. 12.927/DF, Ministro Felix Fischer, DJU 12/2/2008).

13. Analisada toda a controvérsia posta na inicial, resta prejudicado o agravo regimental interposto às fls. 758/763.

14. Segurança denegada.

MS 12085 / DF
MANDADO DE SEGURANÇA
2006/0161278-2 Julgamento 08.05.2013

Ainda deve estar contida na portaria de instauração a possibilidade de apuração de fatos conexos ao principal, inclusive com a investigação de condutas de outros servidores, desde que isso não prejudique a celeridade e eficiência do processo. Dessa forma, todos os fatos que guardem pertinência temática com a infração principal apurada devem ser analisados no bojo do procedimento. Isso gera economia processual.

Por fim, não obstante a lei, em seu art. 144, defina que as denúncias sobre irregularidades serão objeto de apuração, desde que contenham a identificação e o endereço do denunciante e sejam formuladas por escrito, confirmada a autenticidade, a jurisprudência vem admitindo a apuração de denúncias anônimas contanto que narrem fatos objetivamente e de forma plausível. É a consagração do princípio da autotutela na atividade administrativa. Nesse sentido, se colaciona o julgado do Superior Tribunal de Justiça sobre a matéria.

ADMINISTRATIVO. SERVIDOR PÚBLICO. MILITAR. DEMISSÃO. PROCESSO ADMINISTRATIVO DISCIPLINAR. CARTA ANÔNIMA. LICITUDE. DILAÇÃO PROBATÓRIA. WRIT. VIA INADEQUADA.

I – A carta anônima é meio hábil para a instauração de processo administrativo disciplinar, cabendo a Administração a apuração dos fatos narrados na denúncia, ainda que apócrifa.

II – Questões cuja solução demandaria, necessariamente, revisão do material fático apurado no processo disciplinar, ou a incursão sobre o mérito do julgamento administrativo, não podem ser apreciadas em sede de mandamus.

Recurso desprovido.

RMS 19224 / MT
RECURSO ORDINÁRIO EM MANDADO DE SEGURANÇA
2004/0162925-0 / julgamento 19.04.2005

B) Inquérito administrativo:

O inquérito administrativo é a segunda fase do Processo Administrativo Disciplinar, que abarca toda a realização do procedimento em respeito ao contraditório e à ampla defesa. O inquérito se divide em três momentos diferentes, quais sejam, a instrução probatória, citação do acusado com abertura de prazo e oportunização de defesa, bem como a elaboração do relatório pela comissão do processo. Ressalte-se que, conforme já explicitado, a apresentação de defesa, em sede de processo administrativo disciplinar, pode ser feita pelo próprio acusado, não se exigindo, para a lisura do procedimento, a representação por advogado, conforme exposto na Súmula Vinculante n. 5 do Supremo Tribunal Federal.

> Súmula Vinculante n. 5: A falta de defesa técnica por advogado no processo administrativo disciplinar não ofende a Constituição.

Do texto da súmula transcrita, depreende-se que se o acusado não quiser constituir advogado, pode seguir no PAD sozinho, apresentando sua própria defesa. No entanto, se optar pela defesa técnica e a Administração lhe negar, ocorrerá violação da ampla defesa. Não se pode fazer outra interpretação à súmula que não essa, a qual não retira a garantia de constituir advogado ao acusado, mas proporciona o exercício pessoal de defesa.

Conforme exposto:

> → **INQUÉRITO ADMINISTRATIVO** = i) instrução probatória + ii) defesa + iii) relatório.

i) **Instrução:** A instrução probatória é ampla, uma vez que a lei admite, no bojo do processo administrativo, todos os meios de prova admitidos em direito; ou seja, todas as provas produzidas licitamente serão admitidas, sem restrições indevidas.

→ *Observação de Prova de concurso*

Determinado servidor estava respondendo a processo judicial e, ao mesmo tempo, a processo administrativo disciplinar. No bojo do processo judicial, foi determinada a licitamente a interceptação telefônica. É possível que esta prova seja emprestada ao processo administrativo, levando-se em consideração que foi regularmente realizada na esfera judicial? Em processo administrativo não se admite interceptação telefônica, mas não há óbice para a prova emprestada, desde que tenha sido produzida regularmente no processo judicial.

Nesse sentido, a jurisprudência vem-se manifestando reiteradamente, no sentido de admitir a utilização de provas emprestadas no processo administrativo e, a título de exemplo, apresenta-se recente julgado do Superior Tribunal de Justiça, abaixo transcrito, *in litteris:*

> → *[...] 4. Ademais, é firme o entendimento deste Tribunal de que, respeitado o contraditório e a ampla defesa em ambas as esferas, é admitida a utilização no processo administrativo de "prova emprestada" devidamente autorizada na esfera criminal. Precedentes: MS 10128/DF, Rel. Ministro Og Fernandes, Terceira Seção, DJe 22/02/2010, MS 13.986/DF, Rel. Ministro Napoleão Nunes Maia Filho, Terceira Seção, DJe 12/02/2010, MS 13.501/DF, Rel. Ministro Felix Fischer, Terceira Seção, DJe 09/02/2009, MS 12.536/ DF, Rel. Ministra Laurita Vaz, Terceira Seção, DJe 26/09/2008, MS 10.292/DF, Rel. Ministro Paulo Gallotti, Terceira Seção, DJ 11/10/2007.*
> *5. Na espécie, a referida prova foi produzida em estrita observância aos preceitos legais, cujo traslado para o procedimento disciplinar foi precedido de requerimento formulado pela Comissão Processante do*

PAD perante o Juízo Criminal Federal (1ª Vara Federal de Campos dos Goytacazes), devidamente deferido e submetido ao contraditório e ampla defesa em ambas as esferas.

6. Tendo sido a interceptação telefônica concretizada nos exatos termos da Lei 9.296/96, haja vista que o impetrante também responde criminalmente por sua conduta, não há que se falar em ilegalidade do uso desta prova para instruir o PAD.

7. Acrescenta-se que a condenação do impetrante não se deu unicamente com base nas gravações produzidas na esfera penal, tendo havido farto material probatório, como análise documental, oitiva de testemunhas, dentre outras provas, capaz de comprovar a autoria e materialidade das infrações disciplinares.

8. Também não se pode esquecer que a nulidade do PAD está diretamente ligada à ocorrência de prejuízo à defesa do servidor acusado, observando-se o princípio do "pas de nullité sans grief", o que não foi demonstrado nos autos.

9. Da análise dos autos, verifica-se que inexistem quaisquer nulidades no aludido PAD, já que, durante todo o seu trâmite, foram devidamente observados os princípios da legalidade, da ampla defesa e do contraditório, tendo sido o impetrante regularmente notificado da instauração do processo administrativo (fls. 218) e para o ato do interrogatório (fls. 383), sendo certo que apresentou defesa, regular e oportunamente (fls. 464/484).

10. Segurança denegada.

(MS 15.207/DF, Rel. Ministro BENEDITO GONÇALVES, PRIMEIRA SEÇÃO, julgado em 08/09/2010, DJe 14/09/2010)

Nessa fase de instrução probatória, a comissão promoverá a tomada de depoimentos, acareações, investigações e diligências cabíveis, objetivando a coleta de prova, recorrendo, quando necessário, a técnicos e peritos, de modo a permitir a completa elucidação dos fatos. Ademais, em respeito à garantia do contraditório, é assegurado ao servidor o direito de acompanhar o processo pessoalmente ou por intermédio de procurador, arrolar e reinquirir testemunhas, produzir provas e contraprovas e formular quesitos, quando se tratar de prova pericial.

Ressalte-se, ainda que, em observância à celeridade processual e economicidade dos atos do procedimento, o presidente da comissão poderá denegar pedidos considerados impertinentes, meramente protelatórios, ou de nenhum interesse para o esclarecimento dos fatos e será indeferido o pedido de prova pericial, sempre que a comprovação do fato independer de conhecimento especial de perito.

No que tange à produção de prova testemunhal, a lei dispõe que as testemunhas serão intimadas a depor mediante mandado expedido pelo presidente da comissão, devendo a segunda via, com o ciente do interessado, ser anexado aos autos, ressalvada a hipótese de a testemunha ser servidora pública, quando então a expedição do mandado será imediatamente comunicada ao chefe da repartição onde serve, com a indicação do dia e hora marcados para inquirição.

O texto legal ainda estabelece que as testemunhas devem ser inquiridas separadamente, salvo em casos de depoimentos contraditórios, quando, então, deve-se proceder a acareação entre elas. Ademais, o depoimento será prestado oralmente e reduzido a termo, não sendo lícito à testemunha trazê-lo por escrito.

Concluída a inquirição das testemunhas, a comissão promoverá o interrogatório do acusado ou acusados. Em sendo mais de um acusado no mesmo processo, cada um deles será ouvido separadamente, e sempre que divergirem em suas declarações sobre fatos ou circunstâncias, será promovida a acareação entre eles. Deve-se ainda assegurar que o procurador do acusado poderá assistir ao interrogatório, bem como à inquirição das testemunhas, sendo-lhe vedado interferir nas perguntas e respostas apresentadas, mas sendo admitido a ele reinquiri-las, por intermédio do presidente da comissão.

Por fim, estipula o texto legal que, se houver dúvida sobre a sanidade mental do acusado, a comissão proporá à autoridade competente que ele seja submetido a exame por junta médica oficial, da qual participe pelo menos um médico psiquiatra. Após a expedição do laudo pericial, o incidente de sanidade mental deverá ser processado em autos apartados que tramitarão apensos ao processo principal.

ii) Produzidas as provas, o réu terá o prazo de **10 dias** para apresentação de **defesa**, sendo-lhe assegurada a vista do processo na repartição pública. A lei prevê situações em que o prazo para defesa será maior:

- se o acusado não for encontrado e a citação ocorrer por edital, publicado no Diário Oficial da União e em jornal de grande circulação na localidade do último domicílio conhecido, o prazo para apresentação de defesa será de **15 dias**.
- havendo dois ou mais acusados no mesmo processo, o prazo de defesa será de **20 dias** (prazo comum).

Em todas as hipóteses, o prazo de defesa poderá ser prorrogado pelo dobro, para diligências reputadas indispensáveis e caso o indiciado se recuse em apor o ciente na cópia da citação. Esse prazo para defesa contar-se-á da data declarada, em termo próprio, pelo membro da comissão que fez a citação, com a assinatura de duas testemunhas.

Caso o réu não apresente defesa, no prazo legal, será decretada sua à **revelia**.

Ressalte-se que o conceito da expressão revelia é exatamente a ausência de contestação dentro do prazo de lei. Nesse sentido, é importante o candidato não confundir o conceito de revelia com os efeitos que ela produz no processo civil, qual seja a confissão ficta dos atos alegados pela outra parte, não intimação dos atos subsequentes do processo entre outros. No processo administrativo, não serão admitidos tais efeitos.

EFEITO DA REVELIA

No processo administrativo, o único efeito decorrente da revelia é a designação de defensor dativo, já que não se pode seguir o Processo Administrativo Disciplinar sem a apresentação de defesa.

O **defensor dativo** não precisa ser, necessariamente, advogado, todavia a sua escolha deve seguir a mesma regra utilizada para a escolha do presidente da comissão, ou seja, deve ter cargo ou nível de escolaridade igual ou superior ao acusado. Veja-se que a desnecessidade de advogado reitera o conteúdo da Súmula Vinculante n. 5 do Supremo Tribunal Federal, já devidamente comentada e transcrita alhures.

iii) Apresentada a defesa, seja pelo acusado, seja pelo defensor dativo, a comissão elaborará um **relatório conclusivo** quanto à inocência ou à responsabilidade do servidor. Ressalte-se que o relatório tem natureza jurídica de um parecer, não se restringindo a relatar os acontecimentos do processo, devendo emitir opinião sobre qual deve ser a decisão a ser tomada pela autoridade competente. No relatório, devem estar resumidas as peças principais dos autos e a comissão deve mencionar as provas em que se baseou para formar a sua convicção. Ademais, reconhecida a responsabilidade do servidor, a comissão indicará o dispositivo legal ou regulamentar transgredido, bem como as circunstâncias agravantes ou atenuantes.

Questiona-se se o relatório vincula a autoridade julgadora, ou seja, se o julgador está adstrito à conclusão do relatório ou se pode julgar contrário a ele. A Lei 8112/90 estabelece que o julgamento deverá seguir a conclusão do relatório, salvo se comprovadamente contrária à prova dos autos administrativos:

> Art. 168. O julgamento acatará o relatório da comissão, salvo quando contrário às provas dos autos.
>
> Parágrafo único. Quando o relatório da comissão contrariar as provas dos autos, a autoridade julgadora poderá, motivadamente, agravar a penalidade proposta, abrandá-la ou isentar o servidor de responsabilidade.

Da leitura do dispositivo transcrito, o Supremo Tribunal Federal manifestou entendimento recente de que o relatório da comissão não é vinculante. Isso porque, segundo a Corte Suprema, parecer vinculante é aquele que, em nenhuma hipótese, pode ser contrariado. Logo, haja vista a lei 8112/90 estipular que a conclusão deve ser seguida, **salvo se contrária à prova dos autos**, entende-se que a expressão "deve" exposta no dispositivo configura mera orientação da lei e o relatório não tem, de fato, natureza vinculante.

Realizado o relatório, o parecer segue para julgamento pela autoridade competente, que decidirá pela aplicação da penalidade ou arquivamento do processo. A autoridade competente para aplicação da sanção disciplinar varia de acordo com a penalidade a ser aplicada, conforme disposto no art. 141 da lei 8.112/90. Sempre que houver mais de um indiciado e diversidade de sanções, o julgamento caberá à autoridade competente para a imposição da pena mais grave.

Outrossim, se for verificada a ocorrência de vício insanável no processo, a autoridade que determinou a sua instauração, ou outra de hierarquia superior, declarará a sua nulidade, total ou parcial, e ordenará, no mesmo ato, a constituição de outra comissão para instauração de novo processo.

Nesse sentido, a lei dispõe que as penalidades disciplinares serão aplicadas.

> 1 – pelo Presidente da República, pelos Presidentes das Casas do Poder Legislativo e dos Tribunais Federais e pelo Procurador-Geral da República, quando se tratar de demissão e cassação de aposentadoria ou disponibilidade de servidor vinculado ao respectivo Poder, órgão, ou entidade;
>
> 2 – pelas autoridades administrativas de hierarquia imediatamente inferior àquelas mencionadas no inciso, anterior quando se tratar de suspensão superior a 30 (trinta) dias;
>
> 3 – pelo chefe da repartição e outras autoridades, na forma dos respectivos regimentos ou regulamentos, nos casos de advertência ou de suspensão de até 30 (trinta) dias;
>
> 4 – pela autoridade que houver feito a nomeação, quando se tratar de destituição de cargo em comissão.

O **prazo de duração do PAD** é de 60 dias, prorrogáveis por mais 60, até elaboração do relatório, após o que a autoridade terá mais 20 dias para julgamento (+ 20 dias). Tais prazos são impróprios e, por isso, a lei dispõe que o desrespeito a esse prazo não enseja a nulidade do processo administrativo.

→ ATENÇÃO

Daqui decorre o entendimento jurisprudencial de que a interrupção da prescrição dura 140 dias contados da instauração do PAD. Logo, chega-se à conclusão que, após os prazos máximos previstos em lei, não tendo sido finalizado o processo administrativo, será reiniciada a contagem do prazo de prescrição, o que tornaria admissível a figura da prescrição intercorrente na esfera administrativa.

Prescrição intercorrente no PAD – Conforme entendimento já explicitado do Superior Tribunal de Justiça, passados os 140 dias de interrupção da prescrição, o prazo reinicia sua contagem, do início, no bojo do processo, gerando a possibilidade de ocorrência de prescrição intercorrente, caso o processo se alongue além desse tempo.

C) Julgamento

Após a elaboração do relatório, a autoridade julgadora deverá proferir o julgamento, no processo administrativo, em um prazo máximo de 20 dias e, quando a infração estiver capitulada como crime, o processo disciplinar será remetido ao Ministério Público para instauração da ação penal, ficando trasladado na repartição.

16. IMPUGNAÇÕES ADMINISTRATIVAS DO JULGAMENTO

a) Pedido de reconsideração

b) Recurso

c) Revisão

Antes de analisar cada uma das possibilidades acima, deve-se relembrar a Súmula Vinculante n.. 21, do Supremo Tribunal Federal, que estabelece a garantia do duplo grau de julgamento em processo administrativo, não sendo possível a exigência de depósito prévio para recurso administrativo, que obstaculizaria o acesso ao recurso, devendo-se entender a expressão "recurso administrativo" de forma ampla, abrangendo também o pedido de reconsideração. Veja-se a súmula.

> **Súmula Vinculante 21.** É inconstitucional a exigência de depósito ou arrolamento prévios de dinheiro ou bens para admissibilidade de recurso administrativo.

16.1. Recurso e Pedido de Reconsideração

Deverão ser interpostos, no prazo legal de 30 dias. O recurso é encaminhado hierarquicamente, por via da autoridade à qual está subordinado e dirigido à autoridade superior àquela que proferiu a decisão impugnada. Por sua vez, o pedido de reconsideração é julgado pela própria autoridade que efetivou o julgamento do processo, ora farpeado, não se admitindo a sua renovação, ou seja, não é possível, após o julgamento de um pedido de reconsideração, nova interposição de medida similar.

Ressalte-se que o recurso e o pedido de reconsideração são impugnações diferentes, que não se excluem. Logo, da decisão do pedido de reconsideração, o agente terá o prazo de 30 dias para interposição de recurso e assim sucessivamente. Veja-se que, havendo hierarquia administrativa suficiente, podem ser apresentados recursos até o máximo de 3 (três) instâncias, sendo que, a cada nova interposição de recurso ou de pedido de reconsideração, ocorre nova interrupção do prazo de prescrição. Frise-se que os recursos administrativos e pedidos de reconsideração não têm efeito suspensivo, o que não impede que a autoridade julgadora o receba com esse efeito, sempre que entender pertinente. Para o exercício do direito de petição, é assegurada vista do processo ou documento, na repartição, ao servidor ou a procurador por ele constituído.

A lei estabelece, ainda, que o recurso e o pedido de reconsideração deverão ser despachados no prazo de 5 (cinco) dias e decididos dentro de 30 (trinta) dias.

Importante ressaltar também que o pedido de reconsideração e o recurso, quando cabíveis, interrompem a prescrição, a qual não pode ser relevada pela administração, já que é de matéria de ordem pública.

Ressalte-se que, em se tratando de processo administrativo, do julgamento de pedido de reconsideração e de recurso administrativo, pode decorrer situação mais gravosa ao recorrente. Com efeito, a lei não proíbe, nestas situações, a *reformatio in pejus*.

16.2. Revisão

A Revisão não tem prazo, logo, o pedido pode ser feito a qualquer tempo, desde que haja a alegação de **fatos novos** por parte do servidor ou circunstâncias suscetíveis de justificar a inocência do punido ou a inadequação da penalidade aplicada. Em caso de falecimento, ausência ou desaparecimento do servidor, a lei permite expressamente que a revisão do processo seja requerida por qualquer pessoa da família e, em casos de incapacidade, o respectivo curador será responsável por fazer o requerimento de revisão.

Conforme disposição legal, o requerimento de revisão do processo será dirigido ao Ministro de Estado ou autoridade equivalente, que, se autorizar a revisão, encaminhará o pedido ao dirigente do órgão ou entidade onde se originou o processo disciplinar. Dessa forma, a autoridade que julgou o Processo Administrativo Disciplinar, originariamente, será competente para julgamento da Revisão. No entanto, desta vez, diante de fatos novos que não foram considerados para embasar a decisão anterior.

Por fatos novos, entende-se, não os fatos havidos após a instauração do PAD, mas apenas fatos que não foram analisados no processo. É um novo processo, com nova comissão, que será julgado pela mesma autoridade. Apesar de não haver prazo preclusivo, há prazo de prescrição contra o Estado, que é de cinco anos para a demissão, cassação de aposentadoria e disponibilidade e 120 dias nos demais casos, conforme disposição da Lei 8112/90, abaixo transcrita.

> Art. 110. O direito de requerer prescreve:
>
> I – em 5 (cinco) anos, quanto aos atos de demissão e de cassação de aposentadoria ou disponibilidade, ou que afetem interesse patrimonial e créditos resultantes das relações de trabalho;
>
> II – em 120 (cento e vinte) dias, nos demais casos, salvo quando outro prazo for fixado em lei.

Importante salientar que a lei expressamente determina que, do julgamento da Revisão, NÃO pode haver agravamento da penalidade que o servidor havia sofrido no processo originário. Nesta situação, a lei veda a *reformatio in pejus*. Por fim, dispõe a lei que, julgada procedente a revisão, será declarada sem efeito a penalidade aplicada, restabelecendo-se todos os direitos do servidor, exceto em relação à destituição do cargo em comissão, que será convertida em exoneração.

17. PROCESSO SUMÁRIO

Em determinadas situações, a legislação prevê a realização de procedimento mais célere, com prazos menos dilatados para aplicação de sanções aos servidores públicos. Verifica-se que a Lei 8.112/90 prevê o processo sumário nos casos de aplicação de penalidades por abandono de cargo, inassiduidade habitual (art. 140) e também de acumulação ilegal de cargos (art. 133) – hipóteses que ensejam a aplicação da penalidade de demissão. Apesar das discussões doutrinárias acerca da constitucionalidade deste processo, para fins de provas, ele tem sido aceito pelas bancas de concursos em geral.

Em relação ao abandono de cargo, dispõe o texto constitucional que é vedada a acumulação remunerada de cargos e empregos públicos, ressalvadas as exceções dispostas na própria carta maior de dois cargos de professor, dois de profissionais de saúde com profissão regulamentada, além da possibilidade de acumulação de um cargo técnico ou científico mais um cargo de professor, sempre que houver compatibilidade de horários para essa acumulação. Ademais, o art. 132 da lei 8.112/90 capitula a acumulação ilegal de cargos como infração punível com demissão.

Por sua vez, dispõe o texto da lei que restará configurado o abandono de cargo a ausência intencional do servidor ao serviço por mais de trinta dias consecutivos e que se entende por inassiduidade habitual a falta ao serviço, sem causa justificada, por sessenta dias, interpoladamente, durante o período de doze meses. Mais uma vez, o art. 132 do mesmo diploma legal determina a aplicação de demissão para tais casos.

Em ambas as situações, o texto da lei determina a realização de processo administrativo sumário para aplicação da penalidade de demissão, em face da (suposta) facilidade de comprovação da materialidade das irregularidades, o qual terá o prazo máximo de duração de 30 dias prorrogáveis por mais 15 dias.

A comissão é composta por 2 (dois) servidores estáveis e a fase de instrução será breve (uma vez que a materialidade do fato e da autoria estaria comprovada documentalmente, amplamente falando, e a defesa deve ser apresentada em prazo menor.

Nesse sentido, a demonstração do fato dar-se-á pelo nome e matrícula do servidor, e a materialidade pela descrição dos cargos, empregos ou funções públicas em situação de acumulação ilegal, dos órgãos ou entidades de vinculação, das datas de ingresso, do horário de trabalho e do correspondente regime jurídico. Feita essa comprovação, a comissão lavrará, até três dias após a publicação do ato que a constituiu, termo de indiciação, em que serão transcritas as informações de que trata o parágrafo anterior, bem como promoverá a citação pessoal do servidor indiciado, ou por intermédio de sua chefia imediata, para, no prazo de cinco dias, oferecer defesa escrita, assegurando-se-lhe vista do processo na repartição.

Apresentada a defesa, no prazo de lei, a comissão deverá elaborar relatório conclusivo quanto à inocência ou à responsabilidade do servidor, fazendo um resumo das peças principais dos autos, bem como opinando sobre a licitude da acumulação em exame. Por fim, deve-se indicar o respectivo dispositivo legal violado e remeter o processo à autoridade instauradora, para julgamento. No prazo de cinco dias, contados do recebimento do processo, a autoridade julgadora deverá proferir a sua decisão.

No caso de acumulação ilegal de cargos, o estatuto dispõe que, antes da instauração do processo, o servidor será notificado para fazer a opção entre os cargos ocupados, dentro do prazo legal de dez dias. Feita a escolha, considera-se que estava de boa-fé e será efetivada a exoneração automática do cargo que não foi alvo de sua opção. Da mesma sorte, se fizer a opção até o último dia do prazo para defesa no processo administrativo sumário, presumir-se-á a sua boa-fé e será determinada a exoneração a pedido.

Porém, caracterizada a acumulação ilegal de cargos e provada a má-fé do agente público, aplicar-se-á a pena de demissão, destituição ou cassação de aposentadoria ou disponibilidade em relação a todos os cargos, empregos ou funções públicas em regime de acumulação ilegal, hipótese em que os órgãos ou entidades de vinculação serão comunicados.

Em se tratando de processo sumário por motivo de abandono de cargo ou inassiduidade habitual, a indicação da materialidade dar-se-á:

a) na hipótese de abandono de cargo, pela indicação precisa do período de ausência intencional do servidor ao serviço superior a trinta dias;

b) no caso de inassiduidade habitual, pela indicação dos dias de falta ao serviço sem causa justificada, por período igual ou superior a sessenta dias interpoladamente, durante o período de doze meses;

Da mesma forma, após a apresentação da defesa a comissão elaborará relatório conclusivo quanto à inocência ou à responsabilidade do servidor, em que resumirá as peças principais dos autos, indicará o respectivo dispositivo legal, opinará, na hipótese de abandono de cargo, sobre a intencionalidade da ausência ao serviço superior a trinta dias e remeterá o processo à autoridade instauradora para julgamento.

18. QUADRO SINÓPTICO

<table>
<tr><th colspan="2">PROCESSO ADMINISTRATIVO</th></tr>
<tr><th colspan="2">INTRODUÇÃO E CONCEITO</th></tr>
<tr><td>Processo administrativo</td><td>Configura-se por uma série concatenada de atos administrativos, respeitando uma ordem posta por lei, com uma finalidade específica, ensejando a prática de um ato final.</td></tr>
<tr><td>Procedimento administrativo</td><td>Traduz-se na forma pela qual os atos do processo se desenvolvem. O procedimento é o rito respeitado pela Administração para se alcançar a finalidade do processo.</td></tr>
<tr><td colspan="2">ATENÇÃO! Ressalte-se que essa distinção não tem relevância prática para provas objetivas de concursos, uma vez que as expressões são utilizadas na doutrina geral sem diferenciação.</td></tr>
<tr><td colspan="2">Coisa julgada administrativa, no Brasil, define, somente, uma situação que não pode mais ser arguida e analisada em sede administrativa, mas que ainda pode ser objeto de recurso à esfera judicial.</td></tr>
<tr><td colspan="2">O processo administrativo não depende de provocação de terceiros para ser iniciado, uma vez que o princípio da autotutela, garantido à administração pública, admite que os processos se iniciem ex officio.</td></tr>
<tr><th colspan="2">FINALIDADE DO PROCESSO ADMINISTRATIVO</th></tr>
<tr><td colspan="2">A realização de processos administrativos inclui quatro finalidades básicas, apontadas pela doutrina quais sejam: o controle da atuação estatal, a realização da democracia, a redução dos encargos do Poder Judiciário e a garantia de uma atuação eficiente e menos defeituosa.</td></tr>
<tr><td rowspan="2">Instrumento de controle</td><td>A realização do processo divide o poder entre vários agentes públicos, evitando uma decisão tomada em um único momento, concentrada nas mãos de um único agente.</td></tr>
<tr><td>A realização do processo, de forma regular e em garantia ao princípio da publicidade, imprime transparência à atividade administrativa, permitindo ao particular interessado ter acesso aos motivos pelos quais os atos foram praticados e todos os trâmites pelos quais passou sua formação.</td></tr>
</table>

<table>
<tr><th colspan="4">PROCESSO ADMINISTRATIVO</th></tr>
<tr><td>Garantia da democracia</td><td colspan="3">Instrumento hábil a impedir condutas arbitrárias pelo Poder Público. Sendo assim, o processo visa a impedir práticas administrativas viciadas e incompatíveis com o Estado democrático.</td></tr>
<tr><td>Diminuição dos encargos</td><td colspan="3">É sempre relevante comentar que os processos administrativos não substituem as demandas judiciais e nem coíbem sua provocação, no entanto, a possibilidade de solucionar a controvérsia, garantindo a pacificação social, sem a provocação do judiciário é inegável.</td></tr>
<tr><td>Aperfeiçoamento da atuação estatal</td><td colspan="3">A dialética promovida pelo processo administrativo faz com que a atuação administrativa seja realizada de forma mais eficiente e isenta de defeitos, protegendo, não somente os interesses dos particulares, mas também garantindo o direito fundamental à boa administração pública.</td></tr>
<tr><td>Finalidade de documentar a atividade estatal</td><td colspan="3">Trata-se de garantia para fins históricos, efetivamente, haja vista a possibilidade de analisar-se como o Estado atuava em determinada sociedade, em um dado momento histórico, o que, inclusive, serve como auxílio para os novos gestores.</td></tr>
<tr><td rowspan="3">OBRIGATORIEDADE DOS PROCESSOS ADMINISTRATIVOS</td><td colspan="3">O processo configura um requisito para formação regular dos atos, além de representar uma garantia aos cidadãos e uma limitação à atividade estatal, evitando ou, ao menos, obstaculizando a prática de atos arbitrários e carentes de justificativa plausível embasada no interesse público.</td></tr>
<tr><td colspan="3">ATENÇÃO! O processo é mecanismo da função administrativa e não do Estado somente.</td></tr>
<tr><td colspan="3">A ausência de processo administrativo prévio e regular enseja a nulidade do ato que dele deveria decorrer.</td></tr>
<tr><th colspan="4">PRINCÍPIOS APLICÁVEIS AO PROCESSO ADMINISTRATIVO</th></tr>
<tr><td colspan="4">Estampados, não somente na Carta Magna, mas também na legislação infraconstitucional que delimita as regras atinentes à matéria.</td></tr>
<tr><td>PRINCÍPIO DA OFICIALIDADE (impulso oficial).</td><td colspan="3">Ainda que o processo administrativo tenha se iniciado por iniciativa do particular, não depende da manifestação deste para seu impulso, ou seja, a movimentação do processo incumbe ao poder público que deve atuar independente de provocação do interessado.</td></tr>
<tr><td>DEVIDO PROCESSO LEGAL</td><td colspan="3">O texto constitucional, em seu art. 5º, LIV estabelece que "ninguém será privado da liberdade ou de seus bens sem o devido processo legal". Atualmente, é consenso entre os estudiosos da matéria que a norma constitucional posta é de eficácia plena e norteia a condução de todos os procedimentos a serem realizados, inclusive na esfera administrativa.</td></tr>
<tr><td rowspan="5">CONTRADITÓRIO E AMPLA DEFESA</td><td colspan="3">Em síntese, é o direito conferido ao particular de saber o que acontece no processo administrativo ou judicial de seu interesse, bem como o direito de se manifestar na relação processual, requerendo a produção de provas e provocando sua tramitação (art. 5°, LV, CF/88).</td></tr>
<tr><td colspan="3">ATENÇÃO! O desrespeito a essas garantias enseja a nulidade do processo e de todos os atos administrativos dele decorrentes.</td></tr>
<tr><td colspan="3">Para que o contraditório seja exercido de forma regular, é indispensável o respeito ao princípio da igualdade na relação processual.</td></tr>
<tr><td rowspan="2">Inerente à ampla defesa</td><td>Defesa Técnica</td><td>"A falta de defesa técnica por advogado no processo administrativo disciplinar não ofende a Constituição" (Súmula Vinculante n. 5). Resta aos particulares acusados em processos administrativos disciplinares a faculdade de se fazerem representar por advogado.</td></tr>
<tr><td>Defesa Prévia</td><td>Somente em situações emergenciais, nas quais o interesse público esteja em perigo, se admite que a atuação administrativa anteceda a manifestação do particular. Imagine-se, por exemplo, que um prédio privado está em ruínas e prestes a desabar em frente a um mercado municipal, com o perigo de destruir toda a estrutura do mercado e causar a morte de centenas de pessoas. Nesse caso, é permitido ao poder público que tome as providências necessárias à demolição do prédio, sendo oportunizada, posteriormente, a defesa do proprietário (contraditório diferido).</td></tr>
</table>

PROCESSO ADMINISTRATIVO			
		Duplo grau de julgamento ou direito ao recurso administrativo	Prerrogativa que possibilita a reanálise dos atos praticados pela Administração, por provocação do particular, com a finalidade de evitar que se perpetuem injustiças ou decisões ilegais.
			ATENÇÃO! *"É inconstitucional a exigência de depósito ou arrolamento prévios de dinheiro ou bens para admissibilidade de recurso administrativo."* (Súmula Vinculante n. 21)
		Direito à informação	Configura-se corolário da garantia do contraditório o direito de todos os interessados de conhecer o conteúdo das decisões do processo, bem como de seus atos e das provas produzidas.
			ATENÇÃO! A Súmula Vinculante n. 3 informa que, no momento em que o Tribunal de Contas se manifesta contrário à aposentadoria pretendida pelo autor, ele não está desconstituindo garantia já consolidada em ato perfeito, estando, de fato, evitando a perfeição do ato, o que enseja a desnecessidade de garantia ao contraditório (ato complexo).
INSTRUMENTALIDADE DAS FORMAS	A forma é o instrumento para alcance dos objetivos do ato. Por isso, o vício de forma é sanável quando não gerar prejuízo, desde que mantido o interesse público face à aplicação do referido princípio.		
INFORMALISMO OU FORMALISMO NECESSÁRIO	Parte da doutrina trata da forma do processo administrativo através da aplicação do princípio do **"formalismo necessário"** ao estabelecer que, em matéria processual, são obrigatórias as formalidades indispensáveis à segurança jurídica do cidadão que devem ser observadas pela Administração Pública na condução do feito, a despeito de não se poder exigir formalidades ao particular interessado no procedimento.		
VERDADE REAL	Os processos administrativos admitem todos os tipos lícitos de provas, apresentados em qualquer fase do processo, ainda que após o encerramento da instrução, bem como admite a produção de provas realizadas, de ofício, pela própria Administração Pública condutora do feito. Isso tudo ocorre em respeito à busca pelo conhecimento do fato efetivamente ocorrido, a verdade absoluta.		
	ATENÇÃO! A busca pela verdade terá que se adequar aos limites que são impostos pela limitada estrutura administrativa, bem como deve respeitar a razoável duração do processo (art. 5°, LXXVIII, da CF/88).		
GRATUIIDADE	Os processos administrativos são gratuitos, não havendo cobrança de custas, emolumentos ou ônus sucumbenciais aos particulares envolvidos. Nesse sentido dispõe o art. 2º, parágrafo único, XI, da lei 9.784/99, que é vedada à Administração Pública a cobrança de despesas processuais, ressalvadas as previstas em lei.		
LEGALIDADE	Diferentemente do direito privado em que vigora o princípio de não contradição à lei, estipulando que o cidadão pode fazer tudo desde que não contrarie o texto legal, no Direito Administrativo vigora o princípio da **subordinação à lei**, ou seja, o administrador público só pode atuar quando a lei autorizar essa atuação. Não havendo previsão legal, está proibida a atuação do ente público.		
MOTIVAÇÃO	É o dever imposto ao ente estatal de indicar os pressupostos de fato e de direito que determinaram a prática dos atos administrativos. Dessa forma, a validade da atuação administrativa depende da apresentação formal dos fundamentos fáticos e jurídicos justificadores da decisão adotada.		
	ATENÇÃO! Trata-se de princípio implícito na Carta Magna. A motivação encontra fundamento, no âmbito federal, no art. 50 da lei 9784/99 que estabelece que *"Os atos administrativos deverão ser motivados, com indicação dos fatos e dos fundamentos jurídicos(...)"*.		
	Não se confundem motivação e motivos dos atos administrativos, uma vez que estes são elementos formadores da atuação e que a motivação é somente a fundamentação deste ato.		

<table>
<tr><th colspan="2">PROCESSO ADMINISTRATIVO</th></tr>
<tr><th colspan="2">PROCESSO ADMINISTRATIVO FEDERAL</th></tr>
<tr><td colspan="2">No âmbito da União é a lei 9784/99 que estabelece todas as normas atinentes aos processos administrativos, sendo aplicável aos Estados ou Municípios em que não tenham legislação sobre a matéria conforme entendimento do STJ.</td></tr>
<tr><td rowspan="2">APLICAÇÃO SUBSIDIÁRIA</td><td>Toda vez que houver uma legislação específica tratando de determinado processo administrativo, a lei 9784/99 será aplicada somente de forma subsidiária a este regramento. A aplicabilidade integral da lei ocorrerá nas situações em que não haja lei específica a regular o processo administrativo em curso.</td></tr>
<tr><td>ATENÇÃO! Para aplicação de penalidades a servidores públicos, é imposta a aplicação da lei 8112/90 que é a específica a regular tais procedimentos. Neste caso, a lei 9784/99 será utilizada subsidiariamente, para sanar as eventuais omissões da lei específica.</td></tr>
<tr><td>PRINCÍPIOS PREVISTOS NA LEI 9.784/99</td><td>Além dos princípios da legalidade, finalidade, motivação, razoabilidade, proporcionalidade, moralidade, ampla defesa, contraditório, segurança jurídica, interesse público e eficiência, o art. 2° da lei dispõe que serão observados, entre outros, os critérios de: I – atuação conforme a lei e o Direito; II – atendimento a fins de interesse geral, vedada a renúncia total ou parcial de poderes ou competências, salvo autorização em lei; III – objetividade no atendimento do interesse público, vedada a promoção pessoal de agentes ou autoridades IV – atuação segundo padrões éticos de probidade, decoro e boa-fé; V – divulgação oficial dos atos administrativos, ressalvadas as hipóteses de sigilo previstas na Constituição; VI – adequação entre meios e fins, vedada a imposição de obrigações, restrições e sanções em medida superior àquelas estritamente necessárias ao atendimento do interesse público; VII – indicação dos pressupostos de fato e de direito que determinarem a decisão; VIII – observância das formalidades essenciais à garantia dos direitos dos administrados; IX – adoção de formas simples, suficientes para propiciar adequado grau de certeza, segurança e respeito aos direitos dos administrados; X – garantia dos direitos à comunicação, à apresentação de alegações finais, à produção de provas e à interposição de recursos, nos processos de que possam resultar sanções e nas situações de litígio; XI – proibição de cobrança de despesas processuais, ressalvadas as previstas em lei; XII – impulsão, de ofício, do processo administrativo, sem prejuízo da atuação dos interessados; XIII – interpretação da norma administrativa da forma que melhor garanta o atendimento do fim público a que se dirige, vedada aplicação retroativa de nova interpretação.</td></tr>
<tr><th colspan="2">DIREITOS E DEVERES DOS PARTICULARES</th></tr>
<tr><td rowspan="4">O artigo 3º e seguintes da lei 9.784/1999</td><td>O inciso IV dispõe que a defesa por advogado é facultativa e garantida, se houver interesse do particular.</td></tr>
<tr><td>Os incisos II e III retratam os princípios do contraditório e ampla defesa ao garantir ciência ao particular dos atos do processo, bem como a obtenção de cópias de documentos neles contidos, além do conhecimento das decisões proferidas. No mesmo sentido, se garante o direito ao particular interessado de formular perguntas e produzir provas, e também apresentar documentos antes da decisão para serem analisados pelo órgão julgador.</td></tr>
<tr><td>O inciso I estampa o princípio da urbanidade, como garantia do cidadão interessado no procedimento, dispondo que o particular deve ser tratado com respeito pelas autoridades e servidores, que deverão facilitar o exercício de seus direitos e o cumprimento de suas obrigações.</td></tr>
<tr><td>ATENÇÃO! O rol exemplificativo de deveres do particular estabelece o dever de expor os fatos conforme a verdade; proceder com lealdade, urbanidade e boa-fé;</td></tr>
<tr><td rowspan="3">LEGITIMIDADE PROCESSUAL</td><td>São legitimadas como interessadas no processo administrativo quaisquer pessoas físicas ou jurídicas que o iniciem como titulares de direitos ou interesses individuais ou no exercício do direito de representação, bem como aquelas que, sem terem iniciado o processo, têm direitos ou interesses que possam ser afetados pela decisão a ser adotada.</td></tr>
<tr><td>ATENÇÃO! Podem apresentar-se como interessadas as organizações e associações representativas, no tocante aos direitos e interesses coletivos, e as pessoas ou as associações legalmente constituídas quanto a direitos ou interesses difusos.</td></tr>
<tr><td>Deve também ficar demonstrada a capacidade processual, ou seja, ser maior de dezoito anos, ressalvada previsão especial em ato normativo próprio.</td></tr>
</table>

<table>
<tr><th colspan="2">PROCESSO ADMINISTRATIVO</th></tr>
<tr><td></td><td>Terão prioridade na tramitação, em qualquer órgão ou instância, os procedimentos administrativos em que figure como parte ou interessado: idosos, assim considerada, para fins da lei, a pessoa com idade igual ou superior a 60 (sessenta) anos; pessoa portadora de deficiência, física ou mental; pessoa portadora de algumas doenças consideradas graves pela lei, quais sejam, tuberculose ativa, esclerose múltipla, neoplasia maligna, hanseníase, paralisia irreversível e incapacitante, cardiopatia grave, doença de Parkinson, espondiloartrose anquilosante, nefropatia grave, hepatopatia grave, estados avançados da doença de Paget (osteíte deformante), contaminação por radiação, síndrome de imunodeficiência adquirida, ou outra doença grave, com base em conclusão da medicina especializada, mesmo que a doença tenha sido contraída após o início do processo.</td></tr>
<tr><th colspan="2">INÍCIO DO PROCESSO</th></tr>
<tr><td colspan="2">O processo administrativo pode ser iniciado por provocação do interessado ou de ofício, por interesse da administração pública.</td></tr>
<tr><td colspan="2">ATENÇÃO! O poder conferido ao particular de dar início ao processo administrativo decorre do direito de petição, constante no art. 5°, XXXIV, CF/88.</td></tr>
<tr><td colspan="2">O art. 6°, da Lei 9.784/99 assim dispõe: "É vedada à Administração a recusa imotivada de recebimento de documentos, devendo o servidor orientar o interessado quanto ao suprimento de eventuais falhas".</td></tr>
<tr><td colspan="2">Em situações excepcionais, a provocação do processo pode ser feita verbalmente.</td></tr>
<tr><td colspan="2">Admite-se que mais de um interessado formule pedidos idênticos, em um único documento formal, salvo disposição em contrário em leis específicas.</td></tr>
<tr><td colspan="2">A legislação dispõe que os órgãos e entidades da Administração Pública deverão elaborar modelos ou formulários padronizados para assuntos que importem pretensões equivalentes.</td></tr>
<tr><th colspan="2">COMPETÊNCIA ADMINISTRATIVA</th></tr>
<tr><td colspan="2">A competência para prática dos atos administrativos deve ser definida em lei ou em ato administrativo geral, sendo tratada pela lei e doutrina como irrenunciável, imprescritível e insuscetível de prorrogação.</td></tr>
<tr><td>Imprescritível</td><td>Fica demonstrada pelo fato de não se extinguir com a inércia.</td></tr>
<tr><td>Irrenunciável</td><td>Por estar definida em lei e não ser uma faculdade do agente, mas sim uma imposição legal, em respeito ao Princípio da Indisponibilidade do interesse público.</td></tr>
<tr><td>Improrrogável</td><td>Pelo fato de que o exercício de uma atividade pelo agente incompetente sem que haja qualquer requerimento de declaração de nulidade por interessados, não enseja a prorrogação desta competência, ou seja, a competência não se adquire pelo fato de estar sendo exercida sem oposição.</td></tr>
<tr><td colspan="2">ATENÇÃO! É admitida por lei a delegação e avocação da competência, desde que de forma temporária e excepcional, devendo ser justificadas.</td></tr>
<tr><td colspan="2">A delegação de competência é ato discricionário representada pela extensão da competência efetivada de um agente competente para um outro de mesma hierarquia ou de hierarquia inferior, em razão de circunstâncias de índole técnica, social, econômica, jurídica ou territorial. Importante frisar que, em um ato de delegação, deve-se definir o tempo e a matéria a ser transferida de forma expressa e restrita.</td></tr>
<tr><td colspan="2">A partir da leitura do art. 14, §3°, da Lei 9.784/99 e da Súmula n. 510 do STF fica claro que o agente delegado é a autoridade coatora em casos de impetração de mandados de segurança em face do ato praticado por delegação.</td></tr>
<tr><td>Não podem ser objeto de delegação</td><td>O art. 13, da Lei 9.784/99 dispõe as hipóteses: I – a edição de atos de caráter normativo; II – a decisão de recursos administrativos; III – as matérias de competência exclusiva do órgão ou autoridade.</td></tr>
<tr><td colspan="2">Avocação é a possibilidade conferida ao agente público de, em situações excepcionais, devidamente justificadas, tomar para si, temporariamente, a competência de agente subordinado. Saliente-se que o poder de avocação se sujeita às mesmas vedações da delegação.</td></tr>
<tr><td>IMPEDIMENTO</td><td>Estão impedidos de proferir decisão no processo aqueles agentes que tenham interesse direto ou indireto na causa, por qualquer motivo, ainda que tenha competência legalmente atribuída. Também estão impedidos de atuar no feito a autoridade que tenha participado ou venha a participar como perito, testemunha ou representante, ou se tais situações ocorrem quanto ao cônjuge, companheiro ou parente e afins até o terceiro grau e por fim o agente que esteja litigando judicial ou administrativamente com o interessado no processo ou seu respectivo cônjuge ou companheiro.</td></tr>
</table>

<table>
<tr><th colspan="3">PROCESSO ADMINISTRATIVO</th></tr>
<tr><td rowspan="3">SUJEIÇÃO</td><td colspan="2">Diz respeito à possibilidade de haver favorecimento ou desfavorecimento deliberado de particulares por amizades ou inimizades com o agente público.</td></tr>
<tr><td colspan="2">ATENÇÃO! A omissão do dever de comunicar o seu impedimento constitui falta grave, para efeitos disciplinares.</td></tr>
<tr><td colspan="2">Dispõe a lei que o indeferimento de alegação de suspeição poderá ser objeto de recurso, sem efeito suspensivo.</td></tr>
<tr><th colspan="3">DOS ATOS PROCESSUAIS</th></tr>
<tr><td colspan="3">O processo administrativo nada mais é senão uma série concatenada de atos dispostos por lei, com a finalidade de alcançar um resultado de interesse coletivo.</td></tr>
<tr><td rowspan="3">FORMA, TEMPO E LUGAR DOS ATOS PROCESSUAIS</td><td colspan="2">A lei, em observância ao princípio do informalismo, define que os atos do processo administrativo não dependem de forma determinada, salvo disposição legal em contrário.</td></tr>
<tr><td colspan="2">A princípio, tais atos serão realizados em dias úteis, no horário normal de funcionamento da repartição na qual tramita o feito e, preferencialmente, na sede do órgão, não obstante possam ser realizados em outro local, mediante prévio aviso ao particular interessado e possam ser concluídos depois do horário normal os atos já iniciados, cujo adiamento cause prejuízo à administração pública ou ao particular.</td></tr>
<tr><td colspan="2">O prazo genérico para a prática, pela administração ou pelo particular, de atos processuais, salvo disposição expressa em contrário, é de 5 (cinco) dias, ressalvadas razões de força maior. Mediante comprovada necessidade, é possível a prorrogação deste prazo por igual período.</td></tr>
<tr><td rowspan="5">COMUNICAÇÃO DOS ATOS PROCESSUAIS</td><td colspan="2">Como garantia dos princípios do contraditório e da ampla defesa, o interessado deve ser informado de todos os atos que sejam praticados no processo e intimado para realização de qualquer providência a ser adotada.</td></tr>
<tr><td rowspan="4">Requisitos da Intimação em Processos Administrativos</td><td>Identificação do interessado e nome do órgão ou entidade administrativa; finalidade da intimação; data, hora e local em que deve comparecer; se o intimado deve comparecer pessoalmente ou se pode fazer-se representar; informação da continuidade do processo independentemente de seu comparecimento; indicação dos fatos e fundamentos legais pertinentes.</td></tr>
<tr><td>ATENÇÃO! É possível que a intimação seja feita por edital (publicação oficial) se os interessados forem indeterminados, desconhecidos ou com domicílio indefinido.</td></tr>
<tr><td>Por causa do princípio da verdade real dos fatos, o desatendimento da intimação não importa o reconhecimento da verdade dos fatos, nem a renúncia a direito pelo administrado.</td></tr>
<tr><td>São objetos de intimação todos os atos do processo que resultem para o particular interessado em imposição de deveres, ônus, sanções ou restrição ao exercício de direitos e atividades e os atos de outra natureza, desde que sejam de seu interesse.</td></tr>
<tr><th colspan="3">FASES DO PROCESSO ADMINISTRATIVO</th></tr>
<tr><td colspan="3">Desde que não haja regulamentação diversa em lei específica, o procedimento segue o trâmite que será analisado doravante.</td></tr>
<tr><td rowspan="3">INSTAURAÇÃO</td><td colspan="2">Mediante portaria do órgão responsável, por provocação do interessado ou ex officio, por interesse da Administração Pública, em decorrência do princípio da autotutela.</td></tr>
<tr><td rowspan="2">Por iniciativa do particular</td><td>A provocação deverá ser feita por escrito e deve conter o órgão ou autoridade administrativa a que se dirige, a identificação do interessado ou de quem o represente, o domicílio do requerente ou local para recebimento de comunicações, a formulação do pedido, com exposição dos fatos e de seus fundamentos e a data e assinatura do requerente ou de seu representante.</td></tr>
<tr><td>ATENÇÃO! Em situações excepcionais, a lei prevê que a provocação pode ser feita verbalmente.</td></tr>
</table>

<table>
<tr><th colspan="4">PROCESSO ADMINISTRATIVO</th></tr>
<tr><td rowspan="5">INSTRUÇÃO PROCESSUAL, DEFESA E RELATÓRIO</td><td colspan="3">Em decorrência do princípio da oficialidade, a produção de provas em processo administrativo pode ser feita pelo interessado ou pela própria administração pública, de ofício, independentemente de provocação do particular.</td></tr>
<tr><td colspan="3">A abertura de consulta pública será objeto de divulgação pelos meios oficiais, a fim de que pessoas físicas ou jurídicas possam examinar os autos, fixando-se prazo para oferecimento de alegações escritas.</td></tr>
<tr><td colspan="3">O comparecimento à consulta pública não confere, por si, a condição de interessado do processo, no entanto, confere o direito de obter da Administração Pública resposta fundamentada.</td></tr>
<tr><td colspan="3">Nesta fase o interessado pode, antes de proferida a decisão do processo, juntar documentos e pareceres, requerer diligências e perícias, bem como aduzir alegações referentes à matéria objeto do processo.</td></tr>
<tr><td colspan="3">Com o fim da fase instrutória os interessados terão o prazo máximo de 10 (dez) dias, para manifestações, salvo se outro prazo for fixado por disposição legal específica.</td></tr>
<tr><td rowspan="11"></td><td colspan="3">ATENÇÃO! Em processos administrativos, somente não se admitem as provas obtidas por meios ilícitos, conforme explicitado na lei e no próprio texto constitucional.</td></tr>
<tr><td colspan="3">O ônus da prova é distribuído entre as partes no processo, cabendo ao interessado provar todos os fatos por ele alegados, exceto em situações em que tais fatos se encontrem em poder da administração pública, que deverá garantir, de ofício, a apresentação dos documentos ou das respectivas cópias, mediante declaração e requerimento do particular.</td></tr>
<tr><td colspan="3">É possível a realização de consulta pública, aberta mediante despacho devidamente fundamentado do órgão, para manifestação de terceiros, antes da decisão do pedido, se não houver prejuízo para a parte interessada, quando a matéria do processo for de interesse geral e também a realização de audiência pública se houver relevância na questão discutida (art. 32, 33 e 34, da Lei 9.784/99).</td></tr>
<tr><td colspan="3">Se ilícitas, impertinentes, desnecessárias ou protelatórias, as provas podem ser recusadas.</td></tr>
<tr><td colspan="3">Os elementos probatórios deverão ser considerados na motivação do relatório e da decisão.</td></tr>
<tr><td colspan="3">Caso o interessado não apresente documento solicitado, sendo este necessário, o não atendimento, no prazo fixado, implicará no arquivamento do processo, mediante decisão fundamentada com notificação dos interessados.</td></tr>
<tr><td colspan="3">A notificação deve ser expedida e encaminhada com antecedência mínima de 3 (três) dias úteis, mencionando-se data, hora e local de realização.</td></tr>
<tr><td colspan="3">Se lei ou ato normativo determinar a necessidade de laudo técnico de órgão administrativo e este não for fornecido, o órgão responsável pela instrução deverá solicitar laudo técnico de outro órgão dotado de qualificação e capacidade técnica equivalentes.</td></tr>
<tr><td rowspan="3">Parecer</td><td colspan="2">O prazo para emissão do parecer será de 15 (quinze) dias, salvo norma específica ou necessidade devidamente justificada e comprovada de maior prazo (art. 42, da Lei 9.784/99).</td></tr>
<tr><td rowspan="2">Não respeitado o prazo</td><td>Se o parecer é obrigatório e vinculante, será paralisado o processo até a apresentação do parecer, sem prejuízo da responsabilização civil, penal e administrativa do agente público que deu causa ao atraso.</td></tr>
<tr><td>Se o parecer for obrigatório e não vinculante, o processo poderá prosseguir sem a emissão do parecer, inclusive com a decisão final, sem prejuízo da responsabilização penal, civil e administrativa do agente que deu causa à não emissão do parecer devido, no prazo fixado por lei.</td></tr>
<tr><td rowspan="2">DECISÃO</td><td colspan="3">Após a instrução, o poder público terá o prazo de 30 (trinta) dias, prorrogáveis, desde que justificadamente, por igual período, para proferir a decisão final no processo.</td></tr>
<tr><td colspan="3">Caso o órgão de instrução não seja competente para emitir a decisão final, encaminhará o processo autoridade competente.</td></tr>
</table>

<table>
<tr><th colspan="4">PROCESSO ADMINISTRATIVO</th></tr>
<tr><th colspan="4">MOTIVAÇÃO DOS ATOS PROCESSUAIS</th></tr>
<tr><td colspan="4">A Lei 9.784/99 determina o dever de motivar os atos administrativos, todas as vezes que neguem, limitem ou afetem direitos ou interesses; imponham ou agravem deveres, encargos ou sanções; decidam processos administrativos de concurso ou seleção pública; dispensem ou declarem a inexigibilidade de processo licitatório; decidam recursos administrativos; decorram de reexame de ofício; deixem de aplicar jurisprudência firmada sobre a questão ou discrepem de pareceres, laudos, propostas e relatórios oficiais ou importem anulação, revogação, suspensão ou convalidação de ato administrativo.</td></tr>
<tr><td colspan="4">ATENÇÃO! A norma, ainda, estipula que a motivação de atos orais deverá ser reduzida a termo e constar em ata, para garantir seu formalismo mínimo.</td></tr>
<tr><td>Da motivação aliunde</td><td colspan="3">Todas as vezes que a motivação de um determinado ato remete à motivação de ato anterior que embasa sua edição, ou seja, ao invés de o administrador público justificar a razão do seu ato, ele justifica com base em motivos expostos em ato prévio (art. 50, §1°, Lei 9.784/99).</td></tr>
<tr><th colspan="4">EXTINÇÃO DO PROCESSO</th></tr>
<tr><td colspan="4">Quando exaurida sua finalidade ou o objeto da decisão se tornar impossível, inútil ou prejudicado por fato superveniente. Nestas situações, não há necessidade de provocação do particular interessado, podendo a extinção ocorrer de ofício.</td></tr>
<tr><td colspan="4">Faz-se por ato administrativo, devidamente fundamentado.</td></tr>
<tr><td colspan="4">ATENÇÃO! A manifestação de desistência do processo pelo interessado não gera, necessariamente, extinção do feito, podendo a administração pública dar continuidade ao processo, se exigido pelo interesse público (art. 51, da Lei 9.784/99).</td></tr>
<tr><th colspan="4">ANULAÇÃO, REVOGAÇÃO E CONVALIDAÇÃO DE ATOS NO PROCESSO</th></tr>
<tr><td rowspan="3">Art. 53 a 55</td><td>Anulação</td><td colspan="2">Vício de ilegalidade.</td></tr>
<tr><td>Revogação</td><td colspan="2">Motivo de interesse público superveniente.</td></tr>
<tr><td>Convalidação</td><td colspan="2">Conserto dos vícios sanáveis, que assim se apresentam, quando a convalidação do ato não ensejar prejuízo à Administração Pública ou a terceiros.</td></tr>
<tr><th colspan="4">RECURSOS ADMINISTRATIVOS</th></tr>
<tr><td colspan="4">A garantia recursal está prevista no art. 56, da Lei 9.784/99.</td></tr>
<tr><td colspan="4">O prazo para a sua interposição é de dez dias, salvo disposição em contrário.</td></tr>
<tr><td colspan="4">É encaminhado primeiramente, como pedido de reconsideração, a autoridade que proferiu a decisão e, se dentro do prazo de 5 (cinco) dias não houver reconsideração, esse é direcionado à autoridade superior.</td></tr>
<tr><td colspan="4">São legitimados os mesmos interessados apontados anteriormente no processo administrativo.</td></tr>
<tr><td colspan="4">O recorrente deverá expor os fundamentos do pedido de reexame, podendo ainda juntar os documentos que julgar convenientes.</td></tr>
<tr><td colspan="4">A parte contrária será intimada para apresentar contra razões em cinco dias.</td></tr>
<tr><td>O prazo para julgamento</td><td colspan="2">Trinta dias, prorrogáveis por igual período, desde que justificado.</td><td>Prazo impróprio, pois o seu desrespeito não gera nulidade do processo, mas pode gerar responsabilidade do agente causador.</td></tr>
<tr><td>Efeito</td><td colspan="2">Em regra geral não possui.</td><td>A autoridade recorrida ou a superior poderá, havendo justo receio de prejuízo de difícil ou incerta reparação decorrente da execução, de ofício ou a pedido, conceder este efeito suspensivo.</td></tr>
<tr><td colspan="4">O limite de tramitação de um processo na esfera administrativa, nos moldes da lei é de 3 (três) instâncias. Após estas três instâncias ocorre o que a doutrina denomina coisa julgada administrativa.</td></tr>
<tr><td colspan="4">ATENÇÃO! Se o recorrente alegar que a decisão administrativa contraria enunciado da súmula vinculante, caberá à autoridade prolatora da decisão impugnada, se não a reconsiderar, explicitar, antes de encaminhar o recurso à autoridade superior, as razões da aplicabilidade ou inaplicabilidade da súmula, conforme o caso. A mesma regra se aplica a autoridade julgadora do recurso.</td></tr>
<tr><td colspan="4">Caso o Supremo Tribunal Federal acolha, em sede de Reclamação Constitucional, a alegação de violação à sumula, tal decisão vincula a autoridade administrativa que julgará casos semelhantes em favor dos recorrentes, sob pena de responsabilidade pessoal, conforme art. 64-A da Lei 9.784/99.</td></tr>
</table>

<table>
<tr><th colspan="4">PROCESSO ADMINISTRATIVO</th></tr>
<tr><td rowspan="6">NÃO RECEBIMENTO DO RECURSO E SEUS EFEITOS.</td><td colspan="3">Sempre que for interposto fora do prazo.</td></tr>
<tr><td colspan="3">Se for apresentado após exaurida a esfera administrativa.</td></tr>
<tr><td colspan="3">Ou interposto por quem não seja legitimado para tanto.</td></tr>
<tr><td colspan="3">Interpostos perante órgão incompetente, sendo indicada ao recorrente a autoridade competente e devolvido o prazo para recurso.</td></tr>
<tr><td colspan="3">ATENÇÃO! O não conhecimento do recurso não impede a Administração de rever, de ofício, o ato ilegal, desde que não ocorrida preclusão administrativa.</td></tr>
<tr><td colspan="3">Ao decidir o recurso, a autoridade pode confirmar, modificar, anular ou revogar, total ou parcialmente, a decisão recorrida.</td></tr>
<tr><td>DA REFORMATIO IN PEJUS</td><td colspan="3">Não há vedação da reformatio in pejus e uma decisão de recurso administrativo poderá piorar a situação do recorrente, em respeito ao princípio da verdade material e da legalidade estrita da atuação administrativa.</td></tr>
<tr><td rowspan="3">DA REVISÃO</td><td colspan="3">Não se trata de recurso, mas sim de novo processo no qual a administração proferirá outra decisão sobre a mesma matéria.</td></tr>
<tr><td colspan="3">Depende da alegação de fatos novos a serem analisados pela autoridade julgadora que justifiquem o entendimento de inadequação da penalidade aplicada, não havendo prazo para a interposição.</td></tr>
<tr><td colspan="3">Aqui é vedada a reformatio in pejus.</td></tr>
<tr><th colspan="4">CONTAGEM DE PRAZOS</th></tr>
<tr><td colspan="4">Assim, como no processo civil, os prazos começam a correr a partir da data da cientificação oficial, excluindo-se da contagem o dia do seu início e incluindo-se o do vencimento.</td></tr>
<tr><td colspan="4">Considera-se prorrogado o prazo até o primeiro dia útil seguinte se o vencimento cair em dia em que não houver expediente ou este for encerrado antes da hora normal.</td></tr>
<tr><td colspan="4">ATENÇÃO! Alguns procedimentos regulamentados por leis específicas preveem prazos de recursos contados em dias úteis, como ocorre com a Lei n. 8.666/93.</td></tr>
<tr><td colspan="4">Salvo situações de força maior, devidamente comprovada, os prazos processuais não se suspendem ou interrompem.</td></tr>
<tr><th colspan="4">PROCESSO ADMINISTRATIVO DISCIPLINAR</th></tr>
<tr><td colspan="4">É cediço que os agentes públicos que praticam atos infracionais se sujeitam, pelos atos praticados, a sanções de natureza penal, civil e administrativa, sendo que as instâncias são independentes entre si e, desta forma, a decisão proferida em uma dessas instâncias não interfere nas demais (art. 143 e seguintes da Lei nº 8.112/90).</td></tr>
<tr><td rowspan="3">SINDICÂNCIA INVESTIGATÓRIA OU PREPARATÓRIA</td><td colspan="3">Procedimento inquisitorial, no qual não se exige a garantia de contraditório, por meio do qual o Poder Público deverá formar o seu conhecimento acerca do cometimento ou não de infrações administrativas por servidores públicos.</td></tr>
<tr><td colspan="3">Jamais ensejará aplicação direta de penalidade, mas pode ensejar a instauração do processo administrativo disciplinar, para aplicação de sanção ao servidor faltoso ou a instauração de uma sindicância contraditória, em casos de infrações mais leves, puníveis com advertência ou suspensão por até 30 dias.</td></tr>
<tr><td colspan="3">Não tem previsão expressa em lei e decorre de uma leitura sistemática da Lei 9.784/99.</td></tr>
<tr><td rowspan="5">SINDICÂNCIA CONTRADITÓRIA OU ACUSATÓRIA</td><td colspan="3">Processo administrativo simplificado, suficiente e adequado para aplicação das penalidades de advertência ou suspensão por até 30 dias (art. 143 e 145 da Lei n. 8.112/90).</td></tr>
<tr><td colspan="3">Deve respeitar o contraditório e a ampla defesa, sob pena de ser declarada ilegal.</td></tr>
<tr><td colspan="2">Prazo máximo de duração de 30 dias, prorrogáveis por mais 30 dias, a critério da autoridade superior.</td><td>O prazo é impróprio, ou seja, a sua inobservância não causa nulidade do processo, ensejando no máximo na responsabilização do agente que gerou o atraso.</td></tr>
<tr><td rowspan="2">Este pode resultar (Art. 145, da Lei n. 8.112/90)</td><td>Arquivamento do processo</td><td>Quando não for apurada nenhuma infração ou se o servidor não foi o autor da irregularidade.</td></tr>
<tr><td>Aplicação de penalidade</td><td>Havendo a infração e sendo o servidor o seu causador.</td></tr>
</table>

<table>
<tr><th colspan="5">PROCESSO ADMINISTRATIVO</th></tr>
<tr><td rowspan="4"></td><td rowspan="4"></td><td rowspan="4">Instauração do PAD</td><td colspan="2">No caso de se apurar, no bojo da sindicância, infração mais grave, praticada pelo servidor público,</td></tr>
<tr><td colspan="2">Os autos da sindicância integrarão o processo disciplinar, como peça informativa da instrução.</td></tr>
<tr><td colspan="2">É dispensável a sindicância, para a instauração do PAD.</td></tr>
<tr><td colspan="2">Se a sindicância concluir que a infração está capitulada como ilícito penal, cópia dos autos serão encaminhadas ao Ministério Público, independentemente da imediata instauração do processo disciplinar.</td></tr>
<tr><td rowspan="5">PROCESSO ADMINISTRATIVO DISCIPLINAR PROPRIAMENTE DITO (PAD)</td><td>Afastamento preventivo (art. 147 da lei 8.112/90)</td><td colspan="3">Medida acautelatória utilizada pela autoridade administrativa se a permanência do servidor no cargo puder atrapalhar o andamento do processo, pelo prazo máximo de 60 dias, prorrogáveis por mais 60 (prazo peremptório), mantida obrigatoriamente sua remuneração integral.</td></tr>
<tr><td colspan="4">ATENÇÃO! A instauração do PAD interrompe o prazo prescricional para aplicação da penalidade administrativa.</td></tr>
<tr><td colspan="4">Para o STJ a interrupção é de 140 (cento e quarenta) dias, depois desse prazo reinicia normalmente a sua contagem.</td></tr>
<tr><td colspan="4">O servidor que estiver respondendo a processo administrativo disciplinar não pode ser exonerado a pedido e nem ser aposentado voluntariamente, antes de terminado o procedimento.</td></tr>
<tr><td colspan="4">A “verdade sabida” não está mais presente, pois nenhuma penalidade pode ser aplicada sem processo, mesmo que o PAD seja mais simplificado.</td></tr>
<tr><td rowspan="8"></td><td rowspan="8">FASES DO PROCESSO ADMINISTRATIVO DISCIPLINAR</td><td rowspan="7">Instauração</td><td rowspan="3">Designa-se uma comissão.</td><td>Três servidores estáveis que não sejam cônjuges ou parentes até o terceiro grau civil do acusado</td></tr>
<tr><td>O presidente, indicado pela autoridade competente, deve ser detentor de cargo ou ter nível de escolaridade igual ou superior ao do acusado.</td></tr>
<tr><td>Terá um secretário servidor designado pelo seu presidente.</td></tr>
<tr><td colspan="2">A instauração para apuração de infrações é ato administrativo vinculado, não podendo ser dispensado pela autoridade.</td></tr>
<tr><td colspan="2">O STJ entende que a portaria que designa a comissão e instaura o PAD não precisa trazer uma descrição minuciosa dos fatos, inclusive como forma de se evitar uma presunção de culpabilidade do servidor.</td></tr>
<tr><td colspan="2">A possibilidade da apuração de fatos conexos ao principal, inclusive com a investigação de condutas de outros servidores, deve constar na portaria, desde que isso não prejudique a celeridade e eficiência do processo.</td></tr>
<tr><td colspan="2">A jurisprudência do STJ vem admitindo a apuração de denúncias anônimas, desde que narrem fatos objetivamente e de forma plausível.</td></tr>
<tr><td>Inquérito administrativo</td><td colspan="2">O inquérito se divide em três momentos diferentes, quais sejam, a instrução probatória, a defesa e a elaboração do relatório pela comissão do processo.</td></tr>
</table>

PROCESSO ADMINISTRATIVO			
		PROVAS	**ATENÇÃO!** Um servidor estava respondendo a processo judicial e, ao mesmo tempo, a processo administrativo disciplinar. No bojo do processo judicial, foi determinada a licitamente a interceptação telefônica. É possível que esta prova seja emprestada ao processo administrativo, levando-se em consideração que foi regularmente realizada na esfera judicial? Em processo administrativo não se admite interceptação telefônica, mas não há óbice para a prova emprestada, desde que tenha sido produzida regularmente no processo judicial.
			As testemunhas serão intimadas mediante mandado expedido pelo presidente da comissão, devendo a segunda via, com o ciente do interessado, ser anexado aos autos, ressalvada a hipótese de a testemunha ser servidora pública, quando, então, a expedição do mandado será imediatamente comunicada ao chefe da repartição onde serve, com a indicação do dia e hora marcados para inquirição.
		PRAZOS	O réu terá **10 dias** para apresentação de **defesa**, sendo-lhe assegurada a vista do processo na repartição pública.
			Se o acusado não for encontrado e a citação ocorrer por edital, publicado no Diário Oficial da União e em jornal de grande circulação na localidade do último domicílio conhecido, o prazo para apresentação de defesa será de 15 dias.
			Havendo dois ou mais acusados no mesmo processo, o prazo de defesa será de 20 dias (prazo comum).
			O prazo para defesa poderá ser prorrogado pelo dobro, para diligências ditas indispensáveis e caso o indiciado se recuse em apor o ciente na cópia da citação. Neste, o prazo contar-se-á da data declarada, em termo próprio, pelo membro da comissão que fez a citação, com a assinatura de duas testemunhas.
			Havendo revelia, um defensor dativo será designado.
			O **defensor dativo** não precisa ser, necessariamente, advogado, mas deve ter cargo ou nível de escolaridade igual ou superior ao acusado.
			Após a defesa, a comissão elabora um relatório opinativo.
			O Supremo Tribunal Federal manifestou entendimento recente de que o relatório da comissão não é vinculante
		Julgamento	A autoridade julgadora proferirá o julgamento, no processo administrativo, em um prazo máximo de 20 dias e, quando a infração estiver capitulada como crime, o processo disciplinar será remetido ao Ministério Público para instauração da ação penal, ficando trasladado na repartição.
			A competência varia de acordo com a penalidade a ser aplicada (art. 141 da lei 8.112/90).
			Sempre que houver mais de um indiciado e diversidade de sanções, o julgamento caberá à autoridade competente para a imposição da pena mais grave.

<table>
<tr><th colspan="2">PROCESSO ADMINISTRATIVO</th></tr>
<tr><td colspan="2">ATENÇÃO! O prazo de duração do PAD é de 60 dias, prorrogáveis por mais 60 dias, até elaboração do relatório, depois a autoridade terá mais 20 dias para julgamento, sendo tais prazos impróprios.</td></tr>
<tr><th colspan="2">IMPUGNAÇÕES ADMINISTRATIVAS DO JULGAMENTO</th></tr>
<tr><td>PEDIDO DE RECONSIDERAÇÃO</td><td>É julgado pela própria autoridade que efetivou o julgamento do processo e não pode ser feito novamente após o seu julgamento.</td></tr>
<tr><td>RECURSO</td><td>Dirigido à autoridade superior àquela que proferiu a decisão impugnada.</td></tr>
<tr><td colspan="2">ATENÇÃO! Ambos deverão ser interpostos, no prazo legal de 30 dias.</td></tr>
<tr><td colspan="2">O recurso e o pedido de reconsideração são impugnações diferentes, que não se excluem.</td></tr>
<tr><td colspan="2">O recurso e o pedido de reconsideração deverão ser despachados no prazo de 5 (cinco) dias e decididos dentro de 30 (trinta) dias.</td></tr>
<tr><td colspan="2">O pedido de reconsideração e o recurso, quando cabíveis, interrompem a prescrição, a qual não pode ser relevada pela administração, por se tratar de matéria de ordem pública.</td></tr>
<tr><td rowspan="10">REVISÃO</td><td>Não tem prazo para interposição.</td></tr>
<tr><td>O seu requisito está na alegação de fatos novos ou inadequação da penalidade.</td></tr>
<tr><td>Fato novo é aquele que não foi analisado no processo.</td></tr>
<tr><td>Se falecido, ausente ou desaparecido o servidor, a lei permite expressamente que a revisão do processo seja requerida por qualquer pessoa da família e, em casos de incapacidade, o respectivo curador será responsável por fazer o requerimento de revisão.</td></tr>
<tr><td>o requerimento de revisão do processo será dirigido ao Ministro de Estado ou autoridade equivalente, que, se autorizar a revisão, encaminhará o pedido ao dirigente do órgão ou entidade onde se originou o processo disciplinar.</td></tr>
<tr><td>Fato novo é aquele que não foi analisado no processo.</td></tr>
<tr><td>O prazo prescricional é de cinco anos para a demissão, cassação de aposentadoria e disponibilidade e 120 dias nos demais casos (art. 110, da Lei nº 8.112/90).</td></tr>
<tr><td>A lei veda a reformatio in pejus</td></tr>
<tr><td>Se procedente restabelecem-se todos os direitos do servidor, exceto em relação à destituição do cargo em comissão, que será convertida em exoneração.</td></tr>
<tr><th colspan="2">PROCESSO SUMÁRIO</th></tr>
<tr><td colspan="2">É mais célere e se enquadra nos casos de aplicação de penalidades por abandono de cargo, inassiduidade habitual (art. 140) e também de acumulação ilegal de cargos (art. 133) (Lei n. 8.112/90).</td></tr>
<tr><td colspan="2">Facilidade de comprovação da materialidade das irregularidades.</td></tr>
<tr><td colspan="2">O prazo máximo de duração é de 30 dias prorrogáveis por mais 15 dias.</td></tr>
<tr><th colspan="2">ATENÇÃO</th></tr>
<tr><td>Comissão</td><td>Composta por 2 (dois) servidores estáveis.</td></tr>
<tr><td rowspan="2">Fase Instrutória</td><td>Será breve, uma vez que a materialidade do fato e da autoria estaria comprovada documentalmente.</td></tr>
<tr><td>ATENÇÃO! Após comprovação, a comissão lavrará, até três dias após a publicação do ato que a constituiu, termo de indiciação, em que serão transcritas as informações necessárias, bem como promoverá a citação pessoal do servidor indiciado, ou por intermédio de sua chefia imediata, para, no prazo de cinco dias, apresentar defesa escrita, assegurando-se-lhe vista do processo na repartição.</td></tr>
<tr><td>Defesa</td><td>Deve ser apresentada em prazo menor.</td></tr>
<tr><td>Relatório</td><td>Deve-se indicar o respectivo dispositivo legal violado e remeter o processo à autoridade instauradora, para julgamento.</td></tr>
</table>

PROCESSO ADMINISTRATIVO	
Abandono de cargo	Ausência intencional do servidor por mais de trinta dias consecutivos.
	É vedada a acumulação remunerada de cargos e empregos públicos.
	ATENÇÃO! Exceções previstas na CF/88: dois cargos de professor, dois de profissionais de saúde com profissão regulamentada; a acumulação de um cargo técnico ou científico mais um cargo de professor, devendo sempre haver compatibilidade de horários.
	A materialidade aqui se dá pela indicação precisa do período de ausência intencional do servidor ao serviço superior a trinta dias.
Inassiduidade habitual	Falta ao serviço, sem causa justificada, por sessenta dias, interpoladamente, durante o período de doze meses.
	ATENÇÃO! A materialidade aqui é indicação dos dias de falta ao serviço sem causa justificada, por período igual ou superior a sessenta dias interpoladamente, durante o período de doze meses.
Acumulação ilegal de cargos	É vedada a acumulação remunerada de cargos e empregos públicos.
	ATENÇÃO! Exceções previstas na CF/88: dois cargos de professor, dois de profissionais de saúde com profissão regulamentada; a acumulação de um cargo técnico ou científico mais um cargo de professor, devendo sempre haver compatibilidade de horários.
	Antes da instauração do processo, o servidor será notificado para fazer a opção entre os cargos ocupados, dentro do prazo legal de dez dias, ou até o último dia do prazo para defesa, sendo exonerado automaticamente do outro cargo.
	ATENÇÃO! Se comprovada a má-fé, aplicar-se-á a pena de demissão, destituição ou cassação de aposentadoria ou disponibilidade em relação a todos os cargos, empregos ou funções públicas em regime de acumulação ilegal, hipótese em que os órgãos ou entidades de vinculação serão comunicados.

19. SÚMULAS

19.1. Súmulas do STF

- **Súmula Vinculante n. 3:** Nos processos perante o tribunal de contas da união asseguram-se o contraditório e a ampla defesa quando da decisão puder resultar anulação ou revogação de ato administrativo que beneficie o interessado, excetuada a apreciação da legalidade do ato de concessão inicial de aposentadoria, reforma e pensão.
- **Súmula Vinculante n. 5:** A falta de defesa técnica por advogado no processo administrativo disciplinar não ofende a constituição.
- **Súmula Vinculante n. 21:** É inconstitucional a exigência de depósito ou arrolamento prévios de dinheiro ou bens para admissibilidade de recurso administrativo.
- **Súmula n. 429:** A Existência De Recurso Administrativo Com Efeito Suspensivo Não Impede O Uso Do Mandado De Segurança Contra Omissão Da Autoridade.
- **Súmula n. 473:** A administração pode anular seus próprios atos, quando eivados de vícios que os tornam ilegais, porque deles não se originam direitos; ou revogá-los, por motivo de conveniência ou oportunidade, respeitados os direitos adquiridos, e ressalvada, em todos os casos, a apreciação judicial.
- **Súmula n. 510:** Praticado o ato por autoridade, no exercício de competência delegada, contra ela cabe o mandado de segurança ou a medida judicial.

19.2. Súmulas do STJ

- **Súmula n. 5:** A simples interpretação de cláusula contratual não enseja recurso especial.
- **Súmula n. 311:** Os atos do presidente do tribunal que disponham sobre processamento e pagamento de precatório não têm caráter jurisdicional.

- **Súmula n. 312:** No processo administrativo para imposição de multa de trânsito, são necessárias as notificações da autuação e da aplicação da pena decorrente da infração.
- **Súmula n. 373:** É ilegítima a exigência de depósito prévio para admissibilidade de recurso administrativo.
- **Súmula n. 467:** Prescreve em cinco anos, contados do término do processo administrativo, a pretensão da Administração Pública de promover a execução da multa por infração ambiental.

20. JURISPRUDÊNCIAS 2015/2016

- **MANDADO DE SEGURANÇA. PRESCRIÇÃO PUNITIVA DA ADMINISTRAÇÃO. INOCORRÊNCIA. SINDICÂNCIA INVESTIGATÓRIA. INSTAURAÇÃO DO PROCESSO ADMINISTRATIVO DISCIPLINAR. MARCO INTERRUPTIVO. PRAZO DE CINCO ANOS, ACRESCIDOS 140 DIAS. DEMISSÃO APLICADA DENTRO DO QUINQUÊNIO LEGAL. DENÚNCIA ANÔNIMA. INEXISTENTE. PROCESSO INSTAURADO COM BASE EM AUDITORIA INTERNA E SINDICÂNCIA. PORTARIA INAUGURAL. DESNECESSIDADE DE DETALHAMENTO DOS ATOS. PUBLICAÇÃO EM ÓRGÃO QUE NÃO SEJA O DIÁRIO OFICIAL DA UNIÃO NÃO CONSTITUI ILEGALIDADE. SERVIDORA PÚBLICA FEDERAL. QUADRO DE PESSOAL DO EXTINTO TERRITÓRIO FEDERAL DO AMAPÁ. COMPETÊNCIA DO GERENTE REGIONAL DO ESTADO DO AMAPÁ. ART. 44 DA PORTARIA N. 92 DO MINISTÉRIO DA FAZENDA, DE 7/4/2001. SUBSTITUIÇÃO DE MEMBRO DA COMISSÃO. JUSTIFICAÇÃO E PREENCHIMENTO DOS REQUISITOS LEGAIS. POSSIBILIDADE. INEXISTÊNCIA DE DEMONSTRAÇÃO DE PREJUÍZO. INTERROGATÓRIO. ATO PERSONALÍSSIMO. NÃO HÁ PREVISÃO NORMATIVA DE PARTICIPAÇÃO DO SERVIDOR INDICIADO NO INTERROGATÓRIO DOS DEMAIS ACUSADOS. PRECEDENTES. DIREITO AO SILÊNCIO. CONSIGNAÇÃO NA ATA DO INTERROGATÓRIO. NÃO INDICAÇÃO DO PREJUÍZO. FUNDAMENTAÇÃO BASEADA TAMBÉM EM OUTROS ELEMENTOS DE PROVA. PROMESSA DE ARQUIVAMENTO DOS AUTOS. AUSÊNCIA DE PROVA PRÉ-CONSTITUÍDA. AUTOS DE SINDICÂNCIA RETIRADOS. EXISTÊNCIA DE VÍCIO. PEÇA NÃO ESSENCIAL PARA A FORMAÇÃO DO INSTRUMENTO. APLICAÇÃO DO PRINCÍPIO DO PAS DE NULLITÉ SANS GRIEF. EXTRAPOLAÇÃO NA IMPUTAÇÃO. PREJUÍZO À DEFESA. NÃO VERIFICADO. AUTORIDADE PODE DISSENTIR DO RELATÓRIO. SANÇÃO MOTIVADA. DEFESA DOS FATOS IMPUTADOS E NÃO DA CAPITULAÇÃO LEGAL. INDEPENDÊNCIA ENTRE AS SANÇÕES DA LEI N. 8.112/90 E DA LEI N. 8.429/92. DESNECESSIDADE DE SE AGUARDAR O TRÂNSITO EM JULGADO DA AÇÃO DE IMPROBIDADE PARA A APLICAÇÃO DA PENA. DIREITO LÍQUIDO E CERTO NÃO CONFIGURADO.** 1. O termo inicial da prescrição para apuração disciplinar é contado da data do conhecimento do fato pela autoridade competente para instaurar o Procedimento Administrativo Disciplinar (art. 142, § 1º). A prescrição é interrompida com a instauração do referido procedimento (art. 142, § 3º), não sendo definitiva, visto que após o prazo de 140 dias - prazo máximo para conclusão e julgamento (art. 152 c/c art. 167) - o prazo prescricional recomeça a correr por inteiro. 2. Apenas a sindicância instaurada com caráter punitivo tem o condão de interromper o prazo prescricional, e não aquelas meramente investigatórias ou preparatórias de um processo disciplinar. 3. In casu, o Procedimento Administrativo Disciplinar foi instaurado pela Portaria n. 1406/2003- GRA/AP, publicada em 13.10.2003, sendo este o marco interruptivo do prazo prescricional, que voltou a correr por inteiro, acrescidos 140 (cento e quarenta) dias. Afastada a prescrição da pretensão punitiva, porquanto a Portaria demissória n. 83 foi publicada em 25.4.2006, dentro, portanto, do quinquênio legal. 4. Não prospera o argumento de que o processo administrativo disciplinar tenha sido instaurado a partir de denúncia anônima, pois da análise dos autos emerge que as fraudes foram descobertas após levantamento proferido pela Auditoria Interna da Companhia de Água e Esgoto do Amapá e ratificada com a instauração da Comissão de Sindicância. 5. É firme o entendimento jurisprudencial nesta Corte no sentido de que inexiste ilegalidade na instauração de sindicância investigativa e processo administrativo disciplinar com base em denúncia anônima, ainda mais quando acompanhada por outros elementos de prova. 6. É pacífica a jurisprudência do Superior Tribunal de Justiça no sentido da desnecessidade de detalhamento dos atos de instauração de feitos administrativos disciplinares. 7. A Terceira Seção desta Corte também firmou o entendimento no sentido de que a publicação do ato constitutivo da comissão de processo administrativo disciplinar em órgão que não seja o Diário Oficial da União não constitui ilegalidade. 8. Em se tratando de servidora pública federal, pertencente ao Quadro de Pessoal do Extinto Território Federal do Amapá, supostamente envolvida nas fraudes sob apuração, compete ao Gerente Regional de Administração do Estado do Amapá inaugurar o procedimento disciplinar em seu desfavor (art. 44 da Portaria n. 92 do Ministério da Fazenda, de 7 de abril de 2001). 9. Este Tribunal já decidiu ser possível a substituição dos membros da comissão processante, desde que o novo membro designado preencha os requisitos legais para o exercício da função, o que ocorreu no caso dos autos. Ao arguir a nulidade, a parte deve indicar de forma clara o prejuízo suportado e a correlação entre o ato viciado e seu reflexo no julgamento no Processo Administrativo Disciplinar, o que não se verificou nessa ação. 11. O interrogatório é ato personalíssimo, nos termos do previsto no art. 159, § 1º, da Lei n. 8.112/90. Não há previsão normativa que confira prerrogativa de participação ao servidor indiciado no interrogatório dos demais acusados, inexistindo qualquer ilegalidade na ausência de intimação para esse fim. Precedentes. 12. Imprescindível a indicação do prejuízo resultante da não consignação em interrogatório do direito ao silêncio. A recorrente limitou-se a apontar o fato como mera irregularidade, o que não justifica o acatamento de nulificação do procedimento administrativo. As conclusões da comissão processante estão pautadas não apenas no interrogatório da impetrante, mas também nos demais depoimentos prestados pelos co-indiciados, como ainda em outras provas constantes dos autos. 13. Não há prova pré-constituída de que tenha existido qualquer afirmativa por parte da comissão processante no sentido de que o processo administrativo seria arquivado, o que teria levado à confissão da indiciada, motivo por que a alegação deve ser rechaçada. 14. Os autos de sindicância integram o processo disciplinar apenas como peça informativa da instrução, nos termos do art. 154 da Lei n. 8.112/90. No caso em tela, chegou-se à conclusão de existência de vício naquele instrumento. 15. Só se proclama nulidade de um ato processual quando houver efetiva demonstração de prejuízo à defesa, sendo aplicável o princípio do pas de nullité sans grief. 16. Não prospera o argumento de que se extrapolou a imputação do art. 132 da Lei n. 8.112/90, prejudicando a defesa da autora, pois somente após a conclusão da fase instrutória se pode indicar, com acerto, a irregularidade praticada. 17. É possível a autoridade competente dissentir do relatório apresentado pela Comissão Processante, desde que a sanção aplicada esteja devidamente motivada, como ocorreu no presente caso. 18. É reiterada a compreensão de que o indiciado se defende dos fatos a ele imputados e não de sua capitulação legal. 19. A orientação jurisprudencial desta Corte é no sentido de que, em razão da independência entre as sanções disciplinares previstas na Lei n. 8.112/90 e aquelas previstas na Lei n. 8.429/92, não há necessidade de se aguardar o trânsito em julgado da ação de improbidade administrativa para aplicação das punições. Segurança denegada. **STJ. MS 12153/DF. MANDADO DE SEGURANÇA 2006/0176380-0. Relator(a): Ministro ERICSON MARANHO (DESEMBARGADOR CONVOCADO DO TJ/SP) (8370). Órgão Julgador: S3 - TERCEIRA SEÇÃO. Data do Julgamento: 26/08/2015. Data da Publicação/Fonte: DJe 08/09/2015.**

- **CONSTITUCIONAL E ADMINISTRATIVO. RECURSO ORDINÁRIO EM MANDADO DE SEGURANÇA. SERVIDOR PÚBLICO. PROCESSO ADMINISTRATIVO DISCIPLINAR. INDEPENDÊNCIA ENTRE AS INSTÂNCIAS PENAL E ADMINISTRATIVA. RECURSO NÃO PROVIDO.** 1. Trata-se de recurso ordinário em mandado de segurança interposto contra acórdão proferido pelo Tribunal de Justiça do Estado do Mato Grosso do Sul. 2. O Processo Administrativo Disciplinar a que se submeteu o recorrente visou apurar a ocorrência de ilícito Administrativo no desempenho de suas atividades, de tal modo que independe o resultado da prova colhida no feito criminal e seu resultado, ante a independência de instância e a existência de falta residual. 3. Ainda que se alegue que houve utilização de prova criminal emprestada para embasar a decisão administrativa, posteriormente anulada no âmbito criminal, merece atenção o fato de que a apuração não se resumiu às referidas provas, conforme ficou assentado no acórdão recorrido. 4. É firme a jurisprudência desta Corte quanto à independência e autonomia das instâncias penal, civil e administrativa, razão pela qual o reconhecimento de transgressão disciplinar e a aplicação da punição respectiva não dependem do julgamento no âmbito criminal, nem obriga a Administração a aguardar o desfecho dos demais processos. Somente haverá repercussão, no processo administrativo, quando a instância penal manifestar-se pela inexistência material do fato ou pela negativa de sua autoria, não sendo o caso dos autos. Precedentes. 5. Recurso a que se nega provimento. **STJ. RMS 45182/MS. RECURSO ORDINÁRIO EM MANDADO DE SEGURANÇA 2014/0058138-5. Relator(a): Ministro OG FERNANDES (1139). Órgão Julgador: T2 - SEGUNDA TURMA. Data do Julgamento: 22/09/2015. Data da Publicação/Fonte: DJe 05/10/2015.**

- **HABEAS CORPUS. IMPETRAÇÃO EM SUBSTITUIÇÃO AO RECURSO CABÍVEL. UTILIZAÇÃO INDEVIDA DO REMÉDIO CONSTITUCIONAL. NÃO CONHECIMENTO.** 1. A via eleita se revela inadequada para a insurgência do impetrante contra o ato apontado como coator, pois o ordenamento jurídico prevê recurso específico para tal fim, circunstância que impede o seu formal conhecimento. Precedentes. 2. O alegado constrangimento ilegal será analisado para a verificação da eventual possibilidade de atuação ex officio, nos termos do artigo 654, § 2º, do Código de Processo Penal. EXECUÇÃO PENAL. FALTA GRAVE. PRESCRIÇÃO. PRAZO. APLICAÇÃO ANALÓGICA DO ART. 109, INCISO VI, DO CÓDIGO PENAL. NÃO OCORRÊNCIA. 1. A jurisprudência do STJ sedimentou-se no sentido de que, à míngua de previsão específica na Lei n. 7210/1984, o prazo de prescrição para apuração de falta disciplinar grave praticada no curso da execução penal é o regulado no art. 109, inciso VI, do Código Penal, qual seja, 3 anos, se verificada após a edição da Lei n. 12.234/2010. 2. No caso dos autos, a fuga ocorreu no dia 8-4-2014 com recaptura em 6-7-2014, constatando-se, portanto, que não transcorreu prazo superior a 3 (três) anos, o que afasta a pretensão defensiva de reconhecimento da extinção da punibilidade pela prescrição. EXECUÇÃO PENAL. FALTA GRAVE. FUGA DO SISTEMA PRISIONAL. INSTAURAÇÃO DE PROCEDIMENTO ADMINISTRATIVO DISCIPLINAR. NECESSIDADE. DETERMINAÇÃO EXPRESSA DO ART. 59 DA LEI DE EXECUÇÃO PENAL. INCIDÊNCIA DO ENUNCIADO SUMULAR Nº 533 DO SUPERIOR TRIBUNAL DE JUSTIÇA. EXISTÊNCIA DE FLAGRANTE ILEGALIDADE A ENSEJAR A CONCESSÃO DA ORDEM DE OFÍCIO. 1. A Terceira Seção deste Sodalício, após o julgamento do REsp n.º

- 1.378.557/RS representativo da controvérsia, firmou entendimento no sentido de ser imprescindível a realização do processo administrativo disciplinar, com a presença de advogado constituído ou defensor público, para apuração do cometimento de falta grave no âmbito da execução penal, em razão da expressa previsão contida no art. 59 da LEP. Matéria sumulada neste Superior Tribunal de Justiça, conforme o Enunciado nº 533. 2. No caso dos autos, o Tribunal a quo, ao manter o decisum do Juízo da Execução que reconheceu a prática de falta disciplinar de natureza grave, consistente em fuga ocorrida em 8-4-2014, com recaptura em 6-7-2014, sem a instauração de Procedimento Administrativo Disciplinar, decidiu em dissonância com o posicionamento firmado por este Sodalício. Constrangimento ilegal evidenciado. 3. Writ não conhecido. Habeas corpus concedido de ofício para reformar a decisão que reconheceu o cometimento de falta grave sem a instauração de Procedimento Administrativo Disciplinar, bem como de seus consectários legais. **STJ. HC 331772/RS. HABEAS CORPUS 2015/0186696-1. Relator(a): Ministro JORGE MUSSI (1138). Órgão Julgador: T5 - QUINTA TURMA. Data do Julgamento: 20/10/2015. Data da Publicação/Fonte: DJe 29/10/2015.**

20.1. Informativos dos STF

- **Informativo n. 830**

CNJ e revisão de processo disciplinar. O Conselho Nacional de Justiça (CNJ) pode proceder à revisão disciplinar de juízes e membros de tribunais desde que observado o requisito temporal: processos disciplinares julgados há menos de um ano. Assim, nos termos do art. 103-B, § 4º, V, da Constituição, referida medida pode ser instaurada de ofício ou mediante provocação de qualquer interessado e admite agravamento ou abrandamento da decisão disciplinar revista. Com base nessa orientação, a Primeira Turma denegou a ordem em mandado de segurança impetrado em face de ato do CNJ, que, ao admitir a revisão disciplinar, aplicara a pena de aposentadoria compulsória a magistrado. Na espécie, ao analisar o processo administrativo disciplinar (PAD) instaurado para apurar a participação de juiz em negociação para a venda de decisão judicial, dos seis desembargadores que participaram da sessão de julgamento, três votaram pelo arquivamento; dois, pela aplicação da sanção de aposentadoria compulsória com vencimentos proporcionais; e um votou pela cominação da pena de remoção compulsória. A Turma assentou que o fato de o CNJ — no exercício da tarefa de fiscalizar o cumprimento dos deveres funcionais dos magistrados — ter admitido o pedido de revisão disciplinar não caracterizaria afronta a direito líquido e certo do impetrante. Observado o prazo de um ano para a instauração da revisão disciplinar, o CNJ estaria constitucionalmente autorizado a reavaliar o ato administrativo do tribunal de justiça estadual que concluíra pelo arquivamento do PAD, porque entendera ter sido contrário à evidência dos autos. Consignou que: a) o ato impugnado estaria fundamentado em múltiplos e concatenados elementos de prova; b) os argumentos e provas produzidos pela defesa do magistrado foram devidamente considerados pelos integrantes do CNJ, a denotar a observância das garantias do contraditório e da ampla defesa; e c) a convicção fora formada a partir do conjunto probatório examinado. Dessa forma, a imposição da pena de aposentadoria compulsória decorrera de decisão formada pela maioria dos membros do CNJ, à luz do princípio do livre convencimento motivado e das provas coligidas aos autos do processo de revisão disciplinar. **MS 33565/DF, rel. Min. Rosa Weber, 14.6.2016. (MS-33565)**

- **Informativo n. 833**

Recurso extraordinário e acórdão proferido em processo administrativo A Segunda Turma iniciou julgamento de agravo regimental em que se discute o cabimento de recurso extraordinário para impugnar decisões proferidas em sede de processos administrativos. No caso, o regimental fora interposto de decisão que negara seguimento a recurso extraordinário com agravo ao fundamento de que o vocábulo "causa", constante do inciso III do art. 102 da CF abrange unicamente os processos judiciais. Sustenta o agravante que: a) o cabimento de recurso extraordinário independeria da natureza do procedimento em que proferida a decisão recorrida, fosse administrativo ou judicial; e b) a limitação dada à expressão "causa" acarretaria ofensa direta à Constituição Federal. O Ministro Teori Zavascki (relator) negou provimento ao agravo regimental. Destacou que a jurisprudência do STF seria pacífica no sentido de que a expressão "causa" referida no inciso III do art. 102 da CF só alcançaria processos judiciais. Em razão disso, seria incabível a interposição de recursos extraordinários contra acórdãos proferidos pelos tribunais em processos administrativos, inclusive aqueles de natureza disciplinar instaurados contra magistrados. Em seguida, pediu vista dos autos o Ministro Gilmar Mendes. **ARE 958311/SP, rel. Min. Teori Zavascki, 2.8.2016. (ARE-958311)**

21. QUESTÕES DE CONCURSOS

1. (CESPE - 2014 - TJ-CE - Analista Judiciário - Área Administrativa) A respeito da Lei n.º 9784/1999, que regula o processo administrativo no âmbito da administração pública federal, assinale a opção correta.

a) No processo administrativo, o desatendimento da intimação pelo administrado não importa a renúncia do direito, mas implica o reconhecimento da verdade dos fatos.

b) Os preceitos da Lei n.º 9784/1999 aplicam-se aos órgãos do Poder Legislativo da União, quando no desempenho de função administrativa, porém não são aplicados aos órgãos do Poder Judiciário da União, mesmo quando no desempenho de tal função, em razão da existência de lei federal própria para reger a matéria.

c) De acordo com a Lei n.º 9784/1999, os interessados devem necessariamente ser assistidos por advogado para interpor recurso administrativo.

d) É admissível a realização de audiências públicas para debate sobre a matéria objeto de processo administrativo antes da tomada da decisão, a juízo da autoridade, diante da relevância da questão.

e) O processo administrativo, tal como o judicial, deve iniciar-se, em regra, a pedido de interessado.

2. (CESPE - 2014 - ICMBIO - Nível Médio - Conhecimentos Básicos - Todos os Cargos) Com base na Lei n.º 8.112/1990 e na Lei n.º 9.784/1999, julgue os itens subsecutivos.

Considere que o ICMBio tenha instaurado processo administrativo que necessite da realização de atos em município que não tenha órgão hierarquicamente subordinado ao instituto. Nessa situação, se houver, naquela localidade, outro órgão administrativo apto a executar os atos necessários à instrução do processo, é possível que parte da competência do instituto lhe seja delegada.

3. (CESPE - 2014 - TJ-DF - Titular de Serviços de Notas e de Registros – Remoção) No que diz respeito ao processo administrativo no âmbito da administração pública federal e à licitação, assinale a opção correta.

a) Os processos administrativos sancionatórios podem ser revistos a qualquer tempo, inclusive para reformatio in pejus, desde que tenham surgido fatos novos que justifiquem a inadequação da sanção aplicada.

b) O desatendimento da intimação em processo administrativo torna revel o administrado interessado, importando no reconhecimento da verdade dos fatos e, se for o caso, na renúncia do direito em discussão.

c) É inexigível a licitação para a contratação de empresa com notória especialização em perícia e avaliações em geral, desde que o serviço a ser realizado se caracterize como singular e a empresa seja a única do mercado a realizá-lo.

d) Consoante o princípio da isonomia, é vedado aos agentes públicos estabelecer quaisquer tipos de margem de preferência nos processos licitatórios.

e) O servidor que tenha participado ou venha a participar como perito em um processo administrativo encontra-se impedido de atuar nesse processo.

4. (CESPE - 2014 - MEC - Conhecimentos Básicos - Todos os Cargos) Com base na disciplina legal e na doutrina nacional acerca dos atos e processos administrativos, julgue os próximos itens.

O recurso administrativo, em regra, apresenta efeito devolutivo, admitindo, excepcionalmente, efeito suspensivo.

5. (VUNESP - 2014 - DPE-MS - Defensor Público) Assinale a alternativa que corretamente discorre sobre aspectos do processo administrativo.

a) É legítima a exigência de depósito prévio ou arrolamento prévio de dinheiro ou bens para admissibilidade de recurso administrativo.

b) No processo administrativo para imposição de multa de trânsito, é necessária somente a notificação da autuação, com a consequente imposição da pena se não houver defesa do autuado.

c) É obrigatória a presença de advogado em todas as fases do processo administrativo disciplinar, sob pena de violação da Constituição Federal.

d) Nos processos perante o Tribunal de Contas da União, asseguram-se o contraditório e a ampla defesa quando da decisão puder resultar anulação ou revogação de ato administrativo que beneficie o interessado, excetuada a apreciação da legalidade do ato de concessão inicial de aposentadoria, reforma e pensão.

6. (FCC - 2014 - TRF - 4ª REGIÃO - Técnico Judiciário - Área Administrativa) Moisés, servidor público federal, praticou ato administrativo por delegação, sendo o ato originalmente de competência de seu superior hierárquico, o servidor público federal Robson. Robson delegou a prática do ato por ser conveniente, em razão de circunstâncias de índole jurídica. Nos termos da Lei nº 9.784/1999, o ato administrativo considerar-se-á editado por

a) Moisés.

b) nenhum dos servidores, e sim pelo órgão a que pertencem.

c) nenhum dos servidores, e sim pela pessoa jurídica a que pertencem.

d) Robson.

e) quaisquer dos servidores.

7. (CESGRANRIO - 2014 - CEFET-RJ - Assistente de Alunos) Sr. X deseja requerer a instauração de procedimento administrativo contra determinado servidor público por entender que o servidor não agiu corretamente em determinada situação. Sr. X, ansioso para apresentar a sua reclamação, dirige-se à repartição pública onde ocorreu o evento e pede a um servidor que está no atendimento uma folha de papel em branco, onde descreve os fatos ocorridos, identifica o servidor envolvido e insere a data, não assinando o documento. Feito isso, dirige-se ao protocolo e apresenta a folha de papel com os dados, recebendo um comprovante de recebimento datado.

Nos termos da Lei no 9.784/1999, que regula o processo administrativo federal, o requerimento inicial do interessado, salvo casos em que for admitida solicitação oral, deve ser formulado

a) em folha de papel datilografada ou impressa.

b) sem a assinatura do requerente, mas com cópia da sua identidade.

c) por advogado, que representará o interessado.

d) com a indicação de que o interessado será comunicado no local da repartição sobre atos do procedimento.

e) com o endereçamento à autoridade administrativa a que se dirige.

8. **(Fundatec – Procurador do Estado – RS/2015)** De acordo com a Lei do Processo Administrativo Federal, é correto afirmar que:

a) A reformatio in pejus é vedada nos processos administrativos em geral.

b) A reformatio in pejus é permitida nas revisões de processos administrativos sancionadores.

c) A reformatio in pejus é permitida desde que respeitado o contraditório, não sendo admitida nas revisões de processos administrativos sancionadores.

d) A reformatio in pejus é admitida em razão do princípio da supremacia do interesse público.

e) A reformatio in pejus é admitida em razão do princípio da autotutela administrativa, independentemente da matéria envolvida.

9. **(FCC – Juiz de Direito – PE/2015)** Acerca do processo administrativo, tal como disciplinado na Lei Federal no 9.784/99, é correto afirmar que

a) a ausência de parecer obrigatório nem sempre impedirá o prosseguimento do processo administrativo até final decisão.

b) se aplica ao processo administrativo o princípio que veda a reformatio in pejus, o que se justifica em razão da observância do princípio do devido processo legal.

c) o processo administrativo deve ser formalista, o que se impõe, em observância ao princípio da segurança jurídica.

d) em virtude da indisponibilidade do interesse público, é vedado ao particular interessado no processo formular desistência ou renúncia.

e) se aplica no processo administrativo o princípio da identidade física do juiz, pelo qual o órgão que promoveu a instrução deve ser o mesmo a decidir a questão controversa.

10. **(FCC – Analista Judiciário – Área Administrativa - TRT 4/2015)** Sobre o processo administrativo no âmbito da Administração Pública Federal, regulado pela Lei no 9.784/99, é correto afirmar que

a) órgão é a unidade de atuação dotada de personalidade jurídica.

b) todos os atos administrativos devem sempre ser objeto de divulgação oficial.

c) o processo pode ser iniciado tanto de ofício como a pedido do interessado.

d) o requerimento inicial do interessado deve ser feito sempre na forma escrita.

e) a competência exercida pelos órgãos administrativos é irrenunciável, cabendo delegação no caso da edição de atos de caráter normativo.

11. **(FIOCRUZ – Assistente Técnico de Gestão em Saúde – FIOCRUZ/2016)** De acordo com a Lei 9.784/99, o administrado possui alguns direitos perante a administração, sem prejuízo de outros que lhe sejam assegurados. A alternativa que contém um desses direitos do administrado perante a administração é:

a) ser tratado com generosidade pelas autoridades e servidores, que deverão facilitar o exercício de seus direitos e o cumprimento de suas obrigações.

b) ter vista dos autos, mediante petição ao MPF.

c) fazer-se assistir, obrigatoriamente, por advogado.

d) ter ciência da tramitação dos processos administrativos em que tenha a condição de interessado.

e) formular alegações e apresentar documentos após a decisão, os quais serão objeto de consideração pelo órgão competente.

12. **(FIOCRUZ – Assistente Técnico de Gestão em Saúde – FIOCRUZ/2016)** De acordo com a Lei 9.784/99, existem situações em que o servidor ou autoridade é impedido de atuar em processo administrativo. Contém uma afirmação verdadeira acerca deste impedimento a opção:

a) é impedido aquele que esteja litigando administrativamente com o companheiro do interessado.

b) a autoridade ou servidor que incorrer em impedimento deve comunicar o fato à autoridade policial, abstendo-se de atuar.

c) é impedido aquele que não tenha interesse direto ou indireto na matéria.

d) pode ser arguida a suspeição de autoridade ou servidor que tenha amizade íntima com algum dos interessados ou com os respectivos cônjuges e afins até o quarto grau de parentesco.

e) o indeferimento de alegação de suspeição poderá ser objeto de recurso, com efeito suspensivo.

13. **(FUNDEP – Assistente Administração – IFN-MG/2016)** Analise a seguinte afirmativa, baseada nos dispositivos sobre competência contidos na Lei 9.784/1999, que regula o processo administrativo no âmbito da Administração Pública Federal:

> "Não podem ser objeto de delegação a edição de atos de caráter normativo, a decisão de

recursos administrativos e as matérias de competência exclusiva do órgão ou autoridade."

Com base nessa análise, pode-se concluir que a afirmativa está:

a) correta, porque não pode ser delegada a totalidade das hipóteses previstas nas afirmativas.
b) incorreta, porque pode ser delegada a decisão de recursos administrativos.
c) incorreta, porque pode ser delegada a edição de atos de caráter normativo.
d) incorreta, porque podem ser delegadas quaisquer das hipóteses previstas na afirmativa.

14. (IDIB – Agente Administrativo – Prefeitura de Limoeiro do Norte-CE/2016) A lei que regula o processo administrativo no âmbito da Administração Pública Federal é a:

a) 11.107/05
b) 9.649/98
c) 4.320/64
d) 9.784/99

15. (FUNCAB – Papiloscopista – PC-PA/2016) Assinale a alternativa que corretamente discorre sobre critérios a serem observados nos processos administrativos por força da Lei n° 9.784 de 1999.

a) Em eventual ausência de leis processuais administrativas próprias, aos Estados e Municípios, é inconcebível a aplicação da legislação federal vigente, ainda que por analogia.
b) É possível a aplicação retroativa da lei mais benéfica ao acusado de cometer uma infração administrativa.
c) A retroatividade da lei mais benéfica em matéria penal tem uma tendência humanitária que se repete no campo administrativo, justificando-se igual retroatividade.
d) O sistema jurídico-constitucional brasileiro assentou, com o postulado absoluto , incondicional e inderrogável, o princípio da irretroatividade de novas interpretações da legislação administrativa.
e) Justamente a salvaguarda do direito adquirido do ato jurídico perfeito e da coisa julgada, veda-se objetivamente a aplicação retroativa de nova interpretação.

16. (CESPE – Analista de Controle – TCE-PR/2016) Acerca do recurso administrativo e tendo como base as disposições da Lei n.º 9.784/1999, assinale a opção correta.

a) O recurso não será conhecido quando interposto em órgão incompetente, mas, nesse caso, terá de ser indicada ao recorrente a autoridade competente, sendo-lhe devolvido o prazo para recurso.
b) É de trinta dias o prazo para a interposição de recurso administrativo, contado a partir da divulgação da decisão recorrida em diário oficial.
c) O recurso administrativo terá, como regra geral, efeitos devolutivo e suspensivo.
d) Contra as decisões administrativas cabe recurso que verse sobre a legalidade, mas não sobre o mérito administrativo.
e) O recurso administrativo tramitará por uma única instância administrativa, devendo ser interposto à autoridade superior àquela que tiver proferido a decisão.

17. (IESES – Engenheiro – SERGAS/2016) Assinale a alternativa correta. Segundo o Art. 57 da Lei nº 9.784/99, salvo disposição legal diversa, o recurso administrativo tramitará no máximo por:

a) Três instâncias administrativas.
b) Não há limites de trâmites em instâncias administrativas.
c) Duas instâncias administrativas.
d) Uma instância administrativa.

18. (FCC – Procurador do Estado – PGE-MT/2016) A Lei no 9.784/99 (Lei Federal de Processos Administrativos) estabelece que

a) é admitida a participação de terceiros no processo administrativo.
b) é faculdade do administrado fazer-se assistir por advogado, exceto nos processos disciplinares em que a defesa técnica é obrigatória.
c) é expressamente vedada a apresentação de requerimento formulado de maneira oral pelo interessado, em vista do princípio da segurança jurídica.
d) a condução do processo administrativo é absolutamente indelegável.
e) é admitida a avocação temporária de competência atribuída a órgão hierarquicamente superior.

GABARITO		COMENTÁRIO
1	D	Art. 32 da Lei 9.784/99: Antes da tomada de decisão, a juízo da autoridade, diante da relevância da questão, poderá ser realizada audiência pública para debates sobre a matéria do processo.
2	CERTO	Art. 12 da Lei 9.784/99: Um órgão administrativo e seu titular poderão, se não houver impedimento legal, delegar parte da sua competência a outros órgãos ou titulares, ainda que estes não lhe sejam hierarquicamente subordinados, quando for conveniente, em razão de circunstâncias de índole técnica, social, econômica, jurídica ou territorial. Parágrafo único. O disposto no caput deste artigo aplica-se à delegação de competência dos órgãos colegiados aos respectivos presidentes.
3	E	Art. 18 da Lei 9.784/99: Art. 18. É impedido de atuar em processo administrativo o servidor ou autoridade que: II - tenha participado ou venha a participar como perito, testemunha ou representante, ou se tais situações ocorrem quanto ao cônjuge, companheiro ou parente e afins até o terceiro grau.
4	CERTO	De acordo com o art. 61 da Lei 9.784/99, salvo disposição legal em contrário, o recurso não possui efeito suspensivo. Havendo justo receio de prejuízo de difícil ou incerta reparação decorrente da execução, a autoridade recorrida ou a imediatamente superior poderá, de ofício ou a pedido, dar efeito suspensivo ao recurso.
5	D	Súmula vinculante nº 3, STF: Nos processos perante o Tribunal De Contas Da União asseguram-se o contraditório e a ampla defesa quando da decisão puder resultar anulação ou revogação de ato administrativo que beneficie o interessado, excetuada a apreciação da legalidade do ato de concessão inicial de aposentadoria, reforma e pensão.
6	A	De acordo com o art. 14, §3º, da Lei 9.784/99, as decisões adotadas por delegação devem mencionar explicitamente esta qualidade e considerar-se-ão editadas pelo delegado, que no caso em questão, é Moisés.
7	E	O art. 6º da Lei 9.784 estabelece os elementos que deverão integrar o requerimento inicial do interessado, in verbis: Art. 6º: O requerimento inicial do interessado, salvo casos em que for admitida solicitação oral, deve ser formulado por escrito e conter os seguintes dados: I - órgão ou autoridade administrativa a que se dirige; II - identificação do interessado ou de quem o represente; III - domicílio do requerente ou local para recebimento de comunicações; IV - formulação do pedido, com exposição dos fatos e de seus fundamentos; V - data e assinatura do requerente ou de seu representante. Parágrafo único. É vedada à Administração a recusa imotivada de recebimento de documentos, devendo o servidor orientar o interessado quanto ao suprimento de eventuais falhas.
8	C	A assertiva expõe o conteúdo do art. 64, parágrafo único e do art. 65, parágrafo único, ambos da Lei 9.784/99. Ou seja, em sede de processo administrativo, não há vedação da *reformatio in pejus* e uma decisão de recurso administrativo poderá piorar a situação do recorrente, em respeito ao princípio da verdade material e da legalidade estrita da atuação administrativa. Nestes casos, se, do julgamento do recurso, puder decorrer gravame à situação do recorrente, este deverá ser cientificado para que formule suas alegações (defesa) antes da decisão. Entretanto, em se tratando do julgamento da revisão, não poderá haver agravamento da penalidade que o servidor havia sofrido no processo originário, sendo veda a *reformatio in pejus*.
9	A	Trata-se do disposto no art. 42, § 2º, da Lei 9.784/99 que dispõe, em outras palavras, que se o parecer for obrigatório e não vinculante, o processo poderá prosseguir sem a emissão do parecer, inclusive com a decisão final, sem prejuízo da responsabilização penal, civil e administrativa do agente que deu causa à não emissão do parecer devido, no prazo fixado por lei.
10	C	A assertiva foi retirada da redação do art. 5º, da Lei 9.784/99.

<table>
<tr><th colspan="2">GABARITO</th><th>COMENTÁRIO</th></tr>
<tr><td>11</td><td>D</td><td>Conforme art. 3º da Lei 9.784/99, o administrado tem direito à ter ciência da tramitação dos processos administrativos em que tenha a condição de interessado. Observe:
Art. 3º O administrado tem os seguintes direitos perante a Administração, sem prejuízo de outros que lhe sejam assegurados:
I - ser tratado com respeito pelas autoridades e servidores, que deverão facilitar o exercício de seus direitos e o cumprimento de suas obrigações;
II - ter ciência da tramitação dos processos administrativos em que tenha a condição de interessado, ter vista dos autos, obter cópias de documentos neles contidos e conhecer as decisões proferidas;</td></tr>
<tr><td>12</td><td>A</td><td>A assertiva correta trata dos exatos termos do art. 18 da Lei 9.874/99, conforme abaixo:
Art. 18. É impedido de atuar em processo administrativo o servidor ou autoridade que:
III - esteja litigando judicial ou administrativamente com o interessado ou respectivo cônjuge ou companheiro.</td></tr>
<tr><td>13</td><td>A</td><td>A assertiva encontra-se correta posto que o art. 13, I, II e III normatizam exatamente as hipóteses dos objetos que não podem ser delegados. Litteris:
Art. 13. Não podem ser objeto de delegação: I - a edição de atos de caráter normativo; II - a decisão de recursos administrativos; III - as matérias de competência exclusiva do órgão ou autoridade.</td></tr>
<tr><td>14</td><td>D</td><td>: A lei 9784/99 estabelece todas as normas atinentes aos processos administrativos no âmbito da União e será analisada, neste capítulo, em virtude de sua cobrança rotineira em provas de concursos. Saliente-se que as normas estabelecidas neste dispositivo legal não serão aplicadas aos processos administrativos em estados e municípios que editarão leis próprias para regulamentação da matéria em suas administrações.
Saliente-se, porém, que, naqueles estados ou municípios em que não haja lei para tratar da matéria, a lei 9.784/99 poderá ser utilizada.</td></tr>
<tr><td>15</td><td>E</td><td>O Princípio da Segurança jurídica trata-se de princípio geral do direito, base do Estado de Direito que garante aos cidadãos não serem surpreendidos por alterações repentinas na ordem jurídica posta. Configura corolário do direito como norma de pacificação social. Neste sentido, o art. 2º, XIII da Lei 9.784/99 vedada aplicação retroativa de nova interpretação. Observe:
Art 2º Parágrafo único: Nos processos administrativos, serão observados, entre outros, os critérios de:
XIII - interpretação da norma administrativa da forma que melhor garanta o atendimento do fim público a que se dirige, vedada aplicação retroativa de nova interpretação.</td></tr>
<tr><td>16</td><td>A</td><td>A Lei 9.784/99 define situações nas quais a administração pública não admitirá o recurso administrativo. Nesse sentido, não será conhecido o recurso sempre que for interposto fora do prazo, se for apresentado após exaurida a esfera administrativa ou interposto por quem não seja legitimado para tanto. A lei prevê ainda o não recebimento de recursos interpostos perante órgão incompetente. Nesses casos, entretanto, será indicada ao recorrente a autoridade competente, sendo-lhe devolvido o prazo para recurso, conforme art. 63, II e § 1º da citada norma.</td></tr>
<tr><td>17</td><td>A</td><td>Havendo hierarquia administrativa suficiente, podem ser apresentados recursos até o máximo de 3 (três) instâncias, conforme previsão do citado art. 57.</td></tr>
<tr><td>18</td><td>A</td><td>O art. 31, informa que: "Quando a matéria do processo envolver assunto de interesse geral, o órgão competente poderá, mediante despacho motivado, abrir período de consulta pública para manifestação de terceiros, antes da decisão do pedido, se não houver prejuízo para a parte interessada."
Dessa forma, é possível a realização de consulta pública, aberta mediante despacho devidamente fundamentado do órgão, para manifestação de terceiros, antes da decisão do pedido, se não houver prejuízo para a parte interessada, quando a matéria do processo for de interesse geral e também a realização de audiência pública se houver relevância na questão discutida.</td></tr>
</table>

CAPÍTULO 17

ATUAÇÃO DO ESTADO NO DOMÍNIO ECONÔMICO

1. INTRODUÇÃO

Historicamente, pode-se verificar que, no processo de construção de uma nação, sempre esteve presente uma associação entre a política e a economia. De fato, toda alteração efetivada em virtude de lei ou construção doutrinária, no campo da economia, provoca reflexos no aspecto político e a situação inversa também ocorre.

Ao longo do tempo, a intervenção estatal na economia vem sofrendo algumas variações, de acordo com a política econômica adotada. Neste sentido, podem ser apontadas duas fases relevantes neste contexto histórico:

A – Estado Liberal de Direito ou Estado Abstencionista: a partir do final do século XVIII, essa política foi praticada graças à doutrina de Adam Smith exposta em sua obra – "A riqueza das nações". Por essa doutrina, ao Estado não caberia a interferência nem a regulação da economia; limitando-se, em sua atividade, à função de observador da organização processada pelos indivíduos. O *laissez faire, laissez passer* traduzia a passividade do Estado diante dos fenômenos econômicos e sociais. Portanto, a ordem econômica deveria ser regulada pela "mão invisível" do mercado sem a interferência do ente público.

Ocorre que, como bem ensina José dos Santos Carvalho Filho, *"A pretensa liberdade na ordem econômica conferida pelo Estado aos indivíduos surtiu efeito contrário, revelando-se forma de alargar os abismos entre as classes sociais e tornando o pobre cada vez mais pobre e o rico cada vez mais abastado. A liberdade para as classes desfavorecidas transformou-se em escravidão. Definitivamente, o estado não poderia ficar indiferente ao crescimento das desigualdades sociais".*[1]

B – Estado Social de Direito ou Estado Intervencionista: com o passar do tempo, novos filósofos sociais procuravam incutir ideias antagônicas à da excessiva liberdade, destacando-se

1. CARVALHO FILHO, José dos Santos. Manual de Direito Administrativo. Rio de Janeiro: Editora Atlas, 26ª ed. 2015.

entre eles KARL MARX, inspirando uma nova posição do Estado ante a sociedade. Neste momento, o ente estatal largava sua posição de indiferença, passando a ter uma posição atuante e fiscalizadora.

Com efeito, inaugura-se a fase do dirigismo econômico, em que o Poder Público produz uma estratégia sistemática de forma a participar ativamente dos fatos econômicos, seja na exploração direta de atividades econômicas, seja na restrição e regulação da economia exercida pelo particular, o denominado dirigismo econômico.

2. O ESTADO REGULADOR E A CONSTITUCIONALIZAÇÃO NORMATIVA

A implantação de um Estado que atua de forma a regular a atividade econômica propiciou o estabelecimento de regras jurídicas reguladoras da ordem econômica dentro do texto constitucional. Trata-se do fenômeno da constitucionalização normativa, em que regras jurídicas insculpidas em leis passam a ter alcance normativo mais amplo, por meio de sua inserção dentro da Carta Política. Neste sentido, José dos Santos Carvalho Filho ensina que *"Com a elevação da estatura das normas, os princípios que contêm passam a ser obrigatórios a toda a sociedade e ao próprio estado que as introduziu na Carta Política, constituindo capítulos de regulação específica e formando postulados sobre a matéria."*[2]

O nosso texto constitucional vigente aborda, dentro deste contexto a regulação econômica em capítulo específico "DA ORDEM ECONÔMICA E FINANCEIRA", a partir do art. 170, dando estatura de norma supralegal às disposições que tratam deste tema.

Cumpre ressaltar que alguns autores sustentam que não se trata de matéria a ser disciplinada por Constituição, por não se tratar de norma que tenha conteúdo justificador de ser alocada na Carta Magna.

Entretanto, a tradicional divisão das normas constitucionais em normas materialmente constitucionais, ou seja, aquelas que seriam próprias de serem reguladas na Constituição , tais como a forma de Estado e sistema de governo, competência dos Poderes, entre outras e normas formalmente constitucionais, isto é, aquelas que só são consideradas constitucionais porque inseridas formalmente na constituição é tema a ser debatido no âmbito do Direito Constitucional, extrapolando a temática desta obra.

Enfim, o fato é que a Carta Constitucional de 1988 abarca, entre suas disposições, normas que regulam a atuação do Estado no domínio econômico, definindo limites de intervenção e formas de ingerência.

Insta salientar que não se trata de novidade trazida pelo Texto Maior vigente. Efetivamente, desde a Constituição de 1934, todas as Cartas subsequentes dedicaram um de seus capítulos à ordem econômica. Nesta esteira, pôde-se verificar uma evolução, a cada nova Constituição por meio da modificação e inserção de novos mecanismos interventivos frequentemente compatibilizados com as ideias políticas, sociais e econômicas da época, sempre com o fito de adequá-los à ordem social, à qual está atrelada à ordem econômica.

---

2. CARVALHO FILHO, José dos Santos. Manual de Direito Administrativo. Rio de Janeiro: Editora Atlas, 26ª ed. 2015.

3. A ORDEM ECONÔMICA E SEUS FUNDAMENTOS

O art. 170 da Constituição da República Federativa do Brasil promulgada em 1988 dispõe que a ordem econômica é fundada em dois postulados básicos: **a valorização do trabalho humano** e **a livre iniciativa**.

FUNDAMENTOS DA ORDEM ECONÔMICA

1. Valorização do trabalho
2. Livre iniciativa

Tomando por base essa premissa, pode-se entender que qualquer particular que atue explorando atividade econômica deverá respeitar esses preceitos e que as condutas praticadas que possam restringi-los ou afetá-los serão tidas por ilegais e sujeitas à repressão estatal.

De fato, é nisso que se baseia a possibilidade de intervenção estatal. Em outras palavras, o ente público deverá agir sempre que entender que os atores do cenário econômico estejam agindo de forma a prejudicar qualquer de seus pilares de sustentação. O interessante é que esses fundamentos parecem antagônicos, uma vez que a livre atuação do empresário pode ensejar uma desvalorização do trabalhador, o que demonstra a complexidade do tema.

Dentro deste contexto, cada um destes fundamentos da ordem econômica deve ser analisado individualmente.

3.1. Valorização do trabalho humano

Os valores sociais do trabalho estão definidos no art. 1º, IV da Lei Maior como um dos fundamentos da República, o que demonstra, claramente, a preocupação do Constituinte em conciliar os fatores de capital e trabalho como forma de atender aos preceitos da justiça social. Partindo desta premissa, o texto constitucional não tolera comportamentos que coloquem em risco a vida ou a saúde dos trabalhadores ou que os reduza à condição análoga de escravo.

Em verdade, a Carta Magna de 1988 tem um forte papel de intervenção nas relações de emprego, traçando garantias inafastáveis aos trabalhadores, com a intenção de evitar a exploração da mão de obra pelo empresário. Com efeito, o art. 7º, entre outros dispositivos do texto constitucional detalha prerrogativas dos empregados como forma de se atingir a justiça social.

3.2. Liberdade de iniciativa

A livre iniciativa é postulado do regime capitalista e se resume na possibilidade dada a todos de ingressar no mercado de produção de bens e serviços por sua conta e risco, explorando atividade econômica com a finalidade de obtenção de lucro, sem que, para isso, precise concorrer com o Estado. Este postulado fica evidente ao se verificar que o art. 170, parágrafo único da Constituição Federal, estabelece que a todos é assegurado o livre exercício de qualquer atividade econômica, sem necessidade de autorização de órgãos públicos, à exceção dos casos previstos em lei.

É importante ressaltar, no entanto, que, diferentemente do que ocorria no liberalismo clássico, o Estado não atua como mero observador da atividade econômica, mas sim como participante, devendo atuar no sentido de impedir a violação a este postulado de livre iniciativa, punindo aglomerações de empresas ou acordos nocivos à livre concorrência.

No entanto, a intervenção estatal tem limites. O Supremo Tribunal Federal inclusive já se manifestou, em diversas situações, estipulando que a atuação estatal na economia deve respeitar os limites da livre iniciativa e que os prejuízos decorrentes desta intervenção serão indenizados nos moldes do art. 37, §6º da Constituição Federal. [3]

4. PRINCÍPIOS DA ORDEM ECONÔMICA

Além dos fundamentos elencados, a Constituição Federal contemplou alguns princípios que devem nortear o sistema da ordem econômica no país, a seguir indicados:

a) **soberania nacional**: a ordem econômica não pode desenvolver-se de modo a colocar em risco a soberania nacional em face dos interesses externos.

b) **Propriedade privada e função social da propriedade**: também pilares do pensamento capitalista, a atividade econômica deve respeitar a propriedade, devendo, no entanto, ser analisada de acordo com os ditames do interesse público.

c) **livre concorrência**: devendo o Estado permitir a atuação livre dos cidadãos no cenário econômico e, ao mesmo tempo, reprimir qualquer abuso que possa causar prejuízos aos menos favorecidos em razão do abuso do poder econômico.

d) **defesa do consumidor**: atrelado diretamente à vedação do abuso por parte do fornecedor de bens e serviços que detém os meios de produção

e) **defesa do meio ambiente**: o que traz a noção de desenvolvimento sustentável, não se admitindo a destruição do meio ambiente como forma de reduzir custos na produção de bens e mercadorias.

f) **tratamento favorecido para empresas de pequeno porte**: que é personificação do princípio da isonomia material, buscando igualar juridicamente as microempresas e empresas de pequeno porte por meio de benefícios e subvenções.

Enfim, esses princípios devem ser analisados de forma a se perceber que o tratamento dado pelo constituinte à ordem econômica está ligado diretamente à garantia de justiça social, o que justifica toda a atuação estatal dentro deste setor.

5. FORMAS DE ATUAÇÃO DO ESTADO

A despeito da existência de algumas controvérsias acerca do tema, pode-se estabelecer que o Estado atua de duas formas na ordem econômica.

---

3. Pode-se citar como exemplo, o julgamento do RE n. 422941-DF, 2ª Turma, Rel. Min. CARLOS VELLOSO, 21/05/2005.

Estado regulador: a primeira forma de atuação do ente público no domínio econômico se dá por meio da regulação das atividades exercidas pelos particulares. Neste contexto, atua definindo normas de atuação, reprimindo o abuso do poder econômico e fiscalizando as atividades exercidas pelos particulares com finalidade lucrativa, como forma de evitar distorções do sistema.

Estado executor: trata-se da segunda forma de atuação do Estado que, em casos excepcionais, pode explorar diretamente atividades econômicas. Com efeito, o ente estatal deixa a posição de controlador da atividade dos particulares para se inserir no mercado como executor direto da atividade do segundo setor.

Insta salientar que o art. 173 da Carta Magna dispõe que esta exploração direta de atividade econômica pelo Estado se dá como forma de atingir o interesse da coletividade ou de garantir a segurança nacional, não se dando com finalidade lucrativa.

Como em cada uma dessas posições há regras e princípios específicos, passa-se à análise de cada uma delas.

6. ESTADO REGULADOR

Conforme previamente explicitado, o ente público tem o dever de atuar regulando a atividade econômica de forma a evitar atuações abusivas do poder econômico e proteger a sociedade da busca desenfreada pelo lucro. Como bem diz José dos Santos Carvalho Filho, *"Estado Regulador é aquele que, através de regime interventivo, se incumbe de estabelecer as regras disciplinadoras da ordem econômica com o objetivo de ajustá-la aos ditames da justiça social"*[4].

O art. 174 da Carta Magna dispõe que *"Como agente normativo e regulador da atividade econômica, o Estado exercerá, na forma da lei, as funções de fiscalização, incentivo e planejamento, sendo este determinante para o setor público e indicativo para o setor privado."*.

É possível destacar do texto do dispositivo transcrito que o ente público pode se manifestar de **três formas diversas** na regulação da atividade econômica, quais sejam, **a fiscalização, o incentivo e o planejamento**.

A **fiscalização** se manifesta por meio da verificação dos setores econômicos com a intenção de evitar comportamentos abusivos dos particulares, valendo-se do seu poder econômico, causando prejuízos a empregados, consumidores, pequenas empresas, entre outros hipossuficientes.

O **incentivo ou fomento** pode ser ilustrado por medidas como isenções fiscais, subsídios, aumentos de tributos de importação de determinados produtos, assistência tecnológica e incentivos creditícios do poder público que visam a auxiliar no desenvolvimento econômico e social do país.

O **planejamento,** por seu turno, se apresenta por meio da estipulação de metas a serem alcançadas pelo governo no ramo da economia.

4. CARVALHO FILHO, José dos Santos. Manual de Direito Administrativo. Rio de Janeiro: Editora Atlas, 26ª ed. 2015.

É possível, então, verificar que estas atividades pautam a **intervenção direta do Estado no domínio econômico.**

6.1. Competências para intervenção

A União pode ser enxergada, dentro do sistema de partilha constitucional de atribuições ora vigente, a principal responsável pelas medidas de regulação do Estado na atividade econômica.

Com efeito, o art. 21 da Constituição da República, ao tratar da competência administrativa, define algumas atribuições relevantes a esta intervenção estatal no setor da economia indicadas a seguir:

a) a elaboração e a execução de planos nacionais e regionais de ordenação do território e de desenvolvimento econômico e social (inciso IX);

b) a fiscalização de operações financeiras, como a de crédito, câmbio, seguros e previdência privada (inciso VIII);

c) a reserva de função relativa ao serviço postal (inciso X);

d) a organização dos serviços de telecomunicações, radiodifusão, energia elétrica (incisos XI e XII);

e) o aproveitamento energético dos cursos d'água e os serviços de transportes, entre outros. (inciso XII, " b", "c", "d" "e").

Da mesma forma, ao tratar da competência para a edição de leis acerca dos temas relacionados a esta atuação, o art. 22 da Carta Magna atribui à União Federal, privativamente, legislar sobre:

a) o comércio exterior e interestadual (inciso VIII);

b) os sistemas de poupança, captação e garantia da poupança popular (inciso XIX);

c) diretrizes da política nacional de transportes (inciso IX);

d) jazidas, minas e outros recursos minerais (inciso XII)

Em verdade, pode-se perceber que há, dentro das disposições constitucionais, uma supremacia da União como representante do Estado-Regulador da ordem econômica. Todavia, cumpre informar que o parágrafo único do art. 22, ora mencionado, determina que **Lei Complementar poderá autorizar os Estados a legislar sobre questões especificas relacionadas às matérias hoje reservadas à União.**

Outrossim, ao Estado e ao Distrito Federal foram atribuídas algumas funções supletivas definidas pelo art. 24 da Carta Magna que trata da competência legislativa concorrente entre os entes federativos para tratar acerca de direito econômico e financeiro, produção e consumo e proteção do meio ambiente. Como sói acontecer, nestas situações, a União fica responsável pela edição de normas gerais sobre os temas, deixando aos demais entes federativos a legitimidade para a expedição de normas suplementares.

Por fim, o art. 23 da Constituição Federal, ao tratar da competência administrativa comum, também aponta atividades relacionadas à intervenção estatal no domínio econômico. Desta forma, compete a todas as entidades políticas, concorrentemente, proteger o meio ambiente, fomentar a produção agropecuária e organizar o abastecimento alimentar, combater as causas da pobreza e promover a integração social dos segmentos hipossuficientes.

6.2. Repressão ao abuso do poder econômico

É importante, antes de analisar as formas de abuso do poder econômico, ressaltar que a justiça social, conforme previamente explicitado, depende de uma relação saudável entre os atores da economia, evitando que aqueles que se encontram em situação de hipossuficiência sejam subjugados pelos detentores dos meios de produção e do capital. Em razão disso, a Carta Magna legitima o ente estatal a regular e fiscalizar as atividades dos particulares a fim de evitar abusos na busca pelo lucro.

Tratando do tema, Diogo de Figueiredo Moreira Neto dispõe *que "O poder econômico é derivado do acúmulo de riquezas e, se a ordem econômica estiver em situação regular, e sem as frequentes crises que a assolam, tal poder é positivo no sentido de aperfeiçoamento dos produtos e serviços, bem como das condições de mercado".*[5]

Portanto, como forma de manter a justiça no bojo da sociedade, o poder público se vale de algumas estratégias de intervenção reguladoras do mercado e impeditivas de condutas abusivas por parte dos detentores do poder no cenário econômico. Ainda de forma muito elucidativa, José dos Santos Carvalho Filho afirma que *"Podemos definir, pois, a repressão ao abuso do poder econômico como o conjunto de estratégias adotadas pelo Estado que, mediante a intervenção na ordem econômica, têm o objetivo de neutralizar os comportamentos causadores de distorção nas condições normais de mercado em decorrência do acúmulo de riquezas".* [6]

Na mesa esteira, estabelece o texto constitucional, no verbete do art. 173, §4º, que *" a lei reprimirá o abuso do poder econômico que vise à dominação dos mercados, à eliminação da concorrência e ao aumento arbitrário dos lucros"* e, no art. 146, *" lei complementar poderá estabelecer critérios especiais de tributação, com o objetivo de prevenir desequilíbrios da concorrência, sem prejuízo da competência de a união, por lei, estabelecer normas de igual objetivo".*

Em ambos os casos, é evidente que os dispositivos constitucionais permitem e exigem que o legislador busque mecanismos de repressão ao abuso cometido pelos particulares no setor econômico.

6.2.1. Hipóteses de abuso

É possível se dividir as formas de abuso do poder econômico em três hipóteses de conduta relevantes.

a) **Dominação dos mercados**

5. MOREIRA NETO, Diogo de Figueiredo. Curso de Direito Administrativo. Rio de Janeiro: Editora Forense, 2009.
6. CARVALHO FILHO, José dos Santos. Manual de Direito Administrativo. Rio de Janeiro: Editora Atlas, 26ª ed. 2015.

A tradicional lei da oferta e da procura é crucial para a formação do mercado, de forma que o equilíbrio das relações econômicas se baseia nesta adequação entre o fornecimento de bens e serviços e o consumo.

Neste diapasão, pode-se chegar à conclusão que, qualquer conduta que vise a destruir esta relação equilibrada se dará em sentido contrário à manutenção de uma economia saudável.

Imagine o seguinte exemplo: uma grande rede de supermercados decide adquirir todos os seus concorrentes. Neste contexto, suas unidades começam a vender os produtos a valores muito baixos, deixando seus oponentes financeiramente arrasados. Trata-se da utilização de **preços predatórios** como forma de eliminação da concorrência.

Em seguida, faz uma proposta de compra e, ao se tornar proprietário de todos os supermercados da cidade, poderá praticar os preços que entender mais vantajosos, haja vista a ausência de competição.

b) **Eliminação da concorrência**

Normalmente, pode-se dizer que a eliminação da concorrência decorre do domínio de mercado. Conforme explicitado no exemplo anterior, a existência da competição é indispensável à imposição de preços dos bens e serviços.

c) **Aumento arbitrário dos lucro**

Trata-se de conduta que também deriva das hipóteses anteriores. Neste caso, no entanto, é possível que haja conluio entre empresas fornecedoras de bens e serviços sem que haja aquisição de uma pela outra.

Se, por exemplo, todas as empresas fornecedoras de um serviço essencial à vida em grandes cidades, como a gasolina, decidem praticar o mesmo preço para a venda do produto, garantindo uma margem de lucro exorbitante, estará sendo lesado o direito do consumidor de adquirir o produto com valores menores em razão da concorrência, a qual ensejaria uma variação interessante de preços do produto.

6.2.2. Espécies de abuso. Trustes, cartéis e dumping

Os trustes, os cartéis e o dumping refletem espécies de dominação de mercado e consequente atuação abusiva dos atores da economia. Vejam-se as características desses fenômenos.

- **Truste** é espécie de abuso pela qual uma grande empresa domina o mercado e afasta seus concorrentes, seja adquirindo as empresas que fornecem produtos em ampla competição, seja obrigando estas a seguir a estratégia econômica que adota. É uma forma adotada por grandes empresas, com a intenção de subjugar pequenos empresários, gerando um aumento na margem de lucro da dominadora, em detrimento dos consumidores. Neste caso, pode-se retornar ao exemplo citado anteriormente da grande rede de supermercados que adquire todos os seus concorrentes, se tornando a única opção para que os cidadãos, de uma localidade, adquiram bens de consumo.
- **Cartel**, por seu turno, se configura conjugação de interesses entre grandes empresas com o intuito o de eliminar a concorrência e aumentar arbitrariamente seus lucros. Na maioria

das vezes, em razão do poderio econômico desses grupos, o pequeno empresariado acaba por sucumbir, sendo levado à falência ou adquirido pelo grupo dominante. Mais uma vez, o exemplo citado no tópico anterior é bem elucidativo, quando se tratou do conluio efetivado entre os maiores proprietários de postos de gasolina de uma determinada localidade. Nestes casos, os consumidores saem prejudicados, uma vez que a eliminação da concorrência tende a ensejar um aumento no preço dos produtos.

- **Dumping** pode ser caracterizado, muitas vezes, como abuso de caráter internacional. Ocorre quando uma empresa recebe subsídio oficial de seu país de modo a baratear excessivamente o custo do produto. Neste caso, o preço do produto ficará muito inferior ao das empresas que arcam com seus próprios custos tornando inviável a competição, propiciando-lhes uma inevitável elevação de lucros. Suponha, a título de exemplo, que o governo brasileiro decida subsidiar toda a produção de soja no território nacional, por meio de isenção de tributos e pagamento de incentivos aos produtores que não serão responsáveis pelo custo da produção. Neste caso, o produto entrará no mercado internacional com preço muito abaixo dos demais exportadores, ensejando um desequilíbrio.

6.2.3. Práticas restritivas verticais

Trata-se de restrições impostas por produtores de bens ou serviços sobre mercados relacionados verticalmente ao longo da cadeia produtiva. Seguem-se as espécies.

- **Venda casada** – ocorre quando o fornecedor de um determinado bem ou serviço somente admite vendê-lo mediante a aquisição de outro produto, exigindo do consumidor final a compra de mais de um bem, ainda que não tenha interesse.
- **Acordo de exclusividade** – está presente sempre que um produtor celebra contrato se comprometendo a vender seus bens para um único fornecedor, ou vice e versa.
- **Fixação de preços de revenda** – se configura nas situações em que o produtor de bem ou serviço estabelece o preço a ser praticado pelos revendedores. Muitas vezes, não estabelece um preço fixo, todavia, determina um preço máximo ou mínimo, o que também não é admitido.
- **Restrições territoriais** – representa o fato de um produtor definir limitações territoriais quanto à área de atuação dos distribuidores, ensejando uma restrição à concorrência.

6.3. Normas de repressão dos abusos

6.3.1. Sistema Brasileiro de Defesa da Concorrência (SBDC)

Conforme regulamentação da lei 8.884/94, alterada em alguns dispositivos, pela Lei 12.529/11, o SBDC é formado pelo **Conselho Administrativo de Defesa Econômica (CADE)**, que possui natureza jurídica de autarquia, vinculada ao Ministério da Justiça, e pela **Secretaria de Acompanhamento Econômico do Ministério da Fazenda (SEAE).**

O CADE é constituído por quatro órgãos com nomenclaturas e atribuições específicas:

- **Tribunal Administrativo de Defesa Econômica**: é o órgão administrativo que tem a função de proferir decisões referentes às controvérsias surgidas na atuação econômica. O tribunal é responsável pelo julgamento de infrações e aplicação de penalidades acaso devidas, assim como a análise de processos administrativos referentes a abuso do poder econômico. O art. 9º, §2º da lei 12.529/11 dispõe que as decisões proferidas por este órgão não se sujeitam a recurso hierárquico impróprio, encaminhado ao Ministério da Justiça, somente podendo ser analisada pelo Poder Judiciário, no exercício da função jurisdicional, em caso de ilegalidade.
- **Departamento de Estudos Econômicos**: regulamentado pelo art. 17 da lei 12.529/11, é órgão criado para a elaboração de estudos e emissão pareceres na esfera econômica.
- **Superintendência-Geral**: trata-se de órgão com a atribuição de promover procedimentos preparatórios à instauração de inquéritos administrativos para apuração de infrações à ordem econômica. Este órgão deve ser responsável pela instrução probatória e andamento processual até o encaminhamento para o Tribunal Administrativo que deverá efetuar o julgamento.
- **Procuradoria Federal Especializada**: Não se trata de órgão específico do CADE, mas sim órgão da Administração Direta, vinculado à AGU, responsável pela representação judicial da autarquia, bem como consultoria e assessoramento jurídico.

6.3.2. Responsabilização e sanções aplicáveis nos casos de infração à ordem econômica

Conforme explicitado previamente, o diploma legal que regula, de forma mais detalhada, a repressão ao abuso do poder econômico, assim como as providencias administrativas e judiciais a serem tomadas com a finalidade de combater situações abusivas na economia, é a Lei nº 12.529/11, que estrutura o Sistema Brasileiro de Defesa da Concorrência – SBDC.

Quanto às infrações, a referida lei aplica-se a pessoas físicas ou jurídicas, de direito público ou privado, e, ainda, a associações de entidades ou pessoas, de fato ou de direito, mesmo que sem personalidade jurídica ou de caráter temporário, sendo prevista a responsabilidade solidária das sociedades empresárias envolvidas, quando pelo menos uma delas praticar infração à ordem econômica.

Ademais, o art. 34 da lei prevê a desconsideração da personalidade jurídica para atingir as pessoas dos sócios, dispondo que *"A personalidade jurídica do responsável por infração da ordem econômica poderá ser desconsiderada quando houver da parte deste abuso de direito, excesso de poder, infração da lei, fato ou ato ilícito ou violação dos estatutos ou contrato social"*. O parágrafo único deste dispositivo ainda afirma que *"A desconsideração também será efetivada quando houver falência, estado de insolvência, encerramento ou inatividade da pessoa jurídica provocados por má administração"*.

A lei dispõe ainda que a **responsabilização será objetiva**, ou seja, as infrações podem ser cometidas independentemente de culpa e são formalizadas por atos que visam aos seguintes efeitos: a) limitar, falsear ou prejudicar a livre concorrência ou a livre iniciativa; b) dominar mercado relevante de bens ou serviços; c) aumentar arbitrariamente os lucros; e d) exercer de forma abusiva posição dominante.

A prática de infrações sujeita o infrator à aplicação de sanções. A sanção mais comum é a de **multa**, que sofre variação conforme a natureza do sujeito ou a gravidade da infração:

I - no caso de empresa, multa de 0,1% (um décimo por cento) a 20% (vinte por cento) do valor do faturamento bruto da empresa, grupo ou conglomerado obtido, no último exercício anterior à instauração do processo administrativo, no ramo de atividade empresarial em que ocorreu a infração, a qual nunca será inferior à vantagem auferida, quando for possível sua estimação;

II - no caso das demais pessoas físicas ou jurídicas de direito público ou privado, bem como quaisquer associações de entidades ou pessoas constituídas de fato ou de direito, ainda que temporariamente, com ou sem personalidade jurídica, que não exerçam atividade empresarial, não sendo possível utilizar-se o critério do valor do faturamento bruto, a multa será entre R$ 50.000,00 (cinquenta mil reais) e R$ 2.000.000.000,00 (dois bilhões de reais);

III - no caso de administrador, direta ou indiretamente responsável pela infração cometida, quando comprovada a sua culpa ou dolo, multa de 1% (um por cento) a 20% (vinte por cento) daquela aplicada à empresa, no caso previsto no inciso I do caput deste artigo, ou às pessoas jurídicas ou entidades, nos casos previstos no inciso II do caput deste artigo.

Além da pena pecuniária, **o infrator poderá sofrer sanções como a publicação da decisão condenatória, a proibição de contratar com entidades oficiais, a cisão da sociedade, a transferência de controle acionário e a cessação parcial da atividade, bem como a pena de proibição de exercer o comércio pelo prazo de até 5 anos e a inscrição do infrator no Cadastro Nacional de Defesa do Consumidor** .

A **prescrição** da pretensão punitiva da Administração ocorre no prazo de cinco anos, contado da prática do ilícito ou, tratando-se de infrações permanentes ou continuadas, do dia em que houver a cessação da prática de ilícito. A legislação ainda regula que haverá interrupção do prazo prescricional diante qualquer ato administrativo ou judicial que tenha por objeto a apuração da infração contra a ordem econômica, assim como a notificação ou a intimação da investigada. Todavia, é possível que ocorra a **prescrição intercorrente**, caso o procedimento administrativo fique paralisado por mais de 3 (três) anos, pendente de julgamento ou despacho.

A lei 12529/11 ainda regulamenta uma série de procedimentos administrativos para apuração de infrações à ordem econômica, inclusive para imposição de sanções.

Outrossim, o CADE poderá tomar do representado **compromisso de cessação** da prática sob investigação ou dos seus efeitos lesivos, sempre que, em juízo de conveniência e oportunidade, devidamente fundamentado, entender que atende aos interesses protegidos por lei. Nestes casos, o termo de compromisso deverá conter:

a) a especificação das obrigações do representado no sentido de não praticar a conduta investigada ou seus efeitos lesivos, bem como obrigações que julgar cabíveis;

b) a fixação do valor da multa para o caso de descumprimento, total ou parcial, das obrigações compromissadas;

c) a fixação do valor da contribuição pecuniária ao Fundo de Defesa de Direitos Difusos quando cabível.

Trata-se de instrumento similar ao termo de ajustamento de conduta, previsto originariamente na Lei n. 7.347/1985, que rege a ação civil pública. A proposta de termo de compromisso somente pode ser apresentada uma vez e sua inexecução enseja o prosseguimento do processo investigativo.

6.3.3. Acordo de leniência

A lei estipula que o CADE, por intermédio da Superintendência-Geral, poderá celebrar acordo de leniência, com a extinção da ação punitiva da administração pública ou a redução de 1 (um) a 2/3 (dois terços) da penalidade aplicável, com pessoas físicas e jurídicas que forem autoras de infração à ordem econômica, desde que colaborem efetivamente com as investigações e o processo administrativo e que dessa colaboração resulte a identificação dos demais envolvidos na infração e a obtenção de informações e documentos que comprovem a infração noticiada ou sob investigação.

O instituto se assemelha à colaboração premiada, existente no direito penal, que suscita algumas controvérsias na doutrina, inclusive no que tange à confiabilidade deste auxílio. Enfim, busca-se, com isso, conseguir atingir os infratores que estão no centro da operação, ainda que, para isso, se diminuam as penalidades que seriam aplicadas aos infratores de menor potencial ofensivo.

O acordo somente poderá ser celebrado se preenchidos, cumulativamente, os seguintes requisitos:

> I - a empresa seja a primeira a se qualificar com respeito à infração noticiada ou sob investigação;
>
> II - a empresa cesse completamente seu envolvimento na infração noticiada ou sob investigação a partir da data de propositura do acordo;
>
> III - a Superintendência-Geral não disponha de provas suficientes para assegurar a condenação da empresa ou pessoa física por ocasião da propositura do acordo; e
>
> IV - a empresa confesse sua participação no ilícito e coopere plena e permanentemente com as investigações e o processo administrativo, comparecendo, sob suas expensas, sempre que solicitada, a todos os atos processuais, até seu encerramento.

Os efeitos do acordo de leniência serão estendidos às empresas do mesmo grupo, de fato ou de direito, e aos seus dirigentes, administradores e empregados envolvidos na infração, desde que o firmem em conjunto, respeitadas as condições impostas.

Importa ainda ressaltar que, a proposta de acordo rejeitada pelo poder público não poderá importar em confissão quanto à matéria de fato, nem reconhecimento de ilicitude da conduta analisada. Caso seja celebrado e descumprido o ajuste, o beneficiário ficará impedido de celebrar novo acordo de leniência pelo prazo de três anos, contado da data de seu julgamento. Por seu turno, se for devidamente cumprido o acordo, estará extinta a punibilidade dos crimes.

6.3.4. Controle de concentrações

Conforme previamente explicitado, é função primordial do CADE o controle de concentração, com o intuito de evitar a formação de trustes ou cartéis pela associação ou absorção de grupos econômicos de maior poder econômico-financeiro, podendo provocar domínio do mercado e, consequentemente, ofensa ao princípio da livre concorrência.

A legislação considera ato de concentração qualquer situação na qual:

- duas ou mais empresas anteriormente independentes se fundem;
- uma ou mais empresas adquirem, direta ou indiretamente, por compra ou permuta de ações, quotas, títulos ou valores mobiliários conversíveis em ações, ou ativos, tangíveis ou intangíveis, por via contratual ou por qualquer outro meio ou forma, o controle ou partes de uma ou outras empresas;
- uma ou mais empresas incorporam outra ou outras empresas; ou
- duas ou mais empresas celebram contrato associativo, consórcio ou joint venture.

Por fim, cumpre ressaltar que a decisão condenatória do CADE, seja aplicando multa ou impondo obrigação de fazer ou não fazer, constitui título executivo extrajudicial. Em se tratando de aplicação de multa, a execução, obedece à Lei n. 6.830/1980, que regula a cobrança judicial da dívida ativa da Fazenda Pública.

Dependendo da gravidade da infração, pode a execução alvitrar a intervenção na empresa como tutela específica, nomeando-se um interventor. Nestes casos, a lei 12.529/11 estabelece que:

> *"Art. 102. O Juiz decretará a intervenção na empresa quando necessária para permitir a execução específica, nomeando o interventor.*
>
> *Parágrafo único. A decisão que determinar a intervenção deverá ser fundamentada e indicará, clara e precisamente, as providências a serem tomadas pelo interventor nomeado.*
>
> *Art. 103. Se, dentro de 48 (quarenta e oito) horas, o executado impugnar o interventor por motivo de inaptidão ou inidoneidade, feita a prova da alegação em 3 (três) dias, o juiz decidirá em igual prazo.*
>
> *Art. 104. Sendo a impugnação julgada procedente, o juiz nomeará novo interventor no prazo de 5 (cinco) dias.*
>
> *Art. 105. A intervenção poderá ser revogada antes do prazo estabelecido, desde que comprovado o cumprimento integral da obrigação que a determinou.*
>
> *Art. 106. A intervenção judicial deverá restringir-se aos atos necessários ao cumprimento da decisão judicial que a determinar e terá duração máxima de 180 (cento e oitenta) dias, ficando o interventor responsável por suas ações e omissões, especialmente em caso de abuso de poder e desvio de finalidade".*

6.4. Controle do abastecimento

É possível que, em momentos de crise econômica e inflação elevada, algumas empresas retenham seus produtos ou deixem de prestar seus serviços, com a intenção de lucrar com a venda posterior em razão do processo inflacionário. Nestas situações, a população fica carente de bens e serviços que atendam às suas necessidades. Trata-se de atividade especulativa, consequentemente, pode ser considerada modalidade de abuso do poder econômico.

Sendo assim, o Estado, atuando enquanto regulador da economia, pode intervir na atividade econômica, de forma coercitiva, impondo a prestação dos serviços e fornecimento de produtos, sob pena de aplicação de penalidades.

A Lei Delegada n. 4/62, prevê várias hipóteses que justificam a intervenção do Estado no setor econômico. Dispõe o diploma legal que a intervenção consistirá na compra, armazenamento, distribuição e venda de gêneros e produtos alimentícios, gado vacum, suíno, ovino e caprino, destinado ao abate, aves e pescado próprios para alimentação, tecidos e calçados de uso popular, medicamentos, Instrumentos e ferramentas de uso individual, máquinas, inclusive caminhões, "jipes", tratores, conjuntos motomecanizados e peças sobressalentes, destinadas às atividades agropecuárias, arames, farpados e lisas, quando destinados a emprego nas atividades rurais, artigos sanitários e artefatos industrializados, de uso doméstico, cimento e laminados de ferro, destinados à construção de casas próprias, de tipo popular, e as benfeitorias rurais, bem como produtos e materiais indispensáveis à produção de bens de consumo popular, entre outra medidas como a desapropriação de bens, por interesse social; ou na requisição de serviços, necessários à manutenção de serviços essenciais, sendo vedada a desapropriação de animais de serviço ou destinados à reprodução.

Além disso, a legislação dispõe que os produtos adquiridos por compra ou desapropriação serão entregues ao consumidor através de empresas estatais especializadas, organismos federais, estaduais ou municipais, de administração direta ou indireta ou entidades privadas, de comprovada idoneidade.

Com efeito, o controle do abastecimento de bens e serviços à sociedade é caracterizado como atividade de interesse público, sendo que a interrupção do fornecimento pode ensejar graves consequências, com o simples intuito de aumento de lucro por parte do fornecedor, o que não pode ser admitido. Dentro deste contesto, o ente público, se valendo do seu poder de polícia poderá definir padrões e atuar diretamente no abastecimento como forma de atender às necessidades coletivas.

6.5. Tabelamento de preços

O art. 2º, II da Lei Delegada n. 04/62 estipula que a intervenção do Estado no domínio econômico também consiste "*na fixação de preços e no controle do abastecimento, neste compreendidos a produção, transporte, armazenamento e comercialização*".

Primeiramente, cumpre ressaltar que a intervenção do Estado ocorre em relação aos preços privados, ou seja, àqueles praticados por particulares que atuam no mercado de prestação de serviços e fornecimento de bens. Em relação aos preços públicos, não há necessidade de intervenção, haja vista serem definidos por ato unilateral do Estado quando prestador de serviços.

Ressalte-se que a o valor a ser cobrado por bens e serviços privados decorre das condições de mercado, através de sua natural lei da oferta e procura, aquela que equilibra ou desequilibra o mercado conforme a natureza dos acontecimentos no sistema econômico. Ou seja, quando a oferta é maior que a procura, os preços tendem a reduzir-se; quando a procura é maior que a oferta, os preços tendem a elevar-se e, como regra, os preços devem ser naturalmente fixados pelo mercado, mas nem sempre é isso que se passa.

De fato, existem situações nas quais a sonegação de bens e serviços para o consumo regular do mercado, levada a efeito por alguns setores empresariais, provoca uma alta artificial dos preços. Trustes, cartéis, dominação de mercados, eliminação da concorrência, todos esses fatores rendem ensejo à elevação artificial dos preços.

Suponha-se que os revendedores de açúcar de um estado decidiram se agrupar para retirar do mercado o produto durante um tempo, criando artificialmente uma demanda maior pelo produto, o que ensejaria a alta de preços deste bem.

Nestes casos, quando há desequilíbrio do mercado, o ente estatal deve atuar interventivamente, podendo se valer de tabelamento de preços.

Nestes termos, José dos Santos Carvalho Filho explica que *"Tabelamento de preços, portanto, é a fixação dos preços privados de bens e produtos pelo Estado quando a iniciativa privada se revela sem condições de mantê-los nas regulares condições de mercado. Tem sido denominado por alguns analistas de "congelamento", o que não deixa de ser um tabelamento protraído no tempo"*.[7]

Por fim, cumpre lembrar que esse tipo de intervenção estatal não pode ser utilizada como forma de controle da inflação, intervindo o Estado nas leis de mercado mesmo sem que haja qualquer espécie de desequilíbrio.

7. ESTADO EXECUTOR

Além da regulação da atividade econômica, por meio do tabelamento de preços, controle e sancionamento dos atos contrários à livre concorrência, entre outras medidas, o ente público também atua diretamente na execução da atividade econômica ao lado dos particulares.

Por óbvio, as atividades primordiais do Estado são apresentadas por meio da prestação de serviços públicos, execução de obras e aplicação de normas de polícia. Todavia, excepcionalmente, admite-se a exploração direta de atividade econômica, desde que respeitados os limites travados na própria Constituição Federal. É claro que o exercício estatal dessas atividades não pode constituir-se em regra geral.

Neste sentido, o Estado pode criar pessoas jurídicas a ele vinculadas, destinadas mais apropriadamente à execução de atividades econômicas. De fato, a Carta Magna, em seu art. 37, XIX, prevê a possibilidade de criação, mediante autorização legislativa, de empresas públicas e sociedades de economia mista que podem atuar explorando atividade de mercado, desde que na busca do interesse público.

Pode-se, portanto, definir que o Estado executa atividade econômica por meio de entidades da Administração Indireta, integrante da estrutura da organização administrativa, vinculada aos entes federativos por meio de controle ministerial. Trata-se de exploração direta de atividade econômica pelo Estado.[8]

---

7. CARVALHO FILHO, José dos Santos. Manual de Direito Administrativo. Rio de Janeiro: Editora Atlas, 26ª ed. 2015.
8. O professor José dos Santos Carvalho Filho interpreta isso como exploração indireta do Estado, por não ser executada pelos entes federativos (União, Estados, Municípios ou Distrito Federal). Neste ponto, a doutrina deste mestre é minoritária.

7.1. Exploração direta em regime de livre concorrência

A regra relativa à exploração direta de atividades econômicas pelo Estado se encontra no art. 173 da Constituição Federal, a qual dispõe que *"Ressalvados os casos previstos nesta Constituição, a exploração direta de atividade econômica pelo Estado só será permitida quando necessária aos imperativos da segurança nacional ou a relevante interesse coletivo, conforme definidos em lei"*.

Verifica-se, de uma leitura conjunta deste dispositivo e do art. 170, IV da Carta Magna, que compete, primordialmente, ``a iniciativa privada a exploração de atividades econômicas, com a finalidade de obtenção de lucro, razão pela qual, a possibilidade de atuação do Estado executando atividades mercantis deve ser interpretada restritivamente, por se caracterizar norma de exceção.

Ademais, a atuação do Estado no domínio econômico, mediante a exploração de atividades, não pode se dar com finalidade lucrativa, ou seja, as empresas estatais não devem ser criadas após a análise do cenário econômico mais favorável à obtenção de lucro pelo ente público e sim com o intuito de atender a necessidades coletivas.

Com efeito, ainda que sejam criadas para fins de exploração de atividades econômicas, a finalidade destas empresas estatais deve ser o interesse público, não sendo possível a criação de entidade com a finalidade de obtenção de lucro. Com efeito, é possível que o lucro seja consequência de uma determinada atividade, como ocorre em casos de exploração e venda de derivados do petróleo, ou na atividade financeira, mas não pode ser o mote de criação da entidade, nem pode condicionar seus atos.

Dois são os pressupostos que justificam esta intervenção direta do Estado, atuando na exploração da atividade de mercado. Vejamos.

- **Segurança nacional**: Trata-se de pressuposto político. O texto constitucional deixa claro que se a ordem econômica conduzida pelos particulares estiver causando algum risco à soberania do país, fica o estado autorizado a intervir no domínio econômico, direta ou indiretamente, para restabelecer a ordem.

- **Relevante interesse coletivo**: Compete à lei definir o que pode ser tratado como situação de interesse coletivo relevante, haja vista se tratar de conceito jurídico indeterminado. Em algumas situações, a própria Constituição Federal pode permitir a exploração de atividade econômica direta, por considerar que se trata de caso no qual o interesse coletivo demanda atuação estatal.

7.1.1. Regime das empresas estatais

O art. 173, § 1º, da Constituição Federal, com redação dada pela EC n. 19/1988 (Reforma Administrativa do Estado) dispõe que a lei deverá estabelecer o estatuto jurídico da empresa pública, da sociedade de economia mista e de suas subsidiárias que explorem atividade econômica de produção ou comercialização de bens ou de prestação de serviço.

A referida lei, publicada sob o número 13.303/16, dispõe sobre vários aspectos, quais sejam, sua função social e formas de fiscalização pelo Estado e pela sociedade, a sujeição ao regime jurídico próprio das empresas privadas, inclusive quanto aos direitos e obrigações civis, comerciais, trabalhistas e tributários, licitação e contratação de obras, serviços, compras e alienações, observados os princípios da administração pública, a constituição e o funcionamento dos conselhos de administração e fiscal, com a participação de acionistas minoritários e os mandatos, a avaliação de desempenho e a responsabilidade dos administradores.

Enfim, **as empresas públicas e sociedades de economia mista poderão ser criadas, mediante a autorização de lei específica, dotadas de personalidade jurídica de direito privado, com o intuito de prestação de serviços por delegação** do ente federativo ou para fins de exploração de atividade econômica.

Em ambos os casos, a doutrina é pacífica no sentido de conferir a estas entidades um regime misto, ou híbrido, no qual o direito privado é derrogado por princípios inerentes à atuação do Estado.

Para melhor compreender estas entidades, remete-se ao estudo do **Capítulo 4** desta obra, que se dedica à análise da Organização Administrativa.

7.2. Monopólio estatal

Conforme dispõe a ciência econômica, o Monopólio configura situação na qual existe apenas um fornecedor de determinado bem ou serviço, não havendo preço de mercado, haja vista a imposição do preço pelo monopolista.

O monopólio privado é vedado pela Constituição, uma vez que permite a dominação do mercado e a eliminação da concorrência, o que pode ser considerado danoso à ordem econômica, denotando abuso de poder.

O monopólio estatal, por seu turno, não tem finalidade lucrativa, sendo regulamentado no próprio texto constitucional, em situações nas quais o poder público busca proteger o interesse público. Com efeito, em razão da finalidade protetiva, o monopólio do Estado em determinadas atividades econômica encontra guarida no texto da Constituição da República.

Enfim, pode-se considerar que o monopólio estatal tem a natureza de intervenção do Estado no domínio econômico, afastando a atuação dos particulares naquela específica atividade, como forma de se garantir o interesse da coletividade.

7.2.1. Atividades monopolizadas

Conforme dispõe a Carta Magna, constituem monopólio da União:

a) a pesquisa e a lavra das jazidas de petróleo e gás natural e outros hidrocarbonetos fluidos

b) a refinação do petróleo nacional ou estrangeiro;

c) a importação e exportação dos produtos e derivados básicos resultantes das atividades previstas nos incisos anteriores;

d) o transporte marítimo do petróleo bruto de origem nacional ou de derivados básicos de petróleo produzidos no País, bem assim o transporte, por meio de conduto, de petróleo bruto, seus derivados e gás natural de qualquer origem;

e) a pesquisa, a lavra, o enriquecimento, o reprocessamento, a industrialização e o comércio de minérios e minerais nucleares e seus derivados, com exceção dos radioisótopos cuja produção, comercialização e utilização poderão ser autorizadas sob regime de permissão;

f) a pesquisa e a lavra de jazidas e demais recursos minerais e o aproveitamento os potenciais de energia hidráulica, sendo que, nos casos de recursos minerais, será garantido ao concessionário a propriedade do produto da lavra.

Reduzindo a extensão do monopólio, o texto constitucional passou a consignar que a União poderá contratar empresas estatais ou privadas para a realização das atividades ligadas ao petróleo (ou seja, atividades "a", "b", "c" e "d". Desta forma, verifica-se que a atividade petrolífera se mantém monopolizada, admitindo-se, todavia, a concessão de privilégio a outras pessoas.

Neste sentido, Lei n. 9.478/1997 que trata do marco regulatório do petróleo permite a celebração de contratos de concessão, por meio do qual se delega a atividade a particulares, devendo haver pagamento de royalties ao governo federal.

Ademais, com a descoberta do pré-sal, foi editada a Lei n. 12.351, de 22/12/2010, que diversamente da lei anterior, estabeleceu marco regulatório sob novo regime, denominado de partilha de produção, também formalizado por contrato. Neste caso, o contratado explora a jazida por sua conta e risco, e o montante produzido, após serem descontados o custo operacional da sociedade e o total dos royalties, é partilhado com o governo.

Ademais, o art. 25, §2º da Constituição Federal dispõe que os estados terão monopólio na prestação de serviços de gás canalizado.

Por fim, cumpre ressaltar que existem atividades que se sujeitam a **monopólio implícito** do poder público. Nestes casos, o art. 21 da Carta Constitucional estabelece que somente o ente público poderá exercer atividades como a emissão de moedas, o serviço postal; a exploração de serviços de telecomunicação; e a exploração de serviços de radiodifusão sonora e de sons e imagens; de serviços de energia Elétrica e de aproveitamento dos cursos d´água; da navegação aérea, aeroespacial e a infraestrutura aeroportuária; de serviços de transporte ferroviário e aquaviário entre portos brasileiros e fronteiras nacionais, ou que transponham os limites de Estado ou território; de serviços de transporte rodoviário interestadual e internacional de passageiros; de portos marítimos, fluviais e lacustres.

8. QUADRO SINÓPTICO

<table>
<tr><th colspan="3">ATUAÇÃO DO ESTADO NO DOMÍNIO ECONÔMICO</th></tr>
<tr><th colspan="3">INTRODUÇÃO</th></tr>
<tr><td colspan="3">Historicamente, pode-se verificar que, no processo de construção de uma nação, sempre esteve presente uma associação entre a política e a economia. De fato, toda alteração efetivada em virtude de lei ou construção doutrinária, no campo da economia, gera reflexos no aspecto político e a situação inversa também ocorre.</td></tr>
<tr><td colspan="3">Ao longo do tempo, a intervenção estatal na economia vem sofrendo algumas variações, de acordo com a política econômica adotada. Neste sentido, podem ser apontadas duas fases relevantes neste contexto histórico:</td></tr>
<tr><td colspan="2">Estado Liberal de Direito ou Estado Abstencionista</td><td>Fase iniciada a partir do final do século XVIII. Doutrina de Adam Smith – "A riqueza das nações". Por essa doutrina, ao Estado não caberia a interferência nem a regulação da economia, limitando-se, em sua atividade à função de observador da organização processada pelos indivíduos (laissez faire, laissez passer).</td></tr>
<tr><td colspan="2">Estado Social de Direito ou Estado Intervencionista</td><td>Nesta fase, novos filósofos sociais procuravam incutir ideias antagônicas à da excessiva liberdade, destacando-se entre eles Karl Marx. Fase denominada de dirigismo econômico, em que o Poder Público produz uma estratégia sistemática de forma a participar ativamente dos fatos econômicos, seja na exploração direta de atividades econômicas, seja na restrição e regulação da economia exercida pelo particular.</td></tr>
<tr><th colspan="3">O ESTADO REGULADOR E A CONSTITUCIONALIZAÇÃO NORMATIVA</th></tr>
<tr><td colspan="3">A implantação de um Estado que atua de forma a regular a atividade econômica propiciou o estabelecimento de regras jurídicas reguladoras da ordem econômica dentro do texto constitucional. Trata-se do fenômeno da constitucionalização normativa, em que regras jurídicas insculpidas em leis passam a ter alcance normativo mais amplo, por meio de sua inserção dentro da Carta Política.</td></tr>
<tr><td colspan="3">O nosso texto constitucional vigente aborda, dentro deste contexto a regulação econômica em capítulo específico "DA ORDEM ECONÔMICA E FINANCEIRA", a partir do art. 170, dando estatura de norma supralegal às disposições que tratam deste tema.</td></tr>
<tr><td colspan="3">Insta salientar que não se trata de novidade trazida pelo Texto Maior vigente. Efetivamente, desde a Constituição de 1934, todas as Cartas subsequentes dedicaram um de seus capítulos à ordem econômica.</td></tr>
<tr><th colspan="3">A ORDEM ECONÔMICA E SEUS FUNDAMENTOS</th></tr>
<tr><td colspan="3">O art. 170 da Constituição da República Federativa do Brasil promulgada em 1988 dispõe que a ordem econômica é fundada em dois postulados básicos: a valorização do trabalho humano e a livre iniciativa.</td></tr>
<tr><td colspan="3">De fato, é nisso que se baseia a possibilidade de intervenção estatal. Em outras palavras, o ente público deverá agir sempre que entender que os atores do cenário econômico estejam agindo de forma a prejudicar qualquer de seus pilares de sustentação.</td></tr>
<tr><td rowspan="2">Fundamentos</td><td rowspan="2">Valorização do trabalho humano</td><td>Os valores sociais do trabalho estão definidos no art. 1º, IV, da Lei Maior como um dos fundamentos da República, o que demonstra, claramente, a preocupação do Constituinte em conciliar os fatores de capital e trabalho como forma de atender aos preceitos da justiça social.</td></tr>
<tr><td>A Carta Magna de 1988 não tolera comportamentos que coloquem em risco a vida ou a saúde dos trabalhadores ou que os reduza à condição análoga à de escravo. Assim, a CF possui um forte papel de intervenção nas relações de emprego, traçando garantias inafastáveis aos trabalhadores. Além disso, o art. 7º, entre outros dispositivos do texto constitucional detalham algumas prerrogativas asseguradas aos empregados.</td></tr>
</table>

<table>
<tr><th colspan="3">ATUAÇÃO DO ESTADO NO DOMÍNIO ECONÔMICO</th></tr>
<tr><td rowspan="3">Fundamentos</td><td rowspan="3">Liberdade de iniciativa</td><td>A livre iniciativa é postulado do regime capitalista e se resume na possibilidade dada a todos de ingressar no mercado de produção de bens e serviços por sua conta e risco, explorando atividade econômica com a finalidade de obtenção de lucro, sem que, para isso, precise concorrer com o Estado.</td></tr>
<tr><td>O Estado não atua como mero observador da atividade econômica, mas sim como participante, devendo atuar no sentido de impedir a violação a este postulado de livre iniciativa, punindo aglomerações de empresas ou acordos nocivos à livre concorrência.</td></tr>
<tr><td>No entanto, a intervenção estatal tem limites. O Supremo Tribunal Federal inclusive já se manifestou, em diversas situações, estipulando que a atuação estatal na economia deve respeitar os limites da livre iniciativa e que os prejuízos decorrentes desta intervenção serão indenizados nos moldes do art. 37, §6º da Constituição Federal.</td></tr>
<tr><th colspan="3">PRINCÍPIOS DA ORDEM ECONÔMICA</th></tr>
<tr><td colspan="3">Além dos fundamentos elencados, a Constituição Federal contemplou alguns princípios que devem nortear o sistema da ordem econômica no país, quais sejam: a soberania nacional, a propriedade privada e a função social da propriedade, a livre concorrência, a defesa do consumidor, a defesa do meio ambiente e o tratamento favorecido para empresas de pequeno porte.</td></tr>
<tr><th colspan="3">FORMAS DE ATUAÇÃO DO ESTADO</th></tr>
<tr><td colspan="2">Estado regulador</td><td>Nesta forma, o Estado define normas de atuação, reprimindo o abuso do poder econômico e fiscalizando as atividades exercidas pelos particulares com finalidade lucrativa, como forma de evitar distorções do sistema.</td></tr>
<tr><td colspan="2" rowspan="2">Estado executor</td><td>O Estado, em casos excepcionais, pode explorar diretamente atividades econômicas. Com efeito, o ente estatal deixa a posição de controlador da atividade dos particulares para se inserir no mercado como executor direto da atividade do segundo setor.</td></tr>
<tr><td>O art. 173, da CF, dispõe que esta exploração direta de atividade econômica pelo Estado se dá como forma de atingir o interesse da coletividade ou de garantir a segurança nacional, não se dando com finalidade lucrativa.</td></tr>
<tr><th colspan="3">ESTADO REGULADOR</th></tr>
<tr><td colspan="3">De acordo com o art. 174, da CF, o ente público pode se manifestar de três formas diversas na regulação da atividade econômica, quais sejam, a fiscalização, o incentivo e o planejamento.</td></tr>
<tr><td colspan="2">Fiscalização</td><td>Verificação dos setores econômicos com a intenção de evitar comportamentos abusivos dos particulares que se valendo do seu poder econômico, podem causar prejuízos a empregados, consumidores, pequenas empresas, entre outros hipossuficientes.</td></tr>
<tr><td colspan="2">Incentivo</td><td>Medidas como isenções fiscais, subsídios, aumentos de tributos de importação de determinados produtos, assistência tecnológica e incentivos creditícios do Poder Público que visam a auxiliar no desenvolvimento econômico e social do país.</td></tr>
<tr><td colspan="2">Planejamento</td><td>Estipulação de metas a serem alcançadas pelo governo no ramo da economia.</td></tr>
<tr><th colspan="3">COMPETÊNCIAS PARA INTERVENÇÃO</th></tr>
<tr><td colspan="3">A União pode ser enxergada, dentro do sistema de partilha constitucional de atribuições ora vigente, a principal responsável pelas medidas de regulação do Estado na atividade econômica nos moldes do art. 21, da Constituição Federal.</td></tr>
<tr><td colspan="3">O art. 22, da Constituição Federal, determina que Lei Complementar poderá autorizar os Estados a legislar sobre questões especificas relacionadas às matérias hoje reservadas à União. A União é responsável pela edição de normas gerais sobre os temas, deixando aos demais entes federativos a legitimidade para a expedição de normas suplementares.</td></tr>
<tr><td colspan="3">O art. 23 da Constituição Federal, ao tratar da competência administrativa comum, aponta atividades relacionadas à intervenção estatal no domínio econômico. Desta forma, compete a todas as entidades políticas, concorrentemente, proteger o meio ambiente, fomentar a produção agropecuária e organizar o abastecimento alimentar, combater as causas da pobreza e promover a integração social dos segmentos hipossuficientes.</td></tr>
</table>

9. JURISPRUDÊNCIAS 2015/2016

- **PROCESSUAL CIVIL E ADMINISTRATIVO. VIOLAÇÃO DO ART. 535 DO CPC. NÃO OCORRÊNCIA. PERDA DO OBJETO DA AÇÃO. INEXISTÊNCIA. OPERADORA DE SERVIÇO MÓVEL PESSOAL. LEI N. 9.472/97. CONCESSIONÁRIA DE SERVIÇO. PONTOS DE ATENDIMENTO PESSOAL AOS USUÁRIOS PARA FINS DE RECEBIMENTO E PROCESSAMENTO DE PEDIDO DE RESCISÃO CONTRATUAL. INSTALAÇÃO. OBRIGAÇÃO DA CONCESSIONÁRIA. DIREITO DOS USUÁRIOS AO SERVIÇO DE ATENDIMENTO ADEQUADO E EFICIENTE. INSUFICIÊNCIA DO SISTEMA DE "CALL CENTER". DANO MORAL COLETIVO. CONFIGURAÇÃO.** 1. Recurso especial em que se discute obrigação de fazer decorrente de má-prestação de serviço de telefonia e indenização por danos morais coletivos. 2. Inexiste a alegada violação do art. 535 do CPC, pois a prestação jurisdicional foi dada na medida da pretensão deduzida, conforme se depreende da análise do acórdão recorrido. 3. A edição da Resolução 477/2007, que regulamenta instalação de "Postos de Atendimento", não autoriza a conclusão de perda do objeto. O objeto processual se extingue, em geral, quando um dos elementos do binômio utilidade-necessidade ofusca-se, atingindo, portanto, o interesse processual. 4. A prestação de serviços de telefonia, segundo entendimento pacificado desta Corte Superior, submete-se ao regime de Direito Público, seguindo as diretrizes das Leis 9.472/1997 e 8.987/1995. Nesse sentido: REsp 976.836/RS, Rel. Ministro Luiz Fux, Primeira Seção, DJe 05/10/2010. 5. A alegação de que o acórdão violou os princípios constitucionais da "ordem econômica", da "livre concorrência", da "defesa do consumidor" (art. 170 da Constituição Federal) e da "separação de poderes" não pode ser conhecida, uma vez que seria vitável usurpação de competência do Supremo Tribunal Federal. "Nesse contexto, eventual contrariedade, caso existente, ocorreria apenas no plano constitucional, de modo que se configura inviável a rediscussão da matéria pelo STJ, no recurso especial" (AgRg no AREsp 657.266/RJ, Rel. Ministro Og Fernandes, Segunda Turma, julgado em 19/05/2015,DJe 05/06/2015.). 6. Reconhece-se que não é nenhum atentado aos interesses dos consumidores que pode acarretar dano moral difuso, que dê azo à responsabilidade civil. De fato, nem todo ato ilícito se revela como afronta aos valores de uma comunidade. Nessa medida, é preciso que o fato transgressor seja de razoável significância e desborde os limites da tolerabilidade. Ele deve ser grave o suficiente para produzir verdadeiros sofrimentos, intranquilidade social e alterações relevantes na ordem extrapatrimonial coletiva. 7. A prática de reiterado descumprimento das normas de proteção ao consumidor por parte de operadora de telefonia é capaz de romper com os limites da tolerância. No momento em que se oferece serviço público deficiente e insatisfatório de forma repetida, realiza-se prática comercial apta a causar sensação de repulsa coletiva a ato intolerável. 8. "A divergência deve ser comprovada, cabendo a quem recorre demonstrar as circunstâncias que identificam ou assemelham os casos confrontados, com indicação da similitude fática e jurídica entre eles. Indispensável a transcrição de trechos do relatório e do voto dos acórdãos recorrido e paradigma, realizando-se o cotejo analítico entre ambos, com o intuito de bem caracterizar a interpretação legal divergente. O desrespeito a esses requisitos legais e regimentais (art. 541, parágrafo único, do CPC e art. 255 do RI/STJ) impede o conhecimento do Recurso Especial com base na alínea "c", III, do art. 105 da Constituição Federal" (REsp 1.517.339/SC, Rel. Ministro HERMAN BENJAMIN, SEGUNDA TURMA, julgado em 28/04/2015, DJe 30/06/2015). Recurso especial improvido. STJ. REsp 1408397/CE. RECURSO ESPECIAL 2013/0334774-1. Relator(a): Ministro HUMBERTO MARTINS (1130). Órgão Julgador: T2 - SEGUNDA TURMA. Data do Julgamento: 01/09/2015. Data da Publicação/Fonte: DJe 14/09/2015.

- **DIREITO ADMINISTRATIVO E ECONÔMICO. SUSPENSÃO DA EXIGIBILIDADE DO DIREITO ANTIDUMPING PROVISÓRIO.** A caução de maquinário do importador efetuada por ocasião do desembaraço aduaneiro para o fim da liberação de mercadorias originárias de outro país não suspende a exigibilidade dos direitos antidumping provisórios. Inicialmente, nos termos do art. 7º da Lei n. 9.019/1995, "O cumprimento das obrigações resultantes da aplicação dos direitos antidumping e dos direitos compensatórios, sejam definitivos ou provisórios, será condição para a introdução no comércio do País de produtos objeto de dumping ou subsídio", sendo que "Os direitos antidumping e os direitos compensatórios são devidos na data do registro da declaração de importação" (§ 2º), o que revela ser desinfluente a data de embarque das mercadorias para a importação. Por sua vez, o art. 3º, I e II, da Lei n. 9.019/1995 oportuniza a suspensão da exigibilidade dos direitos provisórios, durante o trâmite do processo administrativo, mediante o oferecimento de garantia: a) em dinheiro; ou b) fiança bancária; e estabelece, no § 3º, que "O desembaraço aduaneiro dos bens objeto da aplicação dos direitos provisórios dependerá da prestação da garantia a que se refere este artigo." Veja-se que o sistema instituído pela Lei n. 9.019/1995 visa à proteção da indústria e do comércio internos mediante a neutralização do dumping por meio da "cobrança de importância, em moeda corrente do País, que corresponderá a percentual da margem de dumping" (art. 1º). Ou seja, mediante um acréscimo ao valor da mercadoria importada, suficiente para que as similares nacionais não sejam prejudicadas pelo dumping, permite-se sua entrada no País, o desembaraço e sua regular comercialização conforme as regras de mercado. Com efeito, conclui-se que a mesma finalidade legal está inserida na hipótese da fixação do direito antidumping provisório como condição para o desembaraço aduaneiro das mercadorias, porquanto, só assim, a comercialização interna do produto importado levará em consideração o valor suplementar exigido para neutralizar o dumping. Comercializada a mercadoria, o dano à economia nacional é praticamente irreversível, mesmo que recolhido posteriormente o direito antidumping, porquanto o agente econômico pode-se utilizar do lucro obtido de forma desleal para pagá-lo, enquanto que os produtos similares nacionais já terão sido prejudicados em sua comercialização, com prejuízo de toda a cadeia produtiva correlata. Contudo, considerando a natureza do direito antidumping provisório, a qual permite a imediata exigibilidade do valor financeiro suplementar imposto pelo fisco em razão do acima exposto, deve-se entender que as hipóteses de suspensão de sua exigibilidade são favores instituídos pelo legislador em prol do importador, enquanto pendente a investigação administrativa a respeito da ocorrência de dumping. Além do mais, a garantia por depósito em dinheiro ou fiança bancária é de fácil liquidação pelo fisco, no caso de o processo administrativo ser desfavorável ao importador, o que é adequado à tentativa de neutralização das consequências do dumping, efeito que pode não ser alcançado por outro tipo de garantia, cuja liquidação seja mais dificultosa. Em acréscimo, anota-se que, por força dos arts. 173, § 4º, e 174 da CF, é taxativo o rol das hipóteses legais de suspensão da sua exigibilidade, mormente porque fruto obrigatório do princípio da reserva legal e submetido à legalidade estrita, a exemplo do que ocorre com o art. 151 do CTN. Nessa linha, em razão da excepcionalidade do benefício legal de suspensão da exigibilidade do direito provisório e do fim almejado pela lei, não se pode permitir a interpretação extensiva do art. 3º da Lei n. 9.019/1995 para alcançar outras formas de garantias nele não previstas, sob pena de o Poder Judiciário atuar como legislador positivo e afrontar o princípio da separação dos poderes. **REsp 1.516.614-PR, Rel. Min. Gurgel de Faria, julgado em 10/5/2016, DJe 24/5/2016.**

10. QUESTÕES DE CONCURSOS

1. (MPE-SP – Promotor de Justiça – SP/2015) No tocante ao serviço público, correto é afirmar que:

a) o Estado detém titularidade exclusiva sobre os serviços de saúde, de educação, de previdência social e de assistência social.

b) os serviços de saúde, de educação, de previdência social e de assistência social deverão ser prestados exclusivamente por meio de concessão, permissão ou autorização.

c) os serviços de radiodifusão sonora ou de sons e imagens deverão ser prestados exclusivamente por meio de concessão, permissão ou autorização.

d) os serviços de telecomunicações não podem ser prestados por concessão, permissão ou autorização.

e) a União detém o monopólio sobre os serviços da Loteria Federal e da Loteria Esportiva.

2. (Prefeitura do Rio de Janeiro – Analista Legislativo – RJ/2015) De acordo com o entendimento doutrinário, o monopólio estatal tem natureza de:

a) atuação interventiva do Estado, direta ou indireta, de caráter exclusivo, em determinado setor da ordem econômica.

b) atuação interventiva do Estado, direta, de caráter exclusivo, em determinado setor da ordem econômica ou política.

c) delegação do direito de explorar a atividade econômica a outra pessoa em regime administrativo de privilégio.

d) delegação do direito de explorar a atividade econômica sem fins lucrativos a outra pessoa jurídica de direito público.

3. (IBFC – TRE – TÉCNICO JUDICIÁRIO. ÁREA ADMINISTRATIVA – AM/2015). "O Direito Administrativo experimentou grande evolução, em decorrência da própria previsão constitucional de extensão da atividade do Estado nos âmbitos social e econômico, a partir da":

a) Constituição de 1934.

b) Constituição de 1891.

c) Constituição de 1988.

d) Constituição de 1824.

4. (FUNDEP – TCE – Auditor/Conselheiro Substituto do Tribunal de Contas/2015). Entre as atividades que constituem monopólio da União, NÃO se inclui:

a) a refinação do petróleo nacional ou estrangeiro.

b) a pesquisa e a lavra das jazidas de petróleo e gás natural e outros hidrocarbonetos fluidos.

c) a exploração direta dos serviços locais de gás canalizado.

d) o transporte marítimo do petróleo bruto de origem nacional ou de derivados básicos de petróleo produzidos no País.

e) o transporte, por meio de conduto, de petróleo bruto, seus derivados e gás natural de qualquer origem.

5. (TRT BR – TRT 8ª REGIÃO – JUIZ DO TRABALHO SUBSTITUTO/2015). Em relação à ordem econômica e financeira, assinale a alternativa CORRETA:

a) A Constituição Federal, ao valorizar o trabalho humano e a livre iniciativa, ao tratar da ordem econômica e financeira, admite à livre iniciativa, o seu exercício de forma absoluta, que não encontra limites, sequer dentre os princípios gerais da ordem econômica, como a defesa do consumidor, previsto no art. 170, V da Constituição Federal.

b) É assegurado a todos o livre exercício de qualquer atividade econômica, conforme previsão constitucional e, por isso, é inconstitucional lei que estabeleça exigências para que órgãos públicos autorizem o exercício dessa atividade.

c) A livre concorrência, embora princípio da ordem econômica, é incompatível com o abuso do poder econômico e, por isso, é admissível a intervenção do Estado para coibir excessos, como a formação de cartéis, oligopólios e outras práticas abusivas.

d) Consoante regra constitucional, a lei não poderá restringir os investimentos de capital estrangeiro e sequer regular a remessa de lucros ao exterior.

e) Não poderá a lei dispensar às microempresas e às empresas de pequeno porte tratamento jurídico diferenciado, sob pena de violar o princípio da igualdade, exceto se, em se tratando de empresas de pequeno porte, estas forem constituídas sob as leis brasileiras.

6. (IESES – Analista Judiciário – TRE-MA/2015) A ordem econômica está fundada na valorização do trabalho humano e na livre iniciativa. Pode-se dizer ainda, com base na Constituição da República:

a) A defesa do meio ambiente, inclusive com tratamento diferenciado conforme o impacto ambiental dos produtos e serviços, constitui princípio que orienta a atividade econômica.

b) A pesquisa, lavra, refinação, importação, exportação e transporte de petróleo e seus derivados constituem monopólio da União, que deverá executar diretamente tais atividades.

c) A exploração direta de atividade econômica pelo Estado será permitida em casos de interesse financeiro que justifique a concessão de privilégios fiscais não extensivos ao mercado.

d) São livres os investimentos de capital estrangeiro no país, bem como a remessa de lucros ao exterior.

7. (MPE-SE – Promotor de Justiça – MPE-SE/2016) É assegurada aos Estados, ao Distrito Federal e aos Municípios, bem como a órgãos da administração direta da União, participação no resultado da exploração de petróleo ou gás natural, de recursos hídricos para fins de geração de energia elétrica e de outros recursos minerais no respectivo território, plataforma continental, mar territorial ou zona econômica exclusiva, ou compensação financeira por essa exploração.

8. (MPE-SE – Promotor de Justiça – MPE-SE/2016) Como agente normativo e regulador da atividade econômica, o Estado exercerá, na forma da lei, as funções de fiscalização, incentivo e planejamento, sendo este determinante tanto para o setor público quanto para o setor privado.

GABARITO		COMENTÁRIO
1	E	O art. 22, XX, da CF, estabelece que a legislação referente aos sistemas de consórcios e sorteios é de competência privativa da União. **Súmula vinculante n. 2:** inconstitucional a lei ou ato normativo estadual ou distrital que disponha sobre sistemas de consórcios e sorteios, inclusive bingos e loterias.
2	A	O monopólio estatal tem a natureza de intervenção do Estado no domínio econômico, afastando a atuação dos particulares naquela específica atividade, como forma de se garantir o interesse da coletividade. Reduzindo a extensão do monopólio, o texto constitucional passou a consignar que a União poderá contratar empresas estatais ou privadas para a realização De determinadas atividades (atividade petrolífera).
3	A	Enfim, o fato é que a Carta Magna de 1988 abarca, entre suas disposições, normas que regulam a atuação do Estado no domínio econômico, definindo limites de intervenção e formas de ingerência. Insta salientar que não se trata de novidade trazida pelo Texto Maior vigente. Efetivamente, desde a Constituição de 1934, todas as Cartas subsequentes dedicaram um de seus capítulos à ordem econômica.
4	C	Conforme dispõe a Constituição, constituem monopólio da União: a) a pesquisa e a lavra das jazidas de petróleo e gás natural e outros hidrocarbonetos fluidos; b) a refinação do petróleo nacional ou estrangeiro; c) a importação e exportação dos produtos e derivados básicos resultantes das atividades previstas nos incisos anteriores; d) o transporte marítimo do petróleo bruto de origem nacional ou de derivados básicos de petróleo produzidos no País, bem assim o transporte, por meio de conduto, de petróleo bruto, seus derivados e gás natural de qualquer origem; e) a pesquisa, a lavra, o enriquecimento, o reprocessamento, a industrialização e o comércio de minérios e minerais nucleares e seus derivados, com exceção dos radioisótopos cuja produção, comercialização e utilização poderão ser autorizadas sob regime de permissão; f) a pesquisa e a lavra de jazidas e

GABARITO		COMENTÁRIO
		demais recursos minerais e o aproveitamento os potenciais de energia hidráulica, sendo que, nos casos de recursos minerais, será garantido ao concessionário a propriedade do produto da lavra.
5	C	Na verdade, diferentemente do que ocorria no liberalismo clássico, o Estado não atua como mero observador da atividade econômica, mas sim como participante, devendo atuar no sentido de impedir a violação a este postulado de livre iniciativa, punindo aglomerações de empresas ou acordos nocivos à livre concorrência.
6	A	A Carta Magna, no seu art. 170, VI, estabelece que "a ordem econômica, fundada na valorização do trabalho humano e na livre iniciativa, tem por fim assegurar a todos existência digna, conforme os ditames da justiça social". Além do mais, deve ainda ser observada "a defesa do meio ambiente, inclusive mediante tratamento diferenciado conforme o impacto ambiental dos produtos e serviços e de seus processos de elaboração e prestação".
7	COR-RETO	Trata-se da dicção do art. 20, § 1º da CF/88, conforme se observa abaixo: art. 20, § 1º. É assegurada, nos termos da lei, aos Estados, ao Distrito Federal e aos Municípios, bem como a órgãos da administração direta da União, participação no resultado da exploração de petróleo ou gás natural, de recursos hídricos para fins de geração de energia elétrica e de outros recursos minerais no respectivo território, plataforma continental, mar territorial ou zona econômica exclusiva, ou compensação financeira por essa exploração.
8	INCOR-RETO	A assertiva encontra-se incorreta posto que o Estado como agente normativo e regulador, exercerá funções de fiscalização, incentive e planejamento, sendo este determinantes para o setor publico e indicativo para o setor privado, na dicção do art. 174 da CF/88: Art. 174. Como agente normativo e regulador da atividade econômica, o Estado exercerá, na forma da lei, as funções de fiscalização, incentivo e planejamento, sendo este determinante para o setor público e **indicativo** para o setor privado.

BIBLIOGRAFIA

ALESSI, Renato. La responsabilità della pubblica amnistrazione. 3 ed. Milano. Giuffrè 1955.

_______. Sistema istituzionale Del diritto amnistrativo italiano. 2 ed. Milano. Giuffrè 1960.

ALEXANDRINO, Marcelo, Paulo, Vicente. Direito Administrativo Descomplicado. São Paulo. Ed. Método. 18 ed. 2010

AMARAL, Diogo de Freitas do. Curso de Direito Administrativo. Coimbra. Almedina, 2004.

AMARO, Luciano. Direito Tributário Brasileiro. São Paulo, 10 ed. Ed. Saraiva, 2004.

ARAGÃO, Alexandre Santos de. Curso de Direito Administrativo. Rio de Janeiro. Ed. Forense. 2012.

_______. Direito dos Serviços Públicos. Rio de Janeiro. Ed. Forense. 2007.

ARAÚJO, Edmir Netto de. Curso de Direito Administrativo. São Paulo. Ed. Saraiva. 3 ed. 2007.

ÁVILA, Humberto. Teoria dos Princípios: da definição à aplicação dos princípios jurídicos. 4 ed. São Paulo. Malheiros. 2005.

Bacelar Filho, Romeu Felipe. Processo administrativo disciplinar. São Paulo. Saraiva. 2012

BARBOSA MOREIRA, José Carlos, O novo processo civil brasileiro. Rio de Janeiro. 25 ed. Forense. 2007.

BARROSO, Luís Roberto. Interpretação e aplicação da Constituição. São Paulo, 4 ed. Saraiva. 2000.

_______. O controle de constitucionalidade no direito brasileiro. São Paulo, 5 ed. Saraiva, 2010.

BINENBOJM, Gustavo. Temas de Direito Administrativo e constitucional. Rio de janeiro. Ed. Renovar, 2008.

BOBBIO, Norberto. Teoria Geral do Direito.São Paulo. 3 ed. Ed. Martins Fontes, 2010.

BONAVIDES, Paulo. Curso de Direito Constitucional. 9 ed. São Paulo. Ed. Malheiros.,2000.

BORGES, Alice Gonzalez. Normas gerais no estatuto de licitações e contratos administrativos. São Paulo. Ed. RT, 1991.

BUENO, Cassio Scarpinella. A nova lei do Mandado de Segurança. São Paulo. 2 ed. Ed Saraiva, 2010.

_______. O poder público em juízo. São Paulo. 2 ed. Ed Saraiva, 2003.

CAHALI, Yussef Said. Responsabilidade Civil do Estado. São Paulo. 3 ed. Ed. RT, 2007.

CÂMARA, Alexandre Freitas. Manual do Mandado de Segurança. São Paulo. Ed. Atlas, 2013.

CANOTILHO, José Joaquim Gomes. Direito constitucional e teoria da constituição. Coimbra. 7 ed. Ed. Almedina, 2003.

CARVALHO, Raquel Melo Urbano de. Curso de Direito Administrativo. Salvador. Ed. Juspodivm, 2008.

CARVALHO FILHO, José dos Santos. Manual de Direito Administrativo. Rio de Janeiro. 19 ed. Ed. Lumen júris, 2008.

_______. Processo administrativo federal. Rio de Janeiro. 4 ed. Ed. Lumen júris, 2009.

_______. Comentários ao estatuto da cidade. Rio de Janeiro. Ed. Lumen júris, 2005.

CASSAGNE, Juan Carlos. Derecho Administrativo. Buenos Aires. 7 ed. Ed. Abeledo-Perrot, 2006. Tomos I e II.

CAVALIERI FILHO, Sérgio. Programa de Responsabilidade Civil. São Paulo. 5 ed. Ed. Malheiros. 2004.

CIRNE LIMA, Rui. Princípios de Direito Administrativo. Porto Alegre. 3.ed. Ed. Sulina, 1954.

COPOLA, Gina. A improbidade administrativa no direito brasileiro. Belo Horizonte. Ed. Fórum, 2011.

COSTA, José Armando da. Teoria e prática do processo administrativo disciplinar. Brasília. 4 ed. Ed. Brasília Jurídica, 2002.

CRETELLA JUNIOR, José. Curso de Direito Administrativo. Rio de Janeiro. 5 ed. Ed. Forense, 1977.

_______. O estado e a obrigação de indenizar. São Paulo. Ed. Saraiva, 1980.

CUNHA, Leonardo José Carneiro. A fazenda pública em juízo. São Paulo. 6 ed. Ed. Dialética, 2008.

CUNHA JUNIOR, Dirley da. Curso de Direito Administrativo. Salvador. 12 ed. Ed. Juspodivm, 2013.

DALLARI, Adilson Abreu. Licitação nas empresas estatais. RDA, n. 229, 2002.

DEBBASCH, Charles, COLIN, Fredèric. Droit administratif. Paris. 8 ed.. Ed. Económica, 2007.

DI PIETRO, Maria Sylvia Zanella. Direito Administrativo. São Paulo. 21 ed. Ed. Atlas. 2008.

_______. Parcerias na Administração Pública: concessão, permissão, franquia, terceirização, parceria público-privada e outras formas. São Paulo. 5 ed. Ed. Atlas, 2005.

DINIZ, Paulo de Matos Ferreira. Lei 8.112/90 comentada. São Paulo. 10 ed. Ed. Método, 2009.

DUGUIT, León. Las transformaciones generales del derecho. Buenos Aires. Ed. Heliasta, 2001.

DORKING, Ronald. Taking rights seriously. Cambridge. Harvard University, 1978.

EISENMANN, Charles. O Direito Administrativo e o princípio da legalidade. RDA, Rio de Janeiro. Ed. Renovar, v. 56, 1959.

FAGUNDES, Miguel Seabra. O controle dos atos administrativos pelo Poder Judiciário. Rio de Janeiro. 5 ed. Ed. Forense, 1979.

FERNANDES, Jorge Ulisses Jacoby. Concurso Público: prazo de validade e nomeação. Fórum Administratvo, Belo Horizonte, n. 75, 2007.

_______. Contratação direta sem licitação. Brasília. 5 ed. Ed. Brasília Jurídica, 2000.

_______. Sistema de registro de preços e pregão presencial e eletrônico. Belo Horizonte. Ed. Fórum, 2009.

FERRAZ, Sérgio. Mandado de Segurança. São Paulo. Ed. Malheiros, 2006.

FIGUEIREDO, Lúcia Valle. Curso de Direito Administrativo. São Paulo. 6 ed. Ed. Malheiros, 2003.

FIGUEIREDO, Marcelo. Probidade administrativa. São Paulo. 6 ed. Ed. Malheiros, 2009.

FREITAS, Juarez. A interpretação sistemática do direito. São Paulo. 5 ed. Ed. Malheiros, 2010.

_______. Estudos sobre Direito Administrativo. São Paulo. Ed. Malheiros, 1995.

FURTADO, Lucas Rocha. Curso de Direito Administrativo. Belo Horizonte. Ed. Fórum, 2009.

GRECO FILHO, Vicente. *O mandado de segurança*. São Paulo: Saraiva, 2010.

GROTTI, Dinorá Adelaide Mussetti. *O serviço público e a Constituição brasileira de 1988*. São Paulo: Malheiros, 2003.

GUEDES, Demian. A presunção de veracidade e o Estado Democrático de Direito: uma reavaliação que se impõe. *Direito administrativo e seus novos paradigmas*. Belo Horizonte: Fórum, 2008.

HESSE, Konrad. *A força normativa da Constituição*. Tradução de Gilmar Ferreira Mendes. Porto Alegre: Fabris, 1991.

_______. *Elementos de direito constitucional da República Federal da Alemanha*. Porto Alegre: Fabris, 1998.

IBRAHIM, Fábio Zambitte. *Curso de direito previdenciário*. 17. ed. Niterói: Impetus, 2012.

JUSTEN FILHO, Marçal. *Comentários à Lei de Licitações e Contratos Administrativos*. 9. ed. São Paulo: Dialética, 2002.

_______. *Curso de Direito Administrativo*. Belo Horizonte. 7ª ed. Ed. Fórum, 2011.

_______. Empresas estatais e a superação da dicotomia "prestação de serviço público/exploração de atividade econômica".*Estudos de direito público em homenagem a Celso Antônio Bandeira de Mello*. São Paulo: Malheiros, 2006.

_______. Novos sujeitos na Administração Pública: os consórcios criados pela Lei n. 11.107. *Direito administrativo*: estudos em homenagem a Diogo de Figueiredo Moreira Neto. Rio de Janeiro: Lumen Juris, 2006.

_______. *O estatuto da microempresa e as licitações públicas*. São Paulo: Dialética, 2007.

_______. *Pregão:* comentários à legislação do pregão comum e eletrônico. 5. ed. São Paulo: Dialética, 2009.

JUSTEN, Mônica Spezia. *A noção de serviço público no direito europeu*. São Paulo: Dialética, 2003.

LAZZARINI, Álvaro. *Temas de Direito Administrativo*. 2. ed. São Paulo: RT, 2003.

LENZA, Pedro. *Direito constitucional esquematizado*. 15. ed. São Paulo: Saraiva, 2011.

LOCKE, John. Segundo Tratado sobre o governo civil. *Dois tratados sobre o governo*. São Paulo: Martins Fontes, 1998.

LUCINDA, Cláudio R. Regulamentação tarifária: princípios introdutórios. *Direito econômico:* direito econômico regulatório. São Paulo: Saraiva, 2010.

LUHMANN, Niklas. *Introdução à teoria dos sistemas*. Rio de Janeiro: Vozes, 2009.

MANCUSO, Rodolfo Camargo. *Ação popular*. 3. ed. São Paulo: RT, 2000.

MARQUES, Claudia Lima. *Contratos no Código de Defesa do Consumidor*. 4. ed. São Paulo: RT, 2002.

MARQUES NETO, Floriano de Azevedo. *Agências reguladoras independentes*: fundamentos e seu regime jurídico. Belo Horizonte: Fórum, 2009.

_______. As Parcerias Público-Privadas no saneamento ambiental. In: SUNDFELD, Carlos Ari. *Parcerias Público-Privadas*. São Paulo: Malheiros, 2005.

_______. Direito das telecomunicações e ANATEL. *Direito administrativo econômico*. São Paulo: Malheiros, 2006.

_______. Limitação no número de consorciados admitidos em licitações. BLC, v. 5, p. 320, 2004.

_______. O fomento como instrumento de intervenção estatal na ordem econômica. *RDPE*, Belo Horizonte, n. 32, out.-dez. 2010.

_______. Os consórcios públicos. *REDE*, Salvador, Instituto de Direito Público da Bahia, n. 3, jul.-ago.-set. 2005.

MARTINS, Flávia Bahia. Direito Constitucional. Niterói. Ed. Ímpetus. 2 ed, 2012.

MARTINS JÚNIOR, Wallace Paiva. *Probidade administrativa*. 4. ed. São Paulo: Saraiva, 2009.

MAURER, Hartmut. *Direito administrativo geral*. São Paulo: Manole, 2006.

MAXIMILIANO, Carlos. *Hermenêuticas e aplicação do direito*. 18. ed. Rio de Janeiro: Forense, 1999.

MAZZEI, Rodrigo. Mandado de injunção. In: DIDIER JR, Fredie (Org.). *Ações constitucionais*. 5. ed. Salvador: Juspodivm, 2011.

MAZZILI, Hugo Nigro. *A defesa dos interesses difusos em juízo*. 22. ed. São Paulo: Saraiva, 2009.

MEDAUAR, Odete. *A processualidade no Direito Administrativo*. 2. ed. São Paulo: RT, 2008.

_______. *Direito administrativo moderno*. 12. ed. São Paulo: RT, 2008.

_______. *O Direito Administrativo em evolução*. 2. ed. São Paulo: RT, 2003.

MELLO, Celso Antônio Bandeira de. Curso de Direito Administrativo. São Paulo. Ed. Malheiros. 21 ed, 2007.

_______. Discricionariedade e controle jurisdicional. São Paulo. Ed. Malheiros, 2002.

MELLO, Oswaldo Aranha Bandeira de. Princípios gerais de Direito Administrativo. São Paulo. Ed. Malheiros, 2004. Vol. I e II.

MEIRELLES, Hely Lopes. Direito administrativo brasileiro. 22. ed. São Paulo: Malheiros, 1997.

_______; WALD, Arnoldo; MENDES, Gilmar Ferreira. Mandado de segurança e ações constitucionais. 33. ed. São Paulo, Malheiros, 2010.

MENDES, Gilmar Ferreira. Curso de direito constitucional. 5. ed. São Paulo: Saraiva, 2010.

MODESTO, Paulo. O Direito Administrativo do Terceiro Setor: a aplicação do direito público às entidades privadas sem fins lucrativos. Terceiro Setor e parcerias na área de saúde. Belo Horizonte: Fórum, 2011.

Montesquieu, Charles de Secondat, Baron de. O espírito das leis. 3. ed. São Paulo: Martins Fontes, 2005.

MORAES, Alexandre de. A inconstitucionalidade parcial do caput do art. 21 da Lei de Mandado de Segurança (Lei n. 12.016/09). RDA, n. 252, set. –dez.2009.

_______. Direito constitucional. 24. ed. São Paulo: Atlas, 2009.

MORAES, Germana de Oliveira. Controle jurisdicional da Administração Pública. 2. ed. São Paulo: Dialética, 2004.

MOREIRA, Egon Bockmann. Agências reguladoras independentes, déficit democrático e a "elaboração processual de normas". Revista de Direito Público da Economia, Belo Horizonte, v. 2, p. 221-255. 2003.

_______. Processo administrativo e eficiência. As leis de processo administrativo: Lei Federal 9.784/99 e Lei Paulista 10.177/98. São Paulo: Malheiros, 2006.

_______. Processo administrativo: princípios constitucionais e a Lei nº 9.784/99. 3. ed. São Paulo: Malheiros, 2007.

_______. Competência concorrente limitada: o problema da conceituação das normas gerais. Revista de informação Legislativa, Brasília: Senado Federal, n. 100, out. –dez. 1988.

_______. Curso de Direito Administrativo. 15. ed. Rio de Janeiro: Forense, 2009.

_______. Direito da participação política (legislativa, administrativa e judicial). Rio de Janeiro: Renovar, 1992.

_______. Direito regulatório. Rio de Janeiro: Renovar, 2003.

_______. Legitimidade e discricionariedade: novas reflexões sobre os limites e controle da discricionariedade. 4. ed. Rio de Janeiro: Forense, 2001.

_______. Mutações do Direito Administrativo. 3. ed. Rio de Janeiro: Renovar, 2007.

_______. Quatro paradigmas do Direito Administrativo pós-moderno. Belo Horizonte: Fórum, 2008.

MOTA, Maurício Jorge. Responsabilidade civil do Estado legislador. Rio de Janeiro: Lumen Juris, 199.

MOTTA, Carlos Pinto Coelho. Divulgação institucional e contratação de serviços de publicidade. Belo Horizonte: Fórum, 2010.

_______. Eficácia nas licitações e contratos. 12. ed. Belo Horizonte: Del Rey, 2011.

MUKAI, Toshio. Administração Pública na Constituição de 1988. São Paulo: Saraiva, 1989.

_______. O Direito Administrativo e os regimes jurídicos das empresas estatais. Belo Horizonte: Fórum, 2004.

_______. A inconstitucionalidade da lei de improbidade administrativa, Lei Federal n. 8429/92 IN Boletim de Direito Administrativo, Nov.1999

MULLER, Friedricha. Métodos de trabalho do direito constitucional. 3. ed. Rio de Janeiro: Renovar, 2005.

NEIVA, José Antonio Lisboa. Improbidade administrativa: legislação comentada artigo por artigo. 2. ed. Rio de Janeiro: Impetus, 2011.

NESTER, Alexandre Wagner. Regulação e concorrência: compartilhamento de infra-estruturas e redes. São Paulo: Dialética, 2006.

NEVES, Daniel Amorim Assumpção. Ações constitucionais. São Paulo: Método, 2011.

_______. Manual de processo civil. 2. ed. São Paulo: Método, 2010.

NIEBUHR, Joel de Menezes. Dispensa e inexigibilidade de licitação pública. Belo Horizonte: Fórum, 2011.

_______. Licitação pública e contrato administrativo. 2. ed. Belo Horizonte: Fórum, 2011.

NUSDEO, Ana Maria de Oliveira. Agência reguladoras e concorrência. Direito Administrativo econômico. São Paulo: Malheiros, 2006.

OLIVEIRA, Cláudio Brandão de. Manual de Direito Administrativo, 4. ed. Rio de Janeiro: Forense, 2009.

OLIVEIRA, Eugênio Pacelli de. Curso de processo penal. 8. ed. Rio de Janeiro: Lumen Juris, 2007.

OLIVEIRA, Gesner; RODAS, João Grandino. Direito e economia da concorrência. Rio de Janeiro: Renovar, 2004.

OLIVEIRA, Gustavo Justino de. Contrato de gestão. São Paulo: RT, 2008.

OLIVEIRA, Regis Fernandes de. Delegação e avocação administrativas. E. ed. São Paulo: RT, 2005.

OSORIO, Fábio Medina. Teoria da Improbidade Administrativa: má gestão pública, corrupção, ineficiência. São Paulo, Editora Revista dos Tribunais, 2007.

OTERO, Paulo. Coordenadas jurídicas da privatização da Administração Pública. *Os caminhos da privatização da Administração Pública.* IV Colóquio Luso-Espanhol de Direito Administrativo. Boletim da Faculdade de Direito, Studia Iurudica, 60, Colloquia 7, Coimbra Editora, 2001.

_______. *Legalidade e Administração Pública:* o sentido da vinculação administrativa à jurisdicidade. Coimbra: Almedina, 2003.

PAZZAGLINI FILHO, Marino. *Lei de Improbidade Administrativa comentada:* aspectos constitucionais, administrativos, civis, criminais, processuais e de responsabilidade fiscal. 5. ed. São Paulo: Atlas, 2011.

PEREIRA, Jane Reis Gonçalves. *Interpretação constitucional e direitos fundamentais.* Rio de Janeiro: Renovar, 2006.

PEREIRA JUNIOR, Jessé Torres. *Comentários à lei das licitações e contratações da administração pública.* 7. ed. Rio de Janeiro: Renovar, 2007.

PEREIRA, Luiz Carlos Bresser. Gestão do setor público: estratégia e estrutura para um novo Estado. *Reforma do Estado e Administração Pública gerencial.* 7. ed. Rio de Janeiro: FGV, 2008.

_______; GRAU, Nuria Cunnil. Entre o Estado e o mercado: o público não estatal. *O público não estatal na reforma do Estado.* Rio de Janeiro: FGV, 1999.

PERLINGIERI, Pietro. *Perfis do direito civil:* introdução ao direito civil constitucional. 3. ed. Rio de Janeiro: Renovar, 2002.

PIÇARRA, Nuno. A reserva de administração. *O direito, primeira parte,* I, jan.-mar. 1990.

PIMENTEL, Maria Helena Pessoa. A Administração Pública como consumidora nas relações de consumo. *Boletim de Direito Administrativo,* São Paulo: NDJ, abr. 2001.

PINTO JUNIOR, Mario Engler. *Empresa estatal:* função econômica e dilemas societários. São Paulo: Atlas, 2010.

PONTES DE MIRANDA, Francisco Cavalcanti. *Comentários à Constituição de 1967.* 2. ed. São Paulo: RT, 1971. t. V.

PUCCINELLI JÚNIOR, André. *A omissão legislativa inconstitucional e a responsabilidade do Estado legislador*. São Paulo: Saraiva, 2007.

QUARESMA, Regina. *O mandado de injunção e a ação de inconstitucionalidade por omissão:* teoria e prática. Rio de Janeiro: Forense, 1995.

REALE, Miguel: Controle ministerial de preços. *RDP*, n. 89, v. 22, n. 29, jan.-mar. 1989.

REDONDO, Bruno Garcia et al. *Mandado de segurança*: comentários à Lei n. 12.016/09. São Paulo: Método, 2009.

RIGOLIN, Ivan Barbosa. *Contrato administrativo*. Belo Horizonte: Fórum, 2007.

ROCHA, Sílvio Luís Ferreira da. *Função social da propriedade pública*. São Paulo: Malheiros, 2005.

RODRIGUES, Marcelo Abelha. Ação civil pública. In DIDIER JR., Fredie (Org.). *Ações constitucionais*. 5. ed. Salvador: Juspodivm, 2011.

ROUSSEAU, Jean-Jacques. *O contrato social*. 3. ed. São Paulo: Martins Fontes, 1996.

SALGADO Lucia Helena; BORGES, Eduardo Bizzo de Pinho. *Análise de impacto regulatório:* uma abordagem exploratória. Brasília: IPEA, 2010.

SALLES, José Carlos de Moraes. *A desapropriação à luz da doutrina e da jurisprudência*. 5. ed. São Paulo: RT, 2006.

SALOMÃO FILHO, Calixto. *Regulação da atividade econômica* (princípios e fundamentos jurídicos). 2. ed. São Paulo: Malheiros, 2008.

SARMENTO, Daniel (Org.). *Interesses públicos versus interesses privados*: desconstruindo o princípio de supremacia do interesse público. Rio de Janeiro: Lumen Juris, 2005.

SCHIER, Adriana da Costa Ricardo. *A participação popular na Administração Pública*: o direito de reclamação. Rio de Janeiro: Renovar, 2002.

SCHIER, Paulo Ricardo. *Filtragem constitucional:* construindo uma nova dogmática jurídica. Porto Alegre: Fabris, 1999.

SCHREIBER, Anderson. *Novos paradigmas da responsabilidade civil:* da erosão dos filtros da reparação à diluição dos danos. 2. ed. São Paulo: Atlas, 2009.

SEABRA FAGUNDES, Miguel. *Da desapropriação no direito brasileiro*. 2. ed. Rio de Janeiro: Freitas Bastos, 1949.

_______. *O controle dos atos administrativos pelo Poder Judiciário*. 7. ed. Rio de Janeiro: Forense, 2006.

SILVA, José Afonso da. Mandado de injunção. In: TEIXEIRA, Sálvio de Figueiredo (Coord.). *Mandados de segurança e de injunção*. São Paulo: Saraiva, 1990.

SILVA, Juary C. *Responsabilidade do Estado por atos jurisdicionais e legislativos*. São Paulo: Saraiva, 1985.

SILVA, Virgílio Afonso da. *A constitucionalização do direito*: os direitos fundamentais nas relações privadas. São Paulo: Malheiros, 2005.

SOARES, Fabiana de Menezes. *Direito administrativo de participação*. Belo Horizonte: Del Rey, 1997.

SOBRANE, Sérgio Turra. *Improbidade administrativa*: aspectos materiais, dimensão difusa e coisa julgada. São Paulo: Atlas, 2010.

SODRÉ, Eurico. *A desapropriação*. 3. ed. São Paulo: Saraiva, 1955.

SOUTO, Marcos Juruena Villela. As fundações públicas e o novo Código Civil. *Direito administrativo em debate*. Rio de Janeiro: Lumen Juris, 2004.

_______. Atividades comunicadas e regulação de lista de prestadores de serviços de saúde. *Fórum Administrativo:* direito público, Belo Horizonte, v. 7, n. 76, jun. 2007.

_______. *Desestatização:* privatização, concessões, terceirizações e regulação. 4. ed. Rio de Janeiro: Lumen Juris, 2001.

_______. *Direito administrativo contratual.* Rio de Janeiro: Lumen Juris, 2004.

_______. *Direito administrativo da economia.* 3. ed. Rio de Janeiro: Lumen Juris, 2003.

_______. *Direito administrativo das parcerias.* Rio de Janeiro: Lumen Juris, 2005.

_______. *Direito administrativo em debate.* 2.ª série. Rio de Janeiro: Lumen Juris, 2007.

_______. *Direito das concessões.* 5. ed. Rio de Janeiro: Lumen Juris, 2004.

_______. Extensão do poder normativo das agências reguladoras. In: ARAGÃO, Alexandre Santos de (Coord.). *O poder normativo das agências reguladoras.* Rio de Janeiro: Forense, 2006.

SOUZA, Leandro Marins de. Tributação do Terceiro Setor no Brasil. São Paulo: Dialética, 2004.

SOUZA NET, Cláudio Pereira de. Teoria constitucional e democracia deliberativa. Rio de Janeiro: Renovar, 2006.

_______; MENDONÇA, José Vicente Santos de. Fundamentalização e fundamentalismo na interpretação do princípio constitucional da livre-iniciativa. A constitucionalização do direito. Rio de Janeiro: Lumen Juris, 2007.

STIGLER, George J. A teoria da regulação. In: MATTOS, Paulo (Coord.). Regulação econômica e democracia: o debate norte-americano. São Paulo: Editora 34, 2004.

STOCO, Rui. Tratado de responsabilidade civil. 6. ed. São Paulo: RT, 2004.

SUNDFELD, Carlos Ari. Direito administrativo ordenador. São Paulo: Malheiros, 2003.

_______. Estudo jurídico sobre o preço de compartilhamento de infraestrutura de energia elétrica. Revista Diálogo Jurídico, Salvador, CAJ- Centro de Atualização Jurídica, v. I, n. 7, out. 2001.

_______. Guia Jurídico das Parcerias Público-Privadas. Parcerias Público-Privadas. São Paulo: Malheiros, 2005.

_______. Licitação e contrato administrativo. São Paulo: Malheiros, 1994.

_______. Licitação nas estatais: levando a natureza empresarial a sério. RDA, n. 245, maio 2007.

TÁCITO, Caio. Presença norte-americana no Direito Administrativo brasileiro. Temas de direito público (estudos e pareceres). Rio de Janeiro: Renovar, 1997. v.1.

TAVARES, André Ramos. A intervenção do Estado no domínio do Estado no domínio econômico. Direito administrativo econômico. São Paulo: Atlas, 2011.

_______. Curso de direito constitucional. 5. es. São Paulo: saraiva, 2007.

TEPEDINO, Gustavo. A evolução da responsabilidade civil no direito brasileiro e suas controvérsias na atividade estatal. Temas de direito civil. 3. ed. Rio de Janeiro: Renovar, 2006. t. II.

Torres, Silvia Faber. O princípio da subsidiariedade no direito público contemporâneo. Rio de Janeiro: Renovar, 2001.

VERGOTTINI, Giuseppe de. A "delegificação" e a sua incidência no sistema das fontes do direito. Direito constitucional: estudos em homenagem a Manoel Gonçalves Ferreira Filho. São Paulo: Dialética, 1999.

VIEGAS, Cláudia. MACEDO, Bernardo. Falhas de mercado: causas, efeitos e controles. Direito econômico: direito econômico regulatório. São Paulo: Saraiva, 2010.

VIEIRA, Oscar Vilhena. Supremocracia. Filosofia e teoria constitucional contemporânea. Rio de Janeiro: Lumen Juris, 2009.

VILLAS BÔAS FILHO, Orlando. Teoria dos sistemas e o direito brasileiro. São Paulo: Saraiva, 2009.

ZANCANER, Weida. Da convalidação e da invalidação dos atos administrativos. 3. ed. São Paulo: Malheiros, 2008.

ZOCKUN, Carolina Zancaner. Da responsabilidade do Estado na omissão da fiscalização ambiental. Responsabilidade patrimonial do Estado. São Paulo: Malheiros, 2006.

ZOCKUN, Maurício. Responsabilidade patrimonial do Estado. São Paulo: Malheiros, 2010.

EDITORA
JusPODIVM
www.editorajuspodivm.com.br

edelbra

Impressão e Acabamento
E-mail: edelbra@edelbra.com.br
Fone/Fax: (54) 3520-5000
IMPRESSO EM SISTEMA CTP